第二十届
全国桥梁学术会议
论文集

Diershijie
Quanguo Qiaoliang Xueshu Huiyi Lunwenji

〇 上册

2012 · 武汉

中国土木工程学会桥梁及结构工程分会　编

内 容 提 要

本书为第二十届全国桥梁学术会议论文集，由中国土木工程学会桥梁及结构工程分会精选的170余篇优秀论文汇编而成。本论文集包括大会报告，设计与分析，施工与控制，抗震、抗风与动力分析，检测、加固、船撞及其他五个部分，全面、系统地展示了近一时期我国桥梁工程建设的新动态、新理念、新成果和新经验。

本书可供从事桥梁工程设计、施工、检测、管理等相关工作的技术人员参考使用，也可供大中专院校相关专业师生阅读学习。

图书在版编目(CIP)数据

第二十届全国桥梁学术会议论文集·上册/中国土木工程学会桥梁及结构工程分会编. —北京：人民交通出版社，2012.5

ISBN 978-7-114-09779-9

Ⅰ.第… Ⅱ.中… Ⅲ.桥梁工程—学术会议—文集 Ⅳ.①U44-53

中国版本图书馆CIP数据核字(2012)第077870号

Diershijie Quanguo Qiaoliang Xueshu Huiyi Lunwenji

书　　名：第二十届全国桥梁学术会议论文集(上册)
著 作 者：中国土木工程学会桥梁及结构工程分会
责任编辑：张征宇　郭红蕊
出版发行：人民交通出版社
地　　址：(100011)北京市朝阳区安定门外外馆斜街3号
网　　址：http://www.ccpress.com.cn
销售电话：(010)59757969，59757973
总 经 销：人民交通出版社发行部
经　　销：各地新华书店
印　　刷：北京市密东印刷有限公司
开　　本：787×1092　1/16
印　　张：47.75
字　　数：1206千
版　　次：2012年5月　第1版
印　　次：2012年5月　第1次印刷
书　　号：ISBN 978-7-114-09779-9
印　　数：0001-1500册
定　　价：200.00元(上、下册)
(有印刷、装订质量问题的图书由本社负责调换)

第二十届全国桥梁学术会议

学术委员会

名誉主任　范立础
主　　任　项海帆
副 主 任　葛耀君
委　　员　（以姓氏笔画为序）
牛　斌　吉　林　孙利民　肖汝诚
邵长宇　孟凡超　赵基达　秦顺全

组织委员会

主　　任　尤习贵
副 主 任　肖汝诚
委　　员　（以姓氏笔画为序）
王国锋　冯鹏程　华彦常　张　鸿　杨志刚　杨少稀
罗世东　姜友生　胡志坚　高宗余　黄　雍　詹建辉
潘东发

主办单位

中国土木工程学会桥梁及结构工程分会

支持单位

湖北省交通运输厅
武汉市城乡建设委员会

协办单位（排序不分先后）

中铁大桥局集团有限公司
中交第二航务工程局有限公司
湖北省交通规划设计院
中交第二公路勘察设计院有限公司
中铁大桥勘测设计院有限公司
武船重型工程股份有限公司
武桥重工集团股份有限公司
中铁第四勘察设计院集团有限公司
中国公路工程咨询集团有限公司
华中科技大学
武汉理工大学
武汉大学测绘学院

承办单位

《桥梁》杂志

目　录(上册)

一、大 会 报 告

二、设计与分析

三、施工与控制

一、大会报告

1. 美观何价

邓文中

(林同棪国际工程咨询(中国)有限公司)

1 引言

一位纯唯美主义者曾经说过:“任何一种艺术品如果有实用目的,就不再是美”。

有些桥梁工程师说:“桥梁不应该附加任何没有实用价值的东西”。

这是对美观的两个极端的观点。在我看来,结徵在于我们是否相信美有它的价值。如果美有价值,我们就不在乎它是否有用。如果美有价值,那么使一座桥梁更漂亮就应当是设计的一部分。

作为桥梁工程师,我们不必关心什么是唯美学者的说法。我们相信任何实际的物品都可以是漂亮或者是丑陋,无论它是一辆汽车、一张桌子、一幢房子或是一座桥。在商场上,顾客愿意为一个他看起来漂亮的商品支付更高的价格,一幢漂亮的房子当然比一幢丑陋的房子更值钱。我们的确每天都为美付钱。如果我们肯为美付钱,那么美就当然是有价值了。建筑商早就明白这个道理,所以他们愿意花费大笔的费用来美化他们的建筑,这样他们在售卖或者租赁时可以要求较高的价格,而得到更多的回报。制造厂家也明白这个道理,所以,甚至简单的日用品,如刀叉和碗碟也大多是专门设计以使它们看起来更漂亮。汽车制造商在汽车造型上大量投入,通常,不一定是最实用的汽车受欢迎,而是最漂亮的汽车最受欢迎。

优美的环境让人快乐。我们装饰自己的家,使我们的生活更加舒适;我们去九寨沟、桂林和黄石公园,因为那里自然的美丽吸引我们;我们在花园种花,因为它们看起来漂亮。毫无疑问“美”一直都是我们生活的一部分,而且我们有意无意间都在为享受美而承担费用。

一座桥是组成一个城市的一部分。世界上没有一个美丽的城市可以容纳一座丑陋的桥梁。就像一个客厅,必须每件家具都好看和协调搭配,才会漂亮舒适。

如果我们同意美确实有价值 ,那么它的价值是多少?看来,在许多情况下,决策者和桥梁工程师都常常会为这个问题烦恼。不过,如果我们试图将一个城市中的一座桥想象成一间客厅里的一张桌子,这个问题就会变得简单些。它们的逻辑是一样的!核心问题是我们能够和愿意付出多少。那就与我们的购买力有关。如果我们富裕或者特别喜欢,我们会购买虽然比较昂贵,但好看的桌子;如果我们不大富裕,我们可以接受普通的桌子;如果我们实在太穷,可以自己来钉一张桌子。真正穷困的时候,买张桌子是难以想象的奢华,那么就可以从水果市场拿一些盒子回来钉在一起当桌子用。今天，大家的生活好转了，用这样桌子的人显然已经很少。这并不是因为它不实用，而是因为它不好看，不能满足我们对美的要求！这个逻辑也适用于桥梁。我们现在已不是生活在贫困中，我们有能力使我们的生活环境更美丽、更充实。如果我们看看今日许多住宅小区，和 30 年前的环境实在是天壤之别。可能有些人还是认为为桥梁的外观付钱是浪费的。就等于真的有些人还不肯放弃把水果箱钉起来当桌子的念头。不过，在今日的社会中，持这样想法的人毕竟是极少数。对于新建的桥梁，大多数人都对美观予以高度重视，他们也愿意为桥梁的美观承担适当的附加费用。问题是，一张特别漂亮的桌子可能比一张普通的、最基本的桌子贵上几十倍，甚至几百倍。一座特别漂亮的桥梁也可能比一座普通的、最基本的桥梁贵上十多倍。那么，什么是"适当的美的附加费用"？谁说了算？当然，大部分桥梁都不会是最昂贵，也不会是最便宜，而是在两者之间，"适当"就成为要解决的问题了。

2 适当的美的附加费用

为了方便，我们把"美的附加费用"简称为"美观价"，是"为美观所付的代价"的意思。首先我们必须对"美观价"有一个清楚的定义，因为每个人心目中的"最基本"并不一定相同，就是说，大家的底线不一样。在这里，我们把"最基本"的桥定义为"只需要满足'安全和实用'的结构"。那就是最低价的结构。美观价就是一座桥梁的实际造价减去最低价格。那么，什么是适当的美观价？

应该花多少钱去建多漂亮的桥，是不容易解答的问题。"适当的美观价"是多少，没有公认的定义，每一个人都会有不同的答案。当然，经济情况好的城市里大家会愿意多花一些来美化环境。经济情况不大好的城市会节省一些。但是，什么是适当却不容易决定。这里其实是两个问题：第一，怎样的美观值多少钱？第二，怎样的经济情况应该为美观花多少钱？但是，由于美的价值无法用科学的方法衡量，这两个问题都不可能有被公认的答案。这也就是许多争论的根源。

工程师习惯填公式。如果"美观价"可以用一个公式来表达的话，当然是最轻松的事情。所以，有些工程师同意桥梁美观有一定的价值，但也同时认为这个价值必须限制在一个百分比之内。例如，随便取一个数字，有人认为一座漂亮的桥不应该比一座最经济的桥贵 10%。那就是说，一座桥的"美观价"不应该超过 10%。有些业主把它定为 20%，在美国联邦曾有一段时期有个不成文的意见，认为大约 7%比较合理；但是，" 7%，10%，20%"这些系数是哪里来的呢？为什么不是 "50%"或者" 3%"，或者其他的百分比？有没有论证根据？最重要的是，谁说了算？

譬如，我们吃饭的目的是充饥。最经济的饭菜只需要有足够的分量和营养，在今天，这样的饭菜很便宜。但除非是很穷困，今日每顿都吃最经济的只求充饥的饭菜的人大概不多了。而且，不管是在家里抑或到餐馆吃饭，有不同的客人我们会点不同价码的菜。人生只有一次的结婚宴，大概办喜酒大家都不会在乎多付几个甚至十几个 20%。如果我们要建一座大家都希望能成为城市标志的桥梁，为什么只能多花 10%的费用？或者 50%？反过来说，有些桥梁就应该是普通的桥梁，多花 5%也不适当！美观不一定昂贵，美最重要的是造型和比例，在许多情况下，一座简单的桥梁可能会更恰当更好看。例如在美国佛罗里达州 Jacksonville 的阿考斯塔桥(Acosta Bridge)(图 1)，当时大家对美观很重视，那时流行斜拉桥，许多人认为应该建一座斜拉桥。但是，我觉得这里的环境很休闲、宁静，应该建一座优美低调的连续梁桥，结果得到很成功的效果。

桥梁是城市的一部分。每个城市都应该有一个整体的规划，其中也就应该包括桥梁的规划，哪一座桥应该是代表城市的名片，哪些桥应该比较平淡低调，这样配搭起来才能使整个城市舒适和漂亮。就好像在花园里，不能都只有花，也要有草有叶相配起来才好看。而这样的安排，只有作为决策者的业主才能做决定！桥梁工程师没有权力、没有责任、也没有能力去规定那里的桥应该花多少钱、造得多漂亮！桥梁工程师的职责是根据业主的要求去设计一座最适当的桥梁！如果业主决定愿意花 10 倍的钱来建造一座很漂亮的景观桥，以作为这座城市的亮点，工程师没有反对的理由。正如在旧金山的海湾大桥(图 2)，当地居民愿意为美观付出2.30亿美元，作为工程师，我们的责任就是为他们在这个价格内造一座最令大家满意的桥梁。工程师的责任是服务，工程师不是业主，不是决策者！

图 1　阿考斯塔桥(Acosta)

图 2　旧金山东海湾大桥

当然，因为我们是桥梁工程师，应该是对桥梁的造价和设计最有研究的人，有机会的时候，我们有给业主和社会大众提供意见和引导的责任。最重要的是让业主明白，不同的桥梁会有很不同的造价，什么样的桥梁比较适合什么样的地貌，等等。

3　景观桥数例

图 3 是大家熟悉的几座国外比较著名的景观桥。所谓景观桥，当然就是要特别好看，对美观有很高的要求。表 1 是这些桥梁的数据。这些桥的单价(以 2011 年 7 月汇率计算，1 美元＝6.5 元人民币)大致都在每平方米 10 万元人民币之上，有些还高过 20 万元人民币。如果再考虑这些年的通货膨胀，把这些单价换算成 2012 年的价格，那就更不得了。和一座当地最经济的桥梁相比，它们的“美观价”大概都在 1 000%以上。那么，值得吗？我们说不清楚；但我们能听到的反对声音也不多！而且，不管是在介绍城市的手册中，抑或导游的书本里，这些桥梁都被自豪地称为这些城市必游之地。而其中几座在结构造型上也的确别具一格，它们为所在城市增加了一份魅力，是无可讳言的。

外国景观桥造价　　表 1

桥　名	长度(m)	宽度(m)	面积(m^2)	工程造价	单价(人民币/m^2)	建成年代
英国盖茨黑德千禧桥 Gateshead Millennium Bridge	全长 126 主跨 105	8.00	1 008	2 200 万英镑	22.0 万	2002 年
意大利威尼斯主运河大桥 Quarto Ponte sul Canal Grande	全长 101 主跨 81	6.50	656	1 200 万欧元	15.5 万	2009 年
美国甲鱼湾日晷桥 Turtle Bay Sundial Bridge	全长 230 主跨 150	7.00	1 610	2 600 万美元	10.5 万	2004 年

续上表

桥　　名	长度 (m)	宽度 (m)	面积 (m^2)	工程造价	单价 (人民币/m^2)	建成年代
加拿大卡尔加里和平桥 Peace Bridge	全长130 主跨130	6.20	806	1 800万美元	14.5万	2010年
英国伦敦千禧桥 London Millennium Bridge	全长370 主跨144	4.00	1 480	2 300万英镑	15.5万	2001年

a)英国盖茨黑德千禧桥
(Gateshead)

b)意大利威尼斯主运河大桥
(Grand Canal)

c)美国甲鱼湾日晷桥
(Sundial)

d)加拿大卡尔加里和平桥一(Peace)

e)加拿大卡尔加里和平桥二(Peace)

f)伦敦千禧桥 (Millennium)

图3　世界景观桥

许多城市为了宣传自己，常常会花费很大的资源和努力。电视广告，宣传手册，应有尽有。如果城中有一个可以成为名片的建筑，是桥梁也好，高楼也好，纪念碑也好，设计得非常漂亮就都是能吸引人的东西。这也是一个值得投资的理由！悉尼的歌剧院和港湾大桥(图4)，造价都很高，其“美观价”远远在100%之上，大家觉得合理吗？但是，如果悉尼没有这两个建筑物，世界上大概不会有几个人知道有悉尼这个城市，也大概不会有太多人要去那里旅游！那么，这两个建筑物真正的价值应该是多少？

国内近年也建造了一些景观桥。例如广西的南宁大桥(图5)。笔者近年去了几次南宁，从交谈中发觉南宁大桥是一座很多老百姓都引以为豪的大桥。但是造价比较高，是否物有所值，笔者所知有限，无法评判。(笔者注：这座桥是林同棪先生退休后为南宁市做的方案，与笔者工作的林同棪国际公司无关)。林同棪先生20世纪80年代设计的Ruck-A-Chucky大桥(图6)方案曾得到国际桥梁界很高的评价。可惜这座桥因为当地的水坝停建了而至今没有建造。这座桥的造价当然也不会低！

我们公司在国内也应业主要求设计了几座景观桥。但这几座桥都是根据业主提供的预算设计的。目前中国还不很富裕，这些桥在造价上当然不能和上面介绍的国外的几座景观桥比较。桥本身的价格不到他们的十分之一。其中天津市大沽桥单价（图 7）最高，主要因为这座桥处于强烈地震区加上两岸都是软土层，而且梁高受到不足 1.4m 的限制，这些不利条件提高了造价，还使用了加厚的正交异性板钢桥面和高质量的环氧沥青铺装来提高其耐久性，如果不包括两岸的绿化，堤岸，和其他与桥结构本身没有关联的费用，桥梁的造价是 1.21 亿元，达到每平方米 1.7 万元左右。是否好看，是否物有所值，是见仁见智的事情。应该让他人去评议吧。

图 4　悉尼港湾大桥与歌剧院

图 5　广西南宁大桥

图 6　Ruck-A-Chucky 大桥（效果图）

图 7　天津大沽桥

图 8　沈阳三好桥

4　什么是美？

审美是很主观的事情。美没有准确的定义，也没有量度的标准。大家觉得好看便是美，大家不喜欢就是不美。桥是为市民们建造的，这个“大家”不是指专家，而是市民大众！当然，美学也是一门学问，一件物品美不美，也有一些笼统的规律。但这些规律都是人为的，所以也会随一个群体的文化演变而有所不同。例如，中国的牌坊几乎都是对称的；罗马时代和文艺复兴时代的建筑也基本是对称的。那些时代所有的拱也都是所谓罗马式，半圆形的，后来的哥德式，巴洛和洛可可形式打破了这些规律。一般来说，对称的结构看起来比较庄重，所以，宫殿建筑基本是对称的，在皇城的中轴线上的建筑也大多是对称的。但不对称的建筑比较活泼。譬如在娱乐休闲地区建桥，过于对称可能就太呆板了。这里需要的不是庄严，而是舒畅和活泼。

Gustav Eifel 设计的巴黎铁塔（图 9），在修建时曾经受到很多建筑师、工程师和美学家十分残酷的抨击，但建成后却成为市民和游客们最喜欢的去处。使政府不得不将这个原来是临时的建筑变成永久结构。今日，它基本上已经成为代表巴黎的标志，这就是成功。

西班牙索维市的 Alamillo 大桥(图 10),曾受到众多工程师的批评,因为它看起来不像是一般大家熟悉的斜拉桥。荷兰鹿特丹市的 Erasmus 大桥(图 11),桥塔有一个折点,也有很多人提反对意见。可见审美是很难一致的。而且,上面两座桥,结构的不合常规,也的确增加了相当的造价。那么,这样的设计是否适当?既然每个人对美的评价都会不同,作为桥梁工程师,我们不可能让每个人都赞赏我们的设计,在这方面,我们主要满足两个要求:第一,桥是为市民大众建造的,他们觉得它好看就是美;有时候,一些工程师长时期沉湎在一个领域中,对许多事物会形成一定的主见,可能比一般民众更难接受新的、不同的事物。第二,造价是根据业主的预算设定的,能不超出预算也就是满足了经济上的要求。

图 9　巴黎铁塔

图 10　西班牙 Alamillo 大桥

图 11　荷兰鹿特丹 Erasmus 大桥

5　谁说了算?

买桌子是一家人的事情;造桥是一个城市的事情!一家人的决策者是一家之长;一个城市的决策者是这个城市的领导。家长可以安排另一个人去做买桌子的决定,城市的领导也可以,有时甚至必须指派适当的代表去当业主。那么工程师在造桥工程上的角色是什么?

城市里的桥梁属于这个城市的市民。原则上,市民的代表就是这个城市的领导。那就是说,在桥梁的选择和决策上,应该花多少钱去盖一座多漂亮的桥是领导的责任,不是工程师的责任。更不是工程师的权利!这一点是所有工程师都必须清楚了解的。不能混淆了。当然,许多业主未必有足够的认知来选择最适当的桥梁,那么他就应该请顾问帮忙。但最后决定的权力和责任还是非他莫属。至于领导如何运作来满足他代表大众市民的责任,是政治体制的问题,不是工程问题。当然,工程师也是一个公民。一个公民有权利和义务去辅助领导。但在这个角色上,他只是许多许多公民中的一个。通常,一般公民对整个城市的规划和预算不一定很了解,所以对事情的评判不一定透彻。同时,工程师的权责和一个公民的权责不能混在一起!

回到我们桌子的例子上,当一个顾客来订购一张桌子,我们的责任是为他解释不同桌子的情况和价格,我们不能替他决定买哪一张桌子。顾客提出一个价码的话,我们可以根据这个信息提供合乎这个价码的桌子,也可以介绍价码以外的产品。但无论如何,决定权属于顾客。最后我们必须根据顾客的选择提供产品。我们没有权力替他做决定,不能因为我们觉得他赚的钱不多所以不让他花钱去买比较昂贵的桌子!同样,当一个业主要多花一些费用去盖一座更好看的桥梁,工程师的责任就是要根据业主的要求去设计一座更好看的桥。作为一个公民,我们可以提出异议;但在工程师的立场,我们没有这个权利!也就等于卖桌子一样,厂家不能认为一个顾客的经济状况不很好,就不同意为他生产一张价格较高的桌子。无论在法律上抑或人情上,都是不对的。

不过，在提倡桥梁美观的同时，我们也的确要有一个价值的观念。有些桥梁的价格远远超出业主的经济能力，通常主要原因是设计师把应用艺术和纯艺术混淆了。桥梁属于应用艺术，桥梁的基本价值是疏导交通，美观是一个附加价值。每一座桥都有一个预算和工期，成本很重要。桥的设计目标是“适当”，在“安全、实用、经济、美观”中求取平衡，也可以说是在已定的“安全、实用、经济”的条件下把桥造得最美，妥协是无可避免的事情。不像雕刻。雕刻是纯艺术，纯艺术的基本价值是“美”，除提供美的效果外没有实际的用途，雕刻家的工作目标是“完美”；雕刻的成本不重要，也常常没有时间限制，雕刻家不习惯于妥协。很显然的，当一个桥梁工程师持着雕刻家的态度去设计桥梁，要求“完美”的话，后果可能很严重。桥梁没有完美的设计，只有适当的设计！

6 中国桥梁

中国现在处于一个很特殊的情况，30 多年改革开放大大改善了国内的经济环境。但贫富地区相差还相当悬殊。贫困户吃的饭菜当然不可以跟富有人家比较。应该花多少钱去建多漂亮的桥梁也自然会随地区的经济状况而有很大的差别。如果我们的经济状况只能负担一座最基本的桥梁，花大量金钱去建一座昂贵的景观桥的确有问题。在这个情况下，为美观而多花10%也不见得合理。这不再是一座桥的问题，它是整个城市规划的问题。但是，我们也必须从另外一个角度考虑：所谓“十年树木，百年树人”，建一座城应该是几百年甚至千年的事情，不管多穷，我们还是不应该给我们的子孙留下一个“丑八怪”吧！

7 结语

爱美是人的天性。古文人把美人形容为“倾国倾城”。这也可算是对美的评价吧！作为工程师，把桥梁造得倾国倾城不是我们的目标，但工程师的每一件工作都在改变大自然环境，所以，美化生活环境也是我们的责任。工程师设计桥梁，不能只考虑交通，工程师设计桥梁，其对象不是车辆，而应该是“人”！桥梁是为人而建的，不是单为车辆而建的！所以，在设计桥梁的时候，我们必须考虑“人”的意愿。尽力把它建造得漂亮，使大家生活其中觉得更舒适和美好！这并不是什么新的论调，中国的几座著名的古桥：如赵州安济桥、卢沟桥，等等，上面也有精美的雕刻，而不只是平板一块。这些雕刻对桥的功能并无补益。如果大家留意一下世界名城，如巴黎、伦敦、悉尼等，它们的桥梁都相当漂亮，而不是最经济的结构。可见桥梁美观的要求，并不始于今日，也不始于中国！

应该花多少钱去建多漂亮的桥不能用公式来表达。在不同的情况下会有不同的答案。“适当的美观的代价”有时可以是一座最经济方案的十多倍，有时又可能多 1%也不合理。它应该是一个城市整体规划的一部分，不能一概而论，也不是工程师能决定的！

值得提及的是：①美观和怪异完全是两码事，不要混淆了，美观是有价值的，怪异不但没有价值，甚至会适得其反；②美观不一定昂贵，美最重要的是造型和比例，镶金挂银不是美，奢侈也不是美；在许多情况下，一座简单的桥梁可能会更恰当更好看；③在特殊情况下，造一座比较昂贵的景观桥作为城市的亮点无可厚非，但除非是有特殊的目的，花高代价把每座桥都造成景观桥也许不一定恰当，这应该是一个城市整体规划的一部分；④决策者建造桥梁是花市民的钱，决定应该建造多漂亮的桥梁需要在这方面有一定的认知，多接纳市民和专家的意见应当是一个好的办法。

无论如何，我们正遇上一个千载难逢的、大建设的时机，将来中国是什么样子跟我们今日的取舍有极大的关系。这个责任不容忽视！

2. 世界大桥的未来趋势

——2011年伦敦国际桥协会议的启示

项海帆

（同济大学）

1 引言

在20世纪的最后10年中建成的法国诺曼底桥(1995年)、日本多多罗桥(1999年)以及中国香港青马桥(1997年)、丹麦大海带桥(1998年)、日本明石大桥(1998年)和中国江阴长江大桥(1999年)是世界斜拉桥和悬索桥在世纪末的冲刺和具有里程碑意义的成就，也标志着现代桥梁工程的发展已进入成熟期。一些在20世纪50～70年代创造的新材料、新体系、新结构和新工法得到了不断改进、发展，施工装备也不断更新换代，有力地支撑了缆索承重桥梁跨度的拓展。

图1　2011年国际桥协伦敦会议

2011年9月，国际桥协在伦敦召开了第35届年会(图1)。桥梁的大会主旨报告和各分会场的邀请报告介绍了近年来国际桥梁界的关注热点，具有重要的引领作用和启示意义。本文着重回顾进入新世纪后10余年间的桥梁发展动态，并展望未来10年世界大桥可能出现的新趋势，希望能引起中国桥梁界的认真思考，以尽快走出盲目追求“第一”和“之最”的概念设计误区，努力发展和建设各类专业化公司，迅速改变中国桥梁施工现场的落后生态，从而解决好长期存在的施工质量问题和疏于管养的问题，为今后中国桥梁走向世界奠定坚实的基础，逐步打造技术先进和质量一流的中国桥梁品牌。

2 斜拉桥是当代大跨度桥梁的主流桥型

斜拉桥的跨越能力现已突破了千米，甚至还有增大的潜力，正在建造中的俄罗斯海参崴Russky岛大桥，是主跨达到1 104m的斜拉桥，计划在2012年通车。韩国也计划在东南部的马山市和Geoje岛的连岛工程中采用主跨1 200m，全长520＋1 200＋520＝2 240m的斜拉桥方案。由于斜拉桥在刚度、抗风性能、拉索可更换、施工简便、无锚碇等方面的优越性，在近年来的国际跨海工程方案竞赛中，斜拉桥方案都优于悬索桥而被采用。如希腊 Rion-Antirion 桥，水深 65m，通航 18 万 t 海轮，又位于强震区，最后采用法国设计的多塔多跨 560m 斜拉桥(图 2)。

图 2 希腊 Rion-Antirion 桥

在今年伦敦会议上，丹麦 COWI 公司的 L. Hauge 先生所做的关于“大跨度桥梁的发展趋势”的大会主旨报告中也谈到了斜拉桥和悬索桥的比较。他认为在 1 200m 以下的跨度斜拉桥占优，超过 1 200m 的跨度，斜拉桥将受到塔高和长索的限制，锚碇条件有利的悬索桥将会占优。

日本 Nagai 教授的报告认为自锚式斜拉桥跨度的极限在 1 200～1 400m 之间。如采用部分地锚斜拉桥，极限跨度还可延伸至 1 600m，当悬索桥的锚碇只能设在水中，则斜拉桥方案仍有竞争力。

根据《桥梁》杂志 2011 年第 2 期所载同济大学肖汝诚等《缆索承重桥梁各种体系比较》一文的结论：当锚碇条件为岸上岩石时，跨度超过 900m 的悬索桥就会占优；对于岸上软土锚碇，则跨度 1 100m 以上才对斜拉桥占优；而对于浅水锚碇，初步估算在 1 600m 以上才会占优(图 3)。可见，三方面的研究结论是基本一致的。

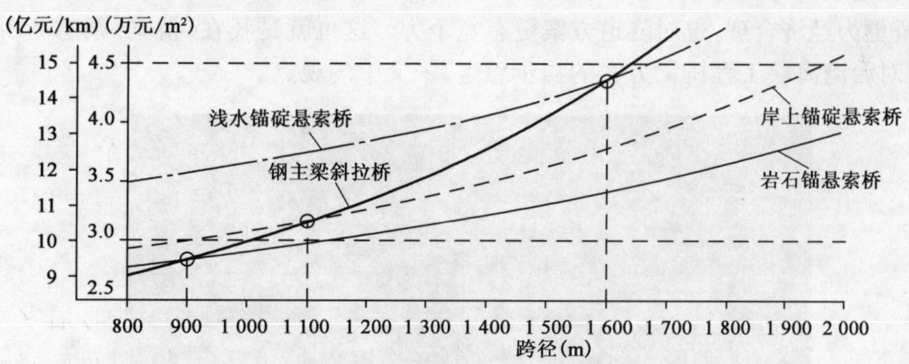

图 3 斜拉桥和悬索桥的经济比较

在国外，除了跨海工程要考虑大跨度悬索桥外，其余的内河航道如欧洲的莱茵河、多瑙河、塞纳河、易北河等，除下游河口段以外，航道等级在 1 000～5 000t 级之间，因而大都采用斜拉桥、拱桥或钢箱梁桥方案。英国的塞佛恩(Severn)桥和福思(Forth)桥都是在 20 世纪 60～70 年代建造的跨越海湾的悬索桥，因为当时斜拉桥的跨度尚不足 500m，还不能满足通航要求，但在以后修建 Severn 二桥和 Forth 二桥时都改用了更经济的分孔通航的三塔斜拉桥。在今年国际桥协的伦敦会议上，专题介绍了建设中的苏格兰福思二桥。该桥位于1964年建成的跨度1 006m的福思一桥边上，是一座三塔2×650m的斜拉桥(图4)，以替代主缆已腐蚀的原悬索桥(该桥改建为通行轻轨交通、自行车和行人)，并满足日益增加的交通需求，而没有再建另一座悬索桥。

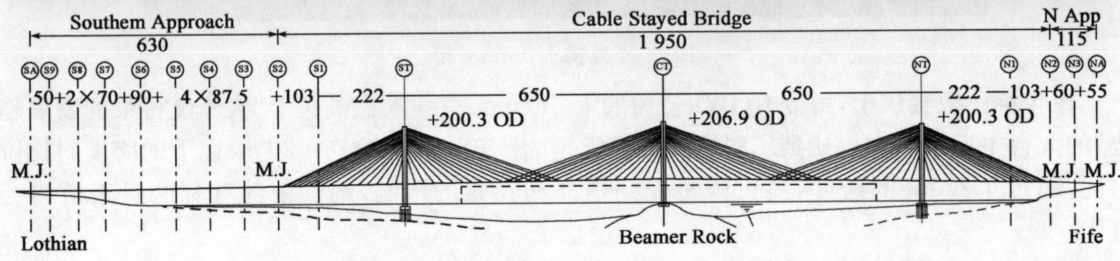

图4　苏格兰Forth二桥(尺寸单位：m)

Hauge先生在主旨报告中还提到COWI公司正在规划中的德国和丹麦之间费曼恩海峡工程的最新优化成果(注：在2009年上海国际桥协会议上，COWI公司的Ostenfeld先生介绍的桥梁推荐方案为四塔三跨780m的斜拉桥)，他认为采用三塔双跨724m的斜拉桥方案就能满足26万t航道的要求(图5)，与1 600m跨度的悬索桥方案相比，由于施工期短和对环境影响小，是更有吸引力的选择(more attractive option)。由此可见，即使对于30万t级的海峡通道，采用分孔通航的跨度800m的多塔斜拉桥将比合孔通航的超大跨度(1 600～1 800m)深水锚碇悬索桥更为经济合理，也对隧道方案更有竞争力。这也就是我在《桥梁》杂志2011年第1期发表的《对台湾海峡工程桥梁方案的初步思考》一文中的观点。

图5　德国—丹麦费曼恩海峡大桥

可以说，斜拉桥已成为当代大跨度桥梁的主流桥型。据国外杂志报道，泰国湄南河桥、越南湄公河桥和印度孟买的新建大桥都是斜拉桥。美国密西西比河(世界第四大河)在靠近出海口的路易斯安那州于2011年底新建的一座Audubon桥也采用主跨482m的结合梁桥面斜拉桥，并且是北美洲最大跨度的斜拉桥(图6)。斜拉桥在200～1 200m的跨度范围都有竞争力，而且可灵活采用独塔、双塔和多塔的布置方式以跨越300m宽直至几千米长的大江和海峡。多孔斜拉桥采用分孔通航的方式，避免了为设置陆上锚碇而被迫加大悬索桥跨度的传统做法，是更为经济合理的方案。

图6　美国密西西比河Audubon桥

3　高性能材料的应用

材料的进步一直是工程结构发展和创新的主要动力。以金属材料替代天然的石料和木料为标志的近代桥梁时期和以计算机和信息技术为标志的现代桥梁时期已经历了350年(1660年～2010年)的发展。钢材和混凝土两种基本材料性能的不断提高推动了桥梁的发展，特别是预应力技术的出现不仅大大提高了混凝土桥梁的跨越能力和质量，而且完全改变了施工方法。

1874年，美国用钢材代替钢铁建造了第一座钢拱桥，开启了钢桥梁建设的新时代。一百多年来，钢材的屈服强度已从最初的不足200MP逐步提高到S235-345-420，高性能的HPS460(欧)-480(美)-500(日)-580-690-800-960，甚至达到1 000MP以上的超高性能(Super High Performance)钢材。同样，自1875年法国工程师建造了第一座跨度13.8m的钢筋混凝土人行桥以来，混凝土的强度等级也从不足10MP逐步提高到C15-25-40-50-60，以及高性能的HPC80-100-130-150-200。应该说，钢材和水泥基混凝土的强度已接近极限，发展的空间不大了。从20世纪40年代起，各类轻质高强的高性能复合材料(CFRP、GFRP和AFRP)陆续登场。虽然在价格、连接方式、锚固技术等方面还有待提高，但可以期待，在不久的将来，复合材料也将逐步进入桥梁工程，并以混合结构为过渡方式，最终成为未来桥梁的主要材料。建筑材料的改变必将促使计算理论、体系、构造、施工和管养等发生划时代的变革，从而使桥梁工程进入“后现代”的新时期。

当前，现代桥梁已进入了成熟期。国外的新桥已大都采用高性能材料，即采用HPS460-690和HPC60-80作为主要的材料，混凝土结构的配筋也用HPS460的主筋。在一些高应力区(如拉索的锚固区)还会少量采用HPS800-960的钢材以减少厚度、简化构造、方便焊接，从而减轻每平方米的用钢量指标，有利于整体桥梁的经济性和耐疲劳性能，并提高对隧道的竞争力。

由于国内材料工业的落后，大部分中国钢桥仍以S345为主，少数采用S420；混凝土强度等级也大都是C50以下，仅少数采用C60。材料性能低(相差20%～60%)就要放大构件的尺寸和厚度，造成“肥梁胖柱”现象，不仅影响美观，也是耐久性不足的原因。希望国内桥梁界和材料工业界能共同努力，改变这种局面，使中国桥梁的耐久性、抗疲劳性能和全寿命经济性能得到改善，同时又能提高桥梁的美学价值。

在 2011 年伦敦会议上发达国家已呼吁提高大桥的寿命期望，即从传统的 100 年提高为 150 年和 200 年。意大利墨西拿海峡大桥已率先采用 200 年的寿命期，并要求钢材的抗疲劳性能从传统的 200 万次（2×10^6）提高到 1 000 万次（1×10^7），即对钢和混凝土的耐久性能提出了更高的寿命要求。我们必须尽快赶上这一发展趋势，不能再故步自封。同时，对 FRP 的研究和应用也要给予关注，为迎接桥梁“后现代”时期的到来作好技术准备。

4 未来跨海长桥的关键技术

进入 21 世纪后，中国开始建造跨海连岛的长桥。2005 年建成的上海东海大桥全长 32km，是第一次尝试。接着，全长 36km 的杭州湾大桥也在 2008 年北京奥运会前通车。2011 年 6 月建成的青岛胶州湾大桥更以全长 42.5km（被西方称为马拉松距离的长桥）位居长桥之最。正在规划中的广东深圳—中山通道和卡塔尔—巴林跨海大桥也有 30～40km 的长度。据说，中国舟山连岛工程正在计划向北延伸，和东海大桥相接，其中岱山到大小洋山将是 30km 的跨海长桥（图 7）。此外，中国琼岛海峡、渤海海峡和台湾海峡通道也在规划之中。东南亚的菲律宾和印尼都是千岛之国，在 21 世纪中也可能开始兴建跨海连岛的长桥。伦敦会议的主旨报告中讨论了未来长桥建设中应当关注的问题，为建设未来的跨海长桥提前研发一些关键技术，做好准备。

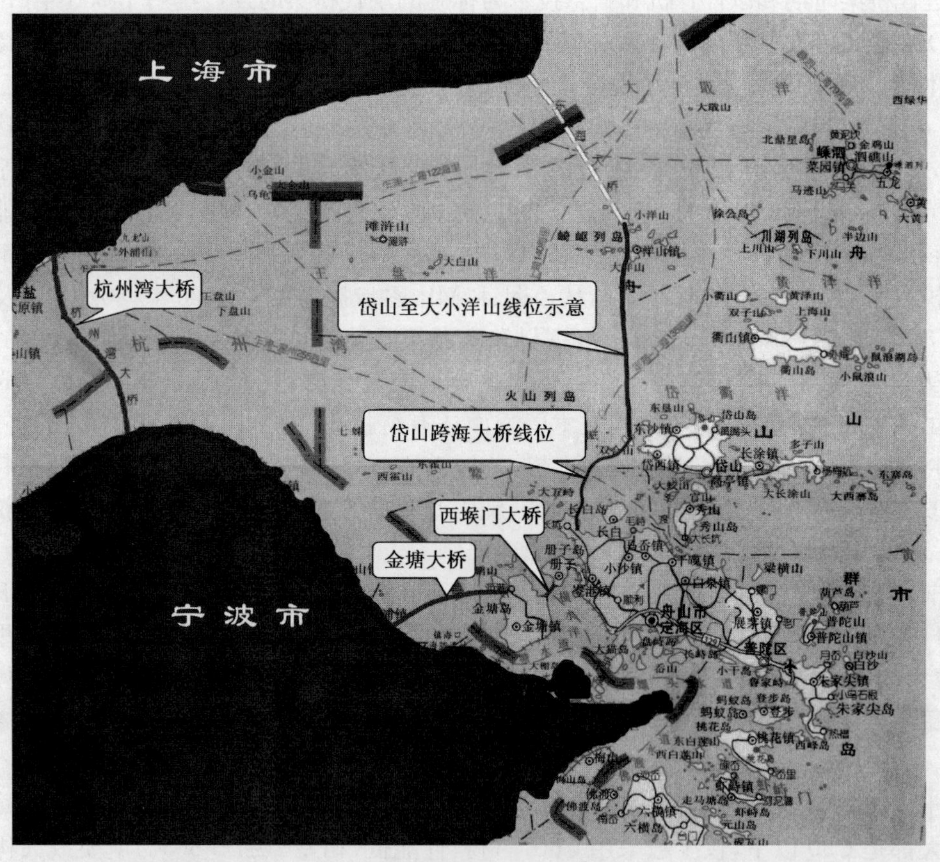

图 7　舟山连岛工程延伸规划图

4.1 超深水基础研发

跨海长桥建设必然会遇到深水基础问题。现有水深最大的桥梁基础是超过 65m 水深的希腊 Rion-Antirion 桥。桥位处于强烈地震区，水面宽 2 500m，基岩埋深超过 500m，法国工程师采用了创新的"加筋土隔震基础"和预制装配的桥墩(图 8)，使下部结构的造价降低。为满足 18 万 t 约束航行(航速 16 节≈30km/h)要求布置了分孔通航的多孔 560m 斜拉桥，而并没有选用超大跨度悬索桥。

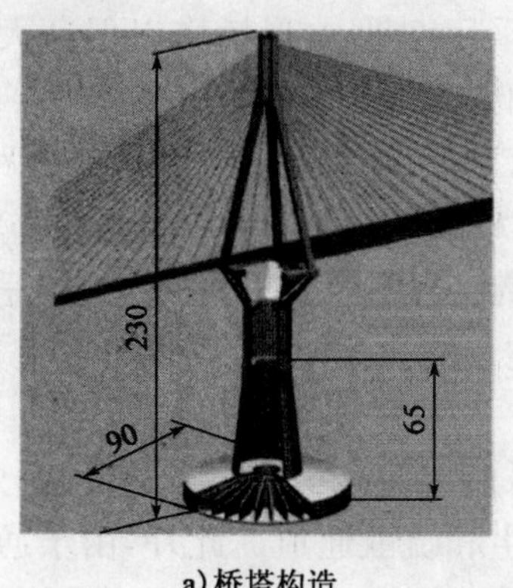

a)桥塔构造

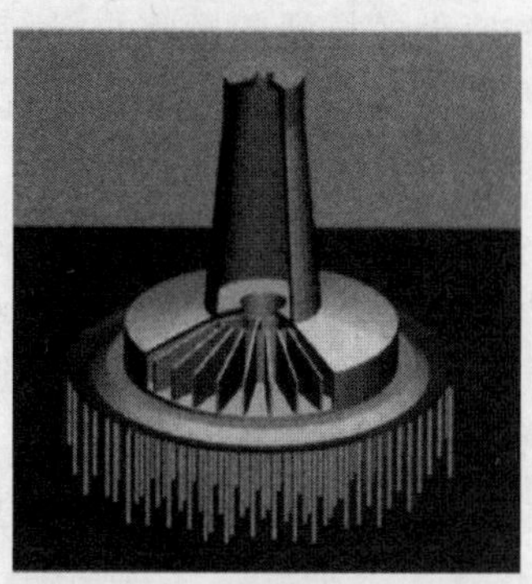

b)基础构造

图 8 希腊 Rion-Antirion 桥基础(尺寸单位：m)

韩国于 2010 年建成的 Busan(釜山)-Geoje 跨海连岛工程中一座主跨为 475m 的斜拉桥基础采用巨型浮运混凝土沉井基础。岩盘水深 28～30m，薄壁混凝土沉井高 30m，总重达 9 600t，在船坞中预制后浮运就位。然后，下沉至挖好的基坑上，用水下混凝土填实沉井与岩盘之间的空隙，再在沉井的箱室中灌注混凝土。最后，灌注最上层的箱室形成桥塔的承台(图 9)。

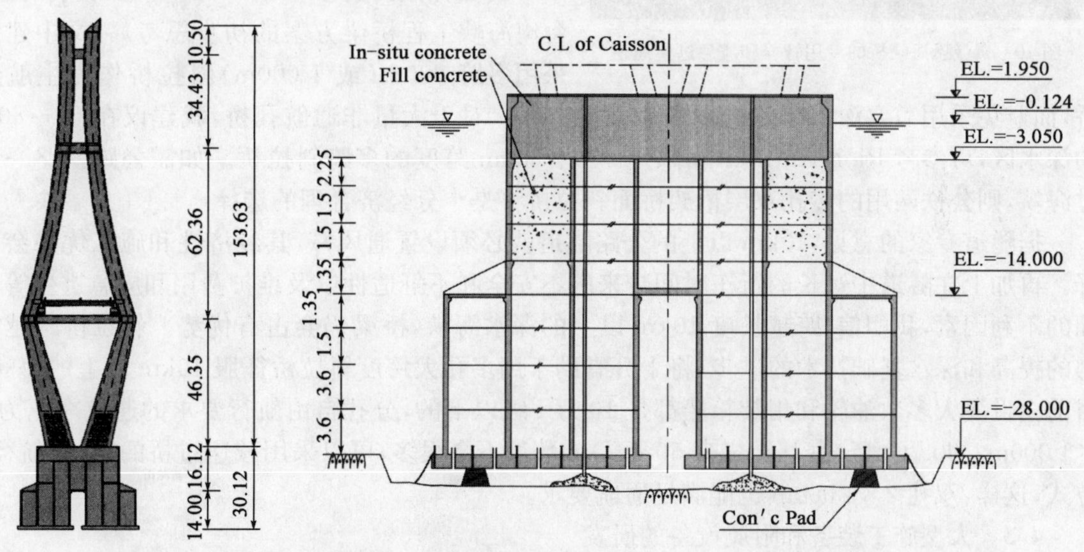

图 9 韩国 Busan-Geoje 斜拉桥桥塔的浮运沉井基础

水深 60～100m 的超深水基础研发对今后跨海长桥的建设具有重要的意义。可以说，在跨海长桥中，桥梁对隧道的竞争优势在很大程度上依赖于深水基础技术的进步。面对隧道施工技术日益经济和高效，我们不能再沿用传统的抗侧力(地震力、船撞力)能力不足的高桩承台基础，而要开发出一种既便于深水施工，又安全耐久的新型深水基础形式，以避免选用昂贵的超大跨度悬索桥和巨型深水锚碇，从而丧失对隧道的竞争力。

对于水深超过 80m 的海峡长桥，当海峡宽度达到 20km 以上，从行车安全和舒适度考虑并不宜采用过长的公路隧道方案。如不能找到水深较浅的绕行路线，就必须利用海洋平台技术建造超深水基础，此时，下部结构的昂贵造价将迫使上部结构采用超大跨度（2 000～3 000m）的连续多跨悬索桥跨越海峡。据分析，当跨度超过 1 800m 后，由于恒活载比值的增大，中塔主缆在鞍座处的抗滑问题将自动解决，可采用刚性 A 形桥塔以保证大桥的刚度，避免疲劳问题，如直布罗陀海峡和也门－吉布提之间的亚非曼德海峡的桥梁方案。

中国琼州海峡工可研究中推荐在水深 40m 以下的西线绕行方案修建公路跨海大桥是经济合理的选择。渤海海峡全长超过 100km，北段 42km 的海面，平均水深在 40m 以上，最大水深达到 86m，初步建议是南桥北隧方案，以避免多跨连续超大跨度桥梁，如能采用 1 200m 的多跨连续斜拉桥跨越深水区，以避免在公路隧道中过长的行车时间，则可与隧道方案相竞争。

4.2 双层桁架桥面的多跨斜拉桥

在长桥建设中，要考虑养护部门专用的独立通道以及在恶劣天气和发生交通事故时的应急逃生和疏散通道。此外，由于通过时间长，还要考虑使用者半途回程的需要。杭州湾大桥设置了观光平台，也提供了旅客半途回程的可能。前述的丹麦和德国之间的费曼恩海峡大桥的全桥设计中专门考虑了管养部门的专用通道（图 10），同时，在多跨斜拉桥的主通航孔桥的桁架下层还布置了应急逃生通道。

图 10　费曼恩海峡桥的专用管养和应急逃生通道

我在《桥梁》杂志 2011 年第 1 期上发表的《对台湾海峡工程桥梁方案的初步思考》一文中建议采用多跨 800m（或 1 000m）斜拉桥作为主航道桥，而避免采用需要深水锚碇的多跨悬索桥方案。对于大量非通航孔桥，我建议在 60～80m 的深水区，可参考 Rion-Antirion 桥采用 400～600m 跨度的多跨斜拉桥。如需公路铁路一起过海峡，则公铁两用的多孔双层桁架桥面斜拉桥将是十分经济合理的选择。

据隧道专家的意见，10km 以上的公路隧道就必须设置通风井，其经济性和施工优势会下降。再加上在隧道中过长的行车时间带来的不安全和不舒适性以及维护费用和应急逃生等方面的不利因素，我相信，跨越长度 10km 以上的深水海峡，桥梁仍会占有优势。斜拉桥跨越能力的提高和深水基础技术的进步，将十分有助于用多孔大跨度斜拉桥征服 10km 以上的海峡。目前全世界大多数油轮和集装箱船都是 10 万 t 级以下的，分孔自由航行要求的通航净宽为 2×1 000m。30 万 t 巨轮（甚至未来 50 万 t）的数量不会很多，可以采用减速过桥的“约束航行”方式，这样，双孔 2×1 000m 也能满足通航要求。

4.3 大型施工装备和附属设备的研发

跨海长桥的施工必须采用大型浮吊整体吊装施工以减少海上作业。无论上部结构或下部基础墩身的部件重量都会接近万吨级甚至更重。中国已能自主建造 3 000t 以上的浮吊，发达国家大都有 5 000t 级以上的大型装备，最大的是近万吨的瑞典天鹅号浮吊（图 11）。为了满足未来跨海长桥建设的需要，我们也应当开发大型浮吊和巨型造桥机等施工装备。

随着跨度的增大，斜拉索、伸缩缝、抗震缓冲阻尼器、管养检测设备、大型构件预制工厂的各类装备、海上施工机械以及计算机控制和远程通信设备等，都是必须的技术储备，以便能高质量、高效率地完成海上作业，保证投资巨大的大桥和长桥具有更长的寿命期和耐久性。

图 11　天鹅号 9 000t 浮吊

施工装备的不断进步将使工地现场的工作日益减少，演变为专业化大型构件的工厂预制和大型自动化施工机械的现场拼装就位。根据发达国家的经验，随着施工装备的进步，工地现场的工人也以每 10 年减半的速度递减，即从 20 世纪 50 年代的数千人到 90 年代的百人左右。进入 21 世纪后，发达国家的工地往往只有数十人的规模，巨型施工设备和计算机操作完全改变了桥梁工地的生态面貌，而工程质量却不断提高。反观中国的大桥工地仍聚集着大量农民工，专业化程度不高，这也是中国桥梁的施工安全、质量和耐久性存在缺陷的主要根源。从这点看，中国桥梁要赶上国际先进水平还有很长的路要走。

5　结语

综上所述，世界大桥的未来趋势可归结为以下几点：

(1)采用高性能、高强度材料和高性能复合材料，以延长寿命期，提高耐久性，体现节约资源和环保的可持续发展理念。

(2)慎用悬索桥，优先考虑具有刚度大、抗风性能好、拉索可更换、施工简便快速、避免深水锚碇等优点的斜拉桥。利用斜拉桥的跨越能力解决 10km 以上跨海长桥的难题。

(3)加快深水基础研发，避免被迫放大跨度，以提高对隧道的竞争力。采用多跨双层桁架桥面斜拉桥跨越海峡，并可满足公铁二用、应急逃生、中途回程和专用管养通道的需要。

(4)开发大型施工装备(造桥机、浮吊、塔吊等)、先进监测管养设备以及桥梁附属部件(支座、伸缩缝、阻尼器等)，为提高工程质量提供装备保证。

(5)建设现代专业化分包企业，减少工地施工人员，努力赶上发达国家的水平，创建中国桥梁的国际品牌。

参考文献

[1] 国际桥协. IABSE 伦敦会议论文集[C]. 2011,9.

[2] 项海帆，等. 桥梁概念设计[M]. 北京：人民交通出版社，2010.

[3] 肖汝诚，等. 缆索承重桥梁各种体系比较[J]. 桥梁，2011(2).

[4] 项海帆. 对台湾海峡工程桥梁方案的初步思考[J]. 桥梁，2011(1).

[5] 邓文中. 台湾海峡大桥的构思[J]. 桥梁，2011(6).

[6] Sangkyoon Jeong, Jechun Kim. The Immersed Tunnel and Bridges of Busan-Geoje Fixed Link[J]. Structural Engineering International, 2012,22(1).

[7] 楼庄鸿，译. 密西西比河的新干线[J]. 桥梁，2012(1).

3. 多塔缆索承重桥梁

高宗余

（中铁大桥勘测设计院集团有限公司）

1 概述

用主缆承载的悬索桥和用斜拉索承载的斜拉桥通称为缆索承重桥梁，多塔缆索承重桥梁指三塔或多于三塔的斜拉桥和悬索桥。悬索桥以主缆、主塔和锚碇为主要承重结构。主梁主要承受局部车辆作用，对体系只具有加劲作用而通常称其为加劲梁，主缆只受拉，主塔以受压为主，主梁以受弯为主。斜拉桥以主梁、斜拉索和主塔为主要承重结构，主梁和主塔以压弯为主，斜拉索只受拉。

世界范围内，多塔斜拉桥近20年获得逐步发展，而大跨度多塔悬索桥则仅近10年才首先在中国获得成功应用。多塔缆索承重桥梁可以较大的跨度跨越宽阔深水的江河海域或山谷，可提供大型轮船通航需要的多孔宽大航路，为保障通航顺畅和保持水流稳定提供最为经济的解决方案。桥梁的工程造价与其主跨的大小直接关联，采用多塔多主跨方案，在技术上和经济上较为合理。与常规的两塔桥梁相比，在结构体系、结构形式和力学行为上均有所不同。

2 多塔斜拉桥

多塔斜拉桥由于中塔两侧均为大跨，没有桥墩支承，因此和常见的两塔斜拉桥相比，结构刚度较弱，主梁挠度、中塔弯矩、拉索应力幅均较大，见图1。

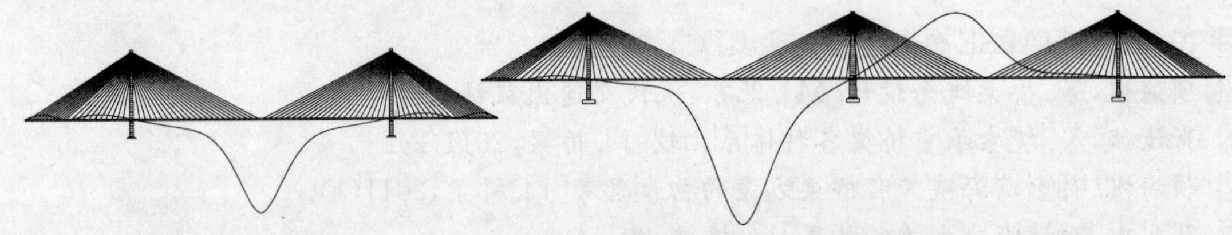

图1 两塔与三塔斜拉桥主跨跨中挠度影响线对比示意图

两塔斜拉桥通常采用在边跨增设辅助墩（也称锚墩）的方法有效提高结构刚度，而多塔斜拉桥仅采用此方法尚不足于有效提高主跨的桥梁刚度，必须综合采用进一步的措施来提高多塔斜拉桥结构刚度，主要的措施有：

(1)提高主塔刚度：早期采用刚性塔及 T 构加挂梁的形式，如委内瑞拉的马拉开波桥，近年的希腊 RION-ANTIO 桥采用钻石形四柱塔。

(2)增加主梁的自重和刚度：如宜昌夷陵长江大桥等采用混凝土梁，RION-ANTIO 桥、汀九桥等采用结合梁。

(3)塔顶增设拉索控制塔顶水平变位：如汀九桥。需根据具体工程分别或综合应用。

以武汉二七长江大桥为例分析三塔斜拉桥的特点。

根据长江通航和防洪要求，需要将该桥设计成两个主跨均为 616m 的三塔斜拉桥(图 2)，跨度布置时已在边跨设置了一个辅助墩。研究主塔刚度变化和采用不同主梁种类(钢箱梁及结合梁)对其结构行为的影响。

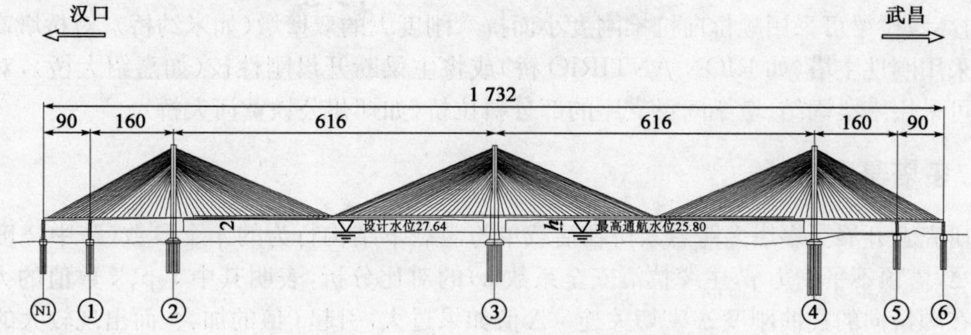

图 2　武汉二七长江大桥桥式布置图(尺寸单位：m)

由图 3～图 5 可知，随着中塔刚度的增大，主梁活载挠度显著减小，中塔自身弯矩也相应增大，而边塔弯矩则基本保持不变。随着边塔刚度的增大，边塔的弯矩也相应增大，而主梁活载挠度及中塔弯矩则变化较小。

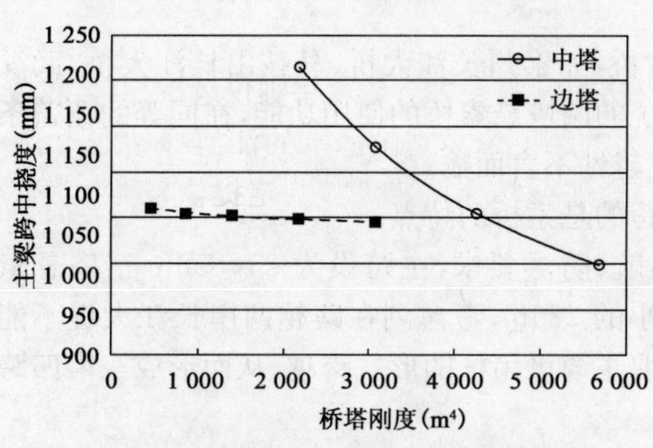

图 3　主梁挠度随主塔刚度变化图(单位：mm)

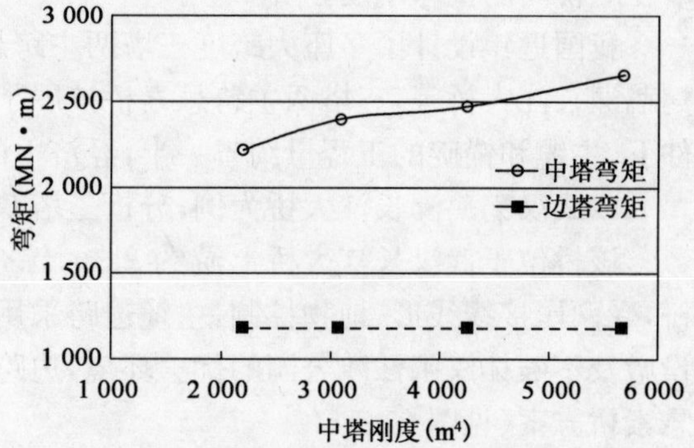

图 4　塔底弯矩随中塔刚度变化图

因此，加大中塔刚度是改善结构整体刚度的理想方式；边塔刚度对结构整体刚度影响较小，受温度力等影响，边塔刚度不宜太大。

其他参数不变，采用钢箱梁和结合梁对结构行为的影响见表 1。由于结合梁的自重显著大于钢箱梁，需要的拉索截面相应也大，表现出的结构刚度也大，虽然钢箱梁的截面抗弯惯性矩大

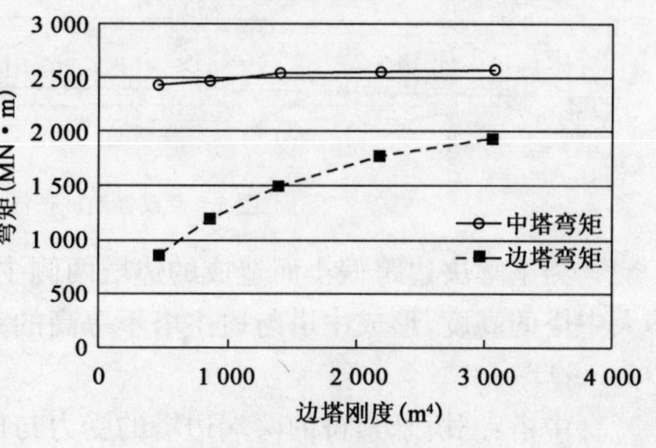

图 5　塔底弯矩随边塔刚度变化图

于结合梁，从表1可见，采用结合梁后，主跨跨中活载挠度和拉索活载应力幅分别减小了19%、18%，主塔弯矩则与主梁类型相关性较弱。

不同主梁对结构行为的影响对比表　　表1

项　目	单　位	钢箱梁方案	结合梁方案
主跨跨中活载挠度	mm	1 148	930
边塔底活载弯矩	MN·m	300	269
中塔底活载弯矩	MN·m	1 660	1 650
拉索活载应力幅	MPa	235	192

主塔数量更多的斜拉桥的刚度问题和主梁连续长度更大带来的温度效应问题尤为突出。因此，对高墩桥梁可采用顺桥向抗推刚度小而抗弯刚度大的双壁墩（如米约桥），对桥墩高度有限者可采用刚性主塔（如RION-ANTIRIO桥）或将主梁断开设刚性铰（如嘉绍大桥），对中等跨度者可采用塔梁固结、墩梁间设支座的部分斜拉桥（如郑州公铁黄河大桥）。

3　多塔悬索桥

有研究者开展了多塔多跨悬索桥在活载单跨满载下结构行为的4个参数（跨中挠度f，塔顶位移Δ，塔顶不平衡力p，主缆抗滑安全系数k）的对比分析，表明其中f、p、k数值的大小与塔结构在顺桥向的挠曲刚度Δ密切关连。Δ值如果过大，引起f值的加大，而出现较大的(f/l)挠跨比，Δ值如果过小，则p值增大而危及塔顶鞍座对主缆的嵌固可靠，即出现k值不足。因此在多塔悬索桥设计中，要特别注意主缆抗滑安全系数及主梁挠跨比，关键是要选择好中间各塔在顺桥向的抗弯刚度。

我国近年设计了多座大跨度三塔两主跨悬索桥，如泰州长江大桥、马鞍山长江大桥、武汉鹦鹉洲长江大桥等，三塔两主跨悬索桥扩展了传统的两塔悬索桥的使用功能，在同等的覆盖条件下，主缆和锚碇的工程量约省一半，经济上的优越性不言而喻。

以武汉鹦鹉洲长江大桥为例，分析三塔双主跨的悬索桥的特点。

该桥位于武汉长江大桥上游约2km，综合通航、防洪要求，主跨设为2×850m三塔悬索桥，受两岸接线线形、地物控制，主缆边跨采用偏小的225m，考虑到在跨越两岸长江大堤不能设墩及不破坏汉阳江滩公园的优美环境，边跨采取主缆设吊杆的形式跨越，从而形成三塔四跨悬索桥方案（见图6）。

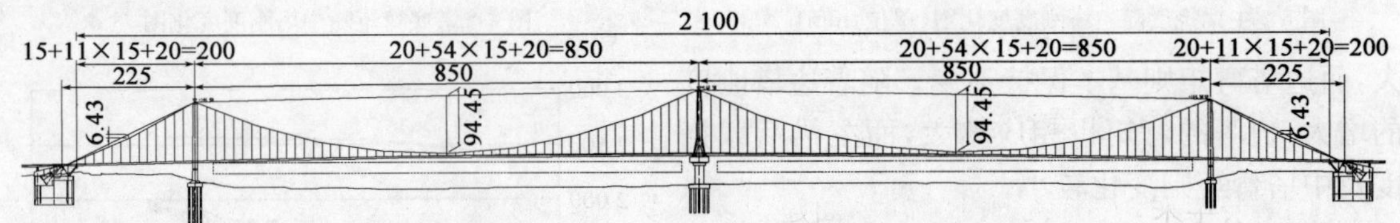

图6　武汉鹦鹉洲长江大桥桥式布置图（尺寸单位：m）

为了解决边跨偏小而造成的边塔两侧主缆拉力差过大的困难，采取了适当降低边塔和增大中塔的高度，形成中塔与边主塔不等高的布置，中塔比两端边塔高18m，主跨主缆的矢跨比为1/9。

中塔：三塔悬索桥的两端边塔的受力与传统的两塔悬索桥基本相同，中塔抗弯刚度与全桥的竖向刚度、主缆的抗滑性能密切相关，中塔的关键作用在于既能确保主缆在其跨越自身顶端的鞍座时的抗滑移安全，又要保证主跨桥梁具有足够的竖向刚度。吸收泰州及马鞍山大桥对中塔结构形式的研究成果，结合鹦鹉洲桥位处水位落差较大的特点，确定中塔采用下段为混凝土，上段为“人”字形钢箱的组合结构(图 7)，使得下段不怕受水浸没，又获得钢混凝土结合部始终处于小偏心全截面受压的合理状态。

主梁：大跨度悬索桥主梁基本采用扁平钢箱梁或钢桁梁。但钢桥面铺装层易于破损，为克服此缺点，鹦鹉洲大桥主桥加劲梁采用钢混结合梁(图 8)，从根本上提高桥面铺装层的使用寿命。加劲梁截面采用成熟的焊接工字钢纵横梁和预制混凝土桥面板结构，其制造、运输、安装等工艺也相对简单。由于主梁重力刚度的增大使全桥的抗风稳定性大为提高，为了改善其空气动力性能，在钢纵梁的牛腿外侧设有风嘴。

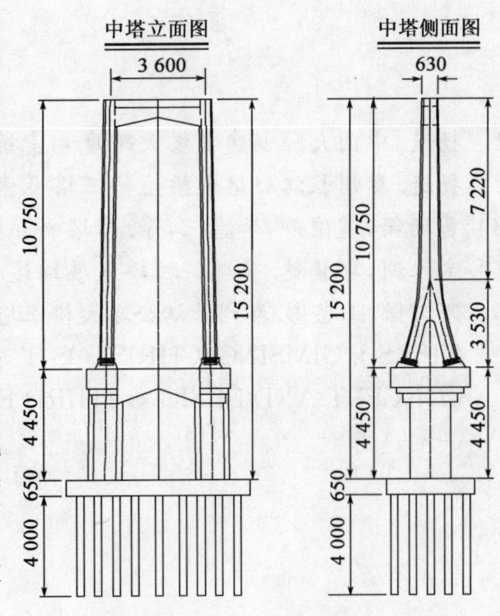

图 7　纵向“人”字形组合结构中塔(尺寸单位：cm)

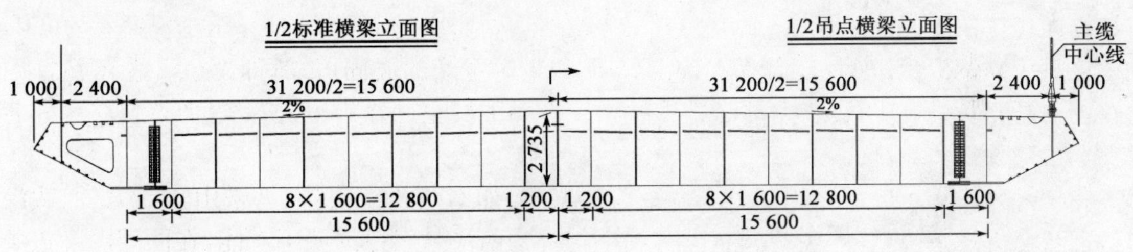

图 8　主梁截面(尺寸单位：cm)

若全桥主梁连续通过三座主塔，则桥塔处主梁的混凝土桥面板将出现难于克服的负弯矩拉力，也使全桥主梁的伸缩变形集中于两侧梁端。所以，全桥主梁在通过三座主塔处均采用双铰简支而形成 4 个简支跨布置，三座主塔下横梁顶均设过渡短梁。

刚度：在汽车活载作用下，主梁的跨中最大挠度值为 2 223mm，相应挠跨比 1/383，桥梁具有优良的刚度。

中塔鞍座鞍槽内索股抗滑安全度为 2.55。

4　多塔缆索承重桥梁发展展望

近 10 余年来，我国在宽阔江湖水面建设了多座多塔斜拉桥，以泰州、马鞍山、鹦鹉洲长江大桥三座大跨度三塔悬索桥正在陆续建设中，它们是中国桥梁建设事业不断创新发展的写照。

在宽阔海湾或海峡上建桥，采用多塔多跨缆索承重桥梁方案，既有技术经济优势，又可以减少桥梁对生态环境的影响。开展更大跨度以及跨海大桥、铁路大桥、公铁两用大桥采用多塔多跨缆索承重桥梁的研究是有意义的，相应开展新型高强耐候钢材、碳纤维等高强非金属材料应用、大型施工装备、提高拉索(主缆)使用寿命等方面的研究无疑具有更深远的意义。

参 考 文 献

[1] 杨进.中国大陆创建多塔大跨度悬索桥的工程进展[J].桥梁建设,2009(6).

[2] 杨进.泰州长江公路大桥主桥三塔悬索桥方案设计的技术理念[J].桥梁建设,2007(3).

[3] 曹珊珊,雷俊卿,李忠三,等.多塔斜拉桥刚度分析[J].世界桥梁,2012(1):55.

[4] 金立新,郭慧乾.多塔斜拉桥发展综述[J].公路,2010(7).

[5] 万田保,王忠彬.泰州长江公路大桥三塔两跨悬索桥结构行为特征[J].桥梁建设,2008(2).

[6] NIELS J. GIMSING, CHRISTOS T. GEORGAKIS CABLE SUPPORTTED BRIDGES CONCEPT AND DESIGN, THIRD EDITION, 2012.

二、设计与分析

4. 基于性能的公路桥梁结构设计规范研究

赵君黎　李文杰　冯　苠

（中交公路规划设计院有限公司）

摘　要：本文结合国内外研究成果，提出了基于性能的公路桥梁结构设计规范体系框架，并结合实际初步给出了公路桥梁性能设计的总体目标；按照公路桥梁相应的功能将结构性能划分为安全性、适用性、耐久性和可修复性四个方面；根据不同的性能要求给出了三种不同的性能水准，并分别对不同的性能水准进行了相应的性能描述；运用性能设计的基本思想，明确了公路桥梁结构和构件的性能目标确定原则，并基于汽车荷载和地震荷载给出了公路桥梁性能目标的示例，为后续研究提供了参考。

关键词：公路桥梁　性能设计　标准规范　性能目标

1　引言

公路桥梁是公路交通运输的重要节点和枢纽，在国家、地区运输和经济发展中起着重要作用，公路桥梁的建设规模和建造水平在某种程度上反映了一个国家的综合经济实力和技术水平。近 20 年以来，我国的公路桥梁建设取得了举世瞩目的成就，截至 2010 年底我国桥梁总量已达 65.8 万座，其中包括诸如苏通大桥、西堠门大桥和杭州湾大桥等具有世界影响力的大型桥梁。

桥梁工程是一门由多学科构成的综合学科，桥梁建造水平的发展离不开桥梁学科技术的发展。工程技术标准规范作为工程建设的指导性文件，所采用的理论体系是反映工程建设水平的重要标志之一，从力学角度考虑，公路桥梁结构的设计方法经历了容许应力设计法、破损阶段设计法和极限状态设计法（经验极限状态和概率极限状态）；就设计中采用概率方法的程度而论，包括半概率法（材料强度按概率方法定义，安全系数凭经验而定）和近似概率法（材料强度和荷载按概率方法定义，分项系数通过可靠度分析并结合工程经验确定）。近 10 年来，继容许应力法、极限状态法后，发达国家已开始致力于基于性能的设计规范的制定以提高基础设施的建设水平。与传统方法相比，基于性能的设计方法从结构设计理念上发生了重大改变，制定这一新的、建立在全寿命设计和可持续发展理念上的设计规范和标准，是我国桥梁建设走向

项目资助：中交公路规划设计院有限公司创新项目支持。

国际竞争舞台、实现由桥梁大国向桥梁强国的转变的重要任务。

2　基于性能的公路桥梁设计规范体系框架

基于性能的设计(Performance-Based Design)是指在明确性能目标的基础上，尽可能实现该性能目标的设计方法的总称。具体是指选择一定的设计标准，恰当的结构形式，合理的规划和比较，保证结构与非结构的细部构造设计，控制建造质量和长期维护水平，使得结构在使用寿命周期中在一定外力作用下(如汽车荷载、地震、风、撞击作用等)，结构的破坏不超过一个特定的极限状态，结构的使用功能不低于某一个可接受的限制，结构还具有能够维修加固到预定功能的可能。基于性能设计考虑结构物及其组成部分在整个设计使用期的性能要求，并使结构物的所有者和使用者了解其各种功能，从而可以客观地采用各种设计、建造和管养方法以达到预定的目标和要求。

可见，基于性能设计的基本思想是使所设计的工程结构在预定的使用年限内、在不同强度的外部荷载作用下，达到预定的不同性能目标。"以性能为基础"的设计可概括为：

(1)按结构的用途和业主的要求确定性能要求，即建立性能目标(这些要求可以有很大差异，但原则上不能低于公众和社会能接受的最低标准)。

(2)提出并选用合适的设计、建造和管养方法以满足性能目标。

(3)对每项性能进行评定，以确认设计、建造和管养出的结构是否满足各性能目标。

基于性能的结构设计不仅要保证人的生命安全，还要考虑损坏造成的各种成本增加或影响，要在更高的层次上进行设计、考虑更长远的目标要求(可以是全寿命周期的目标要求)，这也是性能设计受到广泛关注的原因。可见，基于性能设计要求所有程序都必须以满足结构的使用性能为基础，而不仅仅是采用规定的设计和施工模式建造，这是不同于按规范设计和传统施工方法建造的重大改变和突破。

基于性能的标准规范体系可用图1所示的层次结构来说明，其中"目的"是指设计标准的社会目的，即性能设计的总体目标；"性能要求"规定了实现目的后的具体功能要求，即根据结构功能划分对总体目标进行的细化；"性能水准"指为实现功能要求所需的水准和验证方法的原则，两者都是强制性的；"验证方法"是指验证实现功能要求的方法。将满足性能要求的方法称为实现方法，实现方法并不是强制规定的，而是随着技术的进步不断改进，并允许和保护技术人员最大限度的采用创新成果。这一点类似哲学上的"实践是检验真理的唯一标准"的表达，也类似中国现代化设计大师邓小平提出的"不管白猫黑猫，抓住耗子就是好猫"的观点。

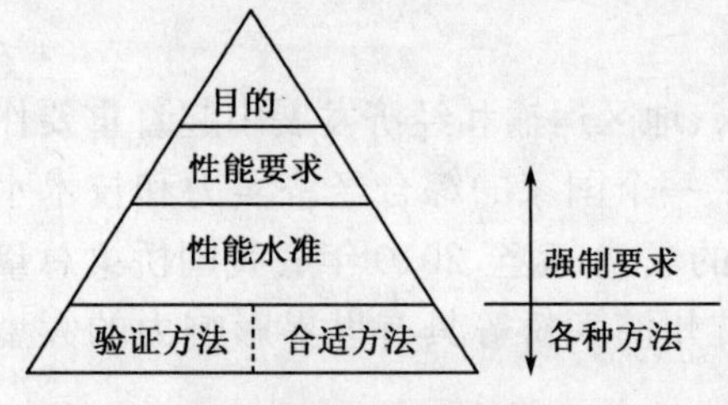

图1　基于性能的技术标准层次结构

众所周知，在以往采用的多种标准和规范中，规定的性能和规定的方法混在一起。对于基于性能的设计方法，在明确性能要求的同时，还要求明确图1所示的标准等级关系。从这一意义上讲，性能设计并不是一种的全新设计规范，而是以往设计方法的延伸和发展，只是进一步明确了校核验证项目和校核验证方法，并体系化。采用基于性能的设计方法时需要考虑多方面问题，例如虽然增加了设计自由度和灵活性，但可能会造成设计中现场技术人员应对能力不足，没有明确的评估方法，设计结果会因设计人员的不同而差异较大的问题，故很难验证所规定性能的合理性。为此，必须有相应的验证方法。总体而言，基于性能的公路桥梁设计方法主要包括性能要求的确定、性能水准分级、性能目标评价以及性能目标的验证几个方面，因此，按照性能设计的层次关系以及我国规范体系的特点，提出未来基于性能的公路桥梁设计规范体系框架如图2所示。

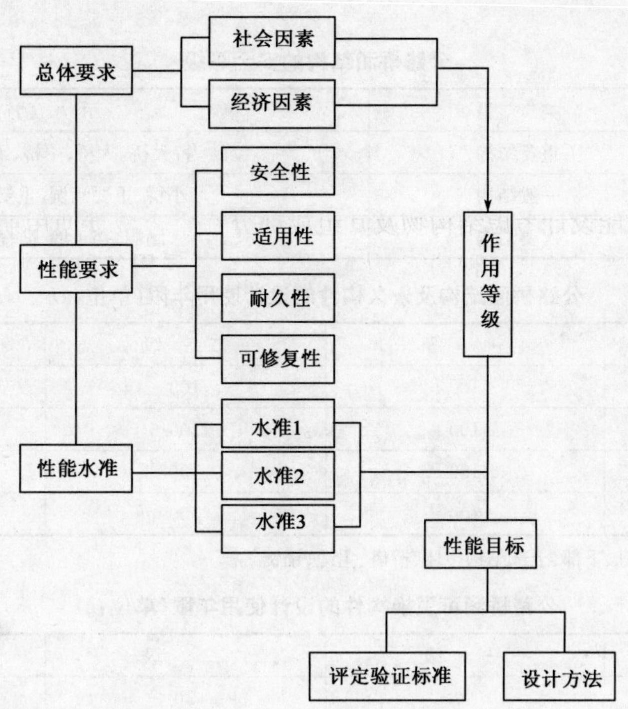

图2 基于性能的公路桥梁设计规范体系框架

3 公路桥梁性能设计总体要求

公路桥梁属于公共基础设施，建造过程中及建成后与社会公众的关系密切，因此，公路桥梁的设计阶段应充分考虑经济社会因素。国外对桥梁设计强调3E原则，即功效(efficiency)、经济(economy)、美观(elegance)三个要素，这与我国现行规范中“安全、适用、经济、美观”的工程设计原则是一致的，基于性能的设计方法是现行设计方法的延伸，因此，性能设计的总体要求包含现行规范的设计原则要求，但基于性能的设计方法更关注结构在整个生命周期内的性能，作为性能设计的基本原则，除了上述几点之外，还要考虑结构的耐久性、可修复性、可施工性、可管养性以及可持续性等，即基于性能的公路桥梁设计应遵循“安全、适用、经济、美观、耐久和环保”六项基本原则。

随着社会的进步，目前公路桥梁的结构设计中对上述原则已有不同程度的考虑，现行规范规定了“技术先进、安全可靠、适用耐久、经济合理”的基本要求，并且在规范体系的上位规范中，根据桥梁工程的特点给出了相对具体的规定，针对结构的安全性给出了不同结构的安全等级，见表1，现行规范根据结构重要程度划分为三个安全等级的整体思想与性能设计是一致的。

在工程结构的设计中，结构的设计使用年限关系到结构的耐久性和经济性，2000年第279号国务院令颁布的《建设工程质量管理条例》中，规定了基础设施工程、房屋建筑的地基基础工程和主体结构工程的最低保修期限为设计文件规定的该工程的“合理使用年限”，因此，我国第一层次标准规定了各类工程桥梁结构的设计使用年限。公路桥梁等级较多且结构体系复杂，为了更合理的规定桥梁结构整体及局部构件的设计使用年限，可根据公路桥梁所属道路等级分别对结构整体和构件(包括可更换构件和永久构件)规定相应的设计使用年限，见表2和表3。

公路桥涵结构的安全等级 表1

安全等级	类型	示例
一级	重要结构	特大桥、大桥、中桥、重要小桥
二级	一般结构	小桥、重要涵洞、重要挡土墙
三级	次要结构	涵洞、挡土墙、防撞护栏

公路桥涵结构及永久构件的设计使用年限(单位:a) 表2

结构类型	一级	二级	三级
特大桥、大桥	100	100	100
中桥	100	100	50
小桥、涵洞	100	100	50
永久构件	100	100	50

注:永久构件指桥梁基础、下部、上部结构主体、桥塔、主缆、锚锭等。

公路桥涵可更换构件的设计使用年限(单位:a) 表3

构件类型	一级	二级	三级
桥梁拉索、吊杆	20	20	20
桥面铺装	10	10	10
伸缩缝、支座、阻尼器	20	20	20
桥梁护栏	15	15	10
其他防护、检测设施	>10	>10	自定

结构适用性是指结构的变形、裂缝、振动等影响结构正常使用的特征值，在现行规范体系中以正常使用极限状态控制；美观与环保则是反映了社会发展对桥梁景观功能和可持续发展的需求，主要与具体结构有关。由此可见，现行规范基本包含了基于性能的设计理念的总体要求，这为未来基于性能的公路桥梁结构设计规范的建立奠定了基础。

4 公路桥梁结构性能要求与性能水准

性能要求是根据结构功能划分对总体目标的细化，公路桥梁结构的设计、施工和维护应使结构在规定的设计使用年限内以经济可靠的方式满足下列性能要求：

(1)在正常施工和正常使用时，能承受在施工和使用期间可能出现的各种预定作用及其组合。

(2)在正常使用下，保持良好的使用性能。

(3)在正常维护下，具有足够的耐久性能。

(4)当发生超设计预定值的地震、撞击、台风等偶然事件时，结构能保持必需的整体稳固性，不出现与起因不相称的破坏后果，防止出现结构的连续倒塌。

综合上述几点，公路桥梁应满足安全性、适用性、耐久性和可修复性的性能要求，根据极限状态设计的理念，安全性、适用性、耐久性和可修复性的极限状态分别对应于承载能力极限状态、正常使用极限状态、耐久性极限状态和可修复极限状态，这四种极限状态可以定义为描述结构性能的结构状态。安全极限状态直接根据作用是否危及公路桥梁结构的安全判断，使用极限状态根据使用功能如对行车的影响来判断，耐久性极限状态根据结构的使用寿命来判断，而可修复极限状态不但要考虑结构在偶然作用下的劣化和损坏程度，还要根据将降低的安全性和适用性恢复到要求的水平进行维修或修复的难易程度判断，应分别针对不同的评价对象规定不同的容许状态。

根据公路桥梁的特点，结合上述极限状态初步确定公路桥梁结构性能水准及相应的性能描述见表4。

公路桥梁结构性能水准 表4

性能水准	安全性	适用性	耐久性	可修复性
	承载能力极限状态	正常使用极限状态	耐久性能极限状态	可修复极限状态
性能Ⅰ	①结构构件或连接不出现破坏； ②结构保持整体稳定性； ③结构不转变为机动体系； ④结构不出现连续倒塌； ⑤地基不丧失承载力； ⑥结构不出现疲劳破坏	①结构不出现影响正常使用的变形； ②结构不出现影响正常使用的局部损坏（包括裂缝）； ③结构不出现影响正常使用的其他状态	①结构的正常使用寿命限制在钢筋脱钝阶段； ②主体结构无需修复即可达到设计预定的使用年限	不需进行恢复原有功能的修复
性能Ⅱ	①结构没有明显损伤； ②结构保持原有刚度和强度； ③结构可正常运作，但性能有所削弱	①结构的出现可控范围内的变形； ②结构局部损坏在容许范围内； ③结构损坏不对车辆和人员产生的影响	①结构的正常使用寿命限制在混凝土保护层开裂阶段； ②通过适当的措施，结构可达到设计预定的大修年限	通过简单修复即可恢复结构的原有功能
性能Ⅲ	①结构出现明显损伤； ②结构刚度出现实质性削弱，但能抵抗倒塌； ③结构需要大规模的维修才可正常工作	①结构的出现影响使用的较大变形； ②结构局部损坏超过容许值； ③结构损坏对车辆和人员产生不适	①结构的正常使用寿命限制在混凝土保护层脱落阶段； ②通过适当的措施，结构可达到设计预定的大修年限	需进行较大规模的修复，才能保证结构恢复原有功能

5 公路桥梁结构性能目标

基于性能的设计使工程结构在不同强度的外部荷载作用达到预定的不同性能目标，即根据不同的荷载等级确定相应的性能水准，实现荷载水平与性能水准的对应，从而形成具体的结构性能目标。对公路桥梁而言，性能目标应综合考虑公路桥梁的使用要求、功能要求的重要性、经济性和其他因素等按下列原则确定：

(1)公路桥梁结构性能目标由业主和结构设计人员协商确定，且不应低于规范规定的下限。

(2)公路桥梁结构性能目标根据每一性能评估项目确定，用各种极限状态和各种荷载、外力大小的组合表示。

前述内容给出了建议的公路桥梁性能水准，结构性能水准是表示安全性、可修复性和适用性的尺度，既要满足业主的要求，同时也应考虑社会的制约，根据文化及经济条件等确定。具体结构的性能目标还需明确相应的作用等级，从结构承载作用的性质看，公路桥梁不同于其他工程结构，公路桥梁结构上作用的荷载按照社会属性可分为两类——自然荷载和社会性荷载，其中自然荷载包括诸如地震、风、温度等工程结构的共性作用，社会性荷载则属于公路桥梁结构的特有荷载，主要指汽车荷载、船撞作用等，这部分荷载与社会经济的关联性更大。基于性能的设计要满足不同强度的外部荷载作用下的性能要求，因此，荷载标准应在充分考虑经济社会因素的基础上给出多级标准，具体结构的性能目标则由业主和设计人员协商确定。表5给出了设计不同汽车荷载等级、地震作用等级与结构性能水准组成的结构或构件性能目标示例，其他作用与此类似。

公路桥梁结构或构件性能目标示例 表5

性能	汽车荷载			地震			船撞、风等
	轻载	常规	重载	小震	中震	大震	……
安全性	I	I	II	I	II	III	……
适用性	I	I	II	I	II	III	……
耐久性	I	I	II	—	—	—	……
可修复性	I	I	II	I	II	III	……

注：表中"I"、"II"、"III"分别对应表4的性能I、性能II、性能III。

表5的性能目标是指具体结构的性能目标。以汽车荷载为例，表5中性能目标是指公路桥梁在常规汽车荷载作用下的性能目标。而我国幅员辽阔，不同区域之间汽车荷载水平差异较大，如果公路桥梁所属区域属重载地区，且业主要求提高公路桥梁在汽车荷载作用下的性能要求，则相应的公路桥梁在重载作用下的性能目标应提高到性能水准I。可见，基于性能的设计可以满足不同的社会需求，业主可根据自身需求对性能目标提出相应的要求，使得设计的桥梁更好地满足用户的较高的特殊要求，但有不低于社会的最低要求。

在性能目标确定的基础上，进一步可根据结构特点确定相应的具体量化指标、评定和验收标准、方法等，这也是性能设计未来研究的重点。至于具体实现目标的结构设计方法、施工建造方法等，允许和鼓励技术人员和企业最大限度地结合自身的能力和特点创造性的选择使用。

6 结论与建议

本文结合国内外研究成果，提出了基于性能的公路桥梁结构设计规范体系框架，得出了以下结论：

(1)根据当前我国经济社会发展水平，结合现行标准规范体系，提出了公路桥梁性能设计的总体目标。

(2)按照公路桥梁相应的功能将性能要求划分为安全性、适用性、耐久性和可修复性四个方面。

(3)根据不同的性能要求给出了三种不同的性能水准，并分别对不同的性能水准进行了性能描述。

(4)结合性能设计的基本思想，明确了公路桥梁结构和构件的性能目标确定原则，并基于汽车荷载和地震荷载给出了公路桥梁性能目标的示例，为后续研究提供了参考。

基于性能的设计方法是未来结构设计的发展方向，现行以概率为基础的极限状态设计方法是基于性能的设计方法的基础，未来性能目标和性能评定都是以与失效概率一一对应的可靠指标予以量化的，以概率为基础的设计发展好了，就为以性能为基础的设计打下了稳固的基础。可见，公路桥梁在以性能为基础的极限状态设计实际上已迈出了坚实的步伐，今后的发展方向主要是对结构的性能提出全面、清晰的要求和量化指标，并通过设计和建造予以满足，通过评定和验收予以确认。在公路桥梁领域开展基于性能的设计方法研究，既能推动结构基础理论的研究，引领公路行业技术进步，又能提升我国标准规范的科技水平，使我国真正实现由桥梁大国向桥梁强国的转变。

参考文献

[1] 张喜刚，陈艾荣. 千米级斜拉桥设计指南[M]. 北京：人民交通出版社，2010.

[2] 项海帆. 桥梁概念设计[M]. 北京：人民交通出版社，2011.

[3] 贡金鑫，赵国藩. 国际结构设计基础理论的研究应用现状与未来发展[R].

[4] 马宏旺，吕西林. 建筑结构基于性能抗震设计的几个问题[J]. 同济大学学报，2002，30(12)：1429-1434.

[5] 李明顺，胡德炘，史志华. 我国建筑结构可靠度设计标准的技术合理性与依据[C]. 工程科技论坛"土建结构工程的安全性与耐久性"文集. 北京：清华大学，2001.

[6] 日本地震工程学会. 基于性能的抗震设计现状与课题. 2006.

[7] JTG D60—2004 公路桥涵设计通用规范[S]. 北京：人民交通出版社，2004.

[8] 中华人民共和国国家标准 GB/T 50283—1999. 公路工程结构可靠度设计统一标准[S]. 北京：中国计划出版社，1999.

[9] 中华人民共和国国家标准 GB 50153—2008. 工程结构可靠性设计统一标准[S]. 北京：中国建筑工业出版社，2009.

[10] 周云，汪大洋，陈小兵. 基于性能的抗风设计理论框架[J]. 防灾减灾工程学报，2009(6).

5. 超长整体式桥台桥梁

Briseghella Bruno[1]　Zordan Tobia[2]　兰　成[3]　薛俊青[3]
(1. 福州大学土木工程学院；2. 同济大学土木工程学院；3. 威尼斯 IUAV 大学)

摘　要：整体式桥台桥梁以其良好的使用性能，较少的养护维修费用，以及较强的抵抗强震和洪水作用下的落梁和倒塌能力，越来越受到桥梁工程师的重视，在许多国家得到大量的应用。整体式桥台桥梁概念不仅可以应用于新建桥梁结构，还可以在已建简支桥梁的翻新改造过程中发挥重要作用。本文简要介绍了整体式桥台桥梁的概念，提出其同样适用于超长桥梁。以目前世界上最长的整体式桥台桥梁 Isola della Scala 桥为实例，介绍其独特的设计理念，提出整体式桥台桥梁极限长度的简化计算方法，与有限元模型进行对比，验证其精确性。

关键词：整体式桥台桥梁　超长　极限长度　简化公式

1　整体式桥台桥梁简介

在简支桥梁中，通常采用设置桥梁伸缩缝的方法来保证桥跨结构在气温变化、活载作用、混凝土收缩与徐变等影响下自由地变形。然而，由于桥梁伸缩缝长期直接暴露于环境之中，极易出现漏水，导致主梁梁端、支座以及钢筋混凝土下部结构受到侵蚀的现象；而且由于其直接承受汽车荷载和因热胀冷缩、收缩徐变、基础沉降、土压力等引起的连续变位作用的影响，伸缩缝极易破损并引起桥梁桥面和梁板的破坏。一旦伸缩缝破坏，可能引起很大的车辆冲击荷载，从而进一步恶化行车状况，加剧了桥头跳车，不仅对行车舒适性带来不利影响，而且对行车安全埋下隐患。要想从根本上解决伸缩缝所带来的各种问题，整体式桥台桥梁作为一种可以有效提高桥梁长期使用性能，减少后期养护维修费用的合理桥梁形式越来越引起桥梁工程师的注意。它不仅保证了桥梁结构的耐久安全，同时减少后期更换伸缩缝所带来的繁重工作和高额费用等问题[1,2]。

目前常用的无缝桥梁主要包括整体式桥台桥梁和半整体式桥台桥梁，具体细部结构见图 1。整体式桥台桥梁是将桥台和上部结构整体地浇筑成一体构成的整体式桥台，在桥台上不需设置任何伸缩装置，具有良好的整体性和抗震性能。然而由于该桥型的上部结构与桥台是整体连接，属于超静定结构，在温度变化、混凝土收缩徐变以及墩台差异沉降等因素的影响下，桥梁下部结构和土体之间产生不同的位移，将在结构内部产生附加力。而对于半整体式桥台桥梁，它是在普通刚性桥台的基础上，保留了桥台处的支座，但将桥台的背墙从台身上分离，而与梁端结成为整体。主梁与桥台之间则通过一个滑动支座连接，这样可以使二者发生相对转动，并传递梁体的水平位移，并释放主梁与桥台之间较大的弯矩。与全整体式桥台桥梁相比，温度变化，混凝土收缩徐变以及墩台差异沉降等因素对半整体式桥台桥梁的附加力较小，但是其整体性和抗震性能也稍差[3]。

整体式桥台桥梁并不是一种全新的桥梁形式，它最早出现在20世纪30年代的美国。然而它的最初概念由于会产生一些附加问题，例如温度影响，土—结构的相互作用等问题，使得该概念在初期并没有得到很好的发展。随着国际上高速公路建造兴旺时期的到来，整体式桥台桥梁得到较快发展。目前整体式桥台桥梁已在美国、加拿大、意大利、英国、德国和日本等发达国家的新建桥梁中得到了大量的应用，同时也开始应用于既有桥梁的翻新改造(图1)。

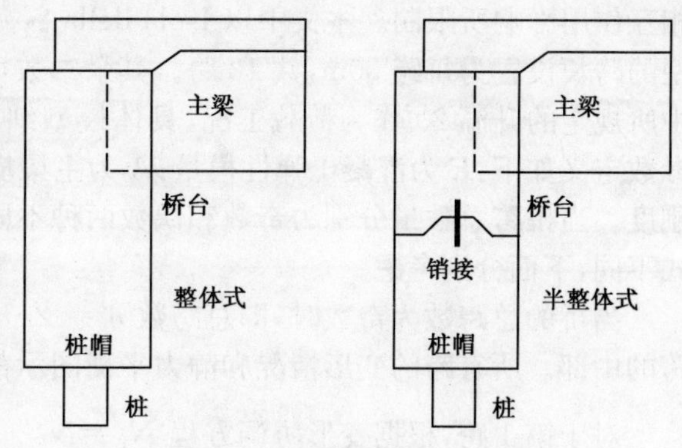

图1 整体式和半整体桥台桥梁细部结构

2 超长整体式桥台桥梁——Isola della Scala桥

近几年，许多国家出版了关于整体式桥台桥梁的设计准则，对于整体式桥台桥梁的最大总长度、最大斜交角等提出了不同的建议值。其中整体式桥台桥梁的最大总长度是一个很值得研究的问题，目前各规范的建议值通常小于等于100m。

然而在实际工程中，整体式桥台桥梁不仅仅应用于总长度较短的桥梁，同样也应用于一些总长度很长的桥梁，例如目前世界上总长度最长的整体式桥台桥梁，位于意大利维罗纳的Isola della Scala桥，见图2。该桥完工于2007年，全桥共13跨，29.9m+11×31m+29.9m，总长为400.8m，它是从一个简支桥梁改造而成。该桥从2001年开始施工，最初的方案是修建简支梁桥。然而由于施工方的经济原因停工两年，所有的预应力主梁和主要的预制部分都已经购买，桥墩和桥台也已经施工完成。到2006年初，工程复工，为了提高工程的质量，业主决定将该桥由简支梁桥转变为整体式桥台桥梁。在这种翻新改造过程中，为了使其成为整体式桥台桥梁，需要在桥墩顶部的相邻主梁之间现浇混凝土，从而达到减少支座和伸缩缝，抵抗墩帽处负弯矩的目的。边跨桥台处采用桥墩处相同的处理方法来抵抗由于温度变化产生的正弯矩和负弯矩。经过改造，使得伸缩缝从原来的14个减少到现在的5个。极大地提高了桥梁的整体性，也减少了后期养护维修的工作。且该桥的转换工作并不会对桥梁已建部分，例如桥墩和桥台产生任何影响。而且，新的方案也不会提高结构的整体造价。该桥从建成通车直到现在，并没有发现任何问题，除了桥台搭板处出现了一些尚在容许范围内的裂缝[3,4]。

图2 意大利维罗纳Isola della Scala桥

3 整体式桥台桥梁极限长度计算方法

3.1 温度位移计算方法

根据分析得到,整体式桥台桥梁的总长度值主要受外部温度变化产生的土体与结构之间相互作用影响所限制。本文中以 Isola della Scala 桥为背景工程,建立理想化模型。理想化模型的跨长设置为每跨 30m,共 13 跨。其余参数均按照该桥实际数据选取,同时采用欧洲规范中所规定的升温 20°作为荷载工况,具体模型细节见文献[5]。为了便于后续分析,对于常用参数定义如下:E 为混凝土弹性模量;A 为主梁横截面积;L 为桥梁总长;K_i 为第 i 跨桥墩侧向刚度。当桥跨总数量分别为奇数和偶数两种不同情况时,桥梁在温度变化作用下位移计算公式不同,下面分别考虑。

当桥的总跨数为奇数时,即总跨数 $n_s = 2n-1$,考虑到桥梁的对称性,对称点为最中间一跨的中部。所有跨的变形情况和静力平衡图示都列于图 3 中。

对于第 1 跨,根据变形协调方程 $N_2 = N_1 - V_1 = EA\left(\alpha\Delta T - \frac{2\Delta L_1}{L}\right) - K_1\Delta L_1$ 和水平方向的力平衡条件,可以获得公式(1)和(2):

$$N_1 = EA\left(\alpha\Delta T - \frac{2\Delta L_1}{L}\right) \tag{1}$$

$$N_2 = N_1 - V_1 = EA\left(\alpha\Delta T - \frac{2\Delta L_1}{L}\right) - K_1\Delta L_1 \tag{2}$$

对于第 2 跨,同样根据变形协调方程和水平方向的力平衡条件,可以获得公式(3)和(4):

$$N_2 = EA\left(\alpha\Delta T - \frac{\Delta L_2 - \Delta L_1}{L}\right) \tag{3}$$

$$N_3 = N_2 - V_2 = EA\left(\alpha\Delta T - \frac{\Delta L_2 - \Delta L_1}{L}\right) - K_2\Delta L_2 \tag{4}$$

联立公式(2)和(3),可以得到在温度变化作用下第 1 跨和第 2 跨位移之间的关系,见公式(5)。

$$\Delta L_2 = \left(3 + \frac{K_1 L}{EA}\right)\Delta L_1 \tag{5}$$

根据公式(5),可以推导出对于第 i 跨,在温度变化作用下的位移计算公式(6):

$$\Delta L_i = \left(2 + \frac{K_{i-1} L}{EA}\right)\Delta L_{i-1} - \Delta L_{i-2} \tag{6}$$

因此,可以总结出,当跨数为奇数时整体式桥台桥梁,在温度变化作用下,桥跨的位移计算公式(7)。而当跨数为偶数时,即 $n_s = 2n$,考虑到桥梁的对称性,对称点为最中间的桥墩处。采用跨数为奇数时类似的推导方式,可以总结出,对于跨数为偶数的整体式桥台桥梁,在温度变化作用下,桥跨的位移计算公式(8)如下:

$$\Delta L_i = \begin{cases} \Delta L_1 & i = 1 \\ \left(3 + \frac{K_1 L}{EA}\right)\Delta L_1 & i = 2 \\ \left(2 + \frac{K_{i-1} L}{EA}\right)\Delta L_{i-1} - \Delta L_{i-2} & 3 \leqslant i \leqslant n \end{cases} \tag{7}$$

$$\Delta L_i = \begin{cases} \Delta L_1 & i=1 \\ \left(2+\dfrac{K_1 L}{EA}\right)\Delta L_1 & i=2 \\ \left(2+\dfrac{K_{i-1} L}{EA}\right)\Delta L_{i-1} - \Delta L_{i-2} & 3 \leqslant i \leqslant n \end{cases} \tag{8}$$

将公式(7)和公式(8)联合考虑，可以获得公式(9)：

$$\Delta L_i = c_i \Delta L_1 \tag{9}$$

其中，c_i 是与 K_{i-1}，L，EA 均有关的参数，$c_i = f_i(K_{i-1}L / EA)$。对于混凝土的开裂和收缩徐变可以通过改变弹性模量 E 来进行考虑。

3.2 全桥极限长度计算公式

从图 3 中第 n 跨的变形协调条件以及公式(9)，可以推导出公式(10)：

$$N_n = EA\left(\alpha\Delta T - \frac{\Delta L_n - \Delta L_{n-1}}{L}\right) = EA\left[\alpha\Delta T - (c_n - c_{n-1})\frac{\Delta L_1}{L}\right] \tag{10}$$

同时根据文献[6]，第 n 跨的水平力可以采用公式(11)进行保守计算，即当桥台达到最大剪力和弯矩的时候，其桩基础达到最大的塑性弯矩承载力。

$$N_n = P_b + n_p V_p \tag{11}$$

其中 n_p 为桩的数量；V_p 为桩的最大抗剪能力；P_b 为桥台后土层的压力，简化为三角形分布：

$$P_b = \frac{1}{2} K_s \gamma H_b^2 w_b$$

根据文献[7]：K_s 为桥台后土压力系数，可以通过图 4 中的 $K_s - (\Delta L / H_b)$ 曲线获得。当只考虑升温影响的时候，其计算公式变为

$$P_b = \frac{1}{2}\left(K_0 + k_p \frac{\Delta L_n}{H_b}\right)\gamma H_b^2 w_b$$

详细参数说明见文献[5]。

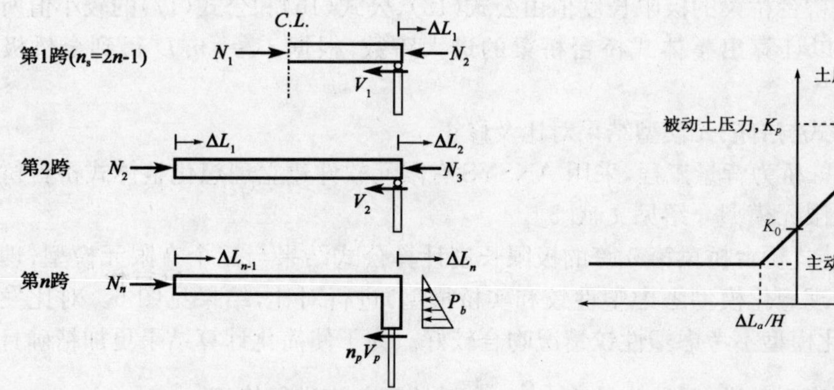

图 3 总跨数为奇数的各跨受力图

图 4 土压力系数—桥台位移关系图

联立公式(10)和公式(11)，就可以获得 ΔL_1 的计算公式(12)，而对于第 n 跨的位移 ΔL_n 可以通过公式(7)和公式(8)分别计算获得。

$$\Delta L_1=\frac{EA\alpha\Delta T-n_pV_p-\frac{1}{2}K_0\gamma H_b^2w_b}{EA(c_n-c_{n-1})+\frac{1}{2}k_pc_n\gamma H_bLw_b}\cdot L \tag{12}$$

对于采用公式(7)、公式(8)和公式(12)计算得到的每一跨位移都必须满足桥墩的转动性能，第 n 跨最大位移需要满足公式(13)

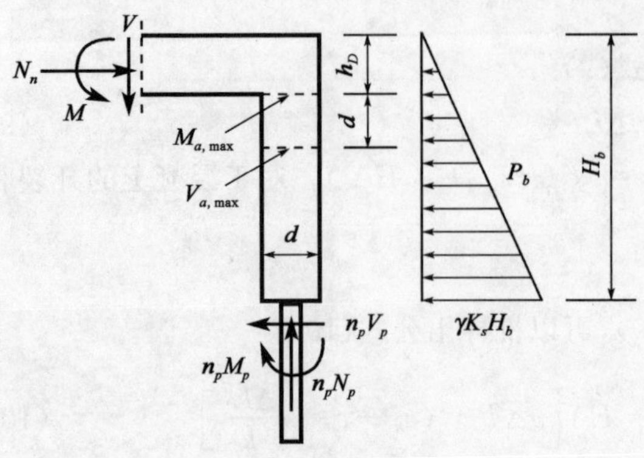

图5　桥台受力图

$$\Delta L_n\leqslant\frac{c_n}{c_{n-1}}\theta_{pr}H_{pr} \tag{13}$$

其中 θ_{pr} 为桥墩的转动性能；H_{pr} 为桥墩高度。

而对于桥台处的最大位移，假设其桩基础在早期就达到最大塑性铰，但是其仍然可以承受一定的内力。考虑到在某些情况下，桥台的剪力和弯矩有可能比桥墩更早达到极限状态。桥台受力图如图5，极限剪力和极限弯矩的计算公式(14)和公式(15)如下：

$$V_{a,cr}\geqslant V_{a,\max}=\frac{1}{2}K_s\gamma[H_b^2-(h_D+d)^2]w_b+n_pV_p \tag{14}$$

$$M_{a,cr}\geqslant M_{a,\max}=K_s\gamma\left[\frac{(H_b-h_D)^3}{3}+\frac{h_D(H-h_D)^2}{2}\right]w_b+n_p[M_p+V_p(H-h_D)] \tag{15}$$

根据公式(14)和公式(15)，同样考虑升温影响的时候，第 n 跨的极限长度计算公式(16)和公式(17)如下：

$$\Delta L_n\leqslant\frac{2(V_{a,cr}-n_pV_p)H_b}{k_p\gamma[H_b^2-(h_D+d)^2]w_b}-\frac{K_0H_b}{k_p} \tag{16}$$

$$\Delta L_n\leqslant\frac{M_{a,cr}H_b-n_pH_b[M_p+V_p(H_b-h_D)]}{k_p\gamma\left[\frac{(H_b-h_D)^3}{3}+\frac{h_D(H_b-h_D)^2}{2}\right]w_b}-\frac{K_0H_b}{k_p} \tag{17}$$

综上所述，整体式桥台桥梁的极限长度值由公式(13)、公式(16)和公式(17)的较小值所决定。根据这些公式可以计算出整体式桥台桥梁的最大跨数，根据 $L_s=n_sL$ 得到全桥极限长度。

3.3　简化计算公式与有限元模型结果对比及修正

以 Isola della Scala 桥为背景工程，采用 ANSYS 有限元软件建立理想化整体式桥台桥梁的有限元模型，具体有限元模型介绍见文献[5]。

将前面提出的整体式桥台桥梁第 n 跨的极限长度计算公式结果与三个有限元模型(理想化模型不考虑塑性铰，理想化模型考虑塑性铰和实桥模型)进行对比，结果见图6。对比发现计算公式结果与理想化模型不考虑塑性铰情况吻合较好。为了使简化计算结果更加精确且保守，通过对桥墩侧向刚度系数进行折减，$K_{i,m}=\frac{K_i}{i^{\frac{3}{2}}}$，来对计算公式进行修正。

修正后的整体式桥台桥梁第 n 跨的极限长度计算公式结果与三个有限元模型的对比图，见图7。可以发现修正后的计算公式与理想化模型考虑塑性铰吻合很好且偏于保守，适用于预估整体式桥台桥梁的极限长度。

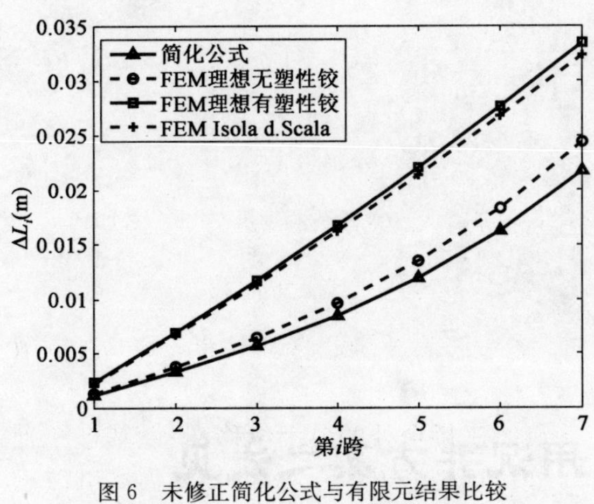

图6　未修正简化公式与有限元结果比较

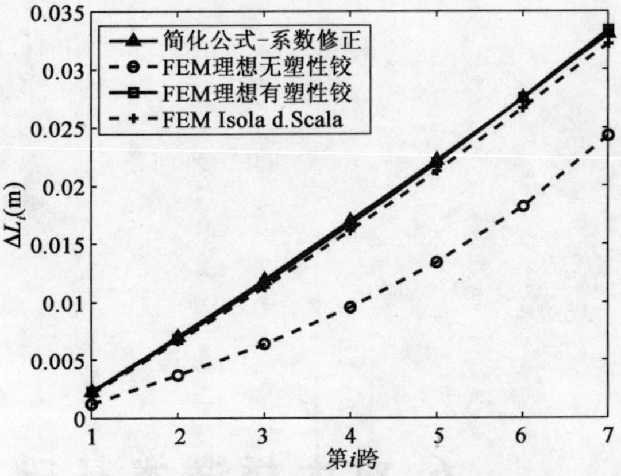

图7　修正简化公式与有限元结果比较

4　结语

整体式桥台桥梁作为一种从桥梁全寿命方面考虑最为经济的方案，不仅适用于新建桥梁，还适用于已建简支桥梁的翻新改造工程。而且它不仅仅适用于中短长度的桥梁，同时还适用于超长桥梁。本文以目前世界上最长的整体式桥台桥梁 Isola della Scala 桥为实例，介绍其从简支桥梁转变为整体式桥台桥梁的过程。根据静力平衡条件推导出升温作用下，整体式桥台桥梁极限长度的弹性简化计算公式。与有限元模型进行对比后，对弹性简化公式进行修正，考虑其弹塑性影响。修正后简化计算公式与有限元弹塑性计算结果吻合，适用于整体式桥台桥梁极限长度的预估。

参 考 文 献

[1] Briseghella B, Zordan T. Integral abutment bridge concept applied to the rehabilitation of a simply supported prestressed conventional concrete superstructure. Struct Concr 2006;8(1):25-33. Thomas Telford and fib, Salisbury, UK.

[2] Arockiasamy M, Narongrit B, Sivakumar M. State-of-the-art of integral abutment bridges: design and practice. J Bridge Eng. 2004;9(5):497-506.

[3] Zordan T. and Briseghella B., Attainment of an Integral Abutment Bridge through the Refurbishment of a Simply Supported Structure, Structural Engineering International, 2007,17(3), 228-234.

[4] Zordan T., Briseghella B. and Lan C., Parametric and Pushover Analyses on Integral Abutment Bridge, Engineering Structures, 2010, 33(2), 502-515.

[5] Zordan T., Briseghella B. and Lan C., Analytical Formulation for Limit Length of Integral Abutment Bridges, Structural Engineering International, 2011, 21(3), 304-310.

[6] Dicleli M., Integral Abutment-Backfill Behavior on Sand Soil - Pushover Analysis Approach, Journal of Bridge Engineering, 2005,10, 354.

[7] Barker R. M., Duncan J. M. K., Rojiani K. B. et al. Manuals for the Design of Bridge Foundation, NCHRP Rep. 343, Transportation Research Board, National Research Council, Washington D. C. 1991.

6. 对大桥深水基础采用沉井方案之浅见

朱海涛[1]　孔凡坤[2]

(1. 原中铁大桥局集团有限公司;2. 上海米金市政建筑工程有限公司)

摘　要:本文主要介绍笔者在长江几座大桥深水基础工程实践上的一些认识和体会,在几种助沉措施的比较和定位工作中提出了一些观点和建议。

关键词:沉井　泥浆套　空气幕　角差位移法　网络图定位法　沉降系数　精密定位

大桥深水基础工程影响施工方案最重要的是时效及技术经济因素,但比选方案范围狭窄,要质高价廉必须是高技术水平与周密的设计技术工作的结果。人们在选择和评定大桥基础设计方案时,长期局限于单一的钻孔灌注桩方案,这是由于钻孔桩的工艺简单,发展很快,已经广泛应用到重要桥梁上。此后由于钻具的改进,如正、反循环系统的钻孔机逐渐引入应用,在陆地上钻孔时,不需套管,只是在开孔的桩位地表面压入一段短钢筒或钢筋混凝土护筒,然后在其中钻进,以保持孔顶的良好状态。钻到一定深度为了防止孔壁塌孔,则需在优质的低比重泥浆中进行。这种泥浆需采用优质的膨润土来制拌,再与钻渣同时吸出时,能分离循环使用。在九江长江大桥北岸桥头堡若干墩、台的基础钻孔灌注桩,直径为 1.5m,钻孔深度为 65m,由于采用低比重 1.04～1.08 的优质膨润土泥浆护壁,反循环钻进,加上施工工艺缜密完善,操作规程严格,成孔率达到 100%,沉渣厚度为 0～3cm。原桥台设计的位置正好在长江黄冈大堤上,采用沉井方案怕影响大堤安全,故采用钻孔灌注桩的优点是对原土地基扰动小,对邻近建筑物的安全危害性也较小。由于桥头堡附近的若干墩台相距较近,设置了一整套泥浆循环利用设施,减少膨润土的用量,因而降低了造价。但事物总是一分为二的,钻孔桩在水中施工时由于水文地质的复杂多变,影响质量的因素也较多,如碰到流沙、地下暗河、软质腐殖土等,或操作稍有不当,造成塌孔、缩颈等弊端的事也是屡见不鲜的。现在在深水基础中采用的大直径钻孔灌注桩,不仅需用 30mm 以上厚的钢护筒,下插到冲刷线以下,直径达到 2.5～3.2m,深度已超过 100m 以上。按 2.5m 的直径钻孔桩的造价,每延米长已超过 3 万元。成孔后还要在孔底、孔壁压浆以确保支承力。在防护钢筋的锈蚀措施上,采用环氧钢筋,价格较前提高一倍。而环氧钢筋与混凝土间的握裹力却降低了 15%～20%。笔者认为我们的思路要与时俱进,在大直径超长的钻孔桩设计中不能套用 20 世纪 70 年代根据 105 根桩径 1.2m、桩长 40m 的钻孔桩实验资料而提出的计算公式和参数的老规范。最近项海帆院士指出[1]:“目前我国的桥梁界对经济性原则似乎愈来愈被忽视了……"也切中了当前大桥深水基础工程中单打一偏爱钻孔桩基础，不作与其他方案经济比较的弊端。

而今大桥局的设计大师杨进在泰州长江大桥的中塔基础设计中，采用了井身全高近 80m 的浮运沉井方案，下沉到 -70m 的深度。该结构不仅具有极好的刚度、强度，其自稳性和抗击各种冲击的能力也很好，工程造价比采用钻孔灌注桩群柱高承台基础节省了一半[2]。这是值得桥梁界反思的重要课题。过去认为沉井造价高，工期长，施工难度大，下沉困难，容易发生"十沉九歪"的疑虑。在实践中不断得到改进和变革，获得了解决。笔者通过长江中下游的枝城、九江、南京三座大桥中各类沉井的施工实践和长期观测，提出几点拙见供大家商榷。

1 关于沉井下沉措施的探讨

南京长江大桥一号墩是在浅滩上筑岛设置的重力式沉井，它赖自重克服井壁摩擦力和刃尖部分的正面土层阻力之和，在井孔内补水吸泥的措施下下沉的，下沉深度达 53m，穿过了粉砂、细砂、粗砂到达砾砂持力层高程后封底。沉井外壁厚 2.0～2.2m，内墙厚 1.6m，井孔 3.2m×3.2m，沉井平面尺寸为 20.2m×24.9m，总高 53.5m。下沉初期留有挖空部分，到一定深度，这些空孔填以重混凝土，用重矿石为粗集料，以增加自重，沉井下沉总重在扣除水浮力后约 250 000kN。沉井底节高 5m 为 25MPa 钢筋混凝土制造，以上井身灌注高度每节不大于 5m，为 17MPa 素混凝土。仅在施工接缝加插了受拉短钢筋。水下封底混凝土用 25MPa，厚 6m，沉井下部在刃尖上 15m 处，设 50cm 的缩进台阶，以期降低井壁摩擦力。预期洪水期可能冲深 30m，按下沉 53m 计算的沉降系数低于 1.25。施工时采取沉井上加重，设水平射水管网系统，通过射水咀向井壁外侧高压射水，用 9 级高压水泵加压，施工吸泥时尽量避免刃脚下过分掏空，以防翻砂。在这些措施下，基本达到预定高程。为了防止竣工后继续下沉，在墩顶支座上还考虑设计了顶高措施。这种重型沉井的刚度和强度是毋庸置疑的。但就其本身承受墩身以上的荷载需要，从结构角度来看，其截面是不需要做这样大的，其中一大部分的混凝土仅仅起到压重作用，沉井达到设计高程进行清基时，这部分混凝土的赘重起到了负面作用，见下式所示：

$$k = w/(f_a + N) \geqslant 1.2$$

式中：k——沉降系数；

w——沉井自重减去按井内水位的水浮力(kN)；

f——外井壁单位面积摩擦力(kN/m²)；

A——沉井入土侧面积(m²)；

N——沉井刃脚部分的支承面阻力(kN)。

从式中可以看出，沉降系数 k 在一般情况下只要大于 1.2，沉井下沉就较顺利。显然控制沉井下沉的主要因素是 W 和 f_a，N 则可通过井孔内吸泥不断减小来解决。而重型沉井主要以 W 来控制下沉是不经济的。如果采用排减井内水位以减少浮力，增加自重，来克服阻力，就必须十分小心防止内外水头差过大，导致翻砂和水土急剧从刃尖下涌入，使沉井受到与设计假定的反向压力，会发生井壁裂缝或沉井倾斜位移过大的弊端。

后来设计人员在 f_a 这个摩擦力因素上做文章，就是在井壁周围设置泥浆套，籍以减少沉井下沉中的侧面摩擦力。使下沉平稳快速，倾斜率小，瞬时下沉量仅为 5cm 左右，无突然下切现象，吸泥效率增高，在粉细砂中只需在中央空内吸泥，以减少翻砂事故，在黏性土中，为避免大的锅底坑，则可在边孔内吸泥，当穿过硬塑黏土时，则加用不大于 2MPa 的高压射水，亦能取得较佳效果。但吸泥时，要随时注意补浆，以免造成地面塌陷。控制好井内外水位和泥浆面的高差。使井内水位要高出泥浆面 1m，高出井外水位 1.5m 左右较妥。九江长江大桥北岸浅滩上的沉井总高 51m，沉井直径为 20m 的圆形沉井，井身混凝土部分全高 39m，上接 12m 高的钢板桩围堰。沉井中央孔直径为 5. 5m，8 个边孔直径 3.8m，在刃脚尖以上高程 5m 及 8.6m 处，分别用台阶缩小井身直径，使泥浆套厚度为 0.10m 及 0. 2m。沉井穿过砂黏土、粉砂、细砂等到达砾砂持力层，入土深度约 50m。泥浆主要用膨润土，经过配比的试验，要求能达到理想的触变效应，即动时为流体，静时为固体状态的良好性能。这个实例与南京长江大桥一号墩重型沉井比较，除下沉深度稍浅外，其他条件有很多近似之处，如做技术经济时效比照，九江长江大桥一号墩底面积为 314m^2，南京长江大桥一号墩为 485m^2；下沉深度前者为 49m，后者为 53.5m；混凝土量前者为 6 646m^3，后者为 17 000m^3。折合后，为获得相等的下沉效果，前者的混凝土用量为后者的 65.5%；下沉各阶段进度，前者较后者快 3.6～11.4 倍，结构部件及所用机具九江桥较为简单，经济效益明显。但泥浆套下沉工艺有下列几个缺点：①沉井在下沉过程，泥浆容易流失，主要是沉井在摇晃中下沉，迫使泥浆套厚度左右受到挤压及扩张；②在土质基底，当沉井下沉到设计高程，在沉井内底部清基时，吸泥发生大的锅底坑，土面不平，会随吸随下，不易控制沉井继续下沉，也就较难达到清基要求；③即使采取了回填部分砂石，控制好下沉速度，浇注了水下封底混凝土，四周井壁的泥浆套既不易固结，土壤对井壁的扶持嵌固效果大大降低，因而会使沉井基础的承载力降低，增加土质基底的负担，减弱整体的稳定性。此外制取泥浆工序繁琐，劳动力较大，清除又缺少经济有效的办法，故工程界对此助沉措施持有异议，已不多采用。后来在九江长江大桥同时采用了空气幕工艺的助沉措施（见参考文献[3]），克服了上述泥浆套助沉措施的弊端，既容易控制下沉高度和速度，一旦停止吹气，就可使土壤逐渐恢复对沉井井壁的固结，恢复其摩擦力，不影响基础的承载力，又可省略大量优质的膨润土泥浆及其设施而进一步降低造价。为了验证空气幕下沉沉井的质量及其稳定性，笔者对九江长江大桥北岸引桥第 09 墩深 40m 的沉井采用空气幕工艺下沉到到设计高程，经过简易清基及浇筑水下封底混凝土后即进行精密的沉降观测检查，历时近 9 年共 15 次观测的沉降量为 23.1mm。而与同样的地质地层条件，不用空气幕下沉的重力式沉井的 056 号墩的沉井深 39m，经过 6 年共 5 次的同精度观测，其沉降量却达到 33.5mm。两个沉井基础的桥墩最后一次观测的时间均为 1986 年 4 月。说明空气幕的助沉措施是有效的，前者的混凝土用量仅为后者的 60%左右且下沉速度较重力型沉井快了 2 倍多。质量和造价都是令人满意的。以后在九江长江大桥的水中主墩的基础也采用了空气幕沉井方案，同样获得了理想的技术经济效果。

沉井的设计思路主要体现在壁厚上，即依靠自重下沉的厚壁素混凝土沉井和主要依靠减少井壁摩擦力来克服侧面下沉阻力的薄壁的钢筋混凝土沉井。前者的壁厚至少在 1.2m 以上，而后者的壁厚常在 1.0m 以下。重力型沉井除作用在悬索桥用的锚碇沉井外，在墩台基础上将会减少使用。南京长江大桥的 7 号墩，原定管柱基础结构的方案已经铁道部批准立案。但负责整个大桥基础方案设计的曹桢总工程师，不唯上，不唯书，雄才胆识提出了薄壁的钢筋混凝土浮运沉井方案，外壁厚度最薄处小到 0.35m，内隔墙仅厚 0.20m，外墙采用钢模现浇，内隔墙采用钢筋混凝土预制板拼装。在沉井钢筋塔楼传力细节的计算和设计上都满足了正，负弯矩的应力要求，在节点处防止开裂的受弯内力弯曲强度都作了精心的计算和设计，保证了沉井主体的刚度和强度。不仅大大节约了资源，也加快了施工的进度。深得大桥局领导和所有技术人员异口同声的赞绝和钦佩。现在杨进设计大师主持设计的泰州长江大桥浮运沉井基础更是青出于蓝而胜于蓝。使浮运沉井方案又上了一个新台阶，为我国深水基础工程作出了重大贡献。

2 关于水中沉井的定位问题

很多设计人员对在深水下沉沉井中存在着位移和倾斜过大的疑虑，因此旧规范中，原定的沉井底中心的位移限差定为$H/100+0.25$m(H为沉井高度)，后来改为$H/50+0.25$m。即下沉50m高的沉降可允许偏差为1.25m，倾斜率不得超过1%。这样势必要在设计中加大沉井的截面尺寸，使结构体系能承受竖直力偏心的影响。但从笔者所经历的长江中下游的枝城、九江、南京三座大桥的各类沉井的定位实践中，除了南京长江大桥的N3号墩沉井底中心偏移值为78cm外，其他沉井的中心位移都在20cm左右。而N3号墩的沉降在落底时，主要是锚绳没有均匀收紧，受潮汐推移，致使沉井偏上游78cm，超过规范允许的$H/100+0.25=75$cm(沉井高50m)偏大了3cm。故后来将规范放宽到$H/50+0.25$m。我认为这是不妥的。众所周知，水中沉井定位的两大关键因素是锚碇系统的稳定和测量定位的精度和速度。两者既是不同的工序又是相辅相成的合作共同体。在吸取了N3号墩的教训后，于是在N7号墩的钢筋混凝土浮运沉井中的定位工作中采取了技术革新，就是在沉井晃动时，将原来采取的三台经纬仪作前方交会法，实地标定时，产生过大的示误三角形，难以标定沉井中心的正确位移值，改为三台经纬仪对沉井顶面的结构中心，竖立觇标进行瞬间观测，采用角差位移法进行1∶2的图上定位[4]，结果得出的误差三角形的最大边长在3cm以内，为及时调整锚绳提供了精确的数据，使锚绳受力均匀，晃动幅度越来越小，为此与施工人员共同商量连续观测24小时，每半小时观测一次得出沉井顶、底的中心的位移值，绘出沉井在落底后的变位过程曲线，找出了最适宜的落底时段，随落底下沉随观测，一次观测成果仅需5min左右，即可提供精确的位移数据。直到下沉到稳定的深度。取得了成功。随着GPS定位技术的出现，则定位方法更是先进了。但是我国原有的常规测量设备并不是无用武之地了，笔者在角差位移图解法的基础上，创建了网络图定位法[5](不经现场计算或绘图)，直接用观测值在网络图上标定沉井实际中心的位移值，每观测一次仅需2min，在实践中已深得测量人员的钟爱。在锚碇设施的改进上，目前在墩位上下游适当距离设置的锚墩，简化了原来上下定位船抛投为数较多的钢筋混凝土锚和铁锚的繁琐工序，对航道带来的影响。这样的锚墩自身就较稳定且将来还可作保护桥墩的安全防撞墩的功用，一举两得。故笔者认为原有规范要与时俱进进行必要的修改，为此提出下列几点拙见供同仁讨论商榷。

3 建议和结语

(1)重型沉井依自重是完全可以下沉到位的，可以不必采取其他助沉措施。尤其用于悬索桥的锚碇基础结构形式，还宜在地基能承受的最大限度负荷下，加大自重，促使其克服摩阻力及复杂的黏土层，达到稳定的设计高程。有时为了抵抗缆索拉力，在沉井内还要填充混凝土，但前提是不能使沉井在负荷的过程中发生沉降以影响缆索拉力。而作为深水桥墩基础的沉井结构，首先要考虑的沉井主体结构的强度和刚度及其本身的自稳性来抵御可能发生的竖向力和水平力，适度的自重和重率是保证沉井下沉的重要因素。重率过大，对下沉沉井而言是有利的，但达到设计高程后若为土质基底则在清基时往往难以控制继续下沉，这就需要减小重率。为此笔者建议对重型沉井主体结构设计时，在沉井四周壁留出一些有底的空腔作为仓储室的结构，在下沉时需要增大重率时，可以在仓储室内灌水、砂或吸出的渣来压重，以资助沉，达到设计高程时，即可将仓储室内的压重物体吸出，减轻沉井自重，这样便可大大地节约混凝土的用量，又可保持沉井底清基时的稳定。

(2)实践证明，采用空气幕工艺的助沉措施，下沉沉井的最大优点无论是陆上沉井或与水中钢筋混凝土浮运沉井配合，在穿过沙层，砂黏土层都是显著有效的，而且通过调节气压来纠正沉井的偏斜也很有效，但在大颗粒、大空隙的卵石层及黏性很大的土质中，将有泄漏或不能造成水、土翻腾的幕体势态，就不宜使用。

(3)沉井的设计和施工是一项较为复杂细致的工程，在每个环节都要有周密的计算，尤其在施工过程中，必须要有严格的便于执行的操作工艺，对沉井的位移和倾斜以及井孔内泥面高程要勤测量勤调整，防止翻砂事故的发生。陈新院士提出的"沉井基础工程的核心是沉井的下沉，要抓住这个'牛鼻子'主题不放"。这还有许多文章可做：如将空气动力学的工作原理，用在节能上，将吸泥机负压工作时排出的气体可利用储气筒储存起来，可供空气幕正压排气用，这就需要设备进行改造和革新；在沉井下沉过程中，正确控制好井孔的泥面高程，是保证沉井稳妥下沉的一个重要环节。必须边测量边调整吸泥机的位置，测量次数多，费时费力，若用超声波测水深的探头布置在各个测点，通过转换开关，随时可在仪器荧屏上读得所观测点的泥面高程数值，便于施工人员及时掌握泥面高差来采取相应的助沉措施；沉井的内隔墙，可以采用预制板，省去立模、绑扎钢筋、现场浇筑、拆模、养护等多道工序，使沉井下沉走向快速、自动控制的步伐，在缩短工期，降低造价上更上一层楼是不无可能的。

沉井是近代大型桥梁基础同时发展的一种承重基础结构，已有百年以上的使用经验，在设计上，施工工艺上已有了不断的改进和应用成功案例。诚然，在墩位水文、地质条件相近的情况下，同时可用管柱、钻孔桩、沉井方案的自然条件下，就应作经济、工期、安全、环保方面的综合比较。在我国还是一个发展中的国家的国情下，在保证安全适用的前提下，经济性还是要作为重点考虑的重要因素。

参考文献

[1] 殷万寿，朱海涛. 对用现行规范指导设计大钻孔桩出现承载力不足问题的思考[J]. 铁道标准设计，2006.

[2] 杨进. 大桥深水基础方案设计与施工及经济性研究[J]. 桥梁建设，2011(2).

[3] 朱海涛，周蓓. 利用空气幕下沉沉井的施工方法及其特点[J]. 中国市政工程，1995(3).

[4] 朱海涛. 特大桥水中墩采用直接观测值进行前方交会网络图定位[J]. 桥梁建设，1984(3).

[5] 朱海涛. 利用常规测量仪器进行桥墩精密定位的简捷法[C]. 第十九届全国桥梁学术会议论文集(上册). 北京：人民交通出版社，2010.

7. 关于桥梁基于性能设计的性能指标与性能检验方法的探讨

李国平

（同济大学桥梁工程系）

摘　要：随着人们对桥梁性能需求的不断增加，设计方法正朝着基于性能的方向发展。综合考虑结构安全、适用及可持续性能，将耐久性能贯穿于安全和适用性能之中，从而达到更合理、可靠、可行及促进可持续发展，是基于性能设计的基本要求。但是，如何确定结构性能的量化指标是实现基于性能设计的关键。根据基于性能设计方法的研究现状，针对结构安全、适用、耐久性能和可持续性能的目标与极限状态，分析这些性能的特征、极限事件及失效后果；研究性能的控制指标与量化方法，给出性能指标的建议；按照概率极限状态和分项系数的格式，形成性能的检验方法和保证性能达到目标的质量管理要求。通过量化的性能指标反映结构性能并建立极限状态方程，是从现行设计规范的习惯方法平稳过渡到基于性能设计的可行方法，但如何提出能够控制结构性能的量化指标，尤其是与可持续性能相关的量化指标，还需要进行大量深入研究。

关键词：桥梁　性能要求　指标　检验　质量管理

1　概述

土木工程结构从最早的以弹性理论为基础的容许应力设计法发展到基于可靠性理论的极限状态设计法，相关基本原理和技术已发展为较成熟的规范条文。随着人们对结构或构件性能需求范围的扩展和对性能水平要求的不断提高，土木工程界提出了“基于性能设计”的概念，为此经历了较长的发展过程。所谓结构或构件的性能，是指其受到或发生作用后呈现的行为。基于性能设计是确保结构或构件更好地满足适用、安全、可持续相关性能要求的设计，主要特点为：根据功能、环境及利益相关者等需求建立性能目标和定量指标；综合分析施工、运营及维护等方面要求，提出性能检验方法和确保性能达到目标的措施；采用合理一致的技术标准、可接受的技术手段与方法，对设计目标进行定量评价[1-4]。

现行土木工程结构设计规范一般都建立在极限状态设计概念之上，基于性能设计并不与极限状态设计对立，事实上它是将极限状态要求的内容扩展并置于更合理的性能目标[5]。目前，基于性能设计仅个别反映在土木工程结构的抗震、抗火设计规范中，公共设施工程基于性能设计研究才开始不久，结构设计向完全的基于性能方向转变也正在开始。日本土木工程师协会混凝土委员会 2002 年完成了引入基于性能设计的《混凝土结构标准规范》[6,7]，2007 年完成了该标准规范的修改版。即将正式出版的 fib Model Code 2010 和正在修编的 Eurocode 2 都引入了基于性能设计方法[8-10]，我国桥梁工程界也已开始基于性能设计研究[11]。

如何根据各方需求构成结构的性能要求，以性能指标反映结构性能的特征，根据性能失效的后果建立性能准则，通过有效措施保证性能达到目标，都是目前基于性能设计方法建立的关键问题。本文将主要对性能指标与性能检验方法等问题进行探讨。

2　桥梁性能要求

桥梁利益相关者的需求是指定性能要求的基础，而性能要求是通过性能准则和与设计使用年限、可靠性有关的约束条件建立起来的。性能准则是对应性能的定量范围。因此，桥梁在设计使用年限内，如果所需可靠度下满足了所有性能准则，则其性能要求就已满足。桥梁的性能将包括适用性能、安全性能和可持续性能 3 个方面：

(1)适用性能是结构对应正常使用或功能满足规定需求的性能，反映了正常运行功能和即时使用舒适度的水平。

(2)安全性能是结构对应各种形态破坏或倒塌前各阶段的性能，以及在偶然作用和人为错误事件中生存的性能，它反映着生命安全、结构和运行保护、财产与环境保护等水平。

(3)可持续性能是结构相关设计、施工、运行、养护、拆除及其再利用和处置等方面对环境、经济、社会及美学影响的性能，它体现对人类健康、社会财产、生物多样性、基本生产力等保护的程度，对正反面社会效应及其变化过程的预期，以及结构外观的可接受度、结构与环境的和谐度。

在设计使用年限内，结构不仅应有足够的安全性能和适用性能，而且也应有足够的能力抵抗上述性能衰退。作用、环境影响和结构性质将随时间变化并伴随在结构整个寿命期，时间已成为结构性能变化的基本参数，因此必须选择关键时段的设计状况进行性能检验。事实上，结构性能的耐久性已不限于纯粹考虑材料性能耐久性的范围。

3　桥梁性能指标

结构性能指标是一个量化描述其性能的可计算、试验及可量测的关键参数。根据前述的桥梁性能要求，可以表示为几类反映结构性能的主要指标。

3.1　结构安全性能、适用性能及耐久性能指标

结构安全性能、适用性能及耐久性能指标是已被定义且能在有关标准和规范中获得的指标，它们主要反映结构在运行性能方面的要求。设计抗力与相应作用的关系或可靠指标，通常作为检验安全性能的指标；适用性能常以混凝土和钢筋应力、裂缝宽度、挠度及振动等作为指标；耐久性能的指标则取用混凝土碳化深度、氯离子浓度或保护层厚度、钢筋直径、使用年限等。上述性能指标也是被大家熟知的。

3.2　关于环境影响的性能指标

环境影响一般包括温室气体排放、资源消耗、废弃物产生及富养化等方面。这些方面影响常用的性能指标为：等效二氧化碳(CO_2)排放(kg)、一次能源消费(J)、垃圾填埋场(m^3)及等效磷酸根(PO_4)(kg)等。

3.3 关于经济方面的性能指标

经济方面涉及的主要成本是内部和外部两类基本成本。内部成本是交易直接支付的费用，由桥梁业主直接承担。因此，该成本通常被称为业主成本或机构成本。相反，外部成本为对使用者、当地居民、社会整体或环境不利影响的花费，主要与桥梁直接使用者有关。因此，这些成本常被指为使用者成本。业主成本由与桥梁相关的设计、施工、检验、维护及拆除等费用组成，一般被用于评价桥梁经济性能的指标。由于这些费用出现在不同的时间点，故它们被以净现值表示，其可用简单的金融数学的方法确定。但是，间接发生的使用者成本的量化仍没有统一的方法。如：二氧化碳（CO_2）排放在大气中或施工维修等耽误的时间如何估价等问题都有待进一步研究。

3.4 关于社会影响的性能指标

桥梁与周边以各种方式发生相互作用，包括交通效应、景观影响、声誉及历史价值等。桥梁作为连接交通路线、结构能力及实际状况等功能取决于社会的动态需求。在设计使用年限内，桥梁因维护干扰引起的运行能力减弱、桥梁审美变化影响和外观出现问题等，都反映了社会影响的性能。因此，根据文献[12]可以将实际运行能力与设计运行能力之比、外观不令人满意出现的时间与使用寿命的比率，以及满足所有最低要求的使用寿命，作为反映桥梁社会影响的性能指标。

4 桥梁性能检验方法

桥梁的各种作用和结构性质将伴随其整个寿命期而变化，因此必须对关键时段的设计状况进行性能检验。结构性能检验的基础是性能准则和与设计使用年限、可靠性相关的约束条件。性能检验不仅考虑作用、影响和结构失效的概率，还要考虑失效的风险和反映失效的后果及其发生的概率。其中，失效是指未能达到要求的性能目标，而不是严格的结构强度或稳定失效引发的危险。因此，设计中考虑的需求（作用、影响）和性能（抗力），应为某种状况中与某类极限状态的极限事件对应可接受的失效风险概率，表示为：

$$P = \{r(R) \leqslant s(S)\} \leqslant P_f \tag{1}$$

式中：P——在某极限状态的极限事件中结构失效的概率；

$r(R)$——某极限状态结构的性能（抗力）；

$s(S)$——某极限状态的极限事件对结构的需求（作用、影响）；

P_f——在某极限状态的极限事件中结构失效可接受风险的概率。

性能检验所选的设计状况应包括所有可能发生的相关情况。在桥梁设计过程中，需要进行性能检验的状况一般应包括：反映正常使用条件的持久状况、反映出现在施工或使用期临时条件的短暂状况、反映结构自身或遭受异常条件的偶然状况、反映地震条件的地震状况，以及反映结构对环境、经济和社会等方面影响的状况。

通过量化的性能指标反映结构性能并建立极限状态方程，是从现行设计规范的习惯方法平稳过渡到基于性能设计的可行方法。由此得到的各项性能检验方法如下。

4.1 安全性能、适用性能及耐久性能检验方法

采用分项安全系数表达方式对桥梁安全性能、适用性能及耐久性能进行检验。

在持久状况承载能力极限状态，安全性能检验应满足下式：

$$S_d \leqslant R_d \tag{2}$$

式中：S_d——作用效应（导致各种形态破坏或倒塌前各阶段的效应，或在偶然、地震和人为错

误事件中生存的效应)的组合设计值；

R_d——结构或结构构件的抗力(生命安全、结构和运行及财产等保护的能力)设计值。

在持久状况正常使用极限状态，适用性能检验应满足下式：

$$S_d \leqslant C \tag{3}$$

式中：S_d——作用效应(反映正常运行能力和使用舒适度的效应，如变形、应力、裂缝等)设计值；

C——结构或构件满足正常使用或功能需求的限值。

结构耐久性检验与安全性能和适用性能密切相关。在持久状况耐久性极限状态，耐久性能检验应满足下式：

$$X_{\mathrm{dura.}} \leqslant I_{\mathrm{dura.}} \tag{4}$$

式中：$X_{\mathrm{dura.}}$——结构或构件耐久性指标(保护层厚度、钢筋直径，或使用年限等)的下限值；

$I_{\mathrm{dura.}}$——结构或构件耐久性指标的设计值。

4.2 可持续性能检验方法

桥梁可持续性能检验虽可用上述类似的方法，但由于涉及社会、经济等方面性能指标尚待深入研究。基于对可持续发展的迫切需求，在完全的定量检验方法建立之前采用定性评价与定量检验相结合的方法仍是必要的。因此，桥梁可持续性能应满足下式：

$$I_{\mathrm{sust.}} \leqslant T_{\mathrm{sust.}} \tag{5}$$

式中：$I_{\mathrm{sust.}}$——桥梁不利影响(环境、经济及社会等影响)指标的设计值；

$T_{\mathrm{sust.}}$——桥梁不利影响指标的限值(阀值)。

5 有关问题的讨论

5.1 结构性能与寿命周期管理

基于性能设计的重要特点是引入了时间参数，并贯穿于结构全寿命。因此，如何保证结构或构件更好地满足适用、安全、可持续相关性能要求，应有完善、可靠的寿命周期管理措施。结构寿命周期管理的核心是质量管理，通过在项目的设计、施工、运营养护及拆除等各阶段的技术保证与控制计划使质量得到改善。为了使质量管理有效可行，业主和设计者对结构性能目标、性能准则，以及用于设计、施工、养护及拆除等策略，应有明确和清晰的共识。因此，根据结构性能目标及质量要求，应对设计、施工、养护及拆除等各方面中每个阶段，制定出组织结构、技术和组织工作方法与过程、相互联系、任务与责任、关键人员及质量管理措施等。

5.2 影响可持续性能的指标及其限值

采用定性方式判断可持续性能是否满足要求将可能导致检验尺度不一、客观性下降，从而失去检验的意义。然而，如社会影响等方面性能的量化往往受到很多因素的约束，反映这些性能的指标及其限值或阀值的确定则有更多的问题。作为目前暂时不成熟的阶段，利益相关者可会同当地民众、专家及有关部门或机构，对影响桥梁可持续性能无法量化的因素开展问卷调查和评估，采用统计数学方法形成反映各方意见的概率分布，提炼影响可持续性能的量化指标，确定性能指标的期望值和代表大多数意见的限值。

6 结语

桥梁利益相关者的需求，构成了结构安全性能、适用性能及可持续性能设计的基本要求，基于性能设计的目的就是保证性能更好地达到目标要求。为了反映上述性能的基本特征，必须选择合理的性能指标并以量化形式表示，形成对应各种状况和受力阶段的全概率或近似概率的检验方程。桥梁的性能是随时间衰退的，确保性能满足设计目标应与寿命周期各阶段的质量管理相配合。通过量化的性能指标反映结构性能并建立极限状态方程，是由现行设计规范的习惯方法平稳过渡到基于性能设计的可行方法，但如何提出能够控制结构性能的量化指标，尤其是与可持续性能相关的量化指标，还需要进行大量深入研究。

参 考 文 献

[1] Akira I. Basic Study of Performance-Based Design in Civil Engineering[C]. Journal of Professional Issues in Engineering Education and Practice, ASCE, 2002, 128(1): 30-35.

[2] Fujitani H, Teshigawara M, Gojo W, et al. Framework for Performance-Based Design of Building Structures [J]. Computer-Aided Civil Infrastructure Engineering, 2005, 20: 62-77.

[3] Galambos T V. Structure Design Codes: The Bridge Between Research and Precice[C]. Responding to Tomorrow's Challenges in Structural Engineering, IABSE Symposium. Budapest, 2006: 2-12.

[4] Aktan A E, Ellingwood B R, Kehoe B. Performance-Based Engineering of Constructed System[C]. Journal of Structural Engineering, ASCE, 2007, 134(3): 311-323.

[5] Augusti G, Ciampoli M. Performance-Based Design in Risk Assessment and Reduction [J]. Probabilistic Engineering Mechanics, 2008, 23: 496-508.

[6] JSCE. Standard Specifications for Concrete Structures-2001 (English Version) [M]. Tokyo: Japan Society of Civil Engineers, 2005.

[7] Tamon U. Role of Asian Concrete Model Code and JSCE Standard Specifications for International Code Harmonization[C]. Codes in Structural Engineering Developments and Needs for International Practice, Joint IABSE-fib Conference, Dubrovnik, Croatia, 2010: 87-98.

[8] Walraven B. The 2010 Model Code for Concrete Structures: a new Approach to Structural Engineering[C]. Codes in Structural Engineering Developments and Needs for International Practice, Joint IABSE-fib Conference, Dubrovnik, Croatia, 2010: 155-166.

[9] fib Model Code 2010, First Complete Draft. 2010.

[10] Jean-Armand C. The European technical culture in Civil Engineering: the Eurocodes-Present and Future[C]. Codes in Structural Engineering Developments and Needs for International Practice, Joint IABSE-fib Conference, Dubrovnik, Croatia, 2010: 67-74

[11] 李国平，张喜刚，项海帆. 基于性能的混凝土桥梁规范体系的研究计划[J]. 桥梁，2011(3): 76-78.

[12] Dette G, Sigrist V. Performance Indicators for Concrete Bridge[C]. Concrete Engineering for Excellence and Efficiency, fib Symposium, Prague, 2011: 239-242.

8. 钢—混凝土组合桥梁设计若干问题探讨

周　良[1]　陆元春[1]　李雪峰[1,2]

(1. 上海市城市建设设计研究总院；2. 同济大学)

摘　要：结合目前组合梁设计中存在的一些问题，通过试验研究、理论推导、数值分析、参考国内外相关规范等方法、途径进行了探讨，为国家标准《钢—混凝土组合桥梁设计规范》的编制提供参考。文中首先阐述了目前钢—混凝土组合桥梁设计中存在的一些问题；接着介绍针对存在的问题本文所进行的研究，包括滑移对组合梁承载能力和挠度的影响、抗剪连接件的承载能力、温度作用下截面应力的计算方法等；最后对钢—混凝土组合桥梁未来的发展提出展望。

关键词：国家标准　组合梁　滑移　抗剪连接件

1　引言

钢—混凝土组合梁自从20世纪20年代出现以后，由于其能充分发挥钢材和混凝土各自的材料特性，在增大梁截面刚度的同时可以节省材料等优点，使其在桥梁结构中大量被采用，成为第五大类结构[1,2]。但同时随着桥梁结构组合梁的广泛应用，钢—混凝土组合桥梁设计中存在的一些问题也日益突显[3,4]。我国目前尚没有针对钢—混凝土组合梁在桥梁结构中应用的设计规范，这使得钢—混凝土组合梁的优良性能在桥梁结构中的应用受到一定程度的限制。因此，制订《钢—混凝土组合桥梁设计规范》(以下简称规范)是非常必要的。本文结合目前组合梁设计中存在的一些问题，简要介绍针对这些问题进行的一些研究，为《钢—混凝土组合桥梁设计规范》的编制提供参考。

文中首先阐述了目前钢—混凝土组合桥梁设计中存在的一些问题；接着介绍针对存在的问题本文所进行的研究，以及形成的规范相应条文，包括滑移对组合梁承载能力和挠度的影响、抗剪连接件的承载能力、温度作用下截面应力的计算方法等；最后对钢—混凝土组合桥梁未来的发展提出展望。

2　目前存在的问题

钢—混凝土组合梁最初的计算方法是基于弹性理论的换算截面法，即假定钢材与混凝土

基金项目：建设部国家标准编制项目资助。

为理想线弹性材料，两者连接可靠，完全共同变形，通过弹性模量比将两种不同材料换算成同一材料进行计算[5]。然而钢材和混凝土都是弹塑性材料，需要考虑塑性发展带来承载力的提高。我国现行的涉及组合梁计算的规范中，《钢结构设计规范》(GB 50017—2003)[6]和《钢—混凝土组合结构设计规程》(DL/T 5085—1999)[7]已规定组合梁的计算可采用塑性设计方法，考虑全截面的塑性发展，并将组合梁细分成完全抗剪和部分抗剪两种情况，分别给出抗弯承载力的计算公式，但所给计算公式无法计及混凝土桥面板内的钢筋和组合梁的体外预应力筋的作用，同时也忽略了桥面板承托的作用，这会给组合梁的设计带来一定的偏差。

本文将结合组合梁设计中存在的这些问题，简要介绍针对这些问题进行的研究，以及形成的大致结论。

3　相关研究

3.1　组合梁的塑性分析方法

钢—混凝土组合梁最初的计算方法是基于弹性理论的换算截面法，该方法的承载能力是以计算截面边缘的应力达到材料强度设计值为极限状态。然而，钢材和混凝土都是弹塑性材料，需要考虑塑性发展带来承载力的提高。国内外众多简支组合梁试验研究表明，组合梁下翼缘钢板屈服之后，截面抗弯承载力仍有较大幅度提高，极限弯矩与屈服弯矩之比可达 1.5 以上[2]。

国外规范中，欧洲规范(Eurocode 4)根据钢梁截面宽厚比将组合梁分为 4 类，规定第 1、2 类截面可采用简化塑性方法计算组合梁极限抗弯承载力，对第 3 类截面则应采用弹性计算方法；美国 AASHTO 桥梁设计规范和英国规范(BS 5950)规定计算组合梁承载能力时均考虑材料的塑性发展，并给出塑性承载能力的简化计算方法。

如图 1 所示给出了在混凝土桥面板厚度保持不变，通过改变宽度来改变面积的情况下，塑性承载力与弹性承载力之比随混凝土桥面板与钢梁面积之比的变化规律。从图中可以看出，当面积比 $A_c/A_s<4$ 时，塑性承载力与弹性承载力的比值大于 1.3；当面积比 $4\leqslant A_c/A_s<8.5$ 时，承载力之比在 1.3 附近。限于篇幅，本文不再给出在混凝土桥面板厚度变化情况下，承载力比值的变化情况。

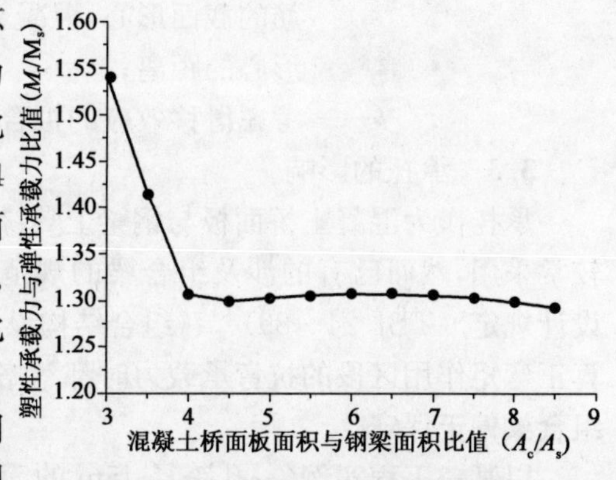

图 1　塑性承载力与弹性承载力之比

综上所述，钢—混凝土组合梁的设计推荐采用考虑全截面塑性发展的塑性设计方法，并通过限制钢梁板件宽厚比的方法保证截面塑性变形充分发展前，不致因屈曲而提前破坏。而对于无法满足宽厚比要求的组合梁，推荐采用弹性设计方法。

3.2　滑移效应的影响

组合梁的抗剪连接件在传递钢梁和混凝土板交界面上的水平剪力时会发生变形，从而在交界面上引起相对滑移，使组合梁截面的极限抗弯强度降低，因此在计算组合梁抗弯强度时需要考虑滑移效应的影响。

根据试验数据，可拟合得到考虑滑移的正弯矩承载能力计算公式。

以塑性中和轴在钢梁截面内(即 $A_c f_{cd}+A_r f_{sd}<A_s f_d+\sigma_{pu,d}A_p$)为例，正弯矩抗弯承载力可采用下列公式计算：

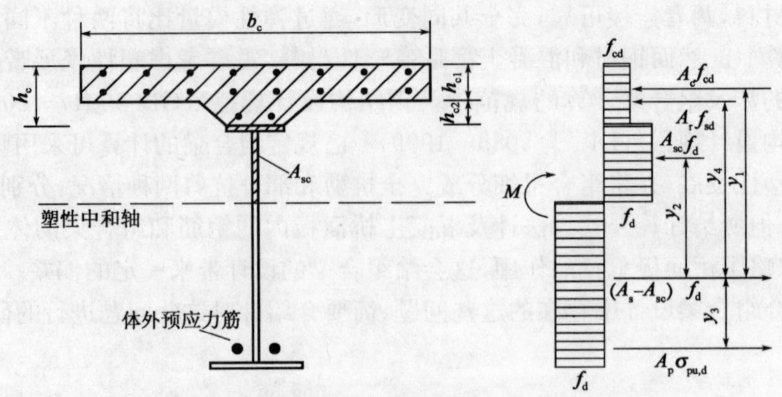

图 2 塑性中和轴在钢梁内时的组合梁截面及应力图形

$$\gamma_0 M \leqslant k(A_c f_{cd} y_1 + A_{sc} f_d y_2 + \sigma_{pu,d} A_p y_3 + A_r f_{sd} y_4) \tag{1}$$

$$A_{sc} = \frac{A_s f_d + A_p \sigma_{pu,d} - A_c f_{cd} - A_r f_{sd}}{2 f_d} \tag{2}$$

$$k = 0.95 - 0.79 e^{-6r} \tag{3}$$

式中： γ_0——桥梁结构的重要性系数；

A_c, A_p, A_r, A_{sc}——分别为混凝土桥面板，体外预应力筋，混凝土桥面板内纵向钢筋，钢梁受压区的截面面积；

$\sigma_{pu,d}, f_d, f_{sd}, f_{cd}$——分别为体外预应力筋的极限应力设计值，钢材的抗拉强度设计值，混凝土桥面板内纵向钢筋的抗拉强度设计值和混凝土的抗压强度设计值；

y_1, y_2, y_3, y_4——分别为混凝土桥面板受压区截面形心，钢梁受压区截面形心、体外预应力筋的截面形心，混凝土桥面板内纵向钢筋的截面形心至钢梁受拉区截面形心的距离；

k——考虑滑移效应的拟合系数。

3.3 承托的影响

承托作为混凝土桥面板与钢梁上翼缘之间的混凝土局部过渡部分，在目前组合梁设计中较常采用，然而已有的涉及组合梁的规范，《钢结构规范》(GB 50017—2003)[6]、《铁路结合梁设计规定》(TBJ 24—89)[8]、《组合结构设计规范》(JGJ 138—2010)2010 征求意见稿[9]等在计算正弯矩作用区段的抗弯承载力时都忽略了承托的作用，这种简化对于有承托尤其是深承托组合梁偏于保守。

以某一工程实例(一孔跨径 45m 的简支组合梁)对承托的影响进行了定量分析。结果表明不考虑承托作用时，截面的正弯矩承载力有所下降；与真实截面相比，不考虑承托导致的正弯矩承载力计算误差为 5.73%；导致的挠度计算误差为 7.45%；导致的截面应力计算误差高达 20%左右。如图 3、图 4 所示分别给出了导致的正弯矩承载力计算误差和温度应力计算误差随承托与混凝土翼板面积比的变化规律。从图中可以看出，导致的温差应力计算误差较大。因此组合梁设计中建议考虑承托的作用。研究还表明为了计算的方便，可将倒梯形承托按面积等效转化为矩形承托进行计算(这种等效引起的误差较小)。

3.4 挠度变形

混凝土板与钢梁的相对滑移不仅会使组合梁截面的极限承载力降低，而且会使组合梁产生附加变形，增大了挠度变形，因此在计算组合梁挠度时，也需要考虑滑移效应。而对于预应力钢—混凝土组合梁而言，不仅滑移会影响其挠度，预应力筋的弹性应力增量以及预应力筋的矢高变化等都会对组合梁的挠度变形产生影响。在试验的基础上，结合理论分析，可得出组合梁挠度变形的计算公式。对于均布荷载作用下，简支组合梁的短期挠度可采用下列公式计算：

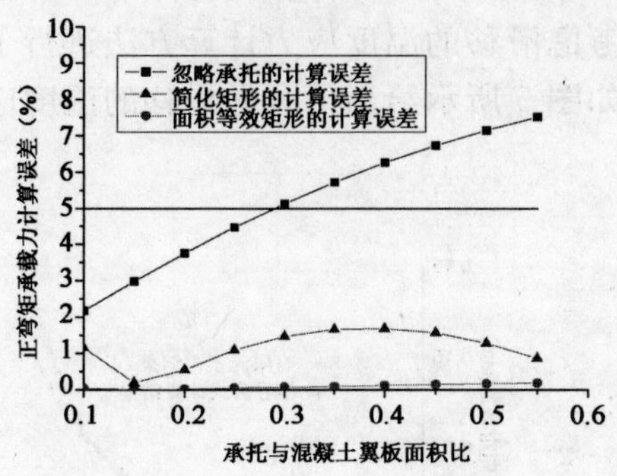

图 3　承托对正弯矩承载力的影响

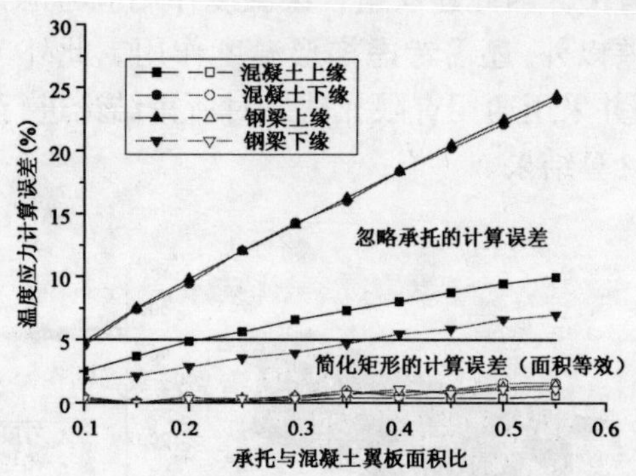

图 4　承托对矩形温差应力的影响

$$f = f_0 + f_s + f_T \tag{4}$$

$$f_0 = \frac{5qL^4}{384B} \tag{5}$$

$$f_s = \frac{qL^2}{8B_s b^2} - \frac{q}{B_s b^4} \tag{6}$$

$$f_T = \frac{\sigma_e A_p L^2}{8B}\left[z_1 - \frac{5}{6}l_1(\sin\theta_1 - \sin\theta_2) - \frac{5}{12}L\sin\theta_2\right] \tag{7}$$

式中：f_0——不考虑滑移效应、预应力筋弹性应力增量的组合梁变形；

f_s——滑移引起的变形；

f_T——预应力引起的变形，对于非预应力组合梁，取 $f_T = 0$；

q——均布荷载；

L——组合梁计算跨径。

3.5　温差效应分析

钢和混凝土具有不同的线膨胀系数和导热系数，钢的导热系数大、传热快，混凝土的导热系数小，对环境温度的变化反应慢，因此当环境温度的发生变化时会造成了钢梁与混凝土板之间的温差，从而在钢梁和混凝土板中引起较大的温度应力。在国内现行规范中，《公路桥涵钢结构及木结构设计规范》(JGJ 025—86)[10]和《铁路结合梁设计规定》(TBJ 24—89)[8]等规范采用了均匀温度作用(即矩形温差)，前者规定可采用 10～15℃，后者规定可按±15℃取用。《公路桥涵设计通用规范》(JTG D60—2004)[11]则规定除了考虑均匀温度作用以外，还需考虑梯形温度作用。此外，《铁路结合梁设计规定》和一些书籍[4, 12]认为钢和混凝土的线膨胀系数可取相同($\alpha_s = \alpha_c = 1.0\times10^{-5}$/℃)，认为由于钢与混凝土的线膨胀系数不同，引起的温度应力计算误差较小可以忽略。

根据理论分析可得，考虑材料线膨胀系数不同后的温度应力是不考虑线膨胀系数不同时温度应力的 μ_T 倍。

$$\mu_T = \frac{T}{T'} = \frac{\Delta t + (\alpha_s - \alpha_c)\times\Delta t_1}{\Delta t} = 1 + (\alpha_s - \alpha_c)\times\frac{t_s - t_0}{t_s - t_c} \tag{8}$$

式中：$\Delta t = t_s - t_c$——钢梁与混凝土的温差；

α_s, α_c——分别为钢和混凝土的线膨胀系数；

t_0——初始温度，即结构受到约束时的温度。

从式中可以看出 μ_T 的取值不仅与材料的线膨胀系数有关，而且与(t_s-t_0)，(t_s-t_c)的取值有关。因此建议组合梁温度作用应考虑钢与混凝土线膨胀系数的不同，同时除了考虑矩形温差以外，还需考虑梯形温度作用。此外，本文还对考虑滑移的温度应力计算方法进行了考察，并采用通用有限元软件对所得结论进行了验证。如图 5 所示给出了考虑滑移的温度应力的计算结果。

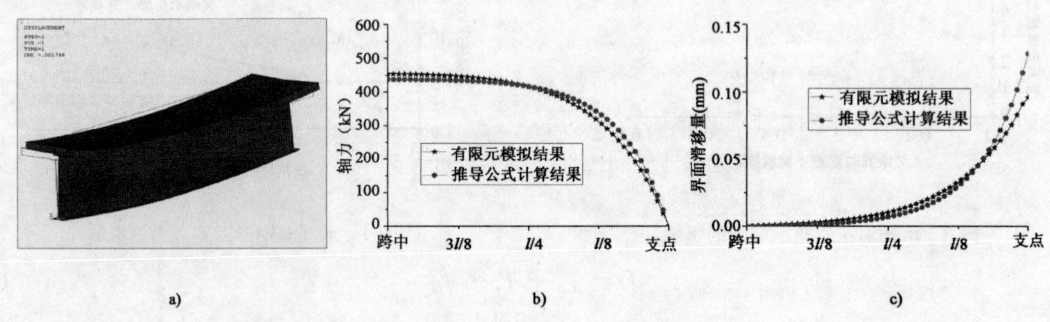

图 5　考虑滑移的温度应力计算结果

3.6　预制板收缩的折减系数

钢梁与混凝土预制板通过栓钉等连接件组合成组合梁的施工技术由于能较好控制构件质量、减少现场支模工序、加快施工进程等特点受到广泛应用。混凝土板的收缩引起组合梁的受力是进行结构设计分析时需要考虑的问题。混凝土板预制期的不同，与钢梁形成组合梁后产生的收缩变形量就会有所变化，需要根据《公路钢筋混凝土及预应力混凝土桥涵设计规范》中的相应条文进行计算，计算步骤略有复杂，不方便使用。本文对预制期不同引起收缩量的变化进行了数值计算，给出了根据钢与混凝土桥面板结合前发生的龄期和理论厚度确定的收缩折减系数，可供设计人员使用，见表 1。

预制折减系数　　表 1

理论厚度(mm)	现浇	3d	7d	14d	30d	60d	90d	180d	360d
50	1.00	1.00	0.79	0.67	0.51	0.37	0.29	0.18	0.10
100	1.00	1.00	0.89	0.83	0.73	0.63	0.55	0.42	0.29
150	1.00	1.00	0.93	0.88	0.82	0.74	0.68	0.57	0.44
200	1.00	1.00	0.95	0.91	0.86	0.80	0.76	0.66	0.55
250	1.00	1.00	0.96	0.93	0.89	0.84	0.80	0.73	0.63
300	1.00	1.00	0.96	0.94	0.91	0.87	0.84	0.77	0.68
350	1.00	1.00	0.97	0.95	0.92	0.89	0.86	0.80	0.72
400	1.00	1.00	0.97	0.96	0.93	0.90	0.88	0.82	0.76
450	1.00	1.00	0.98	0.96	0.94	0.91	0.89	0.84	0.78
500	1.00	1.00	0.98	0.96	0.94	0.92	0.90	0.86	0.80

3.7　抗剪连接件的承载力

连接件是组合梁的重要组成部分，目前较常采用的连接件有栓钉和开孔板。对于栓钉，我国《钢结构设计规范》等规范虽然给出了栓钉连接件的抗剪承载力计算公式，但公式中并未考虑栓钉高度和群钉效应对其抗剪承载力的影响；对于开孔板连接件，国内外开展的研究还较少，考虑的试验参数也不够全面，所给出的抗剪承载力公式计算结果差异极大，同时各国现行设计规范中均未列出有关开孔板连接件抗剪承载力的计算规定。

通过对试验数据的拟合，推荐栓钉连接件的抗剪承载力可取下列两式中的较小值。

$$N_v^c = 2.19 A_s f_u \left(\frac{E_c}{E_s}\right)^{0.4} \left(\frac{f_{cu}}{f_u}\right)^{0.2} \tag{9}$$

$$N_v^c = 0.43 \eta A_{sd} \sqrt{f_{cd} E_c} \tag{10}$$

式中：N_v^c——栓钉抗剪承载力；

A_{sd}——栓杆的截面面积；

E_c、E_s——分别为混凝土和栓钉的弹性模量；

f_{cu}、f_{cd}——分别为混凝土的立方体抗压强度和轴心抗压强度设计值；

f_{td}^{st}——栓钉材料极限抗拉强度；

d——栓钉直径；

l_d——栓钉纵向间距；

η——群钉效应折减系数。

开孔板连接件的抗剪承载力可按下列公式计算：

$$N_v^c = 2\alpha\left(\frac{\pi}{4}d_1^2 - \frac{\pi}{4}d_2^2\right) f_t + 2 \cdot \frac{\pi}{4} d_2^2 \cdot f_v \tag{11}$$

式中：N_v^c——开孔板连接件的抗剪承载力；

d_1——开孔直径；

d_2——横向贯通钢筋直径；

f_{td}——混凝土轴心抗拉强度设计值；

f_v——钢筋抗剪强度设计值，按式 $f_v=0.577 f_{sd}$计算；

f_{sd}——钢筋抗拉强度设计值；

α——提高系数。

4 结论与展望

本文重点介绍了针对目前组合梁设计中存在的一些问题开展的研究，包括滑移对抗弯承载力和组合梁挠度的影响，组合梁温度效应的计算方法，以及抗剪连接件的承载力确定等等。本文的研究将为国家标准《钢—混凝土组合桥梁设计规范》的编制提供参考。

参 考 文 献

[1] 聂建国. 钢—混凝土组合梁结构[M]. 北京：科学出版社，2005.

[2] 聂建国. 钢—混凝土组合结构桥梁[M]. 北京：人民交通出版社，2011.

[3] 朱聘儒. 钢—混凝土组合梁设计原理[M]. 北京：中国建筑工业出版社，1989.

[4] 黄侨. 桥梁钢—混凝土组合结构设计原理[M]. 北京：人民交通出版社，2003.

[5] 林宗凡. 钢—混凝土组合结构[M]. 上海：同济大学出版社，2004.

[6] 中华人民共和国建设部. GB 50017—2003 钢结构设计规范[S]. 北京：中国计划出版

社，2003.

[7] 中华人民共和国国家经济贸易委员会. DL/T 5085—1999 钢—混凝土组合结构设计规程[S]. 北京：中国电力出版社，1999.

[8] 中华人民共和国铁道部. TBJ 24—89 铁路结合梁设计规定[S]. 北京：人民交通出版社，1989.

[9] 中华人民共和国建设部. JGJ 138—2010 组合结构设计规范(征求意见稿)[S]. 2010.

[10] 中华人民共和国交通部. JTJ 025—86 公路桥涵钢结构及木结构设计规范[S]. 北京：人民交通出版社，1986.

[11] 中华人民共和国交通部. JTG D60—2004 公路桥涵设计通用规范[S]. 北京：人民交通出版社，2004.

[12] 周远棣，徐君兰. 钢桥[M]. 北京：人民交通出版社，1991.

9. 明州大桥关键节点设计技术研究

马　骉　葛竞辉　颜　海　吴　忠

（上海市政工程设计研究总院（集团）有限公司）

摘　要：宁波市明州大桥为主跨450m的中承式双肢钢箱系杆拱桥。在双肢钢箱拱的拱桥跨度排名位列世界第一。大桥拱肋断面采用了上下肢不等宽的异形截面形式。边拱尾部与上肢拱、横梁、系梁等相互结合形成了有别于其他拱桥的复杂尾端节点构造。在设计过程中通过空间有限元分析与比选研究，并结合模型试验、实桥荷载试验验证等得到对指导本工程设计具有指导意义的结论。论文介绍了明州大桥重要受力节点的有关分析、研究等内容。

关键词：钢箱拱　双肢拱　关键节点　研究　模型试验

1　桥梁概述

宁波市明州大桥是宁波市东外环路跨甬江的重要过江桥梁工程，也是宁波市改善交通运输能力的重要市政基础设施工程。

明州大桥主桥为主跨450m的中承式双肢钢箱系杆拱桥。主桥一跨过江，桥面宽45.8～50.5m，双向八车道，设计车速80km/h，桥梁荷载等级为城-A级，公路-I级，抗震设防标准7度，大桥设计基准期为100年。总体布置图如图1所示。

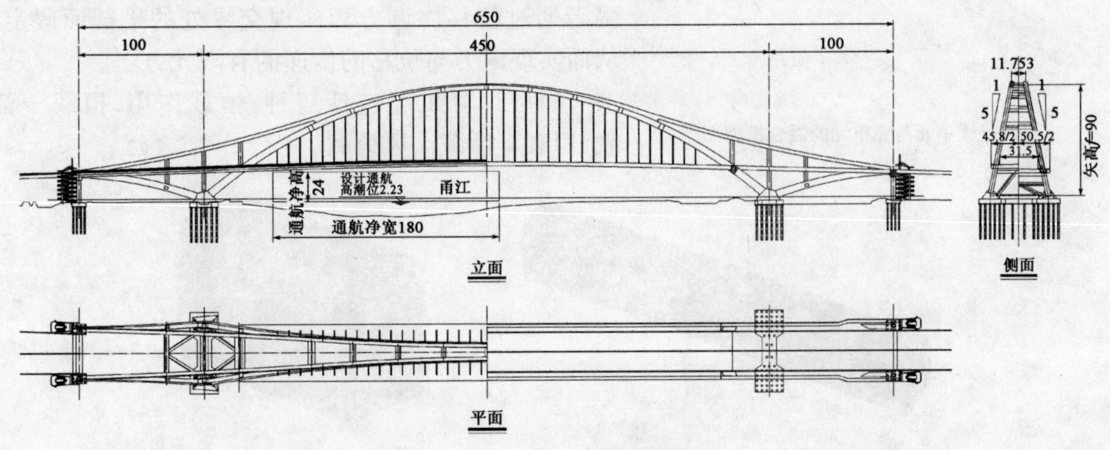

图1　主桥结构体系示意图（尺寸单位：m）

明州大桥上部结构主要由拱肋、加劲梁、吊杆、立柱、风撑和水平拉索等组成，其中拱肋、立柱、风撑为箱形截面钢结构，上下肢结合段采用凸型断面，主桥加劲梁采用正交异性桥面板全焊钢箱梁。边跨三角区加劲梁采用闭口钢箱梁；中跨加劲梁采用开口钢箱梁，即双主梁（箱式系梁）＋横梁结构体系。

拱肋之间和拱、梁之间由边拱尾端横梁、中跨拱梁结合段横梁连接，即边跨系梁与拱肋、立柱、边拱尾端横梁、中跨拱梁结合段横梁固结。加劲梁通过吊杆或立柱支撑于拱肋，中跨加劲梁的两端支承于中跨拱梁交汇处的横梁上，端支承为滑动支座，横向设限位支座，纵向设置阻尼器。边跨加劲梁分别在中跨和边跨的拱梁交汇处与拱肋固结，边墩处端横梁下设双向滑动球形钢支座。

主桥纵向跨端横梁之间布置强大的水平拉索，以平衡中跨拱肋的水平推力。水平拉索共两组，每组由 8 根拉索组成，其中 4 根布置在系梁内，4 根布置在桥面上。中跨吊索全桥纵向共设 38 对，间距 9m，每组吊索采用双吊杆，吊索竖向按 1:5 对倾，与拱肋在同一平面内。

明州大桥为跨度最大的双肢钢箱拱桥。由于大桥跨径大、荷载重，双肢拱肋及拱梁结合等大桥关键节点受力大，构造复杂，工艺要求高。为确保大桥设计的安全可靠，在大桥的设计过程中对异形截面拱肋受力机理和合理构造、上下肢拱肋结合部受力性能、拱梁连接节点受力性能研究等进行了重点研究、分析及试验研究。

2 异形截面拱肋受力机理、合理构造分析和模型试验研究

2.1 概况

主桥拱肋断面采用了上、下肢（不等宽）结合的异形截面，结构形式美观，但由于类似的可借鉴的工程较少，设计过程中考虑加劲肋参与整体作用的异形截面的受力机理、局部稳定以及初始缺陷（加工误差、焊接应力、焊接变形、材料缺陷）对承载力的影响，进行空间有限元分析研究，并结合模型试验验证，研究异形截面钢拱肋的合理构造，得出用于指导设计用的设计应力折减系数等，对设计具有重要的指导意义。

2.2 有限元模型分析

为了建立一个既反映大桥的整体受力特征，又体现出桥梁结构的局部详细受力状况的模型，采用混合有限元技术。混合有限元是指在整体杆系有限元模型的基础上嵌入一段板壳单元模型（图 2、图 3），两者通过位移协调方程实现交界处的平截面假定，从而实现内力与位移的传递的有限元方法。

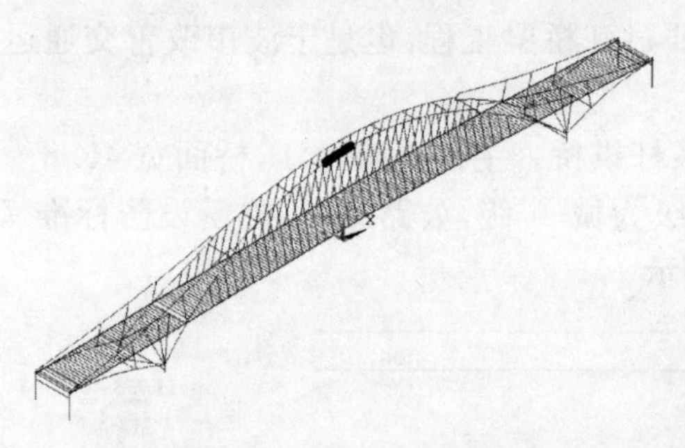

图 2　梁单元与壳单元的混合模型图

模型计算工况包括三种，恒载作用、恒载＋活载、恒载＋活载＋风荷载。

图 3　拱顶壳单元段模型及其细部构造

首先，对模型进行静力计算分析，结果表明，在三种工况的作用下，拱肋截面板件正应力基本上都在 145MPa 以内，应力水平较低，恒载的应力占主导地位。

其次，分别采用梁单元模型与混合单元模型，进行整体—局部线弹性相关稳定分析。最不利工况下，模型的屈曲系数汇总见表 1。

模型的屈曲系数 表 1

阶　数	梁单元模型		混合单元模型	
	屈曲系数	模态描述	屈曲系数	模态描述
第一阶	7.25	面外正对称屈曲	7.26(图 4)	面外正对称屈曲
第二阶	8.01	面外反对称屈曲	8.01	面外反对称屈曲
第三阶	8.83	面外反对称屈曲	8.83	面外反对称屈曲
第四阶	10.61	面外正对称屈曲	10.63	面外正对称屈曲
第五阶	13.50	面外反对称屈曲	13.06	中板/上腹板加劲肋屈曲
第六阶	14.82	拱肋平面内屈曲	13.42	中板/上腹板加劲肋屈曲

分析结果表明，整体失稳的同时未发生局部失稳，而发生局部失稳的同时未发生整体失稳，说明设计中整体失稳的能量临界状态与局部失稳的能量临界状态是错开的，避免了这两个能量状态的重叠而导致稳定系数的下降。

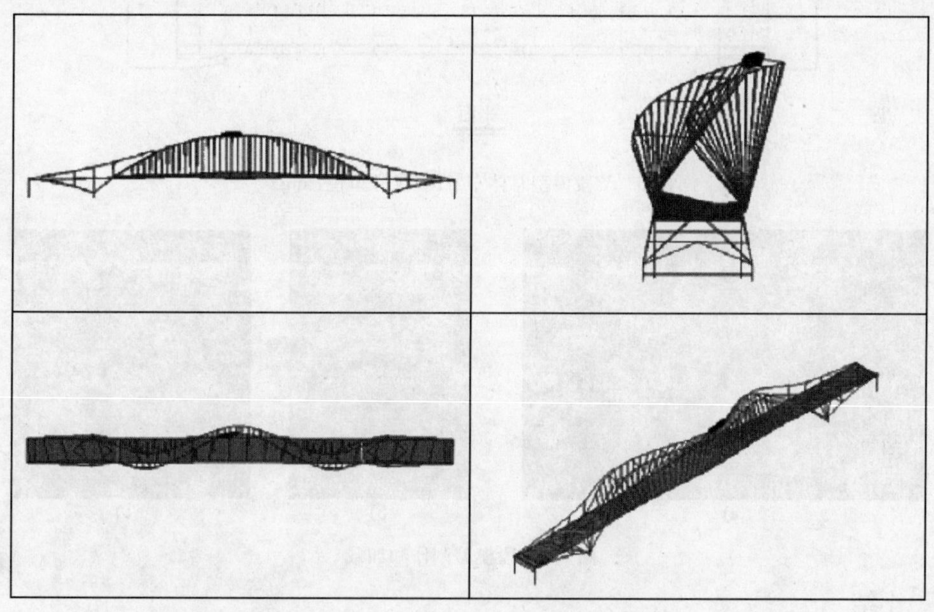

图 4　混合单元模型第一阶屈曲模态图(屈曲系数为 7.26)

最后，针对拱桥的第二类稳定问题，即整体—局部非线性相关稳定极限承载力进行分析。通过梁单元模型和混合单元模型的对比分析，得出在弹性阶段，两者吻合较好，而考虑钢拱肋的局部效应，则混合有限元模型最终得到钢箱拱桥的极限承载力有所降低。

2.3　模型试验

除采用大型空间有限元程序进行分析外，另进行了节段缩尺模型加载试验，以直观地了解初始缺陷的影响、节段局部失稳的机理和实际安全度。如图 5、图 6 所示。

综合考虑模型试验的代表性、模型制作的可操作性、加载设备的能力以及试验人员进箱操作等要求，最终选择 1∶4 的节段缩尺模型，采用与原型相同的材料；由于实桥跨度较大、节段拱度较小，故为便于工厂制作加工，节段模型按直线设计。模型利用钢绞线的自锚加载体系进行加载，模型的两端放置在底座的钢板上，并在接触面上灌注机油，以便模型在纵向上可自由移动。

经实验验证，结构模型试验与设计计算模型结果符合较好。

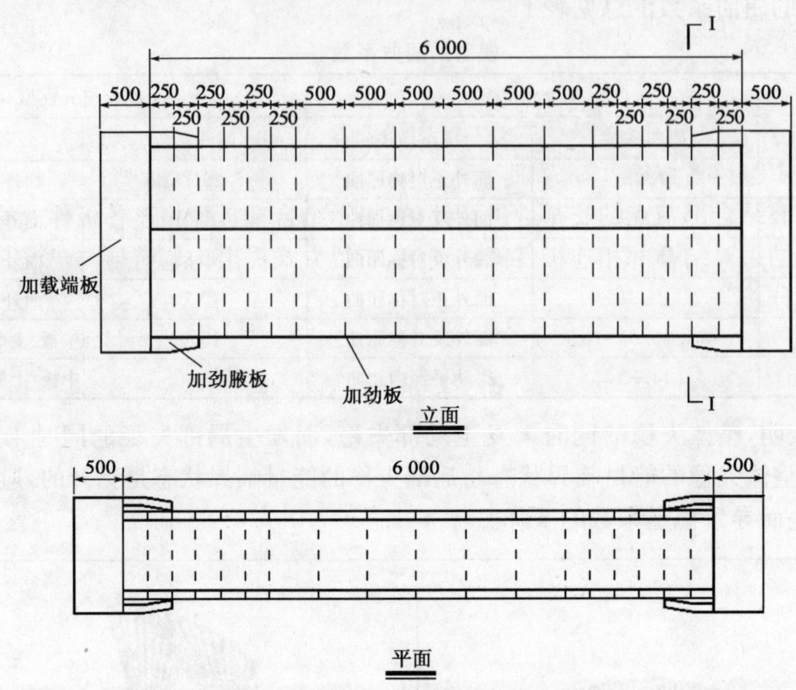

图5　节段模型总体布置图(尺寸单位:mm)

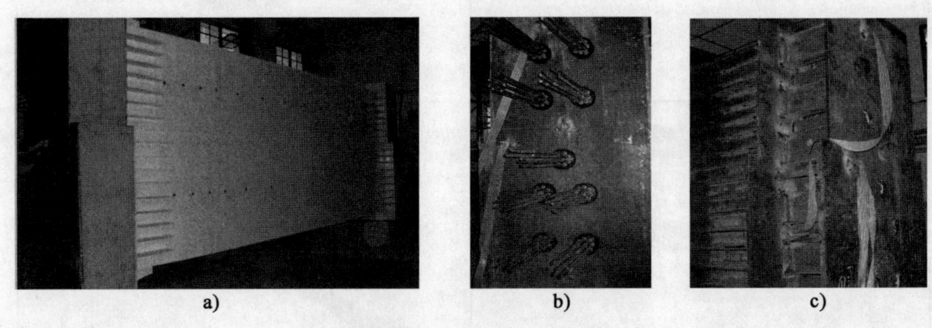

图6　节段模型制作和加载

2.4　小结

混合单元模型可以在实现整体计算的同时，进行局部受力分析，可推广用于结构整体—局部综合分析。

异形截面拱肋内会同时出现正剪力滞和负剪力滞，但剪力滞效应对结构应力的影响并不是很大；异形截面畸变效应不大，说明拱肋虽为空间布置，但主要还是空间斜平面内的平面受力，截面约束扭转效应小。

结构在各种荷载组合下，第一阶失稳模态均为拱肋的整体失稳，弹性屈曲安全系数均大于7，结构具有足够的稳定安全系数；考虑整体—局部相关极限承载力分析时，极限承载力会下降，因此，分析整体—局部弹塑性相关稳定极限承载力具有重要意义；本桥整体—局部弹塑性相关稳定极限承载力安全系数均大于2，结构有足够的安全度。

结构的模型试验和计算分析表明，对该类拱肋截面设计，综合考虑材质误差、加工与安装精度误差、焊接应力、焊接变形等对构件承载力的影响，对设计允许应力应予以 0.94～0.98 的折减。

结论：合理设计异形拱肋截面是工程实践中可推广采用的一种合理结构。

3 上下肢拱肋结合部受力性能分析研究

3.1 概况

针对本桥特点，在主拱 1/4 跨径附近设置构造、受力复杂的上、下肢拱肋结合点，设计过程中通过空间有限元分析、数值计算弄清上下肢结合部的受力机理和传力途径；在不利荷载组合工况下，对上下肢结合部节点的安全性进行评估，揭示结合部贯穿相连各板件上的应力分布规律，并依据计算结果对结合部相连板件间的连接、布置方式提出构造措施与建议。

3.2 空间分析

上下肢结合部节点的受力分析采用空间 4 节点板壳单元进行。计算区域共选取 7 个节段，总长 50m 左右，包括上肢拱的 UN11 与 UN12 节段、下肢拱的 ZN6 与 ZN7 节段以及上下肢交汇后的 ZN8～ZN10 节段。具体如图 7、图 8 所示。

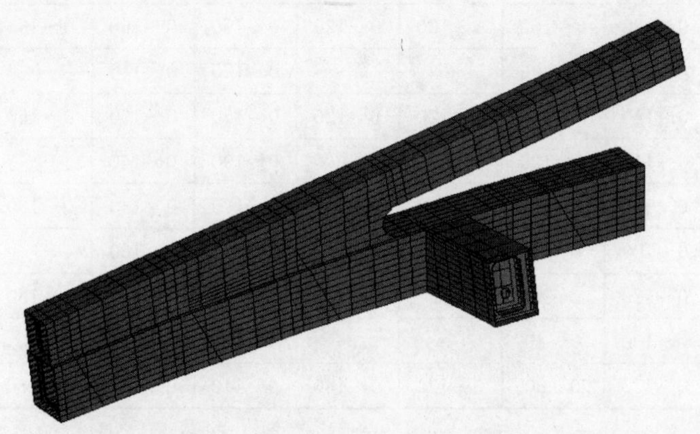

图 7　上下肢结合部节段分析模型图

分析时将整体模型计算结果中相应断面处的节点位移作为位移边界条件施加于局部节段模型端部；吊杆力则作为力的边界条件均匀施加于与横隔板相接的外腹板上。其中，①为上肢拱 U11 节段的边界，②为下肢拱 Z6 节段的边界，③为结合段 Z10 的边界，④为风撑的边界，11～15 号为吊杆位置。相应的边界条件由整体梁单元模型计算结果提供。

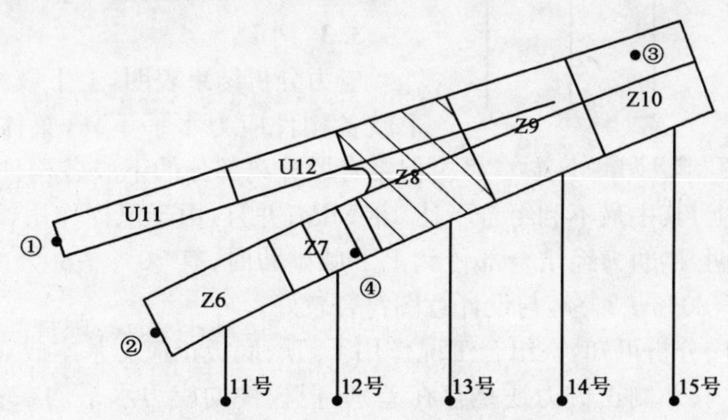

图 8　上下肢结合部节段分析模型边界条件施加的位置与编号

参照整体模型应力计算结果，选择以下七个工况进行分析：恒载＋活载(最小轴力)＋升温＋最大沉降(工况一)；恒载＋活载(最大弯矩)＋升温＋最大沉降(工况二)；恒载＋活载(最小弯矩)＋降温＋最小沉降(工况三)；恒载＋活载(最小轴力)＋降温＋最小沉降(工况四)；恒载＋活载(最大弯矩)＋横风＋升温(工况五)；恒载＋活载(最小弯矩)＋横风＋降温(工况六)；恒载＋活载(最大弯矩)＋纵风＋降温(工况七)。应力计算结果与分析总结出上下肢结合主要构件应力区间的分布见表2。

上下肢结合部主要构件应力区间分布(单位：MPa)　　表2

构件名称		上肢				下肢				容许应力最小限值
		顶板	底板	内腹板	外腹板	顶板	底板	内腹板	外腹板	
工况一	正应力	0～140	0～160	—	—	0～120	0～140	—	—	206
	Mises应力	0～140	0～160	0～160	0～160	0～160	0～160	0～160	0～140	
工况二	正应力	0～140	0～140	—	—	0～120	0～120	—	—	206
	Mises应力	0～140	0～160	0～160	0～160	0～140	0～120	0～160	0～140	
工况三	正应力	0～110	0～70	—	—	0～120	0～160	—	—	206
	Mises应力	0～120	0～100	0～120	0～120	0～160	0～160	0～160	0～160	
工况四	正应力	0～110	0～70	—	—	0～120	0～140	—	—	206
	Mises应力	0～140	0～100	0～120	0～120	0～160	0～160	0～160	0～160	
工况五	正应力	0～110	0～120	—	—	0～100	0～140	—	—	242
	Mises应力	0～140	0～120	0～140	0～140	0～120	0～140	0～120	0～140	
工况六	正应力	0～100	0～80	—	—	0～120	0～160	—	—	242
	Mises应力	0～120	0～80	0～120	0～140	0～140	0～180	0～180	0～180	
工况七	正应力	0～100	0～80	—	—	0～120	0～140	—	—	242
	Mises应力	0～120	0～80	0～120	0～140	0～140	0～160	0～160	0～140	

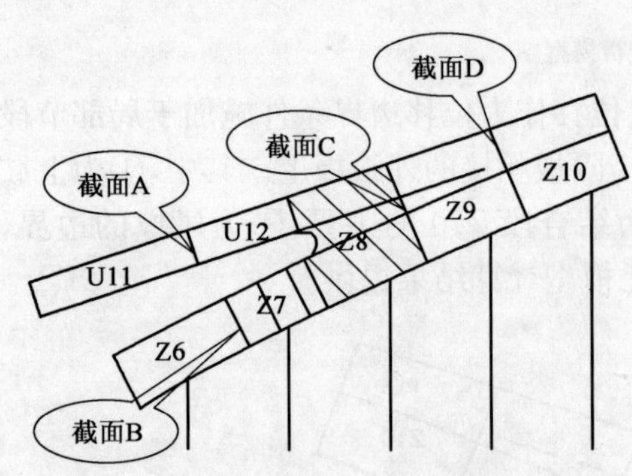

图9　上下肢结合部剪力滞分析断面位置示意图

拱肋上下肢结合部的箱形截面，在吊杆力与拱效应下，拱肋同时承受弯曲与轴压作用。与受纯弯箱形截面的结构相比，剪力滞效应显得更为复杂。分析从板壳有限元结果中提取4个典型位置截面(图9)的应力与杆系单元结果的应力进行了比较，由此得出剪力滞系数(图10)。

3.3　小结

应力分析结果表明，上下肢结合段分离部分的上肢各构件应力水平不高，整体在120MPa以下，但结合段分离部分的下肢各构件应力水平较高，一般均在120MPa以上，其中最不利组合下达180MPa；并且，由于风撑作用，还存在一定的应力集中。计算结果表明，拱肋力经结合部传到上下肢拱肋时，有70%～80%的力是由下肢拱承担，而上肢拱分担了20%～30%，与设计意图符合较好。

通过剪力滞效应分析可知，在组合工况作用下，顶、底板正应力基本成对称分布；受拱肋内倾的影响，顶、底板内、外侧正应力还是存在差别，但板件的应力水平均在容许范围内。个别顶、底板的剪力滞系数稍高，应预留足够的富裕度以策安全。

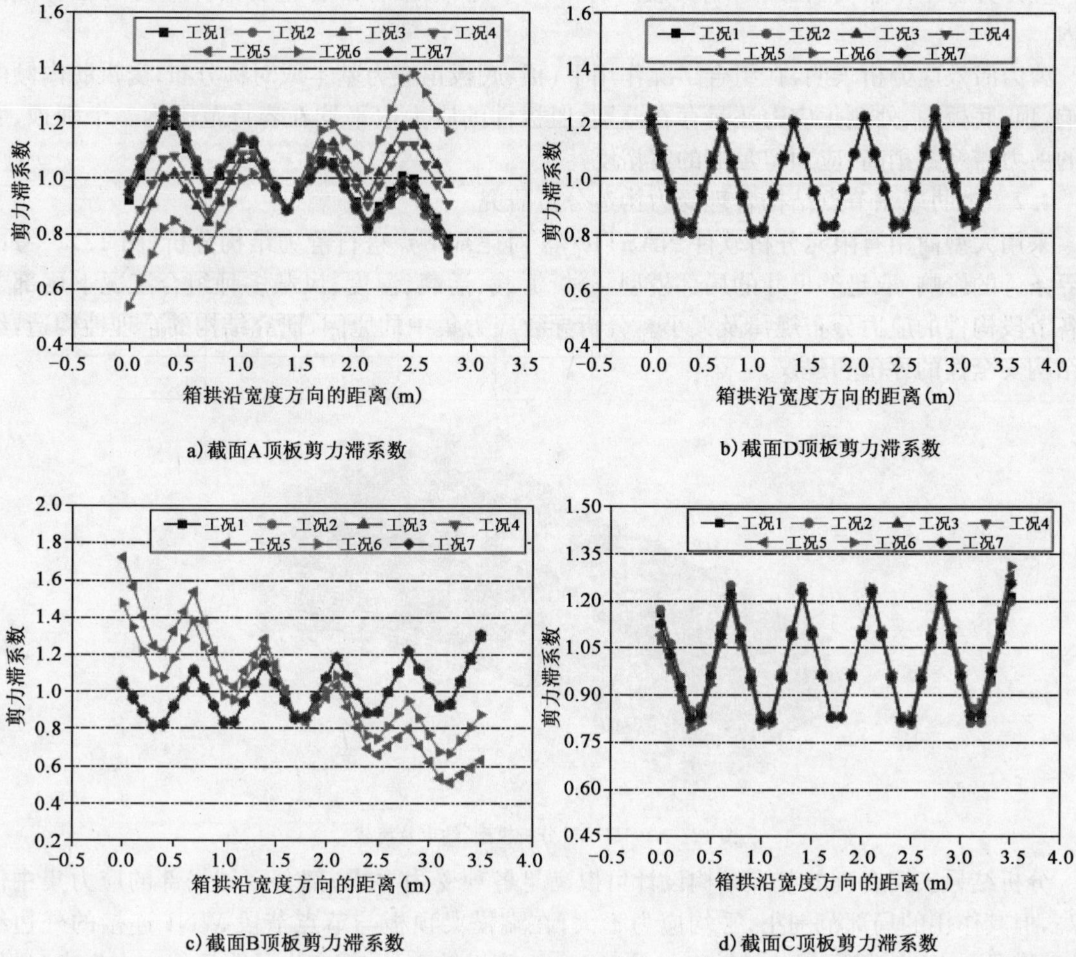

a) 截面A顶板剪力滞系数

b) 截面D顶板剪力滞系数

c) 截面B顶板剪力滞系数

d) 截面C顶板剪力滞系数

图 10　截面剪力滞系数

4　拱梁连接节点受力性能研究

4.1　中跨拱梁结合部受力性能分析研究

中跨拱梁结合部的受力分析采用空间板、梁混合单元进行(图 11)。通过数值计算弄清拱梁结合部的受力机理和传力途径；在不利荷载组合工况下，对拱梁结合部节点的安全性进行评估，揭示结合部贯穿相连各板件上的应力分布规律，并依据计算结果对结合部相连板件间的连接、布置方式提出构造措施与建议。

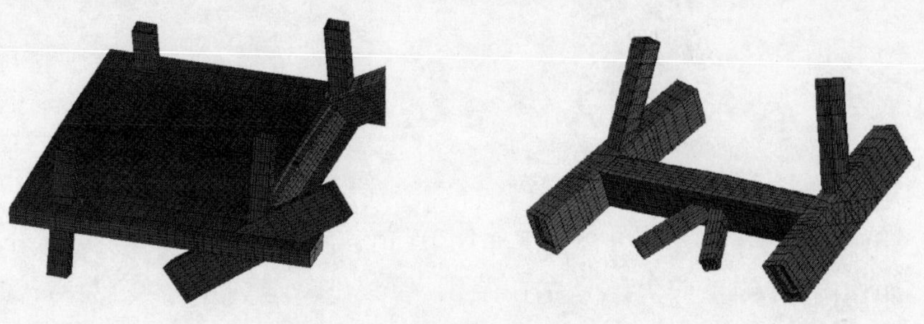

图 11　中跨拱梁结合部计算模型图

应力分析结果表明，在最不利荷载组合下，中跨拱梁结合部各主要板件应力均在容许范围内。

剪力滞效应分析表明，在组合工况作用下，顶、底板正应力基本成对称分布；受拱肋内倾的影响，顶、底板内、外侧正应力还是存在差别，但板件的应力水平均在容许范围内。个别顶、底板的剪力滞系数稍高，应预留足够的富裕度。

4.2 拱肋尾端节点结构合理受力构造分析研究

采用大型商用有限元分析软件 NASTRAN 对尾部节点进行静力结构分析（图 12）。考虑边界条件的影响，取足够尺寸的局部模型，分析恒载、活载、温度、风载多种组合工况下尾部节点各节段构件的应力分布规律及大小。分析导致应力集中的原因，研究结构的合理性构造，给出结构安全性的评价和建议。

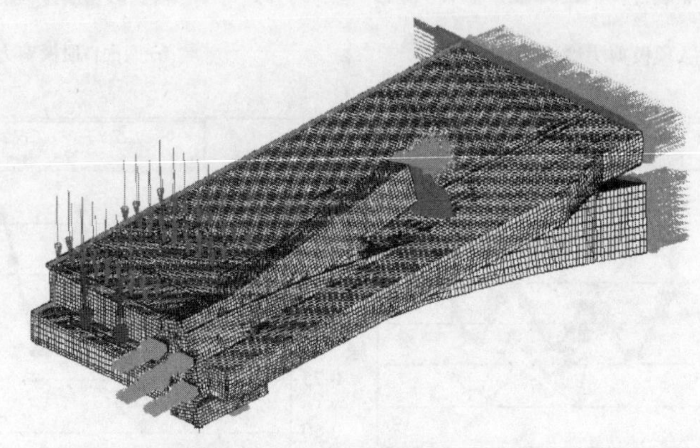

图 12 NASTRAN 分析模型、约束及荷载

分析结果表明合理的节点结构设计可以满足各项受力要求；部分区域局部的应力集中值较高，但其作用的局部范围小，平均应力不大；在端横梁顶板与节点节段 WN1 连接的外边缘处，端横梁与 WN1 贯穿部分的结束处及 WN1 中腹板结束处，都产生了明显的应力集中，虽然集中值不超过设计允许的等效应力值，但设计时是应予以重点关注的要点；总体节点结构处于安全合理范围。

5 结语

以上简要介绍了明州大桥设计过程中开展的部分关键节点设计技术研究。明州大桥于 2008 年 2 月开工建设，2011 年 5 月 5 日正式通车。施工中各项检测以及成桥荷载试验表明大桥结构性能优异，运营至今状况良好。

10. 忠建河大桥主桥总体设计

彭元诚　黄古剑　邓淑飞　黄晓伟　王维民

（中交第二公路勘察设计研究院有限公司）

摘　要：忠建河大桥主桥五跨一联的钢桁梁双塔双索面斜拉桥，跨径布置为(46＋134＋400＋134＋46)m，是我国第二座也是最大跨径的公路钢桁梁斜拉桥。本文简要介绍该桥的总体设计情况。

关键词：钢桁梁斜拉桥　总体设计

1　概述

忠建河大桥为湖北恩施至来凤高速公路上的一座特大桥，为整条线的控制性工程。桥址区所在地隶属湖北省宣恩县晓关乡倒洞塘村。

1.1　交通

桥址区宣恩侧约1km有S232省道与外界相连，桥址区北侧桥台处村道与省道相连，交通条件尚好；而来凤侧桥台处无公路，交通条件差。

1.2　地质

桥址区属构造溶蚀侵蚀中低山峰丛地貌；受清江一级支流（忠建河）切割，地形起伏较大，微地貌为“V”形峡谷，河谷两岸为峰丛、孤峰地貌。大桥轴线经过地段地面高程在550～828m之间，相对高差约278m。

根据勘察资料，桥梁地基覆盖层为第四系全新统冲积层（Q4al），岩性为粉质黏土、卵砾石、碎石、角砾；基岩为三叠系大冶组（T1d）中风化灰岩、微风化灰岩，二叠系茅口组（P1m）中风化灰岩、微风化灰岩、灰岩、断层角砾岩、微风化含燧石条带灰岩、含燧石条带灰岩、中风化含燧石条带灰岩。

主要不良地质为：(1)宣恩岸存在不稳定顺层斜坡；(2)桥址区岩溶、裂隙发育。

1.3　水文

(1)地表水：桥址区地表水主要为忠建河河水。河床宽约85m，勘察期间水位高程在550.30m左右，水深15～20m；水位随季节性及龙洞水库蓄水水位而变化；根据调查资料，桥址处最高洪水位高程在557.60m，最大洪峰流量约2 878m^3/s。忠建河两岸地表水不发育，主要为大气降水沿坡面汇流至忠建河中。

(2)地下水：桥址地下水水量较丰富，稳定水位高程在 629.06～813.83m 之间，分布较广泛；地下水类型主要是岩溶裂隙水，水量大小主要受地形条件、裂隙发育程度、岩溶发育程度及补给源的控制；地下水主要接受大气降水的垂直入渗补给，径流方向由高向低，排泄于忠建河中，主要为岩溶裂隙通道或岩溶管道方式的径流；相对于丰水季节，枯水季节水位和水量变化幅度较大。

(3)腐蚀性：桥址及周边地表水、地下水无工业和生活污染，据与本桥位同一水文地质单元工程场地的水质分析成果资料，地表水和地下水对混凝土无腐蚀性，对钢结构具弱腐蚀性。

1.4 气象

桥址地处武夷山区，境内山峦起伏，沟壑纵横，海拔高低悬殊，呈现出极为明显的地域差异，属中亚山地季风湿润型气候。总的气候特点是：冬无严寒、夏无酷暑、雾多湿重、雨量丰沛。

多年平均气温 15.7℃，极端最高气温 40.8℃(8 月)，极端最低气温－12.7℃(1 月)，月平均最高气温 26.2℃，月平均最低气温 4.6℃。多年平均降雨量 1476.6mm，最大日降雨量 220.9mm。平均无霜期 299 天。全年主导风向为西南风。

高山最大冻土深度为 0.3m。

2 主要技术标准

全桥按四车道高速公路标准修建，具体如下：

(1)设计速度：80km/h。

(2)汽车荷载标准：公路-I 级。

(3)桥宽：整体式路基 24.5m 宽，桥梁与路基同宽。

主桥桥梁横断面：桥面全宽为 26.922m，为 1.211m(拉索锚固区)＋0.5m(护栏)＋11.0m(行车道)＋0.5m(护栏)＋0.5m(中央分隔带)＋0.5m(护栏)＋11.0m(行车道)＋0.5m(护栏)＋1.211m(拉索锚固区)。

(4)高程系统：1985 国家高程基准。

(5)坐标系统：1980 年西安坐标系。

(6)地震烈度：设计基本地震加速度为 0.05g，设防烈度 7 度。

(7)洪水频率：1/300。

3 方案比选及总体布置

3.1 方案比选

根据桥位区水文、气象、地质、交通等建设条件，结合本桥建设工期要求、施工条件、景观等实际情况，初步设计阶段对多种桥型方案进行了研究，可供选择的大跨桥梁方案有如下几种：悬索桥、连续刚构、斜拉桥、拱桥。

(1)若采用悬索桥方案，则主跨跨径需做到 600m 左右，因受地形、线形限制，本方案主桥将不可避免的进入曲线分离式路基段，同时因引桥存在变宽，影响锚碇的设置。故悬索桥方案不适合本桥。

(2)若采用连续刚构方案，因桥位较高，主跨做到 330m 左右的情况下最大墩高仍达到 180m，施工难度较大。同时主跨 330m 的连续刚构设计上不能采用常规设计，需采用斜腿刚构或者钢混组合梁形式，前者施工主梁斜腿时需特制挂篮，施工难度及风险较大，后者因桥下不通航，钢主梁无法吊装。故连续刚构方案不适合本桥。

(3)若采用拱桥方案，跨径在500m左右，拱座开挖方量大、对基础要求高，来凤岸拱座位于陡坡段的上缘，施工时边坡稳定性、施工安全性也是不容忽视的问题。因桥下不通航，主拱圈需在工厂制作、预装，然后将杆件长距离运输至施工现场再行拼装，同时主拱跨度较大，节段吊装重量也较大。因此，若采用拱桥方案，施工的难度及风险均较大，不是本桥最合适的方案，仅作为初设的一个比选方案。

(4)斜拉桥是本桥比较好的方案，主跨在400m左右，在该区间能够采用的主梁形式有混凝土梁、钢箱梁、钢桁梁三种。因交通条件限制，钢箱梁节段无法运输，且桥下不通航，钢箱梁节段无法吊装，故钢箱梁主梁明显不适合。

因此，经综合分析，初设阶段主要对斜拉桥方案的两种主梁方案(混凝土梁、钢主梁)进行了同等深度比较，拱桥方案作为一个比较方案。

单纯从造价上来说，混凝土主梁斜拉桥具有更好的经济性，但因本桥为全线控制性工程，早一日通车则早一日产生效益，经详细比较，若采用钢桁梁主梁方案，造价增加5 000万元左右，但工期可提前半年，经综合比较两种方案的经济效益，钢桁梁方案更具有优势，因此将钢桁梁斜拉桥方案作为本桥的推荐方案。

3.2 总体布置

本桥全桥长1 063m，全桥桥跨布置为：(3×30)m＋(46＋134＋400＋134＋46)m＋(5×40)m，其中主桥(46＋134＋400＋134＋46)m为钢桁加劲梁双塔斜拉桥(布置见图1)。

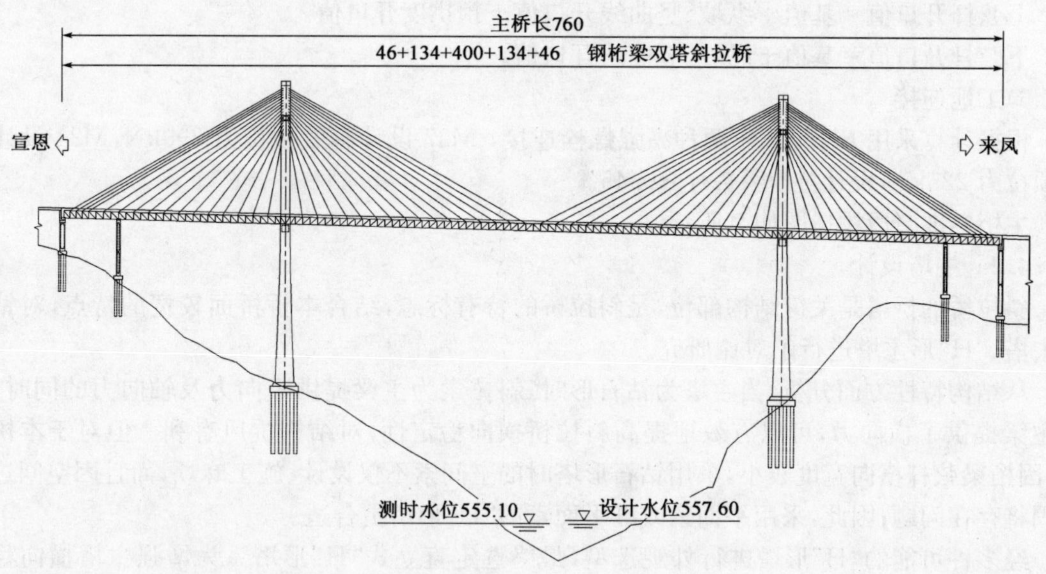

图1 忠建河大桥主桥桥型布置图(尺寸单位：m)

4 主桥设计

4.1 钢桁梁设计

1)主桁

钢桁梁为"N"形桁架，两片主桁，主桁中心间距26m，桁高6m，节间长度分为6m、5m、4m三种，主桁采用焊接整体节点结构形式。

主桁上弦杆采用箱形截面，顶面设置2%横坡，杆件横向内宽790mm，竖向中心线处内宽790mm，根据结构受力设置24mm、28mm、32mm、36mm四种板厚。主桁下弦杆采用箱形截面，杆件横向、竖向内宽均为 790mm，根据结构受力设置 24mm、28mm、32mm、36mm 四种板厚。

主桁斜、竖腹杆采用"H"形截面，根据受力采用不同板厚。

2)横向联结系

横向联结系包括上、下横梁及横梁腹杆。为增强主桁整体性，在桁梁端头、拉索处、主塔附近均设置有横向联结系。

上横梁采用箱形截面，杆件横向内宽 460mm 或 560mm，竖向内宽 790mm。

下横梁采用箱形截面，杆件横向内宽 460mm 或 560mm，竖向内宽 500mm。

横梁腹杆采用"工"形截面，根据受力采用不同板厚。

3)上、下平联

上、下平联采用双交叉形，杆件采用焊接"工"形截面，上平联杆截面尺寸为 532mm×440mm；下平联杆截面尺寸为 532mm×440mm。

4)预拱度设置

主桁设置预拱度，计算按节段切线拼装考虑。预拱度由上弦杆伸缩形成，伸长或缩短的值在上弦杆拼接板的拼缝中变化。

5)弦杆开口值

主桁的上、下弦杆开口基值为 20mm。因线路纵坡、竖曲线导致的开口值及预拱度设置导致的开口值均已计入节段构造图中。

上弦杆开口值＝基值＋纵坡、竖曲线开口值＋预拱度开口值。

下弦杆开口值＝基值＋纵坡、竖曲线开口值。

6)工地连接

根据计算采用 M27、M24 两种高强螺栓连接，M27 设计有效预拉力 290kN，M24 设计有效预拉力 225kN，设计抗滑系数 $f \geqslant 0.45$。

主桁标准节段构造图如 2 所示。

4.2 主塔设计

斜拉桥的桥塔是关键结构部位，是斜拉桥的特有标志，结合本桥桥面较宽的特点，对钻石形主塔、"H"形主塔进行了对比研究。

从结构特性方面分析，当主塔为钻石形时，斜拉索为主梁提供竖向力及轴向力的同时，还为主梁提供了横向力，可以有效地提高斜拉桥横向稳定性，对结构抗风有利。但对于本桥而言，因桁梁弦杆横向宽度较小，采用钻石形塔时的空间索不仅设计、施工麻烦，而且因空间过小锚固将存在问题；因此，采用平面索或准平面索的"H"形塔更合适。

经多种可能的"H"形塔进行外观选型，最终选定直立式"H"形塔。为增强主塔横向稳定性及抗风性能，主塔设置了两道横梁。因主塔处基础条件较好，在计算后为节省造价，采用分离式基础。两主塔总高度均为 245m，主塔塔身由上塔柱、下塔柱、上横梁、下横梁等组成，下接塔座、承台及桩基，整体布置图如图 3 所示。

直立式"H"形塔形成简洁的斜拉桥并行双索面，塔形挺拔俊伟，桥上行车视野非常开阔，与周围陡峻的地形、宽阔的水面和茂密苍翠的自然环境遥相呼应，具有较好的景观效果。

4.3 主桥桥面系设计

为解决常规钢桥面铺装的问题，本桥桥面行车道结构采用钢—混凝土组合梁，在主桁横梁处设置连续支座，主桥桥面系纵向连续，联长 760m。

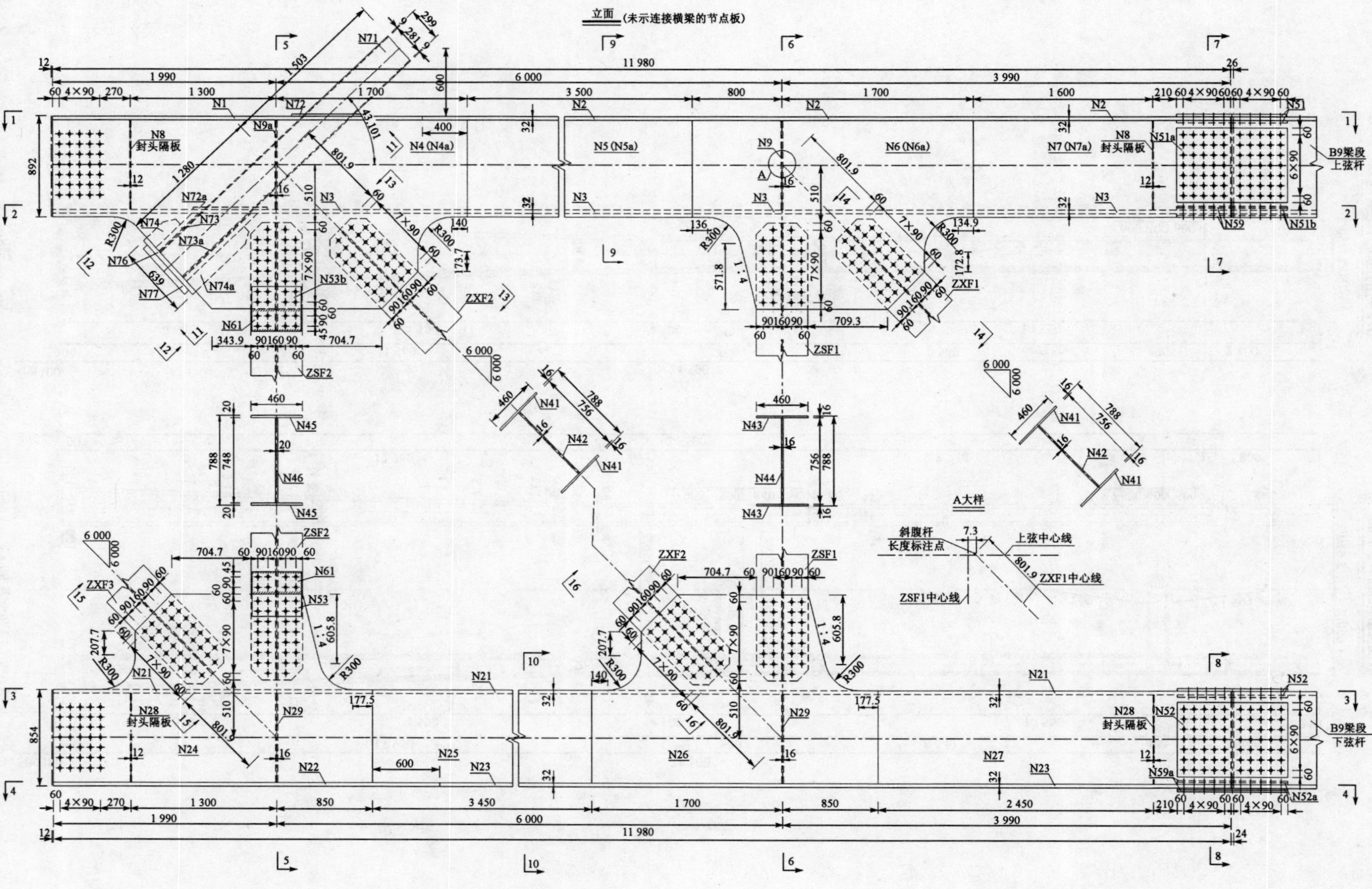

图2 标准节段构造图(尺寸单位:mm)

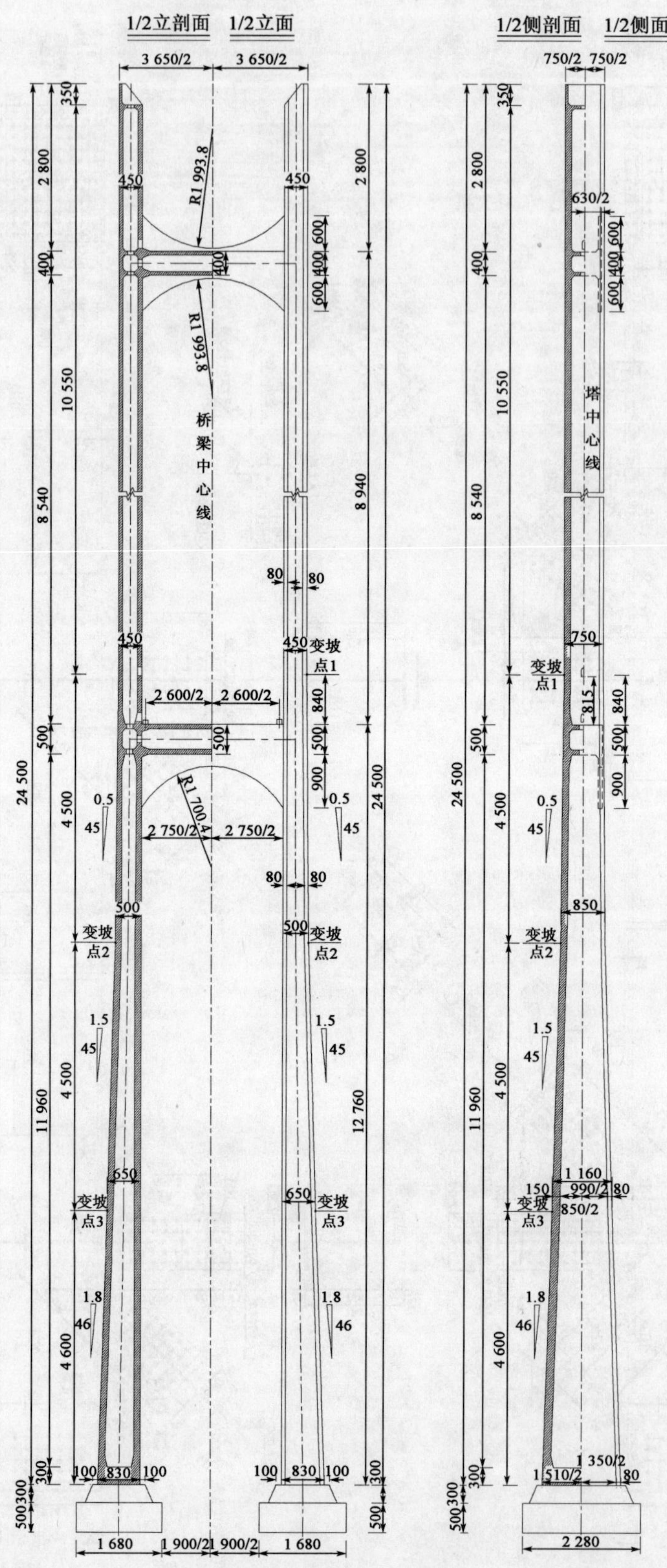

图 3　主塔构造图(尺寸单位:cm)

钢筋混凝土桥面板采用分块预制，厚12cm，吊装就位后，通过现浇8cm厚CF50钢纤维混凝土桥面板和湿接头形成整体，钢梁和钢筋混凝土桥面板通过布置在湿接头处的栓钉剪力键形成组合梁，钢纵梁位于交界墩顶的端部设现浇混凝土端横梁，混凝土端横梁设伸缩缝安装预留槽。

本桥地处亚热带湿润区，雨量充沛，气候潮湿，为防止路面污染水对桥面混凝土中钢筋的危害，避免组合结构失效，预制及现浇桥面板的混凝土配比设计要求具有较好的抗渗防水性能，桥面板与沥青混凝土铺装之间采用DPS水泥基渗透结晶型防水涂层和聚合物防水层双重防水，水泥基渗透结晶型防水材料应符合《水泥基渗透结晶型防水涂料》(GB 18445—2001)标准。

4.4 钢结构防腐设计

本桥的钢结构防腐设计遵循《公路桥梁钢结构防腐涂装技术条件》(JT/T 722—2008)的相关技术要求执行。涂装防腐体系按长效型设计，要求保护年限至少达到20年。

5 主要技术特点

本桥主要技术特点如下：

(1)目前为国内最大跨度的公路钢桁梁斜拉桥。

(2)主塔采用直立式“H”形塔，外形挺拔、俊美，245m的高度为国内同类型桥梁之最。

(3)桥面系采用钢—混凝土组合梁，解决了钢桥面铺装问题，760m的联长居国内前列。

总之，本桥作为国内第二座、跨径最大的公路钢桁梁斜拉桥，结构复杂、技术含量高，是桥梁界人士不断探索新桥型、新技术的一个有益尝试。其效果图如图4所示。

图4　本桥建成效果图

11. 适于山区深谷的竖转钢箱—混凝土组合拱桥

周志祥　范　亮　徐　勇

（重庆交通大学）

摘　要：在国内外钢—混凝土组合结构研究的基础上，基于保持混凝土拱桥的主要优势，克服其主要弱点的考虑，提出了根据不同区段受力需要采用与各区段受力相适应的钢箱—混凝土组合截面的拱桥——钢箱—混凝土组合拱桥，介绍了钢箱—混凝土组合拱桥在分区段钢箱—混凝土组合截面及剪力联结构造等结构特点，自上向下竖转施工工艺及相应工程应用。

关键词：拱桥　钢—混凝土组合结构　钢箱—混凝土组合拱桥　竖转

1　结构特点

大跨径上承式拱桥的主拱一般受力特点为：跨中区段承受正弯矩和轴向压力作用，最不利作用组合下主拱结构下缘受拉；拱脚区段承受负弯矩和轴向压力作用，最不利作用组合下主拱结构上缘受拉。据此提出根据主拱不同区段受力需要采用与之相适应的钢箱—混凝土组合截面的钢箱—混凝土组合拱桥[1-3]，并考虑各区段截面受力和刚度过渡需要，一般钢箱—混凝土组合拱结构如图1所示。

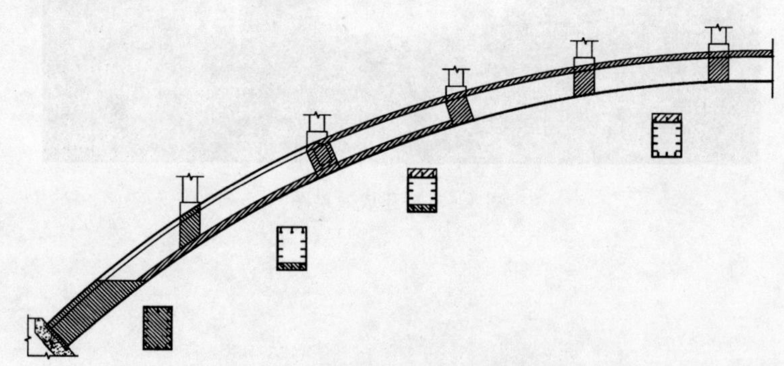

图1　钢箱—混凝土组合拱结构图

钢箱—混凝土组合拱从拱脚至跨中可一般分为四个区段：

(1)在靠近拱座基础的拱脚局部区段需足够大的抗弯、抗扭刚度，故采用钢箱内满填混凝土[图2a)]。

(2)次拱脚区段通常承受较大受轴力和负弯矩，压力作用点位于截面下方，最不利荷载下截面上缘可能受拉，故采用钢箱内浇筑底板混凝土[图 2b)]，同时可采用在顶板上设置强化加劲肋的方式作为主拱结构从钢箱内满填混凝土到仅在钢箱内浇筑底板混凝土区段的截面刚度过渡。

(3)跨中区段通常承受压力和较大的正弯矩，压力作用点位于截面上方，最不利荷载下截面下缘可能受拉，故采用钢箱顶板上浇筑混凝土的组合截面[图 2d)]。

(4)跨中区段与次拱脚区段之间为压力和双向弯矩作用，亦考虑截面刚度的逐渐过渡，故采用在钢箱内浇筑底板混凝土的同时，也钢箱顶板上浇筑混凝土的组合截面[图 2c)]。

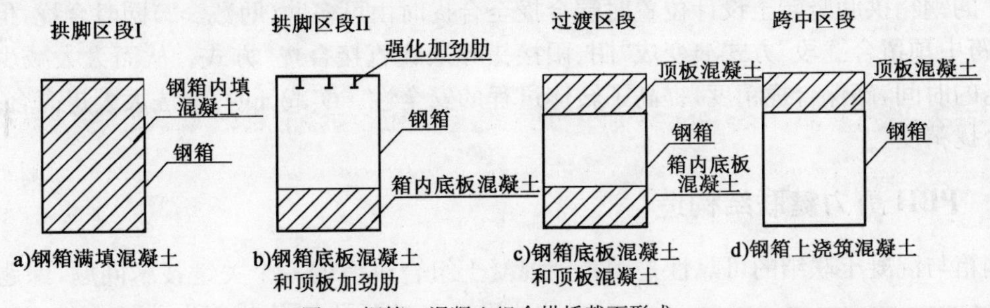

图 2 钢箱—混凝土组合拱桥截面形式

根据拱桥跨径和受力的不同，主拱结构可选择性地采用上述 2～4 种组合截面。如已实施的遂宁市界福路人行桥(L=40m)的主拱结构即由图 2 中 a)、d)两种组合截面构成；万盛藻渡大桥(L=75m)的主拱结构即由图 2 中 a)、c)、d)三种组合截面构成；江津笋溪河大桥(L=100m)的主拱结构即由图 2 中 a)、b)、c)、d)四种组合截面构成。

2 施工特点

竖转钢箱—混凝土组合拱桥的施工工艺如下：

第一道主要工序：竖向施工完成钢箱拱肋的分段吊装与焊接(钢箱拱肋分段在工厂内制作完成)，其下端与拱座临时固结[图 3a)]。这样可大大减少施工现场焊接工作量，工程质量更易得到保证。

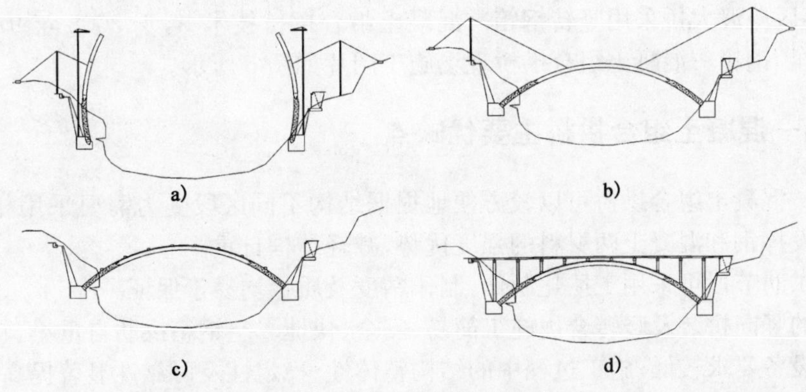

图 3 竖转钢箱—混凝土组合拱桥总体施工工艺图

第二道主要工序：拆除立柱与基础间的临时固结形成拱脚铰接，使两岸的钢拱肋在竖直平面内由上而下转动设计高程至合拢成拱，然后浇筑拱脚封铰混凝土完成拱脚固结[图 3b)]。在竖转时是空钢箱转体，转体重量非常轻，因此转体所需的力非常小，转体设备简单，转体施工的可靠性更容易保证；另外在转体中为钢箱受力，钢箱的抗拉强度和抗压强度都非常高，转体中不必像竖转钢筋混凝土拱桥那样设置预应力钢筋。

第三道主要工序：松去扣索，完成体系转换，并对称、均衡浇筑拱脚区段箱内混凝土和拱顶区段顶板混凝土[图 3c)]。浇筑拱桥区段箱内混凝土不需要模板，而浇筑拱顶区段顶板混凝土时仅需两侧的模板，浇筑工艺简单。

第四道主要工序：完成拱上建筑的施工，成桥运营[图 3d)]。拱上建筑的施工与常规拱桥基本相同。

为减少合拢时间，研究采用一种新的合拢方式——阴阳接头的合拢方式，这种合拢方式是在两岸的钢箱拱肋竖转至设计位置时端合拢至合拢时由可多肋(肋数≥2)同时合拢，但是由原来的“跨中预留合拢段”方式演变成“阴、阳接头导入式直接合拢”方式。从而大大减少了合拢时所需的时间，确保合拢精度，提高了转体过程的安全性。实践证明，该法大大提高合拢速度，提高合拢精度。

3　PBH 剪力键联结构造

钢箱与混凝土联结的可靠性是钢箱—混凝土组合拱桥的一个关键技术问题，课题组提出一种箍筋穿过开孔加劲肋剪力联结构造(Perfobond Hoop，以下简写为 PBH 剪力联结构造，图 4)。其具体构造为：在与混凝土相联结的钢箱顶(底)板的加劲肋按一定间距开孔，将与纵筋共同形成钢筋骨架的箍筋依次穿过加劲肋相应开孔，再浇筑混凝土。该联结构造不需要增加专门剪力联结键，并通过“混凝土—钢筋骨架—箍筋—开孔劲肋—钢箱顶(底)板”之间的可靠联结，确保了钢箱与混凝土联结的可靠性，已有的试验和理论研究证明了其联结的可靠性。

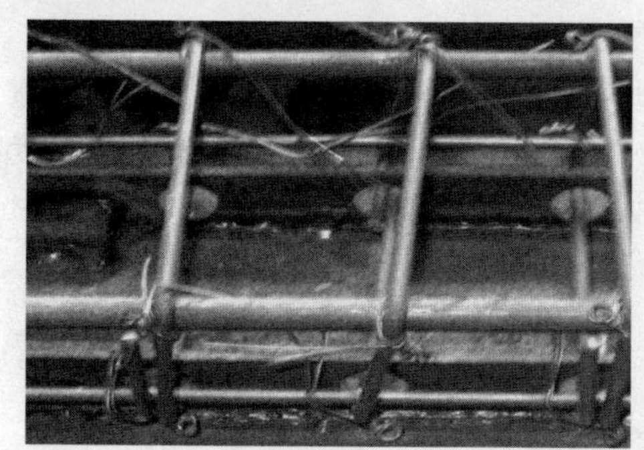

图 4　PBH 局部构造

4　工程应用

重庆万盛区藻渡大桥采用竖转钢箱—混凝土组合拱桥技术[4]，于 2008 年 9 月建成通车，至今使用正常。钢箱—混凝土组合拱桥现场施工图片如图 5 所示。

5　钢箱—混凝土组合拱桥主要优缺点

(1)钢箱—混凝土组合拱桥可以较方便地根据结构不同区段受力需要采用相适宜的组合截面，能充分发挥钢和混凝土两材料的强度优势，减轻结构自重。

(2)钢箱拱肋节段可采用工厂化制作，制作精度及质量均易于保证。

(3)钢箱的竖向拼装及竖转合拢施工简易、安全、快捷。空钢箱拱肋自重小、转体合拢过程易于控制，对设备要求较低；施工过程中的结构整体性、稳定性及可靠性显著提高。

(4)钢箱—混凝土组合拱易于实现量化的质量检查，基本避免了混凝土拱桥因混凝土受拉开裂及预制拱箱节段间纵横向混凝土接缝质量问题引起桥梁结构的后期病害。

(5)钢箱—混凝土组合拱桥比钢拱桥明显节省钢材并具有较大的整体刚度；比混凝土拱桥明显降低了施工风险，缩短施工周期，并具有较强的延性抗震能力。

(6)钢箱—混凝土组合拱桥对施工队伍要求较高。

a)竖向拼装钢箱拱肋

b)双钢箱肋竖转成拱

c)浇注钢箱顶板混凝土

d)建成后的钢箱—混凝土组合拱桥

图5 钢箱—混凝土组合拱桥现场施工图片

6 结语

(1)在现有拱桥技术研究的基础上,提出了通过工厂制作钢箱节段,竖向拼装钢箱半拱肋,绕拱脚转体合拢成拱,浇筑拱脚区段钢箱内和跨中区段钢箱顶板混凝土后形成的具有连续曲线拱轴线的竖转钢箱—混凝土组合拱。

(2)竖转钢箱—混凝土组合拱桥在重庆藻渡大桥中的应用表明,针对其设计的主拱钢箱节段及钢—混凝土剪力联结构造等细部构造具有实施性好、施工方便、受力合理等优点,可推广至类似钢—混凝土组合结构设计中。

(3)与钢筋混凝土拱桥在经济、受力、结构及抗震性能中的比较可以发现,钢箱—混凝土组合结构具有较明显的施工和受力上的优势。

(4)本文仅介绍了自上而下竖转合拢的施工方法,由于钢箱—混凝土组合拱桥主拱结构合拢前为钢结构,其他诸如吊装拼装、拼装后吊装合拢等方式并适用于本桥型。

参考文献

[1] Zhixiang Zhou, Fang Li, Roy A Imbsen. Vertical erection method of a chorded arch bridge[J]. Structural Engineering International (Journal of IABSE), 2009(5).

[2] 周志祥,徐勇,李祖伟.钢—混凝土复合结构八字形刚构拱桥的探索[J].重庆交通大学学报:自然科学版,2009(2).

[3] 范亮,周志祥.钢箱—混凝土组合受弯构件试验研究[J].土木建筑与环境学报,2009(6).

[4] 李帅,周志祥.藻渡大桥竖向转体施工关键技术[J].公路,2008(12).

12. 中渡公轨合建悬索桥技术标准研究

罗世东

（中铁第四勘察设计院集团有限公司）

摘　要：本文介绍重庆市中渡长江大桥的桥式方案、分析公轨合建桥梁的特点及面对的主要问题。目前世界各国对桥梁的刚度标准规定大都是针对中小跨度桥梁，它们是根据本国国情，在理论分析和科学试验基础上制定的，但无统一标准，并且对大跨桥梁的刚度无专门规定。结构刚度是一个重要的技术经济指标，为了确保行车的安全性与舒适性以及避免设计的盲目性，本文以中渡长江大桥为工程背景，建立风—车—桥耦合振动分析模型，在多个刚度条件下，研究了风速、车速与列车运行安全度和舒适度的关系，进而提出了中渡长江大桥各项刚度指标的设计建议值，为本项目的顺利实施提供了重要理论参考，同时也为我国今后修建同类桥梁积累了宝贵经验。

关键词：公轨合建　轨道交通　悬索桥　技术标准

1　概述

重庆市江津区中渡长江大桥地处江津主城区，是江津区“五横三纵”道路网络中第二纵线上的控制性工程。项目工程为城市主干路Ⅰ级，设计行车时速为50km/h，主桥设计推荐方案为50m＋600m＋65m钢箱梁悬索桥，双向6车道，同时预留轨道交通。主桥加劲梁采用扁平钢箱梁，加劲梁梁高4.2m，为双幅钢箱梁，中间用横梁连接，预留的轨道交通宽10m；主缆矢跨比为1∶9.09，吊索间距12m，主缆横向间距36.5m；桥塔采用门式框架结构，塔柱为钢筋混凝土空心结构，横系梁为预应力空心薄壁结构，基础为桩基础；南北岸推荐采用重力式锚碇。桥型布置图如图1所示。

与公路桥梁设计不同，轨道交通桥梁设计必须面对合理刚度、疲劳、车桥共振等更显突出的问题。然而，目前国内外轨道桥梁设计规范只对中小跨度桥梁的刚度限值做了规定。除上海长江大桥外，已经建成的几座大跨度公铁两用桥的跨度也小于该桥，并且这些已建桥梁主梁多为钢桁架，公路与轨道交通分层布置，与中渡长江大桥主梁形式和公轨交通布置形式差异甚大，由于无相关规范和不多的建设先例可供参考，中渡长江大桥的技术标准成为设计必须要解决的关键问题之一。对此，在吸取近年来轨道交通与铁路建设成就与经验的同时，积极开展了预留轨道交通空间相关技术专题研究。结构刚度是一个重要的技术经济指标，为了确保行车

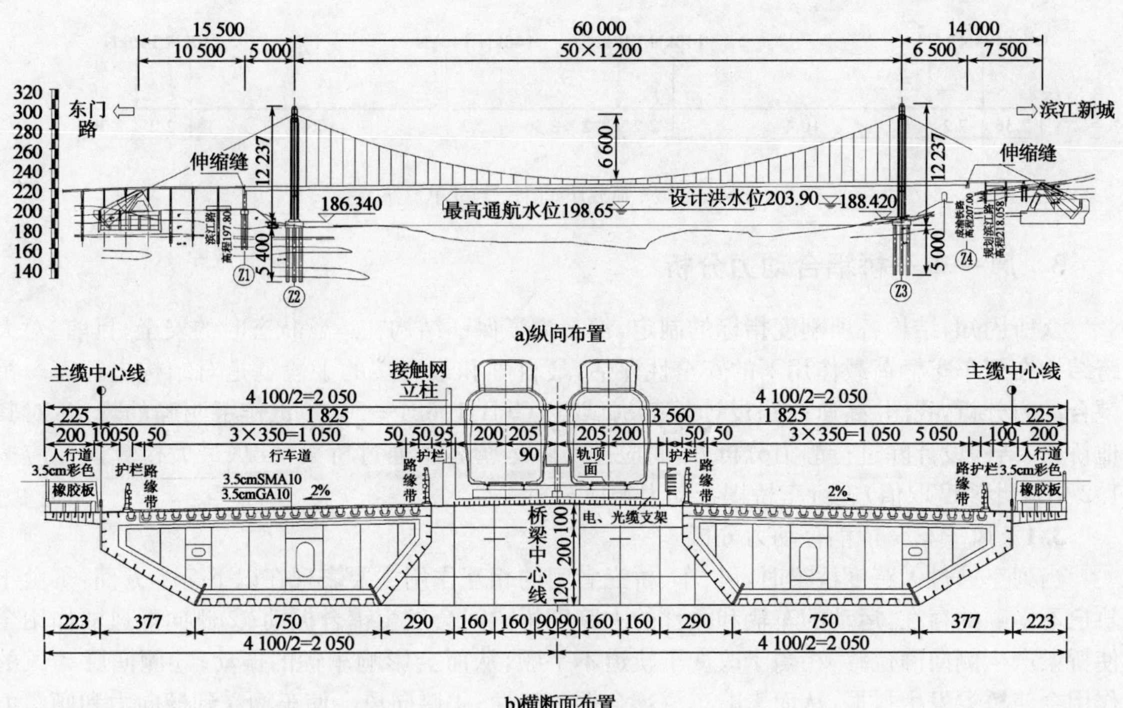

图 1　中渡长江大桥推荐方案桥型布置图(尺寸单位:cm)

的安全性与舒适性以及避免设计的盲目性,本文以中渡长江大桥为工程背景,建立风—车—桥耦合振动分析模型,在满足强度条件下,考虑结构刚度变化,研究了风速、车速对列车运行安全度和舒适度的影响,进而提出了中渡长江大桥各项刚度指标的设计建议值。

2　荷载类型

2.1　荷载类型

荷载类型见表 1。作用力大小根据《公路桥涵通用设计规范》(JTG D60—2004)与《铁路桥涵设计基本规范》(TB 10002.1—2005)有关规定计算确定。钢轨伸缩力、挠曲力、断轨力还与轨道设计方案有关,通过对轨桥一体结构计算分析后确定。

荷 载 类 型　　表 1

荷载分类		荷载名称
主力	恒载	结构自重、附属设备、预加应力、混凝土收缩徐变、基础变位
	活载	列车荷载、汽车荷载、人群荷载
附加力		汽车制动力、列车横向摇摆力、列车制动力、风力、温度影响力
特殊荷载		船撞力、地震力、施工临时荷载、长钢轨纵向水平力

2.2　列车荷载

按 B 型车交通制式的实施条件控制,车辆长度不小于 19 000mm,车辆宽度不小于 3 100mm、车辆高度不小于 3 800mm、动车≤35t,拖车≤29t,为动＋拖＋动＋动＋拖＋动 6 辆编组模式,荷载计算图示如图 2 所示,仅示 2 辆编组。

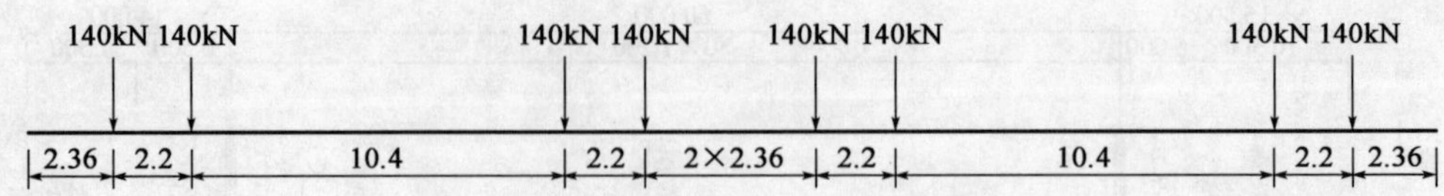

图 2　B 型车荷载计算图式(尺寸单位:m)

3　风—车—桥耦合动力分析

众所周知,结构各项刚度指标的制定,都是为了保证结构在运营状态时的安全,目前,对大跨结构在列车车辆荷载作用下的安全性评估,最科学和最直接的手段就是对结构进行车—桥耦合动力分析,我国《高速铁路设计规范》(试行)(TB 10621—2009)也作了明确的规定:对其他桥梁,结构设计除进行静力分析外,尚应按实际运营客车通过桥梁情况(最大检算速度应按 1.2 倍设计速度取值)进行车桥耦合动力响应分析。

3.1　风—车—桥耦合动力分析

当列车通过大跨度桥梁时,风、车、桥三者间的相互作用主要表现在以下 7 个方面:①由于轨道不平顺的存在,运动的车辆和柔性的大跨度桥梁间会发生耦合振动;②侧向静风的作用会使桥梁产生侧向静位移,相当于改变了轨道不平顺,从而会影响车辆的振动;③侧向脉动风的作用会使桥梁发生抖振,从而影响车桥耦合振动特性;④侧向风会使车辆受到横向力和倾覆力矩的作用,从而显著改变车辆的振动特性;⑤列车在桥面上的存在会改变桥道的气动绕流,桥道断面的气动特性随列车的到达和离去而改变,整个主梁所受风载随列车的运行而动态变化;⑥车辆处在桥道的气动绕流之中,桥道的几何外形会对桥上车辆的气动荷载产生影响;⑦列车质量沿桥跨的动态分布会改变桥梁结构的振动特性。上述因素的交互作用、协调工作构成了风—车—桥耦合振动系统。

车体空间振动有:侧摆、侧滚、摇头、点头、浮沉等 5 个自由度;每个构架有侧摆、侧滚、摇头、点头、浮沉 5 个自由度;每个轮对有侧摆,摇头等 2 个自由度,故每辆四轴车辆共有 23 个自由度,每辆六轴机车共有 27 个自由度。分析模型确定后,就可由动力学势能驻值原理及形成矩阵的"对号入座"法则,建立桥梁刚度、质量、阻尼等矩阵,进而形成车—桥耦合的动力学方程:

$$[M(t)]\{\ddot{\delta}\}+[C(t)]\{\dot{\delta}\}+[K(t)]\{\delta\}=\{P(t)\} \tag{1}$$

式中:$[M(t)]$、$[C(t)]$、$[K(t)]$ 和 $\{P(t)\}$ ——分别是列车桥梁整体系统 t 时刻的质量矩阵、阻尼矩阵、刚度矩阵和荷载向量;

$\{\delta\}$、$\{\dot{\delta}\}$ 和 $\{\ddot{\delta}\}$ ——列车桥梁整体系统的位移向量、速度向量和加速度向量。

由于列车通过桥梁时,作用在桥梁上的车轮位置随着时间而变化,因此列车桥梁整体系统运动方程的质量矩阵、阻尼矩阵、刚度矩阵及位移向量、速度向量、加速度向量和荷载向量都是时间的函数,也就是说,对每一个时间增量,车桥整体系统运动方程必须重新计算,它是一个二阶时变系数的微分方程组。方程组应用 Wilson-θ 数值积分法求解。

3.2　列车运行安全性和舒适性的评估标准

根据《铁道机车动力学性能试验鉴定方法及评定标准》(TB/T 2360—93)、《铁道车辆动力学性能评定和试验鉴定规范》(GB 5599—85),在车桥动力仿真分析中,列车运行安全性与舒适性(平稳性)的评定指标选取如下:

(1)安全性指标

脱轨系数≤0.8;轮重减载率≤0.6。

(2)乘坐舒适性(对客车车辆,Sperling 指标)

车体振动加速度:竖向≤ 0.25g;横向≤ 0.20g(中速:≤ 200km/h)。

舒适性评价指标:优良< 2.50;良好 2.50~2.75;合格 2.75~3.00。

(3)机车运行平稳性

车体振动加速度:竖向半峰值≤ 0.365g=3.65 m/s^2;横向半峰值≤ 0.245g=2.45 m/s^2。

平稳性评价指标:优良< 2.75;良好 2.75~3.10;合格 3.10~3.45。

(4)桥梁动力响应限值

桥梁竖向振动加速度限值:0.50g=5.0m/s^2(半幅、无砟轨道)。

桥梁横向振动加速度限值:0.14g=1.4m/s^2(半幅)。

4 列车运行安全性和舒适性的影响分析

悬索桥的刚度主要由主缆和加劲梁刚度确定,跨度越大,主缆刚度越占优,二期恒载除提供重力刚度外,也改变了结构动力特性。本桥在设计过程中,在满足强度条件下,从改变主缆刚度和二期恒载着手,研究结构刚度的改变对列车运行安全性与舒适性的影响。

当桥面轨道交通为混凝土道床,二期恒载为 227kN/m,此时主缆直径为 0.67m,以美国 6 级谱生成的轨道不平顺样本作为激励源,通过风—车—桥耦合振动分析,得到桥梁振动最大竖向加速度为 0.29m/s^2,最大横向加速度为 0.09m/s^2,均满足桥梁动力响应限值的要求。列车运行安全性和舒适性与风速和车速的关系如图 3 所示。

从图 3 可知,脱轨系数、轮重减载率及 Sperling 指标随行车速度的增高和风速的增大基本呈上升的趋势,既列车运行向不安全的方向发展,但在设计风速 25m/s 以内时,列车运行安全性满足要求,车速为 80~120km/h 通过该桥时,行车平稳性能达到“良好”标准,以 130~140km/h(检算车速)通过该桥时,行车舒适性均能达到“合格”标准。静力分析结果表明,此时结构的竖向挠跨比为 1/550,横向挠跨比 1/4 615,梁端转角为 1.49‰,也就是说,本桥在此种刚度条件下,列车运行是安全的。如果以该刚度值控制本桥的设计,势必带有一定的盲目性,为此,在满足强度条件下,分两种工况逐级下调结构刚度(表 2),研究列车行车时的安全裕度。

不同工况的结构刚度 表 2

分析工况	结构刚度
工况 1,将桥面轨道交通的混凝土道床改为钢桥面板,二期恒载为 123kN/m,主缆直径仍为 0.67m	竖向挠跨比 1/451;横向挠跨比 1/4 285;梁端转角 1.97‰
工况 2,二期恒载为 123kN/m,主缆直径为 0.58m	竖向挠跨比 1/419;横向挠跨比 1/3 900;梁端转角 2.32‰

对车—桥耦合系统进行动力分析,研究结果表明,在工况 1 条件下,当桥面平均风速等于或低于 25m/s 时,B 型车分别以 80~120km/h(设计车速)通过该桥,桥梁的动力响应均在容许值以内,列车行车安全性满足要求,列车的车体竖、横向振动加速度满足限值要求,行车舒适性达到“合格”标准以上,但当列车以 130~140km/h(检算车速)通过该桥时,列车的脱轨系数或轮重减率超标,不满足行车安全性要求。当桥面平均风速超过 25m/s 时,B 型车分别以

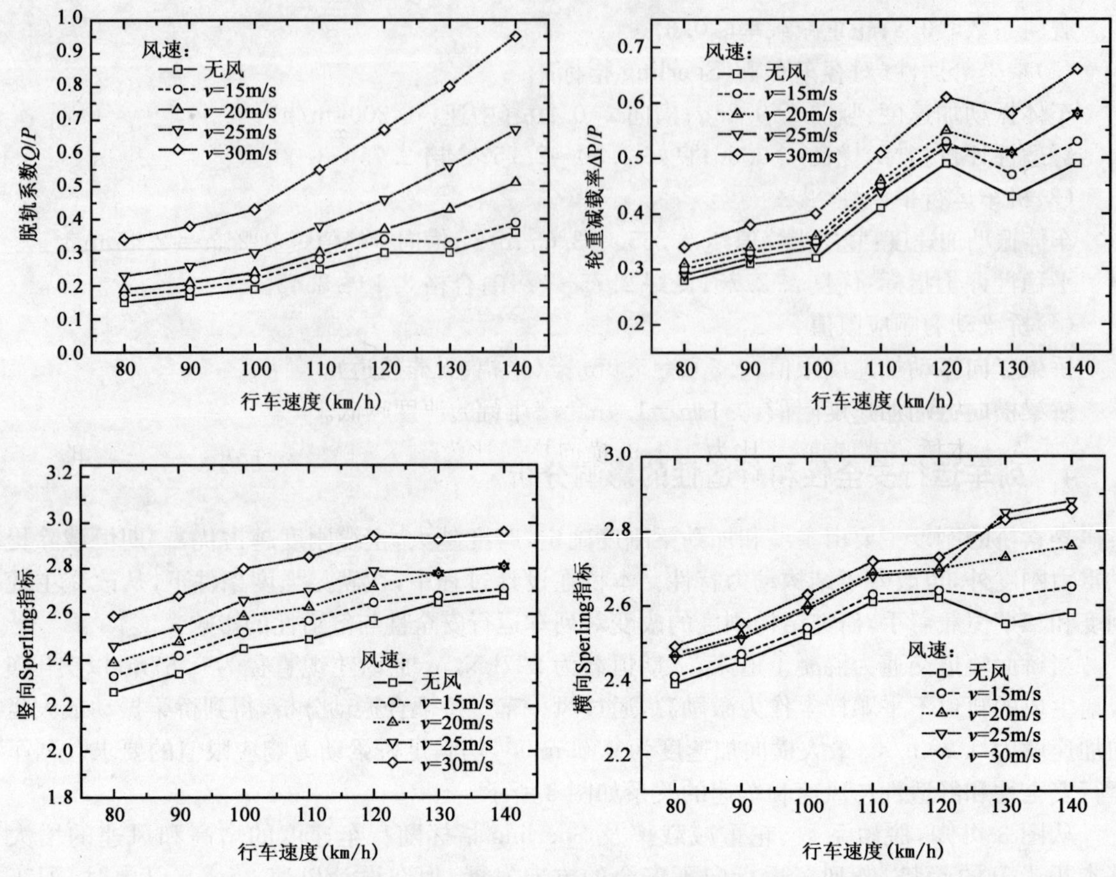

图3　列车运行安全性和舒适性与风速和车速的关系(二恒为227kN/m,主缆直径为0.67m)

80～140km/h通过该桥,桥梁的动力响应均在容许值以内,由于列车的脱轨系数或轮重减率超标,不满足行车安全性要求,故应禁止通行。

在工况2条件下,当桥面平均风速等于或低于20m/s时,B型车分别以80～120km/h(设计车速)通过该桥,桥梁的动力响应均在容许值以内,列车行车安全性满足要求,列车的车体竖、横向振动加速度满足限值要求,行车舒适性达到"合格"标准以上,但当列车以130～140km/h(检算车速)通过该桥时,列车的脱轨系数或轮重减率超标,不满足行车安全性要求。当桥面平均风速超过20m/s时,B型车分别以80～140km/h通过该桥,桥梁的动力响应均在容许值以内,但由于列车的脱轨系数或轮重减率超标,不满足行车安全性要求,故应禁止通行。

通过试算分析,如果继续降低结构刚度,来研究列车行车条件,由于结构构件不满足强度要求,因而不具有工程意义。综合以上分析可知,本桥在竖向挠跨比为1/419、横向挠跨比为1/3 900、梁端转角为2.32‰的最小刚度条件下,只要桥面风速不超过20m/s(相当于8级风速),双线列车在设计车速下运行是有安全保障的。

5　中渡公轨合建悬索桥的技术标准

本桥在设计过程中,首先面对的是要解决刚度标准问题,如果刚度标准过低,除给工程自身带来隐患之外,也不满足列车运行条件,如果刚度标准过高,则造成工程不必要的浪费和设计的盲目性,为此在调研国内外已建公轨合建大跨桥梁技术标准的基础上,着重于结构的车—

桥耦合动力分析。通过技术经济比较，本桥轨道交通选择混凝土道床作为推荐方案，结构刚度标准的设计建议值如下：竖向挠跨比 1/500；横向挠跨比 1/4 000；梁端转角 2‰。显然，按照该技术标准控制本桥设计能保证列车的安全运行且有一定的安全裕度。

6 结语

结构设计必须满足强度条件，在满足强度条件下，通过改变主缆直径、二期恒载改变结构刚度，运用风—车—桥耦合振动分析的理论与方法，研究了风速、车速对列车运行安全性和舒适性的影响，分析结果表明：

(1)列车运行的安全性不仅与结构刚度有关，而且还与列车运行速度、桥面风速密切相关，脱轨系数、轮重减载率及 Sperling 指标随行车速度的增高和风速的增大基本呈上升的趋势；结构刚度越小，为了保证列车运行时的安全，则允许运行的速度越低。

(2)对于本桥，在竖向挠跨比为 1/419、横向挠跨比为 1/3 900、梁端转角为 2.32‰的最小刚度条件下，只有桥面风速不超过 20m/s(相当于 8 级风速)，双线列车在设计车速(80～120km/h)下运行是安全的。

(3)本桥刚度标准的设计建议值取为：竖向挠跨比 1/500；横向挠跨比 1/4 000；梁端转角 2‰。在此刚度条件下，列车在设计车速下运行仍有一定的安全裕度。

参 考 文 献

[1] 中华人民共和国行业标准. TB 10002.1—2005 铁路桥涵设计基本规范[S]. 2005.

[2] 中华人民共和国国家标准. GB 50157—2003 地铁设计规范[S]. 2003.

[3] 上海市地方法规. DGJ 08—109—2004 城市轨道交通设计规范[S]. 2004.

[4] 王福天. 车辆动力学[M]. 北京：中国铁道出版社，1981.

[5] 林国雄，方秦汉，等. 芜湖长江大桥设计与关键技术研究[J]. 桥梁建设，1998(4)：1-8.

[6] 大桥工程局. 芜湖长江大桥斜拉桥模型试验及合理刚度研究报告[R]. 桥梁建设，2000.

[7] 曹雪琴. 桁梁桥横向刚度的设计计算[J]. 桥梁建设，1985(3)：37-45.

[8] 邵长宇，卢永成，等. 长大公轨合建桥梁设计技术[J]. 世界桥梁，2009(增刊 1)：10-13.

[9] 卢永成，王天华，等. 上海长江大桥公轨合建桥梁设计标准与措施[J]. 城市道桥与防洪，2008(2)：12-15.

[10] 曾庆元，郭向荣. 列车桥梁时变系统振动分析理论与应用[M]. 北京：中国铁道出版社，1999.

13. 国家工程建设标准《钢管混凝土拱桥技术规范》编制情况介绍

陈宝春　韦建刚　吴庆雄
（福州大学土木工程学院）

摘　要：从 1990 年以来，钢管混凝土拱桥在我国的桥梁工程中得到广泛应用。经过大量的研究，已形成了初步的设计计算理论体系，并通过 300 多座实际工程的应用，积累了丰富的设计、施工和养护经验。本文通过总结这些理论与经验而形成的福建省地方建设标准《钢管混凝土拱桥技术规程》已于 2011 年 7 月 15 日正式实施。在此基础上编制的国家工程建设标准《钢管混凝土拱桥技术规范》现已完成了征求意见稿。本文将对这一征求意见稿进行介绍，以便更广泛地征求意见，有利于下一步的修改，使之更加科学合理。

关键词：钢管混凝土　拱桥　规范　设计　施工　养护

自 1990 年以来，钢管混凝土拱桥在我国的桥梁工程建设中得到广泛应用。据不完全统计，截至 2010 年 6 月，我国跨径大于或等于 50m 的钢管混凝土拱桥已达 327 座[1]。经过 20 多年的工程经验积累和研究的不断深入，钢管混凝土拱桥的设计计算理论体系已基本形成，施工与养护技术也在不断进步，编制钢管混凝土拱桥的时机已经成熟。2010 年福建省地方建设标准《钢管混凝土拱桥技术规程》(DBJ/T　13-136—2011)[2]编制完成，2011 年 7 月正式执行。2011 年 3 月，《钢管混凝土拱桥技术规范》列入国家建设标准的制定任务。在所有参编单位的共同努力下，以 DBJ/T　13-136—2011 为基础，2011 年底形成了《钢管混凝土拱桥技术规范（征求意见稿）》（以下简称《国标征求意见稿》）。本文将对这一征求意见稿进行介绍，以便更广泛地征求意见，有利于下一步的修改，使之更加科学合理。

1　总体架构和通用部分

《国标征求意见稿》由 4 个部分（共 19 章）和条文说明组成。

第一部分为通用部分：1. 总则，2. 术语和符号，3. 材料。

第二部分为钢管混凝土拱桥设计：4. 基本规定，5. 持久状况承载能力极限状态计算，6. 持久状况正常使用极限状态计算，7. 施工阶段计算，8. 结构与构造，9. 耐久性设计。

第三部分为钢管混凝土拱桥施工：10. 基本规定，11. 钢管拱肋制作，12. 焊接施工，13. 防腐涂装施工，14. 钢管拱肋架设，15. 管内混凝土的浇注，16. 其他构造施工。

第四部分为钢管混凝土拱桥养护：17. 基本规定，18. 检查与评定，19. 结构养护。

通用部分中的总则部分规定了适用内容为我国市政工程与各级公路钢管混凝土拱桥的设计、施工与养护工作。适用对象是：以圆形钢管内浇筑混凝土为拱肋、以钢管混凝土拱肋为主要承重构件的钢管混凝土拱桥。

术语和符号则只列出规范中出现的、人们比较生疏的术语与符号。

材料中混凝土和钢材的材性指标分别采用 JTG D62—2004[3] 和 GB 50017—2003[4] 的指标，并根据工程实践经验给出了常用的钢管和管内混凝土的材料标号与匹配。对于钢管混凝土拱肋规定钢管的外径不宜小于 100mm，钢管壁厚不宜小于 4mm，以充分发挥钢管混凝土的作用且避免焊接的困难。由于钢管的径厚比太大时，钢管容易发生局部屈曲；径厚比太小则含钢率太高，经济性下降，规定钢管的外直径与壁厚之比宜在 $35 \leqslant D/t \leqslant 100(235/f_y)$ 范围内选用，截面含钢率宜在 0.05～0.08 之间。

2 设计部分

2.1 基本规定

设计部分的基本规定中，对于设计基准期、极限状态类型主要参照 JTG D60—2004[5] 总则的内容进行了设定。在作用方面，特别规定了与其他桥梁不同的拱肋冲击系数和温度荷载。

钢管混凝土拱肋的汽车荷载冲击系数，采用了根据文献[6]研究提出的计算公式：

$$\mu_0 = 0.05736 f_0 + 0.0748 \tag{1}$$

式中：f_0——钢管混凝土拱桥的一阶竖向频率，在无精确计算值时，可按 $f_0 = 133/L$ 进行近似计算，L 为钢管混凝土拱桥跨径，跨径单位为 m。

钢管混凝土拱肋在施工过程中先架设空钢管拱肋，然后灌注管内混凝土，截面刚度与强度是逐步形成的。当混凝土达到强度形成钢管混凝土结构时，受水泥水化热影响和环境温度的影响，已在钢管内和混凝土内累计了应力，因此空钢管的合拢温度不能视为钢管混凝土拱的基准温度，而应采用计算合拢温度作为基准温度，为此规程规定计算合拢温度 T 可由桥位的气温资料通过计算分析给出，也可按下式计算[7,8]：

$$T = T_{28} + \frac{D - 0.85}{0.2} + T_0 \tag{2}$$

式中：T_{28}——混凝土浇筑后 28d 的平均气温，℃；

D——钢管外径，m；

T_0——考虑管内混凝土水化热作用的附加升温值，为 3～5℃，冬季取小值，夏季取大值，混凝土强度等级 C40 时，在此基础上减 1℃。

对于钢管混凝土截面的轴压和抗弯计算刚度，《国标征求意见稿》中采用了钢管刚度与折减的混凝土刚度迭加的计算方法，折减系数分别为 1.0 和 0.6。

2.2 持久状况承载能力极限状态计算

在此部分的规定中，参照 JTG D60—2004[5] 对桥梁结构的安全等级进行划分，并将钢管混凝土拱的承载能力极限状态计算分为构成拱结构的构件与拱结构整体的两个部分。

对于哑铃形截面，由于其截面高度较小，每根钢管混凝土分配到的内力除轴力外还有较大的弯矩，应考虑偏心矩对承载力削弱的不利影响，参照文献[9]的研究成果，给出了上下两肢相同时的内力分配简化算法。

钢管混凝土轴心受压截面承载力 N_0 采用 DBJ 13-51—2003[10] 的计算公式，如式(3)所示：

$$N_0 = (1.14 + 1.02\xi_0) \cdot (1 + \rho_c) \cdot f_{cd} A_c \tag{3}$$

式(3)中相关符号含义可详见文献［10］。

在轴心受压承载力的计算中，根据相关研究分析，提出了考虑脱黏影响时的承载力折减系数：

$$N'_0 = K_t N_0 \tag{4}$$

式中：K_t——钢管混凝土脱黏折减系数，拱顶截面取 0.90，拱脚截面取 1.0，其他截面取 0.95。

偏心受压承载力的计算构件承载力计算的另一个重要内容。对于钢管混凝土单圆管拱肋，在构件计算时仅进行截面验算，拱肋整体验算在下一节进行，所以不考虑稳定系数，偏心率折减系数则参照文献［11］的相关规定而取值。对于哑铃形截面构件，由于腹板为连续构造，约束了单根钢管混凝土的横向变形，因此构件验算时也不考虑稳定系数。而对于桁式拱肋，弦杆只在节点处受到腹杆的约束，因此应考虑节间内弦杆长细比问题。如果长细比小于 10，可以按短柱计算，否则应考虑稳定系数。

在构件承载力计算中，两本标准还分别进行了受拉承载力、抗弯承载力和拉弯承载力的计算规定。此外，研究表明钢管混凝土节点由于主管内填充有混凝土，其承载能力、节点刚度和疲劳性能较之空钢管节点均有不同程度的提高。然而，鉴于节点的重要性和该研究尚不成熟，偏于安全地规定按桥梁钢结构(空)管节点的计算。

在拱肋整体计算部分，拱作为以受压为主的结构，稳定问题较为突出。由于钢管混凝土拱桥的面外失稳模态更接近于分支点失稳，因此规定其弹性失稳特征值应不小于 4.0。

钢管混凝土拱的面内稳定以极值点失稳为主，根据相关研究成果，将拱肋等效成钢管混凝土梁柱进行整体稳定承载力的计算，单圆管拱肋、哑铃形拱肋和桁式拱肋可分别等效成单圆管构件、哑铃形构件和格构柱。等效梁柱的两端作用力为拱的 $L/4$(或 $3L/4$)截面处的弯矩与轴力[11,12]。

钢管混凝土哑铃形和格构柱偏心受压构件稳定承载力计算公式采用了偏心率折减系数与稳定系数相乘的形式，便于工程应用，如式(5)所示[13-16]：

$$\gamma_0 N_s \leqslant \varphi \cdot \varphi_e N_D \tag{5}$$

式中：φ——稳定系数；

φ_e——偏心率折减系数。

研究表明，钢管的初应力和初应变缩短了钢管混凝土的弹性阶段，提前进入弹塑性阶段，对稳定极限承载力有较大的影响。所以，两本标准在拱肋结构整体稳定计算中，提出截面轴心受压承载力应乘以按下列公式计算得出的初应力度影响系数 k_p[17]：

$$k_p = -0.0158 \cdot a_1 \cdot m_1 \cdot \beta^2 - 0.0847 \cdot b_1 \cdot n_1 \cdot \beta + 1.0 \tag{6}$$

式中各符号含义可参见文献［19］。

此外，承载力极限状态的设计规定中，为降低应力幅提高安全性，根据我国近年的工程经验和事故教训，吊杆计算中取用了 3.0 的安全系数，比斜拉桥中斜拉索的 2.5 高一些。而系杆为总体受力构件，恒载所占的比例较大，活载引起的应力幅值较小，其疲劳问题没有吊杆突出，因此其安全系数或以比吊杆小为宜。但考虑到其对拱桥整体结构安全的重要性，仍采用了与吊杆相同的安全系数。

2.3 持久状况正常使用极限状态计算

在这部分中对钢管混凝土拱桥持久状况正常使用极限状态计算时的作用组合、变形计算、预拱度、变形限值、舒适度评价以及拱肋的钢管应力进行了规定。

大量工程实践表明，管内混凝土由于处于密闭养护状态，它的收缩徐变特性与普通混凝土有着较大的不同，目前研究结果表明，管内混凝土的收缩变形量较小，在变形计算中可以忽略不计[18]，所以在计算预拱度时未考虑管内混凝土的收缩问题。

国内外已开展了大量的钢管混凝土徐变研究，认同度较高的徐变模式是 ACI 209R 模式。但由于该计算方法较为繁琐，不便于应用，因此在《国标征求意见稿》的编制过程中开展了专项研究，分别采用 ACI 209R 和 JTG D62—2004[3]推荐的 CEB-FIP 90 模式进行了多座钢管混凝土拱桥的徐变分析，研究结果表明两者的计算结果相差不大，考虑到使用习惯，因此《国标征求意见稿》建议仍然采用 CEB-FIP 90 徐变系数模式。

正常使用极限状态中的一个重要指标是挠度，原公路桥涵设计规范 JTJ 022—85[19]和 JTJ 023—85[20]对圬工拱桥和钢筋混凝土拱桥的挠度限值规定分别为跨径的 1/1 000 和 1/800。我国新颁的公路桥梁规范 JTG D62—2004 已取消了拱桥挠度的限值。研究表明，挠度限值并不能有效地控制钢管混凝土拱桥的振动[21]。根据该研究的结果，《国标征求意见稿》对于大跨径桥梁建议进行舒适度计算和评价。舒适性的评价基于人对振动的感觉，与桥梁的速度、加速度、频率等参数有关。因此，舒适度指标采用了文献[22]的研究成果。但由于其计算较为复杂，因而只对大跨径桥梁提出要求。对于中小跨径桥梁，仍参照 JTJ 022—85[19]的要求，对拱肋的挠度进行了限制。

对于钢管本身的应力，可将其视为正常使用极限状态中的要求，主要控制钢管局部的应力，使其不至于过大。为此根据国内工程实践经验，限定持久状况下钢管混凝土拱肋的钢管应力的限值为 0.8 倍的屈服强度。

2.4 结构与构造

这部分主要对钢管混凝土拱桥各部分的构造参数取值、构造形式、节点构造等进行了规定和建议。

在结构形式部分，并通过大量的已建桥梁实际应用情况统计分析，提出了钢管混凝土拱桥的矢跨比、拱轴线形式、拱轴系数、中承式拱桥的桥道系位置等各项设计取值的建议值[5]。

对于主拱肋截面，给出了几种较常见且较为合理的截面形式，腹腔内填有混凝土的传统哑铃型截面因易发生爆管事故，没有给出；混合式桁式应用较少也没有给出。

在桥道系部分，规定中下承式钢管混凝土拱桥的悬吊桥道系桥，宜采用连续体系或先简支后连续体系，并设加劲纵梁；或采用纵横梁组成的整体结构，主要是防止当桥面板为采用简支体系且横梁间无加劲纵梁时，在吊杆发生破坏时，易造成车辆与桥面系坠落的严重后果。此外，还规定中下承式钢管混凝土拱桥的悬挂桥道系部分，桥面板与横梁之间除伸缩缝处应设支座外，其余部位不宜设支座。伸缩缝附近的小支座，宜采取限位或固定等防止脱落措施[6]。

3 施工与养护部分

钢管混凝土拱桥施工部分条文主要参考了 JTG/TF50[23]和 JTG FS0/1[24]。在这部分的规定中，围绕钢管混凝土拱桥自身结构的特点，按照拱桥成型的顺序，对拱肋制作、焊接施工、防腐涂装施工、钢管拱肋架设、管内混凝土的浇筑以及其他构造的施工进行了较为详细的规定，制定了工艺流程、提出了施工建议并制定了相应的验收标准。

养护部分则主要参考了 CJJ 99—2003[25]和 JTG H11—2004[26]的相关规定。但上述两本规范中，涉及钢管混凝土拱桥的内容不多，针对性与系统性明显不足。所以，根据钢管混凝土拱桥结构特点和使用过程中暴露出来的病害，主要针对钢管混凝土主拱、吊杆与系杆等结构与构件制订了相关的规定。

在这部分的规定中，给出了钢管混凝土拱桥的桥面平整度的评价方法和预测方法，提出钢管混凝土拱桥的桥面平整度在使用年限无可靠资料的情况下可采用下列公式进行预测[27,28]：

$$IRI = 4.958 + 0.07577\exp\left(\frac{Y}{2.845}\right) \tag{7}$$

$$S_q(n_0) = \left[8.263 + 0.01263\exp\left(\frac{Y}{2.845}\right)\right]^2 \tag{8}$$

式中：IRI——桥面平整度指标法评价标准值；

$S_q(n_0)$——桥面平整度功率谱法评价标准值；

Y——桥梁的使用年数。

4 结语

希望广大技术人员对国家工程建设标准《钢管混凝土拱桥技术规范》征求意见稿多提意见与建议，以便修改，形成更加科学合理的标准。

参考文献

[1] 陈宝春，刘福忠，韦建刚. 327座钢管混凝土拱桥的统计分析[J]. 中外公路，2011，31(3).

[2] DB J/T 13-136—2011 钢管混凝土拱桥技术规程[S]. 福州：福建省住房与城乡建设厅，2011.

[3] JTG D62—2004 公路钢筋混凝土及预应力混凝土桥涵设计规范[S]. 北京：人民交通出版社，2004.

[4] GB 50017—2003 钢结构设计规范[S]. 北京：中国建筑工业出版社，2004.

[5] JTG D60—2004 公路桥涵设计通用规范[S]. 北京：人民交通出版社，2004.

[6] 陈宝春. 钢管混凝土拱桥(第二版)[M]. 北京：人民交通出版社，2007.

[7] 陈宝春，刘振宇. 日照作用下钢管混凝土构件温度场实测分析[J]. 公路交通科技，2008，25(12).

[8] 柯婷娴，陈宝春，刘振宇. 日照下钢管混凝土哑铃形拱肋截面的温度场有限元计算[J]. 长沙交通学院学报，2008，24(4).

[9] 陈宝春，肖泽荣，韦建刚. 钢管混凝土哑铃形偏压构件试验研究[J]. 工程力学，2005，22(2).

[10] DBJ 13-51—2003 钢管混凝土结构技术规程[S]. 福州：福建省建设厅，2003.

[11] 陈宝春，秦泽豹. 钢管混凝土(单圆管)肋拱面内极限承载力计算的等效梁柱法[J]. 铁道学报，2006，28(6).

[12] 韦建刚，陈宝春，吴庆雄. 钢管混凝土压弯拱非线性临界荷载计算的等效梁柱法[J]. 工程力学，2010，27(10).

[13] 陈宝春，盛叶. 钢管混凝土哑铃形轴压长柱极限承载力研究[J]. 工程力学，2008，25(4).

[14] 陈宝春，盛叶. 钢管混凝土哑铃形偏压柱试验研究[J]. 工程力学，2008，25(12).

[15] 陈宝春，欧智菁. 钢管混凝土格构柱极限承载力计算方法研究[J]. 土木工程学报，2008，

41(1).

[16] 陈宝春,欧智菁. 钢管混凝土格构柱长细比影响试验研究[J]. 建筑结构学报,2006,27(4).

[17] 韦建刚,黄福云,陈宝春. 初应力对钢管混凝土单圆管拱极限承载力影响的研究[J]. 工程力学,2010,27(7).

[18] 王元丰. 钢管混凝土徐变[M]. 北京:科学出版社,2006.

[19] JTJ 022—85 公路砖石及混凝土桥涵设计规范[S]. 北京:人民交通出版社,1985.

[20] JTJ 023—85 公路钢筋混凝土及预应力混凝土桥涵设计规范[S]. 北京:人民交通出版社,1985.

[21] 陈宝春,韦建刚,王加迫. 钢管混凝土拱桥挠度限值研究[J]. 中国公路学报,2007,20(6).

[22] 吴庆雄,陈宝春,高桥和雄. 日本新西海桥的振动特性及舒适性评价研究[J]. 公路交通科技,2008,25(5).

[23] JTG/T F50—2011 公路桥涵施工技术规范[S]. 北京:人民交通出版社,2011.

[24] JTG FS0/1—2004 公路工程质量检验评定标准[S]. 北京:人民交通出版社,2004.

[25] CJJ 99—2003 城市桥梁养护技术规范[S]. 北京:中国建筑工业出版社,2004.

[26] JTG H11—2004 公路桥涵养护规范[S]. 北京:人民交通出版社,2004.

[27] 吴庆雄,陈宝春,奚灵智. 路面平整度 PSD 和 IRI 评价方法比较分析[J]. 交通运输工程学报,2008,8(1).

[28] 吴庆雄,陈宝春. 钢管混凝土拱桥桥面平整度评价[J]. 交通运输工程学报,2010,10(4).

14. 多梁式组合小箱梁桥荷载横向分布计算的修正刚接梁法

项贻强[1]　何余良[1,2]　陈勇彪[2]　王　渊[2]　刘丽思[1]　刘成熹[1]

(1. 浙江大学建筑工程学院；2. 杭州市市政公用建设开发公司)

摘　要：本文在考虑多梁式钢—混组合小箱梁桥的挠曲由荷载弯曲及交接面滑移引起的附加挠曲 2 部分组成的基础上，对刚接梁法的计算公式进行了修正。通过实际工程算例计算与有限元方法计算结果相比较，结果表明本文所提出的考虑滑移修正的刚接梁法适用于计算中小跨径的多梁式钢—混组合小箱梁桥的跨中横向分布计算。

关键词：钢—混凝土组合　小箱梁　刚接梁法　荷载横向分布　滑移效应分析

多梁式钢—混凝土组合小箱梁桥，一般由开(闭)口钢箱梁和混凝土板通过剪力键连接而组成。由于其结构自身高度低、质量轻、便利吊装、可进行无支架施工、有利于施工中交通组织等优点，已逐渐在跨线桥、城市立交桥中得到应用。因此如何合理地设计计算其内力是必须面对解决的问题。

分析简支的钢筋混凝土及预应力混凝土多梁式桥内力的实用计算方法目前主要有杠杆法、偏心压力法、修正偏心压力法、刚接梁法、G-M 法等[1-2]。作者等(1993)在文献[3]中，针对曲梁桥和斜交桥弯扭耦合的特点，利用力法原理进一步推导了简支曲梁桥和斜交桥荷载横向分布的计算公式，提出了传递矩阵法和修正的刚接梁法，在文献[4、5](2002、2007)中又进一步提出了弹性支承连续梁法计算拱索桥、空间梁拱组合式桥梁的荷载横向分布；聂鑫等(2010)[6]针对变截面箱形钢—混凝土连续组合梁桥，进一步采用修正的偏心压力法计算其荷载横向分布系数，并与空间有限元分析结果和实桥试验结果进行对比，结果表明采用上述修正的偏心压力法计算较为简便并偏于安全。聂建国等(2010)[7]计算了钢—混凝土组合梁加宽后的混凝土梁桥横向分布系数，并在刚接梁法基础上，考虑了组合梁与原桥主梁刚度、间距差异，建立了修正刚接梁法来计算此种桥的横向分布系数。聂建国等(2010)[8]用两根钢—混凝土组合梁加宽混凝土 T 梁构件进行试验，对弹性工况下的挠度、支座反力横向分布规律进行了研究，试验得出在 $L/4$ 与 $L/2$ 处的横向分布系数与刚性横梁法、修正刚接梁法计算结果吻合良好；在支点

资助项目：杭州市建设委员会 2011 科研项目资助。

处的横向分布系数与杠杆法计算结果吻合良好。

上述研究中,对钢—混组合梁桥,均未考虑组合梁桥的滑移效应对其横向分布系数的影响。为此本文在仔细考虑界面滑移的基础上,进一步推导了多梁式钢—混凝土组合小箱梁桥荷载横向分布系数计算的公式,并进行了典型桥梁的计算分析,同时与有限元数值模型计算结果进行对比分析,给出此类桥的横向分布系数的合理计算方法。

1 基本假定

对于多梁式钢—混凝土组合小箱梁桥的设计内力计算,可借助刚接梁法先计算各梁的荷载横向分布,再计算出各梁的内力。这时由于钢—混凝土组合梁不同于一般的混凝土梁,其在荷载作用的柔度系数计算时除截面弯曲作用会产生一定的挠曲外,还由于在钢—混接合面处产生的滑移会产生附加的挠曲,因此假定:

(1)将具有 n 片的多梁式钢—混凝土组合小箱梁桥的荷载横向分布,可将其在各梁间的中部将其切开,取而代之的是梁间赘余的竖向剪力和弯矩(X)等,但忽略纵向剪力、轴力。如图 1 所示。

(2)对任一切口 i,可根据各梁所受的力,建立典型的力法方程,分别计算方程的各柔度系数,求解各赘余力即可得荷载在各梁的分配。如图 2 所示。

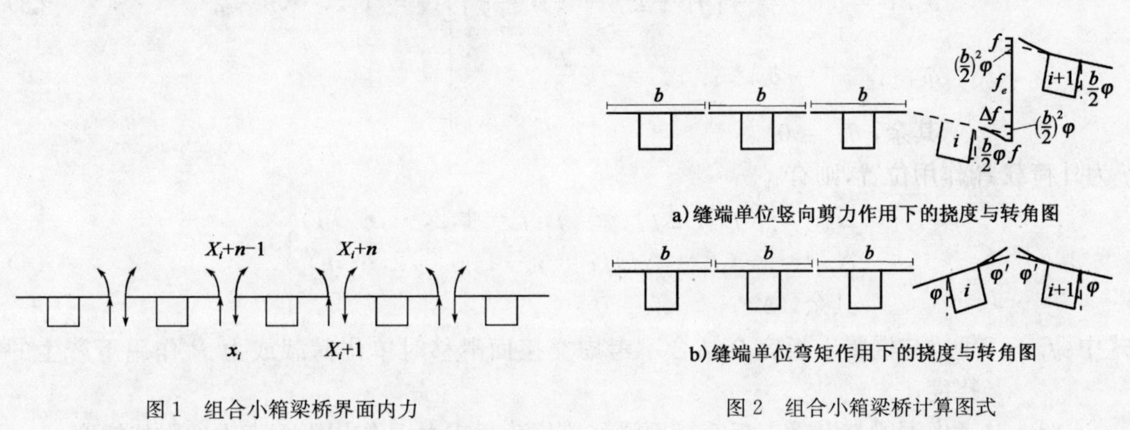

图 1 组合小箱梁桥界面内力

图 2 组合小箱梁桥计算图式

2 修正的刚接梁法力法方程

根据力法原理及图 1,建立以竖向剪力、弯矩为赘余力的力法方程为:

$$[\delta]\{X\}+\{\Delta\}=0 \tag{1}$$

式中:$[\delta]$——柔度系数矩阵;

$\{X\}$——赘余竖向剪力和弯矩矩阵;

$\{\Delta\}$——荷载引起的位移矩阵。

$$[\delta]=\begin{bmatrix} \delta_{11} & \delta_{12} & \cdots & \delta_{1,n-1} & \delta_{1,n} & \cdots & \delta_{1,2(n-1)} \\ \delta_{21} & \delta_{22} & \cdots & \delta_{2,n-1} & \delta_{2,n} & \cdots & \delta_{2,2(n-1)} \\ \vdots & \vdots & \cdots & \vdots & \vdots & \cdots & \vdots \\ \delta_{n-1,1} & \delta_{n-1,2} & \cdots & \delta_{n-1,n-1} & \delta_{n-1,n} & \cdots & \delta_{n-1,2(n-1)} \\ \delta_{n,1} & \delta_{n,2} & \cdots & \delta_{n,n-1} & \delta_{n,n} & \cdots & \delta_{n,2(n-1)} \\ \vdots & \vdots & \cdots & \vdots & \vdots & \cdots & \vdots \\ \delta_{2(n-1),1} & \delta_{2(n-1),1} & \cdots & \delta_{2(n-1),n-1} & \delta_{2(n-1),n} & \cdots & \delta_{2(n-1),2(n-1)} \end{bmatrix}$$

$$\{X\}=\begin{Bmatrix} x_1 \\ x_2 \\ \vdots \\ x_{n-1} \\ x_n \\ \vdots \\ x_{2(n-1)} \end{Bmatrix} \qquad \{\Delta\}=\begin{Bmatrix} \Delta_{1p} \\ \Delta_{2p} \\ \vdots \\ \Delta_{n-1p} \\ \Delta_{np} \\ \vdots \\ \Delta_{2(n-1)p} \end{Bmatrix}$$

如图 2 所示的柔度系数计算如下：

$$\left.\begin{aligned} \delta_{ii} &= 2\left(f_e+\frac{b}{2}\cdot\frac{b}{2}\varphi+f+\Delta f\right) \\ \delta_{i+n-1,i+n-1} &= 2(\varphi'+\varphi) \end{aligned}\right\}(i=1,2,\cdots,n-1) \tag{2}$$

$$\left.\begin{aligned} &\delta_{i,i+n-1}=\delta_{i+n-1,i}=\varphi\frac{b}{2} \\ &\delta_{i+n-1,i+n}=\delta_{i+n,i+n-1}=-\varphi \\ &\delta_{i,i+1}=\delta_{i+1,i}=-\left(f_e+\Delta f-\frac{b}{2}\cdot\frac{b}{2}\varphi\right) \\ &\delta_{i+1,i+n-1}=\delta_{i+n-1,i+1}=-\varphi\frac{b}{2} \\ &\text{其余},\ \delta_{ij}=0 \end{aligned}\right\}(i=1,2,\cdots,n-2) \tag{3}$$

j 为外荷载 P 作用位置，则有：

$$\left.\begin{aligned} &\Delta_{ipj}=(f_e+\Delta f)(i=j,\ j=1,2,\cdots,n-1) \\ &\Delta_{ipj}=-(f_e+\Delta f)(i=j-1,\ j=2,\cdots,n) \\ &\text{其余},\ \Delta_{(i+n-1)pj}=0 \end{aligned}\right\} \tag{4}$$

式中：f_e——钢梁与混凝土板完全结合不考虑交接面滑移时单位荷载或力 P 作用下产生的挠度；

Δf——考虑钢梁与混凝土板交接面滑移单位荷载或力 P 作用下而产生的附加挠度；

f——单位竖向荷载作用在小箱梁悬臂端部时在该处产生的弹性挠度（可忽略不计小箱本身的畸变变形）；

φ——单位扭矩作用于小箱梁截面扭心时引起的截面扭转角（不计翘曲扭转）；

φ'——在小箱梁悬臂端部作用有单位弯矩时在悬臂端部产生的弹性扭转角（忽略不计小箱本身的畸变变形）；

f'——在小箱梁悬臂端部作用有单位弯矩时在悬臂端部产生的弹性挠度或在小箱梁悬臂端部作用有单位竖向荷载时在悬臂端部产生的扭转角。

关于 f_e 及 Δf 的计算，可将作用在 i 梁上的荷载或力 P 考虑交接面滑移的影响，按刚度（或挠度）进行分担，即，ξP 和 $(1-\xi)P$，其中 ξ 为刚度分配系数。这里采用文献[9]提出的折减刚度法计算组合结构单梁滑移效应引起的附加挠度及分担系数。

$$\xi=f_e/(f_e+\Delta f),1-\xi=\Delta f/(f_e+\Delta f) \tag{5}$$

挠度的增加也可等效视作抗弯刚度的折减，有：

$$EI_0=EI/(2-\xi) \tag{6}$$

其中，不考虑滑移效应的挠度，对集中荷载 $f_e=PL^3/48EI$，对均布荷载 $f_e=$

$5qL^4/384EI$，Δf 的计算参见文献[9]；对 EI 为不考虑滑移效应的抗弯刚度（换算截面法确定），EI_0 为考虑滑移效应后的组合结构抗弯刚度。

对抗扭刚度的计算，则按文献[1]，将混凝土板的剪切模量等效换算为钢材 h_cG_c/G_s 计算其扭转惯性矩。

3 工程计算实例

为检验本文方法的正确性及实用性，选取杭州市秋石二期工程（半山隧道北口—余杭界）跨越绕城公路处的简支钢—混多梁式组合小箱梁结构体系（图3），采用本文提出的计算方法计算荷载的横向分布。其结构形式采用40m钢混组合小箱梁，组合小箱梁的钢结构部分采用全焊接钢梁，钢梁由U形主梁，横隔梁及加劲肋组成，钢梁上翼缘板顶面设置剪力键与混凝土桥面板连为整体。单跨为5片钢混组合小箱梁，桥宽为23m，钢主梁梁高为2.23m。钢筋混凝土桥面板为现场浇筑，设计强度等级C50，两侧设牛腿分别架与盖梁或混凝土箱梁上。表1列出了钢—混组合小箱梁桥的相关计算参数。

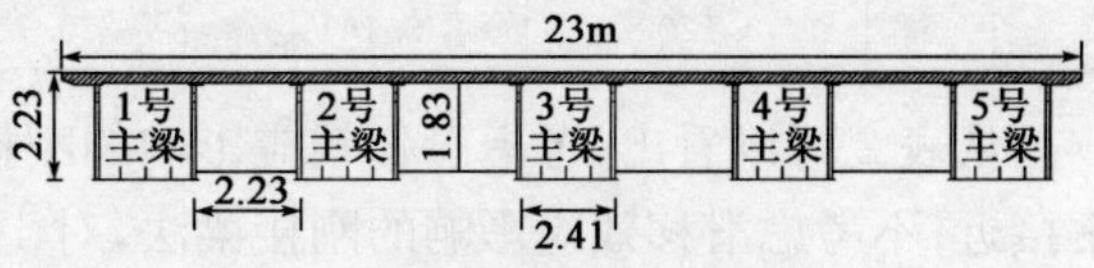

图3 算例横断面图（尺寸单位：m）

多梁式钢—混组合小箱梁桥的计算参数 表1

主梁混凝土弹模（GPa）	主梁混凝土板厚（mm）	钢梁腹板厚（mm）	钢梁底板厚（mm）	钢横梁腹板厚（mm）	钢梁弹模（GPa）
34.5	250	20	20	16	206

按2种工况对多梁式钢—混凝土组合小箱梁桥横向分布进行研究，第1种工况为第1列车+第2列车，第2种工况为第1列车+第2列车+第3列车（图4、图5）。为验证本文方法的精度，还进一步应用Ansys有限元软件建立三维有限元模型进行对比分析。在有限元模型中将钢混交接面考虑成Goodman弹性夹层，用三弹簧单元模拟，剪力钉的双向剪切刚度及抗拉刚度为三弹簧单元的刚度，用8节点SOLID65实体单元模拟钢筋混凝土板，U形钢梁、横隔板、加劲肋以及顶部连接钢板采用空间SHELL181壳体单元，混凝土和钢材的泊松比为0.3。对于有限元方法，第 i 号梁的横向分布系数计算公式，本文采用文献[7]中经试验验证的公式：

$$m_i^0 = \frac{nf_i(EI_0)_i}{\sum_{i=1}^{n} f_i(EI_0)_i} \tag{7}$$

式中：f_i——i 号梁的跨中挠度；

n——加载车的列数。

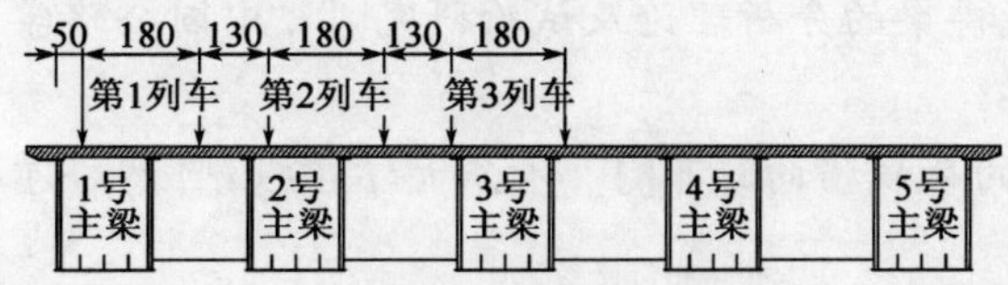

图4 横桥向加载布置（尺寸单位：cm）

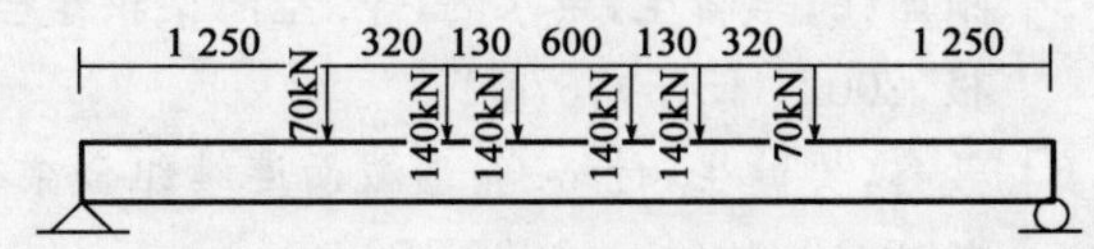

图5 纵桥向加载布置（尺寸单位：cm）

表 2 给出了工况 1 和工况 2 情况下，按照刚接梁法等计算的桥跨中截面各梁的荷载横向分布系数结果，并将有限元法的计算结果一并列入，以便比较。

不同荷载工况下跨中截面的荷载横向分布系数　　表 2

工况	梁号	工况 1			工况 2		
		刚接梁法（不考虑滑移）	刚接梁法（考虑滑移）	有限元法	刚接梁法（不考虑滑移）	刚接梁法（考虑滑移）	有限元法
1	1	0.734 4	0.701 2	0.700 9	0.941 1	0.926 9	0.925 8
	2	0.576 8	0.565 2	0.567 9	0.830 1	0.823 4	0.825 4
	3	0.367 4	0.357 7	0.356 4	0.602	0.601 2	0.599 6
	4	0.200 9	0.231 9	0.229 7	0.360 7	0.388 6	0.389 9
	5	0.120 8	0.151 4	0.145 1	0.247	0.258 9	0.259 3

从表 2 可以看出，考虑滑移效应影响的刚接梁法的计算结果与有限元方法的计算结果非常接近；不考虑滑移效应影响的刚接梁法，对 1、2 号梁的计算结果略微偏大（荷载作用区域荷载横向分布系数控制值处最大的差值约在 4%），3、4、5 号梁略微偏小。这是因为：①由于多梁式钢—混凝土组合小箱梁桥滑移效应的影响，使得梁的刚度有所减小，而荷载横向分布实质上是按刚度分配的，故滑移效应对荷载横向分布有一定的影响；②考虑滑移刚接梁法在计算过程中考虑了钢箱梁与混凝土板间的滑移效应，具有较高的计算精度。此种方法适用于多梁式钢—混凝土组合小箱梁桥横向分布系数计算。

4　结语

本文针对钢—混凝土组合梁桥的挠曲由荷载弯曲及交接面滑移引起的附加挠曲两部分组成的特点，通过对刚接梁法典型力法方程柔度系数的修正，提出了多梁式钢—混凝土组合小箱梁桥荷载横向分布系数计算的修正刚接梁法，并进行了典型桥梁荷载横向分布的计算分析与有限元分析对比，结果表明在计算多梁式钢—混凝土组合小箱梁桥跨中截面处的横向分布系数，采用考虑接合面滑移效应修正的刚接梁法，其计算精度与有限元法较为接近。

参考文献

[1] 姚玲森. 桥梁工程[M]. 北京：人民交通出版社，2008.

[2] 李国豪. 公路桥梁荷载横向分布计算[M]. 北京：人民交通出版社，1990.

[3] 项贻强. 桥梁结构的数值分析方法[M]. 北京：人民交通出版社，1993.

[4] 项贻强. 杨万里，潘仁泉，等. 拱索体系加固的刚架拱桥荷载横向分布[J]. 中国公路学报，2007，20(4)：91-95.

[5] 项贻强，李新生，申永刚，等. 空间梁拱组合式桥梁的分析理论及试验研究[J]. 中国公路学报，2002，15(1)：67-71.

[6] 聂鑫，樊健生，付裕. 箱形截面连续组合梁桥的荷载横向分布[J]. 清华大学学报：自然科学版，2010，49(12)：1930-1933.

[7] 聂建国，张晓光，樊健生，等. 钢—混凝土组合梁加宽混凝土梁桥的横向分布系数[J]. 清华大学学报：自然科学版，2010，50(6)：805-809.

[8] 聂建国,张晓光,樊健生. 钢—混凝土组合梁加宽混凝土旧桥试验[J]. 中国公路学报, 2010, 23(5):35-48.

[9] 聂建国,沈聚敏,袁彦声. 钢—混凝土简支组合梁变形计算的一般公式[J]. 工程力学, 1994, 11(1):21-27.

[10] 聂建国,沈聚敏,余志武. 考虑滑移效应的钢—混凝土组合梁变形计算的折减刚度法[J]. 土木工程学报,1995, 28(6):11-17.

[11] Goodman J R. Layered wood systems with interlayer slip, Ph. D. thesis, University of California, Berkeley, California,1967.

[12] Newmark N M, Siess C P, Viest I M. Test and analysis of composite beams with incomplete interaction[J]. Proceedings of Society for Experimental Stress and Analysis, 1951,9 (1):75-92.

[13] 同济大学路桥教研组. 公路桥梁荷载横向分布计算[M]. 北京:人民交通出版社, 1977.

15.400m级预应力活性粉末混凝土(RPC)连续箱梁桥原型设计

邵旭东[1]　詹　豪[1,2]

(1.湖南大学;2.国防科学技术大学)

摘　要:400m级跨径的连续梁桥是当前桥梁工程难以有效突破的一个技术瓶颈。基于减轻结构自重可实现提升桥梁跨径的理念,本文采用体外预应力和活性粉末混凝土(RPC)相结合的措施,并采用新的箱梁截面形式,提出了一种400m级连续箱梁桥方案。在试设计的基础上,对RPC梁桥上部结构的受力情况进行了考察。结果表明,这种新型连续箱梁桥的结构构造和受力特性介于传统PC箱梁桥和钢箱梁桥之间,可适用于400m级连续梁跨径,经济上合理,可作为超大跨径梁桥的一种备选方案;与传统PC箱梁桥相比,RPC箱梁桥可大幅减轻结构自重,变三向预应力为纵向单向预应力,同时还可有效降低传统混凝土箱梁开裂风险。

关键词:大跨度桥梁　活性粉末混凝土　箱梁桥　桥梁设计

1　前言

预应力混凝土梁桥具有技术成熟和经济性好等优点,目前已逐渐成为20～300m跨径范围内的主流桥型[1,2]。但是,400m级或更大跨径预应力混凝土梁桥不但自重大经济性不佳,而且还面临着主梁挠度过大和混凝土梁体开裂等棘手问题[1],目前还没有现成的建桥实践经验可循;400m级或更大跨径拱桥的建筑高度过大,或其关键受力构件(吊杆或系杆)常年外露在大气中而易遭腐蚀,使该类型桥梁结构的耐久性大打折扣;400m级跨径钢结构梁桥和400m级跨径缆索承重体系桥梁的建造成本又偏高。因此,从造桥技术和建造成本来看,400m级跨径梁桥是当前桥梁工程难以有效突破的一个技术瓶颈。

为实现400m级梁桥跨径和有效解决箱梁梁体开裂问题,本文基于减轻结构自重可实现提升桥梁跨径的理念,采用体外预应力和活性粉末混凝土(RPC)相结合的措施,提出了一种400m级跨径连续箱梁桥方案;同时,在400m级梁桥试设计的基础上,对其上部结构的受力情况和经济性指标进行了考察。

2　设计理念

传统预应力混凝土梁桥存在结构自重偏大和混凝土抗拉强度偏小等缺点,减轻结构自重是提升混凝土梁桥跨径的有效途径。譬如，目前世界上最大跨径的混凝土梁桥——挪威斯托尔马桥，其301m主跨的中部有184m梁体为高性能轻集料混凝土结构，而目前世界上最大跨径的钢—混凝土混合梁桥——重庆石板坡长江大桥复线桥，其330m主跨的中部有108m为钢箱梁[3]。

对于400m级跨径而言，在主跨跨中使用高性能轻集料混凝土或钢梁并不能有效降低结构自重，同时其经济性还有待商榷。此外，该类方案的设计和施工过程较复杂，同时也不能有效解决大跨径混凝土梁桥开裂等问题。

另一方面，活性粉末混凝土(Reactive Powder Concrete，RPC)作为一种高强度、高耐久性、高延性的新型高性能混凝土材料[4-6]，其弯曲抗拉强度和抗压强度分别可达20MPa以上和120MPa以上。RPC的力学性能介于传统混凝土和钢材之间，结构构造介于传统混凝土箱梁和钢箱梁之间的RPC箱梁对提升梁桥跨径具有一定的优势。具体来说，为充分利用新型高性能的RPC，可将RPC箱梁的板件厚度减薄至传统混凝土箱梁的40%～60%，从而大幅减轻结构自重；为防止由薄型板件构成的RPC箱梁发生畸变，可通过密集设置横隔板的方式加以改善，如图1所示，此时箱梁桥的横向受力变为由肋板式结构承担，因而可取消横向预应力。此外，RPC可应对400m级大跨径梁桥可能出现的主拉应力和剪应力，从而降低大跨径箱梁桥的开裂风险。因此，400m级跨径RPC连续箱梁桥方案具有可行性。

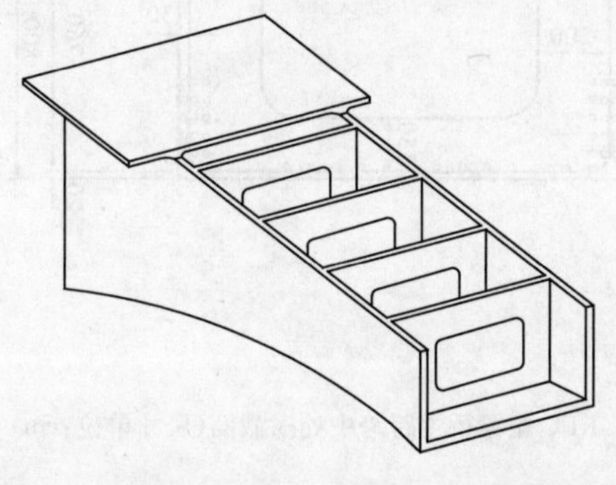

图1　RPC箱梁构造示意图——肋板式结构

400m级RPC连续箱梁桥应考虑的因素还有施工条件和施工方法等。一方面，RPC箱梁对养护条件要求比较高，RPC箱梁养护通常经过静停、初养、终养及自然养护4个阶段，其间一般需用蒸汽进行养护，RPC箱梁应考虑预制节段法进行施工；另一方面，当前体外预应力技术越来越受到关注，体外预应力具有可检查、易更换、索力可检测及补张拉等优点，同时还可保证施工质量和加快施工速度，RPC连续箱梁桥宜采用全部或部分体外预应力体系。此外，400m级RPC连续箱梁桥的桥型可选用预应力连续刚构桥或连续梁桥，可将当前成熟的施工技术和施工设备应用于RPC连续箱梁桥。综上所述，400m级RPC连续箱梁桥采用全部或部分体外预应力体系，并采用预制节段悬拼法施工，这样既可保证施工质量和加快施工速度，又可减少施工成本，方便桥梁后期维护和增强桥梁结构的耐久性。

3　上部结构方案设计

为便于探讨400m级RPC连续箱梁桥的受力情况，这里给出了跨径布置为240m＋400m＋240m预应力RPC连续刚构桥的上部结构方案，桥面宽度为16m(按4车道设计)，如图2所示。

RPC箱梁桥采用直腹式箱形截面，其顶板、底板、腹板和横隔板均采用薄型板件，横隔板采用密集型布置方式。RPC箱梁桥墩顶截面和主跨跨中截面分别如图3和图4所示，底板宽12m，顶板宽16m，两侧翼缘宽2m。桥台至桥台附近的40m边跨的梁高为8m等高；余下的200m边跨的梁高由8m渐变至桥墩处的18m；主跨梁高由桥墩处的18m。渐变至跨中的8m。在桥梁纵向每隔4m设置一道横隔板。

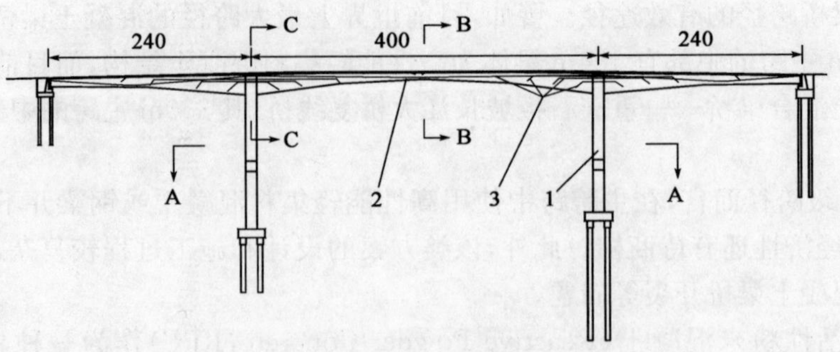

图 2　400m 级 RPC 连续刚构箱梁桥示意图(尺寸单位:m)

1-薄壁柔性桥墩;2-RPC 箱梁;3-预应力钢束

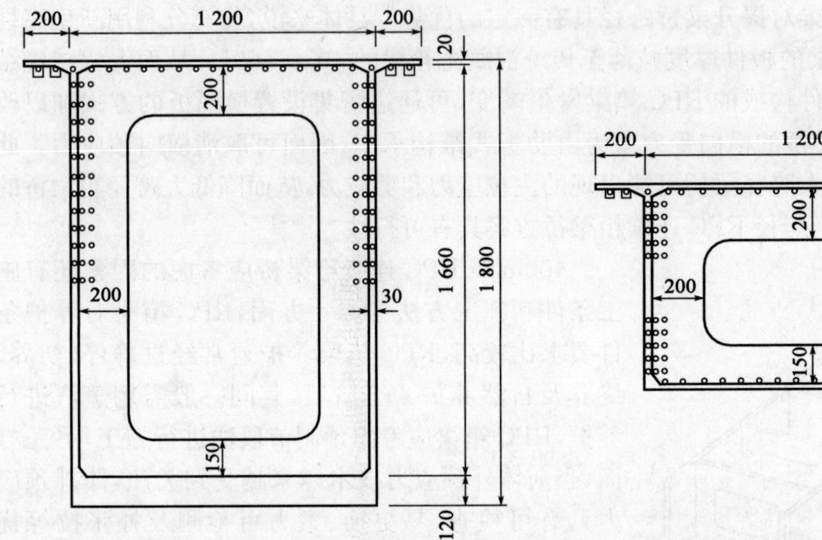

图 3　RPC 箱梁桥墩顶处横截面(尺寸单位:cm)　　图 4　RPC 箱梁桥主跨跨中处横截面(尺寸单位:cm)

RPC 连续箱梁桥采用节段预制,靠近桥墩处的节段长度为 2m,其余的节段长度为 4m,采用节段预制悬拼法进行施工。RPC 连续箱梁桥仅在桥梁纵向设置预应力体系;体外预应力索采用公称直径为 15.24mm 的钢绞线,抗拉强度标准值为 1 860MPa,公称面积为 139mm^2,控制张拉应力为 $0.65R_y^b$=1 209MPa,纵向体外索锚固在箱梁各节段端面的横隔板上。

考虑恒载、汽车荷载、人群荷载、温度荷载和基础沉降等作用,RPC 箱梁桥墩顶截面的最大组合弯矩为 -1.1×10^7kN·m(弯矩的正负号规定为:梁截面下侧受拉、上侧受压时为正,反之为负,下同),最大组合剪力为 1.5×10^5kN;主跨跨中截面的最大组合弯矩为 6.7×10^5 kN·m。按照《公路钢筋混凝土及预应力混凝土桥涵设计规范》(JTG D62—2004)的规定,对于 A 类预应力混凝土构件,在使用荷载效应组合下,截面上下缘均不产生拉应力,且上下缘混凝土不被压碎。结合组合弯矩,RPC 箱梁桥预应力钢束配置如下:中支点箱梁上缘配 19 孔直径为一15.24mm 的钢绞线群锚共 188 束,主跨跨中箱梁下缘配 19 孔直径为 15.24mm 的钢绞线群锚共 35 束,结合成桥阶段的受力特点在全桥范围内配 27 孔直径为 15.24mm 的钢绞线群锚通体索共 16 束。为方便计算,这里的薄壁柔性桥墩取为双薄壁墩,每肢厚度为 2.8m,双肢之间净距为 5.4m,每肢桥墩横桥向宽 12m,桥墩高度取为 50m。

为考察 RPC 连续箱梁桥的受力和变形情况,采用 Midas Civil 软件对前述 RPC 连续刚构桥进行分析和计算，RPC 箱梁桥在不同组合下的正截面法向压应力包络图、主拉应力包络图、主压应力包络图和截面最大剪应力包络图如图 5～图 12 所示。结果表明：在成桥阶段，其截面上下缘均未出现拉应力，同时其正截面最大法向压应力约为 34MPa；其最大主拉应力约为 3.5MPa，其最大主压应力约为 34MPa，其最大剪应力约为 6.5MPa。此外，在汽车荷载作用下（即按 4 车道考虑），RPC 箱梁桥的跨中最大竖向下挠位移约为 0.22m，满足要求。

显然，传统混凝土难以满足前述 400m 级箱梁桥的受力要求，但由 RPC 制成的箱梁可满足其结构受力和变形要求，同时在防止箱梁梁体开裂方面有巨大的优势。因此，RPC 连续箱梁桥仅设置纵向预应力体系，即取消竖向预应力和横向预应力，具有可行性。

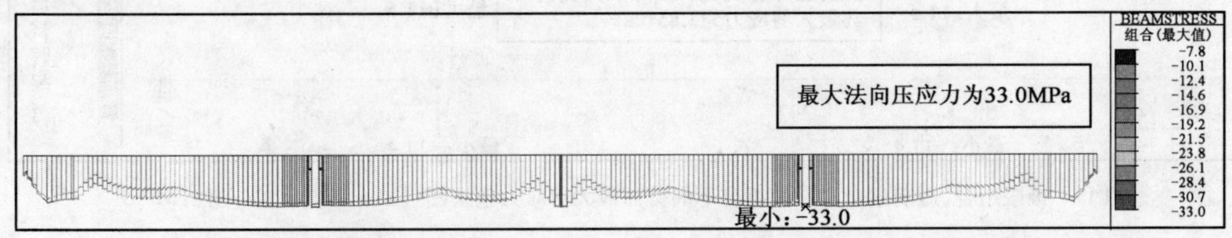

图 5　极限组合、短期组合和长期组合下的正截面法向压应力包络图（拉"＋"压"－"）（单位：MPa）

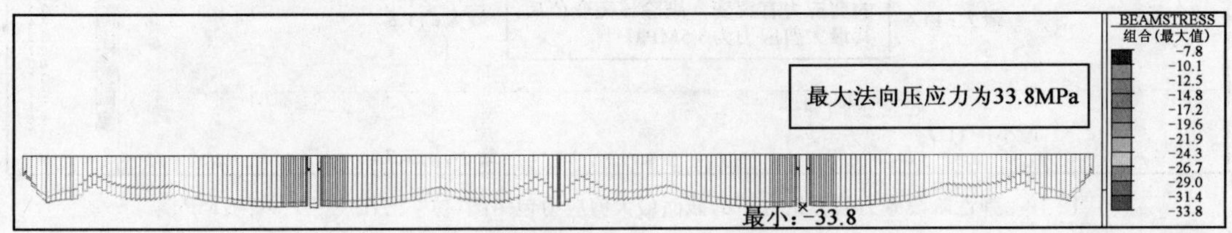

图 6　弹性阶段应力验算组合下的正截面法向压应力包络图（拉"＋"压"－"）（单位：MPa）

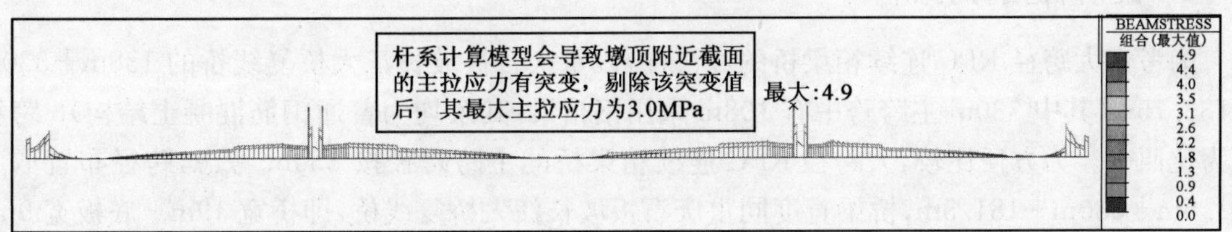

图 7　极限组合、短期组合和长期组合下的最大主拉应力包络图（拉"＋"压"－"）（单位：MPa）

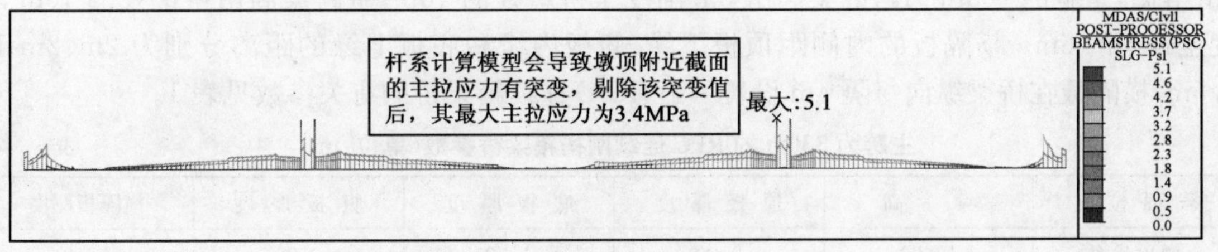

图 8　弹性阶段应力验算组合下的最大主拉应力包络图（拉"＋"压"－"）（单位：MPa）

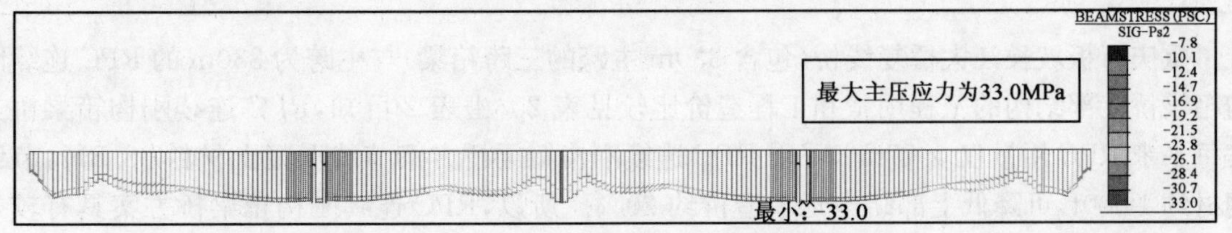

图 9　极限组合、短期组合和长期组合下的最大主压应力包络图（拉"＋"压"－"）（单位：MPa）

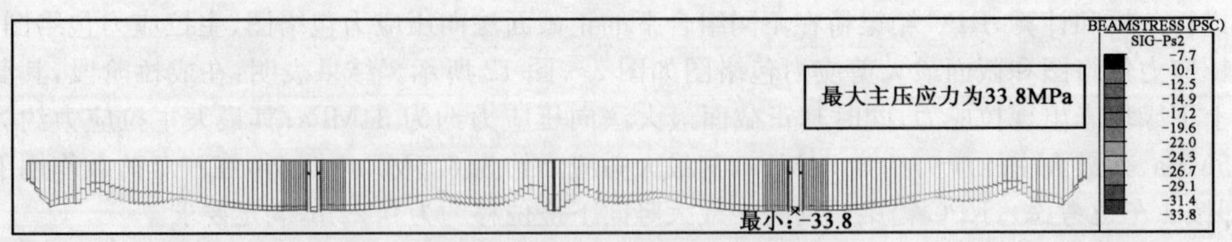

图 10　弹性阶段应力验算组合下的最大主压应力包络图(拉“+”压“-”)(单位:MPa)

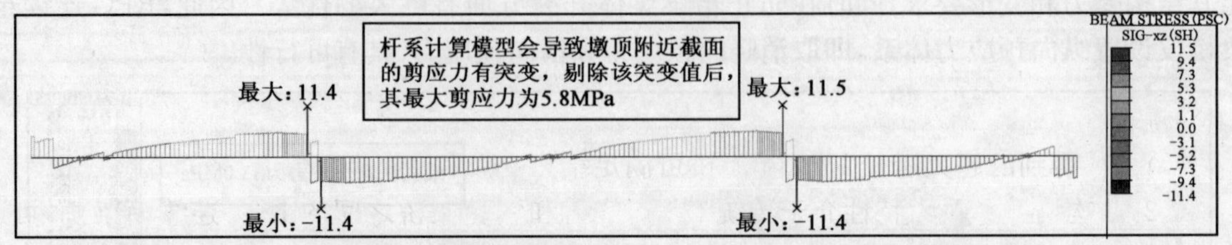

图 11　极限组合、短期组合和长期组合下的截面最大剪应力包络图(拉“+”压“-”)(单位:MPa)

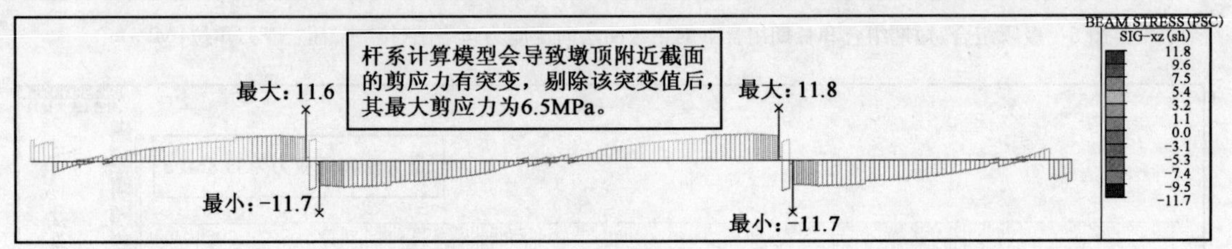

图 12　弹性阶段应力验算组合下的截面最大剪应力包络图(拉“+”压“-”)(单位:MPa)

4　经济性指标分析

为考察大跨径 RPC 连续箱梁桥的经济性，以重庆石板坡长江大桥复线桥的 138m＋330m＋133.75m(其中 330m 主跨跨中有 108m 采用钢箱梁，其余均为普通钢筋混凝土结构)3 跨箱梁为比照[7]。为方便比较，大跨径 RPC 连续箱梁桥的主跨跨径按 330m 考虑，跨径布置取为 181.5m＋330m＋181.5m，桥梁宽度同重庆石板坡长江大桥复线桥，即桥宽 19m。底板宽 9m，顶板宽 19m，两侧翼缘宽 5m。RPC 箱梁梁高取值为：桥台至桥台附近的 16.5m 边跨的梁高为 6m 等高，余下的 165m 边跨的梁高由 6m 渐变至桥墩处的 16m；主跨梁高由桥墩处的 16m 渐变至跨中的 6m。横隔板的内侧距顶板下缘、腹板内缘和底板上缘的距离分别为 2m、2m 和 1.5m，横隔板在桥梁纵向每隔 4m 设置一道，RPC 连续箱梁桥的有关参数见表 1。

主跨为 330m 的 RPC 连续刚构箱梁桥参数(单位:m)　　表 1

截面位置	梁高	顶板厚度	底板厚度	腹板厚度	横隔板厚度
墩顶截面	16.00	0.20	1.00	0.25	0.12
主跨跨中截面	6.00	0.20	0.20	0.25	0.12

重庆石板坡长江大桥复线桥(包含 330m 主跨的三跨箱梁)与主跨为 330m 的 RPC 连续刚构箱梁桥上部结构的工程用量和工程造价比较见表 2。由表 2 可知，RPC 连续刚构箱梁桥方案每平米 RPC 用量仅 0.77m^3，采用 RPC 连续刚构箱梁桥方案节约混凝土材料 38.8%，节约钢材约 1 600t，可降低上部结构延米造价约 20%。所以，RPC 连续刚构箱梁桥方案具有较好的经济性指标。

上部结构工程数量和工程造价比较表 表 2

序号	方　案	桥长(m)	混凝土(或 RPC)用量(m^3)			钢材用量(t)	
			全桥	延米	平米	钢箱梁	钢绞线
1	石板坡长江大桥复线桥方案	601.75	16 437	27.32	1.44	1 400	约 1 212
2	RPC 连续刚构箱梁桥方案	693	10 066	14.53	0.77	0	约 1 000
3	材料用量比较 2－1	91.25	－6 371	－12.79	－0.67	－1 400	－212

5　结语

(1)基于减轻结构自重和使用高性能新型材料的理念，采用体外预应力和活性粉末混凝土(RPC)设计得到的超大跨径 RPC 箱梁桥可满足结构受力和变形要求。

(2)结构构造和受力特性介于传统 PC 箱梁桥和钢箱梁桥之间的 RPC 连续箱梁桥，可适用于 400m 级连续梁跨径，经济上合理，可作为超大跨径梁桥的一种备选方案。

(3)与传统 PC 箱梁桥相比，RPC 箱梁桥可大幅减轻结构自重，将三向预应力变为仅施加纵向预应力，方便了施工，同时还可有效降低传统混凝土箱梁开裂风险。

(4)下一步工作将重点研究 RPC 箱梁的徐变特性及腹板在多隔板情形下的抗剪性能。

参 考 文 献

[1] 项海帆，肖汝诚，徐利平，等. 桥梁概念设计[M]. 北京：人民交通出版社，2010.

[2] 邵旭东，程翔云，李立峰. 桥梁设计与计算[M]. 北京：人民交通出版社，2007.

[3] 邓文中，代彤. 重庆石板坡长江大桥复线桥总体设计[J]. 桥梁建设，2006(6):28-32.

[4] Richard P, Cheyrezy M. Composition of reactive power concretes[J]. Cement and Concrete Research, 1995, 25(7):1 501-1 511.

[5] Dugat J, Roux N, Bernier G. Mechanical properties of reactive power concretes[J]. Materials and Structures, 1996, 29(5):233-240.

[6] 季文玉，丁波，安明喆. 活性粉末混凝土 T 形梁抗剪试验研究[J]. 中国铁道科学，2011，32(5):38-42.

[7] 华渝生. 重庆石板坡长江大桥复线桥工程[M]. 重庆：重庆出版社，2008.

16. 公轨合建独塔斜拉桥方案创新设计

罗世东　彭华春　夏正春　耿　杰
（中铁第四勘察设计院集团有限公司）

摘　要：东平水道桥是佛山市南海区新型交通系统的控制工程之一，为公轨两用桥，公路双向6车道，轨道双线。东平水道为Ⅱ级航道，桥位处河面不宜设置临时或永久支墩，需要一跨跨越。本文提出独塔斜拉桥方案，桥塔创造性地采用钢管混凝土格构塔，非对称布置斜拉索，使得结构新颖轻巧，受力简洁合理，充分利用材料，节省工程投资，与环境协调和谐。通过对该方案建立空间有限元模型，进行空间受力、整体稳定性等分析，认为该方案合理可行。

关键词：独塔斜拉桥　钢管混凝土　公轨合建　创新设计

1　工程概况

佛山市南海新型交通为南海中心区与广州南站客运综合枢纽的重要通道，横跨东平水道。东平水道大桥为2线轨道交通和双向6车道公路跨越东平水道的通道，轨道交通采用底地板列车，5个模块编组，最高设计时速80km/h；公路为城市Ⅰ级主干道，设计时速80km/h。

东平水道为Ⅱ级航道，桥位处河面狭窄，航道净高18m，下游直线距离约1.5km处为三山西大桥，该桥为自锚中承式钢管混凝土拱桥；下游直线距离约2km处是贵广（在建）和武广高铁钢桁拱桥；上游直线距离约5km处为平胜大桥，该桥为自锚式独塔悬索桥。桥址平面图如图1所示。

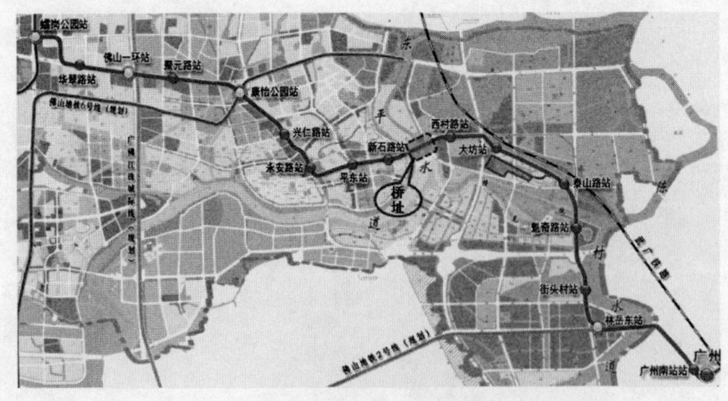

图1　桥址平面图

东平水道大桥是南海新型交通的控制工程，桥式方案对控制投资、城市景观、城市形象等都具有重要意义。东平水道航运繁忙，主桥优先考虑一跨跨越。综合地质、水文、施工条件、景观要求、工程造价、附近桥型等因素，推荐方案为钢管混凝土独塔斜拉桥(图 2)。

图 2　独塔斜拉桥效果图

2　方案构思

东平水道大桥既要满足公路和轨道交通的功能要求，又要与城市景观协调，如何构思一个受力合理、功能适用、与城市匹配，与环境协调，经济美观的设计方案，是对桥梁专业技术水平和创新设计的综合检验。钢管混凝土格构塔斜拉桥方案正是适应了桥位特点，孔跨布置为(4×40＋260)m，边跨采用双幅混凝土箱梁，中跨采用双幅钢箱梁，两幅箱梁间用横梁相连，双向各 3 车道公路布置在左右幅箱梁上，2 线轨道交通布置在中间的横梁上。索塔及桥墩均位于岸上，索塔采用“A”字钢管混凝土格构塔，塔高 145m，中间设置格构横撑。立面和桥面布置图分别如图 3 和图 4 所示。

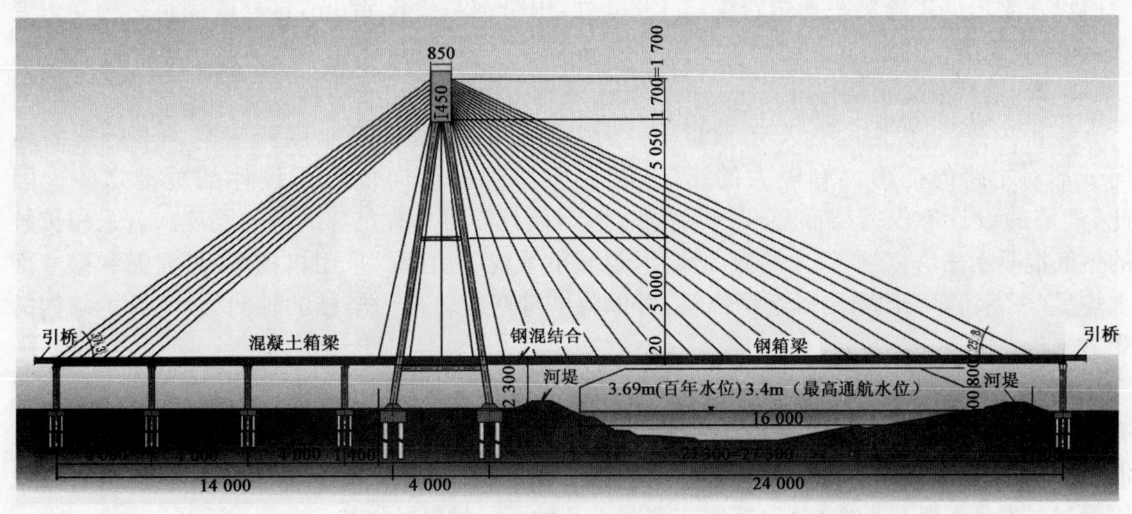

图 3　立面布置图(尺寸单位：cm)

钢管混凝土格构塔斜拉桥方案具有结构新颖轻巧，受力简洁合理，充分利用材料性能，节省工程投资，与环境协调和谐的特点，其创新设计如下：

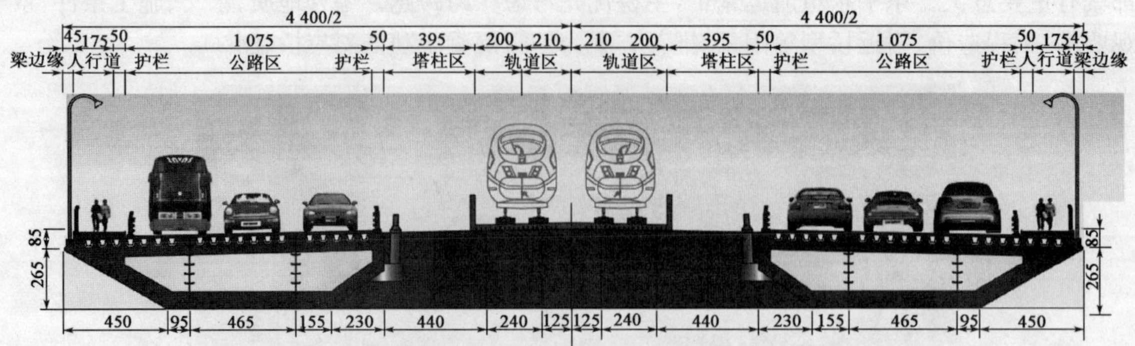

图4　桥面布置图(尺寸单位:cm)

(1)创新的结构体系。

(2)采用钢管混凝土格构塔,提高结构的承载能力。

(3)斜拉索采用非对称布置,将结构受力与建筑美感融为一体。

(4)结构采用纵漂体系,塔梁间以竖向、纵向和横向拉索替代传统的支座,优化了受力性能。

3　创新设计

3.1　创新的结构体系

独塔斜拉桥的索塔、斜拉索和加劲梁组成了全桥受力体系。如图3所示,本桥一跨跨越东平水道,索塔及边跨全部落在岸上,因此将边跨布置成4×40m连续梁。与传统的独塔斜拉桥相比,边跨斜拉索不必承担边跨的竖向荷载,只起到锚固索塔顶的作用。加劲梁采用双幅钢—混凝土箱形混合梁,中跨采用较轻的钢箱梁,边跨连续梁采用造价便宜的混凝土箱梁,钢混结合段设在索塔的主跨侧距离边跨梁端192m处,中跨钢箱梁长228m,这样既满足结构受力要求,又节省工程投资。

3.2　钢管混凝土格构塔

该桥为公轨合建桥梁,车道数量多,荷载重量大,轨道交通刚度要求高。索塔顶的纵向变形对主跨的挠跨比有极大的影响,控制索塔顶的纵向变形是设计的关键之一。因此,索塔的设计不仅需要满足竖向承重的要求,而且需要具有足够的纵向刚度。若采用传统的钢筋混凝土索塔,需要较大的截面尺寸,与城市景观不协调。采用格构塔,纵立面和横立面上均呈"A"字形,塔顶采用密索钢锚箱,可以将塔身弯矩转换为塔柱的轴向力,改善了结构的受力。

钢管混凝土具有较强的轴向承压能力[1-2]。单纯钢管对局部缺陷很敏感,其临界承载力只有理论值的1/3~1/5,容易发生失稳,而钢管混凝土柱则可以克服上述缺点。在钢管中填充混凝土后,混凝土处于三向受压状态,延缓其受压时候的纵向开裂,同时还可以延缓或者避免钢管过早发生局部屈曲,充分发挥钢与混凝土2种不同材料的优势。

钢管混凝土在拱桥上用得较多[3-4],用在斜拉桥索塔上较为新颖,可以最大限度地减小了索塔的截面尺寸,提供了开阔的视野,增加了桥梁的美感。索塔立面图如图5所示。

施工上,钢管兼作内注混凝土的模板,工艺简单、缩短索塔施工周期,降低施工成本。

3.3　非对称斜拉索

从传力途径来看，主跨斜拉索的竖向分力主要用于平衡主跨结构的竖向恒载和活载，提供结构的竖向刚度；边锚索主要用于平衡主跨拉索的水平分力，不至于使主塔塔顶两侧受到较大的纵桥不平衡力。基于该传力途径，应尽量加大边锚索的竖向夹角从而提高拉索的水平分力。如图 3 所示，边跨布置 9 对拉索，中跨布置 22 对拉索，边跨设有无索区，边跨和主跨的不对称布索，将建筑设计和艺术美感融于结构受力之中。

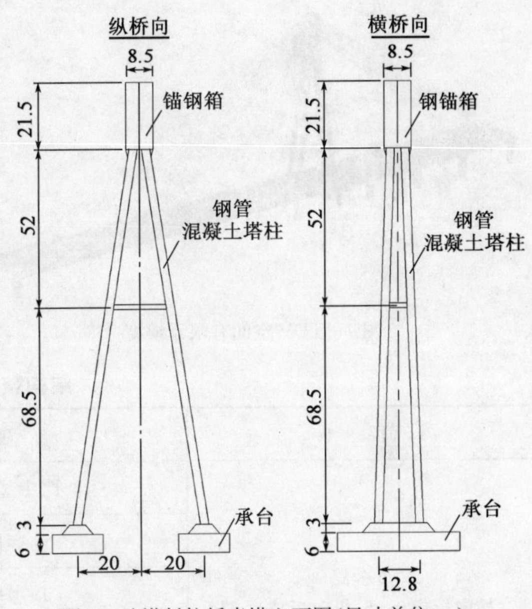

图 5　独塔斜拉桥索塔立面图(尺寸单位:m)

3.4　塔梁弹性拉索连接

如图 3 所示，在索塔区域采用竖向拉索代替传统的塔梁支座，并附加纵向和横向弹性拉索，弹性拉索布置如图 6 所示。采用弹性拉索实现塔梁间竖向、纵桥向、横桥向的连接，既满足结构纵向漂浮体系的要求和温度变形的需要，又避免在地震作用下塔梁连接成了抗震设计的薄弱点。同时，采用弹性拉索的塔梁连接方式，不需要传统的索塔下横梁来搁置支座，简化了索塔的设计。

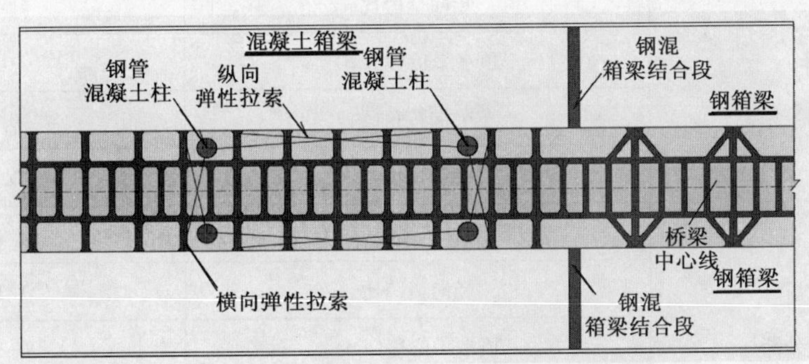

图 6　塔梁弹性拉索布置平面图

4　结构计算

4.1　整体分析

采用 TDV 桥梁设计分析软件 RM Bridge(V8i)建立空降有限元模型进行结构分析，加劲梁、纵横梁、索塔均采用空间梁单元模拟，斜拉索及弹性拉索采用空间索单元模拟，全桥共计 832 个节点，梁单元共 1 523 个，索单元共 66 个，有限元模型如图 7 所示。

公路荷载采用城-A，列车选用底地板列车，每列车 5 个模块，按两列连挂施加荷载。列车活载计算图式如图 8 所示。

结构整体分析的位移、刚度、内力、应力计算结果见表 1，计算结果显示，结构的位移、刚度、内力、应力满足规范要求。

图 7　TDV 空间有限元模型

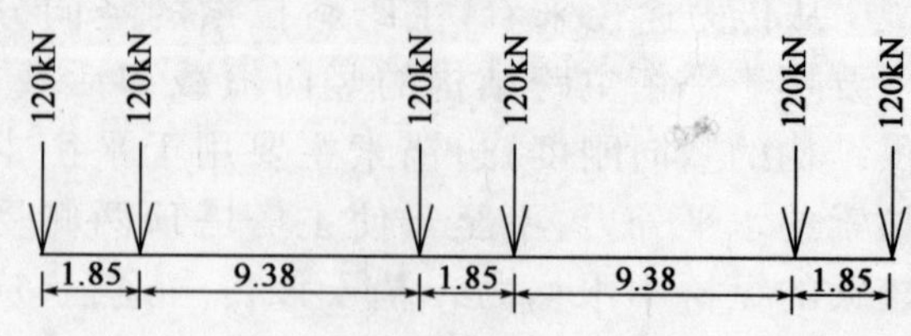

图 8　列车加载图式

结构整体分析结果表　　表 1

荷　载	项　目	数　值
6 公路 (横向折减 0.55,纵向折减 0.97)	跨中竖向挠度(cm)	−20.59
	竖向挠跨比	1/1 457
	顶水平位移(cm)	1.88
	左梁端转角(‰)	0.107
	右梁端转角(‰)	2.375
2 轨道	跨中竖向挠度(cm)	−7.056
	竖向挠跨比	1/4 251
	顶水平位移(cm)	0.92
	左梁端转角(‰)	0.156
	右梁端转角(‰)	1.607
2 轨道+6 公路	跨中竖向挠度(cm)	−25.5
	竖向挠跨比	1/1 176
	顶水平位移(cm)	2.8
	左梁端转角(‰)	0.264
	右梁端转角(‰)	3.4
主力工况 (恒+6 公+2 轨)	左边墩最大值反力(kN)	−963(压)
	右边墩最大值反力(kN)	−1 758(压)
	塔柱底最大轴力(kN)	−89 887(压)
	钢箱梁最大应力(MPa)	126.4
	混凝土箱梁最大应力(MPa)	−13.2
	塔柱钢管最大应力(MPa)	113.9
	辅助跨拉索最大索力(kN)	12 296
	主跨拉索最大索力(kN)	6 437

关于结构的整体稳定性,目前铁路斜拉桥没有相应的规范,本文参照文献[5]进行评估。该文献要求斜拉桥的"结构稳定安全系数应>4"。考虑到轨道交通对稳定性要求更高,本桥在主力工况下的整体稳定系数为5.588。

4.2 格构塔检算

格构塔的柱底对设计起控制作用,格构塔柱的承载力需满足:$N<N_u$,具体计算公式及参数见文献[6]。以主力工况柱底内力对格构塔柱进行检算,见表2。

格构塔柱检算表

表2

参数	数值	单位	备注
轴力 N	102 110	kN	
弯矩 M	17 084	kN·m	
局部受压强度提高系数 β	1.0		
钢管混凝土柱长度 L	50.0	m	
计算长度系数 u	1.0		
钢管混凝土柱计算长度 L_0	50.0	m	
长度等效系数 k	0.918		
钢管混凝土柱等效长度 L_e	45.88	m	
钢管外直径 D	2.600	m	
钢管内半径 r_c	1.268	m	
钢管壁厚 t	0.032	m	满足 $D/t<85\sqrt{\frac{235}{f_y}}$
混凝土抗压强度 f_c	26.5	MPa	C60混凝土
钢管抗拉压强度 f_a	345.0	MPa	Q345qD
钢管内混凝土面积 A_c	5.051	m^2	
钢管面积 A_a	0.258	m^2	
偏心距 e_0	0.167	m	
偏心折减系数 φ_e	0.804		
长细比折减系数 φ_l	0.575		
套箍指标 θ	0.665		
轴心受压短柱承载力 N_0	332 109	kN	
考虑弯矩极限承载力 N_u	153 548	kN	满足 $N<N_u$

5 结语

本文提出的公轨合建独塔斜拉桥方案,在技术上具有结构新颖轻巧,受力简洁合理的特点;从景观上看桥型气势宏伟,与自然环境及附近桥型相映生辉,与城市文化融合为一体;从投资角度考虑,本桥经济指标为每延米61.34万元,在经济性上具有优势。

参考文献

[1] S J Hicks BEng. Design Guide for Concrete Filled Columns Corus[B]. Tubes Structural & Conveyance Business, 2002.

[2] Hsuan-Teh Hu, Chiung-Shiann Huang, et al. Nonlinear Analysis of Axially Loaded

Concrete-Filled Tube Columns with Confinement Effect[J]. Journal of Structural Engineering, ASCE, 2003(10).

[3] 张雷. 京津城际客运专线(60+128+60)m 钢管混凝土拱桥设计中几个问题的探讨[J]. 铁道标准设计, 2007(2).

[4] 严定国, 黄纳新, 陈勇. 无砟轨道 1×80m 下承式钢管混凝土拱桥设计[J]. 铁道工程学报,2007(S1).

[5] JTJ 027—96 公路斜拉桥设计规范[S]. 北京:人民交通出版社,1996.

[6] CECS:90 钢管混凝土结构设计与施工规程[S]. 北京:中国工程建设标准化协会,1990.

17. 关于大直径超长钻孔桩的设计计算问题

赵学勐

（西安公路研究院）

摘　要：随着特大跨径桥梁和超高层建筑的兴起，钻孔桩向大直径、超长度方向不断发展。根据对已建55座大桥和7项大型建筑物基础资料的初步归纳，可以看到桥梁基桩长度 L、直径 D、长径比 L/D 的分布图，大体上为连续、单峰形。已知桩的承载力与 L、D 是正比关系，与桩的刚度 L/D 呈反比关系，因而选用 L/D 为变量。通过优化分析，得出桥梁基桩 L/D 的上限值为50～60，建筑基桩的 L/D 上限值为70～80。应用最近公布的建筑桩的静载荷试验资料，对所得 L/D 上限值的正确性进行了验证。9个场地上的试桩，直径皆为1.0m，在桩身弹性压缩量和塑性压缩量与桩长的关系曲线上，出现两个关键转折点，即：L/D 小于50时，桩身压缩曲线呈线性变化；L/D 超过80以后，压缩曲线斜率陡增。又从应力计算得知，由于桩身应力过大，导致桩身混凝土进入塑性状态，趋向破坏。因此在方案设计阶段，首先应选择 L/D 不超过上述限度，使得桩身在大荷载作用下处于弹性状态，具有较大刚度，减少风险；在具体计算中，宜于以沉降为主要矛盾，根据允许沉降量直接确定大直径超长桩的几何尺度，并且采用较符合实际的地基比例系数为抛物线形分布的方法（C法）进行水平承载力的验算，以保证其安全可靠。

关键词：超长钻孔桩　长径比　刚度　优化　屈曲　沉降

1　前言

具有中国特色的泥浆护壁钻孔桩，自从1965年交通部组织了鉴定，建议全国推广以来，发展很快，几乎成了我国各种桥型桥梁基础的首选方案。1972年，交通系统的桩基础专题研究协作组收集到105根试桩资料，其中，最大的桩直径约为1.4m，最大的桩长仅为47m。时至今日，随着特大跨径桥梁和超高层建筑的兴起，钻孔桩向大直径、超长度方面又有了突飞猛进的拓展，好像两支火箭倒插入土，一个超长而又细，另一个越来越粗。超长的桩，如：温州世界贸易中心 L=119.8m，苏通大桥 L=114～117m；特粗的桩，如：湘潭二桥 D=3.5～5.0m[1]；桩身混凝土的级别也有提高，由C25到C45。后注浆技术也应运而生[2]。桩的长径比 L/D 是一个与桩的刚度密切相关的物理量，在桥梁上最大为76.7（山东利津黄河大桥）[3]，建筑上达到109（温州世茂中心S1桩）[2]。可以说，在具体的设计荷载、地质情况和施工条件下，设计者通过选择桩数、桩长和桩直径的组合来满足设计规范要求，所做的计算本身就是一次选优过程，已取得了优异成绩。

在桩基研究中，公路桥梁方面，继提出单桩垂直承载力计算公式，并对前苏联的桩基水平承载力计算方法(M法)在国内首次做试验验证、推广应用之后，又提出了适用于大直径桩的计算方法(C法)[8]，考虑沉降、按变形协调原则计算垂直承载力的新方法也已提出[1]，后者克服了《公路桥涵地基与基础设计规范》中垂直承载力与沉降互不相关、互不协调的缺陷。又有从刚度分析入手，以集成刚度法分析超长桩，提出有效桩长的概念[3]；在建筑方面，近期对超长桩的受力特性进行了完整的静载荷试验，取得了珍贵的第一性数据[2]。但是，大直径超长桩的研究尚需继续深入进行。现在已发现超长桩的桩身压缩量很大，占桩的沉降总量普遍到达80％以上；特别长的桩底土阻力得不到充分发挥，桩的沉降变形和桩身强度控制设计的情况[2,4]；L/D 相当大时，增大桩的直径，桩端阻力增加有限。所以对超长桩的静载试验资料进行解读，探索其受力机理；对既有大直径超长桩的丰富设计经验进行总结，从优中选优，已是当前的急需。

2　大直径超长桩工程设计资料的归纳对比、优化分析及试验验证

2.1　工程设计资料的归纳对比

对已建成的55座大桥和7项高层建筑的钻孔桩长度 L、直径 D、长径比 L/D 的部分资料[3,2]，绘制出现频次的柱状图(图1～图3)，由此可以直观地看出我国部分地区桥梁钻孔桩数量和桩径的变化概况。

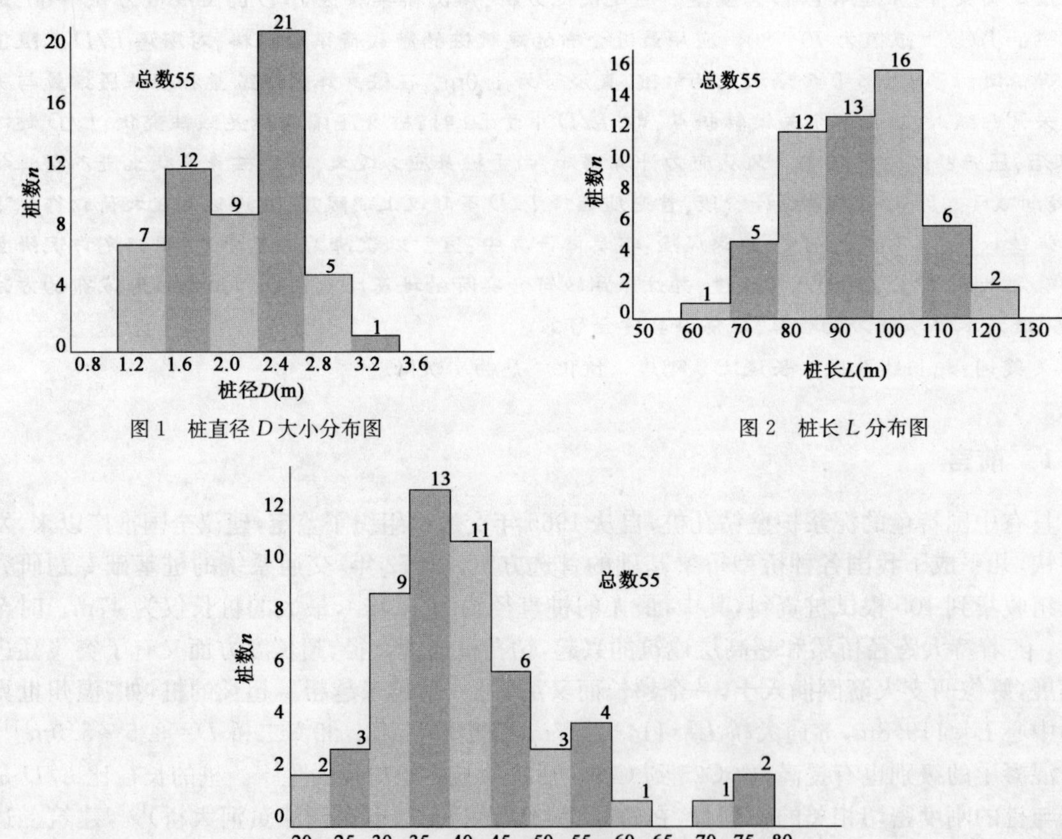

图1　桩直径 D 大小分布图

图2　桩长 L 分布图

图3　桩长径比分布图

从图1～图3及表1中可看到桥梁钻孔桩的直径远大于建筑上的桩，达到5.0m；桩的长度，二者相当，都接近120m；长径比L/D，二者相差悬殊，建筑桩为108.95，桥梁桩是76.7。之所以有如此大的区别，在于建筑桩身没有自由长度，桥梁桩身有自由长度。

超高层建筑工程桩的资料[2] 表1

序　号	1	2	3	4	5	6	7	8	9	10	11	12	13	14
直径D(m)	1.1	0.9	0.9	0.95	0.85	1.2	1.2	0.8	0.8	0.8	0.9	1.0	1.1	1.1
长度L(m)	88.2	48.5	48.5	89	71.8	71.5	53	76.2	59.3	62.7	63.8	76.4	120	92.5
长径比L/D	80.1	53.9	53.9	93.7	84.5	59.6	44.2	95.3	74.1	78.4	70.9	76.4	109	84.1

2.2 优化分析

从发展趋势来看，建筑桩的长度不断有新纪录出现，桥梁桩的直径也逐渐加大到接近沉井的宽度。为了进行优化分析，首先需要选择变量、目标函数及变量的区间。鉴于L/D在工程上习惯称为长径比，是个关键数据，所以选用L/D作为优化分析的变量；目标函数可以是基桩垂直极限承载力，或者是广义的技术—经济指标，前者容易实现；L/D的变化区间如图3所示，其变化曲线呈连续分布，为单峰形状，是一个一元二次方程，即：

$$x^2+x-1=0$$

取其正根得 $X_1=\dfrac{\sqrt{5}-1}{2}=0.618$

$$\underline{0\qquad X_2\qquad X_1\qquad 1}$$

但是，图3的纵坐标是L/D的出现次数，不是桩的垂直承载力，物理意义不同，无法应用0.618法来寻找承载力为最优的L/D值。只得退而求其次，以桩的刚度作为目标函数。已知L/D与桩的刚度呈反比关系，以横坐标X表示L/D，从0到1，X_1代表区间的0.618的位置，从0到X_1段的L/D值，均小于X_1至1这一段的L/D值，所以X_1点左侧的刚度必定大于X_1右侧的刚度，由此可以认为X_1为刚度上限值所对应的位置，即：

$$L/D\text{上限值}=L/D_{\min}+0.618(L/D_{\max}-L/D_{\min})$$

由于桥梁高桩承台有自由长度，建筑桩身无自由长度，二者有区别，所以分别计算如下：

公路大桥钻孔桩（高桩承台），样本数$n=55$座桥（桩数总计在2 000根以上），将其中2个较大的子样（大于平均值+3倍均方差）予以舍弃，样本数减少为53时，得出的结果如下：

	max	min	上限值
L/D	71.5	24.7	53.6

高层建筑钻孔桩（低桩承台）样本数$n=14$根桩（七项工程）

	max	min	上限值
L/D	108.9	44.2	84.2

如此做法，不是全优化分析，只能称之为半优化分析，所得出的上限值是否正确，有待检验。

除了L/D以外，还有一个无量纲物理量，称之为比刚度$\beta=\sqrt{\dfrac{k_1 l^2}{EA}}=\dfrac{L}{D}\sqrt{\dfrac{4K_1}{\pi E}}$，它不仅考虑了桩的几何尺度，而且进一步包含了桩侧土和桩身混凝土几个方面的弹性性质，因此更能反映桩土系统的本质[9]，但因有些具体数据缺乏，暂且未能用于分析。

2.3 试验验证

高层建筑大直径超长钻孔桩荷载试验数据，提供了两方面有意义的证明，首先是桩身的压缩量与桩长的关系曲线(图 4)，这是根据 9 根 ϕ1 000mm 钻孔桩试验结果绘制而成的[2,4]。因 $D=1.0$，所以 L/D 和 L 的数值相同。

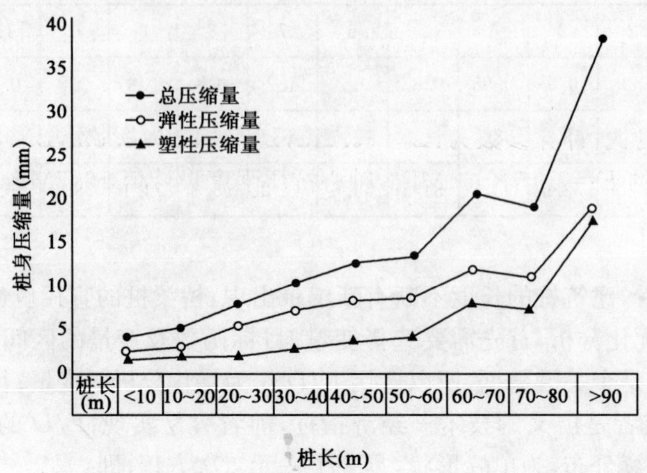

图 4 ϕ1 000mm 钻孔灌注桩桩身压缩量与桩长关系曲线

由图 4 可知，L 小于 50～60m 时，三条曲线的压缩量都是随桩长呈线性变化，当 L 达到 60m 时，曲线斜率增加，超过 80m 后，曲线斜率猛增，出现了陡然上升趋势，它和 Q-S 曲线进入极限状态时的急剧下降，极其相似。曲线上有两个转折点，第一个在 50～60m 之间，接近于半优化分析得出的桥梁桩上限值 53.6；第二个转折点在 70～80m 之间，和建筑桩上限值84.2相近，超过了此上限值，桩的工作即进入危险的破坏状态。

其次是观测到超长钻孔桩的桩身压缩量占桩顶面沉降的 80%以上，尤其是桩身塑性压缩量又占了总压缩量的一半，这个结果是怎么造成的？以台州试桩 SZ1 为例[2]进行了如下的分析。已知基本数据为；

$L=76.2$m，$D=0.8$m，$L/D=95.2$，混凝土 C35，抗压强度设计值 16.7MPa（泥浆护壁情况下，为 13.3MPa)，入黏土持力层 2m。

试验结果为：桩顶面沉降 $S=31.93$mm，桩身总压缩 $S_0=29.84$mm，桩身弹性压缩＝15.82mm，桩身塑性压缩＝14.02mm。

据此做出应力计算结果如下：

相当于弹性压缩 15.82mm 时的桩身应力等于 6.5MPa，小于 13.3MPa；

相当于总压缩 29.84mm 时的桩身应力等于 12.3MPa，与 13.3MPa 接近；

相当于桩顶面沉降 31.93mm 时的桩身应力等于 13.4MPa，大于 13.3MPa。

这一分析说明了，压应力小于桩身的材料强度时，桩身弹性压缩量呈线性增加，桩长度愈大，压缩量愈大，是必然现象。压应力大于材料强度以后，出现塑性变形，也是必然的。然而，当 L/D 很大时，所出现的不单是塑性变形剧增，而是趋于破坏，不能不考虑是否出现了压杆的压曲稳定性问题。K·太沙基教授于 1943 年出版的《理论土力学》一书中曾说过："克明斯基论文中的数字例题证明临界荷载 Q 超过桩的极限强度，除非土是非常软的。这个理论已由实验中的试验所证实。由于临界荷载值很高，故还没有关于工地上的桩在地面下受压屈破坏的记录"[12]。到如今，70 年过去了，桩基工程规模(L、D、L/D)有了很大的扩展。面对着用中国式的钻孔桩工艺做成的超级细长桩，需要用K·太沙基教授那种重视实验、重视工程记录的态度来对待所遇到的问题。

在《建筑桩基技术规范》中，规定："计算桩身轴心抗压强度时，一般不考虑压屈的影响，稳定系数 $\phi=1.0$。对于桩的自由长度较大的高桩承台、桩周为可液化土或为地基极限承载力标准值小于 50kPa 的地基土(或不排水抗剪强度小于 10kPa)时，应考虑压曲的影响。"其稳定系数 ϕ 与屈曲计算长度 L_c 和桩直径 d 的比值 L_c/d 有关，L_c 则根据桩顶的约束情况、自由长度、入土长度、桩侧和桩底的土质条件按附表确定[5]。

仍以台州试桩为例，计算参数为：$L=76.2\text{m}$，$L_0=0$，$D=0.8\text{m}$，$B=0.9(1.5D+0.5)=1.53\text{m}$，C35 混凝土的 $E=3.15\times10^4\text{MPa}$，轴心抗压强度设计值 16.7MPa，灌注桩轴心抗压强度设计值为 13.3MPa，惯性矩 $I=\dfrac{\pi D^4}{64}=0.02\text{m}^4$，地基土水平抗力系数的比例系数 $m=2.5\text{MN/m}^4$，桩的水平变形系数 $\alpha=\sqrt[5]{\dfrac{mb_0}{EI}}=0.361/\text{m}$，$4.0/\alpha=11.1\text{m}$，桩身计算长度 $L_c=0.7(L_0+4.0/\alpha)=7.77\text{m}$，$L_c/D=9.7$，查建筑桩基技术规范中的桩的稳定系数表，得稳定系数 $\phi=0.96$。由此可以得到应力处在弹性状态下的桩的轴向力 $Q=[\sigma]A=0.96\times13.3\times0.50=6\,430\text{kN}$。此时桩身轴向力远小于静载荷试验所得到的桩的极限承载力 9 000kN。这一结果是在正常施工工艺水平下，桩轴线符合设计要求的有利情况下得到的。

实践表明，大直径超长钻孔桩，由于成孔作业时间较长，使得孔壁稳定性不易保证，比常规桩更易产生缩径、扩径，垂直度偏差和沉渣等弊端[2]。前者可能导致出现小偏心受压的状态，后者则弱化桩底的约束程度，这些都是客观存在的降低桩的压曲稳定性的因素。其影响大小都是随机的，难以定量计算。采取技术措施，如后注浆技术，如果运用得当，可减少桩底沉渣，提高承载力。但对于超长桩，桩底地基沉降量仅占桩顶面总沉降量的 20%以下[2]，"不仅下部土层的侧阻力没能充分发挥出来，就是持力层的承载力也没有能充分发挥，甚至是零发挥"[3]，在这种情况下，桩底注浆有可能如同"钢没有用到刀刃上"，仅仅减少了沉渣，发挥不了显著提高端承载力的作用。比较可靠的办法是回避，亦即控制 L/D 小于 50～60(桥梁桩)、70～80(建筑桩)，同时，采用后注浆技术，以处理沉渣，加固地基，提高端承载力。

对于特大直径钻孔桩，刚度不成问题，其优化目标可有工程量大小、造价高低、难易程度、工期长短等方面。宜于用沉井作为参照物，因为当年钻孔桩之所以得到迅速推广的主要原因之一，就是因为沉井在汛期施工不易，纠偏很难实现。

3　大直径超长桩承载力的计算方法

3.1　大直径超长钻孔桩在垂直荷载作用下的计算

钻孔桩基础和其他工程结构物一样，承载力、变形、稳定性三类问题同时存在，但有其不同的特性。

早在钻孔桩应用初期，因钻孔桩的 Q-S 曲线一般是缓变型的，没有明显的拐点，所以，桩的极限承载力按照试验规范，根据沉降量确定，一般取 $S=40$～60mm 所对应的荷载为极限荷载，此系按 $S=0.03$～$0.06D$(D 为桩端直径，大桩径取低值，小桩径取高值)而提出[5]，其中，$D\geqslant0.8\text{m}$ 即称之为大桩径。在分析中，仍然沿用与打入桩相同的经验关系式，即：桩承载力 $Q=$桩侧摩阻力 $F+$桩底端阻力 R。鉴于许多试验研究得出了钻孔桩的桩端阻力与桩侧阻力互有影响的结果，有的起硬化作用，又有的产生软化效应，将其关系式改为 $Q=F(s)+R(s)=f(s)$

或许更合适些。虽然国内外对长桩的机理研究已有了多种假说[6]，是非优劣，尚难以定夺，但可以肯定的一点是，钻孔桩的承载力与沉降量密切相关。

时至今日，工程桩的直径由 1.0m 增大几倍，桩长达到百米以上，试验结果又已显示出了超长钻孔桩的桩身压缩量很大，占到总沉降量的 80%以上。由于桩的轴向力过大，桩身混凝土有可能被压坏，从而使桩身压缩问题变得更为突出。长桩的变形已成为主要矛盾。通过选择 L/D，对桩的刚度进行控制以后，可减少桩身因失去稳定而破坏的可能性，剩下的就是沉降问题。根据国家标准《建筑地基基础设计规范》(GB 50007—2002)8.5.10 款规定，“桩基础的沉降不得超过建筑物的沉降允许值”[11]。因而有必要先根据上部结构容许沉降量确定超长钻孔桩的几何尺度以后，再去验算桩的强度。这和长时期以来沿袭的思路，正好相反。

现在，高层建筑方面的沉降计算和观测资料都已较多，对超大跨径桥梁的桩基础沉降的计算开始有所报道。例如，一座三塔悬索大桥，每个塔墩基础由 46 根钻孔桩组成，$L=97$m，$D=2.8$m，计算得出上部结构合龙前基础沉降 48.24mm，合龙后沉降 10.86mm，4 年间总沉降 55.58mm。所得到的桥梁群桩基础沉降量随时间的变化及大桥合龙后的工后沉降，对施工具有指导作用[12]，但未见到该桥基础沉降的实际观测资料。从使用简便出发，桩基础的最终沉降量宜按单向压缩分层总和法计算。地基内的应力分布宜采用各向同性均质线性变形体理论，按等代实体深基础计算，实体侧面的剪应力按 $\phi/4$ 角向下扩散[11]。计算式中，桩基沉降计算经验系数 ψ_p，应根据所在地区桩基础沉降观测资料及经验统计确定。在不具备条件时，可按该规范所附的表 R.0.3 选用。以往，受现场条件的限制，桥梁基础沉降的长期观测较少，积累的资料不多，今后应该予以加强。在上述等代实体基础沉降的计算中，未计入桩身弹性压缩，可以应用文献[1]中所建议的方法计算得出。

3.2 大直径超常钻孔桩在水平荷载作用下的计算

早在 1967 年，针对一篇俄文论文[10]，我们结合城固汉江大桥建设，第一次在直径 1.5m 的钻孔桩上对其作了验证[7]，陕西省交通设计院遂即应用于几座大桥设计中去，排除了“桩直径愈大，桩要愈长”的悖论。铁道部第三设计院的工程师知道这一情况后，在其主编的《铁路标准设计通讯》(1971)做了介绍。这本来是应急措施，未料到随后相继被纳入各行业规范之中(国内定其名为 M 法，$n=1$)。1973 年，我们正式提出了 C 法(地基比例系数从桩顶到桩底呈抛物线形分布，$n=1/2$)并编制了三本计算用表[8]。又于 1976 年通过大型组合桩基的试验验证后，亲自设计了一座跨越黄土沟谷、跨径为 80m 的钢筋混凝土拱桥(陕西省白水县桥沟大桥)，1984 年建成通车运行至今。这种形式的桥台，水平位移小，安全可靠，又有利于黄土岸坡稳定。

国内一些研究单位先后对桩在水平荷载作用下的计算问题又做了多次实验验证。刘金砺教授在《桩基础设计与计算》一书中曾做过如下的评述：

“应根据土质特性来选择恰当的计算方法(K 法除外)。对于超固结黏土和地面为硬壳层的情况，可考虑选用常数法；对于其他土质一般可选用 M 法或 C 法；当桩直径大、容许位移小时宜选用 C 法。”[5]。回顾 1973 年，我们取 CHINA 的第一个字母为 C 法命名，是一种民族情感的反映。1974 年公布的交通部标准《公路桥涵设计规范》(试行)和现行的规范 JTJ D63—2007 中，都已提到受水平力基桩的内力分析，可采用 M 法或“其他有可靠根据的方法计算”，反映出已有一定的认识。现在，钻孔桩的直径已达到 3.4～5.0m。久经实际考验的 C 法列入行业设计规范，条件已经成熟。

4 结语

(1)对大直径超长钻孔桩,从刚度出发,控制桥梁桩 L/D 小于 50～60,建筑桩 L/D 小于 70～80,可以减少桩的风险,使得桩处在弹性状态下工作,保证其安全可靠。

(2)对大直径超长桩,沉降是主要矛盾,按容许沉降量确定桩的长度、直径,比较适宜。

(3)对大直径超长桩,在水平荷载作用下的计算用 C 法比较符合实际情况,安全性有保证。

(4)对桥梁上钻孔桩直径不断增大的趋势,宜于以沉井为参照对象,从工期、造价等方面分析其优劣。

在此,对提供原始资料的李靖森教授和其他单位的朋友们表示衷心地感谢!

参考文献

[1] 王伯惠,上官兴. 中国钻孔桩灌注桩新发展[M]. 北京:人民交通出版社,2001.

[2] 张雁,刘金波. 桩基手册[M]. 北京:中国建筑工业出版社,2010.

[3] 李靖森. 桩基计算理论之后的局面应该改变. 北京:北京建达道桥咨询有限公司 2010 年学术论文集.

[4] 滕延京,宫剑飞,李建民. 基础工程技术发展及面临的新课题. 第十一届全国土力学及岩土工程学术会议论文集[C]. 兰州:2011,8.

[5] 刘金砺. 桩基础设计与计算[M]. 北京:中国建筑工业出版社,1990.

[6] 谢定义,姚仰平,党发宁. 高等土力学[M]. 北京:高等教育出版社,2008.

[7] 赵学勐. 钻孔灌注混凝土桩承载力及位移计算方法的研究. 西安:陕西省交通科学研究所,1972.

[8] 赵学勐,马逸尘. 钻孔桩在水平荷载作用下的计算方法——C 法. 西安:陕西省交通科学研究所,1974.

[9] 罗惟德. 单桩承载机理分析与载荷—沉降曲线的理论推导[J]. 岩土工程学报,12(1),1990. 1.

[10] K·C·西林,K·C·扎夫里耶夫. 垂直管柱基础的计算方法[J].《人工构造物基础的设计问题》论文集,俄文,1962.

[11] 中华人民共和国国家标准. GB 50007—2002 建筑地基基础设计规范[S]. 北京:中国建筑工业出版社,2002.

[12] 王东栋,等. 基于广义位移法的桥梁桩基长期沉降分析[J]. 岩土工程学报,2011,33(增刊 2).

18. 论21世纪以来城市桥梁桥面防水技术的创新发展

穆祥纯

(北京市市政工程设计研究总院)

摘　要:本文回顾和总结了进入21世纪以来,我国城市桥梁建设领域从基于创新设计理念出发,在城市桥梁桥面防水技术的科研、标准化建设以及工程实践创新发展的相关情况,并对该领域的发展前景进行展望,以期不断推动我国城市桥梁桥面防水技术和工程实践的健康发展和可持续发展。

关键词:创新理念　城市桥梁　桥面防水　工程实践　展望

1　引言

20世纪80年代中期以来,随着城市建设的蓬勃发展,我国各地相继兴建一大批城市道路和城市桥梁。经过一段时间的运营和维护,桥梁桥面漏水对桥梁结构腐蚀十分严重,直接影响桥梁的正常使用寿命,并威胁到城市桥梁的安全,人们对城市桥梁桥面防水技术的研究逐渐提到议事日程上来(图1)。

通过对美国、加拿大、日本和西欧等发达国家进行城市桥梁建设专题考察笔者了解到,近20年来西方国家对桥梁防水问题十分重视,均有相关的规范和技术规程。上述各国的相关规范、规程明确规定:城市和公路桥梁必须设置桥面防水层,并从结构类型、面层材料、防水技术、施工方法、设计年限、使用性能、维修费用等做了详尽的规定。与国外相比,我国对混凝土桥面防水研究相对滞后,桥面防水层设置不很明确。虽然国内许多设计和科研单位都在积极开展城市桥梁桥面防水技术的研究,但业内对城市桥梁桥面防水工程缺乏统一的认识,相当长时间内缺少相关的设计规范和技术规程。

图1　北京某立交桥梁箱梁被雨水侵蚀的情况

进入21世纪以来,人们对此问题的科技研发有了突破性的进展。在国内许多专家、学者的大力呼吁和共同努力下，我国桥梁设计规范《公路桥梁设计通用规范》(JTG D60—2004) 3.6.2条，明确规定，“桥面铺装应设防水层。”我国 2008 版《城市桥梁设计通用规范》9.2.1 条规定 “桥面铺装应设防水层。” 这在我国城市桥梁建设发展史上具有里程碑的意义，亦反映了新世纪以来我国城市桥梁桥面防水技术在设计理念上的创新。

2010 年 7 月 1 日由我院主编、中国建筑防水材料工业协会、中国化学建筑材料公司苏州防水材料研究设计所、北京市市政科学技术研究所等单位组成的编制组，经过 5 年的辛勤努力，共同编制了行业标准——《城市桥梁桥面防水工程技术规程》。该技术规程的正式颁布执行，系我国城市桥梁防水技术的一个显著进步和创新发展，也使今后城市桥梁桥面防水工程有章可循，将促进我国城市桥梁建设的健康发展。本论文主要论述了 21 世纪前 10 年我国城市桥梁桥面防水技术和工程实践的创新发展情况，以期进一步引起人们对该领域的关注。

2 桥面防水技术在设计理念上的创新和技术路线

2010 版的《城市桥梁桥面防水工程技术规程》(以下简称“《规程》”)，全面反映和吸收了近些年来我国城市桥梁桥面防水技术在设计理念以及在防水技术和防水材料方面的科技研发和工程实践的创新成果。该《规程》明确了设置桥面防水层的原则；揭示了城市桥梁桥台防水的特点以及适用的范围；规定了防水等级的划分。特别是对城市桥梁防水层材料选定作出了基本规定，明确了防水层的适用范围；并诠释了桥面防水应树立城市桥梁桥面防水系一个“系统”工程的理念，明确了该《规程》与其他规范、法规的关系。上述这些设计思想充分反映了近年来我国城市桥梁桥面防水技术在设计理念上的创新成果。

2.1 设置桥面防水层应反映的设计理念和技术路线

从《规程》编制组对近年来我国城市道路和桥梁大修工程的调研中发现，20 世纪 50～70 年代建造的桥梁，70％的城市桥梁在使用期 20～30 年时就成为危桥，而且有水的部位损坏十分严重，因而“水”是影响桥梁耐久性的主要因素。其设计理念和技术路线主要反映在以下 3 点：

(1)水对钢筋和混凝土的腐蚀。水渗入混凝土裂缝后，由于水中含有大城市空气中的二氧化碳、二氧化硫，此类酸性化合物加速了碳化、酸化的过程，更由于北方化冰盐氯离子作用，引起钢筋表面的腐蚀反应，钢筋体积膨胀，导致混凝土开裂，保护层剥离，影响结构安全性和适用性。

(2)混凝土冻融循环破坏。水进入混凝土微孔中，正负温度交替作用，形成反复的冰胀压力，致使混凝土疲劳破坏，影响寿命。对于非冰冻地区，干湿交替水的作用，潮湿时水化物进入混凝土孔隙中生成的盐类溶液，当环境变干燥后浓度不断增加，最后饱和结晶产生晶体压力使混凝土破坏。

(3)混凝土碱集料反应。这是混凝土的“癌症”，由于水的存在，再加上混凝土中的碱含量和活性集料。三者既是这种“癌症”的必要条件又是充分条件，生成硅钙胶凝体后，因吸收水分使混凝土异常膨胀，破坏成粉末，无法修补。

2.2 国内外桥梁桥面防水层损坏的案例分析

从近年来对国内外城市桥梁损坏的实例可以看到桥面防水、排水的极端重要性，我们对这方面的案例进行了综合分析。

1)北京市二环路立交桥梁

2002 年北京市二环路改造时，曾对全线 46 座桥梁进行普查、检测。这些 20 世纪 80～90

年代修建的桥梁最长服务年限仅23年。大部分出现了桥面破损、凹凸不平、排水不畅、栏杆隔离带的混凝土剥落等病害，由于排水口和伸缩缝的破坏，水流渗透了附近的盖梁墩柱，梁端混凝土遭到破坏，主梁大多数出现水迹和石灰质冻结覆盖物。统计资料表明：①对主梁检测，混凝土开裂超过0.2～0.3mm的20座，占43%；②钢筋中度锈蚀的6座，占13%；③钢筋严重锈蚀，引起主梁开裂变形，建议更换主梁重建的2座，占5%。以上现象都是防水、排水不当造成的。

2)北方城市某立交桥梁

1984年修建，1998年改建共14年，经检测存在问题：①上部结构钢筋锈蚀、漏水，高强螺栓及垫圈生锈，削弱连接强度。②下部盖梁出现病态，表面腐蚀，水流经过之处，混凝土沿钢筋纵向出现裂缝，宽度0.2～2mm，表面白色沉积外漏，碳化深度23～30mm，含碱量5.2～14.6，超过2～3倍。以上现象是由于盐水腐蚀和北方寒冷地区冻融所致。结论为：拆除重建。

3)国外桥梁损坏的案例

通过专题调研我们了解到，国外桥梁由于桥面防水层设置不利造成损坏的例子很多。譬如德国总结了由于人为和自然界的7种原因造成破坏，引起桥梁的修建和翻修，涉及了较高的费用，设计和修复的费用达到1与10之比。德国很重视防水层的质量，防水层做好桥梁寿命延长了，桥梁外观改善了，行车舒适度也增加了。为了提高桥梁耐久性，德国人的经验是必须堵截水源，桥面"防水"、"排水"工程是重要的技术内容。因此，德国ZTV-BEL-B和DIN工业标准，针对不同的路面材料和桥梁基面，规定可以采用专用的SBS（适合铺设温度为150～160℃的沥青混凝土或沥青玛蹄脂碎石混合料），或APP（适合铺设温度240～250℃的沥青粗集料路面材料）卷材辅以环氧树脂基层处理剂（钢结构和混凝土结构的基层处理材料略有不同）。德国联邦政府对桥面防水的严格控制，对生产企业的特许制等措施，保证了桥面防水质量的可靠性和耐久性。

3 近年来桥面防水工程实践上的新问题和对策

3.1 揭示桥面防水工程出现的新问题

2002年初陆续发现，从21世纪开始，许多城市桥梁桥面防水层卷材在使用中相继出现了新的问题，如防水卷材"错动"现象，防水涂料桥面沥青铺装的"酥裂"等等。

(1)首先是2000年5月首都国际机场的航站楼2号桥拐弯道处，桥面沥青铺装出现多道严重的垂直裂缝。

(2)其次是2002年8月，北京西四环，复兴路，紫竹院，丰台高架桥等处出现局部桥面铺装开裂，防水层错动，开裂位置都在重车道（外侧），或桥面下坡处，时间在高温、雨季前后。

(3)最后是2003年5月发生在刚施工完不到一年的北京六环路上，多座桥面发生裂缝，其规律、情况和北京四环路出现的问题相似。

究其原因主要是：

(1)外因：水平荷载较大，超载下坡区。

(2)内因：①施工，混凝土基面平整度、粗糙度、干燥度、黏结度都很差，卷材按头铺设方法不对，抢工期、热熔施工不到位。②设计，防水层局部相互连接差，桥面渗水排除措施不当等。

与此同时，全国各地也发生了桥面防水层病害事故，如南方某城市一座桥梁，全长1 000m的特大桥，2003年9月施工完成，次年4～5月份，由于防水层引起桥面铺装全部损坏，造成经济损失达2 000万元。由于防水层出现了问题，由此带来的后果不仅是经济上的损失，频繁的修复返工也对交通、桥梁使用带来不良的社会影响。

各地一系列事故引起了有关方面的广泛关注，如何总结经验教训，提高技术和管理水平，确保工程质量成为当务之急，工程界一致呼吁要规范设计和施工，提高法制意识。因此，2004 年初，在中国建筑防水协会、国家建材防水材料质检中心建议下，北京市市政工程设计研究总院向建设部标准定额司申请编制行业标准《城市桥梁桥面防水工程技术规程》，并获得批准，由我院主编，苏州防水材料研究所等 5 个单位参编。由广州、重庆、兰州、沈阳等城市的 20 多个设计、施工单位的同业专家、学者也参与了该规程的编制工作。

3.2 提出城市桥梁桥面防水的对策

1)揭示桥面防水的特点

从使用条件、施工条件和振动疲劳作用来分析和确定桥面防水的特点。

(1)使用条件。针对桥梁处于动态的工作状态，行车荷载除竖直方向压力外，还有水平方向的制动力、离心力及下坡时轮载的水平分力作用到桥面上，当防水层受到较大的水平剪力，要求防水层具有较大的抗剪性能。

(2)施工条件。桥面防水层上有沥青混凝土铺装层，其施工时要高温摊铺、筑路机碾压，要求防水层有耐高温的能力和对压路机局部承压抗硌破的能力。

(3)振动疲劳作用。桥面车辆活载反复周期性的作用，因此桥面板结构的应力、变形、裂缝都是反复周期性变化的，在混凝土的裂缝边缘，会有“应力集中”现象，会使裂缝扩大和增加，造成“裂缝累积的损伤”，这就是混凝土的“疲劳”作用，这也决定了防水层的选择不同于静载为主的其他结构。因此，不能完全照抄“屋面工程技术规范”，只能独立制定。

2)确定桥面防水的适用范围

(1)桥面防水层其承受的车轮荷载为接触轮载。

(2)桥面铺装下为混凝土基面。

3)制定相应的防水对策

(1)包括设计、施工和质量验收三个部分。

(2)应关注的重要内容：主要是防水等级的确定，材料的使用性能，基面层的要求，设计构造措施，施工检测内容。

(3)在《规程》明确规定了一条强制性条文(3.0.1 条)“混凝土桥面铺装内应设防水层，桥面系应有完整的防水、排水系统。”

4)规定防水等级的划分

(1)按桥梁分类，道路等级，环境类别三个方面划分为 I、II 两个等级。

(2)对 I、II 类防水分别提出了不同的使用年限(15 年和 10 年)和不同的使用要求。

5)制定桥面防水层选材的基本规定

(1)沥青混凝土铺装面层：采用防水卷材，防水涂料—柔性防水层，此类桥面铺装占 90%以上。

(2)水泥混凝土铺装面层：采用渗透结晶型防水材料—刚性防水层，严禁使用卷材防水。

6)规定防水层的适用范围

(1)柔性防水层的适用范围，应符合行业标准，主要从环境条件防水等级及其他要求(3.0.4条)。

(2)刚性防水层材料应符合相关行业标准(3.0.6～3.0.8 条)。

7)将桥面防水作为一个“系统”工程

主要的防水对策是：防—排水功能；设计—施工—监测—养护整体环节；关于材料通用性能：其应用性能应符合综合要求；防水材料—结构亦是“系统”的防水理念。

8)《规程》和其他规范、法规的关系

(1)该《规程》和《道桥用改性沥青防水卷材》(JC/T 974)，《道桥用防水涂料》(JC/T 975)标准是承上启下的作用。

(2)与《公路桥涵设计通用规范》(JTG/D 60)及《城市桥梁设计通用规范》(送审稿)相结合。

(3)和国家有关节能、环保、消防、安全、卫生要求法律法规一致。

(4)对新材料、新技术、新工艺按《建设工程勘察设计管理条例》(国务院 293 号令)第二十九条执行。

9)桥面防水系统设计

(1)桥面防水系统设计主要包括：防水系统总体布置、防水材料选用原则、关于防水卷材的抗剪性能、其他防水材料、防水层的厚度和结构细部构造等。

在桥面防水系统设计上，主要应包括以下内容：①防水等级、设防要求；②防、排水设计；③防水材料及其性能的确定；④防、排水细部构造。

(2)在防水系统总体布置上应满足防—排水功能以及设计—施工—监测—养护整体环节。

(3)防水材料选用原则：①桥梁结构形式：坡度、刚度、平面形式；②环境条件、施工条件：有效温度、温度梯度、高温耐热、低温柔度、施工温度；③材料选用要考虑材料性能的相容性和材料品质的优选性。

10)关于防水卷材的抗剪性能

经过大量的科研工作，如今对防水卷材的抗剪性能有了全新的认识：

(1)车辆荷载作用在桥面上，除了竖向力以外，还有水平方向的力，如制定力、离心力等。

(2)车辆的水平力是通过车轮与桥台之间的摩擦力传递到桥面铺装及防水层上的，根据摩擦定律：

①水平力 F 作用下，其摩擦力大小和重量 W 与摩擦系数与 f 乘积成正比。

②当水平力小于摩擦力时，物体不动为静摩擦，此时摩擦力等于水平力，$T=F$。

③当水平力大于摩擦力时，物体滑动为动摩擦，此时摩擦力小于水平力，$T \leqslant W \times f$。因此可认为不管水平力大小，都可用一个最大的摩擦力值来包络。

(3)车辆荷载下，铺装和防水层的竖力情况用隔离体分析。

(4)用 Ansys 通用有限元软件分析：3×3 块单元模型，在 10kN 轮重作用于沥青面层上，着地面积 0.60×0.20，摩擦系数 $f=0.50$。

计算得出沥青铺装厚 8cm 时的层间剪应力，城 A 荷载折算值为 0.12MPa，相当于防水卷材 50℃时的抗剪强度。见图 2、图 3 和图 4。

11)防水卷材与防水涂料的性能对比

由于我国地域广阔，究竟在城市桥梁防水层中采用防水卷材还是防水涂料，或者采用其他形式的防水方式，近年来也不尽统一。但有一点是明确的，作为强制性条文已明确规定：“混凝土桥面铺装内应设防水层，桥面系应有完整的防水、排水系统。”图 5 反映了防水卷材与防水涂料的性能对比情况。

近年来，我国一些防水材料的生产企业，秉承环保和低碳的理念，研制了适合我国道桥专用聚合物改性沥青防水涂料，其主要材料是以多种橡胶复合对沥青改性，涂膜干燥后保持橡胶的弹性，耐高温达 180℃，低温可达－40℃，延伸率大于 800％，能经受桥面长期荷载积水抗压要求，防止渗水造成桥梁结构的损坏，确保桥梁结构的使用寿命。同时根据施工的要求，研制出具有自主知识产权的配套施工设备，亦促进了城市桥梁桥面防水技术和工程实践。

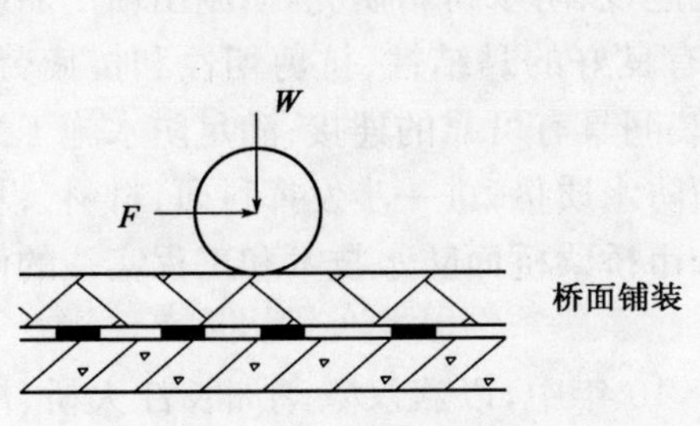

图 2　防水卷材抗剪性能的基本受力图示 1

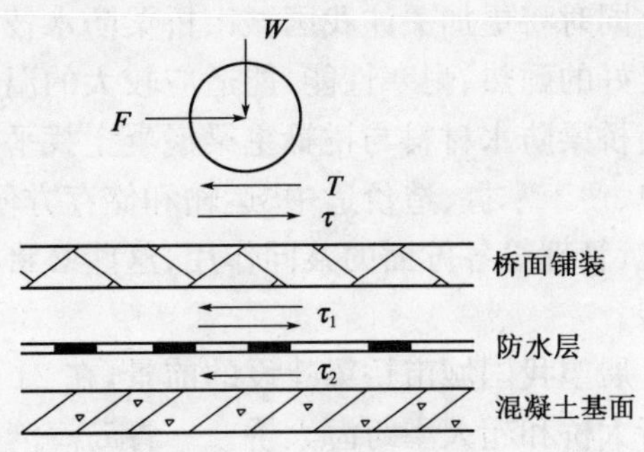

图 3　防水卷材抗剪性能的基本受力图示 2

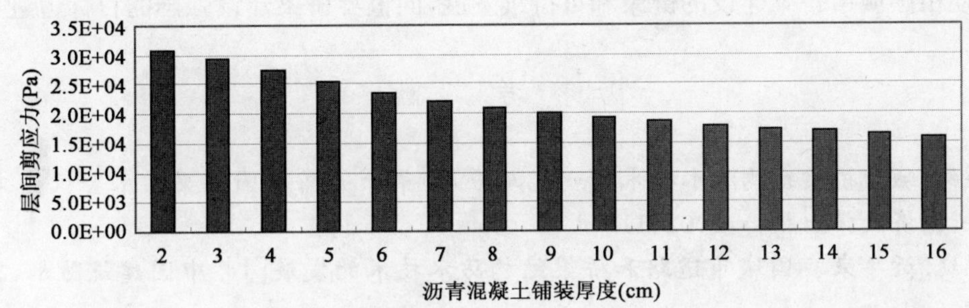

图 4　层间剪应力和沥青面层厚度关系曲线

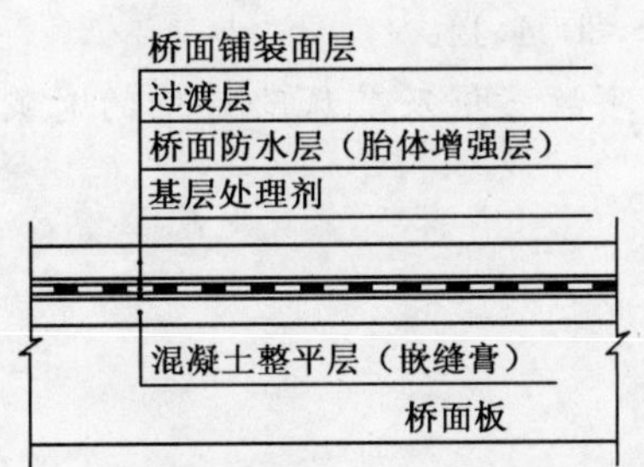

材料 名称	防水卷材			防水涂料		
	SBS	APP(Ⅰ)(Ⅱ)	SBS自粘	PB(Ⅰ)(Ⅱ)	PU	JS
过渡层					√	
桥面防水层	√	√	√	√	√	√
胎体增强层				√		√
基层处理剂	√	√	√	√	√	√
混凝土整平层	√	√		√	√	

图 5　防水卷材与防水涂料的性能对比

4　结语

综上所述，在新世纪以来城市桥梁桥面防水技术科技研发以及工程实践中，愈来愈多的人们认识到，城市桥梁桥面防水与建筑屋面防水的最大不同之处是其特殊的动荷载及不利的外部工作环境，而桥梁防水不利将直接影响桥梁结构的安全性和使用寿命。近年来，围绕着新型防水卷材、桥面防水层厚度、其结构细部构造设计和施工，以及桥面防水层特殊部位的处理、渗水口、渗水管的设置等研究正在抓紧进行，并有了新的进展；同时，在防水涂料的研究上，本着节能和环保的理念，不断研究出新的产品。

同时将更加关注我国城市桥梁防水技术的标准化建设、防水材料研究，研制出新产品应具有良好的耐热、耐寒性能，能适应较大的温度变化；具有良好的黏结性、抗剪切性和抗疲劳性；并使桥梁防水材料与桥梁主梁混凝土找平层、桥面铺装间具有可靠的连接；满足防水施工工艺简单、便于掌握、造价适中、运输和储存方便，确保桥面防水质量；进一步发挥科研、材料、设计、施工、管理等各方面的共同作用，这些必将推动我国城市桥梁桥面防水技术和工程实践的健康发展。

展望我国城市桥梁建设的前景，在21世纪第二个10年中，以武汉鹦鹉洲长江大桥、港珠澳特大桥和超大型跨海大桥——青岛海湾大桥等一大批现代桥梁的陆续兴建，标志着我国将续写桥梁建设更加辉煌的篇章。我们应进一步关注城市桥梁桥面防水技术和工程实践的发展趋势，推动祖国城市桥梁建设的健康和可持续发展，向世界桥梁建设强国的目标迈进。

参 考 文 献

[1] 穆祥纯. 城市桥梁结构防水技术的研究与应用. 第十五届全国桥梁学术会议论文集[C]. 上海：同济大学出版社，2002，11.

[2] 穆祥纯. 近年来我国城市道路和桥梁结构防水技术的发展[J]. 中国建筑防水，2004(6)，2004，6.

[3] 穆祥纯. 城市桥梁结构安全度和耐久性问题的研究. 第十六届全国桥梁学术会议论文集[C]. 上海：同济大学出版社，2004，11.

[4] 穆祥纯. 我国城市桥梁工程事故案例及其风险评价的对策研究[J]. 特种结构，2007(4)，2007，1.

19. 四川映秀镇灾后重建桥梁设计理念

潘可明　陈建豪　徐汉臣

（北京市市政工程设计研究总院）

摘　要："5·12"汶川大地震中道路桥梁等交通基础设施损毁严重，给震后救援工作的开展和经济生活的恢复带来了很大的困难，显示出道路和桥梁作为现代社会经济生活生命线的重要性。因此，桥梁工程设计须充分重视抗震问题，采取新的抗震设计理念和抗震措施提高桥梁的抗震性能，尽可能避免桥梁在未来可预见的地震中遭到严重破坏。

关键词：桥梁　抗震设计

1　工程概况

汶川县映秀镇地处四川汶川县城东南部，地处国道 213 线和省道 303 线交汇处，是通往九寨沟和卧龙四姑娘山的交通枢纽。2008 年 5 月 12 日，汶川县发生里氏 8.0 级特大地震，映秀镇属于"5·12"汶川大地震的震中和重灾区，地震对映秀镇建筑物造成严重破坏，交通等基础设施全部被毁。东莞市对口援建震中映秀镇市政工程，属国家"5·12"汶川大地震灾后恢复重建的重点工程。本次恢复重建工程包括映秀镇内道路和跨渔子溪桥梁工程，其中镇内道路 11 条，镇区内跨渔子溪桥梁 4 座。渔子溪 1 桥为既有桥梁加固，其余 3 座桥梁均为新建，4 座桥梁总面积为 4 087m²（图 1、图 2）。

图 1　渔子溪 1～4 桥桥位现场

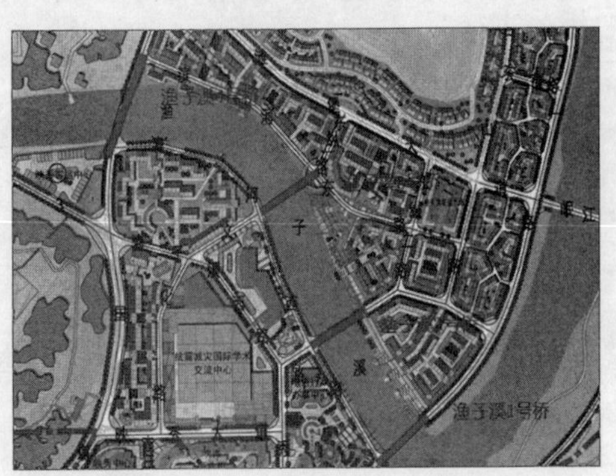

图 2　渔子溪 4 座桥梁桥位示意

2 设计方案

2.1 设计原则

(1)合理选择桥位,避开不良地质影响,充分重视地震次生灾害对桥梁的影响。

(2)选择抗震性能好、抗灾能力强的桥型结构。

2.2 工程地质条件

映秀镇属山地亚热带湿润季风气候区,属川西多雨中心区,气候温暖湿润。渔子溪河为岷江的一级支流,从映秀镇中部通过,注入岷江干流。渔子溪河河面较宽,一般在30~50m,常年流量较大,流速可达3~7m/s。映秀镇位于龙门山华夏系构造体系之中南段的九顶山华夏系构造带内,构造复杂,周边均为中高山,北东向延伸的映秀—北川断裂带通过场镇,两侧发育有一系列的次级断裂带,地质环境比较脆弱,地质条件复杂。"5·12"汶川大地震是映秀—北川断裂带活动引发的。"5·12"汶川大地震后,根据国家标准(GB 18306—2001)《中国地震动参数区划图》第1号修改令对汶川地震后相关地区建筑工程抗震设计时所采用的抗震设防烈度、设计基本地震加速度值和所属的设计地震分组加以调整。汶川地震基本烈度调整为8度,地震动峰值加速度由0.10g提高为0.20g,地震动反应谱特征周期为0.3s。根据场地勘察深度范围内揭露的地层有第四系人工填土(素填土、杂填土)、卵石土、漂石和三叠系炭质泥岩。根据场地的工程地质条件,建议桥基工程采用摩擦桩基础,以漂石土层作为桩端持力层。

2.3 渔子溪1桥方案

1)设计标准

(1)设计荷载:公路I级,人行道荷载标准3.0kPa。

(2)桥梁抗震设防类别为C类,抗震设防烈度为8度,抗震设防措施等级为设防烈度8度对应等级。

(3)桥梁属性:车行桥,既有桥梁下部结构加固,盖梁及上部结构新建。

2)桥梁设计简介

本桥为旧桥加固并加宽工程,原桥设计荷载汽车-20级,加固后提高至公路-I级。上部结构为3孔25m预应力混凝土简支板,下部结构中墩采用桩接承台墩柱形式,桥台采用重力式U形台,桥梁全长88.49m,桥梁全宽13m,中央7m车行道,两侧各3m人行步道,桥梁面积为1 150m²(图3)。设计方案为上部结构拆除并重建,下部结构保留原桥中墩桩基础,在北侧加宽处的中墩新建2根桩基础与墩柱;旧桥墩柱的加固措施:将其表面凿毛,在其外套钢板

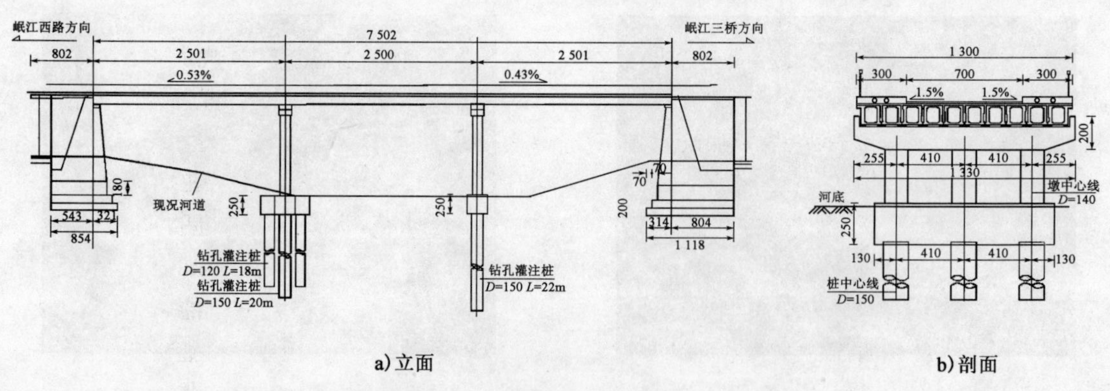

图3 渔子溪1桥桥型布置(尺寸单位:cm)

箍，原直径 1.3m 加至 1.4m，在钢板箍与原墩柱之间注浆混凝土，墩柱底设置法兰盘保证墩柱钢板与承台的连接；中墩盖梁均拆除新建；旧桥桩间系梁的加固，在系梁顶面以及侧面凿毛、植筋，进行再次浇筑，将原 2 桩（旧桩）系梁改为 3 桩（增加 1 根新桩）承台，其顶部加厚 0.5m，底部加厚 0.6m，使系梁由原 1.4m 加固为 2.5m 厚的系梁（承台）。原桥的桥台为扩大基础，震后经检测，除表面部分破损外，其结构未有大的破坏；为减小新老结构的沉降差，新建的部分基础形式与旧桥相同采用扩大基础；桥台台身在新旧结构之间留有 2cm 的结构缝，而台身上的帽梁为新旧结构一体化设计，为上部结构提供好的受力条件（图 4、图 5）。

图 4　渔子溪 1 桥重建前

图 5　渔子溪 1 桥建成示意

2.4　渔子溪 2 桥方案

1）设计标准

（1）设计荷载：公路 I 级，人群荷载标准 3.5kPa。

（2）桥梁抗震设防类别为 B 类，抗震设防烈度为 8 度，抗震设防措施等级为设防烈度 9 度对应等级。

（3）桥梁属性：新建人行桥，考虑应急车辆荷载。

2）桥梁设计简介

渔子溪 2 桥，主拱圈跨径为 50m，桥梁全长 69.34m，桥梁宽度 13m，桥梁面积为 902m²。上部结构主拱圈跨径 50m，采用钢筋混凝土板拱结构，矢跨比 $f/l=1/4.63$，主拱圈厚度1.0m，桥面系设置跨径为 5m 的钢筋混凝土简支板。下部结构采用 1.8m 钻孔桩，每一桥台下共计 12 根，桩长 15m，嵌入密实漂石层以下约 4m；承台尺寸 16.8m×12.2m×3m（横桥向、纵桥向、竖向），桥台采用重力式 U 形台（图 6）。

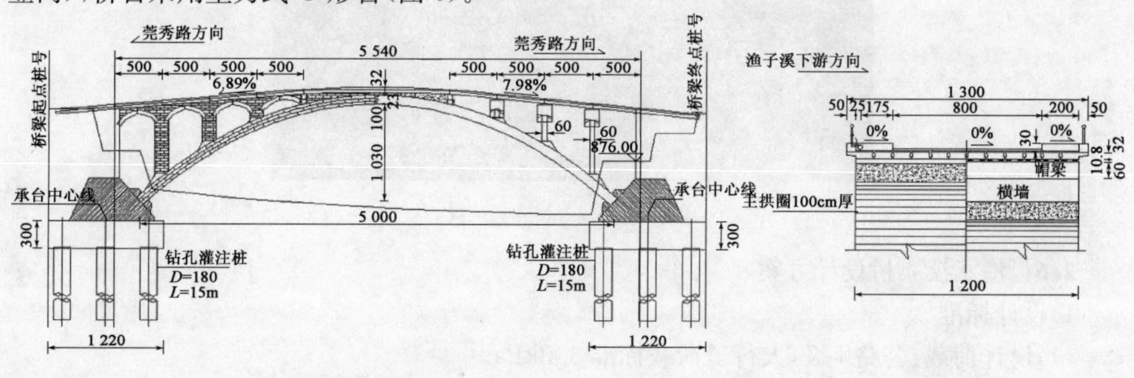

图 6　渔子溪 2 桥桥型布置（尺寸单位：cm）

2.5 渔子溪 3 桥方案

1)设计标准

(1)设计荷载:人群荷载标准 3.5kPa。

(2)桥梁抗震设防类别为 B 类,抗震设防烈度为 8 度,抗震设防措施等级为设防烈度 9 度对应等级。

(3)桥梁属性:新建人行景观桥。

2)桥梁设计简介

渔子溪 3 桥上部采用 3 孔 20m 预应力混凝土简支板结构,桥梁全长 66.04m,桥梁全宽 6m,桥梁面积为 396m^2。空心板结构高 0.95m,板宽 1.25m,桥梁横向共布置 4 块空心板;下部结构中墩基础采用桩接柱形式,1.3m 墩柱接 1.5m 钻孔桩,桩顶设置 1.4m 厚系梁;桥台采用重力式 U 形台,每一桥台下设置 4 根 1.5m 钻孔桩,上接 1.65m 厚承台(图 7、图 8)。

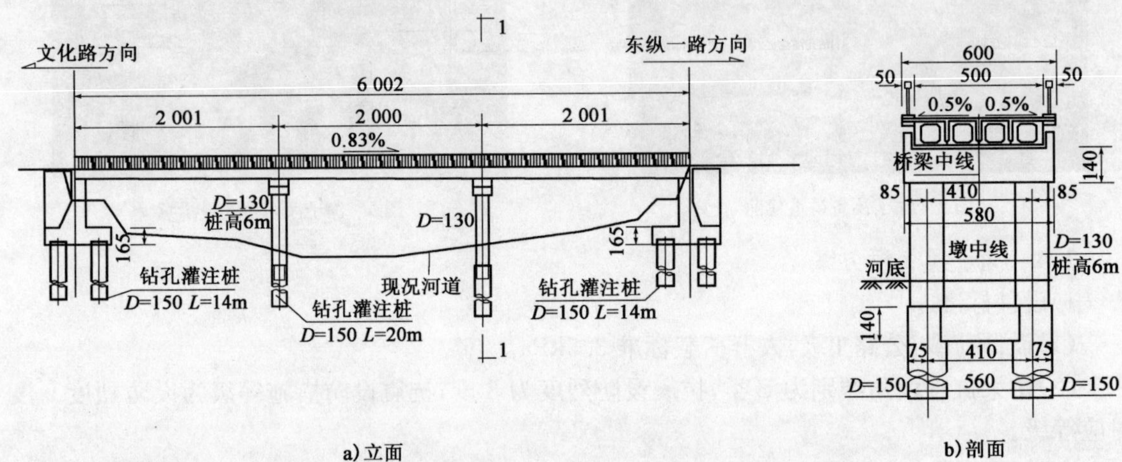

图 7 渔子溪 3 桥桥型布置(尺寸单位:cm)

图 8 渔子溪 3 桥建成示意

2.6 渔子溪 4 桥设计方案

1)设计标准

(1)设计荷载:公路 I 级,人行道荷载标准 3.0kPa。

(2)桥梁抗震设防类别为 B 类,抗震设防烈度为 8 度,抗震设防措施等级为设防烈度 9 度对应等级。

(3)桥梁属性:新建桥梁。

2)桥梁设计简介

渔子溪 4 桥上部结构采用 6 孔 20m 预应力混凝土简支板结构,桥梁全长 126.04m,桥梁全宽 13m,桥梁面积为 1 639m^2。上部结构 20m 空心板结构高 0.95m,板宽 1.25m,桥梁横向共布置 10 块空心板;下部结构,中墩基础采用桩接柱形式,1.5m 墩柱接 1.8m 钻孔桩,桩顶设置 1.5m 厚系梁;桥台采用重力式 U 形台,每一桥台下设置 6 根 1.5m 钻孔桩,上接 1.65m 厚承台(图 9、图 10)。

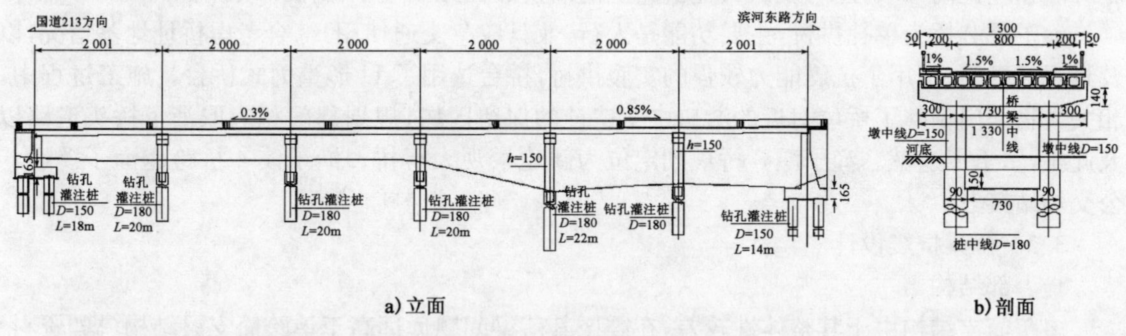

a)立面　　b)剖面

图 9　渔子溪 4 桥桥型布置(尺寸单位:cm)

图 10　渔子溪 4 桥建成示意

3　抗震设计探讨

3.1　渔子溪跨河桥桥型选择

四川省交通厅公路勘查设计院"5·12"汶川大地震重灾区桥梁震害调查资料(以下简称"资料")显示,共调查汶川震区 1 657 座桥梁,简支体系桥梁占 81%,其余为拱桥、连续梁桥、连续刚构(仅 1 座,被震毁),严重破坏至损毁的桥梁共占总数量的 28%,其中简支体系桥占 8%,拱桥占 5%,连续梁占 15%。墩身高度不大、桥梁长度不长的中小跨径预应力混凝土简支梁、板桥和地基较好的单孔拱桥在地震中表现出了较好的抗震性能。

渔子溪 4 座桥梁与映秀—北川断裂带相距较近,"5·12"汶川大地震即是此条断裂带引发的,在此情况下,简支结构比连续结构更能适应地震时的墩台相对位移,不会因一孔桥落梁而导致一联桥或全桥的破坏。鉴于本项目桥梁特点和抗震要求,设计上尽可能采用对称、一致的孔跨布设,上部结构采用构造简单、受力明确、施工方便、造价经济的标准跨径的简支桥面连续结构。

渔子溪1桥，称之为“幸运之桥”，该桥是震中区域“幸存”下来为数不多的桥梁，震后经过简单的复位维修加固后限载运行，对映秀镇的抗震救灾工作起到了非常重要的作用。根据桥梁检测单位的检测结论及荷载实验结果，该桥破损较为严重，原设计荷载等级也略低。最初的加固设计方案，大多从既有桥加固的思路出发，造价略高，根据现场河道条件，主梁加固施工工序复杂、难度较大。设计方案的出发点主要是从当地居民与桥梁设计人员的情感出发，予以保留。参考初步设计专家评审意见，综合考虑检测结果、设计、施工、工期等多方因素，最终确定为：上部结构新建、下部结构加固的设计方案。该桥抗震设计基本维持原桥设计标准，抗震措施等级相应提高一级，这与震区其他公路上的旧桥加固原则基本保持一致。

渔子溪2桥为单孔拱桥，主要功能是人行，兼具应急交通使用，综合考虑桥址地基情况，以及景观元素等，选用了抗震能力较强的实腹拱桥，桥台选用了U形重力式桥台。施工过程中，相关文物部门调整了桥位附近的漩口中学遗址的保留区域，规划部门相应取消了桥头道路以及此桥，留下了遗憾。渔子溪3桥规划定位为新建景观人行桥。渔子溪4桥跨越渔子溪后与公交场站接驳。

3.2 桥梁抗震设计

1)上部结构

多跨简支结构由于其整体性较差，在震区其落梁问题远远高于单跨简支梁结构(据“资料”调查)，故加强上部结构的整体性，限制其位移是提高上部结构抗震能力的有效措施。在渔子溪桥梁设计中，将标准跨径的预应力混凝土空心板箍筋调高至螺纹12钢筋，相应增加了闭合箍筋135度弯构锚固长度。在标准设计中要求保证空心板顶面凿毛措施前提下，本设计重点强调了混凝土铰缝与铺装共同(一体化)浇筑，其材料采用抗裂性能更好的纤维混凝土，同时预制梁顶面设置了$\phi8$钢筋头15cm，以上措施确保了桥梁连接的整体性。在设计计算中未考虑铺装的叠合有利作用，将一体化的铺装层作为结构的安全储备。

2)抗震措施

渔子溪桥梁设计中，优化了空心板的抗震措施位置，将普通设置与现浇铰缝位置的抗震锚栓移至预制板中心位置，确保了其能更可靠地发挥作用，但由此给施工吊装增加了些难度。在U形桥台的背墙及抗震挡块的迎梁面，设置了抗震缓冲结构措施，即顺桥向及侧桥向设置橡胶垫块，其尺寸为15cm×30cm×2.8cm(横向、竖向、厚度)；增加了桥台背墙及抗震挡块的厚度以及配筋，适当加厚了橡胶支座的尺寸。在中墩盖梁上也采取了与桥台类似的措施。

3)下部结构

(1)重视墩柱箍筋的设置

日本的桥梁抗震设计，上部结构的防落梁措施一直是桥梁抗震加固的重心，1995年阪神大地震后，其也开始重视基础和桥墩的抗震技术，特别是在螺旋箍筋的设置方面得到了很大的加强。国内的市政桥梁设计，在20世纪90年代中后期北京的市政桥梁设计中，对于墩柱箍筋设计大多采用了双肢螺纹钢筋的布设方法。根据“资料”调查显示，汶川地震中80%以上的墩柱破坏均与箍筋设置有关；被震毁的百花公路大桥，其设计箍筋为@20cm，$\phi8$mm，体积配筋率0.05%，远远不能满足要求(图11)，再加上其施工质量控制不严格，从部分破损断面观察，其实际控制间距远大于20cm，形成了严重的震毁破坏。

本项目：渔子溪桥梁墩柱的箍筋被设置为@10cm，双肢$\phi12$mm，可以良好地解决因箍筋不足，墩柱纵筋剪压区在地震作用下的破坏。

(2)梁端距台帽(盖梁)边缘距离 a 的确定

“89 抗震规范”规定，$a \geqslant 50+L$；2008 版“抗震细则”规定，$a \geqslant 70+0.5L$；日本规范规定，$a \geqslant 70+1.25L$（a 单位为 cm，L 为结构跨径，单位为 m）。显然，对于防落梁的重要尺寸我国规范逐渐加大，而日本规范又大于我国规范，较大的 a 值对于防落梁意义很大。对于渔子溪 4 桥 20m 简支梁结构，其中盖梁尺寸($2a$)取为 170cm（综合考虑景观等因素，大于“08 规范”，略小于日本规范）。

图 11　百花大桥震害示意

(3)桥台形式的确定

四川山区多岩石，地震中发生沙土液化的现象很少，整体性强的 U 形重力式桥台在这次大地震中经受了考验，病害轻微。而带耳墙的埋置式桥台，由于耳墙在土静载土压力作用下保持受力均衡，在地震中耳墙与台身连接处最易破坏。渔子溪四座桥梁均采用了 U 形重力式双排桩桥台形式，其施工简便，造价适中，易于保证质量。

3.3　有关结论的探讨

对于选择简支梁桥型的设计理念上，在设计过程中有逐渐认识的过程：方案阶段推荐了现浇连续板结构以及先简支后连续空心板两种整体性较好的结构形式，通过对震区桥梁的调研以及与当地设计单位的交流，最后调整了结构形式方案。根据“5·12”汶川大地震主要是次生灾害破坏的特点，以及抗震救灾中抢修生命通道的重要意义，对于重要的市政及公路工程，受力简单明确易于抢修的标准化简支梁体系更适用于震区的桥梁恢复重建工程。

4　结语

映秀镇渔子溪跨河桥工程已于 2010 年 10 月竣工通车。通过本次恢复重建设计，从桥型结构以及细节构造入手加强设计工作，强化、细化抗震构造措施，进行合理的抗震设计提高桥梁结构的强度、刚度及延性，增强了桥梁的综合抗灾能力。以下结论可为以后类似工程借鉴：

(1)关于桥型选择方面，应选择抗震性能好、抗灾能力强的桥梁结构。本项目综合考虑多方面因素，最终确定了标准跨径的简支桥面连续结构形式。

(2)次生地质灾害是“5·12”汶川大地震桥梁破坏的一个主要原因，也是此次地震桥梁震害有别于近 50 年几次大地震中桥梁震害的一个突出特点。在高烈度地震区，桥位选择应充分考虑地形和地质条件，尽量避开易发生地质灾害区。标准跨径的简支结构桥梁具有受力简单易于维修、替换、恢复等特点，对于易发生次生灾害的地区是适合的桥型之一。

(3)桥梁抗震设计，应更重视下部结构构造以及抗震构造的设计，包括墩柱配筋形式、系梁的设置、盖梁的宽度等尺寸的科学布设。对于高烈度地震区 U 形重力式桥台是最好的选择，尽量避免使用带耳墙的轻型桥台或桩柱式桥台基础。

(4)援建工程面临最大的挑战是严峻、急迫的工期、恶劣的施工条件与高质量工程的矛盾，工程参与各方应本着科学的实事求是的态度从中寻找平衡点，高质量应是援建工程的首要目标。

参考文献

[1] 北京市市政工程设计研究总院. 四川省映秀镇灾后恢复重建市政工程映秀镇区渔子溪 1、2、3、4 桥桥梁工程施工图. 2009.09.

[2] 中冶建工有限公司勘察设计院. 映秀镇区渔子溪 1、2、3、4 桥工程地质勘察报告[R]. 2009,08.

[3] 庄卫林."5·12"汶川地震公路桥梁震害初步分析及对策. 桥梁安全耐久性与防震减灾学术论坛. 成都. 2009.

[4] 蒋劲松，庄卫林，等. 汶川大地震百花大桥震害调查研究[J]. 西南公路，2008(4).

[5] 江大兴，谭顺坤. 都汶公路高速公路段一般大桥震害分析及震后恢复重建设计简介. 西南公路，2008(4).

[6] 宋恒杨. 汶川大地震桥梁震害对山区既有简支梁桥抗震加固的启示[J]. 西南公路，2008(4).

[7] 中华人民共和国交通部. JTJ 004—89 公路工程抗震设计规范[S]. 北京：人民交通出版社，1989.

[8] 中华人民共和国交通运输部. JTG/T B02-01—2008 公路桥梁抗震细则[S]. 北京：人民交通出版社，2008.

[9] 朱绚绚. 谈四川省映秀镇灾后重建设映秀镇区渔子溪桥梁装饰工程[J]. 山西建筑，2009(28).

20. 基于创新理念的现代预应力技术在城市桥梁建设的创新发展

穆祥纯
（北京市市政工程设计研究总院）

摘　要：论文回顾和总结了21世纪前10年现代预应力技术在我国城市桥梁建设创新发展。从设计理念、设计思想上的创新；新技术、新材料、新工艺的创新和应用情况等方面来展示创新情况，并剖析了4个典型工程案例。论文对现代预应力技术在城市桥梁建设的应用和发展作出了展望，积极倡议建造反映21世纪第二个十年科技水平的新型桥梁结构，推进我国向世界桥梁建设强国的目标迈进。

关键词：预应力技术　城市桥梁　创新发展

1　引言

现代预应力混凝土技术自1928年法国学者E. Fryssinnet研究成功后，经过80多年来的实践和完善，在世界各地建筑和桥梁结构物得到广泛应用。林同炎教授曾对预应力混凝土作出如下精辟的定义："预应力混凝土系其中已建立有内应力的混凝土，内应力的大小和分布能抵消给定外部加荷所引起的应力至所预期的程度。"我国的预应力学者也作出如下的定义："预应力混凝土是根据需要人为地引入某一数值的反向荷载，用以部分或全部抵消使用荷载的一种加筋混凝土。"

近30多年来，我国城市桥梁建设得到了空前的发展，北京、上海、天津和重庆等一大批城市桥梁建设令世人瞩目。虽然我国预应力混凝土的研究和应用比欧美国家大约晚10年，但近十年来，无论在桥型，跨度以及施工方法与技术方面都有突破性进展，不少预应力混凝土桥梁的建造技术已达到国际先进水平，从组成混凝土的材料，张拉技术和施工方法及结构抗震性能上的发展上都跻身世界的前列。下面从设计理念、设计思想上的创新，新技术、新材料、新工艺应用上的创新情况，并通过4个典型案例，论述一下现代预应力技术在我国城市桥梁建设创新发展的相关情况，并对该领域发展愿景作出了展望。

2　设计理念和设计思想上的创新

2.1　相关设计规范的新理念和新思想

2004年10月实施的《公路钢筋及预应力混凝土桥涵设计规范》(JTG D62—2004)采用了

以概率理论为基础的极限状态设计方法，此规范城市桥梁等同采用。较比旧规范(JTJ 023—85)，新规范以"公路桥梁可靠度"研究为基础，由原来的"定值设计法"转变为"概率极限状态设计法"，即在度量结构可靠性上，由经验方法转变为运用统计数学的方法，这在设计理念和设计思想上确实是迈进了一大进步。由于在设计理论上采用了以概率理论为基础的极限状态设计方法，按分项系数的表达式进行设计，应该说(JTG D62—2004)在设计理念和设计思想上有了有新的创新和发展。

2.2 连续梁式桥梁设计施工技术措施上的新创新

针对20世纪城市桥梁和公路在预应力连续梁式桥梁普遍存在的跨中下挠、腹板斜裂缝、底板裂缝等病害，2009年8月由鲍卫刚等编著的《预应力连续梁式桥梁设计施工技术指南》一书正式出版。该指南通过分析公路和城市桥梁常见病害可能存在的成因，从设计角度提出了一些需要注意和加强的技术要点，并通过对设计指标的控制以及采取必要的构造措施来降低和消除可能出现的病害。该指南提出"桥梁结构的设计，均是按照预先设定并考虑了今后相当时期内需要一定的技术标准、荷载水平进行的。从可靠度的角度要求，结构或其构件只有在正常设计、正常施工、正常使用和养护的情况下，才能保证其应有的可靠度。"因此，严格执行相关标准规范的规定和技术措施，是确保预应力连续梁式桥梁工程质量的关键环节。这也说明，该技术指南体现了近年来我国在预应力连续梁式桥梁设计施工技术上新发展。

2.3 里程碑——《桥梁设计工程师手册》正式编辑出版

2007年7月由林元培院士主编的《桥梁设计工程师手册》正式出版发行。该手册依据最新现行国标及行业标准、规范，紧密结合工程实践，系统归纳总结了自20世纪90年代以来我国桥梁设计领域取得的成熟经验和教训，并重点放在结构方案、构造要点、施工工艺、工程案例等方面。同时对国内外最新科研成果也适当吸收和反映。笔者作为长期从事桥梁设计的工作者，确实感到这个手册的正式出版，对直接从事桥梁设计的青年同行们是大有裨益的，也是桥梁工程师手头的必备工具书，必将在工程设计中发挥其重要的作用。

2.4 独柱预应力曲线桥梁的最新研究

我国前些年修建的一批独柱支承的预应力曲线桥梁在运营1～5年后发生不同程度的平面变形和扭转变位，主要原因是当时设计人员对于曲线梁桥设计理论的研究仅限于计算分析理论，而且我国现行的设计规范缺乏有关曲线梁桥的相关设计参数、内力分析方法。通过试验研究和仿真模拟作为理论分析，吸取事故中教训，其研究有如下进展：

(1)在结构计算分析模型上，应采用全桥空间整体刚度的联合作用。

(2)在设计参数的选取上，应针对不同情况采用最不利值。

(3)在结构计算中，应充分考虑各种荷载对结构体系的空间作用。

(4)在对该桥型的认识上，应树立平面内的水平变位是随时间变化而逐步累加的理念。

2.5 梁预制节段梁拼装新技术的广泛应用

桥梁预制节段拼装技术的提出源于法国，E·弗西奈于1945年首先对预应力混凝土桥采用预制阶段施工。从1950年至1965年期间，欧洲修建了300多座这种类型的桥梁，后来在美国、欧洲和东南亚地区得到广泛应用。我国的预制节段拼装技术，20世纪末还处于起步阶段。进入21世纪在香港、台湾地区的高架桥建设中有了广泛应用，上海沪闽高架桥和北京四丰立交桥等采用了此项技术。采用桥梁预制节段拼装技术，不仅能加快施工进度、减少交通拥堵和环境污染，而且与一般的施工方法相比，可节约工程投资10%～20%。在当前大力提倡节能减排和低碳经济的今天，大力推进城市桥梁预制节段梁拼装技术的应用具有重大的意义。

2.6 城市大跨径桥型设计和施工技术上的新发展

进入新世纪以来，我国城市桥梁建设领域应用现代预应力技术，在大跨径桥型设计和施工技术上有了新的突破和发展。北京五环路石景山南站高架桥是当时我国转体吨位最重和斜拉索索力最大的桥梁，该工程取得 3 方面技术创新：

(1)曲线转动体系的重心控制。

(2)斜边索采用稀索体系，每一锚固点处两束斜拉索合计 25 000kN 集中力，索力居国内第一位。

(3)1.4 万 t 球铰创造了预应力混凝土曲线斜拉桥单铰转体重量的世界纪录。

为适应城市桥梁建设在环境上的要求，在结构设计技术上有诸多创新：如预弯梁技术、脊骨梁大挑臂城市高架桥技术、大跨径异型板结构以及混合结构等。一些城市又相继设计了一些新颖、结构独特的城市桥梁，如天津斜独塔斜拉桥——保定大桥、拱形独塔斜拉桥——天津子牙河大桥，亚洲主跨最大预应力混凝土连续刚构桥梁——重庆嘉陵江大桥。

2.7 桥梁耐久性和全生命周期(全寿命理念)的广泛应用

在工程设计中，设计人员更加注重资源和关注全生命周期(全寿命理念)，提出在混凝土桥梁耐久性研究的基础上，建立建立城市桥梁结构安全设计新理念。具体的技术措施为：

(1)采用高耐久性混凝土，增强混凝土的密实度，提高混凝土自身抗破损能力。

(2)加强桥面排水和防水层设计和施工环节，改善桥梁的环境作用条件。

(3)改进桥梁结构设计，加大混凝土保护层厚度、加强构造钢筋、防止和控制裂缝的发展；采用具有防腐保护的钢筋(例如体外预应力筋、无黏结预应力筋、环氧涂层钢筋等)。

3 新材料、新工艺和新技术应用上的创新

3.1 预应力锚固体系的新进展

作为现代预应力混凝土技术的重要组成部分——预应力锚固体系，近些年来在诸多方面有了突破性进步。笔者认为，我国的钢绞线体系经历了 30 多年的探索和研制，目前发展的比较成熟和完善，从借鉴到创新发展了自主民族品牌，钢丝束体系和粗钢筋体系也有诸多创新。如苏通大桥使用的斜拉束钢丝强度为 1 770MPa，使用寿命由 30 年延长至 50 年，272 根斜拉索中有 56 根长度打破世界纪录。近年来我国研究人员，在预应力锚固体系方面有许多新的研究成果。如在 CFRP 索预应力大跨结桥梁构的非线性分析与控制课题、在 CFRP 预应力筋加片式锚具的试验研究课题，均取得了新的突破。

3.2 环氧涂层钢丝新技术

随着城市桥梁朝着大跨径、结构多样性、轻型化的方向发展，加强拉索防腐保护研究等问题凸现出来。我国新研发的环氧涂层钢丝采用成熟的静电涂层喷涂工艺，既不会造成钢丝强度性能的变化，也使得 1 860MPa 强度等级带防腐层的高强钢丝得以使用。而且涂层附着力强，具有优良的耐碱性、耐酸性和耐溶剂性等化学性能，在高温和低温环境中依然能保持良好的性能。环氧涂层钢丝不仅具有优越的锚固性能，而且能够提高拉索的抗疲劳性能，有效抑制拉索的振动。

3.3 高性能混凝土的应用

高性能混凝土(大于 C60 级，称为 HPC)自 20 世纪 80 年代在桥梁建设领域得到迅速推广。HPC 具有高流动度、高密实度与高后期强度。HPC 桥梁的耐久性是一般混凝土的 2 倍，并能够节约资源，减少空气中 CO_2，且利用了工业废料，有利于环境保护，这项研究成果在铁路和公路桥梁建设中已得到广泛的应用。如高性能混凝土、智能混凝土和高性能钢管混凝土在

城市桥梁中的应用等。

3.4 新型复合材料的研究和推广应用

自20世纪80年代特别是21世纪的前10年,以提高耐久性为目标新型复合材料在城市桥梁建设中得到广泛应用。如纤维加劲塑料(FRP),它具有抗海水、抗酸、抗磷等腐蚀的优点,其强度又大于高强钢丝。一些发达国家对FRP在桥梁建设中的应用进行专题研究开发,发展了各种FRP力筋体系、FRP板材和卷材,建成了一些FRP桥及FRP力筋的预应力混凝土桥和斜拉桥,但仍处于试验、研制阶段。我国应积极开展FRP在桥梁工程中的应用研究工作,在高效优质补强旧桥和易腐蚀的桥梁单向受拉件中以FRP代替钢材。

3.5 体外预应力技术的广泛应用

体外预应力技术(EPC)在国外发达国家已普遍应用,而在我国特别是城市桥梁建设领域的应用则刚刚起步,主要障碍是我国目前没有相关的规范和标准,且体外预应力成束的价格也非常昂贵。然而,进入21世纪,体外预应力技术在我国城市桥梁建设领域得到广泛的应用。2003年,我院曾在北京四丰立交的1号,2号匝道桥采用预应力预制阶段拼装箱梁,其中应用了体外预应力技术。此后,北京、上海和天津等一些城市相继修建了一批体外预应力桥梁。

3.6 预弯复合梁设计技术的推广应用

作为一种新型的施加预应力形式——由预弯预应力技术拓展的预弯预应力复合梁的应用,近年来在我国城市桥梁有了长足的发展。21世纪初,我院在哈尔滨市的红旗路立交和大庆路立交设计了两座预弯复合梁桥。尔后,我院又在越南河内设计了8座预弯复合梁桥,最大跨径达38m。近年来,我们又设计了北京南长河桥及北京玉泉路跨越永定河桥梁,均为预弯复合梁结构。

3.7 预应力混凝土桥梁结构裂缝防治的最新研究

预应力混凝土结构物的裂缝既是不可避免的,而且直接影响着桥梁结构的耐久性和使用寿命。我国的科研人员,详细分析了混凝土早期裂缝起因及开裂的机理,总结几十来在预应力桥梁的施工经验,专题研究防治混凝土裂缝的问题,找到了制约混凝土裂缝发生的三个基本要素:①混凝土收缩变形的大小;②混凝土抗拉性能的高低;③混凝土变形的约束条件,并提出了预应力桥梁混凝土早期裂纹有效防治的最新研究成果。

4 现代预应力技术在城市桥梁设计和建造应用的经典案例

一般来说,城市桥梁设计水平主要体现在大跨度桥梁的建造上。从1991年上海南浦大桥的成功建成,至今我国已建成数以百计的城市大跨径桥梁,其中苏通大桥系世界上最大跨径的钢斜拉桥,上海卢浦大桥是世界上最大跨径的钢拱桥,润扬大桥是2005年我国跨度最大的悬索桥,浙江舟山西堠门大桥是我国跨度最大的悬索桥,居世界最长跨度的桥梁第二位。21世纪的前10年,在世界10座悬索桥的排名中我国占据5座,充分说明我国建桥的惊人速度和宏大规模。下面四个经典案例,充分反映了我国城市桥梁设计和建造水平的创新发展。

4.1 跨度钢桁拱与混凝土三角刚构新型组合桥梁的最新发展

2009年获得第八届中国土木工程詹天佑奖的城市桥梁——广州新光大桥(图1),是我国首座大跨度钢桁拱与混凝土三角刚构的新型组合桥梁,实现了钢、预应力混凝土、普通混凝土等不同材料以及钢桁拱与三角刚构不同结构形式的有机结合。其主桥428m,总长782m的桥型结构有重大突破,其主拱中段滑移、浮运、提升构件尺寸、重量以及提升高度综合技术指标居世界同类型桥梁的首位、大跨度钢桁拱与混凝土三角刚构组合桥的整体技术总体上达到国际先进水平。

4.2 连续刚构与连续梁组合体系桥梁的新进展

2010年获得第九届中国土木工程詹天佑奖的城市桥梁——重庆长江大桥复线桥(图2),为连续刚构与连续梁组合体系,全桥长1 103.5m,主跨330m,该桥跨径成为世界梁式桥之最。这座大桥开创性地把组合结构概念和钢—混凝土连接技术融合起来。330m主跨中间创造性的采用108m钢箱梁,大大加快了施工进度。该结构体系较好地解决了结构不不对称及超静定次数多、温度变化、混凝土收缩徐变等问题。同时较好地运用了体外预应力束技术,改善了结构受力和变形控制。

图1 广州新光大桥

图2 重庆长江大桥复线桥

4.3 无推力刚构——系杆拱桥的新突破

2010年获得第九届中国土木工程詹天佑奖的城市桥梁——重庆菜园坝长江大桥(图3),系国内最大的公共交通和城市轻轨两用大桥,主桥420m主跨居世界公轨两用系杆拱拱桥之首。主桥主体结构体系包括南北两侧的边跨均为预应力Y型刚构、中跨320m钢箱提篮拱和800m正交异形板组合钢桁梁等子结构、Y型刚构与钢箱梁通过系杆拱连接成420m跨的系杆拱,正交异形板连接钢桁梁将活载传递到刚构和拱结构之上,形成了多种结构体系的组合,该结构体系在国内系首次采用,结构受力复杂,体系转换频繁。

4.4 预应力混凝土桥梁阶段拼装综合技术的成功应用

2010年获得第九届中国土木工程詹天佑奖的北京丰北路(三环—四环)改建扩工程(图4),将预应力混凝土阶段拼装综合技术在城市桥梁的建设上成功地进行了推广应用。其科技创新与新技术应用如下:一是该工程编制的"预应力混凝土桥梁预制阶段逐跨拼装施工技术规程"填补了国内预制阶段逐跨拼装施工方面的空白;二是自主设计研发了可调节钢模板体系;三是在跨越四环路匝道桥的钢一混组合梁上采用了曲线梁悬臂拼装无支架施工技术。

图3 重庆菜园坝长江大桥

图4 北京四丰立交

5 结语

5.1 现代预应力技术发展展望

随着人类科学技术的发展,在今后城市桥梁和公路桥梁建设中将采用更加科学、合理和完善的设计理论和科学的评价系统，预应力混凝土桥梁的相应设计规范、规程也将不断发展和日臻完善；将更加强调结构选型及桥梁结构的安全性、实用性、耐久性的平衡，实现规划、设计、施工、运营、养护和拆除的结构五大环境“全寿命设计”；将进一步重视包括钢筋和混凝土、预应力混凝土材料等高性能建筑材料的研究和选用；将进一步重视和提高预应力桥梁结构细节的设计水平和施工工艺水平，编制相应的设计指南，提高设计施工、管养的标准化工作水平；更加重视桥梁概念设计，重视组合结构的创新，着眼于桥梁总体布置和主要构造的格局，统筹考虑城市桥梁的各种价值和性能。

随着我国综合实力的提高和预应力技术的不断发展，城市大跨径桥梁将向更长、更大和更柔的方向发展，将向运用各种组合体系、协作体系以及三向组合结构和混合结构等创新体系的方向发展。

5.2 城市桥梁设计和施工技术的发展愿景

人类已迈入21世纪的20年代。在21世纪第二个10年，以武汉鹦鹉洲长江大桥、港珠澳特大桥和超大型跨海大桥——青岛海湾大桥等一大批现代桥梁的陆续兴建，标志着我国将续写桥梁建设更加辉煌的篇章。但从综合实力和全面技术水平上与西方发达国家相比较，我们仍存在不小的差距。在以低碳、绿色和节能为发展目标的今天，需要我们携起手来，以科学发展观为统领，百尺竿头，更进一步，真正实现我国由世界桥梁大国向世界桥梁强国迈进的目标。

参考文献

[1] 中华人民共和国行业标准. JTG DD62—2004 公路钢筋混凝土及预应力混凝土桥涵设计规范[S]. 北京：人民交通出版社，2004，9.

[2] 鲍卫刚，周泳涛，等. 预应力混凝土梁式桥设计施工技术指南[M]. 北京：人民交通出版社，2009，11.

[3] 林元培. 桥梁设计工程师手册[M]. 北京：人民交通出版社，2007，7.

[4] 穆祥纯. 城市桥梁结构安全度和耐久性问题的研究. 第十六届全国桥梁学术会议论文集[C]. 北京：人民交通出版社，2004，11.

[5] 穆祥纯. 论北京城市桥梁设计的创新技术. 第十七届全国桥梁学术会议论文集[C]. 北京：人民交通出版社，2006，4.

[6] 唐志勇. 预应力混凝土桥梁混凝土裂缝产生及防止研究[J]. 现代商贸工业，2010(1).

[7] 何维利. 桥梁体外预应力技术研究[J]. 工业建筑(增刊)，2004，34.

[8] 赵东松. 预弯复合梁设计[J]. 工业建筑(增刊)，2004，34.

[9] 朱尔玉，刘磊，等. 现代桥梁预应力结构[M]. 北京：清华大学出版社，2008，10.

[10] 谭庆琏. 第八届中国土木工程詹天佑奖获奖工程集锦[M]. 北京：中国建筑工业出版社，2009，3.

[11] 谭庆琏. 第九届中国土木工程詹天佑奖获奖工程集锦[M]. 北京：中国建筑工业出版社，2010，3.

[12] 江苏大学科研成果，课题名称：CFRP索预应力大跨结构(桥梁与房屋)非线性分析与控制，成果编号：鉴字[教SH2010]第001号，鉴定日期：2010-1-20，学科：土建水.

21. 武汉鹦鹉洲长江大桥 1号主塔新型平台设计与实践

刘 荣
（中铁大桥局集团第六工程有限公司）

摘 要：本文主要介绍1号主塔基础施工阶段充分利用长江水位周期变化的特点，因地制宜、顺势而为地采取了较新颖的平台方案。该方案突出施工各阶段的功能需求，并开展了价值工程的研究与践行，优质、高效地完成了该主塔基础工程，取得良好的效益。

关键词：1号主塔 新型平台 设计 实践

1 前言

价值分析研究是项目管理的重要组成部分，施工方案作为主体结构功能得以实现的具体体现，占施工造价比重较大，方案优劣直接影响施工成本。如何将经济、技术和社会效益有机结合，寻求最佳的施工方案是项目管理核心内容之一。特别是我国作为世界上的能源消费大国，在施工中通过优化方案以达到“节能减排、低碳施工”目的是企业不可推卸的社会责任，也是不断深化发展的需求。

在中国内陆区域，河流水位受季节性影响较大，主要形成丰水期、平水期和枯水期，水位也随着各阶段周期性大幅涨落。以长江汉武汉段为例，丰水期与枯水期的水位落差达到9～16m。跨越江河的特大型桥梁的深水基础施工中，受工作量大、不确定因素多等限制，水中墩基础施工基本采用钢结构作为施工平台，具有不受水位变化影响、可控性强等优点，但其也有占用资源多、施工周期长、水上施工效率低等缺点。如何合理利用水位周期性变化的自身特点，“因地、择机、借势、借利”制订既能满足施工要求，又能大幅提高工效、降低成本的基础施工方案，是项目实施阶段开展价值工程的重要环节。

2 概况

2.1 工程概况

鹦鹉洲长江大桥采用三塔四跨悬索桥结构，全长2 150m。主孔两跨过江桥型方案，主桥桥跨布置为200m+2×850m+200m。1号塔设计为低桩承台基础，承台呈哑铃形，圆端截面，平面尺寸为 67m×28m，厚 5.50m，底面高程＋6.50m，顶面高程＋12.00m；承台下 44 根 ϕ 2.0m摩擦灌注桩，钻孔桩沿纵桥向 12 排、沿横桥向 5 排，桩间距为 5.5m，桩底高程－68.5m、桩长 75.0m；桥位处的年平均水位为＋17.01m。1 号塔基础详见图 1。

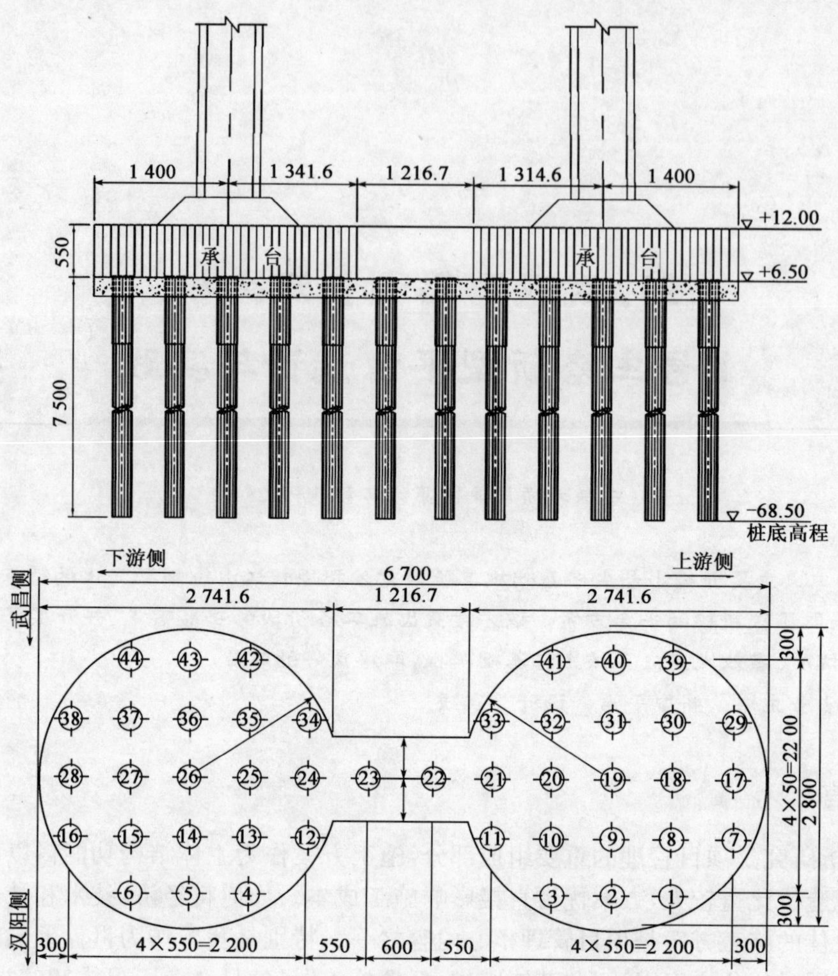

图 1　1 号主塔基础布置图（尺寸单位：cm）

2.2　地形、地貌及地质概况

1 号塔位于长江主河槽侧的汉阳江滩岸坡二级台阶附近，岸坡坡率为 1∶2，基础范围内地面高程为 11～19.6m，在常水位下墩位处坡面基本被水淹没。基础横轴线与大堤夹角为 6.23°，基础中心点距堤顶边缘约 40m。通过地勘报告表明，桩基穿透的地层从上至下分别为：9m 粉质黏土、约 40m 粉细砂层、24m 的圆砾土、9m 黏土、4m 强风化泥岩，桩基底部嵌入微风化破碎泥岩约 5m（微风化破碎泥岩的天然极限抗压强度 $R_{a\infty}$＝1.3MPa）。

2.3　水文概况

桥址处下游约 8.5km 为汉口水文站，根据该站提供的多年统计水文资料，各月的多年平均水位见表 1，三峡工程建成后，汉口水文站近年来各月的极端水位情况见表 2。

汉口水文站长江平均水位统计表（黄海高程）（单位：m）　　表 1

月份	1月	2月	3月	4月	5月	6月	7月	8月	9月	10月	11月	12月
水位	11.66	11.76	13.24	15.25	18.01	19.66	21.86	21.65	21.14	19.56	16.80	13.41

近5年来汉口水文站月最高、最低水位统计(黄海高程)(单位:m)　　表2

月份	1月	2月	3月	4月	5月	6月	7月	8月	9月	10月	11月	12月
最高	13.42	14.38	16.41	19.42	21.05	23.75	25.31	25.19	22.21	20.21	20.78	17.03
发生年度	2006年	2006年	2009年	2010年	2010年	2010年	2010年	2010年	2010年	2010年	2008年	2008年
最低	11.71	11.84	11.79	13.06	14.10	15.81	19.42	15.10	13.90	13.16	12.23	11.71
发生年度	2008年	2008年	2010年	2007年	2007年	2007年	2008年	2006年	2006年	2006年	2009年	2006年

3　新型平台方案确定

3.1　钢平台的主要用途

钢平台作为水上基础施工所需的重要辅助措施，其主要用途为水上作业支撑体系，在桥梁基础施工中的作用体现在：钻孔作业、围堰下放插打、清淤封底等工序的承重或作业平台。常规平台采用插打若干数量的钢管桩作为竖向支撑桩，桩间设置连接系以加强平台的整体刚度，桩顶设平、纵分配梁体系以将平台荷载传递给竖向钢管桩，最后铺设平台钢面板。

根据墩位处的地勘报告和以往施工经验，桩基施工拟投入2台RXS-1050旋挖机进行作业，该钻机最大的钻深为130m，最大钻径为ϕ3.0m。预计成桩效率为3d/根·台；1号塔共计44根ϕ2.0m桩基，计划该塔墩桩基理论工期需要66d。本工程于2010年12月20日开工。

3.2　新型平台的设计思路

基于1号塔所处大堤岸坡、开工时间处于枯水期、采用效率较高的旋挖钻机进行钻孔作业等有利条件。拟采取土平台＋新型钢平台方案。并对近年来长江水位进行统计分析，在1～3月期间长江水位最高水位为16.41m，半填半挖并调入少量土方以形成平台，平台顶面高程拟定为＋17.50m，为了尽可能在枯水位完成桩基工程，其最迟开工时间为2011年1月20日，并计划3月底完成。作为桩基作业无法如期完成的备用措施，拟分两阶段施工，前期采用筑岛土平台施工32根桩基并植入平台钢管桩，后期利用前期植入的钢管桩搭设钢平台完成剩余12根桩基(兼作钢围標拼装下放、吸泥封底平台)的联合方案，具体见图2。在第一阶段桩基施工过程中，每根桩基灌注完成后，在桩基混凝土未初凝前植入钢管桩，植入混凝土内的深度为1.2m，钢管桩顶部高程略低于岛面并设连接法兰盘，作为后续钢平台竖向承力的重要部分，钢管桩接高后即可形成完整的钢平台体系。

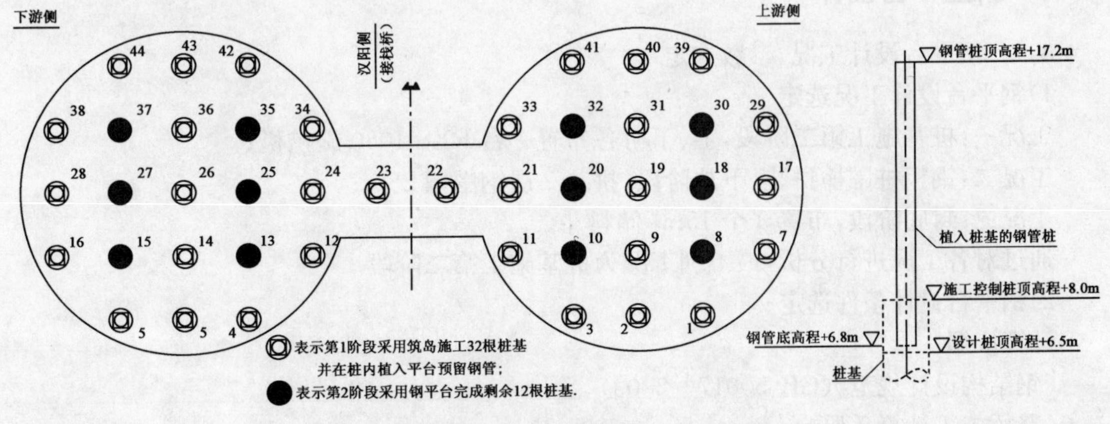

图2　桩基分两阶段施工布置和植入式钢管桩示意图

3.3 新型平台方案的合理性比较结果

为了保证实施方案的最优性，我们对该方案与常规钢平台从经济、工期、制约因素、风险评估等方面进行比较，具体见表3。通过两种方案比较，新型平台方案能节省投资1 117万；缩短工期103d，制约因素少，风险可控。

新型平台方案与常规钢平台方案比较表　　表3

方案 比较内容	新型平台方案	常规钢平台方案
经济比较	钢平台和钢护筒工程量达到2 377t，钢护筒仅能部分回收；需要较多的水上设备配合，需大功率振动锤APE400双锤配合，施工效率较低，平台及机械设备投入需要2 367万元，施工前期资金占用量大	利用岸坡有利地形，半填半挖，并外调土方9 000m^3。即可大幅减少钢护筒投入，钢护筒可全部回收，且采取植入式钢管桩，在同等受力情况下每根钢管桩的长度可减少23m，仅投入920t钢结构；投入大型水上设备少，仅需要常规的180t振动锤1台，将水上施工变为陆地施工，施工效率高，平台及机械设备投入需要1 250万元，施工前期资金占用量小
工期比较	从工艺上，钢平台与钻孔桩需采取承接式，从钢平台加工到搭设成型需要60d，且受平台面积和荷载限制，钻孔作业效率较低。桩基施工工期需用175d	前期筑岛仅需要6d，前期仅需要加工部分植入式钢管，平台制作安装可与钻孔桩同步，大部分桩基为陆地作业，钻孔效率较高；桩基施工工期需用72d
制约因素比较	①对最迟开工时间有较明确的要求； ②为了保证钻孔桩不坍孔，孔内水头需高出长江水位2m以上	①前期需用资金量大； ②搭投钢平台对电力需求较大，外部电力无法按时保证接入； ③为了保证大型水上浮吊在枯水期进行作业，需对长江大堤岸坡最大挖除深度约12m，报批流程繁琐，周期长，开工时间不确定
分险评估	①旋挖钻机在相类似工程成孔效率有较多实例，能确保在3月底前完成32根桩基，风险较小； ②植入式钢管桩不进行桩基主体，对主体结构没有影响，钢管桩握裹在桩身内1.2m，承载力有保障，不受水流冲刷影响	①受江水变化影响小，施工方案较成熟； ②钢管桩采取摩擦桩类型，对水流冲刷影响较大

4 新型平台设计

4.1 钢平台设计工况、参数选定

1)钢平台设计工况选定

工况一：桩基施工第二阶段，上、下游各布置一台RXS-1050旋挖机；

工况二：钢板桩围檩拼装、下放阶段，拼装2层钢围檩286t；

工况三：封底阶段，布置3个15m^{3}储料斗。

通过对各工况进行分析，最不利工况为桩基施工第二阶段。

2)钢平台设计条件选定

计算依据：

《钢结构设计规范》(GB 50017—2003)

《路桥施工计算手册》

《公路桥涵施工技术规范》(JTJ 041—2000)

机械荷载：

RXS-1050 在工作状态下重量为 95t，履带宽度为 0.8m，单侧履带长度为 11m，履带中心距为 5.48m，最大扭矩 360kN·m，考虑钻机冲击荷载按 1.2 倍自重计；

施工人员、堆放材料：按平台顶 $3kN/m^2$ 考虑。

材料说明：

钢管桩(Q235B)：$\phi820\times8$；

分配梁 1(Q235B)：2×I56b 型钢；

分配梁 2(Q235B)：2×I56b 型钢；

分配梁 3(Q235B)：I18 型钢；

面板(Q235B)：$\delta=8$mm 钢板。

材料容许应力：

Q235B 钢材：$[\sigma]=180$MPa，$[\tau]=100$MPa。

传力途径：

钻机荷载：分配梁 3→分配梁 2→分配梁 1→钢管桩。

施工人员、堆放材料荷载：面板→分配梁 3→分配梁 2→分配梁 1→钢管桩。

边界条件：

钢管桩底部固接，钢管桩顶部铰接，钢管立柱与连接系铰接，平台顶分配梁按铰接考虑。

4.2　钢平台建模计算

借助有限元分析软件 Midas 2006 对分配梁和钢管桩采用梁单元模拟计算，计算结果见图 3。

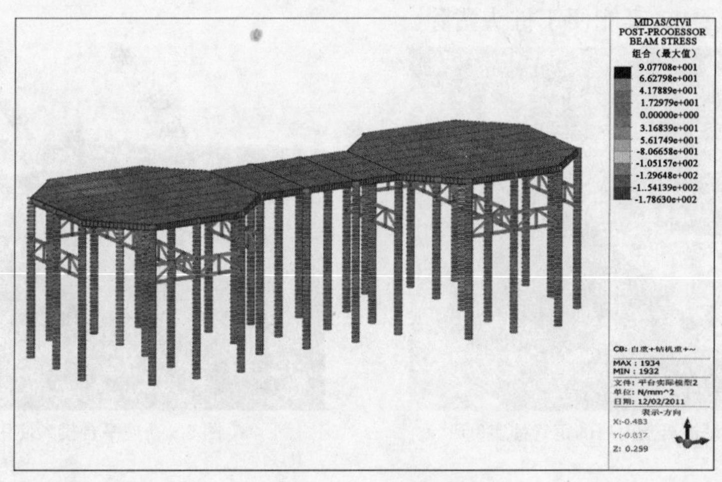

图 3　钢平台应力图

通过计算，分配梁最大剪应力值为 24.5MPa$\leqslant[\tau]=100$MPa；分配梁最大拉应力为 178MPa$\leqslant[\sigma]=180$MPa；

钢管桩最大压应力为 148MPa$\leqslant[\sigma]\times0.96$ 折减系数$=170$MPa$\times0.96=173$MPa；

钢管桩最大竖向变形为 4.5mm。

该结构符合相关规范要求。

5　平台的实践与效果

1 号塔于 2011 年 1 月 15 日开始平整并填筑土平台，1 月 25 日开始桩基施工，在施工过程中严格按照既定的施工方案执行，先期施工搭设钢平台所需的 32 根桩基，每根桩浇注完成后，在护筒顶设置钢管桩植入的定位架(兼作钢筋笼吊架)。将钢管垂直吊装并缓慢下放入孔内，靠自重插入桩身混凝土内。管桩顶部临时设置限位装置，以保证管桩顶部安装高程符合要求。如图 4，植入的 32 根钢管桩除 42 号桩基插入较困难，需外力压入外，其余的钢管桩均可顺利下放就位。

3 月 13 日完成第二阶段钢平台所需 32 根桩基，历时 47d。平均成桩效率为 2.94d/根·台，与原预计的施工效率基本吻合。当期的长江水位 12.96m(黄海高程)，远低于土平台＋17.00m设防水位，经研究决定，仍采用第一阶段方案施工剩余 12 根桩基。剩余桩基于 3 月 26 日完成，第二阶段桩基施工历时 13d，平均成桩效率为 2d/根·台，当期长江水位 13.98m(黄海高程)。

为了保证孔壁稳定，规避回填土松散和地下径流对孔壁的侵蚀造成孔壁坍塌，钢护筒采用 6～9m，全部嵌入原地层，成桩期间未发现坍孔现象。经后期桩基无损检测，44 根桩基全部Ⅰ类桩，达到内控指标要求。

桩基完工后，在植入钢管桩顶部搭设临时平台，在平台采用长臂挖机挖除岛体至＋8.0m，拆除临时平台，并接高钢管桩至＋24.20m，形成正式的钢平台体系。从平台开始搭设到具备钢围檩拼装条件仅历时 6d，较相同规模的常规钢平台搭设需要 45d 相比，新型平台搭设速度与难易程度而言有了质的飞跃。后期钢平台主要作为钢围檩拼装下放平台、插打钢板桩围堰施工平台、吸泥平台、封底平台等用途，直至 2011 年 6 月 21 日围堰封底完成后结束钢平台功能，见图 5。围堰内抽水后，对桩身凿除过程中，钢管桩与桩身混凝土连接良好，嵌入深度适中，既能满足受力要求，又能便于桩头凿除。

图 4　植入桩基混凝土内后的钢管桩实例

图 5　新型平台投入使用后实例

6　结语

该方案充分利用塔位地较好的“地”，结合桩基地层较好的“利”，有力地抓住开工时间在枯水期的“机”，借助对各种方案权衡利弊的比较和选择，重点突出施工各阶段的功能需求。通过实践证明，尽管该平台因钻孔桩作业在低水位阶段如期完成而未作为钻孔平台，但在封底阶段也经历了单侧布置多个 15m³ 储料斗方案近 50t 的集中荷载等不利工况，验证了方案安全、可靠、简洁、实用。并节省工期 103d、节约资金 1 000 多万元的良好效益。也为今后相类似的工程制订方案提供新的思路，特别是在钻孔桩内植入钢管桩作为钢平台的重要组成部分在工程实践中尚属首次，为该工法的推广和利用提供理论与实践依据。

22. 鄂东长江公路大桥索塔锚固区结构设计及计算

魏奇芬[1]　常　英[1]　叶文海[2]　白　凯[1]

(1. 湖北省交通规划设计院;2. 湖北省交通职业技术学院)

摘　要:索塔锚固区承受拉索的巨大集中力,构造复杂,锚固区各构件处于复杂的应力状态,是特大桥设计中的重点和难点之一。鄂东长江公路大桥主跨926m,索塔锚固区采用钢锚箱结构。本文对索塔锚固区结构设计及选型进行对比分析,得出内置式钢锚箱和外露式钢锚箱均适用于混凝土斜拉桥索塔,两者结构形式类似,只是与混凝土塔壁相对位置不同而造成的受力分摊上比例不同的结论。钢-混凝土组合索塔在一定程度上利用了钢和混凝土各自的材料特性,提高了索塔的整体安全性能。根据有限元计算模型及结果,进一步分析了钢锚箱的力学特性,并通过增加横向预应力对锚固区的结构进行了优化,为特大桥设计及施工提供有益的参考。

关键词:斜拉桥　索塔　钢锚箱　工程应用　有限元

1　工程概况

鄂东长江公路大桥主桥采用桥跨布置为3×67.5m+72.5m+926m+72.5m+3×67.5m的九跨连续半飘浮双塔混合梁斜拉桥,边跨设置3个辅助墩和一个过渡墩,主桥长1 476m,其桥型布置见图1。

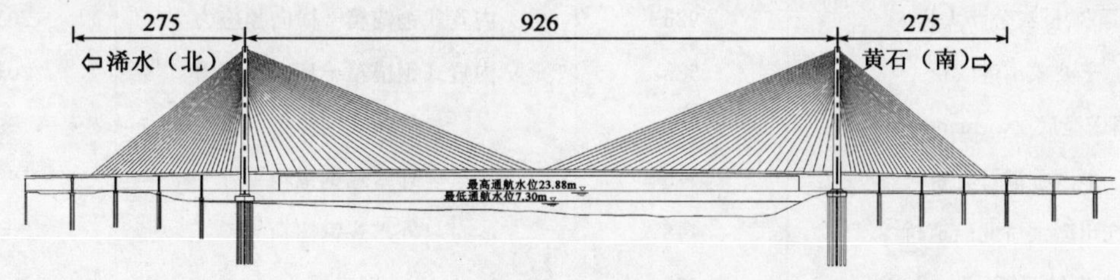

图1　桥型布置图(尺寸单位:m)

索塔拉索锚固区是斜拉桥中的关键部位,拉索的局部集中力将通过这一部位安全、均匀地传递到塔柱中。由于拉索的局部强大集中力、预应力筋的锚固力以及孔洞削弱等因素影响使该区域受力状态十分复杂。索塔锚固区设计时必须满足以下四个方面的要求:

(1)保证锚固区结构的极限承载力及足够的抗裂安全。

(2)索力的传递和平衡应该简单、可靠,避免塔柱受扭。

(3)锚固构造细节的设计必须考虑拉索张拉、锚固的简易性和经济性。

(4)锚固区构造必须具备可接近性,使检查养护人员便于检查,必须考虑为换索提供必要条件。

鄂东桥初步设计阶段主桥索、塔锚固形式暂推荐钢锚箱方案,并在塔柱周围设置一定数量的环向预应力,以防钢锚箱外围混凝土开裂。技术设计阶段和施工图阶段项目组对主桥的索塔锚固区及构造形式作了多项研究,并取得了阶段性的成果。结合国内外权威机构(日本长大株式会社、武汉桥研院、中铁大桥勘测设计院等)的咨询、审查、相关专题及试验研究,索塔锚固区最终确定为内置式钢锚箱+部分横向预应力的结构形式。

本文对索塔锚固区主要设计阶段中结构设计及选型进行总结,提供有限元计算模型及结果,分析钢锚箱的工程应用及力学特性,为特大桥设计及施工的提供有益的参考。

2 索塔锚固区形式比较研究

大跨度斜拉桥的索塔一般采用空心变截面塔柱,常见的索塔锚固形式大体可分为预应力、钢锚箱及钢横梁锚固三类。表1列举了部分国内外著名斜拉桥混凝土索塔的锚固形式。

国内外著名斜拉桥混凝土索塔锚固形式一览表 表1

桥梁名称	主跨(m)	锚固类型	建成年代
武汉白沙洲大桥	618	环向预应力	1999
南京长江二桥	628	环向预应力	2001
武汉军山长江大桥	460	环向预应力	2001
巴东长江公路大桥	388	环向预应力	2004
珠江黄埔大桥	383	环向预应力	2008
厄勒海峡大桥	490	内置式钢锚箱	2000
希腊 Rion-Antirion 桥	560	内置式钢锚箱	2004
苏通长江公路大桥	1 088	内置式钢锚箱	2008
济南黄河三桥	386	内置式钢锚箱	2008
上海长江大桥	730	内置式钢锚箱	2009
太白楼西路梁济运河大桥	220	内置式钢锚箱	2010
鄂东长江公路大桥	926	内置式钢锚箱+横向预应力	2010
宁波象山港大桥	688	内置式钢锚箱+环向预应力	2010
法国诺曼底(Normandie)桥	856	外露式钢锚箱	1995
中国香港汀九桥	475	外露式钢锚箱	1998
杭州湾大桥北航道桥	448	外露式钢锚箱	2008
加拿大安纳西斯(Annacis)桥	465	钢横梁	1986
南浦大桥	423	钢横梁	1991
东海大桥	420	钢横梁	2005
金塘大桥	620	钢横梁	2009
荆岳长江公路大桥	816	钢横梁	2010
闵浦大桥	708	钢横梁	2010

环向预应力锚固方案构造简单、用钢量少、造价便宜，但施工相对复杂，锚固区混凝土易开裂，影响结构的耐久性，在跨度不大的斜拉桥中应用较多；钢锚箱锚固方案构造复杂、用钢多、造价贵，但受力明确、力学性能有保证，施工方便，特大跨度斜拉桥则较多地采用了该方案；钢横梁锚固方案介于两者之间；环向预应力束锚固方案通过分别在纵横向设置预应力锚固索以提高混凝土的抗拉能力，受力明确，但锚头较多，施工较复杂。

斜拉桥主跨在800m以下时索塔常常采用混凝土材料，通过配置预应力钢筋或采取其他一些构造措施可以满足索塔锚固区受力要求和施工要求。斜拉桥主跨在800m以上时，由于跨径增大使得索塔上部位置的斜拉索承受较大的拉力，若索塔采用混凝土材料而锚固区采用钢材，就可以充分发挥这两种材料的特性，既满足索塔的受力要求，又降低了工程的造价。

根据此三种锚固形式的优、缺点，从结构受力、施工工艺、适用性及后期养护等方面综合考虑后，鄂东长江公路大桥选用钢锚箱的锚固形式。

3 钢锚箱工程应用及受力特点

早期的钢锚箱结构较为简单，斜拉索锚于顺桥向两块垂直钢板之间，穿过一对焊在垂直钢板上的具有拉索纵向斜度的横向斜板（也称为腹板、百叶板）。钢箱用某种简便的连接与混凝土塔的两侧结合在一起。索力的水平分力通过垂直钢板由主孔传递到后拉索，而索力的垂直分力则通过连接件传送到混凝土。索塔塔壁为混凝土，索塔锚固区采用钢结构，这种具有1个或2个垂直索面的组合体系对桥梁来说是传统的，如比利时的邦纳安（Ben Ahin）桥和旺德尔（Wandre）桥、希腊的埃夫里波斯（Evri-pos）桥和法国的沙隆（Chalon）桥。

20世纪90年代以来，日本、欧洲、中国（包括香港）等地相继建成许多大跨度斜拉桥。钢锚箱这种结构形式由于其受力方式明确、锚固点定位准确、施工方便等优点已在多座大跨度斜拉桥中得到应用。对于混凝土索塔，主要有内置式和外露式两种钢锚箱形式，以苏通大桥和诺曼底（Normandie）桥为代表。对于钢索塔，钢锚箱与钢塔壁等钢构件成一整体，以南京三桥和多多罗（Tatara）桥为代表。

内置式钢锚箱和外露式钢锚箱均适用于混凝土斜拉桥索塔，两者结构形式类似，只是与混凝土塔壁相对位置不同而造成的受力分摊上的不同而已。钢-混凝土组合索塔在一定程度上利用了钢和混凝土各自的材料特性，提高了索塔的整体安全性能。

由于采用纯钢结构，钢锚箱＋钢塔壁的锚固形式受力顺畅、传力合理，适用范围广泛，国内数座桥梁已开始有益的尝试，南京三桥和秦皇岛市燕宏大桥（主跨108m）就是很好的例子。

钢锚箱的具体结构构造形式及应用特点各有千秋，需根据实际情况在方案比较和试验的基础上进行适宜的设计。

3.1 内置式钢锚箱

内置式钢锚箱设置在混凝土塔柱的内部，在索塔的外侧不能看到钢锚箱。钢锚箱为箱形结构（见图2、图3），由侧板、腹板、锚板、锚垫板、横隔板、加劲板、端板等构件组成。索力通过腹板传递至端板上，腹板两侧焊有加劲板；侧板间设置开有人孔的横隔板，可作为张拉斜拉索的施工平台。

内置式钢锚箱的传力途径：斜拉索的拉力→锚垫板→拉板。拉板承担大部分斜拉索拉力在顺桥方向的分力，其余索力沿索塔高度方向的分力传给混凝土索塔，由混凝土承担。钢锚箱承受了较大的拉力，混凝土承受了较大的压力和较少的拉力，充分发挥了钢材抗拉强度高和混凝土能承受较大压应力的优点，克服了钢材承受较大压应力容易失稳和混凝土承受较大拉应力容易开裂的缺点。

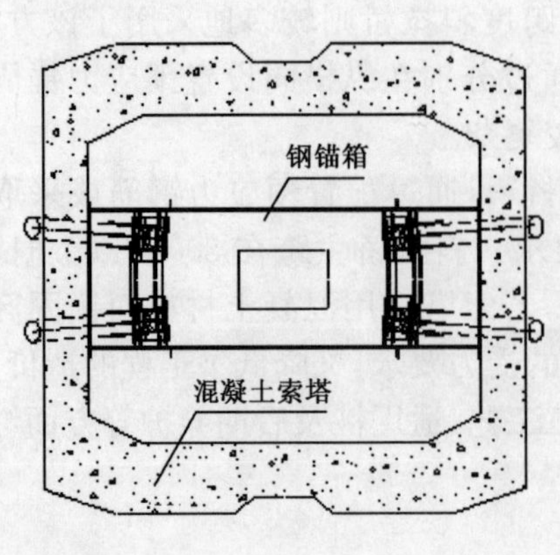

图 2　苏通大桥钢锚箱平面布置示意图

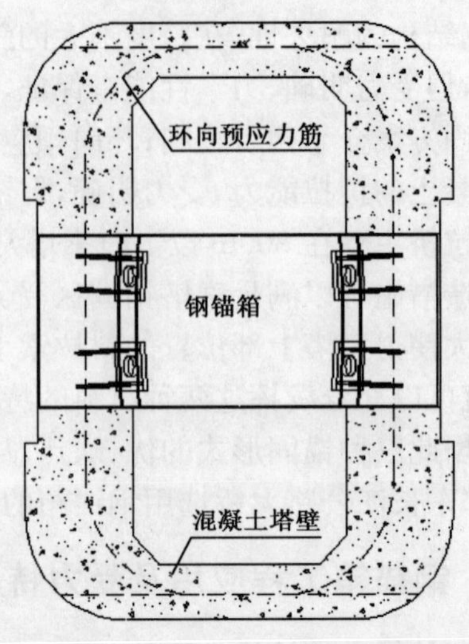

图 3　杭州湾跨海大桥钢锚箱平面布置示意图

3.2　外露式钢锚箱

外露式钢锚箱把混凝土索塔在锚固区分成两部分，在索塔的外侧能够看到钢锚箱的一部分。外露式与内置式钢锚箱受力特性上总体相似。其剪力键既要传递索塔和钢锚箱之间沿索塔高度方向的剪力，又要传递索塔和钢锚箱之间沿顺桥向的剪力，受力较复杂，但混凝土塔壁所承受的拉索索力稍小。为确保钢锚箱与混凝土塔壁间连接件的功能可靠，外露式钢锚箱用水平环向预应力筋将钢锚箱紧夹在混凝土塔柱的两个分肢之间。

诺曼底桥、希腊里翁—安蒂里翁(Rion-Antirion)桥、香港汀九大桥及杭州湾跨海大桥的索塔锚固区均采用外露式钢锚箱形式。

3.3　钢锚箱＋钢塔壁

钢锚箱与钢塔壁等钢构件形成钢塔，钢塔索塔锚固区可以简化为钢锚箱＋钢塔壁。钢塔的截面多为矩形空心箱，箱室四周各主壁板上均有竖向加劲肋，箱室内上、下相隔一定距离设有水平横隔板，两腹板加劲肋之间设置钢锚箱。

钢锚箱＋钢塔壁的锚固形式适用范围很广，小到人行天桥，大到跨海大桥。钢材的受力性能也比混凝土好，可以很容易使索塔锚固区满足受力要求，但在目前市场条件下该锚固形式要比前两种组合结构索塔的造价稍高。

4　钢锚箱计算分析

根据钢锚箱工程应用情况，鄂东桥项目组在索塔锚固区技术设计阶段对内置式钢锚箱、外露式钢锚箱及钢塔方案分别进行计算研究。通过综合比较，确定采用内置式钢锚箱。钢锚箱分 26 节，宽 2.4m，高 2.5～3.6m。索塔锚固区第一节钢锚箱底面支撑锚固在混凝土底座上，底面高程 177.60m，最上一节钢锚箱顶面高程 250.50m，钢锚箱总高 72.9m，钢锚箱节段之间采用高强螺栓连接。钢锚箱与索塔混凝土壁之间的连接构件采用剪力钉，剪力钉为直径 22mm 的圆柱头焊钉，长 200mm，水平间距 200mm 和 100mm，竖向间距 150mm。

4.1　有限元模型

采用 Ansys 程序建立空间实体有限元模型进行计算，计算时假定：

(1)所有材料为理想弹性；

(2)混凝土与钢锚箱之间的连接可靠，能够保证两者共同工作。

索塔混凝土采用 SOLID65 单元，钢锚箱采用 SHELL63 单元。模型模拟了实际的斜拉索锚固区形状，不考虑普通钢筋的作用。由于最上面一对拉索塔壁混凝土受上部无拉索段的混凝土约束作用明显，因此取第二对拉索节段进行分析。考虑到底部约束的影响，三节段建模，取中间节段进行分析。钢板与混凝土塔壁的连接采用节点共用，通过节点耦合的方式达到钢锚箱和混凝土作为组合构件共同受力的效果。有限元模型的整体坐标系以顺桥向为 X 轴，竖向为 Y 轴，横桥向为 Z 轴。计算为线弹性分析(图 4、图 5)。

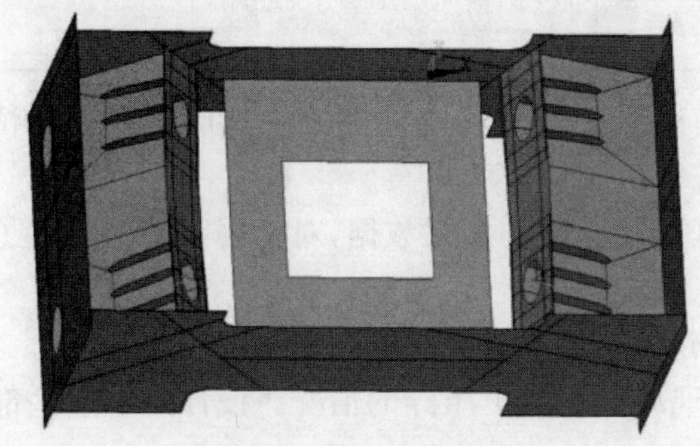

图 4　钢锚箱模型三维视图

图 5　鄂东桥钢锚箱足尺试验件

4.2　计算结果

(1)混凝土塔壁会产生应力集中，主要出现在预应力筋锚固点，斜套筒孔口及混凝土塔壁转角处，混凝土最大拉应力小于 4MPa。参考英国规范 CP110，控制局部混凝土裂缝宽度不超过 0.1mm，即名义主拉应力峰值按照 4.8MPa 控制，混凝土结构是满足要求的。

(2)钢锚箱最大主拉应力出现在锚板与侧面拉板连接的焊缝处，计算值最大约有 108.17MPa，整个钢锚箱 SEQVmax＝103.38MPa，满足规范要求。

5　锚固区结构优化

在索塔锚固区设置预应力可有效降低塔壁主拉应力，从而起到防止塔壁开裂的作用。塔壁预应力考虑了在塔柱混凝土内增设井字形预应力筋、横向预应力筋及弧形预应力筋 3 类预应力布置方案(图 6)，比较分析预应力对混凝土塔壁拉应力的影响，确定合理的预应力布置方案，以期控制索塔锚固区裂缝，改善结构的耐久性。

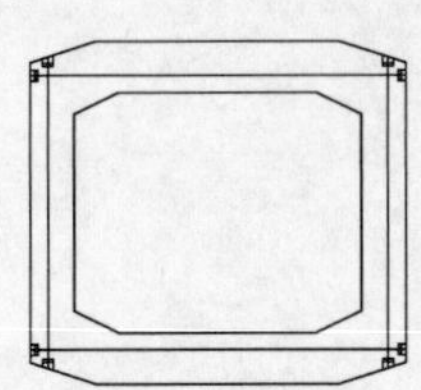

a)井字形预应力筋

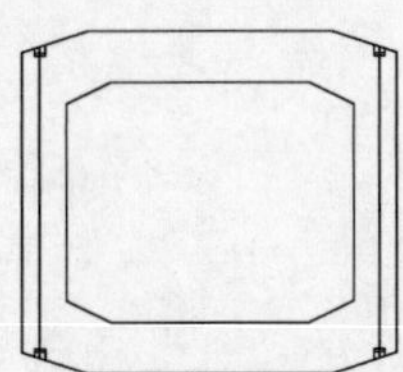

b)横向预应力筋

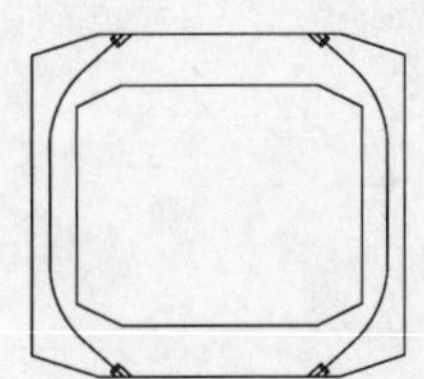

c)弧形预应力筋

图 6　塔壁预应力布置方案

分析预应力作用时，取足尺试件相应的阶段进行有限元分析，索塔混凝土采用 Solid65 单元，钢锚箱采用 Shell63 单元，预应力筋采用 Link10 单元，不考虑普通钢筋的作用。模型模拟了实际的斜拉索锚固区形状，钢板与混凝土塔壁的连接采用节点共用，通过节点耦合的方式模拟钢锚箱和混凝土作为组合构件共同受力。计算为线弹性分析，考虑了混凝土塔壁里的预应力的影响，计算结果见表 2。

预应力筋对混凝土塔壁的应力影响比较　（单位：MPa）　表 2

部　位	应 力 值	井字形预应力	横向预应力	弧形预应力
边跨混凝土外壁	主拉应力	3.75	3.70	3.77
	横桥向应力	3.46	3.38	3.61
	顺桥向应力	2.36	2.16	1.75
塔壁转角内侧	主拉应力	3.57	3.28	2.21
	横桥向应力	1.96	1.76	1.66
	顺桥向应力	2.25	2.07	1.70

由表 2 可以看出，弧形预应力布置方式可以有效减小塔壁转角内侧的主拉应力和整个桥塔顺桥向的应力，横向预应力束方案明显要优于井字形预应力筋方案。

根据有限元计算结果、咨询意见及索塔锚固区足尺试验的相关数据，对锚固区结构进行了如下优化：

(1)在索塔锚固区横桥向增设了横向预应力筋，控制了混凝土塔壁在成桥状态的裂缝。

(2)由于应力集中部位容易出现裂缝，甚至出现局部混凝土压碎的情况。设计中在这些部位进行补强，如加钢片，塔壁转角处合理布筋等。

参 考 文 献

[1] 周孟波. 斜拉桥手册[M]. 北京：人民交通出版社，2004.

[2] 湖北省交通规划设计院. 鄂东长江公路大桥技术设计之索塔锚固区构造研究报告[R]. 2007.

23. 基于 LRFD 的公路桥梁支座设计方法及工程应用

韩　强　张文强　杜修力

（北京工业大学城市与工程安全减灾教育部重点实验室）

摘　要：荷载和抗力系数设计法（Load and Resistance Factor Design）是 AASHTO 以概率论和可靠度理论为基础的极限状态设计方法，是土木工程结构（包括桥梁）设计方法发展的方向。本文基于 LRFD 的设计理念，给出了公路桥梁支座基于 LRFD 的设计流程和设计方法，并以公路桥梁板式橡胶支座为例，详细介绍了基于 LRFD 公路桥梁支座设计、验算和复核的全过程。并与我国《公路钢筋混凝土及预应力混凝土桥涵设计规范》（JTG D62—2004）中板式橡胶支座的设计程序、计算方法和验算内容等进行比较分析，指出我国公路桥梁板式橡胶支座设计和验算中不尽合理和需要改进之处，我国桥梁支座的设计、计算和校核中应参照 LRFD 方法中的合理部分，以确保桥梁支座使用的耐久性和安全性。

关键词：公路桥梁　荷载和抗力系数设计法　板式橡胶支座　设计程序　计算方法

1　引言

美国国家公路运输协会（American Association of State Highway and Transportation Officials，简称 AASHTO）的桥梁设计规范经历了容许应力法（Allowable Stress Design，简称 ADS），荷载系数设计法（Load Factor Design，简称 LFD）和现行的荷载和抗力系数设计法（Load and Resistance Factor Design，简称 LRFD）[1]。AASHTO LRFD Bridge Design Specifications[2] 是以概率论和可靠度理论为基础的极限状态设计方法，融入了美国桥梁工程最新的理论研究和工程实践成果，反映了美国目前桥梁工程学科发展水平和工程需要的一部桥梁设计规范，荷载和抗力系数设计法是土木工程结构设计方法发展方向。

2　AASHTO LRFD 中桥梁支座设计流程

桥梁支座是桥梁上部结构和下部结构的重要连接部件。桥梁支座必须能支承上部结构传递的恒载、活载等竖向荷载以及地震、风等横向荷载，并安全可靠地传递给下部结构，它还必须能够适应活荷载和温度变化等引起上部结构水平位移和由挠度变化的支点转角位移。桥梁支

基金项目：国家自然科学基金（51178008，50908005），北京市自然科学基金（8122003），国家重点基础研究发展计划（2011CB013602）

座还具有安装、维护和更换方便，在车辆振动作用下具有缓冲作用等。

板式橡胶支座在竖向具有足够的刚度，保证在最大竖向荷载作用下支座产生较小的变形，而且在水平方向具有一定的柔性，利用其剪切变形实现水平位移，并利用橡胶的不均匀弹性压缩实现转角，以适应由于车辆制动力、温度、混凝土收缩和徐变及活载作用下梁体的水平位移和梁体转动的需要，因而板式橡胶支座是公路桥梁支座中一种广泛采用的桥梁支座形式。

AASHTO LRFD Bridge Design Specifications 对板式橡胶支座的设计分为 A、B 两种方法。方法 A 适用于加劲钢板橡胶支座（Steel-reinforced Elastomeric Bearings），玻璃纤维增强橡胶支座（FGP）、织物增强橡胶支座（CDP）和纯橡胶支座（PEP），方法 B 适用于板式橡胶支座，设计要考虑全部荷载作用，而且需要额外的测试和质量控制，计算较复杂[2,3]。A 和 B 两种设计方法都必须满足疲劳、稳定、分层、加劲钢板的屈服、断裂和支座刚度等要求。本文基于 LRFD 的设计理念，给出了公路桥梁支座基于 LRFD 的设计流程和设计方法，并以公路桥梁板式橡胶支座为例，详细给出了基于 LRFD 公路桥梁支座设计、验算和复核的全过程。图 1 为基于 LRFD 法的公路桥梁支座设计流程图。

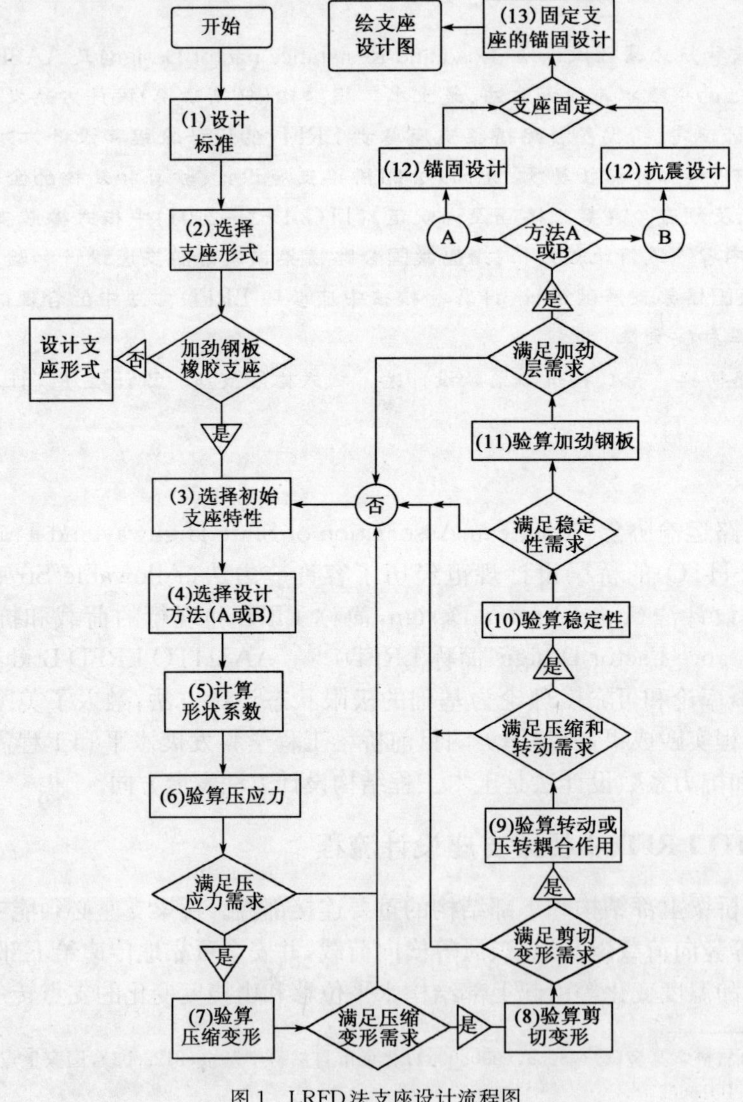

图 1　LRFD 法支座设计流程图

3　AASHTO LRFD 中桥梁支座设计方法及工程实例

本文以某两跨连续梁桥桥台处支座作为设计对象，采用普通加劲钢板橡胶支座，如图 2 所示。基于 AASHTO LRFD 设计理念，介绍了公路桥梁板式橡胶支座设计、计算和复核的全过程，同时，对图 1 所示 LRFD 法支座设计流程图中每个设计步骤里所需要计算和设计的内容进行详细说明。

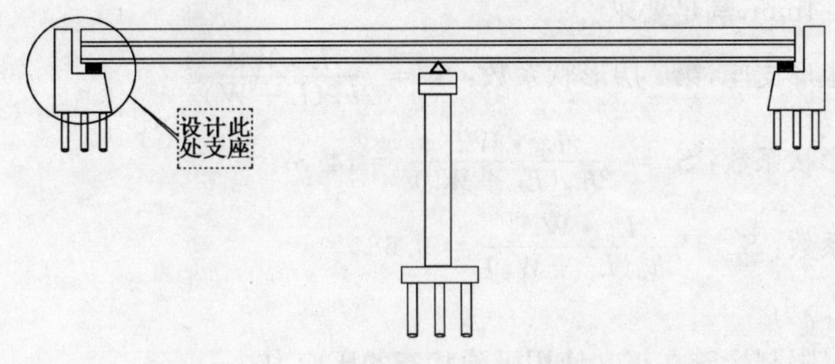

图 2　两跨连续梁桥

3.1　设计标准

设计中需要的参数如下：

DL_s＝348.7kN　　正常使用极限状态恒载

LL_s＝491.2kN　　正常使用极限状态活载（包括允许的动荷载）

θ_{sx}＝0.0121rad　　正常使用极限状态关于横轴的总转角

P_{sd}＝301.6kN　　强度极限状态下永久荷载引起的最小竖向力

3.2　选择支座形式

综合考虑荷载大小、位移能力和经济因素，选取普通钢板橡胶支座。

3.3　选取初始支座属性

支座属性根据规范和经验确定，初步选择的支座属性主要包括支座几何属性和材料属性两部分：

支座几何属性

支座长度（沿桥纵向）：L_p＝355.6mm

支座宽度（眼桥横向）：W_p＝381.0mm

橡胶覆盖层厚度：h_{rc}＝6.4mm

中间橡胶层厚度：h_{ri}＝9.5mm

中间加劲钢板层数：N_{sl}＝9

加劲钢板厚度：h_{rf}＝3.0mm

支座材料属性

橡胶硬度：h_{sA}＝50

橡胶剪切模量：G＝0.6MPa

橡胶 25 年徐变变形与瞬时变形的比值：C_d＝0.25

钢板屈服强度：F_y＝345MPa

3.4　选择设计方法

方法 A 设计的支座能力较 B 弱，然而方法 B 需要额外的测试和质量控制，本实例选取方法 A。

3.5 计算形状系数

对普通板式橡胶支座，在计算形状系数之前必须满足下面两项要求：

①所有中间层橡胶必须等厚；

②表层橡胶厚度不能超过中间层的 70%。

由 3.3 节选取初始支座属性可见，所有中间层橡胶是等厚的，满足要求①，而 $0.7h_{ri}=6.7\text{mm}$，且 $h_{rc}=6.4\text{mm}$，满足要求②。

对无孔洞的矩形支座，第 i 层形状系数：$S_i=\dfrac{L\cdot W}{2h_{ri}(L+W)}$

表面覆盖层形状系数：$S_c=\dfrac{L_p\cdot W_p}{2h_{rc}(L_p+W_p)}=14.37$

中间层形状系数：$S_i=\dfrac{L_p\cdot W_p}{2h_{ri}(L_p+W_p)}=9.68$

3.6 验算压应力

压应力验算以限制橡胶在正常使用极限状态的压应力：

$$\sigma_s\leqslant 6.895\text{MPa} \text{ 和 } \sigma_s\leqslant 1.0\cdot G\cdot S$$

支座承担的压应力，即上部结构总荷载分担在每个支座上的应力，上式中使用的形状系数应为最厚橡胶层的值。

正常使用极限状态恒载：$DL_s=348.7\text{kN}$

正常使用极限状态活载(包含允许的动荷载)：$LL_s=491.2\text{kN}$

$\sigma_s=\dfrac{DL_s+LL_s}{(L_p\cdot W_p)}=6.2\text{MPa}, 1.0\cdot G\cdot S_i=6.3\text{MPa}$ 满足要求。

计算出活荷载引起的平均压应力 σ_L，在设计 3.11 中要用到。

$$\sigma_L=\frac{LL_s}{(L_p\cdot W_p)}=3.6\text{MPa}$$

3.7 验算压缩变形

正常使用极限状态下总荷载引起的压缩变形由 $\delta=\sum\varepsilon_i\cdot h_{ri}$ 计算得到，在此支座设计实例中，瞬间压缩应变量由 AASHTO LRFD 表 14.7.5.3.3-1 近似估算得到。估算时压应力取 6.2MPa，形状系数为 9.68。

$$\varepsilon_{int}=0.04$$

瞬时变形为：

$$\delta_{ins}=2\varepsilon_{int}h_{rc}+8\varepsilon_{int}h_{ri}=3.6\text{mm}$$

考虑到徐变变形作用，由于对本实例中具体的材料数据未知，徐变变形可按如下方法计算：

$$\delta_{cp}=C_d\delta_{ins}=0.9\text{mm}$$

总变形为：

$$\delta_t=\delta_{ins}+\delta_{cp}=3.6+0.9=4.5\text{mm}$$

不考虑动载时，正常使用极限状态下加劲钢板橡胶支座任意层的初始压缩变形不能超过 $0.7h_{ri}$。

为减少设计步骤，我们将采用正常使用极限状态下考虑动荷载的支座变形来验算上述要求，如果其压缩变形大于 $0.07h_{ri}$，就要计算不考虑动荷载的变形。

$\delta_{int1layer}=\varepsilon_{int}h_{ri}=0.38\text{mm}, 0.07h_{ri}=0.67\text{mm}$ 满足要求

3.8 验算剪切应变

剪切应变验算可以保证支座在桥梁水平位移时的变形能力，此外，剪切变形的限制防止了循环拉伸收缩变形引起疲劳而导致在边缘形成分层剥离，在此处桥梁水平位移仅考虑热效应。当然除热效应外，其他引起桥水平位移的因素有施工偏差、制动力、纵向风荷载等。上部结构的挠度是减小剪切变形的因素之一。

支座必须满足：

$$h_{rt} \geqslant 2\Delta_S$$

$$h_{rt} = 2h_{rc} + 8h_{ri} = 88.8\text{mm}$$

$\Delta_{contr}=16.2\text{mm}$　　根据 AASHTO LRFD 表 S14.6.3.1 热收缩计算可以得到。

$\gamma_{TU}=1.20$　　正常使用极限状态。

$$\Delta_S = \gamma_{TU}\Delta_{contr} = 1.2\times16.2 = 19.44\text{mm}$$

$$2\Delta_S = 38.88\text{mm}$$

$h_{rt}=88.8\text{mm}>38.88\text{mm}=2\Delta_S$　　满足要求。

3.9 验算转动或压缩和转动的耦合

方法 A 不必考虑压缩和转动的耦合，仅转动验算就能保证支座不出现脱空现象，其验算如下：

$$\sigma_s \geqslant 0.5GS\left(\frac{L}{h_{ri}}\right)^2\frac{\theta_{SX}}{n}\qquad\text{（与关于横轴的转动相关）}$$

$$\sigma_s \geqslant 0.5GS\left(\frac{W}{h_{ri}}\right)^2\frac{\theta_{SZ}}{n}\qquad\text{（与关于纵轴的转动相关）}$$

$$\sigma_s = 6.2\text{MPa}$$

$$\theta_{SX} = 0.0121\text{rad}$$

中间层数量：

$$n = 8 + 0.5 + 0.5$$

$0.5GS_{int}\left(\frac{L_p}{h_{ri}}\right)^2\frac{\theta_{SX}}{(8+1)} = 5.9\text{MPa}$　　满足要求。

总荷载引起的关于纵轴转动相比其沿横轴转动可以忽略，因面不进行沿纵轴转动的验算。

3.10 验算稳定性

板的总厚度不应超过 $L/3$ 或 $W/3$ 的较小值。

$$\frac{L_p}{3} = 118.5\text{mm},\frac{W_p}{3} = 127.0\text{mm}$$

由初始几何尺寸确定的板的总厚度为：

$$h_t = 2h_{rc} + 8h_{ri} + N_{stl}h_{rf} = 115.8\text{mm}$$

3.11 验算加劲钢板

钢板的厚度要能够承担因支座受压而施加于其上的拉应力，也需满足 AASHTO LRFD 桥梁施工规范要求。

对正常使用极限状态：

$$h_s \geqslant \frac{3h_{max}\sigma_s}{F_y},h_{max}=h_{ri}=9.5\text{mm}$$

$$\sigma_s=6.2\text{MPa},\sigma_s=6.2\text{MPa}$$

$$F_y = 344.8\text{MPa}, \frac{3h_{max}\sigma_s}{F_y} = 0.51\text{mm}$$

$h_{rf} = 3.0\text{mm} > 0.51\text{mm}$　　满足要求。

对疲劳极限状态：

$$h_s \geqslant \frac{2h_{max}\sigma_L}{\Delta F_{TH}}$$

仅由活载引起的压应力为：

$$\sigma_L = 3.6\text{MPa}, \Delta F_{TH} = 165.5\text{MPa}$$

$\frac{2h_{max}\sigma_L}{\Delta F_{TH}} = 0.41\text{mm}, h_{rf} = 3.0\text{mm} > 0.41\text{mm}$　　满足要求。

3.12　锚固设计

在强度极限状态下，当变形后橡胶支座承受的设计极限剪力超过由永久荷载产生的最小竖向力的 1/5 时，就必须保证支座水平横向位移不能过大。根据 AASHTO LRFD S14.7.6.4 可得到：

风荷载作用对上部结构产生的剪力：$W_s = 136.5\text{kN}$

风作用对活载产生的剪力：$W_L = 26.7\text{kN}$

对强度Ⅲ，每个支座调的设计极限剪力：

$$\gamma_{WS} = 1.40, \quad \gamma_{WL} = 0.00$$

$$V_{WIII} = \frac{(\gamma_{WS}W_S + \gamma_{WL}W_L)}{5} = 38\ 220\text{N}$$

对强度 V，每个支座设计极限剪力：

$$\gamma_{WS} = 0.40, \quad \gamma_{WL} = 1.00$$

$$V_{WV} = \frac{(\gamma_{WS}W_S + \gamma_{WL}W_L)}{5} = 16\ 260\text{N}$$

$$V_{max} = \max(V_{WIII}, V_{WV}) = 38\ 220\text{N}$$

$$\frac{1}{5}P_{sd} = 60\ 320\text{N}$$

强度极限状态下最大剪力不超过 1/5 永久荷载作用下的最小竖向力，因此不必考虑支座水平位移的安全。

3.13　固定支座锚固设计

桥台支座在纵向自由，横向固定。因此，支座横向必需加以限制，在限制方向的水平连接力不能小于从属永久荷载产生的竖向力的 0.1 倍。从属永久荷载可视为对支座的作用，此横向荷载用来设计支座锚栓。

对内部控制梁：$DL_S = 348.7\text{kN}$

每个支座承担的最大横向水平地震力为：$H_{EQ} = 0.1, DL_S = 34\ 870\text{kN}$

每个支座锚栓极限设计抵抗剪力为：

假定采用两个直径 15.88mm，型号为 A307 锚栓，其钢材的最小抗拉强度为 413.7MPa。

$$R_n = 0.48A_bF_{ub}N_s$$

$\phi_s = 0.65$　　为 A307 锚栓剪切抵抗系数。

$$A_b = \frac{\pi(15.88)^2}{4} = 197.8\text{mm}^2$$

$$F_{\mu b}=413.7\text{MPa}$$

$$N_s=2(\text{锚栓数量})$$

$$R_n=0.48A_bF_{ub}N_s=78\,557\text{N}$$

$R_r=\phi_sR_n=51\,062\text{N}>H_{EQ}=34\,870\text{N}$　　满足要求。

确定了锚栓的数量和尺寸后，就要计算锚栓的长度。

假设：$m=0.75$（保守假设），　　$\phi_b=0.70$（支座上混凝土时）

$$Stress_{brg}=0.85\phi_bf_cm=0.85\times0.7\times27.58\times0.75=12.3\text{MPa}$$

总横向水平荷载为：$H_{EQ}=34\,870\text{N}$

每根锚栓的水平荷载为：$P_{1b}=\dfrac{H_{EQ}}{2}=17\,435\text{N}$

应用上述支座应力的近似计算方法，可以计算用来抵抗水平剪力所需的锚栓面积。

$$A_1=\frac{P_{1b}}{\left(\dfrac{\text{Stress}_{brg}+0}{2}\right)}=2\,834.96\text{mm}^2$$

A_1 由锚栓直径和锚栓埋置到混凝土台座内的长度计算得到，锚栓直径已知，就可求得需要的埋入长度。

$$L_{embed}=\frac{A_1}{d}=178.5\text{mm}$$

不同的状态需要的最小埋入长度也不相同，在本支座设计中，最小埋入长度为 304.8mm。所以，$L_{embed}=304.8\text{mm}$。

3.14　绘制支座图

根据上述 3.1～3.13 支座的计算过程和验算步骤，本桥台处加劲钢板橡胶支座如图 3 所示。

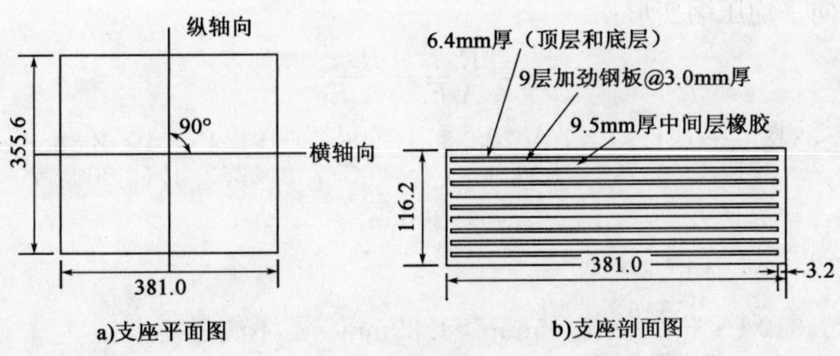

图 3　设计加劲钢板橡胶支座图（尺寸单位：mm）

4　我国公路桥梁板式橡胶支座的设计方法

在确定支座尺寸时，限制使用阶段的平均压应力不超过 10MPa，支座橡胶层厚度上主要考虑支座能够满足荷载作用下的剪切变形需求。在验算支座受压偏差角时，主要考虑上部结构挠曲在支座顶面引起的偏角不能大于平均压缩变形的 2 倍，支座不至于脱空或出现局部承压转角；同时控制支座竖向平均压缩变形不能超过支座橡胶层总厚度的 7%[4,5]。下面根据我国《公路钢筋混凝土及预应力混凝土桥涵设计规范》（JTG D62—2004）[6]中板式橡胶支座的设计程序、计算方法和验算内容。对本文 3 中给出的支座尺寸和设计荷载值进行验算：

4.1　支座尺寸和采用荷载值

支座尺寸和采用荷载值与3中(1)，(2)和(3)步相同。

①计算支座的形状系数：

$$S=\frac{L_pW_p}{2(L_p+W_p)h_{ri}}=\frac{355.6\times381.0}{2\times(355.6+381.0)\times9.5}=9.68$$

$5\leqslant S\leqslant12$　　满足要求。

②计算支座弹性模量：

常温下橡胶支座剪变模量 $G_e=1.0\text{MPa}$

抗压弹性模量 $E_e=5.4G_eS^2=5.4\times1.0\times9.68^2=506.1\text{MPa}$

③验算支座承压强度

$$\sigma=\frac{R}{L_pW_p}=\frac{DL_s+LL_s}{L_pW_p}=\frac{(348.7+491.1)\times10^3}{355.6\times381.0}=6.2\text{MPa}$$

$[\sigma]=10.0\text{MPa}$　　满足要求。

4.2　验算支座厚度

板式橡胶支座中橡胶层总厚度 $t_e=2h_{rc}+8h_{ri}=88.8\text{mm}$

$\Delta_l=19.4\text{mm}$

①从满足剪切变形考虑：

不计制动力时　$t_e\geqslant2\Delta_l=2\times19.4=38.8\text{mm}$　　满足要求。

计入制动力时　$t_e\geqslant1.43\Delta_l=1.43\times19.4=27.7\text{mm}$　　满足要求。

②从保证受压稳定考虑：

$35.6\text{mm}=\frac{L_p}{10}\leqslant t_e\leqslant\frac{L_p}{5}=71.1\text{mm}$　　不满足要求。

4.3　验算支座的偏转

①支座的竖向平均压缩变形：

$$\delta_{c,m}=\frac{R_{ck}t_e}{A_eE_e}+\frac{R_{ck}t_e}{A_eE_b}$$

$$=\frac{(348.7+491.1)\times10^3\times88.8}{377.8\times352.4\times506.1}+\frac{(348.7+491.1)\times10^3\times88.8}{377.8\times352.4\times2\,000}$$

$$=1.39\text{mm}$$

②梁端转角：$\theta_{sx}=0.012\,1\text{rad}$

③$\theta_{sx}\cdot\frac{L_p}{2}=0.012\,1\cdot\frac{355.6}{2}=2.15\text{mm}>1.39\text{mm}$　　不满足要求。

4.4　验算支座抗滑稳定性

不计汽车制动力时：$\mu R_{Gk}\geqslant1.4G_eA_g\,\frac{\Delta_l}{t_e}$

$\mu R_{Gk}=0.3\times348.7\text{kN}=104\,610\text{N}$

$1.4G_eA_g\,\frac{\Delta_l}{t_e}=1.4\times1.0\times135\,483.6\times\frac{19.4}{88.8}=41\,438\text{N}$　　满足要求。

5　结语

本文基于LRFD的设计理念，给出了基于LRFD的公路桥梁支座设计流程和设计方法，并以公路桥梁板式橡胶支座为例，详细介绍了基于LRFD公路桥梁支座设计、验算和复核的全过程。并与我国《公路钢筋混凝土及预应力混凝土桥涵设计规范》(JTG D62—2004)中板式橡胶支座的设计程序、计算方法和验算内容等进行比较分析。中美两种规范都对板式橡胶支座疲劳破坏、脱空、稳定性、倾覆等性能进行了验算,但两种规范的具体计算方法差异明显,AASHTO LRFD 侧重支座各控制量的计算,而我国规范多采用定性的规定,因此计算上显得相对简便。AASHTO 规范用应力控制疲劳破坏,限值与形状系数相关,而我国规范仅采用单一限值控制;在控制支座倾覆上,两国规范方法相同;稳定性计算上,我国规范相对 AASHTO LRFD 支座设计 A 方法较为严格;在支座脱空的控制上,两国规范方法不同,AASHTO LRFD 采用应变控制,我国规范计算考虑沿短边方向的转角;AASHTO LRFD 规范中压缩变形考虑到支座的徐变等非线性行为,更加符合橡胶材料的特性;验算剪切应变考虑热效应等影响,使得计算结果更为精细化。在我国公路桥梁板式橡胶支座设计、计算和校核中应参照 LRFD 方法中的合理部分,以确保桥梁支座使用的耐久性和安全性。

参 考 文 献

[1] John M. Kulicki. The AASHTO LRFD Bridge Design Specifications-Past, Present and Future [J]. Transportation Research Record: Journal of the Transportation Research Board, 2008.

[2] AASHTO LRFD-Bridge Construction Specifications [S]. 4th Edition, American Association of Highway and Transportation Officials, Washington, DC. 2007.

[3] Yura J, Kumar A, Yakut A, et al. NCHRP Report 449-Elastomeric Bridge Bearings: Recommended Test Methods [R]. National Academy Press Washington, D.C., 2011.

[4] 刘崇理. 国内外桥梁板式橡胶支座计算方法比较[J]. 北方交通, 2010, 41(6): 28-30.

[5] 中华人民国和国交通部. JT/T 4—2004 公路桥梁板式橡胶支座技术标准[S]. 北京:人民交通出版社, 2004.

[6] 中华人民国和国交通部. JTG D62—2004 公路钢筋混凝土及预应力混凝土桥涵设计规范[S]. 北京:人民交通出版社,2004.

[7] Navada Department of Transportation. NDOT-Structures manual [S]. 2008.

[8] South Carolina Department of Transportation. SCDOT-Bridge design manual [S]. 2006.

24. 武汉鹦鹉洲大桥桥位选择与孔跨布设

陈 述 胡 勇

（中铁大桥勘测设计院集团有限公司）

摘　要：本文对桥址河段的水流条件、河床演变及桥址断面的冲淤变化进行了全面的分析，在此基础上进行了桥位方案的综合比选。针对推荐桥位方案，结合桥址河段水流条件、河床演变及通航环境等方面进行了多种通航方式的孔跨布设，并利用实测资料对推荐桥式方案作适应性分析。通过建立河工模型，进行桥梁对通航、防洪及航道整治工程影响的试验研究，结果表明建桥后工程对通航、防洪影响不大，在采取相关措施后对航道整治工程效果基本无不利影响，桥梁的孔跨与墩位布设方案合理可行。

关键词：桥位选择　孔跨布设　河床演变　模型试验

1　前言

武汉鹦鹉洲大桥是新一轮城市总体规划修编中提出的过江通道，桥址北岸为汉阳区，南岸为武昌区。在综合考虑路网、水文、通航、防洪、环境和景观等因素的基础上，对桥位方案进行比选。由于桥址河段水文条件相对复杂，周边涉水工程较多，通航和防洪要求较高，因此本桥的桥位选择与孔跨布设必须综合考虑各方面因素，而研究河床演变规律及航道变化特点，并利用河工模型试验研究建桥后对上述变化的影响显得尤为重要。

2　河道及周边工程概况

2.1　河道概况

武汉鹦鹉洲大桥选址区域属于长江武汉河段。该河段在龟、蛇山节点以上属顺直分汊河道，沿程有白沙洲和潜洲，在中枯水时河道分成南北两汊。左岸是汉阳区，右岸是武昌区，均为武汉市区防洪确保地段。该河段内有多处节点，对河道平面摆动的控制作用较强。汉江在龟、蛇山下游从北岸汇入长江，河道在龟、蛇山以下逐渐开阔，呈喇叭形。桥址河段河势见图1。

桥址河段河宽在2km左右，桥址处大堤间距1.9～2.1km。桥址处主槽偏靠汉阳岸，低水时有滩地显露，滩地高程约为24m，下游武昌岸有鲶鱼套，该区域地势低洼，水深较大。

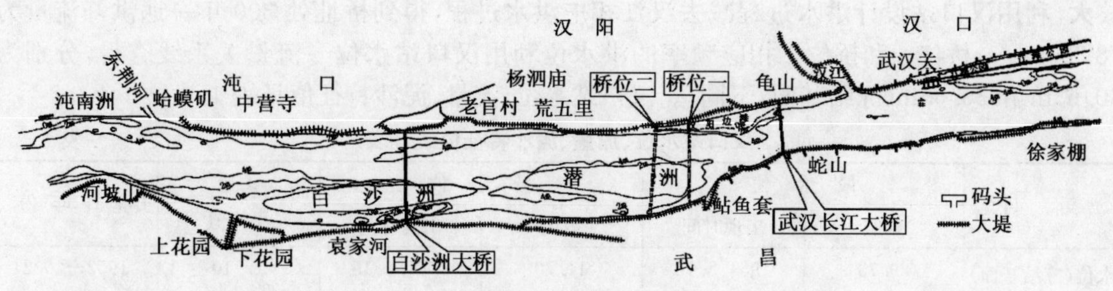

图1 桥址河段河势图

2.2 周边重大涉水工程

(1)港口、码头

拟选桥址位于武汉新港范围内,所在的长江武桥水道左岸有鹦鹉港区、杨泗港区,右岸有涂家巷港区和鲇鱼套港区。拟选桥址桥区范围码头设施较多,对港口布局的影响较大。

(2)武桥水道航道整治工程

长期以来,枯水期汉阳边滩的淤长造成武桥水道航槽过于弯曲,危及通航和桥墩安全。为解决上述碍航问题,经相关单位研究提出在潜洲上实施长顺坝结合鱼骨坝的整治方案(见图2),目的是通过维持较完整的潜洲,遏制汉阳边滩的淤长、淤宽,使航道稳定于武汉长江大桥通航孔区域,保持左主汊安全通航。

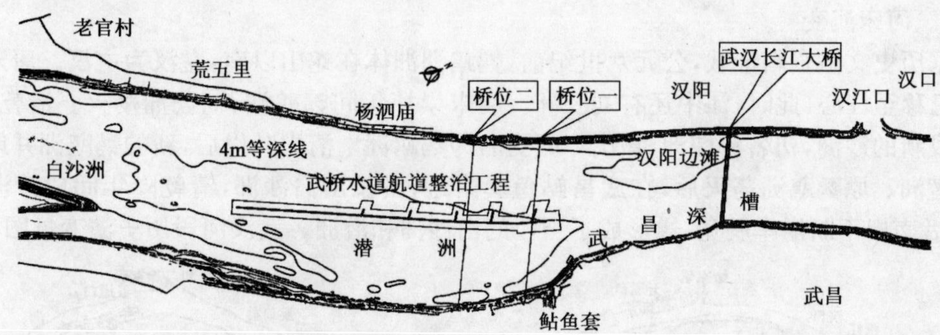

图2 武汉鹦鹉洲大桥与航道整治工程关系示意图

(3)邻近已建桥梁

桥位一和桥位二距下游已建武汉长江大桥分别约2.0km和2.7km,距上游已建武汉白沙洲大桥分别约6.3km和5.6km。

3 水文泥沙特征及桥址水文设计值

3.1 水文泥沙特征

武汉河段来水来沙主要来自干流长江和支流汉江。距拟选桥位下游约8km处有汉口水文站,在汉口水文站与桥址之间有汉江入汇。由于汉江入汇的年径流量约占汉口站年径流量的6%左右。因此,汉口站的水文特征可说明桥址河段相应情况。汉口站水文泥沙特征见表1。

3.2 桥址水文设计值

根据《公路工程水文勘测设计规范》规定,本桥设计洪水频率为1/300。

采用1954年长江武汉关和汉江仙桃站相应洪水过程,按汉口站300年一遇洪峰流量倍比放大，利用汉口站设计洪水过程减去汉江相应洪水过程，得到桥址处 300 年一遇洪峰流量为 78 300m³/s，桥位一和桥位二相应频率的洪水位利用汉口站水位～流量关系线查得，分别为 30.63m 和 30.65m(冻结基面，下同)。汉口站水位、流量、泥沙特征值见表 1。

汉口站水位、流量、泥沙特征值统计表　　表 1

项　目	最大值		最小值		多年平均值	统计年份
	数值	出现时间	数值	出现时间		
水位(冻结基面)(m)	29.73	1954.8.18	11.70	1961.2.15	19.10	1952—2002
	26.82	2003.7.15	13.54	2004.2.26	18.76	2003—2008
流量(m^3/s)	76 100	1954.8.14	4 830	1963.2.7	22 600	1952—2002
	60 400	2003.7.14	7 280	2004.2.26	21 200	2003—2008
含沙量(kg/m^3)	4.42	1975.8.14	0.036	1954.8.27	0.565	1954—2002
	1.37	2004.9.12	0.029	2006.11.10	0.182	2003—2008

最高、最低通航水位分别按照发生 20 年一遇洪水和综合保证率的方法推算，同时考虑上下游已建桥梁的设计通航水位，从偏安全的原则出发，最终确定桥位一和桥位二最高通航水位分别为 28.31m 和 28.33m，最低通航水位分别为 12.21m 和 12.23m。

4　桥址河段河床演变特征

4.1　河床演变

根据历史文献资料记载，公元六世纪前，鹦鹉洲洲体在蛇山以南，左汊为主汊。唐宋时期，鹦鹉洲已移至江心，此时，江中还有刘公洲。明末崇祯年间鹦鹉洲、刘公洲荡灭。清乾隆年间江中形成新的沙洲，初名补稞洲，嘉庆年间更名为鹦鹉洲。清中叶以后，新的鹦鹉洲并岸，江中又出现潜洲。原鹦鹉洲荡灭后，在武昌鲇鱼套附近，淤长出白沙洲，清乾隆年间白沙洲冲失。1912 年后南岸不断崩岸展宽，遂形成了当今的白沙洲和潜洲。武汉河段历史演变见图 3。

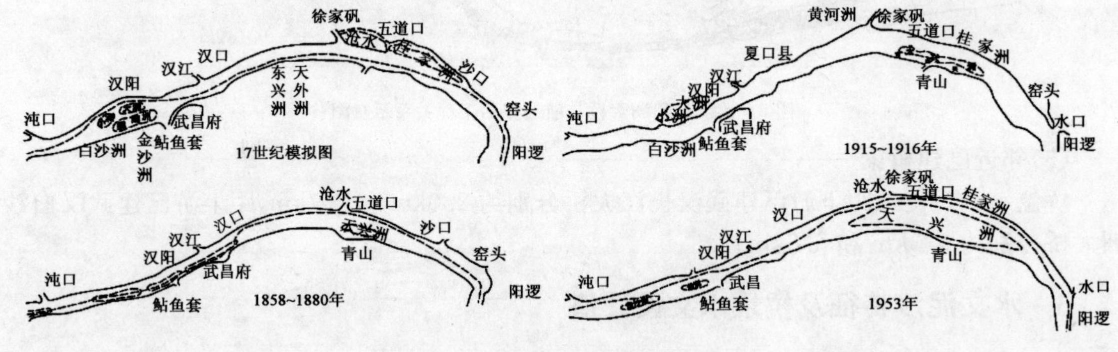

图 3　武汉河段历史演变图

近几十年来沌口至大桥段河势基本稳定，主流、岸线平面摆动较小，汊道分流分沙比相对稳定，河势相对稳定，洲、滩随不同水文年的来水来沙条件变化而变化。20 世纪 90 年代白沙洲大桥兴建后，局部位置主流发生调整和变化，但主流平面走向总体变化不大，此河段仍将维持目前河势格局不变。

荒五里边滩和汉阳边滩位于左岸沌口至汉江河口，滩长分别约 9.2km 和 5.4km。两边滩主要受来水来沙及年内消长变化影响，年际变幅较大。两边滩年内变化相反，每年 2 月份前后最枯水时期，其中汉阳边滩在长江大桥附近边滩淤长最宽，汛前 3～5 月份边滩被急剧冲刷，汛期滩宽最小，汛后又现回淤，至次年最枯水时又淤长为最大。

白沙洲位于白沙洲大桥处，潜洲位于白沙洲下游约 2km。白沙洲、潜洲多年平面位置较为稳定，年内变化一般为汛前淤长，汛后冲刷还原。其中，潜洲的年内变化较大，洲头最大变幅约为 1.5km，洲右缘常常与右岸边滩连成一片，潜洲下半部以及洲尾变化相对较小。

4.2 桥址断面冲淤变化

桥位一断面位于潜洲洲尾，系复式断面，见图 4。1959～1998 年，潜洲洲尾略有冲刷，潜洲左、右汊淤积幅度较大。其中，左汊河底高程抬升近 10m，右汊抬高约 15m；1998～2009 年，潜洲洲尾略有淤积，潜洲左右两汊又呈冲刷状态，冲刷幅度与 1959～1998 年的淤积幅度基本一致。

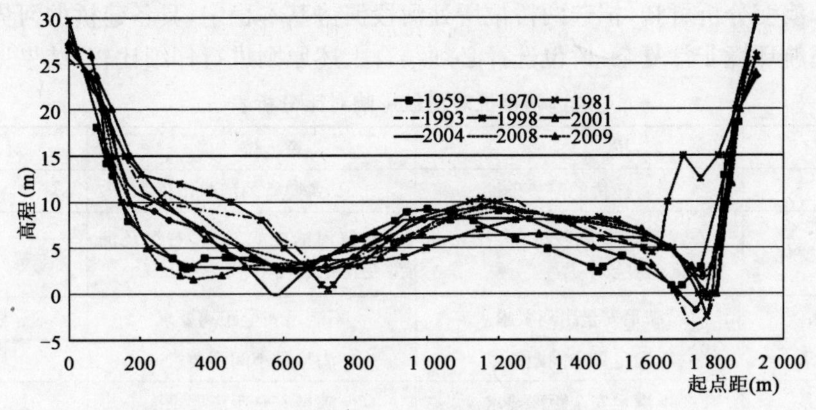

图 4　桥位一历年河床断面套绘图

桥位二断面位于潜洲中部附近，系复式断面，见图 5。1959～2004 年，断面逐渐呈淤积状态，左汊靠近边滩一侧河床高程纵向淤积最大幅度达 10m，潜洲及其右汊淤积幅度相对较小约 5m；2004～2009 年，断面由淤变冲，左汊靠近边滩一侧最大纵向冲刷幅度约 10m，潜洲洲体以及右汊较为稳定。可见，随着上游来水来沙条件的不同，桥位二断面呈周期性冲淤变化，历年左汊变幅较大，右汊变化相对较小。

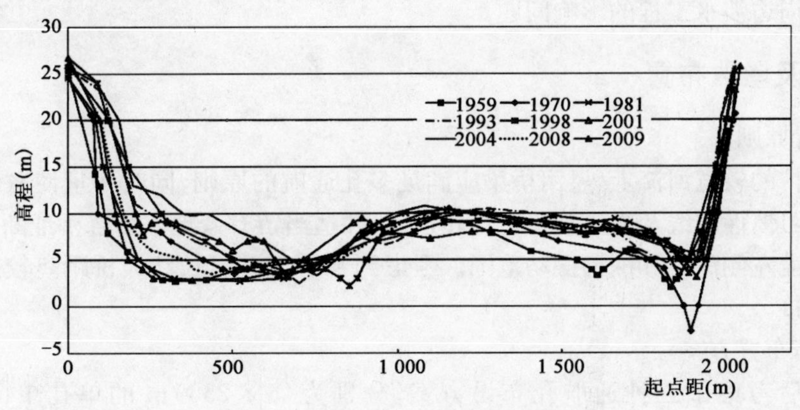

图 5　桥位二历年河床断面套绘图

5　桥位选择

5.1　桥位选择原则

《内河通航标准》规定水上过河建筑物选址应满足下列要求：

(1)水上过河建筑物应建在河床稳定、航道水深充裕和水流条件良好的平顺河段，远离易变的洲滩。

(2)水上过河建筑物选址应避开滩险、通行控制河段、弯道、分流口、汇流口、港口作业区和锚地。

(3)对于Ⅰ级航道，两座相邻水上过河建筑物的轴线间距应大于代表船队长度与代表船队下行5min航程之和。

(4)对于特殊情况不能满足上述要求时，应采取工程措施，或加大过河建筑物跨度或采取一孔跨越通航水域。

5.2 桥位方案比选

通过河床演变分析可知，拟选两桥位所处河段河势基本稳定，具备建桥的河势条件。考虑到桥址河段通航环境非常复杂，桥位选择必须结合上述原则进行仔细比较，结果见表2。

拟选两桥位对通航影响对比分析表 表2

对比项目	桥位一	桥位二	对比结果
河势条件	具备建桥的河势条件	具备建桥的河势条件	相差不大
桥址断面冲淤变化	左汊河槽变幅较大，右汊及洲滩变化相对较小	左汊河槽变幅较大，右汊及洲滩变化相对较小	相差不大
与港区关系	满足安全距离要求	不满足安全距离要求	桥位一优
两桥间距要求	不满足最小间距要求	满足最小间距要求	桥位二优
与武船的关系	不满足安全距离要求	满足安全距离要求	桥位二优
对航道整治工程的影响	有一定影响	有一定影响	相差不大
对比结果	从通航角度考虑，桥位二优于桥位一		

根据上述比较，在总体河势、桥址断面冲淤变化及通航环境方面两桥位相差不大，但桥位一在投资、路网、疏解、拆迁量等方面相对桥位二较优，因此桥位一最终作为推荐桥位。考虑到推荐桥位不能满足规范对桥梁选址的要求，因此在孔跨和墩位布置时应充分考虑并妥善解决建桥对通航和周边涉水工程的影响问题。

6 孔跨及墩位布置

6.1 布置原则

在运输繁忙的较宽河流上，过河桥梁应满足多孔通航的原则，同时尽量使墩位、跨径与大型船舶(队)的习惯性航线及航道整治工程相适应，并适当留有余地。结合桥址断面形态，主通航孔应至少覆盖左侧深泓和深槽摆动范围。考虑到本桥与武汉长江大桥距离较近，两桥通航孔还应平顺衔接。

6.2 孔跨布置方案

设计中前后考虑了三种通航孔布设方案，分别为(5×256)m的单孔单向通航方案、(186+512+186)m的单孔双向通航方案和2×850m的大跨径跨越通航水域方案。

(1)单孔单向通航方案

根据实测航迹线资料显示，桥址附近上、下行航迹带宽度均小于200m，结合下游武汉长江大桥实际通航能力，考虑本桥通航孔采用武汉长江大桥两孔并一孔的思路，布置(5×256)m的单向通航方案进行比选。

(2)单孔双向通航方案

考虑到潜洲左汊为主航道，为尽可能优化桥下船舶通过能力，减少建桥对防洪影响，根据《内河通航标准》相关公式计算得出的通航净宽值，布置了主桥 186m＋512m＋186m 的单孔双向通航方案进行比选。

(3)大跨径跨越通航水域方案

根据 2009 年 9 月完成的《武汉鹦鹉洲长江大桥桥梁通航净空尺度和技术要求论证研究报告》结论，考虑到桥址断面的冲淤变化及武桥水道的通航环境，主通航孔应采用单孔双向通航方案，并覆盖深槽摆动范围，桥位处通航净宽应不低于 790m。综合武船重工及相关单位的意见，建议潜洲右汊采取一孔跨越可通航水域的布置方案。综合考虑工程投资、河道宽度、河床地形以及结构合理性等要求，布置(2×850)m 的大跨径跨越通航水域方案。

考虑到桥区通航环境的复杂性，认为主跨为 5×256m 和(186＋512＋186)m 通航孔布置方案难以满足桥区通航安全要求，最终推荐主跨为 2×850m 的悬索桥方案。

6.3 墩位布置

墩位布置应尽量不改变现有条件下过武汉长江大桥船舶的航路与航法，满足船舶连续过桥的航线平顺要求，尽可能不在水中设墩，以减少建桥对桥区水流的影响。

根据上述原则，将 2×850m 方案的中主墩布置在潜洲上，即航道整治工程的坝体附近，见图 6。汉阳侧 850m 主通航孔桥跨与武汉长江大桥 2～8 号孔水域对应，不改变现有条件下过武汉长江大桥船舶的航路与航法，满足船舶连续过桥的航线平顺要求。从船舶航迹线实测成果看，各船型、船队上下行航迹线均可顺利通过主通航孔。汉阳侧主墩距杨泗港区码头的船舶回旋水域较远，不影响船舶的回旋作业；武昌侧 850m 通航孔一孔跨越潜洲右汊，主墩位于武船码头后方，不影响船舶的回旋作业，能满足武船产品下水后的舾装、有关试验及试航等要求。

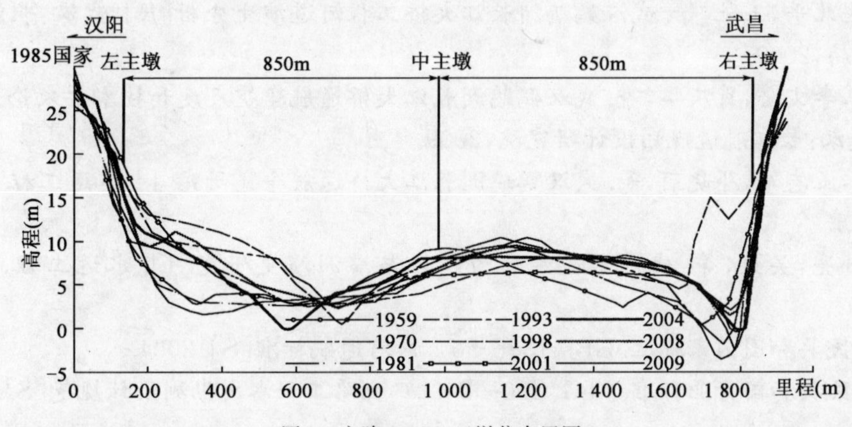

图 6　主跨 2×850m 墩位布置图

6.4 建桥对防洪和航道整治工程的影响

上文主要分析了孔跨布置对桥区通航环境的适应性，除此之外，为研究建桥对桥区河段防洪和航道整治工程的影响，项目工可阶段开展了相关专题研究工作。

(1)对防洪的影响

为了研究建桥后在设计洪水条件下的桥前壅水高度及影响范围、建桥前后桥址河段流速、流向变化及河床冲淤变化，武汉大学对上述代表性方案进行了定、动床河工模型试验，试验表明：①建桥后，300a 一遇洪水条件下，桥址上游 300m 处最大壅水值约为 6.3cm，影响范围基本上在上游 1 500m 以内，说明建桥对防洪无实质性影响；②建桥后，桥位上游 200m 右岸近岸流速增大 0.03m/s，下游 400m 右岸近岸流速增大 0.04m/s，下游 150m 左岸近岸流速增大 0.06m/s；③建桥后主槽水流流向总体变化不大，变化幅度一般在 2°以内；④建桥后，工程河段总体河势无明显影响，深泓、洲滩平面位置相对稳定，河床冲淤变化部位、特点均未发生大的改变，但桥墩附近局部洲滩冲淤特点发生了一定变化，除需加强桥墩附近的防冲措施外，还需对两侧主墩附近的岸坡进行加固处理，以免影响工程附近河床、河势的稳定。

(2)对航道整治工程的影响

通过整体模型与局部模型试验相结合的手段，对建桥前后桥区河段局部河床冲淤变化情况、局部防护范围及防护措施效果进行了研究。试验结果表明：①桥墩局部冲刷会对航道整治工程的稳定性产生影响，因此必须研究并采取防护措施；②综合考虑，确定桥墩防护范围为 193m×147m，防护工程包括核心区、永久防护区和护坦区三个部分；③桥墩在实施局部防护后，防护区域内基本没有发生变化，说明防护方案是有效的，工程稳定性是可靠的，建桥后对航道整治工程效果基本无不利影响。

7 结语

武汉鹦鹉洲大桥的桥位选择和孔跨布置已充分考虑了桥址河段河床演变和通航条件，尽量减少水中桥墩，主桥采取 2×850m 的大跨度跨越通航水域方案，最大限度地满足了通航和防洪的要求。通过建立定动床河工模型，对鹦鹉洲大桥与航道整治工程的相互影响及解决措施进行了试验研究，结果表明采取防护措施后，建桥后对航道整治工程效果基本无不利影响。

参考文献

[1] 夏薇，毛北平，王驰，等. 武汉鹦鹉洲长江大桥工程河道演变分析[R]. 武汉：长江水利委员会水文局，2009.

[2] 王志军，李文全，肖庆华，等. 武汉鹦鹉洲长江大桥通航净空尺度和技术要求论证研究报告[R]. 武汉：长江航道规划设计研究院，2009.

[3] 李文全，王志军，邓晓丽，等. 武汉鹦鹉洲长江大桥通航净宽研究[J]. 水运工程，2010，(5)：116-120.

[4] 陈立，孙亮，吴娱，等. 武桥水道水动力特性与潜洲演变研究[J]. 水运工程，2008，(6)：102-107.

[5] 中华人民共和国国家标准. GBJ 139—90　内河通航标准[S]. 2004.

[6] 中华人民共和国行业标准. JTG C30—2002　公路工程水文勘测设计规范[S]. 2002.

25. 武汉二七长江大桥桥渡设计

张　胡

(中国中铁大桥勘测设计院集团有限公司)

摘　要:武汉二七长江大桥位于微弯分汊河段进口段和武汉市中心港区内,又是航槽过渡、航线交叉段。通过对桥址区域代表船型进行分析,确定桥梁的通航净空尺度。分析桥区河床演变规律,确定孔跨布置思路,结合桥区航道情况进行孔跨布置,并分析孔跨布置的合理性。利用实测资料、模型试验等成果计算桥墩壅水、冲刷深度,为桥型方案的确定、建桥对通航、防洪的影响以及控制桥梁建设规模提供可靠依据。

关键词:通航净空尺度　孔跨布置　壅水　冲刷　桥渡设计　二七长江大桥

1　前言

武汉二七长江大桥是武汉市二环线形成的关键控制工程之一,其位置受规划预留控制走廊带的制约,桥位具有唯一性,拟建桥梁距上游已建的长江二桥约 3.3km,下游的天兴洲长江大桥约 6.7km。桥址段为微弯分汊河段进口段和武汉市中心港区,同时也是航槽过渡、航线交叉段。本桥的桥渡设计重点是以下三个方面:一是通过分析桥址区域代表船型,结合桥址河段航道、通航水流等条件确定桥梁的通航净空尺度。二是通过桥区河床演变分析,结合实测航迹线资料,考虑桥区航道条件等因素进行孔跨布置。三是通过分析桥梁实测水文资料、数学模型、定动床河工模型试验结果,确定桥墩壅水、冲刷深度,为分析建桥对通航、防洪的影响以及控制桥梁建设规模提供可靠依据。

2　桥位河段概况

武汉二七长江大桥位于武汉河段下段龟山至阳逻段,此段为微弯分汊河段,江中有天兴洲分河道为南北两汊及武昌深槽、汉口边滩和青山边滩,长约 35.3km。武汉河段两岸分布着滨临江边的山丘、出露的阶地基岩及护岸工程。工程河段主流过龟、蛇山节点,沿武昌深槽下行,平顺进入天兴洲右汊,在洲尾水口附近与左汊水流汇合后,贴阳逻左岸下行,见图 1。

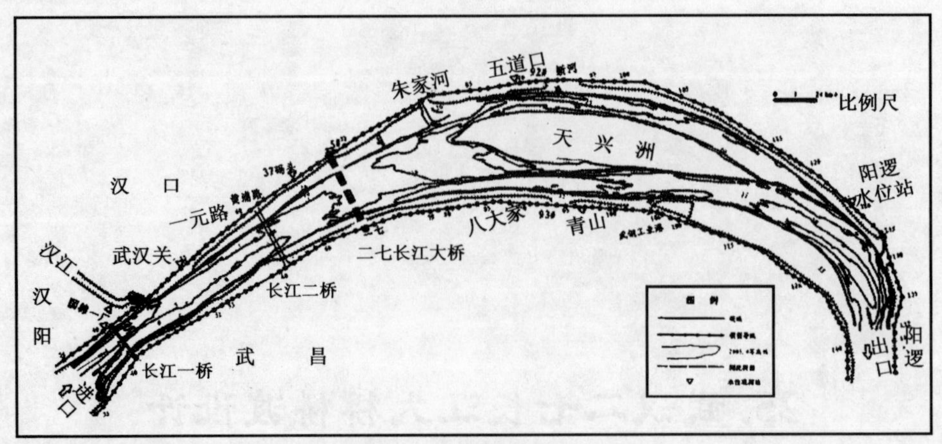

图 1　桥址河段河势图

3　通航净空尺度确定

3.1　代表船型确定

根据交通部交水发[1998]659 号文《关于内河航道技术等级的批复》意见，武汉至浏河口河段为Ⅰ级航道，按此段的通航条件，可按Ⅰ-(1)级航道对待，代表船型采用《内河通航标准》规定的 406.0m×64.8m×3.5m 代表船队平面尺度作为计算桥梁通航净宽的代表船队。

根据交通部计划司计水字[1994]09 号文确定的长江干流分区段通航目标，5 000t 级海轮通至武汉。其代表船型有武汉—近洋 5 000t 级江海直达运粮船，武汉—近洋 5 000t 级江海直达船，武汉—沿海 5 000t 级江海直达船，据调查，此类船型空载时水面线到桅顶高度倒桅后约为 22～23m。

3.2　通航净空高度确定

根据桥区代表船型的类型，并考虑上下游已建桥梁的通航净高情况，武汉二七长江大桥的通航净空高度确定需考虑以下四个方面的因素：

(1)按《内河通航标准》规定，Ⅰ-(1)级航道过河建筑物通航净空高度在 24m 以上。

(2)按规划的 5 000t 级江海直达船型空载时的水面线至桅顶高度(倒桅后)22～23m，加上富裕高度 2.0m，则推得武汉二七过江通道的通航净高为 24.0～25.0m。

(3)下游的天兴洲大桥、阳逻大桥的通航净高均为 24m，上游武汉二桥的通航净高为 22m、武汉一桥的通航净高为 18m。

(4)交通部在交基建提字[1996]27 号文中指出，考虑到三峡水利枢纽建成后长江中下游航道洪峰削减，桥下通航净高将有所增加。综合上述因素，将武汉二七长江公路大桥通航净空高度确定为 24.0m。

3.3　通航净空宽度确定

桥梁通航净空宽度系指经批准的远期规划航道设计底高程以上供代表船型的船舶或船队安全通过桥孔的最小净宽度。本桥按《内河通航标准》规定的代表船队平面尺度远大于海轮尺度，因此通航净空宽度按《内河通航标准》中相关规定进行计算，其中水流条件取物理模型试验中 20 年一遇条件，偏航距 P 的计算采用天科所在三峡工程通航水流条件技术标准的船模试验研究中得出的公式计算，桥墩紊流宽度根据长江航道规划设计研究院水槽试验研究成果计算。经计算，本桥的单孔单向、单孔双向净空宽度分别为 315m、575m。

4 孔跨布置

4.1 桥址河床演变分析

从历史时期的演变及近几十年河床演变情况来看，上游河势和来水来沙条件是影响武汉河段河床演变的主要因素，但支流入汇和丹江口水库兴建以及本河道整治工程、长江大桥、长江二桥等桥梁的兴建，也对本河段河床演变起着重要作用，通过对上述影响因素的分析认为：武汉河段由于沿江两岸受节点控制及护岸工程的兴建，自20世纪30年代至今河道外形基本稳定，岸线变化相对较小，河床演变主要表现在河床冲淤、洲滩消长和汊道的兴衰变化。桥位所在的龟山至阳逻段，经过近几十年来的演变，河道平面形态基本稳定，目前天兴洲汊道段分流点基本稳定在徐家棚附近约1km范围内，汉口边滩和武昌深槽均有所下移，天兴洲汊道自20世纪70年代完成主支汊易位后，形成右汊正面入流，左汊侧面进流的河势格局，两汊冲淤变化速度减缓，汛期左汊分流比仍占30%左右，形成主支汊相对稳定的河势格局。由于汉江入汇口位置已固定，加上沿江两岸的护岸、码头、港埠等工程，将河道平面摆动限制在较小的范围内，故武汉河段河势发生重大调整的可能性不大。武汉河段仍将继续维持现有河势格局不变，即上段（沌口至大桥）河势基本稳定，左汊为主汊，右汊为支汊，工程所处的下段（大桥至阳逻）右汊为主汊，左汊为支汊，这建桥提供了稳定的河势条件。

4.2 孔跨布置

1)孔跨布置总体思路

在布置通航孔时，必须综合考虑现有桥位通航条件和河道的发展趋势、规划船型船队、桥梁建设要求和国家有关法规政策等因素，而且由于拟建桥梁位于长江二桥、天兴洲大桥之间，在考虑通航孔布置时应兼顾上下游桥梁桥区航线的合理衔接。根据《内河通航标准》和《内河航道维护技术规范》的要求，在运输繁忙的较宽河流上，过河桥梁应满足多孔通航的原则，对河宽不足两孔通航的过河桥梁应一孔跨过。由于此桥桥位处于弯道，分流口进口段，航槽过渡段，且距长江二桥较近，通航环境复杂，防洪要求高，应尽量减少河中桥墩，同时，由于桥位处主航道偏靠南岸，为充分利用水域，右侧设置主通航孔时不应考虑单孔单线通航，而宜于设置一个大跨度单孔双向孔跨过此水域，左侧则至少应设置一个或多个备用通航孔。

2)桥型方案

桥址处历年断面图见图2所示，从图中可以看出，历年来桥址断面深槽稳定在右侧，且冲淤变幅较小，航道水深条件良好，与根据长江委对武汉河段的规划方案，“一桥以下，主流逐渐过渡到天兴洲右汊”原则一致，同时长江科学院模型试验以及上述河演分析成果表明，目前的河势格局将保持基本稳定。加之下游天兴洲大桥的主通航孔也设置在天兴洲右汊，因此，无论从现在的河床形态、港口布局、武汉的经济发展需要还是武汉河段的整治规划等方面看，将来的航道走向应是天兴洲右汊，二七路桥的主通航孔也应布置在河床右侧。同时为了更好地利用可通航水域，并适应以后可能发生的河床调整，应该适当为航道左摆留有余地，同时为左汊进出的小型船舶通航留有空间。综上所述结合河床变化趋势和布孔原则，拟定了主跨布置为7×90m＋160m＋2×616m＋160m的桥型方案。桥墩立面布置图见图2。

3)桥型方案评价

(1)从通航净空宽度看，其两个主通航孔扣除桥墩尺寸外，可通航净空宽度为588m，均满足桥区代表船型单孔双向通航所需净宽575m的要求。

(2)从覆盖通航水域范围看，从图2看以看出5×90m＋160m＋2×616m＋160m＝2 002m

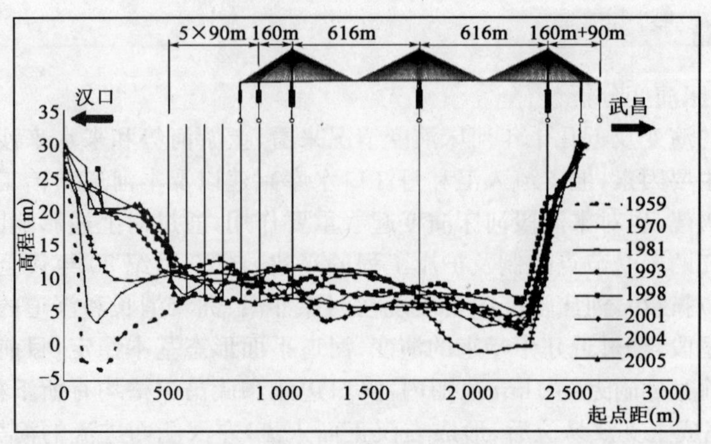

图 2　桥墩布置及桥址历年断面图

完全覆盖了整个桥址断面可通航水域。

(3)从适应航行现状看,图 3 为桥址区域实测高、中、低水位的航迹线图,从图中可以看出,南侧主通航孔完全覆盖了现行的航迹带,孔跨布置基本不影响航行现状,且有一定的发展余地。

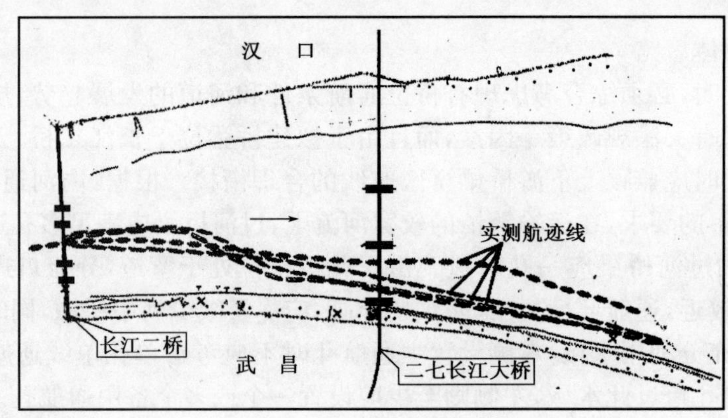

图 3　桥墩平面布置及实测航迹线图

(4)从适应可能的航槽摆动看,北侧主通航孔和 160m 边孔以及 5 孔 90m 跨径桥孔均可作为中、洪水期中、小船(队)通航孔使用,完全能够适应航道可能的摆动。

武汉二七长江大桥孔跨布置方案可通航的桥孔基本覆盖了桥址区域可通航的水域,满足船舶航行现状要求,并能够充分适应将来可能发生的航道摆动,同时为将来结合上游长江二桥、下游天兴洲大桥安全行船的要求进行三桥联合规划航路改革和发展留有较大调整的空间。

5　桥渡计算

5.1　壅水计算

根据《公路工程水文勘测设计规范》(JTG C30—2002)提供的桥前壅水计算公式,采用 300 年一遇设计标准,得桥前最大壅水高度为 4.3cm,最大壅水长度为 5.4km。定床河工模型试验研究成果表明:当武汉关流量为 6 450～84 000m^3/s 时,桥位上游 240m 处最大壅水 0.7～5.7cm,建桥后壅水影响范围在 5 000m 以内。可以看出壅水理论计算值和模型实验值基本一致,桥墩壅水作用不明显,不会给长江防洪带来明显不利影响。

汉口水文站水位观测断面位于武汉关,距大桥约 7.1km。可见,桥梁建成后,对汉口水文站水位观测影响不大,不会影响到水位资料的一致性。武汉长江二桥位于拟建桥梁上游约 3.3km处,根据理论计算和模型试验研究的壅水高度和影响长度,桥梁建成后在二桥处产生的壅水高度小于 1.8cm。可以看出桥梁建成后,二桥桥孔净高的变化可以忽略。

5.2 冲刷计算

按《公路工程水文勘测设计规范》(JTG C30—2002)要求,桥下冲刷包括:河槽的天然演变冲刷,桥梁压缩河槽所引起的一般冲刷和桥墩周围的局部冲刷。因此,要从河段河床演变规律及发展变化、桥址断面特征及变化趋势等方面,结合桥区河床稳定性分析综合分析桥墩冲刷成果。

根据河床演变分析、定动床河工模型试验分析成果,依据 2006 年 6 月武汉市二环线过江通道工程二七长江大桥正桥中线工程地质测量资料(初勘),按《公路工程水文勘测设计规范》(JTG C30—2002)有关冲刷公式进行分析计算,3 号、4 号、5 号主墩局部冲刷深度为 25.9m、26.3m、26.7m。动床河工模型试验对桥墩周围局部冲刷情况进行了观测,不同水文组合下 3 号、4 号、5 号主墩局部冲刷深度为 14.3m、15.2m、13.2m。可以看出由于模型比尺和模型变态的限制,只能研究分析冲刷坑的发展趋势,但冲刷深度数值相差较大,如有条件应采用大比尺正态模型试验来确定桥墩局部冲刷深度。

6 结语

(1)在确定桥梁的通航净空尺度时,应结合桥梁使用周期较长的特点,综合考虑桥址区域河床演变发展趋势、附近已建水工建筑物的实际情况,按照相关规范要求予以确定,以免造成桥梁建成使用后通航净高、净宽不能满足日益发展的航运要求,阻碍船舶航行。

(2)进行桥梁孔跨布置时,在长江中下游航运繁忙、通航环境较为复杂的较宽河段上,应采取多线通航方案,并需适应桥区航槽演变,充分利用已有的可通航水域,避免出现由于河床冲淤变化导致现有通航孔淤塞而出现碍航甚至断航情况。

(3)由于模型比尺和模型变态的限制,小比尺变态物理模型只能反映桥墩局部冲刷坑的发展趋势,建议有条件开展大比尺正态物理模型进行研究。

参 考 文 献

[1] 中铁大桥勘测设计院有限公司.武汉市二环线二七路过江通道工程预可行性研究报告[R].2005.04.

[2] 长江水利委员会长江科学院.长江中游武汉河段二七路过江通道河工模型试验研究报告[R].2005.11.

[3] 长江航道规划设计研究院.武汉二七路过江通道桥梁方案通航净空尺度和技术要求论证研究报告[R]. 2006.03.

[4] 长江委水文局长江中游局. 武汉市二七路过江通道工程防洪评价报告[R]. 2006.03.

[5] 林应丑.武汉白沙洲大桥河床演变及桥孔布置[J].人民长江,2003.05.

[6] 胡勇.济南黄河铁路大桥桥渡设计[J].桥梁建设,2005.03.

[7] 马先华,齐梅兰,孙庆楠.常用桥墩冲刷计算公式的分析比较[C].第三届全国水力学与水利信息学大会论文集.2007.

[8] 周昌栋,等.宜昌长江公路大桥桥位、桥型及桥跨的选择[J].桥梁建设,2001.06.

26. 钢桁腹 PC 箱梁桥的技术特点与应用

阎卫国

（江苏省交通科学研究院长大桥健康检测与诊断技术交通行业重点实验室）

摘　要：钢桁腹预应力混凝土箱梁桥是采用桁式钢腹杆代替传统预应力混凝土箱梁中的混凝土腹板而形成的一种新型组合结构桥梁。具有受力明确、自重轻、造型美观、施工方便等特点，并可结合腹杆的工厂化制造、节段预制拼装、体外预应力等新技术的运用，取得良好的经济效益，是中等跨径与大跨径桥梁中一种很有竞争力的桥型；同时，这种桥型可避免常规混凝土箱梁桥腹板开裂的问题。文章介绍了这种桥型的发展、应用、结构特点，以及与其他梁桥的差异及具有的优势，并对这种桥型中最关键的节点构造进行了详述。最后举例介绍了国内第一座钢桁腹预应力混凝土连续箱梁桥的设计要点，供工程设计人员参考。通过文章介绍，说明这种桥型在国内的应用前景十分广阔。

关键词：钢桁腹　组合结构　技术特点　节点

1　引言

钢桁腹 PC 箱梁桥是目前在国际上发展及应用日益广泛的一种新型组合结构桥梁。它是用桁式钢腹杆代替传统的预应力混凝土箱梁桥的混凝土腹板而形成的一种新型结构桥梁。世界上第一座钢桁腹 PC 箱梁桥是建成于 1985 年的法国 Arbois 桥，跨径组成为(29.85＋40.4＋29.85)m，梁高 3m。随后这种桥梁在日本、加拿大等国得到了迅速地推广应用。尤其是日本，自 2003 年建成 Kinokawa 钢桁腹预应力混凝土高架桥以来，几乎每年都有一座这种桥梁建成。其结构特点及技术优势正逐渐得到国际土木工程界的广泛认同。法国的 Bras de la Plaine 桥是一座跨径 280m 的钢桁腹拱桥，由于采用了这种创新的组合结构技术而获得 2003 年度国际桥梁及结构工程协会(IABSE)最佳结构奖；日本的志津见大桥也由于采用了这种结构而获得日本土木学会 2007 年度的土木工程设计奖。美国的佛罗里达州在他的中等跨径桥梁发展方向的建议中，也把这种桥型列为一种经济的解决方案。总的来说，这种桥型在国际上应用日益广泛，但总体还处于研究与发展阶段；国内近年来开展了很多相关研究，还没有建成的桥梁，目前只有一座高速公路跨线桥在建中。

江苏省自然基金项目资助(BK2009028)，交通行业联合科技攻关项目(2009－353－332－300)

钢桁腹预应力混凝土箱梁构造主要包括混凝土顶板、钢桁腹杆、混凝土底板、体外和(或)体内预应力束等(图1)。

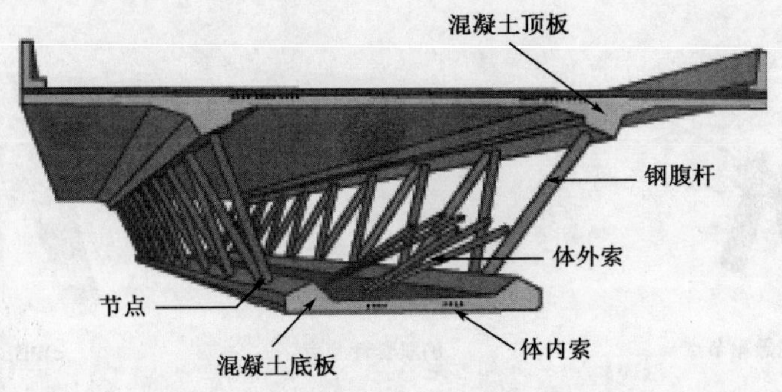

图1 波形钢腹板预应力混凝土箱梁构造

2 技术特点及优势

钢桁腹预应力PC箱梁桥与传统意义上带有完整弦杆的板桁混凝土组合梁桥不同之处在于,它的腹部桁架没有上、下弦杆,桁架腹杆仅通过节点与混凝土顶底板相结合。

与其他梁式桥相比,其自身的技术特点和优势表现为:

(1)与传统的预应力混凝土箱梁桥相比,这种箱梁构造在采用钢桁杆替代混凝土腹板后,主梁自重明显降低,跨越能力提高;同等规模下,桥梁下部结构及基础工程量相应减小;同时,现场作业量减少,省去了常规混凝土腹板钢筋及模板的作业流程,施工工期相应缩短,同时也避免了混凝土腹板的开裂等问题。从日本已建该类桥梁数据统计表明,这种桥梁自重可以减轻约20%,施工工期可以减少1/3,因此,经济效益显著。

(2)与波形钢腹板梁桥相比,这种箱梁构造的钢桁腹杆节点集中,制造安装方便,现场焊接工作量小;钢管桁腹可通过充填混凝土增大屈曲强度,屈曲临界荷载一般也大于波形钢腹板;从日本的经验来看,波形钢腹板梁桥的适宜跨径一般为60~100m,而钢桁腹桥的适宜跨径可达到80~150m,因此它更适合于中等跨径与大跨径的桥梁结构。

(3)与钢箱一混凝土组合梁桥相比,这种桥型现场焊接的工作量大大减少,且能避免使用厚钢板带来的一些技术问题。同时,桁式腹杆构造的通透性,既可以减少风力作用和提高结构的抗风性能,也能给体外预应力钢束的张拉、检测、维护、更换带来方便。

(4)与板桁混凝土组合梁桥相比,这种箱梁构造无上、下弦杆,混凝土上下翼板通过与桁腹杆件节点的连接,实现共同工作,故一般采用体外预应力体系。而板桁混凝土组合梁桥中的混凝土面板常用来分担部分荷载作用,受力性能更接近于桁架结构。

综上所述,钢桁腹PC箱梁桥具有受力明确、自重轻、造型美观、施工方便等特点,并可结合腹杆的工厂化制造、节段预制拼装、体外预应力等新技术的运用,取得良好的经济效益,是中等跨径与大跨径桥梁中一种很有竞争力的桥型。

3 节点构造

由于这种桥型的钢桁腹杆端部节点直接嵌固在混凝土翼板中,因此节点构造是最为关键的部位。从钢桁腹PC箱梁结构组成及受力特点可知,节点应具有一定的强度和刚度,传力要明确,既要确保力流的有效传递,又要保证箱梁截面的整体协同受力。除了保证力学特性外,节点构造还应当施工便捷，便于混凝土的浇注，易于吸收施工中的误差，减少焊接工作量等。

日本工程实践中应用较广泛的节点构造主要有钢盖箱节点、双套管节点和 PBL 节点(图 2)。

a)钢盖箱节点　　b)双套管节点　　c)PBL节点

图 2　典型节点构造

三种节点构造在受力性能和施工性能方面具有下述一些特点：钢盖箱节点因为采用钢盖箱的构造形式，会影响混凝土的浇注密实度，施工质量较难验证，而且钢盖箱与混凝土的面接触方式会影响到共同工作效应；双套管节点与 PBL 节点相比，其构造较简单，施工简便，但承载力和刚度较低，只适用于较小的腹杆轴力，且内外管之间混凝土浇注质量较难控制；PBL 节点承载力较高，适用于较大的腹杆轴力，但构造较复杂，焊接部位和高强螺栓应用较多。

在此基础上，日本近年来又通过试验，研发应用了其他一些新型节点构造。

这种桥型除了需要对桥梁进行整体空间建模和平面建模进行计算分析外，还需对节点局部受力进行详细的有限元计算分析(图 3)，对于一些新型节点构造，还需制作模型进行试验研究来验证其合理性、适用性。

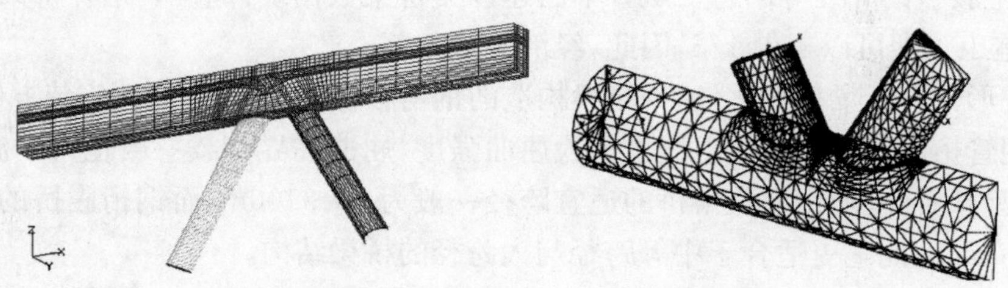

图 3　节点有限元模型示例

4　工程实例

国内第一座钢桁腹预应力混凝土箱梁桥是一座在建的某高速公路跨线桥(图 4)，采用支架现浇施工。桥跨布置为 35m＋35m，桥梁全长 78m；设计荷载为公路 II 级；桥梁全宽 8.5m；设计基本地震动加速度峰值为 0.10g。

图 4　桥梁效果图

4.1 设计要点

桥梁上部结构采用 2 跨等截面钢桁腹 PC 连续箱梁，主梁采用单箱单室截面，箱梁顶宽 8.5m，底宽 4.8m。梁高 2.3m，翼缘悬臂长 1.85m，悬臂端厚度为 20cm，悬臂根部厚度为 55cm，见图 5。

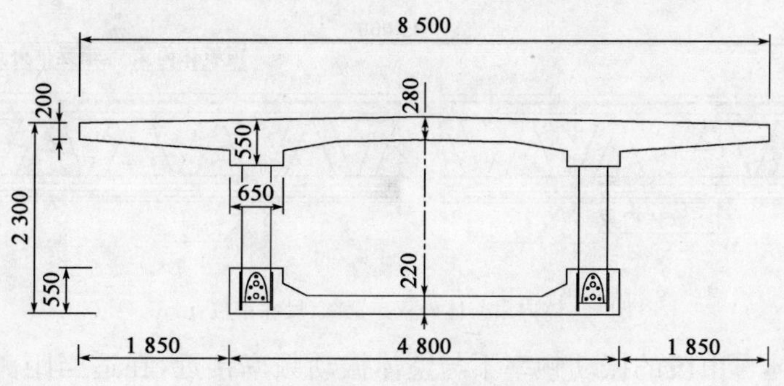

图 5　箱梁断面图(尺寸单位:mm)

桁腹钢管采用 Q345 C 级钢，钢管规格为 $D351\times16$mm，桁腹水平倾角约为 67°。对于受压桁腹钢管，在内部充填混凝土以增大屈曲强度。

钢桁腹与顶底板连接的节点构造为改进型 PBL 节点。与日本 PBL 节点构造相比，这种节点构造从可施工性和力学性能两方面对它进行了优化和改造，减少了焊接工作量、方便混凝土浇注以提高密实度，通过提高节点对制作和施工误差的吸收能力来改善可施工性；同时这种节点传力机理更加明确。试验表明，这种节点强度、刚度等力学性能均满足设计要求。节点构造见图 6。该节点构造已申请专利，是国内钢桁腹预应力混凝土桥梁中首个节点构造的专利。

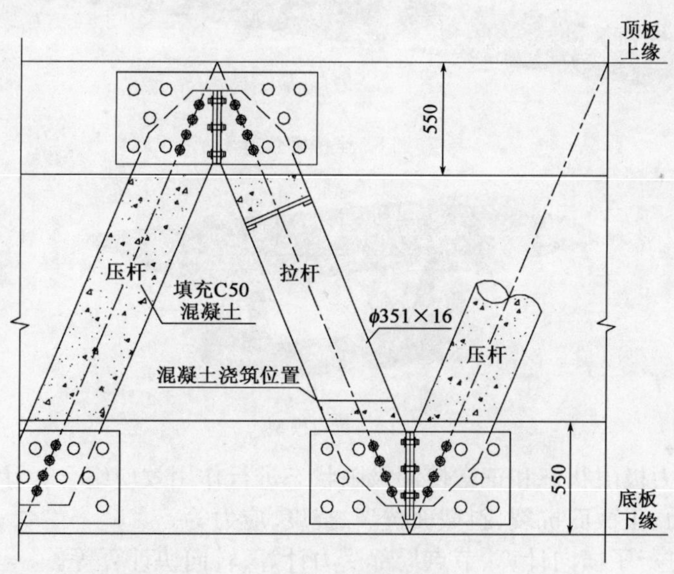

图 6　节点构造(尺寸单位:mm)

各根桁腹钢管均在工厂加工完成。

箱梁纵向预应力采用体内束与体外束相结合的体系。体内束主要用于承担一期恒载及施工时临时荷载；箱梁在连续状态下张拉的体外预应力束用于抵抗二期恒载和活载。

纵向体内束采用 $15\Phi^{s}15.2$ 钢绞线，全桥通长布置，于梁体现浇养生后张拉，锚具采用与之相配套的夹片锚。纵向体外预应力束采用 15-19 环氧涂层钢绞线成品索，外包 HDPE 护套，锚具采用可调换式体外束专用夹片式锚具。采用悬浮法张拉。

预应力束布设见图 7。

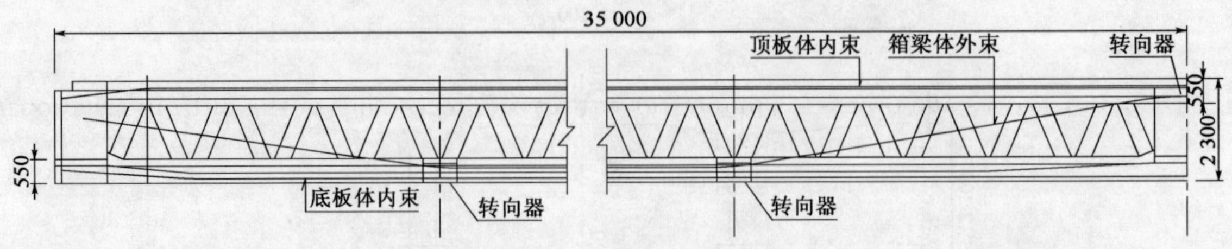

图 7 体内束与体外束布置图(尺寸单位:mm)

同时，为使索体自由段的振动频率不与整体振动频率接近，在适当距离安装减振装置，以避免索体产生不利振动。

4.2 计算建模

桥梁采用 Midas 空间有限元程序按预应力混凝土 A 类构件计算。采用梁格法的基本原理对结构简化建模，按支架现浇施工方法计算。

对桥梁建立空间桁架模型，将桥梁整体简化为两片桁架，桁架的上下弦杆为混凝土板，斜腹杆即为钢管桁架，均采用梁单元模拟。混凝土顶底板一分为二，建立四个梁截面。全桥横向用横向梁格进行连接。空间桁架模型共建立 554 个单元(图 8、图 9)。

图 8 全桥模型

图 9 梁段模型

全桥按承载能力极限状态和正常使用极限状态进行作用效应组合。计算内容主要为抗弯承载力、抗剪承载力、正截面抗裂、斜截面抗裂、挠度、应力等。

此外，还重点进行了横向计算、节点局部受力计算、转向快计算等。

5 结语

本文介绍了钢桁腹预应力混凝土箱梁桥的发展、应用、结构特点，与其他梁桥的差异性及具有的优势，并对这种桥型中最关键的节点构造进行了详述。最后举例介绍了国内第一座钢，桁腹预应力混凝土连续箱梁桥的设计计算情况。

钢桁腹预应力混凝土桥与传统的预应力混凝土梁桥相比，结构受力明确、主梁自重轻、造型美观、施工方便，运营期便于检测维护。腹杆采用工厂化制造、箱梁施工方法灵活，具有较好的经济效益。这种桥型是中等跨径与大跨径桥梁中一种很有竞争力的桥型，其应用前景广阔。

参 考 文 献

[1] Goutie, Davies and others : Tubular Structures V/Proceedings of the Fifth International Symposium, Nottingham, UK, 25-26 august 1993.

[2] Leonhardt, F. , Andra, W. , Andra, H . Japan Road Association 1996. Specification for Highway Bridge Part II, (steel bridge).

[3] R. Sen, S. Stroh, J. Olbinska, G. Mullins. Development of a new concept for Florida's bridges [R]. Department of Civil and Environmental Engineering, University of South Florida, 1999.

[4] Jean-Marc Tanis. Bras de la Plaine Bridge, Reunion Island, France [J]. Structural Engineering International, 2003(4): 259-262.

[5] R. H. Wang, Q. S. Li, Q. Z. Luo, et al. Nonlinear analysis of plate-truss composite steel girders [J]. Engineering Structures, 2003(25): 1377-1385.

[6] Jiandong Zhang, Tetsuro Hashino, Kazuo Ashizuka, Akira Takahashi: Design and Construction of Ohmi-Ohdori Bridge in the New Meishin Expressway, Proceedings of the 7th German-Japanese Bridge Symposium, 2007. 7.

[7] Jiandong Zhang, Takuya Mori: Study on Stud Dowels in the Main Tower of Hybrid Extradosed Bridge, Proceedings of 5th PRC-US Workshop on New Technologies in Long-span Bridges Construction, 2008. 11.

[8] 刘玉擎. 组合结构桥梁[M]. 北京：人民交通出版社，2005.

27. 大跨径悬索桥锚碇基础设计与计算发展综述

叶文海[1]　魏奇芬[2]　叶恒梅[1]

(1. 湖北交通职业技术学院;2. 湖北交通规划设计院)

摘　要:锚碇是重要的承力部件,合理经济的锚碇基础可以提高特大跨悬索桥方案的竞争力。本文结合工程实例,归纳了地连墙、沉井、扩大基础等目前应用较多的几种锚碇基础形式的特性及应用,对锚碇基础设计时所需考虑的因素进行了分析,总结了基础计算的内容和方法,以期为同类工程提供有益的参考。

关键词:悬索桥　锚碇基础　设计　计算

1　前言

悬索桥是一种很古老的桥型,远在公元前250年,在中国四川境内就修建了"笮桥"(即竹索桥),还修建有藤索桥。随着高强度平行镀锌钢丝、钢绞线等新材料的出现和先进施工方法的应用,悬索桥目前是跨越能力最大的一种桥型。其卓越的跨越能力成为1 000m以上特大跨径桥梁的主流形式,如此大跨度桥梁的大部分荷载将由主缆承受,通过索股与锚碇架分散传到锚碇上,再由锚碇基础传递到地基上。从这个角度而言,悬索桥锚碇的安全是关系到整个大桥安全最重要的因素之一。表1摘录了目前国内外一些特大跨径悬索桥所采用锚碇基础的形式。

国内外特大跨径悬索桥锚碇基础形式一览表　　表1

序号	桥　名	跨径(m)	竣工时间	锚碇位置	基础形式及围护
1	丹麦大贝尔特东桥	1 624	1997	两侧锚碇	扩大基础
2	英国亨伯桥	1 416	1981	北锚碇	扩大基础
3	美国华盛顿桥	1 067	1931	纽约侧锚	扩大基础
4	香港青马大桥	1 377	1997	两侧锚碇	扩大基础
5	日本明石海峡大桥	1 990	1998	北锚碇	地下连续墙
6	润扬长江公路大桥	1 490	2005	北锚碇	地下连续墙
				南锚碇	排桩加冻结帷幕
7	武汉阳逻长江大桥	1 280	2007	南锚碇	地下连续墙

续上表

序号	桥　　名	跨径(m)	竣工时间	锚碇位置	基础形式及围护
8	广州珠江黄埔大桥	1 108	2008	两侧锚碇	地下连续墙
9	南京四桥	1 418	在建	南锚碇	地下连续墙
10	江阴长江大桥	1 385	1999	北锚碇	沉井
11	泰州长江公路大桥	1 080	在建	两侧锚碇	沉井
12	舟山西堠门大桥	1 650	2009	南锚碇	重力式嵌岩结构
13	马鞍山长江大桥	1 080	在建	两侧锚碇	根式基础
14	湖南吉首矮寨大桥	1 128	在建	茶洞岸	隧道锚
				吉首岸	扩大基础
15	湖北四渡河大桥	900	2009	宜昌岸	隧道锚
				恩施岸	扩大基础

作为悬索桥的重要的承力部件——锚碇的设计与施工非常重要。对于特大跨度悬索桥，锚碇的体积巨大、构造复杂、造价所占比例高。锚碇区的地形和地质条件会直接影响悬索桥总体布局的合理性及全桥的经济性，应予特别重视。因此，在不同的地形、地质条件下采用悬索桥方案应尽可能选择合理可行、安全经济的锚碇基础形式，以提高特大跨悬索桥方案的竞争力。本文对目前应用较多的几种锚碇基础形式进行了归纳。结合工程实例，对锚碇基础设计和计算时涉及的主要问题作了分析，以期为同类工程提供有益的参考(表 1)。

2　锚碇基础概述

锚碇通常分为自锚式和地锚式，自锚式是将主缆索锚固在加劲梁上，而地锚式是将主缆索锚固在重力式混凝土锚块和岩洞中的混凝土锚块上，即重力锚碇与隧道锚碇(图 1)。隧道式锚碇一般由锚塞体、散索鞍支墩及基础、前锚室、后锚室及明洞五部分组成，应用于节理较少、岩体力学性能较好的外露基岩的桥址处。隧道式锚碇利用自然岩体抵抗主缆拉力，工程量通常只有普通重力式锚碇的 1/2～1/3，具有显著的技术、经济和环保效益。隧道式锚碇的作用机理是，利用锚碇体及其周围岩体的共同作用，抵抗主缆拉力。近年来，隧道式锚碇引入了预应力岩锚，降低隧道开挖深度，增大了基岩受力范围，又减少了混凝土数量，更进一步降低大桥的造价，有较好的推广应用价值。重力式锚碇一般由锚块、散索鞍支墩及基础、前锚室、后锚室四部分组成，其中散索鞍支墩主要承受主缆压力和横梁传递的支座反力；锚块主要承受预应力锚固系统传递的主缆索股拉力。

重力式锚碇基础形式多样，分为直接基础形式和人工基础形式。直接基础是指锚体直接作用于持力层上，而人工基础则是由于锚碇区域表层岩体或土体力学性能较差，或在深水区施工，必须采用人工开挖工作，将基础作用到持力岩层或土层上(图 2)。通常采用的人工基础有桩基础、扩大基础、沉箱(井)基础、地下连续墙围护施工的基础以及采用排桩围护和冻土墙围护施工的基础。对于特大跨径悬索桥而言，群桩基础应用很少，一般用于桥塔基础和中小跨径的悬索桥。表 2 对几种常见的锚碇人工基础的特性进行了比较和说明。

重力锚碇人工基础中沉井基础刚度大、稳定性好，施工技术上较现实，但也面临着下沉过程中对相邻土层的扰动和深沉井不易顺利下到预定高程的问题。对于岩土体严重不平整的情况，采用地下连续墙方案则可充分发挥连续墙深度大、适应性强的优点。近年来修建的大跨度悬索桥人工基础采用地连墙居多。图3和图4是两类目前应用较多的基础图片。

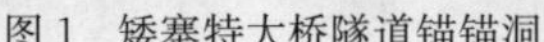

图1 矮寨特大桥隧道锚锚洞

图2 厦门海沧大桥重力式锚碇

重力式锚碇人工基础特性比较表 表2

基础名称	特 点	存在的问题	工程应用
群桩基础	桩底需嵌入基岩，不需深开挖，对周围土体影响很小	承受巨大水平力，桩身受力极为不利，且水平变位大	
扩大基础	基坑浅，开挖深度较小，施工工期短	尺寸较大，控制地基变形值，增加基底承载力和摩擦力有较大难度	大贝尔特东桥锚碇
沉箱(井)基础	沉井可以预制，凝土质量易于保证，沉井整体刚度大，井壁是永久性基础又是施工挡水、挡土的围堰结构	尺寸一般较大、下沉较深，隔舱多，增加了施工的难度；排水下沉会扰动土层，对周围环境有影响	江阴长江大桥北锚碇
地下连续墙基础	既是施工的临时支撑、挡土、挡水的围堰结构，又是后期永久性结构的组成部分。结构整体刚度大，施工时基本不扰动周围土体	泥浆的配比；槽段接头的处理	阳逻长江大桥南锚碇
冻结排桩基坑围护	以含水地层冻结形成的冻结帷幕为基坑的封水结构，以排桩及内支撑系统为抵抗水土压力的承力结构，形成新的围护技术，较好地解决了基坑围护结构的嵌岩及封水问题	冻结墙体厚度的控制； 冻胀力对结构的影响如何降低； 新的卸压手段有待研究	润扬长江公路大桥南锚碇
根式基础	在沉井周壁增设根键，起到地基梁的承载效应，充分发挥土体的承载力。构件预制率高，质量易保证，功效高；减小工程地震效应	我国自主研发的新型基础形式，理论和试验研究还未体系化，并有待实践检验	马鞍山长江大桥锚碇

图3 泰州长江公路大桥北锚碇沉井基础

图4 武汉阳逻长江大桥南锚碇地下连续墙基坑全景

3　锚碇基础设计与计算研究

锚碇基础一般选择良好的地基作为持力层。从文献[1]所列数据来看，国内外绝大多数锚碇基础是在基岩上的，且大多采用明挖干施工。这样可以在施工过程中能够看得见基底的情况，取得基底实际力学参数以确保设计取用值的可靠。根据实际情况可以进一步采取措施，诸如地基加固或作构造上的处理，可设计成锯齿状、台阶状、倾斜状等。对于放置在非岩石地基上锚碇基础，一般都要进行特殊的地基处理。

3.1　锚碇基础设计的控制条件

锚碇设计和力学计算分析时一般考虑以下的控制条件：

(1)地质条件；

(2)锚碇沉降和水平位移的限制，以保证控制全桥的变位；

(3)锚碇需承受的主缆力，入射角等物理、几何参数。

锚碇基础的设计需要充分考虑当地的地质条件，发挥各种基础形式的优点，避开其缺点，使施工可靠性高、施工难度小，综合效益高，造价经济。以江阴长江大桥为例，北锚碇在考虑自身控制条件的基础上，对基础浅埋或深埋，采用扩大基础、沉井、桩基、地下连续墙等方案进行比较。对于浅埋的扩大基础，基底在地面以下 11～14m，并做了 5°左右的倾斜以增大水平抗力，但由于地基为高压缩性、承载能力低的软土，虽可以采用大面积加固，但很难控制其沉降和水平位移。采用沉井方案，若要到达地下 80m 左右的岩层是非常困难，持力层只能在好的或较好的土层上，为此稳定沉井就要做得相当大，给下沉也带来了很大的难度。曾考虑基底在地下 25m 左右，以较紧密的砂土为持力层，为了减少沉井的沉降和水平位移，应在基底进行加固，对于这样深的基底再进行地基加固，也很难控制质量，而且沉井平面尺寸过大对下沉和水下混凝土封底也十分困难。最终采用的是穿透硬黏土层，以紧密砂砾土层为持力层的方案，这样可以减少最终沉降量和有足够土层抵抗沉井的水平位移。

3.2　锚碇基础设计与计算的主要内容

锚碇基础设计主要满足以下四个方面的要求：

(1)锚碇基础结构的极限承载力及足够的抗裂安全，在主缆拉力和锚碇自重等的作用下，在其基底面任意一点的竖向应力不应超过基础持力层地基的容许承载力，基底应力不应有大的突变；

(2)主缆拉力的传递和平衡应该简单、可靠，锚碇基础不应滑移，因为一旦发生，全桥都将变形，所以应严格保证基底抗滑安全系数；

(3)锚碇构造细节的设计必须考虑局部应力不应过大、结构的简易性和经济性；

(4)锚碇基础应保证不能有过大沉降量，沉降在施工阶段已大部分完成且各部分不能有太大沉降差。

基于上述要求，锚碇基础设计和计算内容主要如下：

(1)锚碇基础形式比选，确定基础平面尺寸、厚度及合理的埋置深度；

(2)初步统计锚碇工程数量，提供经济性参考指标；

(3)不同工况条件下锚碇基础整体计算，包括基础滑动稳定、倾覆稳定、基底应力验算及基础变形、沉降计算、不均衡索力下基础的扭转分析等；

(4)锚碇基础局部计算，如基础各部分内力、应力和强度等；

(5)基坑开挖过程中，基础稳定性和强度验算；

(6)施工阶段和运营阶段基础变形、应力和强度的验算；

(7)基础施工对环境的影响分析；

(8)根据计算结果优化锚碇设计。

大型隧道式锚碇设计的核心内容如下：

(1)锚碇体和其周围岩体之间的传力性能可靠性研究；

(2)周围岩体的完整性及其力学性能适宜性研究；

(3)对锚碇区域详细的地质勘察、对锚体—围岩传力性能的科学研究。

根据锚碇的功能，隧道锚的设计要满足两方面的要求：

(1)在主缆拉力作用下，锚体本身要有足够的强度和刚度；

(2)锚体周围的岩体要有足够的强度和稳定性承受锚体传来的缆力。

对隧道锚而言更重要的是依赖于后者，这主要是因为锚体的强度是可以根据设计需要进行调整的。

目前锚碇及基础计算方法多样化，除了根据规范计算，主要借助有限元软件 ANSYS、ABAQUS、ADINA、MIDAS/GTS 等(图 5、图 6)。

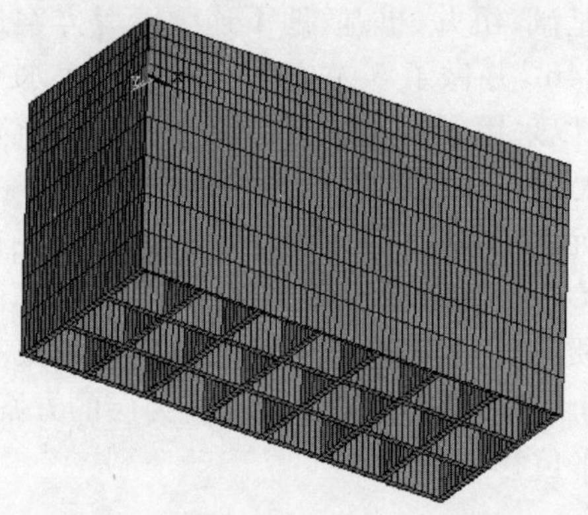

图 5　井箱形地连墙基础计算模型

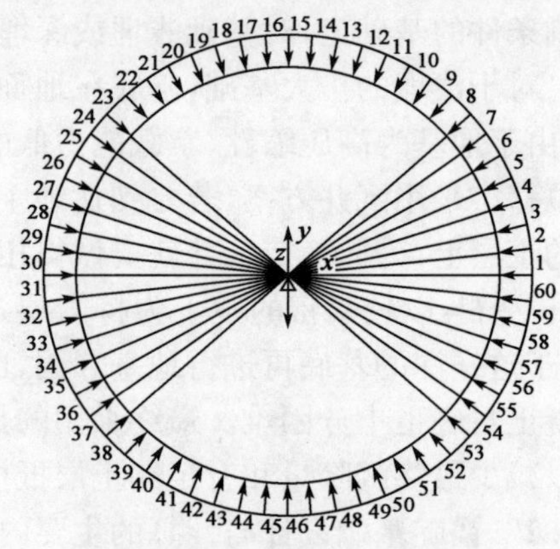

图 6　圆形地连墙内衬计算模型

ANSYS 是融结构、流体、电场、磁场、声场分析于一体的美国大型通用有限元分析软件，用于航空航天、汽车工业、生物医学、桥梁、建筑、电子产品、重型机械、微机电系统、运动器械等工业领域。

ABAQUS 是一套功能强大的工程模拟有限元软件，可以分析复杂的固体力学结构力学系统，特别是能驾驭非常庞大复杂的问题和模拟高度非线性，致力于解决结构力学和相关领域的深层次实际问题。

ADINA 是美国基于有限元技术的大型通用分析仿真平台，程序提供了世界领先的、用于 2D 和 3D 固体应力分析以及静力学和动力学中结构分析的功能，分析对象可以是线性的或者非线性的。ADINA 在接触分析方面具有超强的实力，程序为固体、桁架、梁、管道、金属板、壳体和缝隙提供了多样化和通用的有限元，材料模型有金属、土壤与岩石、塑料、橡胶、织物、木材、陶瓷和混凝土等。

MIDAS/GTS 是韩国地基及隧道结构专用分析有限元软件，包含施工阶段的应力分析和渗透分析等岩土和隧道所需的几乎所有分析功能。

ANSYS 软件在致力于线性分析的用户中具有很好的声誉，ABAQUS 软件则致力于复杂和深入的非线性工程问题，ADINA 和 ABAQUS 在非线性计算功能方面比 ANSYS 强，

ABAQUS 没有流体计算模块，ADINA 不能做电磁分析但是 ADINA 是目前做流固耦合最好的软件。

3.3　复合基础的设计和采用

润扬长江公路大桥南汊桥采用跨径 1490m 双塔单跨双铰钢箱梁悬索桥方案，悬索桥 2 根主缆 68 万 kN 拉力。南锚碇基础尺寸为 70.5m×52.5m×29m(长×宽×深)，采用“冻结排桩基坑围护设计方案”。围护结构采用直径为 1.50m 钻孔灌注桩排桩，桩长 35m，横桥向间距为 1.70m，纵桥向为 1.725m，嵌入基岩约 6m。排桩外侧布设冻结孔、注浆孔和卸压孔。冻结孔形成等效厚度为 1.3m 的冻结帷幕，平均温度为－7℃，距离排桩中心 1.4m，冻结管长 40m。注浆孔布置在冻结孔外侧，距离冻结孔中心 0.6m，注浆段高 8.0m(－32.0～－42.0m)。卸压孔直径为 0.25m，深度为 25m，距冻结孔中心为 1.30m，每个冻结孔对应布置两个卸压孔，布置在注浆孔外侧，降低冻结帷幕产生的冻胀力。

该方案设计思想是：排桩加内支撑作为承载结构，利用人工冻结地层的方法，在排桩外侧四周形成冻土墙用于封水。该支护结构充分利用了冻土墙具有极好封水性能和钻孔灌注桩易于嵌岩等优点，是排桩式围护结构与冻结法的复合。

近年来，随着港口工程和桥梁工程建设规模的日渐扩大，基础在承受竖向荷载的同时所受水平力也越来越大，传统的桩基很难满足承担较大水平荷载的要求，因而发展出了沉井等一系列基础形式，为进一步提高基础的水平承载能力，产生了新型的根式沉井基础。

根式基础是一种新型的基础，是以沉井基础为主体，在沉井井壁预留顶推孔，待沉井下沉到设计高程后，将预制好的根键顶入土中，在保证根键与沉井固结后形成的一种仿生基础。由于顶推根键的挤密和应力扩散作用充分调动了基础周边土体的承载潜力，使得抗压时基础底部得以“卸载”，承载力得以提高，同时因根键与周围土体的紧密嵌固作用也使得基础的抗拔承载力和水平承载力得以提高。从施工角度讲，根式基础作为一个创新型基础形式，目前尚无成套的成熟经验可供借鉴。

采用复合基础需要考虑复合的综合效应，不同的形式能否互补，共同发挥作用。一般是在地质条件特别复杂，综合比较各种基础形式后而设置复合基础的。目前国内主要是小范围的复合，如将桩基础与其他基础复合，根式基础实际上也是一种复合基础(图 7)。

复合基础的设计一般比较复杂，考虑因素多，难以预料的情况也多，因此，应用的广泛性受到限制。但随着新材料新工艺的不断涌现和成熟，复合基础的设计和大胆采用将是一个趋势(图 8)。

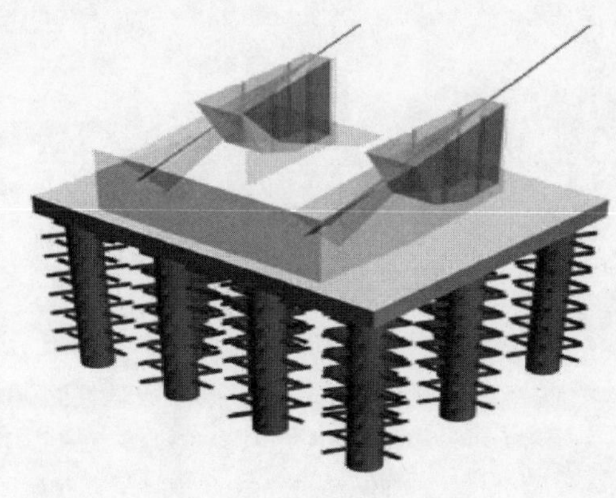

图 7　根键基础三维模型

图 8　南京四桥南锚碇相交双圆地连墙基础

对于特殊情况，如地质资料不齐全的时候，需多考虑 1～2 个方案，果断进行变更。广东虎门大桥西锚碇原设计为沉井，因为基岩面高差达 10 多米而改用圆形地下连续墙。

4 结语

特大跨悬索桥锚碇基础的选型及设计考虑的因素很多，除了上面所分析的各类基础的特性之外，还要考虑施工的难易性，经济的合理性，考虑对周边防洪、景观的影响等等。设计者在宏观把握的基础上还要灵活机动地进行方案的比较选择。

参 考 文 献

[1] 彭德运. 大跨悬索桥锚碇基础的设计与施工[J]. 铁道标准设计，2003.

[2] 张志荣，李海. 冻结排桩法在润扬大桥南锚碇基础中的应用[J]. 施工技术，2003.

[3] 姚直书，程桦. 锚碇深基坑排桩冻土墙围护结构的冻胀力研究[J]. 岩石力学与工程学报，2004.

[4] 许宏亮，凤懋润. 江阴长江大桥锚碇变位限值的研究. 中国公路学会桥梁学会论文集[C]. 1995.

[5] 周世忠. 江阴长江公路大桥北锚碇的施工与控制[J]. 国外桥梁，2000.

28. 超高墩长联大跨连续刚构桥桥墩形式选择

张志平　贾伟红

（中交第一公路勘察设计研究院有限公司）

摘　要：目前，我国公路建设正处在高速发展阶段，随着经济的发展，山区公路也越来越多。在山区或山岭重丘区，深谷、大型冲沟、U形谷地众多，超高墩长联大跨连续刚构桥的应用将会越来越广泛。超高墩长联大跨连续刚构桥高墩的选型是该类桥梁设计的关键。本文通过对目前在建的国内最大墩高的连续刚构桥——三水河特大桥桥墩形式选择进行介绍，拟定8种桥墩形式，从力学性能、稳定性、整体性等方面进行综合比较，选择适合于超高墩长联大跨连续刚构桥的桥墩形式，希望能对同类型桥梁桥墩形式选取提供借鉴。

关键词：连续刚构　超高墩　稳定性　长联

1　引言

咸阳至淳化至旬邑高速公路的淳化至旬邑段是以黄土残塬区地形地貌为主。该项目桥梁设计最大的难点在于路线跨越了多处大的黄土冲沟，且沟形以U形沟居多。实际设计时需要集超高墩、长联及大跨于一身，因此结构的受力更加复杂。三水河特大桥为该项目中跨越三水河的一座特大型桥梁，也是该项目的关键控制性工程。三水河特大桥主桥采用98m＋5×185m＋98m的变截面连续刚构桥，其联长达1 121m，桥面距地面最高处约195m，最大墩高183m。三水河特大桥是一座典型的集超高墩、长联及大跨于一身的桥梁，最大墩高183m为国内已建成同等类型桥梁中最高桥墩。超高墩桥墩的选型设计为该类桥梁设计的关键。本文以三水河特大桥为依托，就超高墩选型从力学性能、稳定性、整体性等方面进行介绍。

2　桥墩形式选取

2.1　高墩设计思路

超高墩长联连续刚构桥一般地处深山峡谷地带，由于峡谷的风效应，瞬时风速及紊流强度较大，超高墩既要满足稳定性的要求，又必须抵抗强大的常对设计起控制作用的风荷载，因此其设计思路如下：

（1）应具有适当的纵向抗推刚度，以适应纵桥向由于温度、混凝土收缩徐变等引起的变形。

（2）为抵抗横桥向风荷载，减小偏载引起的侧向位移，提高行车舒适性，墩柱横桥向刚度应设计得较大。

(3)无论是在悬臂施工阶段还是运营阶段,风荷载为横桥向控制性荷载,应尽可能减小墩柱横向迎风面积、改善气动外形、减小风载体形系数。

(4)超高墩一般采用滑模或爬模施工,从施工便捷的角度考虑,宜采用简洁的形状。

(5)山区高墩连续刚构桥体重巨大,景观效果突出,墩形选择应与环境相协调。

目前,用于超高墩长联大跨连续刚构桥的桥墩形式主要有单肢薄壁空心墩、双肢薄壁空心墩、刚性段+双肢薄壁空心墩等。单肢薄壁墩是在墩位上只有一个截面形式为空心或实心的“一”字形矩形截面或箱梁截面的桥墩,与双肢薄壁墩相比,一般说来,单肢薄壁墩特别是箱形截面单肢薄壁墩的抗扭性能好,抗推能力强,具有较大的纵向抗推刚度,适应结构体系纵向变形的能力较差,但随着墩身高度的不断增加,单肢薄壁墩的柔性逐渐增强,允许的纵向变位逐渐增大,且截面可以在高度方向上采用变截面来调整纵桥向抗推刚度,施工方便,因此,对于墩身高度很高的大跨度连续刚构来说,单肢薄壁空心墩也是理想的墩身形式之一。

双肢薄壁墩可以很好地适应纵向变形,一般用于墩高 50m 以内的悬臂施工连续刚构桥,通过双薄壁之间设置系梁也可用于超高桥墩。双肢薄壁墩是非常经典的墩柱形式之一,具有以下优点:①依靠分离的两肢墩,将上部结构固定在桥墩上使主梁在墩顶处有明显的弯矩消峰作用,有利于主梁结构受力;②利用桥墩的柔性解决水平荷载沿纵桥向的传递问题和上部结构水平变位问题;③纵向抗推刚度容易调整,可以通过调整单肢截面尺寸、双肢间距、系梁有无及截面刚度等手段,较自由地调整纵向抗推刚度,减小由于温度、混凝土收缩徐变等产生的结构次内力。

刚性段+双肢薄壁空心墩充分结合了单肢薄壁空心墩、双肢薄壁空心墩的优点,也是目前用于超高墩大跨连续刚构桥的一种常见桥墩形式。桥墩下段部分设置刚性段,增大了桥墩的抗扭性能,使得桥墩具有较大的纵横向刚度,桥墩上段部分设置双肢薄壁空心段使主梁在墩顶处有明显的弯矩消峰作用,有利于主梁结构受力,并且能较好的利用双肢薄壁空心段的柔性以适应桥梁纵桥向的变形。但是该种形式桥墩刚性段与双肢薄壁空心段结合处刚度变化过于剧烈,结构容易产生裂缝,而且该种形式桥墩施工也较单肢薄壁空心墩、双肢薄壁空心墩要麻烦。

2.2 高墩形式选择

三水河特大桥主桥采用 98m+5×185m+98m 连续刚构桥。主梁为预应力混凝土单箱单室截面,分幅布置,单箱顶宽 12.0m,底板宽度为 6.6m。支点处梁高 11.5m,跨中梁高 4.0m,中间以 1.8 次抛物线渐变。五个主墩的墩高依次为 85m、112m、177m、183m、180m 和 112m。设计荷载公路-Ⅰ级;设计洪水频率 1/300;地震动峰值加速度 0.05g。

通过对国内、外连续刚构各种主墩形式进行认真分析比较以及结合咨询专家的意见,同时结合三水河特大桥桥墩高、联长长的实际情况,本桥设计阶段提出了以下 8 种桥墩方案:方案一主墩为双肢空心薄壁框架墩,通过设置横向联系、纵向联系将单个主墩的四肢薄壁空心墩连接成一个整体。有效地改善各个单肢薄壁空心墩在风载等外力荷载作用下的受力状态。方案二主墩为双肢薄壁空心墩,设置纵向联系,但未设置横向联系,故桥梁抵抗横桥向风载能力较弱。方案三为刚性段+双肢薄壁空心段,主墩下部为整体式即将主墩的左右幅以及纵桥向双肢薄壁用纵、横向隔板连接为整体,上部双肢薄壁设置纵横向联系,进一步增强了主墩的整体性。本方案桥墩整体刚度大,稳定性好,抗风能力强,但材料用量较大。方案四为刚性段+双肢薄壁空心段,主墩下部为整体式,但未将左右幅桥连成整体,故抵抗横向风载能力较弱。方案五为刚性段+双肢薄壁空心段,主墩下部采用整体式即将主墩的左右幅以及纵桥向双肢薄壁用纵、横向隔板连接为整体，上部双肢薄壁未设置纵横向联系，本方案桥墩整体刚度大，但由于上部双肢薄壁未设置纵横向联系，且高度较大，故主墩整体稳定性、抗风能力不及方案三。方案六主墩为双肢空心薄壁框架墩，通过设置横向联系、纵向联系将单个主墩的四肢薄壁空心墩连接成一个整体，主墩在下部进行了加强。通过加强以后，主墩整体刚度大，稳定性、抗风、抗震能力强，但材料用量大。方案七主墩在横向下部通过横隔板连接为整体，在纵向采用加强型框架，上部双肢薄壁空心墩之间采用纵横向联系连接为框架。通过加强以后，主墩整体刚度大，稳定性、抗风、抗震能力强，但材料用量大。方案八主墩纵向采用单肢空心薄壁墩，通过横向联系将左右幅桥连接到一起。主墩采用单肢矩形墩抗弯刚度大、抗扭能力强，稳定性、抗风、抗震能力均较强，但适应纵桥向变形能力较弱。桥墩形式如图 1 和图 2 所示。

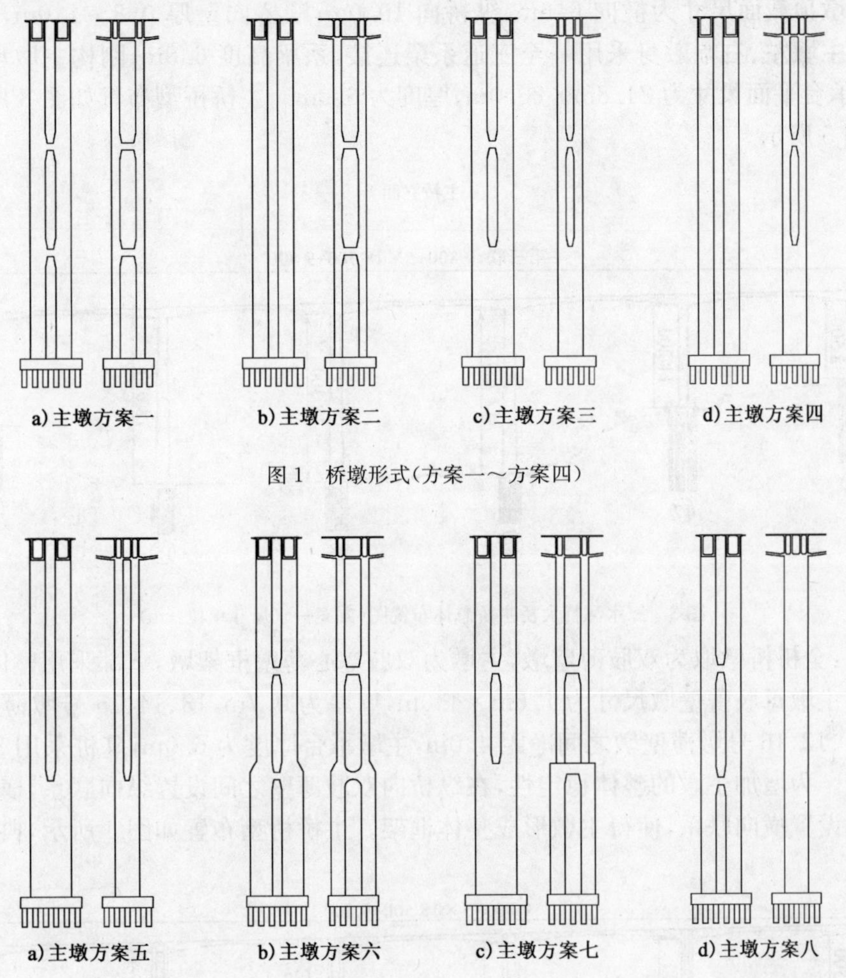

图 1　桥墩形式（方案一～方案四）

图 2　桥墩形式（方案五～方案八）

在上述方案中，除方案六及方案七外，其余方案在高墩大跨连续刚构中均较为常用。方案二、四、五由于桥墩未采用横向联系，横向抵抗风载的能力不如其他方案，而方案三～方案七材料用量相对于方案一较大。方案八矩形墩刚度较大，适应纵桥向变形能力较弱。方案一主墩为双肢空心薄壁框架墩，通过设置横向联系、纵向联系将单个主墩的四肢薄壁空心墩连接成一个整体。有效地改善了各个单肢薄壁空心墩在风载等外力荷载作用下的受力状态。方案八主墩纵向采用单肢空心薄壁墩，通过横向联系将左右幅桥连接到一起。主墩采用单肢矩形墩抗弯刚度大、抗扭能力强，稳定性、抗风、抗震能力均较强，且随着墩高的增加，桥墩的柔性逐渐增强，能较好的适应纵桥向的变形。故方案一双薄壁墩与方案八矩形墩的形式是较为理想的选择。

2.3 单肢柱与双肢柱方案介绍

以三水河大桥为依托，选取两种桥墩形式，方案一：主墩均采用单肢矩形薄壁空心墩，两边主墩采用双肢薄壁空心墩。11、16 号主墩采用等截面双肢薄壁空心墩，双肢间净距为 3.0m，单肢平面尺寸为 6.6m×3.5m，顺桥向壁厚 0.7m，横桥向壁厚 0.8m；12 号主墩采用等截面单肢薄壁矩形空心墩，横桥向宽 6.6m，纵桥向宽 10.0m，顺桥向及横桥向壁厚均为 0.8m；13～15 号主墩采用变截面单肢薄壁矩形空心墩，墩底截面尺寸为横向 6.6m，纵桥向 14.5(14.575、14.425)m，墩顶截面尺寸为横向 6.6m，纵桥向 10.0m，顺桥向壁厚 0.8～1.0m，横桥向壁厚 0.8m，刚构主墩左、右幅墩身采用一至三道系梁连接，系梁高度 6.5m；刚构主墩承台左、右幅连成整体，承台平面尺寸为 24.8m×30.0m，厚度为 6.0m。主桥桥型布置如图 3 所示，典型主墩构造如图 5 所示。

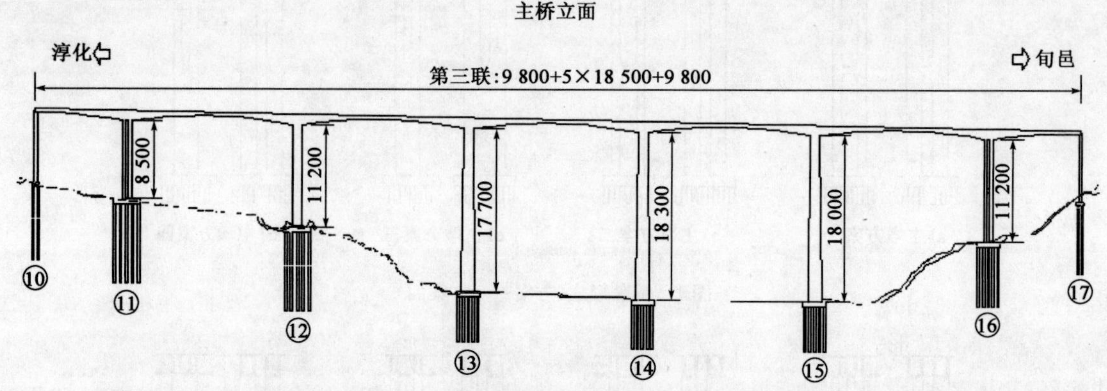

图 3　三水河特大桥主桥总体布置图(方案一)(尺寸单位:cm)

方案二：全桥桥墩取为双肢薄壁墩，主墩为双肢空心薄壁框架墩，下部采用整体式承台，钻孔灌注桩。主墩每肢薄壁墩尺寸为 7.6m×4.0m，壁厚为 0.7m，13、14、15 号墩薄壁墩之间净距 8.0m，11、12、16 号墩薄壁墩之间净距 4.0m，主墩承台厚度为 6.0m，基桩采用 30 根 ϕ2.5m 钻孔灌注桩。为增加主墩的整体稳定性，在纵桥向双肢薄壁之间设置纵向联系，横桥向左右幅桥主墩之间设置横向联系，使得主墩形成整体框架。主桥桥型布置如图 4 所示，典型主墩构造如图 6 所示。

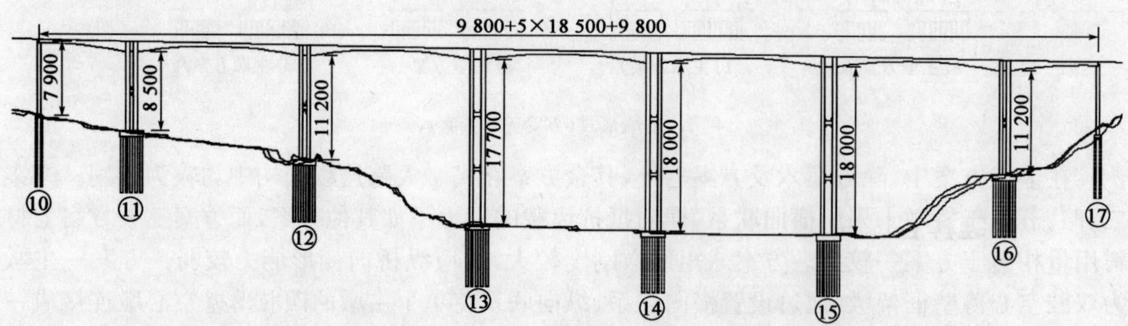

图 4　三水河特大桥主桥总体布置图(方案二)(尺寸单位:cm)

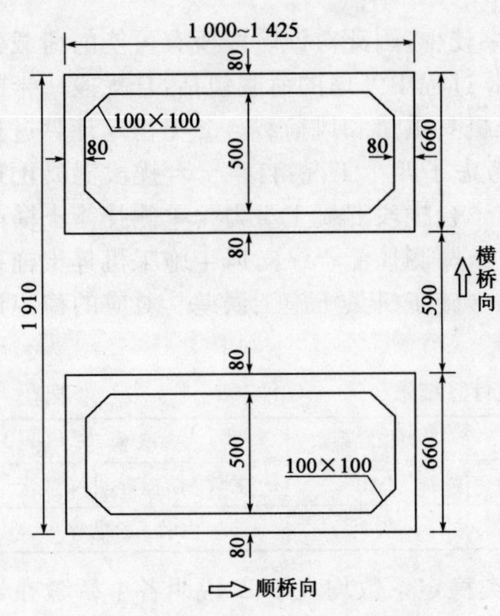

图 5　方案一主墩截面(尺寸单位:cm)

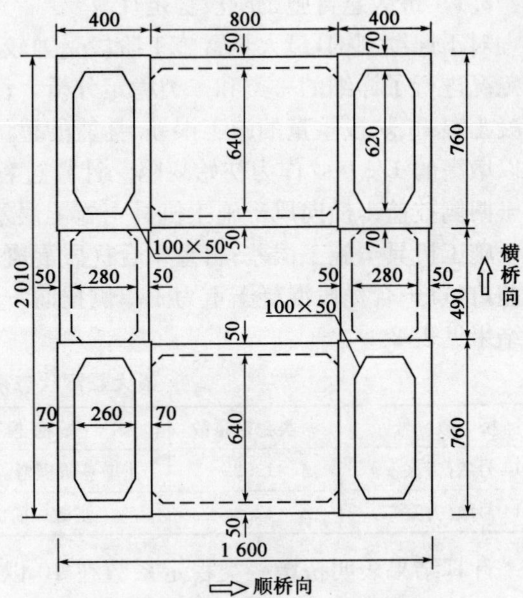

图 6　方案二主墩截面(尺寸单位:cm)

分析这两种方案下结构的力学性能、稳定性及整体性,以找出该桥最佳的桥墩形式。

3　单肢柱与双肢柱结构的力学性能

连续刚构桥是上部结构与下部结构在墩顶刚性连接的超静定结构,下部结构的刚度对上部结构具有明显的影响,同时,上部结构也将对下部结构产生各种各样的影响。采用桥梁博士 3.01 对两种桥墩形式的主桥进行建模分析,使两者的受力状态均满足规范要求,对比了上下部结构的内力。14 号主墩墩高 183m,具有典型代表作用,故取 14 号墩进行对比,其具体结果见表 1。

成桥状态主要部位内力结果　　表 1

桥　墩　号	墩顶弯矩(kN·m)	墩顶相应轴力(kN)	墩底弯矩(kN·m)	墩底相应轴力(kN)	墩顶梁弯矩(kN·m)	墩顶纵向位移(mm)	混凝土工程量(m^3)	全桥钢绞线用量(kg/m^3)
14 号墩(方案一)	2.79×10^3	1.07×10^5	8.37×10^4	2.52×10^5	1.92×10^4	48.5	12 149.9	69.8
14 号墩(方案二)	2.15×10^4	1.08×10^5	2.14×10^4	2.59×10^5	1.58×10^4	23.3	13 146.2	67.9

结果表明,单薄壁墩比双肢薄壁墩工程量节省 8.2%,墩顶偏心距小于双肢薄壁墩,改善了墩身控制截面的受力条件,避免了墩顶密集钢筋,梁体实际弯矩两者相差不大,同时由于桥墩较高,单薄壁墩外观虽略显粗大,但其力学性能仍表现为较柔,完全能适应桥梁纵桥向变形的需要。

4　单肢柱与双肢柱桥墩稳定性

三水河大桥的最大墩高到达 183m,目前属国内同类桥梁最高桥墩,桥墩的稳定性至关重要。对两种桥墩形式稳定性进行了详细的比较分析。采用 MIDAS/CIVIL 2006 进行空间有限元计算,主梁采用变截面梁单元,主墩采用等截面空间梁单元。

4.1 最大悬臂施工阶段稳定计算

对于连续刚构，最大悬臂施工阶段受力较大，约束较少，因此对该阶段所有可能的荷载作用工况进行了详细的一类和二类稳定分析。稳定计算过程中考虑的荷载包括：合拢段一半的混凝土湿重、块段重量的施工误差、挂篮的重量、施工机具重量和风荷载。二类稳定计算过程中以墩高的 1/3 000 作为初始缺陷。计算过程中共考虑了四个工况：自重＋合拢段混凝土重力＋两侧挂篮＋横向风＋施工机具＋施工误差；自重＋合拢段混凝土重力＋单侧挂篮＋横向风＋施工机具＋施工误差；自重＋合拢段混凝土重力＋两侧挂篮＋纵向风＋施工机具＋施工误差；自重＋合拢段混凝土重力＋单侧挂篮＋纵向风＋施工机具＋施工误差。对应的稳定计算结果见表 2。

最大悬臂状态桥墩稳定计算结果　　表 2

桥 墩 号	一类稳定系数	失 稳 模 态	二类稳定系数	失 稳 模 态
14 号墩(方案一)	13.2	主墩一阶横弯，主梁竖弯	2.1	主墩一阶横弯，主梁竖弯
14 号墩(方案二)	12.3	主墩一阶纵弯	2.2	主墩一阶纵弯

计算结果表明桥墩一类稳定系数在 10 以上，二类稳定系数均大于 2，说明各个桥墩在最大悬臂施工阶段具有很好的稳定性，且单肢薄壁墩一类稳定性优于双肢薄壁墩。

4.2 成桥阶段稳定计算

建立成桥阶段稳定分析模型，对三水河特大桥运营过程中的稳定特性进行计算。成桥阶段稳定计算过程中考虑了自重、二期、汽车荷载和纵横向风对结构的影响。计算过程中主要分四个工况计算成桥阶段的稳定性，分别是集中力在 14 号墩顶，在第四跨跨中位置。各个计算工况具体内容为：自重力＋汽车均布荷载＋集中力作用在墩顶＋纵向风；自重力＋汽车均布荷载＋集中力作用在跨中＋纵向风；自重力＋汽车均布荷载＋集中力作用在墩顶＋横向风；自重力＋汽车均布荷载＋集中力作用在跨中＋横向风。对应的稳定计算结果见表 3。

成桥稳定计算结果　　表 3

稳 定 系 数	方 案 一		方 案 二	
	一类稳定系数	二类稳定系数	一类稳定系数	二类稳定系数
工况一	13.59	3.22	15.299	2.90
工况二	13.27	3.23	15.276	2.95
工况三	14.01	3.55	15.209	3.1
工况四	14.12	3.49	15.187	3.1

计算结果表明成桥状态下该桥具有足够的稳定系数，满足规范要求，双肢薄壁墩一类稳定性优于单肢薄壁墩，二类稳定性相差不大。

5 单肢柱与双肢柱抗风性能

基本风速根据《公路桥梁抗风设计规范》(JTG/T D60—01—2004)的规定，桥位所在处属于陕西省咸阳市，桥址处距离铜川市比较近，因此取铜川市 100 年重现期的基本风速为 $V_{10}=26.8\text{m/s}$。设计过程中对单肢薄壁空心墩及双肢薄壁空心墩分别进行了较为详细深入的计算，限于篇幅，本文不再一一列举。

计算结果表明超高墩大跨长联连续刚构桥横桥向风载效应主要由风荷载作用于主梁上产生，约占总效应的 90%。风荷载作用于主墩产生的效应影响相对较小，尽管单肢薄壁空心墩墩身迎风面积稍大于双肢薄壁空心墩，但由此增加的荷载效应占风载荷载产生的总效应的比例不足3%。经过比较可以认为单肢薄壁空心墩、双肢薄壁空心墩对于全桥风荷载产生的效应影响不大。而单肢薄壁空心墩抗扭能力强，抗弯刚度大，结构整体性好，单肢薄壁空心墩抗风能力或性能优于双肢薄壁空心墩。

6 结语

超高墩长联大跨连续刚构桥高墩的选型是该类桥梁设计的关键。本文以三水河特大桥为依托，选用了单肢柱和双肢柱两种桥墩形式，对施工阶段及成桥状态进行了静力分析、稳定性及抗风分析，得出以下几点结论：

(1)单肢薄壁空心墩比双肢薄壁墩空心墩节省工程量，从而减少了下部基础的数量，有利于节省工程造价。

(2)超高墩长联大跨连续刚构桥的最大悬臂施工阶段为稳定分析的最不利阶段，根据稳定分析结果，单肢薄壁空心墩施工阶段的安全性要大于双肢薄壁空心墩。

(3)本桥桥址位于一“U”河谷，局部风力较大，单肢薄壁墩矩形空心截面抗扭能力强，抗弯刚度大，有利于保证悬臂施工安全。

(4)超高墩长联大跨连续刚构桥无论采用单肢薄壁空心墩或双肢薄壁空心墩，横桥向两幅桥桥墩之间宜设置横向联系，主墩设置横向联系后桥梁稳定性及抗风能力大幅增加，整体性增强。

(5)高墩一般采用滑模或爬模施工，从施工的便捷出发，宜采用简洁的形状。单肢薄壁空心墩比双肢薄壁空心墩施工更为便利。

综上所述，三水河特大桥中间4个高主墩均采用单肢矩形薄壁空心墩，2个较矮边主墩采用双肢薄壁空心墩，以充分发挥这两种桥墩形式各自的优点，取得比较好的力学与经济效果。

参考文献

[1] 张永水，曹淑土. 连续刚构桥薄壁墩抗推刚度计算方法研究[J]. 中外公路，2006(6).

[2] 廖军，雷波，马越峰. 大跨径高墩连续刚构墩身受力及稳定性分析[J]. 公路与自然，2007(4).

[3] 马保林. 高墩大跨连续刚构桥[M]. 北京：人民交通出版社，2001.

[4] 彭元诚，方秦汉，李黎. 超高墩连续刚构桥设计中的关键技术[J]. 桥梁建设，2006(4).

29. 城市干道四肢立交造型的创新

邹世才　廖礼毅　高　健

（成都邹记城市道路畅通工程研究所）

摘　要：过去，人们根据互通立交＝直行＋转弯的二元方程，首先确定直行＝"并排井字直跨"，找到了适合高速公路的一万种"绕行匝道"的立交造型。而本文根据城市干道十字路口有限地面和空间的限制性条件，提出首先确定转弯＝"两层立交直接转弯"，找到了除高速公路的一万种立交造型以外的新造型——"错位井字直跨＋两层立交直接转弯"仅有的两种全新造型，该两种全新造型把人们普遍认为城市干道双向八车道，甚至双向六车道的较小十字路口根本不可能修建互通立交的事情变成了可能。

关键词：立交造型　立体交通　立交桥　城市交通　井字直跨

1　一万种高速公路四肢立交造型不能满足城市交通需求

四肢立交的造型究竟有多少种？

《道路立交工程》[1]第 13 页有非常精辟的论述："在一个互通式立交处车辆运行无非是两种方式。一种是直通运行，这主要走原来的路线在立交处借立交桥跨越过去就行了。另一种是转弯运行，从一条路转弯到另一条路上去，这就要修建专门的转弯道路。"在这里，它揭示了一个二元方程：互通立交＝直行＋转弯。同时它揭示了一个二元方程组：直行＝并排井字直跨。然后求转弯的"解"——匝道如何绕行。《道路立交工程》第 69 页求出了转弯的解："四肢立交有 4 个左转弯，前述 10 种左转弯匝道的任一种皆可选用；还有 4 个右转弯，仍然只有一种右转弯匝道可以采用，因此，四肢立交理论上可以有 10×10×10×10×1×1×1×1 共 10 000 种不同组合形式"。即"并排井字直跨＋绕行匝道"的 10 000 种"解"。

高速公路必须保证行车速度，首先把直行考虑为"并排井字直跨"是人之常情，再通过"绕行匝道"来解决冲突的方法无疑是正确的。高速公路一般在城市之外，有较宽松的环境，可以提供足够的地面和空间供这 10 000 种立交造型使用。而城市干道的绝大部分十字路口却不可能有如此宽松的环境。因此，这 10 000 种立交造型只适合高速公路而不适合城市干道。但是，人们还是试图把这些立交用于城市干道，在城市中少数大型路口修建起了高速公路立交，如北京建国门等地就修建了不少大型苜蓿叶互通立交，结果不言而喻，一下立交桥就是平交路口的红绿灯，许多城市的大型立交都成了停车场。由此可见，高速公路的 10 000 种立交根本无法实现城市干道网的立交化完全畅通，无力解决城市道路日益严重的拥堵问题，致使城市交通拥堵成为无法破解的世界难题。既然立交是大幅提高平交路口通行能力的唯一有效的最直接途径，为什么现有的10 000种四肢立交造型面对城市道路的“拥堵”却如此无能为力、一筹莫展呢？这不能不引起我们的反思，重新认真省视10 000种立交造型的严密性和全面性。

让我们再来认真研究互通立交＝直行＋转弯这个二元方程，（本应该是4次方程，但要求4个方向最好都一样，就权当一次方程。）在二元方程中，知道甲变量即可以求出乙变量的“解”，反过来，知道乙变量也可以求出甲变量的“解”。两个变量之间是互相关联的。前面已经通过先设定；直行＝并排井字直跨，找到了一万种转弯的“解”。但是，这个二元方程并没有做完，因为还有先设定转弯求直行的“解”没有做。下面就是本文先设定转弯求直行“解”的具体内容。

2 两种小且适用的城市干道四肢互通立交新造型

城市干道十字路口有限的地面和空间要求转弯的最佳方式是直接转弯。我们不妨首先将转弯这个变量确定为最经济合理的形式——两层立交直接转弯，即：转弯＝两层立交直接转弯。在这个新的二元方程组中，是把直行作为变量求“解”，就只有“错位井字直跨”的两种立交新造型。

第1种新造型，如图1、图2所示，把现有的“并排井字直跨”改为：横向上方的直跨向右错位、下方的直跨向左错位，纵向的左方直跨向上错位、右方的直跨向下错位。错位的长度为略大于爬升一层立交桥规定高度的桥长。这样，每一个直跨都为相对面的直跨让出了左侧的上方空间，每个直跨桥都能从自身的中部高位置桥段（一层立交规定高度处）的左侧分叉出直接转弯桥。每个直跨桥加上向左分叉的直接转弯桥就是1个“卜字形”分叉桥，这是最基本的立交单元。把4个“卜字形”分叉桥放在十字路口就成为4个“卜字形”分叉桥的组合桥：它们的4个直跨桥组成一个“错位井字直跨”立交，转弯就可以“两层立交直接转弯”；也可以只用两个“卜字形”分叉桥进行组合（图3），这种结构特别适用于干道和低一级道路的十字交叉路口，以保证主干道上直行和左转的完全畅通。

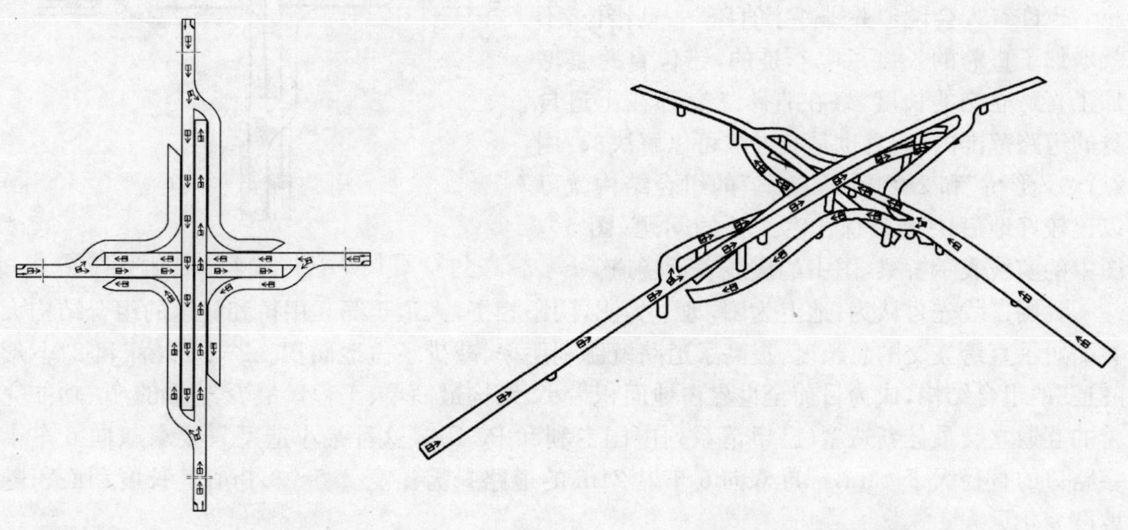

图1 4个“卜字形”组合桥平面图　　图2 4个“卜字形”组合桥立体图

第 2 种新造型，如图 4 所示，与第 1 种方向相反，把“并排井字直跨”中，横向上方的直跨向左错位、下方的直跨向右错位，纵向的左方直跨向下错位、右方的直跨向上错位，成 Y 字形结构，其功能和作用与卜字形结构完全相同。

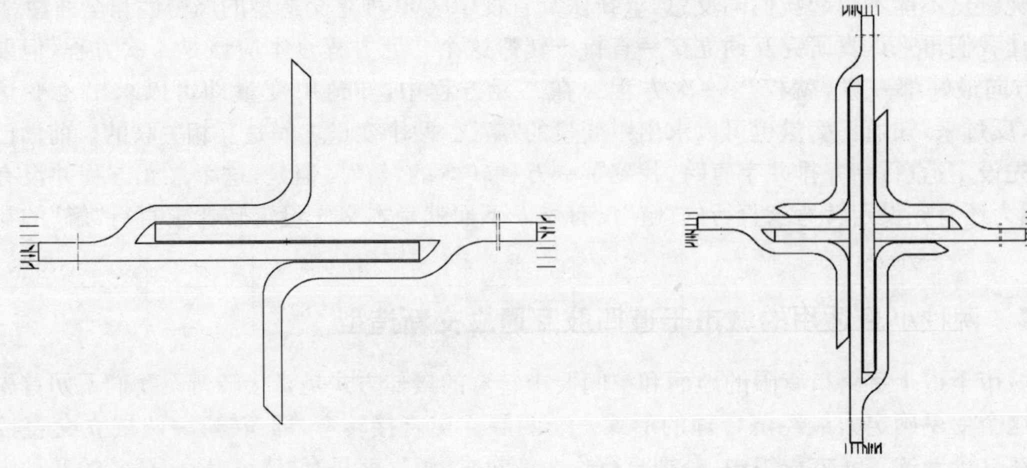

图 3　2 个“卜字形”桥的组合图

图 4　4 个“Y 字形”组合桥平面图

这两种立交新造型都是“错位井字直跨＋两层立交直接转弯”的互通立交。它解决了十字路口所有机动车辆的交通冲突；没有交织；十字路口 4 个方向来车，12 个方向去车各行其道，互不干扰，完全畅通（右转弯走桥下）；并且不改变驾驶员在平面交通时的行车习惯，平交路面怎么走，立交桥上就怎么走，即使没有路标提示方向，也绝对不会迷路；由于转弯都是 2 层立交直接转弯而不必绕行，所以占地面积较小，基本只占用道路自身的地面和空间，因此特别适用于城市双向 6 车道和以上的干道较小十字路口，为解决世界性的城市堵车难题提供了可行的技术方案。

也许有人会说：“并排井字直跨”一旦错位，不就增加了直跨的长度了吗？是的，错位直跨是增加了直跨立交的长度，好在直跨立交都在干道自身的道路范围内，而且也是有办法可以解决的：用 2 个“卜形桥”和 2 个“卜形隧道”的组合结构就可以比较好地解决直跨总长度太长的问题（图 5），图中的实线表示桥梁，图中的虚线表示隧道。

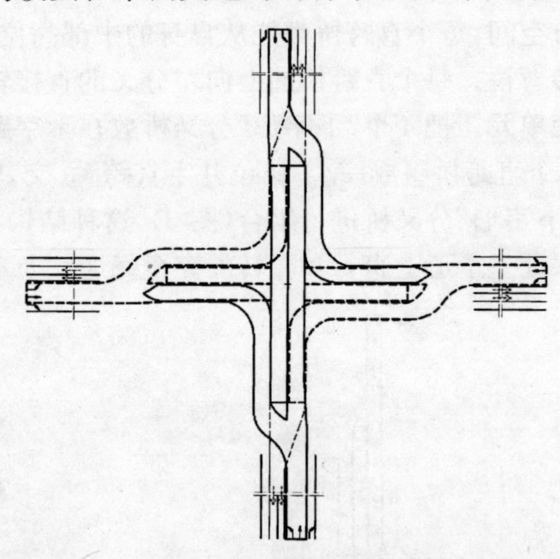

图 5　2“卜形桥”和 2“卜形隧道”的组合结构

我国古代先哲认为：地上为阳，地下为阴，阴阳相济，大道至简。用桥和隧道的组合结构大大缩短了直跨立交的总长度，提高了道路资源利用率，减少了占地面积。2“卜形桥”和 2“卜形隧道”的组合结构，成为目前全世界占地面积最小、结构最简单、工程量最少、造价最低、功能完善的互通立交最佳新造型（已申请系列中国专利和 PCT）。这种最小造型只要求双向 6 车十字路口的直径大于 43m，标准双向 6 车道 21m 的道路只需拓宽 2.5～3.0m，其长度和面积随坡度变化见表 1。

这种桥加隧道的最佳组合立交造型，坡度按 5％两直跨总长只有 560m，6％只有 480m，8％只有 380m。坡度大于 5％的造型，考虑北方冰雪地区，坡面采用防滑路面、路面加温、桥和隧道上加置篷盖都是防滑办法，把装饰和防雨雪、防结冰功能完美结合。它的右转弯采用地面通行，并保证地面右转弯单直道也有 4.5m 宽，完全满足消防通道规范要求，且桥下保证 4.5m 净高，使机动车辆在地面车道上能顺利实现调头乃至直行和左转，在紧急情况下及时到达任何位置。这种结构的工程量也是现有互通立交中最少的，5%的坡度其总工程量只有 19 280m^2，6%只有 16 520m^2，8%只有 13 070m^2。其造价也是最低的，性价比却是最高的。因此，这种"两卜桥和两卜隧道"的组合立交造型，是本文提出的"错位井字直跨＋两层立交直接转弯"城市干道四肢立交造型的最经典最巧妙的结构形式，也是目前世界上最小巧、最简单、最经济、最适用的城市干道四肢互通立交最佳新造型。

双向 6 车道路口"两卜桥和两卜隧道"的组合结构工程参数表 表 1

坡度(%)		5	6	7	8	9	上 5,下 8
两卜桥	桥全长(m)	560	480	424	380	348	470
	地面加宽段长度(m)	300	260	232	210	194	210
	桥面总面积(m^2)	9 640	8 260	7 294	6 535	6 037	7 270
两卜隧道	隧道全长(m)	560	480	424	380	348	470
	地面加宽段长度(m)	300	260	232	210	194	210
	隧道总面积(m^2)	9 640	8 260	7 294	6 535	6 037	7 270
两卜桥和两卜隧道总面积(m^2)		19 280	16 520	14 588	13 070	12 074	14 540

注：十字路口占地最小直径 43m；最小转弯半径大于 15m；层净高 4.5m；单向单直道宽 6.5m；单向双直道宽 8.5m；弯道宽 9.5m；地面单道宽 4.5m。

如果双向 8 车道的路口修建这种"两卜桥和两卜隧道"的组合立交最佳新造型，直行为双车道。十字路口占地直径 46m，只需在桥和隧道的起始段拓宽 2.5m，其余的全部结构仅占用道路自身的 28m 宽度就足够了。其长度和面积随坡度变化见表 2。

双向 8 车道路口"两卜桥和两卜隧道"的组合结构工程参数表 表 2

坡度(%)		5	6	7	8	9	上 5,下 8
两卜桥	桥全长(m)	560	480	424	380	348	470
	起始地面加宽段(m)	240	200	172	150	134	240
	双直行道桥面总面积(m^2)	11 640	9 960	8 784	7 860	7 188	8 940
两卜隧道	隧道全长(m)	560	480	424	380	348	470
	起始地面加宽段(m)	240	200	172	150	134	150
	双直行道隧道总面积(m^2)	11 640	9 960	8 784	7 860	7 188	8 940
两卜桥和两卜隧道总面积(m^2)		23 280	19 920	17 568	15 720	14 376	17 880

注：十字路口占地最小直径 46m；最小转弯半径大于 15m；层净高 4.5m；单向单直道宽 6.5m；单向双直道宽 8.5m；单向三直道宽 12m；弯道宽 9.5m；地面单道宽 4.5m。

3 最佳新造型增加了"适用"价值

邓文中老师在《浅谈城市桥梁创新》时指出："一座成功的城市桥梁和其他桥梁一样，必须安全、适用、经济和美观。创新的基本要求是以新的理念去提高这 4 项要求的总体价值。""桥梁创新一般有两个比较常见的方式：一个是把原有的造型优化，而增加其价值，例如使之更美观，更容易施工，或者更耐用等；另一个是发展出新的结构形式，把当前普遍认为不可能的、还没有人做过的变为可能。”

本文提出的最佳新造型最突出的是增加了“适用”价值。过去的一万种立交造型，无论怎么压缩，在十字路口的占地直径至少也要 100m，要想在直径只有 40～50m 的路口修建互通立交是不可能的。今天，最佳新造型把城市立交的“适用”性扩大到了前所未有的范围，在城市干道双向八车道，甚至双向 6 车道的较小十字路口，都可以适用。把当前人们普遍认为不可能的、还没有人做过的变为了可能。

4　最佳新造型增加了“经济”价值

首先，最佳新造型不占用道路以外的土地和空间，免去了征地和拆迁的许多麻烦，以及高昂的征地和赔偿费用。

最佳新造型只占用道路本身的地下和空间，很少触及道路两侧的城市管网。

最佳新造型结构简单，只有一层高的桥和一层隧道，不涉及高层桥和深层隧道，施工相对容易。

最佳新造型是最小的互通立交，工程总量少，造价最低，最经济实惠。

5　用最佳新造型组织城市干道交通将产生巨大利益和价值

邓文中老师在《浅谈城市桥梁创新》[2]还指出：“创新必须产生利益或者增加价值。”

如果用最佳新造型组织城市干道交通，将从根本上解决干道拥堵，并产生巨大的利益和价值。

城市道路交通“拥堵”是全世界各大城市的通病，是使各个国家政府头痛，使广大市民备受痛苦煎熬的世界难题，同时给社会带来巨大的经济损失：有资料统计，美国每年因交通拥堵浪费 109 亿 L 燃油和 42 亿 h，折合 782 亿美元；2010 年，交通拥堵给孟加拉国首都达卡造成 28.6 亿美元损失；巴西圣保罗市一年损失 24 亿美元；中国科学院可持续发展战略研究组组长、首席科学家牛文元指出，中国 15 座城市因交通拥堵每天损失 10 亿元人民币，一年就是 3 650亿。

那么，交通“拥堵”最根本的原因究竟是什么？

我们认为，城市道路拥堵的原因很多，但是，最根本的原因只有一条，是人们没有找到或是没有说清楚的，那就是：“平交路口缺损”是道路资源的极大浪费，造成城市道路网利用率太低导致了拥堵。每一个平交路口都是城市道路交通的“瓶颈”和“死结”，都是堵车的根源和罪魁祸首！

原本是两条道路，本该各走各的路，在平交路口却只能共用一条路，道路资源整整缺失 50%。

由于是两条路共用一段路，两条路之间的转换必然需要时间，以平均 60s 红绿灯转换一次，每次红灯先亮 2s，损失道路资源 3.33%。

每次红绿灯转换，车辆都有一个停车、起步的过程，如果每次从零起步到正常速度的过程为 4s，损失道路资源 6.67%。

当绿灯亮起时，这条道路两个支道的车辆理论上应该全数通过，但在现有的交通规则中，以右行制双向 6 车道为例，如果相对的两个支道的直行车同时通过，这两个支道的左弯车就必然停下等待，浪费了两个车道；如果相对两个支道的左转车同时通过，这两个支道的直行车就必然停下等待，还是浪费两个车道；如果一个支道的直行车和左弯车同时通过，对面支道的直行车和左弯车就必然停下等待，同样浪费了两个车道；总之，都浪费了三分之一(16.67%)的道路资源。

在这些结点上，不仅有车与车的矛盾，还有车与人(包括人力车)的矛盾，人车混行是必然的。如右转弯的车辆绿灯时运行，和右侧支道的过街行人发生冲突；红灯时运行，和本支道的过街行人发生冲突：行人埋怨汽车抢占了他们的路权，危及他们的安全。汽车埋怨行人干扰行车，影响速度。人车混行的结果必然是双方受损，以两个右转车道受干扰平均降低速度30%计算，损失道路资源5%。

当一个路口发生堵车，它影响的不仅仅是这个点，而可能是两条线，甚至是几条线或一个面。

在若干消极因素叠加之后，"平交路口缺损率"可计算部分高达惊人的81.67%。城市干道平交路口的有效利用率只有可怜的百分之十几。这就是现代城市"堵车"最根本的原因。

既然我们找到了现代城市"堵车"最根本的原因是"平交路口缺损"，那么，找回"平交路口缺损"就是破解"堵车"世界难题最根本的方法。还是那句话：众所周知，立交是大幅提高平交路口通行能力唯一有效的最直接途径。但是，现行的"并排井字直跨＋绕行匝道"高速公路的一万种立交不可能当此大任。今天应运而生的"错位井字直跨＋两层立交直接转弯"城市干道四肢立交造型，正好临危受命。它的最佳形式——"两卜桥两卜隧道立交造型"，完全有能力把城市向6车道以上干道平交十字路口"死结"变成"活结"，使整个城市6车道以上的干道网实现立体化交通，从而取消了整个城市6车道以上干道路口的红绿灯，实现整个城市6车道以上干道网的完全畅通。

干道网的畅通好比人体的动脉血管的正常运行，解决了80%以上的拥堵问题。被城市干道网分割成的小块称为"干道内小区"，小区内的次干道及更小路口的问题，不是今天讨论的范围，但相信也是有办法解决的。最终将形成一个畅通无阻的、高效率的城市道路网，其通行能力是现有城市道路网的500%以上。这样的城市道路网还会堵车吗？

"需求急增，供给不足"，是许多专家和学者既担心又无法解决的难题。"错位井字直跨＋2层立交直接转弯"的城市干道四肢立交新造型充分挖掘现有城市道路网的潜力，使"供给"迅速成倍增加，远远超过汽车增加的速度，"供给"已经远远大于"需求"了，还有堵车的烦恼和痛苦吗？北京就是有2 000万辆车，也同样开车无忧，"首堵"永远不再堵！

过去被"拥堵"困扰的大城市，将获得可持续发展的强劲动力，并明显地改善和提高广大人民的出行生活质量。

6 结语

两种"错位井字直跨＋两层立交直接转弯"的造型，是道路四肢立交造型的创新。

"两卜桥两卜隧道的组合立交造型"是当今世上最小巧、最简单、最经济、最适用的城市干道四肢互通立交的最佳新造型。

它的诞生，不仅仅是推出了一个全新的互通立交造型，而是向世人展现了一幅畅通无阻的城市立交道路网的宏伟蓝图，让人们看到了再也没有堵车烦恼的城市道路交通新时代的曙光！

参考文献

[1] 王伯惠.道路立交工程[M].北京：人民交通出版社，2000.

[2] 邓文中.浅谈城市桥梁创新[M].北京：人民交通出版社，2008.

30. 聚丙烯纤维在特大桥大体积塔座混凝土中的应用

甘正兴　李志成

（中交第二航务工程局有限公司第五分公司）

摘　要：本文介绍了聚丙烯纤维在特大桥大体积塔座混凝土中的应用情况，并总结了在应用中的质量要求、原材料选择、技术参数及配合比设计方法。

关键词：特大桥　大体积　塔座　聚丙烯纤维　高性能混凝土

聚丙烯纤维又被称为抗裂纤维或工程纤维，是一种以聚丙烯为主要原料，以独特的生产工艺制造而成的高强束状单丝纤维，加入混凝土或砂浆中可有效的控制混凝土和砂浆的塑性收缩、干缩、温度变化等因素引起的微裂缝隙，防止和抑制裂缝的形成及发展，大大改善混凝土的防裂抗渗功能，抗冲击及抗震能力。

聚丙烯腈纤维又称腈纶纤维，与聚丙烯纤维比具有更高的弹性模量、抗拉强度、抗紫外线性能、耐高温和严寒性能。作为水泥混凝土和沥青混凝土的主要加强筋可明显提高混凝土的抗拉强度、抗疲劳强度和抗弯拉强度，显著改善混凝土早期的抗裂性能。用于沥青中的显著改善沥青的黏结性、高温稳定性、疲劳耐久性并且具有低温防裂和防止反射裂缝的产生，有效提高抗拉、抗剪、抗压和抗冲击强度。

1　工程概况

本合同段为厦门至成都国家高速公路湖南省汝城（湘赣界）至郴州公路第19B合同段，由中交第二航务工程局有限公司承建，位于郴州市宜章县境内，中交二航局汝郴高速第19B合同段赤石特大桥（图1）是汝郴高速公路全段的关键控制性工程，为四塔双索面预应力混凝土斜拉桥，是目前同类型桥梁中排名世界第一的大跨径四塔斜拉桥，我部承建桥梁设计跨径布置为（190m＋380m＋165m）斜拉桥＋[16(15)×40m]连续T梁，左幅桥梁全长1 375.38m，右幅桥梁全长1 349.00m。7号主塔高287.63m，8号主塔高273.63m。

赤石特大桥主7号墩索塔由上塔柱、中塔柱、下塔柱、塔座、A-D横梁等组成。塔座作为底部承台基础与塔柱的渐变过渡段。塔座底部轮廓线横桥向距承台边120cm，顺桥向距承台边274cm。塔座高6m，0～4m高为实心段，4～6m高为塔座向下塔柱渐变的空心段。塔座混凝土设计采用C50聚丙烯腈纤维混凝土，设计方量4 106m^3，采用一次性浇筑成型施工工艺。7

号墩塔座具有结构复杂、壁厚、混凝土方量大、浇筑时间长、强度等级高、浇筑施工工艺难度大和外观质量要求高等特点。7号墩塔座效果图如图2所示。

图1　赤石特大桥效果图

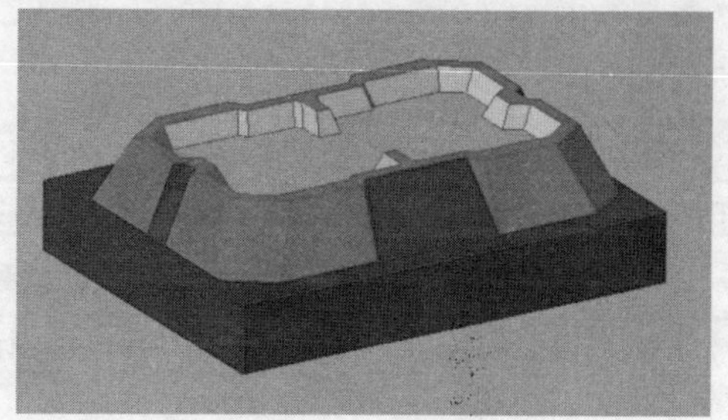

图2　7号墩塔座效果图

2　大体积泵送混凝土设计原则、影响因素及质量要求

2.1　设计原则及其主要影响因素

1)抗裂性

大体积混凝土配合比设计，首先要考虑其抗裂性的要求，这与普通混凝土不同。大体积混凝土质量控制一般包括混凝土的4方面因素。①外观质量：成型脱模后的混凝土表面应无水线砂线、无蜂窝麻面、无漏振过振现象出现。②抗收缩性：凝土中约20%的水分是水泥硬化所必需的，而约80%的水分要蒸发。多余水分的蒸发会引起混凝土体积的收缩。③外界气温：大体积混凝土在施工阶段，它的浇筑温度随着外界气温变化而变化。特别是气温骤降，会大大增加内外层混凝土温差，这对大体积混凝土是极为不利的。④水化温升：这一点是大体积混凝土质量控制的重点之一，合理的配合比设计和现场有效的温控措施是保证大体积混凝土质量的关键性因素。

2)强度

混凝土的强度是其最基本的性能特征，影响强混凝土强度的因素有很多，如水胶比、水泥的强度、矿物掺和料的用量以及外加剂的性能等方面。所以在配合比的设计过程中，必须综合考虑各种因素对混凝土强度的影响，合理的优化配合比方案，使混凝土强度质量满足设计和规范要求。

3)工作性

大体积混凝土拌和物的工作性也很重要，是保证混凝土浇筑质量的关键。大体积混凝土拌和物应具有高流动性(坍落度不小于180mm)、可泵性，同时还应具有体积稳定、不离析、不泌水等特性。

2.2　质量要求

(1)C50混凝土的胶凝材料总量不宜高于550kg/m^3，C50混凝土的水泥用量不宜高于500kg/m^3。

(2)混凝土中宜适量掺加符合技术要求的粉煤灰、矿渣粉或硅灰等矿物掺和料。一般情况下，掺量不宜小于胶凝材料总量的20%；当粉煤灰掺量大于30%时，水胶比不宜大于0.45。

(3)混凝土中宜适量掺加能提高混凝土工作性能的外加剂，宜选用多功能复合型的高性能外加剂。

(4)混凝土的抗裂性应通过对比试验，试件侧面裂缝宽度越小，开裂出现的时间越晚，混凝土的抗裂性能越好。

3　配合比设计

3.1　混凝土原材料的选用

1)水泥

水泥采用了广东英德海螺水泥有限责任公司生产的,海螺牌普通硅酸盐 52.5 水泥。经检验指标满足 GB 175—2007 标准要求,检验结果见表 1。

海螺牌普通硅酸盐 52.5 水泥检验结果　　表 1

序　号	检验项目	标准值	检验结果	备　注
1	MgO 含量(%)	≤5.0	1.81	GB 175—2007
2	SO_3 含量(%)	≤3.5	2.34	GB 175—2007
3	氯离子含量(%)	≤0.06	0.011	GB 175—2007
4	比表面积(m^2/kg)	≥300	370	GB 175—2007
5	初凝时间(min)	≥45	180	GB 175—2007
6	终凝时间	≤10h	270min	GB 175—2007
7	安定性(雷氏夹)	≤5.00	1.5	GB 175—2007
8	28d 抗折强度(MPa)	≥7.0	8.8	GB 175—2007
9	28d 抗压强度(MPa)	≥52.5	56.6	GB 175—2007
10	碱含量(%)	—	0.51	—

2)粉煤灰

粉煤灰采用了湖南省娄底市金竹山电厂生产的Ⅰ级粉煤灰,作为矿物掺和料,其检验结果见表 2。

金竹山Ⅰ级粉煤灰检验结果　　表 2

序　号	检验项目	标准值	检验结果	备　注
1	细度(%)	≤12	9.2	GB/T 1596—2005
2	烧失量(%)	≤5.0	3.3	GB/T 1596—2005
4	需水量比(%)	≤95	91	GB/T 1596—2005
5	SO_3 含量(%)	≤3.0	0.15	GB/T 1596—2005
6	碱含量(%)	—	1.21	—

3)细集料(河砂)

细集料采用了广东省乐昌市宏鑫砂场出产的武江河砂,经检验该砂属中砂Ⅱ区级配,为非碱活性骨料,所检指标满足 JTJ 041—2000 规范要求,其检验结果见表 3。

乐昌武江河砂检验结果　　表 3

序　号	检验项目	标准值	检验结果	备　注
1	细度模数	2.3～3.0	2.78	JTJ 041—2000
2	含泥量(%)	≤2.0	1.3	JTJ 041—2000
3	泥块含量(%)	≤1.0	0	JTJ 041—2000
4	轻物质含量(%)	≤1.0	0.4	JTJ 041—2000
5	硫化物及硫酸盐含量(%)(折算成 SO_3 计算)	≤1.0	0.06	JTJ 041—2000
6	有机物含量(比色法)	浅于标准色	合格	JTJ 041—2000

4)粗集料(碎石)

经过对当地多家石场考查,根据其质量和产量,最终确定使用宜章赤石乡汝郴采石厂,生产的级配为 5～10mm、10～20mm、20～25mm3 级配碎石,按 3∶6∶1 比例掺配成 5～25mm 连续级配碎石,经检验该碎石为非碱活性骨料,其母材平均抗压强度为 123.5MPa,最小抗压强度为 98.9MPa,大于混凝土设计强度等级 2 倍,满足 JTJ 041—2000 规范要求,其检验结果见表 4。

郴碎石检验结果 表 4

序号	检验项目	标准值	检验结果	备注
1	母岩抗压强度(MPa)	≥100	111	JTJ 041—2000
2	压碎指标(%)	≤12	11.0	JTJ 041—2000
3	针片状颗粒含量(%)	≤5	3.7	JTJ 041—2000
4	含泥量(%)	≤1.0	0.2	JTJ 041—2000
5	泥块含量(%)	≤0.5	0	JTJ 041—2000
6	碱含量(%)	—	0.0002	—

5)外加剂

外加剂采用了马贝建筑材料(上海)有限公司生产的,SX-C18 型高性能减水剂(超塑化剂水剂),这种减水剂为复合型聚羧酸系外加剂,工作性能佳,并且与胶凝材料相容性好,减水率高,最佳掺量 1.0%,其检验结果见表 5。

高性能减水剂检验结果 表 5

序号	检验项目		标准值	检验结果	备注
1	碱含量(%)($Na_2O+0.658K_2O$)		≤2.0	1.53	GB 8076—2008
2	水泥净浆流动度(mm)		≥240	265	GB 8076—2008
3	氯离子含量(%)		≤0.1	0.006	GB 8076—2008
4	减水率(%)		≥25	25.5	GB 8076—2008
5	硫酸钠含量(%)		≤2.0	0.46	GB 8076—2008
6	常压泌水率比(%)		≤70	32	GB 8076—2008
7	含气量(%)		≥3.0	2.6	GB 8076—2008
8	1h 坍落度经时变化(mm)		≤60	45	GB 8076—2008
9	凝结时间差(min)	初凝	−90～+120	+100	GB 8076—2008
		终凝		—	
10	抗压强度比(%)	3d	≥160	179	GB 8076—2008
		7d	≥150	162	
		28d	≥140	152	

6)拌和用水

依据就地取材的原则,并结合现场环境等特点,选用当地渔溪河水拌制混凝土,其检验结果见表 6。

渔溪河水检验结果 表 6

序　号	检 验 项 目	标 准 值	检 验 结 果	备　注
1	pH	>4.5	6.09	JGJ 63—2006
4	氯化物(以 Cl^- 计,mg/L)	<1 000	18.86	JGJ 63—2006
5	硫酸盐(以 SO_4^{2-} 计,mg/L)	<2 000	18.42	JGJ 63—2006
6	碱含量(Na_2O 计,mg/L)	<1 500	111	JGJ 63—2006

7)聚丙烯腈和聚丙烯纤维

纤维采用了长沙市博赛特建筑工程材料有限公司生产的 BOT 型聚丙烯腈纤维和 BOT-PP 型聚丙烯纤维,设计掺量为 0.9kg/m³,其检验结果见表 7。

聚丙烯腈检验结果表 表 7

序号	检 验 项 目	标准值	聚丙烯腈检验结果	标准值	聚丙烯检验结果	备　注
1	直径(μm)	12～21	17.2	18～48	28.5	JGJ/T 221—2010
2	长度(mm)	12	12	19	19	JGJ/T 221—2010
3	密度(g/cm³)	1.18	1.17	1.18	1.17	JGJ/T 221—2010
4	抗拉强度(MPa)	≥600	765	≥358	494	JGJ/T 221—2010
5	弹性模量(GPa)	≥10.0	12.1	≥3.5	4.2	JGJ/T 221—2010
6	极限伸长率(%)	≥20	37.3	≥20	40.4	JGJ/T 221—2010
7	熔点(℃)	≥240	271	≥165	167	JGJ/T 221—2010
8	安全性	—	合格	—	合格	JGJ/T 221—2010
9	导电性	—	合格	—	合格	JGJ/T 221—2010

3.2 配合比的参数选择

大体积高强高性能混凝土配合比的参数主要有水胶比、矿物掺和料掺量、砂率和外加剂掺量。

1)水胶比

低水胶比是高强高性能混凝土的配制特点之一,它能够降低混凝土孔隙率并减小空隙尺寸,提高混凝土强度,是保证混凝土质量的关键,大小可参考表 8 进行选择。

水胶比参选表 表 8

混凝土强度等级	≤C35	C40	C50	C60
水胶比	0.38～0.42	0.36～0.40	0.32～0.36	0.30～0.34

2)矿物掺和料掺量

矿物掺和料中的主要活性组分活性 SiO_2,与界面上的水泥水化产物发生二次反应,生成的水化硅酸钙凝胶沉积在界面的空隙内,改善了混凝土的孔结构,提高了混凝土界面的黏结强度和抗渗性,另外它的掺入取代了部分水泥,降低了混凝土初期水化热,减少了温度裂缝。在水胶比确定后,可根据混凝土强度来调节掺量。

3)砂率

砂率主要影响混凝土的工作性,可根据胶凝材料总用量,集料的品种、颗粒级配及泵送要求等因素来选择,见表 9。

砂率参选表　表 9

机制砂(细度模数)	胶凝材料总用量		
	<360	360~420	420~480
细砂(1.6~2.2)	0.42~0.44	0.40~0.42	0.38~0.40
中砂(2.3~3.0)	0.44~0.46	0.42~0.44	0.40~0.42
粗砂(3.1~3.7)	0.46~0.48	0.44~0.46	0.42~0.44

4)外加剂掺量

高强高性能混凝土是以低水胶比和低用水量为保证的,高性能外加剂是实现大流动性的唯一途径。一般情况下,用量越大坍落度越高,但超过一定量后效果不再显著,也不经济。高性能外加剂均有其最佳掺量,以此为参照,根据混凝土坍落度来确定。

3.3 配合比设计方法

普通混凝土和高强高性能混凝土配合比设计有所不同,由于混凝土中,掺入了矿物掺和料、聚丙烯腈纤维和高性能减水剂,传统的鲍罗米(Bolomy)公式计算法,不能完全适用。通过查找相关的文献资料,参照高性能配合比设计集浆比计算法,并结合鲍罗米公式计算法进行配合比设计。设计步骤如下:

(1)配制强度:

$$f_{cu,o}=f_{cu,k}+1.645\sigma$$

式中:$f_{cu,o}$——配制强度(MPa);

$f_{cu,k}$——混凝土立方体抗压强度标准值(MPa);

σ——混凝土强度标准差。

(2)水胶比:

$$\frac{m(w)}{m(c+f)}=\frac{1}{\frac{f_{cu,k}}{Af_{ce}}+B}$$

式中:f_{ce}——水泥实际抗压强度(MPa);

A、B——经验系数,与鲍罗米公式相同。

(3)用水量:

$$V_w=\frac{V_e-V_a}{1+\frac{1}{l_c(1-\varphi)+\varphi l_f}\left[\frac{f_{cu,k}}{Af_{ce}}+B\right]}$$

式中:v_e——浆体体积(L);

v_a——空气体积(L);

l_c、l_f——分别为水泥和矿物掺和料密度(kg/L);

φ——矿物掺和料在胶凝材料中的体积掺量。

(4)胶凝材料组成与用量:

$$m(c+f)=\frac{m(w)}{\frac{m(w)}{m(c+f)}}$$

$$m(c)=(1-\varphi)m(c+f)$$

$$m(f)=\varphi m(c+f)$$

(5)砂率及集料用量：

$$S_p = \frac{(V_{es} - V_e + V_w) \cdot l_s}{(V_{es} - V_e + V_w) \cdot l_s + (1\,000 - V_{es} - V_w) \cdot l_g} \times 100\%$$

$$S = (V_{es} - V_e + V_w) \cdot l_s$$

$$G = (1\,000 - V_{es} - V_w) \cdot l_g$$

式中：V_{es}——干砂浆体积(L)；

l_s、l_g——分别为砂、石视密度(kg/L)。

(6)减水剂掺量：

$$\mu = \left[\frac{V_{w_o} - V_w}{V_{w_o}} + \Delta_\eta\right] \times 3.67 \times 100\%$$

式中：V_{w_o}——坍落度为7～9cm基准混凝土用水量，与石子最大粒径有关，见表10。

$\Delta\eta$——减水剂增量系数，取决于混凝土的初始坍落度，当S_L=18～20cm时，$\Delta\eta$=0.04；当S_L=20～22cm时，$\Delta\eta$=0.06。

基准混凝土用水量参选表 表10

碎石最大粒径(mm)	16	20	25	30
用水量$\frac{V_{w_o}}{L}$	230	215	210	205

4 配制结果

根据集浆比计算法并结合鲍罗米公式，按照矿物掺和料在胶凝材料中的两种比例作为基准配合比，将水胶比按基准配合比相应增加和减少0.03，用水量、砂率不变，分别配制不同水胶比的混凝土试件坍落度、黏聚性、保水性、强度、拌制时间和外观质量作参考分析。各混凝土配合比材料用量及检验指标见表11、表12。

每方混凝土配合比各材料用量 表11

编号	水胶比	砂率(%)	水泥(kg)	粉煤灰(kg)	砂(kg)	大石(kg)	中石(kg)	小石(kg)	减水剂(kg)	水(kg)	聚丙烯腈纤维(kg)
PHB1-1基	0.32	42	370	110	763	316	632	105	4.80	154	0.9
PHB1-2	0.29	42	409	122	741	307	614	103	5.31	154	0.9
PHB1-3	0.34	42	349	104	774	321	641	107	4.53	154	0.9
PHB2-1基	0.32	42	380	100	763	316	632	105	4.80	154	0.9
PHB2-2	0.29	42	421	110	741	307	614	103	5.31	154	0.9
PHB2-3	0.34	42	359	94	774	321	641	107	4.53	154	0.9

混凝土配合比各项检验指标 表12

编　号	含气量(%)	泌水率(%)	坍落度(mm)	扩展度(mm)	7d强度(MPa)	28d强度(MPa)	拌制时间(s)	外观质量
PHB1-1基	5	0.5	170	455	45.9	59.5	300	较差
PHB1-2	5	0.2	150	400	48.3	62.5	300	不好
PHB1-3	3	0.7	210	495	43.7	60.3	300	差
PHB2-1基	4	0	190	490	46.6	61.0	300	一般
PHB2-2	4	0.1	165	425	47.1	63.7	300	不好
PHB2-3	3	0.4	190	480	43.0	60.6	300	较差

塔座纤维混凝土拌和物试验如图 3 所示。

图 3　塔座纤维混凝土拌和物试验

4.1　聚丙烯腈纤维两种矿物掺和料掺量的试验结果

试验结果见表 11、表 12。PHB1-1、PHB1-2 基块试验如图 4、图 5 所示。

图 4　PHB1-1 基试验块

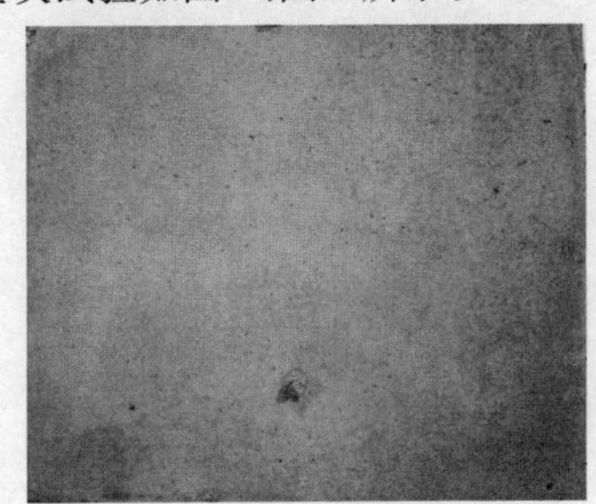

图 5　PHB2-1 基试验块

4.2　通过 C50 聚丙烯腈纤维塔座配合比的试配情况和外观质量来看，聚丙烯腈纤维高强高性能混凝土表现出如下特点：

(1)为了使混凝土达到良好的和易性、纤维的均匀分布，所需要的搅拌时间较长，这样就增加了现场的浇筑时间，这对大体积混凝土的施工是不利的。

(2)混凝土的含气量较高，后期强度受到了影响，并且影响到了外观质量。

(3)混凝土有泌水滞后现象产生，有流砂水纹缺陷，使混凝土表面强度、抗风化和抗侵蚀的能力变差。这会使现场分层浇注的混凝土受下层混凝土表面泌水的影响，造成混凝土层间结合强度降低并易形成裂缝。

4.3　综合以上试验结果分析后，决定采用聚丙烯纤维进行 C50 塔座混凝土的试配试验。

4.4　聚丙烯纤维两种矿物掺和料掺量的试验结果。

试验结果见表 13、表 14。PHB3-1、PHB4-1 基试验块如图 6、图 7 所示。

每方混凝土配合比各种材料用量　　表 13

编号	水胶比	砂率(%)	水泥(kg)	粉煤灰(kg)	砂(kg)	大石(kg)	中石(kg)	小石(kg)	减水剂(kg)	水(kg)	聚丙烯纤维(kg)
PHB3-1 基	0.32	42	370	120	763	316	632	105	4.80	154	0.9
PHB3-2	0.29	42	398	133	741	307	614	103	5.31	154	0.9
PHB3-3	0.34	42	340	113	774	321	641	107	4.53	154	0.9
PHB4-1 基	0.32	42	380	100	763	316	632	105	4.80	154	0.9
PHB4-2	0.29	42	421	110	741	307	614	103	5.31	154	0.9
PHB4-3	0.34	42	359	94	774	321	641	107	4.53	154	0.9

混凝土配合比各项检验指标 表 14

编号	含气量(%)	泌水率(%)	坍落度(mm)	扩展度(mm)	7d 强度(MPa)	28d 强度(MPa)	拌制时间(s)	外观质量
PHB3-1 基	4	0.2	180	465	46.3	60.1	180	较好
PHB3-2	4	0	150	380	51.3	64.2	180	较好
PHB3-3	3	0.1	210	525	44.0	60.3	180	一般
PHB4-1 基	3	0	205	505	48.8	62.5	180	良好
PHB4-2	3	0.3	175	455	49.4	66.3	180	一般
PHB4-3	4	0.1	185	480	45.5	61.9	180	较好

图 6 PHB3-1 基试验块

图 7 PHB4-1 基试验块

根据混凝土成本和各项检验指标综合分析，优先选用 PHB4-1 基配合比作为 C50 大体积塔座聚丙烯纤维泵送混凝土。

从试验室试配情况看，配制高强高性能聚丙烯纤维泵送混凝土，要想达到理想的和易性、泵送性、抗裂性能和力学性能，必须从以下几个方面进行控制：

(1)原材料的质量控制

混凝土是多种材料复合而成的综合体，每种材料组分的质量和特性将直接影响到混凝土的各种工作性能和力学性能，所以控制好原材料的质量是混凝土质量控制的关键。

(2)聚丙烯纤维的质量和掺量

①质量好的聚丙烯纤维对混凝土的力学性能的最大改变，不是旨在提高其抗压、抗折等强度指标，而是极大限度地提高了混凝土的断裂能、延展性。质量差的聚丙烯纤维，不但不会对混凝土有增强、增韧的效果，反而会有负面影响。会因结团、蜂窝、空洞造成严重的质量问题。另外，在拌制聚丙烯纤维混凝土的过程中一定要充分考虑到拌和时间，保证聚丙烯纤维产品在混凝土体系中均匀、乱向的分布，以达到混凝土匀质性和增强抗裂的效果。

②聚丙烯纤维的合理掺量必须要试验室反复多次地试配，通过不同掺量的配合比来验证对混凝土流变性能和力学性能的影响来确定，不只是简单的根据设计要求和掺量越多抗裂性越好的原则来定量。首先，掺聚丙烯纤维的混凝土较一般的混凝土容重轻，聚丙烯纤维的加入改变了混凝土的密实程度。这样我们必须考虑其对强度的影响，就要适量的提高配合比的设计容重和胶凝材料用量。另外，聚丙烯纤维的掺量过高，延长了混凝土的拌和时间，只有较长的搅拌时间才能保证混凝土的均匀性，这就对大体积混凝土浇筑时间造成了影响。

(3)外加剂的性能

矿物掺和料和高性能减水剂都属于化学外加剂，它们对现代高强高性能混凝土各项性能的改善和影响是不言而喻的。

①高性能混凝土借助于高性能减水剂的作用，可以在低水胶比条件下获得很高的流动性。但是水泥与外加剂的适应性不好，则难以实现高流动性的目的。另外，要通过水泥净浆适应性的试验，确定外加剂掺量的最佳拐点，选择比较合理的外加剂掺量。

②矿物掺和料如粉煤灰的掺入，不但取代了部分水泥，减少了胶凝材料总量中水泥用量，能减少同一龄期时水化物的生成量。同时粉煤灰的水化反应依赖于水泥水化产生的碱性物质的激发，胶凝体得的生成速度远远低于硅酸盐水泥，可以减缓拌和物得初凝速度。掺入粉煤灰还可以在混凝土中发挥其球形颗粒的粒形效应进一步提高混凝土的流变性能，改善水泥与外加剂的适应性，减小坍落度损失。另外粉煤灰对混凝土耐久性和后期强度的影响也是积极和有益的。粉煤灰的掺量必须控制在合理的范围内，较高的掺量对混凝土的早期强度和混凝土的表面碳化速度有较大影响。

5 结语

混凝土是工程中用量最多的一种建筑材料，也是最主要的结构材料。随着我国基础建设力度的不断加大，对工程质量的要求和新型材料推广运用的需求将会越来越高。这就要求工程技术人员必须在科学严谨的试验工作中不断地积累，了解和掌握新材料、新工艺的特性和优点，发挥其在工程领域最大的应用价值。聚丙烯纤维在大体积混凝土的应用也是近几年发展起来的研究课题，希望通过本文简明的阐述，能够为聚丙烯纤维在混凝土中的应用起到一定的推动和促进作用。

参 考 文 献

[1] 姚燕，王玲，田培. 高性能混凝土[M]. 北京：化学工业出版社，2006.

[2] 贵州省交通科学研究院. 机制砂高强混凝土应用技术指南[M]. 2010.

[3] 中南大学土木工程检测中心. 高强高性能混凝土技术指南[M]. 2009.

[4] 中华人民共和国行业标准. JTJ041—2000 公路桥涵施工技术规范[S]. 北京：人民交通出版社，2000.

31. 新疆库车盐水沟大桥的概念设计

上官兵[1]　谢尉鸿[2]

(1. 广东省冶金建筑设计研究院;2. 西南交大土木工程设计有限公司)

摘　要:库车盐水沟大桥位于新疆维吾尔自治区库车县,是规划二路跨越库车河的重要节点工程。由于本桥位于规划的西城区内,当地政府对桥梁的景观要求很高,要求桥梁能够承载当地的地域文化和发展理念。前期在对竞投的多个桥型方案进行比选后,最终选择了 100m+72m 的 X 形独塔斜拉桥作为下一阶段的基础方案。初步设计阶段,后续设计单位并未一味追求大跨,继续贯彻概念设计思路,优化尺寸和细节设计,推出了 42m+79m+51m 的 X 形独塔预应力混凝土单索面斜拉桥和 109m+70m 的 X 形独塔钢混凝土混合梁两个方案。在综合考虑景观、水文、地震、造价、施工、养护等多种因素后,推荐了前者,既满足了西域群众的审美需求,又在库车河上表达了"X · KC"(新库车)的城市理念。

关键词:桥梁概念设计　库车盐水沟大桥　"X · KC"(新库车)X 形塔

1　桥梁概念设计在中国

近年来,随着桥梁建设的蓬勃发展,桥梁概念设计越来越引起人们的重视。桥梁设计是一个从无到有的创造性过程,一般来说先有构思然后再付诸于实践,先有总体设想,才能进行具体结构和细部的设计,概念设计的过程有自身的规律性。同时桥梁的概念设计牵涉多个学科、多个领域的交汇融合,是科技和艺术的高度结合的产物。而在过往许多景观性要求较高桥梁的设计过程中,或缺少开放性的构思阶段,或缺少建筑师的多角度思维,或缺少严谨的技术论证过程,真正优秀的作品并不多,这些与我们没有重视桥梁概念设计有很大关系。

国内相关文献认为,概念设计包括"概念生成"和"概念选择"两个阶段。概念生成是指根据需求所产生的多重目标、指标和约束条件形成各种解决方案的过程。概念选择则是对所有可能的备选方案进行评估和比较,从中出少数几个优秀的方案进行分析、研究和详细的比较,按照"安全、适用、经济、美观、耐久、环保"的设计原则,确定一个最佳的设计方案。

事实上,在中国的具体工程实践中,概念设计并非如此简单。基于国情它一直面临的 3 个问题:第一、缺乏正确的需求导向,我们曾经多少次提出过"最大""最长""第一"等诸如此类的

"创新"目标。第二、优秀的概念如何生成？是先有灵动的构思，还是先有严谨的思维，是由门外汉来弄斧，还是由业内人士操刀？第三、概念选择由谁来评判？是政府、业主？是群众？还是专家？

通过新疆库车盐水沟大桥的实践，我们认为必须解决好以上三者，才有可能出现一个优秀的桥梁作品。有幸的是，在提出正确的需求方面，大家感受到了这些年来悄然发生的改变，我们已经从片面追求"第一"，逐渐转变到追求均衡与和谐。正如本项目库车县政府对盐水沟大桥提出的要求："桥梁的景观要能够承载当地的地域文化和发展理念。"这个需求明确但不死板，便于百花齐放。而在概念生成和概念选择方面，我们认为结合国内常见的设计阶段进行至少两轮的"概念生成"和"概念选择"，由此催生出优秀作品将更适合我国的国情。

在方案设计阶段，概念设计重点在概念生成上，即在方案构思上下工夫，构思应不囿于桥梁结构工程师狭窄的固有思维，按照需求尽可能多地提出不同个性、不同风格、不同角度和侧重点的设计方案。本阶段的概念生成不一定要由桥梁结构工程师完成，不需要投入太多的资金和人力，也不需要过于详细的计算，而要着重于思考和比较，用少量文字和图表表达出设计者的构思和创意，形成有个性与风格的作品，我们可以称之为"放飞"。桥梁是大型公用建筑，公众的认可是成功的必要条件。在方案设计阶段的概念选择上，不需要太多的专业知识，更适合由政府、业主、人民群众或其代表通过感性和直觉来参与判定，由他们确定进入下一阶段的2～3个方案自然带有大多数人的意志，更容易获得成功。

在初步设计阶段，概念生成需在前期入围方案构思的基础上建模、计算、优化尺寸，对关键的节点和工法要有足够的考虑，以保证最后确定的方案能够顺利实施。而概念选择的目标是避免缺乏创意的、平庸的、模仿抄袭的、好大喜功的、盲目追求大跨的、怪异的、难以施工的、不耐久的、不经济的、不合理的方案，因此该阶段设计需要具有相当的专业知识，投入的精力也多，适合由传统的桥梁工程师来完成，而概念选择则适合资深专家利用自身扎实的理论知识和丰富的工程经验来评判，以确定最终方案。我们称之为"落地"。

2　项目的设计目标和边界条件

2.1　设计目标

1)要求承载地域文化

新疆维吾尔自治区库车县位于天山南部中段，塔里木盆地北缘，是新疆阿克苏地区最东面的一座县城。库车古称龟兹，曾是连接中亚、西亚和中原地区的"古丝绸之路"上的重镇。库车是闪耀在丝绸之路古道上的一颗璀璨的明珠，当地民风纯朴、物产丰富、历史文化底蕴厚重，素有"塞外江南"、"鱼米之乡"、"瓜果之乡"、"歌舞之乡"的美誉，是"龟兹文化"的发源地。当地政府对项目的景观要求很高，要求桥梁能够承载当地的地域文化。

2)要求体现发展理念

近年来随着国家西部大开发战略的实施，十一五期间库车县在城市经济、城市建设、精神文明、社会保障等方面取得了跨越式发展，是全疆十座经济增长最快县之一。目前库车是全疆重要的石化基地，是我国西气东输的重要气源地，自治区历史文化名城，富有龟兹文化特色的南疆北部中心城市，被称之为"龟兹故地，石化新城"。库车盐水沟大桥位于库车县规划新建的西城区内，是规划二路跨越库车河的重要节点工程，也是城市基础建设的重要景观工程。当地政府要求桥梁在承载当地的地域文化的基础上还要体现库车的发展理念。

2.2 主要边界条件和对策

1)桥梁的技术标准

本项目道路等级为城市主干道,设计行车速度 60km/h。设计荷载采用公路－Ⅰ级,人群荷载:3.5kN/m^2;设计洪水频率:1/100;地震动峰值加速度:0.2g。概念设计时应按照相关规范和技术标准执行。

2)桥梁高度和宽度

拟建工程场地地势开阔,地形平坦,按照路线纵断面设计,桥高约 10m。桥宽按双向 6 车道设计,两侧各设 5m 非机动车道和 2.5m 人行道。桥面总宽度 41m。本桥为高度适中的宽桥,概念设计时应注意协调桥梁的墩高跨径比、桥宽跨径比、梁高跨度比、墩塔高度比等,使桥梁选型与环境相协调。

3)跨越无通航要求的季节性河流

库车河属于季节性河流,无通航要求,河床宽平,河宽约 140m,河槽约 1.7m,常年少水,枯水期过水断面仅宽 5m。下游规划建坝蓄水,蓄水高度不超过现有河槽。场地环境类别为Ⅰ类,地下水埋藏浅,场地河水及地下水对混凝土结构有弱腐蚀性,对钢筋混凝土结构中的钢筋具有微腐蚀性。上述特点决定桥梁跨度不需过大,概念设计时应注意跨度选择及结构耐久性设计。

4)高地震烈度区、多发地震区

根据中国地震动参数区划图,本项目拟建地区地震动反应谱特征周期 0.40S,根据《建筑抗震设计规范》,库车抗震基本烈度为 8 度,大桥的抗震设防烈度按 9 度考虑。设计基本地震动峰值加速度为 0.2g,设计地震分组为第 1 组,属高地震烈度区。秋立塔格断裂对库车影响很大,造成库车地震频繁。据当地地震局 2006 年观测,县境 1 年内超过 3.5 级地震达 10 次。概念设计时应选用抗震性能好的桥型,重视结构本身的抗震能力和抗震细节设计。

5)干旱、温差大地区

库车属大陆性干旱气候,年温差大,平均气温 11.4℃,年极端最高气温 41.5℃,年极端最低气温－27.4℃。气温日变化较大,平均日温差多在 10℃以上。概念设计应重视桥梁材料的选用以及重视温差给桥梁结构带来的不利影响。

6)当地的建筑材料

库车地处新疆维吾尔自治区,已实施的大型桥梁较少,钢结构等大型设备加工条件有限。概念设计应注意项目的可实施性,降低施工难度,减少项目实施的风险。

3 方案设计阶段的概念设计

3.1 概念生成

通过对项目设计要素的分析,本桥的最大设计难点在于如何体现当地的地域文化和发展理念,其次是抗震和耐久性设计。方案设计阶段的概念设计,则主要考虑前者。以下竞投方案围绕着这个主题,大胆构思,分别用“皓月”、“穹隆”、“驼峰”、“明眸”来展现西域的特色(图 1～图 4)。

3.2 概念选择

经过当地政府和群众代表的评选,方案 2 以浓郁的西域建筑风格,以及“X·KC”新库车城市名片的理念,脱颖而出,成为首选方案。业主要求舍弃其他方案,直接以 110m＋70m 四柱空间 X 形塔斜拉桥方案为基础开展下一阶段的设计。

设计理念：皓月、洁白、纯净、起帆

图 1　方案 1 100m＋80m 月形曲塔斜拉桥

设计理念：穹隆、伊斯兰、X·KC城市名片

图 2　方案 2 110m＋70m 四柱空间 X 形塔斜拉桥

设计理念：驼峰、丝绸之路复兴、柔美

图 3　方案 3 37m＋92.5m＋73.5m＋25m 子母中承拱

设计理念：明眸、秋波、“城市之眼”

图 4　方案 4 55m＋118m＋55m 下承式拱

4　初步设计阶段的概念设计

4.1　概念生成

对于景观桥来说，方案设计阶段的概念生成和概念选择都将注意力集中在桥梁的外观和寓意上，这样的好处是确保了方案景观效果的至高性，但也不可避免地忽略了安全、适用、经济等因素的平衡。因此初步设计阶段的概念设计，应在前期方案构思的基础上剖析方案自身的优劣，取之精华，剔除糟粕。通过建模、细部尺寸拟定，反复调试优化构造。对关键的节点和工法也要有足够的考虑，以保证最后确定的方案能够顺利实施。

1)四柱空间 X 形塔斜拉桥的优势

桥梁作为重要的建筑物之一，必须体现所在地区的建筑风格。库车地处东西方文化交汇地带，建筑风格接近伊斯兰风格。众所周知，世界建筑中外观最富变化，设计手法最奇巧的当属伊斯兰建筑。伊斯兰建筑奇想纵横，庄重而富有变化，雄健而不失雅致。说其横贯东西、纵贯古今在世界建筑中而独放异彩并不为过。伊斯兰建筑有 3 大特色给人们留下深刻印象：看似粗浅但却韵味十足的穹隆；尖拱、马蹄拱或是其他拱形的开孔；赏心悦目的纹样。本次四柱空间 X 形塔的外形，提取了穹隆的线条(图 5)，并采用了尖拱(图 6)的元素。因此该塔形外观极具伊斯兰风格，响应了人们对当地建筑风格的认同。

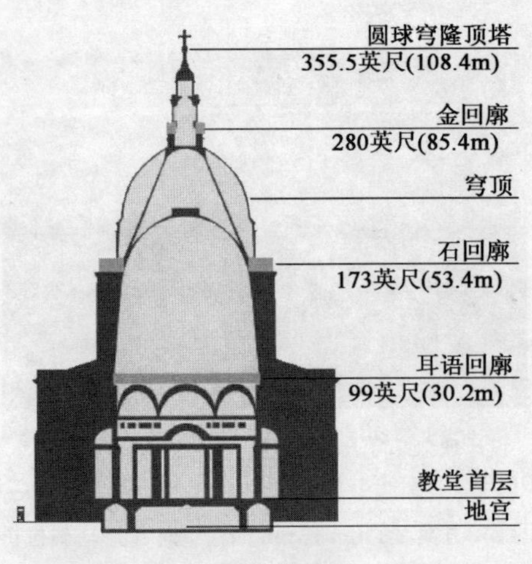

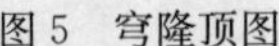
图5 穹隆顶图

图6 尖拱

库车古称龟兹,曾是连接中亚、西亚和中原地区的"古丝绸之路"上的重镇。我国著名学者季羡林先生曾说过:"龟兹是古印度、希腊—罗马、波斯、汉唐四大文明在世界上唯一的交汇之处"。塔形采用四柱交汇寓意了四大文明在此交汇。这种吻合是自然合理的,四柱塔形也基本符合力学原理。

库车的英文缩写"KC",桥塔的造型源于英文字母K与C的结合,整体塔身造型显示为英文字母X,整体表达了"X·KC"新库车的设计理念。通过结构造型,突出地域特色,将一张城市名片立于库车河上。

正是由于四柱空间X形塔承载着如此多的含义,它成了整个项目概念设计的中心点,也是本项目最关键的创新点。一经提出,便毫无疑问地战胜其他方案,被确定为下一阶段的基础方案。因此无论初步设计怎样进行优化调整,穹隆外形的空间四柱X形塔作为本桥景观的唯一核心要素,必须予以保留。

2)四柱空间X形塔斜拉桥的问题

方案设计中主桥桥型为110m+70m的预应力混凝土双索面四柱空间X形塔斜拉桥,桥宽41m。110m跨设9道主索,索距6m。70m跨设2道主索,索距10m。主梁等高2.5m,整个桥梁线条十分轻盈,效果图令人赏心悦目,但深入一点仔细推敲,却令桥梁结构工程师十分头痛:

(1)密索距段索距6m较为合适,但边跨无索段长度分别达25m和44m,混凝土梁高2.5m难以实现。如加大梁高将影响整个密索斜拉桥的自重和体量,进而破坏全桥协调的比例。如增加索数,近主塔的钢索横向倾角加大,将侵入道路行车建筑限界。另外,这种中间索面的41m宽桥,梁高取2.5m,横向受力也十分局促。因此方案设计中110m+70m的预应力混凝土斜拉桥方案看上去很美却难以实施。

(2)双索面在桥面处集中锚固在中央分隔带,在X塔处则分散锚固为两侧塔身上。随着斜拉索向主塔靠近,斜拉索的上锚固点逐渐向两侧倾斜,横桥向斜拉索的倾斜角逐渐变大,索面外观趋于凌乱。倒V形索面也给人一种不稳定的感觉。

(3)本桥桥宽超过40m,X形塔塔身横桥向倾斜角度大,必须通过横系梁来平衡巨大的水平推力。设置长度超过40m且横截面尺寸巨大的横系梁将严重影响桥梁的外观。如果将横系梁完全埋置于地面以下,传力途径过于迂回,经济性不佳。

(4)主跨110m,桥面距水面8m,桥下净空5.5m,净空跨高比20∶1偏大。以水面起算,塔高 80m，其中梁上塔高 72m，梁下塔高 8m，上下比 9∶1 偏大。因此在现有桥梁高度下采用 110m 大跨，从地面看，整个桥梁有像趴在水面上的不良视觉。尽管效果图采用了较高的视点未暴露该缺点，但从各种比例的经验值来看，本桥确实存在这种嫌疑。

3)设计方案的调整思路

基于以上对前期方案的优劣分析，有必要在初步设计阶段对前期方案进行调整。调整思路是保留穹隆状四柱空间 X 形塔的外形，其他部分应根据经济性和结构受力需要进行调整，调整还应注意抗震和耐久性的问题，调整后的方案应确保是“可实现的”。本桥无通航要求，水文亦不控制，今后下游将筑坝蓄水，孔跨布置不受太大限制，基于此调整思路有二：

(1)并不一味追求大跨，通过重新调整跨径组合，使结构更加经济合理，最终形成了 42m+79m+51m 的空间四柱 X 形独塔预应力混凝土斜拉桥的方案(图 7、图 8)。

图 7　42m+79m+51m 四柱空间 X 形塔斜拉桥

图 8　桥面效果图

(2)坚持 110m 的主跨，主梁由预应力混凝土梁调整为钢混凝土混合梁，即 110m 跨部分梁段采用钢箱梁。减轻主梁自重的同时，使塔身受力平衡。钢箱梁的采用使无索段长度不再成为约束条件。该思路形成了 109m+51m 的空间四柱 X 形独塔钢混凝土混合梁斜拉桥的方案。

4)建模、定尺寸与细节设计

方案 1 采用空间四柱 X 形独塔单索面混凝土斜拉桥，桥跨组成 42m+79m+51m=172m。采用塔、梁、墩固结体系，在边墩、次主墩设置纵向活动支座和横向限位支座。主塔采用 X 塔形四柱空间塔，桥面以上塔高 55m，主塔由四根塔柱组成，两两为一组，横桥向呈 A 字形布置，纵桥向两组以 X 形交汇，与主梁交汇点在纵桥向间距 18m。塔柱采用矩形实体断面，上塔柱标准断面尺寸 2.5m×3m，下塔柱标准断面尺寸 4m×3m。主梁采用等截面预应力混凝土展翅箱梁，桥面宽度 41m，梁高 3.1～3.5m，边翼缘长 6m。斜拉索采用单索面扇形布置，主跨布置 5 对斜拉索，边跨布置 2 对斜拉索。主塔墩基础采用群桩基础，由 4 个分离的承台组成，主跨侧每个承台底下设 10Φ200 的钻孔桩，边跨侧每个承台底下设 6Φ150 钻孔桩。

方案 2 采用空间四柱 X 形独塔钢混凝土混合梁斜拉桥，桥跨组成 109m+70m。采用塔、梁、墩固结体系，在边墩设置纵向活动支座和横向限位支座。主塔采用 X 塔形四柱空间塔，桥面以上塔高 70m，主塔由四根塔柱组成，两两为一组，横桥向呈 A 字形布置，纵桥向两组以 X 形交汇，与主梁交汇点在纵桥向间距 22m。塔柱采用矩形实体断面，上塔柱标准断面尺寸 4m×3m，下塔柱标准断面尺寸 4m×4.5m。主跨钢梁采用流线型扁平钢箱梁，桥面宽度 41m，梁高 3.1～3.5m，边翼缘长 4m。斜拉索采用单索面扇形布置，主跨布置 9 对斜拉索，边跨布置 2 对斜拉索。主塔墩基础采用群桩基础，由 4 个分离的承台组成，主跨侧每个承台底下设 10Φ250 钻孔桩，边跨侧每个承台底下设 6Φ180 钻孔桩。

5)结构计算确认

静力计算结果表明:方案1受力简单明确,主梁受力特性类似于连续刚构,主梁弯矩图、剪力图模态接近连续刚构,主梁自身承担了大部分荷载作用。主梁中部布置斜拉索,通过索力调节主梁内力,减少了主梁挠度,活载作用下,主梁的最大挠度仅为30.1mm,主梁基本处于全受压状态,主塔除塔梁固结区域应力较大外,应力基本位于-11.46(压应力)~4.5MPa(拉应力)之间,结构体系受力良好。方案2由于主跨跨度较大,主梁采用钢结构,主梁受力特性更接近斜拉桥,索、塔、梁共同承担荷载作用,与方案1相比,活载作用下主梁挠度较大,主塔应力较高。

本项目位于高地震烈度区,根据《公路桥梁抗震设计细节》要求在E1地震作用下,结构不受损坏或不需修复可继续使用;在E2地震作用下,可发生局部轻微损伤,不需修复或经过简单修复可继续使用。方案1、方案2均具备良好的稳定性和抗震性能,动力计算表明,方案1一阶自振频率为1.54Hz,振型特性为主塔纵弯,在E1地震作用下,关键部位最小安全系数达1.43,在E2地震作用下,关键部位最小安全系数达1.11,抗震最不利位置为主塔塔柱与主梁交汇处。方案2一阶自振频率为1.22Hz,振型特性为主梁竖弯,在E1地震作用下,关键部位最小安全系数为1.35,在E2地震作用下,关键部位最小安全系数为1.05,抗震最不利位置也位于主塔塔柱与主梁交汇处。

4.2 概念比较

本阶段的概念比较应符合“安全、适用、经济、美观、耐久、环保”的基本原则。通过综合比较(详见表1),我们推荐了方案1,获得了专家和业主的一致认可,X造型独塔单索面混凝土斜拉桥,在满足使用功能的同时,最大限度地满足了桥梁建筑与美学要求,使桥梁建筑风格与周围环境及地方文化融为一体,必将成为库车未来的地标建筑物。施工图设计阶段也按照该方案实施。方案比选见表1。

方案比较表　　表1

项　目	方　案　1	方　案　2
桥型	42m+79m+51m独塔混凝土梁斜拉桥	109m+70m独塔钢混凝土混合梁斜拉桥
景观	好,塔高适中,比例协调,多一个水中墩	较好,塔高偏大,比例稍差,少一个水中墩
设计难度	受力明确,难度小	受力复杂,难度大
抗震能力	好	较好
施工难度	技术成熟,施工难度小	钢梁制作运输难度大,塔更高,施工难度大
维修养护	可不间断运营换索,主梁混凝土养护量少	换索需交通管制,钢结构养护量大
工期	22个月	28个月
建安费	7 509万元	11 260万元
耐久性	很好	较好
环保	好,材料用量少	较好,材料用量多
总体评价	优	良

5 结语

在桥梁概念设计越来越引起人们的重视的今天,如何将概念设计的思想渗透到传统设计流程中,如何产生更多经得起推敲的优秀桥梁作品,是每个业内人士都应思考的现实问题。通过将概念设计应用在新疆库车盐水沟大桥的实践，我们总结了不同设计阶段概念设计的3个要点：立项阶段需求提出要导向正确；方案阶段概念生成要百花齐放；初设阶段概念选择要严谨专业。而这3点的落实固然与包括政府、业主、群众在内的全民族素质的提高有关，但最重要的还是有赖于桥梁设计者的职业道德和历史责任感。重视概念设计，不断追赶先进理念，方能使我国从桥梁大国进入桥梁强国之列。

参考文献

[1] 严国敏.现代斜拉桥[M].成都：西南交通大学出版社，2000.

[2] 项海帆.桥梁概念设计[M].北京：人民交通出版社，2011.

[3] 刘钊.桥梁概念设计与分析理论[M].北京：人民交通出版社，2010.

[4] 新疆市政建筑设计研究院有限公司.库车县库车河大桥设计方案[M].乌鲁木齐：新疆市政建筑设计研究院有限公司，2009.

[5] 广东省冶金建筑设计研究院.库车县盐水沟大桥初步设计[M].广州：广东省冶金建筑设计研究院，2009.

[6] 广东省冶金建筑设计研究院.库车县盐水沟大桥施工图设计[M].广州：广东省冶金建筑设计研究院，2010.

32. 超大跨径部分地锚交叉索斜拉桥原型设计

胡　佳　邵旭东　周　捷

（湖南大学桥梁工程系）

摘　要：本文介绍了部分地锚交叉索斜拉桥这一新的桥梁结构形式，其特点为将长索交叉并锚固于地锚，在提高结构刚度的同时又使长索不对主梁产生水平压力。通过对主跨为1 408m的部分地锚交叉索斜拉桥与自锚式斜拉桥2种方案的对比，证明了部分地锚交叉索方案有如下的优势：主梁压力大为减小；桥塔高度显著降低；索网结构使长索气动性能改善。

关键词：超大跨径斜拉桥　部分地锚　交叉索

1　引言

随着桥梁设计以及施工技术的发展，斜拉桥的跨径正在不断地加大，苏通大桥和昂船洲大桥的建设正式宣布了斜拉桥主跨进入了千米级时代。与悬索桥相比，斜拉桥在经济性、抗风稳定性、对地基的适应性以及施工的安全性方面有着明显的优势，所以，加大斜拉桥的跨径使其可以在更大范围内与悬索桥竞争成为一个研究热点。如张喜刚、陈艾荣等提出的主跨1 308～2 100m的斜拉桥方案[1]，同济大学的国家863科研项目“超千米斜拉桥体系及减灾减振技术研究”等都是对更大跨度斜拉桥体系的探索。

斜拉桥跨度的发展带来了以下几个关键问题：(1)主塔处水平压力过大，拉索的水平分力会对主梁施加一个压力，随着跨径的不断增大，桥塔处的压力不断加大成为控制设计的重要因素，也使得钢主梁的稳定问题日渐突出；(2)桥塔高度过高。随着跨径的增大，桥塔必须不断增高以保证拉索能有足够的倾角从而提供竖向分力。

盲目地加大尺寸或者增加材料用量只能使上述矛盾更加突出，而解决矛盾的最好办法是从结构形式上进行研究，用经济合理的桥型方案得到最佳的使用效果。

2　方案

2.1　部分地锚交叉索斜拉桥方案

为了解决上述问题，部分地锚交叉索斜拉桥方案将长索交叉并锚固于地锚，利用小规模的锚碇约束边跨长索并减小索塔顺桥向的位移，利用交叉索使中跨不对主梁产生压力，与交叉索对应的边跨长索全部锚固于地锚。跨度布置采用双塔7跨：2×(60＋100＋100＋300＋1 408/

2)m=2 528m，其中交叉索支承段长度为 320m，两侧边跨各布置 2 个辅助墩，如图 1 所示。桥塔采用倒 Y 形桥塔，桥塔全高 321.4m，高出桥面 250.4m，桥塔高跨比为 1/5.6。拉索直径在 0.08～0.136m 之间，交叉索在横截面上相互错开布置，锚固于同一索塔的交叉索区段斜拉索同时锚固于主梁的内侧或者外侧。主梁采用中心高 4.5m 的钢箱梁截面，非交叉索区段主梁宽 41m，交叉索区段主梁加宽至 42.4m，高跨比为 1/313，如图 2 所示。全桥采用漂浮体系。锚碇顶面可以直接作为桥面板，如图 3 所示。

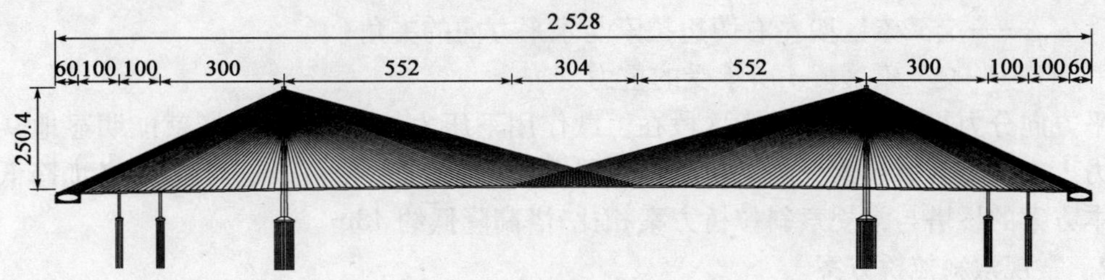

图 1　部分地锚交叉索斜拉桥立面布置(尺寸单位：m)

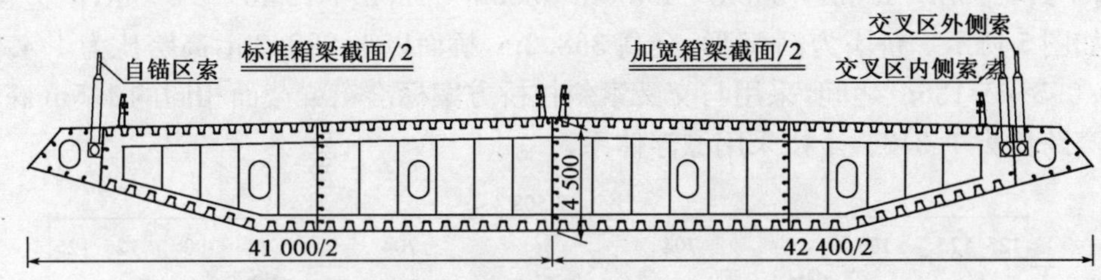

图 2　主梁横截面(尺寸单位：mm)

图 3　锚碇效果图

交叉索区梁段由 2 个方向的拉索的竖向分力共同承担其重量，且 2 个方向拉索水平分力相等，结构受力如图 4 所示。

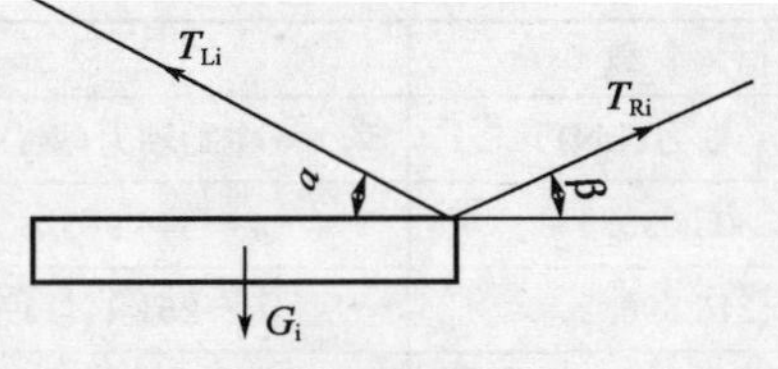

图 4　交叉索段结构受力示意图

由图 4 可知，有：

$$T_{Li}\times\cos\alpha = T_{Ri}\times\cos\beta \tag{1}$$

$$T_{Li}\times\sin\alpha + T_{Ri}\times\sin\beta = G_i \tag{2}$$

联立上式就可以求得：

$$T_{Li}=\frac{G_i}{\sin\alpha+\dfrac{\cos\alpha\sin\beta}{\cos\beta}},T_{Ri}=\frac{G_i}{\sin\beta+\dfrac{\cos\beta\sin\alpha}{\cos\alpha}} \tag{3}$$

式中：T_{Li}、T_{Ri}——交叉索区段 i 左右两边拉索索端拉力；

α、β——交叉索区段左右两边拉索与水平方向的夹角；

G_i——交叉索区段 i 所承受的重力。

水平方向分力相等使得交叉索区段在恒载作用下压力趋向于零，这样就能明显地减少塔位处轴力。交叉索区域拉索只需承担部分梁段重量，其水平倾角可以适当减小，从而降低索塔高度。本方案的桥塔与常规索斜拉桥方案相比，塔高降低约 48m。

2.2 常规索斜拉桥方案

作为对比，常规索斜拉桥方案设计参数与部分地锚交叉索斜拉桥方案基本一致，其跨度布置为双塔 7 跨：125m＋125m＋300m＋1 408m＋300m＋125m＋125m＝2 508m，两边各设两个辅助墩，如图 5 所示。桥塔为倒 Y 形，全高 368.2m，桥面以上 298.2m，高跨比为 1/4.7。拉索直径在 0.095～0.136m 之间，采用与交叉索斜拉桥方案标准箱梁截面相同的 4.5m 高钢主梁，宽 41m，高跨比为 1/313。全桥采用漂浮体系。

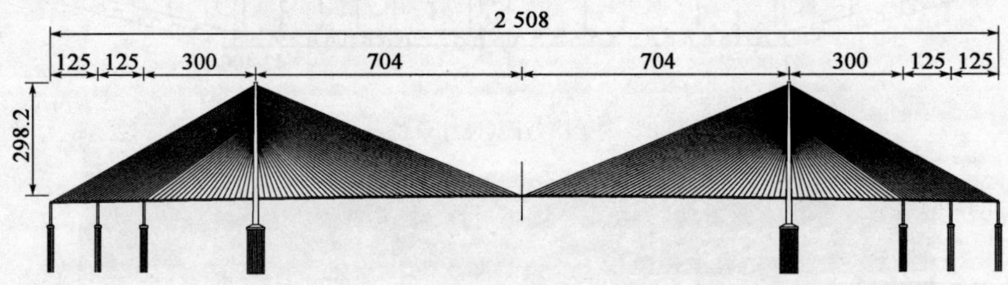

图 5 常规索斜拉桥跨度布置（尺寸单位：m）

3 计算对比

分别建立两种方案的有限元模型，其中，主梁为单主梁模型，墩及桥塔用梁单元来模拟。成桥阶段拉索分析采用通过 ernst 公式修正的等效桁架单元来模拟，拉索与主梁、拉索与桥塔以及主梁与辅助墩之间采用刚臂进行连接。

3.1 轴力计算

在恒载和活载作用下轴力的计算如表 1 所示。

恒活载作用下轴力计算 表 1

	恒 载	恒载＋活载	
	主梁轴力(kN)	主梁轴力(kN)	塔底轴力(kN)
常规索方案	－305 090.4	－346 983.3	－823 880.4
交叉索方案	－216 506.2	－251 454.1	－733 280.7
相对差	29.0%	27.5%	11.0%

由上表可以看出，在恒载作用以及恒载＋活载共同作用下 2 种方案主梁轴力相对差达到

了29.0%和27.5%，证明了交叉索方案在减少主梁轴力方面有着显著的作用。同时，由于轴力的降低，主梁用钢量相应减小，使得索塔承受的荷载变轻，交叉索方案的塔底轴力减少了11.0%，2种方案活载作用下轴力包络图如图6所示。

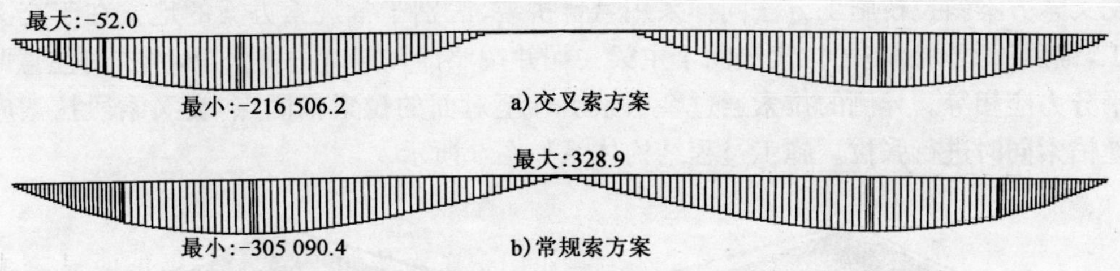

图6　恒载作用下轴力图(尺寸单位:kN)

从轴力图可以看出，在活载作用下交叉索段轴力呈现出平稳的过渡段，轴力波动很小，而该过渡段也起到了削峰的作用，使得塔位处的主梁轴力峰值大幅降低。

3.2　位移计算

由于地锚的锚固作用，塔顶的水平位移得到了有效约束，活载最用下最大位移量较常规索方案减少了27.7%，塔底的弯矩得到较好的控制，降低了对基础和承台的要求。交叉索斜拉桥主梁活载挠度为2.363m，自锚式斜拉桥为1.920m，挠跨比分别为1/600和1/730，参考800m以下斜拉桥1/400的挠跨比限值[2]，两模型的挠跨比均处于可接受范围内。长索面积和倾角较小是交叉索斜拉桥活载挠度增大的重要原因。可通过在交叉区增加压重和增大长索面积来提高结构刚度。当在交叉区增加压重100kN/m时，活载挠度为1.881m。但该跨中压重导致拉索用量增加19%，地锚材料用量增加了36%。

3.3　应力计算

主梁在活载作用下的应力如图7、图8所示。

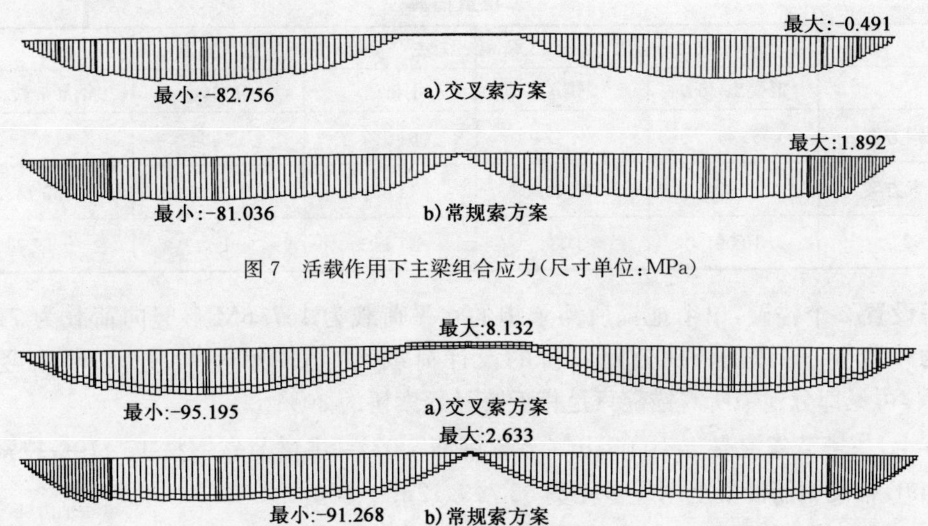

图7　活载作用下主梁组合应力(尺寸单位:MPa)

图8　活载作用下主梁轴向应力包络(单位:MPa)

由上图可以看出，2种方案在应力峰值上相差不大，这是由于交叉索方案主梁截面面积小，如桥塔处仅为常规索方案的69.2%。而且交叉索方案的主梁应力分布更加合理，处于高压应力区域的主梁明显减少。经计算得到交叉索与常规索过渡段应力幅为13.9MPa，常规索和交叉索过渡段不会有明显的疲劳问题。

4 施工方法

交叉索方案斜拉桥施工方法同样采用悬臂拼装，区别于常规索方案的地方在于交叉索段的施工，锚固于不同桥塔的拉索锚固于主梁一端并按照计算同时进行张拉，张拉时注意两边拉索水平分力应相等。异侧的拉索通过牵引索引导至对面的拉索锚固点，交叉索段拉索应与对应的地锚索同时进行张拉。施工过程结构体系如图 9 所示。

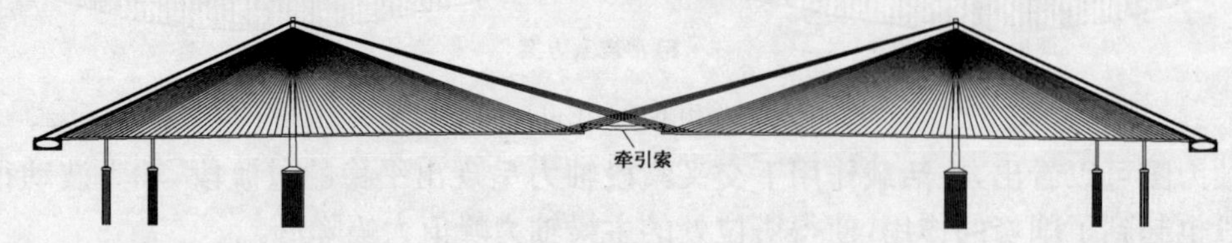

图 9 施工过程结构体系

5 两种方案工程量的对比

两种方案工程量对比如见表 2 所示。由表中可以看出，由于高度降低，桥塔的工程量减少 12.4%。而主梁由于轴力的降低，使用面积减小，钢材的用量降低了 27.7%。

拉索用量和锚碇是交叉索方案较常规索方案工程量增多的部分，交叉索结构使拉索长度增加，最长拉索长度由常规索方案的 750m 增加到 887m，但由于交叉索段拉索所需承担的梁段重力较小，拉索直径由常规索方案的 0.118～0.124m 减少到 0.086～0.096m。总体上，拉索重量较常规索方案增加了 12.2%。

工程量估算 表 2

	主塔		主梁	拉索	锚碇
	混凝土(m^3)	钢筋(t)	钢材(t)	拉索(t)	钢筋混凝土(m^3)
1 常规索方案	81 417	24 474	61 767	11 864	—
2 交叉索方案	71 326	21 440	44 657	13 313	55 743.12
1～2	10 091	3 034	17 110	−1 449	−55 743.12

全桥设置 2 个锚碇，单个地锚所需承担的水平荷载为 167.6MN，竖向荷载为 71.7MN。而主跨为 1 385m 的江阴长江公路大桥的设计荷载 640MN，水平荷载 550MN，竖向荷载 327MN[3]，可见部分地锚所需锚碇只是相近跨径悬索桥的 30%。

总体上，主塔节省混凝土 10 091m^3，节省钢筋 3 034t，主梁节省钢材 17 110t，拉索用量多耗费 1 449t，锚碇钢筋混凝土用量多耗费 55 743.12m^3。

6 结语

本文通过 2 种方案的对比说明了部分地锚交叉索斜拉桥方案是一种合理的斜拉桥结构体系，使得超大跨斜拉桥在主梁轴力、桥塔高度和长索气动性等方面有了明显的改善。这种结构体系将为超大跨斜拉桥的发展提供一种可供选择的形式。

参 考 文 献

[1] 张喜刚，陈艾荣．千米级斜拉桥—结构体系、性能与设计[M]．北京：人民交通出版社，2010.

[2] 交通部．JTG D60—2004 公路桥梁设计通用规范[S]．北京：人民交通出版社，2007.

[3] 秦宝华．江阴长江大桥主缆施工技术[J]．建筑施工，2001(1).

33. 国内外关于铁路桥梁列车制动力率取值的差异分析

李东昇　李学斌　刘文荐　牛　斌
（中国铁道科学研究院铁道建筑研究所）

摘　要：铁路桥梁与公路桥梁最主要的区别之一就是作为附加力的列车制动力比较大。文章通过对国、内外规范有关列车制动力规定和相关情况的对比研究，对引起列车制动力最主要的影响因素——列车制动力率进行了分析，指出国内外列车制动力率的差异，以及列车制动力率在国内设计、运营中的应用。

关键词：桥梁　纵向力　制动力率　黏着系数

列车起动、制动或行驶中调速均需要利用车轮与钢轨间摩擦力予以实现。如果列车在桥梁上起动、制动或调速，钢轨要承受附加纵向力，最终钢轨附加力通过梁体传递至设有固定支座的墩台，使墩台承受附加力，因此在设计时应考虑梁轨间的附加纵向力。而附加纵向力的关键影响因素之一就是列车制动力率，也称黏着系数。

1　黏着系数概述

制动中的黏着类似于物理学中的摩擦。按刚体运动学分析，车轮与钢轨的各个接触点在两者接触的瞬间是没有相对运动的，轮轨间的切向力就是物理学上的静摩擦力。当车轮在钢轨上滚动时，轮轨间都有弹性变形，是椭圆形面接触，而不是点接触，轮轨接触面总有微量的纵向和横向滑动，以及“蠕滑”，在轮轨接触区内存在无相对滑动的静止区（或黏着区）和滑动区。因此分析轮轨间的切向作用力时，不使用“摩擦”概念，而使用“黏着”这个概念，当施加牵引或制动力矩时，在接触面的切线方向产生切向力 F（图 1），为了平衡施加的力矩 M，则 $F=M/R$（R 为车轮滚动圆半径）。通常把轮轨间最大切向作用力 F 叫做黏着力，轮轨接触的这种状态称为黏着，把黏着力与钢轨对车轮的法向力（有时直接用轮轨间垂直荷载直接代替）之比值叫做黏着系数，黏着系数既不是静

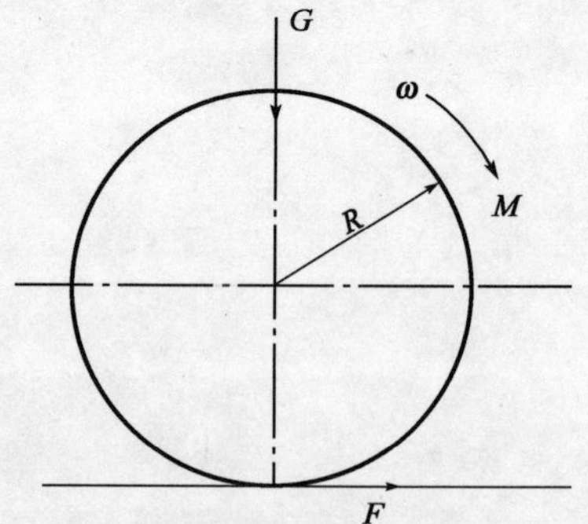

图 1　轮轨黏着状态时的受力状况

摩擦系数，也不是动摩擦系数，而是介于二者之间。

列车制动力率与列车制动方式有关，普通列车一般采用闸瓦制动的方式，即主要利用车辆和钢轨间的摩擦。新型制动技术包括盘形制动、非黏着制动和防滑器技术等。列车采用黏着制动技术，由于滑动摩擦系数低于黏着系数，制动力的大小受黏着力的限制，并不能无限增加，车轮和钢轨间黏着力为制动力的上限。对于采用闸瓦制动技术的情况，出于安全考虑，车辆设计时不会达到此限值；采用盘形制动情况下，由于使用防滑器，对轨面制动力最显著的影响就是能最大限度地利用黏着制动，使最大制动力率常常逼近其黏着上限。对于此类高速列车，最大制动力的值可直接用制动黏着系数乘以列车活载，可将最大制动力率取为制动黏着系数。

2 国外规范规定和相关研究情况

20 世纪 60 年代中期，国际铁路联盟试验研究所（ORE）组织欧洲 7 个国家进行了系统的桥上制动力和起动力专项试验和理论研究。在 7 座桥的试验中，测得的列车减加速度范围在 $0.136g$～$0.407g$，制动力率均值 0.192～0.396（表 1）。考虑到列车制动力率不应超过轮轨之间的黏着系数，欧洲国家普遍以轮轨黏着系数均值 0.25 作为制动力率的规范值。

国际铁路联盟试验研究所实测 7 座桥列车最大制动力率均值 表 1

序 号	国 家	结 构 形 式	支 座 类 型	制动力率均值
1	捷克	1×16.2m 简支钢板梁桥	钢支座	0.332
2	捷克	1×30.3m 简支钢板梁桥	钢支座	0.278
3	捷克	2×21.5m＋7.9m 预应力混凝土简支梁桥	板式橡胶支座	0.192
4	西德	3×53.9m＋69.3m 简支钢桁梁桥	钢支座	0.264
5	比利时	1×30.0m 简支钢板梁桥	钢支座	0.246
6	法国	8.25m＋17.0m＋9.25m 钢筋混凝土连续梁桥	盆式橡胶支座	0.259
7	瑞士	2×15m 预应力混凝土连续梁桥	盆式橡胶支座	0.396

日本在 60 年代分别对蒸汽机车和 EH10 型电力机车单机紧急制动测试，最大值分别为 $0.27g$ 和 $0.38g$，均值分别为 $0.16g$ 和 $0.23g$。参考欧洲单机紧急制动的试验结果，日本规范规定制动力率采用 0.35（考虑大约 30％的制动力由钢轨传走，有效制动力率取 0.25）。后期分别针对干燥条件和潮湿条件进行了研究，并重点研究了车辆长度的影响，在新干线设计规定制动黏着系数干燥条件下取 0.32，潮湿条件下取 0.16。

美国规范规定列车的制动力率采用 0.23。

前苏联规范对列车制动力率没有明确规定，有效制动力率采用 0.10。

3 我国规范规定和相关研究情况

我国铁路关于列车制动力的规定主要参考前苏联规范，规定作用于桥梁墩台的纵向力按竖向活载的 10％取用（即规定有效制动力率为 0.10）。

1971～1981 年，我国铁路开展了"桥梁墩台承受列车纵向水平力"专项研究工作，并在 10 座桥上进行了制动试验，实测减加速度在 $0.10g$～$0.29g$（表 2）。受试验条件等众多因素的影响，实测结果具有一定的离散性，试验研究成果也未纳入规范。

我国实测的列车制动力率均值 表2

桥　名	制动列车编组	结 构 形 式	试 验 年 代	制动力率（均值）
枝城长江大桥	—	5×128m+4×160m 连续钢桁梁	1971	0.128
三叉河桥	JF+6×C60+N14+2×N12	3×31.7m 预应力简支梁桥	1972	0.137
长沟桥	JF+2×N12+N14+6×C60	4×31.7m 预应力简支梁桥	1972	0.126
苏南沟桥	JF+10×C60+S5	4×31.7m 预应力简支梁桥	1974	0.149
苏北沟桥	JF+10×C60+S5	5×31.7m 预应力简支梁桥	1974	0.145
水阳江桥	JF+16×C62+S5	3×31.7m 预应力简支梁桥	1974	0.106
陈家溪桥	FX+9×C62+C60+C62	6×16m 钢筋混凝土简支梁桥	1978	0.157
漠河桥	JF+6×C62+S5	6×16m 钢筋混凝土简支梁桥	1980	0.173
茅岭江	2×QJ+C65+C62A+3×C62A	48m+80m+48m 预应力连续梁桥	1988	0.218

1988～1990 年，我国铁路机辆部门曾在上海、济南、哈尔滨铁路局管内组织进行过较大规模的制动黏着系数实测试验。在相同的季节和轨面状态条件下，由南到北的实测制动黏着系数均值分别为 0.24～0.26、0.24～0.25、0.19～0.21，哈尔滨局管内的制动黏着系数指标最低。

我国“八五”国家科技攻关项目“高速铁路线桥隧设计参数选择的研究—高速铁路轨道理论计算模式与参数建议值”中提出计算制动力率取 0.164。该值为中国、日本和美国规范规定的制动停车黏着系数规定的平均值，并在《时速 200km 线桥隧站设计暂行规定》编制时纳入了规范。

此外，北方交通大学对列车制动荷载与编组长度的关系进行了较为系统的理论研究。研究表明，受制动时各车体间在制动停车的瞬间速度差异，各车体上的闸瓦不能同时达到最大的摩擦系数；列车制动力率总体随编组增加而减小(表 3)。

不同编组长度的列车制动力率 表3

编组长度(m)	≤50	75	100	150	200	300	400	600	800
制动力率	0.25	0.215	0.200	0.185	0.180	0.173	0.165	0.150	0.135

4　研究对比分析

为保证制动时列车运行安全，机车车辆设计时一般将制动力率控制在黏着系数以下；对于采用盘式制动技术并配备防滑器的高速列车，设计时可充分利用黏着力，一般将制动力率逼近于黏着系数。

列车制动时作用于钢轨顶面上的纵向力可以通过“制动力率×列车竖向荷载”得到。列车在路基上或隧道内制动时，作用于钢轨顶面的纵向力被较为均匀地传至地基。由于桥梁仅在纵向固定支座部位承受纵向力，且桥梁墩台纵向刚度与刚性路基相比要小的多；列车在桥梁上制动时，作用于钢轨顶面的纵向力不能及时传至地基，并导致部分列车制动力通过钢轨传递至其他桥跨或台后路基，相应的钢轨内产生附加力。对于桥梁结构而言作用于桥梁墩台上的纵向力可通过“有效制动力率×列车竖向荷载”得到；有效制动力率的大小与轨道结构参数(无缝线路、钢轨类型和道床阻力等)和桥梁墩台刚度等有直接的关系。

关于列车制动力率的取值，国内外前期均进行了大量的理论和试验研究工作。首先应注意的是，在制动过程中列车制动力率是不断变化的，最大制动力率出现在车辆停止前的时刻(图 2)。国内外关于单机制动力率的试验结果基本一致；而对于长编组列车，受制动时各车体间在制动停车的瞬间速度差异，试验结果具有一定的离散性。此外，列车制动力率与车辆采用的制动技术、钢轨状态(干燥或湿润、表面状态等)有着直接的关系。目前，我国在梁轨纵向相互作用分析中列车制动力率取 0.164，在量值上小于欧洲(0.25)和美国(0.23)取值。

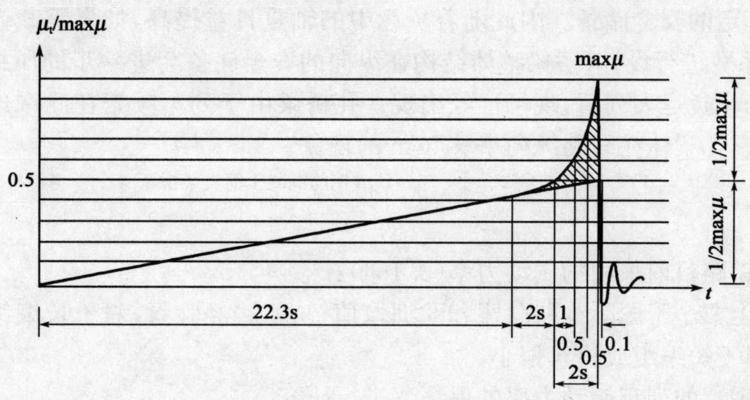

图 2　德国列车快速制动试验曲线图

欧洲各国在双线桥梁纵向力的分析计算中，考虑一线制动、另一线同时起动的情况，由于起动力仅出现在机车范围，欧洲一般按 33kN/m 进行计算，并将总起动力控制在 1 000kN 以内。根据我国铁路设计和运营经验，在正线桥梁上同时出现制动(停车前时刻)和起动的概率很小，故双线桥梁仅按一线的制动考虑；考虑到高架车站内一线制动、另一线起动的概率较高，在《高速铁路设计规范》(试行)中规定应考虑同时制动和起动的情况。

各国黏着系数的取值不同，以至于国内外在轨道结构参数和桥梁墩台纵向刚度结构设计取值存在差异。各国对黏着系数的规定见表 4。

部分国家黏着系数值　　　表 4

国别		轨面状态	黏着系数计算公式	黏着系数
中国		干燥	$0.0624+45.6/(260+v)$	0.24
		潮湿	$0.0405+13.55/(120+v)$	0.15
日本	新干线	干燥	$27.5/(v+85)$	0.32
		潮湿	$13.6/(v+85)$	0.16
	旧线		$0.24\times(1-0.0078v)/(1-0.024v)$	0.24
美国		良好轨面	—	0.24
		不良轨面	—	0.12
德国		干燥	$0.116+9/(v+42)$	0.33
		潮湿	$0.7\times[0.116+9/(v+42)]$	0.23
法国			$0.33\dfrac{8+0.1v}{8+0.2v}\left(1-\dfrac{1200}{R^2}\right)$	0.19

值得注意是，制动力率是相对于设计活载而言的，因此，仅从制动力率的量值上并不能推断储备量的大小，尚应考虑竖向设计活载图式。如日本新干线桥梁一直采用接近于运营列车的活载图式(N、P 和 H 活载图式)进行设计；而我国高速铁路桥梁采用 ZK 活载图式进行设

计，对于常用跨度桥梁，实际动车组仅约占设计活载图式的30%；虽然我国制动力率取值较低，但作用于轨面的纵向力要高于日本设计值。相应的，欧洲采用UIC活载图式进行设计，并采用0.25的制动力率，作用于轨顶面的纵向力为20kN/m，比按我国ZK活载图式和0.164的制动力率计算得到的纵向力(10.5kN/m)高出近一倍。

我国制动力率取值较低，目前运营中并未有突出问题暴露出来，是因为实际运营荷载与设计荷载间存在一定的安全储备。因此随着货运中的轴重日益提高，如果重载铁路仍按竖向荷载10%的黏着系数进行设计，桥梁整体结构在纵向的安全储备会进一步的压缩。在呼铁局包兰线开通C80万t货运大列后，现场已经出现一孔桥梁由于列车频繁在此调速制动导致支座螺栓整体剪断，整孔梁体在线路纵向平移5cm的现象。

5 结语

综上，我国铁路目前采用的制动力率(0.164)：

(1)在量值上要小于国际铁路联盟和欧洲取值；从实践经验看，对于长编组列车(300m以上)基本适用；对于短编组或机车偏小。

(2)需要对现行的列车制动力率的保证率进行研究。

(3)对于高速铁路桥梁，由于我国运营活载与设计活载图式间差异较大，实际运营条件下桥梁墩台和钢轨受力具有一定的储备。

(4)对于重载铁路，需要重点研究有效制动力率的规范限值以及桥梁墩台和钢轨受力状况。

参考文献

[1] 中国铁道科学研究院. 高速铁路线桥隧设计参数选择的研究之三：高速铁路轨道理论计算模式与参数建议值[R]. 1996.

[2] 王广凯，李培曙. 浅谈制动黏着系数的定义、影响因素及测试方法[J]. 铁道车辆，2004.

[3] 方少安. 列车防滑控制与不利黏着时制动力计算[J]. 铁道车辆，2011.

34. 中渡长江大桥锚锭方案设计

杨　靓　罗世东　万信华

（中铁第四勘察设计院集团有限公司）

摘　要：中渡长江大桥南北锚锭分别位于人流建筑较密集的市区及丘陵斜坡上，地质水文条件复杂，初步设计从安全性、经济性、施工工期及施工能力等多方面来综合比选锚锭方案，并概略介绍了各方案的施工流程。

关键词：公轨合建悬索桥　沉号基础　地下连续墙　重力式锚锭　隧道式锚锭

1　引言

中渡长江大桥为主跨600m公轨合建钢箱梁悬索桥，加劲梁采用不设边跨吊索的3跨连续布置，其南北锚锭分别位于人流及建筑较密集的地势平坦区和丘陵斜坡上。本桥针对南岸四周开挖受限的情况，设计采用矩形沉井基础和圆形地下连续墙方案；针对北岸基岩埋置浅及可放坡开挖特点，设计采用重力式锚锭与隧道式锚锭方案。文中概略介绍了各方案的比选情况及施工流程。

2　工程地质及水文地质

2.1　南岸锚锭区

南岸锚锭拟建区为侵蚀基座阶地的河谷地貌单元，发育河漫滩为缓斜坡地形，I～Ⅲ级阶地。地面高程为198～206m，地形坡角一般为5°～15°，靠近江边地段达30°。南岸覆盖层按成因类型分为第四系人工填土层、第四系上更新统冲洪积粉质黏土及卵石土层，基岩为侏罗系上统遂宁组，岩性为砂泥岩互层组成。基岩面埋深8.0～38.8m，基岩顶面总体向长江方向倾斜，构成侵蚀基座阶地地面，较为平缓，一般倾角在5°～10°。

南岸勘察期间测得地下水位高程为177.98～181.9m，地下水主要分布于人工填土、粉质黏土、卵石土中，主要接受大气降水补给，与长江有水力联系。当江水位高于地下水位时，江水将对南岸地下水进行补给。主要覆盖层卵石土的渗透系数为1.2m/d。

2.2　北岸锚锭区

北岸锚锭拟建区为侵蚀剥蚀浅丘地貌单元，斜坡地形。场地整体呈北低南高，东低西高趋势。锚锭区域现状高程最高约为268m，最低为190m，高差达78m。局部地段为基岩裸露，由于风化的差异，泥岩风化多为凹下，呈低洼地带，砂岩多为凸起，呈陡崖。地形坡角一般地段为10°～25°，砂岩陡崖地段近乎垂直。北岸覆盖层按成因类型分为人工素填土层、残坡积粉质黏土层等，基岩为侏罗系上统遂宁组，岩性为砂泥岩互层组成。基岩面埋深0.1～7.0m，基岩顶面总体向长江方向倾斜，一般倾角在9°～30°。基岩均属软质岩，强度较低，遇水极易风化，有两组节理发育，其中锚锭区东侧节理裂隙切割对施工开挖、边坡稳定不利，须采取工程措施处理。

北岸地下水较贫乏，主要分布于第四系土层中，受大气降雨的补给，厚度较薄。

3 南岸锚锭方案比选

南岸锚锭处于人流及建筑较密集的商业地带，为尽量减少对周围建筑物的影响，采取深基坑防护形式，主要就沉井基础及地下连续墙方案进行比选。

3.1 沉井基础方案

沉井采用节段预制后现场下沉方法，浇筑的混凝土质量易于保证，同时沉井整体刚度大、稳定性强，能承受较大的荷载作用。沉井既是永久性基础，又是施工时挡土、防水围堰结构物，且施工设备较简单，工艺不复杂。

沉井基础尺寸依据锚固系统构造及受力条件确定。主缆中心线间距36.5m，后锚室宽16m，预留施工空间及号壁的厚度，设计基底横向宽61.5m，长61.8m。号壁厚2m(第1节井壁厚2.4m)，隔仓壁厚1.6m，沉井四周采用圆角，井内共分36个隔仓。由于预应力锚固系统布置的需要，在沉井基础锚碇后半部分不设置混凝土隔仓壁和沉井壁，采用钢桁架支撑，如图1所示。基底位于卵石土层。沉井底设4.5m厚C25混凝土封底。沉井隔仓内根据计算回填混凝土、砂。沉井采用分段预制下沉，为增加沉井刃脚的刚度，将第1节沉井制作成钢壳沉井。第1节沉井高7.5m，其余节段高4～5m。在下沉到设计高程后，在后侧井壁设置钢桁处开挖，现浇后浇段。

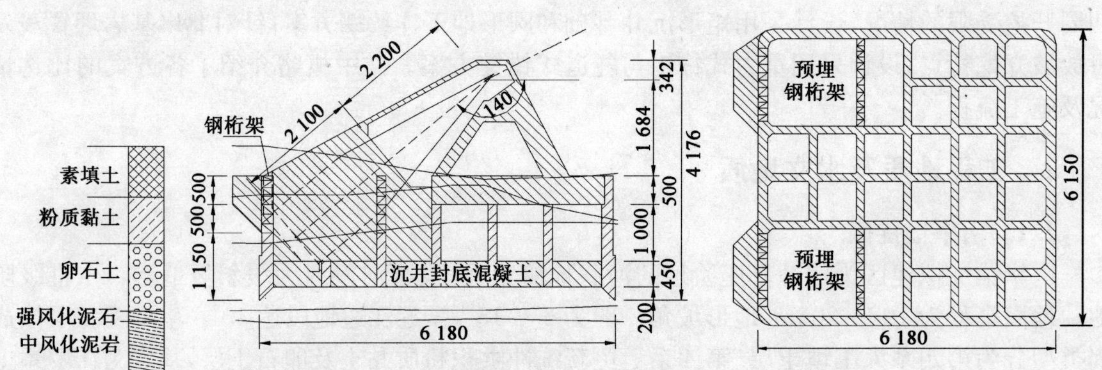

图1 沉井基础方案整体布置图(尺寸单位：cm)

沉井基础施工流程简要介绍如下：

(1)平整施工场地。

(2)沉井底节7.5m为钢壳混凝土沉井，钢壳在工厂制造，在现场锚位处组拼。拼装完在钢壳内埋设钢筋，灌注6.5m高混凝土(留1m与后浇混凝土搭接)及第1节5m钢筋混凝土沉井。

(3)混凝土达到100%强度后，在距离沉井外壁10m周围布置降水井，用水力吸泥机或抓土斗，由沉井中心向外对称取土，使沉井平稳下沉(排水下沉)。

(4)接长钢筋混凝土沉井，继续排水下沉。沉井下沉到位后，浇筑水下封底混凝土。

(5)浇筑锚体混凝土，将后侧井壁的钢桁架拆除，立模现浇后浇段。

(6)沉井隔仓内浇筑混凝土、灌注砂子，浇筑沉井顶盖板。

3.2　地下连续墙方案

地下连续墙是在泥浆护壁条件下，采用专门的挖槽设备，顺序沿着基础结构物的周边，在地基中挖出一个具有一定宽度与深度的槽孔，然后在槽孔中安放钢筋笼，浇筑混凝土，逐步形成的一道地下连续钢筋混凝土墙。

根据锚锭的布置，地下连续墙采用外径为68m、壁厚为1.2m的圆形地下连续墙加钢筋混凝土内衬的结构形式。地连墙在基坑开挖时作为支护结构，基坑完成后与锚锭浇筑在一起形成整体。为防止地连墙底脚发生渗流以及踢脚破坏，有利于基坑的抗隆起稳定，地连墙嵌固深度10m，采用C30水下混凝土，分成A、B两种槽段(各24幅)，A槽段单幅6.6m，B槽段单幅2.1m。地下连续墙施工完成后，采用逆筑法分层开挖土体，分层施工内衬。内衬共8道，0～5m深采用1.2m厚，5～14m深采用1.5m厚，14～23m深采用1.8m厚。开挖至设计高程后，浇筑4m厚的钢筋混凝土底板，为提高基底应力分布的均匀性，在基础前半部设置16个空隔仓，填芯混凝土施工完成后浇筑6m厚的钢筋混凝土顶板。地下连续墙结构如图2所示。

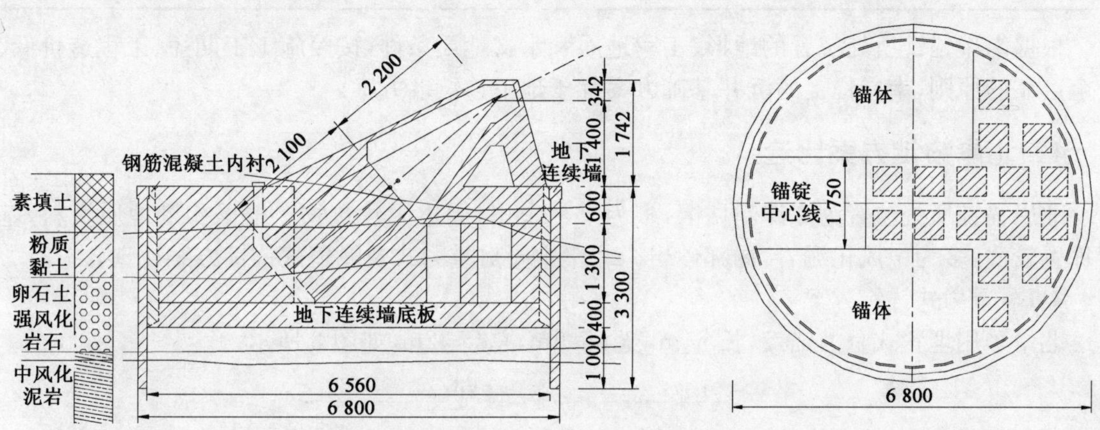

图2　地下连续墙方案整体布置图(尺寸单位:cm)

各层内衬底面设置成15°斜坡，下层内衬与上层内衬结合面采用自密实混凝土，以避免各层间混凝土浇筑出现空隙。为保证内衬与地连墙的连接质量及共同受力，在地连墙施工时预埋螺纹钢筋连接器，内衬钢筋通过连接器与地连墙钢筋相连。

在地连墙外围10m处施做一圈0.8m厚自凝灰挡水帷幕，深度与地连墙相同；地连墙底进行灌浆帷幕处理，封堵基岩裂隙水；各幅槽段搭接处，施打ϕ700高压旋喷桩进行封堵；坑内布置4口管号，方便施工开挖。

地下连续墙施工流程简要介绍如下：

(1)平整施工场地，筑导墙，导墙应高出地面1m左右，以确保槽孔内泥浆水头高度。

(2)采用泥浆护壁，分段开挖地下连续墙成槽。

(3)下导管、钢筋笼和锁口管，浇筑水下混凝土。

(4)开挖基坑，浇筑顶圈梁。

(5)抽排墙体内地下水，分层开挖基坑，同时逐段逆筑法施工内衬混凝土。

(6)清除基底浮渣，浇筑底板混凝土。分块、分层浇筑锚块及填芯混凝土。

(7)施工基础顶板混凝土。

3.3 方案比选

南岸锚锭基础方案比较见表1。

南岸锚锭基础方案综合比较　　表1

项目		沉井方案	地下连续墙方案
混凝土(m³)		70 544	81 908
钢筋(t)		2 524.2	4 679.6
钢材(t)		3 152.7	1 085.9
基础填充物(m³)	砂	5 717.3	—
	20号混凝土	9 788.63	9 022.7
施工工期(月)		15	19
建安费(亿元)		1.182	1.233
施工能力		国内施工队伍具备沉井基础方案的施工设备和施工技术	国内桥梁已应用地下连续墙的最大墙厚为1.5m,地下连续墙施工需要一套特殊的成槽设备

根据南岸锚锭所处位置的地形、工程地质和水文地质条件,按照施工工期短、工程造价低、安全可靠的原则,南岸锚锭的沉井基础方案优于地下连续墙方案。

4 北岸锚锭方案比选

北岸锚锭所处位置为江津新城区,多为果林农田,周边无建筑物。根据初勘地质资料,基岩埋置较浅,多为中风化泥岩,局部砂岩。北岸主要对重力式及隧道式锚锭方案比选。

4.1 重力式锚锭方案

北岸采用埋置式重力锚锭,长64m,宽55.5m,总高42m,如图3所示。

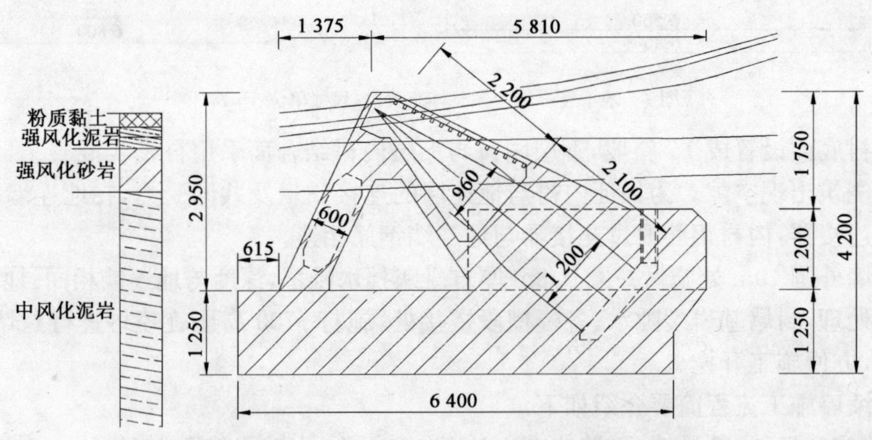

图3　重力式锚锭一般构造图(尺寸单位:cm)

北岸重力式锚锭的锚体构造与南岸锚锭基本相似,不同的是前锚室顶板需要承受回填土压力及顶面路基土压力,受荷较大,采用肋板式结构,以提高顶板承载力。基础采用明挖扩大基础方案,施工时放坡开挖,采用挂网喷射混凝土护壁及锚杆支护。

重力式锚锭施工流程简要介绍如下:

(1)基坑开挖,形成坡面后及时防护同时做好排水措施。

(2)安装定位钢支架、预应力管道、钢筋绑扎,立模分层浇筑锚块。

(3)待先浇混凝土冷却后,绑扎钢筋,浇筑后浇段混凝土。

(4)张拉锚块预应力束,架设散索鞍。

(5)立模浇筑前锚室侧面及顶板混凝土。

(6)主缆架设完成后,锚锭表面防水处理,基坑回填。

4.2 隧道式锚锭方案

隧道锚是将主缆的张力通过锚锭体传递给周围的岩体。隧道锚的设计必须满足2方面的要求:锚体本身有足够的强度和刚度以承受缆力;锚体围岩必须有足够的强度锚固锚体,后者对隧道锚而言格外重要。经调研国内外已经实施的悬索桥隧道式锚锭,对其地质条件、锚体长度和安全系数进行比较,结果表明:黏结力一般都在0.4MPa以上,地质条件较好,锚体长度多在40~50m,锚固安全系数均在4.5以上。

根据既有悬索桥隧道锚资料,锚位处岩体黏聚力取$\tau=0.4$MPa,初步计算锚体长80m时锚固安全系数为4.45。拟定本桥隧道式锚锭的总长为110m,其中前锚室长27m,锚体长80m,后锚室长3m,如图4所示。

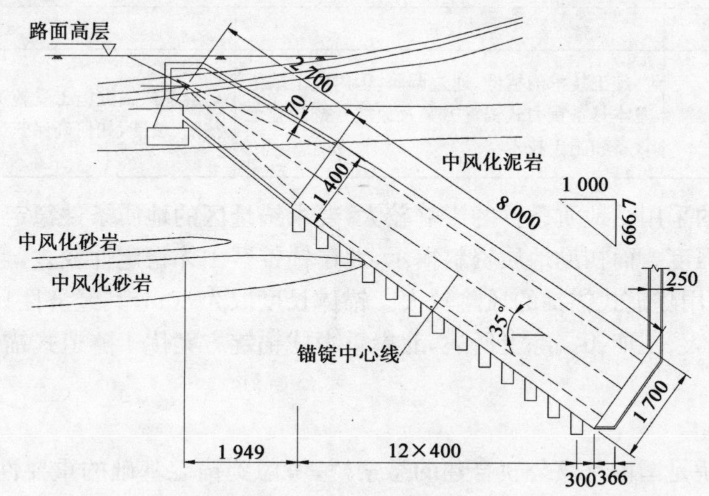

图4　隧道式锚锭一般构造图(尺寸单位:cm)

系统锚杆采用长4.5m、纵环向间距1m×1m、梅花形布置的水泥砂浆锚杆,锚杆植入岩体4m,浇入锚体0.5m,直径25mm。锚室截面为10m×10m~14m×14m的圆弧形顶面,锚室从散索鞍到前锚面为27m。由于前锚室需开挖山体,故需采取初期开挖支护措施和保持开挖后山体稳定的长期支护构造(二次衬砌)。前锚室衬砌厚度合计70cm,初期支护采用长3.5m、纵环向间距0.5~1m×1m、梅花形布置的水泥砂浆锚杆和25cm厚的挂网喷射C30混凝土。二次衬砌采用现浇钢筋混凝土结构,厚45cm。

锚体纵断面设计为前小后大的楔形,在轴向拉力作用下,可对围岩体产生正压力。横断面顶部采用圆弧形,侧壁和底部采用直线,前锚面尺寸为14m×14m,顶部圆弧半径7m,后锚面尺寸为17m×17m,顶部圆弧半径8.5m。锚体混凝土采用C40防渗和收缩补偿混凝土,混凝土微膨胀率采用0.015%,抗渗等级W8,满足对锚固系统防护和结构受力的要求。

隧道式锚锭施工流程简要介绍如下:

(1)洞门边坡刷坡及挂网喷射混凝土进行边坡防护。

(2)爆破法锚洞开挖,同时新奥法进行锚洞的衬砌施工。

(3)安装钢支架、预应力管道及锚固系统预应力筋。

(4)分层浇筑锚塞体混凝土,实时监控混凝土内外温差,防止混凝土开裂。

(5)张拉预应力筋,安装散索鞍。

(6)架设主缆。

4.3 方案比选

北岸锚碇方案比较见表2。

北岸锚碇方案综合比较　　表2

项　目	重力式锚碇	隧道式锚碇 锚体长度 $W=80$m
混凝土(m³)	85 594.8	93 528
钢筋(t)	3 559.8	3 367
钢材(t)	513.2	2 823
施工工期(月)	15	23
建安费(亿元)	1.266	1.17
施工能力	施工技术门槛低,通过调研,国内施工队伍基本具备重力式锚碇方案及放坡开挖的施工设备和施工技术。	隧道式锚碇施工受施工场地限制,洞内场地狭窄、坡陡,如何确保施工质量难度较大。

隧道式锚碇的采用受地质条件的影响较大,要求锚址区的地质条件稳定、岩体具有较好的整体性及较高的强度。而初勘地质资料揭示,北岸锚碇区山体稳定性较差,且岩体的整体性及强度较低,因此采用隧道式锚碇的风险较大。锚体长度取为80m,其经济性只比重力式锚略占优势,且施工难度大、工期长。综上所述,北岸重力式锚碇方案优于隧道式锚碇方案。

5 结语

中渡长江大桥是国内首座公轨合建的悬索桥,考虑到锚碇基础的重要性和地质水文条件的复杂性,锚碇设计是本桥设计的关键部分。经过技术经济性比较,合理的选定锚碇方案,对悬索桥至关重要。

参 考 文 献

[1] 吴胜东,吉林,阮静.润扬大桥悬索桥北锚碇基础方案比选[J].桥梁建设,2003(2).

[2] 徐国平,刘明虎,刘化图.阳逻长江大桥南锚锭圆形地下连续墙设计[J].公路,2004(10).

[3] 席超波,陈建平.沉井下沉系数及摩阻力计算取值初探[J].中外建筑,2002(3).

[4] 陈新.老工艺 新体验—对泰州大桥沉井工程的学习笔记[J].桥梁,2011(1).

[5] 杨林,肖文福,吉林.泰州长江公路大桥中塔沉井定位方案研究[J].桥梁建设,2009(4).

[6] 朱玉,廖朝华,卫军.隧道锚锚体长度估算公式[C].中国公路学会桥梁和结构工程分会2005年全国桥梁学术会议论文集,2005:310-315.

[7] 章曾焕,冯紫良,魏乃龙,等.重庆长江鹅公岩大桥隧道式锚锭的设计[C].第十七届全国

桥梁学术会议论文集.北京:人民交通出版社,2006.
[8] 朱玉,廖朝华,彭元诚.大跨径悬索桥隧道锚设计及结构性能评价[J].桥梁建设,2005(2).
[9] 赵有明,李冰,牛亚洲,等.南京长江第四大桥北锚碇沉井基础施工监控技术[J].桥梁建设,2009(z1).
[10] 黄绳武.桥梁施工及组织管理(上)[M].北京:人民交通出版社,2003.
[11] 彭德运.大跨悬索桥锚锭基础的设计与施工[M].铁道标准设计,2003(1).
[12] 彭元诚.悬索桥可更换式无黏结预应力钢绞线锚固系统[J].桥梁建设,2010(6).

35. 双索面部分斜拉桥单箱三室箱型主梁构造优化

肖永铭[1]　孙建渊[1]　王吉英[2]

（1. 同济大学桥梁工程系；2. 辽宁省交通规划设计院）

摘　要：预应力混凝土部分斜拉桥一般表现为以承受弯矩为主的梁式桥受力特点，而梁式桥一般在主梁跨径内不设置横隔板。但对于大跨径双索面预应力混凝土部分斜拉桥采用单箱多室箱形主梁时，索梁锚固区的横向传力性能是需要解决的关键问题。采用建立有限元实体分析模型的方法，对索梁锚固区主梁设置横隔板及加劲肋等构造形式的受力情况进行比较分析，以优化主梁截面构造及布置，进一步改善主梁局部受力状况。并得出采用设置加劲肋的构造形式既能够满足索梁锚固区的受力要求又有利于节段悬臂浇筑施工，更为经济合理。

关键词：部分斜拉桥　横隔板　加劲肋　构造优化

1　引言

部分斜拉桥是介于斜拉桥和梁式桥之间的一种新型桥型。不同于正常的斜拉桥，其主梁受力特性一般表现为以承受弯矩为主的梁式桥受力特点，而斜拉索具有体外预应力及辅助索的特征[1]。在目前的工程实践中，部分斜拉桥往往参照正常斜拉桥的设计方法，在索梁锚固处设置横隔板。但随着我国经济发展和桥梁设计水平的不断提高，部分斜拉桥的跨径也在不断增长。对于以节段悬臂浇筑施工为主要施工方法的大跨径预应力混凝土部分斜拉桥，此时设置有索区的锚下横隔板不仅会大大增加主梁结构自重，还将引起节段施工内模难以拆卸及滑移，从而造成节段施工周期过长等诸多问题。因此根据预应力混凝土部分斜拉桥受力形式较为接近梁式桥的特点，如考虑采用部分斜拉桥有索区锚下不设置横隔板的设计方法，则主梁箱型断面的构造必须要满足有索区双索面间主梁的横向受力要求。目前国内外对于双索面预应力混凝土箱型主梁部分斜拉桥横向受力性能或设置横隔板的构造处理方法仍缺少系统的研究，故本文以某双索面预应力混凝土箱型主梁部分斜拉桥为研究背景，采用通用有限元软件对该桥建立计算分析模型，对双索面预应力混凝土箱型主梁部分斜拉桥索梁锚固区的主梁横向受力性能及横隔板的构造处理进行研究，进而提出既能满足双索面预应力混凝土部分斜拉桥受力特点，又能降低主梁自重、利于施工的主梁截面及横向构造的优化处理方法，对于预应力混凝土箱型主梁部分斜拉桥的设计与施工具有重要的指导意义。

2 工程背景

某双塔双索面预应力混凝土部分斜拉桥，跨径布置为140m＋260m＋140m，如图1所示。主梁采用变高度单箱三室预应力混凝土箱梁；索塔采用双薄壁墩及双柱式钢筋混凝土桥塔，桥塔截面形式为矩形截面；主桥基础采用钻孔灌注群桩基础。本桥的受力体系为塔梁固结的连续刚构体系，仅在边墩墩顶处设置滑动支座。

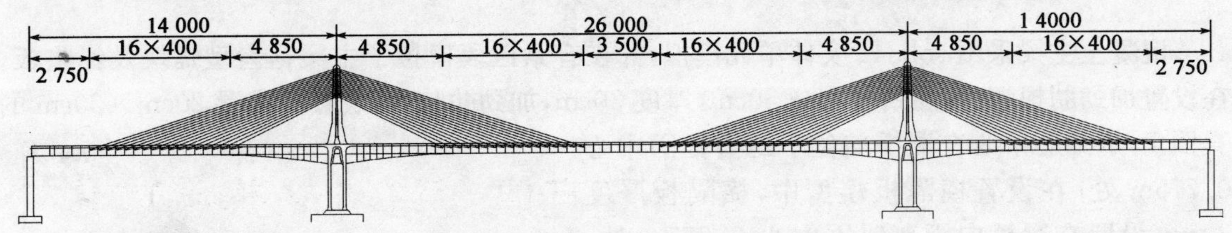

图1 总体布置图（尺寸单位：cm）

跨中处主梁梁高为4.5m，桥塔根部处主梁梁高为9m，桥塔根部57m的范围为变高度梁段，采用二次抛物线变化。主梁全宽23.0m，主梁的两侧各设置1.5m布索区，以方便斜拉索的布置及检修。主梁标准梁段长度4.0m，主墩根部局部区域梁段长度3.0m。主梁标准节段顶板厚27cm，底板厚30cm。主梁在斜拉索对应的边箱位置处设置厚度为30cm的加劲肋。主梁标准断面如图2所示。

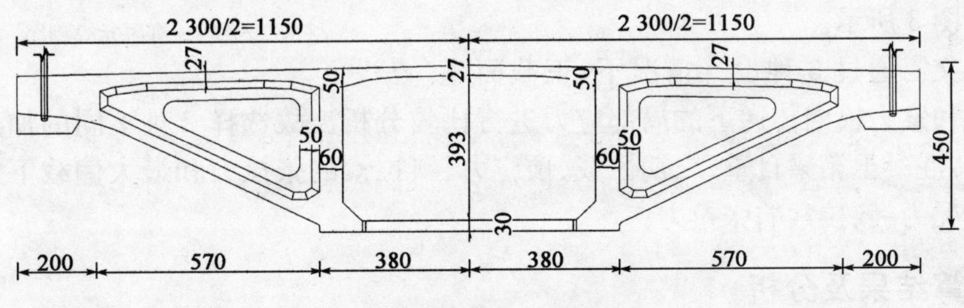

图2 主梁断面图（尺寸单位：cm）

本桥预应力钢束及斜拉索均采用Φ_j15.24低松弛钢绞线，拉索采用扇形布置，梁上拉索锚固点横向间距为21.6m，斜拉索在主梁上的标准索距为4.0m，在塔上的标准索距为0.8m。

3 研究方法

由于部分斜拉桥受力性能介于梁式桥和斜拉桥之间，故分别参照梁式桥和斜拉桥中横隔板受力特点进行分析。梁式桥中横隔板可以提高箱梁的有效抗扭刚度[2]，有利于荷载的横向分布[3]，并且通过限制畸变变形来减小主梁内的翘曲正应力[4]。而斜拉桥中横隔板的设置对于索力的传递有较好的改善作用。本桥由于采用双索面形式，需要通过索梁锚固区及主梁的横向构造将索力传递到全桥，为了满足横向索力的传递要求，本桥采用在边箱处设置30cm厚加劲肋的方式对边箱进行加强。为了进一步比较设置横隔板、设置加劲肋、不设置横隔板三种设计方法下主梁受力特性，参照斜拉桥、梁式桥横隔板作用特点，从主梁在活载作用下翘曲应力大小和在索力作用下横向应力分布2方面进行具体分析。

为了得到设置横隔板、设置加劲肋和不设置横隔板3种设计方法下索梁锚固区主梁的空间应力状态，利用通用有限元软件分别建立3个不同的有限元节段模型进行比较分析。根据圣维南原理，有限元节段模型建模时主梁都应选取足够的长度，以排除边界效应对固结节点受力影响，当分析区段远离约束端或加载端一个主梁梁宽的距离后，因边界效应引起的误差会迅速减小。故本有限元节段模型选取中跨等高度梁段处进行建模，且由于为左右对称结构，只建立左半跨有索区主梁节段和跨中无索区主梁节段，在结果中查看中间部分的11号有索区标准主梁节段应力分布状况。

4 有限元计算模型

混凝土主梁采用solid45实体单元模拟，并在有索区段模拟了主梁锯齿型锚块及锚垫板。在设置加劲肋模型中，加劲肋肋高50cm，厚度30cm，加劲肋与顶、底板间设置20cm×20cm的直倒角，加劲肋中心在顺桥向位于距离锚固中心0.775m处；在设置横隔板模型中，横隔板厚度30cm，设置在顺桥向距离锚固中心0.775m处。预应力钢束采用link8单元模拟，按设计要求考虑纵向、横向、竖向预应力，并考虑由于摩阻力、预应力松弛和锚具变形造成的损失，通过设置初应变模拟预应力效应。边界条件采用一端固结、一端对称约束的方式，在靠近桥塔侧的一方固结所有节点，在跨中处对所有节点均采用对称约束。结构模型如图3所示。

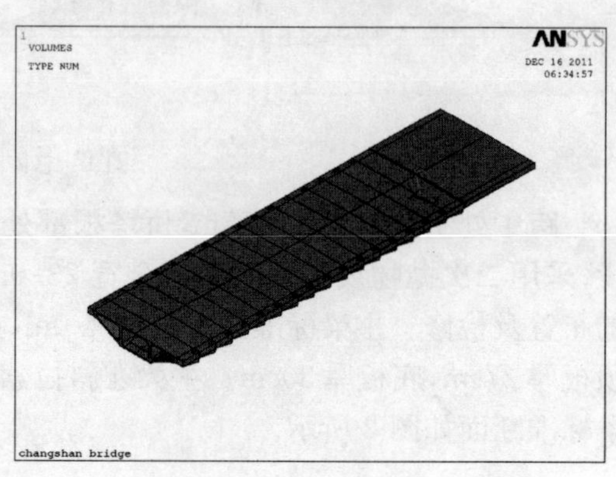

图3 有限元模型图

由于本文需通过3种设计情况下，正截面翘曲应力大小和索力横向传递下的局部应力进行比较分析。故选择2种不同的加载工况，前者加载工况为：混凝土箱梁自重、二期恒载、预应力、斜拉索的张拉力和最大偏载下的汽车活载；后者加载工况为：斜拉索的张拉力。

5 计算结果及分析

在普通的梁式桥中设置横隔板可以通过控制畸变变形以减小翘曲正应力。而翘曲正应力一般是由于作用在箱梁上的偏心荷载产生的。将偏心荷载按照等效荷载法分解为对称荷载和反对称荷载。在对称荷载作用下，箱梁只会产生弯曲变形。而在反对称荷载（包括刚性扭转荷载和畸变荷载）作用下，会产生由于约束扭转产生的翘曲正应力，以及由于畸变产生的翘曲正应力。在混凝土箱梁中，畸变是产生翘曲正应力的主要原因[5]。故在设计横隔板时，一般会通过横隔板的设置使箱梁在偏心荷载作用下的翘曲正应力与恒活载弯曲正应力的比值限制在一定比例内（通常为10%）[6]。

在加载中进一步将最大偏载下的汽车活载按等效荷载法分解为对称荷载和反对称荷载，并通过计算得出相对应的正应力数值。在表1中，分别列出了反对称荷载作用下顶板最大翘曲应力以及对称荷载和恒载（包括自重、预应力和斜拉索拉力）作用下的顶板最大弯曲应力。

不同横隔板设置方式下顶板最大正应力（单位：MPa） 表1

	σ_a（反对称荷载）	$\sigma_p+\sigma_s$（恒载+对称荷载）	$\sigma_a/(\sigma_p+\sigma_s)$
横隔板	0.031	3.62	0.9%
加劲肋	0.031	2.82	1.1%
无横隔板	0.034	2.37	1.4%

由上表可知，在设置横隔板和加劲肋时的翘曲应力略小于不设置横隔板时的翘曲应力，而从整体上看，在设置横隔板、设置加劲肋和不设横隔板 3 种情况下，由汽车活载最大偏载效应引起的翘曲应力均远远小于由于恒活载引起的弯曲应力，故无需在索梁锚固处通过设置横隔板和加劲肋的方式以减小主梁翘曲正应力。

双索面部分斜拉桥索力主要通过边箱传递到全桥，为了比较明确的分析设置横隔板、设置加劲肋、不设置横隔板 3 种设计方法对于索力传递的影响，如图 4、图 5 所示为只考虑斜拉索索力作用下的横向应力分布。横轴表示箱梁的横向宽度，其中以箱梁中心线处为坐标 0 点，纵轴表示对应的横向应力值，负值代表压应力，正值代表拉应力。

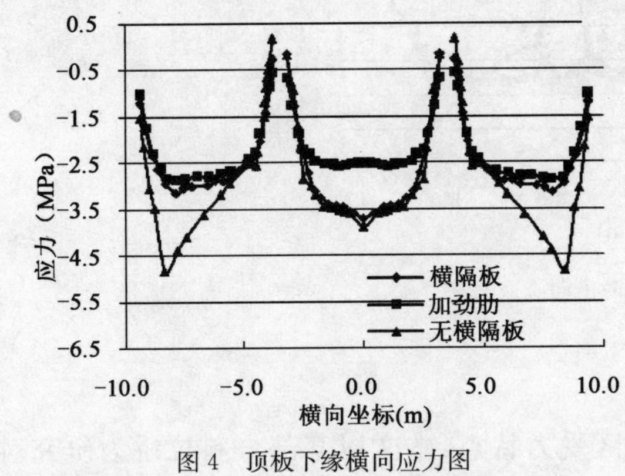

图 4　顶板下缘横向应力图

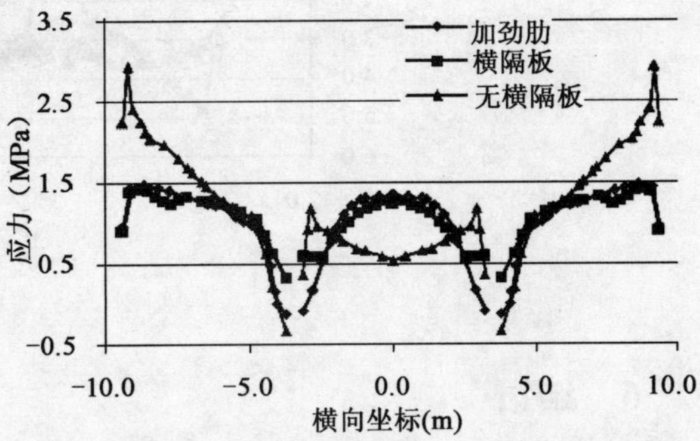

图 5　底板上缘横向应力图

由上图可知，在不设置横隔板时，边箱处顶板最大压应力为 4.82MPa，底板最大拉应力为 2.94MPa。而在设置横隔板和设置加劲肋 2 种方式下，边箱处顶板最大压应力分别为2.87 MPa 和 3.13MPa，底板最大拉应力分别为 1.41MPa 和 1.49MPa。可见在边箱处设置横隔板和加劲肋可以减小边箱处最大压应力和拉应力数值，使应力分布更均匀，有利于索力横向传递，但两者之间应力结果相差不大，对索力横向传递影响相近。

如图 6、图 7 和图 8 所示分别列出了设置横隔板、设置加劲肋、不设置横隔板 3 种情况下顶板上下缘、底板上下缘横向应力图。在设置横隔板和设置加劲肋时，顶底板上下缘应力在除靠近腹板处均较为接近(靠近腹板处由于存在加腋，顶底板上下缘应力相差较大)。而不设置横隔板时，边箱室顶底板上下缘应力分布较不均匀，在相差最大处，顶板上缘受 3.14MPa 压应力，下缘受 4.82MPa 压应力；底板上缘受 2.94MPa 拉应力，底板下缘受 0.98MPa 拉应力。而在中箱室顶底板上下缘应力分布较为均匀，分布形式较为接近设置加劲肋时中箱室应力分布

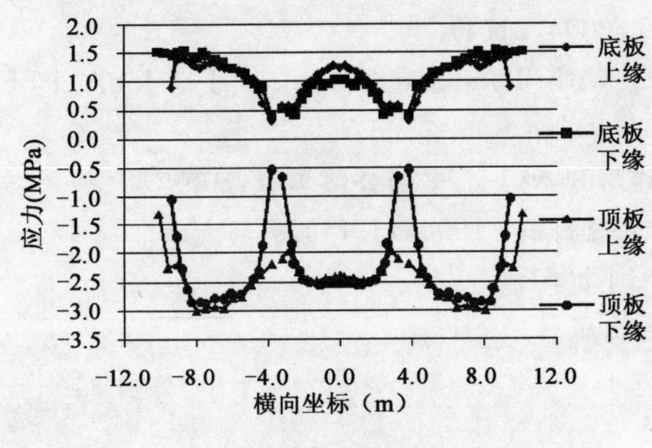

图 6　设置横隔板时横向应力图

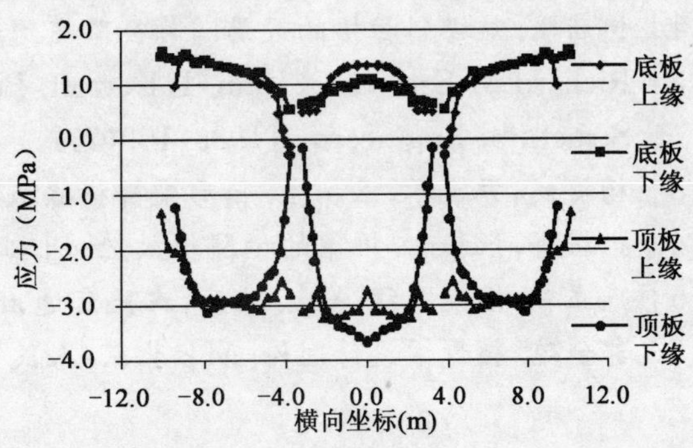

图 7　设置加劲肋时横向应力图

状况。根据上述数据易得出，在不设置横隔板时，由于边箱室刚度较小，在拉索引起的横向弯矩作用下上下缘应力分布不均匀。而在中箱室处，由于中腹板横向抗弯刚度较大，使得传递到中箱室处的横向弯矩较小，故在此处上下缘应力较为均匀。因此在边箱室处设置横隔板或加劲肋，均可以通过增强边箱室横向刚度，使顶底板上下缘应力分布均匀，改善受力状况。

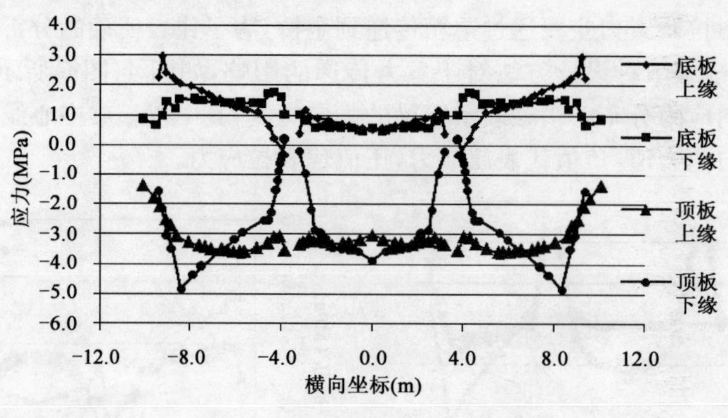

图 8　不设置横隔板时横向应力图

6　结语

为了更好地分析双索面部分斜拉桥索梁锚固区受力特点，本文以某部分斜拉桥为研究对象，比较了设置横隔板、设置加劲肋以及不设横隔板 3 种情况下主梁的受力状况，并得出以下结论：

(1)由于活载偏载作用下产生的翘曲应力远小于恒载、活载作用下产生的弯曲正应力。故无论设不设置横隔板，此处翘曲应力均不会对主梁受力状况有较大影响。

(2)设置横隔板可以有效降低边箱室处主梁最大横向拉、压应力，并可以通过增加边箱室主梁横向刚度，使顶底板上下缘应力分布均匀，有利于索力横向传递。

(3)设置加劲肋或设置横隔板在边箱室处横向应力分布相差不大，故通过在边箱室处设置加劲肋也满足改善索梁锚固区索力横向传递的受力要求。且该方法可以方便施工操作，缩短施工工期，相较于设置横隔板的方法更为经济、合理。

参考文献

[1] 何新平. 矮塔斜拉桥的设计[J]. 公路交通科技，2004，21(4).

[2] Richard M Szewczak，John T Dewolf. Beams with Torsional Stiffeners[J]. Journal of Structural Engineering，1983，109(7).

[3] 杨英武，尹宗学，王柏生. 箱形梁桥横隔板的作用分析[J]. 中南公路工程，2005，30(2).

[4] 张耀辉，张华新. 桥梁的横隔板效应[J]. 山西交通科技，1998，119(4).

[5] 范立础. 桥梁工程[M]. 北京：人民交通出版社，2001.

[6] 郭金琼. 箱形梁设计理论[M]. 北京：人民交通出版社，1991.

36. 大跨度铁路悬索桥合理刚度指标值的探讨

沈锐利[1]　张　东[2]　唐茂林[1]

(1. 西南交通大学;2. 四川省交通运输厅公路规划勘察设计研究院)

摘　要:千米以上跨度铁路或公铁两用桥梁的首选桥型是悬索桥,但其各方向刚度指标合理值一直是争论和影响决策的主要问题。本文首先以日本已建成并运营的三座大跨度公铁两用悬索桥为对象,建立各桥的空间有限元模型,分析了实际列车过桥时结构的竖向、横向及梁端转角静力变形时程曲线,总结了这些桥的实际横向和竖向刚度指标值,然后结合分析结果和国内外铁路桥梁和线路的相关规范,以满足运行能力、运行平顺性和曲线通过性能要求为目标,建议了与行车速度有关的结构总体竖向、横向刚度指标及梁端竖向与横向转角控制值。通过模拟分析,提出了大跨度铁路悬索桥满足竖向、横向刚度的一些总体布置和构造措施。

关键词:铁路悬索桥　桥梁刚度　有限元分析　行车速度

1　绪论

利用高强钢丝制成的索作为主要承重构件的缆索承重桥梁,以其强大的跨越能力而著称。其中悬索桥以其跨越能力大、抗震性能好、轻型美观等优点,成为千米以上跨度桥梁的首选桥型[1]。虽然世界上已经有了将悬索桥成功应用在铁路上的先例,但是悬索桥的刚度问题一直制约着大跨度铁路悬索桥的发展[2]。随着交通建设的需要,在我国大江、大河和海上,修建大跨度铁路或公铁两用悬索桥已是必须。

20 世纪 70 年代以来,日本在本四联络线上的儿岛——坂出线上相继建成了三座公铁两用悬索桥:即下津井濑户大桥、南备赞和北备赞濑户大桥。这三座桥虽然桥跨跨径长、静载大,但列车运行稳定,这使得公铁两用悬索桥的设计和修建有了突破性的进展[3]。

由于目前对铁路悬索桥的研究还不多,对铁路悬索桥的刚度指标值作出一个统一的规定还缺乏可靠的资料。但是已经存在并安全运营的桥梁却可以为分析其刚度需求提供一些参考,因为这些桥梁的安全运营在一定程度上说明其各方向的刚度是满足要求的。从已建成的铁路悬索桥和现有的相关标准中(如日本为修建本四联络桥制定的建议标准等)探讨大跨度铁路悬索桥的刚度合理值的范围,可以为拟建的大跨度铁路悬索桥的初步设计提供一个参考。本文从已建成并安全运营的上述三座大跨度公铁两用悬索桥为切入点,通过计算分析并结合相关规范,讨论了大跨度铁路悬索桥合理的刚度指标值。

2　对日本三座公铁两用悬索桥的分析

日本本四联络线中儿岛——坂出线上的下津井濑户大桥，是主跨 940m、单跨悬吊、公铁两用悬索桥，加劲梁两端向边跨各连续伸出 130m，形成三跨连续梁，但边跨不悬吊；南备赞濑户大桥的跨度为 274m＋1 100m＋274m，北备赞濑户大桥的跨度为 274m＋990m＋274m，两桥相隔 49m，中间用一个兼作桥台的共用锚碇墩来连接，南、北备赞濑户桥都是三跨连续加劲桁梁式悬索桥。上述三座桥的上层桥面为 4 车道公路，下层桥面为双线铁路。

三座桥的详细资料见文献[4]。采用西南交通大学开发的桥梁空间非线性分析系统 BNLAS，建立上述三座桥的空间有限元计算模型，计算桥梁在设计活载、风荷载等作用下的结构内力与变形，以考察三座桥的实际刚度指标值。

对于铁路桥梁刚度限值，国内外规范一般采用竖向横向挠跨比、梁端转角、梁端错位（见图 1）和梁横向变形后的曲线半径（指风荷载作用后的曲线在平面内的曲率半径）四个参数评价。表 1、表 2 给出了日本三座公铁两用悬索桥在汽车＋列车活载以及横向设计风载作用下的上述四个参数值。

汽车＋列车活载作用下各桥竖向刚度值　　表 1

桥　梁	活　载	跨度（m）	竖向挠度（m）	竖向挠跨比	梁端转角（10^{-3}rad）	梁端错位（mm）
下津井濑户大桥	汽车＋列车	940	2.46	1/382	3.0	0.06
北备赞濑户大桥	汽车＋列车	990	2.66	1/372	6.7	0.29
南备赞濑户大桥	汽车＋列车	1 100	3.08	1/357	7.3	0.35

横向设计风载作用下各桥横向刚度值　　表 2

桥　梁	荷　载	跨度（m）	横向挠度（m）	横向挠跨比	梁端转角（10^{-3}rad）	最小曲线半径 R（m）
下津井濑户大桥	横向风载	940	4.76	1/197	2.2	12 670
北备赞濑户大桥	横向风载	990	6.29	1/157	0.9	10 526
南备赞濑户大桥	横向风载	1100	8.84	1/124	2.0	83 227

以上三座桥的计算结果可以为大跨度铁路悬索桥的刚度设计值提供一定的参考，但是要想为其刚度值确定一个合理的范围，显然仅仅依靠这几座桥的计算数据还是远远不够的，还需要借鉴当前国内外铁路桥梁和线路规范，并根据刚度对列车运行的影响本质确定建议值。

3　铁路悬索桥刚度指标的讨论

结合既有规范，以下讨论铁路悬索桥竖向、横向刚度的合理指标值，本文的讨论涉及挠跨比、梁端转角、错位和弯曲半径四个指标。

3.1　竖向刚度指标

1992 年日本铁道建设公团编制的《日本高速铁路铁道结构物设计标准》[5]，对既有线与新干线的挠跨比作出了详细的规定，挠跨比的限值与桥梁跨数、跨度大小和设计行车速度有关，该标准适用于一般铁路及最高时速 260km/h 的新干线，但从表中数据可见，其要求不适用于大跨度悬索桥。

为保证车辆运行的安全与平稳，日本在新干线网设计标准中对结构物的相对位移和转动容许值做出了规定[6]，详见表3。表中的错开量、平行移动和转折的意义如图1所示。不管跨度大小，梁端位移和转角是影响行车的主要因素，因此可考虑参照此值制定大跨度桥梁刚度的控制指标。

支承列车构造物的竖向容许位移 表3

位移方向	列车速度(km/h)	错开量(mm)	转角θ(1/1 000)			
			平行移动		转折	
			$L<30$m	$L\geqslant30$m	$L<30$m	$L\geqslant30$m
竖向	70	2	9	9	9	9
	110		7.7	9	9	3
	160		5	6	6.5	7
	210		4.5	4	5.5	4.5
	260		3.5	3	4	9

注：1. 表中数值为静力不均匀变位量与列车荷载引起的变位量之和；

2. 错位、平移、转折的意义见图1；

3. L代表梁长或刚架高架桥的块件长。

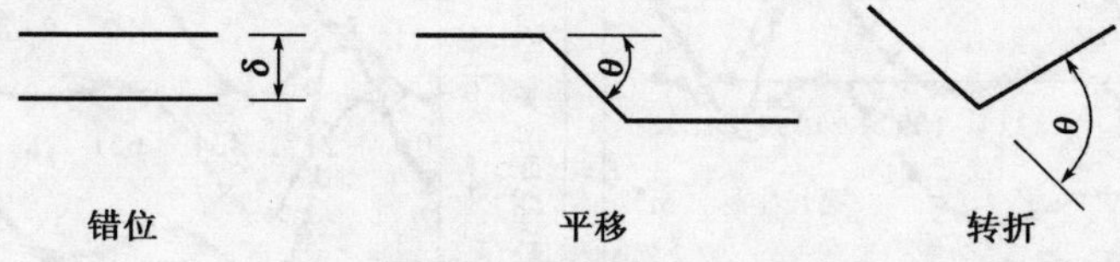

图1 日本规范错位平移转折示意图

德国采用UIC—71荷载乘以ϕ(冲击系数)计算竖向变形，按考虑扭转时仅单线加载和双线加载两种情况取最不利为控制变形，分不同行车速度规定的挠跨比见表4。

我国《铁路桥涵设计基本规范》(TB 10002.1—2005)对梁式桥跨结构在列车竖向活载作用下的竖向挠度，是根据不同结构进行规定；京沪高速铁路和客运专线则主要以《时速300～350公里新建客运专线铁路设计暂行规定》作为设计依据，对于大于80m跨度的梁桥，挠跨比定为不大于1/1 000。

德国规范规定的挠跨比[7] 表4

车速V在160～200km/h时			车速大于200km/h时		
跨度	跨数		跨度	跨数	
	≤2	≥3		≤2	≥3
≤25	$L/500$	$L/1\,000$	≤25	$L/500$	$L/1\,000$
≥30	$L/800$	$L/1\,700$	≥30	$L/800$	$L/1\,700$
中间值按线性内插			中间值按线性内插		

上述各规范的挠跨比限值与表1的数据相比相差很远，因为这些规范主要是以简支梁为对象制定的，当列车通过时，在各跨的梁端将形成转角，控制挠度也就控制了转角大小。对于大跨度悬索桥，列车在桥上产生最大挠度时，车辆并不一定通过梁端，因此这时的梁挠曲变形只要不影响车辆运行的坡度曲线，列车就如在弹性的线路上运行一样。

图2和图3是采用日本的设计列车通过南、北备赞濑户大桥时，计算得到的列车车头、车中和车尾在桥上各点的实际挠度和梁的坡度变化。

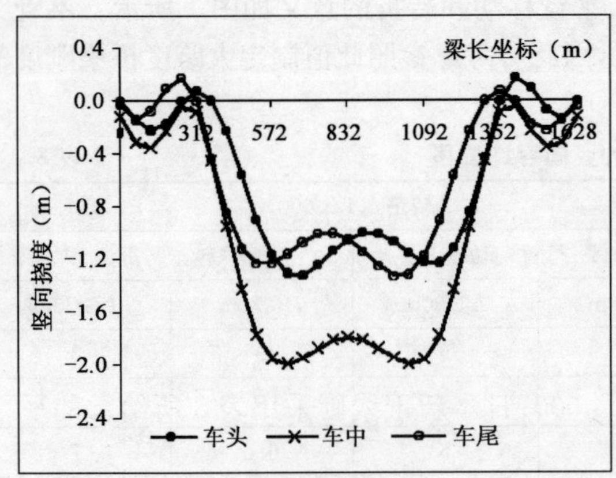

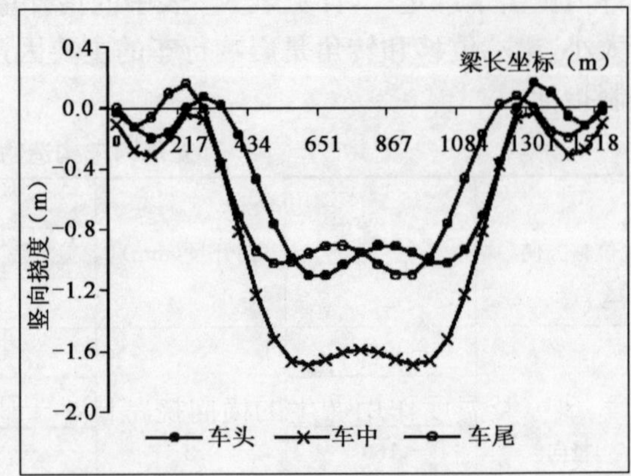

图 2　列车在桥上走行时各点的实际挠度(左:南备赞濑户大桥;右:北备赞濑户大桥)

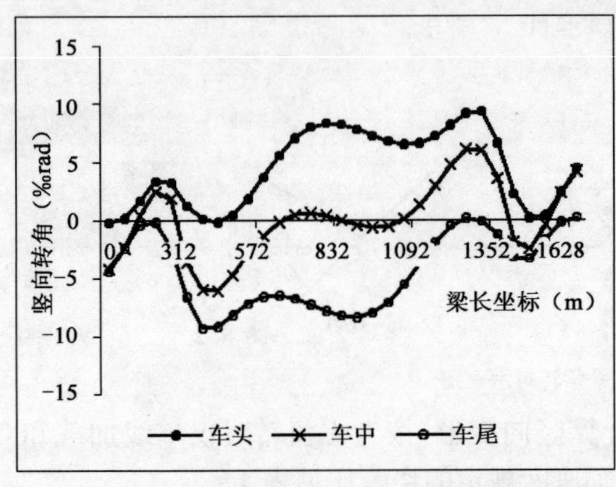

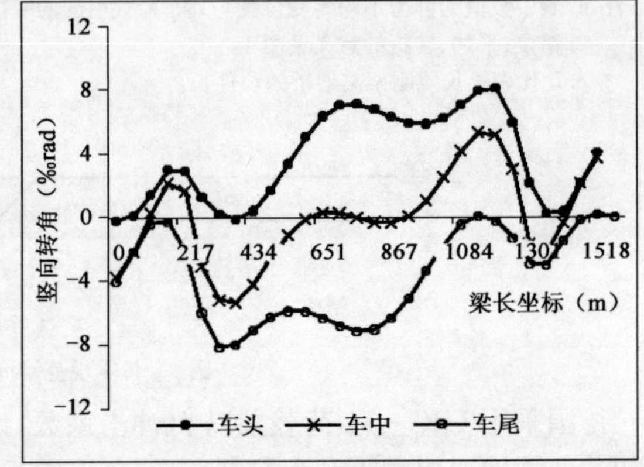

图 3　列车在桥上走行时各点的梁截面转角(左:南备赞濑户大桥;右:北备赞濑户大桥)

通过对以上两座大跨度公铁两用悬索桥的列车竖向走行曲线的分析可以得出以下结论:

(1)列车在通过桥梁的过程中,列车车中通过点的挠度最大,加劲梁最大挠度并不出现在跨中。

(2)列车车头或车尾通过点的转角最大,最大转角均出现在主跨靠近桥塔的位置。

(3)列车在通过桥梁的过程中,各截面的转角最大值不超过 10‰(rad)。由于转角直接影响列车的爬坡能力,我国《高速铁路设计规范》[11](试行)对线路纵断面的坡度的规定如下:区间正线的最大坡度,不宜大于 20‰,困难条件下,经技术经济比较不应大于 30‰[7]。该规范虽然是针对铁路线路作出的规定,但也可以将其作为控制大跨度桥梁的一个标准,即设计竖曲线的坡度叠加上变形引起的坡度,应满足铁路规范的坡度限值要求。

综上所述并结合对日本三座公铁两用桥的计算结果,建议大跨度铁路悬索桥的竖向刚度要求采用表 5 的三项指标。

大跨度铁路悬索桥竖向刚度指标　　表 5

车速 V/(km/h)	梁端转角(‰rad)	竖向高差(mm)	竖向挠跨比限值
$V \leqslant 120$	12.5	2	1/300
$120 < V \leqslant 200$	12	2	1/350
$V > 200$	10	2	1/450

3.2 横向刚度指标

各国桥规对铁路桥梁横向刚度的规定大致可以分为三类：①与设计荷载无关的规定，如规定自振频率、最小梁宽等；②规定设计水平荷载下桥梁水平容许挠度（横向挠跨比等），其值大致是竖向的 1/2 到 1/3；③限制列车动力荷载作用下的桥梁水平容许位移[8]。在这三类规定中，第①类一般与行车速度无关，仅用于中小跨度桥梁，本文不讨论；第②类是设计荷载下的挠跨比，反映的是结构刚度，一般于行车速度有关；第③类一般是检验规范中采用的数据。

对于横向的挠跨比，在设计的横向荷载下，日本规定水平挠度的容许值取为竖向挠度容许值的一半；国际铁路联盟（UIC）仅对速度 $120\text{km/h} < v < 200\text{km/h}$ 线路上的桥梁，规定在 UIC 荷载、风力及温度作用产生的横向挠跨比小于 1/4 000；日本新干线则采用表 3 所给出的平行折角限制。

我国《时速 200 公里新建铁路线桥隧站设计暂行规定》及《京沪高速铁路设计暂行规定》都采用 $L/4\,000$ 作为梁体的横向变形限值。

欧洲铁路结构物荷载标准规定：欧盟桥梁横向刚度采用横向变形平曲线半径 R 来确定，其中曲线半径 $R=L^2/(8\Delta h)$，式中，L 为跨度，Δh 为 ΦUIC71（系数为 Φ 的 UIC71 活载）、风荷载、横向摇摆力、离心力和温度变化引起的跨中横向变形。Δh 应确保梁端转角和曲线半径同时满足表 6 限值要求[8]。

横向变形容许值对应的梁端水平折角和水平弯曲半径 表 6

设计速度 V/(km/h)	梁端最大水平折角 α/rad	最小弯曲半径 R/m		最大扭转挠度 t/(mm/3m)
		单线梁	双线梁	
$V \leqslant 120$	0.003 5	1 700	3 500	4.5
$120 < V \leqslant 200$	0.002 0	6 000	9 500	3.0
$V > 200$	0.001 5	14 000	17 500	1.5

在高速铁路的建设中，曲线半径往往直接影响着线路的平顺性、行车的安全性以及旅客的舒适性[9]。因此，最小曲线半径是高速铁路线路的主要控制因素。最小曲线半径的影响因素很多，不仅与欠超高与过超高的允许值有关，还对行车速度有很大影响[10]。我国《高速铁路设计规范》（试行）对平面曲线半径与设计速度的匹配关系作出了相应的规定[11]。

在横向风载作用下，铁路悬索桥将发生横向变形。这时，列车在桥上通行与列车在线路的曲线上行驶是相似的，也应该考虑其曲线半径、超高、欠超高等对行车安全的影响。由于大跨度铁路悬索桥是柔性桥梁，其横向的振动频率远低于列车运行时的蛇行频率，也就是说列车横向的蛇行基本不可能引起悬索桥的过大振动，在这种情况下，桥梁在横向荷载（风、横向摇摆力等）作用下，变形后的平面曲线满足各种速度下的线路平曲线要求，就应该能满足列车通行的要求。根据前述的各国规范的规定并结合表 6，建议对铁路悬索桥或公铁两用悬索桥，其横向刚度采用表 7 的限值控制。

横向刚度控制指标 表 7

设计速度 V/(km/h)	行车最大风速下	最大设计风速下	
	最小弯曲半径 R/m	梁端转角(‰rad)	横向挠跨比
$V \leqslant 120$	3 500	2.5	1/100
$120 < V \leqslant 200$	9 500	2	1/150
$V > 200$	17 500	1	1/200

4 提高刚度的措施

采用设计参数计算，发现前述的日本三座公铁两用悬索桥是满足上述表 5 和表 7 建议的标准值的。参照日本南北备赞濑户大桥加劲梁的尺寸，拟定了一座主跨 1 508m 的铁路悬索桥，建立全桥空间有限元模型，计算得到在同样的设计荷载下，结构刚度指标见表 8。

拟建铁路悬索桥的挠度和梁端转角 表 8

方 向	跨度(m)	挠度(m)	挠跨比	挠跨比限值	梁端转角(‰rad)	梁端转角限值(‰rad)
竖向	1 508	4.4	1/343	1/300	12.8	12.5
横向	1 508	20.3	1/74	1/100	4.8	2.5

由表 8 可知，拟建桥梁的竖向挠跨比为 1/343，梁端转角为 12.8‰，相应错位值为1.1mm；横向挠跨比为 1/74，梁端转角位 4.8‰。表 8 的数据表明，梁端竖向转角、横向转角、横向挠跨比不满足表 5 与表 7 要求，需要采取措施提高结构刚度。

为了探求提高大跨度铁路悬索桥刚度的有效措施，本文主要从总体布置和构造两方面入手。其中总体布置主要考虑了加劲梁的边中跨比、高跨比、宽跨比以及边跨设置辅助墩等措施；构造方面考虑了斜拉—悬吊组合体系以及双链式悬索桥体系，不同措施及计算结果见表 9。

提高刚度值的措施及相应结果 表 9

措 施		竖向刚度值		横向刚度值	
		挠跨比	梁端转角(‰rad)	挠跨比	梁端转角(‰rad)
总体布置	加劲梁边中跨比(0.26 减小到 0.12)	1/356	5	1/78	0.3
	加劲梁高度(13m 增大到 16m)	1/372	10.4		
	加劲梁宽度(30m 增大到 36m)			1/88	3.5
	边跨设置辅助墩	1/365	0.7		
构造	斜拉-悬吊组合体系	1/471	2.9	1/73	3.3
	双链式悬索桥体系	1/486	2.7	1/85	4.1

通过以上计算结果可以看出：

(1)调整加劲梁的边中跨比可以使竖向挠度和梁端竖向转角以及横向转角满足刚度要求，但无法使横向挠度满足刚度限值要求。

(2)调整加劲梁高跨比可以使竖向刚度满足要求，但调整加劲梁宽跨比无法使横向刚度满足要求。

(3)设置边跨辅助墩只能使竖向刚度满足要求，却无法使横向刚度满足要求。

(4)采用斜拉—悬吊组合体系桥只能使竖向刚度满足要求，横向刚度却无法满足限值要求。

(5)采用双链式悬索桥可以使竖向刚度满足要求，却无法使横向刚度满足要求。

综上可知，单独采用以上各种措施，只能提高刚度某一方面的指标，却无法使竖向刚度和横向刚度均满足限值要求。因此，要想使结构刚度满足限值要求，必须将总体布置和构造措施两方面结合起来[4]。

结合计算过程中总结出的各种措施对刚度的贡献，拟从以下各种组合中探求提高拟建大跨度铁路悬索桥刚度的最有效措施，以使拟建桥梁的刚度满足限值要求。各组合如下：组合一：同时调整加劲梁边中跨比和梁宽（边中跨比采用0.12，梁宽采用36m）；组合二：采用斜拉-悬吊组合体系桥，并调整梁宽（梁宽采用36m）；组合三：采用双链式悬索桥，并调整梁宽（梁宽采用36m）；组合四：采用双链式悬索桥，同时调整加劲梁边中跨比和梁宽（边中跨比采用0.12，梁宽采用36m），并设置外伸跨；各组合下刚度值计算结果见表10。

各组合对应的竖向刚度和横向刚度值　　表10

组　　合	竖向刚度			横向刚度		
	挠度(m)	挠跨比	梁端转角(‰rad)	挠度(m)	挠跨比	梁端转角(‰rad)
组合一	4.2	1/356	5.0	16.5	1/92	1.7
组合二	3.1	1/471	2.9	17.5	1/86	1.7
组合三	3.1	1/486	2.7	15.4	1/98	3.0
组合四	3.0	1/502	2.5	15.0	1/101	1.6

通过以上计算结果可见，同时满足竖向和横向刚度限值要求的仅有组合四——采用双链式悬索桥，同时调整加劲梁边中跨比和梁宽（边中跨比采用0.12，梁宽采用36m）并设置外伸跨。

5　结语

本文主要以已建成的日本三座大跨度公铁两用悬索桥为研究对象，分析结构在设计荷载作用下的刚度指标，结合铁路规范和线路设计标准，提出了铁路悬索桥的刚度指标和控制值，主要结论如下：

(1)挠跨比、梁端转角、错位、最小弯曲半径可作为大跨度铁路悬索桥的刚度指标。

(2)指标控制值的大小可结合既有桥梁的实际值与线路规范要求确定；初步设计时可采用本文表5和表7提出的指标值；对于满足指标要求的桥梁，再采用车—桥或车—桥—风耦合振动分析方法，确定车辆在桥上通行时的安全性与平稳性。

(3)已建成的铁路悬索桥满足本文提出的控制指标，但更大跨度的桥则需要采取措施才能满足。

参考文献

[1] 钱冬生，陈仁福. 大跨度悬索桥的设计与施工[M]. 成都：西南交通大学出版社，1999.

[2] 项海帆，吴定俊. 我国铁路桥梁的现状和展望[J]. 铁道建筑技术，2001(2).

[3] 周孟波. 悬索桥手册[M]. 北京：人民交通出版社，2003.

[4] 张东. 大跨度铁路悬索桥结构体系及对刚度影响的研究[D]. 成都：西南交通大学，2011.

[5] 赵煜澄. 关于铁路桥梁的几点意见[J]. 铁道工程学报，1997(2)：23-29.

[6] 曾庆元. 关于铁路桥梁的刚度问题[J]. 长沙铁道学院学报，1991，9(3).

[7] 周智辉. 列车脱轨分析理论与控制脱轨的桥梁横向刚度限值研究[D]. 长沙：中南大学，2007.

[8] 柯在田,张煅.铁路桥梁横向变形限值标准问题的研究[J].铁道标准设计,2004(7):128-133.

[9] 赵志松.高速铁路最小曲线半径研究[J].路基工程,2008,136(1):81-83.

[10] 孙文峰.既有线提速平面曲线半径与曲线实设超高关系的分析[J].铁路标准设计,2005(4).

[11] 中华人民共和国铁道部. TB 10020—2009 高速铁路设计规范[S].北京:中国铁道出版社,2009.

37. 温州大门大桥防撞钢套箱的整体下放设计

胡晓伦[1]　孙海涛[2]　周思峰[3]

(1. 东南大学交通学院;2. 上海市政工程设计研究总院(集团)有限公司;
3. 中交第一公路工程局)

摘　要:温州市大门大桥承台呈六边形,设计成防撞钢套箱结构,同时作为海上承台施工的挡水结构物,底板兼做钻孔作业平台。本文结合该桥钢套箱整体下放施工设计的创新实践,介绍了整体下放施工中的风险要素、钢护筒的功能区分和充分利用、对底板的放与张措施、类似"称"的下放主吊点、增强混凝土握裹力的措施等内容。

关键词:大门大桥　钢套箱　整体下放　拉压杆　混凝土握裹力

1　工程概况

温州大门大桥工程起点位于乐清市翁垟镇,接翁垟地方公路,路线向东跨越沙头水道,终点为小门岛最西南端,是一座跨海大桥。主桥为 135m+316m+135m 双塔双索面 PC 梁斜拉桥,总长 586m。主墩承台呈六边形,平面尺寸 48.8m×37.6m,高度 7.5m,承台混凝土采用 C35。封底混凝土厚度为 2m,混凝土采用 C20。主墩基础采用 44 根 ϕ2.5m 钻孔灌注桩,桩长均为 117m,按摩擦桩设计。

为对桥墩基础进行防护,承台设计为防撞钢套箱,将防撞设施和用于承台施工的钢套箱有机结合起来[1-6]。钢套箱防撞设计控制船舶为 3 000t 级散杂货船满载和 10 000t 级新造船空载。

桥址设计风速为正常时 8 级大风 19m/s,台风时 12 级台风 33m/s。本海区属正规半日潮型,一昼夜两潮,潮高不等现象较为明显,落潮历时大于涨潮历时,潮差大,是我国显著的强潮海区之一。设计平均高潮位+2.74m,设计平均低潮位-1.85m,平均水位+0.45m。涨、落潮流速均较大,设计流速 2.85m/s。一般波高仅 0.2~0.3m,1983~1985 年测得崎头站最大波高 1.8m 左右,历史记录最大波高 2.06m。

2　整体下放的施工流程及风险控制

本钢套箱底板除了用作封底混凝土的底模结构外,兼作钻孔作业平台[3,6]。利用钢护筒和周边一圈钢管桩作为支撑柱,钢护筒之间设置 2 层平联,钢管桩间设置 3 层平联,顶层平联上直接搁置主龙骨，形成钻孔平台，顶面高程＋7.0m。钻孔施工完成后，修整钻孔作业平台顶板，用做套箱围堰的底板，与侧板一起整体下放，节省材料和工期。

钢套箱采用工厂制作、分块拼装、整体原位下放的施工方案[4-6]。采用连续千斤顶整体下放，其施工流程如下：①钢套箱在陆地上分块加工制作；②钻孔平台转换为拼装平台；③现场拼装侧板；④利用连续千斤顶将钢套箱整体提起约 50cm，割除钢护筒间的所有平联，以便无障碍下放；⑤利用连续千斤顶下放钢套箱；⑥水下封底混凝土的施工；⑦第一层 2m 承台施工；⑧其余承台部分施工；⑨钢套箱侧板外挂在承台顶面上；⑩拆除回收底板，修补在施工过程中损坏的防腐涂层。

整个钢套箱施工过程中的控制要点见表 1。

验算工况和风险控制 表1

序号	施工状态	不利荷载	施工控制措施
1	作为钻孔平台受载	钻机运行时荷载 130t，且钻孔钢护筒下沉 10cm	竖向荷载：钻机、下沉位移 侧向荷载：水流波浪 只有钢护筒受荷载，侧向荷载没问题，下沉是关键，靠下平联钢管保持整体性，上平联只起着搁置作用 钻孔顺序：由内至外，由中至边
2	利用 6 个吊点提起下放钢套箱，钢套箱底部刚刚接触到海平面，即是钢套箱不受浮力、水流力而受波浪的影响	高谷、低峰	吊在空中，由斜拉索防止底板下挠 入水过程中，斜拉索＋压重能对抗一般波高 0.2～0.3m，压重受限于 6 吊点下放总重量，索力受限于水平限位件。波浪 H＝2.06m 需要避险，空中慢放，入水后快放，选择风平浪静低水位落潮过程段。入水过程－左右上下调位－改吊完成是最危险时。关键 1
3	钢套箱已经下放入水，令其刚好达到－2.50m高程	高峰、低谷	斜拉索改吊，在钢护筒上设拉压杆。底板荷载传递给钢护筒，很安全，可经受波浪 拉压杆：对底板拉压，承受封底重量，增强封底的握裹力
4	水下浇筑封底混凝土厚度 2m，刚刚浇筑完成	高谷、低谷	风平浪静常水位落潮过程封底，便于混凝土凝固，底板无问题。关键 2
5	钢套箱内抽水之前	波谷	安全
6	钢套箱内抽水完毕，形成了干的作业环境	高峰、低谷	握裹力没有问题
7	形成无水的干作业环境后，绑扎承台钢筋，浇筑第一层 2m 厚的承台混凝土，混凝土处于刚刚浇筑完毕的状态	高谷、低谷	握裹力没有问题

总体来看，海域环境下进行了钢套箱的整体下放施工，水流、波浪、潮位以及风速是影响施工成败的关键风险因素，钢套箱结构有条件安全的[1,4,6]，应选取合适时机规避风险，实现安全经济的目标。关键风险因素有两处：

关键1:下放过程。整个施工方案的风险在于下放过程,最危险的工况发生在钢套箱整体下放但尚未限位锁定的过程中,选取合适时机可大大规避风险。做好天气的预测、收集工作,选择低潮水位、低波浪高、潮水稳定的时机快速下放防撞钢套箱。比较而言,风荷载量值很小,入水之前(没有遭受波浪荷载作用)可以缓慢操作,熟悉、协调整个下放系统;临近入水时暂停操作,检查下放设施是否正常、人员是否到位、技术是否熟练,做好各项准备工作,预估入水时间和临时锁定时间,选择风平浪静、低水位落潮过程中,快速下放入水到位。钢套箱下放到位后,快速设置反压限位型钢,临时打紧拉压杆。此时,钢套箱已经不"惧怕"风吹浪打,可以从容地设置限位牵固设施,锁定整个钢套箱。

关键2:封底时机。选择风平、浪静、常水位且处于落潮过程中进行封底混凝土施工,有利于混凝土凝固,有利于底板安全。

3　关键施工技术

3.1　充分利用钢护筒

钻孔作业时,钢护筒除了保护钻孔壁土体稳定外,还发挥了许多作用。设置平联将钢护筒连接成一个整体,形成稳固的钻孔平台,防止个别钢护筒下沉偏位。上平联呈平行四边形,采用型钢直接承托底板主龙骨;下平联采用钢管连接,用作钻孔作业的泥浆池。

主墩承台为六边形承台,桩基呈梅花形布置。基于这一特点,对钢套箱整体下放过程中的钢护筒进行了功能区分和充分利用:

(1)侧板转角处的2根钢护筒(图3中A、B)用作整体下放的主吊点,A护筒作为轴心受压支柱,B护筒作为轴心受拉支柱。

(2)周边的钢护筒(图3中C)长度不变,顶口+7.00m,用于下放过程中的导向限位。下放到设计高程后,利用侧板顶部的卷扬机和钢丝绳,通过牵引张紧钢护筒(图3中B、E)的方式调节钢套箱的水平位置和侧板的倾斜度。

(3)在每个钢护筒上对穿型钢,设2根拉压杆(图4)对底板进行"锁定"。

(4)选择中间8处钢护筒(图3中B)设置环向钢筋网片,使得钢护筒与混凝土之间的黏结-滑移破坏转换为冲切破坏,大大提高握裹力。

(5)在钢套箱内设置两层钢管内支撑,呈井字形,与部分钢护筒的位置冲突,下放之前,割除部分中间的钢护筒(图3中E)至+0.30m,设置搁放设施,辅以牛腿,直接搁置内支撑。

3.2　下放主吊点

钢套箱(包括侧板、底板及其他辅助设施)重量约1 000t,采用6点下放,每个点重量170t左右。吊点位于侧板转角处,利用350t穿心式连续液压千斤顶配合钢绞线整体下放,钢绞线提着侧板内壁,侧板外壁悬挂着底板,整体下放。

如图3所示,吊放系统基于杠杆原理设计[1],类似于一杆"称",前臂长1.70m,后臂长6.40m,后吊杆的拉力是前吊杆的1/3左右。受压钢护筒(图3中A)被接高4m至+11.00m,顶口搁置3HN600×200型钢作为横梁,再搁置4HN600×200型钢作为纵梁,且在钢护筒内浇筑0.60m高混凝土,形成实心桩帽结构,以利于钢护筒均匀受压。受拉钢护筒(图3中B)长度不变,顶口高程+7.00m,对穿][40a型钢作为横梁,在钢护筒内浇筑0.50m高混凝土,形成实心桩帽结构,以利于钢护筒均匀受拉。可见,下放主吊点类似一杆"称",结构体系简单,受力明确;根据钢护筒呈梅花形布置的特点,令一根钢护筒轴心受压、一根钢护筒轴心受拉,用混凝土桩帽结构使钢护筒应力分布更趋均匀。

3.3 对底板的放与张

侧板作为防船撞的永久性结构，具有内外壁板、隔舱等舱室结构，具有足够的抵抗环境荷载的能力。而底板则不一样，底板主龙骨纵向跨度最大有 50m，横向跨度有 38m，钢套箱被整体提取直至入水的全过程中，底板需要承受强大的水流力、波浪力等，若采用常规的加劲桁架措施，一味加强底板的刚度，形成底板主龙骨＋桁架结构形式，不够经济合理。加劲桁架结构只在下放过程中发挥作用，钢套箱改吊锁定后作用较小。反过来思考，若令底板“柔弱”，尽可能释放内力则能取得较好的效果。

本设计中，底板由面板、主龙骨和次龙骨组成。主龙骨采用 2HN400×200 作为纵梁，I20a 作为横梁，形似梯子，直接搁置在钢护筒之间的平联型钢上，不设焊接。次龙骨采用 I20a 作为纵梁，L63×5 作为横梁。底板分块制作，现场拼装，块与块之间通过限位装置形成整体，使整个底板形成格子梁，上铺 8mm 厚面板。对底板进行了“放”与“张”两种措施，下述第 1～3 条为“放”，第 4～5 条为“张”。

(1)底板龙骨分块制作，主龙骨与次龙骨之间不设焊接，通过 U 形限位件形成整体，形成机构受力方式，如图 1 所示。

(2)底板主龙骨在纵向分两半，采用销接的形式连成整体，释放跨中弯矩，销接点同时承受第(4)条中斜拉索的水平分力。

(3)在底板主龙骨的两端设置水平限位措施，对侧板进行双向水平限位(图 2)，而非焊接。

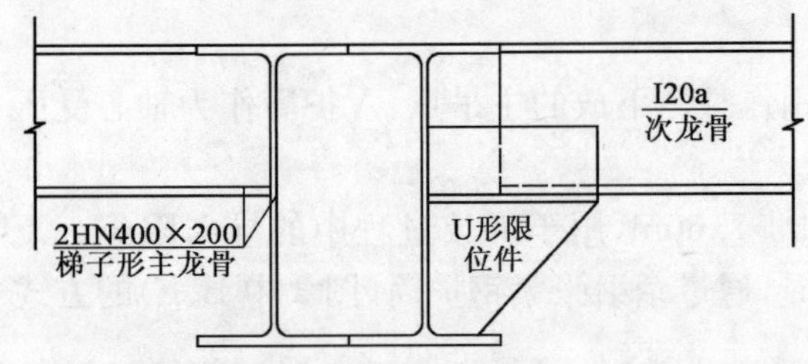

图 1　底板主龙骨的 U 形件限位

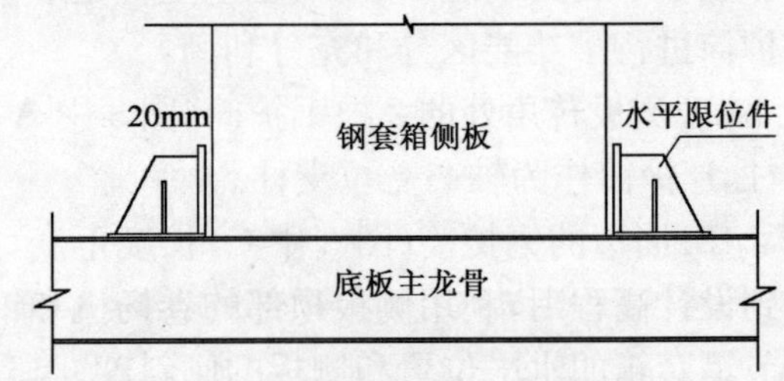

图 2　底板对侧板水平限位

(4)为了保证底板自身变形不至于过大，采取斜拉索＋压重的辅助措施。如图 3 所示，斜拉索将主龙骨拉起，限制其下挠变形。压重将主龙骨压住，限制其上挠变形，且不增加底板的弯矩。钢套箱起吊前，安装斜拉索＋压重。钢套箱缓缓起吊，同时张紧斜拉索，使得底板在腾空后仍保持水平，索力以此控制。斜拉索采用钢丝绳，便于卷扬机张拉调节。压重按预制混凝土块设计，埋入封底混凝土中，不必拆除。

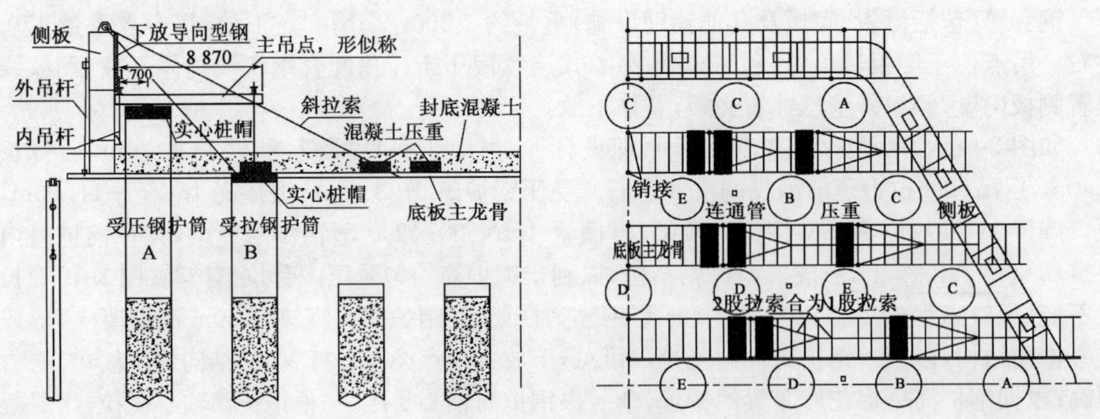

图 3　斜拉索＋压重的措施

该措施适用于钢套箱被整体提取下放到入水直至锁定钢套箱的全过程，入水时要求风平浪静、低潮水位。下放过程中，底板可能出现起伏变形，通过卷扬机张拉调节钢丝绳索力，将各主龙骨跨中的变形控制在±10cm以内。

(5)拉压杆“锁定”底板。如图4所示，每根钢护筒上设2根拉压杆锁定底板主龙骨，拉杆采用32mm精扎螺纹钢筋，压杆采用[]20a型钢，用拉杆张力控制预紧力，用压杆长度控制底板的高程。钢护筒上对称挖洞，呈202mm×402mm矩形，对穿][40a型钢作为承重横梁。下放时，拉杆下端拧紧螺母，上端穿过承重横梁的槽口，拉杆随底板下放而下移。钢套箱下放到设计高程后，需要调整水平位置、竖向倾斜度，调位完成后套上压杆，拧紧拉杆上端的螺母。拉压杆将底板主龙骨被锁定在设计高程处，上下不能动弹，好像一张薄薄软软的纸(底板)被密集的拉压杆锁定在设计高程处，具有强大刚度。在封底完成后，部分压杆转换成反压杆，与钢护筒焊接在一起，作为增强握裹力的措施得以保留。

对底板的“放”与“张”正是本设计的创新之处：将底板分块制作，彼此之间通过销接等方式“拼凑”在一起，保证底板分块的局部强度、刚度，整个底板则表现为机构受力方式，通过结构柔度释放底板上本应聚集的巨大内力，此为“放”。同时，为了提高底板这张“薄纸”的刚度，采取斜拉索+压重的措施来保证底板主龙骨的安全，使得底板结构能“牵扯”着下放到位，满足下放过程中的受力需要；采用密集的拉压杆“锁定”底板，从而具有强大刚度，满足封底混凝土施工的需要，此为“张”。一“放”一“张”，说明了结构应适时适地柔弱或强大，而不是一成不变。

此外，正是上述的放与张措施，底板做成了可方便拆除式。承台施工完毕后，拔除拼装平台的临时钢管桩，割除反拉侧板上的吊杆，然后利用在承台侧驻位的驳船将套箱底板拖出，吊机起吊回收。文献[4]有回收成功的报道。

3.4 导向限位设施

(1)对侧板的导向限位

如图5所示，在钢护筒与钢套箱侧板内壁之间设置导向限位设施[1,4]，焊接在侧板内壁上，以确保钢套箱按照指定的位置下放。导向限位设施采用2根DA400H×2 000L橡胶护弦，低反力型R01，吸能率52.5%，距离侧板顶面100mm，与钢护筒(图3中C)保持40mm的间距，共14处。

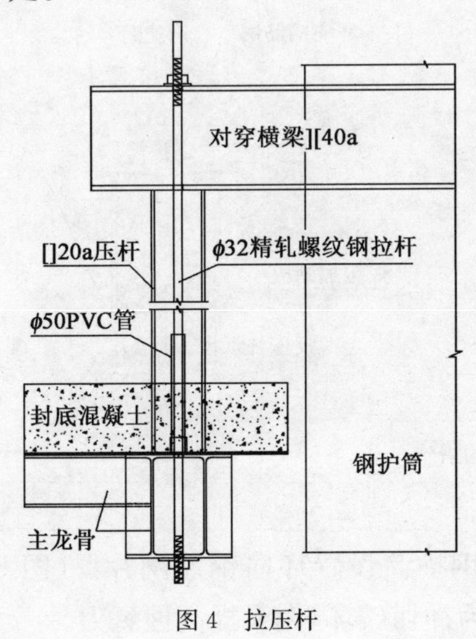

图4 拉压杆

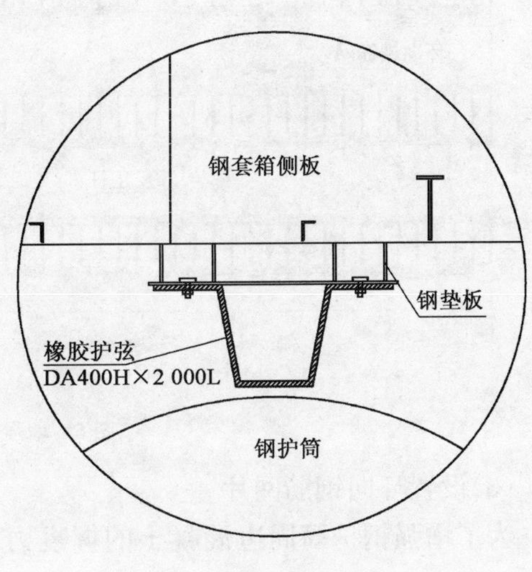

图5 导向限位设施

(2)底板对侧板的水平限位

在底板主龙骨的两端设置水平限位措施[4]，对侧板进行水平限位。限位件由加劲钢板焊接而成，与侧板壁保持20mm间距。

(3)侧板的反压牛腿

套箱下放到位后，在钢管桩和钢护筒之间安装焊接反压牛腿[4,5]，防止侧板上浮和偏位。反压牛腿采用2HN400×200型钢，每根HN400×200型钢的长度不一样，应根据实际测量下料。2HN400×200型钢底板焊接有连接板，与侧板壁保持40mm间隙，对侧板进行水平限位。

(4)对侧板水平调位

采用卷扬机+钢丝绳的水平调位方式。卷扬机固定在侧板顶部，钢丝绳套住钢护筒，通过卷扬机张拉调节侧板的平面位置。有两种调节方式：方法1为水平钢丝绳套住钢护筒，对钢套箱水平调位；方法2为"<"形钢丝绳，以钢护筒为反力点，调整侧板的倾斜度。

(5)拉压杆"锁定"底板。如3.3节第5条所述。

3.5 增强混凝土握裹力的措施

(1)清理钢护筒

为发挥其应有的握裹力，应调遣潜水员用高压水枪清除封底混凝土范围内的钢护筒外表面的海洋生物或其残积物，满足施工需要。

(2)将拉压杆改为反压杆

为了增强钢护筒周边混凝土的握裹力，选取周边一圈钢护筒+内部8根钢护筒(图6a)，设置2根反压杆。拆除大部分拉压杆，保留部分拉压杆，利用压杆型钢作为反压杆，在较低水位时将压杆与钢护筒焊接在一起(图6b、图6c)。将拉压杆改为反压杆，一物二用，也是本设计的创新之处。

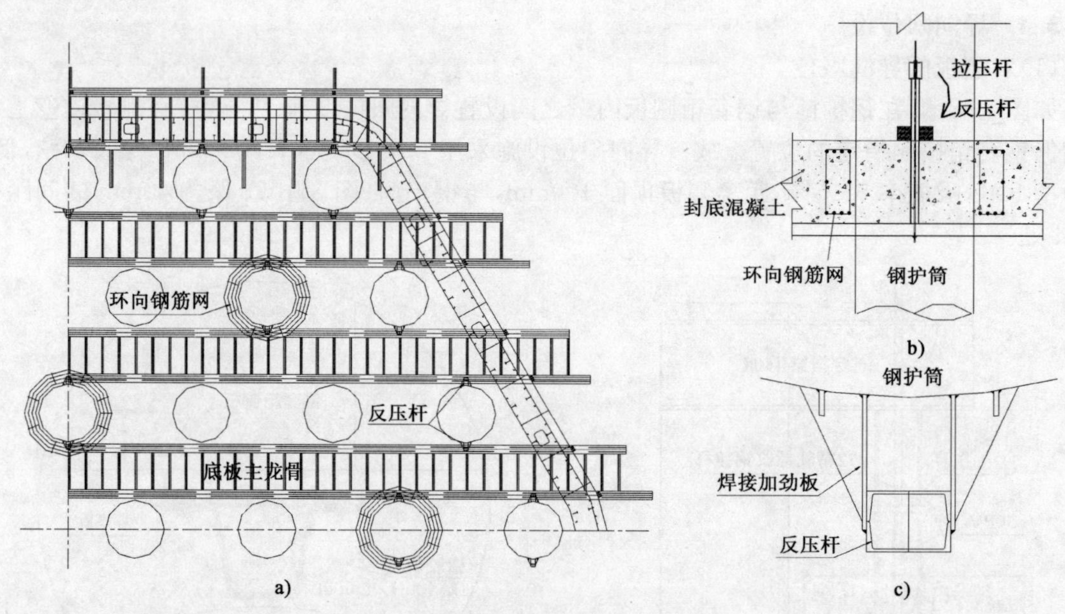

图6 增强混凝土握裹力的措施

(3)设置环向钢筋网片

为了增强钢护筒周边混凝土的握裹力，选择8处钢护筒设置环向钢筋网片[4](图6a、图6c)，使得钢护筒与混凝土之间的黏结—滑移破坏转化为冲切破坏，大大提高握裹力。

4 结语

海域环境下进行了钢套箱的整体下放施工，存在两个关键风险因素：下放过程和封底时机。本文结合温州市大门大桥承台防撞钢套箱的施工设计创新实践，得到以下结论：

(1)钢护筒除用于钻孔作业外，在承台施工过程中，可用于下放吊点、导向限位、锁定底板和搁置内支撑等，应充分利用钢护筒结构。

(2)一味加强底板的刚度，不一定是经济合理的方案，可采取“放”和“张”的处理措施：“放”即是将底板分块制作，彼此之间通过销接等方式“拼凑”在一起，保证底板分块的局部强度、刚度，整个底板则表现为机构受力方式，通过结构柔度释放底板上本应聚集的巨大内力；“张”即是提高底板这张“薄纸”的刚度，采取斜拉索＋压重的措施来保证底板主龙骨的安全，使得底板结构能相互“牵扯”着下放到位，满足下放过程中的受力需要；采用密集的拉压杆“锁定”底板，从而具有强大刚度，满足封底混凝土施工的需要。底板结构适时适地变“弱”或变“强”，而不是一成不变。

(3)下放主吊点基于杠杆原理设计，类似于一杆“称”。承受支反力的钢护筒设计成轴心受压和轴心受拉的构件，护筒顶口灌注混凝土桩帽，使得钢护筒受力均匀，简单易控。

(4)将拉压杆改造为反压杆，并在少数钢护筒周围设置环向钢筋网片，使得钢护筒与混凝土之间的黏结—滑移破坏转化为冲切破坏，大大提高握裹力。

参 考 文 献

[1] 徐伟，吕凤梧. 深水区域特大型施工平台及钢吊箱结构分析方法[M]. 北京：中国建筑工业出版社，2009.

[2] 王勇. 杭州湾跨海大桥工程总结(上下卷)[M]. 北京：人民交通出版社，2008.

[3] 张立奎，米长江. 马鞍山长江公路大桥钢吊箱兼作钻孔平台设计[J]. 桥梁建设，2000(2).

[4] 路桥华南工程有限公司. 青岛海湾大桥红道航道桥索塔承台施工技术方案[J]. 2007(12).

[5] 中交第一公路工程局有限公司. 厦漳跨海大桥南汊主桥主塔钢吊箱施工技术方案[J]. 2010(4).

[6] 中交第一公路工程局有限公司. 温州大门大桥主墩防撞钢套箱施工图设计[J]. 2011(9).

38. 国内外桥梁设计规范中的普通钢筋设计对比

朱乾坤　戴公连

（中南大学土木工程学院）

摘　要：本文通过对我国公路规范、铁路规范、美国AASHTO及欧洲Eurocode桥梁设计规范中普通钢筋设计要求的比较，得出我国和国外桥梁设计规范在混凝土保护层、钢筋弯钩、钢筋搭接以及钢筋的锚固等方面的异同点。通过比较可以得出，美国和欧洲规范对于普通钢筋的设计规定相较我国桥梁规范更为细致，规范考虑的因素较全面，充分体现了其重视细节、重视构造的设计理念。

关键词：普通钢筋　混凝土保护层　弯钩　搭接　锚固

1　前言

普通钢筋无论是在非预应力混凝土结构中还是预应力混凝土结构中都起着举足轻重的作用，不过在预应力和钢结构大行其道的今天，越来越多的桥梁设计人员逐渐忽视了普通钢筋对于结构所发挥的重要作用，这种忽视构造的结果轻则影响桥梁结构的美观，重则给桥梁的正常运营带来安全隐患。

本文简要介绍我国现行的公路规范、铁路规范、美国AASHTO规范及欧洲Eurocode桥梁设计规范中关于钢筋细节的不同规定，让工程设计人员对我国规范中有关普通钢筋的规定有更深入的了解，重视普通钢筋的设计。

2　混凝土保护层

我国《公路钢筋混凝土及预应力混凝土桥涵设计规范》（以下简称《公路规范》）中规定普通钢筋的最小保护层厚度不应小于钢筋的公称直径，且不应小于表1的规定。

我国《公路规范》普通钢筋最小混凝土保护层　　表1

序　号	构件类别	环境条件		
		Ⅰ	Ⅱ	Ⅲ、Ⅳ
1	基础、桩基承台①基坑底面有垫层或侧面有模板（受力主筋） ②基坑底面有垫层或侧面有模板（受力主筋）	40 60	50 75	60 85
2	墩台身、挡土结构、涵洞、梁、板、拱圈、拱上建筑（受力主筋）	30	40	45

续上表

序　号	构件类别	环境条件		
		Ⅰ	Ⅱ	Ⅲ、Ⅳ
3	人行道构件、栏杆(受力主筋)	20	25	30
4	箍筋	20	25	30
5	缘石、中央分隔带、护栏等行车道构件	30	40	45
6	收缩、温度、分布、防裂等表层钢筋	15	20	25

我国《铁路桥涵钢筋混凝土及预应力混凝土结构设计规范》(以下简称《铁路规范》)中规定结构最外层钢筋的净保护层厚度不得小于35mm,并不得大于50mm,对于顶板有防水层及保护层的最外层钢筋净保护层不得小于30mm。

美国ACI规范中根据结构构件的不同分类混凝土保护层有不同的规定,见表2。

对于成束的钢筋,最小混凝土保护层厚度应等于钢筋束的折算直径,但不应大于50mm;但如果混凝土在地面浇筑并与土永久接触时,其最小保护层应为75mm。

美国ACI规范普通钢筋最小混凝土保护层　　表2

<table>
<tr><th>类　别</th><th colspan="2">现浇混凝土
(非预应力)</th><th colspan="2">现浇混凝土
(预应力)</th><th colspan="2">预制混凝土</th></tr>
<tr><td>在地面浇筑和长期与土接触混凝土</td><td colspan="2">75</td><td colspan="2">75</td><td colspan="2">—</td></tr>
<tr><td rowspan="2">处于与土壤直接接触或露天环境下混凝土</td><td>19～57号钢筋</td><td>50</td><td>护墙板、隔栅</td><td>25</td><td>43号和57号的钢筋</td><td>40</td></tr>
<tr><td>16号钢筋或更细的钢丝</td><td>40</td><td>其他构件</td><td>40</td><td>小于等于36号的钢筋</td><td>20</td></tr>
<tr><td rowspan="2">不处于与土壤直接接触或露天环境下混凝土</td><td rowspan="2">主要受力钢筋,拉杆、箍筋、螺旋筋</td><td rowspan="2">40</td><td>主筋</td><td>40</td><td>主筋</td><td>≥16且≤40</td></tr>
<tr><td>箍筋、螺旋筋</td><td>25</td><td>钢筋箍、箍筋、螺旋筋</td><td>10</td></tr>
</table>

欧洲Eurocode规范中混凝土保护层依据结构等级和环境暴露等级的不同而有所差异,见表3。

欧洲Eurocode规范普通钢筋最小混凝土保护层　　表3

结构等级	环境暴露等级						
	X0	XC1	XC1	XC2/XC3	XC4	XD2/XS2	XD3/XS3
1	10	10	10	15	20	25	30
2	10	10	15	20	25	30	35
3	10	10	20	25	30	35	40
4	10	15	25	30	35	40	45
5	15	20	30	35	40	45	50
6	20	25	35	40	45	50	55

从以上规定可以看出,美国规范,欧洲规范及中国公路规范的混凝土保护层取值均考虑了构件类别及所处的环境条件,美国规范针同时考虑了结构的施工工艺和钢筋类型,规定的最为

细致，而铁路规范则基本上“一视同仁”，考虑的因素很少。

3 钢筋弯钩

我国《公路规范》中受拉钢筋端部弯钩见表 4。

我国《公路规范》受拉钢筋端部弯钩 表 4

弯曲部位	弯曲角度	形 状	钢 筋	弯曲直径(D)	平直段长度
末端弯钩	180°		R235	≥2.5d	≥3d
	135°		HRB335	≥4d	≥5d
			HRB400 KL400	≥5d	
	90°		HRB335	≥4d	≥10d
			HRB400 KL400	≥5d	
中间弯钩	≤90°		各种钢筋	≥20d	—

我国《铁路规范》中对于光钢筋端部半圆形弯钩内径要求不得小于 2.5 倍钢筋直径，直钩的半径不得小于 2.5 倍钢筋直径，平直段长度均不小于 3 倍钢筋直径，有关直钩的规定，也适用于带肋钢筋，如图 1 所示。

Q235 钢筋的最小弯曲半径应为 10 倍钢筋直径，HRB335 钢筋的最小弯曲半径应为 12 倍的钢筋直径。

美国 ACI 规范中的弯钩细节如图 2 所示。

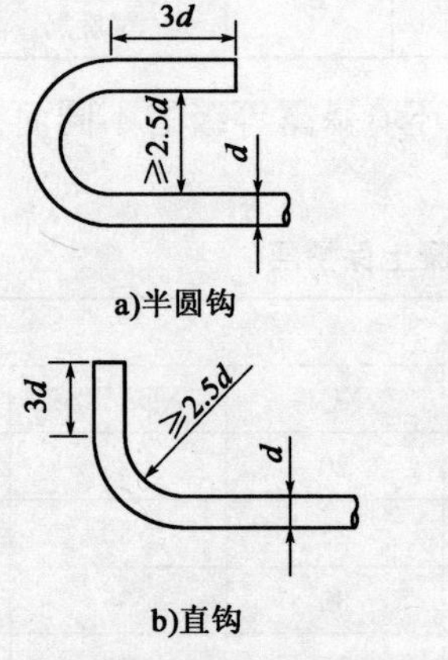

图 1 《铁路规范》钢筋标准弯钩图

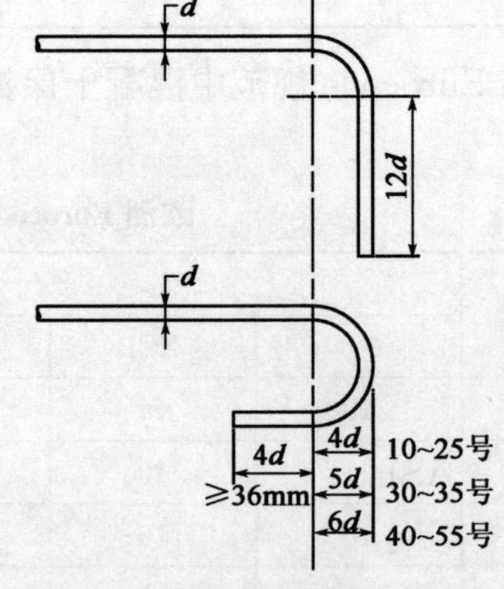

图 2 ACI 规范钢筋弯钩细节

钢筋的自由端弯曲 180°平直段长度为 $4d$ 与 65mm 的最大值，且不得小于 36mm。

钢筋的自由端弯曲 90°后平直段取 $12d$ 的长度。

对于抗震钩规范有特殊的规定，弯箍、箍筋或者拉筋上的弯钩至少应弯曲 135°（带有弯曲不小于 90°弯钩的圆形箍筋除外）。钩住纵向钢筋的抗震弯钩末端平直段长度应为 6 倍的直径

(但不小于 75mm),并且弯向弯箍或箍筋的内部。

最小弯曲半径依据钢筋型号的不同而有所不同,如图 2 所示。

欧洲 Eurocode 规定的最小弯钩直径和弯后平直段长度见表 5。

Eurocode 钢筋弯钩细节 表 5

钢 筋 直 径	最小弯钩直径	最小平直段长度
$\phi \leqslant 16$mm	4ϕ	5ϕ 且$\geqslant$50mm
$\Phi > 16$mm	7Φ	10Φ 且$\geqslant$70mm

相比较中国《铁路规范》和欧洲 Eurocode 规范,中国《公路规范》和美国 ACI 规范考虑的更为细致,从钢筋型号,钢筋种类,弯曲部位,弯曲角度等多方面对弯钩细节进行规定。

4 钢筋搭接

我国《公路规范》中要求受拉钢筋的搭接长度应符合表 6 的规定,受压钢筋的搭接长度应取受拉钢筋搭接长度的 0.7 倍。在任何情况下,受拉钢筋的搭接长度不应小于 300mm,受压钢筋搭接长度不应小于 200mm。

我国《公路规范》钢筋搭接长度 表 6

钢 筋	混凝土强度等级		
	C20	C25	>C25
R235	$35d$	$30d$	$25d$
HRB335	$45d$	$40d$	$35d$
HRB400,KL400	—	$50d$	$45d$

在任一绑扎接头中心搭接长度 l_s 的 1.3 倍长度区段内,同一根钢筋不得有两个接头;在该区段内有绑扎接头的受力钢筋截面面积占受力钢筋总截面的百分数,受拉区不超过 25%,受压区不超过 50%。当超过上述比例规定时,则需乘以以下系数:当受拉钢筋绑扎接头截面搭接率大于 25%而小于 50%时,乘以 1.4,当大于 50%时,乘以 1.6;当受压钢筋绑扎接头截面搭接率大于 50%时,乘以 1.4。

绑扎接头部分钢筋的横向净距不应小于钢筋直径且不小于 25mm。各主筋层和层之间的竖向净距,当钢筋为三层及以下时,不应小于 30mm,并不小于钢筋直径;当钢筋为三层以上时,不应小于 40mm,并不小于钢筋直径的 1.25 倍。

我国《铁路规范》中规定对直径大于 25mm 的光钢筋以及所有带肋钢筋的接头均不得采用搭接。直径较小的光钢筋可采用搭接,此时钢筋端部应完成半圆形弯钩,搭接长度对于受拉钢筋不得小于 $30d$,对受压钢筋不得小于 $20d$。

美国 AASHTO 规范规定受拉钢筋的搭接长度不得小于 300mm,根据受拉钢筋搭接等级(见表 7)的不同,搭接长度也有不同。

受拉钢筋搭接等级 表 7

$\frac{实际的 A_s}{需要的 A_s}$	按需要的 A_s 计算的搭接百分比		
	50	75	100
$\geqslant 2$	A	A	B
<2	B	C	C

A 级搭接……………………………1.0L_d；

B 级搭接……………………………1.3L_d；

C 级搭接……………………………1.7L_d。

式中：$L_d = 3.24\dfrac{A_w f_y}{S_w\sqrt{f_c'}}$；

A_w——单根搭接钢筋的面积；

f_y——钢筋的屈服强度；

S_w——搭接钢筋的间距；

f_c'——混凝土抗压强度标准值。

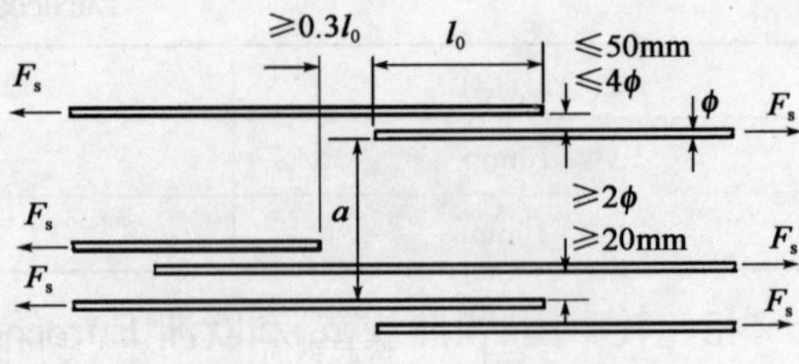

图 3 Eurocode 搭接布置

欧洲 Eurocode 规范中搭接钢筋的布置如图 3所示。

设计搭接长度 $l_0 = \alpha_1\alpha_2\alpha_3\alpha_5\alpha_6 l_{b,rqd} \geqslant l_{0,min}$

其中：

$\alpha_1,\alpha_2,\alpha_3,\alpha_5$ 分别为考虑钢筋形式、混凝土保护层、横向钢筋约束以及锚固长度方向上的横向压力调整系数，因为影响因素较多，此处不做深入介绍。

α_6 为钢筋搭接百分比的调整系数，当搭接百分比小于 25%时，$\alpha_6=1$，搭接百分比为 33%时，$\alpha_6=1.15$，接百分比为 50%时，$\alpha_6=1.4$，大于 50%，$\alpha_6=1.5$。

$l_{b,rqd}=(\Phi/4)(\sigma_{sd}/f_{bd})$，其中，$\Phi$为钢筋直径；$\sigma_{sd}$为钢束设计应力；$f_{bd}$为钢筋和混凝土的最终黏结应力；$f_{bd}=2.25\eta_1\eta_2 f_{ctd}$；$\eta_1$ 为与黏结条件相关的系数，当黏结条件较好则 $\eta_1=1.0$，否则为 0.7；η_2 为与钢筋直径相关的系数，当 $\phi\leqslant$32mm 时，$\eta_2=1.0$，当 $\phi>$32mm 时，$\eta_2=(132-\Phi)/100$。

$l_{0,min}>\max\{0.3\alpha_6 l_{b,rqd};15\varphi;200\text{mm}\}$。

从以上规定可以看出，欧洲 Eurocode 规范、中国《公路规范》和美国规范最为详细，欧洲 Eurocode 规范综合考虑了钢筋的形式，钢筋的直径，混凝土保护层，横向约束以及搭接百分比等因素，但从设计角度出发显得过于繁琐，不便于实际应用。美国规范和我国《公路规范》不仅考虑了必要的影响因素，且方便操作。中国《铁路规范》考虑的因素过于单一，可能会导致钢筋的不合理利用。

5 钢筋锚固长度

我国《公路规范》规定的最小锚固长度见表 8。

《公路规范》钢筋最小锚固长度 表 8

项目 \ 混凝土强度等级 \ 钢筋种类		HRB235				HRB335				HRB400，KL400			
		C20	C25	C30	≥C40	C20	C25	C30	≥C40	C20	C25	C30	≥C40
受压钢筋		40d	35d	30d	25d	35d	30d	25d	20d	40d	35d	30d	25d
受拉钢筋	直端	—	—	—	—	40d	35d	30d	25d	45d	40d	35d	30d
	弯钩端	35d	30d	25d	20d	30d	25d	25d	20d	35d	30d	25d	20d

我国《铁路规范》钢筋最小锚固长度规定见表 9。

《铁路规范》最小锚固长度　　表 9

钢筋种类	锚固条件		混凝土强度等级	
			C25	C30—C60
Q235 级	受压钢筋		25d 或(15d＋直钩)	
	受拉构件钢筋		30d＋半圆钩	25d＋半圆钩
	受弯及偏心受压构件中的受拉钢筋	锚于受压区	15d＋直钩	
		锚于受拉区	25d＋直钩	
	弯起钢筋	深入受压区长度不小于 20d	不设与纵筋平行的直段，端部采用直钩	
		深入受压区长度小于 20d	设与纵筋平行的长度为 10d 直端，并加弯钩	
		锚于受拉区	25d＋半圆钩	
HRB335 级	受压钢筋		25d 或(15d＋直钩)	
	受拉构件钢筋		30d＋半圆钩	25d＋半圆钩
	受弯及偏心受压构件中的受拉钢筋	锚于受压区	15d＋直钩	
		锚于受拉区	25d＋直钩	
	弯起钢筋	深入受压区长度不小于 20d	不设与纵筋平行的直段	
		深入受压区长度小于 20d	设与纵筋平行的长度为 20d 直端	
		锚于受拉区	25d＋半圆钩	

美国 AASHTO 规范中要求抗拉锚固长度不得小于基本抗拉锚固长度或 300mm，基本抗拉锚固长度的规定见表 10。

基本抗拉锚固长度　　表 10

钢筋类型	小于等于 35 号钢筋	45 号钢筋	55 号钢筋	变形钢筋
基本锚固长度	$\frac{0.02A_b f_y}{\sqrt{f_c'}} \geqslant 0.06 d_b f_y$	$\frac{25 f_y}{\sqrt{f_c'}}$	$\frac{34 f_y}{\sqrt{f_c'}}$	$\frac{0.36 d_b f_y}{\sqrt{f_c'}}$

式中：A_b——钢筋或钢丝面积，mm^2；

f_y——钢筋屈服强度，MPa；

f'_c——混凝土抗压强度；

d_b——钢筋直径。

基本抗拉锚固长度可乘以相应的提高和折减系数，提高和折减系数见表 11。

AASHTO 基本抗拉锚固长度　　表 11

提高系数	对顶部水平或接近水平的钢筋，在钢筋下面浇筑 300mm 以上的新混凝土	1.4
	对有 d_b 或小于 d_b 的保护层的钢筋，或有 $2d_b$ 或小于 $2d_b$ 的净距的钢筋	2
	对 f_{ct}(MPa)有规定的低密度集料混凝土(f_{ct}为低密度集料混凝土平均劈裂抗拉强度)	$\frac{0.58\sqrt{f'_c}}{f_{ct}} \geqslant 1.0$
	对未作规定的低密度混凝土	1.3
	对未作规定的砂低密度混凝土	1.2
	对于有环氧树脂涂层的钢筋，起保护层小于 $3d_b$，或钢筋间的净距小于 $6d_b$	1.5
	对于以上未包括的有环氧树脂涂层的钢筋	1.2

续上表

折减系数	对于在所考虑的长度上发回的，横向间距至少为 150mm，且间距方向的净保护层不小于 75mm 的钢筋	0.8
	在不要求按钢筋的全部屈服强度予以锚固，或受弯构件内超过分析所要求的钢筋的部分	$\frac{需要的 A_s}{实际的 A_s}$
	对于围在直径不小于 6mm，螺距不大于 100mm 的螺旋筋内的钢筋	0.75

抗压锚固长度不得小于基本抗压锚固长度或 200mm，基本抗压锚固长度：

$$l_{db}=\max(\frac{0.24d_b f_y}{\sqrt{f'_c}},0.044d_b f_y)。$$

基本抗压锚固长度也可乘以相应的修正系数：在不要求按钢筋全部屈服强度予以锚固的地方为$\frac{需要的 A_s}{实际的 A_s}$；对于围在直径不小于 6mm 和螺旋间距不大于 100mm 的螺旋筋内的钢筋为 0.75 。

欧洲 Eurocode 规范中规定的设计锚固长度为：

$$l_0=\alpha_1\alpha_2\alpha_3\alpha_4\alpha_5 l_{b,rqd}\geqslant l_{b,min}$$

式中：$\alpha_1,\alpha_2,\alpha_3,\alpha_5,l_{b,rqd}$ 意义同上；

α_4 ——考虑横向焊接钢筋的影响系数；

$l_{b,min}$ ——最小锚固长度，对受拉钢筋，$l_{b,min}>\max\{0.3l_{b,rqd};10\varphi;100mm\}$，对受压钢筋，$l_{b,min}>\max\{0.6l_{b,rqd};10\varphi;100mm\}$。

中国《公路规范》和《铁路规范》均以钢筋种类、受力类型和混凝土强度等级为原则对锚固长度进行取值，相比欧洲 Eurocode 规范和美国 AASHTO 规范，虽然考虑的因素较少，但是更加利于设计计算，欧洲 Eurocode 规范和美国 AASHTO 规范在锚固长度的方法上比较类似，均是提出一个基本锚固长度（或者最小锚固长度），然后通过考虑可能的影响因素再对其进行修正，较中国规范更为细致，但是过多的计算使得设计计算变得繁琐，这也是不可忽视的一点。

6　结语

通过上述的介绍和分析可知，美国和欧洲的桥梁规范在普通钢筋的细节设计上与我国有较大的差别，突出表现在其取值考虑的影响因素较多，体现了国外重视细节、重视构造的设计理念。相较国外规范，我国规范，尤其是我国现行的铁路规范对钢筋的细节设计考虑角度单一，这已不能满足我国快速发展的高速铁路桥梁建设。

但是我们也应该看到，欧美规范对钢筋细节的考虑全面带来的是设计的不便，我国应根据本国的实际情况，加强对钢筋细部的试验和研究工作。因此本文建议，规范应加强对钢筋细部的研究，确定更加合理有效的普通钢筋设计模式。

参 考 文 献

[1] JTG D62—2004　公路钢筋混凝土与预应力混凝土桥涵设计规范[S]. 北京：人民交通出版社，2004.

[2] TB10002.3—2005　铁路桥涵钢筋混凝土与预应力混凝土结构设计规范[S]. 北京：中国

铁道出版社,2005.

[3] AASHTO-LRFD bridge design specifications(Third Edition)[S]. W. DC:AASHTO. 2005.

[4] ACI 318M-05 Building Code Requirements For Structural Concrete and Commentary [S]. 2004.

[5] European Standard prEN 19912-1-1，Eurocode 2：Design of concrete structures-Part 1：General rules and rules for buildings [S].

39. 柱、索、梁组合体系斜拉桥设计中的创新技术

——安徽五河定淮大桥的设计实践

胡　可[1]　郑建中[1]　梅印华[2]　阮　欣[3]

(1. 安徽省交通投资集团有限责任公司；2. 安徽省交通规划设计研究院；

3. 同济大学桥梁工程系)

摘　要：柱、索、梁组合体系斜拉桥的空间结构特征是设计不可忽略的因素，在研究和解决由此引发的设计和计算问题过程中，安徽省涂明高速公路五河定淮大桥的设计融入了诸多创新性思维。立足系统最优观点，主桥优选为主跨246m单柱独塔混合梁斜拉桥。遵循形式简约原则，结构采用了无辅助墩锚固跨、定斜度单柱索塔、同截面回转拉索等创新形式。针对桥梁的空间结构特征，则落实以空间设计的方法。在塔、梁及其连接设计中，重点研究了结构的融合设计。在拉索体系设计中，系统研发出索塔新型斜置鞍座，解决了大索力差和大应力幅下鞍座的适应性问题，实现了索力传递方式和索塔受力机理的变革。作为整体工程的一部分，设计同步进行工程的主题设计和养护设计，并以数控动态彩色LED照明技术节约能源，强化主题，减少维护。对关键施工方案，设计了主跨单悬臂拼装方式和拉索桥面张拉方式，以保证建设期的通航安全和拉索张拉便捷。

关键词：柱、索、梁组合体系斜拉桥　混合梁　同截面回转拉索　斜置鞍座

1　引言

柱、索、梁组合体系斜拉桥结构形式简洁，受力状态明确且景观特征突出。近年来，国内外对该类结构的使用在逐步增多，如国内的昂船洲大桥、汀九大桥和法国的米约大桥。这些桥梁一经建成，即十分知名。而与之对应的是，柱、索、梁组合体系斜拉桥的空间结构特性也十分突出。其对结构，尤其是索塔安全及稳定的影响，至今尚未得到系统研究。

安徽省徐明高速公路五河定淮大桥主桥设计为一座单柱独塔混合梁斜拉桥，主跨246m，是跨越淮河的最大跨径桥梁(图1)。对这一典型的柱、索、梁组合体系斜拉桥的采用源自其在方案论证中所表现出的系统的技术经济优势。随着设计工作的深入，桥梁的空间结构特性逐步引发出一系列相互关联的设计和计算问题。而这些问题的独特性要求摆脱传统方式，以创新性思维方式系统地予以研究和解决。

图1　主桥立面

2　总体方案概念设计

2.1　系统最优的设计观点

五河定淮大桥桥位处河宽约1 100m，河槽约200m，居左偏南。河段航道等级Ⅲ(2)级，单孔双向通航净空尺度净宽不小于150m，净高不小于10m。桥位处地质冲积层自上而下分布为第四系全新统冲积层(Q_4^{al})、上更新统冲积层(Q_3^{al})、中更新统冲积层(Q_2^{al})，下伏基岩为混合花岗岩和片岩。可选持力层北低南高，构成不对称的基础设计条件。

主桥方案论证中，提出主跨246m单柱独塔混合梁斜拉桥和主跨180m预应力混凝土连续刚构桥两套方案。表面上两方案均能满足建设条件要求，但深层内两方案对建设条件的适应度则表现出极大差别：①斜拉桥246m主跨基本跨越主河槽，消除了180m主跨连续刚构桥的两处主墩深水基础问题；②斜拉桥125m混凝土边跨以较小的边主跨比实现了对钢箱主跨的平衡，371m全长小于连续刚构桥的380m。结构性能好，组合费用低。同时，边跨兼顾跨越南大堤，取代了单独设置的大跨跨堤桥梁；③斜拉桥独塔设置于南漫滩，与持力层北低南高的不对称地质条件相适应，基础安全、施工难度和工程规模均得以控制；④斜拉桥主梁等高3.2m，连续刚构桥跨中梁高5m，根部梁高11m。在保证桥下通航净宽150m、净高10m，控制相同工程规模的前提下，斜拉桥桥面纵坡1%，而连续刚构桥桥面纵坡3%。这对路线行车安全，尤其是北方冬季低温冰冻时的行车安全将产生明显不同的影响；⑤大跨径连续梁桥和连续刚构桥在强度、挠度等方面出现的病害一直在予以研究和控制，对方案比选开始产生较大影响。实施方案最终采用柱式独塔空间双索面混合梁斜拉桥，充分体现了“利用结构优势，实现系统最优”的设计观点。

2.2　形式简约的设计原则

设计始终追求结构在形式上的简约，由此也承担了结构在工作机理上的变革、设计方法上的研究和分析方法上的改进所带来的压力。简约而不简单的效果集中表现在三处主要结构特征上。

1)无辅助墩锚固跨

主桥为单柱独塔混合梁斜拉桥，塔梁固结形式，由索塔两侧的246m和125m两个桥跨组成，分别跨越淮河主通航区域和淮河南大堤。每跨16对拉索，支承着中跨钢箱梁段和边跨混凝土梁段，纵向中跨按14m，边跨按7m间距锚固于箱梁外侧腹板处。由于桥梁结构受力状态多变，斜拉桥边跨仅靠拉索维持自身平衡并实现对主跨的锚固往往难以做到，设辅助墩即成为必然的选择，混合梁斜拉桥边跨更无一例外。实施方案提出无辅助墩边跨并通过对主梁边主跨比、梁高、梁重、混合部位置、结构及状态的深入研究和多次调整保证了体系的成立，在同类桥梁设计中是第一次。主桥边跨在采用分离箱梁及镂空连接形式的基础上，进一步采用体外预应力。由此，边跨结构构造得以简化，梁段制造、浇筑的尺度和重量得以降低，且边跨对主跨的配重适应性更强。

2)定斜度单柱索塔

有别于一些在追求复杂索塔造型的设计，实施方案采用单柱索塔，并且由塔座至塔顶141m高塔体采用定斜度八侧面外形。索塔上形成连续的变尺寸和变倒角矩形截面。至上塔柱，截面已接近菱形。这一独特形式不仅在简约上达到了根本，同时也避免了单柱独塔形式单调的负面影响，而且更好地适应了设置新型斜置鞍座进行单向锚索的要求。

3)同截面回转拉索

大跨径斜拉桥箱形混凝土索塔多使用设于内齿块、钢锚箱或钢锚梁上的传统锚具进行锚索。为处理锚具间的巨大拉力，需要采用大量的钢材和预应力。但即使如此，锚索区应力往往还不能得到可靠和持久的控制，混凝土塔壁裂缝时有发生。实施方案研究并使用同截面回转拉索：拉索穿过桥面一侧锚具，绕过索塔后锚回到桥面同截面另一侧锚具。这一创新拉索体系有以下几个优点：①简化了索塔传统的结构形式，省去了其中繁杂的锚索构造；②索力以径向压力的形式传给索塔，不仅避免了在索塔内产生拉力，而且取代了原塔柱环向预应力，实现了结构在受力机理上的根本变革；③巧妙地避开了大应力幅、大索力差现象对鞍座使用的限制。④将由此实现拉索鞍座、锚拉板结构和拉索防护、夹持技术的突破。

2.3 结构的空间设计特点

实施方案为单柱独塔混合梁斜拉桥，塔梁固结形式。预应力混凝土边跨设计为无辅助墩锚固跨，结构力线简洁、明快，但同时加重了索塔对主边跨平衡的负载。单柱索塔居于结构中，自身原本就较弱的稳定性问题更加突出。处理不当，塔柱体量将过分臃肿，预期优势即不复存在。

分析实施方案的结构特点，单柱索塔居两分离箱形梁中间，拉索横向偏角大，空间效应强；混凝土梁固接于塔柱，为塔近处拉索提供稳固锚固。结构的组合效应和空间效应强大。单柱索塔的纵、横向稳定可通过索塔自身刚度、组合体系整体刚度和拉索空间保向效应的综合作用来保证。这一结构的空间设计概念成为本次结构计算和结构设计的支点。

2.4 造型主题的确定

安徽省沿淮河设有众多的防洪工程和行蓄洪区，多年来为保护淮河作出了巨大贡献，位于淮河两岸的蚌埠市更是如此，现在仍以“大禹故乡”著名。蚌埠市在安徽省拥有多项公路建设的第一，1989年即成为第一座跨淮河现代斜拉桥的诞生地，1999年又成为第一座跨淮河高速公路桥的所在地。因此，“保护淮河资源，建设现代交通”这一主题主导了整个决策过程和对桥梁美学特征的确定，由此形成了索塔景观造型应突出“纪念”寓意这一共识。

3 混合梁设计

3.1 主梁结构

主桥为单柱独塔空间双索面混合梁斜拉桥，塔梁固结形式，由246m和125m两个桥跨组成。每跨16对拉索，支承着中跨钢箱梁段和边跨混凝土梁段，纵向中跨按14m，边跨按7m间距锚固于箱梁外侧腹板处，通过斜置鞍座锚于索塔。桥下净高超过10m，净宽超过现有航道规定的150m标准。主桥按高速公路标准在每个方向设计有两个3.75m车道及一个3.5m

路肩[2]。

主梁横向由一对分离梯形截面箱梁组成。两个箱梁的连接采用镂空形式，主要在锚头部位设置整体横梁(图 2)。整体横梁穿过箱梁，将桥面上的交通荷载最终传递给锚于主梁与横梁交叉范围内的拉索。边跨箱梁和连接横梁为预应力混凝土结构，其中边跨箱梁采用体外预应力。分离箱梁及镂空连接的形式大大减少了梁段制造或浇筑的尺度和重量[3,4]。

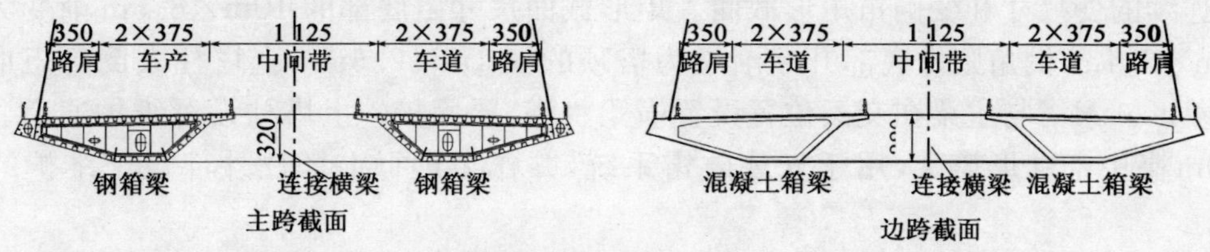

图 2　主梁锚点处截面(尺寸单位:cm)

钢混结合段是桥梁关键部位，该桥的结构特点又进一步提高了对构造细节和安全控制的要求。通过三维模型数值分析进行“混合梁钢混结合段结构形式与受力性能研究”是结构设计的基础。

3.2　主梁施工

在桥梁的设计阶段，保持淮河在五河段的船舶交通被视为重点考虑的条件。从结构特点、建设条件以及多途径运输主跨梁段等方面考虑，主桥上部结构施工设计为边跨分段浇筑与主跨悬臂拼装的组合[5]。

首先进行边跨 125m 及主跨 15m 部分混凝土主梁的施工。在以钢管群桩为基础的临时承台上安装临时钢架，在临时钢架上分段浇筑梁段，张拉相应预应力。主跨钢主梁拼装在完成钢混结合部施工后开始。主跨悬臂拼装过程中，安装并张拉相应拉索，对应张拉相应预应力，以同时支承悬臂跨和边跨，结构体系开始转变。施工顺序的关键步骤为边跨预应力的分布张拉和边跨临时支承钢架的分步拆除[6,7](图 3)。

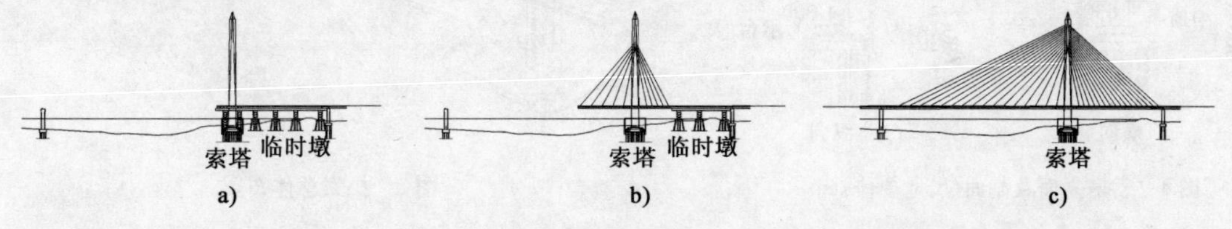

图 3　主跨拼装顺序

设计注重保持结构体系形成和悬臂拼装安排的重复性，以尽量简化施工过程。每节梁段拼装和拉索安装周期，施工遵循相同的基本步骤。设计提出的悬臂拼装方式之一基于利用分离钢箱梁结构特点，在桥面上完成全部施工过程的设想。前一根拉索安装并张拉完成后，典型悬臂拼装顺序的第一步即是横向两个钢箱梁段分别就位和悬拼。梁段内侧面设置有接头，用于钢横梁的连接。单个 95t 钢箱梁段的安装使用设置于已安装梁体上的起重机，将其送至悬臂梁端则使用专用的拖车。

一旦两个钢箱梁段安装完成，则立即用相同的拖车将 30t 预制钢横梁送至悬臂梁端并用上述起重机之一就位。钢横梁的重量转移至梁体后，即进行梁体定位测量，并准备下阶段拉索的安装和张拉[8,9]。

4 索塔设计

4.1 索塔

索塔(图4)基础为18根直径2.5m的钻孔桩。承台直径26m,加塔座总厚6m。索塔为单柱,侧面定斜度,整体采用变倒角方尖碑造型,以与工程的主题设计相呼应。141m高塔体采用连续的变尺寸和变倒角矩形截面。矩形截面尺寸由底部的10m×8.3m渐变为塔顶的7.4m×6.4m,倒角则由底部开始渐增为塔顶的3.1m×2.6m。上塔柱大倒角矩形截面已接近菱形。索塔与主梁在交叉位置设置横梁将塔、梁固接。上塔柱设置维护通道。塔顶设有10m高中空锥形塔尖,用于安装防雷系统,并作为进行上塔柱外部设施维护的出入平台[1]。

除考虑工程主题外,索塔上塔柱的近似菱形截面也极好地适应了设置新型斜置鞍座进行单向锚索的要求(图5)。采用斜置鞍座单向锚索时,拉索通过圆弧锚体后多靠近塔侧,菱形截面可使拉索尽早至出口点,有效减小混凝土防护范围和鞍座空间尺度。由上至下逐渐增加的矩形尺度和逐渐减小的倒角尺度极好地适应了鞍座对设置空间逐渐增大的要求,保证了鞍座外侧拥有足够的保护层。

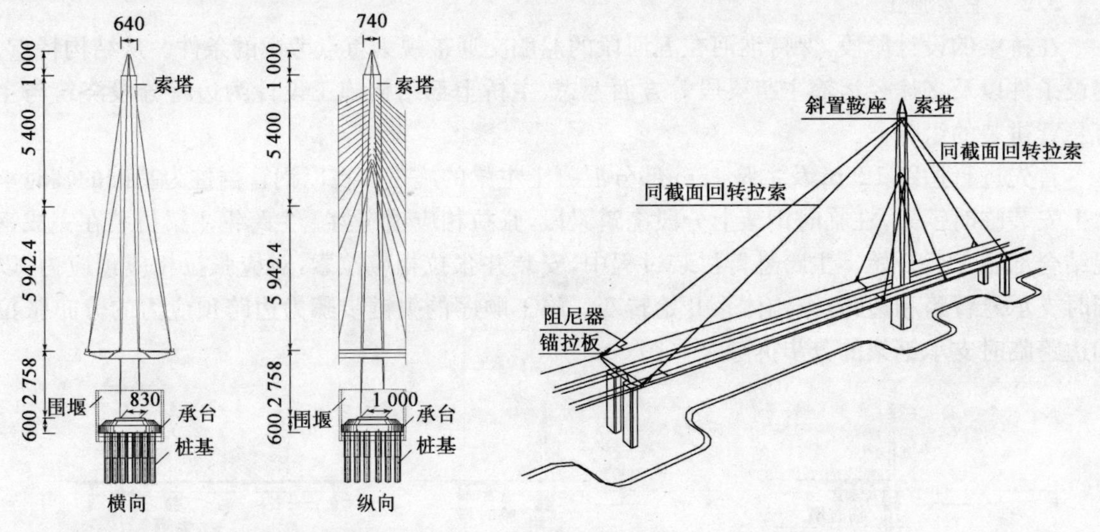

图4 索塔立面及截面(尺寸单位:cm)

图5 拉索总体布置

4.2 塔、梁固接

塔、梁固接以受力明确,构造简单为前提,突出融合设计效果。一是进行各种倒角的集成设计,塔体倒角延伸至箱形连接侧面,形成共用倒角;二是进行异向结构的分隔设计,塔、梁形成简洁箱形连接,箱外主梁翼缘与塔体设置分隔缝。

4.3 索塔斜置鞍座单向锚索系统

1)斜置鞍座

斜置鞍座是作者公司为突破大应力幅、大索力差斜拉桥对鞍座使用的限制,在桥梁设计阶段研发出的新型锚索结构。鞍座将索力直接以径向压力的形式传递给索塔,并最大程度地平衡了对面鞍座径向压力。这一更为有效的锚固方式直接避免了在索塔内产生拉力,合理地利用了混凝土抗压能力,使得索塔截面形式得以简化,索塔钢材用量得以减小(图6)。

由于鞍座保证了所有钢绞线平行并互不干扰,故对近年发展的拉索单股安装和张拉系统具有充分的兼容性。这有效消除了使用多股张拉千斤顶难度大对拉索规格的限制,同时也降低了对张拉空间的要求[11]。鞍座由锚体、导管、过渡管和延伸管组成,各部分可分别制造,施工时由附着于索塔上的塔吊吊装定位后通过法兰连接(图7)。鞍座的安装和定位相当简单,就像一根预应力筋管道。鞍座在锚体中部和各部分端部设置标记,用于测量定位。

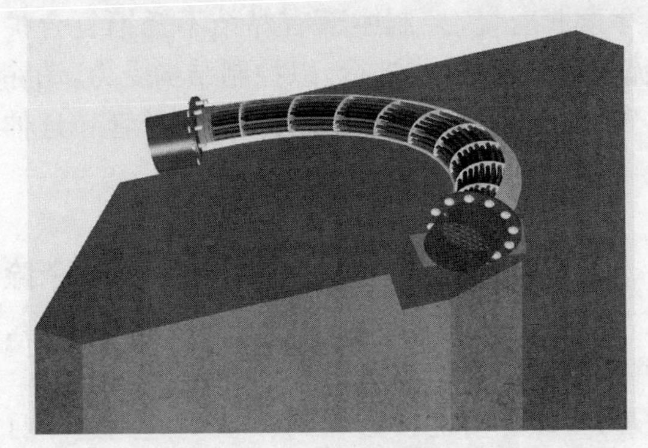

图6 斜置鞍座布设示意

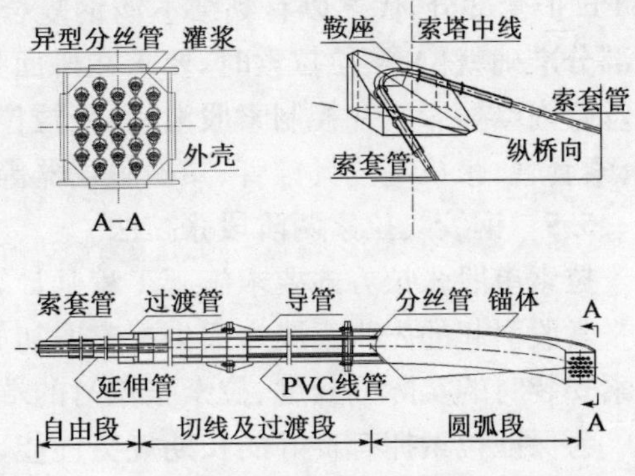

图7 斜置鞍座构造示意图

2)异型不锈钢分丝管

鞍座锚体内平行设置 δ1.5mm、外径32mm的异型不锈钢分丝管,用以穿过和夹持斜拉索的7丝钢绞线。异形截面分丝管对索股提供两个偏离径向的接触面,在摩擦系数相同时,异形截面分丝管对索股的摩擦力更大。分丝管之间的间隙以C50微膨胀细石混凝土灌填,以为拉索通过鞍座弯管时产生的径向压力提供传递路径。

4.4 主梁锚拉板锚索系统

索塔采用斜置鞍座,拉索连续,故拉索张拉在梁上进行,锚固则采用锚拉板形式。锚拉板以钢板传递索力于箱梁顶、底板和相邻横隔板,横隔板以局部应力分析确定加厚或加劲。锚拉板与梁体的连接采用两种形式,钢箱梁上的锚拉板焊接于梁顶面,混凝土箱梁上的锚拉板则埋入混凝土内。

5 同截面回转拉索设计

5.1 拉索

拉索由镀锌15.2mm直径钢绞线(索股)组成,每根拉索22到43股不等。由于采用不对称结构,中跨一侧索力低于边跨,中、边跨对应编号的拉索股数不同[10]。拉索布置为穿过桥面一侧锚具,绕过索塔后锚回到桥面同截面另一侧锚具,形成一对同编号拉索,即同截面回转拉索(图5)。在这一创新体系中,所有钢绞线在新型斜置鞍座独立钢分丝管中被有效夹持,鞍座弯曲半径保证各钢绞线弯曲半径不小于2m。

5.2 有黏接拉索钢绞线

拉索采用的无黏接钢绞线成品表面镀锌,涂油脂,外包PE护套[11]。但鞍座锚固段内钢绞线需剥除PE护套,该段一般根据锚固方式灌注防腐胶或灌注环氧砂浆。设计打破常规,研发一种有黏结不锈钢复合护套对该段钢绞线进行防护。复合护套由15mm宽的 δ0.3mm不锈钢带缠绕而成,层内以高黏防腐材料黏结。由此形成强化和简化的独立防护系统。

5.3 拉索的基准圆筒定位法

拉索和斜置鞍座定位也是一个新的设计问题。这一问题最终以研究提出“拉索的基准圆筒定位法”得以解决。在这个方法中，拉索绕过一个与索塔同轴的虚拟圆筒，垂度面与基准圆筒相切，形成一条位置固定的竖直切线，构成定位计算的基准。

5.4 拉索钢绞线安装

实施方案拉索安装有其特殊性。安装拉索前，首先需剥除与鞍座锚固段对应的索股无黏结 PE 护套部分，代之以有黏结不锈钢复合护套；穿索股时，应控制中部有黏结不锈钢复合护套部分准确就位；张拉拉索时，要求在桥面张拉端锚具处同时对称进行，以控制结构受力，消除分丝管内摩擦影响并控制索股滑动；张拉拉索后，安装拉索定位器和过渡块、鞍座导管和延伸管、索套管、张拉端锚具锥管、减振阻尼器等。

5.5 钢绞线拉索两阶段张拉法

拉索单股张拉方式要求施工工程师计算出一个大于最终目标索力的初始索股力，以消除后张索股引起的先张索股力损失。索股初始张拉力是若干参数的函数，包括拉索的目标索力、拉索安装时的实际测长度、拉索张拉时的端部位移和拉索的公称重量。

为保证拉索拥有良好的长期疲劳性能，各索股力必须尽可能接近相同[12]。为达到这一目标，单股钢绞线张拉系要依靠设置于拉索端部的两个电子压力传感器。一个传感器设置于第一股张拉后的钢绞线，该股钢绞线被设计为“主控股”。第二个传感器则是单股张拉千斤顶的组成部分。每一次张拉一股新的钢绞线时，索股力应至千斤顶传感器读数与主控股传感器读数相匹配时为止。为达到最大匹配精度，对千斤顶最后加力的控制由计算机进行。

实际操作中，每根拉索张拉分两阶段。阶段一包括索股的安装和张拉，并张拉索力至最终目标索力的约 80%。此时，结构的反应得以测定，实现最终索力的主控初始索股力得以确定。

拉索张拉应在数小时之内完成，以尽量减少荷载和温度变化对结构影响的可能性。

5.6 拉索力精度要求

拉索张拉应达到以下控制精度：整索终值张力偏差不大于理论值的±2%，其中各绞线间张力偏差不大于该级张力主控值的±1%。已安装拉索和成桥拉索索力应达到以下控制精度：整索张力偏差不大于理论值的±3%，其中各绞线终值张力偏差不大于理论值的±5%；横桥向同编号拉索张力偏差不大于理论值的±1%，且张力偏差应为同方向（正负值相同）[5]。

6 养护设计

传统的养护设置，如塔顶工作平台、塔内检修通道、梁上检修通道、梁内抽湿设施、梁底检查桁车等在实施方案中均得到统一设计。实施方案还采用了结合结构特点养护设计。

6.1 索塔和主梁养护桥面平台设计

本桥索塔居桥面中，进出索塔和主梁梁下检查车时，停驻点位于左侧快车道，与塔柱位于桥面两侧，停驻于右侧硬路肩相比，对检修工作和交通安全形成较大干扰。

实施方案对索塔近处分离双箱梁间 8m 宽镂空连接部分进行利用。具体为将该部分横向联通，左侧护栏开放，检修人员和设施左行进入停驻，通过平台进出索塔和梁下检查车。由此变不利为有利，彻底消除了安全隐患。对由此引发的连通段长度设计、交通指示设计、索塔上人孔位置调整以及连通结构形式均进行系统设计或研发。

6.2 拉索养护便捷化结构设计

拉索在钢箱梁和混凝土箱梁上的锚固采用锚拉板形式，结构位于桥面以上，不仅考虑到简化主梁结构，而且兼顾了拉索及锚具检查、维护和更换的便捷化。这些养护作业由此由梁内和梁底转移到桥面。拉索鞍座锚固段内剥除 PE 护套的钢绞线以有黏结不锈钢复合护套保护，由此形成独立的防护。钢绞线在鞍座分丝管内无需额外防护，对拉索单股更换更具适应性。这也有效消除了使用多股张拉千斤顶难度大对拉索规格的限制，同时也降低了对张拉空间的要求。

6.3 数控 LED 照明设计

也许在晚上才可以看到大桥最壮观和多姿多彩的一面。设计在桥面和塔顶设置多个 LED 照明装置，这些装置由计算机控制，按设定的照明方案工作。每个照明装置包含红、绿、蓝发光半导体各一组。通过调整发光的组合和强度，每个 LED 照明装置可发出多种色彩。一年中，这些装置通过静态或动态的照明效果，表现各种节日、季节和特殊事件。整个系统与一个时钟相连，每晚从黄昏到黎明，准确地运行。为用于户外，照明装置具有完全防水性能，预计将持续运行大约 20 年才需更换。

7 结语

安徽省徐明高速公路五河定淮大桥体现了诸多独特的创新思维。

(1)系统最优的观点应用于论证方案对建设条件的适应度，单柱独塔混合梁斜拉桥的结构优势得以体现，论证结论与设计预期完全不同。

(2)结构的简约风格表现在无辅助墩体外预应力锚固跨、定斜度单柱索塔、同截面回转拉索的设计。由此也增加了结构的设计难度，但这些已被证明是值得的。

(3)柱、索、梁组合体系斜拉桥的空间结构特征促进了结构空间设计概念的生成。看似柔弱的结构通过彼此之间的空间联合作用，其强度及稳定性均可得到保证。

(4)定斜度单柱索塔的设计源自满足简约设计和主题设计的要求，定形于与分离双箱混合梁、同截面回转拉索及单向锚索斜置鞍座之间的相互适应。塔、梁固结采用倒角集成和异向结构分隔的方式，固结点结构简单、受力明确，体现出融合设计的效果。

(5)分离双箱混合梁的设计源自满足采用单柱索塔形式，提高主跨锚固效率，控制主桥工程规模的要求。无辅助墩体外预应力边跨对主跨的配重适应性更强，同时兼顾了跨堤桥梁的功能。但结构的明显不对称也带来拉索大索力差问题。

(6)同截面回转拉索体系将钢绞线、索塔新型斜置鞍座、主梁锚拉板、钢绞线拉索锚具整合为一体，其中钢绞线的采用具有决定性。索力传递方式和索塔受力机理得以变革。同时，结构的简约风格也得以进一步体现。

(7)主题设计结合建设环境，养护设计结合结构特点，成为控制结构设计的重要条件。

(8)数控动态彩色 LED 照明技术，强化了主题设计，节能优势明显，且所需维护极少。

参 考 文 献

[1] 中华人民共和国行业标准. JTG/T D65-01—2007 公路斜拉桥设计细则[S]. 北京：人民交通出版社，2007.

[2] 中华人民共和国行业标准. JTG D60—2004 公路桥涵设计通用规范[S]. 北京：人民交通出版社，2004.

[3] 中华人民共和国行业标准. JTG D62—2004 公路钢筋混凝土及预应力混凝土桥涵设计规范[S]. 北京：人民交通出版社，2004.

[4] 中华人民共和国行业标准. JTJ 025—86　公路桥涵钢结构及木结构设计规范[S]. 北京：人民交通出版社，1986.
[5] 中华人民共和国行业标准. JTJ 041—2000　公路桥涵施工技术规范[S]. 北京：人民交通出版社，2000.
[6] 李传习，夏桂云. 大跨度桥梁结构计算理论[M]. 北京：人民交通出版社，2002.
[7] 邵旭东，程翔云，李立峰. 桥梁设计与计算[M]. 北京：人民交通出版社，2007.
[8] 向中富. 桥梁施工控制技术[M]. 北京：人民交通出版社，2001.
[9] 李富文，伏魁先，刘学信. 钢桥[M]. 北京：人民铁道出版社，1996.
[10] 王伯惠. 斜拉桥结构发展和中国经验[M]. 北京：人民交通出版社，2003.
[11] 项海帆. 高等桥梁结构理论[M]. 北京：人民交通出版社，2001.
[12] 中华人民共和国行业标准. JT/T 771—2009　无黏接钢绞线斜拉索技术条件[S]. 北京：人民交通出版社，2009.

40. 马来西亚槟城第二跨海大桥设计创新与设计模式思考

黄　康

（中交公路规划设计院有限公司）

摘　要：槟城二桥为中交集团首次在国外较为发达地区，按设计—建造总承包模式承建的大型外海土建项目，工程总投资额逾 90 亿元人民币。结合项目特点，将设计过程中的创新之处进行梳理和总结；并对整体设计工作流程，进行了回顾和反思。本项目设计环节所取得的成果和积累的经验，值得后续同类项目予以借鉴和应用。

关键词：跨海大桥　设计创新　设计思考　风险对策

1　项目背景

槟城是马来西亚第二大城市，是全国最大的天然海港，同时也是全国旅游业中心。原有的槟城一桥，为连接外部的陆路通道。因交通量快速增加和中国政府优惠贷款的注入，使新建第二跨海大桥项目在 2007 年取得实质进展。

槟城二桥全长约 24km，陆上引桥约 7km，跨海桥 16.5km；其不仅是中马两国最大的合作项目，且建成后将成为东南亚最长的跨海桥梁；同时也是中交集团首次在较为发达地区，按设计—建造总承包（简称 DB）模式承建的特大型项目。本项目地理位置见图 1。

本项目工程可行性研究始于 2000 年，结合建设条件对多条设计线位及不同桥型方案进行了对比研究；2003 年底～2004 年完成了本项目的概念设计；2007 年中～2009 年初，在总承包商中国港湾工程有限责任公司牵头下，完成主体结构的详细设计；2009～2010 年底，完成设计报批工作；总体设计跨度近 10 年。

自 2009 年初动工至今，已完成总工程量的 53%；主桥开始主墩承台施工，引桥已完成 97%的沉桩作业和 71%的墩身和承台施工，并已开始架设上部箱梁。

2　设计概述

2.1　建设条件

槟岛和马来大陆之间被槟城海峡隔开，最近点相距 3.0km，最远相距约 15.0km。沿海岸为平原地形。红树林湿地是大陆海岸的特征。最深海床位于北航道(槟岛北部)中部,深度约23.0m。海峡水道由北至南水域变宽,海床升高。近岛侧水深超过8.0m范围约2.5km,最大海床深度不超过8.5m;近大陆侧水深超过4.0m范围约2km,最大海床深度不超过8.0m;其余部分水深较浅,海床平均深度小于1.0m。

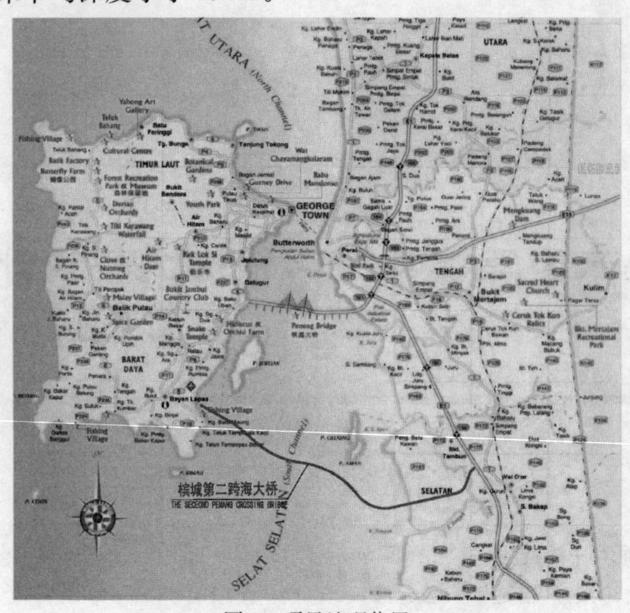

图1　项目地理位置

桥位处地层相对单一,由第四纪地层和花岗岩地层组成,基岩埋深较深。20m深度范围内多为淤泥质层,为典型的海相沉积。该淤泥质层以下为中密实粗砂层和坚硬的砂性黏土层。基岩为坚硬的花岗岩。标贯值随着孔深增加,呈现明显增长,在0～30m深度范围内SPT值偏小,大部分水域钻孔在深度52～55m的SPT值大于30。桥址处总体上位于地震相对稳定区。

槟城海峡内波浪影响较小。海峡周边的海岸线处于平衡稳定状态,大多数的海岸线已经被围垦。

2.2　专题研究

在勘察设计阶段,共完成测量、地勘、地震动参数、海底管线探测、桩基试验、船舶撞击力、水文分析计算研究、结构抗震分析及结构耐久性研究等9个专题报告。

2.3　主桥设计

主桥为主跨240m的固结体系双塔三跨预应力混凝土斜拉桥;桥跨布置为117.5m+240m+117.5m,总长475m,边中跨比为0.489。主桥建成后效果图见图2。

主梁采用π形梁,两侧肋板标准板宽2.6m,梁高2.8m,桥面梁宽35.0m;桥面顶板厚度为28.0cm,横隔板厚35.0cm,标准间距为6.0m一道,采用纵、横双向预应力体系,主要采用型号为15—25和15—27的预应力钢绞线。主梁采用前支点挂篮悬臂浇筑施工。

主塔采用H形门形塔,塔高100.6m,塔柱根部截面尺寸为6.0m×5.0m。

基础均为整体式矩形承台,单个主墩承台平面尺寸为48.1m×17.5m,承台厚6.0m;基础采用21根直径2.3～2.0m变截面钻孔桩;桩底中心间距为6.9m,桩长为118～129m。单个过渡墩承台平面尺寸为42.7m×10.6m,承台厚4.0m;基础采用12根直径2.3～2.0m变截面钻孔桩。桩底中心间距为6.9m。

2.4 引桥设计

引桥全长约16.0km，约占总投资额的72%。

引桥上部结构采用标准跨径55m的单箱分幅预制箱梁，标准联长为6跨一联。箱梁标准节段为4.0m，预制梁梁宽14.08m，梁高3.2m，翼缘宽3.14m，箱梁为单向全体外预应力体系；主梁采用架桥机吊装悬拼施工。

墩身采用现浇矩形墩，打入桩承台为圆形承台，钻孔桩承台为矩形承台；桩基础按水深及地质条件的差异，分别选择直径1.6m钢管桩基础，直径1.0m预应力混凝土管桩基础和直径1.5m的钻孔桩基础。全桥共有现浇墩台576座，打入桩5 536根(368根钢管桩，5 168根管桩)，钻孔桩88根。为力求降低工程造价，引桥基础形式达9种。引桥段已竣工段见图3。

图2 主桥建成后效果图

图3 引桥段已竣工图

3 设计创新

相比国内已建成东海大桥、杭州湾大桥、金塘大桥以及胶州湾跨海大桥等多座外海长大桥梁，本项目具有以下设计特点。

3.1 规范体系

依据招标合同内业主要求的规定，本项目严格执行英国公路桥梁设计标准体系(BS、BD等)，路线设计采用马来西亚公路管理局局颁标准(JKR)，对于节段预制拼装箱梁及地震力和船撞力等采用欧洲规范体系(EN)或美国国家公路与运输协会标准(AASHTO)。

各规范或标准体系的遵循次序原则为，英国设计标准体系，欧洲标准或美国公路协会标准；对上述规范或标准均未涵盖的设计内容，可与业主协商后，适度采用国际行业内通行的标准规范体系。所以本项目设计主要依据英国桥梁设计规范BS5400、设计荷载规范BD37/01、基础设计规范BS8004等；对于控制性罕遇荷载，如船舶撞击力、地震力等依据美国公路协会标准和相关补遗标准。

3.2 上部结构

1)鞍座式拉索锚固

主桥因跨径不大，且采用了固结支撑体系，为选用矮塔斜拉桥常用的索鞍式锚固方式提供了条件，且取得了良好的景观效果。鞍座式锚固构造见图4。

拉索体系包含索体、主塔索鞍和锚固系统。目前采用的分丝管式索鞍，比传统双重管(预埋管和内套管)索鞍有较大优势。双重管索鞍的外套管埋设于塔内，内套管置于外套管内，两端设锚固块，钢绞线拉索从内套管中穿过，对称锚固于两侧主梁上。其组成拉索的各根钢绞线相互叠压在一起，各根钢绞线受力不均，混凝土劈裂应力较大；各根钢绞线之间在受力状态下相互摩擦产生应力腐蚀，可能会导致钢绞线过早疲劳失效。分丝管式索鞍解决了上述不足，其具有如下特点：钢绞线能各自独立穿过各分丝管并锚固于两侧箱梁上；各钢绞线在索鞍内部保持平行，钢绞线受力均匀；混凝土劈裂应力较小；依靠钢绞线与索鞍各分丝管的摩擦来抵抗施工期间索鞍两侧的不平衡力；依靠索鞍两端的抗滑锚抵抗桥梁运营期间主塔两侧的不平衡力。后期预制吊装方式见图5。

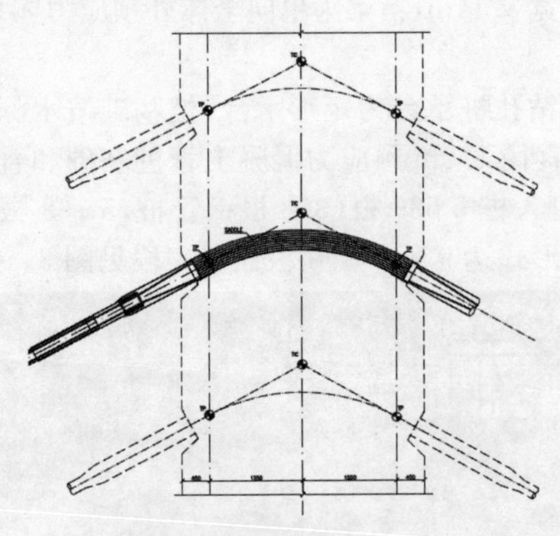

图4　鞍座式锚固构造图

图5　后期预制吊装效果图

2)引桥预制箱梁

引桥上部结构设计后期由当地公司完成。为尽可能的缩减混凝土箱梁断面尺寸(预制箱梁顶板厚为20.0cm，底板厚度为18.0cm)，预制场内预制箱梁成品见图6。引桥预制箱梁采用了全体外预应力束布置方式，这种设计方式可控制节段吊装总量并节省工程造价，但对施工工艺提出了甚高要求。

主梁施工工艺采用节段预制整孔拼装方式(Span by Span)，预制节段海上运输，墩顶节段利用浮吊吊装，并与墩身临时固接，其余所有节段利用架桥机，多吊点分别起吊，一次性整孔拼装。其优点是可多点作业、且无须大型起吊、运输设备。此种工艺在国内施工实践较少，相关设计施工经验值得借鉴。本项目箱梁现场架设见图7。

图6　预制场内预制箱梁

图7　现场架设实景

3.3　下部结构

本桥为跨越海湾长大桥梁，显著特点是墩台数量庞大，加之地质、水文条件差异和施工方法不同使控制工况繁杂，导致下部设计成为重点和难点，也是控制工程造价关键因素。为既满足业主功能要求，又能合理缩小投资，设计单位与分属承包商结合项目自身特点，因地制宜地采取了如下措施。

1)高阻尼橡胶支座

引桥支座采用了高阻尼橡胶支座(High Damping Rubber Bearing，HDRB)。引桥结构体系为多跨一联连续梁桥，按常规设计固定墩基础受力不利，又因约 80％的墩台采用了偏于脆性破坏的预应力混凝土管桩基础。为既能满足业主所要求的两阶段抗震设防目标，又能将工程造价控制在报价范围内，经多轮技术经济比选后，采用了马来西亚橡胶协会推荐的高阻尼橡胶支座，具体构造见图 8。

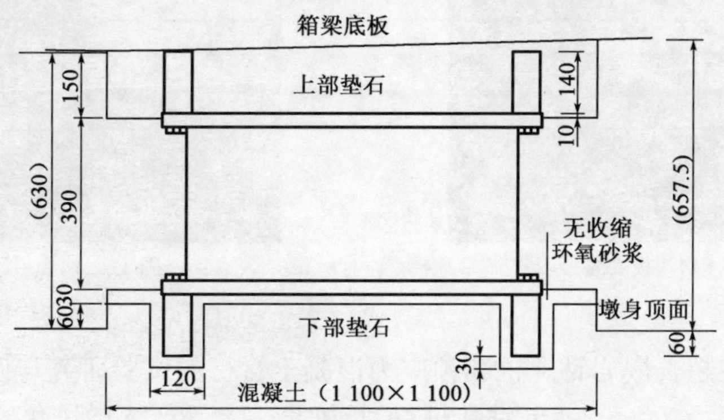

图 8　高阻尼支座构造

高阻尼橡胶支座的构造特点是，在天然橡胶和合成橡胶的橡胶聚合物中，加入配合剂，制成高阻尼橡胶支座，使其具备天然橡胶支座的水平和竖向性能外，还具有较强的阻尼性能，可以不在隔震层安装其他阻尼器。这种支座在日本有应用，在中国由于具有优良阻尼性能的橡胶没有取得较大进展，目前高阻尼橡胶支座应用较少。但马来当地盛产橡胶，且相关科研研究较为齐备，具备推广此支座条件，安装就位后的高阻尼支座见图 9。

高阻尼橡胶支座与国内桥梁常用的铅芯减隔震支座、双曲球面减隔震支座相比，具有费用低、对环境污染小、耐久性有一定保障、且滞回曲线较丰满、减震效果好和对已有构造设计适宜性强的特点。高阻尼橡胶支座的引用，解决了桥梁满足罕遇地震下的设防目标的难题。

2）承台预制挂板

引桥承台设计采用了 6 片高度为 3.8m 和 4.4m 的圆弧形预制挂板，作为承台外体结构，每片挂板弧长为 4.7m 或 5.2m；壁厚沿高度方向分 25cm 和 20cm 两截。施工工艺是分两次浇筑承台混凝土，即先利用钢模板浇筑首层 80cm 的混凝土，再将挂板依次安装在首层混凝土后，辅以固定、封水措施后，再利用挂板作为施工模板，浇筑剩余承台混凝土。预制挂板吊装实体计算模型见图 10。

图 9　高阻尼支座安装

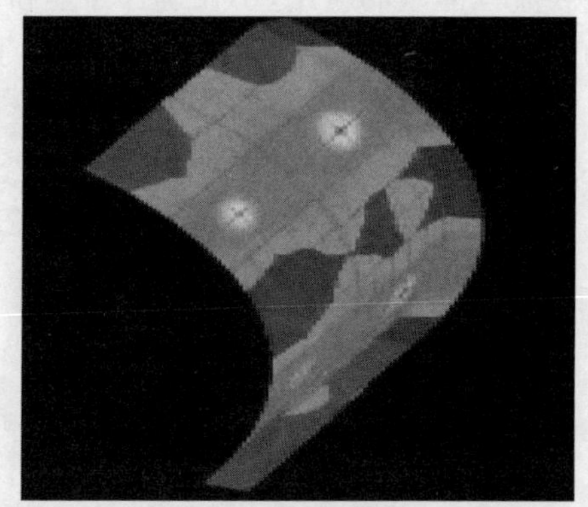

图 10　挂板吊装模型

此种设计方式会增加一定施工工序，但对施工耗材而言，可省却大部分模板构件和承台封底混凝土，同时也满足业主的功能性要求。预制挂板安装及建成后实景见图 11 和图 12。

图 11　预制挂板安装

图 12　建成后墩位实景

3)基础工程

设计难点集中在超长嵌岩钻孔桩和预应力混凝土管桩的试验研究与设计应用。

主桥基础采用直径 2.3～2.0m 钻孔桩，最长桩长 128.0m，入微风化岩最大深度 8.0m；施工采用扭矩可达 210kN・m 的 ZJD300 型和 KP3500 型钻机。为达到业主对基础工程严格的质量要求，汇同分属承包商制定了一套完备的钻孔桩设计及验收流程体系。此体系涵盖试验、设计、施工、检测、验收各环节。桩基试验采用自平衡法和动静法双项互查，设计方法采用不同规范和标准体系互核，施工方案结合当地工艺及时调整，检测修补依据缺陷桩处理流程和嵌岩接触面判别标准落实，正式验收根据动静法测试结果闭合。此套设计及验收流程体系的应用不仅保证了工程桩顺利通过验收，而且为超长嵌岩桩在海外工程应用起到了推广作用。

引桥基础显著特点是应当地业主要求，全面采用直径 1.0m 的高强预应力混凝土管桩，最长桩长 68.0m，施工采用 BSP CGL 370 型液压锤。管桩在国内外海桥梁上有过尝试，但应用实例较少。为实现业主的功能性要求，汇同分属承包商制定了一套完备的管桩制作、设计及验收流程体系。生产环节按本项目专用制作技术标准，严控质量品质；试验环节引入动力程序分析(GRLWEAP，见图 13)和静载、动载和动静法等多种测试方法，细化试验成果；设计环节，引入专业土力三维程序分析(Plaxis，见图 14)，确保单桩个体差异受力、群桩差异沉降计算满足技术要求；施工环节首次采用了锤重 25t 的液压锤；验收环节根据动静法结果闭合。此套设计及验收流程体系的应用，不仅确保了全桥管桩破损率小于 0.8%，断桩率小于 0.4%的目标；而且为此类桩型在同类工程中的应用进行了尝试。建成后引桥打入桩区段墩位实景见图 15。

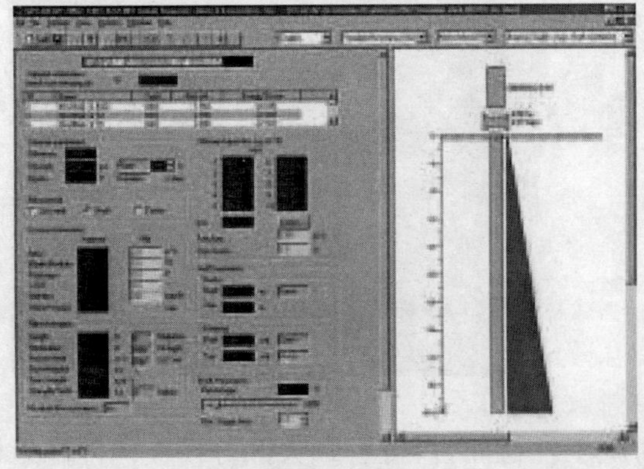

图 13　施工前动力沉桩分析

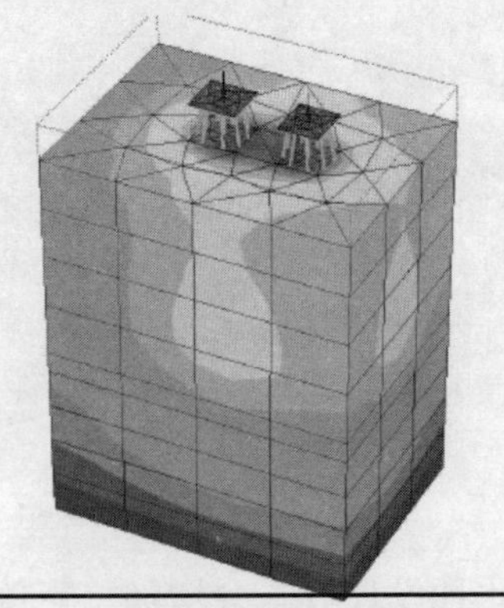

图 14　设计中差异沉降分析

为降低工程桩检测、验收难度，采用了源于欧洲的动静法(Statnamic test，测试原理及试验过程见图16～图18)测试方法。传统静载试验与动静法试验的对比关系通过非工程桩试桩确定，而仅在工程桩上进行了动静法测试，全桥共节约测试费用千余万元。

图15　建成后墩位实景

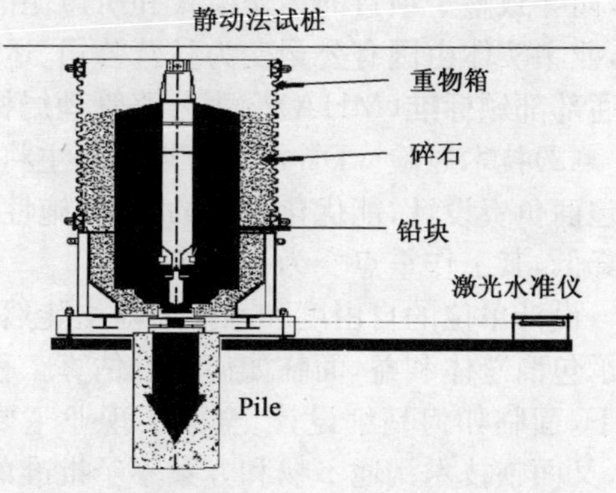

图16　动静法构造原理

图17　现场安装

图18　试验实景

4　设计思考

4.1　流程与责任

设计流程与国内存有差异，其分可行性研究(Feasibility Study)、概念设计(Concept Design)和详细设计(Detail Design)三个阶段。概念设计、详细设计的深度均略低于国内初步设计和施工图设计。施工图(Shop Drawing)由承包商根据批复的详细设计图纸细化完成。

在设计环节，承包商为规避设计风险，聘请当地有设计资质的咨询企业，作为设计文件递交方(Professional Submission Engineer，PE)，完成详细设计图纸审查并正式提交业主；业主为审查设计成果是否全面满足业主要求，会额外聘请一家咨询企业，作为独立审核方(Independence Checking Engineer，ICE)，对详细设计图纸审查、批准后，才成为施工用图(Construction Drawing)。上述两轮图纸的审查过程，可统称为设计报批环节。

设计责任不同与常规项目，业主只向承包商提供"业主要求"(Employer Requirement，ER)，由承包商完成所有的勘察设计工作；且对其负全责，承担全部设计风险。即使在设计变更环节，因设计工作已被转移，承包商也应对设计工作质量负责，保证其准确性、完整性；所以在施工中，业主如发现有疏漏，相关修正及费用均由承包商承担。

4.2 风险评估

结合项目特点，设计风险源于两个方面：

(1)非技术风险。海外项目多受政治、经济气候干扰，业主实体和融资渠道也会更迭或变化，而导致整个项目的运作模式和所遵循的技术标准体系发生变更。如本项目因当地政府换届，业主实体由国有公司变为私营公司、运作模式由EPC变为DB模式、技术标准体系由当地交通部部颁标准(MHA)变为公路管理局标准(JKR)。

(2)技术风险。DB模式特点是业主将设计工作及相应的责任、风险，都交由承包商承担。承包商负责设计，能优化设计的“可实施性”、减少设计变更。业主的设计风险和管理难度也大为降低，其工作重点变为设计审查。

设计单位的自由度和承担风险均陡然而升，如投标环节，在缺少基础资料的前提下，为实现承包商总体利益，面临如何精准估算工程造价的风险；详细设计阶段，在总投资额一定的前提下，面临如何精细设计、全面实现业主要求的风险；后续设计报批阶段，在工期紧缩的背景下，又面临技术沟通不畅和方案不予批准的风险。这些风险在投标环节显得尤为突出，依据有限的基础资料，要保证设计方案和工程量与工程实施时基本一致，无疑是不小的挑战。

4.3 风险对策

对于非技术风险，设计单位在项目初期就需预估风险因素，并适时调配设计力量投入，合理控制前期成本；对于技术风险，须重视投标环节的风险因素规避，强调详细设计环节中技术方案与业主要求的吻合度和提高设计报批环节的沟通、协调效率。

建立完备的风险评估和屏蔽体制是不可或缺的，并依据不同的设计环节所可能遇及的风险，采取相应有效的对策。

在工可及概念设计阶段(涵盖投标阶段)，重点是尽可能地收集相关基础资料，其包括建设条件资料，如地质、水文等，也包括桥址处，同类已建工程的相关信息；同时要对决定设计构造尺寸的控制边界，逐一排查并合理预估，如本项目涉及的地勘、地震、船撞、海啸、砂土液化和施工阶段、车道控制荷载等；如对上述控制工况稍有疏漏，对后期详细设计往往造成重大缺陷；最后对业主要求中提及的功能性指标，都需逐条落实，明显不合理或确难实现之处，要及时在合同文件中书面反映。

在详细设计阶段(涵盖设计报批阶段)，国外咨询企业不仅专业划分细，且易秉承其通行的设计习惯；加之国内设计单位存在语言交流不畅，对当地规范标准不熟悉等劣势，会导致设计报批工作难以为继。所以适当聘请国际知名专家参与设计报批任务，对与PE公司或ICE公司建立高效的技术沟通机制，是大有裨益的。另对重大技术问题，在强调理论说服的基础上，也要重视通过现场试验和工程实践等方式，以增强说服力，取得事半功倍的效果。

保持设计的独立性，可取得无形功效。海外商业项目多以EPC、DB项目形式完成，因设计与施工同属一个集体，设计成果中已蕴含对建造工艺的全面考量。但对大型土建工程，设计工作的独立性和连续性不可忽视，特别是在投标和详细设计阶段，维护设计单位对重大技术问题的指导性意见，对后期顺利完成设计报批和工程验收大有裨益。

5 结语

本项目参建单位汇集了中交集团10余家企业，涵盖从项目管理到勘察、试验、设计、施工、检测和监理各环节。此项目修建为集团在发达地区开拓高端市场，打下了坚实基础。在整体设计过程中，不仅得到中国港湾有限公司的强力支持和香港Aecom工程顾问公司的技术协助，同时感谢设计组内的孟凡超设计大师、彭运动、刘波等教授级高工的全力指导。

41. 江西鹰潭市信江大桥的设计理念与技术

李欣然　陈德伟

（同济大学桥梁工程系）

摘　要：桥梁设计工作本质上是一种创新与发明相结合的过程，需要根据桥梁不同的功能、结合桥位所处地域文化背景和历史变革、社会传统、生活习惯、经济发展等情况进行创作。然而，在我国桥梁设计工作的含义在一定程度上沦为重复和拷贝的同义词。本文结合江西省鹰潭市信江大桥的设计，介绍了从注重桥梁建筑设计理念到提高技术含量，体现设计工作的独立思考、创新性。

关键词：道教文化　天人合一　桥梁建筑　预应力混凝土斜拉桥　主塔

1　引言

桥梁设计工作本质上是一种创新与发明相结合的过程，需要根据桥梁不同的功能、结合桥位所处地域文化背景和历史变革、社会传统、生活习惯、经济发展等情况进行创作。在欧洲的一些国家，一个桥梁工程的建设是从方案设计竞赛开始的，与房屋的建筑设计一样重要，因此大多数新的桥型和新的施工技术都是在这些国家里首先出现的，其中就不乏一些经典传世之作。随着我国经济的飞跃发展，社会对桥梁的建筑景观要求越来越高；然而，我们目前还是沿用这个领域里过去许多年来的习惯性思维方式，桥梁设计在一定程度上已经成为简单、重复的同义词，“从不或者甚少利用这些机会进行发明、创新”[1,3]，绝大多数城市桥梁的设计和施工缺少创意。本文作者通过介绍刚竣工的江西鹰潭市信江大桥工程的设计和施工内容，谈谈对设计工作的体会，希望提高我国桥梁设计的美学程度和技术含量。

2　道教文化的传承

鹰潭市位于江西省的东北部、信江中下游。著名的龙虎山位于江西省鹰潭市区南郊20km处，是中国道教发祥地，之前就集世界地质公园、国家自然文化双遗产地、国家级风景名胜区、4A级国家旅游区、国家森林公园、国家重点文物保护单位等美誉于一身，也是鹰潭城市的一张名片；2010年8月1日在巴西首都巴西利亚召开的联合国教科文组织第34届世界遗产大会上，又把江西的龙虎山、广东的丹霞山等地，以“中国丹霞”列入《世界遗产名录》。道教是中国唯一的土生土长的宗教，创立于汉朝末年，集中国古代文化思想之大成，以道学、仙学、神学和教学为主干，融入医学、巫术、数理、文学、天文、地理、阴阳五行等学问。鲁迅先生曾说："中国文化的根底全在道教"。在道家来看，天是自然，人是自然的一部分。因此庄子认为："有人，天也；有天，亦天也。"天人本是合一的。鹰潭因"涟漪旋其中，雄鹰舞其上"而得市名，史书称为"六省通衢"的黄金通道。近年来鹰潭市的城市建设、经济发展进入了快速发展期。

根据《江西省鹰潭市城市总体规划纲要(2007—2020)》建设规划要求，鹰潭市政府在连接月湖区与夏埠新区之间按照规划要求跨越信江建桥，连接现在的老城区与建设中的夏埠新区。在桥梁设计方案竞赛活动中以"天人合一"道教文化寓意的预应力混凝土独塔斜拉桥脱颖而出，赢得评标专家的青睐。主桥斜拉桥的主塔在纵桥向为汉字"人"的造型，侧横桥向形象为"天"字，并且融入了塔高108m、索数72根等诸多道教文化的元素。主桥整个结构受力明确，均衡对称，挺拔秀丽，同时传递着和谐的氛围。主塔整个高度的建筑设计为变截面、曲线形，设计建筑效果图见图1。主塔在斜拉索锚索段的两侧塔壁间隔开设矩形窗户，用幕墙玻璃封闭，增加了侧向看"天"的意义，镂空塔壁的明暗效果也犹如钢琴的黑白琴键呈现出韵律感。由于主塔在纵、横桥方向建筑造型的完全不同，使得沿着江边行走的路人视觉中的信江大桥不断的变化，可谓跟上时代变化的脚步，换一个角度看世界，颇具想象力。市长说"是大城市的象征"，市民说"值得造这样的大桥!"我们都知道：桥梁最主要的基本功能(本质上)是一种交通基础设施，但是桥梁还完全可以成为文化的载体，体现出不同的历史文明、不同的环境、不同的人文背景、不同的功能等特点，以及展现时代的科学技术的进步，沟通过去、现在、将来以及沟通社会之间。

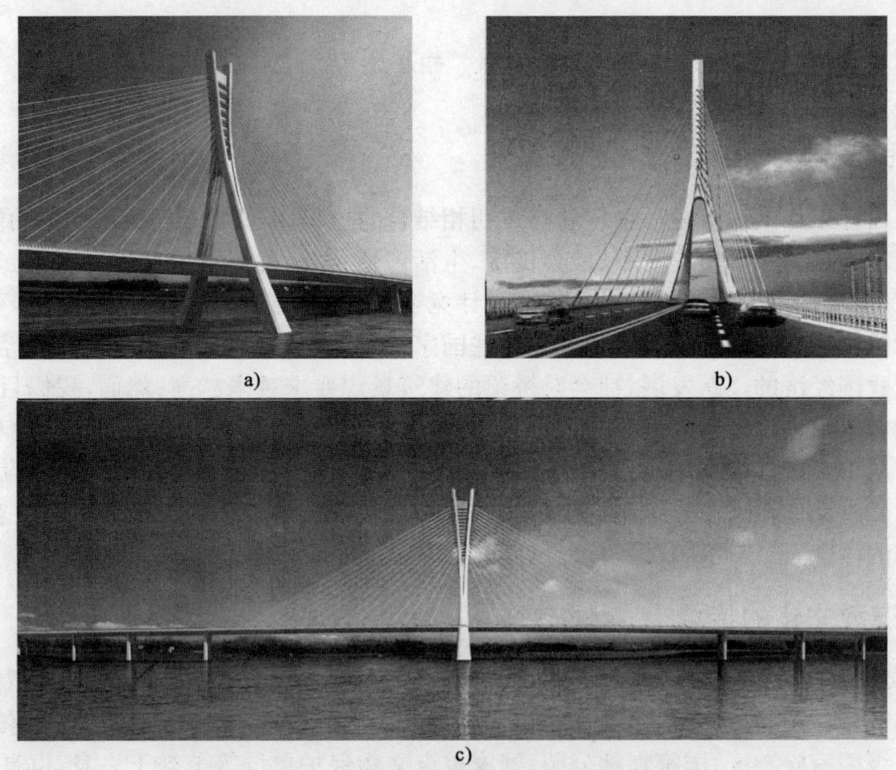

a) b) c)

图1 鹰潭信江大桥建筑设计效果图

寓意"天人合一"的信江大桥是专为鹰潭市设计的作品。她将成为本区域的标志性建筑。而标志性的工程建设项目的开发可以在一定程度上美化城市，给城市带来特色；增加城市和地区的软实力，向外界表达在该领域拥有创意性的建筑；还是城市发展的基础，为鹰潭市的综合发展做铺垫。她将展示区域的经济、技术实力，提高百姓生活水准，增强老百姓的自尊和自豪感，提升该地区人民从事经济建设的积极性和凝聚力。建成后的信江大桥照片见图 2。

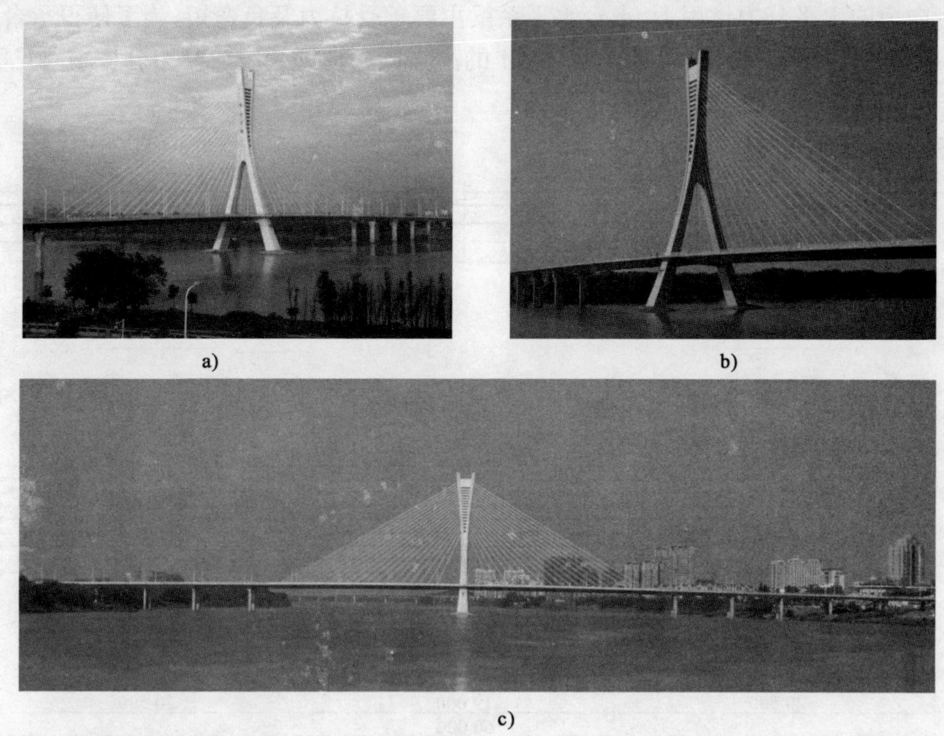

a)

b)

c)

图 2　建成后的鹰潭信江大桥主桥照片

3　工程整体结构设计

信江大桥连接老城的月湖区与夏埠新区，跨越信江，江面宽度约 550m，南接线终点与梅园大道相接，北面接线为新建道路，路线全长约 1.720km，其中主桥为跨径布置 40＋150＋150＋40＝380m 的预应力混凝土独塔斜拉桥；南引道长 281m，南引桥长 234m，采用多跨预应力混凝土现浇连续梁结构；北引道长 272m，北引桥长 553m，结构与南引桥相同；桥面标准段宽为 27m，设双向四车道，工程总投资 3.2 亿元人民币。

主桥主梁采用预应力混凝土单箱三室截面，横向梁底为弧曲线，两侧悬臂 4.7m，梁高 3m，总宽 27m，每 6.7m 设置一道横梁；主塔总高 108m，为预应力混凝土结构，主塔斜拉索锚固区为钢锚箱与预应力混凝土组合结构，塔壁在纵桥向两侧开设窗户，用玻璃幕墙封闭；采用成品平行钢丝斜拉索，空间双面索布置，索距在梁上为 6.7m，主塔上为 2m。设计中除了常规预应力混凝土斜拉桥的设计问题之外，主要的特点有：①主承台的受力分析；②主承台预应力有效性和耐久性的问题；③设置预应力钢束平衡主塔几何弯曲引起附加弯矩；④主塔钢锚箱与预应力混凝土组合结构分析问题；⑤主梁单箱三室大悬臂箱形结构的设计等。

4　主塔承台的设计

信江大桥主塔在横桥向为“人”字，主塔承台平面尺寸为 60m×20.5m，厚度为 4.25～5.75m。

4.1 承台布置及受力分析

为了减少主承台的体量，承台设计成哑铃状，参见图3。在不同的受力工况下，承台有着不同的受力状态。成桥后，由于主塔为“人”字，在主塔的两个塔柱根部将产生水平推力。在两侧主塔竖向力的水平分力作用下，承台水平系梁主要承受拉力及负弯矩，为了使得承台不受拉应力，设计考虑在承台内配置27束19Φ15.24的高强低松弛钢绞线。受力分析结果见图4。

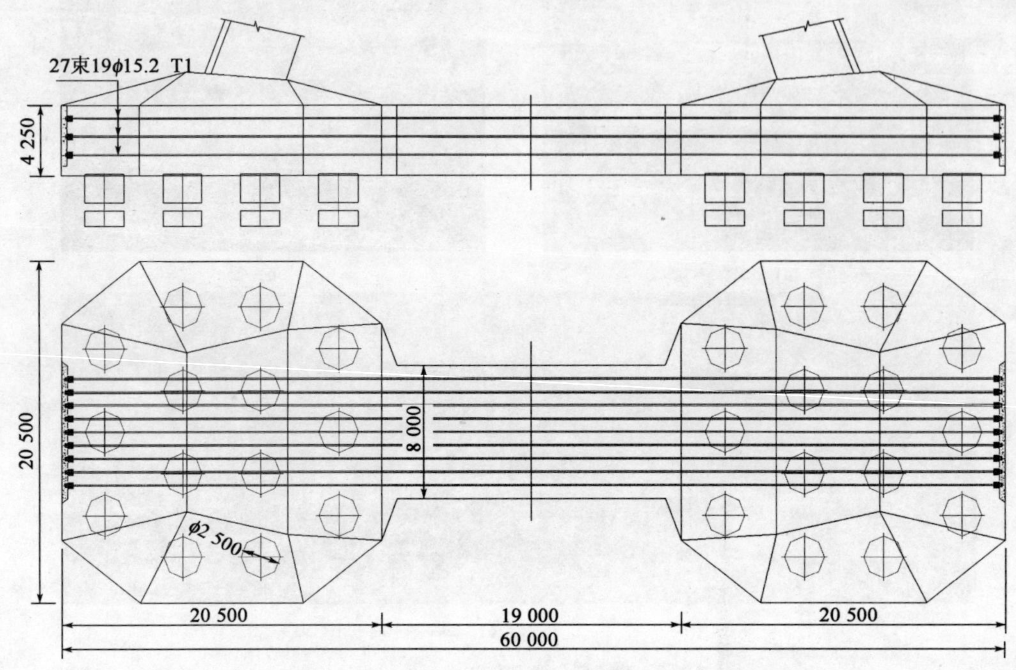

图3　主塔承台构造图(尺寸单位:m)

4.2 承台预应力的有效性

主承台成桥后长期浸入水中，钢绞线的防腐能力关系大桥的使用寿命，设计时在以下几个方面提出了措施：

(1)设计时考虑部分预应力钢绞线失效，并进行验算相应条件下主承台的安全性与耐久性。计算结果表明，裂缝控制在0.1mm范围之内，结构的安全性和耐久性可以得到保证。

(2)采用深埋锚工艺。

(3)为确保压浆的有效性，需要在现场进行同等条件的足尺压浆试验，直到得到成熟的工艺为止，试验结果照片见图5。

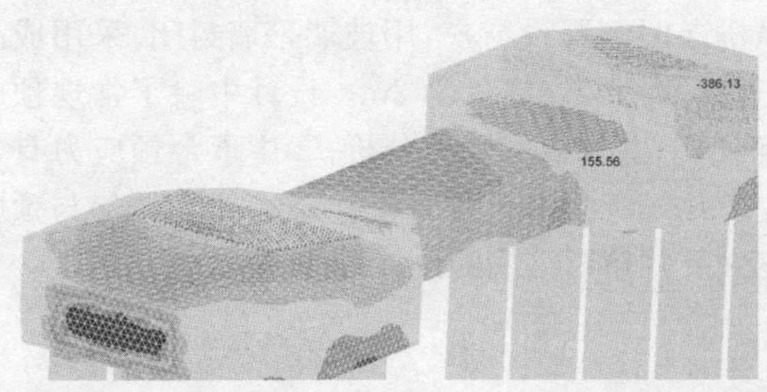

图4　主塔承台结构受力分析图(t/m^2)

图5　承台预应力压浆效果试验照片

5 主塔的设计

5.1 中塔柱

信江大桥的主塔中塔柱为曲线形构件(构造见图 6),在强大的轴向力作用下,塔柱内将产生附加弯矩,压应力分布并不均匀,表现出固端梁的效应。为了平衡附加弯矩,在两个中塔柱内分别配置了 4 束 19Φ15.24 的高强低松弛钢绞线。在压力构件内配置预应力,需要认真考虑预应力的短期和长期效应、附加弯矩和压力的有利和不利作用,确保构件正常使用状态的耐久性和承载能力极限状态的安全性[2]。主塔最不利弹性应力计算包络图见图 7,三维应力分布计算结果见图 8;计算结果表明预应力在一定程度上改善了由于结构曲率引起的附加弯矩受力状态。另外,在施工中尚需解决竖向高差大情况下的预应力管道压浆问题。

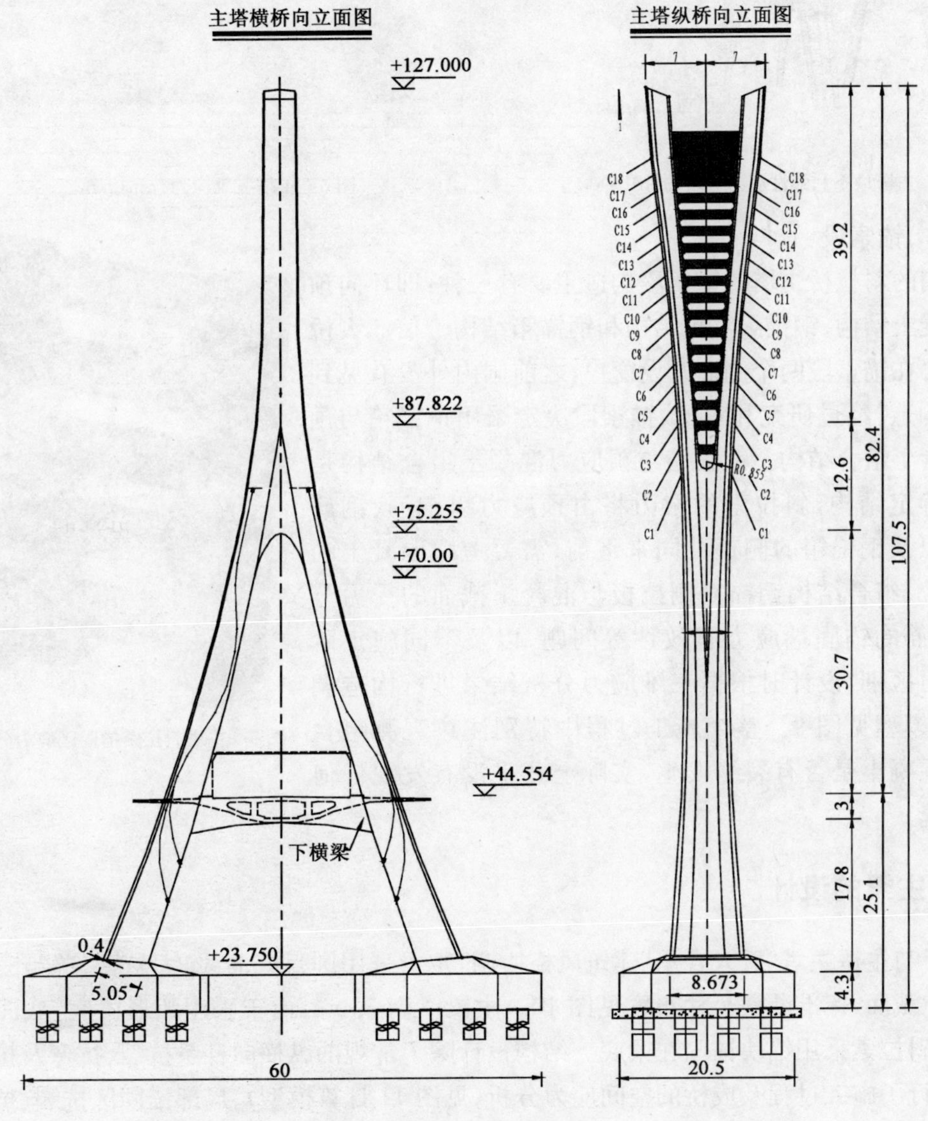

图 6 主塔构造图(尺寸单位:m)

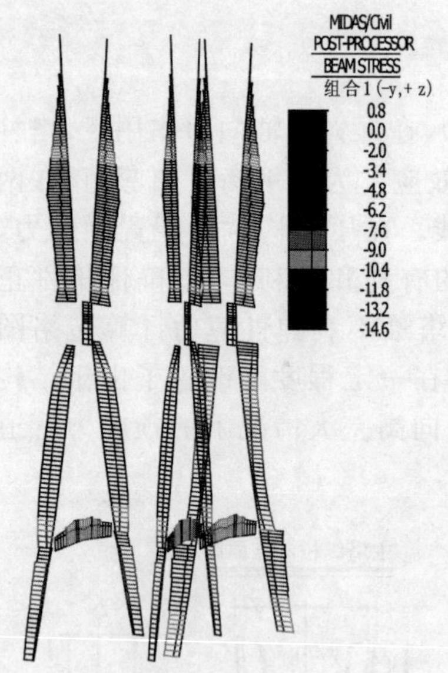

图 7　主塔最不利弹性应力包络图(MPa)

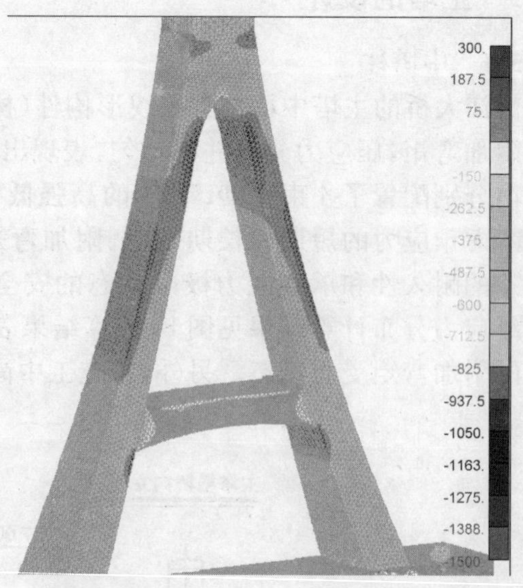

图 8　主塔三维应力分布(t/m²)

5.2　锚索段

常用的斜拉桥主塔的锚索段构造主要有三种:即环向预应力混凝土结构、钢锚梁对拉结构和钢锚箱结构。信江大桥主塔需要在锚索段两个侧面开设窗户,之前国内外没有见到类似的构造,经过研究和对比,锚索段决定采用钢锚箱与预应力混凝土组合结构。钢锚箱与预应力混凝土组合结构是高次超静定结构,斜拉索的索力将由预应力粗钢筋、钢筋混凝土以及钢锚箱的侧板共同来平衡,需要考虑混凝土的时变效应、组合结构钢锚箱侧拉板与混凝土截面的受力分配、粗钢筋的锚固端应力有效性等问题,以及不同施工阶段的受力区别,设计时根据三维应力分析结果进行构造调整,计算模型见图 9。整个施工过程中特别注意观测组合结构的混凝土是否有裂缝发生,实际上几乎没有发现任何受力裂缝。

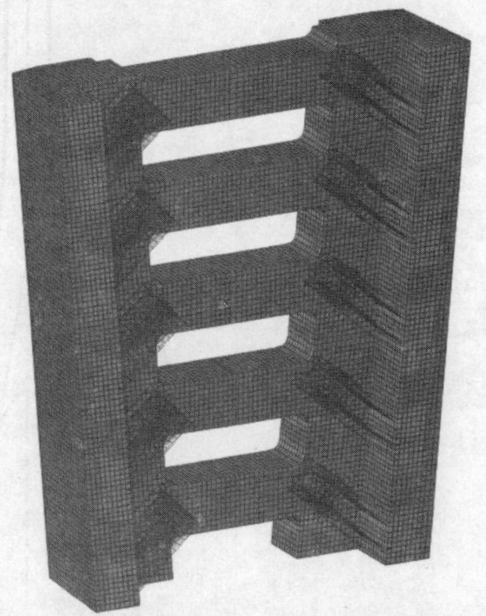

图 9　主塔斜拉索锚固区应力分析模型

6　主梁的设计

为了与主桥主塔“天人合一”建筑风格协调,主梁采用圆弧底曲线、大悬臂、单箱三室预应力混凝土截面,标准断面尺寸布置见图 10。主梁梁高 3.0m,由于采用弧形梁底,截面形式轻巧流畅;斜拉索采用锚块锚固在梁底。结构设计除了常规的纵横向杆系抗裂、抗弯及抗剪验算外,还进行了施工过程及成桥的空间应力分析(见图 11 计算模型)、局部锚固区抗裂、抗冲切验算等。

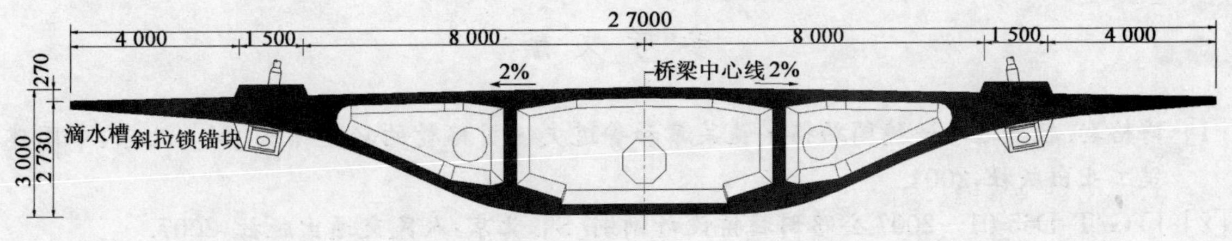

图 10　主梁标准截面构造图(尺寸单位:m)

图 11　主梁空间受力分析(t/m²)

7　施工质量的保证

应该说,目前国内桥梁专业施工的技术力量对于施工信江大桥此类桥梁还是存在一定距离,主要体现在空间结构截面变化、曲线情况下的定位与施工精度控制;工程结构受力复杂性与施工技术管理之间的认识程度和关系;缺乏复杂结构施工放样与操作的技术手段等方面。因此,从设计者来说,一个创新的设计是十分困难的,但是如果没有充分认识到事实上复杂结构施工的难度还要大于设计时,那么可能不会有一个好的结果。信江大桥的施工过程充分证明:设计者要使所设计的桥梁能够成功建成,一份强烈的责任心以及掌握施工技术是必不可少的。例如,①主塔内本来就存在曲率的每一根受力主筋必须严格按照设计要求被箍筋限制住,否则极其容易失稳破坏;②在主梁上斜拉索有限的锚固空间内,有主梁、横梁普通纵横向钢筋和箍筋以及预应力钢束诸多内容,斜拉索锚固钢结构系统,挂篮锚固和行走的预埋件和预留孔等诸多元素,如何避免冲突、各就其位,必须要有技术措施来保证,也就是只有事先采用计算机进行三维模拟钢筋等放样,精确指导施工,才有可能控制质量,避免工程质量事故的发生。

8　结语

信江大桥不仅经过建筑设计,外形美观,而且具有较高的技术含量,无论是设计还是施工,都是我国桥梁工程师的一次有益尝试。从水下设置预应力钢绞线、压力构件设计预应力钢束、主塔受拉截面开设窗户、曲线形和变截面三维主塔、弧线形大悬臂预应力混凝土主梁截面等都可以反映出设计与施工的技术含量,尽管整个施工期间没有出现大的质量问题,但是还是处于很多矛盾之中。我们借此文提出,希望通过解决真正的竞争机制、体制等问题,使我国建造出更多具有更高技术含量的桥梁,让设计回归到一种创造性工作的本质上来。

参 考 文 献

[1] 博格勒. 轻·远——德国约格·施莱希和鲁道夫·贝格曼的轻型结构[M]. 北京:中国建筑工业出版社,2004.

[2] JTG/T D65-01—2007 公路斜拉桥设计细则[S]. 北京:人民交通出版社,2007.

[3] 林同炎,S. D. 斯多台斯伯利. 结构概念和体系[M]. 第二版. 北京:中国建筑工业出版社,1999.

42. 忠建河大桥主桥钢桁梁索梁锚固设计

黄古剑　周强新　张　军　邓淑飞　师少辉

（中交第二公路勘察设计研究院有限公司）

摘　要：忠建河大桥为湖北恩施至来凤高速公路上的控制性工程，主桥主跨400m，是我国第二座也是最大跨径的公路钢桁梁斜拉桥。本文通过对四种可供采用的索梁锚固方式进行了调研与数值分析，论证了锚箱式（下）的合理性。

关键词：钢桁梁斜拉桥　索塔锚固

1　概述

忠建河大桥为湖北恩施至来凤高速公路上的一座特大桥，全桥长1063m，全桥桥跨布置为：(3×30)＋(46＋134＋400＋134＋46)＋(5×40)m，其中主桥(46＋134＋400＋134＋46)m为钢桁梁双塔斜拉桥（布置见图1）。

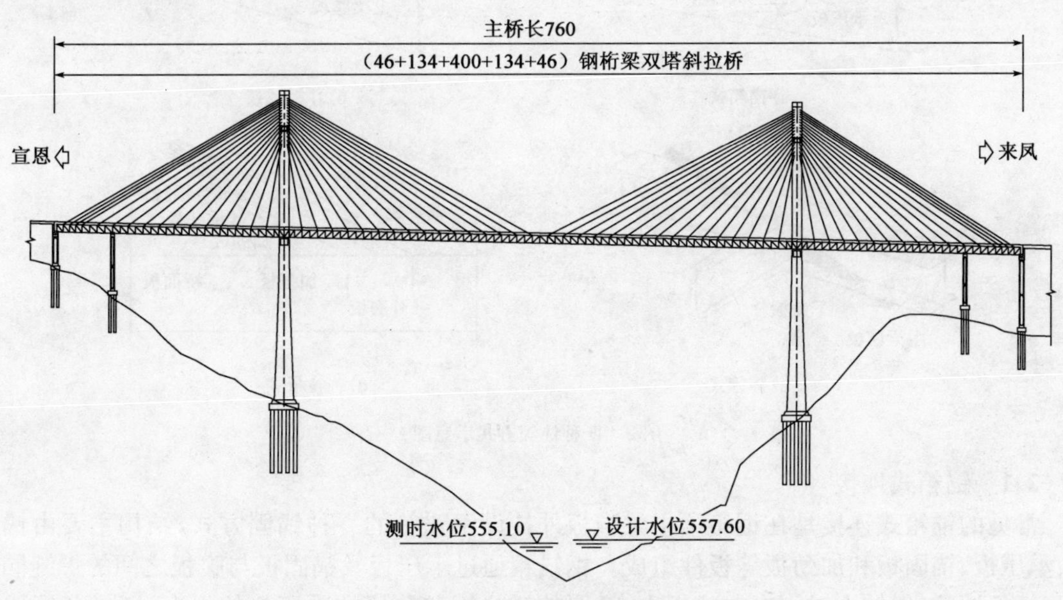

图1　忠建河大桥主桥桥型布置图（尺寸单位：m）

斜拉桥的索梁锚固结构是将斜拉索和主梁连接在一起的构造，也是斜拉索与主梁之间传递索力的重要结构，在施工和运营阶段承受着巨大的荷载，是保障桥梁结构系统能够完成其功能的关键部位。因此，索梁锚固结构必须保证荷载能有效的传递，变形协调一致，并具有良好的施工性能、使用性能、承载能力和耐久性。然而由于索梁锚固结构其局部性、复杂性和特殊性，其力学性能和力学行为非常复杂，计算理论不够完善，因此使锚固结构的设计和施工较为困难，承载能力不易确定、耐久性易受到削弱、可靠性不易得到保证。而且在设计上无规范可依，索梁锚固结构是容易发生破坏和损伤的部位。

我国目前已建成的公路钢桁梁斜拉桥仅有一座，可供参考的资料极少，索梁锚固区的设计较常规钢梁更为复杂。

2 索梁锚固方式调研

索梁锚固区是斜拉索与主梁之间传递索力的重要结构，具有刚度变化大、局部应力大、传力复杂等特点，是斜拉桥控制设计的关键部位。

常规公路钢斜拉桥的主梁一般为钢箱梁，钢桁梁在公路上应用的极少，最近几年才在公路斜拉桥上有所尝试。钢桁梁与钢箱梁相比，具有拼装灵活、杆件重量轻、运输方便、施工快捷等优点，特别适用于山区运输条件不畅的大跨桥梁。

因国内公路钢桁梁斜拉桥实例仅有一座，索梁锚固方式可供调查资料较少，因此，对现状的调查主要集中于常规钢箱梁斜拉桥的索梁锚固方式。

大跨度钢箱梁斜拉桥索梁锚固结构主要有锚箱式、耳板式、锚管式和锚拉板式等四种连接形式（见图 2），其中锚箱式索梁锚固结构是应用最为广泛的一种。

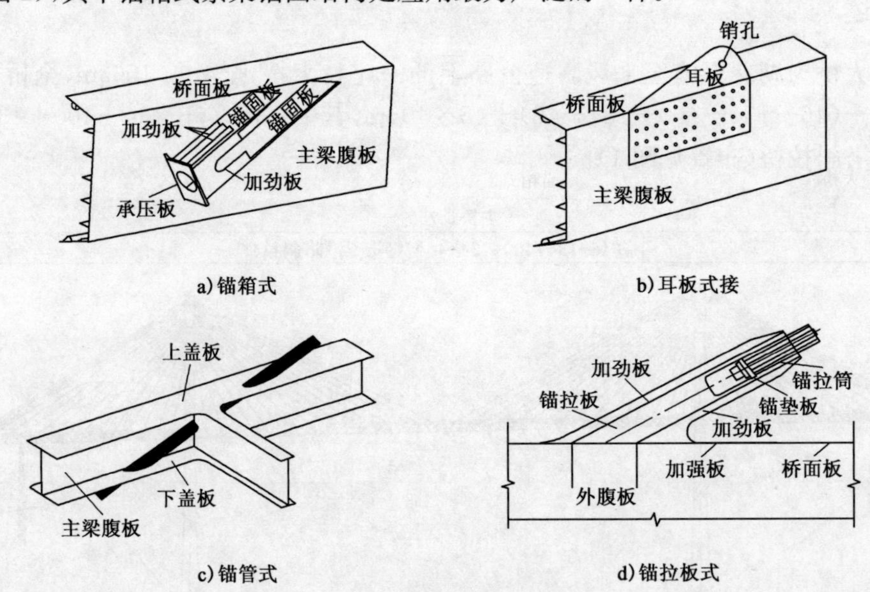

图 2 四种锚固方式示意图

2.1 锚箱式连接

常见的锚箱式连接是在钢箱梁主梁腹板外挂设钢锚箱的一种锚固方式，结构主要由锚垫板、承压板、锚固板和加劲板等板件组成。钢锚箱通过承压板及锚固板与腹板之间的焊缝同主梁腹板相连接，斜拉索锚固在锚垫板上，较厚的锚垫板和较薄的承压板的组合，既避免了厚钢板的焊接问题，也解决了承压板抗弯不足的问题。斜拉索角度的不同，主要通过改变承压板和锚固板与腹板的交角来适应。柱式锚箱横向较短,斜拉索方向较长。而梁式锚箱横向较宽,斜拉索方向较短。钢锚箱在国内应用较多,且主要采用柱式锚箱。

2.2 耳板式连接

耳板式连接也称销铰式连接,是借鉴悬索桥吊索连接方式发展起来的一种索梁锚固形式。结构由耳板、销铰连接件、夹板及高强螺栓等组成。拉索通过铰或钢管锚固在耳板上。或将主梁的腹板在锚固位置局部加厚并向上延伸,如诺曼底大桥。或通过高强螺栓在锚固位置将耳板与腹板相连,如桃夭门大桥。此种锚固结构对耳板的强度要求高,多采用高强度中等厚度的钢板。

2.3 锚管式连接

锚管式连接是在主梁或纵梁的腹板上安装一根钢管,斜拉索锚固于钢管,索力通过钢管传递给主梁或纵梁的腹板。我国广东的汕头礐石大桥采用了这种连接。

2.4 锚拉板式连接

锚拉板连接是将一块厚钢板作为锚拉板,在锚拉板上部开槽,槽口内侧与锚管相焊接。斜拉索穿过锚管锚固在锚管底部的锚垫板上。结构包括锚拉板、锚垫板、锚拉管和加劲板。锚拉板底部与主梁面板相焊接,两侧设有加劲板,以补偿开槽对锚拉板截面的削弱,并增强其横向刚度与整体性。

2.5 四种锚固方式优缺点

表1为国内外斜拉桥索梁锚固方式的应用情况,可以看出四种方式均有应用。

四种锚固方式的应用情况 表1

桥　名	跨径(m)	形　式	桥　名	跨径(m)	形　式
南京长江二桥	628	锚箱式	舟山桃夭门大桥	580	耳板式
南京长江三桥	648	锚箱式	深圳湾公路大桥	180	耳板式
苏通长江大桥	1088	锚箱式	杭州湾跨海大桥	448	耳板式
安庆长江大桥	510	锚箱式	青州闽江大桥	605	锚拉板式
多多罗大桥	890	锚箱式	湛江海湾大桥	480	锚拉板式
哈尔滨松花江大桥	326	锚箱式	灌河大桥	340	锚拉板式
果子沟大桥(钢桁梁)	360	锚箱式	汕头礐石大桥	518	锚管式
诺曼底大桥	865	耳板式	天津海河大桥	310	锚管式

四种锚固方式各有优缺点,具体如表2。

四种连接形式的特点 表2

锚固形式	特　点	优　点	缺　点
锚箱式	钢锚箱通过承压板及锚固板与腹板之间的焊缝同主梁腹板相连接,斜拉索锚固在锚垫板上	结构刚度大,整体受力好	板件较多,构造复杂,对焊缝质量要求较高
耳板式	由主梁的腹板向上伸出一块耳板,斜拉索通过铰或钢管锚固在耳板上	构造简单、制造安装方便、便于养护维修	受力主要集中在耳板上,对耳板强度要求较高,整体性较差,比较费料
锚管式	锚管在锚固位置与主梁焊接为一个整体,锚管端部设承压板,拉索锚固在承压板上	对锚管材质没有特殊的要求	构造复杂,对焊缝质量要求较高

续上表

锚 固 形 式	特　点	优　点	缺　点
锚拉板式	将一块厚钢板作为锚拉板，在锚拉板上部开槽，槽口内侧与锚管相焊接。斜拉索穿过锚管锚固在锚管底部的锚垫板上	构造简单，施工方便	对焊缝质量要求非常高，一旦出现损伤对结构受力影响较大

3　本桥索梁锚固方式的确定

索梁锚固结构在几何形式、焊接连接、受力、应力、分析计算等方面存在着以下特点：

(1)几何形式：斜拉索梁端锚固结构各部件板厚大，几何构造复杂，多个部件空间相连，几何突变严重。

(2)焊接连接：斜拉索梁端锚固结构采用焊接连接方式，焊缝相互交叉；焊缝形式多样，包括对接焊缝、角焊缝和端接焊缝等；焊接操作空间小、焊接施工条件差、焊接设计和施焊困难、焊接变形和焊接缺陷难于控制；焊接检查不易进行，焊接质量难于保证；拘束度大，残余应力大而复杂；

(3)荷载：斜拉索的索力集中作用在梁端锚固结构上，锚固结构局部承受很大的斜拉索静荷载和动荷载作用。

(4)传力机理：斜拉索的索力通过锚固结构多个部件传到梁体，力的传递途径和传递方式复杂。

(5)应力状态：斜拉索梁端锚固结构承受的应力大、应力幅大、应力梯度大、应力集中严重、部件处于复杂应力状态、名义应力不清晰；

(6)分析计算：有限元构模和网格划分时，斜拉索梁端锚固结构区细部构造特别是焊缝区难于模拟和处理，仿真分析难度大，在几何突变处和焊缝区，计算值与实测值存在较大差异。

(7)静力、疲劳和Z向拉伸：锚固区承受着很大的斜拉索静力和动力作用，板件的静力强度和局部稳定、焊缝的连接强度问题突出；斜拉索梁端锚固结构的焊缝区应力状态复杂，名义应力不明确，内包含多种缺口效应的构造细节，这些构造细节使构造处疲劳强度降低较多，在抗疲劳设计时，无规范条文对其进行疲劳检算；对于锚拉板式和的耳板式锚固结构的厚板焊接，有可能存在设计较为关注的较大焊接残余应力及厚板焊接层状撕裂问题。

四种锚固形式构造特点和受力特性虽然各有千秋，但均适用于钢箱梁或钢桁梁斜拉桥。选用时应根据工程需要和桥梁特点，综合考虑结构安全、经济可行和满足整体景观要求等具体建设条件进行比较分析和论证而定。不论选用哪种锚固形式，均应进行专门分析验算。必要时可在理论分析的基础上开展试验研究以确保结构安全。

针对忠建河特大桥的具体情况，在对整体结构受力性能、经济性、可操作性、外观等各方面综合分析后，选定钢锚箱式为本桥的索梁锚固形式。

对本桥来说，斜拉索在上弦杆节点内锚固，又可分为上锚式及下锚式锚箱两种形式(如图3)。上锚式节点锚箱和节点工厂预制，工地对接，斜拉索锚固在上弦杆节点上面，下锚式节点锚箱设于整体节点内。上锚式节点优点是制造简单，运输方便，缺点是工地对接焊缝受拉，在低温情况下易发生脆性破坏；下锚式节点优点是节点板局部承压，不存在低温情况下发生脆性破坏问题，缺点是制造相对复杂，运输相对没有前者方便。

经综合比较后，本桥采用下锚式节点锚箱。

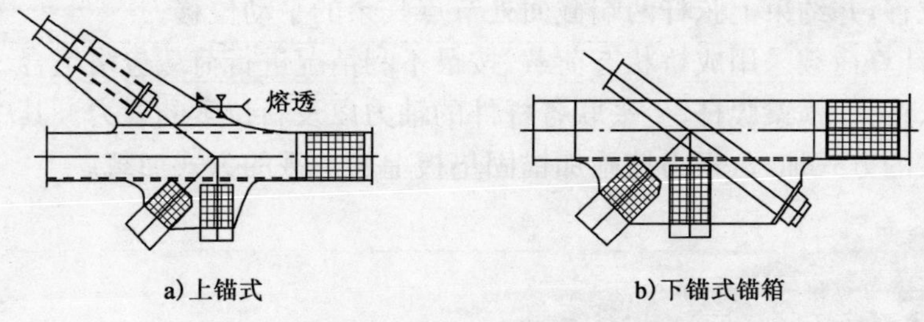

图 3 锚箱式的两种形式

4 数值分析

4.1 计算综述

采用大型通用有限元软件 MIDAS 建立忠建河大桥的全桥整体分析的有限元模型，计算后提取出内力，再施加于 ANSYS 局部模型中，对锚箱进行局部应力计算。

选取加劲桁梁 B2 梁段上弦杆计算模型整体见图 4。

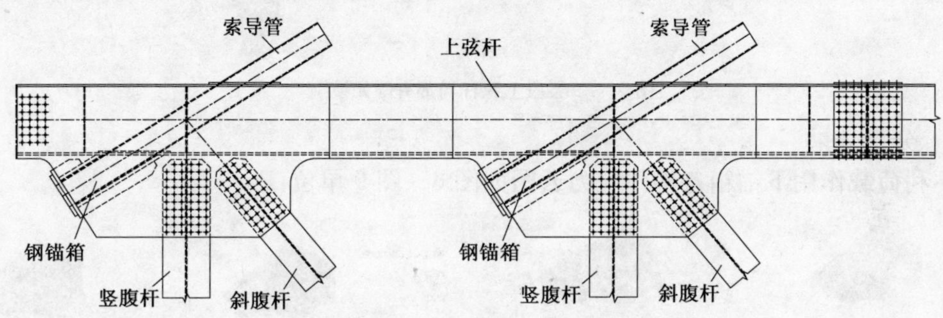

图 4 B2 梁段上弦杆布置图

4.2 材料及参数

锚箱采用 Q345D 钢材，力学性能见表 3。

钢材力学性能表 表 3

力 学 性 能		Q345D
弹性模量 E(MPa)		2.06E+05
抗拉、抗压和抗弯强度设计值(MPa)	厚度或直径≤16mm	310
	厚度或直径>16～35mm	295
	厚度或直径>35～50mm	265
容许应力(MPa)		280
热膨胀系数(/℃)		1.20E−05
泊松比 γ		0.3
密度 ρ(kg/m³)		7850

4.3 分析模型

利用 ANSYS 软件中的板单元模拟钢板，建立加劲桁梁 B2 梁段上弦杆局部有限元模型(见图 5)，共划分单元个数为 34839，节点个数为 104081。

约束条件：上弦杆采用两端简支的边界约束方式。即放开模型中上弦杆一端截面处节点的顺桥向平动位移,并约束上弦杆两端截面处节点其余的平动位移。

荷载作用:计算荷载采用成桥状态荷载,按最不利情况进行荷载包络组合。外荷载包括上弦杆、主桁腹杆、横梁、横梁腹杆、上平联各杆件的轴力以及斜拉索的索力。其中轴力按施加杆件截面上线荷载的方式加载,索力按施加锚固垫板上面荷载的方式加载。

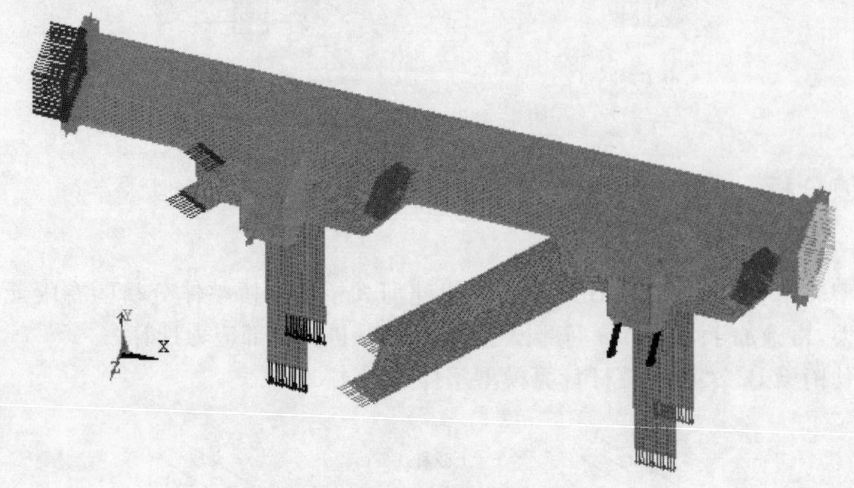

图5　B2梁段上弦杆局部有限元模型

4.4　分析结果

最不利荷载作用下锚箱各构件应力云图如图6～图9单位:Pa。

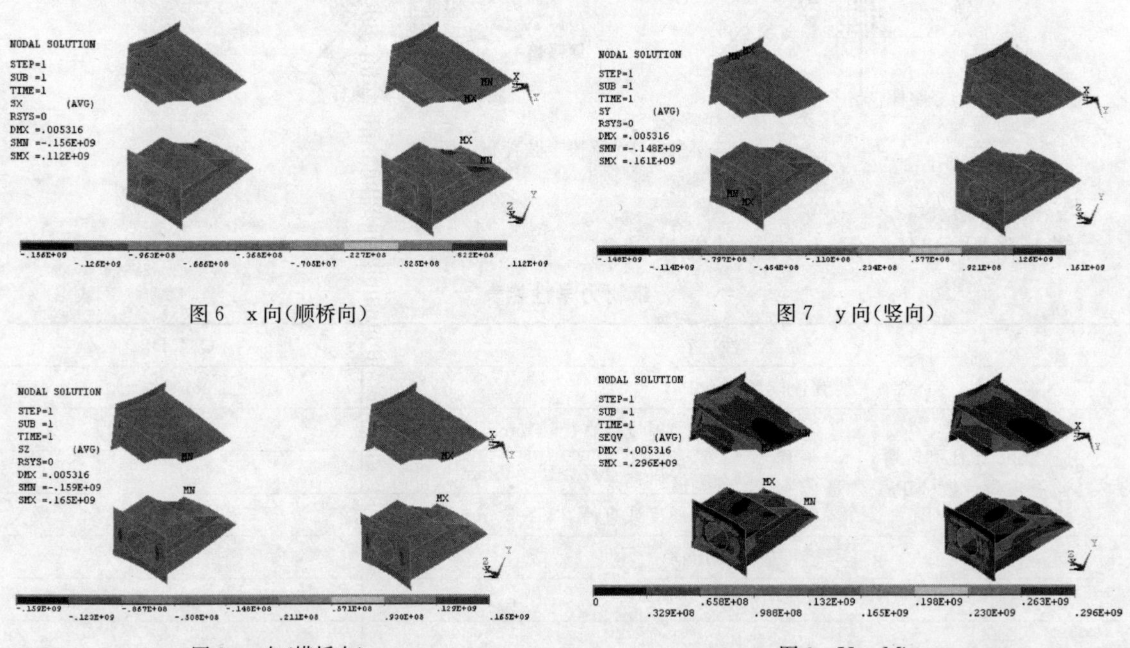

图6　x向(顺桥向)　　图7　y向(竖向)

图8　z向(横桥向)　　图9　Von Mises

从锚箱各构件的应力云图可以看出:斜拉索锚固区包括锚固垫板及锚箱,其钢板各方向的正应力以及Von Mises应力均较为合理(除了锚箱下侧钢板与上弦杆钢箱相交处靠近横梁一侧的角点存在一处应力集中,使得Von Mises应力稍大外),各个应力均小于280MPa,小于所选钢材Q345qD的极限强度。

因此,经过有限元计算,承压板、锚腹板与节点板的应力较为匀顺,且数值较小,从受力方面能够满足使用要求，设计满足规范要求。

借助数值分析手段，验证了本桥钢桁梁索梁锚固方式采用锚箱式（下）的合理性。

5 结语

公路钢桁梁斜拉桥因实例少，而索梁锚固区又为关键受力构件，其设计及计算均具有较大的难度，为解决设计中碰到的实际问题，本文借助调研与数值分析的手段，论述了忠建河大桥钢桁梁索梁锚固方式采用锚箱式（下）的合理性，为今后类似桥梁提供了有益参考。

43. 主跨 3 000m 部分地锚斜拉桥的试设计

高　佳　贾丽君

(同济大学桥梁工程系)

摘　要:进行一座主跨 3 000m 部分地锚斜拉桥的试设计,讨论了方案的静力响应,屈曲稳定和动力性能,证明了 3 000m 部分地锚斜拉桥方案是基本可行的。继而说明了部分地锚的外部约束形式可以大大提高斜拉桥的极限跨径,有望提高到 3 000m 以上。

关键词:部分地锚斜拉桥　斜拉桥　极限跨径

1　引言

20 世纪斜拉桥以其受力明确、动力稳定好以及经济美观等优点迅速崛起。随着主跨 1 088m苏通大桥和 1 018m 香港昂船舟大桥等千米级斜拉桥相继通车,关于对斜拉桥极限跨径和增大跨径的技术措施的探索的重要性日渐彰显[1,2]。

部分地锚式斜拉桥是通过改变外部约束形式提高斜拉桥极限跨径的结构形式。部分地锚斜拉桥的概念最早由 Gimsing 于 1987 年提出。将边跨部分斜拉索集中锚固于地锚上,就可以清除这部分倾斜度最大,水平分力也最大的拉索引起的主梁轴向压力[3]。

本文以上述构思为基础,尝试对一座主跨为 3 000m 的部分地锚式斜拉桥进行方案设计,并通过对结构的成桥状态进行分析展示该桥型的静力性能。实际上,本文也是在探索部分地锚斜拉桥的极限跨径,即以有限元数值模拟的方式进行极限跨径设计尝试。

2　设计方案概述及成桥内力状态

根据苏通大桥的技术标准,本方案采用如下设计条件:①主跨 3 000m,边跨跨径及辅助墩可任意设置;②主跨桥下净空不小于 65m;③荷载采用公路-Ⅰ级,双向 8 车道;④二期恒载取 70kN/m;⑤成桥状态设计风速为 V_m=40. 5m/s;⑥基于现有国产材料水平,钢箱梁材料采用 Q345qD;桥塔混凝土为 C55;斜拉索容许应力 708MPa,容许应力幅 250MPa。

经过试算,得到设计方案如下:为尽量减小地锚规模,主跨采用尽可能大的自锚长度,为 1 400m,剩余的跨中约 1 600m 的梁段通过 106 对拉索锚固在地锚上。边跨设置 3 个辅助墩,全桥形成(200+200+300+3 000+300+200+200)m 七跨连续结构[图 1a)]。桥塔在纵桥向和横桥向均为倒Y形，为增大斜拉索倾角，减小索力和主梁轴向内力，采用尽可能高的桥塔，桥塔全高577m，桥面以上502m。流线型封闭钢箱梁[图1c)]全宽55m，高6.0m，纵向全漂浮。全桥共400对斜拉索，采用扭绞平行钢丝拉索，主梁锚点间距为15m，主塔锚固间距为2m。主梁，桥塔及斜拉索关键截面几何参数见表1。

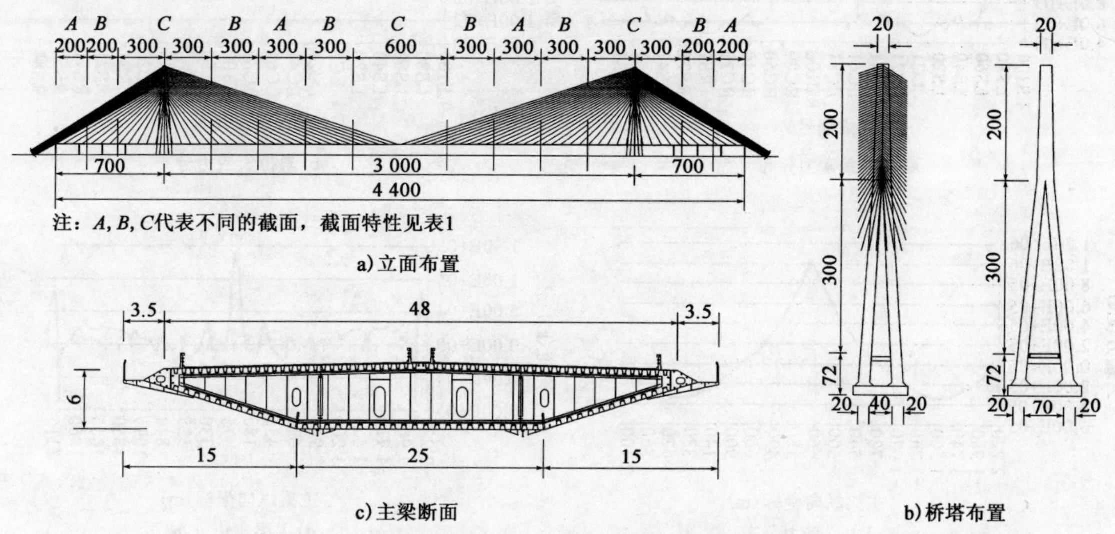

图1　主跨3 000m部分地锚斜拉桥方案总体布置(尺寸单位：m)

主梁和桥塔关键截面几何参数　　表1

部　位	面积 A (m^2)	面内抗弯惯矩 I_y (m^4)	面外抗弯惯矩 I_z (m^4)	抗扭惯矩 I_x (m^4)
主梁断面 A	3.47	19.16	836.7	50.07
主梁断面 B	4.973	27.54	1 206.0	74.48
主梁断面 C	6.476	35.92	1 575.3	98.90
塔顶	137	7 260	7 260	11 900
桥塔分叉处	217	28 000	28 000	44 800
桥塔底面	97.4	2 660	2 660	4 470
斜拉索(跨中)	0.029 87	—	—	—
斜拉索(桥塔)	0.008 66	—	—	—

结构分析中主梁和桥塔采用梁单元，拉索采用杆单元。计算中考虑了大位移、初始内力影响和拉索垂度等非线性效应，其中拉索垂度效应通过分段杆单元法计入。

优化后的成桥恒载状态主梁弯矩和应力见图2。由分析结果可知，全桥构件基本处于轴心受力状态，主梁最大拉、压应力分别为164.3MPa、−54.4MPa，塔底应力为12.9MPa，拉索最大应力为612.2MPa。同时可以看出，跨中段主梁承受拉应力，这是与全自锚式斜拉桥最大恒载状态的不同之处。

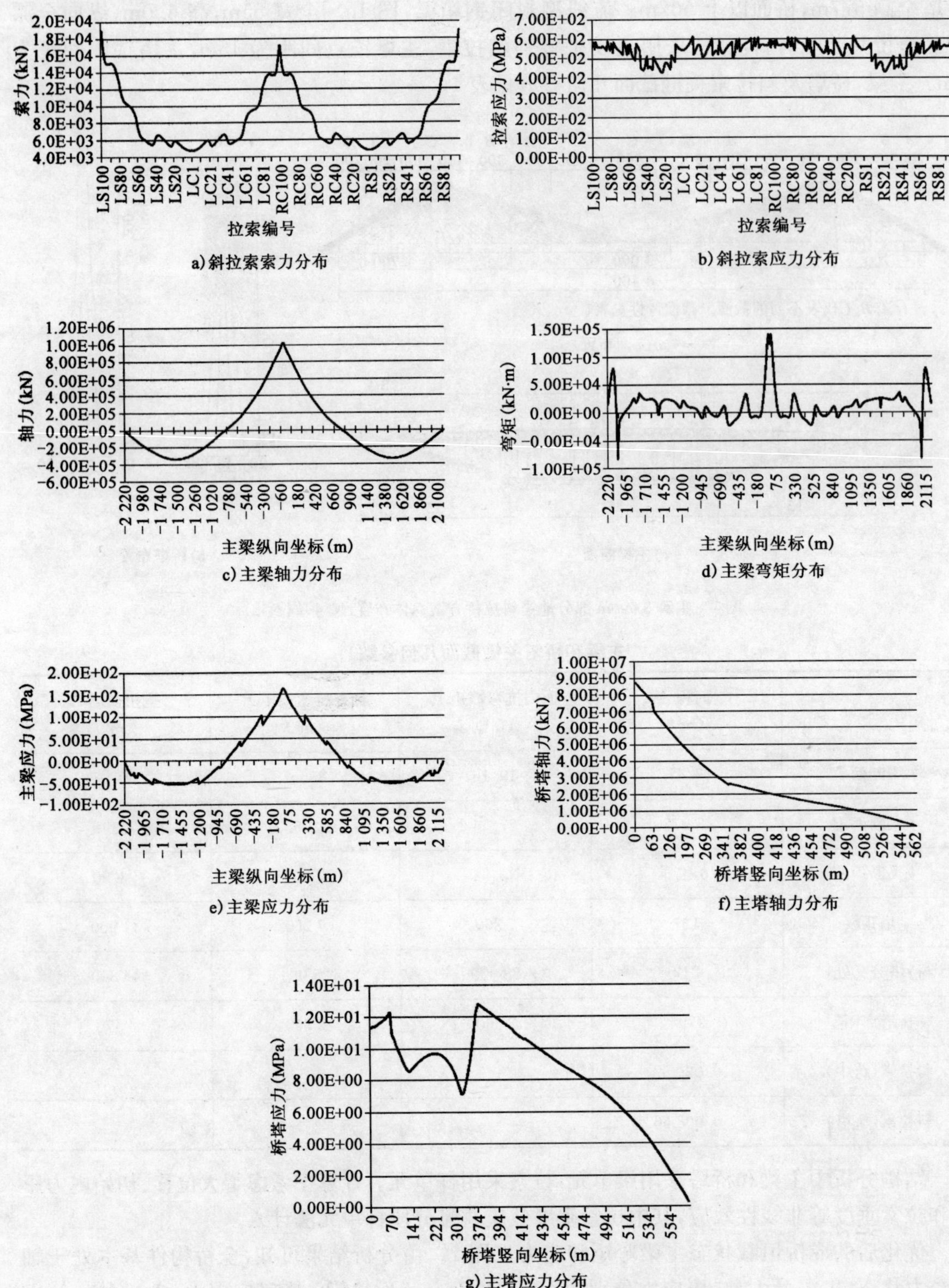

图 2　优化后的成桥恒载状态

3　成桥状态结构静力性能分析

3.1　非线性效应影响分析

设计中以活载效应为例，考查非线性效应对结构内力的影响程度。活载效应计算中对非线性因素的处理主要有3种理论：线性理论，即完全不考虑非线性的影响；线性二阶理论，即考虑非线性影响，计算出影响线，并通过影响线数值叠加运算求得活载效应；全非线性理论，按与线性二阶理论相同的方法计算影响线，但影响线仅用来确定活载位置，最后将活载施加在结构上进行一次非线性分析求出活载效应。

本文在计算汽车荷载时，按影响线加载，但由于软件计算能力的限制，暂未考虑非线性因素，而在其他荷载工况如成桥状态计算，极限风荷载计算，变温与沉降等工况时，均考虑非线性影响。

3.2　结构静力荷载总响应

综合考虑汽车荷载、制动力、各种温度效应及支座变位等荷载工况计算得到的结构静力荷载总响应见图3。其中，主梁最大拉应力为221.7MPa，发生在中跨跨中，最大压应力为137.6MPa；桥塔最大压应力为19.9MPa；拉索应力最大值较为均匀，基本在570～670MPa范围内，应力幅也不超过260MPa。由上述计算结果可以看出，本方案的主梁、桥塔、拉索受力均处于安全范围之内，表明该方案基本成立，且构件尺寸设计基本合理。与全自锚式斜拉桥相比，部分地锚式斜拉桥通过增设小型锚碇将主跨跨中段拉索的水平分力转化为主梁中的拉力，使桥塔处主梁的压力值与具有相同自锚段主梁长度的全自锚式斜拉桥相当。这样结构受力更加合理，主梁面积和材料用量也得到较大幅度降低。

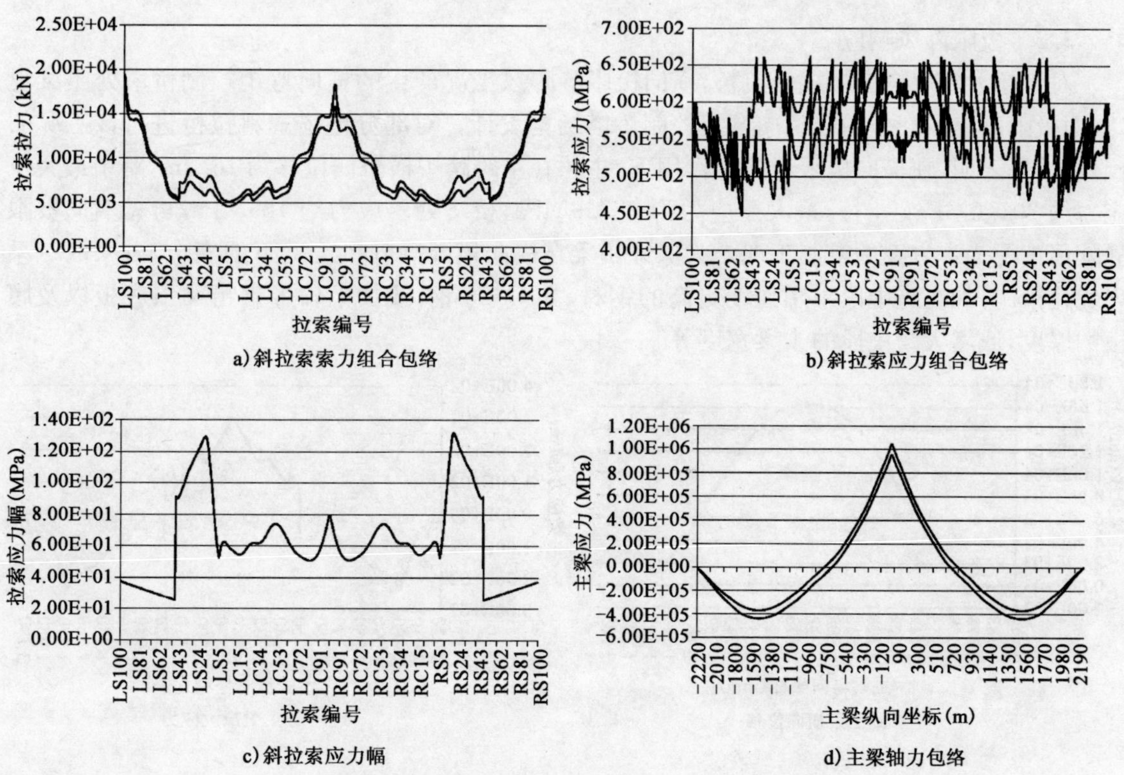

a)斜拉索索力组合包络　b)斜拉索应力组合包络　c)斜拉索应力幅　d)主梁轴力包络

图　3

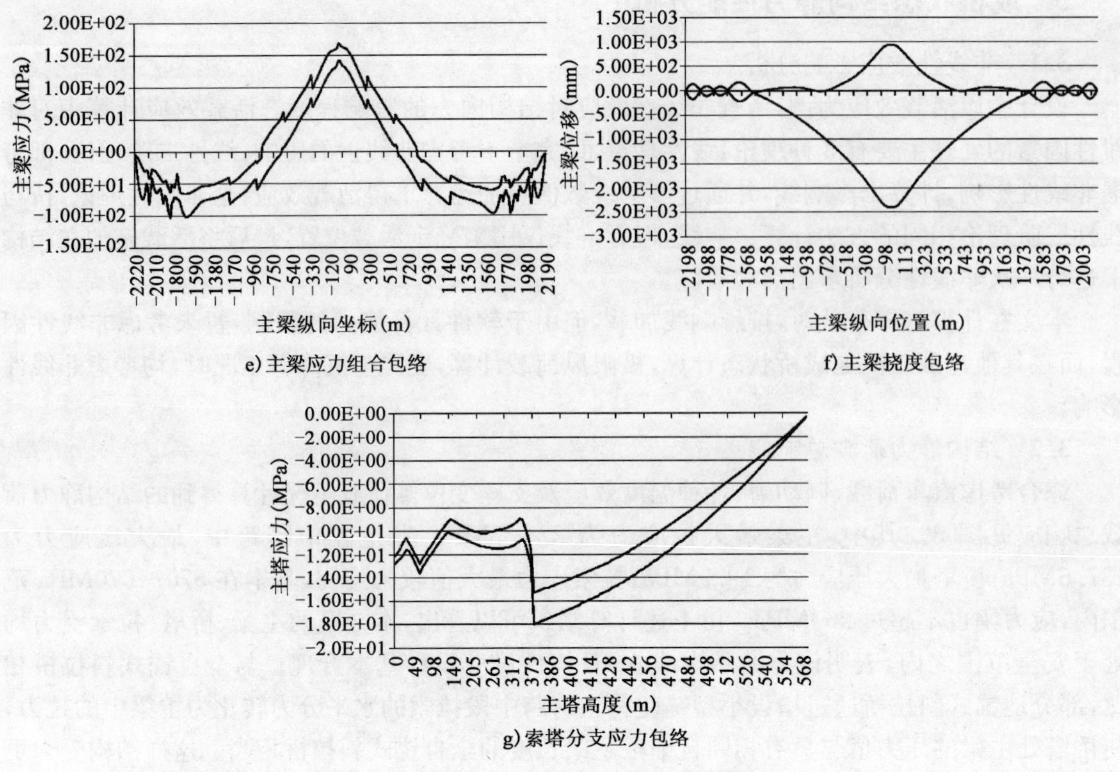

e)主梁应力组合包络　　f)主梁挠度包络

g)索塔分支应力包络

图 3　结构静力荷载总响应

3.3　极限静风响应

对于超大跨度全自锚式斜拉桥,横向极限静阵风工况产生的横向弯矩控制桥塔处主梁设计,而极限静纵风产生的顺桥向弯矩控制桥塔结构设计。对部分地锚式斜拉桥进行该工况的校核,结果表明,在横向极限静阵风作用下,主梁在主跨跨中横桥向位移为 16.3m,跨中最大拉应力约 301.6MPa(图 4),最大压应力为 237.9MPa,桥塔处压应力约 189MPa,可见横向极限静阵风工况为本方案的控制工况。为保证桥梁在横向极限静阵风工况下的安全,可采取一系列优化措施,如在跨中段采用强度更高的钢材,如 Q420 钢,或加大扁平钢箱梁顶底板以及腹板的厚度,或增大跨中段的主梁宽度等。

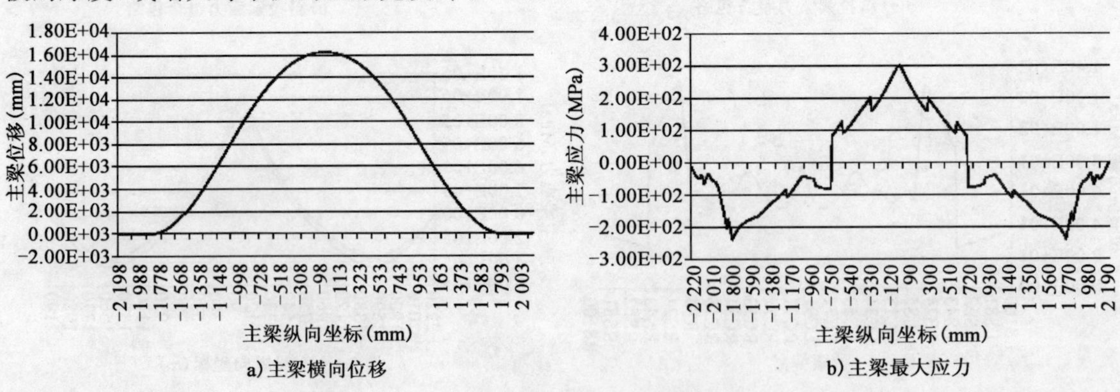

a)主梁横向位移　　b)主梁最大应力

图 4　横向极限静阵风下的主梁响应

对于非固结体系的斜拉桥，主梁和拉索上承受的风荷载需要传递到塔的上部，进而在桥塔中产生很大的弯矩；同时，主梁纵漂距离很大，对伸缩缝构造提出了很高的要求。目前，大跨度斜拉桥一般通过在塔梁间设置限位装置来解决这一问题。但对于部分地锚式斜拉桥，由于地锚拉索约束了塔顶位移，进而减小了主梁纵漂距离，因此结构响应大为改善。计算结果表明，即使不设置主梁限位装置，桥塔压应力也不超过 15.4MPa，且没有拉应力出现，同时主梁纵漂距离仅 0.433m。

3.4 静力稳定性

部分地锚式斜拉桥跨中段主梁承受很大的拉力，有利于提高桥梁的稳定性。计算表明，本设计方案成桥状态弹性屈曲稳定安全系数为 17.0，结构具有足够的稳定性。

3.5 颤振临界风速估算

对于大跨度斜拉桥，应通过风洞试验验证结构的抗风稳定性。但根据结构自振频率估算得到的颤振临界风速仍具有一定的参考价值。估算结果中，成桥状态颤振临界风速为 82.5m/s，说明结构具有相当的抗风稳定性。

4 结语

经过有限元模型的分析验证，本方案在刚度，屈曲稳定，抗风稳定方面均能满足设计要求，在多数工况下各构件应力也均基本满足要求。横向极限静阵风工况为控制设计的因素，也可以采取一系列措施使桥梁结构满足设计要求。由此，可以确定 3 000m 主跨部分地锚式斜拉桥的方案构思是可行的。另外应注意到，本论文是对该桥型极限跨径的探索，主要表现在本方案的构件尺寸在相当程度上超出已有工程实践的范围。

参 考 文 献

[1] Niels J Gimsing. Cable Supported Bridges-Concept & Design[M]. Chichester: John Wiley & Sons, 1997.

[2] Muller J. The Bi-Stayed Bridge Concept: Overview of Wind Engineering Problems[C]// Proc. of the 1st International Symposium on Aerodynamics of Large Bridges Copenhagen: Balkema, 1992: 237-245.

[3] 王伯惠. 斜拉桥增大跨径的技术措施[J]. 公路, 2003, (2): 1-13.

44. Rio Grande 桥设计特点

易　蓓

（中交第二公路勘察设计研究院有限公司）

摘　要：牙买加 Rio Grande 桥为组合梁桥，抗震设防烈度为 10 度；该处距 Rio Grande 河入海口约 200m，气候条件恶劣，耐久性要求高。本文从抗震设计、下构设计、施工方案、耐久性等方面介绍，体现出该桥技术先进、安全可靠、耐久适用与经济合理的特点。

关键词：抗震　10 度　耐久

1　工程简介

牙买加 Rio Grande 桥为(44.5＋2×60.5＋44.5)m 连续组合梁桥，斜交角 27°，长 210m。

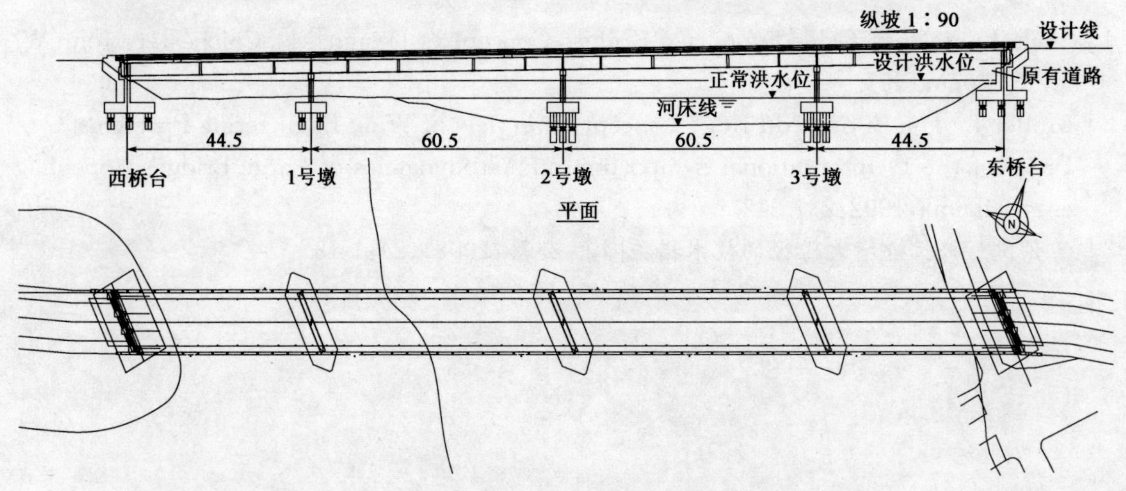

图 1　桥型布置图(尺寸单位：m)

本桥桥宽为 12.51m，综合牙买加当地的运输经济性及施工设备要求低等特点考虑，上部结构横向采用 4 片钢板梁，为保证其整体受力性，纵向每隔一定距离设置一道桁式横撑，横撑由角钢组成。

设计采用 BS5400、AASHTO、BS EN、ASTM、BD37/01 等大量外国规范，计算采用“空间

杆系程序 Midas Civil 2006 V. 7. 4. 1”。

使用阶段根据规范 BS5400，由于支座截面附近负弯矩区桥面板混凝土开裂，弹性分析忽略各支承两侧各 15%长度内混凝土的刚化效应。使用阶段钢梁截面特性按钢梁腐蚀后的尺寸计算，设计寿命内考虑 2mm 的腐蚀量。

2 抗震设计

顺桥向地震作用下，P2 墩上 Fuse Blots（保险螺栓）发生剪切变形，螺栓出现滑动和剪断，组合梁在支座上纵桥向移动，上下构间水平联系解除，上构直接影响到桥台背墙；即每块保险板装置上的 8 个螺栓剪切变形消耗地震力后，剩余大部分由桥台承担。横桥向地震作用下，由桥墩、桥台共同承担。

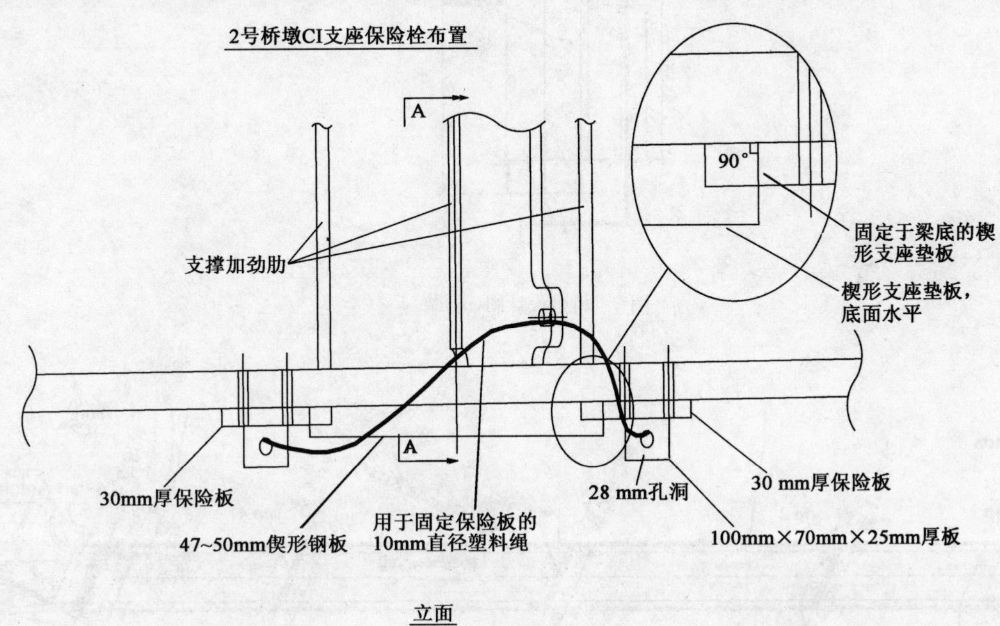

图 2 固定支座保险栓设置图

本桥抗震是最核心内容，为此在构造上做了精心考虑。为增强钢主梁横向整体联系，并顺利有效地将水平力传递到桥台，故在桥台处钢主梁间设置异形混凝土端横梁，且在伸缩缝下每片钢主梁处设置楔形混凝土块。与之对应的，考虑桥台与钢主梁沿力线正面接触，故将桥台设计成分离齿柱状，分别与四片钢主梁端的楔形混凝土块在高度上对应。

3 下构设计

本桥斜交 27°，斜桥斜做，既考虑与周围环境的协调，又尽量减小了对河堤的拥堵及水中墩的阻力。1～3 号桥墩为墙式墩，为与水流方向一致而采用与 27°斜交；墩身纵向厚 1 000mm，两头为导流设置成尖角状。

根据不同位置的冲刷深度及控制荷载等因素，下构桩基从根数、桩长到配筋量做了不同的设计。东西两桥台各设计了 12 根直径 1.5m 桩基。1 号桥墩基桩按纵向二排、横向四排布置，共 8 根桩；2～3 号桥墩基桩按纵向三排、横向四排布置，共 10 根桩。

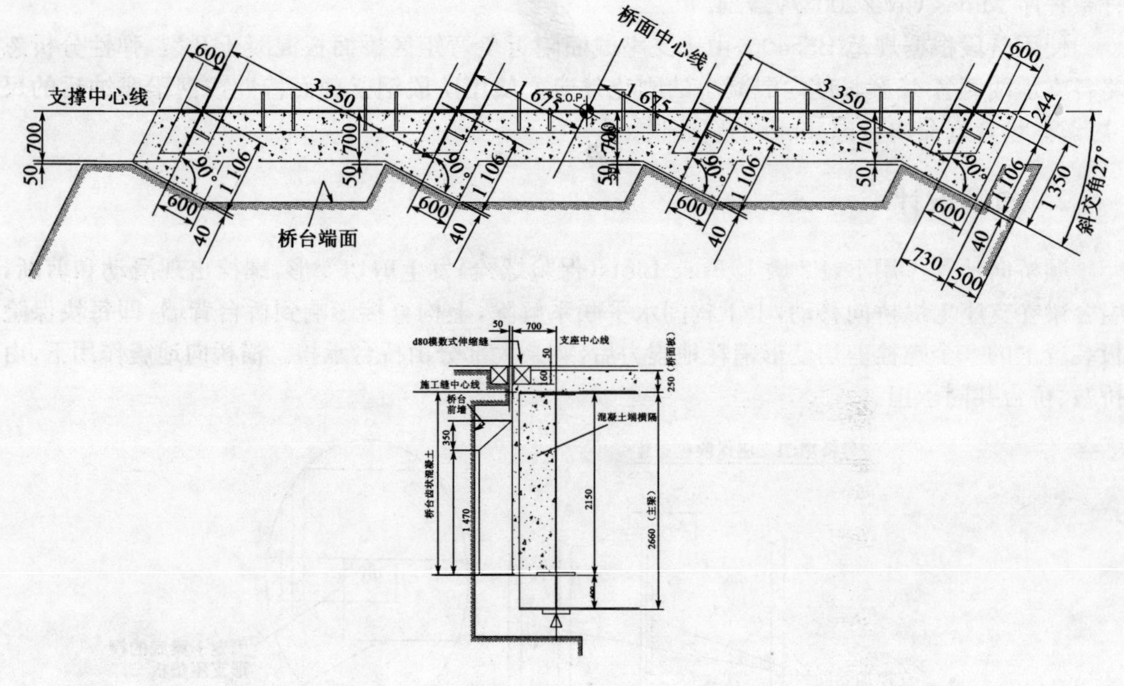

图 3　桥台设计图(mm)

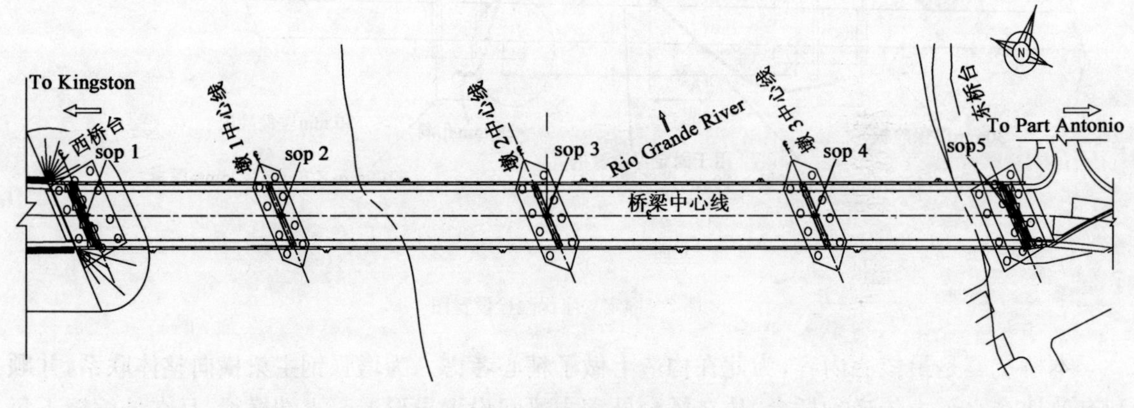

图 4　桥梁下构布置图

4　施工方案

为便于桥梁基础施工,拟采用打设钢管桩支设临时钢栈桥的方式,形成临时施工便道。灌注桩钢护筒采用施工栈桥上吊机吊振动锤进行打设。安装钢套箱围堰进行承台的施工。钢梁加工好后拟采用顶推法进行安装,为了减少顶进过程中的梁体内力,前段加导梁。待钢主梁架设到位之后,再分节段浇注钢筋混凝土桥面板,桥面板采用在现场支设模板浇注混凝土的方式进行施工。

钢梁顶推在国内应用较多,可以节省桥下支架费用,利用岸侧路面,施工方便施工质量易保证。此施工方案成熟合理,施工快捷,工期短,造价省。

5 耐久性

牙买加属于热带雨林气候，中北部地区雨量尤其丰富；四季和昼夜温差不大，气温一般处于摄氏 22～32℃间；6～10 月为飓风多发期。结合实际气候条件，考虑本桥使用寿命 75 年，地理位置距海口 200m，本桥采用了增加保护层厚度、外加防腐蚀措施等方法来增加混凝土的耐久性。

根据结构部位和受力特点，设置合理的钢筋保护层厚度。桥墩、桥台按水位变化区域选用 Im2 腐蚀条件下的涂层体系。混凝土涂装材料应具有良好的附着性、耐蚀性，具有出厂合格证和检验资料，并符合耐久性设计要求。

45. 自预应力钢管混凝土拱桥自应力值确定

周水兴[1]　张　敏[1]　龚清盛[2]　徐　军[1]

(1. 重庆交通大学土木建筑学院;2. 重庆市巫山县交通局)

摘　要:本文根据钢管混凝土拱桥在使用期间钢管应处于弹性阶段的要求,依据 Von Mises 屈服准则和静力平衡原理,推导了钢管环向应力最大限值及其与自应力的关系,根据广义应力应变关系,建立了限制膨胀率与自应力关系,考虑管内混凝土在封闭条件下能够实现的限制膨胀率,提出了自应力大小应控制在 2～4MPa 的合理建议。

关键词:钢管混凝土拱桥　自应力　环向应力　限制膨胀率　自应力合理范围

1　概述

自国内建成首座钢管混凝土拱桥以来,陆续建造了 300 多座不同跨径、不同结构体系的钢管混凝土拱桥。正在建设中的四川合江长江大桥,主跨达 518m。然而,早期建造的钢管混凝土拱桥,由于采用普通微膨胀混凝土,致使管内混凝土脱空现象十分普遍。管内混凝土脱空,不仅使钢管混凝土设计理论与实际不符,而且还影响到钢管混凝土拱桥的承载能力。采用自应力高性能膨胀混凝土,在克服钢管与管内混凝土脱空的同时,还可以提高其承载力,因此,自 2000 年以来,国内外对自应力钢管混凝土短柱轴压力学性能与膨胀模式的理论与试验研究较多[1-6],但究竟选取多大的混凝土自应力值,尚未开展过研究。

理论分析与试验结果均表明[2-5],过小的自应力虽然可以克服管内混凝土的脱空,但不能提高钢管混凝土的承载力,而过大的自应力虽然克服了管内混凝土的脱空,但由于过大的自应力,使钢管中产生了相当大的环向应力,降低了钢管承受纵向压力的能力,最终导致钢管混凝土构件承载力的降低。由此可见,自应力钢管混凝土拱桥中存在一个最佳自应力的问题。

2　自应力值合理范围的确定

2.1　按使用阶段钢管纵向应力控制

钢管混凝土拱桥拱肋钢管截面应力,包括各个施工阶段的累积应力、二期恒载引起的应力、温度应力以及车辆荷载、混凝土收缩徐变引起的应力。为保证钢管在长期荷载作用下处于

基金项目:西部交通建设科技项目(2006-318-814-22)

弹性阶段，需要考虑一定的安全储备，根据《公路钢管混凝土拱桥设计规范（征求意见稿）》，要求钢管轴向应力应满足 $\sigma_1 \leqslant 0.8f_s$。

根据 Von Mises 屈服准则，有：

$$\sigma_i = \frac{\sqrt{2}}{2}\left[(\sigma_1-\sigma_2)^2+(\sigma_1-\sigma_3)^2+(\sigma_2-\sigma_3)^2\right]^{\frac{1}{2}} \leqslant f_y \tag{1}$$

式中：σ_i——钢管等效屈服应力；

σ_1、σ_2、σ_3——分别为钢管的纵向应力、环向应力和径向应力。

对于钢管，其径向应力很小，可以忽略不计，即 $\sigma_3=0$，则式(1)变为：

$$\sigma_i = \frac{\sqrt{2}}{2}\left[(\sigma_1-\sigma_2)^2+\sigma_1^2+\sigma_2^2\right]^{\frac{1}{2}} \leqslant f_y \tag{2}$$

对于钢管混凝土拱桥中常用的 Q235、Q345 和 Q390，钢材屈服强度 f_y 和设计强度 f_s 之间存在 $f_y \approx 1.1f_s$ 的关系。将 $\sigma_1=0.8f_s$ 代入式，得：

$$(0.8f_s)^2-0.8f_s\sigma_2+\sigma_2^2 \leqslant (1.1f_s)^2 \tag{3}$$

解方程，可得到

$$\sigma_2^1 = 1.254\,4f_s,\ \sigma_2^2 = -0.454\,4f_s$$

由于 σ_1 承受轴向压力，根据材料的变形规律，σ_2 应为环向拉应力，因此应取负值，即

$$\sigma_2 = -0.454\,4f_s \tag{4}$$

为便于分析，取钢管环向应力的绝对值，即 $\sigma_{s\theta}=|\sigma_2|$，并满足

$$\sigma_{s\theta} \leqslant 0.454\,4f_s \tag{5}$$

根据自应力 q 与钢管环向应力 $\sigma_{s\theta}$ 的关系(图 1)，有：

$$\sigma_{s\theta} = \sigma_2 = \frac{r}{t}\cdot q \tag{6}$$

式中：r——钢管内径；

t——钢管壁厚。

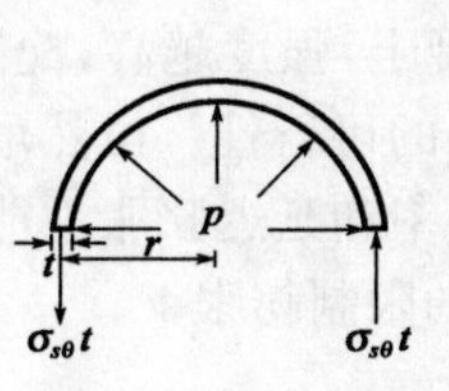

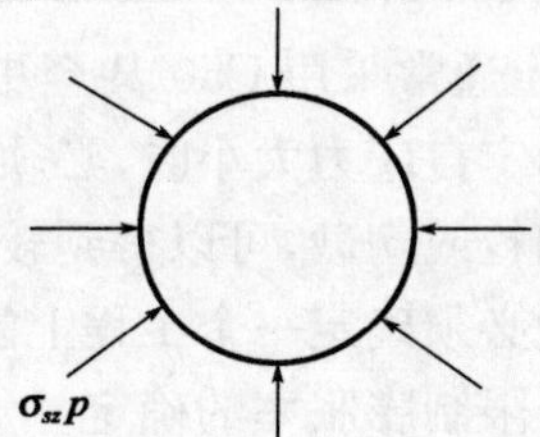

图 1　钢管混凝土受力示意图

相对于钢管内径，钢管壁较薄，其含钢率近似表示为：

$$\alpha_s = \frac{A_s}{A_c} = \frac{2\pi\left(r+\dfrac{t}{2}\right)t}{\pi r^2} \approx \frac{2t}{r}$$

将上述含钢率公式代入式(6)，即可建立最大自应力值与含钢率之间的关系，并注意到 $\sigma_{s\theta} \leqslant 0.454\,4f_s$，于是

$$q = \frac{t}{r}\cdot\sigma_{s\theta} = \frac{\alpha_s}{2}\cdot\sigma_{s\theta} = 0.227\,2\alpha_s\cdot f_s \tag{7}$$

由式(7)可见，最大自应力值 q 和钢管环向应力 $\sigma_{s\theta}$ 是关于含钢率的线性函数关系。公路钢管混凝土拱桥拱肋截面常用含钢率 $\alpha_s=0.06\sim0.12$，代入式(7)，有

$$q \leqslant 0.2272\alpha_s f_s = (0.013632 \sim 0.027274) f_s \tag{8}$$

由此可得到Q235、Q345和Q390钢，钢管环向应力限值和核心混凝土的自应力值，如表1所示。表1列出了常用含钢率下自应力钢管混凝土的自应力最大值。

钢管环向应力限值与混凝土自应力值 表1

钢材	壁厚(mm)	f_s(MPa)	最大环向应力(MPa)	自应力最大值(MPa)	
				$\alpha_s=0.06$	$\alpha_s=0.12$
Q235	$t\leqslant16$	215	97.70	2.931	5.862
	$16<t\leqslant35$	205	93.15	2.795	5.589
Q345	$t\leqslant16$	310	140.86	4.226	8.452
	$16<t\leqslant35$	295	134.05	4.021	8.043
Q390	$t\leqslant16$	350	159.04	4.771	9.542
	$16<t\leqslant35$	335	152.22	4.567	9.133

需要指出的是，表中计算数据未考虑钢管初应力、管内混凝土徐变等因素对钢管环向应力的影响，为确保钢管混凝土拱桥在成桥阶段钢管处于弹性状态，实际混凝土自应力和钢管环向应力均不应大于表1中的最大环向应力值和自应力值。

2.2 按最佳自应力水平确定

数值分析和试验结果表明[1-3,7]，自应力钢管混凝土的自应力水平 $\eta=p/f_{cu,k}$ 存在一个0.06～0.08之间的最佳水平，此时由自应力提高的钢管混凝土构件承载力最大(最大值可达到20%)。钢管混凝土拱桥常用的混凝土强度等级为C40～C60，相应的最佳自应力值范围如表2所示。

按最佳自应力水平确定的自应力值 表2

混凝土强度等级	C40	C50	C60
最佳自应力范围(MPa)	2.40～3.20	3.00～4.00	3.60～4.80

由于高性能混凝土通常采用C50甚至更高的混凝土，强度越高，配置较高自应力值的配合比越困难，因此在确定自应力大小时，必须考虑施工的可行性。虽然增大水胶比、双掺膨胀剂、掺入吸水饱和的陶粒或陶砂，可以得到较好的膨胀率和延迟膨胀性能，但由于管内混凝土处于封闭条件下，因此必须确定一个工程上能够实现的限制膨胀率。

2.3 封闭条件下限制膨胀率的确定

对自应力混凝土，钢管环向应力和径向应力的关系式可表述为：

$$\left.\begin{aligned}\sigma_r &= \frac{qa^2}{b^2-a^2}\left(1-\frac{b^2}{r^2}\right)\\ \sigma_t &= \frac{qa^2}{b^2-a^2}\left(1+\frac{b^2}{r^2}\right)\end{aligned}\right\} \tag{9}$$

式中：σ_r——钢管径向应力；

σ_t——钢管环向应力；

q——混凝土自应力；

a——钢管内径；

b——钢管外径。

当 $r=a$ 时，环向应力简化为：

$$\sigma_t = \frac{a^2+b^2}{b^2-a^2}q \tag{10}$$

令，$\beta=\frac{a^2+b^2}{b^2-a^2}$，则上式变为：

$$\sigma_t = \beta q \tag{11}$$

钢管核心混凝土的自应力是受到限制膨胀产生的，故有：

$$q = E_c(\varepsilon_0 - \varepsilon_R) \tag{12}$$

式中：E_c——混凝土弹性模量；

ε_0——混凝土自由膨胀率；

ε_R——混凝土限制膨胀率。

根据广义胡克定律，整理可得：

$$\varepsilon_R = \frac{\beta E_c \varepsilon_0}{\beta E_c + E_s} = \frac{\varepsilon_0}{1+n_s/\beta} \tag{13}$$

式中：$n_s = E_s/E_c$。

将式(12)代入式(11)，得：

$$q = E_c \varepsilon_0 \cdot \frac{n_s}{\beta + n_s} \tag{14}$$

因此，只要测试出混凝土的弹性模量和自由膨胀率，便可计算出混凝土的限制膨胀率、混凝土自应力和钢管的环向应力。

表3所示为C50混凝土强度等级，不同钢管直径、不同含钢率下的限制膨胀率和自应力值。从表3可以看出，对于钢管混凝土拱桥常用的含钢率0.06～0.12，限制膨胀率在1.89×10^{-4}～4.10×10^{-4}之间。由于在封闭状态下要达到4.0×10^{-4}以上的限制膨胀率，技术难度很大。

综合以上分析，将自应力值控制在2～4MPa比较合理。

混凝土不同自由膨胀率对应的自应力 表3

自应力钢管混凝土规格 管径(mm)×壁厚(mm)		自应力混凝土自由膨胀率($\times10^{-4}$)					
		1.00	2.00	3.00	4.00	5.00	6.00
1000×18，C50	限制膨胀率	8.20	1.64	2.46	3.28	4.10	4.92
	自应力大小(MPa)	0.62	1.24	1.86	2.48	3.10	3.72
1000×22，C50	限制膨胀率	7.88	1.58	2.37	3.15	3.94	4.73
	自应力大小(MPa)	0.73	1.46	2.19	2.92	3.65	4.38
800×16，C50	限制膨胀率	8.04	1.61	2.41	3.22	4.02	4.82
	自应力大小(MPa)	0.68	1.35	2.03	2.70	3.38	4.05
800×18，C50	限制膨胀率	7.84	1.57	2.35	3.14	3.92	4.71
	自应力大小(MPa)	0.74	1.49	2.23	2.97	3.72	4.46
600×14，C50	限制膨胀率	7.78	1.56	2.33	3.11	3.89	4.67
	自应力大小(MPa)	0.77	1.53	2.30	3.06	3.83	4.59

3 结语

由于钢管混凝土拱桥具有跨越能力大、外形美观、施工快捷等优点，未来中国仍将建设大量的钢管混凝土拱桥。本文依据钢管混凝土拱桥在使用阶段钢管应处于弹性阶段和封闭条件下限制膨胀率施工可行性，得到了自应力大小应控制在 2～4MPa 的设计建议，为今后自应力钢管混凝土拱桥设计提供理论依据。

参考文献

[1] 姚武，钟文慧. 自密实自应力钢管混凝土计算分析[J]. 建筑材料学报，2003，6(4).

[2] 徐磊. 钢管自应力免振混凝土轴压柱设计理论研究[D]. 大连：大连理工大学，2005.

[3] 黄承逵，徐磊，刘毅. 钢管自密实自应力混凝土短柱轴压力学性能试验研究[J]. 大连理工大学学报，2006，46(5).

[4] 尚作庆，黄承逵. 钢管限制对自应力混凝土膨胀的影响[J]. 建筑材料学报，2007，10(3).

[5] 李悦，丁庆军，胡曙光，等. 钢管膨胀混凝土力学性能及其膨胀模式的研究[J]. 武汉工业大学学报，2000，22(6).

[6] 李帼昌，刘之洋. 自应力钢管轻骨料混凝土结构[D]. 沈阳：东北大学出版社，2001.

[7] 重庆交通大学. 自预应力钢管混凝土开发应用试验研究报告[R]. 重庆：重庆交通大学，2011.

46. 双幅并列箱梁阻力数值仿真计算

詹 昊[1] 方 涛[2]

(1. 中铁大桥勘测设计院集团有限公司;2. 华中科技大学土木工程与力学学院)

摘 要:本文运用计算流体力学商用软件 FLUENT 对某桥双幅并列箱梁所受阻力进行了数值仿真计算,研究了箱梁高度,前后箱梁间距对阻力的影响。数值计算结果说明双幅并列箱梁所受阻力气动干扰表现为:由于受到前箱的遮挡,后箱所受阻力值相对前箱较小,甚至为负值;随着前后箱梁间距增大,前箱所受阻力值变化较小,后箱所受阻力由负值变为正值;随着箱梁高度的增加,前箱所受阻力值增大,但单位面积箱梁所受阻力值变化较小。

关键词:双幅并列箱梁 气动干扰 阻力

1 引言

双幅桥梁在不增加单个桥面宽度和结构复杂程度的前提下,增加了交通量,工程上运用越来越广泛。双幅桥梁抗风性能的研究需考虑上游侧主梁和下游侧主梁之间的气动干扰,其中静力三分力系数是计算桥梁风荷载作用下静力,动力响应的必要条件。目前主要研究手段是风洞试验,相关内容可以,见文献[1]~文献[3]。随着计算流体力学的发展和计算机能力的提高,数值风洞技术应用越来越广泛。相对风洞试验它具有独特的优势:计算费用低,计算时间相对较少;可以建立足尺模型,避免了雷诺数的影响;具有良好的可视性,显示流场形态,有助于揭示风致振动的微观机理。本文运用计算流体力学商用软件 FLUENT 对某桥双幅并列主梁前箱和后箱阻力进行了数值仿真计算分析。

2 数值仿真计算

2.1 静力三分力系数

风轴坐标系下的静力三分力系数定义为:

$$C_D = \frac{F_D}{0.5\rho U^2 HL} \tag{1}$$

$$C_L = \frac{F_L}{0.5\rho U^2 BL} \tag{2}$$

$$C_M = \frac{M_Z}{0.5\rho U^2 B^2 L} \tag{3}$$

式中：U——风速，；ρ——流体密度，空气密度常温时取 1.225kg/m^3；$0.5\rho U^2$——气流动压；H、B、L——分别为物体的高度、宽度和长度；F_D、F_L、M_Z——分别为物体所受到的阻力、升力和俯仰力矩。

2.2 数值仿真计算模型

某桥主梁截面示意如图 1、图 2 所示，为双幅并列箱梁。D 为悬臂间距离，分别取 0m，0.5m，1m，2m，3m，4m，5m；其中 0m 表示由间距 D=0.5m 的箱梁悬臂连接而成。H 为箱梁的投影高度，分别取 3.33m，4.83m，6.33m。针对主梁施工无栏杆工况，本文对不同高度，不同间距的箱梁阻力进行了数值仿真计算分析(图 3)。

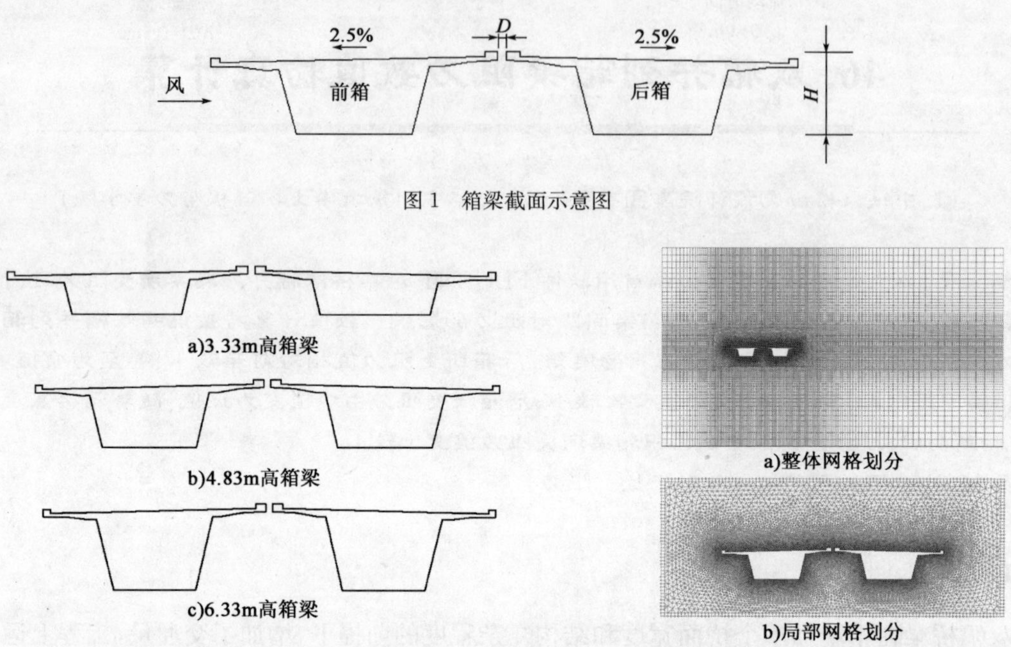

图 1 箱梁截面示意图

图 2 不同高度箱梁截面示意图

图 3 网格划分图

网格划分如图 3 所示。流场网格由两部分构成，包围截面的非结构网格区域和外面的结构网格区域。风向从左至右，左侧设定为速度入口，右侧设定为自由出流。上下边界为无滑移固壁边界。数值计算中，采用有限体积法求解，其中对流项采用二阶迎风差分格式，压力和速度的耦合采用 SMPLEC 算法，本文计算采用 RNG-k-ε 湍流模型，湍流强度取 10%，风速 U=30m/s。

3 数值仿真计算结果

3.1 阻力系数时程曲线

由图 4 可知，前箱阻力系数幅值波动较小，平均值较大，阻力系数的幅值和平均值都为正值；后箱阻力系数幅值波动较大，平均值较小。阻力系数的幅值正负交替，平均值为正值或负值。

3.2 速度矢量图

由图 5 速度矢量图初步分析箱梁阻力变化的原因。由于前箱的遮挡作用，后箱处于前箱的尾流中，两箱之间形成旋涡，随着箱梁间距变化，速度矢量发生变化会导致箱梁所受压力变化。箱梁阻力主要是由压差产生，因此箱梁所受阻力发生变化。

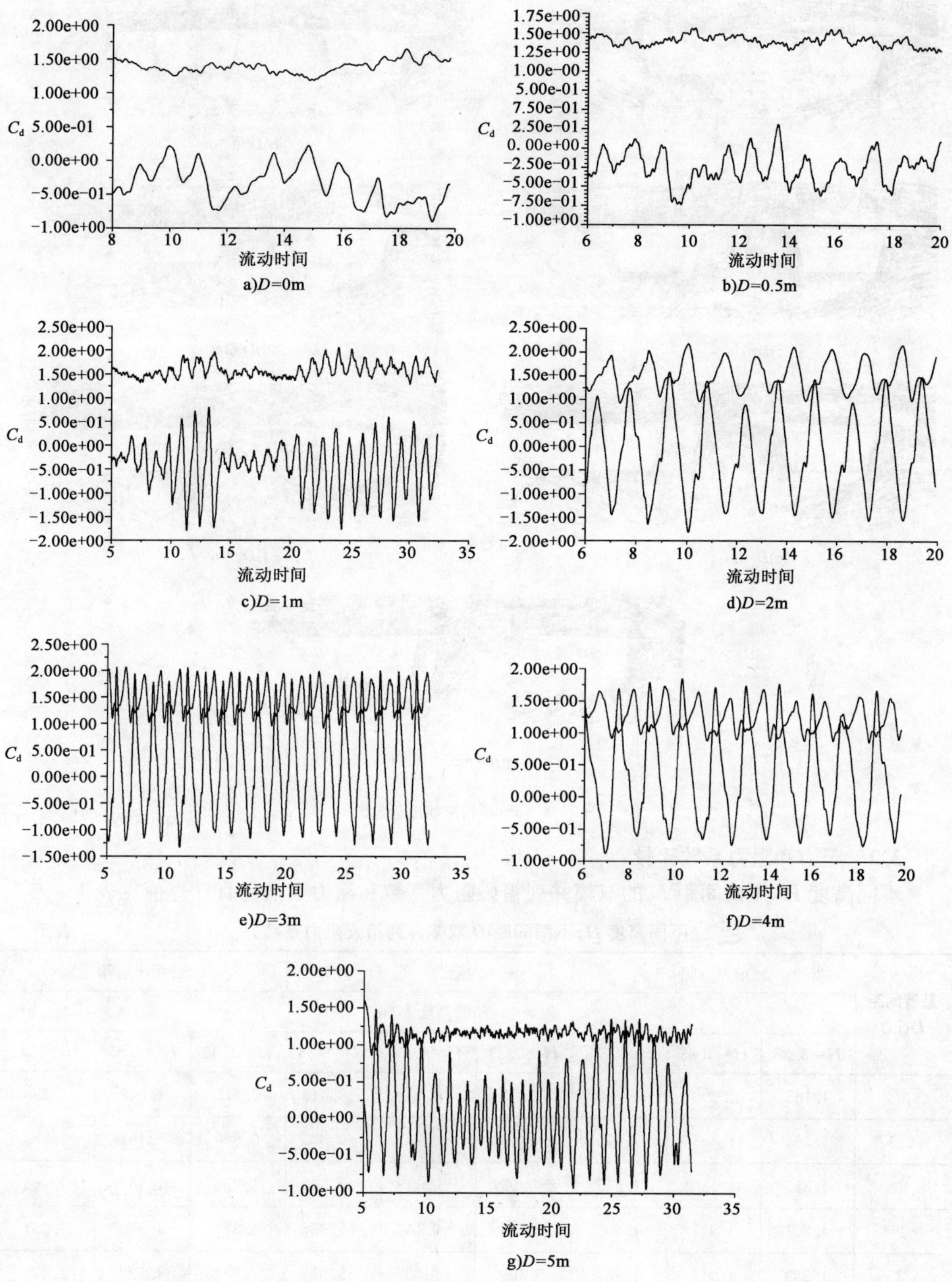

图 4　4.83m 高箱梁阻力系数时程曲线

（图中上曲线为前箱阻力系数时程曲线，下曲线为后箱阻力系数时程曲线）

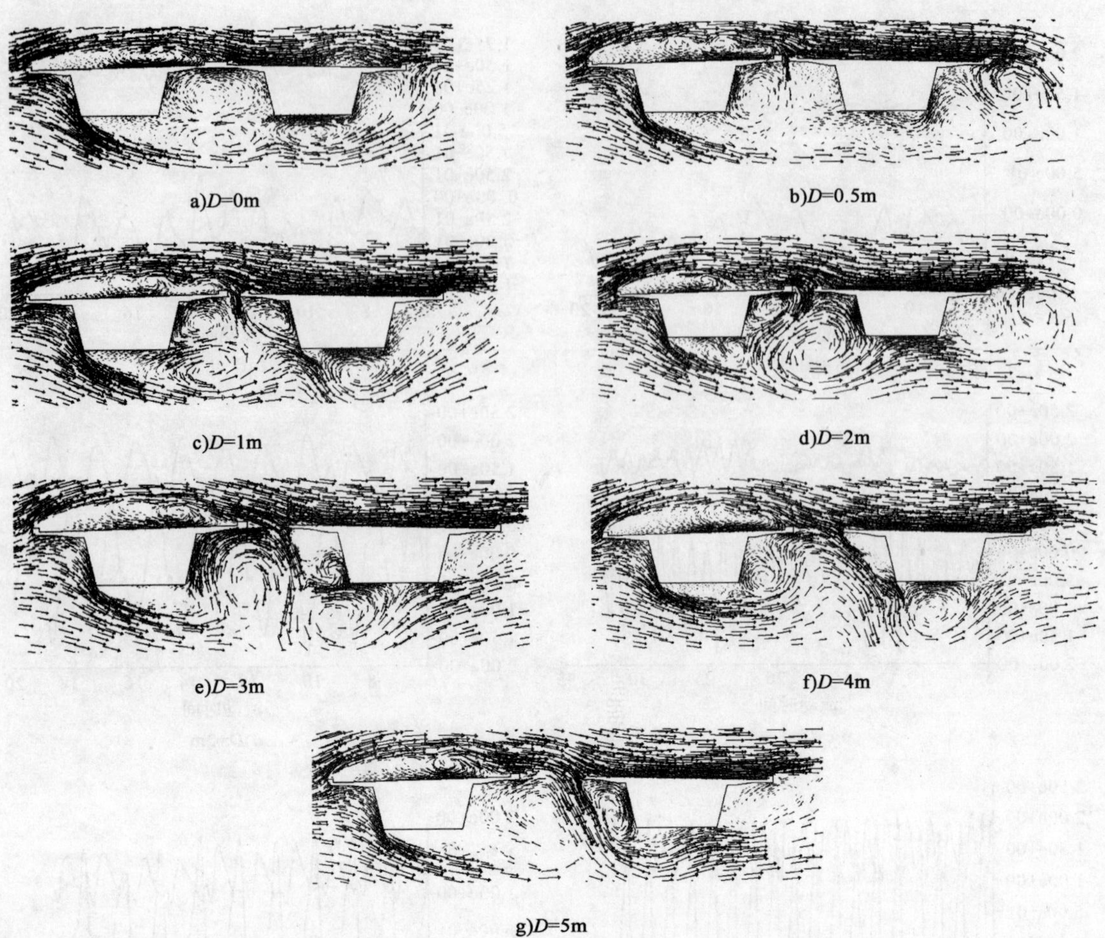

图5　4.83m 高箱梁速度矢量图

3.3　阻力和阻力系数比较

不同高度 H，不同间距 D 的双幅并列箱梁阻力系数和阻力数值仿真计算值见表 1～表 5。

不同高度 H，不同间距 D 双幅并列箱梁阻力系数　　表 1

悬臂间距 D(m)	前　箱			后　箱			前箱＋后箱		
	箱梁高度 H(m)								
	H=3.33	H=4.83	H=6.33	H=3.33	H=4.83	H=6.33	H=3.33	H=4.83	H=6.33
0	1.165	1.390	1.706	−0.453	−0.348	−0.415	0.712	1.042	1.291
0.5	1.361	1.398	1.576	−0.495	−0.247	−0.373	0.866	1.151	1.203
1	1.315	1.580	1.615	−0.057	−0.443	−0.349	1.258	1.137	1.266
2	1.201	1.517	1.607	0.176	−0.147	−0.356	1.377	1.370	1.251
3	1.238	1.417	1.457	0.309	0.105	−0.023	1.547	1.522	1.434
4	1.173	1.217	1.404	0.170	0.302	0.177	1.343	1.519	1.581
5	1.198	1.153	1.355	0.213	0.043	0.305	1.411	1.196	1.660

不同高度 **H**,不同间距 **D** 双幅并列箱梁单位长度所受阻力(N/m,表中数值×U^2)　　表 2

悬臂间距 D(m)	前箱			后箱			前箱+后箱		
	箱梁高度 H(m)								
	H=3.33	H=4.83	H=6.33	H=3.33	H=4.83	H=6.33	H=3.33	H=4.83	H=6.33
0	2.376	4.112	6.614	−0.924	−1.030	−1.609	1.452	3.083	5.005
0.5	2.776	4.136	6.110	−1.010	−0.731	−1.446	1.766	3.405	4.664
1	2.682	4.674	6.262	−0.116	−1.311	−1.353	2.566	3.364	4.908
2	2.450	4.488	6.231	0.359	−0.435	−1.380	2.809	4.053	4.850
3	2.525	4.192	5.649	0.630	0.311	−0.089	3.155	4.503	5.560
4	2.392	3.600	5.443	0.347	0.893	0.686	2.739	4.494	6.130
5	2.443	3.411	5.254	0.434	0.127	1.183	2.878	3.538	6.436

不同高度 **H**,不同间距 **D** 双幅并列箱梁单位面积所受阻力(N/m^2,表中数值×U^2)　　表 3

悬臂间距 D(m)	前箱			后箱			前箱+后箱		
	箱梁高度 H(m)								
	H=3.33	H=4.83	H=6.33	H=3.33	H=4.83	H=6.33	H=3.33	H=4.83	H=6.33
0	0.714	0.851	1.045	−0.277	−0.213	−0.254	0.436	0.638	0.791
0.5	0.834	0.856	0.965	−0.303	−0.151	−0.228	0.530	0.705	0.737
1	0.805	0.968	0.989	−0.035	−0.271	−0.214	0.771	0.696	0.775
2	0.736	0.929	0.984	0.108	−0.090	−0.218	0.843	0.839	0.766
3	0.758	0.868	0.892	0.189	0.064	−0.014	0.948	0.932	0.878
4	0.718	0.745	0.860	0.104	0.185	0.108	0.823	0.930	0.968
5	0.734	0.706	0.830	0.130	0.026	0.187	0.864	0.733	1.017

表 2 和表 3 中,箱梁所受阻力=表中数值×U^2。

单位长度箱梁所受阻力　　$F_D=0.5\rho U^2 HC_D$　　(4)

单位面积箱梁所受阻力　　$F_D=0.5\rho U^2 C_D$　　(5)

不同高度 **H**,不同间距 **D** 双幅并列箱梁单位长度所受阻力比值

(H=3.33m 箱梁所受阻力值作为 1)　　表 4

悬臂间距 D(m)	前箱			前箱+后箱		
	箱梁高度 H(m)					
	H=3.33	H=4.83	H=6.33	H=3.33	H=4.83	H=6.33
0	1	1.73	2.78	1	2.12	3.45
0.5	1	1.49	2.20	1	1.93	2.64
1	1	1.74	2.33	1	1.31	1.91
2	1	1.83	2.54	1	1.44	1.73
3	1	1.66	2.24	1	1.43	1.76
4	1	1.50	2.28	1	1.64	2.24
5	1	1.40	2.15	1	1.23	2.24

不同高度 H,不同间距 D 双幅并列箱梁单位面积所受阻力比值

(H=3.33m 箱梁所受阻力值作为 1)　　表 5

悬臂间距 D(m)	前箱			前箱+后箱		
	箱梁高度 H(m)					
	H=3.33	H=4.83	H=6.33	H=3.33	H=4.83	H=6.33
0	1	1.19	1.23	1	1.46	1.24
0.5	1	1.03	1.13	1	1.33	1.05
1	1	1.20	1.02	1	0.90	1.11
2	1	1.26	1.06	1	0.99	0.91
3	1	1.14	1.03	1	0.98	0.94
4	1	1.04	1.15	1	1.13	1.04
5	1	0.96	1.18	1	0.85	1.39

4　结语

通过数值仿真计算分析可以得到以下结论:

(1)由于受到前箱的遮挡,后箱所受阻力相对前箱较小,甚至为负值。

(2)随着前后箱间距增大,前箱所受阻力变化较小,后箱所受阻力由负值变为正值。

(3)随着箱梁高度的增加,前箱所受阻力增大,但单位面积箱梁所受阻力变化较小。

本文数值仿真计算结果与文献[1]中的类似箱梁截面节段模型风洞试验的阻力变化规律基本一致。

参考文献

[1] 汪洁,刘健新,王峰.并列桥主梁三分力系数气动干扰效应试验研究[C].第十九届全国桥梁学术会议论文集(下册).中国土木工程学会桥梁及结构工程分会.北京:人民交通出版社,2010.

[2] 曲慧,马如进,陈艾荣.分离式钢箱梁静气动力节段风洞试验研究[J].结构工程师,2010,26(3).

[3] 陈政清,刘小兵,刘志文.双幅桥面桥梁三分力系数的气动干扰效应研究[J].工程力学,2008,25(7).

47. 钢桥面板闭口加劲肋关键点的热点应力分析

陈　策[1,2]　吉伯海[1]　徐汉江[1]

(1. 河海大学土木与交通学院;2. 江苏省长江公路大桥建设指挥部)

摘　要:本文通过建立有限元模型,模拟正交异性钢桥面板的局部构造情况,对部分关键点进行了热点应力分析。建立了正交异性钢桥面板局部构造的有限元模型,采用面荷载模拟车轮荷载进行结构的线弹性分析。分析结果显示,横隔板、顶板、U肋三者连接处及横隔板与U肋连接处的主应力较大,宜作为热点应力分析的关键点。基于不同网格密度的有限元模型,将不同热点处的主应力进行了比较,并采用外推公式进行了线性外推。结果显示,网格密度对U肋各焊缝的热点应力影响不同,在计算分析中应考虑该因素影响。

关键词:钢桥面板　局部构造　热点应力

1　引言

近20年来,国内建成了许多大跨度缆索支承桥梁。钢箱梁是缆索支承桥梁中的主要承重结构,其局部构造处受力复杂、应力集中问题突出。尤其是正交异性钢桥面板,在车辆荷载长期反复作用下,局部构造处容易出现早期裂纹,诱发结构性的疲劳破坏,严重影响钢箱梁结构的耐久性及安全性[1,2]。因此,有必要对正交异性钢桥面板局部构造受力性能进行研究。近年来,国内学者针对钢箱梁局部构造受力问题开展了相关研究。文献[3]以润扬大桥北汊斜拉桥钢箱梁为研究背景,计算了车轮荷载作用下局部构造处的应力,并与实测结果进行对比。文献[4]对青马大桥钢箱梁局部构件的名义应力及热点应力进行了研究,并得到了相应的应力集中系数。目前,国内对钢箱梁局部受力性能的研究仍主要以名义应力为评价指标,对可以反映结构真实构造细节的热点应力研究较少。本文通过建立有限元模型,模拟正交异性钢桥面板的局部构造情况,对部分关键点进行了热点应力分析,并为今后的试验研究提供依据。

2　热点应力方法的基本理论

2.1　热点应力的定义

金属焊接结构疲劳评定的传统方法是名义应力法,自20世纪70年代起,随着有限元法在

基金项目:国家科技支撑计划资助项目(2009BAG15B02);交通运输部2008年度部省联合攻关项目(2008-353-332-180)

结构应力分析中的广泛应用，一种针对钢结构焊趾疲劳的局部分析方法——热点应力法，首先在海上结构管接头中得到应用[5]，现在已经发展到所有类型的板结构。目前多用有限元计算或应变片实际测量法求解结构热点应力。对于形状复杂的焊接接头，用名义应力表示的疲劳寿命分散性很大，很难给出精确的 S-N 曲线。采用热点应力范围后，其分散性明显减少。对于大型复杂焊接结构，采用热点应力法进行疲劳评定，简化了接头形式，比用名义应力具有一定的优越性[6]。

在焊趾附近的沿板厚的应力分布受到焊缝的切口效应影响。在焊趾处切口应力要较名义应力高得多。因此，他们控制着钢板疲劳裂纹的产生。由于该点在裂纹萌生时产生塑性变形，在这一地区的温度升高，因此被称为"热点"。考虑非线性的应力分布如图 1 所示，可分为三种应力成分：σ_{mem}（膜应力）、σ_{ben}（壳弯曲应力）、σ_{nlp}（非线性峰值应力）。

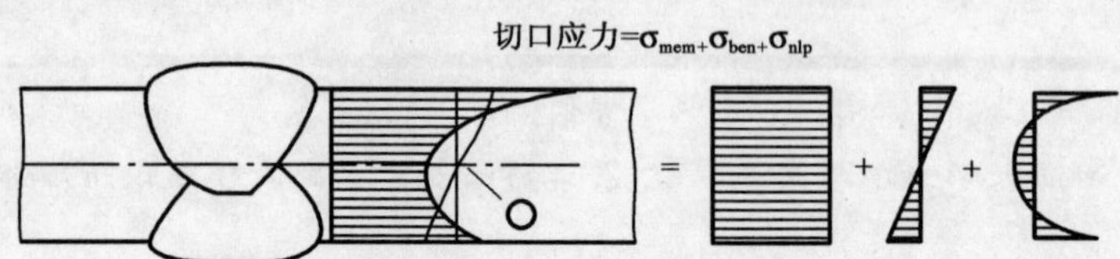

图 1　焊趾处沿钢板厚度分布的典型应力分布

膜应力沿厚度大小不变，等于沿钢板厚度分布的平均应力。壳弯曲应力分布与厚度呈线性关系，并在中间为零。非线性的峰值应力是自平衡的，大小取决于焊缝的尺寸和形状以及焊趾几何形状[7]。如已知板厚方向的应力分布函数 $\sigma(x)$，这三种应力可用以下公式计算[8]：

$$\sigma_{mem}=\frac{1}{t}\int_{x=0}^{x=t}\sigma(x)\cdot \mathrm{d}x \tag{1}$$

$$\sigma_{ben}=\frac{\sigma}{t^2}\int_{x=0}^{x=t}\sigma(x)\cdot\left(\frac{t}{2}-x\right)\cdot \mathrm{d}x \tag{2}$$

$$\sigma_{nlp}=\sigma(x)-\sigma_{mem}-\left(1-\frac{x}{2}\right)\cdot\sigma_{ben} \tag{3}$$

式中，t 为构件厚度。

结构的热点应力方法的思路是排除非线性峰值应力，因为在设计阶段，焊缝的几何特征还无法精确知道。非线性切口的影响是间接包含在 S-N 曲线中（不同的局部焊缝几何特征是测试结果差异的主要原因）。因此，只有两个线性分布的应力分量组成了结构的热点应力。

$$\sigma_{hs}=\sigma_{mem}+\sigma_{ben} \tag{4}$$

其中，σ_{hs} 为结构的热点应力。国际焊接学会（IIW）建议，结构的热点应力包括所有由于结构的几何形状而引起的应力提升效应，不包括由于焊缝自身引起的非线性切口效应。

2.2　热点应力的类型

国际焊接学会将热点应力分为两种类型（图 2）：a 型热点位于板表面，b 型热点位于板边缘。

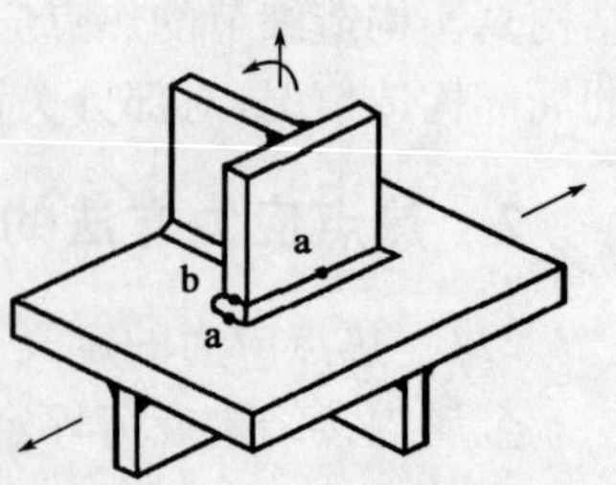

图 2　两种不同的热点类型

2.3　热点应力的计算方法

一般用外推的方法得到热点应力，为避开非线性应力峰值的影响，外推测点应该距离焊趾有足够的距离，在距离焊趾 0.4t(t 为主板的厚度)处，非线性应力峰值基本消失，外推点应该从这个位置开始。采用国际焊接学会推荐的外推方法[8~10]，当有限元网格较密时，采用式(5)、式(6)外推；当有限元网格较粗时，采用式(7)、式(8)外推。

$$\sigma_{hs} = 1.67\sigma_{0.4t} - 0.67\sigma_{1.0t} \tag{5}$$

$$\sigma_{hs} = 3\sigma_{4mm} - 3\sigma_{8mm} + \sigma_{12mm} \tag{6}$$

$$\sigma_{hs} = 1.50\sigma_{0.5t} - 0.50\sigma_{1.5t} \tag{7}$$

$$\sigma_{hs} = 1.50\sigma_{5mm} - 0.50\sigma_{15mm} \tag{8}$$

式中，σ_{hs}为热点应力；$\sigma_{0.4t}$、$\sigma_{0.5t}$、σ_{t}、$\sigma_{1.5t}$为距热点 0.4t、0.5t、t、1.5t 处的应力；σ_{4mm}、σ_{5mm}、σ_{8mm}、σ_{12mm}、σ_{15mm}为距热点 4mm、5mm、8mm、12mm、15mm 处的应力。其中，式(5)、式(7)适用于第 1 类热点，式(6)、式(8)适用于第 2 类热点。

通过有限元分析结构的热点应力，可以采用壳单元模型或实体单元模型。为简化建模及分析过程，采用壳单元模型模拟正交异性钢桥面板的局部构造，并基于线弹性的理论进行局部构造处的热点应力分析，外推热点取于两板的交接处。

3 热点应力分析

3.1 有限元模型的建立

本文采用 SHELL63 弹性壳模拟正交异性钢桥面板局部构造中的顶板、U 肋及横隔板。根据车辆荷载统计分析的部分结果，采用面荷载 0.2m×0.3m 模拟车轮荷载。图 3 试验模型设计图、图 4 为有限元模型图。

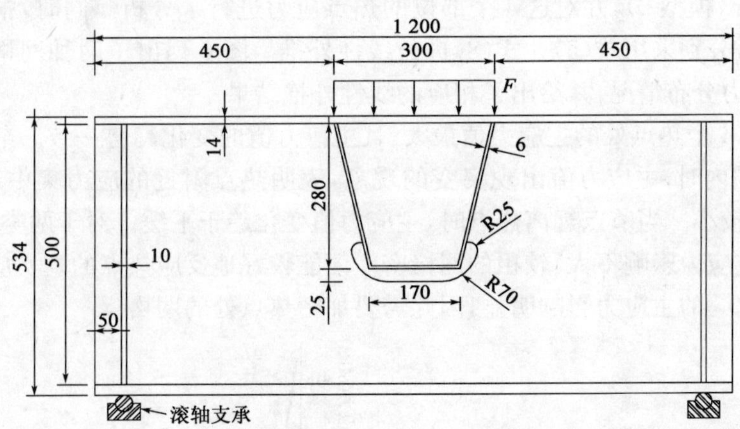

图 3　试验模型设计图(尺寸单位：mm)

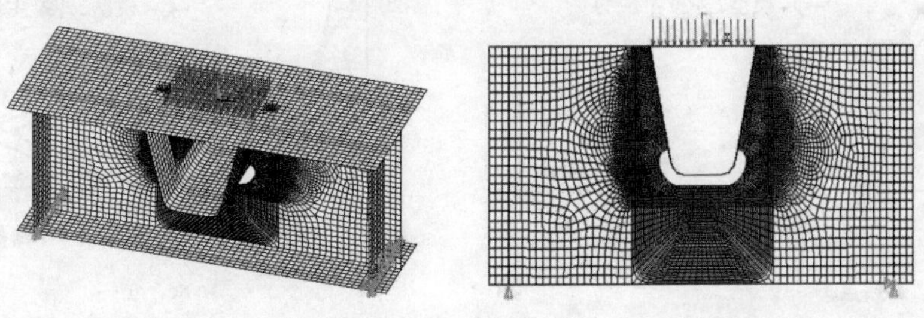

图 4　有限元模型图

3.2 计算热点的选取

对有限元模型加载进行线弹性分析，为了安全地考虑车轮荷载作用，选择车辆荷载统计分析中最大车轮荷载 120kN[11]。基于分析的结果，选择模型中各单元的主应力作为计算对象，图 5 为有限元模型的主应力云图。由图可以看出，在正交异性钢桥面板局部构造中，横隔板、顶板、U 肋三者连接处及横隔板与 U 肋连接处的主应力明显大于其他部位，应力集中效应突出，将图中①、②、③及④4 个部位作为进行热点应力分析的关键点。

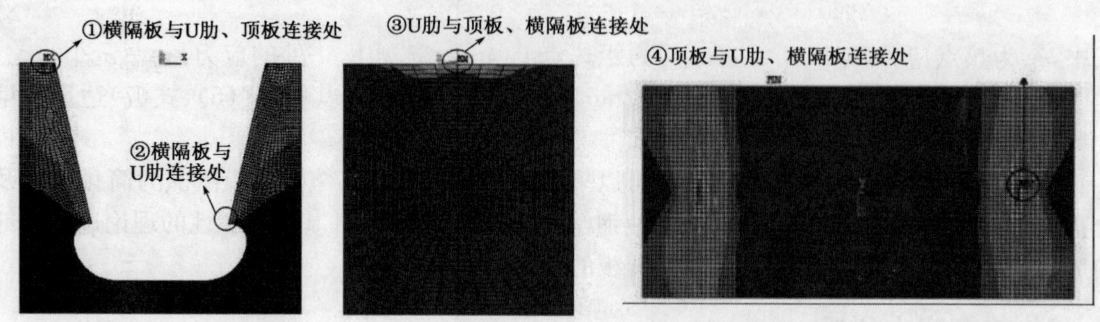

图 5　有限元模型主应力云图

3.3 热点应力对比分析

根据对有限元模型的主应力分析结果可知，图 5 中的 4 个部位应为进行热点应力分析的热点部位。本文建立了两种不同网格密度的有限元模型，网格尺寸分别为 4mm×4mm（模型 1）、10mm×10mm（模型 2），并对这 4 个部位的热点应力进行了分析。同时，根据不同热点的类型及网格密度，分别采用式(5)～式(8)进行线性外推。图 6 列出了两种网格密度下的 4 个热点附近的主应力分布情况，并给出了相应的线性外推结果。

由图 6 可见，4 个热点处的主应力值最大，且主应力值的变化趋势一致。节点离热点距离在 0～40mm 范围内时，主应力值出现突变的现象，表明热点附近的应力集中现象非常明显，且应力影响范围较小。当节点远离热点时，主应力值变化趋于平缓。对于两类模型，网格密度对热点①、④的主应力影响不大，较粗的网格密度便能较好地反应热点的真实应力情况。但网格密度对热点②、③的主应力影响明显，因此需要加密热点处的网格。

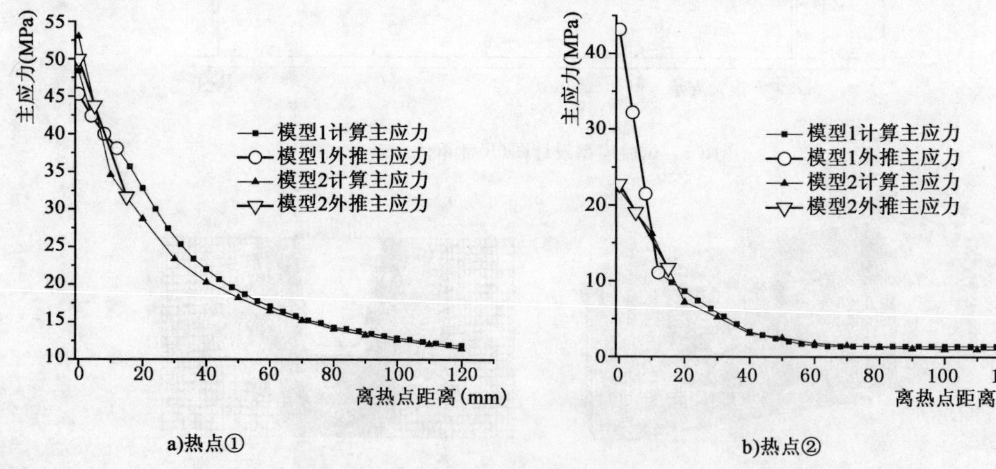

图　6

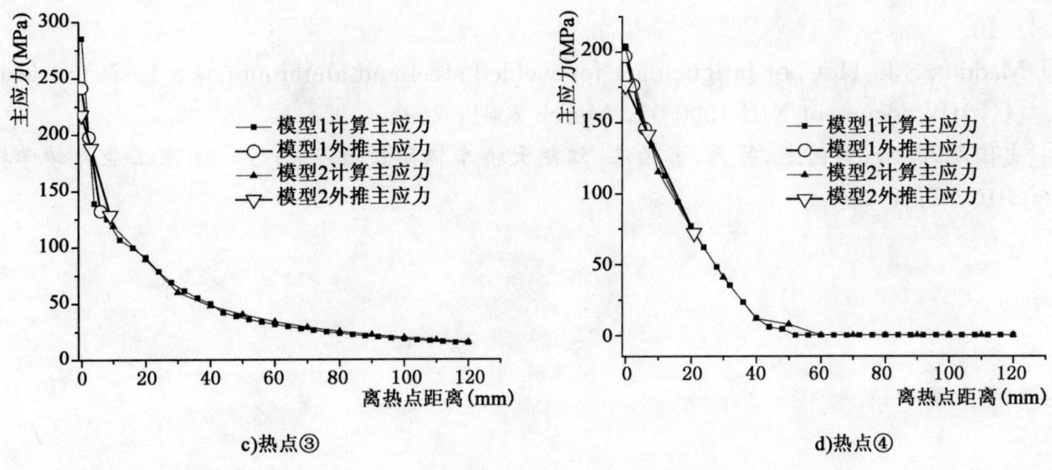

图6 热点附近主应力分布

4 结语

(1)本文建立了正交异性钢桥面板局部构造的有限元模型,采用面荷载模拟车轮荷载进行结构的线弹性分析。分析结果显示,横隔板、顶板、U肋三者连接处及横隔板与U肋连接处的主应力较大,宜作为热点应力分析的关键点。

(2)基于不同网格密度的有限元模型,将不同热点处的主应力进行了比较,并采用外推公式进行了线性外推。结果显示,网格密度对U肋各焊缝的热点应力影响不同,在计算分析中应考虑该因素影响。

参 考 文 献

[1] 范立础.桥梁工程[M].北京:人民交通出版社,2002.

[2] 王春生,冯亚成.正交异性钢桥面板的疲劳研究综述[J].钢结构,2009,9(24):9-13.

[3] 丁幼亮,李爱群,赵大亮.润扬大桥北汊斜拉桥钢箱梁的局部应力测试与分析研究[J].工程力学,2006,23(12):123-128.

[4] 周太全.桥梁构件局部热点应力分析及其疲劳损伤累计过程模拟[D].东南大学,2003.

[5] Van Wingerde A M, Packer J A, Wardenier J. Criteria for the Fatigue Assessment of Hollow Structural Section Connections[J]. Journal of Constructional Steel Research, 1995,35(1):71-115.

[6] 贾法勇,霍立兴,张玉凤,杨新岐.热点应力有限元分析的主要影响因素[J].焊接学报,2003,6(3):27-31.

[7] Niemi, E., Fricke, W. & Maddox, S.J., 2006. Fatigue Analysis of Welded Components: Designer's Guide to the Structural Hot-spot Stress Approach, Woodhead Pub.

[8] Hobbacher, A., 2003. Recommendations for Fatigue Design of Welded Joints and Components IIW Document XIII-1965-03, XV-1127-03, Paris.

[9] Niemi E. Structural stress approach to fatigue analysis of welded components[C]. IIW

document XIII-1819-00/XV-1090-01/XIII-WG3-06-99, Last modified August 11, 2001, 4～10.

[10] Maddox S J. Hot-pot fatigue data for welded steel and aluminum as a basis for design [C] IIW document XIII-1900-01, March 2001, 2～4.

[11] 史国刚,马麟,刘国光,吕磊,吉伯海.江阴大桥车辆荷载谱研究[S].南京工业大学学报,2010,32:37-42.

48. 基于随机有限元的大跨度桥梁可靠度分析

杨小刚　沈兆普

（中国路桥工程有限责任公司）

摘　要：大型桥梁结构复杂，涉及的不确定因素众多，可靠度计算量大，实施困难。将可靠度算法与随机有限元分析结合起来，形成随机有限元可靠度方法，是处理实际复杂结构可靠度问题的有效工具。本文结合一次可靠度算法(FORM)，推导了随机有限元的本构方程及有关矩阵的梯度矩阵，在此基础上编制了三维随机有限元可靠度分析程序，并用此程序对某大型斜拉桥进行了可靠度计算和参数灵敏度分析，研究了不同参数变异性对桥梁可靠度的影响，计算表明该桥在荷载作用下具有很高的可靠度，也表明编制的随机有限元程序具有强大和高效的结构可靠度计算能力。

关键词：可靠度　随机有限元　灵敏度　随机场

结构可靠度方法将概率论、统计理论和随机过程融入结构分析中，考虑了工程中的随机性，采用这种先进的结构分析方法，可以得到更加经济、合理和可靠的结构设计[1]。以一次可靠度/二次可靠度算法(FORM/SORM)为代表的随机可靠度理论在 20 个世纪 90 年代已基本发展结束[2]，至今没有更好的可靠度算法可以完全取代 FORM/SORM。近年来，结构可靠度研究的注意力大部分集中在实际工程问题的应用上，研究如何将线性的或非线性的有限元方法引入可靠度分析，使得可靠度理论能够尽可能的描述实际结构，能够进行复杂结构的可靠度评估。可靠度分析方法和有限元技术结合起来，称之为随机有限元可靠度方法[3]，有关随机结构的研究成为自 1990 年代以来计算结构技术发展的一个活跃的前沿领域，也是今后计算结构技术发展的一个主要方面[4]。

大跨径桥梁结构复杂，涉及的随机变量众多，结构反应和基本随机向量关系的显式解析表达式无法获取，必须通过有限元计算得到，且结构失效是一个极小概率事件，采用传统的 Monte Carlo 模拟计算量巨大，因此随机有限元可靠度方法是对大型复杂结构可靠性分析的最有前途的方法。本文结合一次可靠度算法(FORM)，推导了随机有限元的本构方程及有关矩阵的梯度矩阵计算方法，并在已有研究基础上[4,7]编制了三维有限元可靠度分析程序，并采用此程序对某大型斜拉桥进行了可靠度分析和参数灵敏度分析。

1　一次可靠度方法(FORM)

结构可靠度的基本问题是求解式(1)的数学积分式：

$$P_f = \int_{G(X) < 0} f_X(\boldsymbol{X}) \mathrm{d}\boldsymbol{X} \tag{1}$$

式中，P_f 表示结构的失效概率。上式包含了结构可靠度问题的三个基本要素：(1)描述模型中随机参数的基本随机向量 $\boldsymbol{X}$；(2)基本随机向量的概率模型，即联合概率密度函数 $f_X(\boldsymbol{X})$；(3)定义结构状态的功能函数 $G(\boldsymbol{X})$，$G(\boldsymbol{X})<0$ 表示结构处于失效状态，即结构行为不能满足某个预定的功能。

在实际结构的可靠度分析中，式(1)的多维积分具有复杂性，一般不能直接求得，必须寻求近似的求解方法，发展专门的可靠度算法。一次可靠度方法(FORM)是目前可靠度领域广泛采用的重要计算方法。一次可靠度方法的基本思想是用原极限状态面验算点处的切平面来近似原极限状态面[5]，即功能函数在极限状态面上的验算点 U^* 处进行 Taylor 级数展开，只取线性项：

$$g_L(\boldsymbol{U}) = g(\boldsymbol{U}^*) + \nabla g(\boldsymbol{U}^*)^T(\boldsymbol{U} - \boldsymbol{U}^*) = \nabla g(\boldsymbol{U}^*)^T(\boldsymbol{U} - \boldsymbol{U}^*) \tag{2}$$

式中，$\nabla g(U^*)$为功能函数在 U^* 点的梯度向量，验算点 U^* 表示极限状态面上概率密度函数最大的一点，其几何意义是极限状态面上到原点距离最近的点，即

$$\| \boldsymbol{U}^* \| = \min_{g(\boldsymbol{U})=0} \| \boldsymbol{U} \| \tag{3}$$

定义一次可靠指标

$$\beta = \frac{\mu_{g_L}}{\sigma_{g_L}} = - \frac{\nabla g(\boldsymbol{U}^*)^T \boldsymbol{U}^*}{\sqrt{\nabla g(\boldsymbol{U}^*)^T \cdot \nabla g(\boldsymbol{U}^*)}} \tag{4}$$

一次可靠指标与失效概率存在对应关系为 $P_f = \Phi(-\beta) = 1 - \Phi(\beta)$，$\Phi(\cdot)$是标准正态分布的概率分布函数。可见一次可靠度方法中，β 表示标准正态空间中线性极限状态面到原点的距离，从而将一次可靠度问题转化为求解验算点坐标的问题。根据验算点的定义，验算点坐标的求解是一个约束优化问题，即

$$\beta = \min\{ \| \boldsymbol{U} \| \quad | \, g(\boldsymbol{U}) = 0 \} \tag{5}$$

适用于求解式(5)的优化算法主要有 HLRF 法、MHLRF 法、逐步二次规划法(SQP)等[4,6]，各种优化算法可参阅相关文献，此处不再论述。

2 随机有限元可靠度列式

随机有限元可靠度分析与一般可靠度分析的不同在于在计算功能函数时增加了有限元分析的环节。将随机有限元可靠度的功能函数写成如下的一般表达形式：

$$G = G(\boldsymbol{D}(\boldsymbol{X}), \boldsymbol{X}) \tag{6}$$

式中，$\boldsymbol{X}$ 表示基本随机向量，$\boldsymbol{D}$ 表示结构的主控反应量，它也是基本随机向量 $\boldsymbol{X}$ 的函数。在传统基于位移的有限元中，主控反应量是单元节点的位移，因此 $\boldsymbol{D}$ 即是节点的位移向量。结构分析的其他反应量如应力、应变等，都可以表示为主控反应量的显式表达式。

FORM 验算点求解中需要计算每个迭代点的功能函数值以及功能函数对基本随机向量 $\boldsymbol{X}$ 的梯度向量。在有限元可靠度分析中，计算功能函数值的过程是一个普通确定性有限元分析过程，而计算功能函数对基本随机向量的梯度向量是随机有限元分析中需要专门研究的核心内容。

式(6)对等效独立标准正态空间的向量 U 求导数，通过链式微分法可得到：

$$\nabla_U G = \nabla_X G \cdot \boldsymbol{J}_{X,U} = (\nabla_D G \,|_X \boldsymbol{J}_{D,X} + \nabla_X G \,|_D) \boldsymbol{J}_{X,U} \tag{7}$$

式中，$\nabla_D G|_X$ 和$\nabla_X G|_D$ 分别表示功能函数 $G(\boldsymbol{D}(\boldsymbol{X}), \boldsymbol{X})$对主控变量 D 和基本随机向量 $\boldsymbol{X}$

的梯度向量，J_{XU}是原随机向量对独立标准正态随机向量的 Jacobi 矩阵，J_{DX}分别是有限元主控反应量对基本随机向量的 Jacobi 矩阵。J_{DX}矩阵通常不能通过传统的有限元计算得到，因此只需要专门研究 J_{DX} 的计算方法，计算 J_{DX} 的效率是可靠度随机有限元的关键。

线性静力随机有限元的平衡方程为：

$$\boldsymbol{K}(\boldsymbol{X})\boldsymbol{D}(\boldsymbol{X}) = \boldsymbol{F}(\boldsymbol{X}) \tag{8}$$

式中，$\boldsymbol{K}(\boldsymbol{X})$为随机有限元总刚度矩阵，$\boldsymbol{D}(\boldsymbol{X})$为待求的节点位移向量，$\boldsymbol{F}(\boldsymbol{X})$为随机等效节点力向量。

将式(8)对基本随机变量 X_i 求导，得到：

$$\frac{\partial \boldsymbol{K}(\boldsymbol{X})}{\partial X_i}\boldsymbol{D}(\boldsymbol{X}) + \boldsymbol{K}(\boldsymbol{X})\frac{\partial \boldsymbol{D}(\boldsymbol{X})}{\partial X_i} = \frac{\partial \boldsymbol{F}(\boldsymbol{X})}{\partial X_i} \tag{9}$$

上式整理可以得到控制位移对基本随机变量的偏导数为：

$$\frac{\partial \boldsymbol{D}(\boldsymbol{X})}{\partial X_i} = \boldsymbol{K}^{-1}(\boldsymbol{X})\left(\frac{\partial \boldsymbol{F}(\boldsymbol{X})}{\partial X_i} - \frac{\partial \boldsymbol{K}(\boldsymbol{X})}{\partial X_i}\boldsymbol{D}(\boldsymbol{X})\right) \qquad (i = 1,2,\cdots,n) \tag{10}$$

式中，n 为基本随机变量数目，$\frac{\partial \boldsymbol{K}(\boldsymbol{X})}{\partial X_i}$为总刚度矩阵对基本随机变量 X_i 的偏导数矩阵，$\frac{\partial \boldsymbol{F}(\boldsymbol{X})}{\partial X_i}$为等效节点荷载向量对基本随机变量 X_i 的偏导数向量。

由式(10)得到计算功能函数对基本变量 X_i 的梯度计算公式为：

$$\frac{\partial G}{\partial X_i} = \left.\frac{\partial G(\boldsymbol{D},\boldsymbol{X})}{\partial X_i}\right|_D + \left(\left.\frac{\partial G(\boldsymbol{D},\boldsymbol{X})}{\partial \boldsymbol{D}}\right|_X\right)^T \cdot \boldsymbol{K}^{-1}(\boldsymbol{X})\left(\frac{\partial \boldsymbol{F}(\boldsymbol{X})}{\partial X_i} - \frac{\partial \boldsymbol{K}(\boldsymbol{X})}{\partial X_i}\boldsymbol{D}(\boldsymbol{X})\right) \quad (i = 1,2,\cdots,n) \tag{11}$$

3 随机场的处理

很多工程系统无论在空间还是时间上都具有复杂的变异性质。随机有限元分析中，通常利用随机场来描述介质力学参数的空间变异性质[7]，随机场可以看作是一种与连续空间位置有关的特殊随机过程。随机场模型一般不能够在随机有限元中直接使用，需要将随机场用有限个随机变量表示的近似随机场来替代，这个过程即为随机场的离散。有关随机场的离散方法很多，如 Karhunen－Loeve 级数展开法，正交级数展开法，空间平均法等[4]。

根据结构特点，通常将单元的弹性模量 E、重量密度 ρ、均布荷载 q 以及单元的极限屈服强度 F_u 确定为随机场，且假定这些随机场为平稳随机场。以上随机场经离散后具有如下形式，即：

$$E(x) = \mu_E + \sigma_E\sum_{i=1}^{M_E} X_{Ei}\varphi_i(x) \qquad \rho(x) = \mu_\rho + \sigma_\rho\sum_{i=1}^{M_\rho} X_{\rho i}\varphi_i(x) \tag{12}$$

$$q(x) = \mu_q + \sigma_q\sum_{i=1}^{M_q} X_{qi}\varphi_i(x) \qquad F_u(x) = \mu_{F_u} + \sigma_{F_u}\sum_{i=1}^{M_q} X_{Fi}\varphi_i(x) \tag{13}$$

式中，μ 为随机场均值，σ 为随机场标准差，X_i 为离散变量，$\varphi_i(x)$为离散形函数。将上面式子代入有限元列式，可以得到含随机场的结构刚度矩阵，质量矩阵及荷载矩阵[8]。

4 参数灵敏度分析

参数的灵敏度反映了可靠度模型中各参数变化对失效概率或可靠指标的影响，可用于识别各种参数的重要性。此处定义两种灵敏度指标，即失效概率对随机变量均值和标准差的灵敏度指标，灵敏度的计算公式可以在一次可靠度计算的基础上直接推导得到：

$$S_{\mu_i} = \frac{\sigma_{X_i}}{P_f}\frac{\partial P_f}{\partial \mu_{X_i}} = \frac{-\sigma_{X_i}\varphi(\beta_F)}{\Phi(-\beta_F)}\alpha^T \frac{\partial T(X^*, \mu_{X_i})}{\partial \mu_{X_i}} \tag{14}$$

$$S_{\sigma_i} = \frac{\sigma_{X_i}}{P_f}\frac{\partial P_f}{\partial \sigma_{X_i}} = \frac{-\sigma_{X_i}\varphi(\beta_F)}{\Phi(-\beta_F)}\alpha^T \frac{\partial T(X^*, \sigma_{X_i})}{\partial \sigma_{X_i}} \tag{15}$$

S_{μ_i}、S_{σ_i} 分别为失效概率对随机变量均值和标准差的灵敏度指标，反应了随机变量的均值和标准差对失效概率的影响程度，T 为随机向量原空间和标准正态空间之间的转换函数，φ 表示标准正态变量概率密度函数。S_{μ_i}、S_{σ_i} 的正负号还可判断随机变量 X_i 的均值、标准差对失效概率的影响趋势。

5 算例

5.1 桥梁概况

某斜拉桥，主桥采用 100＋100＋300＋1 088＋300＋100＋100＝2 088m 的双塔双索面钢箱梁斜拉桥，其结构总体布置见图 1。加劲梁采用带风嘴的扁平六角形闭口钢箱梁，箱梁主体采用钢材 Q345qD，斜拉索总数为 272 根，采用高强平行钢丝束，标准抗拉强度按 1 770MPa，根据索力不同分为 8 种规格。两座钢筋混凝土主塔为倒 Y 形，承台以上高 300.4m，塔柱为箱形截面，采用 C50 混凝土。桥塔在竖向和横桥向约束钢箱梁，顺桥向容许钢箱梁滑动。每侧边跨有 3 个钢筋混凝土薄壁墩，采用 C40 混凝土。

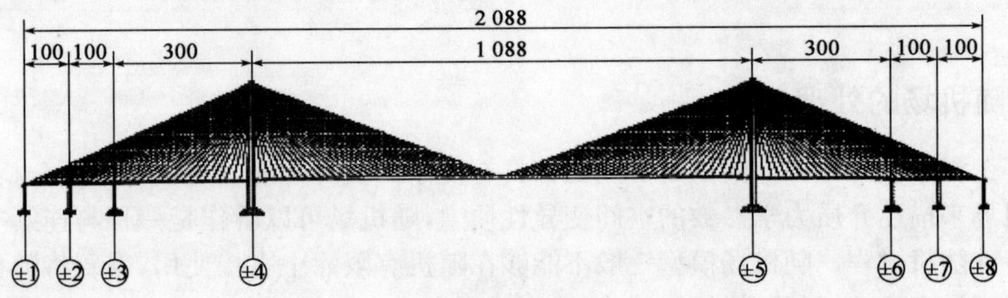

图 1 桥梁立面图

5.2 结构随机模型[9,10]

几何模型：钢箱梁绕截面 z 轴的转动惯量、钢箱梁截面面积、桥塔绕截面 z 轴的转动惯量、桥塔截面面积作为随机变量处理，均为正态分布，变异系数取 0.05，主梁分为四种类型的截面。

材料模型：将钢箱梁的弹性模量 E_{Beam}、极限强度 F_{Beam} 和重量密度 ρ_{Beam} 作为随机场。斜拉索极限强度 F_{Cable}、弹性模量 E_{Cable} 作为随机变量，桥塔和桥墩的弹性模量 E_{Tower}，E_{Pier} 和重量密度 ρ_{Tower} 和桥塔抗力 F_{Tower} 作为随机变量，结构材料参数见表 1。

材料模型随机变量/随机场分布参数　　表 1

材料参数	随机模型	相关模型	分布类型	变异系数
EBeam	随机场	指数衰减	正态	0.08
ρBeam	随机场	指数衰减	正态	0.05
FBeam	随机场	指数衰减	对数正态	0.095
FCable	随机变量		对数正态	0.099

续上表

材料参数	随机模型	相关模型	分布类型	变异系数
ETower	随机变量		正态	0.1
ρTower	随机变量		正态	0.05
EPier	随机变量		正态	0.1
ECable	随机变量		正态	0.08
FTower	随机变量		对数正态	0.152

荷载模型：恒载考虑自重荷载 G、二期恒载 D，构件自重荷载已包含在重量密度随机场中，自重荷载由程序自动计算，汽车分布荷载 L_Q 和集中荷载 L_P，作用在主梁上的横桥向静风荷载 W_B 及作用在桥塔上的横向风荷载 W_T，以上荷载变量概率模型见表 2。另考虑斜拉索成桥索力，斜拉索初始索力按正态分布，变异系数取 0.1。

荷载模型随机变量/随机场分布参数　　表 2

荷载参数	随机模型	相关模型	分布类型	变异系数
D	随机场	指数衰减	正态	0.11
L_Q	随机场	指数衰减	正态	0.199
W_B	随机场	指数衰减	极值 I	0.162
W_T	随机变量		极值 I	0.162
L_P	随机变量		极值 I	0.16

有限元计算模型：全桥分析模型采用三维模型，钢箱梁用单脊鱼骨模型，采用随机场梁单元，总共分为 143 个单元，桥塔、桥墩皆用三维普通梁柱单元组成刚架，每个桥塔划分为 47 个梁柱单元，每根斜拉索用一个三维杆单元表示，总共为 272 个杆单元，计算模型如图 2 所示。

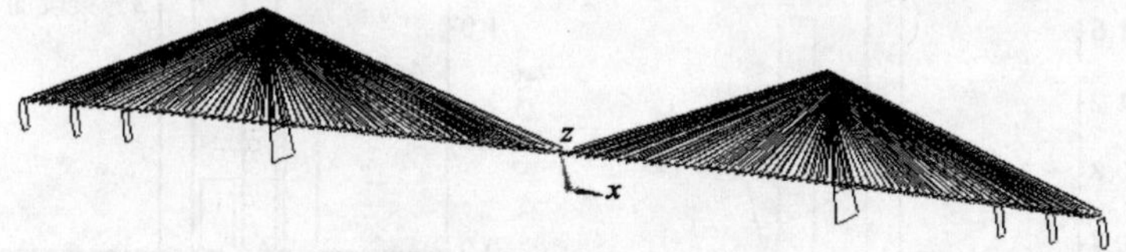

图 2　随机有限元计算模型

5.3　可靠度分析

可靠度分析中，总共考虑的随机变量数为 100 个，随机场 6 个，每个随机场离散为 15 个随机变量，则总随机变量数达到 190 个，这些随机参数涵盖了结构材料、荷载以及几何特性等各方面。考虑以下一些构件的强度极限状态以及主梁位移极限状态：

(1)钢箱梁弯矩及轴力较大的 4 个截面；

(2)桥塔上部分叉处以及塔底截面；

(3)对称位置的 68 根斜拉索(斜拉索从左至右依次编号)；

(4)在汽车活载作用下主梁竖向最大位移小于 2.5m($<L/400$)；采用编制的随机有限元可靠度程序，计算结果见图 3 及表 3。

图 3 表明，大桥斜拉索的可靠指标比较均匀，总体上靠近桥塔的拉索可靠指高程于远离桥塔的拉索可靠指标。表 3 中列出的是大桥内力较大的一些主要构件(截面)的可靠指标，从计算结果可以看出，在静力作用下，大桥各构件都具有很高的可靠指标，远高于规范[9]的可靠度要求。

上述几种情况下的结构构件可靠指标　表 3

极限状态类型	可靠指标 β
1 号斜拉索	10.01
主梁截面 1	11.87
主梁截面 2	11.66
主梁截面 3	14.19
主梁截面 4	13.57
桥塔上部分叉处	11.83
桥塔塔底截面	12.17
主梁竖向位移	3.662

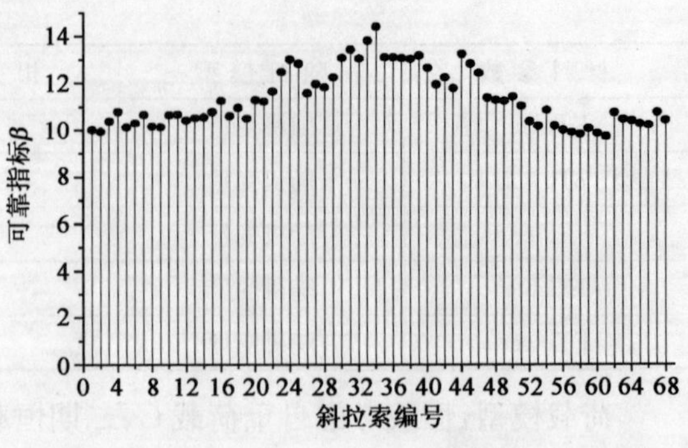

图 3　68 根斜拉索可靠指标

5.4　参数灵敏度分析

为了进一步研究大桥各类参数对不同构件可靠指标影响的强弱，对各参数随机变量随机场进行灵敏度分析。此处将各参数随机变量（随机场）分为三类：

(1)几何参数随机变量；

(2)荷载随机变量，此处将材料容重归入荷载随机变量；

(3)材料性质随机变量。

篇幅所限，本文仅以可靠指标最小的主梁截面 2 为例，给出灵敏度分析结果见图 4～图 6，图中标出了灵敏度指标较大的各随机变量。通过以上参数灵敏度分析，可以看出影响结构不同构件失效概率的主要因素，总体上，结构构件本身的抗力影响最为显著，构件的几何性质、材料弹性模量对各种构件强度极限状态的可靠指标影响均不明显，因此，在结构可靠度分析中可以忽略这些变量的随机性，作为确定性的量。

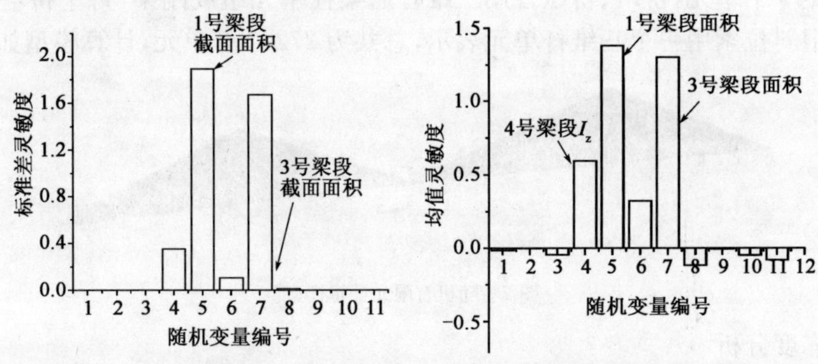

图 4　主梁截面 2 失效概率对几何随机变量标准差及均值灵敏度

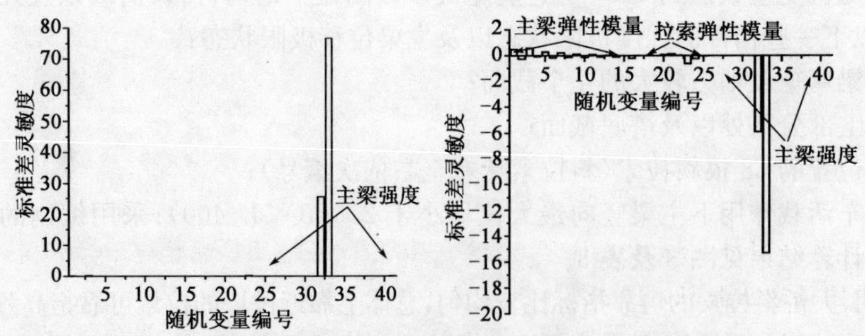

图 5　主梁截面 2 失效概率对材料随机变量标准差及均值灵敏度

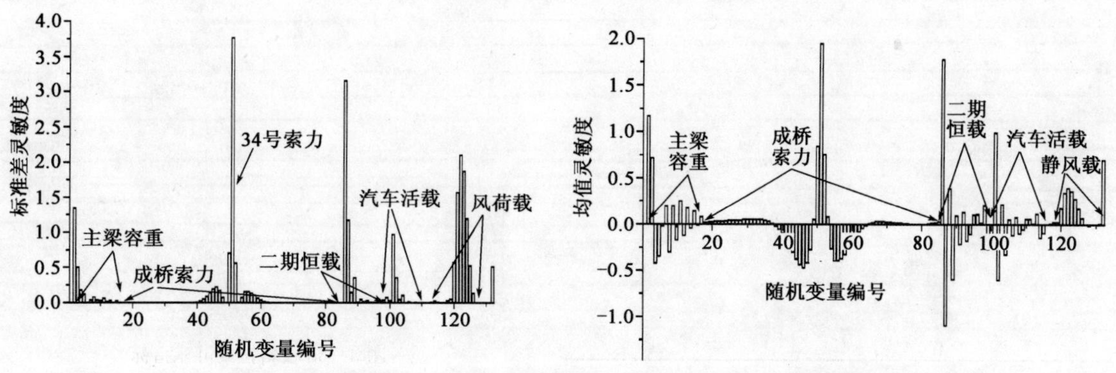

图6　主梁截面2失效概率对荷载随机变量标准差及均值灵敏度

6　结语

本文研究了随机有限元可靠度方法及其在大型复杂桥梁可靠度分析中的应用，表明本文编制的随机有限元可靠度计算软件具有强大的可靠度分析功能，采用随机有限元方法能够处理实际复杂结构的可靠度分析。大型桥梁其本身结构及荷载效应比较复杂，鉴于此，本文算例在可靠度分析中，只考虑了简单的恒载、汽车荷载以及横向静风荷载作用，如果考虑更复杂的荷载工况，还需要作进一步的研究。

参考文献

[1] Sexsmith R G. Probability-based safety analysis-value and drawbacks. Structural Safety, 1999, 21:303-310.

[2] Rackwitz R. Reliability analysis-a review and some perspectives. Structural Safety, 2001, 23:365-395.

[3] Der Kiureghian A, Ke J B. The stochastic finite element method in structural reliability. Probabilistic Engineering Mechanics, 1988, 3(2):83-91.

[4] 秦权. 结构可靠度随机有限元:理论及工程应用[M]. 北京:清华大学出版社,2006.

[5] Zhao Y G, Ono T. A general procedure for first/second-order reliabilitymethod (FORM/SORM). Structural Safety, 1999, 21:95-112.

[6] Liu P L, Der Kiureghian A. Optimization algorithms for structural reliability. Structural Safety, 1991, 9:161-177.

[7] 林道锦，秦权. 有限元可靠度分析中随机场离散方法[J]. 清华大学学报(自然科学版), 2002, 42(6):839-842.

[8] 林道锦. 结构可靠度随机有限元分析若干理论问题研究及程序实现[D]. 北京:清华大学土木工程系,2003.

[9] 中华人民共和国行业标准. GB/T 50283—1999　公路工程结构可靠度设计统一标准[S]. 北京:中国计划出版社, 1999.

[10] 林昱，雷俊卿. 公路钢桥可靠度分析及抗力分项系数研究[J]. 北京交通大学学报,2006, 30:43～49.

49. 车辆轮压对斜交钢—混组合桥 RC 面板受力特性的影响

傅公康　庄一舟

（福州大学土木工程学院）

摘　要：针对斜交钢—混组合桥 RC 面板出现的经常性裂缝，研究了斜交 RC 面板在车辆轮压作用下的受力特性。基于一座斜交角为 49.1°桥梁桥面的应变现场实测值对典型的斜交钢筋混凝土桥面有限元模型进行修正和校验。分析结构表明，行驶车辆引起的桥面应变/应力很小，单独作用不太可能引起混凝土开裂。但是车辆轮压荷载的反复作用可能产生裂缝或使得已经存在的裂缝变宽、变长，甚至肉眼可见。轮压荷载作用的局部效应对总应变/总应力响应的影响很大，但其总体效应可能可以忽略或较大，主要依赖于研究的位置。当前的设计方法考虑了其局部效应，忽略了总体效应，未能满意地反映实际情况。另外，车辆荷载引起的总应变/应力效应随着因斜交角的存在而略有增加。

关键词：斜交桥面　有限元分析　荷载试验　应变测量　车辆轮压荷载

1　概述

公路桥梁经常采用钢筋混凝土(RC)面板，因为它有如下的优点：(1)经济实惠；(2)粗糙表面可提供抗滑功能；(3)易于成型和浇筑；(4)刚度大，可以形成一个整体性强的上部结构。此桥面为整个结构提供了“屋盖”以保护上、下部结构免遭漏水、冰盐的直接侵蚀并引起结构快速的破坏。可是，RC 材料易于开裂并引起内部钢筋的锈蚀，导致混凝土破损和分层剥落。另外，重载车辆的轮压荷载可能是引起观察到的裂缝的主要原因。本文旨在通过分析斜交钢—混组合桥桥面在轮压荷载作用下的力学行为以了解轮压荷载产生可见裂缝的机理和作用；对其他可能引起裂缝的原因如收缩、温度、材性和环境因素等，不在本文讨论范围。

最早研究斜交钢—混组合桥桥面并与非斜交桥面进行比较的作者之一为 Newmark 等(1946，1947)。他们采用了 1/4 比例的、斜交角分别为 0°、30°和 60°的梁间距恒定的 RC 桥面为研究对象，通过荷载试验发现：横向主钢筋上的最大应变随斜交角而增大。与组合直桥面相比，斜交角为 30°和 60°的桥面，此应变分别为组合直桥的 1.36 和 1.29 倍。如果钢梁与桥面为非组合结构，这些系数变为 1.36 和 1.65 倍。可惜的是这些研究中混凝土的应变未曾得到测量。事实上，混凝土应变可以，至少部分地解释为何斜交桥面更易于产生开裂/疲劳损伤累积。除此之外，缩尺模型并不能真正代表足尺结构。

大面积 RC 桥面的损坏并需要提前更换的现象，促使 Alabama 交通部门进行深入的调查研究以期发现其真正原因(Castaneda，1997)。研究的结论只谈及损伤的力学原因，如桥面板过于细长、车辆荷载过重，使用荷载应力值和损伤的扩展程度。这些原因对位于美国南部地区的桥梁桥面来说确实很主要，因为那里冰盐和冻融引起的破坏没有像北部地区的那样严重。为了了解那些因素的影响程度，研究者各调查了五座桥面有损伤和五座桥面无损伤的桥梁(包括斜桥)，研究内容有桥梁状况、移动荷载、有限元分析和荷载试验。观察到的损伤主要是面板表面严重的横向开裂，而斜交桥面普遍地更严重些。虽然在某些已损伤的桥面中存在桥梁纵梁对收缩应变的约束作用，然而一旦开裂，损伤具有扩展性。此研究表明，损伤破坏的主要原因为桥面过于细长、纵筋缺乏、集料选择不合适和车辆轴重过大。

Buckler 等(2000)调查了钢纵梁间隔对 RC 桥面的车辆荷载响应的影响。此研究属于某 RC 桥面性能长期研究计划中的一部分。首先对弗吉尼亚某一典型钢梁支承、斜交角为 15°的 RC 桥面组合桥梁建立了有限元模型，并用现场试验实测数据进行校准。有限元模型中，RC 桥面采用板单元，纵梁采用梁单元。RC 板较厚，具有很大的抗剪能力；当斜交角较大时会产生严重的翘曲和扭曲，因此，对以上选用的单元类型的合理性需要进一步的调研和证实。研究结果显示，纵梁间隔的增加会使混凝土桥面内的应力增加，并建议对桥面斜交角的影响进行进一步的研究。

以上对钢梁支承 RC 桥面的既有研究成果的综述显示，桥面应变随着斜交角的增加而变化的规律尚未有明确的结论。本研究采用将足尺结构试验与经试验验证的数值模拟分析相结合的方法来填补这块知识的空白。值得注意的是，当前的 AASHTO-LRFD 桥梁设计规范考虑了斜交角对纵梁的影响，但并未考虑对桥面的影响。

2　足尺桥梁试验

选出密西根州一座正要改造的公路钢—混组合桥作为现场荷载对象，测试其荷载作用的物理参数值以验证有限元模型。此桥名为 Grove Street，穿越 I-94 干道，位于密西根州 Washtenaw 县境内，见图 1。桥梁的改造内容包括修补桥墩和桥台，替换整个上部结构(包括钢梁和 RC 桥面)。桥梁为东西向双向四车道，中间有隔离带。桥梁的斜交角为 49.1°。上部结构包括 10 根间隔为 2.13m 的钢板纵梁和复合 RC 混凝土面板，它们之间通过双排间距为 0.203m 的剪力钉连接。纵梁采用铰链连接(图 1)，RC 面板厚度为 228.6mm。试验时仅在东端的第一跨(跨长为 17.68m)上安设了测试仪表。

图 1　密西根州 Grove Street 桥 (S02—81063)的侧视图和仰视图

为了了解车辆轮压荷载作用下混凝土桥面板的受力特性，在桥梁第一跨面板混凝土内的4个位置上埋设应变传感器（见图2）。图中，纵梁轴线记为A～K；位置S_1和S_3只用来检测车辆轮压荷载作用的局部响应（没有明显的整车荷载响应）（Fu等1992和1994），而位置S_2和S_4用来反应较大的整体响应，因为那里纵向弯矩达到最大。每个位置上埋设两层应变传感器：上层距面板顶76.2mm，下层距面板底38.1mm（图3）。上层安有纵向（交通方向）6.4mm电阻应变计，下层设有两臂应变花（分别在纵桥向和横桥向）。图4显示的是浇灌混凝土前安装应变传感器的情况。每个传感器由一个25.4mm×44.2mm×3.2mm大小且上面黏着应变计的聚合物合子制成。这种传感器由Feng等在2005开发并测试，它跟延伸计和荷载应变计一样能得到较满意的结果。

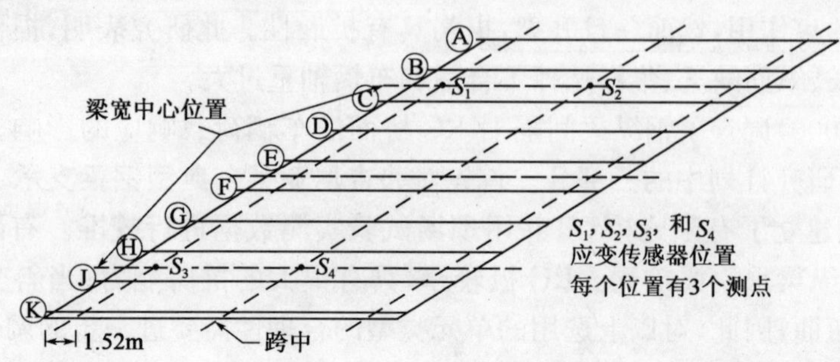

图2　试验桥跨上仪表安装布置

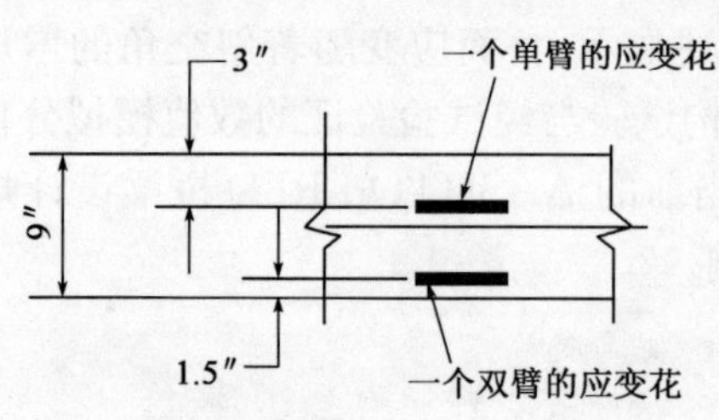

图3　混凝土桥面内应变计位置（1in＝25.4mm）

图4　浇灌混凝土前安装应变传感器

待桥面混凝土硬化后，一辆满载6轴卡车徐徐驶入并经过试验跨。卡车的荷载分布见图5，上有轴重、轴距和轮距。此车辆荷载分布符合美国对轮压荷载的限额规定，代表了公路上的真实荷载，并与观察到的移动荷载（WIM）数据相吻合。试验时要求两条车轮线的其中一条按直线形式驶越测试点S_1和S_2（或S_3和S_4），见图2。应变采用低噪声无线雷达数据采集系统（Invocon 1999）读取，采样速度为40Hz。

图6显示的是位于下层的S_2测点测得的纵向应变影响线。此处的应变经历了6次峰值，反映了一条车轮线上6个轮子依次驶过应变计S_2的位置。试验重复了3次，所有结果非常的吻合。S_1-S_2线上总共进行了7次试验，而S_3-S_4线上进行了5次。每次试验包括车辆的前进和倒退行驶。由于篇幅限制，图6中只显示了前三次的试验结果，其他没显示的结果与显示的很类似。

应变峰值说明每个车轮产生的局部影响相对来说是较为独立的，邻近车轮的介入作用不大。这意味着每个车轮荷载的影响范围较小，与其他车轮的效应相重合的程度很小。换言之，车轮个体间的相互作用或叠加效应不大。虽然车轮对测量的应变有明显的局部效应，但整个车辆对测量得到的总应变仍有贡献，因为桥面板是整个组合横断面的一部分，这种效应称作为荷载的整体响应，见图 7 中的粗实线。此曲线为总应变曲线的下包络线，是图 6 中三条曲线的平均值。这一整体响应曲线显示，桥面作为组合截面的一部分，经受了纵向压应变作用。但单个轮压荷载引起的拉应变叠加到整体压应变中，从而形成了图 7 中的试验值。这一行为与其他研究中观察到的结果相一致(Fu 等 1992 和 1994)。

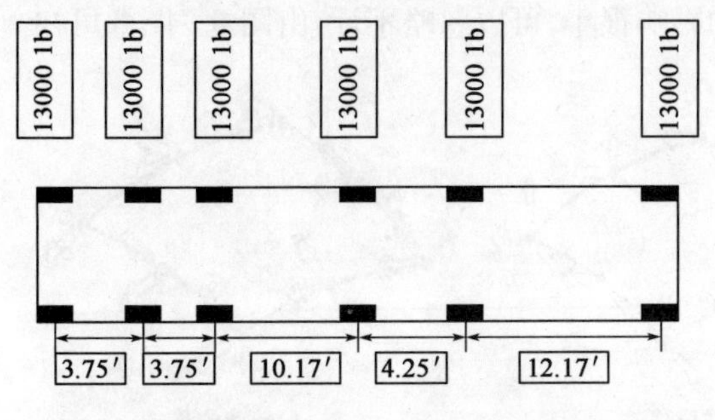

图 5　卡车荷载分布(1 磅＝4. 45N，1ft＝0. 304 8m)

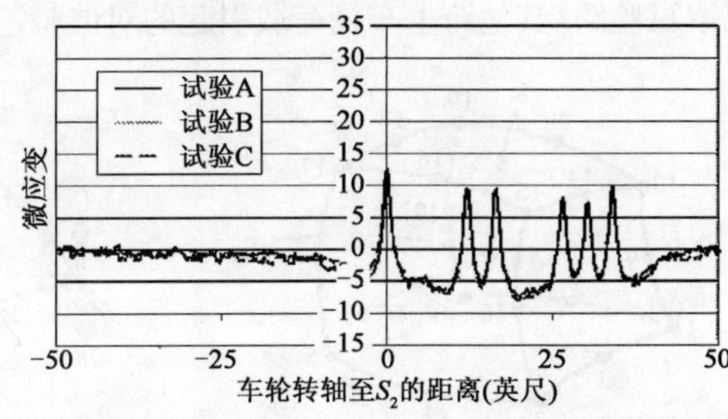

图 6　典型应变影响线记录(底部纵向 S_2 位置)

图 8 显示的是桥面下层测点 S_2 在横桥向的三次测试应变结果。由图 6 和图 8 比较可知，横向应变比纵向应变大得多，也是总应变的主要组成成分。值得注意的是，那些车辆轴重低于或接近规范容许上限值(88. 96kN 或 20 000 磅/轴)，它们在很大程度上代表了公路桥梁桥面上的使用活载(Fu 等 2003 和 2008)。测试结果显示，应力或应变，同混凝土劈裂强度(约为抗压强度的 10%左右)相比很小。由车轮引起的荷载效应占主导作用，同时由车辆分布荷载引起的整体效应变化不大，只要轴距(第一轴与最后轴之间的距离)和轴数保持不变。因此，这里得出的结果与桥梁所在的地区(除密西根外)有关，因为桥面系的不同(如板厚和纵梁间距)在一定程度上会使桥面性能不同。

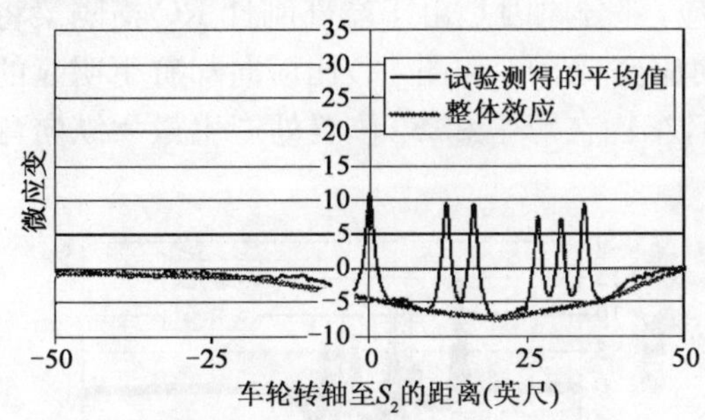

图 7　整体响应应变和总应变比较(1ft＝0. 304 8m)

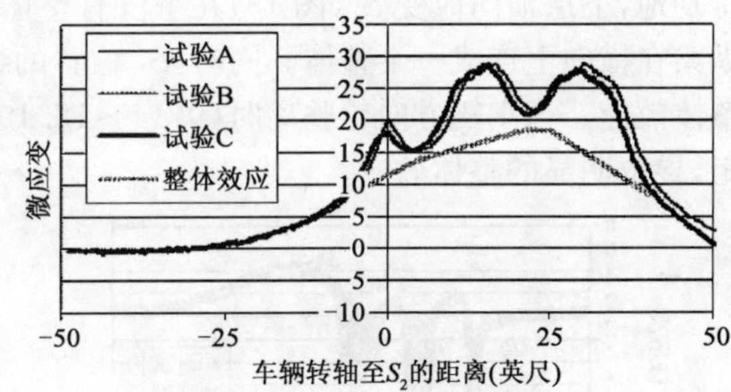

图 8　典型应变影响线记录(底部横向 S_2)和整体响应应变 (1ft＝0. 304 8m)

3　有限元方法模拟

采用有限元(FEA)方法进一步分析研究，以便了解车辆轮压荷载对斜交钢—混组合公路桥梁 RC 面板的作用效应以及桥面本身的力学行为。分析分两步进行：(1)通过现场测试数据校正有限元模型；(2)分析若干座典型密西根州公路钢—混组合结构桥梁。混凝土强度取为圆柱体平均抗压强度 41MPa，相应的混凝土弹性模量为 30. 1GPa(按 MDOT 施工规程)。钢弹性模量取为 197GPa。混凝土和钢的弹性模量分别为 0. 2 和 0. 22。采用商业分析软件 DIANA 的混凝土结构模块 TNO2003 进行线性分析。由于本研究的主要目的是调查轮压荷载是否诱发混凝土的开裂，受力状态尚处于开裂前阶段，故线性分析可以有足够的精度，认为可以满足分析要求。

4 模型校准

采用 Grove Street 桥的实测数据校准建立的有限元模型。RC 桥面板采用 DIANA 三维 20 节点实体单元 CHX60,钢板纵梁采用 8 节点壳单元 CQ40S 单元,见图 9 和图 10。有限元分析时只取试验跨,其他跨上车辆荷载引起的对试验跨的影响很小,可以忽略不计,由图 6～图 8 可知。

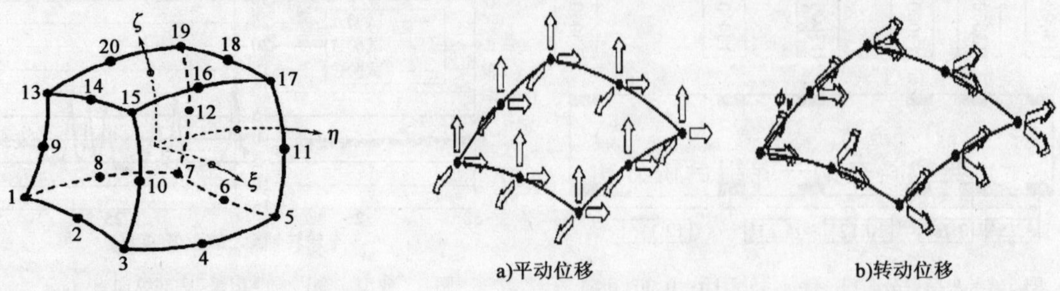

图 9 RC 面板用 20 节点实体单元模拟

图 10 钢板纵梁采用 8 节点壳单元

图 11～图 16 显示的是测点 S_1 和 S_2 上各三个应变传感器上应变测试结果与有限元计算结果的比较。S_3 和 S_4 测点上应变有类似的结果,限于篇幅,未列出其结果。从图中可以看出,有限元数字分析结果与试验值比较接近,捕获了整体效应和局部效应。两种效应所占权重随测点位置和应变测试方向而变化。两个位置 S_1(图 11～图 13)和 S_2(图 14～图 16)上的结果比较发现,S_2 位置上的整体效应远大约 S_1 位置。原因是 S_2 位于跨中,车辆引起的弯矩大,而 S_1 位于靠近跨端,弯矩和挠度就比较小。S_2 位置上的隶属于整体效应的应变几乎占总应变的一半(图 14～图 16),而 S_1 位置上的整体效应占总应变的份额就比较小(图 11～图 13)。特别地,下层横向应变 S_1(图 13)几乎没有整体效应,部分原因是由于端部刚性 RC 横隔梁将纵梁在横向上连成一个整体。同时,S_1 位置的纵向应变(图 11 和图 12)比横向却有更明显的整体效应。当车辆方向轮驶离时(9.14～12.19m),车辆在跨中和 S_1 位置处产生最大纵向弯矩,导致明显的整体效应。

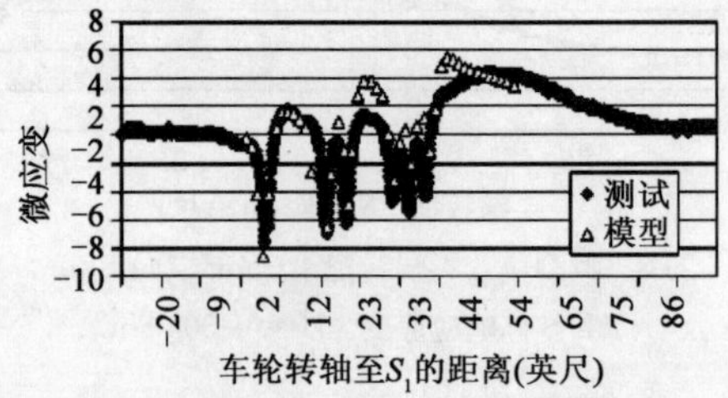

图 11 测点 S_1 的上层纵向应变试验值与 FEA 计算值的比较(1ft=0.304 8m)

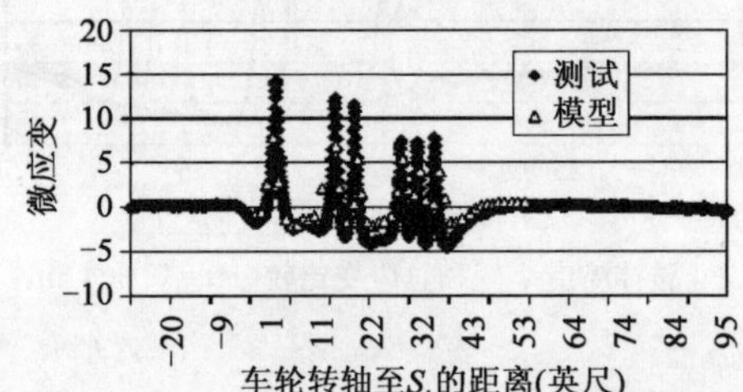

图 12 测点 S_1 的下层纵向应变试验值与 FEA 计算值的比较(1ft=0.304 8m)

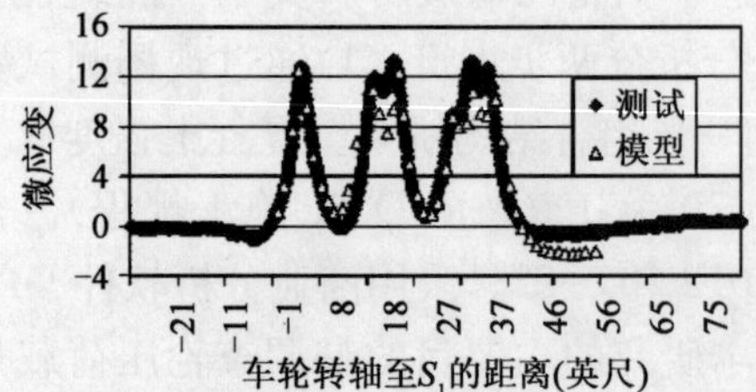

图 13 测点 S_1 的下层横向应变试验值与 FEA 计算值的比较(1ft=0.304 8m)

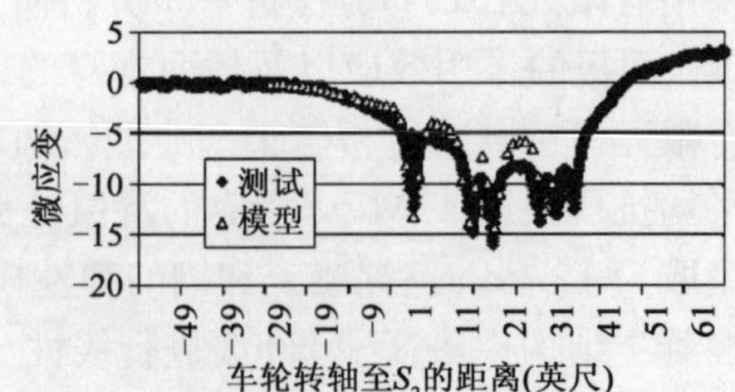

图 14 测点 S_2 的上层纵向应变试验值与 FEA 计算值的比较(1ft=0.304 8m)

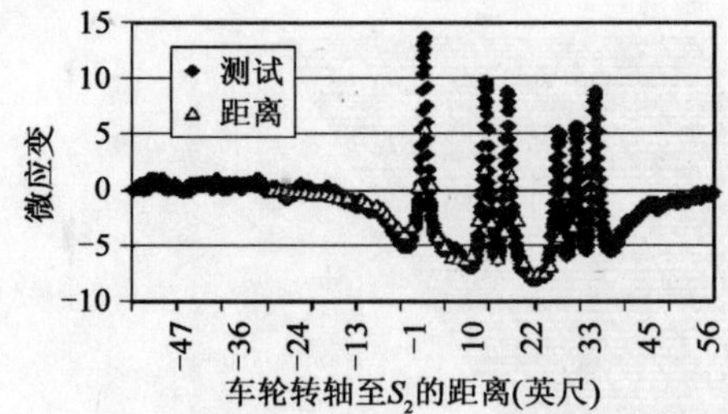

图 15　测点 S_2 的下层纵向应变试验值与 FEA 计算值的比较(1ft＝0.304 8m)

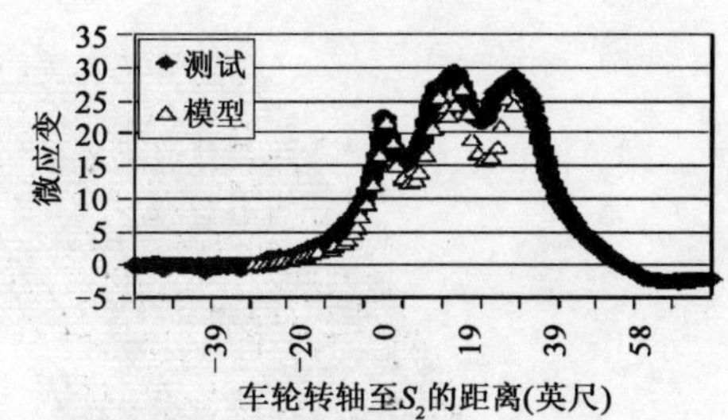

图 16　测点 S_2 的下层横向应变试验值与 FEA 计算值的比较(1ft＝0.304 8m)

5　典型斜交钢—混组合桥分析

对密西根州内公路斜交钢—混组合桥数量与其跨度和纵梁间隔进行了调查研究以了解斜交桥的分布情况。图 17 和图 18 显示了统计结果。相应的，选用下面所述的这两个参数的不同组合作为典型的斜交钢—混组合桥进行有限元分析：(1)纵梁间距 1.83m (6ft)和 3.05m (10ft)；(2) 跨长 13.72m (45ft) 和 21.34m (70ft) ；(3)斜交角 0°、30°和 45°。按密西根的工程实践并考虑耐久性的基础上，RC 桥面厚度采用固定值即 228.6(9 in)，上面的参数选择可以包含密西根州内大多数钢桥。图 19 显示的是两种具有不同钢纵梁间距的钢—混组合桥的横截面。纵梁的尺寸按密西根当前的设计规范进行设计。图 20 显示的是某桥面有限元网格划分，上有两种车辆荷载位置。

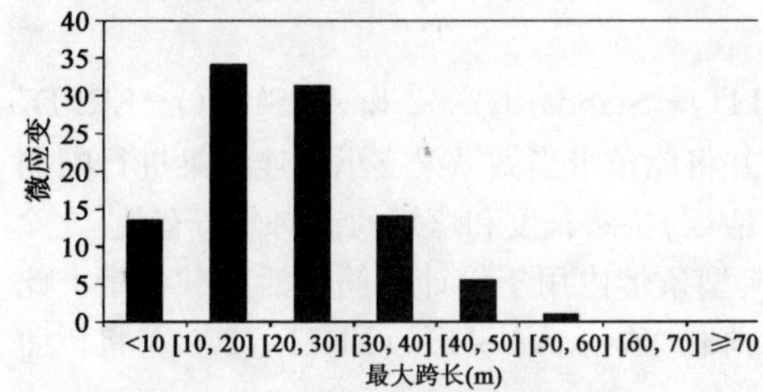

图 17　密西根州钢—混组合桥数量与最大跨度的分布图

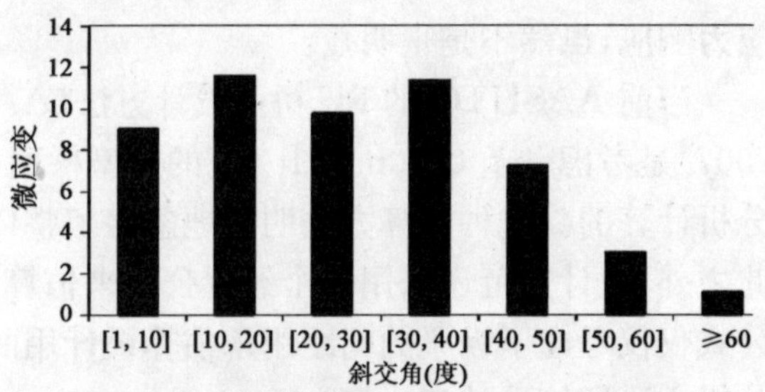

图 18　密西根州钢桥数量与斜交角的分布图

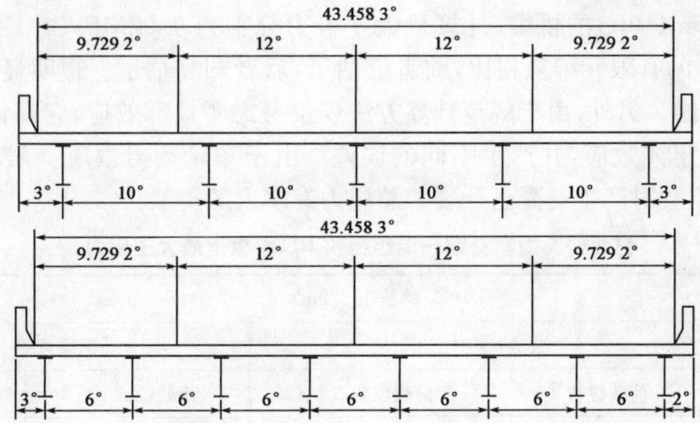

图 19　密西根典型钢桥横截面：跨度 13.72m (45ft) 和 21.34m(70ft)，桥面 228.6mm(9in)

上图：5 根梁，间距 3.05m (10ft)；下图：8 根梁，间距 1.83m(6ft)

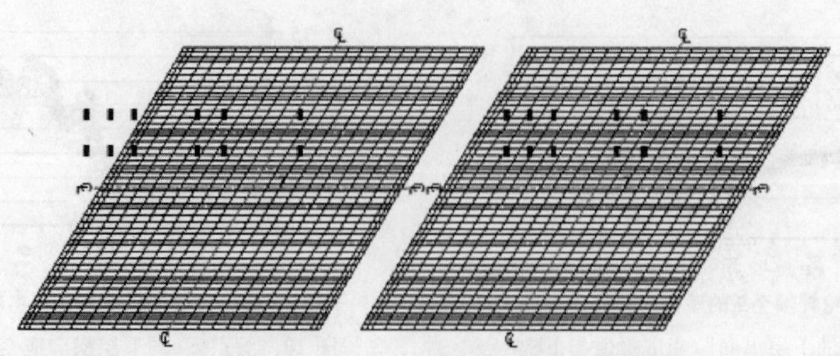

图 20　典型桥面有限元网格：跨度 13.72m(45ft)，斜交角 30°，纵梁间距 1.83m(6ft)，两个荷载位置(左图为荷载位置 1，右图为荷载位置 2)

6　斜交钢—混组合桥 RC 面板的力学行为

对 12 种各种不同参数(跨长，斜交角和纵梁间距)组合的桥梁，表 1 汇总了 RC 桥面板在图 5 所示的车辆荷载作用下主应力的有限元分析结果。表中结果分成两小组：一组指跨径为 13.72m (45ft)，另一组指跨径为 21.34m (70ft)。每一组中有两种荷载情况。荷载 1 指车辆的第一个轮子位于 S_2 上面，而荷载 2 指车辆的第二个轮子位于 S_2 上面，见图 20。S_1 位置上整体效应不明显，因为纵梁中产生的弯矩较小。

表 1 显示，如果纵梁间距一样，21.34m(70ft)跨度桥梁产生更大的主应力。这个结果反映了整体效应的影响，因为局部效应被认为与跨度无关的。总体上讲，斜交角的增加会提高最大应力响应，虽然不是很明显。

当前 AASHTO 的 RC 桥面设计方法(AASHTO－Standard，2002 和 AASHTO－LRFD，2007)是考虑一条 0.30m (1ft) 宽的典型桥面带，并将此条带当做纵梁支承的连续梁进行配筋分析计算的。这种计算方法明显地忽略了整体效应(与桥跨长度和弯矩的纵向分布有关)。除此之外，设计规范还采用一个经验公式来估算此典型条带内用于设计配筋的活荷载弯矩。此公式仅仅考虑了纵梁的间距用来估算设计用的活荷载弯矩。AASHTO LRFD (2007) 将桥面分析方法留给设计者决定。

按照上述的设计法并采用车辆的最重轮压荷载(80.1kN 即 18000 磅)，对纵梁间隔为 1.83m(6ft)和 3.05m(10ft)的桥梁，计算最大主应力分别为 0.92MPa(0.13ksi)和 1.28MPa (0.19ksi)。同表 1 的有限元结果相比，前者低估了，后者却高估了。很明显，对不同的跨长，其计算精度是变化的。另外，由于规范计算方法仅仅考虑了局部效应，它高估了其局部效应，实际上掩盖了部分整体效应，并产生不同的误差。由于车轮动力效应一般小于静态效应的 30％，故动力效应不会对产生混凝土开裂的总应力有多大的贡献。

密西根典型斜交钢—混组合桥 RC 面板上最大主应力　　表 1

跨长 13.72m				
	纵梁间距 1.83m		纵梁间距 3.05m	
斜交角(°)	荷载位置 1＊	荷载位置 2＊＊	荷载位置 1＊	荷载位置 2＊＊
0	0.92MPa	1.10MPa	0.85MPa	1.11MPa
30	0.92MPa	1.13MPa	0.88MPa	1.11MPa
45	0.94MPa	1.17MPa	0.91MPa	1.15MPa

续上表

跨长 21.34m				
	纵梁间距 1.83m		纵梁间距 3.05m	
斜交角(°)	荷载位置 1 *	荷载位置 2 * *	荷载位置 1 *	荷载位置 2 * *
0	1.05MPa	1.28MPa	0.96MPa	1.25MPa
30	1.07MPa	1.32MPa	0.99MPa	1.28MPa
45	1.07MPa	1.37MPa	1.02MPa	1.28MPa

* 第一轴在 S_2 上(图 20);

* * 第二轴在 S2 上(图 20)。

7 结语

本研究得出的结论可概括为如下几条:

(1)诸如斜交公路桥的复杂结构的数值模拟,需要实测数据进行校核。

(2)在密西根钢—混组合桥 RC 面板中车轮荷载引起的应力/应变相对较小,不可能大到足够引起桥面开裂。但温度应力/应变更大,更应调查其对混凝土开裂的影响。

(3)在确定桥面和桥梁尺寸时,AASHTO—Standard,2002 和 AASHTO—LRFD,2007 设计方法忽略了车轮荷载的整体效应。前者高估了车轮荷载的局部效应,而后者也有可能导致同样的结果,因为没有指定具体的分析方法。

参 考 文 献

[1] AASHTO "Standard Specifications for Highway Bridges" 17th Ed. 2002, Washington, DC.

[2] AASHTO "LRFD Bridge Design Specifications", 4rd Ed, 2007, Washington, DC.

[3] Buckler, J. G., Narton, F. W., Gomez, J. P. et al. "Effect of Girder Spacing on Bridge Deck Response", Virginia Transportation Research Council, VTRC 01-R6, December 2000.

[4] Castaneda, D. E. "Causes of Mechanical Damage to Alabama Bridge Decks" Transportation Research Record, 1997, No. 1594, pp. 105-114.

[5] H. Cohen, G. Fu, W. Dekelbab et al. "Predicting Truck Weight Spectra under Weight Limit Changes and Its Application to Steel Bridge Fatigue Assessment", American Society of Civil Engineers Journal of Bridge Engineering, Sept. 2003a, Vol. 8, No. 5, p. 312.

[6] J. Feng, G. Fu, and D. J. Belarbi "Measurement of Concrete Internal Strain Using A Three Dimensional Transducer System", Journal of Experimental Mechanics, Vol. 45, pp. 467- 75, Oct. 2005.

[7] G. Fu, S. Alampalli, and F. P. Pezze "Long-term Serviceability of Isotropically Reinforced Concrete Bridge Deck Slabs", Transportation Research Board -Transportation Research Record 1371, 1992, p. 26.

[8] Fu, G., J. Feng, W. Dekelbab et al. "Effect of Truck Weight on Bridge Network Costs", Transportation Research Board, NCHRP Report 495, 2003b.

[9] G. Fu, J. Feng, W. Dekelbab, et al. "Impact of Commercial Vehicle Weight Change on Highway Bridge Infrastructure", ASCE Journal of Bridge Engineering, November/December 2008, Volume 13, Issue 6, p. 556.

[10] Fu,G. , S. Alampalli, and F. P. Pezze "Lightly Reinforced Concrete Bridge Deck Slabs on Steel Stringers: A Summary of Field Experience", Final Report on R142 to FHWA, FHWA/NY/RR-94/161, Engineering Research and Development Bureau, New York State Department of Transportation, June 1994.

[11] Invocon, Inc. "Wireless Data Acquisition System for Structural Monitoring and Evaluation, User's Guide", 1999.

[12] Krauss,P. D. and Rogalla,E. A. "TransverseCracking in Newly Constructed Bridge Decks" NCHRP Report 380, Washington, DC. , 1996.

[13] Newmark, N. M. , Siess,C. P. et al. "Studies of Slab and Beam Highway Bridges, Part I Tests of Simple Span Right I-Beam Bridges", University of Illinois Bulletin, Vol. 43, No. 42. 1946.

[14] Newmark, N. M. , Siess,C. P. et al. "Studies of Slab and Beam Highway Bridges, Part II Tests of Simple Span Skew I-Beam Bridges", University of Illinois Bulletin Series, No. 375. 1947.

[15] TNO "DIANA User's Manual, Application Modules" Release 8. 1, 2003.

50. 三主桁斜拉桥钢—混凝土结合桥面的局部受力研究

蔺鹏臻[1,2]　刘凤奎[2]　刘炎海[1,2]

(1. 兰州交通大学甘肃省道路桥梁与地下工程重点实验室；
2. 兰州交通大学土木工程学院)

摘　要：本文以某大跨度公铁两用斜拉桥的钢—混凝土结合桥面为对象，基于结构受力特点选择合理的节段局部分析模型，确定了桥面最不利受力的荷载布置和相应的边界条件，应用 ANSYS 软件建立了局部节段分析的板壳有限元模型。分析了恒载和最不利活载组合工况下钢—混凝土结合部位应力分布规律。

关键词：公铁两用斜拉桥　钢—混凝土结合　有限元 应力分析

1　桥梁概况

某大桥为三索面三主桁主跨 504m 公铁两用斜拉桥(图 1)，这在世界建桥史上尚属首例。为了确保桥梁结构的良好受力性能，在大桥两侧边跨各 168m 范围公路面采用混凝土板与钢主桁结合的桥面形式，而主跨和边跨其余部分公路面采用钢正交异性板与钢主桁结合的桥面形式。大桥正交异性钢桥面板与混凝土桥面板结合部位(以下简称钢—混凝土结合部位)位于主桁的第 12 号节点。在主桁上弦节点处，混凝土桥面板侧的上弦杆水平板降低 300mm，水平板表面设置剪力钉，浇注混凝土，并加设预应力粗钢筋。为适应钢横梁与混凝土板的衔接，此处公路横梁采用腹板一侧灌注混凝土，另一侧设与正交异性板纵肋相对应的结构。钢桥面板向混凝土桥面板外伸 1.0m，并设置竖向、纵向的剪力钉，将结合部位的钢桥面板、公路横梁、混凝土桥面板牢固地连为一个整体。

钢—混凝土结合部位构造复杂，不仅主桁上弦杆的截面发生突变(如混凝土桥面侧的边主桁上弦杆高度是 1.0m，而钢桥面侧的边主桁上弦杆高度为 1.3m)，而且该区域桥面构造既不同于正交异性钢桥面板、也不同于混凝土桥面板，因此钢—混凝土桥面板结合区的应力场与混凝土桥面板、钢桥面板相比，存在明显差异。研究钢—混凝土结合区的应力分布情况，对准确

基金项目：国家自然科学基金，51168030；甘肃省青年科技基金计划，1007RJYA008

掌握该部位的受力状况、保证结构使用安全至关重要。

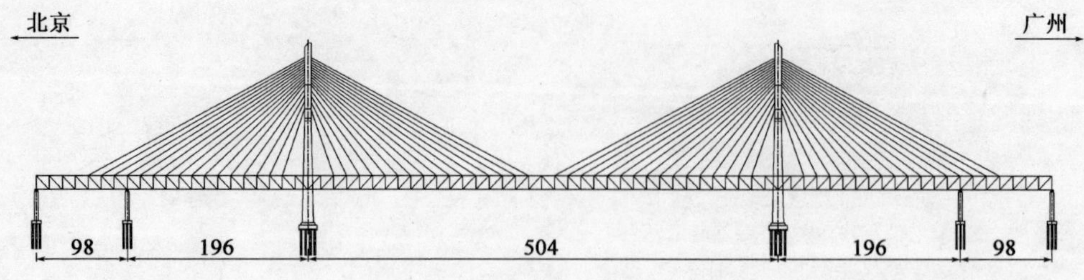

图1 某特大桥概图(尺寸单位:m)

2 分析模型建立

2.1 模型节段选择

大桥钢—混凝土结合部位于主桁的第12个节点,在局部分析模型的选取中,考虑到有限元分析的效率,同时为减小因局部模型的边界效应对钢—混凝土结合部位应力场的影响,钢—混凝土结合区局部分析模型在纵桥向取两个节间(12号节点左右各一个节间),在横桥向取桥梁全宽,在沿竖桥向(梁高方向)取整个梁高,如图2所示。

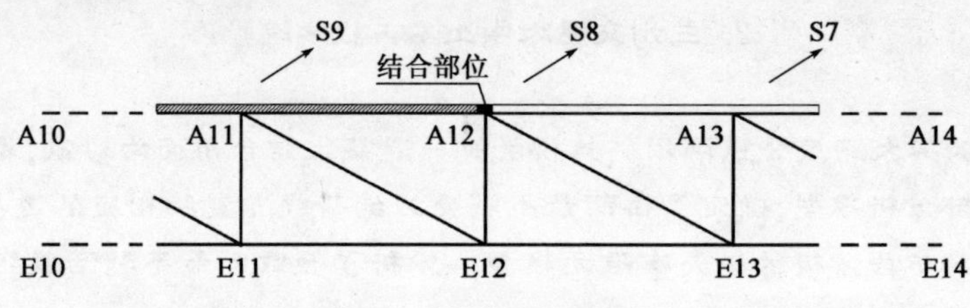

图2 节段模型示意图

2.2 有限元模型建立

1)整体坐标系

X 轴沿桥梁纵向(顺桥向),Y 轴沿桥梁横向(宽度方向),Z 轴沿桥梁高度方向(竖向)。

2)假设与近似

为了简化计算工作量,减小求解的规模,在建立分析模型时,引入了如下假设与近似:

(1)混凝土桥面板与公路纵梁通过剪力钉牢固连接,可按整体考虑。

(2)钢—混凝土结合区混凝土桥面板和节点横梁连接牢靠,可按整体考虑。

(3)纵向、横向螺纹钢筋的作用是加强结合区的连接刚度,保证结合区两侧不同材料及构造的桥面板能平稳传递荷载,因此在分析中忽略螺纹钢筋的作用。

3)节段模型

利用ANSYS有限元通用分析软件,建立钢—混凝土结合部位有限元分析的节段模型。根据不同的构造采用不同的单元模型。单元SHELL181模拟混凝土桥面板,单元SHELL99模拟混凝土桥面板和钢纵肋、钢主桁上弦杆的连接板,BEAM188模拟主桁上弦节点部位的桁架式横联,BEAM4模拟结合部位的剪力钉。有限元模型如图3所示。

4)计算参数

根据现行规范,钢结构弹性模量 $E=2.1\times10^5$ MPa,泊松比 $\mu=0.3$,考虑拼接板、节点板等辅助构造,钢结构容重按9.42 t/m^3 考虑。混凝土桥面板采用C60混凝土,弹性模量 $E=3.65\times10^4$ MPa,泊松比 $\mu=0.2$,密度按2.6 t/m^3。

a)全节段

b)混凝土桥面板

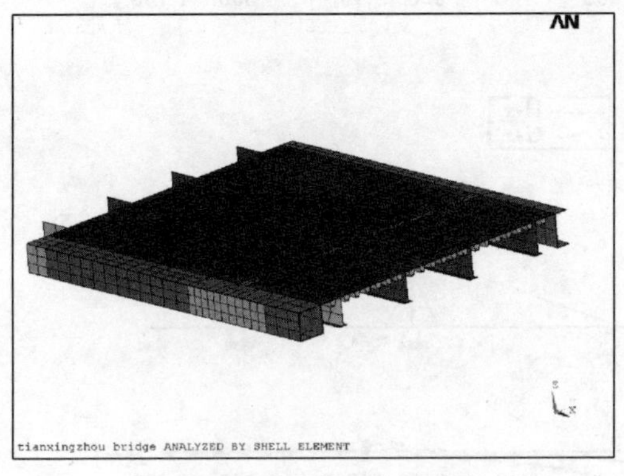

c)钢桥面板部分（横向半桥）

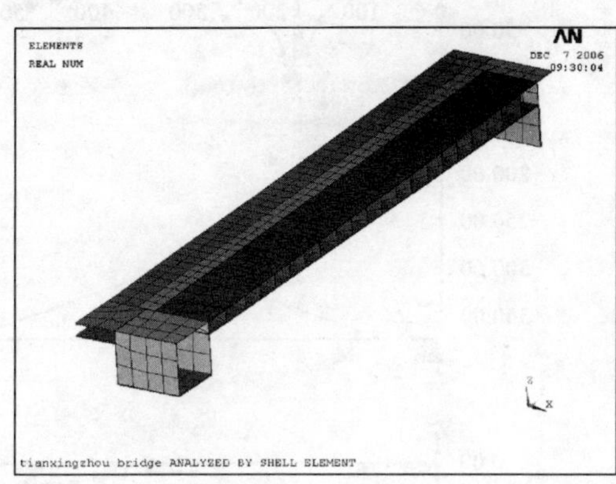

d)结合部位（横向半桥）

图 3　结构有限元模型

2.3　边界条件

钢—混凝土结合部位节段有限元模型的边界约束，采用施加位移的方法。将整体分析所得的在各种荷载工况下边界杆件的位移施加于局部模型的边界上，而在局部模型上施加和整体分析相同的外荷载。由于整体分析通常采用空间梁单元，而局部模型均采用板壳单元，此时局部模型边界上的杆件截面的各点具有相同的位移，由于边界距离结合部位的距离较远，可以认为这种近似引起的误差不会影响计算结果。

2.4　分析荷载

1)恒载确定

钢—混凝土结合部位分析考虑恒载和活载(列车和汽车)组合效应。恒载是指考虑了斜拉桥施工过程各阶段的体系转换，以及混凝土收缩、徐变等效应后的成桥阶段的恒载状态。将全桥整体分析结果获得的节段模型杆件部位的恒载位移按前述方法施加于杆件端部结点上。恒载下斜拉索索力则换算为竖向和水平分力施加于拉索锚固部位的节点板上。

2)活载确定

钢—混凝土结合部位由于材料以及构造的差异使得该部位通常会出现应力集中现象，过高的拉应力会使得混凝土桥面板开裂、结合部位脱离；过高的压应力会使得钢桥面板屈曲失稳。因此，钢—混凝土结合部位应力分析的核心是结合部桥面板的受力状态。根据桥面板通常出现的两种应力状态:拉和压,可以将活载对结合部位的最不利工况分为两种:结合部位桥面板最大拉应力工况,主要影响混凝土桥面板的安全性;结合部位桥面板最大压应力工况,主要影响钢桥面板的安全性。

移动活载需要首先确定其最不利位置,然后再计算最不利位置布载下的结构响应。本文基于桥面板应力最不利原则,对钢—混凝土结合部位的桥面板求其活载下的纵向应力影响线,由应力影响线确定最不利活载布置区域。由于本桥为公铁两用,采用建立的全桥三维有限元整体分析模型,分别求公路活载(在上弦平面内)和铁路(下弦平面内)移动荷载作用下杆件的弯矩,并以此换算出活载应力的影响线,如图 4 所示。图中 $H\text{-}s_x$ 表示混凝土桥面的纵向应力,$G\text{-}s_x$ 为钢桥面板的纵向应力。

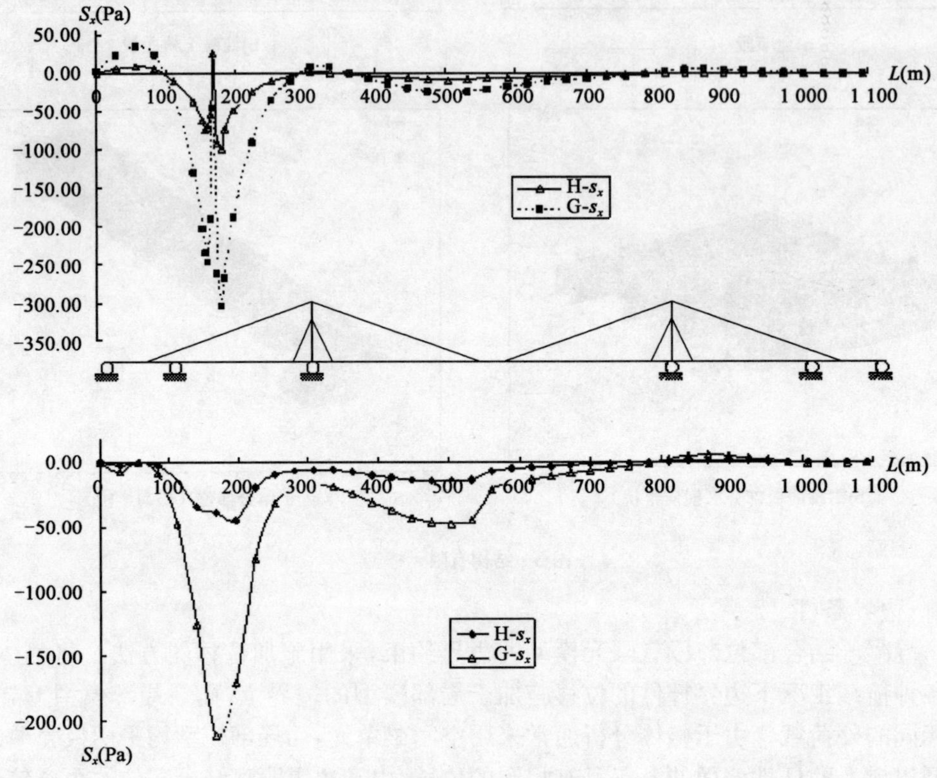

图 4 活载纵向应力影响线

从影响线的变化规律可以看出,混凝土桥面板和钢桥面板的活载影响区段基本相同。公路活载在钢—混凝土结合部位以压应力为主。铁路活载对结合部位的影响主要以压应力为主,只有在第一跨,第四跨内出现拉应力,且影响线数值很小,说明活载在该部位引起的拉应力较小。

通过影响线的分布规律也可说明本桥结合部位位置的选择合理,恒载在结合部位主要为压应力,活载也是以压为主,避免了结合部位出现太大的活载拉应力,从而降低了结合部位的应力幅。同时也可以得出,活载压应力是钢—混凝土结合部位的最不利活载工况。

根据对结合部位的纵向压应力影响线进行公路活载及铁路活载的布载,并进行求解,即可得到三维整体分析模型下的结点位移,以及活载索力,以此作为局部活载分析的位移及力的边界条件。

3　结合部位分析结果

考虑恒载和最不利活载的组合工况，分析钢—混凝土结合部位桥面板的受力。

3.1　混凝土桥面板

对桥面板而言，纵向应力是影响其安全可靠的主要因素，为此主要分析纵向正应力分布。取结合部位的混凝土侧的部分桥面(距结合部位 1.0m)，纵向正应力如图 5 所示。

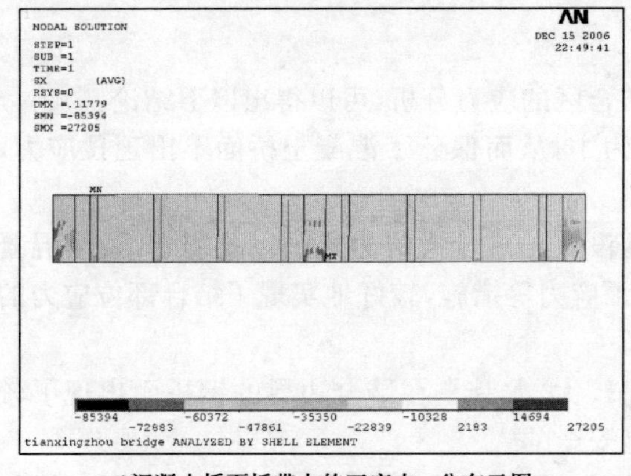

a)混凝土桥面板带上的正应力σ_x分布云图

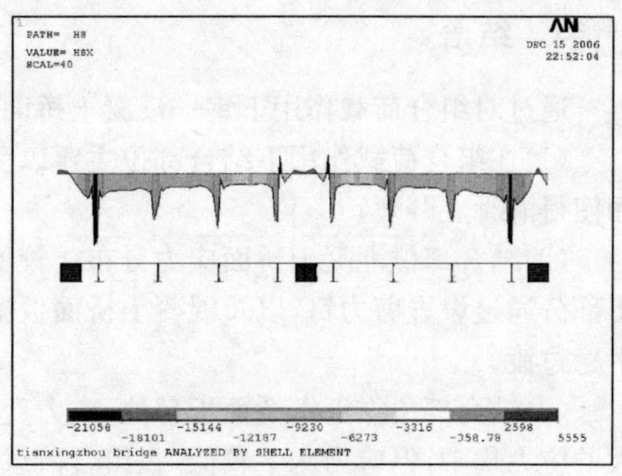

b)结合部位边界混凝土桥面应力变化趋势

图 5　混凝土桥面板纵向正应力(kPa)

可以看出，在与结合部位相连的混凝土桥面板上，纵向正应力变化梯度很小，实现了应力的平稳过渡，说明该桥结合部位设计合理。沿着横桥向，主桁上弦杆、混凝土桥面板、公路纵肋各部位的应力分布有较大差别。在主桁上弦杆、公路纵肋位置应力通常较大，而在混凝土桥面板部位应力较小，反映了混凝土桥面板仅作为局部受力构件的设计思想。总体而言，在组合荷载作用下结合部位的混凝土桥面板以受压为主，纵向压应力基本在 9.2MPa 以内，混凝土桥面受力合理。

3.2　钢桥面板

取位于靠近钢—混凝土结合部位 1.6m 范围内钢桥面板研究。结合部位钢桥面的纵向正应力 σ_x 的分布如图 6 所示。

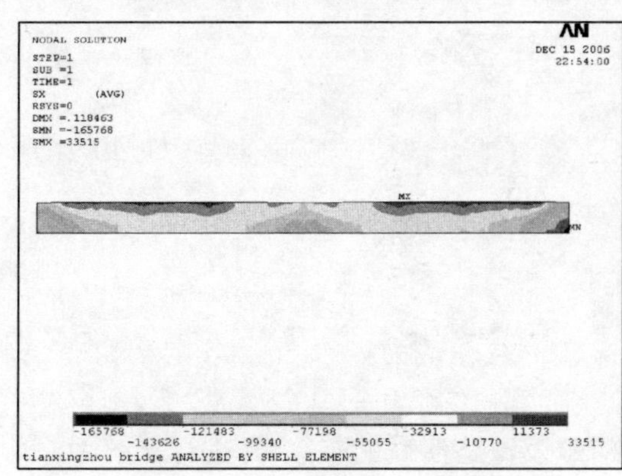

a)钢桥面板带上的正应力σ_x分布云图

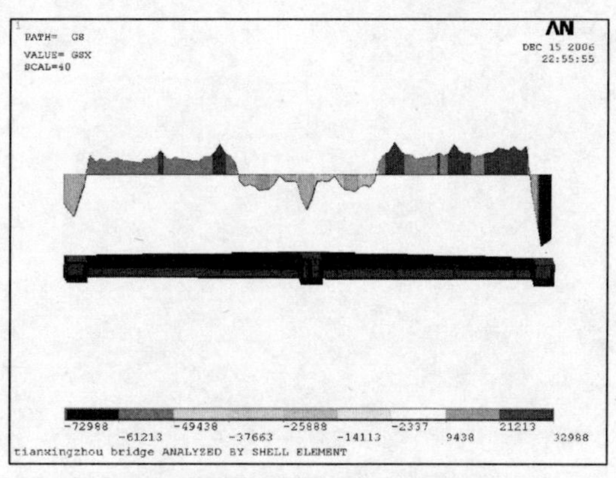

b)结合部位边界钢桥面应力变化趋势

图 6　钢桥面板纵向正应力(kPa)

可以看出，在结合部位的钢桥面板侧，应力沿纵向(顺桥向)变化梯度较大。由于该范围内是结合部位向正交异性桥面板的过渡部位，应力较为复杂。尤其在结合部位边界上，是拉应力的最大部位。沿着结合部位边界上横桥向，应力分布呈曲线分布，在主桁部位为压应力(主桁上弦杆在恒载小主要受压)，在桥面板处为拉应力。相比而言，桥面板应力在横向较均匀，说明结合部位的特殊构造效果明显，桥面整体性较好。总体而言，处于结合部位的正交异性钢桥面板的纵向正应力基本在 25.9MPa 以内，结构部位受力安全。

4 结语

通过对组合荷载作用下钢—混凝土桥面板结合区的应力分析，可以得出以下结论：

(1)在组合荷载作用下结合部位主要以受压为主，从而保证了混凝土桥面不出现拉应力，而使得混凝土开裂。

(2)结合部位混凝土桥面应力分布比较均匀，没有出现较大应力集中以及突变，说明混凝土部分通过设置剪力钉，以及混凝土桥面板施加预应力等措施，较好地实现了结合部位应力的平稳过渡。

(3)结合部位靠近钢桥面板部位，应力变化比较大，尤其是在结合边界的钢桥面出现了较大的应力集中，但应力水平较低，在组合荷载下是安全的。

(4)结合部位钢桥面板的应力沿横向表现出类似横向连续梁式的受力特点，说明桥面板仅作为横向支撑与主桁上弦杆上的次要受力构件的本质。同时由于该部位桥面板构造的特殊处理，应力沿横向平稳过渡，说明结构设计合理，桥面整体工作性能良好。

参考文献

[1] 周孟波.斜拉桥手册[M].北京:人民交通出版社,2004.
[2] 陈明宪.斜拉桥建造技术[M].北京:人民交通出版社,2003.
[3] 蔺鹏臻.桥梁结构有限元分析[M].北京:科学出版社,2008.
[4] 聂建国.钢—混凝土组合结构原理与实例[M].北京:科学出版社,2009.

51. 基于混合法的正方形桥墩动水压力研究

杨万理[1,2]　李　乔[1,2]

(1. 西南交通大学土木工程学院；2. 抗震工程技术四川省重点实验室)

摘　要：使用辐射波浪理论推导正方形桥墩动水压力的解析解或半解析解，棘手的数学问题使得求解非常困难；流体单元法适用于任何截面形状的桥墩，但计算量很大且不易收敛，计算效率低。本文提出一种基于二者的混合法：采用辐射波浪法推导圆形桥墩外域水动水压力的简化表达式，乘以由流体单元法得到的正方形桥墩的形状系数，得到正方形桥墩外域水动水压力，并建立相应的墩水耦合作用数值计算模型。文中详细讨论了混合法的理论基础、形状函数拟合精度，并与流体单元法、Morison 方程进行了对比研究。结果表明：混合法表达式简洁，计算效率高，精度较好，具有较高的实用价值。

关键词：混合法　辐射波浪理论　Morison 方程　墩水耦合　动水压力

我国在西部山区和库区以及跨越大河、海湾处等地区建设了不少深水桥梁，这些地区很多处于地震多发区，深水桥梁抗震研究显得格外重要。如在汶川地震中发生落梁震害的庙子坪大桥，两主墩分别高 102.6m 和 99.6m，在地震时淹没水深分别为 48.8m 和 44.0m，水库正常蓄水时，淹没深度将达近 100m，地震中该桥桥墩出现了不同程度的倾斜，有较大的墩顶位移，发生了落梁震害[1]。国内外抗震设计规范对动水压力的计算还不完善：目前仅印度、日本和欧洲规范对作用在桥墩上的动水压力的计算作了规定，对比发现各国规范对于墩水耦合振动的计算有较大的差异[2]；我国《公路桥梁抗震设计细则》和《铁路工程抗震设计规范》都给出了当水深超过 5m 时，简单截面形状桥墩动水压力的近似计算公式，但前者主要适用于单跨跨径不超过 150m 的混凝土梁桥，后者适用于跨度小于 150m 的钢梁及跨度小于 120m 的铁路钢筋混凝土和预应力混凝土等梁式桥[3,4]。目前已建、在建或拟建的深水桥梁，大多是单跨跨径超过 150m 的长大桥梁，因此需要对深水桥梁的动水压力计算模式及深水桥梁的动力响应进行深入研究。目前动水压力计算主要分为解析法[5~7]、数值分析法[8,9]、半解析半数值分析法[10~12]。解析法需要对结构、流体进行大量简化，适合动水压力理论探讨；数值分析法以有限元法、边界元法为主，流场、结构场之间迭代计算的效率及稳定性还需要进一步研究；半解析半

基金项目：国家自然科学基金面上项目(编号：51078317)，国家自然科学基金青年基金(编号：51108383)，中央高校基本科研业务费专项资金资助(SWJTU09BR039)

数值法对流体动水压力以解析解或半解析解表示，并将结构大幅简化后使用有限元软件或编程求解，该方法仅适用于截面形状简单的结构。本文将提出一种新的墩水耦合计算模式——混合法。基于混合法，将研究正方形桥墩动水压力表达式，并与流体单元法、Morison 方程方法进行对比，以验证该方法的正确性以及计算精度。

1 混合法的基本原理

流体单元法是一种基于位移－压力格式计算墩水耦合作用的数值方法。该方法以声波动理论为基础，应用 ASNYS 中 Fluid30 单元与 Solid45 单元通过 FSI 标签来计算流固耦合作用的一种数值分析方法[13]。该方法能够计算任意截面形状桥墩墩水耦合作用，具有广泛的适用性，但是该方法使用实体单元模拟结构，以及较大的计算水域、较精细的网格划分导致计算量大，计算效率比较低，仅适合对单座桥墩进行局部分析或者理论研究。辐射波浪法是以线性辐射波浪理论为基础推导简单截面形状桥墩动水压力半解析半数值分析法[10~12]。该方法推理严谨，具有较好的计算精度。赖伟等基于辐射波浪理论，推导了圆形桥墩外域水引起的动水压力[10]，但该表达式繁杂，难于在实际工程中应用，本人前期工作中通过对该表达式进行了简化，得到了圆形桥墩动水压力的简化表达式，并称之为简化辐射波浪法。对于正方形桥墩外域水动水压力，如果仍采用辐射波浪法，从推导速度势入手，那么将涉及更为棘手的数学问题，导致求解解析解非常困难[14]。如果能将流体单元法与辐射波浪法的优点结合起来，提出正方形桥墩、矩形桥墩等外域水动水压力的半解析半数值解，是一种较好的选择。

在水中振动的正方形桥墩作为辐射源，引起的辐射波浪以及动水压力，与圆形桥墩振动引起的辐射波浪及动水压力相似。二者的不同之处在于截面形式的不同，引起的附加质量不同，动水压力大小有所差别。因此，可基于简化辐射波浪法所得到圆形桥墩外域水附加质量，乘以正方形墩的形状系数，来获得正方形桥墩外域水附加质量，即：

$$M_{squ}^{out} = M_{cir}^{out} \cdot s(D,H) \tag{1}$$

式中，M_{squ}^{out}、M_{cir}^{out} 分别为正方形、圆形桥墩外域水附加质量，$s(D,H)$ 为正方形桥墩的形状系数，设其与墩高及入水深度 H、截面边长 D 相关。将式(1)求出的附加质量，代入不考虑动水压力的结构运动方程，可得到考虑动水压力的结构自由振动方程式(2)，以及地震激励下的运动方程式(3)：

$$(M + M_{squ}^{out})\ddot{u}_s + C\dot{u}_s + Ku_s = 0 \tag{2}$$

$$(M + M_{squ}^{out})\ddot{u}_s + C\dot{u}_s + Ku_s = -(M + M_{squ}^{out})\ddot{u}_g \tag{3}$$

可见，只要计算出附加质量 M_{squ}^{out}，考虑动水压力结构的动力特性和地震响应即能求出，关键问题在于如何使用流体单元法计算形状函数 $s(D,H)$。式(2)中附加质量，将导致结构自振频率降低。设结构在空气中、水中的一阶自振频率分别为 ω_a、ω_w，那么圆形桥墩和正方形桥墩在水中的一阶频率可分别表示为附加质量的函数：

$$\omega_{w-cir} = func(M_{cir}^{out}) \tag{4}$$

$$\omega_{w-squ} = func(M_{squ}^{out}) \tag{5}$$

将式(1)代入式(5)，可得：

$$\omega_{w-squ} = func(M_{cir}^{out} \cdot s(D,H)) \tag{6}$$

定义水体影响下桥墩一阶频率降低率为：$dec_\omega = 100\% \cdot (\omega_a - \omega_w)/\omega_a$。辐射波浪法和流体单元法基于不同的流固耦合理论，设采用这两种方法计算同一座圆形桥墩的一阶频率降低率的差异为 dif_{cir}^{flu-SR}，即：

$$dec_{\omega-cir}^{flu}=dec_{\omega-cir}^{SR}+dif_{cir}^{flu-SR} \tag{7}$$

式中，$dec_{\omega-cir}^{flu}$、$dec_{\omega-cir}^{SR}$分别表示流体单元法、简化辐射波浪法计算出的同一座圆形桥墩一阶频率降低率。混合法与流体单元法计算的同一座正方形桥墩的一阶频率降低率差异设为$dif_{squ}^{flu-hyb}$，那么：

$$dec_{\omega-squ}^{flu}=dec_{\omega-squ}^{hyb}+dif_{squ}^{flu-hyb} \tag{8}$$

混合法源自辐射波浪法和流体单元法，计算的正方形桥墩一阶频率降低率，应介于辐射波浪法和流体单元法之间，那么混合法与流体单元法计算的正方形一阶频率降低率差异$dif_{squ}^{flu-hyb}$，也应小于dif_{cir}^{flu-SR}。这里假设$dif_{cir}^{flu-SR}=dif_{squ}^{flu-hyb}=dif$，那么：

$$\begin{cases}dec_{\omega-cir}^{flu}=dec_{\omega-cir}^{SR}+dif\\ dec_{\omega-squ}^{flu}=dec_{\omega-squ}^{hyb}+dif\end{cases} \tag{9}$$

因此可得：

$$dec_{\omega-squ}^{hyb}=dec_{\omega-squ}^{flu}-(dec_{\omega-cir}^{flu}-dec_{\omega-cir}^{SR}) \tag{10}$$

考虑到桥墩一阶频率降低率的定义，有：

$$\omega_{w-squ}^{hyb}=\omega_{a-squ}^{hyb}-[dec_{\omega-squ}^{flu}-(dec_{\omega-cir}^{flu}-dec_{\omega-cir}^{SR})]\cdot\omega_{a-squ}^{hyb}/100\% \tag{11}$$

式中$dec_{\omega-cir}^{SR}$能够使用简化辐射波浪法计算，$dec_{\omega-cir}^{flu}$、$dec_{\omega-squ}^{flu}$能够使用流体单元法计算，ω_{a-squ}^{hyb}是不考虑动水压力，桥墩在空气中的一阶自振频率，可以直接计算，即式(11)右侧是已知的。考虑到式(6)，上式可写为：

$$func(M_{cir}^{out}\cdot s(D,H))=\omega_{a-squ}^{hyb}-[dec_{\omega-squ}^{flu}-(dec_{\omega-cir}^{flu}-dec_{\omega-cir}^{SR})]\cdot\omega_{a-squ}^{hyb}/100\% \tag{12}$$

如能找出$s(D,H)$合适的值使得上式成立，那么将该值代入式(1)即可求得附加质量，从而根据式(2)、式(3)求得结构的动力特性和地震响应。截面边长D、墩高H取不同值时$s(D,H)$的值s_i，可使用流体单元法通过编程迭代计算完成，如图1所示。对求出的一系列s_i进行拟合，即可得到形状系数$s(D,H)$的表达式。采用辐射波浪法推导圆形桥墩外域水动水压力

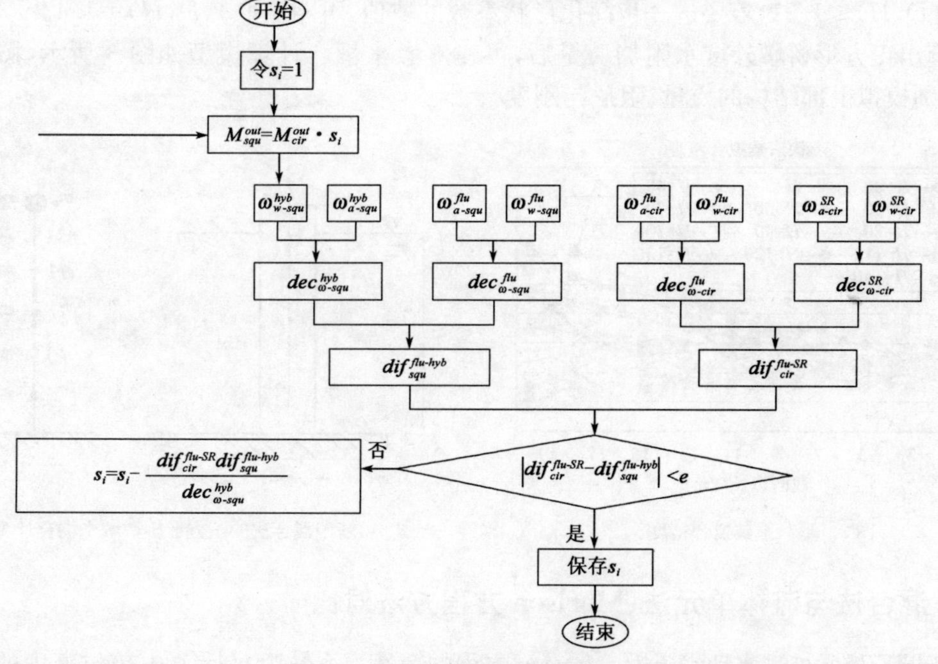

图1 形状系数的计算流程图

的简化表达式，乘以由流体单元法得到的正方形桥墩的形状系数，得到正方形桥墩外域水附加质量，并建立相应的墩水耦合作用数值计算模型进一步计算动水压力，即为本文提出的混合法。

2 基于混合法的正方形桥墩动水压力

对某一墩高及入水深度 H，截面边长 D 的正方形桥墩，按照图(1)的流程能得到形状系数为 s_i。图中 $|dif_{cir}^{SR-flu}-dif_{squ}^{hyb-flu}|$ 值的大小，根据假设应取为 0。实际计算中，该取值若太小，将大幅增加迭代计算次数，导致不收敛，增加计算成本。测试发现当 $e=0.05$ 时，能够同时满足计算精度和效率要求。

设墩高及入水深度为 20m 到 140m，截面边长 1m 到 20m 的正方形桥墩为工程中常用正方形深水桥墩。计算该范围内每一座桥墩的形状系数 s_i，拟合后可得：

$$s(D,H)=1.43+\frac{D(H-100)}{10^4}\quad 1\leqslant D\leqslant 20,20\leqslant H\leqslant 140 \tag{13}$$

定义形状系数拟合精度为：$fit_s(D,H)=100\%\cdot[s(D,H)-s_i]/s_i$。图 2 表示墩高 20m 到 140m，外截面边长为 1m 到 20m 的系列桥墩形状函数的拟合精度。可见，当墩高为 20m，且截面边长大于 13m 时，该增量的绝对值超过 4%，最大不超过 6.5%，而这类桥墩在实际工程中存在的可能性不大。对于其他墩高和外截面边长的桥墩，增量的绝对值都在 4%之内。可见形状函数拟合精度能够满足常用深水桥墩的工程应用。

因此，正方形桥墩外域水引起的附加质量可以表达为：

$$M_{squ}^{out}=M^{wato}\cdot M^{SRO}(H,D,z_i)\cdot s(D,H) \tag{14}$$

式中：M^{wato} 为单位墩高桥墩排开的水体质量，$M^{wato}=\rho\pi D^2/4$；$M^{SRO}(H,D,z_i)$ 为圆形桥墩简化辐射波浪法外域水附加质量表达式，$M^{SRO}(H,D,z_i)=(1-5D/H^2)[1-e^{10(z_i-H)/(DH^{1/3})}]$；$s(D,H)$ 为正方形桥墩形状系数，见式(13)。在式(13)中式，当 $1\leqslant D\leqslant 20,20\leqslant H\leqslant 140$ 时，$1.27\leqslant s(D,H)\leqslant 1.51$，若要进一步简化形状系数的取值，可粗略取 $s(D,H)=1.4$。

计算出正方形桥墩外域水附加质量后，可建立墩水耦合计算模型如图 3 所示，图中 m_u、c_u、k_u 分别模拟上部结构的质量、阻尼与刚度。

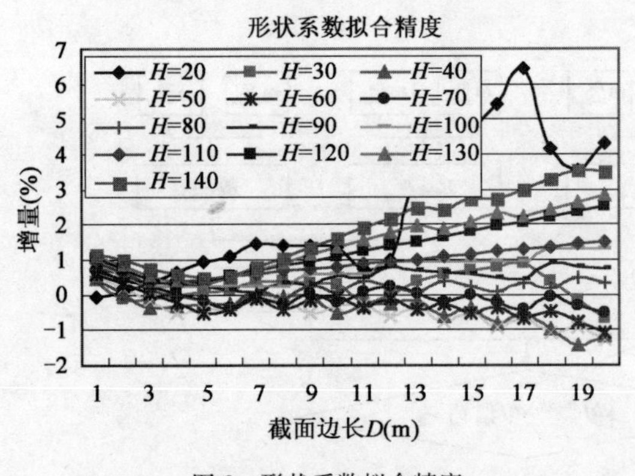

图 2 形状系数拟合精度

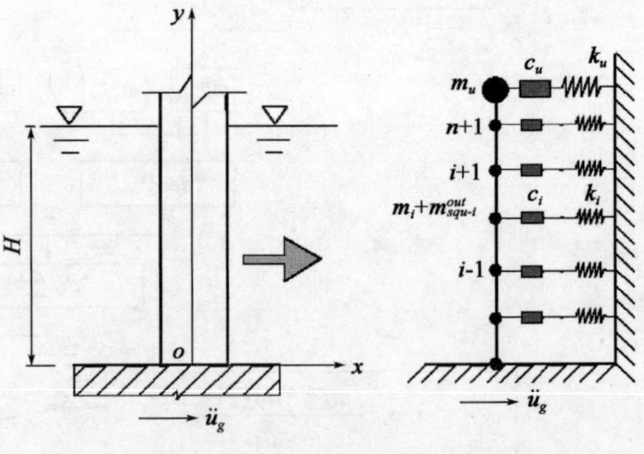

图 3 基于混合法的正方形桥墩墩水耦合计算模型

3 混合法与流体单元法、Morison 方程方法对比

对于圆形桥墩外域水动水压力，Morison 方程的惯性力系数为 $C_m=1.0$，单位高度的附加质量为 $M_w=C_m\rho\pi D^2/4$；Morison 方程对于正方形桥墩外域水引起的惯性力系数，取值为 $C_m=$

1.5[15]。定义正方形桥墩的惯性力系数与圆形桥墩惯性力系数的比值为 Morison 方程中正方形桥墩的形状系数 s_{Mor}，那么该值为常量 1.5。混合法中，$s(D,H)$ 的取值范围为[1.27～1.51]，显然小于 s_{Mor}。并且简化辐射波浪法圆形桥墩外域水附加质量简化系数 $M^{SRO}(H,D,z_i)$ 小于 Morison 方程圆形桥墩惯性力系数。因此，正方形桥墩外域水动水压力计算量值，混合法小于 Morison 方程。

流体单元法计算的附加质量，以及动力响应值都小于简化辐射波浪法，计算精度受到流体域范围和流体网格划分精度的影响。混合法是基于简化辐射波浪法和流体单元法得出，其计算的精度是介于辐射波浪法和流体单元法之间。因此从理论上分析，三种计算正方形桥墩外域水附加质量及动水压力的方法，Morison 方程计算结果最大，混合法其次，流体单元法最小。

地震是非常复杂的随机振动，其频率和振幅都随时间变化，可以等效为无穷个简谐荷载的叠加。对于墩高 60m，外截面边长为 1m 到 20m 的正方形实心墩，分别使用上述三种方法计算该系列桥墩的动力特性和在外部激励 $\ddot{u}_g=5\sin(2\pi\omega t)$，$\omega=3\text{Hz}$ 下的动力反应。图 4 表示了正方形桥墩 X 方向一阶自振频率降低率的对比，图 5 表示分别使用简化辐射波浪法、流体单元法和 Morison 方程方法，得到的墩高 60m 的圆形系列桥墩 X 方向一阶频率降低率对比。图 4 中流体单元法曲线和混合法曲线之间的偏移量，与图 5 中流体单元法曲线和简化辐射波浪法曲线之间的偏移量，是基本一致的，这与假设条件：$dif_{cir}^{flu-SR}=dif_{squ}^{flu-hyb}=dif$ 是符合的。这种偏移量，即是流体单元法和辐射波浪法采用不同的流固耦合理论引起的差异。从图 4 还可见：在正方形截面边长等于圆形桥墩直径的条件下，正方形桥墩一阶频率降低率大于对应的圆形桥墩，即正方形桥墩受到的水体的影响大于圆形桥墩；流体单元法计算结果偏小，Morison 方程方法偏大，而混合法介于两者之间。混合法继承了简化辐射波浪法的计算精度，能够较好的计算深水桥墩的动力特性。

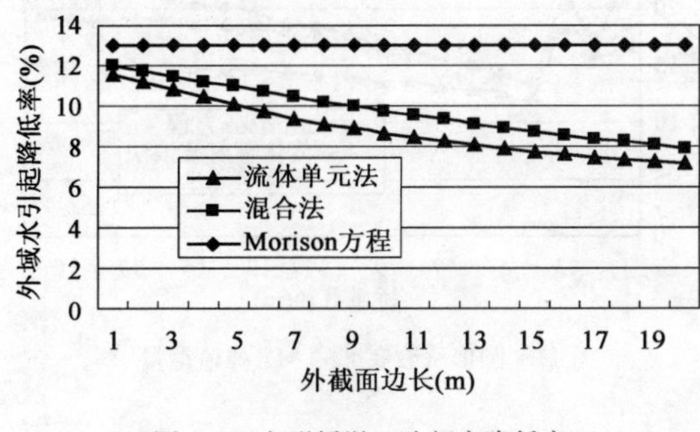

图 4　正方形桥墩一阶频率降低率

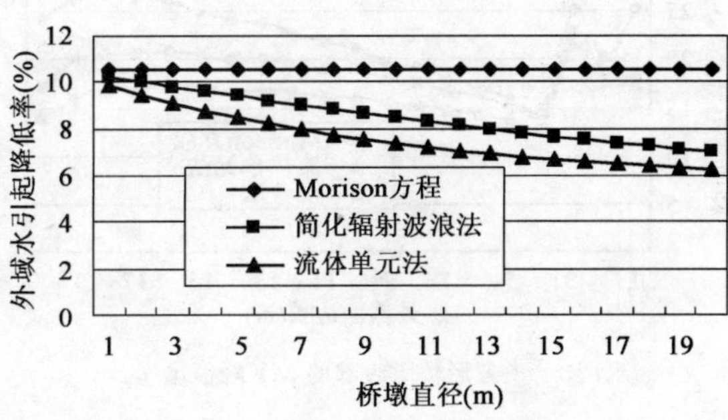

图 5　圆形桥墩一阶频率降低率

设动力作用下考虑水体和不考虑水体时，桥墩顶部 X 方向的位移 UX 的峰值分别为 UX_w^{max}、UX_a^{max}，定义墩顶位移峰值增量为：$UX_{incre}=100\%\cdot(UX_w^{max}-UX_a^{max})/UX_a^{max}$。相应的可定义墩底 X 方向的反力峰值增量 FX_{incre}，以及绕 Y 轴的弯矩峰值增量 MY_{incre}。图 6、图 7 分别表示正方形桥墩、圆形桥墩墩顶位移 UX 峰值增量对比，可见混合法计算所得正方形桥墩 UX_{incre} 曲线相对于流体单元法 UX_{incre} 曲线的偏移量，与简化辐射波浪法所得圆形桥墩 UX_{incre} 曲线相对于流体单元法 UX_{incre} 曲线的偏移量，是一致的。并且从图 8、图 9 表示的两类桥墩 FX_{incre} 曲线，以及图 10、图 11 表示的两类桥墩 MY_{incre} 曲线可以看出：混合法计算结果与流体单元法之间的差异，基本等于简化辐射波浪法计算结果与流体法之间的差异。混合法在计算正方形桥墩动力响应方面，较好的保持了简化辐射波浪法的精度。还可看出：正方形桥墩截面边长与圆形桥墩直径相等时，正方形桥墩各量值峰值增量都大于圆形墩，即正方形桥墩受到的动水压力相对较大;混合法计算结果介于流体单元法和 Morison 方程方法之间,有较高的计算精度。实例计算表明,混合法能够便捷高效的计算深水桥墩动力特性和动力响应。

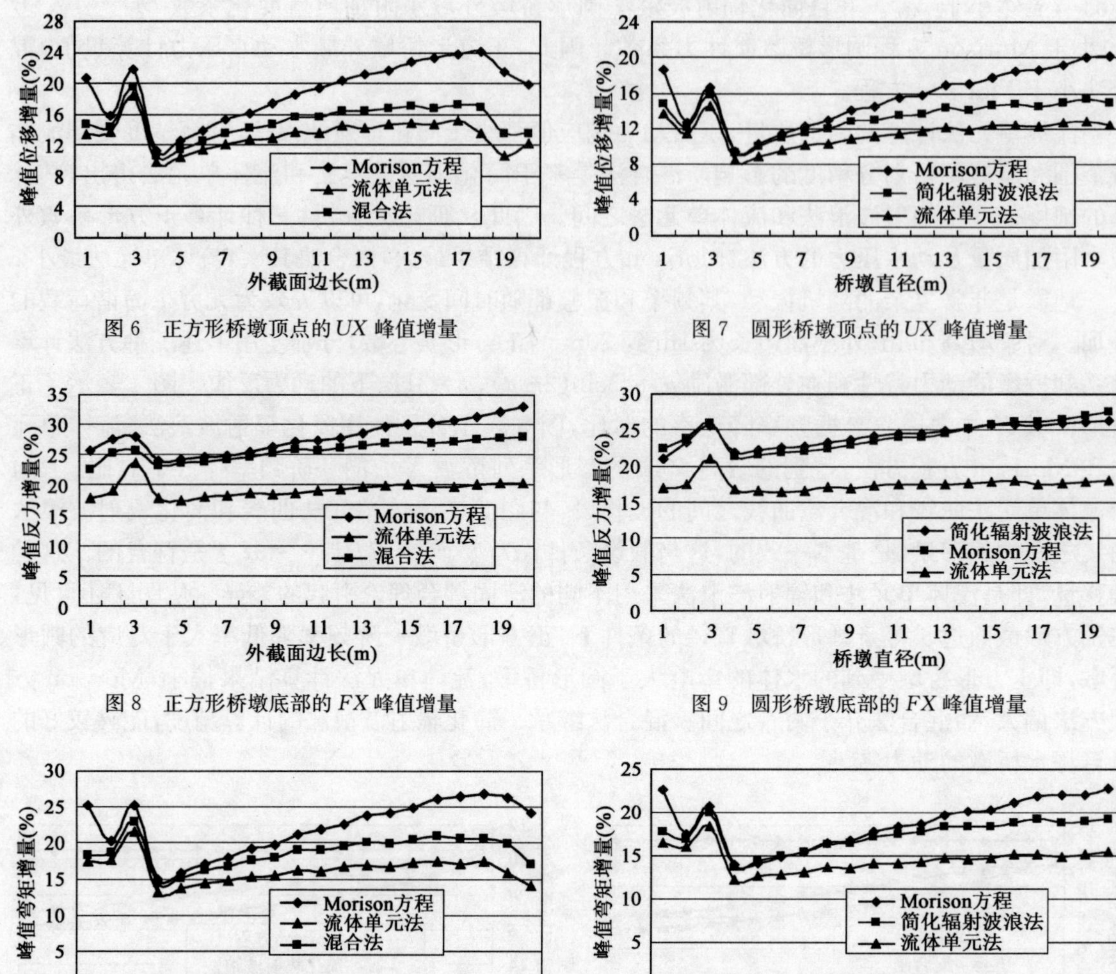

图 6　正方形桥墩顶点的 UX 峰值增量

图 7　圆形桥墩顶点的 UX 峰值增量

图 8　正方形桥墩底部的 FX 峰值增量

图 9　圆形桥墩底部的 FX 峰值增量

图 10　正方形桥墩底部的 MY 峰值增量

图 11　圆形桥墩底部的 MY 峰值增量

4　结语

(1)本文先归纳了流体单元法、辐射波浪法的优缺点,并在二者基础上提出了一种新的动水压力及墩水耦合作用计算方法:混合法。

(2)详细论述了混合法的理论基础,介绍了形状系数求解流程。

(3)提出了基于混合法的正方形桥墩外域水附加质量表达式,并讨论了拟合精度,建立了正方形桥墩墩水耦合计算模型。

(4)与流体单元法、Morison 方程的对比研究表明,基于混合法的正方形桥墩外域水附加质量表达式具有较高的精度,能够很好地计算正方形深水桥墩的动力特性和动力响应。

(5)基于混合法的动水压力表达式简洁,计算效率高,精度好,在实际工程中具有较高的应用价值。

参 考 文 献

[1] 胡德贵,吉随旺,李本伟. 都江堰至汶川公路庙子坪岷江特大桥震害浅析[J]. 西南公路,2008,4:21-22.

[2] 刘振宇. 地震作用下深水桥梁的动力响应研究[D]. 成都:西南交通大学博士论文,2007.

[3] 中华人民共和国行业标准. JTG/T B02-01—2008 公路桥梁抗震设计细则[S]. 北京:人民交通出版社,2008.

[4] 中华人民共和国行业标准. GB 50111—2006 铁路工程抗震设计规范[S]. 北京:人民交通出版社,2006.

[5] Westergarrd H M. Water pressures on dams during earthquakes[J]. Trans ASCE 1933, 59(8),418-433.

[6] Goto H., Toki. Vibration characteristics and aseismic design of submerged bridge piers. Proceedings of the Third World Conference on Earthquake Engineering: Vol 2 [C]. Auckland and Wellington: New Zealand National Committee on Earthquake Engineering, 1965,107-125.

[7] C-Y. Liaw, Anil K, Chopra. Dynamic of towers surrounded by water Earthquake Engineering and Structural Dynamics,1974,3:33-49.

[8] O. C. Zienkiewiez. The finite element method, MeGRAW-HILL,1977.

[9] 傅作新. 水一坝相互作用的若干有效解法[J]. 华水科技情报,2(1985):1-10.

[10] 赖伟,王君杰,胡世德. 地震下桥墩动水压力分析[J]. 同济大学学报,2004,32(1):1-5.

[11] 刘振宇,李乔,赵灿晖等. 深水矩形空心桥墩在地震作用下附加动水压力分析[J]. 振动与冲击,2008,27(2): 53-56.

[12] 杨万理,李乔. 地震作用下桥墩非竖直棱面动水应力分析[J]. 土木工程学报,2010. 11, vol. 43(sup):72-76.

[13] 童宗鹏,王国治. 舰艇结构水下振动和声辐射特性研究[J]. 江苏科技大学学报(自然科学版),2003,17(2):18-22.

[14] P. W. Werner, K. J. Sundquist. On Hydrodynamic Earthquake Effects[J]. Transaction of the American Geophysical Union,1949,30 (5):636-657.

[15] 毕家驹. 近海力学导论[M]. 上海. 上海同济大学出版社. 1989:86.

52. 台湾大鹏湾开启桥桥体负荷计算

游　冰　吴元良　刘　熊　张　剑

（武桥重工集团股份有限公司）

摘　要：本文介绍了台湾大鹏湾开启桥的主要技术参数及开启桥桥体负荷计算，该负荷计算符合美国国家公路与运输协会标准《开启桥规范》中的要求及规定。

关键词：开启桥　负荷计算　设计原则

1　工程概述

台湾大鹏湾风景区环湾景观道路工程开启桥位于台湾高雄屏东县东港镇大鹏湾，见图 1，该开启桥为台湾地区首座开启桥，是台湾与大陆首次进行合作的桥梁工程。2011 年 3 月 27 日台湾马英九、吴敦义等人主持通车典礼，正式交付使用，并被授予台湾最高质量奖——金安奖。

图 1　大鹏湾风景区环湾景观道路工程开启桥

2　开启桥主要技术参数

(1)跨距：28m(全长 37m)

(2)开启桥总宽：15m×2

(3)结构形式：钢箱梁形式

(4)钢桥尺寸：37m ×14.9m ×2 座

(5)开启桥总重：450t×2＝900t

(6)开启方式:单边掀起式,最大开启角度为75°

(7)正常开启时间:≤2min

(8)正常闭合时间:≤2min

(9)平衡重:230t×2=460t

(10)额定压力:24MPa　最大工作压力:31.5MPa

(11)总功率:90kW×4+15kW×2+1kW=391kW

3　开启桥的构造、功能及设计说明

开启桥主要由开启桥体、油缸支承机构、平衡重机构、对中装置、止端锁固机、主轴承及枢轴装配、电气系统及液压系统等部分组成。

开启桥体左右各有一根枢轴贯穿并固定在开启桥桥体侧部下方箱型纵梁的腹板上,在枢轴的外侧配上一个平面球轴承,平面球轴承固定于铸钢所制造的主轴承座上,主轴承座再用高强度螺栓固定在预先埋设在桥墩内的基础结构板上。每一开启桥桥体左右还各配有两支液压缸。液压缸上连接轴承座以焊接方式固定在开启桥桥体的结构上,液压缸下连接轴承座,以高强度螺栓固定在预先埋设在桥墩内的基础结构板上。开启桥动作时,主液压缸活塞杆伸缩,带动开启桥桥体绕桥体中部的固定枢轴旋转,实现开启桥的起落。

确定开启桥桥体的负荷是开启桥设计工作的关键,我们参照美国国家公路与运输协会标准《开启桥规范》中要求及规定做开启桥负荷计算。计算内容包含开启桥在正常操作、较大风力负荷操作及最大风力顶住不动三种不同操作状态时所承受的风力、重力、惯性力及摩擦力的负荷状态。

开启桥每一桥片有两支液压缸,核算开启桥在单支液压缸失效情况下仍能工作,以增加安全性。因此参照德国工业标准 DIN 19704 "HYADRAULIC STEEL STRUCTURE"加入单缸失效状态,用以确认开启桥桥体及传动机构的强度。上述各计算结果用于决定及计算开启桥各活动机构及构件之强度与功率大小。

3.1　开启桥桥体负荷工况分类

1)正常操作工况

正常开启时间为2分钟。在正常开启时间内,液压缸足以克服摩擦阻力、惯性力、不平衡力及120Pa的风压力垂直作用在开启桥桥板上等负荷,使桥面由全关至全开,反之亦然。

2)较大风力负荷操作工况

在不大于2倍正常开启时间即4min内,液压缸足以克服摩擦阻力、惯性力、不平衡力及作用在开启桥桥面在任一开启状态下,垂直投影面上受到480Pa的风压力等负荷,使桥面由全开至全关,反之亦然。

3)最大风力顶住不动工况

液压缸足以承抗在顶住不动全开状态下,其垂直投影面上受960Pa风压的工况。

4)单缸失效工况

单缸失效状态用以预防开启桥因不可预知的原因,如液压软管破裂、液压缸联结部位松脱或断裂等,造成二支液压缸之一失效时,开启桥桥体及传动机构仍能工作。首先一缸失效状态发生时,液压缸及其液压回路能够将开启桥桥体停住并保持在该位置。待相关人员检查后,无安全隐患,再以单液压缸动作将开启桥桥体放下至平放位置。一缸失效的保持状态的负荷情况与最大风力顶住不动状态相同。一缸失效的停住与放下状态的负荷情况与较大风力负荷操作状态相同，但其由全开放下至平放位置所需时间可延长至8分钟。

3.2 坐标系统、作用力、力矩定义及设计原则

1)坐标系统

计算用坐标系统主要以两个卡式直角坐标系统为主，其一为 X-Y 坐标附着于开启桥上随着枢轴轴心而旋转，另一为地面 X'-Y'坐标不随着枢轴轴心而旋转，两个坐标系统的坐标原点为 O 与 O'皆为枢轴轴心。

开启桥面上任一点 A 其相对于开启桥坐标系统坐标为(XA,YA)，经开启桥旋转 θ 角后其相对于地面坐标系统坐标(XA',YA')，X-Y 坐标系统与 X'-Y'坐标系统之转换公式如下：

$$XA' = \cos(\theta) \times XA - \sin(\theta) \times YA$$

$$YA' = \sin(\theta) \times XA + \cos(\theta) \times YA$$

2)角加速度、作用力、力矩之正负号定义

角加速度、作用力及其作用点皆依照 X'-Y'坐标系统视为矢量，计算时，预先假设油压缸拉力方向为正(如图2所示)；力矩方向及正负号由其作用点的位置矢量与作用力矢量的矢量外积决定。

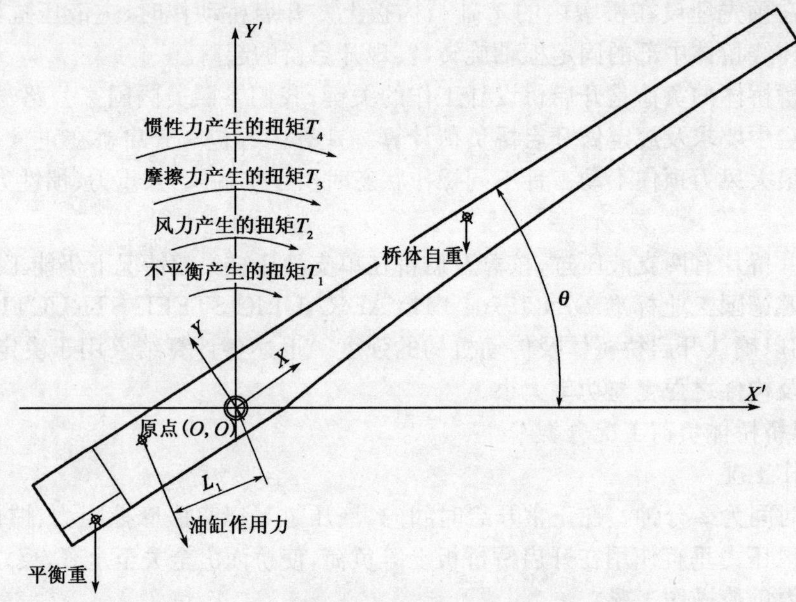

图2 开启桥开启桥体计算简图

3)平衡重及不平衡扭矩计算

平衡重应尽可能地设有足够的平衡重量，以平衡开启桥桥体的重量，并包括它的附属物，最终只要保留一定的正向呆重，保证平放在桥墩支承座上时，仍保持压在桥墩支承座上，用以抵抗活载重及风力负荷使桥片稳定压在桥墩支承座上。

本桥平衡重的重量按开启桥桥体平放时，每一片开启桥桥体前端有20t向下负荷压在桥墩支承座上，在此情况下求其平衡重的重量。

4)开启桥桥体重量、质心、及质量二次矩计算

开启桥桥体重量计算依设计图考虑所有钢板、开孔扣除、接合板及螺栓、自行车道及人行道钢板、栏杆底座及栏杆、枢轴及其配件、油压缸上座、桥面板铺面等。每个元件分别计算其重量、质心 XY 坐标、质量二次矩(含平行轴效应)后再加总。

5)不平衡扭矩 T_1

不平衡扭矩为开启桥桥体自重扭矩与平衡重扭矩之和。

6)风力及其扭矩 T_2 计算

风力作用于开启桥桥面的大小与当地的平常风力情况有关。由台湾气象局东港水试所测风站的风速统计资料,月平均风速范围在 2.6～5.6m/s 之间,属浦氏风速三级微风范围的风速,在七月份发生最大月平均风。另在大鹏湾南平里的测风站,测得最大风速有 13.8m/s、极大风速可达 41.7m/s。

参照美国国家公路与运输协会标准《开启桥规范》对驱动设备的功率要求,在正常操作状况下,设计风压为 12kg/m^2,约等于风速 12.2m/s 所造成的风压力;较大风力负荷操作状况,设计风压为 480Pa,约等于风速 24.2m/s 所造成的风压力;最大风力顶住不动状况,设计风压为 960Pa,约等于风速 34.2m/s 所造成的风压力。

参照美国国家公路与运输协会标准《开启桥规范》,界定设计条件如下:

①正常操作时:容许最大操作风速 10m/s(5 级风),设计风压为 120Pa。

②较大风力负荷操作时:容许最大操作风速 20m/s(8 级风),设计风压为 480Pa。

③最大风力顶住不动时:设计风速 34.2m/s(12 级风),设计风压为 960Pa。

由于风向无常,因此做开启桥桥体负荷分析时,考虑风力作用使开启桥桥面承受较严重的负荷状况,并与其他作用力相加。开启桥开启后,平衡重侧的桥面将没入桥墩内,使这部分桥面不受风力或受较小的风力。又平衡重侧的桥面与主桥面在枢轴两侧,而平衡重侧桥面产生的风力使桥面风力扭矩总合变小,因此计算开启桥风力扭矩时,平衡重侧面积不予计算,计算结果偏向安全。

7)摩擦力及其扭矩 T_3 计算

轴承为 GEC400 TXA-2RS,查得 Steel/PTFE fabric 静摩擦系数在 0.03～0.15 之间,取轴承静摩擦系数为 0.15。

摩擦力作用方向与开启桥运动方向相反。考虑开启桥面由任何举升角开始开启与关闭,其所受的最大摩擦力为静摩擦力。开启桥桥体的重量与平衡重的重量之和是摩擦力的主要产生来源。摩擦力产生于枢轴轴承的滑动接触面,因此以枢轴轴承半径作为扭矩之力臂。

8)惯性力及其扭矩 T_4 计算

开启桥在控制系统控制下,在开启桥开启、开始运动后、刹车减速至开启桥停止前的短暂时间内产生角加速度或减速度,其余时间开启桥作等角速度运动,即无角加速度或减速度。在一般正常操作情况下,只有角加速度或减速度发生的地方才有惯性力扭矩产生。考虑开启桥在安装调整及测试过程或平时运转之紧急停止后再启动,则角加速度或减速度可能发生在任一开启桥抬升角。因此任一开启桥抬升角皆要计算惯性力扭矩。

9)总扭矩计算及小结

总扭矩计算依美国国家公路与运输协会标准《开启桥规范》中的要求,计算内容包含开启桥在正常操作、较大风力负荷操作及最大风力顶住不动三种不同操作状态时所承受之风力、重力、惯性力及摩擦力之负荷状态。另外基于安全性考量,因此参照德国工业标准 DIN 19704 “HYADRAULIC STEEL STRUCTURE”加入一缸失效状态用以确认开启桥钢构及传动机构之强度。

各种工况的总扭矩计算完成后,既可求得各操作状态下之油压缸作用力 F_1:

$$F_1 = (T_1 + T_2 + T_3 + T_4)/L_1$$

T_1:不平衡产生的扭矩;

T_2:风力产生的扭矩;

T_3:摩擦力产生的扭矩;

T_4:惯性力产生的扭矩;

L_1:油缸拉力作用线到原点的垂直距离,参见图 2。

由于各种操作状态组合很多,我们仅列出正常操作时的五种工况的计算结果,见表 1。

开启桥正常操作计算结果 表 1

角度(°) 受力(×10kN)	0	10	20	30	40	50	60	70	75
工况 1	193	155	120	89	60	30	0.1	−36	−59
工况 2	151	116	84	54	25	−4.6	−37	−80	−108
工况 3	179	142	108	78	48	19	−12	−50	75
工况 4	138	104	72	43	13	−16	−50	−94	−124
工况 5	126	93	62	33	4.1	−26	−61	−106	−135

由表 1 可知,开启桥在开启过程中,开启桥的重心是随开启角度变化的,大约在 0°~55°区间时,开启桥前端重,后端轻,油缸受拉;大约在 55°~75°区间时,开启桥前端轻,后端重,油缸受压。

开启桥在准备开启时,公路路面禁止通行,水路禁止通行,然后开启桥开启,直至开启桥开启到位后,水路才可通行。从安全性上考虑,开启桥开启完成,水路通行,在此期间,由上分析结果可知,开启桥前端轻,后端重,油缸受压,如发生意外,只会向后倒,而不会向前倒威胁到通行水路的船,故通行水路非常安全。

在开启桥的设计过程中,考虑开启桥使用过程中可能发生的各种状况,做出应对的措施,以人为本,安全第一,是开启桥设计的第一原则。

4 结语

本桥已于 2011 年 3 月 27 已建成通车,正式交付使用,各项性能参数达到设计要求。大鹏湾开启桥是台湾地区首座开启桥,也是目前国内外性能参数最为先进的开启桥之一,具有快速开启下放、抗风能力强、性能稳定、安全等特点。其设计、制造、验收检查完全按国际相关标准执行,为企业以后走出国门积累了经验。

参考文献

[1] 美国国家公路与运输协会标准.开启桥规范[S].北京:人民交通出版社,1974.

[2] 张质文,虞和谦,王金诺,等.起重机设计手册[S].北京:中国铁道出版社,1998.

[3] 机械设计手册编委会.机械设计手册[M].北京:机械工业出版社,2004.

53. 基于神经网络响应面法的大跨度悬索桥静力可靠度分析

李广奇　程　进

（同济大学桥梁工程系）

摘　要：大跨度悬索桥结构的极限状态函数往往是通过有限元分析得到的一种隐式的数值关系，而不是通常的显式表达式，采用响应面法进行该类结构可靠度分析较其他方法更为简便。相比基于多项式的响应面法，神经网络拟合可以以任意精度逼近极限状态函数，从而提高响应面法在大跨度悬索桥可靠度分析中的精度。本文首先介绍了一种大跨度悬索桥的静力可靠度计算方法——基于神经网络的响应面法，然后以一个简单的悬索结构为例，验证该方法的效率和精度，最后对国内某一大跨度悬索桥进行静力可靠度分析，得出了一些有益的结论。

关键词：神经网络　响应面法　极限状态函数　可靠度分析　悬索桥

1　引言

悬索桥因其跨越能力强、结构轻柔、造型美观等特点而备受青睐，近年来得到快速发展，并取得了一系列研究成果。这些研究成果均是基于确定性的结构参数。然而，在实际中，无论结构参数还是荷载参数中都会存在着大量不确定性[1]，这些不确定参数势必影响到结构的静力性能。因此，有必要进行大跨度悬索桥的静力可靠度分析。

结构可靠度分析时，如果极限状态函数（即功能函数）是显式表达的函数式，则可直接采用简单有效的一次二阶矩法进行分析，计算精度一般能够满足工程需要[2]。然而，对大跨度悬索桥结构进行可靠度分析时，其极限状态函数往往是通过有限元分析得到的一种隐式的数值关系，难以得到显式表达式。在这种情况下，可采用随机有限元法、蒙特卡罗法和响应面法进行分析。随机有限元法理论复杂，编程困难，不易被接受。蒙特卡罗法通过对随机变量进行大量随机抽样和有限元分析来计算结构失效概率，在可靠度分析中被认为是一种相对精确的方法，但耗时较久，一般只用来检验其他方法的精确性。响应面法通过函数拟合寻找近似函数来模拟真实的结构响应，使用该函数替代确定性有限元分析，从而节省大量有限元计算时间，该方

基金项目：国家自然科学基金项目（编号：51178334）

法思路清晰，程序编制简便，可有效地应用于实际工程结构的可靠度分析[3]。

目前结构可靠度分析中常用的响应面法有两种：基于多项式的响应面法和基于神经网络的响应面法。基于多项式的响应面法采用有限维的多项式构造极限状态函数，然后采用一次二阶矩法计算结构可靠度指标，但近期研究成果表明[4]：多项式函数以任意精度逼近非线性映射是不可能的。因此，在采用基于多项式的响应面法对大跨度悬索桥进行可靠度分析时，由于结构非线性特征十分明显，计算精度难以保证。

近年来，神经网络由于具有优越的非线性映射能力和联想记忆能力，被广泛地应用于各种复杂关系下的函数拟合，表现出极大的灵活性与良好的适应性。数学上已经证明，一个3层的BP神经网络只要具有足够的隐含层神经元数就能以任意精度逼近任意函数[3]。鉴于神经网络的这种优势，神经网络响应面法在结构可靠度分析领域得到快速发展。文献[3]将神经网络响应面法应用于大型预应力混凝土连续梁的可靠度分析，文献[5]将神经网络技术应用于斜拉桥的可靠度分析，但目前国内尚无人将神经网络响应面法应用于悬索桥的可靠度分析。本文以广州珠江黄埔大桥南汊主桥为例，采用神经网络响应面法对其进行静力可靠度分析，以验证将神经网络响应面法应用于大跨度悬索桥静力可靠度分析的准确性和有效性。

2　基于神经网络的响应面法

2.1　BP神经网络模型简介[6]

人工神经网络是在现代神经学、生物学、心理学等科学研究成果的基础上产生的，反映了生物神经系统的基本特征，是对生物神经系统的某种抽象、简化与模拟。神经网络的基本组成部分是神经元，神经元模型如图1所示。神经网络是由大量简单神经元相互连接构成的复杂网络。目前BP神经网络是应用范围最为广泛的一种，可以解决大多数神经网络所面临的问题。一个3层BP神经网络如图2所示。

BP算法的基本思想是：学习信号的正向传播和误差的反向传播。在正向传播的过程中，输入信息依次从输入层经隐含层逐层计算直至输出层。若在输出层没有得到理想的结果，则计算其误差变化值，然后反向逐层修改各连接权值直到达到期望目标。

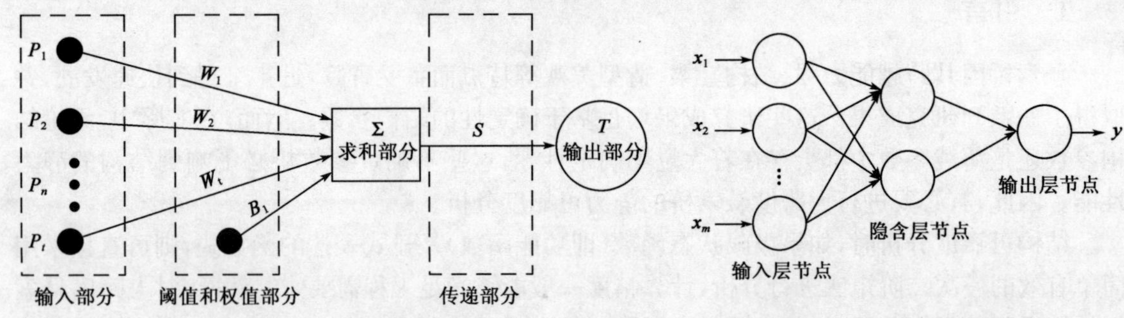

图1　神经元模型　　　　图2　3层BP神经网络模型

当确立了神经网络的结构后，即在隐含层神经元的个数及传递函数已定，就可利用一定量的样本对所建立的网络进行训练，输入输出间的非线性映射关系就得以形成。对于训练成功的神经网络，可以将待预测问题的输入参数送入网络，网络自动将其与学得的知识进行匹配，推理出合理的结果。

2.2　基于神经网络的极限状态方程的生成[6]

对于一个3层BP网络，其输入共有n个$x_1,x_2,\cdots x_n$。隐含层的神经元个数为n_1，对应的

神经元输出为 $t_1, t_2, \cdots t_n$。ω_{ij} 为第 i 输入节点与第 j 个隐含层神经元之间的权值，$i=1,2,\cdots n$；$j=1,2,\cdots n_1$。输出层的神经元个数根据所要解决的问题而定，若所关心的结构行为参数只有一个，比如挠度，则可定义神经元个数为 1，输出为 y。ν_j 为隐含层到输出层的连接权值。则输入输出参数之间的如下关系：

$$t_k = f(\sum_{i=1}^{n}\omega_{ik}x_i - b_k) \tag{1}$$

$$y = f(\sum_{j=1}^{n}\nu_j t_j - b) \tag{2}$$

式中：b_k——第 k 个神经元的阈值。

BP 网络的激活函数必须是处处可微的，所以它不能采用二值型的阈值函数{0,1}或{−1,1}，常用的传递函数有线性函数、对数 s 形函数和双曲正切 s 形函数。

线性函数的表达式为：

$$f(x) = x \tag{3}$$

对数 s 形函数的表达式为：

$$f(x) = \frac{1}{1+\exp(-x)} \tag{4}$$

双曲正切 s 形函数的表达式为：

$$f(x) = \frac{2}{1+\exp(-2x)} - 1 \tag{5}$$

极限状态方程隐式显化方法的具体思想是将表示结构性能的基本变量如结构尺寸、材料性质、温度、力等作为输入变量，而将所关心的结构上的作用效应如应力、变形等作为输出变量，神经网络通过对工程实例的学习，找出输入、输出变量之间的非线性映射关系。

极限状态方程隐式显化方法主要由 3 部分组成：①通过尽可能少的一系列确定性试验，通常为结构有限元数值计算，得到结构在受载条件下的效应，组成训练样本，并对训练样本进行归一化处理；②利用人工神经网络，对数值进行优化和样本学习，建立起结构所承受的荷载和作用效应之间的映射关系；③对应于网络结构所采用的归一化方式、传递函数、神经网络层数、每层的神经元个数，将成功训练网络所得的权值、阈值作为已知系数，代入到式(1)和式(2)进行转换，从而得到结构在外荷载作用下的响应显式表达式。即：

$$t_k = f\left(\sum_{i=1}^{m}\omega_{ik} \times \frac{x_i - \mu_i}{\sigma_i} - b_k\right) \tag{6}$$

$$y = \sigma \times f(\sum_{j=1}^{n}\nu_j t_j - b) + \mu \tag{7}$$

上式中各参量的含义同式(1)、式(2)。

2.3 可靠度分析

采用神经网络响应面法进行桥梁结构可靠度分析的具体步骤如下：

(1)根据桥梁结构随机变量的个数及其统计特征，采用均匀设计方法[7]获得相应的样本点。

(2)建立桥梁结构有限元模型，计算样本点处的结构响应，继而得到样本点处的极限状态方程值，该值和样本点值一起组成训练样本。

(3)建立 BP 神经网络模型，对训练样本进行学习和优化，得到权值和阈值。

(4)将权值和阈值作为已知系数代入式(6)和式(7)，得到极限状态函数的显式表达式。

(5)基于极限状态函数的显式表达式，利用一次二阶矩法[1]求解结构的可靠度指标，完成对桥梁结构的可靠度评价。

3 方法的验证与比较

下面通过对一个算例分别进行线性分析和非线性分析来验证本文方法的准确性和有效性。

算例为一个悬索结构[8]，如图 3 所示，其几何尺寸和截面尺寸是确定的，悬索和吊索弹性模量 $E_1=150\mathrm{GPa}$，钢梁弹性模量 $E_2=200\mathrm{GPa}$，钢梁塑性模量 $Z_P=2.48\times10^{-4}\ \mathrm{m}^3$。悬索截面面积 $A_c=0.000\,225\mathrm{m}^2$，吊索截面面积 $A_h=0.000\,1\mathrm{m}^2$，钢梁截面面积 $A_g=0.002\,45\mathrm{m}^2$，钢梁截面惯性矩 $I_z=31\,920\,920\mathrm{mm}^4$。

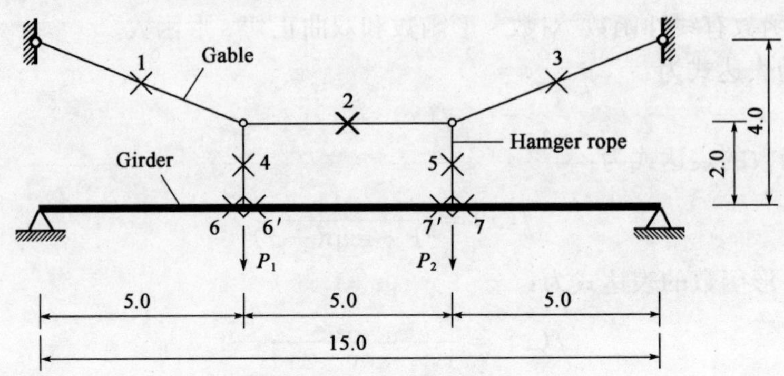

图 3 悬索结构构造图(尺寸单位:m)

随机变量取为荷载 P_1、P_2 和截面屈服强度 σ_{y1}（悬索）、σ_{y2}（吊索）、σ_{y3}（钢梁），其统计参数见表 1。

随机变量统计参数表 表 1

随机变量	分布类型	平均值	标准差
P_1(kN)	正态分布	50	15
P_2(kN)	正态分布	50	15
σ_{y1}(MPa)	正态分布	1 500	75
σ_{y2}(MPa)	正态分布	1 000	50
σ_{y3}(MPa)	正态分布	250	12.5

截面 1、2、3 对应的极限状态函数可表示为：

$$g_i(P_1,P_2,\sigma_{y1},\sigma_{y2},\sigma_{y3})=A_c\sigma_{y1}-|N_i| \qquad (i=1,2,3) \tag{8}$$

截面 4、5 对应的极限状态函数可表示为：

$$g_i(P_1,P_2,\sigma_{y1},\sigma_{y2},\sigma_{y3})=A_h\sigma_{y2}-|N_i| \qquad (i=4,5) \tag{9}$$

截面 6、7 对应的极限状态函数可表示为：

$$g_i(P_1,P_2,\sigma_{y1},\sigma_{y2},\sigma_{y3})=Z_P\sigma_{y3}-|M_i| \qquad (i=6,7) \tag{10}$$

式中：N_i、M_i——分别表示通过 ANSYS 程序进行有限元分析得到的节点 i 的轴力值和弯矩值。

线性分析时，选取 5-12-7 的 BP 神经网络结构，隐含层传递函数取为对数 S 形函数，输出层传递函数取为线性函数；非线性分析时，选取 5-5-7 的 BP 神经网络结构，隐含层传递函数取为对数 S 形函数，输出层传递函数取为线性函数。线性分析和非线性分析均采用 150 个样本来训练神经网络，建立起输入与输出的关系，得到显式表达的极限状态方程，然后采用一次二阶矩法计算可靠度指标，最后将计算结果与文献[8]的结果进行对比，对比结果见表2。

可靠度分析结果对比 表2

构件可靠度	线性分析			非线性分析		
	文献结果	本文结果	相对误差	文献结果	本文结果	相对误差
截面1	7.007	7.006 6	0.006%	7.970	7.935 7	0.430%
截面2	7.668	7.668 4	0.005%	8.815	8.789 4	0.290%
截面3	7.007	7.006 6	0.006%	7.970	7.943 9	0.327%
截面4	5.077	5.076 9	0.002%	5.307	5.258 4	0.916%
截面5	5.077	5.076 9	0.002%	5.307	5.260 6	0.874%
截面6	2.025	2.026 2	0.059%	2.326	2.272 1	2.317%
截面7	2.025	2.026 3	0.064%	2.326	2.272 0	2.322%

由表2数据可知，对该悬索结构进行线性分析和非线性分析，计算出的各失效截面可靠度指标均与文献[8]的结果吻合得很好，证明采用神经网络响应面法进行可靠度分析计算结果准确可靠，计算精度能够满足工程需求。

4 工程实例

广州珠江黄埔大桥南汊主桥[9]为单跨双索面钢箱梁悬索桥，其总体布置如图4所示。主缆分跨布置为290m+1 108m+350m，矢跨比为1/10。两根主缆中心间距36.5m。主缆钢丝采用公称直径为5.20mm、公称抗拉强度为1 670MPa的高强度镀锌钢丝。吊杆间距为12.8m，采用公称直径为56mm、公称抗拉强度为1 770MPa的镀锌钢丝绳。主梁为扁平钢箱梁，中心线处梁高为3.5m，全宽41.69m。主塔为门式框架结构，索塔总高度为190.476m，塔柱为混凝土空心薄壁断面。共设置上、下两道箱形断面横梁，均为全预应力结构。

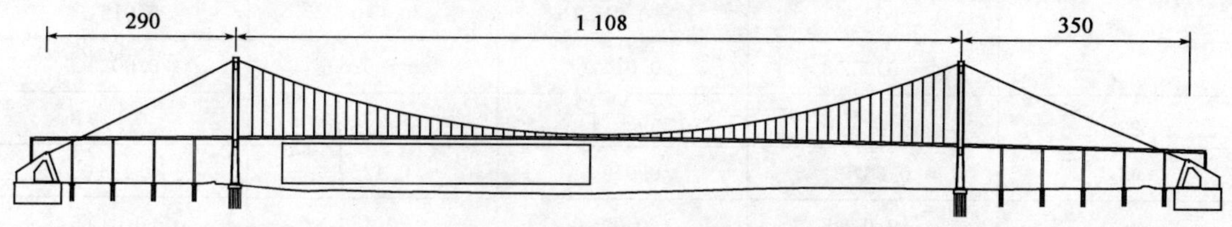

图4 广州珠江黄埔大桥总体布置图(尺寸单位：m)

采用ANSYS程序建立黄埔大桥空间有限元模型。随机变量为主缆、吊杆、主梁和桥塔的弹性模量 E_i、截面面积 A_i 和材料密度 γ_i，主梁的截面惯性矩 I_i，桥塔的弹性模量 E_i 和材料密度 γ_i，汽车活荷载 q，共14个随机变量，其统计特征见表3。

影响黄埔大桥主梁最大挠度可靠度的随机变量统计特征 表3

随机变量		类型	分布类型	平均值	变异系数
弹性模量	E_1(GPa)	主缆	正态分布	200	0.10
	E_2(GPa)	吊杆	正态分布	110	0.10
	E_3(GPa)	主梁	正态分布	210	0.10
	E_4(GPa)	桥塔	正态分布	35	0.10

续上表

随机变量		类型	分布类型	平均值	变异系数
截面面积	$A_1(m^2)$	主缆	对数正态	0.396 48	0.05
	$A_2(m^2)$	吊杆	对数正态	0.005 96	0.05
	$A_3(m^2)$	主梁	对数正态	1.994 8	0.05
材料密度	$r_1(kg\cdot m^{-3})$	主缆	正态分布	7 850	0.05
	$r_2(kg\cdot m^{-3})$	吊杆	正态分布	7 850	0.05
	$r_3(kg\cdot m^{-3})$	主梁	正态分布	7 850	0.05
	$r_4(kg\cdot m^{-3})$	桥塔	正态分布	2 600	0.05
截面惯性矩	$I_1(m^4)$	主梁	对数正态	303.0	0.05
	$I_2(m^4)$	主梁	对数正态	3.744	0.05
汽车活荷载	$q(kN\cdot m^{-1})$	主梁	正态分布	30.35	0.13

考虑黄埔大桥正常使用极限状态下的最大竖向挠度建立极限状态方程：

$$Z=[u]-u_v=1.847-u_v \tag{11}$$

式中：$[u]$——规范允许的最大竖向挠度；

u_v——主梁最大挠度，可以表示为 E_i、γ_i、A_i、I_i 及 q 等随机变量的函数。

选取 14-4-1 的 BP 神经网络结构，隐含层传递函数取为对数 S 形函数，输出层传递函数取为线性函数，采用 250 个样本来训练神经网络，建立起输入与输出的关系，其权值和阈值见表 4、表 5。

输入层与隐含层间的权值及阈值　　表 4

权值	隐含层神经元节点			
	1	2	3	4
ω_{1k}	−2.319 4	−1.542 4	1.177 8	−2.788 9
ω_{2k}	0.027 8	−0.015 3	0.640 7	0.012 5
ω_{3k}	−0.032 3	0.014 0	−1.525 6	0.002 9
ω_{4k}	−0.039 2	−0.014 6	0.231 2	−0.079 8
ω_{5k}	0.337 3	0.019 2	0.425 8	0.428 0
ω_{6k}	−0.018 5	−0.004 6	−0.186 0	−0.019 5
ω_{7k}	0.672 9	0.307 3	0.521 6	0.821 7
ω_{8k}	0.257 3	0.092 9	1.643 9	0.291 0
ω_{9k}	−0.048 2	0.018 2	−1.689 9	−0.028 5
ω_{10k}	0.649 0	0.315 5	0.129 2	0.805 9
ω_{11k}	−0.015 2	−0.007 4	0.206 6	−0.009 1
ω_{12k}	0.010 5	0.004 2	0.004 7	0.013 7
ω_{13k}	0.010 5	−0.010 2	0.757 5	−0.005 7
ω_{14k}	0.326 5	0.163 4	−0.418 6	0.412 5
阈值	2.293 3	−2.481 5	1.046 4	0.902 2

隐含层与输出层之间的权值与阈值 表 5

权 值	隐含层神经元节点				阈值
	1	2	3	4	
v_j	2.974 0	−4.924 6	−0.109 3	−2.348 1	−0.038 1

显式化的极限状态方程为：

$$Z = 4.2171 \times K_1 + (-6.9831) \times K_2 + (-0.1550) \times K_3 + (-3.3296) \times K_4 + 0.0635 \tag{12}$$

式中：$K_i = \dfrac{1}{1+e^{-N_i}}$

$$N_1 = -6.6555 \times 10^{-11} E_1 + 1.4504 \times 10^{-12} E_2 - 8.8270 \times 10^{-13} E_3 - 6.4276 \times 10^{-12} E_4 + 9.7647 A_1 - 35.628 A_2 + 3.8718 A_3 + 3.7621 \times 10^{-4} \gamma_1 - 7.0476 \times 10^{-5} \gamma_2 + 9.4894 \times 10^{-4} \gamma_3 - 6.7101 \times 10^{-5} \gamma_4 + 3.9775 \times 10^{-4} I_1 + 3.2190 \times 10^{-2} I_2 + 4.7491 \times 10^{-5} q - 6.8847$$

$$N_2 = -4.4259 \times 10^{-11} E_1 - 7.9823 \times 10^{-13} E_2 + 3.8260 \times 10^{-13} E_3 - 2.3940 \times 10^{-12} E_4 + 0.5558 A_1 - 8.8588 A_2 + 1.7682 A_3 + 1.3583 \times 10^{-4} \gamma_1 + 2.6611 \times 10^{-5} \gamma_2 + 4.6131 \times 10^{-4} \gamma_3 - 3.2668 \times 10^{-5} \gamma_4 + 1.5910 \times 10^{-4} I_1 - 3.1270 \times 10^{-2} I_2 + 2.3767 \times 10^{-5} q - 2.6972$$

$$N_3 = 3.3797 \times 10^{-11} E_1 + 3.3427 \times 10^{-11} E_2 - 4.1692 \times 10^{-11} E_3 + 3.7910 \times 10^{-11} E_4 + 12.327 A_1 - 358.20 A_2 + 3.0012 A_3 + 2.4036 \times 10^{-3} \gamma_1 - 2.4709 \times 10^{-3} \gamma_2 + 1.8891 \times 10^{-4} \gamma_3 + 9.1205 \times 10^{-4} \gamma_4 + 1.7804 \times 10^{-4} I_1 + 2.3222 I_2 - 6.0888 \times 10^{-5} q - 20.9274$$

$$N_4 = -8.0027 \times 10^{-11} E_1 + 6.5215 \times 10^{-13} E_2 + 7.9252 \times 10^{-14} E_3 - 1.3085 \times 10^{-11} E_4 + 12.390 A_1 - 37.553 A_2 + 4.7280 A_3 + 4.2549 \times 10^{-4} \gamma_1 - 4.1671 \times 10^{-5} \gamma_2 + 1.1783 \times 10^{-3} \gamma_3 - 4.0173 \times 10^{-5} \gamma_4 + 5.1897 \times 10^{-4} I_1 - 1.7474 \times 10^{-2} I_2 + 6.0000 \times 10^{-5} q - 10.9143$$

基于式(12)所表达的极限状态函数，利用一次二阶矩法求得结构失效概率为 0.215 3，可靠度指标为 0.788 0。将此结果与文献[9]的结果进行对比，对比结果见表 6。

可靠度计算结果对比 表 6

可 靠 度	蒙特卡罗法	响 应 面 法	相 对 误 差	本 文 方 法	相 对 误 差
可靠度指标	0.775 9	0.805 3	3.79%	0.788 0	1.56%
失效概率	0.215 9	0.210 3	2.59%	0.215 3	0.28%

注：表中响应面法指基于多项式的响应面法，相对误差指与蒙特卡罗法结果对比得到的相对误差。

由表 6 可知，本文方法得到的结果与直接蒙特卡罗法结果吻合得很好，并且比基于多项式的响应面法结果更精确。说明采用神经网络响应面法对大跨度悬索桥进行静力可靠度分析，计算结果准确可靠，精度令人满意。

5 结语

针对桥梁结构功能函数无法明确表达的可靠度分析问题，响应面法是一种有效的解决方法。相比于基于多项式的响应面法，神经网络优秀的非线性映射能力使其可以以更高的精度逼近极限状态函数，从而提高了响应面法在大跨度悬索桥静力可靠度分析中的精度。本文首先以一个简单的悬索结构为例，验证了神经网络响应面法的精度，然后对珠江黄埔大桥南汉主桥进行了静力可靠度分析，计算结果准确可靠，精度令人满意，验证了将神经网络响应面法应用于大跨度悬索桥静力可靠度分析的准确性和有效性。

参 考 文 献

[1] 程进，肖汝诚. 大跨度悬索桥颤振可靠度分析的改进响应面法[J]. 土木工程学报，2006，39(7)：69-73.

[2] 赵国藩. 工程结构可靠性理论与应用[M]. 大连：大连理工大学出版社，1996.

[3] 粟洪，程进. 神经网络技术在预应力混凝土桥梁可靠度分析中的应用[J]. 结构工程师，2009，25(2)：71-76.

[4] 董聪，刘西拉. 非线性结构系统可靠性理论及其模拟算法[J]. 土木工程学报，1998，31(1)：33-43.

[5] 张建仁，刘扬. 遗传算法和人工神经网络在斜拉桥可靠度分析中的应用[J]. 土木工程学报，2001，34(1)：7-13.

[6] 张杰，肖汝诚，程进. 基于神经网络的隐式显化方法在结构可靠度分析中的应用[J]. 力学季刊，2007，28(1)：135-141.

[7] 吕大刚，贾明明，李刚. 结构可靠度分析的均匀设计响应面法[J]. 工程力学，2011，28(7)：109-116.

[8] Dan M Frangopol，Kiyohiro Imai. Geometrically nonlinear finite element reliability analysis of structural systems. Ⅱ：applications[J]. Computers and Structures，2000，77：693-709.

[9] 刘晓銮. 大跨度缆索承重桥梁结构系统可靠度研究[D]. 上海：同济大学土木工程学院，2011.

54. 宽箱梁截面混凝土桥内外构件温差影响分析

徐方圆[1]　徐　栋[1]

（同济大学桥梁工程系）

摘　要：以某宽箱梁截面混凝土部分斜拉桥悬臂浇筑阶段为对象，采用空间实体单元分析温度效应对结构的索力和应力影响。考虑《公路桥涵设计通用规范》(JTG D60—2004)规定的整体升降温和梯度升降温 4 种温度工况外，针对箱梁内外室存在温差作用，增加了箱梁"外壳"降温 10℃的工况。通过计算分析，比较分析这 5 种温度工况对该桥现阶段的影响。计算结果表明，整体升降温引起的温度应力较小，梯度升降温会在箱梁顶板腹板产生较大的拉应力，外壳降温会在箱梁底板和腹板上产生较大的纵横向拉应力及主拉应力。

关键词：箱梁　整体升降温　梯度升降温　内外温差

1　温度应力和温度荷载

暴露在外界环境中的桥梁在受到大气温度变化的影响下会随外界气温的变化而变化。一般地，根据气温变化对桥梁结构的作用，将气温变化划分为均匀温度和梯度温度两种。在均匀温度作用下，如常年气温变化导致桥梁沿纵向均匀地位移，当这种位移受到约束时就会引起温度次应力。梯度温度主要与太阳辐射强度、气温变化和风速等有关。对于预应力混凝土桥梁而言，由于混凝土的导热系数较小，在梯度温度作用下结构容易冷热不均而形成非线性分布的温度状态。在非线性温度梯度下，因实际梁截面是符合平截面假定，截面上的纵向纤维因温差的伸缩受到约束而产生温度自应力。此外，在梯度温度作用下箱梁在横桥向有类似框架的约束作用而产生横向应力。

研究资料数据显示，由温度作用引起的温度应力是混凝土箱梁桥上部结构的开裂的主要原因之一。我国《公路桥涵设计通用规范》(JTG D60—2004)[1]考虑了均匀温度作用和梯度温度作用 2 种情况。其中，桥梁结构因均匀温度作用引起外加变形或约束变形时，按照所处气温分区考虑最高和最低的温度效应。梯度温度作用时考虑太阳辐射作用，由于公路桥梁都带有较长的悬臂，两侧腹板受到太阳直接辐射较少，梁底终日不受日照，因此忽略横桥向的温度梯度，只考虑竖向的温度梯度作用(图 1)。

除了年温变化和日照温差会产生温度应力外，由于混凝土的传热性能较差且箱室内部空气不流通，如在寒流降温情况下箱室内外会存在较大的温差。单室箱梁由寒流、降温产生的温差荷载分布[2]如图 2 所示，其中 $\overline{T}_0$ 为单室箱梁壁板的负温差，且一般取 -10℃，$\bar{c}$ 为指数系数。对于通常的单室箱梁结构，其表现为腹板内外侧的内外温差，且箱梁截面的内外室温差效应一般不大。但对于复杂截面宽箱梁而言，特别是在严寒或寒冷地区，其箱室内外温差效应将十分显著。例如图 3 所示的箱梁截面，原本反映腹板内外侧的内外温差将体现为内外部构件的温差，从而影响的是内外部构件受力状况，可能会对宽箱梁底板、腹板等处产生较大的拉应力。

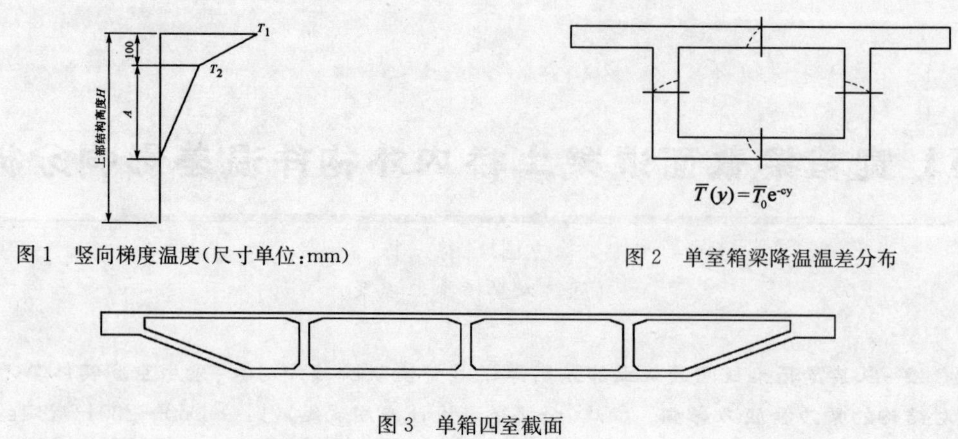

图 1　竖向梯度温度(尺寸单位:mm)

图 2　单室箱梁降温温差分布

图 3　单箱四室截面

2　计算算例

某 3 塔 4 跨双索面预应力混凝土部分斜拉桥，采用塔梁固结、塔墩分离的结构体系，墩顶设支座。主桥主梁为单箱四室变截面(图 3)，采用悬臂浇筑施工至距离塔底 26.2m 位置，梁高沿纵向按二次抛物线变化(图 4)。按照规范中的均匀温度和梯度温度两种情况对结构进行温度效应计算。此外，由于现有结构施工期长而经历了明显的温度变化，带斜腹板的单箱四室截面的内部构件与“外壳”构件(包括箱梁顶板、底板和斜腹板)之间会有较大的温差，因此在温度效应计算工况中增加考虑了这种内外构件的温差影响，如图 5 所示为箱梁内外部件温差荷载示意图。

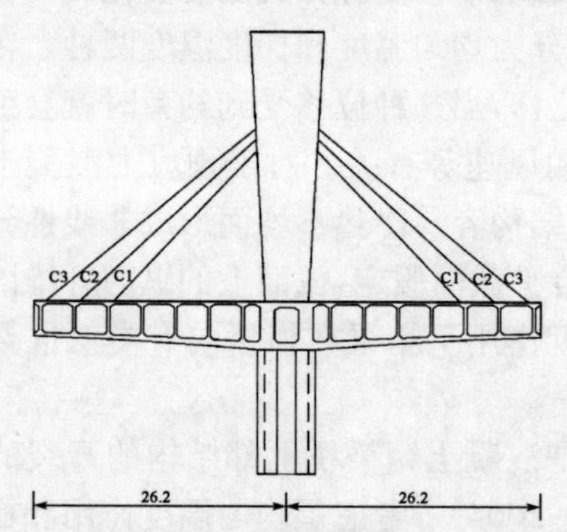

图 4　中墩悬臂浇筑施工段立面图(尺寸单位:m)

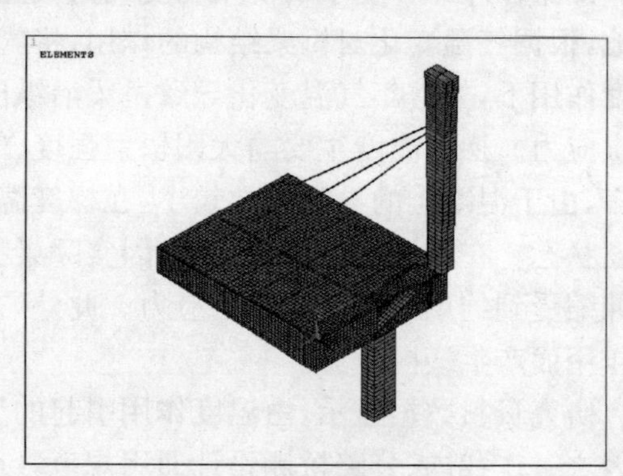

图 5　实体 1/4 模型

2.1　计算模型

考虑结构的对称性，选取 1/4 的结构建立空间实体单元模型计算分析温度效应[4]，如图 6 所示。箱梁采用 8 节点的实体单元模拟，拉索采用空间杆单元，桥塔和临时墩采用空间梁单元。在桥墩上支座位置采用竖向约束，临时墩墩底采用固定约束，在 2 个对称面上施加对称约束。

2.2　温度效应计算工况

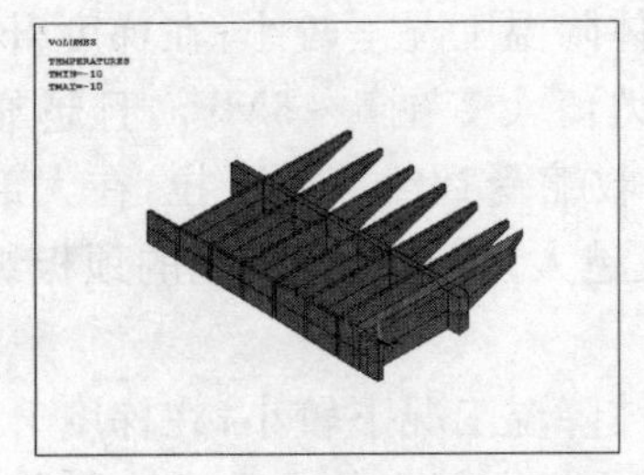
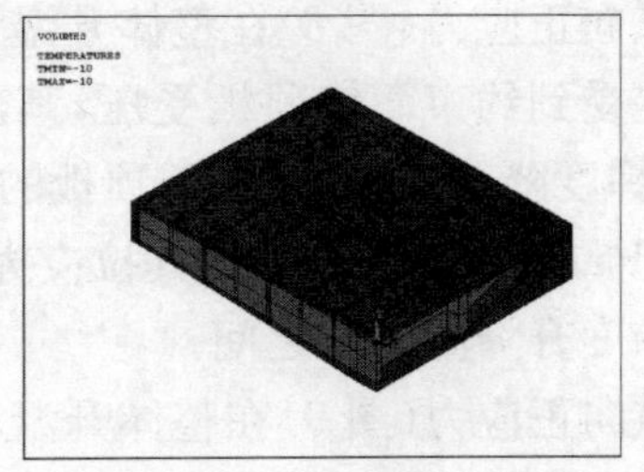

图 6　箱梁内外部件温差荷载示意图

通过空间实体模型分析 5 个温度工况。计算中只考虑温度效应，不计入自重、初始索力、预应力、挂篮荷载等其他作用。

1)整体升温工况和整体降温工况

按照《公路桥涵设计通用规范》(JTG D60—2004)，根据该桥位于严寒地区，分别考虑结构整体升温 34℃和整体降温 23℃。

2)梯度升温工况和梯度降温工况

按照《公路桥涵设计通用规范》(JTG D60—2004)的竖向温度梯度曲线施加梯度温度，其中，梯度升温工况中 T_1 取 25℃，T_2 取 6.7℃；梯度降温工况中 T_1 取 −12.5℃，T_2 取 −3.35℃。

3)"外壳"降温 10℃

按暴露于外部空气的构件均降温 10℃考虑，其中降温构件包括箱梁"外壳"(顶板、底板、斜腹板、最大悬臂处横隔壁)、拉索、桥塔、临时墩。

2.3　温度效应计算结果及分析

1)索力值

在这 5 种温度工况下温度效应引起的索力值见表 1。其中，整体升温和梯度降温工况下，拉索的索力值减小；整体降温、梯度升温和外壳降温工况下索力值增大，且梯度升温引起的索力变化值最大。

5 种工况下的索力值　　表 1

索 力 值	C_1(kN)	C_2(kN)	C_3(kN)
整体升温	−157.28	−151.20	−145.17
整体降温	106.40	102.28	98.20
梯度升温	267.88	300.56	338.54
梯度降温	−133.94	−150.28	−169.27
外壳降温	49.23	46.92	44.73

2)应力值

取 1/4 结构在 5 种温度工况下的应力值。结构的指标应力[5,6]取纵桥向的 A、B、C、D、E、F6 个位置的顶板、底板、腹板上的正应力及主拉应力(图 7)。

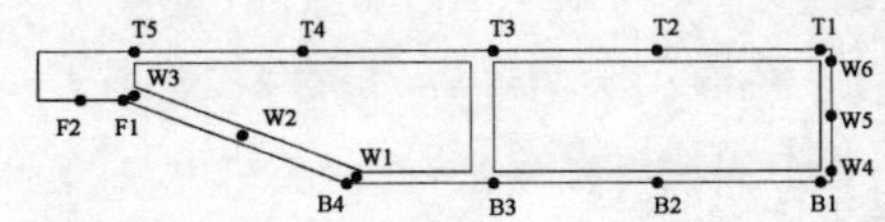

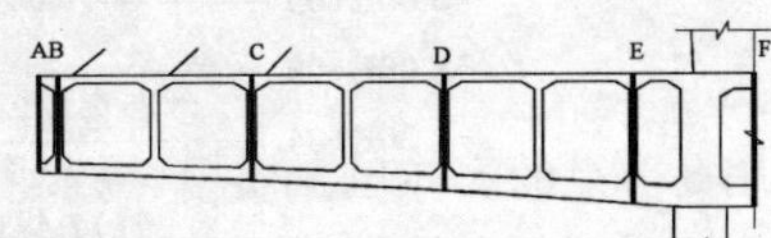

图 7　应力取值位置点图示

箱梁顶板纵向正应力(图 8)在整体升温和整体降温工况下较小；在梯度升温工况下，由于顶板的纵向伸展受到约束而使顶板受压，其压应力值大多在 5～6MPa，且越靠近塔下横梁其压应力越大；在梯度降温工况下，由于顶板的纵向收缩受到约束而受拉，在大部分区域的拉应力值都超过 2MPa，越靠近塔下横梁其拉应力值也越大；外壳降温工况的顶板纵向正应力介于整体升降温和梯度升降温工况之间。

箱梁底板纵向正应力(图 9)在整体升温和整体降温工况下较小；在梯度升温工况下，箱梁底板受压，多数纵向压应力值在 0.5～1.4MPa，其纵桥向较大值多分布在较外的悬臂段，横桥向底板靠近斜腹板处压应力值较大；在梯度降温工况下，箱梁底板的纵向拉应力值多在 0.5MPa左右；外壳降温工况下引起的底板纵向拉应力值大于其他 4 种工况，在纵桥向 C 位置处靠近斜腹板的底板拉应力值为近 1MPa。

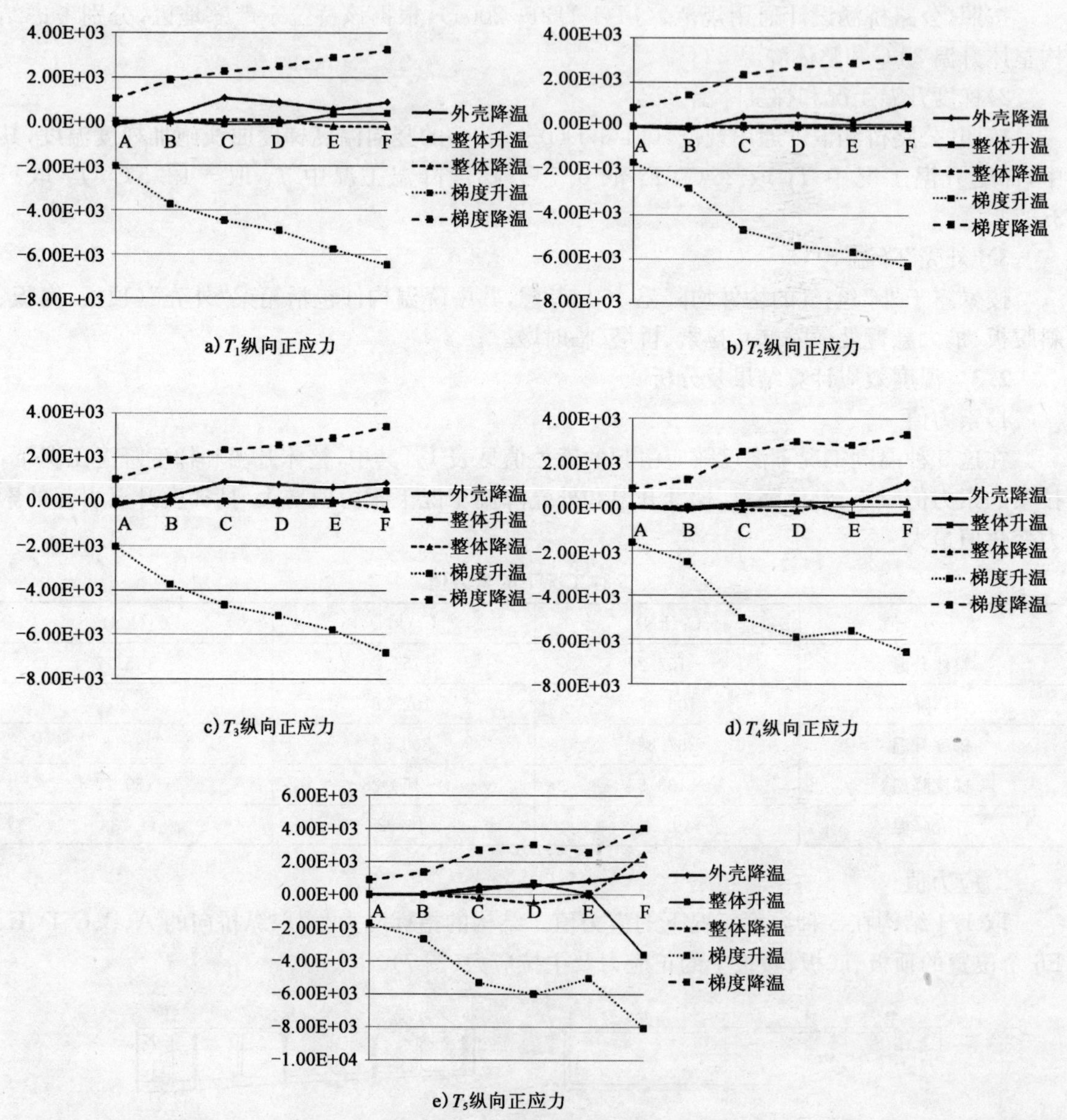

图 8　5 种工况下的箱梁顶板纵向正应力(单位：kPa)

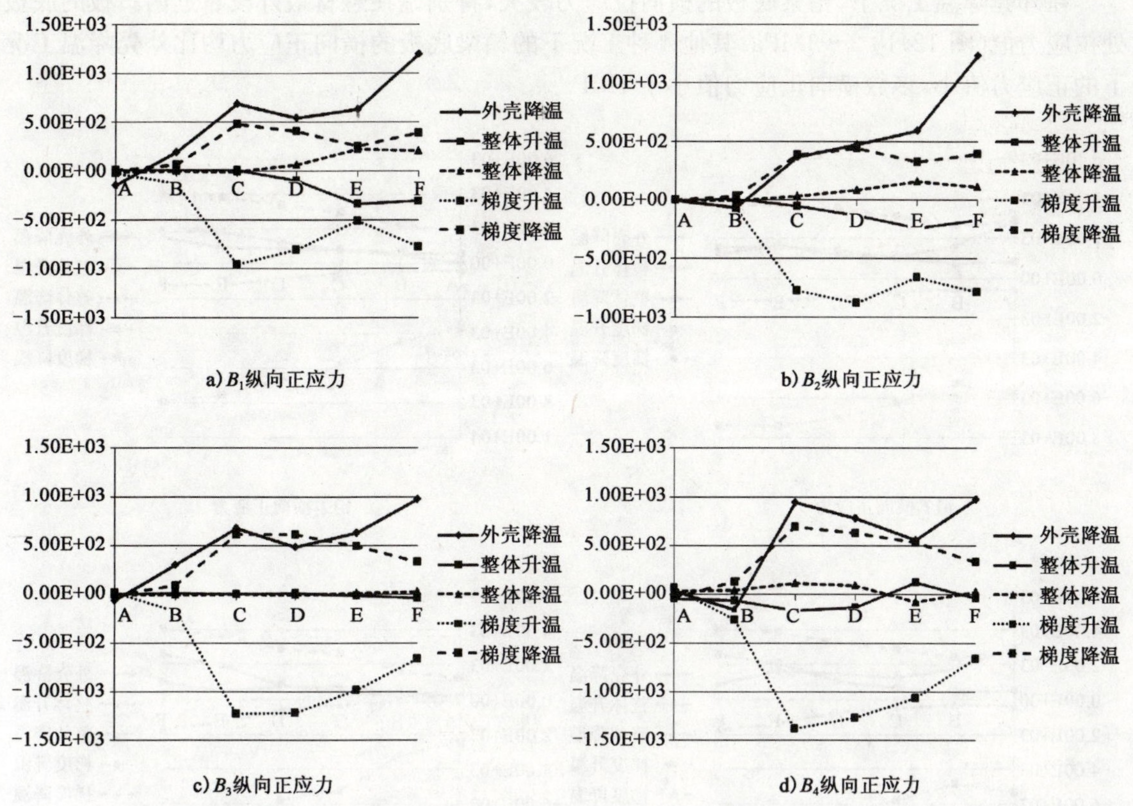

a) B_1纵向正应力　b) B_2纵向正应力

c) B_3纵向正应力　d) B_4纵向正应力

图 9　5 种工况下的箱梁底板纵向正应力(单位:kPa)

箱梁顶板翼缘板底部的纵向正应力(图 10),在梯度升温工况下由于纵桥向变形伸展受到约束且翼缘板截面较小,而产生较大的纵向拉应力,其值在悬臂段较大区域内达到 2～2.5MPa;其他 4 种温度工况下的纵向拉应力均不大。

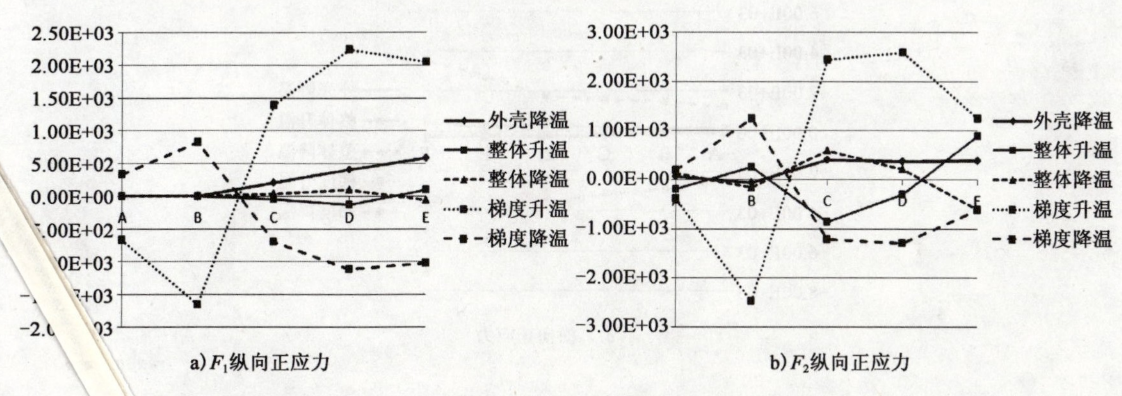

a) F_1纵向正应力　b) F_2纵向正应力

图 10　5 种工况下的箱梁翼缘板底部纵向正应力(单位:kPa)

由于箱梁在横桥向温度变形不一致以及横桥向类似框架的约束作用,在整体升温、梯度降温和外壳降温的工况下箱梁顶板产生较大的横向拉应力;在整体降温和梯度升温的工况下产生压应力(如图 11 所示)。其中,梯度降温引起的横向拉应力值最大,值多数在 3～4MPa,且其横向拉应力值随着离塔下横梁和截面中心越近而越大;梯度降温引起的横向压应力值最大,值多数在 5～8MPa。

在外壳降温工况下，箱梁底板的横向拉应力较大，特别是在悬臂最外段靠近内腹板的底板处拉应力值(图 12)达 2～3MPa；其他 4 种工况下的箱梁底板的横向正应力均比外壳降温工况下的正应力值小，多数横向正应力值小于 1MPa。

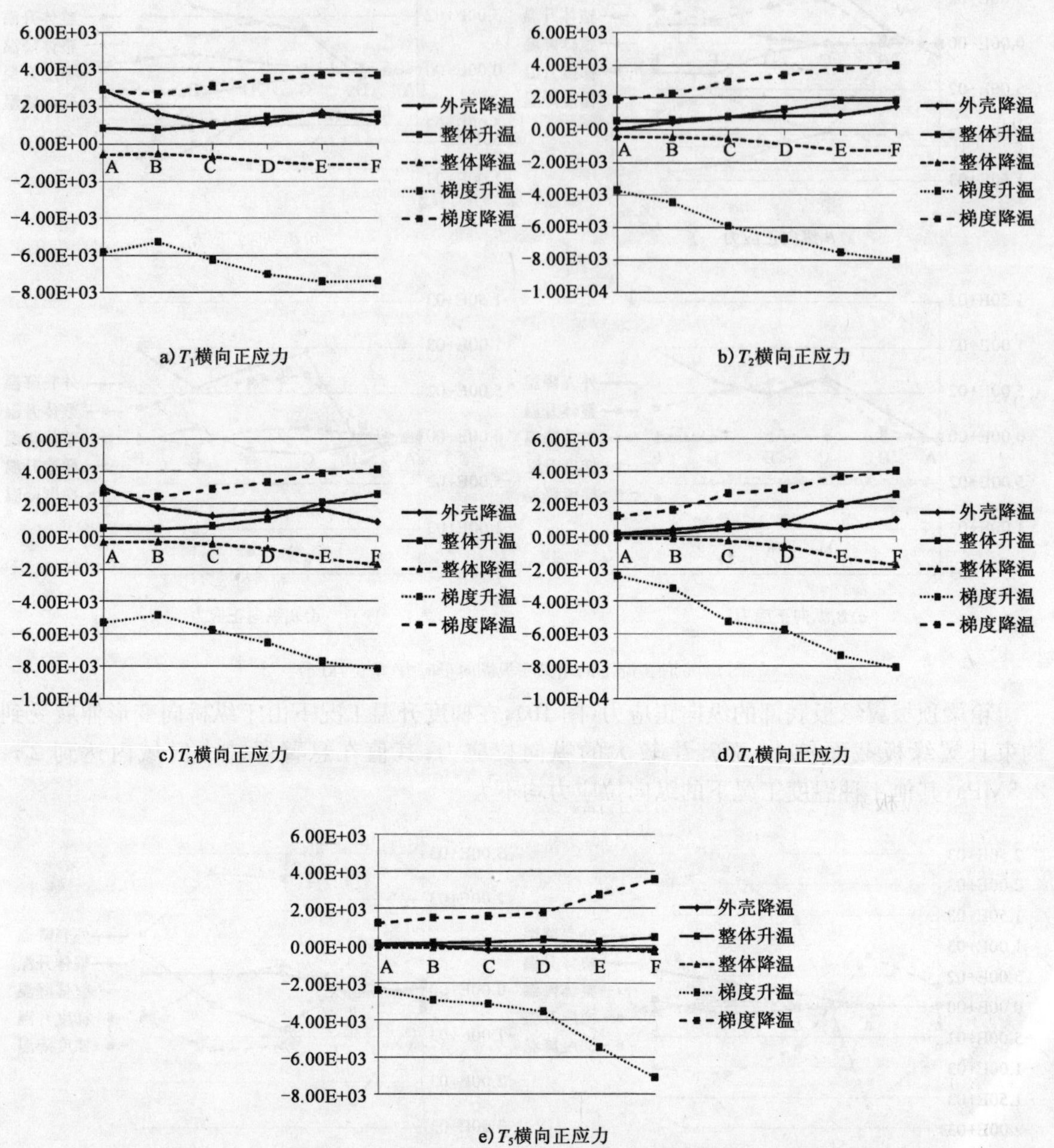

图 11　5 种工况下的箱梁顶板横向正应力(单位：kPa)

在梯度升温和外壳降温工况下的斜腹板上的主拉应力值(图 13)均较大，其值可达 1～3MPa，且越靠近斜腹板底部外壳降温工况产生的主拉应力值越大，而越靠近斜腹板顶部梯度升温工况产生的主拉应力值越大；其他 3 种温度工况下的斜腹板主拉应力值相对较小。

在梯度升温工况下，中直腹板的主拉应力(图 13)较大值主要位于中腹板中间段，其值达

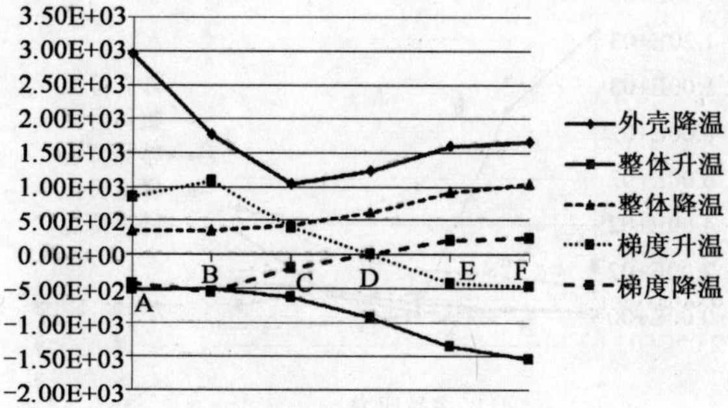

a) B_1横向正应力

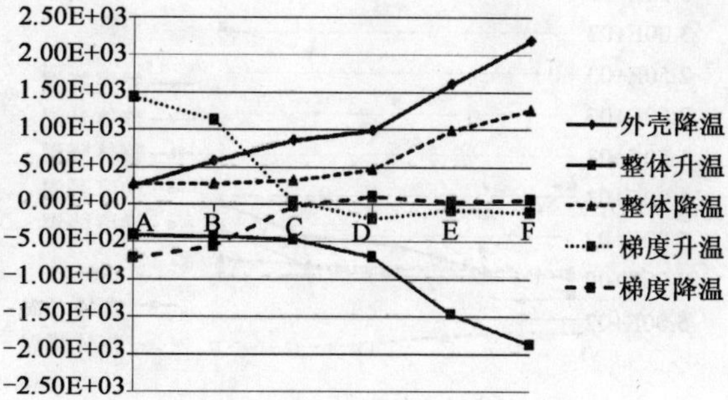

b) B_2横向正应力

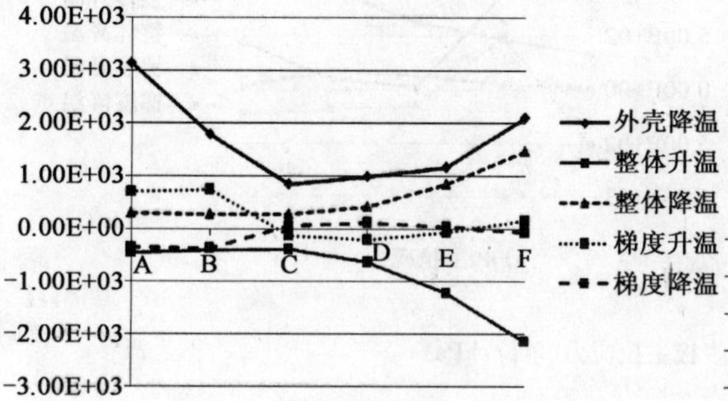

c) B_3横向正应力

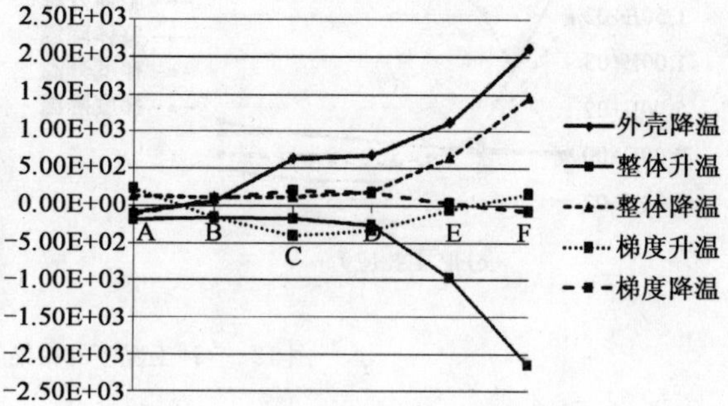

d) B_4横向正应力

图 12　5 种工况下的箱梁底板横向正应力（单位：kPa）

2.5MPa，中腹板靠近顶板和底板处的主拉应力均较小；在梯度升温工况下，中腹板靠近顶板处的主拉应力多在 1～1.5MPa，比该位置处其他温度工况引起的主拉应力值都大。这是由于梯度升温和梯度降温工况作用下主拉应力较大位置处的拉应力值较大。外壳降温工况下除最大悬臂段的中腹板上主拉应力值在 1～2MPa 范围外其他位置处的主拉应力均较小。此外，整体升降温工况下的中腹板主拉应力值均较小。

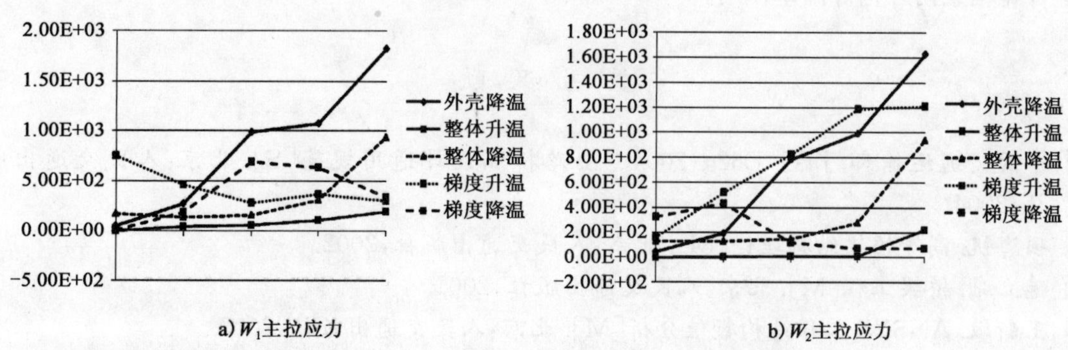

a) W_1主拉应力

b) W_2主拉应力

图　13

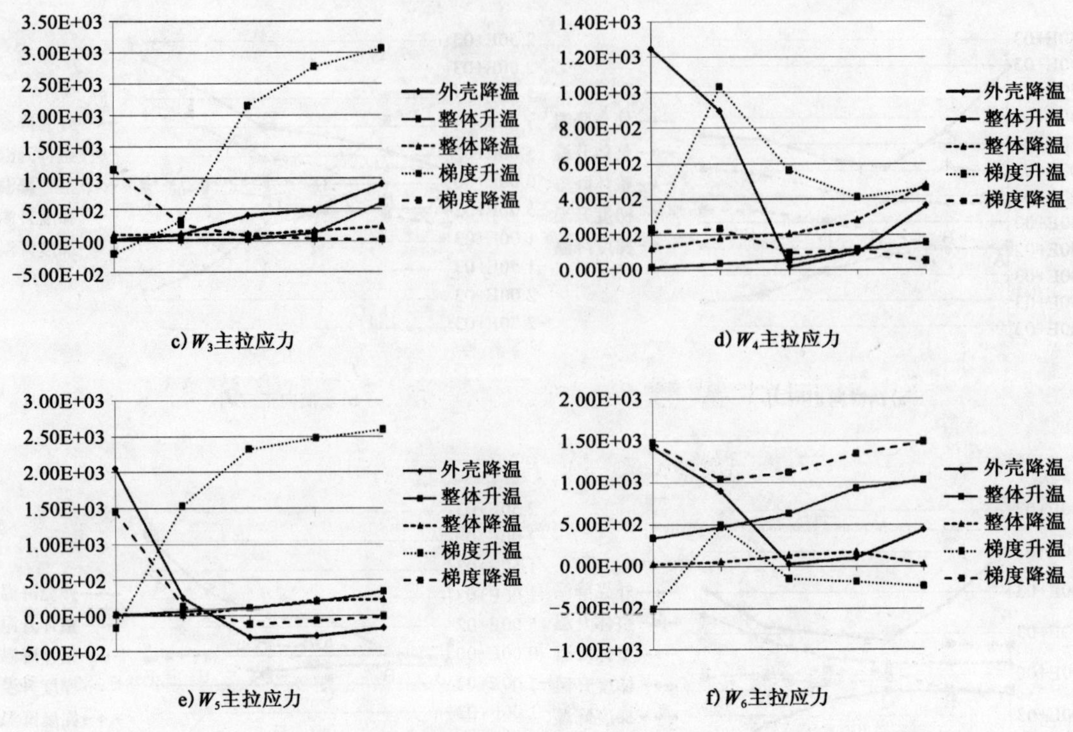

图 13　5 种工况下的箱梁腹板主拉应力(单位:kPa)

3　结语

从该桥悬臂浇筑施工阶段中的温度效应计算结果可以得到以下几个结论：

(1)整体升降温产生的温差应力相对于梯度升降温和外壳降温工况产生的温差应力要小很多;梯度降温工况在箱梁顶底板上会产生较大的纵横向拉应力;梯度升温工况在腹板上有较大的主拉应力;外壳降温工况在箱梁底板会产生较大的纵横向拉应力,斜腹板上产生较大的主拉应力。

(2)箱梁翼缘板底部在梯度升温工况下会产生较大的纵向拉应力,箱梁底部在外壳降温工况会产生较大的纵向和横向的拉应力,这些工况均不可忽视,可能是造成箱梁受力开裂。目前我国的桥涵设计规范未对宽箱梁内外构件的温差效应有明确的规定,因此建议在设计时需考虑这种宽箱梁内外构件温差作用。

参考文献

[1] 中国交通运输部. JTG D62—2004　公路桥涵设计通用规范[S]. 北京:人民交通出版社,2004.

[2] 项海帆. 高等桥梁结构理论[M]. 北京:人民交通出版社,2002.

[3] 范立础. 桥梁工程[M]. 北京:人民交通出版社,2001.

[4] 王新敏. ANSYS 工程结构数值分析[M]. 北京:人民交通出版社,2007.

[5] 徐栋. 桥梁体外预应力设计技术[M]. 北京:人民交通出版社,2008.

[6] 徐栋,孙远,吴佳璞. 箱梁薄壁效应及腹板开裂成因分析[J]. 桥梁建设,2009.

55. 不同计算模型研究混凝土弯箱梁桥内外支座反力分布

姚剑穹　李　宁　徐　栋

（同济大学桥梁工程系）

摘　要：弯桥因自身优势被大量应用于城市立体交通和山区高速公路中。但国内已发生多起弯桥内支座脱空甚至梁体翻转事故。本文首先从理论上分析了弯梁桥在静载下会出现的不平衡力矩。针对同一样本弯梁桥分别采用空间6自由度单梁、7自由度单梁、折面梁格、空间网格和空间实体5种有限元模型进行建模。通过计算，得出了各自模型在自重作用下的支座反力。其中空间网格模型与空间实体模型的反力分布十分接近，而6自由度和7自由度单梁模型所得支反力均偏于不安全。文章最后讨论了单梁模型恒载扭矩的修正方法。

关键词：弯箱梁桥　支座反力　空间网格　自重扭矩修正

1　概述

箱形截面以其整体性高好，抗扭刚度大的优势成为弯梁桥最常用的截面形式。但国内已发生多起弯箱梁桥支座脱空进而梁体侧翻事故。以深圳市春风路高架桥为例。该桥为3跨预应力连续弯梁，桥梁中心线曲线半径60m，单箱单室箱截面，桥宽10.5m，截面两侧各悬臂3m。该桥曾发生梁体曲线内侧支座脱空进而梁体转动的事故。造成事故的主要原因为箱梁同一断面两支座间距设置过小，造成支反力抵抗扭矩不足，后期采用在主梁内侧施加压重等方法，调整主梁扭矩分布，增大边墩内侧支反力进行加固。调查发现，出现事故的弯箱梁桥心线曲线半径约为60～300m，桥梁宽度在8～16.5m，范围十分广泛。

弯桥事故固然有施工、运营等多方因素，但设计中对弯桥受力性能不明确，计算模型不能准确反映实际受力状态，是导致弯桥设计不合理的根本原因。本文探讨建立弯箱梁桥的常用有限元模型以及弯桥在静载下的受力性能，通过对同一工程不同有限元模型的比较得出弯桥在设计时的一些注意事项。

2　弯桥计算常用有限元模型

随着计算理论的不断完善和计算机的飞速发展，弯箱梁桥的分析得以更加准确。目前主要采用的计算模型有空间 6 自由度单梁模型，空间 7 自由度单梁模型，折面梁格模型，空间网格模型和实体模型。

2.1 空间六自由度单梁模型

通常桥梁设计采用的软件中，梁单元以 6 自由度梁单元居多，即每个节点考虑其 3 个方向的线位移自由度与 3 个方向的角位移自由度。6 自由度梁单元在计算纯弯剪结构时是完全满足要求的，但是对截面承受较大扭矩的弯桥计算时误差较大。这是由于箱形薄壁截面的剪力分布比较复杂，通过 6 自由度单元，仅能得到其截面总剪应力，却无法分离自由扭转剪应力和约束扭转剪应力。

2.2 空间七自由度单梁模型

空间 7 自由度单梁模型中每个节点有 7 个自由度，分别为 3 个方向线位移，3 个方向的角位移以及一个反映翘曲程度的广义参数。7 自由度模型可以准确计算受扭截面的自由扭转剪应力、约束扭转剪应力以及约束扭转引起的翘曲正应力。上述 2 种模型均为满足平截面假定的单梁模型，7 自由度解决的是箱梁内部的薄壁效应，而对于外部支座反力的计算，两者相同。

2.3 折面梁格模型

Hambly 平面梁格最大的问题在于忽视了横梁的传力作用，错误理解了分离截面的组合刚度。同时过度希望用解决箱梁面外问题的方法来解决箱梁面内的薄壁效应，故其实际适用于密集腹板宽箱梁桥。

文献[5]提出了折面梁格模型。与 Hambly 平面梁格相比，折面梁格模型不强调各分离截面的重心必须与原整体截面位置相同。计算模型以各分离截面重心连线建立。当悬臂板占据结构刚度较大时(如单箱单室截面)，悬臂板部分与箱室部分采用刚臂连接。图 1 为一典型的单箱单室折面梁格模型。当结构刚度主要由箱室提供时，该模型基本可退化为平面梁格模型。折面梁格采用任意划分，对桥梁截面的划分更为细致。该方法可计算 Hambly 平面梁格无法体现的剪力滞效应，也可以更准确地计算弯桥重量。

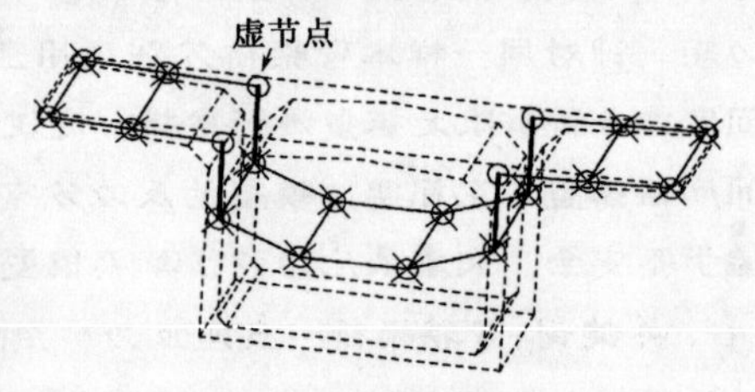

图 1 折面梁格模型

2.4 空间网格模型

弯梁桥的空间网格模型基本单元仍是空间梁单元，但其分析弯梁桥的基本理念却是“板”。箱形截面梁的构成可以划分为翼缘板、顶板、腹板和底板，这些“板”共同作用构成箱形截面梁独特的全截面抗弯、抗扭与抗剪刚度。正交梁格模型计算正交异性板精度很高，箱形截面梁离散成的“板”可以用正交梁格模型来模拟。基于这个原理，箱形截面梁所离散得到的“板”就可以进一步离散为正交梁格模型。由于这些“板”位于不同的平面内，代表它们的正交梁格也在不同的平面内(对于弯梁桥为曲面)，不同平面内的正交梁格将箱形截面梁离散为一个空间“网”状模型，可以形象的称为“空间网格”模型。

对于箱形截面的弯梁桥，离散后的“板”均为扇形，正交梁格分为切向和径向单元。有大量学者通过分析，证明当划分适当的情况下，这些单元可用直梁单元模拟。如图 2 所示显示了弯桥的空间网格模型。

2.5 空间实体模型

实体模型能准确分析剪力滞和薄壁效应等作用，可以计算复杂受力下的局部应力状态，但由于其混淆了用于配筋的整体效应和局部效应，故难以得到桥梁工程所直接关心的数据，适用范围有较大局限性，如图 3 所示。

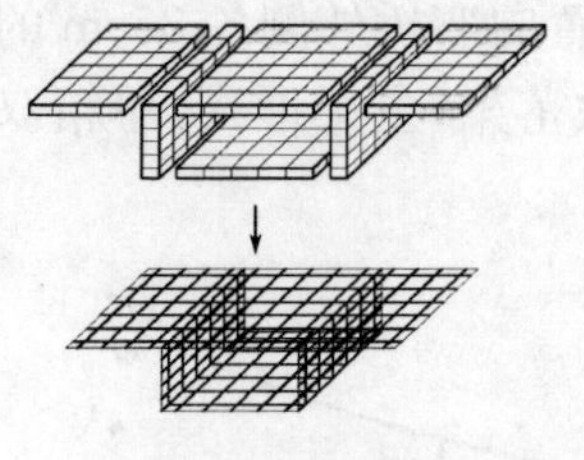
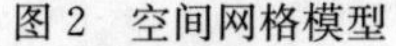

图 2　空间网格模型

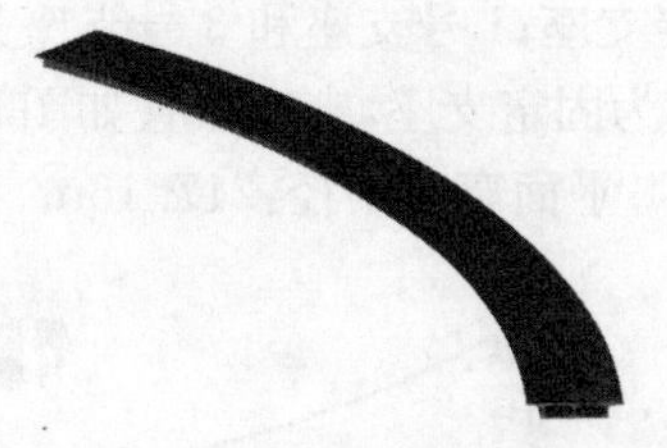

图 3　空间实体模型

现行计算分析弯桥的有限元模型主要为以上几种，其优缺点见表 1。

弯箱梁桥主要分析方法一览表　　表 1

箱梁计算方法	纵向弯曲	自由扭转	约束扭转翘曲	畸变翘曲	畸变横向挠曲	剪力滞	横向弯曲
空间六自由度梁单元	✓	无法分离，采用放大系数估算			—	另建模型	另建模型
空间七自由度梁单元	✓	✓	✓	—	—	另建模型	另建模型
折面梁格模型	✓	无法计算顶底板面内效应，无法真实反映腹板上的弯曲和扭转剪力流			✓	✓	✓
空间网格模型	✓	✓	✓	✓	✓	✓	✓
空间实体单元	✓	✓	✓	✓	✓	✓	✓

3　弯梁桥自重偏载效应

弯梁桥在曲率的影响下，内梁与外梁长度不同，如图 4 所示。即使主梁的截面是对称的，恒载（自重）作用线与截面中心线仍有偏差，内外侧自重荷载的差距对主梁产生一个向外侧翻的均布扭矩，此扭矩值随弯桥平面弯曲半径的减小而增大。单梁模型主梁自重全部加载在形心位置上，难以反映主梁中心线内外侧自重对主梁作用的不同，如图 5 所示。而这个扭矩是指导支座偏心设计的重要依据。在单梁模型中，如果此扭矩较大，则造成单梁模型恒载计算不准确。在弯梁桥的空间网格模型中，梁体的自重分散在模型的纵梁单元中（顺桥向单元），横梁单元（横桥向单元）只提供相应的刚度，不计入其自重。如图 6 所示，空间网格模型的每个纵梁长度与其离开主梁中心线的距离不同而不同，越靠近外侧的越长，这样内外侧自重的差距通过纵梁长度的不同而体现。空间网格模型对弯梁自重作用的精确模拟可以使其获得比单梁模型更加精确的内力分布。

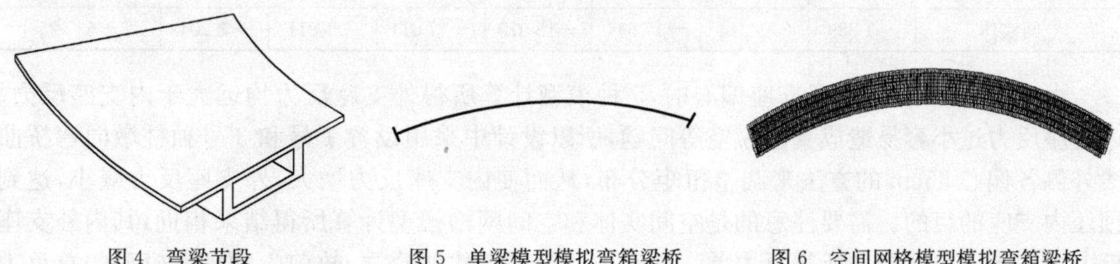

图 4　弯梁节段　　图 5　单梁模型模拟弯箱梁桥　　图 6　空间网格模型模拟弯箱梁桥

4　各模型计算比较

4.1　工程概况

本桥是某市高架桥工程匝道弯桥的一部分。上部结构为预应力混凝土单箱双室连续箱梁，桥型介绍：跨径组合：40m＋53m＋53m＋40m；支座布置：0 号支座、4 号支座为切向滑动，径向固定支座；1 号支座和 3 号支座为双向滑动支座，且设置向弯桥外侧各 35cm 的支座偏心；2 号支座为固定支座，支座布置如图 7 所示；施工方法：一次落架；主梁形式：单箱双室，截面如图 8 所示；平面弯曲半径：217.15m。

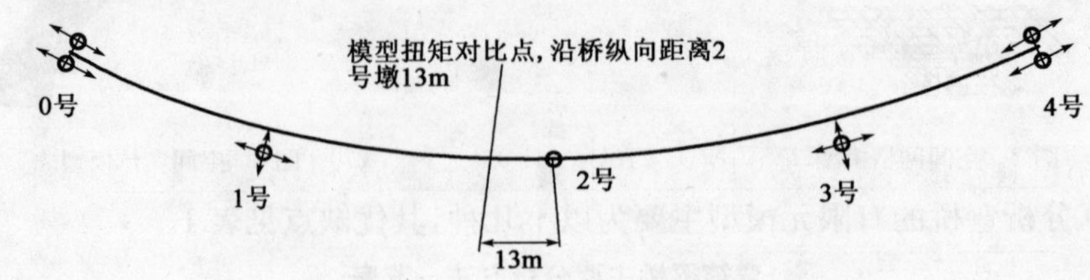

图 7 工程 I 支座布置图

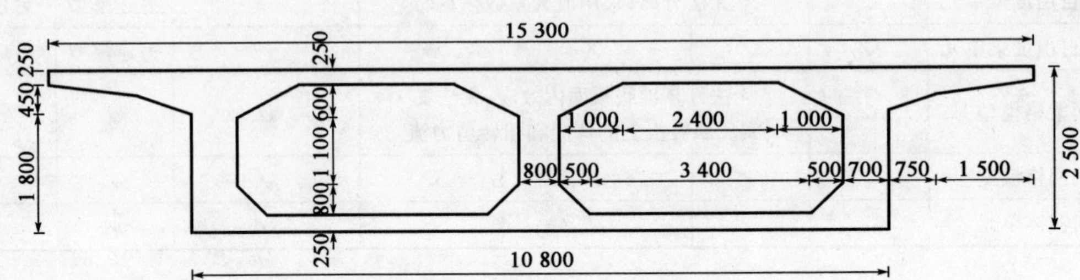

图 8 标准横截面图(尺寸单位：mm)

4.2 反力对比

1)不设置支座偏心时的静载反力分布

首先比较如果不设置支座偏心时，几种模型计算所得的反力分布见表 2(负值表示受压)：

不设支座偏心时各模型的静载支反力对比(单位：kN) 表 2

	0 号支座		1 号支座	2 号支座	3 号支座	3 号支座		求和
	内侧	外侧				内侧	外侧	
6DOF 单梁	−2 051	−2 879	−17 410	−18 260	−17 410	−2 043	−2 882	−62 935
7DOF 单梁	−2 038	−2 888	−17 410	−18 260	−17 410	−2 040	−2 889	−62 935
折面梁格	−1 771	−3 129	−17 440	−18 240	−17 450	−1 774	−3 127	−62 931
空间网格	−1 773	−3 177	−17 470	−18 080	−17 570	−1 772	−3 185	−62 927
空间实体	−1 889	−3 244	−17 611	−18 075	−17 611	−1 811	−3 204	−63 525

由上表可知，在不设置支座偏心时，5 种模型计算所得外支座反力均远大于内支座反力。内支座反力过小容易造成支座脱空等问题，所以设计中采用设置 1 号和 3 号独柱墩向弯桥曲线外侧各偏心 35cm 的方法来调整扭矩分布，从而使内支座反力增大，外支座反力减小，达到预压内支座的目的。需要注意的是空间实体和空间网格模型计算所得结果相近，其内外支座反力差均大于单梁模型所得反力差。由于模型为以折代曲建立，故前 4 种杆系模型的总反力较实体模型会略小，但误差仅近 1%。

2)设置支座偏心后的静载反力分布

实际设计中采用支座偏心调整扭矩分布，5 种模型对偏心后各桥墩恒载反力的比较见表3～表 5。

自重作用下各模型的支反力差别(单位:kN)　　表 3

	0 号支座		1 号支座	2 号支座	3 号支座	3 号支座		求和
	内侧	外侧				内侧	外侧	
6DOF 单梁	−2 809	−2 157	−17 350	−18 310	−17 350	−2 810	−2 149	−62 935
7DOF 单梁	−2 814	−2 148	−17 360	−18 300	−17 360	−2 815	−2 138	−62 935
折面梁格	−2 524	−2 465	−17 290	−18 370	−17 300	−2 530	−2 452	−62 931
空间网格	−2 509	−2 518	−17 270	−18 340	−17 270	−2 505	−2 515	−62 927
空间实体	−2 580	−2 592	−17 381	−18 425	−17 381	−2 577	−2 589	−63 525

自重作用下各模型的 0 号支反力差别(单位:kN)　　表 4

	0 号支座		内外支座反力差(内−外)	内外反力差值/外支座反力
	内侧	外侧		
6DOF 单梁	−2 809	−2 157	−652	30.23%
7DOF 单梁	−2 814	−2 148	−666	31.01%
折面梁格	−2 524	−2 465	−59	2.39%
空间网格	−2 509	−2 518	9	−0.36%
空间实体	−2 580	−2 592	12	−0.46%

自重作用下各模型的 3 号支反力差别(单位:kN)　　表 5

	3 号支座		内外支座反力差(内−外)	内外反力差值/外支座反力
	内侧	外侧		
6DOF 单梁	−2 810	−2 149	−661	30.76%
7DOF 单梁	−2 815	−2 138	−677	31.67%
折面梁格	−2 530	−2 452	−78	3.18%
空间网格	−2 505	−2 515	10	−0.40%
空间实体	−2 577	−2 589	12	−0.27%

通过对比可知:6 自由度和 7 自由度单梁模型的支座反力相差不多,且设计中由于 1 号和 3 号独柱墩向桥梁中线外侧偏心,调整梁体内扭矩分布,从而给内支座一定预压力。因此前 3 种模型所得的梁端支反力均为内支座大于外支座,其中单梁模型中内支座反力比外支座大 660kN 左右,这个差值在设计中被视作对内支座反力的安全储备,达到支反力总值的 30% 左右。

空间网格模型和实体模型所得结果基本一致,能准确反映梁体内部扭矩受力状态,计算所得在自重作用下外侧支座受力均大于内侧支座受力。这是因为空间网格模型和实体模型准确计算了梁体的自重偏载效应。可见单梁模型对静载下支反力的计算存在较大误差,按照单梁模型计算所得的内支座反力安全储备实际上并没有那么大。

4.3　扭矩对比

单梁模型不能正确分析梁端支反力说明单梁计算弯箱梁桥的扭矩不准确。下面将通过对比单梁模型和空间网格模型的扭矩进行说明。

文献[4]提出，空间网格模型中，将整体截面离散后，箱形主梁的扭矩由各个离散截面的横向、竖向剪力对整体截面的剪切中心的力矩与离散截面的自由扭矩组成。设箱梁截面位于 YZ 平面内，第 i 个离散截面中对总扭矩有贡献的力为离散截面自由扭转扭矩 Mx_i，离散截面 Y 方向剪力 Qy_i 与 Z 方向剪力 Q_{Zi}。第 i 个离散截面对总扭矩的贡献值为：

$$M_i = Mx_i + Qy_i \cdot e_z + Qz_i \cdot e_y \tag{1}$$

总扭矩即为：

$$M = \sum^{i} M_i \tag{2}$$

通过对比图 7 中模型扭矩对比点扭矩可以看出（表 6），空间网格模型同一位置扭矩远大于单梁模型，误差主要是由弯箱梁桥自重作用位置偏离截面形心造成的。

空间网格与单梁模型扭矩比较（单位：kN·m） 表 6

空间网格模型扭矩组成				单梁模型扭矩		
分项扭矩	$\sum Mx_i$	$\sum Qy_i \times ez_i$	$\sum Qz_i \times ey_i$	分项扭矩	自由扭转	约束扭转
	3.7	497.1	561.9		711	103
截面总扭矩	1 062.7			截面总扭矩	814	

5 对单梁模型的自重偏心扭矩修正

如果忽略箱梁变截面的差异，可将弯箱梁自重偏心对弯桥的作用看做对梁体的一个均布扭矩。由于本例中 3 个中间支座均为不抗扭的独柱墩，因此桥梁对于作用在梁上的外加扭矩仍是简支的。在均布扭矩下，自重对弯梁桥的扭矩图形相当于均布力下简支梁的剪力图，为倾斜的反对称直线。此均布扭矩等于梁体每延米自重集度与自重平均偏心距之积，故扭矩图直线两端值为：

$$T = \frac{t \times L}{2} \tag{3}$$

式中：t——均布扭矩；

L——桥梁全长。

本例 t=7.21kN，T=670.53kN·m。故单梁模型修正前自重下扭矩和自重偏心的修正扭矩图如图 9、图 10 所示。

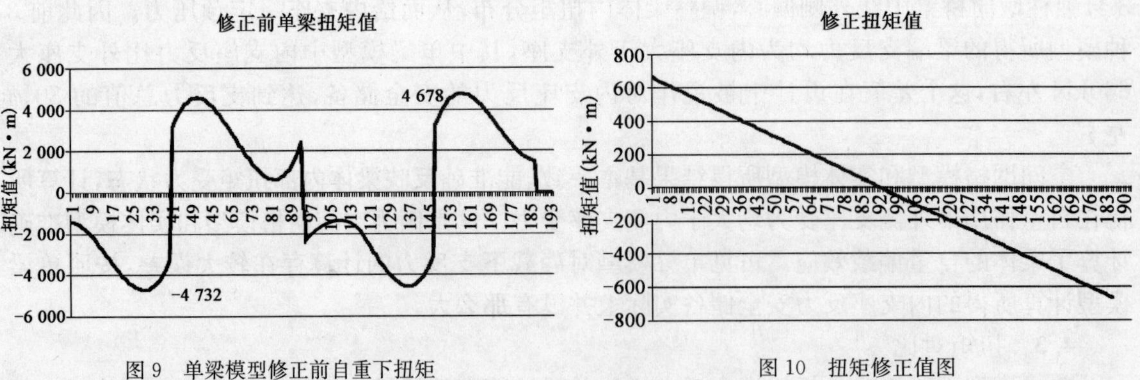

图 9 单梁模型修正前自重下扭矩　　图 10 扭矩修正值图

单梁模型修正后的扭矩如图 11 所示。

仍取图 7 同一点处对比修正后的单梁模型与空间网格模型扭矩，修正后单梁扭矩为 1 003kN·m，与表 6 中空间网格扭矩值 1 062.7 十分接近。

对于该修正扭矩还有另一种验证方法：自重偏心扭矩图两端的扭矩值 T 也应与空间网格模型和单梁模型梁端扭矩的差值相等。梁端扭矩可以通过抗扭墩的内外侧支座反力的差异得出。因此可以通过分析单梁模型与空间网格模型的梁端抗扭墩 2 个支座反力的差异，验证自重偏心扭矩图。自重作用下，该桥的单梁模型与空间网格模型抗扭支座的反力见表 3。通过其内外侧支座反力之差与支座距离的乘积可以得出单梁模型梁端扭矩为－657kN·m，空间网格模型梁端扭矩为 10kN·m，可以得出梁端修正扭矩为 667kN·m。与由公式(3)所得修正扭矩近似相等。

这个修正不仅针对于自重，还可以运用于作用在弯箱梁上的后期恒载。该自重偏心修正值与桥梁弯曲半径，桥宽和支座布置等参数有密切关系，且只能用于除端支座外没有抗扭支座的情况。

需要说明的是，以上方法只能解决模型在箱梁外部的受力问题，一旦弯箱梁桥各截面所受弯矩剪力和扭矩都已得到，则 7 自由度模型解决箱梁内部薄壁效应的方法和参数均与直梁相同。可以借助放大系数的概念分析薄壁效应，定义正应力放大系数和剪应力放大系数分别如下：

正应力放大系数＝(弯曲正应力＋约束扭转正应力)/弯曲正应力。

剪应力放大系数＝(弯曲剪应力＋约束扭转剪应力＋自由扭转剪应力)/弯曲剪应力。

采用 7 自由度模型可得到沿桥长方向的正应力和剪应力放大系数准确值，文献[3]和[4]针对相关内容有详细论述。如图 12 所示为该工程静载剪应力放大系数图。由图可知，在静载作用下，剪力放大系数远大于经验的偏载系数 1.05，值均在 1.27 左右。尤其是在非支座的 7 自由度翘曲约束处达到了 3.2 左右。

修正后扭矩值
扭矩值 (kN·m)
6 000
4 000
2 000
0
-2 000
-4 000
-6 000
4 786
-4 661
1
10
19
28
37
46
55
64
73
82
91
100
109
118
127
136
145
154
163
172
181
190

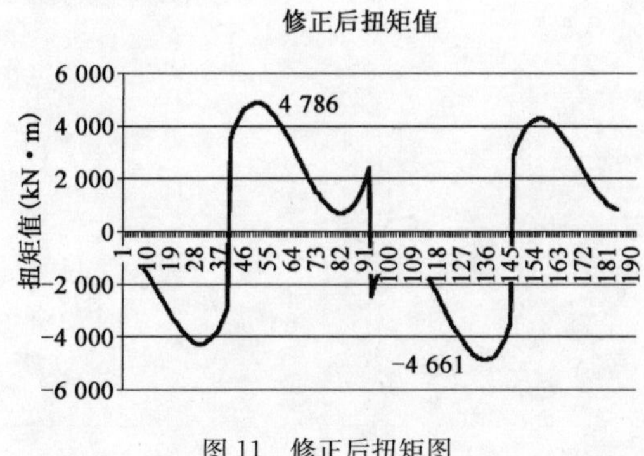

图 11　修正后扭矩图

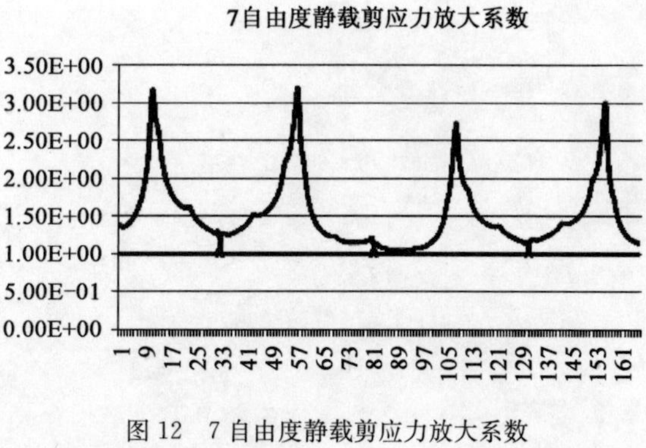

7自由度静载剪应力放大系数
3.50E+00
3.00E+00
2.50E+00
2.00E+00
1.50E+00
1.00E+00
5.00E-01
0.00E+00
1
9
17
25
33
41
49
57
65
73
81
89
97
105
113
121
129
137
145
153
161

图 12　7 自由度静载剪应力放大系数

6　结语

本文从理论上分析了弯箱梁桥在静载下会出现的不平衡力矩。采用空间 6 自由度单梁、空间 7 自由度单梁、折面梁格、空间网格和空间实体 5 种有限元模型对其进行计算，得出单梁模型对静载下的支座反力计算是偏于不安全的，而空间网格模型计算准确。文章讨论了单梁扭矩修正的方法，并验证了其正确性。最后讨论了可以用 7 自由度模型方法来解决箱梁的薄壁效应。

参考文献

[1] 项海帆. 高等桥梁结构理论[M]. 北京:人民交通出版社,2001.

[2] 范立础. 桥梁工程(上册)[M]. 北京:人民交通出版社,2001.

[3] 徐栋. 桥梁体外预应力设计技术[M]. 北京:人民交通出版社,2008.

[4] 李宁. 弯箱梁桥空间分析方法与合理配束[D]. 上海:同济大学,2011.

[5] 戴树才. 单层梁格计算方法若干关键问题研究[D]. 上海:同济大学桥梁工程系,2011.

[6] 李学罡,李斌. 单箱双室箱梁截面扭转中心位置的确定[J]. 长沙交通学院学报,2006,22(3):29-31.

56. 钢管混凝土组合桁梁受力性能有限元分析

彭桂瀚[1]　周　武[1]　范碧琨[2]　牟廷敏[2]　陈宝春[1]

(1. 福州大学土木工程学院；2. 四川省交通厅公路规划勘察设计研究院)

摘　要：钢管混凝土组合桁梁是由混凝土顶板、钢管混凝土结构上、下弦管以及空钢管腹杆组成的一种新型组合结构。介绍了这种结构的有限元建模方法和以四川干海子大桥为原型的2跨模型梁的受弯试验。建立了模型梁的有限元模型，对模型梁的受力性能进行了分析，并与试验结果进行了对比分析。在此基础上，开展了结构参数的分析，为此类结构的推广应用打下基础。

关键词：钢管混凝土　组合桁梁　有限元　受力性能　试验

1　引言

钢管混凝土由于优越的抗压性能，常用于桥梁工程的拱肋、桥墩结构中，而应用在主梁上的桥例不多。出于减小由于火车通过引起的振动与噪声的考虑，日本某铁路桥就采用单圆钢管混凝土作为主梁承载结构[1]。但单圆管的抗弯效率低，因此在以受弯为主的梁式桥中，桁架结构作为主梁是合理的选择。钢管混凝土组合桁梁是由混凝土顶板、钢管混凝土结构上、下弦管以及空钢管腹杆组成的一种新型组合结构，如图1所示。结构施工时可以先拼装钢桁架，待顶推到位后，再以钢桁架结构作为施工平台，浇筑混凝土桥面板。由于施工架设时结构自重轻，工序少，有效地降低了工程造价。目前已有包括广东紫洞大桥、湖北向家坝大桥等近10座桥梁采用了钢管混凝土组合桁梁作为主梁承重结构[2]。

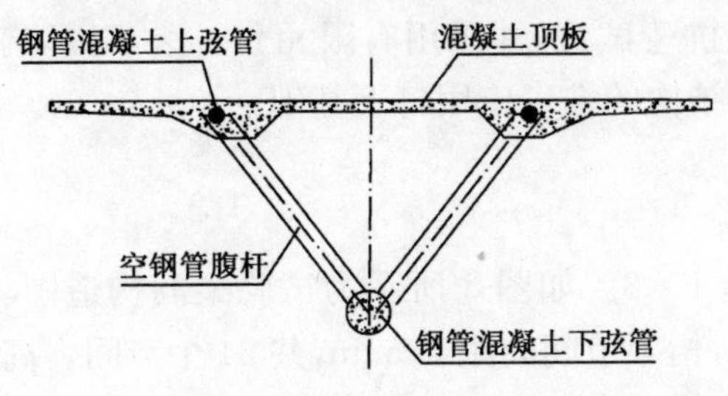

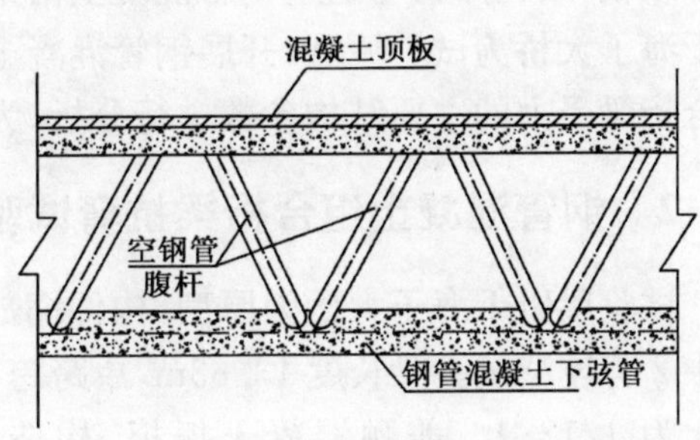

图1　钢管混凝土组合桁梁

其中干海子大桥为四川省雅安经石棉至泸沽高速公路上的多跨连续弯梁桥。全桥共计36跨，分3联设计，图2a)为其中第2联的总体布置图，图2b)为大桥实景图。由于地处强震区，抗震设计成为关键问题。减震的最有效的办法就是减轻结构自重，因此干海子主要采用了格构墩和钢管混凝土组合桁梁轻型结构。其中桁梁设计时采用44.5m、62.5m两种主要跨径。如图1所示，干海子大桥混凝土顶板为厚度20cm的预应力混凝土结构(C50混凝土)，两侧纵肋高70cm，钢管混凝土上弦管直径273mm，下弦管直径813mm，管内内填C60混凝土，空钢管腹杆直径406mm，钢管壁厚根据不同位置变化。同时为了提高结构抗扭性能，左、右两幅桥之间在每跨支座位置或跨中附近设置钢桁架横梁。而在负弯矩区混凝土顶板布置了纵向预应力筋，以抵抗拉力作用。由于钢管混凝土组合桁梁结构是一种新型组合结构，目前相关的研究报道并不多见。

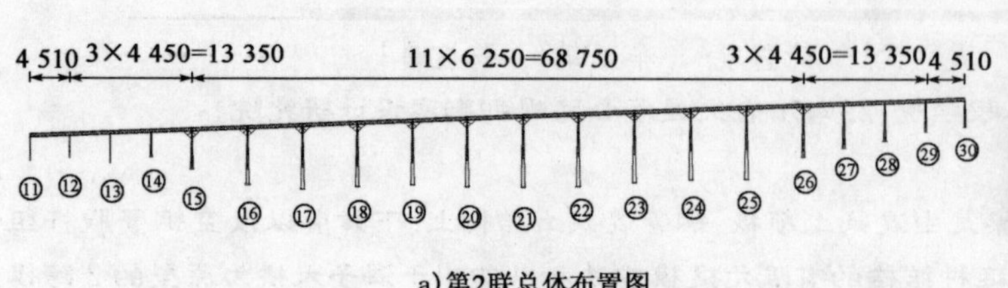

a)第2联总体布置图

b)实景图

图2　四川干海子大桥(尺寸单位：cm)

陈宝春、黄文金[3]进行了3榀计算跨径为2.880m的钢管混凝土桁梁受弯性能试验研究。研究结果表明，钢管混凝土桁梁节点的承载力是整体结构极限承载力的控制因素。由于管内填充了混凝土，提高了桁梁的抗弯刚度，也改善了节点的受力性能，提高了结构的极限承载力。

代向群，毛健[4]在广东紫洞大桥施工过程中进行了模型桥静载试验及有限元分析。研究结果表明，钢管混凝土组合桁梁结构具有较大的抗弯刚度和抗扭刚度，满足作为斜拉桥加劲主梁的受力要求。

Kawano和Sakino K[5]对钢管混凝土桁梁的抗震性能进行了研究，但没有对其静力性能进行深入研究。

王淑华，王军毅[6]对钢管混凝土桁梁结构的抗弯刚度进行了研究，推导出了钢管混凝土桁梁等抗弯刚度的计算公式，并通过与传统计算理论的分析比较，验证提出的计算理论公式的优越性。

上述文献综述可见，研究学者主要进行了钢管混凝土桁梁整体抗弯试验、刚度及极限承载力研究。但干海子大桥的钢管混凝土组合桁梁结构由于将钢管混凝土混凝土上弦管内包于混凝土顶板，结构形式与上述钢管混凝土桁梁不同，相关的研究成果也不能直接套用，因此本文以干海子大桥为试验原型，开展钢管混凝土组合桁梁抗弯试验，并采用有限元分析法，对影响组合桁梁受力的主要结构参数进行分析，为该类组合结构的推广应用打下基础。

2　钢管混凝土组合桁梁抗弯试验研究

试验梁以干海子大桥为原型，构件缩放比例选择1∶8。如图3所示为试验梁的构造图。其中2跨连续试验梁长度13.63m，单跨跨径6.665m，桁架节间间距0.55m，共24个节间。高跨比为1/12.1。兼顾混凝土振捣、构造要求，试验梁的桥面板厚度5cm，下弦钢管采用ϕ102mm×4mm的无缝管，径厚比为25.5；腹杆采用ϕ51mm×3.5mm的无缝管，径厚比为14.6；腹杆和下弦管的管径比值为0.5；上弦钢管和横撑均采用ϕ34mm×3mm的无缝管，径厚比为11.3。同时在上节点板之间焊接2根$\phi 8$的横向钢筋,模拟主梁钢骨架的横向联系。中支座1/3跨径范围内共布置8束$\phi 15.2$纵向预应力钢绞线束,张拉力140kN。

如图3d)所示,试验梁选取了A—J共12个测面,混凝土桥面板布置了60个纵向应变片、108个横向应变片,普通钢筋上布置了140个单向应变片,钢腹杆布置了24片单向应变片、24组三向应变花。在每跨$1/4L$、$1/2L$、$3/4L$的钢管下方布置挠度百分表。试验采用4点对称加载方式,加载点位置距离边支座$5/12L$处,采用4个50t油压千斤顶同步加载。现场加载装置如图4所示。

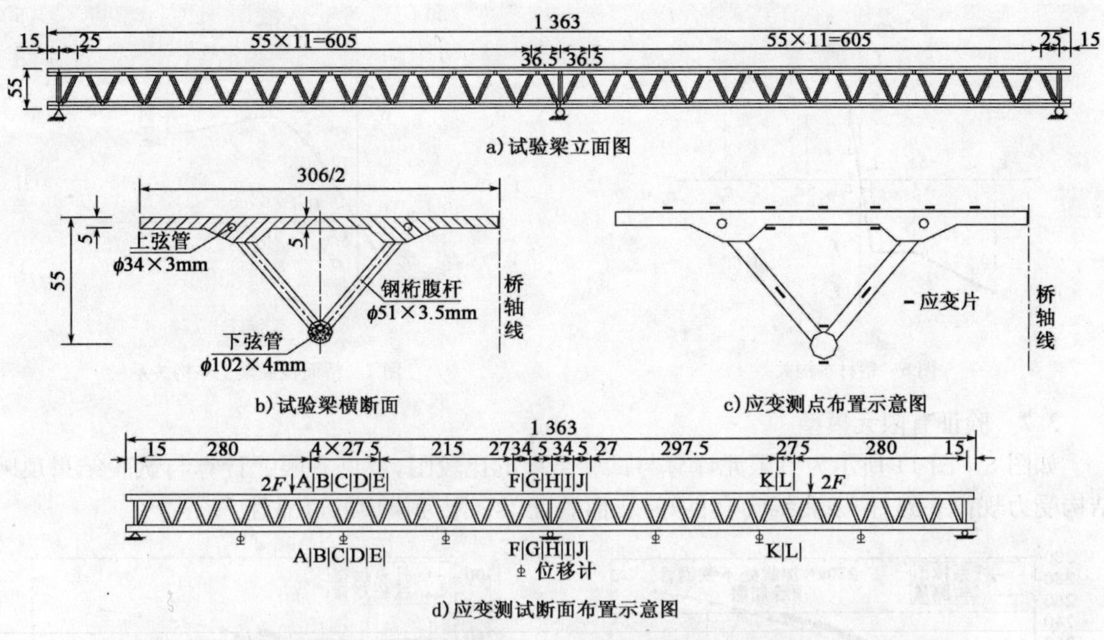

图3 试验梁构造和测试断面布置图(尺寸单位:cm)

图4 试验梁加载装置图

试验研究结果表明[7],结构破坏开始于负弯矩区混凝土顶板的出现裂缝,开裂荷载为75kN,相当于2.98倍公路Ⅰ级车道荷载作用于实桥;而正弯矩区下弦钢管开始屈服的荷载为160kN,相当于6.36倍公路Ⅰ级车道荷载作用于实桥。试验梁的极限荷载与屈服荷载之比为1.69;结构最大挠度58.5mm,为计算跨径的1/113,表明了钢管混凝土组合桁梁结构良好的延性。同时整个试验过程中,钢腹杆受到的轴向力不大,可见钢管管内内填混凝土有效地加强了节点的径向刚度,避免了节点破坏,从而提高了结构整体承载力。

3 有限元分析

3.1 有限元模型

采用有限元程序ANSYS建立的试验梁有限元模型,如图5所示。试验梁构件均采用三维有限应变梁单元(Beam189)来模拟。有限元模型共计 5 746 个节点，3 037 个单元。其中腹杆与桥面板单元、下弦钢管混凝土单元采用刚性连接[3]，并在横桥向通过刚臂单元连接腹杆与桥面板。如图 6、图 7 所示，有限元模型中钢管本构关系采用三折线模型，桥面板混凝土单轴受压应力—应变关系采用 Hongnestad 模型。

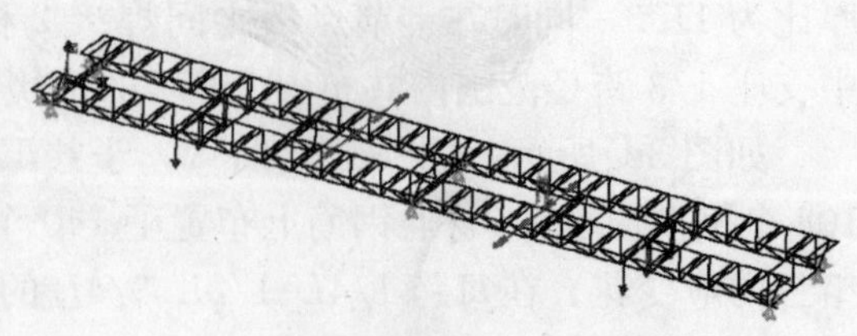

图 5　试验梁有限元模型

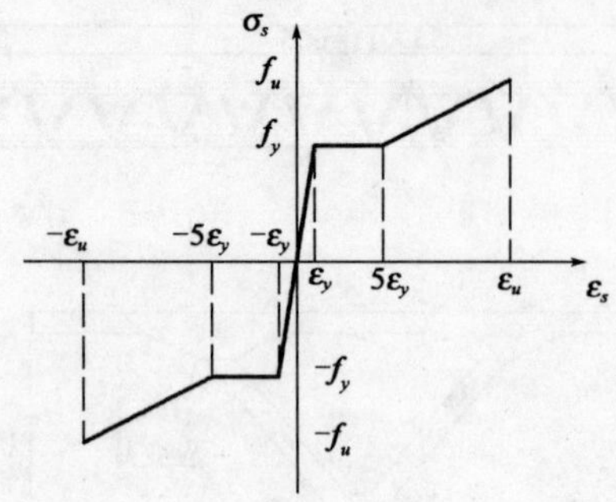

图 6　钢材本构关系

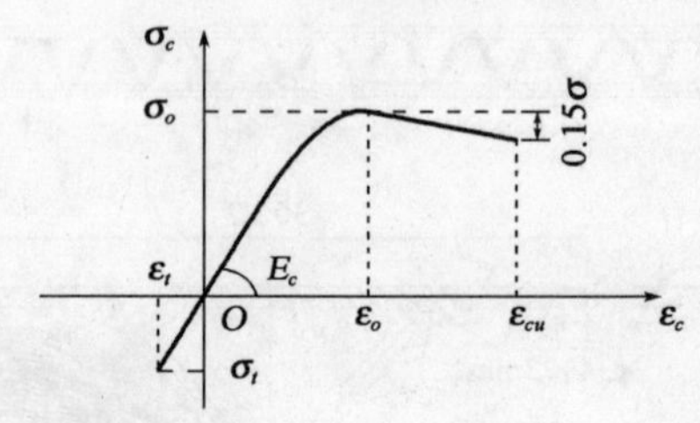

图 7　桥面板混凝土本构关系

3.2　验证有限元模型

如图 8～图 11 所示为有限元计算与试验结果的比较图，可见有限元计算与试验结果反映结构受力规律一致，两条曲线吻合良好，从而验证了有限元模型的可靠性。

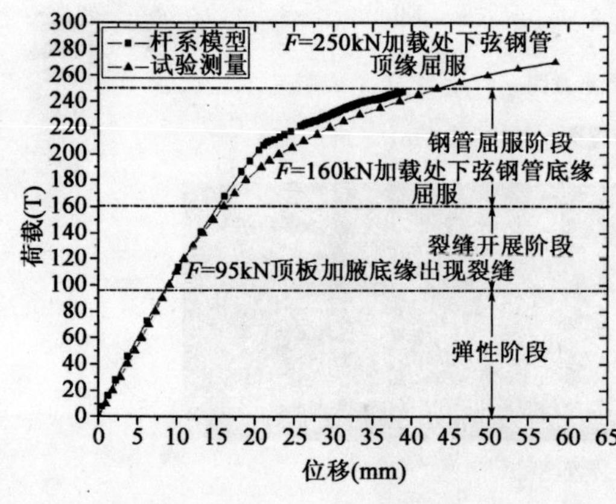

图 8　荷载—1/2L 截面挠度曲线图

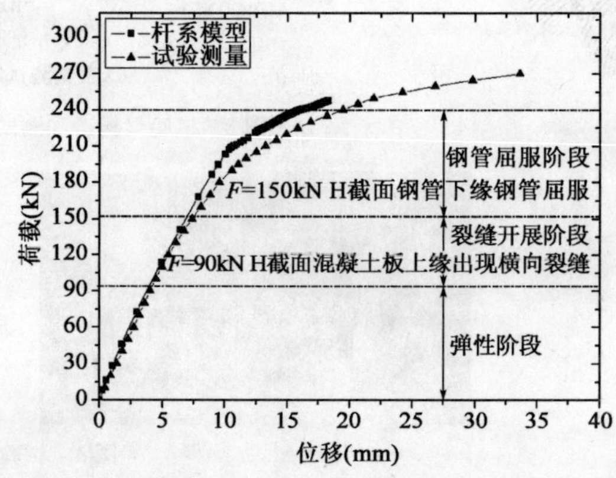

图 9　荷载—3/4L 截面挠度曲线图

3.3　试验模型参数分析

从试验梁的失效模式可知，组合桁梁因钢管下缘屈服发生截面整体破坏。混凝土桥面板和下弦钢管混凝土的刚度是影响钢管混凝土组合桁梁极限承载力的重要因素。而文献[8]研究表明，钢管混凝土 K 形节点的承载力受腹杆的壁厚和外径、支管与主管轴线的夹角等参数影响较大，从而影响钢管混凝土组合桁梁的整体极限承载力。因此，为了确保钢管混凝土组合桁梁能充分发挥其整体极限承载力，应确保组合梁发生截面整体破坏之前不出现节点破坏。下文就腹杆壁厚、竖向倾角、桁梁高跨比等参数对钢管混凝土组合桁梁试验模型受力性能的影响进行研究与分析。

1)腹杆壁厚

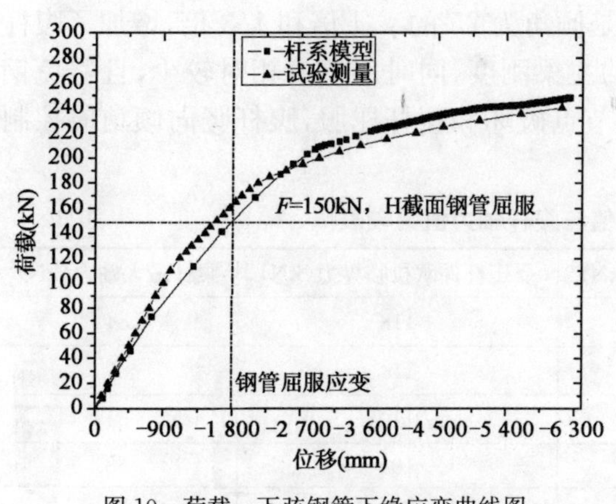

图 10　荷载—下弦钢管下缘应变曲线图

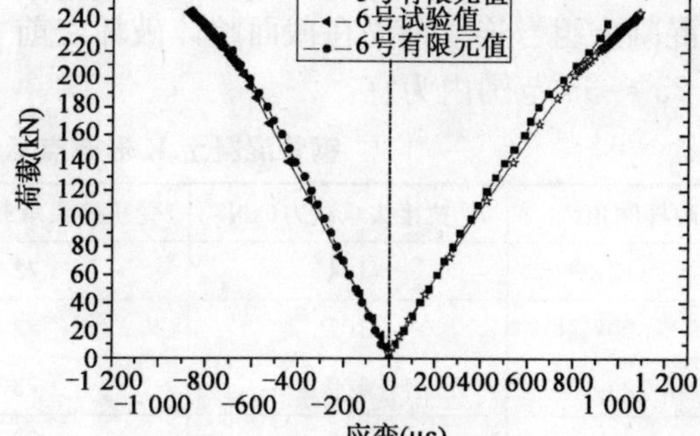

图 11　荷载—腹杆轴向应变

表 1 给出了钢管混凝土组合连续桁梁模型的整体刚度(考虑组合梁变形)和抗弯刚度(考虑组合梁截面应变分布)随腹杆壁厚 t 的变化趋势。随着腹杆壁厚的减小，钢管混凝土组合连续桁梁模型的整体刚度和抗弯刚度都呈现减小趋势；但整体刚度减小幅度大。可见随着腹杆壁厚减小，由腹杆轴力产生的变形增大，造成了组合梁的整体刚度减小趋势更大。因此进行钢管混凝土组合桁梁受弯变形计算时，应考虑腹杆受轴力作用产生的变形。

组合桁梁模型整体刚度和抗弯刚度随腹杆壁厚的变化趋势　　表 1

腹杆壁厚(mm)	整体刚度相对值	抗弯刚度相对值	腹杆壁厚(mm)	整体刚度相对值	抗弯刚度相对值
3.5	1	1	2.5	0.849	0.945
3	0.930	0.986	2	0.750	0.919

表 2 给出了不同腹杆壁厚的钢管混凝土 K 形节点承载力值、受压杆件欧拉临界力和腹杆最大轴力值比较表。可见腹杆壁厚 1.7mm 是试验梁截面整体破坏和腹杆屈服的临界点。如果腹杆壁厚 $t<1.7$mm，腹杆最大轴力超过 K 形节点受压接头承载力，结构将发生节点的受压支管接头局部屈曲破坏，腹杆先于下弦钢管屈服。

钢管混凝土 K 形节点承载力值与腹杆轴力值比较表　　表 2

腹杆壁厚(mm)	受拉接头承载力(kN)	受压接头承载力(kN)	受压杆件欧拉临界力(kN)	腹杆最大轴力(kN)
3.5	154	143	233	70
3	154	127	206	71
2.5	154	111	177	68
2	154	94	145	68
1.7	154	82	126	85
1.5	154	73	112	75

2)腹杆竖向倾角

参照相关工程实例，腹杆竖向倾角选择 15°、20°、25°、30°、35°、40°。如图 12 所示为不同腹杆竖向倾角下组合桁梁的荷载—变形曲线图。可见竖向倾角在 25°～35°时，组合梁的刚度增大明显，当竖向倾角 $\varphi>35°$时，主梁的刚度基本保持不变。

表 3 给出了钢管混凝土 K 形节点的承载力值、受压杆件欧拉临界力和钢管屈服时腹杆最大轴力。从表中可知，当竖向倾角 $\varphi>35°$，腹杆轴力大于钢管混凝土 K 形节点的受压接头承

载力，组合梁发生腹杆屈服的同时，下弦节点也出现受压支管接头局部屈曲破坏。同时相同跨径的组合梁，竖向倾角为15°、20°内含腹杆节间数是倾角为25°的1.4倍和1.3倍，增加了腹杆的用钢量，降低了结构的经济性。为了获得较大的主梁刚度，同时用钢量相对较少，且避免钢管混凝土组合连续桁梁在截面整体破坏之前发生节点破坏和腹杆屈服，腹杆竖向倾角应控制在25°～35°范围内为宜。

钢管混凝土 K 形节点承载力值与腹杆轴力值比较表 表 3

腹杆倾角(°)	受拉接头承载力(kN)	受压接头承载力(kN)	受压杆件欧拉临界力(kN)	腹杆最大轴力(kN)
15	104	73	118	54
20	107	73	114	59
25	109	73	110	64
30	116	73	102	68
35	123	73	95	73
40	132	73	86	78

3)桁梁高度

桁梁高度不仅影响组合桁梁的整体抗弯刚度，也影响腹杆和弦杆的内力分配，从而影响钢管混凝土组合连续桁梁的极限承载力。因此高跨比是影响钢管混凝土组合桁梁受力性能的主要因素。

如图13所示为高跨比分别为1/12.1、1/11.1、1/10.3、1/9.5、1/8.89、1/8.3、1/7.84组合桁梁屈服荷载的变化趋势图。从图中可以看出，高跨比1/10.3时临界值，当高跨比>1/10.3时，腹杆先于下弦钢管屈服，组合梁发生腹杆的屈服破坏。

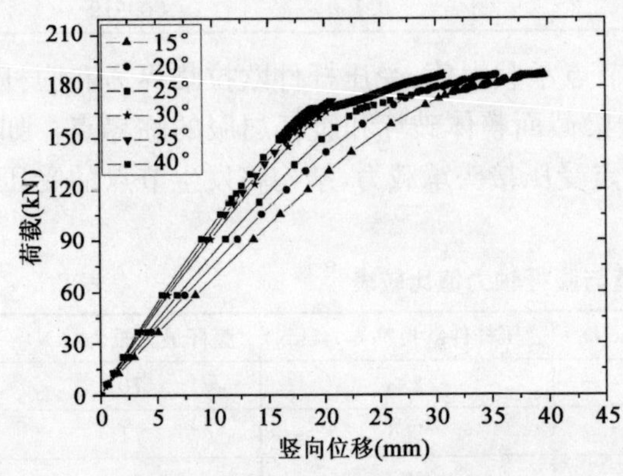

图12 不同腹杆竖向倾角下组合桁梁荷载—变形曲线图

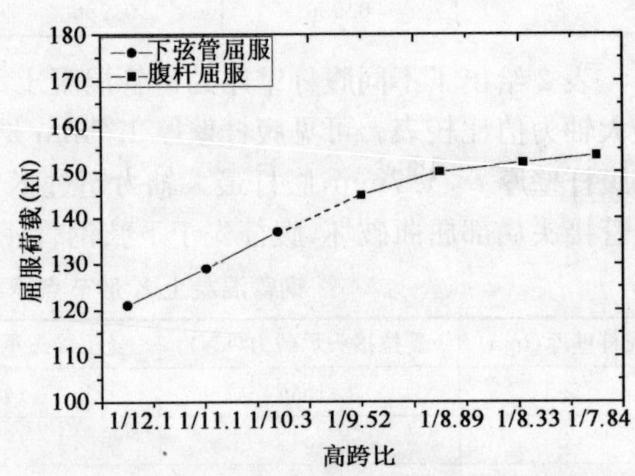

图13 组合桁梁屈服荷载随桁梁高度变化

表4给出钢管混凝土K形节点的承载力值、受压杆件欧拉临界力以及钢管屈服时腹杆最大轴力的比较表。表中可见，当高跨比大于1/10.3，腹杆屈服时，腹杆的轴力大于钢管混凝土K形节点的受压接头承载力，组合梁发生受压支管接头局部屈曲破坏。因此组合梁的高跨比应选择小于1/10.3。

钢管混凝土 K 形节点承载力值与腹杆轴力值比较表 表 4

桁梁高跨比	受拉接头承载力(kN)	受压接头承载力(kN)	受压杆件欧拉临界力(kN)	腹杆最大轴力(kN)
1/12.1	109	73	110	64
1/11.1	108	73	98	66

续上表

桁梁高跨比	受拉接头承载力(kN)	受压接头承载力(kN)	受压杆件欧拉临界力(kN)	腹杆最大轴力(kN)
1/10.3	107	73	88	70
1/9.5	106	73	78	79
1/8.89	105	73	63	79

4 结语

(1)运用有限元程序 ANSYS 建立了钢管混凝土组合连续桁梁的有限元模型。有限元结果与试验结果吻合良好,验证了有限元模型的可靠性。

(2)对钢管混凝土组合连续桁梁模型的腹杆壁厚参数分析表明,组合梁变形计算时必须考虑腹杆受轴力作用产生的变形。当壁厚 $t \geqslant 1.7$mm 时,组合梁因下弦钢管屈服发生截面整体破坏;当壁厚 $t < 1.7$mm 时,组合梁先发生节点破坏。因此腹杆壁厚为 1.7mm 是试验梁截面整体破坏和节点破坏的分界点。

(3)对钢管混凝土组合连续桁梁的腹杆竖向倾角参数分析表明,当竖向倾角介于 25°～35°范围内,随着竖向倾角的增大,组合梁的抗弯刚度和屈服荷载呈现增长趋势,且在截面破坏先于节点破坏和腹杆屈服。建议将腹杆的竖向倾角控制在 25°～35°范围内。

(4)对钢管混凝土组合连续桁梁的高跨比参数分析表明,高跨比越大,组合桁梁的屈服荷载也越大。当高跨比≤1/10.3 时,组合梁发生截面破坏;当高跨比大于 1/10.3 时,组合梁发生受压支管接头局部屈曲破坏。因此,为了避免组合桁梁的节点破坏先于截面破坏,桁梁高跨比应小于 1/10.3。

参 考 文 献

[1] 陈宝春.钢管混凝土拱桥[M].北京:人民交通出版社,2007.

[2] 陈宝春,黄文金.钢管混凝土桁梁受弯试验研究[J].建筑科学与工程学报,2006,23(1).

[3] 代向群,毛健.南海紫洞大桥钢管混凝土斜拉桥的设计[J].公路交通科技,2002,21(2).

[4] Kawano A, Sakino K. Seismic resistance of CFT trusses[J]. Engineering Stuctures, 2003,25(5).

[5] 王淑华,王军毅.钢管混凝土桁梁结构的抗弯刚度研究[J].建筑与工程,2008,360(20).

[6] 彭桂瀚,牟廷敏,陈宝春.钢管混凝土组合桁梁受弯性能试验研究[J].哈尔滨工业大学学报,2012,44(增刊 1).

[7] 黄文全.钢管混凝土桁梁极限承载力研究[D].福州:福州大学,2010.

57. 外露式钢锚箱索塔锚固区预应力作用效应分析

李　炀[1]　刘玉擎[1]　陈耀健[2]　平晓良[2]

（1. 同济大学桥梁工程系；2. 吴江市盛泽镇城市建设管理办公室）

摘　要：本文为合理设计外露式钢锚箱组合索塔锚固区的预应力筋配置，通过对在建的单塔双索面斜拉桥索塔锚固区建立空间实体有限元模型，并考虑钢—混之间的焊钉连接件作用进行模拟分析。分析结果表明：纵向预应力筋可减小混凝土塔壁的拉应力，同时降低钢锚箱抗拉性能的利用率及增加焊钉连接件的剪力；横向预应力对减小焊钉连接件拉拔力有明显的效果；合理的预应力设置可以显著改善组合索塔锚固结构的受力性能。

关键词：索塔锚固　外露式钢锚箱　预应力　有限元分析

1　引言

在斜拉桥索塔锚固区中，斜拉索强大的集中力会在索塔混凝土塔壁内产生很大的顺桥向拉应力，可能会导致混凝土的开裂，从而影响桥梁整体的耐久性和安全性[1]。采用钢锚箱组合索塔锚固结构，利用钢材的抗拉性能好的优点，使钢侧板承担大部分的水平索力，可以减小混凝土中的拉应力，但预应力的存在会对钢侧板的受力有很大的影响，难以发挥钢锚箱组合索塔锚固结构的优势。同时在外露式钢锚箱组合结构中，纵横向预应力的增大均会使焊钉连接件的剪力有不同程度的增加，因而施加预应力的合适与否对锚固区受力性能有至关重要的影响[2]。本文研究对象为一在建城市单塔斜拉桥，利用大型通用有限元软件对其外露式钢锚箱索塔锚固区进行数值计算，通过变化号字形预应力大小，探讨纵、横向预应力对混凝土塔壁应力、焊钉连接件作用剪力及水平索力分担比例等的影响。

2　工程概况

某一单塔平行双索面斜拉桥，主桥中跨跨径为123m，边跨为90m。混凝土索塔采用H形平行塔柱结构，塔高为72.986m，桥面以上塔高为62.725m，桥面以下为10.261m。如图1所示，上中塔柱截面均为等截面五边形，索塔锚固结构在中塔柱采用预应力混凝土锚固结构（对应1～8号锚头），上塔柱将钢锚箱通过横向预应力和焊钉连接件与塔壁紧密结合，形成一个钢混组合索塔锚固结构（对应9～18号锚头），以抵抗斜拉索较大的水平分力。

如图2所示，外露式钢锚箱索塔锚固区设置号字形预应力筋，混凝土塔壁中顺桥向预应

力通过 ϕs15.24 钢绞线施加，横桥向预应力通过 JL32 精轧螺纹钢施加。连接件采用 ϕ25mm ×200mm 的圆柱头焊钉，按每侧 6 列布置于钢锚箱侧板。

主梁采用恒载较大的混凝土梁，标准组合作用下最大单根索力为 7 040kN，对应锚头为从上至下第 2 节段锚跨侧 AC17 号锚头。

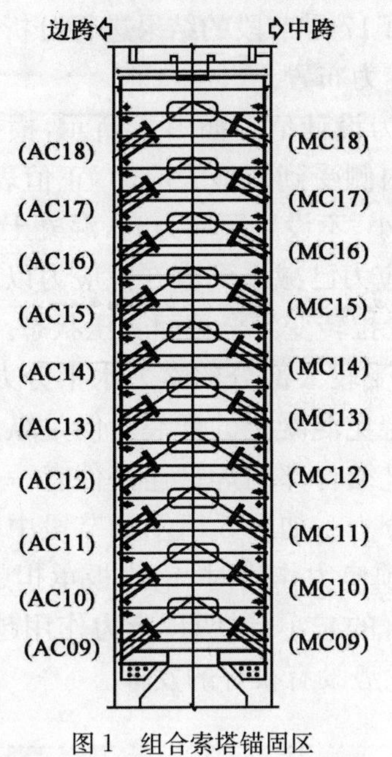

图 1　组合索塔锚固区

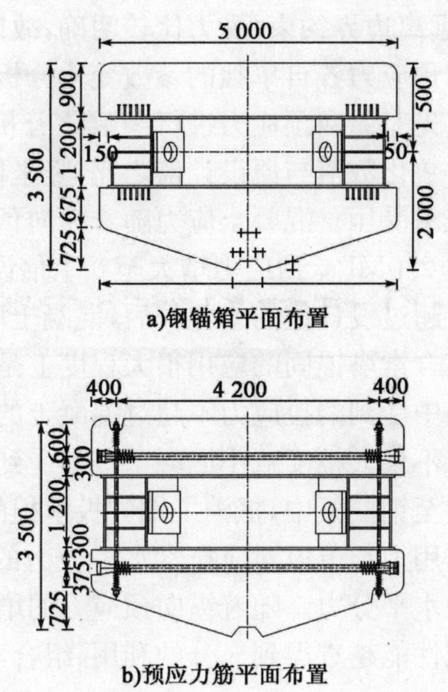

图 2　组合索塔锚固区平面构造（尺寸单位：mm）

3　有限元数值计算

图 3 为上塔柱组合索塔锚固区实体—板壳有限元模型，其中混凝土结构及厚度较大的锚板采用体单元模拟，真实反映结构的几何形状及尺寸。钢结构（除锚板外）采用壳单元模拟，预应力筋采用杆单元模拟。焊钉连接件采用三维弹簧单元模拟，抗剪刚度通过既往的推出试验获得。而钢锚箱侧壁与混凝土塔壁之间能够互相传递法向压力和切向摩擦力、不传递法向拉力，故采用接触作用来模拟混凝土侧壁与钢锚箱侧板之间的压力传递作用，二者之间的摩擦系数取 0.5。

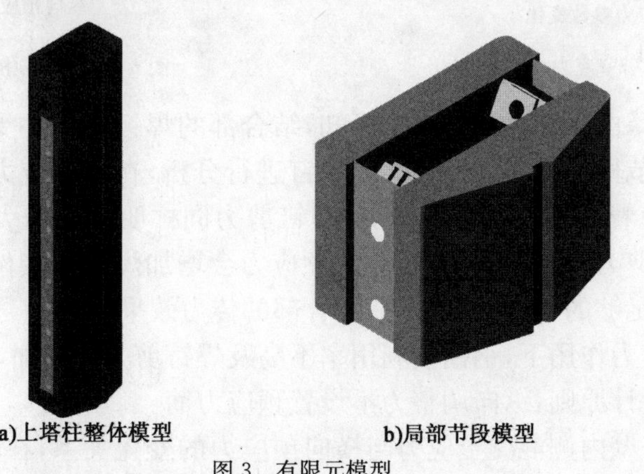

图 3　有限元模型

拉索索力采用结构承载能力极限状态下标准效应组合值，由于模型中模拟实际的锚固区形状，索力通过均布面荷载施加在锚板面域上，作用方向垂直于锚板并与拉索方向一致。预应力施加方法为：根据预应力大小计算得到预应力筋应变值，对杆单元施加线性应变。纵横向预应力考虑预应力损失后得到的永存预应力分别为 900MPa 和 600MPa。

4 计算结果与分析

在整体模型分析过程中得出第 17 号节段混凝土顺桥向受力较大，同时该节段构造具有代表性，远离边界约束，受力比较明确，故以下内容均基于第 17 号节段的结果进行分析。通过对纵横向预应力各自单独的参数变化分析，得到合适的预应力布置。

首先对纵向预应力进行参数化分析，横向预应力取为设计值。如图 4 所示，横坐标为预应力参数化数值与原设计值之比，竖坐标为混凝土塔壁内侧受到的最大应力，正值表示受拉，负值表示受压。混凝土应力随着纵向预应力的增大而减小，不设置预应力时，混凝土最大拉应力超过 2.0MPa，预应力增大至 0.1 倍设计值时，混凝土应力已减小到容许拉应力以内。预应力张拉超过设计值的 0.8 倍后，混凝土塔壁截面由部分受拉转变为全截面受压状态。

组合索塔锚固的应用很大程度上是为了让钢结构承受较大部分的索力水平分力，从而使混凝土中受到的拉应力不超过混凝土的设计抗拉强度，避免混凝土的开裂。但是纵向预应力的存在不仅大幅度减小混凝土塔壁受到的拉力，并且通过结合部的焊钉连接件有一部分预应力传递至钢侧板中，抵消了钢侧板承担的部分索力水平分力。如图 5 所示为节段中钢结构承担的作用力与节段对应拉索水平分力的比值，在无纵向预应力作用时，钢侧板承担超过 40%的索力水平分力。随着纵向预应力的增大，此比值有显著的减小，说明预应力作用越强，钢结构抗拉性能越难得到充分的利用，组合索塔锚固结构的优势没有很好的发挥。

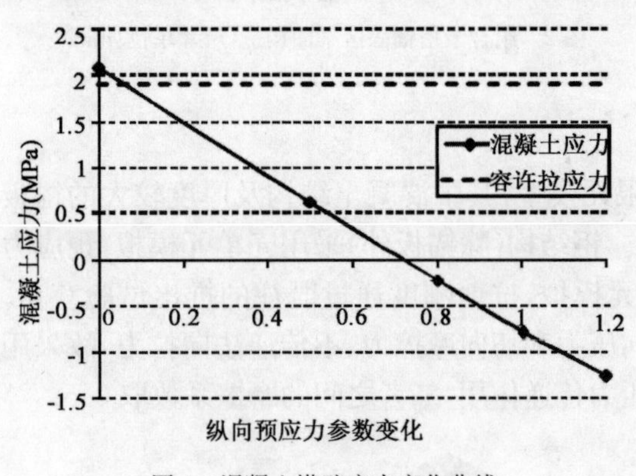

图 4 混凝土塔壁应力变化曲线

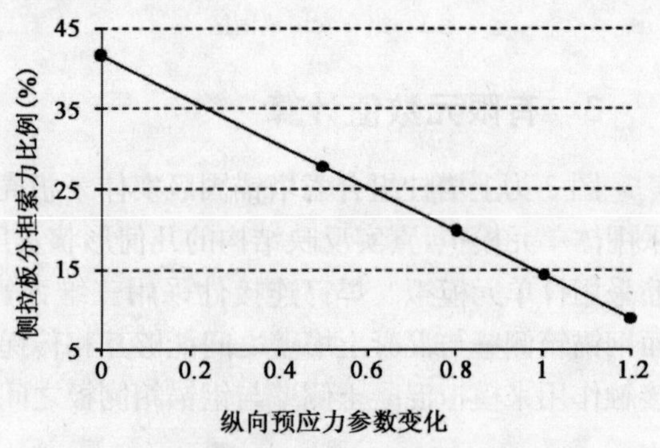

图 5 侧拉板顺桥向力分担索力比例

在预应力作用下，由钢结构受力变化可知，结合部的焊钉连接件受到的剪力也发生变化。如图 6 所示，这里取节段中受到剪力最大的焊钉进行分析，在无预应力作用时，焊钉顺桥向剪力大约仅有 35kN，随着纵向预应力的增加，焊钉剪力同样明显的增大，当纵向预应力达到设计值时，焊钉顺桥向剪力约为 54kN。故纵向预应力会增加焊钉连接件的剪力，设计时需加以控制，使焊钉受力有足够的安全储备，保证结合部的传力效果。

考虑到纵向预应力作用下，钢锚箱利用率不高及焊钉剪力会增加，可根据混凝土拉应力不超过容许拉应力的设计原则，纵向调整为不设置预应力筋。

如图 7 所示为塔壁内侧混凝土应力与横向预应力的变化关系，在不设置纵向预应力的情况下，混凝土应力随着横向预应力的增加而减小，在横向预应力达到设计值的 1.2 倍时，混凝土塔壁内侧最大应力减小到容许拉应力值 1.9MPa，这是由于横向预应力对混凝土塔壁产生绕竖直方向的弯矩，对内侧的混凝土有压力作用，对外侧的混凝土产生拉力，从而使混凝土塔壁受力更加均匀。

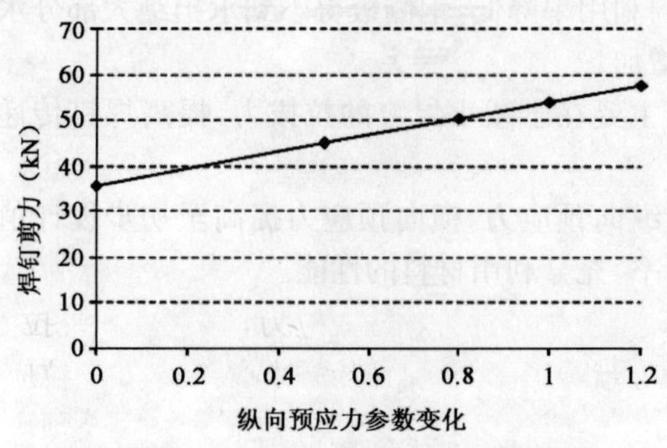

图6　焊钉顺桥向剪力变化曲线

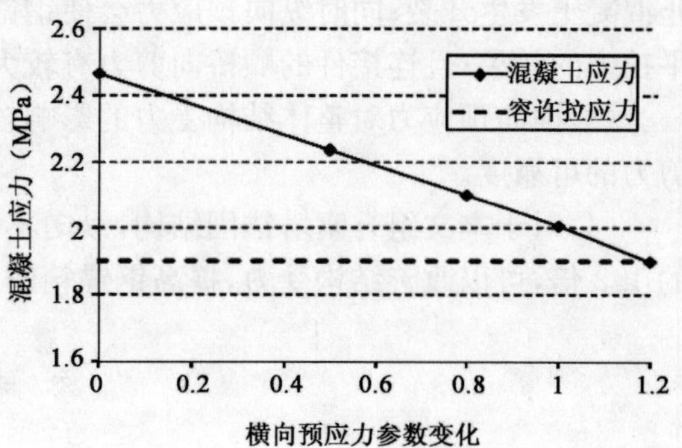

图7　混凝土应力随横向预应力变化

如图8所示，对于外露式钢锚箱组合结构，焊钉拉拔力过大会降低其抗剪承载力，不利于焊钉连接件的传力，在没有横向预应力作用时焊钉拉拔力最大超过18kN，施加横向预应力对焊钉拉拔力的减小有明显效果，但随着横向预应力的增大，拉拔力减小的趋势逐渐变缓。当横向预压力达到纵向预压力的0.3倍时，拉拔力的大小可控制在2kN以内。

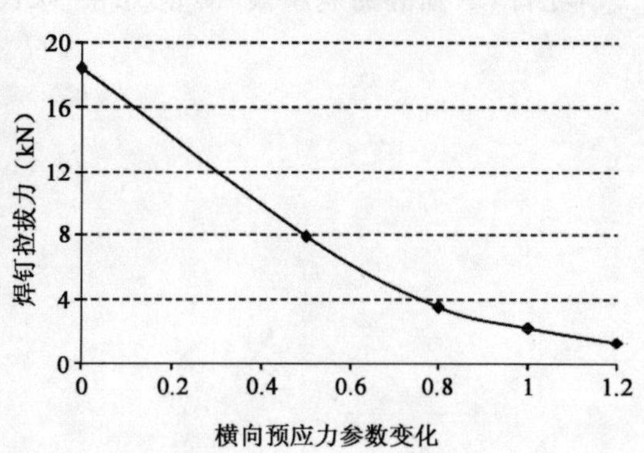

图8　焊钉拉拔力随横向预应力变化

综上所述，以混凝土容许拉应力作为设计控制参数，对本文中的组合索塔锚固结构进行预应力筋设计调整，分析得到纵向不设置预应力筋，横向预应力大小变化为原设计值的1.2倍的结果。对比初步设计与调整设计结果见表1。钢侧板受力有明显的提高，钢锚箱的抗拉性能得到较好的利用，利用率由原先的14.4%升高至40.5%。调整设计后混凝土塔壁最大拉应力为1.91MPa，处于混凝土容许拉应力范围，在保证结构安全性的基础上，充分开发材料的性能。焊钉连接件的顺桥向最大剪力由54.0kN降低至34.6kN，确保结合部的传力可靠。焊钉拉拔力基本没有变化，且数值均较低。

原设计与调整设计力学参数对比表　　表1

力学参数	初步设计	调整设计
混凝土塔壁应力(MPa)	−0.69	1.91
钢侧板应力(MPa)	7.6	25.1
钢锚箱侧拉板利用率(%)	14.4	40.5
焊钉顺桥向最大剪力(kN)	54.0	34.6
焊钉最大拉拔力(kN)	1.3	1.3

5　结语

(1)在外露式钢锚箱索塔锚固区设置号字形预应力筋能够显著改善结构整体受力，提高结合部的传力可靠度，可各自调节纵横向预应力的大小以满足各构件受力需要。

(2)纵向预应力能够有效地减小传递到混凝土塔壁中拉应力，改善混凝土的受力情况，防止混凝土发生开裂；同时纵向预应力会使钢锚箱的利用率降低，钢侧板得不到承担绝大部分水平拉力的效果；且连接件的顺桥向剪力有较大的增加。

(3)横向预应力对整体结构受力的影响较小，主要在于减小焊钉的拉拔力，提高焊钉传递剪力的可靠度。

(4)对于本文组合索塔锚固结构，纵向不设置纵向预应力，横向预应力提高至初步设计值的1.2倍，可以改善结构受力，提高钢锚箱的利用率，充分利用材料的性能。

参考文献

[1] 张喜刚，刘玉擎．组合索塔锚固结构[M]．北京：人民交通出版社，2010.

[2] 刘玉擎．组合结构桥梁[M]．北京：人民交通出版社，2005.

58. 基于多参数组合效应的转体斜拉桥结构响应识别

韩成林　王文成　向小军

(中铁第五勘察设计院集团有限公司)

摘　要:针对大跨转体斜拉桥施工和运营过程中存在的局部及构件的损伤问题,提出了基于多参数组合效应模型的结构响应识别方法,以期优化结构设计并提高全生命周期可靠度。考虑结构中主梁和拉索等主要构件敏感参数,建立了基于多参数组合效应的2类分析模型,研究分析了主梁及拉索在多参数组合影响下的16个工况下结构响应特性。结果表明,转体斜拉桥主梁及拉索等多参数参在正负影响系数组合下,主梁挠度及应力均有显著增幅且具规律性;建议在设计阶段除进行单参数敏感分析外,另进行多参数组合效应分析以全面把握结构施工和运营期效应。

关键词:转体斜拉桥　预制损伤　损伤工况　结构响应识别

1　工程设计概况

某转体斜拉桥为上跨铁路立交桥梁工程,主桥采用独塔单索面(双根)预应力混凝土斜拉桥,跨径组成为(100+100)m,立面布置如图1所示。斜拉桥边墩墩顶设置纵向活动支座,主塔与主梁相交处采取塔、梁、墩固结体系。设计道路等级:城市主干路,双向4车道;设计荷载:公路Ⅰ级;桥梁安全等级为一级,结构重要性系数1.1;桥面横向为双向4车道,两侧设置人行道,具体布置为4.75m(人行道)+8m(行车道)+3.5m(索区)+8m(行车道)+4.75m(人行道)=29.0m。桥面立面位于半径为3 000m的竖曲线,平面布置为直线线型;桥面横坡:行车道±2.0%。

1.1　主梁构造

主梁采用等高度倒梯形展翅箱梁,如图2所示。主梁采用单箱五室斜腹板截面,箱梁顶宽29m,双向设2%横坡,底板宽13.0m,悬臂长2.5m,箱梁对称中心线处梁高2.85m。标准段箱梁顶板厚0.30m,斜拉索锚固区纵向顶板厚度0.45m,底板厚0.25m,外腹板厚0.35m,次外腹板为直腹板,厚度为0.25m,中腹板为直腹板,厚0.40m。主梁截面在墩顶处进行局部加厚。斜拉索锚固处均设一道横梁,边室横梁厚0.30m,中室横梁厚0.4m,各横梁与箱梁腹板交接处进行了局部加厚,以满足结构受力和构造需要。

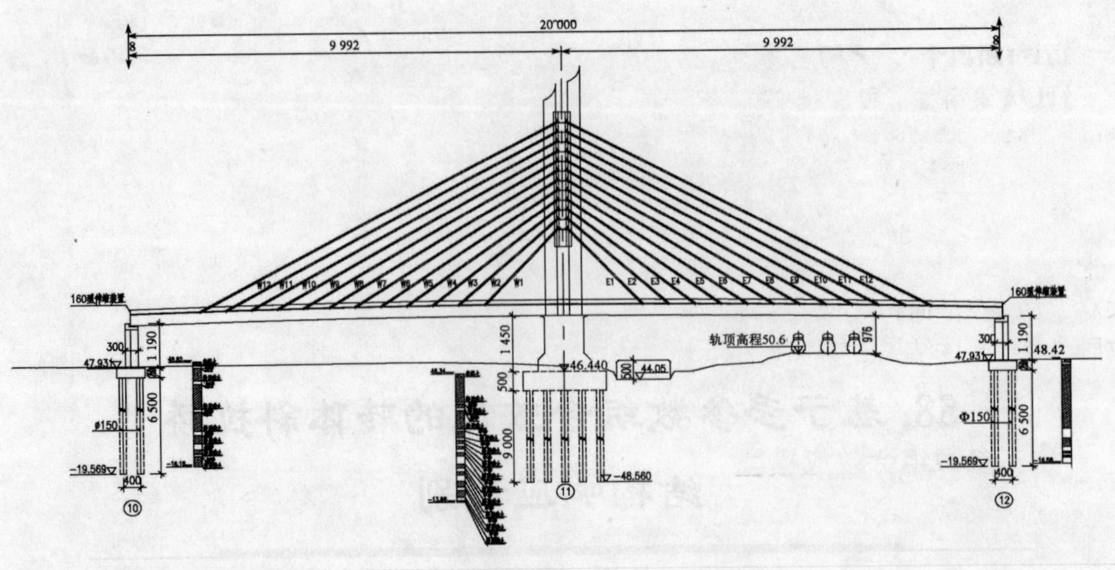

图 1　主桥立面布置(尺寸单位:cm)

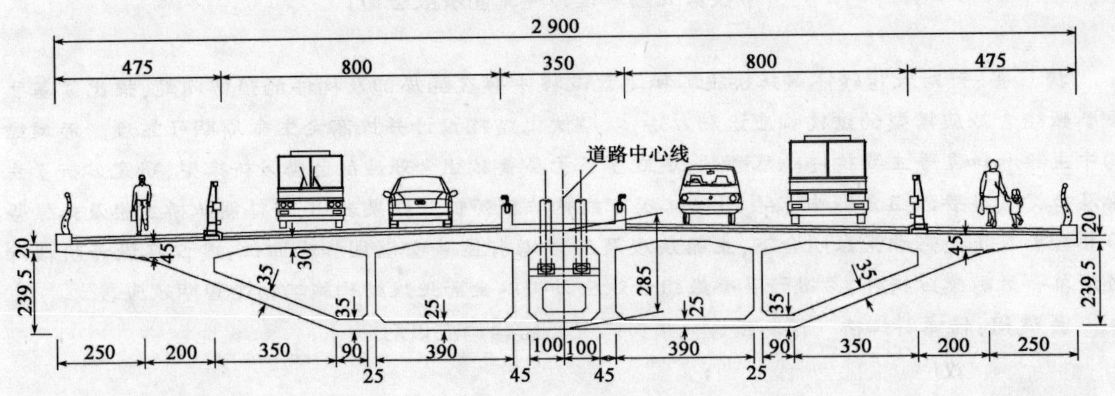

图 2　主桥箱梁构造及横向布置(尺寸单位:cm)

主梁采用双向预应力体系,纵向预应力束设置分为顶、底板束 2 种,采用 Φ_s15.2 高强度低松弛钢绞线。根据锚固位置不同采用两端张拉或者单端张拉,锚具为 M15 型群锚;其中:T0、B0、T1、B1 为 7×Φ_s15.2 钢绞线,锚固于箱梁顶、底板中,配合主梁转体前梁段施工。待转体完成并合拢后,张拉顶板束 T2、T3,和底板束 B2~B10,钢束规格为 12×Φ_s15.2 钢绞线,根据锚固钢束锚固位置的不同,其中 T2、T3、B2、B3 锚固端位于端横梁,在中横梁附近锯齿块上进行单端张拉,剩余预应力均采用两端张拉,张拉控制应力为 $\sigma_{con}=0.72f_{pk}=1\,339.2$MPa。

1.2　基础及索塔构造

主塔墩的截面形式根据转体施工及整体现浇情况,均采用圆台形结构,顶面半径 4.5m,并在底面设置圆形牛腿,根部高 3m,半径 6m。承台厚 5.0m,并根据转体需要在承台上设置反力座。承台除中心转盘附近区域采用 C50 混凝土外,其余部分均为 C40 混凝土。主塔墩桩基按行列式形式布置,采用 23 根 Φ1.5m 钻孔灌注桩、水下 C30 混凝土,桩间距最小 4.0m。桩径外侧距离承台边缘 0.75m。待转体施工完成后,将主墩与承台固结,形成塔墩梁固结形式。

索塔为钢管混凝土结构,总高自桥面起为 62m。下塔柱及索塔锚固段由两个 Φ2 800mm×30mm 钢管内灌 C60 微膨胀混凝土组成;上塔柱由两个 Φ2 800mm×10mm 空心钢管组成;塔梁锚固采用型钢组焊预埋架埋置于墩身内，型钢预埋架与塔之间采用 Φ80 锚固螺栓进行连接。

1.3 斜拉索构造

斜拉索采用 M250 型拉索体系，采用环氧涂层钢绞线＋石蜡＋PE 套的方式进行单根钢绞线的防护。经多根平行编索紧密集束后，再用 HDPE 外套管进行整体防护。斜拉索为单索面扇形体系，主梁上索距 6.0m，主塔上索距 2.5m，全桥斜拉索类型共有 48 根 M250－43。

1.4 转体施工成桥

本桥主梁采用满堂支架现浇施工，随节段浇筑逐根对称张拉各索，待强度满足要求后，最大双悬臂采用平面转体施工，与两侧引桥合龙而成桥。转体重量达到 164 000kN，重量在国内位居前列。转体结构由转体下转盘、球铰、上转盘、转体牵引系统、助推系统等组成。启动时所需要最大牵引力 2 207.7kN，转动过程中所需牵引 1 103.8kN。

2 多参数组合效应模型

斜拉桥作为以拉索提供支撑的多点弹性梁，属于高次超静定结构，因此此种桥型在施工和运营阶段受自身和外界环境的变化非常敏感。比如施工阶段主梁弹性模量变化、主梁重度变化、主梁浇筑过程中超方和减重、混凝土收缩徐变效应、均匀温度及梯度温度、结构预应力效应的增加和损失以及拉索张力和截面腐蚀等，均会对施工阶段和成桥阶段结构应力和挠度产生偏差，从而偏离理想的设计状态。同时施工阶段及其受荷随时变化也导致其成桥状态的多变性。

文献[1]以转体斜拉桥主梁控制截面挠度和弯矩影响效应为准则，研究了预应力混凝土箱梁结构参数敏感性，得出了梁体自重、非均匀温度变化、混凝土收缩徐变为该结构重要的敏感性参数，而梁体弹性模量和均匀温度为非敏感参数；文献[2]以转体斜拉桥施工监控数值模型为基础，分析了包括箱梁结构参数和斜拉索张力及刚度等参数对桥梁施工阶段的影响效应，结论指出除重视主梁混凝土浇筑质量外，施工过程中斜拉索张拉力和刚度应进行有效地识别，以便使结构的附加影响效应降低至可控范围；文献[3]通过对独塔斜拉桥监控实测，把握斜拉桥主要敏感参数，忽略次要设计参数影响，从而达到控制桥梁结构设计状态与理想状态偏差的目的。

综合文献分析，常规的斜拉桥结构参数敏感性分析多以单一变量为研究对象，分析某变量变化对结构整体造成的影响。然而在实际桥梁施工和运营中，结构诸多参数如混凝土重度、弹性模量、主梁有效预应力、温差及斜拉索张拉力并非相互独立变量，因此研究多参数组合后的结构响应更符合实际，也更能把握结构各参数变化的影响效应。本文提出 2 类多参数组合模型，即表 1 所示的主梁多参数组合模型 MPC1(MUTIPLE PARAMETER CASE1)和表 2 所示的斜拉索多参数组合模型 MPC2(MUTIPLE PARAMETER CASE2)，通过设置正负影响系数来表征各参数的变化幅度。

主梁多参数组合模型 MPC1 影响系数 表 1

参数 \ 工况	MPC1－44	MPC1－33	MPC1－22	MPC1－11	MPC1－1	MPC1－2	MPC1－3	MPC1－4
箱梁自重	减重				超方			
	－20%	－15%	－10%	－5%	+5%	+10%	+15%	+20%
预加力	张拉不足				张拉过量			
	－35%	－30%	－15%	－5%	+5%	+15%	+30%	+35%

续上表

参数 \ 工况	MPC1－44	MPC1－33	MPC1－22	MPC1－11	MPC1－1	MPC1－2	MPC1－3	MPC1－4
钢绞线	钢筋锈蚀				钢筋超量			
	－20％	－15％	－10％	－5％	＋5％	＋10％	＋15％	＋20％

斜拉索多参数组合模型 MPC2 影响系数

表 2

参数 \ 工况	MPC2－44	MPC2－33	MPC2－22	MPC2－11	MPC2－1	MPC2－2	MPC2－3	MPC2－4
索张拉力	张拉不足				张拉过量			
	－20％	－15％	－10％	－5％	＋5％	＋10％	＋15％	＋20％
索截面积	锈蚀				超量			
	－15％	－10％	－5％	－2％	＋2％	＋5％	＋10％	＋15％

3 结构响应结果识别

依据多参数组合效应模型和其影响系数，考虑 2 类参数建立该转体斜拉桥 MPC1 和 MPC2 的 16 种工况数值分析模型。限于篇幅，下面仅分析第一类工况下，MPC1 和 MPC2 结构挠度及应力识别状况。

3.1 MPC1 第 1 类工况结构响应

1）挠度识别

MPC1 第 1 类工况为考虑主桥箱梁自重、预应力效应及钢绞线 3 种参数，按表 1 所示正影响系数进行建模。分析图 3 可知，MPC1 模型主梁纵向各截面挠度随影响系数的增加而增大，挠度曲线以塔纵向中心为对称轴，各跨四分之一截面增量最大。与理论计算挠度相比，MPC1 第 1 类工况主梁各截面挠度最大增幅为 71.7％、121.7％、167.4％和 217.4％。同时设计理论成桥状态时主梁为适度上挠，但经过 3 参数组合影响后，主梁将逐渐下挠，从而使预拱度降低。

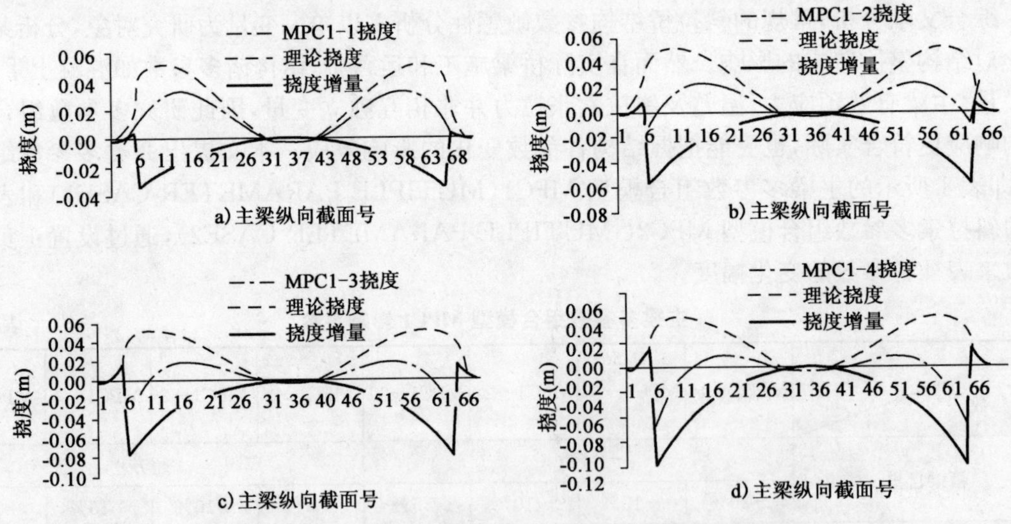

图 3 MPC1 第 1 类 4 种工况成桥挠度及增量

2)应力识别

如图 4 所示为 MPC1 第 1 类工况下主梁各截面下缘正应力增量效应图。分析该图可知，箱梁跨中附近截面下缘正应力增大，而索塔附近截面下缘正应力降低，同时随影响系数值增大应力增幅前者增大后者减小；应力曲线以塔纵向中心为对称轴。与理论上缘正应力相比，MPC1 第 1 类工况主梁四分之一截面应力最大增量依次为 4.62MPa、6.42MPa、9.02MPa 和 10.4MPa；而索塔附近截面应力最大增量为 5.4MPa、4.61MPa、3.89MPa 和 3.07MPa。

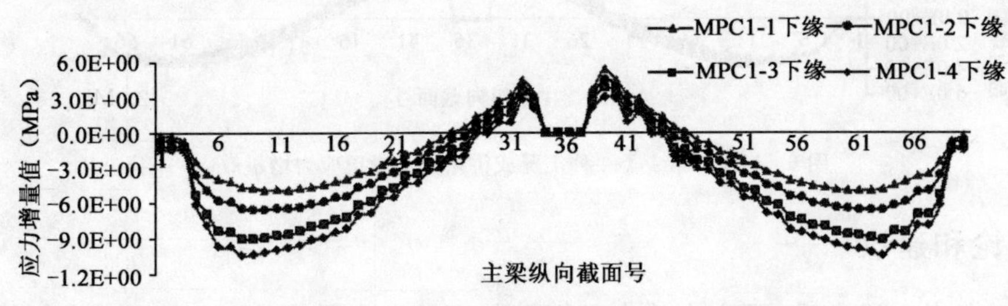

图 4　MPC1 第 1 类工况成桥阶段下缘正应力增量效应

3.2　MPC2 第 1 类工况结构响应

1)挠度识别

MPC2 第 1 类工况为考虑主桥 12 对斜拉索张力控制力与截面积增加 2 种参数，按表 2 所示正影响系数进行建模。分析图 5 可知，MPC2 模型主梁纵向各截面挠度随影响系数的增加而增大，挠度曲线以塔纵向中心为对称轴，各跨四分之一截面增量最大。与理论计算挠度相比，MPC2 第一类工况主梁各截面挠度最大增幅为 185.6%、266.4%、338.4%和 406.1%。同时设计理论成桥状态时主梁为适度上挠，但经过斜拉索 2 参数参数组合影响后，主梁将逐渐上挠，从而使预拱度增加。

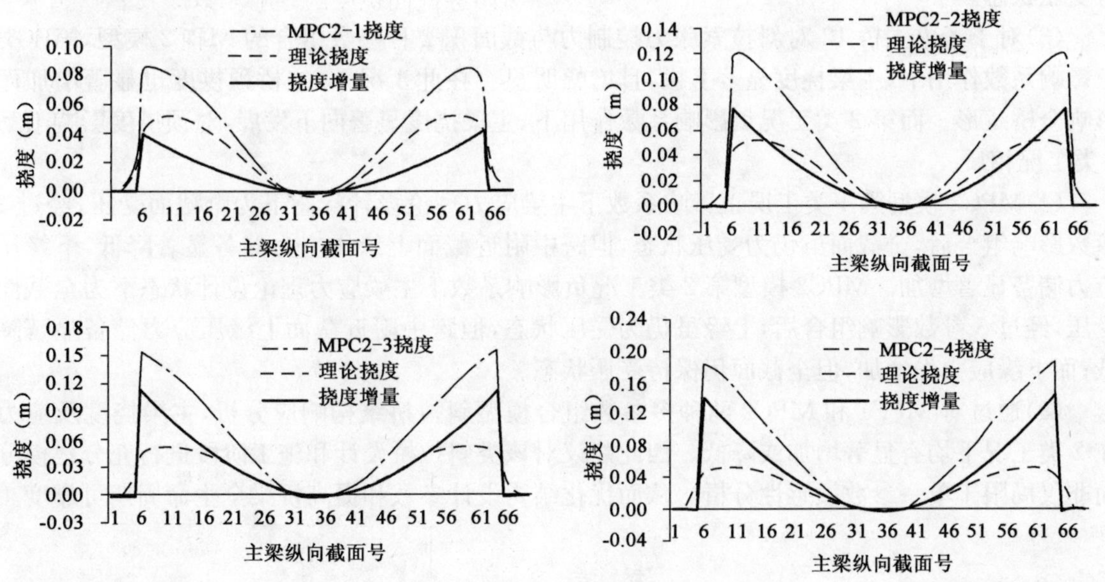

图 5　MPC2 第 1 类 4 种工况成桥挠度及增量

2)应力识别

如图 6 所示为 MPC2 第 1 类工况下主梁各截面下缘正应力增量效应图。分析该图可知，箱梁跨中附近截面下缘正应力增大，而索塔附近截面下缘正应力减小，同时随影响系数值增大应力增幅前者减小后者增大。应力曲线以塔纵向中心为对称轴。与理论下缘正应力相比，MPC2 第 1 类工况主梁四分之一截面应力最大增量依次为 3.57MPa、3.36MPa、3.13MPa 和 2.90MPa，而索塔附近截面应力最大增量为 7.03MPa、7.74MPa、8.31MPa 和 8.85MPa。

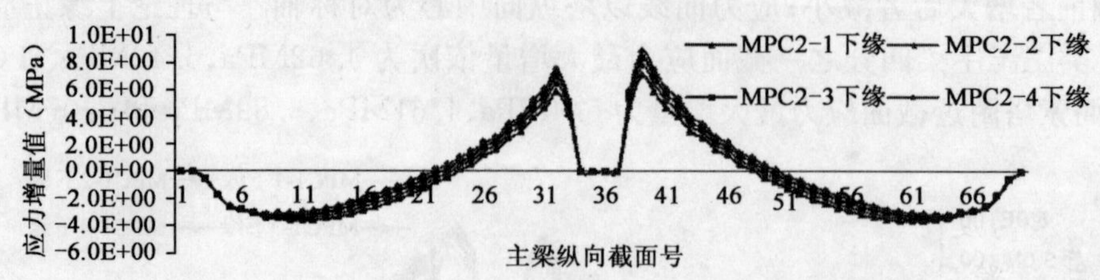

图 6　MPC2 第 1 类 4 种工况成桥箱梁下缘正应力增量效应

4　结论和建议

(1)对于考虑主梁自重、预应力效应及钢筋截面等 3 参数组合的 MPC1 模型，第 1 类工况正影响系数作用下，主梁挠度显著向下发展，且增幅明显。在此工况下主梁预拱度会明显降低，因此设计和施工监控阶段应充分考虑上述 3 参数对主梁预留足够预拱度。而第 2 类工况负影响系数作用下，主梁挠度显著向上发展，虽然对主梁预拱增加有效，但过多上拱对主梁整体线形和索力将有较大影响。

(2)MPC1 模型第 1 类工况正影响系数下主梁应力理论设计状态下为全截面受压，经过 3 参数影响组合后，全截面虽仍为受压状态，但跨中附近截面上下缘压应力储备显著增加。MPC1 模型第 2 类工况负影响系数下主梁应力理论设计状态下为全截面受压，经过 3 参数影响组合后，但跨中附近截面上缘压应力储备显著降低；而下缘应力先增加后降低，但下缘仍保持受压状态。

(3)对于考虑主桥 12 对斜拉索张力控制力与截面积 2 种参数组合的 MPC2 模型，第 1 类正影响系数作用下，主梁挠度显著上拱，且增幅明显。在此工况下，主桥预拱度也显著增加而影响全桥线形。而第 2 类工况负影响系数作用下，主梁挠度显著向下发展，对预拱度影响与第 1 类工况相反。

(4)MPC2 模型第 1 类工况正影响系数下主梁应力理论设计状态下为全截面受压，经过 3 参数影响组合后，全截面虽仍为受压状态，但跨中附近截面上缘压应力储备显著降低，下缘压应力储备显著增加。MPC2 模型第 2 类工况负影响系数下主梁应力理论设计状态下为全截面受压，经过 3 参数影响组合后，上缘虽仍为受压状态，但跨中附近截面上缘压应力储备显著降低；而下缘应力先增加，但全截面仍保持受压状态。

(5)通过对 MPC1 和 MPC2 两种多参数组合模型斜拉桥结构响应分析，主梁挠度及应力在 2 类工况下均有显著增加或降低。因此建议对该类斜拉桥设计和施工阶段进行充分建模分而非仅局限于单一参数敏感性分析。从而优化结构设计参数和提高桥梁全生命周期可靠度。

参 考 文 献

[1] 王立峰，孙永存，李巍. 绥芬河斜拉桥结构参数敏感性分析[J]. 世界桥梁，2007(2).

[2] 王立峰，袁崇伟，孙永存. 绥芬河斜拉桥施工控制中的参数敏感性分析[J]. 东北林业大学学报，2007，35(6).

[3] 刘旭政,黄平明,许汉铮.独塔斜拉桥参数敏感性分析[J].长安大学学报,2007,27(6).
[4] 代景国.绥芬河斜拉桥混凝土箱梁温度效应研究[D].哈尔滨:东北林业大学,2007.
[5] 林元培.斜拉桥[M].北京:人民交通出版社,1997.
[6] 李永乐,蔡宪棠,安伟胜,等.大跨度铁路悬索桥结构刚度敏感性研究[J].中国铁道科学,2011,32(4).
[7] 王世杰.绥芬河独塔单索面斜拉桥荷载试验研究[D].哈尔滨:东北林业大学,2007.
[8] 肖建良.独塔单索面斜拉桥施工阶段仿真分析[D].武汉:武汉理工大学,2008.
[9] 何秉悼.大跨度独塔混凝土斜拉桥参数识别研究[D].成都:西南交通大学,2009.
[10] 刘洪春.大跨度独塔斜拉桥施工控制与分析研究[D].成都:西南交通大学,2008.

59. 桥梁垮塌过程场景模拟技术研究

许　镇[1]　陆新征[1]　任爱珠[1]　张劲泉[2]　吕建鸣[2]　宋建永[2]

（1. 清华大学；2. 交通运输部公路科学研究院）

摘　要：桥梁作为重要的生命线工程，其垮塌事故往往造成严重的人员伤亡和财产损失。准确的桥梁垮塌事故鉴定需要尽可能真实地重现桥梁垮塌过程。本文对基于桥梁垮塌有限元模拟数据的桥梁垮塌过程场景模拟进行了研究，提出基于有限元数据的真实感桥梁建模方法，同时设计了一套基于图形引擎 OSG 和物理引擎 physX 的桥梁垮塌动画和特效的实现机制。以一石拱桥为例，展示了基于文中方法的桥梁垮塌过程的场景模拟。与桥梁垮塌有限元结果对比，表明基于本文方法的桥梁垮塌场景模拟继承了有限元模拟的准确性，同时更具有真实感和丰富的场景内容。桥梁垮塌场景模拟逼真的还原了桥梁垮塌过程，为桥梁垮塌事故鉴定提供了辅助分析技术。

关键词：场景模拟　桥梁垮塌　有限元　OSG　physX

近些年来，国内外发生了多起桥梁垮塌事故[1-2]。科学、高效、准确的桥梁垮塌事故鉴定，对国家建设、经济运行、社会安定，具有非常重要的意义。有限元模拟技术在桥梁垮塌力学模拟上已经有不少成功的案例[3-5]，如美国国家交通安全委员会对密西西比河 I-35W 桥垮塌事故进行有限元分析，再现了桥梁倒塌过程，准确而高效的确定了桥梁垮塌的原因[6]。这些案例表明有限元模拟技术在桥梁垮塌事故鉴定中的具有重要的应用价值。然而，有限元模拟也存在一定的问题。一方面有限元模拟结果是抽象的，缺乏真实感，另一方面有限元模拟不包含地形、地物等信息，无法完整地还原事故垮塌场景。此外，有限元一般采用“生死单元”法模拟垮塌过程中的非连续行为。大量的单元在垮塌过程中被“杀死”，而这些“杀死”单元不再参与计算，在图形上表现为不可见。这使得有限元的图形结果不完整，尤其是缺乏完整的残骸信息，难以与真实场景进行对比。

针对以上问题，本文通过基于有限元数据的场景模拟技术进行解决。首先根据有限元数据进行桥梁场景建模，并结合纹理技术大大增加了桥梁的真实感，同时，加入地形、天空等场景要素使垮塌场景更加丰富。而后，开发了桥梁垮塌碎块特效弥补了“生死单元”技术的不足，并在桥梁垮塌过程中增加了烟尘特效，使得整个垮塌过程更加具有真实感。文中实现的桥梁垮塌

基金项目：交通运输部西部交通建设科技项目（编号：2008-318-223-43）和教育部新世纪优秀人才支持计划资助（NCET-10-0528）

过程场景模拟继承了有限元模拟的准确性，同时可以更加完整、真实地还原桥梁垮塌过程。

1 数据基础

为了保证桥梁垮塌场景模拟的准确性，本文依托有限元模拟数据进行桥梁场景建模和垮塌模拟。在桥梁垮塌有限元模拟的数据文件中，涉及虚拟场景表现主要包括结点、单元、位移数据和“生死单元”数据。结点数据是桥梁有限元模型所有的结点三维坐标，而单元数据是有限元模型中组成每个单元的结点编号。本文根据结点和单元数据进行桥梁场景建模。位移数据是所有结点在每个时间步上的位移，而“生死单元”数据是每个时间步上被“杀死”单元的编号。本文采用位移和“生死单元”数据实现桥梁垮塌动画，同时应用“生死单元”数据实现桥梁垮塌过程中的碎块特效。桥梁有限元模型中的结点和单元数量都很大，这就导致了桥梁场景模型中的图形单元数据巨大，因此需要建立高效的建模和模拟机制，以提高渲染效率，满足场景模拟的实时要求。

2 场景模拟关键技术

2.1 桥梁垮塌场景建模

本文选择功能强大的开源图形引擎 OSG[7] 作为桥梁垮塌模拟的表现平台。OSG 采用包围体层次(Bounding Volume Hierarchy，BVH)来实现场景图形管理。BVH 场景图形通常用树状结构来保存信息。一个场景包括一个根节点 Root Node、多个枝节节点 Group Node 和多个末端的叶节点 Geode。根节点和枝节节点用来构建场景层次和实现特点功能，叶节点主要用于保存和管理一个或多个可绘制体 Drawable。Drawable 包括图形几何单元 Geometry，文字等对象，其中，Geometry 保存了顶点坐标、法线、纹理等多种几何属性信息。Geometry 由图元集 PrimitiveSet 绘制而成，比如三角网格绘制的面、体等。

在建模过程中，可以把有限元单元作为 PrimitiveSet 进行绘制，将结构构件作为一个 Geometry，整个桥梁模型作为一个 Geode 添加到一个 Group Node 中，同时可以将地形，地物等可以作为其他 Group Node。这些 Group Node 一起添加到 Root Node 构成整个桥梁虚拟场景，虚拟场景结构层次如图 1。这种层次结构将整个桥梁少量的结构构件作为 Geometry，一方

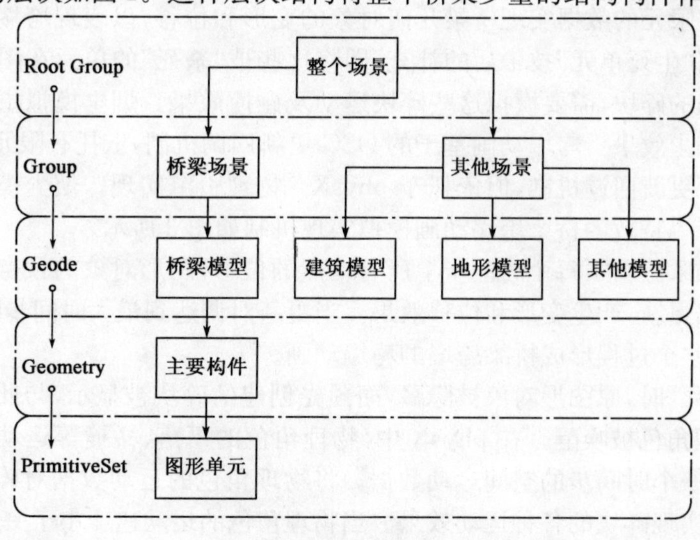

图 1 桥梁虚拟场景结构层次

面在渲染过程中只需对少量 Geometry 进行渲染，提高了整个场景的渲染效率，另一方面方便对结构构件进行纹理设置。对于单元的控制可以使用 Geometry 类中的 getPrimitiveSet( )函数获得 PrimitiveSet 的指针。因此，本文的场景结构层次可以实现渲染效率、真实感和控制程度的平衡。

纹理设置是增加桥梁虚拟场景模型真实感的重要手段。对于由多个单元的结构构件而言，纹理设置最主要问题是纹理坐标。纹理坐标是二维图像向三维空间实体映射的依据，在 Geometry 中，每个三维的顶点都必须对应一个二维纹理坐标。桥梁虚拟场景模型中一个 Geometry 拥有大量顶点，需要确定每个顶点的二维纹理坐标。而且桥梁模型的结构构件往往在不同方向需要不同的纹理，如桥面板在垂直方向上是道路纹理，在侧向方向上是混凝土或者砌体纹理，图 2。

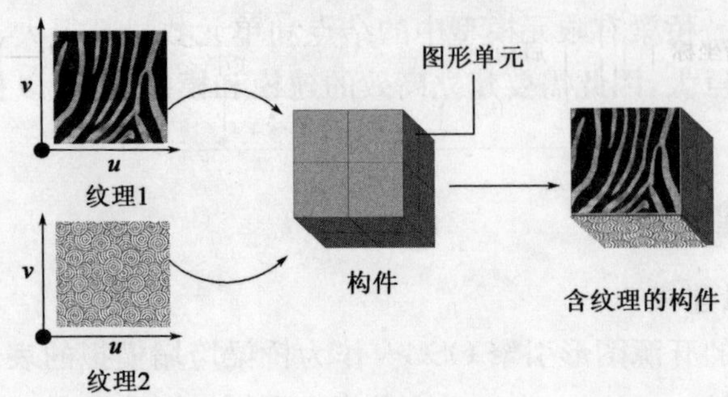

图 2　单元纹理映射过程

因此，桥梁虚拟场景建模需要使用多重纹理技术，满足构件不同方向上的纹理需求。在 Geometry 中启动多个纹理单元，每个纹理单元对应不同的纹理和纹理坐标。纹理坐标的计算可以构造一个纹理访问器，该访问器继承 OSG 中的 NodeVisitor 类，可以遍历桥梁模型中不同 Geometry 中顶点坐标。根据多重纹理在不同方向上的要求，可以通过顶点坐标计算出不同纹理对应的纹理坐标，纹理坐标的计算方法不在此详述。在多重纹理上选用上，要注意不同纹理间相融合的情况，避免纹理在不同方向上影响过大。

2.2　桥梁垮塌模拟机制

基于有限元桥梁垮塌虚拟场景模拟的实现包括垮塌动画、碎块模拟和烟尘模拟三部分。垮塌动画指根据有限元的数据实现桥梁几何对象的变形和位移，以表现垮塌过程。碎块模拟是针对有限元采用“生死单元”技术后的补充，即将这些被“杀死”的单元在图形上表现为可以脱离桥体独立运动的碎块，需要模拟这些碎块运动及碰撞效果。烟尘模拟指桥体及碎块与地面接触后产生的烟尘效果。垮塌动画基于的 OSG 更新回调机制，依托有限元数据实现。碎块模拟同样需要基于更新回调机制，但依托于 physX[8] 物理引擎实现。烟尘模拟主要依托粒子系统实现。结合垮塌特效的桥梁垮塌动画模拟实现机制如图 3 所示。

有限元模拟结果给出了每个时间步上所有结点的位移，图形对象的顶点在每一帧对特定时间步的位移数据更新，产生变形和位移效果。当更新对调达到最大时间步时，结束或重新开始新一轮的回调，整个过程形成桥梁垮塌的垮塌动画。

当单元被“杀死”时，原图形对象被隐藏，而预先创建的碎块被显示，与此同时预先被创建的处于休眠的物理角色被唤醒。在 physX 中，物理角色的下落、碰撞等运动都可以被快速计算，并可以提供每一个时间步的空间运动数据。将物理角色的运动数据对碎块的空间运动矩阵进行设置，从而实现碎块的各种运动效果。当物理角色的运动速度小于一定值时，physX 会将这个角色休眠，不再进行物理计算，在 OSG 的图形效果上表现为停止运动。

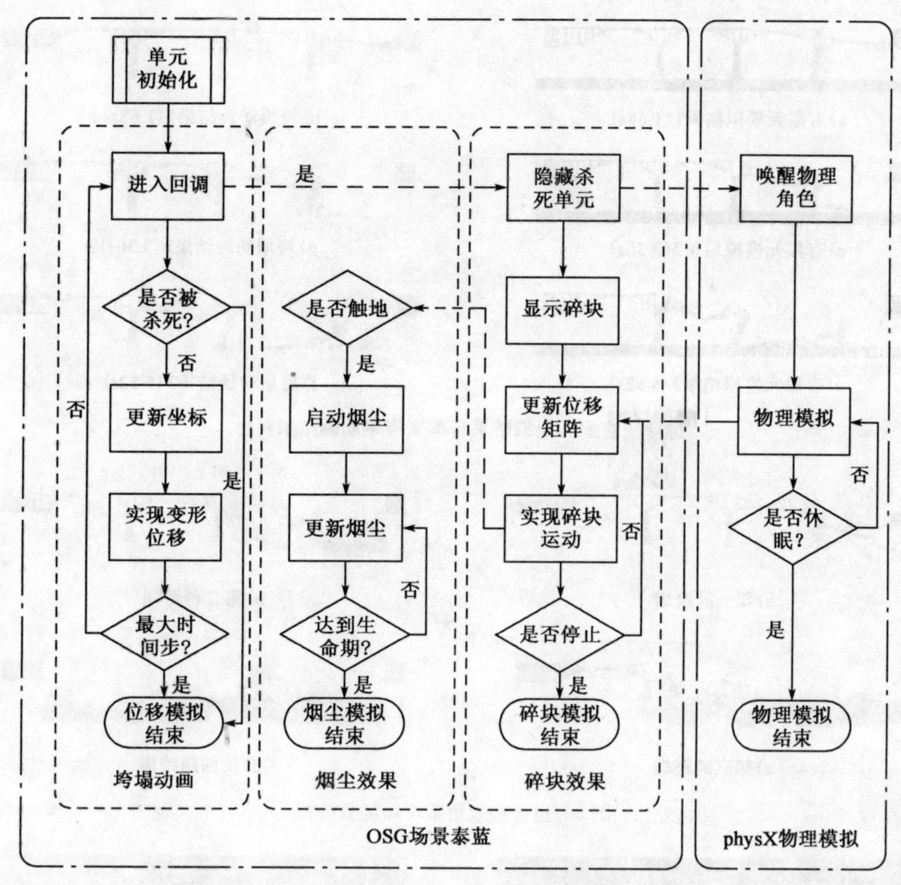

图 3　桥梁垮塌场景模拟实现机制

烟尘效果的模拟是通过 OSG 中的粒子系统实现的。当碎块或者桥体接触地面后，在 OSG 中启动粒子系统，产生烟尘效果。粒子系统会自动更新模拟烟尘的运动，当粒子系统达到生命期时，粒子系统不再更新，烟尘效果会消失。

3　应用算例

本文的算例为某一四跨石拱桥，在 MSC. Marc 中进行桥梁垮塌模拟，使用了"生死单元法"模拟破碎或脱落的单元。该有限元模型全部使用六面体单元，共 60 320 个，结点数量为 83 846个，模拟时间为 9. 6s。

本文实现的桥梁垮塌动画与有限元模拟结果对比如图 4。通过对比可以看出本文的桥梁垮塌动画可以准确的表现有限元模拟结果。同时，图 4 中柱子和拱分别采用了不同的纹理，增强了桥梁模型的真实感。图 4 的结果也表明了文中桥梁垮塌场景建模方法的有效性。本文的桥梁垮塌场景模型渲染速度可以达到 60 帧/s，很好地满足了系统实时交互的要求。基于 physX 的碎块效果和应用粒子系统生成的烟尘效果共同构成了桥梁垮塌的特效，如图 5，特效的引入大大增加了桥梁垮塌过程的真实感。

将地形、河流、天空等场景要素加入的桥梁垮塌模拟过程，实现了准确的、具有真实感的、完整的桥梁垮塌虚拟场景模拟，而且用户可以与垮塌同步过程中实现漫游，从不同角度不同观察点观察桥梁垮塌过程，如图 6。在图 6 中，再现的桥梁垮塌场景可以用于与真实垮塌场景对照，用于辅助桥梁垮塌事故鉴定。

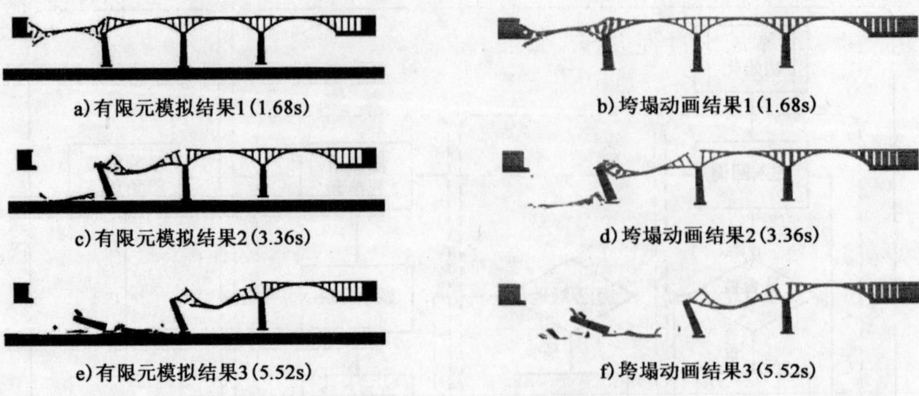

图4 有限元模拟结果与本文垮塌动画结果对比

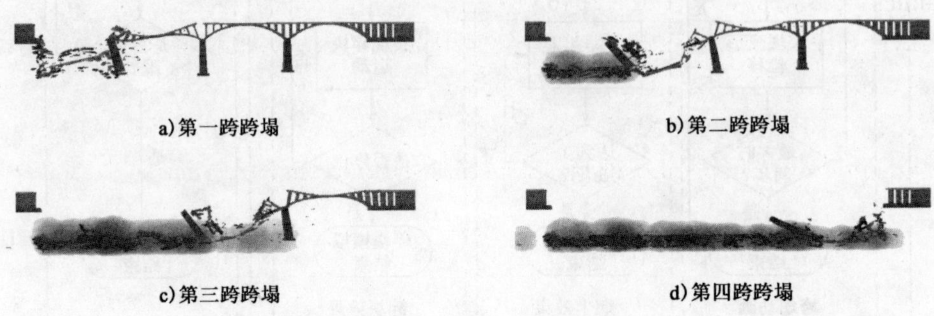

图5 包含特效桥梁垮塌场景模拟

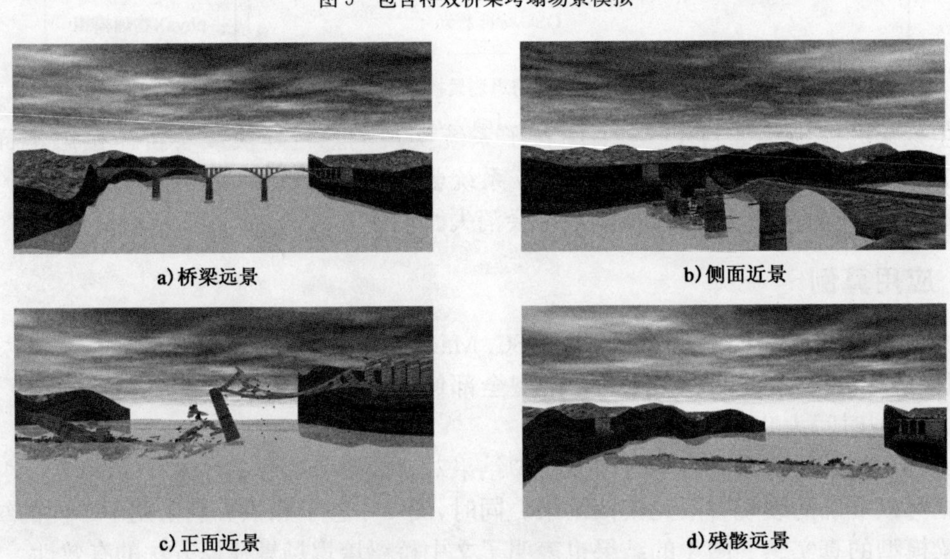

图6 完整场景中桥梁垮塌同步漫游效果

4 结语

(1)本文的垮塌模拟算例表明基于本文建模方法的桥梁场景模型具有较好的真实感和渲染效率。

(2)本文桥梁垮塌场景模拟过程与有限元模拟结果进行对比,表明桥梁垮塌虚拟场景模拟具有与有限元模拟相同的准确性,同时更加具有真实感和完整性。

(3)桥梁垮塌虚拟场景模拟可以准确、真实、完整的再现垮塌事故过程，而且通过三维漫游功能可以充分的对桥梁垮塌过程进行观察或表现，可以用于辅助桥梁垮塌事故鉴定。

参 考 文 献

[1] 陈明宪. 从凤凰堤溪大桥事故谈石拱桥[J]. 公路工程，2008，33(3)：1-9.

[2] ZHU S, LEVINSON D, LIU H, et al. The Traffic and Behavioral Effects of The I-35W Mississippi River Bridge Collapse [J]. Transportation Research Part A: Policy and Practice, 2010, 44(10): 771-784.

[3] ISOBE D, TSUDA M. Seismic Collapse Analysis of Reinforced Concrete Framed Structures Using The Finite Element Method [J]. Earthquake Engineering and Structural Dynamics, 2003, 32(13):2027-2046.

[4] 陆新征，叶列平，江见鲸，等. 考虑地震行波效应大型高架桥梁破坏模拟[J]. 工程抗震与改造加固，2007，29(3)：1-5.

[5] KUMAR P, BHANDARI N M. Non-linear Finite Element Analysis of Masonry Arches for Prediction of Collapse Load[J]. Structural Engineering International, 2005, 15(3): 166-175.

[6] HAO S. I-35W Bridge Collapse[J]. Journal of Bridge Engineering, 2010, 15(5): 608-614.

[7] 王锐，钱学雷. OpenSceneGraph 三维渲染引擎设计与实践[M]. 北京：清华大学出版社，2009.

[8] NIU H P, GAO Y, HOU Z M. Application research of PhysX engine in virtual environment[C]. In: Audio Language and Image Processing (ICALIP), Shangai, 2010: 587-591.

60. 一种新型张拉整体桥梁结构

——张弦梁人行桥结构设计与分析

谢志涛[1]　谢成新[1]　黄文金[1,2]　Fenu Luigi[2]

（1. 福建农林大学交通学院；2. 意大利卡利亚里大学）

摘　要：张拉整体结构具有材料利用率高，构造简单，施工方便，较高的建筑美学价值等特点，近年来广泛应用于大跨穹顶结构中。为了促进张拉整体结构在桥梁工程中的应用，设计了一座简支单跨 30m 张弦梁结构人行桥，并对其结构性能进行了有限元分析。人行桥上部结构由预应力钢绞线主缆、钢管撑杆、钢拉杆、矩形钢管混凝土纵梁（拱形或直梁）和压型钢板—混凝土组合桥面板构成。有限元分析结果表明，拱形或直梁桥面人行桥均具有较好的适用性。在最不利荷载工况作用下，拱形桥面较直梁桥面具有更大的刚度，有利于减小桥面变形；两种形式人行桥的主要自振模态均为扭转和面内弯曲，但拱形桥面人行桥具有更高的频率值，有利于提高行人舒适性。

关键词：张弦梁结构　人行桥　结构设计　结构分析

1　引言

张拉整体结构（Tensegrity）是一种由连续拉索和断续压杆构成的新型空间结构，最先是由美国建筑师 Füller 提出的[1,2]。由于结构传力明确，构造简单，施工方便，材料尤其是高强材料利用率高等优点，自 Snelson 在 1948 年制作了第一个张拉整体结构模型以来，已发展成为张弦梁结构（Beam String Structure）等多种结构体系[3,4]。张弦梁结构是通过撑杆将拱形梁或桁架和高强钢丝索组合而成的自平衡结构，由于充分发挥刚性和柔性两类材料的受力特性，并通过施加预应力使结构产生反拱，从而大大提高结构刚度；另一方面通过给刚性压弯构件提供跨中弹性支撑，以及钢索抵消了拱脚水平推力，充分发挥了拱形结构的受力优势和索材的高强抗拉性能，使结构更加合理，降低了用钢量[5,6]。近年来，这类结构被大量地应用于建筑工程大跨屋顶等结构中，如广州国际会议展览中心展览大厅屋盖钢结构，上海浦东国际机场二期工程等[7,8]。虽然结构变形大限制了张拉整体结构在公路桥梁中的应用，然而由于其构造新颖，轻巧美观，在建筑构型要求较高的城市人行桥应用方面仍具有很大的优势[9,10]。对于张弦梁人行桥，结合缆索吊装施工法和组合桥面结构分阶段施工优势，则可以大大缩短现场施工作业量，满足缩短工期和不间断交通等要求。

传统的土木结构依靠弹塑性变形产生的内力与外荷载平衡，而张拉整体结构具有高度的几何非线性行为，外荷载需要由结构的弹性变形、机构变形和刚体运动所产生的内力予以平衡，因此传统的结构分析方法不能直接用于这种结构的计算[11]。对于张拉整体结构，必须首先寻找它的初始平衡状态，在此基础上再求解其工作平衡状态，结构找形成为了结构设计的重点和难点。张拉整体结构初始形态分析的现有方法主要有几何解析法、力密度法、动力松弛法和有限单元法等[12-17]。几何解析法可以明确结构几何但是不能确定其预应力的大小和分布；力密度法初始形态分析结果与约束情况有很强的关联性，且力密度的选择往往依靠经验确定；动力松弛法可以很好地解决上述问题，但对于多节点结构体系其收敛性很难得到保证[12]。结合有限元软件，采用几何构型更新算法和生死单元法等技术进行迭代、调整以确定放样几何，可以准确分析施工全过程的主要技术参数和运营阶段受力性能。例如，采用 ANSYS 软件的参数设计语言 APDL 进行编程分析，通过初应变法或降温法模拟预应力，并利用几何更新命令等实现几何找形。本文将在简要介绍简支单跨张弦梁人行桥结构设计的基础上，利用 ANSYS 软件建立有限元模型，对拱形和直梁桥面人行桥的结构性能进行对比分析。

2 结构设计

单跨 30m 张弦梁人行桥采用端横梁作为支座简支于桥台上，其上部结构包括拱形或直梁桥面结构和支撑体系两部分，如图 1 所示。桥面结构包括纵梁和横梁组成的框架，以及通过焊钉连接于其上的桥面板。支撑体系包括主索、斜索、横索以及竖向撑杆。

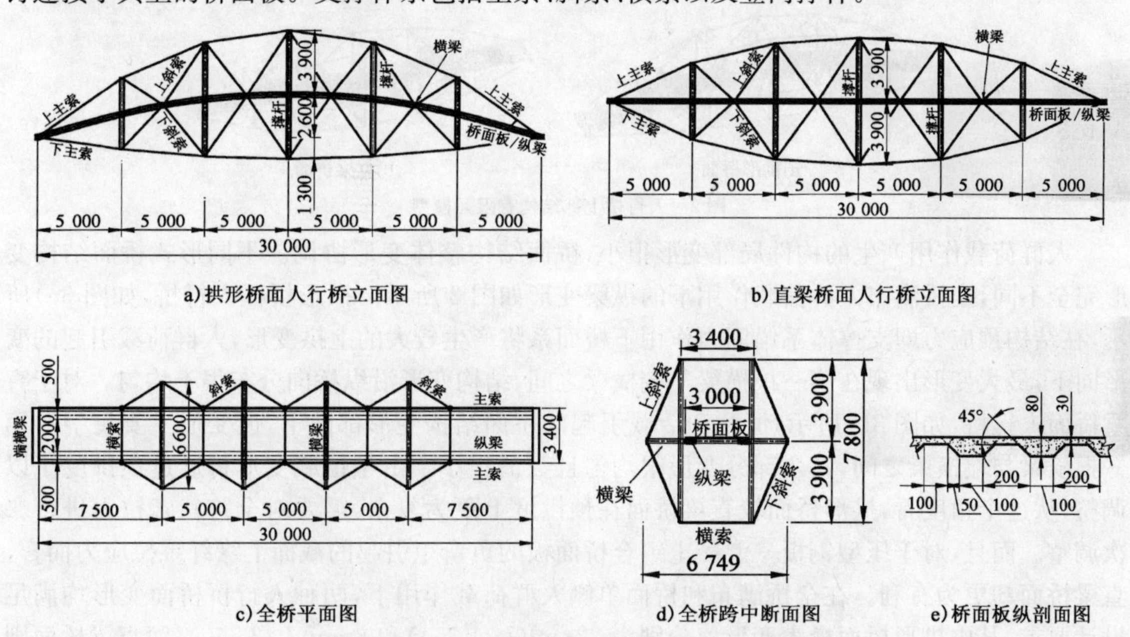

图 1 人行桥上部结构几何构造和尺寸(尺寸单位：mm)

主索立面布置采用二次抛物线形以适应主索拉力变化要求。此外，为了平衡斜索拉力和美学考虑，两种人行桥的上、下主索均与桥面等距。拱形桥面矢跨比为 1∶11.54。为支撑桥面结构并提供足够刚度，主索和斜索初始张力分别设置为 1 000MPa 和 200MPa。双室矩形钢管混凝土纵梁平衡着支撑体系锚固于其两端的水平压力，并为结构提供纵向刚度和阻尼。压型钢板－混凝土组合桥面板既便利了分阶段无模板施工，也为结构提供了面外弯曲和扭转刚度。各杆件截面尺寸和材料见表 1。

人行桥主要构件截面尺寸和材料 表1

构件	材料	尺寸
主索	桥梁用预应力钢绞线 ϕ^s1670	10ϕ^s15.2mm
斜索	热轧棒材 Q345qC/D	ϕ25mm
横索	热轧棒材 Q345qC/D	ϕ25mm
纵梁:双室矩形钢管混凝土截面	Q345 钢、C50 混凝土	宽 500mm、高 200mm、钢板壁厚 10mm
撑杆:钢管截面	20 号钢结构用热轧无缝钢管	ϕ203mm×16mm
横梁:工字形截面	Q235A 钢梁	HW294mm×302mm×12mm/12mm
桥面板:钢—混凝土组合截面	SS400 压型钢板,C50 混凝土	构造详见图 1(e)
端横梁:矩形截面	普通钢筋混凝土	400mm×400mm

3 结构特性

3.1 整体结构刚度

有限元模型如图 2 所示。由于结构自重小,对称和非对称人群荷载变形控制设计,有限元分析表明典型工况包括全桥满布和桥面单侧人群荷载。出于安全考虑,人群荷载增大至 5kN/m^2。主要构件如纵梁和桥面板应力由恒载包括自重和预应力控制,而活载如人群荷载在构件中产生的应力不控制设计。

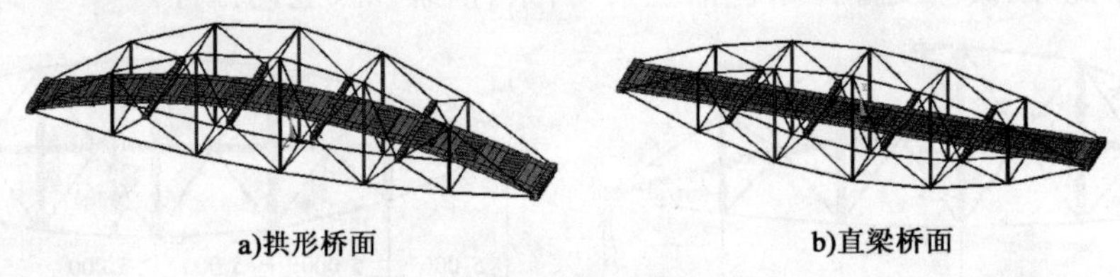

a)拱形桥面　　b)直梁桥面

图 2　人行桥上部结构有限元模型

人群荷载作用产生的构件局部变形很小,桥面结构整体变形协调。不同形式桥面结构变形完全不同,全桥满布人群荷载作用下的纵梁变形如图 3 所示。拱形桥面人行桥,如图 3a)所示,在结构预应力即支撑体系锚固力作用下桥面系将产生较大的上拱变形,人群荷载引起的变形向下,最大变形出现在第一根横梁与端横梁之间,结构变形沿纵桥向分布很不均匀。对于直梁桥面人行桥,如图 3b)所示,恒载和活载引起的桥面结构变形都向下,但变形主要集中在第一根横梁与端横梁之间,其余部分变形很均匀且数值很小。由于恒载变形将通过预拱度予以调整,从这个角度看,拱形桥面较直梁桥面在预拱度上更为复杂,需要对全跨斜索拉力进行二次调整。而且,对于压型钢板—混凝土组合桥面板的负弯矩引起的截面上缘纤维拉应力而言,直梁桥面却更为有利。在全桥满布和桥面单侧人群荷载作用下,两种人行桥桥面变形均满足设计要求,其中拱形桥面最大变形值分别为 22mm(L/1 364)和 8mm(L/3 750),而直梁桥面则分别为 33mm(L/909)和 27mm(L/1 111)。拱形桥面抵抗人群荷载变形的刚度尤其是扭转刚度比直梁桥面的相对更大,更为有利。

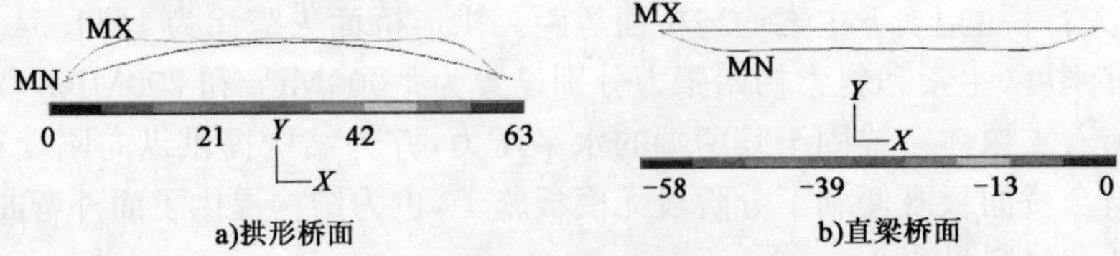

a)拱形桥面　　b)直梁桥面

图 3　纵梁变形图(尺寸单位:mm)

受索支撑体系几何非线性的影响，桥面挠度分布不均匀，将引起桥面结构和支撑体系发生内力重分布。索的刚度与截面面积、钢材弹性模量和应力水平有关。在全桥满布人群荷载作用下，不同桥面形式的人行桥的斜索应力分布模式不同，如图 4 所示。由于拱形桥面上拱变形，桥面以上的斜索拉力将大幅减小，尤其是恒载引起的应力变化更为明显；不同斜索之间的拉力差别较大。反过来，直梁桥面向下变形，桥面以上斜索拉力将增大，但斜索之间的内力差别不大。从调索的工作量看，直梁桥面人行桥要比拱形桥面更有优势。

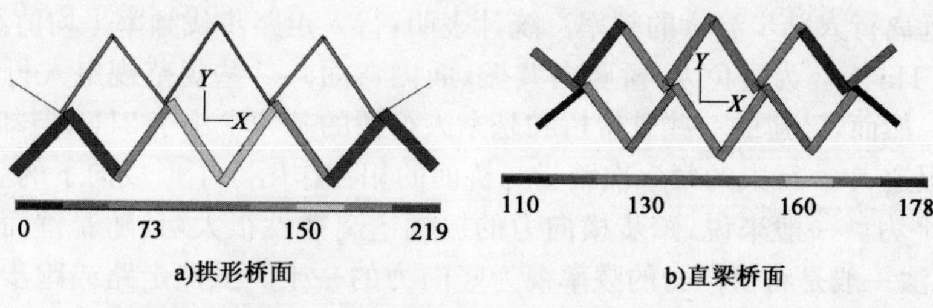

图 4　全桥满布人群荷载作用下斜索张拉应力(单位:MPa)

图 5 为桥面单侧人群荷载作用下桥面结构两侧竖向位移差，即非对称荷载作用下桥面扭转变形值。如图 5 所示，拱形桥面的左右两侧竖向位移差最大为 20mm，为桥面宽度的 1/150；而直梁桥面的为 24mm，为桥面宽度的 1/125。两种桥面的横向扭转变形均不大，可以满足使用要求。另外，当增加压型钢板－混凝土组合桥面板翼缘厚度时，将增大桥面板的扭转刚度，从而进一步减小不对称桥面荷载(行人)作用下的桥面扭转变形，改善使用外观；同时，增厚桥面板翼缘还可以增大结构自重和阻尼，改善因活载如人群荷载激励引起的桥面振动特性。

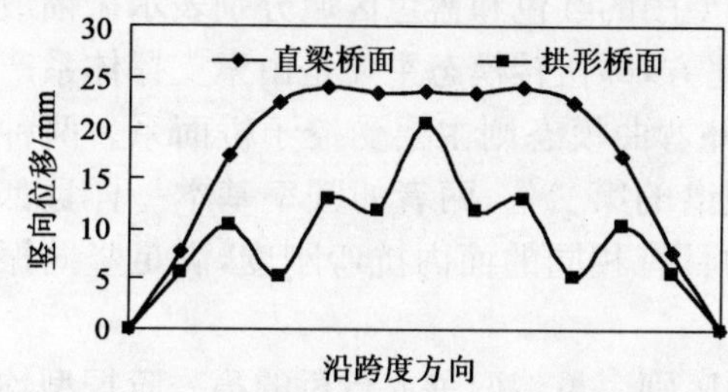

图 5　单侧人群荷载作用下桥面两侧变形差

3.2　桥面结构应力状态

张弦梁人行桥施工顺序为：悬挂并第一次张拉支撑体系和横梁，安装矩形钢管纵梁，第二次张拉支撑体系，灌注纵梁管内混凝土，安装压型钢板并浇筑桥面混凝土，第三次张拉支撑体系并调索。桥面结构的纵梁和桥面板截面分阶段逐步形成，纵梁钢管、管内混凝土和桥面板将按照混凝土龄期分担支撑体系所施加的锚固力。

纵梁钢管除了分担纵向压力外，还将承担管内和桥面板现浇混凝土自重以及人群荷载产生的局部弯矩。全桥满布人群荷载作用下，纵梁钢管截面纵向第一主应力如图 6 所示。图 6 中，纵梁钢管截面的弯曲拉应力都不大，满足设计要求。在最不利荷载工况下，桥面与端横梁连接处桥面板混凝土上缘纤维仍将出现小于容许值的拉应力，因此后期设计时可以通过布设普通钢筋予以加强。此外，采用普通钢筋混凝土桥面板自重比压型钢板—混凝土组合板更大，产生更大的纵向锚固压力，但是组合结构桥面更有利于对桥面板混凝土进行预压和便利桥面施工，因此最终的设计方案仍采用组合桥面板。

3.3　模态分析

桥面振动将直接影响行人的舒适性，人桥共振问题一直是柔性桥梁设计的关注热点之一。虽然桥面板的强迫振动速度和加速度才是行人舒适性评价的客观指标，但是采用自振模态及其频率评价更直观、计算更简便，因此自振模态及其频率一直是结构动力设计的主要依据，并

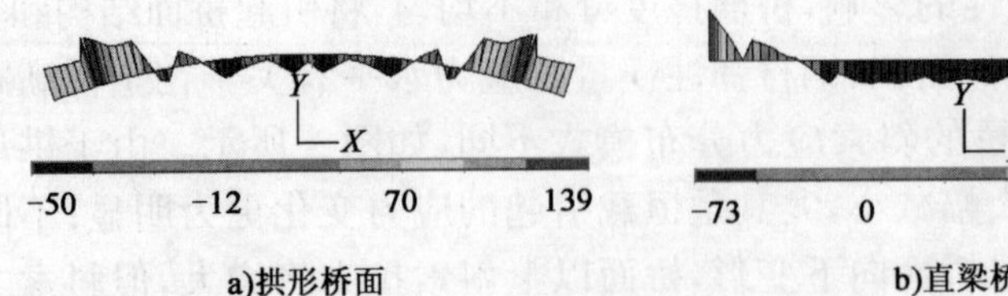

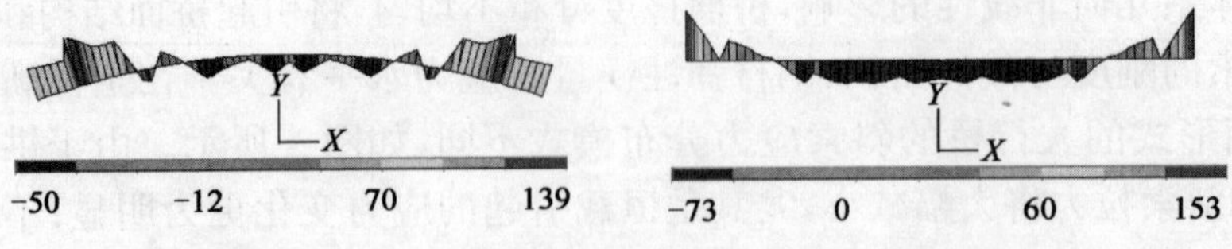

图 6　桥面满布人群荷载作用下纵梁钢管纵向第一主应力(单位:MPa)

规定结构基频远离行人踏步激励的频率。统计表明,行人走路步伐频率平均值约为 2Hz,跑步和跳跃约为 2.5Hz[18]。为避免人、桥竖向共振(面内弯曲),一些规范规定人行桥的基本频率应不低于 3Hz。然而,已建的一些悬带桥和悬索人行桥的基频常小于 2Hz,但却鲜有抱怨其动力行为方面的报道[18]。行人的每一次踏步与桥面的相互作用除了形成向下的竖向力外,还形成横桥向的水平力。一般来说,踏步横向力的振幅谱离散性很大,且随着桥面振动增大而增大,但是简化算法一般是将横向力的频率视为竖向力的一半。虽然走路或跑步引起的横向力远小于竖向力,但是足以使得横向振动频率小的桥面结构产生显著的横向振动,因此,悬带桥等柔性桥设计时均力争避免出现横向自然振动频率小于 1Hz、竖向自然振动频率小于 2Hz 的情况。

表 2 给出了两种人行桥前 10 阶的模态对,其中振型图的红色和蓝色区域分别表示振幅最大处。如表 2 所示,两种人行桥模态特性具有相同的地方,即扭转模态主要是由索支撑体系产生的,而随动的桥面系的振幅很小;反过来,面内和面外弯曲模态则主要受控于桥面系。两种人行桥的第一阶(桥面板)面内弯曲模态均出现在振型谱的第二位,两者的频率基本一样且都超过了 3Hz,从桥面的竖向振动角度看,两种人行桥均具有相同的面内抗弯刚度,满足竖向振动限制的要求。

然而,在横向振动方面,两种人行桥表现出较大的区别。虽然两种人行桥的第一阶振型均为对称扭转,但是拱形桥面人行桥的频率大于 2Hz,而直梁桥面人行桥小于 2Hz,前者比后者提高了三分之一。此外,直梁桥面人行桥第四阶也开始出现了(桥面板)对称面外弯曲模态(频率为 4.65Hz),而拱形桥面人行桥则迟至第 16 阶才出现第一阶的反对称面外弯曲模态(频率为 10.69Hz),拱形桥面人行桥横向弯曲动力刚度显著高于直梁桥面人行桥。实际上,扭转模态(包括第一阶的)一般与(桥面板)面外弯曲模态耦合在一起,因此从桥面横向振动角度看,拱形桥面人行桥动力特性更加合理。

两种人行桥前 10 阶自振模态对　　表 2

阶次	拱形桥面人行桥振型图示	频率/振型描述	直梁桥面人行桥振型图示	频率/振型描述
1	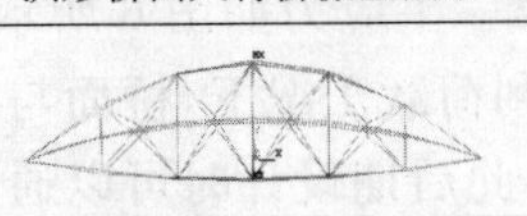	2.35/对称扭转	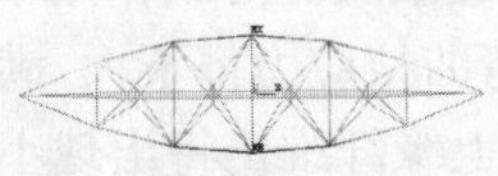	1.76/对称扭转
2	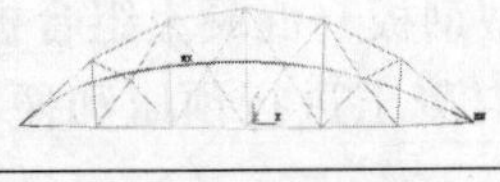	3.42/对称面内弯曲	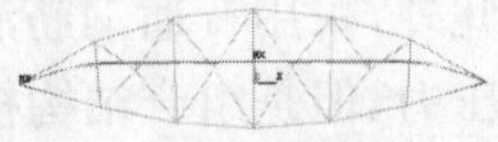	3.43/对称面内弯曲
3	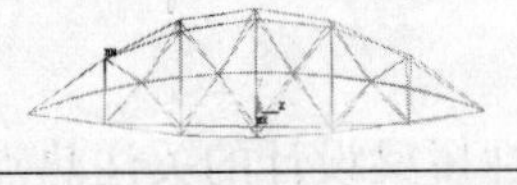	4.13/对称扭转	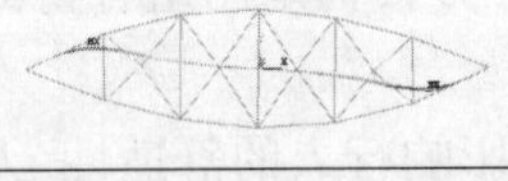	4.56/反对称面内弯曲
4	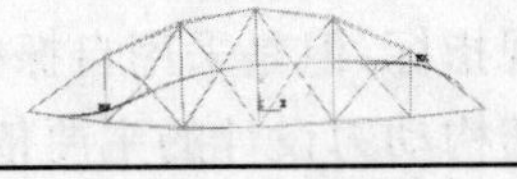	4.51/反对称面内弯曲		4.65/对称面外弯曲

续上表

阶次	拱形桥面人行桥振型图示	频率/振型描述	直梁桥面人行桥振型图示	频率/振型描述
5		4.53/反对称扭转		5.12/对称面内弯曲
6		5.48/对称面内弯曲		5.28/反对称扭转
7		6.06/对称扭转		6.90/对称扭转
8		6.32/反对称扭转		6.99/反对称面内弯曲
9		6.88/对称扭转		8.85/对称扭转
10		7.16/反对称面内弯曲		9.90/对称面内弯曲

4 结语

张弦梁人行桥可以采用直梁桥面或者拱形桥面，两者桥型的构件变形、应力均满足静力设计要求。拱形桥面人行桥刚度尤其是横向和扭转刚度略大，在非对称人群荷载作用下变形更小。但拱形桥面人行桥斜索拉力变化更大，调索工作量略为复杂。两种人行桥振动特性均满足动力设计要求。拱形桥面人行桥的横向振动特性优于直梁桥面人行桥的。在后期设计中，可以加厚组合桥面板翼缘厚度或加宽桥面板，并进一步调整斜索拉力，以有利于改善人行桥使用性能。

参 考 文 献

[1] FüLLER R B,SYNERGETICS B. Explorations in the Geometry of Thinking [M]. New York:MacMillan Publisher Ltd,1975.

[2] 张毅刚.张弦结构的十年(三)——张弦成形结构的概念及发展[J].工业建筑,2009,39(12):84-89.

[3] MOTRO R. Tensegrity Systems:The State of the Art[J]. International Journal of Space Structures,1992,7:75-84.

[4] 袁行飞,彭张立,董石麟.环形张拉整体结构的研究和应用[J].土木工程学报,2008,41(5):8-13.

[5] 白正仙.张弦梁结构的理论分析与试验研究[D].天津:天津大学,1998.

[6] 丁阳,岳增国,刘锡良.大跨度张弦梁结构的地震响应分析[J].地震工程与工程振动,2003,23(5):163-168.

[7] 陈荣毅,董石麟,吴欣之.大跨度预应力张弦桁架的滑移施工[J].空间结构,2004,10(2):

40-42.

[8] 陈以一,沈祖炎,赵宪忠,等.上海浦东国际机场候机楼 R2 钢屋架足尺试验研究[J].建筑结构学报,1999,20(2):9-16.

[9] Bruno Briseghella, Luigi Fenu, Wenjin Huang, et al. Tensegrity footbridges with arch deck: static and dynamic behaviour [C]. Arch′10-6th International Conference on Arch Bridges. International Conference on Arch Bridge, 2010:287-296.

[10] Bruno Briseghella, Luigi Fenu, Huang Wenjin, et al. Tensegrity bridge with prestressed deck [C]. 34th International Symposium on Large Structures and Infrastructures for Environmentally Constrained and Urbanized Areas. International Association for Bridge and Structural Engineering (IABSE 2010), 2010:432-433.

[11] 董智力,何广乾,林春哲.张拉整体结构平衡状态的寻找[J].建筑结构学报,1999,20(5):24-28.

[12] 卢成江,吴知丰,赵洪斌.非线性有限元法分析张拉整体结构初始形态[J].沈阳建筑大学学报,2007,23(6):900-904.

[13] 张宇鑫,李国强,刘海成.静定张弦梁结构索力识别的静力平衡法[J].空间结构,2007,13(1):26-28.

[14] 刘彬,叶继红.分级卸载法在张弦梁结构找形中的试验研究[J].工程力学,2009,26(8):161-167.

[15] 张志宏,张明山,董石麟.张弦梁结构若干问题的探讨[J].工程力学,2004,21(6):26-30.

[16] 陈志华,王小盾,刘锡良.张拉整体结构的力密度法找形分析[J].建筑结构学报,1999,20(5):29-35.

[17] 赵宪波,叶继红.张弦梁(桁架)结构的找形方法—分级卸载法[J].计算力学学报,2007,24(6):846-852.

[18] Jiri Strasky. Stress ribbon and cable-supported pedestrian bridges [M]. London: Thomas Telford Publishing, 2005.

61. 考虑鞍座影响的悬索桥空间主缆线形计算方法

齐东春　沈锐利　唐茂林

（西南交通大学土木工程学院）

摘　要：基于空间分段悬链线理论，引入影响矩阵法，建立空间主缆线形的迭代算法，在此基础上，讨论鞍座鞍槽曲线在竖面及平面投影均为圆曲线这类鞍座位置的确定问题，首先建立空间鞍座鞍槽曲线的数学描述方法，以鞍座理论顶点为顺延悬链线交点的定义为基础，基于空间主缆力学关系及主缆与鞍座的几何关系确定空间鞍座的位置。编制了考虑鞍座影响的空间主缆线形计算程序，利用编制的程序对一座空间缆索自锚式悬索桥的主缆线形进行了计算分析。结果表明，该算法能准确计算空间主缆的线形、鞍座位置及主缆与鞍座的切点坐标。该算法具有精度高，能快速收敛等优点。

关键词：悬索桥　空间主缆　空间鞍座　主缆线形　影响矩阵法

1　引言

空间缆索悬索桥以其优美的外形受到设计者的青睐，最近十多年来，空间缆索悬索桥在国内外得到的较大的发展，已建成或在建的有十余座，如我国的广州猎德大桥、杭州江东大桥、南京江心洲大桥、青岛海湾大桥以及国外的韩国永宗大桥、美国新奥克兰海湾桥等。空间缆索悬索桥是由主缆和吊索形成的一个三维索系，在对竖向承载能力影响不大的情况下，缆索系统的横向承载能力得到显著提高，从而大大提高了整个桥梁的横向刚度和扭转刚度[1-3]。目前空间缆索悬索桥多用于城市自锚式悬索桥，随着悬索桥跨径的不断增大，为提高结构的横向受力性能和抗扭刚度，改善结构的动力稳定性，将来大跨径悬索桥也可能采用空间缆索体系。

空间缆索悬索桥是在平面缆索体系上发展而来，与平面缆索体系不同，主缆形成三维空间曲线，与此对应的塔顶鞍座鞍槽曲线也是三维的，这与平面缆索体系悬索桥差异较大，其主缆线形计算方法亦存在明显差异。与平面缆索体系相比，空间缆索的差异体现在以下几个方面：①主缆是空间三维的，各缆段均在不同的竖直面内。②塔顶鞍座的鞍槽曲线为一空间曲线（该曲线在一斜面内或者为具有平弯、竖弯的复合曲线）。③因边跨入散索鞍的最后一段主缆与桥轴线有一夹角，故与之相适应的散索鞍应绕铅垂线有一相同的旋转角。本文根据空间分段悬链线理论，建立了空间主缆线形的分析算法，以鞍座理论顶点为顺延悬链线交点的定义为基础，基于空间主缆力学关系及主缆与鞍座的几何关系，讨论鞍槽曲线在竖面及平面投影均为圆曲线这类鞍座位置的确定问题。

2 空间主缆成桥线形计算方法

主缆线形的精确计算直接决定了主缆的无应力长度、吊点位置及吊索的无应力长度，进而影响桥面线形及桥塔偏位，因此准确计算主缆线形至关重要。目前主缆的计算理论按照假定不同分为传统抛物线理论、分段抛物线理论、分段直线理论及分段悬链线理论。在忽略主缆抗弯刚度影响将其当作柔性索处理时，分段悬链线理论的假定最符合实际情况，是最为精确的理论，本文即以空间分段悬链线理论为基础建立空间主缆线形的计算方法。基于分段悬链线理论的空间索段的状态方程、分点力学平衡方程及几何相容方程即构成了空间缆分段悬链线理论的基本方程，因篇幅所限具体表达式不在文中列出，可参考文献[1-3]。只要各索段的无应力长度和一个支点的三向分力确定，则可根据上述方程计算出悬索各分点的内力和坐标，本跨主缆的线形就完全确定了。

2.1 空间主缆线形的迭代算法

对空间缆索体系悬索桥，当吊索竖向分力及主缆控制点坐标给定时，主缆的线形便是唯一确定的。空间主缆的横向矢跨比不能任意给定，即在一组确定的吊索竖向分力的作用下，其横向矢跨比应是一定值，对应着一组唯一确定的吊索横向分力。因空间主缆线形和吊索力是耦合的，所以空间主缆线形的计算必须同时考虑吊索的影响，不能将吊索和主缆分开来处理。空间缆索的吊索是倾斜的，和主缆一样吊索也应当作悬链线来计算，这样得到的吊索分力便是精确值。在主缆线形迭代计算中，根据吊索上、下吊点坐标(上吊点由当前主缆分点坐标确定)、吊索下吊点竖向分力，采用 Newton-Raphson 法可迭代计算出吊索的无应力长度及下吊点水平力分量。

悬索桥成桥线形的计算顺序总是先中跨，后边跨，最后锚跨。即先由中跨计算得出主缆纵桥向水平分力，根据塔顶两侧纵桥向水平分力相等的原则计算边跨，再根据散索鞍的平衡条件计算锚跨。以中跨为例说明空间主缆线形的迭代算法，其计算流程如图 1 所示，具体计算方法如下：

(1)按抛物线理论计算主缆始端(左鞍座 IP 点)的三向分力 F_{XL}、F_{YL}、F_{ZL} 作为迭代变量初值。

(2)从左向右对各索段进行计算，对第 i 索段由左端三向分力 F_{Xi}、F_{Yi}、F_{Zi} 及两端纵桥向坐标差 L_{Xi} 由索段状态方程可计算出索段无应力长度 S_0^i 及 L_{Yi}、L_{Zi}，同时得到索段右端坐标。

(3)对第 i 号吊索，由(2)计算出的上吊点坐标及已知的下吊点坐标、下吊点竖向分力，由假定成桥状态吊索仅在横向平面内倾斜知下吊点处纵向水平分力为零，可计算出该吊索无应力长度及上吊点处的吊索力分量。

(4)由力学平衡条件可得第 $i+1$ 索段的左端三向分力，按相同的方法计算各索段的无应力长度、右端坐标、吊索无应力长度及上吊点分力，直到第 N 索段。

(5)以主缆末端(右鞍座 IP 点)的 Y、Z 坐标及跨内指定点的 Y 向坐标为目标变量，利用修正的影响矩阵法获得迭代变量的增量，反复迭代直到目标变量误差小于允许值为止。

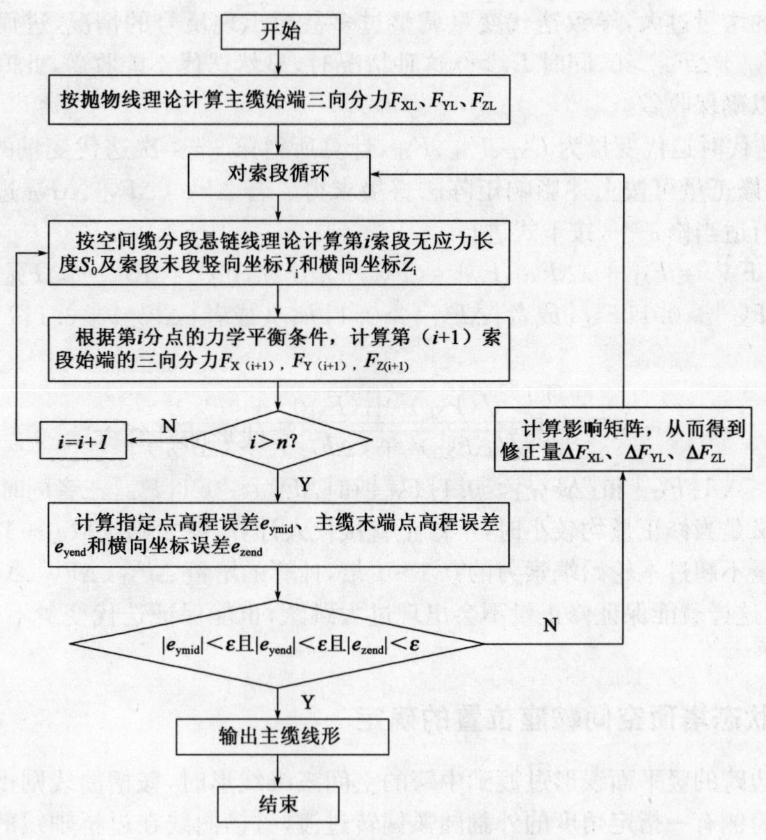

图 1　中跨主缆线形计算流程图

在迭代计算中，首先要确定迭代变量（即主缆始端三向分力）的初值，如果初值选取不当，可能造成收敛速度慢甚至不收敛，因此选取合理的迭代初值是确保迭代快速收敛的必要条件。假定空间主缆在桥轴线所在的竖平面及水平面的投影均为抛物线，根据经验假定横桥向矢跨比为半桥宽的 0.65～0.8 倍，将吊索当作直杆处理，根据上、下吊点坐标及吊索竖向分力来确定吊索横向分力。则可根据抛物线理论计算迭代变量的初值，计算公式如下：

$$S = l\left(1+\frac{C^2}{2l^2}+\frac{8f^2}{3l^2}\right), w=\frac{(qS+\sum P_{Yi})}{l}, P_{Zi}=\frac{Z_i-Z_{mi}}{Y_i-Y_{mi}}P_{Yi}$$

$$F_{XL}=\frac{wl^2}{8f}, F_{YL}=\frac{wl}{2}, F_{ZL}=\frac{\sum P_{Zi}}{2} \tag{1}$$

式中：l——跨径；

q——主缆自重荷载集度；

w——沿跨长的等效均布荷载；

C——两支点高差；

f——跨中垂度；

S——主缆形状长度；

Y_i、Z_i、Y_{mi}、Z_{mi}——上、下吊点的竖向及横向坐标；

P_{Yi}、P_{Zi}——吊索的竖向分力和横向分力。

2.2　修正的影响矩阵法

在用影响矩阵法求迭代变量 F_{XL}、F_{YL}、F_{ZL} 的增量时，由于悬索较强的几何非线性，可能会出现计算所得的增量过大,导致迭代变量调整过多甚至出现反号的情况,进而引起迭代不收敛,如当出现 $F_{XL}+\Delta F_{XL}>0$,同时 $L_X>0$ 这种情况时,显然迭代不能收敛,此时需对修正量进行适当的调整以确保收敛。

设第 i 次迭代时迭代变量为 F_{XL}^i、F_{YL}^i、F_{ZL}^i,计算所得第 $i+1$ 次迭代变量的增量为 ΔF_{XL}^i、ΔF_{YL}^i、ΔF_{ZL}^i,该修正量可按上述影响矩阵法直接求得。若 ΔF_{XL}^i、ΔF_{YL}^i、ΔF_{ZL}^i过大则引入修正系数 λ 对其进行适当修正[4],按下式进行:

$$F_{XL}^{i+1}=F_{XL}^i+\lambda\Delta F_{XL}^i,F_{YL}^{i+1}=F_{YL}^i+\lambda\Delta F_{YL}^i,F_{ZL}^{i+1}=F_{ZL}^i+\lambda\Delta F_{ZL}^i \tag{2}$$

其中当$|\Delta F_{XL}^i|>0.1|F_{XL}^i|$或者$|\Delta F_{YL}^i|>0.1|F_{YL}^i|$或者$|\Delta F_{ZL}^i|>0.1|F_{ZL}^i|$三者之一满足时:

$$\lambda=0.1\frac{\sqrt{(F_{XL}^i)^2+(F_{YL}^i)^2+(F_{ZL}^i)^2}}{\sqrt{(\Delta F_{XL}^i)^2+(\Delta F_{YL}^i)^2+(\Delta F_{ZL}^i)^2}} \tag{3}$$

当$|\Delta F_{XL}^i|\leqslant 0.1|F_{XL}^i|$和$|\Delta F_{YL}^i|\leqslant 0.1|F_{YL}^i|$和$|\Delta F_{ZL}^i|\leqslant 0.1|F_{ZL}^i|$三者同时满足时:$\lambda=1$

上式的含义是当修正量均较小时,不修正直接代入计算,反之则选取 0~1 间的一个 λ,使修正后的调整量不超过本轮始端索力的 0.1~1 倍,计算的增量 ΔF_{XL}^i、ΔF_{YL}^i、ΔF_{ZL}^i越大,λ 值越小,反之亦然。这样就能保证修正量不会出现过大跳跃,也能保证迭代变量不变号,确保了计算的收敛性。

3 成桥状态塔顶空间鞍座位置的确定

当主缆由边跨的竖平面线形过渡到中跨的空间三维线形时,鞍槽曲线则由边跨侧的竖平面圆曲线向中跨侧有一指定角度的外翻圆弧偏转过渡,鞍槽曲线在过桥轴线的竖直平面和水平面上的投影均为圆弧曲线,竖弯圆弧曲线和平弯圆弧曲线的圆心并不重合,需分别求解。鞍座与主缆的几何关系如图 2 所示。在确定鞍座位置时,应保证主缆与鞍座在竖平面相切,而因构造所限并不能保证两者在水平投影面内也相切。将主缆与鞍槽曲线向两个平面内投影,在两个投影面内根据主缆和鞍座的几何关系及力学关系确定主缆与鞍座的切点位置及圆心位置。根据影响矩阵来确定鞍座的位置[5],该方法相对简单,不用求解非线性方程组。下面给出在竖直面内竖弯圆弧圆心位置和竖弯切点的计算方法。

(1)假定鞍座两侧主缆理论 IP 点到竖弯切点的无应力长度 S_L、S_R。

(2)计算竖弯切点坐标(X_{LV},Y_{LV})及(X_{RV},Y_{RV})。

(3)由索段力学平衡方程计算切点索力在竖向平面内的分力,从而确定在竖向平面内主缆与鞍座的切线角 α_{LV}、α_{RV}。

(4)根据切点坐标及切线角即可得到两切点处法线的交点 O' 坐标,计算交点到两切点的距离 T_L、T_R。

(5)比较 T_L、T_R 与鞍座竖弯半径的差异,若在容许范围内,所得的交点 O' 即为竖弯圆心坐标,否则按影响矩阵法修正鞍座两侧主缆的无应力长度 S_L、S_R,重新计算,直到误差满足要求为止。

按上述方法即可确定竖弯圆弧圆心和竖弯切点坐标。在确定平弯圆弧圆心时,设平弯圆弧圆心坐标为(X_{CH},Z_{CH}),由于边跨侧鞍槽没有平弯,根据理论 IP 坐标和平弯半径可确定平弯圆心横向坐标 Z_{CH},且有中跨侧竖弯切点在平弯圆弧上,可建立方程:

$$\begin{cases}Z_{CH}=Z_{IP}+RH\\(X_R-X_{CH})^2+(Z_R-Z_{CH})^2=RH^2\end{cases} \tag{4}$$

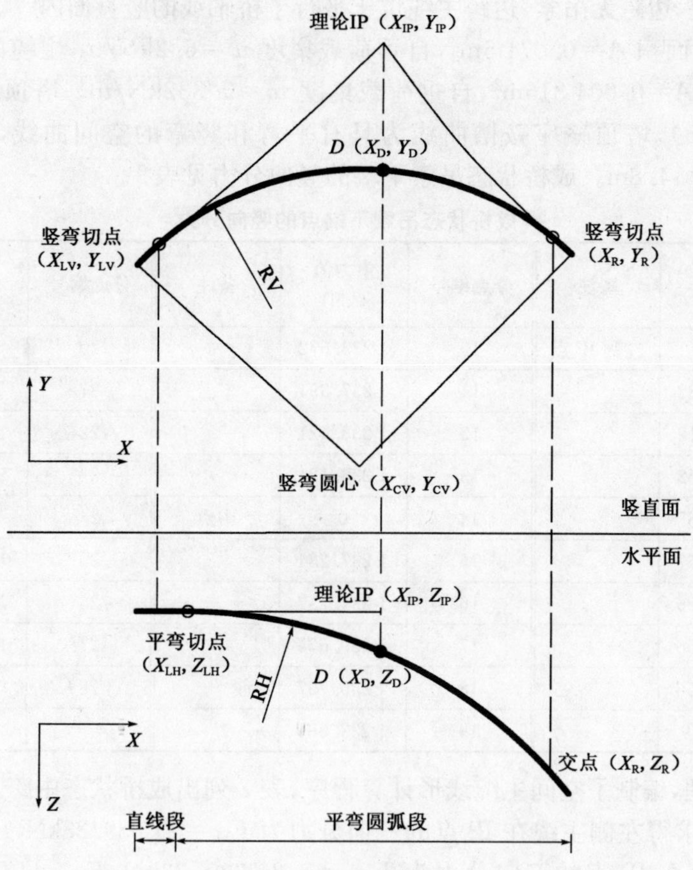

图 2　鞍座与主缆的几何关系

解上述方程即可确定平弯圆弧的圆心坐标(X_{CH}、Z_{CH})。

迭代初值 S_L^0、S_R^0的确定方法如下：设在成桥主缆线形计算中已获得理论 IP 点左侧主缆索力的三向分力为 F_{XL}、F_{YL}、F_{ZL}，右侧主缆索力的三向分力为 F_{XR}、F_{YR}、F_{ZR}，假定 IP 点到竖弯切点间的空间悬链线索段为直线，直线的空间走向与 IP 点索力的方向一致，在竖直投影面内迭代初值的计算如图 3 所示。则迭代初值 S_L^0、S_R^0按下式计算：

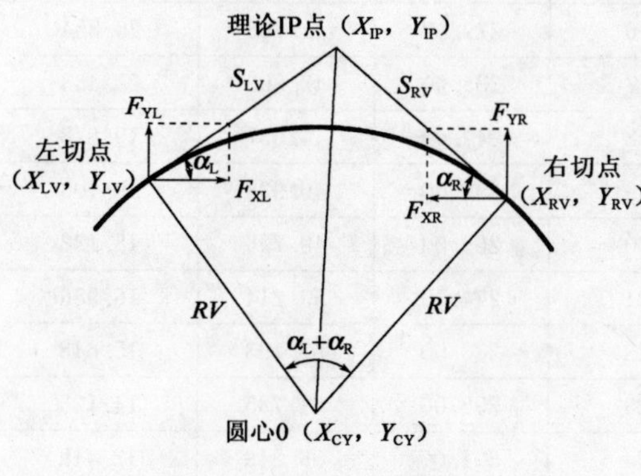

图 3　迭代初值计算图示

$$\alpha_L = \left|\arctan\left(\frac{F_{YL}}{F_{XL}}\right)\right| ,\alpha_R = \left|\arctan\left(\frac{F_{YR}}{F_{XR}}\right)\right|$$

$$S_{LV} = S_{RV} = RV\tan\left(\frac{(\alpha_L + \alpha_R)}{2}\right)$$

$$S_L^0 = S_{LV}\frac{\sqrt{F_{XL}^2 + F_{YL}^2 + F_{ZL}^2}}{\sqrt{F_{XL}^2 + F_{YL}^2}}$$

$$S_R^0 = S_{RV}\frac{\sqrt{F_{XR}^2 + F_{YR}^2 + F_{ZR}^2}}{\sqrt{F_{XR}^2 + F_{YR}^2}} \tag{5}$$

4　算例

杭州江东大桥为主跨 260m 的自锚式悬索桥，中跨设置 26 对横桥向倾斜吊索，将主缆张拉成三维空间曲线，边跨无吊索，边跨主缆位于平行于桥轴线的竖直面内[6]。主缆的弹模 $E=2.0e^8$ kN/m^2，截面面积 $A=0.071\,5$m^2，自重荷载集度 $w=6.2$kN/m，主缆的弹模 $E=1.95e^8$ kN/m^2，截面面积 $A=0.004\,316$m^2，自重荷载集度 $w=0.332$kN/m。塔顶理论 IP 点坐标为(85.5,97.705,1.5)，塔顶鞍座鞍槽曲线为具有平弯和竖弯的空间曲线，鞍座竖弯半径为 3.2m，平弯半径为 14.8m。成桥状态吊索下端的竖向分力见表 1。

成桥状态吊索下端点的竖向分力 表 1

分点编号	索力值(kN)	备注	分点编号	索力值(kN)	备注	分点编号	索力值(kN)	备注
0	0	左侧 IP 点	10	1 233.672		20	1 235.24	
1	1 174.682		11	1 237.391		21	1 235.96	
2	1 229.812		12	1 238.421		22	1 232.928	
3	1 232.352		13	1 236.121		23	1 236.523	
4	1 236.465		14	0	中点	24	1 231.93	
5	1 234.967		15	1 237.234		25	1 233.096	
6	1 236.926		16	1 234.757		26	1 226.323	
7	1 233.156		17	1 239.675		27	1 170.934	
8	1 238.156		18	1 235.727		28	0	右侧 IP 点
9	1 239.79		19	1 233.681				

根据上述原理，编制了空间主缆线形计算程序，表 2 列出成桥状态中跨主缆分点坐标。在成桥状态计算中，求得左侧主缆在 IP 点的三向分力为 $F_{XL}=21\,339.33$kN，$F_{YL}=1\,6950.15$kN，$F_{ZL}=0$，右侧主缆在 IP 点的三向分力为 $F_{XR}=-21\,339.33$kN，$F_{YL}=17\,205.44$kN，$F_{ZL}=-5\,745.41$kN。采用本文算法计算所得的成桥状态鞍座位置参数结果列于表 3 中。

成桥状态中跨主缆分点坐标 表 2

分点编号	X/m	Y/m	Z/m	分点编号	X/m	Y/m	Z/m
0	85.50	97.705	1.500	15	220.00	41.074	21.051
1	103.00	83.653	6.212	16	229.00	41.706	20.854
2	112.00	76.992	8.463	17	238.00	42.893	20.463
3	121.00	70.900	10.534	18	247.00	44.637	19.878
4	130.00	65.378	12.424	19	256.00	46.938	19.103
5	139.00	60.423	14.130	20	265.00	49.796	18.138
6	148.00	56.034	15.653	21	274.00	53.214	16.986
7	157.00	52.209	16.991	22	283.00	57.193	15.648
8	166.00	48.943	18.143	23	292.00	61.735	14.125
9	175.00	46.239	19.107	24	301.00	66.843	12.419
10	184.00	44.094	19.881	25	310.00	72.517	10.530
11	193.00	42.505	20.465	26	319.00	78.760	8.459
12	202.00	41.473	20.856	27	328.00	85.572	6.209
13	211.00	40.996	21.051	28	345.50	99.915	1.500
14	215.50	41.032	21.051				

鞍座位置计算结果（单位：m） 表3

计算参数	计算值	计算参数	计算值
鞍座竖弯圆心坐标	(85.485 1,93.607 2)	鞍座平弯圆心坐标	(83.543 9,16.30)
左侧竖弯切点坐标	(83.495 9,96.113 8)	左侧平弯切点坐标	(83.543 9,1.50)
右侧主缆脱离点坐标	(87.492 5,96.099 3,2.036 5)	鞍座顶点坐标	(85.50,96.807 2,1.629 8)
边跨切点到鞍座顶点主缆无应力长度	2.163 65	中跨切点到鞍座顶点主缆无应力长度	2.190 05

5 结语

本文基于空间悬链线理论，建立了空间主缆线形的计算方法，针对迭代计算收敛困难的问题，对影响矩阵法加以修正，建立空间主缆线形的迭代算法。在获得成桥主缆线形后，讨论了鞍座鞍槽曲线在竖面及平面投影均为圆曲线这类鞍座位置的确定问题。编制了考虑鞍座影响的空间主缆线形计算程序，利用编制的程序对江东大桥的成桥主缆线形进行了计算分析。结果表明，该算法能准确计算空间主缆的线形、鞍座位置及主缆与鞍座的切点坐标。该算法具有精度高，能快速收敛等优点。

参考文献

[1] 罗喜恒，肖汝诚，项海帆. 空间缆索悬索桥的主缆线形分析[J]. 同济大学学报，2004(10).

[2] 韩艳，陈政清，罗世东. 自锚式悬索桥空间主缆线形的计算方法[J]. 湖南大学学报：自然科学版，2007，34(12).

[3] 彭苗，卢哲安. 空间缆索自锚式悬索桥成桥状态的确定方法[J]. 公路交通科技，2008，25(11).

[4] 李传习，刘光栋，柯红军. 悬索桥主缆系统数值解析法计算的一种收敛算法[J]. 工程力学，2008，25(7).

[5] 齐东春，沈锐利，陈卫国. 悬索桥结构分析中鞍座单元的研究及应用[J]. 桥梁建设，2011，1.

[6] 沈洋. 江东大桥空间缆自锚式悬索桥体系转换分析研究[J]. 上海公路，2009，1.

62. 钢管混凝土复合短柱极限承载力有限元分析

晏巧玲[1] 牟廷敏[2] 范碧琨[2] 陈宝春[1]

(1. 福州大学土木工程学院;2. 四川省交通厅公路规划勘察设计研究院)

摘 要:钢管混凝土复合柱是指以钢管混凝土为主肢,以钢筋混凝土为连接构件的复合受压结构。建立了钢管混凝土复合柱的空间有限元模型,对钢管混凝土复合短柱模型试验的破坏模式、极限承载力和复合截面的受力进行了分析,结果表明,有限元结果和试验结果基本吻合。应用有限元模型对复合柱极限承载力进行了参数分析,结合现有的钢管混凝土结构规程,提出了钢管混凝土复合短柱极限承载力的简化计算方法。

关键词:钢管混凝土 复合柱 有限元空间模型 极限承载力

1 引言

钢管混凝土复合柱是以钢管混凝土为柱肢,主受力方向(面内)以钢筋混凝土板为缀板的多肢柱。同钢管混凝土格构柱相比,钢管混凝土复合柱采用钢筋混凝土缀板代替钢管缀管,既减少了缀管与柱肢的相贯焊接工作量,又减小了缀杆剪切变形带来的稳定系数降低的不利影响,提高了稳定系数;同时钢筋混凝土缀板强震作用下可以耗能,提高柱子的抗震能力,在西部山区具有广阔应用前景。该结构已经在干海子大桥的桥墩中得到应用,实际上,该结构在大跨径钢管混凝土桁拱桥中早有应用,其拱脚段也常采用钢筋混凝土板来代替钢管腹杆[1],以满足拱脚受力和拱肋的防撞需要。由于拱以受压为主,因此它也可看成是一种钢管混凝土复合柱结构。

虽然,钢管混凝土复合柱这新型结构在钢管混凝土拱桥中已有较多的应用,在桥墩中已开始应用,但仅有文献[2]进行了以偏心率为参数的 5 根钢管混凝土复合短柱受压试验,关于复合柱有限元方面的研究还没有出现。因此,有必要开展复合柱有限元计算方法的研究,同时应用试验结果进行验证,对极限承载力进行参数分析,得到钢管混凝土复合短柱极限承载力的计算方法。

2 有限元模型建立

采用大型通用软件 ANSYS 进行建模,该软件具有较为全面的单元库,自带的前后处理功能较强，界面简单友好，具有强大的二次开发能力，提供参数化设计语言，方便模型的调整[3,4]。

2.1 单元类型选择

钢管混凝土复合柱的主要组成有钢管、连接板、混凝土和钢筋。本文在选取单元时与通常的钢管混凝土构件极限承载力分析中的一样，柱肢钢管和连接板均用 Shell181 单元模拟，混凝土采用 Solid65 单元模拟，平缀管和缀板内钢筋采用 Beam188 单元模拟。

关于钢管与混凝土之间的接触，由于采用接触单元过于复杂，且模拟的精度也不高，同时简化模型，模型中不考虑钢管和混凝土之间、缀板混凝土和柱肢钢管外壁之间的黏结滑移，认为它们共同受力，建模时采用共用节点。

2.2 材料本构关系选取

复合柱中的混凝土材料有两类，一是柱肢管内的混凝土，文献[2]的试验结果表明应该考虑管内混凝土的套箍作用，本文采用刘威等提出的更适合于通用有限元程序 ABAQUS 和 ANSYS 计算的核心混凝土单轴应力-应变曲线；另一个是缀板混凝土，按照普通混凝土来考虑，拟采用 hognestad 本构关系模型。两类混凝土的应力—应变关系如图 1 所示。

复合柱中的钢材(包括钢管、平联、连接板和钢筋等)本构关系选用四折线本构关系，该关系在一定程度上能反映钢材屈服进入强化阶段后的受力特性，如图 2 所示，具体计算式详见文献[5]。

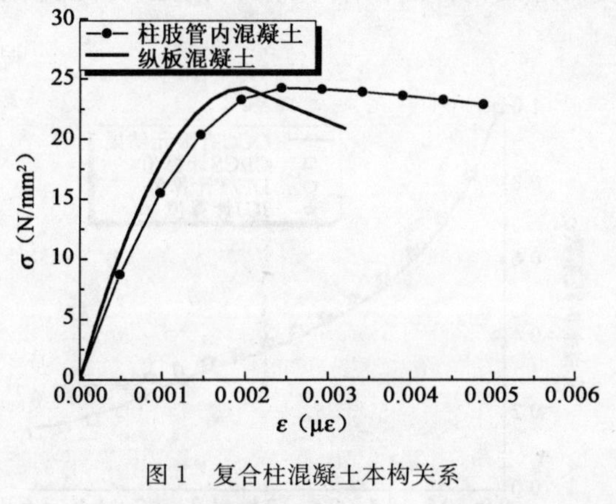

图 1　复合柱混凝土本构关系

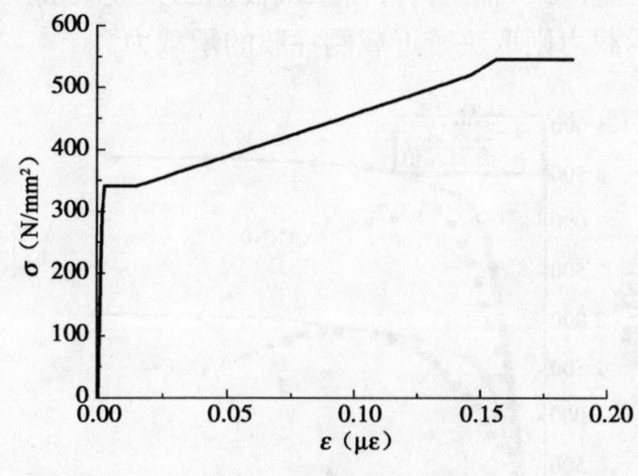

图 2　复合柱钢材本构关系

2.3 材料模型选取

上述选定的混凝土和钢材的本构关系都是以一维形式表达的，而构件的实际受力情况是三维的，因此根据"等效单向应变"的概念，可以用主应力轴的等效应力一应变曲线来表达三向应力对材料内部的作用。在本文中，混凝土材料选用多线性等向强化(MISO)模型，在输入相应的混凝土本构关系后利用 CONCRETE 命令来定义其破坏准则。钢材采用四折线本构，对应的材料模型为多线性随动强化(MKIN)模型。

2.4 边界条件和荷载模拟

应用上述方法建立试验柱的空间有限元模型，模型示意和细部构造如图 3 所示。根据试验实际加载情况，模型柱的边界条件为约束模型底座的 *UX*(面内水平方向)和 *UZ*(竖向)，以及加载端的 *UX*(面内水平方向)，不约束其转动自由度。模型采用位移加载，并采用分级单调加载的方式。文中以 CCC-X 对构件进行命名，其中 CCC 表示 CFST Composite Column，X 为对应的偏心率。

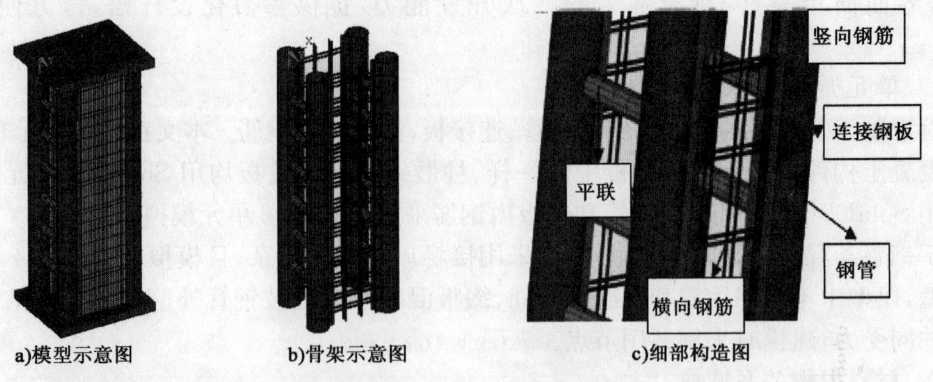

图 3　钢管混凝土试验柱有限元模型

3　有限元模型结果对比

3.1　破坏形式

图 4 给出了轴压和偏压(e=0.4)荷载作用下模型的荷载-竖向位移曲线的有限元结果和试验结果，从图中可以看出，有限元结果和试验结果基本吻合。另外，图 6 和图 7 分别给出了轴压和偏压(e=0.4)构件的破坏照片和有限元应力云图，图中的结果显示，两者的破坏形式和位置一致，轴压构件由于缀板达到其极限抗压强度而达到构件的极限承载力，偏压构件的极限承载力则取决于近载侧柱肢的承载力。

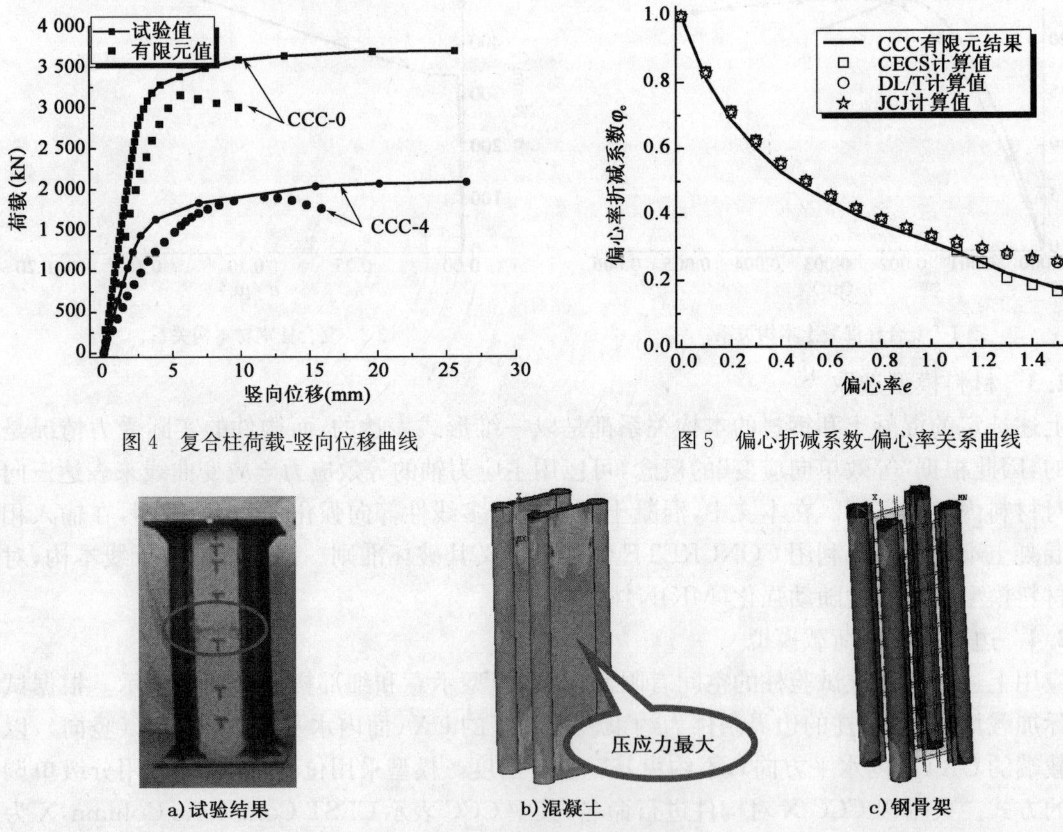

图 4　复合柱荷载-竖向位移曲线

图 5　偏心折减系数-偏心率关系曲线

图 6　轴压(e=0)应力云图

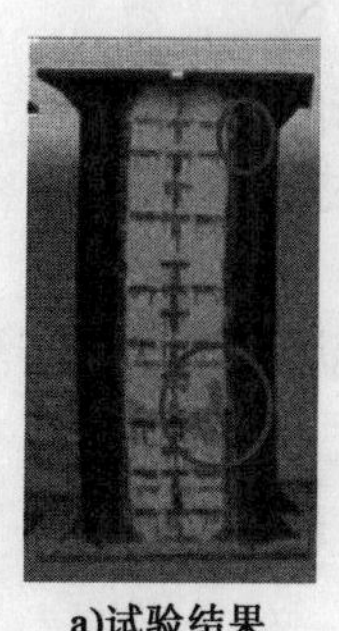

a)试验结果

b)混凝土

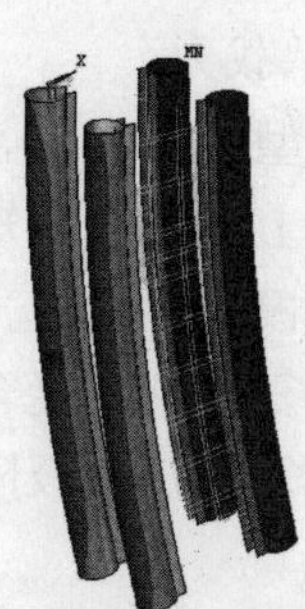

c)钢骨架

图 7　偏压(e=0.4)应力云图

3.2　复合截面受力

图 8～图 9 给出的是复合柱轴压和偏压(e=0.4)时构件中截面纵向应变沿截面高度的分布图。从图中可以看出,有限元结果和试验结果的变化规律一致。在有限元模型中,由于混凝土缀板、连接钢板和钢管之间是采用共用节点建模的,复合截面在整个加载过程中都能实现变形的完全连续。这也说明,只要实际工程中采取的相应措施能保证缀板和钢管外壁之间的滑移足够小,复合截面能够满足"平截面假定"。

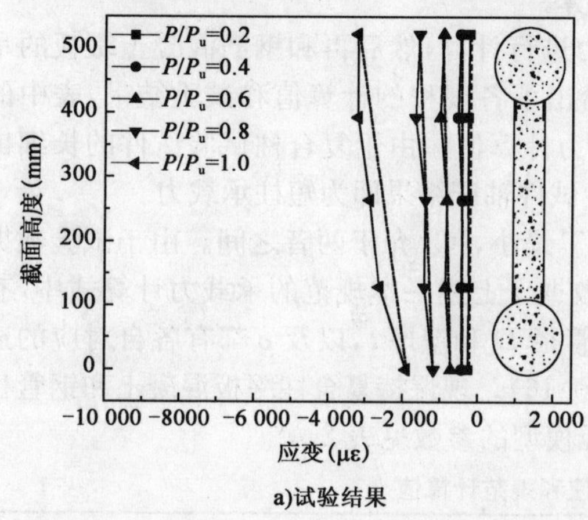

a)试验结果

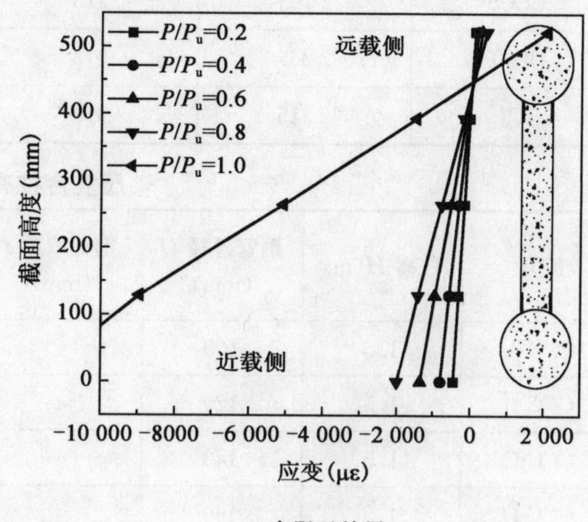

b)有限元结果

图 8　复合截面应变沿截面高度变化曲线(轴压 e=0)

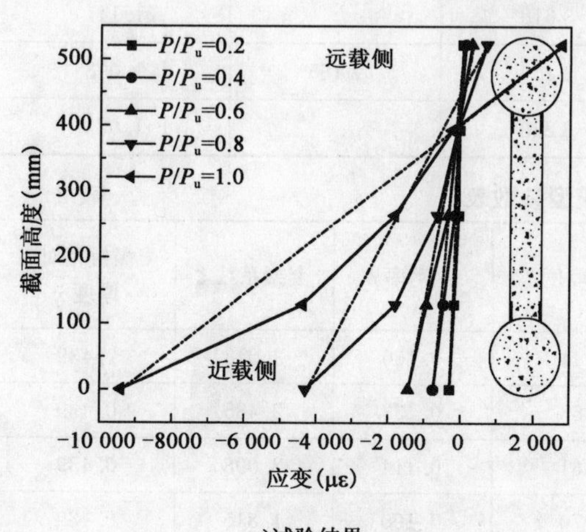

a)试验结果

b)有限元结果

图 9　复合截面应变沿截面高度变化曲线(偏压 e=0.4)

3.3 极限承载力

作为一种新型结构形式，现有的结构设计规范还没有复合柱的相关内容。本文在试验和参数分析的基础上提出复合短柱承载力计算方法，为后续的研究提供参考。

1)轴压短柱极限承载力

钢管混凝土复合柱的复合截面由单圆管钢管混凝土柱和钢筋混凝土缀板组成，按照常用的叠加方法计算复合柱的极限承载力如下：

$$N_0 = 4N_{0g} + 2N_{0z} \tag{1}$$

式中：N_0——钢管混凝土复合轴压短柱承载力；

N_{0g}——复合柱单圆管短柱轴压承载力；

N_{0z}——缀板轴压承载力。

关于单圆管钢管混凝土短柱的极限承载力的计算方法有多种，现有的三本钢管混凝土结构的相关规程分别为《钢管混凝土结构设计与施工规程》(JCJ 01—89)[6]，《钢管混凝土结构设计与施工规程》(CECS 28:90)[7]和《钢管混凝土组合结构设计与施工规程》(DL/T 5085—1999)[8]。对钢筋混凝土缀板，可按照普通的钢筋混凝土来考虑采用《公路钢筋混凝土及预应力混凝土桥涵设计规范》(JTG D62—2004)[9]来计算。

文中分别采用各规程对单圆管短柱轴压承载力进行计算，然后再和钢筋混凝土缀板的承载力进行叠加得到复合短柱的极限承载力，表1给出了各规程的计算值和试验结果，表中的 N_t 为试验试件的极限承载力，N_0 为各规范的承载力计算值。由于复合柱试验试件的长细比(构件长度和截面回转半径之比)小于10，认为试验试件轴压结果即为短柱承载力。

从表中可以看出，CECS的计算结果最大，DL/T最小，JCJ介于两者之间。由于试验数据有限，现利用有限元模型，改变参数得到更多对比数据。上述三本规范的承载力计算式中，有相同的计算参数截面含钢率 $\rho=4t/D$，且各规范对管径 D 和壁厚 t，以及 ρ 都有各自对应的适用范围规定，其中 $D\geqslant 100$mm，$t\geqslant 4$mm，$\rho\in(0.02,0.16)$。现保持复合柱缀板混凝土和钢管柱肢的比值不变，改变钢管直径 D 和壁厚 t，各有限元模型的参数见表2。

轴压柱极限承载力试验值和规范计算值 表1

规范名称	$4N_{0g}$(kN)	$2N_{0z}$(kN)	N_0(kN)	N_t(kN)	N_0/N_t
CECS	2705	913	3618		1.147
DL/T	2267	913	3180	3155	1.008
JCJ	2315	913	3228		1.023

轴压复合柱有限元模型参数表 表2

编号	柱高 H(m)	钢管外径 D (mm)	钢管壁厚 t (mm)	缀板厚度 D_z	含钢率 ρ	套箍系数 ζ	缀板相对厚度 η
CCC-A	1.5	100	4	44	0.160	3.048	0.439
CCC-B	1.5	120	4	53	0.133	2.485	0.439
CCC-C	1.5	140	4	61	0.114	2.098	0.439
CCC-D	1.5	160	4	70	0.100	1.815	0.439
CCC-E	1.5	160	6	70	0.150	2.834	0.439

复合短柱极限承载力的计算结果见表3，由于复合柱模型的相关荷载－位移曲线存在平缓段，取最早趋于平缓时的荷载值作为结构的极限承载力。从表3中可看出，DL/T和JCJ的计算值和有限元结果都很接近，CECS偏高10%以上，分析其原因为在轴压荷载作用下，由于缀板的存在，柱肢轴向力减小，结构最后因缀板压裂而达到其极限承载力，此时的柱肢并没有达到其极限承载力。当选择应变作为结构极限承载力的控制准则时，DL/T 5085—1999和JCJ 01—89两本规程的强度承载力的应变值和缀板破坏时的应变值很接近，CECS规程最大。因此，采用DL/T中单圆管的极限承载力计算复合短柱中柱肢的极限承载力最精确。

轴压复合柱极限承载力有限元结果和规范计算值 表3

编号	极限承载力 N_u“kN”				相对有限元的值		
	有限元 N_1	CECE N_2	DL/T N_3	JCJ N_4	N_2/N_1	N_3/N_1	N_4/N_1
CCC-A	3 260	3 670	3 264	3 268	1.127	1.002	1.004
CCC-B	4 085	4 700	4 147	4 233	1.152	1.016	1.038
CCC-C	4 946	5 810	5 088	5 252	1.176	1.030	1.063
CCC-D	5 978	7 000	6 088	6 326	1.172	1.019	1.059
CCC-E	7 452	8 574	7 557	7 720	1.151	1.014	1.036

2)偏心折减系数

为了分析钢管混凝土复合柱的偏心影响系数的计算方法，将试验模型的偏心率变化范围扩大为e=0～1.6。图5给出了钢管混凝土复合柱偏心影响系数ϕ_e的有限元结果与上述各规程计算值的比较结果，ϕ_e的有限元结果为各偏压试件的有限元承载力与同一长细比和缀板厚度的轴压有限元承载力之比。

由图5可以看出，在e=0～1.1(构件的界限偏心率ε_b=1.1)的范围内，三本规程的计算值和复合柱有限元结果都很接近，当偏心率大于界限偏心率时，DL/T和JCJ的计算值都大于有限元计算结果。因此，建议采用CECS28:90规程中的方法来计算复合柱偏心率影响系数。

4 短柱极限承载力计算方法

4.1 短柱轴压承载力

试验和有限元结果均表明，复合轴压短柱达到极限承载力时其钢管混凝土柱肢并没有达到其极限承载力，结构以缀板的极限应力为控制因素。因此，建议采用DL/T 5085—1999中单圆管的强度承载力计算方法来计算复合柱柱肢的承载力，然后和缀板的极限承载力进行叠加得到复合轴压短柱的极限承载力。

4.2 偏心折减系数ϕ_e

对偏心率e的参数分析结果表明，在0～1.6的偏心率范围内，CECS 28:90规程的计算值与有限元计算结果吻合良好，DL/T 5085—1999和JCJ 01—89规程计算值在界限偏心率之后偏大。因此，应该采用CECS 28:90规程的计算方法来计算复合柱的偏心率影响系数ϕ_e。

5 结语

(1)采用本文的有限元计算方法建立的模型能较好的模拟复合柱结构受力和计算结构极限承载力，说明文中提出的有限元计算方法是可行的。

(2)复合轴压短柱极限承载力可采用柱肢承载力和缀板承载力叠加得到，其中柱肢承载力采用DL/T 5085—1999中单圆管的强度承载力方法计算，缀板按普通钢筋混凝土结构采用《公路钢筋混凝土及预应力混凝土桥涵设计规范》(JTG D62—2004)计算。

(3)应用有限元模型，扩大构件的偏心率 e 的范围，计算结果表明应该采用CECS 28:90规程的计算方法计算钢管混凝土复合柱极限承载力偏心率影响系数 ϕ_e。

参考文献

[1] 陈宝春. 钢管混凝土拱桥实例集(第二版)[M]. 北京:人民交通出版社,2008.

[2] 晏巧玲,牟廷敏,吴庆雄,等. 钢管混凝土复合柱极限承载力试验研究[J]. 哈尔滨工业大学学报(增刊2),2011.

[3] 龚曙光,谢桂兰,等. ANSYS操作命令与参数化编程[M]. 北京:机械工业出版社,2004.

[4] 王新敏. ANSYS工程结构数值分析[M]. 北京:人民交通出版社,2007.

[5] 盛叶,陈宝春,等. 钢管混凝土哑铃型轴压构件极限承载力有限元分析[J]. 福州大学学报:自然科学版,2005,33(5).

[6] 中华人民共和国建筑材料工业局标准. JCJ 01—89 钢管混凝土结构设计与施工规程[S]. 上海:同济大学出版社,1989.

[7] 中国工程建设标准化协会标准. CECS 28:90 钢管混凝土结构设计与施工规程[S]. 北京:中国计划出版社,1990.

[8] 中华人民共和国电力行业标准. DL/T 5085—1999 钢管混凝土组合结构设计与施工规程[S]. 北京:中国电力出版社,1999.

[9] 中华人民共和国行业标准. JTG D62—2004 公路钢筋混凝土及预应力混凝土桥涵设计规范[S]. 北京:中国计划出版社,2004.

63. 国内外大跨径预应力混凝土组合连续箱梁桥案例分析

张 彬

(武汉理工大学交通学院)

摘 要:预应力混凝土组合连续箱梁桥结构,因跨中钢梁重量轻,刚度大,降低了主梁跨中正弯矩和支座处的负弯矩,减轻了桥梁的自重,适应更大的跨度,提高了桥梁的性能等特点,得到了较为广泛的应用。本文结合国内外典型的大跨径预应力混凝土组合连续箱梁桥实例,通过分析其设计、施工的过程,并侧重研究了负弯矩区和结合段性能,总结了国内外预应力混凝土组合连续箱梁桥的设计的方法和具体实践经验。希望能对桥梁工作者提供参考价值。

关键词:连续组合箱梁桥 负弯矩 结合段 设计方法 施工方法

1 引言

预应力钢—混凝土组合结构桥梁,充分发挥了钢和混凝土的材料性能,以其独特的优势,在世界范围得到了广泛应用。经过几十年的发展,组合结构桥梁混合形式多样化,材料组合也突破了钢—混凝土两种材料的组合,趋于多元化。近年来,出现了一系列新的设计理念,如波折腹板组合箱梁桥、FPR组合结构桥梁等,为桥梁设计者提供了更为广阔的思路。

在组合结构桥梁中,连续组合箱梁桥因其降低了桥梁自重,组合箱梁抗扭能力强,整体性好,适应大跨径连续梁桥要求,从20世纪80年代以来,在世界范围内获得了较大发展。国内,2006年建成的重庆石板坡长江大桥,采用连续刚构连续梁混合结构,主跨174m,成为世界跨径最大的连续刚构桥。欧洲和日本等国也对组合连续箱梁桥进行了大量研究,并得到了广泛应用,如法国的hospital桥、日本的新川桥等[1]。欧洲标准委员会(CEN)与1992年颁布了新修订的欧洲规范4钢—混凝土组合结构设计规范的第二部分,为组合结构桥梁设计提供了全面系统的设计规范,英国的BS5400、德国的DIN标准、美国的AASHTO规范、日本的钢—混凝土组合结构设计规范,以及中国的钢结构设计规范也促进了大跨径连续箱梁桥的发展[2]。在大跨径组合连续箱梁桥中,连续刚构桥,因其可以使主梁负弯矩区受力性能得到改善,增高结构刚度,能够实现更大的跨度,得到了广泛应用,如重庆石板坡大桥就是该类桥型。本文对国内外有代表性的大跨径预应力混凝土组合连续箱梁桥的设计和施工过程进行了分析,并着重分析了混合梁结合部,因接合部是保障钢箱梁上荷载有效传递的关键部位,也是整个组合结构桥梁体系成立的关键。通过对国内外典型大跨径预应力混凝土组合连续箱梁桥具体桥梁案例的分析,总结国内外设计的方法和具体实践经验,希望能对桥梁工作者提供参考价值。

2 国内外典型预应力混凝土连续组合箱梁桥设计分析

2.1 桥梁构造特点

1)日本新川桥

该桥为五跨连续梁体系,桥跨布置为:39.2m+40.0m+118.0m+40.0m+39.2m,如图 1 所示[3]。主跨 118m,采用的是钢箱梁与钢筋混凝土箱梁的组合结构,钢箱梁采用三主梁的钢桥面板箱梁,钢筋混凝土箱梁采用后张预应力单箱五室箱梁。为了满足通航要求,保证桥下交通顺畅,该桥结合部布置到了边跨跨中。

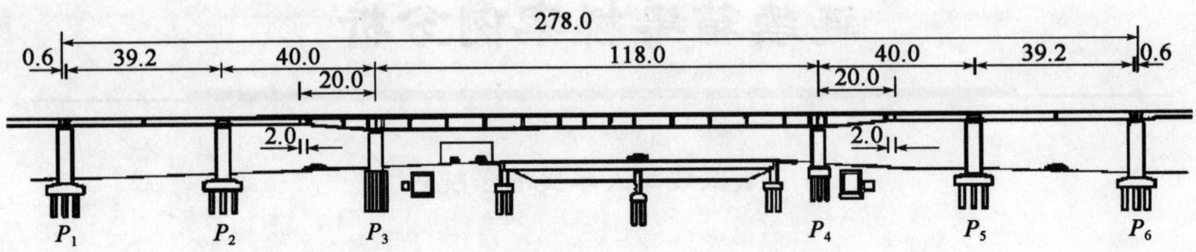

图 1 新川桥桥跨布置图(尺寸单位:m)

以下简要计算采用此混合梁的优点,假设均为等截面梁,将主跨三等分,主跨中间部分自重集度为 P_2,其余部分自重集度为 P_1,如图 2 所示。通过桥梁分析软件 Midas 建模进行计算,可以得到跨中支点处弯矩为 $90.37P_1+895.80P_2$,跨中截面弯矩为 $0.26P_1+754.08P_2$,钢箱梁部分集度大约为混凝土部分的 30%,则跨中支点处负弯矩约减少了 63.58%,跨中截面处正弯矩约减少了 69.98%。该桥主跨跨径要比边跨要大,边跨采用混凝土梁协调了主跨的正弯矩,主跨的钢箱梁段有效地降低了支点处的负弯矩。

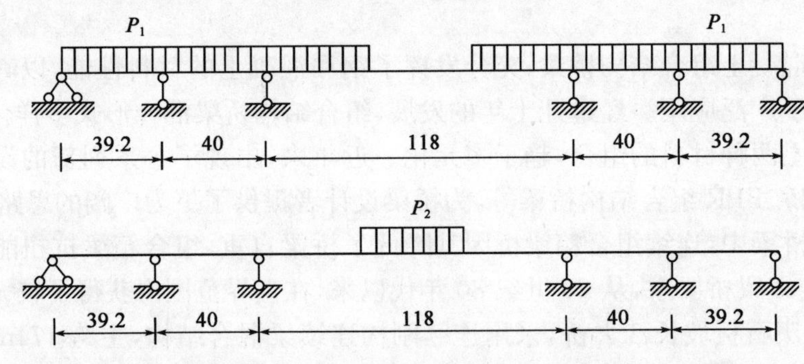

图 2 新川桥计算示意图(尺寸单位:m)

2)重庆石板坡长江大桥

重庆石板坡长江大桥桥梁布置为 86.5m+3×138m+138m+330m+104.5m,连续刚构与连续梁组合桥梁连续跨数 7 跨,连续长度 1 103.5m,330m 的主跨采用了钢箱梁与钢—混凝土箱梁混合结构,钢箱梁与混凝土箱梁均采用单箱截面,如图 3 所示,其跨径至今为世界梁式桥之最[4]。

该桥主跨采用钢—混凝土组合箱梁,主跨 330m,其中钢箱梁 108m。同上例,假设混凝土箱梁段自重集度为 P_1,钢箱梁段集度为 P_2,钢箱梁段集度大约为混凝土箱梁段集度的 30%,将主跨大致分为三等份,每份长 110m,如图 4 所示[5],可以计算得主跨支点处负弯矩为

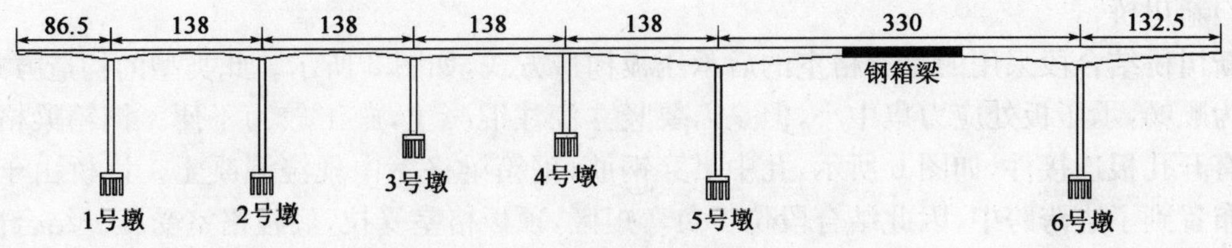

图3　重庆石板坡长江大桥桥跨布置图（尺寸单位：m）

$4\ 369P_2+4\ 706P_1$，支点处负弯矩将会减小1/3。330m的跨径的支点负弯矩与270m的钢—混凝土箱梁桥相当。由上述计算可以看出，跨中钢箱梁越长，支点处负弯矩和跨中的正弯矩越小，采用混合梁很好地解决了连续梁桥自重过大的问题，有效地提高了连续梁桥的跨径，混合梁的优势显而易见。

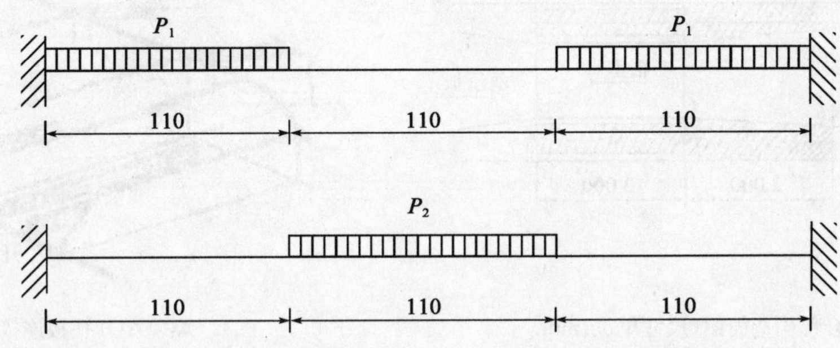

图4　重庆石板坡长江大桥计算示意图（尺寸单位：m）

由上述组合连续箱梁桥可以看出，大跨径预应力连续组合梁桥在支点处，会产生较大的负弯矩，负弯矩会的出现会致使钢梁受压和混凝土受拉，引起混凝土开裂[6]。对于组合连续梁桥负弯矩区的处理，在国内《钢结构设计规范》中规定如下：对于连续组合梁，距中间支座两侧各$0.15l$（l为梁的跨径）范围内，不计受压区混凝土对刚度的影响，但计入翼板有效宽度b_e范围内配置的纵向钢筋的作用[7]。欧洲规范4规定：对于给定荷载，先根据等刚度计算负弯矩区混凝土中产生的最大拉应力，如果次应力超过了$0.15f_{ck}$，（即混凝土抗拉强度标准值），则在该支座两侧各15%跨度范围内采用开裂截面刚度，然后用开裂截面刚度再次按照弹性方法计算内力[8]。对于大多数的大跨径连续组合箱梁桥来说，在负弯矩区域内都施加了较大的预应力，在正常使用过程中，混凝土一般不会开裂，因此相比较，国内的《钢结构设计规范》对负弯矩区域的处理更为保守，而欧洲规范4中对于预应力混凝土组合梁桥的负弯矩区域处理更为合理。因此，在设计过程中，可以先计算负弯矩区域内混凝土中产生的最大拉应力，判断是否会出现开裂，如果开裂，则调整预应力的大小，从而避免混凝土开裂。

2.2　主跨钢—混凝土结合段分析

梁式桥中钢箱梁与混凝土箱梁结合部主要有格室与无格室两种形式。有格室的构造形式分为前承压板、后承压板和前后承压板三种方式。无格式构造形式又分为后承压板、底板与后承压板的组合两种方式。对于有格式的前、后承压板构造形式，已经有研究表明，后承压板构造形式刚度过渡较好，应力传递顺畅，结合面处的应力集中较小，更为合理。在组合连续梁结合段中，连接件有钢筋连接件、型钢连接件和焊钉连接件等多种，其中应用最广泛的剪力连接件是栓钉连接件，但近年来开孔板连接件的出现，因其便于施工、抗剪强度大、刚度大和延性好等特点，也得到了设计者的青睐。下面结合上述桥梁进行对组合连续梁桥结合段进行具体分析。

1)新川桥

新川桥结合段采用的是有格室的后承压板构造方式,如图 5 所示。此类型的构造方式,传力较为顺畅,承压板处应力集中小,但是需要竖立浇注混凝土,施工较为不便。钢箱梁格室中布置有开孔板连接件,如图 6 所示,孔中贯穿钢筋,钢箱梁格室中现浇混凝土。该桥由于将结合段布置到了边跨跨中,因此结合段位于负弯矩区,顶板格室受拉,底板格室受压。结合段中,轴力及弯矩通过开孔板连接件和后承压板传递。该桥首次用开孔板作为结合段的连接件,取代了传统的焊钉连接件,为连接件的设计拓展了新的思路。该桥结合部中荷载传递途径为:

钢箱梁 → 承压板 → 开孔板连接件 → 格室中混凝土 → 钢筋 → 混凝土主梁

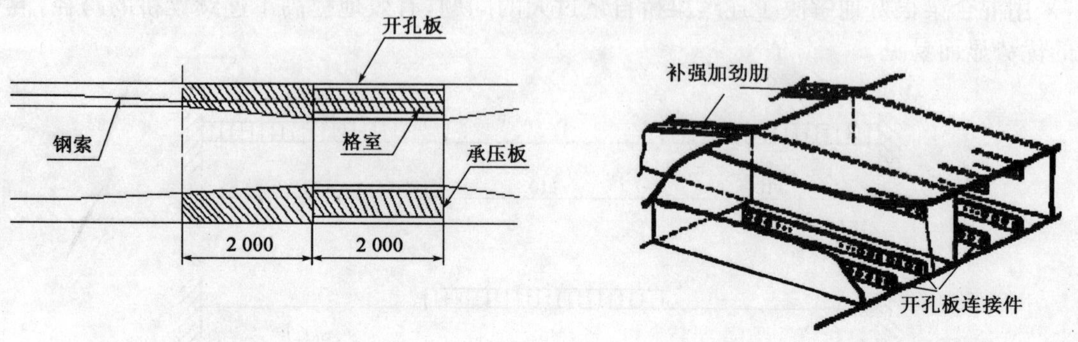

图 5　结合部构造简图(尺寸单位:mm)　　图 6　格室中开孔板连接件示意图

开孔板剪力连接件的承载力公式在各国都不相同,在新川桥中,开孔板连接件的承载力计算公式为 $Q_a=1.4\alpha d^2\sigma_c/f$,其中,$d$ 为孔径;σ_c 为混凝土设计强度;α 为承载力修正系数取值0.7;f 为安全系数,取值为 2.1。我国对开孔板连接件缺乏相关规范可以参照《钢结构设计规范》进行。

2)重庆石板坡大桥结合部构造

该桥主跨结合段采用了填充混凝土后板式的方法,如图 7 所示。结合段钢箱梁端部均为双壁板结构,钢箱梁段部分填充混凝土,结合面布置 50mm 的承压板,混凝土段布置开孔板连接件,如图 8 所示[9]。结合段内的混凝土箱梁与填充混凝土通过开孔板连接件、预应力钢筋和普通钢筋紧密连接。结合部中主要通过承压板、开孔板连接件以及钢壁面与混凝土之间黏结摩阻力来传递内力。荷载传递路径如图 9 所示。

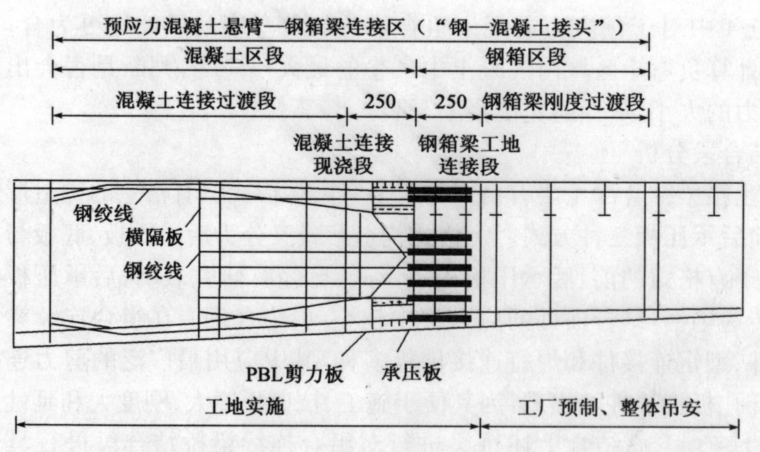

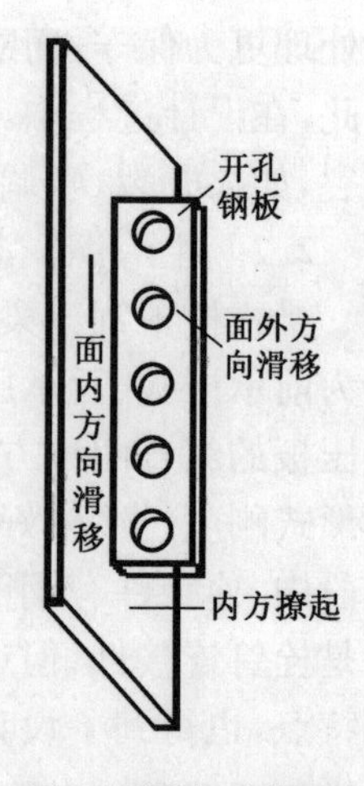

图 7　钢—混凝土接头立面构造图(尺寸单位:cm)　　图 8　开孔板示意图

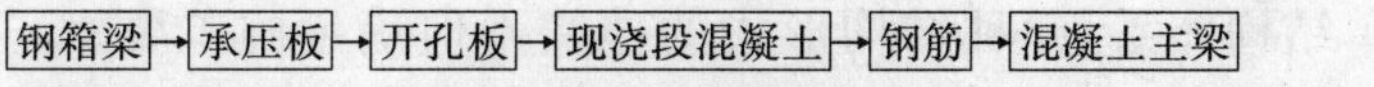

钢箱梁→承压板→开孔板→现浇段混凝土→钢筋→混凝土主梁

图 9 荷载传递路径

由于我国对开孔板连接件缺乏相关规范，只能参照《钢结构设计规范》进行，重庆石板坡长江大桥的开孔板连接件设计参照了欧洲规范 4[10]。欧洲规范 4 中给出了开孔板连接件抗剪承载力公式如下：

①当连接件中贯穿钢筋时：

$$V_u = [1.85A - 106.1 \times 10^3]/\gamma \tag{1}$$

其中： $A = \frac{\pi(d^2 - \Phi_{st}^2)}{4}\sigma_{cd} + \frac{\pi\Phi_{st}^2}{4}\sigma_{st}$ 且 $56 \times 10^3(\mathrm{N}) \leqslant A \leqslant 380 \times 10^3(\mathrm{N})$

式中：V_u——PBL 设计抗剪承载力，N；

σ_{st}——贯穿钢筋抗拉强度，N/mm²；

σ_{cd}——混凝土抗压强度，N/mm²；

γ——构件系数，一般取 $\gamma = 1.0$；

Φ_{st}——贯穿钢筋的直径，mm；

d——钢板的孔径，mm。

②当连接件中不贯穿钢筋时：

$$V_u = [4.31A - 121.0 \times 10^3]/\gamma \tag{2}$$

其中： $A = \frac{\pi d^2}{4}\sqrt{t/d}\,\sigma_{cd}$ 且 $40 \times 10^3(\mathrm{N}) \leqslant A \leqslant 200 \times 10^3(\mathrm{N})$

t——钢板的厚度，mm。

大跨度组合连续箱梁桥自 20 世纪 80 年代以来，在世界各地得到了广泛的应用。除了上述桥梁之外，如 G318 国道上长江大桥，采用了钢—预应力混凝土混合连续箱梁桥，该桥主跨布置为 45m＋80m＋45m，结合段采用了无格式填充混凝土后板式。在几种结合段构造形式中，应用的最广泛的是有格室后承压板式，但其结合段钢箱梁焊接过程较为复杂，也不便于填充混凝土。因此在跨度较大的重庆石板坡长江大桥中，结合段采用的是填充混凝土后板式的构造方式，虽然相比有格室后承压板式，承压板附近应力集中和刚度变大较大，但钢箱梁的预制相对容易，有较强的实际操作性。此外，有格室前后承压板式因其内力可以通过前、后承压板和连接件来传递，应力在混凝土中扩散均匀，施工也较为简单，也得到了较为广泛的运用。

3 预应力混凝土连续组合箱梁桥施工分析

大跨度预应力混凝土组合连续箱梁桥施工方法中，平衡悬臂施工法因其不需要搭设支架，能显著缩短工期等特点，适应较大的跨度，应用最为广泛。本文主要结合重庆石板坡长江大桥进行说明。该桥刚构部分布置为 138m＋330m＋104.5m，边跨和主跨比为 0.418，并不合理。因此，该桥的施工方法原则是对称和平衡，以保证施工的各个阶段受力均衡。该桥 1 号、2 号、3 号、5 号、7 号 T 采用悬臂浇注施工法，4 号 T 采用有支架施工法。以下具体分析。

混凝土箱梁除了 4 号 T 之外，均采用了悬臂浇注施工法，分节段采用挂篮对称悬臂施工，节段长度 2.75～5.5m 不等，在挂篮的选取上，选取了只承受拉力的钢带与可受弯箱梁组合形成的简单结构体系，此种结构形式的挂篮不但满足施工要求，还可以用于中跨钢箱梁吊装，降低了施工的费用。混凝土箱梁的施工需要注意的是0号块的施工，0号块的施工关系到了浇注程序、裂缝的控制。该桥中0号块的施工利用的是托架分次浇筑的方法。考虑到0号块尺寸较大，水化热较大，为了保证质量，分次进行浇注。1～3号悬臂梁0号块高为8m，分两次浇注，第一次6m，第二次2m；4号悬臂梁0号块高5m，同样分两次浇注，第一次3.5m，第二次1.5m；5号和7号悬臂梁0号块高为16m，分为三次浇注，第一次5m，第2次8m，第3次3m。

结合段的施工直接影响了主跨钢箱梁的安装及合拢的精度，该桥钢混凝土接头和钢箱梁预制，接头用三角挂篮提升，在施工过程中，在5号、7号墩已经完成的T型刚构梁上建立局部控制点，严格控制吊装安装的精度。钢箱梁采用了钢绞线液压千斤顶技术垂直提升的方式吊装，挂篮继续使用了结合段施工中用到的只承受拉力的钢带与可受弯箱梁组合形成的简单结构体系，钢箱梁合拢时采用了“硬”合拢的方式，在实际施工中有较强的操作性。该桥施工中另一个难点是3号、4号墩之间的现浇段，如图10所示，该现浇段长45m，采用有支架施工，该段分六次进行浇注，横向分两次浇注，纵向分三次浇注，先浇注中间阶段，最后浇注两端阶段。

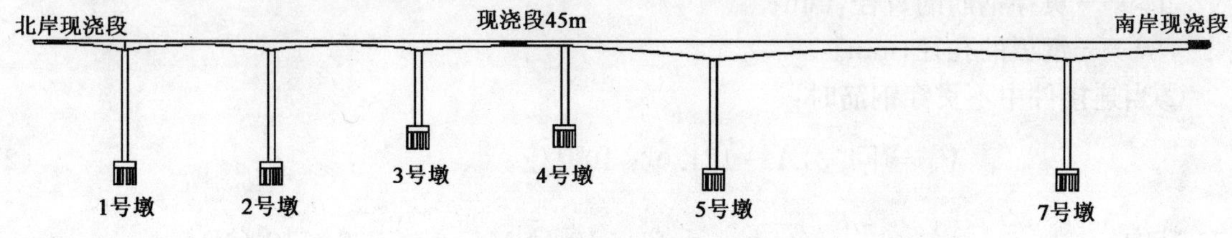

图10　现浇段示意图

重庆石板坡长江大桥跨径大，结构不对称，合拢点较多，因此在施工过程中需要严格控制合拢时结构的体系转换，防止施工过程中出现悬臂两端受力不同，保障各个施工阶段受力平衡，最终达到施工过程与设计的一致性。

4　结语

通过以上案例的分析，总结以下几点经验，以供参考：

(1)主跨中的钢箱梁段有效地降低了支点处的负弯矩和跨中的正弯矩，并且跨中钢箱梁越长，支点处和跨中的负弯矩越小，采用混合梁很好地解决了连续梁桥自重过大的问题，有效地提高了连续梁桥的跨径。选取合适的钢箱梁段长度，可以很好地提高桥梁的整体性能。

(2)在大跨径预应力组合连续箱梁桥的设计过程中，支点处负弯矩较大引起混凝土开裂的处理方法，可以参照欧洲规范4中规定，先计算混凝土拉应力，判断是否开裂，通过调整施加预应力的大小的方法来处理。

(3)有格式后承压板式传力较为顺畅，但是不便于施工，填充混凝土后板式传力性能虽不如有格式后承压板式，但因其钢箱梁的预制和浇筑混凝土都相对容易，在大跨径连续组合箱梁中得到了广泛应用。具体选用哪种，应结合具体桥梁分析。

(4)开孔板剪力连接件，抗剪强度大，刚度大，延性好，施工较为方便，有较好的应用前景，设计可以参照欧洲规范4中给出的具体条款。

(5)大跨径预应力组合连续箱梁桥在采用平衡悬臂施工法的过程中，要保障各个阶段受力平衡，严格控制施工过程中的体系转换，并注意0号块浇注方式。

参 考 文 献

[1] 刘玉擎.组合结构桥梁与研究[M].交通部第二次高级研修班讲稿.2006.

[2] 刘玉擎. 组合结构桥梁[M].北京:人民交通出版社,2005.

[3] 刘玉擎. 混合梁接合部设计技术的发展[J]. 世界桥梁,2005(4).

[4] 唐建华,向中富,冯强,等.特大跨径连续刚构桥研究与实践-重庆长江大桥复线桥[M].北京:人民交通出版社,2008.

[5] 邓文中,代彤.重庆石板坡长江大桥复线桥总体设计[J].桥梁建设,2006(6).

[6] Quang Huy Nguyen, Mohammed Hjiaj, Samy Guezouli, et al. Analysis of composite beams in the hogging moment regions using a mixed finite element formulation [J]. Journal of Constructional Steel Research,2009,65(3).

[7] GB 50017—2003 钢结构设计规范[S].

[8] Eurocode 4 Part 1. 1. Design of Composite Steel and Concrete St ructures : General Rules and Rules for Buildings[S].

[9] 刘安双,刘雪山,代彤,等.重庆石板坡长江大桥复线桥钢—混凝土接头设计[J].桥梁建设,2007(2).

[10] Josef Machacek, Martin Cudejko. Longitudinal shear in composite steel and concrete trusses[J]. Engineering Structures,2009,31.

64. 三主桁斜拉桥空间结构受力特性分析

王金枝　张谢东

（武汉理工大学交通学院）

摘　要：武汉天兴洲长江大桥是国内首座铁路四线斜拉桥，采用三主桁断面，结构新颖但是受力复杂，结构体系受力空间效应特别突出，用平面分析方法已不能正确反映结构的整体受力特征，该桥受到六车道公路及四线铁路荷载作用，在偏载作用下，主桁内必然产生很大扭矩，导致三主桁断面的畸变和翘曲变形。对天兴洲大桥进行空间受力整体分析，采用空间剪力柔性梁格模型进行实桥结构模拟，纵向、横向梁格组成桥面梁格体系，上下层竖杆及横联用梁单元模拟；塔柱用梁单元模拟；拉索用桁架单元模拟。通过对索力及拉索应力、主梁应力、塔柱应力、主梁与塔柱位移进行计算，结果表明斜拉桥空间受力及位移均满足规范要求，同时对斜拉索的索力调整提出相应建议。

关键词：斜拉桥　三主桁　空间结构

1　前言

我国已建成的双层钢桁梁桥所使用的桁架结构均为两片主桁，如武汉长江大桥、南京长江大桥等。随着经济的增长和社会的发展，车流量迅猛增长，桥梁越来越宽，两片主桁的桥梁结构越来越难以满足社会发展对桥梁的功能要求，布置更为合理的三桁或四桁结构可以降低横梁受力，减小主桁杆件截面，且易于制造，加之空间有限元理论的不断完善和建桥技术水平的不断提高，也使设计者们对多主桁结构的空间效应和受力特性有了明确的认识，为这种结构的建设奠定了理论基础。

武汉天兴洲长江大桥是国内首座铁路四线斜拉桥，是世界上跨度最大、联长最长的公铁两用斜拉桥，首次采用三主桁断面的新型主桁结构，结构新颖但是受力复杂，结构体系受力空间效应特别突出，用平面分析方法已不能正确反映结构的整体受力特征，该桥受到六车道公路及四线铁路荷载作用，在偏载作用下，主桁内必然产生很大扭矩，导致三主桁断面的畸变和翘曲变形，特别是如此大跨度的公铁两用斜拉桥，其拉索疲劳应力的控制更为重要，故在分析手段中必须能够处理空间调索与张拉等特殊问题。因此，对该桥必须建立全过程的空间仿真分析模型，以研究三主桁结构体系的空间受力特性。

2　工程概况

武汉天兴洲公铁两用长江大桥位于武汉长江大桥下游16.3km的天兴洲江段。桥址处长江被天兴洲分隔成南北两汊。跨长江南汊主航道主桥为双塔三索面钢桁梁斜拉桥，采用半飘浮体系，主塔-钢桁梁之间设置约束梁体纵向位移的STU及MR阻尼装置。桥面按上、下两层布置。上层公路六车道，设计速度80km/h，两端168m为预制混凝土板，其余为钢正交异性板桥面；下层铁路为四线，两线客运专线和两线Ⅰ级干线；客运专线旅客列车设计行车速度200km/h以上，为混凝土槽板道砟桥面。正桥混凝土用量$8.8\times10^5m^3$，钢材用量4.8×10^4t。全桥的立面布置图如图1所示。

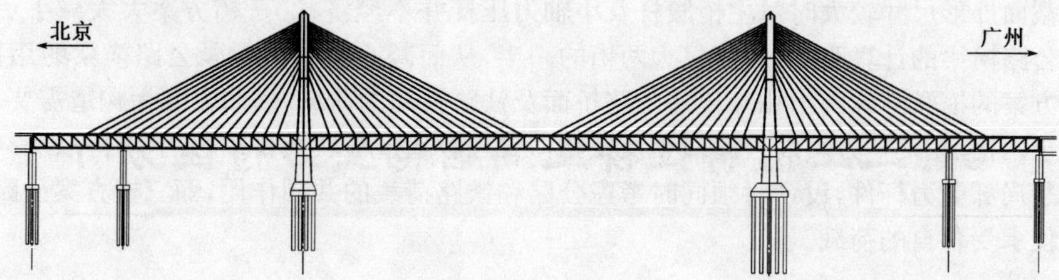

图1　大桥立面图

主梁采用(98m＋196m＋504m＋196m＋98m＝1 092m)五跨连续钢桁梁，三片主桁，分别锚于三个索面，"N"形桁架，三片主桁间距15m，总桁宽30m，桁高15.2m，节间长度14m。主桁采用焊接整体节点结构形式，材质Q370q-E。

斜拉桥主梁为板桁结合钢桁梁，上弦中部756m范围是钢正交异性板桥面，为了平衡辅助墩在列车和汽车活载作用下产生的较大负反力，钢桁加劲梁公路面两端各168m范围采用混凝土结合板桥面，同时在辅助墩左右各两个节间(共4个节间)布置有压重块。主梁断面图如图2所示。

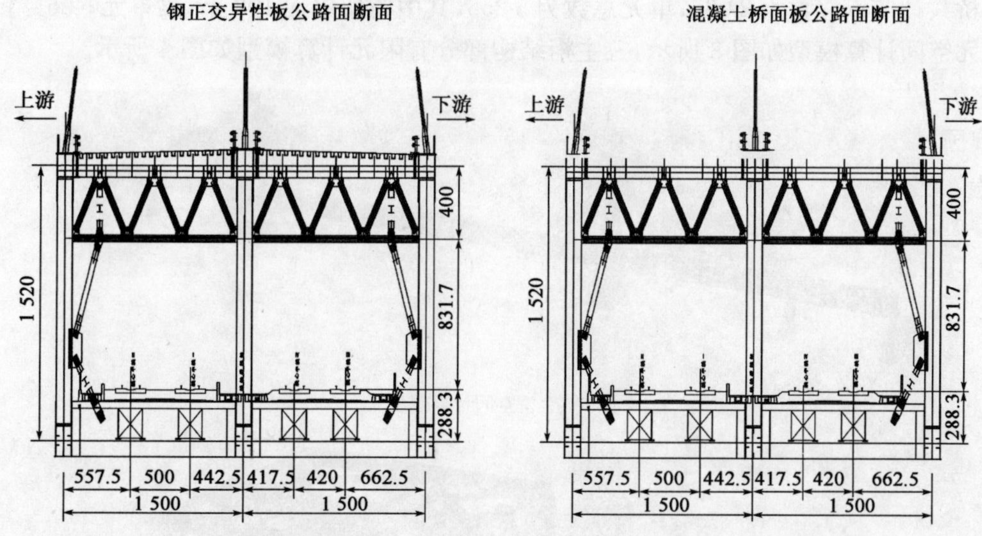

图2　主梁断面图

主桁弦杆最大杆力约68 000kN，主桁上下弦杆采用箱形截面，杆件内宽1 300mm。下弦杆截面尺寸1 300mm×1 740mm。上弦杆中、边桁采用不同的断面尺寸，主梁中部正交异性板区域，边桁1 300mm×1 320mm，中桁因桥面横坡而加高为1 300mm×1 580mm，主梁两端混凝土结合板处中、边桁均1 300mm×1 020mm，桥面横坡由混凝土结合板形成。主桁斜杆采用箱形或"H"形截面。主桁竖杆均采用"H"形截面。主桁杆件最大板厚50mm。

3 三主桁截面特点

当公路面采用正交异性板，铁路面采用道砟槽加道砟形式时，采用双片主桁方案的最大杆力达 7 200t，为进一步减少最大杆力，便于杆件设计，采用三片主桁，同时增设一个索面。

采用三片主桁较两片主桁具有明显优势：①两桁的最大杆力大于三桁，而杆件的外形尺寸由最大杆力控制，由于压杆稳定及构造的要求，杆件的截面往往并不是受力控制，因此用钢量在杆件截面外形尺寸较大时对主桁腹杆及小轴力压杆并不经济；②三桁方案大大减小了铁路横梁及公路横梁的计算跨度，跨度仅为两桁的一半，从而减小铁路横梁及公路横梁的用钢量；③三桁方案的横联不像两桁相互传递公路桥面及铁路桥面的荷载，横联主要为构造需要，其受力远小于两桁；④两桁方案的公路横梁及铁路横梁加载通过横联及桥中心的竖杆互相影响，由于横梁是局部受力杆件，设计时须同时考虑公路和铁路荷载的共同作用，而三桁方案公路及铁路横梁仅承受各自的荷载。

4 有限元模型建立

为使建立的空间有限元模型更加合理，采用大型通用软件 Midas civil 建立仿真分析模型，对天兴洲大桥进行空间受力整体分析。采用空间剪力柔性梁格模型进行实桥结构模拟，纵向、横向梁格组成桥面梁格体系，上层公路桥面板纵向梁格由横联、钢桥面(混凝土结合板处由混凝土桥面板、公路纵梁双层单元组成)组成，横向梁格由横联、钢桥面(混凝土结合板处由混凝土桥面板)组成；下层铁路桥面系纵向梁格由主梁钢箱下弦杆、铁路纵梁组成，平联及制动撑架由梁单元模拟，横向梁格由铁路横梁组成。纵向梁格、横向梁格组成桥面梁格体系，上下层竖杆及横联用梁单元模拟；塔柱自承台顶以上用梁单元模拟，6 个自由度；拉索用桁架单元模拟。全桥共计节点总数为 2 083，单元总数为 5 256，其中桁架单元 192 个，梁单元 5 064 个。全桥有限元空间计算模型如图 3 所示，三主桁结构部分有限元计算模型如图 4 所示。

图 3 全桥空间计算模型

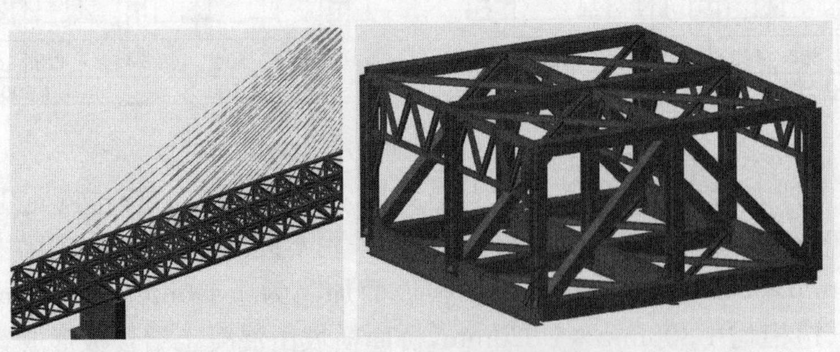

图 4 三主桁结构部分计算模型

5 计算结果及分析

通过对索力及拉索应力、主梁应力、塔柱内力与应力、承台与支座反力、主梁与塔柱位移进行计算。

5.1 索力及拉索应力

斜拉索是结构的主要承重和传力构件，在恒载作用下，索的张拉力使梁塔处于合理的受力状态在活载和其他附加荷载的作用下，索起到弹性支承和力的传递作用，将主梁外荷载直接传递给桥塔，此外，斜拉索索力具有可调性。天兴洲大桥的三主桁结构呈现明显的空间受力特征，分析中必须能够处理空间调索与张拉等问题，因此，在计算中按照位移控制法对成桥阶段进行空间调索，要求主梁在拉索锚固点处竖向位移、主塔顶顺桥向位移均为零，得出斜拉索理论拉索索力，再进行适当的调整和反复试算，可得成桥阶段斜拉索设计索力。各斜拉索索力值如图5所示。

在成桥索力作用下，主梁边跨下挠位移0.14m，主跨上拱位移0.03m，主塔顺桥向外偏位移1.42m。成桥阶段下各拉索应力值如图6所示，拉索应力均满足规范要求。

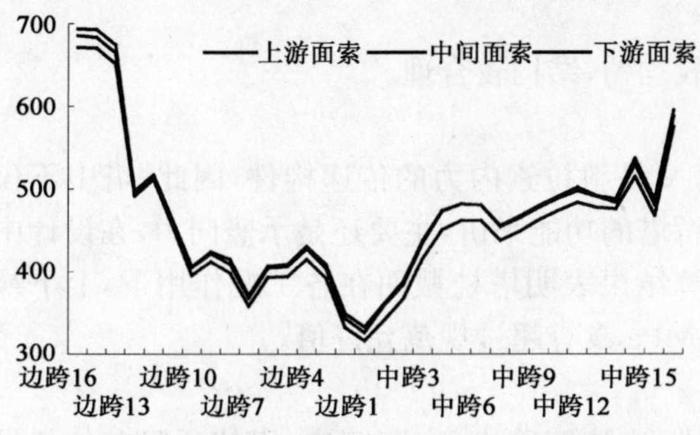

图5 成桥阶段斜拉索索力(单位:kN)

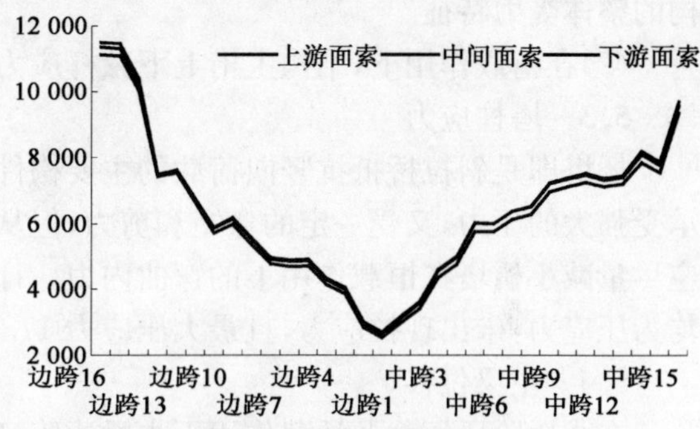

图6 成桥阶段斜拉索应力(单位:MPa)

5.2 主梁应力

在自重、恒载于活载组合作用下，上游侧下弦杆、中桁下弦杆、下游侧下弦杆，上游侧上弦杆、中桁上弦杆、下游侧上弦杆上下缘得最大应力见表1。应力以受压为正，受拉为负，应力单位:MPa。表中：

组合1:恒载＋四线铁路整个桥跨加载＋公路活载

组合2:恒载＋二线铁路整个桥跨偏载＋公路活载

组合3:恒载＋四线铁路主跨加载＋公路活载

组合4:恒载＋二线铁路主跨偏载＋公路活载

组合5:恒载＋四线铁路边跨加载＋公路活载

组合6:恒载＋二线铁路边跨偏载＋公路活载

主桁上、下弦杆应力　　表1

		上游侧下弦杆		中桁下弦杆		下游侧下弦杆		上游侧上弦杆		中桁上弦杆		下游侧上弦杆	
		上缘	下缘	上缘	下缘	上缘	下缘	上缘	下缘	上缘	下缘	上缘	下缘
组合1	压应力	161	221	166	241	165	225	114	150	141	159	142	150
	拉应力	−58.1	−78.3	−85.3	−102	−66.8	−86.6	−104	−37	−102	−43.2	−114	−45
组合2	压应力	144	201	173	223	120	154	138	144	138	150	134	138
	拉应力	−60.4	−80.5	−70.3	−86.8	−45.9	−63.4	−105	−43.3	−101	−43.4	−107	−39.6

续上表

		上游侧下弦杆		中桁下弦杆		下游侧下弦杆		上游侧上弦杆		中桁上弦杆		下游侧上弦杆	
		上缘	下缘	上缘	下缘	上缘	下缘	上缘	下缘	上缘	下缘	上缘	下缘
组合 3	压应力	149	197	155	203	151	199	121	130	130	141	117	130
	拉应力	−52.6	−71.2	−64	−74.8	−53	−68.1	−104	−30.4	−102	−40.6	−114	−38.6
组合 4	压应力	133	181	134	171	118	150	122	128	132	136	124	129
	拉应力	−47	−63.4	−62.2	−74.3	−46.3	−61.8	−106	−35.9	−101	−42.2	−107	−37.6
组合 5	压应力	168	220	213	226	161	215	155	156	153	170	155	157
	拉应力	−54	−76.5	−81.7	−98.8	−61.6	−84	−108	−57.5	−124	−47.2	−109	−55.5
组合 6	压应力	152	200	196	256	121	158	145	148	142	155	137	140
	拉应力	−53.7	−75.2	−71.2	−86.1	−48.3	−66.4	−106	−54.5	−107	−45	−109	−54.1

由上表可以看出：

(1)三主桁结构体系受力复杂，空间效应特别突出，必须用空间分析方法才能正确反映结构的整体受力特征。

(2)在荷载作用下，结构主桁上下弦杆应力较均匀，结构较合理。

5.3 塔柱应力

桥塔即是斜拉桥抵抗竖向荷载的主要构件，又是斜拉索内力的传递构件，因此，塔中不仅承受强大的压力，又受一定的弯矩和剪力，但从桥塔的功能来讲，主要还是承竖向力，在设计中应尽量减小桥塔在恒载作用下的弯曲内力。计算结果表明塔柱截面在各工况作用下，上下缘均为压应力，未出现拉应力，且最大压应力 17.5MPa 没有超过规范允许值。

5.4 主梁位移

在成桥阶段恒载及活载作用下主梁边跨跨中、次边跨跨中、主跨跨中、塔柱顶竖向位移见表 2，其中竖向位移向上为正，顺桥向位移以顺桥向为正。

成桥阶段恒载及活载作用下主梁与塔顶位移(单位：cm) 表 2

	成桥恒载	汽车活载最大正	汽车活载最大负	列车活载
塔顶竖向	−10.7	0	−0.15	26.27
主梁边跨跨中竖向	−3.2	0.26	−0.93	−1.8
主梁次边跨跨中竖向	−14.8	2.6	−3.4	−0.76
主梁主跨跨中竖向	0	1.89	−18.1	−71.2

由上表可知，活载作用下主梁最大位移(正、负绝对值之和)，均小于 $L/400$，满足规范要求。

6 结语

(1)本文由位移控制法得出的成桥阶段斜拉索索力，由于为了保证中梁在中桁处竖向位移为 0，中间索面需要较大的索力。同时，以上理论索力有些拉索索力偏大，而有些拉索索力偏小甚至为负值，实际上难以实现，故必须进行调整。三主桁三索面斜拉桥索力的大小可根据需要调整，使三主桁同一截面的杆件内力在恒载作用下基本均匀，各施工阶段及成桥阶段同一截面各索力基本一致。

(2)通过计算分析，三主桁斜拉桥空间效应明显，与受力较为明确的二主桁结构比较，受力非常复杂，进行空间分析，研究各主桁之间传力分配是必要的。

(3)计算结果表明，在荷载作用下，结构主桁上下弦杆应力较均匀，结构较合理。

(4)塔柱应力和主梁竖桥向位移结果较为合理，符合规范要求。

(5)通过对三主桁结构的空间受力分析，并与设计结果对比分析，有利于指导结构设计和施工，同时可为以后的同类型的三主桁结构斜拉桥提供一定的借鉴。

参考文献

[1] 秦顺全.武汉天兴洲公铁两用长江大桥关键技术研究[J].桥梁建设，2007(1):1-5.

[2] 李的平，戴公连.三索面斜拉桥成桥索力优化分析[J].中外公路，2008，28(3):94-99.

[3] 罗许国，戴公连.天兴洲三主桁斜拉桥不同主梁纵向约束方式结构特性分析[J].湖南科技大学学报：自然科学版，2007，22(3):66-70.

65. 贵州思南乌江三桥总体设计和结构分析

曲春升　彭运动　侯　满　刘　波

（中交公路规划设计院有限公司）

摘　要：肋板式斜拉桥是混凝土斜拉桥较常采用的形式，思南县乌江三桥采用 155m＋155m 等跨径的独塔斜拉桥，主梁采用肋板式截面，桥塔寓意“和谐”，挺拔美观，建成后将成为当地的一个景观。

关键词：斜拉桥　肋板式断面　钢锚梁　稳定分析　动力特性

1　前言

乌江三桥位于贵州思南县城思塘镇城北，思南县乌江一桥下游约 2km 处，横跨乌江干流。新建桥梁应成为思南县城的一个景点和地标性建筑，因此主桥设计为 155m＋155m 等跨径的独塔斜拉桥。

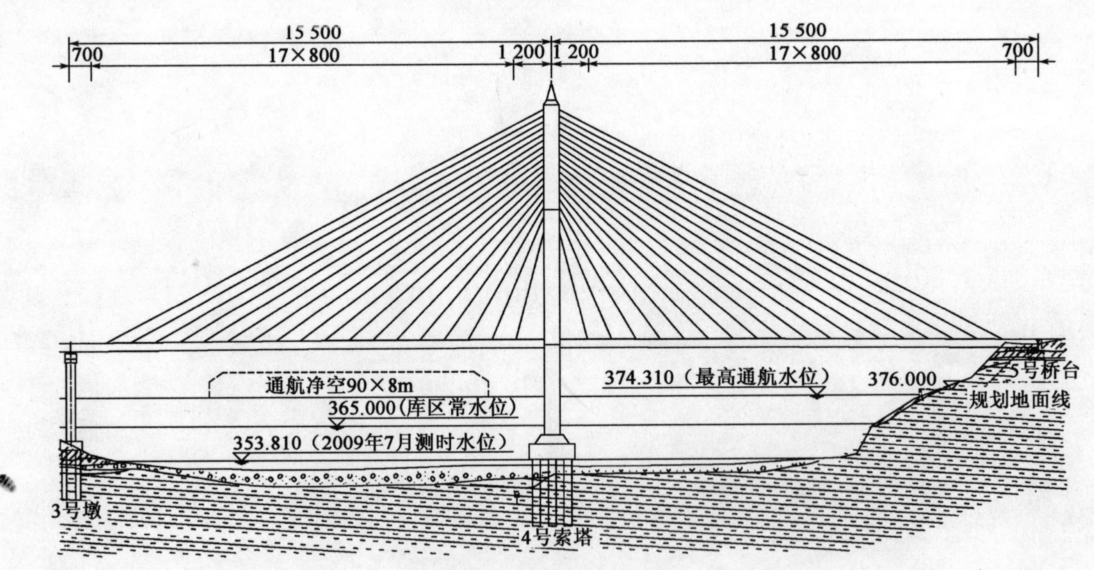

图 1　主桥立面布置(尺寸单位:cm)

2 结构设计

2.1 主桥上部结构

1)结构体系

主桥采用塔、墩、梁固结体系,过渡墩和桥台处均设置双向活动支座。

2)主梁

主梁采用预应力混凝土结构,肋板式断面,混凝土等级为 C55。主梁边缘梁高 2.5m,梁宽 25.9m。标准梁段长 8.0m,斜拉索和横梁间距均为 8.0m,顶板厚 32cm,标准边肋梁宽 2.2m,索塔处梁段加宽至 4.1m。全桥在边、中跨端部各设 5m 现浇段。标准横隔梁腹板厚 40cm。为改善主梁的抗风性能,将边肋设计成风嘴形状(见图 2)。

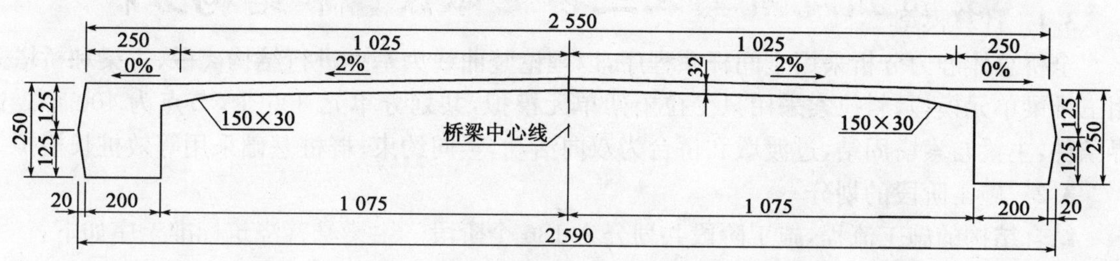

图 2 主梁标准横断面(尺寸单位:cm)

主梁纵向预应力采用 Φ15.2mm 直径的高强度低松弛预应力钢绞线,极限强度为 1 860MPa,计算弹性模量为 1.95×10^5MPa。

主梁纵向、桥面板和横隔板均按 A 类预应力混凝土构件设计。

3)斜拉索

斜拉索采用空间索面扇形布置,上端锚固于上塔柱内的钢锚梁上,下端锚固在边主梁内,锚头不外露。由于本桥桥跨较小,上塔柱内部空间有限,难以整索张拉,因此推荐采用单根张拉的钢绞线斜拉索方案。

2.2 索塔

钻石形索塔具有构造简单,比例协调,挺拔有力、稳定均衡的优点。根据结构受力和景观造型,本桥推荐钻石形索塔(见图 3、图 4)。

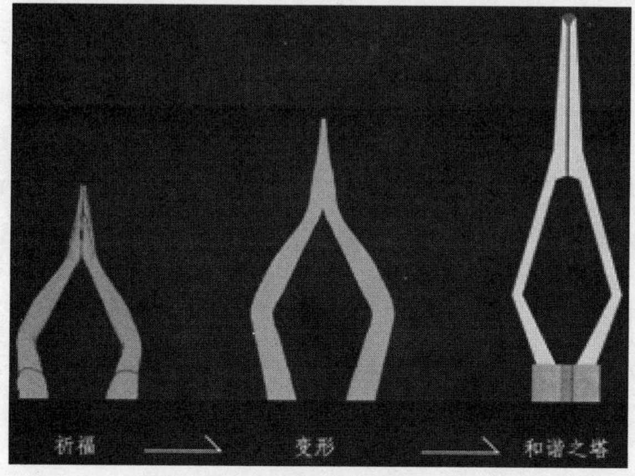

图 3 塔形衍变图

图 4 索塔效果图

索塔为C50钢筋混凝土结构，索塔横梁为A类预应力混凝土结构。上塔柱采用等截面空心断面，顺桥向壁厚80cm，横桥向壁厚100cm；中塔柱采用等截面空心断面，顺桥向壁厚80cm，横桥向壁厚100cm；下塔柱采用变截面实心断面。

索塔斜拉索锚固点间距1.8m。由于钢锚梁传力途径明确，受力可靠，设计采用钢锚梁方案。钢锚梁为对称结构，通过底板上的销孔与牛腿栓接。钢锚梁采用箱形截面梁，梁体内沿纵向加设横隔板。在两端通过焊接钢锚箱来锚固斜拉索，钢锚箱焊接在锚梁两端的腹板上，同时在外侧通过锚下侧板与锚梁底板焊接。钢锚梁材料采用Q345qD。为抵抗边中跨斜拉索的不平衡水平力，在上塔柱塔壁内配置少量的预应力粗钢筋。

3 主桥结构总体静力计算

3.1 计算模型

全桥总体静力分析采用空间杆系程序，以理论竖曲线为基准进行结构离散，主梁和桥塔采用三维梁单元模拟，斜拉索采用只受拉桁架单元模拟，共划分单元306个，节点为400个。边界条件：主梁与索塔固结，过渡墩和桥台为双向活动，竖向约束；群桩基础采用等效桩长模拟。

3.2 施工阶段的划分

结合结构的施工流程，施工阶段共划分为136个阶段。主梁悬臂浇筑标准工序如下：

①移动挂篮，挂篮精确定位，并将当前斜拉索安装于主塔与挂篮上；

②第一次张拉斜拉索；

③浇注边肋混凝土；

④第二次张拉斜拉索；

⑤在已浇混凝土初凝前，浇注梁段其余部分混凝土；

⑥混凝土达设计强度90%且不少于5天后，张拉主梁施工用纵向预应力，随后张拉横向预应力；

⑦将斜拉索下锚点由挂篮转换至主梁上，并第三次张拉斜拉索。

3.3 主要计算结果

(1)刚度。活载作用下主梁竖向挠跨比为1/617<1/400，竖向刚度满足规范要求。

(2)反力。过渡墩顶支座和桥台处支座的竖向反力最大值为6 226kN，最小值为2 932kN，不会产生负反力。

(3)应力。混凝土主梁的应力验算主要考虑收缩、徐变的因素，分别对成桥后一年和成桥后十年2个状态进行验算。

1)主梁抗裂验算

主梁在短期效应组合作用下的最大拉应力为0.65MPa，对于A类预应力混凝土构件，小于规范规定的$0.7f_{tk}=1.918$MPa；在荷载长期效应组合下，主梁无拉应力产生，满足规范要求。

2)斜截面混凝土主拉应力验算

成桥一年状态短期效应组合下最大主拉应力为1.05MPa，成桥十年状态短期效应组合下最大主拉应力为0.92MPa，均小于$0.5f_{tk}=1.37$MPa，满足A类构件的抗裂性要求。

3)持久状况主梁混凝土压应力验算

按规范规定，在持久状况下，混凝土的最大压应力不大于混凝土抗压强度标准值的0.5倍，对于C55混凝土为17.75MPa。

4)持久状况主梁混凝土主压应力验算

成桥一年主梁弹性阶段下的最大主压应力为－16.99MPa，成桥十年主梁弹性阶段下的最大主压应力为－16.82MPa，均小于规范 0.6f_{ck}＝21.3MPa 的要求。

(4)斜拉索

斜拉索活载最大应力幅值为 109MPa(小于 200MPa)，为最后一对拉索。

斜拉索运营阶段最不利组合下，最大索力为 5 616kN，最小 2 698kN，安全系数均大于 2.5。

(5)钢锚梁

在最不利索力作用下，钢锚梁各板件受力复杂，尤其在各板件连接的地方存在应力集中现象，钢锚梁应力水平如图 5 所示。钢锚梁底板、腹杆、顶板的组合应力水平在 220MPa 之内。

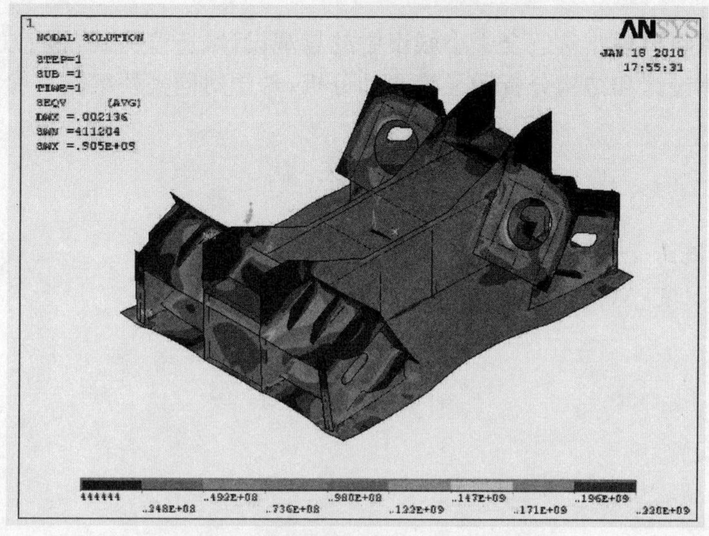

图 5 钢锚梁控制工况下的应力图

4 主桥结构稳定分析和自振特性分析

全桥采用空间模型，以二期恒载和活载为变量，使用 MIDAS/Civil 软件对桥梁运营阶段进行第一类稳定分析。第一阶稳定系数为 17.1，失稳形式为索塔纵向失稳，本桥由于索塔与主梁固结，结构稳定性能较好(见图 6)。

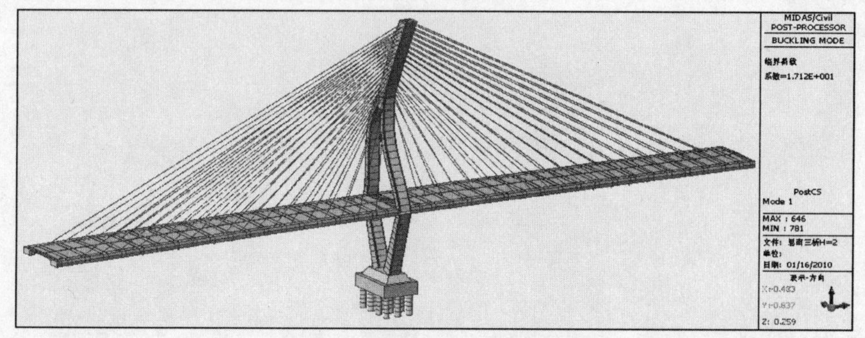

图 6 结构第一阶失稳形式

全桥采用三维梁单元、杆单元和边界单元建立空间模型，采用子空间迭代法进行结构的自由振动分析。

结构自振特性　表1

阶　次	频率(Hz)	周期(s)	振 形 特 点
1	0.139	7.20	主梁一阶横向摆动
2	0.323	3.09	主梁一阶反对称竖弯
3	0.495	2.02	主塔一阶横向弯曲
4	0.679	1.47	主梁一阶对称竖弯

由表1分析可知，第一阶振型为主梁的横向摆动，主要是由于过渡墩为双向活动支座，主梁的横向刚度较弱。

5 结语

小跨径的独塔斜拉桥非常适合中小城市中的景观设计，造型美观，施工方便。本文对贵州思南乌江三桥总体设计和结构分析做了简要的分析，希望对同类桥梁具有参考和指导意义。

参考文献

[1] 项海帆.桥梁概念设计[M].北京:人民交通出版社,2011.

[2] 范立础.桥梁抗震[M].上海:同济大学出版社,1996.

66. 桥梁结构的参数化建模

王　鹏　肖汝诚

（同济大学土木工程学院桥梁工程系）

摘　要：参数化建模在建筑设计中的应用逐渐增多。桥梁作为一种特殊的建筑形式，尤其适合参数化建模。本文提出了一种桥梁结构参数化建模的实用方法。该方法主要通过参数化造型软件建立参数化的三维几何模型，用于评估和发展和表达方案。本文分析了桥梁参数化模型的逻辑构成，简述了模型中桥梁结构部分和整体的描述方法，并以一个拱桥方案设计实例，阐明了建模过程和设计流程。

关键词：参数化设计　桥梁概念设计　建模

1　引言

在桥梁概念设计阶段，为了找到合理且有创新性的方案，设计者往往面临方案多样性和表达复杂性的挑战。传统设计流程是层层递进的。设计的初期需要生成足够的方案草图并进行比选。受时间和工作量限制，一般采用淘汰的方法，选取很少的方案进行细化设计。这样影响了方案的多样化。设计者把精力过多投入到绘图、计算以及方案表现等方面，而较少地针对具体问题进行原创性的设计。

参数化设计(Parametric Design)是把设计的限制条件，通过相关数字化软件，与设计的形式输出之间建立参数关系，生成可以灵活调控的数字模型[1]。按照这种方法，设计者工作在两个层面上：定义方案的逻辑结构和约束条件，以及在这个基础上寻找合适的方案实例(参数组合)。与非参数化的设计方法相比，参数化设计的优点包括：更全面地搜索设计的可行空间，利于找到更加适应条件的方案；帮助发现和建造新的形态；减少方案修改和重复利用的成本；有助于设计师理解设计对象[2]。但是参数化设计增加了设计者前期的工作难度，因为设计者需要更明确模型的逻辑以便能够顺利发展设计方案并与其他工作环节配合。

参数化设计方法在建筑设计领域发展迅速。在桥梁设计方面，该方法未形成成熟的体系。如果将桥梁结构作为建筑行业的一个分支，我们可以通过 BIM 技术的发展中找到一些与桥梁相关的内容。IFC-Bridge V2 Data Model 是一个开放的桥梁数据模型，被广泛用作 BIM 的数据交换格式。该数据模型的建立时间较早，目前有不少常见的 BIM 软件平台对其提供支持。但是它不支持参数化的几何对象。Ji 等着眼于将参数化的建模方法纳入目前的 IFC-Bridge

框架中，并提出了中性的数据模型用来描述几何和自由度约束[3]。Katz 根据 IFC-Bridge 模型和现有软件工具的情况探讨了建立桥梁参数化模型的两种方法：一种是建立三维实体模型，另一种是以桥梁轴线为参考系建立模型，并主张将两种方法结合使用[4]。此外，随着数字化建筑设计和施工技术的发展，一些设计者将新的设计方法用在桥梁项目上，产生了一些新颖的桥梁方案。有些项目用到了参数化设计相关的方法。

BIM 技术直接用于桥梁概念设计有诸多不便，这主要是由于设计初期处理的信息常常是不精确和不完整的。本文结合桥梁设计实践，探索了中小跨径桥梁的参数化建模方法。参数化模型通过几何建模软件来实现。

2 桥梁参数化模型的逻辑构成

桥梁与其他建筑形式相比，功能明确，结构有比较清晰的逻辑。桥梁主要结构将道路交通的荷载和自身的重量按照一定的方式传给地基，并且为桥下通行的水陆交通留出空间。从几何形状来看，桥梁通常是带状的，其轴线以道路线形为基准，沿长度方向有相对恒定的截面，以及反复出现的构件。所以，桥梁在方案设计阶段适合整体上采用参数化的方法建模。

桥梁主要结构的参数化几何模型由一系列代表构件的对象组合而成。整个模型是按照形体的生成逻辑组织的，构件之间并非平等，而是形成若干相互连接的链条。构件可以看成是封装的子结构，其组织方式和整体相似。这样的系统有两个优点：第一，按照形态生成关系描述桥梁结构与设计者的思维保持一致，有利于造型设计；第二，按照桥梁构件对模型的子集进行封装，便于程序的设计、交流和维护。

模型的主要参照系是道路曲线。主梁和梁上的附属结构可以以这条线为轨迹放样生成。梁的截面通常会沿长度变化，因此可以将多个截面排列在道路曲线上，形成截面脊椎（Section Spine）[5]作为放样生成形体的基础。桥塔、拱等主要结构以及桥墩、桥台等下部结构可以单独生成并结合地形放置在道路曲线合适的位置上。主梁沿长度方向可能有重复出现的构件，例如横梁、横隔板等。为了定位这些构件，可以建立一组竖向并垂直于桥轴线的参考平面。该平面与主梁和主要结构的轴线相交形成一组参考点。这些构件可以单独生成然后对齐到参考点。对于拱桥和悬索桥的吊杆、斜拉桥的拉索等构件，首先根据参考点定位两端的节点，然后连接形成。

图 1 概括了一般桥梁的主要结构的生成关系，建模时可以按照从左到右的顺序完成。对于不同的桥型，结构的生成逻辑也不完全相同。下文将通过一个拱桥设计的例子作为进一步说明。

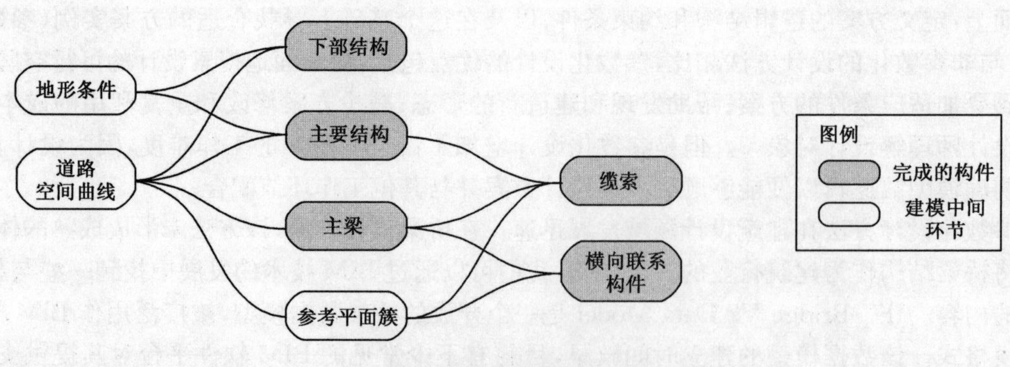

图 1　常规桥梁的主要结构生成关系图

模型中的参数可以分为三个层面:总体布置层面,结构层面,构件层面。修改总体布置层面的参数会影响较多的元素,修改结构层面的参数和构件层面的参数对模型的影响依次减小。

3　道路线形的参数化描述

道路平面线形和纵断面线形一般由总体设计给出,但是桥梁设计者也可能需要根据方案调整线形,并且希望线形调整之后桥梁结构模型能够自动适应。对于道路空间线形的精确参数化描述,是建立整个参数化模型的基础。

本文假定道路平面线形是给定的,仅考虑桥梁局部纵断面线形的调整。由于仅需要建立桥梁及其附近的道路,曲线的描述方法和参数的组合可能有多种方式。下面介绍本文采用的一种方法,见图2。

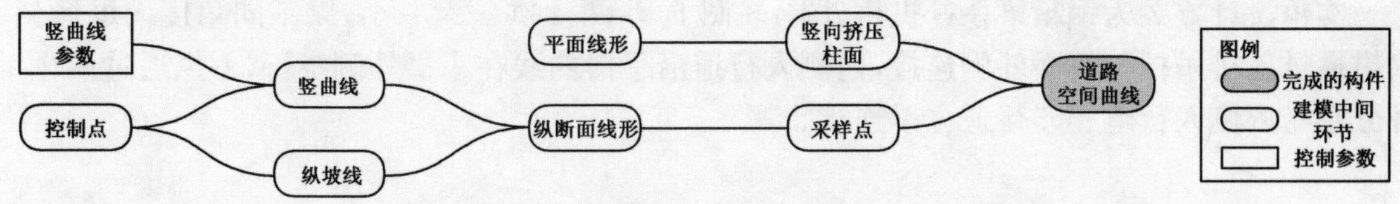

图2　道路线形的参数化模型框图

首先从道路图纸中获得平面线形和纵断面线形,然后在纵断面线形局部选取一些控制点,并根据设计数据分别参数化地重建曲线段和直线段。这样获得的纵断面线形包含了控制点位置和竖曲线参数两类参数。两个方向的线形单独确定之后,在平面曲线垂直拉伸的柱状曲面上放样纵断面线形。这一步本文采用了重新采样和样条曲线拟合的方法,在采样点足够的情况下可以保证所需的精度。

4　桥梁结构与构件的参数化描述

参数化模型一般采用"自上而下"的逻辑结构,首先建立笼统的结构,然后逐渐将结构细分,建立构件。概念设计阶段建立的模型应该考虑到与力学计算模型的衔接和方案表达的需要,因此虽然不必建立构造细节,但应该注意主要结构能够精确定位,并且有比较真实的外观。

桥梁结构的主要构件大多可以理解为杆状的,其截面沿杆的长度方向拓扑不变或变化较少。构件的外形主要采用"切片(Sectioning)"生成。所谓切片指的是由截面生成实体的方法。按照这一方法,为了建造一个构件,我们不是直接描述它的整体,也不是由内而外分层,而是沿一组曲线分解成一系列剖面[6]。切片建模的主要方法包括Loft放样、扫掠(Sweep)、拉伸(Extrude)等。为了与杆系有限元模型交互,构件在建模过程中保留两个端点和轴线。对于截面变化较简单的桥梁构件,可采用扫掠的方式建模。扫掠操作的输入是扫掠轨道和截面,扫掠轨道可以是杆状构件的抽象,取构件的截面形心或质心的连线。

桥梁主要结构的截面宜按设计的实际情况建立。构件截面可以根据需要选用参数化的模型。截面除了几何信息外,还可以包含其他参数,例如材料、密度、质量分布情况等。这些信息可以用于力学分析和造价估算等方面。

5　应用实例——昆山马鞍山路桥梁方案设计

5.1　设计条件和方案介绍

该项目是城市中心人口密集区域的跨河桥梁,项目的场地条件复杂:桥位处是河道交汇口，水面宽阔，路线与河岸斜交，桥位路线弯曲，桥梁需要跨越航道，还要实现道路立交。桥梁方案设计之前首先对道路线形尤其是东岸的道路立交进行了设计。桥梁正好位于平面曲线的中部，需要满足河流的通航要求，并且跨越东岸的道路。为了缩短相邻路口车辆绕行距离，需要尽量缩短引桥。因此，道路竖曲线应该根据桥梁方案的具体情况例如梁高适当调整。该桥桥位卫星图和设计线路平面图如图 3 所示。

图 3　桥位卫星图和设计线路平面图

本桥设计方案为钢箱梁系杆拱桥(图 4～图 6)。两片拱一大一小，以不同角度向外倾斜。大拱通过单排吊杆与桥面外侧连接，内侧人行道沿平滑曲线在小拱外侧绕行，小拱通过两排吊杆分别与内侧人行道和车行道主梁连接。

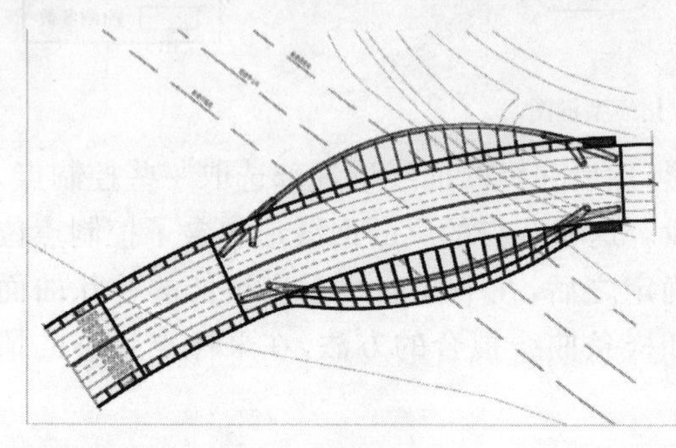

图 4　平面图

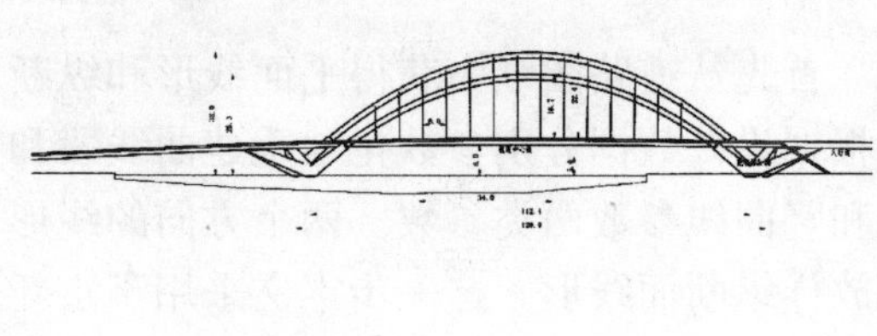

图 5　立面展开图

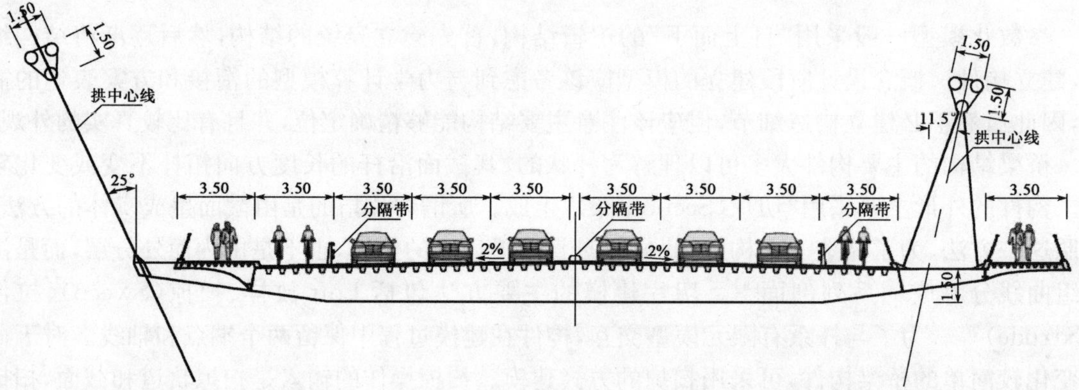

图 6　断面图

5.2　参数化几何模型

本方案的参数化模型是在 Grasshopper 中实现的。模型按照桥梁结构逻辑分为主梁和桥面、人行道、拱(两片)、拱座、吊杆、人行道横梁、栏杆等部分。图 7 概括了模型中的对象和其关键参数。

主梁由一系列截面沿道路空间曲线放样而成，其截面除了主要结构还可以包括桥面铺装、栏杆等构件。道路曲线是桥梁模型定位的主要参考系。基于主梁生成拱、拱座、分离人行道、参考平面簇等。在主梁和分离人行道之间建立人行道横梁。在主梁和拱之间建立吊杆。

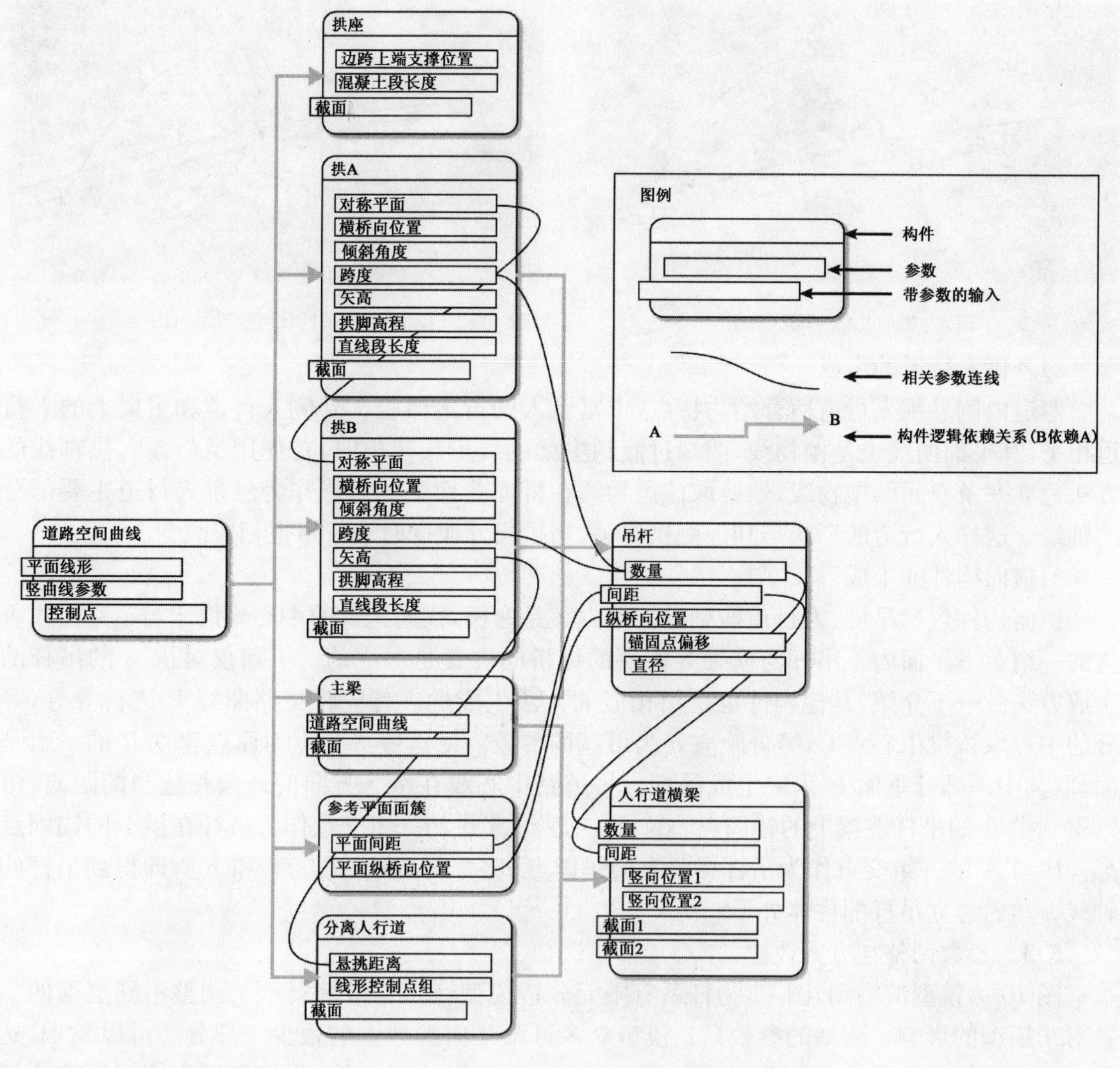

图 7　模型中的对象和设计参数关系示意图

1)斜拱的生成

拱的轴线是由中部的抛物线和两端的直线段组成的。在没有吊杆的区域采用直线段，这样受力合理，造型更有力度感。下面从几何层面介绍一下外侧拱的建模思路。

首先在道路曲线 R 上建立一个关键点 C 作为桥梁中心，R 在点 C 的切向量为 t，道路曲线过 C 的垂面 P 为桥梁的中垂面，桥梁的主要结构大致关于平面 P 对称。将 C 点沿平面 P 和水平面的交线移动距离 d_A，得到 C'。过 C'，以 t 为一个方向建立直线，再建立过该直线的平面 P_a，作为拱轴线所在的平面，P_a 与竖直线的夹角 α 作为拱的一个参数。在 P_a 上，以 P 为对称平面建立一条抛物线作为拱轴线的主要部分。

设定拱脚水平面。根据吊杆在拱上的锚固点截取抛物线，并将末端延伸至与拱脚水平面相交，有两个交点 E_1、E_2。

从 E_1 到 E_2 的曲线即为拱 A 的轴线，将拱的截面沿这条线扫掠即可得到拱 A 的几何外形。

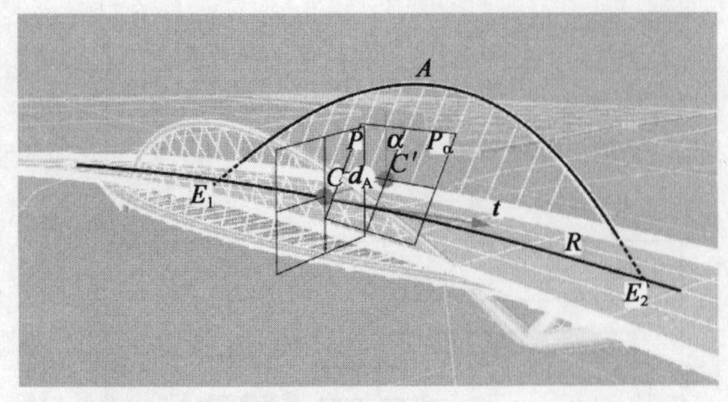

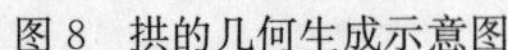
图 8　拱的几何生成示意图

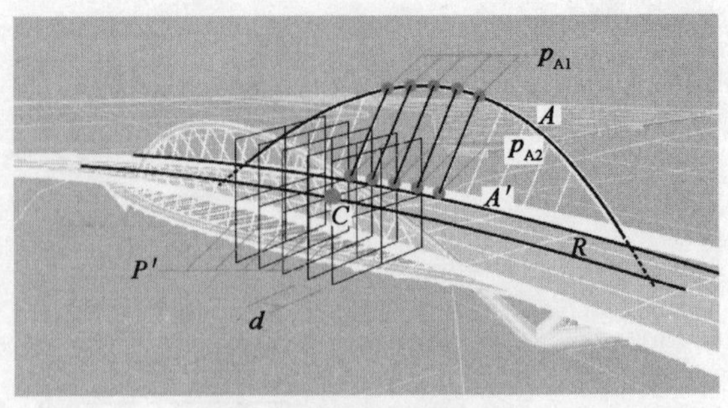

图 9　吊杆几何生成示意图

2)悬挑人行道的生成

弯道内侧悬挑人行道适合结构特点，丰富了人的行走体验。外侧人行道和主梁上的人行道相平，其平面曲线也是抛物线，两端过渡到主梁的线形。建模时，首先用类似建立拱轴线的方法建立一条空间的抛物线，然后取该抛物线在桥面曲面上的投影作为悬挑人行道主要部分的轴线。这样人行道的形状与和内侧拱有关，当拱尺寸改变时人行道也相应改变。

3)横向构件的生成

横向构件包括吊杆、人行道横梁等。本方案是弯桥，横向构件的中心线位于与道路曲线垂直的一组参考平面内。吊杆与横梁等构件的纵桥向位置是对应的。下面仅对拱 A 的吊杆的生成方法做一下介绍，其他构件也是用相似的方法生成的。首先将道路曲线 R 进行等分，等分的中点取桥梁中心点 C，等分距离 d 为可调的参数。以这些等分点为原点建立 R 的一组垂面，取其中一部分垂面 P'用来生成吊杆。将道路中心线在水平方向向外偏移适当的距离，可以得到拱 A 的吊杆在梁上的锚固点轨迹 A'。P'与 A 拱的一组交点作为吊杆在拱上的锚固点 p_{A1}，P'与 A'的一组交点作为吊杆在梁上的锚固点 p_{A2}。对应地连接 p_{A1} 和 p_{A2}，即得到吊杆的轴线。然后建立吊杆的柱体外形。

5.3　参数调整与方案改进

图 10 为模型渲染图，图 11 为杆系有限元分析模型，图 12 举例展示了调整不同层面的参数对于模型的影响。列举的参数只是模型众多可调几何参数中的很少一部分。可以发现，这样建立的模型对于设计条件的变化和方案的变动有很好的适应性；几何模型直接用于渲染效果理想。

图 10　模型渲染图

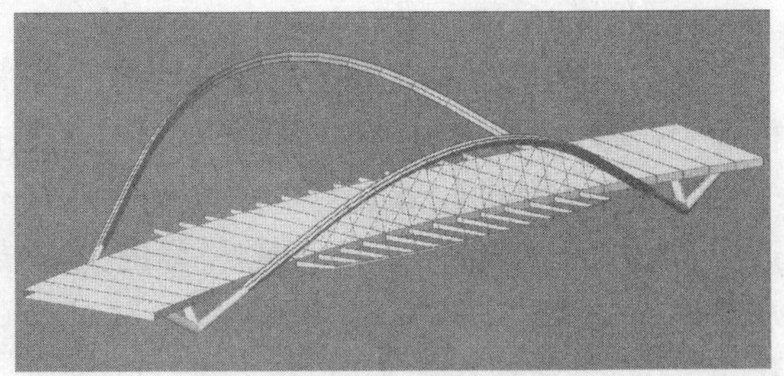
图 11　杆系有限元分析模型

拱的矢跨比和倾斜角度属于上文确定的方案关键结构参数。首先根据造型比例和与环境协调的标准来进行调整。

在初步限定结构尺寸关系的基础上，调整拱的抛物线方程，并调整拱的倾斜角度，得到不同参数的方案。选取其中比例最协调的方案作为结构计算的依据。将关键构件的坐标通过

Excel表格，导入到Midas Civil里建立节点，并通过Excel根据节点表格生成相应的单元表格，然后导入Midas Civil建立单元。修改自动建立的模型，完成力学分析模型建模。进行分析之后，可以根据分析结果再次对几何模型进行调整，并更新力学分析模型。

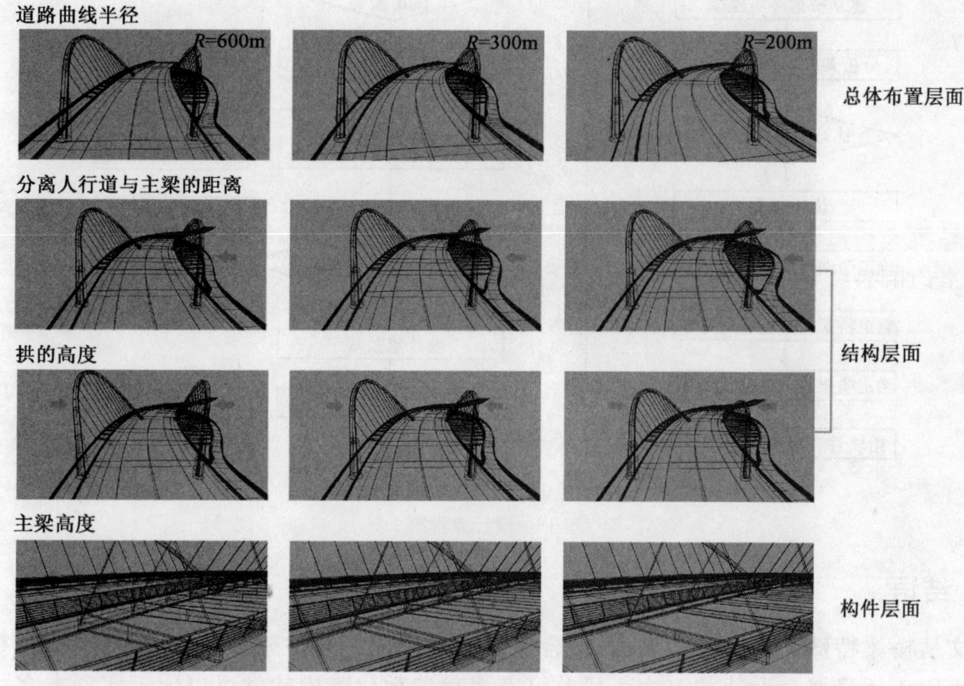

图12　调整不同级别的参数对于模型的影响截图

5.4　设计流程

本方案的设计流程保留了传统工作流程中一些必要的环节，例如方案构思和比选，结构分析等，并且发挥了参数化模型的优点。

(1)建立桥梁环境模型。

(2)分析条件，构思方案，绘制草图。

(3)方案比选，确定准备深化的方案。

(4)分析桥梁结构的组成，确定结构几何生成方式。

(5)确定桥梁结构主要构件的生成方式。

(6)建立参数化的桥梁几何模型。

(7)初步调整参数，使桥梁在视觉上合理，与环境结合良好。

(8)进行必要的结构计算和材料统计，以评价方案的力学性能和经济性能。

(9)再次调整参数。

(10)对方案重要的细节进行设计和研究。

(11)方案表达。

值得注意的是，虽然概念设计中可以遵循流程图(图13)上严谨的设计过程，但是由于建模提高了整体工作的效率，在方案比选的时候可以选择多个方案进行深化，并且在后续的设计和施工过程中，参数化模型都可以不断完善和修改，为各个环节提供数据。从整体来说，方案设计不再是单向和线性的。

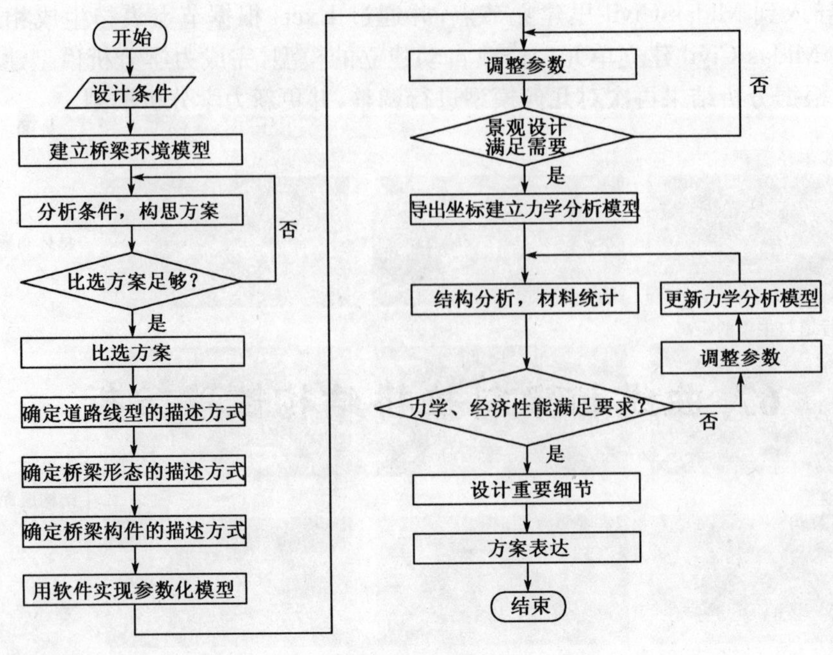

图 13　设计流程图

6　结语

本文从桥梁特殊的逻辑结构出发，结合参数化建模理论和桥梁设计思想，探讨了将参数化建模技术用于桥梁概念设计的方法。目前已有多种参数化建模软件可以用于实现本文所述的参数化模型，其操作方法可能有很大差别，但是思路和模型的逻辑结构是相通的。

参数化设计条理清晰，功能强大，便于修改，目前在一些大型的、复杂的项目中，已经成为解决方案中不可缺少的部分。如果将其应用于标准化的桥梁设计，可以大幅提高设计效率。对于独特的桥梁方案，建立参数化模型带来了方案优化程度、复杂设计的精确性、工作协调性、造型创新性等各方面的优势。

桥梁概念设计内容广泛，参数化技术在该领域有很好的应用前景。推广参数化设计方法既需要完备实用的设计理论，又需要高效易用的工具。本文侧重于设计理论研究，建议后续的研究针对设计工作实践的需要在软件工具开发和应用方面作出努力。

参 考 文 献

[1] 高岩.参数化设计——更高效的设计技术和技法[J].世界建筑，2008.

[2] Robert Aish, R.W. *Multi-Level Interaction in Parametric Design*. in *Smart Graphics*. 2005.

[3] Ji，Y.，A. Borrmann，and M. Obergriesser. *Toward the Exchange of Parametric Bridge Models Using a Neutral Data Format*. 2011. Miami，Florida：ASCE.

[4] Katz，C.，*Parametric Description of Bridge Structures*. IABSE Symposium Report，2008. 94(18):17-27.

[5] Arthaud，G. and E. Lebegue. *IFC-BRIDGE V2 Data Model*. 2007，2.

[6] Iwamoto，L.，*Digital fabrications：architectural and material techniques*. 2009：Princeton Architectural Press.

67. 曲线箱梁斜拉桥结构性能分析

刘志权[1]　阮　欣[1]　汪　军[2]

(1. 同济大学桥梁工程系；2. 四川省交通运输厅公路规划勘察设计研究院)

摘　要：曲线箱梁斜拉桥是一种主梁由曲线箱梁组成的斜拉桥，其既有弯桥的受力特点又有斜拉桥的结构性能，是一种受力极为复杂的桥梁结构形式。利用板单元、索单元、实体单元及杆系单元相结合的空间有限元模型对曲线箱梁斜拉桥的受力性能进行了全面的研究。分析了曲线箱梁对斜拉桥支反力分布、斜拉索受力状态、主梁变形情况及桥塔受力性能的影响，并研究了不同曲线半径对结构的影响。针对其受力特性提出了在曲线箱梁斜拉桥设计中需要注意的设计计算要点。发现曲线箱梁斜拉桥可以通过调整曲线内外侧索力的不平衡性来消除主梁在恒载下扭转效应，活载的扭转效应由主梁的扭转刚度和拉索的不平衡索力共同承担，能使主梁达到较理想的受力状态。这种设计思路可为其他同类桥梁的设计分析提供一定的借鉴和参考。

关键词：曲线箱梁　斜拉桥　空间有限元　曲线半径

1　引言

随着我国交通事业的大力发展，尤其是近几十年来高速公路、高等级公路、城市高架道路的日益建设，弯桥得到了越来越广泛的应用。由于弯桥的设计计算和结构受力特性较直桥复杂很多，因此在以前的桥梁建设中都会减少采取曲线梁的方案，尤其是大跨径桥梁更是尽力采用各种措施避免弯桥的建设，有时甚至会因此更改道路路线的选择。但是，随着结构计算分析能力的提高和桥梁建设技术水平的改进，近些年已经有越来越多的地方采用了弯桥方案。相比与直桥而言弯桥受到地貌、地形、桥位等因素的制约性更小，可以更好的适应拟建桥址特征，做到够因地制宜，实现美观与经济的双重目标。

曲线箱梁斜拉桥是桥位处于道路走向为曲线型的斜拉桥，为了满足行车方向与道路走向一致而采用了曲线箱梁，有些文献也称之为“斜拉弯桥”。这种桥梁即呈现明显的弯桥特点，同时也是内部多次超静定的缆索承重体系，因此其结构受力较为复杂，呈现高度的空间特性。

曲线箱梁斜拉桥的荷载主要由桥面系经斜拉索传递给桥塔，再由桥塔传递至基础，小部分荷载由桥面系经支座传递给墩台，再由墩台传递至基础。一般恒载作用下主梁的扭转效应可通过内外侧索力差进行平衡，而活载的扭转效应则有主梁和拉索共同承担。在有索区段每一对斜拉索都对主梁提供一对弹性支撑，能够有效的限制主梁的扭转变形，在无索区段支座也能限制这种扭转变形，因此其弯扭耦合的效应较弱。所谓弯扭耦合效应是指弯曲会增加扭转效应，扭转又会增大弯曲效应。一般的曲线梁桥由于支座沿纵桥向的距离较大，主梁的扭转变形较大，弯扭耦合效应十分明显。

由于受到主梁曲线特性的影响，梁体在曲线内外侧的受力出现较大的差别，内外侧支座的支反力也会有明显的不对称现象。同时曲线外侧拉索的索力会明显大于曲线内侧的索力，在汽车偏载作用下这种效应尤为明显。这种不对称的索力传递给桥塔以后会引起桥塔受力的不对称性。桥塔所承受的横桥向弯矩大于一般斜拉桥，这使得桥塔同时受到横桥向弯矩、横桥向剪力、纵桥向弯矩、纵桥向剪力、竖向轴力，并且随着索塔锚固区构造方式的不同还会受到不同程度的扭矩作用。此类桥塔的受力较一般桥塔复杂很多，一般其主要的受力模式为典型的双向偏心受压模式。

在温度荷载作用下主梁的变形既有切向变形又有径向变形，活载的偏载效应较一般斜拉桥更大，支反力分布更不均匀。这些特点使得曲线梁桥的结构受力十分复杂，也极大的增加了曲线梁桥设计、施工及计算分析的难度。

2　曲线箱梁斜拉桥设计的构造与计算特点

本文以某独塔双索面斜拉桥作为背景。该桥跨径布置为 150m＋150m，主梁采用曲线形闭口截面钢箱梁，桥塔采用 H 形混凝土桥塔，引桥采用 60m 混凝土箱梁与斜拉桥衔接，大桥处于 3 400m 半径的平曲线内。结构体系采用半漂浮体系，塔柱下横梁顶面设置混凝土挡块，钢箱梁底部设置牛腿，在混凝土挡块及钢牛腿间设置支座，约束纵向、竖向及横向位移。过渡墩处对钢箱梁进行横向及竖向约束。全桥长 300m，桥梁中线所对应的圆心角为 5.047 8°，全桥设置 22 对斜拉索，斜拉索沿主梁纵向间距为 12.8m，钢梁划分为 23 个梁断，标准梁段长为 12.8m，纵向对称布置。横隔板沿径向布置，纵向间隔 3.2m。

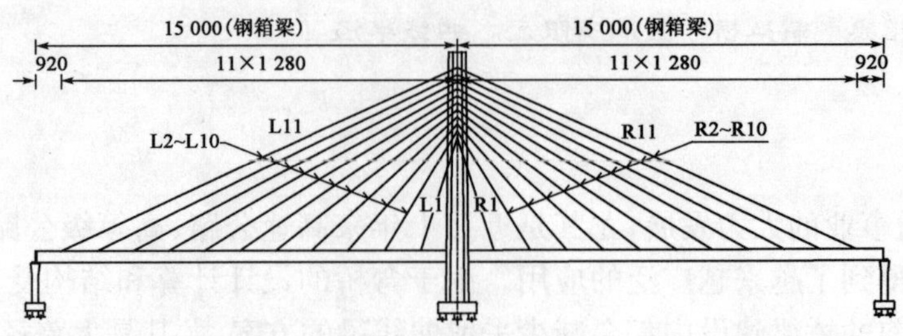

图 1　桥梁总体布置图

结构计算分析采用了空间有限元法进行，利用大型通用软件 Ansys 完成。采用板单元模拟主梁，索单元模拟斜拉索，杆系单元模拟桥塔完成了结构总体受力性能分析，该模型可以更好地将箱梁的翘曲、畸变、剪力滞等效应考虑的计算中；并采用实体单元单独建立桥塔模型完成桥塔结构分析；模拟了关键施工步骤对结构的影响。该方法能够更加准确的计算各种复杂结构的受力状态，是目前弯桥计算分析精度较高的种方法之一。

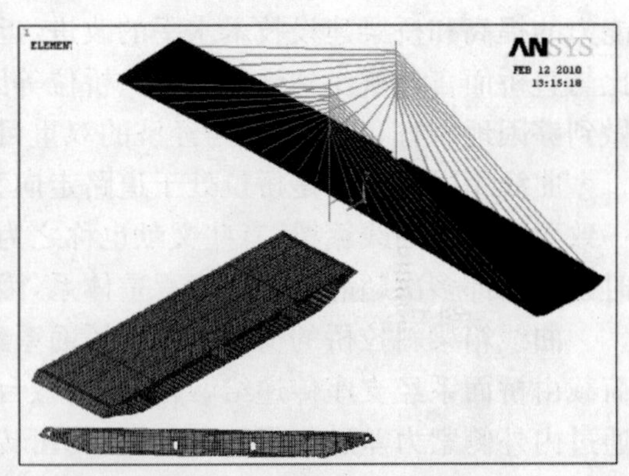

图 2　空间有限元总体计算模型

为了研究不同曲线半径对桥梁结构的影响，分析了不同曲线半径下桥梁结构的受力状态。分别选取了 $R=\infty$（即直桥，以下称为模型一）、$R=3\ 400\text{m}$（背景桥设计值，以下称为模型二）和 $R=1\ 000\text{m}$（高速公路最小值，以下称为模型三）三种半径进行分析比较。计算分析模型均采用板单元、索单元与杆系单元相结合的空间有限元法进行。

为了便于研究在不同半径桥梁的计算中将施工过程简化为以下四个工况。工况一：主梁施工，并施工 35%铺装荷载；工况二：架上张拉拉索；工况三：拆除支架；工况四：铺设剩余的 65%铺装，达到成桥状态。其中铺装分两次铺设是为了研究平曲线半径对结构性能影响而设的虚拟工况，不代表实际施工措施。在分析中工况二采用相同调索准则并获取合理张拉索力，索力目标是抵消自重及 35%铺装荷载。在研究过程中发现在不同半径条件下主梁和主塔的相对位置对主塔的横向受力影响很大。为了保证主塔的受力状态相近，通过试算将主梁和主塔的相对位置进行了修正。相对于背景桥原设计（$R=3\ 400\text{m}$），直桥主梁安装位置需向内侧移动 90cm，$R=1\ 000\text{m}$ 时主梁安装位置需向外侧移动 260cm，并在此基础上展开了下文的分析研究。

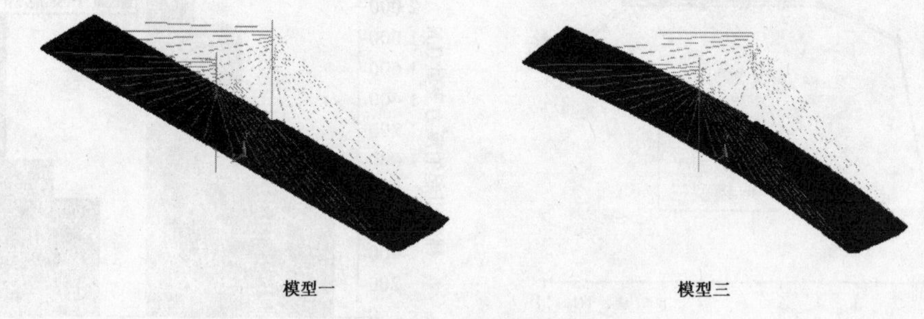

图 3　不同曲线半径计算模型示意图

3　对结构支反力的影响

为了便于计算分析比较，在模拟满堂支架工况时只在主梁拉索锚固位置设置竖向支撑。在支架拼装钢梁的过程中各计算模型外侧临时支撑的反力如图 4 所示，模型二的外侧反力略大于模型一的外侧反力，模型三的外侧索力略大于模型二的外侧反力。这表明随着结构曲线半径的减小这种内外侧反力的不均匀性会增加，但这种不均衡相对于支反力的绝对值很小。在施加桥面铺装均布荷载后结构支座反力会体现出较明显的不均衡性，且半径越小，这种不均衡性越明显，结构体现出一定的扭转效应。

图 5 为模型二和模型三在施加二期铺装时内外侧支反力增量，内外侧增加量存在着较大的差值，在端支点处模型三的差值大于模型二的差值，但在中支点处模型三的差值小于模型二的差值，同时模型三在端支点和中支点的差值变化大于模型二。这说明随着曲线半径的减小，支反力的分布越趋于复杂，不同位置的支反力分布规律也会有较大的差异。模型三在成桥状态下端支点出现的不均衡反力为其反力绝对值的 20%左右，这也体现了结构受力的复杂性。

4　对斜拉索的影响

在施工过程中外侧拉索的索力明显大于内侧拉索的索力，图 6 为在施工关键工况下外侧拉索与内侧拉索的应力差，很容易看出结构在恒载作用下内外侧拉索的索力有明显的不均衡性。随着二期铺装等荷载的施加这种不均衡效应会不断增大。这种索力的不均衡性在支座附近以外的拉索中均体现出将强的规律性，即越靠近跨中位置不均衡性越强，但支座附加的拉索由于受到支座不平衡力反力的影响其规律性不强。

桥梁运营过程中在汽车荷载作用下拉索的不均衡性会有所增加。图 7 是在三种不同汽车荷载工况下内外侧拉索应力差示意图。在对称荷载作用下外侧索力比内侧索力稍大，但差值很小；在内侧偏载作用下外侧拉索的索力小于内侧索力，最大的应力差值可达到 38.5MPa（约为汽车荷载引起拉索应力的 27%）；在外侧偏载作用下外侧索力明显大于内侧索力，最大索力差值可以达到 46.3MPa（约为汽车荷载引起拉索应力的 31%）。由此可见外侧偏载产生的索力差略大于内侧偏载时的索力差，这与恒载效应的趋势相同，这比直线斜拉桥的偏载效应影响略大。这种索力不均衡现象沿跨径方向的分布有所不同，在跨中位置最明显，支座附近差值较小。这是由于曲线梁内外侧支座的不均衡反力可以消除部分主梁的扭转效应，从而改善支座附近的索力差。

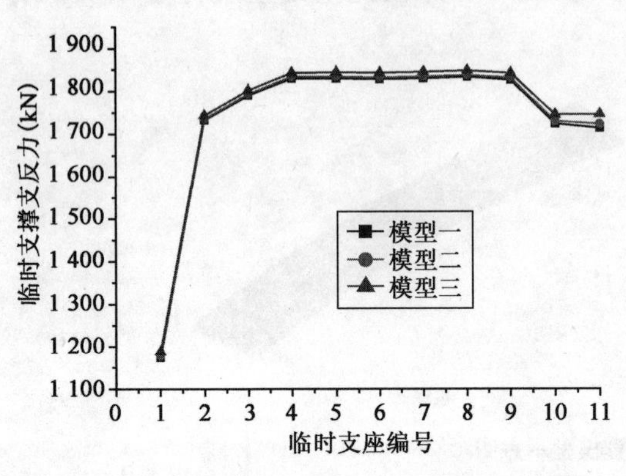

图 4　支架安装箱梁时临时支撑反力对比图

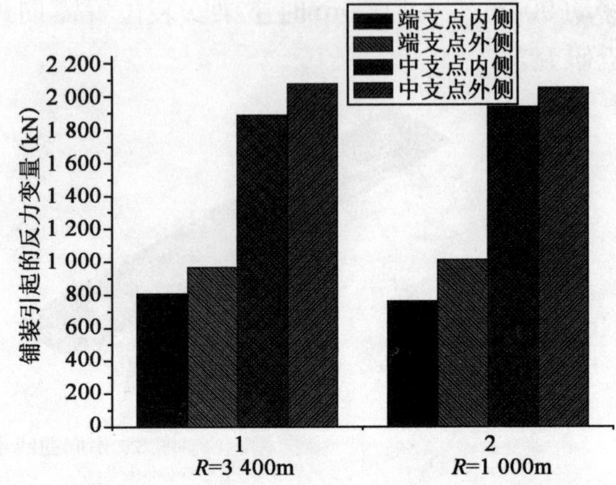

图 5　不同位置不同模型不均衡反力对比图

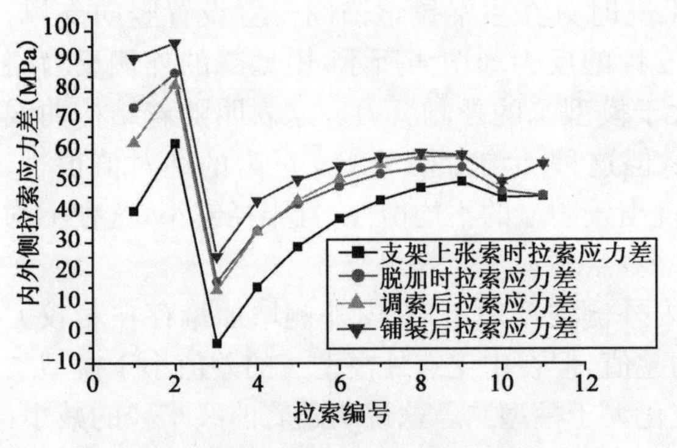

图 6　施工过程中内外侧拉索应力差

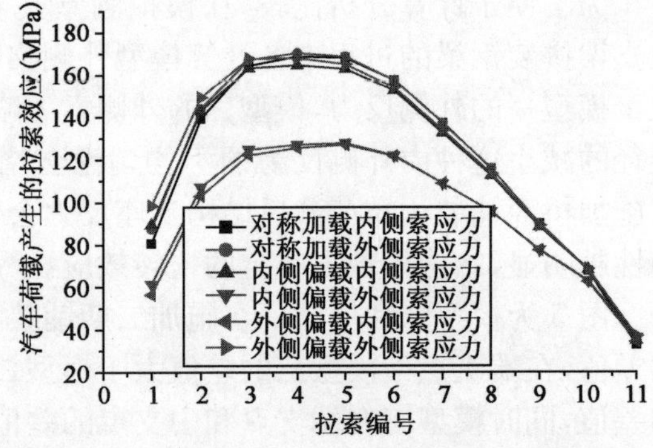

图 7　汽车荷载作用下内外侧拉索应力差

在施工过程和成桥状态下，不同曲线半径条件下内外侧拉索的索力差也有所不同。图 8 为不同模型在成桥状态下外侧拉索的应力值，由图中的曲线可知，成桥状态下模型三外侧索力最大，模型一外侧索力最小。图 9 为模型二和模型三外侧拉索应力与模型一外侧拉索应力差的比值，分析结果表明模型二的外侧拉索应力相对于模型一增加了 0.5%～4%，模型三的外侧拉索应力相对于模型一增加了 1.5%～9%。

这说明随着结构半径的减小外侧拉索的应力值增大，内侧拉索的应力值减小，这种效应对于每根拉索的影响程度各不相同，支座附近的拉索由于受到不均衡支反力的影响索力变化与其他拉索略有不同。对于背景桥梁不同曲线半径对拉索应力的影响在10%以内。在结构设计中当曲线半径很小时应充分考虑这种不均衡性的影响。

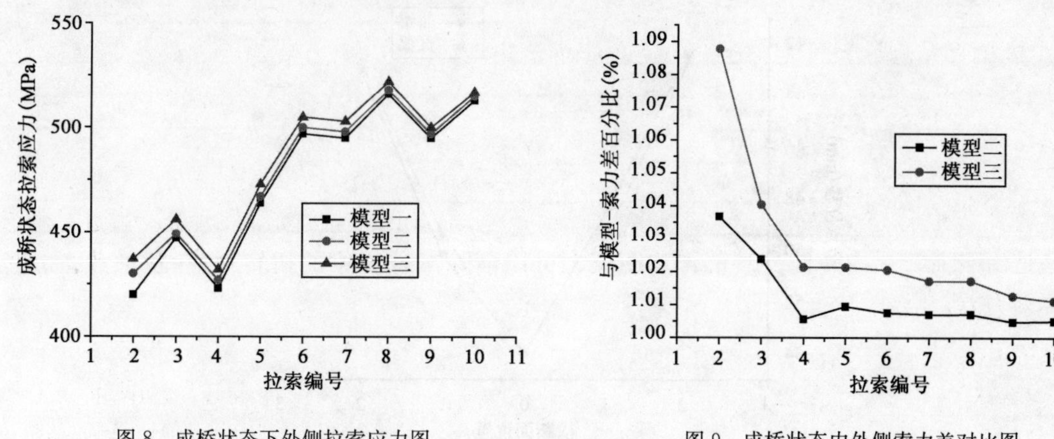

图8　成桥状态下外侧拉索应力图

图9　成桥状态内外侧索力差对比图

5　对主梁的影响

主梁在荷载作用下会出现一定的扭转变形。图11为成桥状态下主梁横截面不同位置节点的竖向位移图，图中给出了主梁断面五个不同位置的竖向位移曲线，五点的位置如图10。

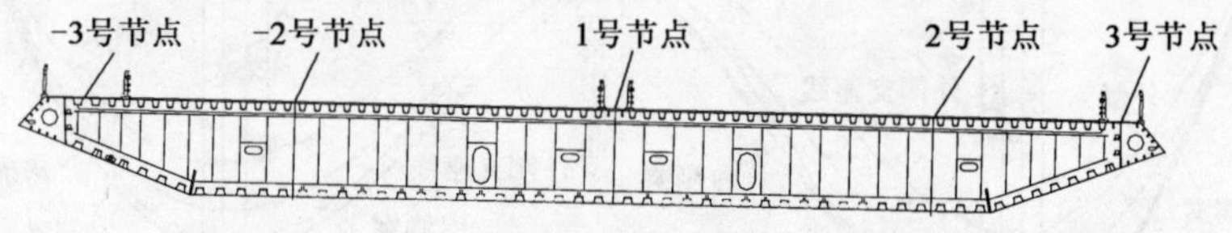

图10　关键位移节点示意图

由图可知内外侧拉索锚固位置的主梁竖向位移基本相同，内外支座中心线位置主梁的竖向变形也较为接近，且这四个位置的位移均小于中心线位置，这表明主梁的位移基本沿结构中心线对称。图12给出了主梁跨中位置这五个点在直桥状态和弯桥状态下位移情况，弯桥会有一定的扭转变形，但非常小。

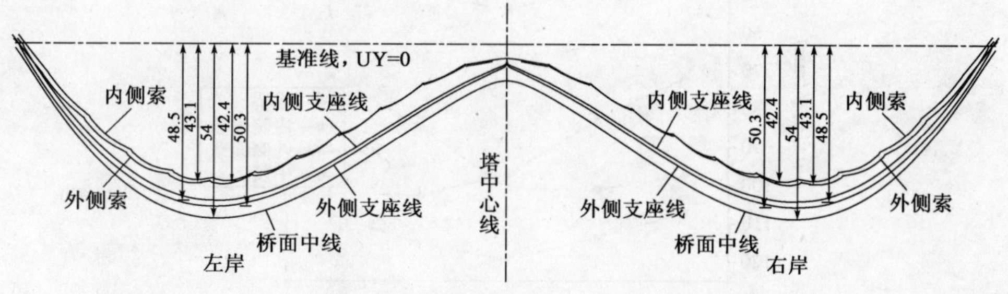

图11　成桥状态主梁位移(尺寸单位：mm)

在汽车荷载作用下主梁表现出较明显的扭转现象，尤其是在偏载作用下，扭转变形更明显。图13为在内侧偏载作用下主梁沿横断面不同位置节点的竖向变形，内侧各点的位移明显大于外侧对应各点的位移。图14给出了在不同汽车荷载作用工况下跨中截面五个关键点的位移图。在汽车荷载对称布置情况下主梁略有扭转变形，但扭转变形很小。在偏载作用下主梁出现了明显的扭转变形，这种变形规律与直桥的相似，且其扭转变形的形变量较直桥稍大，但不超过4%。

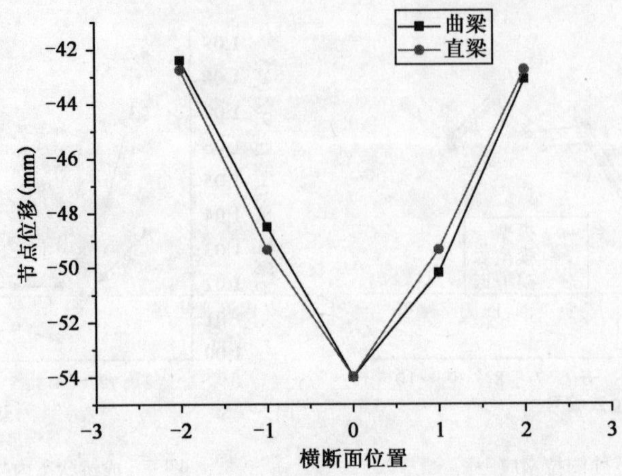

图12　成桥状态主梁跨中断面位移(单位:mm)

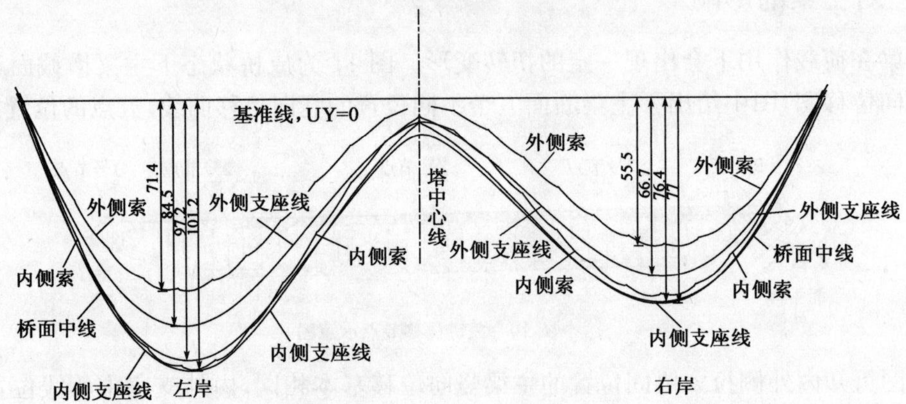

图13　内侧偏载下主梁位移(单位:mm)

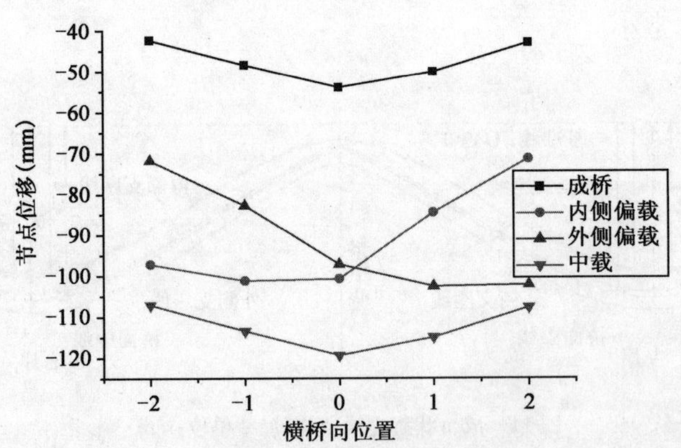

图14　汽车荷载下主梁跨中断面位移(单位:mm)

不同曲线半径下主梁沿横向不同位置节点的竖向位移响应分析结果表明：在拆除支架后曲线梁会出现一定的扭转现象，即横截面对称位置节点的竖向位移略有差异。图15为模型一成桥状态主梁横断面不同位置节点的竖向位移曲线，图 16 为模型三成桥状态主梁横断面不同位置节点的竖向位移曲线，模型二的位移曲线见图 11。对比这三张主梁位移曲线图可以发现，模型一的横截面上对称节点的位移基本相同，模型二的横断面上对称节点的竖向位移略有不同，呈现出了轻微的扭转效应，模型三的这种扭转响应更加明显。这表明主梁的扭转效应会随着结构半径的减小而趋于明显。同时活载的偏载作用还会增加这种扭转效应，其影响程度也会随着半径的减小而增大。但总体而言主梁的扭转变形相对主梁的弯曲变形很小，这主要是拉索的不平衡力削弱了主梁的扭转效应。

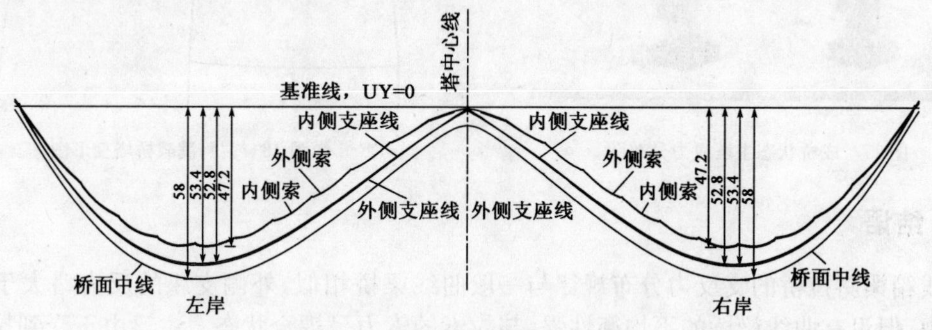

图 15　模型一成桥主梁位移图(单位:mm)

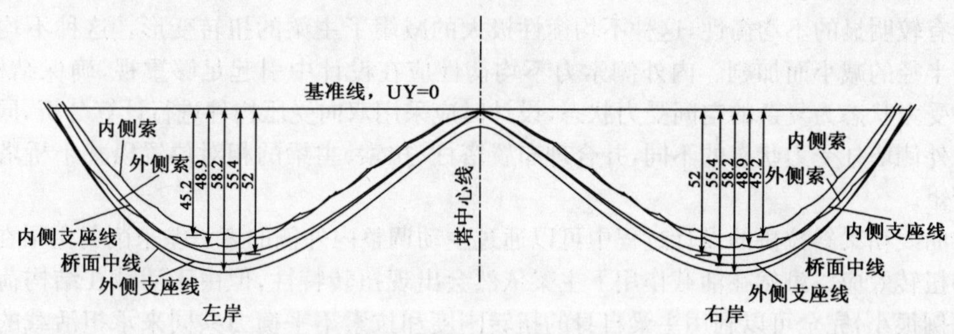

图 16　模型三成桥主梁位移图(单位:mm)

6　对桥塔及基础的影响

桥塔的受力状态和桥塔、主梁及拉索的相对位置密切相关，当拉索索面均在塔柱曲线内侧或均在塔柱曲线外侧时，塔底基础需承受较大的水平力和横向弯矩荷载。一般在设计中可将 H 型桥塔的两根塔柱之间的距离适当增大，使内、外侧索力均落在两根塔柱之间，这样可以有效地减小基础受到的水平力和横向弯矩。

图 17 为成桥状态下外侧塔柱的竖向应力分布图，塔柱外侧应力远小于内侧的压应力。为了缓解横桥向弯矩的效应，本桥在桥塔外侧配置了大量的竖向预应力钢束；如果不计入预应力效应则桥塔外侧会有现大面积出现开裂的可能。图 18 为汽车主跨加载时主塔的横桥向位移和纵桥向位移，主塔处于明显的双向弯曲状态。此时外侧塔柱的横向弯矩为 20 779kN·m，纵向弯矩为 72 057kN·m，横纵向弯矩比约为 1∶3.5。同时内外塔柱的受力状态也略有不同，其塔顶的位移具有不均衡性，且这种不均衡性会随着曲线半径的减小而加剧。在曲线箱梁斜拉桥的设计过程必须充分考虑横向弯矩效应，并考虑内外侧桥塔受力状态的差别，需要详细的空间分析计算作为设计依据。

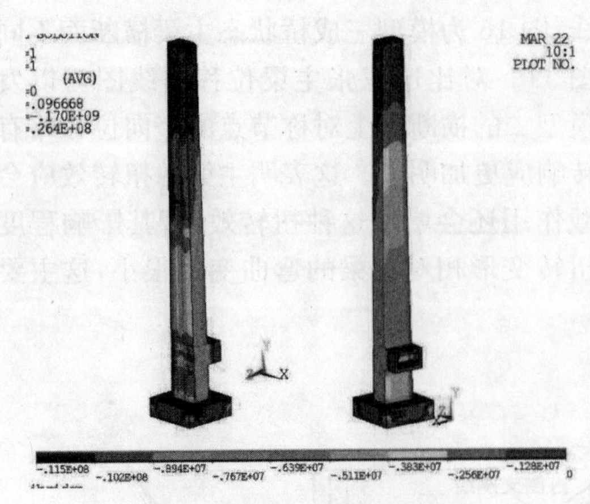
图 17　成桥状态主塔应力分布图

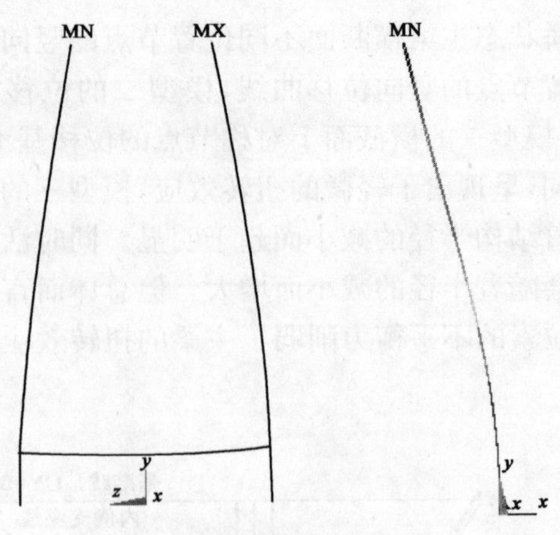

图 18　主跨满载桥塔变形图

7　结语

曲线箱梁斜拉桥的支反力分布规律与一般曲线梁桥相似，外侧支座的反力略大于内侧支座的反力，但没有曲线梁桥的不均衡性强，与拉索的索力呈耦合状态。主梁由于受到拉索的约束其空间扭转变形较小，设计时无需采用特殊的构造措施防止主梁的扭转变形。内外侧拉索的索力有较明显的不均衡性，这种不均衡性极大的减缓了主梁的扭转变形。这种不均衡性随着曲线半径的减小而加剧。内外侧索力不均衡性应在设计中引起足够重视，确保结构安全。桥塔的受力状态为复杂的空间受力状态，设计时应采用双向受压构件进行计算分析，同时应注意到内外侧塔柱受力状态的不同，并合理布置塔柱、拉索、主梁的相对位置以减小桥塔基础的横向弯矩。

在曲线箱梁斜拉桥的设计过程中可以通过主动调整内外侧的索力差来削弱主梁在恒载作用下的扭转效应。虽然在活载作用下主梁依然会出现扭转特性，但由于活载在结构荷载中所占的比例很小，完全可以利用主梁自身的扭转刚度和拉索不平衡力共同来承担活载的扭转效应。这种方法可以有效地降低主梁的扭转效应。

参 考 文 献

[1] 刘铁林，许传贵，刘泓，等. 斜拉弯桥有限元分析模型的对比研究[J]. 沈阳建筑大学学报(自然科学版)，2010，26(5)：838-842.

[2] 陈志亮. 弯桥设计浅谈[J]. 中国科技信息，2011，(2)：61-63. DOI：10. 3969/j. issn. 1001-8972. 2011. 02. 016.

[3] 王钧利，贺拴海. 大跨径弯桥圆心角对其内力、位移及稳定性的影响[J]. 交通运输工程学报，2007，7(3)：86-90.

[4] 王钧利，贺拴海. 高墩大跨径连续刚构弯桥全过程非线性稳定分析[J]. 长安大学学报(自然科学版)，2008，28(3)：49-52.

[5] 李宁，徐栋. 空间网格模型分析箱梁弯桥性能[C]//第七届全国土木工程研究生学术论坛论文集. 2009：1-5.

[6] 林泉. 预应力混凝土弯桥的空间受力特性分析研究[D]. 浙江大学，2006.

三、施工与控制

68. 大跨度公路桥梁建造新技术与展望

张　鸿　张永涛　游新鹏

(中交第二航务工程局有限公司)

摘　要：随着越来越多的大跨度桥梁建设实践，世界桥梁建造技术发生日新月异的变化。尤其近十年来，各类桥梁的跨径记录屡屡被刷新。中国大跨径桥梁建设浪潮为世界大跨度桥梁的发展作出了重要贡献，其所取得关键技术成就世界瞩目。其中苏通大桥成功建设使中国一举加入世界桥梁建设先进行列。正在建设的港珠澳大桥规模之巨，难度之大，在世界桥梁发展史上前所未有。本文总结了中国近年来大跨度桥梁建造技术的发展现状、创新技术和工艺，分析了今后大跨度桥梁建造技术的发展趋势。

关键词：大跨度　梁桥　悬索桥　斜拉桥　拱桥　新技术　展望

1　概述

大跨度桥梁建设技术水平是评估一个国家桥梁建造能力的重要依据之一，桥梁跨度更大化也一直是桥梁工程师的梦想。主跨 1 088m 的江苏苏通大桥实现了斜拉桥的千米跨越，重庆朝天门大桥以 552m 跨径创造了新的拱桥世界纪录，杭州湾跨海大桥为世界最长的跨海通道工程，国外正在设计中的意大利墨西拿海峡大桥更使悬索桥的跨径记录上升至 3 300m。我国大江大河纵横交错，近海岛屿多，西部山高谷深，为大跨度桥梁提供了宽广的舞台。近 10 年来，随着我国经济的发展，越来越多的大跨度桥梁在跨越江、海、峡谷时得到应用，无论梁桥、拱桥还是斜拉桥、悬索桥，跨度记录屡屡刷新，中国大跨度桥梁建设规模空前，涌现许多新方法、新工艺、新设备。以我国大跨度斜拉桥、悬索桥、拱桥、梁桥建设为背景，回顾总结近 10 年来大跨度桥梁在基础和上部结构建造技术方面的发展历程。

2　基础工程

2.1　锚碇基础

1)重力式锚碇基础

根据目前的施工工艺，重力式锚碇基础施工通常采用沉井和支护开挖 2 种工艺。日本明石海峡大桥锚碇采用地下连续墙支护开挖工艺施工，国内自 1996 年江阴大桥北锚碇沉井基础顺利实施以后，陆上沉井基础施工技术已日趋成熟，已作为一项成熟技术在泰州大桥南北锚碇、南京四桥北锚碇等工程中应用。支护开挖工艺在近10年来发展迅速，不断刷新开挖深度，开拓出许多创新技术。对重力式锚碇基础围护结构设计与施工技术方面的进展进行以下阐述。

(1)润扬长江公路大桥北锚碇基础

润扬大桥北锚碇地处长江滩地，距长江北大堤仅70m。覆盖层平均厚度45m，主要由流塑状淤泥质黏土和松散状中细砂组成，其地下水与长江水力密切联系，相互渗补，地质水文条件极为复杂。基岩岩面起伏较大，若基础采用沉井形式，会带来施工周期长、费用高、全断面着岩困难等问题，因此采用了地下连续墙围护结构进行基础施工。在进行地连墙围护结构设计时，考虑了圆形、矩形基坑2种方案，在保证运营过程中减少锚碇前部强风化基岩应力的前提下，圆形地连墙基坑方案工程量较矩形地连墙基坑方案高出25%；且圆形地连墙方案要求墙厚不小于1.5m，限于当时国内施工设备能力仅能满足1.2m厚地连墙施工，最终采用矩形地连墙围护结构。

北锚碇矩形基坑长69m，宽50m，最大开挖深度50m，平均深度48m。基坑围护采用1.2m厚地下连续墙，平均深度53m，平均嵌岩深度4m，沿深度方向布置11道钢筋混凝土围檩及支撑，基坑内布置16根φ1.2m和16根φ0.6m钢管混凝土立柱桩，围护结构示意如图1所示。

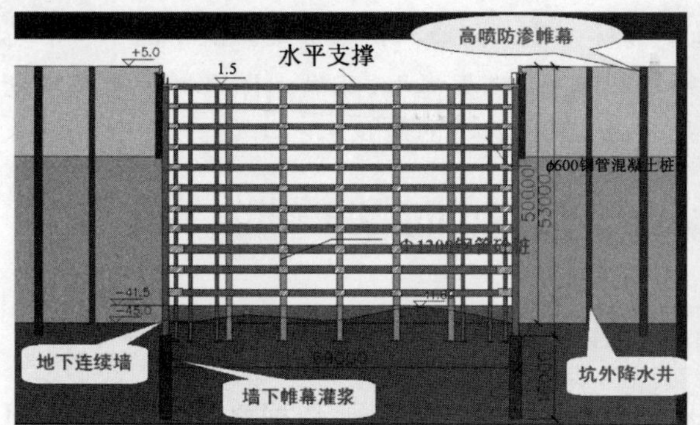

图1　润扬大桥地下连续墙矩形围护深基坑工程(尺寸单位：mm)

基坑设计中采用了空间弹塑性理论分析方法，1.2m厚地连墙加基坑内支撑结构可满足开挖50m深基坑结构受力要求。研发了复杂地质条件下矩形地连墙围护结构的成槽、成墙新技术和槽段接头新工艺，创造了大深度嵌岩地连墙成槽、100t重钢筋笼制安多项施工新记录。采取槽段接头防渗、墙下防渗帷幕、坑外高喷桩防渗帷幕、坑内降水及坑外降水等综合技术措施保证了基坑的干施工条件，坑内最大降深达50m。采用了人工智能和变形反分析的方法，对施工过程进行了动态预测和控制，使信息化施工技术达到新的水平；采取综合措施控制嵌岩地连墙的变形，满足地连墙墙体暴露面形成支撑的时限要求；基坑开挖过程中墙体变形最大为13.2cm，最大相对位移为开挖深度的0.265%，最大变形属中偏小。

润扬大桥北锚碇基坑将我国大型深基坑深度纪录由29m改写为50m，实现深基坑领域的跨越式发展。由于基坑混凝土垂直输送最大落差达50m，为保证混凝土质量，研制出大落差混凝土输送防离析装置。基础底板尺寸为66.6m×47.6m×5m，体积为15 800m^3，采用不设后浇带一次浇筑混凝土的新工艺。

(2)阳逻长江公路大桥南锚碇基础

随着国内液压铣槽机能力的提升，阳逻大桥南锚碇基坑围护结构采用了圆形深基坑地连墙方案，其结构主要通过内衬受压承受土压力，无需其他的支撑体系，具有基坑变形小、开挖方便的特点。南锚碇基坑是目前国内最深圆形基坑，基坑直径 73m，平均开挖深度达 45m。地下连续墙墙厚 1.5m，沿基坑深度方向在地下连续墙内侧面分别设置厚度为 1.5m、2m、2.5m 环状内衬，坑内无其他支撑结构，施工便利，基坑开挖速度快。采用液压铣直接铣削成槽，槽段连接采用“铣接法”接头(图 2)。在国内首次采用低强度低弹模低渗透系数的自凝灰浆防渗墙，墙厚 0.8m，平均开挖深度 51.97m，最大开挖深度 63m。施工期基坑最大变形为 3.2cm，变形较小。

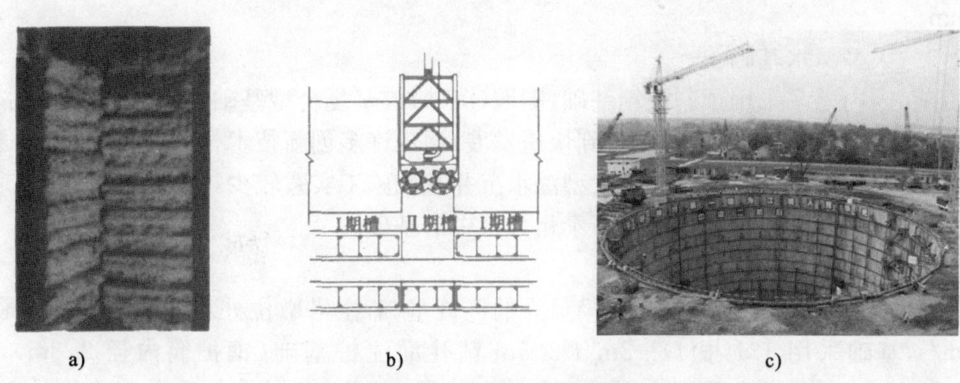

图 2　阳逻大桥地下连续墙圆形围护深基坑工程

(3)南京长江公路第四大桥南锚碇基础

为进一步降低圆形地连墙工程规模，同时兼具圆形结构拱效应对围护结构变形有较强抑制作用和开挖方便的优点，同时具有矩形结构抵抗矩大的优点，改善基础前后趾受力，南京四桥南锚碇基础采用井筒式地连墙结构形式(图 3)，平面为“∞”形，长 82m，宽 59m，由 2 个外径 59m 的圆和 1 道隔墙组成，壁厚为 1.5m。嵌入中风化砂岩约 3m，地连墙总深度 40～50.00m。施工过程中墙体最大位移值为 1.2cm，最大相对位移仅为开挖深度的 0.03%。

2)隧道锚

除重力式锚碇外，在山区悬索桥中也可选择隧道锚。坝陵河大桥西岸锚碇采用隧道式锚碇结构，其锚碇规模世界第一。锚洞轴线总长74.34m，后锚室左、右洞室最小间距仅 7m；锚洞断面尺寸：洞口 10m×10.8m，洞底 21m×25m；锚洞轴线倾斜度 45°，锚碇洞室总开挖量 3.4 万 m^3。从结构受力角度，隧道锚不同于一般的隧道，也不同于隧道辅助坑道斜井，隧道锚周边岩体和锚体共同承受主缆传递的拉力。开挖过程中的岩体保护尤其重要，该地区属岩溶区，隧道锚上部同时开挖公路隧道，群洞效应明显(图 4)。

图 3　南京四桥地下连续墙“∞”形围护深基坑工程

图 4　坝陵河大桥隧道锚

根据隧道围岩稳定性分析结果:拱顶及侧壁变形较大,尤其是中间岩墙有塑性破坏趋势,而开挖顺序对隧道锚隧洞的塑性破坏区影响显著。为此,采取了以下措施:左洞先行开挖,右洞随后跟进,前锚室左、右洞开挖掌子面错开 10～15m,锚塞体和后锚室错开 40m;洞内短进尺,分台阶,控制塑性区发展,控制爆破,减少振动影响,对左右洞之间中隔墙岩层空隙灌浆充填;同时考虑到夹层的存在,采用预应力对拉锚杆加固,防止塑性区在夹层附近区域拉应力集中使得夹层错动;采用了综合物探技术(HSP 声波反射法、高密度电法、电磁波反射法)对洞室周边进行全方位的围岩地质探测加强预控。经监测洞净空收敛累积值均较小,左右洞均小于 9mm。

2.2 大型深水基础

目前,国内外多采用预制沉箱基础、围堰(沉井)桩基复合型基础、多桩基础,施工技术有着较成熟的经验。桩基础施工技术得到快速发展,涌现许多创新技术,代表性工程有苏通大桥北塔基础、南京三桥南塔基础等。而大型深水沉井基础施工实践较少,施工技术发展相对较为缓慢,超大型深水沉井基础成功应用于泰州大桥中塔基础。

1)苏通大桥北塔基础工程

苏通大桥主塔基础为世界上规模最大的群桩基础,主塔墩位处水深达 30 多米,最大流速 4.17m/s,基础采用 131 根 $D2.8$m/$D2.5$m 钻孔灌注桩基础(钢护筒内径 2.8m),桩长达 117m,桩距 6.75m,梅花形布置,按摩擦桩进行设计,考虑钢护筒参与受力。承台为哑铃形,每个塔柱下承台平面尺寸为 51m×48m,其厚度由边缘的 5m 变化到最厚处的 13m,两承台之间采用 11×28m 系梁连接,系梁厚度 6m。桩体垂直度要求在 1/200 以内。在施工过程所面临的关键技术难题进行深入系统地研究的基础上,攻克了系列深水超大群桩基础施工技术难题:

(1)在深水、急流、潮汐河段条件下,大型群桩基础若采用传统钢管桩作支撑平台,钢管桩与钢护筒间距小,易造成河床较大冲刷;且单桩自由长度长、稳定性差,难以形成施工平台;同时钢混组合变截面桩新结构的应用,对钢护筒沉设提出了更高的精度要求。为保证施工平台的稳定性,采用钢护筒作为施工平台的支撑结构;平台搭设安排在 10 月份进行,避开洪水季节;搭设前先进行河床预防护,防止钢管桩、钢护筒沉设造成水流流态改变、河床冲刷加剧及钢管桩与钢护筒入土深度的减少而引起的承载力降低;在承台上游搭设起始平台,在其上安装特制的悬臂式导向架以保证钢护筒打设精度,自上游向下游逐根打设剩余钢护筒,逐步形成施工平台(图 5)。钻孔桩实际施工平面偏差小于 5cm,桩身倾斜度由 1/100 提高到 1/200,优于国内外钻孔柱控制精度。

a)

b)

图 5　苏通大桥北塔钻孔平台

(2)承台施工采用施工期挡水与使用期防撞功能于一体的防撞钢吊箱，钢吊箱长118m、宽52m、高16.5m。首节钢吊箱重达3 000t，高6.6m，长高之比达17.9，结构柔性大，且下放距离大，国内外没有相关经验，安全方面存在风险。为此，采用了国际上先进控制系统同时驱动16台千斤顶整体下放首节钢吊箱，相邻吊点的不同步性误差小于1cm。从现场底板制作到分节下沉定位总历时3个月，平面位置和高程分别控制在±100mm、±50mm以内，满足规范要求。

(3)永久冲刷防护采用了护底抗冲理念。永久防护工程在平面上分成核心区、永久防护区和护袒区等3个区。核心区范围为100m×210m，是河床局部冲刷深度最大的区域，也是冲刷防护最重要的区域。永久防护区位于核心区外围40～45m宽的范围内，用于保证基础与土体共同作用影响范围内河床不受冲刷。护坦区位于永久防护区最外围，其功能是适应河床冲刷变形，保护永久防护区外围河床面，护坦区宽度为45m。

北塔基础工程综合技术在杭州湾大桥航道桥、上海长江大桥和金塘大桥等桥梁施工中得到推广。

2)南京三桥南塔基础工程

南京三桥南塔基础采用深水高桩承台基础形式，承台平台呈哑铃形，两端为圆形，中部系梁为矩形，平面尺寸为81m×26.0m。共有30根Φ3.0m钻孔灌注桩，每个圆形部分内布置12根，系梁部分布置6根，桩尖高程－120.0m。采用的有底钢套箱哑铃形双壁平面尺寸为84m×29m，高度为22.1m。基础施工区域水深达50m，施工最大流速达2.9m/s，施工采用钢套箱整体浮运、导向船锚碇系统定位、利用已定位钢套箱导向沉设钢护筒，钢护筒与钢套箱连接形成施工平台的工艺。

底节钢套箱在厂内制作，浮运至现场，在现场通过“定位船＋导向船”的柔性锚缆系统完成底节钢套箱初定位，后进行钢套箱接高及下沉。

选择承台两端圆形区四周的8根钻孔桩钢护筒作为定位钢护筒，利用定位钢护筒保证钢套箱的精确定位。(图6)在无浪情况下利用柔性锚缆系统调整钢套箱位置，使其位置达到定位精度，然后通过定位钢护筒使钢套箱固定，并将钢套箱悬挂固定定位钢护筒上，进行钻孔施工。利用钢套箱及封底混凝土所形成的阻水结构施工承台。

图6　首节钢套箱进入导向系统

3)泰州大桥中塔沉井基础

和高桩承台相比，沉井基础具有埋置深度大，整体性好，施工效率高等特点，其中最有代表性的是作为是世界入土深度最大的水中沉井基础的泰州大桥中塔沉井基础。其断面尺寸为58m×44m,高76m,入土深度55.5m。沉井下部38m为钢—混凝土结构,上部38m为混凝土结构(图7)。

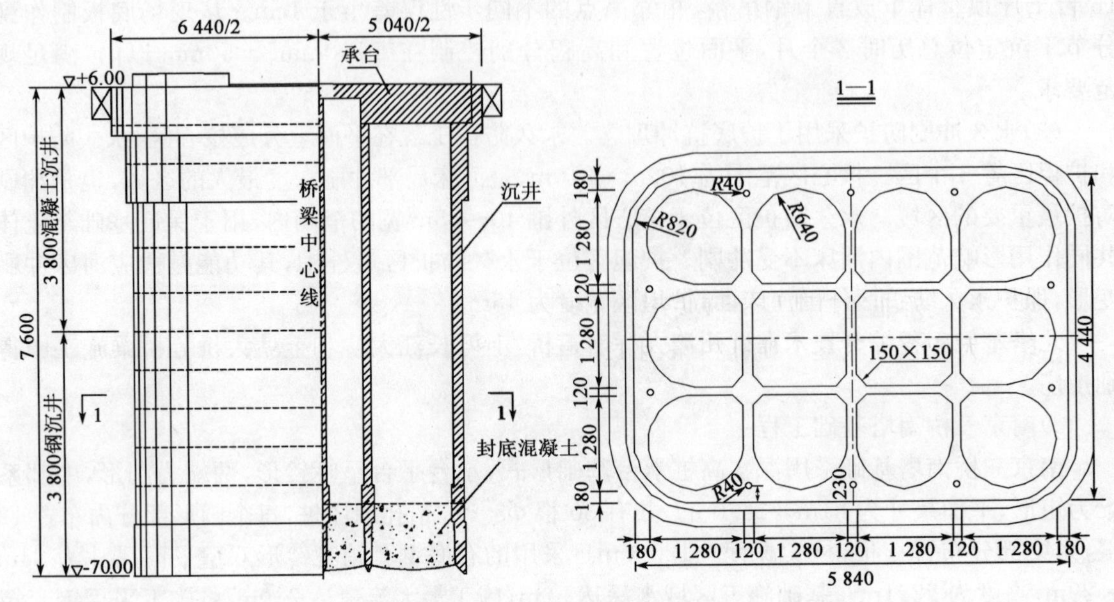

图7 混凝土沉井结构示意图(尺寸单位:cm)

施工期间沉井结构对河床局部冲刷形态影响复杂,通过河工模型试验,研究了沉井着床期间的河床冲刷形态变化规律,选择在枯水期高平潮时期着床,着床时设置相应的预偏量。通过对施工期间最大流速条件下河床冲刷形态研究,确定沉井度汛方案。通过河工模型试验解决了沉井着床期底口位置的控制,确定着床时机和方法;通过对沉井下沉期河床最大冲刷深度形态研究,提出了动态的防护措施理念,并成功得以实施。实测汛期河床最大冲刷深度为17.8m,无需采用主动防护措施。

通过全面比选分析,采用数值分析及实测的方法,研究了大型沉井定位系统的可靠性,提出了大型沉井上下游锚墩定位的方法,进行了定位体系的设计及实施;首次采用CFD技术对沉井的摆动机理及诱发因素进行分析,在系统刚度、锚缆预紧力控制方面锚墩定位系统要优于传统的定位船的定位方法。在以上研究基础上,提出并形成了"钢锚墩+锚系"沉井导向定位系统(图8),解决了在深水、流急、双向流、粉细砂河段等复杂条件下,大型沉井精确定位、平稳着床的难题。

图8 泰州大桥中塔沉井定位施工

对沉井极限摩阻力与端阻力的计算取值问题展开研究,并通过现场测试数据进行验证;针对沉井自由高度高、重度大的特点,比选分析了"大锅底"与"小锅底"终沉控制方法。

在此基础上，首次提出了“分孔清基、分舱封底”的终沉控制技术，沉井终沉至－70.0m高程，沉井底口终沉刃脚高程比设计高程仅超出11cm，解决了大型水中沉井终沉阶段的突沉、超沉问题。

研发了信息化监控系统，采用几何监测子系统对沉井高程、平面位置、垂直度、扭转角等几何信息和水下地形进行实时监测；采用物理监测子系统对锚缆力、沉井侧壁摩阻力和刃脚端阻力进行实时监测。首次对沉井施工全过程的几何状态、受力状态、河床冲於变化等进行实时可视化监控。成功解决了常规沉井监控系统周期长、数据处理慢、信息反馈滞后的难题。经工程检验，顶口中心向南偏2.4cm、向上游偏11.4cm，底口中心向南偏14.4cm、向上游偏28.4cm，优于设计要求（50cm以内）；倾斜度控制在1/364，满足误差精度1/150的控制要求。

4)港珠澳大桥非通航孔桥埋藏法预制基础

港珠澳大桥深水区非通航孔桥采用110m跨整墩整幅钢箱连续梁桥方案，长约为14km，承台及墩身采用全预制装配化施工方案，为了减少基础的阻水率，港珠澳大桥非通航孔桥基础均采用埋床法预制基础，由于国内尚无埋床法预制基础应用先例，加之港珠澳大桥特殊地质水文情况，预制墩台精确定位及安装、预制承台与钢管复合桩连接施工工艺等难题需要解决。

因此采用试验室模拟与现场工艺试验相结合的手段进行研究，重点解决钢管桩沉桩精度、深水承台及桩结合部的止水、墩台整体定位精度控制及墩台混凝土浇筑质量控制等事关下部结构施工成败的关键性技术难题。

3　索塔工程

根据塔墩的材料可以为混凝土索塔和钢塔，其中混凝土高塔的代表是苏通大桥索塔，钢塔的代表则是泰州大桥中塔。

3.1　混凝土索塔

苏通大桥索塔为高300.4m的倒Y形混凝土塔，塔柱及横梁均采用空心箱梁断面；上塔柱斜拉索锚固区采用钢锚箱－混凝土组合结构，塔柱采用液压爬模施工。

索塔高、柔，极易受日照、温变和风等因素影响，造成索塔的几何状态始终处于不断变化的运动中，给索塔线形控制带来困难。为规避日照影响，通常通过在夜间进行测量放样以保证精度，但效率低。因而提出了基于基准点的随动修正技术（图9），实时修正索塔线形误差，从而提高了施工工效，实施后塔顶最大误差仅7mm，垂直度达到1/42 000。

索塔锚固区国内首次采用钢锚箱结构，钢锚箱制作、安装定位精度要求高，首节钢锚箱底高程位于＋225.9m，高空条件下的钢锚箱安装精度控制和测量实施困难。为此采用工厂制作—现场安装一体化的精度管理技术，进行全过程几何控制。在工厂内建立微型测量控制网，控制钢锚箱制造精度和预拼装精度，将钢锚箱的制作数据与现场安装数据结合起来形成精度管理数据库，在每组钢锚箱安装完成后，预测未来钢锚箱的安装位置。现场通过调整垫片的方式实现对钢锚箱安装线形的调整，如图10所示。

3.2　钢塔

泰州大桥中塔为纵向人字形钢塔，塔高191.5m，其中下塔柱高69.5m，上塔柱高122.0m，全塔共设置2道横梁，塔柱节段间均采用高强螺栓连接。钢塔共划分为23个节段，其中下塔柱节段和下横梁采用大型起重船安装，其余节段均采用大型起重设备MD3600安装。

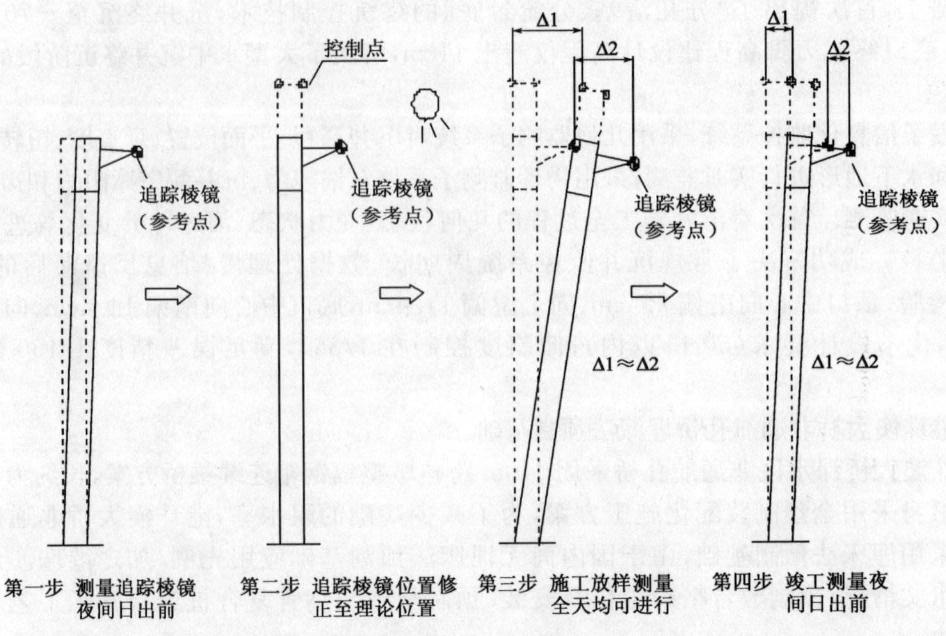

图 9 基准点随动修正技术原理

图 10 苏通大桥钢锚箱安装及调整垫片布置

钢混结合段是中间塔的关键连接部位，其主要作用是将钢塔内力顺利传递至基础部分，设计要求钢塔首节段底板与混凝土塔座顶面接触率须达到 75%以上。通过对打磨法和灌浆法进行比选，经试验结果验证，最终确定采用后压注高强度自密实水泥浆进行结合段施工。

钢塔关键节段包括首节段、下塔肢合拢段和上下横梁。利用导向架、定位系统以及三向调位千斤顶进行首节段精确定位；利用安装在下塔柱定位支架上的双向顶推装置控制合拢口平面位置，在合拢段底口设置垫片调整合拢段倾斜度，保证了下塔肢合拢段安装精度；整体吊装下横梁，通过下横梁支架上的三向调位千斤顶等设备进行调位；上横梁由于整体重量大，分 4 个节段吊装，利用上塔肢水平撑顶推装置和定位系统等精确调位。

为保证钢塔安装精度，采用了全过程的控制理念，涵盖了从钢塔柱节段预制、节段预拼装到现场安装 3 个施工过程控制，其中钢节段制作误差和预拼装线形是保证现场精度的关键因素。为避免现场出现较大的累计误差，全塔沿高度方向设置了 4 道调整缝可在现场安装阶段进行误差修正。最终通过该技术的应用，桥塔纵桥向垂直度 1/19 591，横桥向垂直度 1/50 065，远远优于 1/4 000 的设计要求。

4 上部结构

4.1 梁桥

1)短线法预制拼装体外预应力梁桥

多跨连续混凝土梁桥是一种常用的结构形式，从 20 世纪 90 年代以来，被广泛应用于我国越江跨海通道非通航孔桥和城市桥梁建设中，而传统的连续梁桥结构设计和施工方法没有体现现代桥梁工厂化、大型化、机械化、标准化的发展趋势，也难以满足现代社会对环保、节能、高效、耐久等要求。在国内公路桥梁施工领域，苏通大桥北引桥工程中首次大规模采用了短线法节段预制拼装体外预应力混凝土梁桥设计和施工技术。以后又相继在上海大桥引桥、厦门集美海峡大桥、江苏崇启大桥、福建厦漳大桥引桥、太中银铁路—小东川特大桥等桥梁中推广该工法，并逐步使相应核心技术实现了国产化。

(1)苏通大桥北引桥

该桥为 75m 跨等高预应力混凝土连续箱梁，采用短线匹配法预制、架桥机对称悬拼施工。节段预制厂总占地面积为 40 000m^2，在场地内布置有 2 台 160t 龙门吊用于节段转运、2 台 16t 龙门吊用于小型构件吊装，储梁区可满足 354 个预制节段的堆存。箱梁安装采用架桥机悬拼，整个安装期约为 15 个月。共投入两台架桥机进行施工。架桥机长 170.5m，高 18m，宽 9.5m，重 1 200t，最大悬挂吊重 1 100t。

安装时首先将预制的墩顶梁段与墩柱临时锁定固结，在此基础上通过架桥机逐对对称拼装，并通过预应力压紧，形成 T 形平衡悬臂，经两相邻悬臂合拢，形成连续的多跨连续梁桥。利用架桥机主桁架的强度和刚度，对边跨施工进行悬挂施工，并与中跨悬臂和墩顶块连接合拢后，最终形成整桥，如图 11 所示。

a)T构悬臂拼装

b)逐跨拼装

图 11 架桥机拼装箱梁节段

(2)厦门集美大桥

跨径布置均为 55m+2×100m+55m，为变高混凝土箱形截面，根部梁高 5.6m，跨中梁高 3m，在国内首次进行变截面连续梁桥的短线法预制及安装。

箱梁预制、安装节段 2 345 榀。预制用时 10 个月，安装历时 11 个月。为保证预制工期投入了 7 条生产线，46 套模板，120t 龙门吊 5 台，2 个 180t 出梁码头等。

与一般的中小跨度相比，100m 跨度桥梁上部结构梁体更加高大，梁段高度也需不断变化，为短线预制模板系统及钢筋绑扎台座的通用性以及预制过程中的保持高精度带来了很大难题。为此，采取了如下措施：①在主桥线形设计时，将梁底设计为直折线，变截面梁段上部 3m 高以上的截面形状与中跨节段截面形状保持一致，而 3m 以下部分采用与底板等宽度的矩形；②设计了标准高度的底模支撑框架，通过在梁底模板支撑支架(设计为斜面)和底模台车间置入或抽出标准高度的底模支撑框架以适应不同梁高变化。通过改进后预制模板系统可适应等高度、不同高度梁段的预制，在梁体高度达 6.2m 的情况下，模板系统有效地保证了短线匹配预制的高精度要求，如图 12 所示。

a)

b)

图 12 主桥变高截面节段预制

(3)线形控制技术

短线法施工控制的核心是对施工全过程中的误差进行预测、分析和消除，对每个施工阶段的结构几何构形和内力状态进行预测和控制，从而保证结构在成桥后达到设计要求的几何构形和内力状态。目前已成功研发了以大型数据库为核心，集模型计算与预测系统、误差分析与修正系统于一体的"短线预制拼装混凝土连续梁桥控制软件视窗系统"。该软件采用网络技术实现了"一个终端，多点开花"，可同时对多个项目进行远程控制运算，可满足宽幅变截面箱梁、缓和曲线变横坡、小曲率半径等复杂桥梁结构的控制精度要求。该系统的成功开发，填补了国内短线预制拼装桥梁施工控制软件的空白，并成功应用在多个工程项目。

(4)节段拼接胶

节段拼装环氧结构胶在短线法预制拼装桥梁施工中的主要作用表现为：①黏接预制混凝土构件，通过黏接面在构件间传递压应力与剪切应力，在某些特定条件下，也传递拉应力。②强度发展迅速，以满足构件连续拼接的要求。③应保持梁段间的缓冲与润滑作用，以满足构件拼接时，界面准确定位的要求。④封闭构件接缝，防止成桥后水汽对预应力钢筋的腐蚀，在施工过程中同时也起到防止预应力压浆时在接缝处跑浆。

目前主要使用国外进口桥梁环氧结构胶，经过不断的努力和潜心研究开发，在环氧结构胶领域也取得了长足的进步，开发出了采用了复合环氧树脂，新型固化剂组合、活性增韧剂、级配填料等科学配方的桥梁拼装专用胶，解决了桥梁拼装专用胶适用时间长与强度增长快之间的序盾，并使拼接胶在较大的温度范围内稳定，具有黏结性、接变性好，易于涂抹，不掉胶施工优点。其配合比、配制方法、物理力学性能以及固化时间等均满足相关规范要求，且相关技术指标优于国外同类产品。

2)大节段整体吊装

随着大型起重设备的成功研制，大节段整体吊装工法也越来越多地用于梁桥建设，其优点在于减少了拼接缝的数量，将制造及主要的控制工作转移到制造厂内，减小了现场控制的难度，易于保证施工质量，同时施工速度快。国外的大型起重船起重能力优越，如日本临海大桥以及多多罗大桥边跨施工就采用大节段整体吊装方法。国内大节段整体吊装方法主要在崇启大桥主桥、杭州湾大桥 70m 跨箱梁、上海长江大桥 105m 叠合梁引桥等项目中得到了应用。

(1)崇启大桥

崇启大桥为多跨连续钢箱梁结构，主桥跨度为 102m＋185m×4＋102m＝944m。主桥钢箱梁为变高等宽截面，中跨部分高度从 4.8m 变化至 9m。在国内首次运用“整跨工厂无应力制造、滚装装船、整孔整体无合拢段架设、全过程实时监控”的施工技术，实现了最长 185m、起吊重量最大 2 700t 的整跨钢箱梁制造安装。如图 13 所示。

a)厂内拼装

b)现场吊装

图 13 崇启大桥钢箱梁吊装

研发了大跨度变截面连续钢箱梁制造技术，采用精准胎具、反变形焊接和折弯控制技术，保证曲线形底板制造精度；利用长线连续制造技术，控制变截面钢箱梁的匹配精度。研发了采用多模块尼古拉斯小车进行超长超重钢箱梁陆上转运和滚装装船技术及海驳船运输技术，实现了大跨度钢箱梁从陆上转运、装船到运输等支撑状态的可靠体系转换。

国内首次采用 2 艘起重船联合吊装钢箱梁，起重船间布置垫挡船，确保了起重船吊梁过程中移动的同步性；研发了自平衡吊索具系统，实现了吊具和吊点的受力均衡，保证了钢箱梁吊装的安全性和可控性。研发了结合永久支座的三向调位系统和集钢箱梁临时连接与精确调位于一体的牛腿构造，研发了配套的调位与匹配技术。

建立了适于整跨架设变截面连续钢箱梁桥的施工控制技术体系，控制工作贯穿仿真分析阶段、钢箱梁制造阶段和架设阶段等施工全过程。成桥钢箱梁各控制点实测最大线形误差优于设计要求。

(2)杭州湾大桥

引桥、南引桥水中低墩区、航道桥南北高墩区引桥上部结构全部采用跨径为 70m 先简支后连续的预应力混凝土箱梁，全桥 70m 箱梁共计 540 片。70m 箱梁在预制场预制，由两艘运架一体船吊运至桥位进行架设，再通过现浇湿接头，张拉合拢束，由简支梁转换为连续梁。如图 14 所示。

a)

b)

图 14 运架一体船架梁

4.2 拱桥

1)大跨钢桁拱桥

大型钢桁架拱桥施工多采用斜拉扣挂法施工，根据吊装顺序又可细分为先拱后梁和拱梁并进2种工艺，著名的悉尼海湾大桥就是采用先拱后梁的施工工艺，国内的大胜关大桥采用的是拱梁并进的施工工艺。

重庆朝天门大桥为3跨连续钢桁架系杆拱桥，跨径布置为190m＋552m＋190m，为世界第一大跨中承式钢桁系杆拱桥，该桥构件多，结构体系复杂，线形控制难度很大。架设顺序为先拱后梁，拱、梁桁架均采用移动吊机安装；为控制施工过程中主拱桁架应力，采用了斜拉扣挂系统。大桥安装线形主要靠工厂加工制造精度来保证。

为了实现主拱无应力合拢，边跨钢梁预降2.3m，南岸向跨中预偏0.65m，合拢时先合拢下弦杆，后升降边支点合拢上弦杆，合拢后边支点恢复到成桥状态；在主拱合拢后，安装临时系杆，提前形成系杆拱体系，安装刚性系杆(主梁)；主梁无应力合拢时，张拉临时系杆、顶推南岸中支点调整合拢口长度误差，升降边支点和张拉吊杆调整合拢口高差。如图15所示为朝天门大桥主拱合拢。

图15 朝天门大桥主拱合拢

2)多跨连续拱桥

九堡大桥主桥上部结构为提篮式3跨连续钢拱—结合梁组合体系拱桥。跨径组合为188m＋22m＋188m＋22m＋188m。主拱肋外倾12°，立面矢高43.784m。首次采用了3跨拱梁整体顶推法施工技术。在后场陆地上拼装平台逐孔拼装拱梁组合结构，拼装导梁和临时撑杆，逐孔将拼装好的钢拱梁结构顶推出拼装平台，待3孔钢拱梁全部拼装完成后，整体顶推到位。如图16所示为九堡大桥3跨整体顶推照片。

图16 九堡大桥3跨整体顶推

国外顶推施工多采用楔进式顶推系统，如著名的多塔斜拉桥法国米约大桥。而国内此前顶推施工常采用拖拉法。

为保证顶推过程中结构安全、提高顶推速度，研发了步履式平移顶推工艺及配套设备，该工艺的基本原理利用竖向千斤顶将拱梁多点整体顶起，水平千斤顶向前顶推实现拱梁整体平移，然后下放到临时搁置上，千斤顶回油完成一个行程的顶推工作，循环“顶”、“推”、“缩”、“降”

几个步骤逐步完成拱梁的整体顶推。

步履式平移顶推工艺采用的是新型顶推设备系统——步履式平移顶推设备系统，系统集顶升、顶推、平移调整于一体，实现钢拱梁的竖向、顺桥向的移动或调整，从而保证钢拱梁全桥线形；将顶推滑移面由箱梁底部改到顶推设备内部，减小了滑移摩擦系数，对墩身不会产生水平力，实现了自平衡顶推；采用计算机集中控制，设备集成化、自动化高，操控安全、方便。如图 17 所示为步履式平移顶推设备系统。

图 17　步履式平移顶推设备系统

4.3　斜拉桥

1)苏通长江大桥

苏通长江大桥主跨 1 088m，是目前世界上跨度最大的斜拉桥，也是我国由桥梁大国迈向桥梁强国的标志性工程，代表着世界斜拉桥最高技术水平。主塔为倒 Y 形混凝土结构，主梁采用钢箱梁，斜拉索最长达 544m。为了减少施工阶段双悬臂的长度，边跨辅助跨大块梁段整体吊装，其余梁段采用桥面吊机对称悬拼。

苏通大桥主跨悬臂拼装标准梁段长 16m，重 450t，吊高近 80m，梁段宽 41m，采用双桥面吊机系统，如图 18 所示，分散支点反力，减小梁段间变形，提高匹配质量。

图 18　双桥面吊机吊装标准节段

图 19　中跨合拢

国外大跨度斜拉桥合拢常采用顶推合拢，先将一侧钢箱梁往边跨顶推平移，起吊合拢段，先与一侧悬臂匹配连接，然后调整合拢口高差，最终焊接完成中跨合拢，合拢施工所需时间长。国内此前大跨度斜拉桥合拢施工常采用温度配切法，不对梁段进行顶推操作，在合拢口安装临时劲性骨架，对合拢口连续观测，对合拢段进行配切，起吊匹配焊接，改变了合拢段长度。苏通大桥中跨合拢创新的采用了顶推辅助合拢工艺，将塔梁临时固接体系与顶推装置一体化设计，满足了施工期结构稳定和顶推调整需要，不改变合拢段几何尺寸，合拢所需时间短，提高了线形控制精度。苏通大桥中跨合拢如图 19 所示。

日本多多罗大桥斜拉索安装时为调整梁端牵引角度，采用了 3 台桥面吊机辅助。苏通大桥斜拉索最长约 577m，长索采用梁端卷扬机、钢绞线和硬张拉杆软硬组合 3 级牵引、张拉工艺。长索梁端牵引导向装置与桥面吊机一体化设计，减轻了悬臂前端荷载，实现设备多功能化，保证拉索最小弯曲半径。

大桥处于开阔江面，气象条件极其复杂，且结构长柔，构件数量多，因此施工控制存在许多不确定性因素，面临巨大挑战。为此采用了有别于传统施工控制方法的控制策略，即采用了全过程自适应几何控制法，简称几何控制法。几何控制法是指通过全过程精确控制结构构件的无应力尺寸与形状，以及实现控制系统和被控制系统相适应来达到控制桥梁结构最终线形和内力的控制方法。将施工控制阶段拓展至制造及安装的全过程，从制造“源头”控制结构尺寸误差和掌握结构参数的误差分布规律，为现场安装误差调整提供了可靠数据；通过对结构参数的识别和已完成安装结构的误差评估，对未完成阶段的构件的无应力尺寸进行了修正。成桥线形实测结果和理论值的对比表明，中跨合拢状态梁段控制点高程误差在－29.6～＋209.4mm之间，最大高程误差绝对值/跨度＝1/4 730≤1/4 000；桥轴线误差在－22.9～＋13.0mm之间，最大桥轴线偏差绝对值/跨度＝1/47 511≤1/45 000；且主梁线形平顺，具有较好的成桥线形状态，满足施工控制要求。

2)鄂东长江大桥

主桥为9跨连续半漂浮体系混合梁斜拉桥，跨径布置为(3×67.5＋72.5＋926＋72.5＋3×67.5)m。主梁中跨采用PK断面钢箱梁，边跨采用同外形混凝土箱梁。主梁结合部长8.5m，其中钢混结合段采用带开孔板连接件(PBL键)和焊钉连接件的钢格室与混凝土横梁浇筑为一体的构造形式，由于混合梁结合段两侧不同材质差异，导致主梁强度、刚度变化较大，结构受力十分复杂，是影响大桥安全、耐久性的关键构造。

为研究钢混结合部传力机理，采用截面应力、形式完全相似的1∶2缩尺模型，考虑正弯和反弯2种工况实施多次加载、卸载。实验结果表明：标准钢箱梁的高应力经过钢梁过渡段、结合段、混凝土梁过渡段后，应力较为匀顺的逐步降低，传力明确且效果好。

格室内混凝土浇筑的操作空间较为有限，浇筑不密实或收缩开裂将会导致混凝土与钢格室结合不紧密，影响结合段受力和传力。因此，施工前对混凝土配合比和浇筑工艺进行了试验研究，结合钢格室足尺模型混凝土填充工艺试验，选择物理力学性能、韧性和抗收缩能力均较优的高性能钢纤维混凝土用于结合段施工。从工艺试验的结果看出，钢纤维混凝土可在不振捣的情况下将格室填充密实，表现出了大流态、自密实的良好工作性能。

在施工中对混凝土梁过渡段1.5m厚横隔梁采取了大体积混凝土温控措施，对混凝土梁和钢梁进行了温度监测。从结果看：混凝土内部最高温度78.3℃，最大内表温差25.4℃，有效避免了有害温度裂缝的产生。

3)果子沟大桥

果子沟大桥为位于新疆果子沟的一座双塔双索面钢桁梁斜拉桥，桥跨布置为(170＋360＋170)m，全长700m，桥面距谷底约180m。钢桁梁杆件在工厂制造好之后，采用铁路、公路运输到桥位处的存梁及预拼场地，再拼接成整体。标准节段采用步履式全回转桥面吊机作为起重设备进行悬臂安装。施工中的果子沟大桥如图20所示。

图20　果子沟大桥

由于钢桁梁刚度很大，且受安装荷载、温度、日照、索力偏差等多种因素的影响，合拢点坐标调整比较困难，合拢时采用边跨压重，调整索力等措施，调整合拢口两端高差和相对转角以实现无应力合拢。合拢顺序为先下弦，后上弦，再斜杆，最后平联，下弦杆采用温度合拢，上弦杆采用一定强制措施合拢，斜杆和平联采用温度合拢。

4.4 悬索桥施工

目前世界跨度最大的悬索桥是日本的明石海峡大桥，跨度前十位的悬索桥中有6座在中国，西堠门大桥、润扬大桥、南京四桥、江阴大桥、阳逻大桥等是中国悬索桥的代表。

悬索桥主缆施工国内均采用PPWS法，钢箱梁架设多采用缆载吊机。山区的悬索桥受运输条件的限制，采用钢桁结构，加劲梁段运输可以化整为零，实现公路运输，通过在加劲梁上移动起吊设备进行吊装。

1)钢桁架悬索桥

作为山区悬索桥的代表，坝陵河大桥位于贵州省关岭县境内，为主跨1 088m单跨双绞钢桁加劲梁悬索桥，桥面宽24.5m，东引桥长248m，西引桥长228m，大桥全长1 564m。东锚碇为混凝土重力式锚，西锚碇为隧道锚。

成功嫁接山区电缆架设技术，首次将氦气遥控飞艇运用于大峡谷区的猫道先导索架设施工；采用从塔端向跨中悬臂分片拼装钢桁梁的拼装工艺，采用新型全回转、轨道式桥面吊机为起重设备、“L”形、“C”形等多类特殊吊具配合吊装；由于加劲梁为钢桁结构，为释放由于悬臂拼装引起的吊索和钢桁架各杆件的过大内力，在主桁架4个节间的上弦杆设置临时铰，下弦杆断开。临时铰在全桥合拢后，自然闭合，最终永久连接，完成加劲梁架设。坝陵河大桥施工先导索架设、桥面吊机、临时铰如图21所示。

a)

b)

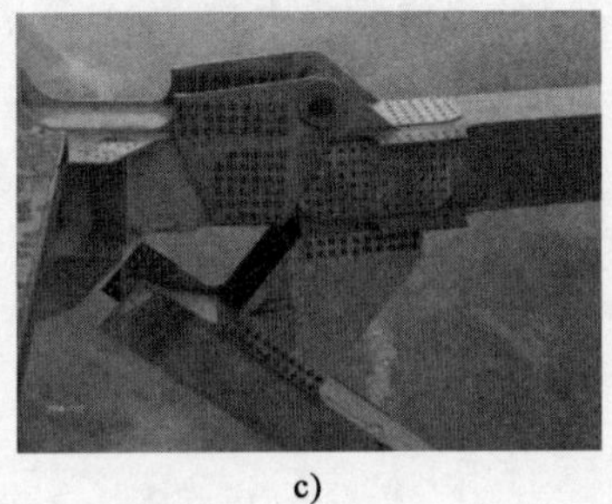
c)

图21 坝陵河大桥施工

2)三塔悬索桥

泰州长江大桥主桥为3塔2跨悬索桥，跨径布置为390m+1 080m+1 080m+390m，加劲梁为钢箱梁。和单主跨的悬索桥比起来，3塔2跨悬索桥多了中塔结构，中塔对整个结构体系的作用至关重要。泰州大桥先导索架设采用拖轮水上施工，先导索为轻质尼龙绳，重量轻，可漂浮在江面上；考虑到对成品钢塔保护，猫道采用了4跨连续形式。对于加劲梁架设顺序，通过对从塔位往跨中和从跨中向塔位2种不同的加劲梁安装顺序进行比较，后者在施工过程中吊索索力、匹配件受力、钢箱梁轴力等较小且分布较为均匀，最终选择由跨中向塔对称吊装的架设顺序。泰州大桥上构施工预计于2011年完成。

5 结语

目前，随着经济全球化的日益推进，世界各国家和地区的联系日益紧密，世界上正在规划建造的跨海峡大桥和外海连接工程数量非常可观，其中包括墨西拿海峡大桥，直布罗陀海峡大桥，琼州海峡大桥等，均考虑采用超大跨度的桥梁工程。

随着桥梁跨度越来越大，结构也越来越纤柔，如何提高长柔结构的动力稳定性能是必须解决的关键问题；随着跨度增大，基础所需承担的荷载也随之增加，而对于桥位处于外海的跨海峡大桥，气象水文环境复杂，如何解决超深水大型基础建造的相关难题，开发出适用于超深水基础的施工设备和工法，将成为大跨度桥梁施工的关键。新材料技术是桥梁建造技术发展的有力推动，超大跨度的桥梁需要更高强度更轻质的新材料的开发使用，在减轻结构恒载的同时能提高结构的强度，同时，采用新材料需要开发专用的施工设备；此外，研究高效率的桥梁健康监测系统，对桥梁的运营状态进行监测，及时对桥梁状态进行综合诊断和自动判断，将桥梁全寿命的思想真正纳入设计范畴，从而优化投资和管理。

参考文献

[1] 张鸿，张永涛，游新鹏.苏通大桥索塔施工控制[J].公路，2009(3).

[2] 张永涛，罗承斌，吴启和.苏通大桥钢锚箱安装控制方法研究[J].中外公路，2008，28(6).

[3] 王敏，张永涛，刘景红，等.基于几何控制法的短线预制拼装箱梁研究[J].中国工程科学，2009，11(11).

[4] 张鸿，罗承斌，何超然，等.大跨度桥梁施工关键技术[J].公路，2009(5).

[5] 毕桂平，李宗平，殷峰，等.大跨度斜拉桥分离式公轨共面钢箱梁关键施工技术研究[J].世界桥梁，2009.

[6] 王毅.杭州湾跨海大桥70m箱梁预制、运输及架设的关键技术[J].公路，2006(9).

[7] 吴胜东，吉林，阮静.润扬大桥关键技术研究[J].土木工程学报，2007，4(4).

[8] 熊孝波，孙钧，徐伟，等.润扬大桥南汊北锚碇深基坑开挖工程实践[J].岩土工程学报，2003，25(2).

69. 武汉二七长江大桥正桥工程施工技术

余巧宁　潘东发　胡海波

（中铁大桥局集团有限公司）

摘　要：武汉二七长江大桥是世界跨度最大的三塔结合梁斜拉桥，本文较全面地介绍了主塔3.4m钻孔桩、主塔塔柱6m液压爬模、钢混结合梁悬臂安装、塔梁同步施工及钢绞线斜拉索挂设等施工技术，可对类似工程提供借鉴和参考。

关键词：二七长江大桥　正桥　工程施工　施工技术

1　工程概况

武汉二七长江大桥是武汉城市二环线上跨越长江的特大型桥梁，是武汉市的第七座长江大桥，距上游长江二桥3.2km，距下游天兴洲长江大桥6.8km，是主跨为616m的三塔斜拉桥，是世界跨度最大的三塔斜拉桥和世界跨度最大的结合梁桥。大桥设计行车速度80km/h，双向8车道，桥面宽度为29.5m，项目建安总投资约20亿元。二七长江大桥于2008年9月开工建设，2011年12月建成通车。

2　桥梁结构

2.1　桥跨布置

武汉二七长江大桥正桥工程全长2 922m，由主桥和非通航孔桥两部分组成。主桥为90+160+2×616+160+90=1 732m的三塔斜拉桥，非通航孔汉口侧深水区采用钢—混凝土结合梁方案，桥跨布置(6×90)m；非通航孔岸滩区采用现浇预应力混凝土梁方案，其中汉口侧桥跨布置为(5×50+2×45+70+2×45)m，武昌侧桥跨布置为(45+60+45)m。

2.2　支承体系

斜拉桥主梁采用半漂浮支承体系，中塔横梁顶设置竖向支座及纵向限位挡块，横向设置限位装置。边塔横梁顶设置双向活动支座，横向设置限位装置，在边塔横梁两侧设置4套纵向阻尼装置。

2.3　桥梁基础及主塔结构

(1)桥梁基础

主桥基础均采用钻孔灌注桩，高桩承台。3号墩基础设计为22根ϕ2.8m钻孔桩，桩长

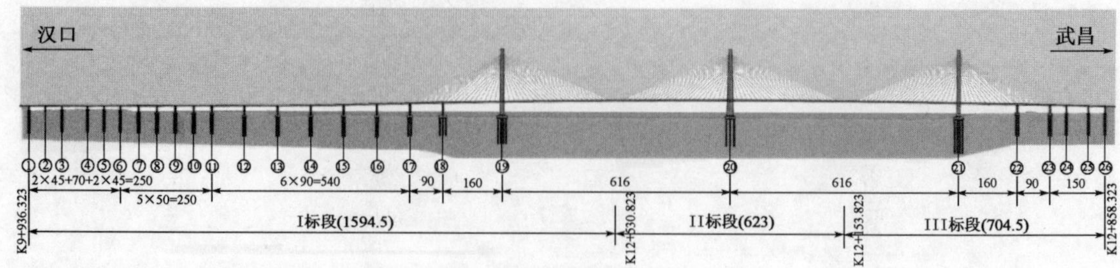

图1　二七长大桥正桥布置图(尺寸单位:m)

76m;4号墩基础设计为18根 ϕ3.4m钻孔桩,桩长85m;5号墩基础设计为28根 ϕ2.8m钻孔桩,桩长90m。每个主塔承台尺寸均为52.5m×30.75m×6m,混凝土9 580m^3。

(2)主塔结构

塔形为花瓶形构造,钢筋混凝土结构,分别由下、中、上塔柱及下横梁四部分组成。

4号墩中塔高209m(从承台顶面算起),下塔柱高38.5m,横桥向宽6.05～12m,采用单箱双室截面;中塔柱高106m;上塔柱高61.5m。主塔横梁高6m,横桥向长48m,顺桥向中塔宽13m,采用单箱双室截面。塔顶布置4m高度的装饰段。

3号、5号墩边塔高209(从承台顶面算起),下塔柱高34m,横桥向宽6.05～10m,采用单箱单室截面;中塔柱高110.5m;上塔柱高61.5m。主塔横梁高6m,横桥向长48m,顺桥向宽7m,采用单箱单室截面。塔顶布置4m高度的装饰段。

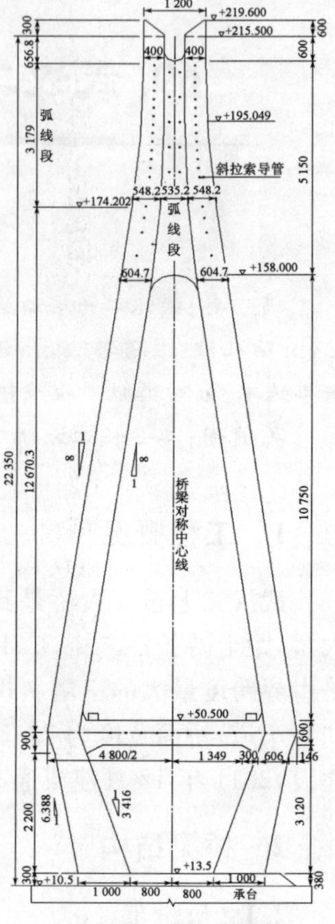

图2　主塔结构立面图
(尺寸单位:cm)

2.4　主梁结构

(1)斜拉桥主梁

斜拉桥主梁为工字形边主梁形式的钢混结合梁。边跨为避免边墩和辅助墩出现负反力,采用90m混凝土梁,以增加梁体自重。

结合梁梁高为3.5m。钢主梁横断面采用"工"字形,横桥向两主梁中心距为30.5m,混凝土板厚为26cm。为减小混凝土板的收缩徐变对结合梁内力重分配的影响,预制混凝土桥面板在安装前已存放了6个月以上。

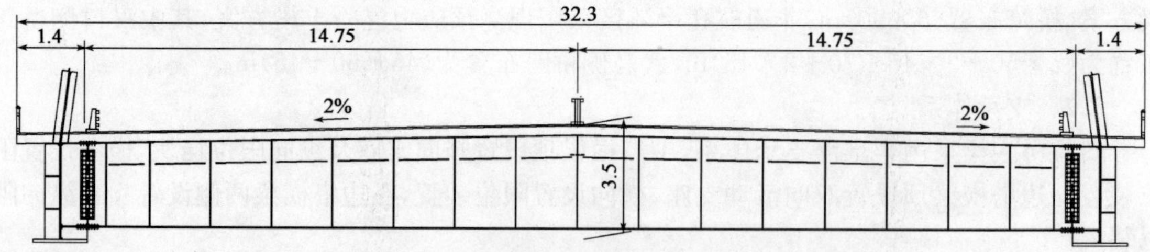

图3　结合梁标准横断面(尺寸单位:m)

边跨混凝土主梁采用等高度预应力边主梁断面,C60级混凝土。梁宽32.3m,桥梁中心线处梁高3.5m,横梁高3.177m。索面横桥向距离30.5m。在边主梁中设隐蔽式斜拉索锚箱,锚于边主梁底部。为了可靠地传递横向荷载，每个索距设两道横梁，横梁间距4m。

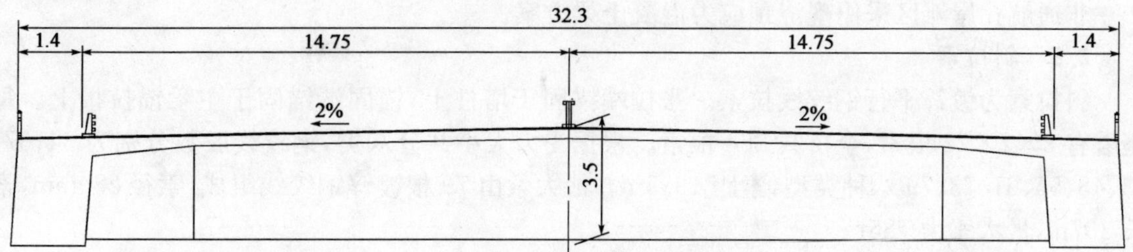

图4　混凝土梁标准横断面(尺寸单位:m)

斜拉桥钢—混凝土结合段采用I字形截面钢主梁，与矩形截面的混凝土边主梁进行混合连接，钢板通过设置其上的板式加劲肋和抗剪焊钉与混凝土梁体牢固结合，同时在钢主梁与混凝土梁之间采用预应力钢筋连接，张拉预应力钢筋使混凝土和钢梁具有良好的整体性。

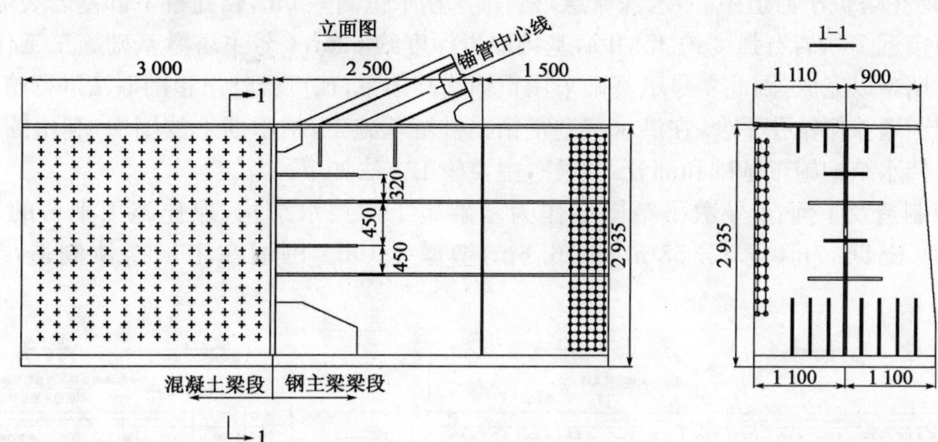

图5　结合段示意图

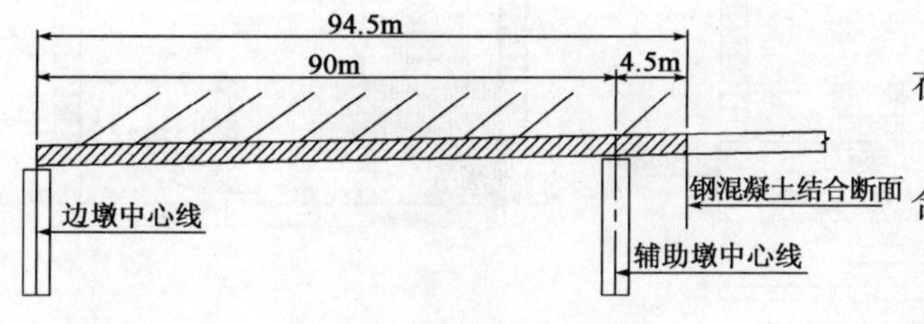

图6　结合段位置示意图

混凝土梁与钢主梁的结合位置设置在距辅助墩4.5m处。

(2)非通航孔深水区钢—混凝土结合梁

采用6×90m跨钢—混凝土结合梁，上下游分幅布置，双幅桥面宽29.5m，梁高4.0m。梁体为单箱单室斜腹板结合梁，混凝土板厚0.28～0.45m。

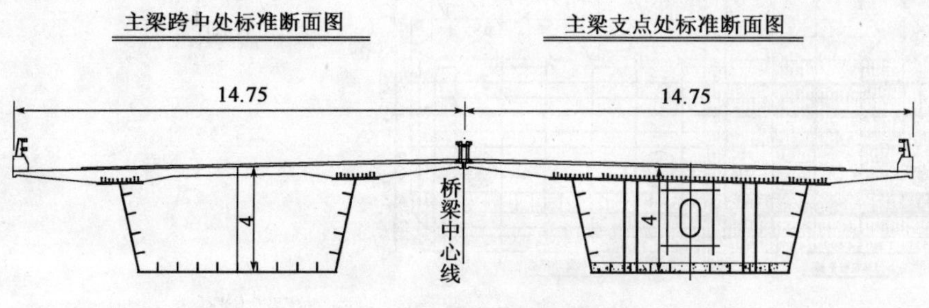

图7　非通航孔主梁标准断面图

(3)非通航孔桥岸滩区

非通航孔岸滩区采用现浇预应力混凝土梁方案。

2.5 斜拉索

斜拉索为镀锌平行钢绞线拉索。张拉端锚固于塔柱上,锚固端锚固于主梁锚拉板上。每座塔有 2×2×22 根索,全桥共 264 根索。根据受力大小共分八类,钢绞线股数分别为 34、37、43、48、55、61、73、79 八种类型,索距 13.5m。最大索由 79 根镀锌钢绞线组成,索径 280mm,索长 337m,最大索力 785t。

3 主要施工技术

3.1 基础施工

(1)中主塔墩基础施工

4 号墩主塔位于河道中心,水深流急,枯、洪水期水位高差 9m,钻孔桩下部基岩裂隙发育,岩面倾角接近 75°,岩石强度约 35MPa,基础嵌岩深度约 60m,4 号主塔墩基础施工工作量大,一个枯水期难以完成,因此 4 号墩基础采用重锚锚碇体系,加可升降吊箱围堰法进行施工。该方法利用围堰兼作钻孔平台,在洪水期进行钻孔桩桩基施工,枯水期下放围堰,利用围堰作为承台施工挡水结构施工基础和部分下塔柱,主要施工方法如下:

围堰制造及下河:4 号墩吊箱围堰作为基础施工的挡水结构,兼作施工平台的承重结构,钢围堰长 56.7m,宽 35.55m,高 16.6m,壁厚 2.0m。围堰在工厂整体制造,气囊法下河。

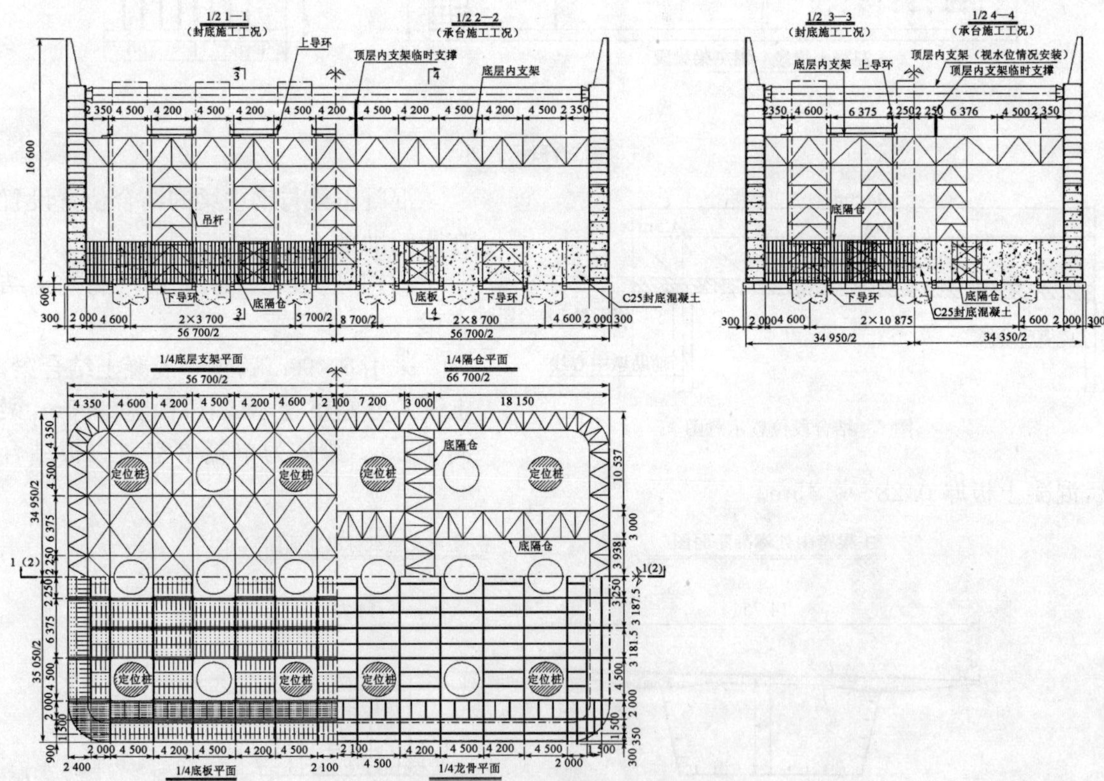

图 8 吊箱围堰结构布置图

围堰重锚锚碇布置：在工厂进行钢围堰制造的同时，现场同步进行定位船及重型锚碇的布置。

围堰浮运及定位：围堰在自浮状态下用拖轮驱动前进，通过预先布置的定位系统进行围堰的初定位。围堰初定位后，向双壁钢吊箱围堰侧板隔舱内灌水下沉到设计高程，重新调整锚固索力，实现精确定位。

图 9　围堰气囊法下河

钢护筒插打及钻孔桩施工：以围堰内支架作导向，利用两台 APE400B 型振动打桩机联机插打定位钢护筒。之后将围堰挂于插打到位的定位钢护筒上，然后完成剩余钢护筒插打及钻孔桩施工。由于二七长江大桥桥址地质复杂，钻孔桩直径大、桩孔深，对成孔设备的要求较高。经过比较，选用自主研制的 KTY-4000 型钻机作为成孔设备，采用气举反循环方式钻进成孔。每台钻机配备 1 个 ϕ3.4m 滚刀钻头和 1 个 ϕ3.4m 刮刀钻头，在覆盖层中采用刮刀钻头钻进，在岩层中采用滚刀钻头钻进。为及时排除孔内钻渣，提高成孔效率，每台钻机配备先进的泥浆分离器。

围堰下放、封底：钻孔桩施工完毕后，拆除第一次挂桩牛腿，在围堰双壁侧板内灌水，使围堰下沉至设计高程，并完成围堰的第二次挂桩，进行围堰封底。封底混凝土达到设计强度后在围堰内抽水。割除封底混凝土顶的钢护筒，清理桩头。

承台施工：承台尺寸为 52.5m×30.75m×6m，混凝土共计 9 580m^3，采用大体积混凝土施工方法施工承台，一次浇筑完成。

汉口侧边主塔墩(3 号墩)与中主塔墩相同。

(2)边主塔墩基础施工

5 号墩位于武昌侧防洪大堤边坡处，罗家渠排放站出口处的下游，为防止排放站对河道边坡的冲刷，抛有大量片石，因墩位处水中拆迁物的影响，5 号墩比 4 号墩晚开工 3 个月。

5 号墩基础位于武昌侧岸坡边缘，墩位处河床面的顺桥向高程变化较大，施工采用钢板桩围堰方案，为合理匹配 4 号墩工期，5 号墩施工时采取了一系列优化措施：

片石清理、钻孔平台搭设和围堰内支撑制造同步进行：基础施工前，墩位处进行片石清理和钻孔桩平台钢管管桩插打，同时在工厂整体制造围堰内支撑。

支撑安装：利用 400t 全回转大型浮吊将围堰内支撑整体吊装至墩位，并下放到设计位置。

钻孔施工和钢板桩插打：钻孔桩施工方法与 4 号墩相似，施工过程中，利用内支撑为导向插打钢板桩围堰。

围堰内清基封底：钻孔完毕后，围堰内清淤至设计位置，进行围堰封底。

承台施工：边塔承台与中塔完全一样，施工方法基本相同。

5 号墩施工由于工序的优化，围堰墩位处片石的清理、钻孔平台搭设和围堰内支撑制造等工作同步进行，同时在钻孔过程中插打钢板桩，节约施工时间。

3.2　主塔施工

塔柱采用液压爬模施工。根据主塔的工作量每个主塔布置了两台塔吊和两部电梯。混凝土分别由水上和岸上拌和站供应，采用高压混凝土泵输送。为提高施工效率，结合以往塔柱施工经验和液压爬模研制情况，爬模节段施工前进行了合理分节，并将爬模施工最大浇筑节高由常规的 4.5m 增加到 6.0m，以减少浇筑次数。

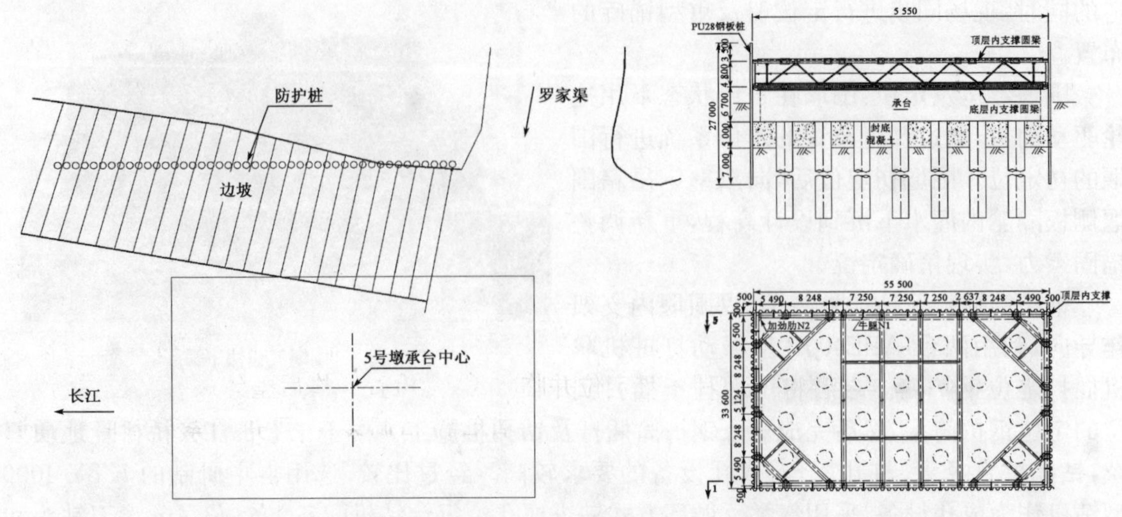

图 10　5 号墩墩位布置及钢板桩围堰结构示意图

塔柱第一节混凝土利用爬模面板和部分新制支架施工，为减小塔座对塔柱混凝土收缩徐变的影响。塔座和塔柱第一节混凝土一起浇注。结果表明，效果很好，塔柱没有出现任何裂纹。从第二节段开始安装爬模系统，采用液压爬模进行下塔柱后续节段施工。

图 11　塔座与第一节下塔柱同步浇筑

图 12　横梁与相应塔柱一次浇筑

横梁采用支架法施工。支架用钢管及型钢加工而成，支承在塔座顶预埋件上。为提高施工效率，在下塔柱第一个节段施工完毕后，着手拼装横梁施工支架及模板系统等。横梁混凝土与横梁高度范围内的塔柱混凝土同时浇筑。中主塔横梁混凝土分 2 次浇筑，每次浇注高度 3.0m，浇注分界线即为下、中塔柱分界线。边主塔横梁一次浇筑成型。

中塔柱上下游侧塔柱分别采用独立的液压爬模施工，为平衡塔柱沿高度方向内倾所产生的应力及变形，随中塔柱施工过程，逐步设置 4 道主动水平横撑，水平横撑均采用钢管柱形成顶压结构，在横撑端部配置千斤顶将横撑顶至设计的内力并抄垫密实，以控制塔柱的弯矩及变形。中塔柱水平对撑在塔柱合龙段施工完毕，进入上塔柱施工后依次解除。两中塔柱合龙部位施工采用弧形模板支架系统，支架系统布置于中塔柱内侧预埋牛腿上。待中塔柱合龙前一节段浇注完成后，安装中塔柱合龙段支架牛腿，并在上部铺设分配梁，安装支架及底模系统，施工合龙段。

图 13　中塔柱施工

上塔柱采用液压爬模施工。在上塔柱斜拉索锚固区设有 Φ32 精轧螺纹粗钢筋预应力体系，塔柱预应力施工与塔柱施工同步进行，施工时对爬模系统进行接长，搭设施工平台，在上部塔柱节段施工的同时，利用爬架进行下部节段预应力张拉、压浆等工序。

上塔柱索道管利用塔柱内劲性骨架进行定位，定位架由型钢焊接成桁架结构，具有较大的强度和刚度，以保证索道管位置精确和稳定，不致在施工过程中发生偏移。定位架制造完成后，将索道管初步定位并临时固定，检查合格后整体吊装就位，定位支架上设置有管位精调装置，可进行索道管的精确调整定位。

3.3　压重肋形梁施工

斜拉桥压重肋形梁位于边墩与辅助墩之间，肋形梁总长 94.5m，C60 混凝土 3 700m^3，重约 9 600t，每延米重超过 100t，采用钢管支架现浇法施工。现浇支架上部采取贝雷梁结构，基础采用直径 1.5m 钻孔桩。

为减小支架变形及不均匀沉降对梁体的不利影响，压重肋形梁分 3 段浇注，分段长度为 33m＋24.5m＋37m。先施工辅助墩侧 33m 梁段（包括钢混结合段），再施工边墩侧的 37m 梁段，最后施工跨中的 24.5m 梁段。

3.4　斜拉桥钢梁架设

图 14　压重肋形梁施工

斜拉桥钢主梁采用工字形钢结合梁。钢梁材质为 Q370qD，全桥钢梁总重 2 万多吨，最大节段为中塔墩顶节段，长 18m，重 425t。桥面板采用预制混凝土板，预制桥面板沿桥中心线对称布置，板厚 26cm，混凝土等级为 C60，混凝土桥面板与钢主梁通过布置于钢梁边主梁、小纵梁及横梁顶面的 ϕ22 圆柱头剪力钉结合后共同受力。

(1)钢梁制造、涂装

钢梁由边主梁、横梁、锚拉板、小纵梁组成，杆件制造完成后在工厂按照 6＋1 模式进行预拼，端头梁段在本轮预拼装完成后继续参加下一轮次的预拼装。钢梁预拼后进行涂装，检查合格后水运至工地进行架设。钢梁涂装体系为：180μm 电弧喷铝＋30μm 环氧封闭漆＋80μm 环氧云铁中间漆＋40μm 氟碳面漆（工厂涂装）＋40μm 氟碳面漆（现场涂装）。

(2)桥面板预制

桥面板分为 2.4m×14.7m、3.4m×14.7m、3.9m×14.7m 三种规格，板厚均为 26cm，最大重量 44t，在工厂预制后运至桥址起吊安装，为减少混凝土收缩徐变对结构产生的不利影响，要求预制板存放时间不少于 6 个月。

(3)中主塔（4 号墩）钢梁架设方案

4 号墩钢梁采用双悬臂对称架设方案，具体施工方案如下：

墩顶五节段钢梁架设：采用无托架形式，在主塔下横梁两侧预先布置临时支撑和预留锚固孔，将两边主梁锚固在主塔上，以抵消墩顶钢梁架设过程中的不平衡力，施工时利用浮吊拼装完成墩顶五个节段钢梁及桥面板。

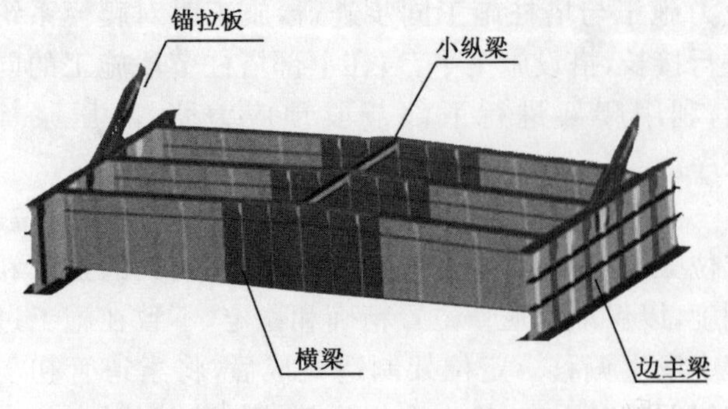

图 15　钢梁结构图

图 16　钢梁厂内预拼

图 17　预制场地布置图

图 18　桥面板工厂存放

拼装架梁吊机：在已经拼装完成的钢梁节段拼装架梁吊机并试吊，采用 BWQ-60 型桅杆起重机，沿 4 号墩中心线对称布置。

钢梁对称悬臂架设：由 4 号墩向两侧对称悬臂进行钢梁架设。架梁吊机每走行一次架设两个节段钢梁及桥面板。为确保大悬臂状态结构安全，在 3 号墩和 4 号墩之间设置一个临时墩，保证 4 号墩钢梁在合龙前横向抗风受力满足要求。临时墩中心线距离 4 号墩中心线 204m。

图 19　中主塔钢梁悬臂对称架设

(4)边主塔(5 号墩)钢梁架设方案

由于 5 号墩开工较晚，和主体工期难以匹配，工期相差近两个月，经和设计单位反复研究，改变了 5 号墩原双悬臂对称架设钢梁的方法，将 5 号墩钢梁架设的方案确定为：6 号-5 号墩间钢梁在膺架架设，5 号-4 号墩间钢梁采用单悬臂架设，同时 5 号墩主塔施工和钢梁架设采用部分塔梁同步施工。具体方案如下：

膺架安装：6 号-5 号墩位于长江滩地，施工膺架采用钻孔桩基础，钢管支架。

“钢—混凝土”结合段施工：主塔 5 号墩施工的同时，在 6 号墩施工“钢—混凝土”结合段。

架梁吊机安装：混凝土强度达到 100%后开始拼装架梁吊机，采用 WD70A 桅杆式架梁吊机。

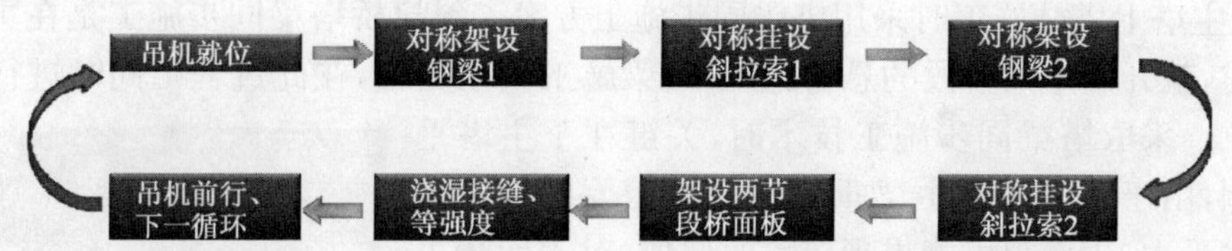

图 20 钢梁悬臂对称架设标准循环流程图

图 21 5号墩钢梁架设

6号-5号墩钢梁架设：在6号-5号墩间的膺架上散拼钢梁及桥面板，架梁吊机每走行一次架设两个节段钢梁，此过程不进行斜拉索挂设和桥面板结合。

5号-4号墩钢梁架设：由5号墩开始向跨中方向依次进行钢梁悬臂架设，每一轮次架设两个节段。5号墩单悬臂钢梁架设工作流程与4号墩类似；悬臂端的斜拉索挂设、桥面板结合与边跨已架钢梁对称同步进行。

在第一对斜拉索挂设后，主塔施工与钢梁架设实现同步施工。

3.5 中跨合龙施工

全桥共有两次中跨合龙，中跨合龙段长度均为7.0m，中跨合龙采用主动合龙方式，先合龙武昌侧主跨，再合龙汉口侧主跨。跨中钢梁合龙之前，拆除肋形梁现浇支架与临时支座，将支架与梁体脱空，通过5号(3号)墩横梁处设置的顶推装置，按照监控要求将混凝土主梁与钢梁向边跨方向纵向移动一定距离，并对主梁进行锁定，为合龙段钢梁杆件留出足够安装空间，便于合龙段钢梁杆件的安装，纵移前后晚上进行监控测量，记录好纵移前后合龙口高程及里程的变化情况。具体合龙工序如下：

(1)利用70t架梁吊机安装上、下游侧钢梁主梁。

(2)通过索力调整、节点对拉、设置偏载等措施将合龙段钢梁的高程、上下游主梁高差、钢梁转角、轴线偏位调整到精确合龙的控制范围内。

(3)合龙前对合龙口进行连续观测，确定合理的合龙时间及钢梁纵移距离。合龙时，先缓慢释放5号(3号)墩纵向锁定，直至千斤顶与钢梁完全脱离，再缓慢将5号(3号)墩顶推装置加压，使边墩钢梁整体向跨中侧移动，直至合龙口钢梁杆件拼接板顺利对孔，停止加压，锁定顶推装置，安装合龙口孔眼70%冲钉，主梁合龙完成；并解除5号(3号)墩纵向锁定。

(4)主梁合龙完成后开始横梁、小纵梁的安装。

(5)按照钢梁架设工艺完成合龙段钢梁高栓的施拧工作。

(6)安装合龙段桥面板并结合。

3.6 斜拉索挂设

钢绞线斜拉索的钢绞线及零部件在工厂制作完成，现场逐根安装、逐根张拉形成整索。施工时先安装第一根斜拉索钢绞线和索道管，对称节段的四根索道管安装就位后，同步对称安装其余钢绞线，并在每根索梁部锚固端选择1-2根钢绞线安装压力环进行后期索力监控。

3.7 塔梁同步施工

5 号墩主塔上塔柱施工时采用塔梁同步施工方案。斜拉桥塔梁同步施工是在主塔施工没有完成以前，就开始主梁节段的悬臂施工，塔梁施工相互交融，在此过程中同时进行斜拉索的挂索及张拉。采取塔梁同步施工技术时，关键在于主塔垂直度的控制，由于主塔两侧主梁重量不完全相等导致索塔受不均匀水平力，索塔很可能出现较大的偏位，对于后续主塔节段的施工造成很大的困难，很难保证索塔的顺直。为解决这一问题，5 号主塔施工时预先在已施工节段埋置监测棱镜，利用高精度全站仪架设在主塔两侧的强制对中观测台上，对埋设在已施工索塔节段侧壁上的监测棱镜进行实时观测，用事先编制的计算程序模拟出已施工节段偏位的数学模型，依据此数学模型推算出待浇节段定位的修正数据，从而完成塔柱及索道管定位的测量控制。

为保证塔梁同步施工安全，对主塔爬架进行全封闭，并在主塔高程＋122.5m 位置处设置了一层安全防护平台，平台上满铺脚手板，脚手板上铺设钢板。平台设置了灭火器、防护栏杆及踢脚，有效避免高空坠物及明火的发生。

图 22　塔梁同步施工防护平台

4　主要施工难点、特点及思考

4.1　3.4m 大孔径钻孔桩施工

由于三塔斜拉桥中塔柱设计刚度的需要，4 号主塔墩基础采用 Φ3.4m 大直径钻孔桩，桩基嵌入强度极不均匀的胶结泥岩深度约 60 多 m，由于泥岩裂隙发育，且发育不均，裂隙倾角近 75°，钻孔过程中有几个问题十分棘手：

一是采用重锤导向的旋转钻头遇软硬不均的岩石时极易偏孔，钻头通过坚岩时形成凹凸孔壁，往往需要多次扫孔才能保证成孔质量。

二是由于裂隙发育，倾角大，钻成的孔在钻机的震动下，大块孔壁岩石垮塌，埋压钻头，孔径越大，钻孔形成的岩拱愈弱，孔壁坍塌愈厉害，由于岩石成块坍塌，泥浆和水头对其作用甚小。

三是由于成孔较深，为确保孔的垂直度，往往在钻杆上加装稳定器，稳定器对岩孔的扰动往往会破坏岩孔的稳定，造成孔壁坍塌。

4.2　塔梁同步施工

塔梁同步施工是提高效率的一项有效措施，由于施工测量水平的提高和测量手段的进步，我们采用在主塔上布设多个测控点，在主塔不同工况下，对各点进行联测，通过联测数据推导出主塔的偏位，从而得出待浇筑节段定位的修正值，该方法的运用较好地解决了主塔线形和索道管定位的难题。在钢梁架设施工监控中，主塔计算模型中的位移输出点和布置的测点对应，也能从理论计算的角度对主塔的线形进行校核。

4.3　钢梁架设

“钢—混凝土”结合梁架设中，桥面湿接缝的龄期是占用工期的一个重要环节，二七桥施工中，将一个节段循环优化为两个节段循环，减小了湿接缝等龄期占用工期的时间。

4.4 斜拉索施工

镀锌钢绞线斜拉索施工方便、快速、安全，不需要大型机械设备，相比平行钢丝斜拉索，施工上有便利之处，但由于不能采用“频谱法”进行整体索力测定，施工监控方如何方便、快速、经济的获得整索索力值得进一步研究。

4.5 合龙段施工

根据二七桥的支撑体系特点，采取了主动合龙的方式，在5号、3号墩墩顶设置了纵向顶推装置，在合龙段钢梁调整到位后，采用主动顶推法合龙钢梁，效果良好。

5 结语

二七长江大桥施工采用了6m液压爬模和塔梁同步施工等多项高效施工技术，可为同类桥梁施工提供借鉴。

参 考 文 献

[1] 陈德伟，黄大健，项海帆. P. C. 斜拉桥悬臂施工的拉索式长挂篮新工艺[J]. 土木工程学报，1996，29(6).

[2] 陈德伟，曹海顺，李欣然，等. 海口世纪大桥拉索式长挂篮设计新构思[C]. 2002年全国桥梁学术会议论文集. 北京：人民交通出版社，2002.

[3] 陈德伟，曹海顺，李欣然. 预应力混凝土斜拉桥悬臂施工的拉索式长挂篮新构思[J]. 公路，2002.

70. 大跨度钢斜拉桥施工的自适应无应力构形控制

颜东煌　陈常松　董道福　涂光亚

（长沙理工大学土木与建筑学院）

摘　要：本文基于超大跨度斜拉桥的施工复杂性提出了应用于斜拉桥施工控制的一套计算理论与控制方法。首先建立了能计入斜拉桥施工全过程多因素耦合效应的分析理论，然后提出了斜拉桥主梁、索塔和斜拉索无应力构形的计算与制造尺寸表征方法，最后建立了能够计入修正误差和节段焊缝收缩差影响的局部定位法以及适应温度场变化的实时定位放样公式。研究成果在荆岳长江公路大桥施工全过程中得到了成功的应用，结果表明超大跨度斜拉桥采用自适应无应力构形控制法是适宜和可行的。

关键词：桥梁工程　斜拉桥　施工　控制　自适应　无应力构形

当斜拉桥向超大跨径发展时结构会高度柔性化，这给斜拉桥的设计与施工带来一系列的技术难题。近年来，对斜拉桥施工全过程分析与施工控制理论及方法的研究取得了显著成果[1-6]。由于超大跨度斜拉桥的构件预制是在近乎无应力状态下进行的，而如何由正装计算的安装控制参数计算出塔、梁和斜拉索的无应力构形的算法也是目前尚未很好解决的问题。采用目前的施工控制理论与方法对具有显著几何非线性效应的超大跨度斜拉桥进行施工控制时，对于过大的参数误差往往缺乏有效的控制手段，此时需要非常严格地控制施工参数误差，这对施工单位提出了很高的技术要求，因此采用单一的方法难以满足工程精度要求，如几何控制法或自适应控制法等，迫切需要建立一套完整的适用于超大跨度斜拉桥的施工控制理论和方法。

1　斜拉桥的无应力构形

桥梁结构设计和施工中有设计构形、成桥构形、安装构形和无应力构形（即制作构形）概念[1]，四种构形之间既相联系，又有区别，无应力构形是由设计构形通过正装分析的累计变形反求得到的。各种构形有相应的结点坐标，分别为结点的设计坐标、成桥坐标、安装坐标和制作坐标，为方便钢箱梁节段制作和吊装安装的施工放样，制作坐标和安装坐标通常采用相对坐标系，成桥坐标和设计坐标采用整体坐标系。

1.1　主梁或索塔的无应力长度

根据设计提供的张拉索力与成桥索力，经全过程的正装计算得到了钢箱梁制作的主要控制参数，其中通过悬链线单元计入拉索几何非线性、通过几何刚度矩阵和拖动坐标法计算主梁与索塔的初始内力与大位移影响。

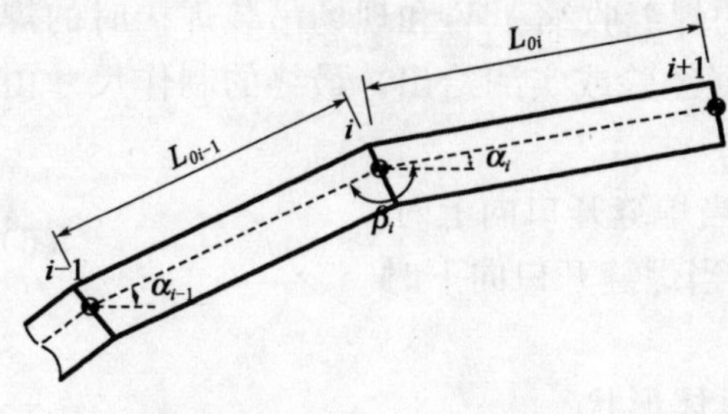

图1　无应力线形示意图

1)无应力线形的表示

主梁钢箱梁或索塔钢锚箱在胎架上的制作线形即为无应力线形。描述无应力线形可采用参数坐标(β_i, L_{0i})表示，如图1所示。设第i节段轴线与水平线的夹角为$\alpha_i(i=2,\cdots 35)$，参数坐标β_i为i结点相邻两节段无应力轴线之间的夹角，L_{0i}为第i节段的无应力轴线长度。

显然有：

$$\alpha_i = \beta_i + \alpha_{i-1} - \pi, \beta_1 = \frac{\pi}{2} - \alpha_1 \tag{1}$$

无应力线形还可采用相对坐标(x_i, z_i)表示，该坐标表示无应力线形所在的竖平面内的结点位置。相对坐标(x_i, z_i)与参数坐标(α_i, L_{0i})之间的关系为：

$$\begin{cases} x_{i+1} = x_i + L_{0i}\cos\alpha_i = x_i + L_{0i}\cos(\beta_i + \alpha_{i-1}) \\ z_{i+1} = z_i + L_{0i}\sin\alpha_i = z_i - L_{0i}\sin(\beta_i + \alpha_{i-1}) \end{cases} \tag{2}$$

式中，由于无应力线形是用相对坐标表示，因此第一个节段的首结点坐标(x_1, z_1)可取任意确定值。

当采用切线拼装定位法时，设计线形坐标与无应力线形的相对坐标有如下关系：

$$\begin{cases} x_i^s = x_i + u_i \\ z_i^s = z_i + v_i \end{cases} \tag{3}$$

式中，(x_i^s, z_i^s)为i结点的设计线形坐标值，可从设计图上获取；(u_i, v_i)为i结点的正装计算的累计位移值。且有：

$$L_{0i} = L_i - \Delta L_i \tag{4}$$

式中，L_i为第i节段设计线形轴线长度；ΔL_i为i节段轴向累计变形量。

2)节段的无应力制作尺寸

在钢箱梁节段的现场匹配焊接时，可以通过调节顶底板的焊缝宽度实现梁段之间转角，但该方法的转角调整量有限，因此在节段制作时，需将节段两端或一端的接缝面转动，以适应节段间的折角匹配。通常为了简化制作，节段的一端接缝面保持与节段轴线垂直，倾斜另一端接缝面以适应节段坡度的改变，如图2a)所示。

以节段i为例，说明无应力节段的制作尺寸。如图2b)所示，设由无应力线形得到节段$i-1$和节段i的轴线与水平线的夹角分别为α_{i-1}、α_i，节段轴线的长度为L_{0i}，无应力节段顶边和底边长度分别为L_{si}、L_{xi}，则根据几何关系有如下关系：

$$\begin{cases} L_{si} = L_{0i} + h_s(\alpha_{i-1} - \alpha_i) \\ L_{xi} = L_{0i} + h_x(\alpha_{i-1} - \alpha_i) \end{cases} \tag{5}$$

式中：h_s和h_x分别为截面形心距节段顶

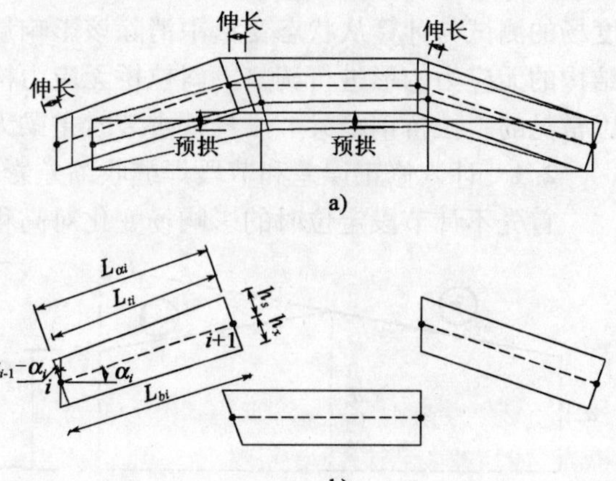

图2　节段无应力尺寸图

边和底边的垂直距离。

需注意的是，在实际操作中还要根据焊缝的宽度 WG 和焊缝收缩量调整制作尺寸。焊缝收缩使得焊缝宽度减少，焊缝收缩分工厂节段制作时的焊缝收缩 YW 和现场吊装焊接时的焊缝收缩 EW 两部分，这两部分收缩量一般由制造商根据经验或实测给出。最终的制作尺寸由式(6)确定：

$$\begin{cases} L'_{si} = L_{si} - WG + YW + EW & \text{当焊缝开口向上时} \\ L'_{xi} = L_{xi} - WG + YW + EW & \text{当焊缝开口向下时} \end{cases} \tag{6}$$

1.2 斜拉索的无应力长度

斜拉索无应力构形只有无应力索长的概念，没有具体形状。

斜拉索不同的张拉索力对应着不同的无应力索长，因此为通过延伸量法控制张拉索力的大小，在制索时需在不同张拉索力的无应力索长位置进行标记。无应力索长的计算图式如图 3 所示。图 3a）表示斜拉索张拉工况的计算，在已知 T_t 或 T_b 时通过迭代循环计算求出梁塔变形后锚点间的相对位置 l 和 c，然后由图 3b）图式计算两端相对支承位置已知且同时知道 T_t 或 T_b 时无应力索长 S_0 的计算。

图 3a）或图 3b）的迭代计算方法可参考文献[8]。制作无应力构形时应严格控制温度，考虑温度变化对无应力构形的影响量。

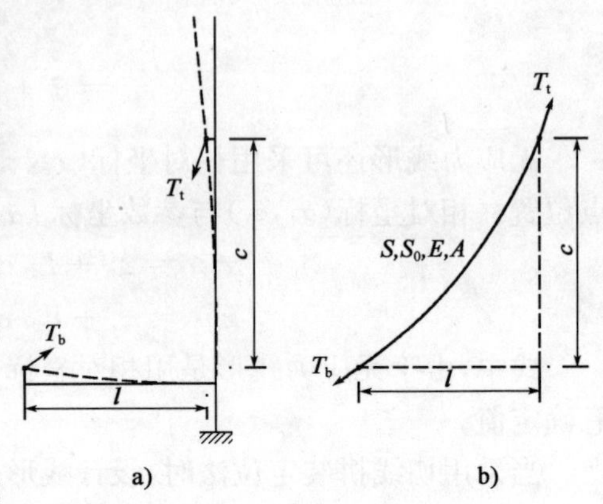

图 3 斜拉索无应力索长的计算

2 基于自适应求解的斜拉桥无应力构形的调整

斜拉桥成桥过程中的各种误差主要包括设计参数误差、施工误差、测试误差和温度影响等都累计且反映于各可测试的状态变量（主要为几何线形和索力）中，因此在进行自适应调整前需根据各误差的特点进行消除或识别。

一般来说，状态变量的测试误差可通过采用先进的测试方法和手段予以大部分消除，先进的、自动化的数据采集系统也是目前超大跨度斜拉桥施工控制首要解决的问题之一。温度变化对斜拉桥施工控制的影响是严重的，该影响不能完全采取回避的方法予以消除，还应结合温度场的测试与计算从状态变量中消除该影响量。斜拉桥设计参数误差和施工误差则需通过对结构的无应力构形进行调整。斜拉桥无应力构形的调整量采用自适应思路计算和实施。下面以常见的斜拉桥钢箱梁节段悬臂拼装时主梁无应力线形的调整为例说明这一方法。

2.1 计入修正误差和节段焊缝收缩差影响的主梁局部定位法

首先不计节段定位时的影响场变化对高程的影响，采用如图 4 所示的局部定位法。

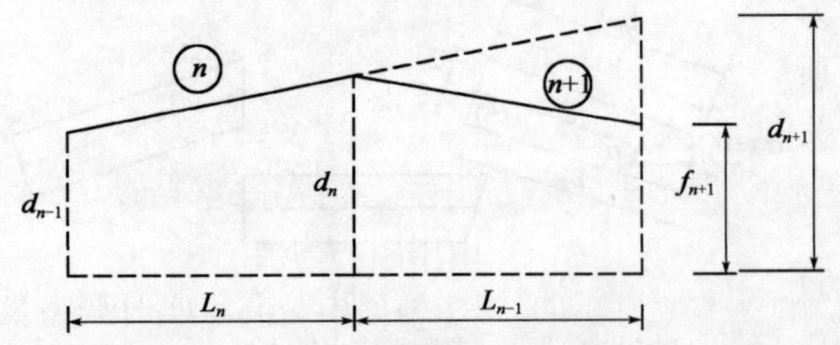

图 4 主梁节段悬臂拼装的局部定位法示意图

设主梁 $n+1$ 节段定位时 $n-1$、n 节段的实测高程误差（实测值相对理论值）分别为 d_{n-1}、d_n，根据主梁线形平顺性原则定出 $n+1$ 节段的焊接完成后高程误差为 d_{n+1} 为：

$$d_{n+1} = \frac{d_n - d_{n-1}}{L_n} L_{n+1} + d_n \tag{7}$$

式中：L_{n+1}、L_n 分别为 $n+1$、n 节段的梁长。

根据设计目标通过自适应计算，要求该节段的期望焊接后高程误差为 f_{n+1}，则该节段焊接后的高程变化量应为 $f_{n+1}-d_{n+1}$，该高程变化量是通过设置顶底板焊缝宽度差 e（当然要满足焊缝的焊接工艺要求）来完成的。需注意的是，$n+1$ 节段定位时焊缝宽度差 e 产生的高程调整量 f'_{n+1} 并不是 $f_{n+1}-d_{n+1}$，这是因为当顶底板焊缝存在宽度差时，顶底板焊缝宽也会存在收缩差，该收缩差使得 $n+1$ 节段前端高程在焊接完成后产生高程变化附加变化 f''_{n+1}，因此在进行 $n+1$ 节段的局部坐标定位时有如下表达式：

$$f_{n+1}-d_{n+1}=f'_{n+1}+f''_{n+1} \tag{8}$$

式中：

$$f'_{n+1}=\frac{L_{n+1}}{h_{n+1}}e$$

其中：h_{n+1} 为 $n+1$ 节段的梁高。

钢箱梁悬臂拼装节段定位时顶板的焊缝宽度因定位止推板近于一定值 Δ_s，另设底板焊缝宽度为 Δ_x，则 $e=\Delta_x-\Delta_s$。根据实测数据统计，顶板的焊缝收缩值可表示为一固定值 S_s，底板的焊缝收缩值 S_x 可用如下统计公式表示：

$$S_x=\frac{\Delta_x}{n_x}$$

式中：n_x 为底板焊缝收缩比，由前几个节段的现场实测数据统计分析得到。

底顶板焊缝收缩差 D 则可表示成：

$$D=S_s-\frac{\Delta_x}{n_x}$$

因此，焊缝收缩差而产生的对定位高程的影响量 f''_{n+1} 为：

$$f''_{n+1}=\frac{L_{n+1}}{h_{n+1}}D \tag{9}$$

则 f'_{n+1} 可表示成：

$$f'_{n+1}=\frac{n_x}{n_x-1}(f_{n+1}-d_{n+1})+\frac{n_xL_{n+1}}{(n_x-1)h_{n+1}}(\Delta_s-S_s) \tag{10}$$

因此 $n+1$ 节段定位时，定位高程的调整量为：

$$\Delta Z^0=\frac{n_x}{n_x-1}f_{n+1}-\frac{1}{n_x-1}d_{n+1}+\frac{L_{n+1}}{(n_x-1)h_{n+1}}\Delta_s-\frac{n_xL_{n+1}}{(n_x-1)h_{n+1}}S_s \tag{11}$$

2.2 考虑温度场变化的实时定位放样公式

设主梁 $n-1$、n 节段在 n 节段的斜拉索最后一次张拉后经测试误差和温度影响消除后识别出的节段高程误差（实测值相对理论值）分别为 b_{n-1}、b_n。假设节段重量误差很少（钢箱梁节段重量一般控制较严），梁段起吊时高程的实际变化与理论变化相差较小，则节段定位时高程的温度影响量 ΔZ^t 为

$$\Delta Z^t=\frac{L_{n+1}}{L_n}[(Z_n-Z_{n-1})-(b_n-b_{n-1})]+Z_n-b_n \tag{12}$$

式中：Z_n 和 Z_{n-1} 分别为 $n+1$ 节段定位时 n 节段和 $n-1$ 节段前端实测高程和理论高程的差值。

综合式(11)和式(12)，则同时计入温度影响和误差修正的 $n+1$ 节段定位高程实时调整量公式为：

$$\Delta Z = \Delta Z^0 + \Delta Z^t \tag{13}$$

3 工程应用

荆岳长江公路大桥是随岳高速跨越长江的一座主跨 816m 的超大跨度不对称双塔双索面半漂浮体系混合梁斜拉桥。其索塔为 H 型预应力混凝土结构；主梁中跨和北边跨采用分离式边箱扁平钢箱梁，南边跨采用分离式边箱 PC 箱梁。钢箱梁采用悬臂拼装，PC 箱梁采用高空平台预制拼装施工。大桥已于 2010 年 12 月通车运营。

3.1 主梁的无应力线形

荆岳长江公路大桥施工控制主要参数包括各主梁节段的轴向压缩量、主梁的无应力线形、斜拉索的无应力索长等等，如图 5、图 6 所示。

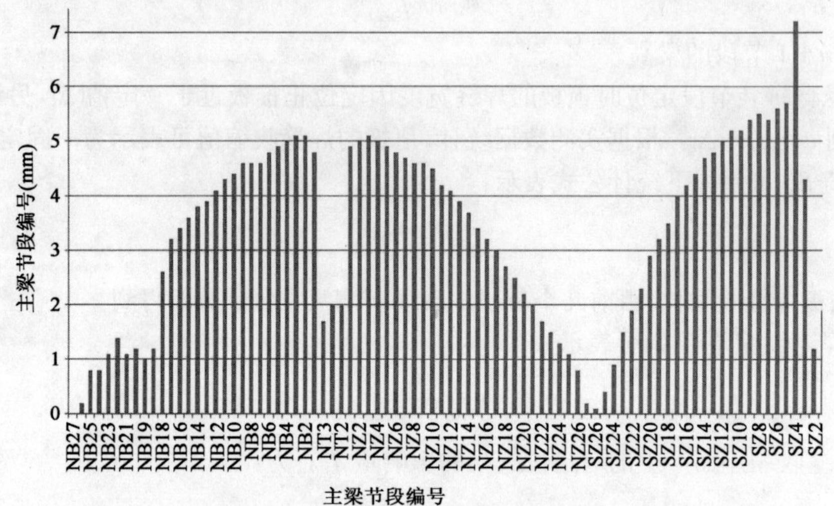

图 5 主梁钢箱梁节段的轴向压缩量(mm)

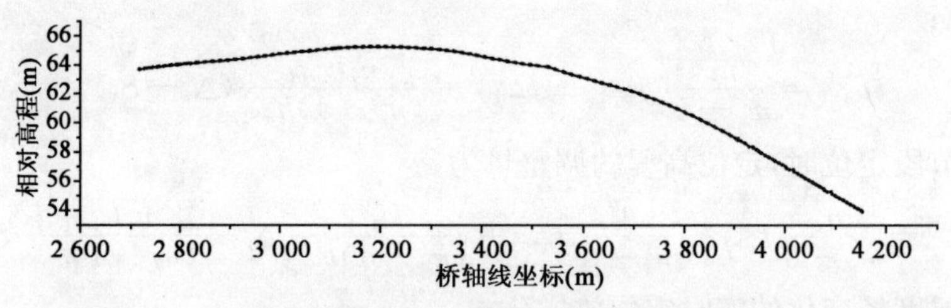

图 6 主梁无应力线形(钢箱梁部分)(m)

主梁的轴向压缩量在钢箱梁节段预制时计入制造梁长，虽然每一节段压缩量不大，但其累计非常可观，如中跨主梁最大单悬臂梁段(400m 长)的累计压缩量达 11cm 左右。主梁无应力线形主要用来确定主梁节段制造时的相对竖向夹角，通常采用相对坐标表示。斜拉索的无应力索长、有应力索长等参数可与主梁无应力线形同时计算，由于篇幅所限，这里就不列出来了。

3.2 施工中主梁的定位线形及温度影响的修正

1)计入修正误差和节段焊缝收缩差的局部定位

以北塔(28 号塔)的 NB8 和 NZ8 梁段的主梁线形调整为例。$n=7$，$L_8=15\text{m}=L_7$，$h_8=3.85\text{m}$。经对前 5 段梁段顶底板焊缝收缩值的实测，其顶板焊缝平均收缩值为 $S_s=2.13\text{mm}$，底板焊缝收缩比 $n_x=3.3$。顶板焊缝宽由定位板确定，$\Delta_s=8\text{mm}$，则由上述公式可得如下各参数(见表 1)：

NB8、NZ8 梁段定位时高程调整量计算表(mm)　　表 1

梁段号	d_{n-1}	d_n	d_{n+1}	f_{n+1}	ΔZ^0	f'_{n+1}	f''_{n+1}	Δ_x	e	D
NB8	0	15	30	5	−4	−34	9	−1	−9	2
NZ8	−2	7	16	0	−5	−21	5	3	−5	1

2)考虑温度场变化的实时定位高程计算(见表 2)

NB8、NZ8 梁段实时定位高程计算表(mm)　　表 2

梁段号	b_{n-1}	b_n	y_{n-1}	y_n	y_{n+1}	ΔZ^0
NB8	0	15	64 468	64 344	64 208	−4
NZ8	−2	7	64 888	64 811	64 722	−5

注:表中 y_{n-1}、y_n、y_{n+1} 表示在 NB8 和 NZ8 节段定位时前 3 个主梁节段的理论高程;b_n 和 b_{n-1} 分别为 NB7 和 NZ7 节段的斜拉索二张拉后前 2 个主梁节段的高程误差(已消除测试误差和温度影响)。

设 NB8、NB7 和 NB6 梁段定位时实时测量高程为 Z_8、Z_7 和 Z_6,由表 2 可得 NB8 梁段的实时定位高程计算公式:$Z_8=2Z_7-Z_6-46$(mm)

同理,可得 NZ8 梁段的实时定位高程计算公式:$Z_8=2Z_7-Z_6-33$(mm)

利用上述计算公式就可以在施工现场即使结构温度场发生了变化也可实时定位,给施工带来了极大的便利。

3.3 施工中主梁线形和斜拉索索力的控制状态

塔(28 号塔)的 NB8 和 NZ8 梁段经吊装定位、焊接、JB8 和 JN8 斜拉索初张拉、吊机前移和斜拉索最后张拉完成后对双悬臂主梁前 5 段梁的高程和索力进行了测试。测试结果如图 7~图 9 所示。

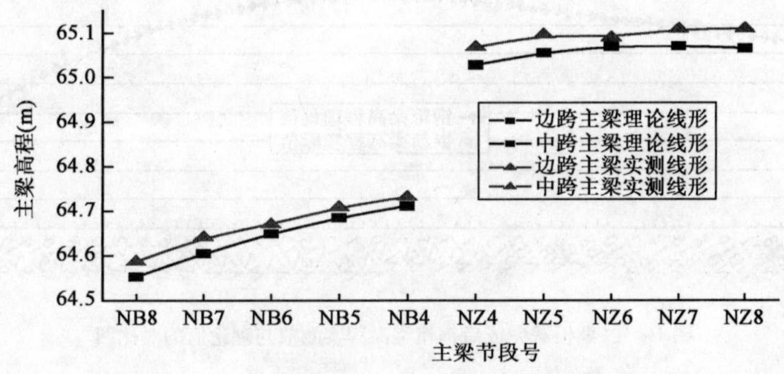

图 7　28 号塔 08 号梁段完成时主梁(前 5 段梁)线形比较

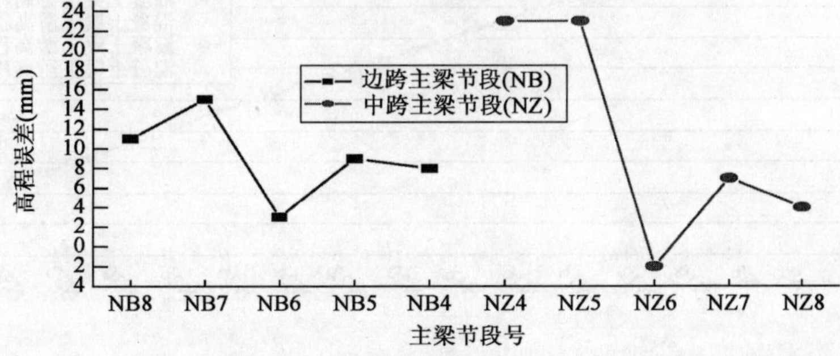

图 8　28 号塔 08 号梁段完成时主梁(前 5 段梁)高程误差

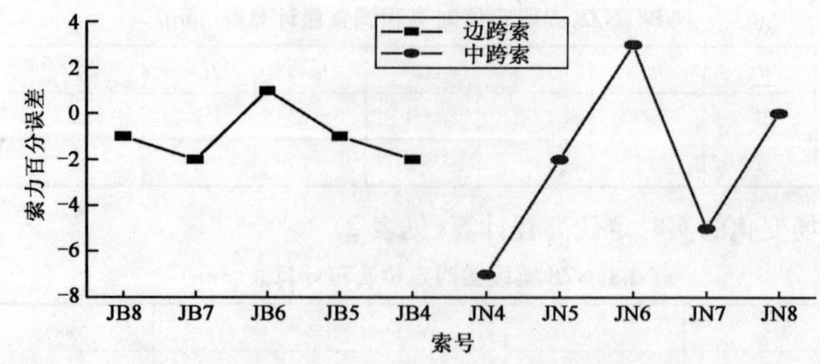

图 9　28 号塔 08 号梁段完成时(前 5 对索)索力百分误差

由图 7 所示，前 5 段梁高程比较平顺，节段间高程相对误差比较小，节段高程的绝对误差最大不超过 25mm。通过图 8 尤其值得注意的是，在 NZ6 梁段施工前由于未采用自适应方法进行调整，主梁节段局部线形没有 NZ7、NZ8 平顺。通过上述自适应调整措施，NZ8(包括 NB8 梁段)前端梁段高程的误差反过来纠正了 NZ7 和 NB7 梁段前端高程误差增大的趋势。

由图 9 可知，前 5 段梁的索力百分误差绝对部分在 5%以内，悬臂前端斜拉索索力误差呈减少趋势。

3.4　成桥后的主梁线形和斜拉索索力

全桥二期恒载全部完成后的主梁线形和斜拉索索力测试结果如图 10～图 12 所示。

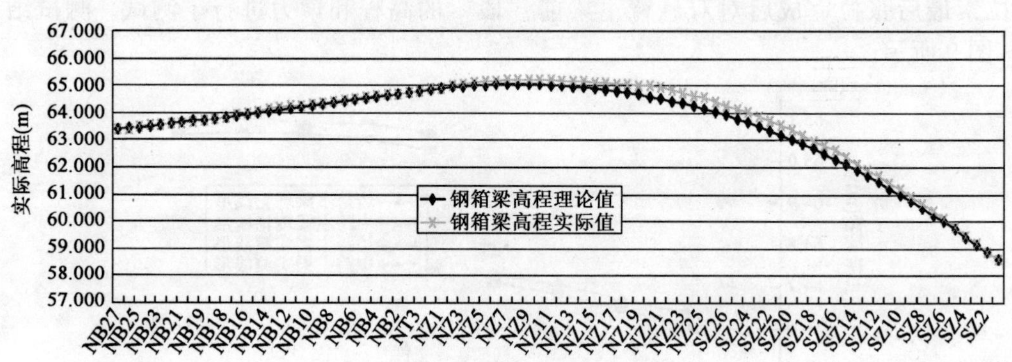

图 10　二期恒载完成后钢箱梁高程实测值与理论值的对比图

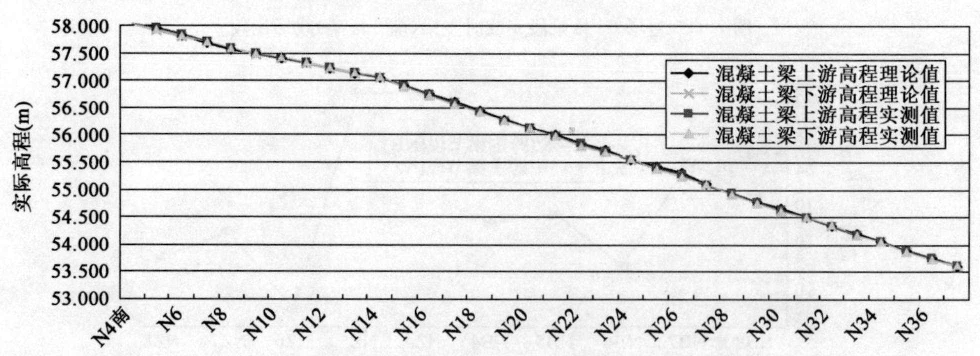

图 11　二期恒载完成后南边跨混凝土箱梁高程实测值与理论值的对比图

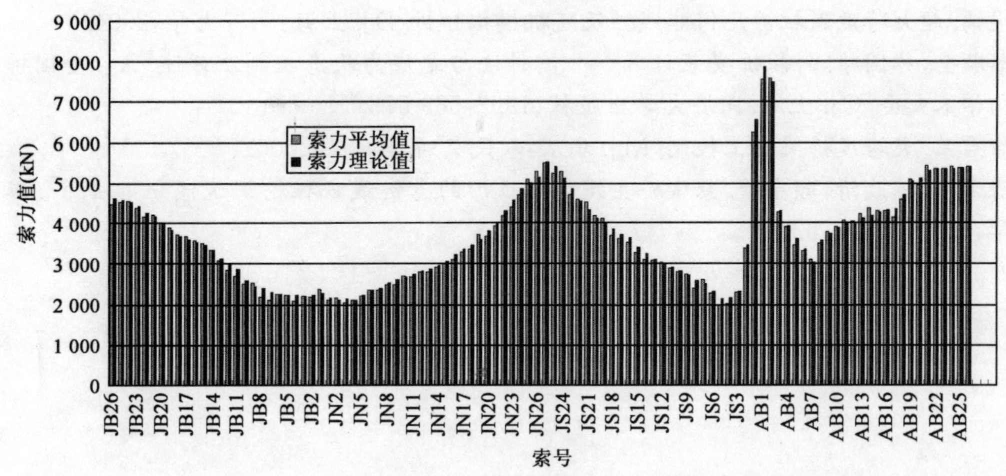

图 12　二期恒载完成后斜拉索索力实测值与理论值对比图

测试结果表明，钢箱梁和混凝土主梁线形实测值与理论值吻合比较好，主梁高程误差最大值小于 100mm（监控大纲规定的主梁高程允许最大误差为±235mm），主梁线形非常平顺；全桥索力实测值与理论值吻合良好，误差均在±5%以内，斜拉索在塔端和梁端索导管的位置均居中良好。

4　结语

通过对超大跨度斜拉桥自适应无应力构形控制计算理论和自适应调整方法的研究，结合在荆岳长江公路大桥上的验证应用情况，可得出如下结论：

(1)建立了针对超大跨度斜拉桥施工全过程多因素耦合的分析理论。实桥应用表明，采用该理论的计算数据与实桥实测数据吻合很好。对于具有混凝土构件的斜拉桥尤其能精确计算几何非线性与收缩徐变、非线性与温度影响的耦合效应。

(2)建立了针对钢斜拉桥的自适应调整方法，该方法基于局部坐标测量，不仅可以计入修正误差和节段焊缝收缩差影响，而且可以在结构温度场发生变化时进行梁段实时定位，极大方便了施工。

(3)荆岳长江公路大桥的施工控制表明，对于超大跨度斜拉桥自适应无应力构形控制理论的计算理论、控制思路和方法是完全合适的，同时非常简便。

参 考 文 献

[1] 李乔. 悬臂拼装桥梁制造与安装线形的确定[A]. 中国土木工程学会桥梁及结构工程学会第十六届年会[C]. 长沙，2004.

[2] 陈常松，颜东煌，陈政清. 带刚臂的两节点精确悬链线索元的非线性分析[J]. 工程力学，2007，24(5)：29-34.

[3] 赵文武，辛克贵. 预应力混凝土斜拉桥自适应施工控制分析[J]. 工程力学，2006，23(2)：78-83.

[4] 张建民，肖汝诚. 千米级斜拉桥施工过程中主梁的线形控制[J]. 同济大学学报（自然科学版），2004，32(12)：1567-1571.

[5] 梁鹏. 超大跨度斜拉桥几何非线性及随机模拟分析[D]. 上海:同济大学,2004.
[6] 秦顺全,林国雄. 斜拉桥安装计算——倒拆法与无应力状态控制法评述[A]. 全国桥梁结构学术大会[C]. 上海:同济大学出版社,1992:569-573.
[7] 徐君兰. 大跨度桥梁施工控制[M]. 北京:人民交通出版社,2000.
[8] 陈常松,陈政清,颜东煌. 悬索桥主缆初始位形的悬链线方程精细迭代分析法[J]. 工程力学,2006,23(8):62-68.

71. 三塔两跨悬索桥中塔建设关键技术

姜红涛　张照霞　刘建波

（中交第二航务工程局有限公司）

摘　要：泰州大桥设计为3塔2跨(2×1 080m)悬索桥，大桥中塔为大型沉井基础及人字形钢塔结构。复杂环境条件下超大沉井的浮运、定位、着床及终沉控制各个工序的有效控制技术措施很重要，前期开展沉井的悬浮状态及下沉时的局部冲刷模型试验起到很好的预控作用。沉井基础下沉信息化控制技术为沉井下沉起到很好的引导作用。钢塔加工阶段及安装阶段的联动控制，对保证钢塔的安装精度必不可少。

关键词：沉井基础　钢塔　悬索桥　关键技术

1　概述

泰州大桥位于江苏省长江中段的扬中河段，江面宽约2.3km，该水域为感潮河段，受长江径流和潮汐双重影响，出现往复流。桥跨组合为390m＋1 080m＋1 080m＋390m，桥面宽为33m，设计车速为100km/h，采用6车道高速公路标准，其桥型布置图如图1所示。

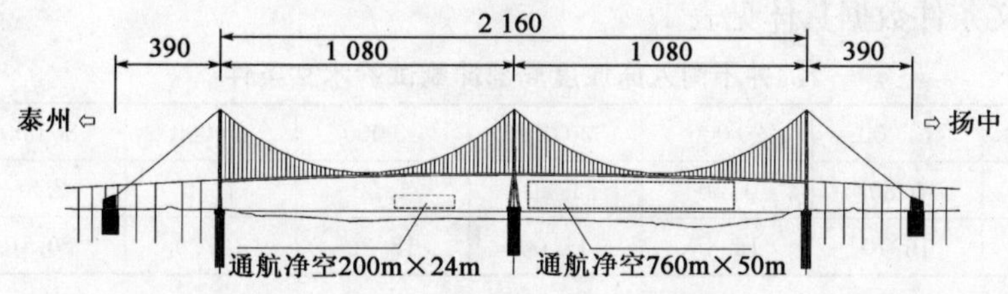

图1　泰州大桥桥位总体布置图(尺寸单位:m)

大桥中塔基础采用大型钢壳—混凝土沉井基础，顶高程＋6.00m，底高程－70.00m，沉入覆盖层深度约55.0m，总高76.00m，其中钢壳段沉井部分高38m。沉井标准断面尺寸58m×44m，设有12个格舱，四角倒角半径9.8m，封底混凝土厚11m，其结构如图2所示。沉井施工时水位＋2.0～＋4.0m，墩位河床平均高程约－15.0m。沉井下沉到设计高程时依次穿越细砂层、粉砂层、中砂层，基础持力层为粗砂层。

大桥中塔结构纵桥向为人字形钢结构塔，钢塔高191.5m，横向为“门式框架”结构，坡度为1920∶39。钢塔除上下横梁外，沿高度方向分为21个节段，其纵向剖面如图3所示。

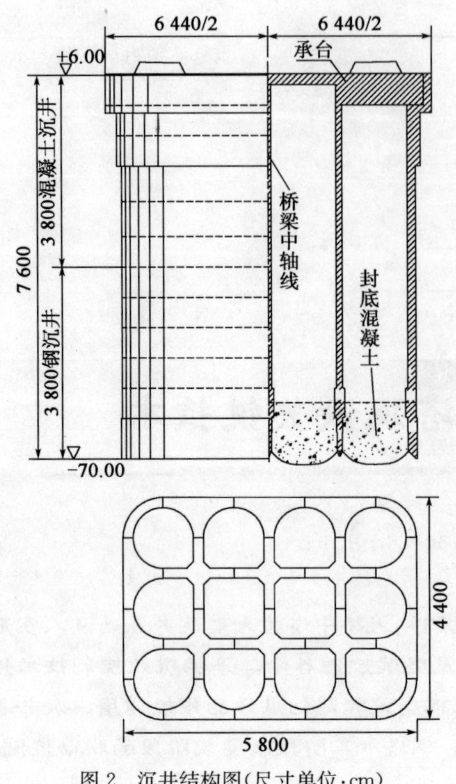

图 2　沉井结构图(尺寸单位:cm)

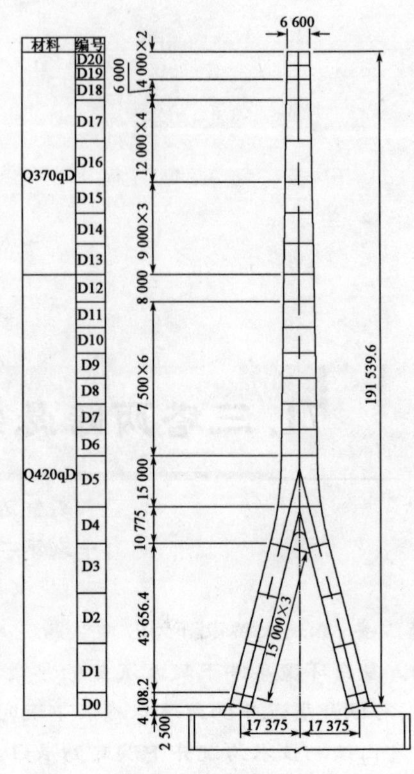

图 3　钢塔节段划分图(尺寸单位:mm)

2　施工期大型沉井基础冲刷模型试验

为了保证沉井着床及接高下沉阶段的稳定,开展沉井基础的冲刷模型试验很重要,并据此制定相应的施工方案及应急预案。通过试验获取了钢沉井悬浮时局部冲刷情况及沉井不同入床深度局部冲刷等相关数据。

2.1　试验条件

在模型设计时考虑了流速、雷诺数、水深、休止角、桥墩压缩比等基本条件,模型比尺为1∶100,试验水文条件数据具体见表1。

沉井不同入床深度局部冲刷试验水文条件　表1

流量(m^3/s)	12 000	20 000	30 000	43 000	65 000	80 000	91 000
行近流速(m/s)	0.80	1.00	1.20	1.50	1.96	2.38	2.81
水 深(m)	16.10	16.46	17.00	18.30	19.30	20.10	20.63

2.2　试验结果

沉井基础局部冲刷形态如图4所示。

试验结果表明,沉井基础施工期最大局部冲深41m。沉井基础施工期最大局部冲深见表2。

沉井基础施工期最大局部冲深表　表2

流量(m^3/s)	水深(m)	流速(m/s)	最大冲深(m)	冲刷坑最深点高程(m)
12 000	16.10	0.80	4.10	−19.50
20 000	16.46	1.00	6.60	−22.00

续上表

流量(m^3/s)	水深(m)	流速(m/s)	最大冲深(m)	冲刷坑最深点高程(m)
30 000	17.00	1.20	9.20	−24.60
43 000	18.30	1.50	13.80	−29.30
65 000	19.30	2.00	23.10	−38.50
80 000	20.10	2.38	31.70	−47.10
91 000	20.63	2.81	41.00	−56.40

注:冲刷前河床高程按 15.4m 计。施工期设计洪水按 20%保证率,Q=91 000m^3/s。

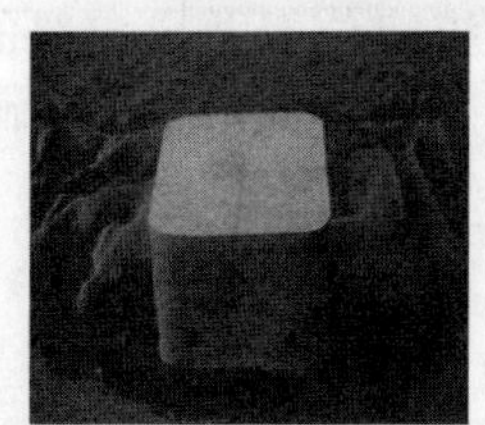
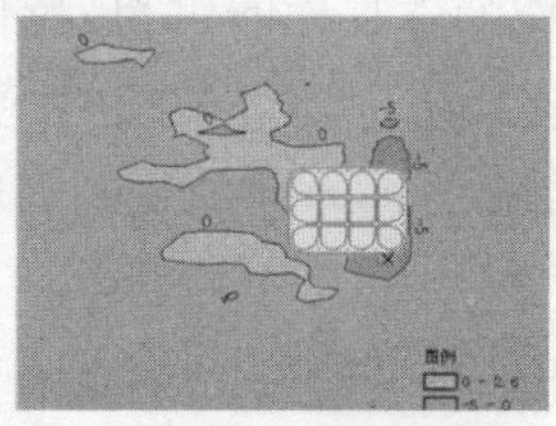

a)在1.2m/s流速条件下沉井着床后,局部最大冲刷深度约10m

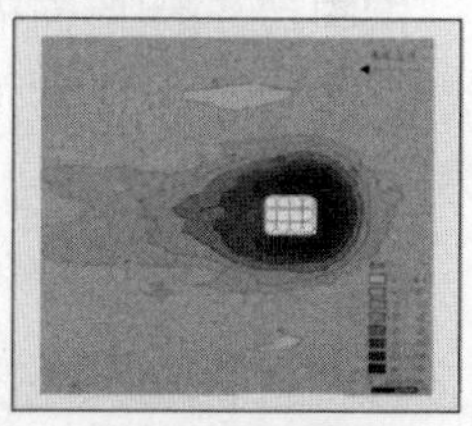

b)在2.81m/s流速条件下沉井着床后,局部最大冲刷深度约40m

图 4　沉井基础局部冲刷形态

2.3　工程验证指导

沉井浮运着床时尽可能选择在流速小、枯水期进行施工工作,可减小对河床的冲刷影响,同时降低了施工风险。

泰州大桥中塔沉井基础施工共历时 197d,洪水期实测最大流速为 1.64m/s。流速为 1.42m/s和 1.64m/s 时,其局部最大冲刷深度分别为 9.1m 和 17.8m,现场实测沉井周边河床地形如图 5 所示。

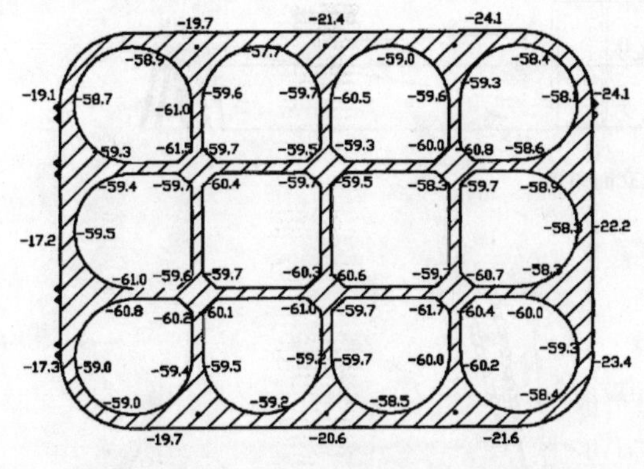

a)-60m高程、流速1.42m/s、最大冲刷9.1m

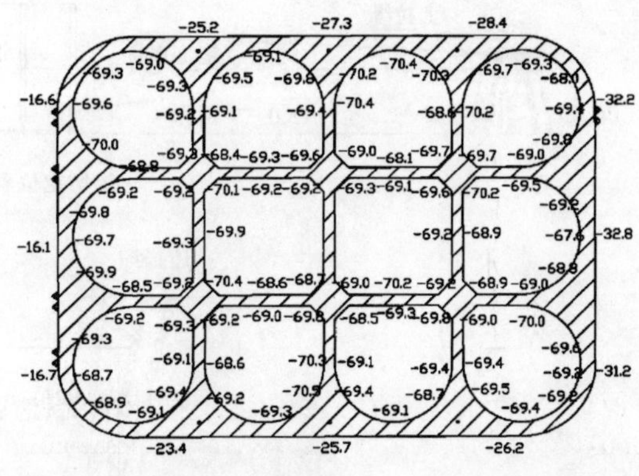

b)-70m高程、流速1.64m/s、最大冲刷1.78m

图 5　沉井下沉河床的冲刷形态

实测数据表明,沉井施工期实际冲刷形态与河工模型试验结果基本相符,对整个施工过程具有超前的指导作用。

3　深水大型沉井基础浮运、定位及着床技术

为了让沉井能够顺利的浮运到桥位并能着床下沉,设计上借鉴了双壁钢围堰结构。利用隔舱来增大浮力,着床时可以通过调节每个隔舱水位来控制沉井平稳下沉,另外隔舱浇筑水下混凝土后可增大沉井的下沉重量,解决了大型沉井浮的起并沉得下的难题。

3.1 钢壳段沉井浮运

钢壳段沉井首节 8m 长在船厂制作好浮运到距中塔墩位 1 000 余米处的码头进行接高。在码头位置将钢壳段沉井接高到 38m 长，选择高平潮时机将钢壳沉井浮运到桥位处进行定位下沉。

钢壳沉井浮运采用了 5 艘总动力为 18 140 马力的拖轮来进行，另外 3 600 马力全回转拖轮作为备用预案。采取了沉井两侧设置两艘拖轮进行绑拖，后侧设置一艘拖轮进行顶推的方案。

3.2 锚墩定位系统

钢壳段沉井顶面面积达 2 497m^2，可提供相应的施工作业平台，故传统定位船及导向船的锚碇系统定位方法显得没有优势。另外传统锚碇系统主动可调性差，受水流冲刷等环境影响较大。同时，上下游锚墩可作为施工期的防撞设施之一，减小航道的通航风险。

1)上下游锚墩定位系统的设计

锚墩定位系统主要由上下游的 2 个锚墩、锚缆系统、调位系统 3 大部分组成。

锚墩是整个系统最重要的受力构件，因水流产生的正面阻力将通过锚缆系统传递到锚墩上，锚墩同时也是调位系统设备放置平台。

锚缆系统由主拉缆、主下拉缆、边锚拉缆、边锚下拉缆等组成，其中主拉缆和主下拉缆承担水流产生的正面阻力，边锚拉缆和边锚下拉缆承担水流产生的侧面阻力，并对沉井水流侧向位置调整。

调位系统主要用于沉井空间位置调整，由卷扬机滑轮组和缆绳力监测仪组成，卷扬机滑轮组提供调节动力，通过沉井下沉监测系统反馈数据对缆绳力进行调位。锚墩定位系统总体布置如图 6 所示，锚墩定位系统现场情况如图 7 所示。

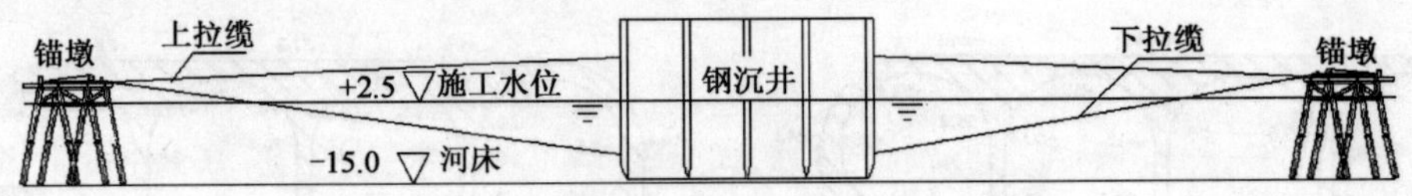

a)锚墩定位系统立面布置

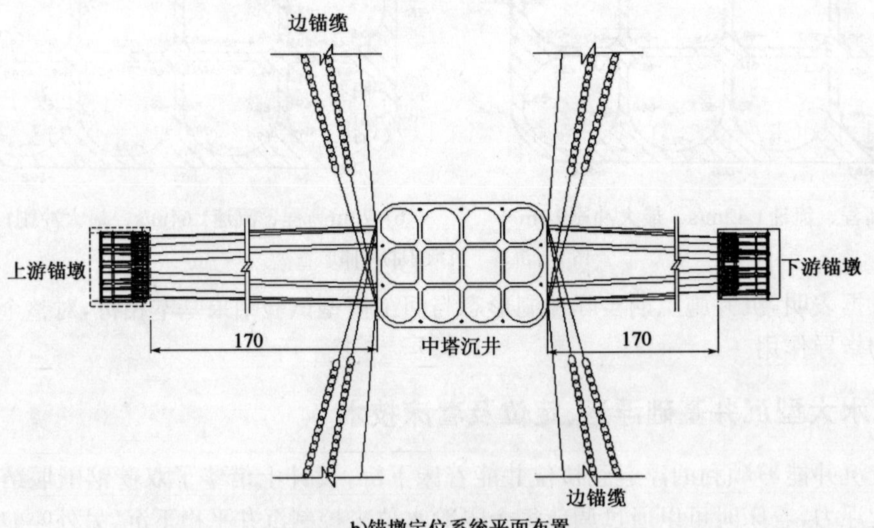

b)锚墩定位系统平面布置

图 6 锚墩定位系统总体布置

图7　锚墩定位系统现场图片

2)钢壳沉井摆动影响因素分析

采用专用软件对钢壳沉井在不同流速、风速、锚缆预张力作用下的摆动形态进行模拟分析,分析可知通过上下游锚墩定位系统下的主动张拉控制可大大减小钢沉井发生摆动的风险。

3.3　着床

由冲刷试验可知沉井在着床时将出现前冲后淤的情况,考虑到沉井下游侧淤积的泥沙对沉井的作用,以及水流与沉井的夹角情况,沉井着床定位时进行了预偏处理。

泰州中塔沉井在着床下沉通过分舱位注水、偏心取土与锚墩拉缆同步调整定位,保证沉井平稳着床。下沉过程中,由于流速较小,河床冲淤变化对沉井定位着床的影响始终处于可控范围之内,因此沉井着床下沉过程中未采取河床稳定措施。如图8所示为钢壳沉井现场着床情况。

图8　钢壳沉井着床现场情况

4　沉井下沉及终沉控制

沉井下沉过程中最主要的参数为沉井下沉系数和接高稳定系数,而沉井下沉相关参数主要受沉井自重、沉井所受浮力、沉井外侧摩阻力以及端阻力的影响。施工荷载的变化与沉井自重相比,其影响相对较小。

4.1　沉井下沉系数及下沉稳定系数计算

全刃脚支承状态(沉井刃脚全埋入土中支承,中间隔墙悬空)沉井下沉系数及下沉稳定系数计算分析见表3。

下沉系数及下沉稳定系数计算分析　　表3

施工阶段	下沉高程(m)	下沉系数	稳定接高系数
38m高钢沉井下沉	−30	2.30	0.920
沉井接高至51m吸泥下沉	−40	2.02	0.963
沉井接高至68.4m吸泥下沉	−60	1.61	0.914
沉井接高至76m吸泥下沉	−70	1.43	0.973

实测沉井下沉系数为1.17～1.96之间，每个施工阶段均比理论下沉系数要小，主要是由于理论计算时侧摩阻力和端阻力取值偏小。

4.2　混凝土沉井段接高下沉

浇筑完隔舱混凝土后，开始混凝土段沉井的接高。现场采用翻模技术进行逐层接高，采用射水＋空气吸泥工艺进行下沉。每个隔舱配备一套吸泥设备（总计布置12台$20m^3/h$空气吸泥机），并选用潜水钻机配合空气吸泥机作为胶结土层及板结钙化层的吸泥取土设备。由于沉井施工下沉系数偏大，应尽量避免对刃脚处进行射水，防止翻砂现象。

混凝土段沉井钢筋、模板、混凝土浇筑等施工工序形成流水作业，提高混凝土沉井的施工效率。混凝土段沉井高38m，分3次接高，4次下沉。混凝土沉井接高平均速度为0.3m/d，下沉平均速度为0.8m/d。沉井下沉施工曲线如图9所示。

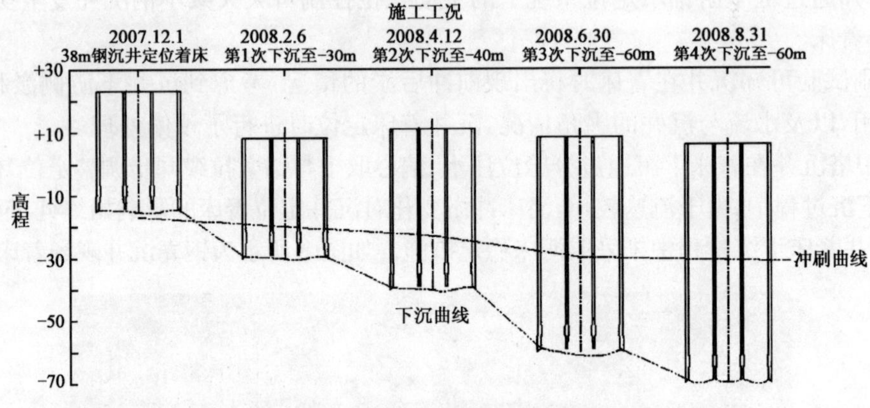

图9　沉井下沉施工曲线

4.3　沉井终沉控制

在终沉阶段清基和吸泥下沉同步进行，由下沉系数计算可知，沉井中格舱无法一次全部完成清基，需采取分格舱清基并分格舱封底。在接近终沉高程时，控制沉井各个格舱的基底形成"小锅底"的状态，在沉井刃脚处抛填粒径3～5cm的碎石封堵层，起到支撑刃脚增大沉井端阻力作用，防止沉井突沉或者超沉，同时为分格舱封底混凝土的浇筑提供一个模板胎架。首先进行中间两个格舱的清基及封底，再对其余格舱分步对称清基及封底。沉井封底混凝土厚度为11m，采用C30水下混凝土，总方量为19 501.1m^3。

沉井终沉时分6次对称分格舱清基、封底，确保沉井不超沉。图10为沉井各格舱清基和封底顺序图，清基和封底顺序为：Ⅰ区→Ⅱ区→Ⅲ区→Ⅳ区→Ⅴ区→Ⅵ区。泰州大桥中塔水中沉井施工经历了整个枯水期及丰水期。沉井下沉到位现场情况如图10所示。

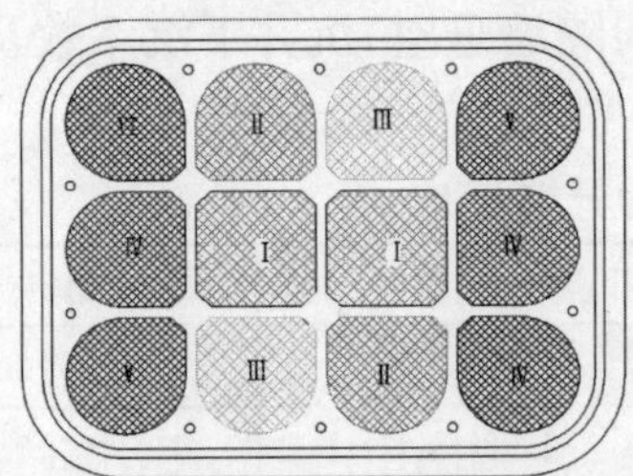

a)沉井格舱清基和封底顺序图

b)沉井下沉到位现场图

图10　沉井格舱清基和封底顺序及下沉到位现场

5 钢塔架设技术

钢塔沿高度分为21个节段，其中有4个调整节段，分别为D1、D4、D6和D16。调整节段处通过高强螺栓传递荷载，其余则通过上下节段端面接触传力，接触率不小于50%。所有钢塔节段均在工厂匹配制造。钢塔D0～D5节段和下横梁采用大型起重船安装，其余节段采用MD3600塔吊安装。钢塔安装前开展了气动弹性模型试验，对结构的动力特性进行了分析，为钢塔的安全实施提供了保证。

5.1 钢塔首节段安装

钢塔首节段安装关键在于锚固螺栓的定位安装及钢塔首节段的安装精度。锚固螺栓具有双向倾斜度，在安装过程中采用了双向定位装置，实现螺杆与首节段准确对孔。

钢塔首节段采用1 200t大型起重船进行吊装，通过在承台顶面加密测量控制点，利用调位系统，最终将钢塔首节段安装绝对误差控制在±5mm，相对误差控制在±2mm。钢塔首节段安装现场情况如图11所示。

a)首节段锚固螺栓安装

b)钢塔首节段安装

图11 钢塔首节段安装现场

5.2 合拢段安装

合拢段D4为人字形钢塔下塔柱交汇节段，其安装需解决多端面精确匹配及减少安装过程中的残余应力。合拢段D4安装时需与2个D3节段顶面进行精确匹配。安装前实测D3节段几何状态与温度的关系，消除温度对合拢口状态的影响，利用三向调位系统将合拢口状态调整至理想安装状态。为尽量减少安装合拢段造成的残余应力，同时选择在温度较为均匀的时段进行节段连接来解决。

5.3 横梁安装

下横梁长31.39m、重489.6t，安装难度和风险均较大；上横梁分为4节段逐次安装，其难点在于如何保证4个横梁节段的轴线在同一直线上。下横梁采用起重船进行整体安装。上横梁安装前同样需要利用顶推系统将上塔肢调整至理想状态，测量采用后视法对轴线进行安装控制。横梁安装现场情况如图12所示。

6 中塔建设信息化控制系统

6.1 沉井基础下沉信息化监控系统

沉井信息化监控系统主要包括几何监测子系统、物理监测子系统和施工决策系统。

a)下横梁整体安装

b)上横梁分节段安装

图 12　横梁安装现场情况

1)几何监测子系统

几何监测系统是基于 GPS-RTK 技术，通过配套软件形成实时监测。沉井几何测点布置及监测软件界面如图 13 所示。

2)物理监测子系统

物理监测系统利用实时采集系统，实现数据及时采集、实时传输功能。物理测点布置如图 13。

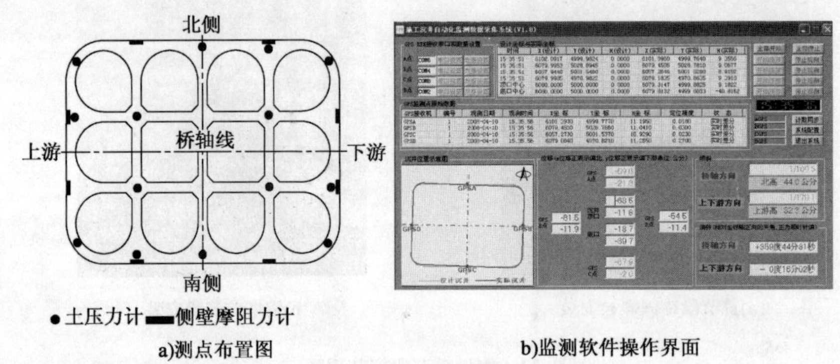

a)测点布置图　　b)监测软件操作界面

图 13　沉井测点布置及监测软件界面

3)施工决策系统

通过数据分析中心对几何实时监测数据和物理监测数据的及时分析，对沉井的下沉姿态、下沉系数及下沉稳定系数做出评估并下达控制指令。与施工现场实时互动，有效地控制了沉井施工的整个过程。

6.2　钢塔施工控制系统

钢塔施工控制采用全过程控制方法，分为计划阶段、预制阶段和安装阶段 3 个阶段。控制关键在于确定制造与安装精度以及消除环境因素引起的误差。

1)误差敏感性分析

影响因素有钢材物理参数、风荷载和温度荷载等。由分析可知风荷载及温度梯度对钢塔位移影响较大。在 10m/s 的风速下，横向位移最大增大 27.7mm；温度梯度为 1℃时，横向位移最大增大 45mm。

2)钢塔安装环境监测

环境监测着重温度监测和风速风向监测。钢塔温度监测分为钢塔平均温度监测和钢塔截面温度场监测，监测断为 D0 节段、下横梁、D5 节段和 D8 节段。风速风向监测则利用安装在塔顶的三向超声波风速测量仪进行监测。

3)钢塔安装精度

泰州大桥中间钢塔施工完成后，上下游塔肢中心间距误差为 3mm，钢塔的垂直度满足误差允许值要求。

7 结语

(1)沉井悬浮状态及下沉时河床的冲刷模型试验数据为沉井的顺利实施起到重要的作用。

(2)上下游锚墩定位系统主动调位功能符合沉井着床下沉调控需求。保证了调位的可靠性及定位的精度，避免了沉井定位过程中的摆动，锚墩定位系统对水文、气象、航运等复杂环境因素的适应性强。

(3)通过沉井下沉过程中的下沉系数和下沉稳定系数预先分析，指导了沉井下沉施工。沉井终沉时采用“小锅底”清基及有序的封底施工措施，保证了沉井终沉的控制要求。

(4)沉井基础下沉信息化监控系统对沉井基础的顺利实施起到很好指导作用。钢塔安装采用全过程控制技术，通过对钢塔节段制造及现场安装进行联动控制，很好地控制了钢塔安装精度。

参考文献

[1] 陆勤丰，赵都桓，杨进. 泰州大桥深水沉井基础设计[J]. 中国工程科学，2010，12(4).

[2] 卢中一，高正荣，杨程生. 大型沉井基础施工过程中局部冲刷试验研究[C]. 第十四届中国海洋(岸)工程学术讨论会论文集.

72. 低扣塔架设钢管混凝土拱桥的合理施工程序与方法

李传习　左　雁　董创文

（长沙理工大学）

摘　要：斜拉扣挂架设拱桥的低扣塔方案存在拱顶区段扣索水平倾角小、提供的竖向分力小等不同于高扣塔方案的显著特点。以张花高速公路猛洞河大桥钢管混凝土拱桥低扣塔斜拉扣挂架设施工为工程背景，通过机理分析、不同施工方案（施工程序）的有限元数值计算与对比研究，获得了具有上述低扣塔显著特点的斜拉扣挂架设钢管混凝土拱桥的合理施工程序和方法。结果表明：低扣塔斜拉扣挂架设钢管拱肋，靠近拱脚区段的 1/2～3/5 节段和其余拱肋节段就位前端控制点高程宜分别按"向下的容许偏差小于向上的容许偏差"、"上下容许偏差相同"的原则控制；斜拉扣挂施工的钢管拱肋合龙后，上、下弦管管内混凝土浇筑前，宜放松、并拆除扣锚索；拱肋弦管混凝土从两拱脚向拱顶对称泵送顶升压注顺序：宜先上弦管后下弦管，待上弦管混凝土达到规定强度后方可压注下弦管管内混凝土；拱上建筑施工宜分类分条从拱顶向两岸对称进行。

关键词：钢管混凝土拱桥　吊扣分离　低扣塔　合理施工程序　控制原则

1　引言

自邕宁邕江大桥首次采用钢绞线作为扣索和锚索（或称背索、平衡索）以来，用千斤顶进行张拉控制的斜拉扣挂施工方法在拱桥架设中得到了广泛应用[1-5]。但山区大跨度拱桥如湖北巴东支井河大桥[6]、重庆奉节梅溪河大桥[7]等的架设，由于地形、水运等条件的限制，拱肋构件起吊位置需布置在缆索吊吊塔和拱肋斜拉扣挂的扣塔之间，而采用"吊扣分离"的施工方案。此种情况下，钢管拱肋节段吊装必须先经过扣塔顶而后就位。为了节省吊扣塔材料，降低临时结构造价，宜采用低扣塔方案。但低扣塔方案必然存在拱顶附近拱肋节段扣索的水平倾角小，其对拱肋提供的竖向作用力小等特点。该特点对施工各阶段工序选择及施工各阶段结构受力带来了较大影响。本文以位于山区的湖南省张家界至花垣高速公路猛洞河大桥（以下简称猛洞河大桥）低扣塔斜拉扣挂施工方案为工程背景，通过机理分析和不同施工方案（施工程序）的有限元数值计算与对比，得出低扣塔施工方案的合理施工程序及实施方法，以降低管内混凝土开裂和施工安全的风险，提高结构的耐久性，并合理节省施工步骤。

2 工程背景

2.1 桥梁概况

猛洞河大桥主拱肋采用悬链线无铰拱，计算跨径 255m，计算矢高 46.364m，矢跨比1/5.5，拱轴系数 1.65。该桥采用桁式拱肋断面，拱肋主弦管由 4 根 ϕ1.1m 的钢管混凝土组成，并通过横向平联杆、竖腹杆、斜腹杆将两片钢管拱肋桁架连接成为钢管混凝土桁构。桁构沿着拱轴线为等高度，高 5m，宽 4.6m。上下游桁构中心距为 13m，通过横撑连接成整体结构。全桥设 12 道"米"字撑，拱顶设 1 道"一"字撑，每道横撑均为钢管桁架。拱上立柱采用四肢钢管混凝土格构柱，立柱上端盖梁为钢箱截面。桥面板为 14m×19.43m 先简支后桥面连续体系箱梁，小箱梁由横桥向 8 片组成。主桥总体布置及立面构造如图 1 所示。

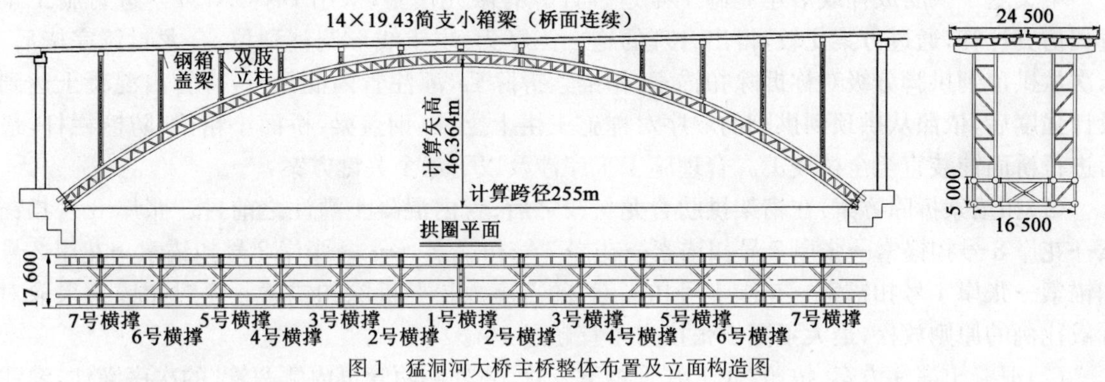

图 1 猛洞河大桥主桥整体布置及立面构造图

2.2 总体施工方案

猛洞河大桥采用采用"吊扣分离式缆索吊装就位、两岸对称悬拼、齐头并进至跨中合龙的斜拉扣挂法"施工。大桥缆索吊装、斜拉扣挂总体布置图如图 2 所示。吊塔塔架为贝雷架。低扣塔采用桁式钢管结构，置于高且薄的 5 号、6 号混凝土过渡墩上，张家界岸侧（以下简称张岸）扣塔高度为 12m，花垣岸侧（以下简称花岸）扣塔高度为 9m。拱顶附近 7 号扣索水平倾角为张岸 7.1°、花岸 7.2°；拱顶处 8 号扣索水平倾角为张岸 5.5°、花岸 6.5°。

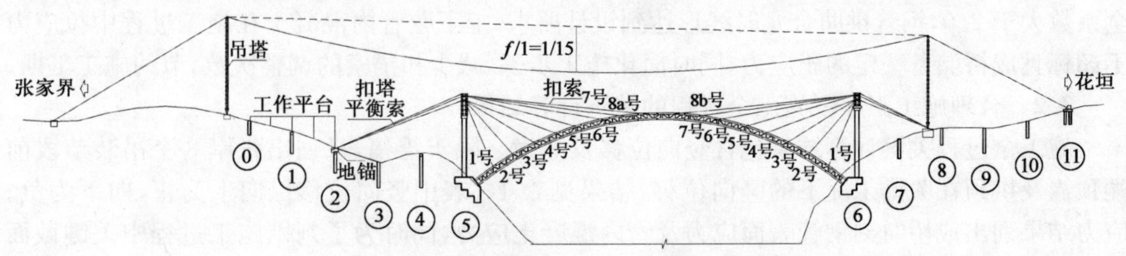

图 2 猛洞河大桥缆索吊装、斜拉扣挂总体布置图

每片钢管拱肋沿桥纵向划分为 16 个吊装节段，合龙口设在拱顶偏张家界岸 2.89 m 处，合龙口设计长度为 0.8m。主拱肋安装流程为：缆吊吊装拱肋节段就位→段间内法兰栓接→分级对称张拉扣锚索并逐步放松吊钩直至吊钩完全松开→调整好拱肋就位高程→安装相应位置横撑→循环进行下一拱肋节段安装→直至合龙。主拱合龙后焊接内法兰处外包弦管，浇筑封铰混凝土并依次放松并拆除扣锚索，进而形成无铰拱体系。此后，在主弦管内灌注 C55 微膨胀混凝土形成钢管混凝土承重结构，再对称从拱顶到拱脚分类施工拱上立柱、安装钢盖梁及支座、分条施工桥面小箱梁直至成桥。

2.3 设计要求

设计预先给出了加工放样的无应力线形(以下简称放样线形),放样线形是在拱顶设 50cm 预拱度、拱轴系数降为 1.6 的悬链线。为确保结构成桥后的线形、受力状况与理论状态一致,设计确定了以下控制目标:

(1)主拱合龙、松扣落架之前的线形以放样线形为控制目标且须兼顾成桥时桥面线形。

(2)扣索拆除后的主拱线形与放样线形一次成拱(无铰拱体系)自重作用下的线形一致,空钢管应力水平与空钢管无铰拱一次落架应力相等。

3 合理施工程序及该工序下施工全过程的关键计算结果

3.1 合理施工工序

本文基于拱肋放样线形建立施工全过程计算有限元模型,采用 BR-CAL-Z[8] 进行施工全过程仿真计算,通过方案比较,得出合理的施工工序为:主拱线形调整到位、合龙封铰完毕后,依次从拱顶到拱脚分级对称拆除扣锚索,扣锚索拆除后,灌注管内混凝土,待管内混凝土达到设计强度后,依照从拱顶到拱脚的顺序对称施工拱上立柱、钢盖梁、桥面小箱梁、防撞栏杆,最后进行桥面铺装直至全桥竣工。合理施工工序涉及以下三个关键方案:

(1)扣锚索拆除方案:在桁架拱肋合龙封铰之后、管内混凝土灌注之前,按"张岸 8 号扣锚索→花岸 8 号扣锚索→张岸 7 号扣锚索→花岸 7 号扣锚索→… →张岸 2 号扣锚索→花岸 2 号扣锚索→张岸 1 号扣锚索→花岸 1 号扣锚索"的次序放松并拆除扣锚索。每对扣锚索采取对称成比例的原则放松,最大不同步张拉力不宜超过 10t。

(2)混凝土灌注方案:按照"先上弦管再下弦管,先外侧两管再内侧两管"的次序灌注,灌注时要求同组两管进度差及两岸单管进度差均不大于 5m,管内混凝土强度达到 90%后方可灌注下一组钢管。

(3)拱上建筑加载方案:拱上建筑如拱上立柱、钢盖梁等分类从拱顶向拱脚对称施工。对于桥面小箱梁,将横桥向 8 片箱梁分为沿桥轴线对称的 4 条,依照从拱顶到拱脚分条对称安装小箱梁,本条未施工完成不得进入下一条施工。

按照合理施工工序,可确保支承低扣塔的过渡墩不出现拉应力,保证施工过程中扣锚索安全系数大于 2.0,钢管拱肋合龙时线形达到设计要求,上下弦管内混凝土在施工过程中拉应力不超标且成桥储备一定的压应力,同时简化施工步骤,减少扣锚索的调整次数,节约施工工期。

3.2 合理施工工序下施工全过程的关键计算结果

施工全过程关键计算结果包含竖向位移及应力。限于篇幅,只列出张岸 8 个吊装节段前端顶缘及拱顶在关键工况下的竖向位移,结果见表 1。表中竖向位移以向上为正,向下为负。应力结果列出成桥时刻钢管表面应力及管内混凝土应力,同时为了判别施工过程中关键截面应力是否超标,列出了关键截面在施工过程中的极值应力,结果见表 2。表中钢管表面应力极值为极大值,混凝土应力极值为极小值;表中以压应力为正,拉应力为负。以下对比施工工序下的计算结果所对应数值符号规定与表 1、表 2 相同。

合理施工工序下竖向位移关键计算结果(单位:mm) 表 1

高程控制点	1号点	2号点	3号点	4号点	5号点	6号点	7号点	8号点	拱顶
拱肋合龙前	27	51	67	72	67	47	20	−1	3
拆除扣索后	24	43	54	58	56	44	24	6	9

续上表

高程控制点	1号点	2号点	3号点	4号点	5号点	6号点	7号点	8号点	拱顶
灌注完混凝土	23	33	33	23	9	−18	−49	−72	−68
成桥时刻	20	26	17	−9	−42	−94	−146	−182	−179

合理施工工序下应力关键计算结果(单位:MPa) 表2

关心截面		上弦管				下弦管			
		拱脚上缘	拱脚下缘	拱顶上缘	拱顶下缘	拱脚上缘	拱脚下缘	拱顶上缘	拱顶下缘
成桥时刻应力	钢管表面	101	105	106	131	128	167	84	107
	管内混凝土	7.86	8.65	8.27	9.06	6.52	8.51	4.41	3.61
施工最不利应力	钢管表面	101	105	106	131	128	167	84	107
	管内混凝土	−0.12	−0.08	−0.09	−0.08	0.00	0.00	0.00	0.00

4 比较工序及比较工序下的关键计算结果

4.1 扣锚索松拆时机由拱肋弦管混凝土灌注前改为灌注后关键计算结果

该对比工序将合理施工工序中的松拆索时机由弦管混凝土灌注前改为灌注后,其具体施工方案为:桁架拱肋钢管合龙封铰后,调整所有扣锚索,使其索力值降低至合龙前的1/3,然后依照合理施工工序灌注弦管混凝土的方法灌注混凝土。灌注好混凝土之后,再拆除扣锚索。其后的施工工序与合理施工工序相同。扣锚索松拆时机由拱肋弦管混凝土灌注前改为灌注后关键计算结果见表3与表4。

更改扣锚索松拆时机竖向位移关键计算结果(单位:mm) 表3

高程控制点	1号点	2号点	3号点	4号点	5号点	6号点	7号点	8号点	拱顶
拱肋合龙前	27	51	67	72	67	47	20	−1	3
灌注完混凝土	24	38	41	30	11	−23	−60	−84	−80
拆除扣索	23	36	37	27	10	−21	−55	−79	−75
成桥时刻	21	28	20	−6	−40	−95	−151	−186	−184

更改扣锚索松拆时机应力关键计算结果(单位:MPa) 表4

关 心 截 面		上 弦 管				下 弦 管			
		拱脚上缘	拱脚下缘	拱顶上缘	拱顶下缘	拱脚上缘	拱脚下缘	拱顶上缘	拱顶下缘
成桥时刻应力	钢管表面	105	108	106	128	126	163	79	98
	管内混凝土	7.57	8.42	8.18	9.26	6.75	8.83	4.79	4.41
施工最不利应力	钢管表面	105	108	106	129	127	164	79	98
	管内混凝土	−0.12	−0.08	−0.09	−0.08	0.00	0.00	0.00	0.00

从上表应力结果看出,仅改变扣锚索松拆时机对钢管表面及管内混凝土应力结果影响不大。但该方案需要多次调整扣锚索索力且中间过程索力不易控制。同时,过渡墩作为支承扣塔的永久结构,应尽早解除扣锚索减少过渡墩的安全风险。对于大跨度桁架式钢管混凝土拱

桥，整体刚度大，拆除扣锚索后再灌注混凝土稳定安全系数不存在问题。从节约工期、简化施工步骤角度来看，不采用此施工方案。

4.2 拱肋弦管混凝土灌注顺序由“先上后下”改为“先下后上”的关键计算结果

该对比施工工序只将拱肋弦管混凝土灌注顺序由合理施工工序的“先上弦管后下弦管”改为“先下弦管后上弦管”，其他施工工序与合理施工工序相同。拱肋弦管混凝土灌注顺序由“先上后下”改为“先下后上”的关键计算结果见表5与表6。

更改拱肋弦管混凝土灌注顺序竖向位移关键计算结果（单位：mm） 表5

高程控制点	1号点	2号点	3号点	4号点	5号点	6号点	7号点	8号点	拱顶
拱肋合龙前	27	51	67	72	67	47	20	−1	3
拆除扣索后	24	43	54	58	56	44	24	6	9
灌注完混凝土	22	33	33	23	9	−18	−48	−71	−67
成桥时刻	20	26	17	−9	−41	−93	−146	−181	−178

更改拱肋弦管混凝土灌注顺序应力关键计算结果（单位：MPa） 表6

关心截面		上弦管				下弦管			
		拱脚上缘	拱脚下缘	拱顶上缘	拱顶下缘	拱脚上缘	拱脚下缘	拱顶上缘	拱顶下缘
成桥时刻应力	钢管表面	100	104	107	135	127	164	87	110
	管内混凝土	6.38	7.04	6.52	7.27	8.23	10.54	5.51	5.08
施工过程极值应力	钢管表面	100	104	107	135	127	164	87	110
	管内混凝土	−1.14	−0.23	−0.59	−0.02	−0.08	−0.09	−0.1	−0.08

从上表应力结果看出，更改弦管混凝土灌注顺序会使得上弦管拱脚上缘混凝土出现较大拉应力，若管内混凝土养护不到位而过早承受荷载，则拱脚上缘混凝土存在开裂风险，降低结构的耐久性。

4.3 桥面小箱梁施工由“分条对称施工”改为“分孔对称施工”的关键计算结果

该对比施工工序只将桥面小箱梁由合理施工工序的“从拱顶向两岸分条对称施工”更改为“从两岸向拱顶分孔对称施工”，其他施工工序不变。桥面小箱梁对称施工由“分条对称施工”改为“分孔对称施工”的关键计算结果见表7与表8。

更改桥面小箱梁施工顺序竖向位移关键计算结果（单位：mm） 表7

高程控制点	1号点	2号点	3号点	4号点	5号点	6号点	7号点	8号点	拱顶
拱肋合龙前	27	51	67	72	67	47	20	−1	3
拆除扣索后	24	43	54	58	56	44	24	6	9
灌注完混凝土	22	33	33	23	9	−18	−48	−71	−67
成桥时刻	20	26	17	−9	−41	−93	−146	−181	−178

更改桥面小箱梁施工顺序应力关键计算结果（单位：MPa） 表8

关心截面		上弦管				下弦管			
		拱脚上缘	拱脚下缘	拱顶上缘	拱顶下缘	拱脚上缘	拱脚下缘	拱顶上缘	拱顶下缘
成桥时刻应力	钢管表面	102	106	106	132	128	167	85	107
	管内混凝土	7.79	8.58	8.17	9.02	6.5	8.48	4.38	3.64

续上表

关心截面		上弦管				下弦管			
		拱脚上缘	拱脚下缘	拱顶上缘	拱顶下缘	拱脚上缘	拱脚下缘	拱顶上缘	拱顶下缘
施工最不利应力	钢管表面	102	106	106	132	128	167	85	107
	管内混凝土	−0.12	−0.08	−0.09	−0.08	0.00	0.00	−0.76	−3.88

从上表应力结果看出，更改桥面小箱梁的架设方式会使得施工过程中拱顶下弦管下缘混凝土严重开裂。

5 机理分析

从位移角度，本文将扣索分成两类：一类为受扣塔高度限制、水平倾角较小的拱顶扣索，另一类为其他位置的非拱顶扣索。拆除拱顶扣索时，相当于对拱顶施加斜向压力，此时拱顶(或合龙口)下挠，全桥四分点附近“外鼓”。同理，拆除非拱顶扣索时，拱顶(或合龙口)“上鼓”，而四分点附近“内陷”。由于采用低扣塔，拱顶扣索拆除时产生的位移效应远不足以抵消非拱顶扣索拆除时产生的位移效应，使得拱顶(或合龙口)“外鼓”而四分点附近“内陷”。同时，拱顶扣索由于其调整误差效率低，若前几节段拱肋实际就位高程较理论就位高程低，为保证合龙精度，则拱顶扣索索力必然加大才能达到理论高程，这就加大拱顶扣索的安全风险。

从应力角度，若在灌注混凝土后再拆除扣索，则各扣索放松拆除将在无压应力储备或者压应力储备不大的拱脚区段内混凝土产生较大拉应力。而上弦管管内混凝土在后灌注的下弦管混凝土重量作用下可产生一定的压应力储备，有利于减少后续施工过程中拱脚区段上弦管管内混凝土上缘可能出现的较大拉应力。若从拱脚开始进行拱上建筑加载，其重量和弹性压缩在拱脚区段引起负弯矩，拱脚混凝土上缘产生拉应力，同理，若从拱顶开始进行拱上建筑加载，若不分条而使加载重量过大，会在拱顶区段引起正弯矩而产生拉应力抵消先期混凝土压应力储备使得拱顶下缘混凝土开裂。

6 结语

通过不同施工方案(施工程序)的有限元数值计算、对比研究和机理分析，采用低扣塔方案架设上承式桁架钢管混凝土拱桥，应遵循下列原则及施工步骤：

(1)低扣塔斜拉扣挂架设钢管拱肋，靠近拱脚区段的 1/2～3/5 节段和其余拱肋节段就位前端控制点高程宜分别按“向下的容许偏差小于向上的容许偏差(宁高勿低)”、“上下容许偏差相同”的原则控制，以克服水平倾角小的长扣索调整误差效率较低而降低其安全储备(浪费材料)或合龙口难以调整到目标高程的问题。

(2)斜拉扣挂施工的钢管拱肋合龙后，上、下弦管管内混凝土浇筑前，宜放松、并拆除扣锚索。拱肋弦管混凝土从两拱脚向拱顶对称泵送顶升压注顺序：宜先上弦管后下弦管，待上弦管混凝土达到规定强度后方可压注下弦管管内混凝土。

(3)拱上建筑如拱上立柱、钢盖梁宜分类依次从拱顶到拱脚对称施工，桥面小箱梁的施工宜分条从拱顶向两岸对称进行而不宜采取逐孔对称的施工方案。

总之，低扣塔扣挂施工方案在保证扣锚索安全系数大于 2 的前提下，将围绕如何增加先期管内混凝土压应力储备以抵消后续施工过程产生的不利拉应力而进行施工顺序设计，以确保施工过程结构安全与顺利，确保成桥的内力和线形达到设计和规范要求。

参 考 文 献

[1] 陈剑. 邕宁邕江大桥设计与施工[J]. 广西交通科技，1996，21(2)：1-6.

[2] 陈宝春. 钢管混凝土拱桥施工问题研究[J]. 桥梁建设，2002(3)：55-59.

[3] 欧智菁，陈宝春. 钢管混凝土格构柱发展和研究[J]. 福州大学学报：自然科学版，2008，36(4)：585-591.

[4] 张玉平，李传习，董创文. "零弯矩法"应用于斜拉扣挂索力确定的讨论[J]. 长沙交通学院学报，2004，20(1)：15-18.

[5] 田仲初，陈得良，颜东煌，等. 钢箱提篮拱桥施工控制的关键技术研究[J]. 中国公路学报，2004，17(3)：46-50.

[6] 王成双. 支井河特大桥钢管拱肋拼装斜拉扣挂系统设计[J]. 桥梁，2007(12)：63-65，75.

[7] 李美军. 奉节梅溪河大桥设计[A]. 四川省公路学会1998年桥梁学术讨论会，1998：26-30.

[8] 李传习. 大跨度桥梁结构计算理论[M]. 北京：人民交通出版社，2002.

[9] 陈宝春. 钢管混凝土拱桥（第二版）[M]. 北京：人民交通出版社，2007.

[10] 陈宝春. 钢管混凝土拱桥设计与施工[M]. 北京：人民交通出版社，1999.

73. 矮寨特大悬索桥高性能岩锚体系的设计与施工

方　志[1]　张旷怡[1]　胡建华[2]　陈国平[3]　刘　榕[2]　陈明宪[3]

(1. 湖南大学土木工程学院;2. 湖南省交通规划勘察设计院;3. 湖南省交通运输厅)

摘　要:矮寨特大悬索桥主跨主缆端部附近区域设置有部分地锚吊杆,即吊杆不与加劲梁连接而是与地面连接这一有别于普通悬索桥吊杆的新型结构体系,这些地锚吊杆下需设置大型岩锚体系。为开发与矮寨特大桥设计使用寿命相匹配的高性能岩锚体系,为此采用高性能材料构成该岩锚体系。采用高级复合材料 CFRP 筋作为锚杆、以超高性能水泥基材料 RPC 及 DSP 作为锚杆两端的黏结介质。锚杆在工厂内制作,经组装件张拉检验后运至现场,再进行岩锚安装、灌浆及张拉。岩锚的地上、地下段锚固体系在出厂检验、现场验收过程中均表现出良好的工作性能。文中介绍了矮寨特大悬索桥地锚吊杆下这种基于高性能材料的大型岩锚体系的设计与施工。

关键词:矮寨大桥　岩锚体系　纤维增强塑料筋　超高性能水泥基材料　黏结式锚固

1　工程概况

矮寨特大悬索桥为湖南省吉茶高速公路的控制性工程,桥位距吉首市区约 20km,跨越矮寨镇附近的深切峡谷,德夯河流经谷底。矮寨大桥结构体系为塔梁分离式悬索桥,全长 1 073.65m。为减小主缆应力幅、增加结构整体刚度,在该桥主跨主缆端部附近区域设置有地锚吊杆,即吊杆不与加劲梁连接而是锚固于地面这一有别于普通悬索桥吊杆的新型结构体系,如图 1 所示,全桥共设 J00、C00、C01 三对地锚吊杆,这些地锚吊杆下需设置大型岩锚体系。

图 1　矮寨大桥地锚吊杆结构

采用普通钢绞线作为锚杆、普通砂浆作为地下注浆黏结介质、普通预应力钢绞线锚具锚固锚杆张拉端的常规地锚体系普遍面临由于混凝土老化、钢筋锈蚀导致的结构耐久性问题[1]，尤其应用于桥梁工程中，其使用寿命与特大型桥梁长达百年的设计寿命远远不协调，势必影响整体结构的安全性和耐久性。同时，传统的水泥砂浆及钢材强度较低，岩锚体系的地下锚固深度一般较大，常常面临严峻的地质处理问题。为缩减矮寨桥地锚吊杆下大型岩锚体系的锚固深度同时大幅提高其耐久性，为此采用高性能材料来构成矮寨悬索桥地锚吊杆下的岩锚系统，以期形成一种高效、耐久的高性能岩锚体系。

2 高性能岩锚体系设计

纤维增强塑料 FRP(Fiber Reinforced Polymer/Plastic)以其强度高、重量轻和免锈蚀等优异性能而有望成为处于恶劣自然环境下岩锚体系中传统钢制锚杆的理想替代品；在土木工程中极具实际应用前景的超高性能水泥基材料——活性粉末混凝土 RPC(Reactive Powder Concrete)及高致密超细颗粒均布材料 DSP(Densified Systems containing homogeneously arranged ultrafine Particles)，通过提高其组分的细度与活性，使材料内部的缺陷(孔隙与微裂缝)降到最少，可获得由其组分材料所决定的最大承载力及优异的耐久性，具有强度高、韧性大和耐久性好的显著特点。矮寨悬索桥地锚吊杆下的岩锚体系采用高级复合材料 CFRP(Carbon Fiber-Reinforced Polymer)筋材作为锚杆、以超高性能水泥基材料 RPC 及 DSP 作为锚杆两端的黏结介质，以期形成一种具有超高耐久性的岩锚体系。岩锚的组成分为：地上锚固段、地下自由段、地下锚固段及锚杆末端装置，结构构成如图 2 所示。锚杆地上端，采用专门设计的以超高性能水泥基材料作为黏结介质的黏结式群锚体系来锚固多束 CFRP 筋；地下端为复合锚固体系，地下锚固段的 CFRP 锚杆采用适于现场压力注浆机使用的高性能 DSP 浆体黏结锚固，锚杆末端的锚具-导向帽组合锚固体结构采用适于工厂生产的高性能 RPC 灌注锚固。值得一提的是，锚杆末端的组合锚固体将锚杆下放过程中必需的导向帽和锚杆尾端的锚固体系合二为一。末端呈锥形，除下索过程提供导向外，本身能提供筋束的地下部分锚固。在锚杆地下锚固段黏结失效后可转变为承载体，使锚杆兼具拉力型和承载型两种传统锚杆的优点，可大幅减小锚杆的地下锚固深度。

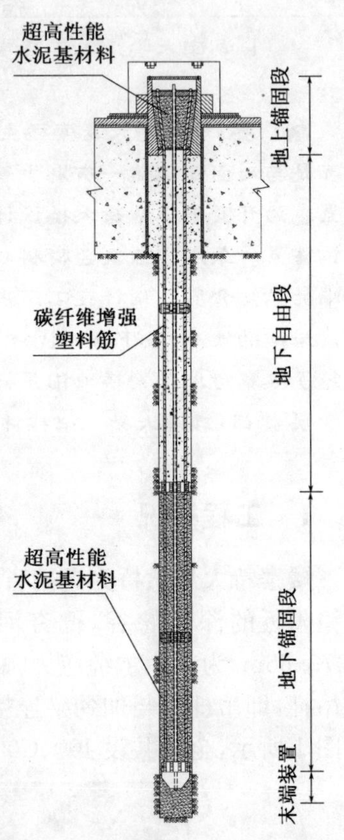

图 2 新体系岩锚结构示意图

地锚吊杆下岩锚的整体设计为：左右幅各设 1 组 N1、6 组 N2 型预应力锚杆，各锚杆在锚固底座上的平面布置如图 3 所示。N1、N2 两类锚杆的设计荷载分别为 2 100kN 和 850kN，相应的极限承载能力分别为 4 200kN 和 1 700kN，分别采用 24 束、9 束碳纤维增强塑料筋，N2 又分为 N2－1(各 4 组)、N2－2(各 2 组)，通过设置不同长度的自由段锚固在不同深度的岩层中，锚杆各主要尺寸见表 1。

各型号锚杆主要尺寸(单位:m) 表1

	N1	N2-1	N2-2
地上段锚具长度	0.75	0.55	0.55
地下自由段长度	11	10	9
地下锚固段长度	8	6	6
钻孔孔径	0.19	0.15	0.15

矮寨桥岩锚位于坡头仰坡之上,地层为微风化的灰岩,裂隙、溶沟均十分发育,岩锚附近溶槽如图4所示。表2罗列了采用常规体系及新体系的孔底高程数据。工程中,若采用常规的岩锚体系,由于锚索设计长度均超过20m,近一半钻孔将穿过地底溶洞,在岩锚施工前必须进行复杂的地质处理工作。而新的岩锚体系发挥了新材料的超高性能,锚索长度得以缩短,钻孔均未达到溶洞顶,从而有效减小了钻孔及地质处理的工程量。

常规体系、新体系孔底设计高程(单位:m) 表2

	左幅孔底高程				右幅孔底高程		
	N1	N2-1	N2-2		N1	N2-1	N2-2
常规岩锚体系	611.3	611.5	611.5	原钢绞线设计	624.8	625	625
新岩锚体系	612.5	615.5	616.5	新体系设计	626.5	629.5	630.5

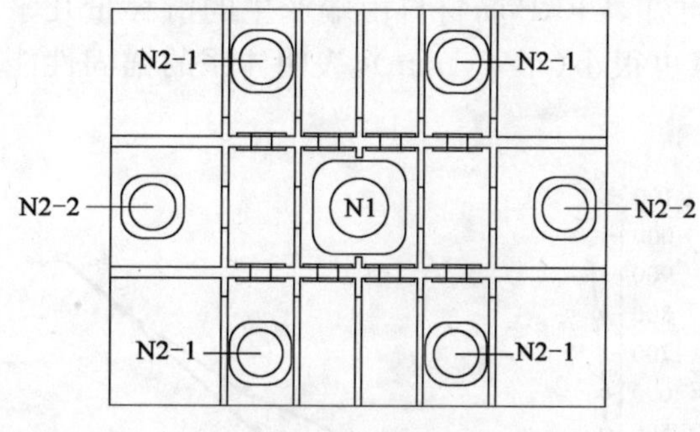

图3 岩锚平面布置(一侧)

图4 左幅岩锚的溶槽

在前期大量试验研究的基础上[2,3],形成了新岩锚体系一套成熟、完备的制作工艺。新体系的制作主要分两阶段进行:在工厂内制作锚杆成品,进行地上段、地下末端锚具-导向帽组合体的制作、灌浆,形成两端锚固的CFRP筋-锚具组装件,进行厂内张拉检验以验证地上端锚固体系以及锚杆末端锚具-导向帽组合锚固体体系的有效性;工程现场进行岩石钻孔、基础制作,后将锚杆成品放入钻孔中就位,在地下锚固段灌注超高性能水泥基材料将锚杆锚固于岩体中,待浆体达到设计强度后进行岩锚张拉,最后锁定至设计荷载。

3 锚杆-锚具组装件的厂内制作与检验

新体系岩锚在工厂内进行地上端及锚杆末端装置的制作、灌浆,形成锚杆成品。

首先进行锚固端的设计及组装。新体系锚杆材料选用1×7ϕ12.5mm碳纤维复合绞线,依据其材料特性设计锚具及配件,在厂内进行加工生产。然后进行组装,将筋材束穿过自由段对中架、压紧环及橡胶定位件,再穿入锚杯锥形腔、锚板,从而固定筋束排列。碳纤维筋束一端安装地上端群锚黏结式锚具,另一端安装锚具-导向帽组合体结构,其内均灌注超高性能水泥基材料用以黏结锚固多束碳纤维塑料筋。灌浆时,从较大口径端灌入材料至锚杯锥形腔中,待浆体满溢后轻微振捣密实,然后进行超高性能水泥基材料的热水养护,直至达到100%强度(实测抗压强度均值超过120MPa),即形成两端锚固的CFRP筋束-锚具组装件。

锚杆成品出厂前需进行张拉检验,主要目的为验证岩锚锚杆两端锚固体系的可靠性。张拉检验在专门的张拉沟内进行。加载装置由千斤顶、张拉索和滑动台座等组成,如图5所示。张拉过程如图6所示。

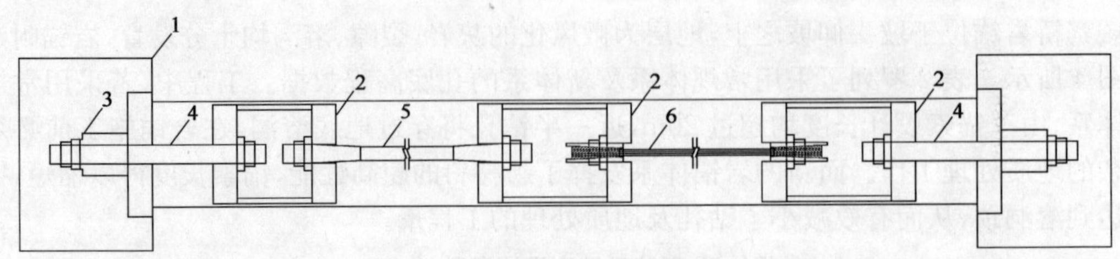

图5 组装件张拉检验装置示意图

1-张拉沟;2-移动台座;3-穿心式千斤顶;4-张拉螺杆;5-张拉工具索;6-CFRP筋-锚具组装件

张拉检验采用分级加载[4],每级荷载均持载5~10min以观测其承载稳定性。此外,对筋材在张拉过程中的自由端、加载端位移进行测试,获得荷载-黏结滑移曲线以评判群锚体系的黏结锚固性能,实测组装件筋材的黏结-滑移曲线如图7所示。经检验,各组锚杆-锚具组装件的受力性能均满足要求。观察荷载-滑移曲线可知,CFRP筋材自由端产生的滑移量几乎可以忽略不计,同时,卸载后加载端的残余滑移量也很小(小于1mm),表明体系的锚固性能优良。

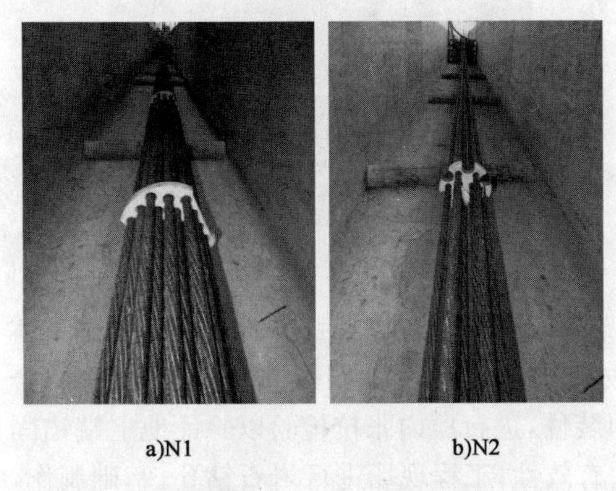

a)N1　　b)N2

图6 CFRP筋-锚具组装件张拉

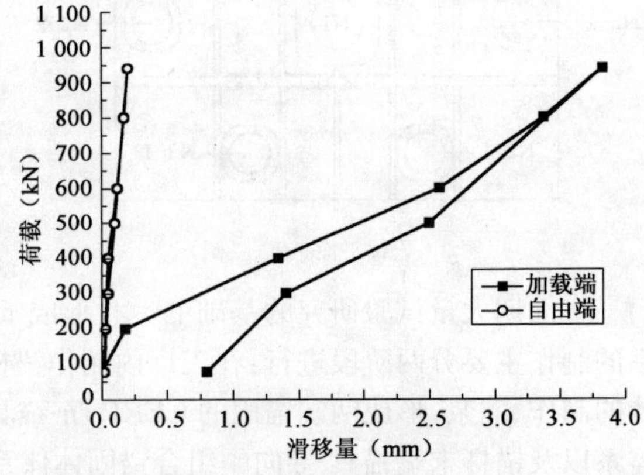

图7 组装件筋材荷载-位移曲线

4 岩锚现场施工

岩锚工程现场施工流程为:基坑开挖→钻孔→绑扎垫墩钢筋、安装预埋件→浇筑垫墩→岩锚安装→孔内注浆→注浆体养护→安装锚固底座、张拉→封锚。

地下钻孔分D19、D15两种,分别对应N1、N2锚杆。制作完成的岩锚基础如图8所示。然后进行下索,将锚杆放入钻孔中就位,如图9所示,注浆导管需与锚杆同步放入孔内,最终导管下端通至钻孔底部,而锚杆维持悬吊状态以保持竖直线形,下端距孔底约50cm。考虑后期安装及张拉伸长,对各锚杆最终外露长度进行控制。

a)

b)

图 8　C00 岩锚基础

矮寨桥岩锚地处茶洞岸山峰坡头仰坡，工程地质条件复杂；此外，岩锚地下段灌浆采用超高性能水泥基材料 DSP，施工性能较传统水泥砂浆存在差异。因此，岩锚灌浆前组织了多次模拟试验，以此为依据对浆体配比进行微调以改良施工性能，同时测试设备运转、制定正式灌浆的工艺。正式灌浆时，按照计划顺序将配置好的超高性能水泥基灌浆料采用翻浆法由下至上一次完成孔内注浆，各锚杆的灌浆均无缝衔接一次顺利完成。

在岩锚灌浆完成后 14d，对同期浇筑的试块进行强度测试，左右幅测试结果分别为 95MPa、92.4MPa，已满足岩锚张拉的强度要求（≥90MPa）。根据所需张拉力选择张拉设备，张拉前进行设备的配套率定，岩锚张拉装置如图 10 所示。岩锚正式张拉前需进行 1～2 次预张拉，以消除不均匀变形、调整锚杆受力状态。锚杆张拉采用分级加载，每级荷载增量取锚杆轴向拉力设计值（N_t）的 0.2 倍。最终各锚杆的锁定荷载（N）均达到设计要求（$N/N_t \geqslant 1.0$）。

图 9　下索

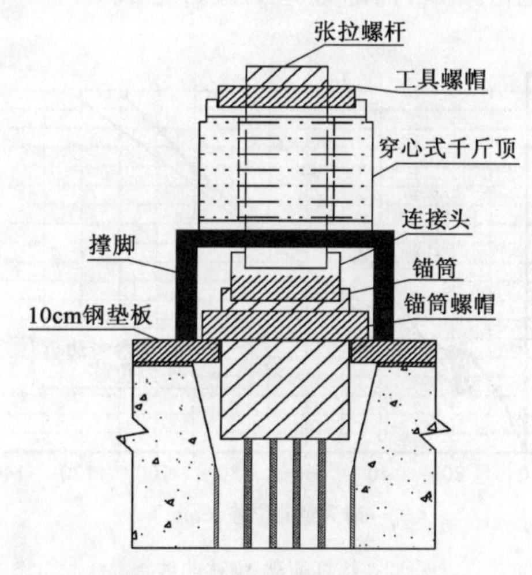

图 10　岩锚张拉装置示意图

张拉过程中，对所有锚杆均进行位移测试，测量锚头在各级荷载下的竖向位移。在每级荷载的持载阶段，采用游标卡尺量取千斤顶活塞行程，同时利用预先布设的位移传感器（LVDT）对锚头竖向位移进行精确复测，装置如图 11 所示。此外，从中选取 4 组锚杆加载至最大荷载后卸载至 $0.1N_t$，再重新加载进行荷载锁定，以绘制荷载-位移包络曲线。

图 11　位移传感器布设

锚杆荷载-位移(P-S)实测曲线如图 12 所示。参考相关岩锚规范[5]，最大荷载下的锚头竖向位移应超过该荷载下杆体自由段长度理论弹性伸长值的 80%，且小于杆体自由段长度与 1/2 锚固段长度之和的理论弹性伸长值，因此为依据，在荷载一位移曲线中绘制了位移的上下参考边界(图中红线)。此方法一并用于现场实时监控，以实现对张拉过程的荷载/位移双控。观察荷载-位移曲线可知，随着荷载增加，锚杆在张拉过程中的位移变化平缓，且在规范要求的合理范围内。

此外，岩锚下放前，左右幅各选择 3 组锚杆布设了应变计，通过测试锚杆的竖向变形研究地下段荷载传递情况。测试得到了各级荷载下锚杆地下段的黏结应力分布曲线，如图 13 所示。观察可知，锚杆地下段荷载传递的有效深度约 2～3m，且 90%的黏结锚固力集中在锚固区 1m 深度范围内，而 N1、N2 两种锚杆的实际锚固段长度分别为 8m、6m。可判定该岩锚体系地下段的锚固性能良好，具有充足的安全储备。

各锚杆完成张拉锁定后，拆卸张拉设备及配件。将锚头保护罩与锚固底座有效连接，对锚头实施密封，岩锚部分施工宣告完成。

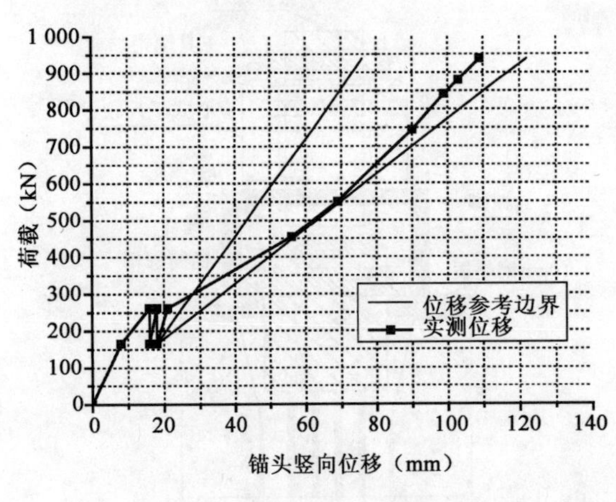

图 12　锚杆荷载-位移曲线

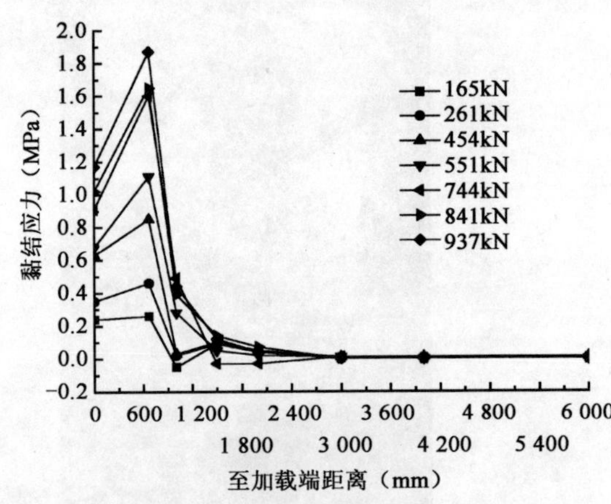

图 13　地下锚固段黏结应力分布

5　结语

介绍了矮寨特大悬索桥地锚吊杆下高性能岩锚体系的设计与施工。新岩锚体系采用高级复合材料 CFRP 筋作为锚杆、以超高性能水泥基材料 RPC 及 DSP 作为锚杆两端的黏结介质，旨在形成一种耐久、高效的岩锚结构，针对性地解决了特大岩锚工程面对的工程量、使用寿命两个主要难题。该锚杆产品在工厂内设计制作，经厂内组装件张拉检验后运至现场，在工程现场进行岩锚安装、灌浆及张拉。在前期大量试验研究的基础上，新体系形成了一套成熟、完备的制作工艺，且遵循严格的质量验收标准，岩锚的地上、地下段锚固体系在出厂检验、现场验收过程中均展示出良好的工作性能。该体系目前已成功应用于矮寨大桥地锚吊杆下岩锚体系工程实践，对扩大 FRP、RPC 等高性能材料在土木工程中的应用范围，提高我国高性能材料研究水平都将具有重要参考价值。

参 考 文 献

[1] Matthew Sentry, Abdelmalek Bouazza, Riadh Al-Mahaidi, et al. Use of Carbon Fiber Reinforced Polymer (CFRP) as an alternative material in permanent ground anchors[J]. Australian Geomechanics, 2009.

[2] Mingxian Chen, Guoping Chen, Zhi Fang, at el. Large-scale Ground Anchorage System with High Performance Materials[M]. The 28th Annual International Bridge Conference, 2011.

[3] 方志，蒋田勇，梁栋. CFRP 筋在活性粉末混凝土中的锚固性能[J]. 湖南大学学报：自然科学版. 2007, 34(7).

[4] JIS（日本工业标准）. JIS A1192—2005 Test method for tensile properties of fiber reinforced polymer (FRP) bars and grids for reinforcement of concrete[S]. 2005.

[5] 中冶集团建筑研究总院. CECS 22—2005 岩土锚杆(索)技术规程[S]. 北京：中国计划出版社，2005.

74. 钢筋混凝土拱桥悬臂浇筑施工方法研究

巫兴发　陈德伟

（同济大学土木工程学院桥梁工程系）

摘　要：钢筋混凝土拱桥因其经济性和造型优雅，且尤其适用于交通不便、施工条件困难的场所，在我国得到了广泛的应用。进入21世纪以来，在欧洲和美国采用挂篮单悬臂浇筑施工方法建成多座钢筋混凝土拱桥。然而，在我国大跨度钢筋混凝土拱桥采用悬臂浇筑施工几乎还是空白，其中技术难点之一是有别于梁式桥悬臂浇筑施工方法时所使用的挂篮。本文根据国内外施工的几座钢筋混凝土拱桥悬臂浇筑技术，针对挂篮需要适应拱圈弧度变化的特点，力求所设计的挂篮符合施工方便、结构简洁、轻型等构造要求，进行适合拱桥悬臂浇筑施工挂篮结构设计的探讨。采用有限元软件 ANSYS 建立挂篮的空间有限元模型，分析其安全性，模拟其在各种工况下的应力和变形，确保挂篮的强度、刚度、稳定性，同时对拱桥悬臂浇筑施工中索力确定与调整进行分析，研究结果以促进这一技术在我国的应用。

关键词：拱桥　悬臂浇筑　挂篮　有限元分析

1　概述

拱桥出现已经数千年，在我国有丰富的结构形式和众多的数量，取得了技术和艺术方面的巨大成就。最初拱桥几乎都是由天然的石块砌筑而成。现代的拱桥所采用的材料大部分是混凝土或者钢材，而钢筋混凝土拱桥因为其施工方便，可以满足较大的跨度，成本相对低廉，在山区等地质条件合适的桥位，有很强的竞争力，很广泛的应用。在我国，钢筋混凝土拱桥大多数采用支架、转体或者悬臂拼装等方法进行施工。然而，在一些特殊的情况下，这些传统的方法并不适应，如：V型峡谷上修建拱桥时，很难甚至根本不可能设立支架；跨度很大的混凝土拱桥，因为拱肋自重巨大，难于转体施工；预制块的重量太大，吊运极其不方便甚至不安全。欧美各国以及日本在进入21世纪后均曾采用悬臂浇筑的方法解决这些问题，如：克罗地亚 Krka 桥（2004年）、日本富士川桥[10]（2003年）、美国胡佛大桥[6]（Hoover Dam Bridge）（2010年），然而，大跨度钢筋混凝土拱桥的单悬臂施工法在我国几乎还是空白。

钢筋混凝土拱桥的悬臂施工，分为预制梁段悬臂拼装和现场悬臂现浇两种方法。在运输、起重、支架等条件比较困难，拱圈跨度又比较大情况下，悬臂浇筑的方法是一种比较经济合理的选择。

一般情况下，拱桥的主拱圈自身无法承受悬臂施工产生的弯矩，因此拱桥的悬臂浇筑可以采用桁架悬浇法或临时索塔悬浇法：桁架悬浇法利用拱上立柱、桥面板、临时拉索与已浇筑拱肋构成桁架，使拱肋处于悬臂状态时能保持稳定；临时索塔悬浇法则依靠临时索塔和斜拉索保持拱肋稳定，如图1所示。

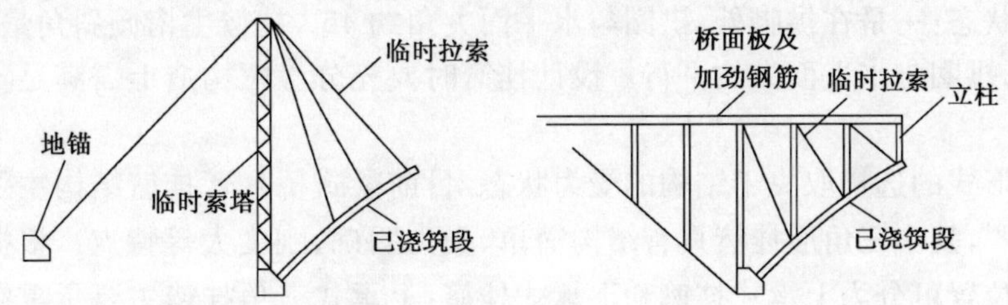

图1　拱桥的临时索塔悬浇法和桁架悬浇法示意图

当拱桥跨径比较大、悬臂长度很大时，采用桁架悬浇法容易出现桁架构件连接困难等问题，因此使用悬臂浇筑法施工跨径较大的拱肋时，临时索塔悬浇法更为合理。

拱桥的临时索塔悬臂浇筑难点之一是拱圈施工时所使用的挂篮的设计技术，其结构和受力状态在推进和混凝土浇筑等方面都有有别于普通梁式桥悬臂浇筑所采用的挂篮。首先，拱圈各节段相对水平面的倾角是变化的，这会导致在浇筑不同拱肋段块时挂篮构件的受力分配有很大差别，因此构造上挂篮需要适用于不同的倾斜角度；其次，因为大跨度拱圈一般采用比较轻型的设计，拱圈截面一般比较纤薄，承受局部剪力和弯矩的能力要小于普通梁式桥，所以挂篮的设计过程中要力求挂篮自重小，且需要采用临时索塔形成临时悬臂施工结构；再者纤薄的截面容易导致拱圈有较大的变形，所以还要求挂篮有比普通梁式桥挂篮更大的刚度，以减小变形，方便施工控制。但是，相比梁式桥挂篮，拱肋挂篮有一些相对有利之处：拱肋尺寸一般相比梁式桥要小的多，即挂篮的载重较小，特别是横向尺寸也较小，挂篮所承受的施工荷载也因此比较小，挂篮的变形相对容易控制。

在我国，挂篮的使用和设计已经相当成熟。如预应力混凝土斜拉桥悬臂浇筑前支点挂篮[1]，1994年我国拉索式长挂篮首次在吉林市临江门大桥上成功应用后，先后在武汉二桥、铜陵长江大桥、重庆长江二桥以及浙江省上虞市人民大桥等斜拉桥上被采用，之后大多数斜拉桥采用这种形式的挂篮施工；连续梁桥、刚构桥等也普遍采用悬臂式挂篮施工。为了经济原因，这些挂篮结构可以由“贝雷”桁架片、万能杆件以或非标构件组成[2,3]。

2　挂篮的设计

2.1　构思

本文以某钢筋混凝土拱桥为背景，进行单悬臂浇筑施工挂篮的结构设计。背景工程主跨320m，拱肋矢高84m。结构上采用双拱肋的形式，两拱肋之间采用空腹桁架连接，焊接或者用螺栓固结之后浇筑填充混凝土构成整体。上部结构采用钢—混凝土组合结构，主拱肋和截面尺寸如图2所示。

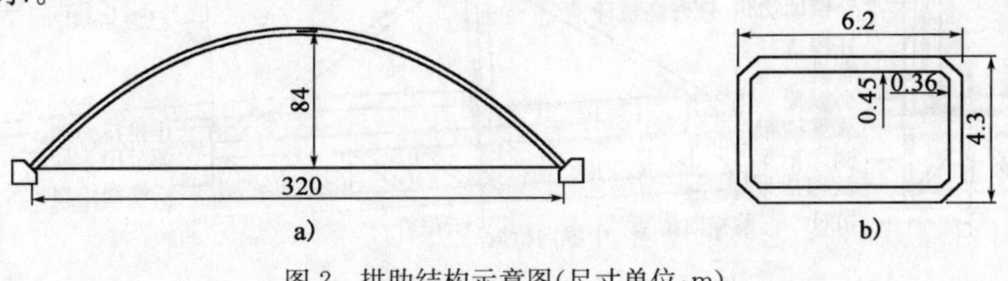

图2　拱肋结构示意图(尺寸单位：m)

2.2 拱桥悬臂浇筑挂篮的设计关键问题

悬臂浇筑施工的挂篮具有两个功能，首先是载重，即承载所浇筑拱肋节段的重量；其次是行走功能，在完成一段拱肋浇筑施工之后前移至新的位置进行施工。在挂篮的设计中考虑挂篮在施工最靠近拱脚的节段和合龙前的节段两种工况迥异的情况。拱肋悬臂施工过程中有两个控制状态：一是在拱脚处，拱圈与水平面夹角约45°，挂篮主桁倾斜角最大；二是在拱顶合龙前节段，拱圈与水平面大约平行。设计挂篮时要充分考虑构造上需满足不同的工况的需要。

挂篮结构形式的选择取决于结构的受力状态，目前梁式桥悬臂挂篮结构主要有三角形和菱形两种形式[9]，其中三角形挂篮具有结构简单、受力明确、刚度大等特点。根据挂篮承重结构和梁的相对位置可分为上承式挂篮和下承式挂篮：上承式三角挂篮主要承重结构位于梁体上方，而下承式挂篮主要承重结构位于梁体下方。本文的研究对象是拱肋悬臂浇筑所使用的挂篮，这种特殊的挂篮在前移和浇筑的过程中始终处于倾斜状态(图3)，因而采用悬吊方式对于挂篮设计更为方便。也就是将挂篮的载重平台置于拱肋下且通过杆件的连接悬吊至拱肋上方。既能通过已经完成施工的拱肋约束挂篮的载重平台，以便协同抵抗由挂篮和未凝固混凝土倾斜(图3)引起的下滑力；又能通过悬吊构造来改变载重平台的角度，适应拱肋全部节段的施工。上承式挂篮的上下部结构通常由吊杆等抗弯刚度比较小的材料连接，且在倾斜的情况下需要下部结构有足够的刚度锚固在梁上，造成挂篮自重的增加和材料的浪费，因此只能适用于梁式桥或者斜拉桥等基本没有纵向坡度的桥型的主梁施工。

考虑到悬臂浇筑拱肋所使用的挂篮行走和浇筑时受力情况复杂，对稳定性要求高，本文所提出的设计方案为下承式三角挂篮。此挂篮由承载平台系统、锚固系统、行走系统、模板系统和止推系统组成，如图3、图4所示。

承重平台系统：主要由顺桥向的两片主桁架、位于挂篮前、中、后三个部位的横向桁架、铺置于主桁架上方的钢梁和顶横梁组成。

锚固系统：浇筑时主桁架用Φ32精轧螺纹钢锚固在箱梁上；行走时松开钢筋锚固，完全依靠顶横梁卡在行走轨道上。

行走系统：由液压千斤顶、行走轨道和支反力轮等组成。

止推系统：由箱梁顶的止推斜撑和卡在箱梁底预留口的剪力件组成。

模板系统：分为底模、侧模、顶模和内模。其中底模直接固定在小纵梁上；侧模需要加劲肋和斜撑的支持；顶模协同加劲肋固定在侧模上；内模与梁式桥内模基本没有差别。

挂篮的平面、剖面和侧立面设计如图3和图4所示。

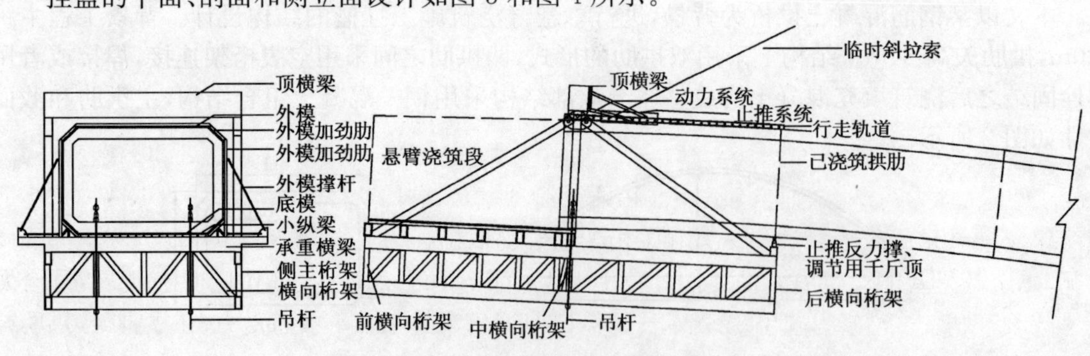

图3 挂篮剖面和立面图(合龙前节段)

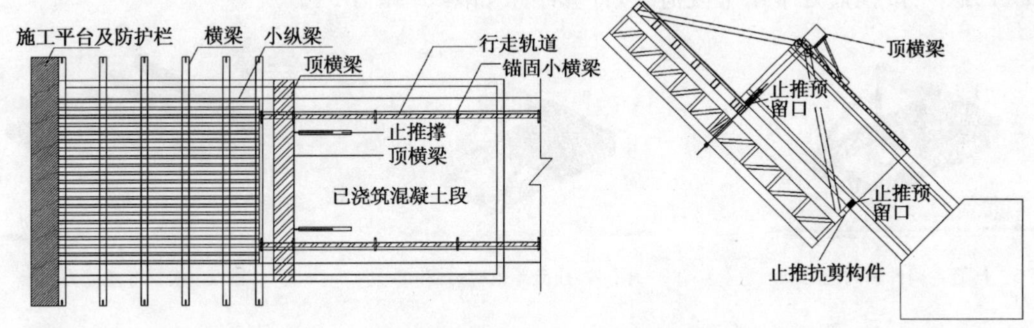

图 4 行走系统布置及拱脚处浇筑状态示意图

挂篮构件材料：精轧螺纹钢为 Q345(16Mn)钢，其他采用 Q235 型钢或者钢板，密度为 7 850kg/m^3。施工最大块件长度为 7.2m。结构设计要点如下：

(1)主桁采用桁架结构，用三片横向桁架连接起来，横梁用来承受由模板传下来的荷载。

(2)仅在挂篮两端和中部以及现浇段中部设横向桁架。

(3)为了保证挂篮的稳定性，桁架下端用精轧螺纹钢斜向对角拉住，取代常用的密布桁架。

(4)为了适用于不同斜率下的施工需要，挂篮顶端横梁与六根吊杆之间采用特别设计的铰接(图 4)。挂篮后横梁上方设有千斤顶和可升降止推剪力件，用于微调挂篮倾角和抵抗挂篮下滑力，使挂篮与已浇筑拱肋协调工作，满足施工需求；同时，为了行走方便，在后端横向桁架上设支反力滚轮。滚轮的作用是在挂篮行走时顶住箱梁底板，滚动行走，减小前移时的摩擦阻力，提供平衡空载时挂篮前端自重引起的倾覆力的反力。

(5)承重横梁在混凝土凝固前承受很大的弯矩，且其纵向位移是挂篮整体位移和自身局部位移的叠加，应力和变形都很大，为了控制变形，采用了比较厚实的钢板焊接形成闭合矩形截面。

(6)挂篮平台分配梁采用小纵梁，形式为工字钢与横梁焊牢，计算时考虑其对挂篮的加强，其他如桁架弦杆，均采用矩形截面，充分保证挂篮局部不失稳，截面比较小的矩形钢构建可用槽钢组焊而成，截面尺寸比较大的可用钢板焊接而成。

(7)悬臂浇筑施工时，拱肋在挂篮中横梁和后横梁对应的底板处需要预留大小合适的锚固口，用来容纳挂篮的中横梁和后横梁上的止推装置。箱梁顶板上设两个采用钢板组焊的轨道，轨道腰部开孔，用以锚固止推斜撑(图 3)，并利用竖向预应力筋通过短横梁固定。

3 挂篮的有限元分析

3.1 有限元分析过程

本文采用有限元程序 ANSYS 对所设计的挂篮进行分析。为了更加接近挂篮的真实受力，除了桁架底部杆单元 link8 之外，全部采用 beam188 梁单元，考虑各构件的弯曲，采用释放拱圈上钢横梁和六根吊杆沿横梁方向自由度的方法考虑铰接。分析中主要荷载组合为：箱梁混凝土重量、动力荷载、挂篮自重、人群和施工荷载。混凝土与模板的摩擦系数取为 0.2。荷载简化成梁单元荷载施加到小纵梁和主桁架上。提取出挂篮在拱脚和拱顶的应力和最大挠度情况，确定其是否能满足施工需要。计算中考虑挂篮在两个最极端位置的受力情况：拱顶合龙前一节段，拱肋已经接近与水平面平行，挂篮近似简化为处于水平状态受力；在拱脚处，拱肋与水平面夹角 45°，计算时，挂篮模型不变，将荷载以 45°角方向加至挂篮小纵梁，求解。

1)工况一:按挂篮处于水平段荷载,计算结果如图 5~图 8。

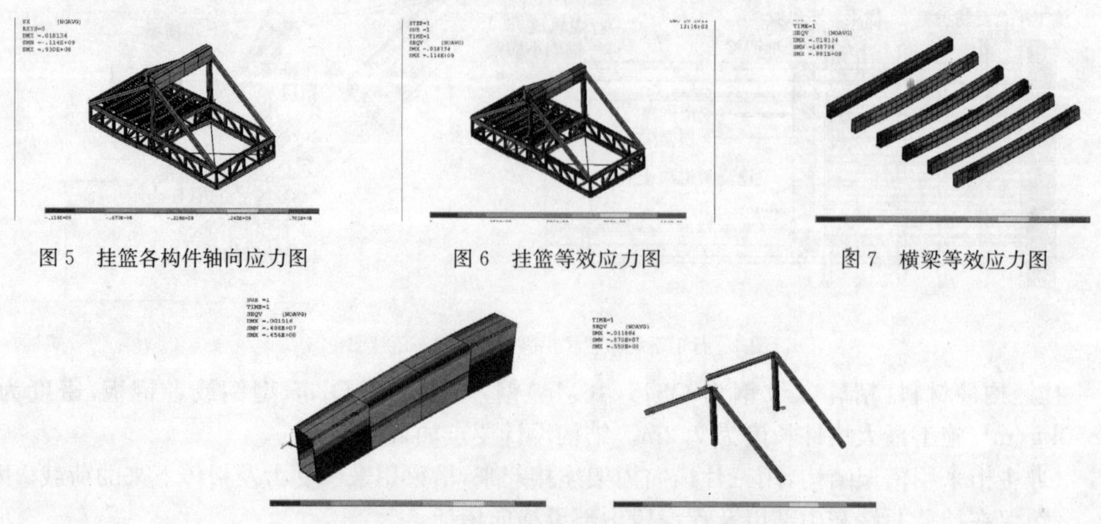

图 5 挂篮各构件轴向应力图　　图 6 挂篮等效应力图　　图 7 横梁等效应力图

图 8 顶横梁和斜拉杆等效应力图

2)工况二:挂篮处于拱脚处荷载工况,计算结果如图 9~图 12。

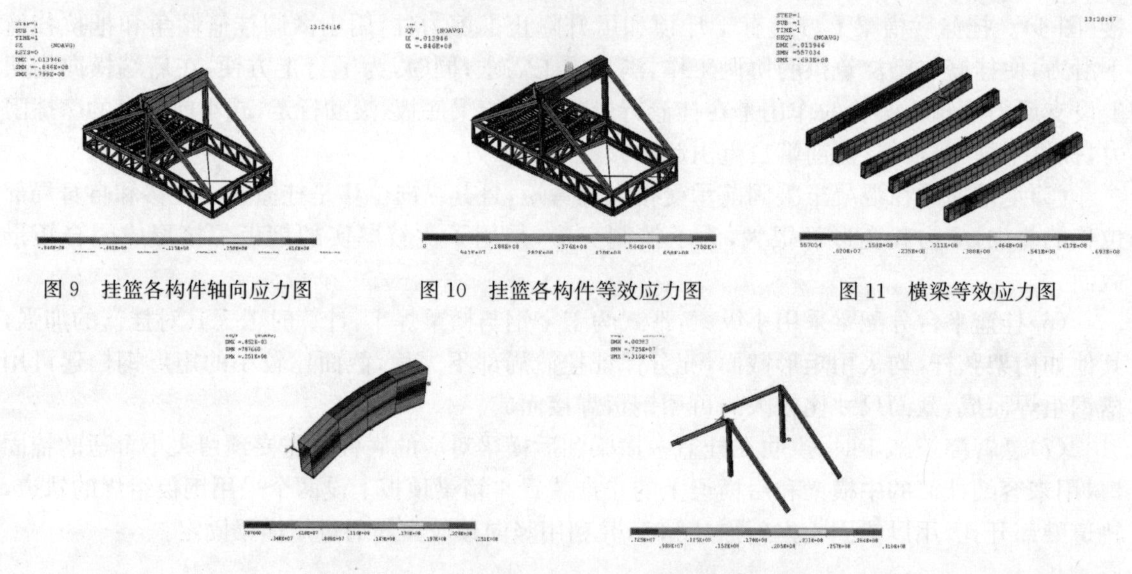

图 9 挂篮各构件轴向应力图　　图 10 挂篮各构件等效应力图　　图 11 横梁等效应力图

图 12 顶横梁和斜拉杆等效应力图

3.2 结果分析

通过对拱脚处和拱顶处施工工况结构计算结果计算可见,在拱顶水平处,挂篮出现最大竖向位移;在拱脚处,挂篮的止推装置受力最大。同时计算结果也表明,挂篮的挠度控制了挂篮的设计;而止推装置的局部受力分析,应当以在拱脚处受力为控制条件。

挂篮主要构件的应力和挠度　　表 1

主要构件	水平段			拱脚段		
	顶横梁	横梁	斜拉杆	顶横梁	横梁	斜拉杆
主要应力(MPa)	45.6	88.1	55.9	25.1	69.3	31
最大挠度(mm)	1.52	18.13	11.86	0.85	13.94	9.8

挂篮各约束点的支反力 表2

支座部位	水平段			拱脚段		
	顶横梁	中横梁	后横梁	顶横梁	中横梁	后横梁
x方向(t)	37.86	25.38	12.39	12.03	29.73	17.66
y方向(t)	167.09	85.81	53.16	110.19	55.97	56.79
z方向(t)	2.89	59.04	39.59	2.4	40.69	41.67
z方向扭矩	0	—	—	0	—	—

挂篮构件最大应力为114MPa,最大位移为18.13mm,均满足施工技术规范中对应力和挠度的控制要求。

挂篮全部自重为79t。经过计算,在拱脚处使用此挂篮施工第一个节段时,顶横梁沿拱肋纵向的止推力为12.03t,桁架中横梁止推力为29.73t,后横梁止推力为17.66t,由于在这个节段现浇混凝土沿自重所产生的荷载沿拱肋方向的分量是最大的,所以止推装置可以以这个节段的荷载工况为验算依据。

值得注意的是,小纵梁下的横梁由于叠加了纵向和横向的挠度,总挠度达到最大值,为了控制这个挠度,顶横梁、主桁架、斜拉杆都需要具有足够的刚度。本文的挂篮设计中,连接两个主桁架的横向桁架只有三个,一是为了减轻自重;二是布设过道,方便施工人员对挂篮进行检修和调整。通过支反力结果可以发现,中横梁和后横梁上的约束对横桥向也有约束力,这表明在中横梁和后横梁上都设置可以约束挂篮沿各个方向的变形的止推剪力件可以借助拱肋的刚度来提高挂篮的刚度,因而所需要的横向桁架减少,减轻了挂篮的自重。

4 拱桥悬臂浇筑施工工艺

4.1 浇筑方法

本文所设计挂篮在保证挂篮强度和刚度的同时也能很方便地进行施工。前行移动过程:现浇混凝土达到设计强度以后,解除中横梁的预应力吊杆及中横梁和后横梁上扣在箱梁预留孔道内的止推抗剪装置;释放后横梁上的约束装置;使滚轮与拱肋底面紧密贴合;依靠布设在箱梁顶轨道上的液压千斤顶推动前进,其间千斤顶回油或者受力状态调整时用两轨道之间的斜撑止推,二者交替作业,可以保证挂篮顺利前移。调整到预定位置后,使抗剪装置插入预留孔道内,紧固中横梁和后横梁的预应力筋,用斜撑顶住顶横梁,定位锚固好挂篮、锚固好临时斜拉索、立模之后便可以开始新一节段的浇筑。

4.2 临时斜拉索索力的确定与调整

拱桥悬臂施工临时拉索和预应力混凝土斜拉桥上永久斜拉索的不同在于:临时拉索在拱肋合龙之后会被拆除,而斜拉桥拉索做为永久结构的一部分影响整个结构的内力状态,所以斜拉桥在合龙之后通常需要通过调整斜拉索索力来改变成桥状态的线形和内力,以达到设计目标。拱桥施工索力的确定、调整与斜拉桥既类似,又有明显的区别。采用拱桥临时索塔悬浇法需要解决的问题是悬臂浇筑施工过程中索力的确定,这是因为拱肋只有依靠临时斜拉索提供的支承才能悬臂浇筑施工;然而施工过程中遇到与斜拉桥相类似的问题就是理论计算与实际结构之间存在不一致性。我们可以仿照预应力混凝土斜拉桥的做法,以合理的成桥初始状态为起点通过倒拆分析,得出每个施工阶段的施工索力和拱肋位置;其中自然就包括施工过程中的双控与调整。当然现在拱肋合龙后所有斜拉索都是要拆除的,因此在合龙前需要进行索力调整,以消除误差,使得拱肋上一些重要截面的弯矩符合设计要求[4]。

5 结语

在拱桥拱肋的施工中,悬臂施工是很好的方法之一。悬臂拼装的传统优势仍然在发挥,但是在某些特定的条件下,采用悬臂浇筑法会使施工更加合理和经济。

研究拱桥悬臂浇筑施工的相关工艺有利于促进此方法在我国的推广使用,挂篮的设计和使用是其中最关键的技术之一。本文所进行的挂篮构造、结构设计经过结构计算表明,可以实现拱桥拱肋的悬臂浇筑。

参 考 文 献

[1] 陈德伟,黄大健,项海帆. P. C. 斜拉桥悬臂施工的拉索式长挂篮新工艺[J]. 土木工程学报,1996,29(6).

[2] 陈德伟,曹海顺,李欣然,等. 海口世纪大桥拉索式长挂篮设计新构思[C]. 2002 年全国桥梁学术会议论文集. 北京:人民交通出版社,2002.

[3] 陈德伟,曹海顺,李欣然. 预应力混凝土斜拉桥悬臂施工的拉索式长挂篮新构思[J]. 公路,2002(12).

[4] 陈德伟,范立础. 确定预应力混凝土斜拉桥初始索力的方法[J]. 同济大学学报,1998,26(2).

[5] 顾安邦,范立础. 桥梁工程[M]. 北京:人民交通出版社,2000.

[6] 张耀春,周绪红. 钢结构设计原理[M]. 北京:高等教育出版社,2004.

[7] David Goodyear. Design of the New Mike O'Callaghan Pat Tillman Memorial Bridge at Hoover Dam[C]. Structures Congress 2011, ASCE, 2011.

[8] Gunnar Lucko S M, Jesu's M de la Garza A M. Constructability Considerations for Balanced Cantilever Construction[C], ASCE, 2003.

[9] 王慧东,邵丕锋. 挂篮施工技术综述. 铁道标准设计[J],2001,21(4).

[10] 陈宝春,叶琳. 我国混凝土拱桥现状调查与发展方向分析[J]. 中外公路,2008,28(2).

75. 大跨度斜拉桥施工控制的研究进展

张清华　卜一之　李　乔

（西南交通大学土木工程学院）

摘　要：作为典型的分阶段施工方法成桥的高次超静定结构，大跨度斜拉桥最为重要的特性之一在于结构的成桥状态与施工过程密切相关，施工控制是确保结构的施工过程安全性并进而实现实际成桥状态逼近设计目标状态的基本前提。总结了斜拉桥施工控制理论、理念及方法的发展历程，介绍了主要施工控制理论与方法的特点、控制目标的实现方式及其适用性。以代表大跨度斜拉桥施工控制发展方向的全过程控制理念及基于该控制理念所发展的全过程自适应控制为重点，阐述了该控制方法的基本原理、关键技术问题及其控制体系。在此基础上，结合苏通长江大桥、鄂东长江公路大桥等多座大跨度斜拉桥全过程自适应控制的工程实践，深入探讨了全过程自适应控制的适用性、面临的关键问题及其发展方向。

关键词：斜拉桥　施工控制　控制理论　全过程自适应控制　研究

1　引言

作为典型的高次超静定结构；分阶段施工方法是应用最为广泛的大跨度斜拉桥施工方法，其成桥过程实质上是索塔、主梁及斜拉索等关键构件的分阶段安装过程；大跨度斜拉桥的实际成桥内力和线形状态由施工方法、构件安装过程等多种因素共同决定[1~7]。大跨度斜拉桥设计阶段一般根据经验预先设定包括结构刚度、梁段重量、施工临时荷载等关键参数为理想值，并据此确定成桥阶段的内力与线形理想状态及各关键施工阶段的理想目标状态。由于参数误差、施工误差、环境误差、测量误差等不可避免，如不对施工过程进行有效控制，必然导致实际结构状态偏离理想结构状态。对于施工过程进行施工控制是保障大跨度斜拉桥施工过程的安全性及其高质量建成的基本前提。斜拉桥向大跨度发展使其具备如下鲜明特点[1,2,8]：

（1）结构跨度大、纵横两个方向尺度差异显著，结构更为纤柔。

（2）施工过程持时更长，工序更为繁多。

（3）结构对于环境因素更敏感，施工过程中的结构响应和几何形态测试数据准确性显著降低。

基金项目：自然科学基金（50908192）；自然科学基金（51178394）；西南交通大学“竢实之星—新世纪优秀人才后备人选培养项目”联合资助

(4)施工误差影响因素更复杂，各影响因素的效应更显著，施工误差调控难度大大增加，且其不良效应更为显著。由上述特性所决定，在既有研究基础上引入工程控制论的最新成果进一步完善施工控制理念、理论、技术和方法，进而建立完备的施工控制系统是斜拉桥进一步向大跨度方向发展最为重要的基本前提之一。结合近二十年来对于大跨度斜拉桥施工控制及其工程实践所进行的系统研究，就斜拉桥施工控制理念、理论及方法的发展历程进行扼要阐述；以最新发展的全过程自适应控制为重点，阐述了该控制方法的基本原理、关键技术问题及其控制体系。在此基础上，结合苏通长江大桥、鄂长江公路大桥、观音岩长江大桥等多座大跨度斜拉桥全过程自适应控制的工程实践，探讨了施工控制研究面临的关键问题及其发展方向。

2 施工控制理论与理念的发展

有效修正实际状态和理想状态间的偏差，最大限度降低误差的不良效应是斜拉桥施工控制研究的指导原则和终极目标。现代斜拉桥发展至今的近60年里，施工控制理论随工程控制论的发展而不断发展，经历了开环控制→闭环控制→自适应控制的发展历程；同时，随着对于斜拉桥力学行为特性及其施工控制目标实现方式认识的不断深化，斜拉桥施工控制理念不断发展和完善，由早期的单控拓展为双控，进而向全过程控制方向发展，当前已经建立了斜拉桥施工的全过程自适应控制系统并在包括苏通长江大桥等在内的多座大跨度斜拉桥施工控制中得到了成功应用[8]。

2.1 施工控制理论

1)开环控制

对于确定的成桥内力状态，可以根据其施工过程获得其各关键施工阶段的理想状态，进而得出各关键施工阶段的理想预拱度。按照理想预拱度对于施工过程进行控制，理论上即可获得逼近理想成桥状态的结构线形和内力状态，这就是开环控制的基本原理。著名学者 F. Leonhardt 所提出的倒退分析法(Back Analysis)以及 J. Muller 和 C. A. Ballinger 等学者所进行的研究为开环控制的发展奠定了基础；日本学者和我国学者钟万勰、李国平等分别通过斜拉桥、预应力混凝土连续梁桥的施工控制对开环控制工程应用的关键问题进行了探索。开环控制类方法是迄今所发展的施工控制方法中最简便的一类控制方法，这一方法仅根据理论预拱度进行施工控制，在施工过程中不进行误差修正，本质上属于单向、确定性的被动控制方法。该类方法的控制结果完全取决于关键施工阶段结构预拱度理论值的准确性；同时，实际施工过程中误差是不可避免的，而该方法无法根据结构参数误差和施工过程误差等进行有效的误差调控。因此，这一方法仅适用于跨度不大且结构体系较为简单的桥梁结构。

2)闭环控制

由开环控制的特性所决定，该类方法应用于复杂结构施工控制时一般难以获得令人满意的控制质量；同时，工程控制论的发展则为发展更为先进的主动控制方法奠定了理论基础。实际桥梁结构的施工控制是一个典型的误差传播过程，若在这一过程中通过反馈计算进行误差原因分析和误差评估，并在此基础上根据特定的最优控制原则对误差进行主动的调控和修正，则能够更为有效地控制施工误差对成桥状态和施工过程结构安全性的不良效应。由于该过程本质上属于典型的闭环反馈控制过程，因此，该方法又称为闭环反馈控制方法。相对开环控制而言，闭环反馈控制能够实现对误差的及时调整和修正，对施工过程的控制更为深入，控制决策更为科学，该方法的提出在一定程度上促进了斜拉桥的发展。闭环控制研究开始于20世纪

80 年代中期日本学者 N. Fujisawa 和 K. Furukawa 等的探索及以加拿大 Annacis 桥为控制对象所进行的工程实践。我国学者葛耀君、潘永仁、李乔、陈德伟等对闭环反馈控制方法及其工程实践进行了深入研究，并对早期的闭环反馈控制方法进行了进一步发展和完善，促进了我国斜拉桥的发展并为施工控制理论与方法的进一步发展奠定了理论、方法及技术基础。

3）自适应控制

工程控制论的相关研究表明，准确确定误差来源及其效应是实现最优控制科学决策的基本前提，也是获得良好控制质量的重要保障，现代控制论在闭环反馈控制的基础上引入系统辨识理论发展了自适应控制理论。该理论与参数识别和模型修正理论为斜拉桥施工控制的发展奠定了重要的理论基础。具体到斜拉桥施工控制而言，参数误差、分析模型误差、施工误差及测量误差是施工误差的主要来源，若在闭环反馈控制中引入参数识别和模型修正则能够准确确定特定误差状态下参数误差和分析模型误差的影响，从而为误差的主动调控提供科学依据。相对闭环反馈控制而言，自适应控制的最大特点是在施工控制中引入了参数识别与模型修正，该系统属于包含系统辨识的闭环反馈控制系统。自适应施工控制的早期研究开始于 20 世纪 90 年代初期，F. Sakai 等建立了自适应控制系统并将其应用于 Rainbow 桥（悬索桥）的施工控制中。上述研究的重要特点在于其不仅对自适应施工控制方法进行了较为深入研究，而且对施工控制的有效管理与实施进行了探索，对施工控制系统的建立进行了有益探讨。随后，F. Sakai 和 S. Tanaka 等学者对上述施工控制系统不断完善，并在 Tomei Ashigara 桥的施工控制中对该系统进行了验证。从 20 世纪 90 年代初开始，我国学者李乔、葛耀君、石雪飞、颜东煌、陈德伟等对自适应控制方法及其工程实施进行了深入系统的研究，建立了相对完备的自适应施工控制系统[3~8]，成功实施了包括南京长江第二大桥、安庆长江大桥、南京长江第三大桥等大跨度斜拉桥的施工控制，为我国斜拉桥的发展奠定了基础。自适应控制类方法相对于开环控制和闭环反馈控制而言更为完备，属于典型的主动控制方法，是当前国内外大跨度斜拉桥普遍采用的施工控制方法。

2.2 控制理念的发展

施工控制的实施过程实质上属于通过对于施工过程的控制实现误差调控从而实现控制目标的过程。施工控制理念即调控目标的实现方式是除施工控制理论和方法之外施工控制质量最为重要的影响因素。国内外学者基于斜拉桥施工控制理论研究和工程实践对于控制目标的实现及其过程进行了大量研究，所发展的控制理念可以概括为“单控”、“双控”以及“全过程控制”三类[8]。

所谓“单控”，即不同施工阶段选取一种控制对象作为实现该阶段控制目标的主要方式：在悬臂架设过程中以主梁线形为控制目标，以主梁高程控制为主，索力控制为辅；而在全桥合龙直至二期恒载施工阶段，以使结构的内力和几何状态逼近理想目标状态为目标，以斜拉索张拉力控制为主，高程控制为辅。该控制理念是斜拉桥施工控制发展的早期阶段的主要控制理念。其缺陷在于：由于关键参数理论值与实际值之间不可避免地存在偏差，悬臂施工阶段按高程进行控制通常导致结构合龙时的内力状态与设计目标状态间存在较大差异，此时需通过合龙后的二次调索改善结构的内力状态。这一做法导致斜拉索索力测试及线形测量工作量显著增加、工期延长等多种问题，且调索工作繁琐、调索目标不易实现。

鉴于上述原因，随着理论研究和关键技术以及大跨度斜拉桥施工控制工程实践客观需要的发展，国内外学者开始拓展控制过程和控制对象，在梁段悬臂施工直至合龙的过程中同时对于结构内力(斜拉索索力、主梁和索塔内力等)和结构线形(主梁线形、索塔的水平偏位等)进行控制。由于控制对象同时包括内力和线形两个方面,该控制理念可称之为"双控"理念。相对于"单控"而言,"双控"能够充分利用现代大跨度密索体系斜拉桥可通过索力的调整实现结构内力和几何线形调整的突出优点,可以在结构线形和内力处于合理状态的条件下,通过索力的小范围调整在一定程度上消除由于实际参数和设计参数的不一致性所导致的误差,达到使实际施工状态逼近设计目标状态的目的。"双控"理念与自适应控制理论相结合所发展的自适应控制理论,推动了斜拉桥施工控制方法和工程实践的发展。

随着斜拉桥跨度不断向大跨度方向发展,其结构体系特性更为复杂,施工控制难度大大增加。作为典型的大跨度斜拉桥,钢斜拉桥的施工过程属于典型的构件制造和组拼过程,无论采用"单控"还是"双控"控制理念,其控制过程和控制对象都仅限于构件组拼过程而不包含构件制造过程,本质上属于部分过程控制。欧美及日本学者以多多罗大桥和诺曼底大桥所进行的研究表明,在采用传统部分过程控制的条件下,无法建立较为完备的施工控制质量和施工过程安全保障体系;在既有研究的基础上拓展控制过程成为推动控制理论和技术发展的必要途径。为此,多多罗大桥控制过程中开始引入"精度控制"的概念进行全过程控制研究[9],发展了大跨度斜拉桥的全过程闭环反馈施工控制系统。多多罗大桥的施工控制的工程实践表明:控制理念的发展是推动施工控制进步的重要途径,将全过程控制理念引入施工控制能够有效应对斜拉桥大跨度发展进程中面临的困难和挑战,并获得高精度的施工控制结果。在既有研究的基础上,基于代表工程控制论最新发展水平的自适应控制理论进行控制理论、方法和技术研究是斜拉桥控制研究的必然趋势[8~11]。

3　全过程自适应控制的理论基础及控制系统的建立

3.1　全过程控制的理论基础

基于有限元理论和能量法原理可推导分阶段施工过程中斜拉桥的非线性静力平衡方程如下[12]:

$$([K_D]+[K_\sigma])\{\delta\}+\{L_0\}=\{F\} \tag{1}$$

式中,$[K_D]$和$[K_\sigma]$分别为单元刚度矩阵和初始应力刚度矩阵;$\{\delta\}$为杆系单元的节点位移;$\{L_0\}$为单元无应力长度和无应力曲率等无应力几何形态所引起的广义节点等效荷载向量;;$\{F\}$为单元所作用的外荷载。

式(1)表明:结构的静力平衡状态由结构体系、作用体系以及结构构件的几何形态共同决定;构件的无应力几何形态仅决定于结构最终的作用体系和几何形态,而与施工过程中构件的安装历程和作用的演变过程无关。此即为全过程控制的理论基础。

由上述理论出发,在保证结构体系及其作用体系不变的条件下,只要构件安装时的初始几何形状(即构件的无应力几何状态,包括构件的无应力线形与无应力长度等)与成桥理想目标状态所对应的构件无应力状态相同,则成桥阶段结构的内力与线形状态即为理想目标状态。对于大跨度斜拉桥而言,结构的理想成桥状态及其相应的作用体系是确定的,则根据上述条件及结构的施工过程信息可以准确确定包括索塔节段、主梁节段以及斜拉索等在内的关键构件的无应力状态。根据无应力状态进行构件制造和安装控制,即可实现施工控制目标。因此,斜拉桥的施工控制问题转化为以无应力状态为控制对象的几何控制问题。具体而言,斜拉桥的主梁和索塔的几何控制指其节段无应力线形和长度的控制;斜拉索的几何控制即为其无应力索长控制。

相对于传统的部分过程控制而言，全过程控制将构件的几何形态作为联结从构件制造到成桥状态各关键施工阶段的桥梁，在控制理念、控制目标的实现方式、控制对象、控制过程等方面进行了拓展。其控制思路更为明晰，控制对象更为合理，控制手段更为有效，属于更为完备的控制方法并代表了斜拉桥施工控制的未来发展方向。同时，由于上述特性所决定，该控制方法的有效实施客观上需要较为完备的理论及技术支撑系统。

3.2　全过程自适应施工控制的支撑系统

大跨度斜拉桥施工控制系统是典型的复杂系统，构建该系统时一般需在系统分析的基础上根据支撑技术的主要特点将其分为多个既相互独立又紧密联系的子系统，以便于系统的研发和实施。此处按照子系统的主要功能，将全过程自适应控制系统的关键支撑系统分别命名为仿真分析子系统、构件制造及安装控制子系统、施工全过程测试信息自动采集及传输子系统、参数识别及模型修正子系统、误差调控及最优控制子系统、施工全过程结构安全性评估及对策子系统等六大子系统，上述子系统共同组成全过程自适应施工控制的支撑系统。全过程自适应控制系统及其支撑系统的关系如图1所示[8]。

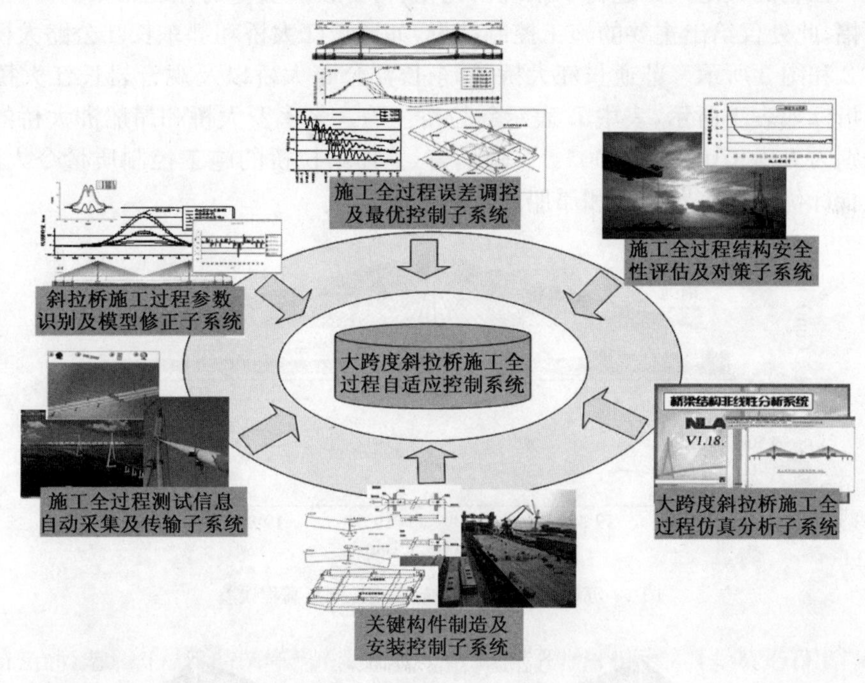

图1　全过程自适应控制体系及其支撑系统

4　全过程自适应控制的工程实践

当前采用所建立的全过程自适应控制系统完成了包括苏通长江大桥、鄂东长江公路大桥以及观音岩长江大桥等多座大跨度斜拉桥的施工控制。苏通长江大桥主桥为主跨1 088m的双塔双索面钢箱梁斜拉桥，为世界首座跨径突破千米的斜拉桥；其跨径布置为100＋100＋300＋1 088＋300＋100＋100＝2 088(m)；其箱梁全宽41.0m；索塔总高300.4m。鄂东长江公路大桥为主跨926m的双塔双索面混合梁斜拉桥，其主跨采用钢箱梁，边跨部分采用预应力混凝土梁；跨径布置为3×67.5＋72.5＋926.0＋72.5＋3×67.5＝1 476.0(m)；箱梁全宽38.0m；索塔总高236.5m。观音岩长江大桥为主跨436m的双塔双索面钢—混凝土组合梁斜拉桥，主梁截面形式为双工字形钢—混凝土组合梁；其跨径布置为35.5＋186＋436＋186＋35.5＝879.0(m)；其箱梁全宽36.2m；索塔高165.279m。

苏通长江大桥引入全过程控制理念，按照理论研究、关键构件制造控制及现场施工控制实施关键技术研究等三阶段对大跨度斜拉桥施工的全过程自适应控制进行了系统深入的研究，建立了全过程自适应施工控制系统。鄂东长江公路大桥作为典型的大跨度混合梁斜拉桥，其混凝土边主梁刚度远较钢主梁刚度大；混凝土边主梁的应力对关键参数误差较为敏感但其线形对参数误差不敏感，钢主梁则与之相反。根据上述特性发展了双目标全过程自适应控制系统，即分别将无应力几何状态参数指标和力学指标作为钢主梁和混凝土边主梁的控制目标进行施工全过程误差调控决策，获得了高质量的施工控制成果。观音岩长江大桥主梁采用钢—混凝土组合梁，其中钢主梁为双主梁工字钢式，钢主梁梁段采用全焊结构工厂制造，钢主梁梁段间连接采用高强螺栓在工地进行现场连接。该连接方式对于梁段制造及误差调控提出了较高要求。采用全过程自适应控制对该桥进行了施工控制，并结合其工程特点对于大跨度结合梁斜拉桥施工控制的关键问题进行了系统研究，获得了较高质量的控制结果。

限于篇幅，此处仅给出主要的施工控制结果，苏通长江大桥和鄂东长江公路大桥的成桥高程误差如图2和图3所示。苏通长江大桥、鄂东长江公路大桥以及观音岩长江大桥的主要成桥状态控制指标如表1所示，表中L表示斜拉桥主跨。多多罗大桥和昂船洲大桥的最大线形误差指标分别为$L/3\ 870$和$L/3\ 000$。整体而言，上述斜拉桥的施工控制质量令人满意，其线形相对误差指标优于多多罗大桥和昂船洲大桥。

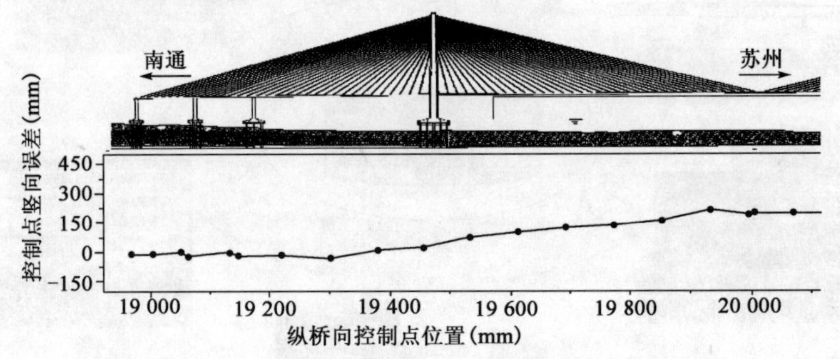

图2　苏通长江大桥成桥后关键控制点高程误差

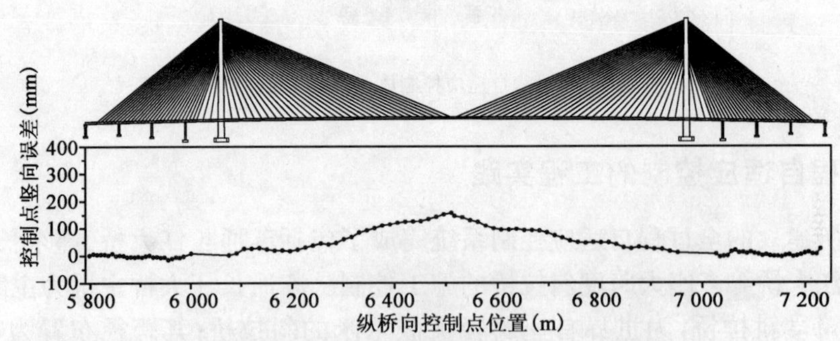

图3　鄂东长江公路大桥成桥后关键控制点高程误差

主要成桥控制指标　　表1

序号	桥　名	最大线形误差 E (mm)	最大轴线误差 (mm)	最大索力误差 (%)	最大塔偏误差 (mm)	线形相对误差指标 (E/L)
1	苏通长江大桥	209.4	22.9	9.4	44.0	1/5 196
2	鄂东长江公路大桥	157.0	21.0	4.4	18.9	1/5 898
3	观音岩长江大桥	138.0	15.2	4.8	7.0	1/3 159

注：(1)表中最大误差均为相应误差绝对值的最大值；

(2)鄂东长江公路大桥混凝土梁最大线形误差为11.0mm。

5　全过程自适应控制发展所面临的关键问题

全过程自适应控制以构件的无应力状态作为控制对象，通过对于构件从制造到安装的全过程进行控制以实现控制目标。作为近年来提出并得到发展的新理论、新方法，全过程自适应控制仍处于发展之中，仍需在误差传播机理、最优误差调控理论及关键技术和结构安全评估及其控制理论等方面进行深入研究，以期进一步完善全过程自适应控制的理论及方法体系。此处根据所进行的理论研究及工程应用对其所面临的关键问题进行扼要阐述。

5.1　误差传播机理

斜拉桥成桥阶段误差状态的形成过程本质上属于多种误差因素所导致的误差效应在其整个施工过程中相互耦合影响并不断传播的过程。对于误差来源、误差传播机理及误差效应调控规律的深刻认识与把握是有效控制误差效应并最终实现施工控制目标的基础。因此，误差传播机理及其调控理论研究是大跨度斜拉桥全过程自适应控制研究的核心内容。

全过程控制条件下对于成桥状态产生重要影响的误差主要可以分为参数误差、分析模型误差、构件制造误差、构件组拼安装误差、环境误差及测量误差，上述误差相互影响并共同决定结构的最终误差状态。误差传播机理研究的困难在于：

(1)对于不同类型误差的自身特性仍缺乏清晰的认识；

(2)各类误差的影响特性和效应不同；

(3)不同类型误差间的相互耦合影响较为复杂。在探明不同类型误差耦合影响规律的基础上，揭示施工全过程误差的传播机理，从而为大跨度斜拉桥施工全过程误差最优调控理论与技术研究奠定基础，是当前全过程自适应控制理论需要重点研究的核心内容之一。

5.2　最优误差调控理论及其关键技术

误差调控理论与技术是斜拉桥施工控制研究的核心问题。由全过程自适应控制的特性所决定，需根据全过程控制条件下的误差传播规律发展误差的最优调控理论及关键技术。由于不同类型误差的传播规律、误差效应等均存在差异，其调控机理和技术实现方式不可避免地存在差异，只有采用最为合理的调控方式才能实现最为有效的误差调控从而达到最优的控制质量。

全过程控制条件下最优误差调控理论及技术研究的关键内容可以概括为：

(1)最优误差调控理论研究；

(2)误差调控对策研究；

(3)误差调控关键技术研究。

根据误差传播机理、最优误差调控理论及调控对策可以获得特定施工误差状态的几何形态修正量；在此基础上对包括构件几何形态修正量的精确控制技术、实际修正量的精确测量及其误差状态的综合评估等误差调控关键技术进行深入研究则可实现最优误差调控。未来的研究中应根据相关研究成果对于关键构件制造和安装子系统进行拓展和完善，将该子系统发展成为能够同时实现构件制造和安装精确控制以及误差效应自适应控制的完备子系统。

5.3 结构安全评估及其控制理论

确保施工过程中的结构安全是大跨度斜拉桥施工控制得以顺利实施的基本前提，完备的斜拉桥施工控制系统研发应紧密围绕质量控制和安全控制两大核心主题，在对重要的理论和相关关键技术进行深入研究的基础上发展完备的施工全过程质量和安全保障体系。当前斜拉桥施工过程中的结构安全评估一般基于应力指标、索力指标、结构几何形态指标等进行。为确保斜拉桥施工过程中的结构安全，亟需在当前常用的安全性评价方法的基础上发展基于可靠度的施工全过程结构安全性评估及控制理论。

大跨度斜拉桥为由主梁、斜拉索、索塔等关键构件组成的组合受力结构，其结构失效模式具有较强的相关性，关键构件的可靠度对其结构体系的可靠度具有极为显著的影响，通过施工全过程关键构件可靠度和结构体系可靠度的相互关系进行研究是揭示大跨度斜拉桥施工过程时变体系可靠度规律的重要途径，即需采用多尺度可靠度理念进行大跨度斜拉桥施工过程时变体系可靠度研究。当前亟需对大跨度斜拉桥施工过程时变体系的主要失效模式进行深入研究，从构件和体系多尺度层面阐明导致体系失效的关键因素；在此基础上就施工过程和施工工序对于施工全过程体系可靠度的影响进行研究，揭示大跨度斜拉桥施工全过程体系可靠度的演化规律，深入探讨结构体系可靠度的改善机理，在此基础上发展斜拉桥施工全过程的安全性控制理论。

6 结语

全过程自适应控制作为斜拉桥施工控制理论与技术的最新发展，在控制理念、控制理论、控制对象、控制手段以及控制过程方面对于部分过程控制类方法进行了发展和拓展。理论研究和工程实践均表明，全过程自适应控制代表了大跨度斜拉桥施工控制的未来发展方向。全过程自适应控制为施工控制质量提供更为完备的保障体系的同时，也给施工控制理论及技术研究提出了新的挑战；工程控制论、施工技术、先进制造技术等的发展和进步为大跨度斜拉桥施工控制理论的发展奠定了理论及技术基础；全过程自适应控制在大跨度斜拉桥施工控制中的应用为控制理论的发展和逐步完善奠定了工程实践基础。在高质量和高安全的双重要求推动下，大跨度斜拉桥施工控制进一步表现为向整合质量控制与安全控制的广义施工控制系统发展的趋势。为建立具备质量和安全控制双重功能的完备的大跨度斜拉桥综合控制系统，当前仍需在误差传播理论、最优误差调制理论及其关键技术、施工全过程安全评估及控制理论等方面进行深入系统的研究，在上述研究的基础上将施工控制系统发展成为融合最为先进的理论和技术、涵盖从构件制造到安装的全过程、具备质量控制和安全控制完备控制手段和保障体系的自动化、智能化综合控制平台。

参 考 文 献

[1] Virlogeux M. Recent evolution of cable-stayed bridges[J]. Eng. Struct. 1999, 21: 737-755.

[2] Muller J. Very long span bridges: Concepts, materials and methods[C]. IABSE Symposium, Kobe: 1998.

[3] 石雪飞. 斜拉桥结构参数估计及施工控制系统[D]. 上海：同济大学博士学位论文，1999.

[4] 颜东煌. 斜拉桥合理状态确定与施工控制[D]. 长沙：湖南大学博士学位论文，2001.

[5] 徐君兰. 大跨度桥梁施工控制[M]. 北京：人民交通出版社，2000.

[6] 向中富. 桥梁施工控制技术[M]. 北京：人民交通出版社，2001.

[7] 葛耀君. 分阶段施工桥梁分析与控制[M]. 北京：人民交通出版社，2003.

[8] 李乔，卜一之，张清华. 大跨度斜拉桥施工全过程几何控制概论与应用[M]. 成都：西南交通大学出版社，2009.

[9] Manabe Y，Hirahara N，Mukasa N，et al. Accuracy control on the construction of Tatara Bridge[C]. Proceeding of IABSE，Malmö：1999.

[10] 秦顺全. 桥梁施工控制——无应力状态法理论与实践[M]. 北京：人民交通出版社，2007.

[11] 李乔，卜一之，张清华. 基于几何控制的全过程自适应施工控制系统研究[J]. 土木工程学报，2009，42(7)：69-77.

[12] 黄灿. 基于几何控制法的大跨度斜拉桥自适应施工控制体系研究[D]. 成都：西南交通大学博士学位论文，2011.

76. 双向八车道高速公路 60m 单箱双室大箱梁预制施工技术

李长林
（深圳高速公路股份有限公司）

摘　要：本文针对广深沿江高速公路（深圳段）项目 60m 大箱梁整孔预制施工，阐述了目前国内高速公路单片梁体最重、最宽的单箱双室大箱梁的梁场建设、箱梁预制及移运施工技术，并对箱梁预防早期裂缝及移运过程中腹板处底板应力超限问题提出处理方法，为高速公路超宽整孔预制大箱梁施工提供可借鉴的经验。

关键词：高速公路　60m 大箱梁　预制施工

1　工程概况

1.1　工程简介

广深沿江高速公路（深圳段）项目位于广东省深圳市，起于深圳、东莞交界的东宝河入海口处，终于深圳南山月亮湾，与深港西部通道对接，路线设计长度为 30.45km，为双向八车道高速公路，设计速度 100km/h，其中主线桥梁长度占路线总长的 99.7%。其中机场特大桥是广深沿江高速公路（深圳段）中部的一段海上桥梁，全长 6 840m。机场特大桥孔跨布置为 16×(5×60m)+4×60m+6×(5×60m)整体预制箱梁，共 114 孔 228 片 60m 整孔预制大箱梁，其中直线梁 92 片，曲线梁 136 片，采用先简支后连续形式。

1.2　预制场简介

机场特大桥 60m 箱梁预制场经过对场地、运输航道等多方案比较，选址于中山市火炬开发区横门岛，主要负责机场特大桥 228 片 60m 箱梁的整体预制与陆上运输。陆上运输是指箱梁预制台位到箱梁出海码头之间的陆上运输，其通过预制场的横、纵移滑道完成。箱梁的海上运输由“小天鹅”号运架一体船完成。

1.3　60m 箱梁

标准段箱梁断面为单箱双室，梁高 3.5m，底板宽 10.35m，顶板梁宽 19.65m，中跨梁长 58.5m，混凝土 916.8m^3，重 2 384t；边跨梁长 58.85m，混凝土 918m^3，重 2 390t。断面如图 1。

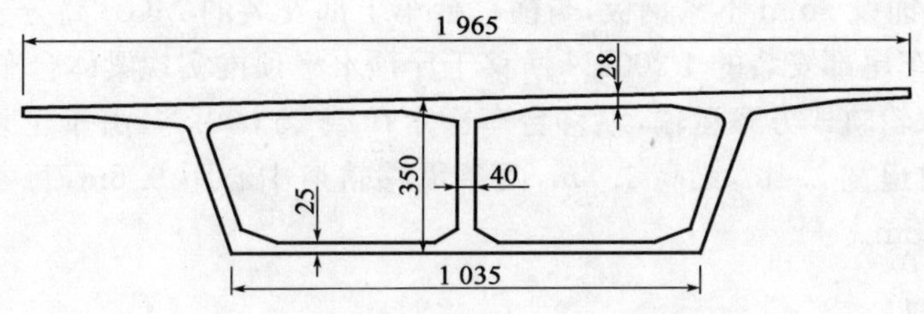

图 1　60m 箱梁标准断面图(尺寸单位:cm)

2　预制场建设

2.1　总体布置

预制场长 610m,宽 220m,占地面积 14.67 万 m^2,由生产区、办公生活区和混凝土搅拌站三大部分组成。预制场设置梁台座 6 个,存梁台座 18 个;横移滑道 6 组,纵移轨道 1 组;56m 跨 120t 和 20t 龙门吊机 2 台。混凝土搅拌站设置额定产量 $120m^3/h$ 及 $180m^3/h$ 的搅拌机各两台。效果图如图 2。

图 2　梁场效果图

2.2　生产设施

配备 $120m^3/h$ 及 $180m^3/h$ 搅拌机各两台,其中 3 台投入工作,1 台作为备用。并配有 8 个 200t 水泥筒仓,4 个 200t 粉煤灰筒仓和 4 个 200t 矿粉筒仓。施工用水采用自来水,通过 ϕ100mm 管路供水,并设 1 座供水量为 $500m^3$ 的蓄水池。在钢筋加工区配置两台跨度 56m、高 23m 大跨度 120t 龙门吊,以满足钢筋及模板整体吊装需求。搅拌机及筒仓、龙门吊轨道基础采用 ϕ400mmPHC 管桩处理。

2.3　台座

制梁台座长 60.2m,宽 10.6m,由端部张拉台座和中部条形基础组成。因 60m 箱梁底板达 10.35m,为了减小底模横向跨度,设置了 5 条条形基础。制梁台座端部张拉台座采用 ϕ600mmPHC 管桩基础,同时,为了避免箱梁混凝土浇筑中地基下沉而引起的不利后果,中部条形基础也采用了 ϕ500mmA 型 PHC 管桩基础。

由于该箱梁采用单箱双室截面,四支点支撑存梁时,底板跨度较大,中腹板下底板拉应力超过抗拉应力,故每个存梁台座由 6 个存梁支墩组成,以减小中腹板下底板的应力,防止其开裂。支墩纵向中心距 53.4m,横向中心距 2×4.75m,存梁支墩支撑于承台梁上,承台梁一端锚固于横移滑道上,另一端支撑于 PHC 管桩上。支墩采用 800mm×800mm 的矩形墩,其上布设 700mm×700mm 橡胶支座,六角支座高差不超过 5mm。

2.4　横、纵移梁设施

由于 60m 整体预制箱梁重近 2 400t,造成运输难度极大。为解决预制完成后箱梁从制梁台座横移至存梁台座,再纵移至出梁码头上船问题,在预制厂内结合台座布置情况设置了横移滑道、纵移轨道并配置横、纵移台车来满足箱梁陆上运输的需要。

横移设施由台车、顶推千斤顶和滑道组成。其中,横移台车额定荷载 8 000kN,由滑座板和车架组成。并设置 6 组横移滑道梁,横移滑道梁宽 1.4m,高 2.5m,同组横移滑道中心距

57m。滑道上整体铺设 3mm 不锈钢板，与横移台车下部安装的 MGB 高分子材料滑板组成摩擦副，通过横移台车尾部安装的 1 200kN 横移千斤顶水平顶推实现梁体台车同步向前滑移。

箱梁纵移采取轮轨式方案运输，纵移台车额定荷载 25 000kN，由车轮装置、顶升系统、纵横梁组成。纵移轨道宽 1.4m，梁高 1.8m，两条纵移轨道中心距 9.5m，每条纵移轨道铺设双轨，钢轨中心距 0.8m。

3 箱梁预制

3.1 施工流程

为缩短制梁周期，保证箱梁钢筋和预应力管道的准确就位，钢筋采用在胎模上分底腹板和顶板两部分整体绑扎、整体吊装方案。箱梁内模采用在内模拼装台座上分段组拼、整体吊装的方案，具体施工流程如下：

底模调整及支座安装→侧模就位调整→底腹板钢筋制作吊装入模→内模清理、吊装调整、安装锚具及端模→安装预应力管道、顶板钢筋制作吊装调整→顶板钢筋吊装、调整→模板测量校正→混凝土浇筑→混凝土养护抽拔芯棒及拆模→张拉锚固移梁→二次张拉锚固压浆→成品验收。

3.2 底、侧模安装

底模分块制造在制梁台位条形基础上拼装成五截：两端支座及活动底模各两截，中间固定底模一截。两端支座底模为纵向活动式，以便梁体张拉后与梁体同步收缩；与支座底模相连的活动底模在梁体张拉前拆除，以便梁体张拉后支座底模可以纵向滑动，同时兼作移梁台车的转换支点；中部底模为固定式底模，以作为底模和侧模安装的基准。

侧模纵向移动采用卷扬机牵引台车移动，拼装步骤如下：台车对位，利用台车上水平千斤顶将侧模顶推到位→侧模底部安装纵向千斤顶→调节侧模高度→安装底模与侧模紧固螺栓→检查上翼缘内外侧尺寸。

3.3 钢筋绑扎、安装

钢筋绑扎在胎模上进行，并采用两台 120t 龙门吊及吊架分别将底腹板和顶板钢筋骨架整体抬吊至拼装好的模板内安装。钢筋绑扎胎膜由型钢加工而成，由底腹板钢筋胎膜具和桥面钢筋胎膜具组成，在型钢上按钢筋设计间距纵横向切开缺口，再按梁体钢筋的形状拼焊成胎模具(图 3、图 4)。

图 3 绑扎完成的底腹板钢筋

图 4 底腹板钢筋安装

3.4 端、内模安拆

端模为普通钢模，分为上、中和下三部分。底、腹板钢筋吊装后安装中端模和下端模，桥面钢筋安装后安装上端模。为便于端模安装，梁端外露钢筋待端模安装后采用逐根插入方式绑扎。

内模采用液压式钢模，采用整体拼装入模、分段脱出方式安装。内模采用两台龙门吊整体抬吊入模，入模时应缓慢平稳、对位准确，内模台车四个支撑应落在底模上的相应加劲肋处。

当混凝土达到一定强度后，即可拆除端模和内模，端模分节段拆除。内模拆除采用在箱梁两端外侧安装滑道钢梁，利用卷扬机牵引拆除。

3.5 混凝土浇筑

混凝土采用搅拌站集中供应，每盘料搅拌时间不宜少于150s。采用8辆混凝土运输车运输至施工现场后，通过四组布料杆泵送入模浇筑，同一侧两台布料杆布料范围应重叠不得出现布料死角。

梁体混凝土采用一次性连续浇筑成型。单片梁混凝土浇筑时间控制在8h左右。箱梁混凝土分别从梁端和跨中开始沿着中腹板浇筑，浇筑高度为1.2～1.5m时转至两边腹板分别从跨中向梁端浇筑，浇筑至2.5m高左右时，再从内模顶部预设浇筑孔处补充底板混凝土。中腹板混凝土浇筑至倒角位置时开始进行顶板混凝土浇筑，顶板混凝土分别从跨中向两端方向开始分段浇筑，每段2m，连续浇筑。桥面振捣采用高频振动梁振捣及收浆。混凝土浇筑完成后应用宽幅土工布覆盖，在桥面高边一侧及箱内布设自动喷淋系统，保持梁体湿润，养护时间不得少于7d，否则梁体表面易出现干缩裂缝及干灰现象。

3.6 张拉及压浆

预应力管道采用塑料波纹管，混凝土浇筑前应穿放衬管，保证波纹管不变形。混凝土浇筑完成后，从底板、腹板开始抽拔衬管，并采用利用穿索机安放纵向钢绞线，横向钢绞线采用人工安放。为防止大箱梁出现早期裂缝，采取初张拉和终张拉二次张拉工艺。在混凝土强度达到25MPa后开始对腹板钢束进行初张拉，初张拉力取设计张拉吨位的33%。初张拉后，应在制梁台位上继续养护至混凝土强度达到90%且龄期不少于5d后方可实施纵向钢束终张拉及横向索张拉，梁体纵向钢束终张拉后方可移梁。张拉完毕后采用真空辅助压浆技术压浆。

3.7 封锚及横隔墙施工

锚固封端采用细石混凝土，其胶凝材料组成应与箱梁混凝土配合比相同，压浆完成后，安装防裂钢筋网片和模板进行封锚混凝土浇筑。封锚完成后进行梁端部横隔墙施工，为了减少制梁台座的占用时间，横隔墙钢筋绑扎、模板安装、混凝土浇筑等均在存梁台座上完成。梁体施工时，预埋横隔墙连接钢筋，梁体内模拆除后，对与横隔墙接缝处混凝土凿毛，同时扳直预埋钢筋并焊接绑扎横隔墙钢筋，安装模板，通过在梁体施工时预留孔进行混凝土浇筑。

4 箱梁运输

4.1 横移

箱梁陆上运输包括横移和纵移两种情况，横移是将大箱梁从制梁台座移至存梁台座或纵移台车上。由于箱梁为单箱双室结构，通过有限元分析软件计算，在横移过程中端部横隔梁未施工前中腹板处底板拉应力超限将造成箱梁底板及中腹板倒角出现裂缝。为避免该问题，箱梁横移采用两种移运方案：横隔梁施工前，采用边、中腹板底六点支撑方式移梁；横隔梁施工后，采用边腹板底四点支撑方式移梁(图5、图6)。

在横移过程中必须考虑滑道不平以及滑道梁沉降影响因素，保证顶升移运及下放过程中油缸的位移必须同步，使每个支承油缸可靠与梁体底部接触，避免多点支撑的超静定问题造成梁体局部变形产生裂缝，甚至支点脱空造成大箱梁扭曲或倾覆。为解决该问题，通过在梁两端外侧四点安装拉绳位移传感器，以检测横移过程中梁体四个角点的位移情况，并在支撑位置安装压力传感器用来检测油缸下腔压力，并通过 PLC 程序设定保证油缸在顶升以及移运过程中始终处于设定的压力范围内，通过系统自动比较运算来保证各支点位移始终处于同步状态。并且，采用一端台车千斤顶油路串联，另一端台车千斤顶油路各自独立，以保证在任何情况下箱梁均处于三支点平衡状态，以提高整体稳定性。

图 5　横移台车(六点移梁状态)

图 6　横移台车(四点移梁状态)

4.2　纵移及吊装

纵移是将大箱梁从存梁台座移至纵移台车上并通过纵移台车运送至出梁码头吊装到运架一体船上。箱梁纵移采用四点支撑轮轨式台车运梁，移梁时采用液压悬架支承千斤顶将纵移台车顶升与横移滑道平齐并固定纵移台车，在横移台车与纵移台车精确对位后，继续顶推横移台车直至横移台车全部移至纵移台车上。当横移台车与纵移台车中心线重合时停止顶推，将纵移台车上的支撑杆与横移台车临时连接固定后，将纵移台车主梁下的液压悬架系统回落使台车车轮全部落在轨道上，并将油顶收回开始纵移(图 7)。

当大箱梁纵移到与出海码头栈桥横移滑道接近时减速慢行，并与栈桥横移滑道精确对位后，用支撑千斤顶将纵移台车顶升与出海栈桥横移滑道面平齐，再将纵移台车两侧的支撑螺杆与牛腿顶紧固定后松开纵移台车与横移台车连接的支撑螺杆，并通过横移台车上水平顶推千斤顶将箱梁顶推滑移至出海栈桥取梁处，通过“小天鹅”号运架一体船运输至桥址处架设(图 8)。

图 7　箱梁纵移

图 8　“小天鹅”取梁

5 结语

实践证明，广深沿江高速公路(深圳段)项目 60m 大箱梁整孔预制及移运施工工艺是成功的，钢筋整体制作吊装工艺及后浇端部横隔梁施工方法大幅提高了施工效率，降低了施工难度，并且采取的二次张拉工艺以及多点支撑移运技术也有效解决了大箱梁预制容易出现的早期裂缝及应力裂缝问题。预制的大箱梁尺寸、外观及线形控制均处于较高水平，箱梁移运过程中平稳、无扭曲、无滑移、安全可靠。为同类项目超宽大型构件的预制及移运提供了可借鉴的施工经验。

77. WD70B 桅杆式钢桁拱上架梁起重机的研究与应用

陈国祥　林型瑶

（中铁大桥局集团有限公司）

摘　要：全文对 WD70B 桅杆式钢桁拱上架梁起重机的构造进行介绍，对其作用原理进行分析，对架桥机在三岸邕江特大桥的实际应用进行阐释，同时为该类型架梁起重机的研究指明了方向。该起重机研究与应用给钢桁拱桥的架设提供了新工艺和新方法，开拓了可变爬坡架梁起重机设计的应用领域，引领了新一代起重机设计理念及钢桁拱桥的架设。

关键词：三岸邕江　拱上架梁起重机　研究　应用

1　概述

南钦铁路三岸邕江特大桥是广西沿海铁路南宁至钦州北段扩能改造工程的重点控制工程，主桥为下承式连续钢桁拱结构双线铁路桥，全长 540m，孔跨布置为 132m＋276m＋132m。主桁采用 N 形桁架，除 C11E12，E12C13 节间长度为 15m 外，其余节间长度均为 12m，边跨 11 个节间，中跨 22 个节间。边跨平弦桁高 16m，拱顶桁高 9m，加劲桁高 18m，拱肋采用二次抛物线，拱圈矢高 58m。主桁采用整体焊接节点构造，采用两片平行主桁，桁间距 15m。图 1 为三岸邕江特大桥钢梁架设现场。

图 1　三岸邕江特大桥钢梁架设现场

南钦铁路三岸邕江特大桥 WD70B 桅杆式钢桁拱上架梁起重机是专为满足邕江大桥钢梁架设而设计的全回转式拱上架梁起重机。该起重机是目前国内桥梁建设施工中最为先进的现代化起重设备之一，为邕江大桥的钢梁架设奠定了坚实的基础。

2 拱上架梁起重机的产生及作用原理

目前我们通常所称的架梁起重机均在水平面上作业，即非坡道作业，即使略有坡度，一般也不超过 5°的坡度。如需在较大坡度的坡道上吊重作业，现有起重机将因其自身失衡而不能作业。对于钢连续桁架梁桥的施工，我国较早就采用了利用架梁起重机悬臂施工工法。用悬臂法架设桥梁，因其施工过程中结构始终是以桁架体系向前推进的，具有刚度大、稳定性好等优点，为国内众多的大跨径桥梁所采用。如武汉长江大桥及南京长大江桥、芜湖长江大桥均采用架梁起重机悬臂施工。对于钢桁架式组合拱桥由于桁架顶部为拱形，钢梁上弦坡度一般在 20°～30°之间，传统意义上的架梁起重机无法在拱顶坡度保持平衡故早期主要采用缆索吊机施工工法及大型浮吊吊装工法。因此为了解决传统意义上的架梁起重机存在的不能在坡道上吊重作业的问题，拱上架梁起重机提出双层底盘结构及起重机调平机构技术方案，解决了现有架梁起重机在坡道吊重自身失衡问题，从而实现该起重机可在 30°坡道上吊重作业的目标。

拱上架梁起重机的设计要求是能够在钢桁拱梁上弦行走，能够同时完成边跨平直梁和主跨拱梁的架设。为了适应主跨拱梁曲线起重机的作业要求，起重机设计有两层底盘，其中下底盘与钢桁拱圈保持基本平行状态，上底盘要求能够随拱顶坡度变化仍保持水平状态。与钢连续桁架梁桥架梁起重机一样，钢桁拱架梁起重机同样要求具有提升、变幅、回转、底盘调平、整机前移及锚固等功能。拱上架梁起重机上部结构为一套独立的起重机系统，负责整个架梁起重机的起升、回转、变幅、上底盘调平等功能。下部结构用来支承起整个起重机，同时负责起重机的走行、锚固等功能。拱上架梁起重机的关键点在于上底盘的调平，只有当上部起重机部分保持一个基本水平状态，整个起重机才能安全、正常地进行架梁作业。上部吊机部分和下部走行部分前部通过设在下底盘上的支座铰轴连接，后部通过上底盘螺旋调平机构连接。调平机构为一对大螺杆机构，在上底盘的尾端安装有一对可转动的大螺母，大螺杆下部为一带销球头，安装在下底盘的尾部，由电机系统驱动齿轮转动，从而带动大螺母实现转动。大螺母带动上底盘上下移动，从而实现吊机上底盘始终保持水平状态。前部的支座铰负责将上底盘的垂直力和水平力传递到下底盘，后部的大螺杆负责将吊机工作时的反力和吊机部分的自重传递到下底盘上。整机前方与已架设钢梁锚固承担整机在坡道上的下滑力，后方通过锚箍与已架设钢梁抱死锚固承担整机的前倾反力。整机走行采用卷扬机拖拉法在钢梁上弦铺好的轨道上走行。

3 拱上架梁起重机的构造

根据邕江大桥钢桁拱钢梁架设的特点专门设计出南钦铁路三岸邕江特大桥 WD70B 桅杆式钢桁拱上架梁起重机，其主体结构由上部全回转起重机部分（上车）和下部走行部分（下车）组成。上车由 36.5m 吊臂、三脚架、上转台、上底盘、回转机构、起升机构、变幅机构、螺旋调平机构、司机室等组成；下车由下底盘、牵引走行机构、前锚固、后锚固、轨道等及液压系统、电气系统等结构部件组成，详细参数见表 1。

WD70B 桅杆式钢桁拱上架梁起重机参数表 表 1

整 机 参 数				
工作级别	M4	起升机构		
整机重量	237t		主钩	副钩
起升高度	主钩 68m(从桥面吊重)	额定起重量	70t	15t
回转角度	主钩±90°,副钩 360°全回转	作业半径	8.0～28m	9.0～32m
爬行角度	最大上坡角度 30.3° 最大下坡角度－30.3°			
整机重量	≤220t			
起重力矩	最大 70t×28m			
变幅角度	18.6°～78°			

4 架梁吊机安装、架设钢梁、吊机拆除

4.1 架梁吊机安装步骤

拼装轨道→前、后走行机构安装→下底盘安装→后锚固安装→上底盘安装→上转台及回转机构安装→卷扬机安装→安装上弦 A4 节点横联、A5 节点横联、A4A5 平联→预拼吊臂与安装吊臂前支点支架→吊臂安放在上弦→汽车吊机上桥→吊臂临时就位→三脚架安装→螺旋调平机构安装→其他结构安装→起吊臂→检查试车→试吊合格→架设钢梁,详见图 2。

4.2 钢梁架设总体方案

本桥钢梁架设采用"边跨采用临时支墩辅助向中跨方向悬臂架设,上到主墩后采用吊索塔架辅助悬臂架设,最后中跨合龙"的总体架设顺序。在两边跨各设一台 70t 跨线龙门吊机,边跨前 6 个节间由该龙门吊机在支架上安装,安装完成后,利用该吊机和 35t 汽车吊在钢梁上弦位置拼装 70t 架梁吊机。为满足边跨后续节间钢梁架设,拱上吊机拼装完成后,70t 跨线龙门吊机则作为提升站在边墩处负责将钢梁提升至桥面运梁台车上。拱上吊机拼装完成并试吊成功后,在钢梁桥面上需要铺设钢梁运输轨道,使用 2 台在载重 40t 以上台车运输杆件至前端,架梁吊机从台车上取料安装剩余的所有节间钢梁。边跨钢梁上至主墩后采用吊索塔架辅助悬臂架设,最后钢梁中跨合拢。

4.3 架梁吊机拆除

待三岸邕江大桥钢桁拱合龙,吊索塔架拆除后,则将架梁吊机从拱顶退回至 A6A7 节间,50t 汽车吊机上桥,架梁吊机继续后退至 A4-A5 节间,拆除前锚固结构,利用架梁吊机安装 A6A7 节间上弦支撑架,将吊机吊臂落在支承架上(支撑架支点的位置需落在吊臂的节点上)。利用汽车吊拆除架梁吊机的控制系统、起重系统、液压系统、控制系统,再用汽车吊机拆除架梁吊机后三脚架与螺旋调平机构→拆除吊臂与支撑架→拆除卷扬机、上转台及回转机构→拆除上底盘 5～8 构件,拆除上底盘 1～4 构件→拆除后锚固→拆除下底盘→拆除前后走行机构→拆除轨道。架梁起重机拆除时必须注意:所有结构的拆除需遵循先装的后拆,原散拼上桥的构件仍然散拆下桥的原则。

5 拱上架梁起重机的应用分析

本桥 WD70B 桅杆式钢桁拱上架梁起重机是拱上架梁起重机的一种新的机型,在南钦铁路三岸邕江特大桥钢桁梁架设施工中得到了成功应用,使得三岸邕江特大桥钢梁架设提前 2 个

技术参数
整机参数
起升机构
变幅机构
牵引爬升机构
回转机构
螺旋调平机构
主起升钢丝绳缠绕示意图
主钩取力装置
主起升卷扬机
副起升钢丝绳缠绕示意图
三角架
副钩取力装置
副起升卷扬机
变幅钢丝绳缠绕示意图
变幅卷扬机
牵引爬升钢丝强缠绕示意图
牵引爬升卷扬机
支反力汇总(tf):
所取值均为各工况极限值(崑江桥专用)
崑江桥拱上爬坡起重机专用特殊起重曲线
主钩
副钩
±60° 区
±60°~±180°
幅度
B向
整机重量包括轨道重量,轨道长度按两个15m节间考虑。
崑江大桥WD70型架梁起重机总图
WD70B-00-00
武桥重工集团股份有限公司
图2 架梁超重机总图

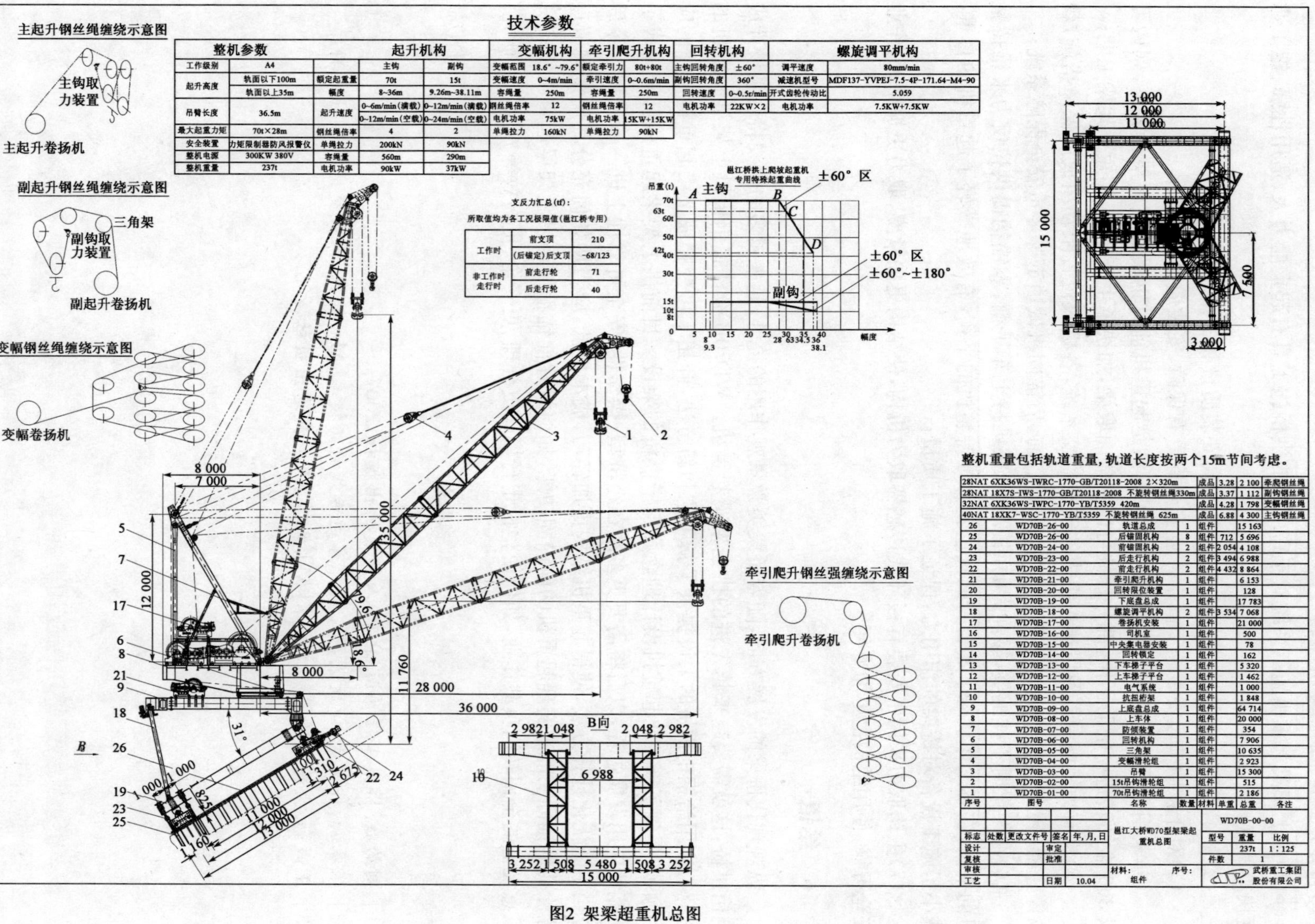

月顺利合龙。它具有以下几个特点：

(1)拱上架梁起重机施工系统对于跨度大的拱桥施工具有起重能力大、适用性强、施工速度快等特点；

(2)基本不受地形限制，节约施工材料，提高安装质量和工作效益；

(3)对于拱肋节段安装施工高空作业安全性更有保障，安装质量更可靠；

(4)采用全回转起重机工作模式，主钩可以满足起重机前方钢梁的正常架设需要，副钩可以360°全回转进行辅助工作，部分杆件可以从侧面取梁，加快了生产速度，缩短了架梁工期；

(5)具有力矩限制器及风速仪组成的安全监控系统，各极限位置限动组成的保障措施，棘轮停止器、转台锁定、支承油缸液压锁加机械锁、前、后锚固机械锁定等多重安全保障系统；

(6)在架梁时不挂配重，靠强大的回转支承来维持上车平衡，靠锚钩提供拉反力来维持整机的平衡，在不工作状态下靠自身的重量就可维持整机的平衡，有效地减轻了起重机的自重，减小了施工设备对桥梁的作用力，保证了施工质量；

(7)主钩取力采用了安装有板环式传感器取力机构，使结构更加紧凑，取力更加精确，作业安全可靠，使用维护也更加方便。

6 结语

纵观现代桥梁的发展方向，随着桥梁美学景观作用的提升，越来越多的桥梁将会被设计成钢桁拱桥，这就需要越来越先进的拱上架梁起重机。WD70B桅杆式钢桁拱上架梁起重机的研究与应用给钢桁拱桥的架设提供了新工艺和新方法，开拓了可变爬坡架梁起重机设计的应用领域，引领了新一代起重机设计理念及钢桁拱桥的架设。目前拱上架梁起重机已经完成了功能性应用发展过程，以后将需要更多地在经济型、操作性、安全可靠性上进一步发展。今后应当不断优化计算方法，使得起重机结构更加轻巧，成本更低，应当从如何充分利用钢梁节点螺栓孔的锚固功能来实现起重机的前锚固功能，如何设计前锚箍使得拱上架梁起重机实现真正意义上的全回转满负载作业，如何使整机走行模式更合理、更安全、更高效等方面进行研究。

参 考 文 献

[1] 刘龄嘉.桥梁工程[M].北京：人民交通出版社，2007.

[2] 张春新，许交武，谭康荣，等.武广客运专线施工技术[M].北京：人民交通出版社，2011.

[3] 王武勤.大跨度桥梁施工技术[M].北京：人民交通出版社，2007.

78. 大跨径连续刚构桥一次合龙技术研究

谭冬莲[1]　林新元[2]　张　凯[1]　杨国强[3]

(1. 长安大学公路学院;2. 中交第四公路工程局有限公司;3. 陕西省高速公路建设集团公司)

摘　要:合龙顺序选择是预应力混凝土连续刚构桥悬臂施工的重要环节,关系到全桥成桥受力和线形状况。本文以某三跨连续刚构桥为对象,研究分析了预应力混凝土连续刚构桥一次合龙的受力和线形,进行了施工顶推力计算及其效应分析,提出了一次合龙的技术工艺等。分析结果表明,一次合龙使结构受力更趋均匀,减少体系转换次数,有利于施工期的挠度控制,因此,一次合龙具有受力合理、缩短工期、工序紧凑、成桥快等优点。

关键词:连续刚构桥　预应力混凝土　悬臂施工　一次合龙　顶推力

1　引言

目前,连续刚构桥施工技术比较成熟[1~6],大跨度连续刚构桥梁结构的分段施工一般要经历一个长期而又复杂的施工过程,多跨连续刚构桥的施工,还将经过几次结构体系转换的过程,随着施工阶段的推进,桥梁的结构形式和荷载作用方式等都在不断发生变化。结构中的最终恒载内力与施工合龙的程序有关,不同的施工程序,由于它们的初始恒载内力不同,在体系转换的过程中,由徐变引起的内力重分布的数值也不同。对于静定结构,各工况条件下的挠度计算值与实测值容易吻合,而对于超静定结构,计算值与实测值就容易出现一些偏差,因此,进行一次合龙对于挠度控制是十分有利的。此外,多跨连续体系一次合龙,使合龙段的荷载同时作用在最终结构上,可使内力的变化更趋均匀,比逐孔合龙相继产生的次内力随超静定次数的增加,其作用的结构形式不断改变所带来的复杂内力计算要简单得多。

2　工程概况

2.1　桥梁设计参数

某大桥主桥上部结构为 90m+165m+95m 的三跨预应力混凝土连续刚构桥,主梁为单箱双室箱形梁,箱梁根部高 10.0m,跨中梁高 3.50m,其间梁高按 1.8 次抛物线变化。箱梁顶板宽 20.4m,底板宽 14.0m,顶板厚 0.30m,底板厚由跨中 0.30m 按二次抛物线变化至根部 1.00m,腹板分别为 0.45m、0.65m,桥墩顶部范围内顶板厚 0.5m,底板厚 1.2m,腹板厚0.8m。箱梁除墩顶块件外,各单 T 箱梁均采用挂篮悬臂浇筑法施工,每个 T 构纵向划分为 23 个对称梁段,即 5×2.5m+5×3.0m+6×3.5m+6×4.0m+2.5m 进行对称悬臂浇筑。桥墩墩顶块件长 13.0m,中跨合龙段长 2.0m,边跨现浇段长分别为 6.5m 和 11.5m,边孔合龙段长 2.0m。桥墩采用双薄壁空心桥墩,横桥向宽 9.0m,顺桥向单薄壁 2.5m,壁厚顺桥向 0.6m,横桥向 0.6m。设计荷载为公路-Ⅰ级。

2.2 合龙方案介绍

合龙方案Ⅰ:边、中跨同时一次合龙的合龙顺序;合龙方案Ⅱ:先中跨后边跨逐次合龙的合龙顺序。

3 不同合龙方案受力分析

为了使计算具有可比性,两种方案采用相同的边跨现浇方式、合龙段挂篮施工方式和合龙温度、合龙配重等荷载条件,并且不考虑合龙顶推工艺。

3.1 有限元分析模型

采用 Midas 桥梁结构分析程序对大桥施工过程进行仿真分析。有限元分析结构离散图如图 1 所示。主梁划分为 180 个单元,桥墩划分为 40 个单元。

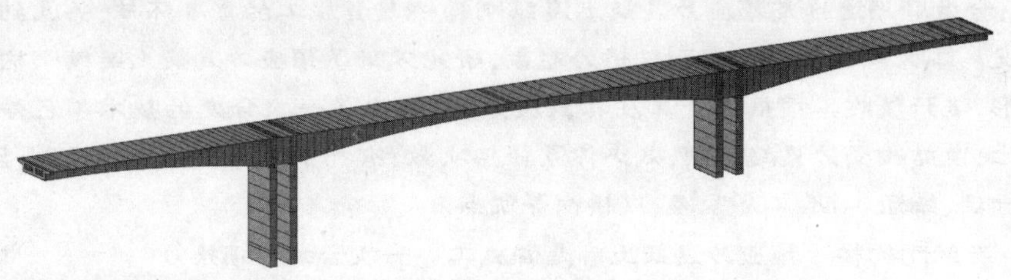

图 1 有限元计算模型

3.2 两种合龙顺序主梁竖向位移和应力的比较

(1)主梁竖向位移比较(图 2)

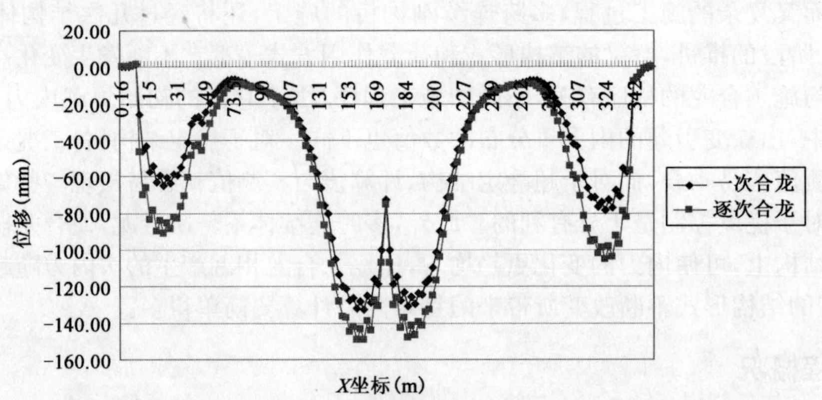

图 2 主梁累计位移比较图

由图 2 可知,合龙方案Ⅰ的位移相对于合龙方案Ⅱ的位移较小,在悬臂施工过程中,T 构的预拱度设置及其控制较为容易。

(2)主梁应力比较(图 3)

由图 3 可知,合龙方案Ⅰ的应力值普遍小于合龙方案Ⅱ的应力值,最大相差达 3.0MPa。

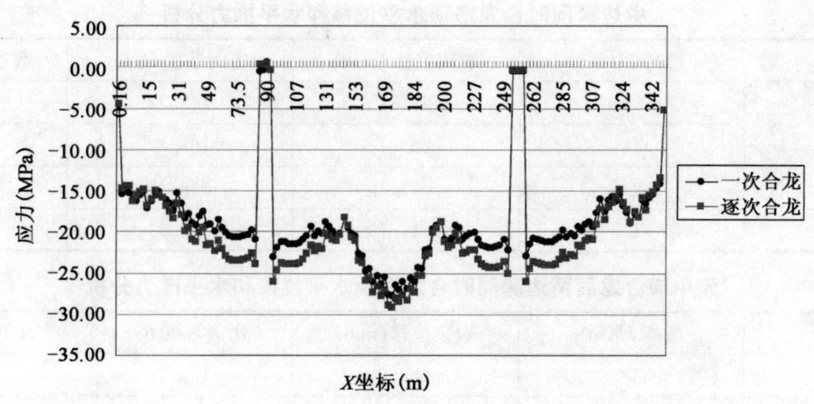

图3　三年收缩徐变主梁应力比较图

4　顶推力分析

合龙时顶推力的确定主要考虑混凝土后期收缩徐变引起的墩顶水平位移，当合龙温度高于设计合龙温度时，还应考虑系统温差引起墩顶水平位移而设置的墩顶预偏量。

4.1　顶推力计算

由于主梁零号块的刚度比墩的刚度大得多，零号块的刚度可看作无穷大，则双薄壁墩超静定结构可简化为单薄壁墩静定结构（图4），因此，水平顶推力和墩顶水平位移为线性关系。

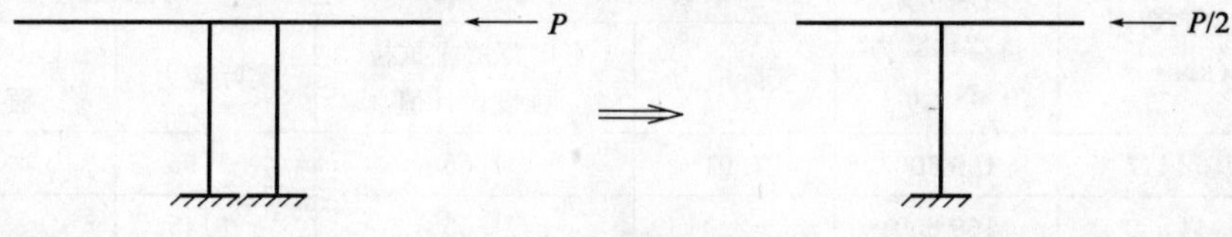

图4　墩的简化模型

为了精确计算合龙顶推力的大小，建立桥梁在合龙之前的T构有限元模型如图5所示。

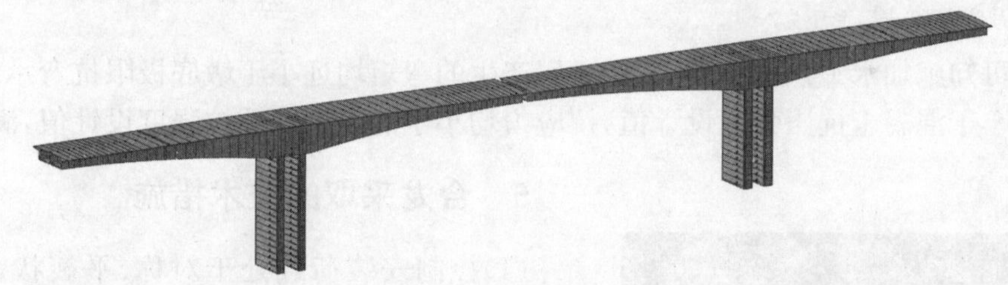

图5　T构有限元模型

按照上述两种不同合龙施工工序模拟施工过程建立有限元计算模型，合龙温度按20℃计算，收缩徐变时间取3年（1 095d），计算出不施加水平顶推力的合龙情况下恒载及收缩徐变等引起的墩顶水平位移，然后按照水平推力和墩顶水平位移的线性关系计算合龙时施加在墩顶的水平推力的大小，见表1和表2。

4.2　施加顶推力对桥墩的影响分析

对墩顶施加顶推力后，墩底会产生弯矩，使得墩底一侧产生拉应力，另一侧产生压应力，因此，应对桥墩的承载力以及正常使用状态进行验算。

中边跨同时合龙墩顶水平位移和水平推力分析 表 1

墩　号	墩高 H(m)	墩顶位移（mm)	比例系数 P/L_1	墩顶推力 P_1(kN)
141 号左	38	28.81	163.72	4 717
141 号右	38	25.91	163.72	4 242
142 号左	32.5	−11.79	349.41	−4 120
142 号右	32.5	−14.73	349.41	−5 147

先中跨合龙后两边跨同时合龙墩顶水平位移和水平推力分析 表 2

墩　号	墩高 H(m)	墩顶位移(mm)	比例系数 P/L_1	墩顶推力 P_1(kN)
141 号左	38	26.90	163.72	4 404
141 号右	38	24.11	163.72	3 947
142 号左	32.5	−11.77	349.41	−4 113
142 号右	32.5	−14.57	349.41	−5 091

注:表中“+”表示方向向右,“−”表示方向向左。

建立桥梁中跨合龙时的有限元模型,取各合龙情况下墩顶水平推力的最大值验算,将最大推力 5 147kN 加载到有限元模型中,得出实际加载内力与应力,并与限值比较,共对桥墩的影响见表 3。

施加顶推力对桥墩的影响分析 表 3

墩　号	墩底弯矩(kN·m)	墩底极限抗弯承载力(kN·m)	墩底受拉边应力(MPa)		墩底受压边应力(MPa)	
			实际应力	C40 混凝土抗拉强度设计值	实际应力	C40 混凝土抗压强度设计值
141 号左	62 147	169 600	1.01	1.65	−7.95	−18.4
141 号右	44 550	169 600	−2.04	1.65	−8.45	−18.4
142 号左	62 986	171 600	0.16	1.65	−6.76	−18.4
142 号右	34 276	171 600	−2.97	1.65	−6.74	−18.4

注:表中应力受拉为“+”,受压为“−”。

由分析可知施加水平顶推力后,各墩墩底产生的弯矩均远小于墩底极限抗弯承载力;墩底压应力值均小于混凝土抗压强度设计值,拉应力均小于混凝土的抗拉强度设计值,满足要求。

5　合龙采取的技术措施

图 6　千斤顶顶推装置

(1)控制安装荷载处于对称、平衡状态,除了为调整位移在桥上按设计堆放的预定荷载外,其他位置不得乱堆乱放荷载。

(2)边跨、中跨合龙段设体外钢的劲性骨架。分别在顶板顶面设两道钢的劲性骨架,底板顶面设两道,采用吊架施工。此方案结构简单、受力明确、无支架设施。从本桥合龙段施工的结果看,该方案合龙效果良好,线形和应力均达到了预定的指标。

(3)为使顶推力作用在截面形心上,千斤顶尽量放置在截面的形心位置,如图 6 所示。从补偿合龙温度影响的角度考虑，以顶开量控制为宜。但从对改善桥墩受力和对后期混凝土收缩角度考虑，以顶开力控制为宜。为了保证合龙顶推时的桥梁安全，合龙段顶推采用力和位移双控。

(4)当顶推到位时，边、中跨同时锁定，合龙段混凝土同时浇注，各合龙段两侧均加相应配重，并随浇随卸载；待合龙段混凝土达到设计强度的 90%以上时，同时进行三跨合龙段的底板束和顶板束的对称张拉。施工中，绝对的同时是不可能达到的，采用从中跨到边跨，再从边跨到中跨逐跨分批对称张拉。

6 结语

比较分析两种不同合龙顺序的主梁的应力和挠度、主墩水平位移可以得到以下结论：

(1)两种不同的合龙方案 1 下(考虑收缩徐变)主梁的应力计算结果可知，恒载作用下不同的合龙方案产生不同的主梁内力，合龙方案Ⅰ即多跨一次合龙的合龙方案的主梁应力较合龙方案Ⅱ即逐次合龙方案的主梁应力均匀。

(2)两种不同的合龙方案下(考虑收缩徐变)主梁的挠度计算结果可知，不同的合龙方案，主梁的竖向位移也有所不同。合龙方案Ⅰ的位移相对于合龙方案Ⅱ的位移较小，在悬臂施工过程中，T 构的预拱度设置以及控制较为容易。

(3)两种合龙方案的主墩水平位移相差较小，因此，采用一次合龙不会提高施工设备的要求。

综上所述，一次合龙有以下优点：主梁受力更加均匀；悬臂施工时挠度控制更加容易；缩短工期、加快施工进度；体系转换次数减少。

参考文献

[1] 陈洪彬，陈群，王斐，等. 大跨度连续刚构桥合龙顶推效应分析及方案设计[J]. 公路，2009(7):209-211.

[2] 李凯乐，颜东煌，陈常松，等. 多跨连续刚构桥合龙优化分析[J]. 公路与汽运，2009(2):128-130.

[3] 张谢东，詹昊，舒洪波，等. 大跨度预应力混凝土连续梁桥合龙施工技术研究[J]. 桥梁建设，2005(2):63-66.

[4] 陈列，徐公望. 高墩大跨预应力混凝土桥桥式方案及合龙顺序选择[J]. 桥梁建设，2005(1):33-35.

[5] 蔡素军，张谢东，石明强，等. 连续梁桥不同合龙方案对施工控制的影响[J]. 交通科技，2007(5):18-21.

[6] 姚国文，宋文锋，周志祥，等. 多跨连续刚构桥水平顶推力与合龙顺序优化[J]. 公路与汽运，2008(1):91-93.

[7] 张世霖，万科峰，等. 大跨径刚构—连续组合体系梁式桥五跨一次合龙工艺[J]. 中国公路工程，1995(1):25-34.

79. 上海闵浦二桥新建工程“干”字形墩上下盖梁施工技术

潘 军 胡 勇 缪玉卢

(中铁大桥局集团第四工程有限公司)

摘 要:上海闵浦二桥新建工程与上海市轨道交通5号线南延伸工程以桥梁的形式共线过江,桥梁设计为公路与轨道上下叠合的形式。引桥为公路与轨道一体化双层桥梁。引桥墩身为“干”字形上下盖梁结构形式,闵行区引桥处于交通繁忙的街道上,车流量大,施工场地狭窄,无法从地面搭设支架进行上下盖梁的施工。通过采用在墩身上部预埋爬锥系统,设置三角形支架进行下盖梁施工,以及在已施工完成的下盖梁上设置钢管立柱,进行上盖梁施工的方案,解决了这一难题,并节省了大量施工结构材料,缩短了施工工期,为以后同类型桥梁施工提供借鉴。

关键词:交通繁忙 街道“干”字形墩 上下盖梁 施工

1 概述

上海闵浦二桥新建工程北起闵行区东川路以北沪闵路,沿沪闵路向南跨越黄浦江后,沿奉贤区沪杭公路在西闸路以南落地。上海市轨道交通5号线南延伸(闵奉段)工程与本工程共线过江。桥梁设计为公路与轨道上下叠合的形式,上层为公路双向四车道,下层为轨道交通。引桥为公路与轨道一体化双层桥梁,引桥上部结构均为简支梁。

引桥墩身总高度 20.5～35.2m,下墩身高 7.642～23.336m,上墩身高10m左右。下盖梁两端悬臂宽度 4.5～5.9m,为矩形结构。上盖梁长17.5m,高3.5m,呈“凸”字形结构。上下盖梁内均设计有后张法预应力体系。引桥墩身结构如图1。

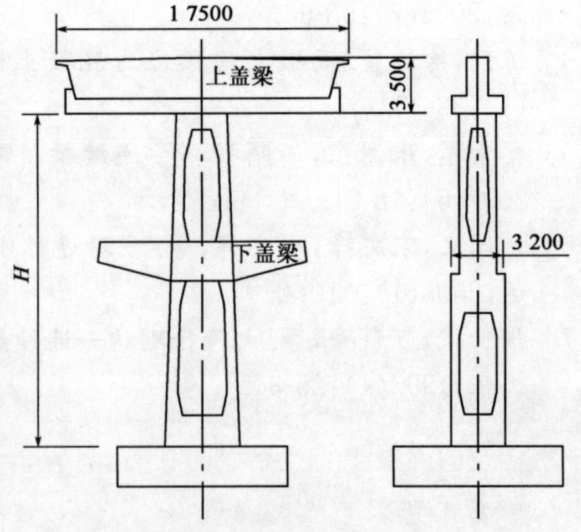

图1 引桥墩身结构图(尺寸单位:mm)

闵行区引桥处于交通繁忙的街道上,车流量

大，施工场地狭窄。按地方交管部门要求，引桥下部结构施工时，不能中断道路交通，同时满足现有交通容量，且施工必须保证地面交通安全。

2　总体施工方案

为保障盖梁施工期间既有道路行车安全，尽量减少对既有道路的交通干扰，降低施工成本。下盖梁施工采用锚固于下墩身上部的三角形桁架做施工支架，一次浇筑混凝土。上盖梁采用已完成预应力筋部分张拉的下盖梁做基础，搭设钢管柱支架，上墩身两侧设置支点与钢管柱支架共同承受上盖梁施工荷载，“凸”字形上盖梁钢筋一次绑扎成形，两次浇筑混凝土。

盖梁施工时在墩位两侧沿道路纵向设置临时顶篷，确保施工坠落物不影响交通。

2.1　下盖梁施工

下墩身施工时，将爬模施工用的 M42 型爬锥系统预埋于墩身，连同挂座组成预埋件，三角形桁架上端与挂座销结，作为三角形支架的上支点。三角形支架的下支点与墩身顶紧，形成下支座水平反力点。上下支点产生的水平反力形成力偶抵抗荷载倾覆力矩，上支座销轴传递竖向施工荷载至爬锥，预埋爬锥设计为受拉剪结构。下盖梁三角形支架示意如图 2 所示。上支点挂座如图 3 所示。

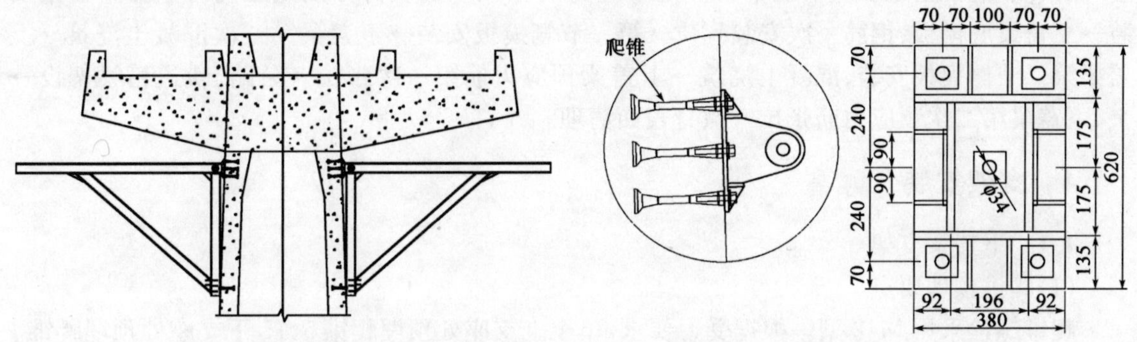

图 2　下盖梁三角形支架示意图　　图 3　上支点挂座图(尺寸单位:mm)

2.2　上盖梁施工

以预应力筋部分张拉完毕的下盖梁做基础，在下盖梁上安装 ϕ800mm 钢管立柱，钢管立柱与墩身连接固定，柱顶顺桥向布置 500cm×350cm 焊接箱形分配梁及垫块，横桥向布置两根 628cm×450cm 焊接箱形受力主梁，横向主梁上布置[30 槽钢，间距为 0.5m。钢管柱及连接系通过预埋爬锥与墩身连接。由于上盖梁横向宽度 17.5m，为满足横向主梁的变形要求，在结构设计上采取以下措施：

(1)在墩身上预埋爬锥支点，使横向主梁形成带悬臂的两跨连续梁，改善主梁受力情况，减小变形。

(2)上盖梁横断面外形形似“凸”字，报设计方批准后，将上盖梁混凝土分两次浇筑，先浇筑下面较宽的“口”部分，混凝土强度达到要求后，浇筑第二次混凝土。浇筑第二次混凝土时，第一次浇筑的混凝土与支架共同受力，将大部分荷载传递至已浇筑的下盖梁与墩身组成的“T”形结构上，改善了支架受力状态，使支架结构趋于经济合理。

上盖梁施工支架示意如图 4 所示。

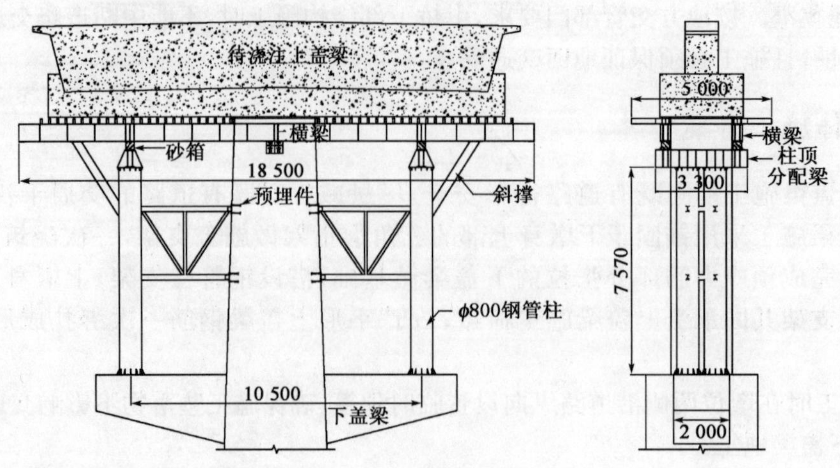

图 4　上盖梁施工支架示意图(尺寸单位:mm)

3　施工流程

下墩身分段浇筑同时预埋三角形支架爬锥→下盖梁三角形支架安装→下盖梁底模板、钢筋、侧模板、混凝土施工→下盖梁第一批预应力筋张拉→上墩身分段施工同时上盖梁支架安装→上盖梁底模板、钢筋一次安装到位→第一节侧模板安装→上盖梁第一次混凝土浇筑→上盖梁第二节侧模板安装、混凝土浇筑→上盖梁预应力筋第一次张拉→公路、轨道箱梁架设→上、下盖梁第二次预应力筋张拉→墩身表面清理。

4　支架安装

4.1　下盖梁支架

(1)爬锥预埋要点

爬锥螺栓采用 M42 型。根据受力要求,单个上支座处预埋爬锥 5 个,下支座处预埋爬锥 1 个,下支座处爬锥仅作固定支架作用,不考虑受力。螺栓抗剪 320MPa,抗拉 640MPa。

爬锥采取在墩身钢模上开孔定位的方法进行预埋,误差控制在 5mm 以内。墩身施工时保证预埋件处混凝土的密实性,以确保爬锥的锚固力。预埋爬锥要求涂抹黄油,包裹胶带,以方便其退出并达到周转使用的效果。爬锥安装时必须配套安装钢垫圈。螺栓必须完全拧紧,不得留有丝扣暴露在外部,确保挂座与立柱混凝土面完全密贴。

(2)下盖梁支架制作

下盖梁支架按照结构尺寸在钢结构加工厂制作成整体。支架不得出现扭曲变形的现象。特别是支架挂座焊接时,注意焊接顺序,避免挂座坐板弯曲变形,出现螺栓不能完全拧入的现象,影响结构受力。焊缝高度、销孔加工精度必须满足图纸要求。

(3)下盖梁支架安装

安装流程:清理爬锥→安装挂座→整体吊装单侧支架(上口用 $\phi80\times400$ 销子将挂座与支架销接)→调整支架位置完成定位→安装底模系统→下盖梁施工。

单侧支架控制在 7t 以内,直接采用 25t 汽车吊安装。销子必须完全穿进销孔,并在安全孔里插入保险。不得擅自在挂座板上用氧气切割扩孔。当下支座因加工误差与墩身存有空隙时,必须用钢板垫实。

4.2 上盖梁支架

(1)爬锥预埋要点

上盖梁支架爬锥与下盖梁支架爬锥预埋方法相同,但型号不同,施工时,不可将两种爬锥相混。

(2)管底预埋钢板

为保证钢管柱的稳定性,在下盖梁施工时顶面预埋钢管立柱固定钢板。

(3)上盖梁支架安装

待下盖梁混凝土达到设计强度,预应力部分张拉完成后,搭设上盖梁支架。支架钢构件分件加工,运输至现场汽车吊配合安装。

安装流程:4 根 ϕ800mm 钢管柱→柱间连接系→柱顶纵向分配梁→牛腿斜撑→钢垫块→横向 II628×450 焊接箱型主梁→底模系统。

钢管柱底口与预埋板焊接,平面误差控制在 5mm 以内,垂直度误差控制在 0.5%以内,通过水平连接系将钢管桩与墩身连接成整体,确保管柱的稳定性。II628×450 焊接箱型梁的接长采用法兰螺栓方式对接,法兰对接位置设在弯矩较小处,螺栓为 10.9 级高强型。II628×450 焊接箱型梁、底模纵桥向分配梁[30 槽钢分别在横桥向、纵桥向两个方向夹紧墩身,使支架紧贴墩身,抵抗风力。

5 模板安装及拆除

5.1 下盖梁安装

由于本桥引桥存在小半径曲线(R=300m),盖梁尺寸变化较大,非标准盖梁长度方向尺寸较标准尺寸大 1.2m,且每墩盖梁均不相同,因此盖梁不宜全部采用定型钢模。下盖梁模板分两种类型:

(1)直线段下盖梁因其结构尺寸相同全部采用定型钢模。钢模分块制造,现场组拼。钢模拉杆布置在顶口和底口,既方便安装,又确保盖梁外观质量。

(2)曲线段下盖梁因其结构尺寸有变化,且每墩各不相同,采用钢木组合模板。即:与墩身连接处采用钢模,其余调节段采用定尺竹胶板,钢木结合处采用槽钢背楞联结固定。

钢模分块制造,在加工场内预拼装后,再拆开运输至现场,汽车吊配合安装。模板在安装前涂脱模剂,避免安装后涂脱模剂污染钢筋和墩身混凝土结合面。对处于曲线路段的盖梁模板安装,应注意按设计预偏心放样模板位置,无论是沿纵桥向,还是横桥向,立模前定人定岗检查复核。

5.2 下盖梁安装

上盖梁分两次施工,盖梁结构尺寸相对较为统一,为方便施工,全部采用优质竹胶板制模,以利周转。

6 安全防护

按照交警部门要求,引桥下部结构施工时,不能中断道路交通,同时满足现有交通容量。为此,盖梁施工时,必须保证地面交通的安全。采用在原道路上方沿道路纵向设置临时防坠物平台,以确保施工期间车辆正常通行,落物不影响交通安全。图 5 为道路安全防护图。

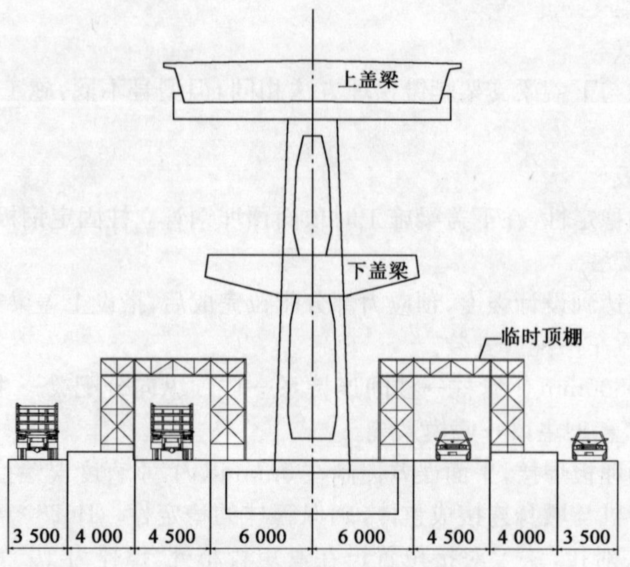

图5 道路安全防护图(尺寸单位:mm)

7 结语

闵浦二桥“干”字形墩下盖梁施工,采用锚固于下墩身上部的三角形桁架做施工支架,支架重量轻,体积小,从制作运输到安装拆除等环节均降低了施工成本;上盖梁施工采用以下盖梁为基础搭设钢管立柱支架,钢筋一次成形,混凝土分两次浇筑,充分利用了现有结构设施,避免了施工结构材料的大量投入。上下盖梁施工支架安装及拆除方便快捷,下盖梁支架安装或拆除一天内可以完成,上盖梁支架安装或拆除两天内可以完成,节约了大量宝贵时间,缩短了施工工期。同时也解决了在不中断交通的情况下进行盖梁施工的难题,最大限度的减少了对地面交通的干扰,保证了当地百姓出行的便利,带来了良好的社会效益。可以为以后同类工程提供借鉴。

参考文献

[1] 中华人民共和国行业标准. JTJ 041—2000 公路桥涵施工技术规范[S]. 北京:人民交通出版社,2000.

[2] 中华人民共和国行业标准. JTG F80/1—2004 公路工程质量检验评定标准[S]. 北京:人民交通出版社,2004.

[3] 中华人民共和国行业标准. TB 10203—2002 铁路桥涵施工规范[S]. 北京:中国铁道出版社,2002.

[4] 中华人民共和国行业标准. TB 10002.3—2005 铁路桥涵钢筋混凝土及预应力混凝土结构设计规范[S]. 北京:中国铁道出版社,2005.

[5] 中华人民共和国行业标准. JTG D60—2004 公路桥涵设计通用规范[S]. 北京:人民交通出版社,2004.

[6] 中华人民共和国行业标准. JTG D62—2004 公路钢筋混凝土及预应力混凝土桥涵设计规

范[S]. 北京:人民交通出版社,2004.
[7] 中华人民共和国行业标准. JTJ 076—95 公路工程施工安全技术规程[S]. 北京:人民交通出版社,1995.
[8] 中华人民共和国行业标准. GB 50017—2003 钢结构设计规范[S]. 北京:人民交通出版社,2003.

80. 山区梁桥施工常见高低龙门吊机施工技术

田　炜　王宏伟　周建峰　黄惠勇

（四川川交路桥有限责任公司）

摘　要：在山区梁桥预制施工时，由于施工场地受限，预制场经常布置在桥梁的侧面，通过高低龙门吊机将梁垂直提升上桥，然后用架桥机安装到位。根据施工现场条件和施工单位的特点，高低龙门吊机可以有多种结构形式。在具备典型山区桥梁施工特点的广陕高速路施工中，我公司因地制宜地设计了4种不同结构的高低龙门吊机，工程竣工后通过技术成果整理，获得了两项国家实用新型专利授权和一项四川省级工法。

关键词：山区　高低龙门吊机　技术

1　前言

广元—陕西（棋盘关）高速公路是G5国道全线唯一的一段“肠梗阻”，也是四川境内G5国道最后通车的一段出川主干道高速公路。该段路几乎全部由桥梁构成，左侧沿嘉陵江而上，右侧紧邻原108国道，具备山区桥梁施工的典型特点。全线桥跨结构为30m、40m和50m简支T梁（图1）。由于地形条件受限，施工单位无法按常规方法（在引道上建预制场或采用跨墩龙门吊机施工）设置预制场，在预制梁吊装施工时出现了多种结构形式的高低龙门吊机，本文介绍其中最具代表性的4种。

图1　施工中的嘉陵江特大桥

2 高低龙门吊机定义及技术特点

高低龙门吊机是一种将预制梁从桥侧地面上垂直提升上桥，然后通过天车横移梁进入盖梁上进行安装的起重工具。通过高低龙门吊机安装一定数量的预制梁后，在其上拼装架桥机安装其余梁板。

高低龙门吊机与跨墩龙门吊机一样具备垂直运输和桥上横移预制梁功能，其特点是：

(1)高低龙门吊机位置固定，一般不能纵向(顺桥向)移动安装梁。

(2)与跨墩龙门吊机相比，可以节省一半以上的承重横梁材料和部分立柱材料；承重横梁在盖梁上跨越的宽度只需要满足架桥机拼装要求即可，一般为4～6片梁宽度。

(3)高低龙门吊机直接安装梁的区域为吊机承重横梁覆盖范围；但是通过对置于盖梁上的吊机立柱进行特殊处理后也可以实现全幅安装。

(4)在桥梁高度不大且直线距离足够的特殊情况下，高低龙门吊机可以进行短距离纵向移动(此种情况下类似于跨墩龙门吊机)安装梁板。

3 常见高低龙门吊机的设计及使用效果

3.1 万能杆件立柱高低龙门吊机

1)吊机设计

该高低龙门吊机位置桥梁高度36m。门架主体设计总高度47.3m，设计吊重130t(图2)。

高低龙门吊机立柱采用万能杆件拼装。内侧(靠预制场)主肢为2N1，拼装高度44.8m，立柱截面尺寸24m以下为4m×4m，其余为2m×4m；外侧(墩顶)立柱截面尺寸为2m×2m，拼装高度10.8m，主肢为4N1和2N1(需要先期拆除部分)。

图2 吊机提升安装架桥机图

在万能杆件顶部设置2层分配梁，横梁用2I36b/组，纵梁用2I45b/组。

承重横梁采用六四式军用梁拼装，每侧拼装形式为4排单层，每2排组合成一组，用撑管和螺栓连接。每组之间在端头1m范围内用14号槽钢组合成空间连接。承重横梁计算跨径16m。

顺桥设置抗风绳。抗风绳采用21.5钢绳走双线。

起重天车委托专业起重设备厂加工，设计吊重160t。

门架最小工作高度 9m。

2)使用效果

本吊机是唯一实现全幅梁安装的高低龙门吊机。

吊机立柱采用万能杆件拼装,与起重厂设计的定型产品相比,轻松达到了体系转换的目的;采用“双梁整体横移”和“双梁单端同时落位”技术,增加了操作安全型;采用电动链子滑车牵引,节省了工人的劳动强度。

本吊机在方案设计中计划实施全幅梁安装工艺,即安装梁分 2 批次通过吊机的高端立柱。为最快实现体系转换,万能杆件 N21 号支座与盖梁上的预埋件没有采用传统的焊接方式,而是采用螺栓连接,安拆十分快捷;第 2 次体系转换时采用现场加工特制 N1 杆件,避免了万能杆件的损伤。在第 2 次体系转换后,盖梁上的吊机立柱转移到已安装梁上固定(图 3)。

图 3　体系转换(预制梁通过吊机立柱)图

3)技术成果

以本龙门吊机的使用情况为背景申请了国家实用新型专利并获得授权。专利名称:《一种用于吊装大跨径 T 梁的门吊的高端立柱》;专利号:ZL 2011 2 0091883.3。

3.2　钢管立柱高低龙门吊机

2010 年 8 月中旬,我公司受广陕高速公路广元段指挥部委托,承建沙河特大桥 250 片 40mT 梁的预制安装任务。业主要求在 12 月 31 日前完工。

该桥的预制场建立在桥侧面,盖梁高度 31m。考虑委托专业起重厂家加工龙门吊机时间不能满足工期要求和费用较高的因素,我公司根据现场条件因地制宜地设计了一种钢管立柱做主肢,万能杆件做缀材的钢管立柱门吊,钢管立柱标准长度 9m,拼装总高度 43m(其中钢管部分 39.9m)。方案评审通过后委托专业钢结构加工厂加工完成。

1)吊机设计

高低门吊立柱低端(置于地面上)采用钢管做主肢,万能杆件做缀材。钢管立柱由底节段、标准节段和顶节段构成,其中标准节段长度 9m,底节段长度 1.8m,顶节段长度 2.1m,采用 ϕ377×8 螺旋钢管加工。高端侧立柱(置于盖梁上)截面尺寸为 2m×2m,拼装高度 10.8m,主肢为 2N1。

钢管顶部以上设计与万能杆件吊机设计相同(图 4、图 5)。

2)使用效果

本钢管龙门吊机的钢管立柱部分总质量仅 35t,相对于全万能杆件材料,节省材料 30%。

图 4　钢管立柱吊机实景图

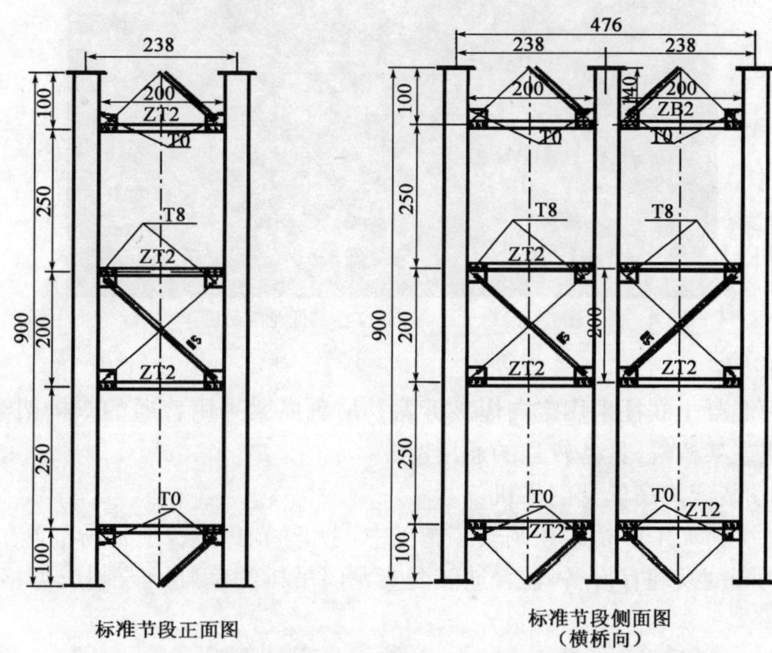

图 5　标准节段设计图(尺寸单位:cm)

除底节段锚入混凝土的 50cm 不回收外,其余钢管立柱可以回收使用。

钢管的加工利用非关键工作时间在起重设备厂进行,可以大幅度节省工期。钢管部分现场拼装仅用 5 天时间。

在实施过程中将大量的空中作业转移到地面上,在高空中只进行接头法兰盘螺栓连接和少量缀材拼装,增强了安全性,降低了工人劳动强度。

3)技术成果

以本门吊的使用情况为基础编写了《钢管立柱装配式高低门吊施工工法》,该工法通过了 2010 年度四川省级工法,编号为 SCGF 118-2010;申请了实用新型专利并获得授权,专利名称:《一种用于大跨径 T 梁吊装的钢管立柱构成的高低门吊》,专利号为:ZL 2011 2 0091885.2。

3.3 混凝土柱—型钢立柱高低龙门吊机

在嘉陵江特大桥 3 工区桥梁预制安装施工中，由于施工场地受限，预制场只能布置在桥侧嘉陵江河滩上。该区域处在嘉陵江河床较窄区域，汛期洪水可上涨 15m，流速达到 3m/s。桥梁高度约 35m。考虑跨汛期施工以及桥梁高度，采用了混凝土柱—型钢立柱高低龙门吊机施工技术。

1)吊机设计

本吊机主要针对嘉陵江汛期洪水冲击力强，破坏大的特点专门设计。靠嘉陵江侧立柱河滩地面以上 20m 部分采用₵1.8m 钢筋混凝土结构，其上部分委托专业起重设备厂加工，设计吊重 80t(图 6)。

图 6　混凝土柱—型钢立柱高低龙门吊机

2)使用效果

施工完成后混凝土立柱采用定向爆破拆除。吊机横梁采用普通的双桁架梁结构，以后可以用于龙门吊机或架桥机，具备较强的通用性。

3.4 可移动装配式高低龙门吊机

在嘉陵江特大桥 4 工区桥梁预制安装施工中，由于场地受限，预制场布置在桥侧 108 国道旁边。考虑桥梁高度及现有设备，在普通装配式龙门吊机的基础上改制成可移动式高低龙门吊机(图 7)。

图 7　可移动式高低龙门吊机

在施工时，先期预制 10 片梁，用 2 台 65t 吊车安装上桥；在安装两跨（半幅）梁后布置高低龙门吊机。

3.4.1　吊机设计

根据普通龙门吊机立柱的立柱特点和桥梁高度情况，设计长度不同的钢管立柱，分别置于桥上和地面上，委托专业起重设备厂加工。横梁部分采用 2×2 排单层贝雷片，跨度 30m，设计吊重 80t。

3.4.2　使用效果

本吊机在有限的 100m 范围内的纵向移动，实现了预制场普通龙门吊机和高低龙门吊机的双重功能；在桥梁高度不大，吊重小的情况下采用；在风力超过 6 级时应停止作业并用缆风绳将吊机稳固。

4　结语

我公司承建的广陕公路两个合同段桥梁长度超过 8 000m，预制梁数量达到了 2 270 片。除 2 个 50mT 梁预制场有条件布置在路基上外，另在施工条件差的桥侧布置了 4 个预制场；桥上布置了 1 个预制场。

投入的 4 台高低龙门吊机由我公司根据现场条件自行设计，部分起重构件委托有资质的专业厂家加工。由于高低龙门吊机设计合理可行，在使用过程中无质量、安全事故发生，为项目提前完成施工任务奠定了基础。

81. 广州东平水道特大桥钢桁架拱制造 Q420qE 钢焊接及热矫形工艺研究

毛孝发　吴伟才

（武桥重工集团股份有限公司）

摘　要：Q420qE 钢是超低碳贝氏体高强钢，继首次应用于南京大胜关桥钢梁制造，近年来逐步应用于铁路钢桥制造。广州东平水道特大桥钢桁架拱，多数整体节点采用了 Q420qE 钢。基于 Q420qE 在同类桥梁中应用不多，焊接性试验研究尚不透沏，焊接前对 Q420qE 钢焊接性的验证和进行焊接工艺评定试验至关重要。由于 Q420qE 钢焊接后易变形，机械矫形能力有限，一般采取火焰热矫形，如何确定矫形的温度范围和掌握矫形的操作要领并保证钢材的性能不受影响是热矫形的关键。

关键词：Q420qE 钢　焊接工艺评定　热矫形

1　前言

贵广南广铁路跨东平水道特大桥位于广东省广州市，桥上为双线客运专线铁路，设计行车速度为 200km/h。主桥位于佛山水道与平洲水道交汇口，是贵广南广铁路的控制性工程。主桥钢梁为由北向南的连续钢桁架拱，采用正交异性板整体桥面。主桥钢梁全长 457.5m，共计 42 个节间，边跨 16 个节间，中跨 26 个节间。本桥钢桁架拱结构复杂，用材多样，对于钢桁架拱的制造来说，杆件精度的控制和焊接质量的保证既是重点也是难点，截止收稿现钢梁已全部制造完毕，正处于安装架设阶段(图 1)。

2　Q420qE 钢在本结构的应用

本桥钢桁拱架设计上，根据受力和结构特点的不同，所采用的主材也不同，主要用到的桥梁用结构钢有 Q345qD、Q370qD、Q370qE 和 Q420qE。超低碳贝氏体高强钢 Q420qE 主要用在主桁弦杆整体节点，如上弦、下弦、上拱肋、下拱肋等；具体部位有整体节点的节点板、腹板、顶、底板及部分加劲肋等。Q420qE 的板厚主要集中在中厚板。图 1 为钢桁架拱成桥后效果图，整体节点弦杆如图 2 所示。

图1　钢桁架拱成桥后效果图

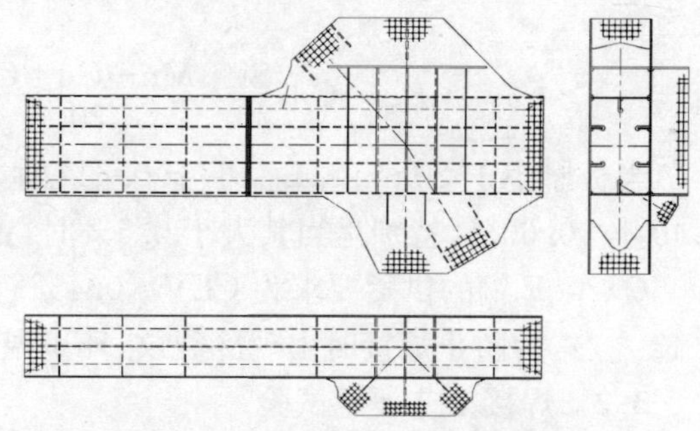

图2　主桁某一整体节点杆件示意图

3　Q420qE 钢焊接工艺评定试验

3.1　Q420qE 钢焊接性分析

最早使用 Q420qE 钢是南京大胜关桥钢梁的制造，当时的焊接试验表明 Q420qE 钢具有良好的可焊性[1]。为了印证 Q420qE 钢的焊接性及其焊接后接头的性能，在本桥钢桁架拱制造前期，对 Q420qE 钢进行了专项工艺评定试验。试验选用的 Q420qE 钢与钢桁拱实际制造采用的材质、厂家均相同，钢材化学成分应符合的国家标准、设计标准及材质证明书提供的化学成分含量见表1。由于南京大胜关桥钢梁制造时，已经对 Q420qE 进行了焊接性的一系列研究试验，本次试验开始前只需在其基础上，进行分析和论证。根据化学成分，利用碳当量 CEV 和 P_{cm} 值法进行焊接性的理论分析。

Q420qE 化学成分列表　　表1

合金元素	C	Si	Mn	P	S	Nb	Ti	Cr	Ni	Cu	Mo	B	AlS
国标	≤0.18	≤0.55	≤1.0—1.7	≤0.02	≤0.01	≤0.06	≤0.03	≤0.8	≤0.7	≤0.55	≤0.35	≤0.004	≤0.015
设计要求	0.06	0.1—0.5	1.2—1.65	0.02	0.01	0.015—0.05	—	—	—	0.15—0.50	0.10—0.30	0.003	—
本桥用	0.04	0.25	1.55	0.014	0.002	0.025	—	—	—	—	—	—	0.043
大胜关桥用	0.03	0.21	1.34	0.008	0.006	0.035	0.008	0.29	0.2	0.32	0.2	—	0.02

碳含量(C%)对组织的影响[2]：(1)影响组织类型，对于含碳量小于 0.77%的亚过析钢，组织为 $\alpha+P$；(2)影响组织组成的相对量，对于亚过析钢而言

$$C\%\uparrow\Rightarrow W_{\alpha}\downarrow, W_{p}\uparrow \tag{1}$$

在分析含碳量对碳钢的组织和性能影响时，假定相变过程中的冷却速度是很缓慢的。冷却速度影响组织组成物的形态、大小和相对量，其对钢材的性能有明显的影响。

碳当量计算公式来判断钢材的可焊性：当 CEV 小于 0.4%时，钢材的冷裂纹倾向不大，焊接性良好；CEV 在 0.4%～0.6%时，钢材的冷裂纹倾向显著，焊接性较差，焊接时需要采取预热或者其他工艺措施防止冷裂纹。

$$\mathrm{CEV_{IIW}}=C+\frac{\mathrm{Mn}}{6}+\frac{\mathrm{Cr}+\mathrm{Mo}+\mathrm{V}}{5}+\frac{\mathrm{Ni}+\mathrm{Cu}}{15}=0.386 \tag{2}$$

当 C%不大于 0.12%时，采用焊接裂纹敏感性指数 P_{cm} 来评估钢材的可焊性，其计算公

式为：

$$P_{cm}=C+\frac{Si}{30}+\frac{Mn+Cu+Cr}{20}+\frac{Ni}{60}+\frac{Mo}{15}+\frac{V}{10}+5B=0.151 \tag{3}$$

当板厚小于 20mm，CE_{IIW} 小于 0.4%时，钢材淬硬倾向不大，焊接性良好；当 CEV_{IIW} = 0.40%～0.60%，特别是当其大于 0.5%时，钢材易于淬硬，焊前需预热。

Q420qE 钢的供货要求为 CEV≤0.45%，供货材质证明中 CEV=0.42，实际供货 CEV 为 0.43 左右，为防止焊接时出现冷裂纹，环境温度较低时，需要采取预热措施。

3.2 焊接工艺评定试验

1)母材与焊材的选配

(1)母材。采购的是宝钢和武钢生产的 Q420qE 钢，板厚规格有 52mm 和 32mm 两种，母材的化学成分及力学性能，包括原材材质标准、钢厂材质证明书、进厂复检结果分别见表 2 和表 3。

(2)焊材。根据 Q420qE 钢的材质标准及复检结果，由等强度匹配的原则初步选配的焊丝有以下几类：

①埋弧自动焊实芯焊丝：CHW-SGQ(规格 ϕ4.0mm)，配合焊剂 CHF102Q；H60Q(规格 ϕ4.0mm)，配合焊剂 SJ105q。

②富氩(80%Ar+20%CO_2)混合气体保焊丝：CHW-55Q(规格 ϕ1.2mm)。

③焊条电弧焊焊条：JQ.J557RH(规格 ϕ4.0mm)。

焊材熔敷金属的化学成分和力学性能均复验合格，达到标准的要求。

母材化学成分(%) 表 2

材质	板厚	炉批号	C	Si	Mn	P	S	Nb	Ti	AlS	CEV	数据来源
Q420qE	16～60	—	<0.06	0.1～0.5	1.20～1.65	<0.020	<0.010	0.015～0.050	≤0.02	≥0.015	≤0.45	标准
	52	407194	0.04	0.25	1.55	0.014	0.002	0.025	—	0.043	0.42	材质证明书
			0.059	0.325	1.531	0.018	0.006	—	—	—	—	复检
	32	B737106	0.03	0.19	1.43	0.009	0.005	0.040	0.015	0.035	0.42	材质证明书
			0.058	0.299	1.449	0.009	0.002	—	—	—	—	复检

母材力学性能 表 3

材质	板厚	炉批号	R_{el}	R_m	A	冷弯	K_{V2}	交货状态	数据来源
	mm		MPa	MPa	%	180°	J		
Q420qE	16～60	—	≥420	570～720	≥18	$d=3a$	-40℃≥120	—	标准
	52	407194	561	666	21	完好	267、264、263(265)	TMCP	材质证明书
			585	660	21.5	完好	275、234、252(254)	—	复检
	32	B737106	545	630	21.0	完好	251、280、230(254)	TMCP+回火	材质证明书
			435	590	28.0	完好	171、132、195(166)	—	复检

2)焊接工艺评定试验

(1)焊接接头。模拟本桥钢桁架拱整体节点杆件 Q420qE 钢的接头形式，一共进行了五组焊接工艺评定试验,所采用的板厚组合、接头类型、焊接方法、焊接工位、焊接材料见表4。

试验接头具体内容 表4

编号	板厚组合(mm)	接头类型	焊接方法	焊位	焊材牌号
DJ01	δ52+δ52	全熔透对接	手工电弧焊	立焊	JQ.J557RH
DJ02	δ52+δ52	全熔透对接	埋弧自动焊	平焊	CHW-SGQ+CHF102Q
DJ03	δ52+δ52	全熔透对接	埋弧自动焊	平焊	H60Q+SJ105q
DJ04	δ32+δ32	全熔透对接	埋弧自动焊	平焊	CHW-SGQ+CHF102Q
TJ01	δ52+δ52	部分熔透角接	富氩气体保焊打底填充、埋弧自动焊盖面	平焊	CHW-55Q,CHW-SGQ+CHF102Q

(2)焊接工艺参数及措施。Q420qE钢焊接时采用小线能量多层多道焊,手工电弧焊,电流120~140A,电压22~24V;埋弧自动焊,电流540~580A,电压26~34V;富氩混合气体保护焊,电流220~260A,电压24~30V。焊前砂轮打磨清理坡口及其两侧50~100mm,露出金属光泽;用烤枪预热,预热温度80~120℃,焊间用远红外测温仪进行层道间温度监控,使得层道间温度控制在150~180℃;焊后缓慢冷却。

3)焊接工艺评定试验检测结果

根据制造规范要求焊接完成后24h,对接接头进行超声波探伤和射线探伤,对角接接头进行超声波探伤,并符合标准规定的质量等级[3]。无损检测合格后,进行力学性能检测,检测项目及结果见表5。

Q420qE焊接接头力学性能检测结果 表5

编号	力学性能检测项目及结果					
	焊缝金属和接头拉伸			−40℃低温冲击试验		接头侧弯
	R_m(MPa)	R_{el}(MPa)	A(%)	缺口位置	K_{V2}(J)	$D=3a$
DJ01	595	460	23	焊缝中心	68、102、75	完好
	580	断于母材(接头拉伸)		热影响区	108、80、140	
DJ02	640	595	21	焊缝中心	127、107、104	完好
	615	断于母材(接头拉伸)		热影响区	135、147、122	
DJ03	670	600	22	焊缝中心	83、98、56	完好
	630	断于母材(接头拉伸)		热影响区	65、154、90	
DJ04	580	525	22	焊缝中心	201、169、204	完好
	600	断于焊缝(接头拉伸)		热影响区	126、235、160	
TJ01	625	515	24.5	—	—	—

注:另外还做了硬度检测,各接头的硬度值均为超过HV350,符合规范要求。

4)试验结论

根据规范要求焊缝金属和接头拉伸试验,抗拉强度R_m处于标准规定值570~720MPa的范围内,屈服强度不低于420MPa,通过表5可以看到,强度满足标准要求。−40℃低温冲击功不低于标准规定值47J[4],且有一定的富裕量,接头侧弯完好和硬度值检测结果均满足规范要求。所以本次试验所选用的焊材、焊接工艺参数合理,采取的工艺措施理想,可以指导实际焊接。

4 Q420qE钢热矫形

Q420qE钢焊接后,易变形,且由于厚板,机械矫正变形能力有限,且容易引起钢材塑性变形、冷作硬化等，所以一般采用热矫形，也称火焰矫形。热矫形温度范围和操作要领的掌握是重点也是难点。

4.1 热矫形温度范围的确定[5]

当采用热矫时，当矫正温度过高，如超过静态再结晶临界温度950℃，奥氏体晶粒长大后，在随后的空冷过程中，后续无轧制与控制冷却速度等措施来实现晶粒细化。在热矫形中，点、线状超过 A_{c3} 线，达到1 000℃的加热温度将会局部改变钢材TMCP状态下的实际晶粒度。因此，当钢板受热晶粒长大后，晶界内产生应力集中，钢材的力学性能下降。

曾在制造南京大胜关桥中首次使用Q420qE钢时，在其《南京大胜关长江大桥的钢梁制造规则》中的条文明确规定：对于Q420qE（TMCP和TMCP＋回火），热矫温度应严格控制在750℃以内，并且严禁保温。但在钢梁制造的实际生产施工中发现，低于750℃的温度用来矫正Q420qE厚钢板难度很大。在低于 A_{c1}（727℃）相变的温度以下进行火焰矫正，并不能完全改变金属的塑性变形，反而带来较大的二次矫正工作量。

为弄清楚Q420qE钢的热矫温度范围，现通过热矫时加热温度对15MnVNq钢的力学性能影响，美国低合金高强钢A572Gr. 50的奥氏体粗化试验来推测Q420qE钢的热矫温度范围。

此前在九江长江大桥上使用的15MnVNq钢，是通过正火处理的调质钢（从力学性能上讲是另一种Q420q钢种），15MnVNq钢分别进行550/600/650/700/750/800/850℃，分7个档次进行试验，试验结果表明热矫形加热温度范围为600～800℃效果最好，而且最高温度还应略低于800℃（严禁过烧），对在热矫时加热最高温度小于650℃，意义不大，反而会大大增加矫形的困难。

2009年有学者韩孝永在研制美国低合金高强钢A572Gr. 50（强度级别和Q420qE类似）时，曾做了奥氏体粗化试验，试验结果表明当试验温度超过1 000℃以后晶粒度等级骤降，晶粒粗大。

根据以上的研究成果，在热矫时，点、线状超过 A_{c3} 线，达到1 000℃的加热温度将会局部改变钢材TMCP状态下的实际晶粒度，影响钢材的力学性能。因此，在实际拼装过程中，为保证Q420qE钢的力学性能良好，同时方便实际操作，热矫温度范围最好控制在680～780℃。

4.2 热矫形要领

热矫时要特别注意防止过热和过烧。过热易引起奥氏体晶粒粗化。粗大的奥氏体晶粒导致钢的强韧性降低，增大淬火时的畸变开裂倾向。过烧会引起奥氏体晶粒严重粗化，而且晶界出现氧化或熔化，导致晶界弱化[2]。钢过烧后性能严重恶化，无法挽救，只能报废。

乙炔—氧火焰温度可达3 100℃，氢氧火焰可达2 000℃，因此，加热时必须注意控制加热温度与适当的加热速度，以防止过热和过烧。可以根据经验目测热矫时的温度，即通过观察钢材表面的颜色来确定温度。Q420qE钢热矫时，当其表面为暗樱红色或深樱红色时则为合宜的温度范围。

在对Q420qE钢的热矫形中严禁采用冷却介质水进行急冷。因为如果采用水的急冷方法虽有可能得到矫正结果，但钢的组织结构发生了较大变化，易生成淬硬性的结构组织，使钢材的焊接性变得很差。

5 结语

通过对Q420qE钢的焊接性分析，并进行相应的焊接工艺评定试验，验证了超低碳贝氏体钢 Q420qE 具有良好的焊接性。焊接接头具有较好的力学性能，特别是低温冲击韧性有较大的储备。对于焊接变形的热矫形，确定了其温度范围和热矫形应注意防止过热和过烧的工艺措施。为以后类似桥梁用高强度性能钢的焊接和热矫形储备了试验数据，积累了经验。

参 考 文 献

[1] 朱庆菊，徐向军，魏云祥. 超低碳贝氏体高强度桥梁钢焊接试验研究[J]. 钢结构，2007(5).

[2] 石德珂. 材料科学基础[M]，第 2 版. 北京：机械工业出版社，1999.

[3] 中华人民共和国国家质量监督检验检疫总局，中国国家标准化管理委员会. GB/T 714—2008 桥梁用结构钢[S].

[4] 中华人民共和国铁道部. TB 10212—2009 铁路钢桥制造规范[S].

[5] 周鼎能. TMCP 钢在钢梁制造中应注意的问题[J]. 钢结构，2009(9).

82. 湖北鄂东长江公路大桥大直径长嵌岩桩钻孔施工技术

曾宪柳

（中交二航局第五工程公司）

摘　要：本文介绍湖北鄂东长江公路大桥主 6 号墩钻孔施工过程中，遇地质破碎带和强度很高的安山岩，通过对钻孔设备选型、钻头改进、钻孔技术和工艺改进、施工过程的有效控制，攻克了遇安山岩钻孔速度慢，遇地质破碎带易断钻杆、形成斜孔等一系列难题。

关键词：鄂东长江大桥　大直径　长嵌岩桩　钻孔　施工技术

1　工程概况

1.1　概述

湖北鄂东长江公路大桥位于湖北省黄石大桥上游，是沪蓉高速公路湖北东段（武黄高速公路和黄黄高速公路）和国家高速公路网大庆至广州高速公路湖北段公用的过江通道。大桥为双塔双索面混合梁斜拉桥，主桥中跨为钢箱梁，边跨为混凝土箱梁，主跨 926m，桥面宽 38m，设计为双向六车道。

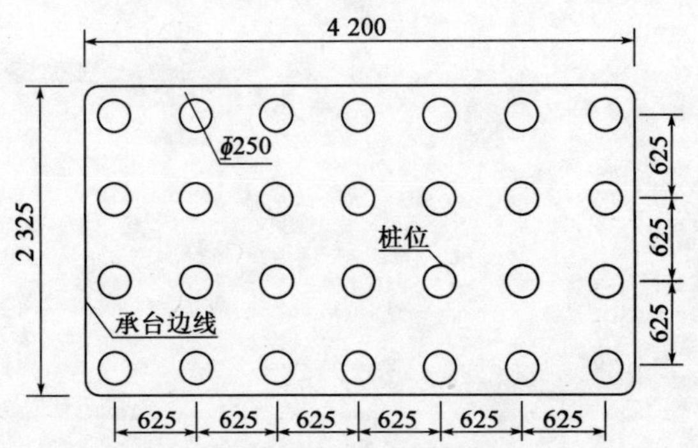

图 1　主 6 号墩桩位布置图（尺寸单位：cm）

主 6 号墩位于长江河床一级台地边沿，基础布设成 4 行 7 列共 28 根桩径 Φ250cm 钻孔灌注桩（图 1），单根桩孔深为 84m，桩中心间距 6.25m，覆盖层平均厚度为 38m，岩层厚度达 46m，在施工过程中遇地质破碎带和强度 205MPa 以上的安山岩，安山岩厚度为 3～15m。

1.2　水文地质

鄂东长江公路大桥桥位区覆盖层＋20～－18m 为亚黏土和细砂，－18m 以下为弱风化灰色、灰褐色泥质粉砂岩、砂岩，砾岩和紫褐色安山岩。桥位区存在的特殊岩性土和不良地质问题有：断层破碎带、岩坡冲刷与滑坍、砂土液化等。

1.3 施工特点

(1)地质相当复杂,灌注桩进入岩层平均厚度达46m,层系由强度很高的泥质砂岩、砾岩和安山岩交错成层,安山岩强度高达205MPa,钻孔施工难度很大。

(2)6号墩索塔位于河床一级台地边沿,承台高程在历年洪水位以下,必须在一个枯水季完成承台顶面以下全部基础施工,节点工期非常紧。

(3)施工场地狭小,钻孔设备和工艺受到边坡稳定和环保的局限,施工难度大。

2 钻机选型

针对主6号墩桩基孔深(达84m)、入岩深度大(最大深度达46m),断层破碎带、岩坡冲刷与滑坍严重,安山岩岩质非常坚硬(单轴抗压强度高达205MPa)等特点。选用技术性能先进,提升能力和配重较大的大型钻机投入钻孔桩施工。钻机主要性能参数见表1。

钻机主要性能参数表 表1

钻机型号	ZJD300	GD-35
最大钻孔直径(m)	3.0	3.5
最大钻孔深度(m)	140	150
输出扭矩(kN·m)	210	240
最大提升能力(t)	150	160
最大钻速(r/m)	6	10
钻杆内径(mm)	351	351
整机尺寸(m)	6.3×5.8×10	6.8×6.0×8.82
整机重量(t)	45	40
排渣方式	气举反循环	气举反循环

3 首轮钻孔施工

3.1 钢护筒制作、埋设

主6号墩共28根钻孔桩,投入12根护筒周转使用,单根护筒长8m,内径2.8m,用14mm厚Q235a钢板卷制而成。为防止护筒振动下沉过程中顶部卷口,在顶部增设长30cm、厚10mm的加强箍。护筒采用ED150型振动锤振动下沉埋设。

3.2 泥浆制备与循环

护壁泥浆使用不分散、低固相、高黏度的PHP泥浆。泥浆性能指标见表2。

泥浆性能指标参数表 表2

黏度(s)	重度(g/cm^3)	含砂率	pH值	胶体率	失水量	泥皮厚度
22~28	1.04~1.1	≤0.5%	8~10	≥99%	<18mL/30min	≤1.0mm

现场循环泥浆每4~6h检测一次,主要控制泥浆池回流泥浆指标。现场检测4项指标:相对密度、黏度、含砂率及pH值。

3.3 钻机就位

由于主6号墩回旋钻自重、扭矩均较大,而地基土较松软,为防止在钻进过程中钻机发生沉降、扭转移位,在护筒四周沉入4根Φ800mm钢管桩(桩长10m),钢管桩以护筒为中心布置在四角，横桥向间距为 4m，顺桥向间距为 6.25m。钢管桩顶部露出地面约 30cm，在桩顶焊接 2I56a 工字钢形成钻孔平台，钻机底座搁置并固定在平台 2I56a 工字钢上（图 2）。单套钻机总重量约 130t，4 根 Φ800×10 钢管桩摩阻力能满足承载力要求。

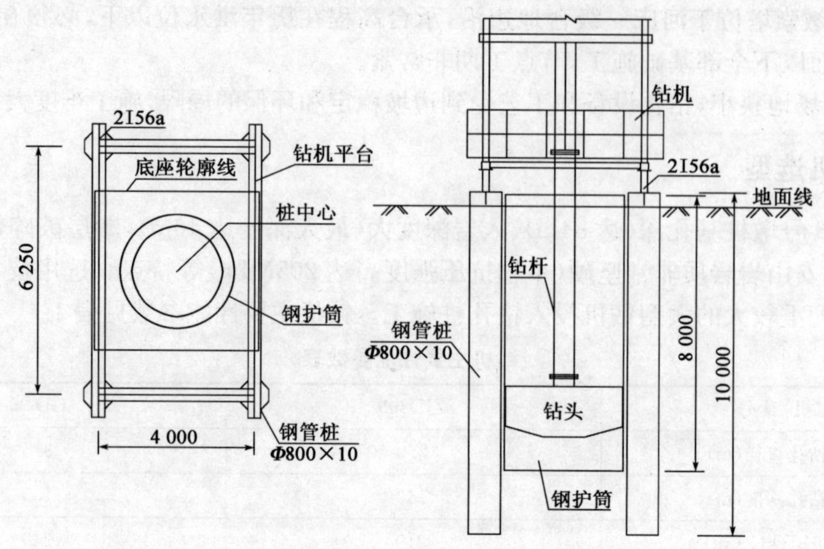

图 2　钻孔平台搭设图（尺寸单位：mm）

钻机采用 150t 履带吊吊装就位，钻机就位时，钻机顶部中心、转盘中心连线与钻盘垂直，且与桩孔中心位置偏差不得大于 2cm。

3.4　钻进成孔

成孔分为 4 个阶段：护筒内钻进、护筒底口以下覆盖层内钻进、基岩内钻进和清孔。

1）护筒内及其底口附近钻进

在护筒内开始钻进时，先向护筒内回填膨润土进行造浆，使护筒底口附近有坚固的泥皮护壁，然后小气量轻压慢转钻进通过护筒口，直至护筒底口以下 1m。此处泥浆的主要性能指标控制范围为：黏度 22～25s，相对密度 1.09～1.17，胶体率≥95%，含砂量＜4%。

2）护筒底口以下覆盖层中钻进

覆盖层主要为亚黏土层和细砂层，在此段黏性土层中钻进时，利用刮刀钻头小气量、中低转速钻进，适当控制进尺，泥浆主要性能指标控制范围为：黏度 20～25s，相对密度 1.09～1.15，胶体率≥95%，含砂量＜4%，钻压控制在 8t 左右。

亚黏土层黏性大，不易破碎排除，容易造成糊钻。可采取减小泥浆相对密度、减小钻齿密度、加快泥浆循环速度和经常上下拉动钻头等方法穿过该层。

3）岩层中钻进

中风化岩层中，地层节理、裂隙较发育，有破碎带且分布厚薄不均，容易出现斜孔、台阶孔，因此，此层钻进以防斜为重点，利用滚刀钻头大气量、低压慢转钻进，进尺控制在 4cm/h 以内，同时加大扫孔频度。

从中风化层进入微风化层时，由于强度差异较大而造成地层软硬不均，钻进时主要防止斜孔，采用滚刀钻头低压慢转钻进，控制进尺并加强扫孔；当钻头完全进入微风化层并嵌入一定深度（不小于 60cm）时，则加大钻压、慢转钻进，自然进尺，钻进过程中，钻压控制在 25t 左右，在安山岩中，钻压加大，正常进尺为 2cm/h。

4)第一次清孔

钻机钻进到设计高程后，经测量达到设计高程并经监理工程师确认。及时进行清孔，清孔时将钻具提离孔底30～50cm，缓慢旋转钻具，补充优质泥浆，进行反循环清孔，同时保持孔内水头。经检测孔底沉渣厚度、孔内泥浆指标满足设计和规范要求后，及时停机拆除钻杆、移走钻机，尽快进行成桩施工。

4　施工改进措施

4.1　依不同的地层调整泥浆指标

孔壁的稳定是保证钻孔施工能够顺利进行的先决条件，特别是大孔径超长桩，成孔时间长，钻孔孔壁稳定尤其重要。钻孔施工过程中泥浆的配制非常关键。通过实验配制优质PHP护壁泥浆指标如下：

(1)泥浆配比

水：膨润土：纯碱：PHP＝1 000：60：0.25：0.003

(2)PHP配比

水：PAM(聚丙烯酰胺)：火碱＝70：10：1.15

测得泥浆性能：黏度22s，失水量16～18mL/30min，泥皮厚1mm，胶体率100％。PHP泥浆失水量小，泥皮致密，护壁效果好。

4.2　选用合适钻头及钻头形式

为解决钻孔速度，在不同地层中选用不同的钻头钻进，并对钻头作相应的改进。覆盖层采用梳齿刮刀钻头，气举反循环钻进；弱风化泥质粉砂岩、砂岩、砾岩采用楔齿滚刀钻头，采用气举反循环钻进；安山岩采用球齿滚刀钻头，气举反循环钻进。

先后对楔齿、球齿滚刀钻头进行刀具排列、角度调整的改进，通过实际钻孔施工对不同形式的钻头进行分析比较，得出结论：弱风化泥质粉砂岩、砂岩、砾岩采用楔齿滚刀钻头，大气量空压机排气，进尺效果比较好；安山岩采用球齿滚刀钻头，进尺平稳，不易折断钻杆，是目前所有钻安山岩中最理想的钻头。

4.3　采取高效的排渣措施

要达到理想的排渣效果，一是控制水口高度，二加大排气量。在岩层钻进过程中，为保证钻孔进尺，必须及时清走钻头切削下来的岩石，避免岩石岩石在孔底二次切削，只有及时清走钻渣才能实现最佳钻进效果，泥浆的循环量直接影响钻孔排渣能力，空压机是关键影响因素。现场钻机配置排气量为$20m^3/min$、$22m^3/min$型空压机，排气压力为0.8MPa，现场使用钻机均采用“接力风包”的方法钻进，不需要提钻“倒风包”。接力风包最深处在泥浆面以下60m的地方，排气压力为0.8MPa能满足要求。影响气举反循环的主要因素为压气量，现场排气量为$20m^3/min$、$22m^3/min$的空压机完全能满足要求。

4.4　改进钻进工艺

(1)钻机开钻前将优质PHP泥浆调好后再采用正循环方式开孔，转盘转速为8r/min，不带配重，慢速减压钻进，在出护筒口时特别注意钻压及泥浆指标，保证出护筒时孔壁稳定，入岩前泥浆指标控制为：含砂率＜4％，黏度20～24s，相对密度1.22～1.28。

(2)增加配重。覆盖层不加配重，钻压加至5～8t缓慢钻进；弱风化泥质粉砂岩、砂岩，砾岩增加配重25～30t钻进；安山岩增加配重至35～40t钻进，这样钻进速度快，钻杆不易折断。

(3)控制好转速，转速不能追求过快，应与排渣速度相匹配，同时避免扭断钻杆，覆盖层选用 10r/min 钻进，砂岩、砂岩安山岩选用 7r/min 钻进比较适合。

(4)控制好钻压。保证能正常进尺即可，防止加压过大在岩层交接面，因岩石软硬不均而造成钻杆折断或掉刀，也避免造成斜孔。

4.5 配置钻头打捞器

由于主 6 号墩桩位处于断层破碎带，岩层起伏较大，岩石强度高，经常出现钻杆折断现象，个别孔出现钻杆折断 3 次之多，除了采取有效的钻进方法之外，缩短钻头打捞时间也非常关键。针对这特点，项目部研究制作了特制打捞器(图 3)，打捞成功率 100%，打捞时间 10～25min/次(不计加、拆钻杆时间)，有效缩短了成孔时间。

图 3 钻头打捞器

5 改进后效果

经过不断地进行摸索、总结和提高，各机组成孔周期大大缩短，在安山岩层中钻孔速度可达 4cm/h，断钻杆次数也大为降低，其中 2 号、3 号钻机已出现连续 2 孔无断钻杆现象。

各机组改进前、后一轮成孔周期(未含移机时间)统计见表 3。

改进前、后一轮成孔周期对照表　　表 3

钻机编号	1号	2号	3号	4号	5号	6号
机型	ZJD300	ZJD300	GD—350	GD—350	ZJD300	GD—350
改进前成孔(d)	65	57	61	58	55	60
改进后成孔(d)	43	38	42	39	41	42

可以得出如下结论：选用钻机 ZJD300、GD—350 型，配置楔齿、球齿滚刀钻头，采用一挡钻进、二挡清孔，空压机压力控制在 0.75～0.8MPa，对钻强度达 205MPa 的安山岩是有效的。

6 结语

鄂东长江公路大桥主墩 28 根钻孔灌注桩经超声波检测，所有孔形、孔径、孔倾斜度均满足规范要求。对成桩进行 100%无破损检测及 3%抽检钻芯取样检验，其结果均为Ⅰ类桩。

随着钻机设备的改进，在特大桥的基础设计中，越来越多地采用大直径、超长桩已成为一种趋势，而覆盖层较薄、地下岩石强度较高的地层普遍存在，研究大直径深嵌岩桩成孔的施工工艺，不仅可解决本工程主墩钻孔所遇到的实际困难，确保工程工期，降低施工成本，而且在类似工程地质中有应用和推广价值。

83. 大跨径斜拉桥混合梁施工关键技术

曾宪柳

（中交二航局第五工程公司）

摘　要：本文介绍湖北鄂东长江公路大桥大跨径钢箱梁桥面吊机的选用，大型钢箱梁的吊装，多跨宽幅PC断面混凝土箱梁支架现浇，钢—混结合段施工，中跨合龙段施工及体系转换，施工监测控制等采用的一系列先进技术和工艺，以及现场施工的合理组织。

关键词：大跨径　斜拉桥　混合梁　施工技术

1　概述

湖北鄂东长江公路大桥是国家“十一五”重点交通项目，主桥为(3×67.5＋72.5＋926＋72.5＋3×67.5)m 9跨连续半飘浮体系混合梁斜拉桥，跨径位居同类型桥梁世界第三。主桥中跨采用PC断面钢箱梁，边跨采用PC断面预应力混凝土箱梁，钢箱梁和混凝土箱梁的理论分界面设在中跨距索塔中心线12.5m处。钢箱梁长901m，主桥边跨混凝土梁长287.5m。

全桥钢箱梁共划分为63个节段，其中标准节段58个，钢—混结合段节段(M)2个，非标准节段(F)2个，合拢段1个，钢箱梁最大重量为369t，采用分离式双箱断面，全宽38.0m(含布索区和风嘴)，桥面设2%双向横坡，标准节段长15.0m(图1)。主桥边跨PC断面预应力混凝土箱梁长287.5m，混凝土设计强度等级C55，方量共计11 121m^3，全宽38.0m，索塔处缩窄为34.4m。横桥向箱梁底板水平，桥面设2%双向横坡(图2)。采用纵、横双向预应力，索梁锚固方式采用传统的承压式。

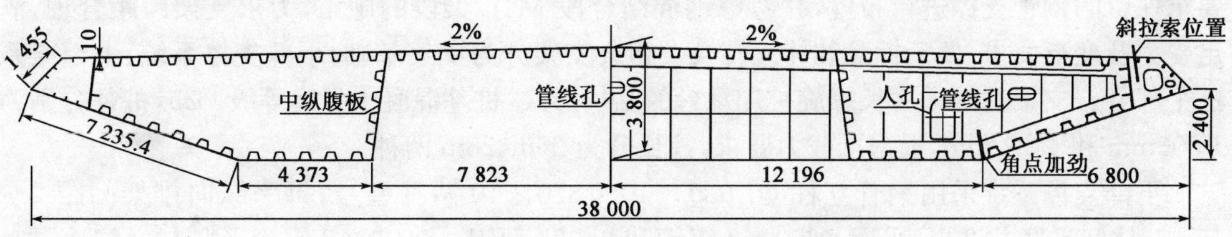

图1　钢箱梁标准断面图(尺寸单位：mm)

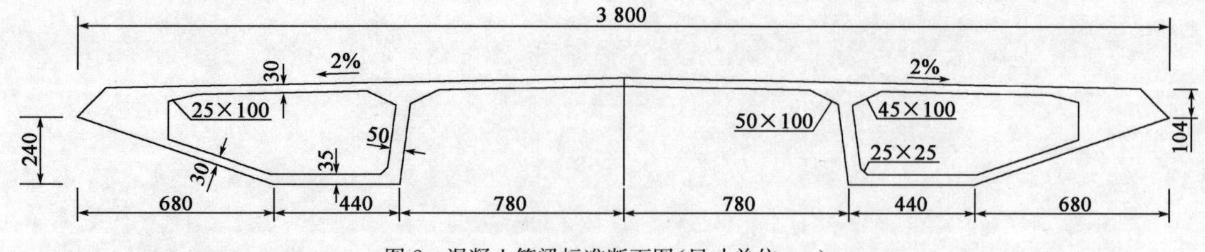

图 2 混凝土箱梁标准断面图(尺寸单位:cm)

2 边跨混凝土箱梁支架现浇

2.1 施工总体方案

边跨支架现浇采取“整幅分段浇筑”的施工工艺,即箱梁在横向不分幅、高度上不分层、纵向分段施工,将边跨箱梁由设计的 H、I、J、K 四段划分成 13 个节段施工节段,分段划分原则为:

(1)控制每个节段混凝土方量在 850m^3 左右,在正常浇筑速度下,15h 内能完成每节段浇筑。

(2)便于组织流水施工:箱梁施工的工序繁多,采取纵向分段后,各工序均可按施工节段为单元进行,便于流水施工,使施工组织较为合理。

(3)分段位置不与箱梁横隔板、齿板位置冲突。

(4)每跨箱梁施工缝位置与设计一致。

2.2 施工流程

边跨箱梁采用钢立柱排架支架系统、整幅分段施工,从主 10 号墩向主 6 号墩(H→J 梁段)推进。

(1)首先搭设 H 梁段支架,分段进行支架预压后,按照节段划分逐段施工 H 梁段。

(2)每跨箱梁的施工节段全部浇筑完成并达到设计强度 90%后,张拉预应力束。每跨箱梁全部预应力施工完毕后,将支架卸落,拆除支架上部梁系和模板系统,保留设计要求的钢管支撑保留桩。

(3)在枯水期搭设 M 梁段及 F(1)、E(2)梁段施工的临时墩,高水位时用起重船吊装。

(4)调整 M 梁段至设计位置,浇筑 L、M 梁段混凝土,待强度达到设计强度 90%后,张拉钢—混结合段永久预应力钢束和临时预应力钢束。

(5)依次安装钢箱梁,待 A3、J3 号斜拉索完成二次张拉,F(1)、E(2)梁段施工完毕后,拆除中跨塔区支架和临时墩支架。中跨合拢,并完成体系转换后,拆除设计保留的钢管支撑。

2.3 支架形式

南主桥边跨箱梁均为陆上施工,采用钢管排架支架系统逐跨浇筑。支架设计时,结合设计要求保留的钢管支撑进行布置,并考虑钢混结合段 M、L 梁段的施工,力求支架跨距合理,满足受力及变形要求,便于拆除和体系转换。箱梁支架分为支架基础、下部支撑系统、上部梁系三个部分。支架基础采用长螺旋桩加承台的结构形式,桩基混凝土强度等级 C25,桩径分别为 1 000mm 和 1 200mm,根据承载力要求,桩长分为 26m、28m 两种。

下部支撑系统采用钢管立柱 Φ1 020×10、Φ820×10 两种型号,每跨纵向排架间距 9~15m。柱间平联共 2 层,采用 Φ600×8 钢管和 2[32a 型钢。Φ600×8 钢管平联与立柱通过哈佛接头连接,2[32a 型钢平联与钢立柱通过节点板销接或焊接。从钢立柱顶部至上依次为牛腿、卸荷砂箱、主横梁、贝雷梁及分配梁组成。边跨支架布置形式如图 3 所示。

2.4 支架弹、塑性变形控制

为了检验边跨现浇段支撑系统结构的安全、消除支架非弹性变形，施工前模拟施工荷载对支架进行分段预压，消除支架非弹性变形、测出支架弹变形量。预压荷载重量为钢筋+混凝土+施工活载的120%，加载完成后对支架进行观测，当测量数值稳定后(桩基底到岩面，设计为0沉降)，即可卸载。通过边跨支架预压的测量结果分析：边跨支架非弹性变形7mm，弹性变形5mm，支架设置预台量13mm，实际施工结果为12mm，比预台量13mm小1mm。

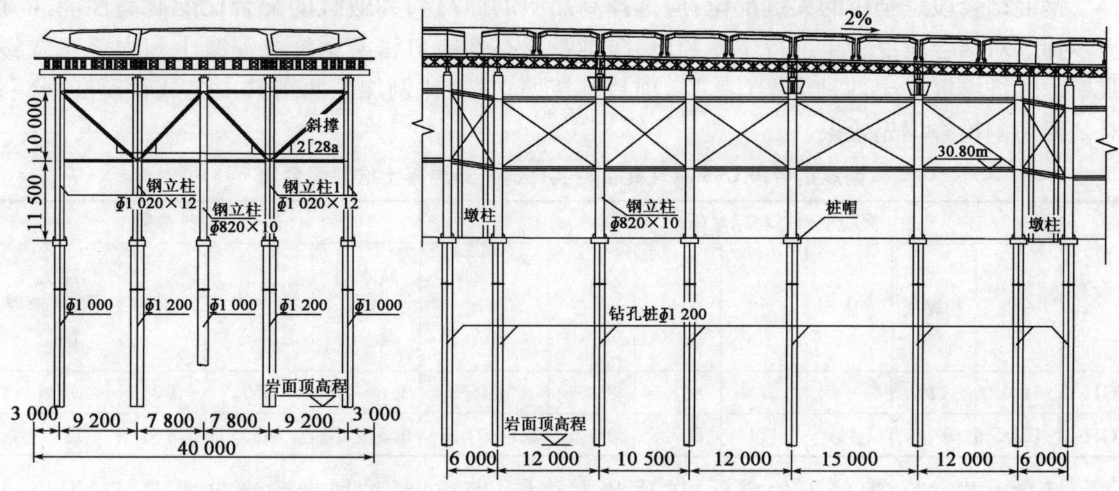

图3 边跨支架布置形式图(尺寸单位：mm)

3 钢—混结合段施工

钢混结合面设置在中跨距索塔中心线12.5m处，钢混结合段长8.5m，划分为M、L段。钢箱梁M梁段长5.5m，采用带T形加劲的U肋，梁端部设置多格室结构，钢格室在结合面钢箱梁侧2m，高度为80cm，在格室内填充混凝土，并通过剪力键及钢板与混凝土的摩擦力传递轴力、剪力和弯矩。同时在钢隔室腹板上采用PBL剪力键，纵向采用预应力钢束与混凝土箱梁进行紧密结合(图4)。

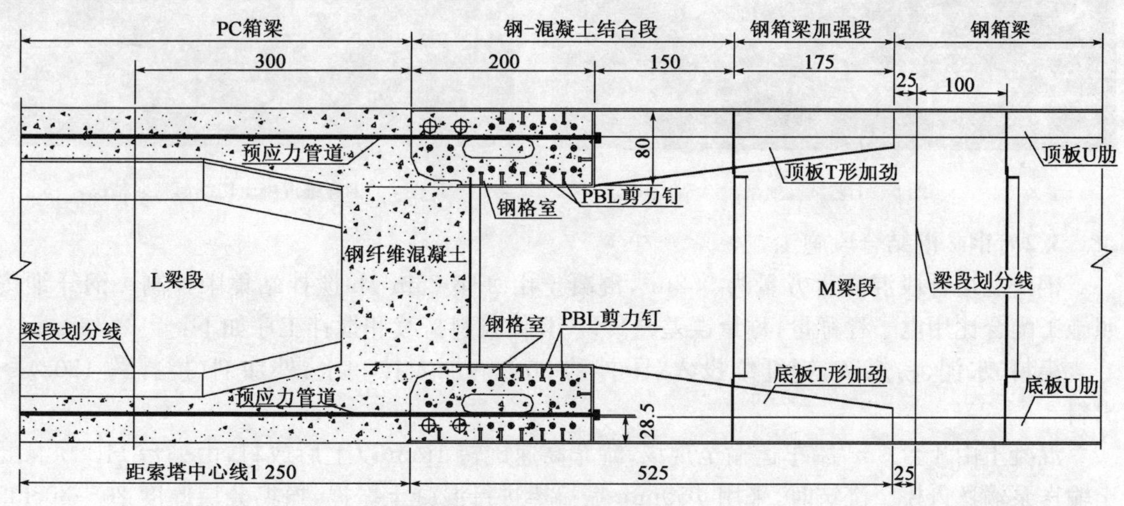

图4 钢—混结合段布置图(尺寸单位：cm)

3.1 钢—混结合段混凝土配合比设计

1)混凝土设计要求

钢—混结合段靠近索塔根部,承受主跨传递的压力大,且钢格室内钢筋、预应力管道、PRL键和剪力钉分布密集,浇筑空间狭窄,混凝土浇筑通过格室顶板开孔下料,因此要求钢—混结合段的混凝土具有高强度、高流动性、高施工性能和稳定性,为此采用C55自密实混凝土。

2)通过工艺试验施工优选配合比

钢混结合段是全桥的关键部位,应选择高品质的原材料和适宜的配合比配制高性能混凝土,对此,对结合段混凝土进行了专题研究,推荐了高性能自密实钢纤维混凝土和大流态微膨胀聚丙烯纤维混凝土两种方案(表1),项目部按照1∶1比例加工两组共4个试验模型,分别对2组切割检查填充效果。

钢混结合段C55高性能自密实(大流态)混凝土推荐配合比 表1

方案	混凝土原材料用量(kg·m^{-3})							配合比设计参数			
	水泥	粉煤灰	膨胀剂	水	砂	碎石	纤维	减水剂掺量(%)	胶材用量(kg/m^3)	水胶比	粉煤灰与膨胀剂掺量(%)
GH-1	440	110	—	171	867.5	867.5	钢46.8	1.6～1.9	550	0.31	20+0
GH-2	423.5	82.5	44	171	867.5	867.5	聚丙烯0.75	1.5～1.8	550	0.31	15+8

通过工艺试验:混凝土包裹性、工作状态较好,坍落度、扩展度均满足要求,1h坍损仅6mm,远小于要求的≤20mm。混凝土抗压强度均>65MPa,7d强度不低于设计强度的90%(即49.5MPa),但聚丙烯纤维混凝土强度偏低,刚好能满足要求,所以选用自密实钢纤维混凝土用于钢混结合段。

工艺试验模型及混凝土切割面密实情况如图5、图6所示。

图5 工艺试验模型

图6 钢纤维混凝土切割面密实情况

3.2 钢—混结合段施工

钢—混结合段混凝土方量为352m^3,混凝土由2座75m^3/h搅拌站集中拌制。钢纤维按照施工配合比用电子秤称量,称量误差±1%。具体投料持续和搅拌工序如下:

集料、水泥、粉煤灰、钢纤维投入(干拌约20s)→加入拌和水、外加剂(搅拌约120s)→出料。

混凝土由4台8m^{3}罐车运输至现场,罐车高速旋转1min以上后放料,由一台HB80混凝土输送泵输送入模。浇筑时,采用Φ50mm振捣棒进行混凝土振捣,振捣分层厚度20～30cm。混凝土浇筑完毕后,人工对顶面抹平收面,搭设遮阳棚,覆盖土工布,洒水保湿养护,同时对钢箱梁段进行蓄水降温，养护时间 14d。

4 钢箱梁安装

4.1 塔区钢箱梁吊装

钢箱梁 M、F(1)、E(2)标准梁段吊装时间为 11 月份，考虑到枯水期受长江岸坡的影响，不能满足运梁船吃水的要求，需提前搭设存梁支架，将标 M、F(1)、E(2)梁段置于存梁矮支架上，待施工时由桥面吊机起安装到位。

1)存梁支架搭设

存梁采取 4 点支承，支点间距与设计临时支点一致。支架基础为 Φ1 000mm 钻孔灌注桩，支撑钢立柱采用 Φ1 020×10 钢管。

钢箱梁存放的临时支座与钢箱梁支点位置对应，由基座和支墩组成。基座顶面覆盖不锈钢板；支墩底嵌有聚四氟乙烯滑板，支墩顶与钢箱梁底板间设置硬橡胶垫块。

2)钢箱梁临时安装

钢箱梁安装采用镇航工 818(起重量 1 200t)起重船进行，起重船就位后，运梁船进档抛锚定位，起重船吊起吊架慢慢对准梁段，将吊架吊耳与钢箱梁吊耳销接，然后利用起重船上的电动缆风与钢箱梁梁段两侧相连，即可正式进行吊装。

M 梁段为钢混结合段，需精确定位，起重船吊装完成后，还要对高程、轴线、里程进行调整，调整采用 4 个 50t 三向液压千斤顶进行纵、横向、高程调整。

4.2 中跨单悬臂钢箱梁安装

中跨标准梁段钢箱梁采用桥面吊机安装，桥面吊机为多门朗科技有限公司(DLT)提供的专业桥面吊机。主要由主吊架、桥面节段提升和校准系统、行走系统、扁担梁、工作平台等组成。其主体结构如图 7 所示。

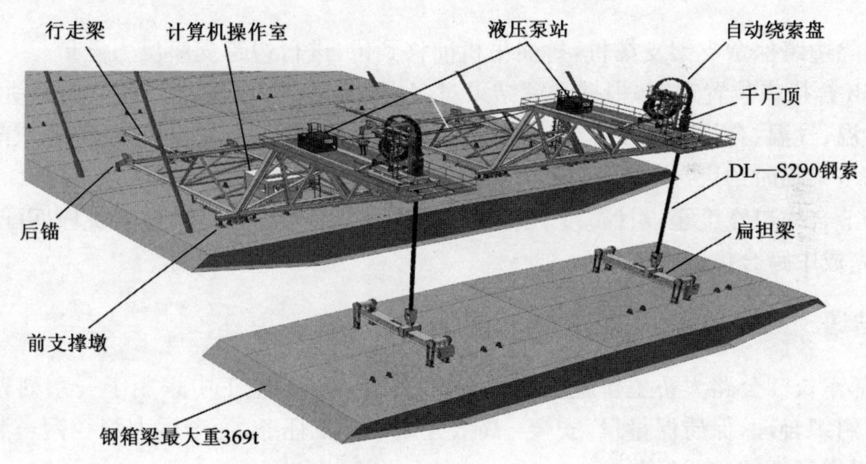

图 7 桥面吊机主体结构图

1)钢箱梁吊装

(1)桥面吊机下放扁担梁吊具至运梁船上方、距钢箱梁顶面约 80cm 处，运梁船经过二次精确定位后，二次下放扁担梁，将吊具与吊耳销接。

(2)缓慢收紧钢绞线使各吊点开始受力，用水平尺测量吊具是否水平。

(3)通过电脑控制每个吊点受力均衡，起吊梁段重量 30%后，停止起吊，检查确认吊机系统及吊耳情况是否良好，确认无误后开始起吊。

(4)吊装过程中，由电脑控制两台主千斤顶同步运动，并保持梁段平衡。

2)梁段匹配与焊接

当梁段吊装至桥面附近时，利用吊具上的水平千斤顶调整吊装钢箱梁的纵坡与已安梁段纵坡一致，调整高程，使其与已安梁段大致齐平。利用桥面吊机顶部的纵向调位千斤顶驱使主千斤顶纵向移动，使梁段向已安梁段缓慢靠拢。反复微调，使吊装梁段与已安梁段的纵隔板处的顶止顶板对齐。在止顶板上焊接交叉限位板，限制相邻梁段变位，并将梁段纵隔板处匹配件通过螺栓连接，锁定主吊千斤顶，完成梁段粗匹配。

当温度稳定后，根据监控指令进行悬臂前端局部测量，确定调整量。略放松匹配件螺栓，根据调整量，微动吊机主千斤顶调整梁段上、下游控制点相对高差。在腹板位置布置千斤顶调整钢箱梁轴线，复测悬臂前端局部线形与轴线，满足监控指令要求后，焊接固定止顶板处交叉限位板，拧紧匹配件螺栓，锁定千斤顶，完成精匹配。

精匹配完成后立即进行钢箱梁焊接，焊接先进行顶底板围焊，焊接采用 CO_2 气体保护焊打底埋弧自动焊填充、盖面。

5 中跨合拢段施工

本桥中跨合拢采取顶推合拢(或称几何合拢)方案，即当合拢温度与标准温度(20℃)不一致时，通过施加外力调节合拢口宽度至设计合龙段长度，这相当于消除合拢温度与基准温度不一致对结构体系的影响，使得主梁的应力状态、线形与设计状态一致。

中跨合拢时间为 4 月上旬，当时气温为 7～15°C，与设计标准温度(20℃)不一致，通过卸架、顶推来辅助完成合拢，具体步骤为：

(1)根据监控指令进行索力 J29、J30 索力调整，并在钢箱梁 29 号、30 号梁段加配重(采用钢筋)。

(2)卸除边跨保留支架支撑桩，桥面吊机前移到位，进行边跨支座反力测量。

(3)48h 合拢口位置观察，根据观察结果对合拢口形状微调，完成合拢口临时锁定。

(4)梁温、气温、合拢口宽度监测，确定起吊时间，达到要求后起吊合拢段，完成南岸合拢段匹配，解除塔梁临时约束。

(5)调节合拢口宽度至设计宽度、锁定纵向临时锁定装置，完成北岸合拢段匹配，合拢段焊接，松吊，完成中跨合拢。

6 结语

湖北鄂东长江公路大桥主桥施工中复杂，技术难度高，施工中采用了一系列先进技术和工艺，施工组织合理，保质保量量，安全 、高效完成了施工任务，为今后大跨径钢—混结合梁斜拉桥施工提供了新的实践经验。

84. 大跨度悬索桥桥塔施工过程的模拟分析

严　琨[1]　朱福春[2]　唐茂林[1]

（1. 西南交通大学；2. 马鞍山长江公路大桥建设现场指挥部）

摘　要：某三塔两跨悬索桥边塔为混凝土桥塔，塔高 165.3m，塔柱斜率为 1∶39.6，塔柱与横梁异步施工，共设 7 道主动临时横撑。为确保施工过程中塔柱的变形和内力满足设计和规范要求，采用有限元软件建立桥塔实体模型对桥塔的施工过程进行模拟。计算结果表明：有限元计算中单元的安装方法对施工过程的计算影响小；塔柱设置主动临时横撑能够使桥塔在施工过程中的内力和线形得到合理的控制，临时横撑的提前拆除对桥塔施工完成之后的变形和受力较为有利。

关键词：大跨度悬索桥　桥塔施工　横向主动顶撑　有限元　参数敏感性分析

1　引言

桥塔是大跨度桥梁的重要受力构件。对于高度大，塔柱倾斜的桥塔来说，在施工过程中，裸塔处于倾斜悬臂状态，随着施工高度的增加，塔肢在自重、爬模及风等荷载作用下产生变形，对塔柱根部的受力产生不利影响。为保证塔柱在各个施工阶段截面应力在规定的范围内，以及使桥塔在施工过程中的变形和桥塔的成桥线形能够满足设计要求，需要对桥塔进行施工控制[1-2]，一般采用 3 种方法：一是对桥塔设置横向立模预偏量，确保桥塔成桥线形与设计一致；二是设置横向顶撑，确保桥塔的内力较好；三是既设置横向顶撑控制桥塔内力，又设置横向预偏量确保桥塔线形。本文将对大跨度悬索桥桥塔的主动横向顶撑施工过程及桥塔施工完成之后的线形和受力进行分析，并在桥塔的施工控制中得到运用。

2　工程概况及桥塔施工过程

某三塔两跨悬索桥的边塔塔柱高度为 165.3m，塔柱倾斜斜率为 1∶39.6。塔柱为门式结构，由上、中、下塔柱及上、下横梁组成。下横梁高 9m，上横梁由上、中、下梁 3 部分组成，上、下横梁均为预应力混凝土结构，横梁均采用钢管桩支架现浇施工，分 2 层浇筑。塔柱与横梁异步施工，桥塔施工过程中共设置 7 道主动临时横撑，其中下塔柱设置 1 道，中塔柱设置 6 道横撑，其中下塔柱横撑为 0 号横撑，中塔柱横撑从下至上分别为 1～6 号横撑。塔柱在施工过程中共划分为 37 个节段，施工顺序依次为下塔柱、下横梁、中塔柱、上塔柱、上横梁。

3 桥塔施工过程的有限元模拟

3.1 计算模型

采用有限元软件 ANSYS 建立桥塔模型，桥塔采用实体单元模拟，横撑及钢管支架采用杆单元模拟，计算模型如图 1 所示。桥塔施工阶段的荷载包括自重、横梁的预应力荷载、塔顶的施工临时荷载以及横撑的主动顶撑力。根据桥塔的施工过程在有限元计算中共划分为 35 个计算工况。

3.2 施工过程的模拟

对结构进行施工过程的分析不同于结构整体的分析[3]：一是作用荷载的不同，其特点是荷载作用的大小和位置随着结构的变形而发生变化；二是随着施工过程的进行，结构的线形发生了变化，对静不定结构体系将发生内力重分配。对结构施工过程的计算就是对结构按照施工阶段进行正装计算，ANSYS 的生死单元功能可以实现对结构的正装计算[4]。

正装计算过程中对于新安装单元与已安装单元之间的位置关系，其安装的方法主要有零初始位移法和切线初始位移法[5]。零初始位移法就是将新安装单元除共用节点外的其他节点初始位移为零，也就是说新安装的单元在初始位置安装。如图 2a）所示为两个梁段的安装之前的初始位置，如图 2b）所示①为已安装梁段 1 在新梁段 2 安装时的位置，梁段 2 在初始位置安装。由于是采用实体单元计算，不至于在梁段 2 安装时使①与②的交界面出现畸形，将②作为①与③之间的连接，③在初始位置安装。切线初始位移法就是使新安装的单元除共用节点外的其他节点沿着已安装单元末端的切线方向安装。如图 2c）所示梁段 1 安装之后，梁段 2 沿着梁段 1 末端的切线方向安装。

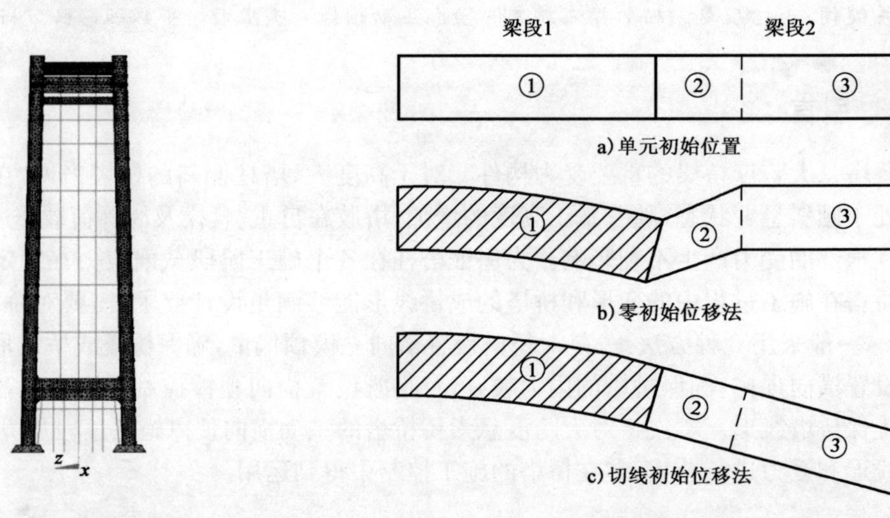

图 1 桥塔有限元模型图　　　　图 2 实体单元安装方法

如图 3 所示为采用上述两种单元安装方法计算得到的在桥塔施工到第 37 节段，即塔柱封顶和桥塔施工完成之后的塔柱横向变形，图中变形为正表示塔柱向内侧变形。从图中可以看出：采用零初始位移法计算的中塔柱部分的变形较小。由于从最上 1 道横撑到塔顶的距离较大，并且上横梁预应力荷载的作用，使得上塔柱的变形较中塔柱大。桥塔施工完成后，塔柱变形很小，说明仅设置主动顶撑而不设置横向预偏量就能够满足桥塔线形的要求。

对于正装计算中采用两种不同的单元安装方法，各个施工阶段塔底的应力几乎相等。如

图 4 所示为各施工阶段塔底截面内外侧的应力，可以看到在下塔柱施加 750t 的主动顶撑荷载后，塔底截面内侧产生 0.8MPa 的拉应力，这个拉应力在下横梁施工完成之后即变为压应力，并且桥塔施工完成之后，塔底截面的内外侧应力基本相等，整个截面的应力分布均匀。

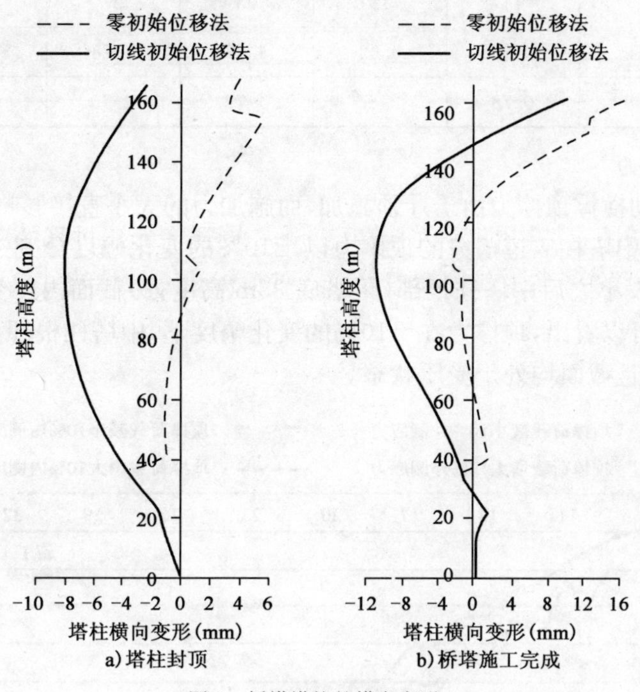

图 3　桥塔塔柱的横向变形

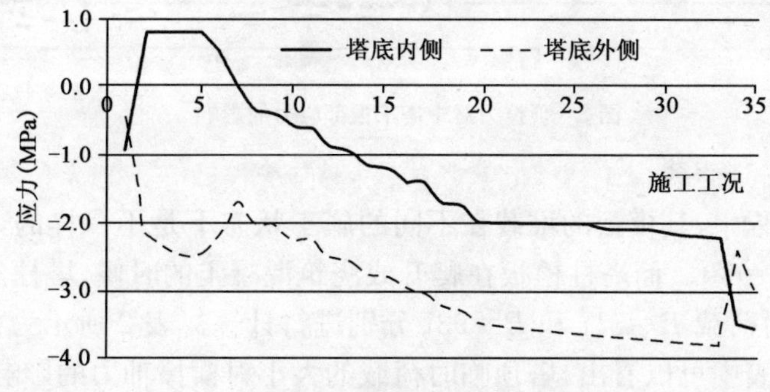

图 4　各施工阶段塔底截面内外侧的应力

在实际的施工过程中会不断调整立模的位置，使每个节段都在其设计位置进行安装，那么也就是说采用零初始位移法更能反映实际的施工过程，在下面的分析中均采用零初始位移法进行计算。

4　桥塔主动顶撑计算的参数敏感性分析

4.1　混凝土弹性模量

桥塔混凝土的设计强度为 C50，根据规范[6]其弹性模量为 34.5GPa，而在施工中混凝土的配制强度通常会高于设计强度，下面对混凝土的弹性模量采用 34.5GPa 和 36.5GPa 分别进行计算塔柱在施加主动顶撑荷载前后塔顶的变形。从表 1 可以看出，混凝土的弹性模量对顶撑过程中塔柱的变形影响很小。

横撑施加顶撑力前后塔柱顶的变形(单位:mm) 表1

横撑序号	0	1	2	3	4	5	6
塔柱施工节段号	8	14	18	23	27	31	34
E=34.5GPa	6.76	0.82	3.02	4.87	4.88	4.71	1.48
E=36.5GPa	6.39	0.78	2.87	4.72	4.75	4.58	1.45

4.2 横撑顶撑力

桥塔施工的主动横撑顶撑力由千斤顶施加,而施加力的大小直接影响到塔柱的内力,为便于施工过程控制,将中塔柱6道横撑的顶撑力以±10%的变化幅度分别进行计算。如图5所示为改变顶撑荷载大小之后中塔柱根部(距塔底33m高度处)截面内外侧应力随施工工况的变化情况。从图中可以看出,顶撑力在±10%的变化幅度下,中塔柱根部截面内外侧应力的变化在0.1MPa左右,且截面均处于受压状态。

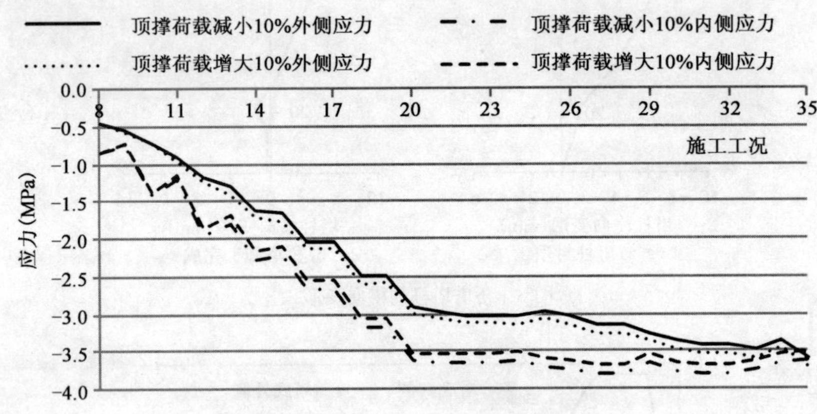

图5 顶撑力对中塔术根部应力的影响

4.3 塔柱施工临时荷载

由于塔柱施工过程中,其模板的堆载在不同的施工状态下是不一样的,在计算模型中,塔柱的临时荷载取为P=62t。而塔柱模板在爬升或浇筑混凝土的时候,塔柱的临时荷载会有较大的改变,分别取临时荷载P=31t和P=93t分别进行计算。表2所示为在不同临时荷载作用下的横撑轴力。从表中可以看出,塔顶临时荷载的大小对横撑轴力的影响较小,这是由于塔顶的临时荷载相对于塔柱的自重来说要小很多,塔顶的临时荷载对塔柱本身影响很小。

不同塔柱临时荷载下横撑的轴力(单位:kN) 表2

横 撑 序 号		1	2	3	4	5	6
塔柱施工到第34节段	P=31t	−226.1	−284.1	−293.7	−456.4	−732.1	
	P=62t	−227.3	−286.3	−295.5	−458.6	−733.9	
	P=93t	−228.6	−288.8	−297.5	−460.9	−735.7	
塔柱封顶	P=31t	−195.4	−235.1	−232.3	−404.7	−755.1	−484.9
	P=62t	−197.3	−238.4	−235.0	−406.7	−753.4	−478.7
	P=93t	−199.3	−241.9	−237.8	−408.6	−751.7	−472.7

5 横撑不同拆除时机对桥塔的影响

在桥塔的施工过程中，主动横撑在桥塔施工完成之后拆除。但是在上横梁中梁的施工过程中第3和第4号横撑出现了轴拉力，由于横撑不能承受拉力，那么在计算过程中就将这2道横撑在出现轴拉力的时候拆除，而其他的横撑在桥塔施工完成之后再拆除。在上横梁下梁施工完成之后，塔柱的横向变形受到上横梁下梁的约束，可以在此时将所有的横撑提前拆除，再进行上横梁中梁和上梁的施工。如图6所示为最后拆除横撑和提前拆除横撑两种情况下桥塔施工完成之后塔柱的横向变形，从图中可以看出，提前拆除横撑可以稍微减小塔柱的横向变形。

由于上横梁包括上、中、下3道横梁，对3道上横梁分别施加预应力荷载，使得上横梁下梁以下部分塔柱截面外侧产生拉应力。如图7所示为在不同的横撑拆除时机下距塔底高度为143.7m处的塔柱截面外侧的应力随施工过程的变化情况。在最后拆除横撑的情况下，塔柱外侧拉应力为1.7MPa，在提前拆除横撑的情况下，此处的拉应力为1.4MPa。两种情况下塔柱的拉应力均没有超过混凝土的抗拉强度设计值，当上部结构的荷载作用于塔顶后，此处的拉应力将变为压应力。

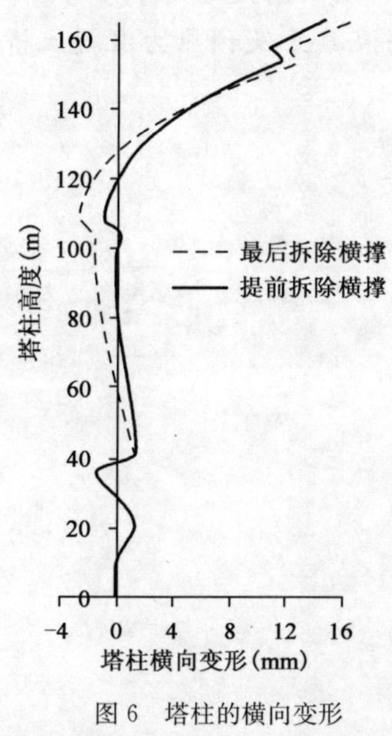

图6 塔柱的横向变形

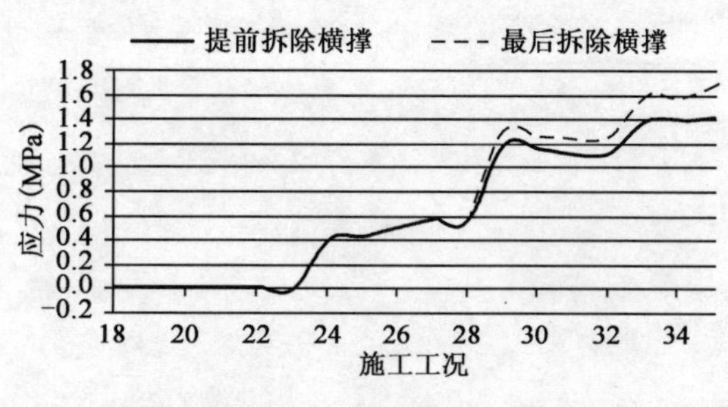

图7 高度143.7m处塔柱截面外侧应力

通过对横撑不同拆除时机情况下的塔柱变形和应力进行比较可以看出，不同的横撑拆除时机对塔柱的影响较小，但是提前拆除横撑对塔柱的变形和受力较为有利。

6 结语

通过对桥塔施工过程及主动横向顶撑的计算可以得出以下结论：

(1)利用ANSYS的生死单元功能对桥塔的施工过程进行模拟，实体单元的安装采用零初始位移法和切线初始位移法对桥塔塔柱的线形有一定的影响，但是对桥塔的应力和横撑的轴力影响较小。

(2)桥塔塔柱的斜率为1∶39.6，在桥塔施工过程中，仅设置横向主动顶撑就可以满足桥塔线形和内力的要求。

(3)桥塔塔柱具有足够的刚度且倾斜度较小,塔柱的内力与变形受到混凝土的弹性模量、主动顶撑力和塔顶临时荷载的影响较小。

(4)在上横梁下梁施工完成之后提前解除主动横撑的约束对桥塔施工完成之后的线形和受力是有利的。

参考文献

[1] 向学建,孙宪魁,杨昀,等.果子沟大桥桥塔施工过程的模拟分析[J].桥梁建设,2010(2):69-72.

[2] 谢源生,陆尚武.柔性横撑加千斤顶方法在斜塔柱施工中的应用[J].中外公路,2002,22(5):44-47.

[3] 杨丽,王新敏,李义强.施工过程分析在ANSYS中的实现[J].国防交通工程与技术,2006(3):64-66.

[4] 刘涛,杨凤鹏.精通ANSYS[M].北京:清华大学出版社,2002.

[5] 林恰.基于敏感性分析的悬索桥有限元模型修正[D].成都:西南交通大学,2010.

[6] 中华人民共和国行业标准.JTG D62—2004 公路钢筋混凝土及预应力混凝土桥涵设计规范[S].北京:人民交通出版社,2004.

85. 南京长江第四大桥猫道设计与架设施工

李有为　钟永新

（中交二航局四公司）

摘　要：南京长江第四大桥为国内首座主跨超千米的双塔三跨悬索桥，采用不设置抗风缆和抑振机构的3跨连续式猫道结构作为上部结构施工通道。本文从猫道结构设计、猫道系统架设两大方面对南京长江第四大桥施工猫道进行了系统介绍。可供类似大跨度悬索桥猫道施工提供参考。

关键词：悬索桥　上部结构　猫道设计　猫道架设

1　工程概况

南京长江第四大桥主桥采用双塔三跨悬索桥结构，桥跨布置为576.2m＋1 418m＋481.8m，全长2 476m，为目前国内最大跨径的三跨连续结构悬索桥。主缆在成桥状态下的中跨垂跨比为1:9.003，主缆中心距为34m。主桥桥型布置如图1所示。

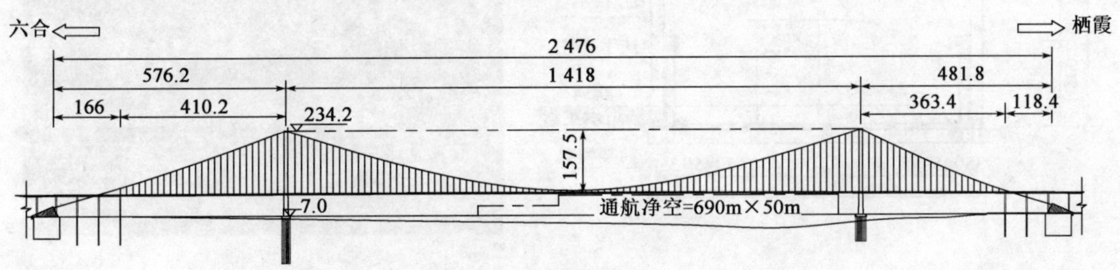

图1　南京长江第四大桥主桥桥型布置图（尺寸单位：m）

2　猫道结构设计

2.1　猫道总体结构

南京长江第四大桥上部结构猫道施工采用不设置抗风缆和抑振机构的三跨连续式猫道结构形式。猫道由猫道承重索、门架承重索、猫道门架、扶手索、猫道面层、横向通道、锚固体系等组成。扶手索作为结构索，增加猫道总体承载力性能。猫道承重索、扶手索、门架承重索均锚固在锚碇锚室内，并设置可调装置。

猫道宽 4.0m，猫道面距离主缆轴线 1.5m。猫道面层由粗细面网、踏木及横梁组成。猫道每隔 150m 设置一道横向通道，每隔 50m 设置一道猫道门架，每隔 25m 设置一道扶手立柱，每隔 12.5m 设置一道横梁。猫道总体结构如图 2 所示。

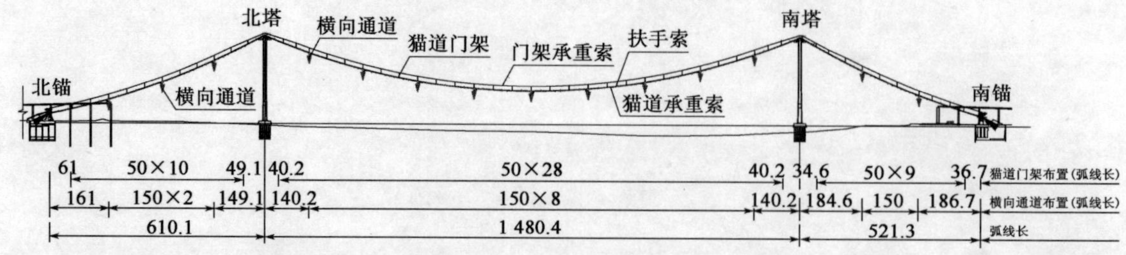

图 2　猫道总体结构图(尺寸单位：m)

2.2　猫道断面结构

单幅猫道设置 8 根 Φ54mm 猫道承重索、2 根 Φ32mm 扶手索和 2 根 Φ54mm 门架承重索。猫道索均为 1 960MPa 镀锌钢芯钢丝绳。

猫道面层采用 Φ5mm@50m×70mm 的粗面网与 Φ2mm@20mm×20mm 的细面网组成，在网片上每隔 0.5m 绑扎一对 40mm×25mm×1 500mm 防滑方木，每隔 3m 绑扎一道60mm×40mm×3 950mm 硬木横梁。

猫道断面结构如图 3 所示。

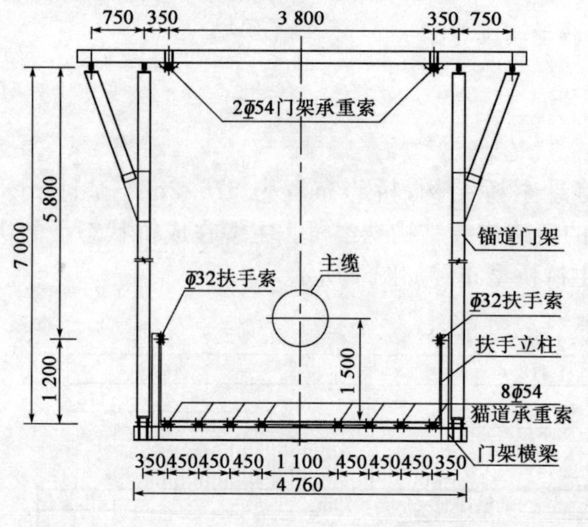

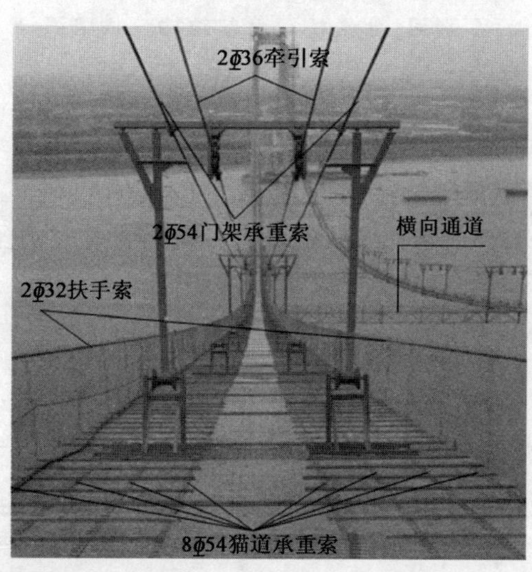

图 3　猫道断面结构图(尺寸单位：mm)

2.3　猫道锚固系统

猫道承重索和扶手索通过锚固体系锚固在前锚面前方底板上，门架承重索锚固在锚块前锚面上。猫道承重索与扶手索锚固埋件均采用深埋型钢结构。猫道锚固系统布置如图 4 所示，猫道承重索锚固装置结构如图 5 所示。

2.4　猫道调整系统

在塔顶和散索鞍墩顶设置转索鞍，实现猫道承重索、扶手索和猫道门架承重索在塔、锚处的转向与固定。猫道在塔顶处线形由猫道承重索下压装置和变位刚架进行调整，使猫道与主缆的线形平行。猫道承重索或门架承重索的垂度通过锚固系统锚梁上拉杆进行调整，锚固拉杆设计成大小拉杆组合式调节系统，大拉杆用于调整猫道整体线形，小拉杆用于调整猫道索长度偏差，使所有猫道索同步。

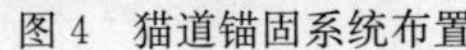

图4　猫道锚固系统布置

图5　猫道锚固系统结构

塔顶处猫道变位系统布置如图6所示，锚碇处猫道变位系统布置如图7所示。

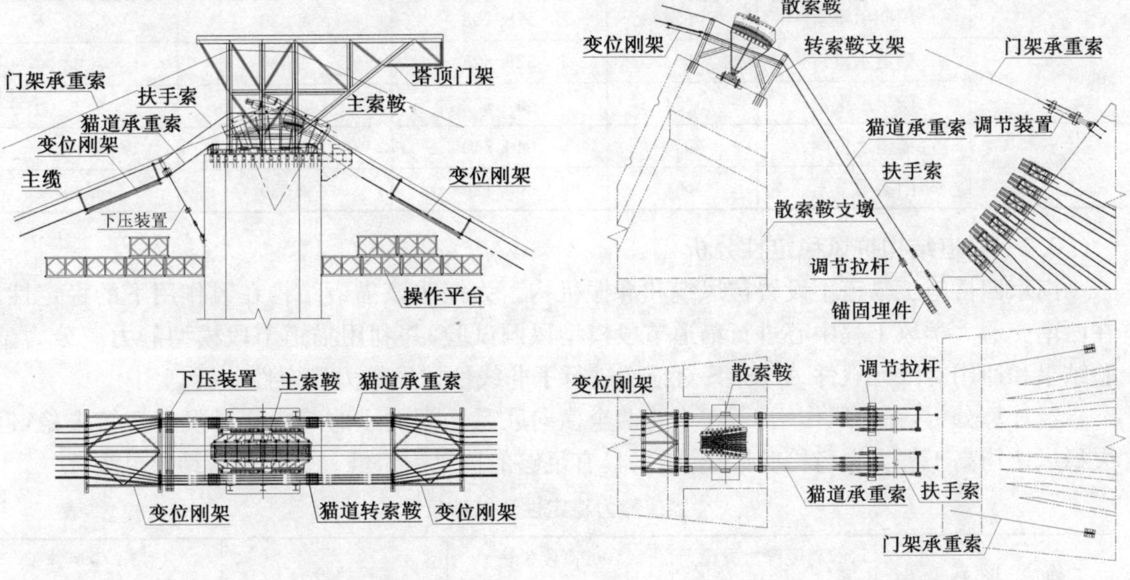

图6　塔顶处猫道变位系统布置

图7　锚碇处猫道变位系统布置

3　猫道结构计算与分析

3.1　猫道结构计算

采用通用有限元软件 ANSYS 对猫道结构进行计算，并通过桥梁结构空间静动力非线性分析系统 BNLAS 软件进行计算复核。猫道承重索、扶手索及门架承重索采用分段空间悬链线进行模拟，猫道门架、横梁、横向通道及桥塔采用空间梁单元进行模拟。

考虑施工期间，在每侧猫道上放置两根主缆索股，并考虑20年一遇的风载。猫道计算工况和各工况猫道索受力结果分别见表1、表2。

从表2计算结果知，在所有计算工况下，猫道索的安全系数都大于3。其中，在最不利工况下，猫道索的安全系数为3.17，满足规范要求。

猫道各计算工况统计表　　表1

序　号	名　称	荷载组合
工况 1	猫道空载工况	猫道恒载＋20 年一遇风载
工况 2	猫道空载校核工况	猫道恒载＋温降＋20 年一遇风载
工况 3	猫道正常作业工况	猫道恒载＋索股荷载(2 根)＋温降＋人群＋工作风载
工况 4	猫道正常作业校核工况	猫道恒载＋索股荷载(2 根)＋20 年一遇风载
工况 5	猫道检验工况	猫道恒载＋索股荷载(2 根)＋温降＋20 年一遇风载

猫道各工况下计算结果汇总表　　表2

荷载状况	猫道索类别	直径(mm)	钢丝绳最大索力(kN)	最小破断拉力(kN)	安全系数
1	猫道承重索	Φ54	571.483	2 030	3.55
	门架承重索	Φ54	543.369	2 030	3.74
2	猫道承重索	Φ54	593.319	2 030	3.42
	门架承重索	Φ54	559.684	2 030	3.53
3	猫道承重索	Φ54	609.184	2 030	3.33
	门架承重索	Φ54	578.758	2 030	3.51
4	猫道承重索	Φ54	629.625	2 030	3.22
	门架承重索	Φ54	602.652	2 030	3.37
5	猫道承重索	Φ54	640.740	2 030	3.17
	门架承重索	Φ54	606.124	2 030	3.35

3.2　猫道结构抗风稳定性分析

南京四桥施工猫道不设置抗风缆和抑振机构。为探明该猫道结构在风作用下的稳定性，在西南交通大学风工程中心进行猫道节段模型风洞试验，并利用猫道节段模型静力三分力试验结果和通用有限元软件 ANSYS 对猫道进行了非线性抗风静力稳定性分析。

经计算分析，在静风作用下，在中跨两个横向联系之间的小跨跨中容易发生扭转失稳，但失稳风速均高于静力失稳检验风速，结构具有足够的抗风稳定性。具体分析结果见表 3。

猫道静力稳定性计算结果　　表3

猫道形式		10m 高度静力失稳检验风速(m/s)	10m 高度失稳风速(m/s)	评价	13.5m/s 风速最大位移(m)	
无制振索	中跨	33.0	55	安全	4.68	1.08
无制振索	北边跨	33.0	57	安全	1.66	0.51
无制振索	南边跨	33.0	56	安全	1.48	0.45
有制振索	中跨	33.0	55.5	安全	4.59	1.02

从表 3 中分析结果知，制振索对猫道静风稳定性的影响较小，南京长江第四大桥施工猫道采用无抑振机构的结构是安全的。

4　猫道架设

4.1　猫道索架设

猫道索采用托架法架设，在中、边跨架设 2 根 Φ32mm 托架承重索，沿托架承重索每 100m

布置一个猫道索托架，作为猫道索架设的支撑。猫道索架设如图 8 所示。托架结构如图 9 所示。

图 8　托架法架设猫道索

图 9　猫道索架设用托架

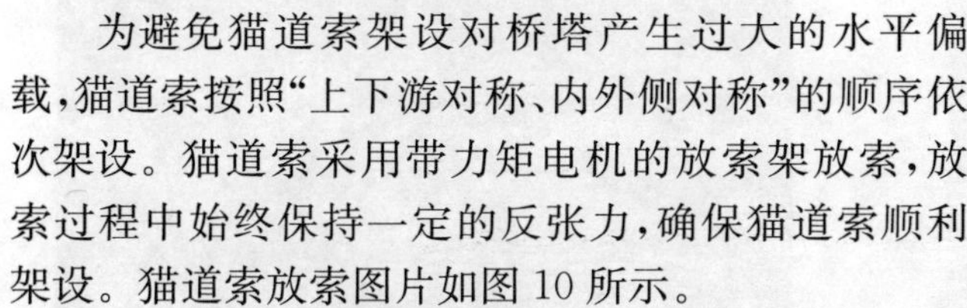

为避免猫道索架设对桥塔产生过大的水平偏载，猫道索按照“上下游对称、内外侧对称”的顺序依次架设。猫道索采用带力矩电机的放索架放索，放索过程中始终保持一定的反张力，确保猫道索顺利架设。猫道索放索图片如图 10 所示。

图 10　猫道索放索图片

4.2　猫道调整结构安装

猫道索架设完成后，进行猫道索调整，通过猫道锚固系统处的大小拉杆完成。调索完毕后，安装塔锚处变位刚架及下压装置，以此完成猫道索在塔锚处的变位调整。猫道下压装置如图 11 所示，猫道变位刚架如图 12 所示。

图 11　猫道下压装置

图 12　猫道变位刚架

4.3　猫道面层和横向通道安装

猫道面层采用“逐片拼装、分段下滑”的施工工艺，下放单元段长取 150m 或 300m。横向通道与猫道面层同步下放，兼作配重。

猫道面网在后场拼装成长 2.1m 的标准面网单元，如图 13 所示。面层单元在主塔中、边跨侧变位刚架处逐段拼装成单元段，后按一定顺序下放，控制塔顶偏位满足设计要求。面层单元现场拼装接长如图 14 所示，面层单元下放如图 15 所示。

图 13　猫道面层单元后场拼装

图 14　猫道面层单元现场拼装接长

a)

b)

图 15　猫道面层下放图片

4.4　猫道门架、滚轮及附属设施安装

猫道面层铺装完成后，安装索股托轮、猫道门架及导轮组、猫道照明系统及相关附属设施。索股拖轮如图 16 所示，猫道门架安装如图 17 所示。

图 16　索股托轮安装

图 17　猫道门架安装

5　结语

南京长江第四大桥施工猫道于 2011 年 2 月 21 日开始架设第一根猫道承重索，至 4 月 22 日猫道全部架设完毕，整个猫道架设过程始终处于安全、快速的可控状态。

在后续主缆架设等工序施工过程中，施工单位制定了一整套完善的猫道管理与维护制度，确保了猫道功能的充分实现，并为南京长江第四大桥上部结构施工的顺利进展奠定了基础。

86. 冲淤河段大型有底钢吊箱定位及下沉施工技术

陈超华[1]　易江鸿[2]　穆清君[1]　孙晓伟[1]

(1. 中交二航局第五工程分公司;2. 武汉建兴工程建设管理有限公司)

摘　要:武汉二七长江大桥3号墩位于冲淤河段,河床高程变化幅度大,平均高程为+5.0m,基础施工采用有底钢吊箱作为挡水结构,平面尺寸为56.7m×34.95m,底节重量超过2 500t,底高程为-0.616m,钢围堰要下沉至河床以下平均约6m。钢吊箱利用拉靠墩系统定位,绞吸式吸泥船和普通吸泥泵配合在高流速河段水下形成基坑,千斤顶系统下沉到位。

关键词:拉靠墩系统　钢吊箱　精确定位　吸泥船　吸砂泵　提升下放　千斤顶　施工技术

1　前言

深水基础施工一直是每一座跨江河湖海桥梁施工的重中之重,也是工期控制点。自1976年九江长江大桥由陈新院士首创双壁钢围堰施工桥梁深水基础以来,许多跨越江河湖海的深水基础施工都相继采用钢围堰。

钢围堰施工大型深水桩基础的一般方法如下:

(1)钻孔平台+钢围堰法:先搭设钻孔平台进行钻孔桩施工。然后在现场整体吊装或组拼下放钢围堰,对钢围堰封底、抽水、进行承台施工。

(2)围堰兼作平台法:先整体制造钢围堰,浮运到墩位精确定位固结后,利用钢围堰搭设钻孔平台,进行钻孔桩施工。然后对钢围堰封底、抽水,进行承台施工。

采用围堰兼作平台法时,钢围堰在工厂整体制造成型,由于采用工厂化制作,可以提高钢围堰的制造精度,减少在墩位处现场拼装的水上作业量,而且钢围堰拼装接高可以与钻孔桩施工同步进行,不占用关键线路时间。整体制造浮运的钢围堰集钻孔桩施工平台、钢护筒插打导向结构及承台、墩身施工挡水围堰等多种功能于一身,如果在基础开工之前提前加工钢围堰成型,可以大大缩短钻孔桩施工完毕后至开始承台施工的工序转换时间,缩短整个基础的施工时间。采用这种工艺时,钢围堰的位置直接决定钻孔桩和承台的位置,因此对钢围堰的定位精度要求非常高。

钢围堰分为无底钢套箱和有底钢吊箱,一般埋入式或半埋入式承台采用无底钢套箱施工,高桩承台采用有底钢吊箱施工。近年来,在武汉天兴洲长江大桥和武汉二七长江大桥施工中,成功采用有底钢套箱施工半埋入式承台,避免了无底钢套箱坐落在河床上边吸泥边下沉过程中容易出现的钢套箱歪斜的风险。下面以武汉二七长江大桥3号索塔墩为例来阐述大型钢套箱的精确定位以及在冲淤河段下沉至河床面以下 6.0m 的施工技术。

2 工程概况

武汉二七长江大桥位于武汉长江二桥下游约 3.2km，天兴洲大桥上游约 6.7km 处。主桥采用三塔斜拉桥，主跨跨径为 616m，是世界最大跨径的三塔斜拉桥；主跨上部结构采用“工”钢主梁与混凝土预制板相结合的主梁结构，是世界最大跨度的结合梁桥。

3 号主墩位于江中深水区，采用高桩承台结构，采用有底钢吊箱作为挡水结构，同时作为承台混凝土浇筑时的侧面模板。3 号主塔墩钢吊箱底节尺寸为 56.7m ×34.95m ×16.0m，重量为 2 568t。设计总重量 3 066.7t。钢围堰总体设计如图 1 所示。

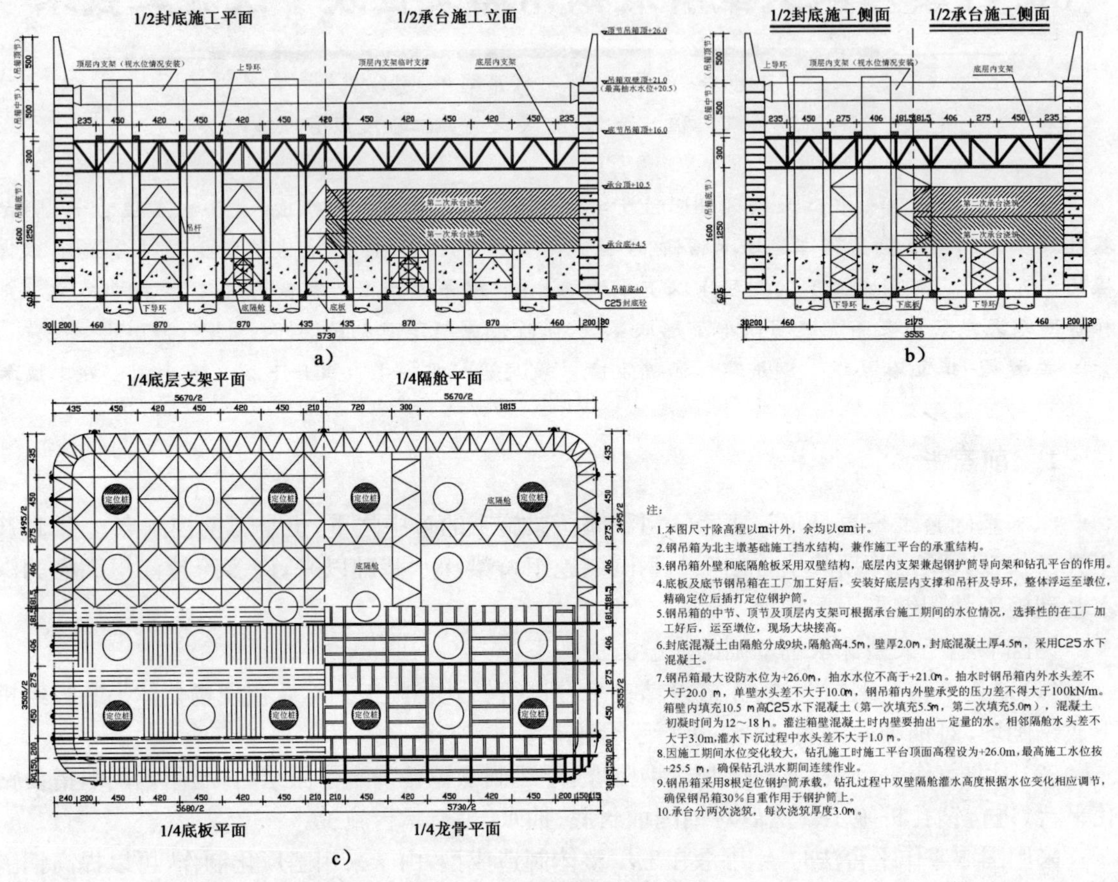

图 1　3 号墩钢吊箱总体设计图

3 钢吊箱精确定位施工

3.1 钢吊箱定位方法确定

3 号墩钢吊定位具有如下特点：

(1)武汉二七长江大桥于 2008 年 10 月 1 日开工，钢吊箱加工完成时间为 2008 年 12 月 30 日，前期有足够时间施工定位系统。

(2)3 号墩钢吊箱设计下导环孔径为 3 080mm，活动上导环孔径为 3 050mm，而 3 号墩钢护筒设计外径为 3 044mm，钢吊箱的定位精度直接影响钻孔桩和承台的平面位置，对钢吊箱定位精度要求非常高。

(3)3 号墩位于长江主航道中，过往船舶多，要避免波浪对吊箱定位的影响。

(4)3 号墩为索塔墩，后续施工内容多(包括钢护筒沉放、钻孔桩、封底混凝土、承台、索塔及上构施工等)，长期需要面积较大的水上施工平台。

(5)主墩有大量的起重吊装作业，定位系统不允许占用钢吊箱附近水域。

综合上述分析，传统钢吊箱定位工艺(定位船方案、四角锚墩方案)无法满足要求。本文结合高桩码头停靠船舶原理，提出了拉靠墩定位系统方案，该方案是在墩位上游一定距离设置拉墩，下游紧靠钢吊箱位置设置靠墩，利用拉靠墩上的拉缆和钢吊箱两侧锚缆系统进行吊箱的平面调位，利用拉墩上设置的下拉缆和吊箱隔壁舱内不均匀灌水调整吊箱垂直度。

3.2 钢吊箱定位系统设计

拉靠墩定位系统由上游拉墩、下游靠墩和边锚缆系统组成。钢吊箱定位系统总体布置图如图 2 所示。

上游拉墩：钢吊箱定位时，上游拉墩须承受钢丝绳传递来的顺流向荷载，并通过卷扬机系统对钢吊箱位置进行精确定位。

下游靠墩：在钢吊箱定位时，须承受调位过程中由钢吊箱传递来的挤靠力，并通过卷扬机系统对钢吊箱位置进行微调。下游靠墩同时还作为施工平台，布置塔吊、办公室、休息室、临时仓库、箱变及开闭所等。

横桥向拉靠墩轴线与钢吊箱设计就位时轴线一致，考虑河床冲刷情况下拉靠墩的安全，上游拉墩距桥轴线 98.35m；下游靠墩距桥轴线 29.85m。

在上拉墩布置 6 根边锚缆，下靠墩布置 2 根边锚缆，边锚缆承受侧向水流力、风阻力以及有侧向调位功能。

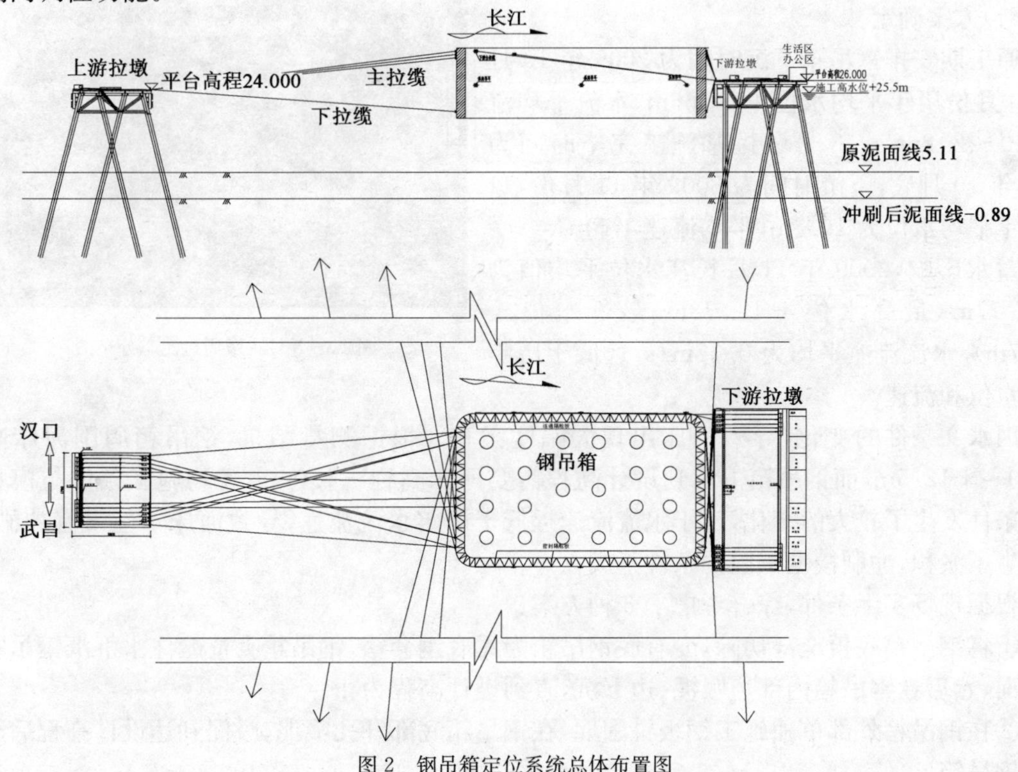

图 2　钢吊箱定位系统总体布置图

4 有底钢吊箱吸泥下沉

4.1 钢吊箱下沉特点及难点

3号墩钢吊箱下沉在钻孔桩施工完毕后进行，吊箱夹壁内抽水，吊箱上浮，解除底节钢吊箱与钢护筒之间的固结约束，通过向夹壁舱均匀注水使钢吊箱下沉到底高程＋0m，与钢护筒通过拉压杆固结后进行封底施工。

3号墩位于冲淤河段，洪水期冲刷，枯水期淤积。河床高程平均约＋5.0m，钢吊箱下沉预计在2009年11月份左右，河床高程要高于＋5.0m。但钢吊箱底高程需要下沉到＋0m，考虑钢吊箱底板龙骨0.66m，实际要求3号墩范围内河床高程必须低于－1.0m。即钢吊箱底要沉到河床高程以下至少6.0m。

按照原方案设想，钢吊箱精确定位后，钻孔桩施工期间，钢吊箱底部与河床之间和水流变急，水流会冲刷河床表面的推移质砂层，在钢吊箱底部形成一个前低后高的基坑，钢吊箱正好下沉到这个自然冲刷的基坑内。但是是否能够冲刷到位还是需要通过模型试验来验证。

4.2 冲刷模型试验研究

3号墩基础施工期河床冲刷情况分析研究采用正态宽水槽模型。根据施工工期安排，试验时采用的施工期水位为历年平均水位19m，3号主墩的施工期流速为2.0m/s。

根据冲刷试验研究成果，钻孔桩施工期，河床局部冲刷最大深度为19.4m，发生在迎水面的第一排钢护筒处，而背水面侧的局部冲刷明显小于迎水面侧，冲刷深度在4.0m左右，考虑到3号墩的河床底高程为＋5m左右，且钢吊箱二次下沉的底高程为＋0.0m，从冲刷形态看，只要将背水面一侧的局部区域进行1.0m左右的清淤即可。3号主墩周边流态分布图如图3所示。

4.3 有底钢吊箱底部吸泥

(1)方案确定

原工期安排钢吊箱下沉时间为2009年10月份，10月份历年平均水位＋19.56m，水流平均流速2.0～2.2m/s。3号墩桩基施工完毕时间为2009年10月底，下沉时间为2009年11月份，11月历年平均水位为16.8m，平均流速1.5m/s。受三峡蓄水影响，2009年11月长江水位平均值为＋12.77m（最高水位＋13.78m，最低水位＋11.97m），水流流速平均为0.77m/s，远低于历年平均水位和流速。

图3 3号主墩周边流态分布图

因水文条件的变化，导致河床出现大幅度淤积。根据测量结果，钢吊箱周围河床高程＋5.0～＋12.5m，而钢吊箱下沉到设计高程需要河床高程－1.0m。现场施工条件与模型试验的条件发生了较大的变化，由于水流流速远低于历年水流流速，导致河床不但没有冲刷，反而发生了淤积，冲刷模型试验的条件不成立。

根据现场实际条件，综合考虑了3种方案：

①将钢吊箱底板全部切除，变有底钢吊箱为无底钢套箱，钢吊箱夹壁舱注水下沉钢吊箱到河床面，然后在钢吊箱内部边吸泥、边下沉，直到设计高程为止。

②在钢吊箱外部单独施工钢板桩围堰，在钢吊箱底部开孔吸泥，吸泥到达设计高程后开始下沉钢吊箱。

③在钢吊箱底部开孔吸泥，将钢吊箱投影范围内的泥砂搬运到钢吊箱外围，钢吊箱周围利用大功率吸泥设备将泥砂搬运到钢吊箱下游 200m 以外，吸泥到达设计高程后开始下沉钢吊箱。

采用大功率吸泥设备大面积吸泥方案风险最少，投入最小。只要吸泥速度超过泥砂淤积速度，该方案是可以保证成功的，这一点完全可以通过增加吸泥设备数量克服。同时，由于没有附加的临时工程，工程造价低，工期相对有保证。

(2)有底钢吊箱底部吸泥

因钢吊箱底板密封，且设型钢龙骨，无法使用常规吸泥设备直接吸泥。如图 4 所示，为解决钢吊箱底板范围内河床偏高的问题，潜水员在钢吊箱底板开孔，利用吸砂泵和高压射水、空气吸泥配合将钢吊箱底板范围内河床沉积物“搬运”至钢吊箱外围部分，在下靠墩处停泊一艘绞吸式吸泥船，在钢吊箱两侧停泊吸砂泵、吸砂船，通过吸砂泵和吸砂船共同配合降低河床高程。吊箱范围内下游河床比上游河床高，所以，首先将空气吸泥机布置在吊箱下游侧方向，河床降低至高程后逐排向上游移动继续吸泥。

a)

b)

图 4　有底钢吊箱底部吸泥

4.4　钢吊箱下沉

钢吊箱原下沉方案为：夹壁仓排水→钢吊箱自浮→解除钢吊箱与钢护筒之间约束→钢吊箱夹壁仓注水→钢吊箱下沉。

根据计算，钢吊箱自浮状态，钢吊箱吃水深度为 8.2m，即施工水位达到 8m＋8.2m＝16.2m时，通过调节夹壁仓水量实现钢吊箱自浮。

然而受三峡蓄水影响，水位持续下降，2009 年 9 月从 20.86m 降至 16.65m，至 10 月 30 日水位下降至＋13.40m，远低于钢吊箱自浮状态水位＋16.2m，无法实现钢吊箱自浮。所以，调整原定“先浮后沉”的施工工艺为“先提升后下沉”，即通过布置千斤顶提升系统将钢吊箱提起，解除钢吊箱与钢护筒之间的牛腿约束，再注水下沉至设计高程。

(1) 千斤顶提升系统选型及布置

在 8 根钢护筒布置 16 台穿心千斤顶。四角的 4 根钢护筒各配置 2 台 YCW400B 千斤顶，合计 8 台 YCW400B 千斤顶，每个千斤顶受力为 210t；中间 4 根钢护筒各配置 2 台 YCW250B 千斤顶，合计 8 台 YCW250B 千斤顶，每个千斤顶受力为 130t。采用 XF7 型液压泵站，每台液压泵站同步控制 4 台千斤顶。千斤顶提升系统平面布置图如图 5 所示。

千斤顶配套使用的下放材料有精轧螺纹钢和钢绞线两种，由于下放过程中钢吊箱会发生一定的晃动，并且精轧螺纹钢脆性较大，因此，本工程选用了柔性较好的钢绞线作为钢吊箱下放材料。千斤顶提升系统设备性能见表 1。

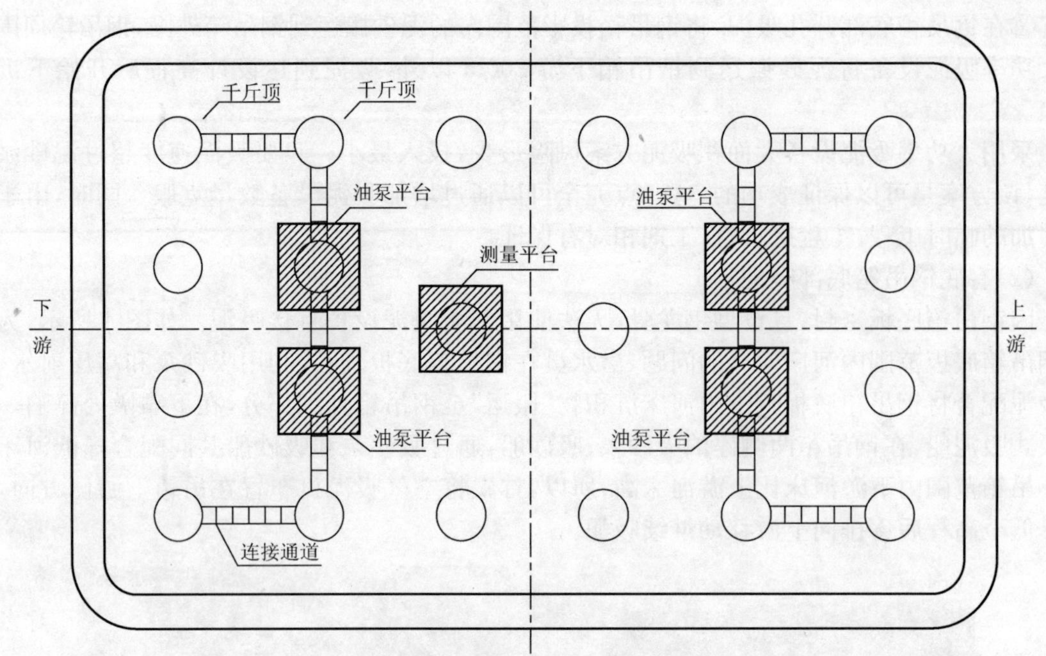

图5 千斤顶提升系统平面布置图

千斤顶提升系统设备性能表 表1

名　　称	型　　号	穿心孔径(mm)	工具锚(孔)	额定油压(MPa)	行程(mm)
千斤顶	YCW400B	175	19	50	200
千斤顶	YCW250B	140	12	50	200
液压泵站	XF7	流量:7L/min	运行油压:30MPa		

(2) 千斤顶下放钢吊箱施工关键技术

钢吊箱提升前,全面清理检查钢吊箱底板,清除杂物,防止卡在钢吊箱与钢护筒之间。

由于成束钢绞线在受力后会发生扭转,甚至会整束扭成"麻花",影响下沉施工。经过总结类似施工经验,每个千斤顶所采用的钢绞线一半量以左捻形式的,另一半量以右捻形式的。

提升和下放采取荷载和行程双控,以荷载控制为主。当荷载超过设定最大值时,必须查清原因,排除干扰后方可继续施工。下放施工采取小行程控制,每顶升、下放4cm单位行程检查同步性一次,若发生不同步立即调整。

钢吊箱下放全过程控制钢吊箱垂直度,确保钢吊箱底板与钢护筒之间不卡。在钢吊箱可以自浮之前,提前进入注水下沉节段,保持千斤顶受力,仍然利用千斤顶控制下沉,有利于保证钢吊箱下沉过程中的几何形态,确保钢吊箱不发生倾斜、与钢护筒卡住或突然下沉等情况。

5 结语

武汉二七长江大桥3号索塔墩历时4d完成钢吊箱精确定位,钢吊箱下沉仅用了60h,为整座大桥施工奠定了良好的基础。

采用拉靠墩系统定位大型钢吊箱,操作简单,定位精度高,不影响其他船舶作业,占用水域小,同时靠墩可以作为后期施工平台。该方案在施工水域狭窄、水位变化大等背景下产生,改变了传统定位船施工工艺,开创了一种新颖工法。在桥梁、电力塔基、大型独立墩码头、排污、石油等领域，类似条件下的大型钢围堰或混凝土沉箱(沉井)定位施工中可参照应用。

在冲淤河段，相当于4个篮球场大的有底钢吊箱底部采取吸泥方案施工一个深度超过8m的基坑，同样在国内没有先例。由于水流作用，刚刚形成的基坑可能马上就会淤积，基坑施工实际是在跟泥砂淤积赛跑。吸泥时尽量少扰动水流和泥砂，减少淤积。

千斤顶下放大型钢吊箱，充分利用钢吊箱顶部已有的支撑结构，临时工程量小，准备时间短，下放平稳安全，费用低。对类似结构的钢围堰下沉具有借鉴意义。

87. 大跨度斜拉桥索塔下横梁塔梁同步一次性浇筑施工技术

陈超华[1]　穆清君[1]　易江鸿[2]　孙晓伟[1]

(1. 中交二航局第五工程分公司;2. 武汉建兴工程建设管理有限公司)

摘　要:大跨度斜拉桥索塔下横梁一般采用两次浇筑,造成横梁实际应力状态与设计不符。但一次性浇筑存在许多需要解决的难题。武汉二七长江大桥索塔施工中,通过横梁支架、模板、混凝土浇筑等采取系列技术措施,成功进行索塔下横梁"塔梁同步一次性浇筑",充分实现设计意图。

关键词:索塔;下横梁;塔梁同步;一次性浇筑;施工技术

目前,随着桥梁设计施工技术的进步,斜拉桥跨度也不断加大,下横梁工程量也相应加大。索塔横梁施工方法主要有2种:塔梁同步施工与塔梁异步施工。横梁可采用分多次浇筑(2次或3次)和一次性浇筑的方法。对大跨度斜拉桥,由于下横梁高度大、横梁区塔柱钢筋密集,一般采用分2次浇筑的方法。在武汉二七长江大桥3号索塔施工过程中,施工单位采取系列技术措施,克服了施工过程中的种种不利因素,成功进行了大跨度斜拉桥索塔下横梁塔梁同步一次性浇筑,保证了下横梁应力状态与设计相符。

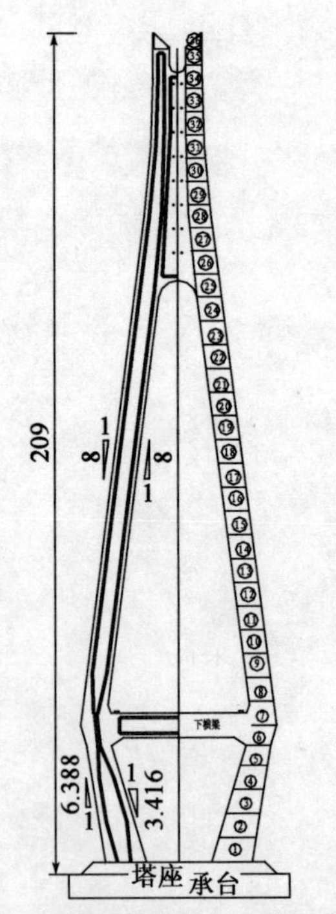

图1　主塔结构及施工节段划分图(尺寸单位:m)

1　工程概况

武汉二七长江大桥是武汉市二环线控制工程之一,采用三塔斜拉桥结构,主跨616m,是世界第一大跨度三塔斜拉桥和世界第一大跨度结合梁桥。3号索塔高209m,为花瓶形结构,由下塔柱、中塔柱、上塔柱及下横梁4部分组成,如图1所示。下横梁为预应力混凝土箱形结构,高6m,宽7m,横桥向长48m,为单箱单室截面,顶、底板及腹板厚均为0.8m,如图2所示。混凝土强度等级为C50,下横梁方量921m^3,第6、7节塔

柱总方量 1 068m³

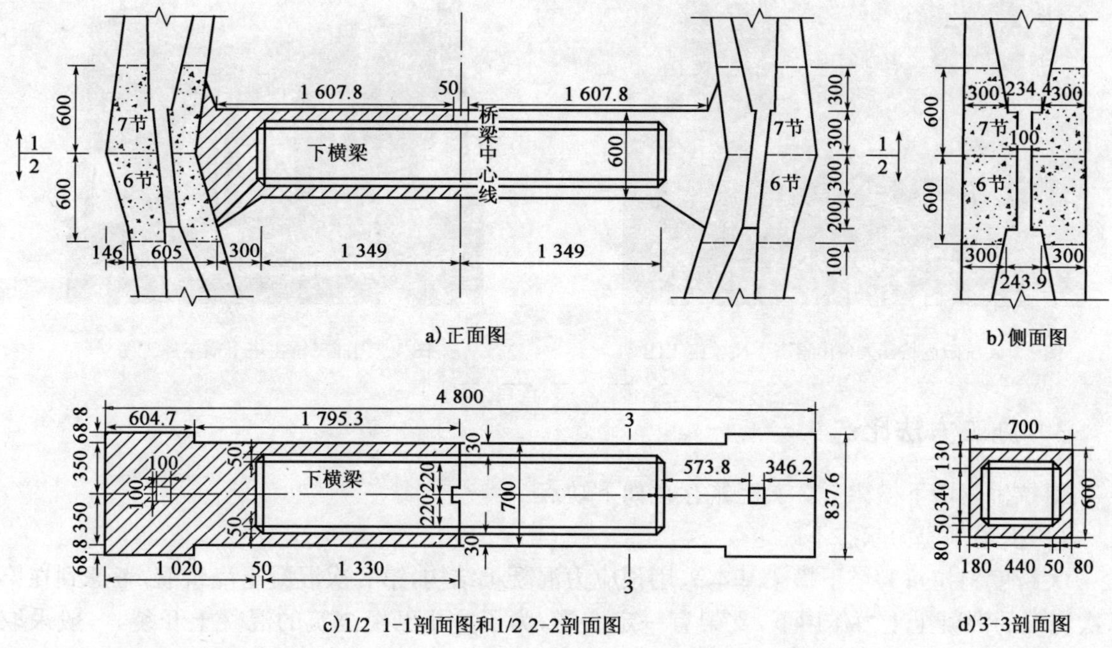

图 2 下横梁结构图(尺寸单位:cm)

2 常用施工方法介绍

2.1 塔梁异步施工

(1)先横梁后塔柱

先进行横梁施工,预留接头,在塔柱施工至横梁高程后,与塔柱同步浇筑结合段。该施工方法适用于下塔柱较高,施工工期长的索塔,有充足时间先完成横梁施工。目前该施工方法较为少用。

(2)先塔柱后横梁

先浇筑塔柱,预留横梁接头,再进行横梁施工。该施工方法适用于直线型塔柱,在横梁处不存在应力集中的情况。使用该方法的有苏通长江大桥北索塔、武汉阳逻长江大桥南索塔(图3)、南京四桥北主墩、辽河大桥北主塔等。

2.2 塔梁同步施工

(1)分多次浇筑

按照横梁高度及塔柱在横梁处线形,将横梁与塔柱同步分为 2 层(或 3 层)施工。是最常见的施工方法。使用该方法的有杭州湾跨海大桥北航道桥主塔、南京长江二桥南汉大桥主塔、金塘大桥 D3 墩索塔、闵浦二桥主塔(图 4)等。

(2)一次性浇筑

横梁与塔柱同步施工,一次性完成横梁及横梁区域塔柱混凝土浇筑。该施工方法适用于横梁截面较小、混凝土方量较小或设计有特殊要求的情况。使用该方法的有五河口大桥、苏村坝大渡河大桥 7 号墩等。

图3 武汉阳逻长江大桥南索塔下横梁施工图

图4 闵浦二桥主塔下横梁施工图

3 施工方法比选

斜拉桥索塔下横梁分2次浇筑存在如下缺点：

(1)横梁预应力状态不确定

大跨度斜拉桥索塔下横梁基本采用预应力混凝土结构，第2次混凝土浇筑前，考虑到在第2次浇筑的混凝土重力作用下，支架有一定变形，为了防止已经浇筑的混凝土开裂，一般采取部分张拉预应力的方法。这样在第2次混凝土浇筑时，第1次浇筑的混凝土已经是预应力结构。第2次混凝土预应力张拉给第1次浇筑的混凝土施加了附加应力，导致下横梁实际应力状态与设计不相符，且难以量化。

(2)支架系统的受力难以明确

第2次浇筑混凝土时，第1次浇筑的混凝土和支架均会受力，出现一定程度的变形，如果变形过大会导致第1次浇筑的混凝土开裂。所以，即使混凝土分2次浇筑，对设计人员来说，支架基本还是按照一次性浇筑来设计。

从以上几种浇筑方法分析，采用"塔梁同步，一次性浇筑"的施工方法具有明显的优越性。不但符合设计理念，保证主塔结构的连续性、整体性，而且减少了异步、分次浇筑的过渡工序，既缩短了施工周期，又节约了施工成本。尽管一次性浇筑存在工程量较大、混凝土浇筑较高的施工难点，但是通过技术措施是完全可以解决的。因此，武汉二七长江大桥3号索塔下横梁采用了"塔梁同步，一次性浇筑"的施工方法，即下横梁与第6、7节塔柱同步一次性施工。

4 施工重点与难点

(1)一次性混凝土浇筑方量1 898m^3，洪水期施工组织难度大。

(2)该区段塔柱结构复杂，下横梁伸入塔柱部分钢筋密集，混凝土下料、振捣难度大。

(3)塔柱部分浇筑高度达11.911m，混凝土压力大，对支架系统、模板系统要求高。

(4)塔柱在横梁处由外倾转为内倾，存在拐角，塔柱外模整体稳定性及拐角处模板受力情况复杂，且拐角处模板接缝易漏浆。

(5)由于外倾下塔柱不允许设拉杆，一次性浇筑荷载过大易导致塔柱根部开裂。

(6)横梁内腔底板与腹板交界处易翻浆。

(7)施工面较大，需考虑合理的浇筑顺序及浇筑强度，保证混凝土质量。

5 支架系统设计

下横梁浇筑支架系统主要由钢管支架、卸荷砂箱、三拼 H588 主横梁、贝雷梁纵梁及 I25 分配梁等组成。钢管立柱通过钢管平联、斜撑连成整体，如图 5 所示。在塔柱内侧设置 8 个预埋件，通过附墙支撑将钢管支架与塔柱相连，不但增强了支架体系整体稳定性，还抵消了施工过程中下塔柱所受横向分力，避免塔柱根部开裂。支架系统受力安装下横梁一次性浇筑考虑，同时满足受力和变形要求。

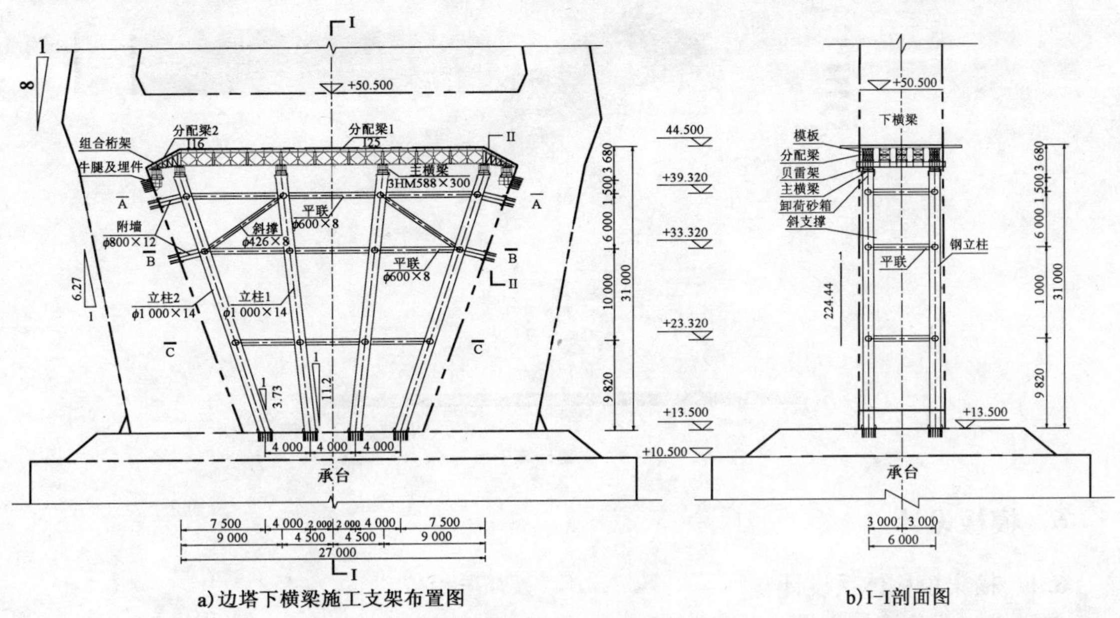

图 5 下横梁支架设计图(尺寸单位：mm)

下横梁混凝土浇筑完成，设计风速顺桥向作用时，竖向荷载起主导作用，按(1.35 恒载＋0.84 活载)计算各部位受力。

约束条件：

桁架、贝雷与横梁铰接，横梁与立柱铰接；

牛腿、附墙与塔柱固接；

柱脚固结。

支架计算模型如图 6 所示。

支架受力计算结果见表 1。

支架受力计算结果表 表 1

部 位	最大轴应力(MPa)	最大弯应力(MPa)	综合应力(MPa)	最大轴力(kN)	最大剪力(kN)	最大弯矩(kN·m)
主横梁 3HM588×300 3HM588×300	6.3	76.0	84.9	363	1 410	915
主横梁 3HM588×300	1.9	40.5	79.1	72.8	496	325
立柱 ϕ1 000×14	77.9	97.9	143	2 900	568	890

续上表

部　　位	最大轴应力（MPa）	最大弯应力（MPa）	综合应力（MPa）	最大轴力（kN）	最大剪力（kN）	最大弯矩（kN·m）
平联 $\phi600\times8$	30.9	29.7	42.1	459	18.9	64.6
斜撑 $\phi426\times8$	81.0	13.4	97.5	851	2.73	14.4
附墙 $\phi800\times12$	30.8	178	198	915	819	1030
牛腿	—	—	—	914	1 280	457

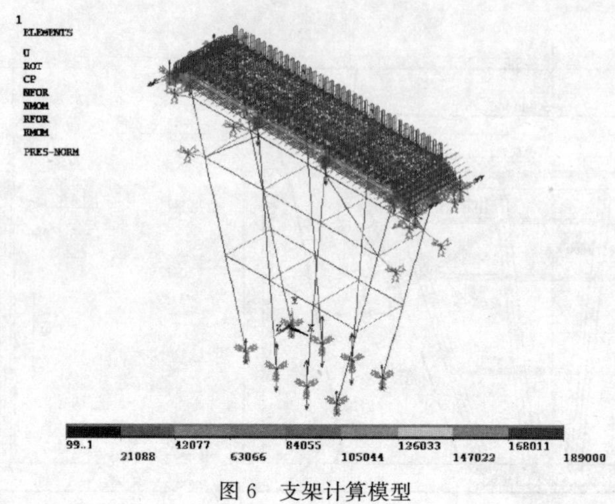

图 6　支架计算模型

6　模板设计

6.1　横梁模板体系设计

横梁模板分外模和内模。外模包括底板底模和外侧模，内模板包括压脚模、顶板底模、内侧模板。模板自身强度和拉杆按照一次性浇筑 6m 高来考虑。

(1)外模

底板底模采用在支架分配梁上铺设型钢作为底模背带，背带上铺设 1cm 厚钢板作为底模面板。[8 背带间距 40cm，在横梁实心段及腹板位置间距缩小为 20cm。钢面板间及与背带间均点焊连接。下横梁外侧模板采用北京卓良模板公司的大块木模板，由矩形模板及横梁两端倒角位置的三角模板组成。

(2)内模

内模采用组合钢模拼装，水平背带采用 2[14a。为防止腹板内混凝土向底板流动造成“翻浆”，沿内侧模下端倒角模板一周设压脚模板，宽度 1.1m。压角模通过型钢与内侧模相互支撑。

(3)下横梁模板固定体系

在底板上铺设垫块、搭设满堂轮扣式脚手架安装顶板底模，并通过满堂脚手架将内模支撑牢固，为保证脚手架稳定性，沿横梁长度方向设置 5 道剪刀撑。横梁外侧模板底端通过限位挡块固定在 I25a 分配梁上，自下而上设置 5 层拉杆，外侧模与内侧模通过拉螺杆相对固定，其中最上一层拉杆为南北两侧外侧模对拉，且外侧模顶口间设置型钢支撑以防止上口内缩。为增强横梁模板整体稳定性，设置斜撑将外侧模支撑在下横梁支架 I25a 分配梁上。下横梁模板固定体系如图 7 所示。

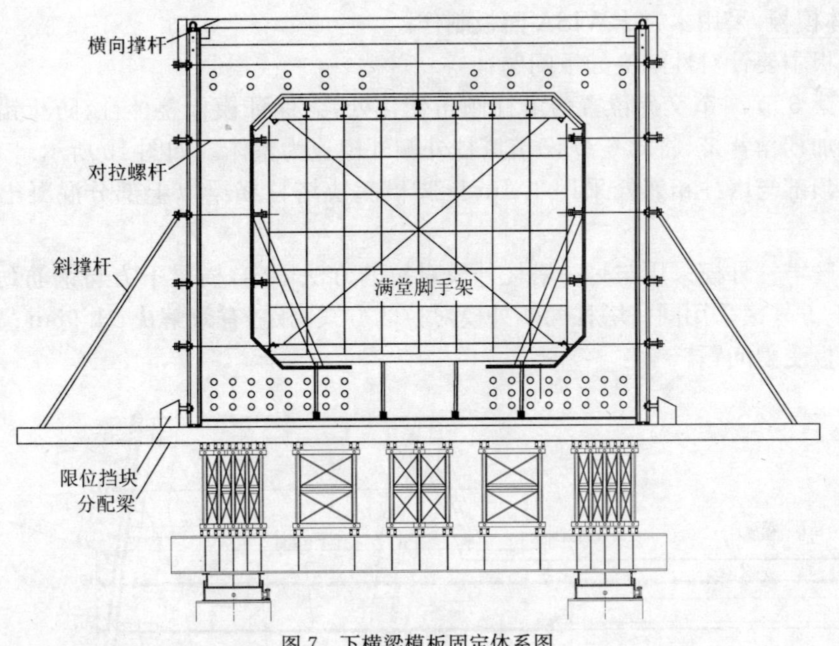

图 7　下横梁模板固定体系图

(4)横梁底模预拱度设置

横梁混凝土施工完成后下横梁支架横桥向跨中支架弹性变形为 14.4mm,另考虑砂箱、主横梁、贝雷梁、分配梁及底模所产生的非弹性变形合计 10mm,下横梁底模横桥向跨中预拱量为 24mm,向两侧线性递减至 10mm,下横梁支架弹性变形如图 8 所示。预拱量通过在分配梁上垫设相应厚度的钢板来实现(图 9)。

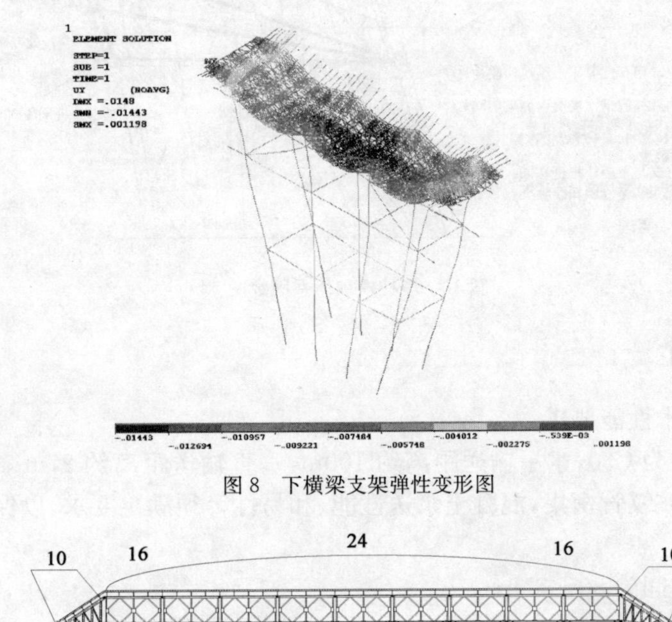

图 8　下横梁支架弹性变形图

图 9　下横梁底模预拱量设置图(尺寸单位:mm)

6.2　塔柱模板设计

塔柱模板包括外模和内模,外模采用液压爬模,第 6 节、7 节外模分别制作。内模为 1m×

1m 矩形柱体模板，采用木方＋WISA 面板制作。

塔柱模板主要针对性解决如下问题：

①塔柱第 6 节、7 节交界位置为塔柱倾角变化处，为保证模板整体性、防止错台、漏浆等，在交界处增加拐角背带，将第 6 节、7 节塔柱外侧外模连为整体。如图 10 所示。

②横梁顶部与塔柱相邻处采用 1.1m 压脚模解决塔柱横梁以上部分混凝土浇筑时翻浆问题。

③横梁区塔柱外模采用与另一塔柱外模对拉的方法固定，横梁下方与钢筋劲性骨架焊接固定，横梁上方外模采用同一塔柱两侧外模对拉的方式固定，有效解决 11.95m 高塔柱一次性浇筑过程模板受力问题。

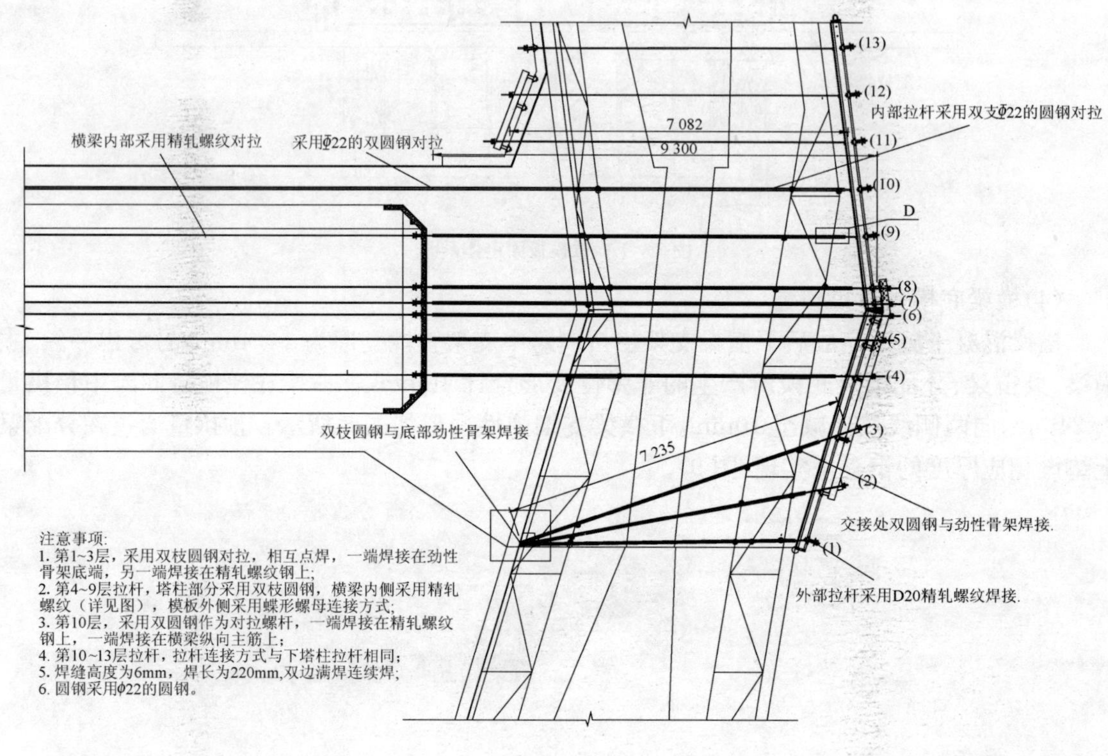

图 10　塔柱模板体系固定图

7　混凝土施工

7.1　混凝土技术性能要求

混凝土强度等级为 C50，水平输送距离约 100m，垂直输送距离约 27m。并且考虑塔柱钢筋密集、下横梁底板波纹管密集，混凝土泵送性能、和易性等须满足要求，以保证混凝土浇筑质量。具体要求如下：

①混凝土缓凝时间为 30～35h；

②混凝土坍落度 200±20mm；

③混凝土坍损 3h 不大于 20mm；

④混凝土的 5d 强度及强度模量达到设计的 85％；

⑤混凝土和易性、稳定性满足泵送要求。

7.2 混凝土浇筑工艺

(1)混凝土生产及运输

混凝土采用港渝1号搅拌船供应,搅拌船配置2台 HZSB75 搅拌机和2台 HBT60 ($60m^3/h$)混凝土输送泵。搅拌船停靠在塔柱下游侧。水平输送距离 100m,垂直输送距离 27m。综合考虑设备性能及下料点布置等因素,实际浇筑速度按 $35m^3/h$ 计算,总浇筑时间约 56h,下横梁区浇筑时间约 27h。

(2)混凝土浇筑顺序

按照由低向高水平分层的原则进行混凝土浇筑,施工过程中保证两侧塔柱混凝土浇筑对称进行。下横梁混凝土浇筑顺序:底板→腹板→顶板。

总体浇筑顺序示意如图11所示。

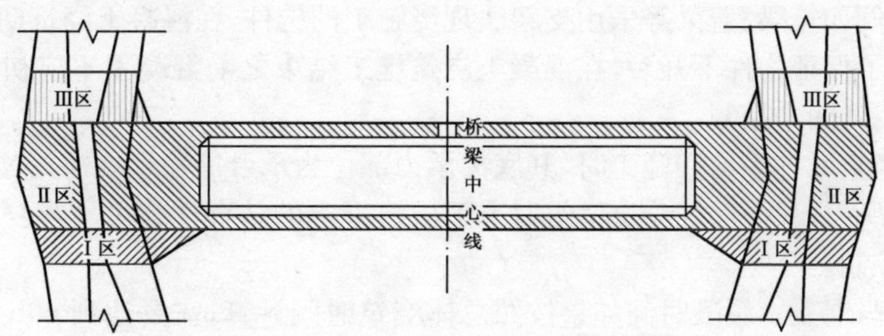

图11 下横梁混凝土浇筑顺序示意图

(3)混凝土施工

Ⅰ区混凝土浇筑时,通过串筒进行布料,振捣工从预留钢筋孔下至底部进行振捣作业,振捣选用 11m 长振动棒,方便转点振捣。Ⅱ区混凝土浇筑时,首先将Ⅱ区塔柱内浇筑 1m 高,然后从两边向中间推进浇筑横梁底板。底板浇筑时,将振动棒沿压脚模向腹板内振动,使混凝土向腹板区流动,以保证底板波纹管间浇筑密实。横梁底板浇筑完成后,再次浇筑Ⅱ区塔柱部位,约 1h 后,开始水平分层同步进行Ⅱ区塔柱及横梁腹板浇筑,届时底板混凝土基本稳定,避免了腹板向底板"翻浆"的可能。Ⅱ区混凝土浇筑经历约 34h,保证了下横梁部位混凝土在初凝前浇筑完成。Ⅲ区混凝土浇筑时,下横梁与塔柱交接倒角处发生数次向横梁顶版"翻浆"情况。在发现"翻浆"时,立即停止"翻浆"点布料,采用木板压脚,1h 后缓慢开始浇筑,振捣时控制振捣棒插入下层混凝土深度不超过 10cm,以免扰动下层混凝土,并仔细观察。待塔柱内混凝土浇筑高度超过 1.5m 后,开始清理横梁顶板堆积的混凝土,下横梁施工图如图12所示。

图12 下横梁施工图

(4)混凝土养护

为防止混凝土表面开裂,混凝土浇筑完成后采用土工布将裸露表面覆盖,并由专人负责洒水养护。塔柱、横梁侧面喷洒养护剂养护。当模板拆除后,立即将预先配制好的养护剂喷洒在混凝土表面上,喷洒应均匀、适量,勿漏喷、流淌,养护剂喷洒两道,随配随用。

8 结语

通过施工前详细制定方案及周密的施工准备、现场合理组织,武汉二七长江大桥 3 号主墩索塔下横梁一次性浇筑施工顺利完成。"塔梁同步一次性浇筑"的施工工艺保证了索塔主体结构的连续性、整体性,得到了业主、设计、监控各方的肯定。同时,笔者形成如下几点认识。

(1)大体积混凝土缓凝时间控制的理解

一般,对于例如箱梁、盖梁等采用支架法现浇施工的构件,在混凝土浇筑期间,支架变形在逐步的增加,为了保证构件不开裂,在混凝土浇筑施工结束之前混凝土不应初凝,混凝土缓凝时间应以总施工时间来控制。

对于例如竖直墩柱等构件施工时,其底部承力部位为承台等稳定结构,在混凝土浇筑期间不会发生变形,所以,只要保证分层浇筑时上下层混凝土的结合性即可,即混凝土缓凝时间以单个浇筑周期控制。

对于本工程,混凝土缓凝时间如果按照总体浇筑时间计算,需要达到 60h 以上,实际上完全没有必要。因为塔肢部分的混凝土与横梁相对独立,不会影响横梁支架的变形,所以本工程中混凝土的缓凝时间按照横梁部位施工时间来控制。

(2)塔梁同步一次性浇筑工艺的先进性和适应性

在提出塔梁同步一次性浇筑之初,很多专家担心的支架受力、塔肢拐角处模板加固和漏浆、腹板混凝土浇筑翻浆、塔肢钢筋过密无法振捣等问题,但是经过论证,这些都是可以通过一定的技术措施解决的。相反,一次性浇筑对准确实现设计意图的优点是其他几种浇筑方法无法比拟的。

88. 深水、大流速条件下大型沉井下沉河床防护技术研究

张 鸿 刘 鹏
（中交第二航务工程局有限公司）

摘 要：泰州大桥中塔采用水中沉井作为基础结构，其规模世界罕见，施工技术难度和施工风险很大。本文根据泰州大桥中塔沉井基础施工情况，通过沉井下沉河床河工模型实验研究与实际施工情况对比，阐述深水大流速条件下大型沉井着床及河床防护技术的研究与应用。

关键词：深水 大流速 巨型沉井 冲刷形态 冲深 着床 渡汛 防护

1 引言

随着我国桥梁建设向宽阔水域、外海发展，受地质条件的复杂化和水深的加大等恶劣环境因素影响，使其基础建设的风险加大。

目前，国内外大跨径桥梁深水基础中，较多采用预制沉放箱形基础，群桩基础以及双壁钢围堰、基桩复合基础。日本明石海峡大桥主墩基础，最大水深达 60m，是目前世界上规模最大的预制沉放箱基础。我国苏通长江公路大桥主墩基础为目前规模最大的群桩基础。

沉井基础具有埋置深度大，整体性强，结构刚度大，能承受较大的垂直和水平荷载的特点，同时沉井既是永久性结构物，又是施工期间的挡土、挡水结构物，其在大跨度深水基础有着广泛的应用前景。自南京长江大桥建设以来，国内沉井基础应用较少，相应的研究成果也较少，这与国外相关技术应用及发展趋势具有一致性。深水沉井基础建设风险性很大，不仅要面对所遇的复杂地质条件，同时还必须解决水动力问题。当沉井下沉接近河床时，沉井底部与河床间的距离缩小，底部流速逐步增大，相应河床冲刷加大，河床逐步形成一个迎水向前深后浅且高差悬殊的冲刷坑，如南京长江大桥主墩基础施工期河床冲刷坑达 7m，前后最大高差达 4m。为使沉井下沉着落河床时的稳定和定位的精度要求，国内外一般采用柴排、碎石或砂袋对河床预先进行防护，期望借此使河床免于冲刷。若采取上述河床防护措施，不仅水下工程量大，同时防护材料也会影响沉井下沉作业。

本文依托泰州长江公路大桥中塔深水沉井基础技术研究，通过河工模型试验，针对河床冲淤变化的特点，采取一种不经河床预先防护的沉井着落河床方法和沉井下沉安全渡汛措施，从

而解决了深水沉井着床、安全渡汛的关键技术问题。

2 研究背景

2.1 工程概况

泰州大桥主桥中塔采用水中沉井基础，沉井断面尺寸为：58m×44m，总高度 76m，入覆盖层深度 55m，为世界入土深度最大的水中沉井基础。沉井结构如图 1 所示。

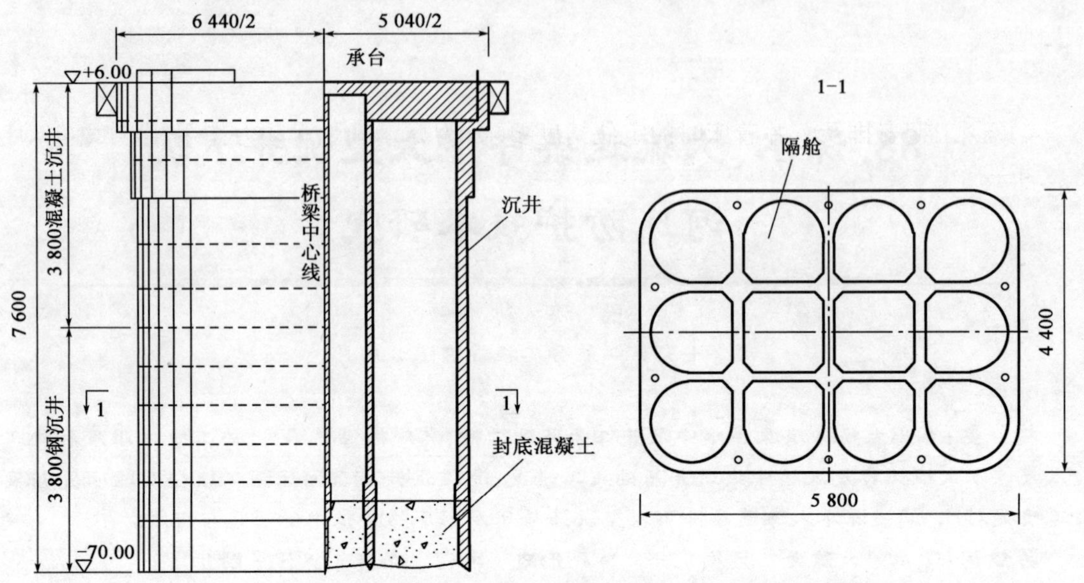

图 1 中塔沉井基础结构图(尺寸单位：cm)

沉井所穿越地层均为第四系覆盖层，从河床面以下依次为：细砂、粉砂、中粗砂及砂砾层，持力层为砂砾层。

2.2 水文条件

桥位地处长江下游扬中河段，为感潮河段，墩位处水深约 20m。

距桥址上游 380km 的大通水文站流量特征基本代表桥址河段流量情况，大通水文站流量特征值统计表见表 1。

大通水文站流量特征值统计表　　表 1

月份	1	2	3	4	11	12
多年平均流量(m^3/s)	11 000	11 700	16 000	24 100	23 300	14 200
近 10 年月最大流量(m^3/s)	30 300	26 200	43 000	37 200	41 200	25 100

为减少沉井着床的施工风险，选择在流速较小的枯水期进行沉井着床，在洪水期沉井下沉到稳定的深度，确保其安全渡汛。水文条件需包括枯季、中水和洪季期，以大通多年年月平均流量为基准，采用频率分析方法推求桥区施工期不同流量所对应的水位、流速，见表 2。

沉井施工期局部冲刷试验水文条件　　表 2

流量(m^3/s)	12 000	20 000	30 000	43 000	65 000	80 000	91 000
行近流速(m/s)	0.80	1.00	1.20	1.50	1.96	2.38	2.81
水深(m)	16.10	16.46	17.00	18.30	19.30	20.10	20.63

3 研究目的

沉井下沉过程中,引起墩位附近水流流态的改变,造成河床的冲淤变化,特别是在沉井下沉着床期和下沉过程的渡汛期,水流的作用引起河床的冲淤变化对沉井的精确着床定位和稳定安全有着至关重要的影响。

通过沉井下沉动床河工模型实验,获取不同水流条件下,沉井在着床前悬浮状态、着床后及渡汛期的冲刷形态,为沉井下沉所应采取的应对措施提供依据。

4 河床冲刷防护试验研究

考虑到工期安排及沉井着床时的定位精度要求,为尽量减少水动力作用,拟计划 12 月份枯水期进行沉井着床。在此时间段内,其最大流量为 25 000m^3/s,最小流量 12 000m^3/s,相应流速分别为 1.1m/s 和 0.8m/s。同时,为确保汛期沉井下沉安全,按最大流量为 91 000m^3/s,对应流速为 2.81m/s 进行河床防护设计。

4.1 沉井着床、下沉过程中的河工模型试验研究

1)沉井悬浮状态局部冲刷最大深度

悬浮状态下和着床后,沉井下沉距河床不同高度条件下,河床局部冲刷最大深度见表 3。

沉井悬浮状态局部冲刷最大深度 表 3

沉井下沉状态	沉井底部距床面高度(m)	沉井迎水面行近流速(m/s)		
		0.80	1.00	1.20
着床前	6	无冲刷	无冲刷	无冲刷
	4	< 1.00	3.80	5.80
	2	3.60	5.20	7.50
着床后	0	—	7.10	—

2)沉井悬浮的局部冲刷形态

根据表 3 成果,着重研究沉井着床前,沉井距床面 2m 时的河床冲刷形态,以便采取预偏量措施,利用高平潮期流速较小时段迅速下沉着床,确保其位置准确及稳定。沉井距床面 2m 时不同流速的冲刷形态如图 2～图 4 所示。

3)沉井下沉过程中的局部冲刷最大深度

沉井下沉过程中,河床冲刷深度不应大于沉井下沉进度,以免沉井底口露出床面,影响沉井下沉的稳定性,为确保渡汛安全进行局部冲刷试验。试验成果见表 4,冲刷形态如图 5、图 6 所示。

不同流量条件下河床最大局部冲刷深度 表 4

序号	流量(m^3/s)	行近流速 V(m/s)	局部冲刷深度模型试验结果(m)
1	12 000	0.8	4.1
2	20 000	1.0	6.6
3	30 000	1.2	9.20
4	43 000	1.5	13.8
5	65 000	2.0	23.10
6	80 000	2.38	31.70
7	91 000	2.81	41.00

a)河床冲刷稳定形态图

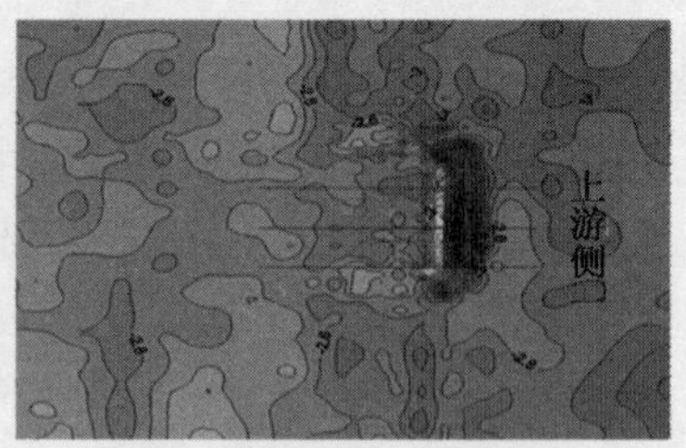

b)河床冲刷稳定等高线图

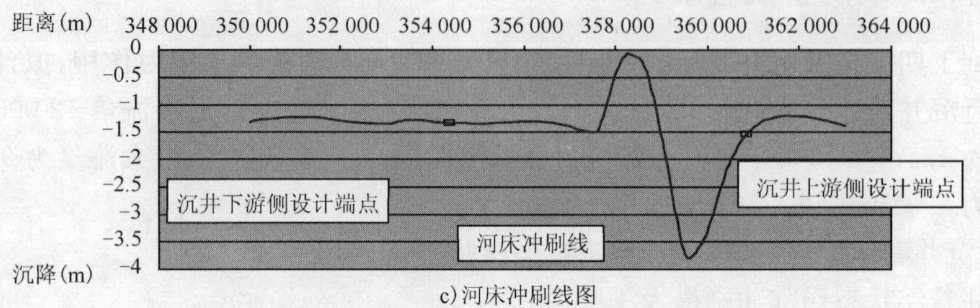

c)河床冲刷线图

图 2 沉井基础距河床 2m 时局部冲刷形态(流速 0.80m/s)

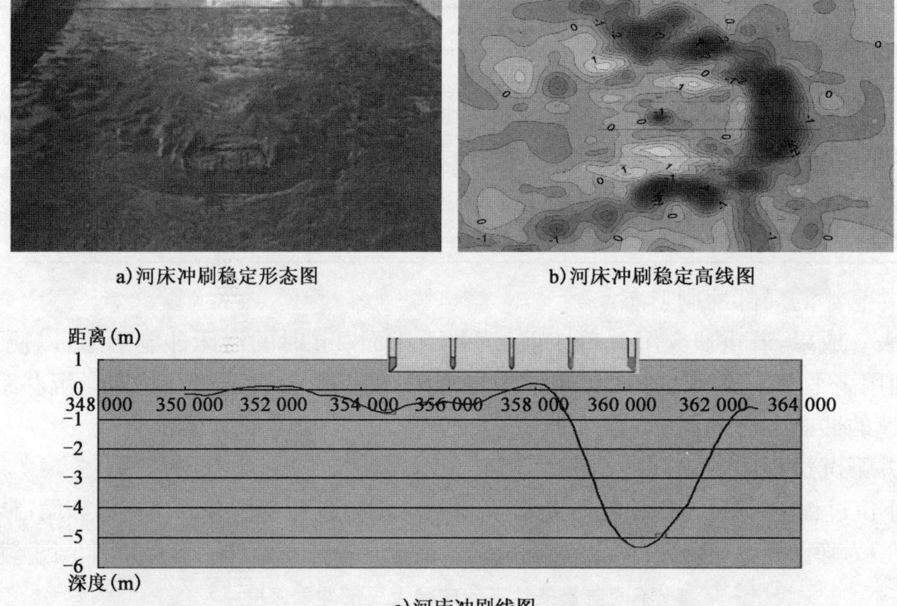

a)河床冲刷稳定形态图

b)河床冲刷稳定高线图

c)河床冲刷线图

图 3 沉井距河床 2m 时局部冲刷形态(流速 1.00m/s)

4.2 沉井着床过程冲刷形态及施工风险分析

(1)当流速为 0.8m/s,沉井下沉至离河床面 4m 时,床面开始发生冲刷,局部冲刷深度<1.0m;当沉井下沉至离床面 2m 时,流速为 0.8m/s,局部冲刷深度 3.6m、流速为 1.0m/s,局部冲刷深度 5.2m、流速为 1.2m/s,局部冲刷深度 7.5m。

(2)随着沉井离床面距离的减小,冲刷逐步加剧,冲刷坑在沉井上游侧第 2 排至第 1 排隔舱间,到一定深度后趋向稳定,下游侧局部区域有少量回淤现象。

(3)当钢沉井第2、3、4排隔舱刃脚着床、流速为1.0m/s时，沉井第1排隔舱及上游侧最大冲深7.1m，下游逐渐淤积。流速为1.2m/s时，最大冲刷深度将达10m。但沉井底脚与支撑面呈微冲刷状态，沉井着床姿态是稳定的，其定位精度是可控的。

a)河床冲刷稳定形态图

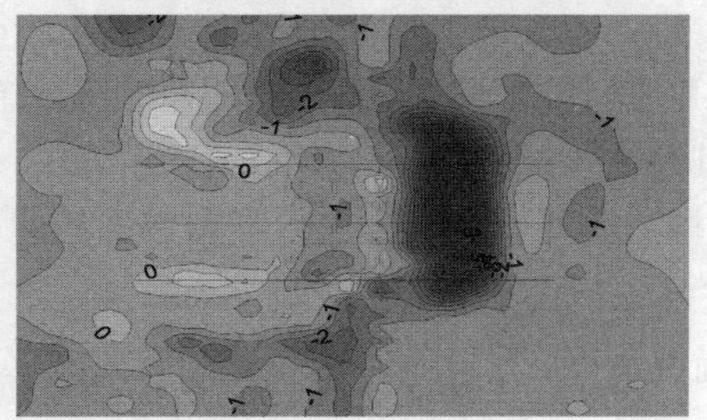

b)河床冲刷稳定等高线图

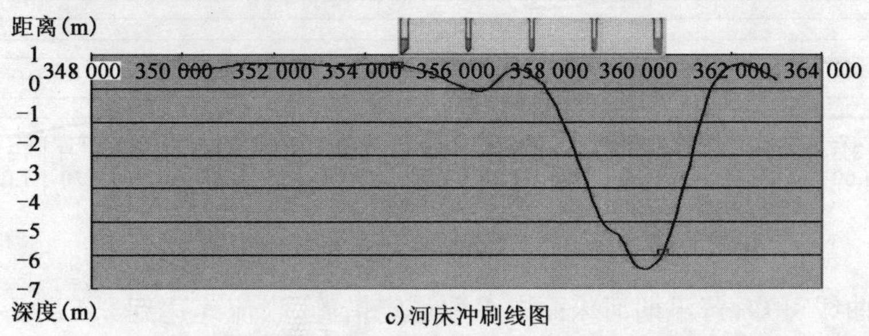

c)河床冲刷线图

图4　沉井基础距河床2m时局部冲刷形态(流速1.20m/s)

a)河床冲刷稳定形态图

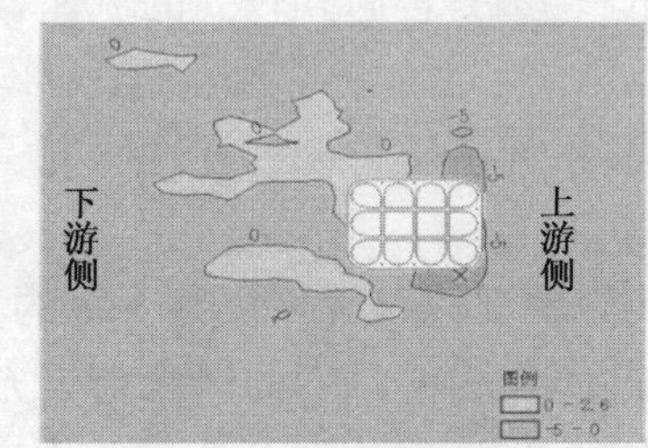

b)河床冲刷稳定等高线图

图5　沉井着床后的冲刷形态(在1.2m/s流速条件下沉井着床后，局部最大冲刷深度约10m)

a)河床冲刷稳定形态图

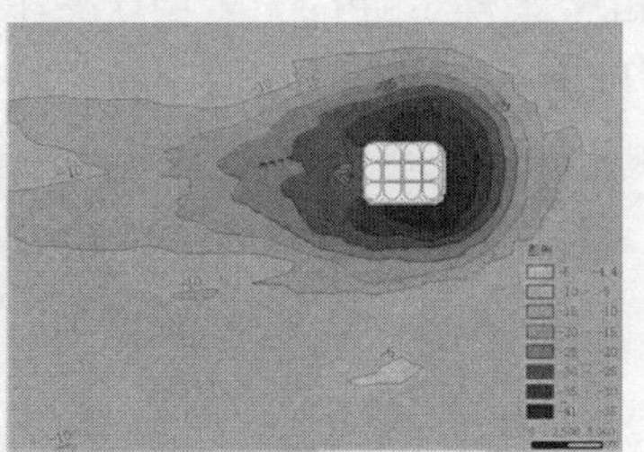

b)河床冲刷稳定等高线图

图6　沉井下沉过程中渡汛期局部冲刷形态(在2.81m/s流速条件下沉井着床后，局部最大冲刷深度大于40m)

(4)冲刷范围大致在距沉井中心线上游30～40m左右，下游70～80m左右，左右两侧各在50m左右。

(5)根据表4的局部冲刷试验结果，在沉井下沉过程中流速超过1.2m/s时局部冲深均超过10m，洪水期流速达到2.81m/s时，局部最大冲深甚至大于40m。明显的局部冲刷会严重危及沉井下沉的安全与稳定，因此为确保沉井下沉施工期的安全与稳定，当流速超过 1.2 m/s 时需对沉井置放床面进行动态的临时护底稳定措施。当沉井着床期间流速小于 1.0 m/s，沉井着床后，其底部泥面大部分未被冲刷，沉井着床后姿态是稳定的。

4.3 汛期不采取河床防护措施时沉井下沉的安全性分析

在沉井渡汛施工期，为了保证沉井下沉施工过程的稳定性，沉井底口应埋入冲刷线以下一定深度，其埋入冲刷线以下深度不小于 4.0m。相应月份流速试验局部最大冲刷深度与根据施工计划安排的沉井下沉过程底口高程线的历时曲线如图 7 所示。

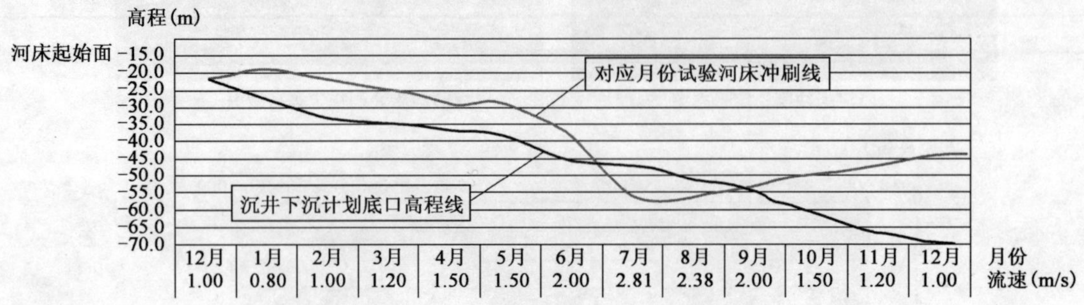

图 7　试验局部冲刷线及沉井底口稳定高程线的历时曲线

由图 7 所示曲线可知，若汛期河床面未采取稳定措施，当流速达到 2.81m/s 时，沉井底口下沉速度将滞后于床面冲刷速度，因而无法保证沉井下沉稳定要求。

因此在渡汛施工期，若遇到较大的流速，在汛前需采取河床防护措施以保证沉井渡汛安全预案。

4.4 沉井渡汛河床防护的稳定性研究

1)试验方案

根据施工实际情况以及确保沉井下沉的安全渡汛，当局部冲深超过沉井稳定的允许值后立即进行碎石护底，作为渡汛期的河床防护方案，需通过试验验证河床护底的稳定性要求。

护底试验方案：当流速达到 2.0m/s 时，将冲刷坑内冲深 10m 以下的部分用块石进行回填，在此回填料的基础上预测沉井在流速 2.81m/s 条件下护底的稳定性。

2)试验成果分析

流速 2.0m/s 条件下进行无防护状态下的河床试验。试验显示：在局部冲刷达到平衡时，局部最大冲刷设为 23.10m，冲刷形态如图 8 所示。

图 8　沉井基础局部冲刷形态

对局部冲坑内所有低于冲坑 10m 的区域抛投直径 15～30cm 块石。

试验显示：抛投碎(块)石回填后，在遭遇洪水期流速 2.81m/s 条件后，沉井基础周围床面的冲刷形态与防护前基本相同，抛投在冲刷坑内的块石护底层保持稳定状态，发生较明显变化的表现在：一是防护区外两侧河床面最大冲深在 7～9m 左右；二是沉井下游防护区外的冲坑最大冲深可达 18m 左右。如图 9 所示。

图 9　回填后沉井基础局部冲刷形态

3)试验结论

当汛期局部冲坑冲深超出 10m 后回填块石至渡汛要求高程。在遭遇 20 年一遇洪水时，沉井基础周围防护区基本稳定，可确保沉井基础安全渡汛。

5　工程应用

5.1　施工期河床冲刷状态

泰州大桥中塔水中沉井施工从 2007 年 12 月 1 日着床到 2008 年 9 月 1 日下沉到设计高程处，历时 197d，枯水期沉井着床时实测流速 0.9m/s，实测局部最大冲刷深度 3.3m，冲刷发生在沉井上游第 1 排隔舱，下游局部区域有少量回淤，沉井着床后姿态正常。其过程实测沉井周边河床地形如图 10、图 11 所示(原始河床面平均高程－15.0m)。

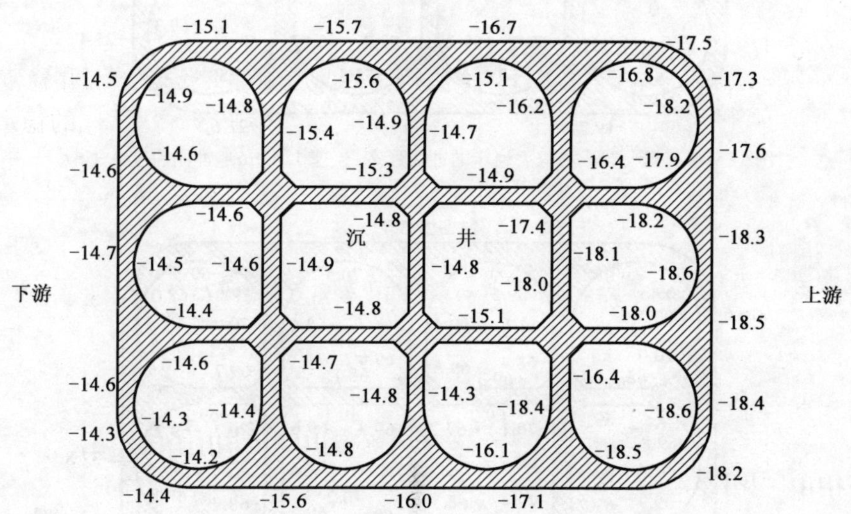

图 10　沉井着床前实测河床的冲刷形态

洪水期实测流速为 1.42m/s 和 1.64m/s，对应局部最大冲刷深度分别为 9.1m 和 17.8m，实测沉井周边河床地形如图 12、图 13 所示。

由图 11～图 13 可以看出，沉井施工期实际冲刷形态与河工模型试验结果基本相符。

(1)沉井着床时的水流流速为 0.9m/s，相应河床最大冲刷深度 3.3m。沉井底部大部分与河床面接触，沉井未发生倾斜，定位精度较高。

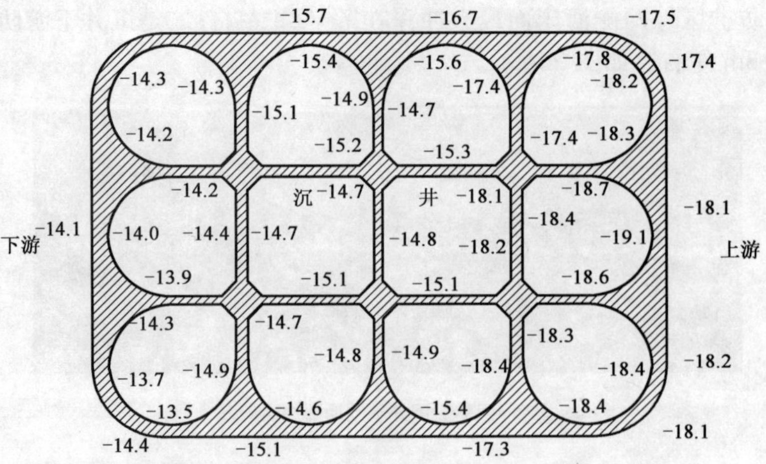

图 11　沉井着床 48h 后实测河床的冲刷形态

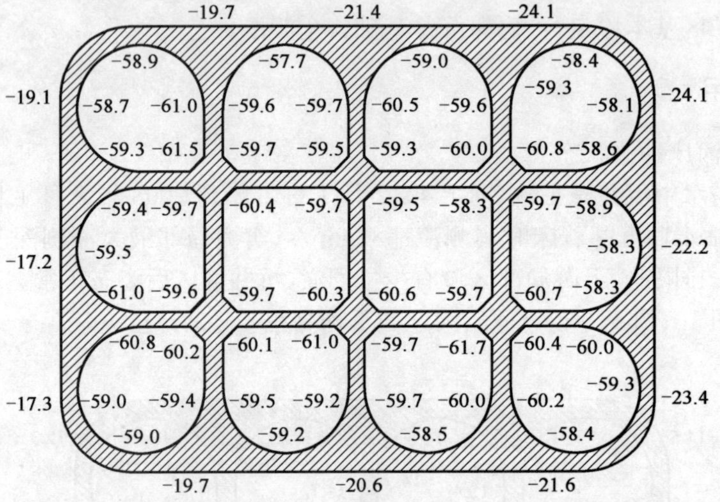

图 12　下沉到－60m 高程后河床的冲刷形态(流速 1.42m/s,冲刷深度 9.1m)

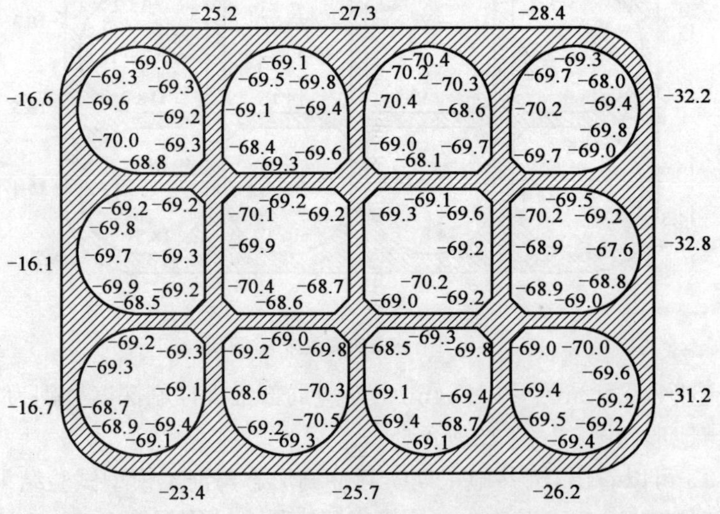

图 13　下沉到－70m 高程后河床的冲刷形态(流速 1.64m/s,冲刷深度 17.8m)

(2)沉井下沉施工过程中,流速为 1.42m/s 时,上游最大冲刷深度约 9m。

(3)沉井下沉到位后,流速为 1.64m/s 时,上游最大冲刷深度约 17.8m,沉井安全渡汛。

5.2 沉井渡汛防护

泰州大桥中塔沉井于 2008 年 6 月 28 日汛前下沉到－60m 高程,2008 年 9 月 1 日下沉到－70m 设计高程。由图 12 可以得出沉井下沉到－60m 时冲刷坑冲深为 9.1m 小于研究提出的 10m 冲坑要求,满足了沉井下沉安全渡汛要求。因此,在实施过程中中塔沉井渡汛期未采取河床防护措施。

6 结语

泰州大桥中塔采用水中沉井作为基础结构,规模国内第一,施工难度和施工风险很大。本文根据泰州大桥中塔沉井基础施工情况,通过沉井下沉动床河工模型实验研究与实际施工情况对比,阐述深水大流速条件下大型沉井着床及河床防护技术的研究与应用。

随着泰州大桥中塔沉井在深水大流速条件下河床防护技术的研究与应用,所获取不同水流条件下,沉井不同施工工况时所承受的纵、横向水流力以及河床的冲淤变化情况,为施工所应采取的应对措施提供依据;为安全地进行沉井下沉和有效地控制沉井位置精度提供强有力的保障。通过理论研究与施工过程分析对比,为我国在大江、大海复杂水文条件下,沉井着床河床防护施工,提供了成功的案例。本工程总结得出的施工经验必将为潮汐深水区域沉井等水下基础工程施工提供有益的借鉴。

参 考 文 献

[1] 殷万寿.深水基础工程[M].北京:中国铁道出版社,2003.

[2] 张鸿,刘鹏,肖文福.泰州大桥中塔深水超深巨型沉井施工技术[M].岩土工程学报,2008,192(增1):559-563.

[3] William H P,Brain P F,Saul A T. Numerical recipes-the art of scientific computing[C] Cambridge,London,New York New Rochelle,Melbourne. 1986.

[4] 陈光福,王海平.超型深水沉井施工技术[J].中国港湾建设,2007(6):1 003-3 688.

[5] 高正荣,黄建维,赵晓冬.大型桥梁钢沉井下沉过程局部冲刷研究[J].海洋工程,2006,24(3).

[6] Chun Fai,Shen Ruifu. Performance of gravity caisson on sand compaction piles Leung [J]. Canadian Geotechnical Journal,2008,45(3):393-407.

[7] Wang Y Z. Motion and stability of caisson breakwaters under breaking wave impact[J]. Canadian Journal of Civil Engineering,2001,28(6):960-968.

[8] Takatani Tomiya,Maeno Yoshi-hiko,Takahashi Shigeo,et al. Dynamic response of caisson with suction on soft seabed[C]. Proceedings of the International Offshore and Polar Engineering Conference,1996,1:536-543.

[9] Wang Yuanzhan,Zhou Zhirong,Yang Haidong. Vibrating-uplift rocking motion of caisson breakwaters under various breaking wave impact forces[J]. Applied Mathematics and Mechanics (English Edition),2005,26(5):579-586.

[10] Gerolymos Nikos, Gazetas George. Development of winkler model for static and dynamic response of caisson foundations with soil and interface nonlinearities[J]. Soil Dynamics and Earthquake Engineering, 2006, 26(5): 363-376.

[11] Leung C F, Lee F H, Khoo E. Behavior of gravity caisson on sand[J]. Journal of Geotechnical and Geoenvironmental Engineering, 2004, 123(3): 187-196.

89. 强涌潮水域 Φ3.8m 大直径超深钻孔桩施工技术

王喜莲　彭琳琳　许建伦　刘　辉

（中交第二航务工程局有限公司）

摘　要：本文主要通过钱塘江水域嘉绍跨江大桥施工实践，阐述在复杂水文和地质条件下，超大直径超长孔深的钻孔桩单桩基础施工工艺，为类似工程提供借鉴与参考。

关键词：Φ3.8m 大直径钻孔（单）桩　基础　施工技术

1　工程概况

1.1　工程背景

我国桥梁大直径钻孔灌注桩的设计、施工水平均位于国际前列。对于大型桥梁工程，一般将钻孔灌注桩作为首选的基础形式。目前国内钻孔灌注桩有记载的最大直径已达到 3.4m（武汉天兴洲大桥，最大桩长 76m，嵌岩桩），单桩最大桩长已超过 125m（杭州湾跨海大桥北航道桥，桩径 2.8m，摩擦桩）。浙江省嘉绍大桥水中区引桥下部结构采用单桩独柱的结构形式，桩基础采用了直径 Φ3.8m 大直径钻孔灌注桩，单桩最长桩长达 105m，桩端持力层为中风化砂岩或卵石层，按摩擦桩设计。如此超大直径超长钻孔桩在国内建桥史上尚属首例。典型桥墩结构布置如图 1 所示。单桩独柱结构基础与传统的"群桩＋承台＋墩身"的基础相比，可明显减小河床断面压缩率，对建设条件适应性好。单桩独柱无承台施工工序，墩身施工时将桩基钢护筒作为挡水结构，可以有效地降低施工风险、节省工程造价，且施工工期易于保证。另外其还有施工工序少、造型美观、经济性好的特点。

1.2　工程水文、地质条件

桥位水域涨落潮流路分歧，河床底质颗粒较细，起动流速低，易冲易淤，加上上游来水丰、枯变化，河床变化剧烈。依据桥址断面 2003 年 5 月短期观测资料，观测期实测最高潮位 5.45m，平均高潮位 4.02m；最低潮位－3.15m，平均低潮位－2.41m；最大潮差 8.59m，平均潮差 6.44m，加大了钻孔桩水头控制的难度。5 年一遇设计涌潮高度为 2.5m，涌潮产生的水动力对桥墩建筑物的作用主要集中在低水位以上 1 倍涌潮高度范围内，涌潮试验得到桥位附近涌潮流速可达 9.0～10.0m/s。在现状江道情况下，推算的桥址处断面上 300 年一遇垂线平均流速最大为 7.5 m/s 左右，相应南岸水中区引桥桥墩处最低冲刷高程为－29.8m。施工阶段，钻孔钢平台结构需要抵御大流速和强涌潮的反复作用。

桥址区地层上部为较厚的第四纪松散沉积物地层，下伏白垩系下统(K1)泥质粉砂岩、砂砾岩风化层。典型地层自上而下分布为：粉细砂、淤泥质亚黏土、粉质黏土夹砂、粉砂、粉质土、圆砾、卵石、强风化和弱风化泥质粉砂岩。其中圆砾和卵石交结，强度较大，厚度深达20m左右，钻进穿越对钻机性能和泥浆指标要求较高；桩端持力层泥质粉砂岩整体节理性好，不易破碎成小块，钻进过程中需要加大泥浆比重以便悬浮大块(石)钻渣。

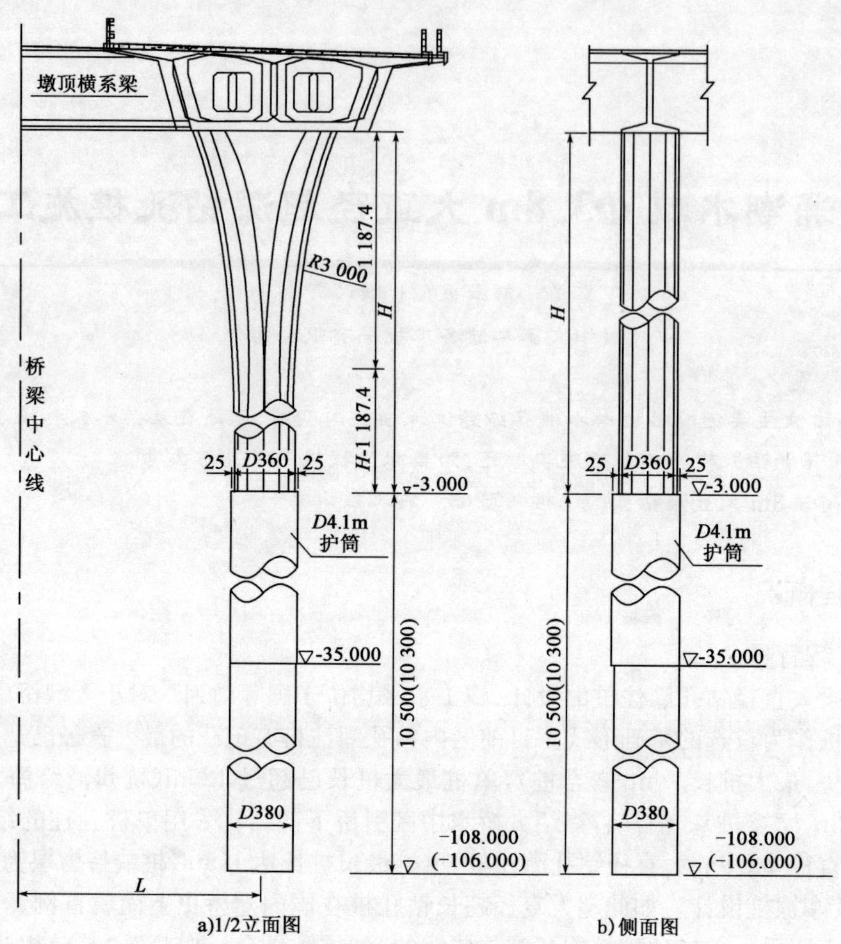

图1 典型桥墩结构布置图(尺寸单位：cm)

2 钻孔桩关键施工工艺

在大流速强涌潮水域且地层自上而下差异性较大的复杂条件下，进行桩径达Φ380cm、桩孔深达118m(从施工台+10.0m起算)的钻孔(单)桩基础施工，必须对钻孔钢平台进行专门设计以抵抗大的水流涌潮荷载和承受大型起重设备施工动载，选择性能优良的钻孔设备、优质泥浆，并辅以最优化的施工工艺，才能确保桩基础施工顺利实施。本工程钻孔桩采用的施工工艺流程为：搭设钻孔施工平台→分两节施沉桩基钢护筒→钻机就位→泥浆循环钻进成孔→终孔、第一次清孔→超声波成孔检测→钢筋笼下放→导管下放、二次清孔→安装灌注集中大料斗、混凝土灌注→成桩检测。

2.1 施工栈桥和钻孔钢平台布置

为规避河床宽浅流急、大型水上起重设备难以采用的风险，本工程采用全栈桥施工。栈桥采用高桩梁板结构，位于桥位上游，先期采用 100t 履带吊加 DZ120 振动锤“钓鱼法”搭设完成。根据水文资料，考虑施工期间可能遇到的最高水位＋5.91m，并考虑施工越浪要求，施工栈桥的顶高程取＋10m；为满足大型起重设备如 200t 履带吊行走宽度需要以及涌潮力和上部施工荷载要求，栈桥顶宽取 8.0m，栈桥基础采用直径 Φ1 000mm×12mm、材质 Q345C 螺旋钢管桩，排架间距（跨径）15m，自下而上的结构分别为 I32C 承重梁、321 型贝雷梁、I22b 横向分配梁、I12.6 纵向分配梁和 δ10mm 花纹钢板；同时为满足实体工程施工的需要，栈桥纵向中心线与桥梁纵轴线之间的间距按不小于 30m 进行控制。钻孔钢平台设计和施工与栈桥类似，但施工平台需要满足大型钻孔设备的布置（工作状态下 P＝2 000kN，动力系数 1.3）、起重设备的行走和作业（200t 履带吊，其他堆载按 20kN/m^2）、混凝土灌注设备的布置以及混凝土输送车辆掉头等功能，其平面尺寸应覆盖一个排架的 2 个桩位，同时预留车辆，尤其是履带吊的行走区域（车道）。搭设完成的施工平台如图 2 所示。

图 2　钓鱼法搭设完成的施工钻孔平台

2.2　钢护筒制作与沉放

钢护筒顶口高程与施工平台一致取＋10.0m，底高程－35.0m 进入相对稳定不易液化的亚黏土层。结合类似水域桩基钢护筒和本工程先期试桩的施工经验，护筒底端 12m 材质 Q345C 壁厚加厚至 32mm（径厚比 1/128），上端 33m 材质 Q235C 壁厚 27mm（径厚比 1/152），其中高程－3.0m 以上为措施部分，可以确保施沉过程中激振力的均匀向下传递；护筒底口设置刃脚，外周焊设 2 道 δ20mm 厚 50cm 宽加劲箍，间距按 1 倍护筒直径控制。

为规避异地加工公路运输超高、超宽和超长的风险，钢护筒加工在大桥南岸桥头附近临时驻地内专设钢结构加工厂房内进行，高精度三辊自动卷板机和高效率的辅助焊接设备，可以确保钢护筒的结构尺寸（椭圆度和弯曲矢高）和焊缝质量满足或优于设计要求和相关规范的规定，为桩基成孔质量奠定了坚实的基础。钢护筒小节段制作采用直缝法，节段之间采用环焊缝。

钢护筒总长达 45m，总重量超过 130t，一次施沉到位对施工机具的吊重和吊高以及施工栈桥和平台结构均要求极高，明显不经济，因此选择现场分两节（首节重达 70t，长度 23m，如图 3 所示）沉放、竖向只对接一次的施沉方案，即选用 200t 履带吊作为主要起重设备（40m 扒杆）；将钢护筒沉放到位所需振动锤激振力 F_v＞土的动摩阻力 $F_r=\mu\sum fUL_i$，根据前期勘探的地质资料推算钢护筒沉放到位需要克服的动摩阻力最大约为 4 680kN，选取 2 台 ICE V360 型振动锤（激振力达到 6 406kN）双联动施振完全可以满足施工要求。

考虑到大桥专用规范对钢护筒斜率（1/300）及钻孔斜率（1/200）要求较高，同时单桩独柱的桩基偏位(5cm)控制均大大高于桥规的规定。根据以往类似工程经验,钢护筒下沉采用整体式双层型钢定位导向框进行定位。上层导向框焊接固定在搭设完成的施工平台上,下层导向框在导向框整体安装到位后由型钢支撑规定在护筒四周的平台钢管桩上,以增大钢护筒施沉的平面刚度。上下两层导向架间距 7m,下层导向架高程为+3.0m。

图 3 首节钢护筒起吊就位

实际施沉时,选择高平潮水流流速较小时段完成第一节钢护筒的入土着床,重点预控其垂直度、平面偏位,必须确保施沉至一定的入土深度,将护筒区局部冲刷造成的影响降低至最小,确保竖向二次对接的垂直度。

2.3 钻机选型

由于该类型桩基的独特性,结合工程开工阶段业主委托设计单位进行试桩施工的相关成果经验,选用的钻机扭矩应超过 28t·m 以上,同时满足相应的强度和刚度的钻杆外径不宜小于 350mm,壁厚不小于 25mm。国内满足上述要求的钻机有:KT5000(400kN·m)、ZSD4000(300kN·m)、ZDZ4000(300kN·m)和 KTY4000(300kN·m)等型号钻机。表 1 所示为 KT5000 型钻机主要技术参数。

KT5000 钻机性能参数一览表

表 1

名 称	单 位	规 格
钻孔最大直径	m	Φ5.0
钻孔最大深度	m	120
最大提升力	kN	300
额定扭矩	kN·m	40
总功率	kW	315
整机尺寸	m	11.7×6.4×9.5
总重量	t	250
排渣方式		气举反循环

2.4 泥浆制配

淡水泥浆和海水泥浆相比,稳定性较好,全栈桥施工淡水可全部连通至施工各墩位,因此采用淡水造浆桩基成孔施工工艺。造浆材料选用浙江安吉的膨润土,添加纯碱和 PAC,按照桥规规定配比进行调配,该膨润土调配后能确保新制泥浆的胶体率≥98%、含砂率<2%。成孔过程中针对不同地层,实时进行监控调整。表 2 为钻进过程中各地层泥浆控制指标对照表。

2.5 钻进成孔作业

(1)护筒内外水头差控制

桥位处潮汐为不规则半日潮,且潮差较大(平均潮差超过 6m)。考虑到钢护筒入土深度较深,不易发生穿孔现象,故主要从防止塌孔的角度考虑,将护筒内水头始终保持在略高于高潮位的位置。实际施工中未因此发生异常情况。

钻进过程中泥浆控制指标对照一览表 表 2

地层	规范推荐值				本工程试桩推荐值				实际施工控制值			
	密度	黏度	含砂率	pH 值	密度	黏度	含砂率	pH 值	密度	黏度	含砂率	pH 值
粉细砂	1.06～1.10	18～28	≤4	8～10	1.2～1.23	19～22	3～4	8～9	1.12	17～18	4～8	7～8
淤泥质粉质黏土					1.05～1.2	19～22	1.5～4	8～9	1.08～1.24	17～18	4～8	8～9
粉质黏土夹砂、粉砂					1.2～1.35	19～22	2～4	8～9	1.26～1.29	18～19	4～4.5	8～9
粉质黏土					1.05～1.2	19～22	2～4	8～9	1.18	18～20	2～3.5	8～9
粉细砂含卵砾	1.10～1.15	20～35	≤4	8～10	1.1～1.3	19～22	2～4	8～9	1.13～1.18	18～21	2～4	8～9
粉质黏土夹砂砾												
卵砾石含砂及少量黏土					1.1～1.25	19～22	2～4	8～9	1.13～1.16	19～21	1.5～3.5	8～9
泥质粉砂岩												

注：1. 桥规推荐值区分较笼统，分易坍地层和卵石土。
2. 初始进尺在钢护筒内，含砂率较大。
3. 比重单位 g/cm^3，黏度单位 Pa. s，含砂率(%)。

(2)钻孔垂直度控制

为了保证钻孔的垂直度，在钻头上部加设配重，配重和钻头的总重量约为 33.3t，使钻具在重力的作用下始终垂直向下；为确保钻机转盘始终保持水平，每加 1～2 节钻杆，检查一次钻机水平度和钻杆垂直度情况。

(3)卵砾石层钻进控制

本工程圆砾层及卵石层比较密实且埋深较深，为减少提钻次数、节省工期，刮刀钻头构造需要加强，钻齿数量需要加密，同时宜采用大尺寸合金钻齿。另外，根据类似工程经验，经对锥角为 120°、90°和 75° 3 种角度的刮刀钻钻进效率进行比较发现，锥角角度逐渐增大，大颗粒钻渣向孔底沉积的速度会相对减缓，钻杆排渣效果明显，可以减小堵管的几率。实际施工时采用单护圈、锥角呈 90°的六翼刮刀钻头(图 4)，在进入上述地层后，需及时调控泥浆性能指标，加大空压机的供风压力，提高泥浆的携带能力和除砂工效，减压钻进控制进尺慢速通过。实际施工时，部分孔位只采用刮刀钻一次成孔到位，并未在圆砾层、卵石层和泥质粉砂岩层更换滚刀钻(图 4)，极大地提高了施工工效。

图 4 滚刀钻头和刮刀钻头

(4)泥质粉砂岩内钻进控制

在桩端持力层泥质粉砂岩中钻进，泥浆循环量决定着钻机的排渣能力。若循环量大，则钻头切削的泥岩可成块地排出，减少二次或多次破碎，提高钻进效率，而泥浆循环量与供风量有着直接的关系。每台钻机宜配置 1 台 $20m^3$ 以上的空压机，以保证风量供应，满足排渣需要。

(5)对孔底沉淤的控制及二次清孔

采用增大泵吸量，提高泥浆循环速度，增强泥浆携带钻渣的能力；用优质膨润土提高泥浆黏度，以减缓砂粒沉淀速度；随时对泥浆指标进行测试，及时降低泥浆含砂率；严格要求钻杆接头的密封性，确保泥浆反循环排渣效率；及时排除废弃泥浆，勤捞沉淀池中的沉渣，及时补充新鲜泥浆。由于部分桩孔采用刮刀钻终孔，孔底为锥形，锥尖狭窄部分沉淀不易上翻，二次需要加长风管深入导管的长度(实际使用的为 60m)，并适当延长了二清时间。

从已完成的桩孔超声波检测结果来看，孔径和孔壁倾斜度均能满足设计要求和规范规定。

2.6 钢筋笼制作与安装

钢筋笼采用长线台座法同槽制作，主筋接头采用镦粗直螺纹工艺，加劲箍采用不等边角钢(∠90×56×6)进行弯制，间距按 2m 进行布置。由于规格较大的角钢暂无沿其长边方向径向内弯成圆形的机械，采用人工弯制耗工、费时且容易变形，致使加工成型的钢筋笼的加劲箍需要六边形的加劲内撑来减小其变形的影响，使得单孔钢筋笼在接长下放施工中，割除加劲撑占用了相当大的时间，效率较低，对成孔后混凝土灌注带来不利影响。后续修改成等截面的[6.3 槽钢制作加劲箍，减少了加劲内撑的使用，大大地提高了钢筋笼制作周期和下放的施工工效。

单桩钢筋笼净重接近 70t，与首节钢护筒重量相当，同样也是工程施工机具设备选型的重要控制因素，200t 履带吊是钻孔平台大件吊装作业的最主要起重设备。

2.7 混凝土水下灌注

陆地生产、供应和一次性灌注 1 $300m^3$ 左右的钻孔桩混凝土，对混凝土的生产设备、运输设备和浇筑设备的性能和各中间环节的衔接组织提出了较高的要求。实际施工时，在大桥南岸桥头设立了 3 台 $120m^3/h$ 混凝土搅拌站，最远运距小于 2km；为满足运输能力要求，配置了 10 台 $8m^3$ 的混凝土输送车；现场灌注采用 3 台 80 型混凝土泵车。增加了混凝土生产、运输和泵送的可靠性。

钻孔桩配合比按海工高性能混凝土进行设计，主要控制指标：胶凝材料总用量 $420kg/m^3$，胶凝材料水泥、粉煤灰和矿粉按 10∶7∶3 的比例进行掺加；水胶比 0.35；坍落度 18～22cm；缓凝时间 30h。

本工程在试桩阶段曾考虑采用双导管和单导管 2 种灌注工艺。双导管工艺主要缺点表现在：①难以确保混凝土灌注连续；②加大了混凝土在桩孔内的均匀上翻控制的难度。单导管适当加大管径即可克服上述问题，在主体工程施工中被采纳。混凝土灌注导管在钢筋笼安装到位后立即进行，可预先将 2～3 节按顺序进行整体组拼，然后整体下放，减少接头连接时间，同样可以缩短安装时间。

按照桥规公式计算首封需要混凝土 $25m^3$ 左右，配置 $30m^3$ 集中大料斗、$2m^3$ 封孔小料斗和正常灌注小料斗各 1 个。首封采用拔塞法，集中大料斗连续不间断向封孔小料斗供料；首封成功后更换小料斗进行正常灌注。大料斗集中向小料斗供料，导管拆除(关闭大料斗阀门)不影响泵车向混凝土向大料斗泵送供料，可以提高混凝土灌注工效；同时泵送过程中可以随时观察泵送至大料斗内的混凝土外观质量，确保首封和正常灌注阶段不产生堵管等不利工况。经测算，混凝土生产、运输和灌注设备设备发挥效率在 30%～40%之间，可以达到每小时灌注

$100\sim120m^3$ 混凝土的灌注能力，确保单桩在 12h 左右可以完成浇注。

另外，矿粉的使用使得混凝土的黏性增大，在如此 Φ380cm 大孔径内采用内径为 φ410mm 单导管工艺进行灌注，混凝土的上翻存在一定的差异性，可能导致混凝土面上升不均匀产生较大高差、孔壁尤其是护筒底口附近堆积的泥皮夹带裹进桩身混凝土内和导管拔除在桩中心形成的暂时空洞等不利情况发生。实际施工时，为避免上述情况发生，除在成孔阶段加强清孔效果和护筒壁的泥皮刷除外，在混凝土灌注阶段，需要从严控制导管埋深在 4～6m 之间，最大可达到近 8m 左右，避免形成中高边低高差过大。并适当增加频次多点均匀测量混凝土面的上升高度(差)，适时进行导管的拔除，取得了较好的测控效果。

3 结语

大直径超长钻孔灌注(单)桩基础，在国内外建桥史上尚属首例，是今后桥梁建设的一个趋势，必将对钻孔灌注桩的桩径和桩长提出更高的要求。由于该工艺其施工组织难度和成孔成桩风险显著增加，在对河床断面压缩率不作要求的情况下宜谨慎选用。

本工程大直径超长钻孔灌注桩的成功实施，也必将推动大直径超长钻孔灌注桩的设计理论、施工工艺及施工设备的进一步发展，同时可以为类似复杂水域的桥梁基础施工提供借鉴。

90. 土压平衡盾构渣土泵送技术在地铁施工中的应用

翟世鸿　董汉军　谭啸峰　石　磊

（中交第二航务工程局有限公司深圳分公司）

摘　要：土压平衡盾构在地铁隧道施工中常采用轨道渣土车进行渣土运输，在盾构掘进、管片拼装受现有技术水平的限制速度难以提升的情况下，采用渣土泵送新工艺可大幅减少盾构施工循环总时间，降低施工中安全风险。特别是地铁施工位于繁华地段，施工场地常受限制，渣土泵送的适应性更强。本文以某地铁施工项目渣土泵送与常规渣土运输的实例相比较，通过工效、成本等方面进行分析。

关键词：土压平衡盾构　渣土泵送　地铁施工　应用

1　前言

盾构法是暗挖隧道的专用机械在地面以下建造隧道的一种施工方法。按照盾构机结构特点和开挖方法可有多种分类，目前地铁施工中最常用的是土压平衡盾构法和泥水平衡盾构法 2 种，两者的出渣方式也大有不同。

泥水盾构推进时刀盘切削土砂进入泥水仓内，经过搅拌后形成高浓度的泥水，利用较为复杂的泥水输送系统以及自动控制系统，通过进出泥水仓的两条管道内不同浓度的泥水对仓内土体进行置换达到渣土运输的目的，泥水管道携带大量高浓度泥水排放至地面，经过地面泥水分离系统，低浓度泥水再加以循环利用，渣土被弃运。

土压平衡盾构施工一般采用轨道渣车进行运输渣土，渣土被刀盘切削后进入土仓通过螺旋输送机、皮带机运输排放至盾构机后部的渣车上，再经过水平轨道运输、垂直龙门吊吊运至地面倾倒在渣池内直接运出。

虽然采用轨道渣车运输渣土有许多优点，如对渣土的性状无要求，适用于绝大部分地质条件下的渣土运输。但其仍存在许多不足。第一，对于常用的轨道渣车而言，一环掘进完渣车从盾尾开至井口，井口待命的第 2 列渣车马上驶进隧道至盾尾，这一来一回的行走时间随着隧道距离的增加而延长，最终影响盾构施工循环时间；渣车垂直起吊时间较慢，造成两列车不能紧密衔接；同时渣车行走的临时轨道系统设置简易，频繁脱轨也将降低施工效率。第二，重载运输渣土需要大吨位的电瓶车，垂直运输需要配备大起重能力的龙门吊，设备购置成本高。第三，渣土的水平运输对轨道要求高，重载运输渣土的编组列车易出现溜车、脱轨等安全事故；垂直运输占用时间长，垂直起重安全隐患较多。第四，在盾构始发阶段、现场场地受限或在掘进过程中出现喷涌等特殊情况时，轨道渣土运输适应性较差，施工效率降低一倍甚至数倍。

与轨道渣车运输渣土相比，渣土泵送是提高土压平衡盾构施工效率的有效途径。盾构机掘进的同时可进行渣土泵送将渣土输送至地面，节省盾构机推进后等待渣车水平运输的时间，进而减少盾构施工循环总时间；不需要大功率电瓶车、渣车和大型龙门吊，替之的是小功率电瓶车、渣土泵车（以下简称渣泵）和泵管，不但可以节省设备的投入资金，同时也大大降低了渣土运输过程中的安全风险。因此，渣土泵送工艺对隧道的掘进进度、施工风险、经济成本及社会效益有巨大的改善空间。

2 渣土泵送工艺

渣土泵送借鉴了泥水盾构渣土输送的原理，但其与泥水盾构渣土输送却有极大的区别。首先，渣土泵送应用于土压平衡盾构中，其输送的是具有一定流塑性的土体而不是流体（泥水）；其次，渣土泵送是单向的泵送排土而不是不同浓度泥浆的双向循环流动；第三，渣土泵送系统简单，包括布置在盾构皮带机出料口的托泵以及从托泵接出并延伸至地面渣池的泵管，渣泵操作简单，不用配置自动控制系统；第四，渣土通过泵送进入渣土池后不用进行二次处理便可直接运走，不用配置泥水分离系统。渣土泵送工艺流程如图1所示，盾构掘进前在后配套砂浆罐内提前存放好砂浆，砂浆入罐指从编组列车上向后配套输送砂浆。

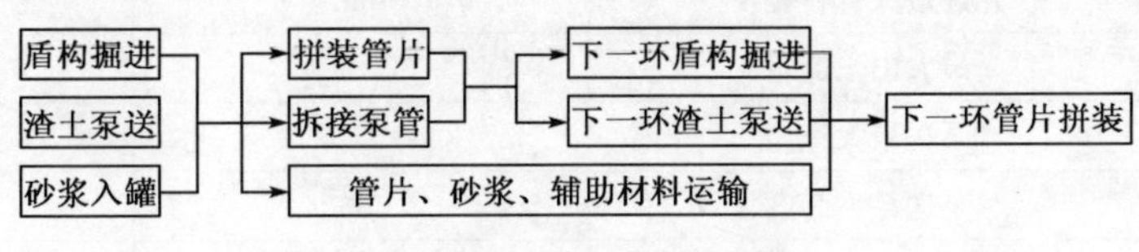

图1 渣土泵送工艺流程图

2.1 泵送设备介绍

渣土泵车（图2）适应于流塑状岩土混合物，土体破碎后黏土矿物遇水形成胶凝物质，包裹住破碎的岩块或孤石等粗细骨料，其形态与混凝土相类似。渣土泵车以混凝土托泵为原型，但又与其不完全相同。混凝土托泵一般只需泵送几百米距离，但渣土泵送需要泵送一千米以上距离才能满足正常的地铁隧道施工，因此需要配置功率更大的动力系统以及辅助系统；泵送渣土无需考虑管内渣土是否出现离析现象，可采用管内高压注水环等对渣土与管壁间进行降阻，不但可以提高泵送距离，也可减少渣土堵管的机率；渣土进料阶段流塑性不稳定，同时夹杂少量超大石块，在泵送前需改良渣土的流塑状态以满足泵送要求并防止超大石块进入泵管堵塞管道；渣泵泵送流量必须满足与盾构掘进速度相匹配的要求。

渣泵主要包括进料系统、动力系统等，以直径6 260mm型盾构配套渣泵为例，其主要结构及参数见表1。进料系统包括振动筛网、进料斗等，筛网可过滤尺寸较大的石块防止堵管。

渣泵提供了动力，渣土经管道输送系统排至地面。管道输送系统由泵管、注水环、阀门3部分组成。泵管是渣土输送的通道，采用圆钢管，泵管与泵车连接处根据掘进行程采用软管或伸缩套管连接，泵管间采用快速接头连接，方便人工拆卸，泵管直径根据泵车输送流量以及泵送渣土颗粒直径确定，管节长度为单环管片宽度的倍数。注水环向管壁内侧连续注射高压水在泵管与渣土之间形成高压水膜，减少渣土与泵管之间的摩擦，同时防止渣土在泵管因压力造成堵管。高压注水环安装在泵车尾部，其功率根据最长泵送距离决定。渣泵布置如图3所示。

图 2　渣土泵车

6 260mm 型渣土泵车参数　表 1

项　目		单　位	参　数
进料系统	振动筛网		
	料斗 $H \times L$	mm	600×2 400
动力系统	电机额定功率	kW	132
	电机额定电压	V	380
其他参数	允许最大骨料粒径	mm	50
	最大出土流量	m^3/min	1.25
	泵送最大距离	m	1 500
	泵送最大高度	m	50
	混凝土输送管内、外径	mm	Φ125/Φ150
	外形尺寸：长×宽×高	mm	6 720×1 760×2 400
	总质量	kg	6 650

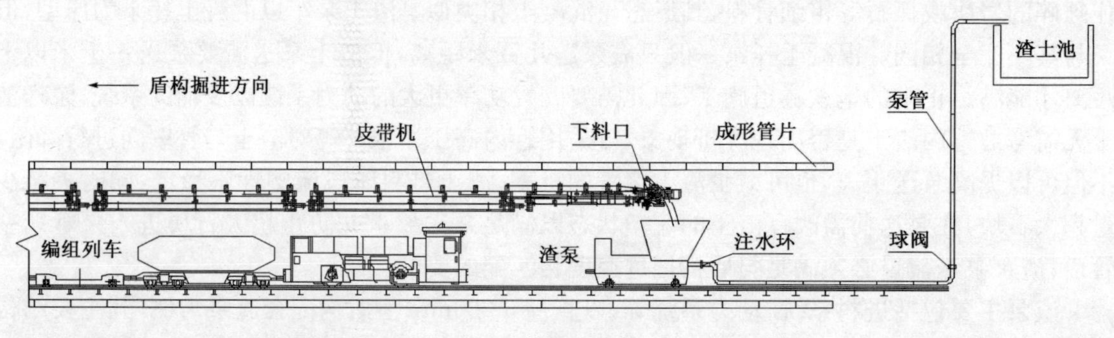

图 3　渣泵布置图

2.2　渣土的可泵性改良

土压平衡盾构机掘进时切削渣土进入土仓内，向土仓内添加适量添加剂以改良渣土，包括水、泡沫剂、膨润土等，其目的是防结泥饼、润滑冷却刀盘、降低磨损、防止喷涌等，对于渣土的流塑状态没有明确的改良标准。同时，复合地层中岩层、软土层、砂层相互重叠错落，各地层岩性不一、含水率及渗透系数大小不一、被切削后所呈现物理形态不一。螺旋机排出的渣土有时干涩呈松散状，有时浸泡呈流塑状，如将渣土直接进行泵送，极易在泵管内造成堵管，或与泵管摩擦阻力较大，直接影响泵送距离和效率。因此，对于采用泵送出渣的土压盾构施工而言，必须强化渣土改良，使渣土与添加剂混合搅拌具有一定的流塑性，改良后具备可泵送性。

泵送渣土改良分为2个阶段，第1阶段是在土仓内改良，根据地质条件，运用泡沫、高分子、膨润土等，满足盾构掘进的正常要求并使渣土具有一定的流塑状态，这阶段机械化程度较高，是渣土改良的关键。掘进前地面试验人员将掘进地层与添加剂拌合，得到塌落度在165～185mm范围内并且满足掘进施工要求的添加剂理论注入参数，盾构操作人员根据理论参数施工，并注意出渣形态，根据地层变化进行微调，避免渣土过于干涩或形成流体。第2阶段是在泵车料斗内改良，具有一定流塑状态的渣土经过人工添加少量水、膨润土后使渣土坍落度最大限度接近165～185mm范围内，如渣土过于干涩则无法顺利通过振动筛网，并取出过滤后遗留下的超大石块。砂层改良前后比较如图4所示。

图4　砂层改良前后比较

3　工程实践

某地铁土建施工项目盾构始发车站长度120m，两端分别设置2个盾构始发井，但只设置2个出土井，45t龙门吊由于场地狭小只能垂直车站布置。左右线隧道穿越地质条件均为中、微风化泥质粉砂岩。左线始发阶段渣土可以从出土井正常吊出，采用轨道渣车出土；右线始发阶段，出土井被占据，无法正常吊运渣土，采用托泵输送渣土。现场布置如图5所示。

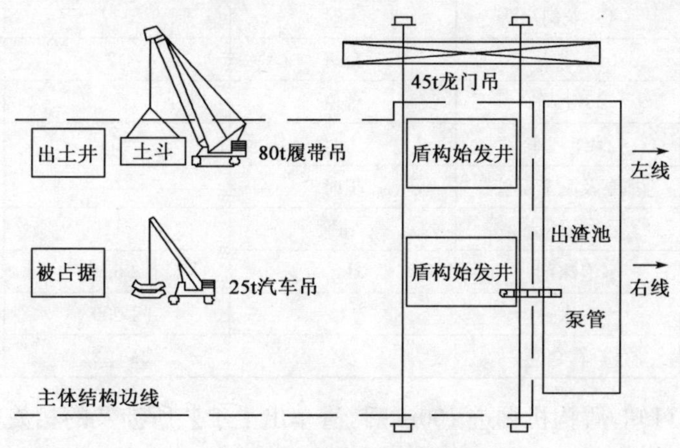

图5　场地平面布置图

3.1　工效对比

始发阶段由于盾构机后配套占据部分空间，只能采用单编组列车。区间左线始发采用单列整编组轨道列车运输渣土、管片等，可一次性运送单环渣土，渣土箱运输至出土井口，80t履带吊起吊后运至45t龙门吊附近倾倒至渣土池内。右线始发则采用泵送出渣，单编组列车运送管片，管片由25t汽车吊下放。

两种始发工艺掘进 100m(67 环)单次循环掘进平均时间见表 2。

循环掘进理论时间表 表 2

渣车出土工序	平均时间(min)	渣泵出土工序	平均时间(min)
盾构掘进	80	盾构掘进	80
管片安装	40	管片安装	40
列车装渣后进洞	5	泵管拆装	40
渣土箱垂直运输	100	列车卸材料进洞	5
管片、砂浆等垂直运输	30	管片、砂浆等垂直运输	30
列车空斗出洞	5	列车装材料出洞	5
理论每环循环时间	220	理论每环循环时间	160

根据上表可知，在相同的地质、盾构掘进技术、人员施工熟练程度条件下，渣泵出土工艺理论平均每环施工时间为 160min，而渣车出土工艺需要 220min。在该项目实际施工中，渣泵出土工艺在始发阶段每天最快可掘进 6 环，平均掘进 5 环；渣车工艺最快可掘进 5 环，平均掘进 3.6 环。

3.2 成本对比

泵送出渣对渣土有一定要求，而土斗运输对渣土是没有要求的。并且泵送渣土比土斗运输的渣土流动性好，含水率大，因此渣土外运的方量也有所增加，泵送渣土存在部分泥浆也加大了渣土外运的难度。但是渣车出渣需要使用大型机械设备、始发阶段工效比较缓慢。两种工艺始发掘进 100m 后成本对比见表 3。

成本统计表 表 3

序 号	费用名称	单 位	渣车出土	渣泵出土
1	人工	工时	6 032	4 256
2	45t 龙门吊	工时	377	0
3	80t 履带吊车	台班	47	0
4	25t 吊车	台班	0	33
5	编组列车	工时	754	266
6	拖泵及配套泵管	工时	0	266
7	渣土外运	m^3	3 116	3 739
8	泡沫剂	kg	4 690	4 690
9	水	t	1 000	1 200
10	折算金额	元	349 122	266 928

根据上表数据可知，盾构机掘进 100m 后，渣车出土工艺所涉及的相关费用是 349 122 元，而泵送出渣工艺所涉及的相关费用为 266 928 元。

4 结语

土压平衡盾构施工采用渣土泵送工艺可有效提高施工工效、降低施工安全风险、加快喷涌后施工进度恢复、减少重型机械的投入和使用。在特殊环境下，通过工程实践证明，该工艺比常规工艺更节省、更高效。但由于该工艺目前应用较少，技术相对不够成熟，其发展的空间较大。渣土泵送工艺的发展将拓宽土压平衡盾构机工法的适应空间，在城市日益发展的今天将得到更广泛的应用。

参考文献

[1] 张凤祥，傅德明，扬国详，等. 盾构隧道施工手册[M]. 第1版. 北京：人民交通出版社，2005.

[2] 竺维彬，鞠世健，等. 复合地层中的盾构施工技术[M]. 第1版. 北京：中国科学技术出版社，2006.

[3] 申志杰. 广深港客专狮子洋隧道大型泥水平衡盾构泥水处理系统配置[J]. 建筑机械，2011(9).

[4] 武利祥，钟志全. 泥水盾构渣浆分离技术[J]. 建筑机械化，2009(5).

[5] 王明胜. 复杂地层中盾构法隧道渣土改良技术[J]. 地下空间与工程学报，2007，3(8).

91. 大跨度三塔斜拉桥镀锌钢绞线斜拉索安装技术

李　鉴[1]　王丽萍[2]　孙晓伟[3]　陈超华[3]

(1. 中交第二航务工程局有限公司；2. 湖北省沙洋县政府投资审计局；
3. 中交二航局第五工程分公司)

摘　要：武汉二七长江大桥为 2×616m 3 塔斜拉桥，采用平行镀锌钢绞线斜拉索，空间索扇形布置。本桥采用 VSL SSI 2000 体系进行钢绞线斜拉索安装施工，对单根钢绞线下料、安装、张拉及调索等一整套施工工艺进行介绍，结合本桥工程特点和实际情况，为同类型斜拉桥的斜拉索安装施工提供宝贵的实践经验。

关键词：斜拉桥　镀锌钢绞线　斜拉索　安装施工

目前我国斜拉索体系主要有平行钢丝斜拉索体系和钢绞线斜拉索体系，其中钢绞线斜拉索具有施工轻便、高效、精确、防腐性能优良、单根钢绞线换索方便以及阻尼比大、风雨振小等特点，近几年来在斜拉桥中应用越来越广泛。而根据钢绞线斜拉索锚固体系不同国内主要有 OVM250 无黏结型钢绞线拉索体系和 VSL SSI 2000 无黏结型斜拉索体系，其中 OVM250 体系采用环氧涂层钢绞线，而 VSL SSI 2000 体系一般选用光面钢绞线或镀锌钢绞线。下面结合武汉二七长江大桥的工程实践，简要介绍平行镀锌钢绞线斜拉索的施工工艺。

1　概述

武汉市二七长江大桥是武汉市二环线控制工程之一，采用主跨为 616m 的 3 塔结合梁斜拉桥结构形式，是目前世界跨度最大的钢混结合梁斜拉桥，同时也是世界上最大跨度的 3 塔斜拉桥，总体布置如图 1 所示。

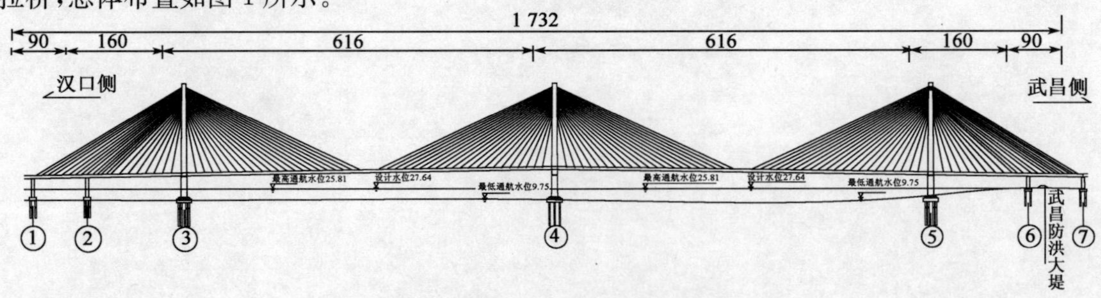

图 1　武汉二七长江大桥总体布置图(尺寸单位:m)

本桥索体采用多股无黏结高强度 1 860 级平行镀锌钢铰线组成，标准索距 13.5m，外层装有 HDPE（高密度聚乙烯）护套管。全桥共计 264 根斜拉索，斜拉索规格有 7 种类型：37Φ15.2、43Φ15.2、48Φ15.2、55Φ15.2、61Φ15.2、73Φ15.2、79Φ15.2。其中最长钢绞线约 340m，重 418kg。斜拉索总装配图如图 2 所示。

螺母
垫板
预埋导管
张拉锚环
盖帽
定位器
热胀延伸管
HDPE
外套管
热熔
套管
PE钢绞线
钢锥管
定位器
预埋导管
垫板
固定锚环
盖帽
张拉端（塔端）
锚固端（梁端）

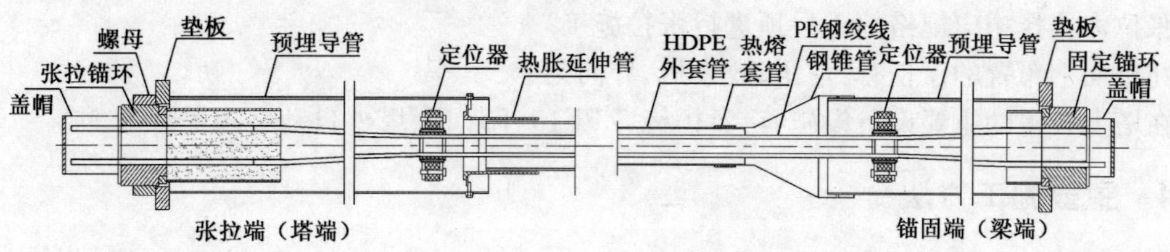

图 2　平行钢绞线斜拉索总装配图

钢绞线安装采用单根钢绞线挂索，单根初张拉及过程调索，最后整体张拉进行全桥调索的总体施工工艺。

2　施工工艺流程

斜拉索施工流程如图 3 所示。

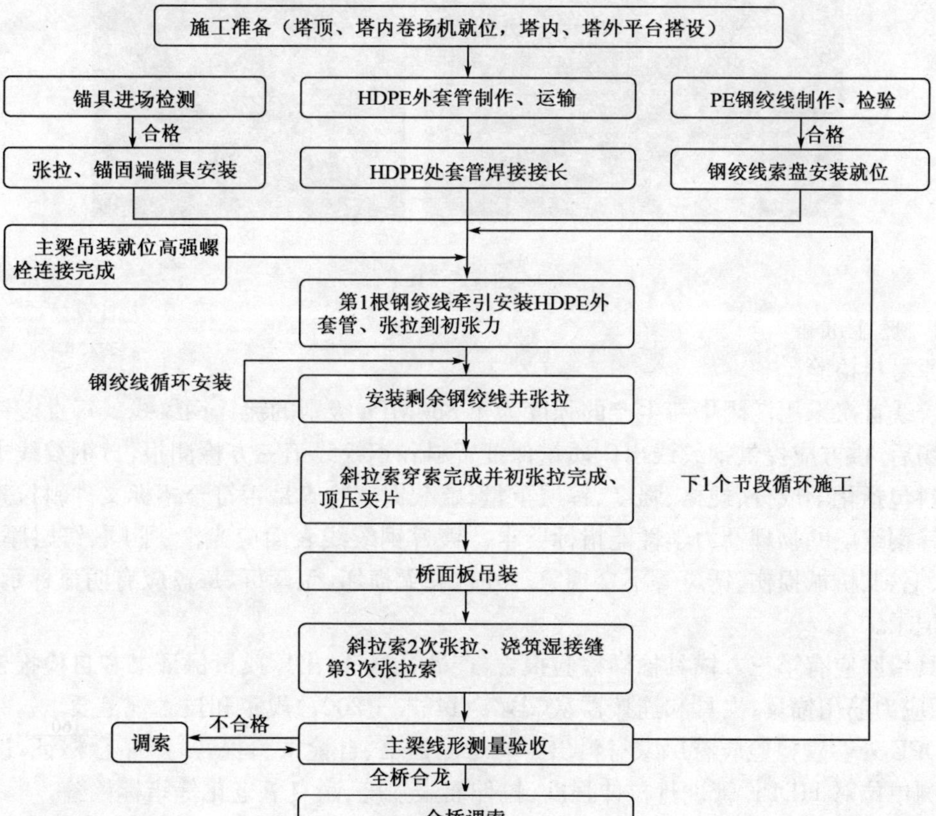

施工准备（塔顶、塔内卷扬机就位，塔内、塔外平台搭设）
锚具进场检测
合格
张拉、锚固端锚具安装
HDPE外套管制作、运输
HDPE处套管焊接接长
PE钢绞线制作、检验
合格
钢绞线索盘安装就位
主梁吊装就位高强螺栓连接完成
第1根钢绞线牵引安装HDPE外套管、张拉到初张力
钢绞线循环安装
安装剩余钢绞线并张拉
斜拉索穿索完成并初张拉完成、顶压夹片
下1个节段循环施工
桥面板吊装
斜拉索2次张拉、浇筑湿接缝第3次张拉索
调索
不合格
主梁线形测量验收
全桥合龙
全桥调索
顶压夹片
配套装置安装及防腐处理

图 3　斜拉索施工流程图

3 主要设备

平行钢绞线拉索有 2 种张拉方式，即单根张拉与整体张拉 2 种。本桥穿索初张拉、2 次张拉及 3 次张拉均采用单根张拉的形式，成桥后调索采用整体张拉或放张的形式。根据监控提供的张拉力选择相应规格的千斤顶进行张拉施工。

在桥面上布置的设备有：塔吊、放索机、导向架、叉车等。

在塔上布置的主要设备设施有：卷扬机、ZPE15 千斤顶、塔外自动升降平台等。

4 主要施工方法

斜拉索张挂施工主要包括 HDPE 护套管焊接、HDPE 护套管安装、单根钢绞线穿索、初张拉、2 次张拉、3 次张拉、全桥调索及索力检测、调整、安装防护系统等工序。斜拉索张挂平台如图 4 所示。

a)

b)

图 4　斜拉索张挂平台

4.1 施工准备

1)原材料检验

钢绞线首次采用江阴华新生产的强度为 1 860MPa 级别的镀锌钢绞线。每批镀锌钢绞线到达现场后，供方应提供钢绞线出厂质量保证资料和钢绞线第三方检测报告，钢绞线出厂质量保证资料包括化学成分、规格、强度、锌层重量、硫酸铜试验等是否符合招标文件斜拉索高强低松弛镀锌钢绞线的物理及力学性能指标要求。镀锌钢绞线表面应光滑、平顺、锌层厚度均匀，无疤点、毛刺、机械损伤、锈斑等不良现象。外包装无损坏，无弯折，每盘应有明显标示或标牌，并做好记录。

锚具检验应有第三方锚具抽样检验报告，产品合格证、出厂质量保证书和自检报告。检验按照《预应力筋用锚具、夹具和连接器》(GB/T 14370—2007)规定和技术规范要求。

HDPE 外套管检验应有厂家材料出厂质量保证书、自检试验报告、产品合格证，以及由第三方检测单位对 HDPE 管进行拉伸强度、拉伸屈服强度、耐臭氧老化等指标检验。

2)索导管处理

斜拉索挂设前应对塔、梁端的索导管进行全面的检查，对索导管内的焊渣、毛刺等进行打平磨光，以免在挂索时损伤 HDPE 护套或镀锌钢绞线外套。

3)施工平台

(1)塔内施工平台

在所施工的斜拉索锚固齿块上搭设塔内施工平台，采用型钢框架铺设钢板及木板的结构。

每个塔肢内布置1台1.5t快速卷扬机，用于单根钢绞线挂索牵引。在主塔施工完成28节段后，在穿束斜拉索锚固齿块上方10～15m高度搭设牵引卷扬机搁置平台，通过控制线在操作平台上控制卷扬机，进行钢绞线牵引穿束施工。

(2)塔外施工平台

主塔封顶后，采用专业厂家生产的自动升降平台完成斜拉索张挂塔外作业。斜拉索张挂平台如图4所示。

(3)梁上施工平台

现场制作钢结构施工平台及双层操作平台，通过桥面吊机安装在待穿索梁段上，为穿钢绞线斜拉索提供操作平台及安全通道。

4)锚具安装

(1)张拉端锚具安装

安装张拉端锚具时，用塔顶1.5t高速专用卷扬机的钢丝绳吊住锚具，将导向管插入到索导管内，同时将2个半圆垫圈安装在锚头与锚垫板之间，完成张拉端锚具的安装。

(2)固定端锚具安装

将1根5m长钢绞线从桥面沿索导管向下穿出拴住锚具，锚具处用夹片锚固，另一端连接1个焊有吊环的单孔锚，用手拉倒链悬挂在三角架上，收紧手拉倒链，将锚具的导向管插入到索导管内，完成固定端锚具的安装。

锚具安装好之后，将张拉端与固定端锚头上的锚孔统一编号，一一对应，防止钢绞线穿错孔位，造成打搅，以确保每根钢绞线相互平行。

4.2 HDPE护套管安装

1)HDPE护套管焊接

按照设计确定的HDPE外套管颜色，进行采购，检验合格后运至现场拼接。

HDPE外套管有螺旋线，减少风雨振对拉索的影响。

根据锚点坐标计算出HDPE外套管长度，利用专用焊接机将分段的外套管焊成所需的长度。操作步骤为：在桥面上安放焊接机，并使之水平→将HDPE外套管放入焊接机，并固定→刨平HDPE外套管焊接面→热熔对焊。施工图如图5所示。

a) b)

图5 HDPE护套管焊接施工图

2)护套管安装

HDPE护套管焊接完成后，将斜拉索第1根钢绞线穿入护套管内，牵引第1根钢绞线将外套管吊装。

(1)1～5号索HDPE护套管安装

在施工1～5号斜拉索时，桥面长度不能满足HDPE外套管焊接接长的需要，所以1～5

号斜拉索 HDPE 外套管在施工栈桥上进行焊接接长，用特制的吊装夹具夹住外套管的上端，用塔吊直接吊装。

(2)其余斜拉索 HDPE 外套管吊装

除前五对斜拉索的 HDPE 外套管外，其余斜拉索 HDPE 外套管在桥面上焊接，也采用塔吊吊装。塔吊提升外套管至塔端索导管口，用钢丝绳扣将其挂在上面一根斜拉索的索导管处，固定端套管在桥面上部分利用人工拖拽至索导管口附近(随着斜拉索斜率减小，采用托车进行拖拽)，张拉第 1 根钢绞线，拉直外套管。

外套管吊装施工照片如图 6 所示。

a)塔端固定

b)塔端固定后梁段固定

图 6　HDPE 护套管安装施工组图

4.3　斜拉索穿束

1)钢绞线准备

塔吊或桥面吊机提升钢绞线放索盘至桥面上，通过放索盘放出钢绞线，根据索长计算，将钢绞线两端剥掉防护套，张拉端的钢绞线剥掉防护套应在钢绞线进入 HDPE 外套管前在桥面上进行。剥掉防护套长度应严格控制，以保证已剥掉防护套的钢绞线完全在防腐区范围内。在把钢绞线插入锚具前，应用棉布将钢绞线表面的油脂擦干净，并用丙酮洗干净。

对钢绞线的张拉端，应去掉一定长度(10cm)的外圈钢丝(钢绞线周围的 6 根钢丝)，仅留中心的一根钢丝，并用墩头器进行墩头，以便于与专用牵引绳连接。

2)钢绞线穿束

(1)首先在塔顶设置 1.5t 高速卷扬机。

(2)将牵引钢丝绳从相应的锚孔穿出，经过 HDPE 外套管自由放出至桥面处。

(3)将张拉端墩好头的钢绞线中心丝与牵引钢丝绳连接器相连。

(4)操作塔顶的高速卷扬机将钢绞线拉至张拉端索导管口。

(5)慢速度将钢绞线拉入锚具。

(6)牵引钢绞线露出锚头至千斤顶允许的工作长度(钢绞线 PE 外套需进入锚具密封圈)。

(7)桥面按计算长度割断钢绞线后，按规定长度在端部剥皮并插入桥面索导管锚具至露出固定端锚头约 100mm。

(8)安装固定端锚头的夹片。

(9)塔内安装张拉端锚头的夹片。

(10)把钢绞线同连接器分开，并把牵引钢丝绳及连接器穿入下一个锚孔。

(11)把单孔千斤顶装到刚安装好的钢绞线上，并按修正后的初张力张拉。

为避免钢绞线之间互相打绞，每安装1根钢绞线即张拉1根，重复安装第1根钢绞线的步骤直至安装完毕此根索内全部的钢绞线。

在每根索的第1根钢绞线的锚固端要安装振弦式压力传感器，以便校核索力；因挂索或者是调整过程中，由于后张钢绞线会使之前张拉的钢绞线产生压缩变形，而降低已张拉钢绞线的拉力，因此需要对每根钢绞线张拉力进行修正，从而达到索内所有钢绞线张拉完成后受力接近的目标，每根钢绞线之间误差应控制在±1%以内。振弦式压力传感器与锚头之间安装一梅花状垫片，以不妨碍其他孔处夹片的安装，传感器后方接一单孔锚，在单孔锚上可安装夹片。

3)安装注意事项

(1)两端锚板的锚孔要对应，不得错位。

(2)锚具中心与锚板中心保持一致，不得错位。

(3)严格控制钢绞线下料长度。

(4)不得损伤钢绞线的PE护套。

4.4 斜拉索张拉

根据本工程实际情况，斜拉索采取2种张拉形式：单根张拉和整体张拉。

第1种方式为主桥合拢前斜拉索张拉，含挂索阶段的低应力初张拉、桥面板吊装完的2次张拉以及接缝混凝土达到强度后的3次张拉，此阶段采用单根张拉的形式进行张拉，即用单孔千斤顶对每根钢绞线进行张拉。

第2种为主桥合拢后全桥线形调整时的斜拉索张拉，采用整体张拉或放张，以确保整股钢绞线受力保持均匀。

1)单根张拉

单根张拉需要注意的是控制单根钢绞线间的索力均匀，为后期整体张拉做好准备。由于张过程中结构变形锚点位移的变化，已安装的钢绞线索力会逐步减小，因此张拉时要进行每根钢绞线张拉力修正以求最终索力达到监控部门给定的初张拉力。单根张拉如图7所示。

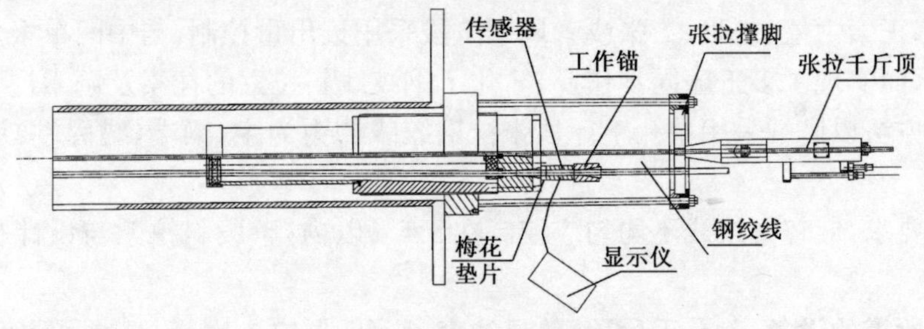

图7　单根钢绞线挂索示意图

2)整体张拉

在全桥合龙后，根据设计的索力或桥面线形，对部分斜拉索或全部斜拉索的索力进行调整。不同于安装初张拉时用索力进行控制，此时的调索张拉是以伸长量作为主要的控制标准。整体张拉采用群锚式千斤顶。即在锚垫板处安装撑脚及群锚千斤顶，后面顶升工具锚板同时张拉全部钢绞线，张拉到位后再敲紧锚板处夹片，完成整体张拉，施工示意如图8所示。

3)夹片顶压

夹片顶压分2次进行，第1次为斜拉索初张拉完毕后，由于钢绞线索力偏低(低于钢绞线极限抗拉强度的35%力值)，为防止夹片滑动，须将锚固端夹片顶紧；第2次是全桥调索完毕

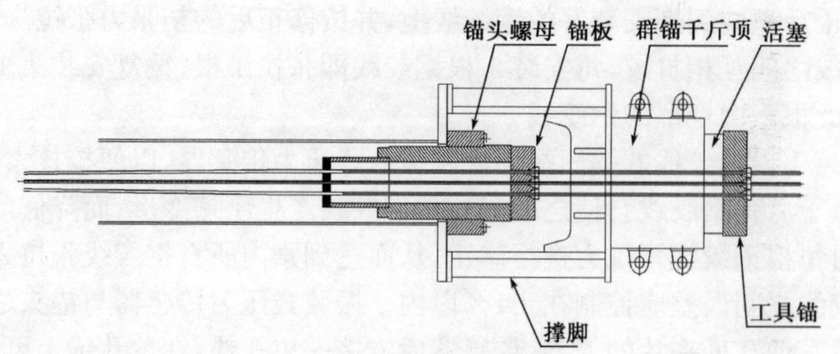

图 8　整体张拉示意图

后，将张拉端、锚固端所有夹片进行顶紧。

夹片顶紧采用专用的顶压设备，即在锚具上安装一个反力座，单顶放在反力座内顶紧夹片，顶压力一般为 12t，如图 9 所示。

4.5　配套装置

在全桥的斜拉索安装且调索完成后，须对斜拉索进行最后防护体系组装。

(1)安装定位器(减振器)，张拉端和锚固端的定位器(减振器)均安装在锚具出口处，主要起两个作用：第一，把钢绞线固定在锚具中心；第二，保护锚具不受由可变荷载和动荷载(风荷载)作用在钢绞线上而产生的弯曲应力影响。

(2)安装热胀延伸管(张拉端)及钢锥管(固定端)。

(3)按要求在张拉、锚固端锚具灌浆孔采用专用设备加压灌注油脂。

(4)在张拉端和固定端锚头安装防护罩。

图 9　夹片顶紧施工图

4.6　索力控制

索力采用无应力状态法进行控制，即钢绞线初张拉时，采取索力控制，将索力值与结构变形进行分析，修正索力值；二张、三张或者调索阶段采用拔出量控制，与中间单根张拉引起的结构变形无关，从而实现了多工序同步作业，简化了钢绞线斜拉索的挂索及调索过程。

索力检测方法以塔端采用单孔千斤顶张拉钢绞线测力为主，梁端(锚固端)压力传感器测试进行校核。

索力控制要求：镀锌钢绞线不均匀应控制在±1%以内；整股斜拉索与设计相比应控制在±2%以内。

检查索力所需的设备：单孔千斤顶、数显油表、油泵、限位垫片、叉刀、振弦检测仪。

5　斜拉索挂设工效分析

每个斜拉索施工循环中，包含安装、初张、二张及三张等环节，必要时还需增加调索次数。而前期安装熟练程度不高，后期钢绞线股数也会增加较多，平均每个节段斜拉索安装、调试共用时 2d 左右，其中最快施工循环用时 38h。总体来看，斜拉索施工效率比较稳定。

6　结语

随着我国经济的快速发展，交通基础建设也跟随高速发展，跨海海湾大跨度斜拉桥已越来越受到业内人士的青睐，而在海洋环境里，金属腐蚀防腐索体意外受到破坏等问题特别突出，而有5层防护的镀锌钢绞线斜拉索具有耐久性和可单根钢绞线更换操作简便等优点，将是选择该类型斜拉索的决定因素。

近几年来，VSL SSI2000 体系在国内得到快速发展，工程实践证明，采用 VSL SSI2000 体系相比于平行钢丝束斜拉索体系具有以下优点：

(1)施工设备不需要大型吊装设备和繁琐的牵引系统，且操作简单易行。

(2)采用无应力状态控制理论只需控制挂索过程中单根钢绞线初张力，后续施工可按伸长量进行索力控制，该控制方法简单方便，且可进行同步作业。

(3)可在成桥状态下进行单根钢绞线斜拉索换索、应力检测施工中，仍保持交通通行。

(4)具有5层防护的斜拉索具有较强耐久性。

武汉二七长江大桥斜拉索安装施工顺利完成，获得业主、设计、监控各方一致好评，而选用镀锌钢绞线斜拉索无论在结构、性能方面，还是在经济性方面都值得推广和应用，也为同类型的钢绞线斜拉索安装施工提供宝贵的实践经验。

92. 独柱型索塔"X"形大悬臂横梁工艺比选与施工技术

宋华清　唐　衡　彭琳琳　许建伦
（中交第二航务工程局有限公司）

摘　要：本文以国内某跨江大桥独柱型主塔"X"形横梁施工为背景，介绍索塔大悬臂横梁施工工艺的同时，通过方案比选和横梁分层浇注预压控制近似计算，重点阐述大悬臂横梁多种施工工艺的实用条件以及分层浇注时横梁预压荷载近似取值规律，为类似工程和类似支架设计提供参考。

关键词：独柱索塔　"X"形横梁　分层预压　支架设计

1　引言

随着国内桥梁施工技术的不断发展，桥梁设计逐渐向大跨、多跨趋势发展，不断给施工技术带来更大的风险和挑战。本文结合国内某跨江大桥独柱型索塔施工，介绍悬臂长度达21.5m，高度达9m的横梁施工工艺，包括施工方案比选、支架设计、支架搭设及预压、模板设计、钢筋及混凝土施工等环节的一些控制措施及经验，并对横梁分层分段施工时支架预压荷载取值规律提出了一些见解；本文初步探讨了超大悬臂横梁施工技术及控制要点，并为类似工程支架设计提供参考。

2　工程背景

2.1　工程概况

国内某跨江大桥位于，全长10.137km，采用双向8车道高速公路标准，计算行车速度为100km/h，桥梁宽度为55.6m(含风嘴)，主跨为半漂浮体系6塔独柱4索面钢箱梁斜拉桥，钢箱梁上下行分幅设置，中间用横梁连接，其中，0号块长度为59.2m，0号块梁段无拉索，构造如图1所示。

箱梁0号块长度长，宽度大，总重达2 000t左右，在箱梁底面设置箱形断面"X"形横梁作为0号块支撑，横梁位于下塔柱顶面，悬臂长度达21.5m，高度为5～9m，宽度为4.6m，为预应力混凝土结构，单个索塔横梁纵向钢筋均锚固于塔柱内，并设置了42束15～22预应力钢束锚固于横梁的中部和端部，单个横梁混凝土方量约 $500m^3$，横梁构造如图 2 所示。

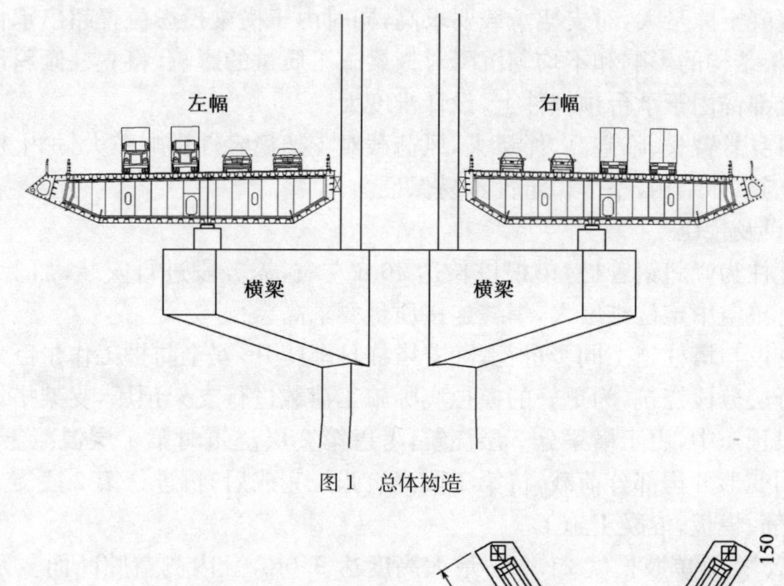

图 1　总体构造

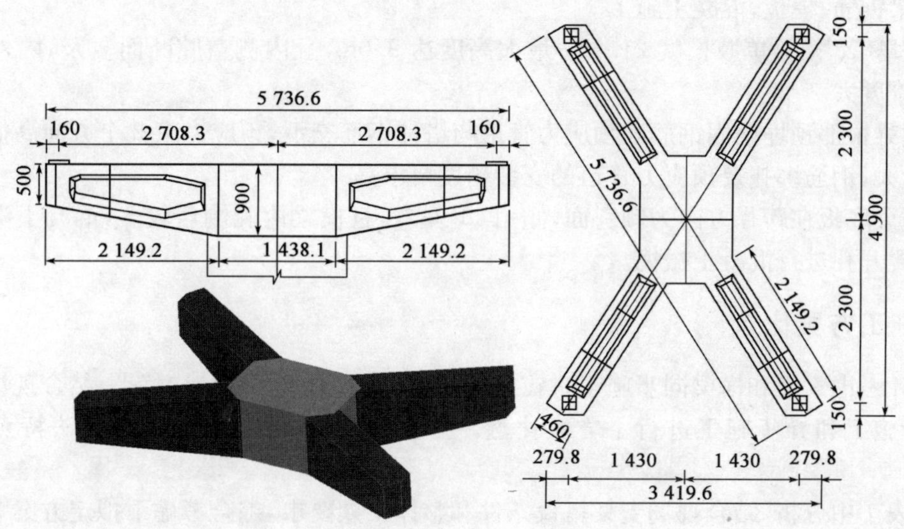

图 2　横梁构造图(尺寸单位:cm)

2.2　水文、气象条件

(1)桥位区风向的季节和地域变化均明显。全年以西北风和东南风为主。年平均风速 2.7m/s，实测最大风速为 19m/s，桥位处离常水位 10m 高处百年一遇最大风速 39.3m/s，风速随高度的变化呈指数律分布，参数 α 值取 0.16，横梁处(高约 40m)百年一遇最大风速49.1m/s。

(2)桥址位于台风暴潮多发区，每年夏秋期间常常受到台风暴潮的侵袭和影响。

(3)桥址区潮流为非正规半日浅海潮流，水流不对称性较明显，涨潮流大于落潮流，具有水流急(实测最大达 6.65m/s)、潮差大(最大达 8.59m)、涌潮强(涌潮高达 3m、流速达 9～10m/s)、冲刷强等特点。

2.3　工程特点及难点

索塔“X”横梁悬臂长度为 21.5m，加上塔柱内锚固长度，总长约 57.4m，相当于两座相互交错的跨径约 60m 的钢构桥“T”构，且根部高度达 9m，悬臂段体量达 $500m^3$，其主要施工难点如下：

1)支架设计

(1)横梁混凝土体量大,对支架承载要求高,同时由于横梁投影位置超出承台较多,为规避水文条件对支架结构的影响和不均匀沉降对横梁施工质量的影响,将立柱倾斜设计,支架整体为扇形,根部全部锚固于承台预埋件上,设计难度大。

(2)横梁自身悬臂长、临空高、体量大,风荷载对支架稳定性影响较大,加上横梁间距较大,支架难以连接为整体结构,整体稳定性不易保证。

2)支架搭设及预压

(1)部分立柱为倾斜钢管桩,单根桩长达 40m 左右,需分段进行安装,加上桥位区四季风力均比较大,管桩空中定位难度大,焊缝连接质量要求高。

(2)支架搭设与塔柱施工同步进行,随着塔柱日渐爬升,安全防护工作量巨大。

(3)横梁分层分段浇筑,为更好的模拟实际施工荷载进行支架预压,支架搭设完成后,分段进行预压,首段预压中,由于横梁分 2 层浇筑,考虑第 2 层浇筑时第 1 层混凝土已达到一定强度,与支架共同变形分担部分荷载,待第 1 段浇筑张拉完成后,再进行第 2 段支架预压。

3)横梁钢筋、模板、混凝土施工

(1)索塔"X"横梁单肢长度 21.5m,最大高度达 9.0m,且内侧空腔断面复杂,内外模板安装和固定难度大。

(2)横梁根部预埋锚固钢筋和预应力管道与塔柱钢筋交汇,预应力束 2 个方向高低交错布置,工程量大,钢筋绑扎及预应力管道的安装精度要求高。

(3)横梁底板在跨径方向为倾斜面,倾角 11°左右,且横梁内腔倒角较多,混凝土浇筑时需在合适位置开孔进行混凝土振捣。

3 施工方案比选

原设计考虑索塔和横梁同步施工。在实际施工中,根据横梁的结构特点,结合现场实际情况,对同步施工和异步施工进行了方案比选。主要列举 2 种施工方法,各方法特点对比见表 1。

通过表 1 中分析,结合现场支架搭设条件和整体工期要求,综合考虑下拟定方案 2 作为本工程横梁施工最终方案。

方 案 比 选 表1

施 工 方 法	与塔柱同步施工	与塔柱异步施工
施工工艺	下塔柱施工同时,搭设横梁支架并在横梁根部塔柱节段施工之前完成 4 个肢所有支架搭设工作,与塔柱相应节段一起绑扎钢筋、立模、浇筑混凝土	塔柱施工同时,将横梁锚固钢筋及预应力管道进行预埋,塔柱节段继续爬升,待横梁支架搭设完成后,接长预埋钢筋及预应力管道,完成横梁支架现浇施工
工期	横梁施工对塔柱施工进度影响较大,相应塔柱节段需待横梁支架搭设完成后与横梁首段同步施工,横梁施工工期约 80d①	横梁施工对塔柱工期基本没有影响,横梁施工工期约为:支架搭设时间+60d②
材料设备	支架钢材约 680t(单塔),模板约 110t(4 个肢),主要设备:大、小型塔吊各 1 台,履带吊 1 台辅助支架搭设,考虑大塔吊同时用于塔柱施工	支架钢材约 680t(单塔),模板约 56t(2 个肢),主要设备:大、小型塔吊各 1 台 ,考虑大塔吊同时用于塔柱施工

续上表

施工方法	与塔柱同步施工	与塔柱异步施工
优点	工期短，横梁锚固钢筋及预应力管道无需预埋而直接施工，工艺比较简单，施工质量容易保证	横梁施工对塔柱进度影响小，通过合理加快支架搭设进度，可有效缩短工期，一次性投入人员较少
缺点	支架搭设时间短，人员、材料、设备投入量大，支架搭设不及时会给塔柱进度带来较大影响	材料、设备投入较大，工期较长，横梁根部钢筋接头在同一截面，且预埋难度较大

注：①工期＝40d(首段分2层浇筑)＋10d(养护、张拉)＋30d(末段支架预压、现浇)＝80d。

②投入2套模板，横梁两两对称施工，单塔横梁钢筋、混凝土施工按照60d考虑。

4 主要施工工艺简介

横梁与塔柱采取异步施工，即塔柱中下连接段与横梁分开进行施工，按照先塔柱后横梁的顺序控制，塔柱施工同时搭设横梁支架，待液压爬模爬升至中塔柱后再安排横梁施工。横梁分2段进行浇筑，首段长度13.5m，由于高度较大，达到9m，竖向分2层施工，经计算分析确定第1层浇筑高度6.0m，第2层浇筑高度3.0m；末段长度为8m，一次性浇筑完成。单个索塔“X”型横梁4个分肢配置2套模板，两两对称施工，再周转使用到另外2个肢。

总体施工工艺流程为：支架搭设→支架预压→首段第1层钢筋、模板、混凝土施工→首段第2层施工→第1次预应力张拉→末段支架预压→末段钢筋、混凝土施工→第2次预应力张拉→支架拆除。

4.1 支架设计

横梁支架采取整体落地结构形式，系统由钢管支撑、平联、卸荷块、主横梁、贝雷梁、主分配梁、次分配梁、面板组成。布置3排Φ1 000mm×12mm钢管支撑作为主要受力构件，底部全部与承台和塔座固结，外侧2排立柱为斜柱，横梁浇筑时，向外的水平分力较大，在塔柱上设置预埋件与支架连接作为主要水平力承载构件，支架布置如图3所示。

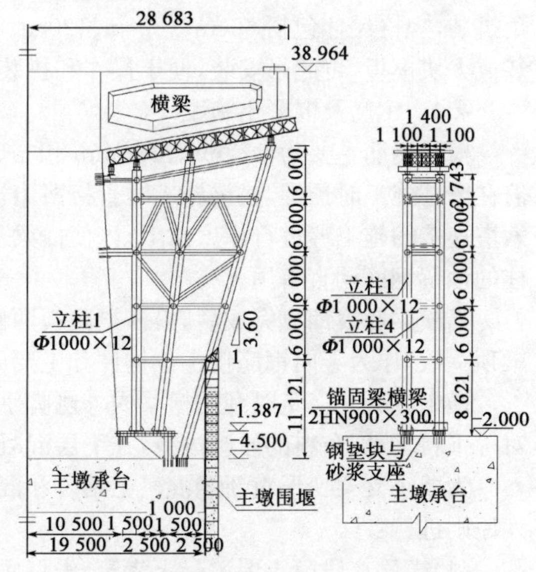

图3 横梁支架布置(尺寸单位：mm)

支架验算荷载取值时考虑横梁分层分段影响，施工风荷载取8级风，并考虑2种施工工况，工况1为支架搭设完成承受台风荷载，工况2为横梁混凝土浇筑荷载＋施工风荷载，经验算，满足强度和刚度要求。

4.2 支架搭设及预压

支架搭设全部由现场900t·m和160t·m塔吊实现，支架按照由底至顶的顺序依次搭设，所需材料均在平台上加工成型再起吊安装，施工中严格控制焊缝质量，主要受力构件空间位置全部由测量放样确定，尽量减小恶劣环境条件对支架搭设精度的影响。支架搭设现场如图4所示。

支架分2段进行预压，采用堆载预压方式，预压荷载为恒荷载的110%，首段预压综合考虑2层恒载重量进行取值，待首段混凝土达到设计强度并张拉完成后，进行末段支架预压，预压荷载与实际施工荷载基本一致，详细预压堆载控制见第5节。

4.3 模板设计

单塔横梁4个肢配置2套模板，两两对称施工，再周转使用到另外2个肢，单肢横梁分3次浇筑，模板布置如图5所示。

图4 支架搭设现场

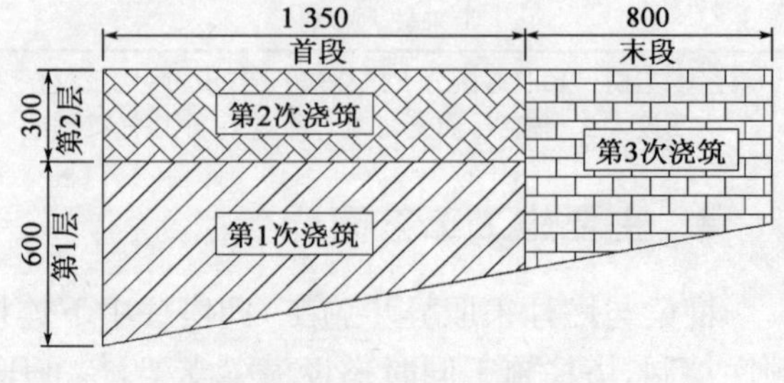

图5 横梁模板示意(尺寸单位：cm)

横梁外模采用大块定型钢模板，如图5所示，单肢横梁外模只需配置首段第1次浇筑模板和横梁端部模板，第2次浇筑时取第1次浇筑模板上部3.6m部分即可，末段浇筑时，取第1次浇筑模板前端8.3m部分加上端部模板即可，模板总面积约200m^2，重量约28t。

横梁内腔构造复杂，倒角多且不规则，内模采用组拼小钢模，按不同规格采购，方便内腔倒角拼装，规格尺寸包括60cm×20cm、120cm×30cm，150cm×30cm等，小钢模在施工平台上拼装成大块模板，再起吊安装，便于操作和拼装精度控制，内模通过拉杆与外模对拉固定。

4.4 钢筋及混凝土施工

横梁钢筋主要为Φ25mm、Φ20mm和Φ16mm的HRB335钢筋，其中纵向筋伸入塔柱4m，需在塔柱施工时预埋，横梁施工时直接凿出连接套筒接长主筋。横梁钢筋绑扎前，需要将其与索塔连接的施工缝进行深度凿毛，以使横梁悬臂段有部分嵌入塔身，增强连接效果，同时将塔柱的预留钢筋调直备用。

当横梁底模铺设完成后，沿横梁腹板两侧搭设脚手架，支撑在底模的分配梁上，高度与横梁顶一致，作为竖向钢筋粗定位构件和主要施工平台。

横梁混凝土浇筑时利用横梁内外侧脚手架作为施工平台。横梁单肢布置1台拖泵，按照对称下料、分层布料的原则进行，在下层混凝土初凝前完成上层混凝土的布料及振捣。

为减小支架变形对新老混凝土结合和混凝土结构本身的影响，横梁混凝土浇筑布料按下列原则进行：

(1)横梁首段第1层混凝土浇筑，先将底板变高截面部分浇筑至水平，然后按从张拉端向塔端进行布料。

(2)横梁首段第2层按先塔端后张拉端进行布料。

(3)横梁第2段浇筑方法与横梁第1段第1层相同。

4.5 预应力施工

横梁内布置42束22Φ^s15.24钢绞线，预应力锚固点设在横梁端头外侧和斜底板侧。锚具采用15-22型，配套使用外径为127mm、内径120mm的塑料波纹管，设计张拉控制力为4 124.7kN。

预应力钢束施工主要包括波纹管安装、锚具安装、钢绞线下料及穿束、预应力的张拉、封锚灌浆等。横梁预应力张拉顺序为：先长束后短束，同一断面先从腹板中部向上、下缘依次进行，钢束均为两端张拉。

横梁预应力束较为密集，为避免预应力张拉端槽口开得过大而切断受力钢筋，采用深埋锚工艺，即锚垫板栓接一段套筒，套筒外缘距横梁外侧表面为5cm。横梁施工完成图如图 6 所示。

图 6　横梁施工完成图

5　关于施工中几点问题的讨论

5.1　支架预压荷载取值

横梁支架分 2 段进行预压，首段第 2 层混凝土浇筑时考虑第 1 层混凝土达到一定强度，承担部分荷载；末段直接以恒载的 110％进行预压，在此不再叙述。

经验算，第 1 层混凝土浇筑高度为 6m，第 2 层浇筑荷载单独作用于第 1 层时，满足承载要求且不会产生裂缝；同时，为比较精确的获得首段混凝土浇筑时支架的形变量，对结构进行如下简化计算。

首先对第 1 层结构建模并将第 2 层混凝土以荷载形式加载到第 1 层结构，得到端部最大变形值为 0.72mm，并将计算中所得对应点位变形值以强制位移形式加载到支架结构相应位置，经计算得到横梁端部附近支架强制位移下产生的反力集度（即为支架相应变形条件下的承载力）约 110kN/m，相当于第 2 层混凝土自重荷载 270kN/m 的 40％，并近似认为支架分担第 2 层混凝土的荷载呈线性变化，横梁根部变形值为 0，从而近似得出第 2 层混凝土浇筑时支架所分担荷载分部值，计算简图如图 7 所示。

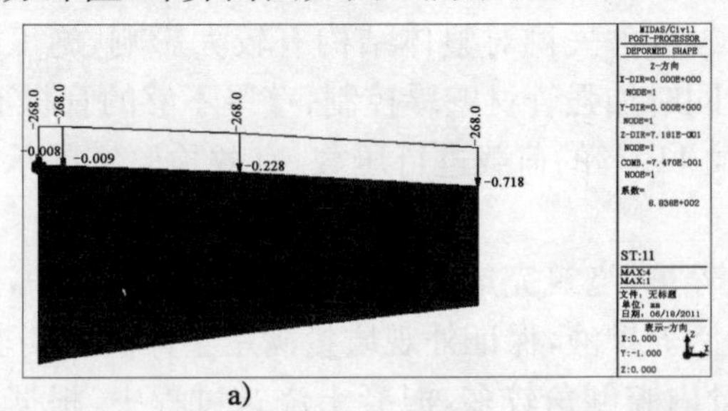

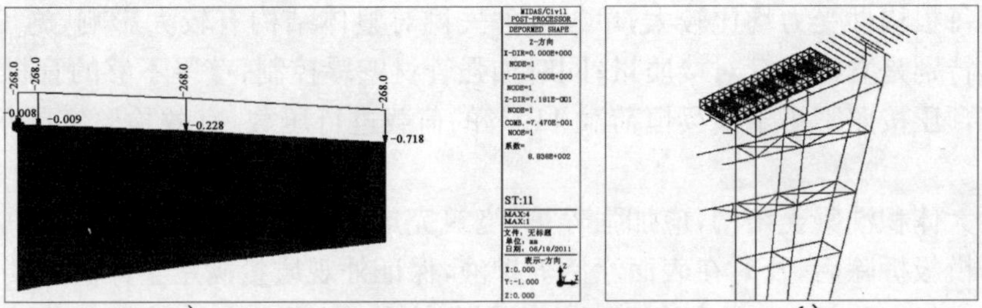

b)

图 7　计算过程简图

首段
A1 200 | A2 200 | A3 200 | A4 200 | A5 200 | A6 200 | A7 149
第2层荷载取值
40%
600 第1层

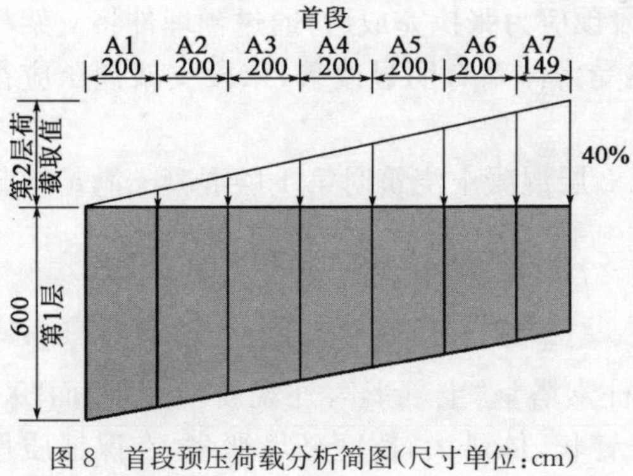

图 8　首段预压荷载分析简图（尺寸单位：cm）

为方便现场控制预压堆载，沿横梁跨径方向按 2m 等间距将横梁划分为若干单元以模拟施工荷载，单元划分及预压荷载简图如图 8 所示，各单元预压荷载取值见表 2。

根据表中计算所得荷载值，即可对支架进行分级压载，压载时应注意荷载横向布置，横梁空心部分两边（即腹板位置）荷载集度应大于中间荷载集度，尽量与实际施工荷载相稳合，操作时可考虑以适当加宽堆载宽度的方式来实现。

首段支架预压荷载取值 表 2

单元	单元长度(m)	分块重量(t)				第 2 层荷载分担系数 k	压载重量 100%(t)	压载重量 110%(t)
		第 1 层混凝土	第 1 层钢筋	第 2 层混凝土	第 2 层钢筋			
A1	2	71.42	4.24	38.35	2.28	0.03	76.88	84.57
A2	2	93.24	5.54	60.11	3.57	0.09	104.50	114.95
A3	2	78.21	4.64	54.68	3.25	0.15	91.54	100.69
A4	2	65.99	3.92	50.41	2.99	0.21	81.12	89.23
A5	2	61.62	3.66	50.08	2.97	0.27	79.60	87.56
A6	2	57.75	3.43	50.08	2.97	0.33	78.68	86.55
A7	1.49	40.56	2.41	37.36	2.22	0.38	58.01	63.81
合计	13.49	468.78	27.83	341.07	20.25	—	570.34	627.37

注：1. 荷载分担系数：如图 8 所示，k 为相应分块中心处支架分担第 2 层混凝土荷载的百分数值。

2. 压载重量 100%＝第 1 层分块钢筋、混凝土重量＋第 2 层分块钢筋、混凝土重量×分担系数 k。

在此，只对横梁分层浇筑时支架预压荷载取值进行了近似计算，作为施工控制值已基本满足精度要求，针对类似支架设计时，可精确建模，通过共同变形原理，对横梁和支架进行迭代计算，得到详细的荷载分担系数分部规律，作为支架设计的受力依据，而不需要将横梁整体重量作为支架设计的控制荷载。

5.2 大悬臂结构施工控制措施

大悬臂横梁施工工艺多样，难度大，风险高，结合本工程控制要求，主要控制措施有以下几点：

(1)支架设计除满足强度要求外，支架要有足够刚度，确保混凝土浇筑过程中不致产生过大挠度影响混凝土施工质量。同时，支架窄而高，横向比较薄弱，抗风稳定性较差，设计时注意支架横向刚度的控制，尽量与周边结构物相连，有效保证支架结构安全。

(2)支架每根构件受力均比较大，单根构件失稳对整体结构有较大影响，施工时应注意焊缝质量控制，特别是立柱钢管对接质量；同时加强管材壁厚控制，壁厚不够的管材不予使用。

(3)支架预压按照不小于横梁恒荷载 110%的荷载进行压载，有效检验实际承载能力和安全可靠性。

(4)横梁大体积混凝土结构，应加强养护，浇筑完成后，在顶面蓄水进行养护，适当延长模板拆除时间，模板拆除后，及时在表面涂洒养护液，保证外观质量满足整体美观要求。

(5)横梁底板在跨径方向为倾斜面且内腔倒角较多，混凝土浇筑过程中，根据现场实际情况，在内模上开孔进行振捣，保证倒角处及腹板混凝土施工质量。

(6)首段混凝土施工时，在端部埋设埋件，待首段预应力张拉完成后，通过预埋件将支架与首段横梁连接，作为末段施工时的安全储备，对支架受力体系有明显改善，末段支架预压应在连接完成后进行，保证预压结果的真实性。

(7)横梁首段分层厚度应根据计算确定，保证第 2 层混凝土浇筑时第 1 层混凝土满足承载要求且不会产生裂缝。

6 结语

国内某跨江大桥主桥为 6 塔 4 索面斜拉桥，独柱索塔呈“宝剑形”，外观新颖美观，而“X”形横梁作为“宝剑”的重要组成部分，其构造复杂，悬臂长，体量大，桥区环境恶劣，在保证质量要求的同时，需要追求其景观效果，可以说是施工技术的一次巨大挑战。本文通过对横梁施工方案的比选、施工工艺的介绍以及支架预压荷载控制值简化计算，得到一些对大悬臂结构施工的体会和思路，供类似工程参考、分析和优化。

参 考 文 献

[1] 中华人民共和国行业标准. JTJ 041—2000　公路桥涵施工技术规范[S]. 北京：人民交通出版社，2000.

[2] 中华人民共和国行业标准. JGJ T194—2009　钢管满堂支架预压技术规程[S]. 北京：中国建筑工业出版社，2009.

93. 哑铃形超大钢吊箱浮运、整体吊装施工技术

张延河　夏文中

（中交第二航务工程局有限公司）

摘　要：福银高速公路九江长江公路大桥是主跨为 818m 双塔混合梁斜拉跨江大桥。主跨居同类型斜拉桥“世界第六，国内第四”。承台为哑铃形，横桥宽 82m，圆形部分直径 30m，承台高度 8m，系梁宽度 14m 与承台等高，采用钢吊箱作为承台施工的围堰。钢吊箱为哑铃型，长 84.9m、宽 32.9m、高 16m，采用船厂分片加工后整体拼装、气囊法下水、拖轮拖带、三船抬吊吊安的工艺，长江航道复杂，钢吊箱浮运、吊装施工难度大。

关键词：钢吊箱　浮运　三船吊安

1　工程概况

福州至银川高速公路九江长江公路大桥为主跨 818m 的跨江混合梁双塔斜拉桥，主跨居同类型斜拉桥“世界第六，国内第四”。北塔（22 号墩）位于长江主航道中，承台为哑铃形，横桥宽度 82m，圆形部分直径 30m，承台高度 8m，系梁宽 14m 与承台等高。承台设置 43 根直径 2.5m钻孔灌注桩基础，桩基在承台下呈梅花形布置。

22 号主墩在钻孔桩施工完成后下放整体式钢吊箱，完成封底、抽水后，进行承台施工。钢吊箱采用船厂分片加工后整体拼装、气囊法下水、拖轮拖带、三船抬吊吊安工艺进行施工。

2　水文资料

本河段水位上承上游径流来水，下受鄱阳湖出流影响，汛期为 5～10 月。根据现场实测 9～10月现场长江水流速度约为 1.7～1.9m/s，近 3 年 7～12 月份水位资料见表 1。

近 3 年 7～12 月份水位统计表（黄海高程）　　表 1

年度	2008 年		2009 年		2010 年	
月份	最高	最低	最高	最低	最高	最低
7 月	14.59	13.54	15.51	13.08	18.90	17.4
8 月	16.03	13.54	15.96	14.82	18.82	16.33
9 月	16.53	14.33	14.93	11.11	15.78	14.7

续上表

年度	2008 年		2009 年		2010 年	
10月	14.34	8.57	9.75	7.89	14.62	11.53
11月	14.36	8.57	8.01	6.97	11.32	7.63
12月	11.8	6.39	6.9	6.58	9.41	6.89

3 钢吊箱设计、加工

钢吊箱呈“哑铃”型，双壁结构厚度 1.4m，吊箱总长 84.9m，宽 32.9m，高 16m，起吊重量达 1 761t。钢吊箱共设置 20 个起吊吊耳，设置连通器、限位装置、拉压杆等结构。

钢吊箱在鄂州某船厂进行加工，壁板及底板在船厂分片加工后，采用龙门吊组拼成整体。

钢吊箱结构布置如图 1、图 2 所示。

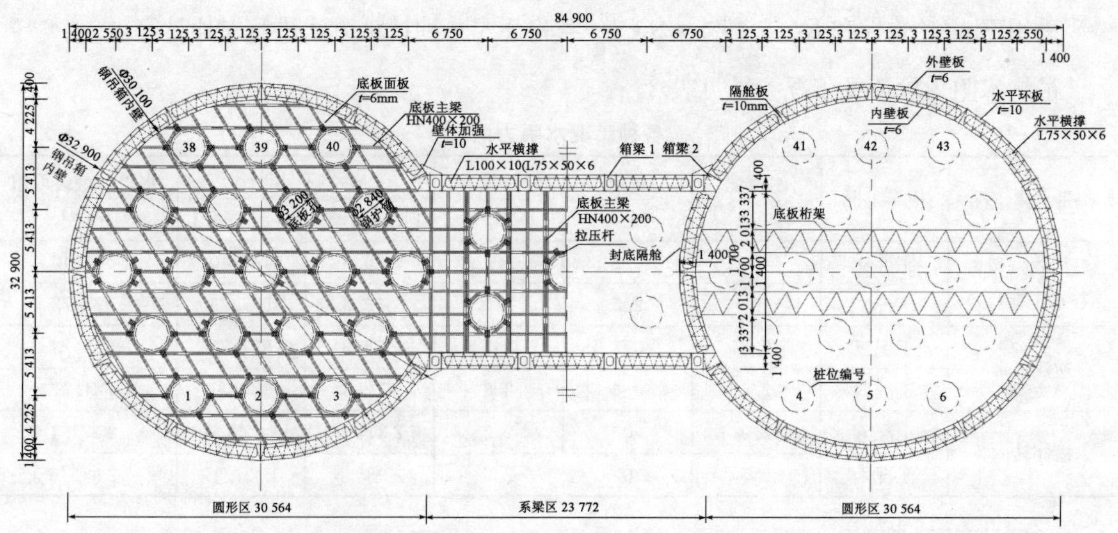

图 1 钢吊箱平面布置图(+0.00～+3.00m 高程处)(尺寸单位:mm)

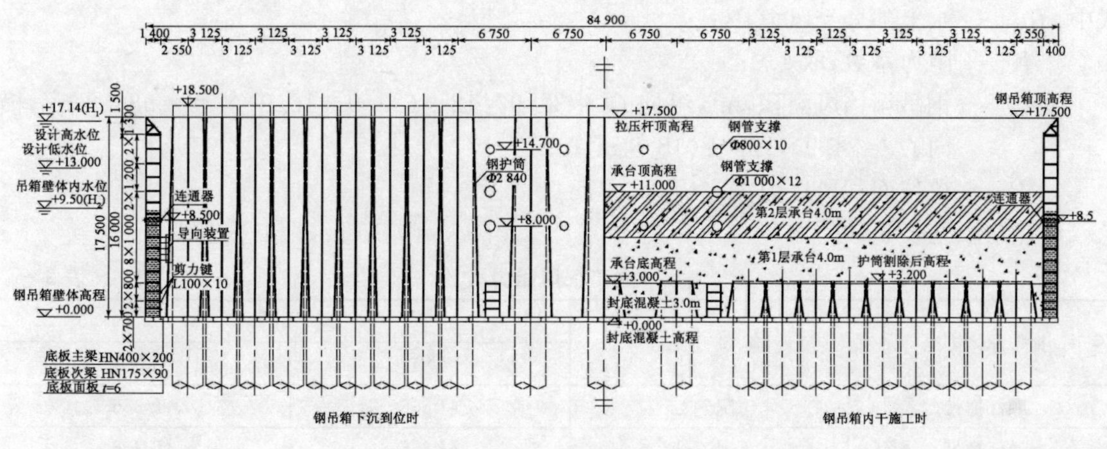

图 2 钢吊箱剖面图(尺寸单位:mm)

4 主要施工方法

4.1 钢吊箱气囊法下水

钢吊箱加工完成后采用气囊法通过下水坡道下水后，将底板托拆除后与上游抛好的海军锚通过缆绳连接，拖轮编队完成后，进行临时抛锚定位，等待浮运。

4.2 钢吊箱长距离浮运

1)浮运线路及特点

钢吊箱浮运里程约166km，途经鄂黄大桥、黄石大桥、鄂东大桥3座跨江特大桥，沿途部分区域江面较窄，水深流急，航道较窄，江面作业船舶、渡船、运输船舶多，情况复杂。

2)浮动阻力计算及稳定性校核

钢吊箱浮运阻力主要包括水阻力和风阻力，并对浮运稳性进行了校核。

(1)浮运水阻力计算

采用Fluent软件和$R_1=\xi\cdot\gamma\cdot S\cdot\frac{v^2}{2g}$经验公式2种计算方法进行对比计算。

最终水阻力取值及工况参数见表2。

各种工况水阻力汇总　　表2

拖带总体工况	拖带工况	水流速(m/s)	航速(m/s)	计算流速(m/s)	水阻力(kN)		水阻力最终取值(kN)
					Fluent计算	经验公式1	
顺江拖带(模拟静水中拖行)	工况一	0	2.2	2.2	425.6	447.40	447.40
	工况二	0	2.5	2.5	559.3	577.73	577.73
逆江拖带	工况三	2.2	0.3	2.5	559.3	577.73	577.73
	工况四	2.5	0.3	2.8	712.3	724.71	724.71
横江转向	工况五	2.2	0	2.2	2 371.1	1 035.52	2 371.1
	工况六	2.5	0	2.5	2 985.6	1 337.19	2 985.6

(2)风阻力计算

计算公式：

$$R_2=K\cdot\Omega\cdot P$$

式中：R_2——水上部分受风力，N；

K——阻力系数，取1.0；

Ω——钢吊箱挡风面积，m^2，纵向$\Omega_1=32.9\times12+(32.9-16.9)\times12=586.8\ m^2$，横向$\Omega_2=84.9\times12=1\,018.8\ m^2$；

P——单位面积风压力，kg/m^2。

计算结果见表3。

各工况风阻力　　表3

拖带总体工况	拖带工况	风阻力(N)	风阻力(kN)
顺江拖带	工况一、二	41 356	41.356
逆江拖带	工况三、四	41 356	41.356
横江转向	工况五、六	71 932	71.932

(3)浮运总阻力

浮运总阻力按阻力最大时取值,即水流的方向与风的方向相同时取值,见表4。

各工况总阻力 表4

拖带总体工况	拖带工况	水流速(m/s)	航速(m/s)	计算流速(m/s)	水阻力(kN)	风阻力(kN)	总阻力(kN)
顺江拖带	工况一	0	2.2	2.2	447.40	41.356	488.76
	工况二	0	2.5	2.5	577.73	41.356	619.09
逆江拖带	工况三	2.2	0.3	2.5	577.73	41.356	619.09
	工况四	2.5	0.3	2.8	724.71	41.356	766.07
横江转向	工况五	2.2	0	2.2	2 371.1	71.932	2 443.03
	工况六	2.5	0	2.5	2 985.6	71.932	3 057.53

(4)浮运稳定性计算

对顺水拖带工况二、逆水拖带工况三和横江转向工况六进行浮运稳性校核,钢吊箱在各工况下稳定性满足要求。

3)浮运设备配置

(1)计算方法

根据关于拖力和主机功率估算公式,拖轮发动机指示功率平均每100HP产生1t拖力,因此选择拖轮的功率公式:

$$P=\frac{F}{1.0}\times 100$$

式中:P——拖船总功率,HP;

F——总阻力,t。

(2)拖轮总功率计算

按阻力计算顺水拖带工况二和逆水拖带工况三确定拖轮总功率,见表5。

拖轮总功率计算 表5

工况	计算流速(m/s)	总阻力		安全系数	有安全系数总阻力(t)	需配置总功率(HP)	实际配置总功率(HP)
		(kN)	(t)				
工况二 工况三	2.5	619.09	61.91	1.25	77.39	7 739	3×2 640=7 920

(3)拖带设备配备

钢吊箱浮运配备3艘主机功率均为2 640kW的大型推轮以顶推及帮拖的编队形式进行浮运,同时另配同型号拖轮一艘,随钢吊箱同行,作为应急备用。

配备起锚艇1艘,随船配备2口4t的锚以备船队应急抛锚使用。配备扬程25m、流量$40m^3/h$的污水潜水泵4台。

(4)钢吊箱顶推架及拖带点

钢吊箱外壁为圆弧面,拖轮不能直接作用在吊箱外壁,需在拖轮拖带顶推及帮拖的位置设置顶推架。

根据浮运队形布置,吊箱外壁共设置5个顶推架、5个$\Phi250$系船柱及8个拖拉吊耳。根据钢吊箱吃水深度及拖轮结构布置在底板向上7m的高度。

4)浮运实施

(1)钢吊箱浮运拖带队形

浮运队形按如图3所示布置。拖带眼板最大负荷均为500kN,拖带缆绳破断拉力均不小于300kN。

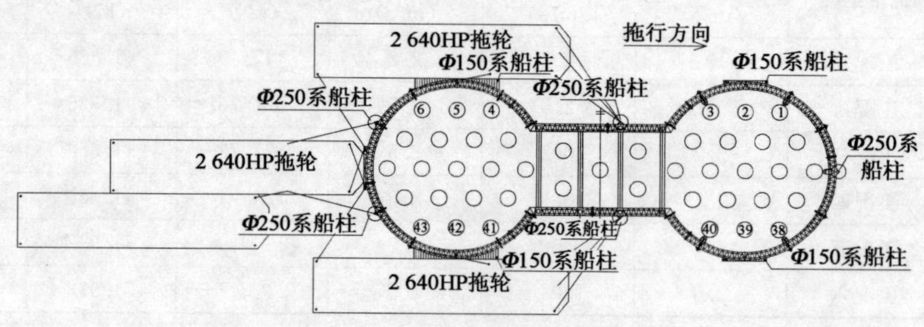

图3　浮运队形布置图

该队形主要是针对钢吊箱的形状特点进行设计。拖轮在统一航行号令下全方位均能均衡作业,平衡操舵,使拖轮的功率最有效的作用于吊箱,航行安全稳定,具有驾驶的主动性和安全能动性。

(2)实施效果

钢吊箱于2010年10月4日凌晨5:00从鄂州船厂起航,下午17:00顺利抵达九江施工现场,历时12h。钢吊箱到达现场后调头,靠泊在钻孔平台上。浮运过程中,未发生碰撞、损伤,结构无变形。

4.3　钢吊箱整体吊装

1)钢吊箱吊装工艺

(1)吊装设备选择

由于吊装重量大,且在洪水期进行吊装作业,受长江通航高度的限制,国内可组织的大型起重船资源有限,为保证吊装安全,最终选定采用3艘起重船(1 200t、800t、500t)抬吊进行吊装施工。

(2)吊点布置及吊高吊重复核

①吊点布置

钢吊箱共设置20个吊点,如图4所示。

②吊高及吊重要求

对三艘起重船进行吊高、吊幅复核,都满足要求。

钢吊箱重1 761t,附加1.1的动载系数,则起重船吊重为:1 761×1.1=1 937t。两端圆形部分单侧重量为750t左右,中间连接梁重450t左右。起重船起吊重量按以上数据进行分配,满足要求。

选定的1 200t、800t、500t起重船总起重能力为2 500t,满足要求。

③钢丝绳及卸扣准备

选用8根Φ120mm长60m钢丝绳,4根15mΦ120mm,并配备20个150t卸扣。

④挂钩顺序

挂钩平面布置及顺序如图5所示。

左侧挂钩布置：S1～S3、S2～S4、S5～S7、S6～S8

系梁挂钩布置：Z1～Z3、Z2～Z4

右侧挂钩布置：X1～X3、X2～X4、X5～X7、X6～X8

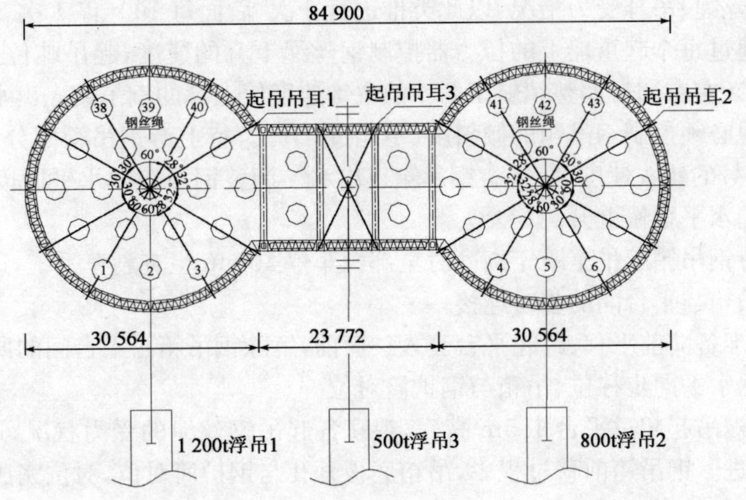

图4　钢吊箱吊点布置平面图（尺寸单位：mm）

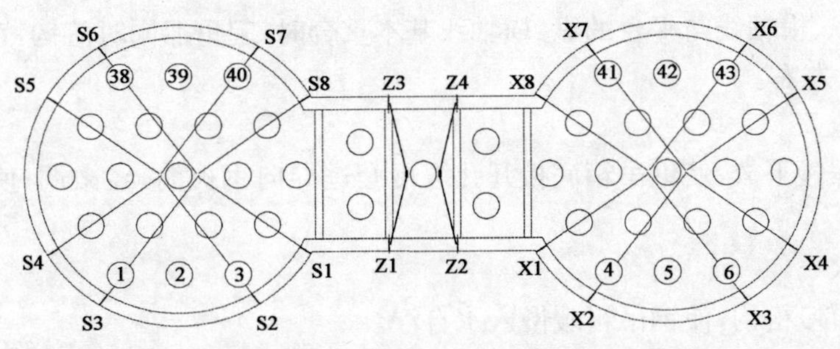

图5　吊装挂钩平面布置图

2）起重船江心侧船舶定位、抛锚

三艘起重船均抛锚定位于跨中的主航道侧，船体未占用主航道。起重船并排停靠，横水流方向吊装，由上游至下游依次定位镇航工818、德力1号、众威618。先定位上游作业的起重船。

3）钢吊箱吊装监测

22号主墩承台钢吊箱起吊、安装、移位、沉放是施工中的一个重要环节，吊装过程中对20个吊耳进行应力监测，保证起吊安全。

4）吊装实施过程

（1）吊装实施步骤

吊装作业设1个总指挥，3个副指挥（分别由3艘起重船船长担任），吊装步骤操作：

第一步：作业前检查各起重船所有机具设备，并用钢丝绳和缆绳将德力1号和镇航工818以及众威618进行连接待吊装受力时调整钢丝绳和缆绳的松紧。

第二步：起吊钢丝绳挂钩顺序为：镇航工818、德力1号、众威618，在每个起重船挂钩时其他两艘起重船尽量给挂钩的起重船留足前后左右移动空间。

第三步：缓慢收紧钢丝绳，待钢丝绳受力 20%左右调整每个起重船的船位、锚位并检查受力情况。

第四步：每个起重船都达到适吊状态时开始试吊，开始时吊力达到 200 吨停一次，检查机具设备以及钢丝绳、吊耳受力情况，以此类推进行 6 次，后面每 100t 停 1 次。

第五步：通过每个起重船上的拉力器控制钢丝绳上升的速度，起吊吨位达到 60%（3 艘起重船荷载 1 100t 左右）时，调整镇航工 818 的主钩速度使上游的钢吊箱先出水面以减小水对底板的吸附力，但必须控制钢吊箱的倾斜度（不超过 3%）。待上游钢吊箱部分出水后，调整众威 618t 和德力 1 号的钩头速度，使下游钢吊箱也出水。调整钢吊箱的水平度以及每个起重船的速度，使钢吊箱水平缓慢上升。

第六步：待钢吊箱起吊至既定高度时全部刹车停 10min 检查刹车系统，进行移位。

(2)解除吊箱与平台间的临时连接

钢吊箱在准备向前平移、跨越平台套入护筒前，解除钢吊箱与平台间的所有连接。

(3)起重船水平同步移位、吊箱与钢护筒对位

当钢吊箱被吊起超过平台 1.5m 高后，观察各起吊钢丝绳的受力状况，通过绞锚、松锚操作同时缓慢前进。钢吊箱前移过程中，吊箱底板开孔与钢护筒对位，对位完成后停止前移。

(4)钢吊箱下放

①起重船初步落钩

当钢吊箱的纵、横轴线与平台的纵、横轴线基本重合时，起重船同时落钩，直至钢吊箱最低点距平台还剩 1m 左右。

②钢吊箱对位

起重船同时缓慢下放，使钢吊箱底板开孔缓慢套进导向钢护筒，经微调，使钢吊箱完全套入钢护筒。

③钢吊箱入水

起重船继续缓慢松钩，使钢吊箱缓慢入水自浮。

④钢吊箱测量

钢吊箱下放至自浮高度还有 50cm 时，测量钢吊箱的四角平面位置，并根据测量结果进行高差调整以后，每下降 10cm 测量一次，直至吊箱入水自浮。

(5)起重船解钩

钢吊箱入水自浮后，为保证钢吊箱平稳下沉，起重船继续受力。待钢吊箱注水下沉到达设计高程完成初定位后再解钩，吊装完成。

(6)三船吊同步性保证措施

起重船配备称重装置，能显示钩头的起吊重量。根据称重装置的显示的数据，对起重船受力进行调整，尽量保证同步性。

起重船在满负荷下吃水深度粗略估计起重船承重，随时观测随时调整。

控制起重船绞锚速度，尽量保证三船吊的同步性。

5 结语

钢吊箱 166km 长距离浮运共用时 12h，钢吊箱顺利下沉至设计高程共用时 9h，终定位共用时 8h，钢吊箱测控点最大偏差为 2.7cm。

钢吊箱吊装定位完成后，进行封底施工的准备工作。钢吊箱封底完成后抽水，钢吊箱无任

何渗漏。

九江长江公路大桥 1 761t 钢吊箱的成功实施创造了长江中上游桥梁钢吊箱施工体积最大、吊装重量最重、浮运距离最远的“三项国内之最”，值得类似桥梁施工参考。

参 考 文 献

[1] 徐双喜，李晓彬，曹正林，等. 大型沉井浮运阻力研究[J]. 水运工程，2007(12).

94. 连续组合梁桥边支点顶升施工过程分析

刘鲜庆[1]　刘玉擎[1]　罗　杰[1]　许海云[2]

(1. 同济大学桥梁工程系；2. 嘉兴市交通投资集团有限责任公司)

摘　要：钢—混凝土连续组合梁桥在城市道路中的运用越来越广泛，其主梁负弯矩区混凝土桥面板抗裂处理一直是设计施工中的关键问题，处理的效果直接影响到结构的安全性和耐久性。边支点顶升的施工方法操作简便，但对其预加力效果的研究较为缺乏，在实际工程中的运用也较少。本文结合嘉绍高速钢—混凝土组合梁跨线桥，通过实桥混凝土早期收缩应变测试、顶升施工过程测试及有限元计算分析，研究边支点顶升对主梁负弯矩区混凝土应力的影响。分析结果表明，边支点顶升能有效地对主梁负弯矩区混凝土桥面板施加预压应力，以抵消混凝土收缩与荷载等引起的拉应力。

关键词：组合梁桥　支点顶升　实桥测试　计算分析

1　前言

钢—混凝土连续组合梁桥中支座附近梁体处于负弯矩区，使得混凝土桥面板存在受拉开裂的风险，混凝土收缩受到钢梁约束也会在板内产生拉应力，因而在施工中常常需要采取适当措施以改善负弯矩区混凝土的受力状况。支座位移法是对中支点混凝土施加预应力较为常用的方法，分为中支点升降法和边支点顶升法。中支点升降法是指在钢梁架设后，将中支点位置钢梁顶升，然后浇筑桥面板混凝土，待混凝土达到强度后，将中支点降下，使中支点附近混凝土产生预压应力；边支点顶升是在桥面板混凝土全部浇筑完成后直接对边支点进行顶升，以对中支点附近混凝土施加预压应力。中支点升降法在实际工程中应用较为成熟，边支点顶升法预加力效果的研究较为缺乏，在实际工程中运用也较少。

嘉绍高速跨乍嘉苏高速的桥梁为 2 跨平面弯曲连续组合梁桥，主梁采用槽形钢箱梁与混凝土顶板的组合形式，中墩为钢管混凝土独柱墩，且墩与梁体固结，采用边支点顶升来对主梁负弯矩区混凝土桥面板施加预应力。

本文以该桥为研究实例，首先开展了实桥中支点混凝土早期收缩应变测试工作，然后对边支点顶升引起的中支点混凝土应变变化进行了重点测试；同时建立全桥精细化有限元模型，计算分析边支点顶升对混凝土桥面板受力的影响，比较分析实测与计算结果。

2 工程概况

嘉绍高速跨线桥为2跨连续钢—混凝土组合梁桥，内幅跨径布置为(44.844＋34.137)m，外幅跨径布置为(37.813＋41.168)m，桥宽12m，梁高2.3m，跨径布置如图1所示。

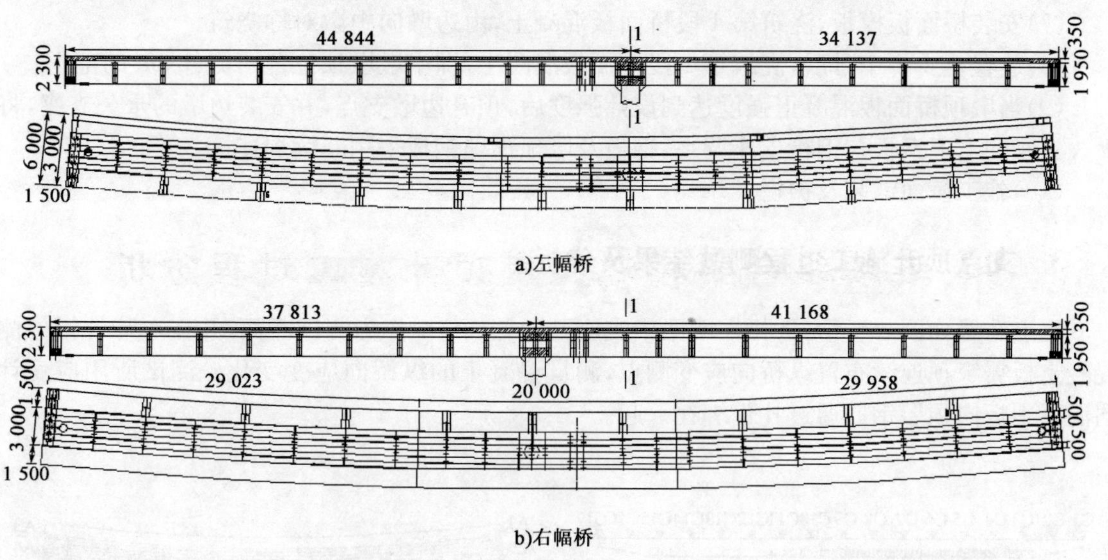

图1 组合梁桥跨径布置(尺寸单位：mm)

钢梁采用双箱单室等截面槽形钢梁，钢箱间通过工字钢横梁连接，混凝土桥面板通过焊钉连接件与开口钢箱组合形成闭口箱梁，边支点与中支点处梁内填充微膨胀混凝土达到压重与增强钢板局部稳定性的作用，主梁横截面如图2所示。

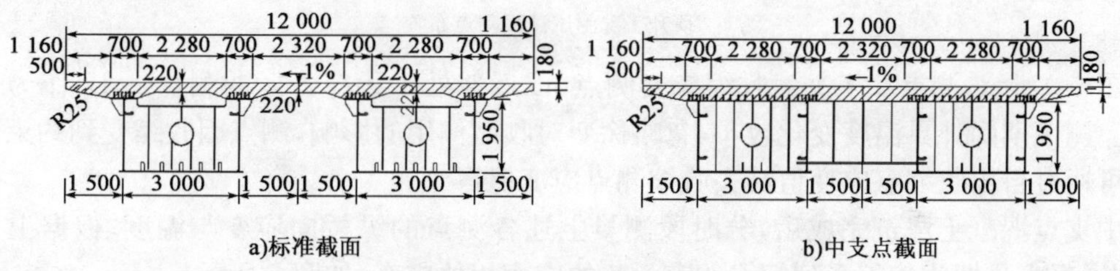

图2 主梁截面图(尺寸单位：mm)

如图3所示为该组合梁桥施工时的照片，本桥施工工艺为：

图3 施工中的桥梁

(1)将左右侧的4个钢箱节段吊装到位，支撑于边墩、中墩和临时支撑上。

(2)对钢箱的平面位置及高程进行测量，对接后，将左右侧两段钢箱纵向连接为整体。

(3)拼装并焊接箱间横梁，施工顺序由中墩向两侧对称进行。

(4)浇筑边墩、中墩顶位置箱室内混凝土。

(5)拆除临时支撑，整体落架。

(6)将中墩与钢箱固结。

(7)安装桥面板模板，浇筑第1段桥面板混凝土，由边墩向中墩对称浇筑。

(8)放置至少2个月后，浇筑第2段桥面板混凝土，即中墩墩顶位置两侧各6m的范围。

(9)当墩顶桥面板混凝土强度达到设计强度后，顶升边墩支点，并安装边墩的永久支座，将永久支座的上下钢板与钢箱支座调平，钢板及墩顶预埋钢板采用断续焊连接。

(10)施工桥面铺装及护栏。

3 支点顶升施工过程测试结果及分析

测点布置如图4所示，选择左幅梁中支座处的截面1-1作为测试断面，并在左跨外幅外侧混凝土板翼缘顶连续布置纵桥向应变测点，测量混凝土的纵桥向应变变化。测试所用应变计同混凝土板内顶层钢筋通过扎带绑在一起。

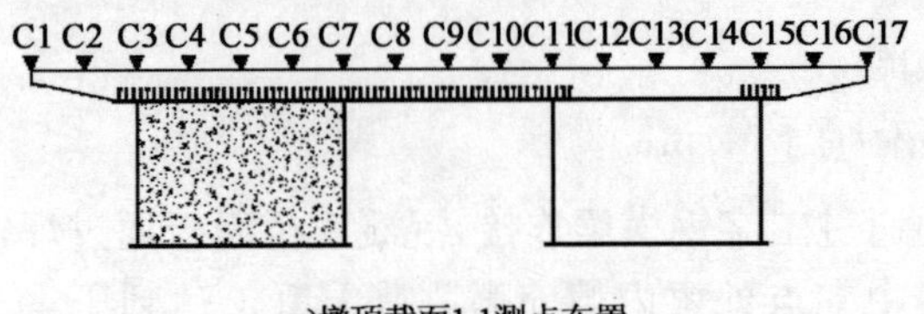

a)墩顶截面1-1测点布置

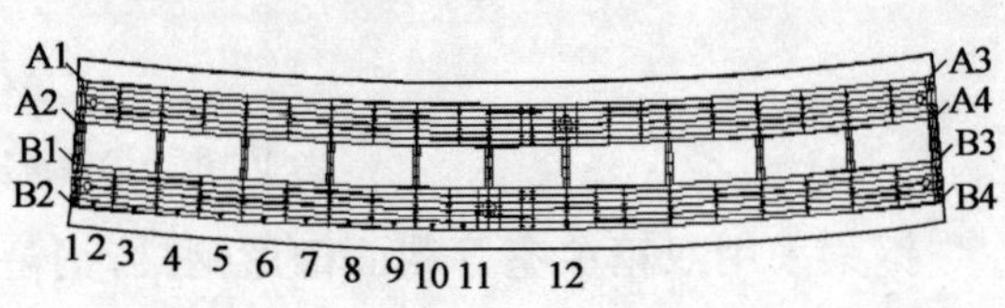

b)钢梁外侧翼缘混凝土板测点布置

图4 顶升工况测试截面测点布置

如图4a)所示，测点5、7、9为收缩应变测点，以近似处于无应力区的测点1、17作为自由收缩点。测试期间外界温度变化较小，忽略徐变对收缩作用的影响，测点因收缩受到约束引起的应变可通过自由收缩点应变值减去收缩测点应变值得到。

在中支点混凝土浇筑完成后，分时段测量上述各测点的纵桥向应变与温度，根据上述方法，得到混凝土早期收缩因受到钢梁约束引起的应力相关应变，如图5所示。

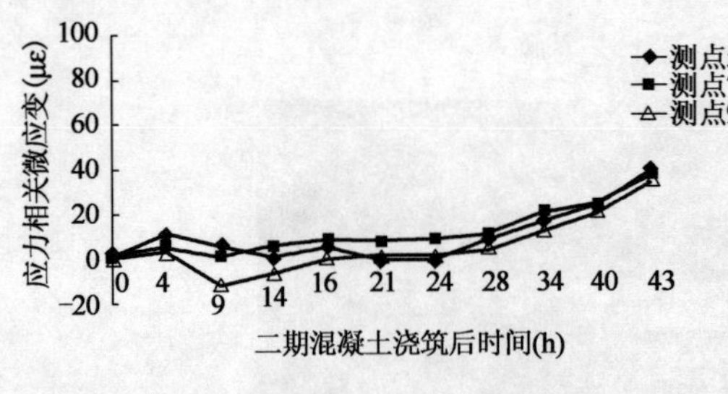

图5 支点混凝土板收缩测试情况

刚浇筑后24h内，混凝土处于比较不稳定的状态，应变计感知到的应变很小且不稳定。浇筑24h后，应变计开始测得混凝土收缩受到约束而引起的拉应变。随着时间的增加，混凝土拉应力增大，到浇筑后43h达到近40微应变。根据以往的研究，1～2d混凝土弹性模量约为28d混凝土弹模的50%，因此估算可知本测试观测到的最大拉应力在0.6MPa左右。

根据顶升前后支点的高程差可得到实际的顶升高度见表1，支座号的对应位置如图4b)所示。顶升前后两次测试间隔时间较短、环境温度变化较小，期间混凝土收缩徐变、温度对桥梁受力的影响可忽略不计，测试所得的应变变化值视为顶升引起的混凝土应变变化值。

支点顶升高度　　表1

支座号	A1	A2	A3	A4	B1	B2	B3	B4
顶升值(cm)	5.6	5.5	5.6	5.4	5.1	6.0	6.4	7.3

如图6所示给出了中支点1-1截面顶升前后的纵桥向应变、和左跨外幅外侧翼缘混凝土在顶升作用下的纵桥向应变，横坐标为测点编号及位置，纵坐标为顶升后相对于顶升前的应变变化值。顶升使中支点1-1截面全截面产生了约2～3MPa的压应力，同时，外侧翼缘顶混凝土板各测点混凝土产生一定的压应力，往中支点方向压应力呈逐渐增大的趋势，最大值发生在第11测点，约为2MPa，在边支点处的混凝土板由于受到局部上顶的作用会引起局部受拉，但拉应力较小。

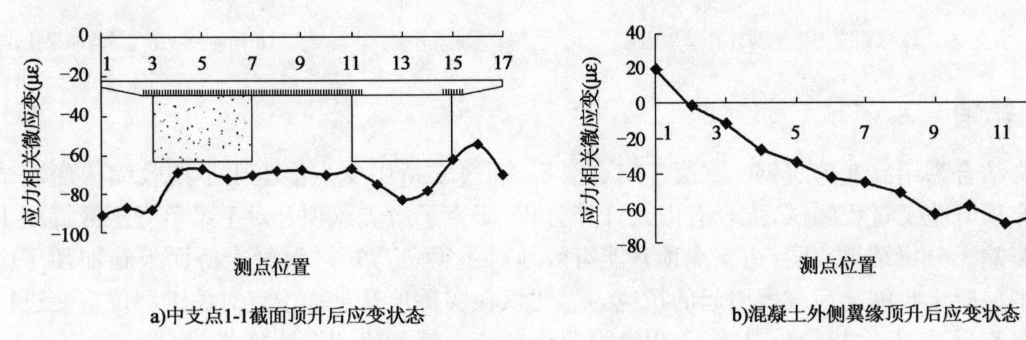

图6　顶升后应变变化

4　实测结果与计算结果的比较分析

本文采用通用有限元分析软件Ansys对工程背景桥进行精细化模拟计算，混凝土采用Solid45单元模拟，钢板采用Shell63单元模拟，焊钉连接件则采用分别沿X、Y、Z方向的3个Combin14单元来模拟，通过赋予X、Y、Z 3个方向的刚度来考虑焊钉的滑移、拉拔性能；利用单元生死技术来实现施工过程的模拟；边界条件为中支座处梁体节点固结，边支座处梁体节点约束竖向与横桥向自由度；支座顶升按照边支座处节点位移来进行施加。

如图7所示为边支点顶升后钢梁和混凝土板的应力分布。顶升后，钢梁跨中底板纵桥向最大拉应力在110MPa左右；钢梁跨中上翼缘纵桥向最大压应力约为110MPa；混凝土桥面板中支点附近积累了2～6MPa的压应力。

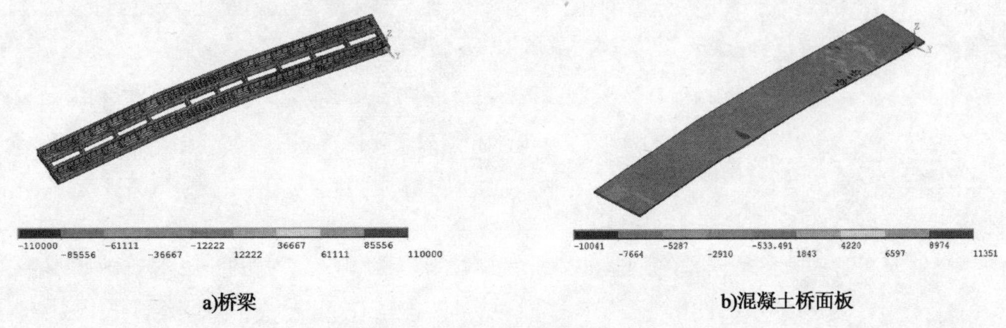

图7　顶升后组合梁应力图(单位:kPa)

如图8所示给出了中支点截面1－1顶升后计算和测试结果的比较，各点计算值和测试值沿横向的变化相近。如图9所示为钢梁外侧翼缘处混凝土板纵桥向应变测试和计算结果的比较，从边支点测点开始，往中支点方向压应力逐渐增大，其计算和实测结果比较符合。

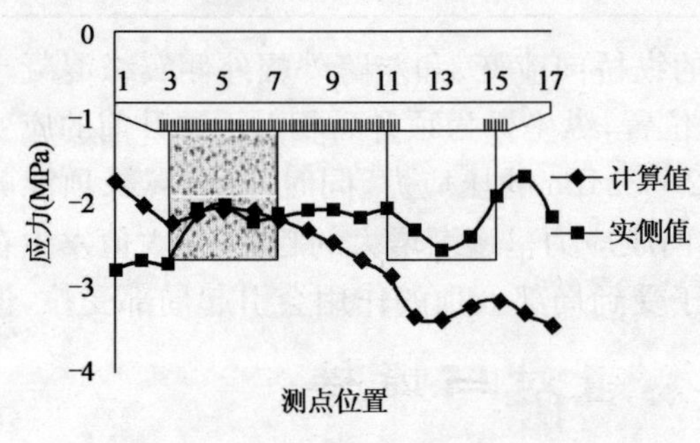

图8　中支点1－1截面应力实测与计算结果比较

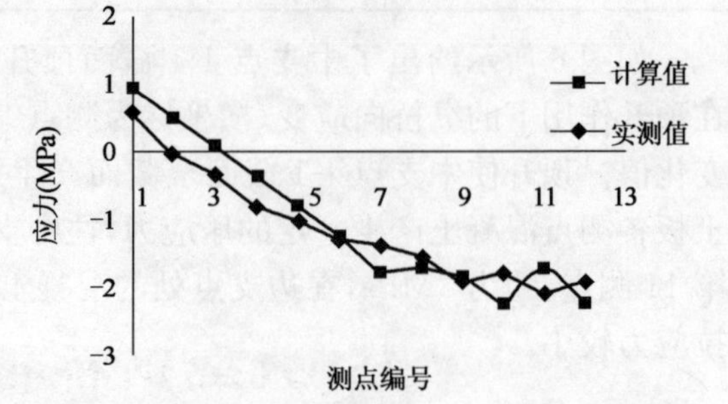

图9　钢梁外侧翼缘混凝土纵桥向应力测试与计算结果比较

5　结语

本文结合嘉绍高速跨线钢—混凝土组合梁桥，通过实桥中支点混凝土早期收缩应变测试和边支座顶升施工过程测试，配合有限元计算分析，研究了边支点顶升对主梁负弯矩区混凝土应力的影响。分析结果表明，边支点顶升能有效地对主梁负弯矩区混凝土桥面板施加预压应力以抵消混凝土收缩与荷载等引起的拉应力。建议在实桥顶升过程中宜对关键部位应变进行时时监测与反馈，及时指导顶升施工，保证混凝土预应力储备达到设计要求。

参 考 文 献

[1] 刘玉擎.组合结构桥梁[M].北京:人民交通出版社,2005.

[2] 刘玉擎,武建敏,蒋劲松.使用状态对焊钉连接件抗剪性能影响的试验研究[J].桥梁建设,2007(6):23－26.

[3] 周伟翔,刘玉擎.连续组合梁桥钢与混凝土连接技术的研究[C].全国桥梁学术会议论文集.北京:人民交通出版社,2006:1 009-1 014.

95. 大型钢桥箱型梁组对与焊接

刘金平

（中建工业设备安装有限公司南京华建检测公司）

摘　要：为了认识大型钢桥箱型梁组对和焊接过程中的若干注意事项，通过制作过程中的组对尺寸公差，划线切割，热胀冷缩，胎架准备，变形与反变形，焊接起止点，特殊位置焊缝分段退焊，焊道清理，焊接预热后热，焊接顺序，以及构件堆放、管理、信息系统共享等作了简要分析，用来说明如何保证箱型梁组对和焊接过程中的工艺质量，最终达到保证产品质量的目的。

关键词：大型钢桥　箱型梁　组对　焊接

1　引言

大型钢桥箱型梁制作中，由于尺寸大，构件多，环节杂，周期长，它的组对与焊接影响整个箱型梁的质量和使用安全，这是因为组对与焊接涉及多个环节的配合，其配合的协调又对组对与焊接产生重要的质量影响。现在以美国旧金山新海湾大桥（SFOBB 项目）箱型梁制作为例作叙述。

2　制作工艺程序

首先认识其部件的名称，如图 1 所示，它由顶板、顶板连接板、角单元、横隔板、纵隔板、斜底板和底板组成。

图 1　箱型梁实物照片

箱型梁制作的简要程序是：胎架准备，底板斜底板组对焊接，中间横隔板组对焊接，两边横隔板组对焊接，顶板组对焊接，角单元组对焊接，竣工验收。这里顶板的制作程序又是：顶板面板及 U 肋下料，反变形处理焊接，顶板单件二拼组对焊接，单件三拼组对焊接，顶板连接板与横隔板组对，顶板组合件三拼组对，反变形处理与焊接，顶板连接板与横隔板翼板组对定位、焊接，竣工验收。

3 装拼注意事项

3.1 尺寸公差

由于SFOBB项目箱型梁尺寸都比较大，单节长度最长20m，最小的也有10m，宽度27m，就顶板制作来讲，单板长度20m的钢板要用11块组对成宽度27m，要组对和焊接各10次才能完成。因此为了保证尺寸与公差，需用计量校定的尺子，并用5kg拉力测量尺寸，还要考虑焊接坡口准备和加工的打磨量，热胀冷缩时不同板厚板长的量，并且换算成标准温度20℃统一尺寸，同时不同的组对间隙引起的收缩量也不可怠慢，还有公差的系统性及系统考虑，相互关系、关联的细节，在组对过程中，前一道工序须留有记录，以方便下一道工序灵活应用公差数据为组对服务，减小强行组对对焊接的影响。

3.2 划线切割

冷作工划线定点，主要用样冲眼，墨线用星星牌涤纶宝塔线20s/3弹出，弹出的墨线宽度范围是0.75～1.5mm，如图2所示，根据钢板厚度情况选用2号、3号、或5号切割割嘴，对30mm以下不同的板厚钢板切割，切割后宽度为(即切割线上金属损失宽)3～4 mm，如图3所示，测量可用游标卡尺或其他方便适用的测量工具，进行墨线的宽度及切割宽度测量记录，将这些记录数据纳入系统考虑环节。

图2 墨线宽度范围

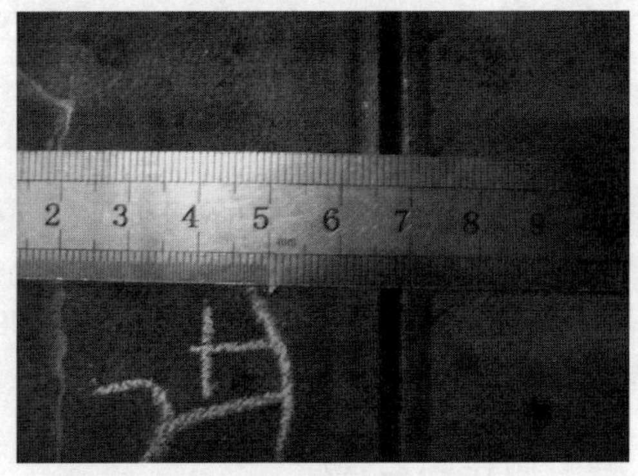

图3 乙炔火焰切割宽度

3.3 收缩量

每一个部件制作前后尺寸肯定不一样，还有不同的季节制作的尺寸也会有差别，这些收缩量的变化，需要转化为一个标准温度下的尺寸，同时考虑制作焊接时的收缩量，这样才能保证完成后的尺寸在公差允许的范围内，其有关引用和现场记录数据情况如表1～表3所示。

焊缝横向收缩近似值(单位：mm)[1] 表1

钢板厚度	V形坡口对接	X形坡口对接	单面坡口十字角焊缝	单面坡口角焊缝	无坡口单面角焊缝	双面断续角焊缝
8	1.4	1.3	1.8	0.8	0.9	0.3
10	1.6	1.4	2.0	0.8	0.9	0.25
12	1.8	1.6	2.1	0.7	0.9	0.2

续上表

钢板厚度	V形坡口对接	X形坡口对接	单面坡口十字角焊缝	单面坡口角焊缝	无坡口单面角焊缝	双面断续角焊缝
14	1.9	1.7	2.3	0.7	0.8	0.2
16	2.1	1.9	2.5	0.6	0.8	0.2
18	2.4	2.1	2.7	0.6	0.7	0.2
20	2.6	2.4	3.0	0.6	0.7	0.2
22	2.8	2.6	3.2	0.4	0.5	0.2
24	3.1	2.8	3.5	0.4	0.4	0.2

中间横隔板纵向收缩量工程实测数据(单位:mm) 表2

编　号	焊　前	焊　后	收　缩　量	板　厚	温　度
1	17 216.5	17 213.0	3.5	10	26℃
2	17 201.5	17 198.0	3.5	10	26℃
3	17 170.0	17 166.5	3.5	10	26℃
4	17 180.0	17 175.5	4.5	10	26℃
5	17 186.0	17 183.0	3.0	10	26℃
6	17 186.5	17 182.0	4.5	10	26℃
7	17 179.0	17 174.0	5.0	12	26℃
8	17 182.0	17 179.0	3.0	30	37℃
9	16 893.0	16 889.5	3.5	36+20	37℃
10	17 150.0	17 147.0	3.0	24	37℃
11	17 108.0	17 108.0	0.0	30	37℃
12	17 138.0	17 132.5	5.5	30	37℃

顶板纵向收缩量工程实测数据(单位:mm) 表3

编　号	焊　前	焊　后	收　缩　量	板　厚	温　度
1—1	15 600.0	15 596.5	3.5	20+20	27℃
2—1	15 533.5	15 531.0	2.5	20+20	38℃
3—1	14 879.0	14 878.0	1.0	20+20	38℃
4—1	15 590.0	15 587.0	3.0	20+20	38℃
5—1	15 576.5	15 573.0	3.5	24+24	38℃
6—1	15 710.0	15 707.5	2.5	24+24	36℃
7—1	10 614.5	10 613.5	1.0	24+24	38℃
8—1	10 651.5	10 651.0	0.5	24+24	38℃
9—1	17 556.0	17 553.5	2.5	24+24	38℃
10—1	12 844.0	12 841.5	2.5	24+24	38℃
11—1	12 896.5	12 894.0	2.5	24+24	38℃
12—1	15 631.0	15 628.0	3.0	24+24	36℃

3.4 胎架

胎架是箱型梁的生产地，在组对时，它的平整度直接产生箱型梁构件的拘束应力，对下一道工序的影响极大，须认真对待胎架制作质量来保证箱型梁的质量。

3.5 变形与反变形

由于组对的拘束应力，焊接面有坡口及手工气保焊（FCAW）和埋弧焊（SAW）等，可产生焊接变形。顶板单件二拼和顶板单件三拼，再到顶板组合件三拼，其坡口面和清根面，应做事先安排，这样才能将变形和反变形结合，达到控制变形的目的。如顶板组合件三拼，先在顶板边缘 140mm 处，用乙炔焰加热使钢板端头有 14mm 的上升，如图 4 所示。

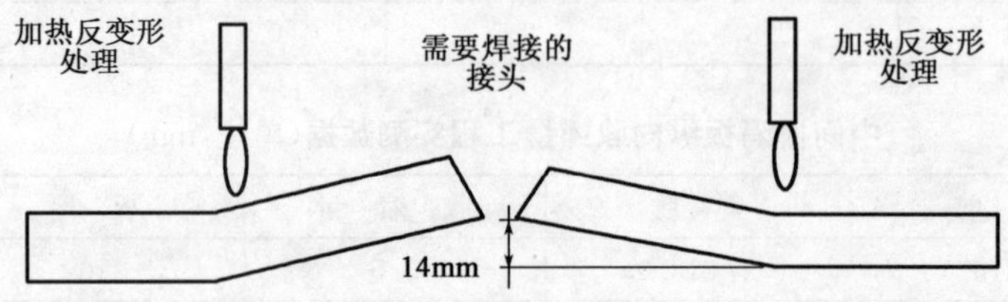

图 4　焊接接头反变形处理示意图

当顶板组合件三拼组对完成焊接时，由于焊接收缩力的作用，最后达到顶板平整的目的。

4　焊接注意事项

4.1 起此点选择

依据焊接前的组对尺寸、间隙大小为依据来选择焊接的起此点，其方法是：若间隙大装配尺寸偏大又在同一端，那么这一端可以选择为起点焊接，而另外一端为终点，当然起此点的应力状况不一样，为求一致，在一定条件下，可采用相反方向为起此点来达到应力平衡，在整体尺寸上，也可采用焊接的起此点来调整微小的偏差，达到公差的允许数值。

对于有过焊孔的焊缝，由于焊道上有挡板等构件的障碍，起此点不能选择在此，可采用避让制，便于焊道清理及起收弧处缺陷的处理，如图 5 所示。

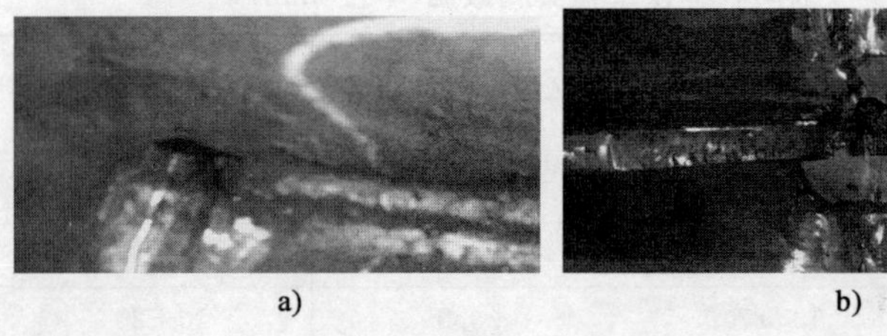

a)　　b)

图 5　过焊孔焊缝图

4.2 退焊安排

现以 T 型焊缝为例说明，顶板连接板与横隔板翼缘板的 T 型焊缝是比较长的焊缝，其他焊缝应力，组对拘束应力对其影响也是较大的焊缝，为减小焊接的收缩应力采用分段退焊，从整条焊道的中间开始向焊道两端退焊，每次退焊的焊缝长度不超过 400mm[1]，焊接方向由整条焊道端侧方向端开始向中间方向焊接，T 型焊缝的两侧对称焊接，保留点焊焊缝，并且新焊道不可与其相连，最后清除点焊焊缝并且经磁粉检测合格后，再用同样的退焊方法完成本条焊缝的最终焊接，如图 6 所示。

4.3 焊道清理

图6　T型焊缝分段焊接图

T型焊道的清理，由于T型焊缝组对后，总会有点焊的焊渣、灰尘等进入间隙中，同时组对后长时间未焊接的待焊道会生铁锈，这些对焊接都是不利的，为此预热前，用压缩空气气体对间隙中的焊渣、灰尘进行吹扫，尽可能把间隙中对焊接有影响的焊渣、灰尘等吹扫出来，做这个工作之前按照正常焊接面清理程序清理焊接面。

对接焊缝的清理，在打底面及清根面，打底面的清理注意点焊位置及接头位置，而碳刨清根面要求是，把碳刨清根留下的渗碳氧化层，打磨出金属光泽，防此渗碳层的存在影响焊接质量。

4.4 预热后热

预热若用天然气或者是乙炔气，一定要注意加热后的焊道清理，这是因为这两种气体燃烧后，有水生成，水在高温下和铁反应就会有铁锈生成，如图7所示，或者在打底焊接后的背面加热，即不影响焊道的加热方式，同时注意温度的变化，加热的均匀度，电加热其控制应有热电偶和控温装置相配套，否则温度变化不便于控制。

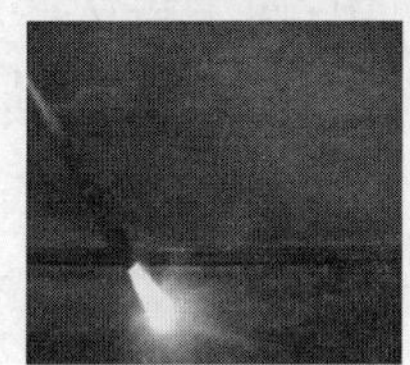

a)乙炔火焰加热

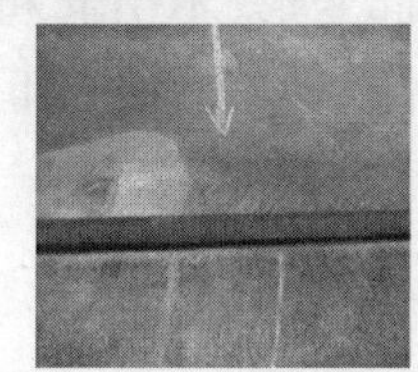

b)乙炔气加热前

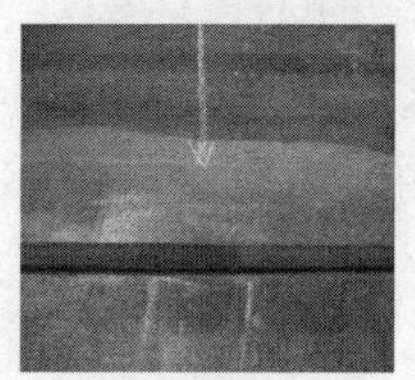

c)乙炔气加热后

图7　乙炔火焰加热过程变化情况

后热的目的是消氢处理，其温度虽说有一个范围，但人工控制，不管是利用天然气还是乙炔气后热或者是利用电加热后热，都存在一定的困难，总体来讲后热还是电加热时配上热电偶控温装置为佳，可以达到自控的目的，有利于工艺目的实现。

4.5 焊接顺序

焊接顺序的目的是为了调节焊接应力处于一个最低的水平，原则上是先焊收缩量大的焊缝，再焊接收缩量小的焊缝，但是顶板连接板T型焊缝焊接在综合各方面情况后，个别收缩量大的对接焊缝，作为调节焊缝应力的工具，而要放在后一步焊接，如：顶板连接板的对接立缝若先焊，T型缝点焊会全部一个不剩的开裂，并且对尺寸有影响，当把T型缝焊接好后，接着焊接对接立缝，可调节应力，使T型角缝向上的应力得到减小，而使T型角缝应力值下降，其位置如图8所示，这是因为T型角缝焊接时，下面的横隔板没有应力释放的空间，而顶板连接板与U肋有未焊接的间隙，可以释放部分应力给连接板，使其变形储存，此时焊接连接板对接焊缝，正好消除其储存的应力，使T型角缝应力值下降。某节段一道T型焊道A侧面4号、5号、6号板位置综合记录见表4。

图8　顶板连接板U肋间隙及对接头和角接头位置

某段中部4号、5号、6号顶板连接板与横隔板翼板T型焊缝A侧组对、焊接、检测信息记录　表4

4号板位置	5号板位置	6号板位置
10月2日组对定位用力方向顶向B侧焊接前点焊部位MT线性显示2条	10月2日组对定位未用力焊接前点焊部位MT线性显示4条	10月2日组对定位未用力焊接前点焊部位MT线性显示3条
10月13日手工电弧焊焊接焊接方向由左到右焊接的起点终点由右到左点焊未焊接位置分段焊接	10月13日手工电弧焊焊接焊接方向由左到右焊接的起点中心位置点点焊未焊接位置分段焊接	10月13日手工电弧焊焊接焊接方向由左到右焊接的起点终点由左到右点焊未焊接位置分段焊接
10月16日MT合格	10月16日MT合格	10月16日MT合格
10月17日点焊位置分段焊接焊接的起点终点由右到左焊接时天气是☀ 16～26℃焊接时预热100～120℃　有后热	10月17日点焊位置分段焊接焊接的起点中心位置点焊接时天气是☀ 16～26℃焊接时预热100～120℃　有后热	10月17日点焊位置分段焊接焊接的起点终点由左到右焊接时天气是☀ 16～26℃焊接时预热100～120℃　有后热
10月23日焊缝MT合格	10月23日焊缝MT合格	10月23日焊缝MT合格

5　其他注意事项

由于箱型梁构件需要分散制作，应根据构件的大小尺寸重量来分别对待其堆放和运输，原则是其堆放和运输时不损坏构件、不引起变形、不引起相互损伤，便于再次起运，有序堆放，相同构件堆放高度、层数应控制，不同构件重量重的放在下层，重量轻的放在上层，形状复杂的构件重点注意，运输时也应给与足够的考虑。

6　管理注意事项

其制作过程有许多管理，这里重点讲述与组对和焊接有关的主要内容，大型钢桥箱型梁物理尺寸都比较大，因此冷作工用的大小尺子应该重点考虑，没有经过计量核定的尺子不得用于施工，在施工班组应有不同尺寸的标准尺，标准尺不随便使用，这是班组的标准尺，其他尺子应该与其有误差检定数据，当需要校核数据时，才能使用标准尺，项目部也应有标准尺存放，以便于在整个系统内形成标准计量数据，由于施工周期一般较长，因此标准计量器具应妥善保管，并且计量数据可以溯源。

焊接过程中主要使用质量检查工具、焊接设备及测量工具，其电流表、电压表、钳型电流电压表、温度测量工具等，应按法定的计量程序进行计量管理。

7　信息运用

大桥箱型梁制作的周期较长，且都是分段制作，相互之间的标准公差应系统化，前一段箱型梁的制作信息应该给下一段服务，下一段应考虑前一段的公差，同时在一个箱型梁内，还要各部件之间也应建立系统公差信息的传递服务工作，避免各自按标准规范制作的构件在总组对时，形成整体公差不符合规范的现象发生，最好由有一定经验的专人负责，系统考虑这个问题，或者利用网络系统建立数据共享系统为大家服务。

8　结语

通过箱型梁制作过程中冷作组对和焊接这两个主要工种的注意事项为切入点，简要介绍了保证大桥箱型梁质量的基本过程，力争起到抛砖引玉的作用，和同行共勉。

参考文献

[1] 陈爱莲. 工程焊接技术与质量试验检测评定标准实用手册[M]. 北京：北京电子出版物出版中心，2003.

[2] 美国桥梁焊接规范. AASHTO/AWS D1. 5M/D1. 5：An American Natioal Standard [S]. 2002.

[3] 陈祝年. 焊接工程师手册[M]. 北京：机械工业出版社，2002.

96. 不中断交通条件下特大跨径斜拉桥支座更换研究

吴庆雄[1]　张　超[2]　黄卿维[1]

(1. 福州大学土木工程学院;2. 福州光闽路桥建设开发有限公司)

摘　要:青洲闽江大桥为国内跨径最大的钢—混凝土叠合梁斜拉桥,经过近十年的运营,桥梁竖向支座出现了部分病害现象。为防止支座病害影响到大桥主体结构的受力,需对全桥56个大吨位支座进行更换。为避免地处交通要道的青洲闽江大桥更换支座时封闭交通造成的经济、社会影响,对考虑限载的情况进行的支座更换设计进行仿真分析,提出了不中断交通条件下更换支座的控制性参数。与实时监控结果的比较结果表明,桥梁结构的位移、应力与索力的实测结果与变化趋势均符合理论变化规律,且均控制在安全指标之内,表明该支座更换方法是切实可行的,可为今后国内外大跨径斜拉桥在不中断交通条件下更换支座提供参考。

关键词:斜拉桥　支座更换　不中断交通　仿真分析　监控

1　概述

青洲闽江大桥位于福州市马尾区与长乐市之间,既是国家高速干线G15"沈海高速"跨域闽江的通道,又是福州市区至长乐国际机场的枢纽工程,于2002年12月正式通车[1]。该桥为双塔双索面钢—混凝土叠合梁斜拉桥,跨径布置为41.13m+250m+605m+250m+40.21m,总体布置如图1所示。中间三跨(605m主跨和两个250m边跨,含梁端悬臂)主梁采用工字型钢主梁、钢横梁、小纵梁、混凝土桥面板组合而成的钢—混凝土叠合梁,两侧(0~1号墩,4~5号墩)为大桥设置单跨混凝土T梁过渡孔,斜拉桥主梁伸入过渡孔,其余部分配以跨径33.06m的预制T梁,梁高2.5m,上、下游横向各布置6片。桥面总宽29m,双向六车道。设计荷载为汽车—超20级,验算荷载为挂车—120,设计车速80km/h。

经过近十年的运营,该桥竖向支座出现了部分病害现象,如支座橡胶挤出、钢垫板锈蚀、支座垫石破坏等。为防止支座病害影响到大桥主体结构的受力状况,决定对全桥56个大吨位竖向支座进行更换。表1列出了支座更换前后的布置情况。可以看出:

(1)竖向支座吨位大。青洲闽江大桥为国内跨径最大的钢—混凝土叠合梁斜拉桥,其1号墩、4号墩处设置支座的承载力达9 000kN,说明支座受力大,使得支座更换施工难度较大。

(2)过渡孔处支座多且总吨位大。过渡孔简支T形梁一端通过板式橡胶支座直接支承过渡孔的端横梁上，另一端通过滑动板式橡胶支座支承在0号墩和5号台上，顶升空间只有85mm，同时，挂梁结构（预应力混凝土T梁搭设在斜拉桥主梁牛腿上），受力较为复杂且空间较小，使得过渡孔处的支座更换难度较大。

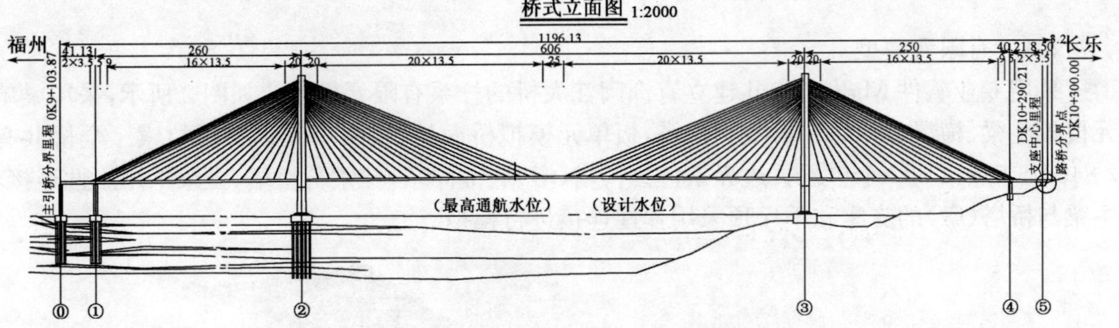

图1　青洲闽江大桥总体布置图（单位：m）

青洲闽江大桥竖向支座更换表　　表1

桥墩位置	布　置	数　量	更换前类型	更换后类型
0号墩	间距2.5m横桥向均布	12	350mm×400mm×59mm 四氟板式橡胶支座	球形支座
0号～1号过渡孔	间距2.5m横桥向均布	12	GPZ1000GD	XQZ1000GD
1号墩	上游	1	GPZ9000SX	XQZ9000SX
	下游	1	GPZ9000DX	XQZ9000DX
2号塔	上游	1	GPZ6000DX	XQZ6000DX
	下游	1	GPZ6000SX	XQZ6000GD
3号塔	上游	1	GPZ6000DX	XQZ6000SX
	下游	1	GPZ6000SX	XQZ6000DX
4号墩	上游	1	GPZ9000SX	XQZ9000SX
	下游	1	GPZ9000DX	XQZ9000DX
4～5号过渡孔	间距2.5m横桥向均布	12	GPZ1000GD	XQZ1000GD
5号台	间距2.5m横桥向均布	12	350mm×400mm×59mm 四氟板式橡胶支座	球形支座

由于青洲闽江大桥是罗长高速公路跨越闽江的唯一途径，也是福州市区至长乐机场的主要通道，无法中断交通进行支座更换。同时，青洲闽江大桥为双向六车道的特大跨径桥梁，交通量大，给施工更换带来了更多的困难。

通常，桥梁在不中断交通条件下进行支座更换分为限载与不限载两种方式。对于跨径较小的普通桥梁结构（如简支梁、刚构桥等），由于其桥梁结构体系为静定结构，支座更换过程中结构受力较为明确，一般不需要进行限载，如贵州南坳田大桥[2]、京秦高速公路成自务中桥[3]和江阴大桥北引桥[4]等桥梁支座更换就采用这种方式。然而，对于大跨径桥梁，尤其是斜拉桥、悬索桥等多次超静定结构体系桥梁，其在支座顶升过程中的受力较为复杂，且考虑到桥梁结构的重要性与桥梁运营车辆的超载现象较为普遍，为保证施工过程中桥梁结构与过往车辆的安全性，往往采用限载的方式进行支座更换。

因此，本文对考虑限载的情况进行的支座更换设计进行仿真分析，给出了不中断交通条件下超大跨径斜拉桥支座更换的控制性参数，为青洲闽江大桥大吨位支座更换的顺利完成奠定基础。

2　不中断交通更换支座方法

2.1　有限元模型

采用专业软件 Midas/Civil 建立青洲闽江大桥的杆系有限元模型。如图 2 所示，采用梁单元模拟主梁、横梁、小纵梁、桥墩和桥塔，板单元模拟桥面板，桁架单元模拟斜拉索。全桥共有 2 840 个节点，4 592 个单元。边界条件为桥塔(墩)底部固结，拉索与桥塔、主梁采用刚性连接，主梁与桥塔(墩)的支座和千斤顶采用弹性连接进行模拟。

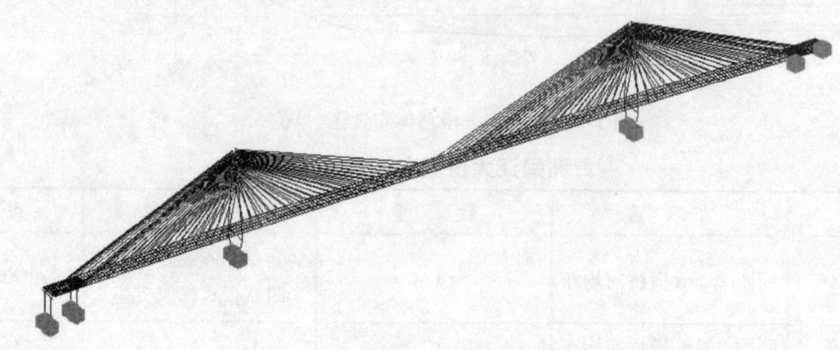

图 2　青洲闽江大桥杆系有限元模型

此外，利用通用软件 ANSYS 建立青洲闽江大桥的局部板壳有限元模型，采用 Shell63 来模拟主梁和加劲肋。受篇幅限制，本文仅给出 3 号塔支座区域主梁模型示意(见图 3)，该模型共有 8 310 个节点和 8 391 个单元。

2.2　支座更换方法

青洲闽江大桥采用千斤顶同步顶升进行支座更换，控制起梁速度在 1mm/min 左右，同时观察梁体起顶高度和千斤顶的起顶力，施行双控。同时，由于青洲闽江大桥主梁采用钢—混凝土叠合梁的结构体系，因此千斤顶顶升位置的钢主梁进行了局部加劲，而且为避免施工过程中变位对桥梁结构产生冲击损伤，在千斤顶顶部设置由镜面不锈钢板和填充聚四氟乙烯滑板组成的滑动摩擦副，如图 4 所示。

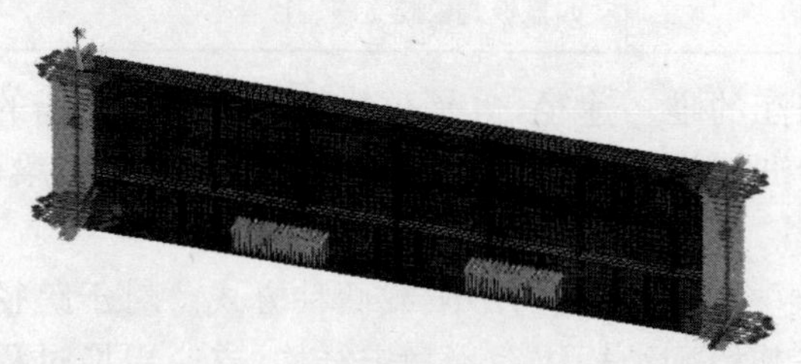

图 3　3 号塔竖向支座区域主梁局部板壳有限元模型

图 4　3 号塔竖向支座千斤顶布置和局部加劲构造(下游 3X 长乐侧)

采用千斤顶同步顶升的施工方法需预先利用仿真分析计算出其千斤顶顶升力和顶升高度这两个控制参数。设计单位在不超过 550kN(汽车一超 20 级)情况下提出了表 2 所示的参数。

原设计的竖向支座更换的千斤顶数量与吨位　　表2

位　置	千斤顶吨位(t)	千斤顶数量(台)	顶升高度(mm)
0号墩和5号台	180	12	5
1号墩和4号墩	800	4	7
2号塔和3号塔	170	12	7
0～1号和4～5号过渡孔上游侧	75	12	7
0～1号和4～5号过渡孔下游侧	75	12	7

由于目前桥梁超载现象较为普遍，需对仿真计算中桥梁荷载等级进行提高，此时千斤顶吨位将有所提高，且超载下桥梁和千斤顶结构将产生压缩变形，使顶升高度计算量也将有所增加。此外，该桥的过渡孔为挂梁结构（预应力混凝土T梁搭设在斜拉桥主梁牛腿上），明显不同于简支梁结构，各支座在更换过程中的受力并不均匀，因此需进行超重车的横向分布系数计算，以防止个别千斤顶受力超过本身顶升能力，进而导致其他同步顶升千斤顶一起失效的事故。

在保证桥梁结构在超载车辆作用下支座更换过程的受力要满足相关规范[5-7]的要求的前提下，并考虑施工工期、难度等因素，利用2.1节中杆系和板壳有限元模型开展大量的仿真分析，给出了支座更换的施工步骤、千斤顶数量与吨位，见表3。

建议的竖向支座更换的千斤顶数量与吨位　　表3

施工步骤	位　置	千斤顶吨位(t)	千斤顶数量(台)	顶升高度(mm)
1	5号台上游侧	180	12	5
2	5号台下游侧	180	12	5
3	0号墩上游侧	180	12	5
4	0号墩下游侧	180	12	5
5	4号墩	450	8	18
6	1号墩	450	8	18
7	3号塔	170	12	15
8	2号塔	170	12	15
9	4～5号过渡孔上游侧	100	12	8
10	4～5号过渡孔下游侧	100	12	8
11	0～1号过渡孔上游侧	100	12	8
12	0～1号过渡孔下游侧	100	12	8

(1)确定了支座更换的次序为5号台上(下)游侧→0号墩上(下)游侧→4号墩→1号墩→3号塔→2号塔→4～5号过渡孔上(下)游侧→4～5号过渡孔上(下)游侧。

(2)考虑2倍汽车—超20级(550kN×2)情况下的位移和产生的支座反力，确定千斤顶的最大吨位和顶升高度。

(3)考虑最大18mm顶升高度下对主梁内力和应力的变化幅度，防止千斤顶侧倾。

3　支座更换施工和监控结果

3.1　支座更换施工

为避开夏季台风天气，青州闽江大桥的支座更换日期为2011年4～6月。此外，为防止更换过程中大气温度变化对桥梁结构产生不利的影响，且为避开重载交通时段(17:00～19:00)，支座更换施工一般选择在早晨6:00～11:00时间段进行。每个施工工况分级顶升与落位，每级高度增量控制在1～2mm，以使得桥梁在施工过程受力状态不至于发生剧变。

3.2 施工监控

施工监控内容包括气象条件(如风速、温度等)、应力、位移和索力等。对于应力监控，根据仿真分析结构，在主桥各部位(主梁、钢横梁、小纵梁、桥面板)受力最不利截面布置应变测点，以确保结构在施工期间的安全性；对于位移监控，分为支座处的局部位移和全桥主要控制截面位移的监控，其中前者为在支座的纵、横桥向的四个角点布设位移计测点，监测上部结构梁体的顶升位移量，保证相对位移差满足设计要求，后者主要为主塔、主梁的纵桥向位移，以测试施工过程中半漂浮结构体系的纵漂位移；对于索力监控，根据仿真分析选取索力变化量的几根斜拉索索力(如2号与3号塔工况靠近主塔处的4根索)进行测试，以防止索力松弛过大导致千斤顶受力超限问题。

3.3 实测数据与分析

在0号墩与5号台竖向支座更换中，仅对位移进行监控。图5给出了0号墩下游侧支座更换的竖桥向位移变化。从图中可知，每级加载各支座的顶升高度大致相同，说明施工过程中千斤顶同步工作效果较好，未发生较大的相对变形。

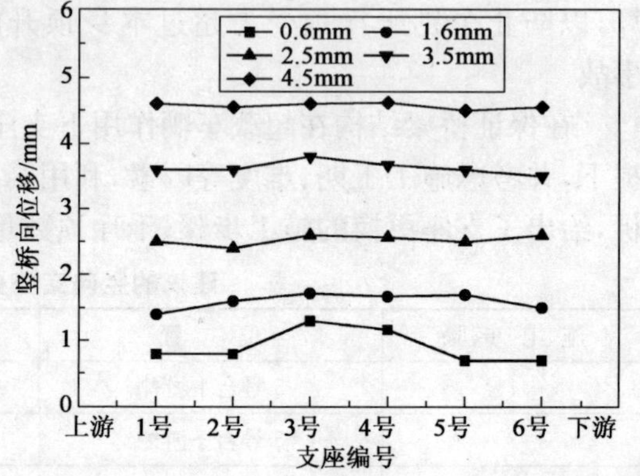

图5　0号墩下游侧支座顶升过程竖桥向位移变化图

在1号墩与4号墩竖向支座更换中，对应力与位移进行监控。图6与图7分别给出了4号墩支座更换的竖桥向位移和应力变化曲线。从图中可知，每级加载各支座的最大相对位移差为1.5mm，在可控范围内；钢主梁最大压应力为−37.5MPa，桥面板最大拉应力为0.4MPa，说明了桥梁结构在支座更换过程中应力储备大，安全度较高。

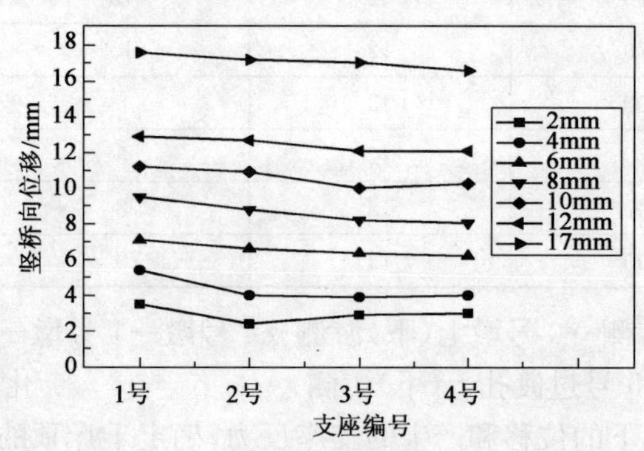

图6　4号墩支座顶升过程竖桥向位移变化图

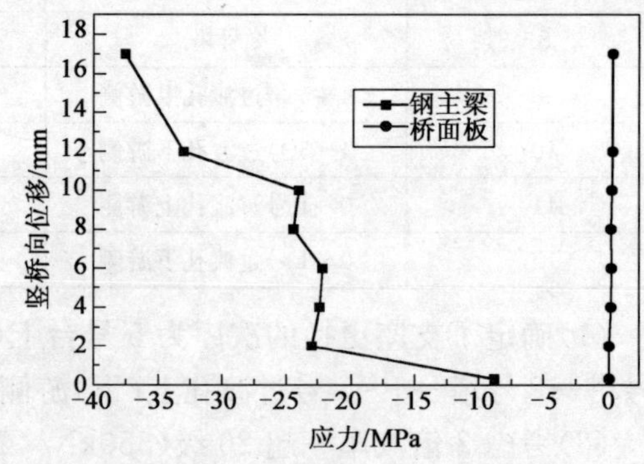

图7　4号墩支座顶升过程应力变化图

在2号塔与3号塔竖向支座更换中，对应力、位移和索力进行监控。图8～图10分别给出了3号塔支座更换的竖桥向位移、应力和索力变化。从图中可知，每级加载各支座的最大相对位移差为1.35mm，在可控范围内；钢主梁最大压应力为−14.6MPa，桥面板最大拉应力为0.2MPa，远小于各构件的应力限制，安全度较高；斜拉索索力最大增量为920kN，与有限元计算结果的945kN大致相同，说明在施工过程中斜拉索索力变化幅度与有限元计算结果相近。

在过渡孔竖向支座更换中，对应力和位移进行监控。由于桥梁结构应力较小，因此本文仅给出了4～5号过渡孔下游侧支座更换的竖桥向位移变化，如图11所示。从图中可知，每级加载各支座的最大相对位移差为0.45mm，说明施工过程中千斤顶同步工作效果较好。

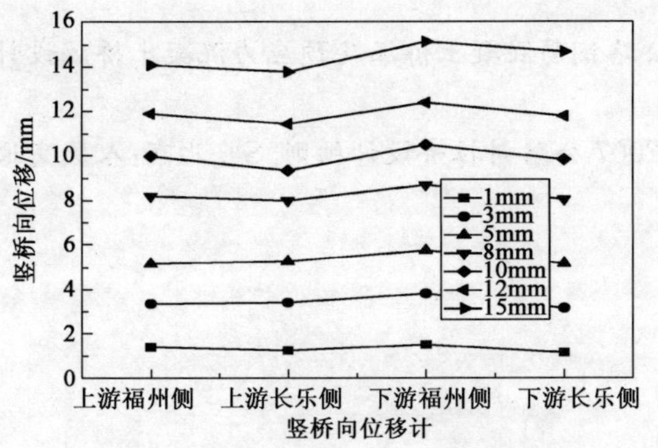

图8　3号塔支座顶升过程竖桥向位移变化图

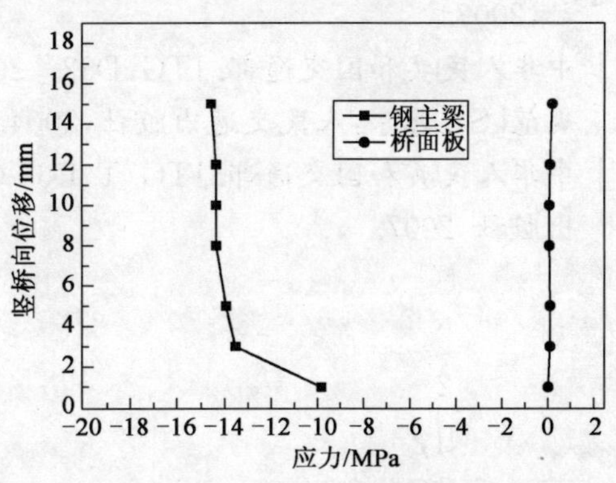

图9　3号塔支座顶升过程应力变化图

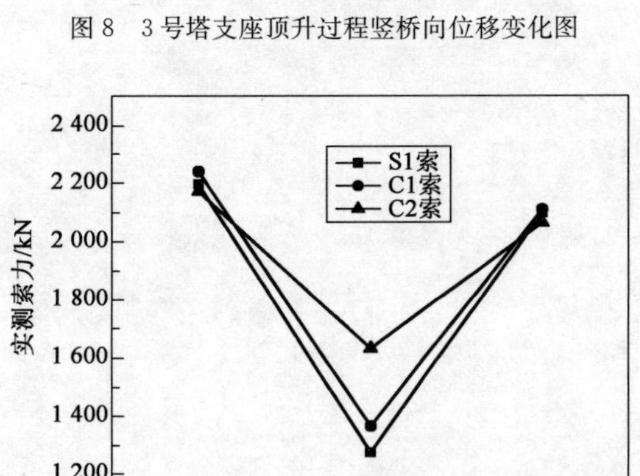

图10　3号塔支座顶升过程索力变化图

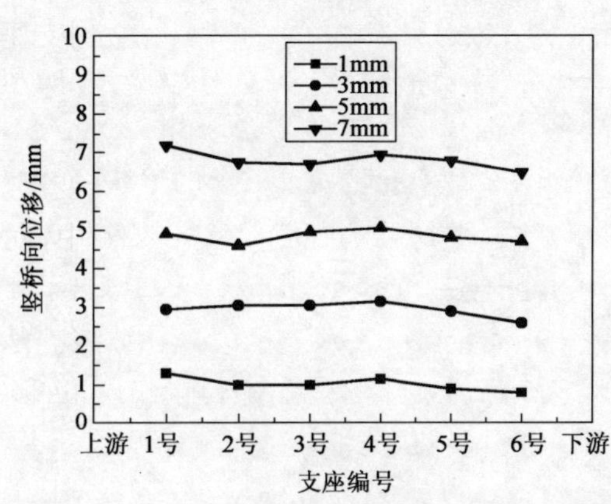

图11　4～5号过渡孔下游侧支座顶升竖桥向位移变化

4　结语

为避免地处交通要道的青洲闽江大桥更换支座时封闭交通造成的经济、社会影响，对考虑限载(不超过汽车一超20级)的情况进行的支座更换设计进行计算分析，给出了不中断交通条件下更换支座的控制性参数，如顶升力与顶升高度。对施工过程中桥梁结构控制截面的位移、应力和索力进行了监控，结果表明，竖桥向位移相对位移差均在可控范围内，说明施工过程中千斤顶同步工作效果较好，未发生较大的相对变形；钢主梁和桥面板的最大应力增量均小于有限元计算结果，说明了桥梁结构在支座更换过程中应力储备大，安全度较高；斜拉索索力变化幅度与有限元计算结果相近。表明该支座更换方法是切实可行的，可为今后国内外大跨径斜拉桥在不中断交通条件下更换支座提供参考。

参考文献

[1] 高宗余.青洲闽江大桥结合梁斜拉桥设计[J].桥梁建设，2001(4).
[2] 岳鹏.不中断交通条件下更换桥梁支座[J].交通世界(建养.机械)，2007(1).

[3] 贺玉辉.高速公路不中断交通桥梁支座更换技术[J].内蒙古公路与运输,2008(1).
[4] 樊叶华,陈雄飞.基于不中断交通的桥梁支座更换技术研究[J].现代交通技术,2011(4).
[5] 中华人民共和国建设部.GB 50017—2003 钢结构设计规范[S].北京:中国计划出版社,2003.
[6] 中华人民共和国交通部.JTG D62—2004 公路钢筋混凝土桥涵及预应力混凝土桥涵设计规范[S].北京:人民交通出版社,2004.
[7] 中华人民共和国交通部.JTG/T D65-01—2007 公路斜拉桥设计细则[S].北京:人民交通出版社,2007.

97. 多塔长联大悬臂宽幅脊梁矮塔斜拉桥施工技术研究

吴俊强[1]　戴祖生[2]　陈庆华[2]

(1. 广东江肇高速公路管理中心;2. 广东省长大公路工程有限公司)

摘　要:江肇西江特大桥主桥为(128+3×210+128)m 四塔五跨单索面背梁预应力混凝土矮塔斜拉桥。桥位所跨西江为季节性河流,水位高差变化剧烈,汛期水流湍急。桥位处基岩溶洞及溶蚀裂隙集中发育,覆盖层为厚度 17～37m 的强透水性砂层,工程地质条件复杂。同时,西江特大桥箱梁采用挂篮整体一次性浇筑,箱梁宽度达 38.3m,悬臂部分达 8.15m。本文即针对上述特点,介绍了本桥建设过程中需要解决的关键问题,包括季节性河流桥梁临时结构的设计、岩溶区强透水厚覆盖层超大直径钻孔桩施工以及大悬臂宽幅挂篮设计关键技术等。

关键词:矮塔斜拉桥　季节性河流　厚覆盖层　岩溶区　宽幅挂篮

1　西江特大桥工程概况

江门至肇庆高速公路是珠江三角洲经济区外环公路的西环段,位于珠江三角洲西部地区。路线起于江门市杜阮镇(接江鹤高速公路),终于肇庆市四会市东城区(接广贺高速公路)。西江特大桥是江肇高速公路建设难度最大的控制性工程,也是江肇高速公路的标志性工程。大桥位于永安镇与沙浦镇之间,桥位跨越西江主干流,主桥为(128+3×210+128)m 四塔五跨单索面脊梁预应力混凝土矮塔斜拉桥。桥跨立面布置如图 1 所示。

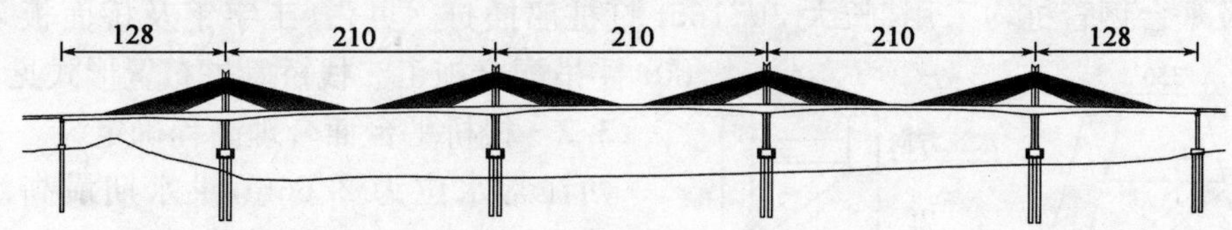

图 1　背景桥立面图(尺寸单位:m)

西江特大桥主桥结构为墩、塔、梁固接的连续刚构体系。主梁采用变高度斜腹板单箱三室宽幅箱梁断面,其顶板宽为 38.3m,翼板宽 8.15m,底板宽度 16～19.072m。跨中梁高为 3.8m,主塔根部梁高为 6.8m。主墩基础采用 12 根 Φ3.0m 大直径嵌岩桩基。

2 建设条件及难点分析

2.1 水文条件

西江属于珠江水系的西江干流，为季节性河流，径流量大，水位高差变化达 14m，汛期长，洪峰高。主桥经过的西江江面宽约为 800m，汛期洪峰来时宽约 1 100m。桥位常水位为2.6m，中轴水深 1.4～23m，洪峰来时，水深可达 35m。水域 100 年一遇的水位为 14.90m，20 年一遇水位为 11.50m。高水位时，水流速度达 3.0m/s 以上，水流的冲击力、漂浮物的堆积侧压力及水的紊流与临时结构物产生共振等，对结构物破坏性极大。如何在保证施工栈桥和平台临时结构安全性的同时，综合考虑经济性、便利性是施工中必须面对的问题。

2.2 工程地质条件

西江特大桥桥位处于广三断裂带和西江断裂带范围内，桥位地层岩性复杂多样、特殊岩土发育，工程地质条件复杂。基岩溶洞及溶蚀裂隙集中发育，溶洞及裂隙多且连通，覆盖层为厚度 17～37m 的强透水性砂层，岩面倾斜，岩体强度高，地质条件非常复杂。桥位水深流急，水位变化大。其中主墩桩基为 ϕ3.0m 超大直径桩基，深水、覆盖砂层厚、溶洞裂缝发育组合在一起，施工过程中极易出现泥浆泄漏，造成孔内负压过大，引发大面积塌孔、埋锤等事故，甚至会造成主墩平台整体塌陷，危及人员及机械设备的安全。如何在确保桩基施工安全性的同时，通过技术改进和优化施工组织从而尽可能缩短工期，是亟须解决的问题。

2.3 大挑臂脊骨箱梁超宽幅挂篮施工技术

西江特大桥箱梁采用挂篮整体浇筑，箱梁宽度达 38.3m，悬臂部分达 8.15m，重量达432t。西江特大桥对挂篮浇注的宽度、悬臂长度、承载能力等都提出了极高的要求。同时由于箱梁斜腹板、横隔梁以及翼板挑臂加劲的存在，挂篮的设计难度进一步增加。国内同种类型桥梁采用挂篮施工而具有可比性的很少，常规挂篮形式已很难满足要求，必须对结构形式进行改进优化。并应解决好挂篮施工整体稳定性及扭曲变形问题、大悬臂翼板模板桁架受力及变形问题等一系列难题，保证挂篮的施工安全性和便捷性。

3 季节性河流桥梁临时结构设计

3.1 栈桥平台设计方案

栈桥分为沙浦段、永安段，沙浦段栈桥长 295m，永安段栈桥长 400m。栈桥桥面宽 6m，标准跨径为 15m 和 18m。每排墩采用两条支承钢管桩；桩顶纵桥向铺设两组双拼贝雷作主梁。每个主墩平台配一台 75t 龙门吊。栈桥及平台设置 1.2m 高栏杆。栈桥上所行车辆限重 35t。主墩平台支撑采用 Φ82cm，δ8mm 钢管桩，均为直桩。

栈桥及平台钢管桩均采用“长大 36”165t 打桩船插打。贝雷、工字钢及桥面板采用 40t、80t 浮吊配合施工。栈桥管桩布置形式见图 2。

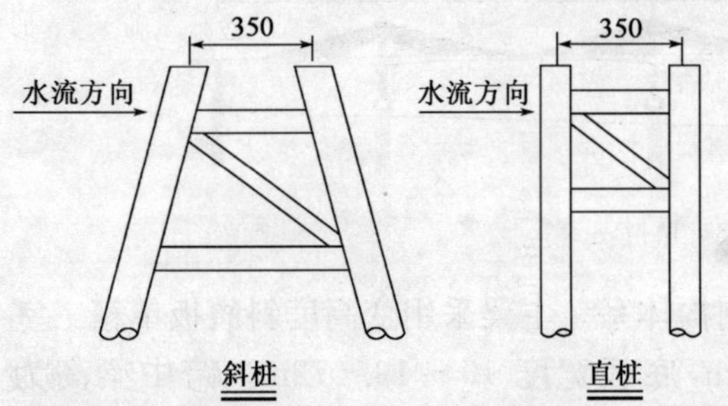

图 2 栈桥管桩基础布置形式(尺寸单位:cm)

3.2 栈桥平台面合理高程确定

西江常水位为 2.66m，洪水期最高水位可达 13m 多，一般为 5～8m。如果栈桥、平台高程过高，枯水期整个结构犹如空中楼阁，造成施工不便，同时浪费材料；如果过低，一般高水位时将影响正常施工，对正常施工影响较大。综合考虑利用概率统计分析大桥建设期间可能出现的洪水情况、两岸地形及与便道的衔接、平台面高程变化引起的钢材用量增加、分段抢险等因素，栈桥及平台高程确定如下：

南岸栈桥：河堤至29号墩段栈桥设置3.1%的纵坡，桥头高程12.9m，29号墩处高程10.8m；29号～30号墩段栈桥不设纵坡，栈桥面高程10.8m。北岸栈桥：从31号墩到34号墩段约367m长栈桥桥面高程为8.5m，桥头33m段为结合河滩地形条件按1.5%放坡，桥头高程8m。

3.3 栈桥防洪设计

本文基于多层次设防设计思想，将结构可能遭遇的状态按照其出现概率的大小进行分类，对于不同的设计状态设定不同的设计标准，从而实现安全与经济之间的最优化。根据施工期内临时结构的受力特点，利用空间有限元程序ANSYS对不同布置形式钢管桩基础的防洪性能进行比较分析，从强度、稳定和桩顶侧向位移等性能指标进行优选，为不同区域栈桥基础形式的选择提供依据。

根据分析计算结果(结果示意见图3)、水位地质条件及两岸现场的地形情况，对南北岸栈桥管桩基础采用不同的结构形式：①南岸水深较深，以斜桩为主，钢管桩基础规格为Φ122cm，δ10mm，倾斜角度12°。为方便卵石层地质条件钢管桩施工，两主墩平台之间的部分采用直斜桩组合：上游侧桩为直桩，下游侧桩为斜桩，倾斜角度12°。②北岸水深较浅，以直桩为主，Φ82cm，δ8mm，部分区段采用斜桩，Φ100cm，δ10mm。③栈桥钢管桩之间设两道Φ63cm，δ6mm钢管横联，横联之间加一道Φ42.6cm，δ6mm钢管斜撑，用以加强结构整体刚度。

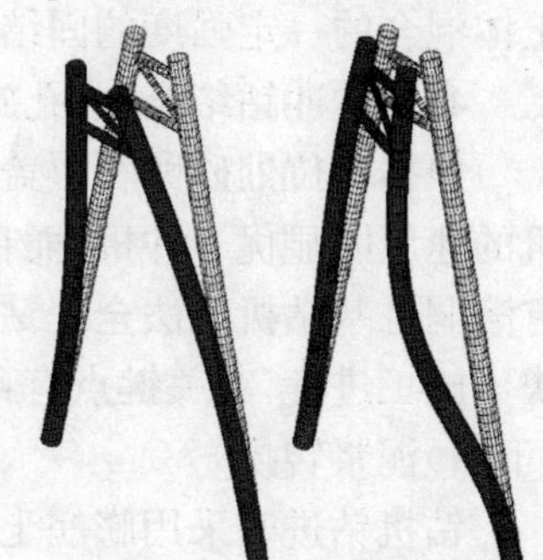

图3 斜桩方案前两阶失稳模态

对施工平台，由于桁架结构(平台)与薄壁结构(套箱)振动频率不相同，采用刚性连接及柔性固结相结合的形式及外力阻尼的方法克服紊流与临时结构物产生共振问题。

4 岩溶区强透水厚覆盖层超大直径钻孔桩施工技术研究

4.1 主桥桩基情况及不良地质影响分析

西江特大桥主桥共4个主墩，每个主墩有12根ϕ3.0m深水大直径桩，桩长46～51.2m，均要求进入单轴抗压强度大于12MPa的微风化岩石深度大于8m。岩溶发育地区厚砂覆盖层深水大直径桩基施工的关键是探明地质情况，从而采取有效措施防止急骤漏浆、防止塌孔。为更全面了解地质状况，综合采用钻探、波管探测技术进行勘察，并对特殊截面采用电磁波层析CT探测技术进行分析，充分了解各地质层厚度、溶洞数量及大小、是否填充、是否相互联通等情况，并获得各地质变化处的准确高程，施工时有针对性地采取相应措施。

本桥覆盖层为砂层、卵石层，局部为淤泥质土，层厚18～37m。整个覆盖层透水性很强，砂层有可能为流沙层，振动锤无法一次性穿越砂层，护筒入土深度不够，施工过程中护筒脚很容易出现漏浆，继而扰动砂层，造成平台钢管基础下沉，影响平台的稳定性。另外，大型振动锤击振力大，易使护筒脚变形、卷边，护筒下沉困难。

同时，主墩ϕ3.0m深水超大直径桩基施工，处隐伏岩洞区，基底下石灰系石磴子组灰岩溶洞及溶蚀裂隙集中发育且连通，施工过程中遇溶洞极易出现急剧漏浆，造成护筒内水头差大，钢护筒下沉偏位，大面积塌孔、埋锤等事故，甚至会造成主墩平台整体塌陷，危及人员及机械设备的安全，进而对工期造成严重影响。

4.2 溶洞急剧漏浆而引发大面积塌孔问题的预处理方法

预先对溶洞进行处理，根据溶洞的大小分别采用注水泥浆、砂浆、小碎石混凝土等办法进行填充，避免成孔过程中出现大量、急剧的漏浆。根据溶洞和溶蚀裂隙大小，钻不同数量压浆孔，并压入不同的浆体：大于 2m 溶洞钻 3 个孔，压小碎石混凝土；小于 2m 溶洞钻 2 个孔，压水泥砂浆。

采用混凝土输送泵，将水泥砂浆、小碎石混凝土在较高压力下通过灌浆导管从灌浆孔孔底自下而上分段灌注。当基岩岩溶、溶洞灌浆孔口返浆时终止压浆。

当溶洞较小，压砂浆较困难时，可采用压水泥浆。压水泥浆时是利用钻机把安装在注浆管底部侧面的特殊喷嘴（单喷嘴）置入土层预定深度后，利用高压泥浆泵把浆液以 10～25MPa 的高压从喷嘴中喷射出去形成高压喷射流，冲击破坏岩土体，同时借助注浆管的旋转和提升，使浆液与从土体崩落（切割）下来的土粒、砂粒搅拌混合，经凝固后，便在岩土体中形成水泥、砂、土体混合的一定强度的固结体。

4.3 “冲钻结合”成孔施工工艺

根据墩位处砂卵石覆盖层厚度大、岩石强度高的地质情况，结合在砂、卵石层中钻进时，钻机的速度明显优于冲机；而在岩层中钻进冲机的速度优势更明显，而且钻机提锤速度慢，对于有溶洞桩基钻机无法全程钻进。结合两者的优点采用先钻后冲的冲钻结合成孔工艺，大大加快了施工进度，其关键点有：

1）泥浆转换

钻机钻进时采用膨润土造浆，而冲机采用黄泥浆，二者转换时，采用泥浆泵将其他孔内保存的优质黄泥浆抽至钻孔孔底，同时将膨润土泥浆抽至其他孔内保存，反复循环使用泥浆，节约资源，降低成本。

2）冲、钻机转换

在 165t 浮吊或 75t 龙门吊配合下，进行冲、钻机的转换，整个过程需要 1d。但冲钻结合成孔工艺，充分发挥了冲孔和钻孔的优势，总体上加快了桩基施工进度。施工时，根据泥浆指标及渣样，适当提早或者推迟转换时间。

3）根据不同地质情况改变冲机的冲程

当通过护筒脚和砂、砂砾石或含砂量较大的卵石层时，冲机宜采用 1～2m 的中小冲程，并调整泥浆浓度，反复冲击使孔壁坚实，防止坍孔；当通过含砂低液限黏土的黏质土层时，因土层本身可造浆，应降低输入的泥浆稠度，并采用 1～1.5m 的小冲程，防止卡钻、埋钻；当通过基岩之类土层时，可采用 4～5m 的大冲程，使基岩破碎。

4）根据不同地质情况改变钻机钻速

主要分为砂层、卵石层和岩层，尤其注意观察钻杆的跳动情况，切不可采用高转速钻进，防止卡钻头、断钻头的事故发生。

5 大悬臂宽幅挂篮关键技术研究

5.1 大悬臂宽幅挂篮结构组成

全浇筑宽幅菱形挂篮主要由五大部分组成，分别是底篮系统、提升系统、承重系统、行走系统及模板系统组成。承重系统主体部分由四片菱形桁架构成，分别位于箱梁腹板位置，主桁之间靠由上梁桁架片、压杆横联和前上横梁联系，主桁与轨道之间设有液压行走系统。底篮系统后下横梁设置 10 个吊点，前下横梁设置 11 个吊点，后部吊点端部两个吊点由后上横梁承担，前部吊点由前上横梁承担，其他吊点锚固在箱梁上。翼板桁架大悬臂设计，桁架底部承重在底篮上，悬臂端设置吊挂梁，以使受力平衡。

经综合考虑及比选，选用全断面一次性浇筑方案。挂篮主体结构按浇筑混凝土块件最大重量为440t设计。挂篮适应浇筑混凝土块件长度2.5～5m，浇筑高度3.0～7.0m。挂篮连体起步长度9m，分体起步长度14m。挂篮采用间歇式前移，每行程1.1m，时间约2min。挂篮整体布置横断面图及效果图见图4和图5。

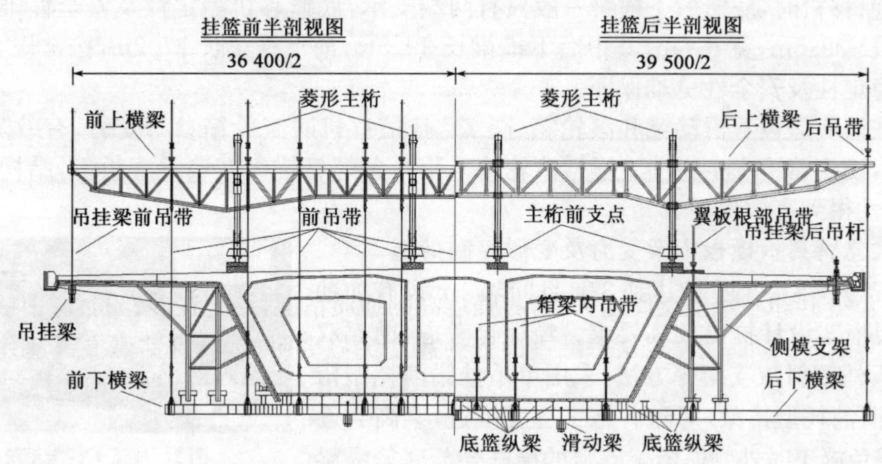

图4　挂篮整体布置横断面图(尺寸单位：mm)

5.2　宽幅挂篮整体稳定性分析

挂篮整体稳定性主要包括主桁架结构体系的稳定性、前上横梁与后上横梁悬臂端的稳定性、移机时底篮的稳定性。空间受力性能分析采用Midas程序进行，空间模型见图6。挂篮设计时，主要构件拉压强度应力控制在170MPa以内，剪切应力控制在100MPa以内，以增强挂篮整体刚度、增强稳定性及抗扭风险。此外，对主桁架在施工风荷载、混凝土浇筑等关键工况下的稳定性进行了有限元分析，可以满足要求。本文重点介绍前后上横梁稳定性和移机时底篮的稳定性。

图5　挂篮整体效果图

图6　挂篮空间有限元模型

1)前后上横梁稳定性分析

本桥宽幅挂篮前上横梁悬臂为7.8m，后上横梁悬臂为9.25m，为了降低桁架整体挠度和防止桁架的平面外失稳，采取了以下措施：①根据受力情况分析，将普通上下弦杆平行的传统桁架设计为变截面形式桁架，有效降低材料成本的投入，指标比较见表1；②为增加桁架抵抗平面外失稳而增加桁架的高宽比，改单片桁架为双片桁架，并在两片桁架之间增加横向联系，形成箱形桁架；③在前上横梁悬臂端和后上横梁悬臂端增加纵向联系，增加其抵抗平面外失稳的能力；④外侧模板桁架设计时，混凝土浇筑工况受力后上横梁悬臂端不参与，稳定性得以保证。

两种桁架的相关参数比较 表1

名　　称	材料消耗量	最大应力值(MPa)	最大变形值(cm)
普通桁架	0.669t	213.7	4.4
异形桁架	0.642t	160.3	3.1

2)宽幅挂篮移机时底篮稳定性分析

常规挂篮移机时,底篮后下横梁一般只有两端支承,底篮移机稳定性及安全性难以保证。本挂篮底篮长39.5m,宽6.6m,其中后下横梁长39.5m,前下横梁长27.2m,按常规方法设计底篮移机,稳定性及安全性更难保证。

为此,挂篮底篮设置滑动梁和滚轮箱(图7),挂篮移机时滚轮箱参与受力,有效降低底篮的挠度变形,使底篮不发生扭曲变形。滚轮箱采用3条螺杆锚固在箱梁底板上,结构稳固,挂篮移机安全性得到有效保证。

5.3 大悬臂翼板模板桁架受力及变形控制措施

图7 挂篮下行走系统

翼板悬臂大,混凝土重量达到37t,且间隔4m设有加劲肋梁,对模板桁架设计提出较高要求。经综合考虑,抛弃双吊挂梁、翼板外侧斜拉支架等方法,采用单吊挂梁消耗型桁架设计。所谓消耗型桁架,即随着施工进度推进,梁高会逐步变矮,为避免施工时外侧模桁架支腿的横联会与底篮纵梁发生冲突,模板支腿相应变矮。消耗型桁架最外侧采用单条吊挂梁,吊挂梁前端通过吊带与前上横梁联系,后端锚固于已浇筑翼板位置。桁架内侧支撑在底篮上,斜腹板水平力通过对拉螺栓、斜撑杆等消化,桁架只承受竖向力,受力明确、施工方便。

6 结语

江肇西江特大桥施工期间,临时结构成功经受住了两次汛期的考验。基于多层次设防设计思想、分阶段采取不同的抗洪措施等方法,成功解决了抗洪稳定性等一系列难题,另外合理地确定栈桥平台高程,也在施工便利性与经济性间取得了很好的平衡。

江肇西江特大桥主桥处于厚覆砂卵石层岩溶区,针对每个墩不同情况,对溶洞和溶蚀发育段压入砂浆、小碎石混凝土和水泥浆等预处理办法。并采用"冲钻结合"的成孔工艺,发挥冲击成孔和钻机成孔优势,根据不同地质情况,改变工艺参数,成功进行了溶洞区大直径嵌岩桩基施工,积累了厚覆砂卵石层岩溶地区桩基施工经验。

结合江肇西江特大桥箱梁超宽幅、大悬臂、大体量的特点,研究提出了宽幅大悬臂变截面桁架式挂篮结构形式。利用空间有限元程序,对宽箱斜腹板大悬臂挂篮整体稳定性、变形、强度等进行计算分析,并对宽幅大悬臂斜腹板挂篮的结构形式进行优化,保证挂篮的施工安全性和便捷性,保证了工期,节约了成本,可为同类型桥梁施工提供借鉴。

参 考 文 献

[1] 严正庭,等.最新钢结构实用设计手册[M].南宁:广西科学技术出版社,2003.

[2] 黄绍金,刘陌生.装配式公路钢桥多用途使作手册[M].北京:人民交通出版社,2002.

[3] 董锋,杨富发.江肇高速公路西江特大桥季节性河流桥梁施工临时结构设计[J].公路交通科技(应用技术版),2010(11):284-286.

[4] 覃勇刚.杭州湾跨海大桥南岸超长栈桥设计研究[D].南京:东南大学,2006.

98. 无应力状态法在钢绞线斜拉索中的应用

苑仁安

（西南交通大学土木工程学院）

摘　要：根据悬链线索元理论所建立的拉索无应力索长与张力之间的关系式，结合无应力状态法理论，建立了求解单根钢绞线张力 T 的非线性方程组。采用基于 MATLAB 程序的最速下降法迭代思想，得到该方程组数值解。最后利用此张力值对钢绞线的安装挂设过程进行了验算，验算结果证明了基于无应力状态法理论所确定的单根钢绞线张拉力的可靠性。

关键词：悬链线索元　无应力索长　无应力状态法理论　非线性方程组

1　引言

斜拉索是斜拉桥的主要组成构件，是斜拉桥结构中传力的生命线。当今国内外各类斜拉桥所采用的斜拉索主要为高强平行钢丝和平行钢绞线两种。平行钢丝斜拉索在工厂内通过钢丝精确下料制作，其索力通过现场整体张拉形成；钢绞线斜拉索采用的是现场下料、逐根安装的方式，其索力则是通过逐根初张拉，再进行多次的整体张拉形成。由于后者牵挂索容易、张拉机具吨位小、施工便利。因此，目前大多数大跨度斜拉桥的拉索采用平行钢绞线拉索。

无应力状态法是秦顺全院士提出的一种解决桥梁结构分阶段施工的控制方法[1-3]。1992 年在全国桥梁结构学术会议上正式发表了第一篇文章，2003 年在《桥梁建设》发表了论文《斜拉桥无应力状态控制法》，2007 年出版了专著《桥梁施工控制——无应力状态法理论与实践》。无应力状态法理论不仅适用于所有结构形式和施工方法的分阶段施工桥梁，而且可以运用到其他方面。本文针对单根拉索中不同钢绞线的张拉力控制问题，利用无应力状态法理论加以解决。

无应力状态法理论在斜拉索安装计算中，采用拉索的无应力状态量来确定结构中间状态拉索的张力值。在实际的施工过程中，斜拉索的张拉分为初张和调整，初张以张拉力来控制，调整根据无应力索长差来控制。对于挂设初张拉如何利用无应力状态法理论来确保拉索中钢绞线应力的均匀性，以便提高斜拉桥整体的寿命与结构的安全，是本文探讨的主题。

2　分析思路

本文主要针对钢绞线斜拉索挂设施工中，已知整根拉索的张力 T，如何确定出单根钢绞线的张拉力。根据无应力状态控制法原理一[1,3]：一定的外荷载、结构体系、支撑边界条件、单元的无应力状态量组成的结构，其对应的结构内力和位移是唯一的，与结构的形成过程无关。因此，只要确保每根钢绞线的无应力长度与挂设完成后的整股拉索的无应力长度一致，就可以保证拉索中所有的钢绞线的应力达到均匀且总张力等于整根拉索索力。步骤为：

(1)通过编写基于悬链线理论的 MATLAB 程序，确定在施工温度 t 的环境中，某斜拉索总张拉力 T 对应的无应力长度 S_0。

(2)逐根安装钢绞线使每根钢绞线张拉完成后的无应力长度 S_i 与 S_0 一致，根据该等价关系，求出每根钢绞线的张拉力 T_i。

现代斜拉桥随着跨度的增加，拉索的长度不断增大，由相关文献知：斜拉索长度的增加，导致斜拉索垂度非线性的影响增大，此时用忽略高次项影响的抛物线理论计算斜拉索（钢绞线）的无应力长度，会带来一定的误差[4]。故本文采用悬链线理论确定拉索（钢绞线）的无应力索长 S_0。

3 悬链线索元平衡方程建立

图 1 所示的拉索为空间状态，x_s 表示顺桥方向、x_h 表示横桥方向，x 是拉索在桥面上的投影方向，空间中的拉索转换成平面状态，如图 2 所示。其变换的几何、力学关系为

$$\begin{cases} x_i = x_{si}\,\overrightarrow{i_{xs}} + x_{hi}\,\overrightarrow{i_{xh}} \\ x_j = x_{sj}\,\overrightarrow{i_{xs}} + x_{hj}\,\overrightarrow{i_{xh}} \end{cases} \tag{1}$$

$$\begin{cases} H = \sqrt{H_s^2 + H_h^2} \\ \tan\theta = H_s / H_h \end{cases} \tag{2}$$

3.1 基本假定

如图 2 所示的拉索（钢绞线）悬链线示意图，在分析计算中采用如下假定：①索是理想柔性的，只能承受拉力，而不能受压和抗弯；②索的材料性质符合胡克定律，且始终处于弹性工作阶段；③除两端锚固端外，索只受沿索长均匀分布的垂直向下的自重荷载，且为常量；④不考虑索横截面在变形前后的变化；⑤索的张力 T 沿悬链线的切线方向。

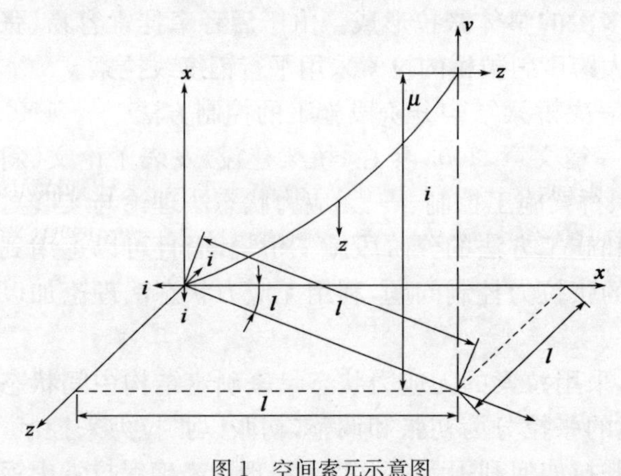

图 1 空间索元示意图

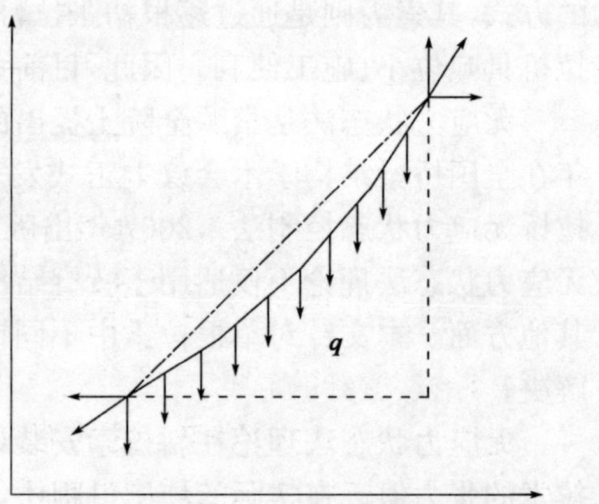

图 2 拉索平面示意图

3.2 无应力索长和张力关系的建立

从图 2 分析知，拉索（钢绞线）所受的荷载为轴向拉力和沿全长的均布自重，故拉索在塔壁内侧锚固点和锚拉板的锚固点之间的线形为悬链线。取出悬链线微段如图 3 所示，建立力学平衡方程，即：

$$
\begin{cases}
H_t + \dfrac{\mathrm{d}H_t}{\mathrm{d}x} \cdot \mathrm{d}x - H_t = 0 \\
H_t \cdot \mathrm{d}y - V_t \cdot \mathrm{d}x - \dfrac{1}{2}q(\mathrm{d}s)^2 = 0 \quad (3) \\
V_t + \dfrac{\mathrm{d}V_t}{\mathrm{d}x} \cdot \mathrm{d}x - V_t - q\mathrm{d}s = 0
\end{cases}
$$

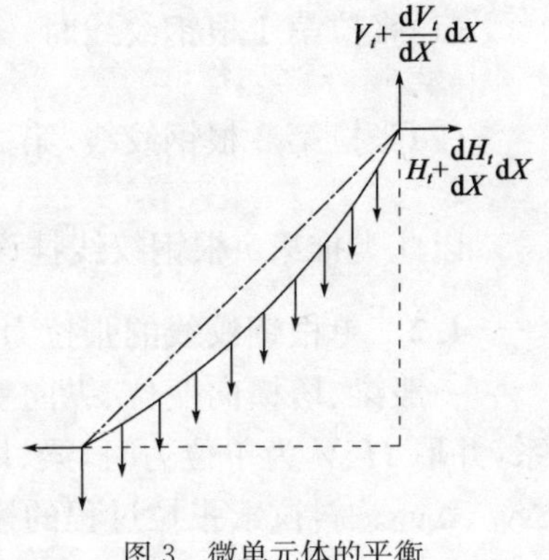

图 3 微单元体的平衡

式中：$\mathrm{d}s$——拉索（钢绞线）索元的微段；

q——拉索（钢绞线）每延米自重；

V_t——索张力 T 的竖直分力，与 y 方向一致为正；

H_t——索张力 T 的水平分力，与 x 方向一致为正。

由式(3)第一式可知水平力 H 是常量，忽略 $(\mathrm{d}s)^2$ 高次项，整理得：

$$H_t \cdot \frac{\mathrm{d}^2 y}{\mathrm{d}x^2} - q \cdot \frac{\mathrm{d}s}{\mathrm{d}x} = 0 \tag{4}$$

由近似等价关系 $\mathrm{d}s^2 = \mathrm{d}x^2 + \mathrm{d}y^2$ 得 $\mathrm{d}s = \sqrt{\mathrm{d}x^2 + \mathrm{d}y^2}$ 代入式(4)，整理得：

$$\frac{\mathrm{d}^2 y}{\mathrm{d}x^2} - \frac{q}{H}\sqrt{1 + \left(\frac{\mathrm{d}y}{\mathrm{d}x}\right)^2} = 0 \tag{5}$$

式中 H 是由索张力 T 确定的，H、V 和 T 三者的关系为：

$$H = \frac{T}{\sqrt{1 + (y')^2}}, V = H \cdot y' \tag{6}$$

对式(5)进行积分，由边界条件，$y|_{x=x_i} = y_i$，$y|_{x=x_j} = y_j$，且 $x_j - x_i = l$，$y_j - y_i = h$，得：

$$y - y_i = -\frac{H}{q}\left[\cosh(\alpha) - \cosh\left(\frac{2\beta(x - x_i)}{l} - \alpha\right)\right] \tag{7}$$

式中：$\beta = \dfrac{ql}{2H}$，$\alpha = -ar\sinh\left(\dfrac{h \cdot \beta}{l \cdot \sinh(\beta)}\right) + \beta$。

根据 $\mathrm{d}s = \sqrt{1 + (y')^2}\mathrm{d}x$，$\mathrm{d}\Delta s = \dfrac{T\mathrm{d}s}{EA}$ 可得 $s = \int_{x_i}^{x_i+l}\sqrt{1 + (y')^2}\mathrm{d}x$，

$$\Delta s = \int_0^s \frac{T}{EA}\mathrm{d}s = \int_0^s \frac{H}{EA}\frac{\mathrm{d}s^2}{\mathrm{d}x} = \frac{H}{EA}\int_{x_i}^{x_i+l}\left[1 + (y')^2\right]\mathrm{d}x$$

据文献[5]拉索（钢绞线）无应力索长计算式为：

$$s_0 = s - \Delta s = \sqrt{h^2 + \left[(l\sinh\beta)/\beta\right]^2} - \frac{ql^2}{4EA\beta}\left[1 + \frac{\coth\beta}{\beta}\left(\sinh^2\beta + 2\left(\frac{\beta h}{l}\right)^2\right)\right] \tag{8}$$

4 钢绞线张拉力 *T* 的确定

4.1 索道管的影响

由以上表达式知，对于不变的无应力索长 s_0，钢绞线所承担均布荷载 q 的变化会影响拉索的张力 T。无应力状态法理论也阐述了只要不主动张拉钢绞线，即不主动人为地拔出或放松钢绞线的长度，其无应力长度是不会发生变化的。而外荷载的变化会引起张拉力的变化，且实际中索道管的自重远大于单根钢绞线的自重，因此索道管的自重对钢绞线张力的影响须考虑。本文假设索道管的自重由所有的钢绞线来承担，在逐根张拉过程中，每根钢绞线所分担的索道管的重量是变化的。设索道管每延米的自重为 w_p，张拉第 i 根钢绞线时假设单根钢绞线承担的索道管重量为 w_i。具体为：

(1)张拉第 1 根钢绞线时，索道管的重量全部有本根钢绞线来承担，即 $w_1=\frac{w_p}{1}$。

(2)张拉第 2 根钢绞线，第 2 根钢绞线会分担第 1 根钢绞线的承载重量，即 $w_2=\frac{w_p}{2}$。

以此类推第 i 根钢绞线挂设张拉时，每根钢绞线考虑索道管的自重为 $w_i=\frac{w_p}{i}$。

4.2 单根钢绞线的张拉力的确定

一般梁、塔横向变位、纵向变位与拉索两端张拉力 T 的水平分力 H、竖直分力 V 呈线性关系，并取 H、V 为单位力时，梁、塔顺桥向、横桥向变位为 Δx_{SL}、Δx_{hL} 和 Δx_{ST}、Δx_{HT}，纵向变位为 Δy_L、Δy_T。斜拉索张拉过程的模型如图 4 所示。

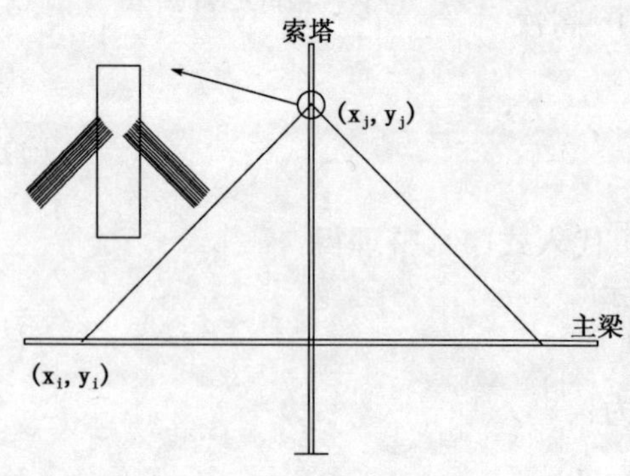

图 4 钢绞线斜拉索张拉模型

设拉索由 N 根钢绞线构成，所有钢绞线张拉完成后总张拉力为 T。考虑实际施工操作，钢绞线一般在桥塔两侧成对挂设，忽略主梁的横桥向变形，即 Δx_{hL}、Δx_{hT} 为 0。钢绞线一端固结在主梁上，另一端固结在主塔上，且在塔处张拉。

根据无应力状态控制原理一：一定的外荷载、结构体系、支撑边界条件、单元的无应力状态量组成的结构，其对应的结构内力和位移是唯一的，与结构的形成过程无关。钢绞线的挂设可以看作分阶段施工，在一定外荷载（索道管和钢绞线自重）、一定边界条件（两端锚固）的情况下，只要确保分阶段施工中钢绞线无应力索长和 i 根钢绞线一次挂设的一致，则这两种状态下的钢绞线的张拉力相同。因此，确定第 i 根钢绞线的张拉力 T_i，认为 i 根钢绞线同时挂设，求解 i 根钢绞线的总张力 T，则第 i 根钢绞线张力 $T_i=\frac{T}{i}$。此时拉索梁端总水平分力 H_{si}、H_{hi}、总竖直分力 V_i，塔端的总水平分力与梁端一致，总竖直分力为 V_j。

未挂设钢绞线时，令梁、塔坐标为(x_{si},x_{hi},y_i)、(x_{sj},x_{hj},y_j)，挂设 i 根钢绞线后，拉索两锚固点变化后坐标为(x'_{si},x_{hi},y'_i)、(x'_{sj},x_{hj},y'_j)，即：

$$\begin{cases}y'_i=y_i+V_i\cdot\Delta y_L\\ y'_j=y_j+V_j\cdot\Delta y_T\\ x'_{si}=x_{si}+H_i\cos\theta\cdot\Delta x_{sL}\\ x'_{sj}=x_{sj}+H_i\cos\theta\cdot\Delta x_{sT}\end{cases}\tag{9}$$

则
$$l_i=\sqrt{(x'_{sj}-x'_{si})^2}-\sqrt{(x_{hj}-x_{hi})^2},h_i=y_j-y'_i\tag{10}$$

以 i 根钢绞线安装挂设完成后为平衡状态进行分析，将式(9)代入式(7)、式(8)，式(10)代入 β_i，α_i 得：

$$\begin{cases}y=y'_i-\frac{H_i}{q_i}\left[\cosh(\alpha_i)-\cosh\left(\frac{2\beta_i(x-x'_i)}{l_i}-\alpha_i\right)\right]\\ y'=\sinh\left(\frac{2\beta_i(x-x'_i)}{l_i}-\alpha_i\right)\\ \sqrt{h_i^2+[(l_i\sinh\beta_i)/\beta_i]^2}-\frac{q_il_i^2}{4EA\beta_i}\left[1+\frac{\coth\beta_i}{\beta_i}\left(\sinh^2\beta_i+2\left(\frac{\beta_ih_i}{l_i}\right)^2\right)\right]-S_0=0\end{cases}\tag{11}$$

式中 $A=iA_0$，$q_i=iq+w$，$\beta_i=\frac{q_il_i}{2H_i}$，$\alpha_i=-ar\sinh\left(\frac{h_i\cdot\beta_i}{l_i\cdot\sinh(\beta_i)}\right)+\beta_i$ 其中 A_0 是单根钢绞

线的截面积，q 是单根钢绞线的均布自重。取 $x=x_i'$、x_j'，式(11)最后两个表达式变换为：

$$F(H_i,V_i,V_j)=\begin{cases}\sqrt{h_i^2+\left[\dfrac{(l_i\sinh\beta_i)}{\beta_i}\right]^2}-\dfrac{q_i l_i^2}{4EA\beta_i}\left\{1+\dfrac{\coth\beta_i}{\beta_i}\left[\sinh^2\beta_i+2\left(\dfrac{\beta_i h_i}{l_i}\right)^2\right]\right\}-S_0=0\\ H_i\cdot\sinh(2\beta_i-\alpha_i)-V_j=0\\ H_i\cdot\sinh(-\alpha_i)-V_i=0\end{cases}\tag{12}$$

分析：已知整根拉索的无应力长度为 S_0；i 根钢绞线总水平分力 H_i、总竖直分力 V_i、V_j、拉索投影平面的 θ 角为未知的。其中 β_i、α_i 等参数均与 H_i、V_i、V_j 相关，故须迭代计算。步骤为：

(1) θ 初取为 i 根钢绞线挂设前，投影平面内的横桥向与顺桥向的比值，即 $\theta=ar\tan\left|\dfrac{x_{jh}-x_{ih}}{x_{js}-x_{is}}\right|$。

(2)进一步得到式(12)，该方程组为非线性方程组，根据方程组的特征，采用最速下降算法迭代求解。利用 MATLAB 编写该算法迭代程序，迭代求解出 H_i、V_i、V_j 代入以上各式。求解出变形后的两锚固点的坐标，代入到步骤(1)中，直到 θ 满足一定精度，求出总张力 T，根据 $T_i=\dfrac{T}{i}$ 得到第 i 根钢绞线的张力值。同理，其他钢绞线的张力值均以此分析求解。

5 算例

武汉某大桥正桥采用三塔结合梁斜拉桥，桥跨布置为(90＋160＋2×616＋160＋90)m。斜拉索采用平行钢绞线拉索体系，全桥共计 132 对斜拉索，有 7 种规格，分别为 37ϕ15.2、43ϕ15.2、48ϕ15.2、55ϕ15.2、61ϕ15.2、73ϕ15.2 和 79ϕ15.2。以中跨 22 号斜拉索为例进行计算，其参数为：钢绞线弹性模量 2.1×10^{11} pa，整索初张拉力 2 700kN，单根钢绞线的面积为 $1.374\,446\,7\times10^{-4}\text{m}^2$，索道管均重 57N/m，单根钢绞线的均重为 12.38N/m，塔处拉索锚点坐标为(2.256m，10.8m，210.44m)，梁处锚点坐标为(－282.899m，0.8m，60.322m)，在初张力 T＝2 700kN 的作用下，主梁梁端变形量为(0.031m，0m，0.576m)，考虑实际施工操作，塔端变形可忽略。

首先确定出整索的无应力索长 S_0 和水平分力 H 等，利用 MATLAB 软件进行数值求解，其过程为：

(1)联立式(5)、式(6)求出水平力 H，代入式(8)确定整索的无应力索长 S_0 为 321.916 219 053 9m。继而求出整索在梁端(i 端)的水平分力 H_{si}、H_{hi} 竖直分力 V_i，根据 H_{si}、H_{hi}、V_i 可以确定出，单位水平力、竖直力作用下梁的横向变位 Δx_{sL}、Δx_{hL} 和竖向变位 Δy_L。

(2)迭代求解单根钢绞线的张拉力。中跨 22 号斜拉索第 1 根钢绞线的张力为 100 945.260 4N，逐根钢绞线的张力值如图 5 所示。

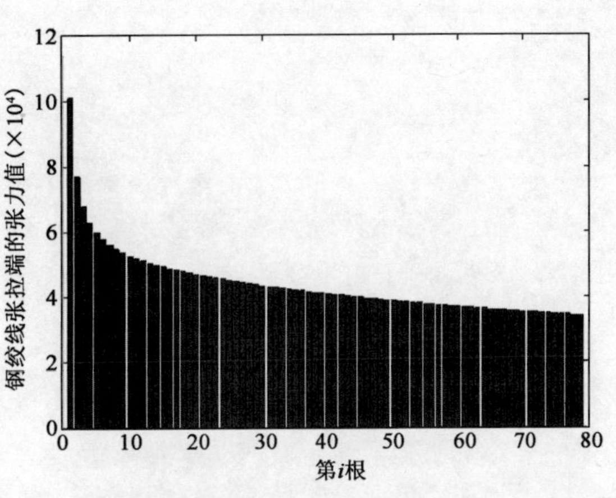

图 5 单根钢绞线的张力值

为验证该计算方法的准确性和有效性，运

用 Matlab 编制了模拟钢绞线安装过程的计算程序。经计算，待斜拉索中所有钢绞线挂设完成后，79 根钢绞线的张力值均为 34 177.215 2N，恰为整根拉索张力的$\frac{1}{79}$。该验算结果表明了无应力状态法确定的张拉力的可靠性，同时也说明了本文计算公式和编制程序的正确性。

6 结语

本文采用基于悬链线理论所建立的拉索无应力长度与张力之间的关系式，结合无应力状态法理论，解决了已知整索初张力的条件下，如何精确确定单根钢绞线张拉力的问题。并利用本文方法求解的张力值对钢绞线的安装挂设过程进行了验算，验算结果证明了该方法的可靠性。

参考文献

[1] 秦顺全. 桥梁施工控制——无应力状态法理论与实践[M]. 北京：人民交通出版社，2006.

[2] 秦顺全. 斜拉桥安装无应力状态控制法[J]. 桥梁建设，2003，(2)：31-34.

[3] 秦顺全. 分阶段施工的无应力状态控制法[J]. 桥梁建设，2008，(1)：8-14.

[4] 郝超. 大跨度斜拉桥拉索无应力长度的计算方法比较[J]. 重庆交通学院学报，2001，20(3)：1-3.

[5] 汪峰，刘沐宇. 斜拉索无应力索长的精确求解方法[J]. 华中科技大学学报，2010，38(7)：49-52.

[6] 张育智，李乔，唐亮. 宜宾中坝金沙江大桥索力控制研究[J]. 铁道标准设计，2005，(8)：27-30.

[7] 周正茂，龚振球，王素娟. 倒退分析法确定拉索中钢绞线的张拉力[J]. 公路交通科技，2009，26(4)：73-77.

99. 鹦鹉洲长江大桥主桥基础施工方案设计与施工

冯广胜

（中铁大桥局集团有限公司）

摘　要：武汉鹦鹉洲长江大桥主桥是世界上第一座三塔四跨悬索桥，桥跨布置为（200m＋850m＋850m＋200m）。北锚碇采用沉井基础，南锚碇采用地下连续墙基础，三个塔柱均采用钻孔灌注桩基础。本文论述了该桥基础施工中的关键技术问题及解决方案。

关键词：鹦鹉洲桥　悬索桥　基础　施工　方案

1　概述

鹦鹉洲长江大桥位于武汉市中心城区，距下游武汉长江大桥约 2.0km，距上游白沙洲大桥约 6.3km。本桥北接汉阳的鹦鹉大道，南连武昌的复兴路。主桥长度 2 150m，桥跨布置：200m＋850m＋850m＋200m，是世界上第一座三塔四跨悬索桥（见图 1）。从汉阳至武昌方向，依次设置为北锚碇、1 号墩、2 号墩、3 号墩、南锚碇。本桥设计基准期为 100 年，设计行车速度为 60km/h，双向 8 车道。

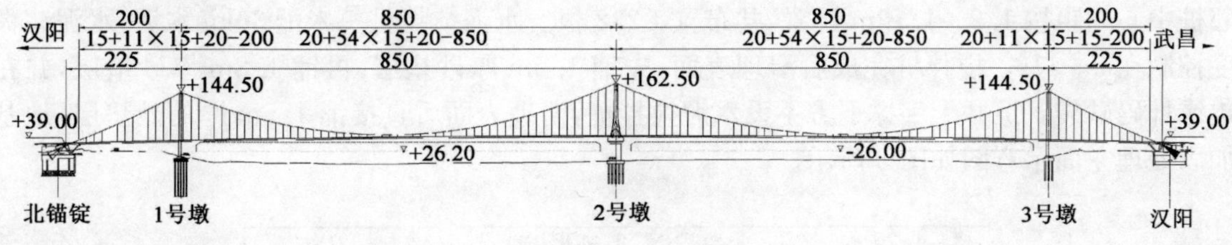

图 1　桥式布置图（尺寸单位：m）

2　北锚碇沉井施工

北锚碇基础采用“带孔圆环＋十字撑”新沉井结构。圆环外径为 66m，内径 41.4m，中间圆孔内设置十字隔墙；圆环内均布 16 个小圆井孔（直径 8.7m）。沉井高 43m，共分八节，底节为钢壳混凝土结构，高 6m；其余节段均为钢筋混凝土结构（C30 混凝土）。沉井封底混凝土厚 10m。沉井顶高程＋19.0m（黄海高程，下同），底高程－24m。北锚碇沉井示意图如图 2 所示。

北锚碇的工艺流程为：地下水渗透试验→地基土摩阻力试验→地下连续墙施工→底节钢壳加工与拼装→钢壳内混凝土灌注→垫枕抽取→第二节接高→第一次下沉 11m→第三、四、五节接高→第二次下沉 14m→第六、七、八节接高→第二次下沉 20m→沉井封底→沉井内填芯混凝土施工→盖板施工→锚体施工。

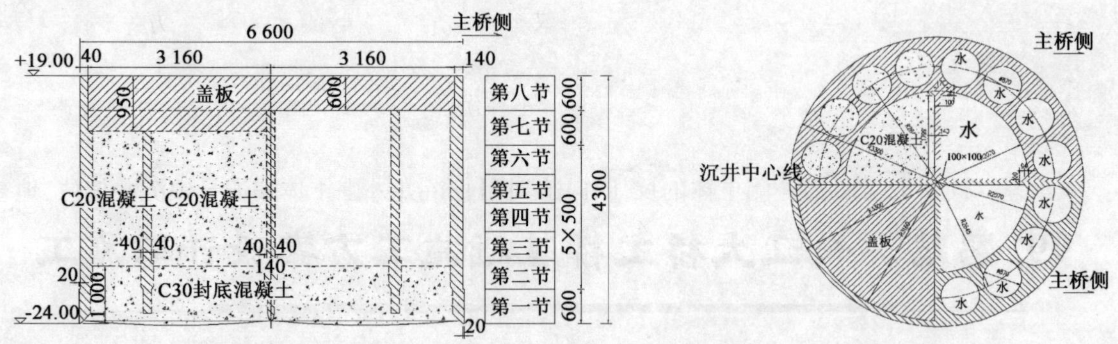

图 2　北锚碇沉井结构图(高程单位：m，尺寸单位：cm)

北锚碇位于北岸大堤外，表面覆盖有 5～6m 杂填土，其下为粉砂、细砂、砾砂、圆砾土，周围百米范围内有高层建筑、长江大堤，对地基变形敏感。施工中主要采取了以下方案措施：

(1)在沉井外 10.0m 范围处，设置圆形地下连续墙(墙厚 0.8m，顶高程＋21m，刃脚高程－34m，比沉井刃脚低 10m)。作为施工阶段的防护结构，主要有 2 个作用：延长地下水通道，减小施工中沉井内水位变化对周围地下水系的影响；沉井下沉过程中，使沉井对周围土体的影响范围限制在地连墙以内。这两个作用使沉井下沉对地连墙外部地层影响很小。施工时地连墙共划分为 4 个Ⅰ期槽段、38 个Ⅱ期槽段、4 个Ⅲ期槽段(每槽段长 5.93m)，采用液压抓斗成槽，每个槽段三抓成槽(先两边后中间)，槽段间采用 Φ620mm 顶拔管接头形式。

(2)北锚碇处地表杂填土承载力低，无法满足承载沉井底节所需的 250kPa 地基承载力要求，在拼装钢壳前需进行地基处理。理想的处理方案既要满足拼装钢壳时承载力的需要，又要满足抽取垫枕后沉井下沉时便于破碎取土的需要，从这两点看采用挤密砂桩方案最为合理。但挤密砂桩施工噪声大，对周围居民生活影响大。实施中采用水泥搅拌桩方案，但对搅拌桩的强度加以限制。搅拌桩顶高程＋21m，底高程＋15m，桩径 Φ500mm，在沉井圆环下方布置，相邻桩中心间距按 1.2～1.73m 设置，共布置 1 232 根。水泥搅拌桩每米配 30kg 水泥，水泥浆稠度控制在 9～11s。搅拌桩完成后清理表面，先铺 1.5m 厚砂垫层，再铺 1.8m 厚砂垫层，并在边缘堆码砂袋。沉井十字撑下方不设水泥搅拌桩，清理表面后直接铺 1.5m 厚的砂垫层，地基加固处理立面示意图如图 3 所示。

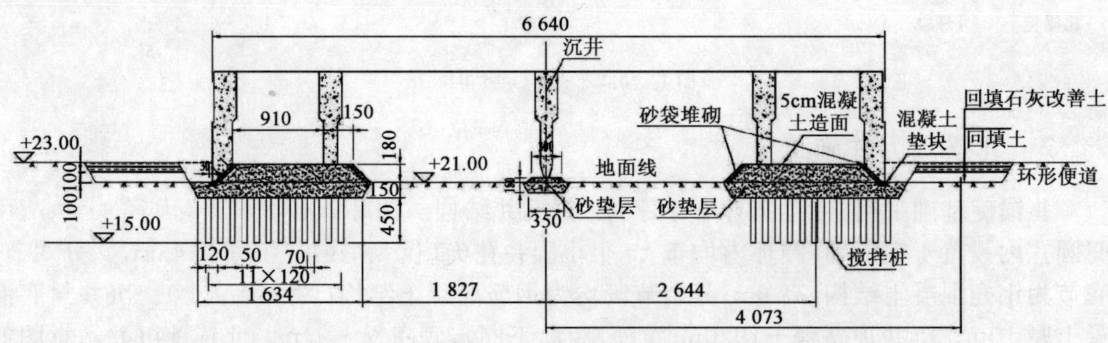

图 3　地基加固处理立面示意图(高程单位：m，尺寸单位：cm)

(3)沉井下沉中采用向井内灌水反压措施:砂质地层中地下水位的降低是引起地表沉陷的重要原因。在沉井下沉过程中始终保持沉井内的水位比沉井外侧地下水位高出不少于2m,且沉井内的补水来自远处的长江水,不允许通过吸取沉井外侧的地下水进行补水,有效地保证了下沉过程中沉井外围地下水位的稳定。

(4)沉井下沉中采取沿沉井内壁周围均匀取砂、沉井中心砂土反压的取土方案:该方案与常用的沉井下沉中井内吸成四周高、中心低的"大锅底"形状不同,首先在沉井内壁沿圆周均匀取土(必要时在直径8.7m小圆孔内辅助取土),不在沉井中心取土(中心土体会自然向四周较低处塌落),沉井底部形成四周地面低、中心高的"草帽"形状,沉井中心的土体重量和沉井内外的水头差共同形成对刃脚外侧土体的反压作用,对阻止沉井外围土体塌方导致沉井偏位、地基下陷发挥了积极作用。

(5)沉井下沉中采用长距离水力输砂方案:沉井施工区域场地狭小,城市中施工环保要求高。本沉井施工改变传统沉井下沉中井内取砂井外沉淀(岸上沉井尚需陆路运砂)的思路,沉井内的砂土通过砂石泵(水浅时)和空气吸泥机(水深时)吸出后经过转换池用管道水力输送至停靠在江边的运输船上,并经水路运出施工区域,使现场施工环境得到了较大改善,经济效果明显,起到了很好的节能减排作用。

(6)第三次下沉采用空气幕助沉措施:本沉井虽为重力沉井,在下沉到位前仅靠自重不能满足下沉的需要(到达设计位置前的下沉系数仅为0.96),有必要采取助沉措施。气龛在第二节至第七节上进行布置,高度为31.25m,竖直方向的间距除第一、二层之间按1.25m布置,其余按1.5m布置。在水平方向上,气龛共分为16组,在立面上,气龛分为22层布置,每1组竖向5层气龛为1区块,则气龛的布置共有80个区块。每个气龛的影响面积按2.25m^{2}考虑。

3 1号墩基础施工

1号墩位于北岸大堤岸脚处,由上至下地质依次为粉质黏土、粉土、粉砂、细砂;1号墩承台顶高程+12m,底高程+6.5m,平面布置为哑铃型(28m×67m),44根钻孔桩(直径2m,摩擦桩),桩底高程-68.5m。1号墩基础结构示意图如图4所示。

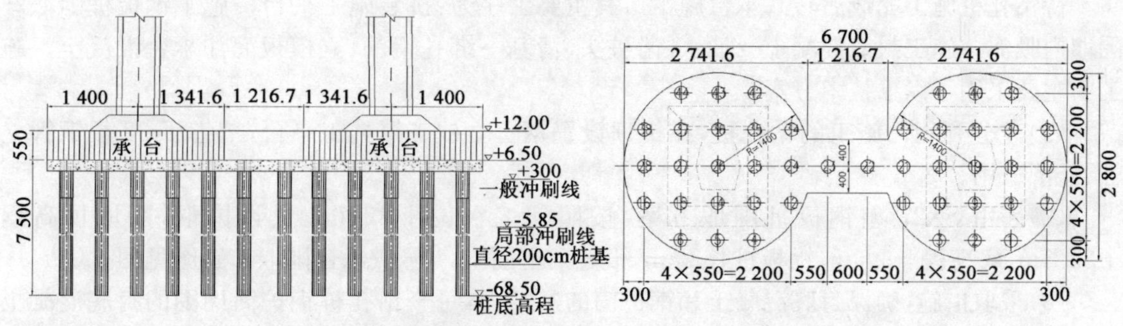

图4 1号墩基础结构示意图(高程单位:m,尺寸单位:cm)

1号墩采取先筑岛施工钻孔桩后设置钢板桩围堰施工承台的总体施工方案。1号墩处于汉阳江滩坡脚上,覆盖层较厚,墩位处河床面的顺桥向高程变化较大(高程12.0~21.0m),基础施工之前需要先对长江大堤进行防护,以确保长江大堤和基础施工安全。同时清理河床以保证枯水期施工船舶所必需的吃水深度。

3.1 北岸大堤防护

大堤防护结构采用"前排桩+锚桩"相结合的结构形式,北岸大堤防护结构立面示意图如

图 5 所示，均采用钻孔灌注桩（桩径 1.5m，相邻钻孔桩中心距 1.8m）。前排桩、锚桩各 47 根。前排桩和锚桩顶均设置有 1m 高胸墙将排桩连为整体，前排桩胸墙与锚桩胸墙间采用钢绞线进行对拉，共 48 束，每束 7 根 Φ15.24mm 钢绞线。前排桩设置在江滩公园的二级平台上，其中心距 1 号墩承台中心的水平距离为 20m，桩顶高程＋20.8m。锚桩中心距前排桩中心 25m。这种结构作为高差大土体的挡土墙结构受力可靠、前排桩的变形也可随时调整，缺点是锚桩和排桩的变形大（最大达 261mm）。

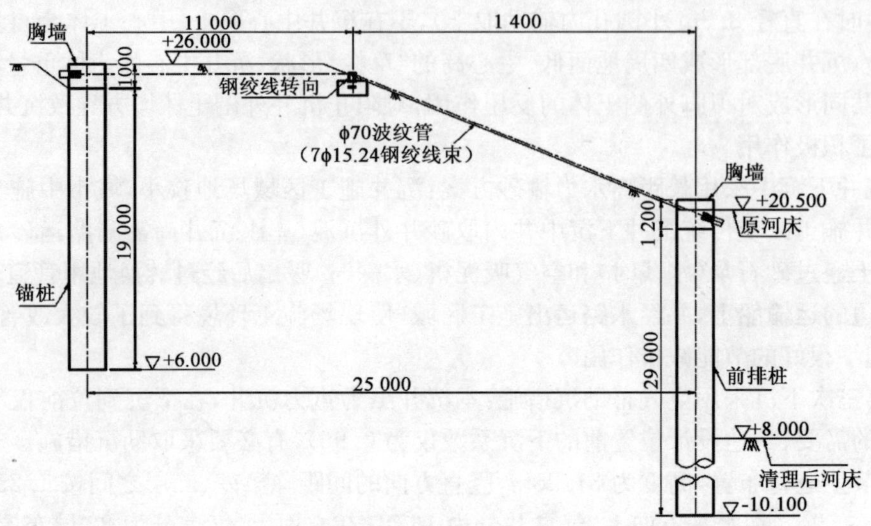

图 5　北岸大堤防护结构立面示意图（高程单位：m，尺寸单位：mm）

3.2　1 号墩钻孔桩施工

1 号墩枯水期位于水边坡上，利用长江枯水期低水位的有利条件，采用筑岛法快速形成平台（顶高程＋16.5m），用 2 台旋挖钻机进行钻孔桩施工，提高了施工速度。历时 45d 将本墩钻孔桩全部施工完毕，为本墩安全渡洪及连续施工创造了条件。

3.3　1 号墩承台施工

待钻孔桩施工完成后转入承台施工。其主要工序为：拼装施工平台→施工钢板桩围堰→围堰内吸泥→施工封底混凝土→抽水、凿桩头、清基→绑扎钢筋、立模板灌注承台混凝土。施工中主要采用了以下技术方案：

(1)充分利用已施工的钻孔桩，在桩顶设置钢管立柱支撑施工平台，节省了 32 根钢管立柱，经济适用。

(2)采用 SX27 型钢板桩围堰方案：按照施工水位＋22.0m 设计围堰，围堰顶高程＋22.5m，底高程－5.5m，钢板桩长 28m，设置两道圈梁，1 号墩承台围堰布置图见图 6。

(3)采取措施，确保封底混凝土和钢护筒的黏结力：每个钻孔桩钢护筒周围的封底混凝土必须在初凝之前灌注完毕，否则下方已经灌注初凝的混凝土与钢护筒之间的黏结力会由于其上继续灌注的混凝土作用而破坏掉，使混凝土与钢护筒之间黏结力大为减弱，同时也会增加黏结力计算的不确定性。1 号墩封底混凝土 5 310m^3，混凝土供应能力约 85m^3/h，总用时需 62h，通过采用从上游一侧往下游一侧的单向灌注方案，确保了每个钢护筒外围混凝土均在初凝前灌注完毕（通过实测，每个钢护筒周围混凝土均在混凝土初凝前灌注完，最大用时小时）。

(4)与围堰内的圈梁设置相匹配，承台上下分两次灌注混凝土，先灌注 3m 混凝土，周围与围堰设置支撑后拆除底层圈梁，再灌注 2.5m 高混凝土。承台中埋置有降热水管，起到了一定的降低承台内部温度和内外温差的作用。

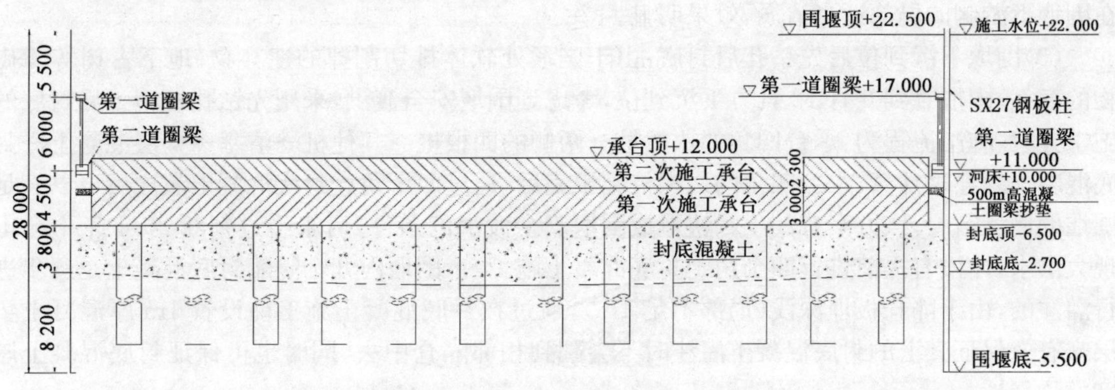

图6　1号墩承台围堰布置图(高程单位:m,尺寸单位:mm)

4　2号墩基础施工

2号墩位于江中潜州上,覆盖层为粉砂和中砂(厚16.2～19.8m),其下为微风化生物碎屑灰岩(岩面倾斜)。2号墩承台顶高程+7.5m,底高程+1m,平面尺寸34m×70m,其下为39根直径2.8m钻孔桩(柱桩),桩底高程-39m附近,2号墩基础结构示意图见图7。

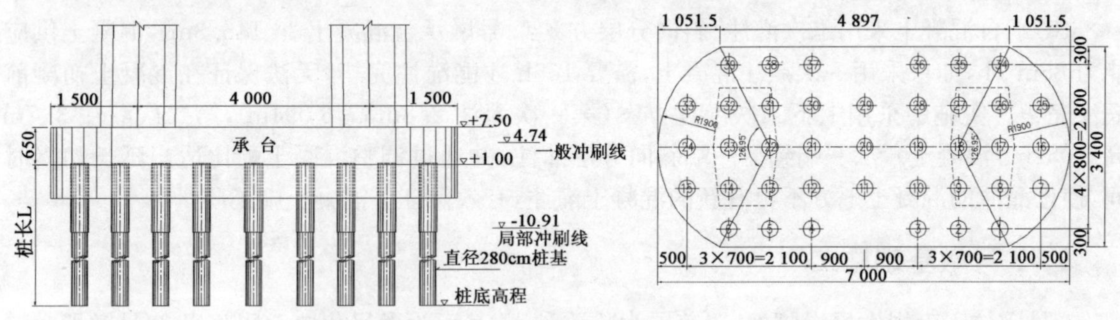

图7　2号墩基础结构示意图(高程单位:m,尺寸单位:cm)

2号墩基础采用先下放双壁钢围堰再在其上搭设钻孔平台进行施工的总体施工方案。双壁钢围堰壁厚2.0m,平面布置为圆端型,施工水位取+25.0m,封底混凝土厚8m。2号墩基础围堰底高程-7.5m,围堰顶+25.5m。主要施工流程为:制造、拼装底节围堰→底节围堰下水→浮运至墩位→依靠锚碇系统定位围堰→围堰下沉、着床→吸泥下沉围堰至稳定深度→接高顶节围堰→吸泥下沉围堰至设计深度→搭设钻孔桩平台→插打钢护筒→封底→钻孔→桩基施工完成→围堰内抽水,施工承台。采用的技术方案有:

(1)底节钢围堰岸上拼装、气囊法转向下河:钢围堰高度方向设计为上下两节,底节钢围堰在军山长江大桥上游南岸加工后,受场地条件的限制,钢围堰在下方气囊的滚动下首先平转30°后再下河由拖轮拖带运输到墩位处定位。

(2)先施工潜州防护后下放钢围堰:2号墩位处潜州防护分二期进行施工,在钢围堰就位前先进行核心区软体排抛枕施工,待桥墩基础施工完后再进行二期防护施工。在软体排抛枕施工后,将墩位处按照比围堰大1m的范围软体排水下切割并取出,再进行围堰定位下沉施工。实施中待围堰定位后,由于河床面有软体排的防护,围堰上游侧的冲刷较无防护时小很多(局部冲刷最深至-4.4m高程处),但围堰下游侧的淤积现象依然严重,在下游侧淤积土体水平压力作用下围堰在下沉过程中同时向上游发生缓慢滑移。为减少这种滑移，采用了清淤船在围堰下游侧的局部适当清淤，效果明显。

(3)围堰下沉到位后先钻孔后封底：由于围堰处软体排切割掉的遗弃物、地下古树等障碍物的存在，围堰直到6月12日方下沉到位，考虑到围堰安全渡洪，采用先钻孔桩施工后封底的施工方案，施工流程为：承台四角的八根桩→两侧的四根桩→其他桩→清基→垫层混凝土→封底混凝土。经过计算，承台四角的八根桩施工完后，通过四个角仓封底混凝土灌注后可以满足围堰的渡洪需要，该方案有利于尽快形成围堰安全渡洪的条件(后来经过判断2011年不会出现大洪水，才没有提前进行四个角仓封底混凝土施工)。围堰内九个隔舱封底混凝土是逐步进行灌注的，由于隔仓板埋深浅(局部不足1m)，通过在封底混凝土施工前设置1m厚混凝土垫层来有效保证其上的封底混凝土灌注时不会翻到相邻隔仓中去，同时也可保证封底混凝土厚度的均匀性。

(4)采用钢护筒先嵌入岩层再钻孔的方案：由于墩位处岩面倾斜、岩石强度高，在震动打桩机作用下钢护筒无法嵌入岩层，若冒然钻孔，岩顶粉细砂会通过钢护筒底口与岩顶间的缝隙流入孔内为后续施工埋下隐患(若流沙发生在混凝土灌注过程中极易形成钻孔桩质量事故)。故而实施中先将钢护筒插到岩顶，采用大直径(比钢护筒内径小2cm)钻头钻孔到岩面以下1～2m后对钢护筒进行复打嵌岩，然后再用常规钻头(比钻孔桩直径小2cm)冲击成孔，确保了钻孔安全和灌注桩的质量。

(5)承台混凝土采用二次灌注、斜向分层方案：2号墩承台混凝土14 146.3m^3，混凝土供应能力85m^3/h，如果采用一次灌注混凝土，需要166h才能灌注完毕，无法保证在混凝土初凝前灌注完毕。实施中采用上下二次灌注方案(第一次灌注2.8m高6 094m^3，第二次灌注3.7m高8 052m^{3}混凝土)，从一端到另一端斜向分层灌注，并通过调整混凝土配比适当延长初凝时间，使已灌注的混凝土上方不再有新的混凝土灌注，有效保证了混凝土施工质量。

5 3号墩基础施工

3号墩位于南岸大堤岸脚处，覆盖层为粉质黏土，其下为微风化白云质灰岩；3号墩承台顶高程＋12m，底高程＋6m，平面尺寸(34m×70m)，20根钻孔桩(直径2.8m，柱桩)，桩底高程－15～－22m。3号墩基础结构示意图如图8所示。

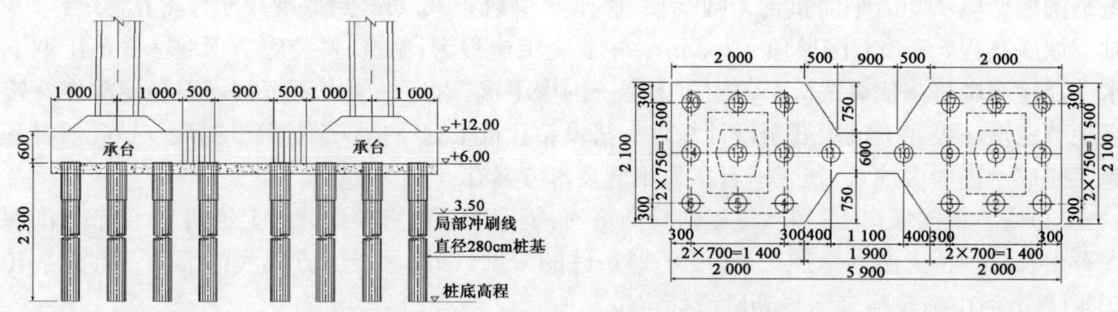

图8 3号墩基础结构示意图(高程单位：m，尺寸单位：cm)

3号墩基础施工采用先搭设钻孔平台进行钻孔桩施工然后设置围堰进行承台施工的方案。其施工流程为：大堤防护→河床清理→搭设施工平台→插打钢护筒→施工钻孔桩→拆除钻孔平台、拼装圈梁→下放圈梁→插打锁口钢管桩→围堰内吸泥→封底混凝土施工→围堰内抽水，施工承台。

在主墩上游侧设置栈桥，栈桥桥头上游侧设置 1 台 WD20 桅杆吊机，作为下河码头。栈桥和钻孔平台间利用分配梁和花纹钢板连成整体，方便物资和设备运输。采用浮吊作为主要起重设备，用于管桩和护筒插打、钻孔桩施工和承台施工。

3 号墩基础施工采用的技术方案主要有：

(1)采用先搭设平台进行钻孔桩施工，再插打钢围堰进行承台施工的方案：3 号墩进场施工始于 4 月初。此时还在长江枯水期，若采用筑岛施工存在被即将上涨的洪水冲毁的风险。本墩实施中采用的搭设钢施工平台进行钻孔桩施工是一种稳妥的方案(施工水位按照＋21.5m考虑)。钻孔平台纵向长约 60m，宽度 27m，栈桥和钻孔平台之间采用工 20 分配梁连接，平台定位桩为直径 800mm、壁厚 10mm、长 27.5m 的钢管桩，桩顶高程＋23.9m，共 29 根；考虑浮吊靠邦的需要，平台外侧设置 5 根靠船桩。虽然基岩岩面倾斜，考虑到覆盖层为粉质黏土，没有采用 2 号墩使用的钢护筒嵌岩后钻孔方案，但钻机仍选择冲击钻机，效果良好(75d 将钻孔桩全部施工完毕)。

(2)采用单排钻孔桩防护大堤、锁口钢管柱围堰方案：考虑到承台平面上与河岸线斜交、河床面起伏较大(高差达 10m，上游河侧最低)、粉质黏土覆盖层等因素，下游岸侧采用单排钻孔防护桩、上游岸侧采用放坡、增加 2 根锚桩措施来解决围堰岸侧与河侧间土压力不平衡问题。使得锁口钢管柱围堰没有必要嵌入基岩，大大简化了施工难度。3 号墩围堰平面布置图如图 9 所示。

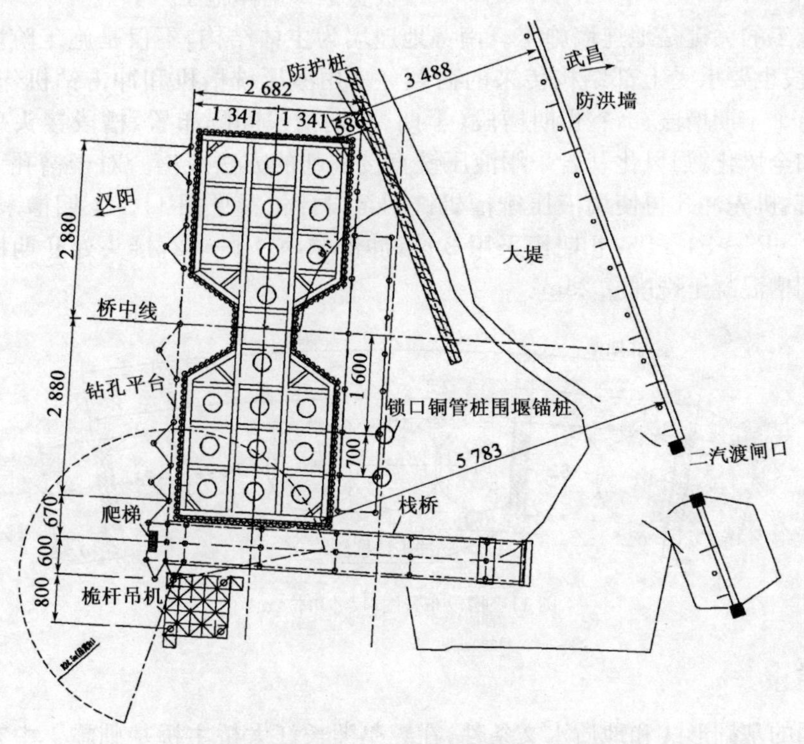

图 9　3 号墩围堰平面布置图(高程单位：m，尺寸单位：cm)

(3)钢管柱围堰内支撑采用大块吊装、整体下放方案：将三层内支撑从桥中线处分成上下游两部分，采用船舶上拼装成整体，400t 浮吊吊装到墩位处的临时平台上，安装连续千斤顶后整体下方，加快了施工进度。

6 南锚碇基础施工方案

南锚碇位于南岸大地外，覆盖层厚 25.5～28.3m，从上至下地层为杂填土、软塑状粉质黏土、粉砂；覆盖层下方为白云质灰岩，岩面高程 0.08～－2.84m，岩面总体起伏不大，强风化层不发育，中风化层发育一般，微风化层岩质硬。南锚碇基础由嵌岩地下连续墙、内衬和填芯混凝土组成。地连墙直径 68m，壁厚 1.5m。作为防水结构，在地连墙周围设置有自凝灰浆防水帷幕（直径 88m，壁厚 0.8m，顶高程＋22m，墙底嵌入岩层 0.5～1.0m），见图 10。施工中，液压抓斗边挖掘边向槽孔内注入自凝灰浆原浆，直至预计深度。

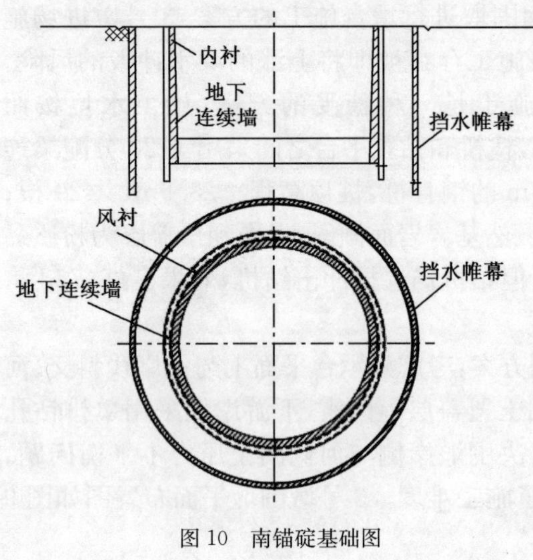

图 10 南锚碇基础图

首先进行挡水帷幕及地连墙施工，再从上向下采用逆作法分层进行基坑开挖及内衬施工，最后从下往上分层分块施工填芯混凝土并在其上进行锚碇混凝土施工。其工艺流程为：自凝灰浆防渗墙施工→地连墙导墙施工→地连墙施工→基坑开挖、内衬施工→底板施工→填芯混凝土施工→顶板施工→锚体施工。

南锚碇施工的关键是地连墙施工。南锚地连墙为主体结构，不仅是施工阶段的防渗防护结构，运营阶段也要承受上部结构传来的荷载。采用液压铣槽机和冲击钻机作为成孔设备。地连墙共有 5 个Ⅰ期槽段、2 个Ⅱ期槽段（Ⅰ期、Ⅱ期槽段间隔布置，槽段接头采用铣接头）。对于覆盖层和全风化、强风化基岩采用液压铣直接铣削的方法成槽。对于槽孔下部的坚硬基岩，采用冲击钻机先冲孔再使用液压铣槽机铣削至设计位置见图 11。Ⅰ期槽采用 5 冲，冲击顺序：P1→P2→P3→P4→P5；Ⅱ期槽采用 2 冲，冲击顺序：S1→S2，接头处Ⅱ期槽孔成槽时将已施工的Ⅰ期槽混凝土铣削 0.25m。

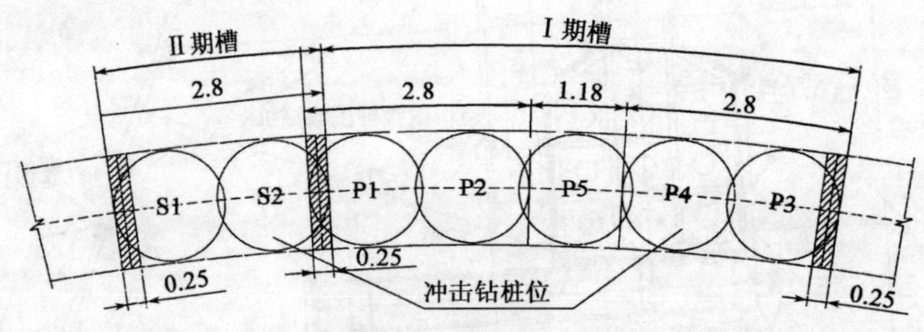

图 11 槽段布置图（尺寸单位：m）

7 结语

针对不同的基础形式和地质水文条件，在鹦鹉洲长江大桥主桥基础施工中有针对性地采用了不同的施工方案，并在实践中成功实施，为类似工程基础施工提供了借鉴。

100. 主梁大节段吊装施工的自锚式悬索桥无应力状态控制方法

杨继承[1]　赵　煜[2]　贺拴海[2]
(1. 中交第一公路勘察设计研究院有限公司;2. 长安大学)

摘　要:采用大节段吊装施工的自锚式悬索桥,加劲梁从工厂的无应力拼装、吊装架设到张拉吊索整个施工过程中,结构体系不断发生变化,使用常规的正装或倒拆施工控制方法难度较大,尤其是施工过程中需要根据实测参数变化不断进行调整。针对节段吊装施工特点,以加劲梁的无应力长度和无应力曲率在完成两次拼装(大节段内和大节段间拼装)之后,不随外荷载的变化而变化的这一规律,提出了加劲梁的无应力状态控制方法。理论分析与实践证明,应用该方法控制精度高,计算简便,实施效果良好。

关键词:无应力状态控制法　大节段吊装　自锚式悬索桥　施工控制　误差分析

1　引言

自锚式悬索桥将主缆直接锚固于加劲梁两端,加劲梁受压而形成内部自平衡体系,避免了修建庞大的锚碇,在一定跨度范围内具有良好的经济指标,同时也为不便于建造锚碇的地区修建悬索桥提供了一种解决办法。由于自锚式悬索桥加劲梁承受主缆强大的水平分力而成为压弯构件,加劲梁一般先在桥位安装就位,然后再进行缆索系统的施工,实现体系转换过程,达到最终的理想设计成桥状态[1,2]。

在自锚式悬索桥加劲梁的施工控制计算中,一般先从竣工后的实际理想状态出发,按照与施工顺序相反的顺序倒拆计算出理想施工条件下各个施工阶段的结构状态,即倒装分析法。为了能够更好地考虑与结构形成过程有关的其他因素,并得到每个施工阶段的应力和变形,还需严格按照施工阶段来进行模拟,即正装计算法。然而,由于加劲梁加工过程中实测参数的影响,施工控制需要随时做出调整,现有的方法对这样的调整适应性差。本文以青岛海湾大桥大沽河航道桥为工程背景,根据大节段吊装施工特点,探索加劲梁的无应力状态控制方法。

青岛海湾大桥大沽河航道桥为不对称独塔四跨连续钢箱加劲梁自锚式悬索桥,其跨径布置为 80m＋190m＋260m＋80m＝610m,桥型布置如图 1 所示。加劲梁采用分离式双箱截面,加劲梁之间采用横向连接箱连接。加劲梁标准节段长度为 12m,在工厂无应力状态下拼装成为大节段，再利用大型浮吊吊装至临时墩上，见图 2、图 3 所示，然后在桥址现场完成大节段间的纵横向连接、吊索的分批次张拉及二期铺装等施工工艺，实现体系的多次转化，最终达到设计成桥状态。

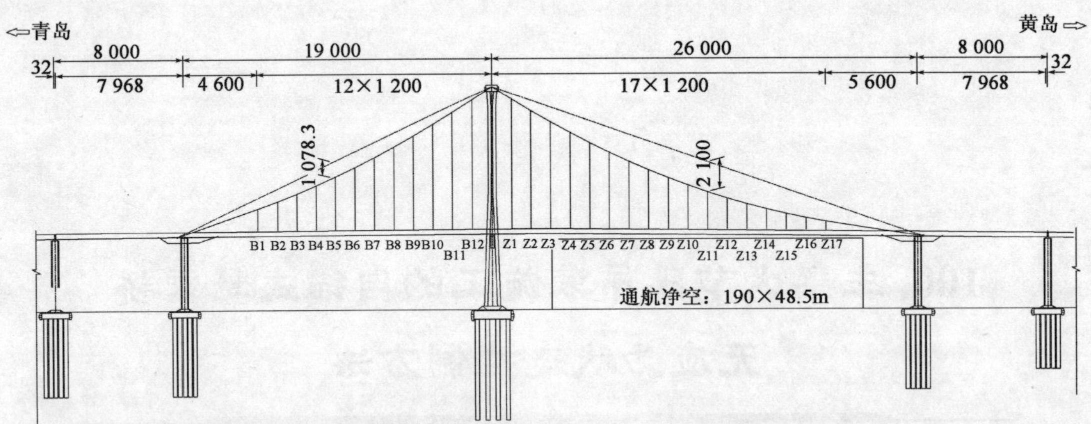

图 1　大沽河航道桥桥型布置(立面)(尺寸单位:cm)

图 2　加劲梁工厂无应力拼装状态

图 3　加劲梁架设后简支状态

2　无应力状态法基本理论[3]

分阶段成形结构最终状态，用能量法来建立以结构总内力或总位移表述的力学平衡方程。

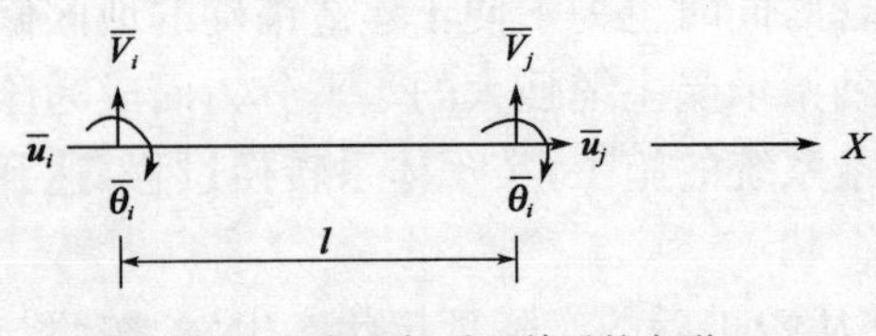

图 4　局部坐标系下单元的变形

由于结构是分阶段成形的，后续单元安装时，已有结构上的节点可能有变形存在，构件单元的变形势能不能以节点位移的“零”为起算点，而必须以构件单元零应力时的长度和曲率为起算点。最终状态单元在局部坐标系下的变形如图 4 所示。

设 l_0 为构件单元的无应力长度，Δl 为单元的伸长量，E、A 分别为单元的弹性模量和面积，$\overline{u}_i$，$\overline{u}_j$ 为单元 i，j 端的轴向变位，则单元的轴向应变能 $U_{轴}$：

$$U_{轴}=\frac{EA}{2l_0}\cdot\Delta l^2=\frac{EA}{2l}\left[\overline{u}_j-\overline{u}_i+(l-l_0)\right]^2 \tag{1}$$

i，j 单元上无单元荷载时，曲率 K 沿单元长度方向的变化一定是线性的。若 i 端的曲率变化量为 ΔK_i，j 端的曲率变化量为 ΔK_j，则任意点的曲率变化量 $\Delta K(x)$：

$$\Delta K(x) = \Delta K_i + \frac{\Delta K_j - \Delta K_i}{l} \cdot x$$

单元的弯曲应变能$U_{弯曲}$：

$$U_{弯曲} = \frac{EI}{2}\int_0^l \Delta K^2(x) d_x = \frac{EIl}{6}(\Delta K_i^2 + \Delta K_i \Delta K_j + \Delta K_j^2) \tag{2}$$

式(2)中I为单元的截面惯性矩。

假设Π为单元的总势能，$U_{总}$，W为单元的应变能和荷载势能，由结构的平衡条件

$$\delta\Pi = \delta U_{总} + \delta W = 0$$

可以推导出结构的平衡方程

$$[K]\{\delta\} = [P] + L_0 \tag{3}$$

式(3)中，刚度矩阵$[K]$、荷载列阵$[P]$具有与经典力学平衡方程$[K]\{\delta\}=[P]$相同的形式。

对于二维梁单元，定义单元无应力长度和无应力曲率两个无应力状态量，$\{L_0\}$为：

$$L_0 = \begin{bmatrix} (l-l_0)\frac{EA}{l}c + (K_{i0}-K_{j0})\frac{EI}{l}s \\ (l-l_0)\frac{EA}{l}s - (K_{i0}-K_{j0})\frac{EI}{l}c \\ -K_{i0}\cdot EI \\ -(l-l_0)\frac{EA}{l}c - (K_{i0}-K_{j0})\frac{EI}{l}s \\ -(l-l_0)\frac{EA}{l}s + (K_{i0}-K_{j0})\frac{EI}{l}c \\ K_{j0}\cdot EI \end{bmatrix} \tag{4}$$

式(4)中c、s为常数。

由式(3)的平衡方程可以看出，只要构件的无应力状态量保持不变，在一定的外荷载和固定的边界条件下，分阶段形成的结构任意阶段内力和位移是唯一的，与结构单元的安装形成过程无关。只有当外荷载变化时，结构内力和变形才随之发生变化，但结构各构件单元的无应力长度和无应力曲率却不随外荷载的变化而变化。

根据这个特点，如果找到了桥梁设计状态，则可忽略施工步骤，直接找到对应的无应力状态；反之只要掌握了结构的无应力状态，则结构分析中不必按照施工过程逐步模拟，可根据实际需要进行简化处理，在保证结构线形和内力的同时，也可节约大量的计算时间。对于实桥施工控制，可根据实际参数取值变化情况，在原来的无应力状态基础上做微量调整，进行平衡迭代，得到调整后结构新的无应力状态，并据此进行施工中的调整。采用这种方法不仅大大节省正装一倒拆分析的繁杂过程，也使得施工控制参数的修正变得简单、便捷。

3 控制方法与思路

自锚式悬索桥的加劲梁需要承担和平衡主缆拉力，故施工顺序不同于地锚式悬索桥“先缆后梁”的顺序，多采用“先梁后缆”的施工顺序。目前加劲梁施工方法主要有顶推架设法、斜拉扣挂法、支架架设法和节段吊装法。采用满堂支架施工方法的自锚式悬索桥，在整个体系转换过程中，随着吊索的安装，加劲梁将从完全无应力状态逐渐均匀地转化为多点弹性支撑连续梁状态，此时加劲梁的重量亦通过吊索转化到主缆上。而临时墩节段吊装法施工体系转换过程

更加复杂，施工控制难度更大。加劲梁从工厂拼装的无应力状态、吊装架设后的简支状态、完成纵向连接后的连续梁状态到吊索分批次张拉等一系列过程，加劲梁的体系不断发生变化。正是由于在各阶段中桥梁结构构件的实际参数与理论参数之间的差异，需要不断根据实际情况对理论参数进行调整，从而满足施工过程结构的安全性、内力的合理性及线形的正确性，这是施工控制的一大难点。

尽管结构在各施工过程中存在多次体系转换，结构的无应力状态量(无应力长度和无应力曲率)是一个稳定的控制量，不会随着结构体系、结构外荷载的变化而变化。采用临时墩节段施工的加劲梁的无应力状态量在工厂拼装(无应力拼装)和吊装架设(有应力拼装)时可以确定，这为大节段吊装的自锚式悬索桥加劲梁安装控制提供了极大的方便。按照上述原理，成桥状态确定时，对应唯一的无应力状态，当参数改变时，成桥状态发生改变，结构的无应力值也发生改变。因此，实际控制中需要调整无应力拼装线形。考虑到采用节段吊装施工的悬索桥加劲梁拼装分两次进行，在工厂完成节段拼装后，大节段内已无法进行调整，但在架设阶段可继续对大节段间曲率(线形)做出调整，使其满足实际的要求。恰恰相反，采用满堂支架施工方法的加劲梁体系转换虽相对简单，但加劲梁一经拼装完成，其实测参数的修正就不能通过加劲梁本身无应力状态量进行调整，只有借助吊索长度的改变来使主梁达到设计成桥状态，但这必然将引起主缆线形与吊索索力与目标值的偏离，影响结构的最终受力状态。无应力状态法施工控制流程图见图 5 所示。

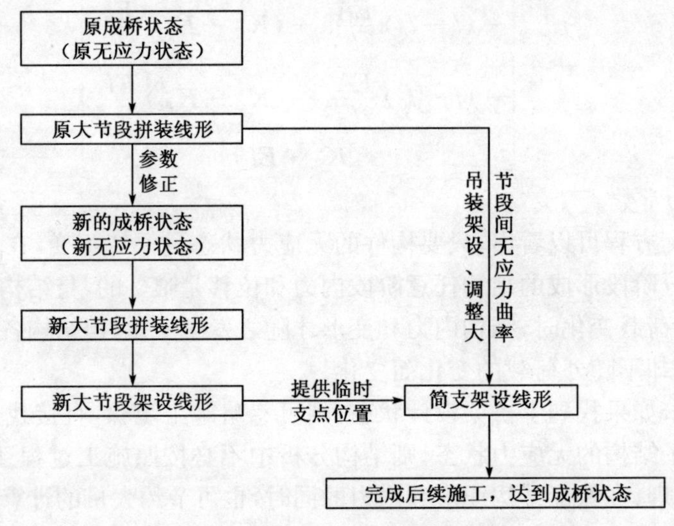

图 5　加劲梁无应力状态法控制流程

4　误差分析与修正

自锚式悬索桥的施工控制中，材料特性、荷载情况、施工安装精度等诸多因素影响结构的成桥状态。采用大节段吊装施工的自锚式悬索桥，受到板材厚度、局部加强、焊材用量等诸多因素的影响，节段拼装完成的参数误差主要体现为加劲梁重量。而自锚式悬索桥加劲梁重量对成桥主梁线形敏感，较小的偏差将会被放大，造成主梁成桥线形较大的偏差。计算分析表明，主梁梁重偏差 1%、3%、5%时，成桥主梁线形最大分别相差 16mm、48mm、81mm，吊索索力最大分别相差 0.65%，1.95%，3.30%，偏差分布规律如图 6、图 7 所示。

为了满足受力及使用阶段舒适性要求，加劲梁成桥线形要逼近设计线形。考虑到梁重误差，若通过调整吊索无应力长度(吊索索力)使加劲梁线形达到目标值，将会导致主缆线形、吊索索力与设计成桥目标相差更大，不能达到桥梁合理的设计状态。同时，考虑到施工误差影响，当梁重与理论值差异较大时，往往使后续步骤的施工控制变得更加困难。为了能够最大限度地满足设计要求，按照无应力状态法原理，假定设计成桥状态下加劲梁重量改为现实重量，主梁、主缆线形、吊索索力与以前保持不变，按此重新计算全桥无应力状态量，得到加劲梁新的初始无应力拼装线形以及架设后的简支线形。架设时通过调整临时支点高程，使其与加劲梁重量参数修正后的位置一致，以满足大节段间应有的无应力曲率关系，得到近似简支架设线形。理论计算分析表明，通过大节段架设线形(节段内不做调整)与完全通过无应力状态进行调整的差异很小，能够很好地达到成桥目标值。

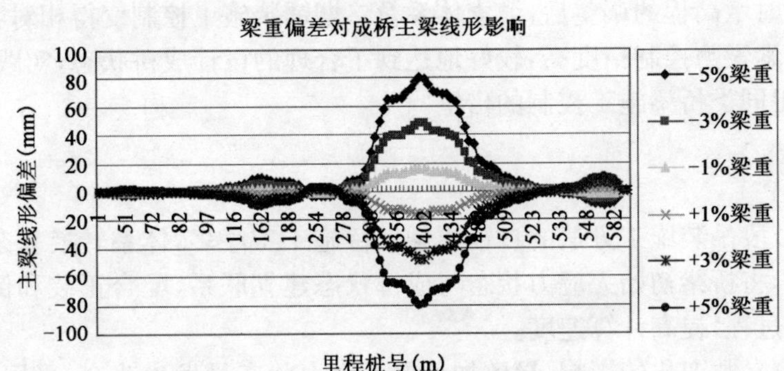

图 6　梁重偏差造成的成桥主梁线形偏差

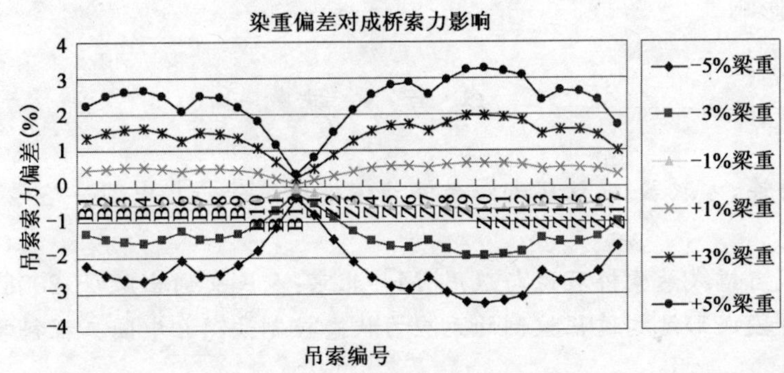

图 7　梁重偏差造成的成桥索力偏差

下面以大沽河航道桥 72m 节段为例，简要分析 5%的梁重误差对架设线形调整与真实调整无应力状态的偏差情况。按照大节段理论梁重拼装线形架设到桥位后，调整临时支点的位置，使其与无应力状态法计算的理论位置(已修正梁重)一致，此时，大节段内各位置与理论值的偏差见表 1。

梁段内线形偏差　　　　表 1

纵向位置(m)	0	12	24	36	48	60	72
高程偏差(mm)	0	7.4	11.8	13.3	11.8	7.4	0

按照这种方式调整，除在竖向高程上有变化外，梁端纵向位置也存在微小变化，经计算该梁段长度方向与理论值相比仅相差 1.2mm。分析表明，通过调整架设线形的方式修正梁重参数影响远小于实际施工中的各种误差，可以忽略此项做近似考虑，充分说明通过该方法调整的

可靠性。

5 工程应用与实施结果

作为国内首座采用大节段吊装施工的海上独塔自锚式悬索桥，大沽河航道桥在缆索体系安装前，加劲梁施工分为工厂加工阶段和桥位架设两个阶段。在工厂加工阶段，钢箱梁根据无应力拼装线形完成板材之间的焊缝连接，形成各节段的初始无应力状态。为了能够更好地按照上述方法实现全桥施工控制，除了进行加劲梁无应力拼装线形、焊缝质量等常规检测外，加劲梁实际重量还需通过严格的程序进行采集，确保实测参数能够有效地应用于实际控制计算。然后据此重新计算加劲梁无应力状态量，相应修正连续梁状态(形式连续受力简支状态)的各临时墩高程值，使加劲梁的无应力状态最大程度地与目标值吻合。大沽河航道桥按照上述方法完成加劲梁临时墩高程的调整后，缆索体系及二期铺装施工控制变得相对容易，成桥主梁线形、主缆线形、吊索索力控制精度高，较好地达到了合理的设计成桥状态，实践表明应用该方法调整效果好，值得同类桥梁施工控制的借鉴。

6 结语

(1)基于大节段吊装施工方法的自锚式悬索桥施工工序多，体系转换复杂，采用无应力状态施工控制方法，将桥梁初始无应力状态与成桥状态建立联系，配合正装和倒装分析方法，可以大大简化计算过程，提高计算速度。

(2)受到实测参数变化的影响，导致加劲梁无应力状态量发生改变，采用无应力状态施工控制方法，架设阶段通过接缝调整对加劲梁无应力状态进行相应修正，减小了实际参数变化对桥梁成桥状态的影响。

参 考 文 献

[1] 宋旭明，戴公连，方淑君.三汊矶湘江大桥整体模型试验[J].中国公路学报，2009，22(1)：53-59.

[2] 胡建华.现代自锚式悬索桥理论与应用[M].北京：人民交通出版社，2008.

[3] 秦顺全.分阶段成形结构过程控制的无应力状态控制法[J].中国工程科学，2009，11(10)：72-78.

[4] 张哲.混凝土自锚式悬索桥[M].北京：人民交通出版社，2005.

[5] 秦顺全.斜拉桥安装无应力状态控制法[J].桥梁建设，2003(2)：31-34.

[6] 秦顺全.桥梁施工控制——无应力状态法理论与实践[M].北京：人民交通出版社，2006.

101. 大跨度铁路钢管拱桥钢管骨架吊装控制方法研究

陈 强[1] 黄鸿建[2] 彭学理[2] 张民庆[2] 牛 斌[1]

（1. 中国铁道科学研究院铁建所；2. 铁道部工程管理中心）

摘 要：以“有限元零位移法”为基础，将扣索作为结构整体模型的一部分，给出了扣索索力优化的数学模型及迭代计算步骤，成功地应用于两座大跨度铁路钢管混凝土拱桥的骨架吊装控制中，较好的保证了骨架成型质量，并避开了繁琐的扣索索力调整工序，为大跨度铁路拱桥的骨架吊装控制提供了可靠有效的方法，具有重要的工程指导意义。

关键词：钢管混凝土拱桥 钢管骨架 吊装控制 优化

1 引言

铁路建设的高速发展，促进了我国铁路技术的进步。在“以桥带路”的铁路建设背景下我国铁路桥梁的选型更加丰富，双片式“T”梁、双线整孔箱梁、连续梁梁、刚构桥、拱结构桥以及大量的梁—拱组合桥、刚构—拱组合、刚构—斜拉组合桥、梁—拱—斜拉组合桥等结构类型被广泛采用。高速铁路对桥梁刚度的要求较高，因此大跨度桥梁优先选用刚度较大的钢管混凝土拱桥或梁一拱组合桥。对钢管混凝土拱桥而言，拱肋吊装过程的控制是确保拱肋成型质量的重要工作[1]。

大跨度拱桥扣索索力计算方法主要有两种：力矩平衡法和有限元“零位移法”。力矩平衡法又可称为“零弯矩法”，是指通过张拉、调整扣索索力。使各拱肋节段在接头处的弯矩为零，视节段之间的连接为铰接，采用节点力系平衡原理，逐段递推求解索力。该方法力学概念清晰，但存在着明显的缺点：①计算假定与实际情况差别较大，而且不能真实反应结构的复杂几何截面特性；②重点考虑拱肋节段吊装过程中的平衡问题，而对拱肋吊装过程中的线形控制及结构的安全稳定问题考虑的不够全面；③合龙前的扣索索力调整较为烦琐。

随着计算技术的发展，有限元法越来越多的应用于钢管拱肋节段吊装过程控制的理论计算中，并取得了较好的工程应用效果。该方法在建立有限元模型时是以考虑了预拱度后的设计拱轴线作为模型的线形标准，并直接在索的扣点处施加零位移支座约束（竖向和纵向）来模拟扣索的约束，这样在计算出扣点的支座反力后，直接将支座反力进行合成来作为各拱肋节段吊装中的扣索索力或索力增量。由于各拱肋节段吊装后所有扣点的位移始终假定为零，故该方法又称为“零位移法”。根据此原理，细致分析后可发现此方法存在着一定的缺点：①在拱肋节段吊装阶段，各扣点的约束水平反力增量与约束竖向反力增量无法保持一致，通过约束反力合成的索力增量方向是不断变化的，这与扣索的水平基角基本不变的实际情形不相吻合；②通过约束反力合成的索力有可能出现负值，即索力方向指向拱肋内部，而扣索只能承受拉力，不能承受压力，因而可能会出现求出的各组索力无效的现象；③采用该方法求出的索力只能保证扣点处的高程满足设计要求，其他位置的高程无法控制，拱肋线形会出现波浪形的偏差，影响其内力状态；④当实际施工线形与理想线形存在偏差时，该方法不能求出线形调整时索力的实时调整量，影响施工进度。

针对上述传统的"零位移法"计算扣索索力的缺点，作者提出不再考虑扣索对骨架节点的约束作用，而是将扣索模拟成索单元(考虑非线性后成为弹性悬索结构)参与整体结构的分析，经过非线性迭代计算，识别出骨架合龙前一组最优扣索索力，并进行骨架结构的正装计算和倒拆计算，判定该组最优索力能否满足拱肋骨架的正装和倒拆要求(结构的强度安全及稳定性)，当求出的一组扣索索力满足施工过程中的安全、稳定、强度要求后，利用倒拆计算给出骨架安装过程中的高程、应力、索力控制数据，用于指导施工。

2 大跨度拱桥钢管骨架吊装过程中的扣索索力优化算法

2.1 索力优化分析的数学模型

求解扣索索力的优化模型可采用下面的数学形式进行描述。对钢管拱肋骨架的某吊装阶段，用 MIDAS-Civil 建立力学正问题的有限元控制方程如下[6]：

$$Ku = F \tag{1}$$

式中：K——结构的整体刚度矩阵；

u——节点位移向量；

F——结构自重、施工荷载及温度荷载等产生的节点等效力向量。

显然，由式(1)可知，对于某特定的吊装节段，拱的位移 u 是关于索力向量 S 的函数，即 $u=u(S)$，因此求解索力的问题可转化为如下有约束的极小值问题：

$$\begin{array}{lll} \min: & f(S)=\sum_j[u_j(S)-\bar{u}_j]^2 & \text{其中}:S=[s_1,s_2,s_3,\cdots s_N] \\ s.t. & s_i\geqslant 0 & i=1,2,\cdots N \\ & \underline{v}\leqslant u_j(S)-\bar{u}_j\leqslant \bar{v} & j=1,2,\cdots H \\ & -[\sigma]\leqslant\sigma_m\leqslant[\sigma] & j=1,2,\cdots M \\ & s_i\leqslant\dfrac{S_0}{m} & i=1,2,\cdots N \end{array} \tag{2}$$

式中：f——目标函数；

S——设计变量；

u_j、σ_m——状态变量；

s_i——i 号扣索的索力张拉值；

N——扣索总根数；

$u_j(S)$——拱肋第 j 个高程控制点在 F 作用下的竖向位移值，此值由结构有限元分析得到；

$\bar{u}_j$——j 控制点的期望预拱度，为已知量；

$\bar{v}$、$\underline{v}$——施工中拱肋高程允许偏差的上、下限；

σ_m——第 m 个内力控制截面的最不利 Mises 应力值；

M——应力控制截面个数，由有限元计算得到；

$[\sigma]$——钢管的容许应力；

N——扣索的总数；

H——高程控制点的总数；

M——内力(或应力)控制截面的总数；

S_0——各根索的容许应力；

m——索的安全系数。

从式(2)显示的意义可知，理想的情况是通过张拉扣索，使拱轴线全盘达到期望线形，即$f(s)=0$，但实际上这是无法做到的。因为期望预拱度值主要与钢管的自重以及温度荷载有关，它是分布载荷，而扣索索力值为点荷载，因此索力优化计算中必须选取若干高程控制点。当迭代优化的索力能保证 H 个高程控制点的 $f(S)$ 最小，并且各单个控制点的高程及骨架内力(或应力)偏差满足相关规范和设计要求，此时得到的索力为最优索力，相应的拱肋线形也是最逼近期望的线形。高程控制点数 H 越大，拱肋线形越符合期望线形。

当然，通过合龙前某一施工阶段的扣索优化计算得到的一组索力未必能够满足骨架倒拆计算和正装计算的要求，因而有必要进行骨架的倒拆计算。如果优化计算得到的索力不能满足倒拆计算和正装计算的要求，则选择不能满足骨架正装计算的施工阶段进行适当的调索计算。

2.2 索力优化分析的计算迭代步骤[7,8]

第一步：选定合龙前某一阶段(一般为合龙前的最不利阶段)，设定一组索力(S_0)，并考虑自重(w)、临时荷载(L)等可能荷载进行结构的正分析，计算出结构的位移(u_1)、应力(σ_1)、索力(s_1)；

第二步：判定第一步计算结果是否满足拱肋骨架线形、应力、索力的控制要求即：

$$\begin{aligned} &\underline{v} \leqslant u_1 \leqslant \overline{v} && j=1,2,\cdots H \\ &-[\sigma] \leqslant \sigma_1 \leqslant [\sigma] && j=1,2,\cdots M \\ &s1 \leqslant \frac{S_0}{m} && i=1,2,\cdots N \end{aligned} \tag{3}$$

如果式(3)不满足，则将索力 S_1 带入第一步重新计算，直至满足要求，得出一组最优索力 S_i；如果式(3)满足，则直接进入第三步：

第三步：以 S_i 为优化索力，进入倒拆计算，第 j 阶段的倒拆计算结果为 $S_j, u_j, \sigma_j (j=1,2,\cdots K$，$K$ 为倒拆计算工况数)，判定 $S_j, u_j, \sigma_j (j=1,2,\cdots K)$ 是否满足结构的安全、稳定要求，即：

$$\begin{aligned} &\underline{v} \leqslant u_j \leqslant \overline{v} && j=1,2,\cdots k \\ &-[\sigma] \leqslant \sigma_j \leqslant [\sigma] && j=1,2,\cdots k \\ &s_j \leqslant \frac{S_0}{m} && j=1,2,\cdots k \end{aligned} \tag{4}$$

如果式(4)成立，则 S_i 为满足正装计算和倒拆计算要求的一组可行最优化索力，输出倒拆计算结果(u_o^k, S_o^k, σ_o^k)(o——表示优化索力作用下计算结果，k——第 k 个倒拆计算工况)，即本组结果可以作为一组优化扣索索力作用下骨架正装施工过程中的控制数据。如果式(4)不满足，则进入第四步。

第四步：以 S_i 为优化索力，进入倒拆计算过程中的调索计算，选定第三步中不满足式(4)的工况(假定为 M 工况)，进行调索优化，使得调整后的索力工况 M 能够满足式(4)，输出 M 工况的索力变化量 ΔS_m，及本工况下的位移、应力结果 u_m, σ_m 以作调索时参考。

根据作者的经验，上述迭代计算一般需要 5～8 次循环，而且一般情况的最优优化索力均能满足拱肋骨架正装计算及倒拆计算的要求，较少遇到在吊装过程中需要调索的情况，依据本文中的扣索索力优化计算方法得到的优化索力不仅能够满足正装计算和倒拆计算的要求，而且保证了吊装过程的顺利完成，并可以避免繁琐的调索工序，骨架具备良好的合龙条件，保证了合龙施工的顺利及良好的骨架应力状态。

3　工程实例验证

3.1　落步溪大桥钢管骨架吊装过程控制

落步溪大桥为国内跨度较大的钢管混凝土劲性骨架提篮拱桥。由于大桥地处山区，山坡陡峻，河谷深窄，为了一孔跨越深谷，主桥采用跨越能力较强的拱桥（矢跨比确定为 1/4.5），1～178m 上承式拱桥。

受施工场地条件限制，采用传统的扣塔－扣索法安装骨架较为困难，最终选择了无扣塔扣索方案，即扣索后锚点充分利用本桥拱座后方的桥台（进行相应的预应力配束），扣索编号见图 1。整桥钢管骨架共分为 11 段，宜昌侧和万州侧各 5 段。11 号节段为合龙段。根据实际采用的吊装过程，每一节段安装定位后，即张拉相应编号的扣索，随后继续安装相应的钢管节段并张拉相应扣点处的扣索。MIDAS 计算模型见图 2。

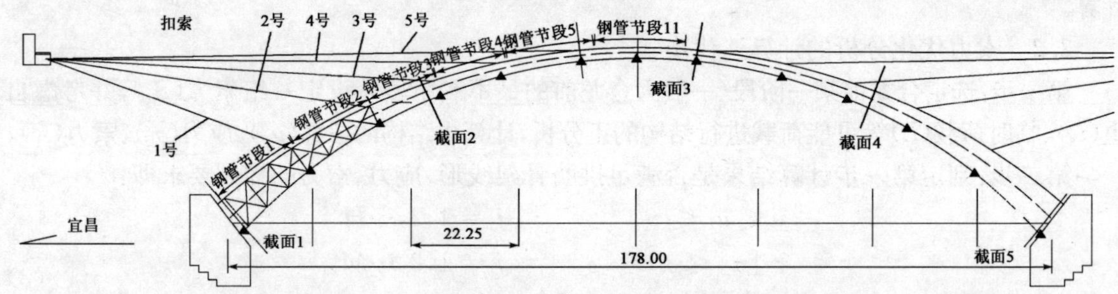

图 1　落步溪大桥扣索方案简图及扣索编号（尺寸单位：m）

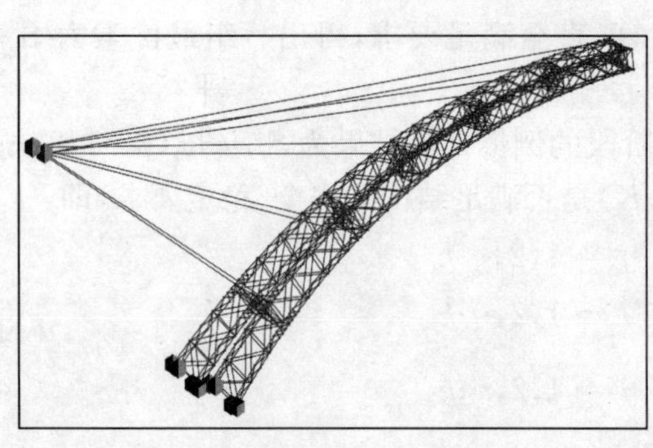

图 2　索力优化计算模型

经过多次迭代计算，骨架合龙前 1 号～5 号扣索的最优索力计算值为 2.116kN、154.206kN、260.103kN、595.820kN、674.117kN。在本组优化索力作用下，合龙前拱肋钢管骨架最大压应力－34.54MPa，最大拉应力为 17.34MPa，均低于相应的强度容许应力及稳定承载力，即该组索力能够保证合龙前钢管骨架结构的强度及稳定性。拱肋骨架节点最大竖向位移为 3.36mm，最大纵向位移为－30.2mm，合龙处拱肋上、下弦节点纵向位移分别为：－9.9mm、－8.9mm。二者相差约 1mm。

在最优扣索索力作用下，通过倒拆计算，得出各节段安装过程中扣点对应的下弦钢管节点坐标控制数据，供吊装施工控制时参考（表 1）。需要说明的是，每一节段吊运就位后，只需要控制该节段吊点位置处的坐标，其他位置处的测试值仅作校核。由表 3 中的数据可知，吊装 3 号节段、4 号节段时，扣点竖向坐标分别要求与理论坐标相差－14.6mm、－37.8mm，而当 5 号节段吊装完成即5号扣索张拉值控制索力值后，骨架各节点竖向坐标与理论坐标最大差值仅为－2.1mm。

拱肋安装过程中扣点处下弦钢管节点坐标控制数据表 表1

吊装节段编号	钢管节点坐标控制数据(与理想节点坐标差值,mm)									
	扣点1		扣点2		扣点3		扣点4		扣点5	
	x	z	x	z	x	z	x	z	x	z
1	2.2	－4.3								
2	0.4	－8.2	8.9	－14.6						
3	4.7	－11.3	12.3	－22.4	20.7	－37.8				
4	1.3	－5.7	3.0	－8.9	3.0	－10.1	0.8	－3.1		
5	－1.9	－0.8	－4.9	－0.5	－7.6	0.8	－8.5	－2.1	－8.9	－0.8

注：1.表中坐标系 x 方向为顺桥向，z 方向为竖向；

2.骨架理论坐标是指设计坐标与加工预拱度叠加后的位置值；

3.考虑到施工过程中多组扣索之间的相互影响，合龙前如需调整索力，仅调整3号、4号、5号扣索。

骨架吊装过程控制采用“线形和扣索索力双控”的原则，其中以表1中的高程数据控制为主，优化扣索索力值控制做校核。表2列出了成型的拱肋骨架各截面的实测应力及理论应力。由表中数据可见，宜昌侧拱脚、1/4截面位置的部分部位弦管总应力与理论总应力相差稍大外，其余各截面的测试部位应力均非常吻合，相对误差均小于10%。表明采用此种吊装控制方法可以准确的保证拱肋骨架的成型质量。

拱肋骨架成型后各测试截面弦管轴向应力实测及理论值(单位：MPa) 表2

截面	1号截面		2号截面		3号截面		4号截面		5号截面	
拱肋	实测值	理论值	实测值	理论值	实测值	理论值	实测值	理论值	实测值	理论值
下游侧	－71.8	－57.2	－96.98	－73.4	－68.95	－66.48	－71.98	－73.4	－56.9	－57.2
上游侧	－70.66		－68.22		－70.65		－82.09		－66.13	

3.2 野三河非对称钢管混凝土坡拱桥钢管骨架吊装控制

野三河大桥是宜万线上钢管混凝土应用的典型桥梁，坡拱结构在铁路上亦为首次使用。桥面跨径组合为3×9.75m＋11.25m＋10×9.75m，主拱跨度124m，为不对称平行双肋复合钢管混凝土桁架坡拱桥，行车道采用纵横梁格构式漂浮体系，全桥三维模型见图3，扣索索力优化MIDAS模型见图4，钢管骨架吊装扣索编号见图5。

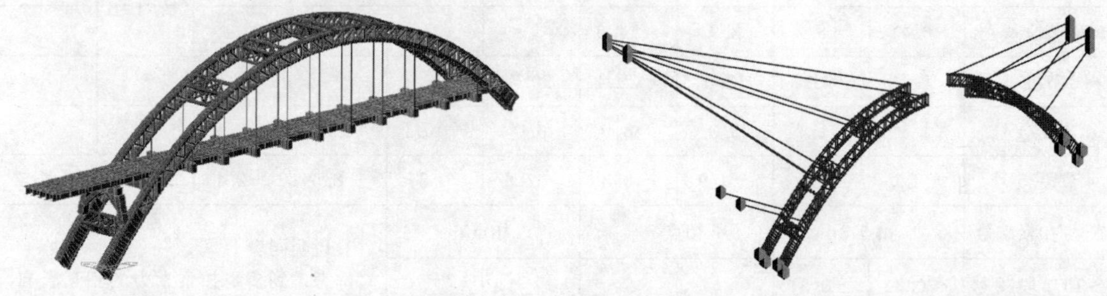

图3 野三河大桥三维模型　　图4 野三河大桥扣索索力优化MIDAS模型

通过多次迭代计算，骨架合龙前一组最有扣索索力见表3。在该组最优化扣索索力作用下，合龙前宜昌侧、万州侧纵桥向最大变形0.9mm。竖向变形值(与理论坐标比)均在－3.3～

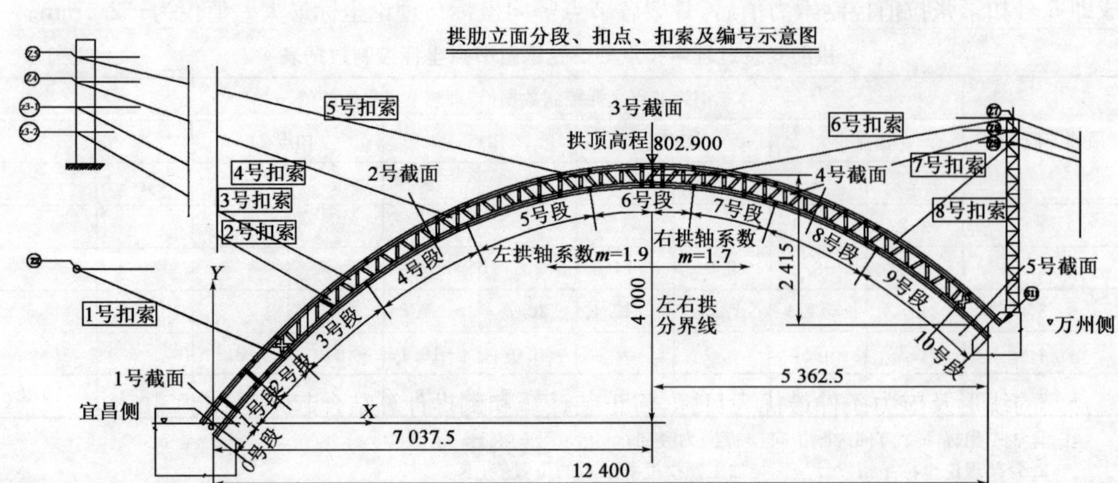

图5 骨架分段、扣点设置、扣索编号及钢管应力测试截面(尺寸单位:cm)

1.2mm之间。拱肋钢管(或联结杆件)的最大平均拉、压应力为11.99MPa、−10.19MPa;最大组合拉、压应力为18.09MPa、−30.30MPa。由此可见,在本组优化索力作用下,钢管骨架的应力低于相应的强度和稳定容许应力,结构受力状态良好,并具备良好的合龙条件。

野三河大桥骨架合龙前一组优化扣索索力(单位:kN) 表3

扣索编号	1号	2号	3号	4号	5号	6号	7号	8号
扣索索力	168.924	192.353	102.286	603.704	630.570	561.655	531.776	152.368

在最优化索力作用的基础上进行骨架结构的倒拆计算,得出钢管骨架安装过程中的扣点高程控制数据见表4。依据表3、表4中的数据为骨架吊装过程中的控制依据,骨架成型时各截面的应力测试值及理论值(见表5)均较为吻合,骨架的吊装质量控制较好。

拱肋安装过程中扣点处下弦钢管节点坐标控制数据表 表4

节段/扣索编号	钢管节点坐标控制数据(与理想节点坐标差值,mm)									
	扣点1		扣点2		扣点3		扣点4		扣点5	
	x	z	x	z	x	z	x	z	x	z
0~2节段/1号	2.2	−4.3								
3~1节段/2号	0.4	−8.2	8.9	−14.6						
3~2节段/3号	4.7	−11.3	12.3	−22.4	20.7	−37.8				
4节段/4号	1.3	−5.7	3.0	−8.9	3.0	−10.1	0.8	−3.1		
4节段/5号	−1.9	−0.8	−4.9	−0.5	−7.6	0.8	−8.5	−2.1	−8.9	−0.8
节段/扣索编号	扣点8		扣点7		扣点6		1.说明同表1 2.考虑到多组扣索索力的相互影响,如需要,拟调整4号~7号 3.实际施工中根据扣塔刚度识别结果进行计算修正			
9~10节段/8号	−0.84	−0.91								
8节段/7号	0.27	−0.11	3.14	4.71						
7节段/6号	−0.19	−0.74	0.57	0.09	1.34	2.04				

拱肋骨架成型后各测试截面弦管轴向应力实测及理论值(单位:MPa)　　表5

拱肋	1号截面		2号截面		3号截面		4号截面		5号截面	
	实测值	理论值	实测值	理论值	实测值	理论值	实测值	理论值	实测值	理论值
下游侧	−14.76	−16.81	−18.87	−15.89	−15.85	−16.72	−21.75	−16.12	−13.78	−11.86
上游侧	−15.91		−16.98		−17.87		−19.67		−14.05	

4　结语

在总结了大跨度钢管混凝土拱桥拱肋骨架扣索索力计算方法的优缺点的基础上,以"有限元零位移法"为基础,用非线性悬索单元模拟扣索并将其作为整体结构模型的一部分,选择骨架合龙的线形及应力条件最优为目标,将正装计算和倒拆计算结合起来,给出了扣索索力优化正装及倒拆迭代算法,成功地应用于两座大跨度铁路拱桥钢管骨架的吊装控制中。该方法能够保证吊装过程顺利完成,避免繁琐的扣索索力调整工序,并可以通过倒拆计算给出骨架正装过程中的骨架线形、应力及扣索索力控制值,为钢管骨架的吊装控制提供了可靠有效的方法,具有重要的工程指导意义。

参考文献

[1] 马必利. 钢管混凝土拱肋的吊装施工控制[J]. 中外公路,2004,24(1):17-19.

[2] 梅盖伟,张敏,等. 用倒拆修正法计算拱桥施工扣索索力与预抬量 [J]. 重庆交通大学学报,2009,28(2):199-202.

[3] 连岳泉,肖建良. 大跨径拱桥拱肋吊装过程索力仿真分析[J]. 中外公路,2008,28(5):146-149.

[4] 张建民,郑皆连. 大跨度钢管混凝土拱桥吊装过程的优化计算方法[J]. 桥梁建设,2002(1):52-58.

[5] He Xiongjun,Shen Chewu. Adjustment of buckle-cable forces under cable hoisting construction of concretefilled steel tubular arc bridges[J]. Journal of Wuhan Transportation University,1999,23(5):575-578.

[6] MIDAS Inc. 迈达斯理论手册(第二册)[M]. 2007.

[7] 袁海庆,范小春,等. 大跨度钢管混凝土拱桥拱肋吊装预测的迭代前进算法[J]. 中国公路学报,2003,16(3):48-51.

[8] 沈成武,杜国东,等. 大跨径钢管混凝土拱桥吊装过程中的索力逆分析[J]. 武汉交通科技大学学报,1998,22(3):223-226.

102. 悬索桥基准索股调整的分步累加法

徐君伟　张自荣

（中铁大桥勘测设计院有限公司）

摘　要：基于悬链线理论提出一种新的基准索股调整量的计算方法，分步累加法；以不同类型的悬索桥基准索股调整为例，应用分步累加法、简化悬链线法及抛物线法分别进行调索计算，通过相互比较，验证了分步累加法的正确性和有效性；确定了分步累加法步长的合理值。

关键词：悬索桥　基准索股　调索　分步累加法　悬链线

探寻一种快速而又精确的悬索桥基准索股调整方法，对圆满完成悬索桥施工控制有着重要意义。文献[1,4]采用了基于抛物线的调索公式，与基准索股架设阶段的实际线形并不相符。文献[5]提出了基于悬链线方程的基准索股简化调索方法，并推导出了 $\Delta S/\Delta f$ 的公式，不过，该公式是以基准索股目标态的参数代入计算的，因此只能获得一个 $\Delta S/\Delta f$ 的值，实际上，在调索过程中，基准索股不同的状态对应不同的水平力，同时，$\Delta S/\Delta f$ 也在此基础上发生变化，因此，考虑这些因素，能够更快更好地达到目标线形。本文提出了基于悬链线理论的悬索桥基准索股调整的分步累加法。

1　分步累加法原理

1.1　方法简介

由于调索过程中水平力是连续变化的，同时，跨中垂度和索长也相应变化，将索力改变的过程分解成若干个小段，分别计算出每个小段始、末处索力对应的跨中测点高程、索长及每个小段相应的索长改变量、垂度改变量及 $\Delta S/\Delta f$ 值，将这些数据形成表格，根据跨中测点实际高程与目标高程确定相关段，并对相关段对应的索长改变量累加就得到需要调整的索长改变量，即分步累加法。

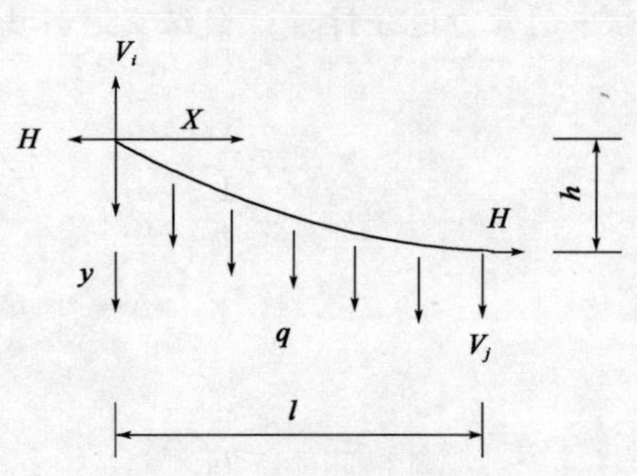

图1　悬链线索形力学模型

1.2　公式推导

以悬索左端点为原点，设悬索走向的水平方向为 x 轴正向，竖直向下为 y 轴正向，建立直角坐标系，见图1。

根据准悬链线模型,悬索的线形方程为:

$$y=-\frac{1}{c}ch\,(cx-c_1)+c_2 \tag{1}$$

其中

$$\begin{cases} c=\dfrac{q}{H} \\ c_1=\operatorname{arsh}\left(\dfrac{ch}{2\operatorname{sh}(cl/2)}\right)+\dfrac{cl}{2} \\ c_2=\dfrac{1}{c}ch\,(c_1) \end{cases} \tag{2}$$

则悬索的有应力索长为:

$$S=\int_s\sqrt{1+y'^2}\,\mathrm{d}x=\frac{1}{c}\left[\operatorname{sh}(cl-c_1)+\operatorname{sh}(c_1)\right] \tag{3}$$

悬索的无应力索长为:

$$S_0=S-\Delta S=S-\frac{1}{cEA}\left[\frac{1}{2}ql+\frac{1}{8}H\left(e^{-2(c_1-cl)}-e^{2(c_1-cl)}-e^{-2c_1}+e^{2c_1}\right)\right] \tag{4}$$

跨中处的纵坐标即垂度为:

$$f=y|_{x=l/2}=\frac{1}{c}\left[\operatorname{ch}(c_1)-\operatorname{ch}\left(\frac{cl}{2}-c_1\right)\right] \tag{5}$$

为了与桥面高程系统相匹配,对基准索股上跨中处测点对应垂度转换为高程,假定图1中悬索左端高程为 h_0,则悬索跨中测点对应高程为:

$$h_{中}=h_0-f \tag{6}$$

1.3 计算思路及流程

假定基准索股最左端的索力由 H_0 逐渐增大到 H_n,将 $\Delta H=H_\mathrm{n}-H_0$ 均分成 n 段,依次为:$\Delta H_1=H_1-H_0$,$\Delta H_2=H_2-H_1$,$\cdots\Delta H_n=H_n-H_{n-1}$,具体计算如下:①将 H_0 代入式(2)求得参数 $c^{(0)}$、$c_1^{(0)}$ 和 $c_2^{(0)}$,然后将 $c^{(0)}$、$c_1^{(0)}$ 和 $c_2^{(0)}$ 代入式(5)、(6)求得悬索跨中测点高程 $h_{中}^{(0)}$,代入式(3)、(4)求得悬索有应力索长 $S^{(0)}$、无应力索长 $S_0^{(0)}$;②将 $H_1=H_0+\Delta H_1$ 代入式(2)求得参数 $c^{(1)}$、$c_1^{(1)}$ 和 $c_2^{(1)}$,然后将 $c^{(1)}$、$c_1^{(1)}$ 和 $c_2^{(1)}$ 代入式(5)、(6)求得悬索跨中测点高程 $h_{中}^{(1)}$,代入式(3)、(4)求得悬索有应力索长 $S^{(1)}$、无应力索长 $S_0^{(1)}$;③计算有应力索长改变量 $\Delta S^{(1)}=S^{(1)}-S^{(0)}$,无应力索长改变量 $\Delta S_0^{(1)}=S_0^{(1)}-S_0^{(0)}$,计算 $\Delta f^{(1)}=h_{中}^{(1)}-h_{中}^{(0)}$,计算 $(\Delta S/\Delta f)^{(1)}=\Delta f^{(1)}/\Delta S^{(1)}$;④回到步骤②、③,将有关变量下标及上标增1,循环计算各变量值并加以保存;⑤n 步计算完成后,将生成的数据形成表格,格式见表1;⑥根据 $h_{中}$ 的实测值与目标值,在表1中寻找其落入的区段,设区段$[h_{中}^{(l-1)},h_{中}^{(l)}]$、$[h_{中}^{(m-1)},h_{中}^{(m)}]$分别为 $h_{中}$ 的实测值和目标值对应的区段,则要求的索长调整量为:

$$\Delta S=\left[h_{中}^{(l)}-h_{中}^{(实测)}\right]\cdot(\Delta S/\Delta f)^{(l)}+\Delta S^{(l+1)}+\cdots+\Delta S^{(m-1)}+\left[h_{中}^{(目标)}-h_{中}^{(m-1)}\right]\cdot(\Delta S/\Delta f)^{(m)} \tag{7}$$

索力变化对应表 表1

H	$h_{中}$	ΔS	$\Delta S/\Delta f$
H_0	$h_{中}^{(0)}$		
H_1	$h_{中}^{(1)}$	$\Delta S^{(1)}$	$(\Delta S/\Delta f)^{(1)}$
…	…	…	
H_l	$h_{中}^{(l)}$	$\Delta S^{(l)}$	$(\Delta S/\Delta f)^{(l)}$
…	…	…	…
H_m	$h_{中}^{(m)}$	$\Delta S^{(m)}$	$(\Delta S/\Delta f)^{(m)}$
…	…	…	…
H_n	$h_{中}^{(n)}$	$\Delta S^{(n)}$	$(\Delta S/\Delta f)^{(n)}$

这里要注意的是,索力增量 ΔH_i 的取值,可以采用试算法确定,假定 $\Delta H_i=1\text{kN}$ 经上述步骤②中计算出 $h_{中}^{(1)}$ 后,可直接计算 $\Delta f^{(1)}=h_{中}^{(1)}-h_{中}^{(0)}$,若 $\Delta f^{(1)}<0.1\text{m}$,则 ΔH_i 取 1kN,否则 ΔH_i 取为上次的 1/2,返回到步骤②继续计算,若直到第 k 次循环,得到 $\Delta f^{(1)}<0.1\text{m}$,最终取 $\Delta H_i=1/[2(k-1)]\text{kN}$;此外,$[H_0,H_n]$的区间要够宽,判别标准是对应的高程区段$[h_{中}^{(0)},h_{中}^{(n)}]$要能够覆盖$[h_{中}^{(实测)},h_{中}^{(目标)}]$。

2 工程应用

2.1 自锚式悬索桥(无中跨)

以图 2 所示的鼓山大桥为例,右侧为主跨,其基准索股参数如下:截面积为 $2.594\times10^{-3}\text{m}^2$,线荷载为 $0.2240\text{kN}\cdot\text{m}^{-1}$,弹性模量为 195GPa,该跨基准索股主索鞍和散索鞍处的切点在索平面内的跨长为 232.890m,跨高和高程均为 91.284m,设该基准索股目标状态下,跨中测点高程为 22.184m,索股的垂度 f 为 23.458m,水平力为 70.137kN。

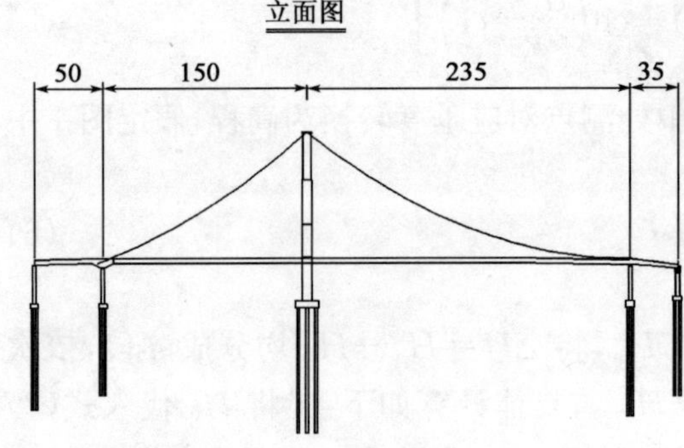

图 2 鼓山大桥桥跨布置图(尺寸单位:m)

假定基准索股实测跨中高程为 21.684m,低于目标状态 0.5m(即垂度差 $\Delta f=0.5\text{m}$),分别用 3 种方法计算索长调整量 ΔS。

1)依据常用的抛物线调索公式计算[4]

$$\frac{\mathrm{d}S}{\mathrm{d}f}=\frac{-C_1C_3+C_2C_4-C_5+8f_L(C_3+C_4)}{16f_L^2} \tag{8}$$

式中

$$f_L=\frac{f}{L}\quad C_1=(C+4f)/L\quad C_2=(C-4f)/L$$

$$C_3=\sqrt{1+C_1^2}\quad C_4=\sqrt{1+C_2^2} \tag{9}$$

$$C_5=\ln(C_1+C_3)-\ln(C_2+C_4)$$

将 $f=23.458\text{m}$,$L=232.890\text{m}$,$C=91.284\text{m}$ 代入式(8)、式(9)得:

$$\frac{\mathrm{d}S}{\mathrm{d}f}=0.4225$$

则 $$\Delta S=\frac{\mathrm{d}S}{\mathrm{d}f}\Delta f=0.211\ 25\mathrm{m}$$

2)根据文献[5]给出的简化悬链线法计算

$$\frac{\mathrm{d}S}{\mathrm{d}f}=\frac{2(N^2-1)\left(\frac{M\mathrm{ch}M}{\mathrm{sh}M}-1\right)}{\frac{\mathrm{ch}M-1}{\mathrm{sh}M}\left[1+N^2\left(\frac{M\mathrm{ch}M}{\mathrm{sh}M}-1\right)\right]-M} \tag{10}$$

式中:

$$N=\frac{hc}{\sqrt{h^2c^2+4\mathrm{sh}^2(cl/2)}},M=cl/2,c=q/F_H \tag{11}$$

将 $h=91.284\mathrm{m},l=232.890\mathrm{m},q=0.224\ 0\mathrm{kN}\cdot\mathrm{m}^{-1},F_{\mathrm{H}}=70.137\mathrm{kN}$ 代入式(10)、式(11)得:

$$\frac{\mathrm{d}S}{\mathrm{d}f}=0.426\ 0$$

则 $$\Delta S=\frac{\mathrm{d}S}{\mathrm{d}f}\quad\Delta f=0.213\ 00\mathrm{m}$$

3)运用本文分步累加法计算

取 $H_0=67.04\mathrm{kN},\Delta H_i=0.25\mathrm{kN}$,按照 2.2 计算思路及流程,形成表 2。

鼓山大桥主跨索力变化对应表 表 2

H(kN)	$h_{中}$(m)	ΔS(m)	$\Delta S/\Delta f$
67.04	21.080 3		
67.29	21.173 3	0.041 333	0.444 6
67.54	21.265 5	0.040 870	0.443 0
67.79	21.357 1	0.040 413	0.441 4
68.04	21.447 9	0.039 963	0.439 8
68.29	21.538 1	0.039 520	0.438 2
68.54	21.627 6	0.039 083	0.436 7
68.79	21.716 4	0.038 653	0.435 1
69.04	21.804 6	0.038 229	0.433 6
69.29	21.892 1	0.037 811	0.432 0
69.54	21.979 0	0.037 399	0.430 5
69.79	22.065 2	0.036 994	0.429 0
70.04	22.150 9	0.036 594	0.427 5
70.29	22.235 8	0.036 200	0.426 0

这里 $h_{中}^{(实测)}=21.684\mathrm{m},h_{中}^{(目标)}=22.184\mathrm{m},h_{中}^{(实测)}$ 落入区间[21.627 6,21.716 4],$h_{中}^{(目标)}$ 落入区间[22.150 9,22.235 8],则要求的索长调整量为:

$$\begin{aligned}\Delta S=&[21.716\ 4-21.684]\times0.435\ 1+0.0382\ 29+\cdots\\&+0.036\ 594+[22.184-22.150\ 9]\times0.426\ 0\\=&0.215\ 26\mathrm{m}\end{aligned} \tag{12}$$

垂度差为 0.5m,其对应的索长改变量理论值为 0.215 24m,比较 3 种方法的计算结果可知：当垂度差为 0.5m 时，本文分步累加法计算的索长调整量与理论值几乎相等，而其他两种方法均有一定的误差。不同垂度差下，3 种调索公式确定的主跨索长调整量与理论值的误差见表 3。

鼓山大桥主跨索长调整量比较　　表 3

垂度差 Δf(m)	理论值 ΔS(m)	分步累加法		简化悬链线法		抛物线法	
		ΔS(m)	误差(%)	ΔS(m)	误差(%)	ΔS(m)	误差(%)
1.0	0.434 88	0.434 89	0.001	0.426 00	2.043	0.422 50	2.847
0.8	0.346 49	0.346 52	0.007	0.340 80	1.642	0.338 00	2.450
0.6	0.258 80	0.258 84	0.014	0.255 60	1.237	0.253 50	2.049
0.5	0.215 24	0.215 26	0.007	0.213 00	1.043	0.211 25	1.856
0.4	0.171 83	0.171 85	0.016	0.170 40	0.830	0.169 00	1.645
0.2	0.085 55	0.085 57	0.018	0.085 20	0.411	0.084 50	1.229

从表 3 可见，主跨垂度差小于 1m 时，简化悬链线法和抛物线法调索公式的误差不超过 3%，但采用分步累加法可以达到小于 1%的误差，其精度最高。

同理可对该桥边跨的基准索股调整进行计算。边跨的相关参数为：跨长为 141.034m，跨高和高程均为 90.409m，设该基准索股目标状态下，跨中测点高程为 35.852m，索股的垂度 f 为 9.353m，水平力为 70.140kN。计算过程同主跨，计算结果见表 4。

鼓山大桥边跨索长调整量比较　　表 4

垂度差 Δf (m)	理论值 ΔS (m)	分步累加法		简化悬链线法		抛物线法	
		ΔS(m)	误差(%)	ΔS(m)	误差(%)	ΔS(m)	误差(%)
1.0	0.224 56	0.224 56	0.002	0.213 28	5.021	0.212 37	5.427
0.8	0.177 83	0.177 84	0.006	0.170 63	4.051	0.169 90	4.461
0.6	0.132 03	0.132 02	0.011	0.127 97	3.078	0.127 42	3.491
0.5	0.109 47	0.109 45	0.015	0.106 64	2.581	0.106 19	2.996
0.4	0.087 13	0.087 12	0.011	0.085 31	2.081	0.084 95	2.499
0.2	0.043 11	0.043 12	0.018	0.042 66	1.051	0.042 47	1.473

由表 4 可知，对于边跨的基准索股调整，应用简化悬链线法和抛物线法调索公式的计算结果与精确法计算结果均有一定的误差，且随着垂度差的增大，两者的误差均增加，当垂度差接近 1m 时，误差可达到 5%。然而，分步累加法的误差极小，不超过 1%，不受垂度差的大小影响。

2.2　地锚式悬索桥(有中跨)

以文献[5]中广州市珠江黄埔大桥为例，其基准索股参数如下：截面积为 $2.697\times10^{-3}\text{m}^2$，线荷载为 $0.211\,7\text{kN}\cdot\text{m}^{-1}$，弹性模量为 202GPa，中跨基准索股两端切点在索平面内的跨长为 1 105.622m，跨高和基准高程为 0m，设该基准索股目标状态下，跨中测点高程为－99.221m，索股的垂度 f 为 99.221m，水平力为 329.259kN。

假定基准索股实测跨中高程均高于目标状态分别为 0.2～1m 不等，运用本文分步累加法计算，取 $H_0=329\text{kN}$，$\Delta H_i=0.25\text{kN}$，按照 2.2 计算思路及流程，形成表 5。

珠江黄埔大桥中跨索力变化对应表 表 5

H(kN)	$h_中$(m)	ΔS(m)	$\Delta S/\Delta f$
329	−99.362 6		
329.25	−99.285 6	0.035 844	0.465 3
329.5	−99.208 6	0.035 762	0.465 0
329.75	−99.131 8	0.035 680	0.464 6
330	−99.055 2	0.035 598	0.464 3
330.25	−98.978 6	0.035 517	0.464 0
330.5	−98.902 2	0.035 436	0.463 6
330.75	−98.825 9	0.035 355	0.463 3
331	−98.749 7	0.035 274	0.462 9
331.25	−98.673 6	0.035 193	0.462 6
331.5	−98.597 7	0.035 113	0.462 3
331.75	−98.521 8	0.035 033	0.461 9
332	−98.446 1	0.034 953	0.461 6
332.25	−98.370 5	0.034 874	0.461 3
332.5	−98.295 0	0.034 794	0.460 9
332.75	−98.219 6	0.034 715	0.460 6

这里基准索股实测跨中高程最大时 $h_中^{(实测)}=-98.221$m，落入区间[−98.295 0，−98.219 6]，$h_中^{(目标)}=-99.221$m，落入区间[−99.285 6，−99.208 6]，可见形成的表格 5，其数据已经能够满足计算需求。不同垂度差下，采用本文分步累加法确定的中跨索长调整量与文献[2]中精确解、简化悬链线法解及抛物线法解进行比较，见表 6。

珠江黄埔大桥中跨索长调整量比较 表 6

垂度差 Δf (m)	理论值 ΔS (m)	分步累加法		简化悬链线法		抛 物 线 法	
		ΔS(m)	误差(%)	ΔS(m)	误差(%)	ΔS(m)	误差(%)
1.0	0.463	0.462 61	0.084	0.465	0.54	0.479	3.46
0.8	0.370	0.370 44	0.119	0.372	0.45	0.383	3.37
0.6	0.278	0.278 10	0.035	0.279	0.38	0.287	3.29
0.5	0.232	0.231 86	0.061	0.233	0.32	0.239	3.24
0.4	0.186	0.185 58	0.226	0.186	0.24	0.191	3.15
0.2	0.093	0.092 88	0.127	0.093	0.24	0.096	3.15

由表 6 可知，对于跨高差为 0 的中跨基准索股调整，分步累加法同样能够适应，且计算结果与精确解更接近，其误差比文献[5]中的简化悬链线法及抛物线法小，尤其是垂度差较大时，其误差并不扩大。

同理可对该桥边跨的基准索股调整进行计算。边跨的相关参数为：跨长为 343.190 5m，跨高和高程均为 144.160 7m，设该基准索股目标状态下，跨中测点高程为 61.690 45m，索股的垂度 f 为 10.389 9m，水平力为 325.433 5kN。计算过程同中跨，计算结果见表 7。

珠江黄埔大桥边跨索长调整量比较 表 7

垂度差 Δf (m)	理论值 ΔS (m)	分步累加法		简化悬链线法		抛物线法	
		ΔS(m)	误差(%)	ΔS(m)	误差(%)	ΔS(m)	误差(%)
1.0	0.120 20	0.120 30	0.086	0.126 43	5.18	0.126 54	5.27
0.8	0.097 00	0.097 21	0.221	0.101 15	4.27	0.101 23	4.36
0.6	0.073 50	0.073 64	0.187	0.075 86	3.21	0.075 92	3.29
0.4	0.049 40	0.049 57	0.353	0.050 57	2.37	0.050 61	2.46
0.2	0.025 00	0.025 03	0.127	0.025 29	1.15	0.025 31	1.23

由表 7 可知，对于该桥边跨基准索股调整，文献[5]中的简化悬链线法及抛物线法误差均超过 1%，而本文分步累加法误差不到 1%。

3 问题与讨论

分步累加法与简化悬链法和抛物线法相比，之所以能够取得较高且较稳定的精度，这是由于通过分步，使得每一个小步调整段能够适应所对应的状态；通过累加，将各分步适应调整段连接起来，结果就会逼近于真实值。其中，分步是关键，那么分步取多大合适呢？分步太多，形成的计算表格数据太多，尽管精度可能更高，但不利于累加；分步太少，形成的计算表格数据简练，便于累加，但精度可能变小。为了研究分步大小对计算结果的影响，分别采用不同的分步对 2.1 中主跨基准索股调整量进行计算，计算结果见表 8。

不同步距下主跨索长调整量比较 表 8

垂度差 Δf (m)	理论值 ΔS (m)	步距(0.1m)		步距(1m)		步距(0.01m)	
		ΔS(m)	误差(%)	ΔS(m)	误差(%)	ΔS(m)	误差(%)
1.0	0.434 88	0.434 89	0.001	0.434 77	0.026	0.434 89	0.002
0.8	0.346 49	0.346 52	0.007	0.347 37	0.255	0.346 52	0.007
0.6	0.258 80	0.258 84	0.014	0.259 98	0.453	0.258 84	0.013
0.5	0.215 24	0.215 26	0.007	0.216 28	0.480	0.215 26	0.007
0.4	0.171 83	0.171 85	0.016	0.172 58	0.438	0.171 86	0.018
0.2	0.085 55	0.085 57	0.018	0.085 18	0.434	0.085 58	0.031

由表 8 可知，使用分布累加法计算时，当步距为 1m 时，其误差比步距为 0.1m 明显增大；当步距为 0.01m 时，其误差并未比步距为 0.1m 时明显减小，反而局部有所增大，累加误差积累所致，而且形成的表格数据有 100 多行，不利于现场手算。实践表明，采用步距为 0.1m 时，可以方便地使用电子表格生成索力变化对应表，当垂度差在 1m 左右时，其表格数据也就 10 多行，现场手算都可以得到精度很高的结果。当然，对于悬索桥索股架设的施工控制，主要还是依靠专用的计算软件[6,10]进行计算，但对于基准索股调整量，采用分步累加法进行校核还是很有必要的。

4 结语

(1)针对悬索桥主缆施工控制的需要，提出了基于悬链线理论的悬索桥基准索股调整的分步累加法。

(2)采用本文的分步累加法、文献[2]的简化悬链线法及传统抛物线法，对不同类型的悬索桥基准索股调整进行计算，并对计算结果进行了比较，结果表明：快速调整索股的方法中，本文的分步累加法能够取得较高且较稳定的精度，对于现场提高基准索股计算效率及架设精度有一定的意义。

(3)说明分步累加法能够取得较好效果的根本原因在于，分步与累加两个环节，其中分步的大小成为关键因素。分步不能大、也不能小，实践表明，分步取 0.1m 比较合理。建议在悬索桥基准索股施工中采用分步累加法进行同步校核。

参 考 文 献

[1] 张劲泉，徐岳，鲜正洪. 悬索桥主缆架设阶段灰色控制系统的研究[J]. 西安公路交通大学学报，1997，17(4).

[2] 林一宁，余屏孙，林亚超. 悬索桥架设期间主缆温度测试研究[J]. 桥梁建设，1997(3).

[3] 何为. 大跨径悬索桥施工监控中若干问题的研究[D]. 杭州：浙江大学，2006.

[4] 高荣堂，李传习，李庭波，等. 平胜大桥自锚式悬索桥基准索股架设的施工控制[J]. 世界桥梁，2007(1).

[5] 谭红梅，袁帅华，肖汝诚. 大跨度悬索桥的基准索股调整[J]. 中国铁道科学，2010，31(1).

[6] 罗喜恒. 复杂悬索桥施工过程精细化分析研究[D]. 上海：同济大学，2003.

[7] 沈锐利. 悬索桥主缆系统设计及架设计算方法研究[J]. 土木工程学报，1996，29(2).

[8] 李传习. 混合梁悬索桥非线性计算精细理论及其应用[D]. 长沙：湖南大学，2006.

[9] 唐茂林. 大跨度悬索桥空间几何非线性分析与软件开发[D]. 成都：西南交通大学，2003.

[10] 唐茂林，强士中，沈锐利. 悬索桥主缆线形设计与施工计算原理及其 win32 软件开发方法[J]. 重庆公路学报，2003(1).

103. 大跨双肢钢箱提篮拱桥"缆扣合一"施工控制技术

陈　鸣[1]　彭成明[2]

(1. 中交二航局二公司; 2. 中交二航局技术中心)

摘　要: 宁波明州大桥主桥为中承式双肢钢箱系杆提篮拱桥，跨径组合 100m＋450m＋100m，居同类型桥梁世界第一。中跨构件采用承载力达 400t 的缆索吊机斜拉扣挂法安装，具有工序繁琐、体系转换频繁的特点。面对复杂的结构体系及工艺，为实现合理的成桥目标，施工控制还受到缆扣系统合一、航空限高、深厚软弱地质及双肢同步安装等条件限制和影响，具有一定挑战性。本文针对双肢钢箱提篮拱及"缆扣合一"特点，对施工控制要点及方法进行了分析和阐述。

关键词: 双肢　钢箱　提篮拱桥　缆扣合一　施工控制

1　基本情况

宁波明州大桥主桥为世界第一跨度中承式双肢钢箱系杆提篮拱桥(图 1)，矢跨比为 1/5，跨径组合为 100m＋450m＋100m。

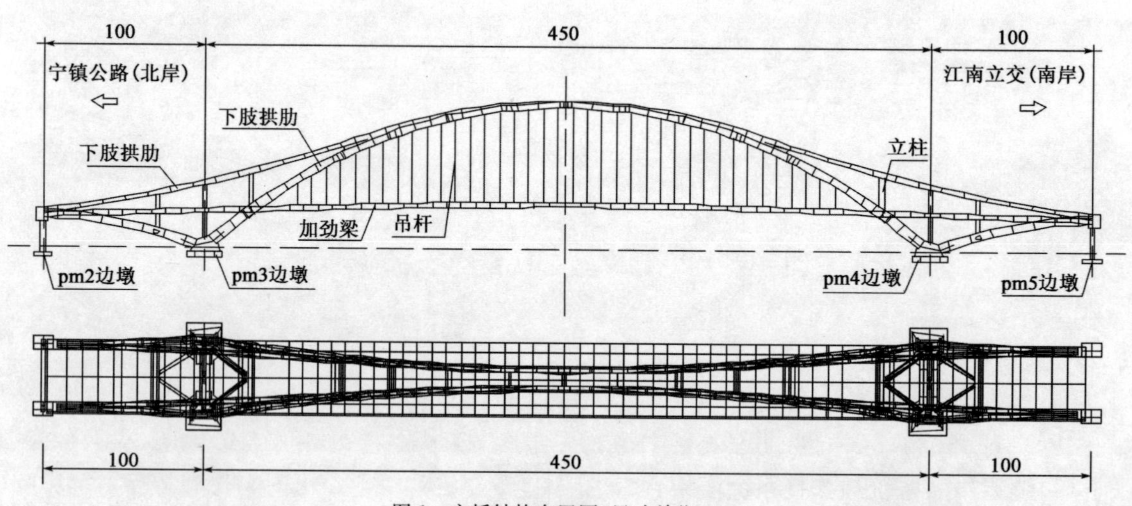

图 1　主桥结构布置图(尺寸单位：m)

1.1　主体结构

主桥边跨拱肋与中跨拱肋保持在一个平面内，横向倾斜度 1∶5。两片拱肋之间设置 K 形风撑及"一"字撑使其连成整体。加劲梁通过吊杆或立柱支撑于拱肋之上。边跨加劲梁分别在中跨和边跨的拱梁交汇处与拱肋固结。主桥两边跨端横梁之间布置强大的水平拉索，以平衡中跨拱肋的水平推力。

1.2 总体施工方法

边跨构件采用行走吊机支架法安装。

中跨拱肋采用缆索吊斜拉扣挂法安装。

水平系杆索在中跨拱肋合拢后，采用多跨连续猫道牵引过江安装。

1.3 缆索吊结构

缆索吊采用2塔3跨方案，跨径组合230m＋450m＋230m。受施工条件限制，缆索吊采用缆扣合一方案，由于主墩承台外侧无合适位置，扣塔支承在主墩承台内侧，塔高130m，缆塔铰接于扣塔之上，塔高20m，塔架中心宽22m。

由于塔架中心宽与拱肋宽度差异较大，中跨拱肋和加劲梁采用扁担吊装，索鞍不横移。考虑天车、扁担和构件自重，缆索吊设计承载能力达到400t。缆索吊结构布置如图2所示。

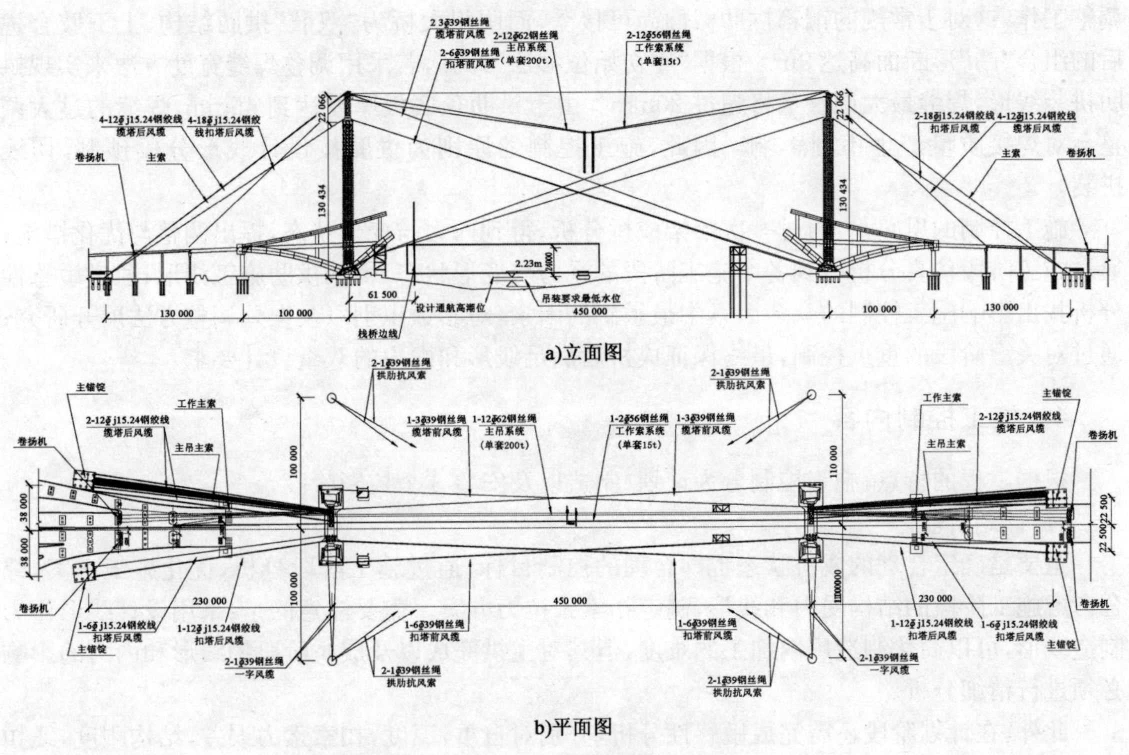

图2 明州大桥400t缆索吊结构布置图(尺寸单位:mm)

2 特点难点

从施工控制的角度出发，明州大桥主跨安装具有以下特点和难点。

(1)缆索吊装系统与扣挂系统塔架合二为一，缆索吊在重载和空载时对拱肋扣挂系统影响不同，结构状态不明确，施工控制难度增大。

(2)为降低加工难度，拱肋宜采用成桥线形作为制造线形，切线拼装。为达到合理成桥状态，需通过扣索在施工阶段对结构线形、内力进行调整和优化。

(3)上下肢同步安装是成桥阶段协同受力的关键，而上下肢拱肋分离，如何控制其相对线形，保证上下肢顺利合拢是关键。

(4)拱肋拼装精度和进度受温度、风、雨、雾天以及现场施工条件的影响较大，为加快施工进度，保证控制精度，需研究受环境因素制约小的节段拼装线形控制方法。

(5)扣锚索锚固在扣塔上，同永久索塔结构不同，临时索塔刚度、强度较小，在控制整体偏位的同时，还要控制扣锚索对扣塔的剪力和弯矩作用，防止锚固区整体和局部失稳。

(6)为防止扣索反复张拉带来的风险，中跨拱肋安装要尽量避免扣索索力调整。同时还要考虑合拢时温度对成桥结构的影响，采取修正措施，实现成桥结构内力和线形与设计相符。

(7)中跨拱肋合拢后，需交替进行扣锚索逐步卸载拆除、主梁安装和水平系杆的张拉，桥位属深厚软土地层，拱脚水平推力要严格控制。

3 施工控制原则及思路

钢拱桥，一般采用线形为主兼顾内力的控制原则，为使拱肋在成桥阶段达到设计线形，需采用特定的制造线形进行拱肋节段的安装，为此需进行大量的节段尺寸修正或现场焊缝宽度调整工作，这对于常规的钢箱拱肋截面尚可接受，而明州大桥为“双肢”拱肋结构，上下肢合拢后的组合“凸”形断面高达 9m。根据“零初始位移法”计算，若采用调整焊缝宽度方法来实现拱肋拼装线形，焊缝最大调整量将超过 20mm。由于拱肋顶底板厚度达到 45mm，焊缝的过大调整会对焊接质量产生不利影响。因此，施工控制的原则为拱肋按设计线形分段预制，切线拼装。

施工控制的思路是：通过一次落架成桥分析，得到内力与变形状态，提出调整与优化措施；通过施工阶段仿真分析得到各个施工阶段的受力与变形状态，得到拱肋施工线形；通过敏感性分析找出影响施工控制的众多因素中最敏感的因素，对参数识别以及误差调整方法展开研究；通过对关键阶段的重点控制，最终保证成桥后满足线形和内力的双重设计要求。

4 施工控制内容

根据工程的特点，施工控制分为计划、制造以及安装 3 个控制阶段。

(1)计划阶段

主要是确定合理的成桥状态也即合理的控制目标，通过施工阶段分析，优化施工方案，综合考虑施工阶段的结构受力和线形，确定扣索张拉力方案。需要注意的是：采用设计线形作为制造线形，可以简化制造厂内加工的难度，但其对主拱完成以及成桥阶段的线形和内力的影响必须进行精细分析。

此外，在计划阶段还需完成敏感性分析，分别对自重，温度，扣索索力误差，结构刚度，缆扣系统相互作用等因素对结构线形、内力的影响进行比较分析，找出相对敏感的因素，在施工中重点控制。

(2)制造阶段

制造阶段施工控制主要包括对节段进行工厂预拼装，建立制造阶段施工控制数据库，节段按照设计线形作为制造线形进行加工，减小制造误差。

(3)安装阶段

主拱施工控制的主要内容包括三角区合拢及内力调整、双肢拱肋同步安装及合拢、主跨拱肋节段安装和主拱跨中合拢。

中跨主梁施工控制的主要内容包括：水平拉索无应力下料长度、吊索无应力下料长度、主梁安装时吊索拱肋端锚后留量、主梁无应力拼装线形及梁段间夹角、主梁合拢段长度确定。

5 施工控制目标

为确保结构在施工过程中的受力和变形状态处于设计所要求的范围内，使成桥后拱轴线、桥面线形符合设计要求，结构恒载受力状态接近设计期望值，设定具体控制目标。

5.1 控制精度

(1)拱肋安装精度

轴线横向偏位：$L/20\,000$（±22.5mm），拱肋高程：$L/10\,000$（±45mm）

(2)主梁安装精度

主梁轴线误差：$L/20\,000$（±22.5mm），主梁梁高程误差：$L/10\,000$（±45mm）

(3) 扣(锚)索控制精度

扣(锚)索索力张拉最大允许误差：±5%

5.2 应力控制水平

拱肋：成桥阶段轴向＋弯曲应力值不超过 160MPa。

吊杆：恒载与活载组合下，吊杆安全系数大于 2.5。

扣索：施工阶段索力安全系数不小于 2.5。

水平拉索：施工阶段安全系数不小于 1.8，成桥阶段安全系数不小于 2.3。

5.3 拱脚水平推力

施工阶段最大水平推力不超过 10 000kN，成桥阶段水平推力基本为 0。

6 施工控制仿真分析

6.1 合理成桥状态确定

一次落架拱肋弯矩如图 3 所示，中跨拱脚弯矩为 134 800kN·m，可见一次落架的恒载内力状态并不合理，这是因为中跨桥面以下拱肋与边拱加劲梁形成一个三角区刚架，除了结构恒载引起巨大弯矩以外，还附加了水平拉索平衡拱脚水平推力时部分索力通过加劲梁作用在拱梁结合处拱肋上的集中水平力引起的附加弯矩。因此，有必要通过施工阶段安装分析确定三角区内力调整量的大小，以使成桥中跨拱脚弯矩较为合理。

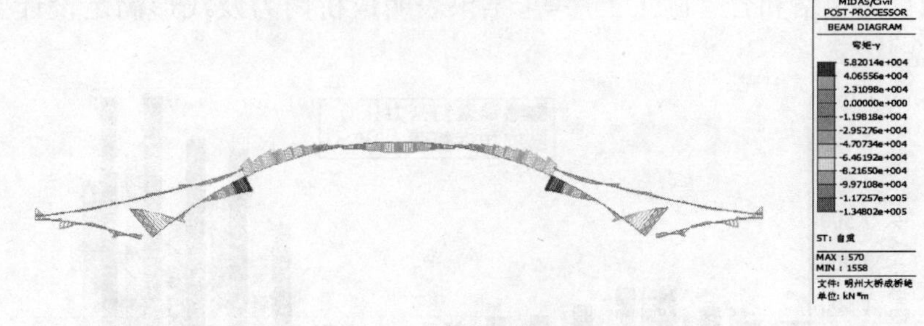

图 3 一次落架拱肋弯矩

同时，一次落架拱肋变形如图 4 所示，拱顶最大位移 29.7cm。因此，也有必要通过施工措施使成桥线形满足设计要求。

6.2 施工阶段仿真分析

1)有限元模型

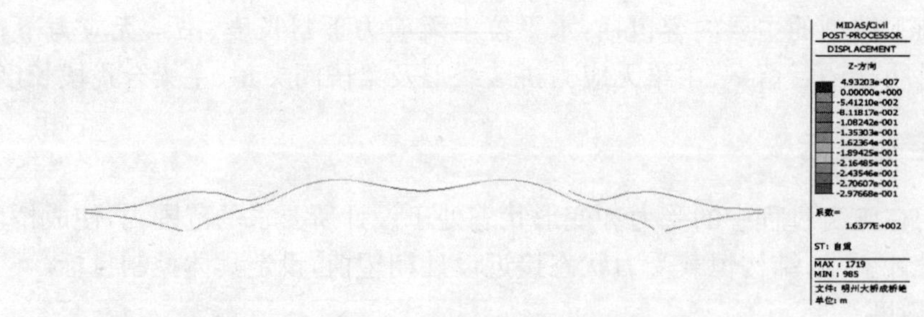

图 4　一次落架拱肋变形

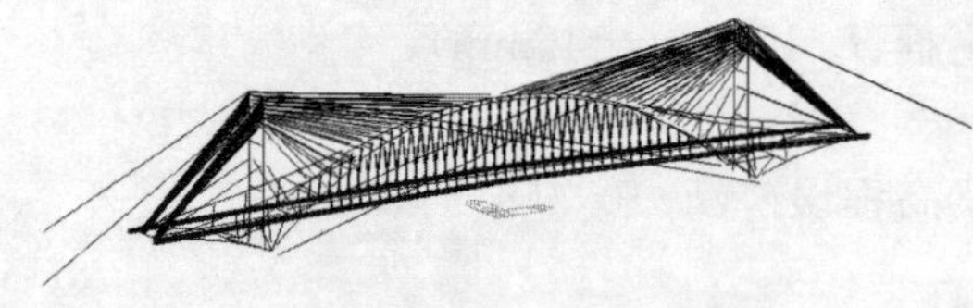

图 5　有限元分析模型

采用 MIDAS/Civil 2006 进行施工过程有限元分析。主拱和主梁、临时索塔结构采用梁单元模拟，水平拉索、临时扣锚索、前后风缆采用只受拉桁架单元（考虑等效弹模）模拟。为提高有限元分析的速度，对临时索塔进行了等效模拟。施工阶段有限元模型如图 5 所示。

(1)扣锚索索力确定

由于扣锚索采用钢绞线，客观上要求尽量一次张拉到位，避免反复张拉调整。否则，容易产生钢绞线松弛导致索力损失，甚至滑脱而造成安全事故。

斜拉扣挂索力的确定采用正装迭代—倒装分层综合算法[1]，其基本思路是：首先确立一个合理的拱肋最大悬臂施工目标状态，然后通过最小二乘法反复迭代使得正装计算最终结果逼近该施工目标状态。同时，还要控制扣塔层间剪力与弯矩。

(2)上下肢柔性扣挂索力确定

上下肢采用柔性扣挂连接技术，如何确定柔性扣挂（钢绞线拉索）的张拉力确保上下肢自然合拢是柔性扣挂连接技术的关键。以半桥模型为基准，获取柔性扣挂（KG2～ KG5）的影响矩阵及一定初张力下的对应拱肋节点位移，以上下肢相对线形零差值为调整目标，即可确定上下肢柔性扣挂的初张力。

2)主要计算结果

通过安装分析，得到了斜拉扣挂初张力（图 6）、三角区内力调整临时扣锚索索力、成桥阶段拱肋变形及内力（图 7～图 9）和吊杆内力及应力、施工阶段水平拉索拉力及应力、主墩拱脚水平推力、边墩反力包络和合理施工工序等，结果表明成桥内力及线形满足设计要求，施工阶段结构处于安全状态。

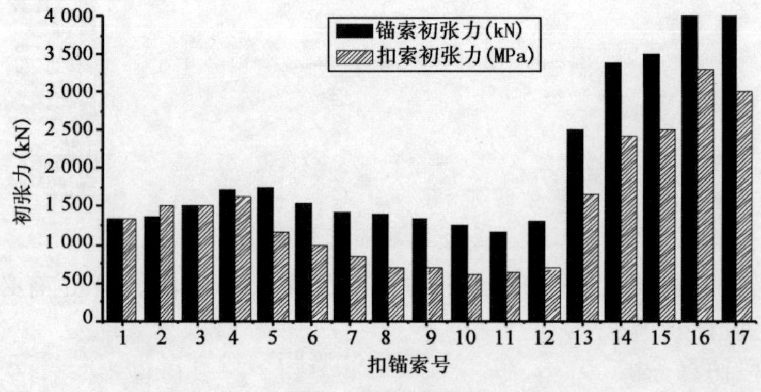

图 6　扣锚索初张力

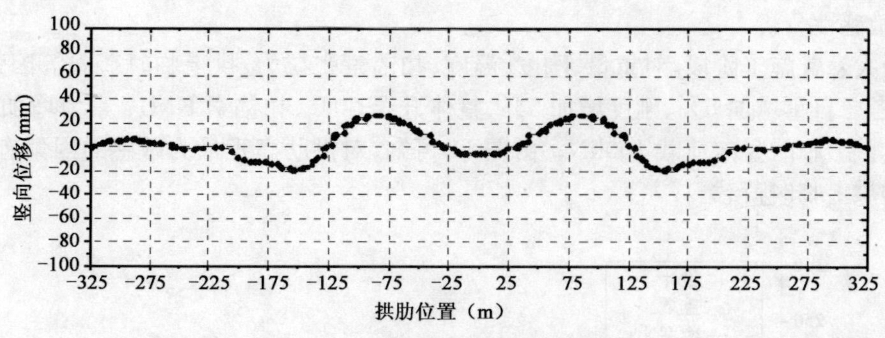

图 7　成桥阶段拱肋竖向位移

图 8　成桥阶段拱肋弯矩(单位:10kN·m)

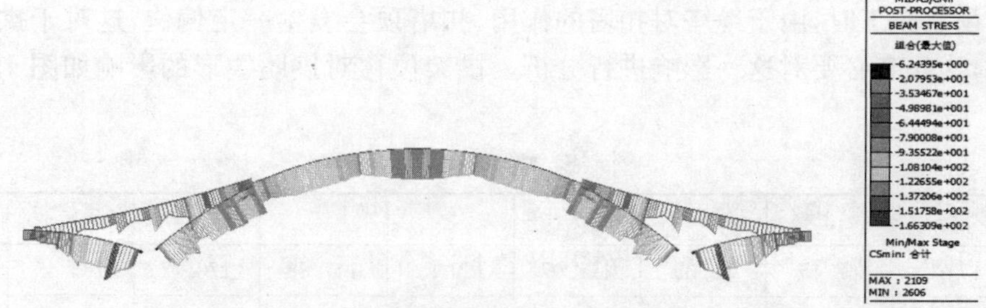

图 9　施工阶段拱肋压应力包络(单位:MPa)

施工阶段主墩水平推力如图 10 所示,主墩水平推力能控制在 1 000t 范围内,满足控制要求。

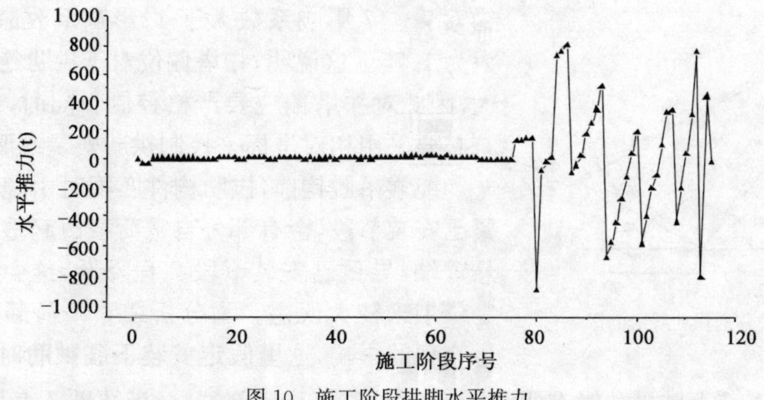

图 10　施工阶段拱脚水平推力

边跨支墩处最大负反力接近 15 000kN,实际过渡跨主梁及尾端拱肋填芯混凝土压重为 1 660t,因此边墩处不会出现支座脱空现象。

6.3　敏感性分析

选取最大悬臂施工阶段，对重量、刚度、温度、扣锚索张拉力、拱上临时荷载等因素进行了重点分析，考虑自重增加5%、刚度增加5%、整体升温30℃、扣锚索KM17索力增加10%、拱上（最大悬臂端）临时竖向荷载100kN。由图11可知，对拱肋高程最为敏感的因素有重量、锚索张拉力和拱上临时荷载。

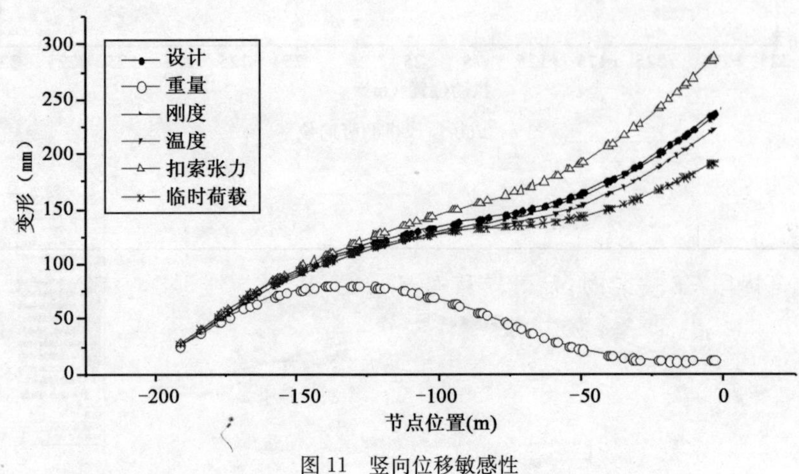

图11　竖向位移敏感性

6.4　缆扣系统相互影响分析

在缆索吊装施工时，由于缆塔对扣塔的作用，扣塔顶会发生一定偏位，这对于拱肋定位是极为不利的，为此有必要对这一影响进行分析。拱架位移对拱肋线形的影响如图12所示，影响系数见表1。

影响系数　　表1

	1	3	5	7	9	11	13	15	17
$X_{拱}$	45.72	68.45	93.09	111.07	129.53	147.88	170.73	193.45	220.48
$h_{扣}$	104.35	104.35	107.25	110.35	113.35	116.6	119.77	122.83	125.92
α	0.44	0.66	0.87	1.01	1.14	1.27	1.43	1.57	1.75

图12　塔架位移对拱肋线形的影响

由表1可以看出，扣锚索1～5影响系数小于1，扣锚索7～17影响系数大于1；影响系数最小为0.44，最大为1.75。这说明，扣塔偏位对于拱肋绝对高程影响较大，因此对扣塔偏位要严格控制。同时，缆索吊吊装时有必要采用相对坐标来控制拱肋安装线形。

缆索吊脱钩前，拱肋构件匹配时由缆索吊吊装并靠紧已安装节段，会有部分自重荷载由起重索转移至匹配悬臂端，导致已安装节段高程降低，这会给新装构件的定位带来较大误差。为分析缆索吊荷载转移对拱肋定位高程的影响，这里假定安装下肢拱肋时有10t荷载转移至悬臂前端，安装上肢拱肋时有假定5t荷载转移至悬臂前端，分析结果见表2。

由上表可得出如下结论：

(1)上下肢合拢前，可以采用全局线形来控制拱肋安装线形。

缆索吊吊装荷载转移对悬臂端线形影响　　　　表 2

施工阶段	转移前 D_z(mm)	转移后 D_z(mm)	变化值(mm)
Z6 安装时	103.3	99.6	−3.7
Z8 安装时	101.6	90.4	−17.4
Z12 安装时	89.4	82.5	−6.9
Z14 安装时	36.0	24.0	−12.0
Z16 安装时	−140.2	−160.2	−20.0
Z20 安装时	201.8	164.4	−37.4
U11 安装时	77.8	73.8	−4.0

(2)上下肢合拢段 Z8 安装时，荷载转移对 Z7 和 U12 前端线形影响都比较大，应严格控制缆索吊操作，尽可能减小荷载转移。

(3)上下肢合拢后 Z9～Z13 安装时，也可采用全局来控制拱肋安装线形，这时结构刚度较大。

(4)Z14～Z20 安装时，必须采用局部线形来控制拱肋安装线形。

6.5 参数识别

自重是最敏感的因素，因此对拱肋节段、临时横撑、加劲梁等构件，制造后严格进行称重。同时，严格控制拱上临时设施和设备重量、位置，并纳入计算模型考虑。如图 13 所示为主拱重量误差。

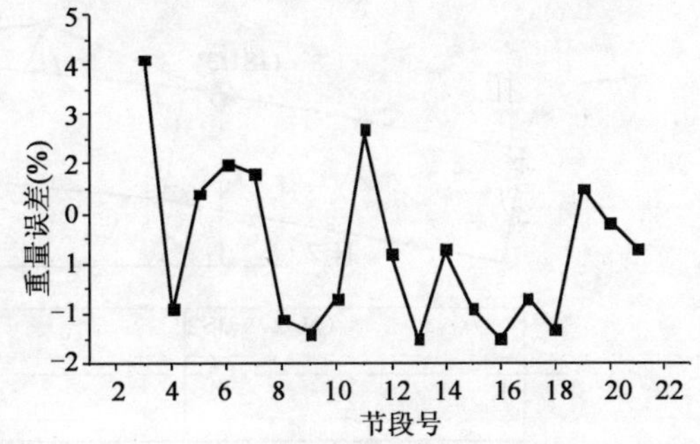

图 13　主拱节段重量误差(Z3～Z21)

7 具体控制方法及成果

7.1 三角区内力调整

在三角区合拢前，要对主跨拱脚的弯矩进行调整，方法是设置临时扣锚索对边跨尾端和拱肋悬臂端进行张拉。张拉完成后实测位移与理论值相差均在 5mm 以内，基本达到了调整目标。三角区内力调整如图 14 所示。

7.2 中跨拱肋安装

中跨拱肋拼装线形采用局部线形控制，如图 15 所示。

中跨拱肋拼装施工完成后，实测线形与理论线形对比情况如图 16 所示。

7.3 中跨拱肋合拢

通过工艺比选研究，中跨拱肋确定采用全焊接方案进行合拢。

中跨合拢有两个关键控制点：一是合拢时机的选择；二是合拢段配切量的计算。为保证设计基准温度下拱肋线形满足设计要求，根据统计资料，对桥位处合拢施工期夜间温度情况进行了调查，在基准温度的基础上，对合理最大悬臂成拱状态进行了修正。

为保证合拢段顺利嵌入合拢口，采用局部测量方法准确获取合拢段空间形态并配切，如图 17 所示。

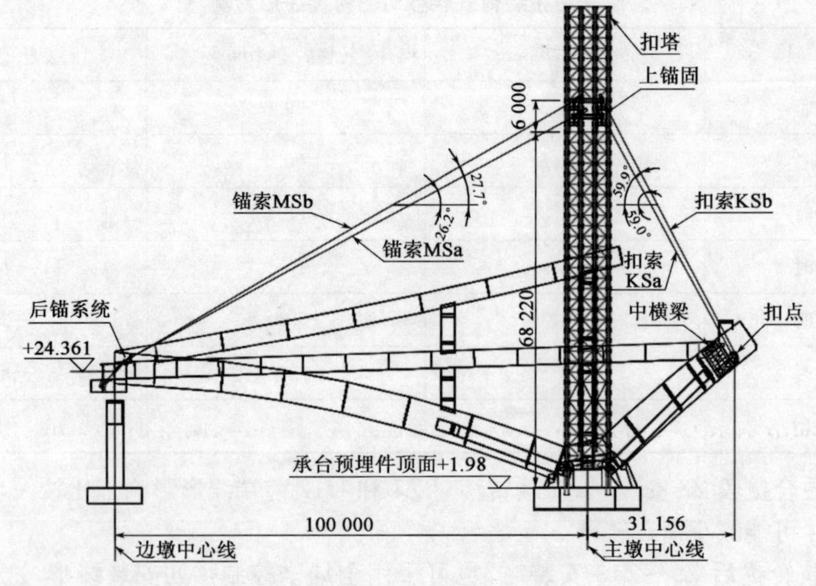

图 14　三角区内力调整图

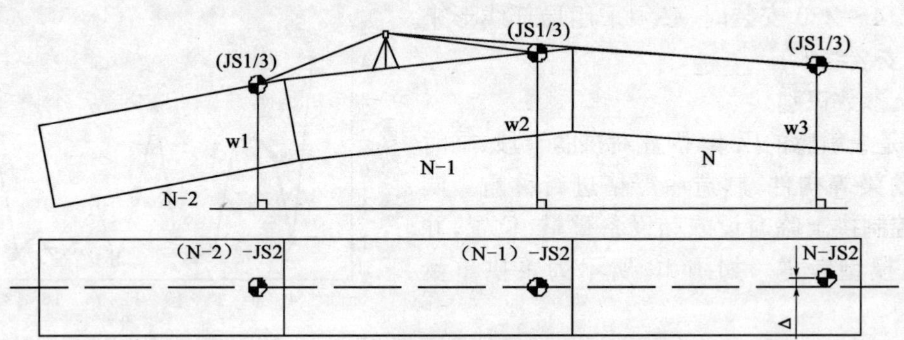

图 15　拱肋拼装线形控制示意图

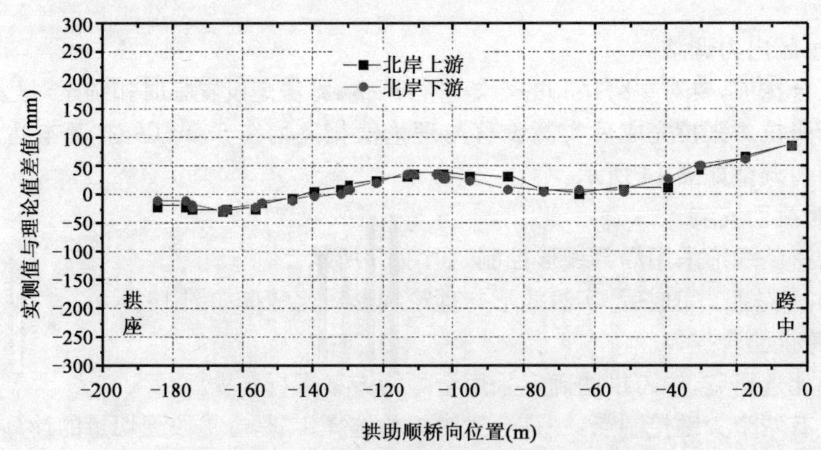

图 16　上下游拱肋实测高程与理论值的差值比较

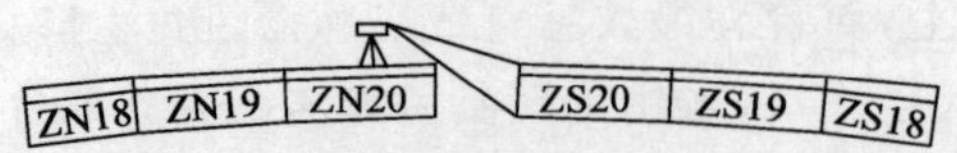

图 17　中跨拱肋合拢段空间形态测量

7.4 中跨加劲梁安装

中跨加劲梁安装及整体线形调整过程中，采取了以下措施：

(1)加劲梁吊装阶段，采用了相对线形调整梁段两两匹配焊接成整体，在全部梁段吊装完成后，再从中跨向边跨对称调整全局线形的方法。

(2)为了保证吊索受力明确，中跨主梁整体线形调整时，当前调整梁段应与相邻梁段完全脱开，梁段间没有力的传递；调位时，在相邻梁段将水平拉索顶起。

(3)梁段线形调整时，根据千斤顶油压表读数来调整同一断面位置上下游 4 根吊索的内力，使其受力均匀。

线形调整完成后，对吊索索力和主梁线形进行了通测，个别吊索索力与理论值偏差较大，主梁高程与理论值最大偏差为 3.5cm。因此，通过选择在下层拉索安装张拉完成后进行吊索索力调整，保证吊索索力均匀分布，实现主梁高程与理论值最大偏差小于 2cm。

线形通测结果如图 18 所示。

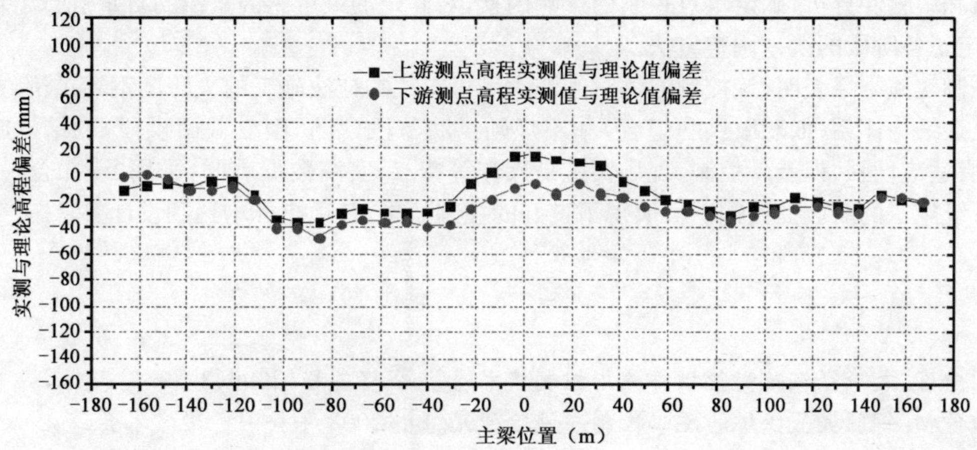

图 18 中跨主梁整体线形调整完成后实测高程与理论值偏差

索力通测结果如图 19 所示。

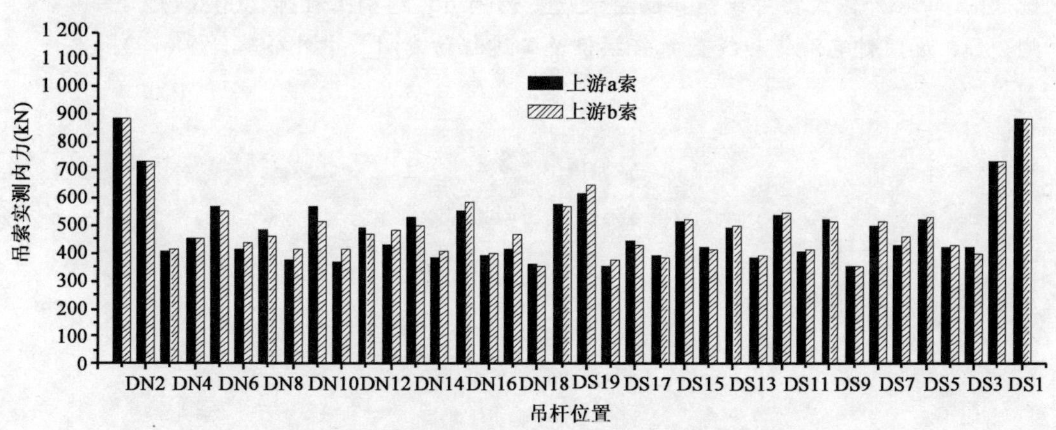

图 19 中跨主梁整体线形调整完成后上游吊索索力实测值

明州大桥主桥于 2008 年 2 月动工，2010 年 1 月 20 日完成边跨三角区合拢，2010 年 7 月 7 日完成中跨拱肋合拢，2010 年 11 月完成中跨主梁的安装。

各项测试结果表明施工控制实施情况良好，边跨三角内力调整基本达到了目标；中跨拱肋施工过程中，扣锚索安全系数均大于2.5，拱肋实测线形与理论值逼近较好。整个过程中，拱肋应力较小，结构处于安全范围内；中跨主梁采用缆索吊机从岸侧向跨中对称吊装，吊装过程中梁段两两焊接在一起，采用相对坐标进行定位。主梁全部安装完成后，从跨中向岸侧对称进行整体线形调整，调整完成后的梁段即可与之前的梁段焊接。线形调整完成后，再对个别吊索索力及主梁高程进行调整，保证了吊索索力均匀分布，达到了主梁高程最大偏差小于2cm的控制目标。

8 结语

针对明州大桥双肢提篮钢拱桥结构体系转换频繁、异形拱段且数量多等特点，采用了成桥线形进行制造，切线拼装、局部线形控制拼装线形，以及通过优化调整扣索索力达到合理成桥状态的控制思路。

在施工过程中，执行以拱肋线形为主，拱肋内力为辅的控制原则。同时，开展施工控制仿真分析和敏感性分析，确定重点控制的影响因素，对其中的最敏感因素拱肋自重进行了现场识别，确定了各阶段的误差调整方法。

控制实施结果表明，该控制方法对于缆索吊机斜拉扣挂法施工的大跨度钢箱拱桥，尤其是具有复杂结构体系（如双肢拱肋组合）和不规则拱肋节段（"凸"型变截面拱段）的结构施工控制，具有适应性强、误差易控制、现场实施易操作等特点，实测数据表明，采用"缆扣合一"缆索吊装系统施工的双肢提篮钢拱桥取得了良好的控制效果，各项指标均达到设计要求。

参考文献

[1] 刘中奇. 大跨径钢箱提篮拱桥施工控制技术[J]. 公路工程，2009(3).

[2] 田仲初. 钢箱提篮拱桥的施工控制与试验研究[J]. 2003年全国桥梁学术会议，2003.

[3] 田仲初. 钢箱提篮拱桥施工控制的关键技术研究[J]. 中国公路学报，2004(3).

[4] 陈得良. 基于温度决策的钢箱提篮拱桥施工控制[J]. 中国公路，2005(2).

[5] 阮欣. 大跨径外倾式拱桥钢箱拱肋拼装误差影响[J]. 结构工程师，2005(4).

[6] 周先雁. 厦门钟宅湾钢箱提篮系杆拱桥施工过程仿真[J]. 中外公路，2006(3).

104. 大跨连续钢桁拱桥刚桁梁架设施工控制分析

覃振洲　张谢东

（武汉理工大学交通学院）

摘　要：现代大跨度桥梁结构形式与功能日趋复杂，需要结合详细的理论分析和施工过程跟踪测试，采取相应的施工控制措施，保证桥梁施工的顺利进行并达到设计预期的目标成桥状态。本文以某新建大跨连续钢桁拱桥为工程背景，对连续刚桁梁的架设方法进行了优化，并结合施工实践利用 MIDAS/Civil 有限元软件辅助分析，提出了一套合理的施工控制方案，成功实现了线形可调，精度可控，为同类刚桁梁架设施工控制提供借鉴。

关键词：刚桁梁　有限元分析　拱度　平面线形

1　工程概况

某新建铁路长江大桥，主桥由两联连续钢桁梁和一联连续钢桁拱组成。连续钢桁梁跨度布置为 2×84m，由北向南在 0～2 号墩之间为 A 联，2～4 号墩之间为 B 联，A 联和 B 联仅梁端桁梁的形式不同。0 号墩北侧接预应力混凝土简支梁，4 号墩南侧与 108m＋192m＋2×336m＋192m＋108m 钢拱桁梁衔接。大桥立面布置如图 1 所示。

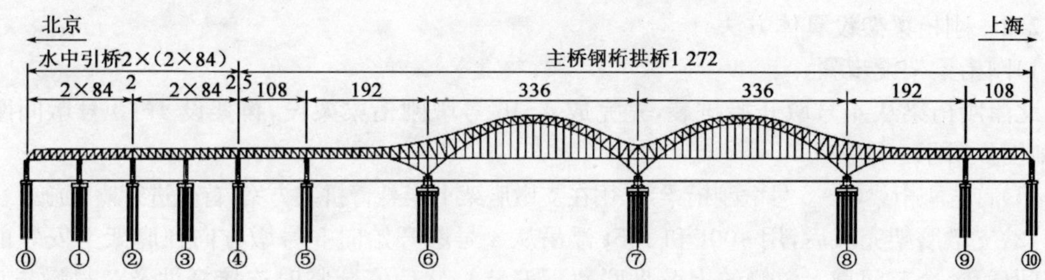

图 1　大桥立面布置图(尺寸单位:m)

大桥钢桁梁由 3 片主桁架组成，并外挑轻轨托架，桥面首次采用钢桁梁(拱)＋正交异性板整体桥面的板桁组合结构，同承载 6 线列车。两桁间距 15m，桥面结构总宽 41.6m。大桥刚桁梁横截面布置如图 2 所示。

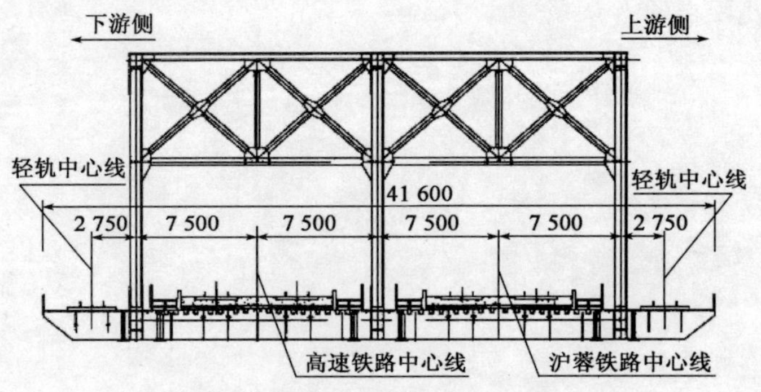

图 2 大桥刚桁梁横截面布置图(尺寸单位:mm)

2 刚桁梁架设

2.1 刚桁梁架设方案比选

刚桁梁拼装架设的施工方法主要有导梁法、膺架法、全悬臂法、半悬臂法和吊索塔架法等,施工时根据刚桁梁重量和施工环境合理选择。此处考虑到刚桁梁重量大,施工环境复杂等因素,特从以下三种方案中进行比选。

1)膺架法

此法作业简便,并能在膺架上用千斤顶调整桥梁的位置,充分保证拼装的精度。但膺架的用料较多,成本昂贵,阻水面积大,仅适用于桥位不高,水浅流缓,不通航运的情况,此处不适宜采用。

2)全悬臂法

悬臂桁架梁桥在悬拼时的内力,常小于设计荷载的内力,故最适宜于悬臂拼装施工。采用全悬臂施工时须借助锚梁,以保持悬臂时的倾覆稳定,首孔边跨架设不适合采用,但 A、B 联刚桁梁架设时可以利用已架设的 4～6 号墩间刚桁梁充当锚梁采用全悬臂拼装的方法。

3)半悬臂法

在跨间设部分临时支墩,改为半悬臂拼装,前几个节间可方便地调整刚桁梁,也减少了全部采用鹰架法时的用料,同时已架设的刚桁梁可做配重,结合了鹰架法和全悬臂法的特点,可很好地解决首孔刚桁梁的架设[1]。

经过以上比选分析,4～5 号墩刚桁梁架设可采用半悬臂法,5～6 号墩和 4～0 号墩刚桁梁架设均可采用悬臂法。

2.2 刚桁梁架设具体方法

1)刚桁梁架设步骤

北岸刚桁梁从 4 号墩开始拼装,先完成 4～6 号墩刚桁梁架设,再架设 4～0 号墩间刚桁梁,如图 3 所示。

(1)首孔刚桁梁(4～5 号墩刚桁梁)采用在支墩膺架上半悬臂拼装方案,首先进行膺架施工。

(2)支墩膺架完成后,用 400t 和 165t 浮吊从 4 号墩开始向 5 号墩方向在膺架上安装前两个节间(第一个节间靠上游侧的上弦平联暂不安装),然后安装临时连接杆件及 3 号墩方向 1 个节间作为配重。

(3)在已经架设完成的刚桁梁顶部拼装 1 台 60t 架梁吊机。

(4)在架梁吊机配合下,将刚桁梁架设至 5 号墩顶。

(5)采用悬臂法完成 5～6 号墩刚桁梁架设,并完成主桥边跨合龙。

(6)架梁吊机反向，并爬行至 4 号墩顶，在 4～6 号墩刚桁梁配重下，采用全悬臂法完成4～0号墩刚桁梁架设。

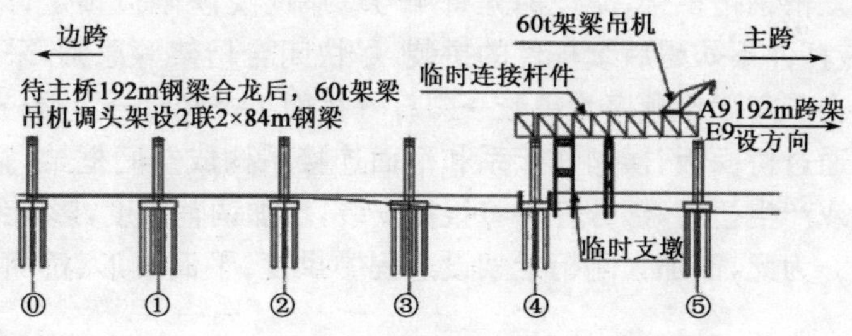

图 3　刚桁梁架设方案

2)膺架施工

北岸 4～5 号墩采用在支墩膺架上半悬臂拼装方案。临时支墩由钢管桩及分配梁组成。在设计时为安全考虑，计算支墩所承受的反力均按"当刚桁梁架设至该支墩后，以前的支墩不再受力，由本支墩及桥墩承受刚桁梁自重及施工荷载"进行考虑。首孔刚桁梁为108m，根据地形及刚桁梁安装的需要，在两墩之间设置了 4 个临时支墩，考虑温度影响，在钢桁梁恒载、架梁吊机荷载、架梁临时荷载的共同作用下，单桩最大轴力 N=2 750kN，弯矩 M_x=1 080kN·m，M_y=410kN·m。根据单根钢管桩所受内力不同，各临时支墩具体参数见表 1。支墩 1、2、3 由三层横向联结联成整体，支墩 4 由十八根钢管桩组成，各桩间通过三层横向联结联成整体，临时支墩布置如图 4 所示，经验算均满足施工要求。

临时支墩参数表　　表 1

支　墩　号	钢管桩数量(根)	钢管桩截面	支反力(kN)	其　他
支墩 1	6	Φ1 200×12mm	3 460	材质均为 Q235—B 钢材；有效入土深度约 30m
支墩 2	6	Φ1 200×12mm	3 560	
支墩 3	6	Φ1 800×14mm	6 550	
支墩 4	18	Φ1 500×16mm	13 500	

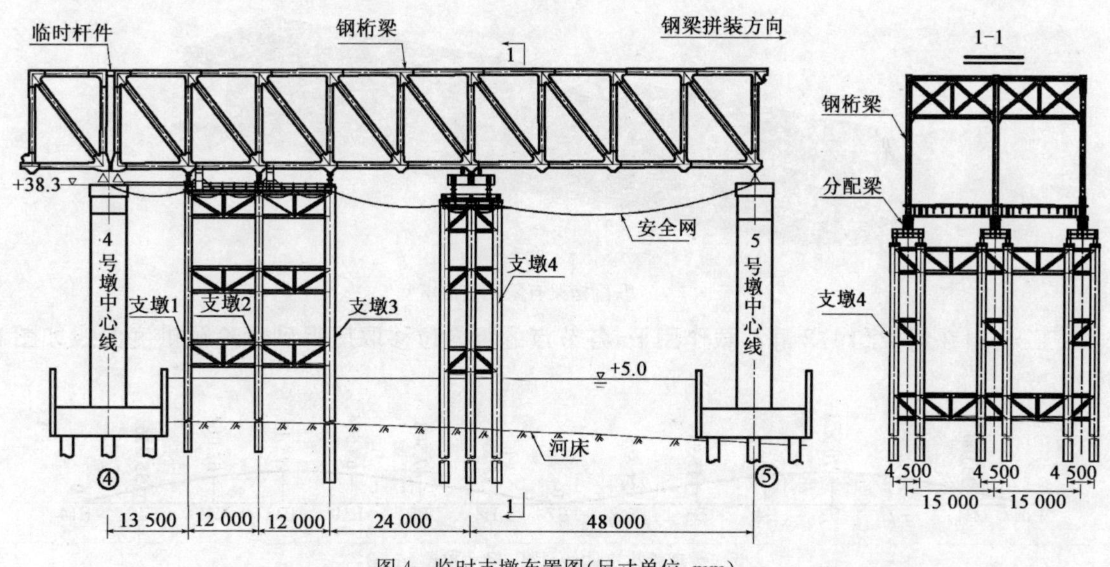

图 4　临时支墩布置图(尺寸单位:mm)

3　施工控制

本桥为大跨度三桁钢桁拱梁，架设前先将4号墩临时支座限位锁定，架设遵循先下后上、先平面后立面、先装杆件不妨碍后续杆件的拼装、尽快闭合桁架等原则，采用自由悬拼对称架设的方式进行。每个节间架设顺序为下弦→斜杆→桥面板→竖杆→上弦→横向连接系→平面连接系。三主桁间通过桥面板、横向连接系和平面连接系构成空间框架，整体刚度大，三主桁如果发生较大高差或产生扭转，部分杆件将很难安装，增加调整难度，影响结构受力，同时边跨也将难以顺利合龙。为此，需加强刚桁梁架设过程中拱度、平面线形、桥面板安装及高栓施拧的控制。

3.1　拱度控制

为保证刚桁梁拼装拱度，按栓孔总数的50％均匀分布打入冲钉，安装部分高栓做一般拧紧后松钩，冲钉直径比栓孔小0.2～0.3mm。每个节间横向连接和平面连接的安装，均需在架桥机前移到此位置以前将其各结点调整安装完成，防止由于横向约束不够导致三主桁相对高差增大；同时每个节间横向连接和桥面板横梁连接高栓均在架桥机中支撑约束解除后施拧，消除刚桁梁架设过程中中桁荷载偏大的不利影响。刚桁梁两桁之间的横向连接系在架设之前预拼成整体，并将中间各节点高栓终拧，加强横向连接系的整体刚度。

1)膺架施工拱度控制

刚桁梁采用膺架法架设时，在架节间刚桁梁前端形成支点前，刚桁梁前端仍处于自由状态，需将支点部位以前高栓全部终拧才能施加临时支承荷载，防止由于支点受力时结点错位和临时支墩不均匀沉降时横向约束不够造成三桁相对高差。同时需及时观测前一结点三桁相对高差变化，计算出临时支墩不均匀沉降量，将此变量在下一节间通过墩顶布置提前调整，防止此部分变量累积[2]。

2)悬臂施工拱度控制

刚桁梁悬臂架设时，考虑各工况下拱度变化，以理论拱度为目标进行拱度控制。现以A联(0～2号墩间刚桁梁)为例，利用MIDAS/Civil有限元软件建立其有限元结构模型如图5所示，模型共1 220个节点，2 265个单元，用梁单元模拟分析各工况下刚桁梁位移和变形。

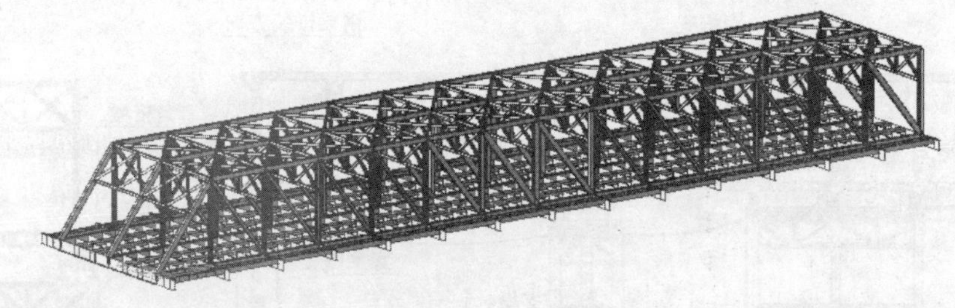

图5　A联刚桁梁有限元结构模型

工况一：在恒载和1/2静活载作用下，各节点的竖向位移取反得到理论预拱度曲线如图6所示。

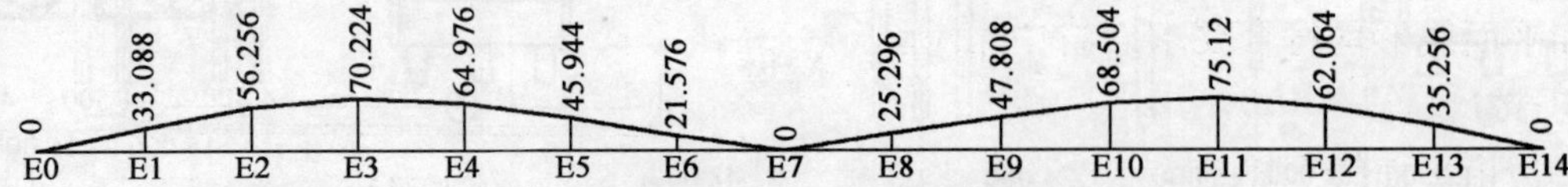

图6　理论拱度曲线设置(尺寸单位：mm)

工况二：在全部恒载作用下，各节点的竖向位移取反得到恒载作用下的预拱度曲线如图 7 所示。

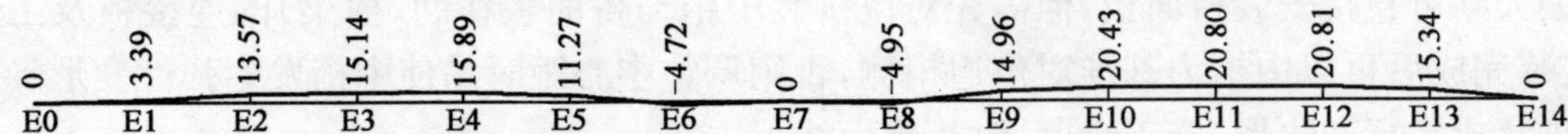

图 7 落梁后全部恒载作用下的拱度(尺寸单位：mm)

在实际施工生产中，通过主桁上弦杆的伸缩设定达到设置预拱度的目的。以理论拱度曲线为目标，反算出 A 联上弦杆的伸缩设置如图 8 所示。在全桥的施工过程中，通过上弦杆伸缩设置，A 联实际的工厂设定拱度曲线如图 9 所示。刚桁梁架设过程中需及时跟踪测量，针对三桁相对高差及拱度情况(首孔刚桁梁需考虑临时支墩不均匀沉降的影响)，以三主桁相对高差不大于 5mm 为目标，分别作相应调整。

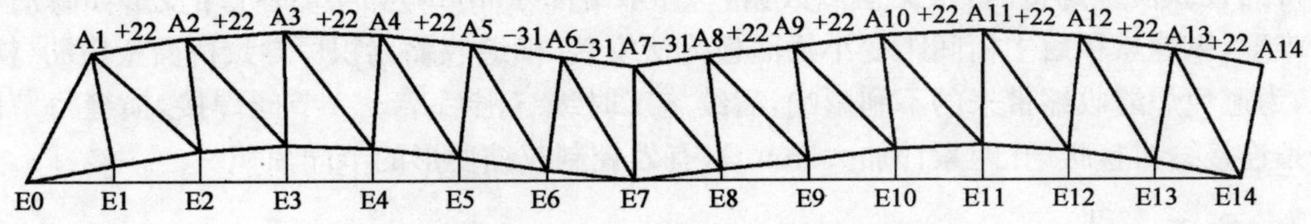

图 8 主桁上弦杆伸缩的设置(尺寸单位：mm)

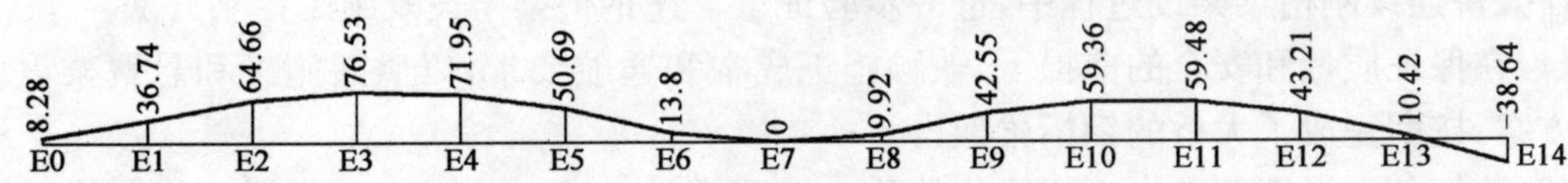

图 9 工厂设定拱度(尺寸单位：mm)

(1)符合要求的主桁采用标准冲钉正常拼装，对偏高或偏低的主桁下三角(即由该桁斜杆、下弦杆和竖杆组成的三角形框架)及时采用规格偏小的冲钉拼装。

(2)高程偏低的主桁利用吊机施加外力，将下三角整体向上调整；高程偏高的主桁，下弦杆和斜杆拼装后利用自重向下调整。可使下弦杆利用冲钉与栓孔的间隙产生微小转角，微调斜杆轴向长度，按杆件轴线理论长度不变，当栓孔与冲钉间有 1mm 间隙时，杆件前端位置后高差约为 4mm[3]。

(3)刚桁梁架至下一支点(墩顶)时也可在一定范围内利用墩顶布置调整三桁相对高差[4]。

3.2 平面线形控制

1)中桁平面线形控制

每个节间均以中桁中心线为基准，结合测量作业测出的中桁偏差及已架设节间的平面线形进行调整。对于膺架架设节间利用墩顶布置调整，悬臂架设节间利用主桁结点栓孔连接吊具和 10t 倒链对其进行横桥向调整(平面线形调整布置如图 10 所示)，高程和平面线形均符合要求后将中桁下弦结点高栓全部初拧。

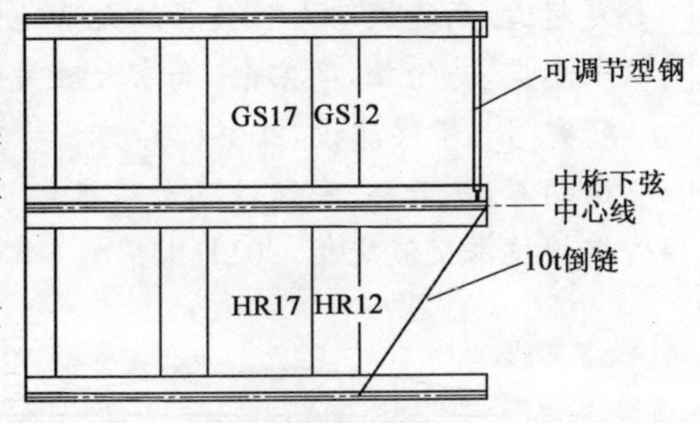

图 10 平面线形调整布置图(GS17、GS12、HR17、HR12 均为桥面板型号)

2)边桁平面线形控制

中桁平面位置调整好后，若中桁平面线形已向上游侧微调为例，则应首先安装下游侧桥面板。然后尺量三主桁中心距，如果下游侧中心距偏小可采用已加工的可调整型钢配合千斤顶撑开，调整至理论中心距后再行安装；如果下游侧中心距偏大则可直接安装桥面板，但需先对位拼装中桁与桥面板横肋(横梁)的连接板及工作螺栓，安装完成后再以中桁为基准对位边桁侧，否则调整中心距时易使中桁发生弹性变形导致三主桁拼装成平行四边形，施工难度增加，平面线形失控。

3)桥面板焊接对平面线形的影响

桥面板为整体正交异性板，采用焊接与高栓连接的施工工艺，结构受力及安装比较复杂。桥面板间连接时，先将面板横、纵缝调平定位后进行连接高栓初拧，并在焊缝焊接完成后将相应的高栓终拧。桥面板连接缝分为横向和纵向连接缝，焊接时为避免T形接头端形成焊接裂纹，现场先焊接横缝，本节间待横缝焊接完成并将焊缝起熄弧端打磨平顺后，再对称焊接纵缝[5]。

桥面板纵横缝焊接时，根据监测数据，每条收缩2～3mm，考虑焊缝收缩变形累积后增加施工难度，纵缝累积后主桁间距变小桥面板无法安装，横缝收缩累积后导致桥面板横肋(横梁)错位，为避免焊缝收缩带来的不利影响，后续施工时纵缝滞后架设一节间焊接，横缝每节间适配一条连接缝拼接板(孔距累计加大5mm)，有效控制收缩变形的节间累积。

4 结语

在大桥连续刚桁梁架设过程中，进一步验证了上述钢桁梁架设及施工控制方法。

(1)在保证质量和安全的前提下，兼顾施工成本和通航要求，以膺架施工和悬臂架设相结合的方案，按期完成了大桥的钢桁梁架设。

(2)弦杆节点对端节点中心连线的偏移小于跨度的1/5 000，墩台处横梁中线与设计线路中线的偏移最大仅为6mm，固定支座处梁中心里程与设计里程偏差最大仅为5mm，均满足规范要求，成功实现了精度可控。

(3)通过刚桁梁弦杆架设顺序、工作螺栓与冲钉的配合使用、高强螺栓施拧工艺以及桥面板焊接等工序的合理组合，提出了一套较为合理的施工工序和施工控制方案，为同类钢桁梁的架设及施工控制提供借鉴。

参考文献

[1] 向海帆.高等桥梁结构理论[M].北京:人民交通出版社,2001.

[2] 高磊.南京大胜关长江大桥刚桁梁安装设计与计算[J].高速铁路技术,2010,(1)5.

[3] 夏超逸.高速铁路大胜关长江大桥地震响应分析[D].北京交通大学硕士论文,2008.

[4] 朱志虎,易伦雄,高宗余.南京大胜关长江大桥三主桁结构受力特性分析与施工控制措施研究[J].桥梁建设,2009(3).

[5] 徐向军,魏云祥.高速铁路大跨度钢桥焊接技术[C].中国工程建设焊接协会第十届年会焊接技术交流文集,2011(9).

105. 超大跨度不对称混合梁斜拉桥的施工全过程计算分析

陈常松　颜东煌　涂光亚　董道福

（长沙理工大学土木与建筑学院）

摘　要：针对超大跨度不对称混合梁斜拉桥几何非线性效应显著、必须考虑混凝土的收缩徐变作用以及施工全过程体系受力不对称的特点，建立了考虑几何非线性与混凝土收缩徐变的耦合效应的施工全过程计算理论，讨论了不对称混凝土斜拉桥施工过程中纵向约束的力学行为和处理方法，并以荆岳长江大桥为例对其施工全过程进行了仿真计算，分析了该桥体系转换时内力和变形的变化规律。研究成果对同类超大跨度斜拉桥的设计及施工控制计算具有指导作用。

关键词：斜拉桥　混合梁　几何　非线性　收缩徐变　耦合　不对称

大跨度混合梁斜拉桥由于其良好的环境适应性及合理的受力性能而飞速发展并向超大跨度方向迈进。结构的超柔性带来的几何非线性效应及混凝土材料的收缩徐变效应表现愈发突出，关于独立考虑二者影响效应的计算理论已相当完备，而同时计入两者相互影响的非线性耦合效应计算分析则十分必要。超大跨度混合梁斜拉桥在设计及施工过程中因其结构非对称性亦将带来许多不曾面对的特殊问题。本文基于 CR 列式法，通过三维连续变形体的虚功增量方程，结合混凝土材料本构关系，从而建立精确考虑结构几何非线性与混凝土收缩徐变耦合效应的有限元方法；基于实测数据的分析，结合模拟计算，讨论了非对称混合梁斜拉桥重大体系转换时结构内力和变形的规律。通过实例验证了所述方法的精确性与实用性。

1　斜拉桥施工全过程多因素耦合分析

1.1　基于虚功增量方程的非线性与非荷载作用（混凝土收缩徐变和温度变化等）耦合计算

由于非线性分析通常采用混合法分析，而结构的收缩徐变计算也常采用分时步多工况的计算方式，因此对于三维单元其 UL 列式增量平衡方程为：

$$\iiint_{t_n v} C_{klmn}\left({}_{t_n}E^{c}_{kl}+{}_{t_n}E^{sh}_{kl}\right)\delta\left({}_{t_n}E_{ij}\right)\cdot {}^{t_n}\mathrm{d}v=\delta\{a\}^T\int_0^L[B]^T[D]\left(\{\Delta\varepsilon^{c}_{kl,n+1}\}+\{\Delta\varepsilon^{sh}_{kl,n+1}\}\right)\mathrm{d}x \quad (1)$$

可导出刚度方程：

$$([K_0]+[K_\sigma])\{a\}={}^{t_{n+1}}\{F\}-{}^{t_n}\{F\}+\{\Delta F^c\}=\{\Delta F\}+\{\Delta F^c\} \tag{2}$$

式中：$[K_T]=[K_0]+[K_\sigma]$为切线刚度矩阵；$\{\Delta F\}$为外荷载增量，在计算荷载增量时，在新平衡位形上计算非结点荷载；$\{\Delta F^c\}$为收缩徐变或温度变化产生的等效结点荷载增量，在计算此等效荷载增量时，应该计算至新的平衡位形，即在每级荷载增量中的每次迭代中都必须重新计算。$\{\Delta R\}=\{\Delta F\}+\{\Delta F^c\}$为增量平衡方程式的不平衡力。

1.2 CR式有限元法混凝土收缩徐变自动全量递推法

根据混凝土材料收缩徐变的变形特点，为了精确计算非线性与混凝土收缩徐变的耦合效应，在CR法的方程中，不平衡力的精确计算不宜再采用等效结点荷载的方式，而必须不断地将混凝土收缩徐变的增量效应计入单元拖动坐标系的内力中进行计算。

t_n-t_{n+1}时段末混凝土收缩应变在拖动坐标系中产生的单元内力增量为：

$$\Delta f_{n+1}^{sh}=EA\Delta\varepsilon_{n+1}^{sh} \tag{3}$$

式中：$\Delta\varepsilon_{n+1}^{sh}$为本时段内的收缩应变增量，其为：

$$\Delta\varepsilon_{n+1}^{sh}(t)=\varepsilon_{sh}(\infty)\mathrm{e}^{-p(t_n-\tau_0)}(1-\mathrm{e}^{-p\Delta_{n+1}})$$

可导出$t_n\sim t_{n+1}$时段末徐变应变在单元拖动坐标系中产生的内力增量为：

$$\Delta f_{n+1}^{\sigma}=-\sum_{i=0}^{n}\Delta P_i^{\sigma}\Delta\varphi(t_{n+1},\tau_i) \tag{4}$$

式中：ΔP_i^{σ} 为徐变杆端力内力增量，由下列递推表达式得到：

$$\Delta P_i^{\sigma}=\sum_{i=1}^{3}W_{n+1}^{i}(1-\mathrm{e}^{-q_i\Delta t_{n+1}}) \tag{5}$$

其中：

$$W_{n+1}^{i}=W_n^{i}\mathrm{e}^{-q_i\Delta t_n}+\Delta F_n^{\sigma}C_i(\tau_n)$$
$$W_0^{i}=\Delta F_0^{\sigma}C_i(\tau_0)。$$

因此，混凝土收缩徐变在$t_n\sim t_{n+1}$时段内产生的单元内力增量为：

$$\Delta f_{n+1}^{c}=\Delta f_{n+1}^{sh}+\Delta f_{n+1}^{\sigma} \tag{6}$$

该单元内力增量为时段末单元全部内力增量的一部分，将与外荷载增量等作用参与结点不平衡力的计算。

设时刻t_i在拖动坐标系内单元结点位移产生的单元内力增量Δf_i，外荷载的结点荷载增量为Δf_{iD}，非结点荷载增量为Δf_{iE}，则单元内力全量为：

$$f_{n+1}^{\mathrm{int}}=\sum_{i=0}^{n+1}(\Delta f_i+\Delta f_i^{E}+\Delta f_i^{C}) \tag{7}$$

式中：Δf_i^{E}——Δf_{iE}在当前位形上单元拖动坐标系中产生的内力增量。

不平衡力ΔR_{n+1}为：

$$\Delta R_{n+1}=\sum_{i=0}^{n+1}\Delta P_{Di}-T^{T}f_{n+1}^{\mathrm{int}} \tag{8}$$

式中：T^{T}——拖动坐标系与整体坐标系间转换矩阵的转置矩阵。

从上面的分析可知，由于Δf_i^{C}是在拖动坐标系中完成单元内力的累加的，在累加过程中无需考虑单元坐标的转换，并且在不平衡力ΔR_{n+1}的计算中自动计入了荷载与混凝土收缩徐变的影响。同时，由于参与不平衡力计算的荷载和单元内力为最新位形上的全量，消除了前一迭代后的剩余不平衡力，因而可以精确计算结构当前位形上的不平衡力。同时，实现了非线性分析与混凝土收缩徐变分析的耦合计算。

1.3 超大跨度不对称混合梁斜拉桥施工过程非线性与混凝土收缩徐变耦合分析

荆岳长江公路大桥为主跨跨径 816m 的三跨双塔平行索面超大跨度混合梁斜拉桥。该桥中跨和北边跨主梁为扁平钢箱梁，南边跨主梁为分离式混凝土箱梁，且为混凝土索塔。每塔各 26 对斜拉索。斜拉桥为非对称结构，结构平面布置如图 1 所示，其部分基本计算参数见表 1。

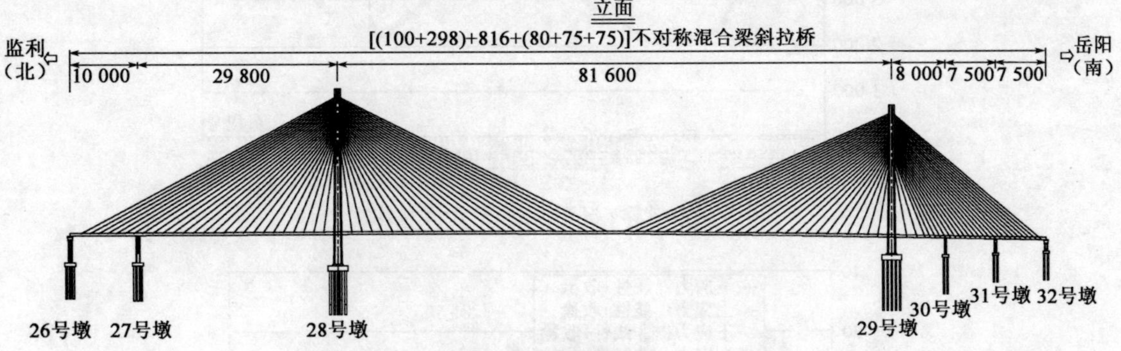

图 1　荆岳长江公路大桥整体平面布置图（尺寸单位：cm）

基本计算参数　　表 1

项　目	下 塔 柱	上 塔 柱	主　梁	拉　索
$A(m^2)$	163.824	54.906	1.636	0.015 323
$I(m^4)$	2 553.821	450.084	3.535	0.000 0

计算分 4 种工况，分别是施工全过程线性计算、施工全过程非线性＋混凝土收缩徐变计算、施工全过程非线性计算和施工全过程非线性＋混凝土收缩徐变计算。

由图 2～图 4 可知，对于主跨达 816m 的荆岳长江公路大桥，其施工全过程非线性效应明显。对于成桥索力和主梁应力，由于只有索塔和南边跨为混凝土构件，且南边跨主梁采用支架现浇法施工，非线性与混凝土收缩徐变耦合效应不大，但非线性效应对主梁的竖向累计位移有显著的影响，这种效应将导致主梁的无应力线形（或制造线形）有明显的区别。

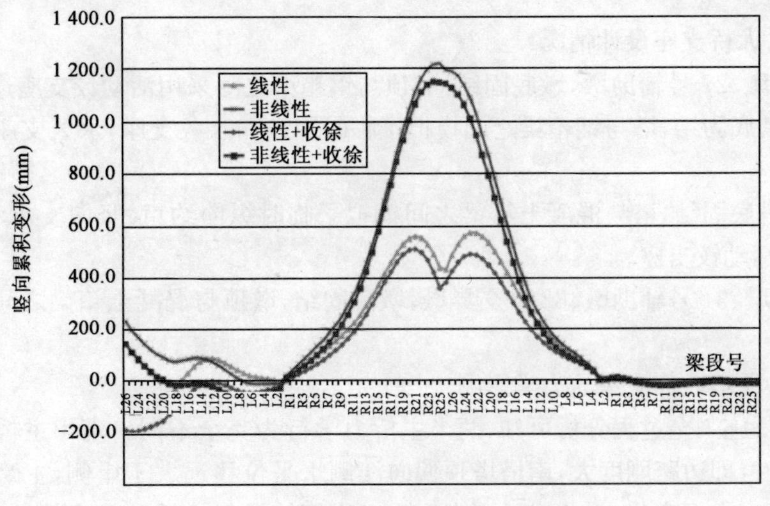

图 2　各种计算工况下主梁的累计竖向位移

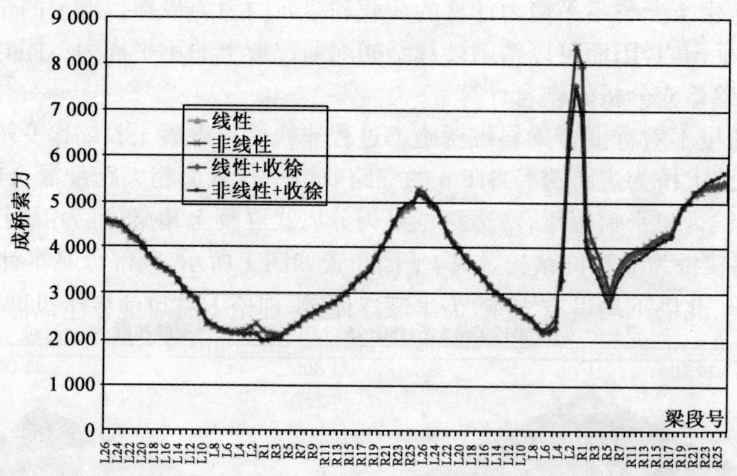

图 3　各种计算工况下的成桥索力(单位:kN)

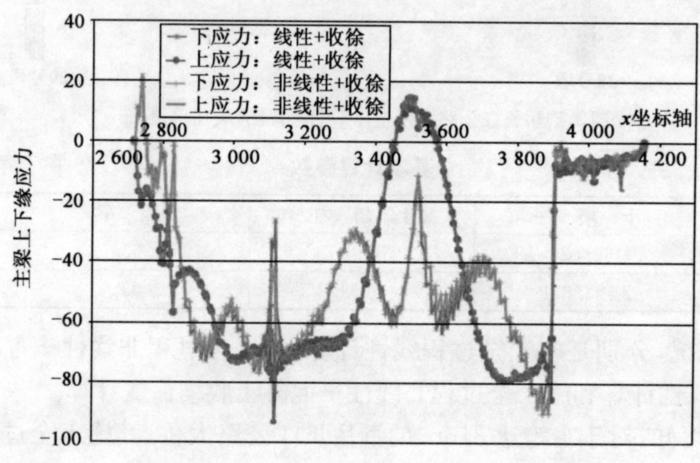

图 4　各种计算工况下的成桥主梁应力(单位:MPa)

2　不对称混凝土斜拉桥施工过程中纵向约束的力学行为和处理方法

2.1　荆岳大桥支座设计情况

26 号交界墩、27 号辅助墩,墩底固结,墩顶与钢箱梁之间采用活动铰支座连接。

28 号塔,塔底固结,塔与钢箱梁之间模拟了临时固结和永久支座,永久支座模拟为活动铰支座。

29 号塔,塔底固结,塔与混凝土箱梁之间模拟了临时纵向约束、竖向支承和永久支座,永久支座模拟为活动铰支座。

30 号辅助墩、31 号辅助墩、32 号交界墩,墩底固结,墩顶与混凝土箱梁之间采用活动铰支座连接。

2.2　主梁受不对称支承的力学影响

通过对主桥施工全过程分析可知,两半主桥力学行为完全不同。南半主桥表现为混合梁斜拉桥静力特性,即边跨刚度大,南塔塔顶偏向江侧水平位移远大于岸侧,主跨钢箱梁弯矩相对较小,斜拉索应力幅变化小;北半桥则表现为对称钢箱梁斜拉桥的静力特性,即北塔塔顶向江侧与向岸侧的水平位移基本相等，主跨钢箱梁弯矩相对较大，斜拉索应力幅变化大(特别是在辅助墩附近)；虽然两半桥又通过中跨相互联结制约，但两半主桥上构采用不同的架设施工工序，南半桥采用单悬臂施工，北半桥主要采用双悬臂施工，中跨钢箱梁合龙后，若两半桥斜拉索总水平力分量差别较大，将导致主梁偏离预设状态，向一侧滑移，直到达到新的平衡。若成桥目标状态不加以分析和控制，对于类似荆岳大桥这种大跨度双塔不对称混合梁斜拉桥来说，由于两半主桥力学行为完全不同，仅按常规对称双塔斜拉桥的成桥状态目标来进行索力优化，则难以达到预设效果。

荆岳桥在南、北塔下均设有支座，为半漂浮体系，理论上有可能发生纵漂，但如果考虑到各支座的摩阻力，实际上纵漂不可能发生。在去临时约束之前，各支座的支座反力如表 2 所示。

去临时约束之前支座反力表 表 2

北过渡墩支座反力(kN)	4 131	南过渡墩支座反力(kN)	17 846
北辅助墩支座反力(kN)	4 373	北塔支座反力(kN)	1 282
南近塔辅助墩支座反力(kN)	29 200	南塔支座反力(kN)	48 664
南远塔辅助墩支座反力(kN)	33 844	总的支座反力(kN)	139 340

若支座的摩阻系数取为 0.02，则总的摩阻力为 139 340×0.02＝2 786.8kN。而经过计算在去临时约束之前由不对称体系所引起的纵向不平衡水平力为：1 625kN，显然纵向不平衡水平力小于支座总的摩阻力，因此结构不会发生纵漂。由表 2 可知，南塔支座处的支座反力最大，因此可以认为，在温度影响下，南塔塔梁交接处将是由温度所引起的纵向变形的零点。

2.3 处理方法

根据结构特点和分析结论，在建模时，在南塔塔梁交接处设置了一水平刚性链杆，使南塔梁交接处塔梁的相对纵向水平位移为 0，该水平链杆一直保留到成桥状态。

1)成桥荷载试验验证

这种主梁水平纵向约束的处理方法也为荆岳大桥成桥荷载试验结果所证实。该桥主梁最大水平位移试验项目结果如表 3 所示。由表 3 可知，北塔处主梁实际位移量远小于理论位移，且位移量非常少。

荆岳大桥主梁成桥荷载试验主梁最大水平位移测试结果 表 3

测点编号	水平位移(mm)		残余量(mm)
	实测值	理论值	
北塔(上游)	5.0	24	10.0
北塔(下游)	7.0	24	6.0
南塔(上游)	9.0	0	5.0
南塔(下游)	−5.0	0	−1.0

注：水平位移以向南为正。

2)临时固结解除后的温度变形观测验证

依据主桥施工方案，全桥结构性合龙后，索塔处临时固结措施即被拆除，从而形成与设计结构体系相一致的半漂浮体系状态。但通过后期的现场连续观测发现在此过程中(温度荷载与汽车荷载作用下)：南索塔处支座(主桥各支座转角与摩擦参数均一致)与主梁之间仅存在很微小的相对位移，证明临时固结拆除后结构体系主梁的水平约束并非自由的。图 5 中即为在温度荷载作用下主桥各墩处主梁相对墩柱的纵向位移。

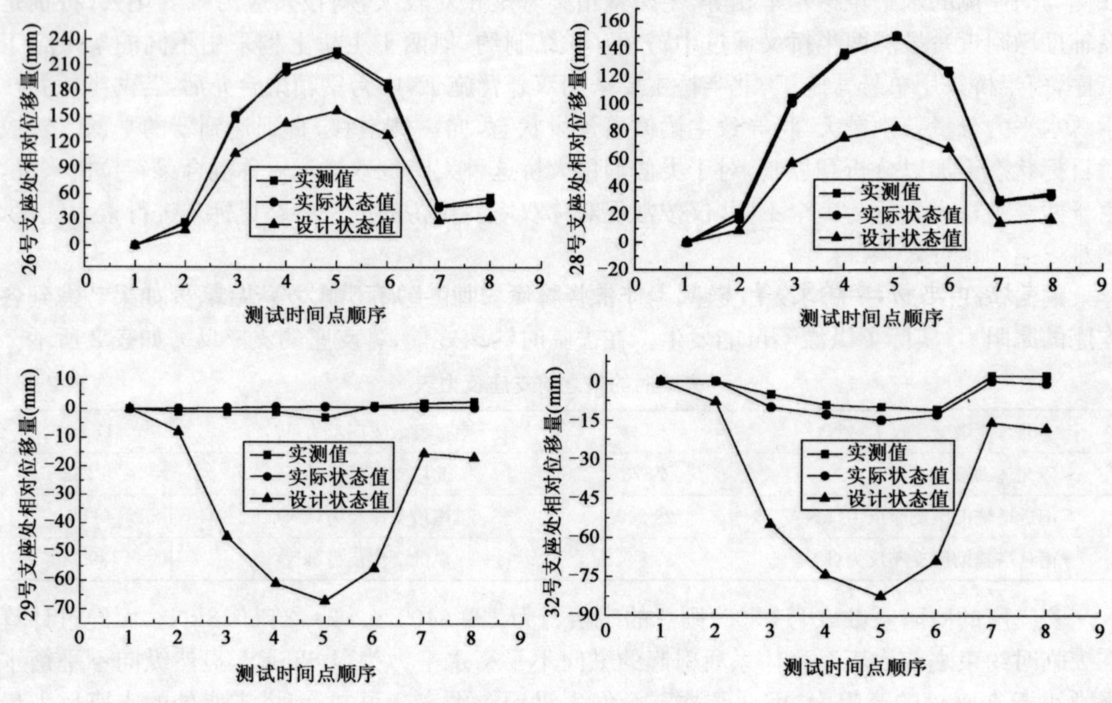

图 5　主桥支座处相对位移比较图

由图 5 可知，在温度梯度仅存在 15.4℃的情况下，26 号墩和 32 号墩处相对位移偏差值分别为 69.3mm 和 72.6mm，如果按设计图册上取定的大桥区最高温度（40℃）最低气温（−12℃）计算，则二者最大可相差 234.0mm 和 245.2mm，与一般计算结果相差甚大。根据实测值与设计理论值的差值栏中还可发现，在同一温度场下，不同位置的主梁与支座之间的相对位移差值基本处于同级水平，说明在温度场荷载等情况下，主梁存在一个整体的水平刚体位移差值。

3　结语

以最大跨度双塔不对称混合梁斜拉桥荆岳长江公路大桥为工程背景，通过对超大跨度斜拉桥几何非线性与收缩徐变耦合机理及主桥纵向约束力学行为的研究，取得了如下结论：

(1)主跨达 816m 的荆岳长江公路大桥分析结果表明，对于该跨度级别的斜拉桥其非线性与混凝土收缩徐变耦合效应不大，但非线性效应对主梁的竖向累计位移有显著的影响，对主梁的无应力线形（或制造线形）有明显的影响，在施工时必须计入该影响。

(2)具有半漂浮体系特点超大跨度非对称混合梁斜拉桥成桥后，其混凝土梁塔之间仍具有足够的纵向水平约束刚度，仍可用一刚性水平链杆模拟主梁在该处的支撑特点。

参考文献

[1] Fleming J F. Nonlinear Static Analysis of Cable-stayed Bridge Structures[J]. Computers and Structures, 1979, 10: 621-635.

[2] Saafan S A. Theoretical Analysis of Suspension Bridges[J]. Journal of the Structural

Division, ASCE, 1966, 92(ST4): 1-11.
[3] 葛耀君.分段施工桥梁分析与控制[M].北京:人民交通出版社,2000.
[4] 梁鹏.超大跨度斜拉桥几何非线性及随机模拟分析[D].上海:同济大学,2004.
[5] Manabe Y, Hirahara N, Mukasa N, et al. Accuracy Control on the Construction of Tatara Bridge[J]. IABSE Conference, Malno, 1999.
[6] 朱伯芳.混凝土结构徐变应力分析的隐式解法[J].水利学报,1983,14(5):40-46.
[7] 潘家英.混凝土结构的徐变计算[J].土木工程学报,1983,16(4):29-39.
[8] 颜东煌,田忠初,李学文,等.混凝土桥梁收缩徐变计算的有限元方法与应用[J].中国公路学报,2004,17(2):55-58.
[9] 陈常松,陈政清,颜东煌.势能增量驻值原理与切线刚度矩阵的结构规则[J].中南大学学报:自然版,2005,36(5):892-898.

106. 三塔大跨度结合梁斜拉桥主跨合龙敏感性分析

易炳疆

（西南交通大学土木工程学院）

摘　要：以武汉二七长江大桥为对象，采用 Midas/Civil 软件建立有限元模型，计算分析了主跨合龙前各种工况荷载下的合龙口两端主梁变位大小，同时分析了非对称合龙的可行性。通过计算，提出了相对合理的三塔结合梁斜拉桥的主跨合龙方案。

关键词：合龙　三塔斜拉桥　变位　敏感性　施调

1　引言

三塔斜拉桥是近年在国内发展起来的桥型，因其良好的分航能力、连续跨越能力以及优美的结构造型而受到设计者的欢迎。三塔斜拉桥由于中塔刚度问题，其设计和施工在技术上有不小难度。设计时，中塔没有端锚索固定，其刚度的确定是一大难点；施工时，环境温度、临时荷载、主跨施工不同步等因素为施工方案带来了不确定性，尤以合龙施工为甚。合龙施工控制是斜拉桥全桥施工监控成败的关键环节，它关系到最终成桥受力和线形合理与否。在大跨度斜拉桥施工中，由于合龙前主梁悬臂长度达到最大，一些很小的因素便会导致合龙口变位，因此在一定的施工条件下采取合理的控制措施至关重要。根据无应力状态控制法基本原理，结构线性条件下的受力和线形只与四个因素有关，即外荷载、边界条件、结构体系和无应力状态量，因此在合龙控制中，需做到以下两个方面：①合龙前合龙口两端主梁线形连续，以满足合龙段顺利嵌入合龙口的要求；②合龙后全桥无应力索长与成桥无应力索长相等，以满足全桥受力与线形与成桥一致的要求。

主跨合龙的关键步骤是合龙口方位调整，以满足合龙口两端主梁线形连续的要求，调整措施可根据合龙敏感性分析确定。合龙敏感性分析是在计算机模型的基础上，调整各种荷载、环境温度等因素，分析各种因素对合龙口变位（纵向、竖向、横向位移和转角）的影响，以确定合理的施工措施。

2　合龙技术难点

斜拉桥合龙前悬臂达到最大，此时的安全风险也最大，要实现安全、可靠、顺利的合龙，就必须进行一系列的调整（调索、顶推、压重等），将合龙口两端调整到所需要的线形，即高程相等、转角连续、主梁中线无偏移、合龙口间距等于合龙段长度。在采取措施之前，需进行敏感性研究，确定某一变位(转角，横、竖向位移等)对哪几种措施敏感，或者说某种措施对哪几种变位影响最大。另外，每种措施之间又有耦合作用，相互影响，分析较为复杂。主跨合龙面临的主要技术难题有：

(1)主梁昼夜温差大，对合龙时间要求严格。

(2)悬臂跨度大，合龙端竖向位移和转角大，主梁之间又用高强螺栓连接，合龙对位困难，主梁的定位精度要求高。

(3)由于三塔斜拉桥施工的不同步，其中一个主跨合龙时必然会对另一主跨合龙口变位和全桥受力产生影响。

(4)合龙口坐标影响因素多，如温度、索力、主梁自重等，调整时各种因素之间有相互作用。

3 工程实例

3.1 工程简介

工程对象为武汉二七长江公路大桥，大桥桥址位于武汉长江二桥与天兴洲公铁两用长江大桥之间。距上游的长江二桥 3.2km，下游天兴洲大桥约 7km 处，是武汉城市二环线上跨越长江的特大型桥梁。桥型为三塔斜拉桥，设计长度 6 507m，正桥长 2 922m，设计行车速度 80km/h，双向 8 车道，桥面宽度为 29.5m。

大桥跨度布置为(90＋160＋2×616＋160＋90)m，主塔高度为 206m，主梁采用结合梁形式，高 2.935m。该桥为世界上最大跨度三塔斜拉桥。

3.2 模型简介

利用 Midas/Civil 软件进行模拟计算。模型主要几何参数为：三塔双索面结合梁斜拉桥，拉索设置为每个索面 22 对索，共 132 对；三塔塔高均为 206m，主梁钢梁高 2.935m，混凝土桥面板厚 0.26m，单层桥面，桥面宽度 30.5m，设双向 8 车道；跨度布置为(90＋160＋616＋616＋160＋90)m，其中 90m 段为预应力混凝土压重梁。模型材料参数见表 1，成桥模型见图 1。

模型材料参数 表 1

位　　置	材料型号	弹性模量(MPa)	泊 松 比	线膨胀系数	重度(N/mm³)
主塔	用户定义	3.45×10^{4}	0.2	1.0×10^{-5}	2.625×10^{-5}
钢梁	Q390	2.06×10^{5}	0.3	1.2×10^{-5}	7.698×10^{-5}
桥面板	用户定义	3.60×10^{7}	0.2	1.0×10^{-5}	2.625×10^{-5}
混凝土压重段	C60	3.60×10^{4}	0.2	1.0×10^{-5}	2.500×10^{-5}
斜拉索	Strand1860	1.95×10^{5}	0.3	1.2×10^{-5}	7.850×10^{-5}

3.3 合龙口敏感性分析

进行敏感分析时，合龙口设三个控制点，即上游钢梁顶部节点，下游钢梁顶部节点，主梁中线处节点，然后计算每个控制点的四个变位，即纵向位移、竖向位移、横向位移、转角。

1)非对称合龙可行性探讨

三塔斜拉桥施工时，常有工期不同步的现象，其中一跨合龙施工时，一端的压重或者其他措施必然对另一端合龙口变位和中塔受力产生影响，另一端的合龙就不容易控制。本桥的中塔刚度相对较大，施工时中塔钢梁底部不要固结，以避免因调整力度过大而导致结构产生过大次内力。在此种措施下，另一端的主跨合龙端变位和控制端变位大致相等，待合龙后即可恢复，影响可忽略不计。

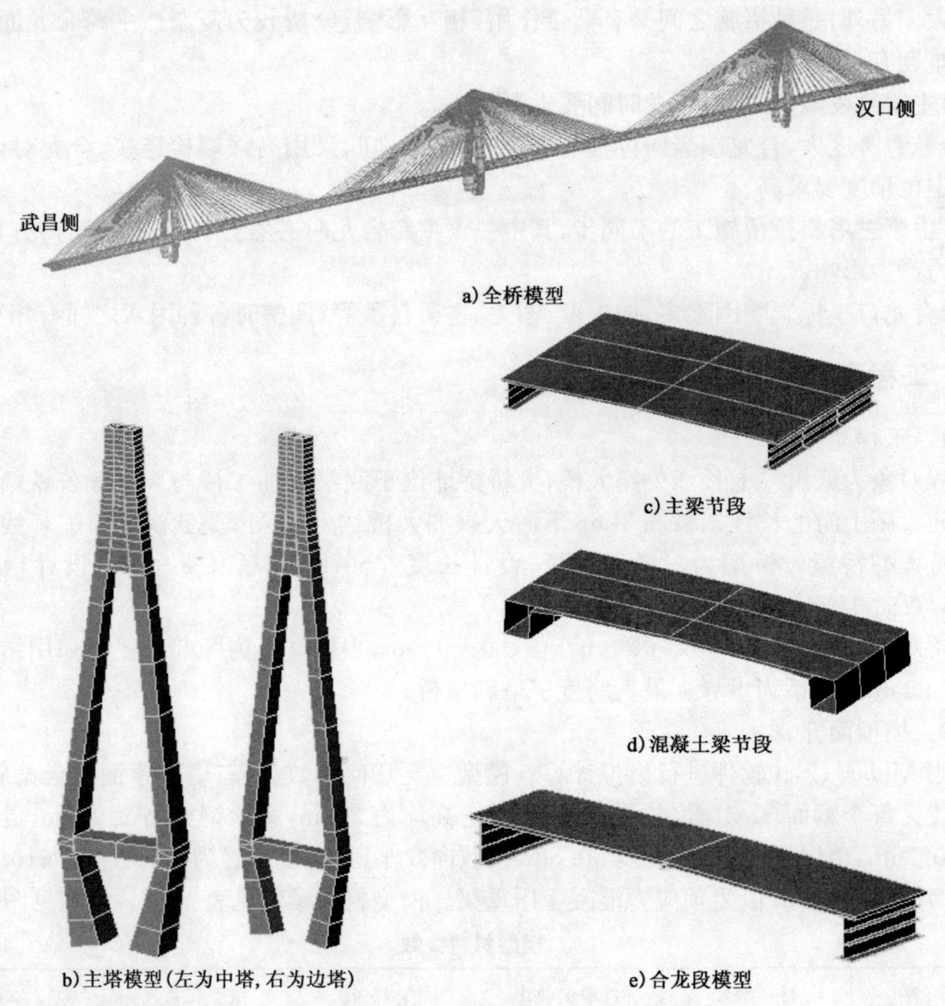

图1 MIDAS模型图

对武昌侧进行调整施工时，汉口侧合龙口的主梁变位和结构的最大应力列于表2。

武昌侧施工时汉口侧合龙口变位和结构最大应力表　　表2

荷载	位置	DX(mm)	DY(mm)	DZ(mm)	RY(rad)	应力最大值
对拉200kN	186	−29.75	352.32	−111.11	0.000 673	185MPa（中塔梁底临时固结处）
	467	−68.68	352.32	−124.17	0.000 673	
	1 276	−49.02	352.44	−117.64	0.000 673	
压重200kN	186	82.26	−0.000 019	190.85	−0.000 166	34.8MPa（中塔钢梁横梁处）
	467	82.26	−0.000 016	190.85	−0.000 166	
	1 276	82.22	−0.000 017	190.85	−0.000 166	
第一层索张拉200kN	186	−49.13	−0.000 008	−117.05	0.000 671	6.60MPa（中塔钢梁处）
	467	−49.13	−0.000 005	−117.05	0.000 671	
	1 276	−48.94	−0.000 007	−117.05	0.000 671	

续上表

荷　载	位　置	DX(mm)	DY(mm)	DZ(mm)	RY(rad)	应力最大值
第二层索张拉200kN	186	−49.01	−0.000 017	−116.93	0.000 671	6.60MPa（中塔钢梁处）
	467	−49.01	−0.000 013	−116.93	0.000 671	
	1 276	−48.82	−0.000 015	−116.93	0.000 671	

注：1. 186、467、1276 分别指汉口侧合龙口中塔端上游钢梁顶、主梁中线、下游钢梁顶三节点，第一层拉索为主跨侧最外层两根索，第二层索为第一层索相邻的两根索。

2. DX、DY、DZ、RY 分别表示纵向、横向、竖向位移和转角，下同。

由表 2 数据可知，每种荷载对相邻主跨合龙端变位影响都较小，且结构最大应力也在合理范围之内，则在分析时取一端合龙口即可（本例取武昌侧）。

合龙前的武昌合龙口两端主梁主要控制点变位见表 3。

未采取措施前武昌合龙口主要控制点变位　　表 3

位　置		DX(mm)	DY(mm)	DZ(mm)	RY(rad)
上游	左	−46.148 297	−0.000 002	−143.739 5	0.000 4
	右	49.206 182	0	−117.619	−0.000 673
下游	左	−46.148 297	0.000 002	−143.739 5	0.000 4
	右	49.206 182	0.000 004	−117.619	−0.000 673
中线	左	−46.033 274	0	−143.739 5	0.000 4
	右	49.012 591	0.000 002	−117.619 1	−0.000 673

2）计算结果汇总

计算时，加载工况按合龙措施分为温差、对拉、压重、调索和水平顶推主梁 5 种，其中温差为±10℃，荷载大小均设为 200kN。具体方案为：对拉荷载为在合龙口对角线上的两节点上各横向施加 200kN 推力；压重荷载为在合龙口两侧四片钢梁顶面节点上各施加 200kN 压力；调索分两种方案，第一方案调整最外层拉索索力，即临近合龙口最外面两对斜拉索，每根索施加 200kN 拉力，第二方案为相应第二层斜拉索施加 200kN 拉力；水平顶推点设在边塔主梁底部钢梁上，两片钢梁各施加 200kN 推力。荷载作用下合龙口变位情况见表 4。

合龙口敏感性分析结果　　表 4

加 载 工 况	位移(mm)	合龙口节点号					
		95	96	376	377	1 185	1 186
温升 10℃	DX	−13.77	17.05	−13.77	17.05	−13.71	16.92
	DZ	−167.49	−124.69	−167.49	−124.69	−167.49	−124.69
温降 10℃	DX	−78.50	−78.50	−78.50	81.36	−78.34	81.10
	DZ	−121.67	−121.67	−121.67	−110.74	−121.67	−110.74
合龙口两侧200kN 拉力	DX	−43.56	71.00	−48.74	27.39	−46.03	49.00
	DY	−142.81	−120.62	−144.67	−114.56	−143.74	−117.59
边塔塔底顶推200kN	DX	84.68	—	84.68	—	84.60	—
合龙口压重200kN	DX	−45.46	181.51	−45.46	181.51	−44.84	180.61
	DZ	−261.78	−519.62	−261.78	−519.62	−261.78	−519.62

续上表

加 载 工 况	位移(mm)	合龙口节点号					
		95	96	376	377	1 185	1 186
靠近合龙口第一对索张拉 200kN	DX	−46.52	49.28	−46.52	49.28	−46.55	49.22
	DZ	−115.66	−90.87	−115.66	−90.87	−115.66	−90.87
靠近合龙口第二对索张拉 200kN	DX	−46.41	49.37	−46.41	49.37	−46.37	49.25
	DZ	−122.11	−96.95	−122.11	−96.95	−122.11	−96.95

注:所有位移值都是基于"梁平"的状态下得到的,96、377、1 186 指合龙口中塔侧三个节点(分别是上游钢梁上缘、主梁中线、下游钢梁上缘),95、376、1 185 指合龙口边塔侧相应节点。

分析结果表明:在边塔梁底施加水平力对纵向位移改变明显,温度变化对纵向位移也有改变,但不明显;合龙口两端对拉对中线偏位改变明显;最外层索力的改变和梁端压重对竖向位移改变明显,温差对竖向位移改变较为明显;另外,计算结果表明梁端在纵向平面内的转角数量级很小,在施工中可通过索力和压重进行微调。

3.4 合龙措施的确定

1)合龙主要技术

(1)24h 环境监测

敏感性分析表明,温度变化对合龙口位移改变较为明显(尤其是纵向位移,因为这会影响合龙口长度)。为了掌握 1d 内合龙口长度变化量与温度的关系,需进行 24h 连续环境观测。观测数据包括桥面高程、中线偏位等。观测位置包括钢梁顶和底几个主要布置高栓的位置(图2),内容包括合龙口两端高程、主梁横向偏位情况、索力及塔梁应力等测量工作,观测频率以夜晚高(2 次/h)、白昼低为宜(1 次/h)。实际观测结果表明,主梁顶底板合龙端口间距、梁段轴线偏差与顶底板温度同步,20:00 到 8:00 温度缓慢降低,合龙口间距逐渐变大,有利于主跨合龙安装,而晚上零点左右的温度在 1d 之内最为稳定,对结构的变位影响最小,因此合龙时间以晚上零点左右为宜。

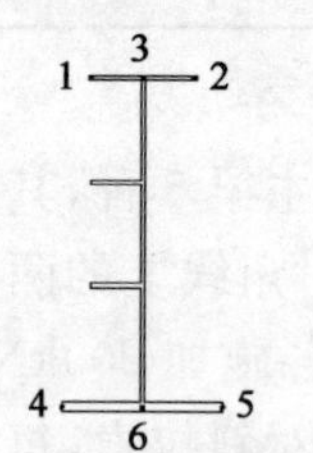

图 2 钢梁观测点示意图

由于该桥合龙前悬臂较大,合龙时要选取风速较小的时段,尽量避免风对合龙的影响。

(2)合龙措施

通过敏感分析,得出具体施调措施如下:横向位移采取对拉施调,纵向位移用边塔处主梁钢梁底设置的千斤顶顶推施调,竖向位移用索力和压重进行调整。

合龙时有合龙块整体吊装和逐块拼装两种方法,工程中一般采用逐块拼装法,从而避免使用大型吊装设备。值得注意的是,传统合龙控制时,两种方法均需要根据环境温度下合龙口长度配切相应的合龙段尺寸,这样做成的桥梁线形与内力和一次成桥相差较大,而根据无应力状态控制法,合龙口长度已预先设定,只需要通过各种合理的措施进行调整即可合龙,同时达到合理的成桥线形和内力。

(3)理论的合龙前调整措施

以合龙口两端高程相等、水平间距等于合龙段长度、主梁中线一致、转角连续为条件,通过软件的多次计算,给出了以下合理的调整方案,以供参考。

调整的步骤为:纠正主梁中线偏位>通过压重和调索调整高程和转角>通过边塔梁底施加水平推力调整合龙口长度。

调整效果见表 5。

合龙口调整后效果 表 5

合龙口长度误差(mm)	高程误差(mm)	转角误差(rad)
0.487	0.19	0.000 15

2)合龙步骤

经过上述分析,确定合龙步骤如下:

(1)在合龙前数个小时内,利用吊机将合龙段横梁(作压重使用)吊起横放在主梁高程较大一端,同时调整两端拉索索力,通过多次微调,使两端拼接缝高程一致。

(2)利用设备对角拉拽两侧钢梁(图 3),使主梁中线(小纵梁)对准,然后拼装边塔一侧合龙段钢主梁,预留最后合龙拼接缝,等待最后合龙。

(3)拆除边塔处纵梁约束,换以千斤顶,使桥梁处于半漂浮状态。

(4)零点到时,利用千斤顶纵向顶推钢梁,合龙口和顶推点同步观测,待合龙缝对接成功后,开始安装钢梁顶底部拼接板,最后安装腹板拼接板。

(5)陆续安装合龙口横梁、桥面板,浇筑桥面板湿接缝,合龙工作完成。

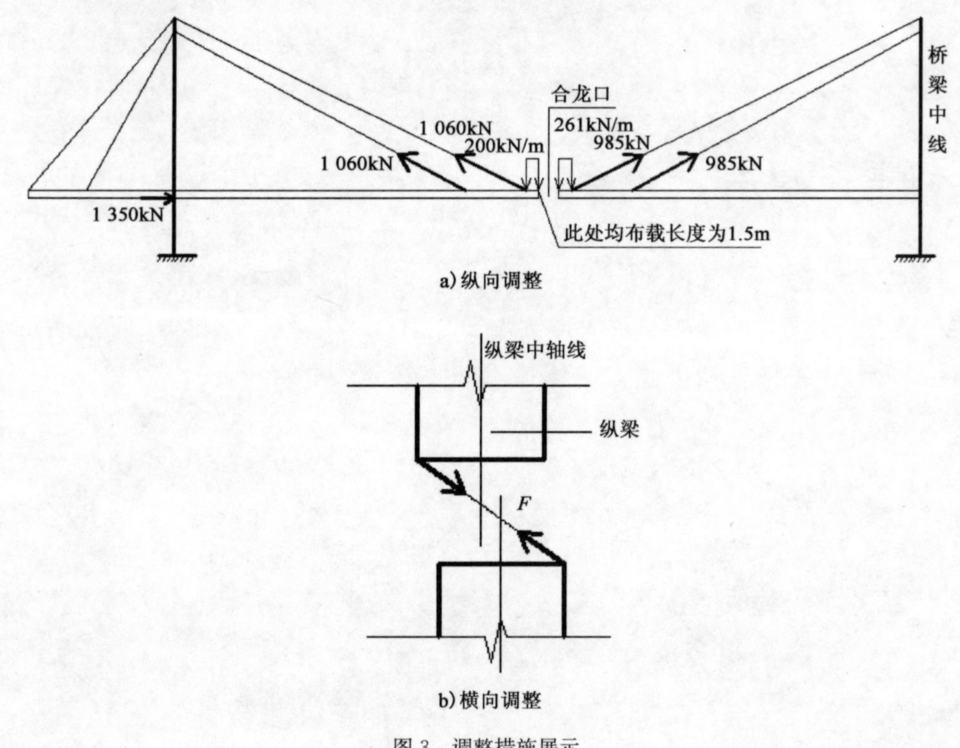

图 3 调整措施展示

4 结语

斜拉桥是高次超静定结构,其合龙段施工的质量,对其内力、线形的影响很大,而主跨的最终合龙方案与环境、时机及施工工艺都密切相关。通过合龙敏感性分析,提出了合理的施工方案,施工时可根据具体的环境、临时荷载等因素对合龙口进行相应的调整,优化施工顺序,细化各工序的时间、工艺,以使合龙后全桥的受力和线形在合理的范围内。

参考文献

[1] 秦顺全.桥梁施工控制无应力状态法理论与实践[M].北京:人民交通出版社,2007.

[2] 秦顺全.斜拉桥安装无应力状态控制法.桥梁建设[J].2003(2):31-34.

[3] 秦顺全.分阶段施工桥梁的无应力状态控制法[J].桥梁建设,2008(1):8-14.

[4] 张义.大跨度混合梁斜拉桥施工控制中的参数敏感性研究[D].西南交通大学硕士学位论文,2009.

[5] 刘俊胜,王宏,王智龙,等.大跨径结合梁斜拉桥的主跨合龙技术[J].公路交通技术,2008(4):67-70.

[6] 宋伟俊,董广文.南京大胜关长江大桥钢梁架设与合龙技术[J].桥梁建设,2009(6):6-10.

[7] 吴运宏,岳青,朱利明,等.金塘大桥主通航孔斜拉桥合龙控制措施[J].施工技术,2011(3):15-17.

107. 无应力状态控制法在斜拉桥并行作业中的应用

万淑敏

（西南交通大学）

摘　要：现代大跨度斜拉桥施工工序繁多、体系转换复杂，若以索力为控制依据，因施工临时荷载变动、温度变化、混凝土收缩涂变的影响，难以实现多工序并行作业。无应力状态控制法利用相对稳定的无应力索长作为控制量，可避免桥面荷载和其他索力调整对目标索索力的影响，为并行作业提供了条件。

关键词：斜拉桥　分阶段施工　施工工序　无应力状态控制法　并行作业

1　引言

缆索承重桥梁因其跨越能力突出，在跨越河流、高深峡谷等特殊地形及近海工程中有着巨大的优势。近年来，随着高强、轻质、耐久性材料的发展，桥面系结构越来越轻柔纤细，使得缆索承重桥梁的跨越能力进一步提升。一般的连续梁桥、连续刚构桥，在一定的施工方案下，结构的恒载内力是确定的，不能通过结构的内部调整改变恒载状态。而缆索承重桥梁中的拉索是一种主动受力构件，可以通过调整拉索索力改变结构的内力，实现恒载内力的优化或得到人为指定的内力状态[1]。此类桥梁由于跨度较大，施工工序繁杂，力学计算模式不断变化，随着恒载的增加、桥面施工荷载的位置变化，为了得到合理的内力状态，必然存在着大量的调索过程。如果这些调索过程可以与其他工序并行作业，可以大幅度节省工期。

传统的斜拉桥施工计算采用倒退分析法，其施工控制参数为索力。索力的变化可以分为两种：一种是由于荷载变化（包括施工荷载变化、温度变化、混凝土收缩徐变、其他斜拉索主动的调索）引起的索力变化；另一种是人为主动张拉拉索引起的索力变化[2-4]。因此，若以索力作为斜拉索索力调整的控制依据，必须严格控制、区分这两种变化。例如，张拉某一位置处的斜拉索时，其他位置的拉索不能张拉，且桥面临时荷载处于规定的特定状态。此外，大范围调索用时较长，温度变化、混凝土的收缩徐变对索力的影响不容忽视。传统方法无法区分斜拉索主动张拉与荷载变化的相互干扰，这是导致全桥调索以及多工序并行作业几乎无法实现的原因。

2　分阶段施工斜拉桥并行作业问题

武汉二七长江大桥是武汉市二环线的重要过江通道。距上游的武汉长江二桥 3.2km，距下游的武汉天兴洲长江大桥6km。桥面设计为双向8车道，荷载等级为公路Ⅰ级，全长6 507m，正桥采用三塔斜拉桥形式，桥跨布置为(90＋160＋2×616＋160＋90)m，如图1所示。90m边跨主梁采用等高度预应力混凝土梁，其余梁段采用双工字型钢主梁与混凝土板共同受力的组合梁。

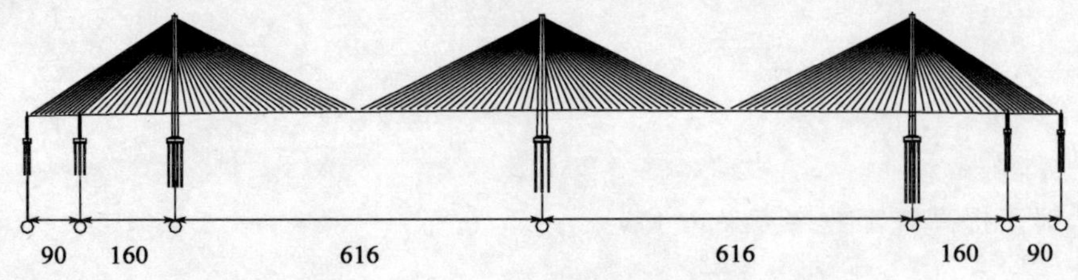

图1　武汉二七长江大桥桥跨布置图(尺寸单位:m)

二七长江大桥主要在以下几种情况可以实现并行作业。

2.1　吊机前移与调索的并行作业

武汉二七长江大桥边跨90m混凝土梁采用满堂支架法施工，现浇混凝土，预应力张拉在中跨合拢后进行；160m边跨在落地支架上一次完成。两中跨采用悬臂拼装的施工方法，由中塔向两侧、由边塔向中塔悬拼，最后实现中跨合龙。靠塔侧一个阶段吊装一个主梁节间，其余每个阶段吊装两个主梁节间。其中悬臂拼装阶段标准梁段施工工序如图2所示。

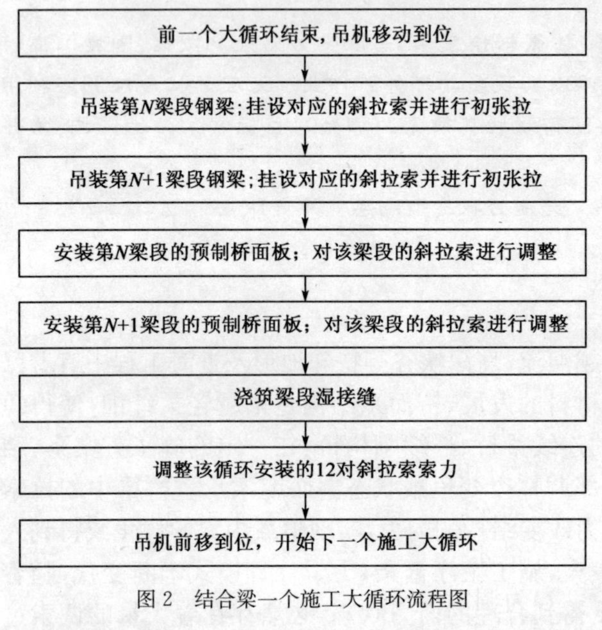

图2　结合梁一个施工大循环流程图

阶段循环结束，吊机前移之前，需要对前一节间主梁的斜拉索进行张拉，以满足后续施工阶段结构受力的要求。另外，斜拉桥每一节段完成后，需监控测量各项变形值，并及时通过调整索力消除，免误差积累[5,6]。

除合龙段跟0号块以外，中跨每个施工大循环阶段主梁标准节间长13.5m，共有46个节间。若能够实现吊机前移跟前一节间最后调索的同步实现，这对于节省工期非常有利。

2.2　结合梁桥面板的安装与调索的并行作业

从节段施工流程图可以知道，结合梁段悬臂施工一个大循环吊装两个标准梁段。为了施工的方便，现场施工不是每吊装一片钢主梁接着安装对应的桥面板，而是每个大循环钢主梁架设完成、拉索初步张拉之后，再安装桥面板；并且在桥面板安装之后，进行索力调整，以满足主梁合理的受力状态及后续施工阶段对结构受力的要求。各项参数的监测一般是在温度比较稳定的凌晨进行，确定监测数据无误后进行调索计算[2,4,5]。两块桥面板浇筑湿接缝并到达到一定强度之后，要再一次进行索力调整。如果能够在桥面板安装、湿接缝浇筑时，并行调索，有利于改变僵化的施工顺序，合理作业。

2.3　大范围同时调索、全桥调索与二期恒载的并行作业

对于斜拉桥来说，在恒载状态时，斜拉索可以看成是一种主动受力构件，可以通过设计斜拉索的索力来调整或改变结构的内力状态，得到合理的成桥线形。线形是工程验收的主要内容之一，而施工期间临时荷载、施工误差等不确定因素都会影响成桥线形。此外，大跨度桥梁施工周期长，温差变化、混凝土收缩徐变也会对结构内力、线形产生影响。因此，到达某些特定状态时，误差的积累会使结构偏离预定状态的偏差较大，需要大范围的调整索力，以纠正结构内力与线形的偏差[2,5,6]。全桥合龙之后，二期恒载必然会改变结构的受力和线形，此时也需要进行大范围甚至是全桥调索。大范围调索用时较长，传统方法调索时不能进行其他施工作业，造成人员闲置，效率比较低。因此，如果可以实现大范围同时调索，实现调索与二期恒载施工同时进行，对于提高施工效率意义重大。

3 理论依据

3.1 平衡方法[2,3]

图 3 所示状态 a 和状态 b 对应斜拉桥施工过程中的 2 个工序状态。

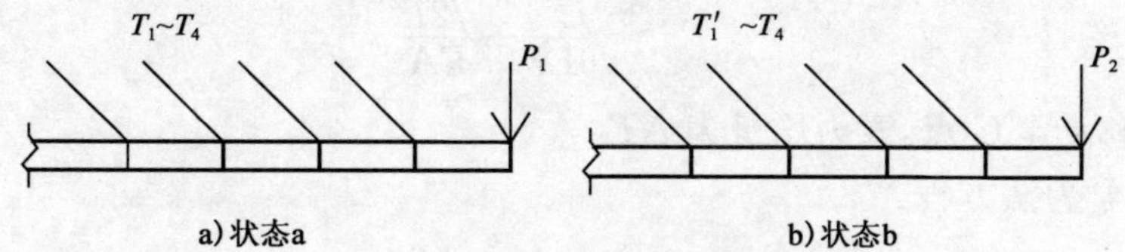

图 3 斜拉桥施工中间状态

状态 a 和状态 b 的索力变化除了受斜拉索的主动调整（$T_1 \sim T_4$）的影响，还受到荷载增量（P_2-P_1）的影响。根据分阶段施工桥梁结构的力学平衡方程，图 3 结构状态 a 的平衡方程为：

$$[k]\{\delta_1\}=\{p_1\}+\{l_{01}\} \tag{1}$$

状态 b 的平衡方程为：

$$[k]\{\delta_2\}=\{p_2\}+\{l_{02}\} \tag{2}$$

式(2)－式(1)得：

$$[k]\{\delta_2-\delta_1\}=\{p_2-p_1\}+\{l_{02}-l_{01}\} \tag{3}$$

由式(3)可以看出，状态 b 与状态 a 之间结构内力和位移的变化只与两状态之间荷载的变化量和斜拉索无应力长度的变化值有关，而与调索的次序和荷载变化与调索的先后无关。

由此可见，从状态 a 到状态 b，斜拉索（$T_1 \sim T_4$）的主动调整不以索力为控制条件，用状态 b 和状态 a 之间各斜拉索的无应力长度差值（伸长量）为调索控制条件，由此可实现斜拉索调索与引起桥梁荷载变化的施工操作同步并行作业，$T_1 \sim T_4$ 斜拉索调索的顺序也可以是任意的。

3.2 算例证明

图 4 所示是简单的索梁结构。

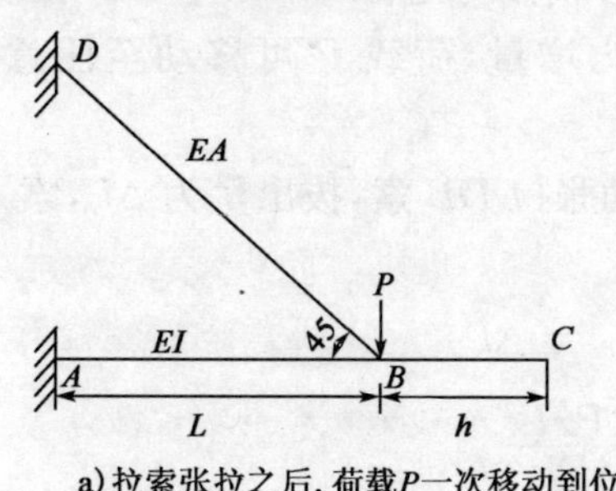

图 4 索梁结构

该索梁结构分两步由状态 a 变化到状态 b，先张拉 DB 索，再移动荷载 P：

(1)桥面荷载 P 不动，斜拉索主动张拉，索力增量为 ΔT_1

B 点竖向位移：

$$M_{\mathrm{A}} = \Delta T_1 L \frac{\sqrt{2}}{2}$$

$$\delta_{\mathrm{B}} = \frac{ML^2}{3EI} = \frac{L^3}{3EI} \frac{\sqrt{2}}{2} \Delta T_1$$

索力增量 ΔT_1 引起的拉索总的伸长量：

$$\Delta L = \frac{\sqrt{2}L}{EA} \Delta T_1 + \delta_{\mathrm{B}} \frac{\sqrt{2}}{2}$$

进一步得到该步索力增量为：

$$\Delta T_1 = \frac{\Delta L}{\dfrac{L^3}{6EI} + \dfrac{\sqrt{2}L}{EA}}$$

(2)荷载 P 移动至 C 点，索力增量为 ΔT_2

根据结构力学力法方程：

$$\delta_{11} \Delta T_2 + \Delta_{1P} = 0$$

$$\delta_{11} = \sum \int \frac{\overline{M_1}^2}{EI} \mathrm{d}s + \int \frac{\overline{N_1}^2}{EA} \mathrm{d}s = \frac{L^3}{6EI} + \frac{\sqrt{2}L}{EA}$$

$$\Delta_{1\mathrm{P}} = \sum \int \frac{\overline{M_1} M_{\mathrm{P}}}{EI} \mathrm{d}s + \int \frac{\overline{N_1} N_{\mathrm{P}}}{EA} \mathrm{d}s = -\frac{\sqrt{2}PhL^2}{4EI}$$

进一步得到该步索力增量为：

$$\Delta T_2 = \frac{\dfrac{\sqrt{2}PhL^2}{4EI}}{\dfrac{L^3}{6EI} + \dfrac{\sqrt{2}L}{EA}}$$

则，从初状态到终状态，经过 DB 索主动张拉和荷载 P 从 B 点移动到 C 点两个动作，斜拉索索力改变值为：

$$\Delta T = \Delta T_1 + \Delta T_2 = \frac{\Delta L + \dfrac{\sqrt{2}PhL^2}{4EI}}{\dfrac{L^3}{6EI} + \dfrac{\sqrt{2}L}{EA}} \tag{4}$$

式(4)的索力变化是经历斜拉索主动张拉和荷载移动先后两个工序 DB 索总的索力变化。如果 DB 索的主动张拉控制采用拔出量取代索力增量，荷载 P 可移动至任意位置(例如 E 点)，进行 DB 索调索：

(1)假设荷载 P 移动到任意位置 E 点时，主动张拉 DB 索，拔出量为 ΔL，索力变化值记为 ΔX_1；此时有力法方程：

$$\delta_{11} \Delta X_1 + \Delta_{1\mathrm{P}} = \Delta L$$

$$\Delta_{1\mathrm{P}} = -\frac{\sqrt{2}PxL^2}{4EI}$$

得到：

$$\left(\frac{L^3}{6EI}+\frac{\sqrt{2}L}{EA}\right)\Delta X_1=\Delta L+\frac{\sqrt{2}PxL^2}{4EI}$$

(2)荷载 P 继续从 E 点移动到终状态的 C 点，拉索索力变化值记为 ΔX_2。

此时有力法方程：

$$\delta_{11}\Delta X_2+\Delta_{1\mathrm{P}}=0$$

$$\Delta_{1\mathrm{P}}=-\frac{\sqrt{2}P(h-x)L^2}{4EI}$$

得到：

$$\left(\frac{L^3}{6EI}+\frac{\sqrt{2}L}{EA}\right)\Delta X_2=\frac{\sqrt{2}P(h-x)L^2}{4EI}$$

则斜拉索最终的内力改变值为：

$$\Delta X=\Delta X_1+\Delta X_2=\frac{\Delta L+\dfrac{\sqrt{2}PhL^2}{4EI}}{\dfrac{L^3}{6EI}+\dfrac{\sqrt{2}L}{EA}} \tag{5}$$

式(4)与式(5)的索力变化完全相同，并且结果中不包含说明荷载移动过程的参数 x。显然，只要拉索无应力长度的改变值一定，无论荷载 P 如何移动，也不论斜拉索何时开始主动张拉，当荷载 P 最终到达 C 点时，其内力变化量必然与严格的分步骤操作结果完全一致。

4　工程应用

以武汉二七长江大桥，武昌侧结合梁段第五个施工大循环为例，介绍吊机前移与斜拉索调索的并行作业。图 5 为该中间施工阶段的简图，为简便起见只给出了中塔一侧前四对拉索的细部示意图。

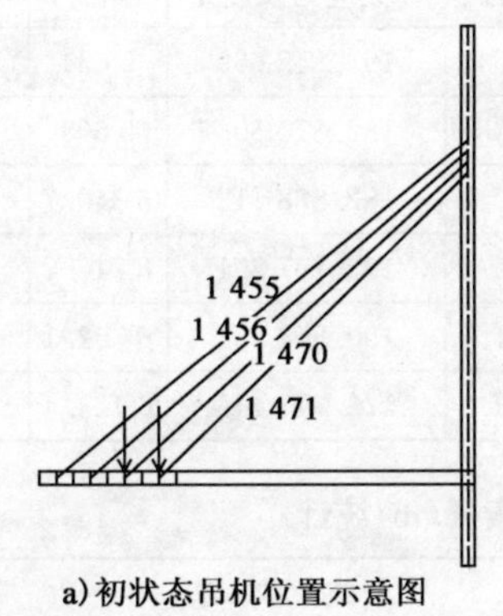

a)初状态吊机位置示意图

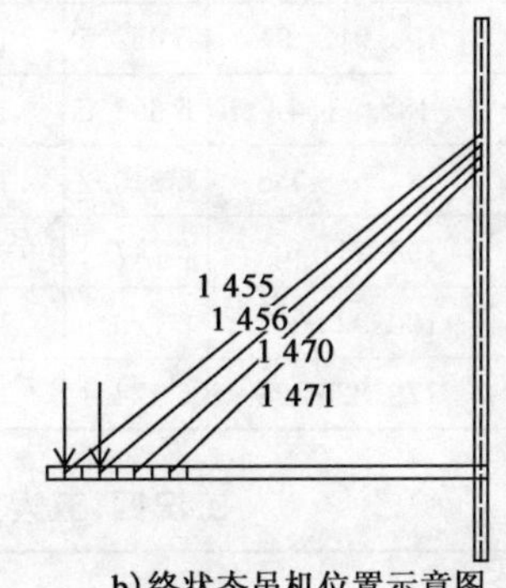

b)终状态吊机位置示意图

图 5　中间施工阶段吊机前移过程简图

吊机需要从图 5a)所示位置前移两个梁段到达图 5b)所示位置，共 27m。由于武昌侧桥面吊机重达 150t，为了保证施工过程中主梁合理的内力和线形，一般在吊机前移过程中，对该循环中安装的 12 对拉索进行索力调整。传统方法以索力为控制目标，调索过程与桥面荷载变化互相影响，每一次调索只能在特定的状态下实施。无应力状态控制法以无应力索长为控制目标，可以在任意位置调索。采用有限元软件 SCDS 对该施工阶段进行计算，表 1 给出了计算工况信息，表 2～表 4 分别给出了用传统方法和无应力状态控制法得到的结果，由于结构对称，只给出武昌侧数据。其中传统方法斜拉索三次张拉到位，无应力状态控制法根据一次张拉到位、两次张拉到位分为四种工况。

工 况 信 息 表1

工 况	方 法	调索位置		
		第一次调索	第二次调索	第三次调索
工况一	传统方法	吊机未移动	吊机前移 $L/2$	吊机移动到位
工况二	无应力状态控制法	吊机前移 $L/4$	—	—
工况三	无应力状态控制法	吊机前移 $L/2$	—	—
工况四	无应力状态控制法	吊机前移 $3L/4$	—	—
工况五	无应力状态控制法	吊机前移 $L/4$	吊机前移 $3L/4$	—

各工况位移统计(mm) 表2

状 态		左边塔右侧悬臂端点位移		中塔左侧悬臂端点位移	
		水平	竖向	水平	竖向
初状态		−11.618	−86.207	13.056	−83.552
终状态	工况一	−10.946	−0.586	12.319	−5.178
	工况二	−10.948	−0.532	12.072	−5.51
	工况三	−10.947	−0.486	12.07	−5.457
	工况四	−10.946	−0.446	12.069	−5.407
	工况五	−10.949	−0.623	12.075	−5.623

工况一、二、三索力(kN)与无应力索长(m)统计 表3

索号	初状态		终状态					
			工况一		工况二		工况三	
	索力	无应力长度	索力	无应力长度	索力	无应力长度	索力	无应力长度
1404	5 009	193.912 191	5 652.5	193.848 767	5 654	193.848 669	5 654	193.848 663
1405	4 907.6	182.934 14	5 608.5	182.870 454	5 608	182.870 505	5 608	182.870 502
1422	5 510.6	182.985 538	6 340.2	182.888 157	6 340.5	182.888 112	6 340.7	182.888 078
1423	5 926.5	193.941 403	6 747.1	193.837 993	6 746.1	193.837 891	6 746.2	193.837 855
1437	5 904.4	190.922 007	6 790.9	190.806 924	6 791.7	190.806 852	6 792.1	190.806 789
1438	5 487	179.826 828	6 424.1	179.717 461	6 423.5	179.717 445	6 423.4	179.717 427

工况四、五索力(kN)与无应力索长(m)统计 表4

索 号	初状态		终状态			
			工况四		工况五	
	索力	无应力长度	索力	无应力长度	索力	无应力长度
1404	5 009	193.912 191	5 654.1	193.848 657	5 652.5	193.848 801
1405	4 907.6	182.934 14	5 608	182.870 499	5 608.3	182.870 502
1422	5 510.6	182.985 538	6 340.9	182.888 049	6 337.8	182.888 338
1423	5 926.5	193.941 403	6 746.3	193.837 824	6 747.5	193.837 824
1437	5 904.4	190.922 007	6 792.5	190.806 729	6 789.8	190.807 061
1438	5 487	179.826 828	6 423.3	179.717 412	6 424.6	179.717 412

由表 2～表 4 的数据对比发现，利用无应力状态控制法进行吊机前移阶段的施工操作，无论吊机移动到任何位置对拉索进行索力调整，结构最终的位移和内力都与传统方法的结果一致，即最终斜拉索索力不受桥面荷载移动的影响。因此，无应力状态控制法可以实现调索与吊机前移的并行作业，且精度可靠。

5 结语

大跨度缆索承重桥梁为了实现恒载内力优化，得到合理的成桥线形，常常需要大量的调索作业。传统的施工计算方法无法严格区分斜拉索主动张拉与其他荷载改变引起的索力变化，无法实现索力调整与其他施工操作并行作业。

本文的算例证明表明：以拉索的伸长量为张拉控制条件，桥面荷载的移动过程对最终结构的内力、位移变化没有影响。最后以二七长江大桥作为工程应用，实现了结合梁段调索与吊机前移的并行作业，精度可靠，做到了索力与线形的双控。

参 考 文 献

[1] 项海帆. 高等桥梁结构理论[M]. 北京：人民交通出版社，2001.

[2] 秦顺全. 斜拉桥施工中的多工序并行作业问题[J]. 桥梁建设，2008(3)：8-10.

[3] 秦顺全. 斜拉桥安装无应力状态控制法[J]. 桥梁建设，2003(2)：31-34.

[4] 秦顺全. 桥梁施工控制——无应力状态法理论与实践[M]. 北京：人民交通出版社，2006.

[5] 黄晓航. 夷陵长江大桥三塔斜拉桥施工监控[J]. 桥梁建设，2003(3)：22-24.

[6] 秦顺全，谢红兵，刘孝军. 武汉长江二桥斜拉桥安装计算及监控管理[J]. 桥梁建设，1995(3)：41-43.

108. 攀枝花新密地大桥悬浇施工监控方法

张　铎　蒋长江　袁霖宇

(西南交通大学土木工程学院)

摘　要:拱桥悬浇施工因其技术难度大,监控工作复杂,国内仅成功应用于白沙沟1号桥(主跨150m)。目前在建的第二座悬浇箱形混凝土拱桥——攀枝花市新密地大桥(主跨182m),上游拱圈已顺利合拢,各项参数控制良好,监控工作取得阶段性成果,为该领域提供了宝贵的经验。本文以此为工程背景,介绍该桥施工阶段计算模型,重点论述其监测方法,同时进行误差分析,并制定相应的控制措施。

关键词:悬臂浇筑　钢筋混凝土箱型拱桥　施工监测　施工控制　施工阶段

1　引言

拱桥的悬臂浇筑施工方法具有施工方便、结构整体性好、后期维护少的独特优势。但由于其技术要求高,工艺复杂,该方法在国内仅成功应用于白沙沟1号桥的建设。该桥通过完善的监控系统、严密的结构计算以及大量的模型试验,对施工过程中混凝土浇筑、挂篮移动、混凝土收缩徐变及扣锚索张拉等因素导致的结构状态变化进行了严格监测,并将其控制在了安全范围内[1]。白沙沟1号桥的施工全过程模型试验[1,2]保证了结构合拢前受力的安全性与合拢后内力分布的合理性,确保了结构的安全。新密地大桥的施工监控借鉴了该桥的成功经验:在施工前利用有限元软件模拟计算了主拱圈及各种临时结构在各施工阶段的理想状态;在施工过程中通过对各工况下的结构参数的密切监测,采取合理的措施予以调整与控制。本文主要介绍该桥计算模型的建立和线形、应力、索力及临时塔位移的监控方法。

2　工程概况

新密地大桥位于四川省攀枝花市东区密地村,跨越金沙江,是攀枝花市"十一五"规划中"一高一快三大桥"重点工程之一。该桥主桥为净跨182m的钢筋混凝土箱形拱桥,采用分幅式结构,净矢跨比为$F_0/L_0=1/6$,拱轴系数$m=1.988$,为等高截面悬链线拱。桥面宽30m,每肋拱箱为单箱双室结构,高3.5m,宽9.6m。拱上立柱采用双柱式,柱上为跨径12.66m简支箱梁,梁高85cm。该桥设计荷载等级为公路-I级,人群3.0kN/m^2,设计安全等级为一级。

该桥采用扣挂法悬臂浇筑施工,利用扣索承担拱圈合拢前结构的自重。拱箱分31个节段施工(南北侧各15段,中间设合拢段),其中两岸各设一个拱脚搭架现浇段(南、北1号段),拱顶设吊架浇筑合拢段,其余28个均为挂篮悬臂浇筑段。施工总体布置如图1所示。

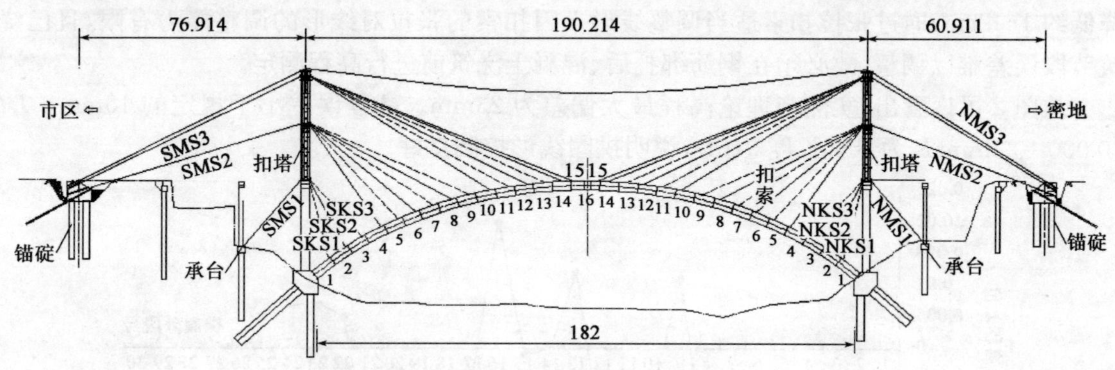

图1　施工总体布置图(尺寸单位:m)

3　施工监控计算模型的建立

3.1　计算思路

新密地大桥施工监控采用目前使用较为普遍的正装法模拟计算,利用有限元软件做具体分析,以确定施工过程中各阶段的理想状态。在施工监控过程中,结合监测结果和计算结果,不断地调整模型计算参数,以使模型计算数据与施工实测数据能够较好地吻合。

3.2　计算模型

计算模型采用空间有限元计算程序 Midas/Civil 进行全施工阶段模拟,能够较真实地反映施工中结构受力情况。模型采取了适当的简化,共包含了节点665个,单元993个。

软件分析显示,施工全过程中拱圈上缘的最大压应力12.9MPa,最大拉应力1.3MPa;拱圈下缘的最大压应力12.0MPa,最大拉应力1.2MPa,满足设计要求。同时提取了各阶段理想线形及应力数据,以控制施工过程中各参数的偏差值[4]。

4　施工监控方法

施工监控包含了监测与控制两个方面。

监测对象包括结构几何状态、应力状态、索力及温度等。施工监测是为了把握结构的变形状况及内力状况,获得实际结构状态的相关数据。此外,由于结构实际温度与设计温度有所差异,因此必须进行温度监测,并根据温度监测结果在计算机中将实测结构参数(索力、线形等)标准化到设计温度下,使结构实测状态与理想状态的比较在同一温度水平下进行[3]。

施工控制将实测数据与设计数据进行对比,评估二者的差异。当偏差值超出容许范围时,需要制定相应方案予以控制。同时,依据施工中结构的测试结果,采用结构参数估计的方法,在计算模型中,对与实际情况不相符的边界条件和计算参数进行调整[3],修正结构的理想状态,以指导下一节段的正确施工。

新密地大桥以控制几何线形为监控工作的基本原则,通过对应力、临时塔偏移的监测及扣锚索索力的调整来确保线形的准确,进而控制整个主拱圈的结构状态。

4.1　拱圈线形监控

新密地大桥采用全站仪测定高程。沿垂直桥轴线方向,每段布置3个测点,分别为上游、中间和下游;沿桥轴线方向,以预埋钢筋头为标志,于各节段上缘布置测点。

新密地大桥采用悬臂浇筑施工，各节段浇筑混凝土前后均需要测定高程。拱圈合拢前应进行连续监测，合拢并卸去索力后进行全桥通测，以确保线形偏差在可控范围内。浇筑后高程降低约 1～2cm，通过张拉扣索适当调整线形。因扣索的张拉对线形的调整能力有限，且已浇筑节段误差难以调整，故必须在钢筋绑扎后、混凝土浇筑前进行高程测定。

从图 2 可以看出，实测与理论高程最大偏差为 23mm。高程误差小于规定的 15mm＋L/10 000＝24mm(L 为悬臂长度 91m)，说明拱圈线形控制良好。

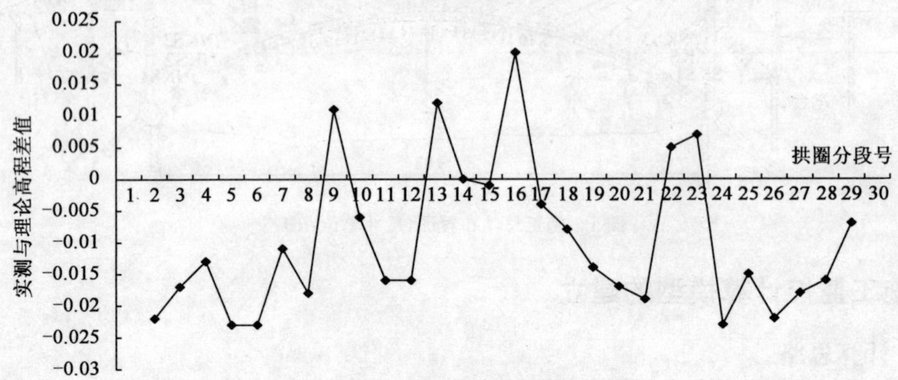

图 2　合拢后拱圈实测与理论高程差值图(单位：mm)

比较递增总体几何线形变化与期望理想几何线形变化可得一误差。此误差是结构刚度离散性与荷载离散性叠加的结果。若误差超出了容许范围，则需进行以下修正措施：①施工过程检查；②环境影响评估；③利用参数识别系统确定结构参数。此时需通过敏感性分析、参数识别系统和误差平差系统来识别可能导致误差的参数。

4.2　扣索和锚索索力监控

在各节段采用挂篮悬臂浇筑后，张拉扣索以调整线形并承担重力。为保证临时塔与盖梁的稳定，设置锚索，并将其锚固于岸边锚碇。张拉过程中，利用千斤顶与锚索计双重控制的方法，同时分级张拉扣索与锚索，并用弦振式索力仪在张拉后进行索力测量。施工各阶段南岸上游索力误差见表 1(浇筑后)及表 2(张拉后)。

施工各阶段南岸上游索力误差表(浇筑后)　　表 1

拱段	南岸上游浇筑索力 扣索索力在各阶段实测与理论差值百分比(%)										
	K3	K4	K5	K6	K7	K8	K9	K10	K11	K12	K13
4 号	3.22										
5 号	−0.2	0.72									
6 号		1.62	1.2								
7 号			1.49	2.77							
8 号				1.06	0.68						
9 号					1.86	0.65					
10 号						−3.07	2.55				
11 号							−9.24	7.41			
12 号								4.66	2.36		
13 号									1.78	0.74	
14 号										1.63	2.81

施工各阶段南岸上游索力误差表(张拉后)　　表 2

拱段	南岸上游张拉索力											
	扣索索力在各阶段实测与理论差值百分比(%)											
	K3	K4	K5	K6	K7	K8	K9	K10	K11	K12	K13	K14
4号	2.79	2.11										
5号	−0.14	1.45	0.53									
6号		1.54	1.15	2.21								
7号			1.42	2.27	0							
8号				1.28	1.33	0.32						
9号					2.56	0.98	−0.17					
10号						0	2.44	1.86				
11号							1.78	4.54	1.78			
12号								4.92	2.97	0.11		
13号									1.86	−2.23	0.08	
14号										1.11	0.74	−2.17

新密地大桥成桥索力控制误差为±10%。从上表可以看出,索力整体控制良好。个别误差较大,产生的原因可能为:①拱段在定位时索力和高程不一定同时达到理想状态,有时为使高程更好地接近理想值,索力调整幅度较大;②环境因素尤其是温度变化的影响;③人员操作以及仪器设备的误差。

在保证单侧索力误差控制良好的同时,对上下游扣索间索力偏差值进行限制,以确保拱段在施工中不受过大的旁弯和扭转。此外,在拱圈合拢前,应根据实际情况进行二次索力调整。索力调整的目的在于:①调整拱圈内力,确保合拢后控制断面处于均压状态;②在保证合拢前结构安全的基础上,调整成拱线形,使其趋于理想状态[1]。

4.3 拱圈应力监控

拱圈应力是反映结构安全状态的重要指标之一,因此在拱圈重点截面应设置应力监测点,以确保拱圈安全。为保证应力监测效果并获得累计应力的监测数据,新密地大桥采用预埋振弦式应变传感器,利用振弦式读数仪同时测得模数和温度,并进行相应的计算分析,从而实现应力监测。

拱圈轴向应力监测断面选为拱脚处、$L/8$、$L/4$ 及 $L/2$ 等关键截面,交界墩应力监测断面取距墩底 2m 处的标准截面。部分关键截面实测与计算应力增量的最大偏差值见表 3,南岸拱脚截面实测与计算应力增量比较见图 3。

部分关键截面实测应力增量与计算应力增量的最大偏差值(单位:MPa)　　表 3

	南岸拱脚	南岸 1/8 截面	北岸拱脚
顶板上游	−2.64	1.45	−2.27
顶板中间	1.07	—	−1.63
顶板下游	2.01	1.99	−2.57
底板上游	−2	−1.97	−1.83
底板中间	−3.05	—	−3.57
底板下游	−2.22	−2.16	−3.64

新密地大桥应力控制采用数据反馈与预警机制，每节段进行两次应力测试，在节段浇筑7～8d后开始测量。当应力数据超过误差范围或应力水平达到80%材料允许强度(C50为14MPa)时发出预警，同时与线形测量配合，控制施工过程安全性及与理想状态的偏差程度。

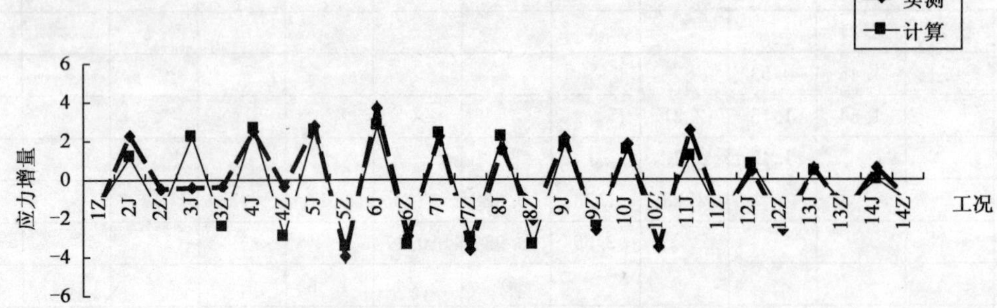

图3　南岸拱脚截面实测与计算应力增量对比图(单位:MPa)

(J—浇筑;Z—张拉)

表2显示最大偏差值为－3.64MPa，在可控范围内；同时，从图3可以看出，在整个施工阶段，南岸拱脚截面实测应力增量与计算应力增量符合较好。说明拱圈各关键截面在施工中的实际应力和计算应力符合较好。总的来说，该桥的应力监控方法是可行有效的，个别偏差较大的点可能是由于传感器测量误差、索力张拉误差以及温度影响所致。

4.4　临时塔位移监控

万能杆件非线性因素较多，难以模拟计算，故临时塔采用空心钢管。塔架总高度为40m，塔顶位移将直接影响到拱圈高程和应力控制，因此沿桥轴线的塔顶位移应控制在2.5cm以内。

塔顶位移利用全站仪观测，于塔顶贴片。由于攀枝花市昼夜温差较大(可达25℃)，塔顶偏移受温度影响很大。为尽量避免温度影响，选在夜晚测量。临时塔位于交界墩处的盖梁上，可通过调整扣锚索索力来保证整体稳定并控制塔顶偏移。

5　结语

(1)悬浇拱桥监控方法在新密地大桥中的成功应用促进了其在国内的进一步发展。目前该桥上游拱圈的顺利合拢，再次验证了这一监控方法的正确性。

(2)该桥以线形监控为基本原则，并在一定程度上，以索力、应力及临时塔位移的调整来确保线形的准确。

(3)因现浇混凝土引起的结构状态的变化难以控制，根据该桥的施工监控经验，本文建议在施工前进行足够的理论计算与模型试验，并在浇筑前后均进行高程及索力测定。

参考文献

[1] 李晓斌.大跨度钢筋混凝土拱桥悬臂浇注施工控制与模型试验研究[D].西南交通大学,2008.

[2] 曾勇华.拱桥悬臂现浇施工控制模型试验研究[D].西南交通大学,2007.

[3] 秦顺全.桥梁施工控制—无应力状态法理论与实践[M].北京:人民交通出版社,2007:1-6.

[4] 中交公路规划设计院成都分院.新密地大桥左幅拱圈合拢监控报告[R].成都:中交公路规划设计院成都分院,2011.
[5] 向中富.桥梁施工控制技术[M].北京:人民交通出版社,2003:20-33,172-181.
[6] 顾安邦,张永水.桥梁施工监测与控制[M].北京:机械工业出版社,2005:8-18.
[7] 徐君兰.大跨度桥梁施工控制[M].北京:人民交通出版社,2000:126-135.
[8] 颜东煌,唐东,涂光亚,袁明.悬臂拼装钢筋混凝土箱型拱桥的施工监测方法[J].长沙理工大学学报,2004(12):18-22.

第二十届
全国桥梁学术会议
论文集

Diershijie
Quanguo Qiaoliang Xueshu Huiyi Lunwenji

○ 下册

2012 · 武汉

中国土木工程学会桥梁及结构工程分会 编

人民交通出版社
China Communications Press

内 容 提 要

本书为第二十届全国桥梁学术会议论文集，由中国土木工程学会桥梁及结构工程分会精选的170余篇优秀论文汇编而成。本论文集包括大会报告，设计与分析，施工与控制，抗震、抗风与动力分析，检测、加固、船撞及其他五个部分，全面、系统地展示了近一时期我国桥梁工程建设的新动态、新理念、新成果和新经验。

本书可供从事桥梁工程设计、施工、检测、管理等相关工作的技术人员参考使用，也可供大中专院校相关专业师生阅读学习。

图书在版编目(CIP)数据

第二十届全国桥梁学术会议论文集·下册/中国土木工程学会桥梁及结构工程分会编.—北京：人民交通出版社，2012.5

ISBN 978-7-114-09779-9

Ⅰ.第… Ⅱ.中… Ⅲ.桥梁工程—学术会议—文集 Ⅳ.①U44-53

中国版本图书馆CIP数据核字(2012)第077870号

Diershijie Quanguo Qiaoliang Xueshu Huiyi Lunwenji

书　　名：第二十届全国桥梁学术会议论文集(下册)
著 作 者：中国土木工程学会桥梁及结构工程分会
责任编辑：张征宇　郭红蕊
出版发行：人民交通出版社
地　　址：(100011)北京市朝阳区安定门外外馆斜街3号
网　　址：http://www.ccpress.com.cn
销售电话：(010)59757969，59757973
总 经 销：人民交通出版社发行部
经　　销：各地新华书店
印　　刷：北京市密东印刷有限公司
开　　本：787×1092　1/16
印　　张：28.75
字　　数：723千
版　　次：2012年5月　第1版
印　　次：2012年5月　第1次印刷
书　　号：ISBN 978-7-114-09779-9
印　　数：0001-1500册
定　　价：200.00元(上、下册)

第二十届全国桥梁学术会议

学术委员会

名誉主任　范立础
主　　任　项海帆
副 主 任　葛耀君
委　　员　（以姓氏笔画为序）

牛　斌　吉　林　孙利民　肖汝诚
邵长宇　孟凡超　赵基达　秦顺全

组织委员会

主　　任　尤习贵
副 主 任　肖汝诚
委　　员　（以姓氏笔画为序）

王国锋　冯鹏程　华彦常　张　鸿　杨志刚　杨少稀
罗世东　姜友生　胡志坚　高宗余　黄　雍　詹建辉
潘东发

主办单位

中国土木工程学会桥梁及结构工程分会

支持单位

湖北省交通运输厅
武汉市城乡建设委员会

协办单位（排序不分先后）

中铁大桥局集团有限公司
中交第二航务工程局有限公司
湖北省交通规划设计院
中交第二公路勘察设计院有限公司
中铁大桥勘测设计院有限公司
武船重型工程股份有限公司
武桥重工集团股份有限公司
中铁第四勘察设计院集团有限公司
中国公路工程咨询集团有限公司
华中科技大学
武汉理工大学
武汉大学测绘学院

承办单位

《桥梁》杂志

目　录(下册)

四、抗震、抗风与动力分析

五、检测、加固、船撞及其他

四、抗震、抗风与动力分析

109. 大跨度钢箱梁悬索桥的高阶模态涡激共振问题研究

陈政清

（湖南大学风工程试验研究中心）

摘　要：大跨度钢箱梁悬索桥存在高阶模态涡激共振的可能性，其主要影响因素有斯托罗哈数 S_t，模态质量，模态阻尼比和风场相关性。本文分析了各个影响因素的作用，用节段模型风洞试验验证了 S_t 数不随模态频率变化。针对悬索桥模态在频域上密集分布的特点，提出了一种多点弹性支撑连续梁的新型气弹模型，可以准确模拟更多阶的竖弯模态，从而可用于研究风场相关性对涡振的影响。文末讨论了高阶模态阻尼比的取值问题。我国应尽快开展大跨度桥梁现场稳态激振试验，它可以获取高阶模态阻尼比的准确值，指导今后超大跨度桥梁的抗风设计。

关键词：悬索桥　风致振动　涡激共振　高阶模态　大跨度

1　引言

大跨度悬索桥模态密集，0.6Hz 以下可能有多阶模态存在。已发现有跨度在 1 500m 以上的钢箱梁悬索桥有多阶竖向模态涡激共振现象[1,2]，发振模态的频率范围在 0.2～0.4Hz 之间。悬索桥的钢箱加劲梁属于扁平长条杆件，梁高 4m 左右，S_t 数一般不会小于 0.1，频率在 0.6Hz 以下模态的涡振起振风速都会低于桥上允许行车通行风速（25m/s），其涡振振幅必须小于规范允许值。另一方面，涡振振幅容许值实际是由行人车辆所能承受的加速度限值换算的，它随模态频率升高而降低，这意味着高阶模态的振幅限值更为严格，必须给以更多关注。

2　桥梁涡激共振的现有基本理论

1898 年，Strouhal 研究了风竖琴的振动现象，他通过实验发现当流体绕过圆柱体后，在尾流中将出现交替脱落的漩涡，并且漩涡脱落频率、风速及圆柱体直径之间存在以下关系：

$$S_t = \frac{fD}{U} \tag{1}$$

式中，f 为漩涡脱落频率；D 为圆柱体直径；U 为风速，S_t 为 Strouhal 数，对于圆柱体，S_t 约为 0.2。后来研究发现，式(1)也可应用于桥梁等棱柱体，其中 D 为桥梁迎风面的高度，即梁高。对于接近流线型的钢箱梁，S_t 数在 0.08～0.15 之间。

从涡激共振的表现形式来看，它是长棱柱体的一种带有自激性质的强迫振动。涡激共振主要有五个方面的特征：

(1)在较低风速下发生的有限振幅振动；

(2)只在某一风速区间内发生，称为锁定(Locking in)现象；

(3)最大振幅对阻尼有很大的依赖性；

(4)涡激响应对断面形状的微小变化很敏感；

(5)涡激振动可以激起弯曲振动，也可以激起扭转振动。

除了解有关涡激共振的性质外，抗风设计需要检算涡振振幅是否超过容许值。但是，准确估计桥梁涡激共振时的振幅，是一个非常困难的问题，即使是采取风洞试验与理论分析相结合的研究方式，也还很不尽如人意。这里介绍现有的涡振振幅估计理论与实用方法，供下文进一步的讨论分析用。

2.1 涡激振子理论

这一理论的数学模型是一个无限长的直棱柱体，具有自振频率 f 和阻尼比 ζ，在均匀流场中发生竖向涡激共振。如果只计入漩涡脱落产生的涡激力，单位长度棱柱体振动方程是一个单自由度的强迫振动微分方程：

$$m(\ddot{y}+2\zeta\omega_n\dot{y}+\omega_n^2 y)=\frac{1}{2}\rho U^2 DC_{\mathrm{L}}(S_{\mathrm{t}})\sin(\omega_n t+\varphi) \tag{2}$$

式中，$\omega_{\mathrm{n}}=2\pi f$；$C_{\mathrm{L}}$ 为涡激力系数，它由棱柱体的外形决定，从而是 S_t 的函数，且是以棱柱体迎风面的高度为特征长度。由结构动力学的简谐振动理论，达到涡激共振时的幅值为：

$$Y=\frac{\frac{1}{2}\rho U^2 DC_{\mathrm{L}}}{\omega_n^2 m}\cdot\frac{1}{2\zeta} \tag{3}$$

再引入以下符号：

$$\eta=\frac{y}{D},S_{\mathrm{c}}=\frac{4\pi m\zeta}{\rho D^2} \tag{4}$$

其中，η 是涡激共振的无量纲振幅，按梁高 D 无量纲化；S_t 是斯托罗哈数，S_c 是斯卡顿(Scruton)数。式(3)可化为以下形式：

$$\eta=\frac{C_{\mathrm{L}}}{4\pi S_{\mathrm{c}}S_{\mathrm{t}}^2} \tag{5}$$

这表明无量纲振幅与涡振力系数成正比，与 S_t 数的平方成反比，与 S_c 数成反比。在风洞中进行的弹性悬挂的刚性节段模型试验基本与上述数学模型相对应。为了进一步考虑气动自激力的影响和描述锁定现象，很多学者提出了改进的涡激振子理论[3]。

涡激振子理论式(5)以及相对应的节段模型风洞试验都没有考虑实际桥梁振动时的模态振型影响和沿桥跨方向的涡激力相关性。针对这一情况开展的研究目前只见到 Ruscheweyh[4] 的相关长度理论，他将式(5)修改为：

$$\eta=K\cdot K_{\mathrm{w}}\cdot\frac{C_{\mathrm{L}}}{S_{\mathrm{c}}S_{\mathrm{t}}^2} \tag{6}$$

式中：K——振型修正系数；

K_{w}——相关长度系数。

式(6)目前已被欧洲规范 Eurocode 采用，作为梁柱结构涡振振幅的估计公式[5]。

2.2 多阶模态涡振的预测方法

目前预测多阶模态涡振的风速区间和最大振幅的方法基本上以式(6)为依据，由某一阶模态的节段模型风洞试验的结果推算其余模态的结果。具体步骤是：

(1)选取某一低阶模态进行节段模型弹性悬挂风洞实验，测定断面的 S_t 数、发生涡激共振的锁定风速区间以及最大涡振振幅。

(2)按 S_t 数保持不变的假定推算发生高阶模态涡振的锁定风速区间：

$$V_Q = V_P \cdot \frac{f_Q}{f_P} \tag{7}$$

式中，V_P 是风洞试验得到的 P 阶模态的涡振风速，如起振风速、锁定风速区间以及最大振幅风速，V_Q 是 Q 阶模态的相应的推算涡振风速。

(3)低速流场中棱柱体的 S_c 数只与棱柱体的单位长度模态质量 m 和模态阻尼比 ζ 有关。设计中假定各阶模态的阻尼比相等，于是由式(6)导出涡振振幅与 m 成反比。如果 P 阶模态风洞试验的无量纲振幅为 η_P，那么 Q 阶模态的对应值 η_Q 为：

$$\eta_Q = \eta_P \cdot \frac{m_P}{m_Q} \tag{8}$$

(4)按式(7)计算修正系数 K 与 K_w，得到 η_Q 的预测值。

Ruscheweyh 的相关长度理论主要是以直立的圆形烟囱为对象。烟囱一般只有一、二阶弯曲模态有可能发生涡振，与水平状态桥梁的高阶弯曲模态振动有很大差别。考虑桥梁高阶模态振型与桥跨方向涡激力相关性的研究成果尚未见到，因此桥梁结构涡振振幅按文献[4]计算修正系数 K_w 缺乏依据，目前我国桥梁抗风设计规范没有考虑桥跨方向涡激力相关性的修正问题。

3 大跨度钢箱梁悬索桥的高阶涡振问题

悬索桥的结构动力特性有两个显著特点：模态密集和模态质量基本不变且等于加劲梁和主缆的总质量。表 1 列出了一个 800m 跨度的悬索桥的前 4 阶对称与反对称共计 8 个竖弯模态的主要参数。由表 1 可见，8 个模态密集分布在 0.12～0.69Hz 的频率区间内，平均间距只有 0.07Hz；其密集程度不仅高于各阶模态频率按平方级数增加的简支梁，也高于按自然数增加的张紧弦。假定加劲梁为钢箱梁，梁高 D=3.5m，S_t=0.12，各阶模态对应的涡振起振风速 U 可由公式 $U=fD/S_t$ 计算，列于表 1。8 个竖弯模态的起振风速范围在 3.44～20.1m/s 之间。据已有的大跨度悬索桥现场实测涡振数据[2]，起振风速在 6～14m/s 区间的二、三阶模态比起振风速低于 6m/s 的一阶模态更容易发生涡激共振。另一方面，除第三阶反对称模态外，其余模态的等效质量几乎保持不变，都接近于梁缆合计的总质量。由于式(8)表明涡振振幅与模态质量成反比，因此悬索桥的竖弯高阶模态涡振振幅有可能保持不变。但是，在振幅相同的情况下，高阶模态涡振产生的加速度会按频率的平方急剧增加。

一个主跨 800m 的悬索桥①的加劲梁竖弯模态参数 表 1

序号	频率 f(Hz)	振 型 特 征	模态等效质量(t/m)	涡振起振风速②(m/s)
2	0.1181	1 阶反对称竖弯	37.1	3.44
3	0.1710	1 阶对称竖弯	33.8	4.98
5	0.2354	2 阶对称竖弯	33.9	6.85
6	0.2645	2 阶反对称竖弯	35.4	7.72
13	0.3588	3 阶对称竖弯	33.8	10.5

续上表

序号	频率 f(Hz)	振 型 特 征	模态等效质量(t/m)	涡振起振风速[2](m/s)
18	0.464 8	3 阶反对称竖弯	46.0	13.6
26	0.562 1	4 阶对称竖弯	33.8	16.3
34	0.690 0	4 阶反对称竖弯	34.1	20.1

注:1. 悬索桥加劲梁质量为 27.7t/m,两根主缆的质量共计 5.9t/m,梁缆质量合计为 33.6t/m。模态质量除 18 号模态外,其余模态质量与梁缆总重很接近,几乎保持不变。

2. 假定梁高 $D=3.5$m,$S_t=0.12$,涡振起振风速由公式 $U=fD/S_t$ 计算。

上述分析表明,由于模态密集,悬索桥高阶模态的起振风速仍在常遇风速范围内,且高阶模态涡振加速度大,对桥梁的危害比低阶模态涡振更大。可以理解,对于跨度大于 1 500m 的超大跨度悬索桥,高阶模态涡振问题会更加突出,因此我们应高度重视这一问题。为了准确预测和控制大跨度悬索桥的高阶模态涡激共振,急需对下列问题展开研究:

(1)S_t 数是否随模态频率变化而改变?

(2)各阶模态阻尼比相等的假定是否合理?

(3)涡激力沿桥跨方向分布的相关性是否与模态振型有关?

(4)高阶模态涡激共振的容许振幅应如何确定?

本文介绍对上述问题的初步研究与思考。

4 不同悬挂频率的矩形节段模型风洞试验

作为悬索桥多阶竖向涡振研究的第一步,本文将钢箱梁简化为一根矩形截面的长条。首先研究它的涡振性能。矩形截面的宽高比取为 6,制作了高 12cm、宽 72cm、长 154cm 节段模型,在湖南大学 HD—2 风洞的 3m(W)×2.5m(H)×17m(L)试验段中进行了 5 组不同悬挂频率下的涡激振动试验,相当于模拟同一无限长矩形截面柱体的五个模态的涡振性能,试验参数见表 2。在每个模态频率下都得到了两个竖向涡振锁定区和两个扭转涡振锁定区。由试验折算的 S_t 数基本保持不变,并且两个锁定区 S_t 数都近似满足 2∶1 的关系,竖向涡振的试验结果列于表 3。为验证式(5),试验中保持系统阻尼比 0.25%不变,系统质量因弹簧不同有细微变化,但除第四组外可视为基本不变。涡振振幅与模态频率之间的关系尚未观察到明显规律,需要进行更多的试验。

长宽比 6∶1 的矩形模型风洞试验基本参数 表 2

试验组	第一组	第二组	第三组	第四组	第五组
竖弯频率(Hz)	2.441 4	3.418 0	5.127 0	6.103 5	7.324 2
竖弯阻尼比(%)	0.249	0.250	0.247	0.249	0.250
系统质量 M(kg)	16.352	16.172	17.305	20.388	17.595
扭转频率(Hz)	4.882 8	6.347 7	9.033 2	10.253 9	11.718 8
扭转阻尼比(%)	0.242	0.242	0.237	0.238	0.233

节段模型弹性悬挂试验竖向涡振主要结果 表 3

试验组		第一涡振区		第二涡振区	
序号	频率	风速范围(m/s)	S_t 数	风速范围(m/s)	S_t 数
1	2.4414	1.32～1.99	0.229 3	2.92～3.63	0.103 7

续上表

试验组		第一涡振区		第二涡振区	
序号	频率	风速范围(m/s)	S_t 数	风速范围(m/s)	S_t 数
2	3.4180	1.72～3.39	0.2464	4.14～5.53	0.1024
3	5.1270	2.70～3.55	0.2355	5.46～7.15	0.1164
4	6.1035	3.30～5.34	0.2293	6.41～8.56	0.1181
5	7.3242	3.90～6.48	0.2329	8.09～9.62	0.1123

5 多点弹性支承矩形梁的气弹模型风洞试验

为了通过风洞试验研究涡激力沿桥跨方向分布的相关性是否与模态振型有关的问题，必须制作一个可以模拟多个模态密集分布的气弹模型。一个完整的悬索桥气弹模型从理论上来说是应该具备这一性质，但实际上因缩尺比太小干扰因素太多而无法做到。拉条模型忽略了塔和缆索系统，制作比较容易。它可以模拟悬索桥的一对竖弯和扭转模态，从而可用于悬索桥抗颤振能力的检验。由于拉条模型的刚度由两条平行的张紧的钢丝提供，它的高阶频率分布按自然数增加，即 n 阶模态的频率是 1 阶模态频率的 n 倍，因此，拉条模型不能模拟悬索桥的多模态密集分布特性。为了避开塔和缆索系统干扰，单纯研究加劲梁的涡激力跨向相关性与高阶模态振型变化之间的关系，本文提出了一种新型气弹模型——多点弹性支承梁的气弹模型，建立了一套相应的设计方法，其关键步骤是通过假定振型法计算出合适的支撑弹簧刚度和支撑数量，从而模拟所希望的多个模态的频率和振型。按这一方法，设计制造了一个长 8m、高 2cm、宽 12cm 的矩形长条气弹模型，用来进一步研究高阶模态下涡振振幅的变化规律。这一气弹模型的设计参数接近一座 1 600m 跨度悬索桥的满足弗劳德数相似的 1/200 缩尺模型。模型刚度由一条薄钢板提供，外形用泡沫塑料板制作。采用激振法测定气弹模型的各阶竖弯模态的频率和振型，与有限元模型比较后可研究板条的剪切刚度对高阶模态的影响。调试好后模型将在 HD-2 风洞的 8.5m(W)×2m(H)×15m(L)的开口试验段进行均匀流场和紊流场下的涡振试验，直接测定各阶模态振幅与风场及模型结构参数之间的关系。目前模型已制作完成，预计在 2012 年 5 月前可完成全部试验工作。

6 高阶模态涡激共振的容许振幅

我国公路桥梁抗风规范采用与日本规范相同的涡振振幅容许值规定，容许值与模态频率成反比，竖弯模态的涡振振幅容许值为：

$$[A_b]=\frac{0.04}{f_b} \tag{9}$$

这里 f_b 应是验算模态的频率，随模态不同而不同。显然高阶模态涡振振幅容许值随频率升高迅速减小。就这一规定的理由，本文作者咨询了多位日本学者。日本东京大学 TomomiYAGI 教授给出了如下解释。由桥梁的竖向弯曲振动的频率近似公式 $f=100/L$ 和涡振时桥梁加速度不宜超过 100gal(1m/s^2)的要求，可得对应的涡振最大容许速度为：

$$V_h=\frac{1}{2\pi f}=\frac{L}{200\pi}\ (\mathrm{m/s}) \tag{10}$$

再由振幅与速度的关系得到最大容许振幅公式：

$$A_h=\frac{V_h}{2\pi f}=\frac{L}{400\pi^2 f}\ (\mathrm{m}) \tag{11}$$

桥梁抗风规范适用于200m跨度以内的桥梁，为偏于安全，取跨度$L=160\mathrm{m}$就得到容许振幅的规定式(9)。由式(9)的制定原理可见，目前抗风设计中将式(9)直接推广应用于千米以上大跨度桥梁的作法是否合适是很值得怀疑的。

7 大跨度桥梁高阶模态的阻尼比

结构阻尼比不能在设计阶段确定，只能在结构建成后实测。常用的环境振动法不能精确测量结构阻尼比，现场稳态激振试验才是精确测量大跨度桥梁多阶模态阻尼比的唯一手段。但是大跨度桥梁的现场稳态激振很难实现，至今只有美、日等国拥有这一技术，图1是韩国永宗桥使用的激振器，每台总重量37t，共用两台。由于我国尚未有大型结构现场激振试验的相关

a)激振器

b)安装的拾振器

c)激振试验全景

图1 韩国永宗桥的现场稳态激振试验(激振器上有日本三菱公司标记)

多多罗桥动力特性现场激振试验结果[6]　　表4

模态		频率(Hz)	阻尼比 ξ	振幅(cm)
水平	对称一阶	0.097	0.021	9.4
	反对称一阶	0.249	0.034	4.0
	对称二阶	0.470	0.027	1.1
竖直	对称一阶	0.226	0.003 8	30.5
	反对称一阶	0.263	0.002 8	22.6
	对称二阶	0.348	0.001 1	9.5
扭转	对称一阶	0.497	0.002 7	4.8
	反对称一阶	0.831	0.008 1	1.6

设备与技术，从而缺乏大跨度桥梁模态阻尼比的准确数据。从日本多多罗(Tatara)大桥现场稳态激振法实测结果(见表4)来看，竖向高阶模态的阻尼比有可能小于低阶模态，不满足抗风设计采用的各阶模态阻尼比相等的假定，这可能是导致我国有些重大桥梁出现涡激振动病害的原因之一。我国应尽快开展大跨度桥梁现场稳态激振试验，它可以获取高阶模态阻尼比的准确值，用以指导今后超大跨度桥梁的抗风设计。

参 考 文 献

[1] Larsen A, Esdahl S, et al. Storebalt suspension bridge-vortex shedding excitation and mitigation by guide vanes[J]. Journal of Wind Engineering and Industrial Aerodynamics, 2000, 88: 283-296.

[2] Hui Li, et al. Investigation of vortex-induced vibration of a suspension bridge with two separated steel box girders based on field measurements[J]. Engineering Structures, 2011(3): 1 894-1 907.

[3] 陈政清. 桥梁风工程[M]. 北京：人民交通出版社，2004.

[4] Ruscheweyh R. Experience with vortex-induced vibration[J]. Chimney Magazine, 2010, 7(26).

[5] Eurocode 1: Actions on structures-General actions-Part 1-4: Wind actions, Annex E, prEN 1991-1-4, January 2004.

[6] Yamaguchi, et al. Field Observation and Vibration Test of the Tatara Bridge, from www.google.com/scholar.

110. 城市桥梁抗震设计对策研究

徐秀丽　李枝军　李雪红　许　祥

（南京工业大学土木工程学院）

摘　要：城市快速路系统中的大型互通式立交、跨线高架桥，桥型大多为30m左右跨度的连续梁桥，但受地理条件的限制，高墩桥、矮墩桥、超宽桥、变宽桥、曲线梁桥等特殊桥梁所占比重较多。论文以某市快速化工程为背景，选取几种具有代表性的桥梁结构进行地震反应分析，研究地震作用下各桥梁结构的抗震性能，探讨控制抗震设计的主要结构参数，在此基础上对结构进行优化设计，研究恰当的结构构造对策并对支座和防落梁系统进行统筹设计，提高桥梁的抗震性能；最后提出城市桥梁抗震设计建议，为消除结构薄弱环节、提高结构抗震性能提供技术参考。

关键词：城市桥梁　抗震设计　超宽桥　曲线梁桥

1　引言

随着我国城市化进程的加快，交通拥堵现象日益突出，许多城市纷纷修建城市快速路工程。城市快速路工程中通常含有大量的桥梁工程，如大型互通式立交、跨线高架桥、连续梁桥等，但受地理条件的限制，高墩桥、矮墩桥、超宽桥、变宽桥、曲线梁桥等特殊桥梁所占比重较多。我国是世界上多地震国家之一，近十年来我国地震活动较频繁，因而城市抗震防灾尤为重要。城市桥梁属于生命线工程，对量大、面广的城市桥梁的抗震设计对策进行研究有着重要的工程应用价值和社会意义。目前我国的桥梁抗震设计理论和方法尚不完善，公路桥梁、城市桥梁及铁路桥梁的抗震设计体现不一致，《公路桥梁抗震设计细则》（JTG/T B02-01—2008）和《城市桥梁抗震设计规范》（征求意见稿，2009.3）的部分规定条文可操作性不强，给桥梁抗震设计工作的开展带来一定的困难。

本文以昆山市中环快速工程为背景，选取几种具有代表性的桥梁结构进行地震反应分析，研究地震作用下各桥梁结构的抗震性能，探讨控制抗震设计的主要结构参数，在此基础上对结构进行优化设计；研究恰当的结构构造对策，确保达到不倒塌的设计目标；以满足结构整体抗震性能为目标，通过精细化有限元分析，对支座和防落梁系统进行统筹设计，提高桥梁的经济性；提出城市桥梁抗震设计建议，为消除结构薄弱环节、提高结构抗震性能提供技术参考。

2　工程背景

昆山快速中环工程（如图1所示）包括G312、黄浦江路、S339及江浦路所围合的四边道路，总长约 43.6km，工程总投资 90 亿元。该工程中含有大量的桥梁工程，结构类型较多、体系较复杂。涉及的主要桥型包括：①跨度为 30m 左右典型多跨连续梁桥；②匝道中的曲线梁桥；③变宽桥；④超宽桥。昆山市中环快速化工程中桥梁数量众多，且地处 7 度设防区。根据国家的相关规定，中环快速化工程设计中应对桥梁结构的抗震性能进行设计，使其满足相关抗震性能要求。本文对上述四类城市桥梁进行抗震分析，在此基础上提出城市桥梁抗震设计对策。

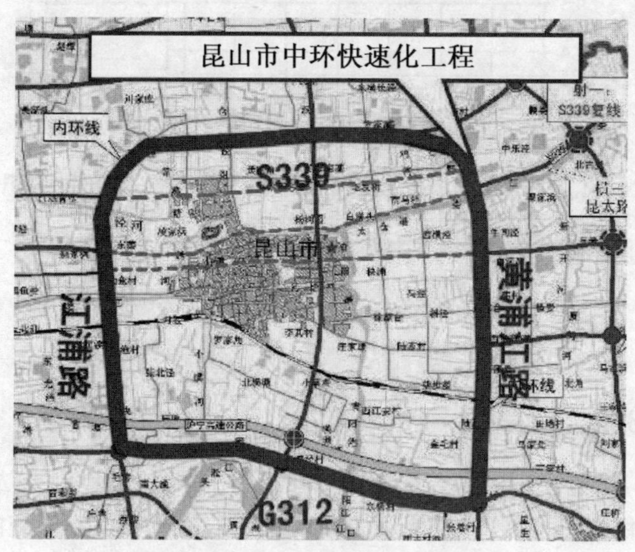

图 1　昆山市中环快速化工程总体线路图

3　抗震设防目标、标准与地震动参数合理性评价

昆山快速中环工程中的多层桥多、高桥多，为避免地震时产生直接或间接灾害的影响，抗震设防目标应体现多层次性。根据快速中环线上各类桥梁的位置、结构形式等特点，可确定本工程中桥梁的抗震设防分类为乙类。本项目所处地区地震动峰值加速度为 0.1g，根据《公路桥梁抗震设计细则》(JTG/T B02-01—2008)的 5.2.1 和 5.2.2 条的规定，计算设计加速度反应谱如下：

$$S=\begin{cases}S_{\max}(5.5T+0.45) & T<0.1\text{s}\\ S_{\max} & 0.1\text{s}\leqslant T\leqslant T_{\text{s}}\\ S_{\max}(T_{\text{g}}/T) & T>T_{\text{g}}\end{cases} \tag{1}$$

$$S_{\max}=2.25C_{\text{i}}C_{\text{s}}C_{\text{d}}A \tag{2}$$

式中：T_g——特征周期，s；

T——结构自振周期，s；

$S_{\max}$——水平设计加速度反应谱最大值；

C_i——抗震重要性系数；

C_s——场地系数；

C_d——阻尼调整系数；

A 水平向设计基本地震动加速度峰值。

式中参数取值见表 1。根据上述式(1)生成了 E1 和 E2 地震作用时的水平设计加速度反应谱，如图 2 所示。

反 应 谱 参 数　　表1

设防水准	C_i	C_d	C_s	A(g)	S_{max}(g)	T_g(s)
E1	0.5	1	1.3	0.1	0.146 25	0.45
E2	1.7	1	1.3	0.1	0.497 25	0.45

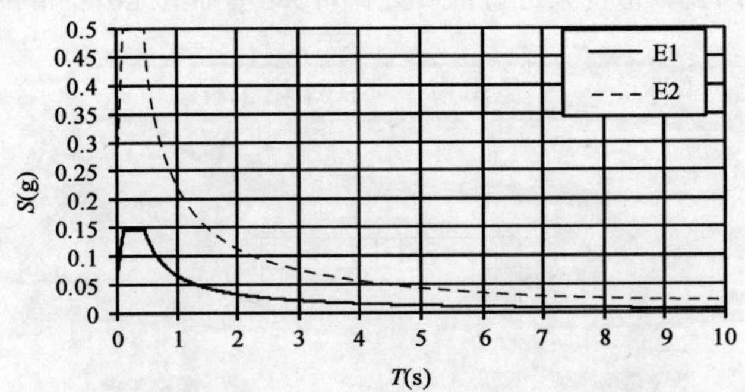

图2　E1 和 E2 地震作用时的水平设计加速度反应谱

4　抗震性能分析

根据场地地震基本烈度和桥梁设防分类，该工程采用的抗震设计方法为 A 类：应进行 E1 和 E2 地震抗震分析和抗震验算，满足抗震体系以及相关构造和抗震措施的要求。

4.1　分析模型

本文采用 SAP2000 非线性有限元软件建立桥梁空间杆系模型进行地震反应分析，主梁用三维梁单元模拟。采用集中弹簧模型考虑桩一土相互作用的影响，土弹簧的刚度采用“m 值法”来计算。本文在地震反应分析中，均考虑了竖向地震分量和水平向地震分量的组合，组合的原则为：地震输入量＝竖向分量＋水平分量，其中竖向分量取值为 0.333 倍的水平分量。

4.2　分析工况及其主要结果

本文选取 10 座具有代表的桥梁进行了抗震性能分析，包括典型梁桥、超宽桥、曲线梁桥以及变宽桥 4 类桥型，见表 2。通过对比不同墩高和曲率半径的同类桥型来考虑主要结构参数对抗震性能的影响。

计算分析工况及其主要结构参数　　表2

结 构 类 型	墩高(m)	跨度(m)	桥面宽(m)	桩根数与直径(m)	支　座
典型梁桥	8、20、26	3×30	25.5	6×1.5	GPZ(Ⅱ)，NJPZ(Ⅱ)
超宽桥	8、18	3×30	43.5	6×1.5＋2×4×1.5	GPZ(Ⅱ)，NJPZ(Ⅱ)
曲线梁桥	23	3×20	10.4	4×1.2	墩梁固结＋盆式支座
	18、23	3×25	10.4	4×1.2	墩梁固结＋盆式支座
变宽桥	6.4～9.5	3×30	8.5～34.5	3×1.2	GPZ(Ⅱ)，NJPZ(Ⅱ)
	9.5	3×30	34.5～43.5	3×1.2＋6×1.2	GPZ(Ⅱ)，NJPZ(Ⅱ)

1）典型梁桥计算结果分析

选取桥面宽度为 25.5m，墩高分别为 8m、20m 以及 26m 三种不同工况的典型连续梁桥进行抗震分析，结构的主要参数如图 3 所示，得出的主要计算结果如下：

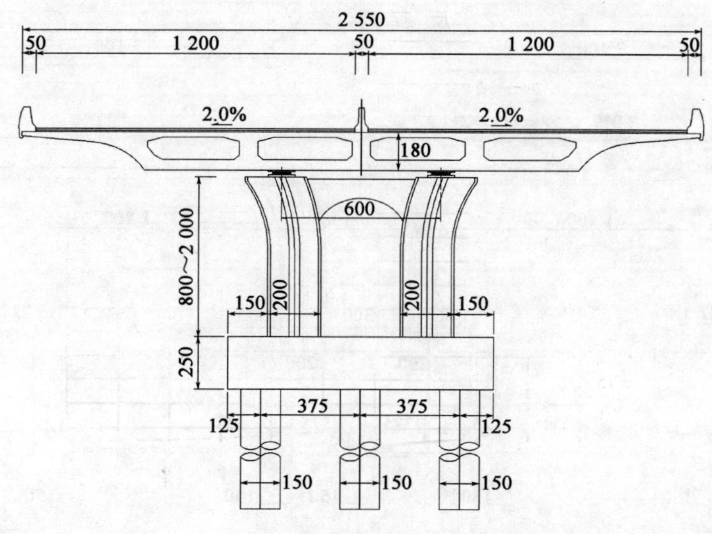

图3　典型桥梁构造图

(1)除纵向约束墩外，桥梁结构的各墩受力都较为均衡，墩按照《公路桥梁抗震设计细则》规定的最小纵筋配筋率0.6%配筋即可满足E1地震时的抗震能力的要求。E2地震下，纵向约束墩下基础桩纵筋配筋率需提高1.3%，其他桩纵筋配筋率增加到1%才能满足E2地震承载力要求；当桩按能力保护构件设计时，若墩的纵筋配筋率取0.6%，桩的纵筋配筋率需取0.7%才能满足抗震要求。

(2)选用横向允许位移±50、纵向允许位移±100支座时，可满足E2地震作用时的滑动位移能力；选用抗剪承载力为30%竖向承载力的抗震支座，E2地震作用下纵向约束支座抗剪承载力要求，选用抗剪承载力为20%竖向承载力的抗震支座，可满足E1地震作用下横向约束支座，但在E2地震作用下横向约束支座的抗剪承载力存在较大的缺口，需与防落梁系统配合设计。

2)超宽桥计算结果分析

对于超宽桥，桥面宽度较大，一般宽度与跨度的比值都近似等于或大于1。本文选取桥面宽度为43.5m，墩高为8m和18m的两种工况分别进行抗震分析，主要结构参数如图4所示。主要计算结果如下：

(1)除纵向约束墩外，墩高越高，墩内弯矩越大，但墩高的变化对桩的控制内力影响不大。墩高越高，墩顶位移越大，墩梁间的相对位移也大，因此支座的滑动位移大大增加，但约束支座内的剪力会降低较多。选用横向允许位移±50、纵向允许位移±150支座时，在E2地震作用时纵向可满足滑动位移能力，但横向不满足；选用抗剪承载力为30%竖向承载力的抗震支座，可满足E1地震作用下横向、E2地震作用下纵向约束支座抗剪承载力要求，但E2地震作用下横向约束支座的抗剪承载力存在较大的缺口，位移亦不满足要求，需与防落梁系统配合设计；E2地震作用下支座可能会产生超压或脱空现象。

(2)纵向约束墩的边墩的纵筋配筋率需提高到1%才能满足抗震要求，其余桥墩按照0.6%配筋即可满足抗震承载力要求。

(3)E2地震作用下，墩高为8m时纵向约束墩下的桩会出现较大拉力，墩高为18m时纵向约束墩下的桩不会出现较大拉力。当桩按能力保护构件设计时，若墩的纵筋配筋率取0.6%，桩的纵筋配筋率需取0.7%；若墩的纵筋配筋率取1.0%，桩的纵筋配筋率需取0.8%才能满足抗震要求。

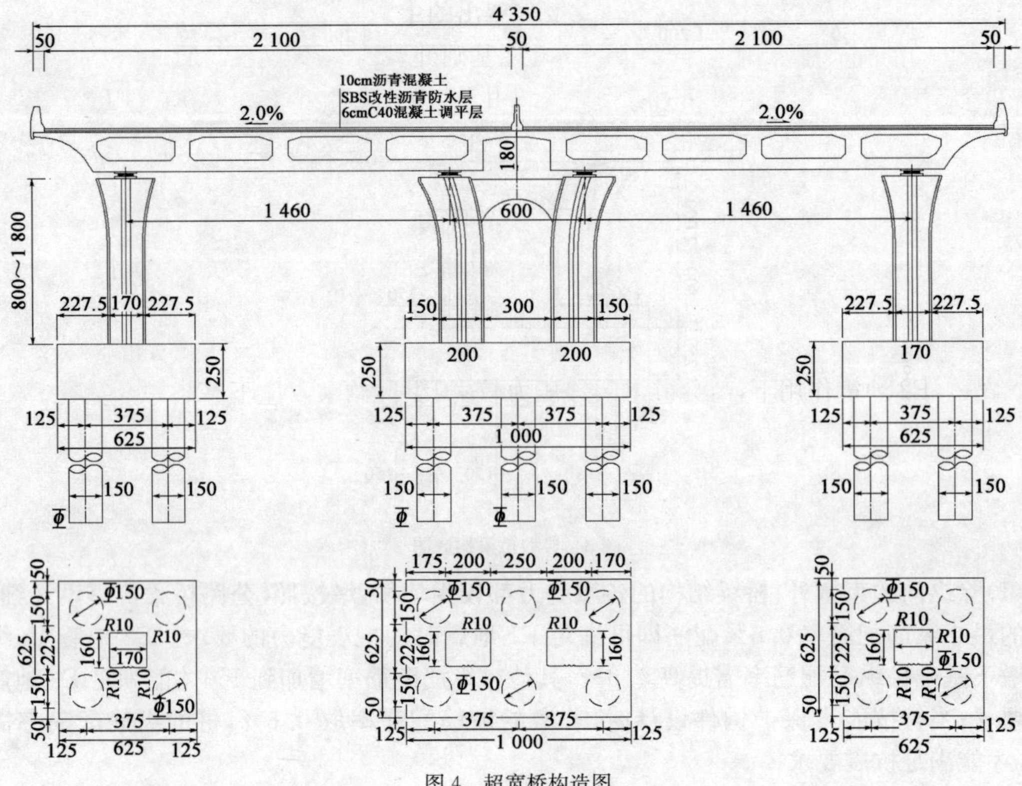

图 4　超宽桥构造图

4.2.3　变宽桥计算结果分析

城市中的变宽桥主要出现在高架桥的上下坡处，本文选取由 8.5m 变宽为 34.5m 以及由 34.5m 变宽为 43.5m 两座桥梁进行抗震分析，主要结构尺寸如图 5 所示。

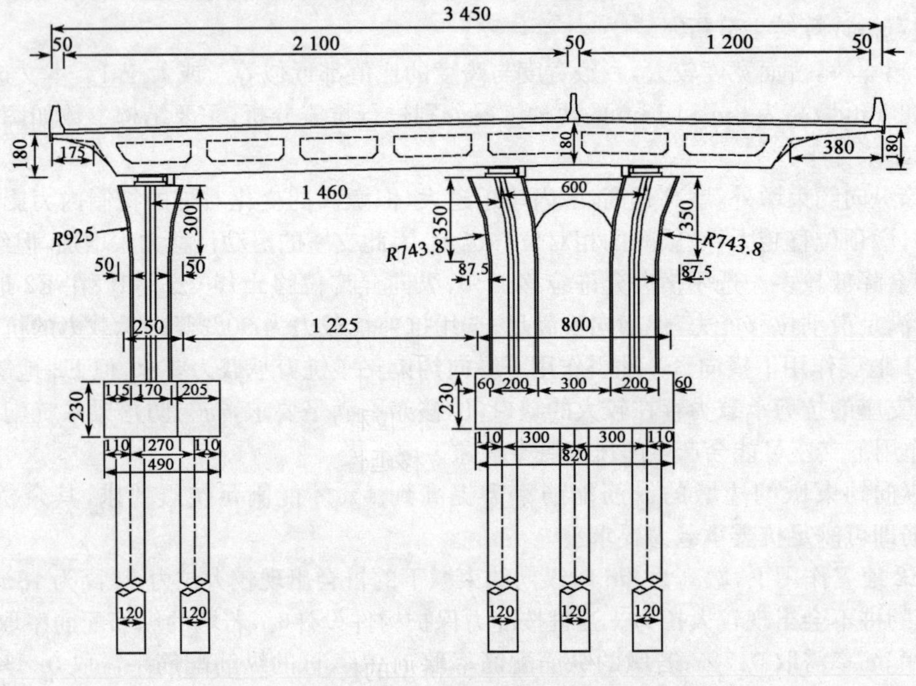

图 5　变宽桥构造图

通过对上述两座变宽桥梁进行抗震分析，得出的主要结果如下：

(1)纵向地震作用下，除纵向约束墩及其桩基础外，桥梁结构的各墩和桩受力较为均衡；横向地震作用下，位于变宽轴线上的墩及其基础由于与宽幅桥上的其他墩存在相互作用，受力较同联其他墩大。

(2)选用横向允许位移±50、纵向允许位移±150 支座时，在 E2 地震作用时可以满足滑动位移能力；选用抗剪承载力为 20%竖向承载力的抗震支座，E1 地震作用下横向约束支座的抗剪承载力和 E2 地震作用下纵向约束支座的抗剪承载力要求，但在 E2 地震作用下横向约束支座的抗剪承载力存在较大的缺口，需与防落梁系统配合设计；E2 地震作用下支座会产生超压或脱空现象。

(3)在 E2 地震作用下，部分桩内轴向压力较大，纵向约束支座下基础和变宽处基础桩内也有可能出现较大的拉力。

4.2.4　曲线梁桥计算结果分析

选取桥面宽度为 10.4m，曲率半径分别为 60m 和 120m 两种工况进行抗震分析。其支座布置如图 6 所示，每联中间两个墩为墩梁固结，两边墩为外侧为双向滑动盆式支座，内侧为单向滑动盆式支座。

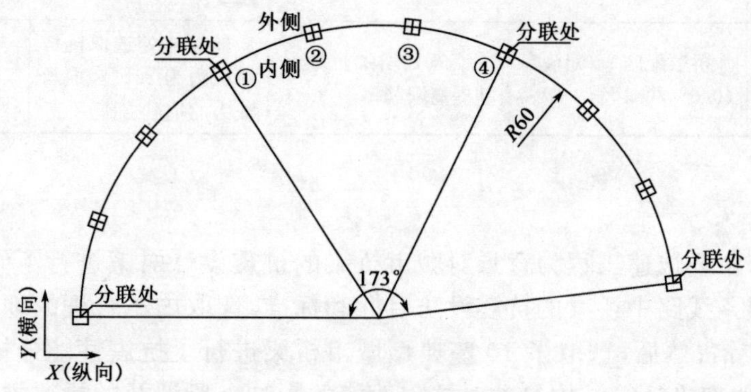

图 6　曲线梁桥平面及支座布置

对曲线梁桥，地震动输入方向对墩柱及桩的内力有较大的影响，本文分别选取 30°、60°、90°及其垂直方向作为地震动输入方向，抗震分析结果表明：

(1)由于曲线梁桥的弯扭耦合作用，大震作用下整体结构外翻现象明显，内、外侧支座的支座反力存在较大差异，但本桥不会出现超压或脱空现象。选用径向允许位移±50、切向允许位移±50 支座时，可满足 E2 地震作用时的滑动位移需求；选用抗剪承载力为 20%竖向承载力的抗震支座，E2 地震作用下径向约束支座可满足抗剪承载力要求。

(2)采用刚构约束体系，可大大降低墩顶位移；由于曲线梁桥的弯扭耦合作用，在非输入地震方向亦会产生位移，从而降低了输入方向的墩顶位移，因此 E2 地震作用下本桥墩顶位移不大，按最小配箍率 0.4%配置箍筋时，所有墩的位移延性能力都可满足抗震要求。

(3)由于弯扭耦合作用，地震作用下主梁内会产生较大的弯矩和扭矩，在设计主梁时应将其作为能力保护构件考虑地震作用效应。

5　设计对策

城市桥梁类型较多、结构复杂，由上述不同桥型的抗震性能分析结果可以看出，墩按照《公路桥梁抗震设计细则》规定的最小纵筋配筋率 0.6%和 0.4%的配箍率即可满足 E1 地震时的抗震能力的要求。在E2地震作用下，普通支座的抗剪承载能力难以满足要求，需要采用抗剪承载能力较强的抗震支座，同时还需要进行横向防落梁设计以满足抗震能力的要求。表3统计了不同桥型的主要抗震设计对策。从表中可以看出，选用合适的抗震支座和防落梁设计可以大大提高桥梁的抗震性能。从经济角度看，考虑抗震设计后的桥梁造价的变化主要体现在支座成本的增加。

不同桥型的主要设计对策　　表3

结构类型	E1作用下	E2作用下		
		桩	支座	其他构造措施
典型桥梁	桥墩配筋率/配箍率(0.6%/0.4%)	能力保护构件验算	选取抗剪承载力为30%竖向承载力的抗震支座	横向防落梁设计
超宽桥	桥墩配筋率/配箍率(0.6%/0.4%)	能力保护构件验算	选取抗剪承载力为30%竖向承载力的抗震支座	横向防落梁设计
曲线梁桥	桥墩配筋率/配箍率(0.6%/0.4%)	双向受压，提高安全储备	选取抗剪承载力为20%竖向承载力的抗震支座	防止支座脱空
变宽桥	桥墩配筋率/配箍率(0.6%/0.4%)	变宽处增加桩数量并提高配筋率	伸缩缝处选取抗剪承载力为30%竖向承载力的抗震支座	横向防落梁设计

6　结语

本文以昆山市中环快速工程为背景对城市桥梁的抗震设计对策进行了研究。首先，依据相关规范确定了整条线路中桥梁的抗震设防目标和标准，选取出了合理的地震动参数并生成了地震加速度反应谱；然后，选取了10座典型城市桥梁进行了抗震性能分析，研究了桥墩高度、主梁宽度以及曲率半径等结构参数对抗震性能的影响。所涉及的桥梁类型包括典型连续梁桥、超宽桥、变宽桥以及曲线梁桥四类具有代表性的桥梁结构。最后，根据不同类型桥梁的抗震性能分析结果提出了不同类型桥梁的设计对策或措施，大大提高了本工程中桥梁的抗震性能。

参考文献

[1] 范立础.现代城市桥梁抗震设计若干问题[J].同济大学学报，1997,25(2).

[2] 李建中，袁万城，范立础.连续梁桥减、隔震体系的优化设计[J].土木工程学报，1998,31(3).

[3] 重庆交通科研设计院.JTG/T B02-01—2008公路桥梁抗震设计细则[S].北京：人民交通出版社，2008.

[4] 范立础，李建中.汶川桥梁震害分析与抗震设计对策[J].公路，2009(5).

[5] 刘建新，赵国辉."5·12"汶川地震典型桥梁震害分析[J].建筑科学与工程学报，2009,26(2).

111. 索的局部振动对缆索承重桥梁固有模态的影响

杨德灿[1]　葛耀君[2]　项海帆[2]

(1. 武汉理工大学道路与桥梁工程系;2. 同济大学桥梁工程系)

摘　要:缆索承重桥梁的缆索在桥梁振动过程中会发生缆索作为张力弦的局部振动。这种局部,当跨径增加以后,至少对桥梁的颤振特性有明显的影响。为了探索对颤振特性的影响机理,首先需要考察缆索局部振动对桥梁固有模态的影响。本文引入缆索多链杆模型,分别以杨浦大桥和江阴长江大桥为斜拉桥和悬索桥的例子,进行全桥有限元动力特性分析。分析结果表明,斜拉桥的斜拉索局部振动的基频位于桥梁整体基本模态频率范围。桥梁振动时容易引起缆索的共振,对桥梁基本模态振型影响较大,致使模态频率变化也较大,且有正有负。悬索桥吊索的基频远离桥梁低阶基本频率范围,桥梁振动时不足以激发吊杆自身模态的振动,吊杆只发生微小的因两端点动位移激发的牵连振动。

关键词:悬索桥　缆索　颤振　局部振动　多链杆模型　固有模态

1　引言

缆索承重桥梁(斜拉桥和悬索桥)在全桥整体的振动过程中,每一单根缆索局部的振动行为由两部分组成。一部分是单根缆索受两端点动位移的牵连,而发生的受动位移激励的强迫振动;第二部分是指缆索作为张力弦自身的振动,也就是说即使两端点固定不动,张力弦自身也会发生振动。在进行缆索承重桥梁动力分析时,往往同时考虑缆索的局部振动,而用单根的链杆单元模拟整根缆索[1-4]。一般认为缆索质量相对较小,缆索局部的振动对桥梁结构的固有模态乃至其他受迫振动行为(如地震反映、风振反映、车桥共振反应)影响较小,可以忽略。

缆索的局部振动对桥梁结构固有模态频率值的影响可能不大,但却改变了固有模态的振动形态,大量的缆索局部振型参与到全桥的振动模态之中。研究表明,跨度增加以后,缆索承重桥梁的颤振特性受缆索局部振动影响较大,有时不能忽略[5~7]。这是因为一方面颤振临界风速对参与颤振的主要固有模态的固有频率比较敏感;另一方面固有振型中大量的缆索局部振动的参与也影响了结构与风场的相互作用。在搞清楚缆索局部振动对颤振影响的机理之前,有必要先搞清楚缆索局部振动对固有模态的影响机理。

基金项目:国家自然科学基金项目(51178367)资助。

本文引入缆索多链杆有限元模型反映缆索作为张力弦振动的自由度，分别以杨浦大桥和江阴长江大桥为例，利用商业结构有限元软件（ANSYS）[8]，计算考察缆索局部振动对斜拉桥和悬索桥固有模态的影响。

2 缆索多链杆模型

缆索承重桥梁振动时，每根缆索除了作为直杆随整体三维空间结构一起振动外，缆索自身还会发生弦的横向振动。用单链杆模型模拟缆索只能反映直杆随整体结构的振动，索的横向振动无法反映。要反映缆索自身的横向振动，需要建立反映张力弦横向振动自由度的模型。本文引入多链杆模型模拟缆索的横向振动。单链杆和多链杆模型的比较如图 1 所示。多链杆模型必须计入几何刚度[9]的影响，否则中间节点没有横向刚度，缆索为可变体系。

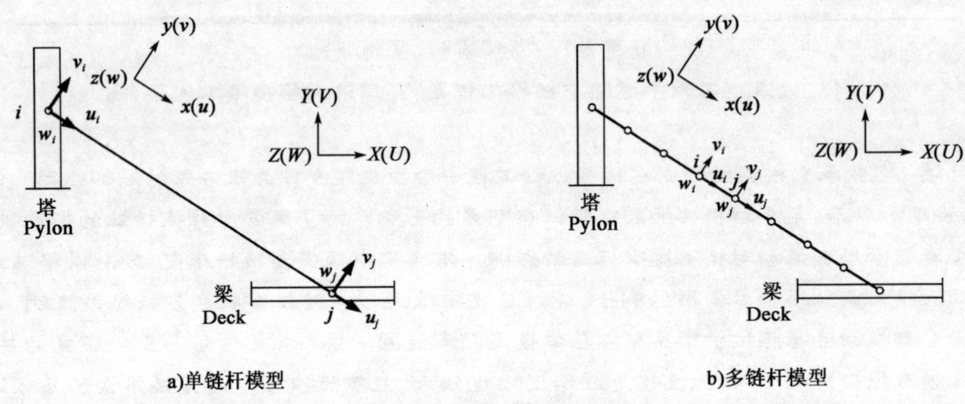

图 1 缆索的单链杆和多链杆模型

对于悬索桥主缆，由于与吊索的联结点本身为自由度节点，所以整根曲线的主缆已经是多链杆模型。两相邻吊索之间的主缆太短，没有必要再使用多链杆模型。那么，本文引用的多链杆模型实际上只适用于悬索桥的吊索和斜拉桥的斜拉索。

对桥梁整体动力特性产生影响的首先是索的低阶模态，采用 8 链杆模型即可较好地反映出两个正弦半波的弦的二阶振型，即每个半波由四折线表示。模拟一阶振型，用 8 折线表示一个半波，精度更高。所以，对于考虑索自身振型对桥梁颤振特性或自振特性的影响，8 链杆模型已经足够精确，也是合适的。盲目地增加缆索模型的链杆数不仅不会提高分析的精度，而且还是有害的。因为链杆数的增加直接增加了有限元模型的自由度，而系统有限元方程的建立及其求解迭代中的数值计算都与自由度的数量相关，无谓的自由度的增加只会使有限元的矩阵和方程变得更加畸形，增加机器数值计算的误差，影响计算结果。所以，建立结构有限元模型时，要针对问题的性质，使用尽量少的自由度准确精辟地刻画问题的实质。自由度不是越多越好，模型也不是越精确越好。

3 索的局部振动对斜拉桥固有模态的影响

使用杨浦大桥动力分析数据，斜拉索首先使用单链杆模型计算桥梁的固有模态，并考察几何刚度的影响。然后将单链杆模型改为多链杆模型（本文使用 8 链杆模型），并计入几何刚度，使用 Block Lanczos 求解器重新计算桥梁的固有模态，计算结果及其比较如表 1 所示。

杨浦大桥不同斜拉索模型计算的主要固有模态频率比较(Hz)　　表1

振型特征	单链杆模型			多链杆模型		比较	
	模态号	不计几何刚度	计几何刚度	模态号	计几何刚度	单计/单不计	多计/单计
主梁一阶反对称纵漂	1	0.074 7	0.000 0	1	0.000 0	0.000	—
主梁一阶对称侧弯	2	0.220 6	0.219 4	2	0.218 7	0.995	0.997
主梁一阶对称竖弯	3	0.273 8	0.271 5	3	0.270 6	0.992	0.997
主梁一阶反对称竖弯	4	0.333 2	0.327 3	4	0.326 2	0.982	0.997
主塔同向侧弯	5	0.423 2	0.405 2	6	0.372 9	0.958	0.920
主塔反向侧弯	6	0.423 8	0.405 5	5	0.370 5	0.957	0.914
主梁二阶对称竖弯	7	0.475 9	0.462 4	119	0.468 1	0.972	1.012
主梁一阶对称扭转	8	0.519 0	0.515 4	192	0.536 2	0.993	1.040
主梁一阶反对称扭转	9	0.547 2	0.543 1	176	0.525 0	0.993	1.019
				174	0.511 2		0.992
				259	0.627 2		1.155
				243	0.615 7		1.134
				193	0.542 7		0.999
主梁二阶反对称竖弯	10	0.562 5	0.543 7	202	0.547 0	0.967	1.006

注:单计/单不计=单链杆计几何刚度/单链杆不计几何刚度;多计/单计=多链杆计几何刚度/单链杆计几何刚度。

从表1中可以看出,多链杆模型的模态号是不连续的,间断部分为索局部振动主导的模态。前6阶为桥梁的基本低阶模态,从第7阶开始出现索局部振动参与的模态。典型地,表1中未列的第11阶模态为中跨最外侧索横向一阶振型,振型图如图2所示,频率为0.387 81Hz。这一频率即为中跨最外侧索作为两端固定的张力弦的一阶基频。表1中显示,主梁一阶扭转和二阶竖弯模态淹没在索振动模态之中。可见,索的振型对结构基本振型将产生显著的干扰,桥梁基本振型中也将激发索的振动。从图3中可以看到一阶对称扭转振型中包含的索的振动。

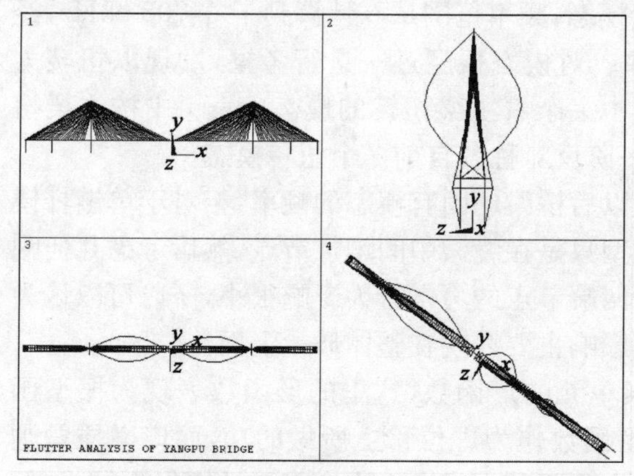

图2　杨浦大桥多链杆模型斜拉索自身振动的振型图
(8链杆,第11阶)

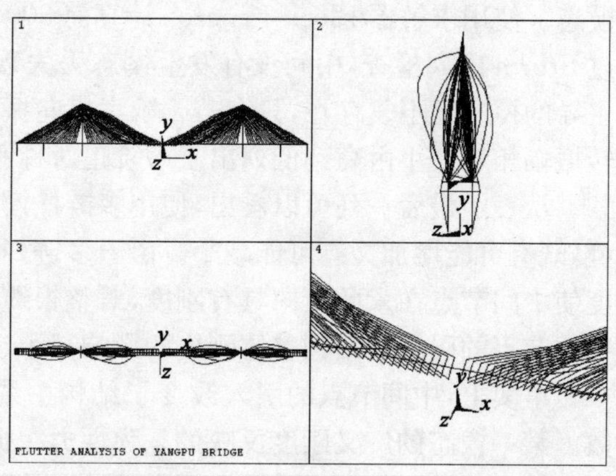

图3　杨浦大桥多链杆模型主梁一阶对称扭转振型图
(8链杆,第192阶)

使用单链杆模型时,几何刚度对固有频率影响不大,主塔侧弯模态相差约4%,二阶对称和反对称竖弯相差约3%,一阶模态均未超过2%。斜拉索受拉,几何刚度为正,梁和塔受压,几何刚度为负,几何刚度具有正负抵消的效应。所以,是否考虑几何刚度对单链杆模型固有模态频率的影响有限。

对于多链杆模型，由于不考虑几何刚度多链杆中间节点的横向刚度为零，所以多链杆模型是以考虑几何刚度为前提的。表1中列出了计入几何刚度的多链杆模型的计算结果，并与单链杆计入几何刚度模型的结果进行了比较。对于低频范围的前4阶基本频率，与单链杆结果相比，降低均0.3%；二阶对称和二阶反对称竖弯结果增加约1%；主塔侧弯模态降低约8%；一阶对称和一阶反对称扭转模态相差较大。频率相差较小的前4阶模态的振型也差别不大，只是伴随出现了索的一阶振型(单个半波)，但主导形态没变。图4和图5分别示出了单链杆和多链杆模型一阶对称竖弯的振型图。

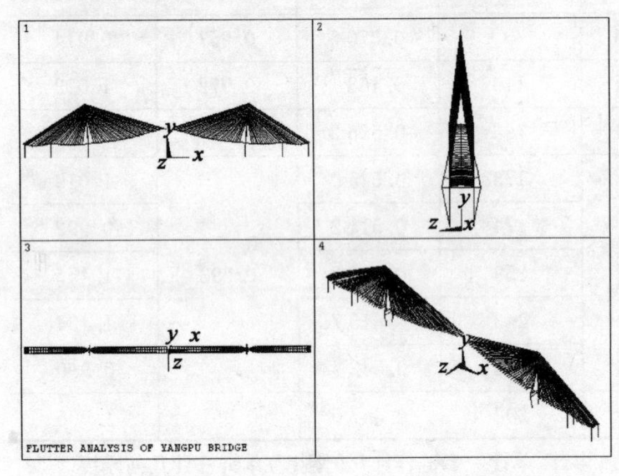

图4 杨浦大桥单链杆模型主梁一阶对称竖弯振型图

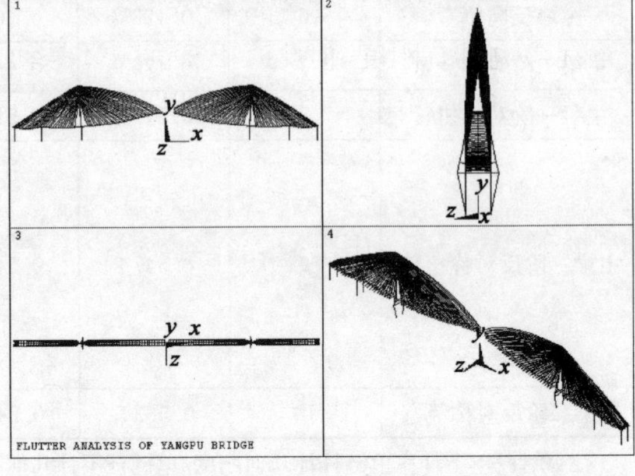

图5 杨浦大桥多链杆模型主梁一阶对称竖弯振型图

然而，对于较高端的一阶对称和一阶反对称扭转模态，情形有所不同。由于频率渐高，进入了斜拉索作为两端固定的张力弦的基频范围，大量的索的自身振型参与其中，淹没了主梁扭转的基本振型，很难说谁是主导。图3示出了杨浦大桥8链杆模型的第192阶主梁一阶对称扭转振型图。由于振型的位移是经过对质量矩阵归一化处理后，在图中按合适的比例示出，所以图中扭转位移不明显只是说明扭转位移相对于索的位移(半波的矢高)较小而已。

此外，计算还揭示存在多个主梁扭转和斜拉索横向振动相伴的，两者振幅强弱对比不同的模态。使用求解器 Block Lanczos 计算前300阶模态，频率范围从0计算到了0.708 08Hz，经过 Sturm 序列检查，中间没有发生模态丢失现象。对模态振型逐一进行考察，发现以扭转为主导的模态已不复存在，只有若干阶索横向振动中夹杂着主梁扭转的模态。表1中按主梁扭转振幅相对大小由高到低列出了一阶正对称和一阶反对称各自前3个扭转模态。

从表1最后一列可以看出，使用多链杆模型以后桥梁的固有模态的频率，相对于单链杆模型，既有可能增加又有可能减小。由于多链杆模型只是在缆索中间增加节点，然后考虑几何刚度使中间节点在索的横向具有刚度，对整根缆索两端节点的力学行为影响很小，所以可以认为中间节点的引入对结构整体刚度的影响很小，其影响主要表现在整体质量上面。

事实上，中间节点的引入改变了结构中缆索单元的形函数，这里的形函数表现为振型函数。某一模态的广义刚度反映的是弹性力在振型函数作为虚位移上所做的功，而广义质量则反映的是惯性力在振型函数上所做的功。然而，在中间节点横向自由度上弹性恢复力较小，但是却有较大的质量分布。所以，缆索单元振型函数的改变更多地会影响到广义质量，对广义刚度影响较小。

如果振型函数按向量的模归一化，表1中低阶模态多链杆模型引入中间节点后的振型，相对于单链杆模型，加劲梁和塔的幅值改变不大，只是多了缆索的横向位移。缆索横向位移的增加引起的振型函数的改变较大地增加了广义质量，而广义刚度基本不变，所以模态频率有所下降。然而，表1中较高阶模态的情形有所不同。此时，多链杆模型的振型相对于单链杆模型不仅仅多出了缆索的横向位移，加劲梁位移的(相对)幅值急骤减小，引起的振型函数的改变使整体广义质量大幅减小，其幅度超过广义刚度减小的幅度，致使模态频率增加。

4 索的局部振动对悬索桥固有模态的影响

对于悬索桥，不考虑几何刚度时主缆中间节点在平面外的刚度为零(几何可变)，所以必须计入几何刚度才能反映悬索桥主缆在主缆平面外的振型。悬索桥在缆索平面内的情形又有所不同。在缆索(桥梁)平面内，不管纵向漂浮的话，体系为几何不变的。不计几何刚度时，结构在平面内也具有刚度，但此时不管静力还是动力的计算结果对于大跨度柔性加劲梁悬索桥都与考虑几何刚度时相差甚远。所以，悬索桥在平面外由于属于几何可变体系必须计入几何刚度的影响；在平面内的结构行为与斜拉桥不同的是，悬索桥对几何刚度要敏感得多。这是由于悬索桥结构各杆件之间特殊的几何组成关系以及主缆和加劲梁之间特殊的刚度对比所决定的。这就是所谓“重力刚度”的影响。所以重力刚度的实质，用有限元的概念来解释的话，反映的是结构的几何刚度。

本文使用江阴长江大桥动力分析的数据，将每根吊杆用串联的8根链杆单元来模拟，使用Block Lanczos求解器计算桥梁的固有模态，并与单链杆模型进行比较，结果如表2所示。计算表明，吊杆使用多链杆模型以后对桥梁的基本模态的频率影响很小，多链杆模型的振型多出了吊杆的局部振动。频率的影响除主梁纵漂模态为千分之一以外，其余均未超过万分之二量级。

江阴长江大桥不同吊索模型计算的主要固有模态频率比较　　表2

模态号	振型特征	工程频率(Hz)		
		单链杆模型	多链杆模型	多链杆/单链杆
1	主梁一阶对称侧弯	0.051 59	0.051 59	1.000 00
2	主梁一阶反对称竖弯	0.089 07	0.089 08	1.000 18
3	主梁一阶反对称侧弯	0.123 64	0.123 67	1.000 24
4	主梁一阶反对称纵漂伴一阶反对称竖弯	0.131 59	0.131 74	1.001 14
5	主梁一阶对称竖弯	0.133 76	0.133 77	1.000 07
6	主梁二阶对称竖弯	0.188 28	0.188 28	1.000 00
7	主梁二阶反对称竖弯	0.200 41	0.200 43	1.000 10
12	主梁二阶对称侧弯	0.246 84	0.246 79	0.999 80
13	主梁三阶对称竖弯	0.258 24	0.258 26	1.000 08
14	主梁一阶反对称扭转	0.267 81	0.267 86	1.000 19
15	主梁一阶对称扭转	0.273 16	0.273 17	1.000 04
16	主梁三阶反对称竖弯	0.310 56	0.310 59	1.000 10
27	主梁四阶对称竖弯	0.370 60	0.370 63	1.000 08
30	主梁二阶对称扭转	0.413 41	0.413 47	1.000 15

图6和图7代表性地示出了桥梁从低阶到高阶的基本模态。可以看出，吊杆横向位移在桥梁低阶基本模态的振型中反映很小，只有在高阶模态中才逐渐反映出来，直至最长索率先发

生张力弦振动(图 7)。图 8 代表性地示出了多根吊杆按自身一阶模态(一个正弦半波)振动的振型。振型图中显示,较长吊杆接近于张力弦振动,振幅较大;较短吊杆则为牵制性振动,振幅较小。这当然是由吊杆自身固有频率决定,较长者具有较低频率,较短者具有较高频率,而桥梁这一整体模态的频率落在较低端。图 9 还代表性地示出了以缆索系统的振动为主导的模态。图中主缆呈现三阶反对称侧向弯曲,吊杆为自身一阶横向朝外的弯曲,而主梁只有被动性的微小位移。

图 6 江阴长江大桥多链杆模型主梁四阶对称竖弯振型图(8 链杆,第 27 阶)

图 7 江阴长江大桥多链杆模型主梁六阶对称竖弯振型图(8 链杆,第 56 阶)

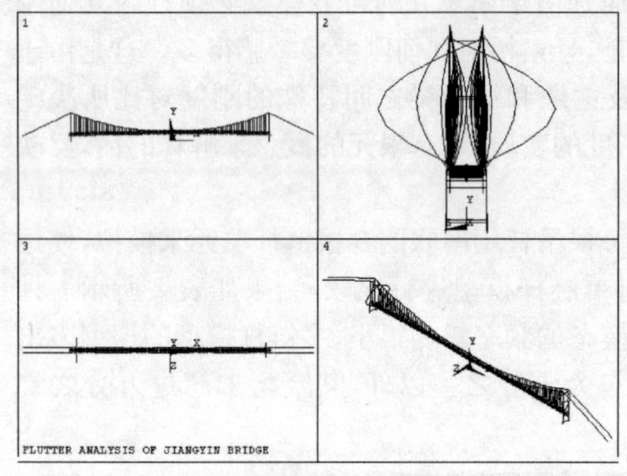

图 8 江阴长江大桥多链杆模型吊杆群体一阶振型图(8 链杆,第 50 阶)

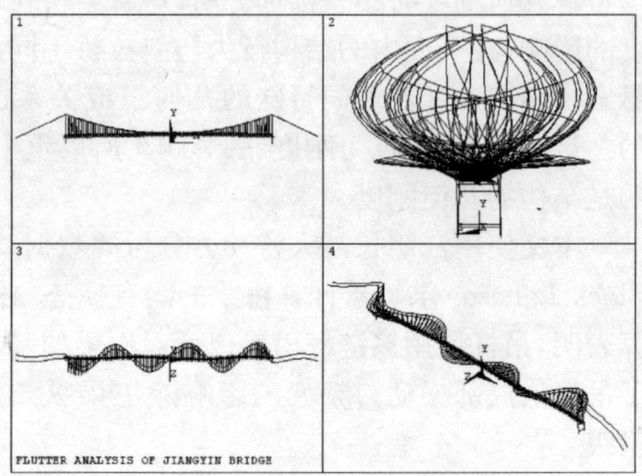

图 9 江阴长江大桥多链杆模型缆索系统主导振型图(8 链杆,第 40 阶)

5 结语

本文引入缆索的多链杆有限元模型,考察了缆索局部振动对桥梁固有模态的影响。计算分析表明,缆索局部振动对斜拉桥和悬索桥固有模态影响的程度、影响的形态和影响的机理均有所不同。

(1)在斜拉桥中,斜拉索作为两端固定的张力弦振动的基频浸入到了桥梁整体的基本模态的频率范围。桥梁按基本模态振动时容易激发缆索自身的振型,引起缆索的共振,对桥梁基本模态的振型影响较大,致使模态频率变化也较大。例如,图 3 中主梁一阶对称扭转模态,振型中的缆索横向位移与主梁扭转位移相当,难以分辨谁是主导,接近于塔梁与索的共同振动。

(2)悬索桥中由于吊杆作为两端固定张力弦的基频远离桥梁低阶的基本频率范围,桥梁主梁以基本模态振动时,不足以激发吊杆自身模态的振动,吊杆只是伴随产生了微小的因两端点动位移而激发的索的牵连振动。在图 6 中可以看到吊杆微小的牵连振动位移,而图 7 中则可看到桥梁的高阶模态中吊杆与塔梁共同振动的情形。

(3)斜拉索局部振动对斜拉桥基本固有模态影响的程度,远大于吊索局部振动对悬索桥基本固有模态影响的程度。原因在于两种桥型缆索自身振型参与的程度不一样。斜拉桥基频浸入了斜拉索自身固有频率范围,桥梁基本模态激发了斜拉索的共振。而悬索桥两者的频率范围是远离的,桥梁基本模态只能使吊索发生小位移的强迫振动。缆索局部振动对桥梁固有模态频率的影响,既有正的效应,也有负的效应。

参 考 文 献

[1] Gimsing N J. Cable Supported Bridges, Concept & Design[M]. John Wiley & Son Ltd., 1997.

[2] Ge Y J, Xiang H F. Computational models and methods for aerodynamic flutter of long-span bridges[J]. Journal of Wind Engineering and Industrial Aerodynamics, 2008, 96 (10-11): 1912-1924.

[3] Ge Y J, Tanaka H. Aerodynamic flutter analysis of cable-supported bridges by multi-mode and full-mode approaches[J]. Journal of Wind Engineering and Industrial Aerodynamics, 2000, 86 (2-3): 123-153.

[4] Ding Q S, Chen A R, Xiang H F. Coupled flutter analysis of long-span bridges by multimode and full-order approaches[J]. Journal of Wind Engineering and Industrial Aerodynamics, 2002, 90(12-15): 1981-1993.

[5] Cheng S H. Structural and Aerodynamic Stability Analysis of Long-span Cable-stayed Bridges, Ph. D. Dissertation, Carleton University, Ottawa, Canada, 1999.

[6] 杨德灿,宛劲松.跨径的增加对缆索承重桥梁颤振分析方法的影响[J].桥梁建设,2004,159(5):23-26.

[7] Yang D C, Ge Y J, Xiang H F, et al. 3D Flutter Analysis of Cable Supported Bridges Including Aeroelastic Effects of Cables[J]. Advances in Structural Engineering, 2011, 14 (6): 1129-1147.

[8] ANSYS Inc. ANSYS Structural Analysis Guide, Third Edition. SAS IP Inc., 1999.

[9] Clough R W, Penzien J. Dynamics of Structures[M](Second Edition). McGraw-Hill, Inc., New York, 1993.

112. 组合创新策略在桥梁抗震研究中的实践

袁万城　魏　凯

（同济大学 土木工程防灾国家重点实验室）

摘　要：随着材料工程、桥梁抗震研究以及桥梁设计方法的发展，桥梁抗震研究和设计人员都在追求高效精确的抗震分析方法，以及性能优良价格低廉有效的新型抗震措施来满足结构安全需求。但是，与发达国家相比，我国自主创新能力还很薄弱，如何创新性地在桥梁抗震学科内进行科研选题并在有限的科研经费下高效率的开展科学研究，成为摆在许多从事桥梁抗震的研究人员的难题。笔者结合自己30年来从事桥梁抗震研究的实践，通过在桥梁抗震中引入了组合创新思想，创新性地提出大量新颖的桥梁抗震设计方法，完成多项国家级桥梁抗震科研课题，并开发了多种国际领先的桥梁减隔震产品。本文首先介绍了组合创新方法的概念及其在桥梁抗震研究中的应用模式，通过"桥梁结构复合随机地震易损性分析方法"，"桥墩局部使用钢纤维混凝土提高桥墩延性的抗震设计"和"拉索减震制作的设计开发"3个代表方法、材料及构件的组合创新案例，介绍了如何通过方法组合、材料组合和构件组合实现组合创新过程，结合桥梁工程抗震设计背景通过数值模拟或试验研究论证了组合创新策略在桥梁抗震研究中的应用的有效性及应用价值。本文旨在介绍思想，抛砖引玉，唤起国内桥梁抗震研究同行们的组合创新意识，为我国桥梁抗震领域的发展贡献更大的力量。

关键词：创新策略　桥梁工程　地震工程　组合创新　桥梁抗震

1　引言

地震灾害是危及我国人们生命财产安全的最为严重的自然灾害之一。2008年发生在我国四川省的汶川8.0级特大地震共造成69 227人遇难，374 643人受伤，失踪17 923人，直接经济损失8 451.4亿元。其中，道路、桥梁等基础设施损失占到了总损失的21.9%。汶川地震[1]中多座关键线路上的桥梁丧失了正常使用功能，造成了长时间的交通中断，严重影响了救援、重建工作。在各类公路、铁路桥梁飞速建设的今天，桥梁抗震研究对于国民经济建设和国家重大桥梁工程项目决策具有非常重要的意义。

随着材料工程、桥梁抗震研究以及桥梁设计方法的发展，桥梁抗震研究和设计人员都在追求

基金项目：国家自然科学基金资助项目（90915011，50978194）；光华同济土木学院基金资助。

高效精确的抗震分析方法，以及性能优良价格低廉有效的新型抗震措施来满足结构安全需求[2]。然而，与世界头号强国相比，我国在科研领域的自主创新能力还很不足。仅以人均专利数量为例[3]，2008 年，美国的人均专利数目为48.69个，而中国仅为可怜的 0.39 个，连美国的千分之一都不到。根据中华人民共和国教育部和国家统计局网站上公布的 2005～2009 年 5 年间科研人员数量及教育科研经费投入情况看，从 2005 年，我国高校科研总投入为 193.5 亿元，高校科研人员共计 38.7 万人，到 2009 年，科研投入上升为 344.4 亿元，但科研人员总数却达到了 51 万人。由图 1 可见，2006 年后人均科研经费处于平稳波动状态，并未有较大增长。随之而来的问题就是，要想在僧多粥少的情况下脱颖而出，申请到更多科研经费，必须要强大的科研创新实力作支撑。另外，学生数量增多与科研课题有限之间的矛盾。根据教育部公布的数据(图 2)，近年来研究生的数量逐年增长。如何保证每个学生都学有所成，如何指引他们在兴趣范围内寻找到新颖且具有较高研究价值及前景的科研课题，并在几年时间里做出成果，也成为摆在每个高校导师面前的现实问题。

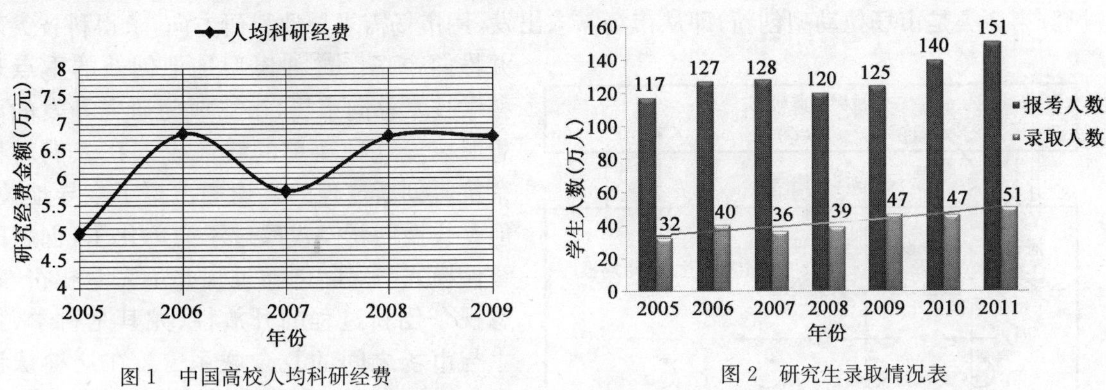

图 1　中国高校人均科研经费

图 2　研究生录取情况表

在这种形势下，桥梁抗震研究必须在理论上和实践中都进行有效的创新。而关于创新，什么力量可以促使它产生与出现？具体体现在什么方面？如何高效快速地去做？下文中笔者根据自己在桥梁抗震领域内 30 余年的创新研究实践，针对上述几个方面介绍了利用组合创新思想指导科研工作的一些体会，并期望能够通过与同行们探讨，激发创新热情，使桥梁抗震研究领域出现更多中国“制造”。

2　桥梁抗震研究中的组合创新模式

2.1　组合创新定义

创新是人类所独有的一种极为复杂的现象。美籍奥地利经济学家熊彼特[4]在 1912 年出版的《经济发展理论》中首次提出了“创新”这一概念。在他的理论中，创新就是“执行新的组合”。日本心理学家恩田彰说：“创新就是把已知的经验重新组合，产生具有新价值的东西。”晶体管发明者肖克莱说：“所谓创新即把以前的独立的发明组合起来。”教育家凯斯特指出：“创新不是胡思乱想，而是双重社会化过程，即把已有的知识经过深思联想，发现其相关之处，而产生的成果。”美国创造工程学家奥斯本说：“组合通常被认为是创造性的动力源泉。”日本科学家福井谦一[5]说：“我之所以能获得诺贝尔奖，是因为我在创造的生活中，尤其在进行创造性思维的活动中，从选题到思考方法，自始至终遵循重新组合规律的结果。”美国阿波罗工程总指挥韦伯说：“在当今世界上，没有什么新东西不是通过综合而创造的，组合是科学创造的基本规律，人们正是遵循这个规律，才引起了 3 次重大的技术革命，而推动科技迅速发展。”现代组合理论揭示出，创新的奥秘在结合，是事物所发生的符合其发展逻辑的某种质变。这种质变主要来自 2 个方面的原因：一是由于事物内部主导性要素的地位发生了变化；二是由于事物内部要素之间的关系或结构发生了变化，而“创新是事物前进性的质变”。

综合以上关于创造的说法，非常明显的是对“组合”的强调。有人对 1900 年以来全世界的 480 项重大创新成果进行分析，发现技术创新的性质和方式在本世纪 50 年代发生了重大变化，原理突破性成果的比例开始明显降低，而组合型创造成为主要方式。据统计，在现代技术开发中组合型成果已占全部发明的 60%～70%[6]。

2.2 组合创新模式

地震具有破坏性强、发生范围广、不可预测等特点。过去，桥梁抗震研究所用的创新模式大多为线性创新模式。这种模式主要分为 2 类[7]：第 1 类是科技先导型的，又称技术推动型创新模式，即创新从基础科学研究作先导或以科技为为起点，以市场为终点的直线式创新，它认为，创新过程是一个基础科学→应用科学→设计试制→制造→应用推广的单向的、逐次渐进的过程；第 2 类是市场拉动型创新，即从市场需求出发，用市场需求导致科研方向，求得科技突破并推向市场。这种模型是把创新的重点从科学技术移向市场，市场成为研究开发的思想源泉。这种简单的线性模式在人们对桥梁抗震创新过程的认识中占据了主导地位。但是线性创新模式都过于简单化了，创新的线性模式与实际创新过程并不完全相符，它忽视了创新过程的开放性、尤其是科学、技术与市场之间的复杂联系[8]。在这种认识基础上，笔者借用克莱因（Lawrence Klein）和罗森伯格（Nathan Rosenberg）在 1986 年所提出的链环—回路创新模型[10]，提出了适用于桥梁抗震研究的组合创新模式，如图 3 所示。

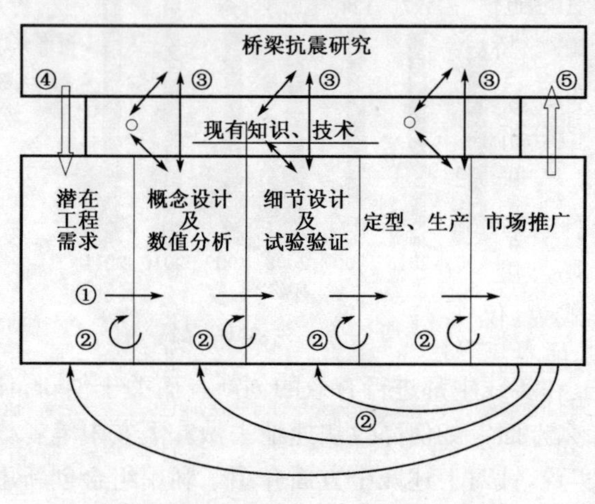

图 3 链环创新模型示意图

2.3 创新资源

桥梁抗震研究中的组合创新的形式主要有以下几种。

(1)方法组合：把不同领域中的不同方法有机组合在一起，彼此各取所需，从而得到一种更加高效的新方法。抗震分析中的常用的有限元方法既是计算机技术和结构力学方法的完美融合。

(2)材料组合：不同材料组合在一起，不仅可以改善原物品的功能，还能带来新的经济效益。比如，钢筋混凝土就是最好的例子，混凝土抗压，钢筋受拉，由 2 种材料组合制成的产物，不仅保持了原有材料的优点，还大大降低了结构成本。

(3)构件组合：构件组合就是把具有不同功能、不同用途的不同构件组合到一个新的物品上，使之具有多种功能和用途。桥梁上常用的铅芯橡胶支座就是由橡胶和铅芯这 2 种构件相组合，从而具有较强的地震耗能能力。

3 组合创新应用实例

3.1 方法组合——桥梁结构复合随机地震易损性分析方法

人工神经网络是20世纪80年代后期迅速发展起来的人工智能的一个重要分支，具有联想推理和自适应识别能力和模拟人类思维的能力，经过科学学习，能够具有找出输入—输出之间映射关系的能力。因此，非常适合于结构工程中的非线性推理和预测。

地震易损性分析从本质上讲就是对结构地震响应相对于某一标准的超越概率。蒙特卡罗(Monte Carlo－MC)方法，又称为随机抽样(Random Sampling)技术或统计试验(Statistical Testing)方法，是一种以概率统计理论为基础的数值计算方法，在现有的结构可靠性分析中，它被认为是一种相对精确的方法，并且非常适用于计算机上使用。蒙特卡罗与人工神经网络的结合使用极大地提高了结构地震响应统计分析的效率。同时，增量动力分析(Incremental Dynamic Analysis-IDA)是用于评估地震动作用下结构性能的一种参数化分析方法，该方法的基本思想是对一条或多条地震动输入的强度进行比例缩放，使其成为不同强度的地震动输入，对结构进行地震响应分析。IDA可以看作是时程分析方法的延伸，但它通过一组不同强度的地震波将"点"分析连成了"线"分析，甚至于到"面"分析，全面揭示了结构在不同地震强度、不同地震波输入下的反应特性，为我们深刻了解结构抗震性能提供了有效手段。

为了充分考虑结构自身的随机性和地震作用的随机性，在IDA分析方法的基础上，引入ANN和MC相结合的技术，发展基于ANN－MC的桥梁复合随机地震易损性分析方法[10]，充分发挥各种分析方法的优点[11]。其基本流程如下：

(1)利用神经网络模拟随机桥梁结构响应数值分析。

(2)由推倒分析提供训练样本和检验样本。

(3)利用Monte Carlo法对桥梁地震损伤进行概率统计。

以一座规则连续梁桥为例进行说明，基本设防烈度为8度，设计基准期为50年。由于在静力设计中，多跨连续梁桥常采用的梁墩连接方式为：仅在中墩设固定支座，其余墩上均设滑动支座。但是，在地震力作用下，这种连接方式一般会导致固定墩承担绝大部分的上部结构惯性力，而其他墩分担得很少(仅为滑动摩擦力)。因此，这种类型的桥梁，固定墩是地震荷载作用下最易损伤的构件，因而，在本文中，主要对连续梁桥的单墩体系进行地震易损性分析，如图4所示。

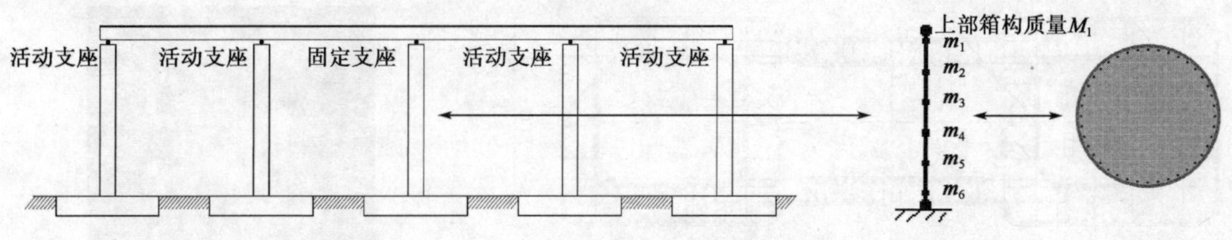

图4　连续梁桥的简化分析模型

桥墩采用圆形截面形式，墩高为10m，直径为2.0m，如图4所示。上部结构重为15 000kN，墩顶集中质量为1 548.7t。纵向配筋率为0.99%，采用II级钢筋，混凝土采用C30。以桥墩的墩顶位移响应与屈服位移比作为目标。建立精确RBF神经网络模型，对上述IDA分析结果进行归一化处理后，形成神经网络训练样本，并对RBF网络进行训练。在0.0g到1.0g之间随机产生另外7组不同的PGA值，并标准化El Centro波，分别对上述模型进行非线性时程分析，得到7组PGA和墩顶位移地震响应的样本，经归一化处理后对RBF网络进行检验，检验结果见表1。从表1中可以看出，RBF网络的仿真误差非常小，均在3%以内，这说明RBF网络训练的非常成功，足以准确模拟地震动作用下的非线性时程分析。

RBF 神经网络检验结果 表 1

检验样本编号	PGA(g)	墩顶位移(m)	RBF 网络仿真响应(m)	相对误差(%)
1	0.05	0.013 4	0.013 1	−2.30
2	0.15	0.039 7	0.039 4	−0.87
3	0.17	0.044 9	0.044 4	−1.24
4	0.49	0.117 4	0.115 8	−1.30
5	0.73	0.215 8	0.213 8	−0.89
6	0.75	0.230 5	0.228 2	−1.00
7	0.87	0.301 7	0.302 1	0.14

注:相对误差=(径向基网络仿真响应−墩顶位移)/墩顶位移×100%

3.2 材料组合——桥墩局部使用钢纤维混凝土提高桥墩延性的抗震设计方法

阻碍钢纤维混凝土(SFRC)在工程中广泛应用的一个主要原因是其价格昂贵,"好钢用在刀刃上",在结构局部采用钢钢纤维混凝土,是结构设计中增强结构静、动力性能的常用做法。结构局部采用钢纤维混凝土使钢纤维用量减至最少,可以在不增加甚至减小结构总体造价的情况下有效提高结构的整体承载能力和抗震能力。制约 SFRC 在工业与民用建筑中大规模推广应用的瓶颈——经济因素(主要是钢纤维的价格太高,造成 SFRC 在工程应用上一次性投资偏高),随着生产工艺的改进,现在已很大程度上得到改变。因此,基于组合创新的思路,在桥墩潜在塑性铰区局部使用钢纤维混凝土就可以充分发挥其延性能力强的优势。基于某连续梁桥单自由度模型,以桥墩材料为 C30 混凝土,桥墩截面尺寸 10.5m×3.0m 为例,如图 5 所示。桥墩配箍率为 0.3%。通过试验(图 6)和数值分析(图 7),验证思路的有效性及可行性。研究结果表明,由于钢纤维的加入,把原本倾向于脆性破坏模式的混凝土桥墩,转变为充分的延性破坏。在拟静力破坏试验中,无论是关键现象对应的位移,还是整体的裂缝分布,掺入了钢纤维的试件都比普通的试件表现更加优异,证明钢纤维对于提高试件的延性和滞回耗能能力有明显的效果。而局部使用钢纤维混凝土的桥墩,不但同样大大提高了桥墩的延性能力,甚至相比全部使用钢纤维混凝土的桥墩,其变形能力还有小幅提高。

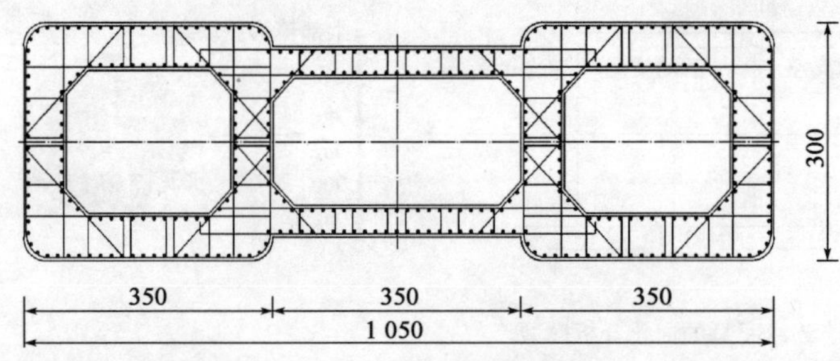

图 5 桥墩截面及配筋图(尺寸单位:cm)

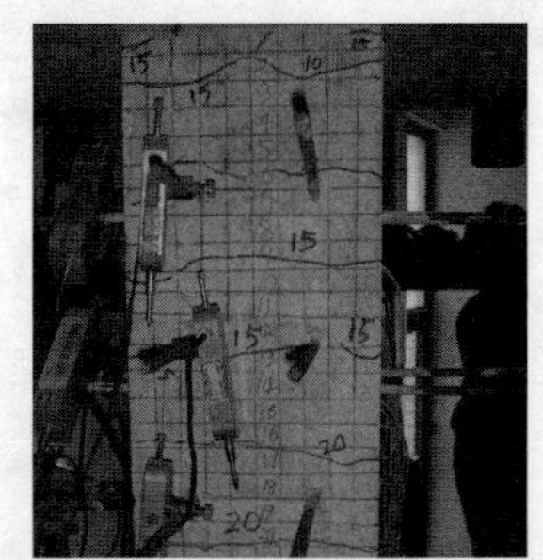

图 6 桥墩模型拟静力试验研究

3.3 构件组合——拉索减震支座

在罕遇地震作用下,桥梁墩、塔及其基础抗震能力不足以及支座水平抗剪强度不足是经常遇到的情况。此时,如果仅靠提高构件能力的方法(如:增加截面尺寸、增大配筋率)来强行保证桥梁的抗震安全性,将是十分不经济的。而且一般情况下支座的水平抗剪强度不高于竖向承载力的 20%,很难保证在罕遇地震作用下不被剪坏。支座剪断后,对减小墩顶的绝对位移和墩底的弯矩有明显的效果,但梁体与桥墩的相对位移迅速增大,必须采取措施进行限制。目前使用较多的是阻尼器、弹性索以及挡块，但这些措施要么造价太贵，要么需要在墩梁相应位置设置复杂的细部构造，给设计造成一定的困难。基于此，作者提出在小震及中震作用下，保持固定支座正常使用功能，但在罕遇地震作用下，通过剪坏抗剪螺栓的方法将固定支座变为活动支座，并用拉索限制因此引起的过大墩梁相对位移的设想。但考虑对已有桥梁设计方案进行修改在当时已无可能，因此通过对我国桥梁工程中广泛应用的盆式支座/球形钢支座和弹性拉索这 2 种构件的组合创新，开发出了拉索减震支座[12]。

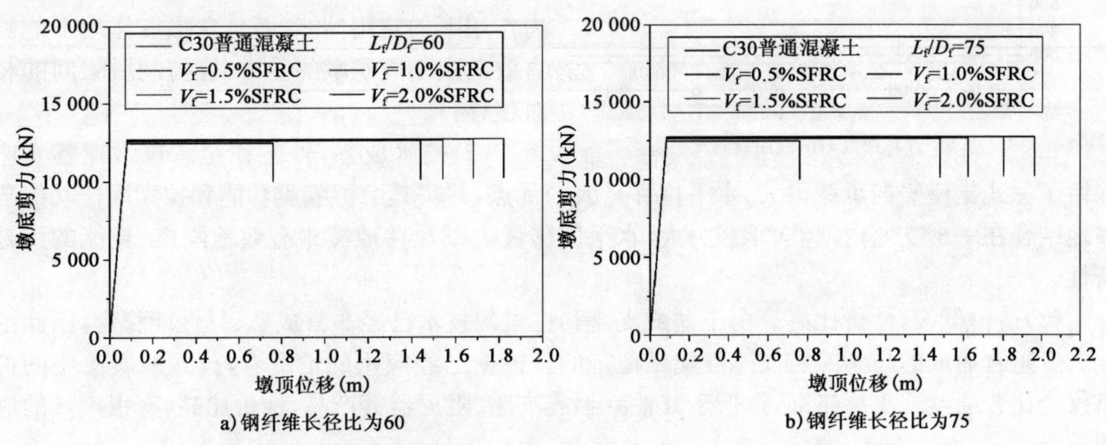

图 7 数值推倒分析能力曲线

通过组合创新得到的拉索减震支座具备以下 3 个性能目标：①正常使用状态时，在不超过正常行程的范围内，拉索不起限位作用，拉索减震支座与盆式橡胶支座相同；②在遭遇小震及中等烈度地震的情况下，固定支座抗剪螺栓原则上不允许剪断，以避免震后更换支座。滑动支座利用不锈钢板与聚四氟乙烯滑板之间的滑动隔离上下部结构，减少地震力传递，并利用摩擦耗散能量；③在桥梁结构遭遇罕遇地震时，固定支座抗剪螺栓剪断，隔离上部结构产生的地震力对桥墩的影响；同时由拉索限制因此造成的过大动位移，并提供充足的恢复力，并在此过程中消耗部分能量。拉索减震支座的恢复力曲线如图 8c)所示，其中 K_1 为盆式支座的弹性刚度，K_2 为拉索拉伸刚度，u_0 为拉索减震支座的自由行程。

概念设计完成后，通过与江苏万宝桥梁构件有限公司合作，他们将设计概念具体化，并予以实施，加工了首个拉索减震支座。通过在同济大学桥梁工程系试验室的 2 000t 动、静电液伺服加载系统上进行拟静力试验，其性能得到了验证，也发现了许多原设计中存在的问题。如图 9 所示为有限元计算获得的滞回曲线与试验曲线的对比。从图中可以看出，摩擦耗能段，二者吻合较好；在拉索限位段，二者有一定的差异，这主要是由于有限元分析时所采用的拉索刚度经试验回归得出，与试验时拉索的真实刚度有一些差别造成的。为避免原设计方案中拉索与顶板接触部位容易出现应力集中的现象，于是，通过与支座生产企业共同攻坚，对产品进行了改进(图 10)，为产品的批量生产奠定了坚实基础。

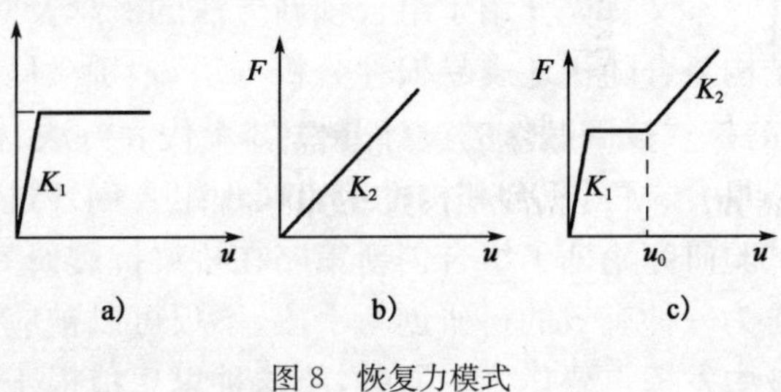

图 8 恢复力模式

通过在多座桥梁中的应用，以拉索减震支座为基础，衍生出了一系列拉索支座产品，这些

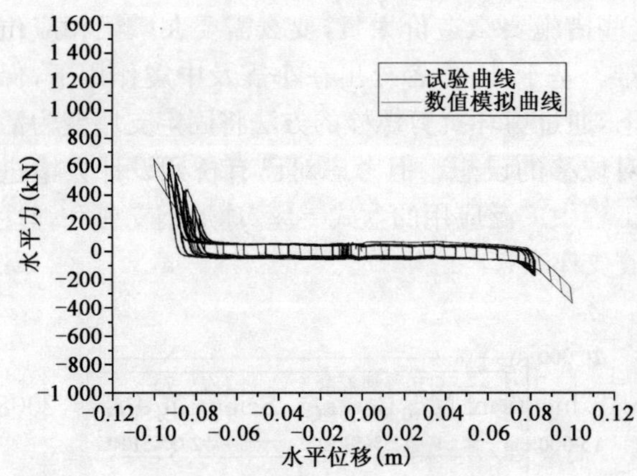

图9　计算曲线与试验曲线对比

产品无一例外地体现出了以下优势：

(1)理念先进，应用广泛。拉索减震支座在小震及中震作用下，保持固定支座正常使用功能，但在罕遇地震作用下，通过剪坏抗剪螺栓的方法将固定支座变为活动支座，并用拉索限制因此引起的过大墩梁相对位移。通过合理地设计拉索的参数，使支座不仅能够满足静力作用下的使用性能，而且在强震作用下能够有效地减小固定墩的受力，且控制墩梁间的相对位移。

(2)技术成熟，性能稳定。拉索减震支座保留了盆式支座竖向承载力大、水平位移量大的优点，并将其摩擦隔震功能和拉索限位功能巧妙地结合在一个支座内，竖向承载力大、水平位移量大以及在地震中有效地隔震、耗能的优越特性。

(3)造价低廉，性价比高。由于盆式支座和拉索的技术已经非常成熟、且性能稳定，因此由此二者组合而成的拉索减震支座性能是稳定的。根据已经应用的情况看，拉索减震支座的价格仅会比普通盆式支座略高，远低于其他减隔震支座、阻尼器等产品，性价比高，有很广阔的应用前景。

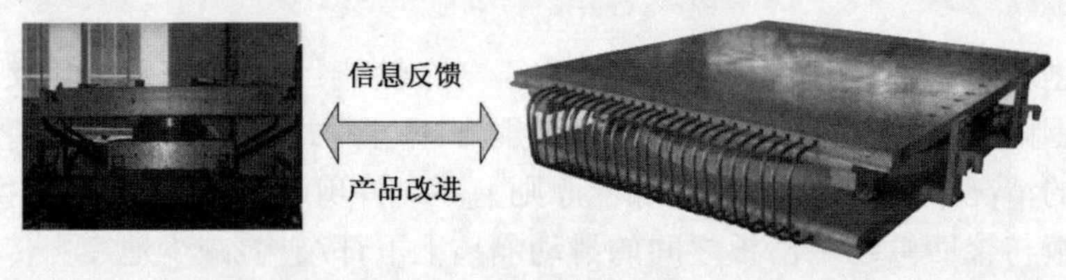

图10　拉索减震支座改进示意图

4　结语

本文首先介绍了组合创新方法的概念及其在桥梁抗震研究中的应用模式，通过结合“桥梁结构复合随机地震易损性分析方法”，“桥墩局部使用钢纤维混凝土提高桥墩延性的抗震设计”和“拉索减震制作的设计开发”3个代表方法、材料及构件组合的创新案例，介绍了如何通过方法组合、材料组合和构件组合实现组合创新过程，结合桥梁工程抗震设计背景通过数值模拟或试验研究论证了组合创新策略在桥梁抗震研究中的应用的有效性及应用价值。组合创新思想作为一种有效的科研创新手段，不仅可以被应用与抗震研究还可以在其他的桥梁工程科研领域中发挥重要作用。同时，将这种思想植根于高校的日常教育工作中，更能培养、发展、唤醒学生的创造意识与潜能。限于创新理论水平所限，本文旨在介绍思想，抛砖引玉，还望通过此文唤起国内桥梁研究同行们的组合创新意识，为我国桥梁抗震领域的发展贡献更大的力量。

参 考 文 献

[1] Z Wang, G C Lee. A comparative study of bridge damage due to the Wenchuan,

Northridge, Loma Prieta and San Fernando earthquakes[J]. Earthquake Engineering and Engineering Vibration,2010,8(2).

[2] 沈祖炎,王烨华,李元齐.论结构创新[J].同济大学学报:自然科学版,2010, 38(1): 1-11.

[3] OECD. OECD Science, Technology and Industry Outlook 2010[M]. OECD Publishing, 2010:166, 232.

[4] Joseph Schumpeter. The Theory of Economic Development[M]. Harvard University Press, Cambridge, Mass, 1934.

[5] Fukui Kenichi. Respect of Education-The First Asian Winner of the Nobel Prize in Chemistry Fukui Kenichi to Talk About Education[M]. Beijing: Scientific Press,2008.

[6] 李书文.论组合创新与创造性人才培养[J].高等理科教育, 2003, 47(1): 81-83.

[7] 王明友.知识经济与技术创新[M].北京:经济管理出版社, 1999.

[8] 何传启,张凤.知识创新:竞争新焦点[M].北京:经济管理出版社, 2001.

[9] Kline S. Research, Invention, Innovation and Production: Models and Reality[R]. Report INN-1, Mechanical Engineering Department, Stanford University, March,1985.

[10] 冯清海.特大桥梁地震易损性与风险概率分析[M].上海:同济大学, 2008.

[11] 曹新建.大型桥梁的抗震能力设计策略[M].上海:同济大学, 2010.

[12] W Yuan, X Cao, P Cheung, et al. Development of Cable-Sliding Friction Aseismic Bearing for Bridges[C]. CECAR 5 & ASEC 2010 Conference, Sydney: Australia, Aug. 8-11, 2010.

113. 兰州西固黄河大桥主跨480m斜拉桥减隔振体系研究

韩友续　武维宏　舒春生

(甘肃省交通规划勘察设计院有限责任公司)

摘　要:西固黄河大桥主跨480m,为我国Ⅷ度以上地震区最大跨度的斜拉桥,抗震要求较高,需采取合理的减隔振体系保证结构抗震安全和经济性。本文介绍了西固黄河大桥在考虑边界非线性的条件下,利用非线性时程分析方法,重点分析对比了不同参数下弹性连接和液体非线性黏滞阻尼器的结构效应。研究结果表明,若塔梁间设置弹性连接,可有效限制位移、减小上塔柱和中塔柱的地震效应,但对下塔柱的地震效应减小幅度相对较小。而阻尼器对下塔柱地震效应减小更为明显,通过选择适当的阻尼器参数可以有效降低地震作用下关键部位的相对位移和结构地震力,提高桥梁的抗震安全性。

关键词:Ⅷ度地震区　斜拉桥　减隔振　弹性连接　阻尼器

1　桥梁概况

西固黄河大桥属于南绕城高速公路重点项目,穿越兰州水源保护区,且需跨越黄河、兰新铁路和西新路(兰州城市道路)。大桥位于柴家峡水电站附近,距兰州市公路里程约30km,桥型的选择应新颖、具有标志性,且与城市文化和周围环境相协调。作为黄河唯一穿城而过的省会城市,兰州将黄河桥梁建设不仅作为一种城市基础设施,也作为一种城市景观来经营。百年黄河铁桥已经成为兰州历史的见证和兰州最具标志性的建筑,其他桥梁也风格迥异,造型丰富。为提出明显有别于这些桥梁的方案,通过桥位、桥型的多方案比较,拟采用主跨480m的结合梁斜拉桥,由于地形不对称,主桥采用边跨不对称布置,全桥跨径组合为(40+122+480+132+70)m斜拉桥+(4×40)m先简后连组合箱梁,如图1所示。从提高抗震性能考虑,本桥应采用钢箱梁加劲梁,但受施工条件限制,西固黄河大桥主梁采用结合梁。斜拉索采用空间扇形索面布置,;桥塔采用"宝瓶"形钢筋混凝土结构,塔高173m,根据其形态和位置,分为上塔柱、下塔柱和塔墩。上塔柱高39m(含3m装饰段),下塔柱高68m,塔墩高66m。

西固黄河大桥是我国Ⅷ度以上地震区的大跨度斜拉桥,建成后也是西北地区最大跨度斜拉桥,中国第四大跨度结合梁斜拉桥。由于受地震效应控制,桥塔设计难度大,须采取减隔振措施。目前我国大跨度斜拉桥大多采用阻尼器抵抗大震作用，苏通大桥等国内几座大跨度斜拉桥的设计中也提出了利用弹性连接代替阻尼器，经济效果较好，但经比较，最终还是没有采用。本文在借鉴已有研究成果的基础上，重点从设置弹性连接和阻尼器两种思路出发，提出合理的减隔振措施，并对设计参数进行优化。

图 1　桥梁效果图

2　地震响应分析方法

2.1　抗震设防标准的确定

西固黄河大桥主跨跨径 480m，根据《公路桥梁抗震设计细则》的规定，西固黄河大桥抗震设防类别为 A 类。根据工程场地地震安全性评估报告提供的场地特征，结合国内大跨度桥梁的抗震设防标准，本桥采用两水准设防，两水准分别采用 50 年 10%超越概率与 50 年 2%超越概率。重现期 475 年的 E1 地震作用下不应发生损伤；重现期 2000 年的 E2 地震作用下可发生损伤，但地震后应能立即维持正常交通通行。

2.2　地震动参数

设计基本地震动加速度峰值为 0.22g，E2 下动峰值加速度为 0.4g，桥址位于Ⅱ类场地，场地区划图特征周期为 0.45s，阻尼比取为 0.03，反应谱参数取值见表 1。

反应谱参数取值　　表 1

参数 / 设防水准	S_{max}	T_g	$A(g)$	场地类别	ξ
E2 水平方向	0.584g	0.45	0.22	Ⅱ	0.03
E2 竖直方向	1.062g	0.50	0.40	Ⅱ	0.03

水平设计加速度反应谱 S 由下式确定：

$$S=\begin{cases} S_{max}(5.5T+0.45) & (0\leqslant T\leqslant 0.1)\\ S_{max} & (0.1<T\leqslant T_g)\\ S_{max} & (T_g<T)\end{cases}$$

根据甘肃省地震局提供的《西固黄河大桥地震安全性评价报告》提供的资料，E1 水平地震加速度时程如图 2 所示，E2 水平地震加速度时程如图 3 所示。

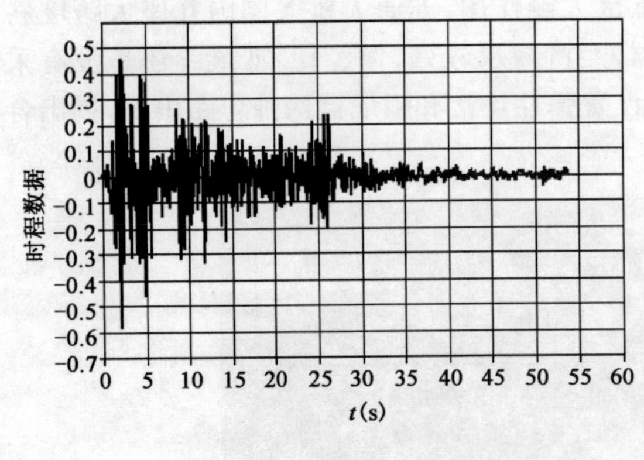

图 2　E1 地震加速度曲线

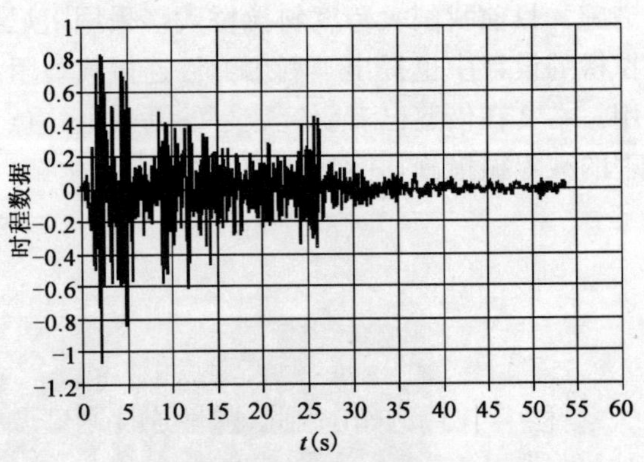

图 3　E2 地震加速度曲线

2.3　动力计算模型

采用 midas 软件建立全桥动力计算模型，如图 4 所示。桥塔及桥塔横梁、主梁离散为梁单元，斜拉索离散为桁架单元。全桥共划分为 1 417 个节点，2 468 个梁单元，152 个桁架单元。

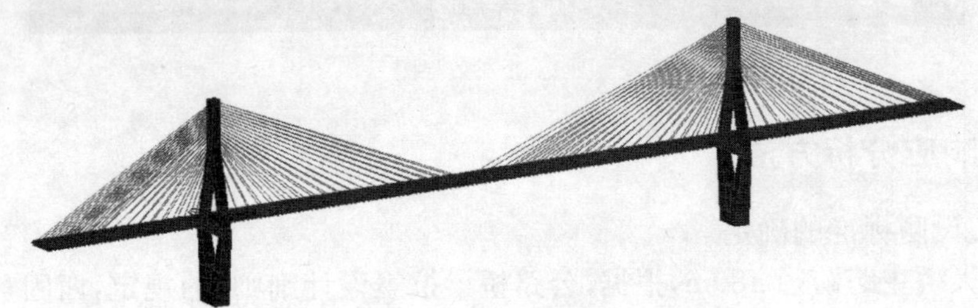

图 4　动力计算模型

2.4　支撑体系

本桥下塔柱较高，对塔、梁、墩刚接体系和半飘浮体系进行了研究，刚接体系刚度大、位移小，但温度内力大，动力性能差，对于高震区桥梁，即使在下塔柱较高时，采用半飘浮体系仍然对抗震有利。在综合考虑结构性能、塔柱形式等因素，主塔处塔梁间采用纵向弹性半飘浮体系。塔、梁间竖向设置弹性支座代替全飘浮体系的零号索，并在成桥后调整支反力，以消除大部分温度、收缩徐变等不利影响，边墩、辅助墩处竖向均设活动球形支座；横桥向在每个墩处设置约束，在桥塔处研究设置弹性连接或液压非线性黏滞阻尼器的柔性约束，以减小结构关键部位位移，改善结构受力，避免或减轻结构碰撞。

2.5　边界条件

斜拉索与主梁和桥塔间采用刚性连接；桥台、辅助墩处横向、竖向自由度按刚性连接模拟，不约束转动、扭转自由度和纵向自由度；考虑桩基的柔性约束刚度，将桩基对桥塔的约束作用等效为刚度矩阵形式进行约束，考虑线性自由度和转动自由度的耦合约束效应。桥塔横梁与主梁之间竖向和横向均按刚性连接模拟，不约束转动自由度，根据不同的减隔振措施约束纵向自由度。

3　减隔振措施研究

对于半飘浮体系斜拉桥，设置阻尼器是减隔振的有效措施。但是塔梁间设置一定的弹性连接，同样可以改善结构的动力性能，达到减隔振的目的，日本多多罗大桥便采用了弹性连接措施。本文针对以上两种减隔振措施进行比较，以确定最优方案。

3.1 塔梁弹性连接的减隔振效应

塔梁处设置一定刚度的纵向弹性约束，一方面可以减小活载、纵向静风载和汽车制动力等产生的塔底弯矩和塔梁水平位移；另一方面，由于它既不像塔梁固结体系那样有强大的嵌固刚度，又不像飘浮体系那样塔梁间无纵向约束，所以温度引起的主梁轴力和塔根弯矩小于塔梁固结体系，但又大于飘浮体系。

根据有限元计算结果，控制截面内力与弹性连接刚度关系曲线如图5所示，位移与弹性连接刚度关系曲线如图6所示。由图5和图6可见，弹性连接刚度为5 000kN/m时，控制截面内力降低至趋于稳定，但关键点位移仍大于40cm；当弹性连接刚度达到15 000kN/m时，关键点位移均小于20cm，因此，弹性连接刚度取15 000kN/m是合理的。

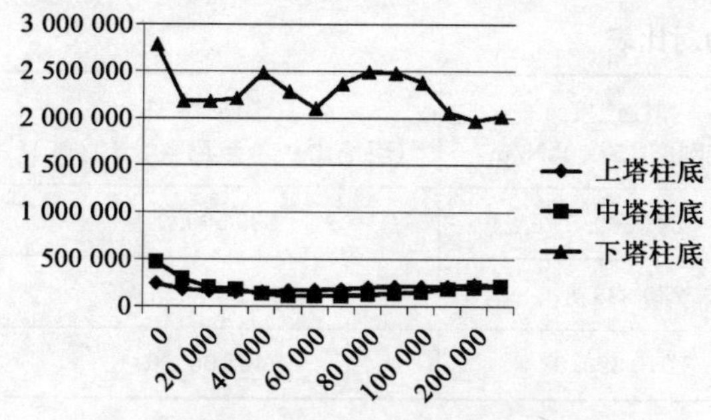

图5 控制截面内力与弹性连接刚度关系曲线

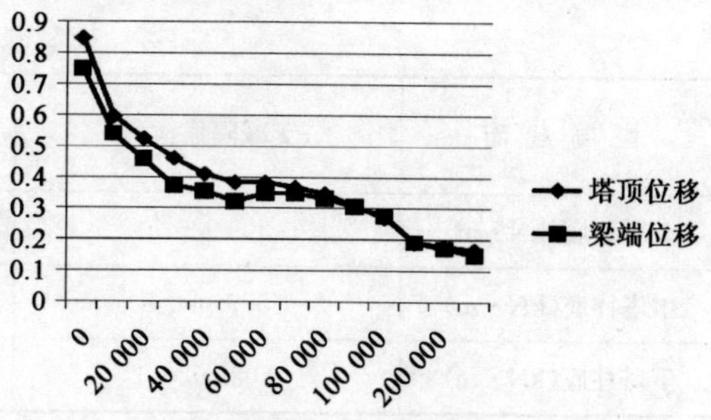

图6 位移与弹性连接刚度关系曲线

3.2 设置阻尼器的减隔振效应

当结构受到地震力作用产生动力反应过大时，调整结构阻尼是使结构达到理想动力性能状态的重要手段。改善阻尼最好的办法。是在塔梁之间设置阻尼器，阻尼装置的阻尼比可达到20%～50%。

根据有限元计算结果，不同阻尼比条件下上塔柱底弯矩与阻尼比关系曲线见图7所示，下塔柱底弯矩与阻尼比关系曲线如图8所示，塔顶位移与阻尼比关系曲线如图9所示，梁端位移与阻尼比关系曲线如图10所示。根据图7～图10，阻尼系数取10 000，阻尼比取0.3较为合理。

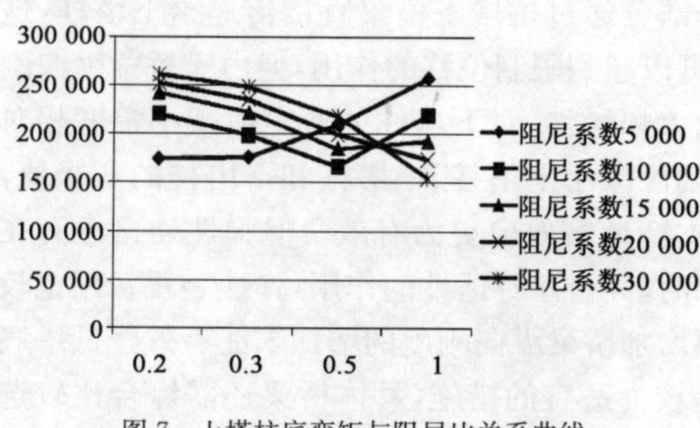

图7 上塔柱底弯矩与阻尼比关系曲线

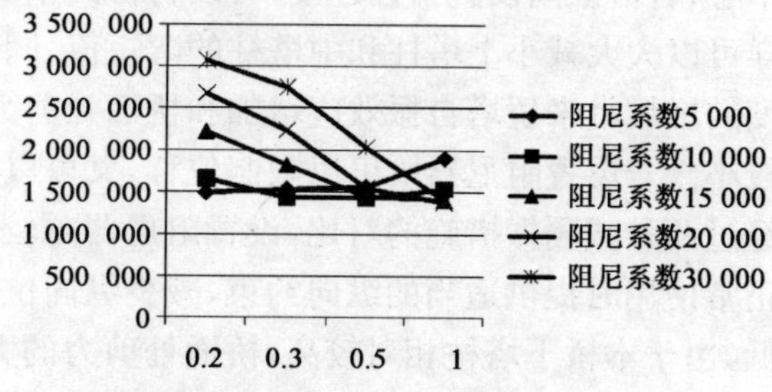

图8 下塔柱底弯矩与阻尼比关系曲线

3.3 减隔振措施的确定

根据有限元计算结果，控制截面内力对比结果见表2，关键部位的位移对比结果见表3。从表2和表3可见，两种减隔振措施上塔柱和中塔柱弯矩值比较接近，但设置阻尼器可以大幅度削减下塔柱弯矩；两种减隔振措施均可以将位移限制到合理值。综上，采用阻尼器更为合理。

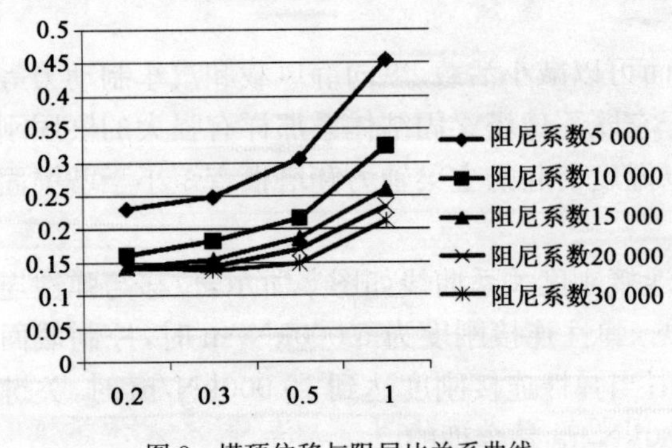

图9 塔顶位移与阻尼比关系曲线

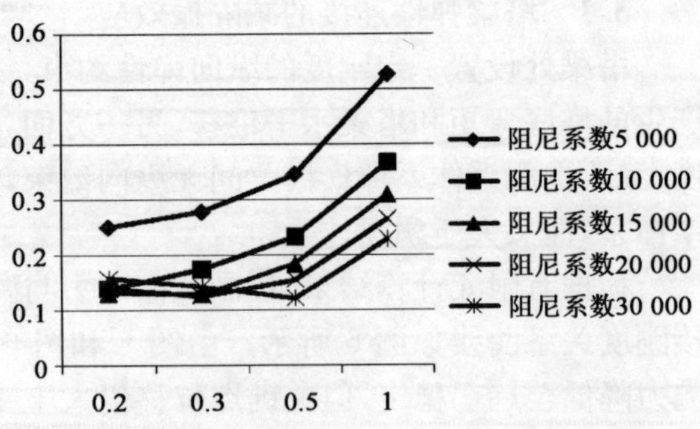

图10 梁端位移与阻尼比关系曲线

控制截面内力对比表 表2

控制截面	无减隔振措施	弹性连接（连接刚度15 000kN/m）	阻尼器（阻尼比0.3，阻尼系数10 000）
上塔柱底（kN·m）	509 926.5	221 800.5	239 500.0
中塔柱底（kN·m）	877 344.1	220 838.8	202 000.0
下塔柱底（kN·m）	3 022 020.1	2 070 320.0	1 465 000.0

关键部位位移对比表 表3

控制截面	无减隔振措施	弹性连接（连接刚度15 000kN/m）	阻尼器（阻尼比0.3，阻尼系数10 000）
塔顶位移（mm）	1.023	0.190	0.183
梁端位移（mm）	0.959	0.191	0.175

4 结语

对于Ⅷ度地震区半漂浮体系斜拉桥，不采取任何减隔振措施，桥面重量大多集中在上塔柱中心，若塔梁间设置弹性连接，可以将桥面重量一部分通过桥塔下横梁直接传递给下塔柱，这样可以大大减小上塔柱和中塔柱的弯矩值，同时可以起到限制位移的作用，但由于桥梁纵向刚度的增加带来桥塔自振效应增加和桥面处剪力的大幅增加，对下塔柱的弯矩值减小幅度相对较小。若设置阻尼器既可以限制位移，又可以大幅度减小上塔柱、中塔柱和下塔柱的弯矩值，经过两种减隔振措施的对比，设置阻尼器对较少本桥地震效应更为有效。但弹性连接也有在正常使用时提供适当的纵向约束，减少纵向位移和提高行车舒适性的作用，弹性装置费用也较低，由于本桥下塔柱相对较高，桥面处剪力的大幅增加桥梁纵向刚度的增加未能有效降低塔底地震弯矩，但在下塔柱较低时，弹性连接也可能是较为适宜的措施，具体桥梁还需综合比较选择。而采用布置阻尼器的方案时，也应研究通过支座提供一定弹性约束，以改善运营条件。

参考文献

[1] 苗家武，胡世德，范立础.大型桥梁多点激励效应的研究现状与发展[J].上海：同济大学学报，1999，27(2)：189-193.

[2] 范立础,袁万城,胡世德.上海南浦大桥纵向地震反应分析[J].北京:土木工程学报,1992,25(3):2-8.

[3] Nazmy A S,Abdel-Ghaffar A M. Effects of ground motion spatial variability on the response of cable-stayed bridges[J]. Earthquake Engineering and Structural Dynamics,1992,21(1):1-20.

[4] Allam S M,Datta T K. Analysis of cable-stayed bridges under multi-component random ground motion by response spectrum method[J]. Engineering Structures,2000,22(10):1367-1377.

[5] 李正农,楼梦麟.大跨度桥梁结构地震动输入问题的研究现状[J].上海:同济大学学报,1999,27(5):592-597.

114. 横撑布置方式对钢管混凝土拱桥抗震性能的影响研究

李自林　刘明艳
（天津城市建设学院）

摘　要：横撑是保证钢管混凝土拱桥横向刚度及其整体性的主要构件，其布置数量与形式对桥梁结构的受力和位移起着至关重要的作用，因此这方面的研究具有十分重要的意义。为研究横撑对拱桥的抗震性能的影响，采取不同的横撑布置方式，应用时程分析法对钢管混凝土拱桥进行了地震响应分析，对不同横撑布置方式下钢管混凝土拱桥的自振特性进行了研究，并对拱肋的变形和应力情况进行了讨论。经过理论分析和数值模拟，得出了如下结论：钢管混凝土拱桥的频率随着横撑的减少而降低，即横向刚度减小；当横撑布置数量减少时，在地震作用下，靠近拱脚部分拱肋的竖向位移受到横撑数量变化的影响较小，而拱顶部分拱肋的竖向位移受横撑数量变化的影响较大；横撑数量减少不会增大拱肋横向位移和应力，但横撑布置点处拱肋的水平位移明显小于没有设横撑的情况，这些结论对于类似桥梁的理论研究和设计具有很好的参考价值。

关键词：横撑　钢管混凝土拱桥　地震响应　时程分析法

1　前言

横撑是保证钢管混凝土拱桥横向刚度的主要构件，其布置数量与形式对结构的受力起着至关重要的作用。对于跨径较小的拱桥，拱肋间横撑可采用一字形或K形[1]。对于跨径较大的拱桥，大多采用K形横撑[2]。

有些拱桥出于经济和美观考虑或者桥面较宽且跨径不大时，布置成无横撑，或者中承式拱桥将横撑布置于桥面下拱脚处[3,4]，桥面系之上无横撑。大量分析研究表明，拱桥的横撑布置方式对结构抗震作用影响巨大，甚至超过结构自身刚度的影响。横撑布置方式对跨度超过300m的特大钢管混凝土拱桥抗震性能的影响应被更多的关注。

2　不同横撑布置方式下的模型

本文选取浙江千岛湖南浦大桥为依托模型，该桥为一跨度330m的中承式钢管混凝土拱桥，拱肋采用四肢桁式结构。拱肋间横撑的布置主要承担结构的横向刚度，为研究钢管混凝土拱桥横撑对桥梁动力性能的影响，分别建立设置不同数量横撑的五种模型，详见表1。

五种模型横撑设置情况表　　表1

模　型	一	二	三	四	五
横撑数量	6道	7道	9道	11道	13道

图1～图5分别为设置横撑数量为6、7、9、11、13的五种有限元模型图。

图1　模型一的横撑布置情况

图2　模型二的横撑布置情况

图3　模型三的横撑布置情况

图4　模型四的横撑布置情况

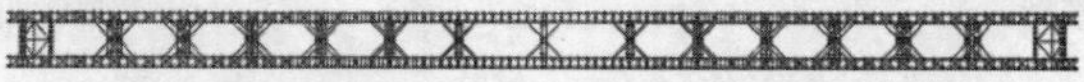

图5　模型五的横撑布置情况

3　不同横撑布置方式下桥梁结构的自振特性分析

分别计算五种模型的前300阶频率，模型一至模型五的前4阶振型图、前4阶频率及其对应的振型列于表2。通过分析比较，模型一～四的前1、2、4阶振型相同，详见图6。模型一～四的第3振型详见图7。模型五的前4阶振型如图8所示。

五种模型的前4阶频率与振型比较　　表2

振型	模型一		模型二		模型三		模型四		模型五	
1	0.229	LW	0.247	LW	0.271	LW	0.276	LW	0.301	LQ
2	0.334	QW	0.335	QW	0.336	QW	0.336	QW	0.340	QW
3	0.438	LE	0.490	LE	0.525	LE	0.536	LE	0.552	N
4	0.561	N	0.561	N	0.559	N	0.557	N	0.575	LE

注：LW——拱肋一节面外弯曲，QW——桥面系一阶面外弯曲，N——拱肋与桥面系面内弯曲，LE——拱肋二阶弯曲，LQ——拱肋与桥面系一阶面外弯曲。

a）第1振型

b）第2振型

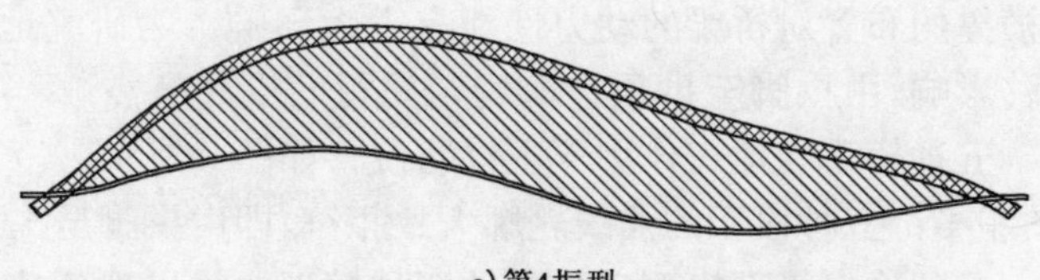

c）第4振型

图6　模型一～四的第1、2、4阶振型图

由图6～图8可知，前四种模型中第1、2、4阶振型相同，第1振型均为拱肋的一阶侧弯，第2振型为桥面板的一阶侧弯，第4振型为拱肋和桥面板的面内弯曲。第3振型虽然均为拱肋和桥面板扭转，其中模型二～四的拱肋弯曲方向相同，但与模型一的拱肋弯曲方向相反。结合表 2 五种模型的前 4 阶频率,模型一的基频最小,为 0.229;模型五的基频最大,为 0.304;前 4 阶频率中,基本表现为模型一～五依次逐渐增大,前 3 阶振型为主振型,第 1、3 阶频率分别为桥梁结构的面外基频和面内基频。模型的频率随着横撑数量的增加而逐渐增大,即增加横撑数量使结构的横向刚度提高。横撑数量影响桥梁的稳定性,为增强桥梁稳定性,尤其是横向稳定,应加强桥梁横向刚度,增加横撑的数量。

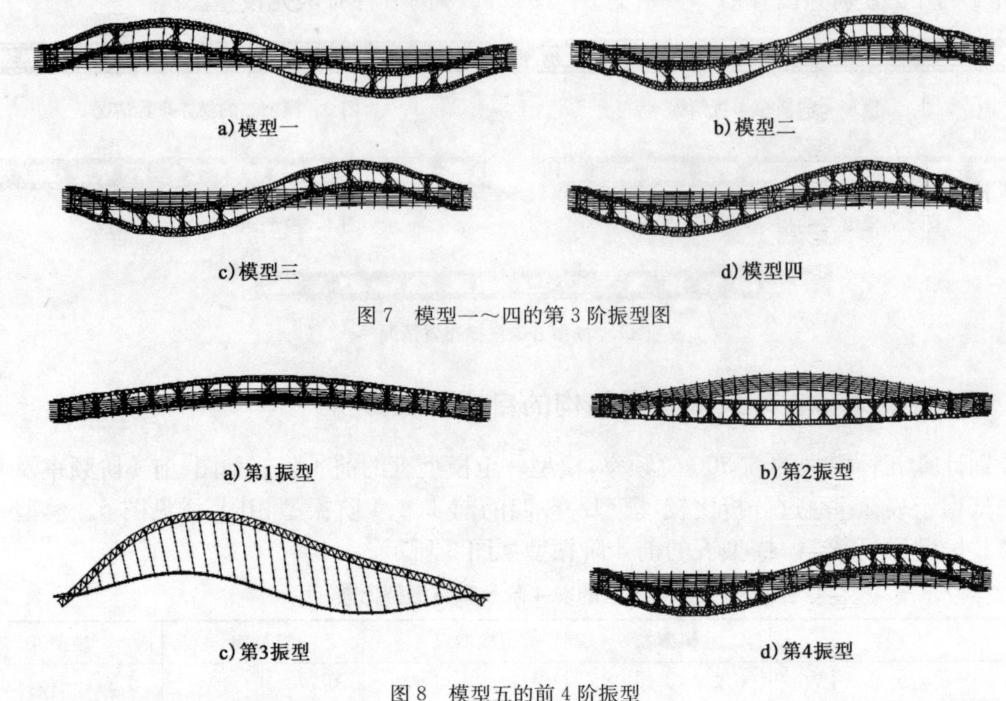

图 7　模型一～四的第 3 阶振型图

a) 第1振型　b) 第2振型　c) 第3振型　d) 第4振型

图 8　模型五的前 4 阶振型

4　地震作用下横撑布置方式对拱肋变形的影响

为了避免桥梁结构在地震作用后不影响交通,在设计时要采取明确有效的抗震设计手段。现今国内外常用的抗震设计方法有反应谱法、时程分析法以及功率谱法[5]。

从已有的理论分析来看,对于大跨斜拉桥、悬索桥等,反应谱法将产生较大的误差[6][7]。因而在对大跨度桥梁进行抗震设计时,人们通常选用已发生的和实际工程场地情况类似的一组地震记录,对桥梁结构进行时程加载,分析结构时程响应以便进一步做抗震设计。通过对结构加载一组地震波,可以查看任意时刻的结构响应,可以查看结构在任意时刻的受力情况和变形情况。目前国内外大部分国家在大跨度桥梁设计时都首选时程分析法作为抗震分析方法。

由上节内容可知横撑的布置对桥梁的动力性能有很大影响。为研究地震作用下,肋间横撑布置情况对拱肋位移影响,由拱脚至拱顶选取均匀间距的拱肋节点 32 个,节点位置为 1/4 模型中外侧上弦拱肋。五种模型在地震作用下主拱肋位移如图 9 所示。

由图 9 可见,在图左半部五种模型的曲线轮廓大致相符,即由拱脚至 1/4 跨部分五种模型的拱肋竖向位移相近。在图像右半部模型五与其他四种模型曲线出现分歧,相差较大,而模型一～四曲线走向相近,即拱顶部分模型五与其余四种模型的竖向位移相差较大,但模型一～四的曲线轮廓相近。

在整个图形曲线中,模型一和模型二的曲线形状接近,各个节点的位移变化相似,在部分节点处相交叉,模型三和模型四的情况类似。

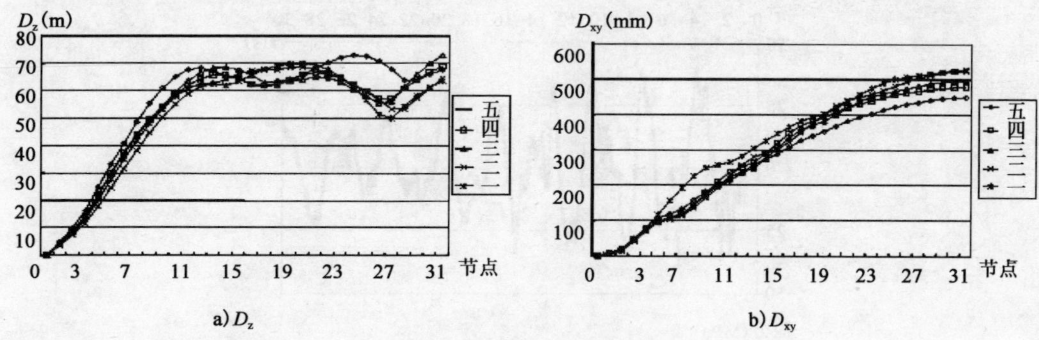

图 9　五种模型在横向＋纵向＋竖向地震作用下主拱肋位移

靠近拱脚部分拱肋的竖向位移受到横撑数量变化的影响较小，而拱顶部分拱肋的竖向位移受横撑数量变化影响较大。

拱脚部分五种模型曲线重合，拱顶部分曲线分离，其中模型五曲线位置最低，模型一曲线位置最高，曲线分布基本按照模型一～五依次降低，其中在节点 7～11 段模型一曲线与其他模型曲线相差较大。以上两图说明横撑数量对拱顶部位拱肋的横向位移影响较大，但对拱脚部分拱肋横向位移影响较小。其中模型一在节点 7～11 部位横向位移较大，结合模型一的横撑布置情况，此处设置一道横撑，在地震作用下其水平位移相对于其他模型数值更大一些。

5　地震作用下横撑布置方式对拱肋受力影响分析

本节检验不同横撑设置情况下拱肋的应力变化，不考虑竖向地震作用的影响，列出纵向＋横向＋竖向地震作用下拱肋的应力图，如图 10～图 12 所示。

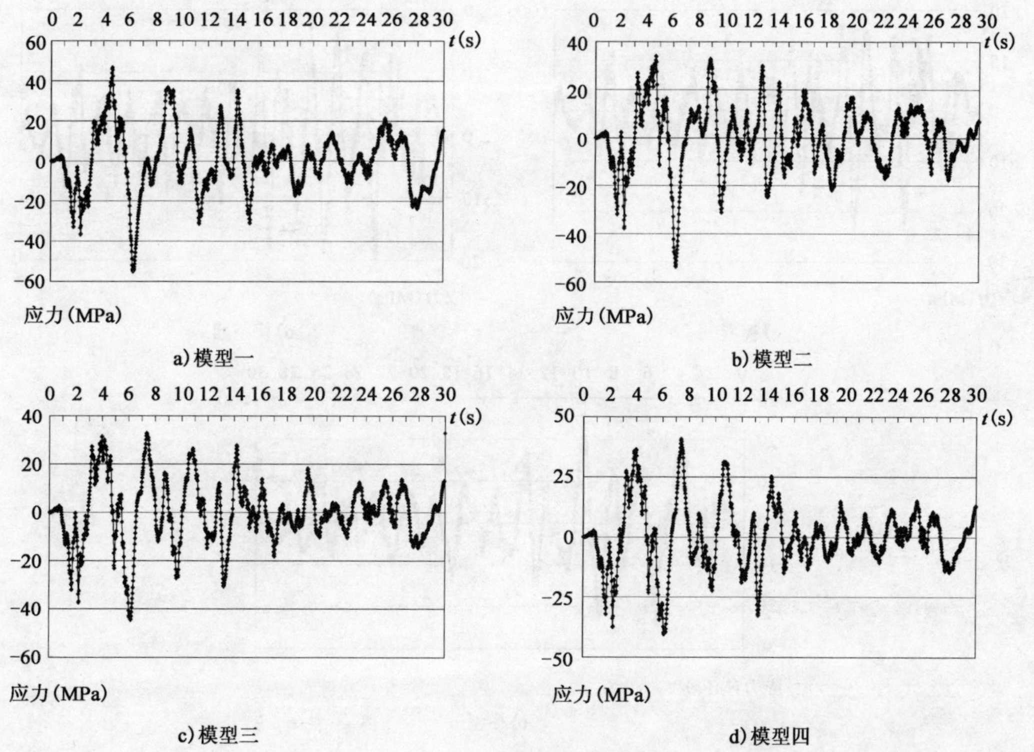

图　10

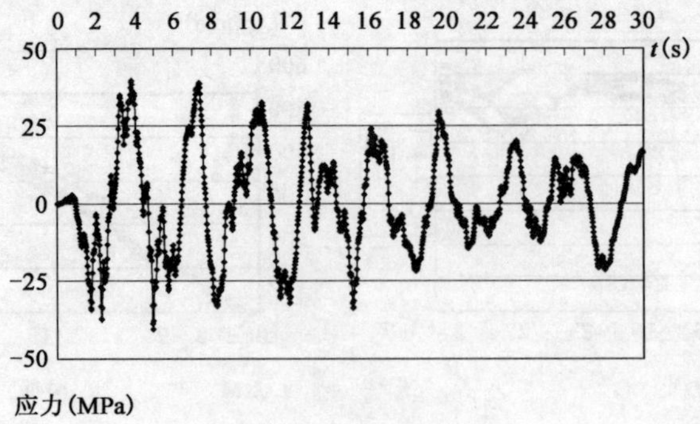

e)模型五

图 10　拱脚应力图

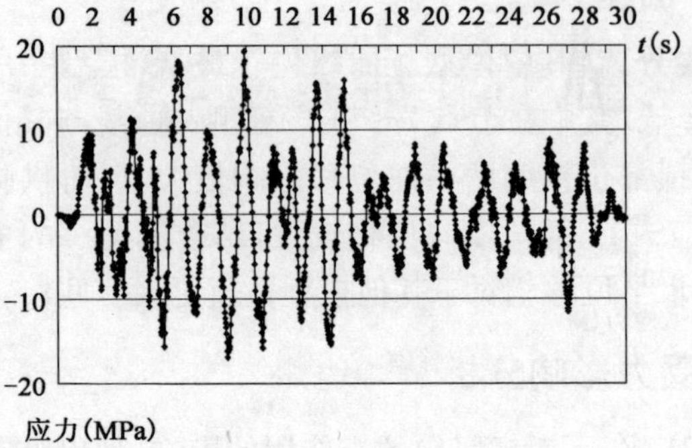

a)模型一

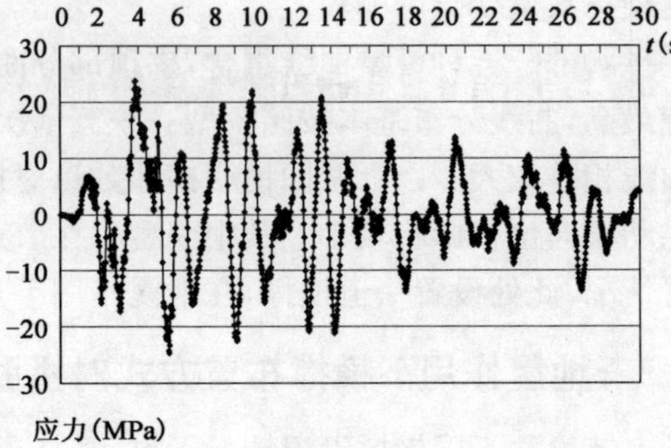

b)模型二

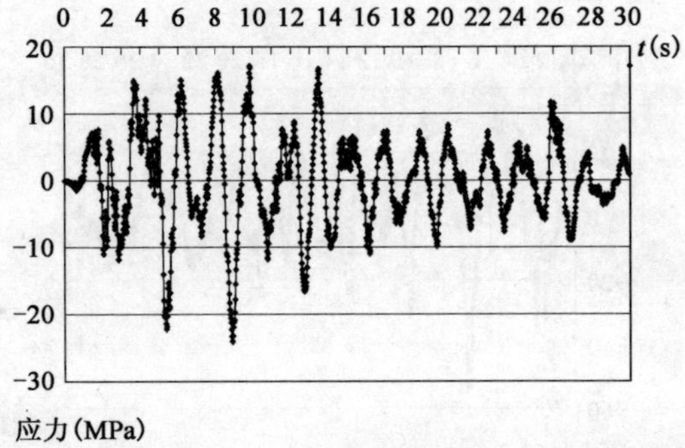

c)模型三

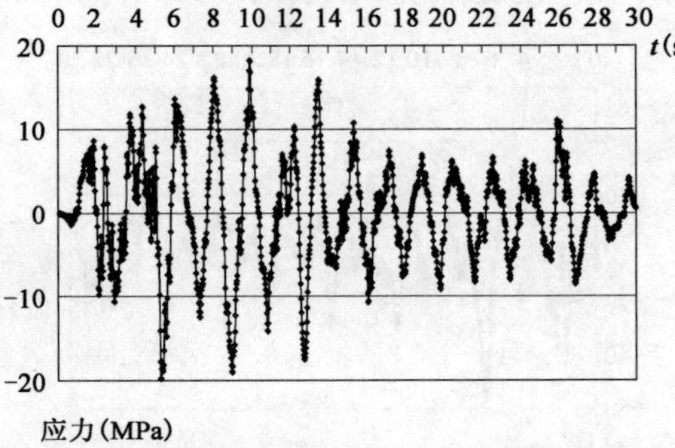

d)模型四

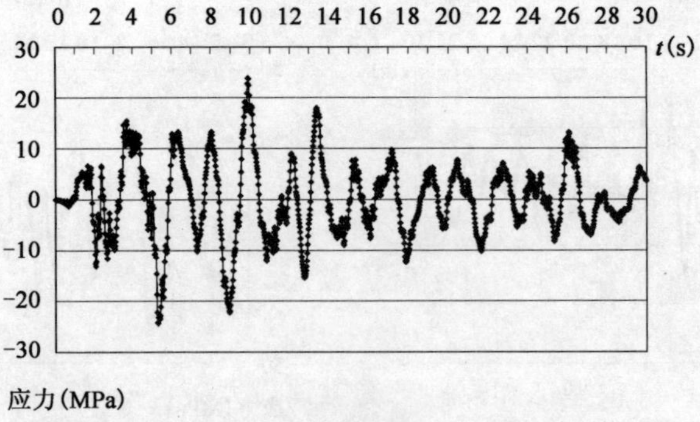

e)模型五

图 11　1/4 跨应力图

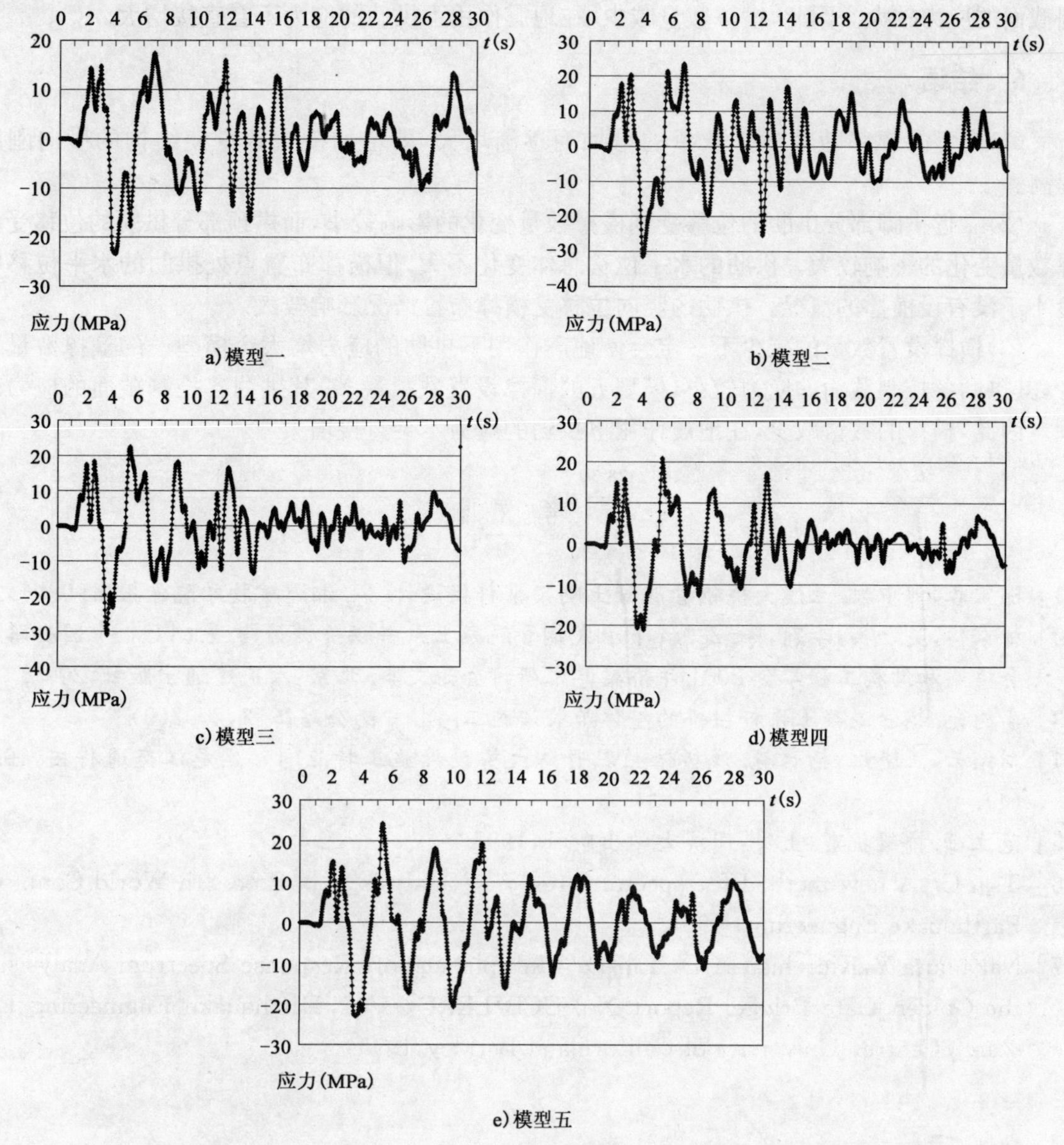

图 12 拱顶应力图

由图 10 可知,模型一和模型二拱脚处的最大应力分别为 54.9MPa 和 53.6MPa。模型三,模型四和模型五的拱脚应力的最大值分别为 44.5MPa,40.6MPa 和 40.4MPa。另外,对于模型一～四,拱脚应力的较大值持续时间在 3～15s 之间,15s 之后数值不大于 20MPa,而模型五在 15s 之后拱脚应力的幅值仍较大,甚至超过 25MPa。

由图 11 可知,模型一和模型四的 1/4 跨应力最大值分别为 19.4MPa 和 19.8MPa,模型二、模型三和模型五的 1/4 跨应力最大值相对较大,分别为 24.7MPa,24.0MPa 和 24.3MPa。且五种模型在 15s 后的时间内 1/4 跨应力幅值变小,均小于 15MPa。

模型一、模型四以及模型五的拱顶最大应力相对于其他模型来说较小,其数值分别为23.4MPa,21.1MPa,24.3MPa。模型二和模型三的拱顶最大应力分别为 31.5MPa 和 31.1MPa。

图 10～图 12 表明:横撑设置数量的减少不一定会使地震作用下拱肋的应力增大。模型一的横撑数量最少,其拱肋各控制截面的应力较小,模型五的横撑设置数量最多,其拱肋各控

制截面的应力较大。因此，横撑数量减少，在地震作用下拱肋的应力不会直接增大。

6 结语

(1)模型的频率随着横撑数量的增加而逐渐增大，即增加横撑数量使结构的横向刚度提高。

(2)靠近拱脚部分拱肋的位移受到横撑数量变化的影响较小，而拱顶部分拱肋的位移受横撑数量变化的影响较大。拱肋的水平位移总体变化不大，但横撑布置点处拱肋的水平位移明显小于没有设横撑的情况。拱肋的竖向位移受横撑布置情况影响较大。

(3)横撑设置数量的减少不一定会使地震作用下拱肋的应力增大。模型一的横撑数量最少，其拱肋各控制截面的应力较小，模型五的横撑设置数量最多，其拱肋各控制截面的应力较大。因此，横撑的数量减少，在地震作用下拱肋的应力不会直接增大。

参 考 文 献

[1] 陈宝春，邹中权. 兰溪大桥钢管混凝土刚架系杆拱设计[J]. 湘潭矿物学院学报，1998(4).

[2] 梅家仁，吴劲兵，李莉，等. 280m下承式钢管混凝土系杆拱桥设计与施工[C]. 中国公路学会桥梁和结构工程学会2001年桥梁学术研讨会论文集. 北京：人民交通出版社，2001.

[3] 李树光. 钢管混凝土系杆拱桥的整体吊装法施工[J]. 中南公路工程，2002(9).

[4] 刘绍云，王晓虹，杨春巍. 浅析依兰牡丹江大桥设计施工特点[J]. 黑龙江交通科技，1998(4).

[5] 范立础. 桥梁抗震. 上海：同济大学出版社，1997.

[6] Tsai C. A new method for spectural response analysis[C]. Proc. 8th World Conf. on Earthquake Engneering, 1984.

[7] Nakamura Y, Kiurehian A D, Lin D. Multiple-support Response Spectrum Analysis of the Golden Gate Bridge. Report No. UCB/EERC-93/05, Earthquake Engineering Research Centre, University of California at Berkley, 1993.

115. 大跨三塔斜拉桥减振黏滞阻尼器参数优化分析

卫 星 强士中 肖 林

（西南交通大学土木工程学院）

摘 要：本文介绍了液体黏滞阻尼器的工作原理及其应用情况。选择速度指数及阻尼系数为阻尼器的主要设计参数，采用有限元软件 MIDAS/Civil，以武汉二七长江大桥为研究对象，采用梁、板单元建立桥梁结构空间有限元模型，选用 Maxwell 模型模拟黏滞阻尼器，开展黏滞阻尼器参数分析。考虑结构的几何非线性和边界非线性，通过地震加速度时程激励下的结构非线性地震响应分析，比较了各种阻尼器参数对结构地震响应的影响。分析表明，阻尼器的减震效果明显且对速度指数 α 较为敏感，结构柔度较大时，地震动输入下结构振动速度小，更低的速度指数对减震更有效。黏滞阻尼器对整个系统阻尼的提高有限，对局部构件的保护作用明显。根据研究结果为二七长江大桥黏滞阻尼器的选型提出了建议。

关键词：斜拉桥　黏滞阻尼器　参数分析　地震响应　有限元分析

1　前言

近十几年来，随着桥梁减振技术的发展，阻尼器在土木工程界得到广泛应用[1]。阻尼器在我国桥梁上的应用始于重庆鹅公岩大桥[2]，其后发展迅速。苏通长江大桥、南京长江三桥、江阴长江大桥、吉林省松花江大桥等都设置了液体黏滞阻尼器。通过设置阻尼器可以增加桥梁的阻尼比，在振动过程中消耗振动能量用，从而减少梁端、塔顶的位移，降低桥梁的墩底地震剪力，也就可以减少整个桥梁的受力，从而大大提高桥梁抗地震的能力。同时只要阻尼器安装的合适，可以预防原设计没有考虑或考虑不足的振动受力。在桥梁设计中有时遇到高地震烈度、土质情况恶劣的地区，单纯加大梁柱的尺寸会引起结构刚度增加而振动周期减小，其结果可能引起更大的地震力。结构用的抗震阻尼器如果选用液体黏滞阻尼器，本身没有刚度，也就不会改变结构的频率[3,4]。

主跨 1 088m 的苏通长江大桥主桥塔与梁上共安置了 8 个带限位阻尼器[5]。江阴长江大桥在主梁两端伸缩缝处设置 4 个液体黏滞阻尼器对大桥动力位移进行控制，阻尼器冲程达到 ±1 000mm[6]。金塘大桥设置了 4 个限位阻尼器用于抗风、减振，每个阻尼器限位力 1 750kN。主跨 1 650m 的西堠门大桥设置了 4 个液体黏滞阻尼器（最大阻尼力 1 000kN，冲程达到 ±1 100mm），主要用于抗风、减振，减少伸缩缝的运动位移[7]。

2 黏滞阻尼器主要设计参数

常见的黏滞阻尼器包括:锁定装置、液体黏滞阻尼器、熔断阻尼器、限位阻尼器和摩擦型液体黏滞阻尼器[8]。这几种都是活塞形式的液体阻尼器,其中锁定装置和液体黏滞阻尼器是最常用的两种。液体黏滞阻尼器是一种需要并且能够精确计算的定量减振产品,绝不仅是一个定性的缓冲器。液体黏滞阻尼器的运动速度和阻尼力的关系为:$F=Cv^{\alpha}$,式中:F 为阻尼力;C 为阻尼系数;v 为阻尼器两端的相对速度;α 为速度的指数(常用 0.3～1.0)。阻尼力和最大冲程是阻尼器的主要指标,而阻尼系数和速度指数是阻尼器控制作用大小的两个关键参数。

黏滞阻尼器的设计过程,首先要明确阻尼器的使用目的,确定阻尼器的安置方向和位置;然后确定阻尼器的工作状态,选择阻尼器的类型;进行阻尼器的计算分析参数选择;最后确定阻尼器的安装构造。桥梁上正确的安置液体黏滞阻尼器,可以增加结构的阻尼、在风和地震中耗散振动能量、从而减少桥梁结构的受力,减小桥梁的运动和位移,也就大大增加了桥梁的抗震能力。新设计的桥梁,合理地应用阻尼器,和传统用结构构件减小位移的办法相比,还可以节省很多费用。运动位移的减小也会相应地减小桥梁伸缩缝的距离,节省大量伸缩缝的费用。

桥梁的最大位移要根据合理的载荷组合,同时考虑各种可能的位移,如温度和风振。值得注意的是,一般不需要把各种荷载的最大值累加起来,没有必要,也很不经济。按我国规范规定的荷载组合,考虑日常正常使用时的温度和活载,再加上地震带来的位移就应该可以构成我们的阻尼器要求的最大冲程。液体黏滞阻尼器的设计所需要的参数主要包括:最大阻尼力、最小安全系数、最大冲程、阻尼系数、速度指数、使用温度、阻尼器尺寸。

阻尼器的速度指数对它的滞回耗能有重大影响,从理论上看,α 值越小,如 $\alpha=0.15$,阻尼力和速度的基本关系式 $F_D=Cv^{0.15}$。在结构通常发生的速度范围内,$v^{0.15}$ 已经接近于 1,该式变为 $F_D\approx C$,这已经成为一个与速度无关的关系式。这样的阻尼器机能接近于摩擦阻尼的关系式,因此在设计与计算中,不能再将这样的阻尼器作为黏滞阻尼器对待。阻尼器优化的目标应该是整个结构的反应,而不是单个阻尼器的简单耗能曲线。很多阻尼器的优化结果都表明,综合各项指标,其结构反应的最好状态并不是阻尼器的速度指数最小。如苏通大桥为 $\alpha=0.4$,西堠门大桥为 $\alpha=1$,这是综合比较结构反应的优化结果。几座大桥使用液体黏滞阻尼器的主要参数见表 1。

几座大桥使用液体黏滞阻尼器的主要参数 表 1

项　目	数　量	最大阻尼力(kN)	最大冲程(mm)	阻尼系数 C	速度指数 α	使用温度(℃)
南京长江三桥	54	1 500	±120	1 000	0.3	−20～49
吉林松花江桥	16	1 800	±140	—	—	−40～40
苏通大桥	8	3 025/6 580	±850	3 750	0.4	−25～50
江阴大桥	4	1 000	±1 000	1 522	0.3	−25～50
美国海湾桥	100	3 115	178	3 793	0.3	−7～43.3
		2 450	584	1 911.8	0.3	−7～43.3
		2 000	483	1 591.2	0.3	−7～43.3
美国 Richmond 桥	28	2 225	508	1 060.4	0.3	−7～54.4
		1 000	965	184.4	0.5	−7～54.4

3 黏滞阻尼器设计参数优化分析

3.1 计算模型

对于液体黏滞阻尼器的计算，有效方法是进行空间有限元非线性时程分析。将人工合成或适合的天然地震记录作为输入，通过设置阻尼器单元，可以得到精确的时程分析结果。首先，根据经验先设定一个阻尼器的单元参数(C,α)，把它输入到有限元分析模型中进行时程分析。通过计算分析可以得到阻尼单元的受力和最大位移。如果这一计算结果不能满足设计要求，则调整设计参数重新计算。如位移过大，可以加大阻尼系数，如果受力过大，可以调整降低阻尼比或分成多个阻尼器解决。通过反复计算，直到结果满意为止。

采用桥梁专业有限元分析软件 MIDAS/Civil 进行二七长江大桥黏滞阻尼器参数分析。MIDAS模型中，塔座、承台、桥塔、主梁、及桥墩均采用梁单元模拟，桥面板采用板单元模拟。建模过程中，钢主梁采用纵横梁形式，混凝土主梁采用单主梁模拟。斜拉索采用空间桁架单元模拟，通过 Ernst 公式修正拉索弹性模量，以考虑斜拉索的垂度效应。采用 MIDAS 中隶属于一般连接的黏性消能器模拟阻尼器，阻尼类型选用 Maxwell 模型。采用非线性直接积分法同时考虑结构的几何非线性和边界非线性进行计算[9]。MIDAS 有限元分析模型如图 1 所示。

图 1 全桥 MIDAS 有限元模型图

3.2 主要参数

黏滞阻尼器的工作特性与其速度指数有很大关系。速度指数 α 的调整对阻尼单元的受力和最大位移都有影响，原则上可以取 0.3～1 之间进入非线性工作。与线性阻尼器相比，非线性阻尼器在同样条件下的计算阻尼力较小，阻尼器的效率较高，阻尼器耗能也就较大。对阻尼器速度指数的优化结果和使用的经验都显示采用 0.3～0.5 的非线形速度参数较为理想。通常，这样的非线形阻尼器可以比线形阻尼器的受力减少三分之一左右。一般来说，速度指数 α 值越小，滞回耗能效率越高。同时小的速度指数能够在结构速度响应较小的情况下得到更大的阻尼力。通常在工程中使用到的黏滞阻尼器的速度指数介于 0.3～1.0 之间。速度指数小于 0.3 的阻尼器，在制造上还存在一些技术难点，而且由于阻尼器发热较大，油脂的工作性能不易保证，因此工程实践中很少用到；速度指数大于 1.0 的阻尼器，由于工作效率不高，在工程中采用的亦较少。根据以上分析，本文选择阻尼器的速度指数范围在 0.3～1.0 之间，具体的数值需要根据结构地震响应分析的结果来确定。

无阻尼状态下，二七长江大桥的边塔承受较大的纵向荷载与变形。要削弱边塔的受力，需要采用阻尼系数较大的阻尼器。根据常用阻尼器的阻尼系数，参考国内外大桥上已经使用的阻尼器的参数，选择阻尼系数的范围为 1 000～5 000kN/(m/s)α，另外选择阻尼系数为 10 000kN/(m/s)α 作为补充分析。

根据前两节选择的参数范围，采用不同的参数组合，计算各种参数组合下的结构反应，从中选择最适合二七长江大桥的阻尼器参数。共进行如下 12 种参数组合的非线性地震时程分析。阻尼系数选择 1 000、3 000、5 000、10 000，速度系数选择 0.3、0.5 和 1.0。

4 参数优化分析结果

计算结果表明，阻尼器对主塔的顺桥向弯矩控制作用显著，对横桥向不明显。中塔底顺桥向最大弯矩约是边塔的 2 倍，阻尼器使主塔顺桥向弯矩明显减小，而使边塔顺桥向弯矩增大。中塔顺桥向弯矩对阻尼器参数较为敏感，速度指数 α 分别为 0.3 和 0.5 时，中塔顺桥向弯矩随着阻尼系数的增大变化幅度较小，但在速度指数 $\alpha=1.0$ 时，随着阻尼系数的增大，弯矩减小趋势明显。速度指数 $\alpha=0.3$，阻尼系数 $C=1\,000$ 时，塔根弯矩降低最明显。图 2 给出了中塔最大面内弯矩随参数变化的曲线。

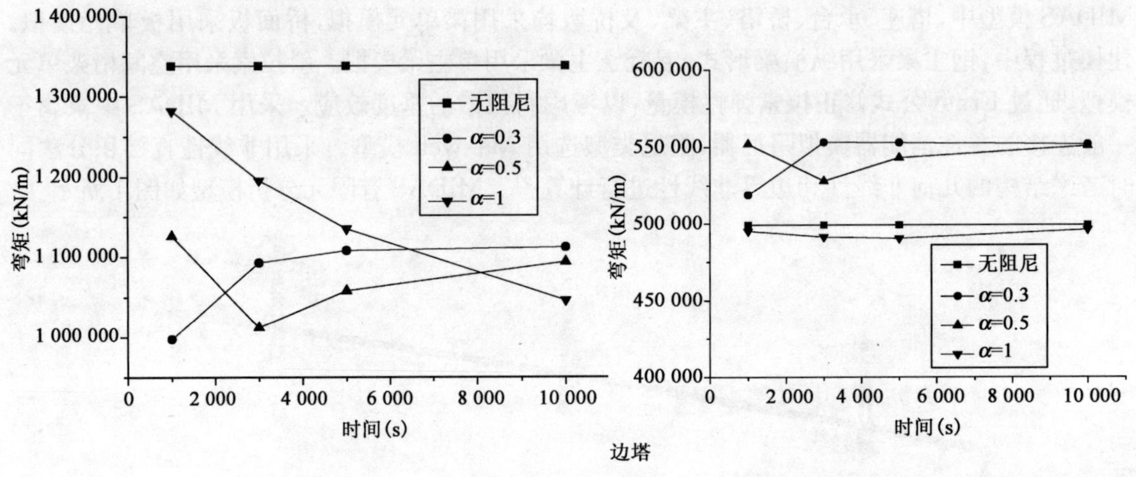

图 2 塔底顺桥向最大弯矩

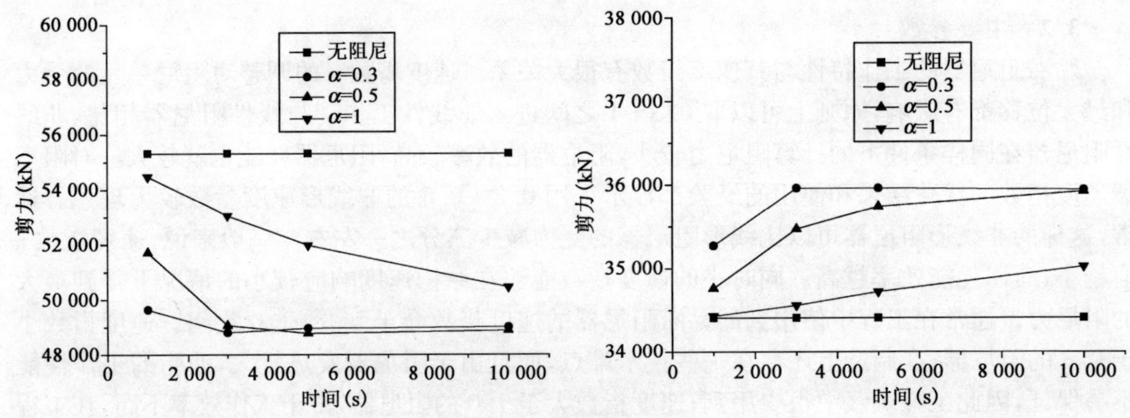

图 3 塔底最大纵向剪力

阻尼器对主塔的顺桥向剪力控制作用显著，对横桥向不明显。中塔底顺桥向最大剪力约是边塔的 1.5 倍，阻尼器使中塔顺桥向剪力明显减小，而使边塔顺桥向剪力增大。中塔顺桥向剪力对阻尼器参数较为敏感，速度指数 α 分别为 0.3 和 0.5 时，中塔顺桥向剪力随着阻尼系数的增大而减小的态势较为明显，但在 C 大于 3 000 时趋于平缓；$\alpha=1.0$ 时，随着阻尼系数的增大，中塔顺桥向剪力呈线性减小趋势。边塔顺桥向剪力对阻尼器参数不敏感，速度指数越小边塔顺桥向剪力越大。图 3 给出了塔底最大剪力随参数变化的曲线。

计算表明,速度指数越小,阻尼器的冲程越小。阻尼器的冲程都随着阻尼系数的增大而减小,α 分别为 0.3 和 0.5 时,阻尼器的冲程都随着阻尼系数的增大而减小态势显著,但在 C 大于 3 000 时趋于平缓;在 α=1.0 时,随着阻尼系数的增大,阻尼器冲程呈现线性下降趋势。在各种计算工况下,阻尼器的冲程都不超过 0.020 5m。10 号阻尼器位于 3 号塔主跨一侧,11 号阻尼器位于 3 号塔边跨一侧。阻尼器最大冲程响应如图 4 所示。边塔阻尼器冲程即代表边塔主梁与边塔的相对位移量。

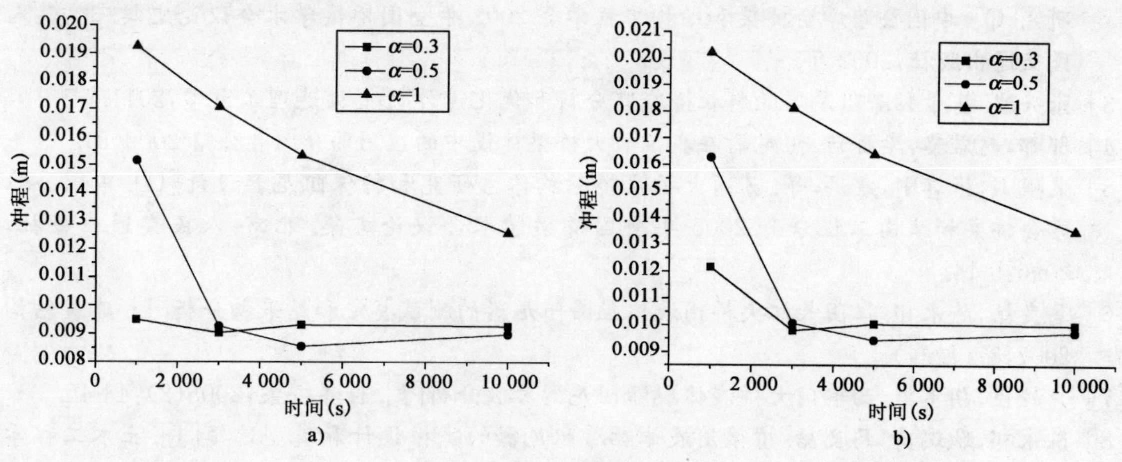

图 4　阻尼器最大冲程响应

可以看出,阻尼器对中塔的减振效果明显。阻尼器使中塔内力减小而使边塔内力增大,阻尼参数选择应依据两者的最优组合。当 α=0.3 或 α=0.5 时的减振效果比 α=1 时明显要好。综合比较后,选择阻尼器的参数如表 2 所示。

选定的阻尼器参数　　表 2

参数类型	参　数　一	参　数　二
阻尼系数[kN/(m/s)α]	1 000	3 000
速度指数(α)	0.3	0.5
阻尼器最大阻尼力(kN)	474.2	684

5　结语

分析结果表明,阻尼器的减振效果明显,相比无阻尼情况中塔内力显著下降边塔内力有所增大。

针对武汉二七长江大桥的特定结构特点而言的,减振效果对速度指数 α 较为敏感,α=0.3～0.5 时阻尼器的减振效果较好。

二七长江大桥的地震动输入相对较小,另外采用飘浮体系,结构柔度大,地震动输入下结构振动速度小,因此更低的速度指数对减振更有效。

由于二七长江大桥结构体系庞大,黏滞阻尼器对整个系统阻尼的提高有限,因此阻尼器的减振作用并不如普通梁桥明显,但对局部构件的保护作用是显而易见的。

综合比较分析结果,建议二七长江大桥的阻尼器主要参数为:速度指数 α=0.3～0.5,阻尼系数 C=1 000～3 000[kN/(m/s)α]。

参考文献

[1] 朱礼敏.大跨空间结构采用黏滞阻尼器的减震分析和优化设计[D].中国建筑科学研究院,2007.

[2] 章曾焕,周红卫,王心方.高效黏滞阻尼器在重庆鹅公岩长江大桥悬索桥上的应用与开发研究[C].中国公路学会桥梁和结构工程学会2002年全国桥梁学术会议论文集.北京:人民交通出版社,2002年.

[3] 张兴波.基于黏滞阻尼器的斜拉桥减震分析和优化设计[D].大连理工大学,2011.

[4] 邬都,赵君黎,李贞新.阻尼器在我国长大桥梁建设中的应用简介[J].公路2009(5).

[5] 裴岷山,张喜刚,袁洪,等.苏通大桥主桥结构体系研究和特殊阻尼器设计[C].中国公路学会桥梁和结构工程分会2006年全国桥梁学术会议论文集.北京:人民交通出版社,2006:9-14.

[6] 马良喆,陈永祁.江阴长江大桥用液体黏滞阻尼器的测试鉴定和结果初分析[J].建筑结构2007,37(增刊).

[7] 卢桂臣,胡雷挺.西堠门大桥液体黏滞阻尼器参数分析[J].世界桥梁,2005(2):43-45.

[8] 陈永祁,耿瑞琦,马良喆.桥梁用液体黏滞阻尼器的减振设计和类型选择[J].土木工程学报,2007,40(7):55-61.

[9] 西南交通大学.武汉二七长江大桥抗震设防准则、结构体系及减震措施研究报告[R].2010.

116. 195m 超高墩连续刚构桥地震动响应分析

徐　军[1]　周水兴[1,2]　李银斌[3]

（1. 重庆交通大学土木建筑学院；2. 重庆交通大学山区桥梁与隧道工程国家重点实验室培育基地；3. 贵州省交通勘察设计研究院有限公司）

摘　要：近年来在中西部山区高速公路建设中出现了多座超高墩大跨度连续刚构桥，其桥墩高度和跨度均已超出现行抗震设计规范所适用的限值，为了研究此类桥梁在地震作用下的动力特性和响应特点，本文以贵州省毕节至威宁高速公路上 195m 高墩的赫章特大桥为研究对象，运用 Midas Civil 程序对结构进行了自振特性分析和线弹性时程响应分析。结果表明，该桥横向刚度相对其纵向和竖向刚度弱，自振振型以横向为主；地震作用下全桥最大位移出现在 11 号主墩墩顶位置，最大弯矩则出现在 11 号主墩墩底截面，各主墩墩底截面受力最为不利，宜将其作为抗震设计控制截面。

关键词：连续刚构桥　地震响应　时程分析　超高墩　控制截面

近年来，随着中西部山区高等级公路的大量建设，陆续出现了多座超高墩大跨度连续刚构桥（作者自定义为墩高达到 100m，且主跨达到 150m 的连续刚构桥），列于表 1。由表 1 可知，当墩高达到 100m 后，连续刚构桥主墩就很少采用实心墩，而是采用空心薄壁墩；当墩高进一步增大达到 150m 时，采用上部空心薄壁墩＋下部箱型薄壁墩；而当墩高接近 200m 时，则选用箱型薄壁墩。由此可见，箱型薄壁墩是超高墩桥梁发展的必然趋势，对其进行地震响应分析具有重要意义。目前，许多学者开展了超高墩大跨度连续刚构桥的地震响应研究[1-5]，但这些研究主要集中于采用双薄壁墩的连续刚构桥，对于采用箱形薄壁墩的连续刚构桥则鲜有文献报道。

本文以贵州省毕节至威宁高速公路上 195m 高墩的赫章特大桥为例，通过对该桥进行自振特性分析和 E1 地震作用下的线弹性时程响应分析，初步明确了该桥的动力特性和地震响应特点，为进一步研究该桥在罕遇地震作用下的弹塑性时程响应特点和极限地震承载力提供依据。

基金项目：贵州省交通运输厅科技项目（2010-122-017）。

部分国内超高墩大跨度连续刚构桥　　表1

桥　名	所在省份	建成年份	跨径布置(m)	最大墩高(m)	主墩形式
赫章特大桥	贵州	在建	96＋2×180＋96	195	DH＋SB
龙潭河特大桥	湖北	2009	106＋3×200＋106	178	DH
虎跳河特大桥	贵州	2007	120＋2×225＋120	151	DSB＋DH
天桥特大桥	贵州	在建	106＋200＋106	150	DSB＋DSB
洛河特大桥	河南	2006	90＋3×160＋90	143.5	DH
纳雍特大桥	贵州	拟建	106＋200＋106	140	DH
元江大桥	云南	2003	58＋182＋265＋194＋70	123.5	DH
乌木铺Ⅰ号特大桥	贵州	在建	84＋150＋81	119	DH
七星河特大桥	贵州	在建	106＋200＋106	110	DS
小江河特大桥	贵州	在建	85＋3×160＋85	106	DH

表中：D(Double)——双，S(Single)——单，H(Hollow)——空心，S(Solid)——实心，B(Box)——箱形。组合意义如下，DS——双薄壁实心墩，DH——双薄壁空心墩，DSB——墩身上部为双薄壁实心墩，下部为箱墩，其他组合意义依此类推。

1　工程概况

赫章特大桥主桥为96m＋2×180m＋96m四跨预应力混凝土连续刚构桥，分左右两幅。主梁采用单箱单室截面，根部梁高11.5m，跨中梁高4m，梁高按1.6次抛物线变化。10、12号主墩采用双薄壁空心墩，墩高分别为80m和70m，截面尺寸均为6.5m(横桥向)×3.0m(顺桥向)，顺、横桥向壁厚分别为0.6m和1.0m。11号主墩为单肢薄壁箱墩，左右幅共用，横桥向宽17.5m，顺桥向顶宽9.0m，顺桥向按60：1放坡，顺、横向壁厚均为1.2m。桥梁总体布置见图1。

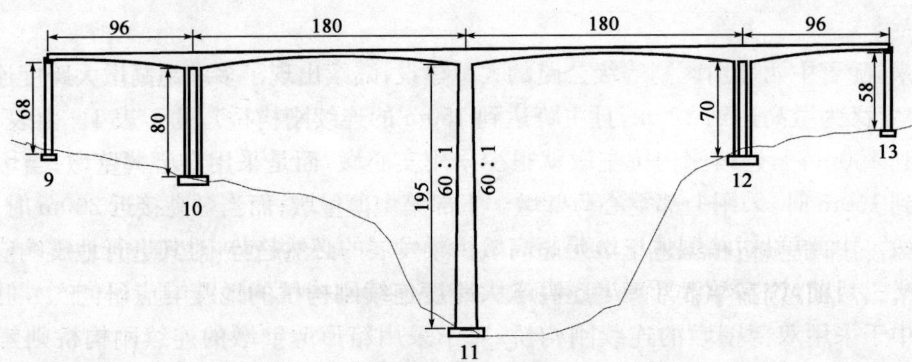

图1　赫章特大桥桥型布置图(尺寸单位：m)

2　有限元模型与自振特性分析

2.1　有限元模型

采用Midas Civil程序建立桥梁有限元模型。主梁和主墩均采用三维梁单元模拟，主墩与主梁采用刚性单元连接，在梁端仅释放横桥向转动自由度、顺桥向平动自由度和扭转自由度，各墩墩底均采用固结形式。主梁和主墩材料参数列于表2，主墩关键截面位置如图2所示。

赫章特大桥各构件材料参数　表 2

构　件	材　料	弹性模量 E(MPa)	泊松比 υ	密度 ρ(kg/m³)
主梁	C55	3.55×10^4	0.166 7	2 600
主墩	C50	3.45×10^4	0.166 7	2 600

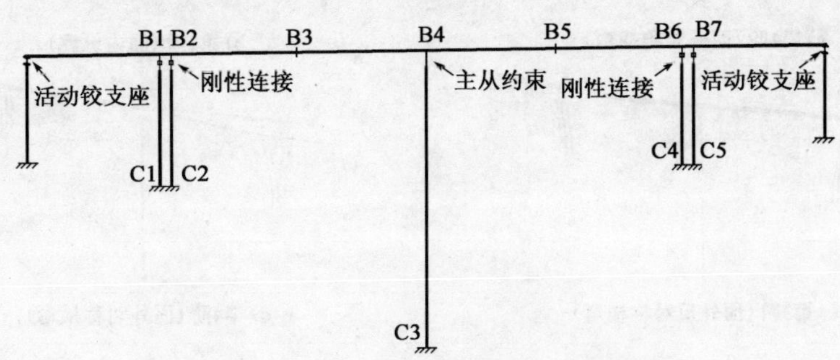

图 2　赫章特大桥计算模型及关键截面位置

2.2　成桥状态自振特性分析

采用子空间迭代法计算该桥成桥状态的动力特性，为使各方向振型累计参与率达到90%，共计算了 170 阶自振频率和振型，由于前几阶自振频率和振型往往起到控制作用，故仅将前 10 阶自振频率和振型特征列于表 3，前 10 阶振型见图 3。

赫章特大桥前 10 阶自振周期和振型累计参与率　表 3

模态序号	自振周期(s)	累计参与率(%)			模态序号	自振周期(s)	累计参与率(%)		
		ΣU_X	ΣU_Y	ΣU_Z			ΣU_X	ΣU_Y	ΣU_Z
1	4.843 5	0.00	55.33	0.00	6	2.412 9	70.51	68.00	0.00
2	4.456 1	70.51	55.33	0.00	7	1.716 8	71.91	68.00	0.00
3	3.055 2	70.51	55.55	0.00	8	1.716 8	73.30	68.00	0.00
4	2.868 7	70.51	55.56	0.00	9	1.671 4	73.30	68.01	0.00
5	2.490 2	70.51	55.56	0.00	10	1.502 7	73.30	68.02	0.00

通过对赫章特大桥进行动力特性分析可知：前 10 阶振型中除第 2 阶、第 7 阶和第 8 阶外，均为横向弯曲(主梁平面外振动)，表明该桥横桥向抗推刚度小于顺桥向抗推刚度。这是因为该桥墩高和跨度都很大，是柔性结构，且全桥结构几乎都位于顺桥向和竖向决定的平面内，其横向尺寸相对较小，故前 10 阶振型多为横向振动。

3　E1 地震作用下的线弹性地震时程响应分析

3.1　地震动参数的输入

采用线弹性时程分析法对赫章特大桥进行地震响应分析，地震波选用桥址处工程场地 50 年超越概率 10%(E1 水准)的 3 组地震波[6]，时间间隔为 0.02s，持时取 30s，地震波峰值加速度约等于 0.05g(见图 4)。由于该桥为直线桥梁，仅分别考虑顺桥向＋竖向和横桥向＋竖向的地震作用，竖向激励峰值加速度取为水平向的 0.65 倍。为了了解在阻尼作用下地震响应的衰变特征，计算时间取为 60s，内力和位移按控制截面输出，输出位置见图 2。

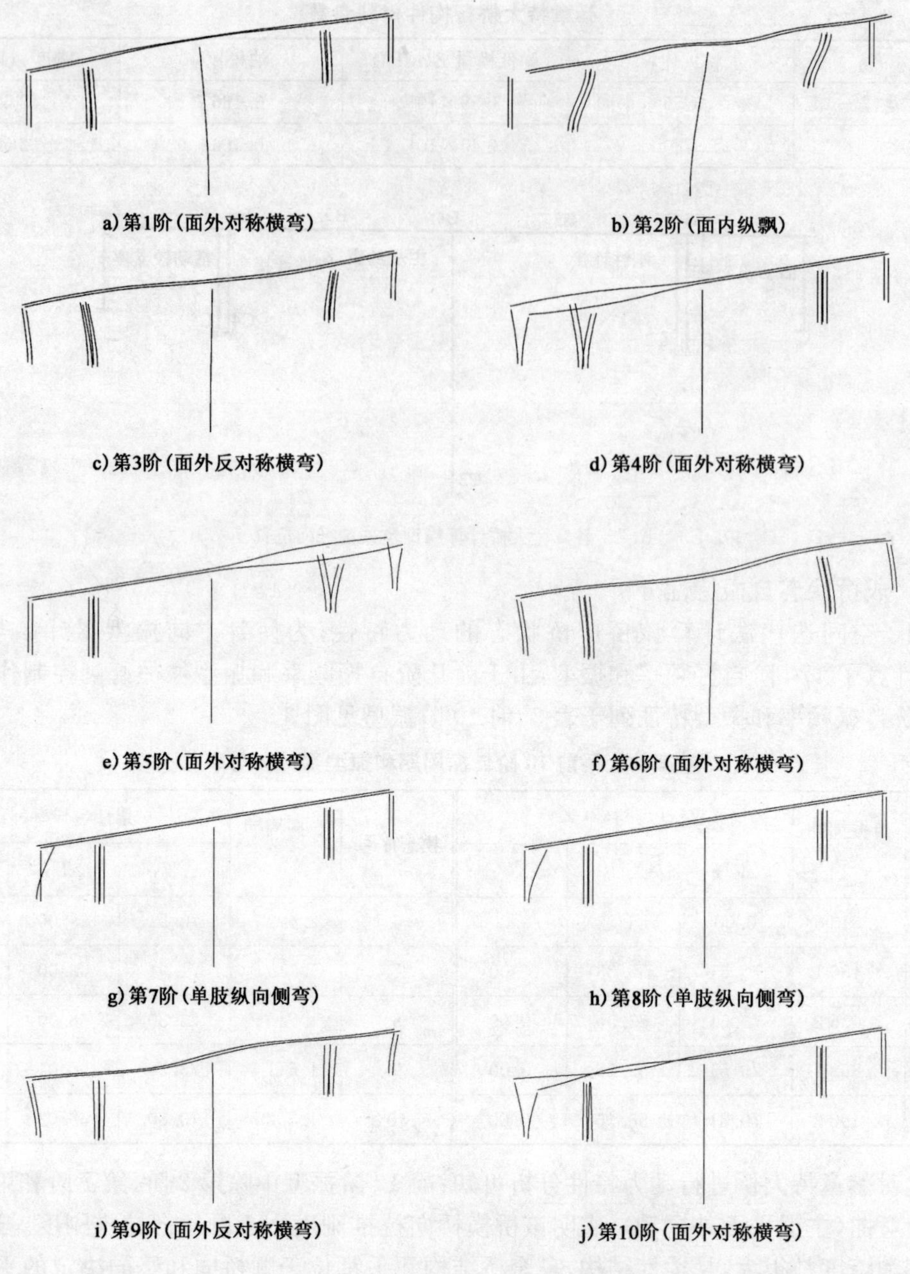

图 3　赫章特大桥前 10 阶振型图

3.2　时程分析结果

根据《公路桥梁抗震设计细则》[7]第 6.5 款之规定：时程分析结果，当采用 3 组时程波计算时，应取 3 组计算结果的最大值。本计算采用 3 组时程波，故以下时程分析结果均为 3 组计算结果中的最大值。又因为高墩在地震作用下的主要破坏形式为弯压破坏，故以下分析结果中不包含剪力项，各关键截面内力和位移峰值列于表 4 和表 5。

由表 4 可知，主梁截面在地震激励下的内力相对较小，不构成抗震设计控制截面。而主墩墩底截面在地震激励下的内力最大，以 11 号主墩墩底截面为例，其在地震激励下产生的轴力与自重作用下轴力之比不足 5%，其他主墩墩底也均不超过 10%，可见考虑竖向激励后轴力变

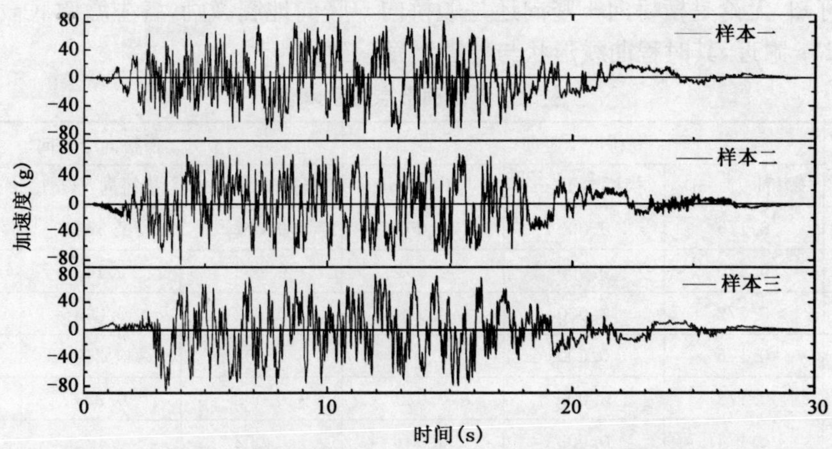

图 4 工程场地 50 年超越概率 2%的地震动时程曲线

化并不显著。但在顺桥向地震激励下产生的墩底沿横桥向方向的弯矩却达到自重作用产生的 33.5 倍(1 490 756.39kN·m),横桥向地震激励下产生的墩底沿顺桥向方向的弯矩由 0 增加到 2 054 157.33kN·m。由于高墩桥梁在地震中以弯压破坏为主,故应将各墩墩底截面选为抗震设计控制截面,各主墩墩底弯矩时程曲线如图 5 所示。

关键截面内力峰值 表 4

截面位置		顺桥向+竖向		横桥向+竖向	
		轴力(kN)	弯矩 M_Y(kN·m)	轴力(kN)	弯矩 M_Z(kN·m)
主梁	B1	1 887.32	48 765.59	490.52	49 684.69
	B2	692.37	55 224.29	590.99	52 260.85
	B3	1 039.97	15 148.05	953.06	54 745.78
	B4	2 655.25	139 091.65	1 120.31	64 937.65
	B5	1 902.26	11 626.16	971.81	49 498.77
	B6	3 241.77	125 054.93	628.81	81 164.21
	B7	984.78	73 639.60	488.81	72 654.25
主墩	C1	6 644.68	83 746.68	3 748.17	137 286.08
	C2	6 781.75	83 910.36	4 519.10	155 702.72
	C3	22 235.06	1 490 756.39	22 163.47	2 054 157.33
	C4	7 699.21	103 634.38	4 720.95	180 986.86
	C5	8 011.71	103 593.17	3 844.47	155 320.61

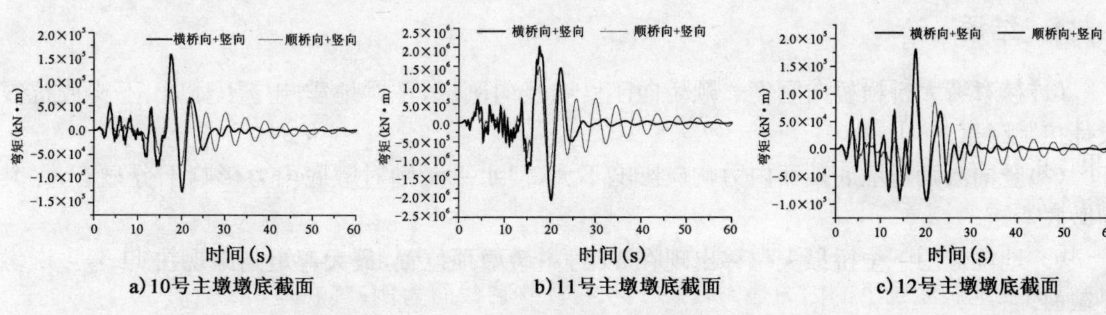

a)10号主墩墩底截面 b)11号主墩墩底截面 c)12号主墩墩底截面

图 5 主墩墩底弯矩时程

由图 5 可知，无论是横桥向＋竖向还是顺桥向＋竖向地震激励，各主墩墩底截面弯矩最大值均出现在 17s 附近，其时程曲线形状与地震激励一致。

主梁关键截面节点位移峰值 表 5

截面	顺桥向＋竖向			横桥向＋竖向		
	顺桥向 X(m)	横桥向 Y(m)	竖向 Z(m)	顺桥向 X(m)	横桥向 Y(m)	竖向 Z(m)
B1	0.175	0.000	0.001	0.002	0.132	0.001
B2	0.175	0.000	0.001	0.002	0.140	0.001
B3	0.172	0.000	0.028	0.002	0.233	0.012
B4	0.176	0.000	0.001	0.001	0.255	0.010
B5	0.172	0.000	0.020	0.002	0.220	0.012
B6	0.174	0.000	0.001	0.002	0.128	0.001
B7	0.174	0.000	0.001	0.002	0.120	0.001

由表 5 可知，在顺桥向＋竖向地震激励下，主梁沿顺桥向变形几乎一致，说明在顺桥向主梁刚度远大于主墩刚度。在横桥向＋竖向地震激励下，主梁沿横桥向变形与全桥第 1 阶振型形状一致，呈对称弓形，说明 10 号、11 号和 12 号主墩横向刚度较小。而无论是顺桥向＋竖向还是横桥向＋竖向地震激励，桥梁在与激励垂直方向的位移都几乎为零，证明直线桥梁的地震响应按顺桥向和横桥向分别计算是合理的。主跨跨中节点和 11 号主墩墩顶位移时程如图 6 所示。

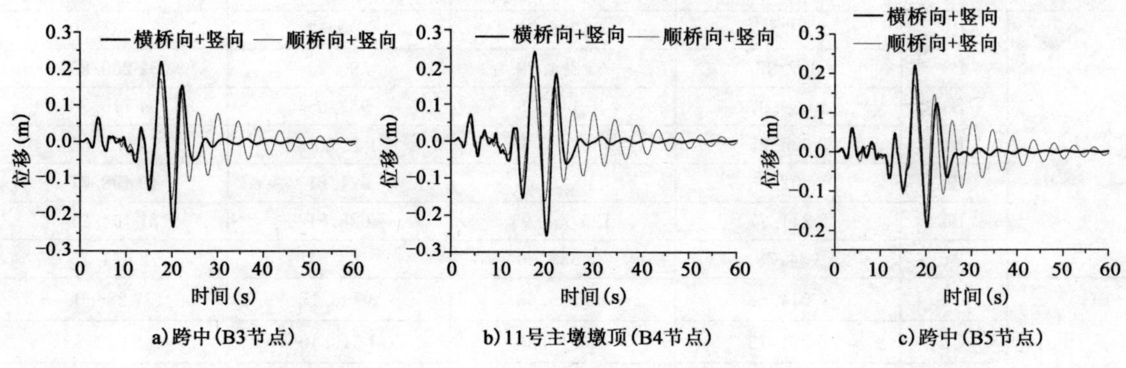

图 6 跨中和 11 号主墩墩顶位移时程

由图 6 可知，无论是横桥向＋竖向还是顺桥向＋竖向地震激励，各位移时程峰值也均出现在 17s 附近，其时程曲线形状与地震激励一致。

4 结语

(1)赫章特大桥横桥向刚度＜顺桥向刚度≪竖向刚度，主梁地震响应不显著，不构成抗震设计控制因素。

(2)竖向激励对墩底截面内力响应影响不大，但水平激励对墩底内力影响十分显著，尤其是墩底弯矩。

(3)地震作用下全桥最大位移出现在 11 号主墩墩顶位置，最大弯矩则出现在 11 号主墩墩底截面。

(4)各主墩墩底截面为最不利受力截面，宜将这些截面作为抗震设计控制截面。

参考文献

[1] 王波,张海龙,徐丰.薄壁高墩大跨连续刚构桥地震时程反应参数研究[J].公路工程,2007,32(4).

[2] 李黎,张行,龙晓鸿,等.地震作用下高墩大跨连续刚构桥的弹性动力稳定性能研究[J].工程抗震与加固改造,2008,30(6).

[3] 张伟,刘建新,张茜,等.大跨径连续刚构桥地震反应分析[J].工程抗震与加固改造,2005,27(6).

[4] 冀伟,刘世忠.宏基大桥深水高墩大跨连续刚构桥地震响应分析[J].兰州交通大学学报,2009,28(4).

[5] 徐扬,王冲,周凌远.大跨高墩连续刚构桥地震响应分析[J].铁道建筑,2010(2).

[6] 中国地震局地壳应力研究所.毕威和毕都高速公路线特大桥工程场地地震安全性评价报告[R].北京:中国地震局,2010.

[7] 重庆交通科研设计院.JTG/T B02-01—2008 公路桥梁抗震设计细则[S].北京:人民交通出版社,2008.

117. 曲线桥支座类型及布置方式对其抗震性能的影响

董凌峰　罗　韧
（南京工业大学交通学院）

摘　要：汶川地震时，许多曲线梁桥受到不同程度的破坏，严重的甚至发生落梁及倒塌，在震后调查时发现这些桥梁的支座产生了很大的滑移、损伤（或损坏），直接影响桥梁结构体系的抗震性能、破坏程度及破坏形式。本文对曲线梁桥常用的支座类型和布置方式进行细致的分析和研究，并以汶川地震中倒塌的某曲线梁段为背景，建立数值仿真分析模型，重点研究不同的支座类型（固定支座、单向滑动支座、双向滑动支座等）和布置方式对曲线梁桥结构体系抗震性能的影响。研究表明：曲线梁桥在相同地震波作用下不同支座类型及其布置方式直接影响到桥梁结构体系的抗震性能。通过数值仿真模拟分析可以给出合理的支座选型和布置方式，供曲线梁桥抗震设计参考。

关键词：曲线梁桥　支座　抗震

1　引言

随着经济和社会的发展，在公路和城市建设中越来越广泛地采用曲线桥。然而曲线桥的受力特点复杂，曲线梁具有弯曲—扭转耦合效应的特点，且内外侧受力不均，支座和墩台受力复杂，因为这些受力特点使其在地震作用下更易发生破坏。在汶川地震中某桥的第五联曲线梁段整体倒塌，其后的调查中发现其支座产生了很大的滑移与破坏，这直接影响了桥梁结构体系的抗震性能。因此，设定支座的合理布置类型和形式对曲线梁桥抗震十分重要。

2　曲线桥分析方法及整体模型的建立

曲线桥上部结构目前常见的分析方法主要有两种：一种是解析法，即把弯桥模拟成一根单曲梁，采用纯扭转或约束扭转理论计算，横截面内力分析采用横向分布理论，概念清晰，计算简单，与直线桥的分析方法类似，但是该方法对于变截面、变半径弯桥的分析有较大困难。另一种是数值法，如有限元等，单元形式主要有梁单元、板壳单元以及实体单元等，可以较精确模拟结构的受力行为。目前工程中常用的曲线梁桥单元模型有：空间梁元模型；空间薄壁箱梁元模型；空间梁格模型；实体、板壳单元模型[1]。

本文对某曲线梁桥进行建模分析，上部结构采用线弹性材料的板壳单元，这样考虑的原因有以下两点：①板壳单元可以较好地反应曲线桥的弯扭耦合效应。②地震作用下桥梁上部结构的材料基本处于线弹性状态。下部结构的塑性铰区域采用纤维梁单元，其他区域采用线弹性梁单元。

3　支座的模拟

地震作用下，支座的水平刚度对桥梁主体结构的地震反应影响较大，而支座在水平方向的刚度，对于不能移动的自由度，可进行约束处理，对于可移动的自由度，应根据支座特点选取合适的恢复力模型。在水平地震，以及在竖向地震作用下，支座不但要承受恒载竖向反力，还要承受竖向地震引起的竖向动反力，某些情况减弱了支座（板式橡胶支座、滑动支座）的抗滑能力，从而更容易使板式橡胶支座与桥墩顶、梁底接触面之间产生滑动。

板式橡胶支座，支座水平刚度取 1.08×10^4kN/m，竖向刚度取 1.5×10^5kN/m，摩擦系数取 0.15[2,3]。固定支座及活动支座固定方向刚度取 1.5×10^5kN/m[4]，活动方向释放自由度。

4　工程实例

某曲线桥按地震烈度按Ⅶ度设防（地震动峰值加速度为 0.1g）。上部构造分为 6 联，跨径组合为 4×25m＋5×25m＋1×50m＋3×25m＋5×20m ＋2×20m，除第 3 联采用简支 T 型梁，其余各联均为板式连续箱梁，第 1～2 联、第 5～6 联之间（第 17 号、18 号墩间）采用牛腿构造搭接，下部构造为双柱式桥墩及轻型桥台，大部分桥墩没有盖梁仅在墩高中部位置有系梁连接（见图 1、图 2）。

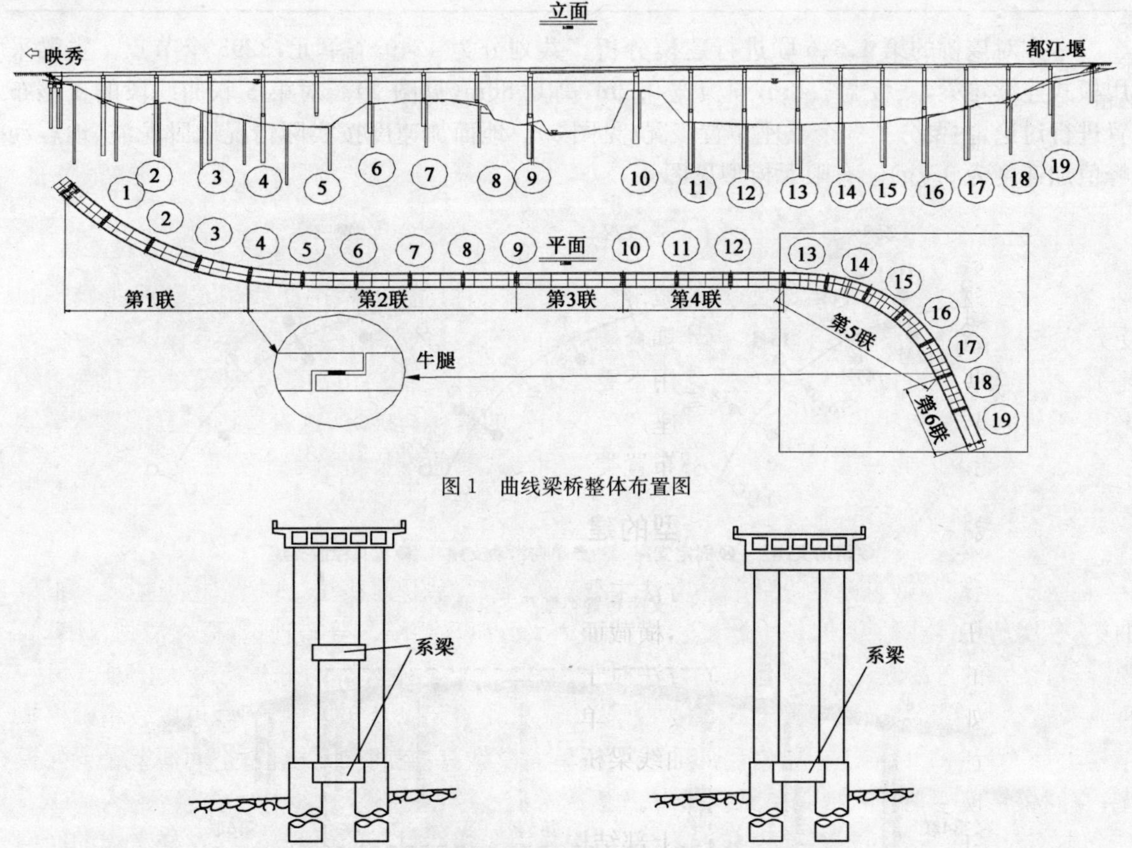

图 1　曲线梁桥整体布置图

图 2　主梁及桥墩结构示意图

其支座系统为：每联中墩设置固定支座和纵向支座，交界处的墩设置双向滑动支座，依靠挡块限制横向位移，其余桥墩设置板式橡胶支座，具体 4、5、6 联（3×25m+5×20m（曲线段）+2×20m）支座布置方式见表 1。

第 5 联支座布置类型及支座编号表 表 1

支座编号		工况一	工况二	工况三
⑬	内侧 10 号	滑动	滑动	滑动
	外侧 9 号	滑动	滑动	滑动
⑭	内侧 12 号	板式橡胶	板式橡胶	板式橡胶
	外侧 11 号	板式橡胶	板式橡胶	板式橡胶
⑮	内侧 14 号	板式橡胶	板式橡胶	板式橡胶
	外侧 13 号	板式橡胶	板式橡胶	板式橡胶
⑯	内侧 16 号	纵向滑动	横向滑动	固定
	外侧 15 号	固定	固定	横向滑动
⑰	内侧 17 号	板式橡胶	板式橡胶	板式橡胶
	外侧 18 号	板式橡胶	板式橡胶	板式橡胶
牛腿	内侧 1 号	滑动	滑动	滑动
	外侧 2 号	滑动	滑动	滑动

本文对该桥的第 4、5、6 联进行建模分析。共划分为 4240 个单元，3295 个节点。主梁采用板式连续箱梁，底板宽 7.8m，顶板宽 9.2m，高 0.86m（见图 2）。对第 5 联曲线段的支座布置进行讨论，主要分了 3 个支座布置工况（见图 3）。地面加速度按实际情况取卧龙波（地震动峰值加速度为 0.7g）。有限元模型见图 4。

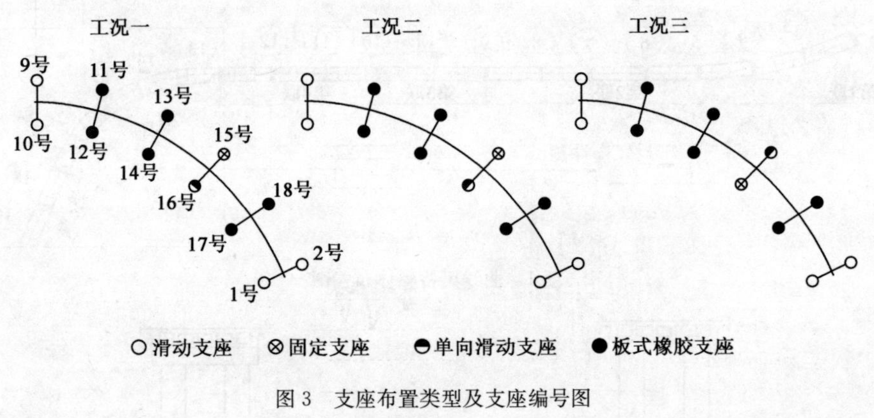

图 3 支座布置类型及支座编号图

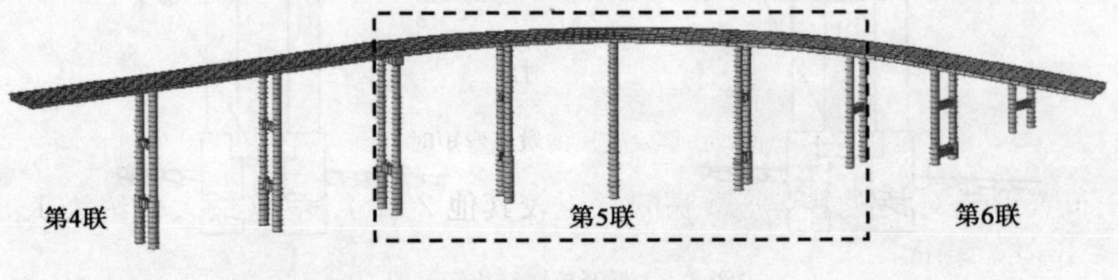

图 4 有限元模型图

5　仿真模拟结果分析

5.1　支座布置形式对曲线梁自振频率的影响(表 2)

自振频率表　　表 2

工　况	第 5 联曲线段自振频率(Hz)				
	一阶	二阶	三阶	四阶	五阶
工况一	0.918	2.439	4.049	4.994	5.268
工况二	1.000	2.423	4.448	4.929	5.238
工况三	1.000	2.428	4.421	4.928	5.239

5.2　支座布置形式对曲线梁振型的影响(表 3)

前五阶振型表　　表 3

工　况	第 5 联曲线段振型				
	一阶	二阶	三阶	四阶	五阶
工况一	绕固定支座平面转动	向外侧张拉	竖向一阶+沿纵向平动	竖向一阶	竖向一阶+扭曲
工况二	绕固定支座平面转动	向外侧张拉	竖向一阶+沿纵向平动	竖向一阶	竖向一阶+扭曲
工况三	绕固定支座平面转动	向外侧张拉	竖向一阶+沿纵向平动	竖向一阶	竖向一阶+扭曲

5.3　支座布置对支座最大反力的影响(表 4)

支座最大反力表　　表 4

工　况	自　重			地　震　波		
	最大反力(kN)	产生位置	方向	最大反力(kN)	产生位置	方向
工况一	1 954.6	15 号	竖向	22 737.3	15 号	切向
工况二	1 954.6	15 号	竖向	15 730.8	15 号	径向
工况三	1 954.7	15 号	竖向	21 019.3	16 号	切向

5.4　支座布置对墩底弯矩的影响(图 5)

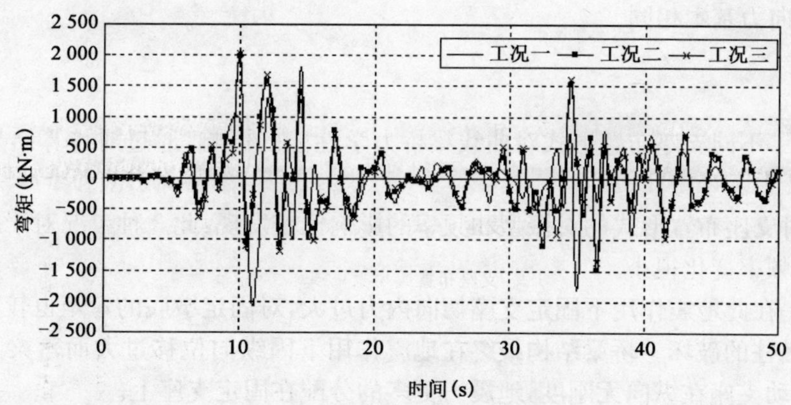

图 5　固定支座的墩底弯矩时程图

工况一布置形式对其固定支座墩底的弯矩较其他 2 种工况大(最大处约为 1.8 倍),工况二、三墩底弯矩基本相同。

5.5 固定支座的内力

固定支座的竖向力在工况一、二、三布置情况下相差不大(图 6、图 7)。

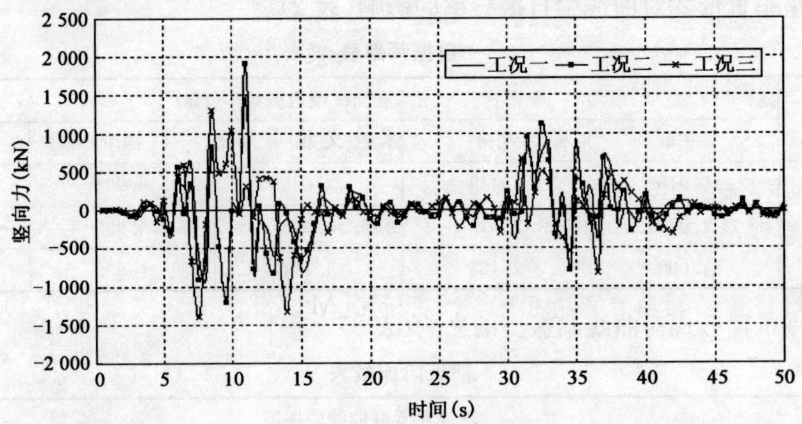

图 6 固定支座竖向力时程图

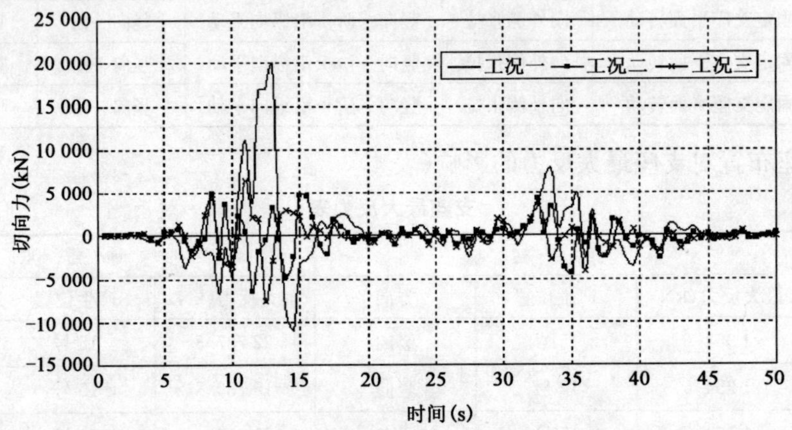

图 7 固定支座切向力时程图

固定支座的切向力在工况一布置情况下要较工况二、三大(最大处达 6.2 倍),工况二、三的固定支座切向力基本相同。

6 结语

本文分析了不同支座布置形式对曲线梁桥力学性能的影响,通过对计算结果比较可得出以下结论:

(1)通过对支座布置形式的对振型和频率的影响比较发现:此 3 种工况对于此曲线梁桥的前几阶振型和频率变化很小。

(2)工况一在此地震作用下固定支座切向内力过大,对固定墩底的弯矩也较其他 2 种工况大,更易造成墩柱的破坏。桥梁结构最终在地震作用下因纵向位移过大而落梁。分析其主要原因为纵向滑动支座在纵向无刚度,地震力更多的分配在固定支座上。

(3)工况二与工况三在此地震波作用下对此桥梁结构的墩底弯矩相差不大,但工况二的最大支座反力要比工况一小 25%。

(4)此曲线梁桥在满足正常使用条件下,在此地震波作用下因优先选用工况二的支座布置形式。

参考文献

［1］ 方诗圣，肖兵，张吉烁，等．支座布置形式对曲线梁桥力学性能的影响［J］．世界桥梁，2011(4)．

［2］ 范立础，聂丽英，李建中．地震作用下板式橡胶支座滑动的动力性能分析［J］．中国公路学报，2003，16(4)．

［3］ 薛素铎，李雄彦，蔡炎城．摩擦滑移水平隔震支座的性能试验［J］．北京工业大学学报，2009，35(2)．

［4］ 胡明刚．曲线梁桥的动力分析及抗震性能研究［M］．成都：西南交通大学，2010．

118. 高速铁路大跨度钢桁梁斜拉桥地震响应及减振分析

何旭辉　秦红禧

(中南大学土木工程学院)

摘　要：新建南广铁路郁江大桥为主跨 228m 的双塔双索面双线铁路专用钢桁梁斜拉桥。在考虑拉索垂度非线性与否自振特性对比分析的基础上，本文采用反应谱分析和非线性时程分析相结合的方法，对该桥地震响应进行了研究，并通过对黏滞阻尼器阻尼参数的比选，对大桥的减震性能进行了探讨。结果表明，黏性阻尼器对大桥的地震响应具有明显的减振效果。

关键词：铁路钢桁梁斜拉桥　反应谱　行波效应　黏滞阻尼器　减震设计

1　概述

作为一种深具竞争力、美观性桥梁结构形式，斜拉桥在公路桥梁方面得到了快速发展和广泛应用，但由于列车荷载大、活载比例高以及列车走行平稳性和旅客舒适度的高要求，使得大跨度铁路斜拉桥的发展相对比较谨慎。自德国 Oberkassel Bridge 公铁两用桥 1973 年建成以来，公铁两用斜拉桥得到一定发展，2006 年建成的武汉天兴洲主跨达 506m；而专用铁路斜拉桥从 1980 年建成 254mSava River Bridge 钢箱梁斜拉桥以来，则鲜有报道。新建南宁至广州铁路郁江特大桥为(36＋96＋228＋96＋36)m 双塔双索面双线铁路专用钢桁梁斜拉桥，设计列车通行速度达 200km/h，建成后将成为我国第一座大跨度、高时速的铁路专用斜拉桥。

由于斜拉桥的结构特点，其抗震性能研究显得非常重要。斜拉桥的抗震研究可追溯到 1962 年建成的委内瑞拉 Maracaibo Bridge 预应力混凝土斜拉桥，此后伴随着斜拉桥在地震多发国家，如日本、美国等的广泛建造，人们逐渐对斜拉桥的动力性能和地震响应进行了深入的研究。我国同济大学项海帆教授[1]于 20 世纪 80 年代初以天津永和斜拉桥为研究对象，进行了相位差作用下的地震反映性能研究；此后袁万成[2]、王平山[3]、武芳文[4]等对大跨度公路斜拉桥抗震性能进行了研究；刘洪兵等[5]、马坤全[6]等对公铁两用斜拉进行抗震分析。而针对铁路专用斜拉桥的抗震研究则非常少。

本文以南广铁路郁江双线特大桥为工程背景，采用反应谱分析和非线形时程分析相结合的方法，对结构动力特性和地震响应进行研究，并通过对黏性阻尼器阻尼参数的比选，对大桥的减震性能进行了探讨，其结论可为同类桥梁抗震设计提供参考。

2　郁江桥自振特性研究

2.1　主桥概况

郁江双线特大桥中心里程：DK106＋537，孔跨式样为 36m＋96m＋228m＋96m＋36m，全长 492m，主塔钢桁主梁以上为 49.638m，主塔每边拉索 8 对。本桥为双索面斜拉钢桁连续梁桥，主塔采用 C50 钢筋混凝土结构，主塔高为 103.5m，钢桁梁以上主塔高为 49.638m，整个主塔选用花瓶形。斜拉索采用平行钢束体系，全桥为半漂浮体系，主桥边跨侧各设两个辅助墩，283 号、284 号主墩位于河水中。大桥主梁为钢桁梁，三角形桁架，两片主桁，桁间距 15m，桁高 14m，节间长度 12m。主桁采用焊接整体节点结构形式，最大板厚 44mm，材质 Q370qD，桥面系采用钢正交异性板桥面。正交异性板面板厚 16mm，下设梯形闭口肋和纵向共设 4 道小纵梁；沿纵桥向每个节间设 5 道次横梁；除支座处，在下弦节点处设一道 T 型横梁，支座处设一道箱形端横梁。主桥立面布置如图 1 所示。

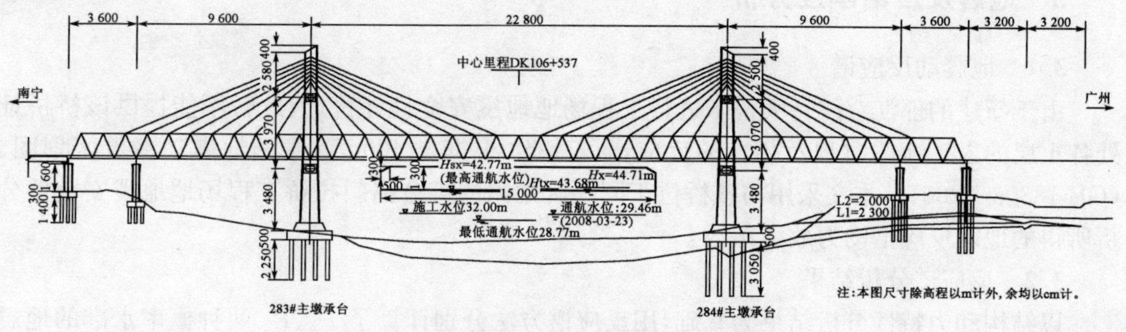

图 1　郁江双线特大桥主桥立面布置图(尺寸单位：cm)

2.2　有限元模型及自振特性分析

本文利用大型通用有限元软件 ANSYS，建立郁江双线特大桥的空间有限元模型。大桥主塔、边墩、辅助墩、主梁各杆件等均采用空间梁单元 BEAM44 模拟；斜拉索通常采用 ANSYS 自带的两节点三维弹性杆单元 LINK10 单元模拟；铁路桥面正交异性板采用可考虑几何大变形的弹性壳单元 SHELL63 模拟；主塔下横梁与主梁之间的黏滞性阻尼器选择 ANSYS 中自带的单向单元 COMBIN37 进行模拟；桥面二期恒载作为均布质量分布到桥面板中，边跨压重 273kN/m 采用单元面荷载的形式施加。大桥的边界条件处理为：主塔柱基础结点六个自由度全部约束，主梁与主塔交接处，主梁下弦节点与主塔下横梁单元节点位移耦合，角位移自由。用修正后的直线索弹模反映拉索的垂度非线性效应。结构的三维有限元模型如图 2 所示。

结构物的自振频率是进行动力计算分析的基础，因此，在进行动力反应分析之前首先要计算结构的自振特性。为提高结构自振频率和振型的精度，本文采用在处理稀疏矩阵方面具有优势分块兰卡斯法(Block Lanczos Method)[7]，计算前 300 阶模态，并探讨斜拉索非线性对结构动力特性的影响。限于篇幅，自振频率未列于出，主梁一阶纵漂模态如图 3 所示。

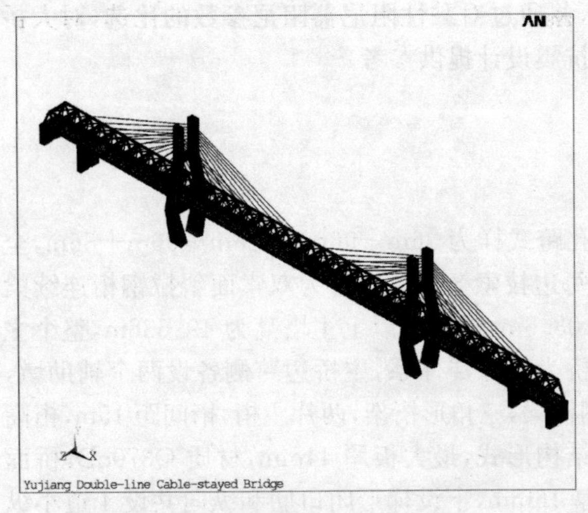

图 2 郁江双线特大桥主桥有限元模型

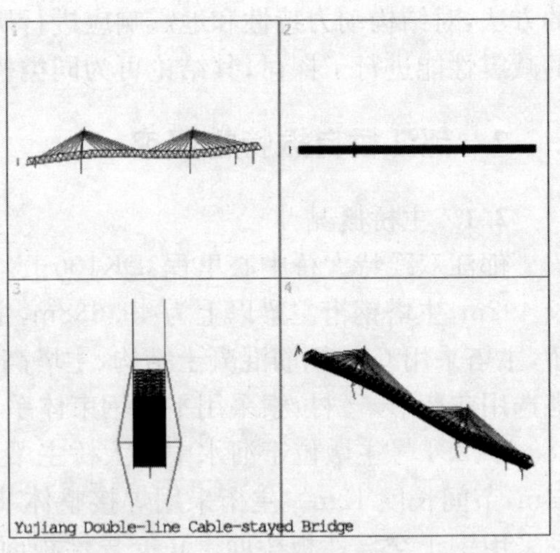

图 3 主梁一阶纵飘模态

3 地震反应谱响应分析

3.1 地震动反应谱

由于新建的郁江双线特大桥未进行工程场地地震安全性评价,因此暂不能提供该桥桥址处各土层的人工地震时程及相应的反应谱。为此,根据 1/400 万《中国地震动参数区划图》(GB 18306—2001),本文采用与该桥位于同一区划内的某公路斜拉桥工程场地地震安全性分析所得的地震反应谱动力放大系数。

3.2 反应谱分析结果

以结构动力特性分析结果为基础,用反应谱方法分别计算了 P_1、P_2 两种概率水准的地震动桥梁反应。地震荷载取 5 种最不利组合的地震动反应谱输入工况。考虑竖向地震动输入时,其竖向分量取水平分量的 65%[8]。由于郁江双线特大桥的地质条件良好,未考虑桩-土-桥相互作用,阻尼比取为 5%。未对内力进行折减。部分分析结果如图 4 所示。分析结果表明:对于 P_1 和 P_2 两种不同概率水平下的结果差别亦较为显著,斜拉索索力在 P_2 概率下的增幅依然很小,最大仅为 0.9%,可见拉索内力受地震概率水平的影响很不明显,对于斜拉桥的抗震设计不起控制作用。

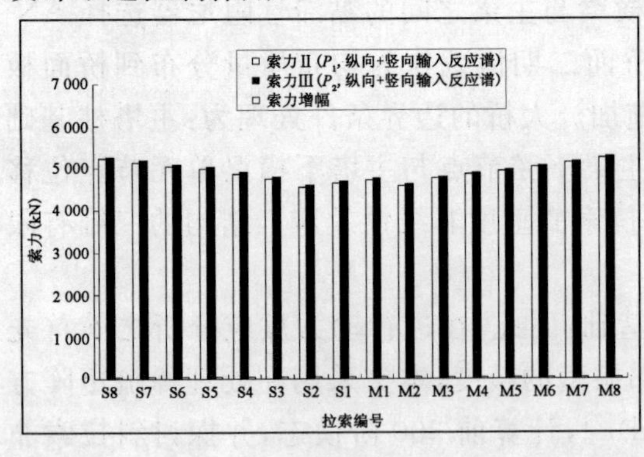

a) 拉索索力

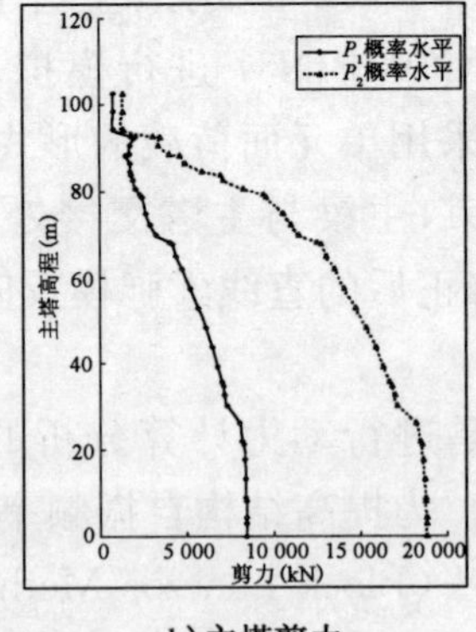

b) 主塔剪力

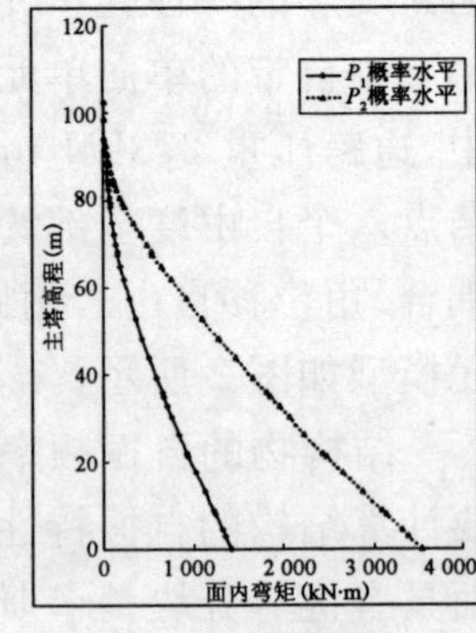

c) 主塔面内弯矩

图 4 P_1 和 P_2 概率水平下主塔内力、索力包络图

4 地震反应时程分析

4.1 地震波的选取与调整

由于该桥未进行场地地震安全性评价，通过对一些天然强震加速度记录的比选，地震波最终典型强震记录南北向 El-Centro 加速度时程响应曲线。在具体计算中必须对实际地震记录的峰值进行人工修正，折算成符合大桥实际的地震烈度，修正后的 El-Centro 地震波持时取为 20s，峰值加速度 A_m 调整为 0.049g。其水平向及竖向地震动加速度时程曲线分别如图 5、图 6 所示。

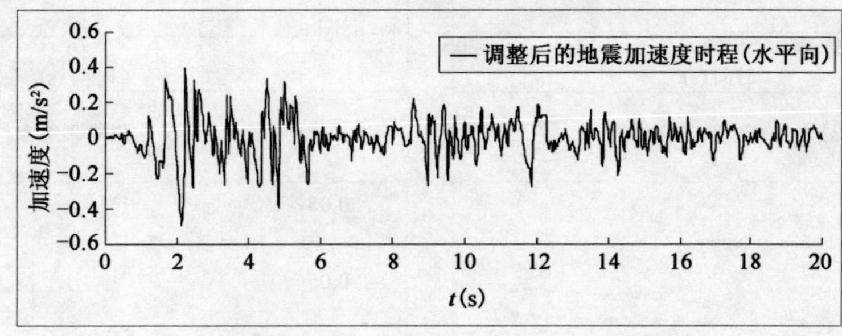

图 5　调整后的水平方向地震加速度时程

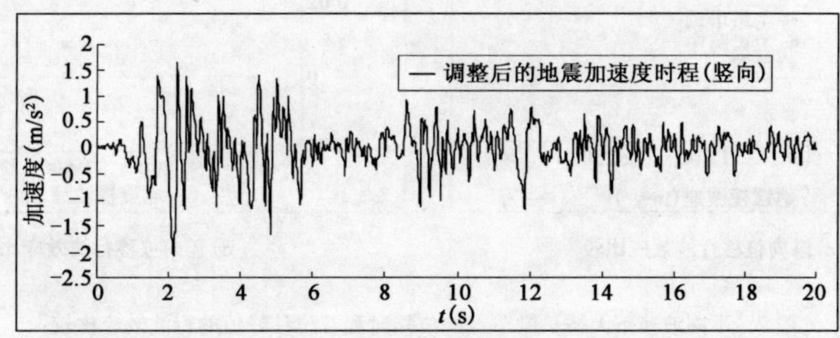

图 6　调整后的竖向地震加速度时程

4.2 非一致激励下地震响应分析

大量研究结果表明，当结构的跨度达到或超过地震波长的 1/4 时，必须考虑不同支承节点间的运动相位差，即行波效应问题[9]。本文中采用 LMM 法，基于 ANSYS 平台，利用 MASS21 单元在基底边界节点处建立人工附加质量，不考虑地震加速度时程的转动分量。通过数组的时间差(相位差)来考虑行波效应的影响。为考虑不同视波速的行波效应对结构响应的影响，讨论了波速分别为 400m/s、800m/s、1 500m/s、2 250m/s 以及波速无穷大(相当于一致激励)时的情形，行波到达主塔塔底的相位差分别为 0.57s、0.285s、0.152s 和 0.11s。

1)行波效应对大桥节点位移的影响

部分计算结果如图 7 所示，可以看出：考虑行波效应之后，大桥各关键节点的纵向位移响应均呈现出减小趋势，其中以主梁跨中和梁端最为明显；各关键节点纵向位移响应随波速的增大而增加，并逐步逼近一致激励的结果；主梁跨中竖向位移峰值增大；随视波速的增大，跨中竖向位移先减小再增大之后又减小，且一致激励结果要小于最低视波速时的结果；钢桁主梁跨中竖向位移随不同视波速变化时出现震荡现象，这主要是因为行波效应激起了大桥对称振型的参与所致。

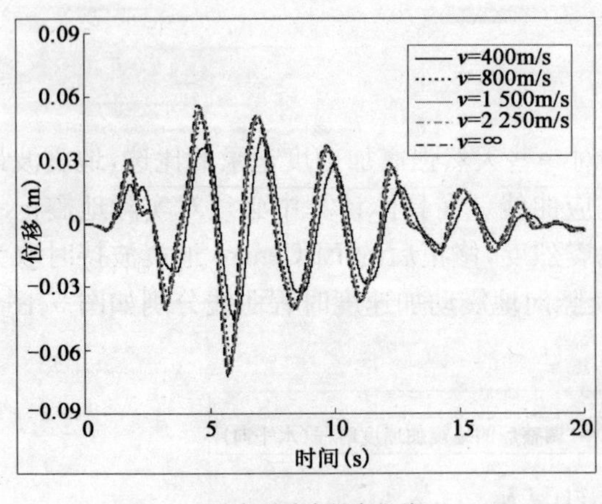

a) 主梁跨中纵向位移

b) 主塔塔顶纵向位移

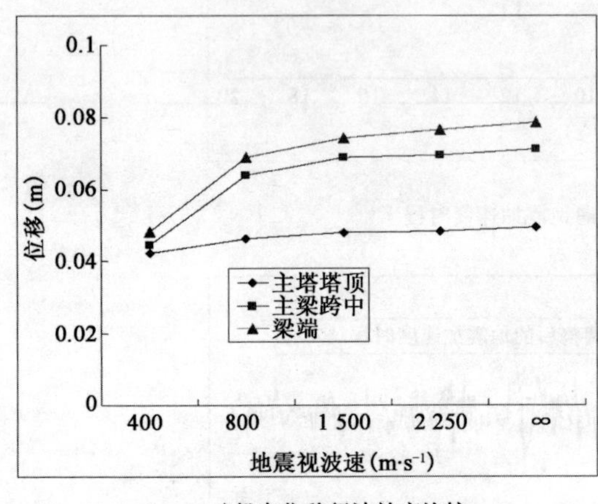

c) 纵向位移行波效应比较

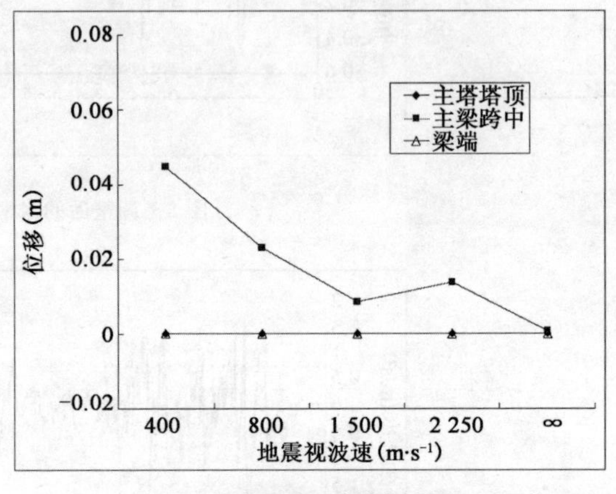

d) 竖向位移行波效应比较

图 7　不同波速下大桥关键节点的位移时程及位移峰值的行波效应比较

2)行波效应对大桥关键截面内力的影响

部分计算结果如图 8 所示，可以看出：当考虑行波效应之后，主塔各关键截面的内力响应峰值均呈现出减小趋势，其中以塔底剪力、下横梁下侧塔剪力以及塔底面外弯矩较为明显；随地震视波速的增加，主塔各关键截面的内力响应先是增大较为显著，之后转为平缓，直到逼近一致激励时的结果；主塔各关键截面的内力增大程度不一，部分截面的面内弯矩和轴力表现出震荡的特性；主梁跨中轴力和面外弯矩表现为增大的趋势，其中主梁轴力增大较为显著，这与主梁竖向位移增大相对应，亦是由于在行波效应下的拟静力位移影响作用以及大桥对称振型对地震的贡献被激发所致。

5　黏性阻尼器减振分析

5.1　黏性阻尼器的力学原理

为减小结构控制节点处较大的纵向位移，同时降低纵向约束引起的较大内力，通过在郁江大桥主梁与混凝土主塔下横梁之间设置纵桥向黏滞阻尼器来对大桥的地震响应进行改善，每个主塔下横梁处设置 2 个纵桥向的黏滞阻尼器，间距 17. 9m，共计布置 4 个阻尼器。从能量的角度看[10]，对于附加了黏滞阻尼器的桥梁消能结构体系，在桥梁主体结构发生滞回运动之前，黏滞阻尼器就已经开始参与体系的耗能工作，并能够充分产生其耗能效果，而桥梁主体本身需要耗散的地震荷载能力却很少。黏性阻尼器阻尼力 F 与阻尼器活塞运动速度 v 之间的关系可表示为[11]：

$$F = Cv^{\alpha} \tag{1}$$

式中：C——阻尼系数；

α——速度指数。

针对郁江大桥特点，本文采用以主梁与塔顶纵桥向位移控制为主，并兼顾主塔内力的原则。本文对速度指数 α 取值分别为 0.3、0.5 与 0.7，阻尼系数 C 在 $2\times10^3\sim1\times10^4$ 范围内对阻尼参数的敏感性进行分析，通过对参数 α、C 的不同组合，比对大桥关键部位节点的位移及内力响应的变化规律。

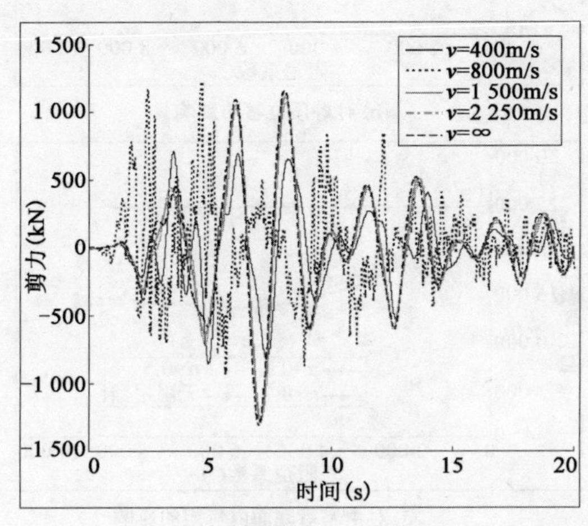

a)主塔塔底剪力行波效应

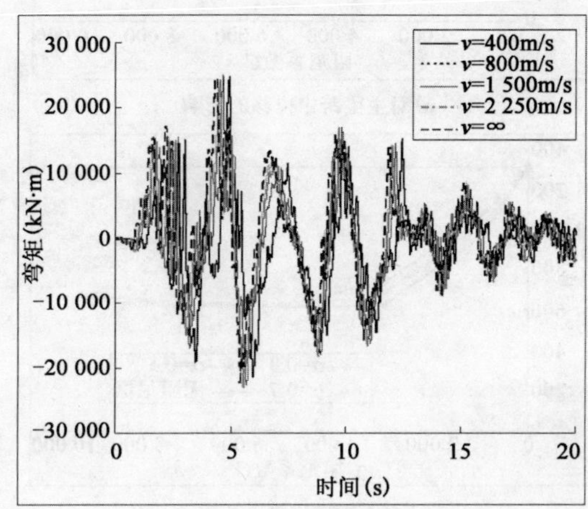

b)主塔底面内弯矩行波效应

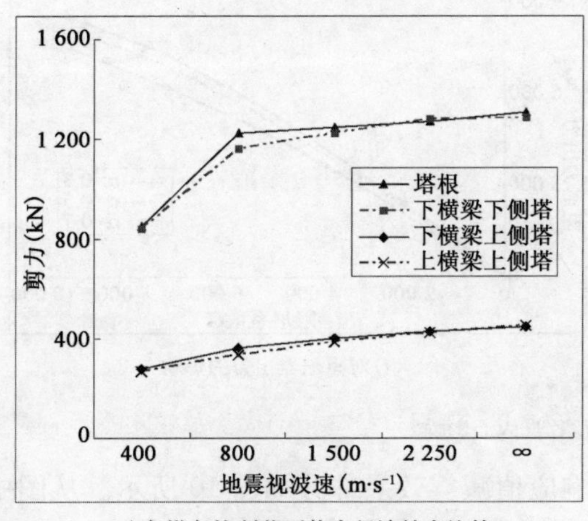

c)主塔各控制截面剪力行波效应比较

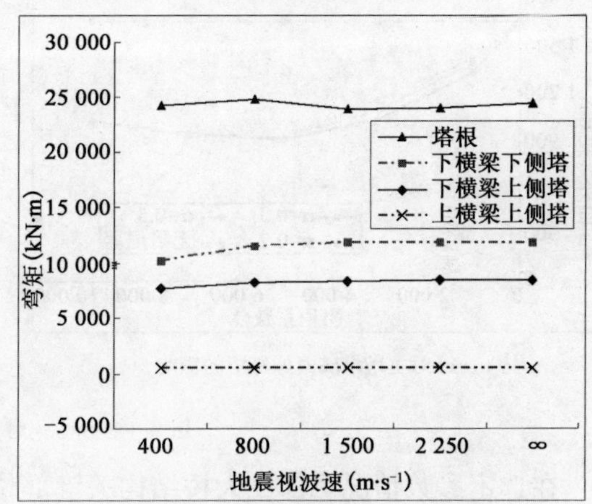

d)主塔各控制截面面内弯矩行波效应比较

图 8 不同波速下大桥关键截面内力响应曲线及内力峰值的行波效应比较

5.2 减震参数必选及减振效果分析

黏滞阻尼器不同参数组合对大桥主梁跨中纵向位移、主塔塔顶纵向位移、主塔塔底剪力、主塔塔底面内和面外弯矩，以及阻尼器出力的影响规律图 9 表示。从图中可以看出：阻尼参数 α、C 的不同取值对主梁跨中及主塔塔顶的纵向位移响应峰值影响较大；阻尼参数 α、C 的不同取值对主塔塔底内力的影响亦较为明显；黏滞阻尼器的阻尼力，随阻尼系数 C 的增大呈现为单调增加的趋势，对于某一特定的阻尼系数，阻尼器的耗能能力随速度指数 α 的增大而单调减小。综合考虑不同阻尼参数组合对大桥关键部位位移及内力响应的影响特点和规律，在不增加大桥关键部位内力响应的前提下，最终拟确定本桥减震分析的合理阻尼参数组合为：速度指数 $\alpha=0.3$，阻尼系数 $C=5\,000\text{kN}/(\text{m/s})^3$。

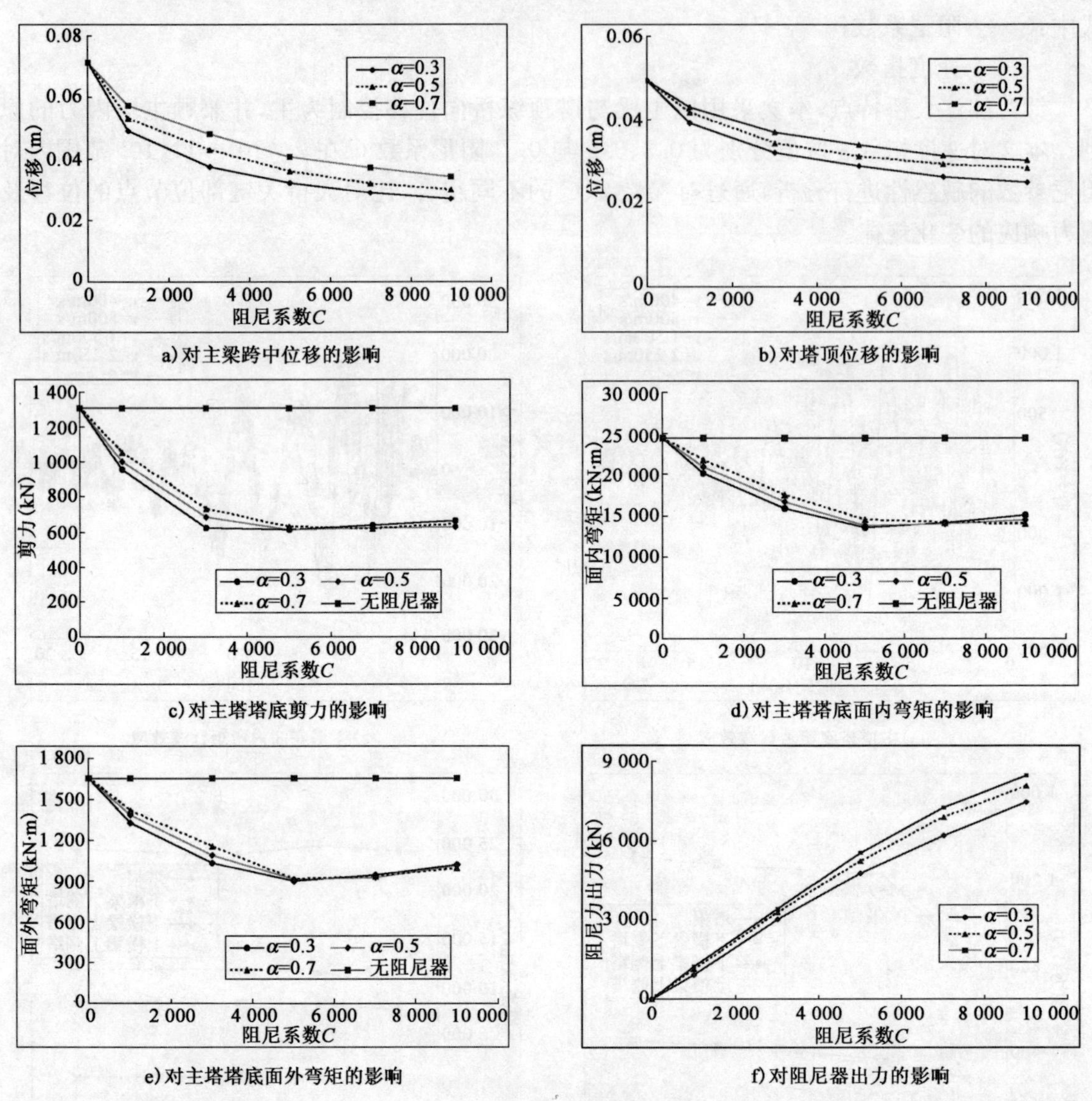

图9　参数变化对大桥位移计内力影响

在选定参数情况下郁江大桥结构关键部位的响应值减震效果部分如图10所示。从图中可看出：设置黏滞阻尼器之后，大桥主梁跨中及主塔塔顶的纵向位移均有较显著的降低；主塔塔底截面的内力亦均有较大幅度的降低。可见，在郁江双线特大桥的主梁与主塔之间沿纵桥向设置黏滞阻尼器，能够有效地降低大桥关键部位在地震荷载作用下的位移及内力响应峰值。

6　结语

本文以郁江双线特大桥为工程背景，利用ANSYS建立其空间有限元分析模型，在自振特性分析的基础上，采用反应谱分析和非线性时程分析相结合的方法，对该桥地震响应进行了研究，并通过对黏滞阻尼器阻尼参数的比选，对大桥的减震性能进行了探讨。通过本文研究，主要得到以下结论：

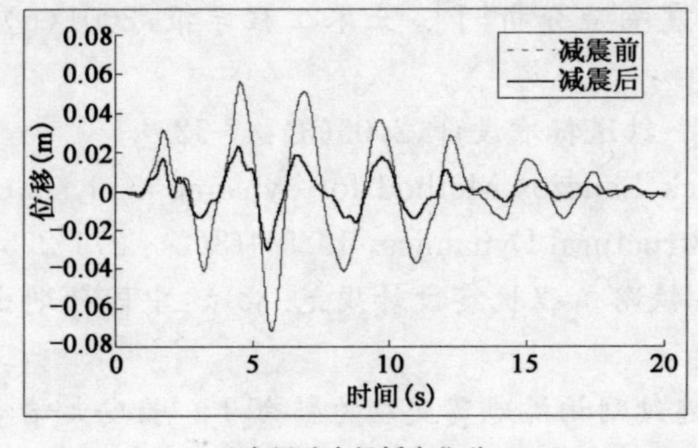

a)主梁跨中纵桥向位移

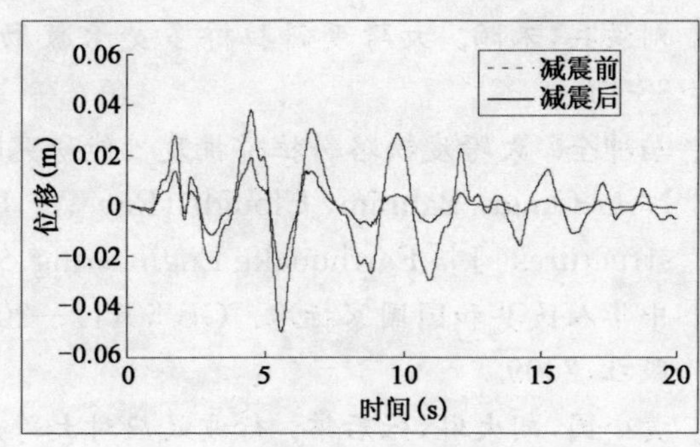

b)主塔塔顶纵桥向

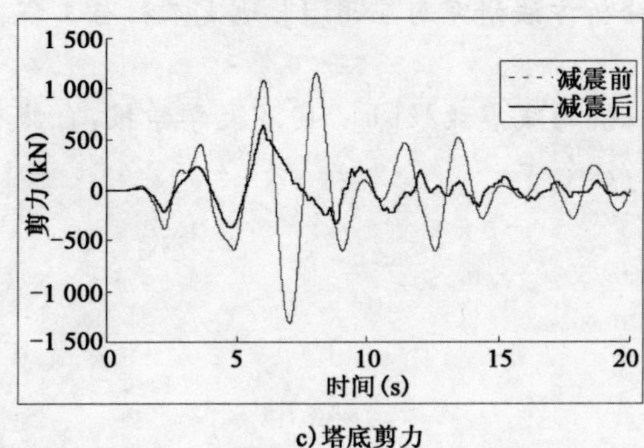

c)塔底剪力

d)主塔塔底面内弯矩

图 10　黏性阻尼器减振效果

(1)结构自振特性分析表明，该桥自振周期长，振型分布密集，无跳频现象发生；大桥振型表现出明显的三维性和高阶振型相互耦合的特点。此外，考虑拉索垂度非线性对大桥的自振特性的影响并不显著，尤其对高阶振型的频率及振型特征几乎没有影响。

(2)考虑竖向反应谱输入前后，主塔重要截面内力响应均有不同程度的增大，可见，在进行反应谱分析时，竖向地震动分量的影响不可忽略。

(3)行波效应对大跨度钢桁梁斜拉桥的地震反应有着不可忽略的影响，在地震计算时，忽略这些因素，将造成对结构地震反应的有害低估。

(4)黏滞阻尼器的阻尼力，随阻尼系数 C 的增大呈现为单调增加的趋势，对于某一特定的阻尼系数，阻尼器的耗能能力随速度指数 α 的增大而单调减小。同时黏滞阻尼其能够有效地降低大桥关键部位在地震荷载作用下的位移及内力响应峰值，减振效果明显。

参 考 文 献

[1] 项海帆. 斜张桥在行波作用下的地震反应分析[J]. 同济大学学报：自然科学版，1983.

[2] 袁万城. 大跨桥梁空间非线性地震反应分析[D]. 博士学位论文. 上海：同济大学桥梁工程系，1990.

[3] 王平山. 斜拉桥非线性地震响应分析及计算可视化研究[D]. 博士学位论文，杭州：浙江大学，1997.

[4] 武芳文. 大跨度斜拉桥随机地震响应分析及其动力可靠度研究[D]. 博士学位论文,成都:西南交通大学,2007.

[5] 刘洪兵,朱晞. 大跨度斜拉桥多支承激励地震响应分析[J]. 土木工程学报,2001(6):38-43.

[6] 马坤全. 大跨度铁路斜拉桥抗震性能研究[J]. 铁道标准设计,2005(3):47-52.

[7] Nour-Omid, Bahram, Clough, Ray W. Block Lanczos Method for dynamic analysis of structures [J]. Earthquake Engineering & Structural Dynamics, 1985, 13(2): 271-275.

[8] 中华人民共和国国家标准. GB 50111—2006 铁路工程抗震设计规范. 北京:中国计划出版社,2009.

[9] 黄小国,胡大琳,张后举. 行波效应对大跨度连续刚构桥地震反应的影响[J]. 长安大学学报,2008,28(1):72-76.

[10] 周云,徐彤,周福霖. 抗震与减震结构的能量分析方法研究与应用[J]. 地震工程与工程振动,1999,19(4):133-139.

[11] 叶爱君,范立础. 附加阻尼器对超大跨度斜拉桥的减震效果[J]. 同济大学学报:自然科学版,2006,34(7):859-863.

119. 一种新型桥梁三维隔震支座设计

贾俊峰[1]　欧进萍[2]

(1. 北京工业大学建工学院道路与桥梁工程研究所；2. 哈尔滨工业大学土木工程学院)

摘　要：基于铅芯橡胶隔震垫、组合碟形弹簧和钢板阻尼器的各自力学性能特点，设计开发出一种新型的三维隔震支座，首先介绍该新型三维隔震支座的组成构造方式及其工作方式；然后简要介绍了各主要构成部件的力学性能计算方式和三维隔震支座整体的力学模型计算方法。本文提出的新型三维隔震支座具有构造合理、传力机制明确等优点，在水平向和竖向都能够具有适宜的隔震刚度和阻尼耗能性能，可以用于中小跨度桥梁结构中以减轻桥梁结构震害。

关键词：竖向地震　竖向隔震　三维隔震　菱形钢板阻尼器

1　概述

隔震耗能减震技术作为研究和应用发展最为成熟的结构振动控制技术，近年来得到了众多研究学者和工程师的广泛关注，已经进行了大量的理论和试验研究[1]，而且已在国内外新结构设计和既有结构加固中得到了广泛应用[2-4]。目前已有一些隔震耗能建筑经受住了强烈地震的考验，在大地震中保证了结构的安全性，为隔震耗能技术的有效性和实用性提供了有力证据[5]。但是，目前绝大部分隔震耗能技术仅仅指的是水平隔震耗能，而不能实现竖向隔震。这主要有两个方面的原因，一是传统观点认为与水平地震作用相比，竖向地震作用较小而且结构具有较大的竖向承载冗余度，一般不会对结构造成严重影响；另一方面隔震装置一般安装在建筑结构底部或桥梁上部结构与桥墩墩顶之间，这些隔震装置必须具有很大的竖向承载能力以承受上部结构自重，而隔震技术又要求具有较小的隔震刚度。这样似乎就形成了较大竖向承载能力需求和较小隔震刚度需求的矛盾。这些原因造成了竖向及三维隔震技术的研究和发展严重滞后于水平隔震技术。然而，最近 20 年来获得的大量地震记录以及很多地震现场调查结果表明，竖向地震作用特别是在接近震中以及发震断层的近断层区域尤为明显，甚至在很多台站记录到竖向地震动远大于水平地震动[6-8]。竖向地震动逐渐引起相关专家学者的重视和研究，而且已有某些抗震设计规程对竖向地震作用进行了修正和补充。2001 年，日本经济产业省资助了一项用于下一代快速反应堆的三维隔震系统的研究项目，该项目开发了一批三维隔

基金项目：国家重点基础研究发展计划项目(2011CB013603)。

震装置并进行了相关性能试验[9]，但其应用目标为快速反应堆，并且其构造比较复杂，不能直接应用到桥梁、建筑等工程结构中。近年来国内也有学者进行了竖向以及三维隔震装置的开发和性能试验研究[10-13]，但大部分装置能够提供的竖向耗能能力比较有限。总体来看，国内外对三维隔震装置的研究还刚刚开始，其装置构造设计以及力学性能仍是亟待解决的关键问题，仍需要广泛深入的研究。

本文基于铅芯橡胶隔震垫、组合碟形弹簧和菱形钢板阻尼器等各自的构造以及力学特征，开发出一种新型三维隔震支座，并分别给出其构造方式和工作方式，介绍其各主要部件的力学计算模型和整个支座的力学计算方法。

2　三维隔震支座构造和工作实施方式

本文开发出一种新型三维隔震支座（发明专利申请号：201010300849），该支座主要由 3 部分构成，分别是支座下部用于水平隔震的铅芯橡胶隔震垫，支座上部用于竖向隔震的组合碟形弹簧和菱形钢板耗能阻尼器（Rombic Additional Damping And Stiffness, RADAS），另外还有一些其他辅助构造部件，该新型三维隔震支座构造示意图和支座加工成型图如图 1 所示。该三维隔震支座下部为常见的铅芯橡胶隔震垫或普通叠层橡胶隔震垫，开孔的中间连接板与铅芯橡胶隔震垫顶板通过螺栓连接，多个导向轴下端卡在中间连接板内，导向轴套上组合碟形弹簧，在中间连接板上固定门式支承架，空心开孔的菱形钢板两端支承在门式支承架上，组合碟形弹簧顶端放置三维隔震支座顶板，菱形钢板阻尼器通过螺杆与三维隔震支座顶板相连接。同时在三维隔震支座顶板之上，导向轴顶端可设置抗拉挡片，通过螺栓固定在导向轴上，这样即构成能进行水平隔震和竖向隔震的新型三维隔震支座。

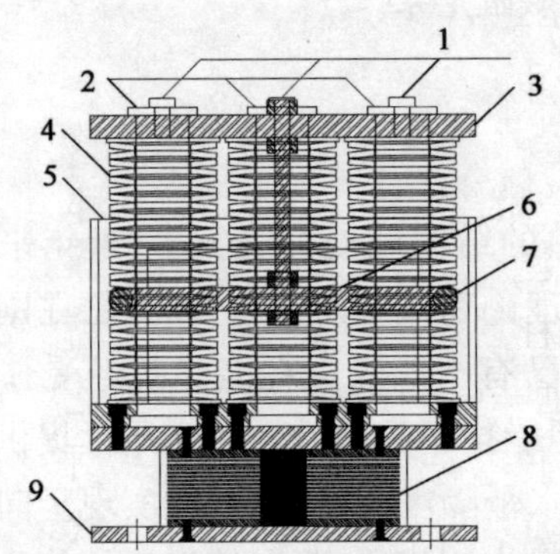

图 1　新型三维隔震支座构造示意图及其加工成型图

1-抗拉螺栓；2-抗拉挡板；3-上连接板；4-组合碟形弹簧；5-阻尼器支架；6-菱形钢板阻尼器；7-阻尼器端部支承圆柱；8-铅芯橡胶隔震垫；9-下板

三维隔震支座中采用的组合碟形弹簧如图 2a）所示，单片碟形弹簧结构尺寸和工作空间较小，但具有较大的竖向承载能力，在满足承载力需求的前提下碟形弹簧可以通过不同的组合形式得到适宜的竖向隔震刚度[14]，碟形弹簧在机械、航空、建筑装饰等工程中已经得到比较多的应用，性能比较稳定，但目前还较少直接用于工程结构隔震技术中，近年来相继有学者提出将其应用于建筑结构隔震装置中减小结构的竖向振（震）动。三维隔震支座菱形钢板阻尼器如图 2b）所示，该阻尼器采用软钢或极低屈服点软钢材料制成，具有较低的屈服强度和很强的弹塑性耗能能力，性能稳定。菱形钢板阻尼器两端固定支承轴，中心开孔通过螺杆与螺帽与其他部件连接，通过支承轴和中心螺杆沿垂直于钢板初始平面发生相对运动而发生弯曲变形以进行耗能，菱形钢板阻尼器可以避免钢板弯曲耗能过程中的轴力效应影响，并且只有两端支承轴局部需要焊接，焊接应力对弯曲耗能影响较小，中心开孔较小时对阻尼器性能影响较小，该类型阻尼器已经逐步得到相关研究学者的关注，并开始对其工作性能及实施方式进行研究。三维隔震支座中的铅芯橡胶隔震垫或普通叠层橡胶隔震垫如图 2c)所示，在近几十年来得到了较多的研究和比较广泛的应用，已经在很多建筑、桥梁以及工业设施中得到了较多的工程应用。普通叠层橡胶隔震垫和铅芯橡胶隔震垫都是将多层钢板和橡胶经过高温硫化加工而成，通过多层橡胶的水平剪切变形完成水平隔震作用，铅芯橡胶隔震垫是在普通叠层橡胶隔震垫中插入一根或多根铅棒而成，铅棒的水平剪切变形能够提供隔震垫很大的初始剪切刚度和良好的水平隔震耗能能力。

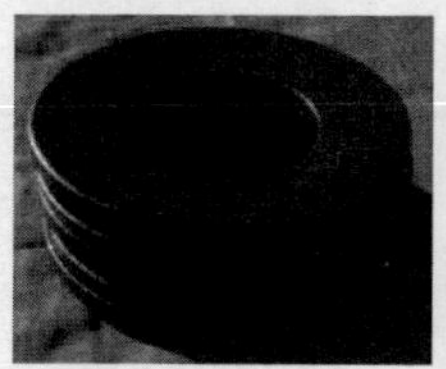
a)碟形弹簧

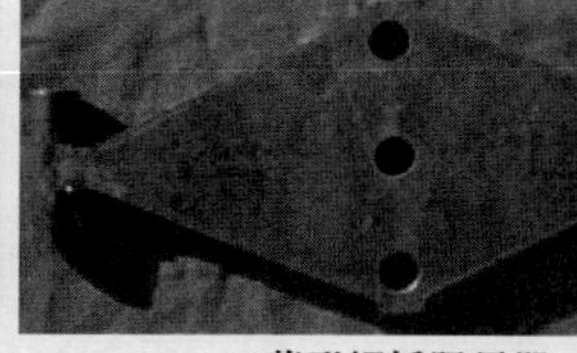
b)菱形钢板阻尼器

c)铅芯橡胶隔震垫

图 2　三维隔震装置主要部件

强烈地震作用下，上部结构作用在三维隔震支座上连接板的水平力通过组合碟形弹簧中心的导向轴传递给支座中间连接板，经过下部的铅芯橡胶垫水平隔震后传递给建筑结构基础或者桥梁结构桥墩；由于铅芯橡胶隔震垫的水平隔震作用，支座上部结构基本处于刚性平动状态。竖向地震作用下上部结构的竖向力直接通过上连接板压在几组组合碟形弹簧和菱形钢板阻尼器上，然后经过中间连接板作用在下部铅芯橡胶垫上，最后传递给下部基础结构。铅芯橡胶垫有很大的竖向刚度，竖向变形很小，支座竖向变形主要是组合碟形弹簧的压缩变形，同时又是菱形钢板耗能阻尼器的弯曲变形，组合碟形弹簧碟片间和边缘处的摩擦耗散少部分能量，大部分竖向振动能量通过菱形钢板阻尼器弯曲耗能，并且钢板阻尼器能够提供部分初始刚度。根据该三维隔震支座构造特点，该支座可以应用于桥梁结构、建筑结构以及核反应堆设施的三维隔震，将支座上连接板与上部结构连接，同时在导向柱位置留出大小适宜的孔洞以满足碟簧竖向压缩变形需要，支座下连接板与基础或桥墩顶端通过螺栓连接。与国内外已有的其他三维隔震装置相比，此新型三维隔震支座构造较为简单，传力路径明确，可以在水平和竖向同时提供适宜的隔震刚度和耗能能力，其力学性能通过相应的竖向压缩和水平压剪试验进行测试。

3　三维隔震支座力学性能设计

新型三维隔震支座的力学性能包括水平剪切力学性能和竖向压缩力学性能。整个支座的水平隔震性能由铅芯橡胶隔震垫的水平力学性能所决定，上部的竖向隔震系统对支座水平隔震性能基本没有影响。支座下部铅芯橡胶垫具有非常大的竖向刚度，在确定支座竖向力学性能时可不考虑其对竖向隔震性能的影响，支座竖向力学性能主要由上部的组合碟形弹簧和菱形钢板阻尼器所决定。

如图 2a)所示单个碟形弹簧的竖向压缩刚度可由式(1)、式(2)计算得到，其竖向压缩刚度主要与弹簧钢材料的物理参数以及碟形弹簧的外形参数相关[15]。组合碟形弹簧是由多片碟形弹簧对合组合、叠合组合以及复合组合等多种方式组合而成，其力学性能与单个碟形弹簧的力学性能及其组合方式有关，根据国家相关规范进行计算确定，三种组合碟形弹簧的力学特性简图如图 3 所示，可按照表 1 所示计算组合碟形弹簧的力学特性。

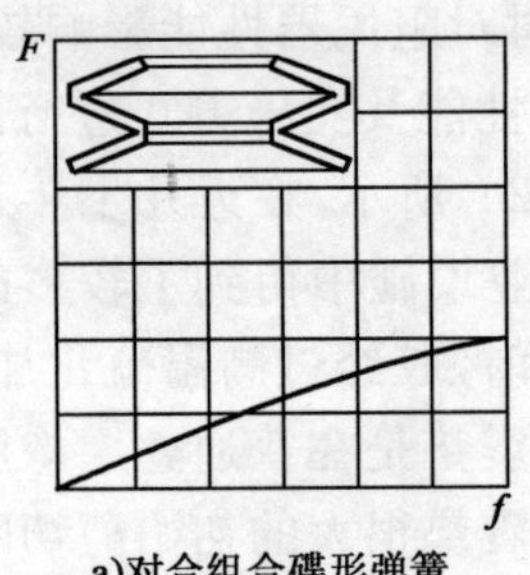

a)对合组合碟形弹簧

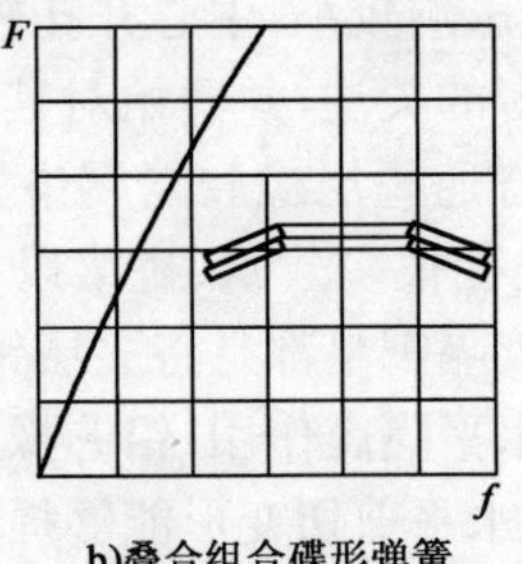

b)叠合组合碟形弹簧

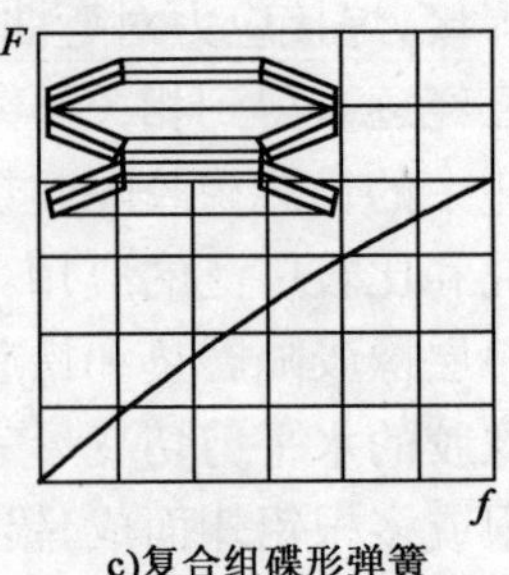

c)复合组碟形弹簧

图 3　碟形弹簧组合形式及力学特性简图

组合碟簧的力学特性　　表 1

组合方式	力学特性
对合组合	$F_Z=F$；$f_Z=i\cdot f$；$H_Z=i\cdot H_0$
叠合组合	$F_z=n\cdot F$；$f_Z=f$；$H_Z=H_0+(n-1)t$
复合组合	$F_Z=n\cdot F$；$f_Z=i\cdot f$；$H_Z=i\cdot[H_0+(n-1)t]$

注：F_Z、f_Z、H_Z 分别为组合碟形弹簧负荷、变形位移和高度；F、f、H 分别为单个碟簧负荷、变形位移和高度。i 为对合组合碟簧个数，n 为叠合组合碟簧组数。

$$K=\frac{4E}{1-\mu^2}\cdot\frac{t^3}{K_1D^2}\cdot\left\{\left[\left(\frac{h_0}{t}\right)^2-3\cdot\frac{h_0}{t}\cdot\frac{f}{t}+\frac{3}{2}\left(\frac{f}{t}\right)^2\right]+1\right\} \tag{1}$$

$$K_1=\frac{1}{\pi}\cdot\frac{[(C-1)/C]^2}{(C+1)/(C-1)-2/\ln(C)} \tag{2}$$

式中：K——碟形弹簧刚度；

E、μ——分别为弹簧钢弹性模量和泊松比；

h_0、t、f——分别为碟形弹簧压平时变形量、厚度和行程；

$C=D/d$——碟形弹簧直径比；

D、d——分别为碟形弹簧外径和内径。

当碟形弹簧 h_0/t 比值在 0～0.5 之间时，碟形弹簧特性曲线接近于直线变化，可按近似线性刚度来计算[14]，如图 4 所示。

菱形钢板阻尼器一般采用普通软钢或极低屈服点软钢材料制作，其屈服强度较低，常用的软钢屈服强度为 235MPa 或 225MPa，目前国内已经开发出屈服点为 160MPa 和 100MPa 的极低屈服点软钢并逐渐投入生产和工程应用。菱形钢板阻尼器的力学性能可看作是 2 个三角形钢板阻尼器的边和边对接而成，因此可以看作是 2 个并联三角形钢板阻尼器的力学性能。单个三角形钢板阻尼器力学特性按双线性模型进行计算[16]，相关力学性能计算参数如式(3)～式(6)所示，其中 t 为钢板厚度；h 为钢板高度；b 为钢板宽度；E 为钢材弹性模量；σ_y 为钢材拉伸屈服应力。其典型的加载力—位移曲线如图 5 所示，从图中可以看出该滞回性能曲线具有明显的双线性特性，并且

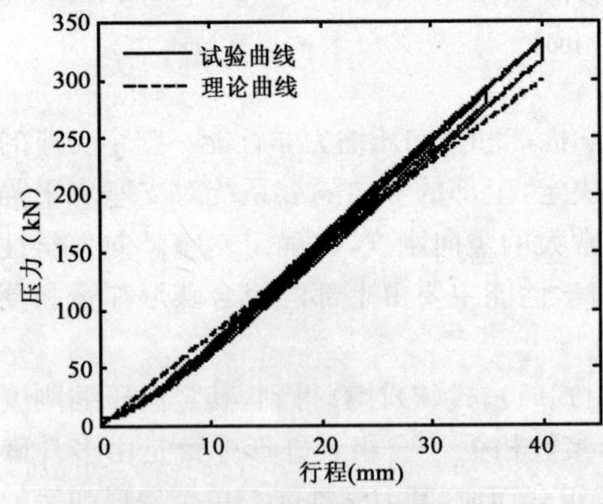

图 4　碟形弹簧力—位移曲线

滞回性能稳定，耗能能力强，其力学模型可以按照如图 6 所示的双线性模型进行计算。

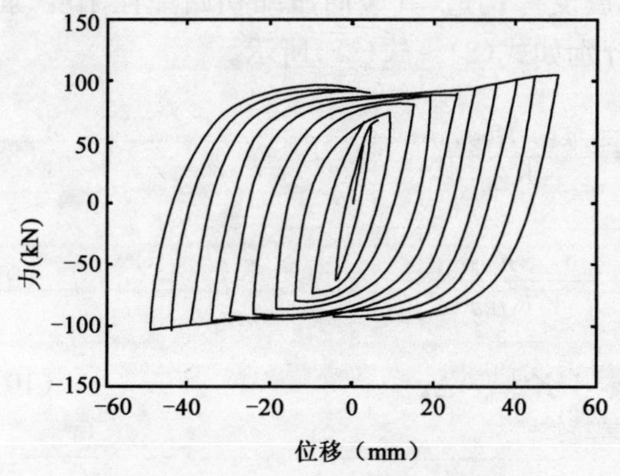

图 5　菱形钢板阻尼器滞回性能曲线

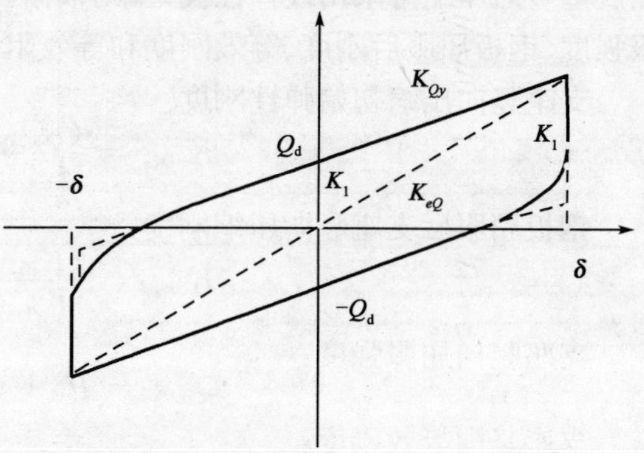

图 6　铅芯橡胶隔震垫滞回性能曲线

初始弹性刚度：
$$K_d = \frac{Ebt^3}{6h^3} \tag{3}$$

屈服位移：
$$\Delta_y = \frac{\sigma_y h^2}{Et} \tag{4}$$

屈服强度：
$$P_y = \frac{bt^2}{6h}\sigma_y = K_d \cdot \Delta_y \tag{5}$$

塑性强度：
$$P_p = \frac{bt^2}{4h}\sigma_y \tag{6}$$

根据三维隔震支座的构造特点，铅芯橡胶隔震垫的水平力学性能决定着三维隔震支座的水平隔震力学性能，铅芯橡胶隔震垫水平力学性能主要与其几何尺寸以及橡胶的物理参数有关，铅芯屈服后其水平剪切刚度可按式(7)计算：

$$K_h = \frac{GA}{nt_r} \tag{7}$$

式中：G ——橡胶剪切模量；

A ——铅芯橡胶隔震垫横截面积；

n ——铅芯橡胶隔震垫橡胶层数；

t_r ——单层橡胶厚度。

如图 7 所示为铅芯橡胶隔震垫往复加载力—位移滞回曲线，从图中可以看出，铅芯橡胶隔震垫在往复加载滞回性能曲线具有比较明显的双线性特性，加载循环的峰值位移较小时其屈服强度较小，但随着峰值加载位移的增加，其屈服强度比较稳定。在进行三维隔震支座初步设计阶段，铅芯橡胶垫水平力学性能可按如图 6 所示的双线性模型进行计算，屈服前初始弹性刚度可取屈服后刚度的 6～15 倍。

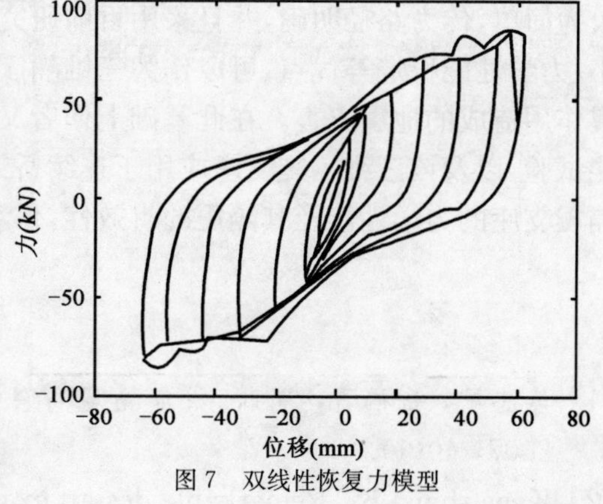

图 7　双线性恢复力模型

三维隔震支座竖向压缩性能包括菱形钢板弯曲力学性能、组合碟簧压缩性能和铅芯橡胶隔震垫压缩性能。进行设计时对非极低屈服点钢材（一般软钢如 Q235、LYP225 等）制作的菱形钢板阻尼器可采用双线性模型、组合碟簧不考虑其边缘及接触面摩擦可采用线弹性模型、铅芯橡胶隔震垫竖向压缩可采用线弹性模型，则根据三维隔震支座构造，其竖向压缩初始弹性刚度、屈服强度、钢板屈服后刚度、等效刚度和等效阻尼比分别如式(8)～式(12)所示。

支座竖向压缩初始弹性刚度：

$$K_{3D,u}=\frac{(K_{u,s}+K_{spring})\times K_{LRB,V}}{K_{u,s}+K_{spring}+K_{LRB,V}} \tag{8}$$

钢板屈服后支座竖向压缩刚度：

$$K_{3D,d}=\frac{(K_{d,s}+K_{spring})\times K_{LRB,V}}{K_{d,s}+K_{spring}+K_{LRB,V}} \tag{9}$$

支座竖向屈服强度：

$$Q_{3D,V}=P_y+(K_{LRB,V}+K_{spring})\Delta_p \tag{10}$$

支座竖向等效刚度：

$$K_{3D,eq}=K_{3D,d}+\frac{Q_{3D,V}}{\delta_{3D,V}} \tag{11}$$

支座竖向等效阻尼比：

$$\xi_{3D,eq}=\frac{2Q_{3D,V}(\delta_{3D,V}-Q_{3D,V}/K_{3D,u})}{\pi K_{3D,eq}\delta_{3D,V}^2} \tag{12}$$

式中：$K_{3D,u}$、$K_{3D,d}$——分别为三维隔震支座竖向初始弹性刚度和屈服后刚度；

$Q_{3D,V}$、$K_{3D,eq}$、$\xi_{3D,eq}$——分别为竖向屈服强度、等效刚度和等效阻尼比；

$K_{u,s}$、$K_{d,s}$——分别为菱形钢板阻尼器弹性刚度和屈服后刚度；

K_{spring}、$K_{LRB,V}$——分别为组合碟簧压缩刚度和铅芯橡胶垫竖向压缩刚度；

Δ_p、$\delta_{3D,V}$——分别为菱形钢板阻尼器塑性屈服位移和三维隔震支座竖向压缩变形。在进行三维隔震支座设计阶段，可根据实际承载能力按照此设计方法设计各主要组成部件的力学性能，进而设计各主要部件的结构尺寸，最后对支座进行构造设计。

4 结语

目前研究和应用比较成熟的隔震技术仅能实现水平隔震，但是强烈地震中的近场地震区域表现出显著的三维地震作用，但目前国内外对三维隔震装置以及技术理论的研究还处于初级阶段，远不能满足工程应用的需要。基于此，本文根据铅芯橡胶隔震垫、组合碟形弹簧和菱形钢板阻尼器各自的构造和力学性能特征，设计开发出一种新型的三维隔震支座，该支座构造较为简单，传力路径明确，并且采用目前研究和应用比较成熟的各组成部件，具有构造尺寸较小、力学性能稳定等优点，可以作为三维隔震支座应用于建筑以及桥梁工程结构以减轻三维地震作用造成的地震灾害。在此基础上作者又进行了该新型三维隔震支座的压缩和压剪力学性能试验，以及该三维隔震支座应用于连续桥梁三维隔震的振动台地震模拟试验，验证了该三维隔震支座的力学性能及其隔震的有效性，作者将另文发表。

参 考 文 献

[1] 李忠献，岳福青，周莉. 城市隔震高架桥梁地震反应的半主动控制[J]. 土木工程学报，2007，40(1).

[2] Kawashima K. Remarkable design examples of recent application of seismic isolation to

new and reconstructed viaducts in Japan [C]. 7th International Seminar on Seismic Isolation, Passive Energy Dissipation and Active Control of Vibrations of Structures, Assisi, Italy, October 2-5, 2001.

[3] Sarrazin Mauricio, Moroni Maria O, Soto Pedro, et al. Applications on seismic isolation and energy dissipation bridges in Chile and Venezuela [C]. 7th International Seminar on Seismic Isolation, Passive Energy Dissipation and Active Control of Vibrations of Structures, Assisi, Italy, October 2-5, 2001.

[4] Chang K C, Ho M C, Hwang J S, et al. Development and application of seismic isolation and Energy dissipation systems for buildings in Taiwan [J]. Journal of Architecture, Special Issue on Technology, 2007, 62.

[5] Nagarajaiah Satish, Sun Xiaohong. Response of base-isolated USC hospital building in Northridge Earthquake [J]. Journal of Structural Engineering, 2000, 126(10).

[6] Papazoglou A J, Elnashai A S. Analytical and field evidence of the damaging effect of vertical earthquake ground motion [J]. Earthquake Engineering and Structural Dynamics, 1996, 25.

[7] Wang Zifa. A preliminary report on the Great Wenchuan Earthquake [J]. Earthquake Engineering and Engineering Vibration, 2008, 7(2).

[8] 贾俊峰，欧进萍. 近断层竖向与水平向加速度反应谱比值特征[J]. 地震学报，2010，32(1).

[9] Morishita Masaki, Inoue Kazuhiko, Fujita Takafumi. Development of three-dimensional seismic isolation systems for fast reactor application [J]. Journal of Japan Association for earthquake Engineering, Special Issue, 2004, 4(3).

[10] 熊世树，陈金凤，梁波，等. 三维基础隔震结构多维地震反应的非线性分析[J]. 华中科技大学学报：自然科学版，2004，32(12).

[11] 孟庆利，林德全，张敏政. 三维隔震系统振动台实验研究[J]. 地震工程与工程振动，2007，27(3).

[12] 赵亚敏，苏经宇，周锡元，等. 碟形弹簧竖向隔震结构振动台实验及数值模拟研究[J]. 建筑结构学报，2008，29(6).

[13] 徐赵东，时本强，巫可益，等. 黏弹性多维隔减震结构竖向振动台试验与研究[J]. 中国科学 E 辑：技术科学，2009，39(10).

[14] 张英会，刘辉航，王德成. 弹簧手册[M]. 北京：机械工业出版社，1997.

[15] 中国国家标准化管理委员会. GB/T 1972—2005 碟形弹簧[S]. 2005.

[16] Tsai Keh-Chyuan, Chen Huan-Wei, Hong Ching-Ping, et al. Design of steel triangular plate energy absorbers for seismic-resistant construction [J]. Earthquake Spectra, 1993, 9(3).

120. 海南省某连续梁延性抗震设计研究

田 卿 刘 丹 戴公连

（中南大学桥梁工程系）

摘　要：本文结合海南省某特大桥的一联连续梁，建立全桥有限元梁格模型，基于弹塑性动力时程分析，探讨了桩—土—结构共同作用、地震波选取及调整、混凝土及钢筋材料性能、通过截面弯矩—曲率分析得到塑性铰滞回模型等，系统阐述了延性抗震设计方法在实际工程中的运用，以及如何选取合适的设计参数，计算过程中需要注意哪些问题，以及如何分析结构响应及评价计算结果。为类似抗震设计提供一定思路和借鉴。

关键词：延性设计　弹塑性动力时程　塑性铰　减震性能

1　概述

延性抗震设计方法自20世纪70年代首次提出以来，经历了很大发展。与强度理论不同的是，它通过结构选定部位（称为塑性铰）的塑性变形来抵抗地震作用。利用塑性铰，不仅能消耗地震能量，还能延长地震周期，从而减小地震反应。因此，延性设计的目的在于，使结构具有能够适应强震激起的反复弹塑性变形循环的滞回延性，则结构在遭遇设计预期的强震时，尽管可能损伤严重，但却能免于倒塌[1,2]。

弹塑性动力时程分析是延性设计的有力工具。目前，各国对重要、复杂、大跨的桥梁抗震计算都建议采用此法。动力时程分析从选定合适的地震动输入出发，采用有限元动力模型建立地震振动方程，然后采用逐步积分对方程进行求解，计算地震动过程中每一时刻结构的位移、速度和加速度反应，从而分析出结构在地震作用下弹性和非弹性阶段的内力、位移变化[2,4,5]。

2　结构方案介绍

拟建的海南省中线海口至屯昌高速公路的某特大桥，横跨海南第一大江，桥型布置为7×(5×30m)，全长1 150m。

大桥上部结构为先简支后连续预应力混凝土箱梁，采用部颁标准图，梁高1.6m，采用C50混凝土。大桥分左右两幅，每幅宽13m，全宽26m。每幅4片箱梁。支座采用普通圆形板式橡胶支座，每片梁体下布置一个。支座高度均为0.1m，边墩支座直径0.3m，中墩支座直径

0.4m。本文取7联中墩高最矮的一联作为算例。下部结构采用圆截面桩柱式桥墩，墩柱直径采用1.6m，桩基础直径采用1.8m，墩柱顶设盖梁，桩基础顶设横系梁。墩高见表1，桩基长均约45m。墩柱和桩基分别采用C30和C25混凝土。

桥墩高度汇总表 表1

墩台号	1号	2号	3号	4号	5号	6号
墩高(m)	8	7	7	6	5.5	5.5

本桥抗震设防类别为B类，设防烈度为8度，水平向设计基本地震动加速度峰值为0.30g，场地类别为II类，设计加速度反应谱特征周期为0.35s。

3 动力计算模型

考虑到计算成本及理论完善程度，全桥均采用梁单元建模。上部结构由分片小箱梁组成，最常用的建模方法是梁格法，每片箱梁均等效为一根单梁，现浇桥面板和横梁等效为横向联系梁即可。梁格法优点是可以考虑空间受力特性，结果准确。

两边墩受到邻跨影响，墩顶对应位置需加上邻跨支反力，及邻跨上部结构根据桥墩抗推刚度分配到本跨边墩的质量。全桥计算模型如图1所示。

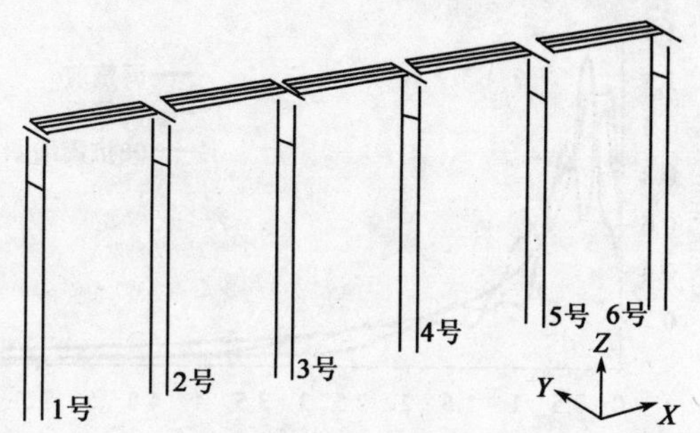

图1 全联计算模型

本桥采用板式橡胶支座。大量的实验结果表明，板式橡胶支座的滞回曲线是狭长形的，其耗能能力可以忽略不计，近似作线性处理[2]。

考虑桩—土—结构共同作用方法较多[1,6]，其中质弹阻模型（或称集中质量法）具有一定的优越性。其基本方法是将桩—地基体系按土层厚度离散成一个理想化的参数系统，用弹簧和阻尼器模拟土介质的动力性质[1,3,7]。等代土弹簧的刚度由土介质的m值计算，与静力计算略有不同的是，考虑土在动力作用下抗力有所增强，土的地基系数m应取为静力计算时m的2～3倍[3]。

本文质量模拟采用集中质量法，阻尼模拟采用Rayleigh阻尼。

4 地震波的选取和调整

4.1 地震动特性

地震动是非常复杂的，它具有很强的随机性，即使在同一地点，每一次地震也各不相同。近百年的地震研究表明：地震动的主要特性可以通过其三要素来描述，即地震动的幅值、频率和持续时间（持时）。地震波三要素计算方法可参见文献[10]。

4.2 地震波的选取

地震波3个基本特性影响因素复杂，很难总结出精确度高的通用方法确定地震波，可根据规范的设计加速度反应谱合成人工地震波，或者选用与设计地震震级、距离大体相近的实际地震动加速度记录，并进行相应调整。实录地震波调整方法可参见文献[9]。

本文首先根据特征周期与场地特征周期比较相近的原则选取3组地震波进行调整，以与

E2 地震作用下规范反应谱相适应为目标。调整前的地震波见表 2。

调整前的地震波特性 表 2

地震波记录	地震加速度峰值	有效峰值加速度	有效峰值速度	特征周期	持续时间	设计加速度峰值(g)	场地特征周期(s)
	PGA(g)	*EPA*(g)	*EPV*(m/s)	T_g(s)	T_d(s)		
1940，El Centro Site，270 Deg	0.357	0.29	0.239	0.529	53.72	0.51	0.35
1971，San Fernando，159 Deg	0.271	0.218	0.158	0.467	61.88	0.51	0.35
1971，San Fernando，69 Deg	0.315	0.263	0.094	0.229	61.84	0.51	0.35

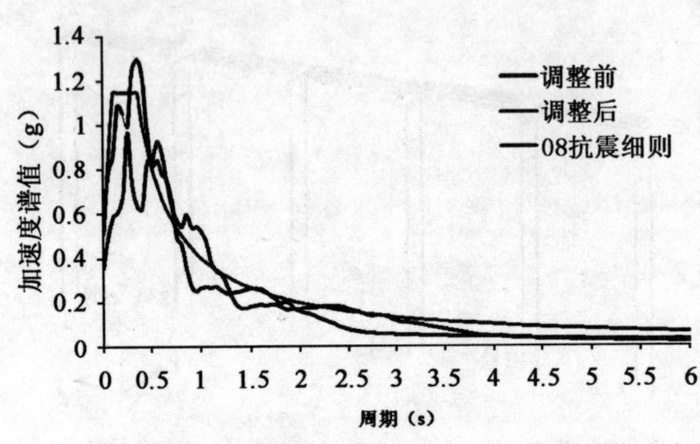

图 2 1940，El Centro Site，270 Deg 调整前后加速度反应谱曲线

调整后的地震波保证有效峰值加速度 EPA 和特征周期与 E2 地震作用下规范反应谱相同。例如 1940，EI Centro Site，270 Deg 波调整前后加速度反应谱曲线如图 2 所示。

判定地震波选取是否合适，《公路桥梁抗震设计细则》(以下简称《抗震细则》)给出的指标是线性时程法的计算结果不小于反应谱计算结果的 80%，其中线性时程法结果取 3 组结果中较大值。表 3 给出时程分析与反应谱法计算墩底弯矩的结果对比。

线性时程和反应谱法计算墩底弯矩结果之比 表 3

地震波	1 号	2 号	3 号	4 号	5 号	6 号
1	82.60%	84.30%	83.50%	110.70%	130.00%	76.00%
2	75.70%	71.70%	65.90%	68.70%	74.00%	134.30%
3	69.60%	84.20%	87.50%	83.80%	70.40%	74.90%
取用值	82.6%	84.3%	87.5%	110.7%	130.0%	134.3%

注：地震波 1、2、3 与表 2 地震波顺序对应，下同。

可见，选取地震波得到的时程分析结果均大于反应谱结果的 80%，甚至可能比反应谱计算结果稍大。此外，需要注意的是，由于调整后的地震波频谱特性不尽相同，地震反应也反差很大，在各地震波作用下，各墩内力的大小规律并不一致，一个桥墩内力在某一地震波作用下可能是最小的，但在另一地震波作用下可能是最大的。因此，取 3 组地震波计算结果中的最大值是比较合适的。

5 抗震设计中的材料性能

5.1 混凝土应力—应变关系

混凝土的应力—应变关系，需要针对无约束混凝土和约束混凝土分别进行考虑。

混凝土(尤其是约束混凝土)性能的研究已有 100 多年的历史，国内外都提出过很多能够反映箍筋约束效果的模型，目前得到最广泛认可的是 1988 年 Mander 等提出的应力—应变曲线(参见图 3),这一曲线适用于任何截面形状和约束水平[1,8]。

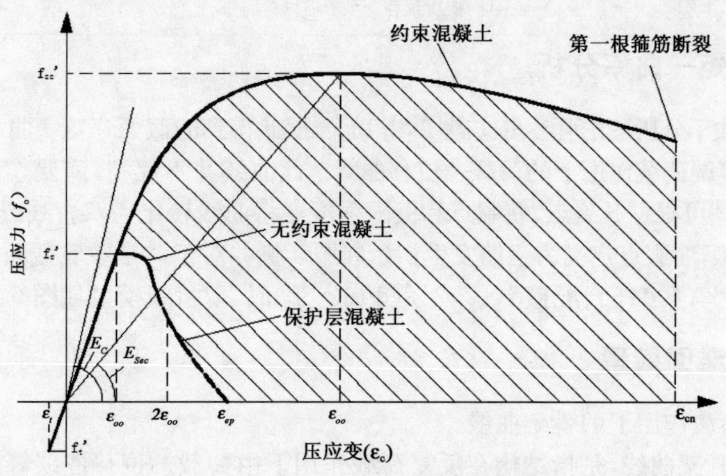

图 3 Mander 等建议的混凝土应力—应变关系

Mander 模型各参数计算公式可参见文献[1]。对于 C30,本文取无约束混凝土峰值应力为 30×0.85=25.5MPa:,相应于峰值应力时应应变为 0.002,极限应变为 0.004,其应力—应变关系如图 4a)所示。根据箍筋约束情况,可得到配箍率 0.63%时约束混凝土的应力—应变关系如图 4b)。均不考虑混凝土抗拉性能。

5.2 钢筋应力—应变关系

一般热轧钢筋属于有明显屈服点的钢筋,其理想化的钢筋应力—应变模型有很多,本文采用考虑硬化阶段的三折线模型[11]。例如对于本桥采用的 HRB335 普通钢筋,其屈服强度和极限强度,根据我国《钢筋混凝土用钢第 2 部分:热轧带肋钢筋》分别取为 335MPa 和 455MPa。弹性模量取为 2×10^5MPa。硬化应变和极限应变在没有实测数据的情况下,一般取为 0.01 和 0.15。钢筋应力-应变关系如图 5 所示。

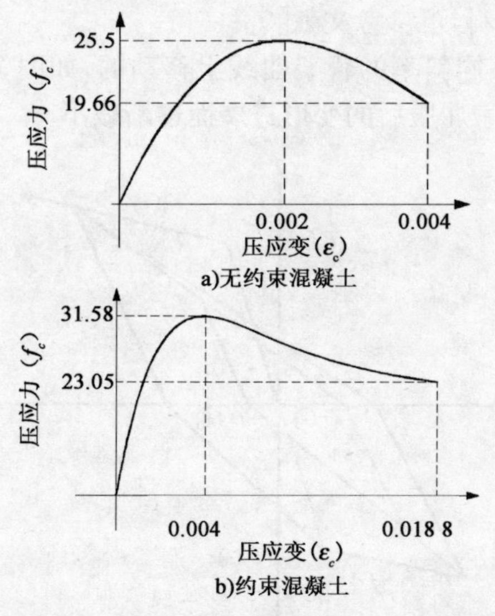

图 4 混凝土应力——应变关系曲线(应力单位:MPa)

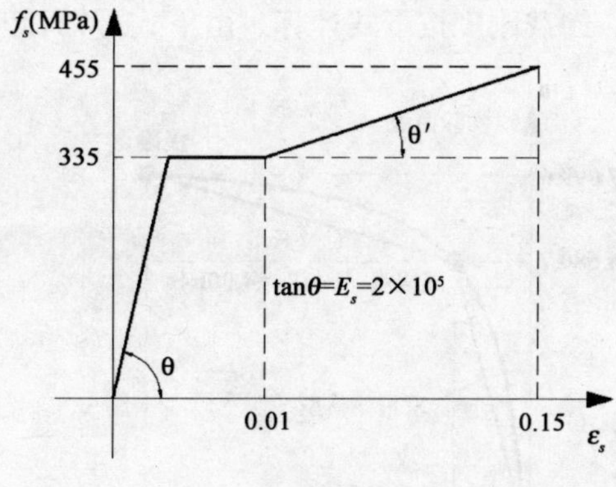

图 5 钢筋应力—应变关系曲线(应力单位:MPa)

需要说明的是，三折线模型中：

$$\tan\theta = E'_s = 0.01E_s。$$

6　截面弯矩—曲率分析

截面弯矩—曲率分析理论可参见文献[1,2,10]。据此得到的截面弯矩—曲率关系曲线，也即塑性铰区截面在单调荷载作用下的荷载—位移曲线。此曲线并不规则，需要作适当简化以便用于计算。简化原则可根据开裂点、屈服点和极限强度点将曲线转化为双直线或三直线模型。本文采用双折线模型，屈服点定义为钢筋发生初始屈服。例如对于 3 号墩底截面，轴压比 13.8%、纵筋配筋率 0.98%(40Φ25)、配箍率 0.63%(Φ16@80)时，双折线模型如图 6 所示。

7　塑性铰滞回模型

7.1　反复荷载作用下的骨架曲线

滞回曲线的骨架曲线，是指结构在反复荷载作用下由荷载—位移曲线峰值连接而成的包络曲线，它是规定结构履历变形规律的重要依据。根据大多数试验结果，一般认为反复荷载下的变形轮廓线与单调荷载下的荷载—位移曲线基本一致，也就是说，前面弯矩—曲率分析得到的曲线，可直接作为塑性铰滞回模型的骨架曲线[9]。

当考虑轴力变化对弯矩屈服点的影响时，需要利用屈服面特性，一般采用 Bresler 建议的形式[3,10]，这种形式已被许多国家规范采用。需要说明的是，屈服面虽然比屈服点概念复杂，但计算原理与屈服点相同，仍采用截面弯矩—曲率分析方法，只需求出多组轴力—弯矩相关屈服点，通过拟合即可得到屈服面各参数。

7.2　双折线滞回模型

钢筋混凝土结构滞回模型的一个显著特点，是卸载后刚度低于初始刚度，即所谓刚度退化，且刚度变形与循环荷载的履历有关。考虑刚度退化的模型通常采用双折线或三折线模型，这样其骨架曲线根据前面内容就可确定下来[9]。本文采用双折线计算模型。

双折线模型中，典型的是 Clough 和 Takeda 模型，两者区别在于刚度退化时变形规则不一样，本文采用 Clough 模型。有关 Takeda 模型的资料，可参考文献[9]。

Clough 模型中，初期加载时的效应点是在 2 条不同斜率的骨架曲线上移动的，如图 7 所示。卸载刚度按下式计算。由下式可知，卸载刚度随着屈服后的变形进展而逐渐减小。

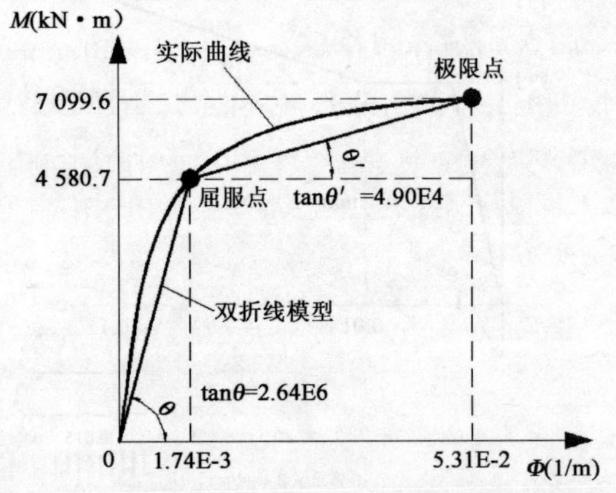

图 6　塑性铰截面双折线模型示例

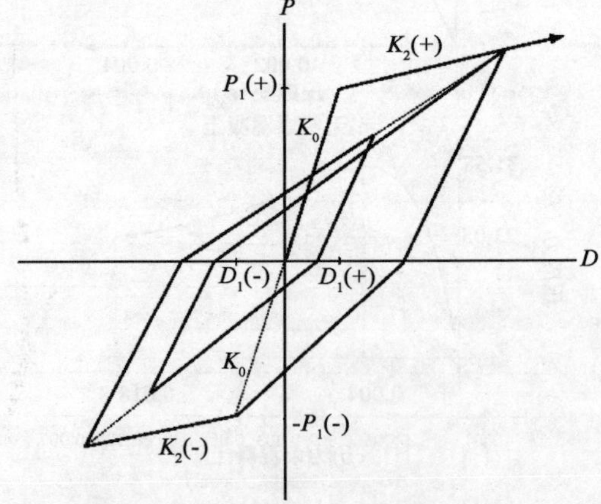

图 7　Clough 模型的滞回曲线

$$K_R = K_0 \left| \frac{D_y}{D_m} \right|^{\beta} \leqslant K_0$$

式中：K_R——卸载刚度；

K_0——弹性刚度；

D_y——卸载开始时相应区域的屈服变形；

D_m——卸载开始时相应区域的最大变形，对于还未发生屈服的区域取屈服时的变形；

β——确定卸载刚度的经验系数，一般取－0.4。

8 结构性能分析

8.1 结构内力响应分析

限于篇幅，本文分析顺桥向地震作用下结构性能。在试算确定了墩柱钢筋合理配置的基础上（配筋率 0.98%、配箍率 0.63%），沿顺桥向输入地震波，弹塑性时程相对于线性时程分析对墩底弯矩的折减程度见表 4。

弹塑性时程相对于线性时程分析对墩底弯矩的折减程度 表 4

地 震 波	1 号	2 号	3 号	4 号	5 号	6 号
1	40.2%	31.7%	35.1%	52.1%	51.3%	33.6%
2	39.5%	29.0%	27.5%	27.9%	26.4%	63.5%
3	35.3%	39.7%	45.4%	40.5%	22.1%	38.6%

表 4 显示，地震波 1、2、3 作用下，考虑塑性铰延性后，对于墩底弯矩，分别可平均折减 40.7%、35.6%、36.9%。可见，当地震波特性不同时，塑性铰耗能对弯矩折减程度比较稳定。而且，即使折减程度并不一定，但始终存在一个重要的规律：塑性铰可以调整结构内力分布，使各墩原本差别较大的内力变得均匀。其根本原因在于塑性铰屈服后位移显著增大的同时，荷载增加缓慢，使其余未屈服的桥墩分担了荷载。例如对于地震波 1、2、3，线性时程分别得到各墩底弯矩与平均值最大相差 28.4%、69.4%、11.9%，而弹塑性时程得到的墩底弯矩与平均值最大相差 7.5%、4.6%、4.9%，可见塑性铰的调节作用很显著。

8.2 塑性铰滞回特性

荷载—位移履历曲线外轮廓围成一定的面积，体现了塑性铰的耗能能力，面积越大，吸收能力越多。典型墩底弯矩—转角滞回曲线如图 8 所示。

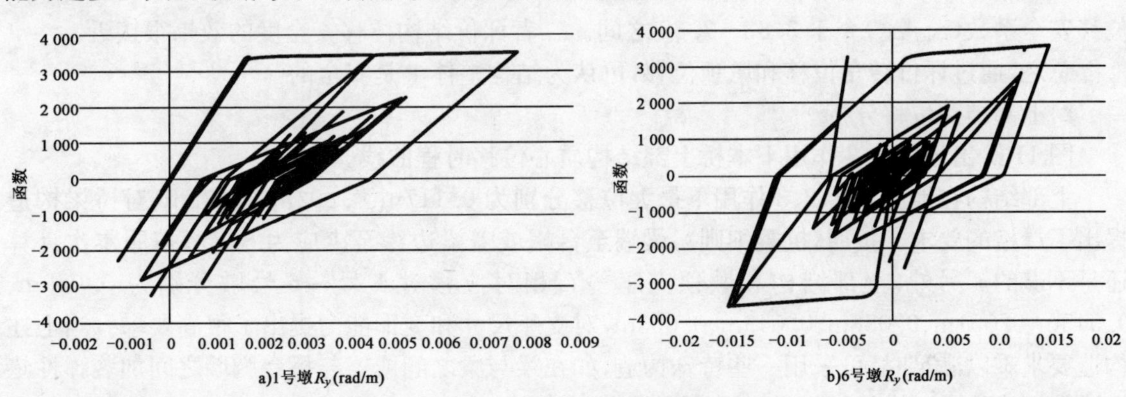

图 8 地震波 1 作用下典型塑性铰滞回曲线

但是，上述荷载—位移曲线不能直接反映结构是否发生塑性破坏，塑性铰变形是否超过其延性能力还需另行判断，例如可通过比较塑性铰区截面在地震作用下最大曲率延性需求与截面固有曲率延性能力得到。对于本例，各墩底塑性铰延性能力与需求汇总见表5。

本桥延性能力与需求对比 表5

计算情况	计算项目	1号	2号	3号	4号	5号	6号
截面固有特性	极限曲率/屈服曲率	20.64	20.26	20.76	20.58	20.34	20.54
地震波1作用	最大曲率/屈服曲率	3.03	2.97	4.15	4.67	5.19	4.45
地震波2作用	最大曲率/屈服曲率	4.43	2.64	2.49	3.18	3.98	6.04
地震波3作用	最大曲率/屈服曲率	2.12	4.81	4.11	5.02	2.01	5.17

上表显示，地震作用下塑性铰并未破坏，并具备足够安全度。同时，安全系数变化很大，说明时程分析结果很大程度依赖地震波选取，随机性很大。

8.3 结构位移响应分析

1)桥墩位移安全系数

考察塑性铰曲率容易得到结构延性能力是否满足需求，但一般规范也给出了严格的位移限值。图9及图10分别给出本桥塑性铰区转角时程曲线及墩顶位移时程曲线。限于篇幅，仅给出地震波2作用下3号墩结果。

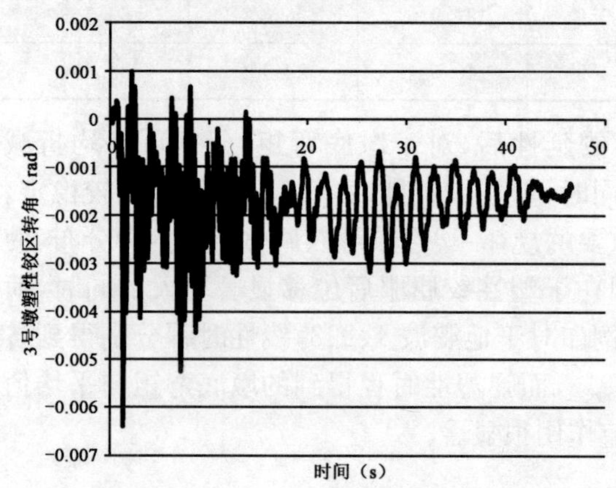

图9 地震波2作用下3号墩塑性铰区转角位移时程

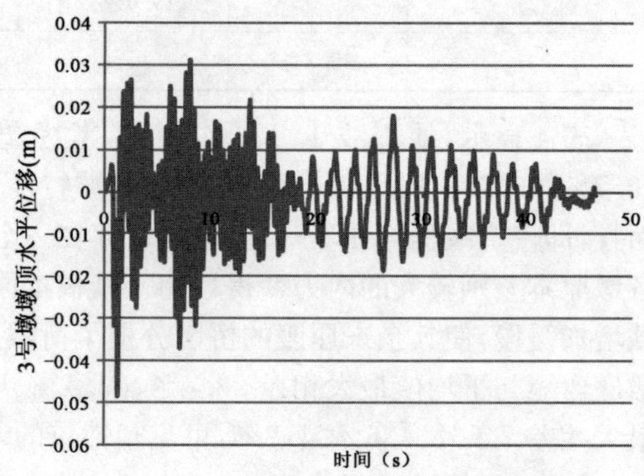

图10 地震波2作用下3号墩墩顶水平位移时程

根据《抗震细则》，塑性铰区转角位移安全系数(θ_u/θ_p)介于5.25～14.88之间，墩顶水平位移安全系数(Δ_u/Δ_u)介于3.68～7.58之间。二者评价结构位移安全度的效果很接近。

总之，通过评价转角位移和墩顶位移，可认为结构整体上是安全的。

2)上部结构位移分析

图11给出地震波3作用下本桥上部结构质心位移时程曲线。

上部结构在地震波1、2、3作用下最大位移分别为0.117m、0.092m、0.075m，对桥梁构造提出了严格的要求。按照《抗震细则》，梁端至台帽或盖梁边缘至少应为85cm，按照本次计算还是不够的。另外，上部结构和墩顶支座垫石相对位移对1号～6号墩分别为0.059m、0.045m、0.051m、0.058m、0.049m、0.063m，对支座尺寸和变形能力提出了很高要求。当上述构造要求难以满足时，可采用一些特殊构造，如在梁与梁之间或梁与桥台胸墙之间加装弹性垫块或拉杆式约束，并设置防撞挡块等[1,2]。

3)结构残余变形分析

从结构的位移变化趋势不难发现，最终质点振动的平衡位置将偏离坐标轴，即产生了残余变形，表明塑性变形使得结构卸载后不能恢复到原始状态。图 12 给出了典型残余变形的示意图。

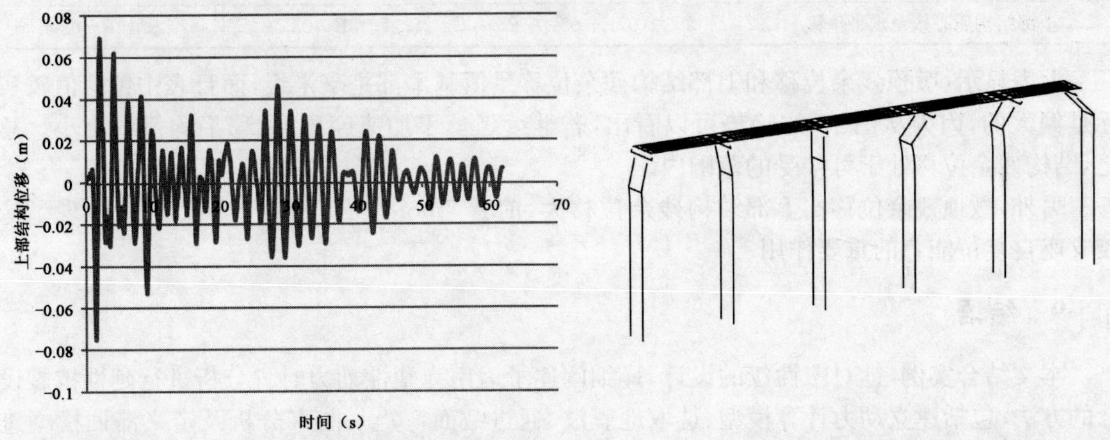

图 11　地震波 3 作用下上部结构质心水平位移时程　　　图 12　地震作用后结构残余变形示意图

产生残余变形是延性设计的一个主要缺陷，其大小对结构的震后修复有很大影响，虽然规范一般不作要求，但还是值得关注，而非线性反应谱法则无法给出结构的残余变形结果。另外，为了能从时程曲线中读取有效的残余变形，一般应在地震波数据最后添加一定长度的零加速度，从地震以后结构衰减自由振动响应的平均偏移值来评价残余变形[9]。例如，地震波 3 结束后 10s 内，典型墩顶位移及上部结构质心位移如图 13 所示。

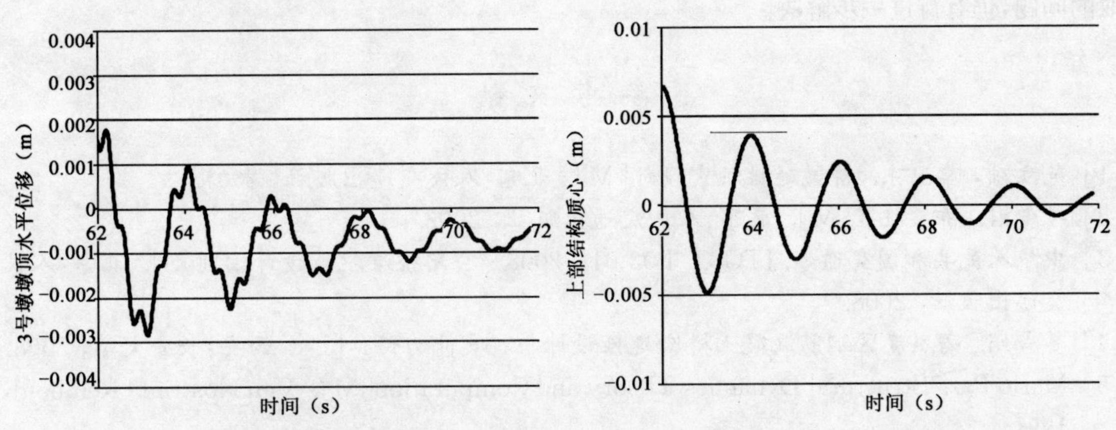

图 13　地震波 3 作用下结构残余位移时程曲线

表 6 给出墩顶残余水平位移。

各墩顶残余水平位移（单位：m）　　　表 6

桥墩号	1号	2号	3号	4号	5号	6号
地震波 1	1.24E−03	4.31E−03	4.92E−03	3.56E−03	2.96E−03	2.25E−03
地震波 2	6.96E−03	3.49E−03	3.67E−03	4.07E−03	1.63E−03	4.62E−03
地震波 3	2.20E−03	1.50E−03	2.40E−03	3.50E−03	3.79E−03	4.35E−04
最大值	6.96E−03	4.31E−03	4.92E−03	4.07E−03	3.79E−03	4.62E−03

表7分别给出上部结构质心残余水平位移。

上部结构质心残余水平位移(单位:m)　　表7

计算情况	地震波1作用	地震波2作用	地震波3作用
上部结构质心残余水平位移	2.97E−03	−1.43E−03	5.16E−03

上表显示,墩顶残余位移和上部结构残余位移量值基本都是毫米级,而且表中位移值较实际是偏大的,因为从图13的趋势可以看出,若继续延长零加速度段,位移平均值将更小。总之,结构残余位移处于可接受的范围内。

另外,墩顶残余位移比上部结构残余位移大,前者7mm左右,后者5mm左右,体现了橡胶支座自复位能力的重要作用。

9　结语

本文结合实例,针对塑性铰的设计,详细阐述了运用弹塑性动力时程分析进行延性抗震设计的方法,包括建立动力计算模型、选取地震波、通过截面弯矩—曲率分析及定义滞回模型进行塑性铰模拟等。同时,分析了塑性铰的耗能性能,及其对结构的有利影响:塑性铰屈服后可以调整结构内力分布,使各延性桥墩内力趋于均匀。此外,总结了结构内力及位移响应安全度的评价方法,并与弹性时程分析比较,说明了考虑结构延性对计算结果的影响。最后介绍了结构残余变形的计算方法。

总之,弹塑性动力时程分析可以精确考虑地基与结构相互作用,结构各种非线性问题等,且结果直观,能清楚的反映结构地震动力破坏机理。然而,其分析结果很大程度依赖地震波选取的问题,仍有待进一步解决。

参考文献

[1] 范立础,卓卫东. 桥梁延性抗震设计[M]. 北京:人民交通出版社,2001.
[2] 叶爱君. 桥梁抗震[M]. 北京:人民交通出版社,2002.
[3] 中华人民共和国交通部. JTG/T B02-01—2008　公路桥梁抗震设计细则[S]. 北京:人民交通出版社,2008.
[4] 姜秀娟. 高烈度区钢筋混凝土桥墩延性设计与抗震能力评估[D]. 西安:长安大学,2008.
[5] Mario Paz. Structural Dynamics Theory and Computation[M]. Van Nostrand Reinhold, 1991.
[6] R W Clough, J Penziem. Dynamics of Structures[M]. Graw Hill Inc. ,1993.
[7] J P 瓦尔夫(瑞士). 土—结构动力相互作用[M]. 北京:地震出版社,1992.
[8] 周文峰,黄宗明,白绍良. 约束混凝土几种有代表性应力—应变模型及其比较[J]. 重庆建筑大学学报,2003,25(4):121-127.
[9] 谢旭. 桥梁结构地震响应分析与抗震设计[M]. 北京:人民交通出版社,2006.
[10] 范立础,胡世德,叶爱君. 大跨度桥梁抗震设计[M]. 北京:人民交通出版社,2001.
[11] 张树仁,等. 钢筋混凝土及预应力混凝土桥梁结构设计原理[M]. 北京:人民交通出版社,2004.

121. 非线性行为对大跨度斜拉桥地震反应影响研究

李海波　梅　宇

（中国市政工程中南设计研究总院）

摘　要：对于大多数斜拉桥，几何非线性行为在结构受力分析中不容忽视。充分考虑斜拉桥的几何非线性，对地震作用下桥梁结构的损伤判断具有重要意义。本文对某大跨度斜拉式钢桁梁桥进行三维抗震分析，主要从结构的几何非线性行为出发，研究几何非线性对大跨度斜拉式钢桁梁桥地震反应的影响，并阐述了斜拉桥非线性抗震分析方法，及非线性时程分析对斜拉桥抗震分析的重要性。

关键词：大跨度斜拉桥　非线性行为　时程分析

1　非线性有限元理论

大跨度斜拉式钢桁梁桥的斜拉体系是具有高度几何非线性的结构，对于其在动力荷载作用下的几何非线性行为应给予充分的重视。

斜拉桥几何非线性主要来自以下三个方面[1]：

(1) 斜拉索的垂度：斜拉索在自重和施加的外部张力共同作用下，呈悬链线形状，其轴向刚度与垂度有关，这导致索的张力与索的变形存在非线性的关系。通常采用等效弹性模量法模拟斜拉索的非线性。

(2)梁—柱效应：在斜拉桥中，由于斜拉索的作用，主梁和桥塔要同时承受弯矩和轴力的作用，这样就会产生塔梁单元轴向刚度和弯曲刚度的耦合作用，即梁－柱效应。一般采用引入几何刚度矩阵来模拟梁—柱效应。

(3)大变形效应：即结构大位移引起的非线性。斜拉桥结构在地震作用下，一些部位会产生较大的位移，这种位移相对于几何尺寸已经不可忽略。这样结构分析的平衡方程需要依据变形后结构的几何位置来建立，结构的刚度矩阵成为几何变形的函数，荷载与变形呈现非线性，大变形同时产生附加内力，这就是大变形效应。考虑大位移对刚度影响的最有效方法是拖动坐标法。实际上，大跨度桥梁由于地震引起的位移是否需要考虑，需要经过建模对比分析后确定。

2　工程概况

本文以某座大跨斜拉式钢桁梁桥为例，使用大型通用有限元软件 MIDAS/Civil 建模计算。该桥为双塔三索面三主桁斜拉桥，主桥桥式布置为 98m＋196m＋504m＋196m＋98m，结构布置如图 1 所示，动力有限元模型如图 2 所示。

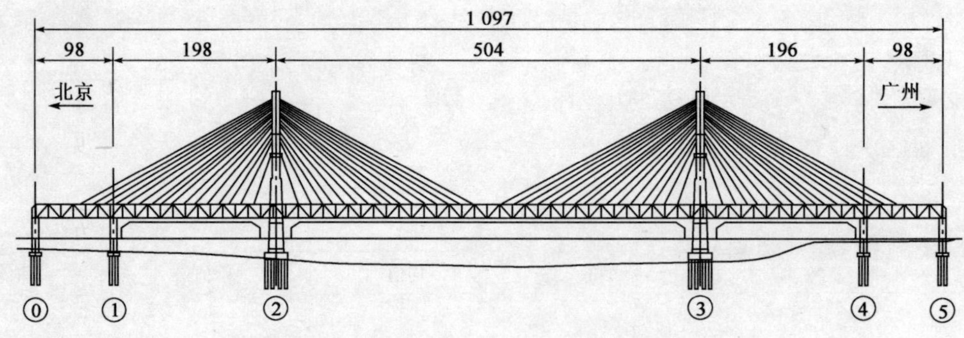

图 1　结构布置(尺寸单位:m)

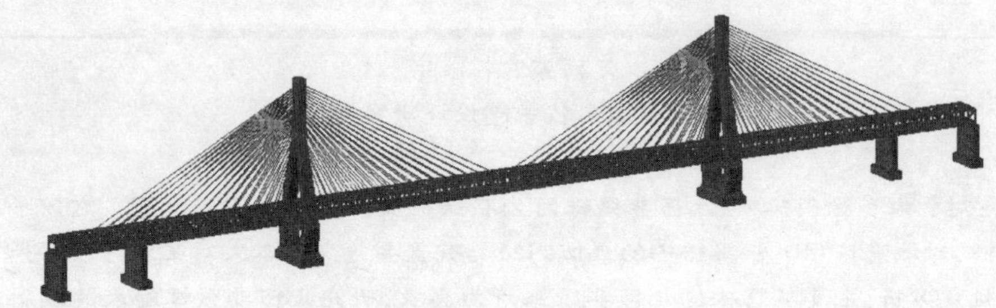

图 2　结构动力有限元模型

3　非线性时程分析方法

在对结构进行线性分析时，以结构微小变形为基础。当结构产生较大的几何变形，位移－应变关系呈非线性关系，此时微小变形分析中忽略的位移－变形的高阶项应该包含到分析中来，这就是几何非线性[2]。几何非线性与材料的性质无关，随着结构的形状变化而发生，因此，当结构发生大位移或产生附加荷载时，应该考虑几何非线性[3]，如图 3 和图 4 所示。本章有限元分析中，通过修改弹性模量来考虑缆索的垂度效应，选择非线性时程分析——直接积分法来考虑大变形效应，并比较分析大变形对结构的影响。

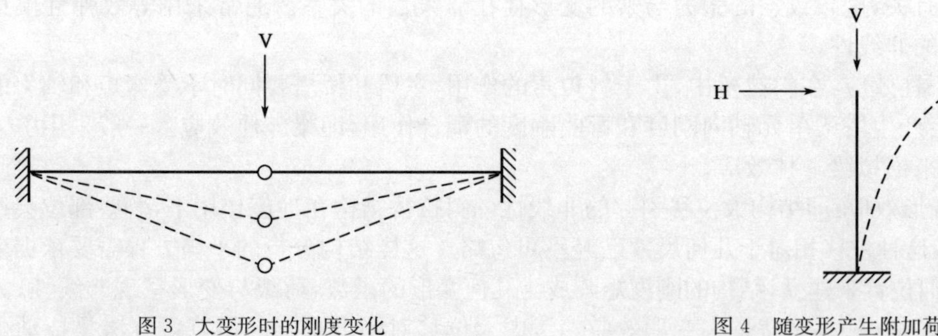

图 3　大变形时的刚度变化　　　　图 4　随变形产生附加荷载

4　结果分析

4.1　主缆内力

全桥一共配置缆索 192 根，2 号桥塔和 3 号桥塔处各配置 96 根，对称布置。其中各桥塔处的缆索分三面布置，分别与三片主桁相连。由对称关系知，两边主桁的缆索受力和位移也对称，可只考虑其一。因此需要分析的缆索分以下四种：2 号塔左侧边缆、2 号塔左侧中缆、2 号塔右侧边缆及 2 号塔右侧中缆，为分析时方便对应，分别简称左一边缆、左一中缆、右一边缆及右一中缆。

考虑缆索垂度、节点大位移等几何非线性因素[4]，对结构进行非线性时程分析，并和线性时程分析的结果进行比较。各缆索在 E1 地震波三维一致输入下的内力最大值见表 1。

缆索内力最大值　表 1

缆索位置	单元编号	非线性时程内力(kN)		线性时程内力(kN)	
		单值	均值	单值	均值
左-边缆	6592	5 756	3 640	6 011	3 841
	6593	5 522		5 722	
	6594	5 399		5 586	
	6595	5 307		5 299	
	6596	4 978		5 173	
	6597	4 513		4 702	
	6598	4 088		4 315	
	6599	3 714		3 929	
	6600	3 448		3 629	
	6601	3 208		3 462	
	6602	2 981		3 203	
	6603	2 778		2 988	
	6604	2 464		2 725	
	6605	1 967		2 198	
	6740	1 416		1 616	
	6741	693		901	
左-中缆	6578	3 249	2 460	3 476	2 682
	6579	3 141		3 363	
	6580	3 069		3 292	
	6581	3 015		3 142	
	6582	2 838		3 065	
	6583	2 641		2 868	
	6584	2 392		2 614	
	6585	2 294		2 521	
	6586	2 258		2 485	
	6587	2 354		2 581	
	6588	2 593		2 836	
	6589	2 765		2 992	
	6590	2 395		2 651	
	6591	2 029		2 256	
	6738	1 484		1 711	
	6739	839		1 066	

续上表

缆索位置	单元编号	非线性时程内力(kN)		线性时程内力(kN)	
		单值	均值	单值	均值
右-边缆	6634	4 743	3 879	4 969	4 099
	6635	4 825		5 052	
	6636	4 823		5 049	
	6637	4 660		4 887	
	6638	4 415		4 542	
	6639	4 392		4 619	
	6640	4 440		4 681	
	6641	4 498		4 725	
	6642	4 505		4 732	
	6643	4 415		4 640	
	6644	4 169		4 396	
	6645	3 770		3 993	
	6646	3 179		3 406	
	6647	2 492		2 712	
	6744	1 750		1 975	
	6747	984		1 211	
右-中缆	6620	2 673	2 571	2 911	2 801
	6621	2 723		2 948	
	6622	2 673		2 900	
	6623	2 537		2 764	
	6624	2 320		2 544	
	6625	2 420		2 647	
	6626	2 610		2 846	
	6627	2 743		2 970	
	6628	2 880		3 115	
	6629	3 159		3 386	
	6630	3 303		3 536	
	6631	2 998		3 225	
	6632	2 607		2 837	
	6633	2 197		2 428	
	6743	1 543		1 765	
	6746	1 750		1 987	

从上表中数据可以得出以下结论：

(1)除了少数索单元之外，大部分索单元在线性时程分析的内力要略大于非线性时程分析的内力，这说明非线性时程分析对索单元内力有利。

(2)四个位置处的缆索，其内力都呈现一个规律，即缆索内力与其自身长度成正比。长度较长，锚固点位移主塔较高位置处的缆索在地震作用下的轴力较大，在设计中应予以重视。

(3)不同位置处的缆索内力分布呈现这样的规律：中跨的缆索内力大于边跨的缆索内力；同一跨上，边桁缆索内力大于中桁缆索内力。其中单元 6592 轴力最大，最大值达到 5 756kN。

4.2 主塔内力及位移

对于主塔的抗震分析，除了分析塔梁结构的塔顶节点位移、塔底内力外，还应重点分析塔梁结构变截面处以及连接复杂处，如图 5 所示，塔梁单元 1896，此处单元截面发生变化，并且单元两端与缆索相连，此处受力较复杂，容易导致应力集中，对于这样的关键部位应重点分析。

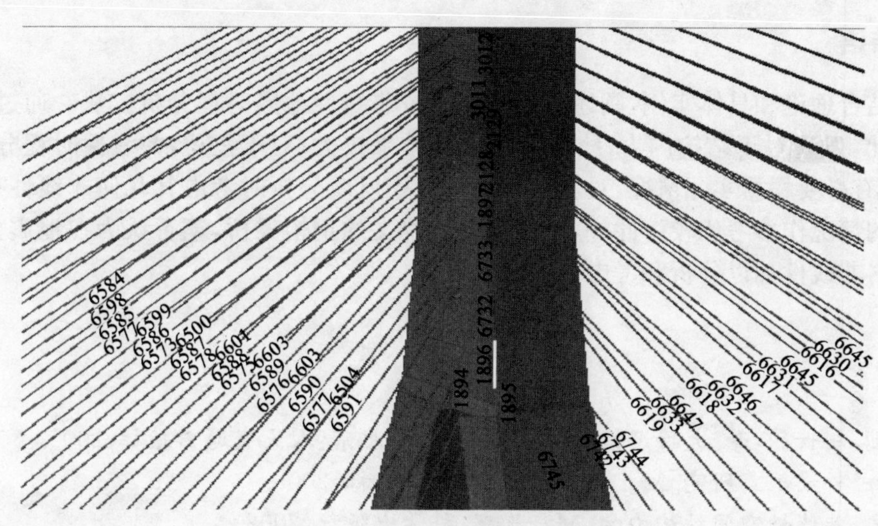

图 5　塔梁单元 1896 局部构造图

选取与缆索有锚固连接的塔梁单元分析，其在 E1 地震线性时程和非线性时程分析下的内力最大值见表 2。

部分塔梁单元内力　　表 2

单元号	剪力(kN)		弯矩(kN·m)	
	非线性	线性	非线性	线性
1896	38 731	38 964	1 660 390	1 670 381
6732	36 557	36 796	−1 436 744	−1 446 132
6733	34 011	34 245	−1 223 697	−1 232 118
1897	31 442	31 672	−924 604	−931 368
2128	−29 642	−29 881	−767 736	−773 922
2129	−27 975	−28 215	−619 525	−624 843
2130	−26 542	−26 782	−535 599	−540 446
2131	−24 962	−25 202	−455 974	−460 359
2132	−23 231	−23 473	−381 087	−385 062
2133	−21 340	−21 579	−311 395	−314 887
2134	−19 282	−19 514	−247 378	−250 358

主塔塔顶节点在E1地震线性时程和非线性时程分析下的最大位移见表3。

线性时程与非线性时程下塔底节点最大位移　　表3

工　况	塔底节点2 078位移(cm)		
	纵向	横向	竖向
线性时程	9.87	15.04	0.22
非线性时程	10.66	16.45	0.27

从表2和表3中的数据可以看出:考虑几何非线性后,部分塔梁单元的内力有所减少,这可能是由于考虑非线性后单元刚度降低的缘故;而塔顶节点在各个方向的位移均变大,地震位移对于结构的抗震性能至关重要,这说明对于斜拉桥不能忽视几何非线性的影响[5]。

5　结语

本文结合理论和具体实例,阐述了大跨斜拉桥非线性地震时程分析方法。通过与线性时程分析对比,发现对于结构内力,线性时程分析结果较大;对于位移,非线性时程分析结果较大,这说明有必要根据实际情况,对斜拉桥进行地震反应分析时考虑其几何非线性行为,并与线性分析的情况作参考比较。此外,对于类似于本文的钢桁梁桥,笔者认为在地震分析中,还应对其材料非线性加以分析和考虑。

参考文献

[1] 范立础,胡世德,等.大跨度桥梁抗震设计[M].北京:人民交通出版社,2001.
[2] 王克海.桥梁抗震研究[M].北京:中国铁道出版社,2006.
[3] 贾乃文.非线性空间结构力学[M].北京:科学出版社,2002.
[4] 杨其伟,屈铁军.地震地面运动时连续梁的行进波反应[J].特种结构,2003,20(2).
[5] 梅宇.基于非线性行为的大跨斜拉式钢桁梁桥地震反应分析[D].武汉理工大学硕士学位论文,2010.

122. 波纹钢腹板矮塔斜拉桥地震响应特性研究

李建凤[1]　朱劲松[1,2]

(1. 天津大学建筑工程学院；2. 滨海土木工程结构与安全教育部重点实验室(天津大学))

摘　要：波纹钢腹板矮塔斜拉桥是"矮塔斜拉桥"和"波纹钢腹板预应力混凝土箱梁桥"的结合。继世界上两座波纹钢腹板矮塔斜拉桥(日本栗东桥和日见桥)建成以来，该桥型得到了工程界的广泛关注。但目前对该桥型的研究较少，存在较多未解决的问题，如索力在主梁中的分配规律、结构静力计算的简化计算方法、索梁锚固区构造以及地震响应特性等。本文以某预应力混凝土矮塔斜拉桥为背景，用波纹钢腹板代替原桥混凝土腹板重新设计，选取主梁高跨比、主塔高跨比及拉索间距三个设计参数进行反应谱分析，获得不同参数变化对桥梁地震响应特性的影响规律，并与原桥的地震响应特性进行比较，为波纹钢腹板矮塔斜拉桥的抗震设计与分析提供参考。

关键词：波纹钢腹板　矮塔斜拉桥　地震作用　反应谱分析

1　引言

矮塔斜拉桥是介于连续梁桥与斜拉桥之间的一种新桥型，填补了刚性桥与柔性桥之间的空白，为桥梁结构的发展提供了更广阔的空间。该桥型的设计思想在 20 世纪 80 年代由法国学者 Mathivat 提出，首先在日本得以实现，并将该桥型推广到了周边地区。该桥型结构性能优越，经济指标良好，得到了国内外工程界的广泛认可与关注[1]。波纹钢腹板结构的设计思想于 20 世纪 80 年代由法国工程师提出，用波纹钢腹板代替混凝土腹板，可以有效减轻结构自重，解决混凝土腹板的开裂问题，提高结构耐久性。波纹钢腹板的波折效应，可以有效提高预应力效率，使其发挥最大作用。因此波纹钢腹板箱梁桥在法国及日本得到了较快发展，同时各国学者对其静动力等性能[2]进行了相关研究。该桥型在国内也初现发展应用前景，较多学者对这一新型结构展开了研究[3-7]，但已建或在建的桥梁较少，有待进一步的研究。

波纹钢腹板矮塔斜拉桥是"矮塔斜拉桥"和"波纹钢腹板预应力混凝土箱梁桥"的完美结合，在日本得以实现。继日本两座波纹钢腹板矮塔斜拉桥——日见桥和栗东桥建成以来，该桥型得到了工程界的广泛关注。用波纹钢腹板代替矮塔斜拉桥的混凝土腹板，可以减轻主梁自重，增大跨径，减小地震作用的影响；也有利于施工的合理化和工期的缩短，降低施工成本；波形钢腹板具有良好的折叠性，使施加在主梁上的预应力更有效地作用在箱梁的顶底板，不被腹板吸收，使预应力能发挥其最大的作用，而且这种折叠性使得腹板抗局部屈曲的能力有了很大的提高[8]。然而，目前国内外对波纹钢腹板矮塔斜拉桥的系统研究较少，存在较多未解决的问题，如索力在主梁中的分配规律、结构静力分析的简化方法、索梁锚固区构造以及地震响应特性等。

本文以某预应力混凝土矮塔斜拉桥为背景，用波纹钢腹板代替原桥混凝土腹板重新设计，选取主梁高跨比、主塔高跨比及拉索间距三个设计参数进行反应谱分析，获得不同参数对桥梁地震响应特性的影响规律，并与原桥的地震响应特性进行比较，为波纹钢腹板矮塔斜拉桥的抗震设计与分析提供参考。

2 对比设计

2.1 工程背景

本文以某三跨连续四索面预应力混凝土矮塔斜拉桥为工程背景，该桥结构体系为塔梁固结体系，跨径组合为85m＋145m＋85m，主梁总宽43m，上下行分幅设计。单幅桥箱梁为单箱四室截面，梁高为3.0～5.0m（桥塔布局范围5.0m、其余3.0m，中间设置折线形过渡段），主塔高20m，其立面布置图如图1所示，截面尺寸如图2a）所示，截面特性见表1。

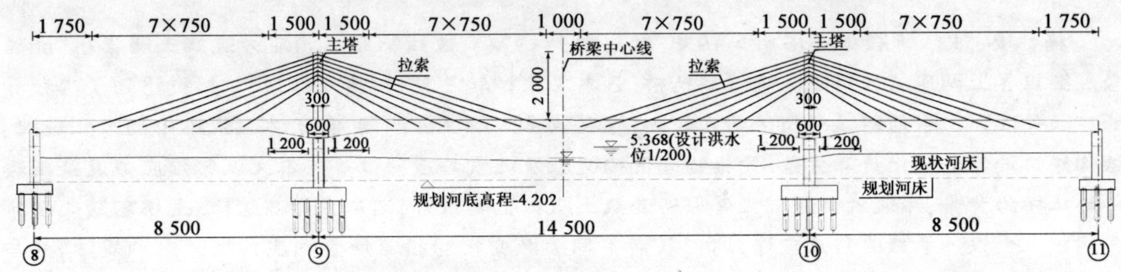

图1 某预应力混凝土矮塔斜拉桥立面布置图（尺寸单位：cm）

截面特性对比表 表1

截面特性	桥墩根部截面		跨中截面	
	原桥	基准桥	原桥	基准桥
$A(m^2)$	29.21	19.75	20.90	16.91
$I_Y(m^4)$	104.65	97.56	26.96	37.73
$I_Z(m^4)$	1 056.73	734.75	756.79	653.02

2.2 波纹钢腹板矮塔斜拉桥对比设计

波纹钢腹板矮塔斜拉桥的设计方案是在原预应力混凝土矮塔斜拉桥的基础上，用12mm厚的1200型波纹钢腹板代替混凝土腹板。设计基准桥仍采用塔梁固结体系，跨中梁高为3.5m，桥塔局部为5m，折线形过渡，顶板局部加厚，跨径、塔高、拉索间距等参数与原桥相同。截面尺寸如图2b）所示，截面特性见表1，静力计算结果满足规范要求。

2.3 有限元模型

采用Midas Civil软件建立波纹钢腹板矮塔斜拉桥及预应力混凝土矮塔斜拉桥模型，如图3所示。预应力混凝土矮塔斜拉桥整体动力有限元模型包含节点345个，各类单元332个，其中主梁、桥塔及桥墩采用梁单元模拟，斜拉索采用桁架单元模拟；索塔处主梁支承采用刚性连接，斜拉索与主梁采用刚臂连接。波纹钢腹板矮塔斜拉桥建模方式与混凝土矮塔斜拉桥相同，在主梁单元中未计入波纹钢腹板的抗弯刚度，仅将波纹钢腹板重量作为均布荷载施加到主梁单元上。

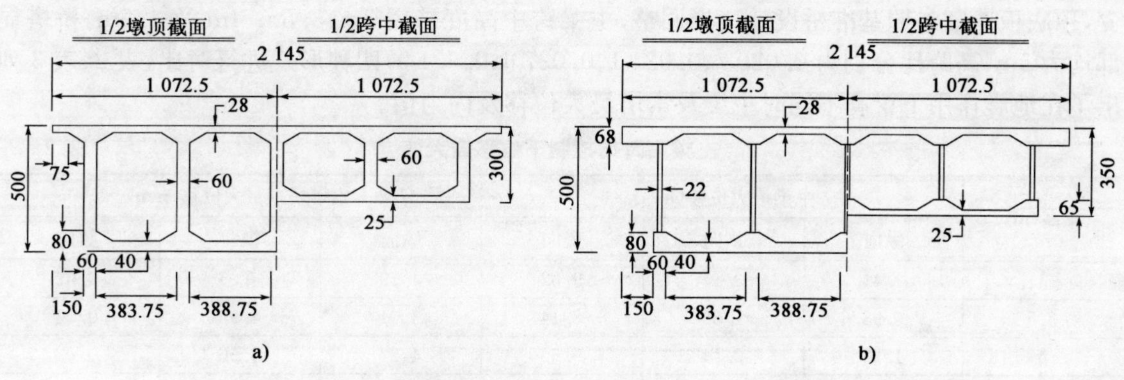

图2　截面尺寸(尺寸单位:cm)

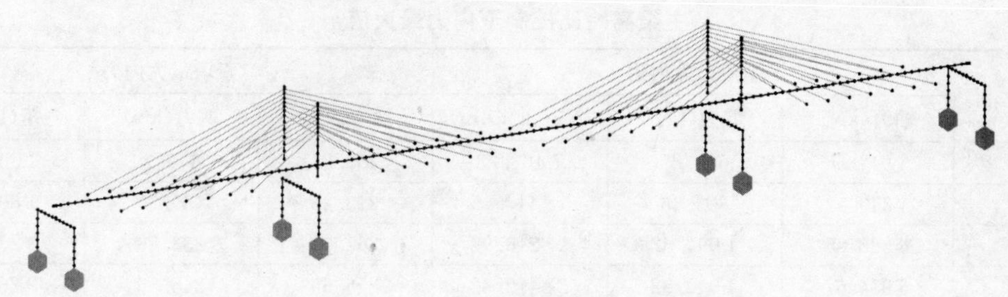

图3　有限元模型

3　地震响应分析

根据《公路桥梁抗震设计细则》(JTG/T B02-01—2008)进行E1地震作用下地震响应分析,在E1地震作用下,结构处于弹性阶段,反应谱分析和时程分析差别不大,因此本文只进行了E1地震作用下的反应谱分析。

根据《公路桥梁抗震设计细则》(JTG/T B02-01—2008)中5.2节的规定,水平设计加速度反应谱最大值S_{max}由下式确定:

$$S_{max}=2.25C_iC_sC_dA \tag{1}$$

式中的参数均按抗震设计细则的相关规定,并依据该桥的设计参数和所处的场地条件取值。其中,C_i为抗震重要性系数,取0.5;C_s为场地系数,取1.2;C_d为阻尼调整系数,取1.0;A为水平向设计基本地震动加速度峰值,根据该细则3.2.2节中的规定,取0.2g。竖向设计加速度根据细则5.2.5节中的规定确定。

根据建立的全桥动力计算模型,采用抗震设计细则中的Ⅲ类场地加速度反映谱进行结构地震反应分析。根据设计细则5.1.1规定,采用水平纵向地震作用E_X,水平横向地震作用E_Y,竖向地震作用E_Z及最大组合地震作用E四种工况分别计算。E按下式求取:

$$E=\sqrt{E_X^2+E_Y^2+E_Z^2} \tag{2}$$

为保证所考虑的振型阶数在计算方向获得90%以上的有效质量,计算前60阶振型。限于篇幅,所取关键截面不能一一列出,仅列出组合地震作用下主梁及索塔位移及内力最大值。

4　结果分析

4.1　主梁高跨比对地震响应的影响

主梁高跨比参数变化通过改变设计基准桥主梁截面高度实现,而截面形式、腹板厚度不变，顶底板厚度参照基准桥设计适当调整，主梁跨中高度采用 3m、3.5m、4m 及 4.5m，桥塔局部均为 5m（高跨比分别为 0.020 7、0.024 1、0.027 6、0.031 0）四种形式进行对比，表 2、表 3 列出了在地震作用下梁高不同时主梁及索塔最大位移及内力值。

主梁高跨比控制下位移最大值 表 2

梁高(m)	主梁最大位移(mm)			索塔塔顶最大位移(mm)		
	纵向	横向	竖向	纵向	横向	竖向
3	1.41	2.16	9.82	4.39	4.96	0.02
3.5	0.98	1.86	8.14	3.01	4.96	0.02
4	1.22	2.14	9.35	4.33	4.96	0.02
4.5	1.44	2.22	10.96	4.60	4.96	0.02

主梁高跨比控制下内力最大值 表 3

梁高(m)	主梁最大内力			索塔最大内力		
	轴力(kN)	剪力(kN)	弯矩(kN·m)	轴力(kN)	剪力(kN)	弯矩(kN·m)
3	3 842.66	604.85	7 462.28	209.55	116.2	1 803.48
3.5	4 349.92	809.46	12 417.15	213.28	139.77	1 803.57
4	6 389.86	1 091.82	20 216.98	262.01	233.86	3 236.77
4.5	6 954.67	1 040.82	21 412.32	255.65	246.56	3 268.07

由表 2 及表 3 可见，在组合地震作用下，随着梁高的增大，主梁各向位移先减小而后增大，其增大幅度较小，索塔纵向位移先减小而后增大，但其横向位移及竖向位移变化不大。主梁内力随着梁高的增大而增大，其增大幅度最高近 50%。结合表 2、表 3 分析可知，主梁高跨比取 0.020 7～0.024 1 较为合理，既可保证主梁的横向刚度，又可保证在桥梁结构地震作用下的安全性。

4.2 主塔高跨比对地震响应的影响

由 4.1 节分析结果可以看出，当主梁高跨比取 0.020 7～0.024 1 时，结构刚度主梁及桥塔内力位移较为合理，因此在考虑主塔高跨比对地震作用的影响时，梁高选取 3.5m，拉索间距取与原桥相同的值 7.5m。塔高分别为 18m、20m 及 22m（主塔高跨比分别为 0.124、0.137 及 0.151）。表 4、表 5 列出了在地震作用下塔高不同时主梁及索塔最大位移及内力值。

主塔高跨比控制下位移最大值 表 4

塔高(m)	主梁最大位移(mm)			索塔塔顶最大位移(mm)		
	纵向	横向	竖向	纵向	横向	竖向
18	0.97	1.86	8.41	2.89	3.98	0.013
20	0.98	1.86	8.14	3.01	4.96	0.020
22	0.99	1.84	7.89	3.08	5.85	0.024

主塔高跨比控制下内力最大值 表 5

塔高(m)	主梁最大内力			索塔最大内力		
	轴力(kN)	剪力(kN)	弯矩(kN·m)	轴力(kN)	剪力(kN)	弯矩(kN·m)
18	4 210.27	730.91	8 606.27	166.74	159.28	2 123.13
20	4 249.92	709.46	12 417.15	213.28	139.77	1 803.57
22	4 294.80	708.21	13 244.28	237.48	134.08	1 699.92

由表 4 及表 5 可见，在组合地震作用下，随着塔高的增加，主梁各向位移略有变化，变化幅度较小，索塔各向位移随着塔高的增大而增大。主梁轴力随着塔高的增大略有增大，剪力及轴力随着塔高的增大略有减小。索塔轴力随塔高的增大而增大，最大增幅为 22%，索塔剪力及弯矩随着塔高的增大而减小，剪力最大减幅为 33%，剪力最大减幅为 12%。结合表 4、表 5，主塔高跨比在 0.124～0.137 之间较为合理，可使主梁弯矩不至过大，保证索塔内力较为合理。

4.3 拉索间距对地震响应的影响

据《公路斜拉桥设计细则》(JTG/T D65-01—2007)第 4.2.4 第三条规定，斜拉桥主梁为组合结构时，拉索间距宜为 8～16m，为与原桥进行对比，基准桥拉索间距为 7.5m，全桥共 56 根索，在考虑拉索间距对地震响应的影响时，拉索间距分别为 7.5m、10m 及 12.5m(拉索分别为 56 根、40 根、32 根)。表 6、表 7 列出了在地震作用下拉索间距不同时主梁及索塔最大位移及内力值。

拉索间距控制下位移最大值 表 6

拉索间距(m)	主梁最大位移(mm)			索塔塔顶最大位移(mm)		
	纵向	横向	竖向	纵向	横向	竖向
7.5	0.98	1.86	8.14	3.01	4.96	0.020
10	0.971	1.855	8.565	3.367	4.306	0.015
12.5	0.971	1.854	8.805	3.555	4.275	0.013

拉索间距控制下内力最大值 表 7

拉索间距(m)	主梁最大内力			索塔最大内力		
	轴力(kN)	剪力(kN)	弯矩(kN·m)	轴力(kN)	剪力(kN)	弯矩(kN·m)
7.5	4 249.92	709.46	12 417.15	213.28	139.77	1 803.57
10	4 180.29	730.39	13 763.08	162.64	142.59	1 850.89
12.5	4 154.91	725.78	13 997.41	140.15	146.29	1 930.11

由表 6 及表 7 可见，在组合地震作用下，随着拉索间距的增大，主梁各向位移变化很小，但索塔纵向位移逐渐增大，最大增幅为 12%，而横向及竖向位移逐渐减小，横向位移最大减小幅度为 13.3%，竖向位移减小幅度为 25%。主梁最大轴力和剪力随着拉索间距的增大而减小，但减小幅度不大，弯矩随着拉索间距的增大而增大，增大幅度较小。但索塔内力随着拉索间距的增大变化幅度较大，轴力减小幅度达 20%，剪力增大幅度为 2.5%，弯矩增大幅度为 4.3%。当拉索间距大于 7.5m，索塔内力较为合理。

4.4 分析结果对比

用波纹钢腹板代替原桥混凝土腹板，有效减小结构自重，为了研究波纹钢腹板矮塔斜拉桥抗震性能，将设计基准桥与原桥在地震作用下结构响应对比。表 8～表 10 列出原预应力混凝土矮塔斜拉桥与设计基准桥的前十阶频率及地震作用下主梁主塔最大位移及内力，以便对二者进行对比。

自振频率对比(单位：Hz) 表 8

阶数 / 对比内容	一阶	二阶	三阶	四阶	五阶	六阶	七阶	八阶	九阶	十阶
原桥	0.469	0.915	1.242	1.258	1.425	1.776	2.549	2.727	3.140	3.461
基准桥	0.614	1.170	1.443	1.823	1.851	1.916	2.978	3.008	3.424	3.575

位移对比表 表9

对比内容＼位移	主梁最大位移(mm)			索塔塔顶最大位移(mm)		
	纵向	横向	竖向	纵向	横向	竖向
原桥	1.36	2.34	6.02	2.65	1.71	0.013
基准桥	0.98	1.86	8.14	3.01	4.96	0.020

内力对比表 表10

对比内容＼位移	主梁最大内力			索塔最大内力		
	轴力(kN)	剪力(kN)	弯矩(kN·m)	轴力(kN)	剪力(kN)	弯矩(kN·m)
原桥	5 219.74	974.67	13 030.38	146.34	122.08	2 298.47
基准桥	4 349.92	809.46	12 417.15	203.28	139.77	1 803.57

由表8～表10可见,设计基准桥的前十阶频率均大于原桥,组合地震作用下,波纹钢腹板矮塔斜拉桥主梁纵向及横向最大位移相对于原预应力混凝土矮塔斜拉桥减小20%以上,主梁最大内力相对于原桥较小,这是由于波纹钢腹板矮塔斜拉桥主梁自重减轻、刚度增大的缘故。

5 结语

(1)在组合地震作用下,主梁高跨比对主梁在地震作用下的位移,内力有较大影响,主塔高跨比和拉索间距对主梁内力及位移影响较小,但对索塔位移及内力影响较大。因此在设计时,要考虑合理的结构参数,以满足抗震设计要求。

(2)相对于预应力混凝土矮塔斜拉桥,波纹钢腹板矮塔斜拉桥主梁自重减轻,刚度增大,其抗震性能优于预应力混凝土矮塔斜拉桥。

(3)本文研究仅采用三个控制参数对其进行分析,其他设计参数对波纹钢腹板矮塔斜拉桥的地震响应有待进一步考虑。

参考文献

[1] 陈从春,周海智,肖汝诚.矮塔斜拉桥研究的新进展[J].世界桥梁,2006(1).

[2] 刘凤奎,蔺鹏臻,陈权,等.矮塔斜拉桥特征参数研究[J].工程力学,2004,21(2).

[3] 崔冰,董萌,李准华.大跨度变截面波纹钢腹板PC连续梁桥的设计[J].土木工程学报,2011(9).

[4] 李宏江,万水,叶见曙.波形钢腹板PC组合箱梁的结构特点[J].公路交通科技,2006,19(3).

[5] 张长青,安永日,安里鹏.波形钢腹板连续刚构桥的地震响应分析[J].桥梁建设,2011(3).

[6] 宋建永,张树仁,王彤,等.波纹钢腹板体外预应力组合梁弯曲性能分析及试验研究[J].土木工程学报,2004(11).

[7] 陈宝春,吴庆雄,王远洋.波形钢腹板混凝土箱拱地震响应分析[J].地震工程与工程振动,2007,27(3).

[8] 陈宝春,黄玲,吴庆雄.波形钢腹板部分斜拉桥[J].世界桥梁,2004,27(3).

[9] 中华人民共和国交通运输部标准.JTG/T B02-01—2008 公路桥梁抗震设计细则[S].北京:人民交通出版社,2008.

123. 加州新一代桥梁的抗震设计标准研究

方建桥　胡志坚

(武汉理工大学交通学院)

摘　要：加州交通部门(Caltrans)已开展新一代桥梁体系(NGB)的应用研究，本文在介绍 Caltrans ABC 桥梁抗震设计理念的基础上，重点论述了短线预制节段预应力混凝土梁、长线预制节段梁和预制柱(墩)的抗震设计。目前 Caltrans 已形成 NGB 的抗震设计标准并编写入相关设计手册，确保了 ABC 桥梁的抗震性能相当或优于传统现浇预应力混凝土(CIP/PS)梁桥。

关键词：ABC 桥梁　抗震　混凝土桥梁

1　引言

地震及其荷载效应对交通基础设施的影响非常巨大，高烈度的地震将直接破坏高速公路桥梁，并影响城市圈的经济流通。加利福尼亚是世界上地震多发并曾遭受最严重地震灾害的地区之一，自 20 世纪 80 年代以来，已遭受 20 余次里氏 6.0 级以上地震。在已发生的地震灾害中发现，即使实际的地震烈度小于结构设防等级，但按现有抗震标准设计的桥梁，其实际抗震能力并不如所愿。如 1971 年的 San Fernando 地震，1989 年的 Loma Prieta 地震和 1994 年的 Northridge 地震等均引起了相当数量主线桥梁的倒塌或严重损坏，受损桥梁以 1971 年以前修建的混凝土结构桥梁为主，这些桥梁设计时均考虑了抗震要求。通过对这些地震中受损桥梁的破坏形态进行系统分析并归类后可知，主要原因是采用的设计理念不当和忽略了构造细节[1-4]，这也激发了有关抗震设计理念的讨论和新抗震设计标准及桥梁结构抗震能力评估修复技术的研究。

为确保州公路和桥梁不被地震等自然灾害影响和破坏，加州交通部门(Caltrans)做了大量工作。到目前为止，Caltrans 已资助和参与了地震荷载作用下结构破坏机理的研究、桥梁抗震设计新理念、新标准和新技术等课题研究。

在桥梁设计中，通常有关抗震设计规范和实用手册等对于如何设计与建造高速公路桥梁及如何提高在役桥梁抗震能力等内容都有明确规定，如《Caltrans 抗震设计标准》(SDC)[5]和《设计人员手册 20》(MTD 20)[6]。然而，在过去十年里，随着经济、人口的迅速增长，以及交通基础设施性能的急剧劣化，对于高速公路桥梁的快速更换、拓宽和新建等需求与日俱增，桥梁工程师和交通规划人员也面临在有限时间内快速提升公路与桥梁运营能力的巨大压力。目前，Caltrans 正致力于发展新一代桥梁系统来实现快速桥梁建设(accelerated bridge construction，ABC)，从而减少现场作业时间，缓解交通干扰。新一代桥梁系统主要采用预制拼装组件，其抗震设计是关键，目前尚缺乏其长期抗震性能的具体资料。最近，Caltrans 新一代桥梁的抗震设计标准及指南制定工作由 Caltrans 的 ABC 执行委员会和顾问委员会联合牵头开展。这些标准不仅将明确新一代桥梁该如何设计、建设，而且要成功实现 ABC 桥梁的抗震性能相当于或优于传统 CIP/PS 箱梁桥。本文主要介绍 Caltrans 新一代桥梁抗震设计标准的最新发展，主要针对典型的预制节段上部结构和预制墩(柱)。

2 CALTRANS 的抗震设计理念与标准

Caltrans MTD 20-1 集成了 Caltrans 的抗震设计总体体系，涵盖抗震种类与分级、抗震性能标准、抗震设计理念和方法、构件的抗震需求与抗震能力、抗震措施等各项内容。对于重要桥梁和普通的非标准桥梁，其抗震设计标准必须单独确定，并由结构设计管理办公室批准。而对于常规普通桥梁，其抗震设计标准可按 SDC 相关规定执行。现行 Caltrans SDC 2006 的抗震设计标准采用变形延性方法，即保证常规桥梁地震中不倒塌。在加州，因经济条件限制，典型的常规桥梁设计时不考虑承受弹性地震荷载效应。Caltrans 采用延性与塑性强度来确保常规桥梁在最小造价条件下的抗震性能要求。这主要是基于以下考虑：在既定桥位处发生高烈度地震的概率较低，并且即使高烈度地震发生，但那是将来的事情，修复费用也易于被接受。

抗震防落梁临界状态是针对地震发生时墩柱的结构延性而言的，即此时上部结构(如梁体和帽梁)和基础(地基、桩、桥台)仍处于弹性状态。墩柱延性是指允许墩柱存在非弹性变形的条件下满足抗震要求，且不会明显降低强度或刚度。桥梁体系中最有效的结构延性是结构具有稳定的力—变形关系，确保能量耗散。主要的延性措施是在墩柱内部产生弯曲塑性铰。墩柱容许位移 Δ_c 定义为墩柱不存在脆性破坏条件下，形成塑性铰时的变形值，即：

$$\Delta_c = \Delta_y + \Delta_p \tag{1}$$

结构位移延性系数 μ_c，定义如下：

$$\mu_c = \frac{\Delta_c}{\Delta_y} \tag{2}$$

式中：Δ_p 是墩柱的塑性挠曲位移；Δ_y 是墩柱形成塑性铰时的屈服位移。Caltrans'SDC 规定，每个延性构件的最小位移延性系数 $\mu_c=3$，这主要是为了确保构件在完成构件受荷变形的条件下，塑性铰区域具有足够的转动能力。另外，除了上述延性要求外，各桥梁或框架的总位移仍需满足以下条件：

$$\Delta_D < \Delta_c \tag{3}$$

式中，Δ_D 是指按地震设计荷载取值计算所得的结构位移。

位移延性方法要求设计人员确保在地震设计荷载作用下结构体系及其构件具有足够的变形能力。地震引起的非弹性变形应出现在桥梁结构中易于检测和修复的预定部位，如墩顶或墩底。塑性铰的位置应当在设计中明确并进行细部构造处理，以确保结构仅出现按设计要求的屈服破坏，而不会出现混凝土压碎、剪切开裂、弹性屈曲和断裂等非延性破坏。

2.1 短线预制节段预应力混凝土上部结构抗震设计

短线预制节段混凝土桥梁实现了桥梁施工的工厂化、标准化流程,大大节约了工程造价与现场作业时间[7]。由于结构部件预先预制完成,在现场仅需拼接安装,不需要脚手架等辅助构件,在缩短现场施工时间的同时,大大降低了施工对现有交通的影响。Caltrans SDC 3.4 规定在地震设计荷载作用下,即使墩柱出现塑性变形,桥梁结构的桩身、盖梁、接缝和上部结构等仍须处于弹性工作状态。当然,要求塑性铰出现在墩顶或墩底等预定部位会存在一定难度,特别是采用悬臂对称施工的桥梁,由于需要平衡施工中不平衡力弯矩,其墩身刚度会比较大。因此,要保证塑性铰出现在墩身部位,上部结构的细部构造就非常关键。Caltrans SDC 3.3 描述了弯矩——曲率法分析桥墩塑性铰潜在区域和上部结构接缝处的变形能力。各桥跨竖向倒塌破坏模式叙述如下[8]:

1)非边跨桥跨

内部各跨所能承受的竖向均布力 ω_{sp},如图 1 所示。

根据虚位移原理:

$$\delta W_{force} + \delta W_{Mp} = 0 \tag{4}$$

式中,δW_{force}是外力虚功;δW_{Mp}塑性弯矩虚功。由此可得:

$$\omega_{sp} = \frac{8}{L_{sp}^2}(|M_{pier}| + M_{midspan}) \tag{5}$$

2)边跨

边跨桥梁所能承受的竖向均布力 w_e 如图 2 所示。

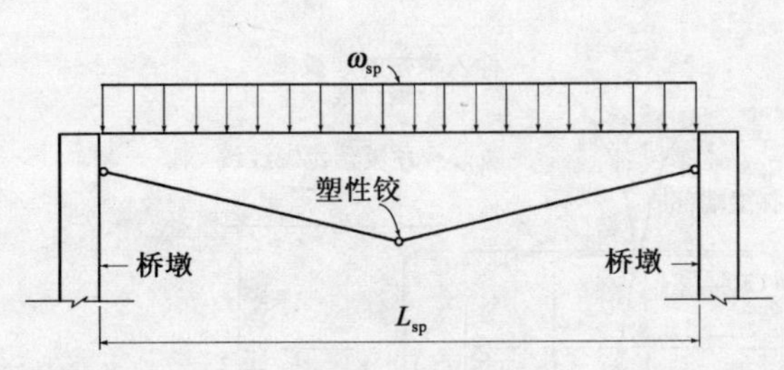

图 1 非边跨桥梁破坏图示

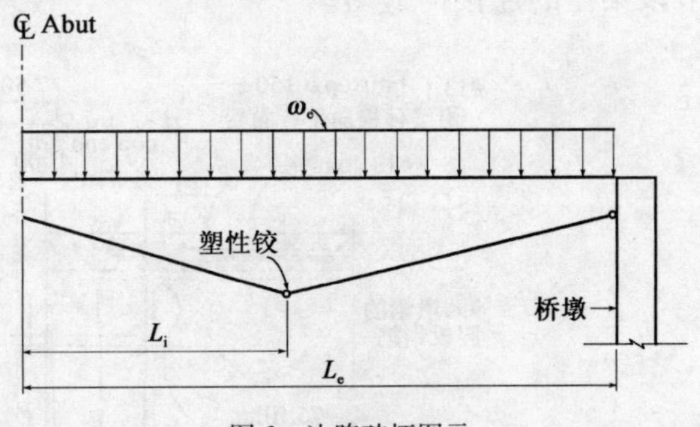

图 2 边跨破坏图示

同样根据虚位移原理可得:

$$\omega_e = \frac{8}{4L_eL_i - 4L_i^2}\left(|M_{pier}|\frac{L_i}{L_e} + M_i\right) \tag{6}$$

式中:M_{pier}——墩顶节段拼缝处的最大负弯矩;

$M_{midspan}$——非边跨跨中节段拼缝处的最大正弯矩;

M_i——边跨范围内 L_i 节段拼缝处的最大正弯矩;

L_i——桥台中线到所分析节段拼缝处的距离;

L_e——边跨净跨长;

L_{sp}——非边跨的净跨长。

Caltrans SDC 规定,当桥墩达到其受荷极值时,上部结构须仍处于弹性状态,以此达到防止上部结构倒塌的目的。这就要求对所有桥梁(不考虑其重要性)都进行纵向倒塌(push-over)分析。纵向 push-over 分析结果不能超过理论塑性弯矩值。Veletzos 建议墩顶处每侧最少需要分析 2 个节段拼缝,跨中处至少需要分析 3 个节段拼缝。

上部梁体产生大的变形时会引起节段拼缝的张开与闭合[9],这就要求对拼缝构造进行细部处理,以确保上部梁体保持弹性状态。最近,加州大学圣地亚哥分校开展的有关试验研究结果表明细部处理后的节段拼缝在增大拼缝宽度时能承受非常大的转角变形而不降低其强度[10]。Caltrans 也通过施加体外预应力来增大节段拼装结构的连续性。对于连续性理想的节段拼装上构,在高弯矩区段和高剪力区段弯曲破坏是主要的破坏形态。大多数弯曲破坏先从板梁底部压溃开始,故底板必须有足够厚度。Caltrans 已完成了满足"良好连续性"设计的细部构造研究,并将作为节段施工内容列入新的 SDC。

2.2 长线预制节段梁上部构造抗震设计

长线预制节段梁上部构造采用后张预应力索实现上部结构的整体连续性。为了确保此类结构的抗震性能达到或优于传统 CIP/PS 箱梁桥桥结构,Caltrans 联合加州预应力混凝土构件预制公司(PCMAC)开展了相关课题研究。该课题研究制作了两座 1:2.5 的桥梁模型并在加州大学圣地亚哥分校(UCSD)的 Charles Lee Powell 实验室完成了加载试验。模型桥的上部梁体断面形式分别为 T 形梁和弧形箱梁[11],试验中采用增加位移方式循环加载。在完成 3 个位移循环周期后,模型桥的墩柱顶部和底部均出现了塑性开裂并形成了塑性铰,而上部梁体仅出现微小开裂。试验结果表明,长线预制节段梁上部结构体系在地震荷载作用下墩——梁连接处具有很好的抗震性能,且其控制效果明显优于传统预制结构。同时,此类结构可大幅减轻桥梁上部结构自重,从而降低结构的整体质量,提高抗震性能。图 3 所示为墩顶处长线预制节段梁体的连接构造图。

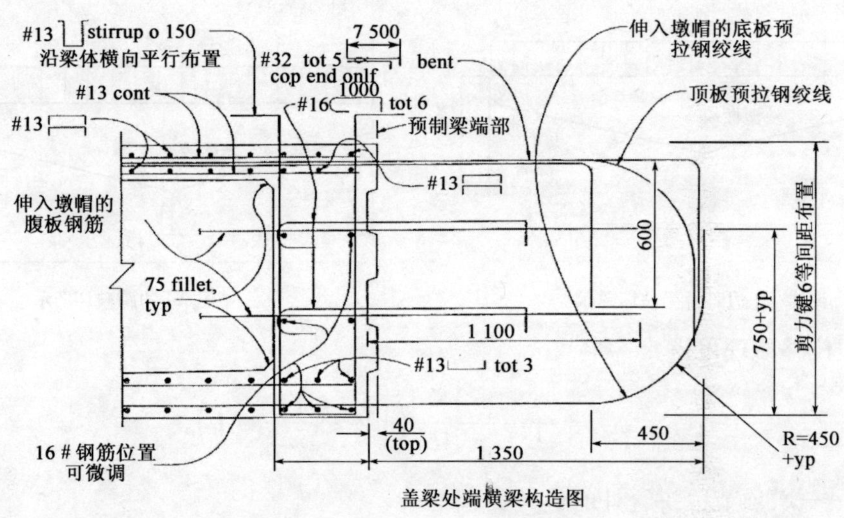

图 3 墩帽处梁体连接构造图

过去 10 年里加州交通部门设计并修建了很多上部构造采用长线预制节段梁的混凝土桥梁。结合加州的实桥抗震设计与建设经验,有关长线预制节段梁上部结构桥梁的抗震设计方法与设计流程已被编写入 PCI 桥梁设计手册[12],Caltrans 的相关手册也正在编写中。

2.3 预制柱(墩)的抗震设计

预制节段柱(墩)是指各节段在预制厂预先浇注成型,在施工现场采用后张预应力拼装而成的墩(柱)。预制节段墩(柱)的最大优点是能大幅降低交通中断和环境影响。后张节段柱的抗震性能研究表明，在地震荷载作用下，墩柱节段拼接界面处可能出现严重破坏[13]。由于这类结构的连接完全取决于节段间或节段与基础间拼接处的后张预应力筋的销接作用，故通常其能量耗散能力有限。为增强其耗能作用，可在墩身底部节段与基础间增加耗能钢筋[13]。试验研究表明引入耗能钢筋后结构的耗能作用明显增强，但同时其施工工艺会更复杂，所需作业时间也相应延长。

后张预应力节段墩（柱）的可构造性和抗震性能也越来越受到 Caltrans 桥梁界关注，并相应开展了一系列相关课题研究，以确保采用预制技术快速修建的 ABC 桥梁与采用传统现浇技术修建的同类桥梁具有相同的抗震性能。其中 Nevada 大学承担了一项关于节段预制墩（柱）消能塑性铰的课题。该课题研究表明如下构造非常重要：①墩柱底部纵向钢筋的正确锚固；②箍筋构造；③塑性铰区域和非塑性铰区域横向钢筋的数量和布置能否满足抗剪要求；④塑性铰区域墩柱纵筋的连续性（不允许钢筋搭接）等。结合课题研究成果及相关数据分析结果，最终提出了墩（柱）与基础、桩基及盖梁间的连接细部构造，具体如图 4～图 6 所示。

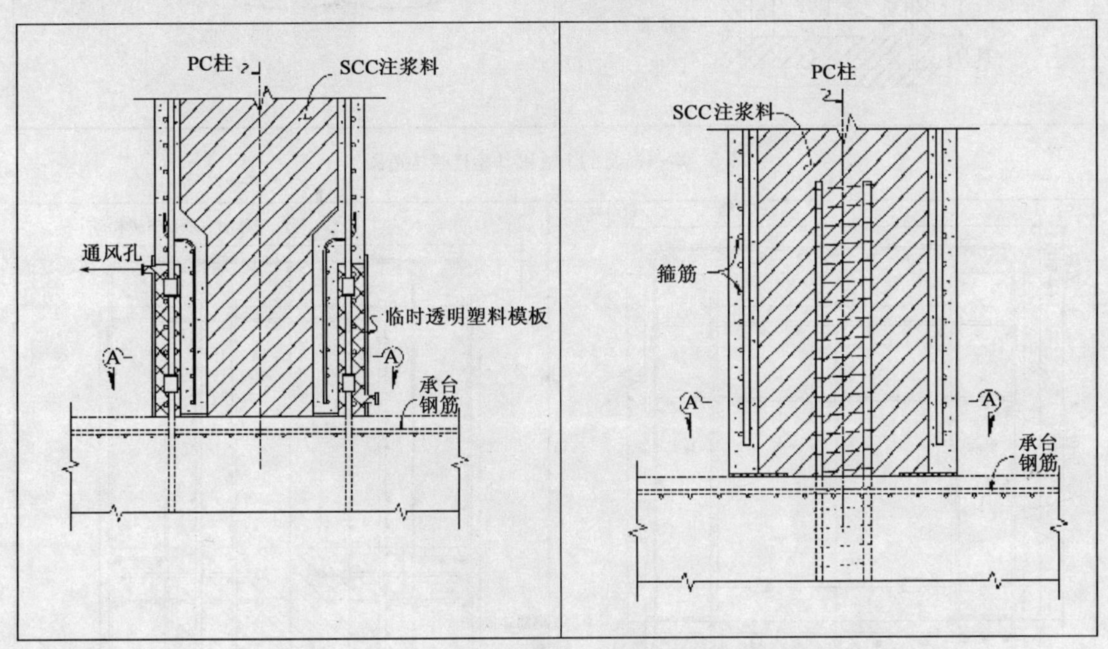

图 4　墩（柱）基础处采用固接与铰接的构造细部处理

现阶段的课题实验结果表明上述连接处的细部构造措施能为结构提供良好的延性变形能力。然而，从施工角度来看，连接处的细部构造会使现场拼装难度增大，同时，后浇水泥浆能否为钢筋提供足够的黏结强度也有待验证。课题下阶段将重点关注结构的抗震性能及工艺优化。

3　结语

桥梁工程师们正面临着采用快速建桥技术的新一代桥梁抗震设计方面的重大挑战。作为世界范围内主要的政府交通部门之一，Caltrans 正努力实现满足 ABC 桥梁要求的新抗震设计标准。本文主要论述了三种典型桥梁构件的抗震设计指南。在加州，越来越多的桥梁采用 ABC 技术，并完全按上述全新的抗震理念设计。

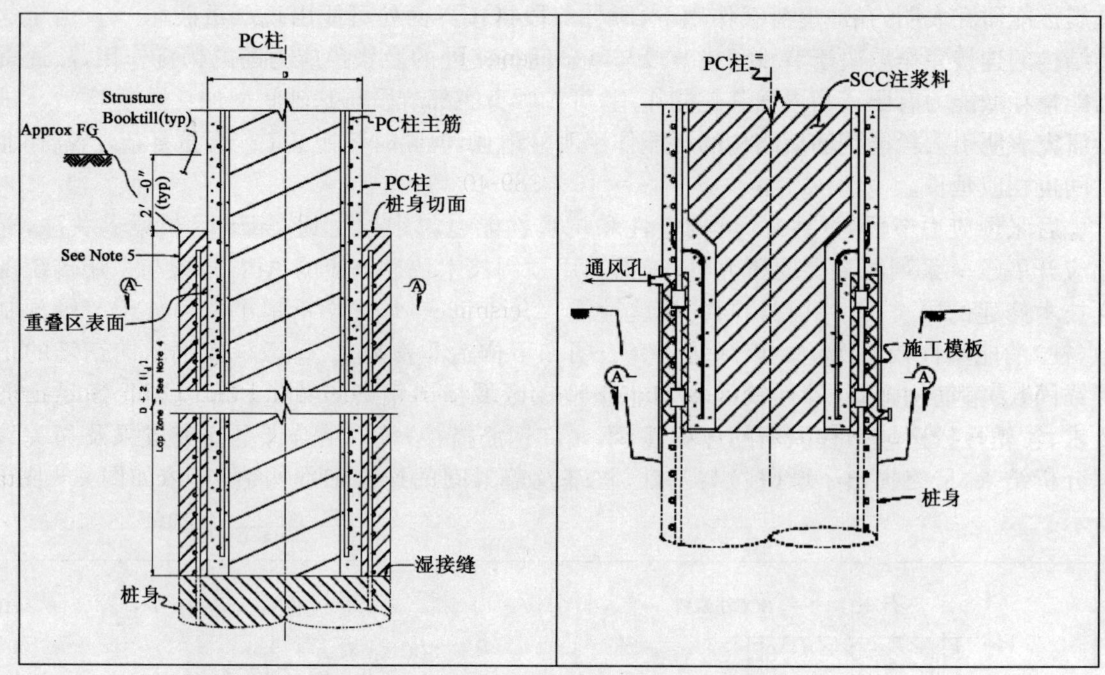

图 5　墩(柱)身的 I 型和 II 型连接构造图

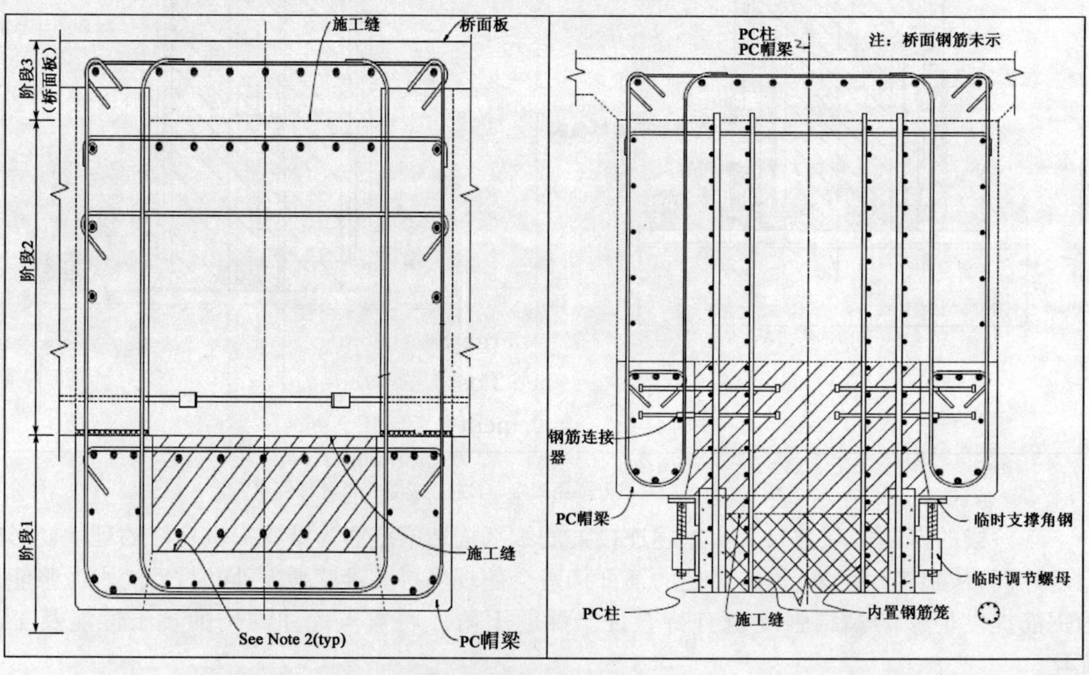

图 6　墩柱帽梁处连接构造图

参 考 文 献

[1] Fung G G, Lebeau R J, Klein E D, et al. Field Investigation of Bridge Damage in the San Fernando Earthquake[R]. Bridge Department, Division of Highways, California

Department of Transportation, Sacramento, California, 1971:209.

[2] EERI. Loma Prieta Earthquake Reconnaissance Report[J]. Earthquake Spectra, Special Supplement 1990,6:448.

[3] Priestley M J N. Damage of the I-5/I-605 Separator in Whittier Earthquake of October 1987[J]. Earthquake Spectra,1988,4(2):389-405.

[4] EERI. Northridge Earthquake Reconnaissance Report[J]. Earthquake Spectra, Special Supplement, 1995,6:116.

[5] California Department of Transportation, Seismic Design Criteria, 2006.

[6] California Department of Transportation, Memo to Designers, Section 20, 1999-2008.

[7] ASBI. Construction Practices Handbook for Concrete Segmental and Cable-Supported Bridges, Second Edition, June, 2008.

[8] Marc J, Veletzos, José I. Restrepo, Seismic Design Guidelines for Precast Segmental Bridges, Report Submitted to the California Department of Transportation (Caltrans) Under Contract No. 59A0622, July 17, 2009.

[9] Paul Chung, Jason J Q Fang, Raymond W Wolfe. Developing Concept of Fully Segmental Bridge Design for Accelerated Bridge Construction in High Seismic and Urban Areas, The First ASBI International Symposium on "Future Technology for Segmental Concrete Bridges" San Francisco, CA, USA November 17 - 19, 2008.

[10] Veletzos M J, Restrepo J I, Seismic Response of Precast segmental Bridge Superstructures and Bonded Tendons[C]. Proceedings: 2008 Accelerated Bridge Construction-Highway for Life Conference, 2008:201-206.

[11] Jay Holombo M J, Nigel Priestley, Frieder seible. Longitudinal Seismic Response of Precast Spliced-Girder Bridges, Final Report on a Research Project Funded by Caltrans, April 1998.

[12] PCI, Chapter 15 Seismic Design, Bridge Design Manual, June 2004.

[13] Ou Y C, Lee G C, Wang P H, et al. Large Scale Cyclic Test of Precast Segmental Concrete Bridge Columns with Unbonded Post-Tensioning Tendons[C]. Proceedings of Bridge Maintenance, Safety, management, Health Monitoring and Informatics, Taylor & Francis Group, London, 2008.

124. 刘家峡大桥气动稳定措施研究

韩友续　武维宏　舒春生

（甘肃省交通规划勘察设计院有限责任公司）

摘　要：山区峡谷悬索桥受建设条件限制，常采用钢桁加劲梁，但往往受颤振稳定性控制，其气动稳定性能很难满足抗风要求。本文以刘家峡大桥为例，研究超窄桥面桁式加劲梁悬索桥颤振稳定问题，刘家峡大桥桥面宽度在国内同规模桥梁中最窄，主缆重力刚度低，抗风问题突出。从结构措施和气动措施两方面入手进行研究，研究结果表明，对于大跨度悬索桥，通过结构措施提高颤振稳定是不经济的，对颤振临界风速的提高应重点放在气动措施上，并结合本桥特点，通过中央稳定板、水平导流板、斜导流板等8种气动措施制振效果的一系列风洞试验研究，得到了一些有益的试验结果，为该桥抗风设计提供了依据。

关键词：桁式加劲梁　悬索桥　颤振稳定　结构措施　气动措施

1　桥梁概况

刘家峡大桥为主跨536m的单跨桁架式加劲梁悬索桥，主缆跨度布置为150m＋536m＋115m，垂跨比为1/11。两根主缆的中心间距为15.6m；主塔采用钢管混凝土门形框架结构，采用伊斯兰建筑一邦克楼风格的钢管混凝土桥塔和以桥塔为中心的景观设计具有浓厚的民族文化特点；主桁采用型钢桁架，桁高4.0m，节间长4.0m，两片主桁间距与主缆间距相同；桥面行车道系采用正交异性钢桥面板，与主桁上的横梁采用钢支座连接。刘家峡大桥效果图和钢桁梁横断面如图1、图2所示。

虽国内已建成千米级悬索数座，但本桥桥面在国内同规模、同类型桥梁中最窄，桥梁重量较轻，每米重量是大跨悬索桥重量1/2～1/3，抗风问题非常突出。本桥在按满足其他作用效应的基础上拟定结构形式和尺寸后，随即开展抗风研究，根据风洞试验结果，若不采取任何抗风措施的情况下，颤振临界风速远低于颤振检验风速，抗风稳定不满足要求，提出了修改设计的要求。为此，需要采取合理措施解决刘家峡大桥抗风稳定问题，本文从结构措施和气动措施两方面入手，研究刘家峡大桥抗风方案，首先通过套用古典耦合颤振理论来研究结构措施，即研究结构设计参数对颤振稳定性能提高的敏感性和经济性，然后通过风洞试验手段研究气动措施。

图1　刘家峡大桥效果图

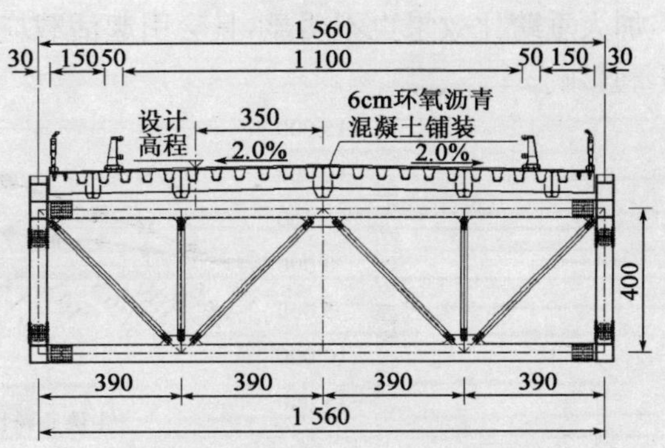

图2　钢桁梁横断面(尺寸单位:cm)

2　抗风稳定的结构性措施研究

悬索桥主要由缆索系统、桥塔、加劲梁组成,桥塔对结构基频影响很小,对颤振稳定也影响较小,本文重点分析缆索系统、加劲梁对颤振稳定的影响,并对设计参数进行优化选择。

2.1　颤振稳定的分析方法

刘家峡大桥采用桁架式加劲梁并非流线型截面,紊流风场对于振动着的非流线型截面所产生的非定常空气力无法用解析形式表达出来,而只能用风洞试验的途径来确定。但为了研究影响抗风稳定的主要因素并优化设计参数,分析仍套用适用于流线型截面的古典耦合颤振检算公式,重点研究提高颤振稳定的结构性措施。

分析时采用1976年Vander Put提出的平板颤振临界风速的简化计算公式。

$$v_{co}=\left[1+(\varepsilon-0.5)\sqrt{\left(\frac{r}{b}\right)0.72\mu}\right]\omega_b b \tag{1}$$

式中:v_{co}——临界风速;

b——平板的半宽度;

ε——扭弯频率比;

$\frac{r}{b}$——桥面惯性半径比;

μ——桥面质量与空气密度比;

ω_b——折竖弯基频。

2.2　缆索体系设计参数的影响分析

从式(1)可见,在加劲梁尺寸不变的情况下,临界风速仅与扭转基频和竖弯基频有关,重点分析主缆垂跨比和主缆拉力两个因素对结构基频的影响,从而分析临界风速的变化情况。

1)主缆垂跨比影响分析

通过研究垂跨比越小,扭转基频越小,临界风速也越小;但随着垂跨比的降低,主缆拉力会增加,主缆拉力的增加又会提高扭转基频。图3给出了典型自振基频变化百分比随主缆垂跨比变化曲线,其中水平坐标为主缆垂跨比,竖向坐标为自振基频变化百分比(%)。从图3可见,横弯基频随垂跨比变小增幅较小,竖弯基频有所增大,扭转基频随垂跨比的减小而减小,垂跨比由1/9变化到1/13,扭转基频降低9%。

随着主缆垂跨比的减小,扭转基频逐渐降低,而主缆拉力的增加又会对扭转基频的降低起到一定的抑制作用,但整体仍为下降。从上述分析看,单纯从提高扭转基频看,应加大垂跨比,但加大垂跨比效果也不明显，且会引起活载应力比例提高，竖弯刚度下降，对行车舒适性也有不利影响。

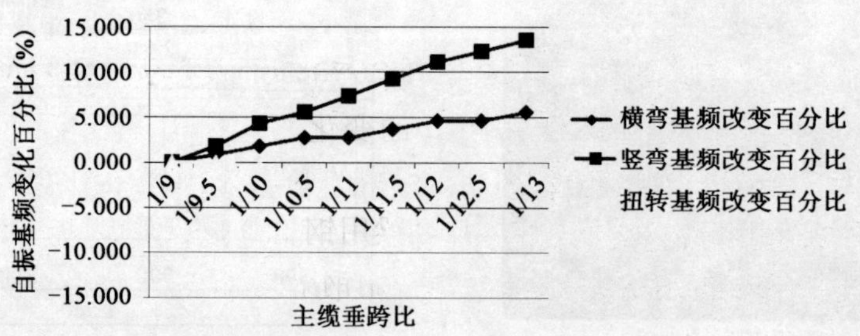

图3　典型基频提高百分比随垂跨比变化曲线

2)风扣和跨中吊杆长度影响分析

通过对不设风扣和设三组、两组、一组刚性风扣以及设三组、两组、一组柔性风扣的比较，设置三组刚性风扣临界风速最大，但与不设风扣相比，临界风速仅可提高0.8%。因此，风扣作用主要是限制纵向位移，对颤振临界风速影响很小，本桥仅设置了两组柔性风扣。通过对跨中吊杆采用2～5m不同长度的计算，其对基频影响甚微，跨中吊杆2m时临界风速也仅可提高0.8%。

3)抗风缆影响分析

通过架设抗风缆可以提高桥梁的颤振稳定，国内很多小跨度悬索桥均采用此方案。但由于架设风缆会影响到桥梁美观且施工难度较大，目前国内大跨度悬索桥尚无采用的先例。抗风缆的形式分为三种：平行式、外张式和内收式。模态分析计入了恒载、风缆初拉力和大风荷载的刚度贡献，一期和二期恒载均转化为质量，为了便于比较，各方案风缆张力均按30%主缆力施加，垂跨比均取1/30，其典型振动频率提高百分比见表1。

各方案典型振动频率提高百分比(%)　　表1

模态序号	振型特征	平行式(%)	内收式(%)	外张式(%)
1	横向弯曲	15	0	40.2
2	竖向弯曲	40.3	33.7	38.1
3	扭转	12.5	10.2	10.5

三种方案竖向弯曲基频提高幅度均较大，扭转基频提高幅度均较小。外张式方案对横向弯曲提高幅度最大，最大可提高40.2%，平行式方案对竖向弯曲提高幅度最大，最大可提高40.3%，平行式方案对扭转基频提高幅度最大，最大可提高12.5%。

分析发现抗风缆对提高横弯、竖弯基频非常有效，对扭转基频提高甚微。初张力、矢跨比对典型基频影响也较小。各种形式有一定的差异，但差异不大。采用风缆，扭转基频可有一定的提高，但竖弯基频提高幅度较大，对颤振临界风速有一定的折减作用。各方案中，平行式风缆临界风速提高幅度最大，但也仅提高约7%。采用二维理论计算中频率的简单函数解释增加风缆后悬索桥的颤振已不适宜。由于增加抗风缆，颤振临界风速还会受到风缆恢复力的影响，风缆对升力、扭转有一定的抵抗作用，应可增加颤振临界风速，但从理论上对风缆恢复力对颤振临界风速影响进行分析存在困难。

4)缆索系统影响分析结论

(1)通过对主缆垂跨比、主缆拉力、风扣、跨中吊杆长度对主要基频和颤振临界风速影响的分析，对缆索体系调整不能有效提高扭转基频和颤振临界风速。

(2)抗风缆的作用从理论上分析存在困难，大跨桥风缆施工不便，且施加初张力后，还会引起主缆缆力的增加，继而影响桥塔、锚碇工程量的增加。以初张力 20%为例，相较没用风缆的设计方案，大桥建安费约增加 18%，其经济性也较差。

2.3 加劲梁结构参数影响分析

加劲梁设计参数主要是梁高和梁宽，梁宽往往受道路等级和使用功能决定，为研究其影响，也作为可变参数进行研究。随着梁高、梁宽的变化，会引起结构静力的相应变化，主缆拉力、主桁内力也会随之增加。为此，随着加劲梁参数的变化，在保持相同应力水平下，对主缆和加劲梁各构件尺寸进行相应改变，则主缆和加劲梁用钢量也必然增加，为了综合反映桥梁用钢量变化，根据主缆和加劲梁的造价比，引入了加权用钢梁变量，以直接反映桥梁造价的变化。

1)梁高对颤振稳定的影响

为了研究加劲梁高度对典型自振基频的影响，将梁高由 1m 变化到 10m，主缆垂跨比取 1/11。图 4 给出了临界风速提高百分比与梁高变化的关系，随着梁高的增加，临界风速随之提高，但当梁高大于 7m 时，颤振临界风速趋于稳定。图 5 给出了换算用钢量变化百分比随梁高变化曲线，梁高达到 7m 时，临界风速提高约 15%，而此时用钢梁已增加 30%。

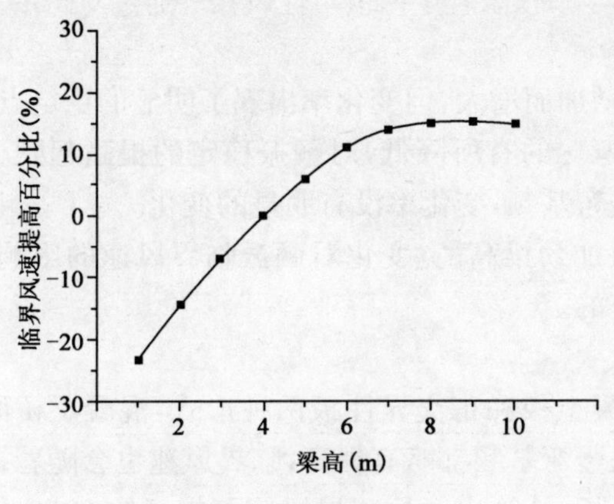

图 4 临界风速随梁高变化关系

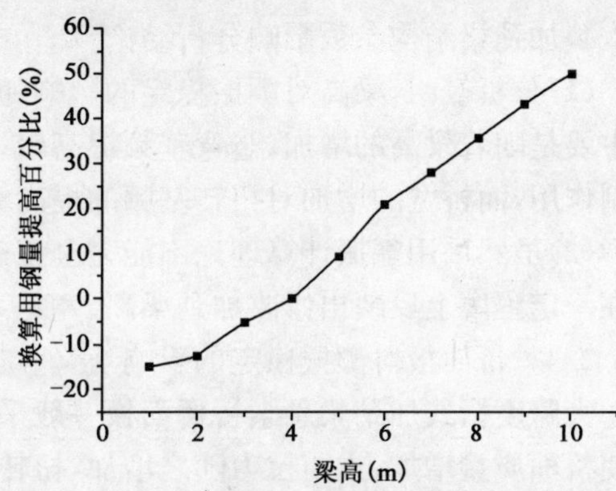

图 5 换算用钢量随梁高变化关系

2)梁宽对颤振稳定的影响

为了研究加劲梁梁宽对典型自振基频的影响，梁宽由 12m 变化到 24m，主缆垂跨比取 1/11。图 6 给出了临界风速提高百分比与桥宽变化的关系。随着梁宽的增加，临界风速随之提高，但增加幅度越来越小。图 7 给出了换算用钢量提高百分比随梁宽变化曲线。以 15.6m 为基准，梁宽增加至 24m 后，临界风速可提高 9.34%，而用钢量已增加 33%。

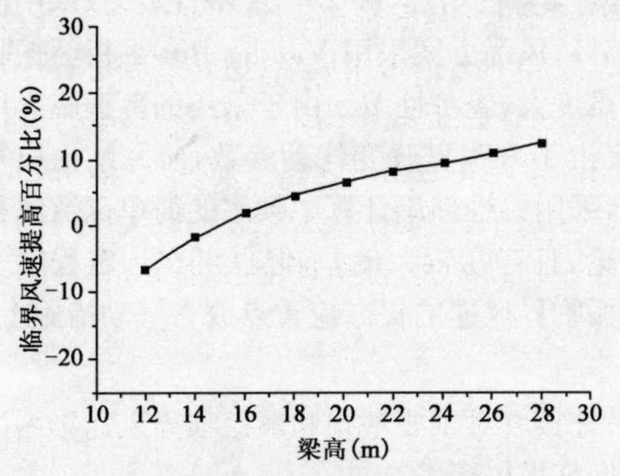

图 6 临界风速提高百分比随梁宽变化关系

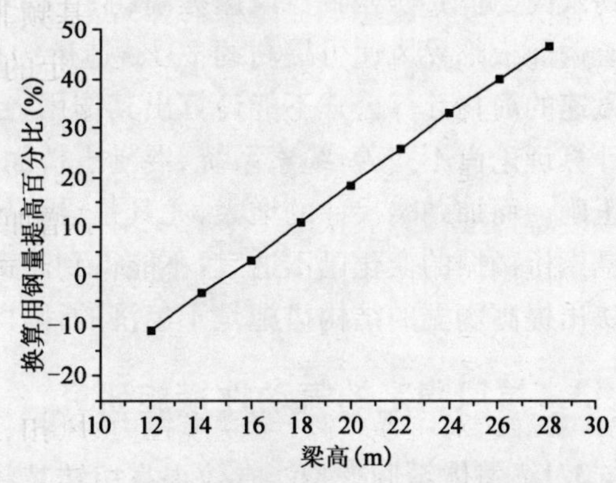

图 7 换算用量提高百分比随梁宽变化关系

3)梁高、梁宽的综合影响

从经济性考虑，梁高和梁宽的增加都会使用钢量增加，因此需要研究用钢量与梁高、梁宽的变化规律。图8给出了不同梁高下临界风速提高百分比随梁宽变化曲线，图9给出了不同梁高下用钢量提高百分比随梁宽变化曲线。从图8、图9可知，梁高采用6m较为合理，但在桥宽达28m时，临界风速仅提高约18％，而用钢梁量已增加52.5％。

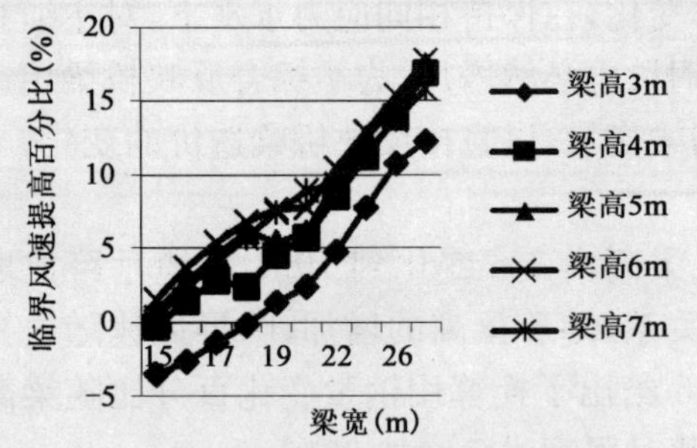

图8　不同梁高下临界风速提高百分比随梁宽变化曲线

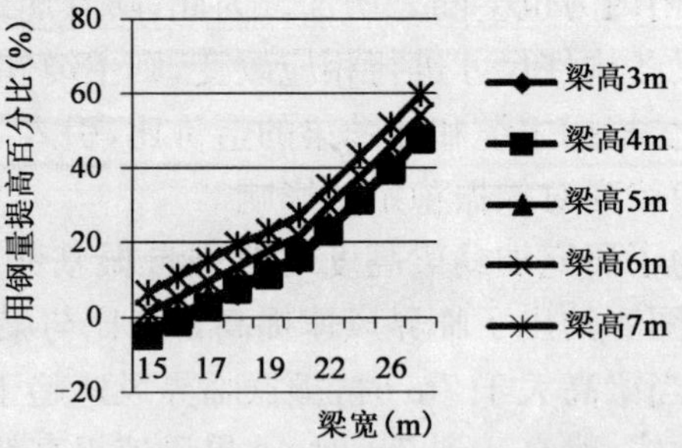

图9　不同梁高下用钢量提高百分比随梁宽变化曲线

4)加劲梁结构参数影响分析结论

(1)分析表明，梁高对颤振稳定的影响随梁高增加而增大，但变化率出现了明显的稳定点，这主要是随着梁高的增加，竖弯基频提高较多，扭弯比的有所降低，对颤振稳定的提高起到了抑制作用，而桥宽的增加对扭转基频的提高大于竖弯基频，变化率没有明显的变化。

(2)虽然采用颤振计算理论不能完全正确反映加劲梁高、宽变化对颤振临界风速的影响，但在一定程度上反映出修改加劲梁高、宽是不经济的。

2.4　桥面板对颤振稳定的影响

大跨度桁式加劲梁悬索桥桥面板一般采用混凝土板和正交异性板两种形式，混凝土桥面板使桥面质量增加，主缆拉力随之增加，扭转基频、竖弯基频都略有提高，临界风速也会随着提高。经分析，若将桥面板由正交异性板改为混凝土板，计算出颤振临界风速可提高约20％，但混凝土桥面板加劲梁整体重量比正交异性板大20％左右，所引起得主缆、锚碇、桥塔基础工程量基本呈正比增加，建安费约增加15％。可见，通过桥面板来改善颤振稳定是不经济的。

2.5　颤振稳定性的结构性措施小结

通过缆索系统(垂跨比、拉力、风扣、跨中吊杆长度等)、加劲梁高、加劲梁宽、混凝土桥面板、风缆等对颤振稳定性影响的分析，缆索体系调整不能有效提高扭转基频和颤振临界风速；加劲梁高、宽增大，当临界风速提高约18％时，而用钢梁量已增加52.5％，经济性较差；采用混凝土桥面板临界风速可提高约20％，造价约提高15％；风缆方案采用Vander Put平板颤振临界风速的简化计算公式不能计算出其作用，且施工难度大，经济性差。由于采用的颤振临界风速计算理论尚不完善，缆索系统、混凝土桥面板方案由于未明显改变气动参数，研究结论应基本正确。而加劲梁尺寸的增大，尤其是设置风缆后，采用二维理论计算中频率的简单函数解释增悬索桥颤振的变化已不适宜，不能得到正确的结论，且存在较大偏差，但也可在一定程度上反映出提高颤振的结构措施是不经济的，因此对颤振临界风速的提高应重点放在气动措施上。

3　抗风稳定的气动性措施研究

3.1　测振试验模型

节段模型通过8根弹簧悬挂在外置式支架上，如图10所示。根据实桥主梁断面尺寸和风洞试验段尺寸以及直接试验法的要求，选取节段模型的缩尺比为 1∶40。模型悬挂支架位于风洞外壁，吊臂有效吊点间距为 0.76m。模型全长 2.2m，长宽比 5.5。

图 10　节段测振试验模型

3.2　试验工况

根据刘家峡大桥首次风洞试验结果，若不采取任何抗风措施的情况下，颤振临界风速远低于颤振检验风速，抗风稳定不满足要求。原设计方案成桥状态不能满足抗风稳定性的要求，应通过风洞试验研究，寻求合适的气动措施以提高刘家峡大桥的颤振临界风速。为此，设计了 8 种抗风措施方案进行颤振稳定性试验研究，具体方案见表 2。

抗风措施试验工况　　表 2

抗风措施方案	示意图	尺寸
1. 下设中央稳定板	h_1	h_1＝1.12m
2. 设水平导流板	L_1 L_1 h_1	L_1＝1.28m
3. 设斜导流板	L_2 L_2 h_1	L_2＝1.28m
4. 内置腹导流板Ⅰ	L_3 h_1 L_3	h_1＝1.12m，L_3＝1.28m，倾角 30°
5. 内置腹导流板Ⅱ	L_4 h_1 L_4	h_1＝1.12m，L_4＝1.28m，倾角 30°

续上表

抗风措施方案	示意图	尺寸
6. 上稳定板Ⅰ＋下稳定板	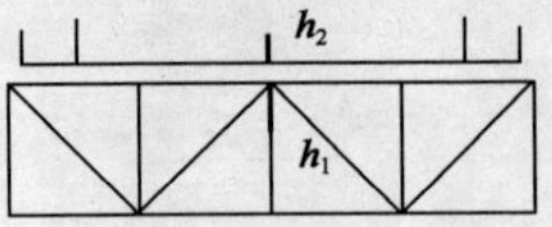	$h_1=1.12\text{m}, h_2=0.8\text{m}$
7. 上稳定板Ⅱ＋下稳定板	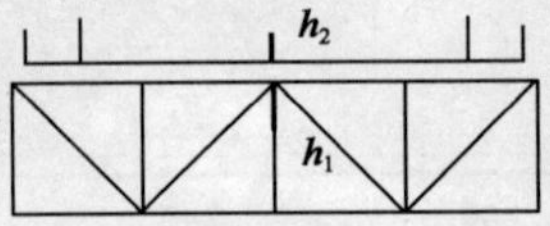	$h_1=1.12\text{m}, h_2=1.28\text{m}$
8. 下中央稳定板＋水平导流板＋部分防撞栏封闭	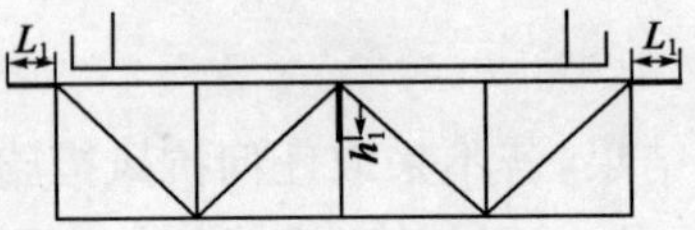	$h_1=1.28\text{m}, h_2=2\text{m}$

3.3 颤振稳定的气动措施

试验结果见表 3。由表 3 可见，方案 7 和方案 8 可以解决颤振稳定问题。

节段模型颤振试验结果　　表 3

风攻角(°)	试验临界风速(m/s)								颤振检验风速(m/s)
	方案 1	方案 2	方案 3	方案 4	方案 5	方案 6	方案 7	方案 8	
−5						>70.4	>70.4	66	53.2
−3	>70.4	>70.4	>70.4	66	57.2	>70.4	>70.4	>70.4	53.2
0	50.6	66	66	48.4	39.6	>70.4	>70.4	66	53.2
3	37.4	17.6	39.6	41.8	33.0	>70.4	>70.4	>70.4	53.2
5						48.4	>70.4	61.6	53.2
方案是否满足稳定要求	否	否	否	否	否	否	是	是	

3.4 气动措施小结

上下稳定板可有效提高本桥抗风性能，在湖南矮寨桥也有应用。但由于本桥为二级公路桥梁，按双车道设计，不具备上下行分离条件。设置上稳定板后将形成左右分幅，不具备超车和紧急情况下交通疏散，对使用功能有一定的影响。且加上人行道护栏和车行道护栏，将仅 15m 宽的桥面分割成四个狭长的空间，造成桥面空间感很差。方案 8 采用组合措施，下稳定板可提高 0 度和负攻角情况下的颤振临界风速，而水平翼板和车行道栏杆加高并局部封闭可提高正攻角情况下的颤振临界风速，该方案解决了方案 7 存在的缺陷，车行道栏杆加高并局部封闭改变纵向风场具有独特性，也是本桥抗风措施的创新，故方案 8 为本桥采用的气动抗风措施，具体见图 11。

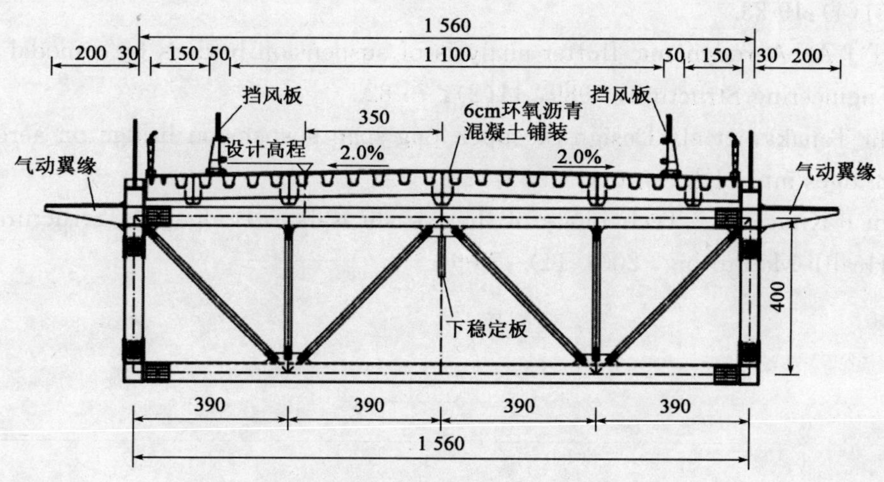

图 11 刘家峡大桥采用的气动措施(尺寸单位:cm)

4 结语

刘家峡大桥桥面宽度在国内同规模桥梁中最窄,主缆重力刚度低,对于桥面较窄的桁式加劲梁悬索桥,抗风问题较为突出,本文从结构措施和气动措施两方面分别研究了刘家峡大桥颤振稳定问题。主缆线形和应力水平、加劲梁梁高和梁宽以及张拉风缆都会影响桥梁临界风速,但效果并不理想,通过引入用钢量经济性指标进行优化计算后发现,若仅通过结构措施解决超窄桥面桁式加劲梁悬索桥的抗风颤振稳定问题是不经济的,应结合气动措施进行抗风方案优化。本文提出了 8 种气动措施方案,并进行了风洞试验研究,以选取最合理的抗风稳定措施。试验结果表明,设置上下稳定板是解决钢桁梁悬索桥颤振稳定不足最理想的方式,但由于刘家峡大桥不具备上下行分离的条件,最终采用了下稳定板+上导流板+栏杆局部封闭的组合方案,不仅解决了本桥的气动稳定,也未影响桥梁的使用功能,该桥的气动稳定措施的研究可为我国山区峡谷地区大跨度悬索桥梁的建设提供参考和借鉴。

参 考 文 献

[1] Zhang Xinjun, Sun Bingnan, Xiang Haifan. Nonliear aerostatic and aerodynamic analysis of long-span sunpension bridges considering wind-structure interactions[J]. Journal of Wind Engineering and Industrial Aerodynamics, 2002, 90(9): 1065-1080.

[2] 陈艾荣,宋锦忠.镇江扬州长江大桥抗风性能研究报告[R].同济大学土木工程防灾国家重点实验室,2000.

[3] 李国豪.桥梁结构稳定与振动[M].北京:中国铁道出版社,2003.

[4] Van der put rigidity of structures against aerodynamic forces. IABSE, 1976.

[5] 华旭刚,陈政清.一种基于 ANSYS 的颤振频域分析方法[C].第 12 届全国结构风工程会议.西安:长安大学,2005:517-525.

[6] Agar T J A. Aerodynamic flutter analysis of suspension bridges by a modal technique [J]. Engineering Structure, 1989, 11(2): 75-82.

[7] 祝志文,汪志昊,陈政清.三汊矶大桥颤振稳定性的风洞试验与研究[J].中南公路工程,

2006,31(4):19-23.

[8] Agar T J A. Aerodynamic flutter analysis of suspension bridges by a modal technique [J]. Engineering Structure, 1989, 11(2): 75-82.

[9] Hiroshi Tanaka, et al. Design of super-long-span suspension bridge on aerodynamics [J]. Bridges into 21th century, 1995:729-737.

[10] Makot o Kitagawa . Technology of the Akashi Kaikyo Bridge[J]. Structural Control and Health Monitoring, 2004(11) :75-90.

125. 一种新型抗风水下阻尼系统风洞试验研究

李有为[1]　卿前志[2]　张志田[3]
(1. 中交二航局四公司;2. 上海市政工程设计研究院;3. 湖南大学)

摘　要:本文提出了一种可大幅提高大跨度悬索桥抗风稳定性的阻尼装置——抗风水下阻尼系统。并以某悬索桥为背景,进行了1∶50缩尺节段模型风洞试验,对不同扭弯频率比节段模型进行了颤振稳定性试验研究。试验结果证实,水下阻尼系统能大幅提高不同扭弯频率比下悬索桥的颤振临界风速。且对水下阻尼器进行的参数化试验测试表明,较小规模的水下阻尼系统就已能使所研究桥梁满足颤振检验风速的要求。

关键词:大跨度悬索桥　抗风稳定性　水下阻尼系统　试验研究

1　引言

随着杭州湾大桥、西堠门大桥等一些跨海工程的成功建设,我国的桥梁工程已经进入跨海工程的新时期。在21世纪上半叶,规划中的琼州海峡大桥及舟山连岛工程等一大批跨海工程将有可能付诸工程实践。为避开海洋超深水基础,超大跨度将成为跨海大桥的理想选择。如已建成的日本 Akashi-Kaikyo 海峡大桥主跨达 1 991m,将要建设的意大利 Messina 海峡大桥主跨达到 3 300m 。而随着桥梁跨度的增大,桥梁结构刚度减弱,这使风致振动特别是颤振稳定性对桥梁安全性的影响更加重要。再加上来自海上台风的威胁,未来超大跨跨海大桥的建设将必然面临更高的抗风稳定性要求[1]。

自1940年美国 Tacoma 大桥发生风毁事故起,许多工程师就开始了桥梁抗风的研究,经过60多年的努力,国际风工程界在桥梁抗风理论研究和工程实践方面都取得了很大的成就[2]。目前,大跨桥梁的颤振控制研究主要有结构措施、空气动力学措施和机械阻尼措施三个方向。结构措施方面,主要做法是尽量采用抗扭刚度较大的加劲梁,如钢桁梁、钢箱梁,以及设置交叉吊索系统、空间缆索系统或垂直与水平索的联合系统等[3];空气动力学措施的一般做法有改善桥梁断面外形、设置中央稳定板、中央开槽及采用分离式桥面等,如日本 AkashiKaikyo 悬索桥就在桥面下设置了中央稳定板,以提高桥梁的颤振临界风速[4];机械阻尼措施主要通过安装调谐质量阻尼器来间接提高桥梁结构阻尼,特别是对于低阻尼钢箱梁的控制效率比较好[5]。大量的工程实践证实了这些研究在控制大跨桥梁气动稳定性方面的积极意义。

作者提出一种新的桥梁抗风措施——抗风水下阻尼系统,并以某悬索桥为背景,在湖南大学风工程实验研究中心 HD-2 号风洞第一试验段进行了 1∶50 缩尺节段模型试验，分别以 4 种不同的扭弯频率比进行了节段模型颤振试验研究，证实了抗风水下阻尼系统对提高大跨桥梁颤振稳定性的显著效果。

2 水下阻尼系统整体设计及工作原理

2.1 整体设计

抗风水下阻尼系统由一系列通过柔性吊索悬挂在大跨桥梁加劲梁的适当位置并沉没于水中的大面积薄板结构组成。薄板结构埋置于水中一定深度以避开海浪的影响。

抗风水下阻尼系统可根据桥梁实际情况进行布置，工作状态下其整体布置如图 1 所示，非工作状态下其整体布置如图 2 所示。

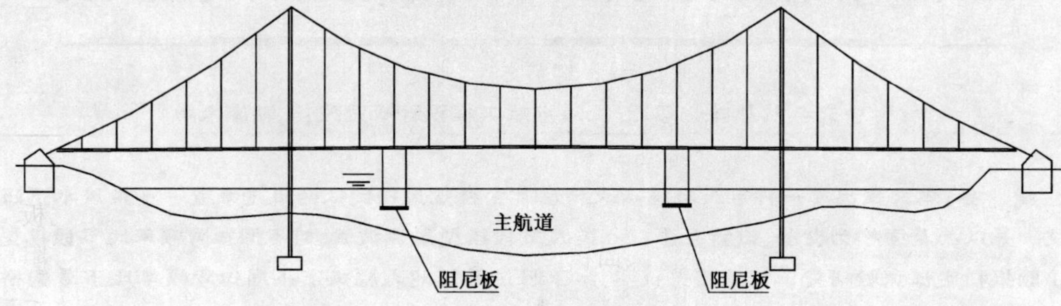

图 1 阻尼系统工作状态下整体布置示意图

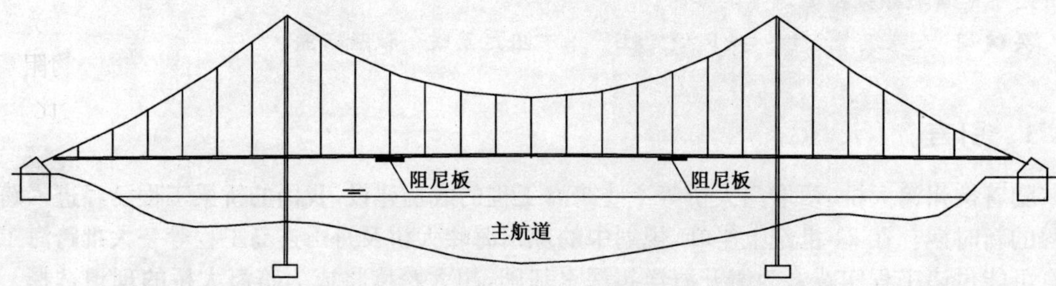

图 2 阻尼系统非工作状态下整体示意布置图

2.2 工作原理

抗风水下阻尼系统的基本工作原理是：当大跨桥梁的加劲梁在强风作用下发生竖向振动或扭转振动时，将通过柔性吊索带动浸在水中的阻尼板以一定速度竖向运动。因阻尼板被设计成面积很大的薄板结构，在水中运动时将耗散巨大能量，并产生强大阻力来抑制加劲梁振动，从而大幅提高桥梁的颤振临界风速，提高桥梁在风荷载作用下的颤振稳定性。

因一般情况下超强台风均有预报，而超强台风到来时，桥位会禁航，为充分发挥阻尼系统作用，并尽量减小其对通航的影响，可将阻尼系统设计成可收放机构。即，一般情况下，将阻尼板提升至钢梁底面(图 2)，不对通航造成威胁；当得到台风预警后，在适当时候将阻尼板通过设置于钢梁内的传动机构放入水中(图 1)，用以抵抗强风作用。

3 节段模型颤振风洞试验

3.1 工程背景资料

某悬索桥主跨为 1 176m，主缆矢跨比为 1∶9.6，两主缆中心距为 27m，加劲梁采用钢桁梁方案，梁高 7.5m，桁架节间距 7.25m。本项目以该桥梁为背景，展开试验研究。

3.2 颤振试验节段模型设计

节段模型按 1∶50 的缩尺比采用铝合金材料制作。根据几何、边界和刚度等相似性要求，确定出实桥主要参数与节段模型主要参数的一一对应关系，见表 1[6]。

颤振试验节段模型主要参数 表 1

参数	实桥值	相似比	模型值
L(m)	77.0	$\lambda_L=1:50$	1.54
B(m)	27.0	$\lambda_L=1:50$	0.54
H(m)	7.5	$\lambda_L=1:50$	0.15
M(kg/m)	30 165	$\lambda_m=1:50^2$	20.6
J_m(kg·m²/m)	3 085 095	$\lambda_J=1:50^4$	0.493 6
ξ_h(%)	1	$\lambda_\xi=1$	0.7
ξ_t(%)	1	$\lambda_\xi=1$	0.35

3.3 阻尼板形状设计

从力学原理来看，为最大程度发挥抗风水下阻尼系统对桥梁颤振的抑制效果，阻尼板设计时应尽量考虑扩大其面积矩，即应使其面积分布尽量远离桥梁的中轴线。为此，作者将阻尼板设计成哑铃形。而且为充分发挥其工作性能，对阻尼板设计了单向开孔。每个阻尼器共设有 32 个孔，孔被设计成正方形，且每个孔上都设计了单向合页，该合页在阻尼板向上运动时闭合，向下运动时开启。如图 3 所示为阻尼板平面图，其中 B 为加劲梁宽度，a_1、a_2、b、b_0 为阻尼板尺寸。如图 4 所示为阻尼板模型，各设计参数见表 2。如图 5 所示为试验时制作的阻尼板模型系列。水下阻尼系统的主要设计指标有阻尼板的面积分布率、开孔率和阻梁质量比。

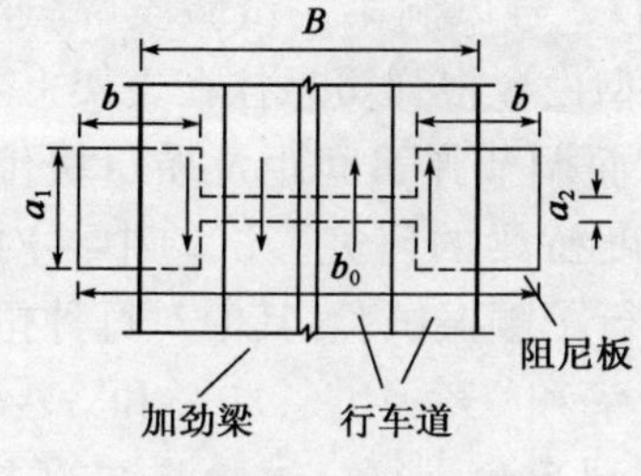

图 3 阻尼板平面图

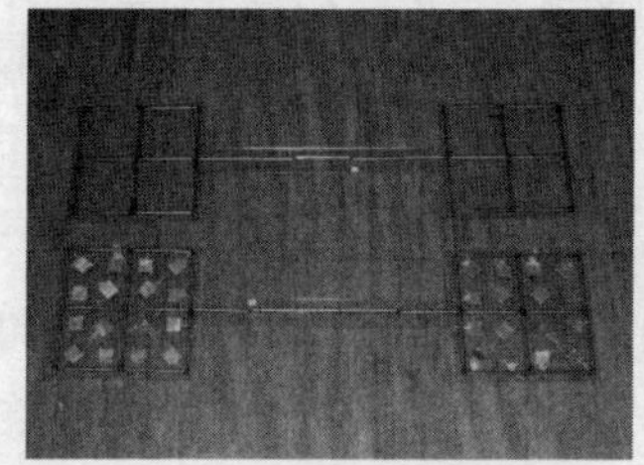
图 4 哑铃形阻尼板模型

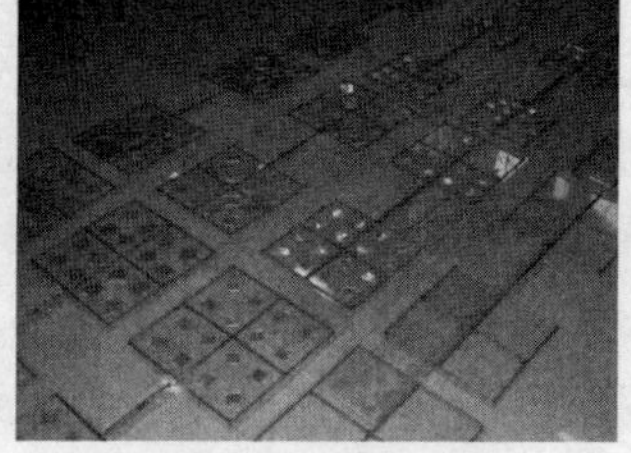
图 5 阻尼板模型系列

阻尼板参数 表 2

编号	a_1(m)	a_2(m)	b(m)	b_0(m)	A(m²)	λ(%)	K(%)	M(kg)	M_0(kg)	β(%)
1	0.195	0.04	0.195	0.735	0.09	10.82	0	0.803	0.444	2.16
2	0.195	0.04	0.195	0.735	0.09	10.82	10	0.769	0.441	2.14
3	0.195	0.04	0.195	0.735	0.09	10.82	20	0.743	0.442	2.15
4	0.195	0.04	0.195	0.735	0.09	10.82	30	0.696	0.434	2.11
5	0.264	0.04	0.264	0.804	0.15	18.04	0	1.288	0.752	3.65
6	0.264	0.04	0.264	0.804	0.15	18.04	10	1.349	0.746	3.62
7	0.264	0.04	0.264	0.804	0.15	18.04	20	1.222	0.756 5	3.67
8	0.264	0.04	0.264	0.804	0.15	18.04	30	1.302	0.813 5	3.95

面积分布率由阻尼板的面积大小控制。所谓面积分布率是指所有阻尼板的总面积与桥梁加劲梁的垂直投影面积的比值，用λ表示。即：

$$\lambda = \frac{\text{所有阻尼板的总面积}}{\text{加劲梁总投影面积}} \tag{1}$$

开孔率由阻尼板上孔的大小控制。所谓开孔率是指阻尼板的开孔面积与阻尼板的面积的比值，用K表示。即：

$$K = \frac{\text{阻尼板的开孔面积}}{\text{阻尼板的面积}} \tag{2}$$

阻梁质量比由阻尼板的重力与浮力差值控制。所谓阻梁质量比是指阻尼系统的净质量与加劲梁质量的比值，用β表示。其中净质量是指所有阻尼板及吊索的质量之和M扣除与其浸没水中部分等体积的水的质量后的值，用M_0表示。即：

$$\beta = \frac{\text{阻尼系统的净质量}}{\text{加劲梁的质量}} \tag{3}$$

3.4　试验室水环境模拟

设计时尽可能考虑将阻尼板布置在海水较深处，以使其免受表面海浪冲击的影响。基于海洋潜流不会给阻尼板的工作产生过大的不利影响，为简化试验，试验室中用静水模拟实际海洋水环境。设计时作者通过在木制槽形结构物上铺设不透水雨布，制作水槽。在该水槽中注入0.2m深的水以模拟海洋水环境。为减小水槽对边界风洞风速分布的影响，在水槽的迎风侧设计了斜劈形边界过渡。水槽加盖有机玻璃板盖，以尽量消除风对水槽中水的影响。试验室中水槽结构如图6所示。

3.5　节段模型颤振风洞试验

节段模型颤振风洞试验在湖南大学风工程试验研究中心HD-2号风洞第一试验段(高速试验段)中进行，该试验段风洞宽度为3m，高度为2.5m。节段模型由8根弹簧悬挂在支架上，形成二自由度振动系统。通过保持弹簧的刚度及拉伸长度不变，而调节弹簧间距及质量块位置来控制桥梁扭弯频率比以及等效扭转质量，以实现对不同跨度桥梁的研究。试验中共对3.0、2.5、2.0和1.5 4种不同的扭弯频率比情况下的节段模型进行了颤振试验，其中对每种扭弯频率比，都完成了包括0%、10.82%和18.04% 3种面积分布率和0%、10%、20%和30% 4种开孔率共12个试验工况，所有试验工况都在均匀流场中以0°风攻角进行。试验测试的主要内容为颤振临界风速。如图7所示为装上阻尼装置后的模型全貌。表3所示为4种不同扭弯频率比情况下的相关试验参数。

图6　水槽结构

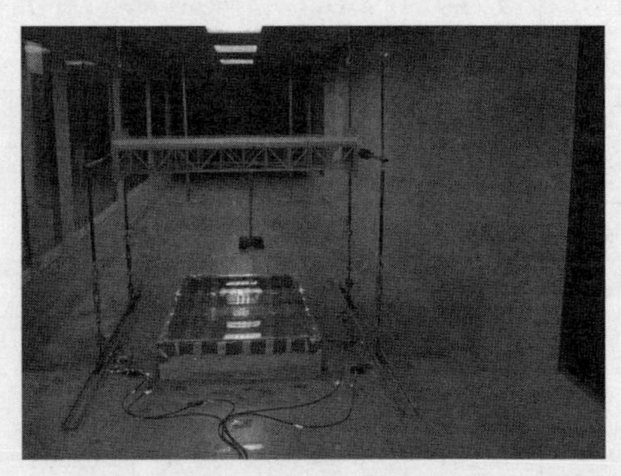

图7　装上阻尼装置后模型全貌

不同扭弯频率比情况下的相关试验参数 表 3

	$f_t/f_h=3.0$	$f_t/f_h=2.5$	$f_t/f_h=2$	$f_t/f_h=1.5$
竖弯频率(Hz)	0.095 2	0.095 2	0.095 2	0.095 2
扭转频率(Hz)	0.282 2	0.238	0.190 4	0.142 8
扭弯频率比	3.0	2.5	2.0	1.5
模型质量(kg)	20.6	20.6	20.6	20.6
弹簧间距(m)	1.246	1.050	0.840	0.630
风速比	3.704	3.584	3.362	3.324

4 风洞试验结果及分析

4.1 节段模型颤振试验结果

本文所采用的作为研究背景的某大桥的扭弯频率比为 $f_t/f_h=3.0$，即为试验中 $f_t/f_h=3.0$ 的情况。其颤振检验风速为 51.5m/s，由于不加任何气动稳定性措施时不能满足颤振检验风速的要求，该大桥实际采用的是空气动力学措施，即设置分离式中央稳定板(上稳定板高 0.5m、下稳定板高 1m)，并辅之以封槽的气动措施。在 0°风攻角时测得的颤振临界风速为 70.65 m/s[6]。

去掉该大桥气动措施，设置本文所提出的抗风水下阻尼系统后，节段模型颤振风洞试验测得并换算到实桥后的颤振临界风速及增幅分析，见表 4。其中增幅是指设置抗风水下阻尼系统后相对于不设该系统前的颤振临界风速增幅，即：

$$\text{增幅}=\frac{U_{cr}-U_{cr,0}}{U_{cr,0}}\times 100\% \tag{4}$$

颤振试验测试结果 表 4

编号	面积分布率 λ(%)	开孔率 K(%)	阻梁质量比 β(%)	扭弯频率比							
				$f_t/f_h=3.0$		$f_t/f_h=2.5$		$f_t/f_h=2$		$f_t/f_h=1.5$	
				U_{cr}(m/s)	增幅(%)	U_{cr}(m/s)	增幅(%)	U_{cr}(m/s)	增幅(%)	U_{cr}(m/s)	增幅(%)
0	0	—	—	40.4	—	45.9	—	49.8	—	25.2	—
1	10.82	0	2.16	91.9	127.5	102.1	122.4	78.0	56.6	60.5	140.1
2	10.82	10	2.14	97.8	142.1	96.4	110.0	84.4	69.5	70.1	178.2
3	10.82	20	2.15	90.7	124.5	99.6	117.0	78.3	57.2	73.8	192.9
4	10.82	30	2.11	94.5	133.9	92.8	102.2	81.0	62.7	67.8	169.0
5	18.04	0	3.65	>110.7	>174.0	106.4	131.8	>100.5	>101.8	71.5	183.7
6	18.04	10	3.62	>111.1	>175.0	106.8	132.7	100.2	101.2	75.8	200.8
7	18.04	20	3.67	>111.1	>175.0	98.9	115.5	>100.5	>101.8	96.7	283.7
8	18.04	30	3.95	>110.0	>172.3	107.5	134.2	86.7	74.1	99.1	293.3

4.2 试验结果分析

受模型制作材料限制，试验中阻尼板模型的阻梁质量比 β 最大值达到 3.95%，在工程实践中应该尽量降低阻梁质量比。在本文试验分析时，暂不考虑阻尼板质量对桥梁颤振临界风速的影响。

从表 4 可以看出，在扭弯频率比 $f_t/f_h=3.0$ 的情况下，阻尼板面积分布率为 10.82% 的阻尼措施，测得的最低颤振临界风速为 90.7 m/s，远远超过不设阻尼措施时的 40.4m/s，增幅达 124.5%，远远超过 51.5m/s 的颤振检验风速，增幅达 76.1%，也远远超过相同扭弯频率比情况下设置中央稳定板后的 70.65 m/s，增幅达 28.4%，效果非常明显。

从表 4 还可以看出，在设置抗风水下阻尼系统后，各种扭弯频率比情况下桥梁的颤振临界风速都有大幅度提高。举阻尼板面积分布率为 10.82%、开孔率为 0% 的情况为例，扭弯频率比为 3.0、2.5、2.0 和 1.5 时，与不设阻尼措施前相比，桥梁的颤振临界风速增幅分别达到 127.5%、122.4%、56.6% 和 140.1%。

纵比阻尼板面积分布率分别为 10.82% 和 18.04% 的情况，容易发现，在其他参数相同的情况下，颤振临界风速随阻尼板面积分布率的增大呈增加趋势。

就开孔率分析，在阻尼板面积分布率相同的情况下，不同扭弯频率比情况下的颤振临界风速变化规律不尽相同，而且，仅在开孔率不同而其他参数相同的情况下，颤振临界风速相差不大。

5 结语

通过试验及以上分析，可以得出以下结论：

(1)设置抗风水下阻尼系统后，能大幅提高不同扭弯频率比情况下大跨桥梁的颤振临界风速，该阻尼系统对不同的桥梁扭弯频率比有较好的适应性。

(2)抗风水下阻尼系统的抗风减振效果，与阻尼板的面积分布率密切相关。阻尼板面积分布率越大，颤振临界风速越高，抗风减振效果越好。从本文所取得的试验数据来看，面积分布率为 10% 左右的水下阻尼措施即能显著提高桥梁的颤振临界风速，已能够满足一般的抗风要求。这说明，抗风水下阻尼系统是一种十分有效的阻尼措施，能有效地提高桥梁系统的结构阻尼，从而提高其气动稳定性。在具体工程中，采用多大规模的水下阻尼措施，可在考虑经济性、通航要求后，通过参数化的试验研究确定。

(3)在桥梁扭弯频率比相同的情况下，与空气动力学措施相比，抗风水下阻尼系统的抗风性能有一定的优势。

(4)从试验研究结果来看，单向开孔的开孔率对抗风水下阻尼系统的阻尼效果并无十分明显的影响。下一步可考虑对开孔但不设孔盖的阻尼器工作性能作进一步研究。

(5)本文中节段模型试验中的桥梁节段相当于实桥中没有约束的桥梁跨中段。理论上分析，如果考虑桥塔对加劲梁的约束作用，抗风水下阻尼系统的实际效果应该会比节段模型试验效果更好。

参 考 文 献

[1] 项海帆. 进入 21 世纪的桥梁风工程研究[J]. 同济大学学报，2002，30(5)：529-532.

[2] 项海帆，等. 现代桥梁抗风理论与实践[M]. 北京：人民交通出版社，2005.

[3] Astiz M A. Wind related behaviour of alternative suspension systems A[C]. Proc. 15th Congress IABSE, Copenhagen , Denmark , 1996.

[4] Walshe D E , Twidle G G ,Brown W C. Static and dynamic measurements on a model of

a slender bridge with perforated deck A[C]. Proc. Int. Conf . on the Behaviour of Slender Structures, London , England , 1977.

[5] Gu M , Chang C C, Wu W ,et al. Increasing of critical flutter wind speed of long-span bridges using tuned mass dampers[J]. J of W E IA, 1998, 73.

[6] 湖南大学风工程试验研究中心.矮寨大桥悬索桥抗风与抗震研究之二:节段模型风洞试验及气动措施研究报告[R].长沙:湖南大学,2006.

126. 典型桥梁截面的风阻系数差异分析

陈　斌[1]　戴天帅[1,2]　孙中洋[1,2]

(1. 招商局重庆交通科研设计院有限公司桥梁工程结构动力学国家重点实验室；
2. 重庆交通大学)

摘　要：桥梁的抗风能力是影响大跨度桥梁设计的一个重要因素，作为桥梁抗风性能的一个最基本参数——主梁截面的风阻系数，因截面形式的不同、截面附属设施的不同而存在较大的差异，而桥梁抗风设计规范里仅给出了一个与截面宽高比相关的经验公式，虽然其具有一定的安全储备，但对于以风荷载控制设计的桥梁结构，其对桥梁截面的选型将带来较大的误差，将直接影响到整个大桥的各项结构静力设计指标确定。本文采用CFD方法，对多种典型桥梁截面，不同状态下的风阻系数进行计算分析，结合规范的推荐公式对其差异进行定量分析，旨为大跨度桥梁设计选型，特别是工程可行性研究阶段的主梁截面选型计算提供较为准确的风阻系数选取依据(参考)。

关键词：阻力系数　桥梁断面　数值模拟

1　引言

桥梁是存在于地球表面大气边界层内的建筑物，不可避免地会受到风的作用。随着桥梁理论的不断进步和施工技术的不断提高，桥梁结构形式向轻型化、长大化发展[1]，由于其对风的作用很敏感，风荷载逐渐成为桥梁设计的主要控制荷载，因此对主梁断面的气动性的研究尤为重要。然而静力三分力系数是气动性能研究的基础，其对断面形状很敏感，要想通过风洞试验研究所有桥梁断面的三分力系数费用高、周期长。但如果仅仅依据桥梁抗风设计规范给出的一个与截面宽高比相关的经验公式，虽然其具有较大的安全储备，但对于以风荷载控制设计的桥梁结构，其对桥梁截面的选型将带来较大的误差。计算流体动力学的发展给风工程研究提供了一种可能替代物理风洞试验的手段，即数值模拟[2]。为此，本文选取大跨径桥梁典型断面中常见的流线型箱梁、Π型断面以及分离式双边箱。采用CFD对桥梁典型断面数值模拟，分析不同工况下阻力系数的变化情况。本文数值模拟均采用大缩尺比模型，模型尺寸见表1。

基金项目：交通运输部科技项目(2011318824140)。

模型尺寸(单位:mm) 表1

类　型	流线型中央开槽		Ⅱ型断面		分离式双边箱	
	施工状态	成桥状态	施工状态	成桥状态	施工状态	成桥状态
宽	500		306		243	
高	40	60	27	36	21	30
宽/高	12.5	8.5	11	8.5	11.5	8

三分力系数是描述主梁所受静风荷载的一组无量纲参数。它反映了作用于主梁上的阻力、升力、升力矩与主梁截面形式的固有联系。风洞试验一般可测出三分力系数在±10°区间的变化曲线,本文从设计应用的角度采用CFD数值模拟±5°区间的风轴阻力系数的变化情况。

2　几何模型的建立和网格的划分

2.1　计算区域选择

数值模拟往往采用大缩尺比模型。为了避免流体产生的分离涡在断面后方打到边界上反射回来,同时也使外边界附近的流场参数分布能够较好的与所提的边界条件相容,确保计算得到很好的收敛结果,计算区域取 $13B \times 30D$ 的矩形区域(B 为模型断面宽、D 为断面高)。计算区域尺寸如图1所示。

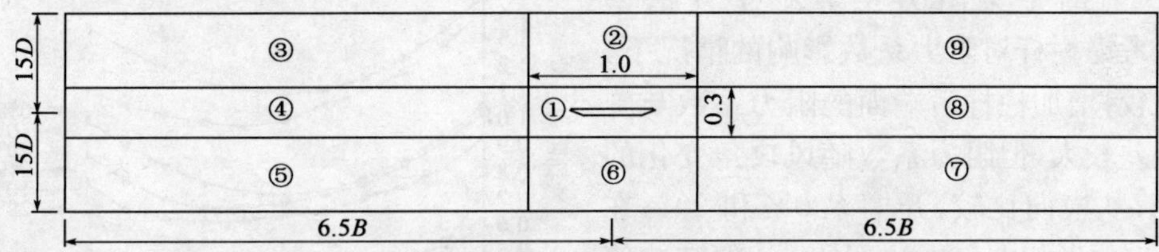

图1　计算区域示意图(尺寸单位:m)

2.2　网格划分

建模时为了使湍流边界层内的流场便于识别,在绕物体周围1.2m×0.3 m的范围内采用四边形非结构性网格,其他区域采用四边形结构性网格。为了适应复杂的边界条件,近壁区网格的高度都小于2mm。

2.3　湍流模型及边界条件

本文选取标准 k-ε 湍流模型。流体进口边界条件设为速度边界条件,速度 U=10m/s;流体出口边界条件设为0压力的出口边界条件;主梁四周则采用无滑移的壁面条件;上下边界取对称边界条件。

3　阻力系数数值模拟结果

3.1　流线型中央开槽断面阻力系数的数值模拟

流线型断面是大跨径桥梁常用的断面,近些年来国内外学者研究了流线型箱梁中央开槽对气动性能的影响,很多研究结果也证明,适当的开槽能有效提高颤振临界风速,提高桥梁的颤振稳定性能。曹丰产[3]在研究中发现:在桥梁流线型箱梁断面中央开槽能够有效的提高临界颤振风速。但国内外学者对阻力系数受开槽率的影响研究的比较少。本文选取3种开槽率(开槽宽度/断面的全宽),分别为0%(传统流线形箱梁)、10%和20%。采用CFD数值模拟研究中央开槽对阻力系数的影响。流线形施工状态和成桥状态的几何尺寸如图 2 所示。

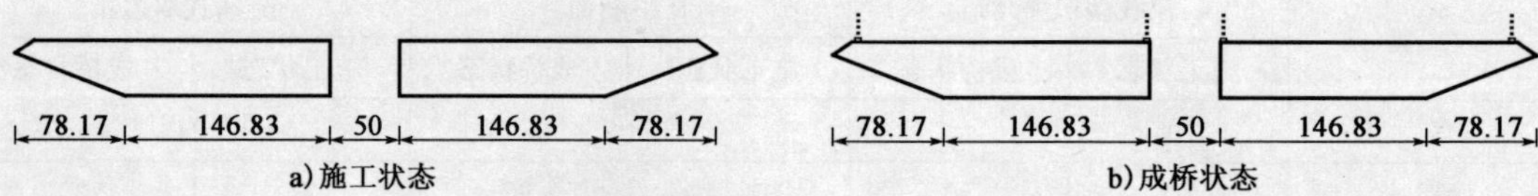

图 2 流线形断面模型(尺寸单位:mm)

表 2 给出了流线型主梁 6 种计算工况下(施工、成桥状态、不同开槽率)数值模拟方法得到的阻力系数随风攻角变化的结果。

风轴阻力系数数值模拟值　　表 2

风攻角(度)		−5	−4	−3	−2	−1	0	1	2	3	4	5
施工	0%	0.7213	0.5296	0.4666	0.4082	0.3759	0.3659	0.3673	0.3796	0.4068	0.4504	0.5175
	10%	1.0255	0.9168	0.8284	0.7597	0.7143	0.6818	0.6692	0.6631	0.6968	0.7696	0.8699
	20%	0.932	0.8611	0.7496	0.7347	0.6516	0.6422	0.6192	0.6144	0.6269	0.6639	0.7653
成桥	0%+栏杆	1.0547	0.9391	0.8489	0.7759	0.7324	0.7134	0.7267	0.7632	0.8247	0.9035	1.0007
	10%+栏杆	1.4673	1.3391	1.2352	1.157	1.1135	1.0977	1.1124	1.1403	1.1915	1.2653	1.3527
	20%+栏杆	1.4058	1.2845	1.1839	1.105	1.059	0.9962	0.9756	0.9904	1.0161	1.0566	1.1099

从图 3 阻力系数随风攻角变化的曲线可以看出,流线形箱梁中央开槽对阻力系数影响较大,开槽后阻力系数较原来增加至少 1 倍;而开槽率 20% 的主梁阻力系数小于开槽率 10%。在考虑栏杆对阻力系数影响的情况下,从纵向比较,增加栏杆后端面的阻力系数与施工状态相差较大,但阻力系数随风攻角变化的幅度不变;从横向比较,开槽率 0% 和 20% 在风攻角 −5°两者相差较大达到 40%,但其差值对着攻角由负到正的变化逐渐减小,开槽率 10% 和 20% 在风攻角 −5°两者相差较小,但其差值对着攻角由负到正的变化逐渐变大。

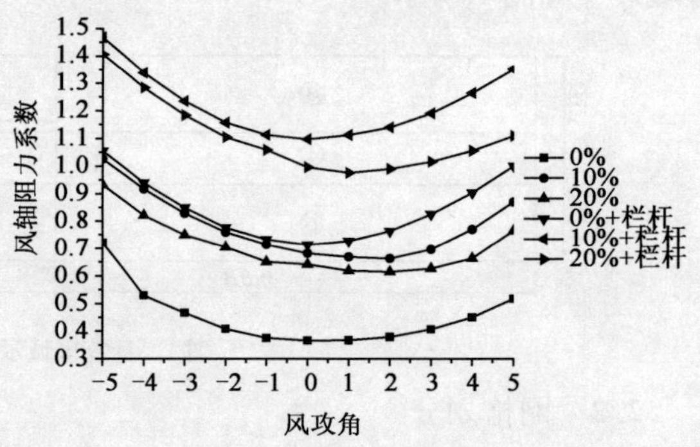

图 3 阻力系数随风攻角变化

3.2 Π形主梁阻力系数数值模拟

Π形主梁又称预应力混凝土肋板式主梁,常用于中小跨径的斜拉桥。Π形主梁最常用形式有梁肋在两端和梁肋在距端部一段距离 2 种。本文主要研究这两种断面,分别模拟施工状态和成桥状态的阻力系数,成桥状态仅考虑了栏杆的影响,其他附属实施没有考虑。Π形断面施工状态和成桥状态的几何尺寸如图 4 所示。

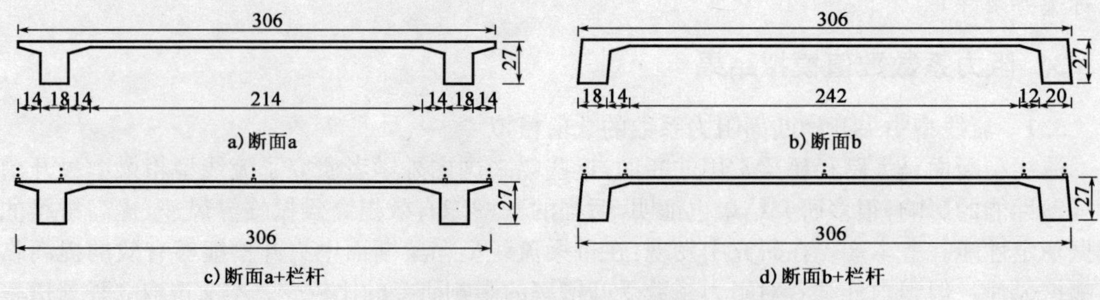

图 4 Π形断面模型(尺寸单位:mm)

表 3 给出了Ⅱ形主梁 4 种计算工况数值模拟方法得到的阻力系数随风攻角变化的结果。

Ⅱ形主梁风轴阻力系数数值模拟值 表 3

风攻角(度)	−5	−4	−3	−2	−1	0	1	2	3	4	5
断面 a	2.015 8	1.882 7	1.794 2	1.728	1.677	1.688 8	1.752 4	1.849 1	2.017 1	2.219 3	2.471 5
断面 b	2.056 0	1.937 4	1.822 6	1.730 1	1.678 6	1.674 8	1.737 4	1.866 9	2.054 9	2.292 9	2.547 2
断面 a+栏杆	2.282 7	2.173 8	2.062 9	1.979 5	1.936 8	1.907 7	1.991 0	2.004 2	2.134 5	2.298 0	2.467 0
断面 b+栏杆	2.351 2	2.190 5	2.082 8	1.978 6	1.922 2	1.901 4	1.921 8	2.035 6	2.186 6	2.366 9	2.554 4

图 5 阻力系数随风攻角变化

从图 5 阻力系数随攻角变化的曲线可以看出。断面 a 与断面 b 的阻力系数在攻角－2°～2°之间阻力系数大致相同，除此之外随着攻角的增加断面 b 和断面 a 的阻力系数相差变大，但差值始终小于 2%，可知梁肋位置对阻力系数的影响可以忽略不计。在考虑栏杆对阻力系数影响的情况下，从纵向比较，考虑栏杆后阻力系数在攻角－5°时影响最大，两者相差值达到 10%，其差值对着攻角由负到正逐渐减小，在攻角＋5°时其差值可以忽然不计；从横向比较，断面 a 与断面 b 在攻角－4°～2°之间相差不大，除此之外随着风攻角的增加断面 a 比断面 b 的阻力系数相差越来越大。

3.3 分离式双边箱梁阻力系数数值模拟

本节主要研究分离式双边箱梁常见的 2 种断面，分别模拟施工状态和成桥状态的阻力系数，成桥状态仅考虑了栏杆的影响，其他附属实施没有考虑。分离式双边箱断面施工状态和成桥状态的几何尺寸如图 6 所示。

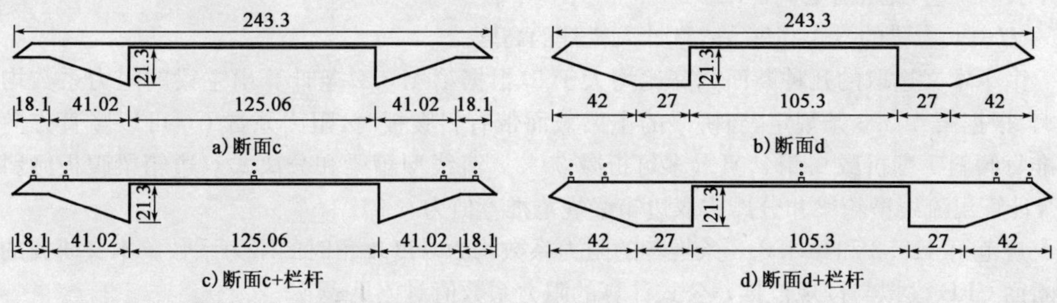

图 6 分离式双边箱梁模型(尺寸单位:mm)

表 4 给出了分离式双边箱主梁 4 种计算工况数值模拟方法得到的阻力系数随风攻角变化的结果。

从图 7 阻力系数随风攻角变化的曲线可以看出，断面 c 与断面 d 在 0°时两种断面阻力系数相差最小，风攻角越大差距越大。考虑栏杆后，从纵向比较来看，断面 c 和 d 的阻力系数较未考虑栏杆大 50%，考虑栏杆前后两者随风攻角变化的幅度相同；从横向比较，在－5°断面 c

阻力系数比断面 d 大 30%，但随着风攻角由负转正两者差值越来越小。

分离式双边箱主梁风轴阻力系数数值模拟值　　表 4

风攻角(度)	−5	−4	−3	−2	−1	0	1	2	3	4	5
断面 c	1.082 3	0.973 8	0.883 3	0.804 1	0.754 2	0.738 3	0.744 9	0.791 7	0.860 8	0.937 9	1.051 7
断面 d	0.867 9	0.787 5	0.730 4	0.695 5	0.674 7	0.674 1	0.685 4	0.714 7	0.770 1	0.809 1	0.901 5
断面 c+栏杆	1.547 3	1.444 5	1.355 4	1.274 8	1.213 1	1.192 8	1.179 2	1.212 9	1.292 3	1.378 7	1.526 1
断面 d+栏杆	1.277 5	1.208 6	1.134 5	1.118 1	1.092 4	1.060 4	1.077 9	1.119 5	1.197 2	1.290 4	1.422 9

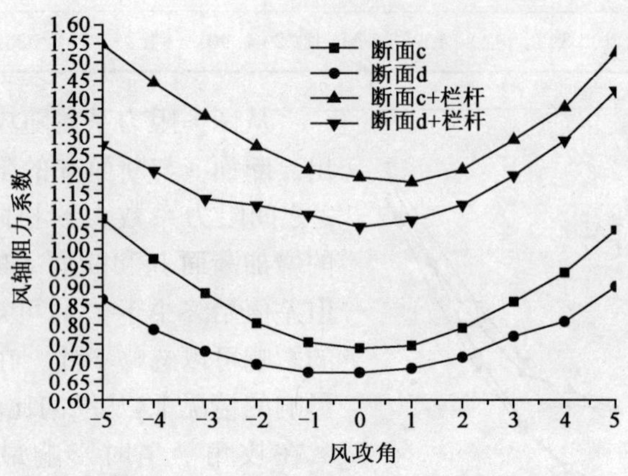

图 7　阻力系数随风攻角变化

4　阻力系数差异性分析

我国《公路桥梁抗风设计规范》(JTG/T D60-01—2004)中，第 4.3.2 条规定“工”形、“Π”形或箱形截面主梁的阻力系数 C_H 可按下式计算如下：

$$C_H=\begin{cases}2.1-0.1\left(\dfrac{B}{H}\right) & 1\leqslant\dfrac{B}{H}<8\\ 1.3 & 8\leqslant\dfrac{B}{H}\end{cases}$$

式中：B——主梁断面全宽，m；

H——主梁的投影高度，m，宜计入栏杆的高度。

由于本文选取的几种断面宽高比均大于 8，根据第 4.3.2 条计算出主梁的阻力系数均为 1.3。根据第 4.3.3 条规定，当桥梁的主梁截面带有斜腹板时，阻力系数 C_H 可以竖直方向为基准每倾斜 1 度折减 0.5%，且最多可折减 30%。流线型箱梁和分离式双边箱梁腹板倾斜为 70°，计算出流线型箱梁和分离式双边箱梁规范推荐值为 0.91。

规范第 4.3.2 和第 4.3.3 条推荐的阻力系数均为 0 度攻角时的阻力系数。本文研究的桥梁断面 CFD 模拟与按规范推荐公式计算的阻力系数值对比见表 5。

由表 5 数据可得到以下结论：

(1)传统流线型断面(开槽率为 0%)的成桥状态 CFD 模拟阻力系数较规范推荐值有 20% 的安全储备，但中央开槽后阻力系数较规范推荐值大了 10%；无论传统流线型断面还是中央开槽主梁断面在施工状态主梁的阻力系数值较规范推荐值比，都具有足够的大的安全储备。

(2)2 种 Π 形主梁断面施工状态和成桥状态的 CFD 模拟阻力系数均大于规范推荐值，施工状态时阻力系数比规范值大了 30%，成桥状态时比规范值大了 50%；因此建议在没有风洞试验结果的情况下，宜将按规范计算得到的阻力系数增大 1.3～1.5 倍考虑。

(3)分离式双边箱断面成桥状态的 CFD 模拟阻力系数大于规范推荐值的 30%，因此在没有试验结果的情况下，宜将规范推荐的阻力系数值增大 1.3 倍或不按抗风规范第 4.3.3 条折减。

CFD 模拟与规范推荐阻力系数值对比 表 5

流线型中央开槽	开槽率 0%	开槽率 10%	开槽率 20%	0%+栏杆	10%+栏杆	20%+栏杆
CFD 模拟	0.37	0.68	0.64	0.71	1.10	1.00
规范推荐	0.91			0.91		
Ⅱ形断面	断面 a	断面 b	断面 a+栏杆	断面 b+栏杆		
CFD 模拟	1.69	1.67	1.91	1.90		
规范推荐	1.3		1.3			
分离式双边箱	断面 c	断面 d	断面 c+栏杆	断面 d+栏杆		
CFD 模拟	0.74	0.67	1.19	1.06		
规范推荐	0.91		0.91			

5 结语

采用 CFD 方法进行大跨度桥梁截面气动选型是近几年来桥梁抗风研究的一个新领域，它为大跨度桥梁的抗风设计提供了一种便捷的技术手段，无论是本文采用的通用软件的湍流模型计算，还是离散涡模型计算，目前都只能在定性比较分析方面取得较好的结果，本文试图从定量分析的角度进行 CFD 模拟阻力系数的比较分析，由于选取截面类型数量有限，分析结果可供工程可行性研究阶段的气动选型计算参考，更加合理可靠的结论还需通过大量的计算和试验比较获得。

参 考 文 献

[1] 伊藤学，川田忠树. 超长大桥梁建设的序幕——技术者的新挑战[M]. 第 1 版. 刘健新，译. 北京：人民交通出版社，2002.

[2] 项海帆，陈艾荣. 特大跨度桥梁抗风研究的新进展[J]. 土木工程学报，2003，36(4).

[3] 曹丰产. 桥梁断面中间开槽对颤振稳定性的影响[J]. 同济大学学报，2002，30(5).

127. 基于纤维模型的高墩静风稳定分析

张　行　赵晓华　朱　黎

（武汉理工大学交通学院，道路桥梁与结构工程湖北省重点实验室）

摘　要：在高墩桥梁结构进行非线性稳定分析时，如何精细考虑钢筋和混凝土的材料非线性一直是研究的热点和难点问题，纤维模型将墩柱截面离散为混凝土和钢筋纤维，能实现桥墩材料非线性特性的精确模拟。本文结合龙潭河特大桥工程实例，以墩高为 70m、116m 和 178m 的三个高墩的最大悬臂施工状态为研究对象，进行了横桥向静风作用下的双重非线性稳定分析。分析结果表明，荷载作用下高墩结构通常会在墩底或者墩身其他部位相当长的范围内进入塑性状态，因此，这种情况下采用纤维模型来进行非线性反应分析更为合适。

关键词：高墩　稳定　纤维模型　非线性　风荷载

1　引言

随着桥梁结构跨度的不断增大，其整体和局部刚度下降，桥梁结构的稳定问题显得比以往更为重要。工程实际中，能精确求解大跨桥梁静力稳定问题的唯一方法是有限单元法，而如何建立合理的桥梁结构非线性有限元模型是稳定分析问题的关键。

已有较多的研究者对高墩大跨连续刚构桥的非线性稳定问题进行了研究[1-5]。以往的研究主要采用两种方式来考虑材料非线性，第一种方式是通过在桥墩墩底或者墩身其他关键部位设置塑性铰来考虑材料非线性，关于这一模拟方式艾庆华等[6]通过对常用的五种塑性铰模型进行数值分析和试验数据对比研究，指出塑性铰模型能较好地模拟反复荷载作用下钢筋混凝土桥墩的力-位移滞回曲线，但是会高估桥墩最终破坏时纵筋的拉应变、低估约束混凝土的最大压应变，且对高墩计算的极限曲率偏小，可能会导致偏于不安全的设计结果，因此对于高墩桥梁塑性铰模型的适用性有待深入研究。考虑材料非线性的另一种方式是仅考虑混凝土的材料非线性，这种模拟方式与实际情况有一定的差异。因此对于高墩结构如何恰当地考虑材料的非线性依然是解决非线性稳定问题的关键所在。

纤维模型将墩柱截面离散为混凝土和钢筋纤维，是目前钢筋混凝土构件非线性分析中最为细化且与构件实际受力性能最为接近的分析模型。本文将采用内嵌纤维梁柱模型的 OpenSees 程序，全面模拟桥梁结构的材料非线性，同时计入几何非线性，对龙潭河特大桥墩高分别为 70m、116m 和 178m 的三个高墩的最大悬臂施工状态在风荷载和恒载作用下的非线性稳定性能作出详细的分析。

2 工程概况与建模

2.1 工程概况

龙潭河特大桥，为沪蓉国道上的一座高墩大跨连续刚构桥，主梁采用 106m＋3×200m＋106m 悬臂浇筑连续变截面箱梁，桥墩处梁高 12m，为 70cm 厚的箱形薄壁空心双支墩。桥型布置如图 1 所示。最高墩 178m，其中 178m 墩、170m 墩和 116m 墩沿墩顶往下每 60m 均设有系梁。

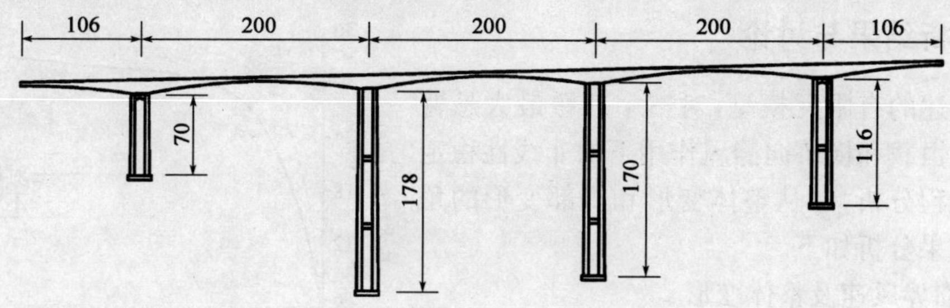

图 1　龙潭河特大桥布置图（尺寸单位：m）

2.2 有限元模型

高墩大跨径连续刚构桥以施工最大悬臂状态时结构的稳定性最差[1,7]，本文主要针对这一状态对墩高分别为 70m、116m、178m 的三个高墩（以下简称 70 墩、116 墩和 178 墩）进行了稳定分析。桥梁结构的塑性变形主要集中在桥墩等下部结构上，因此主梁采用弹性梁柱单元模拟，墩柱采用基于纤维模型的非线性梁柱单元模拟。如前所述，纤维模型的一个重大优点是可同时计入钢筋和混凝土的非线性本构，本文采用 Kent-Park 混凝土模型和能考虑等向应变硬化影响及 Bauschinger 效应的 Giuffré-Menegotto-Pinto 钢筋模型[8]，本构关系如图 2 所示。根据混凝土结构设计规范[9]的建议，结构非线性分析时，材料强度和变形宜取其平均值。其中各参数的取值详见文献[10]。

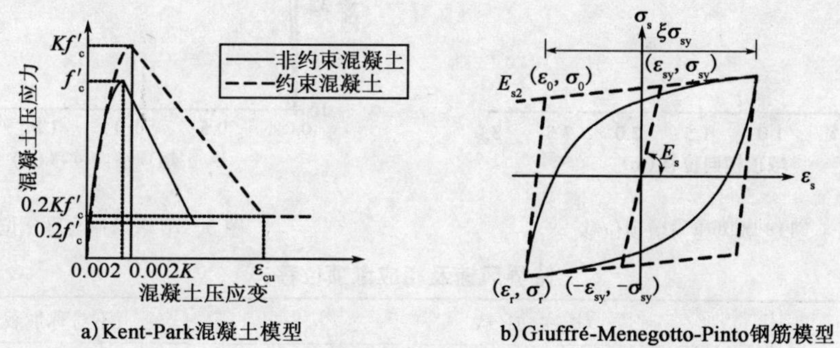

图 2　材料本构模型示意图

2.3 风荷载取值

主梁和桥墩的横向静阵风荷载按规范[11]计算，即：

$$F_H = \frac{1}{2}\rho V_g^2 C_H H \tag{1}$$

$$F_H = \frac{1}{2}\rho V_g^2 C_H A_n \tag{2}$$

式中：ρ——空气密度，取 1.25；

V_g——静阵风风速；

C_H——主梁阻力系数；

H——主梁投影高度；

A_n——桥梁各构件顺风向投影面积。

各参数的详细取值详见文献[11]。

根据规范[11]，风荷载按对称和不对称两种方式进行加载，其中不对称加载时不对称系数取 0.5。

3 分析结果与讨论

基于前述的有限元模型，对三个高墩最大悬臂施工状态在恒载和横桥向静风作用下的非线性稳定进行了全过程分析，并从整体变形和局部变形的角度对计算结果分析如下。

3.1 临界风速及整体变形

本文计算了不同基本风速下各墩的反应，如图 3～图 5 所示。根据非线性稳定判别准则：以荷载-位移曲线上（荷载/位移）变化率发生突然降低的点作为极限荷载[12]，可以得出各个墩的临界风速，见表 1。

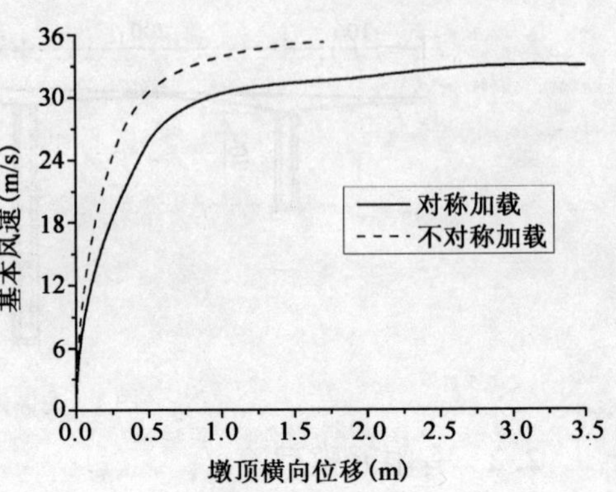

图 3 178 墩风速与墩顶位移

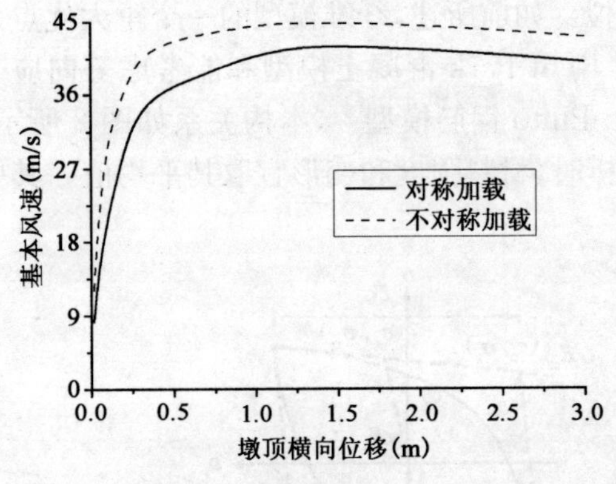

图 4 116 墩风速与墩顶位移

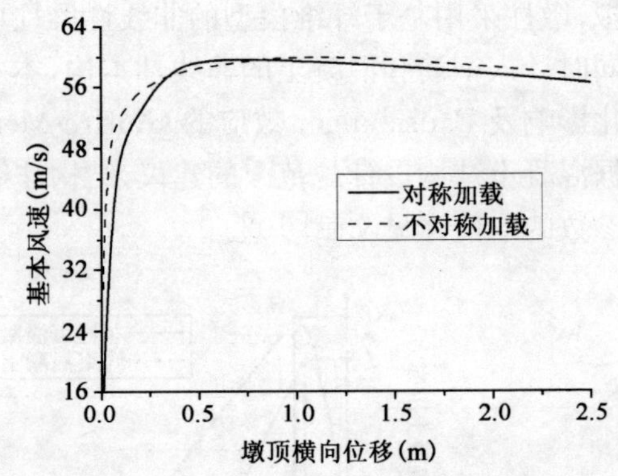

图 5 70 墩风速与墩顶位移

临界风速及相应墩顶位移 表 1

墩柱	对称加载		不对称加载	
	临界风速(m/s)	墩顶横向位移(m)	临界风速(m/s)	墩顶横向位移(m)
178 墩	33.1	3.16	35.3	1.69
116 墩	41.9	1.49	44.8	1.38
70 墩	59.6	0.74	59.9	1.11

由图 3～图 5 和表 1 可知，风荷载对称加载和不对称加载对高墩的静风稳定性能影响较大，随着墩高的增加，对称加载下高墩的临界风速更低，墩顶位移更大。如 178 墩，对称加载的墩顶

位移是不对称加载墩顶位移的 1.87 倍。因此对称加载对高墩的稳定性能更为不利，这一结论与文献[1]一致。不论是对称加载还是不对称加载，墩高越高，临界风速越低，墩顶位移越大。

3.2 局部变形

文献[13]给出了矩形截面屈服曲率和极限曲率的计算，屈服曲率 ϕ_y 为

$$\phi_y H = 1.957\varepsilon_y \tag{3}$$

式中：ε_y——相应于钢筋屈服时的应变；

H——矩形截面计算方向的截面高度。

极限曲率 ϕ_H 由式(4)和式(5)的结果取小值。

$$\phi_u H = (4.999\times10^{-3} + 11.825\varepsilon_{cu}) - (7.004\times10^{-3} + 44.486\varepsilon_{cu})\left(\frac{P}{f'_c A_g}\right) \tag{4}$$

$$\phi_u H = (5.387\times10^{-4} + 1.097\varepsilon_s) + (37.722\varepsilon_s^2 + 0.039\varepsilon_s + 0.015)\left(\frac{P}{f'_c A_g}\right) \tag{5}$$

式中：P——截面所受到的轴力值，kN；

f'_c——混凝土抗压强度标准值，kN/m^2；

A_g——混凝土截面面积；

ε_s——钢筋极限拉应变；

ε_{cu}——约束混凝土极限压应变。

表 2 为临界风速下三个墩关键截面的曲率。可见部分截面已超过屈服曲率，但都未达到极限状态。

墩身截面曲率 表 2

墩号		截面	屈服曲率 (1/m)	极限曲率 (1/m)	曲率 (1/m)	屈服状态	极限状态
70 墩	左肢	墩顶	4.44E−04	6.14E−02	−1.39E−05	否	否
		墩底	3.82E−04	4.39E−02	2.66E−03	是	否
	右肢	墩顶	4.44E−04	8.90E−02	−7.96E−05	否	否
		墩底	3.82E−04	6.70E−02	1.27E−03	是	否
116 墩	左肢	墩顶	4.44E−04	8.91E−02	9.23E−06	否	否
		系梁上	3.93E−04	6.95E−02	1.67E−04	否	否
		系梁下	3.88E−04	6.63E−02	1.86E−04	否	否
		墩底	3.27E−04	5.60E−02	7.04E−04	是	否
	右肢	墩顶	4.44E−04	6.14E−02	−9.30E−06	否	否
		系梁上	3.93E−04	4.55E−02	1.72E−04	否	否
		系梁下	3.88E−04	4.29E−02	1.19E−04	否	否
		墩底	3.27E−04	3.63E−02	9.39E−04	是	否
178 墩		墩顶	4.44E−04	7.52E−02	−9.83E−05	否	否
		第一系梁上	3.93E−04	5.75E−02	1.37E−04	否	否
		第一系梁下	3.88E−04	5.46E−02	1.31E−04	否	否
		第二系梁上	3.27E−04	4.42E−02	6.73E−04	是	否
		第二系梁下	3.21E−04	4.18E−02	1.75E−04	否	否
		墩底	2.60E−04	3.61E−02	1.60E−04	否	否

图 6 和图 7 为三个高墩在各自临界风速作用下墩身曲率随墩高的变化曲线。116 墩和 178 墩曲率均在 60m 处有微小转折，是由于该处设有横系梁。不考虑这一微小转折，三个墩曲率从墩顶往下 120m 范围内均逐渐增大，70 墩和 116 墩曲率均在墩底附近增长最快，178 墩曲率在第二横梁上方附近增长最快，120m 以后由于截面配筋加大，因而曲率变小。此外还可以看出，当各墩处于临界状态时，矮墩更为不利，70 墩最大曲率 2.66E-03 为对应截面屈服曲率的 6.96 倍，而 178 墩最大曲率 6.73E-04 为对应截面屈服曲率的 2.06 倍。图 7 中对比了风速为 178 墩临界风速的情况下，三个墩的墩身曲率变化曲线，可见三个墩曲率变化趋势一致。

通常，在桥墩中往往是墩身的一段或者多段处于塑性状态，并且该塑性区的长度随荷载的改变而改变。如图 6 所示，70 墩距墩底 7m 左右范围内处于塑性状态；116 墩距墩底 14m 左右范围内处于塑性状态；由于桥墩在墩高超过 120m 后，墩身截面配筋加密，因此 178 墩第二横系梁上部 7m 左右范围内截面处于塑性状态，而墩底仍未弹性状态，如图 7 所示。因此，采用纤维模型来模拟结构的非线性更符合实际情况。

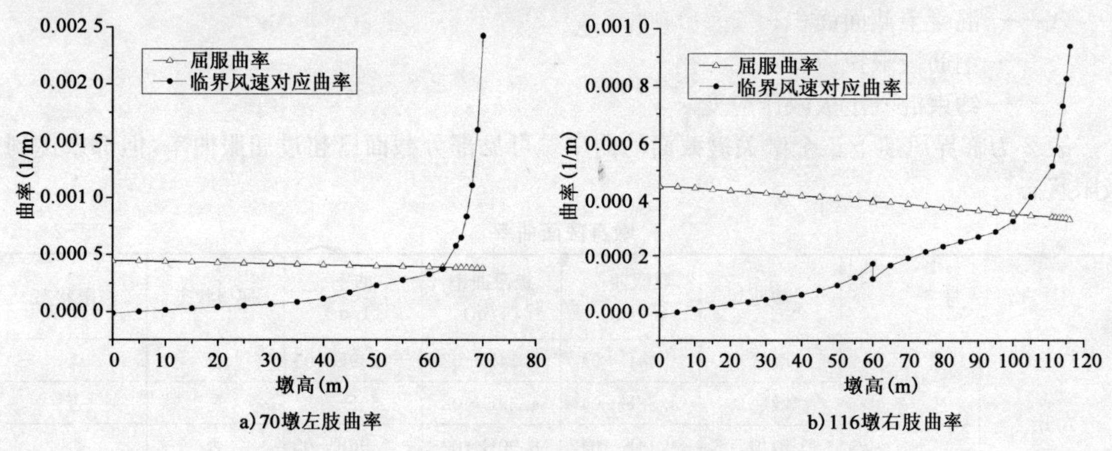

图 6　墩临界风速时曲率变化曲线

4　结语

本文采用弹塑性纤维梁柱模型来模拟材料的非线性，对龙潭河特大桥墩高分别为 70m、116m 和 178m 三个高墩的最大悬臂施工状态进行了横桥向静风荷载和恒载作用下的双重非线性稳定全过程分析。并分别从整体变形和局部变形的角度讨论了高墩在临界状态时的变形特征。分析结果表明：

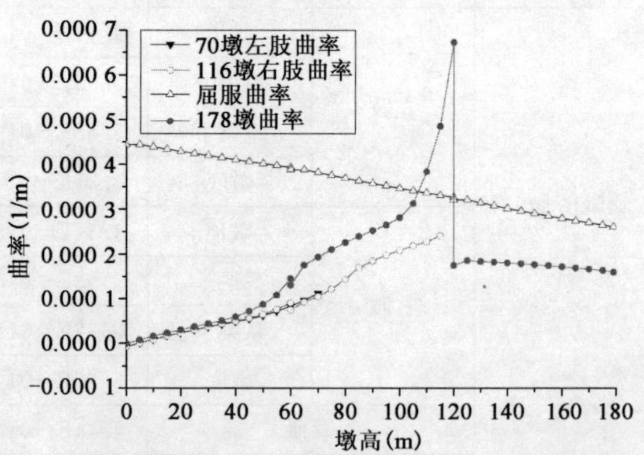

图 7　178 墩处于临界状态时三个墩曲率变化曲线

(1) 墩高越高临界风速越低，墩顶位移越大。

(2)风荷载对称加载对结构的影响更为不利，且不利程度随墩高的增加而增加。

(3)临界风速下，各墩柱均发生了屈服，且有一部分长度范围进入了塑性状态，但未达到极限状态。一般来说，荷载作用下高墩会在墩底或者墩身其他部位相当长的范围内发生屈服而进入塑性状态，本文分析结果证明了这一点。因此，高墩的材料非线性可采用纤维模型的模拟方式，以便更精确地反映结构的非线性性能。

参考文献

[1] 方志，王飞，曹传林. 大跨双薄壁高墩连续刚构桥双悬臂施工状态非线性稳定分析[J]. 工程力学，2009，26(7).

[2] 李黎，廖萍，龙晓鸿，等. 薄壁高墩大跨度连续刚构桥的非线性稳定分析[J]. 工程力学，2006，23(5).

[3] 王钧利，贺拴海. 高墩大跨径连续刚构弯桥全过程非线性稳定分析[J]. 长安大学学报：自然科学版. 2008，28(3).

[4] 甄玉杰，姜玉刚，冯云成. 桐梓河特大桥非线性稳定分析与评价[J]. 公路工程，2011，36(5).

[5] 王解军，梁锦锋. 风荷载作用下高墩连续刚构桥的非线性稳定分析[J]. 中南林业科技大学学报，2008，28(2).

[6] 艾庆华，王东升，李宏男，等. 基于塑性铰模型的钢筋混凝土桥墩地震损伤评价[J]. 工程力学，2009，26(4).

[7] 马保林，李子青. 高墩大跨连续刚构桥[M]. 北京：人民交通出版社，2001.

[8] 凌炯. 面向对象开放程序 OpenSees 在钢筋混凝土结构非线性分析中的应用与初步开发[D]. 重庆：重庆大学，2004.

[9] 中华人民共和国建设部. GB 50010—2010 混凝土结构设计规范[S]. 北京：中国建筑工业出版社，2010.

[10] 张行. 地震作用下高墩刚构桥动力稳定性能研究[D]. 武汉：华中科技大学，2010.

[11] 中华人民共和国交通部. JTG/T D60-01—2004 公路桥梁抗风设计规范[S]. 北京：人民交通出版社，2004.

[12] 张新培. 钢筋混凝土抗震结构非线性分析[M]. 北京：科学出版社，2003.

[13] 中华人民共和国交通运输部. JTG/T B02-01—2008 公路桥梁抗震设计细则[S]. 北京：人民交通出版社，2008.

128.32m 双线简支箱梁在对开列车作用下梁体竖向动力响应规律研究

蔡超勋　胡所亭　牛　斌　柯在田　班新林

（中国铁道科学研究院铁道建筑研究所）

摘　要：将列车、双线简支箱梁分别简化为二系悬挂多刚体体系与模态函数，推导了车桥系统动力方程，建立并验证了车桥相互作用模型，对双线简支箱梁在对开列车作用下梁体竖向动力响应规律进行了研究，研究表明：对开列车作用下，桥梁动力响应与列车运行速度及入桥距离差密切相关；列车以共同速度对开时，可引起的梁体最大挠度动力系数与单线行车作用下基本一致，但梁体动力响应值相当于单线行车引起梁体动力响应值的2倍。

关键词：车桥系统　双线对开　车桥相互作用　动力系数

1　前言

随着我国铁路客运高速化、货运重载化的发展，列车与桥梁之间动力相互作用日益加剧；车桥耦合振动问题越来越受到研究人员的重视[3-10]。

列车以一定速度经过桥梁时，各种内、外因素不可避免地引起了列车桥梁系统的振动，导致桥梁结构的动挠度、动应力比相同静荷载作用时的效应大，在我国铁路设计规范中，均以活载（列车竖向动力作用）来考虑运行列车对桥梁的动力作用，其值等于列车竖向静活载乘以冲击系数(u)，同时对多线承受列车竖向荷载采用折减系数进行了规定。《铁路桥涵设计基本规范》规定：同时承受多线列车活载的桥跨结构和墩台，其列车竖向活载对主要杆件双线应为两线列车活载总和的90%，三线及三线以上应为各线列车活载总和的80%；对承受局部活载的杆件，则均应为该活载的100%；各线均假定采用同样情况的最不利列车活载。《高速铁路设计规范（试行）》中，对列车竖向静活载采用ZK活载时，其规定为对于单线或双线的桥梁结构，各线均应计入ZK活载作用[1,2]，即双线竖向荷载折减系数取为1。

近年来，我国铁路得以快速发展，铁路桥梁建设也取得了重大进展。据统计，武广、郑西、石太、京津、合宁、合武、甬温、温福、福厦、哈大等客运专线，合计线路总长约6 801km，桥梁所占的比例较大，累计桥梁长约3 607km，占线路总长的54.0%。新建客运专线铁路桥梁一般选用简支梁、连续梁、连续刚构、拱及组合梁等刚度大的桥型，并大量采用双线整孔箱型梁体。就京沪高速铁路而言，全线正线共有桥梁244座，总长度为1 060.6km，占线路总长的80.5%，梁跨结构以简支箱梁为主，简支梁桥总长度为956km，占桥梁总长的90%，桥跨布置除受控制点影响外，尽量采用等跨布置，等跨布置以32m双线简支箱梁为主，约占桥梁总长度的88%。因此，深入研究32m双线简支箱梁各项设计参数及动力响应规律，对确保我国客专行车舒适与运营安全具有重大的工程意义。

随着桥梁比重的增大，行车密度的提高，桥上双线会车的概率大为提高。《铁路桥涵设计基本规范》制定多线折减系数主要是考虑各条线路出现最不利活载的可能性极小[2]，而《高速铁路设计规范(试行)》则主要参考国际铁路联盟相关规范条款制定，其制定前提与方法我国规范条文说明中并未明确指出。针对目前客专铁路桥梁比重的增加，且大量采用常用跨度双线简支箱梁的新情况，有必要对32m双线简支箱梁在列车对开作用下梁体竖向动力响应规律开展进一步的研究工作。

2 双线对开作用下车桥系统的竖向分析模型

本文主要研究桥梁与双线对开列车竖向平面内的耦合振动规律，在建立及求解车辆—桥梁运动方程时作如下假定：

(1)车体、转向架和轮对均视为刚体，悬挂体系按实际参数模拟；

(2)车辆间连接装置不影响车辆竖向的振动；

(3)两列列车均以匀速驶过桥梁；

(4)车轮始终保持与梁面接触；

(5)梁体材料匀质且各向同性，梁体按欧拉梁模型模拟，变形符合平截面假定。

2.1 双线对开桥梁模型(图1)及运动方程

以桥梁左支点为坐标原点，沿桥梁纵向为x轴的正方向，$z(x,t)$记为桥梁x处的竖向动挠度，用正则坐标可表示为：

$$Z(x,t)=\sum_{ib}^{NB}\phi_{ib}(x)\cdot Y_{ib}(t) \tag{1}$$

式中：$\phi_{ib}(x)$——满足桥梁边界条件的第ib阶桥梁固有模态函数；

$Y_{ib}(x)$——第ib阶模态函数的广义坐标；

NB——所考虑的模态函数阶数。

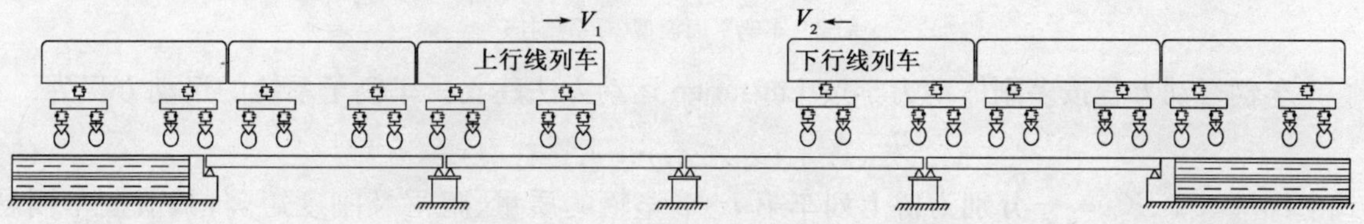

图1 双线对开车桥竖向分析模型示意图

对于简支均匀截面梁体：

$$\phi_{ib}(x)=\begin{cases}\sin\dfrac{ib\cdot\pi x}{L}(0\leqslant x\leqslant L)\\ 0\qquad(\text{其他})\end{cases} \tag{2}$$

列车通过桥梁时，会导致车辆轮位及轴重的变化，就桥梁而言，相当于受到特定的移动荷载列动力作用。桥梁子系统的运动方程为：

$$M_{ib}\ddot{Y}_{ib}(t)+C_{ib}\dot{Y}_{ib}(t)+K_{ib}Y_{ib}(t)=\sum P_{iw}(t)\times\phi_{ib}(x_{iw}) \tag{3}$$

式中：M_{ib}、C_{ib}、K_{ib}——分别为桥梁第 ib 阶模态函数下的模态质量，模态阻尼及模态刚度，其值为：

$$\begin{cases} M_{ib}=\int_0^L m(x)\phi_{ib}^2(x)\mathrm{d}x \\ C_{ib}=\int_0^L c(x)\phi_{ib}^2(x)\mathrm{d}x \\ K_{ib}=\int_0^L EI(x)\phi_{ib}^2(x)\mathrm{d}x \end{cases} \tag{4}$$

$P_{iw}(t)$及 X_{iw} 分别为 t 时刻桥上两列列车各车辆第 iw 个轮对对应的动轮重和轮对几何位置，其值可由车体运动方程求得；对于模态质量与模态刚度均假设简支梁体截面均匀一致，可由式(4)求得；梁体阻尼按黏滞阻尼考虑，其模态阻尼值可由梁体模态质量、2 倍梁体圆频率及阻尼比相乘得出。

2.2 双线对开车辆模型及运动方程

将车辆简化为二系弹簧悬挂模型(见图 2)，车体和转向架为刚体，考虑车桥系统的竖向相互作用时，考虑车体及转向架的沉浮与点头、各轮对的沉浮自由度，车辆模型共考虑 10 个自由度，由于轮对与梁体在轨面考虑为始终密贴，轮对自由度不再独立，故每节车辆独立自由度为 6 个。

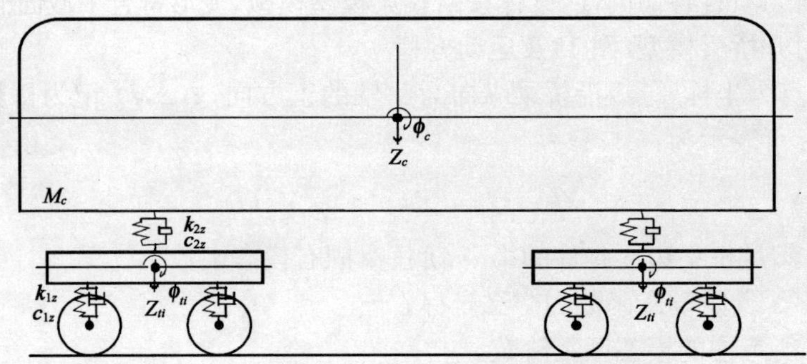

图 2　车辆平面模型(二系悬挂)

车辆运动方程按多刚体动力学按 Lagrange 运动方法建立。车辆子系统的运动方程为：

$$M_{iv}\ddot{Z}_{iv}(t)+C_{iv}\dot{Z}_{iv}(t)+K_{iv}Z_{iv}(t)=0 \tag{5}$$

式中：M_{iV}、C_{iV}、K_{iV}——分别为桥上列车第 iv 节车辆的质量、阻尼及刚度矩阵，其值按车辆悬挂系统实际参数模拟，文献[3,6,7]均有详细推导过程，本文不再赘述。

2.3 车辆与桥梁运动协调方程

由轮轨密贴假定，t 时刻第 iw 个轮对的位置坐标为 X_{iw}，则该轮对的竖向位移、速度及加速度为：

$$\begin{cases} Z_{iw}=Z(x_{iw},t)+W(x) \\ \dot{Z}_{iw}=\dot{Z}(x_{iw},t)+\dot{W}(x) \\ \ddot{Z}_{iw}=\ddot{Z}(x_{iw},t)+\ddot{W}(x) \end{cases} \tag{6}$$

式中:$w(x)$——桥上线路竖向轨道不平顺函数。

由式(6)即可建立式(3)与式(5)的联系,从而建立车桥耦合系统动力分析方程。

2.4 计算模型的验证

采用上述建模思路,编制了简支梁可考虑单线行车与双线对开的车桥耦合分析程序。为验证模型的正确性,采用通用有限元软件 ANSYS 进行了计算校核,ANSYS 中对车辆系统的模拟采用移动荷载列模型。验证及后续计算的车辆及桥梁模型建模参数如下:两列对开列车车辆编组均采用 1 动+6 拖+1 动的 8 节编组 CRH2;梁体跨度为 32m,其基频为 4.67Hz,截面刚度 $EI=3.56\times10^{11}\text{m}^4$,梁体含二期恒载其均布质量为 384kN/m,梁体阻尼按黏滞阻尼考虑,阻尼比为 0.02。

ANSYS 计算中,采用与车桥模型一致的建模,梁体采用 BEAM3 单元建模,单元长度 0.5m,共 64 个单元,列车模拟为移动荷载列,轴距与轴重按实际列车参数取值。采用 ANSYS 移动荷载列进行验算前,先对计算模型进行了模态分析,桥梁第一阶计算模态频率为 4.66Hz,与均匀截面简支梁模态频率理论计算值($f=\frac{\pi}{2l^2}\sqrt{\frac{EI}{m}}=4.67\text{Hz}$)吻合。

验证计算工况为:初始计算时刻,上行线列车位于桥头,下行线列车位于桥尾;两列列车速度均为 350km/h;时间步长均采用 0.001s。采用两种计算软件分析得出的梁体竖向静挠度(不考虑瞬态反应)与动挠度随时间的变化曲线,如图 3、图 4 所示。

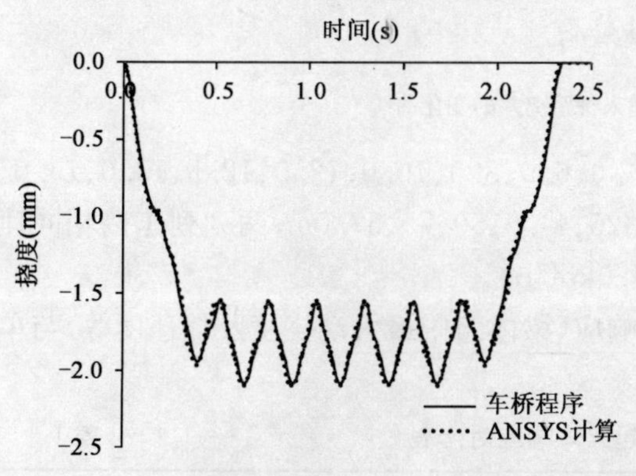

图 3 梁体静挠度随时间变化曲线

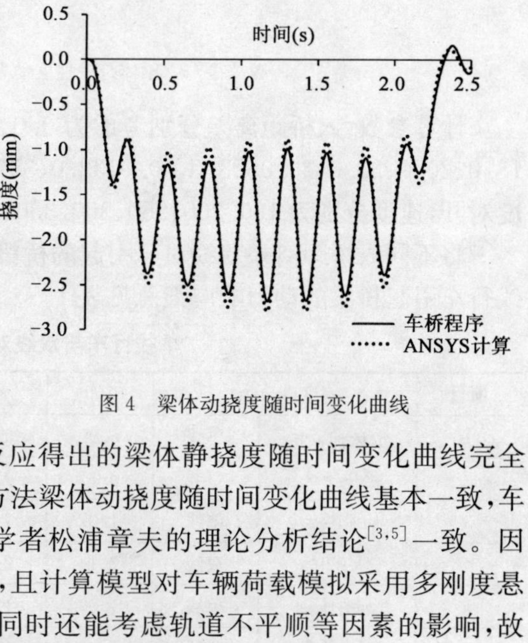

图 4 梁体动挠度随时间变化曲线

由图 3 可知,2 种分析方法不考虑梁体瞬态反应得出的梁体静挠度随时间变化曲线完全吻合,静力计算结果可靠;由图 4 可知,两种计算方法梁体动挠度随时间变化曲线基本一致,车桥计算结果略小于 ANSYS 计算结果,这与日本学者松浦章夫的理论分析结论[3,5]一致。因此,经 ANSYS 计算验证,车桥程序计算结果可信,且计算模型对车辆荷载模拟采用多刚度悬挂体系,该方式比移动荷载列模拟列车更为真实,同时还能考虑轨道不平顺等因素的影响,故此车桥程序可用于列车对开作用下双线简支箱梁的竖向动力响应规律研究。

3 对开列车作用对桥梁竖向动力响应的影响

为研究对开列车作用下桥梁动力响应的规律,先不考虑车桥系统随机激励如轨道不平顺,入桥前车辆运动状态等因素的影响,主要分析会车位置及会车速度的影响规律。

3.1 对开列车入桥距离差对桥梁振动的影响

连续移动列车引起的桥梁动力响应与列车行车速度、桥梁的初始振动状态、桥梁跨度、桥梁的自振频率、桥梁的阻尼、列车的车长、车辆节数以及列车的轴重排列等因素密切相关，但主要取决于车长、梁体基频以及运行速度；据大量试验及相关研究表明：移动列车引起的桥梁振动的强振频率主要取决于车长与车速，其值约为速度与车长之商[4,5]。两列相同列车以相等速度的对开时，其强振频率一致，但由于入桥的先后而存在一定的相位差，从而二者对桥梁动力响应产生影响，因此有必要就不同入桥距离差即桥上会车位置对双线对开桥梁振动响应进行研究分析(图 5)。本文入桥距离差定义为初始计算时刻，上行线列车与桥头的距离与下行线列车与桥尾的距离之差。

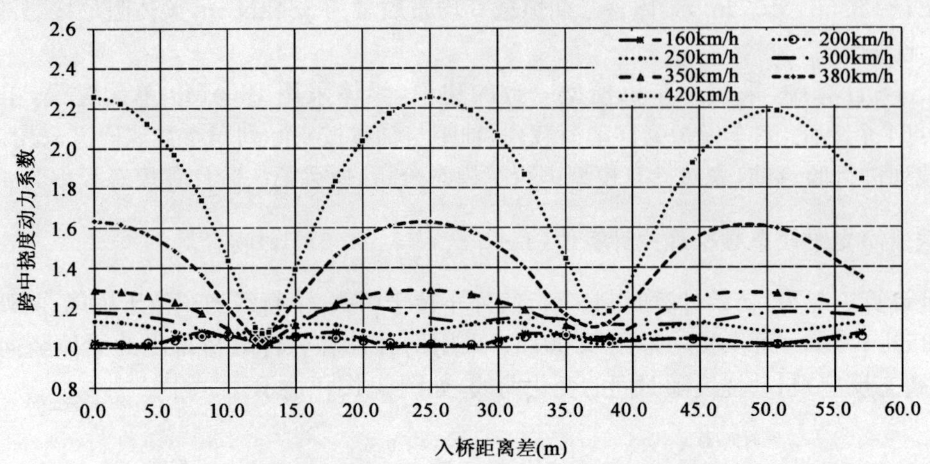

图 5　梁体跨中挠度动力系数随入桥距离差的变化曲线

计算参数：入桥距离差分别考虑为 0.0、2.0、4.0、6.0、8.0、10.0、12.0、12.5、13.0、15.0、18.0、20.0、22.0、25.0、28.0、30.0、32.0、35.0、38.25、44.5、50.75、57.0m；两列列车以相同速度对开，速度分别为 160、200、250、300、350、380、420km/h。

将不同入桥距离差双线对开引起的桥梁动力响应(梁体跨中最大动挠度及加速度等)与单线行车引起桥梁的动力响应汇总见表 1。

单线行车与双线对开引起梁体响应对比表　　表 1

项目	速度(km/h)		160	200	250	300	350	380	420
1	梁体加速度 (m/s^2)	单线	0.09	0.08	0.16	0.20	0.33	0.68	1.37
2		双线	0.17	0.16	0.32	0.41	0.66	1.35	2.61
3	跨中动挠度 (mm)	单线	1.07	1.06	1.18	1.23	1.34	1.69	2.43
4		双线	2.14	2.12	2.36	2.46	2.69	3.41	4.71
5	跨中挠度动力系数	单线	1.03	1.02	1.14	1.18	1.28	1.62	2.33
6		双线	1.08	1.06	1.13	1.20	1.29	1.63	2.26

从图 5 及表 1 可知：

双线会车时，列车入桥距离差对桥梁的振动影响较大，当入桥距离差为车长(25m)的整数倍时，梁体振动响应(动挠度及梁体加速度)最大，其值相当于单线行车的 2.0 倍；入桥距离差为车长 0.5+n(n 为整数)倍时，双线对开各速度下梁体动力系数明显降低，动力系数值约为 1.0，梁体由于半周期相位差的对开列车激扰而消振。

梁体挠度动力系数随不同距离差的变化曲线近似为弦曲线，其波长与车长相等，这也说明了移动列车引起的桥梁强振频率主要取决于车长与车速其结论的正确性。

单线行车与对开列车作用下梁体挠度动力系数基本一致，因此，在会车概率大幅提高并普遍采用双线简支箱梁的情况下，双线承受列车竖向荷载应按我国《高速铁路设计规范(试行)》规定：各线均应计入列车竖向活载。

3.2　对开列车速度对桥梁振动的影响

下面主要分析对开列车以不同速度过桥时，桥梁竖向动力响应规律(图 6～图 8)。

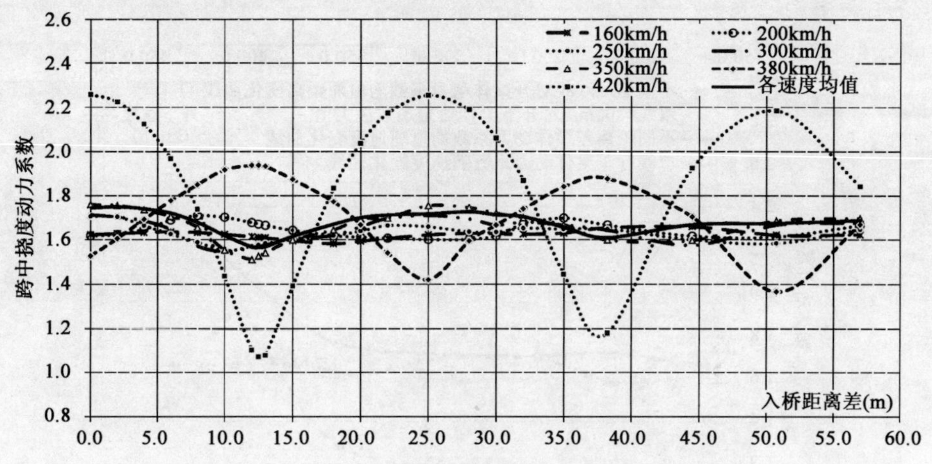

图 6　下行线列车各速度下对桥梁动力系数的影响曲线

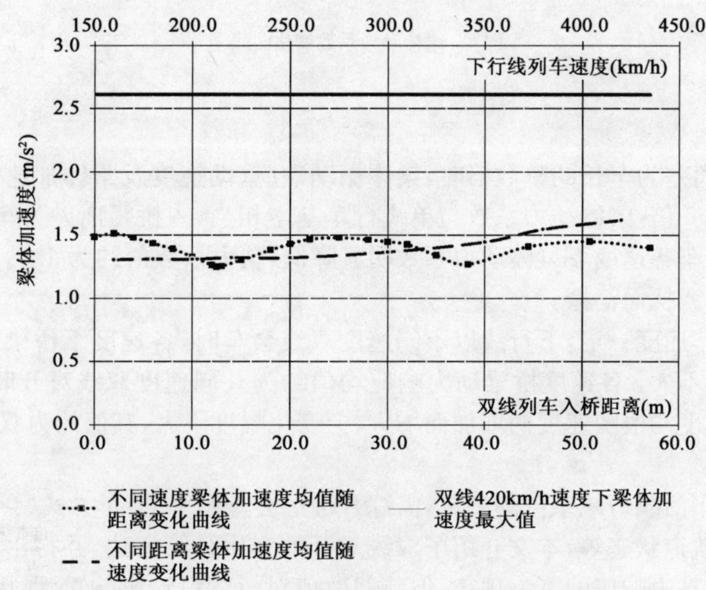

图 7　双线对开梁体加速度变化曲线

分析研究上行线列车以 420km/h 速度从桥头处入桥，下行线列车以不同距离差从桥尾处入桥，下行线列车速度为：160、200、250、300、350、380、420km/h。

不同速度下，列车引起桥梁的振动也会随之变化，当移动列车的激振频率与梁体自振频率接近时，将引起梁体较大振动响应。本文左线列车运行速度即为梁体一阶共振速度($V=3.6\times$

4.67×25＝420km/h)。列车以不同速度以不同距离差会车时，车桥动力响应是一较为复杂过程，就桥梁响应而言：其一，其激振速度引起桥梁过大振动响应的列车为主要激振源，另侧列车按振动叠加原理参与车桥共同作用；其二，上行线列车速度一定，下行线以不同速度双线会车时，各速度下桥梁动力系数均值随入桥距离差变化不大，其值处于1.5～1.7之间，即各速度桥梁动力响应均值约为双线共同速度(420km/h)会车时的一半；其三，不同距离差梁体加速度均值随速度的增加而增大，但变化幅度不大，其值约为双线以共同速度(420km/h)会车时的一半。

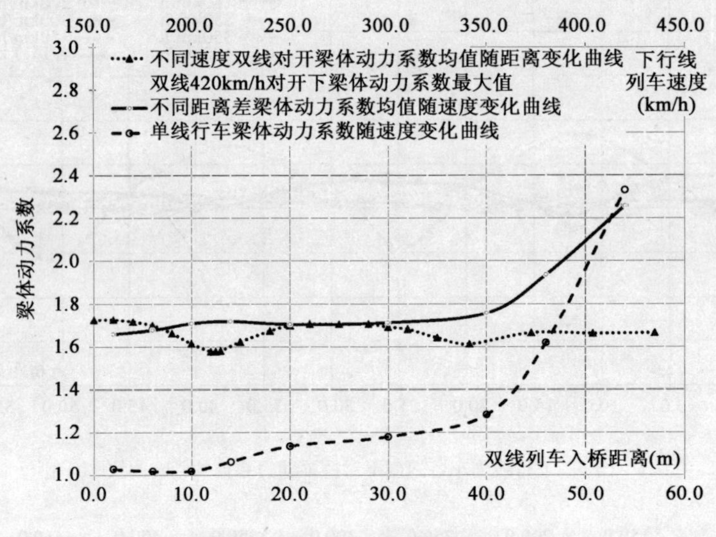

图8 梁体动力系数变化曲线

4 结语

(1)当入桥距离差为车长的整数倍时，梁体振动响应(动挠度及梁体加速度)最大，其值相当于单线行车的2.0倍，梁体动力系数与单线行车基本相当；入桥距离差为车长0.5＋n(n为整数)倍时，双线会车各速度下梁体动力系数明显降低，动力系数值约为1.0，梁体由于半周期相位差的对开列车激扰而消振。

(2)上行线列车速度一定，下行线以不同速度双线会车时，各速度下桥梁动力系数均值随双线会车距离变化不大，各速度桥梁动力响应均值约为共同速度双线对开时的一半；不同入桥距离差梁体加速度均值随速度的增加而增大，但变化幅度不大，其值约为双线共同速度会车时的一半。

(3)对竖向列车活载折减系数的制定，需综合考虑会车概率、会车方式(会车速度及桥上会车位置)以及桥上轨道状态等，本文介绍了双线对开的车桥计算方法，并得出了桥上会车位置及会车速度对桥梁动力响应的影响规律，但荷载取值对桥梁设计影响重大，因此，折减系数的具体制定还需做进一步全面的研究。

参 考 文 献

[1] 中华人民共和国铁道部. TB 10621—2009 高速铁路设计规范(试行)[S]. 北京：中国铁道出版社，2009.

[2] 中华人民共和国铁道部. TB 10002.1—2005　铁路桥涵设计基本规范[S]. 北京：中国铁道出版社，2005.

[3] 夏禾，张楠. 车辆与结构相互作用(第 2 版)[M]. 北京：科学出版社，2004.

[4] 中国铁道科学研究院. 客运专线铁路常用跨度桥梁结构刚度和基频标准研究报告[R]. 2009.

[5] 日本铁道综合技术研究所. 日本铁路结构设计标准和解释-混凝土结构. 2004.

[6] 潘家英，高芒芒. 铁路车—线—桥系统动力分析[M]. 北京：中国铁道出版社，2008.

[7] Li Q, Xu YL, Xu D J, et al. Computer-aided nonlinear vehicle-bridge interaction analysis[J]. Journal of Vibration and Control, 2010:1-26.

[8] Frýba L. Vibration of Solids and Structures under Moving Loads [M]. London: Thomas Telford, 1999.

[9] He Xia, Nan Zhang. Dynamic Analysis of Railway Bridge under High-Speed Trains [J]. Computers and Structures, 2005, 83(23):1891-1901.

[10] 张楠，夏禾，郭薇薇. 基于轮轨线性相互作用假定的车桥相互作用理论及应用[J]. 铁道学报，2010，32(2).

129. 大跨度3塔悬索桥动力性能分析

张新军　傅国宁

（浙江工业大学建筑工程学院）

摘　要：与传统双塔悬索桥相比，大跨度3塔悬索桥由于中间桥塔缺乏有效的纵向约束，导致结构整体刚度的进一步降低，因而其动力问题可能将更加突出。本文以在建主跨为1 080m的3塔双跨悬索桥——泰州长江公路大桥为背景，采用MIDAS/CIVIL软件对其结构动力特性及其抗震性能进行分析，揭示了大跨度3塔悬索桥动力和抗震性能的特点，并探明了桩土作用和结构非线性等因素对大跨度3塔悬索桥动力和抗震性能的影响，为大跨度3塔悬索桥的动力性能分析和设计提出建议。

关键词：大跨度　3塔悬索桥　动力特性　抗震性能

1　前言

当前，大跨度悬索桥基本都采用基于双塔的单跨或3跨式结构，并利用中间单一主跨来跨越河道或海域的主要部分，因而主跨跨径都非常大。所谓多塔悬索桥是指桥塔个数多于2个，且中间没有共用锚锭的连续悬索桥。与传统双塔悬索桥相比，这种结构体系的主要有2个优点：首先，它的跨越能力非常大，可以达到双塔悬索桥的数倍，用它来跨越宽度和水深都较大的海峡是非常合适的；其次，它有着良好的经济性[1]。由于它具有以上2个重要的优点，因此在很多海峡的跨越工程中都曾提出过多塔悬索桥方案，并在国内的泰州长江大桥、马鞍山长江大桥和武汉鹦鹉洲长江大桥项目中得到实施[2]。

与传统双塔悬索桥相比，大跨度3塔悬索桥由于中间桥塔缺乏有效的纵向约束，导致结构整体刚度进一步降低，因而其在风、地震等动力作用下的动力问题可能将更加突出。迄今为止，国内外学者对多塔多跨悬索桥的静力性能开展了比较多的研究[3-6]，但对其动力性能研究则相对较少。为此，本文以在建主跨为1 080m的3塔双跨悬索桥——泰州长江公路大桥为背景，采用MIDAS/CIVIL软件对其结构动力特性及其抗震性能进行分析，揭示了3塔悬索桥动力和抗震性能的特点以及桩土作用和结构非线性等因素对3塔悬索桥动力和抗震性能的影响，为大跨度3塔悬索桥的动力性能分析和设计提出建议。

2　工程简介

泰州长江公路大桥位于长江的泰州至常州段，居于润扬长江公路大桥和江阴长江公路大桥之间，桥跨布置为(390m＋1 080m＋1 080m＋390)m 的 2 主跨 3 塔悬索桥(图 1)[7]。主梁采用扁平状流线型钢箱梁，梁宽 39.1 m，桥面中心线处梁高 3.5 m。索塔横桥向采用门式框架结构，两边塔为混凝土塔，中间塔为钢塔，两个边塔在纵桥向为单柱形结构，而中间桥塔则采用人字形结构。主缆矢跨比为 1/9，主缆横向间距为 35.8 m，吊杆间距为 16 m。

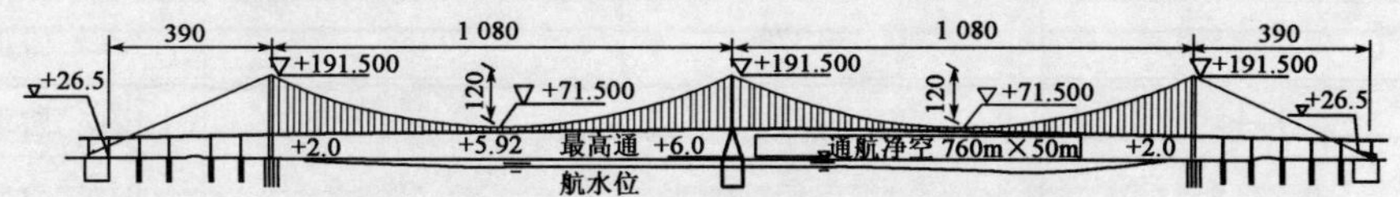

图 1　泰州长江公路大桥立面布置图(尺寸单位：m)

3　结构动力特性分析

采用 Midas/civil 有限元软件的子空间迭代法进行成桥状态结构的动力特性分析，其中主梁、主塔、桥墩都用空间梁单元模拟，用空间杆单元模拟主缆、吊杆。主缆、吊杆、主塔和主梁都考虑恒载引起的几何刚度的影响。主梁用脊梁模式，刚度采用主梁实际刚度，质量包括所有桥面系的质量并考虑扭转质量惯矩的影响。结构模型约束条件见表 1，主缆锚固端和塔底按固接处理，主梁与中塔之间纵桥向弹性约束采用弹簧单元模拟，连接刚度为 $K=6.4\times10^5$ kN/m。结构的三维有限元分析模型如图 2 所示，结构动力特性分析结果见表 2。

结构模型约束条件　　表 1

位置	Δ_x	Δ_y	Δ_z	Δ_x	Δ_y	θ_z
塔底	1	1	1	1	1	1
边塔和主梁交接处	0	1	1	1	0	0
中塔和主梁交接处	k	1	0	1	0	0
边缆锚固端	1	1	1	1	1	1

注：Δ_x-顺桥向位移；Δ_y-横桥向位移；Δ_z-竖桥向位移；θ_x-绕顺桥向转角；θ_y-绕竖桥向转角；θ_z-绕横桥向转角；0-表示该自由度放松；1-表示该自由度约束；k-表示弹性约束。

图 2　成桥状态有限元计算模型

成桥状态结构的动力特性　　表 2

阶　次	自振频率(Hz)			振 型 描 述
	MIDAS 不考虑桩土作用	MIDAS 考虑桩土作用	ANSYS 不考虑桩土作用	
1	0.072 675	0.072 675	0.071 6	主梁一阶反对称侧弯
2	0.095 786	0.095 785	0.080 2	主梁二阶反对称竖弯
3	0.097 002	0.097 002	0.095 1	主梁一阶正对称侧弯
4	0.146 938	0.146 938	0.114 9	主梁二阶反对称竖弯
5	0.154 424	0.154 424	0.117 6	主梁一阶正对称竖弯
6	0.176 497	0.176 497	0.137 1	主梁二阶正对称竖弯

续上表

阶 次	自振频率(Hz)			振 型 描 述
	MIDAS不考虑桩土作用	MIDAS考虑桩土作用	ANSYS不考虑桩土作用	
7	0.184 385	0.184 383	0.170 9	主梁三阶反对称竖弯
8	0.230 330	0.230 329	0.185 2	主梁三阶正对称竖弯
9	0.234 101	0.234 101	0.230 6	主梁二阶正对称侧弯
10	0.235 955	0.235 952	0.237 9	主梁二阶反对称侧弯
11	0.242 506	0.242 506	0.239 8	主梁高阶正对称竖弯
12	0.243 315	0.243 313	0.245 1	中塔侧弯加主缆对称侧向振动
13	0.306 333	0.306 333	0.272 9	主缆振动
14	0.306 338	0.306 338	0.286 7	主缆振动
15	0.306 339	0.306 339	0.293 1	主缆振动
16	0.306 344	0.306 344	0.293 1	主缆振动
17	0.308 163	0.308 140	0.292 2	一阶主梁反对称扭转
18	0.309 453	0.309 453	0.296 8	中塔侧弯
19	0.316 658	0.316 634	0.301 2	主缆反对称侧向振动
20	0.318 100	0.318 099	0.305 9	主缆反对称侧向振动

本文的计算结果与ANSYS计算结果非常一致，说明本文所建立的计算模型及取得的结果是充分可靠的。同时，由表2可以看出大跨度3塔悬索桥的结构动力特性具有以下特点：结构基频比较小，周期较长，说明结构比较柔；面内外基频之比为1.318∶1，反映结构面内与面外刚度相差不大；以主梁振动为主振型最先出现，并且周期较长，而后是索的振动和梁的高阶振型，以塔为主的振动一般出现得较晚。

为了揭示桩土作用对3塔悬索桥动力特性的影响，本文建立了考虑桩土作用的计算模型。该桥边塔采用46根直径2.8m的灌注桩，如图3所示，在承台底部采用46根梁单元模拟，桩土作用则采用等代土弹簧来模拟，中塔沉井基础和锚碇的边界处理为与地基固结。

a)全桥计算模型　　b)边塔基础计算模型

图3　考虑桩土作用的成桥状态计算模型

从表2可以看出，由于考虑桩土作用后，与固结方式相比结构的整体刚度有所减小，结构的自振频率因而减小，总体上看影响很小，可以忽略不计。究其原因主要是中塔采用沉井基础作固结处理后，桩土共同作用只对边塔产生影响，因而对结构整体刚度的影响非常有限，导致其对结构动力特性的影响不明显。

4 结构抗震性能分析

反应谱分析法与时程分析法是两种重要的地震分析方法。反应谱分析的地震反应是线弹性的平稳随机过程，通过引入重要系数、阻尼系数、场地系数来考虑桥梁结构的延性，反应谱分析只能得到桥梁的反应极值。时程分析采用直接积分法得到桥梁结构的时程反应，可以考虑桥梁的非线性因素，不仅能得到结构地震反应的极值，还能得到结构随时间变化的地震反应历程。本文分别采用这 2 种方法对该桥在纵桥向以及横桥向作用下的结构反应进行分析，并对其结果进行比较。

4.1 地震动输入

地震反应谱分析时，根据《公路桥梁抗震设计细则》(JTGT B02-01—2008)[8]并结合桥址处的场地条件，取该桥的水平向设计基本地震动加速度峰值取 0.2g，场地类型为Ⅱ类，则 E1 地震作用下的水平地震动加速度设计反应谱如图 4a)所示。时程分析时，以 El-Centro 地震波为原型，并根据该桥的地震设防烈度要求对其进行调幅，调幅后的 El-Centro 地震波如图 4b)所示。反应谱和时程地震反应分析时，都采用一致地震动输入方式直接在基底输入水平向地震波。

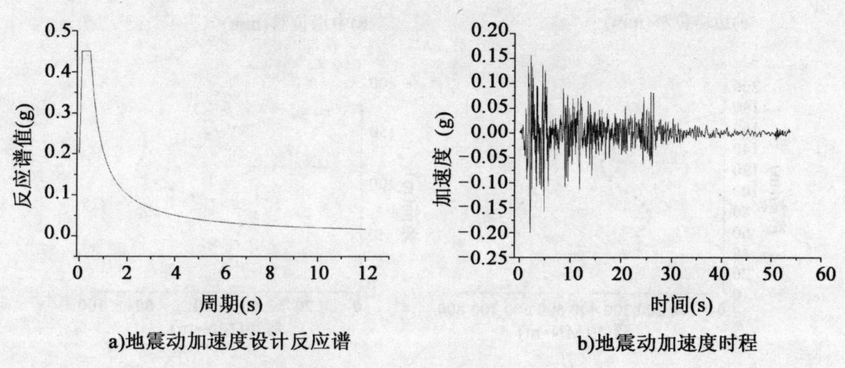

图 4 地震动输入

4.2 结果分析与比较

在纵桥向和横桥向的地震动作用下，采用反应谱方法对该桥的地震响应进行分析，分析时考虑了结构前 200 阶振型的参与，并按 CQC 方法进行组合，边塔、中塔和主梁的位移和弯矩包络图分别如图 5、图 6 所示。

1)地震反应特点

从图 5 可以看出，在纵向地震作用下，中塔、边塔主要表现出纵向的振动，主梁主要表现出竖向和纵向的振动。边塔和中塔的最大位移均出现在塔顶位置，边塔的上塔柱部分的纵向位移非常接近，而中塔则基本上是线性变化，说明主缆对边塔纵向约束作用更加显著。边塔的最大弯矩发生在塔底，但在距离塔顶约 1/3 处也出现了一个峰值；中塔最大弯矩则发生在距塔顶 1/3 左右处。由于塔柱截面上小下大，这些部位均有可能成为主塔抗震薄弱部位，因此需要重视这些截面的能力需求比进行设计和验算。相比之下，边塔的位移小于中塔，但其纵桥向弯矩却比中塔大得多，应在抗震设计中引起重视。

从图 6 可以看出，在横向地震作用下，中塔和边塔主要表现出横向的振动，主梁则主要表现为竖向和横向振动。主梁的最大横向位移发生在两跨的跨中位置，而中塔和边塔的最大位移均出现在塔顶，说明主缆对塔的横向约束作用较小。中塔和边塔的弯矩除塔底较大外，在与横梁交叉处也会出现峰值，应当给予重视。此外，边塔的位移略大于中塔，但其弯矩值比中塔显著增大，相比之下边塔的受力更大，应在抗震设计中重点关注。

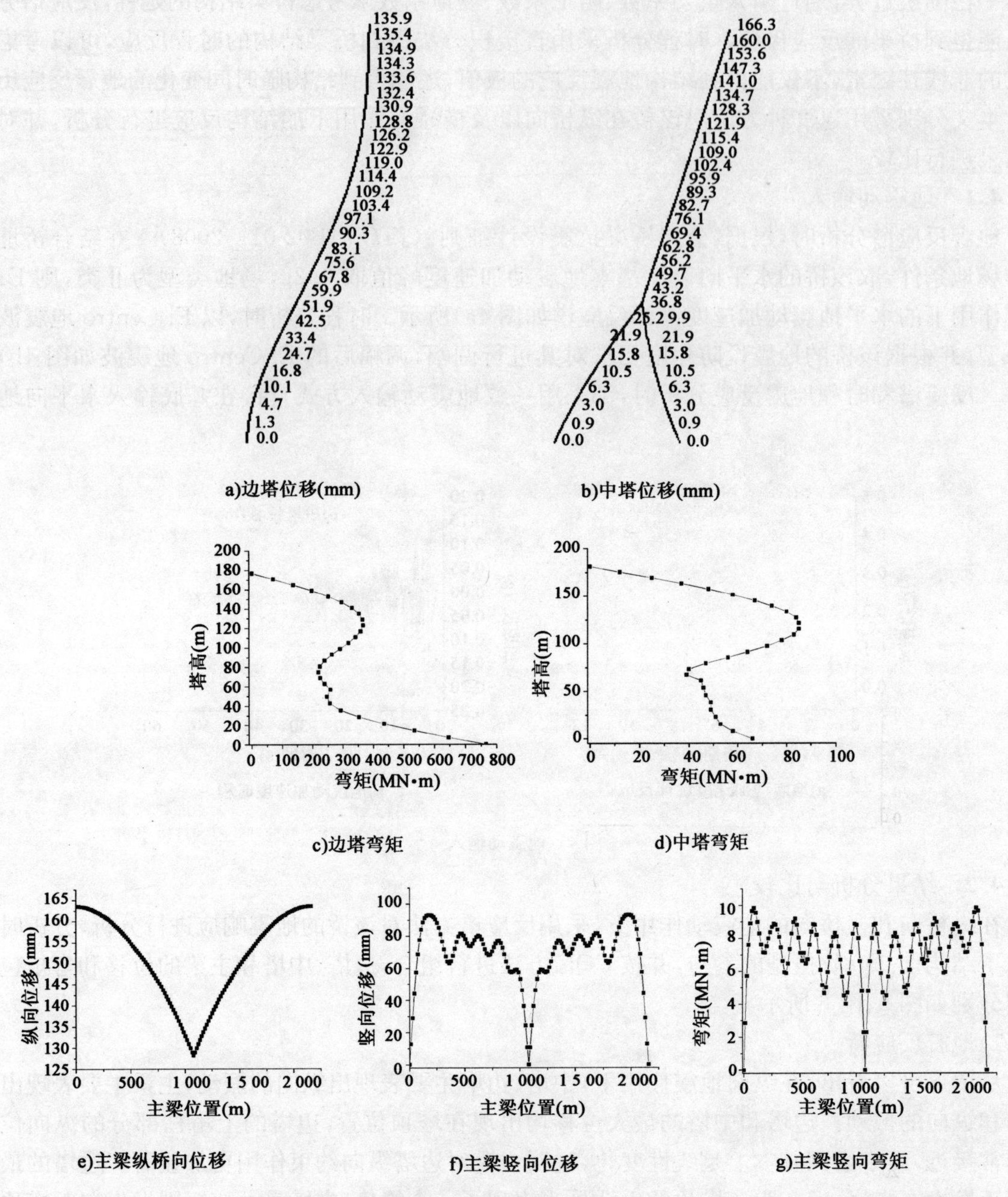

图5　纵桥向地震作用下结构的位移和弯矩包络图

比较图5和图6可以看出，结构在横桥向地震作用下的位移尤其是弯矩都比纵桥向地震作用大，因此应重视结构横桥向的抗震性能，特别是边塔。

2)桩土作用及结构非线性对地震反应的影响

为了揭示结构非线性因素对结构地震反应的影响，在图4b)地震波输入下对该桥的水平向地震作用进行了时程分析，并取其反应的峰值，分别见表 3～表 6。同时为了探明桩土作用对结构地震反应的影响，对该桥考虑桩土作用进行了地震反应的反应谱分析，分析结果与不考虑桩土作用工况的比较分别见表 3～表 6。

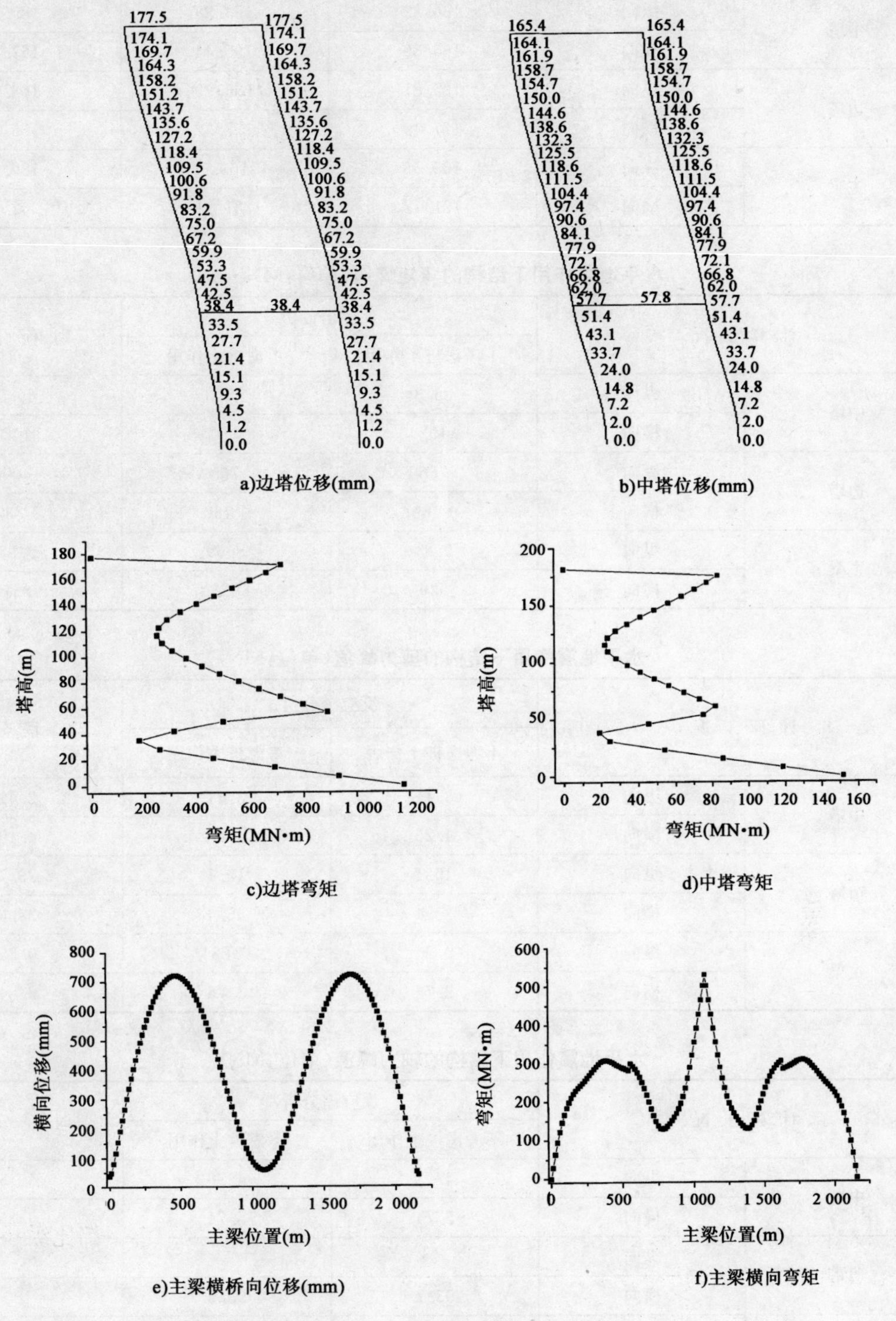

图 6　横桥向地震作用下结构的位移和弯矩包络图

水平地震作用下结构的位移峰值(单位:mm)　　表3

计算工况		反应谱分析		时程分析
		不考虑桩土作用	考虑桩土作用	
中塔	纵向	166.32	154.38	189.2
	横向	165.39	165.44	167.2
边塔	纵向	135.87	135.89	168.4
	横向	177.49	177.62	185.4
主梁	纵向	165.58	163.5	189.1
	横向	721.12	721.11	362.4

水平地震作用下结构的弯矩峰值(单位:MN·m)　　表4

计算工况		反应谱分析		时程分析
		不考虑桩土作用	考虑桩土作用	
中塔	纵向	85.3	85.3	65.5
	横向	152	150	148
边塔	纵向	766	765	1 000
	横向	1 180	1 160	1 330
主梁	纵向	9.84	8.69	9.88
	横向	529	528	361

水平地震作用下结构的剪力峰值(单位:MN)　　表5

计算工况		反应谱分析		时程分析
		不考虑桩土作用	考虑桩土作用	
中塔	纵向	3.11	3.11	2.41
	横向	4.25	4.25	4.19
边塔	纵向	19.1	19.1	23.7
	横向	35.4	35.4	39.0
主梁	纵向	0.24	0.224	0.29
	横向	2.76	2.76	2.84

水平地震作用下结构的轴力峰值(单位:MN)　　表6

计算工况		反应谱分析		时程分析
		不考虑桩土作用	考虑桩土作用	
中塔	纵向	43.2	43.8	50.5
	横向	5.74	5.74	6.25
边塔	纵向	7	7	8.23
	横向	93.7	93.6	100
主梁	纵向	19.1	19.4	22.5
	横向	0	0	0

与反应谱分析结果相比，考虑结构的非线性效应后，结构的整体刚度降低，结构在水平地震作用下的峰值位移明显增大；中间桥塔为柔性钢塔，结构的内力小，但钢筋混凝土边塔的刚度较大致使其内力有所增加，3 塔悬索桥在地震作用下边塔更容易发生破坏。因此，对于大跨度 3 塔悬索桥，结构的整体刚度较小，结构非线性效应显著，地震反应分析时应采用非线性的时程分析法，以更准确地预测结构的抗震性能。

同时可以看到，与前述结构动力特性分析结果一样，桩土共同作用对结构的抗震性能的影响也非常有限。

5 结语

本文以在建主跨为 1 080m 的 3 塔双跨悬索桥—泰州长江公路大桥为背景，进行结构的动力特性和抗震性能分析，并得到了以下主要结论：

(1)大跨度 3 塔悬索桥以主梁振动为主振型最先出现，并且周期较长，而后是索的振动和梁的高阶振型，以塔为主的振动一般出现得较后。由于考虑桩土作用后，结构的自振频率有所减小，总体上影响很小，可以忽略不计。

(2)结构在横桥向地震作用下的位移尤其是弯矩都比纵桥向地震作用大，因此应重视结构横桥向的抗震性能。水平地震作用下，边塔的地震反应却要比中塔大得多，更容易引起破坏，因此应特别重视边塔的抗震设计。塔柱的抗震设计和验算除了塔底截面外，还应重视上塔柱距离塔顶约 1/3 处以及塔柱与横梁交叉处等截面。

(3)大跨度 3 塔悬索桥，结构的整体刚度较小，结构非线性效应显著，地震反应分析时应采用非线性的时程分析法，以更准确地预测结构的抗震性能。桩土共同作用对结构的抗震性能的影响也非常有限。

参 考 文 献

[1] 杨进. 多塔多跨悬索桥应用于海峡长桥建设的技术可行性与技术优势[J]. 桥梁建设，2009(2):36-39.

[2] 杨进. 中国内地创建多塔大跨度悬索桥的工程进展[J]. 桥梁建设，2009(6)：39-41.

[3] 朱本瑾. 多塔悬索桥的结构体系研究[M]. 上海：同济大学，2007.

[4] 王萍. 多塔连续体系悬索桥静动力特性研究[M]. 成都：西南交通大学，2007.

[5] Yoshida O，Okuda M，Moriya T. Structural characteristics and applicability of four-span suspension bridge[J]. Journal of Bridge Engineering，ASCE，2004，9(5)：453-463.

[6] 郑凯锋，栗怀广，胥润东. 连续超大跨悬索桥的刚度特征[J]. 西南交通大学学报，2009，44(3)：342-346.

[7] 杨进，徐恭义，韩大章. 泰州长江公路大桥三塔两跨悬索桥总体设计与结构选型[J]. 桥梁建设，2008(1):37-40.

[8] 中国交通运输部. JTGT B02-01—2008 公路桥梁抗震设计细则[S]. 北京：人民交通出版社，2008.

130. 拉索在三维空间非线性振动特性初步研究

王　涛　沈锐利

(西南交通大学桥梁工程系)

摘　要:斜拉桥是现代缆索桥梁的主要结构形式之一,风荷载和车辆荷载是斜拉桥上的主要动力荷载,它们通常会引起斜拉索的大幅振动。本文首先充分考虑了拉索垂度和几何非线性的影响,根据力学原理建立了拉索在风荷载和端点位移作用下在三维空间中大幅振动的计算模型并使用多尺度方法从理论上讨论了斜拉索在三维空间中的振动特性。其次采用数值方法求解了拉索振动方程组,得到了拉索发生大幅振动时拉索中点在三维空间中的运动轨迹。计算结果表明拉索在三维空间中发生的大幅度振动的幅度与外激励的频率与激励幅值有关。最后提出了减小拉索振动的方法,并用数值算例进行了验证。本文结果可为斜拉桥的计算分析模型的建立提供了参考。

关键词:拉索　振动　几何非线性　三维空间　数值方法

1　引言

斜拉桥拉索具有大柔度、小质量、小阻尼等特点。由于斜拉桥主梁质量远远大于斜拉索,在交通或者风荷载的作用下主梁发生的振动作为激励会造成斜拉索的大幅振动。1988 年 3 月比利时的 Ben-Ahin 桥的 9 根拉索发生了振幅达 1m 以上的振动,同年 10 月 Wander 桥也发生了类似的现象[1],类似的现象在世界其他各地的桥梁上也有观察到。

通常理论上认为引起斜拉桥拉索振动的激励类型有 2 种:(1)激励作为系统运动方程的非齐次项出现;(2)激励作为运动方程的变系数出现。第 1 种激励称为外激励,第 2 种激励称为参数激励。对于斜拉索这两类振动的特点是:当拉索端点振动的横向分量产生的外激励频率接近于索固有频率的 1 倍时,索会发生在外激励作用下的主共振。斜拉索端点振动的轴向分量产生的轴向激励作为参数激励出现在拉索的振动方程中。当参数激励频率接近于索的固有频率的 2 倍时,拉索将发生在参数激励作用下的主参数共振。

Michel Virlogeux(1998)[2]建立了索梁相互作用的两质量模型,重点研究了强迫振动,认为当索梁的固有频率很接近时,索端小的横向振动可以使索产生极大的振幅。Kovacs(1982)[3]

基金项目:国家重点科技支撑课题 2008BAG07B05 资助(本项目为国家重点科技支撑项目)。

的研究指出，当激励的频率是索的固有振动频率的 2 倍时，索将发生参数共振，同时还给出了简单的最大振幅公式。Tagata[4]研究了索的一阶参数共振，认为索是无重量的弦(不计垂度的影响)，导出了无量纲的 Mathieu 方程。国内学者，汪至刚(2000)[5]、亢战(1998)[6]分别建立了各自的索梁耦合参数振动模型，文献将拉索简化为一小的集中质量，首先提出了一个简化的索—桥耦合振动模型，并用精细时程积分进行了数值分析，得出了拉索在桥面振动下产生参数共振的可能性。浙江大学陈水生(2003)[7]考虑索的垂度、由于大位移而引起的几何非线性及桥面质量(或索端激励)运动而导致的索内力的变化等因素的情况下，推导了斜拉索在索端激励下的振动方程，建立了索梁耦合振动模型。采用多尺度法和数值分析结合更加精确的描述了斜拉索的参数振动。

实际斜拉索是受到三维空间中复杂力的作用，斜拉索的振动一般不是在平面内的振动，斜拉索面内一阶振动与面外一阶振动频率是接近的，由于垂度效应的作用，面外的振动会激起面内振动导致面内与面外的 1∶1 耦合振动[7]通常也称之为内共振。拉索在参数激励和外激励的作用下可能会产生如“跳绳”般的空间回旋运动。因此，本文在前人的研究基础上建立了拉索的面内和面外耦合振动方程组，通过对方程组采用多尺度法进行理论分析并采用四阶龙格库塔法进行了数值求解，讨论了拉索发生三维空间中的振动特性，并根据计算结果绘出了拉索中点在参数激励和外激励的作用下发生大幅振动时的空间运动轨迹。

2 计算模型

采用文献[8]中的关于拉索微段上受力的基本假设与推导方法。如图 1 所示，本文中设拉索在 X-Y 平面的振动为面内振动，X-Z 平面的振动为面外振动，根据牛顿运动定理我们可以建立索的面内一面外空间运动方程如下：

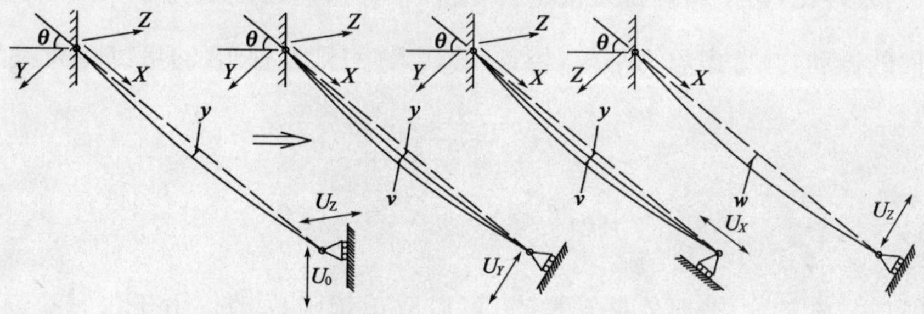

图 1 拉索空间三维振动示意图

$$\frac{\partial}{\partial s}\left[(T+\tau)\cdot\frac{\partial}{\partial s}(x+u)\right]=m\frac{\partial^2 u}{\partial t^2}\cdot\frac{\mathrm{d}x}{\mathrm{d}s}+\eta_0\frac{\partial u}{\partial t}\cdot\frac{\mathrm{d}x}{\mathrm{d}s}-mg\sin\theta\cdot\frac{\mathrm{d}x}{\mathrm{d}s} \tag{1}$$

$$\frac{\partial}{\partial s}\left[(T+\tau)\cdot\frac{\partial}{\partial s}(y+v)\right]=m\frac{\partial^2 v}{\partial t^2}\cdot\frac{\mathrm{d}x}{\mathrm{d}s}+\eta_1\frac{\partial v}{\partial t}\cdot\frac{\mathrm{d}x}{\mathrm{d}s}-mg\cos\theta\cdot\frac{\mathrm{d}x}{\mathrm{d}s} \tag{2}$$

$$\frac{\partial}{\partial s}\left[(T+\tau)\cdot\frac{\partial w}{\partial s}\right]=m\frac{\partial^2 w}{\partial t^2}\cdot\frac{\mathrm{d}x}{\mathrm{d}s}+\eta_2\frac{\partial w}{\partial t}\cdot\frac{\mathrm{d}x}{\mathrm{d}s} \tag{3}$$

式中：T——在重力作用下的切向拉力；

τ——索的振动拉伸而产生的附加切向动拉力；

s——索的弧长坐标；

m——索的单位长度质量；

η_0、η_1、η_2——索的黏性阻尼系数；

θ——索在 X-Y 面内的倾斜角度；

y——索的自重在 Y 方向产生的垂度曲线。

计变形前(静态)弧长微段为 $\mathrm{d}s_0$，变形后(动态)为 $\mathrm{d}s$，若不计轴向变形的影响有：

$$\mathrm{d}^2 s_0 = \mathrm{d}^2 x + \mathrm{d}^2 y \tag{4}$$

$$\mathrm{d}^2 s = \mathrm{d}^2 x + (\mathrm{d}y + \mathrm{d}v)^2 + \mathrm{d}^2 w \tag{5}$$

则动应变为[9]：

$$\varepsilon = \frac{\mathrm{d}s - \mathrm{d}s_0}{\mathrm{d}s_0} \approx \frac{\mathrm{d}y}{\mathrm{d}s}\frac{\mathrm{d}v}{\mathrm{d}s} + \frac{1}{2}\left[\left(\frac{\mathrm{d}w}{\mathrm{d}s}\right)^2 + \left(\frac{\mathrm{d}v}{\mathrm{d}s}\right)^2\right] \tag{6}$$

在以上各式中取张紧拉索在自重作用下的曲线为抛物线：

$$y = \frac{mgl^2\cos\theta}{2H}\left(\frac{x}{l} - \frac{x^2}{l^2}\right) \tag{7}$$

$$\frac{\tau}{h} = \frac{T}{H} = \frac{\mathrm{d}s}{\mathrm{d}x} \tag{8}$$

由于 $\tau = EA \cdot \varepsilon$，所以得到：

$$h\left(\frac{\mathrm{d}s}{\mathrm{d}x}\right)\cdot\left(\frac{\mathrm{d}s_0}{\mathrm{d}x}\right)^2 = EA\left[y_x \cdot v_x + \frac{1}{2}(w_x^2 + v_x^2)\right] \tag{9}$$

积分上式并考虑端部激励得到：

$$h = \frac{EA}{le}\cdot\left\{U_x\cos\omega_3 t + \int_0^l\left[y_x \cdot v_x + \frac{1}{2}(w_x^2 + v_x^2)\right]\mathrm{d}x\right\} \tag{10}$$

$$le = \int_0^l\left(\frac{\mathrm{d}s}{\mathrm{d}x}\right)\cdot\left(\frac{\mathrm{d}s_0}{\mathrm{d}x}\right)^2\mathrm{d}x \tag{11}$$

其中 $\frac{d}{l}$ 为垂跨比，对于斜拉桥是很小的，所以根据[7]，可以认为 $le = l$。这里我们不考虑拉索沿轴向的振动，并考虑静力平衡，将式(8)代入(3)则方程组(3)可以写为：

$$\begin{cases} H\dfrac{\partial^2 v}{\partial x^2} + h\left(\dfrac{\partial^2 y}{\partial x^2} + \dfrac{\partial^2 v}{\partial x^2}\right) = m\dfrac{\partial^2 v}{\partial t^2} + \eta_1\dfrac{\partial v}{\partial t} \\ H\dfrac{\partial^2 v}{\partial x^2} + h\left(\dfrac{\partial^2 w}{\partial x^2}\right) = m\dfrac{\partial^2 w}{\partial t^2} + \eta_2\dfrac{\partial w}{\partial t} \end{cases} \tag{12}$$

对于张紧的拉索的面内-面外振动模态，可以取正弦函数[10]。由于张紧拉索在端部激励的作用下主要发生一阶振动，所以假设面内与面外模态解分别为：

$$\begin{cases} v = V(t)\cdot\sin\left(\dfrac{\pi x}{l}\right) + \dfrac{U_y x}{l}\cos\omega_3 t \\ w = W(t)\cdot\sin\left(\dfrac{\pi x}{l}\right) + \dfrac{U_z x}{l}\cos\omega_4 t \end{cases} \tag{13}$$

将式(7)、式(10)、式(13)代入式(12)中并采用 Galerkin 方法得到：

$$\begin{cases} \ddot{V} + \eta_1\dot{V} + (\omega_1^2 + a_1\cos\omega_3 t)V + a_2V^2 + a_3W^2 + a_4V^3 + a_5VW^2 + a_6\cos\omega_3 t = F_y\cos\omega_3 t \\ \ddot{W} + \eta_2\dot{W} + (\omega_2^2 + a_1\cos\omega_3 t)W + a_7WV + a_4W^3 + a_5WV^2 = F_z\cos\omega_4 t \end{cases} \tag{14}$$

以上方程组即为拉索在端部激励作用下，面内与面外一阶模态耦合振动方程组。其中 η_1、η_2 为黏性阻尼系数，方程的各个系数表达式如下：

$$a_1 = \frac{\pi^2 EAU_x}{ml^3} \qquad \omega_1 = \frac{H\pi^2}{ml^2}\left[1 + \frac{8EA(lmg\cos\theta)^2}{\pi^4 H^3}\right] \qquad \omega_2 = \frac{H\pi^2}{ml^2}$$

$$a_2=\frac{3\pi EAg\cos\theta}{Hl^2}\qquad a_3=\frac{\pi EAg\cos\theta}{Hl^2}\qquad a_4=\frac{\pi^4 EA}{4ml^4}$$

$$a_5=\frac{\pi^4 EA}{4ml^4}\qquad a_6=\frac{4EAgU_x\cos\theta}{\pi Hl}\qquad a_7=\frac{2\pi EAg\cos\theta}{Hl^2}\tag{15}$$

$$F_y=-\frac{2U_y}{\pi}\cdot\omega_3^2\qquad F_z=-\frac{2U_z}{\pi}\cdot\omega_4^2$$

$$U_x=U_0\cdot\sin\theta\qquad U_y=U_0\cdot\cos\theta$$

若不考虑拉索的参数激励和外激励项则方程组(14)可写为：

$$\ddot{V}+\eta_1\dot{V}+\omega_1^2V+a_2V^2+a_3W^2+a_4V^3+a_5VW^2=0\tag{16a}$$

$$\ddot{W}+\eta_2\dot{W}+\omega_2^2W+a_7WV+a_4W^3+a_5WV^2=0\tag{16b}$$

上式即为拉索面内与面外耦合自由振动方程组。式(16b)为面外振动方程，通过观察可以注意到，W^2 这一项可视为激励项出现在式(16a)中，因此面外振动会激起面内的振动。

采用多尺度法[10]可以解释拉索出现面内、面外 1∶1 内共振的原因。将方程(16)改写为如下形式：

$$\ddot{V}+\varepsilon\eta_{11}\dot{V}+\omega_1^2V+\varepsilon b_2V^2+\varepsilon b_3W^2+\varepsilon b_4V^3+\varepsilon b_5VW^2=0\tag{17a}$$

$$\ddot{W}+\varepsilon\eta_{12}\dot{W}+\omega_2^2W+\varepsilon b_7WV+\varepsilon b_4W^3+\varepsilon b_5WV^2=0\tag{17b}$$

其中 ε 为小参数，根据多尺度方法，设式(17a)、式(17b)的解分别为：

$$V=V_0(T_0,T_1)+\varepsilon V_1(T_0,T_1)\tag{18a}$$

$$V=V_0(T_0,T_1)+\varepsilon V_1(T_0,T_1)\tag{18b}$$

将式(18)代入式(17)根据多尺度法合并包含 ε 的同次项得：

$$\begin{cases}D_0^2V_0+\omega_1^2V_0=0\\ D_0^2W_0+\omega_2^2W_0=0\end{cases}\tag{19}$$

$$D_0^2V_1+\omega_1^2V_1=-2D_0D_1V_0-\eta_{11}D_0V_0-b_2V_0^2-b_3W_0^2-b_4V_0^3-V_0W_0^2\tag{20a}$$

$$D_0^2V_1+\omega_1^2V_1=-2D_0D_1W_0-\eta_{12}D_0W_0-b_7W_0V_0-b_4W_0^3-b_5W_0V_0^2\tag{20b}$$

设方程组(19)的解为：

$$V_0=A_1(T_1)\mathrm{e}^{i\omega T_0}+\overline{A}_1(T_1)\mathrm{e}^{-i\omega T_0}\tag{21a}$$

$$W_0=A_2(T_1)\mathrm{e}^{i\omega T_0}+\overline{A}_2(T_1)\mathrm{e}^{-i\omega T_0}\tag{21b}$$

将方程组(21)代入方程组(20)则方程(20a)和(20b)右端必然存在的项分别为：

$$\overline{A}_1A_2^2\mathrm{e}^{i(2\omega_2-\omega_1)T_0}+A_1\overline{A}_2^2\mathrm{e}^{-i(2\omega_2-\omega_1)T_0}\tag{22}$$

$$\overline{A}_2A_1^2\mathrm{e}^{i(2\omega_1-\omega_2)T_0}+A_2\overline{A}_1^2\mathrm{e}^{-i(2\omega_1-\omega_2)T_0}\tag{23}$$

根据非线性振动理论[10]，从式(22)和式(23)可以看出当 $\omega_1=\omega_2$ 时，根据振动理论这两项为产生 1∶1 内共振的长期项。但由于没有外部激励注入能量，且非线性项改变系统频率的作用[10]，共振的振幅当然是有限的。

3 算例

现以某实际斜拉桥编号为 m6 的拉索为例。拉索参数为：索力 H=3.665e6 N，拉索倾角 θ=26°，拉索长度 l=112.775m，沿跨度每延米质量 m=60.1kg/m，拉索截面积 A=0.012 3m²，弹性模量 E=1.96e11Pa，拉索固有自振频率为 ω_1=6.929 9rad/s。

采用龙格库塔法对方程组(16)作数值计算，分析拉索的一阶振动位移响应。假设拉索面外初始位移为 1.0m，面内初始位移为 0，阻尼为 0，根据方程组(16)计算结果如图 2～图 4 所示。

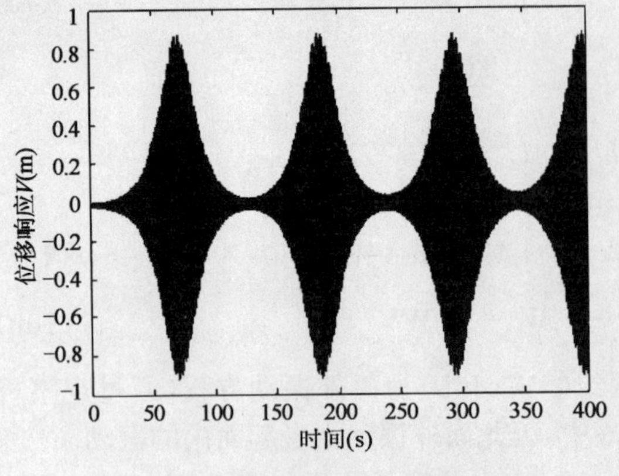

图 2　自由振动面内位移时程响应图

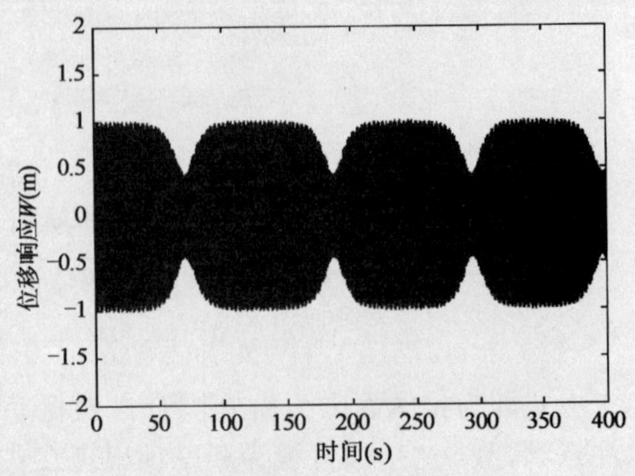

图 3　自由振动面外位移时程响应图

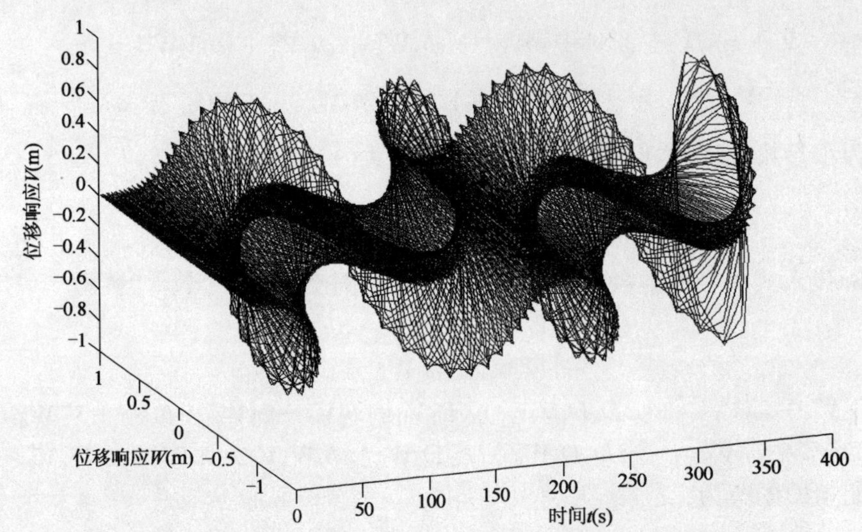

图 4　拉索中点面内—面外耦合振动三维空间运动轨迹曲线

从数值计算结果图 2、图 3 可以看出，沿 X-Z 方向的振动(即面外振动)可以激起 X-Z 方向的振动(面内振动)，两者都存在“拍振”的现象[10]，当面外振动处在低谷时，面内振动达到峰值。这表明在描述耦合振动的方程中，由于面内、面外频率接近，面外振动作为激励项出现在面内振动方程中将能量传递给面内而导致共振。由于没有外激励持续的能量注入，且拉索具有硬弹簧的性质，拉索达到回旋振动后不能一直保持，面内振动减小回到接近零值的位置，能量由面内回到面外，这时面外振动将重新激起面内振动，这就导致了一个“拍振”的循环过程，如图 4 所示为拉索中点在空间中的运动轨迹。

同样采用前面所述拉索，采用龙格库塔做数值计算分析实际情况下，由于端部运动，拉索同时在外激励和参数激励的作用下的位移响应。

假设拉索面内位移激励假设拉索面内位移激励 $U_0 = 0.05\,\mathrm{m}$，激励的频率比为 $\omega_3 : \omega_1 = 1:1$；面外位移激励 $U_z = 0.04\,\mathrm{m}$，激励频率比 $\omega_4 : \omega_2 = 1:1$，初始位移为 0，阻尼系数 η_1 、η_2 都为 0.02，根据方程组(14)计算结果如图 5～图 7 所示。

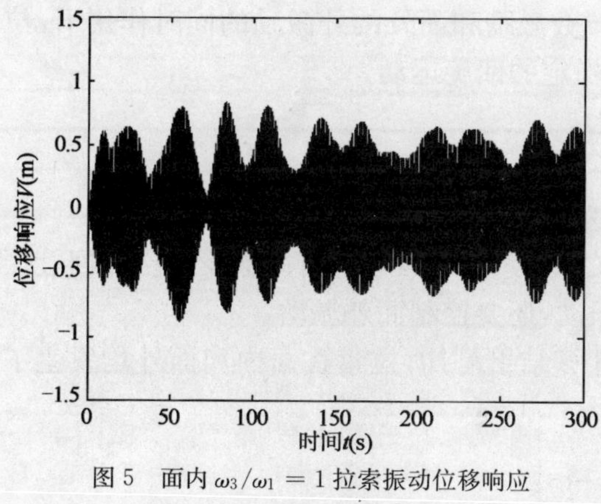

图 5　面内 $\omega_3/\omega_1=1$ 拉索振动位移响应

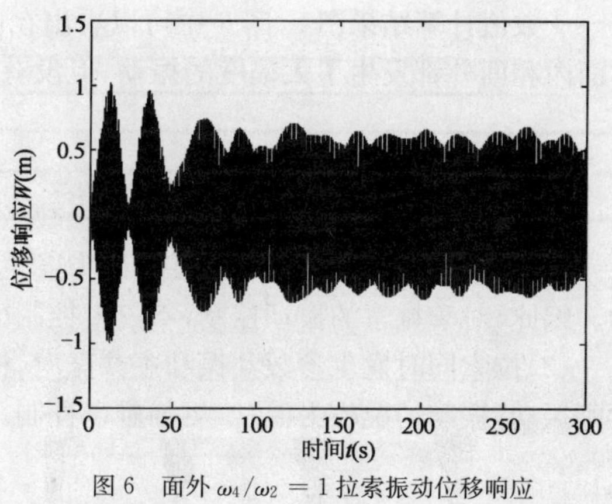

图 6　面外 $\omega_4/\omega_2=1$ 拉索振动位移响应

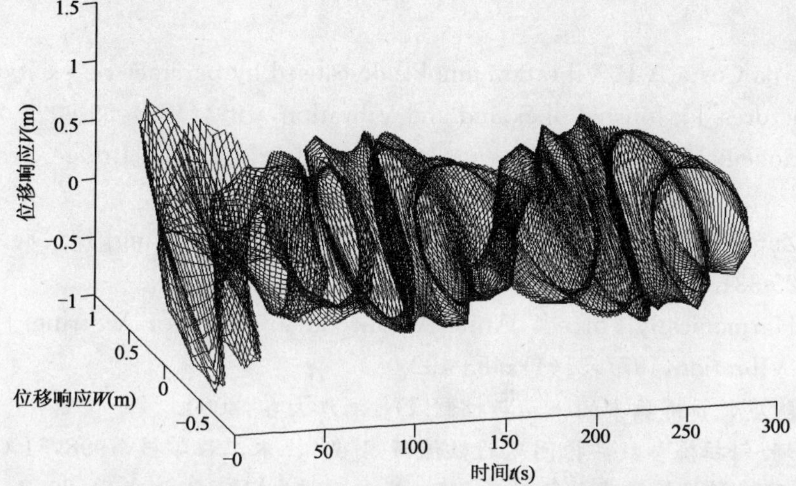

图 7　拉索中点面内-面外耦合振动三维空间响应运动轨迹曲线

从数值计算结果图 5～图 7 可以看出拉索在面内和面外的 1∶1 位移激励下发生了空间回旋运动，阻尼的作用减小了“拍振”效应的作用，使系统更快进入了稳态响应。因此，对于实际桥梁不仅要考虑控制拉索的面内振动，同时也必须要考虑控制拉索的面外振动。

考虑到实际桥梁横向振动频率通常不会过大，这里同样假设拉索面内位移激励 $U_0=0.05$ m，激励频率比 $\omega_3:\omega_1=2:1$，面外位移激励 $U_z=0.04$ m，激励频率比 $\omega_4:\omega_2=1:1$，初始位移为 0，阻尼系数 η_1、η_2 都为 0.02，根据方程组(15)计算结果如图 8、图 9 所示。

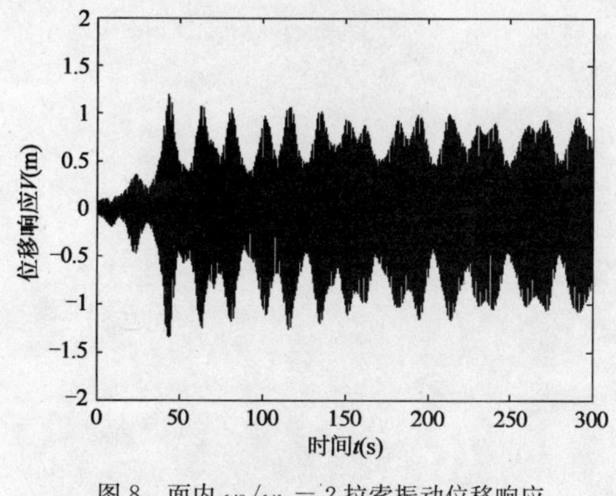

图 8　面内 $\omega_3/\omega_1=2$ 拉索振动位移响应

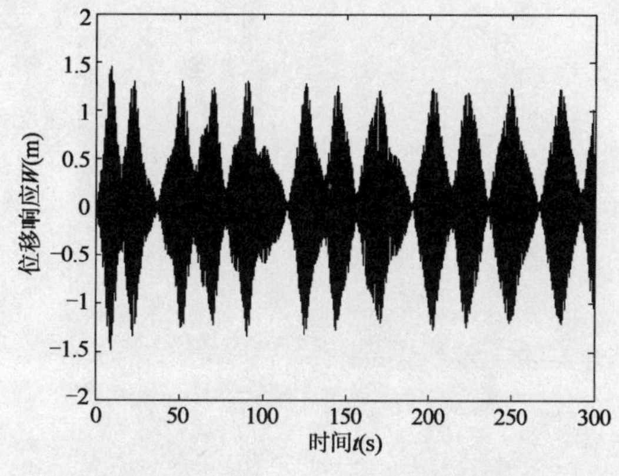

图 9　面外 $\omega_4/\omega_2=1$ 拉索振动位移响应

从数值计算结果图8、图9中可以看出在面内参数激励和面外的外激励的同时作用下，拉索面内和面外都发生了大幅度的振动，但没有出现稳定的回旋运动。

4 结语

(1)斜拉桥张紧的拉索在外激励和参数激励会发生1∶1和2∶1的大幅度振动。

(2)拉索发生大幅度振动是在空间中发生的，在一定条件下拉索有可能会发生空间回旋振动。因此，对于拉索的振动控制，不仅要控制面内振动，还要控制面外振动。

(3)拉索同时发生参数共振和主共振时，根据计算结果可知，拉索在面内和面外均发生了大幅振动，振动情况较为混乱，更加难以控制。

参考文献

[1] Linlien J L，da Costa A P. Vibration amplitude caused by paramet-ric excitation of cable stayed structures[J]. Journal of Sound and Vibration，1994(171)：69-90.

[2] Michel Virlogeux. Cable Vibration in Cable-stayed bridges[J]. Bridge dynamic，1998：213-233.

[3] I Kovacs. Zur Frage der Seilschwingungen and der Seildampfung[J]. Die Bautechnik，1982，10：325-331.

[4] G Tagata. Harmonically Forced，Finite Amplitude Vibration of A String[J]. Journal of Sound and Vibration，1977，51(4)：483-492.

[5] 汪至刚. 大跨度斜拉桥拉索的振动与控制[D]. 浙江大学，2000.

[6] 亢战，钟万勰. 斜拉桥参数共振问题的数值研究[J]. 土木工程学报，1998，31 (4)，8.

[7] 陈水生. 大跨度斜拉桥拉索的振动及被动、半主动控制[D]. 浙江大学，2002.

[8] 王涛. 斜拉桥拉索参数振动的理论与数值分析[D]. 西南交通大学，2009.

[9] H M Irvine. Cable Structures[M]. Cambridge，Massachusetts：the M. I. T. Press，1981.

[10] A H 奈弗，D T 穆克. 非线性振动[M]. 北京：高等教育出版社，1996.

131. 考虑车轮转动轨迹的桥头跳车冲击系数分析

丁 勇[1] 谢 旭[2] 黄剑源[1]

(1. 宁波大学土木工程系;2. 浙江大学土木工程系)

摘 要:对于广泛存在的车辆桥头跳车现象,以桥头错台跳车为例,提出了一种考虑车轮转动轨迹的冲击系数分析方法。利用该分析方法,并结合车辆的动力学有限元分析,可以计算车辆桥头跳车时的动力荷载,并求得相应的冲击系数。作为实例,对一辆典型载重车辆通过桥头错台时的冲击荷载进行了数值仿真,结果表明:①考虑车轮转动轨迹后,车轮动力荷载计算值比直接将车轮视为一个点的计算方法小得多;②桥头错台跳车动力荷载与错台高度等因素有关,其造成的冲击系数很可能超过我国桥梁规范设计值,从而对桥梁、桥头路面等结构产生不利影响,值得引起重视。

关键词:桥头跳车 车辆有限元模型 冲击系数 瞬态动力学响应

1 引言

在桥梁工程中,由于桥台与路堤的刚度不同,往往在使用过程中出现沉降差异,导致桥头路面高程的变化。当这种桥头高程的变化较为平缓时,可形成桥头的斜坡;当变化剧烈时,则形成桥头错台(见图1)。无论是桥头的斜坡还是桥头错台,都将会影响行车的平顺性,使过往车辆产生跳车现象。而这种桥头跳车不仅会影响行车安全性和舒适性,也会对桥梁和桥头路面结构产生附加的动力荷载,加速其老化破坏。

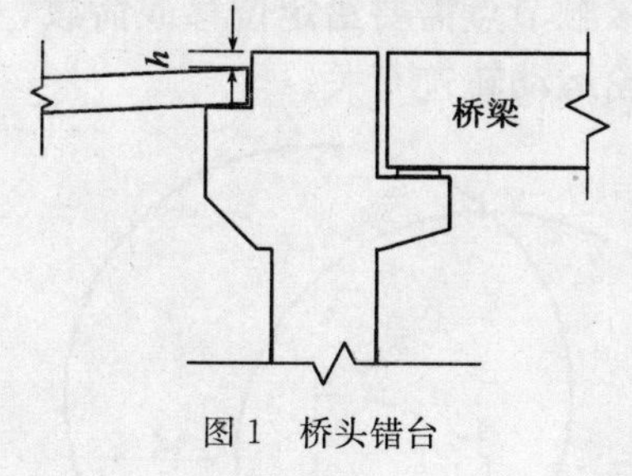

图1 桥头错台

许多学者的研究曾经涉及桥头跳车问题,张洪亮等用5自由度的车辆理论模型,以行车舒适性为控制条件,讨论了桥头搭板的容许纵坡值[1];Shi 等采用11自由度的车辆理论模型和桥梁有限元模型讨论了桥头搭板对桥梁交通振动的影响[2];张丽芳等用2自由度的车辆理论模型和简支梁桥理论,讨论了车辆桥头跳车对桥梁振动的影响[3];刘晓明等用7自由度的车辆理论模型,分析了桥头存在斜坡情况下车辆的动力荷载[4]。虽然对桥头跳车问题已有不少研究,但是往往将车辆的车轮视为一个点,而忽略了车轮的转动

基金项目:浙江省自然科学基金(Y1110548),近海冲击与安全工程浙江省重中之重学科开放基金(2011)。

轨迹。这种假设在路面平顺情况下可能影响不大，但是在桥头错台情况下，车轮绕错台顶点转动的特征非常明显，因此其影响值得考虑。

本文采用考虑车轮转动轨迹的圆盘车轮模型，并将它和有限元载重车辆模型相结合，提出了桥头跳车动力荷载的瞬态动力学分析方法，并通过载重车桥头跳车的数值仿真，初步探讨了跳车动力荷载的工程重要性以及相关的影响因素。

2 桥头跳车动力荷载计算方法

2.1 车辆动力学方程

为计算桥头跳车时的车轮动力荷载，首先要分析车辆的振动。通常会采用多自由度的振动方程来分析车辆的振动[1-4]，但是本文在以往研究的基础上[5]，采用有限单元法来模拟车辆，从而避免了复杂的动力学方程。典型三轴载重车[6]的有限元模型如图2所示。

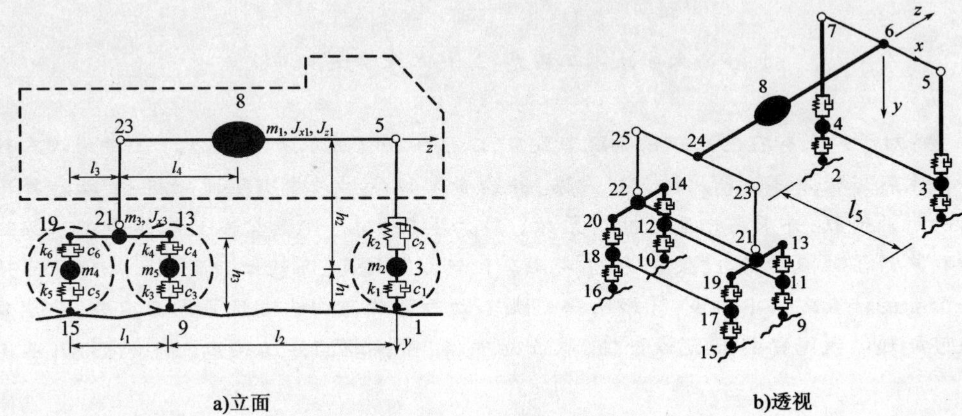

a)立面　　b)透视

图2　车辆有限元模型

该模型由弹簧-阻尼单元、集中质量单元和刚性梁单元组成，各单元的计算参数见文献[5]。车辆的整体动力学方程为：

$$M_v\ddot{u}_v + C_v\dot{u}_v + K_v u_v = F_v(t) \tag{1}$$

其中，u_v 是节点位移列阵；M_v、C_v、K_v 分别为质量、阻尼、刚度矩阵；F_v 为荷载列阵；t 为时间。方程(1)通过时间域积分求解，求解过程中，车轮与路面的接触节点需要给定位移或荷载，为此需要确定桥头跳车时这些接触节点的位移，其数值即与车轮运动轨迹有关。

2.2 车轮运动轨迹分析

车辆通过桥头错台时，轮底的运动轨迹与车轮的转动相关，因此本文将车轮简化为圆盘模型[7]，以考虑其转动。考虑到载重车半径较大，而变形比半径小得多，因此不计变形对车轮形状的影响。

1)上桥跳车

如图3所示，当车轮上桥头错台时，将绕顶点 B 滚动。轮底从 A 升高到 B，其运动轨迹为曲线2，曲线2与曲线1(轮轴轨迹)平行。轮底 A 点离地面高度的运动轨迹为：

$$h(z) = R - h_1 - \sqrt{R^2 - z^2} \tag{2}$$

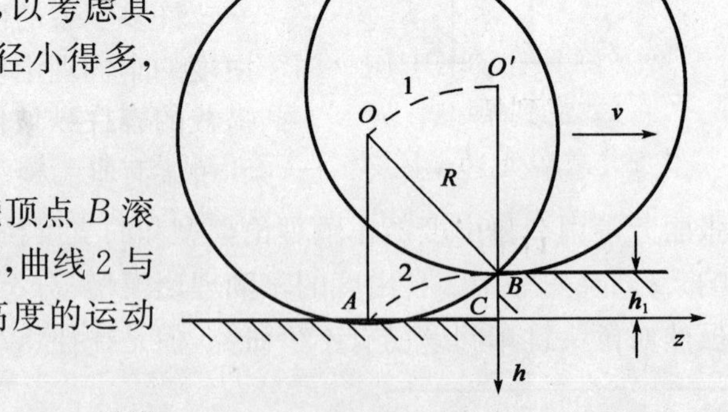

图3　上桥错台跳车时的车轮转动轨迹

其中，$-\sqrt{R^2-(R-h_1)^2}\leqslant z\leqslant 0$；$h(z)$ 即为求解车辆振动方程(1)时的给定轮底位移。

2)下桥跳车

如图 4 所示，当车轮下桥通过桥头错台时，如果速度较低，车轮将绕顶点 D 滚动；而当车速达到一定数值时，车轮可能脱离错台，出现腾空现象。因此需要区别开来进行分析。

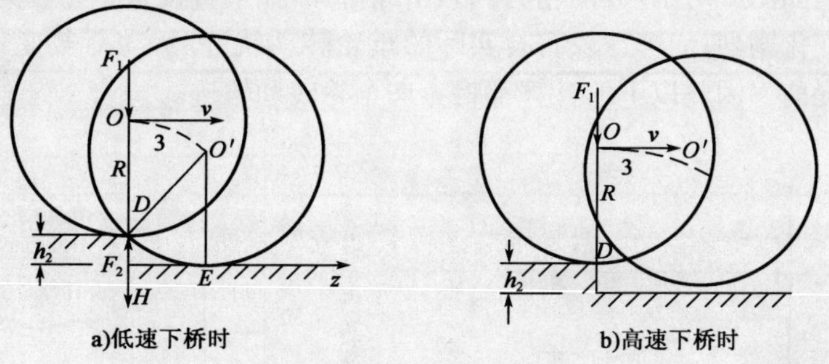

图 4　下桥跳车时的车轮轨迹

对应于低速下桥时的轮轴 O 点运动轨迹为：

$$H(z)=-h_2-\sqrt{R^2-z^2} \tag{3}$$

由此可得轮轴加速度为：

$$\ddot{H}=\frac{\mathrm{d}^2H}{\mathrm{d}t^2}=\frac{v^2R^2}{\sqrt{(R^2-z^2)^3}} \tag{4}$$

其中，v 为车速。

在车辆振动的有限元分析中，可以用给定路面荷载的方式给定上述轮轴加速度，即

$$F_2=F_1-m_{\mathrm{axis}}\ddot{H} \tag{5}$$

其中，F_1 为车体重力荷载；m_{axis} 为轮轴质量。对应于车轮腾空的路面荷载 F_2 为 0，因此由式(5)得到

$$0=F_1-m_{\mathrm{axis}}\ddot{H} \tag{6}$$

假设车轮出现腾空现象时的临界速度为 v_{cr}，根据式(4)可以得到临界速度表达式为：

$$v_{\mathrm{cr}}=\sqrt{\frac{F_1R}{m_{\mathrm{axis}}}} \tag{7}$$

2.3　车轮动力荷载计算

根据方程(1)求出节点的瞬态位移和速度后，由轮胎位置的弹簧-阻尼单元得到车轮的动力荷载

$$F_i^e(t)=k_i^e a_i^e(t)+c_i^e\dot{a}_i^e(t) \tag{8}$$

其中，F_i^e 包含单元 i 所代表的车轮的轮压；a_i^e 和 $\dot{a}_i^e$ 分别为单元节点位移和速度。

考虑到桥头跳车是一个冲击荷载作用下的瞬态动力学问题，在利用式(8)计算车轮荷载时，要求单元速度有较高的计算精度，为此需要采用适合于冲击问题分析的时间积分方法[8]。

3　计算结果与讨论

对图 2 所示载重车辆通过桥头错台时的动力荷载进行实例计算，假设轮胎半径为 0.43m。由于本文主要讨论桥头错台的影响，所以不计路面粗糙度、桥梁振动，且上、下桥头跳车互不影响。

3.1 考虑车轮转动时跳车动力荷载的特征

以 30km/h 速度的车辆通过 10mm 桥头错台为例，分析车轮动力荷载的特征。分别采用考虑和不考虑车轮滚动轨迹（将车轮视为一点）的算法，计算车轮动荷载，以说明考虑车轮转动轨迹的影响。

动荷载计算值如图 5 所示（以前轮为例），由此可知，如果直接将车轮视为一点，上、下桥时动荷载的计算值变化剧烈；而考虑较符合实际的车轮转动轨迹后，动荷载变化趋于平缓，最大轮载位置则有所提前。因此以下的计算都将考虑车轮转动轨迹。

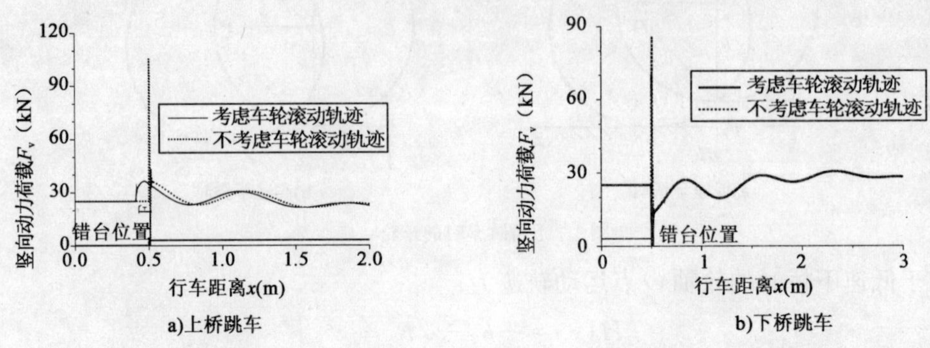

图 5　前轮竖向动荷载（h=10mm，v=30km/h）

前、中、后轮的动力荷载如图 6 所示，由此可知，车辆通过桥头错台时，车轮荷载将产生波动。由于前轮比中、后轮上桥早，所以轮力波动也较早。

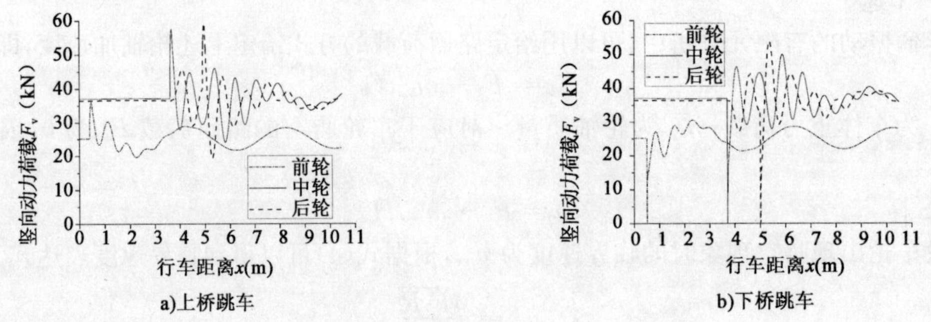

图 6　车轮竖向动荷载（h=10mm，v=30km/h）

车轮对桥（路）面的动力效应用冲击系数来衡量，定义为：

$$\mu=\frac{(F_{vmax}-F_s)}{F_s} \tag{9}$$

式中：F_s——车轮静荷载；

F_{vmax}——动荷载的最大值。

竖向轮载的冲击系数 μ　　表 1

冲击系数	前　轮	中　轮	后　轮	冲击系数	前　轮	中　轮	后　轮
上桥	0.45	0.55	0.62	下桥	0.22	0.35	0.47

图 6 对应的冲击系数见表 1，上桥时轮载的冲击系数比下桥时大。因为上桥时最大动荷载发生在桥头错台上，即作用在桥上局部范围内，所以可参照我国桥梁规范[9]中的局部加载冲击系数（0.3），比较可知，算例中的冲击系数比我国规范的给出的值来的大，但小于美国 2004 桥梁规范[10]中的局部冲击系数（0.75）。

图 6 中各车轮的最小竖向动荷载为 0，说明车轮有腾空现象。根据式(7)，可求得车辆下桥时前、中、后轮腾空的临界速度(v_{cr})分别为 19.7km/h、18.6km/h、19.4km/h。本例车速大于该临界速度。

3.2 跳车高度的影响

以下分析车辆以 30km/h 的速度通过不同高度(1～30mm)桥头错台时的动力荷载。

1)上桥跳车

图 7 为三个不同高度桥头错台导致的前轮竖向动力荷载，由此可知，最大轮载都发生在车轮位于错台顶点时；错台高度越大，动力效应越明显。中、后轮动力荷载具有相同的特征。

不同错台高度下的轮载冲击系数如图 8 所示，其与错台高度成正比。后轮的冲击系数最大，错台高度大于 5mm 时就超过 0.3。

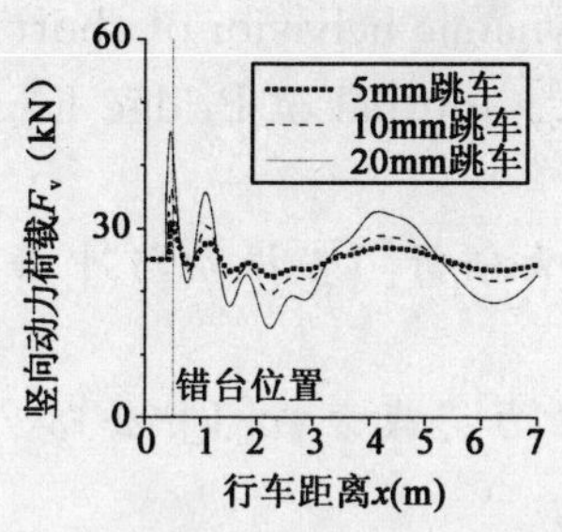

图 7　上桥时的车轮竖向动荷载(前轮)

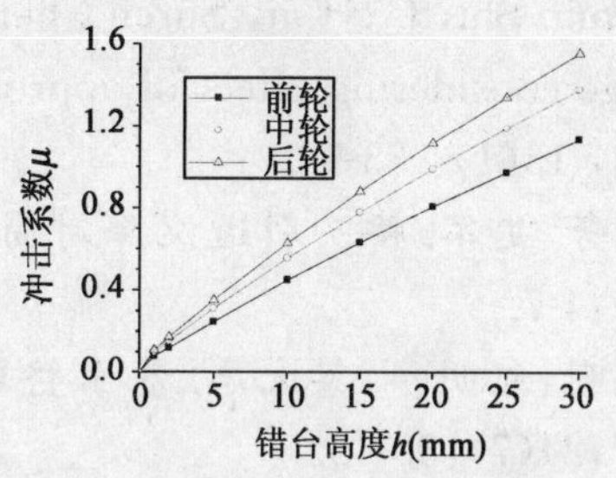

图 8　轮载冲击系数与错台高度关系

2)下桥跳车

下桥时的前轮动力荷载如图 9 所示，由此可知，最大轮载的作用位置不在错台上，而是离桥头错台有一段距离；错台高度越大，动力效应越明显。中、后轮动力荷载的特征相同。

轮载冲击系数与跳车高度的关系如图 10 所示，冲击系数与错台高度成正比。后轮的冲击系数最大，错台高度达到 10mm 时会超过 0.3。

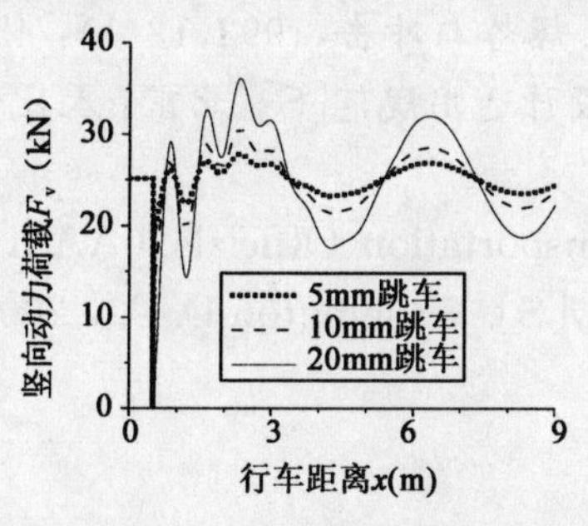

图 9　下桥时的车轮动荷载

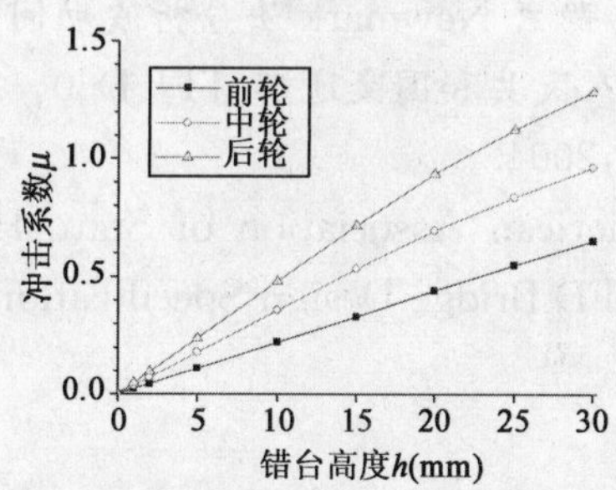

图 10　竖向荷载冲击系数与高度关系

4　结语

本文提出了一种更符合实际的考虑车轮转动轨迹的桥头跳车冲击系数分析方法，由此可以对桥头错台跳车造成的动力荷载作定量的分析，为路、桥设计与维护提供参考。算例研究表明：

(1)当车辆以 30km/h 的速度上桥通过 5mm 以上桥头错台，或下桥通过 10mm 以上桥头错台时，轮载冲击系数可能超过我国桥梁规范中 0.3 的局部冲击系数，因此桥头错台跳车造成的动力荷载不容忽视。

(2)桥头错台跳车时的动力荷载与桥头错台的高度成正比。

(3)上桥跳车时的最大动力荷载总是位于桥头错台上;下桥跳车时的最大动力荷载则离桥头有一定距离。

作为初步的工作,本文尚未考虑轮胎变形以及轮胎与地面的接触面积,这些因素对桥头跳车动力荷载的影响还有待深入研究。

参 考 文 献

[1] 张洪亮,胡长顺.基于五自由度车辆模型的桥头搭板容许纵坡变化值研究[J].土木工程学报,2005,38(6):125-131.

[2] Xiaomin Shi, C S Cai, Suren Chen. Vehicle induced dynamic behavior of short-span slab bridge considering effect of approach slab condition[J]. Journal of Bridge Engineering, 2008, 13(1): 83-92.

[3] 张丽芳,艾军.桥头引道沉降对简支梁冲击效应的影响分析[J].振动与冲击,2009,28(10):4-7.

[4] 刘晓明,赵明华,黎大志.基于整车模型的桥头路面动力荷载分析[J].公路交通科技,2007,24(7):39-43.

[5] 丁勇,布占宇,谢旭,等.考虑桥面板振动的桥梁结构低频噪声分析[J].土木建筑与环境工程,2011,33(2):58-64,69.

[6] Task committee on bridge vibration. Jsce, measurement and evaluation of bridges vibration[M]. Tokyo: Gihodo Shuppan Co. Ltd,1993.

[7] K C Chang, F B Wu ,Y B Yang. Disk model for wheels moving over highway bridges with rough surfaces[J]. Journal of Sound and Vibration,2011.

[8] 方秦.隐式 Newmark 法分析波动问题精度的探讨[J].爆炸与冲击,1992,12(1):45-53.

[9] 中华人民共和国交通部. JTJ D60—2004 公路桥涵设计通用规范[S].北京:人民交通出版社,2004.

[10] American Association of State Highway and Transportation Officials (AASHTO). LRFD Bridge Design Specification and Commentary[S]. Washington D. C., 2004.

五、检测、加固、船撞及其他

132. 船桥相撞时撞击力和能量转换的冲击动力学分析

王礼立[1]　杨黎明[1]　陈国虞[2]　陆宗林[3]

(1. 宁波大学机械工程与力学学院；2. 上海海洋钢结构研究所；3. 同济大学)

摘　要：从冲击动力学的观点详细分析了船桥相撞时应力波传播和材料动态行为如何影响撞击力及动态能量转换，指出国内外现行规范所采用的准静态计算公式之不足。采用由本文作者基于冲击动力学原理发展的新型柔性耗能防撞装置，能明显降低撞击力和能量转换，有利于同时保护桥和船。

关键词：船撞桥　撞击力　能量转换　波传播　高应变率　防撞装置

1　引言

在研究冲击载荷下结构和材料的动态响应时，与静力学分析相区别，通常应计及两种基本的动力学效应，即结构惯性效应和材料应变率效应[1]。对结构惯性效应的考虑实质上导致对结构中各种形式波传播的研究，不论是精确的还是简化的，并促进了“结构动力学”学科的发展。而对材料应变率效应的考虑则导致对材料的各种类型的应变率相关的(率型)本构关系和失效准则的研究，促进了“材料动力学”学科的发展。

研究结构冲击响应时的控制方程组，一般由动量、质量、能量守恒方程和材料本构方程共同组成。惯性效应体现在动量守恒方程中；应变率效应则体现在材料动态本构方程中。如果守恒方程组体现了各类结构的共性方面，则材料本构方程体现其不同的特性方面。

与静力学分析相区别，一旦考虑到应力波效应，结构的动态变形表现出明显的“时间相关性”和“空间局域化”状态。船撞桥时，船和桥通常都不会发生那种在静力平衡力作用下的整体变形，而只在撞击处发生动态局域化变形。这正是撞击载荷下动态变形的特征的体现，意味着应力波传播发挥了重要作用。

而一旦考虑到材料的应变率效应，结构的动态应力应变分析就必须采用材料的率相关动态本构关系，而不能再沿用基于静态实验得出的静态本构关系。

那么结构在什么情况下必须采用冲击动力学分析，又在什么情况下可以采用传统的准静态分析呢？

为了说明这个问题，我们引入一个无量纲时间 $T^* = T_L/T_W$。这里，T_L 是刻画外加载荷变化特征的时间尺度(冲击载荷常以毫秒、微秒来表征)，而 $T_W(=L_s/C_w)$ 是结构动态响应的特征时间，用应力波特征波速 C_w 在结构特征尺度 L_s 中传播所需历时(L_s/C_w)来表征。

通常应力波在结构特征尺度中传播上几个来回也还到达不了应力的静力平衡状态，所以，如果 $T^*(=T_L/T_W)<1$ 或其量级为 10^0，那么必须计及应力波的传播。这类响应通常称之为结构的“早期响应”，不能采用传统的准静态分析，而应该采用冲击动力学分析。

反之，如果 $T^*(=T_L/T_W)\gg 1$，那么在外载荷没有明显变化的情况下应力波在结构特征尺度中已经来回传播了很多次从而达到了静力平衡状态或稳定的振动状态，这时就无需再分析应力波在局部结构中的传播过程了。这类响应通常称之为结构的“后期响应”。

具体到船撞桥问题而言，刻画船撞载荷变化特征的时间尺度 T_L 为 10ms 量级[2,3]，即船撞载荷当以 10ms 量级的时间尺度来观察时会有明显变化。另一方面，以船的尺度 L_s 按 10^2m 量级计，钢结构中的应力波波速 C_w 按 5×10^3m/s 计，可知应力波在船的特征尺度中传播所需历时 T_W 是 20ms，则 $T^*(=T_L/T_W)=0.5$。可见船撞桥是一个以结构“早期响应”起主导作用的冲击动力学过程。即使船舶通过桥梁时的航速一般已要求降低到每秒数米量级的“低速”，考虑到船舶的大尺度(10^2m 量级)、大质量($10^6\sim10^8$kg 量级)和大动能(10^2MJ 量级)，撞击力的峰值仍发生在结构“早期响应”阶段，本质上是一个复杂的冲击动力学问题。

下面我们着重于从冲击动力学的观点来分析船桥相撞时撞击力和动态能量转换。

2 撞击力

自从人们创建桥梁以来，船桥相撞的事故就不断发生，并随船舶和桥梁的发展而愈来愈大型化，问题变得更为严重和复杂[3-6]。解决此问题的基本措施集中在建造桥的防护设施。问题在于如何科学地认识船—桥撞击过程，合理地设计抗撞防护设施，以避免船桥两败俱伤。

就实际设计工作而言，不论对于船舶设计师还是桥梁设计师，首先是如何科学地确定船桥撞击力。

应该指出：现有各种有关规范中的船桥撞击力的计算公式，包括我国现行公路规范公式[7]、铁路规范公式[8]、美国指导规范(ASHHTO)公式[9]和欧洲统一规范公式[10]等，本质上都是建立在船撞桥(或船撞船)的刚体或弹性体整体碰撞的简单理论基础上，再作若干修正的准静态半经验公式。

就我国现行的两个船桥撞击力计算公式而言，如下的公路规范公式本质上源自刚体整体运动的动量原理或冲量原理($Ft=mv$)：

$$F=\frac{W}{g}\frac{v}{t}=\frac{mv}{t} \tag{1}$$

而如下的铁路规范公式则本质上源自计及船桥整体弹性柔度的动能原理[5]：

$$F=\gamma v\sin\alpha\sqrt{\frac{W}{C_1+C_2}} \tag{2}$$

式中，F 为压缩撞击力(MN)；W 和 $m(=W/g)$ 分别为船舶的载重量(MN)和质量(10^5kN)；v 为船舶撞击速度(m/s)；t 为撞击历时(s)；α 为船舶与墩台撞击面的夹角(°)；C_1 和 C_2 分别为船舶和桥墩的弹性柔度，即单位力作用下产生的变形(刚度的倒数)(m/MN)；而 γ 为动能折减系数(s/m$^{1/2}$)，以计及船舶动能未全部由桥墩吸收。

当采用式(1)计算撞击力时，最大的困难在于如何在各种不同的船桥撞击情况下正确确定撞击历时 t。在实践上，设计者不得不采用经验值，而这些经验值实际上既缺乏理论依据也缺乏足够的实验验证。

更多的设计者倾向于采用式(2)。其实式(2)和式(1)是内在相通的,并无本质差别。事实上,如果用U来表示船桥相撞时发生的相对位移,则式(1)中t的平均值可以通过U除以撞击速度v来计算,即$t=U/v$,从而式(1)可相应地改写为:

$$F=\frac{W}{g}\frac{v}{t}=\frac{mv}{t}=\frac{mv^2}{U} \qquad [1a)]$$

对于弹性系统,上式表示:船的动能($mv^2/2$)与撞击力做功($FU/2$)相等,正是动能原理的具体表现。而对于弹性系统,位移U与作用力F成正比,$U=CF$,正比系数C即弹性系统的弹性柔度(刚度K的倒数)。这样,$t=U/v=CF/v$,式(1)可进一步改写为:

$$F=v\sqrt{mK}=v\sqrt{\frac{m}{C}}=v\sqrt{\frac{W}{gC}} \qquad [1b)]$$

如果再考虑到斜撞击时撞击角α的影响($\sin\alpha$),把弹性系统的弹性柔度C取为船的柔度C_1与桥的柔度C_2之和,$C=C_1+C_2$,以及假设船的总动能中只有$\beta(=\gamma g^{1/2})$部分被桥吸收,则上式就与式(2)完全相同了。

显然,美国指导规范(ASHHTO)公式[9]:

$$F=1.2\times10^5 v\sqrt{DWT} \qquad (3)$$

可看作式(2)的简化特例[2],此处DWT是船的载重(t),可以换算为船的质量m。

然而,采用式(2)时船和桥的动态柔度怎么确定?不同撞击条件时,动能折减系数γ又怎么确定?各有什么依据?问题并未根本解决。

也有人对源自动能原理的公式,尝试进行一些修正改进。代表性的有[3]:Minorsky-Gerlach-Woisin公式和Saul Svensson-Knott-Greiner公式。采用本文统一的符号时,前者与后者分别具有如下形式:

$$F=0.024(vD_{\max})^{\frac{2}{3}}\propto(vm)^{\frac{2}{3}} \qquad (4)$$

$$F=0.88(DWT)^{\frac{1}{2}}\left(\frac{v}{8}\right)^{\frac{2}{3}}\left(\frac{D_{\text{act}}}{D_{\max}}\right)^{\frac{1}{3}}\propto v^{\frac{2}{3}}\sqrt{m} \qquad (5)$$

式中,$D_{\max}$是船的满载排水量(t);D_{act}是撞击时船的实际排水量(t);DWT是船的载重量(t),都与m相关。

对于这类半经验公式,可通过引入一个新系数$\Gamma=\gamma/C^{1/2}$来加以讨论和理解。对照式(2)可知Γ综合反映了动能折减系数γ与系统弹性柔度C的影响。不难设想,对于不同质量m的船舶在不同撞击速度v下,Γ理应具有不同数值,即Γ一般应是m和v的函数,$\Gamma=\Gamma(m,v)$,则式[1b)]可改写为:

$$F=\Gamma(m,v)v\sqrt{m}$$

函数$\Gamma(m,v)$的一种可能形式是以幂函数关系分别依赖于m和v,即$\Gamma(m,v)=\xi m^r v^s$,此处ξ是常系数。于是有:

$$F=\xi m^{r+1/2}v^{s+1} \qquad (6)$$

显然,当$r=1/6$和$s=-1/3$时,上式化为式(4),而当$r=0$和$s=-1/3$时,上式化为式(5)。可见该两式都可以理解为式(2)中的γ和C以幂函数关系分别依赖于m和v时的某种简化特例,只是r和s各自取了特定的经验值。

其实,在动能原理基础上进行修正的各种尝试并未能在普遍的条件下获得广泛适用和成功。根本原因在于它们本质上是船桥整体运动的准静态分析,不可能用来正确分析船桥相撞的冲击动力学问题。

由此可见，我们完全没有必要再停留在对这些准静态经验公式进行孰优孰劣的讨论上，也完全没有必要再停留在对这些准静态经验公式进行修正改进的尝试上。出路是采用冲击动力学分析。

按照冲击动力学理论的观点，船桥相撞时界面处的撞击力是由应力波在船中和桥中传播与相互作用的动态耦合过程决定的，而应力波在船和桥中的传播特性又取决于结构具体特征及材料的动态本构特性[1]。

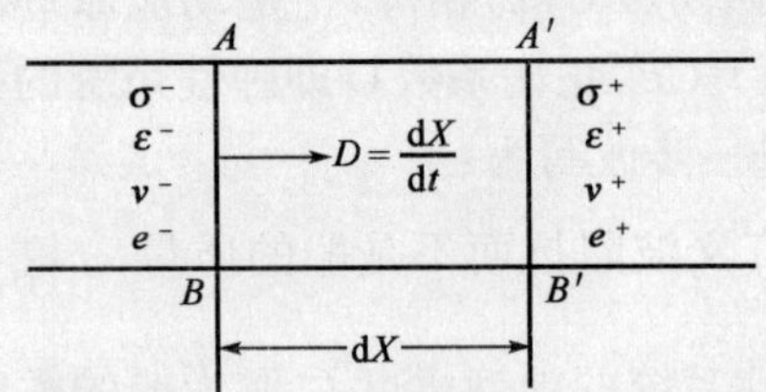

图 1　波阵面在 dt 时间传播了 dX(＝Ddt)距离

为说明这一点，我们先考察一平面应力波的波阵面以波速 $D=\mathrm{d}X/\mathrm{d}t$ 沿 X 轴正向传播的情况(图 1)。

设以上标“＋”表示波阵面前方的各力学量，而以上标“－”表示波阵面后方的各力学量，则应力 σ、应变 ε、质点速度 v 和内能 e 等力学量在跨过波阵面时发生的扰动可用如下的跳跃性变化来表示：

$$\Delta\sigma=\sigma^{-}-\sigma^{+},\Delta\varepsilon=\varepsilon^{-}-\varepsilon^{+},\Delta v=v^{-}-v^{+},\Delta e=e^{-}-e^{+} \tag{7}$$

以波速 $D=\mathrm{d}X/\mathrm{d}t$ 传播的波阵面在 t 时刻位于 AB 位置(图 1)，经过 $\mathrm{d}t$ 时间后到 $A'B'$ 位置，传播的距离 $\mathrm{d}X=D\mathrm{d}t$。由 $ABA'B'$ 间质点的动量守恒条件可得：

$$\Delta\sigma=-\rho_0 D\Delta v \tag{8}$$

称为波阵面上动力学相容条件，而 $\rho_0 D$ 称为波阻抗。

另一方面，我们随波阵面来观察位移 $U(X,t)$ 对时间的总变化率的话，根据全微分法则，并按定义：质点速度 $v=\partial U/\partial t$ 和应变 $\varepsilon=\partial U/\partial X$，则有：

$$\frac{\mathrm{d}U}{\mathrm{d}t}=\frac{\partial U}{\partial t}+D\frac{\partial U}{\partial X}=v+D\varepsilon$$

把上式先后用于波阵面后方的 U^{-} 和前方的 U^{+}，两者相减；再根据位移连续条件，即 ΔU 恒为零，于是得出：

$$\Delta v=-D\Delta\varepsilon \tag{9}$$

称为波阵面上运动学相容条件。式(8)和式(9)系对右行波导出，对左行波只需把以上两式右端改为“＋”号。

由以上两式消去 Δv 后立即可得波速 D 的表达式：

$$D=\sqrt{\frac{1}{\rho_0}\frac{\Delta\sigma}{\Delta\varepsilon}} \tag{10}$$

当跨过波阵面的扰动不是强间断跳跃而是弱间断微小变化时($\Delta\sigma\rightarrow\mathrm{d}\sigma$)，式(8)～式(10)中的 $\Delta\sigma$、$\Delta\varepsilon$ 和 Δv 只需代之以 $\mathrm{d}\sigma$、$\mathrm{d}\varepsilon$ 和 $\mathrm{d}v$ 即可(称为连续波)。

这时 $\mathrm{d}\sigma/\mathrm{d}\varepsilon$ 是材料动态应力应变曲线的斜率，在线弹性情况下化为杨氏模量 E，式(10)就化为熟知的一维应力条件下的弹性波波速表达式 $C_{\mathrm{we}}=(E/\rho_0)^{1/2}$。

我们可用这些方程来分析船桥相撞时的撞击力。

先讨论一下弹性情况。当弹性波前方满足零初始条件($\sigma^{+}=\varepsilon^{+}=v^{+}=0$)时，从以上基本方程式立即可得：

$$\sigma=\mp\rho_0 C_{\mathrm{we}} v \tag{11}$$

$$v = \mp C_{we}\varepsilon \tag{12}$$

式中，右端"－"号对应于右行波，"＋"号对应于左行波，并为方便起见已略去表示波阵面后方各量的上标"－"。以右行波为例，注意到撞击力 F 以压为正，而这里的 σ 和 ε 以拉为正，则在弹性系统中按冲击动力学分析得出的撞击力 $F_{IMP}(=-\sigma A)$ 为：

$$F_{IMP} = (\rho_0 C_{we} A)v = vA\sqrt{\rho_0 E} \tag{13}$$

式中，A 表示撞击界面的面积，$(\rho_0 C_{we} A)$ 称为广义波阻抗。式(13)表示，撞击力 F_{IMP} 与速度 v 和广义波阻抗$(\rho_0 C_{we} A)$成正比，但与撞击质量 m 并无直接关系。这说明在船桥相撞的早期响应中，除 v 外，对撞击力的高低起主导作用的其实是广义波阻抗而不是船的质量 m 和结构整体刚度 K（或柔度 C）。

应该指出：船桥相撞时，应力波既在船中传播着，又同时在桥中以相反方向传播着。两者分别遵循式(8)的右行波和左行波方程，并满足各自的初始条件，同时在撞击界面处 $X_{s\text{-}b}$ 满足应力平衡和位移连续条件：$\sigma_s=\sigma_b=\sigma_{s\text{-}b}$ 和 $v_s=v_b=v_{s\text{-}b}$，此处下标 s、b 和 s-b 分别指船、桥和撞击界面处的。经过简单演算后[1]，不难得出撞击界面 $X_{s\text{-}b}$ 处的应力 $\sigma_{s\text{-}b}$ 和质点速度 $v_{s\text{-}b}$ 分别为：

$$\sigma_{s\text{-}b} = -\frac{v}{\dfrac{1}{(\rho_0 C_{we})_s} + \dfrac{1}{(\rho_0 C_{we})_b}} = -\frac{(\rho_0 C_{we})_s v}{1 + n_{s-b}} \tag{14}$$

$$v_{s\text{-}b} = \frac{(\rho_0 C_{we})_s v}{(\rho_0 C_{we})_s + (\rho_0 C_{we})_b} = \frac{n_{s-b} v}{1 + n_{s-b}} \tag{15}$$

式中，$n_{s-b}=(\rho_0 C_{we})_s/(\rho_0 C_{we})_b$ 是船与桥的波阻抗之比。

由此可见：当船以一定航速 v 撞击桥时，撞击界面处的质点速度 v_{s-b} 并非船的航速 v，并且对于撞击界面处的质点速度和撞击力之大小起着支配性作用的其实是船和桥的波阻抗比 n_{s-b}。当$(\rho_0 C_{we})_b$ 趋于无穷大（刚体），n_{s-b} 趋于零[式(14)退化为式(11)]，撞击应力 σ_{s-b} 达到最大值。这意味着桥愈"坚固"船撞力就愈大。

为定量地说明撞击应力如何依赖于波阻抗比，我们来讨论一个简化的杆—杆撞击系统，如图 2 所示。以有限长钢杆 B_s 模拟长度为 L 的船，以杆 B_b 模拟被撞物体，而设其足够长因而可暂先忽略被撞物体中另一端反射应力波的影响。计算中杆 B_b 的材料设为 a、b、c 三种：a. 与 B_s 相同的钢；b. 混凝土；c. 刚体。有关的材料参数密度 ρ_0，弹性模量 E，泊松比 ν，以及相应的波速 C_{we} 和波阻抗 $\rho_0 C_{we}$ 见表 1。

材料参数表 表 1

材料	ρ_0 (kg/m³)	E (GPa)	ν	C_{we} (km/s)	$\rho_0 C_{we}$ (MPa·s/m)
钢	7.85×10^3	210	0.3	5.17	40.6
混凝土	2.50×10^3	25	0.17	3.16	7.9
刚体	—	∞	—	∞	∞

当杆 B_s 以速度 $v=5$m/s 对杆 B_b 进行轴向撞击时，用式(14)和动态 LS-DYNA 同时进行计算，所得结果一致。在撞击界面处，撞击应力随上述三种不同 B_b 材料有明显差别，如图 2 所示。

由此可见，钢杆撞击刚体时的撞击应力是钢杆撞击钢杆时的两倍，而钢杆撞击混凝土杆时的撞击应力连钢杆撞击钢杆时的三分之一还不到。这意味着桥桩的波阻抗愈高，撞击应力就愈高，既不利于桥的安全，也不利于船的安全。

按式(15)可计算撞击界面处质点速度，对 a、b、c 三种情况，分别为 $0.5v$、$0.837v$ 和 0，差别也很大。

上述分析是就弹性系统而言的，尚未考虑到各种可能的能量耗散机制。不难设想，如果桥桩的防护装置不仅是柔性(低波阻抗)的，而且是耗能的，理应更有利于桥梁和船舶的安全。

为进一步考察耗能特性对于撞击力的影响，我们分析一个“弹性杆 B_s-阻尼层 B_d - 弹性杆 B_b”组成的具有耗散的非弹性系统，如图 3 所示。杆 B_b 前所加的高聚物耗能阻尼层 B_d，用来模化柔性耗能防护装置的作用，其动态力学响应采用三单元黏弹性模型来描述，参照有关实验研究[11-12]，有关参数取为：$\rho_0=1.19\times10^3\text{kg/m}^3$，并联弹簧的 $E=2.94\text{GPa}$，并联 Maxwell 元件的串联弹簧 $E_M=3.07\text{GPa}$ 以及串联黏壶的松弛时间 $\theta_M=95.4\mu\text{s}$，从而有特征波速 $C_w=[(E+E_M)/\rho_0]^{1/2}=2.25\text{km/s}$ 和瞬时波阻抗 $\rho_0C_w=2.68\text{MPa}\cdot\text{s/m}$。这时，钢杆与阻尼层波阻抗之比高达 $n_{s-d}=15.1$，以此表现其柔性特征，而其耗散特性则主要由黏弹性松弛时间 θ_M 来刻画。

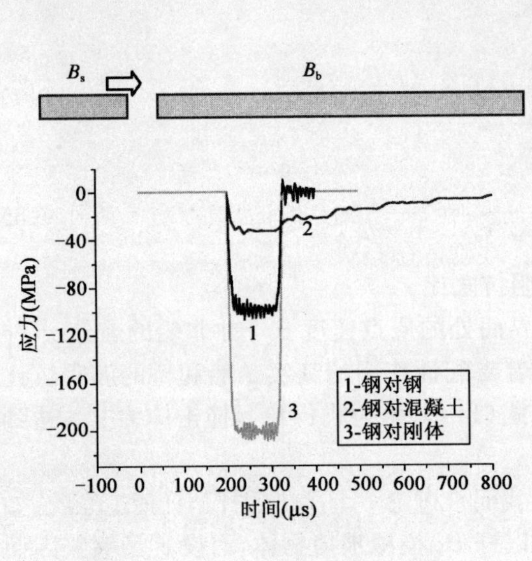

图 2　三种情况下撞击应力计算结果的比较

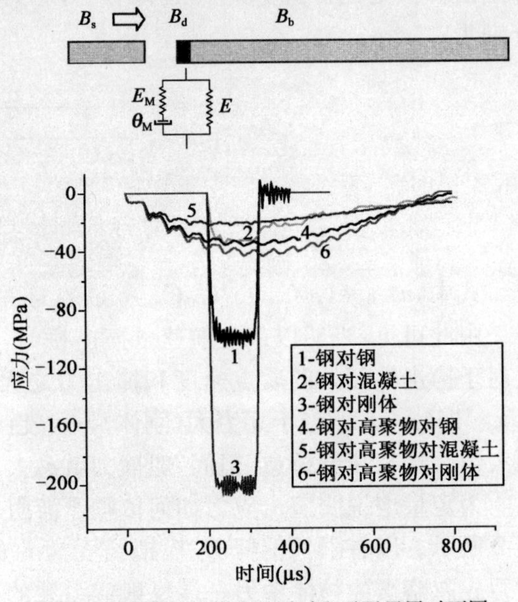

图 3　具有柔性耗能阻尼层时和无阻尼层时不同情况下撞击应力计算结果的比较

采用动态 LS-DYNA 计算了添加柔性耗能层后的撞击应力。对于前述三种不同船桩材料的情况，计算结果汇总在图 3 中。作为比较，图中还给出了无柔性耗能层时的计算结果(图2)。显然，不论船桩材料是哪一种，添加柔性耗能阻尼层后撞击应力都大大降低了，其中以撞击混凝土时的撞击应力为最低。另一方面，伴随着黏性能量耗散，撞击历时则延长了。

上述结果说明，与准静态分析追求高刚度高强度的防护装置不同，冲击动力学分析表明：采用柔性耗能防护装置可以明显地降低撞击力，而同时延长撞击历时。不难想象，只要在防撞装置设计中使船斜向撞击，那么在低撞击力下延长撞击历时将给船舶提供足够时间转变其航行方向，从而创造条件让船舶带走尽可能多的剩余动能。这一点将在下文中进一步讨论。

3　能量吸收与转换

船舶与桥梁相撞的过程是一个船舶与桥梁在短历时内进行能量传递和转换的动力学过

程。在推导式(1)和式(2)等准静态公式时,其实已经暗中假定船舶的总质量作为整体参与了能量交换,完全忽略了时间相关的波传播过程。实际上,一旦考虑到波传播过程[1],不论是船舶还是桥梁,都不是立即整体地参与到能量交换中去的,而只是各自在波阵面后方的那部分质量参与了能量交换,应力波尚未达到(即波阵面前方)的那部分质量仍然保持其初始状态。换句话说,只有随着应力波向更远范围的传播,参与到能量交换的质量才随之而增加。显然,波速愈快,参与能量交换的质量范围就愈大。而另一方面,波速快慢取决于材料动态特性[式(10)]。所以,从冲击动力学的角度来看,撞击过程中的能量吸收和转换密切地与应力波效应和材料应变率效应相关。

为了说明这些效应如何影响能量交换,下面我们分析一下不同材料的长杆在受到冲击载荷时通过应力波传播发生的能量交换关系。

回顾一下前面导出的波阵面上动力学相容条件[式(8)]和波阵面上运动学相容条件[式(9)],它们分别是动量守恒条件和质量守恒条件的体现。在讨论经由应力波传播发生的能量交换关系时,还需要考虑如下的跨过波阵面的能量守恒条件[1](参看图1):

$$-\Delta(\sigma v)=+\rho_0 D\Delta e+\frac{1}{2}\rho_0 D\Delta(v^2) \tag{16}$$

此处 e 是材料单位质量的内能(或 $\rho_0 e$ 是单位体积的比内能)。上式是对右行波导出的,对于左行波只需把上式左端改为"+"号。式(8)、式(9)和式(16)分别体现了波阵面上的动量、质量和能量守恒条件,三者一起称为 Rankine-Hugoniot 条件(R-H 条件)。

式(16)表示,在应力波以波速 D 传播的过程中,当波阵面在 $\mathrm{d}t$ 时间传播过 $\mathrm{d}X(=D\mathrm{d}t)$ 距离的质量时(参看图1),应力 σ 做的功转化为两部分能量:内能(变形能)和动能,后者在准静态分析中被忽略了。还应该指出,这种能量转换只发生在波阵面到达的区域,而对于波阵面尚未到达的那部分质量则尚未发生任何能量转换,这也在准静态分析中被忽略了。

把式(8)和式(9)代入式(16),经数学演算后有:

$$-\Delta(\sigma v)=+\frac{1}{2}D(\sigma^-+\sigma^+)(\varepsilon^--\varepsilon^+)+\frac{1}{2}\rho_0 D\Delta(v^2) \tag{17}$$

对照式(16)可知,比内能的跳跃扰动 $\rho_0\Delta e$ 等于与应力应变跳跃扰动相对应的应变功:

$$\rho_0\Delta e=\frac{1}{2}(\sigma^-+\sigma^+)(\varepsilon^--\varepsilon^+) \tag{18}$$

注意:R-H 条件的建立与材料无关。然而,式(18)表明,比内能的大小则依赖于材料的本构特性。

不失其普遍规律性,可假设杆在撞击之前处于静止的零应力状态:$\sigma^+=v^+=\varepsilon^+=e^+=0$,则式(16)和式(18)分别化为:

$$-\sigma^- v^-=\rho_0 De^-+\frac{1}{2}\rho_0 D(v^-)^2=\frac{1}{2}D\sigma^-\varepsilon^-+\frac{1}{2}\rho_0 D(v^-)^2 \tag{19}$$

$$\rho_0 e^-=\frac{1}{2}\sigma^-\varepsilon^- \tag{20}$$

下面我们来具体分析一下,对于不同的材料有什么样不同的能量分配。

对于线弹性情况,弹性波速 $D=C_{\mathrm{we}}=(E/\rho_0)^{1/2}$,式(8)和式(9)分别化为 $\sigma^-=-\rho_0 C_{\mathrm{we}}v$ 和 $v=-C_{\mathrm{we}}\varepsilon$。把这两个关系式分别代入式(16)动能项中的 v^2,该项可改写为:

$$\frac{1}{2}\rho_0 C_{\mathrm{we}}(v^-)^2=\frac{1}{2}(-\sigma^-)(-C_{\mathrm{we}}\varepsilon^-)=\frac{1}{2}C_{\mathrm{we}}\sigma^-\varepsilon^-$$

这时式(19)中的动能项刚好等于内能项。换句话说,由波阵面扫过的那部分质量所吸收的总能量中,动能形式和内能形式的能量各占一半。在传统的准静态分析中,撞击力所做的功已暗中假设都转化为变形能(内能),而没有考虑到等量的、不可忽略的动能,这是用准静态分析方法来研究冲击动力学问题中的能量吸收和转换时的致命不足之处。

对于具有弹性模量 E 和塑性线性硬化模量 E_p 的弹性—线性硬化塑性情况,由式(10)知,弹性波速 C_{we} 和塑性波速 C_{wp} 分别为 $C_{we}=(E/\rho_0)^{1/2}$ 和 $C_{wp}=(E_p/\rho_0)^{1/2}$。由于塑性线性硬化模量 E_p 通常远比弹性模量 E 小($E_p \ll E$),塑性波速 C_{wp} 通常慢于弹性波速 $C_{we}(>C_{wp})$。因此,撞击引起的冲击波将“分裂”成两部分[1]:以较快的弹性波速 C_{we} 传播的弹性前驱波,和后随的以较慢塑性波速 C_{wp} 传播的塑性波。对于弹性前驱波,如前所述,动能和内能各占总吸收能量的一半。对于后随的塑性波,波阵面的前方状态是弹性前驱波波阵面通过后的临界屈服状态,即 $\sigma^+=\sigma_y$、$\varepsilon^+=\varepsilon_y$ 和 $v^+=v_y$,此处 σ_y、ε_y 和 v_y 分别是屈服应力,屈服应变和相应的屈服质点速度。这时式(8)和式(9)分别化为:

$$\sigma^- - \sigma_y = -\rho_0 C_{wp}(v^- - v_y)$$

$$v^- - v_y = -C_{wp}(\varepsilon^- - \varepsilon_y)$$

把此两式代入式(16),经过类似于推导出式(19)和式(18)的数学运算后可以发现,通过塑性波传播的塑性比内能$(\rho_0 e^-)_p$ 不再与塑性波动能$[\rho_0(v^-)^2/2]_p$ 相等,其差值为:

$$(\rho_0 e^-)_p - \left(\frac{\rho_0 (v^-)^2}{2}\right)_p = \left(1-\frac{C_{wp}}{C_{we}}\right)\sigma_y(\varepsilon-\varepsilon_y) > 0 \tag{18}$$

可见通过塑性波的传播传递能量时,所吸收的总能量中内能部分大于动能部分,内能部分中包括可恢复的弹性应变能和不可恢复(耗散)的塑性应变能。

对于黏弹性情况,如图 3 已显示那样,黏弹性波表现出明显的衰减特性和耗散特性,这将影响撞击过程中的能量转换与分配。我们通过一个实例的数值分析来考察一下黏弹性效应如何影响能量转换与分配。考虑 1 个 3m 长的黏弹性杆,一端受恒速撞击 $v(=-80\text{m/s})$,另一端为固定端(位移和质点速度为零)。材料参数与前面讨论高聚物阻尼层 B_d 时相同。

图 4～图 6 给出了用 LS-DYNA 数值模拟所得的结果。其中,图 4 给出了黏弹性杆离撞击端不同距离处的应力波形曲线[图 4a)],应变波形曲线[图 4b)],由这两组波形消去时间参数后得到的该处应力应变曲线[图 4c)],以及相应的内能波形曲线[图 4d)]。图 4 所显示的最显著的特征之一是:即使在恒速冲击条件下,在冲击端附近应力波形在迅速达到峰值后随时间减小,显示一种“应力松弛型”特征[图 4a)];而相反地,应变波形在迅速达到峰值后随时间增大,显示一种“蠕变型”特征[图 4b)]。对应地,由于波传播的衰减和耗散特性,应力应变曲线和内能波形曲线都随着传播距离的增加而降低,有很大差别。

图 5 给出了黏弹性杆离撞击端不同距离处的质点速度波形曲线[图 5a)]和相应的动能波形曲线[图 5b)]。由此可见,即使在恒速冲击条件下,黏弹性速度波形和动能波形都随传播距离表现出显著的衰减特性和耗散特性。

图 6a)给出了通过黏弹性波传播所吸收的总能量中内能与动能的分配。作为对比,图 6b)给出了通过弹性波传播所吸收的总能量中内能与动能的分配(相当于令图 6a)中黏弹性材料的松弛时间 $\theta_M=\infty$)。由此可见,在黏弹性材料的情况下,所吸收的总能量中内能大于动能,并且由于耗散特性其差别随时间增加。在本算例中,时间约为 1.7ms 时入射波到达固定端发生反射。受固定端位移和质点速度为零的约束,这时动能开始释放,此后随时间减少;而内能开始进一步增大。这是一种由于固定端边界条件引起的能量形式的内部转换。然而,在对应的弹性波情况[图 6b)],内能总等于动能直到入射波在固定端反射,反射之后,动能就释放并转化为内能了。

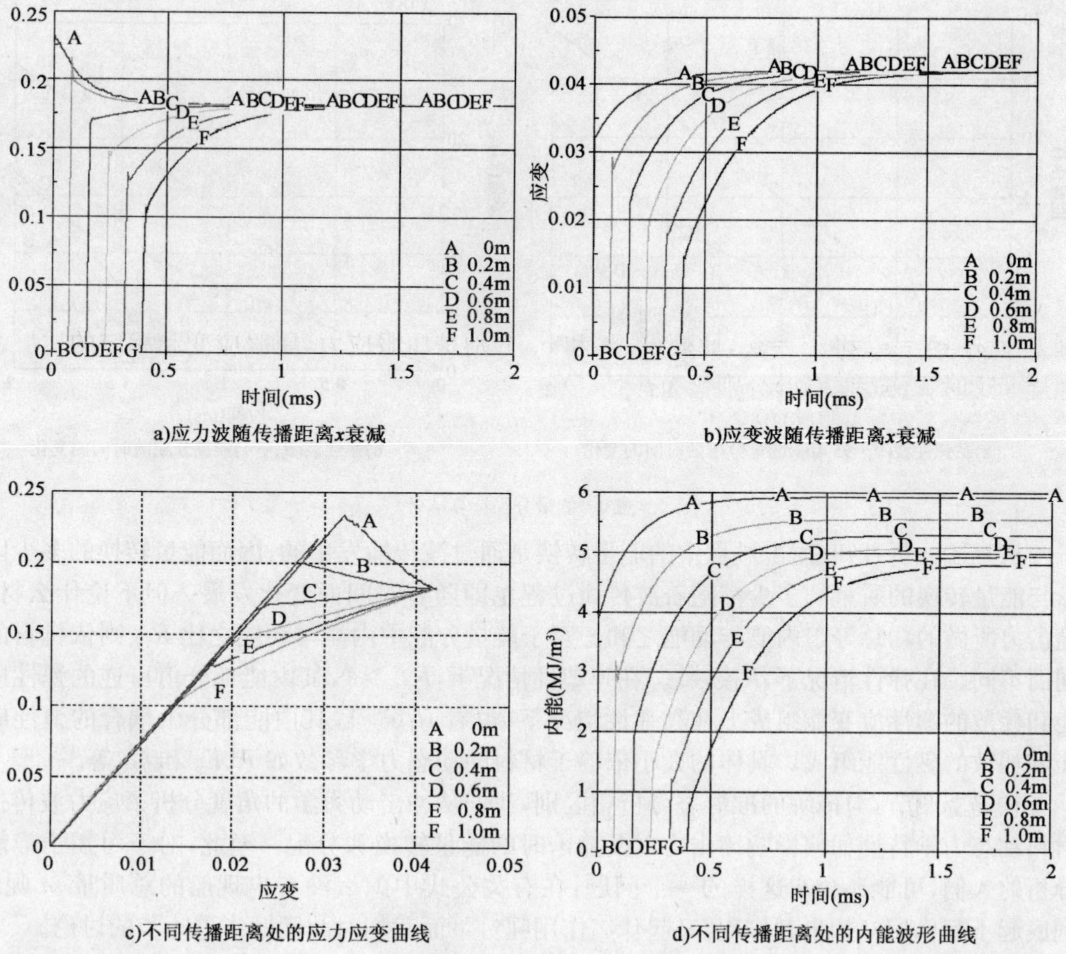

a)应力波随传播距离x衰减

b)应变波随传播距离x衰减

c)不同传播距离处的应力应变曲线

d)不同传播距离处的内能波形曲线

图 4　黏弹性波计算结果

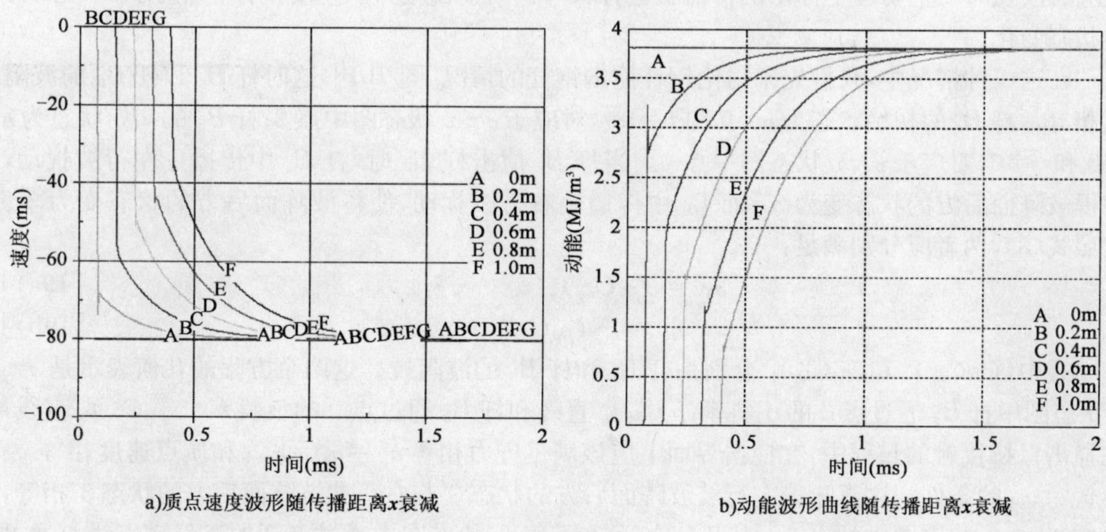

a)质点速度波形随传播距离x衰减

b)动能波形曲线随传播距离x衰减

图 5　黏弹性波计算结果

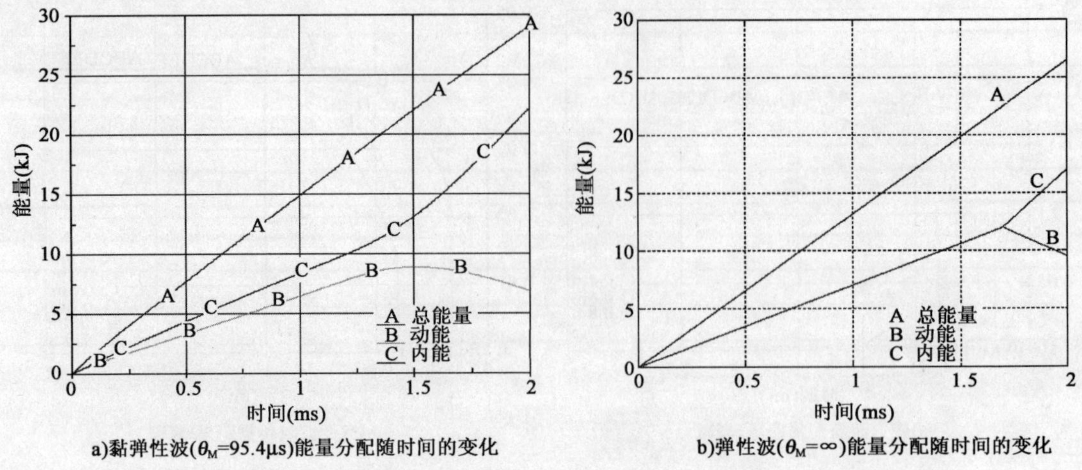

图 6　能量分配计算结果

从上述分析可知，撞击过程中的能量转换是通过波传播发生的，因而能量转换的多少以及参与能量转换的质量的多少都随着波传播过程也即随着时间而变化发展。但不论什么材料，撞击力所做的功总等于内能与动能之和。至于能量分配中内能与动能之比 $R_{\text{I-K}}$ 则依材料的不同而不同。在弹性情况下，$R_{\text{I-K}}=1$。在弹塑性情况下，$R_{\text{I-K}}>1$，其内能部分由可逆的弹性应变能和耗散的塑性应变能组成。在黏弹性情况下，也有 $R_{\text{I-K}}>1$，其内能部分由耦合的弹性应变能和耗散的黏性能组成。具体的大小依赖于材料的动态力学参数如 E、E_p 和 θ_M 等。

在以上两节，与传统的准静态分析相区别，我们从冲击动力学的角度分析了应力波传播和材料动态力学特性如何影响撞击力以及撞击时的能量转换和分配。至此，对于习惯于准静态分析的人们，可能还会有这样的一个问题：在有关公式中怎么没有出现船的总质量 m 呢？m 到底起不起作用？如果起作用，又起什么作用呢？下面我们对此问题作进一步的讨论。

为此，回顾一下图 2 关于杆 B_s 以速度 v 撞击杆 B_b 的三种情况，即钢杆撞击刚体、钢杆和混凝土杆的情况。相关的 $X-t$ 物理平面图和相应的 $\sigma-v$ 状态平面图如图 7 所示，$X-t$ 图描述应力波在时—空物理坐标中的传播轨迹，而 $\sigma-v$ 图则在应力—速度坐标中显示其对应的力学状态变化。

在这三种情况中，我们先来讨论钢杆撞击钢杆的情况[图 7b)]，这时杆 B_s 和杆 B_b 的波阻抗相等。杆 B_s 的初始状态为 $\sigma=0$ 和 $v=v^*$，对应于 $\sigma-v$ 状态图中点 2；杆 B_b 的初始状态为 $\sigma=0$ 和 $v=0$，对应于 $\sigma-v$ 状态图中点 0。当杆 B_s 撞击杆 B_b 时，杆 B_s 中传播一左行波扰动，使得波阵面后方的状态变为 $3'$；而 B_b 中传播一右行波扰动，使得波阵面后方的状态变为 $3''$。按照式(8)，两者应分别满足：

$$\sigma_{3'}=(\rho_0 C_{we})_s(v_{3'}-v^*) \tag{19a)}$$

$$\sigma_{3''}=-(\rho_0 C_{we})_b v_{3''} \tag{19b)}$$

式中，$(\rho_0 C_{we})_s$ 和 $(\rho_0 C_{we})_b$ 分别是杆 B_s 和杆 B_b 的波阻抗。这两个方程的几何表示是 $\sigma-v$ 状态图中杆 B_s 通过点 2 的正斜率 $(\rho_0 C_{we})_s$ 直线和杆 B_b 通过点 0 的负斜率 $-(\rho_0 C_{we})_b$ 直线。在撞击保持接触的过程中，在撞击界面上应该满足应力相等 $\sigma_{3''}=\sigma_{3'}=\sigma_{s-b}$ 和质点速度相等 $v_{3''}=v_{3'}=v_{s\text{-}b}$ 的条件。这意味着左行波波阵面后方的状态 $3'$ 与右行波波阵面后方的状态 $3''$ 相等，对应于 $\sigma-v$ 状态图中的点 3。其几何表示就是 $\sigma-v$ 状态图中通过点 2 的正斜率直线与通过点 0 的负斜率直线相交于点 3。由以上两式加上撞击界面处应满足 $\sigma_{3''}=\sigma_{3'}=\sigma_{s-b}$ 和 $v_{3''}=v_{3'}=$

v_{s-b}的条件，最后可求得：

$$\sigma = -\frac{1}{2}\rho_0 C_{we} v^*, v = \frac{1}{2}v^* \tag{19c)}$$

这正是讨论图 2 时得出过的结果[参看式(14)、式(15)]，但那时未对撞击过程作具体分析。

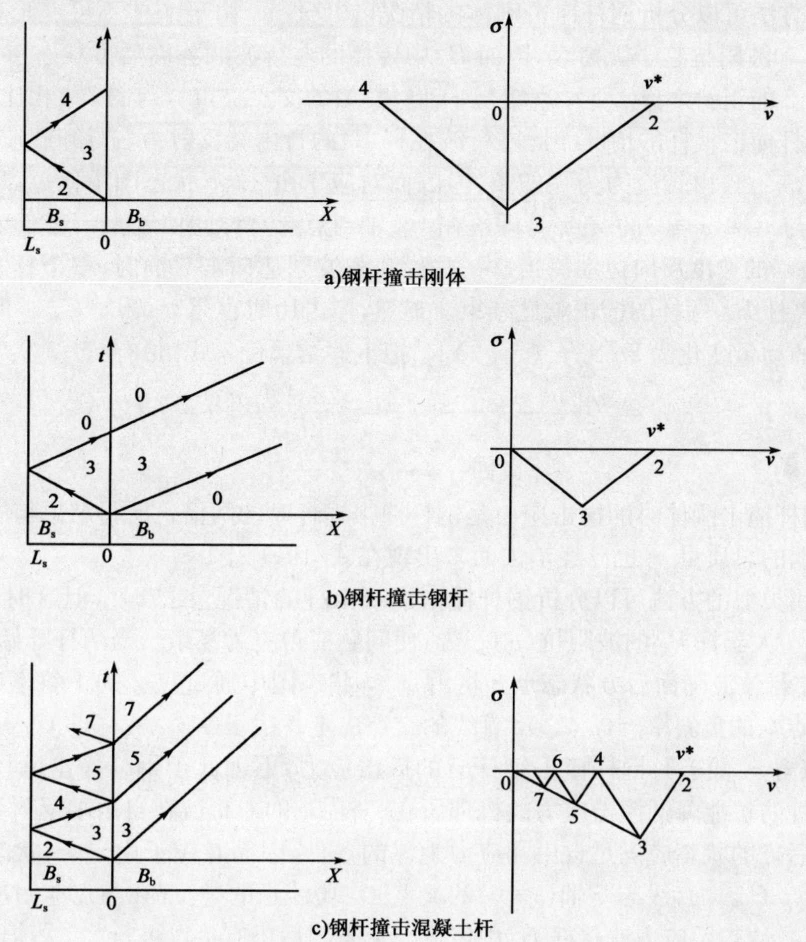

图 7　杆 B_s 撞击杆 B_b 时描述应力波传播的 $X-t$ 物理平面图(左)和 $\sigma-v$ 状态平面图(右)

实际上，随着应力波在两杆中的传播，参看图 7b)可知，短杆 B_s 中传播的左行波在到达杆 B_s 的另一端(自由端)时要卸载反射为右行卸载波，其波阵面后方应满足自由端应力为零的条件。按照式(8)，此反射右行波对应于 $\sigma-v$ 状态图中通过点 3 的负斜率直线，而满足自由端应力为零的要求就意味着反射波波阵面后方状态由此负斜率直线与 v 轴的交点决定，即对应于应力为零的坐标原点 0。这样，当反射波到达撞击界面时，在长杆 B_b 中也将透射传播一右行卸载波。按照式(8)，此透射右行卸载波对应于 $\sigma-v$ 状态图中通过点 3 的负斜率直线，并应交于应力为零的 v 轴，即杆 B_b 的状态又从 $\sigma-v$ 状态图中的点 3 卸载回到点 0。由此可知，当短杆 B_s 中反射的右行卸载波到达撞击界面时，界面处于零应力和零质点速度的静止状态，意味着两杆的撞击就此结束。撞击历时 t 可通过应力波在杆 B_s 中传播一个来回的路程 $2L_s$ 除以波速来求得，即有 $t=2L_s/C_{we}$，此处 L_s 是杆 B_s 的长度。

我们在分析式(1)时曾经指出，难点在于如何确定撞击历时 t。在本例中，应力波分析给出 $t=2L_s/C_{we}$，又知杆 B_s 质量 $m=\rho_0 A_s L_s$(此处 A_s 为杆 B_s 截面积)，代入式(1)有：

$$F=-\sigma A_s=\frac{mv^*}{t}=\frac{\rho_0 A_s L_s v^*}{2L_s/C_{we}}=\frac{1}{2}\rho_0 C_{we} A_s v^*\text{，或即 }\sigma=-\frac{1}{2}\rho_0 C_{we} v^* \qquad [19d)]$$

所得结果与式(14)及式[19c)]完全一致，而船的总质量 m 已经消去，未出现在式[19d)]的最终表达式中。

用类似的方法可以分析钢杆撞击刚体的情况[图 7a)]。由于刚体不可变形($v\equiv0$)，相当于弹性模量 E 和波阻抗趋于无穷大，因而 B_s 中传播的左行波波阵面后方状态点 3 由 $\sigma-v$ 状态图中通过点 2 的正斜率$(\rho_0 C_{we})_s$ 直线与 σ 轴($v\equiv0$)的交点决定。与图 7b)相比，可见此时撞击应力高于钢杆撞击钢杆的情况。此左行波在杆 B_s 的自由端反射为右行卸载波后，其波阵面后方的状态应满足自由端应力为零的条件，因而对应于由 $\sigma-v$ 状态图中通过点 3 的负斜率-$(\rho_0 C_{we})_s$ 直线与 v 轴($\sigma\equiv0$)的交点 4，即落在 $-v$ 轴与点 3 对称的位置上。这意味着波阵面后方的质点以 $-v^*$ 的速度反向运动。当这一右行卸载波到达撞击界面时，整个杆 B_s 以 $-v^*$ 的速度反弹，脱离杆 B_s，两杆的撞击就此结束。显然，撞击历时也是 $t=2L_s/C_{we}$。但应注意在本情况下杆 B_s 的动量变化为 $m[v^*-(-v^*)]$。把上述结果代入式(1)有：

$$F=-\sigma A_s=\frac{m[v^*-(-v^*)]}{t}=\frac{2\rho_0 A_s L_s v^*}{2L_s/C_{we}}=\rho_0 C_{we} A_s v^*$$

$$\text{或即 }\sigma=-\rho_0 C_{we} v^* \qquad [19e)]$$

意味着钢杆撞击刚体时的撞击应力是钢杆撞击钢杆时的两倍。所得结果与式(14)给出的完全一致，而船的总质量 m 也已经消去而未出现在式[19e)]中。

同样，可用类似的方法可以分析钢杆撞击混凝土杆的情况[图 7c)]，但这时由于杆 B_s 的波阻抗$(\rho_0 C_{we})_s$ 大于杆 B_b 的波阻抗$(\rho_0 C_{we})_b$，使问题变得更为复杂。当两杆开始相撞时，现在 B_s 中传播的左行波波阵面后方状态点 3 将由 $\sigma-v$ 状态图中通过点 2 的正斜率$(\rho_0 C_{we})_s$ 直线与杆 B_b 通过点 0 的负斜率$-(\rho_0 C_{we})_b$ 直线的交点决定。由于$(\rho_0 C_{we})_b<(\rho_0 C_{we})_s$，现在与点 3 对应的撞击应力 σ_3 低于 b 钢杆撞击钢杆时的撞击应力，更远低于钢杆撞击刚体时的撞击应力，这正是柔性防护能降低撞击应力的机理所在。杆 B_s 的左行波在自由端反射为右行卸载波后，其波阵面后方的状态应满足自由端应力为零的条件，因而对应于由 $\sigma-v$ 状态图中通过点 3 的负斜率$-(\rho_0 C_{we})_s$ 直线与 v 轴($\sigma\equiv0$)的交点 4。要注意的是，现在与点 4 对应的质点速度 $v_4>0$，是正值。这表示应力波在杆 B_s 中传播一个来回后仍有足以进行“二次撞击”的“残余速度”。事实上，当此右行卸载波到达两杆界面时，如果杆 B_b 也按照应力卸载为零的要求，其状态将对应于 $\sigma-v$ 状态图中通过点 3 的负斜率$-(\rho_0 C_{we})_b$ 直线与 v 轴($\sigma\equiv0$)的交点 0，即应力和质点速度均卸载为零。正是点 4 和点 0 两状态之间存在的“残余速度”差将导致杆 B_s 对杆 B_b 进行所谓的“二次撞击”，其状态点 5 将由 $\sigma-v$ 状态图中杆 B_s 通过点 4 的正斜率$(\rho_0 C_{we})_s$ 直线与杆 B_b 连接点 3 点 0 的负斜率$-(\rho_0 C_{we})_b$ 直线之交点决定。依此类推，每当杆 B_s 中的应力波打一个来回，会发生由于继续存在着“残余速度”而引发的下一个“二次撞击”，对应于点 6 和点 7 等等。在本例情况下，杆 B_s 对杆 B_b 的撞击会以这一模式延续下去，就像杆 B_s 粘在杆 B_b 上而弹不起来一样，虽然杆 B_s 中的应力波每打一个来回，“残余速度”随着减小，“二次撞击”应力也随着减小，如图 2 中曲线 2 所示的下降式阶梯状。实际上的两杆撞击终止时间取决于杆 B_b 另一端的反射波条件[1]。由此不难理解，连简化的准静态公式(1)和式(2)都不足以分析本例的复杂情况，更何况实际情况更为复杂的船桥相撞了。

当杆 B_s 的波阻抗$(\rho_0 C_{we})_s$ 远大于杆 B_b 的波阻抗$(\rho_0 C_{we})_b$ 时，可以把杆 B_s 近似为具有质量为 m 的刚体(波速和波阻抗均为无穷大)。这时，杆 B_b 中的右行波按照式(8)有：$\sigma=-$

$(\rho_0 C_{we})v$，而刚体 m 应满足：

$$\sigma = \frac{m}{A}\frac{dv}{dt}$$

式中，A 为杆的截面积。由这两个方程联立，问题化为解一个一阶常微分方程[1]，最后可得：

$$v = v^* \exp\left(-\frac{\rho_0 C_{we} A}{m}t\right) = v^* \exp\left(-\frac{m_t}{m}\right) \tag{20a}$$

$$\sigma = \sigma^* \exp\left(-\frac{\rho_0 C_{we} A}{m}t\right) = \sigma^* \exp\left(-\frac{m_t}{m}\right) \tag{20b}$$

式中 v^* 是初始撞击速度，$\sigma^* = -\rho_0 C_{we} v^*$，$m_t(=\rho_0 C_{we} At)$ 代表 t 时刻杆中应力波波阵面所扫过的那部分杆的质量。上式表示，质点速度波和应力波的波剖面表现为一强间断波前沿及随后的呈指数衰减的波尾。式[20b)]其实就是图 2 中的阶梯形曲线 2，当应力波在杆 B_s 中传播一个来回的历时($t=2L_s/C_{we}$)趋于 0 时的渐近光滑曲线。从这里可以进一步理解杆 B_s 的总质量 m 在应力波传播过程中所扮演的作用。在本例中，撞击一开始($t=0$)的最大撞击力取决于撞击速度和材料的波阻抗，与 m 无关；此后通过时间相关的无量纲质量因子 $R_m(=\rho_0 C_{we} At/m)$，m 才对于杆 B_b 中波剖面指数衰减的快慢产生影响，虽然随时间的增加其作用愈来愈小。

4 工程应用实例

传统上，桥梁设计师倾向于建造高刚度、高强度的防护设施，既然桥的造价远高于船的造价。但如前两节所分析，桥梁防护设施愈坚固，撞击力就愈高，船桥都会受损愈严重。基于冲击动力学原理，本文作者等提出和发展了一种新型柔性耗能防撞装置[2,3,13,14]。该装置是以钢丝绳圈(SWRC)为基本元件，把数以百计外覆橡胶的钢丝绳圈通过并联和串联的组合形式与外钢围和内钢围相连接组成。实验研究表明[13,14]，钢丝绳圈表现出低柔度及耗能的率相关动态特性，其宏观力—位移行为可用 ZWT 非线性黏弹性本构方程来描述(详见文献[2]和[14])。

以 5 万 t 级船撞桥的工程应用为例(图 8)我们采用 LS-DYNA 程序进行数值模拟分析[5,17]。船速 4m/s 柔性耗能防撞装置外钢围在迎撞面一侧设计成 90°夹角结构，实际碰撞角 ϕ 为 45°。撞击力的计算结果示于图 9，图中同时给出了外钢围处的撞击力 $F_0(t)$(实线)和内钢围处的撞击力 $F_1(t)$(虚线)。

图 8 船桥相撞，实际碰撞角=45°

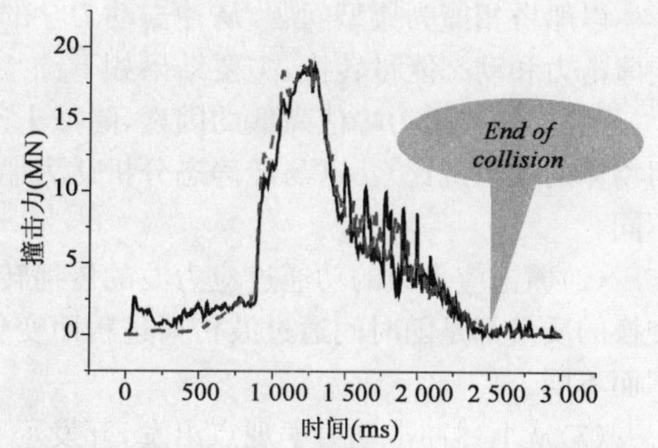

图 9 有防护装置时计算的撞击力 $F(t)$ 实线—外钢围处，虚线—内钢围处

计算表明，船直接撞击桥墩时的最大撞击力高达 100MN，远高于桥梁设计者允许的临界值 60MN，而安装新型 SWRC 柔性耗能防撞装置后，撞击力降低到小于 20MN。由图 9 中两条曲线的对比还可见，从撞击一开始到大约 800ms，$F_O(t)$相当低，只有约 2.5MN(可归因于 SWRC 的柔性)。而 $F_I(t)$在撞击一开始为零，延迟了约 500ms 后，撞击力才传到桥桩(可归因于波传播效应和 SWRC 的黏性迟滞效应)。在约 800ms 以后，$F_O(t)$和 $F_I(t)$趋于平衡并一起急剧上升，表明防撞装置开始整体发挥作用。在大约 $t=1.3$s 时，撞击力 $F(t)$达到最大值(18MN)，随后开始下降。对比数值模拟的动画可知[17]，$F(t)$的下降点对应于船头开始滑离了原来航行方向。在大约 $t=2.5$s 时，撞击力 $F(t)$几乎降为零，意味着船与桥桩脱离，撞击完全结束。

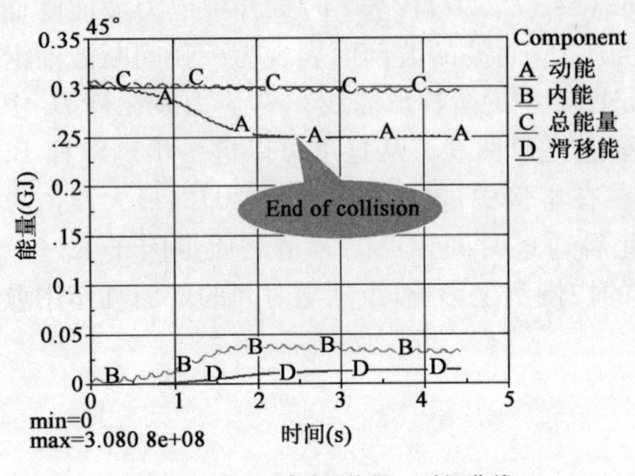

图 10　在=45°时的能量—时间曲线

图 10 给出了系统能量随时间的变化过程。由图可见，船的动能(曲线 A)在撞击过程中逐渐减少，主要转化为系统内能(曲线 B，包括船和防撞装置的变形能)。在约 $t=2.5$s 时，与图 9 中撞击力 $F(t)$降为零相对应，船桥之间的能量转换停止了。其结果是，船的总动能中只有 19%参与了能量交换，其余大部分(81%)由转向的船在结束撞击后以剩余能量形式带走了。

本实例的数值分析表明，由于钢丝绳圈的柔性(低波阻抗)和黏性耗散特性，船桥撞击力和船桥间的转换能量都明显地降低了。特别是，新防护装置使船舶能在低撞击力下有足够时间来转变航向，从而让转向并脱离撞击的船舶带走大部分的初始动能，实现桥梁和船舶“两不坏”的目标，其机理正是建立在前两节所阐述的冲击动力学原理的基础上的。

应该指出，柔性耗能防撞装置的原理虽然是广泛适用的，但针对不同的具体情况应进行不同的个案设计。作为一类新开发的防撞装置，还有大量具体问题有待今后继续研究，包括：钢丝绳圈的系列化，柔性(等效波阻抗)和黏性(等效松弛时间)、外钢围的结构和刚度(等效波阻抗)以及迎撞角的科学设计等等。

5　结语

以船桥相撞为典型问题，从冲击动力学的角度分析了波传播和材料动态力学行为如何影响撞击力和动态能量转换，主要结果如下：

(1)影响撞击力峰值高低的因素，除撞击速度外，主要是材料特性所决定的波阻抗(及相撞两物体的波阻抗比)。这与准静态分析认为船的总质量和结构刚度扮演主要角色的传统结论不同。

(2)撞击应力做的功通过应力波的传播转换为动能与内能之和。这些能量以及参与能量交换的质量都是随时间通过波传播过程而变化发展着的。内能与动能之比 $R_{I\text{-}K}$ 则随材料的不同而不同。

(3)从上述冲击动力学观点出发，开发了一类新型柔性耗能防撞装置，其主要元件是大量串联/并联的、具有黏弹性特征的柔性耗能钢丝绳圈。数值模拟表明此类装置能明显降低撞击力，并使船在低撞击力下有足够时间转变航向，带走大部分初始动能，减少撞击能量交换，从而既保护了桥又保护了船。

关于水流对于船桥相撞过程的具体影响,涉及流固耦合的分析,也有待今后的进一步的深入研究。

参考文献

[1] 王礼立.应力波基础[M].第二版.北京:国防工业出版社,2005.

[2] 王礼立,张忠伟,黄德进,等.船撞桥的钢丝绳圈柔性防撞装置的冲击动力学分析[M].洪友士.应用力学进展—祝贺郑哲敏先生八十华诞.北京:科学出版社,2004:172-180.

[3] 陈国虞,王礼立.船撞桥及其防御[M].北京:中国铁道出版社,2006.

[4] Larry D, Olson P E. Dynamic Bridge Substructure Evaluation and Monitoring[R]. Report no. FHWA-RD-03-089, U.S. Federal Highway Administration, 2005.

[5] International Association for Bridge and Structural Engineering (IABSE). Ship Collision with Bridges and Offshore Structures, Preliminary Report. IABSE Colloquium. Copenhagen, Denmark, 1983.

[6] Jones N. Structural Aspects of Ship Collisions[M]. Structural Crashworthiness, London: Butterworths Publishers,1983: 308-337.

[7] 中华人民共和国交通部.JTG D60—2004 公路桥涵设计通用规范[S].北京:人民交通出版社,2004.

[8] 中华人民共和国铁道部.TB 10002.1—2005 铁路桥涵设计基本规范[S].北京:中国铁道出版社,2005.

[9] AASHTO. Guide Specifications and Commentary for Vessel Collision Design of Highway Bridges. American Association of State Highway and Transportation Official. Washington D C. 2009.

[10] Vrouwenvelder A C W M. Design for Ship Impact According to Eurocode 1, Part 2.7, Ship Collision Analysis. Rotterdam: A. A. Balkema, 1998: 123-134.

[11] 王礼立,杨黎明.固体高分子材料非线性黏弹性本构关系[M].王礼立,余同希,李永池.冲击动力学进展.合肥:中国科技大学出版社,1992:88-116.

[12] Wang Lili. Stress Wave Propagation for Nonlinear Viscoelastic Polymeric Materials at High Strain Rates[J]. Chinese Journal of Mechanics, Series A, 2003, 19(1): 177-183.

[13] 陈国虞,倪步友.水中桩柱用钢绳柔性冲击吸能器试验研究[J].交通部上海船舶运输科学研究所学报,1995,18(2):11-17.

[14] Wang Lili, Yang Liming, Huang Dejin, et al. An impact dynamics analysis on a new crashworthy device against ship-bridge collision[J]. Int J Impact Engineering, 2008, 35(8): 895-904.

133. 混凝土收缩预测模型修正方法研究及验证

黄　侨　胡世翔　陈晓强

（东南大学交通学院桥梁工程系）

摘　要：混凝土收缩、徐变是导致大跨度预应力混凝土梁桥下挠和开裂的重要原因之一，对混凝土桥梁长期性能有着重要影响。准确的混凝土收缩、徐变预测模型是正确分析桥梁长期性能的基础。根据实测混凝土收缩、徐变试验数据修正预测模型能有效提高计算准确程度，特别是基于短期试验数据修正预测模型，试验周期短，可行性较高。本文分析了常用收缩预测模型修正方法的特点，提出一种新的基于短期试验数据修正混凝土收缩预测模型的方法，并结合混凝土收缩试验数据对其进行验证。该新方法能够在短期实测值的基础上更为准确地计算长期收缩值，具有一定的工程应用价值。

关键词：混凝土　收缩　试验　预测模型　修正

1　引言

准确分析大跨度预应力混凝土梁桥长期性能是个重要而复杂的问题。从材料的层面而言，准确的混凝土收缩、徐变预测模型是正确分析结构时效因素的基础。常用预测模型中的经验参数是通过大量试验数据拟合确定的，这些经验参数是试验数据整体的满意解。但是，混凝土材料具有很大离散性，最终拟合解与具体试验数据差异较大。因此，根据实测值修正常用预测模型是个值得进一步研究的问题[1]。对于大跨度混凝土桥梁，用实际桥梁相同配合比的混凝土做收缩、徐变试验，利用短期试验结果修正预测模型中的经验参数，可以更好地反映实际材料特性，有利于提高混凝土收缩、徐变长期预测的准确性。

目前，基于短期试验数据修正预测模型的研究中，徐变预测模型修正方法的研究较多，采用 B3 预测模型进行修正计算具有较好的效果[1-4]，但是与徐变预测模型的修正方法相比，收缩预测模型的修正方法较复杂。因为常用收缩预测模型直接用于修正计算会存在数学上的不适定问题，本文详细分析了该问题，提出了基于短期试验数据修正收缩预测模型的新方法，并结合收缩试验数据对该方法进行验证。

2　常用混凝土收缩预测模型计算准确程度分析

为定量研究常用混凝土收缩预测模型的计算准确程度，采用 CEB 变异系数法分析常用预测模型计算值与试验值的吻合程度。在文献[5-7]中收集了6组混凝土收缩试验数据，分析了7个常用的预测模型的计算准确程度。7个收缩预测模型分别是：我国现行桥规 JTJ D62—2004 中收缩预测模型、日本土木工程师协会(JSCE)提出的 JSCE1996 模型[8]、JSCE2002[8]两个预测模型、B3[1]、GL2000[9]、GZ1993[10]预测模型，以及中国建筑科学院1986年根据大量国内试验提出的收缩预测模型[11]。

各预测模型的计算值与试验值的吻合情况参见表1。收集的试验数据 I～VI，混凝土28d立方体抗压强度42～68.4MPa，养护时间7～28d，水灰比0.26～0.4，体表比22～50mm，环境相对湿度60%。

采用 CEB 变异系数法的各预测模型收缩计算变异系数(%) 表1

试验数据组号	B3	GL2000	JTJD62 2004	JSCE 2002	JSCE 1996	GZ1993	建科院86
I	73.50	31.66	—	25.40	32.68	25.07	77.59
II	—	82.89	17.42	—	—	62.84	—
III	—	61.90	24.01	—	—	36.02	—
IV	—	190.71	81.70	—	—	116.38	—
V	68.20	34.49	70.38	17.56	6.14	34.95	—
VI	48.01	22.14	65.18	37.14	44.57	22.51	0.00
平均	63.24	70.63	51.74	26.70	27.80	49.63	77.59

注：1."—"表示因为材料参数不全，有些试验梁预测模型无法计算。

2. 试验数据 I 来自文献[5]，试验数据 II～IV 出自文献[6]，试验数据 V、VI 出自文献[7]。

由表1可知，收缩预测模型计算值准确程度并不高，相对试验值变异系数较大；就某个预测模型而言，同有些试验数据吻合较好，同另一些试验数据偏差较大，表现出较大的离散性。这主要是由于混凝土材料本身的离散性很大以及影响混凝土收缩的因素众多所致。在目前情况下，提出一个能准确反映每个具体混凝土构件收缩特性的预测模型难度很大。为提高计算准确程度，可以利用短期试验修正预测模型中的经验参数，从而更好地反映实际材料特性以及环境因素的影响。ACI209 委员会和 RILEM(国际材料与结构试验研究联合会)也把这种通过短期试验确定预测模型中的经验参数的方法作为提高模型长期预测准确性最为可靠和有效的方法进行推广[1,12]。

3 基于混凝土短期试验结果的收缩预测模型修正方法研究

3.1 基于短期试验结果修正预测模型的一般方法

在建立上述常用的混凝土收缩预测模型(如 B3 预测模型、现行桥规 JTJ D62—2004 中预测模型、ACI 209—1992 等预测模型)时，模型计算公式中的经验参数是通过大量试验数据进行拟合而确定的。基于短期试验结果修正预测模型时，一般是在这些公式的经验参数前引入待定参数形成修正模型计算公式，通过实测值可以拟合得到待定参数值，进而得到修正后预测模型[2,13]。以 B3 收缩预测模型为例，收缩计算公式为：

$$\varepsilon_{sh}(t,\tau)=\varepsilon_{s,\infty}\frac{E(607)}{E(\tau+\tau_{sh})}k_{h}\tanh[(t-\tau)/\tau_{sh}]^{1/2} \tag{1}$$

式中：t、τ——分别为计算龄期和收缩开始的龄期；

$\varepsilon_{sh}(t,\tau)$——t 时刻的收缩值；

$\varepsilon_{s,\infty}$、k_h、τ_{sh}、$\frac{E(607)}{E(\tau+\tau_{sh})}$——由混凝土材料参数及环境参数确定，$\tanh[(t-\tau)/\tau_{sh}]^{1/2}$反映了收缩随时间的发展，公式的具体含义参见文献[1]。

式(1)可以引入待定参数 p_1、p_2 形成修正计算公式

$$\varepsilon_{sh}(t,\tau) = p_1\varepsilon_{s,\infty}\frac{E(607)}{E(\tau+\tau_{sh})}k_h\tanh[(t-\tau)/(p_2\tau_{sh})]^{1/2} \tag{2}$$

假设有 k 个实测数据，则有 k 个 t_i 及对应的 $\varepsilon_{sh}(t_i,\tau)(i=1,2,\cdots,k)$，这样可以建立 k 个方程组：

$$\varepsilon_{sh}(t_i,\tau) = p_1\varepsilon_{s,\infty}\frac{E(607)}{E(\tau+\tau_{sh})}k_h\tanh[(t_i-\tau)/(p_2\tau_{sh})]^{1/2}(i=1,2,\cdots,k) \tag{3}$$

因为有 p_1、p_2 两个待定参数，$k\geqslant 2$，根据式(3)，通过实测值数据可拟合得 p_1、p_2，从而得到修正后的 B3 收缩预测模型。其他预测模型可以类似的方法进行模型修正。

3.2 常用收缩预测模型用于修正计算的不适定问题

在常用的收缩预测模型中，收缩随时间发展函数采用了双曲正切函数、双曲幂函数等形式。例如 B3 预测模型采用双曲正切函数形式，现行桥规 JTJ D62—2004 中预测模型、ACI 209—1992 预测模型采用了双曲幂函数形式等。文献[1]指出，采用这些曲线形式的预测模型用于修正计算时会存在数学上的不适定问题，使得修正后的预测模型存在模型计算值在收缩初期与试验值吻合很好，在收缩后期模型计算值偏离试验值，这些预测模型用于基于短期实测值修正模型推测长期值是不合适的。

现以 B3 收缩预测模型为例说明这个问题。式(1)可以简化为以下形式：

$$\varepsilon_{sh}(t,\tau) = E\tanh[(t-\tau)/F]^{1/2} \tag{4}$$

采用式(4)形式得到修正计算公式为：

$$\varepsilon_{sh}(t_i,\tau) = p_1E\tanh[(t_i-\tau)/(p_2F)]^{1/2}(i=1,2,\cdots,k) \tag{5}$$

E、F 值由混凝土材料参数及环境参数确定，p_1、p_2 为待定参数。采用公式(5)进行修正计算时得到图 1a)中的结果。图 1a)中修正后的 B3 预测模型是利用收缩持续 100 天内的实测值修正原始 B3 模型得到的。修正后的模型在收缩的初期很接近实测值，但是在收缩后期却难以保证。这是由 B3 收缩预测模型采用的双曲正切函数的特性决定的。这个特性可以如图 1b)所示，图中两条曲线均是式(3)的计算值，两条曲线的 E、F 值相差很大，但是两条曲线在收缩初期很接近，随着时间发展曲线值偏差逐渐增大。由于这个特点，对式(5)而言，当公式左边的实测值是收缩初期值即 t 较小时，几组不同甚至相差很大的 p_1、p_2 值都可以使得公式右边计算值接近左边的值。也就是说当 t 较小时，公式右边的计算对 p_1、p_2 是不敏感的，这样通过左边的初期实测值拟合得到的 p_1、p_2 值只能保证在 t 较小时右边计算值接近左边实测值，而 t 较大时难以保证，拟合中的这种问题是数学上的不适定问题。采用双曲正切函数形式的 B3 预测模型不适合用于短期试验结果修正计算。类似地，采用双曲幂函数形式的现行公路桥规 JTJ D62—2004 和 ACI 209—1992 的预测模型同样也是不适合的。

为解决这个问题，文献[1]提出了一种基于测量水分散失量(Measuring Water Loss)的收缩预测模型修正方法。即在进行修正时需要通过加热的方法测量最终水分散失量，并且通过测量过程中的结构重量损失来测量阶段性的水分散失量，这种方法对于试验的要求很高，实际应用有较大的困难。另外，采用了双曲正切函数、双曲幂函数等形式的预测模型进行修正计算

时,待定参数间的关系是非线性曲线,拟合较困难,精度容易受到影响。本论文针对这种情况提出了自己的修正方法,并用试验数据加以验证。

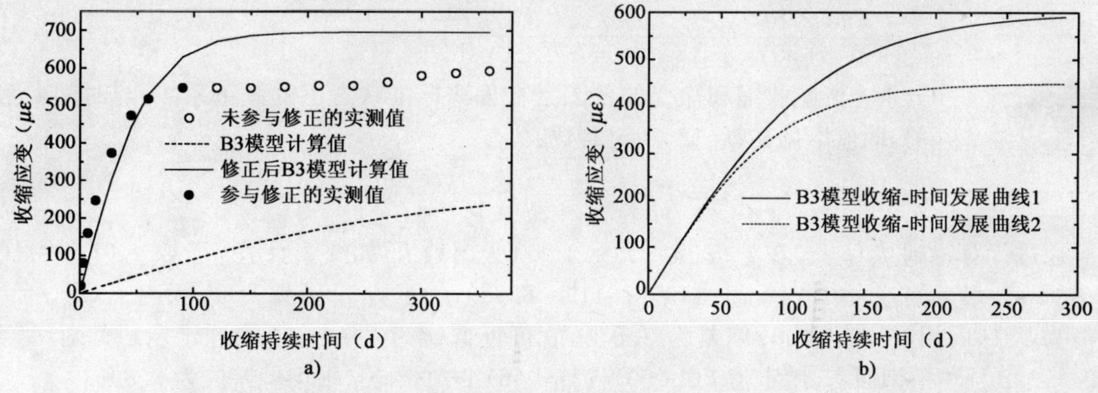

图1 B3收缩预测模型用于修正计算的不适定问题示意图

3.3 结合收缩发展进程与徐变发展进程关系特点的修正方法

本论文提出一种结合收缩发展进程与徐变发展进程关系的修正方法。此方法将修正过程分为两个阶段:第一阶段,收缩持续50天内需要有收缩实测值,可以利用式(3)进行修正计算。本阶段的修正目标是修正后模型计算值接近实测值;第二阶段,收缩持续50天以后,通过计算发现收缩持续50天后的收缩发展进程与徐变发展进程近似相等,即收缩随时间发展曲线与徐变随时间发展曲线之比接近定值。由于B3徐变预测模型的修正公式中的待定参数采用线性组合的形式,不仅不存在不适定问题,也会使得拟合计算较为方便,且可以提高拟合的准确性。在基于短期实测值修正的徐变预测模型的计算中,效果很好[1-4],通过推导得到基于B3徐变预测模型的修正公式,实现对收缩计算模型的修正。

1)第一阶段(收缩持续50天内)收缩预测模型修正方法

收缩持续50天内,需要有收缩实测值,可以采用式(3)进行修正。此阶段内的实测值均参与修正,修后的预测模型不用于后期的预测,只要拟合得到的 p_1、p_2 值使得式(3)右边的计算值接近左边实测数据即可,不存在上述的不适定问题。本阶段的修正目标是使得收缩持续50天,修正后模型计算值接近实测值,50天内的实测值均参与修正,且有实测值对照,容易实现较高的修正精度。

2)混凝土收缩发展进程与徐变发展进程的相关性分析

为研究混凝土收缩发展进程与徐变发展进程的相关性,用 $k(t-\tau)$ 表示收缩计算值同徐变系数的比值,即:

$$k(t-\tau)=\varepsilon_{sh}(t,\tau)/\varphi(t,\tau) \tag{6}$$

$\varepsilon_{sh}(t,\tau)$ 为构件的收缩值,$\varphi(t,\tau)$ 为相同环境下同材料、同构件的徐变系数(构件加载龄期与混凝土开始收缩的龄期均是 τ)。为分析 $k(t-\tau)$ 随 $t-\tau$ 变化的特点,理论上讲需要采用每个构件的收缩实测值和徐变值之比来分析每个构件的混凝土收缩发展进程与徐变发展进程的关系。因为常用预测模型是基于大量试验数据研究得到的计算公式,采用预测模型的收缩计算值同徐变系数计算值之比可以近似地反映混凝土的收缩发展进程与徐变发展进程的关系。本文采用ACI 209—1992模型来计算分析。

ACI 209—1992预测模型中收缩与徐变发展进程关系[12]:

$$\begin{aligned}k(t-\tau) &= \varepsilon_{sh}(t,\tau)/\varphi(t,\tau)\\ &=\left(\frac{t-\tau}{35+t-\tau}\times 780\times 10^{-6}\gamma_{sh}\right)/\left[2.35\gamma_c\frac{(t-\tau)^{0.6}}{10+(t-\tau)^{0.6}}\right]\\ &=\frac{780\times 10^{-6}\gamma_{sh}}{2.35\gamma_c}\left(\frac{t-\tau}{35+t-\tau}\right)/\left[\frac{(t-\tau)^{0.6}}{10+(t-\tau)^{0.6}}\right]\end{aligned} \tag{7}$$

式中：γ_{sh}、γ_c——分别为影响收缩和徐变的各因素在偏离标准状态下的修正系数，与时间 t 无关，取值参见文献[12]。记参数：

$$f_a(t-\tau)=\left(\frac{t-\tau}{35+t-\tau}\right)/\left[\frac{(t-\tau)^{0.6}}{10+(t-\tau)^{0.6}}\right] \tag{8}$$

通过计算得到 $f_a(t-\tau)$ 在 $t-\tau$ 从 0 天到 1 000 天内数值，如图 2 所示。若取 $f_a(1\,000)$ 代替 $f_a(t-\tau)$ 最大偏差为(1.212－1.119)/1.119＝8.3%，$t-\tau$ 从 50 天到 1 000 天内 $f_a(t-\tau)$ 的均值为 1.161，相对 $f_a(1\,000)$ 偏差为 3.8%，故可近似认为 $f_a(t-\tau)$ 接近于定值。对 ACI 209—1992 预测模型而言，用定值 $k(1\,000)$ 代替式(6)中 $k(t-\tau)$，平均偏差仅为 3.8%。

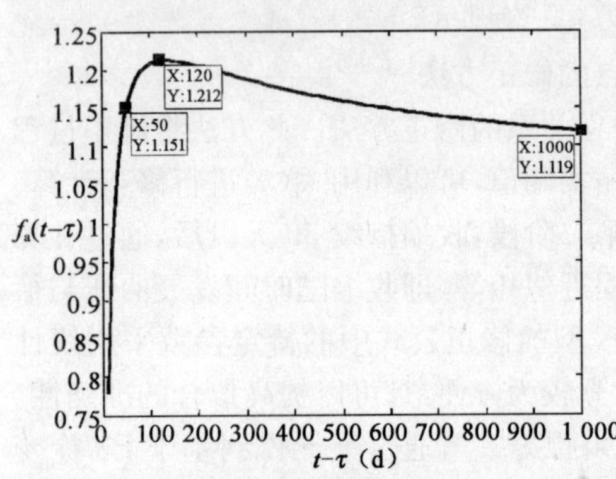

图 2　$f_a(t-\tau)$ 随时间变化的计算值

计算分析发现：对于美国的 ACI 209—1992 预测模型，可认为在 $t-\tau$ 从 50 天到 1 000 天内 $k(t-\tau)$ 接近定值，取 $k(1\,000)$ 代替 $k(t-\tau)$ 平均偏差小于 4.0%，故可近似认为 $k(t-\tau)$ 定值，就等于 $k(1\,000)$。由图 2 可以发现，在 $t-\tau$ 从 50 天到 1 000 天内，曲线很平缓接近直线；但是在 $t-\tau$ 较小时曲线变化很大，收缩及徐变的发展进程的关系难以确定，难以用修正徐变系数的方法来近似修正收缩计算。

3)第二阶段(收缩持续 50 天后)收缩预测模型修正方法

根据 2)的计算分析，在 $t-\tau>50$ 天时，可以近似认为 $k(t-\tau)$ 定值，可以用 $k(1\,000)$ 作为 $k(t-\tau)$ 的值。记参数：

$$k_{\varepsilon\phi}=k(1\,000)=\frac{\varepsilon_{sh}(1\,000+\tau,\tau)}{\varphi(1\,000+\tau,\tau)} \tag{9}$$

其中 $\varepsilon_{sh}(1\,000+\tau,\tau)$，$\varphi(1\,000+\tau,\tau)$ 可由所采用的预测模型计算得到。

可知在 $t-\tau>50$ 时：

$$k_{\varepsilon\phi}=\frac{\varepsilon_{sh}(t,\tau)-\varepsilon_{sh}(50+\tau,\tau)}{\varphi(t,\tau)-\varphi(50+\tau,\tau)} \tag{10}$$

$$\varepsilon_{sh}(t,\tau)=k_{\varepsilon\phi}\varphi(t,\tau)+\varepsilon_{sh}(50+\tau,\tau)-k_{\varepsilon\phi}\varphi(50+\tau,\tau) \tag{11}$$

记参数：

$$\Delta_{sh,50}=\varepsilon_{sh}(50+\tau,\tau)-k_{\varepsilon\phi}\varphi(50+\tau,\tau) \tag{12}$$

其中 $\varepsilon_{sh}(50+\tau,\tau)$ 需要根据 1)中第一阶段收缩计算修正得到的修正后预测模型计算，$\varphi(50+\tau,\tau)$ 可由预测模型直接计算得到。

当采用徐变函数的形式时，类似的计算公式为：

$$k_{\varepsilon J}=k_{\varepsilon J}(1\,000)=\frac{\varepsilon_{sh}(1\,000+\tau,\tau)}{J(1\,000+\tau,\tau)} \tag{13}$$

$$\varepsilon_{sh}(t,\tau)=k_{\varepsilon J}J(t,\tau)+\Delta_{sh,50} \tag{14}$$

$$\Delta_{sh,50}=\varepsilon_{sh}(50+\tau,\tau)-k_{\varepsilon J}J(50+\tau,\tau) \tag{15}$$

上式中 $\varepsilon_{sh}(50+\tau,\tau)$需要根据1)中第一阶段收缩计算修正得到的修正后预测模型计算，$J(50+\tau,\tau)$由B3收缩预测模型直接计算得到。

对于B3预测模型，$J(t,\tau)$表达式为：

$$J(t,\tau)=q_1+q_2B_2(t,\tau)+q_3B_3(t,\tau)+q_4B_4(t,\tau)+q_5B_5(t,\tau) \tag{16}$$

其中 $B_2(t,\tau)$、$B_3(t,\tau)$、$B_4(t,\tau)$、$B_5(t,\tau)$均是与时间有关的函数，式中参数具体计算方法参见文献[1]。式(16)中引入可以待定参数 p_1、p_2，代入式(14)可得到如下修正计算公式[1]：

$$\varepsilon_{sh}(t_i,\tau)=k_{\varepsilon J}\{p_1q_1+p_2[q_2B_2(t_i,t')+q_3B_3(t_i,t')+q_4B_4(t_i,t')+q_5B_5(t_i,t')]\}+\Delta_{sh,50}\quad(t_i-\tau\geqslant 50) \tag{17}$$

当有 k 组混凝土收缩实测值（收缩持续50天以上的实测值），则有 k 个 t_i 及对应的 $\varepsilon_{sh}(t_i,\tau)$，其中 $i=1,2,\cdots,k$，代入该式得到 k 组（$k\geqslant 2$）线性方程组拟合得待定参数 p_1、p_2 的值，得到第二阶段的修正后的混凝土收缩预测模型。

4 收缩预测模型修正方法实例验证

根据南京水科院的混凝土收缩试验，得到一组收缩试验实测值如图3所示。试验采用的构件几何尺寸为：150mm×150mm×450mm，体表比32mm，混凝土按C50进行配合比设计，28天立方体抗压强度为54.3MPa，水泥为PO42.5普通硅酸盐水泥，骨料为砂（中砂）和碎石，水灰比为0.33，添加剂为减水剂，混凝土潮湿养护7d。

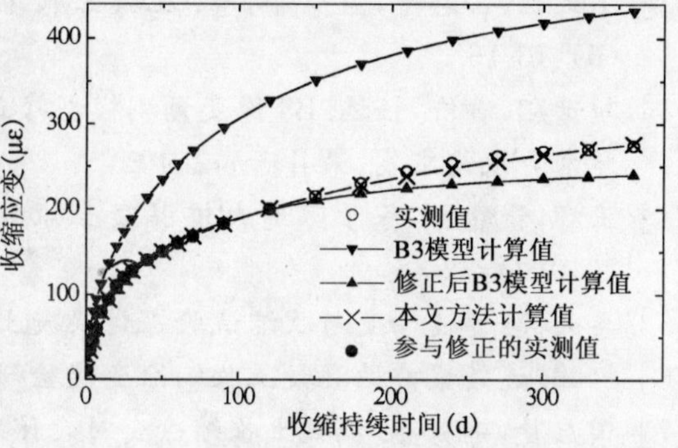

图3 预测模型计算值同实测值的比较

当有120天内混凝土收缩的15个实测数据参与修正时（其中收缩持续50天以上数据5个），修正结果如图3所示。按本文修正方法，由式(14)和式(17)进行修正计算得到 $k_{\varepsilon J}=3.02$，$\Delta_{sh,50}=-145.09\mu\varepsilon$，待定参数 p_1、p_2 的拟合值为0.943和0.998。B3模型用于修正时，根据式(5)得待定参数 p_1、p_2 的拟合值分别为0.517和0.570。

由图3可知，论文中所提修正方法在参与修正的数据较少时有很好的修正效果，其结果非常接近试验值。与不修正的B3预测模型计算值相比较，计算准确程度有了明显的提高。验证了论文中所提出的双曲正切函数形式的混凝土收缩曲线用于修正会存在数学上的不适定问题，即修正后B3预测模型表现出在收缩的初期能够同实测值吻合，但是在收缩后期偏离了实测值，并随时间逐步增大，不适合用于计算长期收缩值。

5 结语

通过上述研究得出以下结论：

(1)准确的混凝土时效预测模型是结构收缩、徐变效应分析的基础。虽然现在已有很多种预测模型，但是通过与试验数据的比较发现，预测模型的计算值与试验值偏差均较大，因此有必要通过一定方法提高现有预测模型的准确程度。

(2)常用混凝土收缩预测模型的收缩随时间发展函数采用了双曲正切函数、双曲幂函数等形式。这些模型直接用于基于短期实测值修正模型推测长期值时，会存在不适定问题，进而导致修正后模型与初期试验值接近,而与后期试验值差异较大,本文所提方法可以避免该类问题。

(3)通过混凝土收缩试验数据的验证表明,本文所提收缩预测模型修正方法具有以下优点:第一,修正效果明显。当有试验数据参与修正后,计算值明显更接近试验值;第二,拟合待定参数过程简便。本文方法的计算公式中待定参数之间是线性组合关系,拟合精度较高;第三,计算结果优于修正后 B3 预测模型。

(4)文中所提出混凝土收缩预测模型修正方法是一种提高收缩计算准确程度的有效方法。利用此方法得到的预测模型可以用于桥梁结构计算分析,在进一步的试验数据验证的基础上值得推广。

参 考 文 献

[1] Bazant Z P, Sandeep Baweja. Creep and Shrinkage Prediction Model for Analysis and Design of Concrete Structures: Model B3[S]. Adam Neville symposium: creep and shrinkage-structural design effects, ACI SP-194, A. AL-Manaseer, ed, Am. Concrete Institute, 1-83.

[2] 丁文胜,吕志涛,孟少平,等. 混凝土收缩徐变预测模型的分析比较[J]. 桥梁建设,2004(6):13-16.

[3] 胡世翔,黄侨,任远. B3 徐变预测模型修正方法的分析与比较[C]. 第 19 届全国结构工程学术会议论文集(第Ⅱ册),2010.

[4] 王辉,钱春香. 基于苏通大桥混凝土短期试验结果的徐变预测模型修正[J]. 桥梁建设,2010(2):32-36.

[5] 李天德. 通过徐变与收缩试验探讨混凝土的特性[J]. 工程质量,2005(3):41-46.

[6] 徐锦. 连续梁桥的混凝土收缩徐变试验研究及效应分析[D]. 重庆交通大学,2008.

[7] 田启贤,荆秀芬. 混凝土收缩徐变对比试验[J]. 桥梁建设,2003(2):24-26.

[8] Kenji Sakata, Takumi Shimomura. Rencent Progress in Research on Code Evaluation of Concrete Creep and Shrinkage in Japan[J]. Journal of Advanced Concrete Technology, 2004, 2(2):133-140.

[9] BS 5400: Part 4: 1984. Code of Practice for Design of Concrete Bridges [S]. British Standard Institute, 1984.

[10] Gardner N J, Zhao J W. Creep and Shrinkage Revisited[J]. ACI Materials Journal, 1993, 90(3):236-246.

[11] 龚洛书,惠满印,杨蓓. 混凝土收缩与徐变的实用数学表达式[J]. 建筑结构学报,1988(5):37-42.

[12] ACI Committee 209. Predication of Creep, Shrinkage and Temperature Effects in Concrete Structures [R]. Detroit: American Concrete Institute, 1992.

[13] 罗许国,戴公连. 基于收缩徐变短期试验结果的高性能粉煤灰混凝土桥梁长期效应预测[J]. 中国公路学报,2009,22(3):64-69.

134. 试论几座大桥在防御船舶撞击方面值得提高的地方

陈国虞
（上海海洋钢结构研究所）

摘　要：查阅了215座"中国桥梁"、115座"中国大桥"，大多数跨越航线的桥梁对防御船撞桥方面是比较重视的。尤其是在30座评上优秀桥梁和入围桥梁中，大部分解决得很好，而值得在防御船撞桥方面进一步提高的，只有2座。

我国的铁路和公路桥梁规范对防御船撞桥的设计要求是比较明确的，除了规定必须符合海船和内河船对通航净宽、净高的要求外，尚有对桥梁应能抵御船撞力的要求；桥轴线与主流垂直的要求；船撞力作为偶然载荷进入作用组合中去的要求；减少水平作用力对桥墩截面形状的要求以及规定凡有船撞力的地方均应作防船撞设计的要求等5项。本文针对这些要求提出几座桥，说明在通航宽度、桥墩平面形状和水平抗力等方面的不足，作为防撞设计需要提高或补设防撞装置的例子。

由于水位改变、水流（河槽等）改变和规范修订等原因，老桥不符合现行规范对防御船撞的要求，应在检查出来之后加以提高，或补建防御设施。由于社会发展和对人文关怀的认识提高，防御船撞桥的目标应从"仅保护桥"发展为"既保护桥又保护船和环境"，因此规范中对防御船撞桥的要求，也存在不断前进的空间。

关键词：桥梁防船撞　老桥普查　流线型桥墩　防撞目标　规范发展

1　前言

有学者统计，桥梁垮塌的原因第1是洪水，第2是船撞。本文对国外船撞致塌的几座大桥进行分析后，指出我国几座桥也有同样的问题，希望新建桥梁预作防御，已建桥梁在评估之后如有需要应增建防船撞设施。

本文查阅了"中国桥梁"、"中国大桥"、"中国优秀桥梁"和"面向创新的中国现代桥梁"等4本总结性著作[1-4]载入的约400座桥梁，认为大多数跨越航线的桥梁对"防御船撞桥"是比较重视的。尤其是在30座评上优秀桥梁和入围桥梁中[3]，大部分解决得较好，值得在防御船撞桥方面进一步提高的只有2座。

下面将已建和将要建的桥梁中选取了几座桥梁作为例子，从已经被船撞塌的桥梁说起，提出现有或将建桥梁在防御船舶撞击方面值得提高的地方[7]。

2 通航净宽问题

我国公路桥梁规范[6]有关通航净宽规定的表只规定到 3 000t 船的航线[9]，现在航行到葛洲坝以下的航船有很多 5 000t 船，而且有 6 000t 的油驳；三峡船闸也设计为 3 000t 船和万吨驳船队(万吨驳船队指 4×3 000t 驳船队)。这些都是针对长江中游的。

长江下游 、各流域三角洲、沿海港湾和连接大陆到岛屿等跨航道桥梁，情况与内河不同。我国沿海航线最大海船为 300 000t，万吨船削矮桅杆之后沿长江西上已航达武汉港(上世纪 70 年代)，江阴、润扬、苏通、南浦大桥以及湛江、厦门、象山等三角洲和沿海港湾大桥均可通过 50 000t 船，所以在规范没有具体规定的桥都是按实情论证确定净宽的。

2.1 从被撞塌桥梁借鉴的经验

例如，美国阳光大桥 1980 年 5 月 9 日被撞塌，原桥在 1954 和 1969 初建、扩建时也是经过论证、合乎当时的规范的。撞塌了之后才总结经验，认为原来的通航净宽过窄，要加宽。将新桥的净宽从 242m 增加到 364m，增加了 122m，如图 1 所示。

a)撞塌前通航净宽为242m

b)重新设计通航净宽为364m

图 1 美国阳光大桥通航净宽

2.2 黄石长江公路桥的通航净宽过小

该桥中间通航大船的 3 跨为 3×245m。规定为单向通航，下水走中孔、上水走东侧大孔(有灯浮设置)，按《内河通航标准》(GB 50139—2004)[9]的表："I 级航道 dwt 为 3 000t 的驳船 4×4 组成驳船队时的长宽为 406m×64.8m，单向通航宽度为 125m"，该桥已合标准。但是查阅制定该表的公式——航道宽度计算公式[10]计算出的结果比 125m 和 245m 大得多。

该航道宽度计算公式[10]，在单向航道时为：

$$W = A + 2C$$

式中：W——航道宽度；

A——航迹线宽度；

C——船舶与航道底边的富裕宽度，即考虑桥墩宽度或两侧滩坡而取的船与墩边线(或岸边)的距离。

取表中最小值 $0.75B$。

$$A = n(L\sin\gamma + B)$$

式中：n——满载船舶飘移系数，取表中最小值 1.45；

γ——相应 $\gamma = 14°$，$\mathrm{Sin}\gamma = 0.242$；

L——船的长度，406m；

B——船宽，64.8m。

则：

$$W = A + 2C = n(L\mathrm{Sin}\gamma + B) + 2 \times 0.75B$$
$$= 1.45(406\mathrm{m} \times 0.242 + 64.8\mathrm{m}) + 1.5 \times 64.8\mathrm{m} = 333.6\mathrm{m}$$

比按内河通航标准表中的125m大得多。

可以预料到，如果该桥被撞塌而建新桥时，谁都会将通航宽度加大。实际上已经在该桥上游约1km处建成一跨过江的鄂东长江公路桥（桥跨926m）。

3 桥墩平面形状问题

这是中国约900多年前已经解决的问题，我国很多通航的古桥都将桥墩设计成尖的或流线型的（图2）。

a)舞阳江镇远祝圣桥(1826)

b)浙江东阳湖溪桥(1924改建)

c)泉州洛阳桥(1059年建成)

图2 我国通航河流桥墩尖形

欧洲（IABSE）的防御船撞桥的综述和指南中，说明速度是个向量，冲量和动能也是向量，速度可分解，如船撞击后转向，碰撞能可以按碰撞前后动能的矢量分析来确定。桥墩作成尖的，速度和能量均按角度产生2个分量，一个垂直于撞击面使结构响应或破坏，另一个平行于撞击面的能量使船舶继续前进。

有急流、有漂流物、有浮冰……都应作成尖墩，何况有船撞[8]。

总的原则是，桥墩作的足够尖时船撞到墩的斜面上，船转向，动能的大部使船继续前进而不参与交换，船的毁坏和受力将大幅度下降，既保护桥，也保护船和环境。跨航道的将建未建的桥梁希望将桥墩平面形状设计正确，不要用平面正向着航道方向（图3）。

a)岩黑岛大桥的方桥墩

b)夷陵大桥平面迎船

c)还没有建的青山航道桥（效果图）

图3 航线方向作成平面的桥墩不符合通航桥梁防船撞要求

4 桥梁的水平抗力问题

一些桥梁防船撞设计指南[11]中规定：凡跨航线的桥梁均应考虑船撞力用以设计计算桥梁构件的水平抗力。船舶发生偏离航向时会撞上桥墩或梁的下弦。要求设计时，将船撞力作为偶然载荷进入作用组合中去，公路规范明确规定：偶然作用的效应分项系数取1.0。即船撞力是100%计入的（有的可变作用是以代表值计入的）。

4.1 从拱脚被撞桥梁塌下的例子考虑水平力

瑞典特荣(Tjorn)桥,于1980年01月18日,凌晨1:30(图4),被一艘长172m,宽26m,排水量15 500t散货船的起重桅杆撞倒,该桥跨278m,但只有中间50m×14m为通航净空,船只偏航,19m高处撞拱的下弦。粗略地估算(美国和欧洲的指南,上层建筑撞力为船撞力的10%,桅杆撞力还要小,起重桅杆需具体计算),粗略估算两边拱脚各设计2.3MN的水平阻力,桥可以不倒,仅是起重桅杆折断,事故要轻得多。

a)船驶在通航净空

b)被撞塌后

图4 瑞典特荣(Tjorn)桥被撞塌前后

4.2 梁的下弦被撞桥梁塌下的例子计算水平力

2008年03月27日,凌晨1:15,在建中的金塘大桥侧孔的混凝土预制梁被空船的上层建筑撞致位移,由于预制梁并未固结,移位后重达3 000多t的桥面塌下,砸在货轮的驾驶舱,造成驾驶舱被压到下1层舱室,舱内4人全部死亡。由于该桥孔为非通航孔,要求船东赔偿人民币2 000万元。

同上例,粗略地估算(美国和欧洲的指南,上层建筑撞力为船撞力的10%,)。该船为7 000 t(dwt)浙江台州籍货船"勤丰128"号,空船排水量约为2 490t,预制梁两边固结或阻挡的水平阻力只要各≥1.0MN的话,预制板可以不移位、不压船,仅是上层建筑被挂掉,事故要轻得多,人员伤亡也相应减少。如图5所示即为现在常见的预制梁两边得到水平阻力的阻挡结构实例。

a)没有

b)有

图5 预制梁两边有和没有水平阻力的结构

4.3 拱桥增加水平力的设计

以万县长江大桥(也称万州长江公路拱桥)为例,该桥设计时水位很低,当时的规范可以不考虑船撞的水平力。现在水位高了,可以在拱脚上下游两侧共增加4个混凝土结构(沿航向修筑的混凝土梁或挡墩),得到一定的水平抗力,如图6所示。

5 结语

由于水位改变、水流(河槽等)改变和规范修订等原因,老桥不符合现行规范对防御船撞的要求,应在普查、评估出来之后加以提高,或补建防御设施。由于社会发展和对人文关怀的认识提高，防御船撞桥的目标应从“仅保护桥”发展为“既保护桥又保护船和环境”，因此规范中对防御船撞桥的要求，也存在不断前进的空间。新桥应该用发展的观点做防御船撞桥的设计。

a)万州长江公路拱桥（没有水平阻力结构）

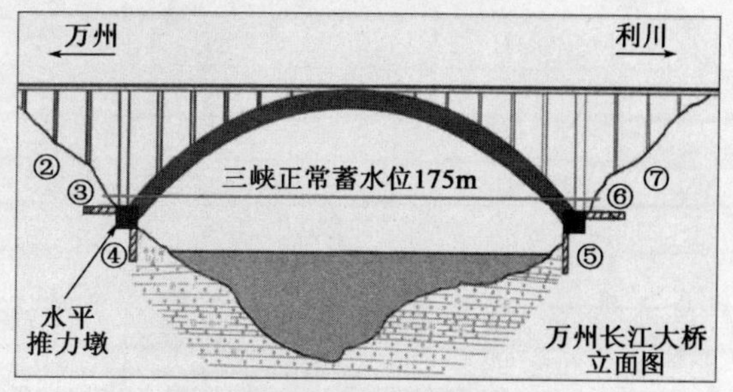

b)上下游两面共增加4个混凝土结构得到水平抗力

图6　用混凝土结构得到水平抗力举例

参 考 文 献

[1] 李国豪，等. 中国桥梁[M]. 上海：同济大学出版社，1993.

[2] 项海帆，等. 中国大桥[M]. 北京：人民交通出版社，2003.

[3] 范立础，等. 中国优秀桥梁[M]. 北京：人民交通出版社，2006 .

[4] 王永珩，等. 面向创新的中国现代桥梁[M]. 北京：人民交通出版社，2009 .

[5] 中华人民共和国铁道部. TB 10002.1—2005　铁路桥涵设计基本规范[S]. 北京：中国铁道出版社，2005.

[6] 中华人民共和国交通部. JTG D60—2004　公路桥涵设计通用规范[S]. 北京：人民交通出版社，2004.

[7] 陈国虞. 评议桥梁防撞设计的依据[J]. 城市道路与防洪，2011(6)：106-112.

[8] 陈国虞，王礼立. 船撞桥及其防御[M]. 北京：中国铁道出版社，2006 .

[9] 中华人民共和国国家标准. GB 50139—2004　内河通航标准[S].

[10] 中华人民共和国交通部. JTJ 211—99　海港总平面设计规范[S].

[11] 上海海洋钢结构研究所企业标准. QB/HY 02—2010　桥墩的船撞力计算及柔性耗能防撞装置设计指南[S]. 上海海洋钢结构研究所，2010.

135. 桥梁抗船撞柔性防护方法及实船撞击实验

杨黎明[1]　吕忠达[2]　王礼立[1]　陈国虞[3]　陆宗林[4]

(1. 宁波大学机械工程与力学学院;2. 浙江省宁波市高等级公路建设指挥部;

3. 上海海洋钢结构研究所;4. 同济大学)

摘　要:本文简要介绍了我国自主创新研发的由防撞圈和内外钢围组成的桥梁抗船撞柔性防护装置的设计方法,基于冲击动力学理论分析和数值模拟,研究柔性防撞装置的冲击响应,以及各主要部件的关键设计参量。为了检验新型的桥梁抗船撞柔性防护技术的有效性和可靠性,在宁波象山白墩港组织实施了国内外首次采用实船撞击柔性防撞装置的实验。实验采用的船舶自重250t、载重量(dwt)400t,以不同的航速、载重量和撞击角度对柔性防撞装置进行撞击实验。实验测得的船撞力与数值模拟结果基本一致。实验验证了新型的"桥梁抗船撞柔性防护装置"可以达到既保护桥梁,同时避免船舶毁损,也保护环境的目的。

关键词:桥墩柔性防船撞装置　实船撞击实验　船撞力

1　引言

随着河海航运量加大与船舶吨位和航速的增加,以及河海桥梁的大量兴建,船舶碰撞桥梁的几率越来越大。一旦船桥相撞,严重时不但将造成船毁人亡、桥梁倒塌等重大事故,经济损失巨大;还可能由于船体破损泄漏进一步引起灾难性环境污染。近年来,仅我国就发生了多次此类事故。

自20世纪80年代初,国际上对船撞桥以及桥墩防护问题的研究开始得到关注,关于船撞桥第一次国际研讨会于1983年在哥本哈根举行。80年代中后期国际上根据船桥碰撞的动能或动量原理,提出了桥梁设计的新标准,特别是1991年美国各州公路和运输官员协会(AASHTO)出版了《船舶碰撞公路桥梁设计指南》和1993年O. D. 拉森(O. D. Larsen)写的IABSE(International Association for Bridge and Structural Engineering)文件《船舶碰撞桥梁》。同时开展了一系列的实验研究、理论分析,提出了许多计算碰撞力的经验公式和半经验公式,作为桥梁的抗船撞设计基础[1-4]。发展了多种有效的桥梁抗船舶撞击的方法,例如,已被采用的桥梁抗船撞设计有"人工岛"、"防护桩"和加大承台等刚性防护装置,以及木栅、钢链和浮舟等柔性设施[4,5]。前者的刚性较强,虽保护了桥梁,但无法避免船舶的破坏;后者虽然可保护桥也能保护船体,但这些防护设施难以满足大吨位和高速度船的撞击的防护要求。为保证大型桥梁受船撞时的安全，国内外的桥梁设计师历来倾向于建造高刚度、高强度的防护设施。但桥墩防护设施愈坚固，船只则会受损愈严重。即使保护了桥墩，也可能导致船毁人亡、环境污染，并且为了吸收船舶的巨大动能，需要建造庞大的防护结构，并且对桩基的抗撞击的设计要求将提高，造价昂贵。

进一步的研究表明，船舶的尺寸、航速、船艏形状、撞击角和船体及桥墩的材料力学性能等都将对撞击力有明显的影响[6,7]。船撞桥本质上是一个复杂和困难的冲击动力学问题。很难要求用一个简化公式来描述这么复杂的冲击动力学问题。因此，人们开始转向采用动态有限元方法（例如 LS-DYNA）针对各个具体问题作进一步的数值模拟分析[7-9]。然而，数值模拟分析结果的可靠性和有效性往往容易受到工程技术部门的质疑，为此，研究人员进行了船撞桥的相关实验研究，如采用模型缩比实验等。美国佛罗里达大学于 2004 年在圣乔治岛上即将拆除的贝里安型（Bryant Pattern）桥上进行了实船撞击桥墩的实尺实验[10]。在两个桥墩上共进行了 15 次驳船与桥墩的碰撞实验。但是，实船撞击桥梁防船撞装置的实验至今未见报道。

本文介绍新型的“桥梁抗船撞柔性防护装置”，当船舶偏航撞向桥墩时，承台外围的柔性防护装置可以起到隔阻强冲击波、减少撞击力的效果。尤其是柔性防撞部件延长低载荷下撞击时间，使得船舶有时间和空间转向，达到拨转船舶航向的效果。船舶能沿防撞装置外侧滑走，从而带走了船的大部分动能，大幅降低了船—桥撞击过程中的能量交换，降低了船舶的撞击力。本文采用冲击动力学理论分析和数值模拟，研究由防撞圈和内外钢围组成的柔性防撞装置的冲击响应，以及各主要部件的关键设计参量。为了检验我国自主创新研发的“桥梁抗船撞柔性防护技术”的有效性和可靠性，在宁波象山白墩港组织实施了国内外首次采用实船撞击柔性防撞装置的实验。

2 桥梁抗船撞柔性防护方法

2.1 基本结构和防护原理

“柔性防撞装置”主要由外钢围、防撞圈和内钢围构成（图 1、图 2）。内、外钢围可以采用浮箱（全水密，箱梁结构）设计，其间通过众多的防撞圈相联系，使得柔性防撞装置作为一个整体围绕着桥墩承台、浮在水面，其高程随着水位的变化而上下浮动。内、外钢围可以采用非全水密的箱梁结构设计，其间同样可通过众多的防撞圈相联系，柔性防撞装置作为一个整体固定在桥墩承台周围。当船舶撞击桥墩时，将撞击在柔性防撞装置外钢围的外侧面。

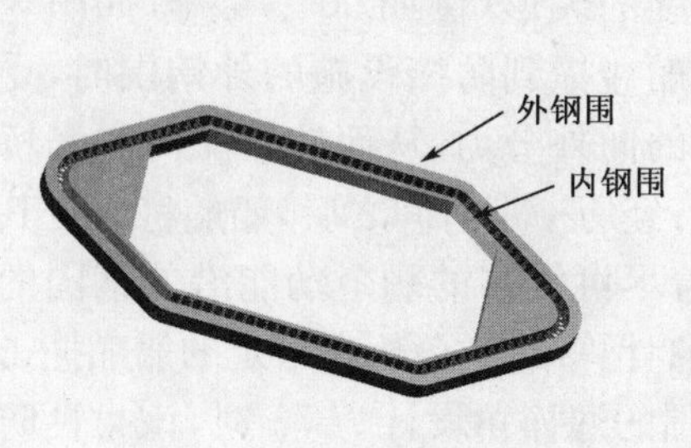

图 1 柔性防撞装置示意图

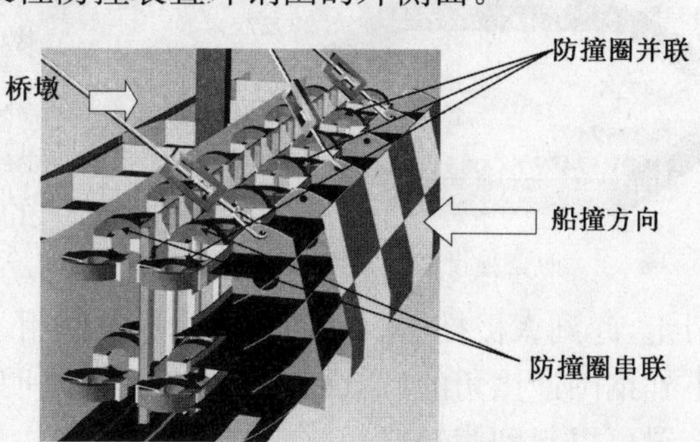

图 2 柔性防撞装置内部结构示意图

在发生船撞事故时，利用柔性防撞装置结构内各部件的共同作用，使得船撞桥产生的冲击波不直接传到桥墩，而是经过柔性耗能的防撞圈后传到桥墩，柔性防撞圈起到隔阻强冲击波、减少撞击力、缓冲（延长低载荷下撞击过程时间）、吸收撞击能的多种效果。尤其是延长较低载荷下撞击过程时间和防撞装置外钢围较大的移动，可使船舶有时间和空间转向，再利用水流的升力作用，将船舶推离桥墩，使船舶沿防撞装置外侧滑走，从而带走船的大部分动能，大大降低了船—桥撞击过程中的能量交换。达到"四两拨千斤"的功效。从而实现既保护桥梁，又能避免(或大大降低)船舶受到损伤的目的。

2.2 结构关键设计参量

(1)防撞装置的刚度设计。当船舶撞到防撞设施的外钢围时，外钢围需要有足够的刚度，使得撞击过程中所有的防撞装置中的防撞圈共同受力，即撞击过程中，外钢围有很大的整体位移，但局部变形很小。同时，外钢围还需要一定的支撑，即外钢围抗整体位移的能力，使得在受到撞击过程中，对撞击体(船舶)施加一定的作用力，以期改变船舶的运动方向；由于这种施加在船舶上的作用力，也一定将传递到桥墩上，所以这一作用力不能太大(不能超过桥墩允许的最大横向撞击力)。为此，要研究使用多少数量的防撞圈并联支撑于外钢围的内侧(图2)，才能产生适当大小作用力作用于船舶上。外钢围刚度的设计、取决于船舶的动能量级以及防撞圈的数量和强度，可以采用数值模拟方法确定，也可通过理论分析确定[11]。

(2)防撞装置的柔性设计。当船舶撞到防撞设施时，防撞设施还需要有很好的柔性(即外钢围能够产生足够大的刚性位移)，这种柔性由防撞圈提供。在受到撞击过程中，由于支撑外钢围的防撞圈表现出足够的柔性，船舶推压着外钢围运动。由防撞圈的力学行为所决定，在外钢围后退的初期，产生的力较小(防撞圈的力—位移曲线有一较大范围的力平台)，后退一定距离后，作用力加大。船舶在这一平台作用力下，有时间和空间改变其运动方向，这样船舶的大部分动能可保留在船舶上，继续沿着外钢围外表侧向前运动，船舶的大部分动能在撞击过程中不参加交换。这样大幅降低了桥墩所受到的船舶撞击力、有效保护桥梁，同时，船舶受到的撞击力也大幅降低，也保护了船舶。对不同的桥梁，受到具有不同动能量级的船舶的撞击时，需要选用不同大小的防撞圈。例如对于受到具有高动能船舶的撞击的桥墩设防装置，需要使用大尺寸的防撞圈；大尺寸的防撞圈可以使得外钢围有相对大的运动距离和相对长的撞击过程时间以及承受较大的撞击力。根据需要，还可以将多个防撞圈串联起来使用(图2)，以延长外钢围的运动距离和撞击过程时间。总之，将根据数值计算结果或/和力学分析[11]，研究如何选用和组构防撞圈和设计钢围结构，以使得防撞设施所具有的柔性适合用于不同的动能量级下的结构抗撞击防护。

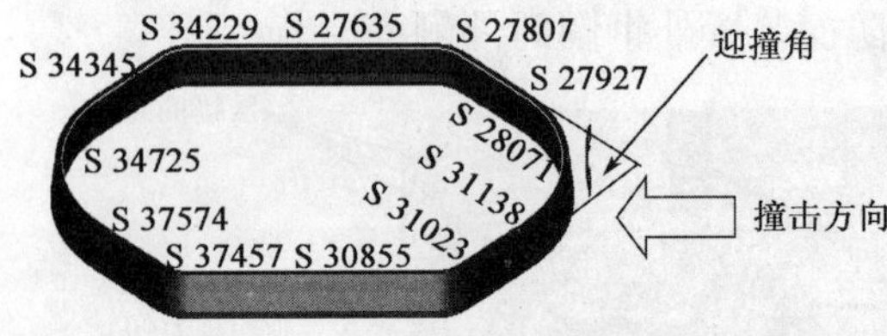

图3 柔性防撞设施的外钢围迎撞角示意图

(3)外钢围迎撞角。外钢围在迎撞击方向上做成一定角度的尖形(例如90°、75°等，如图3所示)，使得船舶碰撞到防撞设施的外钢围时，受到偏离原方向的向外分力，从而使船舶向离开桥墩的方向运动；经历一定时间之后，船舶将改变其运动方向，带着尽可能多的剩余动能沿外钢围的外侧滑走，起到太极推手——四两拨千斤的作用。结合数值计算结果，分析在给定的船舶撞击条件下外钢围迎撞角的有效取值范围。研究表明，当外钢围的迎撞角设计为75°时，该柔性防船撞装置可以起到拨转船舶航向的功效。

3 实船撞击实验

3.1 实验装置

实船撞击实验是利用宁波象山白墩港大桥主桥墩前方的一个防撞墩，将柔性防船撞装置安装在该防撞墩上(图4)。柔性防撞装置的内、外钢围采用浮箱(箱梁结构)设计，其间通过28个防撞圈[上下两排，图5a)]相联系，可以浮在水面。其引撞角为75°，外钢围的刚度与防撞圈强度的关系设计依据理论分析确定。为了测量船舶对桥墩的撞击力和船舶受到的撞击力，以及船舶的运动随时间的变化，在防撞装置和实验使用的船舶上布置、安放一系列的传感器。在防撞圈与内钢围之间装设力传感器[图5a)]，记录桥墩受到的撞击力，在外钢围上设计一个船舶撞击区，在撞击区内布置有12个压力传感器[图5b)]，记录船舶与外钢围之间的撞击力。在船舶的质心附近设置有三维加速度传感器和陀螺仪，记录船舶加速度以及船舶运动方向的变化，利用测量得到的船舶加速度时程曲线，也可以求得船舶受到的撞击力时程曲线。

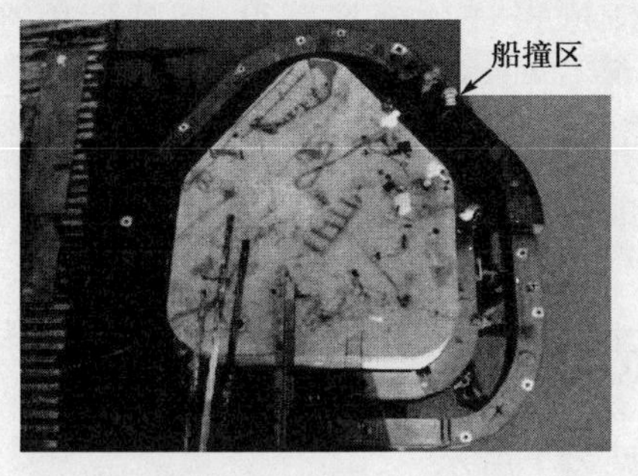

图4 用于实船撞击实验的柔性防船撞装置

a)

b)

图5 柔性防船撞装置局部结构

3.2 撞击实验

实验采用的船舶的空载重量为250t，载重量为400t，总排水量约650t。实验中，船舶撞击速度1～4m/s，船舶的重量范围：250～400t。对不同的船舶航速、重量和撞击方向，共进行了12次实船撞击实验(图6)。实验测得船撞力时程曲线、船舶撞击后的运动轨迹，以及柔性防船撞装置的冲击响应等。船舶在撞击12次后仅受到轻微损伤；而防撞装置完好，可以继续工作；承台则没有发现任何损伤。实验结果表明：

a)

b)

图6 实船撞击实验

(1)柔性防撞装置具有拨转船舶航向的功能，即使船舶偏航撞击角度达到25°，该装置仍能够拨转船舶航向，使其沿着外钢围外侧滑走。

(2)船舶航速在撞击后的变化很小，当船舶偏航撞击角度较小(5°)时，撞击后、前的船舶航速比达到90%以上，即使对于25°的船舶偏航撞击角度，撞击后、前的船舶航速比仍达到80%以上。可见柔性防撞装置使得船舶在撞击后，其大部分动能没有参加能量交换，仍以动能的形

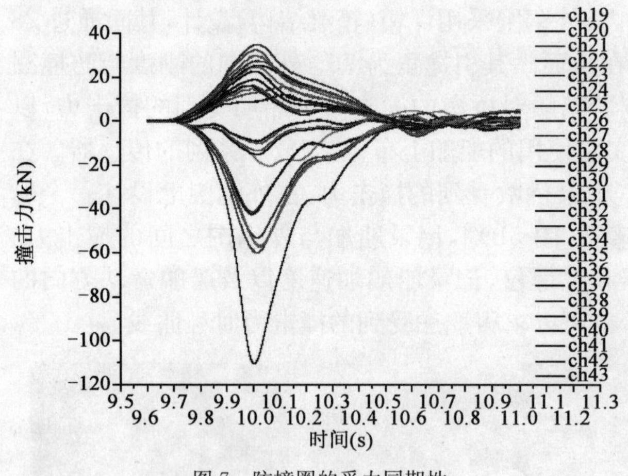

图 7　防撞圈的受力同期性

式保留在船舶上。

(3)柔性防撞装置不仅保护了桥梁(包括桥墩承台),而且可以保护船舶,同时装置本身也可以不受损坏,可以达到“三不坏”。

(4)设置于防撞圈与内钢围之间的力传感器测得的力时程曲线如图 7 所示,虽然每个防撞圈到船舶撞击点的距离不同,但却有很好的受力同期性。图 7 表明:外钢围的刚度设计达到了要求,即外钢围在受撞过程中作刚性移动,变形很小。

(5)桥墩受到的最大撞击力略小于船舶受到的最大撞击力。

3.3　实验结果与数值模拟的比较

为了与实验结果进行比较,针对实验条件,采用有限元商用软件 LS-DYNA 进行了数值模拟。模拟三种工况下(如表 1 所示),船舶撞击未装设防撞装置的承台(裸撞,如图 8 所示)和装设柔性防撞装置的承台的撞击力时程曲线,其最大船撞力见表 1 所示。

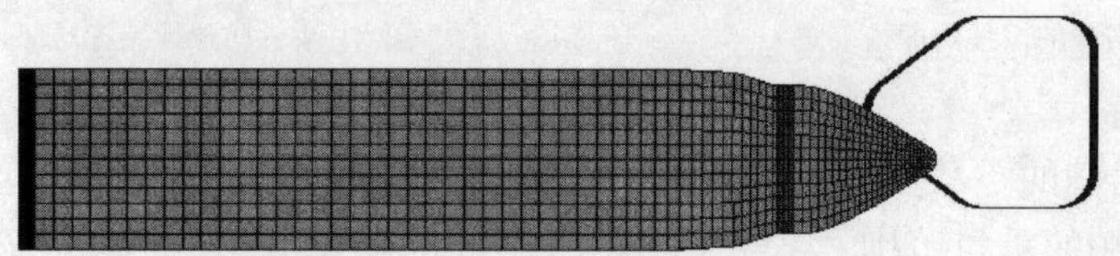
图 8　裸撞有限元模型

数值模拟工况及结果比较　　表 1

船舶重量(t)	船舶航速(m/s)	船舶偏航撞击角(°)	数值模拟最大船撞力(kN)		实测最大船撞力(kN)
			裸撞	柔性防撞装置	柔性防撞装置
250	2.3	26	2 700	800	650
250	3.0	0	1 600	750	650
400	3.5	0	2 300	1 100	1 000

实验实测的船撞力时程曲线与数值模拟结果的比较见图 9～图 11。

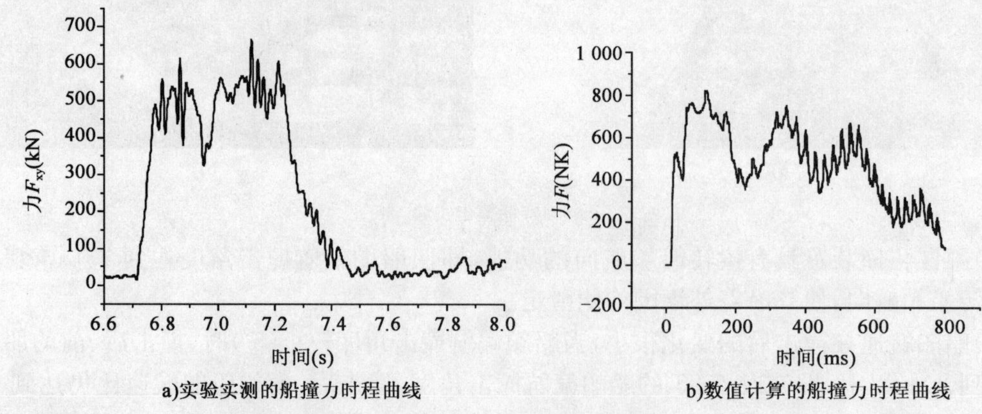

a)实验实测的船撞力时程曲线　　b)数值计算的船撞力时程曲线

图 9　船重 250t,航速 2.3m/s,船舶偏航撞击角 26°

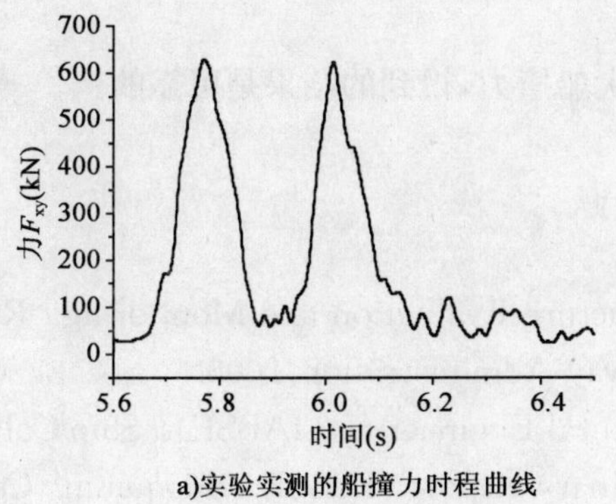

a)实验实测的船撞力时程曲线

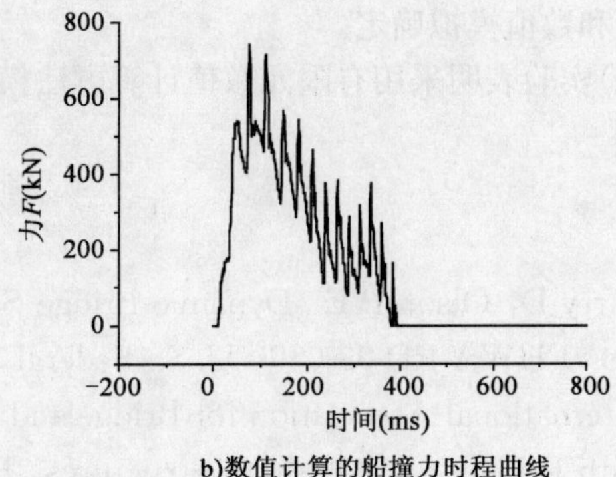

b)数值计算的船撞力时程曲线

图 10 船重 250t,航速 3m/s,船舶偏航撞击角 0°

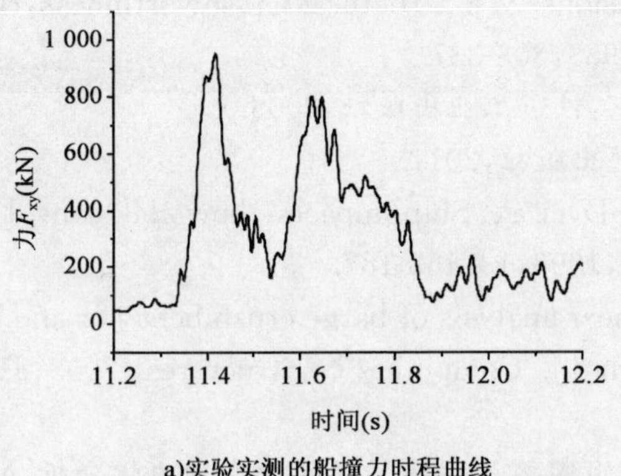

a)实验实测的船撞力时程曲线

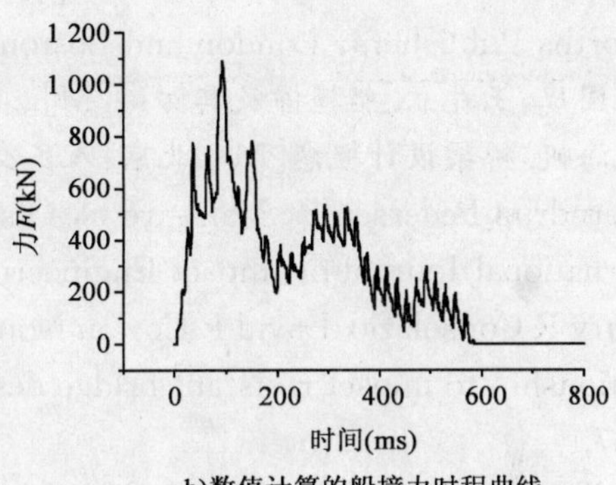

b)数值计算的船撞力时程曲线

图 11 船重 400t,航速 3.5m/s,船舶偏航撞击角 0°

上述的比较可见,数值计算得到的最大船撞力与实验测量值基本一致,两者得到的碰撞历时也基本相同。因此,对最大船撞力的数值模拟结果是可靠的。表 1 表明,柔性防撞装置可以大幅降低船舶对桥墩的撞击力(降低 50%以上)。

但两者的船撞力时程曲线的形貌有所偏差。如下因素可能造成这种偏差:

(1)水流的影响:在有限元模型中,水流的影响是以附连水质量的形式体现,这可能在船舶具有角速度变化的运动时,产生一定的误差。

(2)实际的船首钢板质量的影响:在有限元模型中,使用的船首钢板的材料参数是刚出产的钢板材料参数,然而实际的船首钢板已经受到海水相当严重的腐蚀,即实际的船首的刚度和强度要比有限元模型中的弱,这也是导致数值模拟的船撞力均略大于实验测量值(表 1)的一个原因。

4 结语

经过有限元数值分析和实船撞击实验研究,得到如下结论:

(1)新型柔性防撞装置能够起到缓冲、拨转船舶航向的作用,船舶具有的大部分动能在碰撞过程中没有参加能量交换,仍以动能的形式保留在船舶上,大幅降低了船舶对桥墩的撞击力(降低 50%以上)。

(2)柔性防撞装置不仅可以保护桥梁(包括桥墩承台),而且可以保护船舶,同时装置本身也可以不受损坏,可以达到"三不坏"。

(3)柔性防撞装置的关键设计参量(外钢围刚度、迎撞角和防撞圈的组构设计)可以通过理论分析和数值模拟确定。

(4)实验表明采用有限元数值计算方法模拟最大船撞力,得到的结果是可靠的。

参 考 文 献

[1] Larry D, Olson P E. Dynamic Bridge Substructure Evaluation and Monitoring. Report No. FHWA-RD-03-089, U. S. Federal Highway Administration, 2005.

[2] International Association for Bridge and Structural Engineering (IABSE). Ship Collision with Bridges and Offshore Structures, Preliminary Report, IABSE Colloquium. Copenhagen, Denmark, 1983.

[3] Jones N. Structural Aspects of Ship Collisions[M]. Structural Crashworthiness, Butterworths Publishers, London and Boston, 1983:308-337.

[4] 陈国虞,王礼立.船撞桥及其防御[M].北京:铁道工业出版社,2006.

[5] 项海帆.桥梁设计概念[M].北京:人民交通出版社,2011.

[6] Terndrup Pedersen P, Valsgård S, Olsen D, et al. Ship impacts: bow collisions[J]. International Journal of Impact Engineering, 1993, 13:163-187.

[7] Gary R Consolazio, David R Cowan Nonlinear analysis of barge crush behavior and its relationship to impact resistant bridge design[J]. Computers & Structures, 2003, 81:547-557.

[8] 王礼立,张忠伟,黄德进,等.船撞桥的钢丝绳圈柔性防撞装置的冲击动力学分析[M].洪友士.应用力学进展—祝贺郑哲敏先生八十华诞.北京:科学出版社,2004.

[9] Lili Wang, Liming Yang, Dejin Huang, et al. An impact dynamics analysis on a new crashworthy device against ship-bridge collision[J]. International Journal of Impact Engineering, 2008, 35:895-904.

[10] Gary R. Consolazio Barge impact testing of the st. george island causeway bridge[R]. 2004.

[11] 杨峰,杨黎明.桥墩柔性防撞装置的静力学模型研究[J].固体力学学报,2011(32).

136. 大风、干旱、大温差地区高性能混凝土养护工艺

黄　峰

（中铁大桥局集团第六工程有限公司）

摘　要：高性能混凝土以耐久性为设计的主要指标，但作为混凝土，裂纹始终是令人困扰的一个现实问题。裂纹的产生将直接导致混凝土结构耐久性严重降低，使其无法满足设计使用期限。本文介绍了新建铁路兰州至乌鲁木齐第二双线（新疆段）乌鲁木齐河特大桥在大风、干旱、大温差的恶劣气候条件下高性能混凝土工程施工中，通过正确应用新型混凝土节水保湿养护膜及保温材料双层包裹封闭养护工艺，有效预防了混凝土表面干燥收缩裂纹及温差裂纹的产生，为同类工程提供参考。

关键词：大温差气候　高性能混凝土　养护工艺　裂纹防控

1　工程概况

新建铁路兰州至乌鲁木齐第二双线（新疆段）乌鲁木齐河特大桥桥址位于乌鲁木齐河冲洪积平原地带，桥址区属大陆性中温带干旱气候区，夏季酷热，冬季严寒，春、秋季多风，气候干燥、昼夜温差变化大是主要气候特征。年平均气温 6.9℃，最热月平均气温 24.1℃，最冷月平均气温－12.7℃，最大月平均日较温差 20.8℃，极端最高气温 42.1℃，极端最低气温－41.5℃；年平均降水量 271.4mm；年平均蒸发量 2 164.2mm，年最大蒸发量 2 663.4mm；平均相对湿度 58%，最小相对湿度为 0；平均风速 2.4m/s，主导风向 NW，土壤最大冻结深度 162cm。该桥下部结构设计为圆端形空心墩及实体墩，C40 高性能混凝土，水胶比 0.36，桥墩不安排冬季施工。

在大风、干旱、大温差的恶劣气候条件下，对高性能混凝土浇筑后的养护方法要求较高。如不采用合理、有效的养护方式对混凝土进行养护，势必会导致混凝土内部水分大量向外散失，影响水泥和胶凝材料的水化，使混凝土强度增长缓慢。另外，由于大量的水分散失，会导致较大的干燥收缩，在混凝土表面产生大量的干缩裂缝。裂缝的产生将导致混凝土结构抗冻性、抗渗性、抗化学腐蚀性以及抗风蚀性等耐久性严重降低，使混凝土结构无法满足设计的 100 年使用期限。

传统的养护方式一般为塑料布或土工布包裹洒水养护，但因当地缺水很难实施，且无法解决昼夜大温差问题。为此，现场采取了在拆模后的混凝土表面先包裹一层新型混凝土节水保

湿养护膜，然后再包裹一层保温膜的混凝土双层包裹封闭养护方法。

2　养护施工方案

2.1　养护材料的选择

1)保湿养护膜

选用立面双层养护膜，如图1所示，其质量必须符合建设部行业标准《混凝土节水保湿养护膜》(JG/T 188—2010)的要求，具体性能指标规定见表1。

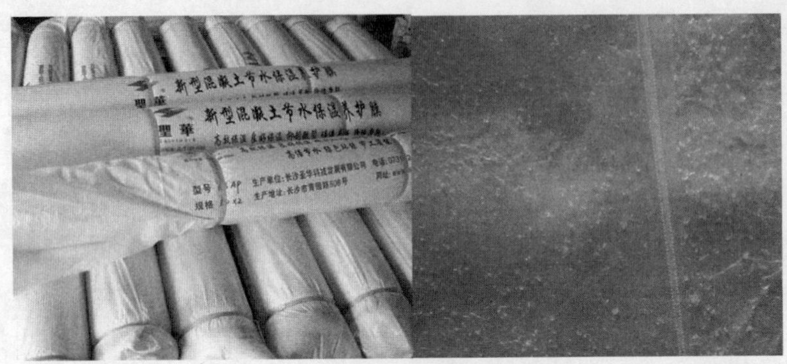

图1　保湿养护膜实物图

双层养护膜性能指标　　表1

项　目	指标要求	项　目		指标要求
3d有效保水率(%)	≥95	混凝土抗压强度比(%)	3d	≥95
一次性保水时间(d)	≥7		7d	≥95
单位面积吸蒸馏水量(kg/m²)	≥0.5	混凝土抗折强度比(%)	3d	≥95
拉伸强度(MPa)	≥12		7d	≥95
直角撕裂强度(kN/m)	≥50	混凝土磨耗量(kg/m²)		≤2.0
保温性能(℃)	≥4			

2)保温膜

采用内层为复合土工布、外层为黑色高密度聚乙烯膜的一布一膜定制产品，如图2所示，其产品质量必须符合国家标准《土工合成材料 聚乙烯土工膜》(GB/T 17643—1998)的要求。保温膜要求导热系数小于0.034W/m·K，真空吸水率小于10%。

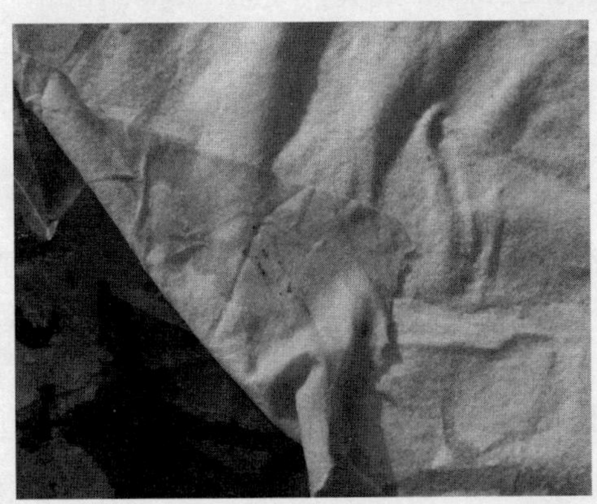

图2　保温膜实物图

2.2　混凝土施工相关工艺要求

1)混凝土的浇筑

浇筑时除了要遵守相关的施工规范外，还要合理安排浇筑时间，以避免在最高气温和最低气温时浇筑混凝土。夏季，由于白天气温高、空气干燥，因此应避免在白天气温最高时浇筑混凝土，夜间浇筑混凝土受风和温度的影响相对较小，且可在接近日出时终凝，而此时的相对湿度较高，因而早期干燥和开裂的可能性最小。

2)拆模

混凝土的拆模时间除需考虑拆模时的混凝土强度应满足规范要求外,还应考虑拆模时混凝土的温度不能过高(由水泥水化热引起),以免混凝土接触空气时降温过快而开裂,更不能在此时浇凉水养护。当混凝土强度满足拆模要求,混凝土拆模时,心部混凝土与表层混凝土之间的温差、表层混凝土与环境之间的温差均不得大于15℃。现场有条件的应尽量延长拆模时间为宜。

拆模工作要快速有效,尽量缩短未包裹养护混凝土的裸露时间,并且不得影响或中断混凝土的养护工作。

2.3 养护施工工艺

拆模时,应采取逐段拆模、边拆边包裹的拆模工艺,防止混凝土在拆模过程中开裂。

1)作业前准备工作

材料准备:保湿养护膜、保温膜、透明胶带、泡沫双面胶带若干;

工具准备:金刚磨盘角磨机1台、抹布及水管路等;

人员准备:4~6名工人;

操作平台准备等。

2)铺设保湿养护膜

(1)贴泡沫双面胶带:将需要养护的混凝土立面上的赃物去除干净,间隔约1m均匀贴泡沫双面胶带。

(2)贴膜:横向铺贴,一边铺贴养护膜,一边揭去泡沫双面胶带的隔离纸,使养护膜借助双面胶粘贴在混凝土表面。

(3)浇水:每铺贴一圈养护膜,从搭接口处往立面浇一次水,使养护膜内的高分子材料充分吸水,上下养护膜之间的搭接口保留50mm宽暂不封闭,避免水分子从上至下积压在封闭的搭接口处,使养护膜无法承重造成脱落。

(4)检查吸水状态:养护膜内的高分子材料吸水膨胀后,厚度达3~5mm,说明吸水充足,反之则水分不足,此时可从搭接口处浇水补充,确保养护膜内高分子材料吸水充足。

(5)密封搭接口:待立面完全铺贴完毕后,用透明胶统一将养护膜搭接口密封处理。

(6)如养护膜内空气过多,可将养护膜划开一道小口排气后再用透明胶带封闭即可。

(7)必须确保养护膜紧贴立面,不得造成空鼓,以免影响养护效果。

(8)如发现养护膜破裂或破洞,应及时用透明胶带封闭严实。

3)包裹保温膜

(1)在桥墩周边分别站位足够数量的操作工人,横向铺贴,边放卷边收紧,将保温膜缠紧桥墩表面后再用加绳箍紧固牢靠,绳箍上下层高控制在2m左右即可。

(2)保温膜竖、横向搭接宽度均不得小于20cm,保温膜搭接处先用专用胶粘贴,然后用宽胶带密封并固定,包裹保温膜的工作宜在半小时内完成。

(3)密封搭接口:待保温膜完全铺设完毕后,用透明胶统一将保温膜搭接口密封处理。

(4)如发现保温膜破裂或破洞,应及时用透明胶带封闭严实。

(5)日常加强巡视检查,发现被大风吹开的必须立即恢复包裹。

4)养护期限

严格按《铁路混凝土工程施工质量验收标准》(TB 10424—2010)的规定要求执行,具体见表2。

混凝土保温保湿养护的最低期限 表2

<table>
<tr><th>水 胶 比</th><th>大气极端干燥(RH＜20%)
日平均气温 T(℃)</th><th>大风、大温差养护时间(d)</th></tr>
<tr><td rowspan="3">≤0.45</td><td>5≤T＜10</td><td>45</td></tr>
<tr><td>10≤T＜20</td><td>35</td></tr>
<tr><td>T≥20</td><td>28</td></tr>
</table>

图3 养护膜保湿效果

3 养护效果

(1)采用混凝土节水保湿养护膜养护墩身混凝土,只需在铺贴养护膜时一次浇足水,养护期间混凝土表面总能保持湿润,较传统养护材料节约了大量的养护用水、人工和机械台班,综合成本明显降低。养护膜保湿效果非常好,有效减少了混凝土表面干燥收缩裂纹的产生,见图3。

(2)采用一布一膜土工复合材料作为外裹保温膜,与养护膜共同作用,有效控制住了墩身表层混凝土与环境的最大温差均未超过15℃,预防了混凝土表面温差裂纹的产生,见表3、图4、图5。

部分桥墩混凝土测温数据统计表 表3

<table>
<tr><th rowspan="3">序号</th><th rowspan="3">墩 号</th><th rowspan="3">浇筑时间</th><th rowspan="3">拆模时间</th><th colspan="3" rowspan="2">环境温度(℃)</th><th colspan="4">实测数据(℃)</th><th rowspan="3">最大温差(℃)</th></tr>
<tr><th colspan="2">混凝土表面温度</th><th colspan="2">膜内温度</th></tr>
<tr><th>白天</th><th>夜间</th><th>温差</th><th>白天</th><th>夜间</th><th>白天</th><th>夜间</th></tr>
<tr><td>1</td><td>35号墩</td><td>2011/5/4</td><td>2011/5/11</td><td>19</td><td>8</td><td>11</td><td>23</td><td>24</td><td>25</td><td>13</td><td>11</td></tr>
<tr><td>2</td><td>36号墩</td><td>2011/6/10</td><td>2011/6/13</td><td>29</td><td>19</td><td>10</td><td>30</td><td>32</td><td>36</td><td>25</td><td>7</td></tr>
<tr><td>3</td><td>44号墩</td><td>2011/7/10</td><td>2011/7/13</td><td>38</td><td>25</td><td>13</td><td>38</td><td>39</td><td>42</td><td>30</td><td>9</td></tr>
<tr><td>4</td><td>39号墩</td><td>2011/8/19</td><td>2011/8/23</td><td>27</td><td>15</td><td>12</td><td>29</td><td>31</td><td>34</td><td>20</td><td>11</td></tr>
<tr><td>5</td><td>12号墩</td><td>2011/9/14</td><td>2011/9/18</td><td>21</td><td>11</td><td>10</td><td>24</td><td>26</td><td>27</td><td>16</td><td>10</td></tr>
</table>

图4 包裹养护的墩身图

图5 养护后的墩身外观

4 结语

采用混凝土节水保湿养护膜，解决了传统养护方式易受人为因素影响形成浇水不均匀、反复干湿循环、保湿养护时间不够等养护质量缺陷；同时采用一布一膜土工材料作为外裹保温膜，解决了混凝土内外温差控制问题，为大风、干旱、大温差的特殊恶劣气候条件下高性能混凝土养护总结出一套可行施工工艺。该工艺较传统养护工艺具有高倍节水、持久保湿、有效保温、有效抑制微裂纹及节约成本等优势，并能有效预防混凝土表面干燥收缩裂纹及温差裂纹的产生，其成功经验为同类工程提供参考。

参考文献

[1] 建设部. JG/T 188—2010 混凝土节水保湿养护膜[S]. 北京：中国标准出版社，2010.

[2] 建设部. GB/T 17643—1998 土工合成材料 聚乙烯土工膜[S]. 北京：中国标准出版社，2010.

[3] 铁道部. TB 10424—2010 铁路混凝土工程施工质量验收标准[S]. 北京：中国铁道出版社，2011.

[4] 黄婕，杨小红. 新型混凝土节水保湿养护膜养生效果的研究[J]. 工程建设与设计，2004(5).

137. 高速铁路桥梁支座概述

臧晓秋　石秋君　佟嘉明　李学斌

（中国铁道科学研究院）

摘　要：我国高速铁路60%以上正线采取了高架方式建设，对桥梁支座的需求量逐年增加。作为桥梁工程上、下部结构的连接、传力部件，桥梁支座的优、劣直接影响桥梁的整体性能，因此高速铁路工程对桥梁支座产品的安全性、耐久性、承载能力、环境适应性等方面都提出了更高的要求。为了适应市场需要，高铁工程对桥梁支座的设计、生产、检验实施了系统管理。本文介绍了用量最多的盆式橡胶支座和球型钢支座的结构设计、性能指标、材料选择、关键点控制、检验验收及施工安装等内容。

关键词：高速铁路　桥梁支座　结构形式　设计生产　检验施工

1　前言

随着我国铁路建设步伐的加快，桥梁结构在线下工程中所占比例也不断增加，其中多条高速铁路60%以上正线采取了高架方式建设，对桥梁支座的需求量逐年增加。作为桥梁工程上、下部结构的连接、传力部件，桥梁支座的优、劣直接影响桥梁的整体性能。因此，在我国铁路建设力度、覆盖区域加大的同时，对支座产品的安全性、耐久性、承载能力、环境适应性等方面都提出了更高的要求。目前，我国高速铁路使用的桥梁支座主要有盆式橡胶支座和球型钢支座两种，按其使用功能可分为固定支座、单向活动支座和多向活动支座。所有支座类型都可承受竖向荷载，并具有转动功能。除此以外，固定支座可承受各向水平荷载，但不发生水平位移；单向活动支座可承受限位方向的水平荷载，可适应非限位方向的水平位移；多向活动支座可适应各向水平位移。盆式橡胶支座和球型钢支座具有结构紧凑、技术成熟、传力可靠的特点，可适应梁体旁弯、横向转动及横向位移，对梁体不产生附加约束，转动和滑动灵活，优点较为突出，应用最为广泛。

2　高速铁路桥梁支座的结构形式

盆式橡胶支座于20世纪50年代研制成功，并于1975年引入我国。盆式橡胶支座通常由上支座板（含不锈钢板）、平面滑板、黄铜紧箍圈、中间钢衬板、承压橡胶板、橡胶密封圈、下支座板、锚栓等主要部件组成，其中承压橡胶板是盆式橡胶支座的核心部件，起着承载、传力、转动的作用，支座的结构构造见图1。

球型钢支座是20世纪70年代在盆式橡胶支座基础上研制成功的一种新型桥梁支座，并于1988年引入我国。球型钢支座通常由上支座板、平面滑板、球冠衬板、球面滑板、下支座板、密封装置、锚栓等部件组成，其中球冠衬板是球型钢支座的核心部件，起着承载、传力、转动的作用，支座的结构构造见图2。

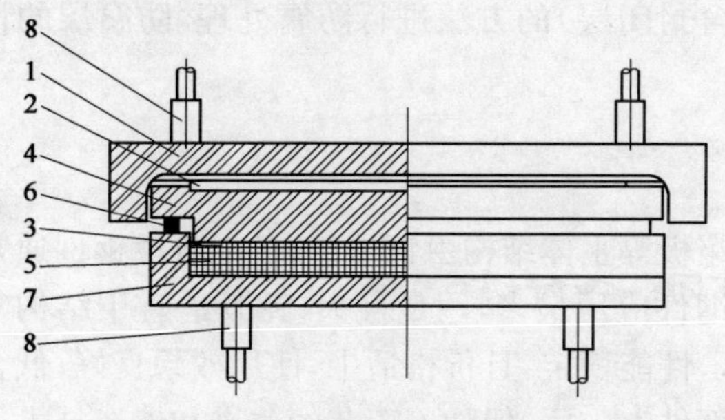

图1　盆式橡胶支座结构构造图

1-上支座板；2-滑板；3-黄铜紧箍圈；4-中间钢衬板；5-承压橡胶板；6-橡胶密封圈；7-下支座板；8-锚栓

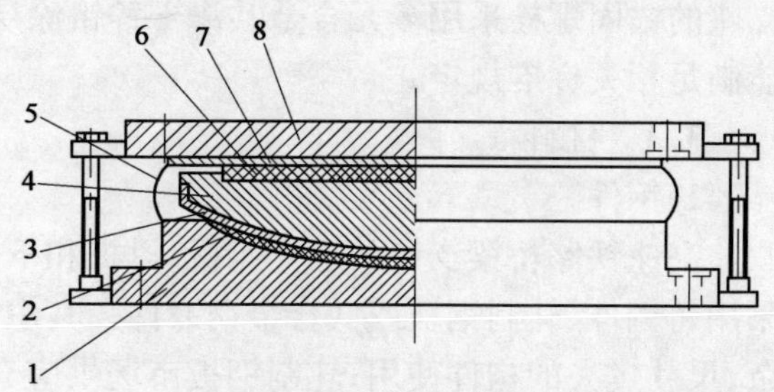

图2　球型钢支座结构构造图

1-下支座板；2-球面滑板；3-球面不锈钢滑板；4-球冠衬板；5-密封装置；6-平面滑板；7-平面不锈钢滑板；8-上支座板

3　高速铁路桥梁支座的设计

3.1　参考标准

我国现行的铁路桥梁支座专用设计规范较少，仅在《铁路桥涵钢筋混凝土和预应力混凝土结构设计规范》(TB 10002.3)中有关盆式橡胶支座橡胶承压板、盆环拉应力及盆环接触应力的计算要求，在《铁路桥梁钢结构设计规范》(TB 10002.2)、《铁路桥涵设计基本规范》(TB 10002.1)中有材料的性能要求，但缺乏系统性、全面性。因此设计人员在依据我国标准进行支座产品设计的同时，通常采用欧洲标准"EN1337:Structural bearings"的相关部分进行部件检算，确保了高速铁路桥梁支座的安全性，提高了产品的设计水平，实现与国外同类产品接轨。

3.2　一般规定

根据桥梁的支点反力、梁端转角、梁端位移等参数进行高速铁路桥梁支座的结构设计，其设计荷载与支点反力的偏差不宜超过±10%，设计转角和位移不小于梁端转角和梁端位移，其中设计转角还应大于等于0.02rad。支座的主要受力构件设计使用年限与桥梁的使用寿命相同。高速铁路桥梁支座可适应的环境温度范围为−40℃～+60℃，在竖向设计荷载作用下，支座滑动摩擦系数$\mu \leqslant 0.03$(−25℃～+60℃)或$\mu \leqslant 0.05$(−40℃～−25℃)。力学性能方面，盆式橡胶支座在设计荷载作用下竖向压缩变形不得大于支座总高度的2%，球型钢支座竖向压缩变形不得大于支座总高度的1%，且球型钢支座的实测转动力矩应小于设计转动力矩。高速铁路桥梁支座的设计水平力通常由地震力控制，对于常用跨度简支梁和连续梁，当地震动峰值加速度不大于0.2g时采用常规型支座结构，通过扩大受力截面、增加刚度的措施提高支座的承载能力。当地震动峰值加速度大于0.2g时，通常采用减隔震型桥梁支座改善桥梁的受力状态，通过在常规型支座上增加阻尼器或高阻尼弹性体等措施使地震力在各个桥墩中重新分布，从而降低墩、台的震害。

为适应局部地区基础的不均匀沉降，保证线路的平顺性，高速铁路桥梁支座预设一定调高量，一般情况下预设调高量不低于20mm，特殊情况下不低于40mm。支座的调高方式采用加垫钢板调高或填充调高，当调高量较大时可同时采用两种调高方式，但总调高量不大于60mm。对有纵坡的线路，支座具有适应一定线路坡度的能力，当线路坡度 $i\leqslant 4‰$时，支座可通过自身的转动适应线路的坡度；当线路坡度 $4‰<i\leqslant 20‰$时，在支座的上支座板预设相应的坡度；当线路坡度 $i>20‰$时，采用梁底楔块调整线路坡度。高速铁路桥梁支座的钢部件需按照铁道行业标准《铁路钢桥保护涂装》(TB/T 1527)的第6套涂装防护体系进行防腐涂装，支座的锚固螺栓采用多元合金共渗＋锌铬涂层(含封闭层)的方法进行防腐处理，防腐层的性能满足相关标准规定。

3.3 材料

1)钢件

高速铁路桥梁支座的上支座板、衬板和下支座板等主体结构由钢件组成，现阶段钢件通常采用铸钢件、轧制钢板或低合金钢锻件。其中铸钢件应用最多，用量最大，尤其适宜于结构复杂、尺寸过大的构件使用；轧制钢板市场供应充足，性能稳定，且价格适中，使用效果良好；低合金钢锻件成本较高，仅在特殊设计的支座或关键部件上应用，但随着工艺的改进和锻造技术的发展，其性价比将逐渐提高。

采用铸钢件时逐炉检查化学成分，并对随炉试棒进行机械性能(含冲击韧性)检验，检验结果应符合国标《一般工程用铸造碳钢件》(GB/T 11352)的规定，并按照《铸钢件　超声检测　第1部分：一般用途铸钢件》(GB/T 7233)对铸钢件进行逐件探伤检查，保证铸件的质量满足设计要求。采用轧制钢板或低合金钢锻件时，钢板或锻件的化学成分和机械性能应满足相关标准的规定。锻件还应满足一定的锻造比，一般情况下锻造比不小于2.5，锻造成形后的部件需预留合理的加工余量。锻件和铸件都需进行热处理，并严格控制热处理温度。应用于沿海地区或低温地区的桥梁支座，钢件选用耐腐蚀材料或耐低温材料，并进行特殊环境下的试验检验，确保材料符合使用要求。

2)橡胶

盆式橡胶支座常用的胶种为氯丁橡胶、天然橡胶和三元乙丙橡胶，其中氯丁橡胶用于常温型支座，三元乙丙橡胶用于低温型支座，天然橡胶既适用于常温也适用于低温地区。橡胶部件是盆式橡胶支座的薄弱环节，胶料的质量、加工工艺、使用温度范围、列车疲劳荷载作用等因素都会影响其寿命。而我国目前在胶料的质量控制、配制方法、硫化工艺等方面与国外先进水平仍存在一定的差距，同时生产商的管理水平普遍较低，产品质量不稳定。为了提高胶料的质量，高速铁路建设项目对盆式橡胶支座实施了产品认证制度，建立起支座产品的合格供应商体系，并派驻用方代表进厂进行产品监制。上述措施加强了生产厂对原材料的检验力度，提高了生产水平和管理水平，促进了密炼技术和自动控制技术在炼胶和硫化过程的应用，完善了试验室检测仪器配置，培养了专业的检测人员，从根本上提高了橡胶部件的质量，从而保证盆式橡胶支座的整体性能，满足设计寿命期内的正常使用。

3)滑板

现阶段，高铁桥梁支座中常用的滑板材料有聚四氟乙烯板和改性超高分子量聚乙烯板。其中聚四氟乙烯板在我国应用最早、用量最大，由聚四氟乙烯板与不锈钢板组成的摩擦副是最常用的一种滑动摩擦副，也是欧洲标准“EN1337：Structural bearings”推荐的一种滑动摩擦副，具有板材国产化率高(达到99%以上)、性能稳定、技术成熟、价格适中的特点，得到了工程人员的广泛认可，已应用于多条高铁项目的桥梁支座产品中。改性超高分子量聚乙烯板是新兴的一种滑板材料，在德国、意大利等国的支座产品中最先出现，并于2005年引入我国铁路行业，应用于京沪高铁南京大胜关长江大桥球型钢支座。与聚四氟乙烯相比，改性超高分子量聚乙烯的设计容许应力高，而摩擦系数同聚四氟乙烯相近，用其做滑板的支座平面尺寸相对较小，重量较轻，尤其适用于设计承载力高的大跨度桥梁支座设计。与几年前相比，我国自主研发的改性超高分子量聚乙烯材料发展很快，板材国产化率得到很大提高，随着应用的增多和科研投入的加大，生产工艺日益成熟，稳定性不断提升，物理机械性能基本达到进口板材的水平。为了严格控制滑板的质量，科研人员对滑板的性能进行了大量的试验研究，包括50km长距离磨耗试验，并在此基础上对滑板物理机械性能及磨耗性能提出了详细的规定，见表1、表2，从而统一了板材的性能指标，规范了材料市场。

滑板的物理机械性能 表1

项　目	聚四氟乙烯板	改性超高分子量聚乙烯板
密度(g/cm^3)	2.14～2.20	0.93～0.98
拉伸强度(MPa)	≥30	≥30
断裂标称应变(%)	≥300	≥250
球压痕硬度 H132/60[(1)](MPa)	23.0～33.0	26.4～39.6

注：球压痕硬度中 H132/60 为荷载 132N、持荷 60s。

滑板的摩擦和磨耗性能 表2

<table>
<tr><th rowspan="3">项　目</th><th colspan="4">聚四氟乙烯板</th><th colspan="4">改性超高分子量聚乙烯板</th></tr>
<tr><th rowspan="2">技术指标</th><th colspan="3">试验条件</th><th rowspan="2">技术指标</th><th colspan="3">试验条件</th></tr>
<tr><th>试验温度(℃)</th><th>平均压应力(MPa)</th><th>相对滑动速度(mm/s)</th><th>试验温度(℃)</th><th>平均压应力(MPa)</th><th>相对滑动速度(mm/s)</th></tr>
<tr><td>初始静摩擦系数 μ_{st}</td><td>≤0.012</td><td rowspan="2">23±5</td><td rowspan="2">30</td><td rowspan="2">8</td><td>≤0.008</td><td rowspan="2">21±1</td><td rowspan="2">45</td><td rowspan="2">15</td></tr>
<tr><td>线磨耗率(μ_m/k_m)</td><td>≤15</td><td>≤5</td></tr>
</table>

4　高速铁路桥梁支座工艺控制

4.1　球面加工及检测

球型钢支座的球冠衬板凸球面及下支座板凹球面均需采用数控车削加工，加工前根据球面尺寸进行编程，并设置好参考坐标和刀具补偿量等参数。在进行球冠衬板的球面加工时，采用专用夹具进行夹持、定位和翻转，以保证球面尺寸、面轮廓度、表面粗糙度等符合设计要求。加工前要准备好经过计量标定的数控切割球面样板和球面三角量规，球面加工过程中应采用球面样板检查球半径是否吻合，加工后采用球面三角量规或三坐标仪进行球面度验收检测，见图3。

4.2　平面不锈钢滑板组焊

进行盆式橡胶支座和球型钢支座平面不锈钢滑板与上支座板组焊时，需采用专用夹具保证不锈钢滑板的定位与夹紧，并使不锈钢滑板与上支座板贴合紧密。采用氩弧焊进行不锈钢板与上支座板的焊接，焊接时严格执行焊接工艺，随时检查焊缝质量和不锈钢贴覆情况，保证焊缝牢固、光滑、平整、连续，无裂纹、夹渣、未熔合和未填满弧坑及母材烧伤等现象，焊缝高度满足设计要求，并确保不锈钢板的平面度要求。

图 3　球面度验收检验

4.3　球面滑板成形

球型钢支座的球面滑板采用整板或分块板镶嵌于下支座板凹槽中，其成形工艺十分重要。球面滑板成形可采用反变形法或低温法，成形前应根据所采用的成形方法准备好相应工装及模具，先对滑板进行预成形，使其能够直接放入下支座板球面凹槽，然后在压力机上对球面滑板进行加压定型，以保证滑板成形质量。

4.4　镀铬层厚度

球型钢支座球冠衬板的球面可采用电镀硬铬进行防腐处理，同时起到降低摩擦系数的作用。镀铬层的厚度应大于 100μm，且厚度均匀，表面粗糙度不宜低于 $Ra3.2$。为了保证镀层厚度及质量，镀铬前应提高球冠板基层的光洁度，并采用专门设计的镀槽以适应球面的结构形式，同时合理调整阳极的布置及球冠板的配重，电镀结束后采用漆膜测厚仪等专业仪器检测镀层的厚度和均匀性，保证镀层厚度及表面粗糙度均满足设计要求。

4.5　球面不锈钢滑板成型及焊接

球型钢支座球冠衬板的球面也可采用球面不锈钢板包覆进行防腐处理，同时提高支座的耐磨耗性能。球面不锈钢板的成型时，根据力学原理和扳金理论设计成型模具，不锈钢板在液压试验机压力作用下通过成型模具一次成型，并在保压条件下采用氩弧焊对球面不锈钢滑板与球冠衬板进行封焊固定，并对焊缝进行打磨处理，同时根据设计要求对焊缝进行质量检验。

5　高速铁路桥梁支座的检验

为了提高高速铁路桥梁支座的生产质量，达到性能稳定、安全可靠的目的，铁道部相关部门在现行桥梁支座国家标准的基础上、针对高速铁路的特殊要求制定了行业标准，如《客运专线桥梁盆式橡胶支座暂行技术条件》、《客运专线盆式橡胶支座暂行技术条件补充规定》和《铁路简支梁桥球型钢支座暂行技术条件》等规范性文件，完善了标准内容、细化了条文规定、提高了验收指标，更好的规范了高速铁路桥梁支座产品市场。依据标准要求，高速铁路桥梁支座的检验分原材料进厂检验、产品出厂检验和型式检验三类。原材料进厂检验是支座加工用的原材料进厂时所进行的验收检验；出厂检验是支座生产厂在每批产品交货前进行的验收检验；形式检验是一种强制检验，在新产品定型生产前，或桥梁支座的结构、材料、工艺等有重大改变，可能影响产品性能时，及正常生产每两年时都应进行型式检验。

原材料进厂检验包括材料的化学成分、物理机械性能、外观质量及内在质量检验；出厂检验包括各部件的外形尺寸、防腐涂装，支座整体的组装高度及成品支座力学性能检验等；型式检验项目包含了原材料进厂检验、产品出厂检验的全部项目，并由具有资质的专业检测机构进行。在原材料进厂检验中不合格原材料不允许使用，在出厂检验中不合格的部件必须进行更换。型式检验采用随机抽样的方式进行，抽样对象为原材料进厂检验和出厂检验合格的成品支座，型式检验项目必须全部合格，否则停止生产商的供货资格。

6 高速铁路桥梁支座的安装

高速铁路桥梁支座的安装是保证其发挥正常功能的关键环节，在高速铁路桥梁支座标准与规范中对安装工艺、材料的性能均提出严格要求。高速铁路桥梁支座在安装前需仔细检查支座状态，并确认支承垫石处的混凝土及平整度、四角高差均满足设计要求。高速铁路桥梁支座通常采用重力灌浆法进行安装，灌浆前先安装灌浆模板，模板采用钢模，与支座的相对位置如图 4 所示。支座安装用灌浆料按照经试验确定的固定配比进行拌制，并根据初步计算所需浆体的体积进行备料。灌浆作业时从支座中心部位向四周灌注，直至从模板与支座底板周边缝隙观察到灌浆料为止，灌浆料达到规定强度后拆除模板，灌浆作业结束。高速铁路桥梁支座的安装过程保证了规范、连续，质量一致，体现了标准化作业，因此获得了良好的安装效果。

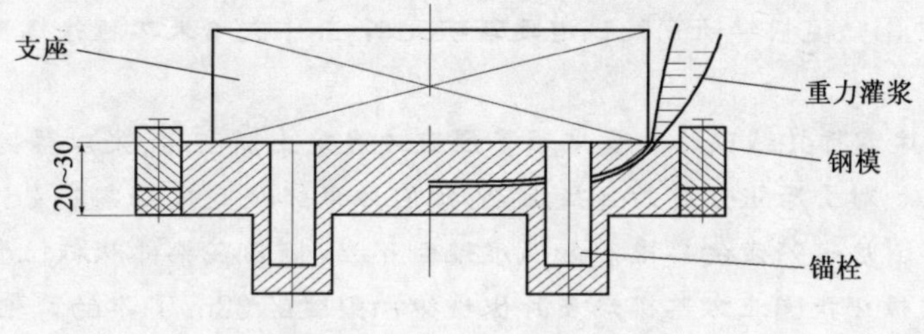

图 4 重力灌浆法(尺寸单位:mm)

7 结语

通过合理的设计、全面的检算、科学的工艺过程及严格的产品检验等措施的实施保证了高速铁路桥梁支座以高质量、高性能、高性价比服务于高铁项目。目前，已开通运营的京沪高铁、京津高铁、武广高铁、沪宁和沪杭高铁均采用了盆式橡胶支座和球型钢支座，在列车运行速度达 350km/h 的运营条件下，高铁支座发挥了良好的作用，得到充分认可。

参考文献

[1] 庄军生. 桥梁支座[M]. 北京：中国铁道出版社，2000.
[2] 中华人民共和国行业标准. TB/T 2331—2004 铁路桥梁盆式橡胶支座[S].
[3] 中华人民共和国行业标准. GB/T 17955—2009 桥梁球型支座[S].

138. 客货共线铁路 32m 简支 T 梁腹板纵向裂缝的影响分析

李学斌[1]　邢明照[2]　杨富民[1]　李东昇[1]　牛　斌[1]

(1. 中国铁道科学研究院铁道建筑研究所;2. 中交哈大工程指挥部)

摘　要:我国新建客货共线铁路大量采用了预应力混凝土简支梁,尤以等跨布置的 32m 简支 T 梁为主要结构形式。对于后张预应力混凝土梁,预应力束终张完成后需在 2d 内进行管道压浆,压浆时对梁体及环境温度有特定的要求。如温度控制不当,极易在梁体腹板位置出现沿预应力管道方向的裂缝。本文根据我国北方某梁场多片出现纵向裂缝的 32m T 梁的试验和计算分析,研究了 T 梁腹板纵向裂缝对梁体结构受力的影响,并提出了梁体裂缝修补施工工艺。

关键词:预应力混凝土 T 梁　冻胀裂缝　受力影响　裂缝修补

1　前言

对于有黏结后张预应力混凝土梁,终张拉后需要将管道压浆料和一定比例的水(水胶比不超过 0.33)混合均匀后,采用真空压浆方式注入预应力管道,起到保护预应力钢筋以及和梁体产生黏结的作用[1]。压入管道内的浆液中含水量约占管道体积的 5%～35%。当冬期压浆或压浆后梁体的保温措施采取不当时,极易使管道内压浆液中的自由水产生结冰、冻胀,从而导致混凝土梁体表面出现开裂,影响结构的质量和耐久性。我国铁路制梁相关技术标准规定:后张预制梁终张拉完成后,应在 48h 内进行管道压浆。压浆时及压浆后 3d 内,梁体及环境温度不得低于 5℃[2]。但由于项目工期进度、现场施工条件、当地气候条件等诸多因素的影响,导致部分预制梁场需要进行冬期施工,增加了梁体出现冻胀裂缝的风险。我国铁路和公路少数预制 T 梁曾出现过沿管道方向的冻胀裂缝问题。

青藏铁路格尔木至拉萨段全线桥梁 676 座,总长度 159.66km,主要为 32 m 后张预应力混凝土简支 T 梁。翻越唐古拉山的线路最高点海拔为 5 072m,全线约有 960km 线路位于海拔 4 000m以上,550km 的线路穿越连续多年冻土区。沿线年平均气温－2～－6℃,极端最高气温 25℃,极端最低气温－45℃。此外,沿线气候干燥,干湿交替频繁,年正负温天数 180d 左右。2004 年检查发现部分 32 m 后张预应力梁存在沿预应力管道方向的纵向裂缝。在所调查的开裂梁体中,2003 年生产的梁占当年调查数量的 9.3%,2002 年生产的梁占当年调查数量的 40%。从梁端到跨中,裂缝的数量和比例逐渐增大。从出现的管道位置统计看,裂缝数量从多到少的顺序依次是 N5→N4→N3→N2→N1,其中绝大多数裂缝出现在 N5 和 N4 管道位置,且寒季生产和压浆的梁开裂比例高于暖季生产和压浆的梁。

河北张家口某公路有 5 座桥,上部结构为 340 片 40m 跨度预应力混凝土简支 T 梁。线路通车前检查发现大约 60%的 T 形梁在腹板预应力管道位置出现纵向裂缝,走向与管道方向一致。裂缝主要出现在梁端附近的第 2 和第 3 个横隔板之间 N3 和 N4 预应力束管道线形附近。裂缝长度约 5m,最大宽度达 1mm,气温较高时会有水从裂缝缝隙处渗出。

2　预应力混凝土试验梁概况

北方某梁场 2009 年共生产 T 梁 108 片,部分 32m T 梁在梁场预制时由于管道压浆后保温措施不当,梁体侧面出现沿预应力管道方向的纵向裂缝。到 2010 年 3 月止,施工单位检查发现共有 48 片 32m T 梁在腹板侧面和下梗肋侧面出现不同程度的纵向裂缝。经详细统计,在已生产的 108 片梁中,2009 年 9 月 15 日前压浆的 42 片梁中有 4 片出现裂缝,占 9.5%;2009 年 9 月 15 日～10 月 30 日期间压浆的 27 片梁中有 20 片出现裂缝,占 74.1%;2009 年 10 月 30 日后压浆的 38 片梁中有 24 片出现裂缝,占 63.2%;2009 年 10 月灌注完成的第 102 号梁,当年冬季内管道未进行压浆,梁体没有出现裂缝。

梁体纵向裂缝主要出现在 N4、N5、N6 预应力束管道位置的两侧面,N2 预应力束管道位置梗肋的斜侧面上。裂缝走向基本都是沿着预应力管道位置,腹板两侧均有。部分横隔板的 3 个侧面也出现连通的水平裂缝,并与腹板裂缝相连通。梁体裂缝宽度基本都在 0.10～0.50mm 之间,最宽裂缝出现在 T 梁内侧横隔板的侧面,宽度为 0.5mm。32m T 梁预应力管道布置如图 1 所示。

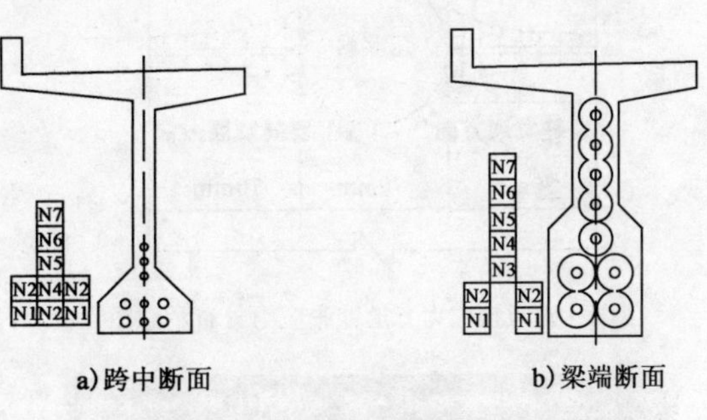

图 1　32mT 梁预应力管道布置图

通过凿开 2 片 T 梁腹板内侧面 N5 管道对应位置观察,管道内有褐色或白色的松散体,且有未凝固的砂浆;管道下部已凝结,但上部较松散。如图 2 和图 3 所示。

图 2　108 号梁管道凿开位置裂缝

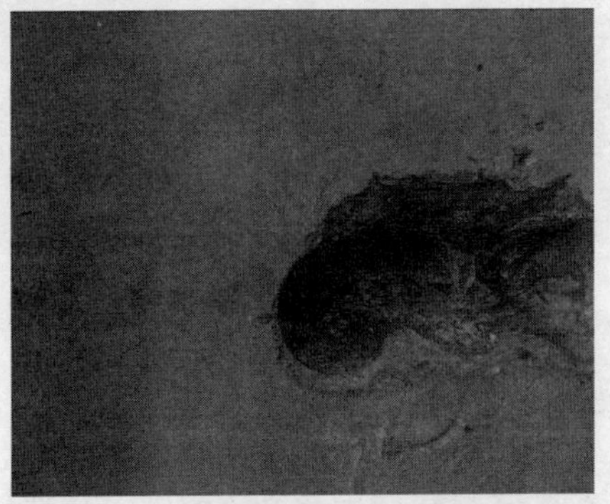

图 3　67 号梁管道凿开位置裂缝

3　纵向裂缝原因分析

预应力管道压浆时或压浆后如梁体保温措施采取不力,当环境温度低于 0℃时,极易造成管道内的压浆液受冻膨胀,使梁体混凝土在与管道垂直方向的薄弱断面上产生较大的拉应力,该拉应力与纵向预压应力因泊松效应产生的拉应力产生叠加[3]，当此拉应力达到了混凝土材料的极限抗拉强度时，该区域混凝土纤维发生断裂，造成管道内壁出现初始裂缝。当拉断的纤维退出工作后，紧靠断裂区的混凝土拉应力激增，从而导致新的混凝土纤维出现断裂，裂缝逐步由管道内壁向混凝土表面扩展，直至最后到达梁体表面。从图 2 和图 3 中 2 处裂缝凿开处的情况可以看出：管道压浆冻胀裂缝一般都是从管道内壁到梁体混凝土表面裂通的。后张预应力 T 梁腹板和梁梗内管道冻胀应力分布示意图见图 4 和图 5 所示。

该梁场地处我国北方寒冷地区，且秋冬季常有大风降温天气。梁场有多片 32m 预制 T 梁在 9 月中下旬到 11 月初的时间段内进行了管道压浆。10 份当地夜间最低气温已到 0℃以下，梁场压浆时采取帆布四周覆盖梁体，棚内生炉子的方式进行保温。但由于夜间当地气温较低，加上常有大风，帆布棚子的密闭性较差，棚内温度很难保证在 0℃以上，从而导致此期间进行管道压浆的梁开裂比较多。当年最后一片梁压浆时已是 11 月上旬，当时当地夜间最低气温已到零下 10℃左右，也是由于保温措施不力，该片梁成为已开裂梁中最为严重的一片，裂缝数量最多，裂缝宽度也最大。裂缝情况如图 6 和图 7 所示。

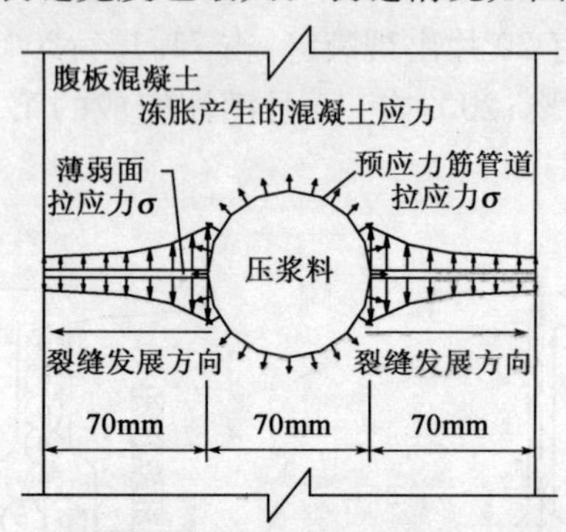

图 4　腹板预应力管道冻胀应力分布示意图

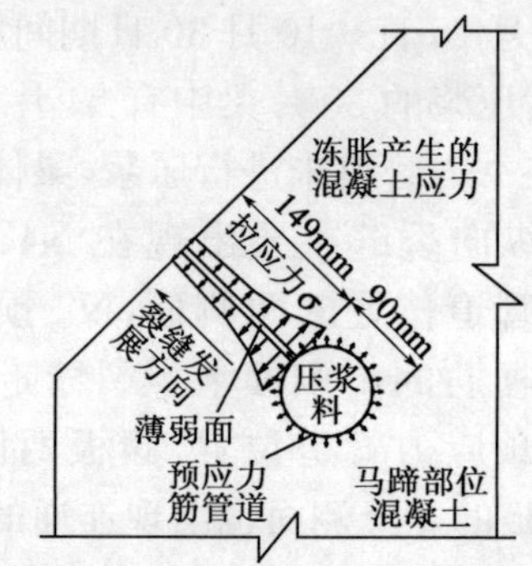

图 5　梁梗预应力管道冻胀应力分布示意图

图 6　腹板侧面纵向裂缝

图 7　梁梗斜面上纵向裂缝

4　试验数据分析

本次试验共选取该梁场 10 片开裂较为严重的 32m T 梁进行了静载试验，其中有 5 片梁是在修补前进行的试验，以检验纵向裂缝对梁体刚度的影响；其他 5 片是在修补完成后进行的试验，检验裂缝修补效果。对开裂最为严重的第 108 号梁在修补后进行了跨中挠度和应力及裂缝处应变的详细测试。

试验梁采用纵向 5 点等效集中荷载加载方式，分 2 个循环进行。第 1 循环加载至 1.0 倍设计荷载，检验梁体刚度；第 2 循环加载至 1.2 倍设计荷载，检验梁体抗裂性。试验梁加载如图 8 和图 9 所示。本文对 32m 试验 T 梁采用实体单元进行了有限元计算分析，计算模型如图 10 所示。

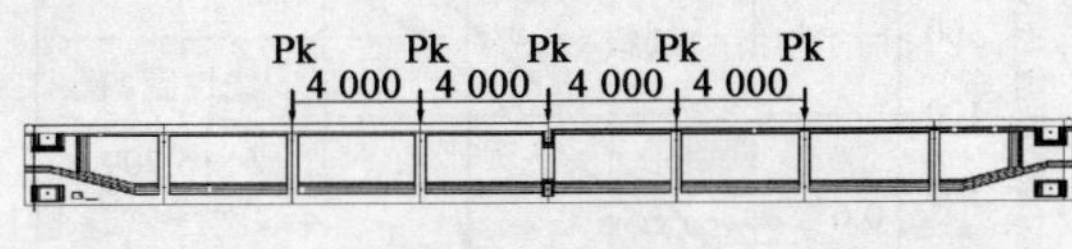

图 8　32m 梁静载弯曲试验加载图式(尺寸单位：mm)

图 9　现场静载试验

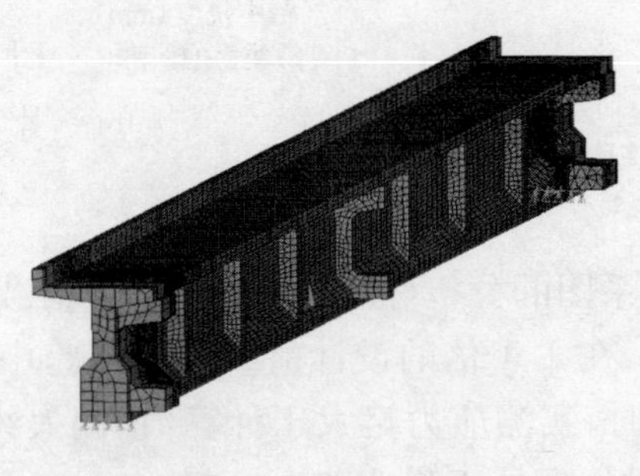

a)整体

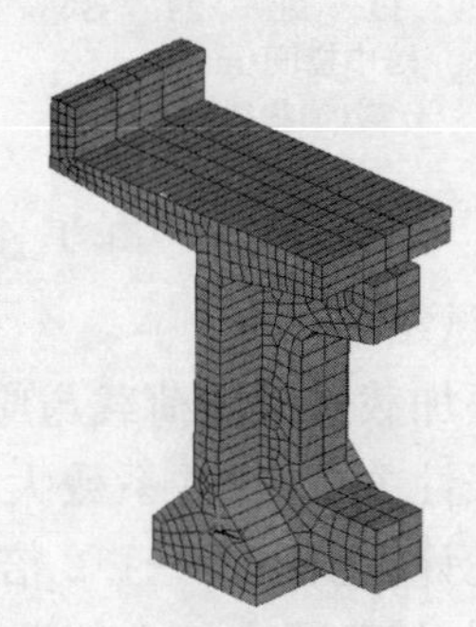

b)跨中局部

图 10　32m T 梁有限元计算模型

4.1　挠度测试结果

根据梁体跨中挠度测试结果(表 1)：各片试验梁第 1、第 2 加载循环实测静活载挠跨比均小于相应设计值(直线梁 1/2 076、曲线梁 1/1 835)，各片试验梁的梁体竖向刚度均满足设计要求。

试验梁实测静活载挠度和挠跨比　　表 1

梁　号	梁型	静载试验时裂缝修补情况	第 1 加载循环		第 2 加载循环		设计挠跨比
			静活载挠度	挠跨比	静活载挠度	挠跨比	
BL32Z-024	直线	未修补	12.80mm	1/2 500	12.73mm	1/2 515	1/2 076
BL32Z-031	直线	未修补	13.27mm	1/2 411	12.06mm	1/2 653	1/2 076
BL32Q-045	曲线	未修补	13.13mm	1/2 438	12.25mm	1/2 612	1/1 835
BL32Z-052	直线	未修补	13.43mm	1/2 383	12.77mm	1/2 506	1/2 076
BL32Z-067	直线	未修补	14.09mm	1/2 272	13.82mm	1/2 315	1/2 076
BL32Z-040	直线	已修补	13.15mm	1/2 433	13.00mm	1/2 462	1/2 076
BL32Z-068	直线	已修补	15.05mm	1/2 126	14.30mm	1/2 237	1/2 076
BL32Q-075	曲线	已修补	17.08mm	1/1 874	15.30mm	1/2 092	1/1 835
BL32Q-076	曲线	已修补	16.23mm	1/1 972	14.38mm	1/2 225	1/1 835
BL32Q-108	曲线	已修补	15.48mm	1/2 067	15.21mm	1/2 104	1/1 835

通过 2 个循环加载过程中荷载挠度变化关系图的分析(图 11)，梁体加载荷载与跨中挠度基本保持线性关系(相关系数均大于 0.999)，且实测挠度值小于有限元理论计算值，说明试验梁在 1.2 倍设计荷载内梁体仍处于弹性工作状态。

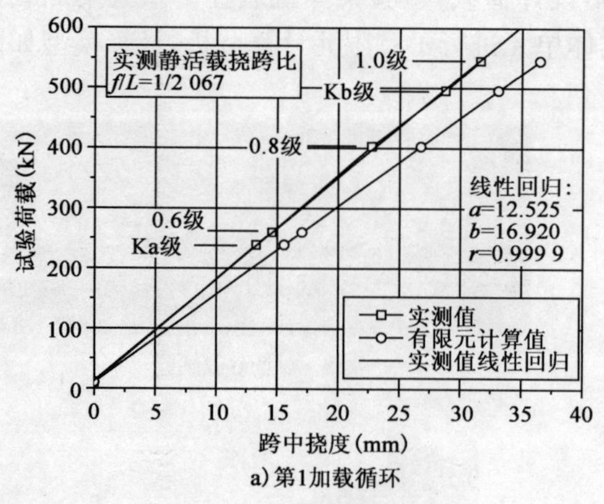

a)第1加载循环

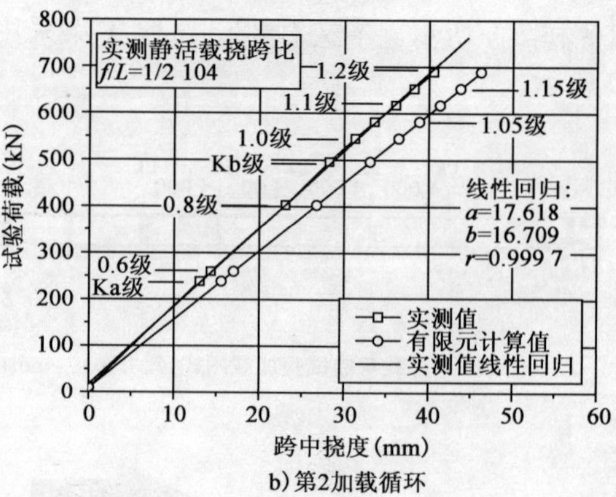

b)第2加载循环

图 11　108 号梁跨中挠度与荷载关系

4.2　应力测试结果

通过 2 个循环加载过程中荷载与应力变化关系图的分析(图 12),梁体加载荷载与跨中下缘应力基本保持线性关系(相关系数大于 0.99)。在 1.1 倍的设计荷载内实测跨中下缘应力值小于有限元理论计算值;1.1～1.2 倍设计荷载时,实测应力略大于计算值,偏大约 3%。应力测试结果也表明:试验梁在 1.2 倍设计荷载内梁体仍处于弹性工作状态。

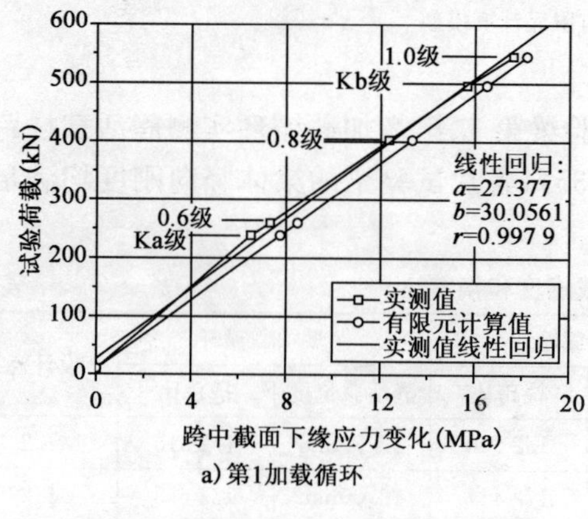

a)第1加载循环

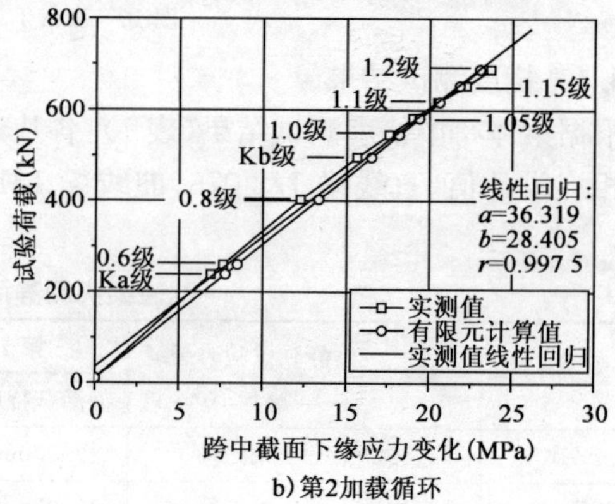

b)第2加载循环

图 12　108 号梁跨中下缘应力与荷载关系

4.3　裂缝处应变测试结果

本试验通过在修补完后的裂缝位置处布设应变测点对荷载作用下裂缝处的应变情况进行了测试。测试结果见表 2。

整个试验加载过程中,跨纵向裂缝测点的竖向应变变化值都为负值(压应变),说明在竖向荷载作用下与纵向裂缝走向垂直的方向为受压状态。即竖向外荷载作用下,梁体纵向裂缝是趋向于闭合状态。裂缝区域跨缝测点的实测应变都较大于不跨缝测点的应变,偏大程度在 20%以上,主要原因是裂缝表面填充胶层的弹性模量较低于混凝土材料弹性模量,导致跨缝测点受压变形较大。

通过对开裂后但未修补梁体的静载试验结果分析,沿预应力管道方向的纵向裂缝对梁体竖向抗弯刚度并未产生明显影响,梁体实测竖向刚度仍比设计刚度大,能够满足设计要求。

试验梁裂缝处应变测试结果(单位:$\mu\varepsilon$)　　表 2

测点位置	测点号	跨缝情况	1.0 倍设计荷载下		1.2 倍设计荷载下	
			应变测试值	跨缝应变/不跨缝应变	应变测试值	跨缝应变/不跨缝应变
跨中腹板侧面	1	不跨缝	−31	1.258	−39	1.282
	2	跨缝	−39		−50	
跨中梁梗斜面	3	不跨缝	−46	1.196	−60	1.200
	4	跨缝	−55		−72	
跨中梁梗斜面	5	不跨缝	−46	1.326	−60	1.317
	6	跨缝	−61		−79	
跨中腹板侧面	7	不跨缝	−25	1.480	−32	1.438
	8	跨缝	−37		−46	
梁端腹板侧面	9	不跨缝	−6	1.500	−7	1.429
	10	跨缝	−9		−10	
跨中横隔板侧面	11	跨缝	−9	—	−16	—
1/4 跨梁梗斜面	12	跨缝	−53	—	−66	—
梁端腹板侧面	13	跨缝	−41	—	−49	—
1/4 跨横隔板侧面	14	跨缝	−33	—	−36	—
梁端腹板侧面	15	跨缝	−14	—	−19	—

通过对开裂但已修补好的梁体的静载试验结果分析,梁体竖向刚度也比设计刚度大,满足设计要求。

通过对已开裂各片试验梁在整个加载全过程的裂缝检查,未修补的梁体未出现新的开裂迹象,原有裂缝也基本没有变化,借助放大镜观察,也未发现任何结构受力裂缝;对于修补过的梁体,试验过程中也未发现任何受力裂缝,对腹板两侧修补过的裂缝位置的仔细检查,未见修补胶层有开裂,整个梁体没有新的裂缝出现。

5　混凝土裂缝修补工艺

目前混凝土裂缝修补方法大致有 3 种:①表面处理法;②填充密封法;③压力注浆法。表面处理法一般适用于宽度小于 0.2mm 的细微裂缝;填充密封法主要用于修补中等宽度以上的裂缝,在混凝土表面沿裂缝凿出 U 形或 V 形槽,然后根据裂缝的变形情况可分别选用刚性或弹性材料进行填充;压力注浆法则是治理混凝土裂缝最常用的方法,它不仅能修补混凝土的表面,而且能注入到混凝土内部,对裂缝进行黏合、封闭和补强。裂缝注浆材料主要有水泥浆和各种化学浆液,但最常用的是环氧树脂浆液。环氧树脂浆液具有黏接力好、稳定性好、收缩性小、抗渗、耐磨等优点,但也有硬度高、柔性不够等不足之处。

混凝土梁体裂缝修补基本步骤可分为:

裂缝处理;埋设灌浆嘴;封缝;密封检查;配制胶液;灌浆;结束;检验。

(1)裂缝处理

应清除裂缝表面的灰尘、浮浆、松散层等污物,用毛刷蘸丙酮将裂缝两侧 30mm 内擦拭干净并保持干燥。

(2)封缝

先预留出粘贴注浆嘴的位置，然后采用黏接力强的结构胶封闭灌浆嘴之间缝隙，胶液应涂抹均匀，避免产生小孔和气泡。

(3)粘贴灌浆嘴

当裂缝宽度≤0.3mm时，灌浆嘴每隔0.3m左右设置一个；当裂缝宽度>0.3mm时，灌浆嘴每隔0.5m设置一个。固定、粘接灌浆嘴应采用黏接力强的结构胶，以满足压力注浆的要求。如图13所示。

(4)密封检查

封缝胶固化后可采用压缩空气检查密闭效果。如发现漏气部位，应重新用胶封闭。

(5)配制注浆材料

采用单液注浆泵和低压保压式注浆器时，应先按要求配制浆液，注浆材料分为A、B两组份，取洁净容器(塑料或金属盆，不得有油污、水、杂质等)和称重衡器按配合比混合，用搅拌器搅拌约5min至混合均匀为止，然后倒入注浆罐内。胶液应现配现用，以防凝胶，夏季每次配胶量不宜大于4kg，冬季每次配胶量不宜大于8kg。

采用双液注浆泵时，只需将浆液分别倒入相应的注浆罐内，并调整好注浆泵的混合比即可。

(6)灌浆

对于较短裂缝，一般先接上高程最低的注浆嘴开始灌浆，发现排气嘴出浆即可改用低压保压式注浆器进行保压，保压时间不应低于1h。对于较长裂缝，可从一端开始灌浆，也可分段灌浆。灌浆操作时，施工人员应戴护目镜，以防胶液飞溅。

(7)结束

待浆液固化后即可拆除灌浆嘴。如图14所示。

(8)检验

可用压力为0.3～0.4MPa的压缩空气或压力水灌注裂缝，或直接骑缝钻芯取样，检验裂缝灌浆是否密实。

(9)施工注意事项

粘贴面是否按要求处理、注浆嘴是否固定牢固、胶配比是否准确、是否搅拌均匀等，这几方面因素共同决定了裂缝灌注效果的好坏。

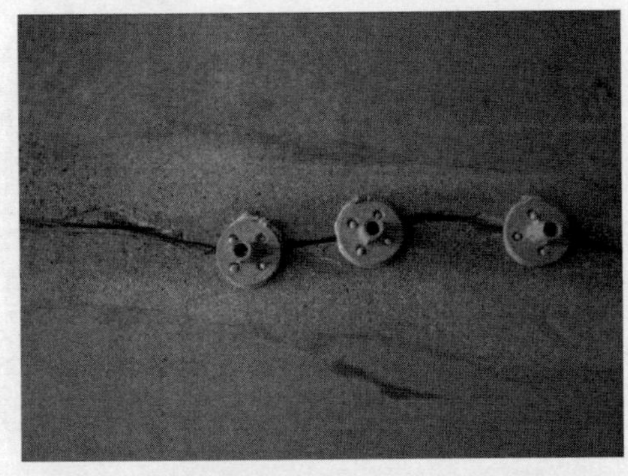

图13 粘贴注浆嘴

图14 裂缝灌浆完毕

混凝土梁体裂缝修补完毕后，应采用材料性能优良且便于施工的防护涂料沿裂缝走向对梁体腹板局部或整体进行涂刷，以保证混凝土梁的美观、抗侵蚀能力和抗紫外线老化性能。

6 结语

(1)对于后张预应力梁,由于管道压浆冻胀而导致的梁体纵向裂缝对梁体的抗弯刚度、抗裂性和正常使用阶段的承载力基本没有影响,但影响结构的耐久性和使用寿命。

(2)通过对开裂梁体纵向裂缝的认真细致修补,修补后的梁体能够满足结构设计的承载力使用要求。

(3)由于裂缝的存在,有害物质会沿裂缝较轻易地渗入混凝土梁体内部,一方面加速了混凝土的碳化速度,另一方面会到达钢筋表面使钢筋锈蚀,从而使混凝土裂缝进一步加重,不仅影响使用功能和外观,甚至会使普通钢筋或预应力筋截面削弱,严重的会出现钢筋或预应力筋锈断,导致结构承载力下降,对结构安全性造成威胁。因此,混凝土梁在出现纵向裂缝的初期应尽快进行修补和整治,延缓或阻止劣化的进一步发展,延长混凝土梁的使用寿命,保证结构的安全性。

参考文献

[1] 中华人民共和国铁道部. TB/T 3192—2008 铁路后张法预应力混凝土梁管道压浆技术条件[S]. 北京:中国铁道出版社,2008.

[2] 中华人民共和国铁道部. 高速铁路预制后张法预应力混凝土简支梁(报批稿)[S]. 北京:中国铁道出版社,2011.

[3] 丁晓军,孙友宏. 箱梁裂缝的检测、分析与加固[J]. 北方交通,2007(6):35-37.

139. 桥梁结构风险分析及结构可靠度

李铁夫

（铁道第三勘察设计院集团有限公司）

摘　要：桥梁结构风险分析及其管理的经验可导致桥梁结构设计概念的更新，结构可靠度分析可以对桥梁结构的风险给出定量的分析。本文介绍了根据既有桥梁运营荷载实测数据进行结构可靠度评估，结构评估系数与结构可靠度呈正比的关系。分析了3种不同的抗震设计准则下桥墩台可靠度的变化及主导不定性。分析了3跨连续梁在地震荷载作用下结构系统可靠度及预应力的影响。分析了二等跨连续组合箱梁的脆性系统和延性系统的可靠度，延性结构将减小结构的失效概率。

关键词：风险分析　结构可靠度

桥梁结构风险评估是基于结构事故、损伤及破坏的经验定性分析，并由此确定结构可以接受的失效概率。结构可靠度分析是基于既有结构试验数据的统计分析和结构可靠度校准的定量性分析，以此确定结构的目标可靠度指标，作为评定结构可靠度的标准。

1　桥梁结构风险分析

桥梁结构风险分析可以依据已有的结构风险管理经验定义结构所遇风险的可接受准则和承担失效的风险责任，结构工程师可根据风险分析对结构设计作出调整和确定实际失效风险的形式，因此其成为结构设计者进行初始决策的有用工具，风险管理经验可导致整个结构设计概念的重新考虑。

结构风险是结构提供的公众反应、经济损失结果和事故数量的加权考虑，是基于在可比状况中为社会所接受的一般风险度量。AASHTO指南根据伦敦港1991年～1996年实际发生的船舶碰撞记录的年碰撞率3.5，确定指南年碰撞率为5.0，给出了船舶碰撞风险分析分布的极限，由此给出桥梁临界可接受的年破坏概率为等于或小于0.01/100年，即10^{-4}的年破坏概率。

结构规范CIRIA报告63中给出结构目标总失效风险为：

$$P_{ft} = \frac{10^{-4}}{n_r} K_s n_d \tag{1}$$

式中：P_{ft}——在结构设计寿命n_d年中任意可引起的失效概率；

n_r——在失效事件风险中人员数量；

K_s——结构类型系数。

结构类型系数取值如下：公共集合场所、水坝取 0.005；家庭、办公室或商业和工业结构取 0.05；桥梁取 0.5；塔、桅杆结构取 5。

该建议给出的任一种结构失效的风险小于 4×10^{-7}年。

欧洲规范根据结构风险对人的生命、经济和社会损失结果的大小确定不同的结构可靠度等级，等级 3 为损失最小或可忽略的，等级 2 为损失中等和可考虑的，等级 1 是损失最大的，并给出最终极限状态可变荷载作用下结构可靠度的最小推荐值及相应的失效概率，见表 1。

结构可靠度等级、目标可靠指标 β 及失效概率 P_f 表 1

结构可靠度等级	参照期 1 年		参照期 50 年	
	β_{nom}	P_f	β_{nom}	P_f
3	5.2	10^{-7}	4.3	8.5×10^{-6}
2	4.7	10^{-6}	3.8	7.25×10^{-5}
1	4.2	10^{-5}	3.3	4.8×10^{-4}

对于常规桥梁结构可以年失效概率 10^{-6} 为风险目标，参照既有桥梁工程经验对偶然荷载可接受的失效风险上限可采用 10^{-4}/年。

2 运营荷载下桥梁可靠度评估

运营荷载下桥梁可靠度评估首先需要选择各种类型等级公路和运营状况良好的代表性桥梁，采用短时段的有效动态测试数据及分析以预测桥梁荷载的发展和不定性。桥梁构件与时间相关的极限状态方程为：

$$R(\tau)-D-L(\tau)=0 \qquad \tau\in[0,t] \tag{2}$$

若抗力 $R(\tau)$和活载 $L(\tau)$分别用随机变量 R_e 和 $L_{\max,t}$ 代替时，极限状态方程简化为：

$$R_e-D-L_{\max,t}=0 \tag{3}$$

$L_{\max,t}$ 为在时段$[0,t]$中桥梁的最大活载效应，选 $R_e=\min[R(\tau),0\leqslant\tau\leqslant t]$，则结构可靠度函数为：

$$P_s=1-P_f[R_e-D-L_{\max,t}\leqslant0] \tag{4}$$

根据活载效应数据位于 n_d 时间单位(例，d)的随机发生率 Λ_i 为：

$$\Lambda_i=N^{(i)}/\text{时间单位}=\frac{1}{\text{时间单位}}\sum_{j=1}^{m}N_j^{(i)} \quad i=1,2,\cdots,n_i \quad j=1,2,\cdots,m \tag{5}$$

$N_j^{(i)}$ 为第 i 天第 j 时发生的总数，当 m 是够大时 $\Lambda_i(i=1,2,\cdots,n_i)$近似于正态分布，适线结果平均值 $\Lambda_{men}=48.5$/d，变异系数 $V=0.59$；活载测试数据按极值 I 型(Gumbel)分布和极值 II 型(Frechet)分布适线，极值 I 型分布较好，如图 1

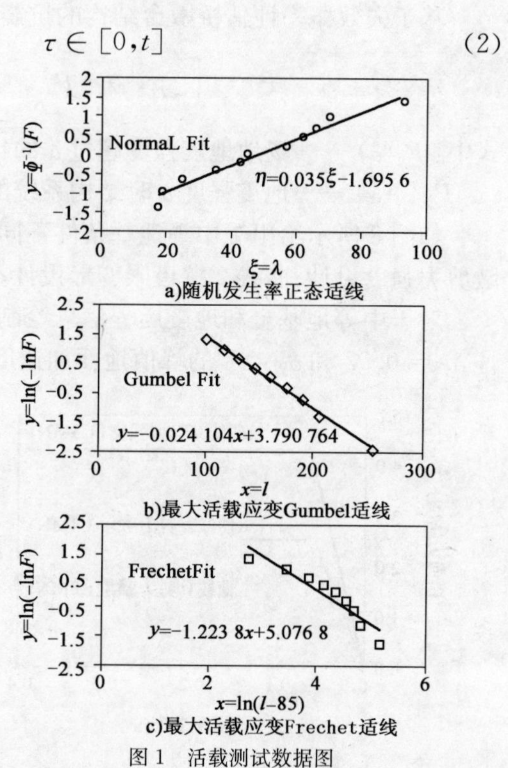

图 1 活载测试数据图

所示：

$$FL_{\max,ad}(\alpha) = \exp[-\exp(-\alpha_{ld}(\alpha - u_{ld}))] \tag{6}$$

式中，$\mu_{ld} = 181.2\mu\varepsilon$，变异系数 $V_{ld} = 0.328$，适线结果如图 1 所示。

如图 2 所示给出了应用运营荷载和抗力系数的评估系数与可靠度指标间的关系（黑实线为 $L_n/D_n = 4.0$；虚线为 $L_n/D_n = 5.0$），分别为 2 年屈服极限状态，$\beta_T = 2.5$；10 年最终极限状态 $\beta_T = 3.5$。

既有桥梁评估系数（RF）优化过程为：

$$\min\sum_{i=1}^{k}(\beta_i - \beta_T)^2 w \qquad \beta_i = f(RF, \varphi, P_D, \gamma_L; (L_n/D_u)_i) \qquad \sum_{i=1}^{k} w_i = 1 \tag{7}$$

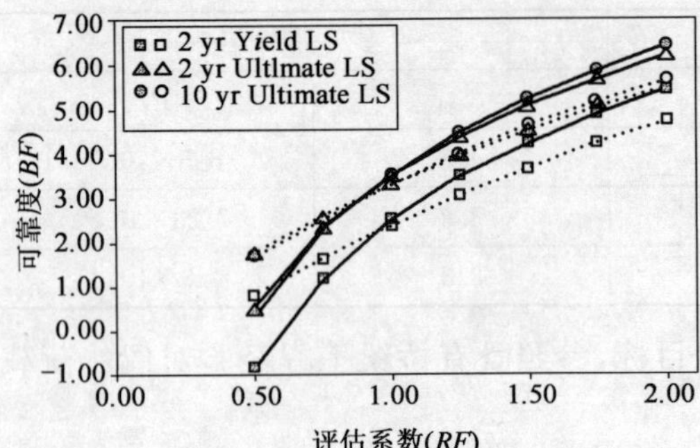

图 2　应用运营荷载和抗力系数的评估系数和可靠度指标间的关系

用评估系数标准化的极限状态方程为：

$$\frac{X_1}{\phi} - \frac{X_2 + \beta_{site}\left(\dfrac{L_n}{D_n}\right)x_{3,t}}{\gamma_D + \left(\dfrac{L_n}{D_n}\right)(RF)\gamma_L} = 0 \tag{8}$$

X_1 为标准化屈服强度 Y/Y_n，对于塑性破坏极限强度 $R_e = F_p Y$，F_p 为随机塑性强度系数，标准化抗力 $X_1 = (F_p/f_p)(Y/Y_n)$；标准化恒载 $X_L = D/D_n$；标准化活载 $X_{3,t} = L_{\max,t}/L_{n,true}$；$B_{site}$ 为模型不定性系数。图 2 说明评估系数（RF）与可靠度成正比关系。

3　钢筋混凝土桥墩台的抗震可靠度不定性影响

基于失效概率评估桥墩台结构的抗震可靠度时，地震安全性是以年失效概率 P_f 定量的。

$$P_f = \int f_{ph}(\alpha) \cdot P_{f,sys}(\alpha)\mathrm{d}\alpha \qquad f_{ph}(\alpha) = -\frac{\mathrm{d}P_o(\alpha)}{\mathrm{d}\alpha} \tag{9}$$

式中：$P_o(\alpha)$ ——场地地震强度超过 α 的年概率；

$P_{f,sys}(\alpha)$ ——地震强度 α 时结构系统的条件失效概率。

如图 3 所示给出了中等地基条件不同设计标准桥墩横向力和变形间的关系，曲线 1 按桥墩剪力强度设计；曲线 2 按极限变形设计；曲线 3 按残余变形设计。

对于中等地基土和地震历程信息绘制的概率抗震风险曲线例如图 4 所示，考虑衰减不定性 $\delta_y = 0.52$ 和 $\delta_y = 0$ 的峰值地面加速度（Gal）和超越概率间的关系曲线例。

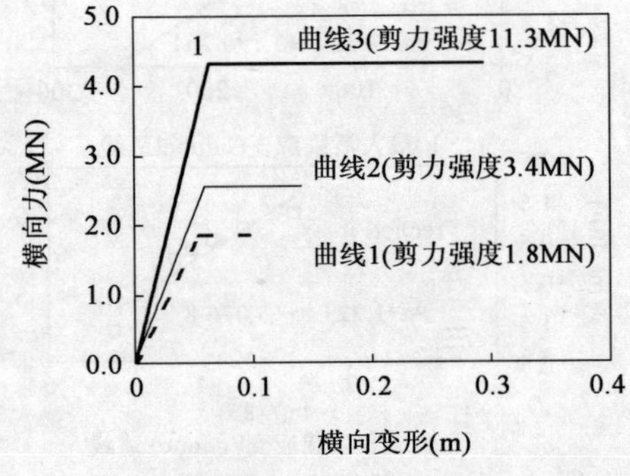

图 3　桥墩横向力和变形间关系

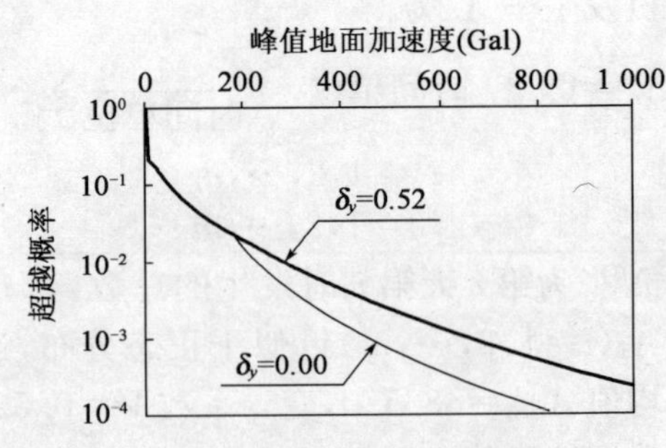

图 4　抗震风险曲线例

包括在钢筋混凝土桥墩抗震设计中的不定性见表 2。

RC 桥墩抗震设计中的不定性 表 2

材料强度	不定性	剪力强度和极限变形不定性		结构分析中的不定性		抗震风险评估中不定性	
混凝土抗剪承载力	V_c	混凝土抗剪承载力	α_3	剪力	α_3	响应变形	δ_{pd}
钢抗剪承载力	V_s	钢抗剪承载力	α_2	残余变形	C_R	衰减不定性	H
弯曲承载力	V_{act}	极限变形	α_4				
极限变形	δ_u						
屈服变形	δ_y						

如图 5 所示为峰值加速度为 α_s 的模拟地面运动下桥墩的条件年失效概率，按残余变形设计的曲线 3 的抗震安全水准明显高于其他 2 种设计原则，对于桥墩按剪力强度设计的曲线 1Gal 的条件失效概率 $P_{f,sys}(\alpha)$ 近似于混凝土剪力失效概率；当 $\alpha_s < 400Gal$ 时曲线 3 近似等于延性失效概率；当 $400 < \alpha_s < 650Gal$ 时表示残余变形；当 $\alpha_s > 650Gal$ 时表示延性和残余变形两者。

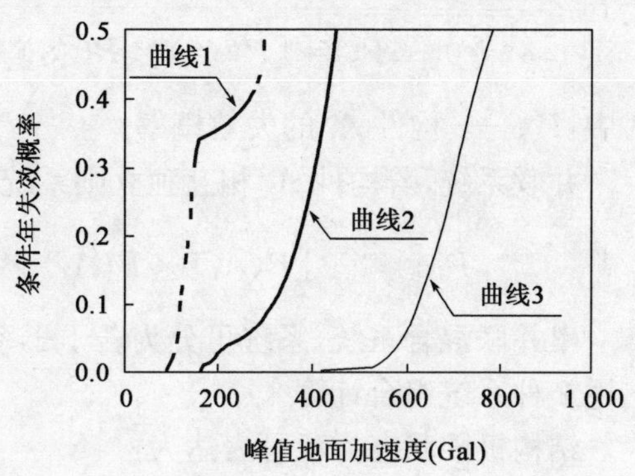

图 5 桥墩作用模拟地面运动时，条件年失效概率

表 3 中为 3 种设计标准计算所得年失效概率，可见按结构残余变形设计的桥墩年失效概率大大地降低，抗震可靠度提高了一个数量级。

3 种设计标准计算年失效概率及可靠度指标 表 3

项目 \ 标准	按剪力强度设计	按极限变形设计	按残余变形设计
ρ_f	1.6×10^{-3}	2.2×10^{-4}	1.7×10^{-5}
β	2.95	3.52	4.15

表 4 中列出 3 种设计标准影响 R_c 桥墩抗震可靠度的主导不定性的变化。

3 种设计标准 RC 桥墩抗震可靠度主导不定性 表 4

序号	按剪力强度设计		按极限变形设计		按残余变形设计	
	不定性	ρ_i	不定性	ρ_i	不定性	ρ_i
1	α_3（剪力）	84%	α_4（极限变形）	74%	H（衰减不定性）	35%
2	α_4（极限变形）	7.3%	α_3（剪力）	11%	C_R（残余变形）	33%
3	其他	8.7%	δ_{pd}（响应变形）	8.0%	δ_{pd}（响应变形）	11%
4			其他	4.0%	α_3（剪力）	9.5%
5					α_4（极限变形）	3.6%

注：在按残余变形设计时，当 $\rho_0(\alpha)$ 与衰减不定性 H 相关时，H 对 P_f 影响大；当桥墩接近非弹性响应时，残余变性不定性 C_R 也是影响桥墩抗震可靠度的主导因素；材料强度的不定性影响不大。

4 地震作用下桥梁系统可靠性

结构系统控制微分方程可表达为：

$$[M]\{\dot{u}\}+[C]\{\ddot{u}\}+[K]\{u\}=-[M]\{v\}\ddot{u}_g(t) \tag{10}$$

式中：$[M]$——总质量矩阵；

$[C]$——结构阻尼矩阵；

$[K]$——劲度矩阵；

$\{u\}$——变形矢量；

$\{v\}$——影响矢量；

$\ddot{u}_g(t)$——桥墩台上竖向地面加速度分量。

结构系统失效模型为：

串联系统，若构件 A_i 相互独立则系统安全概率 P_{ss} 为：

$$P_{ss}=[P(A_1)\times P(A_2)\times\cdots\cdots\times P(A_n)]=\prod_{i=1}^{n}(1-P_{fi}) \tag{11}$$

式中：P_{fi}——构件 A_i 的失效概率。

并联系统，若构件 A_i^c 相互独立则系统安全概率 P_{ss} 为：

$$P_{ss}=1-[P(A_1^c)\times P(A_2^c)\times\cdots\cdots\times P(A_n^c)]=1-\prod_{i=1}^{n}p_{fi}(1-P_{fi}) \tag{12}$$

串并联混合系统，系统可分为若干子系统，子系统可为串联或并联系统，系统可靠度可用上述 2 种系统组合计算。

结构极限状态方程可表达为：

$$g=\alpha M_u-M_s=0 \tag{13}$$

式中：M_u——临界截面的极限弯矩；

α——分析中所考虑的 M_u 的百分数；

M_s——由地震荷载引起的临界截面弯矩。

如图 6 所示为结构计算横截面应力分布，图中 Ψ_y 为屈服状态时截面曲率：

$$\Psi_y=\frac{\varepsilon_y}{d(1-k)}$$

式中：ε_y——钢筋屈服应变；

d——受拉筋有效高度；

k——系数；

Ψ_u——截面最大曲率，$\Psi_u=\frac{\varepsilon_{cu}}{c}$。

则截面塑性扭转为：

$$\theta_p=\left(\Psi_u-\Psi_y\frac{M_u}{M_y}\right)l_p,\quad l_p=0.5d+0.05E \tag{14}$$

E 为中性轴到最大弯曲应力点的距离；

截面屈服弯矩 M_y 为：

$$M_y=A_sf_y\left(d-\frac{Kd}{3}\right) \tag{15}$$

截面极限最大弯矩 M_u 为：

$$M_u=A_sf_y\left(d-\frac{\beta_1c}{3}\right) \tag{16}$$

如图 7 所示为 55.35m＋125m＋45.05m 预应力连续梁概图和横截面尺寸。

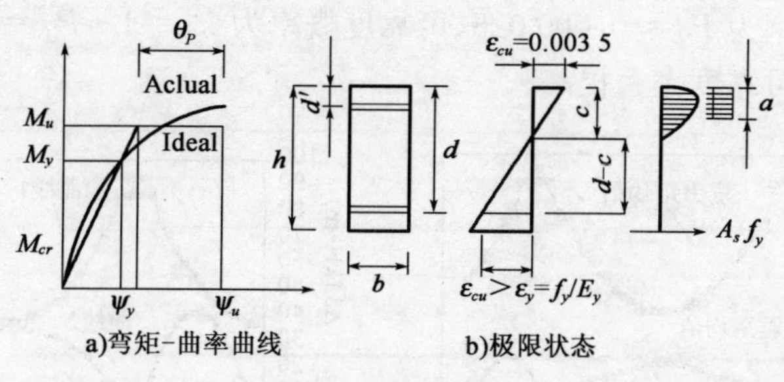

图 6　截面应力分布

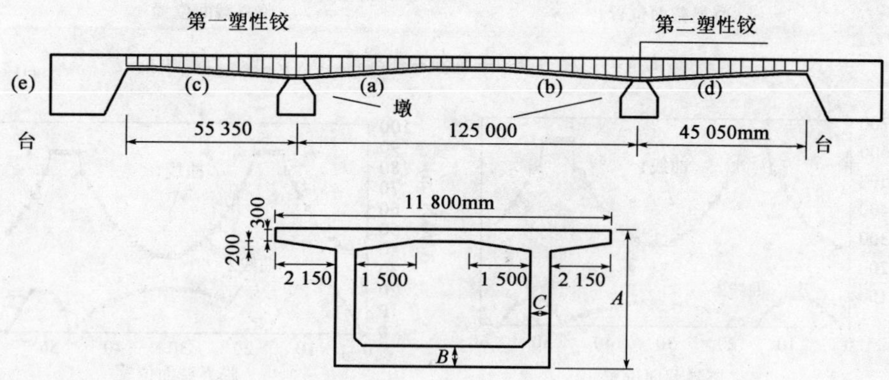

图 7　连续梁纵截面概图及截面尺寸(尺寸单位:mm)

表 5 为结构可靠度计算随机变量及参数,LN 为对数正态分布,N 为正态分布。

随机变量及其参数　　表 5

随机变量	标准差	平均值	分布类型
f'_c	$5N/mm^2$	$32.2N/mm^2$	LN
f_{yp}	$100N/mm^2$	$600N/mm^2$	LN
f_y	$30N/mm^2$	$400N/mm^2$	LN
截面尺寸	50mm	设计尺寸	N
钢筋有效高度	5mm	设计尺寸	N
钢筋截面积(A_s)	$0.025A_s$	设计尺寸	N
阻尼比	3%	5%	N
地震 PGA	0.017g	0.125g	N
地震等级	2	6	N

结构失效模式如图 8 所示,2,3 为中间支承处失效,10~48 为中间截面失效。

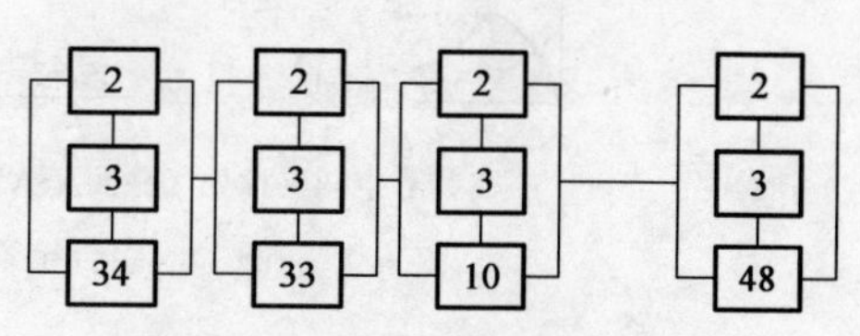

图 8　结构失效模式

如图 9 所示为不考虑预应力影响的截抗力矩和地震矩的平均值和标准差图示,计算得第一并联子系统(2,3,34)失效概率为 0.002 64(β=2.791),最后并联子系统(2,3,48)失效概率为 1.2×10^{-12}(β=7.008 6),串联系统总失效概率为 $P_{fs}\approx0.021\,96$,$P_{ss}=1-P_{fs}=0.978\,04$($\beta$=2.02)。

如图 10 所示为考虑预应力影响的极限弯矩(曲线 1)和地震矩(曲线 2)的均值和标准率,

计算得总系统失效概率为 $P_{fs}\approx 0.000\,025$，可靠度概率为 $P_{ss}=1-P_{fs}=0.999\,975(\beta=4.06)$，可见考虑预应力影响可靠度大大提高。

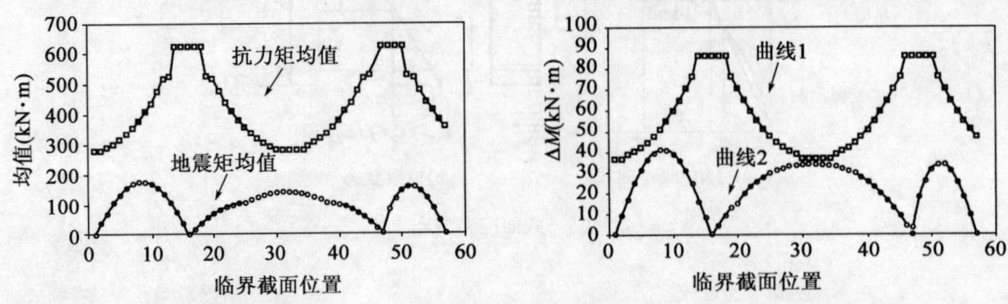

图 9　结构抗力矩和地震矩的均值和标准差(不考虑预应力影响)

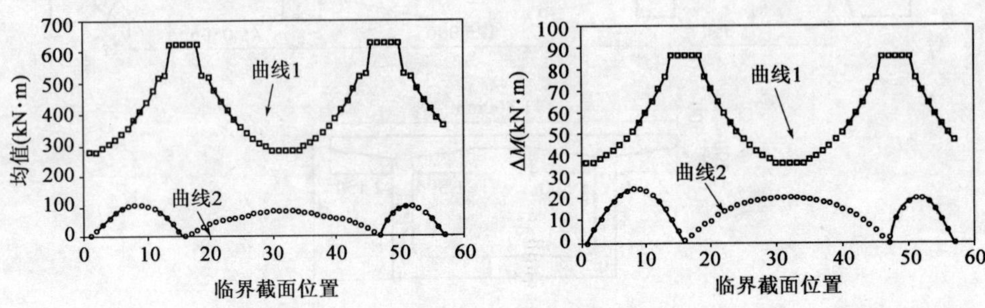

图 10　结构抗力矩和地震矩的均值和标准差(考虑预应力影响)

5　组合梁桥的可靠度

如图 11 所示给出组合箱梁桥典型的截面和弯矩—曲率特征图，图 11a)截面显示高弹性特征，其失效模型为脆性，截面达到极限弯矩后，随后截面应变急速降低，图 11b)截面显示大的变形承载力，截面达极限弯矩后保持不变的特性，显示延性特征，常常减小脆性截面桥面板中钢筋，使脆性系统转换为延性系统，截面极限延性弯矩为极限脆性弯矩的 0.75 倍。

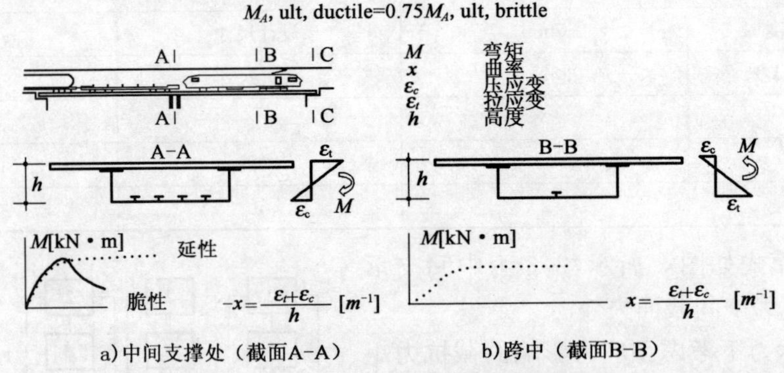

图 11　组合箱梁典型截面及弯矩—曲率图示

如图 12 所示为 2 等跨组合箱梁失效机理和系统失效框图，A_M，B_M 分别为截面 A、B 的弯曲失效，$B_M|A_M$，$A_M|B_M$ 分别为截面 A 或 B 已失效条件下截面 B 或 A 失效。

表 6 为作用变量参数值，表 7 为抗力变量参数值，表中 M_x 为变量 X 均值，δ_X 为变量 x 标准差；X_{nom} 为变量代表值。

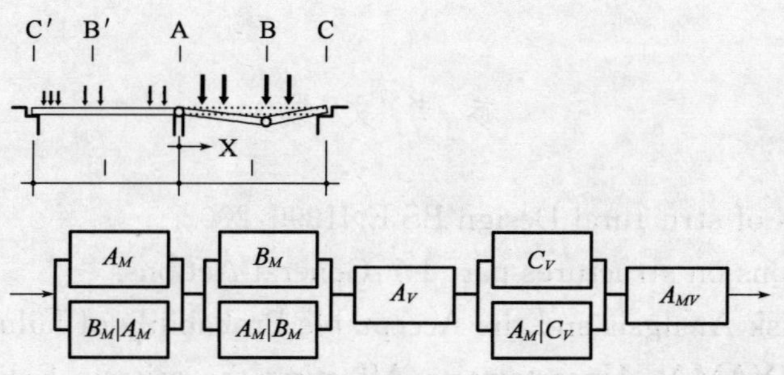

图 12　2 等跨组合箱梁失效机理和系统失效框图

作用变量参数值

表 6

作　用		分 布 类 型	μ_X/X_{nom}	变异系数 δ_X/μ_x
恒载	结构钢	N	1.01	0.03
	现浇混凝土	N	1.07	0.1
	永久恒载	N	1.2	0.25
交通荷载		Gumbel	0.88	0.125

抗力变量参数值

表 7

变　量		符号	分布类型	M_x/x_{nom}	变异系数 δ_X/M_x
钢构件	钢弹性极限	f_y	LN	1.25	0.08
	钢截面面积	A_a	N	1.02	0.01
	结构钢力臂	b_a	N	1.02	0.01
	截面模量	W_a	N	1.02	0.01
	受压模型不定性	m_n	N	0.97	0.056
混凝土桥面板	钢筋弹性极限	f_s	LN	1.25	0.08
	混凝土强度	f_c	LN	1.28	0.11
	钢筋面积	A_s	N	1.0	0.04
	混凝土面积	A_c	N	1.07	0.1
	钢筋力臂	b_s	N	1.0	0.1
	混凝土力臂	b_c	N	1.0	0.1
	调整系数	α	N	1.05	0.0225

对 2 跨连续梁 40m＋40m 等截面箱型组合梁 $h=2\,100$mm。

由弯曲失效机制脆性系统失效概率为：

$$P_{f1M,\text{brittle}} \approx 2[P_f(B_M/A_M)+P_f(B_M)] = 2\times(2.4\times10^{-5}+4.2\times10^{-11}) = 4.8\times10^{-5}$$

由极限强度采用 75％脆性系统强度的弯曲延性系统失效概率为：

$$P_{f1M,\text{ducttle}} \approx 2[P_f(A_m)+P_f(A_m/B_m)] = 2\times(5.0\times10^{-9}+2.2\times10^{-14}) = 1.0\times10^{-8}$$

延性系统降低了结构的系统失效概率。

6　结语

桥梁结构风险分析和可靠度计算是建立在既有桥梁结构的经验和实际测试数据基础上的定性和定量分析，在此基础上建立的结构设计标准和准则使我们对结构安全度有了定性和定量的感知认识。

参 考 文 献

[1] Eurocode—Basis of structural Design BS EN1990:2002.

[2] Eurocode—Actions on structures part 1-7:General Actions.

[3] Will Duckett:Risk Analgsis and the Acceptable Probabilily of failure.

[4] Mitsayosh:AKIYAMA, Uncertainties Affecting the seismic Reliability of RC Bridge piers.

[5] Baidurga Bhattacharga:Reliability-Based Load and Resistance Factor Rating Using In-service Data.

[6] Pourzegnel. S Reliability Analgsis Bridge structures for Earlhguake Excitatious.

[7] Guide specification and commentarg for vessel collision design of highway bridges.

140. 一种高性能、多用途的新型钢

——38SiMnVBE 合金结构钢的应用

韩建中[1] 朱海涛[2] 王伟英[3] 陶鸿安[3] 张 波[3] 詹继群[3]

(1. 河南省生产力促进中心;2. 原中铁大桥局集团有限公司;
3. 上海金马高强紧固件有限公司)

摘 要:本文针对国内外桥梁及结构工程市场的需求,将我国拥有自主知识产权的高强韧性、高淬透性、高性价比的 38SiMnVBE 钢的技术数据平台与国内外现有的高性能合金结构钢、弹簧钢对比其优势的性能,向桥梁及结构工程界提供科学实验的数据,以期共同探讨进一步研究、试验,为我国钢桥的发展努力作出贡献。

关键词:38SiMnVBE 合金结构钢 高强韧性 高淬透性 高性价比 技术数据平台 桥梁及结构工程应用试验

1 引言

2011 年我国的钢产量已达到 7 亿 t,占全球钢产量的 45%左右,已当之无愧地成为全球钢材产量第一大国。但是中国钢桥的发展却未能与之同步,截至 2008 年底,我国 59 万座桥梁中钢结构桥梁不足 1%,与美国 60 万座桥梁中钢结构桥梁占 33%、日本 13 万座桥梁中钢结构桥梁占 41%相比,显然差距较大。这主要是由于历史上条件限制的因素,我国过去钢产量少且价格昂贵,而且常被腐蚀,需四季养护的问题的困扰,同时受一般陈旧观念的影响,认为混凝土桥梁向大跨度发展的趋势很快。现在随着科学技术的迅速发展,环境恶化的影响,有些观念必须更新。尤其是我国的钢产量已今非昔比,我国 13 亿人口占世界人口的 1/5,而人均拥有钢产量已达到世界平均水平的两倍,这就为改变以前基本建设材料的选用政策有了调整的条件。因此,根据我国钢产量的储备和技术水平的提高,尤其是钢的优良品种增多,以及防腐蚀的长效防护体系配套应用,必将为钢桥的发展提供了广阔的前景。鉴于此,笔者经过近数十年的悉心研究,发明了这种 38SiMnVBE 的新品种合金结构钢,已由国家知识产权局授以专利权,专利号是 ZL98113532.3。该新钢品种采用真空精炼,纯净度很高,经控制轧制和热处理后,其抗拉强度 σ_b=2 030~2 140MPa;屈服强度 $\sigma_{0.2}$=1 900~2 010MPa;伸长率 δ_5=12%~15%;面缩率 ψ=48%~55%。这些技术指标在国际上是少有的,使我国在国际高性能钢竞争中处于很有利的地位。特别是经国家级钢铁材料测试单位测试,在−60℃时的冲击韧性是我国弹簧钢

性能最高、铁道部专用钢 $60Si_2CrVAT$ 同低温下冲击韧性的 1.83 倍，室温冲击韧性的 1.53 倍。这对在特大雪冻严寒工程建筑用的钢材，防止脆断具有很高的实用价值。其应用范围可用于大规格的高强度钢栓，预应力混凝土中用的钢棒、管桩钢筋，钢桥或大型钢结构中的高强度钢拉杆、钢锚杆、锚具；机械设备中的轴件、连杆、齿轮、弹簧等各个方面。用该钢制成的高性能产品其价格却不到进口产品的 1/3。

笔者很愿为我国高性能钢种的持续发展和应用，与同仁及桥梁界的专家、学者以及设计、制造、施工等单位的同志们，进一步研究、探讨。

2 高强韧性、高淬透性、高性价比、高应用领域的新钢种 38SiMnVBE 在桥梁及结构工程上的应用

38SiMnVBE 钢主要技术数据平台见表 1。

38SiMnVBE 钢技术数据平台除上述汇总表外，还有奥氏体连续冷却曲线(CCT 曲线)，端淬试验，Φ45、Φ60 圆钢淬透性试验，48mm 厚扁钢淬透性试验，弹性模量。需要时可向笔者索要。

3 38SiMnVBE 钢与国内外高性能弹簧钢、合金结构钢对比

国内外常用高性能合金结构与 38SiMnVBE 力学性能对比见表 2。

4 38SiMnVBE 钢典型应用与试验

38SiMnVBE 钢已在弹簧上应用与试验较多，都是代替进口、进行出口或填补空白的产品。在重大工程建筑上，北京交通大学徐国彬教授发明的“万向承载、万向转动、抗振减振弹性钢支座”用于许多重大工程建筑与桥梁上，其关键件之一是减振弹簧。为减轻弹簧支座重量与占用空间，徐教授及弹簧设计者王军高工在重大建筑工程上运用了强韧性、淬透性高的 38SiMnVBE 钢制作弹簧。钢材订货要求是抗拉强度≥1 900MPa，断面收缩率≥40%。弹簧(板簧)制作抗拉强度采用了≥1 800MPa 高的水平。用 38SiMnVBE 制作弹簧的支座已在国家大剧院、2008 奥运工程(五棵松篮球馆、数码中心等)、重庆奥林匹克中心、南京奥运中心、河南艺术中心等重点工程中应用，整个支座将地震作用力减少为原来的 1/20，与这些建筑设计者的其他抗振、减振技术等一起有效地保护了建筑工程在大地震中(包括这次汶川特大地震)的安全。

5 38SiMnVBE 钢试验、应用方向

用该钢替代我国 40CrNi、45CrNi、$37Ni_3$、40CrNiMo、45CrNiMoVA、$37SiMn_2MoV$、$60Si_2CrVA$、60CrMnMoA，国外 $51CrMoV_4$、SUP13 等含贵重合金元素镍、钼、钒多的国内外合金钢。制作要求高强韧性、高淬透性的各种产品。

6 桥梁及结构工程上有关的应用

该钢可应用于制作高强度螺栓，典型规格螺栓材料力学性能与国内外标准比较见表 4。它已达到并优于国内外相关标准和市场的要求。

高强度钢拉杆、钢锚杆，典型规格材料力学性能除表 1 中 Φ36mm、Φ50mm、Φ65mm、Φ75mm 相关性能外，我们测试的 Φ30mm、Φ36mm、Φ50mm 高强度螺栓材料的力学性能见表 5，它已基本达到国内外屈服强度最高等级钢拉杆 1 080MPa 水平。

高强韧性、高淬透性、高性价比、高应用领域 38SiMnVBE 钢热处理工艺与对应力学性能表(汇总) 表 1

热处理工艺编号	尺寸 Φ (mm)	力学性能												主要由用户根据产品尺寸与力学性能选用,本表中典型应用产品类型供参考
		按国标规定取样方法取的标准拉力试样 Φ10mm						冲击吸收功 A_k(J)10mm×10mm×55mm						
								U 型试样 A_{ku2}			V 型试样 A_{kv}			
		抗拉强度 R_m (MPa)	下屈服强度 R_{el} (MPa)	规定非比例延伸强度 $R_{p0.2}$ (MPa)	断后伸长率 A(%)	断面收缩率 Z(%)	硬度 HRC	室温	−30℃	−60℃	室温	−30℃	−60℃	
1	10	1 970		1 780	11	42	53.5	65	54	61				高强度弹簧产品及钢丝
2	10	1 905		1 760	10.5	44	52.5	50	50	50				同上
3	10	1 795		1 700	10	47.5	51	43	40	39				同上
4	10	1 675		1 590	10	49	49	43	41	37				合金结构钢制各类高性能产品
5	10	1 425	1 360	1 370	11.5	51	44	57	45	40				同上
6	10	1 310	1 240	1 260	13	49	41.5	58	46	39				同上
7	10	1 195	1 140		13.5	46.5	39	55	41	37	44	23	20	同上
8	10	1 150	1 090		14.5	48	37.5	56	36	42	35	20	19	同上
9	10	1 055	985		15	50.5	34	64	38	39	46	20	20	同上
10	10	895	780		20	60	27	120	77	57	97	47	28	同上
11	50	1 775		1 565	7.0	23	51	27	22	18				大尺寸弹簧产品(如稳定杆)
12	50	1 110		1 015	15	46.5	36	50	37	37	33	20	11	大规格用高强度螺栓
13	75	1 565		1 320	8.0	23.5	47	31	20	21				大尺寸弹簧产品(如稳定杆)
14	75	1 085		965	12.5	41.5	35	50	39	36	31	21	18	大规格用高强度螺栓

续上表

热处理工艺编号	尺寸 Φ (mm)	力学性能										主要由用户根据产品尺寸与力学性能选用，本表中典型应用产品类型供参考
		标准拉力试样 Φ10mm					硬度 HBS/HRC	冲击吸收功 A_k(J)10mm×10mm×55mm				
		抗拉强度 R_m (MPa)	下屈服强度 R_{el} (MPa)	规定非比例延伸强度 $R_{p0.2}$ (MPa)	断后伸长率 A(%)	断面收缩率 Z(%)		U 型试样 A_{ku2}		V 型试样 A_{kv}		
								室温	−40℃	室温	−40℃	
15	36	1 940		1 625	9.5	36	/53	31	21			弹簧类(如新型载重汽车用簧)
16	36	1 225		1 125	13.5	47	/39.5	50	40	33	22	合金结构钢制各类高性能产品
17	36	1 160		1 055	14	46	/37.5	38	29	27	13	大规格用高强度螺栓
18	50	1 275		1 165	12	42.5	/40.5	42	36	30	20	合金结构钢制各类高性能产品
19	65	1 255		1 115	12	41	/40.5	41	34	29	22	同上
20	65	1 125		1 000	14.5	43.5	/36.5	46	37	29	21	大规格用高强度螺栓
21	75	1 240		1 055	11.5	37	/40	35	32	23	20	合金结构钢制各类高性能产品
22	45	1 085		980	15.5	48	/35	47	34	30	17	大规格用高强度螺栓
23(正火)	25	1 058		710	16	23	/34	—	—	—	—	
24(退火)	25	805		480	23	51	233/	—	—	—	—	
25—锡钢	36	1 100	1 000		18	49						大规格用高强度螺栓
26—锡钢	45	1 070	960		16	50						大规格用高强度螺栓
27—东北特钢(大连)	10	σ_b= 2 030~2 140		$\sigma_{0.2}$= 1 900~2 010	12~15	48~55						超高强度钢丝及弹簧产品
								室温	−20℃	室温	−20℃	
28—锡钢	20	1 280	1 225		14	52	/41	52	49	45	32	合金结构钢制各类高性能产品
29—锡钢	20	1 120	1 060		13.5	48.5	/36.5	47	30	47	21	同上
30—锡钢	20	1 028	938		19	57	/33	97	66	81	47	同上
31—锡钢	20	858	780		18.5	58	/25	121	91	104		同上

注：1. 此表是从国家钢铁材料测试中心(2007)钢测(L)字第 2172 与 2173 号及(2008)钢测(L)字第 1424 号的分析测试报告中汇集，东北特钢(大连)采用超细晶粒化控制轧制所测的数据也列入表中。23~26，28~31 由锡钢测出。

2. 该表硬度是参照 GB/T 1172—1999 黑色金属硬度与强度换算表，首先采用超高强度钢对应硬度，不合超高强度钢的采用铬锰硅钢。锡钢测试中心测试的硬度数据与国标中硬度非常相近，但个别硬度不如国标对应数据规律。表中 23 和 24 号是锡钢实测的正火、退火硬度。

3. 涉及 38SiMnVBE 钢的热处理工艺，河南省生产力促进中心与今后得到授权生产该钢的公司不仅在提交钢材质量证明书时提供，而且将配合其有别与本力学性能数据平台外的特别力学性能需要，提供调整工艺的建议或协助完成工艺性能优化。

国内外常用高性能合金结构钢与38SiMnVBE力学性能对比表[1,2]　　表2

国别	钢　号	力学性能(不小于)						备注
		抗拉强度 σ_b(MPa)	屈服强度 $\sigma_{0.2}$(MPa)	伸长率 δ_5(%)	面缩率 ψ(%)	A_{KU2}(J)/ α_{KU2}(J/cm^2)	A_{KV}(J)/ α_{KV}(J/cm^2)	
美国	300M	2 138	1 655	7	27			参考
德国	30CrNiMo$_8$	1 100～1 300	900	10	45		40/	
	58CrV$_4$	1 320～1 570	1 080	7	40		21/	
俄罗斯	36XΓCH$_2$A	1 617	1 373	9	45			
	35XΓC$_A$	1 671	1275	9	40			
国际	36CrNiMo$_6$	1 200～1 400	1 000	9		20/	35/	
	51CrV	1 100～1 300		9		15/	30/	
中国	25SiMn$_2$MoV	1 470		10	40		47/	
	45CrNiMoVA	1 470	1 330	7	35		31/	
中国	38SiMnVBE	1 870～1 880			45～47	/74		[3]
	38SiMnVBE	1 900	1730	10.0	50.5	63/		
	38SiMnVBE	1 930～1 970	1 700～1 720	10～11	47.5～49	40/		
	38SiMnVBE	2 030～2 140	1 900～2 010	12～15	48～55			[4]

38SiMnVBE钢与国内外高性能弹簧钢对比见表3。

国内外常用高强韧性弹簧钢力学性能表[1,2]　　表3

国　别	钢　号	机械性能(不小于或范围)			
		抗拉强度 σ_b(MPa)	屈服强度 $\sigma_{0.2}$(MPa)	伸长率 δ_5(%)	面缩率 ψ(%)
中国	60Si$_2$CrVA	1 860	1 665	6	20
	60Si$_2$CrVAT	1 900	1 700	9	30
德国	55Cr$_3$	1 320～1 720	1 175	6	30
	52MnCrB$_3$	1 320～1 720	1 175	6	40
法国	61SiCr$_7$	1 550～1 850	1 400	5	
	51CrV$_4$	1 400～1 700	1 200	6	35
美国	G51600	2 000	1 772	9	30
	G61500	1 930	1 689	8	38
俄罗斯	65C$_2$BA	1 862	1 666	5	20
	60C$_2$XφA	1 668	1 471	6	25
国际	61SiCr$_7$	只有淬透性数据			

注:上表各国只列该国两种性能最高钢号。

预应力混凝土用钢棒及管桩钢筋上,可将国内外标准中尺寸、力学性能与表1相关直径数据Φ10mm、Φ36mm、Φ50mm、Φ75mm相比较,及与表6中的力学性能相比较,可分析出38SiMnVBE的力学性能要高于预应力混凝土用钢棒及管桩钢筋所要求的力学性能。如果采用超细晶粒化控制轧制的盘条制成上述圆棒、钢筋,其38SiMnVBE力学性能可以达到抗拉强度 σ_b=2 030～2 140MPa,屈服强度 $\sigma_{0.2}$=1 900～2 010MPa,伸长率 δ_5=12%～15%,面缩率

ψ=48%～55%。预应力混凝土钢棒(或钢丝)比弹簧要求低,上述非弹簧工艺性能也可供设计应用者选用,以便使用更高的强度,节约材料,提高混凝土工程水平。

典型规格螺栓材料力学性能与国内外标准比较 表4

试样名称		拉伸试验				冲击试验			说明
规格	等级	抗拉强度 R_m (MPa)	规定非比例延伸强度 $R_{p0.2}$ (MPa)	试件的断后伸长率 A(%)	试件的断面收缩率 Z(%)	室温冲击吸收功 A_{KU2}(J)	−20℃冲击吸收功 A_{KV}(J)	−40℃冲击吸收功 A_{KV}(J)	
Φ18mm 相当 M18	10.9	1 135	1 021	11.50	62.20	72.55 73.58 73.84	60.07 56.87 59.58	41.85 38.94 41.57	符合 GB/T 1231—2006、ISO 898—1:2009、GB/T 3098.1—2010及风力发电装备用户要求
Φ30mm 相当 M30	10.9	1 119	1 007	11.93	51.73	69.35 71.02 67.44	53.75 54.47 67.86	38.28 39.84 38.50	符合 GB/T 1231—2006、ISO898—1:2009、GB/T 3098.1—2010、GB/T 1231—2006及风力发电装备用户要求

表5

直径(mm)	规定非比例延伸强度 $R_{p0.2}$(MPa)	抗拉强度 R_m(MPa)	断后伸长率 A(%)	断面收缩率 Z(%)
30	1 211	1 346	13.30	56.40
	1 212	1 347	12.26	56.17
	1 271	1 413	11.83	53.05
	1 269	1 410	13.30	54.93
36	1 173	1 303	11.70	51.55
	1 165	1 295	13.04	44.23
50	1 245	1 383	9.84	42.47

38SiMnVBE制高强度油淬火—回火钢丝不同性能 表6

钢丝企业编号	钢丝直径(mm)	工艺编号	力学性能			应用
			抗拉强度(MPa)	延伸率(%)	断面收缩率(%)	
单位1	9.00	1	2 090		30	
		2	2 090		29	
		3	1 940		37	
		4	1 900		36	
		5	1 920		39	
		6	1 900		39	
		7	1 900		44	
		8	1 880	8	44	铁路车辆旁承簧

续上表

钢丝企业编号	钢丝直径(mm)	工艺编号	力学性能			应　用
			抗拉强度(MPa)	延伸率(%)	断面收缩率(%)	
单位 2	9.4	1	1700		54	出口美国扭簧
		2	1800		45	
		3	1870		40	

技术专利化、专利标准化、标准全球化已成为科技创新发展的共识和追求的目标。38SiMnVBE 专利钢已在 2011 年申请纳入修订的 GB/T 3077 合金结构钢基础钢标准中，该标准 2011 年 5 月在成都讨论一次。按国标委计划要求，该标准修订应在 2011 年修订上报，由于多种原因，已推迟到 2012 年再次讨论审定后定稿报批。由冶金工业信息标准研究院指导并由十几个单位联合完成，受用户、研制者、设计者、制造者欢迎的 38SiMnVBE 钢技术数据平台，已建议纳入该标准的附录中，实现钢国标结构内容上的创新，更好地为我国经济发展服务。

我们提出上述论述，主要是向参会的专家及工程技术人员汇报、学习，抛砖引玉，共同探讨，追求将我国自主知识产权的高性能钢更多地得到试验应用。文中不当之处，敬请指正。

参 考 文 献

[1] 林慧国，林钢，吴静雯. 袖珍世界钢号手册[M]. 北京：机械工业出版社，2003.
[2] 邓召义，姚振甫. 新编世界钢铁牌号手册[M]. 北京：机械工业出版社，1995.
[3] 高伟，邵亮，潘艳春，等. 38SiMnVBE 弹簧钢的强韧化与应用研究[J]. 汽车技术，2002，11：29-32.
[4] 张宇，王宇. 超细晶粒 38SiMnVB 弹簧钢的控制轧制[J]. 特殊钢，2005，3：48-50.

141. 混凝土内部锈蚀钢筋局部应力集中特性研究

石晓猛[1]　朱劲松[1,2]

(1. 天津大学建筑工程学院;2. 滨海土木工程结构与安全教育部重点实验室(天津大学))

摘　要:为了研究滨海环境下预应力钢筋混凝土结构内部锈蚀钢筋、钢绞线力学性能的退化过程,需要明确锈坑形状、深度及混凝土开裂程度等因素对钢筋、钢绞线锈坑处应力集中系数的影响。本文采用精细化有限元方法模拟混凝土内部钢筋在不同锈坑形状、锈蚀深度和混凝土开裂程度等多因素影响下的应力集中系数的变化规律,并通过与已有实验结果进行对比,分析总结得到了锈蚀钢筋应力集中程度的变化规律,建立锈坑处应力集中系数与锈坑形状、深度及混凝土开裂程度之间的量化关系,为进一步分析滨海腐蚀环境下的预应力钢筋混凝土桥梁的全寿命性能退化过程提供了理论依据。

关键词:锈蚀　钢绞线　数值模拟　应力集中

1　引言

预应力混凝土结构使用广泛,但在滨海地区氯盐腐蚀环境下,结构中的钢筋、钢绞线很容易受腐蚀。钝化膜破坏,钢筋锈蚀产生铁锈,形成锈胀力使混凝土开裂,然后腐蚀物更容易进入结构内部,形成恶性循环。同时钢筋锈蚀使结构的承载能力大幅降低,使桥梁寿命缩短。

已有研究表明[1,2],钢筋在氯盐腐蚀环境下容易产生不均匀锈蚀,形成锈坑,造成应力集中现象。虽然钢筋的平均锈蚀率可能很小,但严重的局部锈蚀对其受拉性能极其不利。不均匀锈蚀比均匀锈蚀的危害更大,它使得钢筋的本构关系变化,延展性降低,从而更加容易发生无征兆的脆断。目前对钢筋的锈蚀研究多集中于普通钢筋,且单独对钢筋进行分析[3],钢绞线的锈蚀、混凝土开裂对锈蚀钢筋的影响的研究鲜有报道[4,5]。埋设在混凝土里的钢筋,受到混凝土的作用力,当混凝土出现裂缝时,而裂缝又恰好在锈坑附近,当混凝土裂缝张开时,相当于给钢筋一个变化的弯矩。所以混凝土裂缝的存在也会影响钢筋的锈坑处应力集中程度。对锈蚀钢筋的研究,特别是混凝土中的钢筋、钢绞线锈坑处应力集中现象对钢筋的力学性能影响的研究更加紧迫。

基金项目:国家自然科学基金资助项目(51178305)。

由于预应力钢筋混凝土结构本身的复杂性，加之三维锈坑的存在，使得要对锈蚀钢筋力学性能进行理论分析十分困难。所以许多学者采取试验方法对于锈蚀钢筋混凝土的力学性能进行研究，然而试验方法不仅需要投入大量的人力物力及时间，更关键的是由于各个学者试验时采用的材料和模型差别很大，所以得到的结论并不一致甚至相反。

考虑到理论分析和试验研究的局限性，本文利用有限元方法建立二维有限元模型，通过预制锈坑和裂缝等缺陷，模拟不同劣化情况下钢筋的应力集中特性，从而建立锈坑处应力集中系数和锈坑形状、锈蚀深度混凝土开裂程度之间的量化关系。

2 钢筋锈蚀程度理论分析

2.1 钢筋锈蚀深度预测模型

钢筋锈蚀是一个随着时间变化的电化学过程，为获得锈蚀钢筋的应力集中情况，先要明确锈蚀深度的变化规律。Liu 和 Weyers[6] 提出腐蚀电流强度与时间的关系为：

$$i_{\mathrm{corr}}(t) = 0.85 i_{\mathrm{corr}}(1) t^{-0.29} \tag{1}$$

式中，$i_{\mathrm{corr}}(t)$ 为起锈后 t 时刻的腐蚀电流强度（$\mu\mathrm{A/cm^2}$）；$i_{\mathrm{corr}}(1)$为钢筋初始锈蚀速度，由 Kim[7] 提出的计算公式：

$$i_{\mathrm{corr}}(1) = \frac{37.8(1-w/c)^{-1.64}}{C} \tag{2}$$

式中，w/c 为混凝土的水灰比；C 为钢筋保护层厚度(mm)。

而在电化学腐蚀里有以下关系式：

$$v_{\mathrm{corr}}(t) = 0.0116 i_{\mathrm{corr}}(t) \tag{3}$$

式中，$v_{\mathrm{corr}}(t)$ 为钢筋锈蚀速率(mm/年)。

所以钢筋的时刻锈蚀深度为：

$$d = \int_0^{t_k - t_0} v_{\mathrm{corr}}(t)\mathrm{d}(t) \tag{4}$$

式中，t_0 为钢筋起锈时间；t_{k} 为结构已服役时间(年)。

由式(1)～式(4)可得钢筋锈蚀深度和锈蚀时间之间的关系，见表 1 所示。

锈蚀深度和锈蚀时间关系表 表 1

$t_k - t_0$（年）	10	20	30	40	50	60	70	80	90	100
d(mm)	0.25	0.41	0.54	0.67	0.78	0.89	0.99	1.09	1.18	1.28

2.2 锈坑几何形状

对于锈坑的形状，不少学者进行了试验研究。典型锈坑形状大致可分为圆形、椭球形、马鞍形和锥形[8-11]。在二维模型上模拟锈坑的形态，则可简化为圆形、椭圆形和三角形，如图 1 所示。

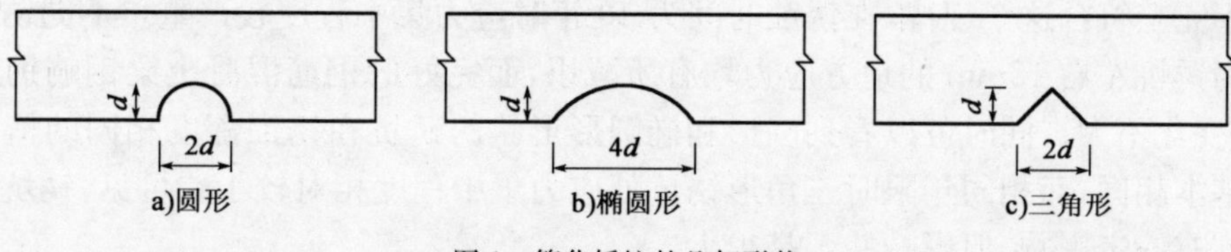

图 1 简化锈坑的几何形状

3 有限元模型的建立

3.1 试验背景

本文以文献[12]简支梁试验模型进行分析。模型梁尺寸为120mm×200mm×1 900mm，计算跨径1 700mm。采取四点弯曲加载方式，跨中两集中力相距500mm，主筋混凝土保护层厚度为25mm。试验梁的几何参数、截面尺寸和配筋情况如图2所示。

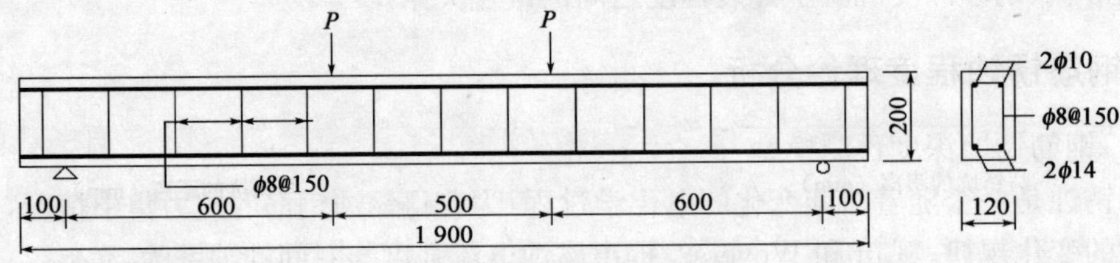

图2 简支梁截面尺寸及配筋图(尺寸单位:mm)

3.2 有限元模型

实际结构中的锈坑形态为三维几何结构，因此在分析研究时应注意其空间结构对计算结果的影响，可建立三维的有限元模型。但考虑到庞大的计算量和苛刻的收敛条件，本文进行一定的合理简化[13]:即采用平面单元和杆单元结合的方法建立钢筋混凝土梁的二维有限元模型，对于混凝土和需要精细考虑的钢筋采用平面单元，便于之后的分析中模拟锈坑；对于其他钢筋则采用杆单元，以减少计算量。

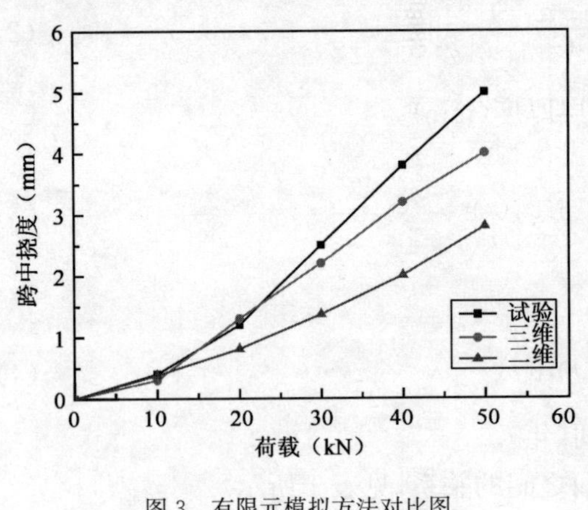

图3 有限元模拟方法对比图

图3表示的是二维模型和试验值及三维有限元模型的对比。可见，相同荷载下二维简化模型的挠度值相对较小。这是由于二维模型假设钢筋、钢绞线和混凝土之间黏结完好，模型整体刚度偏大所造成的，但跨中挠度变化规律总体效果比较符合实验结果。因此，本文以下分析研究均基于二维模型。

4 结果分析

4.1 锈坑深度的影响

在模型跨中处预制钢筋锈蚀坑，考虑钢筋锈坑深度变化情况下的应力集中程度。图4～图6分别表示圆形、椭圆形和三角形锈坑处不同年限的应力集中情况。从图中可以看到，当锈坑的深度不同时，圆形和椭圆形锈坑处的应力集中情况随锈坑深度的增大而严重，但是三角形锈坑处并不完全符合这个规律，在锈蚀时间为40年时应力集中程度较严重。不同锈蚀形状的钢筋在距离锈坑左右15mm的地方应力均有所减小，而完好的钢筋混凝土梁钢筋的应力分布较为均匀，变化不大。同时可以看到圆形和椭圆形形状的锈坑在锈蚀深度相同的情况下应力集中程度基本相同，而相同年限时三角形锈坑处应力集中程度相对较小。可见，锈坑形状对应力集中程度有一定影响，但影响并不是很大。

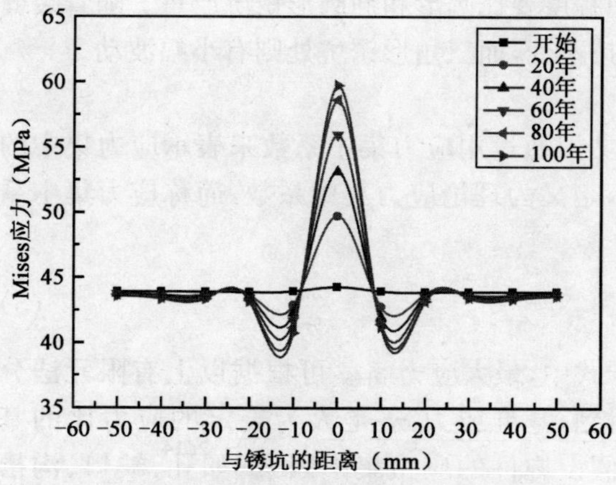

图4 圆形锈坑处不同年限的应力集中情况

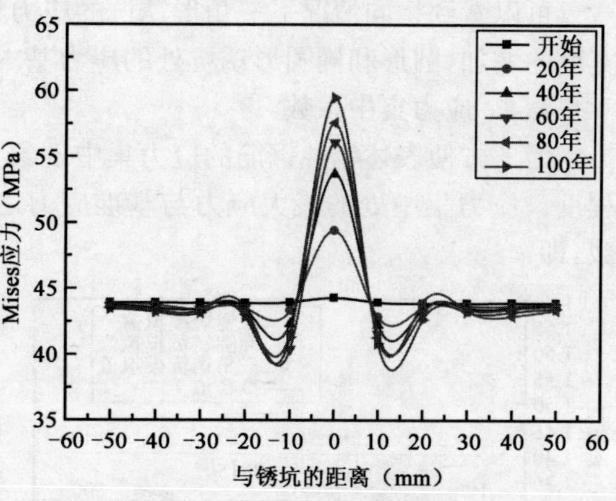

图5 椭圆形锈坑处不同年限的应力集中情况

4.2 裂缝深度的影响

为研究钢筋混凝土梁产生裂缝的情况下钢筋锈坑处的应力集中程度，在模型上预制裂缝，考虑最不利情况，即在跨中处存在裂缝，裂缝的深度分别为保护层厚度的0.5倍、0.75倍、1倍、2倍和3倍，结果如图7所示，其中P代表混凝土保护层厚度。

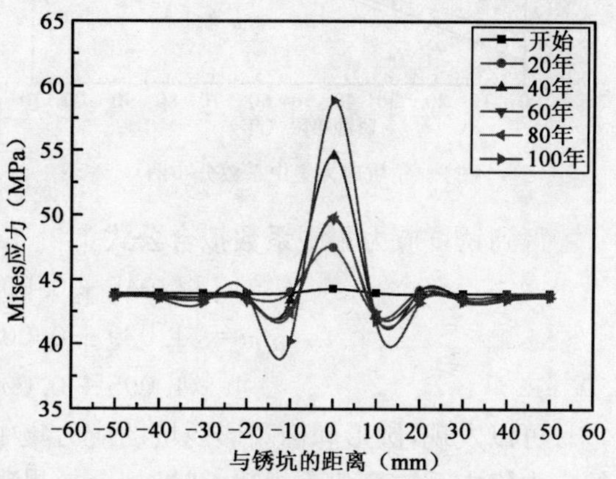

图6 三角形锈坑处不同年限的应力集中情况

计算发现裂缝的存在使钢筋混凝土梁的承载能力大幅下降，同时使得钢筋锈坑处的应力集中现象十分明显。在保护层没有完全开裂时，锈坑处的应力增长不是很明显，但是在保护层从没有完全开裂到完全开裂这个过程中，锈坑处的应力增长突然变得非常快。对比可见，锈坑和裂缝导致应力集中程度非常严重。

4.3 裂缝宽度的影响

为研究钢筋混凝土梁不同裂缝宽度情况下钢筋锈坑处的应力集中程度，在模型上调整预制裂缝宽度进行计算，结果如图8所示。

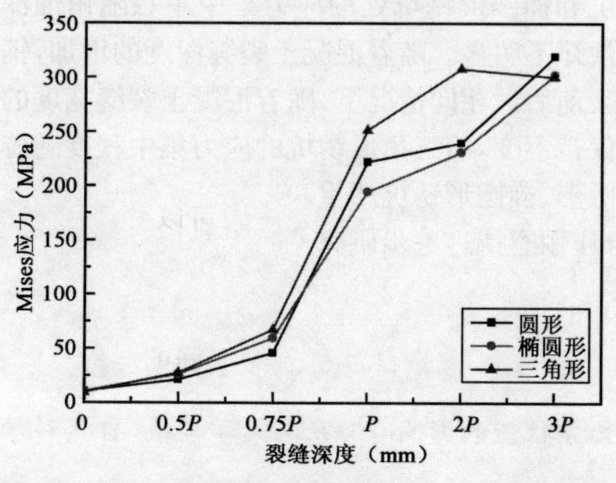

图7 不同裂缝深度时的应力集中情况

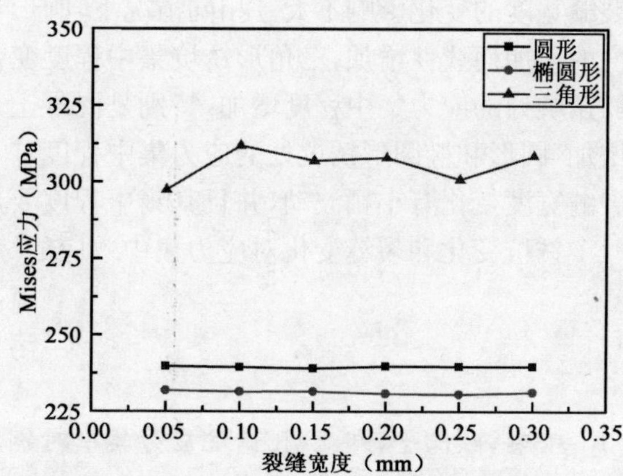

图8 不同裂缝宽时的应力集中情况

可以看到相同情况下三角形锈坑的应力集中程度要比圆形和椭圆形锈坑严重。随着裂缝宽度的增加，圆形和椭圆形锈坑处的应力基本保持不变，而三角形锈坑处则有小幅波动。

4.4 应力集中系数

为了方便表述锈蚀钢筋的应力集中现象，本文拟通过用应力集中系数来表示应力集中的程度。应力集中处的最大应力与基准应力之比，定义为理论应力集中系数，简称应力集中系数，即：

$$\alpha=\frac{\sigma_{max}}{\sigma_n} \tag{5}$$

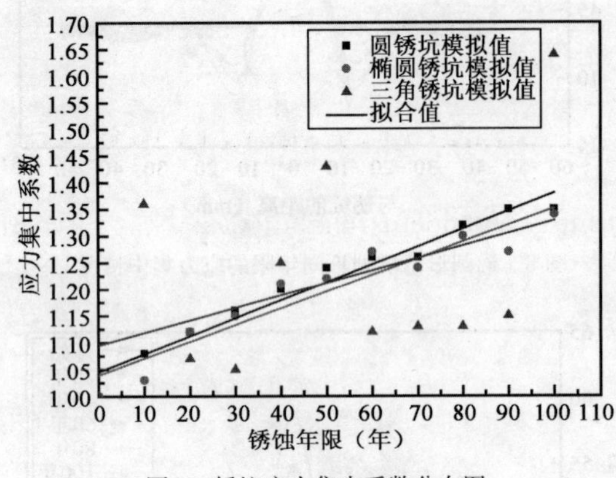

图9 锈坑应力集中系数分布图

式中，最大应力 σ_{max} 可根据以上有限元法分析得到；基准应力 σ_n 是人为规定的应力比的基准，假设构件的应力集中因素（如孔、缺口、沟槽等）不存在，以构件未减小时截面上的应力为基准应力。

考虑随时间的锈坑深度的变化，得到以下应力集中系数变化趋势，利用所得系数拟合曲线，获得应力集中系数随时间变化拟合的曲线如图9所示。

得到锈坑应力集中系数拟合公式：

$$\alpha=\begin{cases}1.045+0.00335(t_k-t_0)\text{（圆形）}\\1.039+0.00313(t_k-t_0)\text{（椭圆形）}\\1.095+0.00234(t_k-t_0)\text{（三角形）}\end{cases} \tag{6}$$

可以发现，圆形和椭圆形锈坑的应力集中系数随锈坑深度的增加而线性变化，三角形锈坑的应力集中系数变化不规律，线性拟合效果很差。

5 结语

本文分别讨论了圆形、椭圆形和三角形锈坑在变化的锈坑深度、混凝土裂缝深度及裂缝宽度影响下的应力集中特性，给出了随锈坑深度变化的应力集中系数计算公式。

研究结果表明，锈坑深度和裂缝深度是影响钢筋应力集中程度的主要原因，而锈坑形状及裂缝宽度的变化影响不大。相同情况下，圆形锈坑和椭圆形锈坑处的应力集中系数随锈蚀深度的增加而线性增加，三角形锈坑集中程度变化规律不明显。随着混凝土裂缝深度的增加，钢筋锈坑处的应力集中程度增加，特别是混凝土开裂前后。相同情况下，随着混凝土裂缝宽度的增加，圆形和椭圆形锈坑处的应力集中程度基本保持不变，而三角形锈坑的应力集中程度随着裂缝宽度变化有小幅波动，并且其集中程度要比圆形、椭圆形锈坑严重。

锈坑变化和裂缝变化对应力集中效应的综合作用有待进一步研究。

参考文献

[1] 安琳，欧阳平，郑亚明．锈坑应力集中对钢筋力学性能的影响[J]．东南大学学报（自然科学版），2005，35(6)．

[2] 范颖芳，周晶．考虑蚀坑影响的锈蚀钢筋力学性能研究[J]．建筑材料学报，2003，6(3)．

[3] 闪勇,郭院成,曾力.锈蚀钢筋力学性能的数值分析[J].工业建筑,2007,37卷增刊.

[4] 施锦杰,孙伟.混凝土中钢筋锈蚀研究现状与热点问题分析[J].硅酸盐学报,2010,38(9).

[5] 李富民,袁迎曙.氯盐环境下混凝土内钢绞线的锈蚀特性试验研究[J].预应力技术,2009,4.

[6] Liu T, Weyers R E. Modeling the dynamic corrosion process in chloride contaminated concrete structures[J]. Cement and Concrete Research,1998,28(3).

[7] A Kim, G Mark. Structural reliability of concrete bridges including improved chloride-induced corrosion models[J]. Structural Safety,2000,22.

[8] M. S. Darmawan, M. G. Stewart. Effect of pitting corrosion on capacity of prestressing wires[J]. Magazine of Concrete Research, 2007,59(2).

[9] M. S. Darmawan, M. G. Stewart. Spatial time—dependent reliability analysis of corroding pretensioned prestressed concrete bridge girders[J]. Structural Safety, 2007, 29.

[10] 王旭光,李翠.混凝土内钢筋的蚀坑形状及分布特征[J].徐州工程学院学报(自然科学版),2010,25(2).

[11] 李富民.氯盐环境钢绞线预应力混凝土结构的腐蚀效应[D].徐州:中国矿业大学,2008.

[12] 袁迎曙,贾福萍,蔡跃.锈蚀钢筋混凝土梁的结构性能退化模型[J].土木工程学报,2001,34(3).

[13] P. J. Sánchez, A. E. Huespe a, J. Oliver b, et al. Mesoscopic model to simulate the mechanical behavior of reinforced concrete members affected by corrosion[J]. International Journal of Solids and Structures,2010,47.

142. 基于连通性可靠度的桥梁网络维护策略优化

杨 云[1] 朱劲松[1,2]

(1. 天津大学建筑工程学院;2. 滨海土木工程结构与安全教育部重点实验室(天津大学))

摘 要:由于外界环境的侵蚀和交通量的日益增大,处于桥梁网络中的桥梁各项性能可靠度都会降低,因此有必要对桥梁网络进行维护以满足交通要求。为了在养护维修资金严重不足的情况下确保桥梁网络运营通畅,提出了基于桥梁网络连通性可靠度的维护策略优化的方法。首先,介绍了桥梁网络连通性可靠度的概念,运用最小支撑树理论确定了桥梁网络中关键性桥梁。然后,以桥梁网络的连通性可靠度最大化为目标,以维护费用为约束条件,单座桥梁是否维护为 0-1 决策变量,运用整数规划方法进行求解。最后以某市的实际桥梁网络维护策略优化过程为例,证明了本文方法的有效性和可行性。

关键词:桥梁网络 连通性 可靠度 最优维护方案

1 引言

桥梁是公路铁路交通系统中最为重要的组成部分,它的健康状况将直接影响到交通的顺畅和通行安全,甚至一个区域的经济发展。由于桥梁处于自然环境中,必不可少地会受到大自然的侵蚀和人为的破坏,如地震、飓风、洪水、交通事故和恐怖活动等。同时,交通量的增加和氯离子的侵蚀都会降低桥梁的各项性能。因此,对桥梁进行及时有效的养护维修就显得十分必要。

虽然许多学者都注意到对桥梁养护维修的重要性与实际意义[1,2],并且提出了各种桥梁健康状态评价指标和劣化模型[3,4]来预测桥梁在将来一段时期内的健康状况。最早 M. Frangopol[5]和 Min Liu[6]等用网络级桥梁连通可靠度、用户满意度及关键性桥梁连通可靠度三个指标来评级桥梁网络的整体性能,最近 PaoloBocchini[7]和 M. Frangopol[8]等人又从桥梁网络节点交通量出发运用随机模拟技术来计算桥梁网络的连通可靠度,并对桥梁网络中的桥梁维护优化问题进行了探讨。但这些研究并未对桥梁网络中的桥梁划分等级及按重要性来确定维护策略。

为了在养护维修资金严重不足的情况下确保桥梁网络运营通畅,本文综合桥梁网络中桥梁和路段的信息,运用最小支撑树原理定义了桥梁网络中的关键性桥梁和非关键性桥梁,以桥梁网络的连通性可靠度最大化为目标,以维护费用为约束条件和单座桥梁是否维护为 0-1 决策变量，并通过蒙托卡罗模拟解决了非线性整数优化问题，最后得出了整个桥梁网络的维护策略。

2 桥梁网络连通可靠度

桥梁网络连通可靠度是指桥梁网络中各节点之间处于连通的概率。分析时仅考虑桥梁单元的失效，其他桥梁网络组成要素如节点、道路不失效。

2.1 关键性桥梁连通可靠度

在一个桥梁网络中各座桥梁的重要性是不一样的，所以对它们进行维护时必然要有所区分。关键性桥梁是桥梁网络中起着重要作用的桥梁。

1)关键性桥梁定义

在桥梁网络图中，若任意两个点之间至少有一条通路，则称桥梁网络图是连通图，否则称为不连通图。在连通图中有一种无圈的连通图称之为树图，简称树。在树图中只要任意加上一条边，必然会出现圈，同时树图中任意两个节点之间有一条且仅有一条弧线。即，去掉任一条边，那么连通图就被破坏，因此树图是边数最少的连通图。

设图 $T=(V,E')$ 是图 $G=(V,E)$ 的支撑子图。若图 $T=(V,E')$ 是一个树图，则称 T 是 G 的一个支撑树。所谓最小支撑树就是在一个赋权的连通的无向图图 G 中找出一个支撑树，并使得这个支撑树的所有边的权数之和为最小。这里所说的“权”是指与边有关的数量指标。根据实际问题的需要，可以赋予它不同的含义，如距离、时间、费用等。

设有一连通的桥梁网络图 $G=(V,E)$，边权只是节点之间的通行成本，$T=(V,E')$ 是它的最小支撑树，则在最小支撑树上的桥梁称之为关键性桥梁，否则称之为非关键性桥梁。

2)路权值的确定方法

本文定义路权值为路段的通行成本，由于通行成本与路段的交通量有关，而交通量是一个变量，所以路段通行应作为随机变量处理。在确定最小支撑树的方法中，路权值要求为确定量，所以应该把路段的不确定的通行成本转化为定值。国内外大部分学者建议考虑 95% 的分位点进行转化，可用如下表达式进行说明[5]：

$$V_{ij}=\frac{V_{ij}^{0}}{\left[1+0.15\times\left(\frac{F_{ij}}{F_{ij}^{c}}\right)^{4}\right]} \tag{1}$$

式中，V_{ij}^{0} 是在路段 $E(i,j)$ 上自由行驶的速度；F_{ij} 是在路段 $E(i,j)$ 上总的交通量；F_{ij}^{c} 是在路段 $E(i,j)$ 上交通量承载能力；

路段 $E(i,j)$ 上的随机变量通行成本为[5]：

$$w_{ij}=C_{t}+C_{r}=\frac{D_{ij}}{V_{ij}}\times\alpha+D_{ij}\times\gamma \tag{2}$$

式中，D_{ij} 是节点 i 和 j 之间的距离；V_{ij} 是在路段 $E(i,j)$ 上行驶的速度；α 是每小时行驶的平均时间单位成本(取 12.5 元)；γ 是每行驶 1km 的平均车辆运营单位成本(取 0.8 元)。

$$F_{w_{ij}}(w_{ij}^{d})=P(w\leqslant w_{ij}^{d})=95\% \tag{3}$$

$$W_{ij}^{d}=\mu_{W_{ij}}+1.645\sigma_{W_{ij}} \tag{4}$$

式中，W_{ij}^{d} 是路段 $E(i,j)$ 上通行成本；$\mu_{W_{ij}}$ 是路段 $E(i,j)$ 上通行成本均值；$\sigma_{W_{ij}}$ 是路段 $E(i,j)$ 上通行成本方差。

3)关键性桥梁连通可靠度计算

由于外界环境的侵蚀和交通量的日益增大，处于桥梁网络中的桥梁可靠度都会随时间降低。设在一个最小支撑树里共有 N 个节点，各个节点之间连通的概率为 $p_{ij}(t)$，则整个关键性桥梁网络中节点之间连通的概率可用矩阵 P 表示。

$$P=\begin{bmatrix} p_{11} & p_{12} & \cdots & p_{1n} \\ p_{21} & p_{22} & \cdots & p_{2n} \\ \vdots & \vdots & \ddots & \vdots \\ p_{n1} & p_{n2} & \cdots & p_{nn} \end{bmatrix} \tag{5}$$

矩阵 P 中：

①当 $i=j$ 时，$p_{ij}(t)=1$，即主对角线上的元素为 1，表明节点本身是不失效的。

②当 $p_{ij}(t)=p_{ji}(t)$，即矩阵为对称矩阵，表明节点之间连通的概率无方向性。

得出了各个节点之间的连通的概率，则关键性桥梁任意时刻连通水平即可通过下式得到：

$$CL(t)=\sum_i\sum_j P_{ij}(t)(i\neq j) \tag{6}$$

对关键性桥梁任意时刻连通水平进行规则化：

$$\overline{CL}(t)=\frac{CL(t)-CL^0(t)}{CL^{100}(t)-CL^0(t)} \tag{7}$$

式中，$CL^{100}(t)$ 是所有关键性桥梁服役时各个节点之间连通水平；$CL^0(t)$ 是所有关键性桥梁失效时各个节点之间连通水平。

2.2 非关键性桥梁连通可靠度

1)非关键性桥梁定义

在一个桥梁网络中，不在最小支撑树上的桥梁称之为非关键性桥梁。

2)非关键性桥梁连通可靠度计算

非关键性桥梁连通可靠度计算类似于关键性桥梁连通可靠度计算方法，首先在桥梁网络中除去最小支撑树的弧线(保留节点)，然后在剩下的弧线下计算各个节点之间的连通性。继而得出了各个节点之间的连通的概率矩阵，则非关键性桥梁任意时刻连通水平为：

$$NCL(t)=\sum_i\sum_j P'_{ij}(t)(i\neq j) \tag{8}$$

对非关键性桥梁任意时刻连通水平进行规则化：

$$\overline{NCL}(t)=\frac{NCL(t)-NCL^0(t)}{NCL^{100}(t)-NCL^0(t)} \tag{9}$$

式中，$NCL^{100}(t)$ 是所有非关键性桥梁服役时各个节点之间连通水平；$NCL^0(t)$ 是所有非关键性桥梁失效时各个节点之间连通水平。

2.3 桥梁网络连通可靠度模型

一个桥梁网络是由关键性桥梁和非关键性桥梁组成的，关键性桥梁和非关键性桥梁的连通水平均已求出，很容易得出整个桥梁网络连通可靠度。

$$BNCL(t)=P_1\overline{CL}(t)+P_2\overline{NCL}(t) \tag{10}$$

式中，$BNCL(t)$ 是整个桥梁网络连通可靠度；P_1、P_2 是权重系数，按目标的重要性来取定，且有关系式 $P_1+P_2=1$。

3 实例分析

3.1 桥梁网络概况

某区域桥梁网络由 17 座桥梁、13 条路段和 7 个节点组成，如图 1 所示。网络图中用Ⓐ代表节点，弧线表示各段公路，符号⼆代表桥梁。

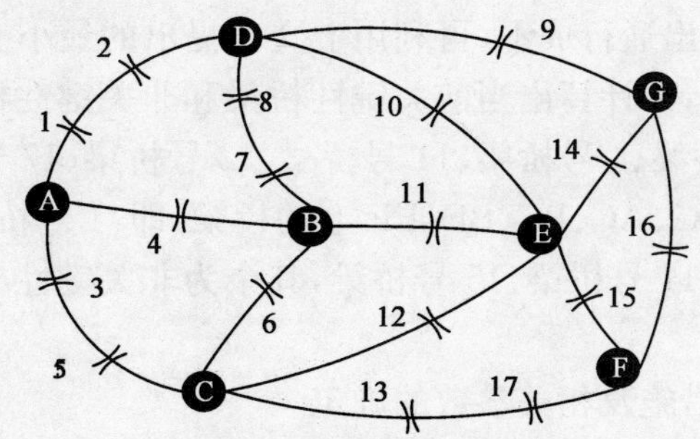

图1　某区域桥梁网络模型图

桥梁网络中各座桥梁及路段的基本数据如表1、表2所示。

桥梁网络中桥梁基本数据　　表1

桥梁编号	日交通量(ADT)(辆)	当前可靠度指标	桥梁当前可靠度	桥梁编号	日交通量(ADT)(辆)	当前可靠度指标	桥梁当前可靠度
1号	24 678	3.37	0.999 624	10号	63 571	2.66	0.996 092
2号	24 678	3.28	0.999 480	11号	39 680	4.05	0.999 974
3号	70 561	4.04	0.999 973	12号	25 030	4.13	0.999 981
4号	58 043	4.07	0.999 976	13号	36 210	3.00	0.998 650
5号	70 561	2.59	0.995 201	14号	51 748	3.46	0.999 729
6号	68 721	3.92	0.999 955	15号	48 658	2.45	0.992 857
7号	35 128	3.40	0.999 663	16号	23 698	3.25	0.999 422
8号	35 128	3.33	0.999 562	17号	36 210	4.03	0.999 972
9号	28 333	2.67	0.996 207				

桥梁网络中路段基本数据　　表2

路段编号	路段长度(km)	路段自由行驶速度(km/h)	路段日交通量(辆)	路段日交通承载能力(辆)	路段的行驶速度(km/h)
AD	5.6	86	24 678	35 400	83.06
AB	4.7	65	58 043	55 000	54.80
AC	3.9	65	70 561	65 000	53.79
DG	6.8	65	28 333	30 000	58.07
DE	6.1	65	63 571	55 000	51.27
DB	5.6	65	35 128	30 000	50.70
BE	5.8	65	39 680	35 400	52.56
BC	4.3	65	68 721	50 000	42.34
CE	16.5	80	25 030	35 000	76.98
CF	18.6	80	36 210	30 000	60.68
EG	7.1	80	51 748	40 000	56.33
EF	4.8	80	48 658	40 000	60.22
FG	10.6	87	23 698	30 000	82.20

3.2 桥梁网络连通性可靠度计算

根据路段基本数据计算出通行成本，再利用上文中提出的最小支撑树法确定桥梁网络中关键性桥梁和非关键性桥梁，并计算出当前关键性桥梁和非关键性桥梁的连通可靠度。根据当前桥梁可靠度情况，3号桥梁、4号桥梁、11号桥梁、12号桥梁、17号桥梁不必维修。本实例的关键性桥梁为路段AD、DG、AC、BC、BE、EF上的桥梁，即：1号桥梁、2号桥梁、9号桥梁、3号桥梁、5号桥梁、6号桥梁、11号桥梁、15号桥梁，其余为非关键性桥梁。桥梁网络连通可靠度可通过公式(10)求出。

3.3 网络级桥梁维护措施及相关参数的确定

该桥梁网络中需要维护的桥梁及其对应的当前可靠度、目标可靠度和拟采取的措施及相应的费用见表3。优化函数中权重系数 P_1、P_2 分别取为0.8和0.2，预算资金额度为2 200万元，优化函数中的桥梁可靠度不考虑其随时间变化。

桥梁维护具体措施及目标可靠度 表3

桥梁编号	当前可靠度指标	拟采取措施	所需费用(万元)	目标可靠度指标
1号桥梁	3.37	更换桥面板	360	4.00
2号桥梁	3.28	更换桥面板及两根外梁	220	4.00
5号桥梁	2.59	修补两根内梁	350	4.00
6号桥梁	3.92	更换桥面板	450	4.00
7号桥梁	3.40	修补两根外梁	400	4.00
8号桥梁	3.33	外贴钢板	160	4.00
9号桥梁	2.67	外贴钢板	180	4.00
10号桥梁	2.66	更换锈蚀钢板	280	4.00
13号桥梁	3.00	主梁防腐涂装	150	4.00
14号桥梁	3.37	更换桥面板	360	4.00
15号桥梁	3.28	更换桥面板及两根外梁	220	4.00
16号桥梁	2.59	修补两根内梁	350	4.00

3.4 优化结果

按照式(9)建立的桥梁网络连通可靠度优化模型，运用蒙托卡罗模拟算法经过十万次随机模拟求解非线性0-1规划，从而得到最优结果见表4。

桥梁维护最优策略 表4

桥梁编号	是否维护	所需费用(万元)	桥梁编号	是否维护	所需费用(万元)
1号桥梁	是	360	9号桥梁	是	180
2号桥梁	是	220	10号桥梁	是	280
5号桥梁	是	350	13号桥梁	是	150
6号桥梁	否	0	14号桥梁	否	0
7号桥梁	否	0	15号桥梁	是	240
8号桥梁	是	160	16号桥梁	是	200
总需费：2 140万元			桥梁网络连通可靠度 P_S：0.969 6		

优化结果表明，维修1号、2号、5号、8号、9号、10号、13号、15号、16号桥梁，能使桥梁网络连通可靠度最大，且最大值为0.969 6。

4 结语

根据本文的研究，可以得到以下结论：

(1)应用的桥梁网络连通可靠度最大化优化模型，能够很好地描述桥梁网络的整体性能，其优化结果可为网络级管理部门提供了准确的决策依据。

(2)通过算例发现，采用本文提出的桥梁网络连通可靠度最大化优化模型确定的维护策略更具有管理使用价值，为一个区域或地区的桥梁网络维护提供了参考依据。

参考文献

[1] 赵冬兵，刘洪军，罗浩．高速公路桥梁网络系统的管理和优化[C]．上海高速公路建设，中国学术期刊电子出版社，2004.

[2] 夏海兵，姚安林，尹继明．在路网中桥梁维修优先级的辅助决策方法[J]．公路交通技术，2007，22(1)：84～86.

[3] 刘多贵，晏班夫．基于概率的路网级桥梁性能评定研究[D]．湖南大学，2009.

[4] 吴丽，晏班夫．基于概率的网络层次桥梁最优维护决策研究[D]．湖南大学，2010.

[5] Liu Ming，Dan. Frangopol，Probability-Based Bridge Network Performance Evaluation，Journal of Bridge Engineering，ASCE，2006，11(5)，633-641.

[6] Dan M Frangopol，JungS Kong，Emhaidy S Gharaibeh. Reliability-based life-cycle management of highway bridges[J]. Journal of Computingin Civil Engineering，2001，15(1)：27-34.

[7] Paolo Bocchini，DanM. Frangopol. Connectivity-Based Optimal Scheduling for Maintenance of Bridge Networks[J]. Journal of Engineering Mechanics，ASCE，2011. 25-56.

[8] Liu Ming，Dan Frangopol. Balancing Connectivity of Deteriorating Bridge Networks and Long-Term Maintenance Cost through Optimization[J]. Journal of Bridge Engineering，ASCE，2005，17(8)，256-168.

143. 九堡大桥运营期间风险评估和管理对策

阮　欣[1]　钮建伟[2]　吴宏强[2]　闫振国[1]

(1. 同济大学桥梁工程系；2. 杭州城投建设有限公司)

摘　要：九堡大桥主桥采用(210+210+210)m 多跨异形空间拱肋叠合主梁拱桥，设计理念新颖、结构体系复杂、运营管养难度大。全面考虑九堡大桥运营过程中可能面临各种风险事态，在保证结构安全的基础上科学应对，降低风险事态对人员安全、结构安全、运营时间、管养费用的影响是大桥运营管理的重要目标。本文详细介绍了九堡大桥运营风险评估的过程，包括构件易损性和结构强健性分析、典型运营风险事态识别、风险管理区域划分及风险场景识别、运营风险管理手册编制等。研究也提出了大型桥梁运营风险评估和管理的一般方法，这一方法可以有效地将结构分析、风险评估和现有的大桥管理经验结合起来，提高大桥运营期间风险事件应对的水平。本文方法在九堡大桥应用获得业主好评，并可在类似大桥中推广使用。

关键词：九堡大桥　运营　风险评估　风险管理

1　引言

桥梁工程风险评估综合了结构计算、不确定分析、工程经济、管理科学等多学科方法，对工程过程中的小概率事件提出科学的应对策略，往往达到事半功倍的效果。近几年来，国内桥梁工程风险评估基本体系建立的基础上[1]，针对施工过程的风险评估和风险管理开展了一些研究工程，取得了很好的效果[2]，但针对桥梁运营阶段的研究尚不多见。

九堡大桥是杭州市重要的越江通道，主桥采用(210+210+210)m 多跨异形空间拱肋叠合主梁拱桥，南北引桥采用了叠合梁连续梁形式。大桥运营期间需要考虑自然灾害、交通事故及次生灾害、意外事故、蓄意事故等各种风险事件，管养难度大。结合不确定性分析、工程管理等，对大桥运营期间各种突发事件进行风险评估，制定科学的风险管理对策，具有重要的理论和实践意义。

以下将介绍九堡大桥运营期间风险评估和管理研究的主要研究成果[3]。这项研究在桥梁工程风险评估一般方法的基础上，提出了一个可适用于大型桥梁运营风险评估和管理的一般方法。这一方法可有效地将结构分析、风险评估和现有的大桥管理经验结合起来，充分考虑结构自身特点，全面评价各种风险事件可能对大桥造成的结构安全、维护费用损失、公众伤亡、大桥正常使用时间等各种不利影响和损失程度，最终形成科学的应对策略和实用工具。

2　构件易损性和结构强健性分析

2.1　易损性和强健性分析的概念

为了精确评估各种风险事态对大桥运营的影响，首先需要明确其可能对结构造成的损失程度。这其中明确风险事态对结构安全的影响程度是最为基础的，包括各种构件、各个部位在风险事态中损伤的程度，以及构件失效后对结构安全的影响程度，研究中将这部分称为构件易损性和结构强健性。构件易损性分析的目的是预测结构在不同风险事态影响下发生各种损伤状态的可能性；强健性则进一步深入研究构件损伤对结构整体安全的影响，从而更加准确地判定损伤程度和影响范围。评估过程中应首先对九堡大桥运营期间主要的风险源进行总体分析，并由此确定易损性和强健性分析的重点，以便后续研究。

九堡大桥可能损伤的主要构件包括：拱肋、吊杆、主梁、桥墩及附属构件等，各个构件的材料、形状、位置等有所不同，以典型构件拱肋和吊杆为例，分析其特点如表1。以下以吊杆为例说明构件易损性和结构强健性分析的基本过程和方法。

九堡大桥主要构件特点　　　表1

构件名称	构件材料	构 件 图 示	构 件 特 征
拱肋	钢	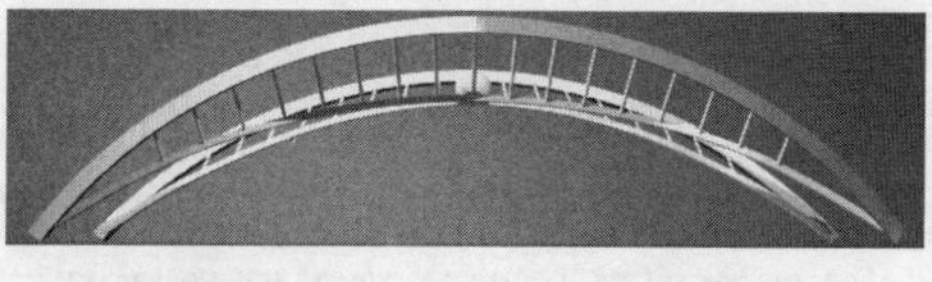	拱肋为空间异形，由主拱肋、副拱肋、主副拱肋连接件及装饰球组成
吊杆	钢、PE 等	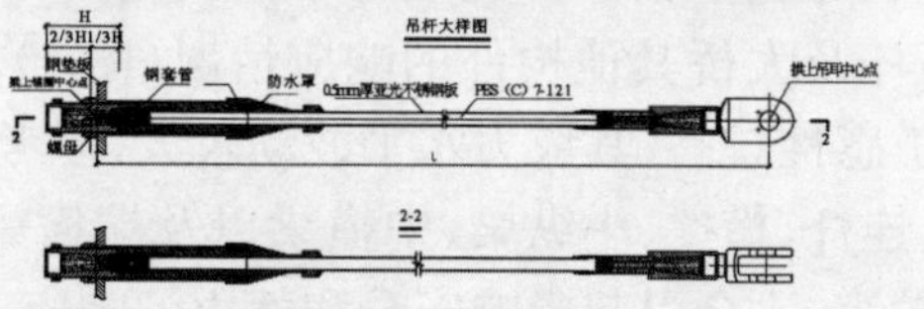	吊杆采用热挤聚乙烯高强度钢丝吊杆，钢丝索的聚乙烯防护套外包厚亚光不锈钢板

九堡大桥中吊杆数量众多，可能引起吊杆失效的原因多样，如交通事故撞击、吊杆自身疲劳、爆炸影响等，确定易损性和失效概率比较困难。因此，评估过程中，可以重点关注吊杆失效时的结构强健性，既吊杆失效后是否会引起其他吊杆的连续失效，是否可能引起结构其他部位的损伤；并根据这些结果分析吊杆失效后对结构安全和运营的影响程度，从而确定科学的风险管理对策。

2.2　吊杆失效时的结构强健性分析

吊杆的失效过程是一个动力过程，吊杆力将在一个短时间内迅速释放，邻近的构件也将在此过程中经历一个短时应力突变过程，这个过程中邻近吊杆可能失效。计算中以一个时程力模拟吊杆的失效过程(图1)，采用典型的摆线式力的时程计算模式(图2)，这个过程中力的变化可表达如式(1)。

$$F_i(t)=\frac{F_i}{2\pi}\left(\frac{2\pi\cdot t}{\tau}-\sin\frac{2\pi\cdot t}{\tau}\right)\tag{1}$$

式中，F_i 为构件损伤前模型的吊杆内力；τ 为作用上升时间；T 为基本周期。通过比较吊杆失效前和失效后的结构振型频率，可以得到基本周期并确定 τ，对于单根吊杆计算表明，采用4.5s时即可基本稳定。在国内的相关规范中，对构件的失效时间尚没有明确界定，本文参照国外相关建议：构件失效时间不超过剩余结构相关模态周期的1/10，实际取基本振型周期的0.1倍，计算中取用0.2s。动力计算中，结构阻尼采用经典Rayleigh模式。对于阻尼比ξ取0.02。

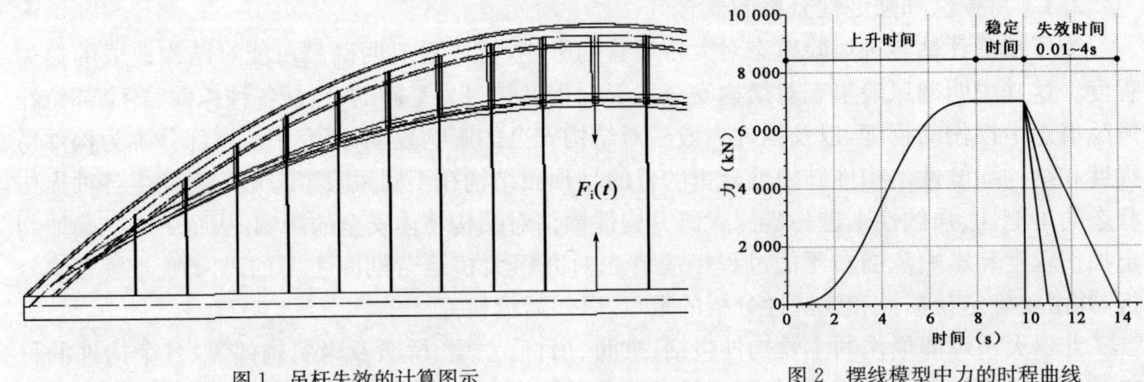

图1 吊杆失效的计算图示

图2 摆线模型中力的时程曲线

构件连续失效的判定准则，有强度准则、变形准则、机构准则、稳定准则、疲劳准则、能量准则、变形—能量双重准则等，其中最常用的是强度准则和变形准则，这里选用强度准则进行判断。强度准则认为构件最大应力或内力大于允许值时发生破坏，这里假定构件在材料达到其屈服强度时结构即宣告失效退出工作，吊杆的屈服强度取用其抗拉强度的0.85倍，即1 504MPa。

九堡大桥吊杆数量多，吊杆位置及内力有较大差异，不同吊杆失效对结构影响可能不同，因此考虑了多个不同位置单根吊杆、连续两根吊杆、连续三根吊杆失效的情况，其中多根吊杆失效还考虑了同侧多根同时失效、异侧多根吊杆失效等不同的情况。以中拱中间吊杆（图3）为例，分析了吊杆失效后其他吊杆及大桥其他构件的响应情况（图4），从计算结果可以看出：吊杆、主纵梁、主拱对该断裂的敏感性较高，其应力水平波动较大，但考虑到吊杆原有的安全储备，也不致引起连续破坏；副拱、连杆、横撑、小纵梁、中横梁以及端横梁其本身应力水平较低，在吊杆断裂后应力波动范围也较小，不会引起影响安全和使用的响应。

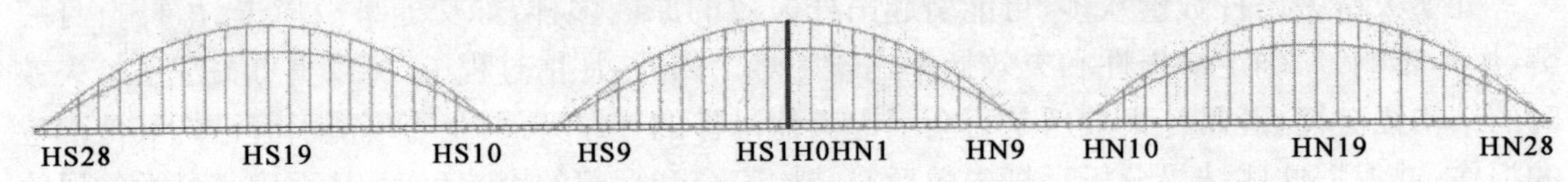

图3 失效吊杆位置示意图（红色标记处即为断裂的吊杆）

通过各种吊杆失效情况的分析，可以得到有关吊杆失效时结构强健性的特性如下[4]：大桥对吊杆断裂的响应行为主要表现为“同跨同侧”的特性，即吊杆断裂后对与其相邻的在同一拱跨内并且在同一侧的吊杆影响较大，主拱及主纵梁也有同样的规律。相邻拱圈之间22m的主纵梁以及V形墩消耗了在吊杆断裂时传递过来的绝大部分能量；大桥不同位置对同一情况下吊杆断裂情况敏感性有不同的分布特性：在吊杆断裂处的构件受吊杆断裂影响最为显著，随着距离吊杆断裂位置距离的增加，结构的响应迅速降低；大桥拱脚位置处的吊杆断裂时大桥的响应行为在同等条件下比四分点处吊杆断裂的情况显得稍微剧烈，跨中吊杆断裂敏感性最差；九堡大桥在单纯吊杆失效的情况下，结构强健性较高，影响结构安全的吊杆连续破坏根数较多，发生这种情况的概率很低。

基于上述分析可见：吊杆失效影响结构整体安全的可能性很低，风险管理对策可以保持运营状态为主。研究中对于大桥主要节点、主墩等也进行了类似的分析，并根据分析的结论得到相关的管理对策。基于这些结论，可以确定大桥运营风险评估中损伤等级如表2。

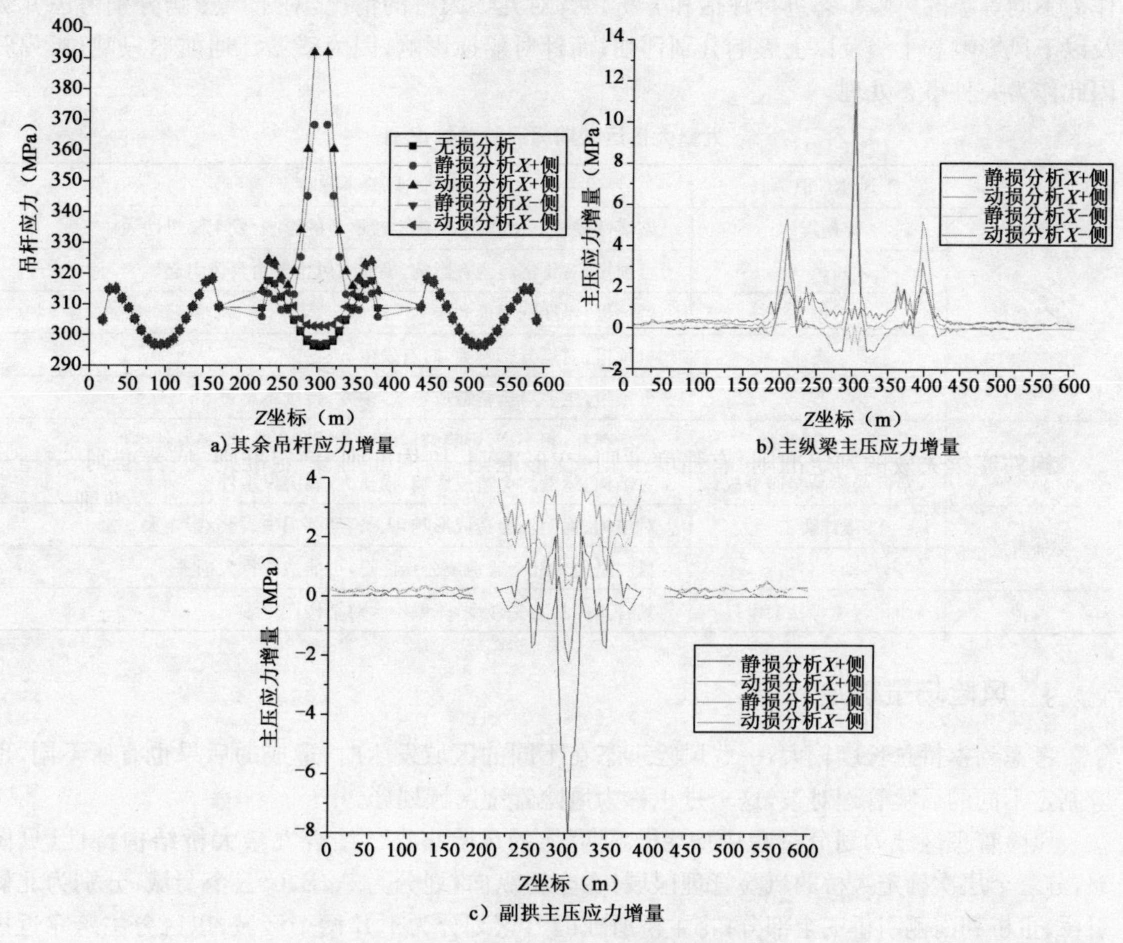

图4 吊杆失效后其余吊杆及其他构件的响应特性

基于易损性和强健性分析的风险损失评定标准 表2

风险损失等级	典型结构损伤描述
1	照明设备、防护栏杆等发生损伤；吊杆外表出现划伤等
2	吊杆表面损坏；桥墩承台等混凝土构件大面积产生微小裂缝；照明设备倾覆等附属设施严重破坏
3	单根吊杆部分失效；桥墩承台等混凝土构件广泛分布微小裂缝
4	单根吊杆失效；主拱肋表面受损但尚未影响受力；桥墩承台等混凝土构件严重开裂或局部保护层剥落
5	一对吊杆失效；主拱肋严重受损，变形；桥墩承台等混凝土构件被压碎或纵筋失效

3 典型风险事态识别

对九堡大桥周边气候条件、交通情况等进行调查分析，研究运营阶段各种风险事态发生的可能性，总结得到自然灾害、交通事故、蓄意袭击等几类事故需要特别关注，对其基本特征分析见表3。

对这些典型的风险事态的分析需结合当地条件和结构特征，着重分析事态出现的概率、强度等级、持续时间和特性等。对于强度等级差别较大的风险事态，即使风险源相同，也应考虑作为不同等级的风险事态进行评估和分析。针对九堡大桥的情况，对于风影响分别考虑九级及以下风影响和十级及以上影响分别评估；而针对船撞影响，因为钱塘江通航船只吨位不高，因此作为一种事态处理。

九堡大桥运营期间风险总体识别 表3

	风险识别	风险事态特点
自然条件	地震	破坏性较强，可能对结构产生较严重的影响，发生随机性强
	风	可预报，对正常运营有影响，极端大风主要由台风引起
	雨	可预报，汛期降雨量大
	雪	可预报，对运营影响大，时有发生
	雾	可预报，主要对运营造成影响，多发，持续不超过3h
交通事故	普通交通事故	广泛存在，频率高，影响结构健康及运营正常，属突发性事件
	危险易燃品交通事故	对结构、运营均会造成影响，损伤大，属突发事件
交通事故	爆炸袭击	对结构、运营均会造成影响，人员、经济损失、社会影响大
	动力袭击	目的是造成社会恐慌或公众注意，可能造成重大损失
其他	市民轻生等社会事件	具有高度社会关注度，一般不会对结构产生影响

4 风险场景确定

考虑到本桥总长度较大，一些风险事态在不同的区域发生时，造成的后果也有所不同，也应制定不同的风险管理对策，这个过程称为风险管理区域划分。

风险管理区域的划分过程中应考虑到可能的风险事态。结合九堡大桥结构特性（见图5），分三个层次确定大桥的风险管理区域：在全桥纵向，划分为A、B、C三个个域，分别为北侧引桥、主桥和南侧引桥三个部分；将主桥所在的B区划分为I、II两个区域，以区分主跨靠近拱脚处和靠近中间区段；在横向，划分1、2两个区域，区分拱肋内侧车道及外侧人行道和行车道中央四车道。

结合已经识别得到的风险事态和划分得到的风险管理区域，可以得到更加具体的风险场景。后续具体的风险评估、管理对策和应急预案制定均可针对这些风险场景进行。

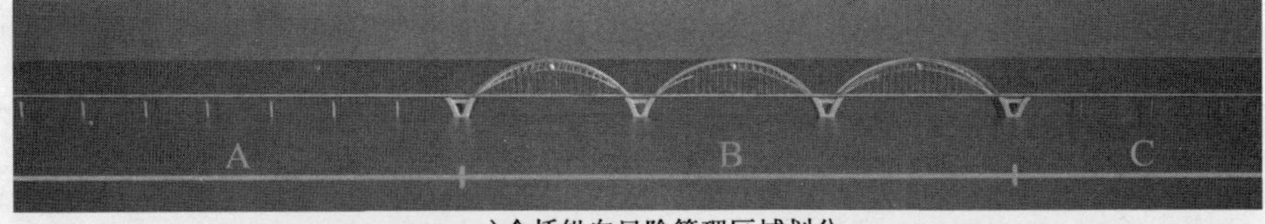

a)全桥纵向风险管理区域划分

b）主桥范围纵向风险管理区域划分

c）横桥向风险管理区域划分

图5 九堡大桥风险管理区域划分

5　运营风险事态评估

划分风险管理区域后，可以结合风险管理区域和识别得到的风险事态进行风险识别和评估，可利用管理区域编号对各种风险事态进行统一编号，比便于后续管理。

对影响范围较大的风险事态，不需要区分风险管理区域识别，例如风、地震等；但对于另外一些主要影响局部的事态，将发生在不同区域的风险事态划分为不同的风险事件，则有利于提高评估的准确度，以及制定有针对性的对策。例如，将发生在B区的交通事故，再具体划分为发生在1区和2区两种；发生在1区的事态有可能影响吊杆和结构安全，但发生在2区的，则可以主要考虑对正常运营的影响。基于上述基本原理，九堡大桥对四类主要的风险源，识别得到了31个风险场景。

对于风险场景风险等级的评估，可以利用风险评估矩阵方法进行。针对每个风险场景，应分别考虑对人员安全、运营时间、管养费用和结构安全分别评估其风险损失等级。其中结构安全的评估标准可结合易损性和强健性分析的结果，而其他几项评估目标则可通过与业主的沟通和调查确定。

九堡大桥部分的评估结果可参见表4，评估表明：A、C区发生风险的严重性要小于其他区域；B区发生各种交通及其他风险事态时损失的时间要较其他区域大；从结构损失角度考虑，Ⅰ区、Ⅱ区在相同风险事态影响下损伤程度相似，损伤构件不同，对大桥的整体影响程度也不同。对于整个区域而言，恶劣自然灾害对桥梁的应急响应总体风险水平也比较高，大雾、台风等的影响与响应速度密切相关。

九堡大桥运营风险场景识别及评价（部分）　　表4

编　号	风 险 名 称	人员安全	运营时间	管理费用	结构安全	总体评价
R1004	九堡大桥遭遇10级及以上大风	合理控制	严格控制	严格控制	可接受	严格控制
R1005	九堡大桥遭遇暴雨	合理控制	严格控制	严格控制	可接受	严格控制
R1030	桥上车辆冲出桥面	可接受	不可接受	严格控制	可接受	合理控制
R1031	Ⅱ区构件坠落事件	可接受	严格控制	合理控制	可忽略	合理控制
R1034	涌潮对大桥运营的影响	可接受	合理控制	可接受	可忽略	合理控制

6　运营风险管理手册

为了便于使用，在评估结果的基础上编写了运营阶段的风险管理手册。管理手册按风险场景进行组织，详细描述了各个风险场景的主要特征，并给出了风险场景的三维模拟图，便于管理人员比对和识别。针对每个场景，给出了其对结构、人员、运营时间等可能造成的损失程度和风险场景等级评定。同时，给出了建议的风险对策、风险应急预案。

风险管理手册内容突出易用性和针对性，提供了运营过程中的主要突发事件的应急处理预案，有利于运营风险事态的科学、快速处置。图6中给出了风险管理手册的示例。

7　结语

大型桥梁运营过程中可能面临各种风险事态，在保证结构安全的基础上科学应对，降低风险事态对人员安全、结构安全、运营时间、管养费用的影响是大桥运营管理的重要目标。本文在一般工程风险评估方法的基础上提出了包括构件易损性和结构强健性分析、典型运营风险事态识别、风险管理区域划分及风险场景识别、运营风险管理手册编制等的大型桥梁运营风险评估方法，可以有效地将结构分析、风险管理和现有的管理经验结合起来，提高大桥运营期间风险管理的水平。本文方法在九堡大桥中的应用获得业主好评，并可在类似大桥中推广使用。

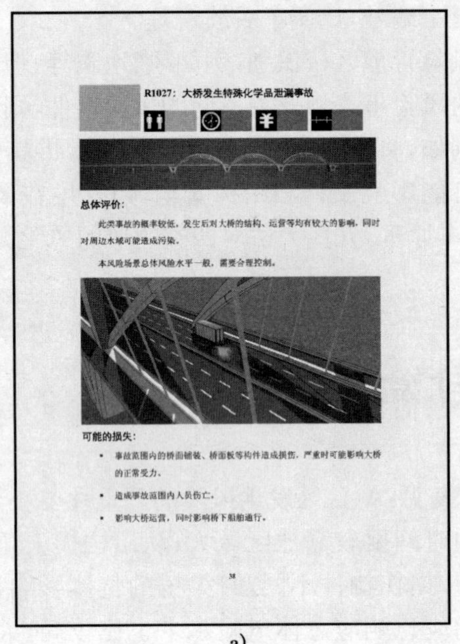

R1027：大桥发生特殊化学品泄漏事故

总体评价：

此类事故的概率较低，发生后对大桥的结构、运营等均有较大的影响，同时对周边水域可能造成污染。

本风险场景总体风险水平一般，需要合理控制。

可能的损失：

- 事故范围内的桥面铺装、桥面板等构件造成损伤，严重时可能影响大桥的正常受力。
- 造成事故范围内人员伤亡。
- 影响大桥运营，同时影响桥下船舶通行。

38

a)

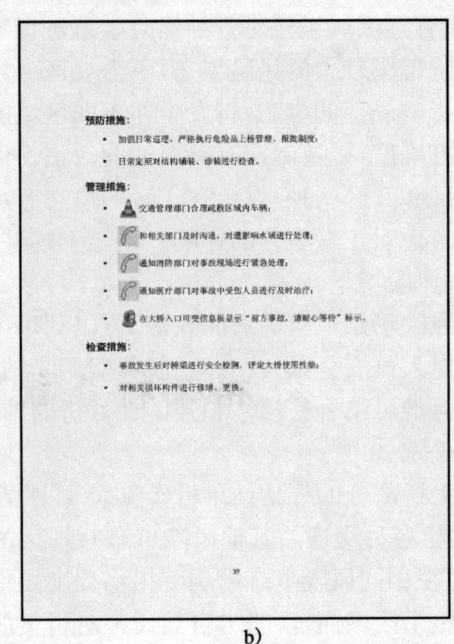

预防措施：

- 加强日常巡逻，严格执行危险品上桥管理、报批制度；
- 日常定期对结构铺装、涂装进行检查。

管理措施：

- 交通管理部门合理疏散区域内车辆；
- 和相关部门及时沟通，对遭影响水域进行处理；
- 通知消防部门对事故现场进行紧急处理；
- 通知医疗部门对事故中受伤人员进行及时治疗；
- 在大桥入口可变信息板显示“前方事故，请耐心等待”标示。

检查措施：

- 事故发生后对桥梁进行安全检测，评定大桥使用性能；
- 对相关损坏构件进行修缮、更换。

39

b)

图6　风险管理手册示例

参 考 文 献

[1] 阮欣，陈艾荣，石雪飞. 桥梁工程风险评估[M]. 北京：人民交通出版社，2007.

[2] 阮欣，等. 超大跨径斜拉桥索塔施工期间风险评估与风险管理[J]. 桥梁建设，2008.4.

[3] 石雪飞，阮欣，等. 九堡大桥施工及运营期间风险评估及检测养护管理策略研究[D]. 上海：同济大学，2010.

[4] 王兆民. 大跨度连续多跨结合梁—钢拱组合体系拱桥结构强健性研究[D]. 上海：同济大学，2011.

144. 考虑横梁剪切失效成铰的钢筋混凝土简支T梁格架桥系统可靠度分析

张 毅[1] 孙 智[2]

(1. 同济大学土木工程学院桥梁工程系;2. 同济大学土木工程防灾国家重点实验室)

摘 要:本文基于MATLAB软件开发环境采用基于有限元法与蒙特卡罗模拟的结构系统可靠度分析方法对钢筋混凝土简支T梁格架桥进行了考虑横梁剪切失效成铰的结构承载性能分析。首先将结构比拟成梁格,建立了参数化的有限元分析模型,然后对材料强度、结构几何尺寸、荷载幅值等随机变量进行拉丁超立方抽样,再将样本带到有限元模型中用荷载增量法进行结构极限承载能力分析,通过引入不同类型的塑性铰模拟主梁的弯矩失效和横梁的剪切失效,自动分析结构的内力增量分布,最后通过确定桥梁系统抗力随机变量计算桥梁系统可靠度。研究表明,横梁剪切失效成铰对结构体系可靠度有着一定影响,特别在偏载时需认真分析考虑。

关键词:横梁 剪切失效 系统可靠度 蒙特卡罗 有限元 塑性铰

1 引言

钢筋混凝土多梁格架桥是国内中小跨径桥梁最常采用的一种结构形式。对此类桥梁的调查研究表明,横梁或横向联系的剪切失效是钢筋混凝土格架梁桥的一种主要损伤形态。合理地评价这类桥梁的承载性能,特别是在寿命期内不确定性因素影响下的承载性能,需要认真考虑横梁剪切失效的影响。结构系统可靠度分析方法是合理评价桥梁寿命期内抗力和荷载效应不确定性的科学方法。已有的相关研究通常忽略对横梁剪切失效的模拟,因此不能考虑横梁剪切失效导致的梁桥系统承载能力降低,致使算得的结构系统可靠度偏高。

本文模拟了多梁格架桥主梁产生弯曲塑性铰、横梁发生剪切失效成铰的桥梁系统加载失效过程,并对结构系统抗力与荷载效应相关参数进行蒙特卡罗抽样模拟,通过计算结构系统可靠度分析结构极限承载能力,从而评估了横梁剪切失效成铰对结构承载能力的影响。

本研究由国家863项目基金支持,项目编号2006AA11Z109。上海科委启明星项目基金支持,项目编号09QA14051。

2　梁桥系统有限元模型

本研究分析对象为某 20m 跨径钢筋混凝土简支 T 梁桥，结构系统由 5 片 T 形主梁和 5 片横梁构成，横梁为布置在梁端、跨中、1/4 跨处的 5 片横隔梁。主梁材料为混凝土 C30，主筋 HRB335 钢筋，沥青混凝土铺装层厚 11cm。设计荷载公路-Ⅱ级。桥梁横截面布置如图 1 所示。

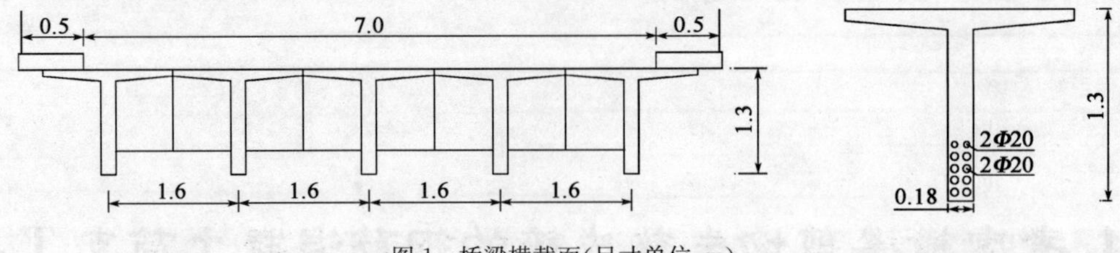

图 1　桥梁横截面(尺寸单位：m)

对于此种多梁格架式桥梁体系，在荷载作用下，各主、横梁不同程度参与受力，桥梁的内力分析实际上为一空间力学分析问题，一般采用梁格法进行结构分析，即用等效梁格结构代替桥梁主、横梁体系，通过分析获得桥梁实际受力状态。在 MATLAB 软件环境下对此桥按梁格法建立梁格系参数化有限元模型，采用每个节点三自由度的梁格单元模拟主、横梁。全桥共 60 个单元，45 个节点，有限元模型如图 2 所示。

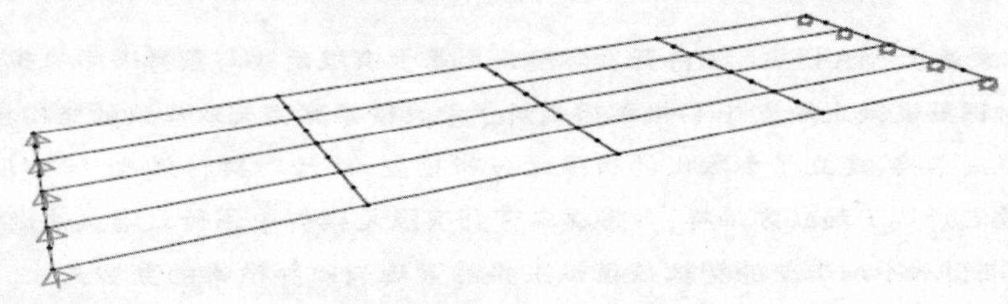

图 2　梁格系有限元模型

3　荷载模型

恒载、汽车荷载以及汽车冲击荷载是作用在桥梁上的主要荷载。桥梁恒载是指桥梁构件的自重，等于构件重力密度乘以构件体积。汽车荷载概率模型应基于实桥实测数据，包括车辆轴重、作用位置等，但目前国内在这方面的资料还很缺乏，一般是采用桥梁设计规范中的车道荷载来近似评估结构可靠度。本桥设计荷载为公路Ⅱ级，车道荷载由均布荷载 q_k 和集中荷载 p_k 组成，车道偏载布置以使荷载效应达到最不利，如图 3 所示。汽车冲击荷载一般等效为静力荷载，等于汽车荷载值乘以冲击系数。

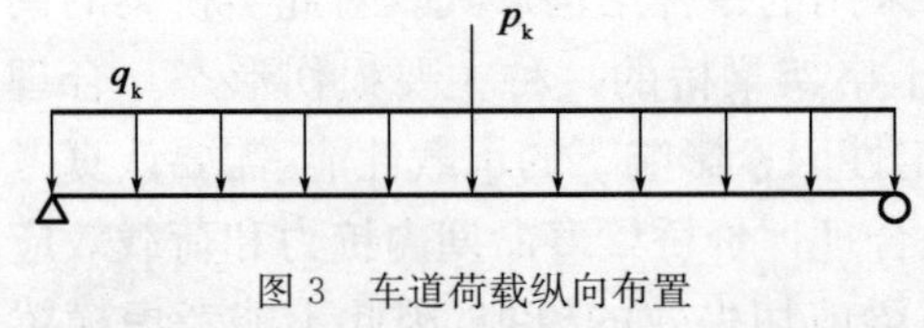

图 3　车道荷载纵向布置

这几种荷载中，桥梁恒载服从正态分布，汽车荷载服从极值Ⅰ型分布，汽车冲击系数服从正态分布，根据《公路工程结构可靠度设计统一标准》，各随机变量统计参数如表 1 所示。

荷载随机变量概率统计表　　表 1

随机变量	分布类型	平均值/标准值 κ	变异系数 δ
构件自重	正态分布	1.021 2	0.046 2
汽车荷载	极值Ⅰ型分布	0.686 1	0.156 9
冲击系数	正态分布	1.177 6(均值)	0.042 8

4 抗力模型

桥梁系统抗力取决于构件的抗力以及各构件之间的连接强度。相应的，对于多梁格架式简支梁桥，构件抗力即主梁的抗弯承载能力，构件之间的连接强度即横梁的剪力传递能力。因此，桥梁抗力分析包含主梁抗力、横梁抗力和桥梁结构系统抗力三个方面的抗力分析。

4.1 主梁抗力分析

由于钢筋混凝土材料的非线性，主梁截面的抗弯承载能力需根据材料本构模型，通过计算截面的弯矩—曲率关系来确定。本桥主梁材料为混凝土 C30 和 HRB335 钢筋，截面尺寸及钢筋布置如图 1 所示，依据钢筋混凝土结构设计规范，两种材料的简化本构模型如图 4 所示。

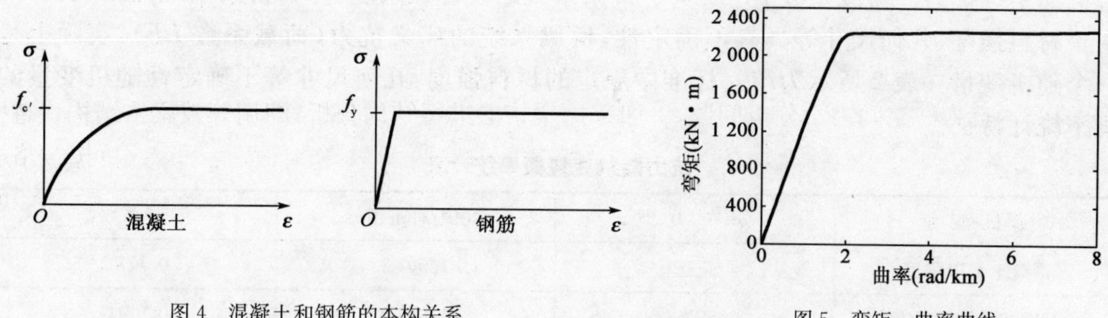

图 4　混凝土和钢筋的本构关系

图 5　弯矩—曲率曲线

根据材料本构、截面尺寸和钢筋布置，用 RESPONSE—2000 软件对主梁截面进行弯矩—曲率关系分析，得到图 5 所示的弯矩—曲率曲线。

由图 5 所示，当截面弯矩大于 2 358kN·m 时，截面应力不再增大，应变持续增长，即截面表现出理想塑性。因此，将此弯矩值作为主梁截面的极限屈服弯矩。当作用的弯矩值大于此值时，截面形成塑性铰。

4.2 横梁抗力分析

本桥横梁即主梁之间的 5 片横隔板，通过传递剪力，使各主梁共同承受桥梁上作用的各种荷载。各主梁间的横隔板通过预埋钢板和盖接钢板焊接为一体，细部构造如图 6 所示。

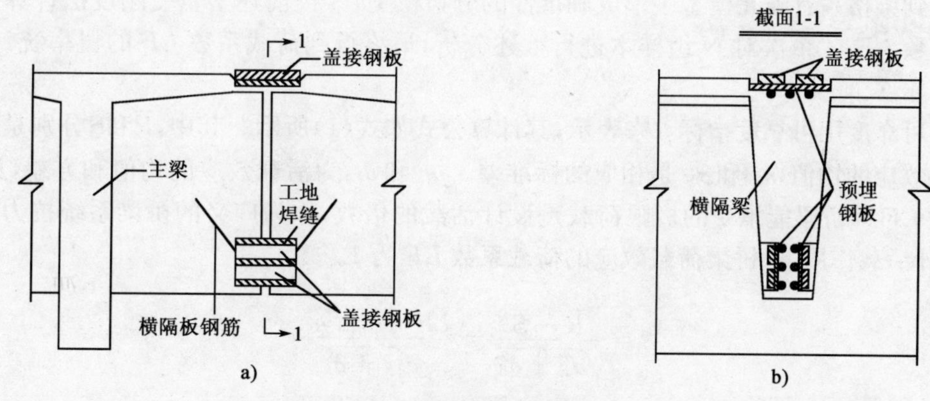

图 6　横隔板连接构造

当横梁传递的剪力过大时，横隔板钢筋屈服，横梁丧失进一步传递剪力的能力。在有限元分析时，将横梁在此连接处设置节点，当传递的剪力超过限值时，设置剪切铰，使之不传递剪力增量。

4.3 桥梁系统抗力模型

桥梁结构系统的抗力即极限承载能力，反映了桥梁系统在荷载作用下的冗余度。桥梁极限承载能力分析采用有限元增量变刚度法，该法特点是将活载分级加载求解内力，当主梁节点弯矩值达到塑性极限弯矩时，该节点形成塑性弯曲铰，此时修改相关主梁单元的刚度矩阵；当横梁节点达到塑性极限剪力时，该结点形成塑性剪切铰，修改相关横梁单元的刚度矩阵，然后重新形成总刚，加下一级荷载，再求解各节点内力，如此重复。当整个结构成为可变体系，增加一级荷载而结构内力不变或变化很小时，认为此时作用在结构上的荷载达到极限，此时累计各级荷载值即为桥梁的极限荷载。假定此时的活载为设计活载的 LF 倍，定义此倍数 LF 为荷载系数，即当桥梁上作用的活荷载为设计活载的 LF 倍时，其产生的荷载效应等于桥梁的系统抗力。荷载系数 LF 反映了桥梁系统的设计冗余度，称为桥梁系统的广义抗力。由于材料强度、几何尺寸等具有不确定性，桥梁系统的广义抗力（荷载系数 LF），实际上是一个随机变量。表 2 所示为统一标准中规定的材料强度、几何尺寸等不确定性随机变量的概率统计特征。

抗力随机变量概率统计表 表 2

随机变量	分布类型	均值/标准值 κ	变异系数 δ
混凝土 C30 强度	正态	1.501 2	0.177 3
HRB335 钢筋强度	正态	1.084 9	0.071 9
钢筋面积	正态	1.000 0	0.035 0
主梁宽度	正态	1.001 3	0.008 1
主梁有效高度	正态	1.012 4	0.022 9

5 可靠度分析

基于上述的荷载模型和抗力模型，采用蒙特卡罗方法对该桥梁进行系统可靠度分析：①首先用拉丁超立方抽样方法根据表 1 和表 2 的随机变量概率统计产生 N 组随机样本；②将每组样本输入到梁格系有限元模型中形成确定性的分析模型；③按前述增量变刚度法计算梁格系的荷载系数 LF；④依次对 N 组样本进行上述分析，最终得到荷载系数 LF 的概率统计；⑤计算系统可靠度。

桥梁可靠度用可靠度指标 β 来表示，其计算公式如式(1)所示。其中，$\overline{R}$和$\overline{S}$分别是桥梁抗力和荷载效应的均值，σ_R 和 σ_S 是相应的标准差。μ_L 和 σ_L 为活载效应的均值和方差，见表 1。荷载系数 LF 即桥梁能承受的极限荷载是设计活载的倍数，称为广义的桥梁系统抗力。易理解，在设计活载作用下，桥梁荷载效应的荷载系数 LF 为 1。

$$\beta=\frac{\overline{R}-\overline{S}}{\sqrt{\sigma_R^2+\sigma_S^2}}=\frac{LF-1\times\mu_L}{\sqrt{\sigma_{LF}^2+\sigma_L^2}} \tag{1}$$

考虑两种活载工况：工况一，双车道最不利布载；工况二，单车道最不利布载。两种工况下活载布置如图 7 所示。

对两种活载工况进行蒙特卡罗模拟，按照上述系统可靠度的分析方法在 MATLAB 软件环境下实现编程自动运算，程序框图如图 8 所示。经过 10 万次抽样模拟，最终分别得到两种工况下考虑横梁剪切失效成铰的桥梁极限荷载系数 LF 的概率统计图,如图 9 所示。

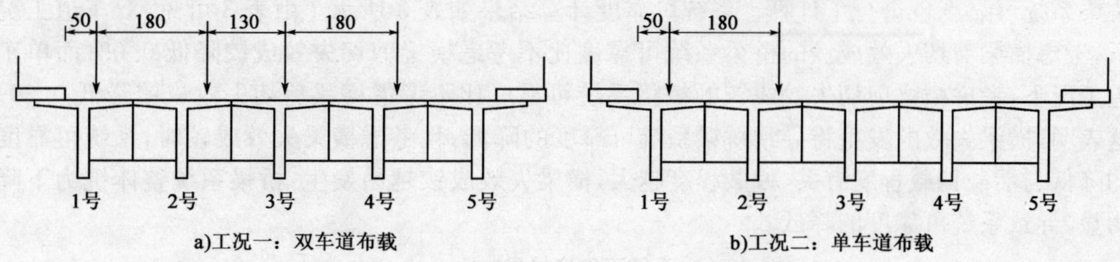

图 7　两种荷载工况下横断面布载情况(尺寸单位:cm)

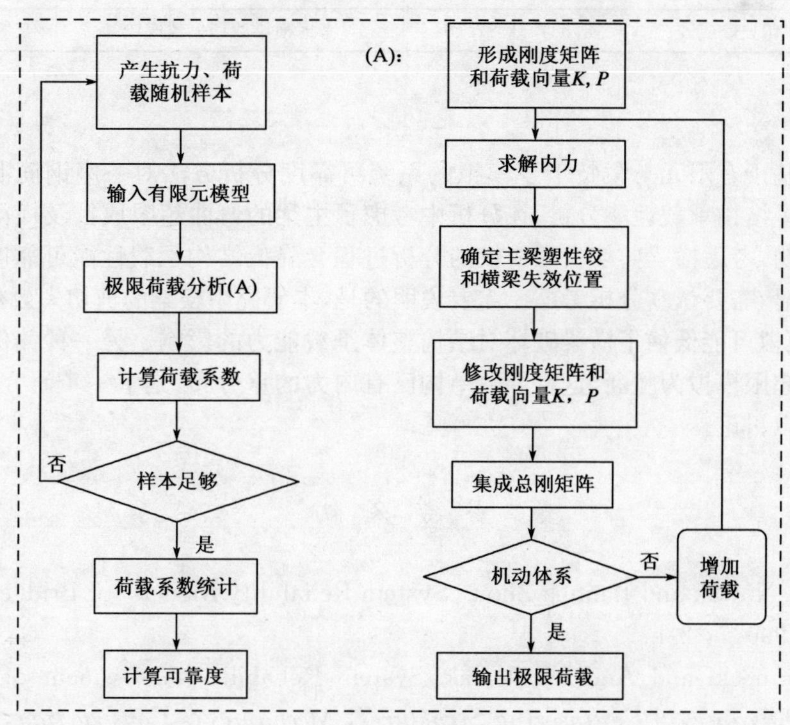

图 8　系统可靠度分析程序框图

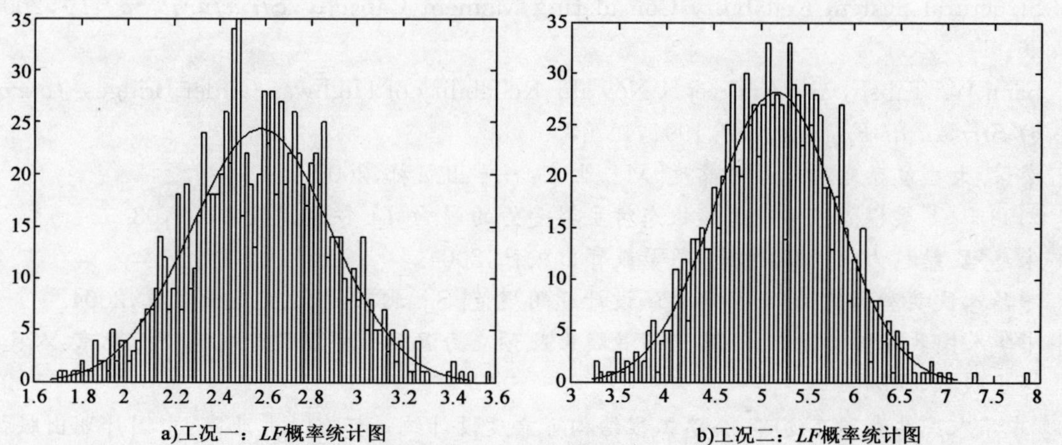

图 9　LF 的概率统计图

根据式(1)计算两种工况下的桥梁系统可靠度，作为对比，对不考虑横梁剪切失效成铰的桥梁系统可靠度也进行了计算。系统可靠度计算结果如表3所示。由表3可见，双车道工况下，考虑横梁剪切失效成铰的桥梁系统可靠度比不考虑横梁剪切失效成铰降低0.03；而单车道工况下，考虑横梁剪切失效成铰的桥梁系统可靠度比不考虑横梁剪切失效成铰降低0.29。这表明，横梁失效的发生将导致桥梁系统可靠度的降低，且考虑横梁失效成铰时，系统可靠度的降低与活载偏载程度有关，偏载程度越大，横梁失效成铰越易发生，桥梁系统整体抗力下降明显，导致系统可靠度的降低。

系统可靠度结果对比 表3

可靠度 β	双车道	单车道	可靠度 β	双车道	单车道
不考虑横梁剪切失效成铰	5.884	7.194	考虑横梁剪切失效成铰	5.852	6.906

6 结语

本文采用基于有限元与蒙特卡罗模拟的系统可靠度分析方法对一座钢筋混凝土简支T梁格架桥进行了结构承载性能分析，在分析中考虑了主梁的弯曲超限成铰及横梁的剪切超限成铰。结果表明，考虑横梁剪切失效成铰的分析过程会降低结构承载性能可靠度，在偏载时，该下降尤其明显，需要认真分析考虑。需要说明的是，本研究中横梁的剪切失效被模拟为剪切塑性铰，这一模拟可能低估了横梁破坏对结构整体承载能力的影响。另一种偏保守的方法是将横梁的剪切超限模拟为脆断，这将导致结构已有内力的重分布，是下一步研究的重点，将在后续论文中加以讨论。

参考文献

[1] Andrzej S. Nowak and Jianhua Zhou. System Reliability Models for Bridges, *Structural Safety*, 1990,7: 2-4.

[2] Artur Czarnecki and Andrzej Nowak. System Reliability Assessment of Steel Girder Bridges, *Advances in Engineering Structures, Mechanics & Construction*, 2006, 140: 7.

[3] Christopher D. Eamon and Andrzej S. Nowak. Effect of Secondary Elements on Bridge Structural System Reliability Considering Moment Capacity, *Structural Safety*, 2004, 26: 1.

[4] Sami W. Tabsh, and Andrzej S. Nowak. Reliability of Highway Girder Bridges. *Journal of Structural Engineering*, 1991, 117: 8.

[5] 秦荣. 大型复杂结构体系可靠度[M]. 北京：科学出版社，2009.

[6] 刘润阳. T梁横隔板不同连接状态对主梁受力的影响[J]. 铁道建设，2009，03.

[7] 朱慈勉. 结构力学[M]. 北京：高等教育出版社，2004.

[8] 中华人民共和国交通部. 公路桥涵设计通用规范[S]. 北京：人民交通出版社，2004.

[9] 中华人民共和国交通部. 公路钢筋混凝土及预应力混凝土桥涵设计规范[S]. 北京：人民交通出版社，2004.

[10] 中华人民共和国交通部. 公路工程结构可靠度设计统一标准[S]. 北京：中国计划出版社，1999.

145. 基于传递熵的混凝土材料退化超声信号识别

陈小佳　周庆华

（武汉理工大学交通学院）

摘　要：信号之间的传递熵可以用来反映特定的信号变化情况。本文依据材料受损后超声波发生畸变的特点，如在激振条件下，超声非线性信号将更加明显，将传递熵理论运用到振动信号对超声信号的影响分析，按照材料受损不同程度下振动和超声信号的变化规律，进行了数值模拟，表明两者之间存在单调变化规律。本文利用水泥砂浆棒在碱骨料反应下引起的退化损伤，对试件激振后自由振动加速度信号和超声信号做了试验研究。分析结果表明，随着试件受碱骨料反应引起的退化加剧，振动对超声信号的传递熵存在下降趋势，特别是初始损伤发生后，传递熵下降趋势明显。

关键词：传递熵　损伤识别　混凝土材料

混凝土材料在我国使用广泛，大量混凝土结构，如大坝、桥梁、道面等受使用荷载和其他内、外部因素的影响，在性能上会出现逐渐不满足其功能要求的退化。这种退化表现在超声波信号特征上，出现如声速减小、声衰减加大等现象。在利用声时或声衰减检测混凝土损伤方面已有许多文献报道，不再赘述。除声速和声幅以外，超声波形实际上包含了材料内部结构的大量信息。混凝土损伤退化以后，材料的非线性会导致超声波波形的畸变[1]。在这种情况下，如何利用混凝土退化后，内部结构的细微变化，通过超声波信号的分析进行检测，是具有实际意义的。

熵作为一个系统不确定性程度的一个度量指标，用以描述一个信号状态的复杂程度和一个随机系统的不确定性。信息熵理论与超声波信号分析结合，为超声波畸变非线性信号分析提供了一条合理的解决路径。通过熵值来量化信息流之间的传递关系，已在结构损伤识别上取得了一定的研究成果[2-4]。由于超声波波形的畸变幅度很小，并且与外界激励的大小有关。通常超声波输入的信号强度有限，同时混凝土对超声波的衰减较大，导致超声的信噪比较小。为了使得非线性特性明显，可以借助振动激励的方法（如锤击）。本文利用信息传递熵理论，对自由振动下振动和超声信号的耦合之间，研究了振动信号对超声信号的传递熵，开展了数值模拟计算和试验研究和分析。

1　传递熵基本理论

传递熵的概念最早由 Schreiber 于 2000 年在时滞交互信息理论的基础上引入。它是一种信号之间自相关和互相关函数的复杂非线性函数，用以考察信息流的传递关系，提供一种对信号组分间耦合关系（线性或非线性）的概率测量[5]。相比于时滞交互信息可以认为是非线性互相关函数，传递熵则包含了一个动态过程产生的关于另一个传递概率的信息。

如果某一随机变量在离散时间点 $n+1$ 时的概率仅取决于其前 k 个变量，则称其为 k 阶马尔可夫过程。对于平稳马尔可夫过程，可记为：$p(x_i(1)\mid x_i^{(k)})\equiv p(x_i(n+1)\mid x_i(n),x_i(n-1),\cdots,x_i(n-k+1))$。对于两个平稳的马尔可夫过程 x_i 与 x_j，如果 x_j 影响到 x_i 的转移概率 p，其概率也可写为：$p(x_i(1)\mid x_i^{(k)},x_j^{(l)})$。按照 Schreiber 定义的传递熵，它们之间存在的耦合关系就可以用下式表达[6]：

$$TE_{x_j\to x_i}(x_i(1)\mid x_i^{(k)},x_j^{(l)}(T))=\iiint p(x_i(1),x_i^{(k)},x_j^{(l)}(T))\log_2\left(\frac{p(x_i(1)\mid x_i^{(k)},x_j^{(l)}(T))}{p(x_i(1)\mid x_i^{(k)})}\right)\mathrm{d}x_i(1)\mathrm{d}x_i^{(k)}\mathrm{d}x_j^{(l)}(T) \tag{1}$$

式中，T 为 x_j 相对 x_i 的延滞时间，反映了过程 x_j 在不同时间上所包含的关于过程 x_i 的信息量；k 和 l 分别对应马尔可夫过程 x_i 与 x_j 的阶数，当 $k=l=1$，x_i 与 x_j 即均为一阶马尔可夫过程。传递熵被用来量化动态过程 x_j 对 x_i 的描述程度，因此当 x_i 在某个时刻的状态完全由自身的历史状态决定时，其传递熵的值为零。

对于均为一阶马尔可夫过程的、两个平稳的、高斯的时间序列，通过计算不同时间延滞下的自相关和互相关系数，上式可以化简为：

$$T_{x_j\to x_i}(x_i(1)\mid x_i,x_j(T))=\frac{1}{2}\log_2\left\{\frac{-(-1+\rho_{x_ix_j}^2(T))(\hat{R}_{x_ix_i}^2(1)-1)}{-2\rho_{x_ix_j}(T-1)\hat{R}_{x_ix_i}(1)\rho_{x_ix_j}(T)+\rho_{x_ix_j}^2(T-1)+(\hat{R}_{x_ix_i}^2(1)+(-1+\rho_{x_ix_j}^2(T)))}\right\} \tag{2}$$

式中，$\hat{R}_{x_ix_i}$ 为 x_i 的归一化自相关函数；$\rho_{x_ix_j}$ 为 x_i 和 x_j 的线性互相关系数。有：

$$\hat{R}_{x_ix_i}(T)=\frac{R_{x_ix_i}(T)}{R_{x_ix_i}(0)} \tag{3}$$

$$\rho_{x_ix_j}(T)=\frac{R_{x_ix_j}(T)}{\sqrt{R_{x_ix_i}(0)R_{x_jx_j}(0)}} \tag{4}$$

$$R_{x_ix_j}(T)=E[x_i(n)x_j(n+T)] \tag{5}$$

本文首先对理想谐波信号采用上述方法，计算信号间的传递熵变化，以期利用混凝土材料退化后信号的变化进行损伤程度的识别。

2 谐波信号之间的传递熵数值模拟

混凝土材料退化始于内部微裂缝的出现和扩展。当出现微裂缝后，混凝土材料的非线性超声特征愈加明显，在超声波波形上出现诸如高阶谐波、调制等现象。超声实验中发现，微裂缝的开合对超声波的传播有着明显的调制作用[7]。当超声波（较高的频率 f_1）和外部振动（较低的频率 f_2）共同作用于裂缝处时，裂缝交接面的开合会使得两种位移场之间产生调幅作用，表现在接触非线性超声信号的频谱能量上，将出现重新分布。比较典型的特征是在频域 $f_1\pm f_2$ 上出现能量的集中，即出现所谓旁频。可以认为振动对非线性超声信号有激励作用。

假设输入超声信号为 $f_1=40\text{kHz}$，输入振动信号为 $f_2=3\text{kHz}$，即：

$$Input=\sin(2\pi f_1t)+0.5\sin(2\pi f_2t)$$

按照非线性超声现象，输出信号中包含两旁频 $f_1 \pm f_2$（频率分别为 37kHz 和 43kHz），即有：

$$Output = 0.8\sin(2\pi f_1 t) + A \cdot \sin[2\pi(f_1 + f_2)t] + A \cdot \sin[2\pi(f_1 - f_2)t]$$

式中，A 为旁频幅值。材料退化损伤越严重，旁频幅值越高。旁频幅值 A 分别取 0.04、0.06、0.08 和 0.10，代表退化程度依次从轻微到严重四个等级（D1、D2、D3 和 D4）。数据采样频率为 4MHZ，采样长度 N=4 097。对输入输出信号进行传递熵计算，得到输入对输出的传递熵，如图 1 所示。

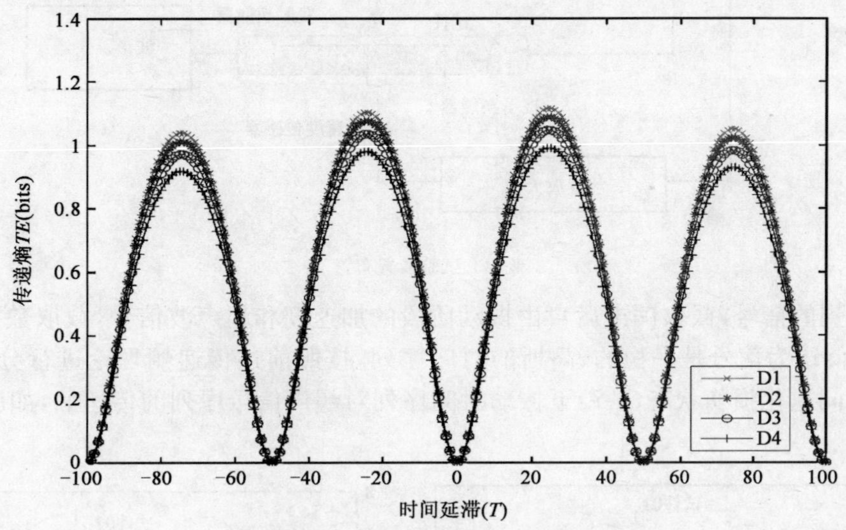

图 1　输入对输出信号的传递熵

从数值模拟两信号来看，可以发现，除时间延滞点 $T=0$ 处以外，在 $T=\pm50$、±100 处（为两信号频率中 f_1=40kHz 谐波成分周期点），输入和输出信号信息高度相似，冗余信息不发生传递，传递熵在此时间延滞处接近于零。在其他延滞时间点上，随材料退化程度从轻微到严重的程度，传递熵依次单调减少，可见从信号传递熵的角度，能够识别信号的微小变化。

3　试验研究

为了验证实际的信号识别效果，本文以水泥砂浆试件的退化做了试验研究。按照水∶水泥∶砂的重量比为 1∶2.16∶4.85，制作尺寸为(25.4×25.4×254)mm^3 的水泥砂浆棒。利用活性石英砂在碱溶液中产生加速碱骨料反应，使得试件内部产生微裂缝。每次将试件浸入碱溶液中，持续 24h。根据碱骨料反应会引起试件发生膨胀的特点，观测试件在发生碱骨料反应前后的长度变化，可以作为衡量试件损伤程度的客观尺度。图 2 为试件 01 和试件 02 引入碱骨料反应的次数和伸长率情况。本文以 1-7 代表退化损伤的程度。

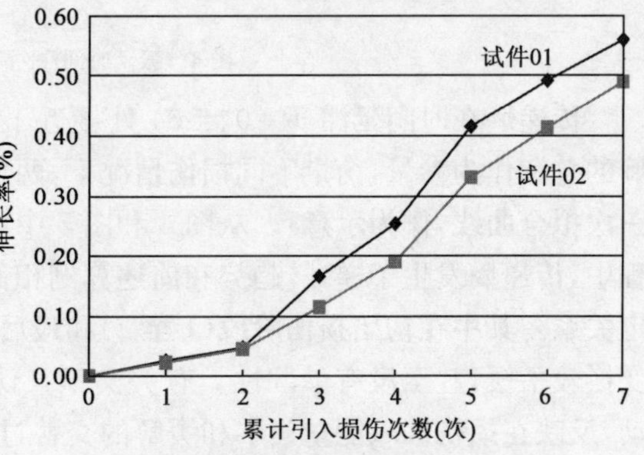

图 2　试件碱骨料反应的次数和伸长率情况

为了测试激振对非线性超声的激励，采用了超声波投射结合锤击水泥砂浆棒试件的做法，同时记录锤击产生的加速度信号和远端换能器接收的超声波信号。试验布置如图 3 所示。超声波输入信号为 39kHz 的谐波信号，信号采集频率 5MHz。试验布置详见文献[8]。

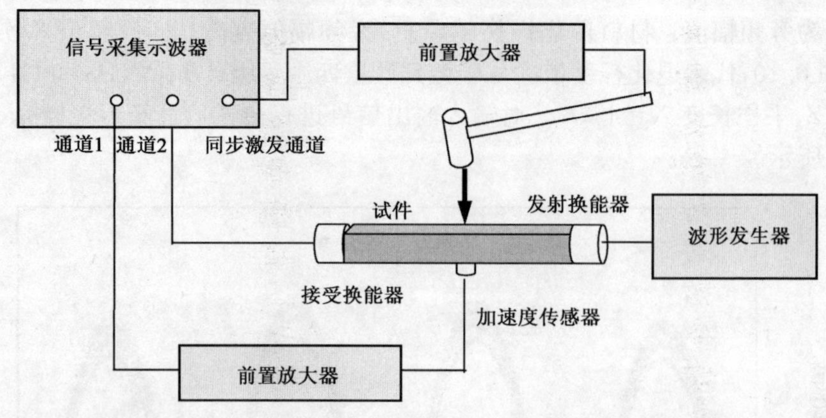

图 3　试验装置布置

对采集到的信号，截取锤击后自由振动阶段的加速度和超声波信号，截取数据长度 $N=30\,000$。近似认为信号是平稳的、高斯的时间序列，按照前述传递熵理论进行分析，得到了两试件在不同退化损伤状态(1-7)下振动时间序列对超声信号序列的传递熵，如图 4 所示。

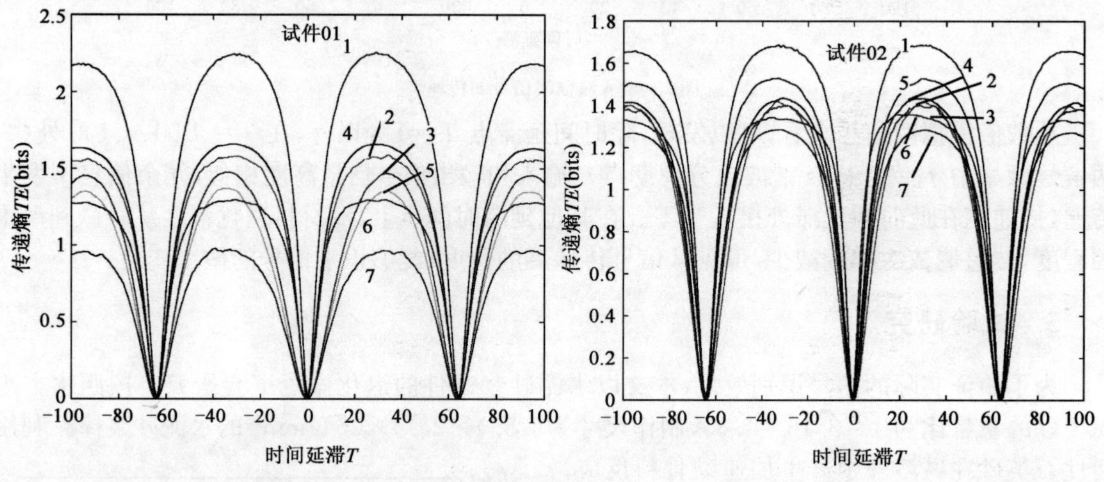

图 4　振动时间序列对超声信号序列的传递熵

传递熵在时间延滞 $T=0$、± 64 处接近于零，本文按照时间延滞 T 为 0 至 -64 之间传递熵的总和作为参量，衡量不同损伤情况下，两信号之间传递熵的变化，如图 5 所示(图中实线为三次拟合曲线，作为示意)。从图 4 和图 5 中可以看出，从试件初始的状态至损伤状态 7 的过程中，传递熵发生了递减，趋势和前述算例相似，可以认为与超声信号频谱分布发生改变有一定关系。其中在初始损伤阶段(1 至 2)和最后损伤阶段(6 至 7)均有较大下降，而在其他过程变换较平缓，甚至没有单调性。有关文献[8]认为，混凝土裂缝开展往往伴随着系统熵值的波动，反映在损伤区域能量集中和缓解的交替过程。本文试验中传递熵的波动，是否与此有关还有待进一步的验证。

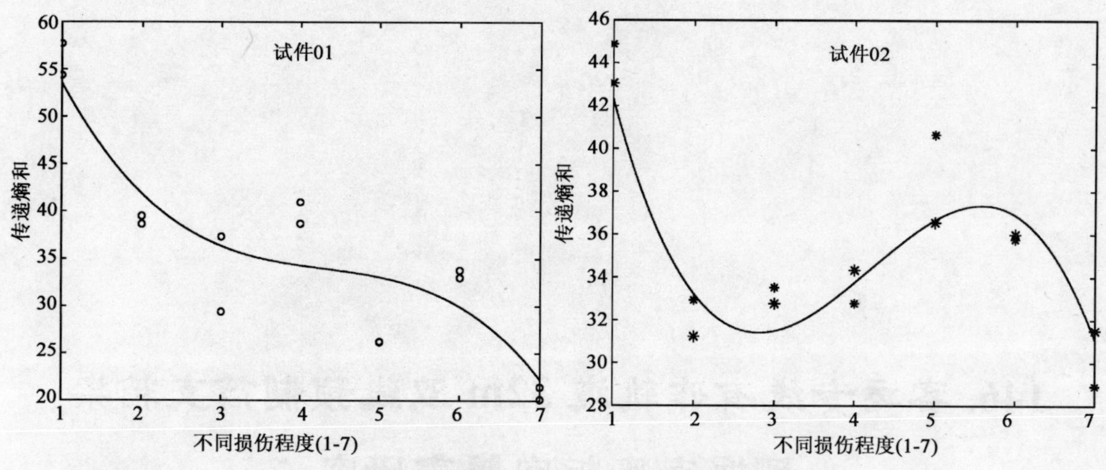

图5 振动对超声信号的传递熵与试件受损程度的关系

4 结语

基于传递熵理论的原理，信号之间的传递熵可以用来反映特定的信号变化情况，将此规律运用到振动信号对超声信号的影响，是可行的。两水泥砂浆试件的试验结果表明，随着试件受碱骨料反应引起的退化加剧，振动对超声信号的传递熵存在下降趋势，特别是初始损伤发生后，下降趋势明显。本文的工作是初步的，在振动对超声信号传递熵变化与材料退化之间的演变规律方面，还有待进一步深入研究。

参考文献

[1] Guyer R. A., Johnson P. A. Nonlinear mesoscopic elasticity: Evidence for a new class of materials[J]. Physics Today, 1999(4).

[2] Nichols J M, Seaver M, Trickey S T. A method for detecting damage-induced nonlinearities in structures using information theory[J]. Journal of Sound and Vibration, 2006,297(1-2).

[3] Overbey L A, Todd M D. Dynamic system change detection using a modification of the transfer entropy[J]. Journal of Sound and Vibration, 2009,322(1-2).

[4] 刘国华，吴志根. 引入信息熵理论的混凝土结构损伤动力识别新思路[J]. 振动与冲击, 2011,30(6).

[5] Schreiber T. Measuring Information Transfer[J]. Physical Review Letters, 2000, 85(2).

[6] Nichols J M. Examining structural dynamics using information flow[J]. Probabilistic Engineering Mechanics,2006,21(4).

[7] Van Den Abeele K., Johnson P. A., Sutin A. M. Nonlinear elastic wave spectroscopy (NEWS) techniques to discern material damage. Part I: nonlinear wave modulation spectroscopy[J]. Research in Nondestructive Evaluation, 2000. 12(1).

[8] Chen X J, Kim J-Y, Qu J et cl. Characterization of progressive microcracking in Portland cement mortar using nonlinear ultrasonics[J]. NDT & E International, 2008,41(2).

146. 客运专线有砟轨道 32m 双线预制简支箱梁预埋支座板空腹声研究

汪永庆

(中铁大桥局集团第六工程有限公司)

摘　要：结合福厦铁路后溪特大桥(客运专线)施工实例，详细介绍了 32m 有砟轨道预应力预制箱梁预埋支座板空腹声的检测内容、检测方法、处理方法及实施、验证结果，并分析总结了施工经验。

关键词：客运专线桥梁　预制箱梁　支座板空腹声　经验

1　工程概况

新建铁路福厦线起点 DK0＋180，终点至鹰厦线厦门站出站端 K695＋500，正线长度 263.628km。本标段为Ⅳ标段，包括福厦正线 DK214＋575.922—鹰厦线厦门站出站端 K695＋500(其中福厦正线不含后溪特大桥 DK244＋450～DK246＋590 区段下部墩台、现浇连续梁；鹰厦线增建二线的左、右线设计起点分别为 LZDK672＋800 和 YDK672＋550)及厦深线引入厦门枢纽 D1K246＋590～D1K250＋950 段的相关配套工程，正线全长 60.53km。本梁场位于本标段内后溪特大桥 20 号墩～30 号墩附近，主要承担后溪特大桥、西蔡特大桥、中亚城特大桥共 104 孔箱梁的预制和架设施工任务。该梁场在前期预制 10 孔 32m 箱梁全检过程中发现，每孔箱梁四块支座板空腹声普遍可见，如果让不合格的预制梁(产品)流入市场，将给社会和家庭带来沉重的灾难，如何处置在梁场内有缺陷的梁，并且预防制梁过程中支座板空腹声再次产生，引起了各位桥梁专家的高度重视。

2　存在原因的分析

通过对梁场箱梁预制过程进行全程跟踪调查发现，并经过多名参与现场预制箱梁实践的技术人员认真地分析和讨论，一致认为有以下几点：

2.1　钢筋方面

由于设计图纸中箱梁端部支座板钢筋密集，如支座板上处有两层钢筋网片，端部加厚腹板竖向蹬筋，端部底板横向筋以及底板上下层联系筋，其端部设计钢筋布置详见图 1 和图 2。施工中由于箱梁端部支座预埋板上方钢筋密集，为了提高钢筋工程的功效，施工单位通常在预先制作的胎膜具上进行梁体钢筋的绑扎，在绑扎时在支座板预埋套筒处均有预留孔洞，然后通过两台 40t 龙门吊机和专用吊具将钢筋整体吊装入台座上，这时在底模上已先安装好梁体预埋支座板和防落梁板，由于龙门吊方面存在操作不同步等原因，梁体钢筋整体难以精确落位，于是操作工人私自将端部支座处钢筋进行部分调整，造成预埋支座板四个套筒和中间处钢筋存在“空白”现象或梁体钢筋端部处直接落在支座板的上方，即造成预埋支座板上顶面与梁体钢筋密贴而无保护层的现象，导致梁体灌注混凝土时此处无混凝土填充。针对这一通病，设计方也没有好方案能避开此类设计问题，满足现场施工便于操作的要求。

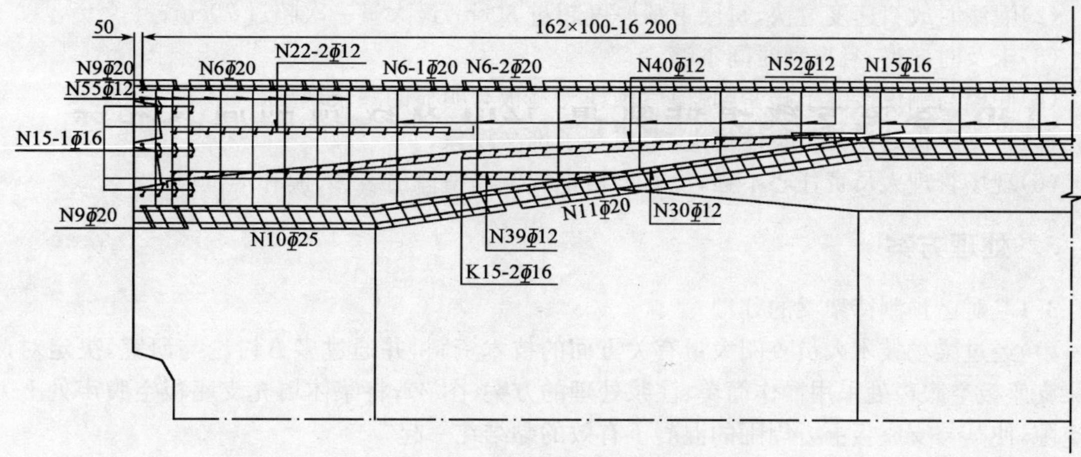

图 1　箱梁端部底板钢筋布置图

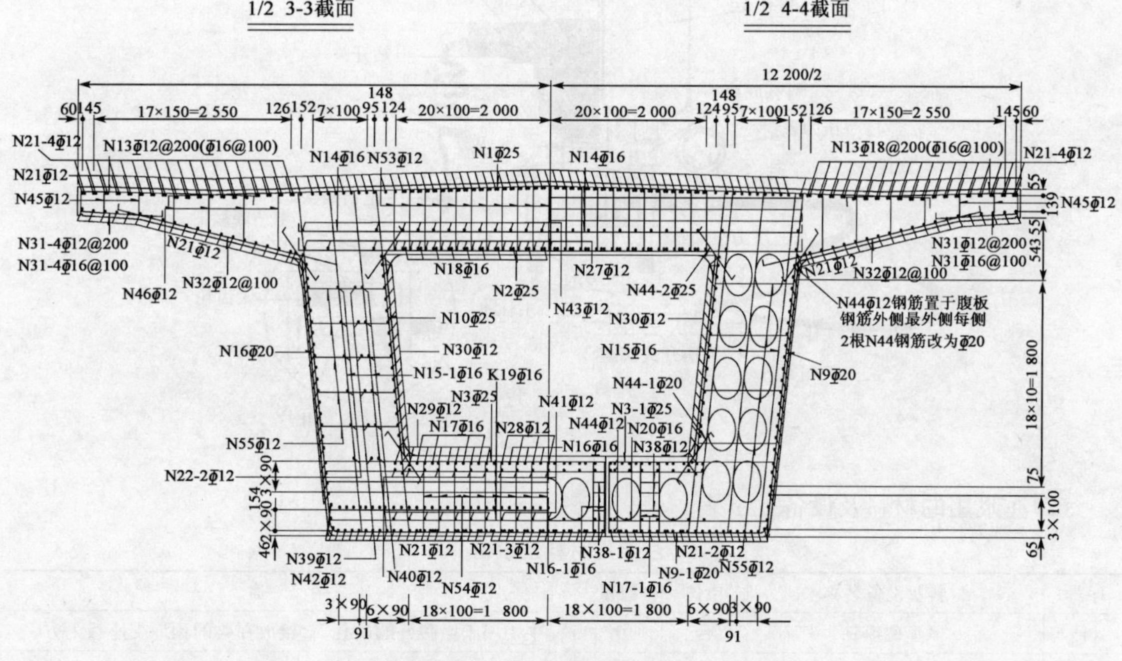

图 2　箱梁端部腹、底板钢筋布置图(尺寸单位:mm)

2.2　混凝土

(1)原材料：尤其是粗集料，进场时没有严把质量关，存在粒径偏大超过 25mm，在灌注混凝土时，支座板处密集的钢筋将粗集料挡在上面，因此造成预埋支座板上方形成空洞或空腹。

(2)混凝土性能：混凝土拌制过程中，未按规范要求对混凝土拌和物的性能如坍落度、含气量、泌水率等进行首盘测试，有时拌和站生产出不合格的混凝土就浇筑到梁体中，将会造成梁体质量缺陷。

(3)混凝土下料：布料机出口的混凝土直接放在箱梁的端部浇注，混凝土下料高度超过2m，造成混凝土部分离析现象。

2.3 人的因素

(1)混凝土振捣工责任心不强。

(2)灌注时放料速度过快，每层下料厚度超过 30cm，最大量一次超过 70cm。

(3)未及时振捣，且振动时间不够。

(4)底模与侧模接缝不够密，脱模后预埋支座板有明显的漏浆现象。

(5)将支座板处混凝土浆体挤走，造成石子堆垒现象。

(6)现场管理人员责任心不强，没有严格把握钢筋整体吊装、入模和落位关。

3 处理方案

3.1 对已预制待架梁的处理

(1)经过梁场技术人员查阅大量有关方面的技术资料，并通过多方讨论与研究，决定对该批梁支座板空腹声处采用操作简单、注浆处理的方案(图 3)，将浆体填充支座板空腹声处上方的空隙，使其与支座板上方周围的混凝土有效的黏结在一起。

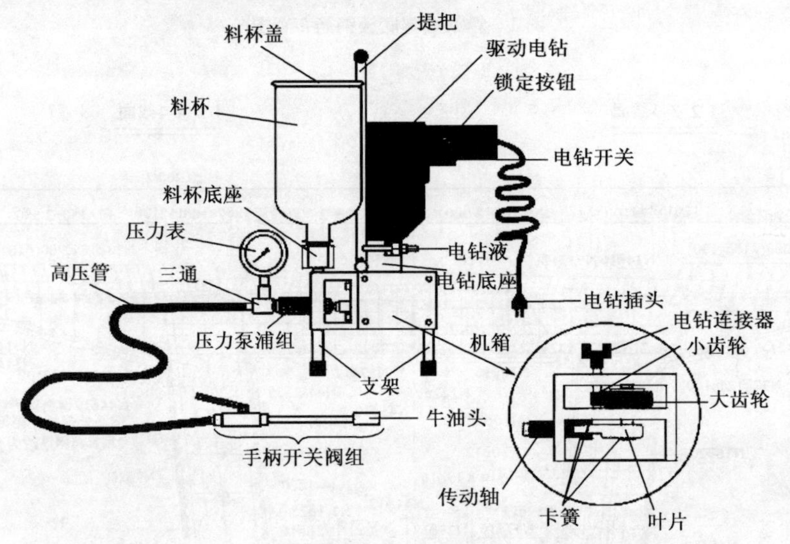

图 3 S-182 微型电动高压注浆机构造

(2)注浆用的材料及设备见下表。

注浆用材料及设备 表 1

序号	材料及设备名称	单位	数量	用 途
1	38 型磁座钻	台	1	主要用于空腹处的凿孔，直接放在梁的预埋支座板下方。
2	S-812 微型电动高压注浆机	台	1	主要用于预埋支座板空腹处注浆，其结构样式详见图三。
3	ϕ12mm 孔注浆阀(长约 4cm)	个	4	主要用于预埋支座板空腹处注浆时进出浆孔上
4	低分子聚酰氨树脂	箱	若干	注浆材料韧性好、强度高、黏结性能好
5	丙酮	箱	若干	清洗注浆设备

(3)人员

共需要3人，技术指导1人，操作工人2人。

(4)支座板注浆处理施工步骤

第一步：技术人员检查梁体预埋支座板；

第二步：对支座板空腹声处作标记；

第三步：对支座板标记处进行钻孔；

第四部：安装进出浆嘴；

第五步：在电动高压注浆机储浆筒内拌浆；

第六步：电动高压注浆机注浆；

第七步：注浆饱满后，关闭进出浆阀；

第八步：清洗注浆设备。

(5)处理方法

用锤击后有明显空腹声梁的支座板先作出详细的记录，并在支座板空腹声的下方用红油漆作上标记，用38型磁座钻将支座板钻孔后，磁座钻钻孔方式详见图4，在预留孔眼后预埋注浆嘴进出各一个，然后采用电动高压注浆机将低分子聚酰胺树脂注入支座板处梁体混凝土中，待出浆口露出浆体后立即将出浆口封堵，注浆嘴继续保压，直到注浆饱满为止。

图4　工人师傅正在使用38型磁座钻进行钻孔作业

3.2　后期预制箱梁的支座板空腹声的预防措施

(1)同设计和监理沟通，在满足质量的前提下，将支座板上的"L"形钢筋由原来直角形朝上与支座板连接改为直角形朝上与支座板上焊接，并增加数量，其目的：一、方便梁体钢筋落入底模上；二、增强预埋"L"形钢筋与支座板上方混凝土的锚固效果。另外，在梁体钢筋落入底模时预埋支座板上方钢筋必须有足够的保护层，严格地说梁底预埋支座板与其上方钢筋必须保证有间隙，并派人专职人员严把质量关，否则不得进入下一道工序。

(2)调整了配合比中碎石粒径，使原来5～25mm连续级配调整到后来为5～20mm的连续级配，既保证了混凝土的施工质量，又能保证支座初混凝土与密集钢筋能够有效的结合在一起。

(3)严把材料进场关，粒径偏大，超过20mm粗骨料不得进行混凝土施工，实验人员和物资人员共同从材料源头抓起，多做实验，控制原材料是否满足施工要求。

(4)加强人员培训，增强施工人员的责任心，已经加强混凝土的性能检验和混凝土的振捣，试验人员对混凝土的坍落度、含气量、泌水率均进行检测，确保合格混凝土进入梁体中，采用串筒辅助下料，每层下料厚度控制在30cm以内，控制振动时间为20～30s以内，以混凝土表面泛浆并排出气泡不再显著下沉为控制条件，派熟练的工人对支座板处混凝土进行振捣，并在梁端部每侧大致支座板高度处侧模口配置3台附着式震动器(共12台)在支座板下方的底模处各配置1台附着式震动器(共4台)，以辅助支座板钢筋密集处的混凝土振捣密实。

4　对处理的箱梁的技术验证

4.1　直接法(敲击法)

对支座板已注浆作标记梁体，梁场质检人员用小铁锤对该处进行逐孔逐处敲击，均未听见空腹声。

4.2 静载试验验证

1)静载梁选取方法

从梁场处理完空腹声的梁中选取原支座板空腹声很明显的梁(HX—31.5Q—003,表示后溪特大桥31.5m曲线003号梁)进行静载试验。

2)试验准备

(1)试验支座采用简支梁设计图中相一致的盆式橡胶支座TGPZ—6000型。梁两端的支座高差不大于10mm,同一支座两侧或同一端两支座高差不大于2mm。支座安装后的实测梁跨度符合标准要求。

(2)根据梁跨,对支撑横梁测放纵、横向中心线,按梁跨测误差平均分配原则安放盆式橡胶支座,支座安放平面位置如图5所示。

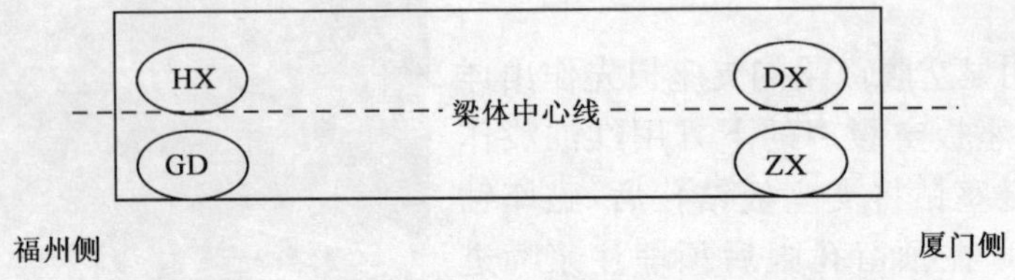

图5 HX—31.5Q—003箱梁静载试验支座安放位置图

(3)在梁体桥面顶找出加载中心线,并在每一加载点下铺上相应砂垫层及底板,底板用水平尺找平后固定好,每一加载点下移入1台250t千斤顶,千斤顶底座中心与加载中心线重合(偏差不大于10mm),千斤顶安放位置如图6所示。

图6 HX-31.5Q-003箱梁静载试验千斤顶安放位置图

(4)梁试验前,用10倍放大镜对梁体进行全面外观检查,并用带色铅笔在梁体混凝土上详细描出局部缺陷,加载时如出现裂纹则用另种颜色的笔标出。通过对HX—31.5Q—003箱梁梁体支座预埋板处进行重点查看,没有其他局部缺陷。

(5)测量梁体挠度在跨中及支座中心两侧各安放1个0～50mm百分表,安放百分表的支架牢固、稳定。

3)HX—31.5Q—003箱梁静载试验内容

对每次加载或卸载检查:

(1)梁端支点附近腹板上有无裂纹出现。

(2)梁体下翼有无裂缝出现。

(3)原有裂缝开展及闭合情况。

(4)梁体是否出现其他缺陷。

(5)梁体预埋支座板是否出现内陷。

4)加载布置及试验方法

(1)对 32m 箱梁跨在加力架试验台座上加载点对称布置,如图 7 所示。

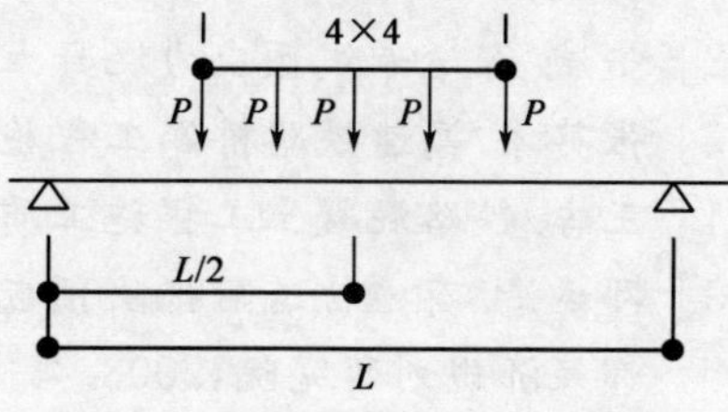

图 7　P 值为相等加载值(由计算确定)

(2)加载方法,分两阶段进行,以加载系数 K 表示加载等级,程序如下:

①第一循环:0→基数级→0.60→0.80→静活载级→1.00→静活载级→0.60 基数级→0。

②第二循环:0→基数级→0.60→0.80→静活载级→1.00→1.05→1.10→1.15→1.20→1.10→静活载级→0.60→基数级→0。

(3)每次分级加载需保持荷载的时间为 3min,加载超过 1.0 级以后需保持荷载的时间为 5min,但当第一阶段 $K=1.0$ 时及第二阶段到达最大控制荷载 $K=1.20$ 均持荷时间 20min。

(4)每次分级加载,均仔细检查梁体下翼缘有无裂纹出现,测量挠度变化。

(5)加载或卸载速度不得过快,以每秒钟不超过 0.1MPa 油压为度,并加载或卸载速率不大于 3kN/s。油压千斤顶加载时,油压只允许由低到高加压,达到限定加载值,不允许油压超过加载值后由高向低减少油压达到加载值,因油压千斤顶存在反向摩阻,防止虚假加载值。

(6)加载过程中,若发生油顶漏油,迫使停止加载或更换设备,均需按上述卸载程序分级卸到零,方能进行处理,修复后,再按加载程序要求,重新再作试验加载。梁体不得在荷载作用下保持过长时间,加载程序尽量一次连续完成,在规定保持荷载时间内,负责加载及油压读测人员不得离开岗位,密切注意油压变化,并随时予以校正。加载或卸载时,各个千斤顶同时进行。

(7)试验中详细记录各项资料,对试验中出现异常情况,均作记录,以便分析处理。

5)试验结果

通过对 HX-31.5Q-003 梁进行静载试验后,其梁体刚度满足规范小于[$f/l=1/3\,915$]的要求;$K=1.20$ 加载等级下持荷 20min,梁体下缘底面未发现受力裂缝;梁底预埋支座板均无内陷现象。

4.3　架完梁后的半年观察验证

对这些处理的梁架完后,通过运梁车驮运箱梁或架梁机通过这些梁后,派专人每隔半个月对梁体预埋支座板进行观察,并作上相应的记录,观察半年后,该预埋支座板均无内陷现象。

5　结语

通过对该梁场 32m 有碴轨道预制箱梁支座板空腹声进行研究,查明了原因,及时对其采取必要的措施,并对此类缺陷的梁进行了注浆处理,并得到验证,说明该箱梁能够满足活载的承载要求。在当时,该梁场生产箱梁得到部级取证专家组的充分肯定。目前,该梁场生产的早已架设完毕,已通车近半年了。另外,对其他梁场预防和处理支座板的空腹声提供了大量技术基础资料,并有一定的借鉴意义。

参 考 文 献

[1] 孙金更. 预应力混凝土铁路桥简支梁静载弯曲试验方法及评定标准[M]. 北京:中国铁道出版社,2003.

[2] 牛斌. 客运专线预应力混凝土预制梁暂行技术条件[M]. 北京:中国铁道出版社,2005.

[3] 张英才. 高速铁路桥涵工程施工质量验收标准[M]. 北京:中国铁道出版社,2010.

[4] 王吉. 铁路混凝土工程施工质量验收标准[M]. 北京:中国铁道出版社,2010.

[5] 邓运清. 有碴轨道后张法预应力混凝土简支箱梁(双线)通桥(2008)2221A-Ⅱ. 北京:铁道部经济规划研究院,2008.

[6] 叶见曙. 结构设计原理[M]. 北京:人民交通出版社,1999.

147. CRTSⅡ型板式无砟轨道滑动层及隔离层磨耗性能试验研究

葛　凯[1]　闫红亮[2]　杨启兵[3]　牛　斌[1]　胡所亭[1]　班新林[1]
(1. 中国铁道科学研究院;2. 铁道第三勘察设计院集团有限公司;3. 京沪高速铁路股份有限公司)

摘　要:近年来,我国在京津、京沪等高速铁路建设工程中普遍采用CRTSⅡ型板式无砟轨道体系,该体系中的滑动层及隔离层的力学性能直接决定着桥梁结构的工作状态与使用寿命。为深入研究滑动层及隔离层的磨耗性能以指导设计、施工与检验,本研究通过室内预制1:2缩尺模型以及现场浇筑1:1足尺模型进行了一系列磨耗试验。试验结果表明:滑动层摩擦系数随磨耗次数的增加而增大;滑动层的破损面积可控制在5%以内;滑动层摩擦系数可控制在0.35以内;胶黏剂始终可保持有效黏结。滑动层的稳定摩擦系数可在0.15~0.35之间选取;隔离层的稳定摩擦系数可取0.70;设计摩擦系数是滑移量的函数。

关键词:CRTSⅡ型板　无砟轨道　滑动层　隔离层　磨耗性能

近年来,我国的高速铁路建设工程大量采用了CRTSⅡ型板式无砟轨道体系,该体系的设计理念为桥上轨道纵向力主要通过底座板传递至梁体上的固定连接构造(剪力齿槽)再传至固定支座和桥梁下部结构;桥台后轨道上部的纵向力主要通过连续底座板传递至摩擦板和端刺再传至路基,从而不影响路基上的轨道结构。桥梁顶面与无砟轨道底座板之间通过滑动层减小界面摩擦力和梁体伸缩在轨道结构中产生的附加力;桥台后底座板与摩擦板之间通过隔离层增大界面摩擦力以逐渐、均匀地传递桥梁纵向力(图1)。

桥上滑动层构造由3层材料组成,自下而上依次为:规格$400g/m^2$的聚丙烯土工布(底面通过胶黏剂与梁面防水层黏结),厚度1.0mm的高密度聚乙烯土工膜,规格$200g/m^2$的聚丙烯土工布(顶面浇筑混凝土底座板)。桥台后隔离层构造由2层材料组成,每层规格均为$400g/m^2$的聚丙烯土工布(底面通过胶黏剂与摩擦板黏结,顶面浇筑混凝土底座板)。CRTSⅡ型板式无砟轨道体系桥上及台后构造见图1。

滑动层及隔离层的力学性能直接决定着桥梁结构体系的工作状态和使用寿命,两者所用土工材料属于不可更换的特殊工程材料且可借鉴的工程先例很少,为保证其60年的使用寿命并为设计参数的合理选取提供试验依据,通过室内缩尺试验和现场足尺试验对其综合磨耗性能进行试验研究。

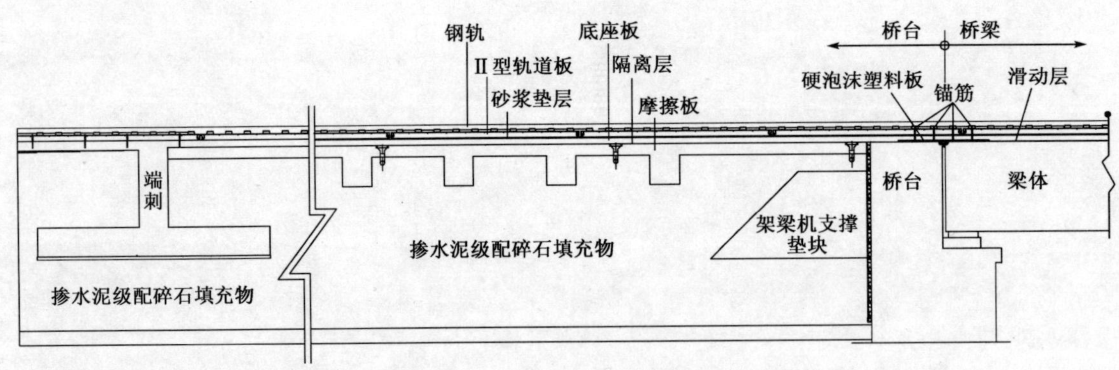

图1　CRTSⅡ型板式无砟轨道体系桥上构造与桥台后构造

1　室内缩尺试验

1.1　试验简介

室内缩尺试验设计了专用的试验体系及工装(见图2),由试验结构、加载系统、测试系统、温度控制系统四部分组成。

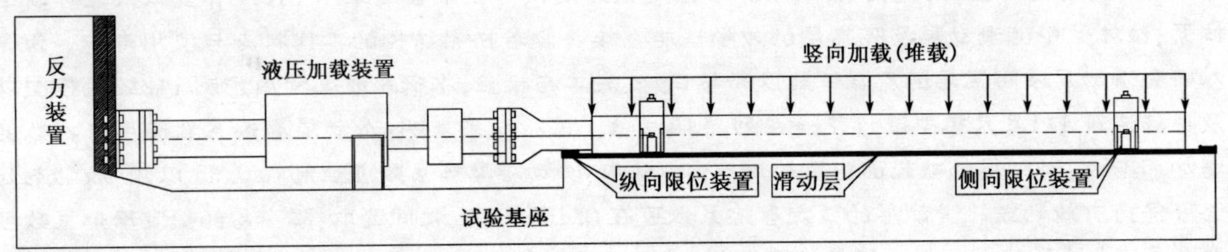

图2　室内缩尺磨耗试验装配图

试验结构模型均为预制混凝土构件,对实际滑动层结构按照1∶2进行缩尺模拟。为便于更换样品和提高试验效率,试验结构叠放次序采取与实桥结构相反的形式。滑动层试验结构自下而上依次为:试验基座,规格200g/m^{2}的聚丙烯土工布,厚度1.0mm的高密度聚乙烯土工膜,规格400g/m^{2}的聚丙烯土工布,喷涂聚脲防水层、底层预制板和上层堆载等七部分,其中下层土工布和土工膜固定在基座顶面,上层土工布通过胶黏剂与防水层黏结。设计滑动面积为3.0m(纵向)×1.5m(横向)。

试验加载系统分为纵向加载和竖向加载两部分。纵向加载采用液压加载装置,用于实现预制板的水平往复运动;竖向加载采用均匀堆载的方式为滑动层施加法向压力,压力大小通过调整上层堆载预制板数量来控制,在试验过程中底层及上层预制板共同做往复运动。试验机测试系统用于测试试验机输出的纵向牵引力和位移。温度控制系统由基座预埋温度传感器、红外线测温仪、水冷循环降温系统等部分构成,用于在试验过程中测试和控制滑动界面温度。

磨耗试验共计进行15次,缩尺试验编号为S1～S15。各次试验所采用的试验样品为多个厂商生产的土工布、土工膜及胶黏剂的不同组合。

1.2　试验方案

参考文献[1],试验分两个工况以分别模拟季节温度变化(工况Ⅰ)和列车竖向活载(工况

Ⅱ)所引起的滑动层相对位移。滑动层的设计恒载压力作为试验工况Ⅰ的堆载依据,设计恒载压力和设计活载静压力之和作为试验工况Ⅱ的堆载依据,其中活载按照 ZK 标准活载图式中的均布载荷取用。

工况Ⅰ模拟底座板和梁顶面之间 0～90mm 的相对位移,进行 20 次循环加载,加载频率为 0.05Hz。工况Ⅱ模拟底座板和梁顶面之间 0～3mm 的相对位移,根据结构设计及运营规划将列车加载次数换算为 300 万次循环,加载频率控制在 3～5Hz 之间。

工况Ⅱ加载过程中,每完成 100 万次循环加载后按工况Ⅰ进行加载以测试摩擦系数;完成 150 万次循环加载后,卸去全部堆载以检验滑动层磨损情况,之后重新组装并继续按工况Ⅱ加载至 300 万次。

1.3 试验结果

1)磨损形态

经历 300 万次磨耗试验后,滑动层各部位表现出以下 8 种磨损形态(见图 3)。

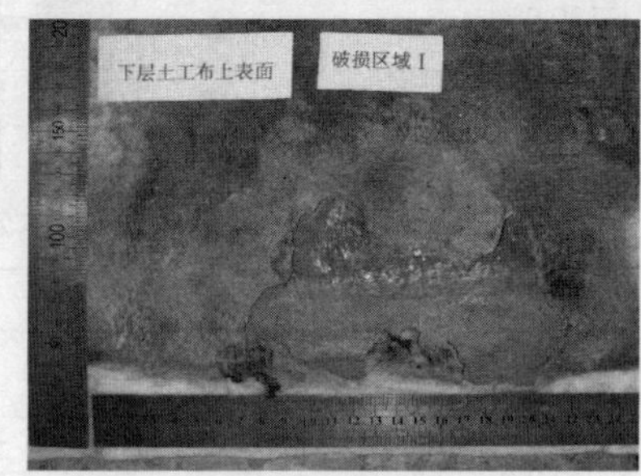

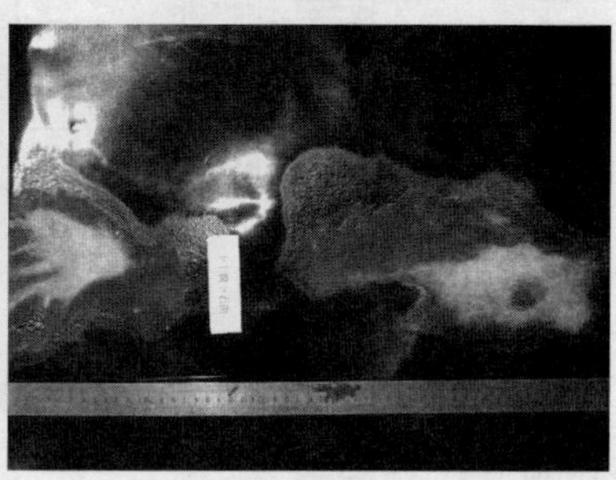

图 3 经历 300 万次磨耗后滑动层典型磨损形态

Ⅰ—土工布表面轻度磨损;Ⅱ—土工布破损;Ⅲ—土工膜表面轻度磨损;Ⅳ—土工膜起皱;Ⅴ—土工膜破损;Ⅵ—土工膜表面脱落粉末;Ⅶ—下层土工布与土工膜粘连;Ⅷ—上层土工布开胶。

2)摩擦系数

试验 S1～S15 在各磨耗阶段的摩擦系数分布规律如图 4,可以看出:磨耗试验开始前实测摩擦系数广泛分布在 0.10～0.30 之间,具有较大的离散性;0～50 万次磨耗期间摩擦系数快速增长;随着磨耗次数的增加,各试验的摩擦系数普遍呈现出增长趋势并逐渐趋于集中和稳定;磨耗试验完成后,各试验的摩擦系数全部分布在 0.25～0.35 之间。

2 现场足尺试验

2.1 试验简介

为更加准确地模拟桥上混凝土底座板的实际施工状况和滑动性能,分别以桥上滑动层和台后隔离层为试验对象,在某施工现场按照无砟轨道体系的实际构造和施工工序制造了 1∶1 的足尺试验模型并进行了往复滑动试验。滑动层试验结构自下而上依次为:混凝土地面,喷涂聚脲防水层,滑动层,底座板,轨道板。隔离层试验结构自下而上依次为:混凝土地面,隔离层,底座板,轨道板。滑动层与隔离层的设计滑动面积均为 25.0m(纵向)×2.95m(横向)。

足尺滑动试验编号为 Z1～Z4,试验描述见表 1。试验样品为工程中普遍使用的土工材料。

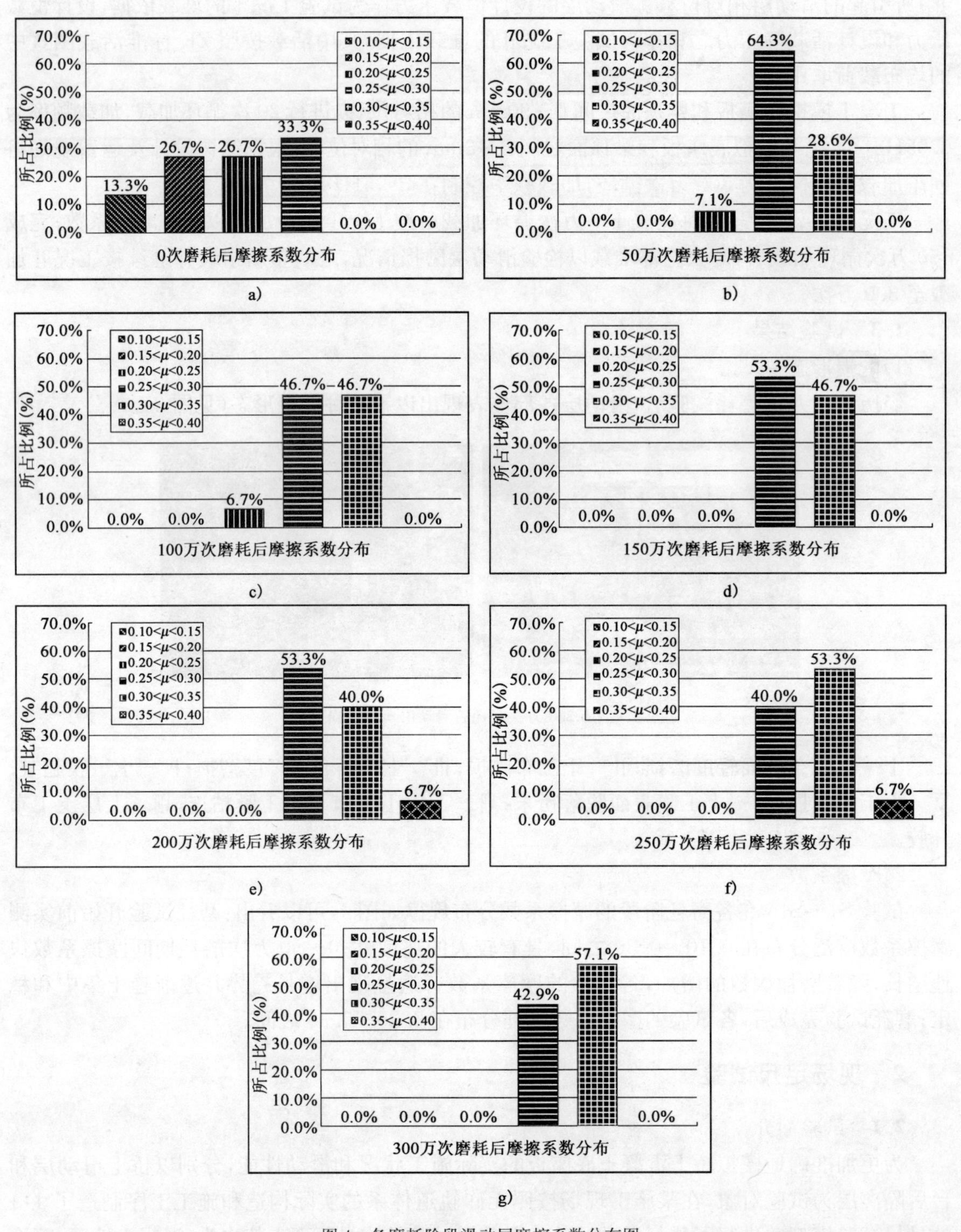

图4 各磨耗阶段滑动层摩擦系数分布图

试验加载系统分为纵向加载和竖向加载。纵向加载采用双向千斤顶装置，用于实现现浇板的水平往复运动，位移控制在0～35mm左右，每个试验加载3～4次循环。竖向加载采用均匀堆载为滑动层或隔离层施加法向压力，其中底座板重354kN，底座板和轨道板总重700kN，同时采用压力传感器、位移传感器实时采集千斤顶输出荷载及底座板滑动位移。

2.2 试验结果

1)滑动层试验结果

滑动层试验结果表明:底座板混凝土浇注后,水泥浆的浸入致使上层 200g/m^2 规格土工布与土工膜完全黏结,无相对位移;下层土工布与聚脲防水层黏结后无相对位移;滑动层的滑动面出现在土工膜与下层土工布之间。试验 Z1 的首次循环顶推荷载明显大于其余循环,重复加载后荷载—位移曲线趋于稳定;试验 Z2 的各循环荷载—位移曲线基本一致;试验 Z1 与 Z2 在滑动过程中克服最大静摩擦力之前发生的相对滑移量为 0.5mm 左右。试验中实测荷载—位移曲线见图 5 和图 6。

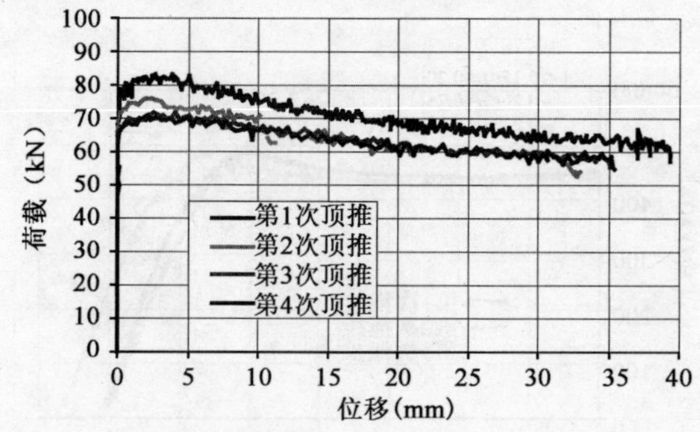

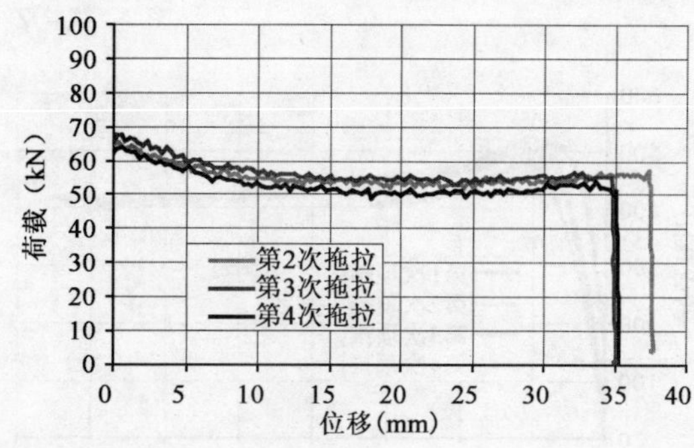

图 5 试验 Z1 荷载—位移曲线

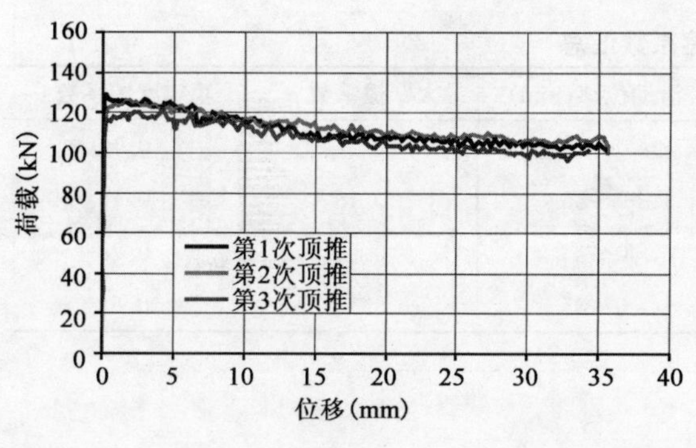

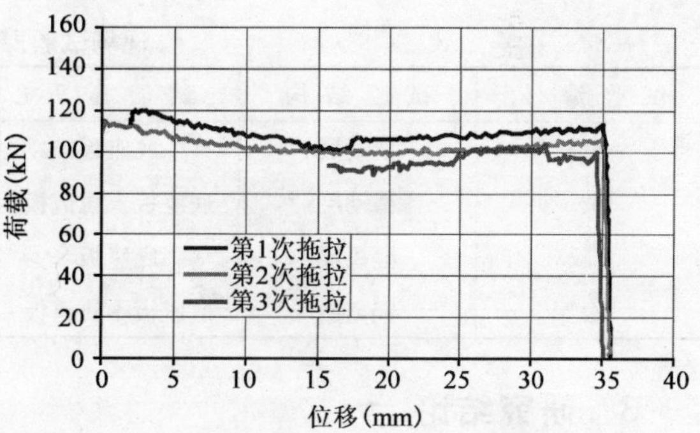

图 6 试验 Z2 荷载—位移曲线

2)隔离层试验结果

隔离层试验结果表明:下层土工布与聚脲防水层黏结后无相对位移;隔离层的滑动面出现在两层土工布之间。试验 Z3 首次顶推需克服黏滞阻力,其顶推荷载明显大于之后各循环,重复加载后荷载—位移曲线逐渐趋于稳定;试验 Z4 的各循环荷载—位移曲线基本一致;试验 Z3 与 Z4 从开始滑动至滑动荷载达到峰值之前发生的相对滑移量在 5.0mm 左右。试验中实测荷载—位移曲线见图 7 和图 8。

表 1 为现场试验摩擦系数汇总,表中最大摩擦系数 μ_{max} 定义为首次推出过程中推力峰值对应的摩擦系数;稳定摩擦系数 μ 定义为多循环加载后推力峰值对应的摩擦系数 μ_1 和拉力峰值对应的摩擦系数 μ_2 的平均值。由表 1 数据可知:隔离层摩擦系数远大于滑动层摩擦系数;底座板在养护期间受到雨水影响致使土工布处于湿润状态,因此足尺试验 Z1～Z2 的稳定摩擦系数与缩尺试验 S1～S15 在磨耗开始前的初始摩擦系数相比普遍偏小。

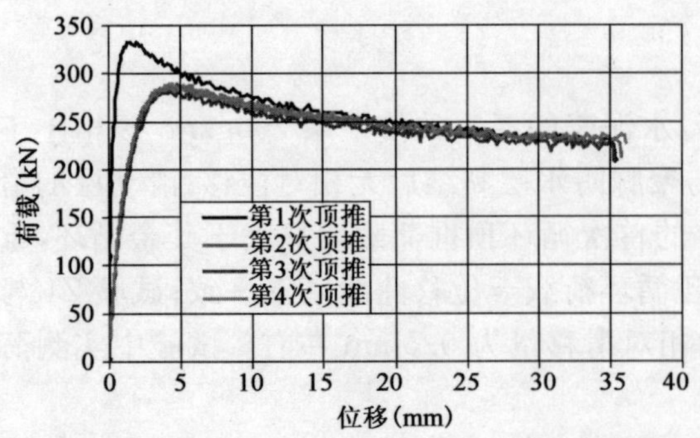

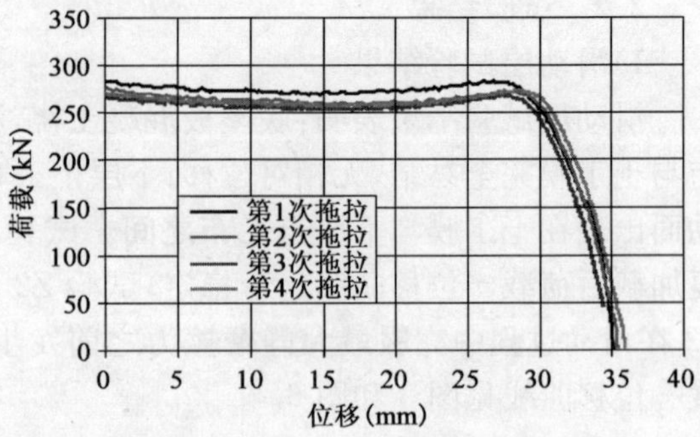

图 7 试验 Z3 荷载—位移曲线

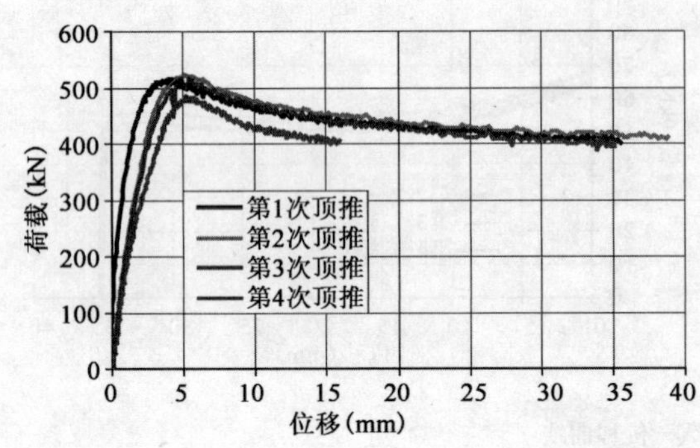

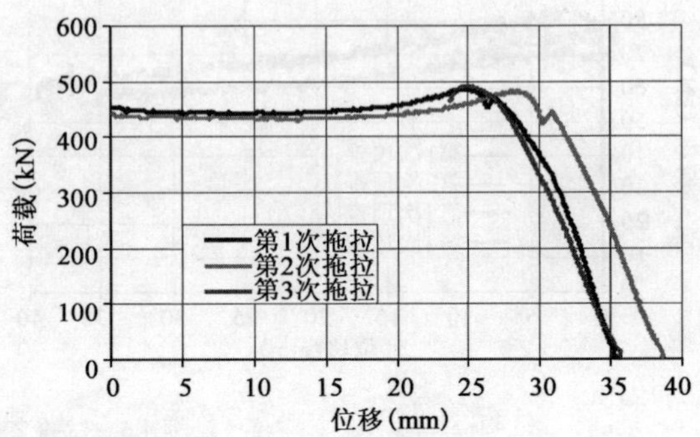

图 8 试验 Z4 荷载—位移曲线

现场试验摩擦系数汇总 表 1

试验编号	试验结构	试验压重	滑动位移(mm)	最大摩擦系数 μ_{max}	稳定摩擦系数 μ
Z1	滑动层	底座板	0～35	0.24	0.17
Z2	滑动层	底座板＋轨道板	0～35	0.18	0.16
Z3	隔离层	底座板	0～35	0.94	0.78
Z4	隔离层	底座板＋轨道板	0～35	0.74	0.68

3 研究结论

(1)滑动层摩擦系数随着磨耗次数的增加而增大；经历 300 万次磨耗试验后，滑动层可能表现出 8 种不同的磨损形态。

(2)根据缩尺试验结果，提出如下滑动层磨耗性能检验标准：经历 300 万次磨耗试验后，滑动层中土工布及土工膜的破损面积均不应超过滑动层面积(3.0m×1.5m)的 5%；各磨耗阶段的摩擦系数均不应超过 0.35；胶黏剂黏结不应失效。

(3)根据缩尺试验及足尺试验结果，滑动层及隔离层的摩擦系数存在以下规律：滑动层的稳定摩擦系数在 0.15～0.35 之间，设计摩擦系数与设计滑移量之间的函数关系见公式(1)；隔离层的稳定摩擦系数可取 0.70，设计摩擦系数与设计滑移量之间的函数关系见公式(2)；公式中 μ 为稳定摩擦系数，$\mu(r)$ 为设计摩擦系数，r 为设计滑移量。

$$\begin{cases} 0.15 = \mu_{min} \leqslant \mu \leqslant \mu_{max} = 0.35 \\ \mu(r) = \dfrac{\mu}{0.5} \cdot r \qquad (0 \leqslant r \leqslant 0.5\text{mm}) \\ \mu(r) = \mu \qquad (r > 0.5\text{mm}) \end{cases} \tag{1}$$

$$\begin{cases} \mu = 0.70 \\ \mu(r) = \dfrac{\mu}{5} \cdot r & (0 \leqslant r \leqslant 5.0\text{mm}) \\ \mu(r) = \mu & (r > 5.0\text{mm}) \end{cases} \tag{2}$$

参考文献

[1] 铁道部工程管理中心.京津城际轨道交通工程CRTSII型板式无砟轨道技术总结报告[R].北京:铁道部工程管理中心.2008.

148. 斜拉桥桥塔振动台试验研究

段昕智　徐　艳　李建中

（同济大学土木工程防灾国家重点实验室）

摘　要：目前我国抗震规范要求斜拉桥桥塔在偶遇地震作用下也基本保持弹性，但近年来的震害表明，在强震作用下斜拉桥桥塔可能发生损伤破坏。因长期以来对桥塔抗震性能的研究主要依靠单纯的理论分析，缺乏抗震试验的必要验证。基于此背景，本文根据我国典型混凝土斜拉桥桥塔的特点并结合振动台的实验能力，设计了一比例为 1/20 的 H 形桥塔振动台模型试验。试验严格按照动力相似理论设计，采用了有别于以往的配重施加方法，并进行了专门的细部构造设计，确保试验安全。通过逐级增加地震波幅值，观察桥塔模型的动力反应和裂缝开展状况，并根据试验数据进行分析为桥塔非线性有限元模拟提供试验基础。

关键词：斜拉桥桥塔　振动台试验　动力相似理论　动力反应　非线性

1　引言

斜拉桥作为我国大跨度桥梁最为广泛使用的一种桥型，随着我国交通事业的迅猛发展，其数量和跨度都在不断的飞跃，我国已成为世界上修建斜拉桥数量最多的国家。桥塔是斜拉桥的重要承重结构，其抗震能力对斜拉桥的整体抗震性能具有重要的影响，因此我国规范[1]要求即使在罕遇地震下，桥塔应基本保持弹性，损伤应可修复，震后不致影响通行。文献[2]曾报道，在 1999 年 9・21 集集地震中，当时即将竣工的集鹿大桥遭遇了较严重的破坏，桥面以上塔梁连接处桥塔出现严重的保护层剥落和裂缝延伸现象，如图 1 所示，说明在强震作用下桥塔的损伤将比预期的大，桥塔底部出现了明显的塑性发展区域。近年来，国内外学者[2-5]对桥塔的非线性地震反应开展了一定的研究，但主要是单纯的理论分析，计算模型和分析方法的合理性以及有效性缺乏必要的试验验证。

图 1　1999 集集地震桥塔震害现象

本文基于这一背景，通过对我国近年来已建成的大量混凝土斜拉桥的不完全统计和分类，抽取典型的斜拉桥跨径和桥塔形式作为工程背景，采用试验手段——振动台试验，对我国典型斜拉桥混凝土桥塔的纵桥向抗震性能进行研究。针对本试验的复杂性，本文参考了一些建筑高层结构试验的经验[6-8]，明确试验目标和内容，按照抓住主要部分、舍弃次要部分的原则进行试验设计。

2　模型材料与相似关系

2.1　相似关系

本试验模型相似关系的设计思路为：首先确定式(1)中的三个可控相似常数；其次由式(1)求出满足动力试验要求的第 4 个相似常数，并校核按主控相似常数设计的模型是否满足试验条件；最后由似量纲分析法确定其余全部相似常数。

$$S_E/S_\rho S_a S_l = 1 \tag{1}$$

几何相似常数 S_l：为使本试验模型同时具有典型性和可操作性，试验模型的确立综合考虑了我国斜拉桥的调研结果和目前同济大学土木工程防灾国家重点实验室的试验条件，最终确定试验模型为 H 形桥塔，几何相似比为 1/20，相当于反映跨径在 300m 左右，塔高在 100m 左右的一大部分典型的混凝土桥塔斜拉桥。

弹模相似常数 S_E：基于本次试验的试验目的，模型结构材料必须与原型结构材料在整个弹塑性性能方面相似，故采用自配微粒混凝土模拟混凝土，弹模相似常数为 0.3。

另外，为保证重力不失真，加速度相似常数 S_a 取 1。从而得到质量密度相似常数 $S_\rho=6$。经校核，由此确定的模型满足试验条件。本试验全部相似关系见表 1。

试验模型的动力相似关系(模型/原型)　　表 1

物　理　量	相 似 系 数	物　理　量	相 似 系 数
长度/位移	0.05	时间	0.223 6
速度	0.223 6	频率	4.472 1
加速度	1	应力	0.3
弹性模量	0.3	应变	1
质量密度	6	力	0.000 75
质量	0.000 75	弯矩	0.000 037 5

2.2　模型材料的材料性能

桥塔采用微粒混凝土，设计强度为 M15，自下而上分 3 次浇筑，其材料性能实测值见表 2，基本满足弹模和应力的相似关系。另外，对模型所用钢材取样进行材性试验，结果见表 3。

微粒混凝土材性试验结果　　表 2

试 样 组 号	立方体强度(MPa)	弹性模量(MPa)
1	13	1.06×104
2	12.7	1.34×104
3	15.4	1.00×104
平均相似常数	0.27	0.33

注：1. 立方体抗压强度试件尺寸为 70.7mm×70.7mm×70.7mm。

2. 弹性模量试件尺寸为 100 mm×100 mm×300mm。

钢筋与钢丝绳材料性能试验结果　表3

名　称	用　途	屈服强度(MPa)	抗拉强度(MPa)
Φ6 钢筋	塔柱纵筋	440	525
14 号铁丝	塔柱箍筋	330	415
Φ16 钢丝绳	塔梁连接	—	13.2t

3　试验设计

3.1　模型结构与配重设计

如图2给出了桥塔模型的设计构造图，为简化设计，塔身和横梁均取为实心截面，并采用自配微粒混凝土，桥塔模型全高4.785m。因模型材料密度不满足相似关系而产生的人工质量较多，为简化配重加载方式，将模型人工质量分为2个部分：一是将桥塔本身产生的人工质量集中在塔顶，根据相似关系和等效模态质量法[9]计算得到需施加配重约2.8t，将上塔柱上端扩大为一实心混凝土块，每个重1.43t；二是主梁加载到桥塔上的质量产生的人工质量，根据相似关系计算得需约10t，采用一钢箱模拟，钢箱外轮廓尺寸为1.28m×4.4m×0.35m(横桥向×顺桥向×竖向)，厚30mm，自重2.17t，内装约8t质量块，共重约10t。桥塔模型与钢箱间通过8根Φ16钢丝绳连接。另外，设置两竖向支撑体系用于保证试验安全与实现钢箱平动，设置限位装置限制试验过程中钢箱的横向和竖向抖动。

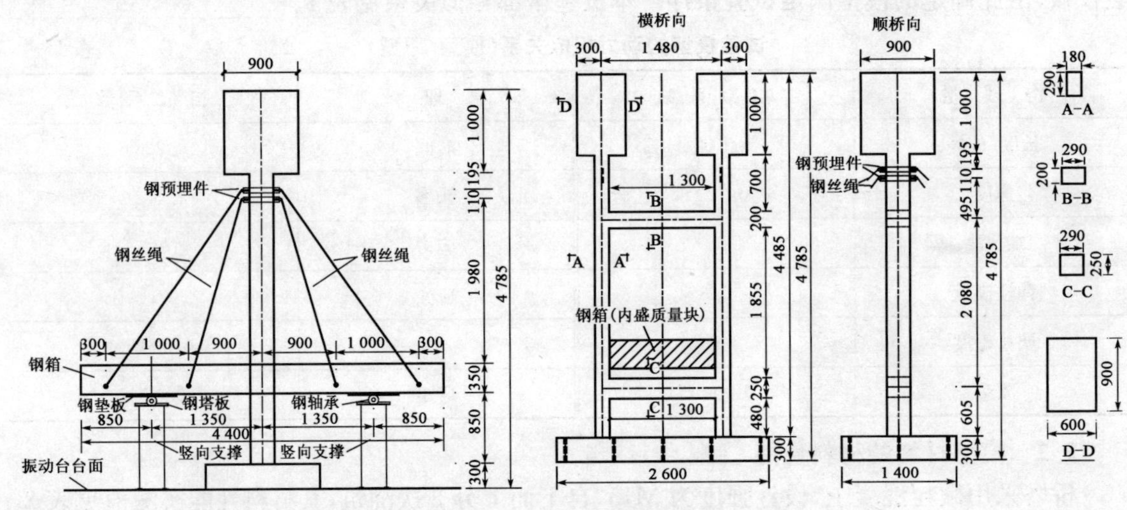

图2　桥塔结构构造图(尺寸单位：mm)

为使模型的配筋设计更加合理，根据正截面抗弯能力等效与斜截面抗剪能力等效的原则[10]，确定塔柱截面纵筋率为0.65%，上、下横梁截面纵筋率分别为0.3%和0.24%，塔身纵筋采用Φ6光圆钢筋，保护层10mm；箍筋和拉筋均采用14号镀锌铁丝。

3.2　模型细部构造设计

为实现试验目的，保证试验安全，专门进行了一些必要的细部构造设计，如图3所示，简要介绍如下：

(1)在8根钢丝绳端部分别安装力传感器，用于调节索力，保证各钢丝绳均匀受力，并达到预先指定的索力。试验所用传感器数目见表4。

(2)在钢箱底部和竖向支撑之间设置钢轴承，用以实现钢箱的纵向平动。

(3)设计钢箱限位装置，限制纵向地震输入下钢箱横向和竖向的抖动，保证试验安全。安装完成后等待试验的模型如图 4 所示。

加速度、位移测点布置如图 5 所示。

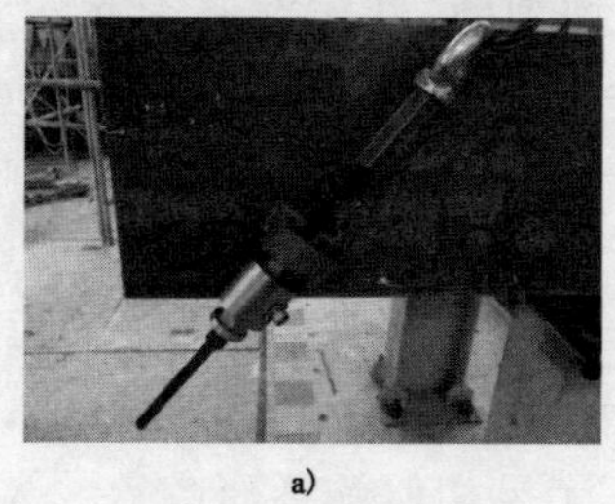

a)

b)

c)

图 3 细部构造图

试验所用传感器数目 表 4

序 号	测 试 项 目	传 感 器	数 量
1	位移、曲率	拉线式位移计	13
2	加速度	压电式加速度计	33
3	钢筋应变	电阻应变片	16
合计			62

图 4 安装后的桥塔模型

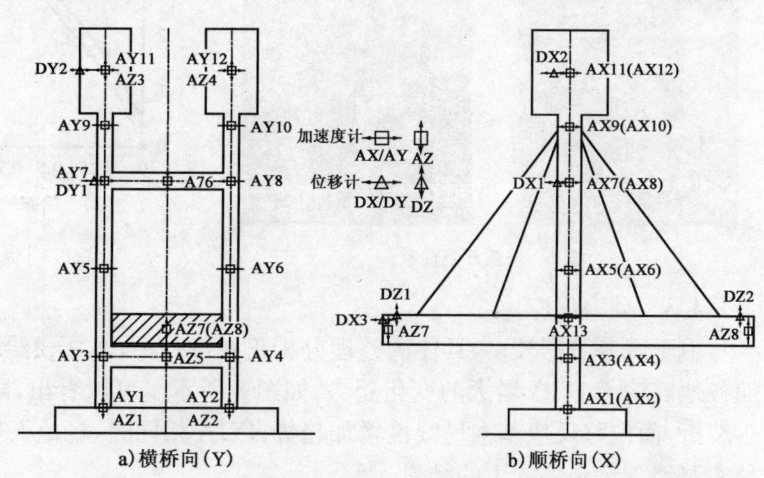

图 5 加速度、位移测点布置图

3.3 试验的加载

结合典型斜拉桥场地条件、动力特性以及试验室振动台的输出性能，本次试验振动台台面纵桥向输入选用如下地震波的水平分量：1940 年美国 IMPERIAL VALLEY 地震 El Centro 波(以下简称 El Centro 波)，1999 年中国台湾集集地震 Tcu076 波(以下简称 Tcu076 波)和某典型斜拉桥地震安全性评价报告提供的对应于 E2 概率水平(罕遇地震)的人工拟合加速度时程(以下简称场地人工波)。根据表 1 的时间相似关系对各地震输入进行时间压缩，将其最大加速度峰值(以下简称 PGA)均调整为 0.1g，而后根据 PGA 逐级递增加载，并在地震工况前后输入小幅的白噪声扫描模型动力特性的变化。鉴于试验安全考虑，在场地人工波地震波输入幅值达到 0.6g 后，结束本次试验的最后一个工况。

4 试验结果

4.1 试验现象

随着各地震波 PGA 的逐级增大，下塔柱、中塔柱先后出现裂缝，并逐渐增多变宽。塔底区域损伤较明显，存在多处贯通裂缝，但试验结束后大多数裂缝均闭合。图 6 给出了试验结束后塔柱的开裂现象，裂缝位置均进行了标记。

4.2 动力特性

试验成功的识别了模型结构的纵向前两阶模态，与有限元计算结果基本吻合，见表 5 与图 7，证明了模型试验设计的合理性。

自振频率试验值与计算值对比 表 5

模 态	有限元计算值(Hz)	试验识别值(Hz)	差别(%)
1	0.713	0.763	7.01
2	19.608	18.311	6.61

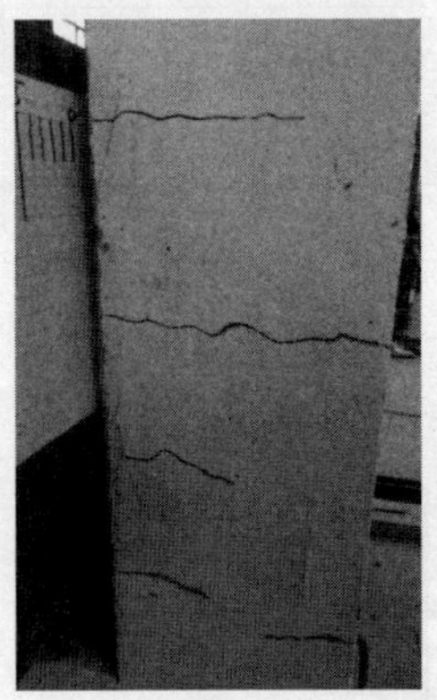

图 6 塔柱开裂现象

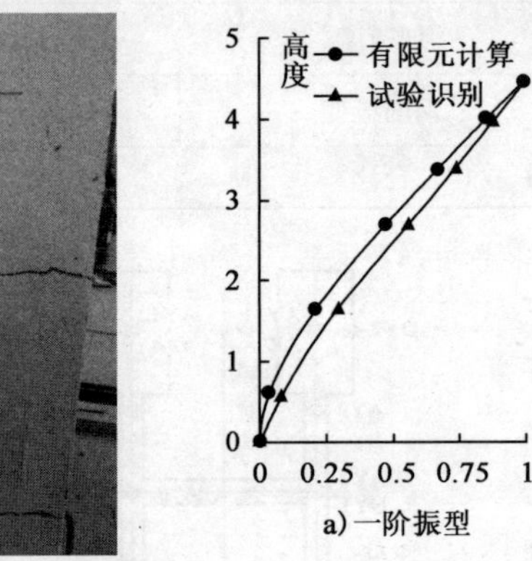

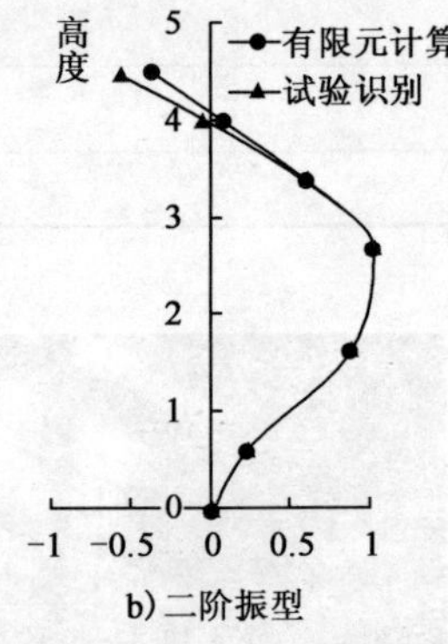

图 7 纵向振型试验值与计算值对比

4.3 动力反应

由于试验数据较多，具体的整理分析正在进行中，本文仅给出塔顶加速度反应和位移反应随各地震输入 PGA 增大的变化趋势，如图 8 所示。可以看出，随 PGA 的增大，加速度反应略有波折，而位移反应基本呈线性增加趋势；PGA 相同时，场地人工波输入下的结果大于另外两种实测地震记录输入下的结果。

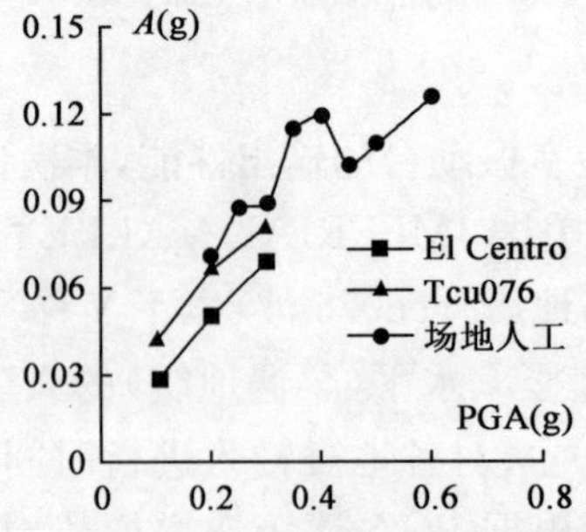

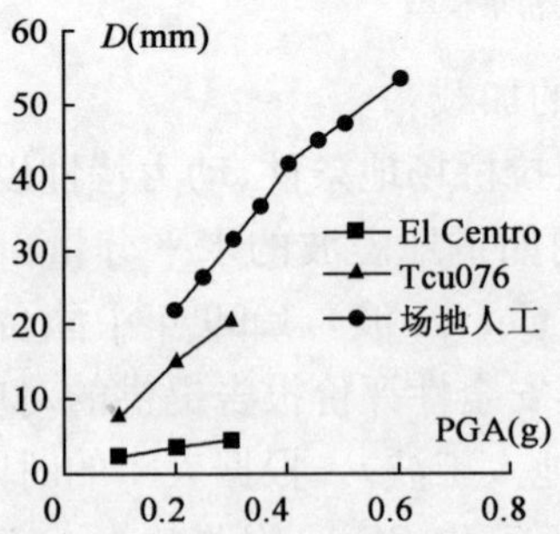

图 8 塔顶加速度和位移反应随各地震波 PGA 变化

5 结语

本文通过对一斜拉桥桥塔的缩尺振动台试验研究，初步得到以下结论：

(1)试验成功的识别了模型结构的纵向前两阶模态，与有限元计算结果基本吻合，证明了模型试验设计的合理性，而且随着地震波输入幅值的不断提高，试验中观测到了明显的裂缝开合现象。

(2)在幅值较大的地震波纵桥向输入下，桥塔下塔柱、中塔柱先后不同程度的出现了裂缝开展延伸现象，其中塔底区域损伤较明显，存在多条贯通裂缝，但试验结束后多数闭合。

(3)随地震波输入的增大，塔顶加速度、位移反应基本呈线性增加趋势。

参考文献

[1] 中华人民共和国交通运输部. JTG/T B02-01—2008 公路桥梁抗震设计细则[S]. 北京：人民交通出版社，2008.

[2] Chang K C, Mo Y L, Chen C C, et al. Lessons learned from the damaged Chi-Lu cable-stayed bridge[J]. Journal of Bridge Engineering, 2004, 9(4).

[3] Chihiro Kawatoh, Shigeki Unjoh. Analytical study on seismic performance evaluation of long-span suspension bridge tower[C]. Canada: The 13th World Conference on Earthquake Engineering, 2004.

[4] 焦驰宇. 基于性能的大跨斜拉桥地震易损性分析[D]. 上海：同济大学，2008.

[5] Michael JONES, Semyon TREYGER, Patrick PENCE. Seismic analysis of the new Tacoma narrows suspension bridge[C]. Canada: The 13th World Conference on Earthquake Engineering, 2004.

[6] 周颖. 复杂高层结构的整体抗震试验与非线性分析[D]. 上海：同济大学，2005.

[7] 吕西林. 超高层建筑结构抗震研究[C]. 国家杰出青年科学基金实施十周年纪念文集(工程科学分册). 北京：国家自然科学基金委工程与材料科学部编，2004.

[8] 沈德建，吕西林. 地震模拟振动台及模型试验研究进展[J]. 结构工程师，2006，22(6).

[9] Anil K. Chopra. Dynamics of Structures: Theory and Applications to Earthquake Engineering[M]. The United States of America: Prentice-Hall, 1995.

[10] 周颖，吕西林，卢文胜. 不同结构的振动台试验模型等效设计方法[J]. 结构工程师，2006，22(4).

149. 单向纵坡斜拉桥纵向阻尼器设置研究

吴庆雄[1]　王文平[2]

(1. 福州大学土木工程学院;2. 福州大学至诚学院)

摘　要:南平闽江大桥为单向纵坡的双塔双索面预应力半飘浮体系混凝土斜拉桥。为避免桥梁在施工阶段、运营阶段和地震荷载作用下出现较大的纵向位移,有必要设置合适的阻尼器。本文通过建立精细的有限元模型,进行考虑阻尼器的施工阶段、运营阶段和弹性地震响应分析,从而确定阻尼器主要参数指标。同时,对阻尼器数量与设置位置进行了分析和优化,在综合考虑主梁纵向位移减小量、墩底内力增加量、经济成本和施工养护便利的前提下,给出最优的阻尼器布置方案。研究结果表明,在两主塔下横梁与主梁之间各布置两个阻尼器,可使主梁的纵向位移减小0.139m,并使主墩墩底的弯矩和剪力大幅降低。施工体系转换监控与成桥荷载试验结果也证明了南平闽江大桥布设的阻尼器的良好工作性能。

关键词:斜拉桥　单向纵坡　阻尼器　仿真分析

1　引言

福建省南平市闽江大桥跨越闽江干流,南起江南新区李侗路,北接工业路。主桥采用双塔双索面预应力混凝土斜拉桥—连续梁协作体系,跨径布置为45m+160m+272m+130m,总长607m。桥梁等级为城市主干路II级,荷载设计等级为城—A级,设计行车速度40km/h,地震基本烈度6度,按7度设防。桥梁总体布置如图1所示。

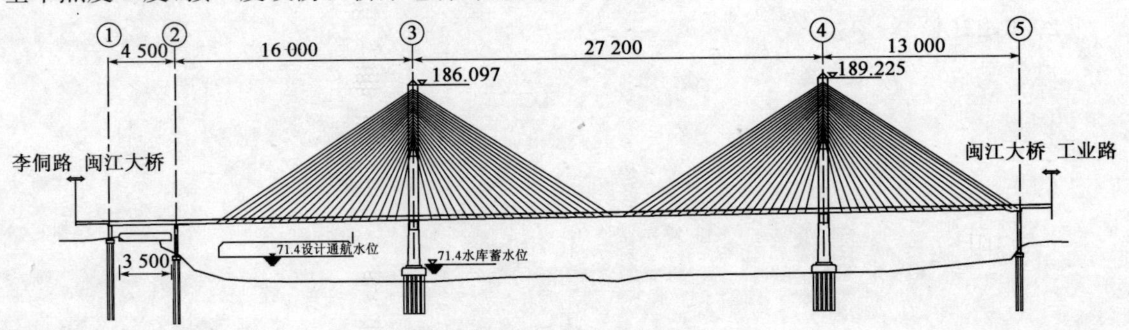

图1　总体布置图(尺寸单位:cm)

基金项目:国家自然科学基金资助(项目批准号:50808047)。

主梁采用箱梁和边主梁两种主梁断面相结合的方式，协作跨45m采用箱梁结构，其余部分采用如图2所示的边主梁断面。主塔为钢筋混凝土单箱单室截面，自桥面以上塔高88m。

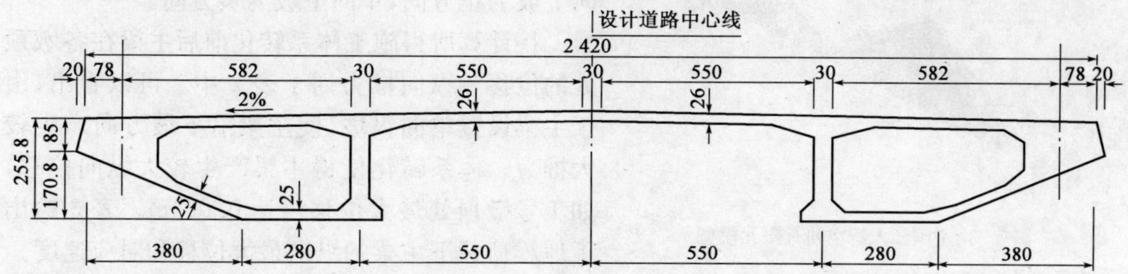

图2 主桥斜拉桥部分主梁标准断面图(尺寸单位:cm)

为适应山区地形，该桥设置坡度为1.15%的单向上坡(从南到北)，且桥梁结构采用半漂浮体系，施工成桥时需解除临时固结约束，进行体系转换。因此，单向纵坡可能使得桥梁在体系转换时主梁位移量增大，在地震、车辆行驶和制动等情况下主梁产生较大水平推力，出现单向滑动，并影响墩塔受力，对桥梁的整体稳定性也不利[1]。目前，单向纵坡桥研究理论尚不成熟，国内桥梁实例较少，如重庆云万高速公路彭溪河大桥采用了2.1%的单向纵坡[2]。

为控制在施工和营运过程中的主梁位移和桥塔(墩)墩底内力，合理地设置阻尼器的效果是比较明显的，安装在主梁与墩塔之间的阻尼器能够提高主梁的纵漂阻尼，吸收地震、汽车制动等荷载产生的大部分能量。目前，液体黏滞阻尼器已较为成功地应用于国内外桥梁工程中[3-5]。因此，南平闽江大桥拟采用该类型阻尼器来解决主梁位移和桥梁受力的问题。

本文通过有限元计算得到闽江大桥在施工体系转化、地震与汽车等荷载下的内力和位移，由此进行阻尼器的参数设定，并进行阻尼器的功效分析，确定阻尼器的数量和安装位置，最后通过施工体系转换监控和荷载试验检测安装于实桥的阻尼器的效果。

2 阻尼器参数设定

2.1 阻尼器参数

阻尼力和最大冲程是液体黏滞阻尼器的主要技术指标，而阻尼系数和速度指数是阻尼器控制作用大小的两个关键参数，其与阻尼力的关系如式(1)所示。

$$F = CV^{\alpha} \tag{1}$$

式中：F——阻尼力；

C——阻尼系数；

V——阻尼器相对运动速度；

α——阻尼速度指数。

其中，阻尼力、最大冲程、阻尼器运动速度等可通过有限元计算方便获得，并由此计算和优化阻尼系数、阻尼速度指数等参数。

2.2 阻尼器参数计算

采用非线性有限元程序NL-Beam3D[6]，建立闽江大桥空间有限元模型，如图3所示。墩塔、主梁用空间梁单元模拟，斜拉索采用索单元模拟。两个主墩处塔墩固结，塔梁分离，主梁与塔下横梁竖向弹性连接，构成半漂浮体系。表1给出了桥梁的前3阶理论模态，可以看出，桥

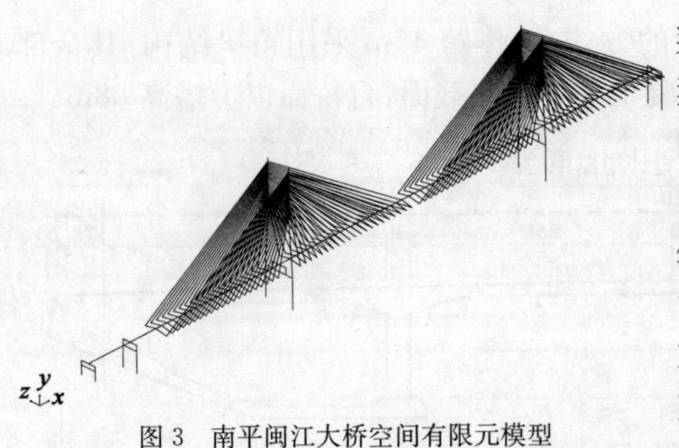

图 3　南平闽江大桥空间有限元模型

梁的频率和振型都处于正常情况，说明建立的模型可用于进一步的计算分析。计算中统一规定单向上坡为正方向，单向下坡为负方向。

将计算所得施工体系转化前后主梁在各墩顶处的位移和纵向推力列于表 2 中。可以看出，由于主梁设置单向纵坡，使主梁沿下坡方向产生较大推力。体系转化使得主梁产生较大纵向位移，如 1 号墩顶处最大位移可达 0.064m。表 3 给出了地震荷载下主梁的纵向最大位移和对应速度。

南平闽江大桥理论模态　　表 1

阶　数	频率 (Hz)	振　型
1	0.126	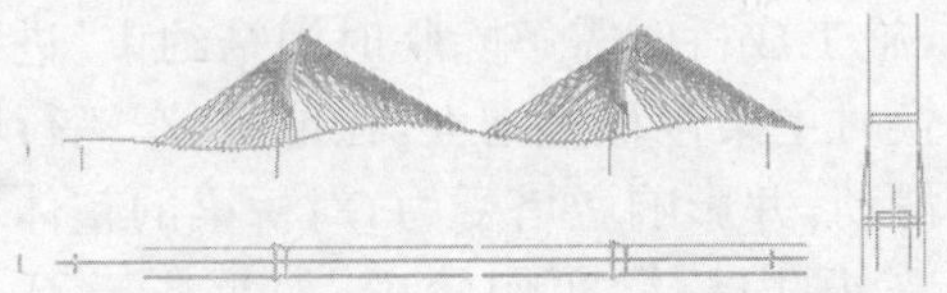
2	0.346	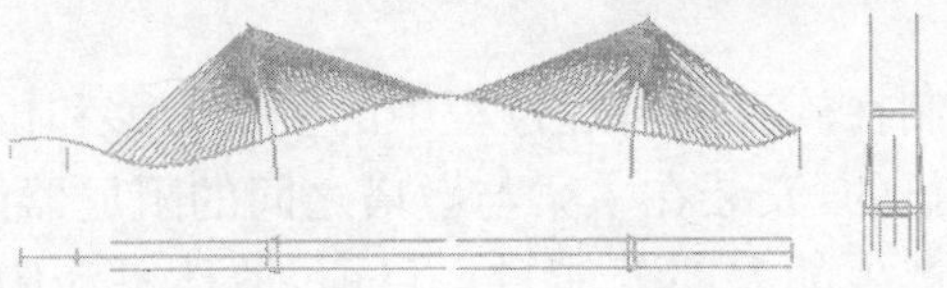
3	0.501	

体系转换后主梁的纵向推力和位移　　表 2

控 制 截 面	纵向位移 (m)	纵向推力 (kN)
1 号墩顶	0.064	−89 116
2 号墩顶	0.056	−137 932
3 号塔顶	0.027	−117 956
4 号塔顶	−0.024	−117 218
5 号墩顶	−0.050	−71 736

单向地震力作用下主梁的纵向位移和速度　　表 3

控 制 截 面	纵向位移 (m)			纵向速度 (m/s)
	纵向加震	横向加震	竖向加震	纵向加震
1 号墩顶	0.367 6	0.000 3	0.000 5	1.061
2 号墩顶	0.369 4	0.000 3	0.000 6	1.069
3 号塔顶	0.365 8	0.000 3	0.000 4	1.064
4 号塔顶	0.365 9	0.000 3	0.000 5	1.064
5 号墩顶	0.371 0	0.000 3	0.001 2	1.069

按我国规范[7,8]关于荷载组合的规定，考虑正常使用时的温度和活载，再加上地震带来的位移就可以构成阻尼器要求的最大冲程。因此，主梁纵向推力和位移可由荷载组合"0.7×汽车荷载＋1.0×人群荷载＋0.8×温度荷载＋1.0×汽车制动＋1.0×地震力"计算获得，计算结果列于表4。从表中可知，3号塔和4号塔处主梁的纵向内力值最大，约为5 900kN，主梁的纵向位移最大值为0.625m，可分别作为确定阻尼器的最大冲程和最大阻尼力的依据。

主梁纵向推力和位移组合最大值 表4

组合值	1号墩顶	2号墩顶	3号塔顶	4号塔顶	5号墩顶
推力(kN)	−42	−143	−5 887	−5 871	−36
位移(m)	0.624	0.620	0.587	0.593	0.625

2.3 阻尼器参数确定

从表4可知，最大阻尼力预设为±5 500kN，单只阻尼器的最大阻尼力初设为±1 400kN，单只阻尼器的最大冲程初步取为±650mm。桥梁在地震作用下的运动速度处于0.5～1.0m/s之间。根据式(1)，解联立方程(2)可得阻尼速度指数$\alpha=0.23$，处于正常范围内[9]。根据上述条件，在速度等于1m/s时，阻尼力等于1 400kN，$\alpha=0.23$，则阻尼系数为1 400kN/(m/s)。

$$\begin{cases}1\,400 = C_x \cdot 1^{\alpha} \\ 1\,400 \times 15\% = C_x \cdot 0.5^{\alpha}\end{cases} \tag{2}$$

综合考虑阻尼器的常用规格后，对以上指标和参数进行调整，最终采用了北京奇泰振控科技发展有限公司生产的液体黏滞阻尼器，指标和参数列于表5。

南平闽江大桥阻尼器的指标和参数值 表5

单只阻尼器最大阻尼力(kN)	最大冲程(mm)	阻尼系数(kN/(m/s))	阻尼速度指数	安全系数
1 000	±500	1 400	0.3	1.5

3 阻尼器设置功效分析

为确定阻尼器的数量和安装位置，进行了表6所示的9种工况在地震作用下的结构分析。表中，布置形式的5个数字表示1～5号墩，1表示该处设置两个阻尼器，0表示没有设置阻尼器。例如，00000工况代表1～5号墩均未设置阻尼器；10000代表仅在1号墩处设置两个阻尼器；00110代表在3号塔和4号塔处各设置两个阻尼器。

阻尼器布置工况 表6

工况	布置形式	1号墩	2号墩	3号塔	4号塔	5号墩
1	00000	0	0	0	0	0
2	10000	1	0	0	0	0
3	01000	0	1	0	0	0
4	11000	1	1	0	0	0
5	10001	1	0	0	0	1
6	00110	0	0	1	1	0
7	11100	1	1	1	0	0
8	11110	1	1	1	1	0
9	11111	1	1	1	1	1

有限元计算中，采用 damper 单元模拟阻尼器，所得各工况下 1 号墩墩顶主梁的位移，纵向推力和速度见表 7。同时，将各墩墩底弯矩和剪力值分别绘于图 4 和图 5 中。可以看出，随着阻尼器数量的增加，主梁的纵向位移不断减小，但各墩塔底弯矩和剪力值可能增加。

地震作用下 1 号墩顶主梁纵桥向位移、纵向推力和速度最大值 表 7

工　况	布置形式	纵桥向位移(m)	纵向推力(kN)	速度(m/s)
1	00000	0.372	—	1.069
2	10000	0.290	952	0.366
3	01000	0.349	1 009	0.471
4	11000	0.248	1 006	0.465
5	10001	0.284	987	0.428
6	00110	0.233	914	0.306
7	11100	0.205	1 005	0.462
8	11110	0.191	1 003	0.458
9	11111	0.189	1 002	0.457

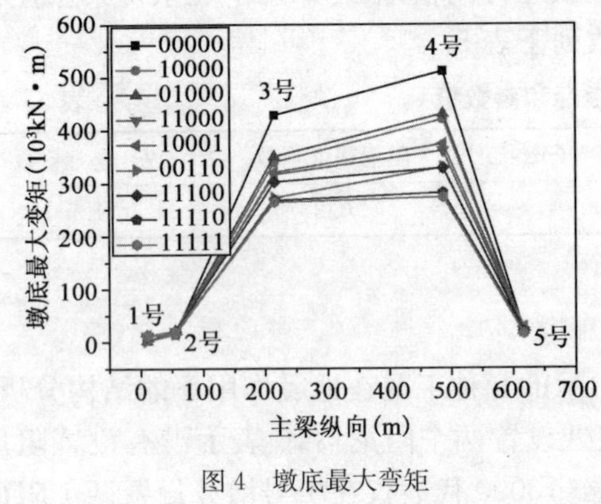

图 4　墩底最大弯矩

图 5　墩底最大剪力

(1)当仅在 1 号墩顶伸缩缝处设置阻尼器时，主梁纵向位移可减少约 0.082m，但墩底内力增大。

(2)当在 2 个位置设置阻尼器时，如在 3 号、4 号两主塔处，主梁纵向位移可减少 0.139m，且主塔塔底附加弯矩和剪力较小。

(3)当在 3 个位置设置阻尼器时，若布于 1 号、2 号、3 号墩顶处，则主梁纵向位移可减少 0.167m，但墩底内力明显增加。

(4)在 1～5 号墩处均设置纵向阻尼器，主梁纵向位移达到最小，但墩底附加弯矩和剪力仍不可忽略，且不经济。

综合考虑有限元计算结果、桥梁结构特点、已有桥梁中阻尼器的设置经验和经济成本后，初步拟定采用 4 只液体黏滞阻尼器，分别设置在 3 号塔和 4 号塔横梁与主梁相交处。一方面，在该位置设置阻尼器可使外界荷载产生的能量被阻尼器大量吸收；另一方面，由于主塔下横梁宽度较大，阻尼器安装和调试时的工作面比其他墩顶大，便于安装和后期维修养护。

4 阻尼器在南平闽江桥中的实际应用

图 6 闽江大桥阻尼器安装

闽江大桥已于 2011 年 3 月在两主塔下横梁安装了 4 只液体黏滞阻尼器(图 6),阻尼器的控制指标和参数均采用上述计算与分析结果。表 8 给出了施工体系转换时实测主梁的纵向位移,其中未设阻尼器位移为前文有限元计算结果。从表中可知,阻尼器的设置可有效控制解除临时约束时主梁的滑动。2011 年 11 月进行了闽江大桥的成桥荷载试验,并以此检查阻尼器的工作效果。结果表明,该阻尼器工作状态良好,阻尼器设置效果明显。

设置阻尼器对施工体系转化时桥梁纵向位移的影响 表 8

控制截面	主梁纵向位移(m)		$\frac{(2)-(1)}{(2)}\%$
	设置阻尼器后(1)	未设阻尼器(2)	
2 号墩	0.010	0.056	82.1
3 号塔	0.018	0.027	33.3
4 号塔	−0.007	−0.024	70.8
5 号墩	−0.001	−0.050	98.0

5 结语

由于南平闽江大桥采用了单向纵坡半漂浮体系,在施工体系转换和运营过程中主梁产生较大的纵向推力和位移,有必要设置阻尼器进行控制。通过建立的精细有限元模型,进行考虑阻尼器的施工阶段、运营阶段和弹性地震响应分析,确定阻尼器主要参数指标,并综合考虑主梁纵向位移减小量、墩底内力增加量、经济成本和施工养护便利的前提下,给出最优的阻尼器布置方案。

(1)通过计算和调整,液体黏滞阻尼器的参数设定为:阻尼系数 C=1 400 kN/(m/s),阻尼速度指数 α=0.3,最大阻尼力 1 000kN,最大冲程±500mm,安全系数 1.5。

(2)对不同设置位置时阻尼器的功效进行了优化分析,确定在 3 号主塔和 4 号主塔下横梁处各布置 2 个阻尼器,可使主梁的纵向位移减小 0.139m,并使主墩墩底的弯矩和剪力大幅降低。

(3)施工体系转换、成桥荷载试验结果表明,通过位置控制后,阻尼器能有效控制主梁的纵向位移,工作效果良好。

参考文献

[1] 王新忠,李峰辉,焦玲. 一种新桥型——单向坡斜拉桥[J]. 预应力技术,2007(2).
[2] 余定军. 液体黏滞阻尼器在单向纵坡斜拉桥施工中的应用[J]. 水运工程,2008(6).
[3] 韩万水,黄平明,兰燕. 斜拉桥纵向设置黏滞阻尼器参数分析[J]. 地震工程与工程振动,

2005,25(6).
[4] 蒋建军,蒋劲松. 广西南宁大桥液体黏滞阻尼器设计[J]. 世界桥梁,2007(4).
[5] 卢桂臣,胡雷挺. 西堠门大桥液体黏滞阻尼器参数分析[J]. 世界桥梁,2005(2).
[6] 吴庆雄, 陈宝春, 韦建刚. 三维杆系结构的几何非线性有限元分析[J]. 工程力学,2007,24(12).
[7] 中华人民共和国建设部. CJJ11—93 城市桥梁设计准则[S]. 北京:中国华龄出版社,1994.
[8] 中华人民共和国建设部. CJJ77—98 城市桥梁设计准则[S]. 北京:中国建筑工业出版社,1998.
[9] 王志强,胡世德,范立础. 东海大桥黏滞阻尼器参数研究[J]. 中国公路学报,2005,18(3).

150. 正交异性钢板—薄层 RPC 组合桥面结构理论与试验研究

曹君辉　邵旭东　张　哲　易笃韬　陈　斌　黄政宇

（湖南大学土木工程学院）

摘　要：正交异性钢桥面刚度低，易引起钢结构疲劳开裂和铺装层破损等病害问题。为提高桥面系的刚度，本文提出了一种正交异性钢板—薄层活性粉末混凝土（RPC）组合桥面结构。基于正交异性钢桥面第二体系理论，分别建立了纯钢箱梁和钢—RPC 组合箱梁的局部有限元模型。计算结果表明，采用钢—RPC 组合桥面结构后，钢桥面中的应力明显下降，其中面板和纵向加劲肋的降幅最明显；而 RPC 层中的最大拉应力达到了 14.85 MPa，远高于普通铺装材料的抗拉强度。根据计算结果开展了足尺模型静力荷载试验，试验中钢—RPC 组合桥面结构未出现任何开裂现象。RPC 层能够有效提高桥面刚度，其自身也能适应正交异性钢桥面中的复杂受力状态，将为解决钢桥面板疲劳开裂和铺装层破损病害问题提供新的思路。

关键词：正交异性钢桥面　刚度　疲劳　组合桥面结构　活性粉末混凝土（RPC）

1　引言

自 20 世纪 50 年代发明以来，正交异性钢桥面被广泛应用在世界各国的钢桥中。然而，正交异性钢桥面中存在 2 种典型的病害问题：一是钢桥面结构易疲劳开裂[1]，二是钢桥面沥青混凝土铺装层易破损[2]。这 2 种病害问题已造成了巨大的经济损失，同时给桥梁的安全性埋下了隐患。

引起上述 2 种病害问题的原因诸多，概括而言，其与正交异性钢桥面的构造特点、沥青混凝土铺装层材料性能及桥梁的交通状况等因素均有关联。一方面，正交异性钢桥面构造细节复杂、焊缝数量多，在反复车轮荷载的作用下易出现疲劳开裂。另一方面，常规沥青混凝土钢桥面铺装层抗拉强度低，且其材料性能受温度的影响大，在重车和环境温度的共同作用下，易出现开裂、车辙、拥包、脱层等病害。

基金项目：国家自然科学基础资助（51178711）；交通运输部西部交通建设科技项目资助（2011318494160）；湖南省研究生科研创新项目资助（CX2011B150）。

研究人员多通过改进构造细节来解决疲劳开裂问题。迄今为止，正交异性钢桥面的构造细节在世界各国经历了多次改进，疲劳裂缝的发生得到有效地控制[3]。但是正交异性钢桥面中构造细节繁多且相互影响，而改进措施往往局限于个别构造细节，难以兼顾。

而对于钢桥面铺装破损问题，研究人员一般着手于改进沥青混凝土铺装层的材料性能和设计理论[4]。自环氧沥青混凝土应用以来，我国钢桥面铺装运营现状有明显改善，使用寿命得以延长[5]。然而，沥青混凝土模量低(一般约为钢材弹性模量的 1/10～1/1 000)，其对正交异性钢桥面结构内力的分担作用甚小，这对于解决正交异性钢桥面结构疲劳开裂问题帮助不大。而事实上，2 种病害问题是相关联的，当出现疲劳开裂后桥面刚度会下降，进而增加铺装层的局部应力和变形，会加快铺装层的破损。

由此可见，目前对于钢桥面典型病害问题的研究基本上都是独立的，且均存在不足之处。正交异性钢桥面结构刚度低，局部变形大[6]，因此若能采取有效措施提高钢桥面的刚度，将为综合解决这 2 种病害提供新的思路。

基于上述设想，本文提出了正交异性钢板—薄层 RPC 组合桥面结构体系(以下简称“新型组合桥面结构”)，即在钢面板上增设超高性能混凝土 RPC 层，然后铺装沥青混凝土磨耗层。新型组合桥面结构中的 RPC 层与钢桥面一同形成组合受力，提高了钢桥面的刚度。如此将产生 2 方面的效果：①能够降低钢面板和加劲肋在局部轮载下的应力幅，进而提高钢桥面的疲劳寿命；②能够降低磨耗层在钢桥箱梁腹板、横(纵)隔板、纵向加劲肋等位置的拉应力，从根源上阻止弯拉裂缝的发生。

新型组合桥面结构中的 RPC 为活性粉末混凝土(Reactive Powder Concrete)，是一种高强度、高韧性和高耐久性的超高性能纤维增强水泥基复合材料，1993 年由法国的 Bouygues 公司研究成功[7]。RPC 组分中不含粗骨料，以减少材料内部的孔隙与微裂缝等缺陷，获得超高的力学性能[8]。

本文将基于马房大桥，对新型组合桥面结构进行理论和试验研究，验证 RPC 层是否能够承受实桥荷载作用产生的拉应力，并明确其基本静力特性。

2 新型组合桥面结构计算

2.1 新型组合桥面结构方案

马房大桥修建于 1984 年，是 321 国道上一座公、铁两用桥，其上部结构并排置于同一桥墩上。本文研究的公路桥为 14 孔 64 m 简支钢箱梁，全桥宽 12m，单向 2 车道，其中行车道宽 9m，两侧人行道均宽 1.5 m。桥梁横断面为双箱单室钢箱梁，桥面采用正交异性钢桥面结构[9]。

马房大桥的正交异性钢桥面构造为：面板厚 12mm；开口纵肋为 125 mm×80 mm×8 mm 的角钢，按照 325(300) mm 的间距布置；横梁的腹板厚 8mm，横断面中间高 462 mm，下翼缘板厚 10 mm，宽 240 mm。横梁每 2m 布置一道，并在其上开孔，以保证纵肋连续通过。

运营至今，马房大桥钢桥面铺装已经历了 2 次大修：1984 年竣工时的钢桥面铺装为 7 cm 厚阿油氯丁胶乳改性沥青混凝土；1992 年第 1 次翻修时采用沥青混凝土铺装层；2001 年第 2 次翻修时改为 8 cm 厚双层 SAC 密实型沥青混凝土[9]。后来经历了若干次小修，在部分桥跨上试用了其他铺装方案。但是沥青混凝土钢桥面铺装层难以应对马房大桥的大交通量和超载，一直处于维修和破损状态。同时，钢桥面在伸缩缝位置出现了疲劳开裂现象。这 2 种病害如图 1 所示。

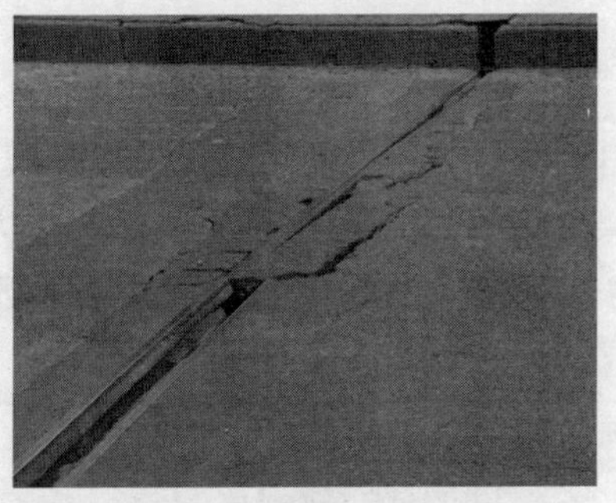

a) 钢板面铺装层破损

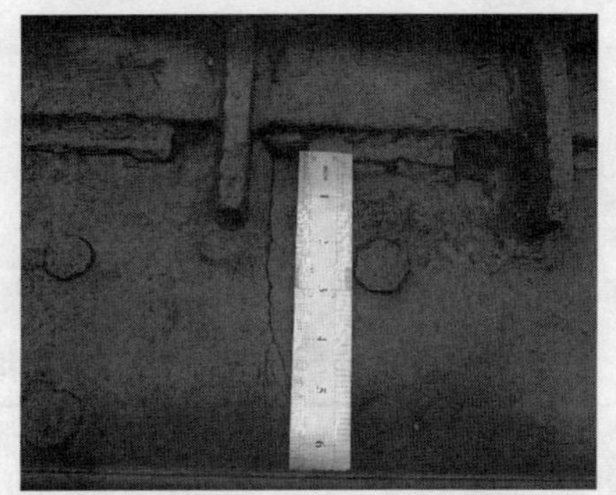

b) 伸缩缝处钢桥面板疲劳开裂

图 1　马房大桥钢桥面系病害

针对上述病害问题，提出了马房大桥正交异性钢板—薄层 RPC 组合桥面结构，初步拟定其构造方案为：现浇 RPC 层厚 50 mm，表面沥青混凝土磨耗层厚 30 mm，并通过"栓钉＋环氧树脂黏结层"的复合方式连接 RPC 层与钢面板，如图 2 所示。

为分析桥面系重量变化对主梁的影响，分别对 2 种桥面系建立了全桥有限元计算模型。计算结果表明，采用新型组合桥面结构后，钢箱梁跨中截面底板拉应力仅增加了 5.3 MPa，完全不会影响桥梁的安全性。

2.2　第二体系应力计算

引起钢桥面疲劳开裂的主要外因是局部车轮荷载作用产生的应力循环[10]，因此本文仅考虑桥面结构的第二体系应力状态。

根据马房大桥钢箱梁的实际构造，分别建立原沥青桥面铺装和新型组合桥面结构 2 种桥面体系下的局部计算模型：其中原 8 cm 厚沥青混凝土层考虑为铺装恒载，即模型为钢箱梁；而新型组合桥面结构中，5 cm 厚 RPC 层为结构的一部分（弹性模量取 40 GPa），3 cm 厚表层磨耗层也考虑为铺装恒载。

模型用 Midas 有限元软件建立，在横桥向上取全桥宽，纵桥向上取 6 道横梁。新型组合桥面结构的局部计算模型如图 3 所示，其中钢结构均采用板单元，RPC 层采用实体单元，并假设两者在结合面上接触良好。模型的边界条件为对横梁断面处的箱梁腹板底面节点约束竖向平动位移。

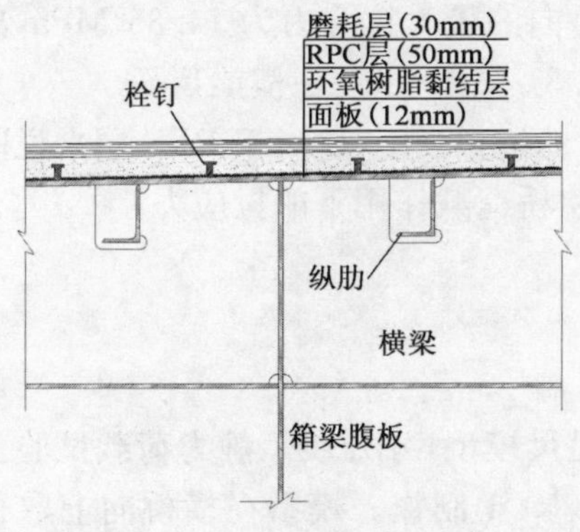

图 2　马房大桥桥面系构造方案

图 3　马房大桥新型组合桥面结构局部计算模型示意图

模型中考虑了自重恒载、局部车轮荷载、整体温度变化作用、温度梯度作用 4 种荷载作用。由于钢桥面第二体系具有明显的局部荷载效应特点，因而对于局部车轮荷载，仅考虑单辆车 2 个后轴的轮载作用。原沥青混凝土钢桥面铺装体系中，轮载作用面积为 360 mm×760 mm（纵桥向×横桥向）；而新型组合桥面结构中，轮载作用面积为 200 mm×600 mm（纵桥向×横桥向)。

2.3 计算结果分析

对于正交异性钢桥面,主要关注的计算内容为:两横梁中间位置,面板在箱梁腹板处的横桥向应力;横梁顶面位置,面板的纵桥向应力;两横梁中间位置,纵肋底缘纵桥向应力;横梁下翼缘横桥向应力。主要计算结果见表1,表中的应力值考虑了0.3倍的荷载冲击系数。

局部车轮荷载作用下钢桥面结构应力变化("+"为拉应力,"-"为压应力) 表1

验算位置	应力方向	有限元计算模型(MPa)		应力降幅
		纯钢箱梁	新型组合桥面结构	
面板	纵桥向	59.63	10.50	82.39%
	横桥向	12.43	-8.84	—
纵肋	纵桥向	137.42	73.61	46.44%
横梁	横桥向	-139.88	-113.01	19.21%

由表1可见,在局部车轮荷载作用下,正交异性钢桥面结构中的应力均有不同程度的降低。其中面板和纵肋中拉应力降幅最明显,最大降幅达到82.39%;而横梁下翼缘的压应力降幅较小。钢桥面疲劳开裂主要由局部轮载反复作用产生的拉应力循环所致,因此面板和纵肋中拉应力大幅度下降将有助于延长其疲劳寿命。

对于RPC层,主要关注其在箱梁腹板和横梁顶面的最大拉应力。计算结果见表2,表中荷载效应组合为:$\sigma_{组合应力}=\sigma_{恒载}+(1+0.3)\sigma_{汽车活载}+\sigma_{人群荷载}+\sigma_{整体温度作用}+\sigma_{温度梯度作用}$(0.3为荷载冲击系数)。

RPC层第二体系应力状态("+"为拉应力,"-"为压应力)(单位:MPa) 表2

应力方向	分项荷载效应					组合应力
	恒载	汽车活载	人群荷载	整体温度作用	温度梯度作用	
纵桥向	0.05	6.14	0.06	2.10	2.62	12.81
横桥向	0.09	7.77	0.66	1.78	2.22	14.85

由表2可见,新型组合桥面结构中,RPC层在横桥向的最大拉应力为14.85 MPa,出现在两横梁之间的边腹板顶面;而纵桥向最大拉应力为12.81 MPa,出现在横梁顶面。

混凝土层的最大拉应力远超过了常规混凝土材料的抗拉强度,这对于RPC层来说同样是考验,因此将通过足尺模型试验验证其是否可以承受实桥荷载作用下的拉应力。

3 新型组合桥面结构足尺模型试验

3.1 模型试验概况

2011年6~8月,制作了新型组合桥面结构室外足尺模型,并开展了静力荷载试验。试验模型截取了横梁以上的正交异性钢桥面部分,并按照1∶1制作。模型在横桥向上取行车道宽,在纵桥向上取4道横隔板,即模型宽9m,长6.2m,横断面中心高0.484 m,并设置2%的横坡。

实桥观测发现,马房大桥交通量大且超载现象严重。因此,试验中对模型的边界条件和加载方式作了适当调整,以突出RPC层的局部受力并获得尽可能大的拉应力。模型的边界条件为:2个箱室右侧的腹板下设置竖向支撑,并将支撑点设置在两横梁之间位置,模型共6个支撑点。加载方式为:用尺寸为 1 m×1 m×2 m,重 50 kN 的混凝土块加载,其中模型右侧支座上方位置最大压重 400 kN,模型左侧 3.2m 的大悬臂上最大加载重 600 kN。模型构造如图 4 所示。

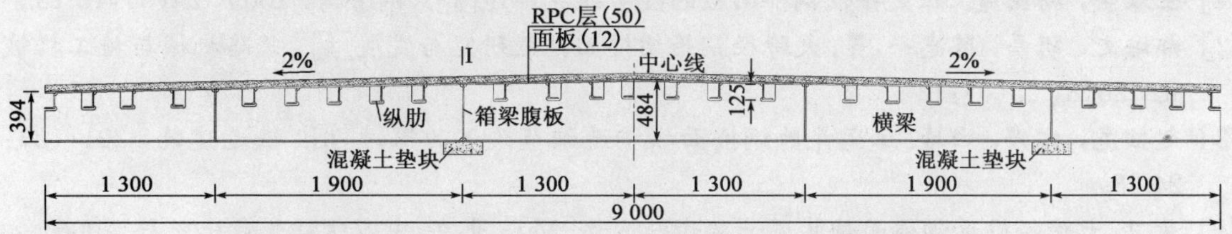

图 4　马房大桥足尺试验模型断面图(尺寸单位:mm)

主要试验过程如下:钢桥面模型制作→施工栓钉、环氧树脂黏结层,布置钢筋→浇注 RPC 层→RPC 层热养护→模型右侧压重→模型左侧分级加载。其中热养护过程为:在温度不低于 80 ℃,相对湿度不低于 95%的环境中对 RPC 层养护了 3d。热养护结束后,RPC 层表面未发现任何收缩裂纹,如图 5 所示。

a)养护进行中

b)养护结束后的RPC层表面

图 5　RPC 层热养护

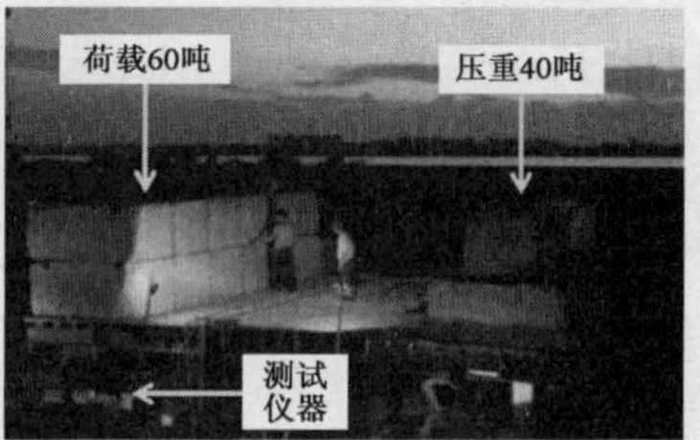

图 6　第 6 级荷载工况

模型压重后开始加载,加载共分为 6 级荷载工况,即每级荷载工况吊装 2 块混凝土块。第 6 级荷载下,模型左侧 3.2m 长的大悬臂加载达到 600kN,如图 6 所示。

3.2　主要试验结果

静力荷载试验表明:在第 6 级荷载工况下,Ⅰ－Ⅰ断面横梁下翼缘出现了局部压屈现象;而 RPC 层仍然保持完好,未出现任何裂纹,其最大拉应变达到了 955 $\mu\varepsilon$。

模型中通过"栓钉+环氧树脂黏结层"的复合方式连接 RPC 层与钢桥面,试验中未发现层间滑移裂纹,表明这种复合连接方式是可行的,能够确保 RPC 层与钢桥面的协同受力。

4　结语

(1)新型组合桥面结构的重量比原沥青混凝土桥面系略有增加,但不会影响桥梁的安全性。

(2)正交异性钢桥面第二体系应力计算结果表明,增设薄层 RPC 后,桥面系的刚度得以提升,面板及纵肋中的应力大幅度下降,将基本消除其疲劳开裂的风险。

(3)RPC 层具有极高的抗拉强度和韧性,能够适应钢桥面中大拉应力的受力特点。

(4)RPC 材料含大量乱向分布的钢纤维、层内密布了钢筋,且采用热养护,这些措施确保了其不会收缩开裂。

(5)"栓钉+环氧树脂黏结层"的复合连接方式能够为 RPC 层与钢桥面协同作用提供保证,且施工过程均方便可行。

参 考 文 献

[1] 王春生，冯亚成. 正交异性钢桥面板的疲劳研究综述[J]. 钢结构，2009，24(9)：10-13.

[2] 郝培文，胡磊，陈志一，等. 大跨径钢箱梁桥面铺装研究与发展[J]. 筑路机械与施工机械化，2008，25(6)：12-16.

[3] 赵佃龙，方兴，白玲. 正交异性钢桥面板构造细节改进的探讨[J]. 铁道建筑，2011(2)：24-28.

[4] 黄卫. 大跨径桥梁钢桥面铺装设计理论与方法[M]. 北京：中国建筑工业出版社，2006.

[5] Robert Gaul. A long life pavement for orthotropic bridge decks in China[J]. Proceedings of Selected Papers from the 2009 GeoHuan International Conference. Reston，Va. American Society of Civil Engineers，2009：1-8.

[6] 黄卫. 大跨径桥梁钢桥面铺装设计[J]. 土木工程学报，2007，40(9)：65-77.

[7] 朱迪，袁瑞军，姚立慧. 活性粉末混凝土的研究现状与展望[J]. 建材世界，2010，31(1)：20-22.

[8] Pierre Richard，Marcel Cheyrezy. Composition of Reactive Powder Concrete[J]. Cement and Concrete Research，1995，25(7)：1 501-1 511.

[9] 刘瀚飏. 钢桥面沥青混凝土铺装关键技术[C]. 第四届国际道路和机场路面技术大会论文集. 北京：人民交通出版社，2002：114-118.

[10] 童乐为，沈祖炎. 正交异性钢桥面板疲劳验算[J]. 土木工程学报，2000，33(3)：16-21.

151. 折腹型内衬混凝土组合梁抗剪性能研究

蔺钊飞 刘玉擎 贺 君 韩 斌

（同济大学桥梁工程系）

摘 要：折腹型连续组合梁支点负弯矩区承受较大的剪力与弯矩，导致腹板及受压翼缘屈曲，通常需采用腹板内衬混凝土的措施对该区域受力性能进行改善。通过建立非线性有限元计算模型，研究分析折腹型内衬混凝土组合梁抗剪承载能力与破坏形态、剪切性能影响因素等。计算结果表明：波折腹板钢梁发生剪切屈曲破坏；内衬混凝土钢腹板屈服后混凝土破坏；内衬混凝土能够有效抑制腹板屈曲并提高抗剪承载力和抗剪刚度；增加内衬混凝土厚度、混凝土强度、焊钉抗剪刚度以及钢筋屈服强度均能提高抗剪承载力。

关键词：组合梁桥　折形钢板　内衬混凝土　模拟计算　抗剪性能

1 前言

折腹型组合梁作为一种新型钢—混凝土组合结构，以折叠形钢腹板代替传统混凝土腹板，具有自重轻、跨越能力大、受力明确、避免腹板开裂等突出优点[1]。目前，国内已建和在建的折腹型组合箱梁桥有十余座，结构形式多为连续梁桥和刚构桥。连续梁中支点通常承受较大的负弯矩与剪力的作用，且该区域构造及约束条件复杂，使得各构件相互影响处于复合应力状态。钢梁下翼缘及腹板底部受压可能导致局部屈曲。为此，提出波折腹板内侧浇筑混凝土，采用焊钉及与翼缘焊接的钢筋网进行完全连接形成组合结构改善受力性能[2]。

折腹型内衬混凝土组合结构国内尚没有明确的设计方法，且内衬混凝土对组合结构承载性能和变形能力的影响机理，相关影响因素以及剪力传力机理及其分担比例的研究较少，有必要进行深入探讨，完善波折钢腹板组合桥梁设计理论与方法。本文通过有限元数值模拟，研究折腹型组合梁负弯矩区内衬混凝土对抗剪承载能力和破坏模式的影响以及抗剪承载力影响参数等。研究结果为折腹型内衬混凝土组合梁抗剪设计提供参考依据。

2 折腹型内衬混凝土组合梁桥的构造特点

内衬混凝土折腹式组合梁桥，一般在支座负弯矩区两侧一定长度范围腹板内侧浇筑混凝土，采用焊钉及与翼缘焊接的钢筋网进行连接，从而形成组合结构，使受力性能得到改善。这样既可以提高波折腹板抗屈曲性能，同时又能够借助内衬混凝土使腹板的作用力有效地传给桥墩[2]。

实桥根部截面高度达到 7m 或以上的几座已建桥梁基本上都采取了内衬混凝土的措施，目前国内外采取该方法已建或正在建设的部分桥梁相关信息，汇总见表 1，表中数据均为中支点较大跨径侧数据，若内衬混凝土变厚度，则取其平均值。

折腹型内衬混凝土组合梁桥的构造特点 表 1

序号	桥　　名	国家	结 构 形 式	内衬厚度(tc/mm)	钢腹板厚度(ts/mm)	tc/ts
1	杭州德胜东路桥	中国	3 跨连续梁	425	18	23.6
2	河南桃花峪黄河大桥	中国	3 跨连续梁	392	22	17.8
3	广州鱼锅头 B 匝道桥	中国	3 跨连续弯箱梁	400	16	25
4	前谷桥	日本	两跨刚构	600	12	50
5	胜手川桥	日本	3 跨连续刚构	350	12	29.2
6	小河内川桥	日本	4 跨连续刚构	350	16	21.9
7	栗谷川桥	日本	4 跨连续梁	350	16	21.9
8	安家 4 号桥	日本	4 跨连续梁	300	14	21.4
9	中津屋桥	日本	5 跨连续梁	368	16	23
10	千代川桥	日本	2 跨连续梁	410	22	18.6
11	广内第二桥	日本	5 跨连续梁	470	22	21.4
12	杉谷川桥	日本	6 跨连续梁	450	19	23.7

3 有限元计算模型

为研究折腹型内衬混凝土组合梁的抗剪性能，拟进行抗剪性能试验。本文依据试验模型，建立有限元模型进行计算分析。试件 sc_1 尺寸如图 1 所示，焊钉侧浇筑内衬混凝土，采用焊钉和与翼缘焊接的钢筋网连接；试件 s_1 是不含内衬混凝土的同等尺寸的纯钢折形腹板梁。

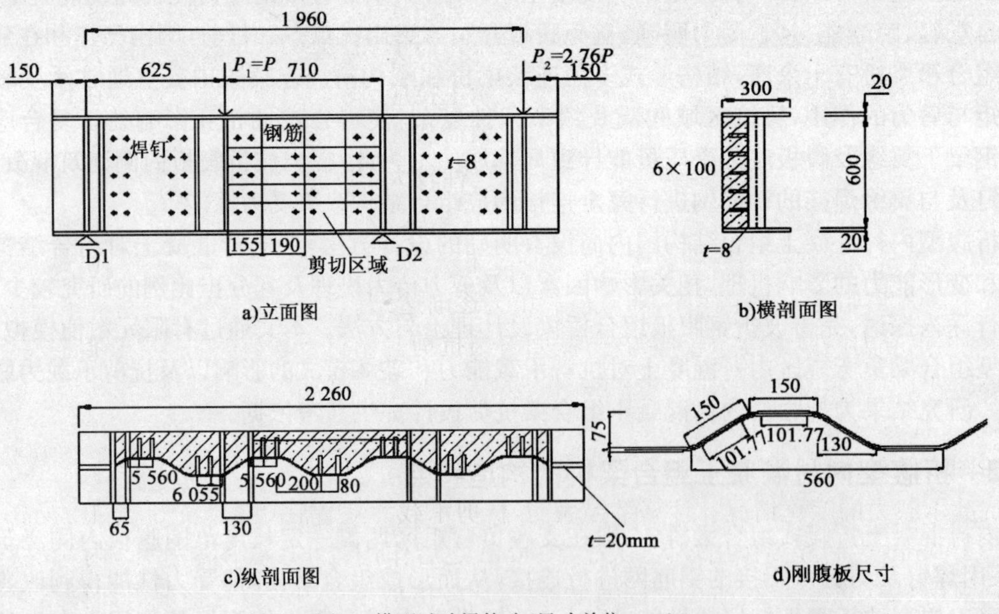

图 1 模型试验梁构造(尺寸单位:mm)

模型试验通过反对称加载研究折腹型内衬混凝土组合梁的抗剪性能，荷载比例按照跨中A—A截面弯矩为0确定，使剪力在剪切区域占主导地位。约束采用一端滑动支撑，一端固定支撑。焊钉的间距与形式均参照实桥进行布置，焊钉高80mm，直径16mm，钢筋直径8mm，距离外缘4cm。

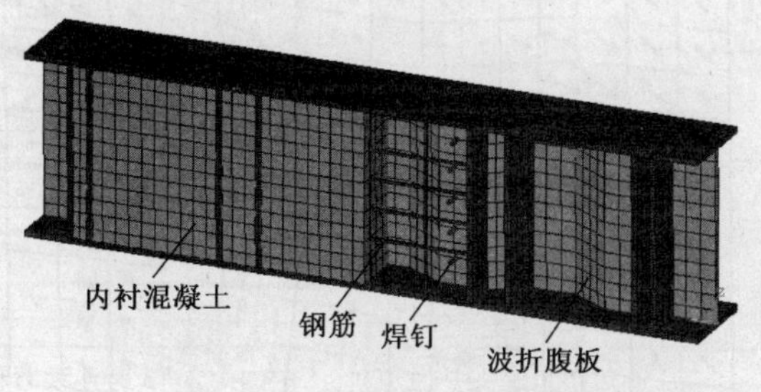

图2　有限元计算模型

本文通过有限元软件Ansys建立分析模型，如图2所示。混凝土采用Slid65单元模拟，钢材采用Shell93单元模拟，焊钉采用Combin14三向弹簧元单元模拟，钢筋采用Link8单元模拟。在混凝土与钢接触面，建立接触单元。钢材应力—应变曲线采用双折线模型，混凝土采用抛物线模型。钢板弹性模量 $E_s=2.06\times10^5$MPa，屈服强度 $f_y=370$MPa；钢筋弹性模量 $E_s=2.06\times10^5$MPa，屈服强度 $f_y=235$MPa；混凝土弹性模量 $E_c=3.45\times10^4$MPa，抗压强度标准值 $f_{ck}=32.4$MPa，抗拉强度标准值 $f_{tk}=2.65$MPa。

4　计算结果及分析

4.1　抗剪承载性能

如图3所示为模型试验梁跨中位移随荷载变化情况。有限元计算结果表明，相对于纯钢模型试件 s_1，模型试件 sc_1 内衬混凝土后，分别采用无焊钉和钢筋网连接、焊钉连接、钢筋网连接和焊钉加钢筋网连接，抗剪承载力分别提高26%、38%、44%和45%。由此可得，内衬混凝土能较大程度提高波折腹板组合梁抗剪承载力，采用焊钉或钢筋网连接，均可进一步提高组合效应，使抗剪承载力进一步提高。焊钉连接件和钢筋网均可以提高抗剪刚度，且能有效降低剪切变形。

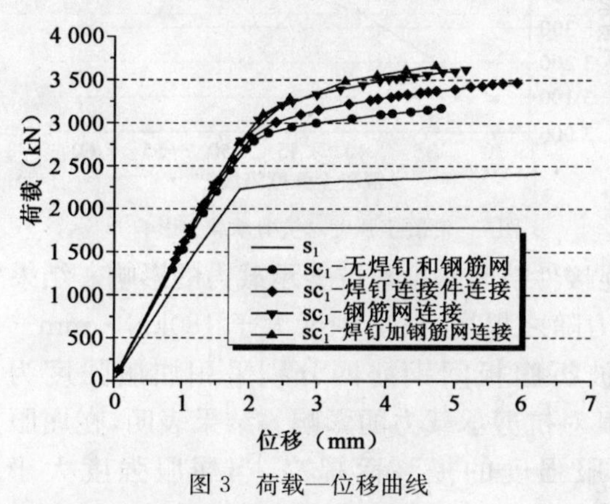

图3　荷载—位移曲线

如图4、图5所示，为模型试件 s_1、sc_1 剪切区域主拉应力图，箭头表示主拉应力方向，线段长短表示主拉应力大小。模型试件 s_1，在加载初期位移随荷载线性变化，当腹板达到屈服后，由于钢材的延性较大，随着荷载的增加，位移不断地增加，当达到极限荷载后，腹板屈曲，挠度急剧增加，产生较大的面外变形，主拉应力沿截面高度分布不均匀，只有部分高度范围内的腹板参与抗剪。模型试件 sc_1，在有焊钉连接件和无焊钉连接件情况下腹板均始终未发生屈曲，随着荷载增大逐渐达到屈服，随后混凝土破坏。极限承载力状态下，主拉应力沿截面分布较均匀，全截面参与抗剪。由此可得，内衬混凝土能有效抑制波折腹板屈曲，有效地改善剪切区域的受力状况。

4.2　抗剪承载力影响因素分析

如图6所示，模型试件 sc_1 分别设置100mm、150mm、200mm和250mm厚的内衬混凝土，比较抗剪承载力的变化情况。计算结果表明，抗剪承载力随着混凝土厚度的增加而提高，厚度在50～150mm之间提高作用较大，大于150mm之后作用较小。如图7所示，内衬混凝土强度分别采用C30、C40、C50和C60的强度等级，比较抗剪承载力的变化情况。计算结果表明，随着混凝土强度的提高，抗剪承载力基本呈线性增加。

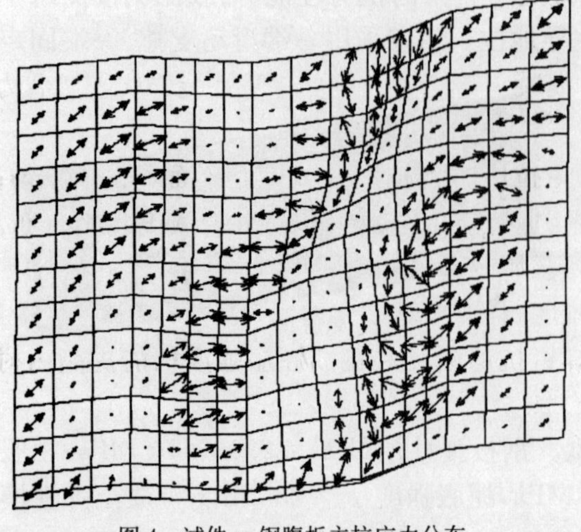

图 4　试件 s_1 钢腹板主拉应力分布

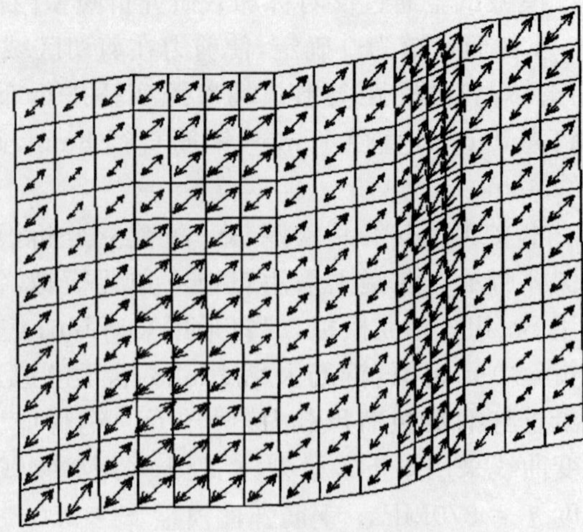

图 5　试件 sc_1 钢腹板主拉应力分布

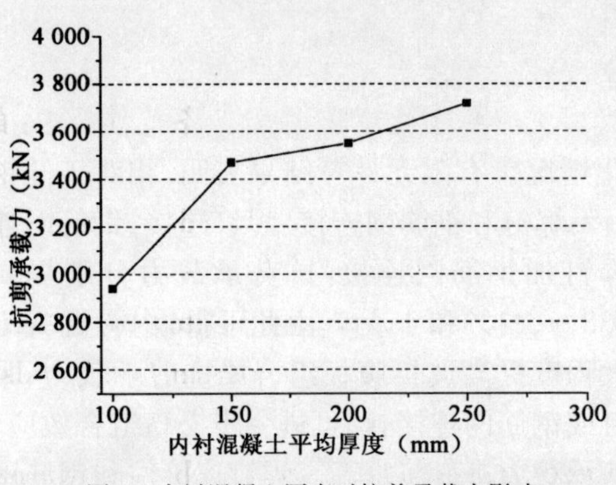

图 6　内衬混凝土厚度对抗剪承载力影响

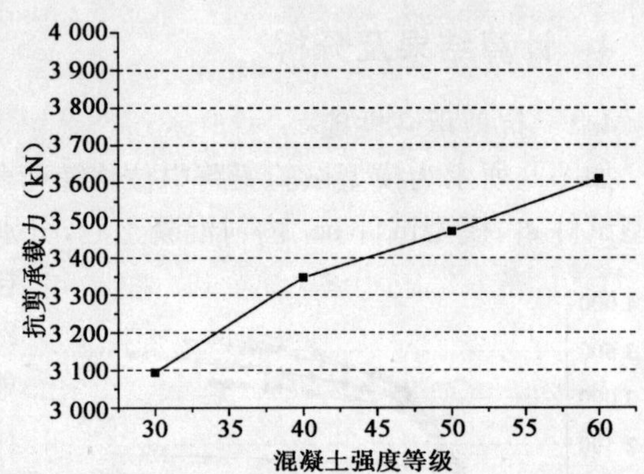

图 7　混凝土强度对抗剪承载力影响

如图 8 所示为内衬混凝土与波折腹板间焊钉连接件抗剪刚度对抗剪承载力的影响。结果表明，随着焊钉连接件抗剪刚度的提高，抗剪承载力随之提高，抗剪刚度大于 180kN・mm^{-1} 后，作用逐渐减少。如图 9 所示，内衬混凝土与波折腹板间钢筋网分别采用屈服强度为 0MPa、235MPa、335MPa 和 400MPa 的钢筋，比较其对抗剪承载力的影响。结果表明，在屈服强度为 0～335MPa 时，抗剪承载力随着钢筋屈服强度的提高而提高，当屈服强度大于 335MPa 时，抗剪承载力变化较小。

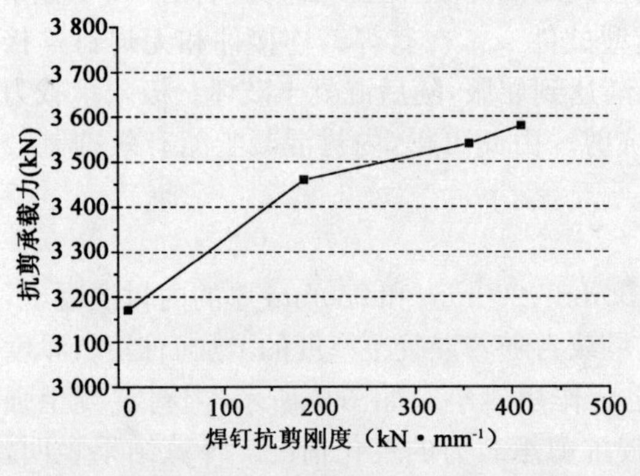

图 8　焊钉刚度对抗剪承载力影响

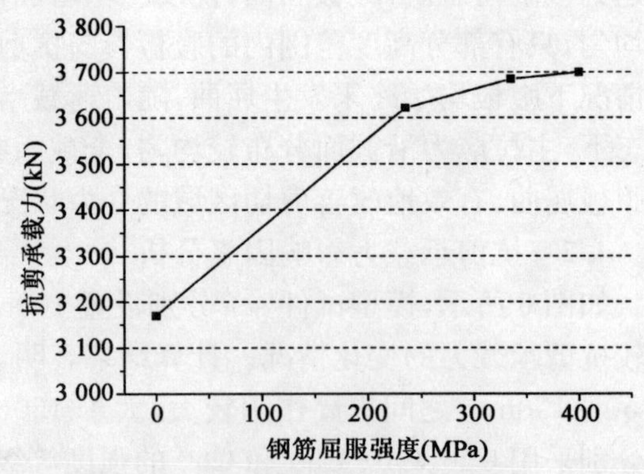

图 9　钢筋强度对抗剪承载力影响

5 结语

本文通过有限元数值模拟研究了折腹型内衬混凝土组合梁的抗剪承载性能和抗剪承载力的影响因素，得到如下结论：

(1)非内衬混凝土纯钢梁发生剪切屈曲破坏，主拉应力在极限状态下沿截面分布不均匀；而内衬混凝土组合梁波折腹板屈服后混凝土破坏，主拉应力在极限状态下沿截面均匀分布。内衬混凝土能够有效解决腹板屈曲问题，改善剪切区域的受力状况。

(2)内衬混凝土能提高折腹型组合梁的抗剪刚度，且有效抑制剪切变形。

(3)增大内衬混凝土厚度、内衬混凝土强度、焊钉抗剪刚度和钢筋屈服强度均能提高内衬混凝土组合梁抗剪承载力。

参考文献

[1] 刘玉擎.组合结构桥梁[M].北京：人民交通出版社，2005.

[2] 贺君.波折钢腹板组合桥梁力学性能与设计方法研究[D].上海：同济大学，2011.

[3] 贺君，刘玉擎，陈艾荣.折腹式组合梁桥考虑剪切变形的挠度计算[J].同济大学学报：自然科学版，2009，37(4)：440-444.

[4] Nakamura S, Narita N. Bending and shear strengths of partially encased composite I-girders[J]. Journal of Constructional Steel Research, 2003, 59(12): 1 435-1 453.

[5] Jun He, Yuqing Liu, Airong Chen. Elastic bending theory of composite bridge with corrugated steel web considering shear deformation[J]. Key Engineering Materials, 2009, Vols. 400-402: 575-580.

[6] Sause R, Braxtan T N. Shear strength of trapezoidal corrugated steel webs[J]. Journal of Constructional Steel Research, 2011, 67: 223-236.

152. 钢管混凝土结构板管焊接节点疲劳性能试验研究

王 丽 张玉玲 赵欣欣 田 越

(中国铁道科学研究院铁道建筑研究所)

摘 要:钢管混凝土拱桥具有承载能力高,整体稳定性好,施工速度快,吊装重量轻等优点,在公路桥梁中得到了较广泛的应用。但是由于铁路列车活载大频次高,钢管混凝土拱桥焊接节点的疲劳问题突出,在铁路桥梁中应用不多。为解决这一问题,需要对钢管混凝土焊接节点的疲劳性能进行深入研究,在广泛调研资料的基础上,依据国内外相关规范和研究资料,对钢管混凝土结构板管焊接节点进行疲劳试件的设计,分别根据理论公式和采用有限元软件 Ansys 对结构进行计算,并进行疲劳试验研究,掌握了该构造的疲劳性能,研究成果可作为设计规范的制定依据。

关键词:钢管混凝土 焊接节点 疲劳性能 试验 有限元

钢管混凝土结构因其合理的匹配,能够充分发挥钢材和混凝土材料各自的优点,并由于钢管对混凝土的束箍作用,有效提高了混凝土的抗压强度。又因其圆截面对称,回转半径大,对风、浪、流的阻力系数小,密闭性好,美观等优点,在桥梁工程领域得到了越来越广泛的应用,运用钢管混凝土技术成为我国在大跨度拱桥建设中的发展趋势。钢管混凝土结构在我国公路桥中应用较广,从 1990 年四川省旺苍大桥建成以来有了飞速的发展。而对于铁路桥,其承受的列车活载远大于恒载,荷载频次高,疲劳问题突出,对钢管混凝土结构的应用不多。至到目前,我国建成的铁路钢管混凝土桥仅有 2 座,一座是水柏铁路北盘江大桥,跨度为 236m,另一座是宜万铁路宜昌长江大桥,跨度为 275m。为了能够在铁路桥梁结构中推广使用钢管混凝土结构,须进行一系列的试验研究,其中最重要的是解决好疲劳设计和保证工地焊接质量问题。多年来,国内外学者对近海工程中空心管节点疲劳性能的研究已经较成熟。但是在土木工程中,空心管节点疲劳性能的研究资料还不丰富,关于填心钢管节点疲劳性能的研究资料则更加匮乏[1,2]。

本文针对钢管混凝土管与工型杆件相贯焊接节点设计了板—管焊接节点疲劳试件,并对其进行疲劳性能的研究。由于对钢管混凝土应用于铁路桥梁研究较少,现行铁路桥规中对钢管混凝土的设计没有规定,目前钢管混凝土结构设计所依据的规范有中国工程建设标准化协

项目来源:铁道部科技研究开发计划项目“铁路桥梁设计关键技术研究—铁路钢管混凝土结构典型焊接节点疲劳试验研究”(2009G003)。

会标准的《钢管混凝土结构设计与施工规程》(CECS28：90)[3]、《钢结构设计规范》(GB 50017—2003)[4]，这 2 个标准为建设部行业标准，设计方法是以概率论为基础的极限状态设计法，试件的设计依据这两个标准及相关研究资料进行。

1 试件设计

根据管—管焊接节点研究经验，对管—管焊接节点的几何型式参数相对板—管焊接节点疲劳性能作出如下分析：

(1)径厚比($\gamma=D/2T$)

径厚比是钢管直径与钢管壁厚的比值，反映主管的径向刚度，为了防止构件在达到极限承载力之前发生局部屈曲，径厚比的取值不应过大。另外，径厚比过大会加剧钢管管壁的“呼吸”疲劳，日本对钢管混凝土 K 形节点的疲劳试验也证明了疲劳强度随弦杆径厚比增加而降低，因此多数国家的规范均控制节点内弦杆的径厚比在 30 以内。

《钢管混凝土结构设计与施工规程》(CECS28：90)规定：钢管外径与壁厚之比 D/T，宜限制在 20 到 $85\sqrt{(235/f_y)}$(f_y 为钢材屈服强度)之间。

《钢结构设计规范》(GB 50017—2003)规定：圆钢管的外径与壁厚之比不应超过 100(235/f_y)。

欧盟规范 EN1994 规定：钢管的径厚比应小于 90(235/f_y)[5]。

(2)管径比($\beta=d/D$)

管径比是支管与主管直径的比值，反映荷载传递和应力分布，也是影响管节点疲劳寿命的因素之一，应力集中程度有随管径比增大而减小的趋势，多数欧洲规范要求 $0.25\leqslant d/D\leqslant 1$。

《钢结构设计规范》(GB 50017—2003)规定：管径比为 $0.2\leqslant d/D\leqslant 1.0$。

剖析根源，该指标实际反映环焊缝所占主管的比例，所以对于板—管节点，没有环焊缝影响问题。

(3)壁厚比($\tau=t/T$)

壁厚比是支管与主管的壁厚之比，反映主管与支管的相对弯曲刚度，减小壁厚比有利于降低应力集中，一般规范要求壁厚比 $0.2\leqslant t/T\leqslant 0.8$。其实质是支管越薄，焊接对主管的影响程度会越小。

(4)斜杆交角(θ)

减小斜杆交角可以降低应力集中，但是支管与弦杆交角太小则难以保证正常焊接工艺的实施，导致焊缝质量下降。因此多数规程均要求 $\theta_{\min}\geqslant 30°$，最好控制在 45°左右。

在试件设计时，主管刚度采用了实际结构多数出现的情况，即主管直径 800mm，壁厚 20mm，即径厚比为 20。对于壁厚比，试件的节点板厚同样取用常见的 10mm 钢板，弦杆壁厚 20mm，即壁厚比为 0.5；本次试件斜杆交角取 45°，作为标准值。试件截取主管的一部分，中间填充 C55 混凝土，为偏于保守，其间未设置任何加劲肋。主管倾斜焊在专用支架上，连接斜杆的节点板垂直与试验机相连，节点板通过高强螺栓与模拟工字形杆件的工装连接，试验机夹头直接夹住该工装板，从而实现加载。试件照片如图 1 所示。

2 强度和疲劳验算

由于该疲劳试件主要考察部位为节点板与钢管焊接部位，旨在通过疲劳试验，得到该部位的疲劳性能，对将来的设计和规范的编制起到一定的指导作用。所以该部位在强度和疲劳上不能强于结构中其他部位，如果设计强度超过其他部位，在进行疲劳试验时，其他部位会先于此部位发生破坏，无法实现预期的试验目标。鉴于此，试件设计完成后，需要对结构各个部位的强度和疲劳进行验算，计算简图如图 2 所示。

图 1 试件图示

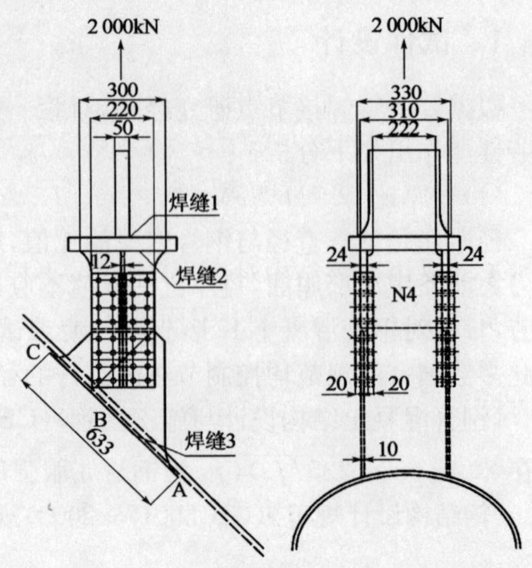

图 2 计算简图(尺寸单位:mm)

2.1 强度检算

在施加的外力 $F=2\ 000$kN 的情况下，分别验算焊缝 1、焊缝 2、焊缝 3、螺栓连接以及拼接板的强度。其中焊缝 3 承受轴力、剪力和弯矩的共同作用，计算一侧，$F=1\ 000$kN，假定力作用于螺栓群的中心，焊缝的容许应力$[\sigma]=200$MPa。计算结果见表 1。

强度检算表 表 1

项目		焊缝 1	焊缝 2	焊缝 3			拼接板(净截面)
				A	B	C	
截面积(mm²)		165 000	14 400	6 330	6 330	6 330	—
应力(MPa)	正应力	121.2	138.9	111.69	111.69	111.69	147.80
	剪应力	—	—	0	167.54	0	—
	弯曲正应力	—	—	173.10	0	−173.10	—
	合应力			284.79	201.36	−61.41	—

在安全系数取 1.4 时，计算所需螺栓数为 15.6 个，实际取用 16 个。从强度验算可以看出，在加载 2 000kN 时，节点板焊缝 A、B 部位的合应力大于其余部位的应力，超过了容许应力，证明试件设计是合理的，即在进行疲劳试验时，其余部位的疲劳断裂不会先于节点板焊缝部位。

2.2 疲劳检算

根据相应构造细节的疲劳容许应力，分别对 3 个焊缝位置处、工形支管栓接截面处的所能承受的最大疲劳荷载进行验算，见表 2。

疲劳检算表 表 2

项目	焊缝 1	焊缝 2	焊缝 3	栓接净截面	栓接毛截面
疲劳容许应力(MPa)	99.9	99.9	60.2	130.7	109.6
疲劳荷载(kN)	1 648	1 321	762	929	1 157

从疲劳验算结果可以看出，节点板焊缝的疲劳容许应力最小，说明在进行疲劳试验时，其余部位的疲劳断裂不会先于节点板焊缝部位，也证明了试件设计的合理性。

3 有限元计算

有限元计算采用 Ansys 软件，计算时做如下假定[6]：

(1)钢与混凝土皆在弹性范围内工作。

(2)钢管与混凝土黏结良好，无脱空且无相对滑移。

(3)不考虑钢与混凝土的徐变、收缩、温度与初始应力的影响。

由于主要关注部位在节点板与钢管混凝土焊接部位，为了提高计算速度，建立节点板附近的模型。又由于该结构对称，可建立一半模型，对称面上施加对称约束。钢材采用 solid45 8 节点实体单元，核心混凝土采用 solid65 8 节点实体单元，在螺栓与拼接板、拼接板与节点板之间设置接触单元。在前后连个拼接板上共施加 350kN 的面荷载。整体模型 von-Mises 应力分布如图 3 所示，节点板的应力分布如图 4～图 6 所示。

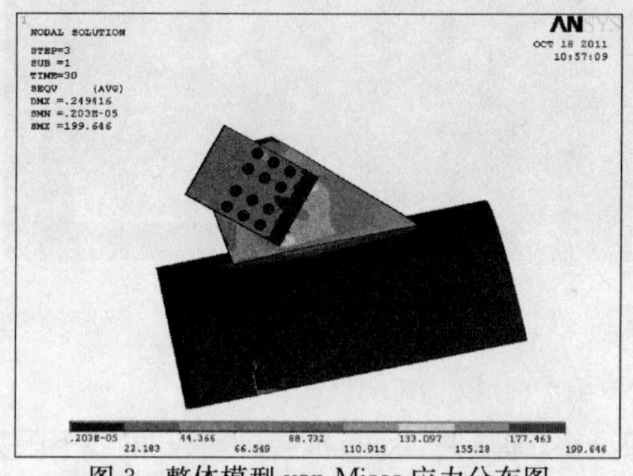

图 3 整体模型 von-Mises 应力分布图

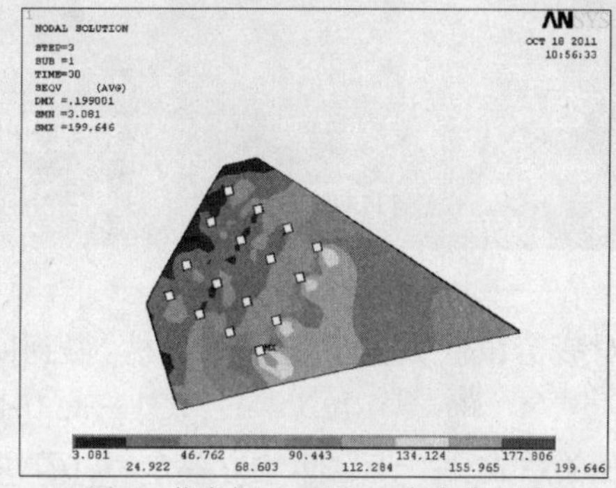

图 4 节点板 von-Mises 应力分布图

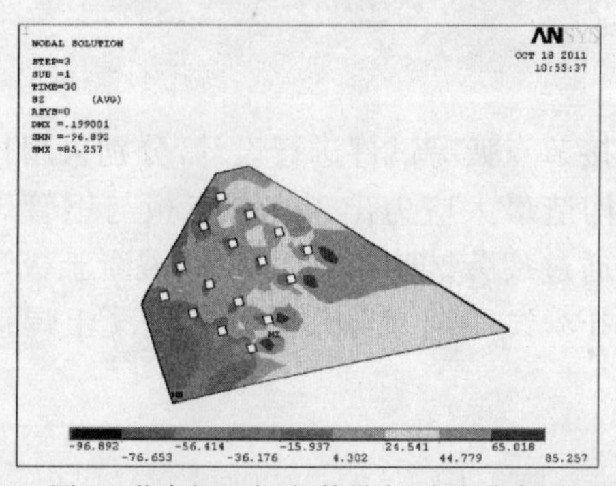

图 5 节点板 z 向(钢管纵向)应力分布图

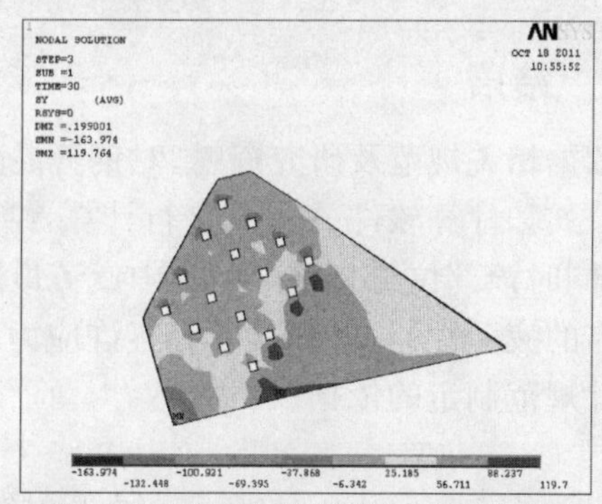

图 6 节点板 y 向(钢管径向)应力分布图

从图 3 中可以看出，钢管上除节点板附近的应力稍大以外，其余部位的应力均很小，所以为了提高计算速度，建立上半部分钢管模型是可行的。从图 4～图 6 中可以看出，节点板上最下端螺栓附近的 von-Mises 应力最大，其次为节点板焊缝中间区域；节点板最下排螺栓附近的 z 向(沿钢管纵向)应力最大其次为节点板焊缝中间和锐角附近区域；节点板焊缝中间区域的 y 向应力最大，最下排螺栓附近的 y 向应力也较大。可以看出，节点板焊缝的中间和锐角区域为该结构的薄弱环节。

另外按 Ansys 计算的节点板焊缝最大应力部位与按照材料力学计算的最大应力部位不同，Ansys 计算的最大应力出现于节点板焊缝中部，而按材料力学公式计算的最大应力出现于节点板焊缝锐角部位。这是由于按材料力学计算时，假定外力为一个集中力，作用于螺栓群的中心，而实际上外力是通过螺栓施加的，并不是一个集中力，螺栓群的分布对应力的分布起着决定性作用，所以沿着加载方向最下端的4个螺栓孔附近的应力最大，节点板焊缝中部距离螺栓孔的距离最近，故而应力也大。

4 疲劳试验

试验在中国铁道科学研究院高速铁路轨道技术国家重点实验室进行，采用日本鹭宫±2 000kN液压伺服疲劳试验机加载，采用拉—拉循环加载，最小吨位取10kN。疲劳试件均在连接焊缝和节点板母材起弧处发生破坏。其中连接焊缝处的裂纹出现在下焊趾，从焊缝中部和节点板锐角处焊缝起裂，互相沿靠拢方向扩展，最终贯通，并穿透钢管厚度方向，如图7所示；节点板母材起弧处裂纹从起弧处起裂，沿45°方向朝向连接焊缝处裂纹扩展，如图8所示。

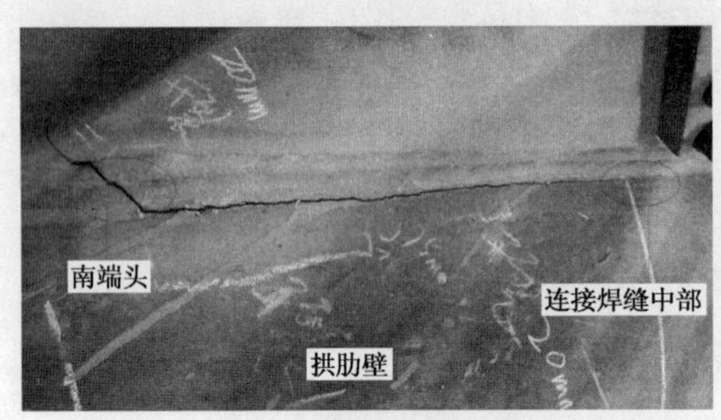

图7 连接焊缝下焊趾裂纹

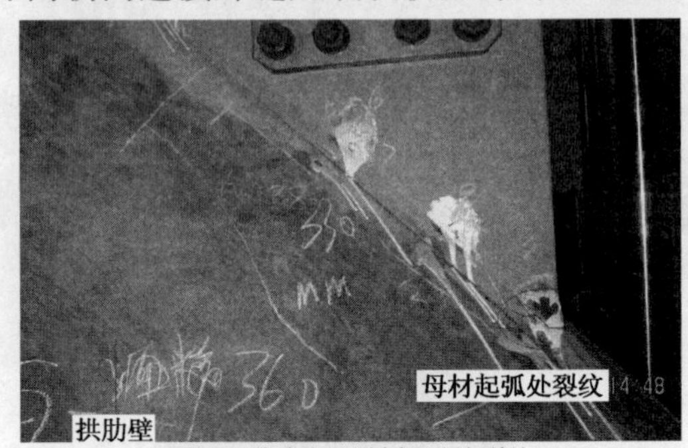

图8 节点板母材起弧处裂纹

对疲劳试验数据进行整理分析，得到回归曲线为：

$$\lg N=12.991-3.451\lg\sigma,\ \sigma_0(2\times10^6)=86.8(\text{MPa}) \tag{1}$$

相关系数$\gamma=-0.999$，均方差$S=0.027$，取97.7%保证率，即减去2个标准差，得回归曲线下限为：

$$\lg N=12.937-3.451\lg\sigma,\sigma_0(2\times10^6)=83.7(\text{MPa}) \tag{2}$$

5 结语

依据相关规范及研究资料，对钢管混凝土板管焊接节点疲劳试件进行设计，分别采用材料力学公式和计算软件Ansys进行计算，结果表明，该构造最大应力出现在节点板与钢管焊接部位，同时该部位也是整个结构中疲劳最薄弱环节。通过疲劳试验，掌握了钢管混凝土板管焊接节点的疲劳性能，得到其疲劳容许应力幅为83.7MPa，试验结果可作为钢管混凝土焊接节点设计规范制定的依据。

参考文献

[1] 彭月燊.铁路钢管混凝土拱桥的几个技术问题[J].铁道工程学报，2006，2：35-39.

[2] 侯文崎，叶梅新.铁路大跨度钢管混凝土拱桥拱肋管节点的疲劳性能研究[J].钢结构，2007，22(5)：22-26.

[3] 中国工程建设标准化协会.CECS 28：90 钢管混凝土结构设计与施工规程[S].1990.

[4] 中华人民共和国建设部.GB 50017—2003 钢结构设计规范[S].2003.

[5] 刘大林.欧盟规范EN1994对钢管混凝土构件设计的规定.建筑钢结构进展[J].2008，2(10)：57-62.

[6] 陈政清，杨群，等.钢管混凝土拱桥管节点有限元分析[J].钢结构，2007，22(10)：38-41.

153. LZDJ500T 全液压步履式缆载吊机型式试验研究

邓年春[1]　罗　珊[2]　伍柳毅[1]　刘显晖[1]　陈　立[1]　韦富伦[1]

(1. 柳州欧维姆机械股份有限公司;2. 广西工学院)

摘　要:缆载吊机是大跨度悬索桥主梁吊装施工的专用设备。全液压步履式缆载吊机的结构一般主要由主桁架梁、行走机构、动力系统、液压系统、控制系统和吊具系统等组成。在应用于实际桥梁过程中,它依托悬索桥的主缆作为支撑,进行移位行走和固位吊装。在应用于实际工程之前,缆载吊机应进行型式试验,试验内容包括模拟实桥吊装工况的静载试验和行走试验。针对湖南矮寨大桥主梁吊装开发了 2 台 LZDJ5000T 全液压步履式缆载吊机,为了进行型式试验,设计了一套试验装置进行支承和加载。加载过程中对关键截面关键点的应力和跨中挠度进行了测量。试验结果表明,静载试验的位移和变形测试值与理论值比较吻合,提升加载系统性能良好,行走试验中动作准确,整机性能良好。

关键词:悬索桥　主梁架设　液压　缆载吊机　型式试验

1　概述

大跨度悬索桥的主梁常采用钢桁梁或钢箱梁结构,整桥的主梁划分成若干段标准节段,一般在工厂或岸边将节段梁预制好,然后通过船舶或轨道将节段梁运输至安装位置的正下方,通过支撑在主缆上的缆载吊机垂直提升,将节段梁安装就位。从结构组装要求和运输方便性考虑,标准节段梁的重量一般在 2 000～5 000kN 之间,文献[1-4]表明,国内外的最大缆载吊机的起重能力为 3 750kN,对于特殊梁段的提升一般采用双机抬吊。

湖南矮寨大桥是长沙至重庆公路通道、湖南省吉首至茶洞高速公路跨越矮寨大峡谷的一座特大型桥梁,桥位处山峦起伏剧烈,地质复杂。大桥设计为钢桁加劲梁单跨悬索桥,主跨 1 176m,目前在跨峡谷的悬索桥中居世界第一位。主缆孔跨布置为 242m+1 176m+116m,主桥设 8‰的单向纵坡、设 2%的横坡;桥面系宽度为 24.5m,桥面距峡谷底部高度达 330m。钢桁架全宽 27m,主桁架高 7.5m,全桥共设 69 个节段。结合矮寨桥自然条件和现场施工条件,采用“轨索运梁架设施工方案”实现钢桁梁的安装:以主缆及永久吊索作为支撑,设置水平轨索,锚固于两岸岩体;分别在两岸组拼钢桁梁标准节段;通过运梁小车将单个节段在轨索上纵向运输就位至永久吊索下方，用缆载吊机接住钢桁梁，退出运梁小车，节段对接并销接吊索，逐节段由跨中向两岸对称施工，直至全桥贯通。根据湖南矮寨大桥的特殊情况和缆载吊机的通用性要求，开发了 LZDJ500T 全液压步履式缆载吊机，在缆载吊机应用于实桥之前，需要模拟实桥吊装工况进行型式试验。

2 缆载吊机结构

LZDJ500T 全液压步履式缆载吊机主要由一个钢主桁梁、两个在主缆上的步履式行走机构、两套液压提升系统（含提升和牵引千斤顶、液压泵站、控制系统及钢绞线收线装置）、吊具扁担梁和发电设备等部分组成，如图 1 所示。其中，主梁桁架结构是由 H 型钢焊接的桁架梁连接两段箱型负重梁构成，两端的负重梁主要用来安放液压提升千斤顶，同时也是主要的受力构件，中间桁架梁主要是对整体结构起刚性支撑作用，桁架的空间用于安放收线装置、液压泵站、发电机和控制室，并为施工操作提供工作平台，为便于运输和适应不同主缆间距的桥梁，桁架实行节段模块化设计。提升系统是缆载吊机的主要工作部分，主要由千斤顶、钢绞线和钢绞线收线装置等组成，用于提升悬索桥主梁。步履式行走机构主要由牵引千斤顶、轨道顶推千斤顶、荷载转移千斤项、轨道梁和移位器等组成，用于吊机在主缆上的行走、就位和支撑固定。控制系统是缆载吊机的中枢机构，由计算机系统、传感器控制系统和操作平台等组成，用于控制缆载吊机的钢梁吊装、缆上行走就位等全过程以及吊机上所有千斤顶系统、动力系统、液压辅助系统的工作状态和操作过程。为了适应矮寨大桥钢桁架吊点位置，在离主缆 6.75m 的位置设置中吊点，如图 2 所示，中吊点的最大起吊重量为 2 400kN，通用边吊点，设在离主缆 2.56m 的位置，起吊能力为 5 000kN。提升系统共用两套 LSD2500—500 提升系统，单顶提升能力为 2 500kN。

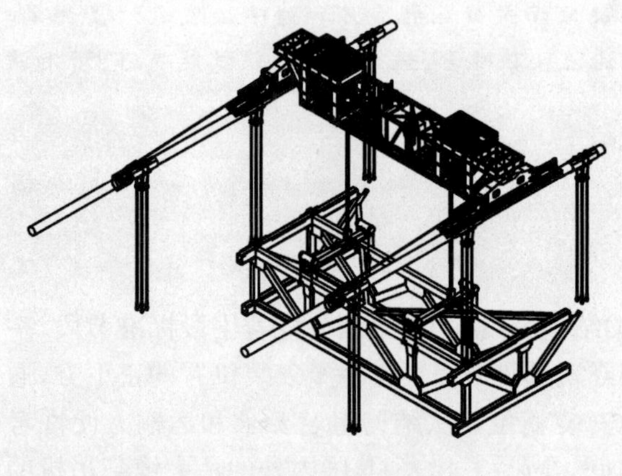

图 1 缆载吊机结构图

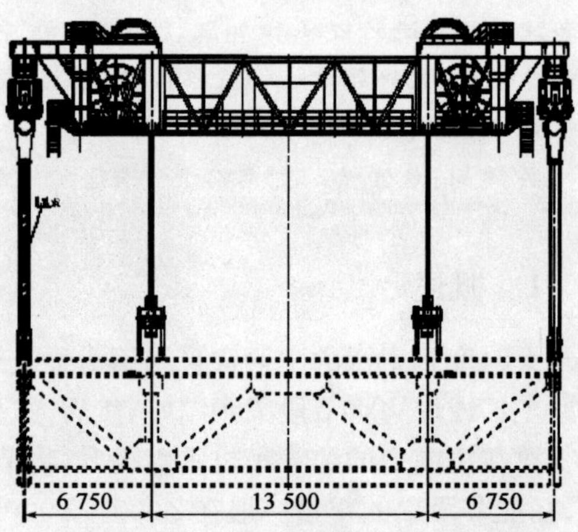

图 2 缆载吊机吊点位置

3 型式试验方法

缆载吊机型式试验的目的是验证其结构承载能力和使用性能。试验内容包括：①额定荷载试验，检验缆载吊机在额定荷载下的变形和应力；②静载试验，检验缆载吊机在 125％荷载下的结构承载能力；③空载行走试验，检验缆载吊机的起升、行走等动作的准确性。荷载试验的方法是，在一块平整的场地上，搭设两个试验钢架，每个试验钢架的顶端设置一个与主缆半圆直径一致的半圆，以支承缆载吊机。为模拟实桥主缆是可摆动的结构，一个试验钢架设计为固定结构，另一个为可沿横向和纵向自由滑动的结构。在两试验架的地面上，与扁担梁吊点相对应的位置，设置地锚索，形成加载锚固反力点，如图 3 所示。最大荷载根据缆载吊机的额定荷载 5 000kN 或 2 400kN 的 1.25 倍加载，加载过程为[6,7]，按额定荷载的 20%、40%、60%、70%、80%、90%、100%、110%、125%进行分级持续加载，每级加载后，保压 10min，然后进行缆载吊机和试验架的检查、应力应变和挠度测数，检查无异常后继续加载，加载至 100%额定荷载后，保压 60min，然后继续加载，加载至最大荷载保压 30min 后，卸载至初级荷载，测量应力应变和挠度测数。重复上述步骤，进行 3 次循环加载。静载试验后，卸除荷载解除吊点，在空载条件下，按照设计要求进行起升、行走等动作的操作和设计规定的各机构空载速度试验，重复进行 3 个循环，记录试验结果。

图 3　缆载吊机试验

4　型式试验结果

缆载吊机静载试验的加载工况模拟载荷组合 I(无风工况)进行分级加载试验。额定加载工况分为边吊点 5 000kN 工况和中间吊点 2 400kN 工况，分别进行加载。加载过程中对关键截面关键点的应力应变和跨中挠度进行了测量。应力应变的测试仪器为 DH3813 静态应变测试系统，敏感元件采用 120Ω 普通型小标距应变计，信号传输导线采用屏蔽线，在与测试点同材质的钢材上粘贴应变计，作为温度补偿。跨中挠度的测量采用德国喜利得 PD42 手持激光测距仪，测量方法是对跨中和两端行走机构与桁架铰接位置同时进行位移测量，计算出跨中挠度。

第 1 台缆载吊机，对于边吊点工况，所有测点中最大负载应力值 83.7MPa，最大合应力 127.3MPa，中间吊点工况最大负载应力值 90.8MPa，最大合应力 115.8MPa，吊具最大负载应力值 102.3MPa，最大合应力 113.4MPa。吊机所有材料均采用 Q345，屈服强度 345MPa，许用应力为 233.1MPa。测试结果表明，所有测点应力小于许用应力。5 000kN 工况下，加载过程的挠度变化值见表 1 和图 4，额定荷载下的最大测量挠度值为 26mm(与理论值比较偏差 13%)，挠跨比为 1/1 038 小于允许值 1/600，满足变形要求。2 400kN 工况下，加载过程的挠度变化值见表 2 和图 5，额定荷载下的最大测量挠度值为 22mm(与理论值比较偏差 3%)，挠跨比为 1/1 227 小于允许值 1/600，满足变形要求。

第1台缆载吊机边吊点5 000kN工况挠度值　表1

荷载级别	0%	20%	40%	60%	70%	80%	90%	100%	110%
荷载值(kN)	0	1 000	2 000	3 000	3 500	4 000	4 500	5 000	5 500
挠度测量值(mm)	0	6	11	17	20	22	24	26	28
挠度理论值(mm)	0	4.6	9.2	13.8	16.1	18.4	20.7	23	25.3

第1台缆载吊机中间吊点2 400kN工况挠度值　表2

荷载级别	0%	20%	40%	60%	70%	80%	90%	100%	110%
荷载值(kN)	0	480	960	1 440	1 680	1 920	2 160	2 400	2 640
挠度测量值(mm)	0	4	8	12	15	17	19	22	24
挠度理论值(mm)	0	4.2	8.4	12.7	14.9	17.0	19.2	21.3	23.5

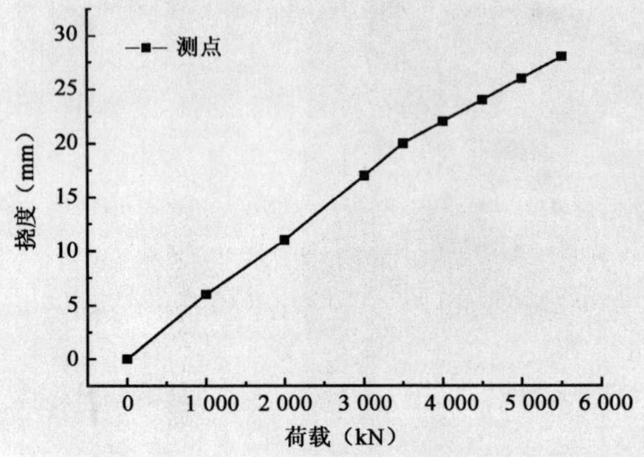

图4　第1台缆载吊机边吊点加载挠度曲线

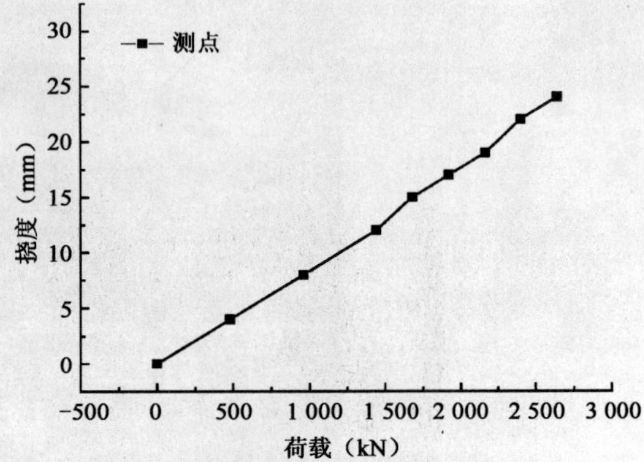

图5　第1台缆载吊机中吊点加载挠度曲线

第2台缆载吊机边吊点工况，所有测点中最大负载应力值82.3MPa，最大合应力122.0MPa，中间吊点工况最大负载应力值85.3MPa，最大合应力110.3MPa，吊具最大负载应力值101.5MPa，最大合应力112.6MPa。5 000kN工况下，加载过程的挠度变化值见表3和图6，额定荷载下的最大测量挠度值为27mm（与理论值比较偏差8%），挠跨比为1/1 000小于允许值1/600，满足变形要求。2 400kN工况下，加载过程的挠度变化值见表4和图7，额定荷载下的最大测量挠度值为23mm，挠跨比为1/1 174小于允许值1/600，满足变形要求。

第2台缆载吊机边吊点5 000kN工况挠度值　表3

荷载级别	0%	20%	40%	60%	70%	80%	90%	100%	110%
荷载值(kN)	0	1 000	2 000	3 000	3 500	4 000	4 500	5 000	5 500
挠度测量值(mm)	0	6	12	17	20	22	25	27	29
挠度理论值(mm)	0	4.6	9.2	13.8	16.1	18.4	20.7	23	25.3

第2台缆载吊机中间吊点2 400kN工况挠度值　表4

荷载级别	0%	20%	40%	60%	70%	80%	90%	100%	110%
荷载值(kN)	0	480	960	1 440	1 680	1 920	2 160	2 400	2 640
挠度测量值(mm)	0	5	10	14	16	18	20	23	25
挠度理论值(mm)	0	4.2	8.4	12.7	14.9	17.0	19.2	21.3	23.5

对缆载吊机进行静载试验之后，立即进行全面检查，试验结果表明钢结构无永久变形、焊缝无裂纹和油漆无剥落，各连接处无松动，主要零部件无损坏。检查之后进行行走试验。行走试验结果表明，操纵机构和控制系统的动作准确可靠，液压系统无泄漏现象，各工作机构动作平稳，运行正常，能实现规定的功能和动作，无异常振动、冲击、过热、噪声等现象，系统性能可靠。

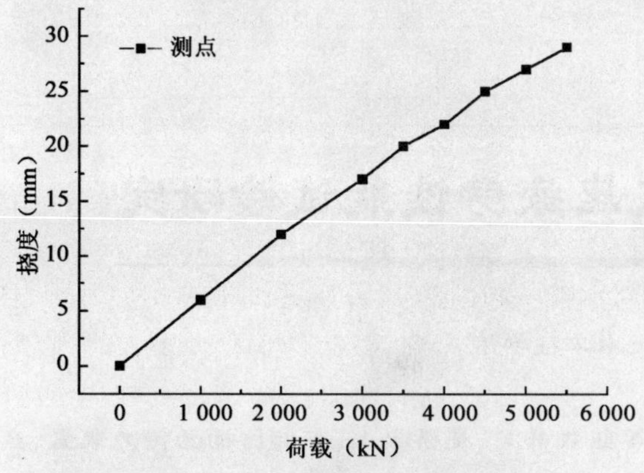

图 6　第 2 台缆载吊机边吊点加载挠度曲线

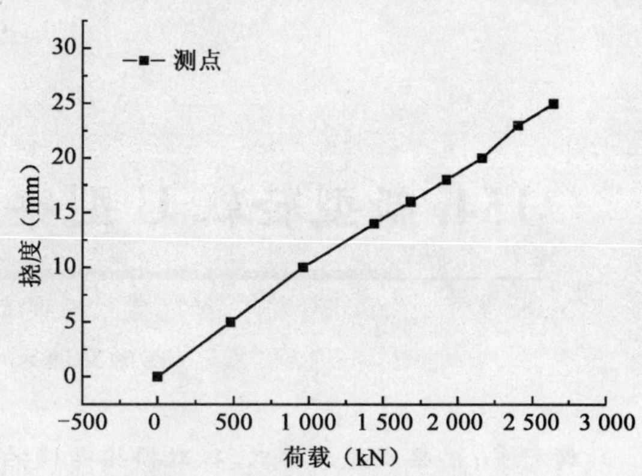

图 7　第 2 台缆载吊机中吊点加载挠度曲线

5　结语

文中对依托湖南矮寨大桥开发的 LZDJ500T 全液压步履式缆载吊机，进行了型式试验，试验内容包括模拟实桥吊装无风工况的静载试验和行走试验。试验结果表明，静载试验的位移和变形测试值与理论值比较吻合，误差在设计要求范围内，结构安全可靠。行走试验过程中，动作准确可靠，液压系统无泄漏现象，整机性能良好。试验之后的缆载吊机应用于湖南矮寨大桥实际工程，该桥于 2011 年 8 月 20 日完成了所有钢桁架梁的吊装，全桥合拢。应用结果表明，该缆载吊机结构安全可靠，性能良好。

参 考 文 献

[1] 郭友根. 矮寨悬索桥主桁架设方案研究[D]. 南昌：华东交通大学，2009.

[2] 高明大. 悬索桥架设缆载吊机的结构设计方法研究[D]. 柳州：广西工学院，2011.

[3] 吴建强，彭武，何治学. KLD3700 型跨缆吊机在润扬大桥悬索桥钢箱梁吊装施工中的应用[J]. 筑路机械与施工机械化，2005(7).

[4] 张腾. 润扬大桥悬索桥上部结构施工专用设备跨缆吊机的开发研制[J]. 筑路机械与施工机械，2005(1).

[6] 中华人民共和国国家质量监督检验检疫总局. TSG Q7002—2007 桥式起重机型式试验细则[S].

[7] 中华人民共和国国家标准. GB T5905—1986 起重机试验规范和程序[S].

154. 新型轻轨 U 型梁支座疲劳性能试验研究

严 猛 杨永清 郑小刚 赵 虎

(西南交通大学土木工程学院)

摘 要:桥梁支座是梁式、板式桥梁结构的重要组成部分,是桥梁上、下部结构的传力装置,直接影响桥梁的安全性及耐久性,一旦破坏更换较难。本文主要介绍支座疲劳试验方法及通过对实际工程的纵向活动支座和固定支座分别进行600万次疲劳荷载试验,检验支座静力性能,支座的抗疲劳性能及工作状况。为了防止试验时支座温度过高导致支座早期破坏,试验采用在支座下支撑板开导流通道。试验结果也证明降温的有效性。为同类支座检验提供有益的参考。

关键词:U型梁 支座 疲劳

桥梁支座是梁式、板式桥梁结构的重要组成部分,是桥梁上、下部结构的传力装置,直接影响桥梁的安全性及耐久性,一旦破坏更换较难。因而对桥梁支座的研究在桥梁建设中有着非常重要的作用。

按照制作支座所用的材料,桥梁支座一般分为钢支座橡胶支座、混凝土支座和铅支座。按照支座所采用的结构形式,可分为弧形支座、摆柱支座、板式橡胶支座、限位型板式橡胶支座、球冠圆板式橡胶支座、盆式橡胶支座及减震支座等。

橡胶支座具有构造简单、加工方便、造价低、结构高度小、安装方便等优点,因此橡胶支座在桥梁工程中获得了广泛应用。近年来,随着高速公路的大规模建设,支座用量也在急剧增加。

1 工程概述

U 型梁结构是我国近年来引进的新型结构,主要用于城市高架轨道交通上,具有安全舒适、外形美观、低噪音、对周围环境影响小等优点,是被世界公认可取代传统箱梁的一项新技术,但国内尚处于起步阶段。由于 U 型梁自重小、结构薄,而所承受的城市轨道交通荷载具有轴重大、频率高的特点,使得疲劳荷载对结构的影响显得尤为重要。

U 型梁结构多采用抗震盆式橡胶支座,本文试验对象为 1 500kN 抗震盆式橡胶支座。通过对新型轻轨 U 型梁的纵向活动支座和固定支座分别进行 600 万次疲劳荷载试验后的支座静力性能试验,检验支座的抗疲劳性能及工作状况,同时为同类支座检验提供有益的参考。

U 型梁、支座疲劳、静载加载及控制系统图分别如图 1～图 5 所示。

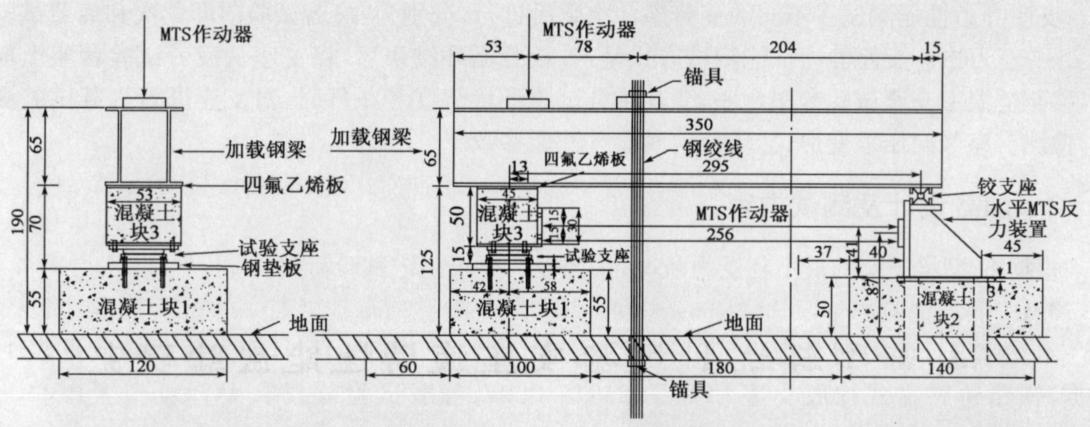

图 1　疲劳加载系统布置示意图(尺寸单位:cm)

图 2　U 型疲劳加载系统图

图 3　支座疲劳加载系统图

图 4　支座静载试验系统图

图 5　静载加载控制装置照片

2　试验内容

为了防止试验时支座温度过高导致支座早期破坏,试验采用在支座下支撑板开导流通道。试验结果也证明降温的有效性。

通过对历经不同疲劳加载循环次数后的支座的静力性能试验,测试固定及活动支座竖向压缩变形、盆环径向变形等性能参数,并分析其随疲劳循环次数的变化规律,评价支座性能。

支座静力性能测试在不同的疲劳循环次数后进行，分别为：疲劳试验前即0次和疲劳试验后1～600万次。支座静力性能测试方式是：各疲劳循环结束后，将支座从疲劳试验台座上取下，移至恒温室支座试验专用台座，待其符合试验环境温度等条件时，对支座进行静载试验测试，检测支座竖向压缩变形、盆环径向变形等性能参数。

3 加载设计及测试内容

根据U型梁支座的最不利受力状况，按照设计要求确定试验荷载。

3.1 静载试验

本支座设计静力荷载为1 500kN，实际使用荷载为1 032.1kN，静力荷载构成见表1。依据《铁路桥梁盆式橡胶支座》TB/T 2331—2004，静载试验荷载取$PG=1.5\times1\,500=2\,250$kN。

静载试验荷载(单位:kN)　　表1

梁体自重	轨道台	其他二期	活载	合计
492.5	101.3	108.8	329.5	1 032.1

支座静载试验加载分级为0kN、75kN、225kN、450kN、675kN、900kN、1 125kN、1 350kN、1 500kN、1 800kN、2 025kN、2 250kN、75kN、0kN；重复三次。

3.2 疲劳试验

1)竖向疲劳荷载

根据U型梁支座的受力特点，从表1可知，疲劳荷载为：

(1)疲劳荷载下限：疲劳荷载下限即支座最小荷载，也即是恒载，其只由表1得到，为702.5kN。

(2)疲劳荷载上限：疲劳荷载上限为在恒载基础上叠加可变疲劳活荷载。根据设计，疲劳标准活载轴重为116kN，而活载轴重设计值为140kN，因此取疲劳标准轴重值为设计值的116/140＝0.828倍；考虑冲击动力放大系数1.163。由此得到疲劳荷载幅值为329.5×82.8%＝273.0kN，疲劳荷载上限值为702.5kN＋273.0kN＝975.5kN。各种荷载构成见表2。

单个支座承受的计算竖向疲劳荷载(单位:kN)　　表2

疲劳荷载	梁体自重	轨道台	其他二期	活载	合计
疲劳下限	492.5	101.3	108.8	0	702.5
疲劳上限	492.5	101.3	108.8	273.0	975.5

注：活载取计入冲击后的0.828倍的运营荷载。

2)活动支座纵向水平位移

在疲劳试验中，活动支座考虑水平活动循环疲劳作用。在疲劳荷载作用下，计算得到30mU型梁活动支座纵向最大位移为1.6mm。考虑支座间隙等因素的影响，取活动支座纵向最大位移量为±1mm，即在疲劳荷载作用下，支座上、下摆中心最大相对偏移量为±1mm。

3)固定支座纵向水平荷载

(1)疲劳荷载下限：疲劳荷载下限为支座最小荷载，即为0kN。

(2)疲劳荷载上限：疲劳荷载上限为固定支座最大纵向水平荷载。按照《铁路桥梁盆式橡胶支座》TB/T 2331—2004 所规定的要求，取为竖向静活载的 10%。由此得到疲劳荷载上限值为 273/1.163×10%＝23.5kN。

4)加载频率为 2Hz。

3.3 测试内容

盆式橡胶支座疲劳加载及测试流程如图 6 所示。

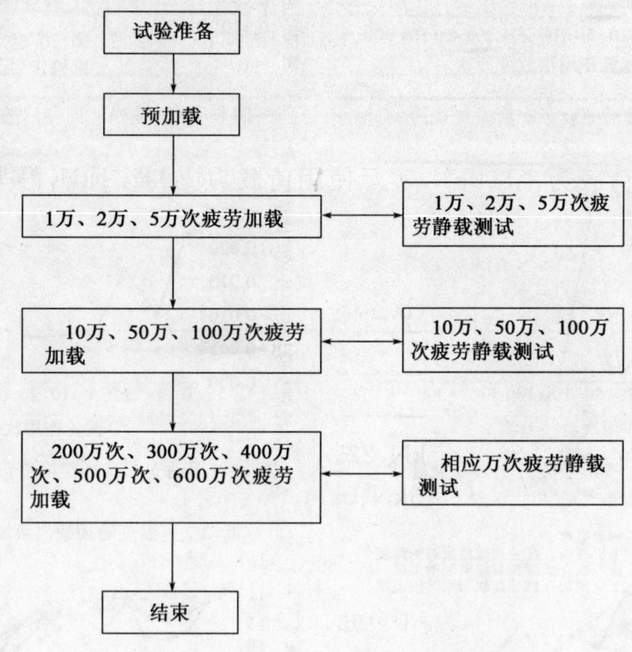

图 6 疲劳加载及测试流程图

4 试验结果

4.1 固定支座试验测试结果分析

固定支座在设计荷载下的竖向压缩变形值为 0.487～0.521mm，固定支座竖向压缩变形值与支座高度的比值为 0.336%～0.359%，并随着疲劳循环次数的增加逐渐减小。

固定支座在设计荷载下盆环径向变形值在 0.000～0.002mm 之间，与盆环外径的比值为 0.000～0.007‰，且其值与疲劳循环次数无明显关联。

在 600 万次的疲劳循环加载过程中固定支座没有出现异响情况；固定支座各部件(上支撑板、橡胶板、下支撑板)的温度与外界温度基本一致，试验过程中固定支座无发热现象。

4.2 活动支座试验测试结果分析

活动支座在设计荷载下的竖向压缩变形值为 0.563～0.666mm，活动支座竖向压缩变形值与支座高度的比值为 0.388%～0.459%，并随着疲劳循环次数的增加逐渐减小。

活动支座在设计荷载下盆环径向变形值在 0.000～0.007mm 之间，与盆环外径的比值为 0.000～0.022‰，并随着疲劳循环次数的增加逐渐减小。

在 600 万次的疲劳循环加载过程中活动支座没有出现异响情况；活动支座各部件(上支撑板、橡胶板、下支撑板)的温度与外界温度基本一致。

固定、活动支座试验测试结果如图 7～图 12 所示。

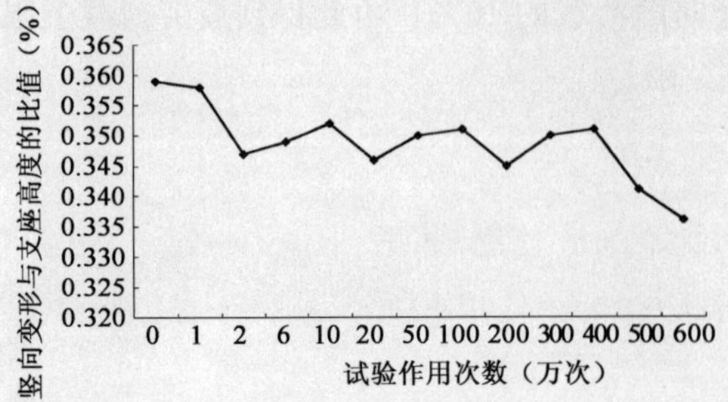

图 7　固定支座竖向变形随疲劳次数发展规律

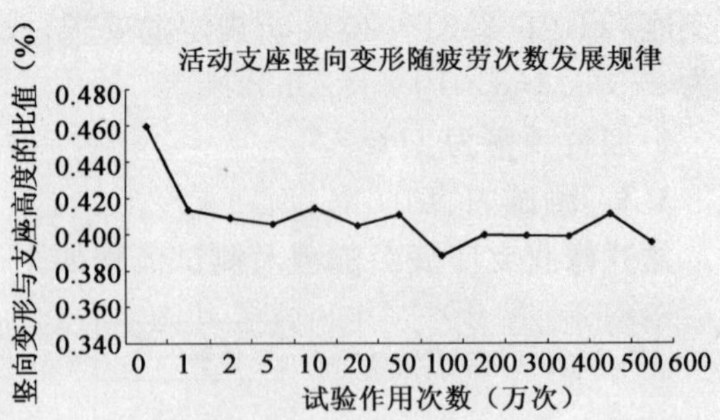

图 8　活动支座竖向变形随疲劳次数发展规律

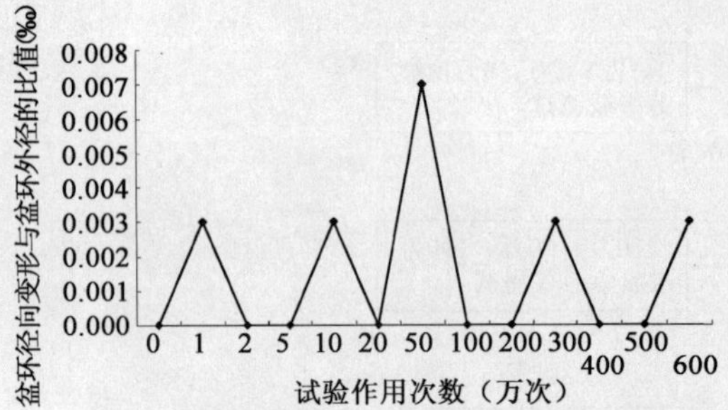

图 9　固定支座盆环径向变形随疲劳次数发展规律

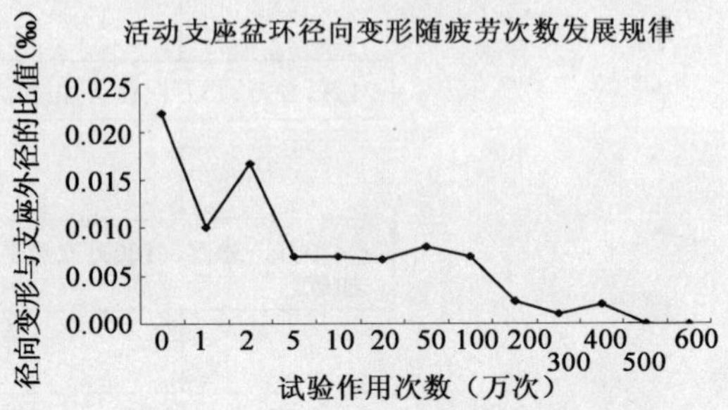

图 10　活动支座盆环径向变形随疲劳次数发展规律

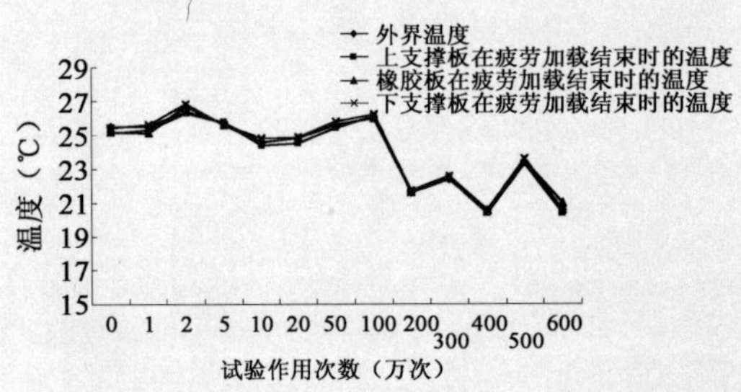

图 11　固定支座温度随加载次数增加的变化规律

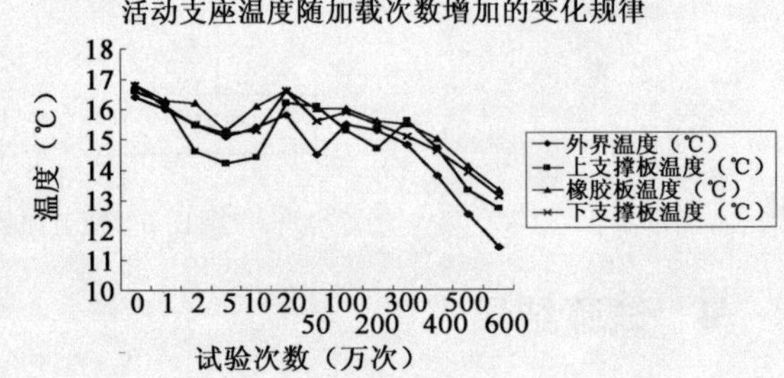

图 12　活动支座温度随加载次数增加的变化规律

5　结语

经过对 U 型梁支座 600 万次疲劳试验测试结果的分析，得到以下结论：

U 型梁固定支座在 600 万次疲劳试验过程中未见异常现象，在静力试验中固定支座在设计荷载下的竖向压缩变形值与支座总高的百分比小于 2%；在设计荷载下盆环径向变形与盆环外径的百分比小于 0.5‰；均满足《铁路桥梁盆式橡胶支座》TB/T 2331—2004 规定；固定支座竖向承载力满足要求。

U 型梁活动支座在 600 万次疲劳试验过程中未见异常现象，在静力试验中活动支座在设计荷载下的竖向压缩变形值与支座总高的百分比小于 2%；在设计荷载下盆环径向变形与盆环外径的百分比小于 0.5‰；均满足《铁路桥梁盆式橡胶支座》TB/T 2331—2004 规定；活动支座竖向承载力满足要求。

总之，由于橡胶支座具有许多突出的优点，加之当前的大量使用，为保证支座的正常使用，应特别重视橡胶支座的产品质量，保证橡胶支座有较长的使用寿命，通过合理的试验方法检验支座的疲劳性能，确保桥梁在疲劳荷载作用下，仍然保证较好的性能。

参 考 文 献

[1] 姚玲森.桥梁工程[M].北京:人民交通出版社,2008.

[2] 王建华.桥涵工程试验检测技术[M].北京:人民交通出版社,2004.

[3] 周明华.土木工程结构试验与检测[M].南京:东南大学出版社,2002.

[4] 庄军生.我国桥梁橡胶支座的研究与发展[J].OVM 通讯,2001(3).

[5] 周明华.橡胶支座的应用前景与质量忧患[J].桥梁建设,2003(4):63-68.

[6] 西南交通大学结构工程试验中心.轻轨 U 型梁支座疲劳试验报告[R].成都:西南交通大学,2010.

155. 智能缆索疲劳试验研究

刘礼华[1]　赵　霞[1]　李　盛[2]　周祝兵[1]　薛花娟[1]　吉俊兵[1]

(1. 江苏法尔胜泓昇集团有限公司;2. 武汉理工大学)

摘　要:内置传感器的智能缆索是目前桥梁健康监测领域的热点与难点。特制光纤光栅应变传感器,将其布设到缆索内部的钢丝上,使传感器与缆索系统有机地集成为一体,制成可对自身索力进行实时监测的智能缆索。智能缆索工艺在长约400m的253丝实索上进行了验证,智能索制作工艺方案可靠,传感器成活率高。为进一步检验内置传感器在缆索实际运营过程中的测试可靠性,模拟智能缆索上桥后在实际运营过程中所受交变载荷,按照国家标准中疲劳要求对内置光纤光栅传感器的智能缆索分别进行疲劳,智能缆索在疲劳200万次过程中及疲劳200万次后内置光纤光栅传感器信号有效,传感器在疲劳过程中能全程有效地反映单根钢丝及整索的受力情况。研发的智能缆索可实现缆索在施工及运营阶段长期、可靠的索力在线监测,满足大型桥梁健康监测要求。

关键词:智能索　桥梁健康监测　光纤光栅　应变传感器　疲劳

1　引言

随着国内外基础设施建设的发展,桥梁用缆索的需求量不断上升,对其安全性和可靠性的要求也不断提高。由于构造设计、环境腐蚀、疲劳累计,拉索难免出现不同程度的损坏和劣化[1]。将传感器集成到缆索内部,制成自身可测力的智能索,对缆索的自身状况进行在线监测是目前桥梁健康监测领域探索的热点与难点[2-4]。

项目组在前期工作中将特制的光纤光栅应变传感器和光纤光栅温度传感器局部埋植于缆索连接筒部位外层钢丝上,通过索内钢丝的局部应变来反映缆索整体受力,成功实现了可对自身索力进行实时监测的智能缆索[5-8]。通过独特的传感器封装结构设计,特制的机械连接固定方式,埋植过程中可靠的操作工艺,有效地保证了光纤光栅的存活率,有效地保证了传感器在索内大应变测试的有效性。智能缆索工艺在长约400m的253丝实索上进行了验证,智能索制作工艺方案可靠,传感器成活率高。研发的智能缆索工艺方案可靠,传感器存活率高,测试重复性、线性度好、精度高。智能缆索成功地应用于湖北省荆岳长江公路大桥上,实现了缆索在施工及运营阶段的索力监测,在大跨度桥梁上实桥测试效果理想[5]。

项目资助:江苏省六大人才高峰D类资助,江苏省企业博士集聚计划资助。

斜拉索在实际运营过程中，由于外界荷载的作用，其自身不断地在一定幅值范围内发生着振动，光纤光栅、封装的光纤光栅传感器结构、封装的光纤光栅传感器与钢丝连接的有效性都会受影响，而这些因素都会影响索力测试结果，需进一步研究智能缆索长期可靠性。除了跟踪智能缆索在实桥上运用的实际测试数据外，按照现行国家标准 GB/T 18365—2001[9] 中对普通缆索寿命测试的疲劳要求，同样对内置光纤光栅传感器的智能缆索进行 200 万次疲劳，并同时测试其内置的光纤光栅传感器在疲劳 200 次过程中及疲劳 200 万后的输出数据，以期为智能缆索在实际使用过程中的可靠性提供依据。

2 内置光纤光栅传感器的智能索

选取规格为 85×ϕ7 的智能缆索作为试验对象，智能缆索钢丝的公称强度为 1 670MPa，智能缆索钢丝的截面积为 3 271.1mm^2，索体长 3.5m，智能缆索规格示意图如图 1 所示。

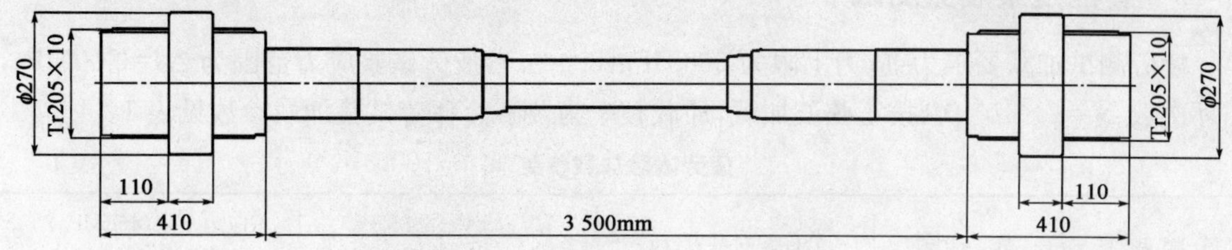

图 1 智能缆索规格示意图

该智能缆索在连接筒部位布置 5 个光纤光栅应变传感器和 1 个光纤光栅温度传感器，索内传感器位置示意图如图 2 所示，内置传感器分布截面示意图如图 3 所示。索内传感器实物照片如图 4 所示。

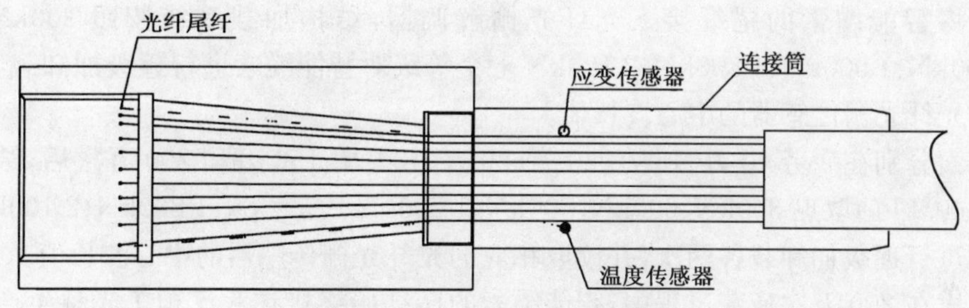

图 2 索内传感器位置示意图

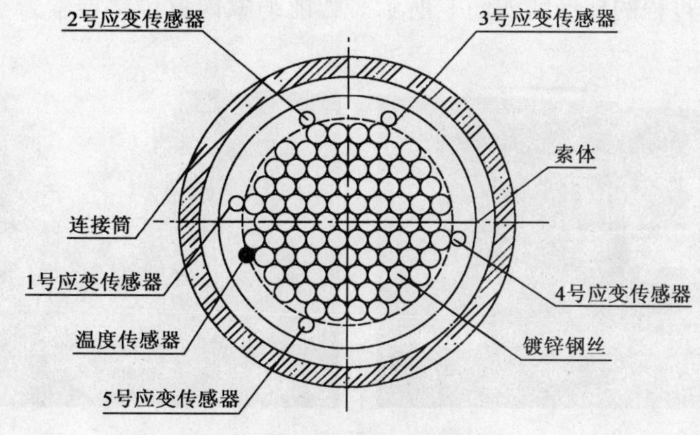

图 3 索内传感器分布截面示意图

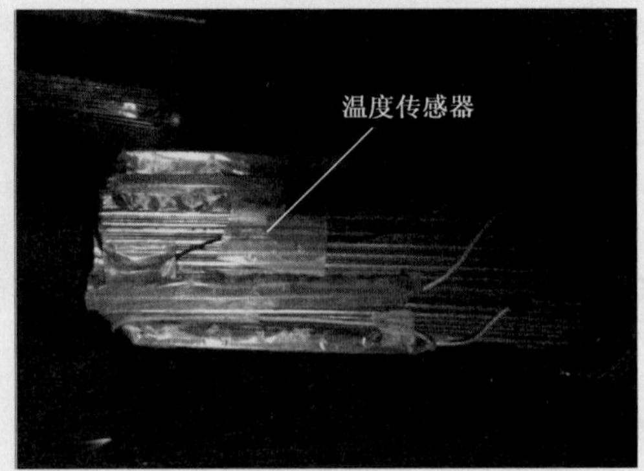

图 4　索内传感器实物图

3　智能缆索疲劳测试

疲劳测试加载要求为：应力上限为 668MPa（0.40σ_b），疲劳试验应力范围为 $\Delta\sigma$=200MPa，循环次数 $N=2\times10^6$ 次，按正弦波加载，加载频率为 2Hz。疲劳试验加载参数见表 1。

疲劳试验加载参数　　表 1

试验规格	数量	公称破断索力(P_b)	应力上限(668MPa)对应的试验索力	应力下限(468MPa)对应的试验索力
85×ϕ7	1 根	5 462.9kN	2 185.2kN	1 529.6kN

为检验智能缆索埋置的传感器测力是否有效，并为智能缆索在疲劳后内置传感器是否仍有效提供依据，智能缆索在疲劳前，利用结构加载系统（规格 210）对智能缆索内置传感器进行张拉检测。将智能缆索的尾纤接入光纤光栅解调器，结构加载系统按照 300kN、600kN、900kN、1 200kN、1 500kN、1 800kN、2 100kN 七个等级对智能缆索进行逐级加卸载各两次，并读取相应的光纤光栅传感器的中心波长值。

智能缆索分别在疲劳 10 万、15 万、30 万、50 万、100 万、150 万和 200 万次后，结构加载系统按照（0～40%P_b）取点 300kN、600kN、900kN、1 200kN、1 500kN、1 800kN、2 100kN 七个等级对试验索进行逐级加卸载各两次，并读取相应的光纤光栅传感器的中心波长值。

智能缆索在 200 万次疲劳过程中，智能缆索的尾纤始终接在武汉理工光科生产的光纤光栅解调器（型号 BGD—16M）中进行实时数据采集，并基于数据采集软件进行索力与温度的实时监测、显示。疲劳过程的现场图如图 5 所示。智能缆索内置传感器索力实时监测图如图 6 所示。

图 5　智能缆索疲劳试验现场图片

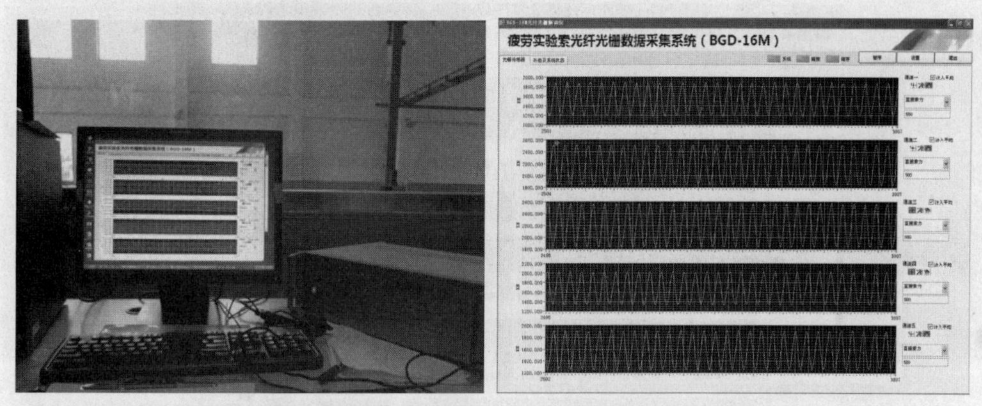

图 6　智能缆索内置传感器索力实时监测图

内置光纤光栅传感器的智能缆索疲劳检测主要包括以下三方面内容：

(1)内置光纤光栅传感器的智能缆索是否满足国家标准 GB/T 18365—2001 中疲劳和静载性能要求。

(2)智能缆索疲劳 200 万次全程中，检测其内置的光纤光栅测试索力及温度信号是否正常。

(3)智能缆索在疲劳 200 万次后，检测其内置的光纤光栅传感器是否仍然有效。

检测流程如图 7 所示。

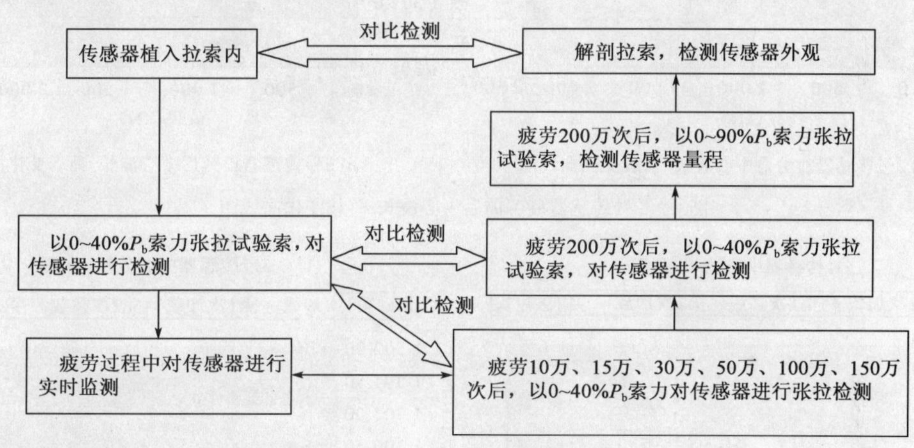

图 7　智能缆索检测流程图

4　智能缆索疲劳测试结果

4.1　智能缆索疲劳前后内置传感器信号检测

智能缆索在 200 万次疲劳过程中，智能缆索的尾纤始终接在光纤光栅解调器中进行实时数据采集，并利用内置传感器进行索力与温度的实时监测、显示。图 8 为试验索疲劳 200 万次将要结束时索内 5 个应变传感器的实时索力输出截图。可以看出，索内埋植的 5 个应变传感器在疲劳 200 万次后仍可反映缆索索力。

智能缆索在疲劳前及疲劳 200 万次后，依据结构加载系统加卸载力值（0～40％P_b 张拉索力）及光纤光栅应变传感器中心波长输出值，得到各应变传感器的中心波长-荷载变化曲线图，其中 2 号传感器、5 号传感器疲劳前后中心波长-荷载变化曲线图如图 9、图 10 所示。

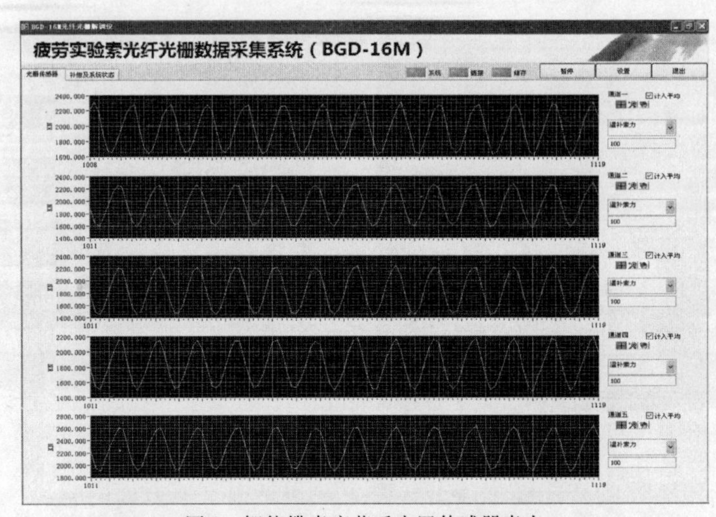

图 8　智能缆索疲劳后内置传感器索力

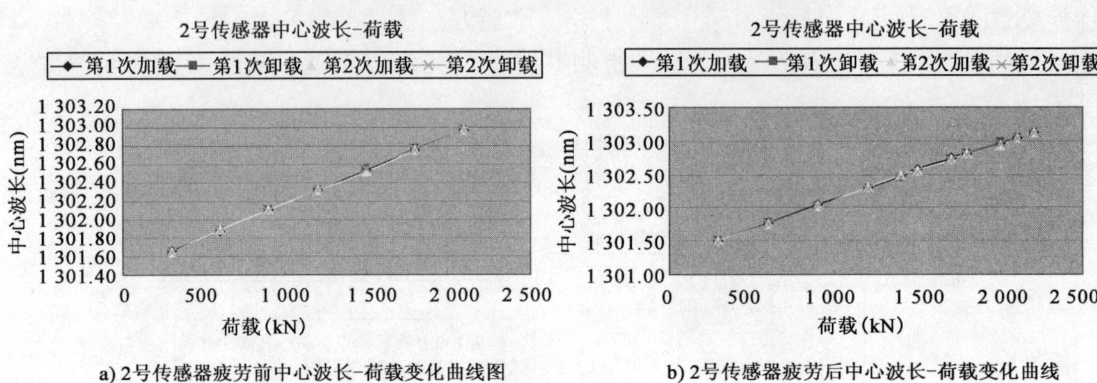

a) 2号传感器疲劳前中心波长-荷载变化曲线图　　b) 2号传感器疲劳后中心波长-荷载变化曲线

图 9　2 号传感器疲劳前后中心波长-荷载变化曲线图

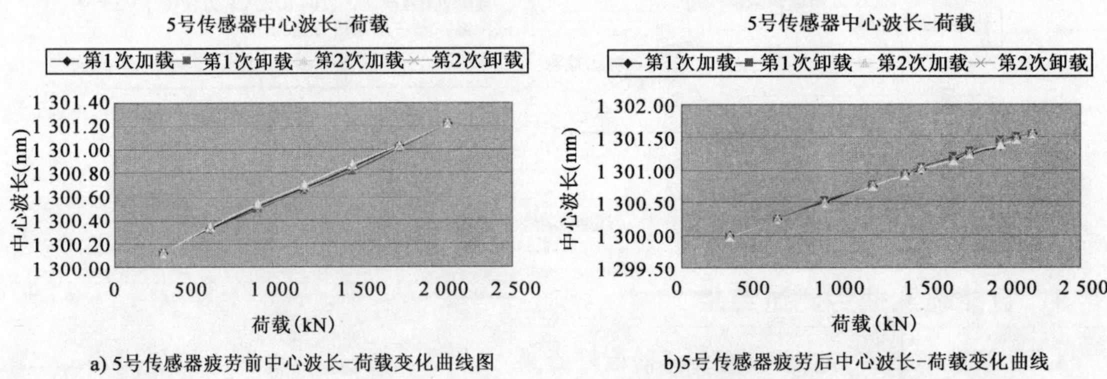

a) 5号传感器疲劳前中心波长-荷载变化曲线图　　b)5号传感器疲劳后中心波长-荷载变化曲线

图 10　5 号传感器疲劳前后中心波长-荷载变化曲线图

根据各应变传感器的中心波长-荷载变化曲线，得到传感器力敏系数在试验索疲劳 200 万次前后的对比见表 2。

该智能缆索疲劳前，索内埋植的 5 个应变传感器中心波长-荷载变化曲线线性度、重复性良好；索内埋植的 5 个应变传感器可反映整体拉索索力。智能缆索疲劳 200 万次后，索内埋植的 5 个应变传感器都存活，其中心波长-荷载变化曲线线性度、重复性良好；但 5 个应变传感器的力敏系数在试验索疲劳后均有所下降。

传感器力敏系数疲劳前后对比表　　表 2

光纤光栅应变传感器编号	疲劳前后传感器力敏系数比较(kN/pm)	
	疲劳前	200 万次后
1 号	1.920	1.647
2 号	1.363	1.169
3 号	1.174	0.975
4 号	1.622	1.350
5 号	1.656	1.193
平均值	1.547	1.267

由于智能缆索内置传感器的力敏系数改变,会造成智能缆索的输出索力也会有改变。该智能缆索内置 5 个应变传感器,5 个应变传感器输出的索力平均为整体智能缆索的索力。以智能缆索疲劳前计算的 5 个应变传感器的力敏系数为基准,试验索在疲劳前及疲劳 200 万次后,2 次静态荷载加卸载过程中内置传感器测试索力与实际加载力值对比见表 3 和表 4。

疲劳前内置传感器测试索力与实际加载索力对比　　表 3

实际加载索力(kN)	试验索测试索力(kN)			
	第一次加载	第一次卸载	第二次加载	第二次卸载
600	620.142	599.489	648.569	590.552
900	938.162	889.285	948.896	887.036
1 200	1 228.136	1 175.053	1 240.586	1 167.717
1 500	1 517.648	1 466.173	1 524.781	1 478.042
1 800	1 804.489	1 772.878	1 814.107	1 777.817
2 100	2 109.333	2 109.333	2 107.476	2 107.476

疲劳后内置传感器测试索力与实际加载索力对比　　表 4

实际加载索力(kN)	试验索测试索力(kN)			
	第一次加载	第一次卸载	第二次加载	第二次卸载
600	465.938	448.216	458.209	454.072
900	842.097	826.425	837.544	806.694
1 200	1 210.598	1 191.690	1 214.913	1 186.901
1 500	1 589.631	1 559.480	1 586.564	1 564.527
1 700	1 823.163	1 821.398	1 808.312	1 809.679
1 800	1 922.956	1 941.929	1 935.008	1 927.072
2 000	2 143.754	2 183.888	2 143.138	2 180.160
2 100	2 276.738	2 298.099	2 285.568	2 299.719
2 200	2 398.994	2 398.994	2 395.546	2 395.546

由表 3 可知,该智能缆索在疲劳前内置传感器测试索力与实际加载索力值的最大测试误差不超过 50kN;由表 4 可知,该智能缆索在疲劳 200 万次后,由于传感器力敏系数的改变,造成传感器测试误差增大,其内置传感器测试索力与实际加载索力的最大测试误差不超过 200kN。

4.2　智能缆索疲劳后静载测试

为检验试验索在疲劳 200 万次后的性能及内置应变传感器的量程，将疲劳 200 万次后的试验索在张拉槽内进行静载测试，并对内置传感器进行实时监测，实物图如图 11 所示。以 50%～90%P_b 的索力对试验索进行张拉。

图 11　智能缆索静载试验实物图

在加载过程中，当张拉力到达 85%P_b 时，4 号传感器信号中断，当破断力到达 90%P_b 时，5 号传感器信号中断，1 号、2 号、3 号传感器在静载力达到 90%P_b 时信号均正常。图 12、图 13 为 5 号、1 号传感器中心波长随荷载变化的曲线图。

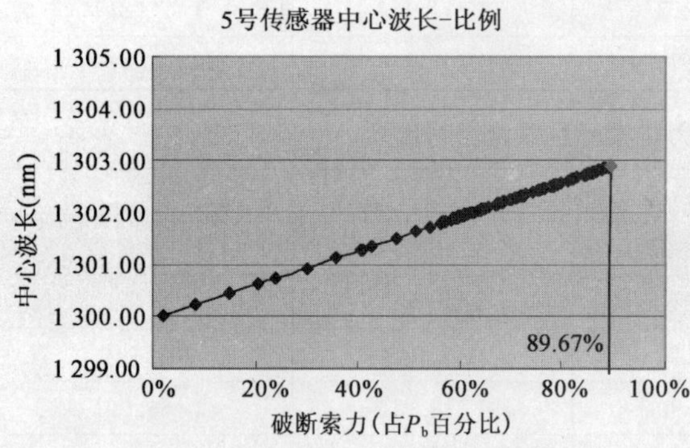

图 12　5 号传感器中心波长-荷载变化曲线图

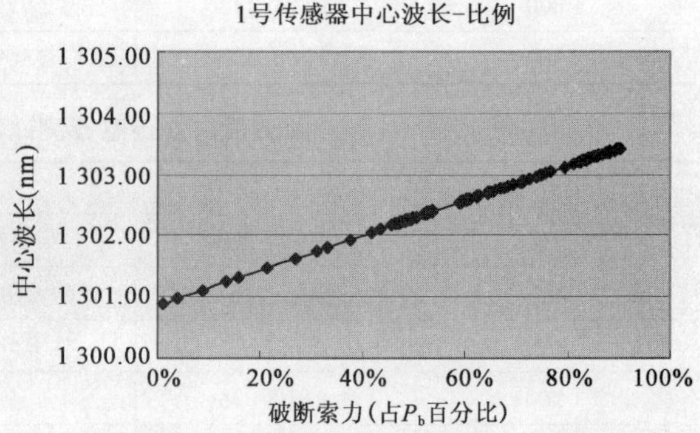

图 13　1 号传感器中心波长-荷载变化曲线图

1 号、2 号、3 号传感器在经历索内 90%P_b 静载力张拉后信号仍是正常的。为进一步检验试验索在疲劳 200 万次后的静载性能，将静载力继续加载至 95%P_b＝5 190kN，试验索无异常。卸载后检查试验索，两端锚具完好，旋合正常。

由试验可知：

(1)试验索内置 5 个应变传感器，4 号应变传感器量程可达到 85%P_b，5 号应变传感器量程可达到 90%P_b，1 号、2 号、3 号应变传感器量程至少可达到 90%P_b。

(2)试验索内置应变传感器测力最小量程为 85%P_b＝0.85×5 462.9kN＝4 643.465kN。

(3)内置光纤光栅传感器的试验索疲劳后的静载性能满足国家标准 GB/T 18365—2001 中要求。

4.3 智能缆索静载后解剖

智能缆索在疲劳200万次后，两端锚具完好，智能缆索索体无断丝。疲劳后的智能缆索进行了95%的破断荷载静载试验后，将智能缆索进行解剖检查。经检查，光纤光栅传感器在疲劳200万次后外观完好，传感器无移位、无破坏。

4.4 小结

该智能缆索在疲劳200万次后，并经过95%破断载荷的静载试验，试验后对智能缆索进行解剖。通过全程对内置传感器的信号检测及试验后对智能缆索解剖检查传感器的外观等，可以得到如下结论：

该智能缆索疲劳前：

(1)智能缆索在疲劳前，索内埋植的5个应变传感器和1个温度传感器可反映拉索整体索力及索内温度。

(2)智能缆索在疲劳前内置传感器测试索力与实际加载索力值的绝对误差不超过50kN。

(3)智能缆索内置传感器测力精度为|最大测量误差|/测力满量程×100%，疲劳前智能缆索测力精度可达到1%。

该智能缆索200万次疲劳后：

(1)智能缆索在疲劳200万次后，索内埋植的5个应变传感器和1个温度传感器完好，内置传感器可反映拉索整体索力及索内温度。

(2)内置光纤光栅传感器的智能缆索测试索力量程最小可达到0.85P_b。

(3)疲劳200万次后智能缆索测力精度可达到4.5%。

5 结语

85×ϕ7试验索在索内布置5个光纤光栅应变传感器和1个光纤光栅温度传感器，经过疲劳应力上限0.4σ_b、应力范围为200MPa、循环次数2×10^6的疲劳试验后，再进行95%的破断荷载静载试验：内置光纤光栅传感器的试验索满足GB/T 18365—2001中的疲劳和静载性能要求；试验索疲劳200万次全程中光纤光栅传感器测试索力及温度信号正常；试验索在疲劳200万次后，其内置的光纤光栅传感器仍然有效。

通过智能拉索现场张拉标定结果以及疲劳测试结果，研发的智能拉索可满足桥梁拉索索力监测要求，可应用于实际桥梁工程长期索力监测。

参考文献

[1] 刘胜春.光纤光栅智能材料与桥梁健康监测系统研究[D].武汉理工大学博士学位论文，2006.

[2] Ko J M, Ni Y Q. Technology developments in structural health monitoring of large-scale bridges[J]. Engineering Structures, 2005,27:1 715-1 725.

[3] 邓年春，欧进萍，周智，等.一种新型平行钢丝智能拉索[J].公路交通科技，2007,24(3):82-85.

[4] Li H, Ou JP, Zhou Z. Applications of optical fibre Bragg gratings sensing technology-based smart stay cables. Optics and Lasers in Engineering, 2009,47(10):1 077-1 084.

[5] 刘礼华，赵霞，李盛，等.内置光纤光栅传感器的智能缆索[J].公路交通科技，2010,27

(12):67-71.

[6] 赵霞,刘礼华,李盛,等.智能缆索综述[J].金属制品,2010,36(3):1-4.

[7] 赵霞,李盛,刘礼华,等.缆索内置光纤光栅应变传感器研究[J].传感器与微系统,2010,29(11):51-53.

[8] 赵霞,李盛,刘礼华,等.智能型缆索光纤光栅应变传感器[J].中外公路,2010,30(6):234-237.

[9] 交通部重庆公路科学研究所.GB/T 18365—2001 斜拉桥热聚乙烯高强钢丝斜拉索技术条件[S].北京:中国标准出版社,2001.

156. 适用钢箱—混凝土组合结构的新型剪力联结构造研究

范　亮　周志祥
（重庆交通大学）

摘　要：针对钢箱-混凝土组合结构特点，本文提出一种带孔加劲肋套箍剪力联结构造（Perfobond Hoop，以下简写为 PBH 联结构造）。PBH 是在 PBL 的研究基础上发展而来，将设置于钢箱与混凝土的接触面处的钢箱顶板的加劲肋按一定间距挖孔，圆孔内穿入箍筋，浇筑混凝土后，混凝土和钢箱界面间的剪力通过加劲肋圆孔内的混凝土柱共同抵抗。PBH 由加劲肋和箍筋共同构成，在构造上没有单独增加任何新构件，实现了混凝土与钢箱的协同受力，明显简化了构造、方便了施工。本文中将对 PBH 的构造及受力原理等进行研究。

关键词：钢—混凝土组合结构　剪力键　PBL　PBH

钢—混凝土组合结构是在钢结构和钢筋混凝土结构基础上发展起来的一种新型结构。组合结构充分利用钢材和混凝土各自的材料性能，具有承载力高，刚度大，抗震性能好，截面尺寸小，施工方便等优点。

钢—混凝土组合结构中的剪力键是保证结构中钢箱与混凝土共同工作的关键受力构件，其主要功能包括两点：一是抵抗钢和混凝土界面处的水平力，避免二者间的水平相互滑移；二是抵抗混凝土与钢之间的掀起效应。最早的组合结构剪力联结构造是铆钉、焊接角钢、突出的螺杆等机械连接件，钢和混凝土这两种弹性模量有很大差别的材料在这些剪力键的帮助下共同工作。剪力连接件与钢—混凝土组合结构共同问世，随着钢—混凝土组合结构类型的不断增加，剪力连接件的种类也随之增加。

文献[1]提出用于钢箱—混凝土组合拱中的钢箱—混凝土组合截面。本文针对钢箱—混凝土组合结构提出了新型开孔加劲肋套箍剪力联结构造，研究表明该剪力联结构造在受力性能上表现良好，同时具有良好的施工便捷性。

1　常用剪力联结构件及 PBL

经过各国学者的研究和实践，通过研究剪力件的传力机理和功能后，许多简单、经济、可靠

基金项目：国家自然科学基金（51078373），交通部西部交通建设项目（2006 318 814 48）。

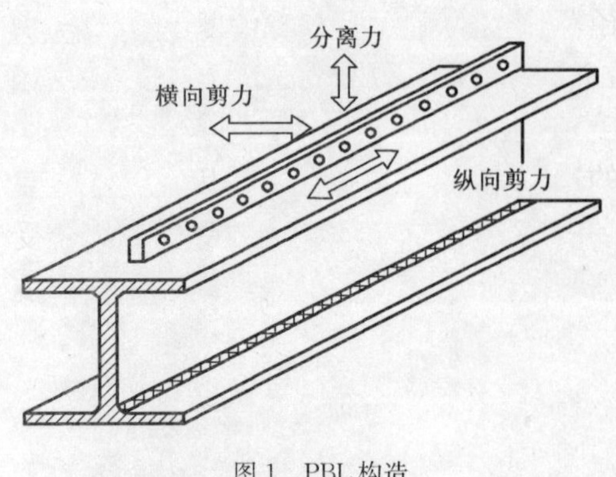

图 1　PBL 构造

的剪力连接构件形式被开发出来，其中常用的剪力连接件有栓钉连接件、钢筋连接件、高强螺栓连接件、PBL 剪力连接件和型钢连接件等多种形式[2-4]。

PBL 由带孔钢板和混凝土构成，钢板孔内分为有钢筋和无钢筋两种，工作原理是以穿孔的钢筋混凝土榫或素混凝土榫抵抗界面剪力。PBL 剪力键具有施工简单可靠的优点。研究表明，由于在剪切力的作用下，钢板受力前方混凝土将受到钢板的冲切力，该力将可能在钢板前端混凝土处产生微裂缝并最终发展成纵向劈裂缝。PBL 已被大量用于国内外多座桥梁中。

2　PBH 剪力联结构造的基本构造

针对钢箱—混凝土组合拱结构特点，本文提出一种带孔加劲肋套箍剪力联结构造(Perfobond Hoop，以下简写为 PBH)。PBH 将设置于钢箱与混凝土的接触面处的钢箱顶板的加劲肋按一定间距挖孔，圆孔内穿入箍筋，浇筑混凝土后，混凝土和钢箱界面间的剪力通过加劲肋圆孔内的混凝土柱共同抵抗。PBH 不需要增加专门剪力联结构造(图 2)。

PBH 由加劲肋和箍筋共同构成，在构造上没有单独增加任何新构件，实现了混凝土与钢箱的协同受力，明显简化了构造，方便了施工。同时，混凝土内的箍筋穿过 PBH 内的圆孔，将箍筋同时用作 PBH 中的销栓钢筋(图 3)。本文研究表明，PBH 可以有效地连接钢箱和混凝土，在达到承载力破坏前，钢箱与混凝土之间几乎没有滑移变形。同时，PBH 剪力联结构造亦增强了钢箱顶板的加劲肋，提高了钢箱顶板的纵向稳定性。因此，PBH 是钢箱—混凝土组合构件剪力连接件的合适选择。本文提出的钢箱—混凝土组合压弯构件的截面形式为下图，钢箱与混凝土之间采用 PBH 相连。

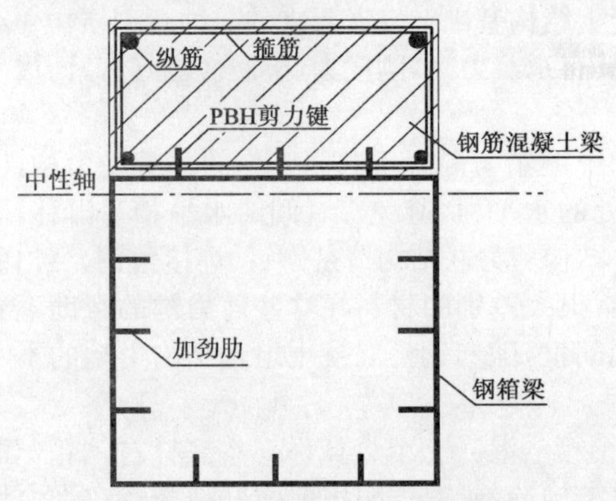

图 2　钢箱—混凝土组合结构构造

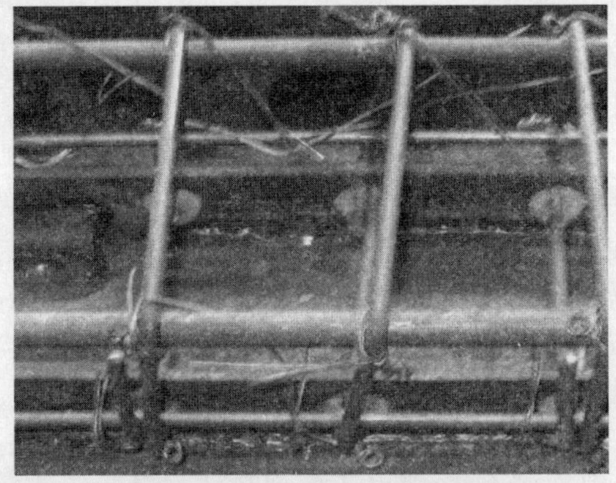
图 3　PBH 局部构造

PBH 是在 PBL 的研究基础上发展而来，与 PBL 类似，PBH 的抗剪力主要由孔内钢筋混凝土榫构成。此外，PBH 一个重要的特点是其穿过带孔加劲肋的钢筋是钢箱上方混凝土中钢筋骨架的一部分。由于混凝土受到箍筋套箍作用的影响，钢筋混凝土榫的抗压和抗剪性能均得到了改善，贯穿钢筋作为钢筋骨架中箍筋的一部分，变形受到了纵筋和混凝土的约束。PBL 剪力键是由圆孔混凝土，销栓钢筋共同参与抗剪的剪力键，除圆孔内混凝土外，参与抗剪的混凝土还包括 PBL 开孔钢板附近 1～2 倍销栓钢筋直径范围内的钢筋混凝土包裹层。PBH 剪力连接构造由于抗剪钢筋与箍筋合为一体，且与架立钢筋及纵向受压钢筋形成钢筋骨架，因此，该钢筋骨架内的混凝土将不同程度的参与界面抗剪中。

与 PBL 相比，PBH 中的钢筋骨架通过与加劲肋的连接，与钢箱成为整体。因此箍筋包裹的混凝土与钢箱顶板通过 PBH 成为一个组合的结构层，该结构层的混凝土在受力时将会受到箍筋，钢箱顶板及顶板加劲肋的共同约束，这种约束与 PBL 里只受到加劲肋高范围内的混凝土约束情况有明显不同。

3 PBH 的传力机理

图 4 为 PBH 与 PBL 力学受力比较图示，图中显示，PBL 主要依靠单一钢筋混凝土榫的销栓力孤立抵抗界面剪力，而 PBH 采用了与纵筋构成钢筋骨架中的箍筋作为贯穿钢筋，因此钢筋混凝土榫可以与纵筋及整个箍筋一起协同抵抗界面剪力。图 4 中单独示出了钢筋混凝土榫的受力简图：PBL 中的钢筋混凝土榫只在与加劲肋相交的位置受到加劲肋的约束，界面剪力作用在榫上时，相当于带悬臂的简支梁的受力模式；而 PBH 中的钢筋混凝土榫由于在受到包括纵筋及箍筋其他部分在内的整个钢筋骨架的共同约束，其受力模型相当于三跨连续梁。由于 PBH 和 PBL 均通过销栓力抵抗界面剪力，因此，从受力图式可以看出，在相同剪力作用下，PBH 中的销栓力小于 PBL，当钢筋直径及混凝土强度等因素相同的情况下，PBH 显然具有更大的抗剪能力。

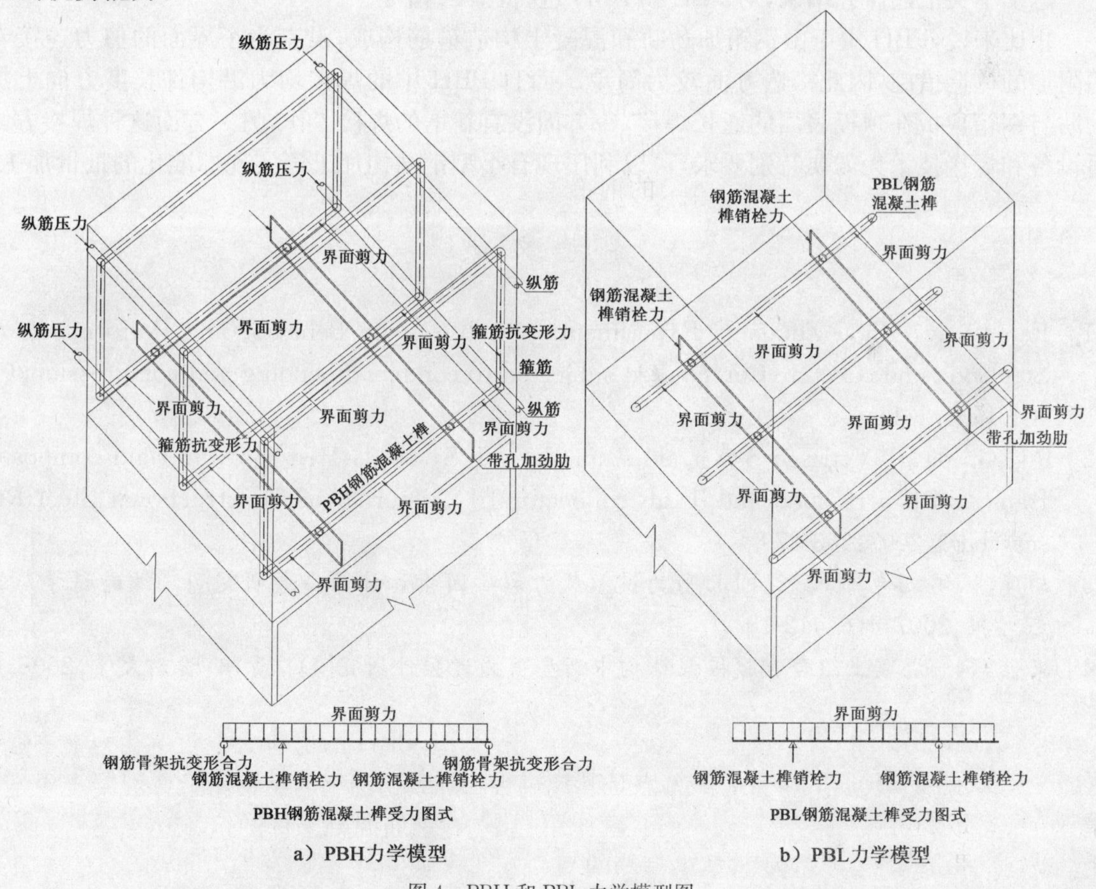

图 4　PBH 和 PBL 力学模型图

钢筋混凝土榫后方的混凝土压碎亦是类似 PBL 和 PBH 型剪力件破坏的一种形式，因此，下面将分析 PBH 和 PBL 两种剪力键中榫后混凝土的受力情况。

同样由图 4 的钢筋混凝土榫的受力模型得出，由连续梁和带悬臂简支梁在界面剪力作用下的抵抗变形能力的不同，其变形的值的大小不同(图 5)。因此，可以得出，PBH 和 PBL 中的钢筋混凝土榫对榫后混凝土的压应力大小亦不相同。PBH 中混凝土的压应力明显小于 PBL 的。

图 5　PBH 和 PBL 榫后混凝土变形比较

PBH 另一个重要特点是相邻孔间的钢筋混凝土榫由于受到钢筋骨架的连接，相互间可以协同受力变形。剪力连接件所抵抗的界面剪力大小与其在构件中的位置弯矩有关，发生的变形也不同。PBH 通过钢筋骨架，可以传递相邻的剪力和变形，从而使得相邻 PBH 的钢筋混凝土榫受力更均匀。

由于 PBL 和 PBH 的最大抗剪承载力是由钢筋混凝土榫和榫后混凝土的承载力和实际受力决定，因此综合上述结论，PBH 的抗剪承载力大于 PBL。

4　结语

总结本文上述研究结果，对 PBL 和 PBH 进行比较如下：

相比来说，PBH 由于由钢箱加劲肋和混凝土构造箍筋构成，没有为了界面的剪力连接专门附加的构造措施，因此构造方面较为简单。而且 PBH 中的焊接均为沿构件长度方向上加劲肋与钢箱顶板在顶板表面的通长焊接，一方面没有新增的焊接工作，另一方面这种焊接方式对设备和焊接技术无需要特别要求，可以利用现有小型钢结构加工厂实现标准化的批量加工。

参 考 文 献

[1] Fan Liang, Zhou Zhixiang. Experimental Study on the Behavior and Performance of Steel-Box and concrete Composited subjected to combined bending and compression[C] ICETCE, 2011.

[2] P C G. da S, Vellasco S A L de Andrade L T S, et al. Part 1: Semi-rigid composite frames with perfobond and T-rib connectors[J]. Journal of Constructional Steel Research 63, 2007: 263-279.

[3] 胡建华，侯文崎，叶梅新. PBL 剪力键承载力影响因素和计算公式研究[J]. 铁道科学与工程学报，2007，4(6)：12-18.

[4] 宋佳. 钢—混凝土组合空腹板架结构中新型剪力连接件研究[D]. 贵阳：贵州大学，2008.

157. 不同断面形式下钢筋混凝土梁抗爆性能研究

刘　超[1]　孟宪利[2]

(1. 武汉理工大学交通学院;2. 湖北襄阳交通质量监督处)

摘　要:运用非线性显示动力学分析软件 AUTODYN,对跨度均为 20m 的具有相同截面惯性矩和配筋率的钢筋混凝土空心板板梁、T 梁和箱梁在爆炸荷载作用下的非线性动力响应进行了研究。分析了在同等炸药量下三种截面形式梁跨中位置正上方和正下方爆炸时结构的损伤和竖向振动情况,指出迎爆面的厚度越大,梁体抵抗爆炸荷载的能力越强。且在同等爆炸条件下,T 梁抗爆性能较空心板梁和箱梁要强。研究结论可为桥梁结构的抗爆设计及综合防护提供理论依据和支撑,具有工程实践应用意义。

关键词:钢筋混凝土梁　爆炸荷载　损伤破坏　振动　AUTODYN

1　引言

近年来,恐怖爆炸活动已成为危害国家安全和社会稳定的一个重要因素。结构在爆炸荷载作用下都会出现大面积损坏甚至倒塌,如何提高重要建筑结构的抗爆性能已成为工程领域必须考虑的问题。随着计算机水平的进一步发展和数值仿真技术的不断进步,出现了一批可以有效模拟结构动力反应的有限元计算软件,AUTODYN 是一个显示有限元分析程序,主要采用中心差分法进行显示分析,避免了刚度矩阵求逆。用来解决固体、流体、气体及其相互作用,如冲击、爆炸和冲击波响应分析等高度非线性动力学问题[1]。本文利用 AUTODYN 对三种不同断面形式的钢筋混凝土梁在爆炸荷载作用下的非线性动力响应进行研究,以期为桥梁结构的抗爆设计及综合防护提供理论依据和支撑。

2　爆炸冲击波相关参数

2.1　比例距离

目前,研究者主要用冲击波压力、超压峰值、冲量、持续时间等冲击波参数来描述 TNT 爆炸产生的入射冲击波的传播规律,而冲击波的各种参数常通过比例距离来表达[2]。比例距离可以定义为:

$$Z=\frac{R}{\sqrt[3]{W}} \tag{1}$$

式中，R 为测点与爆心之间的距离(m)；W 为等效 TNT 药量(kg)。

2.2 冲击波超压经验公式

国内外学者通过大量试验研究和理论推导工作，在空气中 TNT 爆炸冲击波超压峰值的研究方面提出了一些预测公式，并给定了公式适用范围。本文将不同学者的经验公式进行综合比较得到如下公式：

$$P_{S0}=\begin{cases}\dfrac{0.084}{Z}+\dfrac{0.27}{Z^2}+\dfrac{0.7}{Z^3}, & Z\leqslant 1\\[2ex] \dfrac{0.076}{Z}+\dfrac{0.255}{Z^2}+\dfrac{0.65}{Z^3}, & 1<Z\leqslant 15\end{cases} \tag{2}$$

式中，P_{S0} 为测点与爆心之间的距离(m)；Z 为比例距离($m/kg^{1/3}$)。

2.3 正压作用时间

冲击波正压作用时间同超压峰值一样，也是描述冲击波对目标造成破坏的一个重要度量参数。TNT 在空中爆炸后所形成冲击波正压作用时间(单位：ms)的计算公式为[2]：

$$\tau_{+}=1.35W^{\frac{1}{6}}R^{\frac{1}{2}}=1.35W^{\frac{1}{3}}Z^{\frac{1}{2}} \tag{3}$$

式中，R 为测点与爆心之间的距离(m)；W 为等效 TNT 药量(kg)；Z 为比例距离($m/kg^{1/3}$)。

3 材料模型

当爆炸荷载作用于钢筋混凝土构件时，其内部会产生强大的应力波。由于应力波作用时间极短，混凝土和钢筋材料的应变率同静载相比，增加了千万倍。其动态本构关系随着应变率的提高而变得复杂，因此，有必要选择准确的高应变率下混凝土和钢筋材料的动态本构关系。

3.1 混凝土动态本构关系

HolmquistT. J 等人[3]提出的混凝土材料在高应变、高应变率、高压下的 HJC 动态本构模型，其考虑了应变率效应和损伤度对材料本构关系的影响，能够较好地描述爆炸荷载作用下混凝土的大变形、高应变率及高压下产生的损伤、破碎和断裂等行为。由于 HJC 模型形式简单、概念清楚并且与试验数据吻合较好等原因，在实际中得到广泛的应用。其等效屈服强度和损伤度的表达式为：

$$\sigma^{*}=[A(1-D)+BP^{*N}](1+C\ln\dot{\varepsilon}^{*}) \tag{4}$$

$$D=\sum\frac{\Delta\varepsilon_P+\Delta u_P}{D_1(P^{*}+T^{*})^{D_2}} \tag{5}$$

式中，$\sigma^{*}=\sigma/f_c$ 为等效屈服强度；$P^{*}=P/f_c$ 为无量纲压力；$\dot{\varepsilon}^{*}=\dot{\varepsilon}/\dot{\varepsilon}_0$ 为无量纲应变率；$T^{*}=T/f_c$ 为无量纲最大拉伸静水压力；σ 为实际等效压力；P 为单位内的静水压力；T 为材料的最大抗拉强度；f_c 为材料准静态单轴抗压强度；$\dot{\varepsilon}$ 为应变率；$\dot{\varepsilon}_0=1.0/s$ 为参考应变率；材料常数 A 是特征化黏性强度；B 是特征化压力硬化系数；C 是应变率影响系数；N 是压力硬化系数；D 是损伤度；D_1 和 D_2 是损伤参数；$\Delta\varepsilon_p$ 和 Δu_p 分别代表在一个积分步长内单元的等效塑性应变和塑性体积应变。

3.2 钢筋的动态本构模型

Johnson 等人提出的 Johnson-Cook 金属模型是以经典弹塑性理论为基础并考虑应变率效应和温度效应的金属动态本构模型。在塑性阶段，J-C 模型的本构关系表达式如下：

$$\sigma=[A+B(\varepsilon^{p})^{n}](1+C\ln\dot{\varepsilon}^{p}/\dot{\varepsilon}_1)(1-T^{*}) \tag{6}$$

式中，A、B、C、n 为材料参数，由试验确定；ε^{p} 和 $\dot{\varepsilon}^{p}$ 分别为塑性应变和塑性应变率；$\dot{\varepsilon}_1$ 为参

考应变率，一般取 $\dot{\varepsilon}_1=1s^{-1}$；$T^*=(T-T_r)(T_m-T_r)$，其中 T 为环境温度，T_r为室温，T_m 为熔点温度。当环境温度和室温接近且变化不大时，可以忽略温度项的修正，即只考虑应变率效应的简化 J-C 模型。

3.3 炸药与空气的状态方程

炸药 TNT 采用 JWL 状态方程模拟[1]，它反映了炸药爆炸产生的压力与相对体积的关系，其表达式如下：

$$P=A\left(1-\frac{\omega}{R_1V}\right)e^{-R_1V}+B\left(1-\frac{\omega}{R_2V}\right)e^{-R_2V}+\frac{\omega E}{V} \tag{7}$$

式中，P 是爆炸压力；E 是炸药内能；V 是当前炸药相对体积；A、B、R_1、R_2 和 ω 是 JWL 状态方程材料参数。炸药 TNT 的材料参数为：$A=3.737\,7\times10^5$ MPa，$B=3.747\,1\times10^3$ MPa，$R_1=4.15$，$R_2=0.9$，$\omega=0.35$。密度 ρ 为 1 630kg/m³，起爆速度为 6 930m/s。

空气采用线性多形式状态方程来描述[1]。理想气体的线性多形式状态方程如下：

$$P=(\gamma-1)\rho e \tag{8}$$

式中，$\rho=1.225$kg/m³ 为空气密度；$e=2.068\times10^5$ kJ/kg 为空气的初始内能；$\gamma=1.4$ 为材料常数。

4 有限元模型的建立

在建模计算过程中应充分考虑以上理论知识，以期结果更加可靠、有效。为减少网格单元的数量以提高计算效率，考虑结构的对称性，取二分之一结构进行计算。三种不同截面梁的梁长均为 20m，空心板梁横截面尺寸如图 1 所示，T 梁横截面尺寸如图 2 所示，箱梁横截面尺寸如图 3 所示，且三种横截面形式具备相同惯性矩。程序所建半结构图见图 4～图 6。针对实际工程中汽车爆炸的情形，分别研究桥面上部及桥下爆炸两种情形。选用 TNT 炸药装药量为 350kg[4-6]，炸药位于梁体跨中正上方约 1.2m 处和正下方 1.2m 处爆炸。

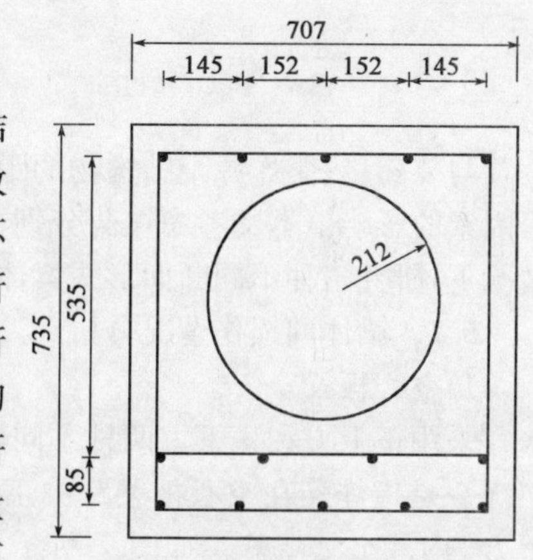

图 1　空心板梁横截面尺寸（尺寸单位：mm）

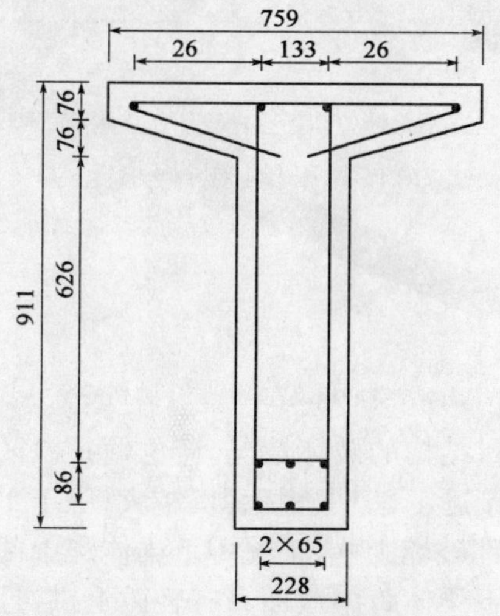

图 2　T 梁横截面尺寸（尺寸单位：mm）

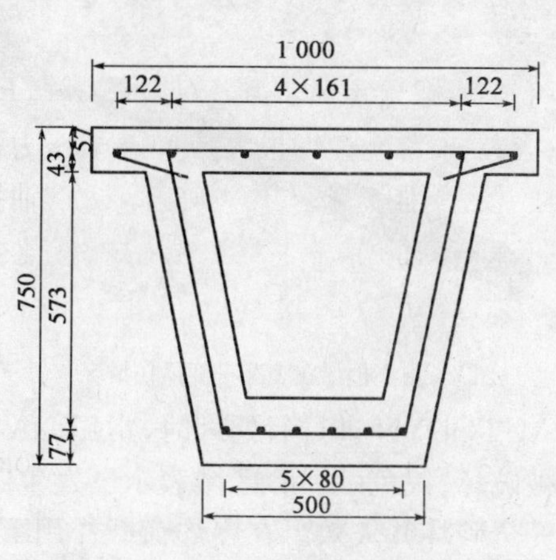

图 3　箱梁横截面尺寸（尺寸单位：mm）

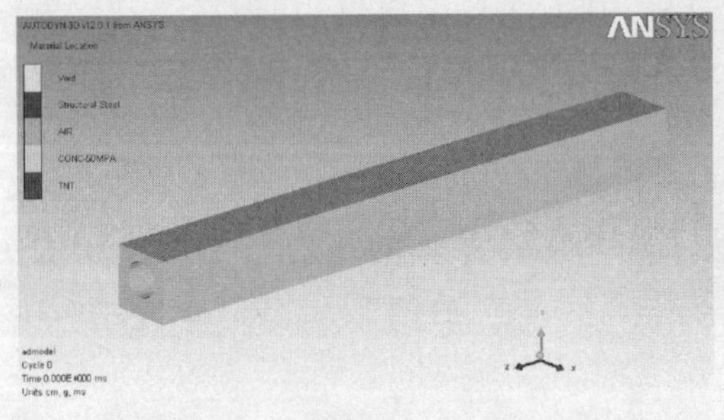

图 4　空心板梁半结构图

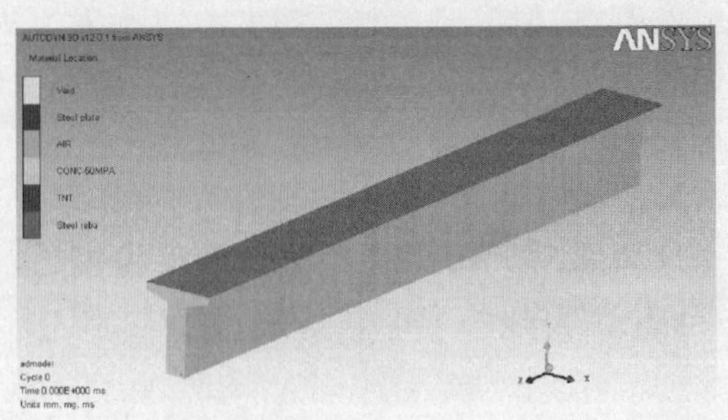

图 5　T 梁半结构图

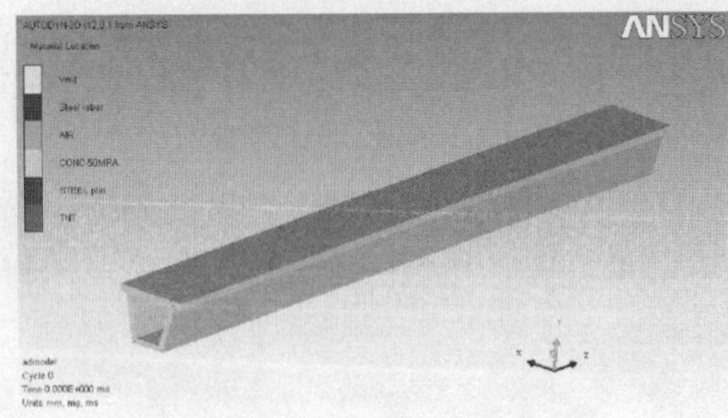

图 6　箱梁半结构图

建模过程中，选取 AUTODYN 材料库所提供的空气、TNT、混凝土以及钢筋等材料。其中空气采用 Euler 求解器计算，TNT 填充入空气局部区域，混凝土采用 Lagrange 求解器计算，钢筋与混凝土耦合。梁体端部采用三个方向速度均为零的 Velocity 边界条件固结。

5　计算分析

在分析结构的抗爆性能时，经常会考虑炸药位置与装药量、爆炸源距结构物的距离、混凝土与钢筋的强度、配筋率、截面惯性矩及支撑条件等因素的影响。本文考虑炸药分别在位于梁体跨中位置正上方和正下方，且以上条件相同的情况下，研究三种不同断面形式梁体的抗爆性能。

5.1　梁体的损伤情况分析

1)空心板梁

采用正上方和正下方两种不同爆炸位置来计算空心板梁，其配筋情况如图 1 所示。其中工况一是指炸药在空心板梁跨中正上方约 1.2m 处爆炸；工况二是指炸药在空心板梁跨中正下方约 1.2m 处爆炸。如图 7 所示工况一下 3ms 时梁体的损伤情况，如图 8 所示工况二下 3ms 时梁体的损伤情况。

图 7　空心板梁在工况一下损伤情况

图 8　空心板梁在工况二下损伤情况

AUTODYN 进行后处理时，常用 DAMAGE 来衡量结构的破坏情况，蓝色(两端)区域表示未被破坏；红色(中间)区域表示已发生破坏，量值越接近 1，表明破坏程度越大；等于 1 表示结构完全破坏并失效。在爆炸荷载作用下梁体均已局部破坏为主，工况一下梁体跨中截面严重下挠，尤其是顶板跨中位置变位较大(图 7)；工况二下梁体跨中截面只有轻微上拱，且底板变位很小(图 8)。工况一下梁体跨中附近区域破坏较为严重，基本贯穿至底板，且梁体跨中损伤破坏面域较工况二要大，而工况二损伤区域集中于底板跨中附近，顶板变形和损伤均很小。表明迎爆面越厚，其整体抗弯能力越强，则抗爆能力越强。

2)T 梁

采用正上方和正下方两种不同爆炸位置来计算 T 梁，其配筋情况如图 2 所示。其中工况一是指炸药在 T 梁跨中正上方约 1.2m 处爆炸；工况二是指炸药在 T 梁跨中正下方约 1.2m 处爆炸。如图 9 所示工况一下 3ms 时梁体的损伤情况，如图 10 所示工况二下 3ms 时梁体的损伤情况。

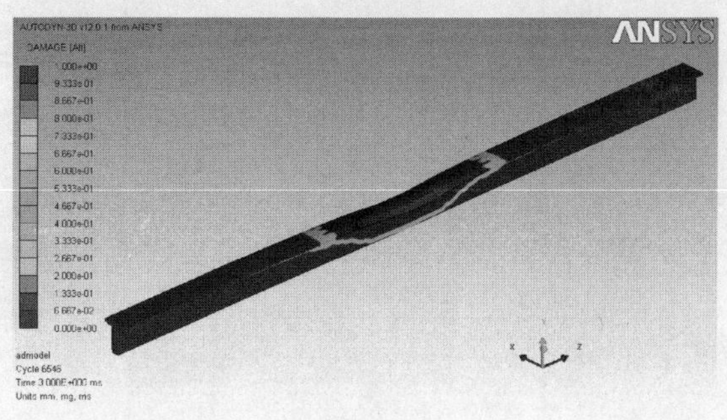

图 9　T 梁在工况一下损伤情况

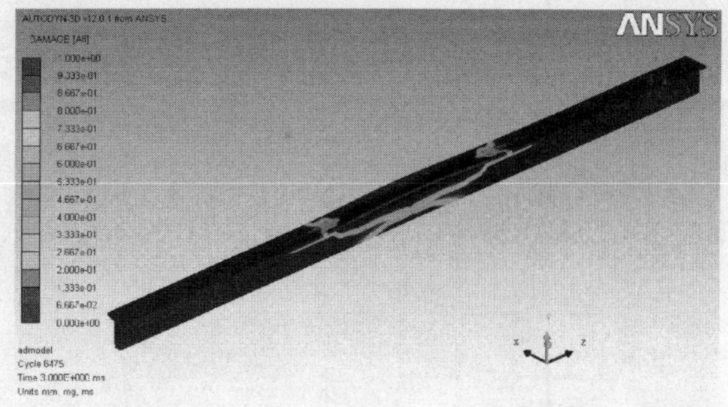

图 10　T 梁在工况二下损伤情况

由图 9 和图 10 可以看出，在爆炸荷载作用下梁体均已局部破坏为主，在工况一下梁体跨中位置严重下挠，尤其翼板变位严重，且损伤区域基本贯穿梁肋底面；工况二下梁体跨中区域只有轻微上拱，梁肋变位很小，但翼板上拱严重。梁肋底部跨中位置为迎爆面，仅局部出现损伤，但程度比工况一下要轻。这一规律进一步说明迎爆面越厚，其抗爆能力越强。

3)箱梁

采用正上方和正下方两种不同爆炸位置来计算箱梁，其配筋情况如图 3 所示。其中工况一是指炸药在箱梁跨中正上方约 1.2m 处爆炸；工况二是指炸药在箱梁跨中正下方约 1.2m 处爆炸。如图 11 所示工况一下 3ms 时梁体的损伤情况，如图 12 所示工况二下 3ms 时梁体的损伤情况。

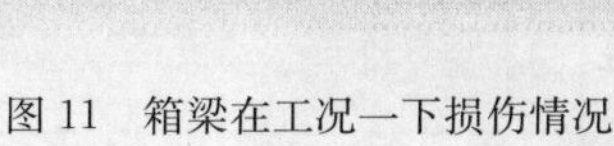

图 11　箱梁在工况一下损伤情况

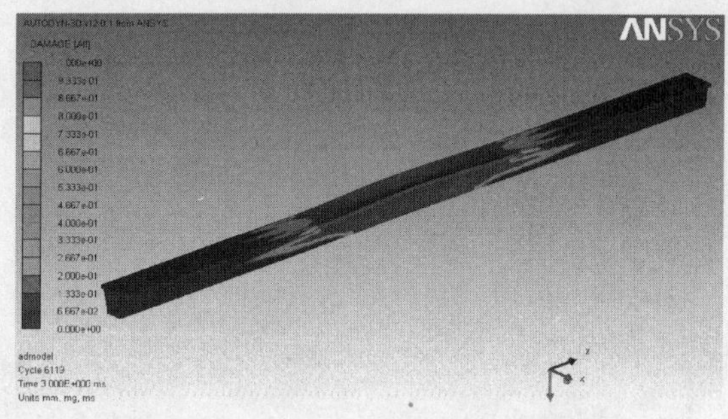

图 12　箱梁在工况二下损伤情况

由图 11 看出，在爆炸荷载作用下梁体以局部破坏为主，在工况一下，跨中区域严重下挠，顶板变位严重，翼板也出现一定程度变位，同时跨中附近区域完全破坏，基本贯穿至底板。相比而言，箱梁在工况二(图 12)下的破坏面域较工况一下要大，基本分布于纯弯段。跨中位置出现轻微上拱，底板变位很小，翼板上拱严重，导致顶板因挤压变形而出现下挠。在正下方爆炸时，较厚的底板作为迎爆面，其变位很小，也说明迎爆面越厚时，梁体抗爆能力越强。

5.2　梁体振动情况分析

梁体跨中位置正上方爆炸时，测点 1(顶面与跨中截面交线中点)处的竖向振动加速度时程曲线如图 13～图 15 所示(图 13～图 17 中纵坐标负值表示竖直向下振动,正值表示竖直向上振动;图 18 中纵坐标负值表示竖直向上振动,正值表示竖直向下振动)。

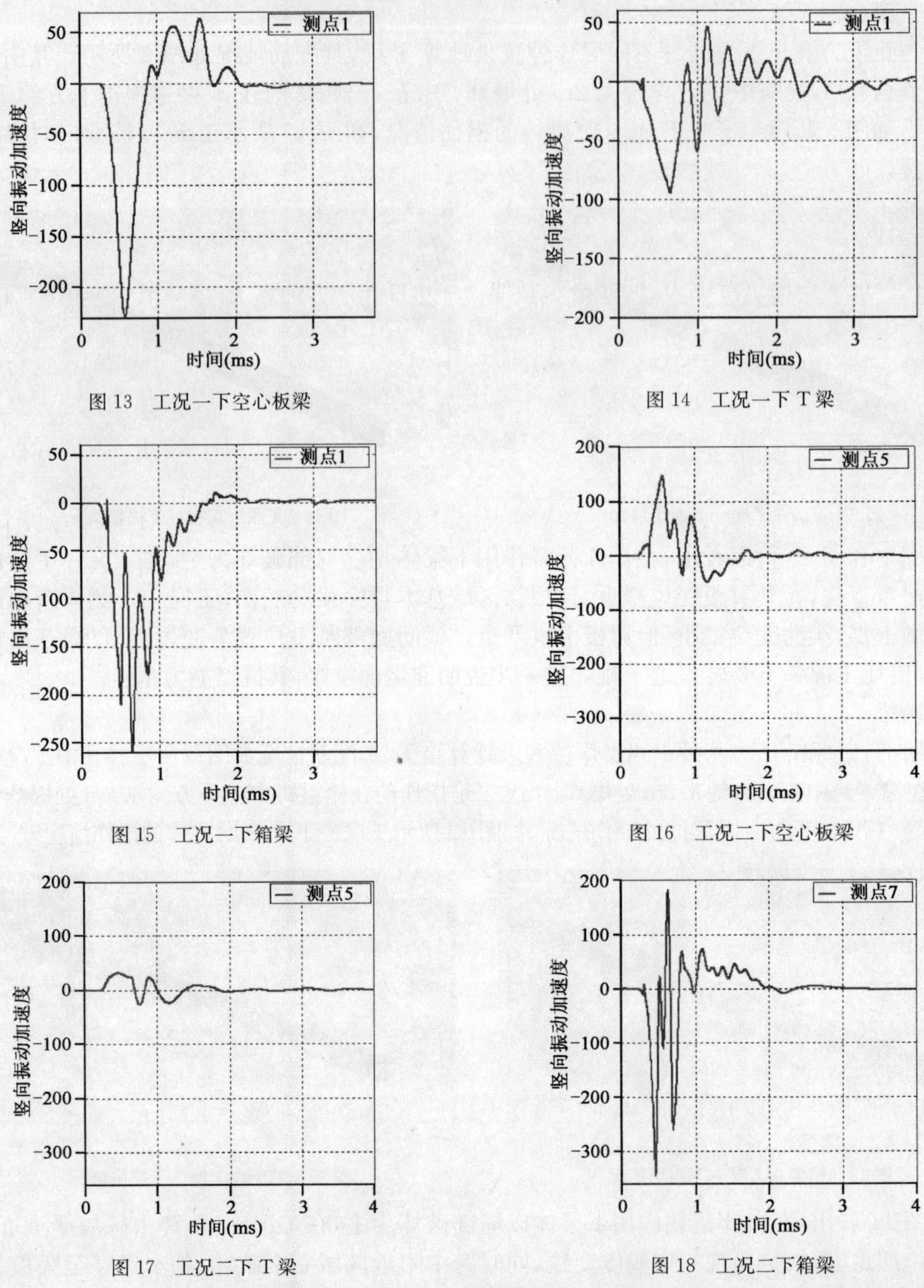

图 13 工况一下空心板梁

图 14 工况一下 T 梁

图 15 工况一下箱梁

图 16 工况二下空心板梁

图 17 工况二下 T 梁

图 18 工况二下箱梁

由图 13～图 15 可以看出,空心板梁和箱梁振动基本发生在前 2ms 内,之后趋于稳定;且振动加速度幅值较大,基本是 T 梁的 4 倍。箱梁振动曲线不光滑,锯齿较多,表明在爆炸过程中,测点位置已出现不可恢复的塑性变形,说明其抗爆性能较差。相反 T 梁振动曲线光滑,且幅值较小,基本在零值上下波动,说明其抗爆性能较好。对比以上结果可以看出,在梁体跨中位置正上方爆炸时,三种断面形式下箱梁的抗爆能力最弱,T 梁最强。

梁体跨中位置正下方爆炸时，测点5或7(底面与跨中截面交线中点)处的竖向振动加速度时程曲线如图16～图18所示。

由图16～图18可以看出，箱梁振动加速度幅值较大，空心板梁次之，T梁最小，说明T梁抗冲击能力较强。工况二下三种截面形式梁的振动加速度幅值较工况一下要小，且曲线基本在零值上下波动，表明测定位置尚未出现不可恢复的塑性变形。进一步说明迎爆面越厚，其抗爆能力越强。对比以上结果可以看出，在梁体跨中位置正下方爆炸时，三种断面形式下同样有箱梁的抗爆能力最弱，T梁最强。

6 结语

在保证横截面抗弯能力、配筋率及其他爆炸条件相同的前提下，通过对不同横断面形式的钢筋混凝土梁上方和下方爆炸进行计算分析，得到如下结论：

(1)在爆炸荷载作用下空心板梁的损伤呈现局部破坏特征。在上方爆炸时跨中断面严重下挠，变位较大，且附近区域基本完全破坏；而下方爆炸时跨中断面只有轻微上拱，变位很小。但在上方爆炸时梁体损伤范围比下方爆炸时大且破坏程度更加严重。表明较厚的底板作为迎爆面时，其抗爆能力较强。

(2)在爆炸荷载作用下T梁以局部损伤破坏为主。在上方爆炸时跨中断面严重下挠，尤其翼板变位幅度较大，且跨中附近区域严重破坏；而下方爆炸时梁肋上拱很小，但翼板变位严重。在下方爆炸时，梁肋底部跨中位置为迎爆面，其整体损伤程度明显比上方爆炸时要轻。进一步说明表明窄而高的梁肋作为迎爆面时，其抗爆能力更强。

(3)在爆炸荷载作用下箱梁仍以局部损伤破坏为主，在上方爆炸时顶板跨中位置严重下挠，翼板有一定变位，且跨中附近区域严重破坏；但在下方爆炸时底板跨中位置出现上拱，翼板严重变位，导致顶板反而轻微下挠。鉴于箱梁的顶板和底板相对较薄，作为迎爆面时不论是上方还是下方爆炸，其抗爆能力均比空心板梁和T梁弱。

(4)通过对比分析三种不同断面形式下梁体的破坏形态及竖向振动加速度情况，得出在同等爆炸条件下，T梁具有更好的抗爆性能。

参 考 文 献

[1] AUTODYN. Theory manual. ANSYS:Century Dynamics Inc,2006.

[2] J.亨利奇著，熊建国等译.爆炸动力学及其应用[M].北京:科学出版社,1979.

[3] Holmquist T. J, Johnson G. R, Cook W. H. A computational constitutive model for concrete subjected to large strains, high strain rates and high pressures[S]. 14th International Symposium on Ballistics,1995:591-600.

[4] David G. Winget, Kirk A. Marchand and Eric B. Williamson. Analysis and Design of Critical Bridges Subjected to Blast Loads[J]. Structure Engineering,2005:1243-1255.

[5] Hu Zhijian and Liu Chao. Blast Loads on Concrete Bridges[J]. Advanced Materials Research, Vol,217(2011),445-450.

[6] 胡志坚，胡钊芳.桥梁结构爆炸荷载特性研究[J].第19届全国桥梁学术会议论文集.北京:人民交通出版社,2010.

158. 独塔斜拉桥结构检测与安全评估

宗志荣　贾丽君

（同济大学桥梁工程系）

摘　要：以一独塔双索面斜拉桥为分析对象，通过对结构的索力、线形、损伤进行识别，结合概念力学分析和有限元模拟，对桥梁结构做出安全评估，并对病害原因做出科学解释。

关键词：独塔斜拉桥　结构检测　概念力学　安全评估

1　前言

20 世纪 90 年代，是我国斜拉桥建设的高峰时期，这期间建成的多座预应力混凝土斜拉桥在投入运营后的 20 年间，均发生了结构损伤和抗力衰减现象，严重影响到结构的正常使用和生命周期。为了维护结构的安全运营，使其能够长久高效地服务于社会生产，对这类桥梁的结构检测与安全评估工作由此展开。本文结合工程实例，通过独塔斜拉桥——这一斜拉桥中常见桥型的结构检测与安全评估工作，对独塔斜拉桥结构检测中的索力误差进行了分析研究；对检测结果中索力增大、结构裂缝及应力超限给出了科学合理的解释；并针对安全评估结果提出维护措施。

2　工程简介

斜拉桥结构检测包含恒载索力的测定、桥面高程测量及全桥裂缝检查。该检测桥梁为一独塔双索面斜拉桥，塔梁墩固结，跨径为 125m＋125m，桥宽 26m，主梁为预应力混凝土箱梁，桥塔塔身为 H 形钢筋混凝土结构，桥面至塔顶高 70m。运营至今已有 15 年。

本文采用的结构检测与安全评估流程如图 1 所示，通过对拉索索力及主梁线形的识别，结合结构当前出现的损伤现象（如拉索锈蚀、桥面裂缝等），对结构进行概念力学分析，宏观上把握结构当前受力状态；为了验证分析结果的可靠性，借助有限元分析软件，建立全桥模型，进行结构受力分析。考虑结构运营至今，拉索索力以及结构自重均发生变化，为了准确模拟结构当前状态，对模型参数进行修正，将成桥索力替换成实测索力并对自重系数作适当调整。最后结合概念力学分析和有限元分析结果做出结构安全评估。

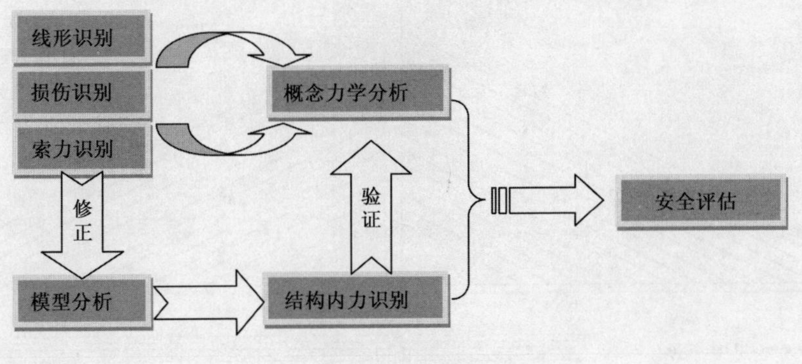

图1 评估流程

3 索力分析与识别

独塔斜拉桥是复杂的高次超静定结构，具有空间静力特性，即索和塔有提高主梁抗扭性能的效应；且单根索力的变化会对其他索力产生影响，从而进一步影响主体结构受力。独塔斜拉桥多采用塔梁墩固结体系，易于悬臂施工，主梁成为在跨内有多点弹性支承的刚构。作为主要承重构件的斜拉索，依靠自身张力，将桥面系自重及活载绝大部分传递给主塔；同时主塔的偏斜也通过拉索传递给主梁，使主梁内力发生改变。可见，拉索是独塔斜拉桥传力体系中的纽带，连系着主梁、主塔，传递内力和变形。外界活载的每一次施加，都会引起索力的相应改变，导致索力的重新分布，从而协调各构件的变形，使得独塔斜拉桥整体处于变形均匀、受力稳定状态。因此，索力的精确识别对科学评估斜拉桥当前内力状态尤为重要。

然而由于运营过程中的环境侵蚀、疲劳效应、长期效应等因素影响，斜拉索出现不同程度的损伤，从而导致索力发生改变。主要体现在以下几个方面：

(1)由于拉索自身的腐蚀、振动、松弛导致拉索损坏，不足以维持原先索力而发生索力改变。

(2)由于混凝土结构的收缩徐变作用，塔柱缩短和偏移，主梁缩短和下挠，导致拉索倾角和内力发生变化。

(3)支座沉降也会影响索力大小(详见本文裂缝分析部分)。

首先对拉索外观进行观测，发现部分拉索表面PE防护层出现破损、索面严重锈蚀，说明拉索已经出现上文所述的环境侵蚀性损伤，索力具备理论上发生改变的可能。为了验证这一推断，对恒载作用下索力进行测量。拉索索力检测的方法有多种，传统的有油压表读数法、传感器读数法、振动频率法等，此外也有学者将三点弯矩法、磁通量法等用于斜拉索检测。本文采用振动频率法中的环境随机振动法测量，环境激励主要来自环境风力及大地脉动。采用JMM-268索力动测仪对索力进行测量。拉索编号见图2，自索塔向两边依次编号1～14，横桥向自南向北依次标记为a、b、c、d，E表示东侧拉索，W表示西侧拉索，例如E14a表示东半跨南侧端索。

测量时，用专用的夹具将加速度计固定在拉索上，以测定索的横向振动。加速度计将拉索的随机振动信号转变成电信号，电信号经放大后送至动态信号采集系统进行采样并进行频谱分析，由功率谱图上的峰值判断拉索的各阶频率。然后根据张力弦振动基频公式(1)计算索力。式中，f 表弦的自振基频，

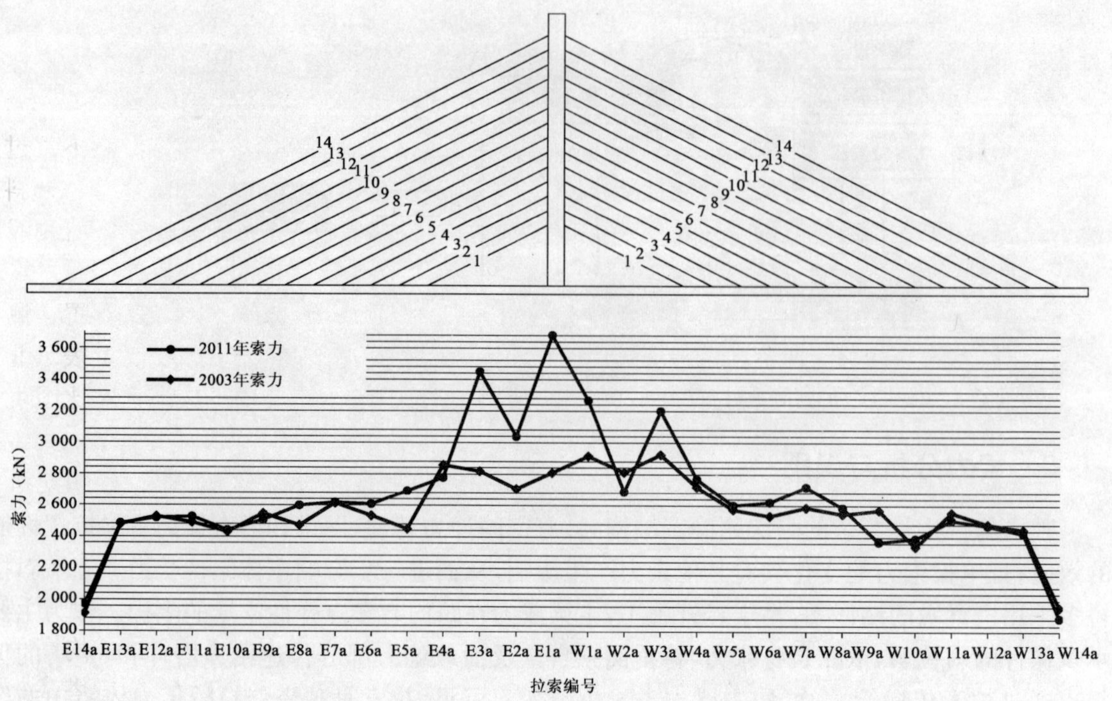

图 2　拉索编号及索力测量值

$$f = \frac{1}{2l}\sqrt{\frac{T}{\rho}} \tag{1}$$

l 表弦长，ρ 表弦的材料密度，T 表弦中张力。可知，只需明确弦的材料和长度，测量弦的振动基频就可以确定弦的张力。即拉索索力与拉索基频的关系可表示为：$T=Kf^2$。K 为比例系数，理论计算式为 $K=4\rho l^2/1\,000$。将本次索力所测结果与往年（2003 年）对比，绘出索力对比图，见图 2（本文仅列出横向 4 组索中的 a 组）。

从图 2 可以看出，总体上各索力变化甚微，绝大多数变幅在 $-5\%\sim5\%$ 之间。个别短索（编号 E3a、E2a、E1a、W1a）有 30% 左右的增幅，这一方面是索力确有一定程度的提高；另一方面由于环境随机振动法测量索力的原理是将拉索理想化为两端铰接的柔索进行索力计算的，并没有考虑索的抗弯刚度，而事实上由于短索的刚度较大，这种理想化计算产生的误差就显得尤为突出（详见式（2），式中 n 表频率阶数，f_n 表第 n 阶频率，EI 为抗弯刚度，m 为单位长索重，g 为重力加速度）。解决的办法就是对短索索力测量时，尽量采用基频进行计算，公式中 $n=1$，这样由于弯曲刚度造成的影响就可以忽略。

$$T = 4ml^2 f_n^2/n^2 g - n^2 EI\pi^2/l^2 \tag{2}$$

4　桥面线形分析与识别

桥面线形的变化是反映桥梁内力状态的直观指标，是衡量斜拉桥是否处于正常运营状态的重要标志。根据上文所述，斜拉桥通过拉索调节主梁和主塔之间的变形，桥面线形的改变必然通过拉索传递至主塔，引起主塔偏移。主塔与主梁的变形又再次导致索力发生变化，从而再次引起桥面线形的改变，这种非线性效应使得整个结构内力重新分布。中小跨径斜拉桥，主梁一般为预应力混凝土结构，设计时一般处于受压状态，不容许出现拉应力。当桥面线形出现上拱或下挠时，极容易在主梁上缘或下缘出现拉应力，导致截面开裂，结构功能退化。为了明确这种重分布之后结构内力状态，寻找出内力控制截面，判断截面损伤位置，必须对桥面线形作精确测定。

桥面线形的参数体现的是桥面各点的实测高程，测点的布置在保证质量的前提下不宜过多。斜拉桥拉索锚固区附近，局部应力集中，是产生挠曲变形最为突出的部位，通过对每根斜索锚固点的高程测量，可以方便地确定出当前桥面线形。将所确定的桥面线形与往年所测线形对比，可以分析出结构的下挠变形趋势，为结构安全评估提供理论支撑。

为了准确测定全桥纵、横向的不均匀沉降，测点按照南北对称，东西对称的方式布置。测点布置如图 3 所示，自东向西依次编号 1～9，N 表北侧测点，S 表南侧测点，例如 N5 点表示北侧桥塔处测点。将此次所测高程与往年(2003 年)所测值对比，绘于图 3 中。从高程对比图可以看出：

(1)与 2003 年所测桥面线形相比，目前结构的桥面线形有较大变化，东侧桥台有明显沉降，降幅达到 3.8cm，这是与事实吻合的，因为东侧为沙土地基，成桥多年后，在运营荷载的作用下东侧桥台基础发生沉降。

(2)在 2003 年检测的时候就发现：在横桥向，桥面南、北两侧已发生倾斜，全桥均呈现南高北低的姿态。这次检测的结果表明这个问题仍然存在，但较 2003 年有所减轻，两侧平均高程差为 1.6cm，最大达 6.1cm(桥塔处)。从桥塔南北两侧的实测坐标差比较可以看出：桥塔基础发生横桥向不均匀沉降。

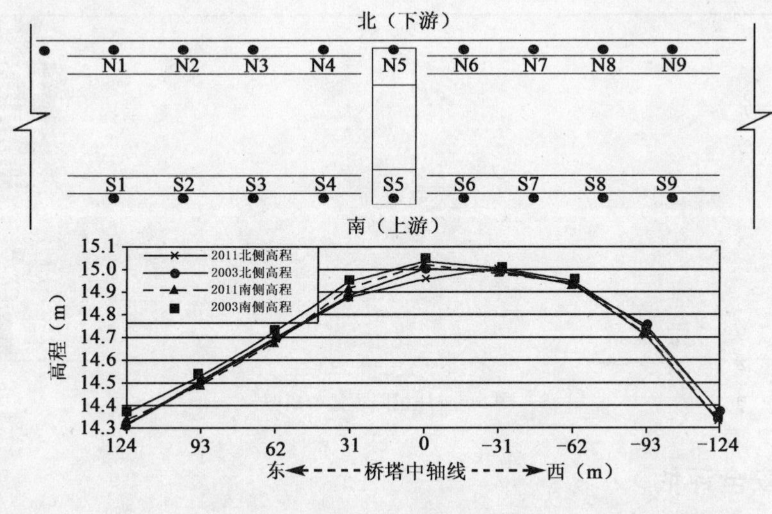

图 3　测点布置及测点高程

5　损伤识别

当结构抗力衰减时，必然出现相应的损伤现象，独塔斜拉桥损伤主要体现在主梁混凝土开裂，因此全桥裂缝观测是结构安全评估的必要举措。通过对箱梁外部观测，未见明显影响结构安全和承载能力的裂缝，但在桥面东侧，近 E13 号拉索附近，有一条横桥向裂缝，如图 4 所示，对于此裂缝的产生原因，分析如下：

5.1　概念力学分析

基于前面的高程分析结果，可以发现：东侧桥台有明显沉降。而根据图 5 所示简化力学模型可知：在塔梁墩固结的情况下，假定塔梁相交处为刚臂固结，由于左侧（东侧桥台）支座发生下沉，导致拉索张紧，拉索将变形传至主塔，使得主塔偏斜。由于靠近塔根部的短索刚度较长索大；且桥塔本身的柔性，使得塔顶偏移量较下部大，综合以上两个因素，短索因沉降产生的应变值较长索大，即索力增幅较长索高，这与实测索力是吻合的。

图 4 桥面裂缝

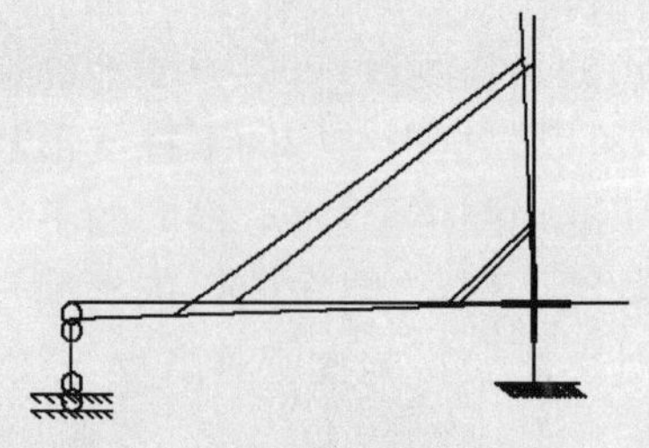

图 5 力学分析简图

5.2 有限元模型分析

为了进一步验证上述概念分析结果，引入有限元分析软件，利用 Midas Civil 对全桥建立模型，共 217 个节点，244 个单元。假定支座强制位移 $\delta=1\text{cm}$，可得出图 6 所示弯矩图。可以看出上缘拉应力最大值出现在桥跨东侧近 E13 号索附近，因而在此处桥面出现图 4 所示裂缝。同时，通过对结构在恒活载作用下正截面压应力验算，发现主梁近塔根处压应力明显超过规范规定的限值，这与先前短索索力增加的事实是相一致的。

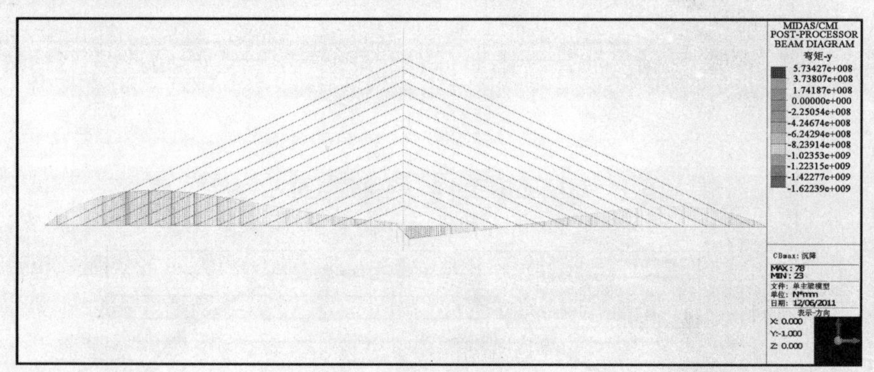

图 6 支座沉降主梁弯矩图

6 结构安全评估

通过对该独塔斜拉桥的检测，发现结构索力有增大的趋势，尤其是几根短索索力的增量，已经到了不容忽视的地步；主梁线形与 2003 年相比，东侧桥台出现较大的沉降，桥塔基础出现横向不均匀沉降；主梁梁体未发现可见裂缝的存在，桥面出现横向裂缝，主桥受力较为稳定，局部应力超限。对此，有如下建议：

(1)对几根索力明显改变的短索进行索力优化调整，以实现全桥受力合理；

(2)对 PE 防护层破损的拉索，进行修复，锈蚀严重的拉索需要更换，考虑早期生产的拉索规格老、标准低，如果条件允许，可以考虑全桥换索；

(3)加强该桥的日常养护，严格控制超载车辆的行驶，以保证桥梁运营安全及延长其使用寿命。

7 结语

本文通过对独塔斜拉桥的索力、线形及损伤情况进行识别，借助概念力学分析及有限元模型验证，科学地解释了结构病害产生的原因，为该桥的养护和加固提供了理论依据；对结构检测中短索索力误差产生的原因做了分析研究，并提出解决措施。今后几年，斜拉桥将进入大修时期，本文所论述的关于独塔斜拉桥结构检测与安全评估的实施流程和分析方法可为今后工程实践提供参考。

参 考 文 献

[1] 刘士林，王似舜. 斜拉桥设计[M]. 北京：人民交通出版社，2006.

[2] 顾安邦. 桥梁工程[M]. 北京：人民交通出版社，2000.

[3] 王文涛. 斜拉桥换索工程(第二版)[M]. 北京：人民交通出版社，2000.

[4] 许俊. 斜拉桥索力简化计算中的精度分析[J]. 同济大学学报，2001，29(4).

[5] 乔陶鹏，严普强，邓炎，等. 斜拉索索力估算中振动信号处理方法的改进[J]. 清华大学学报，2003，43(5).

[6] 王卫峰，韩大建. 斜拉桥的索力测试及其参数识别[J]. 华南理工大学学报，2001，29(1).

[7] 张开银，赵小军，梁新宇，等. 独塔斜拉桥承载能力评估方法[J]. 武汉理工大学学报，2010，34(2).

159.基于弯矩控制兼顾应力控制的变截面连续梁桥静载试验布载方法分析

车晓军
(武汉理工大学交通学院)

摘　要:变截面连续梁桥以其自身结构和受力特点在桥梁建设中应用广泛,静载试验是对其承载力评估和性能评价的有效方法。通过有限元结构分析,变截面连续梁桥内力最大的控制截面处的应力不一定最大,本文提出了基于弯矩控制兼顾应力控制的静载试验布载方法,对常规方法进行优化。

关键词:连续梁桥　静载试验　弯矩控制　应力控制　效率系数

1　引言

变截面连续梁桥具有结构刚度大,变形小,伸缩缝少和行车平稳舒适等优点,特别是采用不等跨布置的变截面连续梁桥结构受力合理,外形美观,桥下净空高,悬臂施工便捷,在桥梁建设中应用广泛。随着经济建设的需要和交通事业的发展,公路载重及运量不断增加,对桥梁的承载力和通行能力提出了更高的要求,使桥梁的安全问题受到越来越多的关注。不管是即将投入运营的新桥还是在役桥梁,桥梁荷载试验都是进行承载能力评估和使用性能评价的较为有效和可靠的方法。本文以变截面连续梁桥为例,结合其受力特点,对桥梁静载试验布载方案中的一些问题进行探讨和分析。

2　目前静载试验中布载方法及其不足

2.1　目前静载试验布载方法分析

桥梁荷载试验就是通过对桥梁结构按既定布载方案直接加载后进行有关测试、记录与分析的过程,以达到了解桥梁结构在控制荷载作用下的实际工作状态,进而评定桥梁结构质量和使用状况的目的,为竣工验收和深入研究提供科学依据。目前我国的桥梁荷载试验主要依据是《公路桥梁承载能力检测评定规程》(JTG/T J21—2011)。

静载试验布置荷载时主要用内力荷载效率控制,在内力影响线上布置试验荷载。规程中要求为保证试验效果,荷载试验效率应介于0.95～1.05之间。

静力试验荷载效率按下式进行计算：

$$\eta_q = \frac{S_s}{S(1+\mu)}$$

式中：S_s——静载试验荷载作用下控制截面设计内力计算值；

S——控制荷载作用下控制截面最不利内力计算值；

μ——按规范取用的冲击系数，平板车、履带车、重型车辆冲击系数取 $\mu=0$。

2.2 目前静载试验布载方法的不足

用内力荷载效率控制布载存在以下问题：试验布载重点关注的是检测桥梁的强度，在一定程度上考虑了整体刚度（对挠度变形进行控制），而对于变截面的连续梁桥来说检测项目的考虑不是很全面的，因为变截面桥梁内力最大的控制截面其应力不一定最大，因此对于变截面连续梁桥在基于弯矩、挠度效率控制的同时，必须兼顾应力试验效率。

3 基于弯矩效率系数控制的布载方法

以某 3×100m 变截面连续梁桥为例来说明通常情况下基于弯矩荷载效率的布载方法。一般情况下，可根据连续梁桥在设计荷载作用下的弯矩峰值来选择控制截面。图 1 所示为设计荷载作用下的弯矩最大值与最小值。根据该图，一般可选择边跨最大正弯矩截面 A、墩顶最大负弯矩截面 B 和跨中最大正弯矩截面 C 作为控制截面。如果跨径较大，通常可增加中跨 $L/4$ 截面作为控制截面（见图 2）。

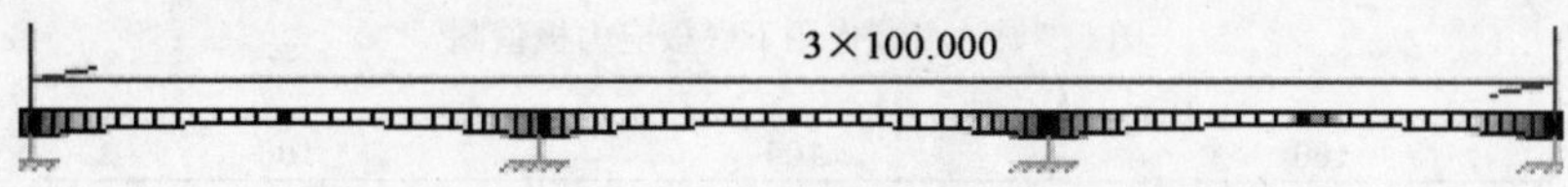

图 1 设计荷载作用下的弯矩最大值与最小值（云图）（尺寸单位：m）

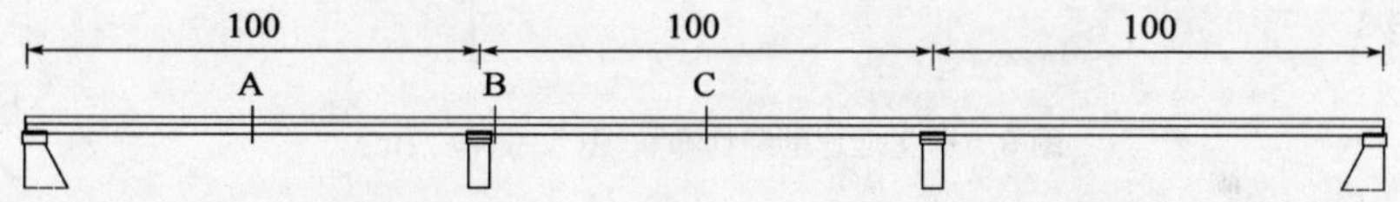

图 2 通常情况下连续梁桥静载试验控制断面图（尺寸单位：m）

根据计算所得控制截面的控制值，采用 6 辆 320kN 三轴载重汽车进行等效加载。加载车前、中轴轴距为 3.5m，中、后轴的轴距为 1.35m，前轴重力为 60kN，中、后轴重力 260kN。表 1 所示为控制截面的控制值、加载值及内力荷载试验效率。图 3 所示为边跨最大正弯矩截面 A 达到如表 1 中所示荷载效率时的具体加载位置；图 4 所示为墩顶最大负弯矩截面 B 达到如表 1 中所示荷载效率时的具体加载位置。

静载试验工况一览表 表 1

静载工况	控制截面	控制项目	加载方式	效率系数	加载车辆
1	第一跨跨中截面 A	正弯矩	对称	3 833.5/3 948.1=0.97	6
2	第一、二跨墩顶截面 B	负弯矩	对称	−2 509.1/−2 508.9=1.00	6
3	第二跨跨中截面 C	正弯矩	对称	3 221.8/3 362.7=0.96	6

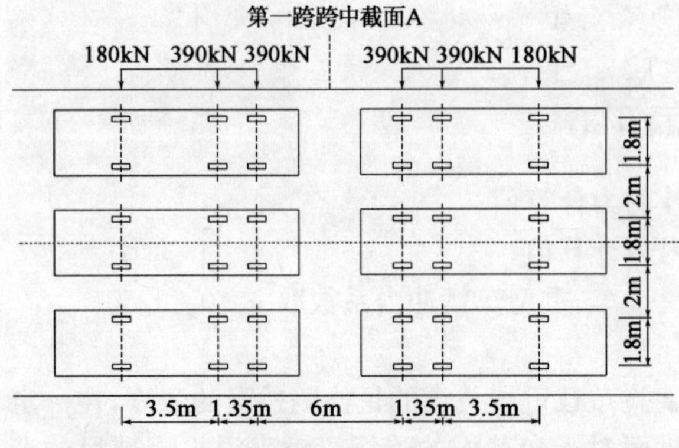

图 3　工况 1 车辆布置图

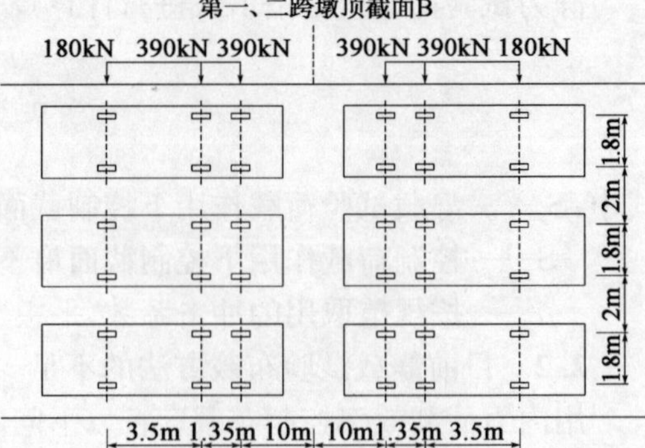

图 4　工况 2 车辆布置图

4　基于弯矩控制兼顾应力控制的布载方法

基于内力控制兼顾应力的布载方法应综合考虑内力、应力出现峰值的位置作为控制截面。图 5 所示为设计荷载作用下底板应力极值，结合图 1、图 5 即可选择边跨最大正弯矩截面 A、墩顶最大负弯矩截面 B、中跨跨中最大正弯矩截面 C、边跨底板最大拉应力截面 D、边跨最大挠度截面 E 作为控制断面（见图 6）。

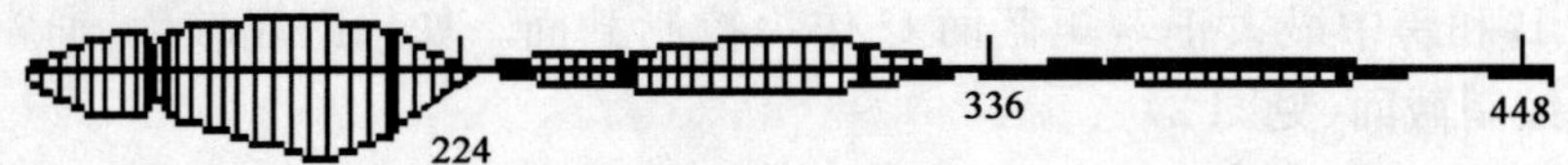

图 5　设计荷载作用下底板应力极值图

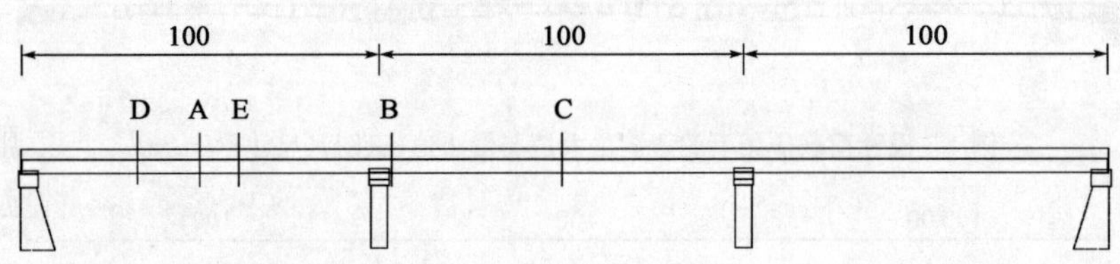

图 6　本文推荐的断面布置图（尺寸单位：m）

根据计算所得控制截面的控制值，采用 6 辆 320kN 三轴载重汽车进行等效加载。加载车前、中轴轴距为 3.5m，中、后轴的轴距为 1.35m，前轴重力 60kN，中、后轴重力 260kN。为了更好地体现应力控制断面响应，表 2 所示重点给出了为控制截面的控制值、加载值及荷载试验效率。图 7 所示为边跨最大应力截面 D、边跨最大正弯矩截面 A 和边跨最大挠度截面 E 达到如表 2 中所示荷载效率时的具体加载位置。

静载试验工况一览表 2　　表 2

静载工况	控制截面	控制项目	加载方式	效率系数	加载车辆
1	第一跨跨中截面 A	正弯矩	对称	3 638.5/3 798.1=0.94	6
	第一跨应力截面 D	应力	对称	2 058.3/2 085.1=0.98	6
	第一跨挠度截面 E	挠度	对称	−6.0/−6.3=0.95	6

以上介绍了基于弯矩荷载效率的布载方法和基于内力控制兼顾应力控制的布载方法。通过计算可以发现，当采用通常方法布载时，尽管边跨最大正弯矩截面 A 能够达到规范要求的

荷载试验效率,但是边跨底板最大拉应力截面 E 的荷载试验效率只 70%左右,不能体现最不利的情况,经过调整偏向支座一侧一定的距离之后,该工况的应力可以达到 90%以上,同时挠度的效率系数也可以达到 95%,综合体现了各种结构效应的反映情况。

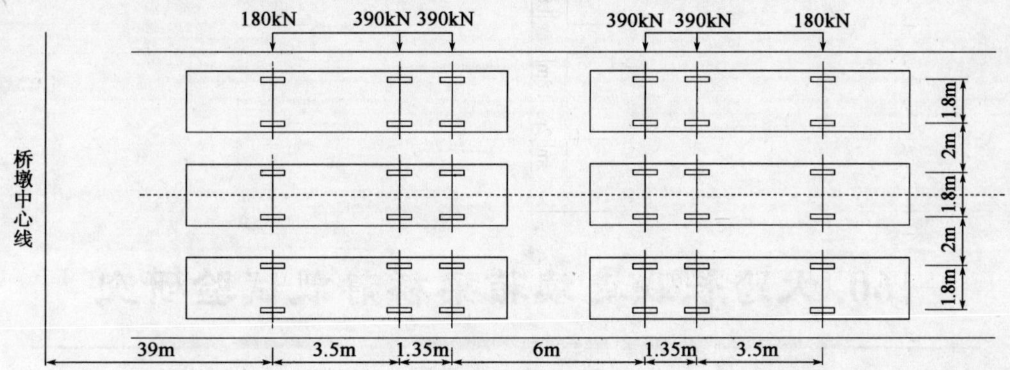

图 7 边跨最大应力截面 D、最大正弯矩截面 A 和最大挠度截面 E

5 分析与讨论

(1)对于变截面连续梁桥的静载试验,一般情况下按弯矩控制试验荷载效率挠度也能够满足要求,但是往往不能很好地体现最大应力效益,这就需要考虑内力控制并兼顾应力效率来确定荷载试验布载。

(2)本文所采用的基于弯矩控制兼顾应力控制的桥梁荷载试验布载方法能够在不增加试验工况的条件下使弯矩、挠度及应力效率均符合要求,可以较好地解决上述问题。

6 结语

对于变截面连续梁桥的静载试验,在基于内力控制荷载试验效率的同时兼顾应力控制,测试方案本身也增加不了多少工作量,却可以更好地综合反映桥梁的实际结构相应,可以更为科学地反映桥梁的实际承载能力。

总之,桥梁荷载试验具有较强的工程意义。本文以变截面连续梁桥为例讨论的基于弯矩控制荷载试验效率兼顾应力挠度控制的布载方法相当于对常规布载方法的一种优化。

参 考 文 献

[1] 交通部公路科学研究所等. 大跨径混凝土桥梁的试验方法[R]. 交通部公路科学研究所,1982.

[2] 谌润水,胡钊芳. 公路桥梁荷载试验[M]. 北京:人民交通出版社,2003.

[3] 公路桥梁承载能力检测评定规程. 2011. 10.

[4] 刘思孟,刘国金,周建庭,等. 基于内力控制兼顾挠度荷载效率的桥梁荷载试验布载方法研究[J]. 重庆交通学院学报 ,2005. 2 16-17.

[5] 胡建新. 基于内力控制兼顾应力挠度控制的荷载试验布载方法分析[J]. 交通标准化 ,2010. 9.

160. 大跨长联连续箱梁桥静载试验研究

马淑芬　张谢东

（武汉理工大学交通学院）

摘　要：为评定和检验内蒙古某大跨长联黄河大桥结构承载能力状况而进行成桥静荷载试验。通过对6个试验跨9种工况的车辆加载试验，测试各跨关键截面的挠度和应力状态，并与理论数值计算比较，分析误差原因及全桥承载特性。结果表明，实测挠度和应力均小于理论值，且校验系数基本满足规范要求；试验荷载卸除后，残余应变和挠度较小。通过综合分析各工况的测试参数，该桥在试验荷载下处于弹性工作状态，具有足够的强度和刚度。

关键词：连续箱梁桥　静载试验　挠度　应力

1　工程概况

内蒙古某运煤专线黄河公路大桥如图1所示，主桥为12跨一联变截面连续箱梁（60＋10×100＋60）m，全长1 120m；平面位于直线段，横向布置为0.5m（防撞墙）＋11.0m（行车道）＋0.5m（防撞墙），为单向三车道行驶。全桥仅在主桥9号墩顶设置半径R＝12 000m的竖曲线，i_1＝1.881%，i_2＝－1.367%；桥面横坡为双向1.5%。设计荷载为公路Ⅰ级。

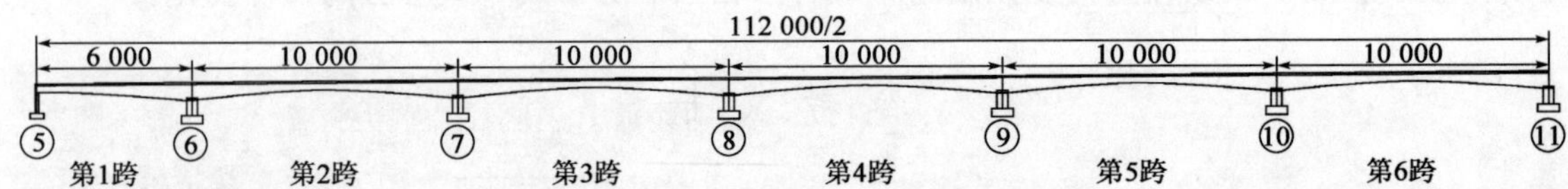

图1　黄河公路大桥立面（半桥）布置图（尺寸单位：cm）

主桥箱梁为变截面单箱单室箱梁，挂篮悬浇施工，支点梁高5.8m，跨中梁高2.7m，其间梁高按1.8次抛物线变化，箱梁顶宽12m，顶板厚0.28m，腹板在跨中厚0.5m，支点处厚0.6m，底板跨中厚度0.3m，支点处厚度0.65m，其间底板厚度按1.8次抛物线变化，两侧悬臂宽3.0m，箱梁断面采用直腹板断面。箱梁为三向预应力混凝土结构，纵向预应力采用大吨位群锚体系，横向预应力采用扁锚体系，竖向预应力采用JL32高强精轧螺纹粗钢筋锚固体系。

2　试验方法

桥梁静荷载试验通过在桥梁结构上施加与设计荷载或使用荷载等效的车辆载荷，采用逐级加载，利用仪器测试桥梁结构控制截面在各级试验荷载作用下的挠度、应力、裂缝、横向分布系数等参数的变化情况，最后将测试参数结果和结构按相应荷载作用下的理论值与有关规范规定值作比较，从而评定桥梁结构的实际承载力。荷载试验的目的在于了解结构在荷载作用下的实际工作状态，综合评价桥梁结构的承载能力。

2.1 试验工况

本桥为12跨一联的多跨长联连续梁桥，全桥以11号墩为中心对称，因此选择试验工况和控制截面也宜对称。即主要选择墩顶截面、1/4截面、1/2截面和3/4截面作为控制截面。根据《公路桥梁承载能力检测评定规程》选取全桥一半的桥孔为试验桥跨，确定本次试验采用400kN双后轴载重车，轴重及轴距指标如图2所示，同时示意对称加载时车辆横向布置方法。加载工况以最大正弯矩和负弯矩为控制截面进行试验，即主要试验控制截面内力效应等效于设计荷载，按弯矩加载效率系数控制，同时兼顾控制本跨截面挠度效率系数，以便于加载和测试。选取表1所示9种主要加载试验工况，在各工况测试时，因全桥较长，应使连续工况接近，便于加载和卸载，卸载后车辆应远离试验孔跨以消除额外加载。

静力荷载试验主要加载工况　　表1

试验工况	控制内力	控制截面
工况一	正弯矩	(5号—6号)跨中截面A
工况二	负弯矩	6号墩顶截面B
工况三	正弯矩	(6号—7号)跨中截面C
工况四	正弯矩	(7号—8号)跨中截面D
工况五	正弯矩	(8号—9号)跨中截面E
工况六	正弯矩	(9号—10号)跨中截面F
工况七	负弯矩	10号墩顶截面G
工况八	正弯矩	(10号—11号)跨中截面M
工况九	正弯矩	(10号—11号)跨3/4截面N

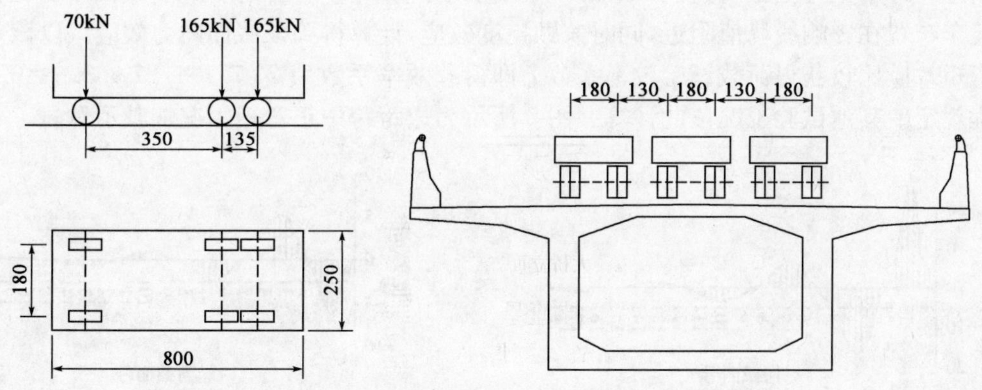

图2　黄河公路大桥试验车辆轴载及横向加载图(尺寸单位:cm)

2.2 车辆布载及测点布置

大跨长联箱梁桥试验车辆的布载是荷载试验的关键环节，直接决定试验中车辆的布置和测试结果，基本步骤如图3所示。首先通过建立全桥结构分析模型，获取试验工况下控制截面的内力影响线，同时也获得了控制截面的设计内力效应，包括弯矩和挠度值，以备计算加载效率。通过控制截面弯矩和挠度影响线，试算在给定车辆数量和间距的情况下，各试验工况的荷载效率系数，按最不利的原则和加载的方便性，依次试算以使充分满足设计荷载下结构的受力状态。

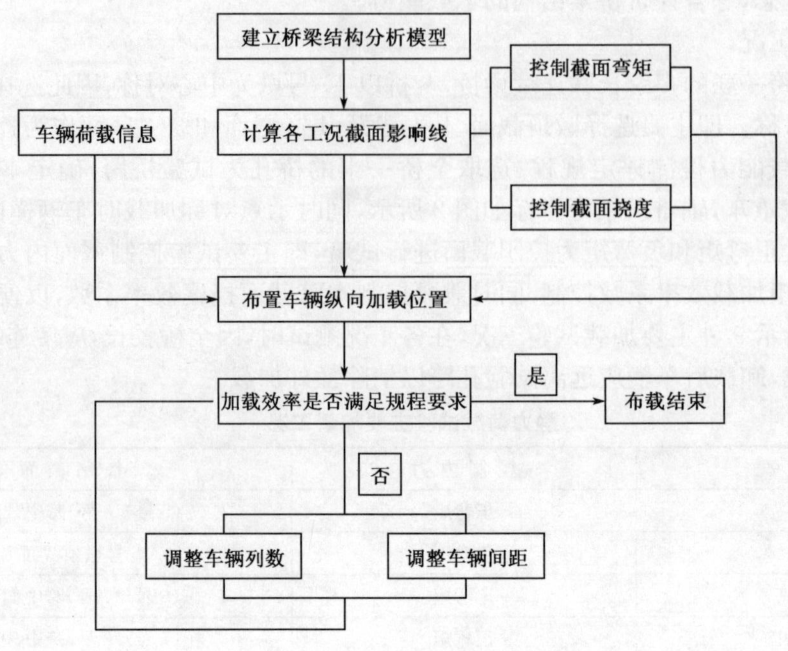

图 3　静力荷载试验车辆布载基本步骤

设计荷载的计算采用《公路桥涵设计通用规范》(JTG D60—2004)公路—车道荷载，按设计进行三车道加载计算，同时考虑汽车冲击力效应。按试验工况将各测试截面设计荷载的理论效应分别计算，进而与试验荷载效应相比较得到荷载效率系数，本次荷载试验将此系数控制在 0.85～1.0 之间。

以边跨跨中正弯矩工况为例，如图 4 所示为跨中截面弯矩及挠度影响线图示。通过将 6 辆试验车布置在影响线峰值附近，同时兼顾挠度效应，计算得到该截面内力效应。以该效应与设计弯矩效应比较获得荷载试验效率系数。即荷载效率系数为 23 721.1/27 903.0＝0.85，满足规程规定。其他试验工况依此计算。图 5 所示为边跨跨中正弯矩工况加载示意。

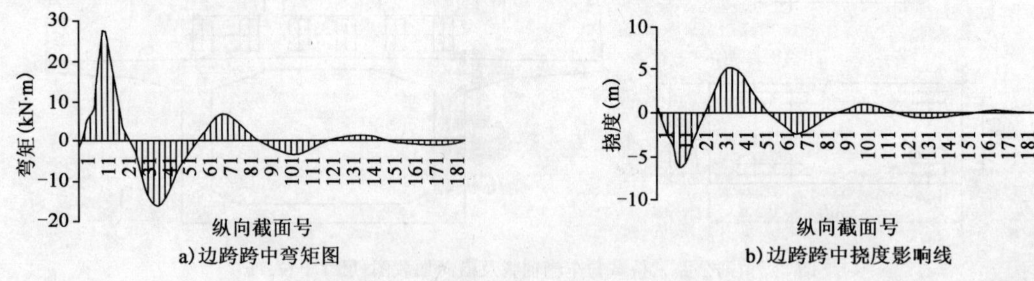

图 4　边跨跨中弯矩及挠度影响线

挠度测点布置在桥面系横向防撞墙内侧 50cm 处，左右各一处以作校核，并做临时测点标记。纵向位置对正弯矩工况为该跨 1/4 截面、1/2 截面及 3/4 截面；对墩顶负弯矩工况为相邻跨的 1/4、1/2 及 3/4 截面。挠度测试均通过在远离测试跨的墩顶设置水准仪观测并做好记录。应力测点通过在桥梁施工阶段布置的钢弦式传感器及时读取。墩顶和跨中截面应力测点布置如图 6 所示。

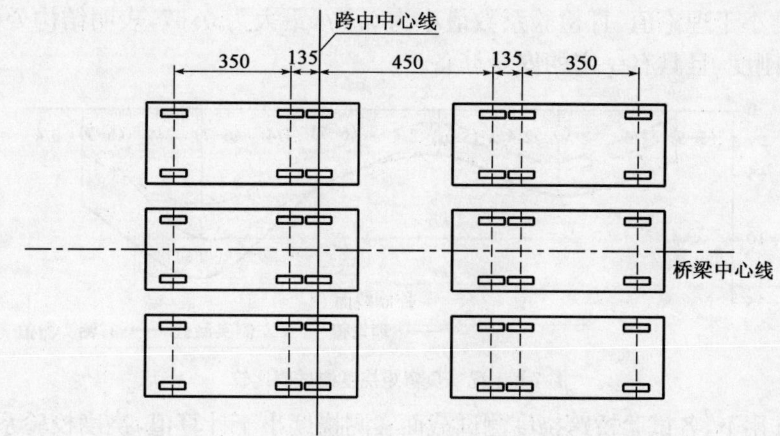

图 5 边跨跨中正弯矩工况车辆布载图(尺寸单位:cm)

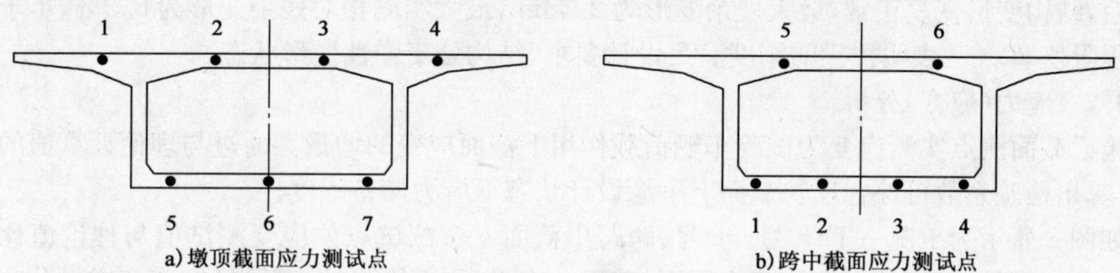

图 6 墩顶和跨中截面应力测试点

3 试验结果分析

校验系数是综合反映静载试验有效性以及评价结构受力合理性的重要参数,它是某一测点的实测值与相应的理论计算值的比值,其中实测值可以是构件各截面的挠度、位移、应力或力的大小。本桥结构在试验荷载作用下产生效应(应力、挠度)的理论值是按照实际结构尺寸建立空间三维有限元模型计算得到的。

3.1 挠度分析

按预定的加载方案对主桥进行了 9 个工况下的结构反应,工况一实测挠度及理论值比较见表 2。分析该表可知,本试验工况下,该截面挠度检验系数基本满足规程规定,表明该跨桥梁具有足够刚度,在试验荷载下处于弹性工作状态。

工况一正弯矩挠度测试值比较(单位:mm)　　表 2

控制截面	横向位置	实测值	理论值	残余变形	检验系数
1/4	左侧	−5.00	−10.00	0.00	0.50
	右侧	−5.50	−10.00	−1.00	0.55
1/2	左侧	−9.50	−13.50	0.00	0.70
	右侧	−7.50	−13.50	0.00	0.56
3/4	左侧	−3.50	−8.30	−0.20	0.42
	右侧	−4.00	−8.30	0.00	0.48

如图7所示为6号墩负弯矩工况二挠度测试值与理论值比较。分析该表可知，因车辆布载偏于(6号－7号)跨，故该跨效应大于(5号－6号)跨。6号墩两侧相邻孔跨跨中截面挠度左右侧测试值均小于理论值，且检验系数最小为0.57，最大为0.67，表明结构处于弹性工作状态，具有足够的刚度，且具有一定的安全储备。

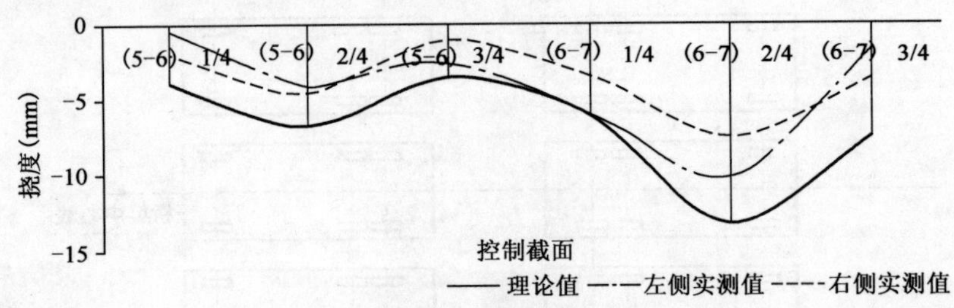

图7 工况二负弯矩挠度测试值比较

试验荷载作用下，各试验桥跨挠度测试截面实测挠度小于计算值，挠度校验系数处于0.6～1.0正常范围中。最大实测活载挠度为37.5mm，与计算跨径之比小于规范限值$L/600$。荷载卸除后，结构变形恢复正常，最大残余变形为2.5mm，最大实测相对残余变形为8.2%，小于检测规程限值20%。表明桥梁的刚度满足设计要求，结构处于弹性变形状态。

3.2 应力(应变)分析

箱梁截面测点实测应变为试验车辆荷载作用下截面应变的增量。通过与理论计算值的比较，计算出检验系数可综合反映截面上下缘设计状态下应力储备程度。

如图8所示为工况一下(5号－6号)跨跨中截面6个测试点位应变测试值与理论值比较情况。分析可知，在试验车辆荷载作用下，截面上缘受压，下缘受拉，箱梁横向应变增量分布较均匀，均未超过理论值且具有一定安全储备。表3所示为各工况下截面上下缘检验系数及最大残余应变和最大拉应变。9个工况的主要应变校验系数为0.48～0.92，基本在规程要求的0.50～0.90的正常范围之内。最大拉应变为89$\mu\varepsilon$，且卸载后残余应变为±5$\mu\varepsilon$。表明该幅桥梁的强度满足设计要求，结构处于弹性变形状态。

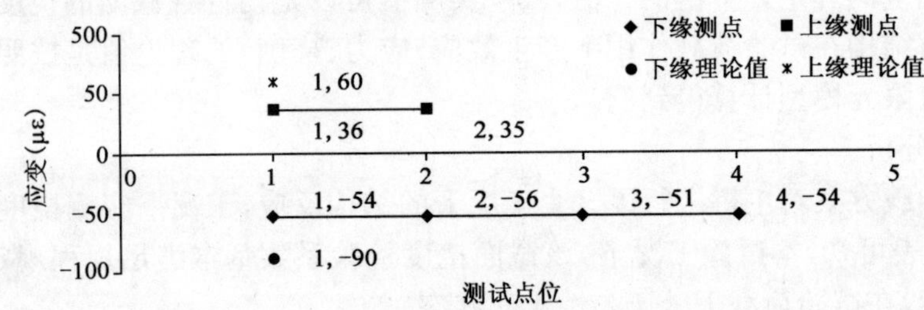

图8 工况一跨中截面应变测试比较(负为拉，正位压)

各工况应力测试汇总(单位：$\mu\varepsilon$) 表3

工况	孔跨	位置	检验系数	最大残余应变($\mu\varepsilon$)	最大拉应变($\mu\varepsilon$)
工况一	(5号－6号)孔	上缘	0.59	4	−56
		下缘	0.60		
	(5号－6号)孔	上缘	0.70	3	−9
		下缘	0.55		

续上表

工　况	孔　跨	位　置	检验系数	最大残余应变 ($\mu\varepsilon$)	最大拉应变 ($\mu\varepsilon$)
工况二	6号墩墩顶	上缘	0.75	3	−19
		下缘	0.65		
工况三	(6号—7号)孔	上缘	0.77	3	−34
		下缘	0.66		
	(6号—7号)孔	上缘	0.62	5	−87
		下缘	0.53		
工况四	(7号—8号)孔	上缘	0.53	3	−89
		下缘	0.51		
工况五	(8号—9号)孔	上缘	0.64	−4	−89
		下缘	0.53		
工况六	(9号—10号)孔	上缘	0.70	−5	−89
		下缘	0.48		
	(9号—10号)孔	上缘	0.92	−3	−23
		下缘	0.70		
工况七	10号墩墩顶	上缘	0.67	−3	−19
		下缘	0.63		
工况八	(10号—11号)孔	上缘	0.79	−3	−22
		下缘	0.62		
	(10号—11号)孔	上缘	0.59	−5	−89
		下缘	0.51		
工况九	(10号—11号)孔四分点	上缘	0.83	−4	−45
		下缘	0.71		

4　结语

通过对黄河公路大桥进行9个工况的车辆静荷载试验，可得到如下结论：

(1)在给定试验车辆荷载作用下，该桥具有足够的刚度。主要控制截面如跨中部位挠度试验值均小于理论计算值，说明结构处于弹性工作状态且具有一定安全度。

(2)在各工况下，车辆荷载作用使得箱梁截面下缘受拉，上缘受压。实测下缘应力均小于理论计算值，说明结构下缘具有足够的压应力储备。

(3)通过桥梁成桥静荷载试验，可以更明确地评价桥梁施工质量和实际承载能力，应注重理论模型和实测数据的分析和验证。同时应用本文的试验工况和布载方案，适用于大跨长联连续梁桥的静载试验，测试数据可靠且便于分析桥梁承载特性。

参 考 文 献

[1] 耿波，张谢东，沈成武，等. 大跨径连续箱梁桥静载试验研究[J]. 武汉理工大学学报，

2004,28(5).

[2] 王凌波,贺拴海,蒋培文,等.大跨径桥梁荷载试验加载方案算法设计[J].武汉理工大学学报,2011,33(2).

[3] 邓友生,姚华伟,田青芸.南京水碧桥的静力荷载试验[J].公路工程,2011,36(2).

[4] 刘思孟,刘国金,周建庭.基于内力控制兼顾挠度荷载效率的桥梁荷载试验布载方法研究[J].重庆交通学院学报,2005,24(1).

[5] 宋一凡,贺拴海.公路桥梁荷载试验与结构评定[M].北京:人民交通出版社,2002.

[6] 谌润水,胡钊芳.公路桥梁荷载试验[M].北京:人民交通出版社,2003.

161.红水河斜拉桥状态评定

邓　蓉　荆龙江

（中国铁道科学研究院）

摘　要：本文以湘桂下行线红水河斜拉桥的检定试验为基础，介绍了我国铁路首座预应力混凝土斜拉桥的受力特点和运营状态。通过对桥梁进行现状调查、荷载试验和理论计算，分析桥梁的强度、刚度和耐久性，对桥梁的实际状态进行了综合评定。评定结果表明：主梁梁体无裂缝、钢索锚头未锈蚀、支座聚四氟乙烯板磨耗不明显，塔梁墩混凝土碳化缓慢、强度高于设计等级，桥面线形稳定，恒载索力没有明显变化；试验荷载作用下，钢索索力、塔梁应力、主梁挠度和桥塔变形小于理论值，桥梁基频变化很小，经过近三十年的运营考验，其强度、刚度正常。

关键词：斜拉桥　索力　应力　挠度　位移

1　桥梁概况

红水河斜拉桥是一座单线铁路预应力混凝土斜拉桥，位于广西来宾湘桂线下行线柳黎段来宾至良江站间。桥梁全长409.1m，共10孔，北端5孔为2×23.8m+3×31.7m预应力混凝土T梁，南端2孔为1×31.7m+1×23.8m预应力混凝土T梁，中部主跨为总长192m的三跨连续预应力混凝土斜拉桥（图1）。该桥是我国铁路上第一座斜拉桥。

斜拉桥为塔梁固结形式，跨度(48+96+48)m，双塔双索面、竖琴形拉索布置，设计标准为中—活载。桥梁的主要构造如下：

主梁：单箱双室箱形截面，高3.2m、底宽4.8m、顶宽5.6m，顶、底、腹板厚度0.2m，斜拉钢索与主梁通过横梁相互联结，横梁在主梁内为一对折线形隔墙，在主梁外为倾斜的实体变截面牛腿。主梁和横梁均设预应力。

图1　湘桂下行线红水河斜拉桥

桥塔：两根竖直塔柱和两片燕尾形连接横撑组成门式框架，塔柱底部通过箱形横梁与主梁连成一体。梁底至塔顶全高29.0m，塔柱中心距6.1m，塔底尺寸3.0m(纵)×1.2m(横)，塔柱配有预应力钢丝束。

斜拉钢索:每个索平面设 3 组对称的平行钢索,钢索与主梁水平面的夹角为 $28°49'$。每根斜拉钢索由 6 根钢索组成,总面积 85.6cm^2。中跨和边跨的钢索在塔柱上对称交叉锚固。钢索采用组合式锚具锚固,玻璃丝布涂环氧树脂防护。

支座:主桥采用盆式橡胶支座,6 号、7 号两个中墩上各设 4 个 900t 的支座,5 号、8 号两个边墩上各设 3 个 250t 的支座,固定支座置于 6 号中墩。与主桥相邻的两跨简支梁的支座放置在主桥梁端特设的牛腿上,为两个 250t 的盆式橡胶活动支座,相邻简支梁另一端的支座则为钢支座。

桥墩及基础:等截面实体墩,墩高 25.14～30.60m,中墩截面 4.0m(纵)×10.0m(横)、边墩截面为 4.0m(纵)×6.0m(横),基础全部置于无风化的岩层上。

主梁与桥塔混凝土均为 C50,每根钢索由 10 根 7Φ5mm 的钢绞线组成,中墩采用 C20,边墩顶部为 C20,其余为 C15。

该桥 1981 年 9 月建成通车。通车前通过验收荷载试验,1994 年进行第 2 次静动载试验,1997 年对北边跨上游内索 N305、N311 两根钢索进行试验性换索,2009 年进行第 3 次检定评估试验。本文主要介绍红水河斜拉桥最近一次检定评估试验的结果。

2 现状调查分析

对于运营多年的桥梁,应首先对其使用状况进行调查。现状调查一般包括结构质量检查、支座状态检查、桥面线形测量等。对红水河斜拉桥而言,斜拉钢索是桥梁的重要组成部分,必须对钢索的外观、锚头的状况和恒载状态下的索力进行检查和测量。

现状检查一般为近距离的目测检查,并辅以简单的检测工具和材料,如卡尺、放大镜、手锤、水准仪、酚酞酒精溶液等。

2.1 外观检查

经目测检查,斜拉桥塔柱表面的整体状况良好,未见明显缺陷。主梁梁体外表面无可视裂缝,但梁体外腹板与底板交角处的修补砂浆普遍出现松动、掉块现象,部分钢筋外露锈蚀。钢索下端锚头段大多存在漏油现象,个别钢索明显松弛,上下锚板开盖检查未发现锚头锈蚀迹象。主桥盆式橡胶支座无盆环开裂、脱焊现象,未见上下支座板裂纹、锈蚀、翘起,聚四氟乙烯板无明显磨耗。

现场测量表明,桥上线路中线与梁跨设计中线的偏差小于 7cm,枕下道砟平均厚度 41cm,都在相关规定[5]的允许范围内,但道砟厚度接近允许值的上限 45cm。

表 1 为混凝土质量检查结果。表明结构混凝土的碳化速度缓慢,梁体和塔柱混凝土的实际强度达到 C70,墩身混凝土的实际强度达到 C30,全部高于设计等级。据记载[3],将施工预留的棱柱体试件在试验机上进行试验,测得主梁混凝土的弹性模量为 5.1×10^5kg/cm^2、棱柱体强度为 739.0kg/cm^2,塔柱混凝土的弹性模量为 5.03×10^5kg/cm^2、棱柱体强度为 727.0kg/cm^2,桥梁梁体和塔柱混凝土的实际等级达到 700 级即 C70。表 1 所列混凝土强度与建桥初期吻合。

2.2 桥面线形测量

铁路桥梁是桥上线路的支撑结构,其基本功能是保证线路的平顺性和安全性,使运营列车能够平稳、安全地运行,为达此目的,桥梁的线形应保持稳定。

如图 2 所示为红水河斜拉桥建成以来 3 次试验测得的桥面线形比较。图中可以看到:1994 年即桥梁建成并运营 13 年以后,桥面线形整体下降 2.0cm 左右,边跨预拱度消失,中跨中拱度由 15.1cm 减少为 12.6cm;2009 年的拱度曲线与 1994 年基本相同,中跨与南边跨的拱度曲线完全吻合，中跨中拱度 12.5cm，北边跨跨中下挠约 1.0cm。由此可以推断，从 1994 年至 2009 年共 15 年间，红水河斜拉桥的桥面线形稳定，使用状态良好。

混凝土质量检查结果 表 1

钢筋保护层		混凝土碳化		混凝土强度(回弹法)			
位置	最小厚度(mm)	位置	平均深度(mm)	位置	换算强度(MPa)	标准差	推定强度(MPa)
箱梁外腹板	16	箱梁外部	1.75	箱梁梁体	58.54	0.92	57.03
箱梁内腹板	22	箱梁内部	0.00	桥塔塔柱	58.87	0.57	57.93
箱梁底板	17	桥塔塔柱	2.00	桥墩墩身	31.03	4.30	23.97
桥塔塔柱	25	桥墩墩身	3.00				

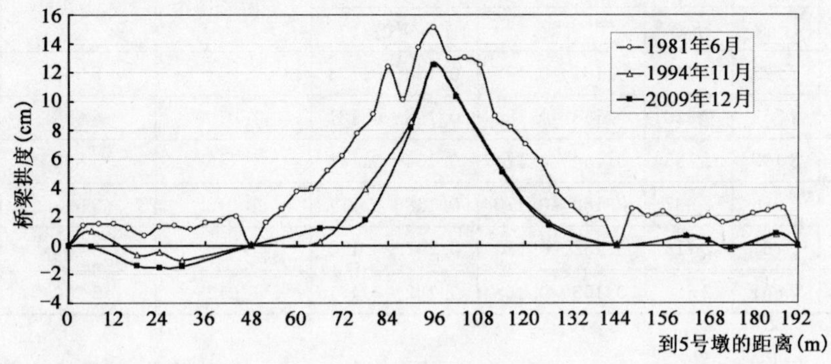

图 2 桥面线形

2.3 恒载索力测量

全桥 144 根钢索的恒载索力采用频率法测量，即根据钢索的自振频率，由索力与自振频率间的关系求出索力。当钢索作为理想状态的弦时，其两端按铰支处理，钢索索力与自振频率间的关系如下：

$$T=\frac{4mL^2f_1^2}{g} \tag{1}$$

式中：T——索力，kg；

m——钢索线质量，kg/m；

L——钢索计算长度，m；

f_1——钢索第一阶自振频率，Hz；

g——重力加速度，取 9.806m/s^2。

索力测试结果显示(表 2)，同一锚群中 6 根钢索的索力并不均匀，相同位置处上、下游两组钢索的索力也不相同，南北桥塔对称位置处两组钢索的索力存在一定的差异。恒载索力的总规律是，内索索力最大，中索索力次之，边索索力最小。

分析比较可知(图 3)，南塔上游 6 组斜拉钢索的恒载索力为 1982 年实测索力的 0.961～0.992 倍，是 1994 年实测索力的 1.032～1.081 倍，枕下道砟较厚致使桥面荷载增加是 2009 年恒载索力较 1994 年略有增大的主要原因。

恒载索力统计结果(单位:kN)　　表2

索　号	北塔钢索						
	索力		单根/合计		上游/下游	索力合计	北侧索/南侧索
	上游	下游	上游	下游			
边跨外索 N1	2 666	2 574	0.161～0.173	0.160～0.178	1.036	5 240	0.981
边跨中索 N2	2 894	2 724	0.161～0.174	0.139～0.181	1.062	5 618	0.988
边跨内索 N3	3 203	3 023	0.149～0.197	0.159～0.173	1.059	6 226	1.057
中跨内索 N4	3 184	3 042	0.160～0.178	0.162～0.173	1.047	6 226	1.053
中跨中索 N5	2 746	2 732	0.160～0.177	0.162～0.177	1.005	5 478	0.999
中跨外索 N6	2 696	2 624	0.160～0.173	0.156～0.177	1.027	5 320	1.006
索　号	南塔钢索						
	索力		单根/合计		上游/下游	索力合计	南侧索/北侧索
	上游	下游	上游	下游			
边跨外索 S1	2 723	2 616	0.161～0.173	0.158～0.173	1.041	5 339	1.019
边跨中索 S2	2 858	2 830	0.158～0.184	0.158～0.181	1.010	5 688	1.012
边跨内索 S3	3 108	2 785	0.154～0.174	0.154～0.183	1.116	5 892	0.946
中跨内索 S4	2 976	2 937	0.160～0.170	0.158～0.177	1.013	5 913	0.950
中跨中索 S5	2 767	2 716	0.162～0.173	0.157～0.170	1.019	5 483	1.001
中跨外索 S6	2 661	2 629	0.163～0.168	0.162～0.171	1.012	5 290	0.994

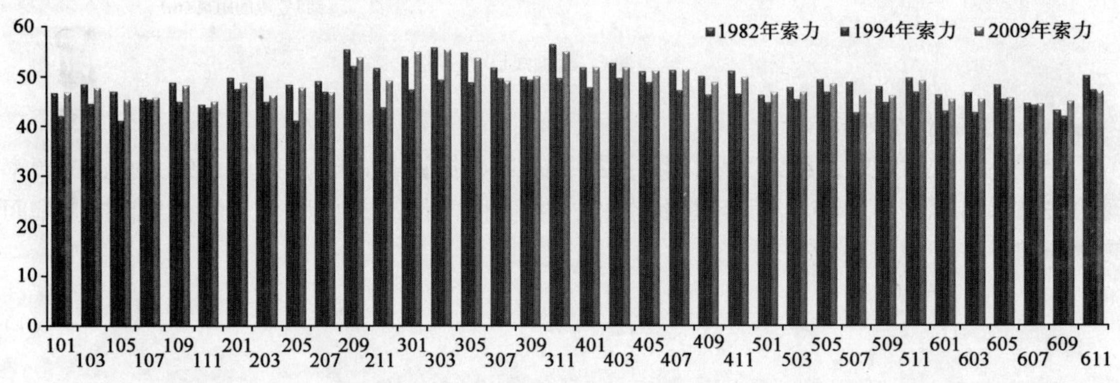

图3　南塔上游恒载索力(尺寸单位:10kN)

3　荷载试验

荷载试验是检定桥梁承载能力的一种最直接、最有效的方法。通过荷载试验,可以对桥梁的强度和刚度进行评定。

3.1　试验过程

试验以主梁中跨中 A1、中支点 A2、边跨中 A3 截面的活载设计弯矩为依据确定加载轮位,测试内容根据斜拉桥的结构特点确定,主要包括桥梁挠度、塔顶位移、钢索内力、主梁和桥塔应力等。试验加载列车编组为 2DF4+3C70 重车及 2DF4(图 4)。

荷载试验前,采用空间有限元模型(图 5)对不同加载轮位下各测试项目如挠度、位移和内力的理论值进行了计算。主梁及塔柱混凝土的弹性模量按实测等级 C70 取 5.0×10^4MPa,钢索和引桥的弹性模量取设计值。计算表明，主梁各截面的试验加载效率（试验值/设计值）分别为：73.0%（A1 正弯矩）、57.1%（A2 负弯矩）、63.7%（A3 正弯矩）、70.9%（A3 负弯矩）。试验时，每个轮位（图 6）加载 2～3 次，加载轮位的位置误差不大于±10cm。

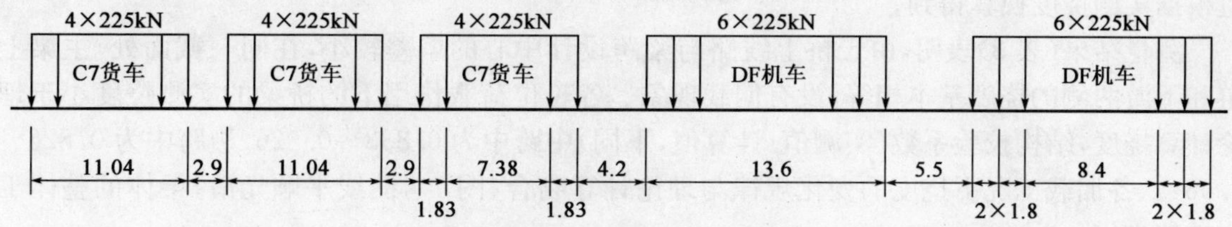

图 4　试验加载车的轴重、轴距（尺寸单位：m）

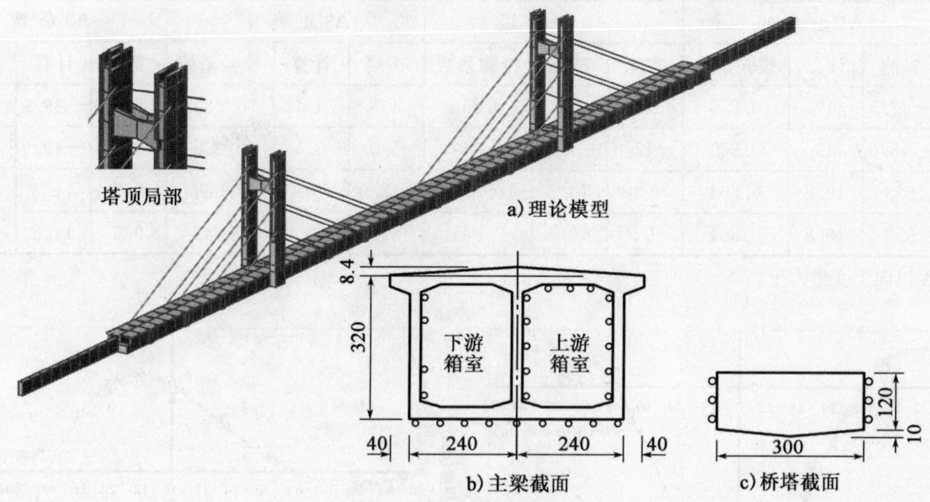

图 5　计算模型及应力测点布置（尺寸单位：cm）

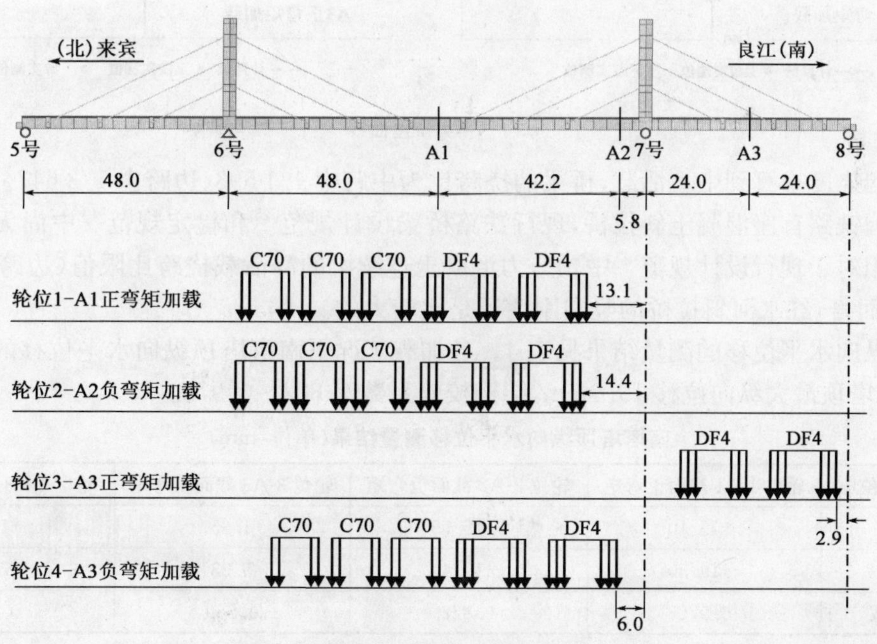

图 6　主梁测试截面及加载轮位（尺寸单位：m）

3.2 试验结果

1)挠度及位移

桥梁挠度是桥梁刚度的主要衡量指标之一,一般用列车静活载作用下的挠跨比[2]表示,其值根据实测挠度换算得到。

测量结果(表3)表明,由于桥上线路与梁跨设计中心的偏差较小,在同一截面处,主梁上游和下游两侧的挠度基本相等,没有偏载现象。各轮位荷载作用下的桥梁的实测挠度小于理论计算挠度,结构校验系数(实测值/计算值,下同)中跨中为0.833~0.926、边跨中为0.826~0.964。各加载工况下挠度的变化规律与理论计算吻合(图7),曲线平顺光滑,梁体的整体工作性能良好。

主梁挠度测量结果(单位:mm) 表3

轮位及测点	A1正弯矩			A2负弯矩			A3正弯矩			A3负弯矩		
	实测	计算	校验系数	实测	计算	校验系数	实测	计算	校验系数	实测	计算	校验系数
A1上游	−42.3	−49.5	0.855	−42.0	−49.3	0.852	4.5	5.4	0.833	−42.7	−49.9	0.855
A1下游	−43.0	−49.5	0.869	−42.0	−49.3	0.852	5.0	5.4	0.926	−43.0	−49.9	0.862
A3上游	9.3	10.8	0.864	9.0	10.7	0.841	−8.0	−8.3	0.964	9.3	11.3	0.826
A3下游	9.3	10.8	0.864	9.0	10.7	0.841	−7.0	−8.3	0.843	9.3	11.3	0.826

注:挠度以向上变形为正。

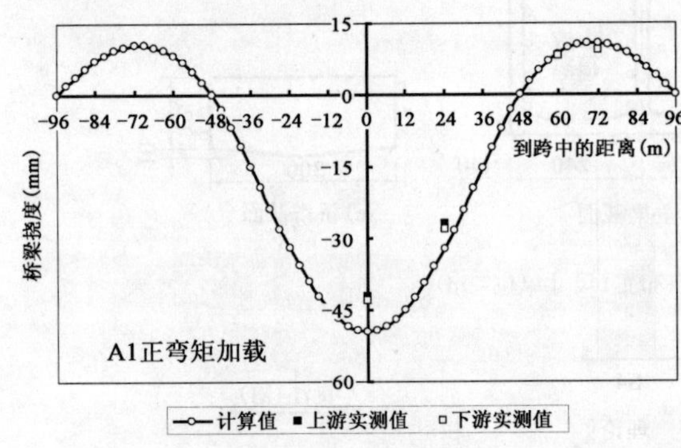

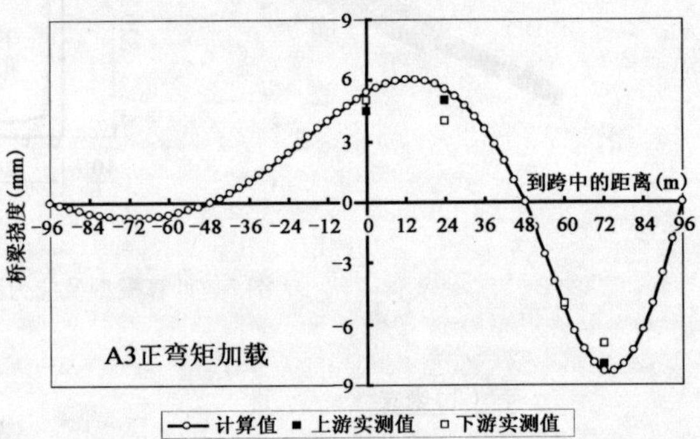

图7 桥梁挠度曲线

由实测挠度换算到中—活载,桥梁的挠跨比为中跨中1/1 593、边跨中1/3 647。红水河斜拉桥是我国铁路首座混凝土斜拉桥,现行铁路桥梁设计规范[2]和检定规范[1]中尚无相应的评价指标。相对于现行设计规范[2]中预应力混凝土连续梁的静活载挠跨比限值(边跨1/800、中跨1/700)而言,红水河斜拉桥的竖向刚度还是比较大的。

塔顶纵向水平位移的测量结果见表4。各加载工况下南塔塔顶纵向水平位移的实测值小于计算值,塔顶最大纵向位移19.9mm,结构校验系数0.822~0.978。

南塔塔顶纵向水平位移测量结果(单位:mm) 表4

加载轮位	轮位1-A1截面正弯矩	轮位2-A2截面负弯矩	轮位3-A3截面正弯矩	轮位4-A3截面负弯矩
实测值	−19.10	−15.95	4.65	−17.80
计算值	−19.50	−19.40	5.23	−20.22
校验系数	0.978	0.822	0.889	0.892

注:塔顶纵向位移以向南变形为正。

加载过程中，所有支座都没有横向位移，同一桥墩上下游两个支座在相同轮位下的竖向位移相等且重复性好，说明支座承压橡胶仍具有良好的弹性。7 号墩活动支座的摩阻较大，中跨加载时几乎没有纵向位移发生，支座实际处于绞接工作状态。

2)钢索内力

表 5、图 8 所示为索力测量结果。测试表明，中跨加载即第 1、2、4 轮位加载时，钢索的结构校验系数在 0.697～0.827 之间。边跨加载即第 3 轮位加载时，由于各索的索力较小，单根钢索的索力未超过 10kN，个别钢索的校验系数超过 1.00，但应力增量未超过 4.0MPa。

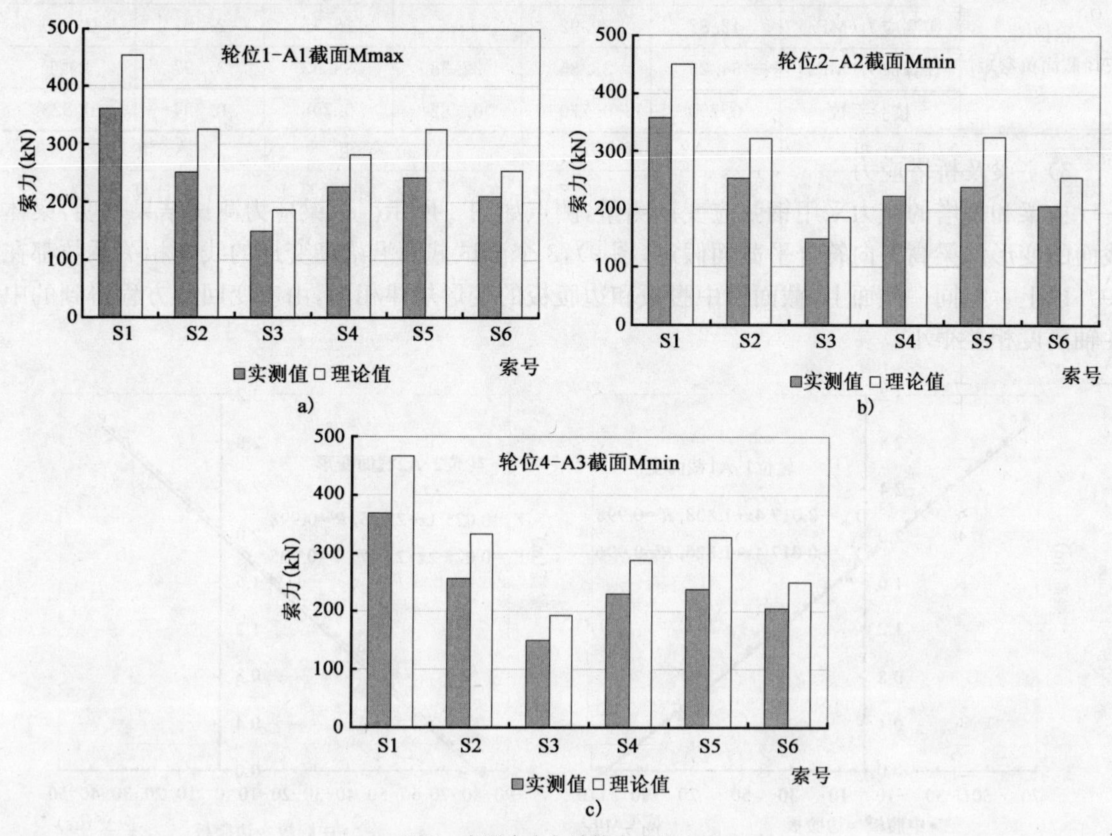

图 8 实测索力与计算索力的比较

南塔上游索群的索力、应力及结构校验系数 表 5

测点及轮位		边外索 S1	边中索 S2	边内索 S3	中内索 S4	中中索 S5	中外索 S6
轮位 1 A1 截面正弯矩	实测索力(kN)	362.2	252.7	148.8	227.1	235.2	210.3
	实测应力(MPa)	42.22	29.45	17.34	26.47	28.24	24.51
	计算应力(MPa)	52.96	37.94	21.83	32.83	37.94	29.64
	校验系数	0.797	0.776	0.794	0.806	0.745	0.827
轮位 2 A2 截面负弯矩	实测索力(kN)	358.2	252.7	147.1	223.8	238.3	204.7
	实测应力(MPa)	41.75	29.45	17.15	26.10	27.78	23.86
	计算应力(MPa)	52.51	37.6	21.64	32.54	37.80	29.69
	校验系数	0.795	0.783	0.793	0.802	0.735	0.804

续上表

测 点 及 轮 位		边外索 S1	边中索 S2	边内索 S3	中内索 S4	中中索 S5	中外索 S6
轮位 3 A3 截面正弯矩	实测索力(kN)	−58.3	18.4	59.2	16.0	31.2	35.9
	实测应力(MPa)	−6.8	2.14	6.9	1.86	3.64	4.19
	计算应力(MPa)	−9.92	1.92	8.74	2.11	3.60	5.62
	校验系数	0.685	1.115	0.789	0.882	1.011	0.746
轮位 4 A3 截面负弯矩	实测索力(kN)	367.8	256.7	150.1	229.5	239.1	205.5
	实测应力(MPa)	42.87	29.92	17.5	26.75	27.87	23.95
	计算应力(MPa)	54.25	38.85	22.38	33.53	37.97	29.1
	校验系数	0.790	0.770	0.782	0.798	0.734	0.823

3)主梁及桥塔应力

主梁和桥塔的应力采用钢弦应变计测量,测点如图 4 所示。主梁应力测试结果表明,梁体截面的变形沿梁高方向符合平截面假定(图 9),3 个测试截面沿梁高变形的线性相关系数都在 99%以上。在同一截面上,截面沿中腹板和边腹板的变形规律相同,由应变回归方程得到的中性轴高度相差很小。

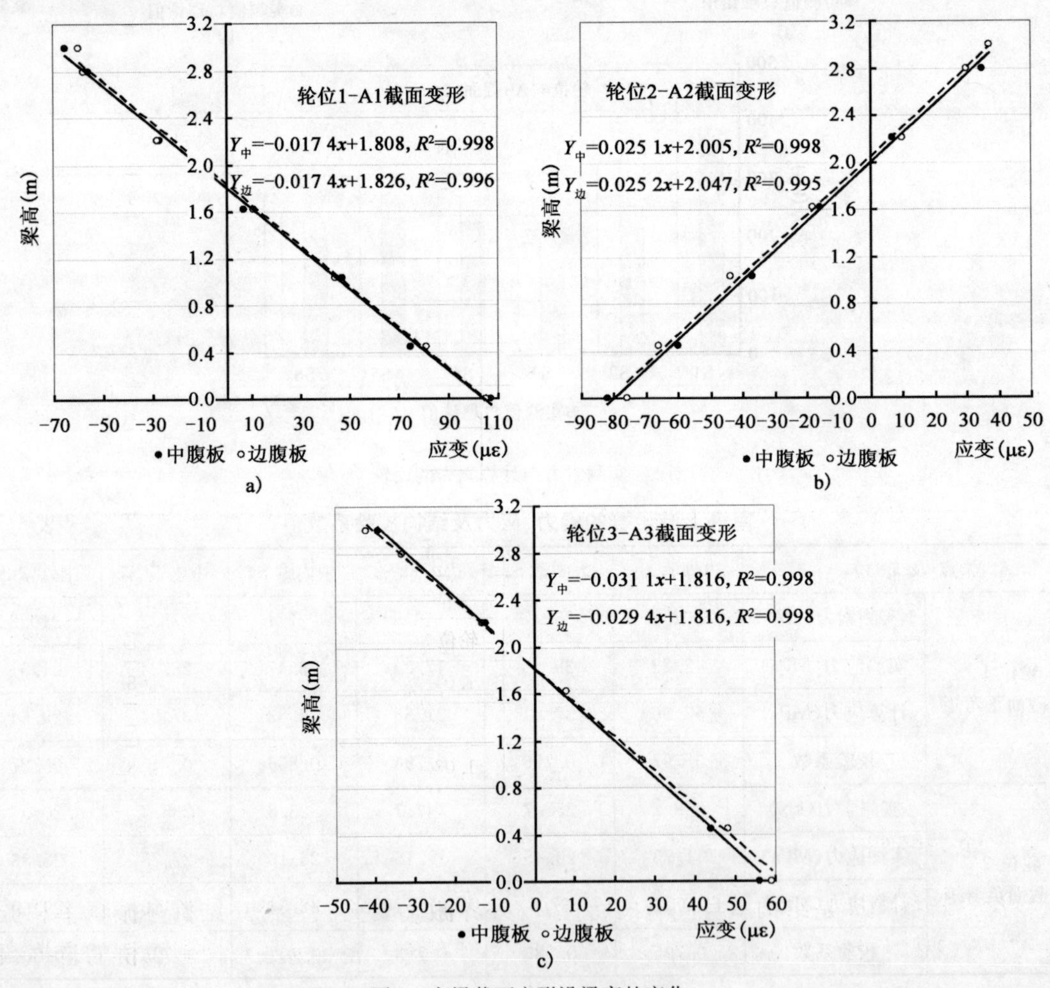

图 9　主梁截面变形沿梁高的变化

主梁及桥塔应力的实测值小于理论值(表 6),最不利加载工况下梁底应力的结构校验系数为 0.824～0.987,桥塔应力校验系数为 0.902～0.925。比较可知(表 7、表 8),自开通运营以来,主梁 A1、A2、A3 截面的中性轴高度变化很小,最大变化率仅 3.2%,各截面的应力校验系数也没有本质的差别。

主梁梁底及桥塔南侧实测应力与理论应力的比较(单位:MPa)　　表 6

加载轮位及测试截面		轮位 1-A1 正弯矩	轮位 2-A2 负弯矩	轮位 3-A3 正弯矩	轮位 4-A3 负弯矩
A1 截面	实测应力	4.80	4.75	−0.24	4.75
	计算应力	4.98	4.93	−0.36	4.95
	检验系数	0.964	0.963	0.667	0.960
A2 截面	实测应力	−3.75	−3.66	−1.05	−3.47
	计算应力	−3.72	−3.71	−1.03	−3.48
	检验系数	1.008	0.987	1.019	0.997
A3 截面	实测应力	−3.18	−3.14	2.95	−3.33
	计算应力	−3.91	−3.86	3.31	−4.04
	检验系数	0.813	0.813	0.891	0.824
塔底 B 截面	实测应力	−1.73	−1.72	1.11	−1.92
	计算应力	−1.91	−1.86	1.23	−2.12
	检验系数	0.906	0.925	0.902	0.904

主梁截面中性轴高度对照表(单位:m)　　表 7

截面位置及测试时间	中跨中 A1 截面	中支点 A2 截面	边跨中 A3 截面
2009 年 12 月	1.817	2.026	1.909
1981 年 06 月(平均值)	1.761	1.993	1.936
1994 年 11 月(平均值)	1.764	2.004	1.876
本次试验/第 1 次试验	1.032	1.017	0.986
本次试验/第 2 次试验	1.030	1.011	1.018
第 2 次试验/第 1 次试验	1.002	1.006	0.969
中性轴高度计算值	1.721	1.825	1.764

主梁应力校验系数对照表　　表 8

试验时间	中跨中 A1 截面			中支点 A2 截面			边跨中 A3 截面		
	轮位 1	轮位 3	轮位 4	轮位 1	轮位 3	轮位 4	轮位 1	轮位 3	轮位 4
2009 年 12 月	0.964	0.667	0.960	1.008	1.019	0.997	0.813	0.891	0.824
1981 年 06 月	0.910	—	0.900	0.966	—	0.969	0.812	—	0.841
1994 年 11 月	0.923	0.994	0.918	0.974	1.036	0.968	0.970	0.870	1.000

4 动力特性

桥梁的自振频率是结构本身固有的特性,与外界激励无关。通过对结构自振频率和振型的分析比较,可以对桥梁的动力性能或整体刚度进行评价。表 9 为红水河斜拉桥的自振频率测量结果。

红水河斜拉桥自振频率测试结果(单位:Hz)　表 9

序号		频率值			振型说明
		2009 年	1994 年	1981 年	
竖向	1	1.400	1.445	1.430	竖向一阶,中跨跨中正对称振动为主,塔梁耦合
	2	3.151	—	—	竖向一阶,中跨跨中反对称振动为主,塔梁耦合
横向	1	1.500	1.523	1.570	横向一阶,中跨跨中振动为主,塔梁墩耦合
	2	1.900	—	—	横向二阶,桥塔自身振动
	3	2.125	—	—	横向三阶,边跨跨中振动为主,塔梁墩耦合

由于红水河斜拉桥为塔梁固结结构,桥墩高度与桥塔高度又比较接近,均为 30m 左右,因此,桥梁在竖向表现为塔梁耦合振动,在横向则表现为塔梁墩三者耦合振动。

比较 1981 年和 1994 年的测试结果,红水河斜拉桥的基频略有减小,竖向基频降低 2.1%~3.1%,横向基频降低 1.5%~4.5%。运营多年来,由于线路调整的需要,桥上道砟不断增厚,桥梁的自重随之增加,受此影响,桥梁的基频必然下降。从数值上看,桥梁的基频下降未超过 5%,表明桥梁仍具有良好的整体刚度。

5 结语

在日益繁忙的既有铁路线上,对技术复杂的重要桥梁定期进行检定评估,虽然对运输会有一定的影响,但对客观评价桥梁的使用状态,有针对性地制定养护维修的对策措施,保持桥梁的耐久性,却有着非常重要的意义。红水河斜拉桥第三次检定评估试验表明,主梁梁体无裂缝、钢索锚头未锈蚀、支座聚四氟乙烯板磨耗不明显,塔梁墩混凝土碳化缓慢、强度高于设计等级,桥面线形稳定,恒载索力没有明显变化。试验荷载作用下,钢索索力、塔梁应力、主梁挠度和桥塔变形小于理论值,桥梁基频变化很小,经过近三十年的运营考验,其强度、刚度正常。但梁体修补砂浆普遍松动、掉块,钢索下端锚头漏油,桥上道砟较厚,7 号墩支座摩阻较大。管理单位应及时修补主梁表面缺陷,加强对全桥斜拉钢索和锚头的检查、防锈和漏油处理,定期检查支座状态并记录支座在不同季节的位移变化,尽早铺设无缝线路以改善线路状况,调整道砟厚度至正常水平。

参考文献

[1] 中华人民共和国铁道部. 铁路桥梁检定规范[S]. 北京:中国铁道出版社,2004.

[2] 中华人民共和国铁道部. TB 10002.3—2005　铁路桥涵钢筋混凝土和预应力混凝土结构设计规范[S]. 北京:中国铁道出版社,2005.

[3] 铁道部科学研究院. 红水河预应力混凝土铁路斜拉桥静动载试验报告[R]. 1982.

[4] 铁道部科学研究院、铁道部柳州铁路局. 1994 年红水河铁路斜拉桥静动载试验报告[R]. 1994.

[5] 中华人民共和国铁道部. 铁路桥隧建筑物大修维修规则[S]. 北京:中国铁道出版社,2000.

[6] 中华人民共和国铁道部. 铁路技术管理规程(铁道部令第 29 号)[S]. 北京:中国铁道出版社,2009.

162. 钢箱梁桥面铺装层温度场及钢箱梁顶板应力实测研究

严　琨[1]　章登精[2]　沈锐利[1]　唐茂林[1]

（1. 西南交通大学；2. 南京长江第四大桥建设协调指挥部）

摘　要：4 跨连续曲线钢箱梁桥的桥面采用两层复合浇筑式铺装，为研究钢箱梁桥面的铺装层从施工到后期养护过程中的温度场及桥面铺装过程中钢箱梁顶板的热应力，采用传感器自动采集系统和无线传输系统，对钢桥面铺装层的温度场及顶板应力进行了长期连续观测。本文介绍了被测试结构的基本情况、测试系统和部分测试结果。铺装层施工过程中的测试结果表明，铺装过程中沥青温度下降迅速，铺装使钢箱梁顶板产生高温，钢箱梁产生较大的热应力和变形；铺装层温度场的长期监测结果表明，大气温度、铺装层温度和钢箱梁内温度具有一定的相关性和滞后性，同时铺装层的温度场在夏季和冬季表现出一点差异性。

关键词：钢箱梁　桥面铺装　温度场　顶板应力　无线数据采集系统

1　引言

钢桥面铺装是指铺设在正交异性钢桥面板上，保护钢板并提供良好行驶性能的薄层构筑物，其铺装材料通常采用热塑性或热固性沥青混凝土，铺装层通过防水黏结层与钢板紧密相连，共同承受车辆荷载、温度及风载等引起的应力与变形[1]。与带基层的沥青路面相比，钢桥面铺装层的受力和变形以及受温度的影响更为复杂[2]。钢箱梁的桥面铺装问题是大跨径钢桥建设中的很复杂、很关键的技术，是一项世界性的技术难题。文献[3]通过对江阴长江大桥钢桥面铺装的病害进行分析，认为钢箱梁桥面铺装的材料高温稳定性不足、铺装层与钢板之间的黏结力不足及大量通行超载车和超重车等是钢桥面铺装破坏的主要原因。

钢桥面铺装层的温度场是计算铺装层温度应力的重要参数，并且桥面铺装的温度与普通路面的温度存在一定的差异[4]，而目前对于钢箱梁桥面铺装层的温度场研究仅是通过数值模拟[5]和进行短期的现场温度测试[1]，国内尚无钢桥面铺装试验桥及其长期跟踪观测的报告，因此有必要对钢箱梁桥面铺装温度场进行长期监测，得到钢箱梁桥面铺装层间的温度场在不同季节、不同气候条件下与大气温度、钢箱梁内温度的关系。

通过对 4 跨连续钢箱梁试验桥桥面铺装层从施工到后期养护及运营过程中的温度场进行

测试，为大跨度悬索桥桥面铺装层的设计提供实际数据，同时测试钢箱梁桥面板在铺装及运营过程中车辆荷载作用下的应力，掌握桥面板实际的纵横向应力分布情况。

2 测试方案

2.1 工程概述

匝道桥采用单箱双室截面4跨连续钢箱梁，钢箱梁全长（沿道路中心线）129.84m，位于半径为160m的平曲线上。钢箱梁顶板宽度12m，厚度14mm；底板宽度8m，厚度12mm；梁高1.34m～2.06m。桥面横坡坡度为6%。钢箱梁的顶板兼做桥面承重结构，按正交异性板设计。钢梁箱体部位顶、底板采用U形肋加劲，悬臂部位顶板采用球扁钢和板肋加劲。桥面铺装采用复合浇筑式沥青铺装，铺装层厚度为75mm，采用“下层浇注式沥青混合料40mm＋上层高弹改性沥青混合料35mm”的铺装厚度及构成。

2.2 测点布置

为使测试的数据具有代表性，铺装层温度场测试及钢箱梁顶板应变测试位置选择在4跨连续梁的第4跨跨中截面和中间支座截面。两个测试区域传感器布置数量和方式相同。温度传感器沿铺装层厚度方向共布置3层，分别位于两层铺装的底面和表面。每一层沿着桥横向布置5个传感器，间隔0.9m，其中最外侧的传感器距离护栏内侧为1.2m，温度传感器的布置如图1所示。钢箱梁顶板下表面的应变传感器采用耐高温的弦式应变传感器。在每个测试区域沿纵桥向布置3个断面，测试断面间距为1m，每个断面布置3个传感器测试顶板纵桥向应变，并在中间断面布置3个传感器测试顶板横桥向应变，应变测点布置如图2所示。

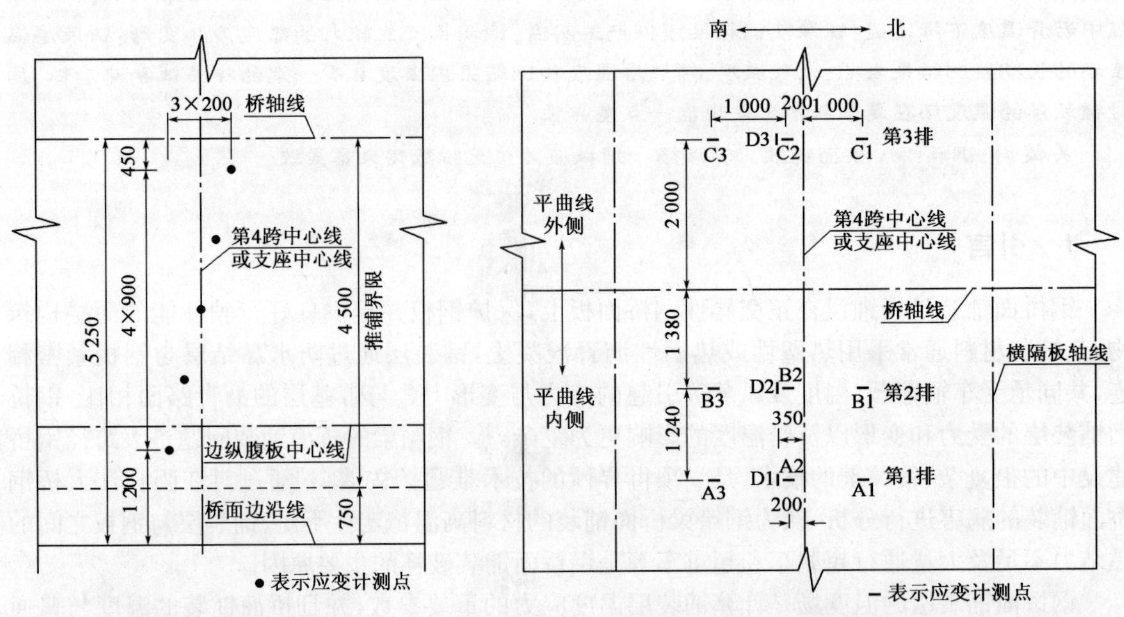

图1 温度测点布置图（尺寸单位：mm）

图2 应变测点布置图（尺寸单位：mm）

2.3 数据采集系统

为使温度场的测试能保持较长时期连续的检测，采用无线方式的传输系统进行采集，具体方案是将传感器测得的电信号，传给信号隔离模块，再将多个信号隔离模块的信息传给GPRS数据通信模块（移动数据通信模块）。远程接收数据，这样可以实现连续和长期的数据采集。

采用的数据采集方案框架如图 3 所示。

采用传感器自动采集系统采集和传输信号，采集系统和传感器的供电由蓄电池＋太阳能板提供，实现野外的长期监测。

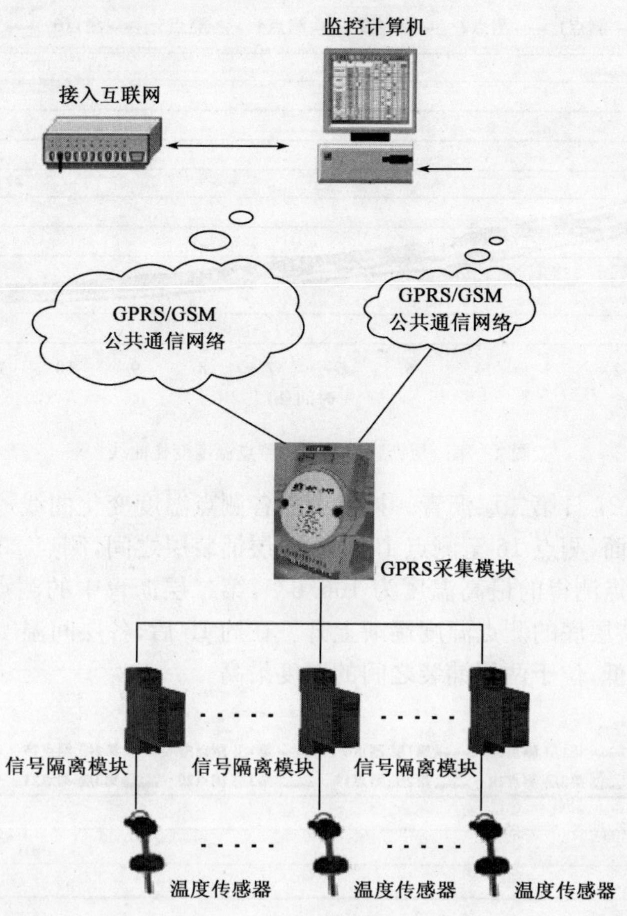

图 3　温度场测试系统框架图

3　铺装过程中的测试结果

3.1　铺装层温度

钢箱梁桥面的两层铺装分为两次进行，在铺装期间均对两个测试区域进行了铺装层间温度的测试，为节约篇幅，以支座处测试数据来说明铺装过程中铺装层的温度变化过程。

图 4 所示为 6 月 1 日第 1 层沥青摊铺前 1h 到摊铺后 18h 的测点温度变化曲线。其中测点 1 至测点 5 位于第 1 层铺装层底面，测点 6 和测点 7 位于第 1 层铺装层表面。第 1 层摊铺的沥青混合料在料车中的理论温度为 240℃，卸落到桥面的沥青混合料的温度约 220℃，从图中可以看出，各个测点在摊铺完成 1h 以内温度下降的很快，特别是前 10min，测点 1 至测点 5 在摊铺后 5min 最高降低了 37.5℃，平均降低了 25.8℃，在摊铺后 10min 最高降低了 50.4℃，平均降低了 36℃，1h 以后最高降低了 101.7℃，平均降低了 77.9℃。测点 8 位于钢箱梁的悬臂端，在摊铺后其温度下降最为迅速，在 15min 后温度即降为 128.2℃，在第 1 层 5 个测点中

温度最低，并始终保持最低。测点 6 和测点 7 为第 2 层温度传感器，位于第 1 层沥青铺装层的表面，从测点 7 的温度变化曲线可以看出，沥青铺装表面的温度与铺装底层的温度变化规律一致。

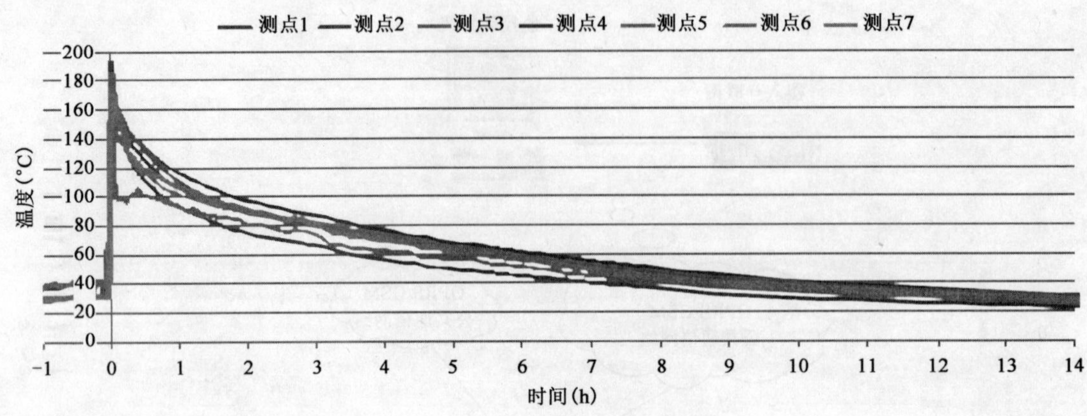

图 4　第一层沥青摊铺后各测点温度变化曲线

图 5 所示为 7 月 27 日第二层沥青。摊铺前后各测点温度变化曲线，其中测点 2 至测点 5 位于第 1 层铺装的底面，测点 16 至测点 19 位于两层铺装层之间，测点 20 至测点 21 位于第 2 层铺装层表面。各测点测得的最高温度为 166.6℃，第二层沥青中的测点温度在 20min 内迅速下降，而第 1 层铺装层底的测点温度逐渐上升。在约 1h 后，各层间温度变化缓慢，在此之后铺装层表面的温度最低，位于两层铺装之间的温度最高。

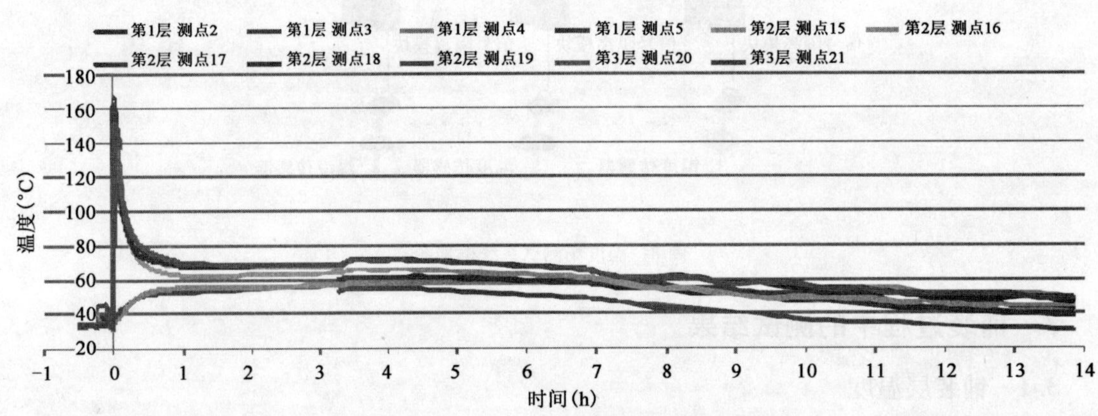

图 5　第二层沥青摊铺后各测点温度变化曲线

3.2　钢箱梁应变

在对铺装层温度进行测试的同时，对相应区域的钢箱梁顶板的温度应力也进行了实测，图 6 所示为 6 月 1 日进行第一层铺装过程中支座处钢箱梁顶板的应变变化曲线。可以看出在沥青铺装的内侧半幅钢箱梁顶板在铺装完成后的 30min 至 1h 内达到最大值，靠近内侧的第一排最大为 $-534.5\mu\varepsilon$，第 2 排最大为 $-619.4\mu\varepsilon$。顶板纵向应变在摊铺 1h 至 3h 内降低很快，在 3h 至 10h 内应变值降低较为缓慢，之后基本稳定，最内侧一排靠近横隔板位置处的应变值为 $-380\mu\varepsilon$，第 2 排靠近横隔板位置处的应变值为 $-280\mu\varepsilon$。未进行铺装的另一半幅钢箱梁顶板应变变化幅度较小，最大应变值为－112.3$\mu\varepsilon$，在铺装完成 8h 以后，其应变值的变化幅度很小。图 7 为支座处顶板横向应变变化曲线图。进行沥青铺装的半幅箱梁内横向应变开始时由于施工车辆的重量产生的钢箱梁顶板横向应变较大，顶板横向应变在达到最大值之后随即迅速降低，在 2h 以后变化幅度减小，在 10h 以后这两个位置处的应变值基本稳定。

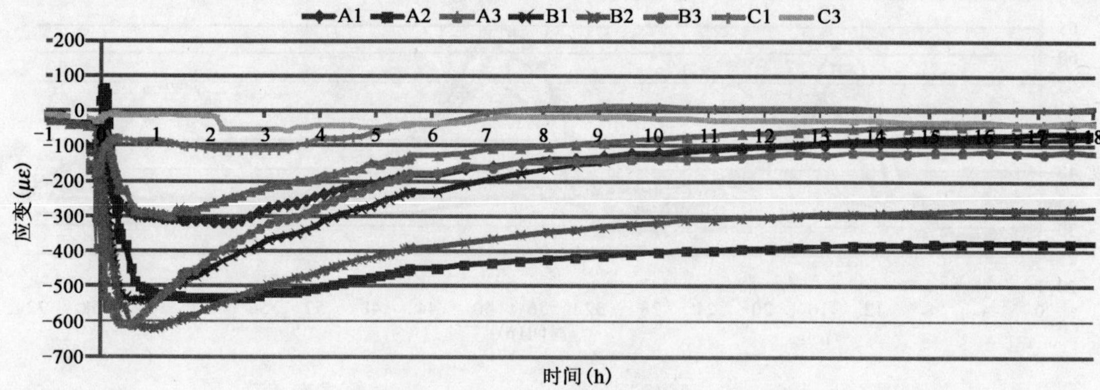

图 6　顶板纵向应变变化曲线

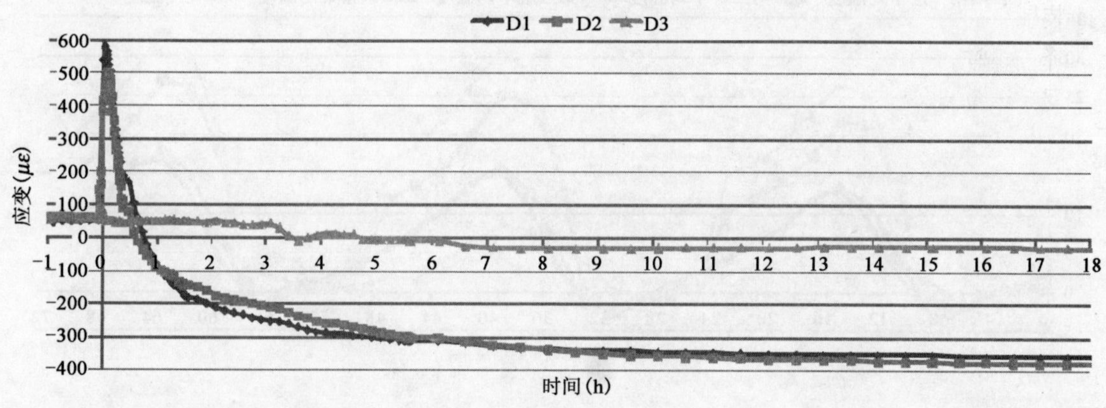

图 7　顶板横向应变变化曲线

4　长期监测结果

通过无线数据采集系统对钢箱梁桥面铺装层的温度进行连续监测，下面各选取夏天和冬天的连续 3 天温度测试数据，如图 8 和图 9 所示分别为 8 月 14 日至 8 月 16 日、12 月 10 日至 12 月 12 日各层测点平均温度及钢箱梁内温度、大气温度的变化曲线。

(1)从铺装层温度及钢箱梁内和大气温度的测试数据来看，铺装层温度、钢箱梁内温度和大气温度的变化规律基本一致。由于受热辐射影响，白天铺装层温度比气温高，并且在气温达到最大值时两者的差值也达到最大。

(2)钢箱梁内的温度与铺装层底面的温度变化一致，在夜晚温度达到最低时与大气温度接近，由于钢箱梁的保温作用钢箱梁内温度和铺装层底面的温度达到最大值的时间较大气温度滞后约 1～2h。

(3)夏天温度高，桥面铺装层间的温度大于铺装层表面和底面温度的时间占大多数，这是由于温度较高时铺装层中间部分的散热速度较慢造成的。

(4)冬天温度低，铺装层在白天温度达到最大时，铺装层表面的温度要大于层间和底面的温度。

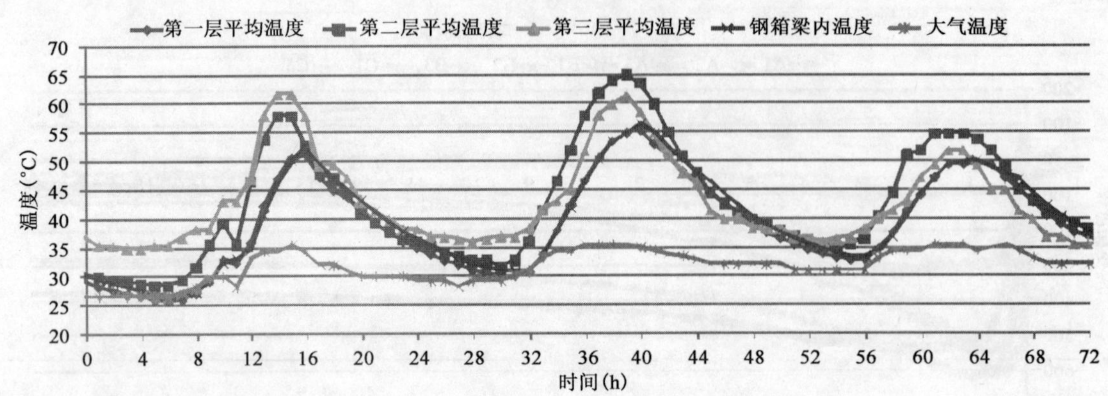

图8　8月14日至8月16日各层平均温度变化曲线

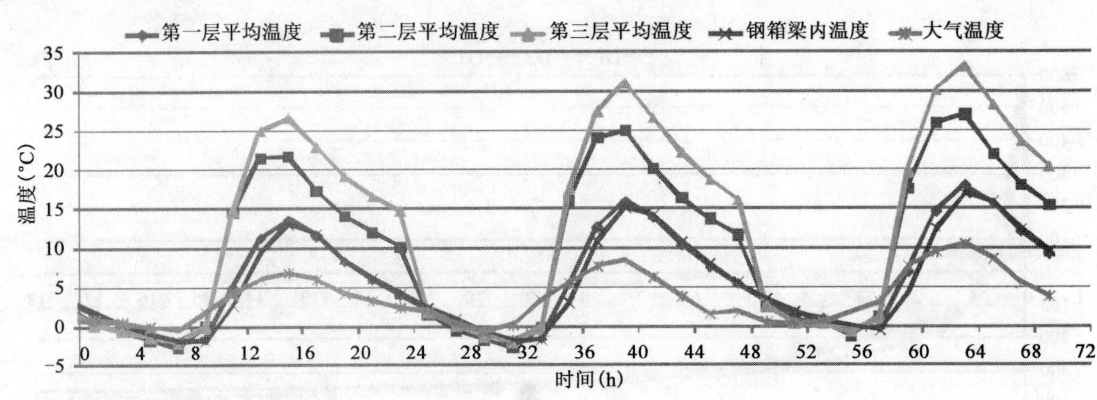

图9　12月10日至12月12日各层平均温度变化曲线

5　结语

通过对4跨连续钢箱梁桥面铺装层温度和钢箱梁顶板应变在施工过程中的测试和进行长期监测结果表明：

(1)采用无线数据采集系统可以实现对桥面铺装层的温度场进行长期连续的监测。

(2)沥青在摊铺后，特别是第1层直接摊铺于钢箱梁顶板上，温度下降迅速，特别是在最初的15min左右。

(3)第1层沥青铺装的温度高，直接摊铺在钢箱梁的顶板上，对钢箱梁顶板产生较大的温度应力，第2层铺装对钢箱梁顶板产生的温度应力较小。

(4)通过对铺装层温度的连续监测，铺装层温度、钢箱梁内温度和大气温度具有一定的相关性和滞后性，铺装层的温度场在夏季和冬季表现出一点差异性。

参考文献

[1] 黄卫.润扬长江公路大桥建设:钢桥面铺装[M].北京:人民交通出版社,2005.

[2] 李洪涛.大跨径悬索桥新型钢桥面铺装结构研究[D].南京:东南大学,2006.

[3] 张磊.江阴大桥钢桥面铺装病害研究[D].南京:东南大学,2004.

[4] 陈仕周,倪小军.桥面铺装与路面温度差异研究[J].中国公路学报,2005,18(2):56-60.

[5] 兰中秋,何川,丹宇,等.钢箱梁桥SMA沥青路面温度场的数值模型[J].重庆大学学报,2003,26(6):66-69.

163. 人工巡检系统综合养护管理方法的研究

甄东晓[1]　郭立明[2]　任美龙[3]　张其浪[3]　韩　强[1]　梁　鹏[2]

（1. 江番及江珠北延线高速公路项目管理处；2. 长安大学；3. 广东省公路管理局）

摘　要：针对现有桥梁健康监测人工巡检子系统不足，本文提出将桥梁典型病害及对策数据库与桥梁危险性分析及预防性对策相结合的桥梁综合养护管理方法。通过对桥梁典型病害和养护对策的整理，识别桥梁营运过程中的危险源，利用风险矩阵决策方法对桥梁进行危险评级，确定巡检单元的关键危险，并给出预防性的养护措施，进而得出桥梁的综合养护管理结果。最后以某斜拉桥斜拉索为例，详细说明综合养护管理方法的步骤和应用结果。

关键词：人工巡检　养护　典型病害及其对策数据库　危险性分析　风险矩阵决策方法

1　引言

随着我国桥梁建设事业的发展，特别是大型，特大型桥梁的出现，为了科学、规范的进行桥梁运营期的养护管理工作，保证桥梁在使用寿命中具有良好的服务水平，各单位开发出了针对不同桥梁的人工巡检系统。目前桥梁的人工巡检系统的养护管理方法单一，对于大型桥梁的养护仍采用基于中小桥的养护管理方法，不能够满足对大型桥梁这一复杂体系的养护管理的需求[1,2]。因此本文提出了将桥梁典型病害及对策数据库与桥梁危险性分析及预防性对策相结合的桥梁综合养护管理方法。

2　综合养护管理方法

以下分别从典型病害及对策数据库和危险性分析及预防性对策两个方面说明本文提出的桥梁综合养护管理方法。

2.1　典型病害及对策数据库

建立桥梁典型病害及对策数据库是桥梁综合养护管理方法的一个重要方面。在人工巡检系统中建立桥梁的典型病害及对策数据库，可以将桥梁养护工作中的先知经验纳入到既有桥梁的养护管理中，便于在发现病害后有据可依，采取及时有效地养护管理措施。

在分析桥梁的典型病害和搜集大量资料的基础上，对桥梁产生病害的原因归纳为以下几个方面：

(1)结构材料:混凝土、钢材的耐久性问题。

(2)设计:由于设计的不合理所造成的病害。

(3)施工:由于桥梁施工工艺复杂,由各种原因引起的施工缺陷。

(4)自然环境:由于自然环境的不断作用而造成的桥梁的材料老化,力学性能降低等。

(5)特殊事件:桥梁在运营期内所遭受的地震,洪水,船撞,车撞等突发危险事件。

在建立完整桥梁典型病害数据库的基础上,针对桥梁的每一种病害都提出相应的详细的养护措施即对于桥梁的典型病害数据库中的每一项的病害,都需要分条目分字段进行详细的描述。以便于桥梁养护工作人员根据典型病害数据库提供的病害信息,及时准确地判断出其在日常养护工作中所检查得到的病害产生的原因,病害程度,是否需要维修,怎样维修等。

针对每一项病害均按以下字段顺序进行整理:

病害名称→桥梁结构→病害描述→病害分级→病害图片→详细养护对策

2.2 危险性分析及预防性对策。

危险性分析及预防性对策是桥梁综合养护管理方法的另一个重要方面。在建立桥梁典型病害库及对策数据库的基础上,识别出桥梁在整个生命期内可能发生的所有危害及程度,进而针对风险事件制定合理有效的预防性养护措施。

桥梁危险性分析的基本流程[3]如图1所示。

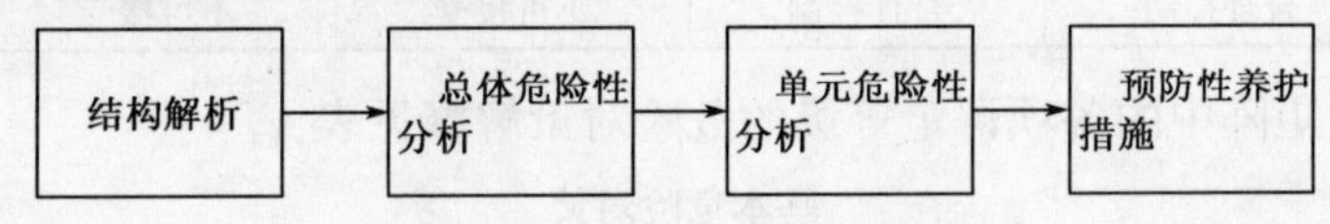

图1 桥梁危险性分析流程图

1)结构解析

结构解析就是按照一定的原则,将桥梁离散为不同类型的结构单元,为实现桥梁的危险性分析做准备。

2)总体危险性分析

总体危险性分析是以危险发生的概率及危险发生的严重度为指标,建立危险分析矩阵。对结构解析中的每个单元所在桥梁生命周期内的危险进行分析,并根据其结果识别出每个单元的关键危险并制定相应措施。在桥梁总体危险性分析中,利用风险评估的桥梁风险矩阵决策方法[4]确定危险发生的概率及危险发生的严重度的等级。按照此方法,二者的分级见表1和表2。

危险概率描述　　表1

等　级	危险概率描述	概率间隔
1	几乎不可能发生	$P<0.0003$
2	难以发生	$0.0003\leqslant P<0.003$
3	偶尔发生	$0.003\leqslant P<0.03$
4	可能发生	$0.03\leqslant P<0.3$
5	非常可能发生	$P>0.3$

危险严重度描述 表2

等　级	严 重 度
1	影响可忽略
2	影响一般
3	影响严重
4	影响非常严重
5	灾难性的

以危险概率和危险严重度为指标建立危险评估矩阵，并给出不同等级的评价标准，见表3。

危险评估矩阵 表3

概率 \ 严重度	1	2	3	4	5
1	可忽略	可忽略	可接受	可接受	合理控制
2	可忽略	可忽略	可接受	合理控制	合理控制
3	可接受	可接受	合理控制	合理控制	不可接受
4	可接受	合理控制	合理控制	不可接受	不可接受
5	合理控制	合理控制	不可接受	不可接受	不可接受

对于危险评估矩阵中的各项评定等级的危险对策解释见表4。

基本危险对策 表4

等　级		危 险 对 策
1	可忽略	危险极小，不需要考虑这一危险
2	可接受	危险较低，在桥梁运营过程中应对这一风险进行管理，无需立刻采取措施降低
3	合理控制	危险较高，应在日常养护中采取预防性管理措施
4	不可接受	危险极高，必须采取有效措施将其降低到合理控制范围

3)单元危险性分析

在总体危险性分析的基础上，对各个单元进行深入地分析，即在对于在总体危险性分析中识别的关键危险，确定单元巡检的控制点，巡检方法和巡检频率。在此基础上，确定出针对每一种关键危险的预防性养护措施。

单元巡检的控制点选择在材料易老化、钢构件的疲劳风险部位及易发生一些特殊危险的部位。巡检方法包括巡检工具的选择和巡检通道的规划。由于不同危险的发生时间和发生机理不同，因此应根据不同危险的特点来确定其巡检的频率。针对每一种危险提出相应的预防性的养护管理措施，从而降低养护维修的费用，提高养护管理的效率。

3　人工巡检系统软件实现

人工巡检系统软件中，在数据库子系统和Web界面子系统中分别设计实现综合养护管理方法的应用。在数据库子系统中设计桥梁典型病害库，病害对策库，桥梁危险性分析库，预防性对策库。在Web界面子系统中，分别设计典型病害界面与桥梁危险性分析界面，使得桥梁养护工作人员能够通过软件能够准确了解桥梁的易于发生的危险，并能够按照软件所提供的信息，在日常养护中能够采取预防性的养护措施。如果桥梁发生病害，则能够通过软件所提供的典型病害及对策库识别出病害的类型，病害的程度，并采取相应的纠正性养护措施。

4 应用示例

在斜拉桥生命周期内，一种病害可能受多种因素的影响，一种因素也可能导致不同的病害。在搜集大量国内外资料和分析的基础上建立了斜拉桥的典型病害库。其中包括5个子库：斜拉索典型病害库，主梁典型病害库，索塔典型病害库，墩台基础典型病害库，桥面系典型病害库。限于篇幅，本文以下以某斜拉桥斜拉索为例，介绍综合养护管理方法的过程。

4.1 典型病害及对策数据库

斜拉索的典型病害有锈蚀断丝、滑移变位、涂层损坏、护套内材料老化变质、锚固区损坏和拉索线形异常等[5]。

下面以斜拉索锈蚀为例，得出斜拉索锈蚀的典型病害及对策数据库。

(1)病害名称：拉索锈蚀。

(2)桥梁结构：斜拉索。

(3)病害描述：拉索锈蚀是由于拉索防护系统失效，导致大气、雨水和污染物的侵入而引起；或是拉索成品钢丝有原始锈蚀，导致拉索疲劳强度降低，容易产生锈蚀。腐蚀程度大体呈现“上轻下重”的规律，靠近护套破损的部位以及破损处以下的一段部位通常腐蚀较为严重。

(4)病害分级[5]见表5。

病害分级表　　表5

标　度	评定标准
1	完好
2	钢丝有极少量锈蚀
3	钢丝少量锈蚀，钢丝无断裂
4	钢丝较多锈蚀或损坏，钢丝断裂，截面出现削弱
5	钢索裸露，钢丝大量严重锈蚀或损坏，钢丝断裂，主梁出现严重变形，造成安全隐患

(5)病害图片如图2所示。

a)

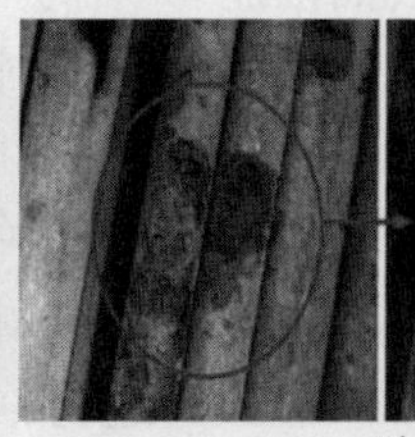
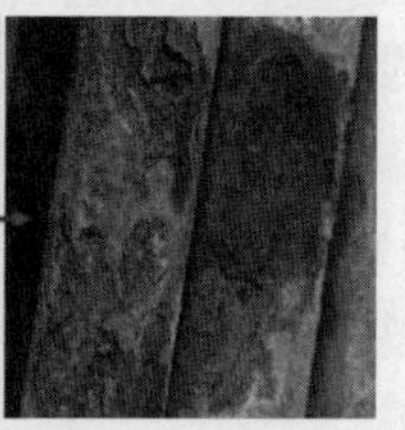
b)

图2　病害图片

(6)详细养护对策：如果斜拉索的钢丝存在表面浮锈，且斜拉索护套完好，应加强观测，注意锈蚀发展的情况；如果斜拉索的钢丝存在表面锈坑，且护套存在破损，应及时修复护套且应密切观测，以便及时进行更换；如果斜拉索钢丝锈蚀截面衰减超过3%、存在断丝风险或有已经断丝的现象，要立即进行更换。

4.2 危险性分析

(1)结构解析

在进行危险性分析前,首先将斜拉索进行结构解析,解析的单元为:索塔锚头、拉索、索梁锚头、斜拉索护套。

(2)总体危险性分析

在对斜拉索生命周期内的危险进行搜集总结的基础上,利用桥梁风险矩阵决策方法对斜拉索的总体危险性分析的矩阵见表6。

斜拉索危险性分析矩阵 表6

危险因素	腐蚀		结构		车撞		地震	
	概率	严重度	概率	严重度	概率	严重度	概率	严重度
索塔锚头	4	2	3	4	3	1	1	3
拉索	4	3	1	1	3	3	1	1
索梁锚头	4	2	3	4	3	1	1	3
斜拉索护套	1	2	1	1	3	1	1	2

则危险性分析的结果见表7。

斜拉索危险性分析结果 表7

危险因素	腐蚀	结构	车撞	地震
索塔锚头	合理控制	合理控制	可忽略	可接受
拉索	合理控制	可忽略	合理控制	可忽略
索梁锚头	合理控制	合理控制	可忽略	可接受
斜拉索护套	可忽略	可忽略	可忽略	可忽略

(3)单元危险性分析

根据桥梁总体危险性分析的结果,腐蚀,结构不足为索塔和索梁锚头的关键危险,腐蚀和车撞为拉索的关键危险。

针对单元危险性分析的结果,给出斜拉索的预防性养护措施分析如下:

(1)索塔和索梁锚头

为防止锚头的腐蚀,在日常养护中应定期清洗更换两端锚具锚杯内的防护油,若发现锚固构件有少量锈蚀,应首先除去表面油脂,采用手工除漆除锈,然后涂刷环氧富锌底漆两道,最后用防锈油脂涂覆[6]。对于由于结构不足引起的锚头疲劳裂纹应由设计人员进行分析。

(2)拉索

对于拉索,需采取预防性养护措施控制的关键危险为腐蚀。为预防拉索腐蚀,应经常检查斜拉索护套有无裂纹、破损、老化和积尘。重点检查索端出索处的钢护套,钢管与索套管连接处的外观情况。如若发现有异常,应及时进行修复[6]。

通过对斜拉索的典型病害及对策库的建立,能够实现斜拉索出现病害后及时采取相应的对策措施,同时对斜拉索进行危险性分析,能够实现对斜拉索可能出现的病害采取相应的预防措施,二者相互配合,实现了斜拉索的综合养护管理。

5 结语

本文针对人工巡检系统综合养护管理方法进行了介绍,既实现了病害出现前的预防性养护，同时也实现了桥梁病害出现后的纠正性养护，从而达到桥梁综合养护管理的目的。

参 考 文 献

[1] 沈旺，张强. 桥梁电子化人工巡检养护管理系统[J]. 中国工程科学，2010，12(7).
[2] 任远. 大跨度斜拉桥养护管理系统的数字化研究[D]. 哈尔滨：哈尔滨工业大学，2008.
[3] 张强，马敬海. 跨海悬索桥结构危险性分析[J]. 中国工程科学，2010，12(7).
[4] 阮欣. 桥梁工程风险评估体系及关键问题研究[D]. 上海：同济大学，2006.
[5] 中华人民共和国行业推荐性标准. JTG/T H21—2011 公路桥梁技术状况评定标准[S]. 北京：人民交通出版社，2011.
[6] 陈惟珍，徐俊，龙佩恒，等. 现代桥梁养护与管理[M]. 北京：人民交通出版社，2010.

164. 基于优选法的桥梁评估标准确定方法

黄志伟　任　远　黄　侨

（东南大学交通学院）

摘　要：以桥梁评估标准为研究对象，研究了与评估标准密切相关的评估指标取值、标度、评分（或扣分）、指标取值与评分关系等若干问题；将结构及指标的技术状况分为"优"、"良"、"中"、"差"、"劣"5个等级，基于优选法确定各等级的评分范围；提出了基于优选法的评估标准确定方法；并以算例说明评估标准的确定过程。结果表明，所确定的评分等级与《公路桥梁技术状况评定标准》(JTG/T H21—2011)总体上一致；当难以直接确定完整的评估标准时，本文方法为此提供了一种选择。

关键词：桥梁评估标准　优选法　评分　指标取值

1　引言

既有桥梁的技术状况始终是业内关注的重要问题之一。评估标准的确定是技术状况评估过程中的重要一环。一方面，结构评估过程中存在着不确定性问题，有些指标难以量化，现行桥梁评估规范关于这些指标主要采用定性评估标准；另一方面，在结构技术状况评估过程中，指标的选择、指标体系的构建、评估标准的确定等环节都或多或少地存在一定程度的主观性。这些有可能导致难以直接确定完整的评估标准。因而，进一步研究既有桥梁的评估标准是很有必要的。

本文以既有桥梁的评估标准为研究对象，从若干与评估标准密切相关的问题入手，确定了评分等级，着重指标值与评分关系的研究，提出了基于优选法的评估标准确定方法；以算例说明评估标准的具体确定过程。

2　评估标准相关的若干问题

确定评估标准通常采用的方法：调查统计，计算分析，试算，参照已有文献、规范、规程和标准等资料，借鉴已有工程知识、经验等。

基金项目：吉林省交通厅交通科技项目（2010）；高等学校博士学科点专项科研基金新教师基金项目（20090092120046）。

评估标准的确定是一项复杂的工作，不仅与评估指标的取值有关，还与评估标度、评分及指标值—评分关系等有关。

2.1　评估指标取值

一般地，可将评估指标分定量指标和定性指标 2 类。所谓定量指标，是指关于该指标的评判信息是具体的数值；定性指标，是指关于该指标的评判信息不是具体的数值，而是状态描述或简单的等级划分。对于定量指标常采用无量纲化等处理方法[1]；对于定性指标常采用定量化及细致化等处理方法[2,3]。

2.2　标度

标度是把经验关系系统同构地映射到数值关系系统而构成的一个基本测度[4]。标度可以理解为一种映射。标度问题一直是学者的研究焦点，标度形式多种多样[5]，主要有 1～9 标度法、0～2 三标度法、−1～1 三标度法、−2～2 五标度法、9/9～9/1 分数标度法、10/10～18/2 分数标度法、$9^{0/9}$～$9^{9/9}$ 指数标度法和（5/5，5.5/4.5，6/4，6.5/3.5，…，8.5/1.5，9/1）分数标度法等。

考虑到既有桥梁评估的相关规范（或标准）都将结构技术状况分为 5 类，本文结构技术状况采用五标度——分别用“优”、“良”、“中”、“差”、“劣”表示。对于评估指标的评估结果也采用一致的标度。

2.3　评分

《公路桥梁技术状况评定标准》（JTG/T H21—2011）（下文，简称为《公桥评》）及《城市桥梁养护技术规范》（CJJ 99—2003）中对于不同评估指标，相同评估标度对应的评分（扣分）有所不同。

本文对于不同评估指标的同一评估标度采用相同的评分。前面所述的将结构技术状况或评估指标的状况分为“优”、“良”、“中”、“差”、“劣”五标度的过程，可以理解为一个对技术状况的优选过程。在优选法的多种方法中，0.618 法是最简单的，也是应用最普遍的。所谓 0.618 法，就是取一线段 AB，分为长段 AC 和短段 CB，如图 1 所示。

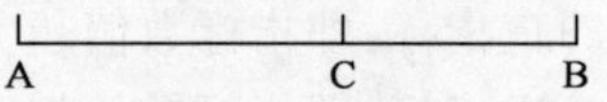

A　　C　　B

图 1　0.618 法示意图

即：

$$AB = AC + CB \tag{1}$$

使得

$$\frac{AB}{AC} = \frac{AC}{CB} \tag{2}$$

联立式(1)及式(2)得 $\frac{AC}{AB} = \frac{CB}{AC} = 0.618$。

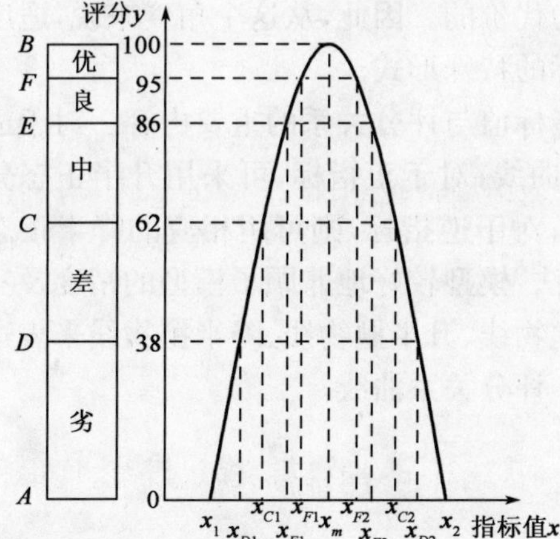

图 2　0.618 法确定的标度、评分范围及指标值—评分关系曲线

基于优选法中的 0.618 法（又称为黄金分割法）确定每一标度的评分范围，如图 2 左部所示。具体地，取线段 AB 的长度为 100（A 点处标记为 0 分，B 点处标记为 100 分）；确定 AB 之间的 C 点使 AC 的长度为 AB 的 0.618 倍（C 点处标记为 62 分）；确定 AC 之间的 D 点使 AD 的长度为 AC 的 0.618 倍（D 点处标记为 38 分）；确定 CB 之间的 E 点使 CE 的长度为 CB 的 0.618 倍（E 点处标记为 86 分）；最后确定 EB 之间的 F 点使 EF

的长度为 EB 的 0.618 倍(F 点处标记为 95 分)。

将优选法确定的各标度评分范围及《公桥评》的评分范围见表 1。

优选法及《公桥评》各标度的评分范围表 表 1

优选法	标度	优	良	中	差	劣
	评分范围	[95,100]	[86,95)	[62,86)	[38,62)	[0,38)
《公桥评》	标度	1类	2类	3类	4类	5类
	评分范围	[95,100]	[80,95)	[60,80)	[40,60)	[0,40)

由表 1 可见,通过优选法确定的评分范围与《公桥评》的评分范围总体上是一致的。

在评分环节采用扣分或直接打分的方式都是常见的。值得注意的是,扣分与直接打分达到的效果可能有如下的差别:

(1)扣分可以使评估者注重评估过程及如何得到评估结果;直接打分可能使评估者追求对评估对象的总体感觉,把握评估对象的主要方面,直接关注评估结果。

(2)从心理上说,扣分能引起评估者的危机意识,起到警示的作用,有利于后续对评估对象的分析总结;对于评估对象技术状况轻微下降的情况,也容易确定技术状况之间的差别。

(3)直接打分相对较快、不易细化,但引入层次分析法后,能起到一定的改善作用。

在评分环节,若由于指标影响因素较多或缺损类型较多等情况,直接打分有困难时,可考虑采用扣分的方式。

2.4 指标值与评分的关系

一般地,依据指标与评估结果的关系,可以将评估指标分为 3 类[3]:

(1)适度指标:即指标数值适中,评估结果最好的指标。

(2)正指标:即指标数值越大,评估结果越好的指标。

(3)逆指标:即指标数值越小,评估结果越好的指标。

对于工程问题,往往不是追求某项指标的越大越好(或越小越好),而是力争某项值的适度。例如,从结构抗力与效应的关系来分析。当抗力大于效应,表示结构是安全的;当抗力小于效应,表示结构是不安全的;当抗力等于效应,表示结构处于极限状态,介于安全与不安全两种状态之间。若用安全系数表示抗力大于效应的程度。那么,安全系数并不是越大越好。因为追求过大的安全系数往往是以付出巨大经济利益为代价的。因此,从这个角度来说,适度指标是评估指标的一般形式,正指标、逆指标是评估指标的特殊形式。

建立指标值与评估结果之间的关系曲线是研究指标值与评分关系的重要内容。对于适度指标,可采用正态分布曲线[6,7]、梯形曲线等建立关系曲线;对于正指标,可采用升半正态分布曲线、升半梯形曲线等表达其与评估结果之间的关系;对于逆指标,则可用相应的降半正态分布曲线、降半梯形曲线等表达。文献[3]提出的"六点法"模型较好地兼顾了模型的精度及实用性。本文对于适度指标、正指标、逆指标则分别采用抛物线、升半抛物线、降半抛物线来表达指标值与评估结果的关系。如图 2 所示为适度指标值—评分关系曲线。

以二次曲线为例,假设

$$y = ax^2 + bx + c \tag{3}$$

式中:x——自变量,这里表示指标值;

y——因变量,这里表示评分;

a、b、c——待定系数。

当指标的最大值 x_2 及最小值 x_1 已知时，确定中间值 $x_m=(x_1+x_2)/2$，由 3 个坐标点 $(x_1,0)$、$(x_2,0)$、$(x_m,100)$列 3 个方程，求出 3 个待定系数。确定 D、C、E、F 各点对应指标值 x_{D_1}、x_{D_2}、x_{C_1}、x_{C_2}、x_{E_1}、x_{E_2}、x_{F_1}、x_{F_2}后，适度指标的评估标准见表 2。

适度指标的评估标准 表 2

标度	优	良	中	差	劣
评估标准	$[x_{F_1},x_{F_2}]$	$[x_{E_1},x_{F_1}),(x_{F_2},x_{E_2}]$	$[x_{C_1},x_{E_1}),(x_{E_2},x_{C_2}]$	$[x_{D_1},x_{C_1}),(x_{C_2},x_{D_2}]$	$[x_1,x_{D_1}),(x_{D_2},x_2]$

正指标、逆指标的指标值—评分关系曲线分别取图 2 所示抛物线的升半抛物线和降半抛物线。正指标、逆指标评估标准的确定方法基本同于适度指标，限于篇幅，不再赘述。

若指标为定性指标，可采用集值统计及重心决策等理论确定指标评分[8,9]，然后依据表 1 确定评估等级。

本文提出的基于优选法的桥梁评估标准确定方法，有一定的适用前提：已知指标值与评估结果的总体关系及部分评估标准信息。采用本文的方法，可有助于确定相对完整的评估标准。下面以 1 个算例说明基于优选法确定评估标准的过程。

3 算例

根据《公路桥梁承载能力检测评定规程》(JTG/T J21—2011)，可采用混凝土氯离子含量(占水泥含量的百分比)作为评估指标来间接反映诱发钢筋锈蚀的可能性。如果仅已知：混凝土氯离子含量越大，诱发钢筋锈蚀的可能性越大；对于钢筋混凝土材质状况来说，混凝土氯离子含量属于逆指标；混凝土氯离子含量不小于 1.00 时，诱发钢筋锈蚀的可能性最大，对应于评估标度“劣”；混凝土氯离子含量小于 0.15 时，诱发钢筋锈蚀的可能性最小，对应于评估标度“优”；根据指标的物理意义，理想化情况下，混凝土氯离子含量为 0 时，取评分为 100。

采用降半抛物线，用 x 坐标轴表示氯离子含量，用 y 坐标轴表示钢筋材质状况评分。基于图 2 及表 1 所示优选法确定的各标度评分范围，由已知情况，可得到降半抛物线上 3 个坐标点(0,100)、(0.15,95)、(1.00,38)。由 3 个已知坐标点，求得公式(3)的三个待定系数 a、b、c 分别为－32.725、－28.275、100，则抛物线形状已知，可确定坐标点(0.35,86)、(0.72,62)。即基于优选法确定了混凝土氯离子含量对应于其他标度的评估标准。

将基于优选法所确定的混凝土氯离子含量评估标准及《公路桥梁承载能力检测评定规程》(JTG/T J21—2011)中的评估标准列于表 3。

混凝土氯离子含量评估标准 表 3

	标度	优	良	中	差	劣
优选法	评估标准	<0.15	[0.15,0.35)	[0.35,0.72)	[0.72,1.00)	≥1.00
JTG/T J21—2011	标度	1	2	3	4	5
	评估标准	<0.15	[0.15,0.40)	[0.40,0.70)	[0.70,1.00)	≥1.00

注：对于本算例，采用优选法确定了[0.15,0.35)、[0.35,0.72)及[0.72,1.00)3 个区间，分别为标度“良”、“中”、“差”所对应的评估标准。

由表 3 可知，基于优选法所确定的评估标准与《公路桥梁承载能力检测评定规程》(JTG/T J21—2011)中的评估标准基本一致。在确定中间若干标度的评估标准时，与直接等分的方法相比，本文的方法更合理。

因此，当评估标准不完整时，基于优选法的评估标准确定方法可为补充、完善评估标准提供一种选择。

4 结语

以既有桥梁评估标准为研究对象，对于难以直接确定完整评估标准的情况，首先研究了与评估标准密切相关的评估指标取值、标度、评分(或扣分)、指标取值与评分关系等若干问题；本着同标度同评分的原则，基于优选法确定了各等级的评分范围；提出了基于优选法的评估标准确定方法；并以算例说明评估标准的确定过程。主要结论如下：

(1)基于优选法所确定的评分等级与《公路桥梁技术状况评定标准》(JTG/T H21—2011)总体上一致。

(2)当难以直接确定完整的评估标准时，基于优选法的评估标准确定方法可作为一种选择。

(3)扣分方式与直接打分的方式在评估心理、评估过程、粗略程度等方面有所差别。

(4)采用逆向思维，通过评估标度对应的评分范围确定评估标准的方法有一定的适用前提，即已知指标值与评估结果的总体关系及部分评估标准信息。

参 考 文 献

[1] 朱孔来. 评价指标的非线性无量纲模糊处理方法[J]. 系统工程，1996，14(6).

[2] 张灵莹. 定性指标评价的定量化研究[J]. 系统工程理论与实践，1998(7).

[3] 任远. 大跨度斜拉桥养护管理系统的数字化研究[D]. 哈尔滨：哈尔滨工业大学，2008.

[4] T L 萨蒂. 层次分析法——在资源分配、管理和冲突分析中的应用[M]. 许树柏，等译. 北京：煤炭工业出版社，1988.

[5] Zhang Q，Nishimura T. A method of evaluation for scaling in the analytic hierarchy process[C]. Proceeding of IEEE International Conference on Systems，Man，and Cybernetics. 1996.

[6] 黄侨，唐海红，林阳子. 钢管混凝土拱桥上部结构综合评价方法[J]. 哈尔滨工业大学学报，2010，42(1).

[7] 林阳子. 大、中跨径预应力混凝土桥梁评价理论及方法研究[D]. 哈尔滨：哈尔滨工业大学，2009.

[8] 孙九春，史家钧. 加权集值统计理论和重心决策理论在桥梁评估中的应用[J]. 上海公路，2001(4).

[9] Zong Z H，Zhu S F，Xia Z H. Comprehensive analysis method for safety assessment of continuous rigid-frame bridge with long span[J]. Journal of the China Railway Society，2011，33(7).

165. 结构损伤及材料退化的计算方法在某桥梁加固中的应用

赵进锋　李　剑　苗家武　王维红

（中交路桥技术有限公司）

摘　要：某高速公路桥梁跨径布置为2×20mT梁＋(40.7＋55＋40.7)m变截面连续箱梁＋2×20mT梁。随着使用年限的增长以及交通量的增大，加之受到当时设计方法、材料性能、施工工艺等客观条件的局限，该桥T梁混凝土出现了一定程度的破损，钢筋锈蚀严重，导致承载能力及使用性能下降。本文针对该桥的桥梁现状及病害，建立基于结构损伤及材料退化的有限元模型，对结构进行了验算，结果表明该桥T梁承载力不足，且各片T梁之间横向联系较弱。加固设计方案充分结合计算结果，围绕增加结构强度、整体性和耐久性等方面提出了在梁底粘贴钢板、增设横隔梁并重新浇筑桥面板等加固方法，取得了较好的效果，该计算方法及加固思路可为同类桥梁的加固提供借鉴。

关键词：结构损伤　材料退化　加固　黏钢法　横隔梁

1　引言

我国20世纪八九十年代城市化进程及交通事业发展很快，随之也建成了大批市政及公路桥梁，随着使用年限的增长以及交通量的日趋增大，加之受到当时局限的设计、材料、施工等方面的影响，很多桥梁不同程度地出现了破损、承载能力及使用性能下降等现象，因此探究如何修复这些桥梁已成为当今桥梁设计的重要课题。桥梁加固是维修病害桥梁、提高桥梁承载能力的最基础、最常用的方法。通过桥梁加固，可以延长桥梁的使用寿命，用少量的资金投入使之满足当前及今后的使用需求，预防和避免因桥梁坍塌造成的人民生命财产的损失，从而起到较好的社会经济效益。本文针对某大桥的病害及桥梁现状，提出了行之有效的加固方案，并给出了加固效果评价。

2　钢筋混凝土梁式旧桥加固计算的特点

(1)桥梁在经历过多年的使用之后，构件连接等会发生不同程度的变化。材料性能会有所下降，结构可能出现不同程度的损伤，运营环境、工作状态等与设计相比也有所变化。因此，计算模型的建立必须考虑结构损伤及材料的退化，而结构检算应该建立在退化模型的基础之上。

(2)结构检算的主要依据是在役旧桥的实测资料和有关数据，再参照原设计文件施工文件及竣工文件。所谓实测资料和有关数据是指：旧桥各组成部分的实际状态；各构件的实际尺寸、几何特性、材料等级、规格、强度、裂缝、破损、锈蚀、变形、位移等病害；并在此基础上确定结构承载能力检算的各项系数。

(3)原结构在加固后需要重新计算承载能力，此时，结构新增部分不需要考虑材料的恶化，但是原来的材料必须计入材料恶化的影响。

3 锈蚀钢筋混凝土构件的结构性能退化模型

3.1 锈蚀钢筋 σ-ε 曲线

根据文献[1]的研究结论，假定锈蚀钢筋的应力—应变曲线锈蚀钢筋的应力—应变曲线服从双折线形式，不考虑强化段；锈蚀前钢筋弹性模量与锈蚀后弹性模量相等；锈蚀钢筋的延伸率与极限应变的退化规律相同。则锈蚀钢筋的应力(σ)—应变(ε)曲线如图1所示，表达式可按如下参数确定：

$$\varepsilon_y^* = \sigma_t^* / E_s$$

当 $0 < \eta_s \leqslant 5\%$ 时：

$$\left.\begin{aligned}\sigma_y^* &= (1-1.608\eta_s)\sigma_y \\ \delta^* &= (1-2.480\eta_s)\delta \\ \varepsilon_u^* &= (1-2.480\eta_s)\varepsilon_u\end{aligned}\right\}$$

当 $\eta_s > 5\%$ 时：

$$\left.\begin{aligned}\sigma_y^* &= (0.962-0.848\eta_s)\sigma_y \\ \delta^* &= (1.088-3.573\eta_s)\delta \\ \varepsilon_u^* &= (1.088-3.573\eta_s)\varepsilon_u\end{aligned}\right\}$$

式中：σ_y^*、δ^*、ε_u^*——分别为锈蚀钢筋名义屈服强度、延伸率、极限应变；

σ_y、δ、ε_u——分别为未锈蚀钢筋屈服强度、延伸率、极限应变；

E_s、ε_y、η_s——分别是钢筋弹性模量、屈服应变、钢筋平均锈蚀率。

3.2 锈蚀钢筋与混凝土黏结性能退化

1)退化机理

(1)钢筋的锈蚀产物是一层结构疏松的氧化物，在钢筋与混凝土之间形成一层疏松隔离层，明显地改变了钢筋与混凝土的接触表面，从而降低了钢筋与混凝土之间的胶结作用。

(2)钢筋的锈蚀产物比被锈蚀的钢材占据更大的体积，从而对包围在钢筋周围的混凝土产生径向膨胀力，当径向膨胀力达到一定程度时，会引起混凝土开裂。混凝土开裂导致混凝土对钢筋的约束作用减弱。混凝土开裂所需的锈蚀率与钢筋直径和保护层厚度有关。

(3)变形钢筋锈蚀后，钢筋变形肋将逐渐退化。在锈蚀较严重的情况下，变形肋与混凝土之间的机械咬合作用基本消失。

2)退化模型

典型的黏结应力(τ)—滑移(s)曲线如图1所示。拔出试验中黏结破坏可分为五个阶段：微滑移段(o-s)；滑移段(s-cr)；劈裂段(cr-u)；下降段(u-r)和残余段(r-)。根据曲线的临界转折点可定义四个黏结强度特征值：滑移强度 τ_s、劈裂强度 τ_{cr}、极限强度 τ_u、残余强度 τ_r；相应的滑移特征值为：S_s、S_{cr}、S_u、S_r。为简化模型，曲线简化为 o-s 段，s-cr 段，cr-u 段三折线，黏结性能的退化模型如下：

滑移强度值：

$$\tau_s^* = (1.0 - K_s\eta_s)\tau_s = \Phi_s\tau_s$$

劈裂强度值：

$$\tau_{cr}^* = (1.0 - K_{cr}\eta_s)\tau_{cr} = \Phi_{cr}\tau_{cr}$$

极限强度值：

$$\tau_u^* = (1.0 - K_u\eta_s)\tau_u = \Phi_u\tau_u$$

其中：

$$K_s = 15.003 - 4.134(C/d)$$

$$K_{cr} = 12.397 - 3.021(C/d)$$

$$K_u = 10.554 - 1.586(C/d)$$

式中：τ_s、τ_{cr}、τ_u——无锈蚀强度；

τ_s^*、τ_{cr}^*、τ_u^*——锈蚀后强度；

η_s——钢筋平均锈蚀率；

K_s、K_{cr}、K_u——考虑保护层、钢筋直径因素的影响系数；

Φ_s、Φ_{cr}、Φ_u——黏结强度退化系数。

$$S_{cr}^* = (1.0 - 5.984\eta_s)S_{cr}$$

$$S_u^* = (1.0 - 7.365\eta_s)S_u$$

式中：S_{cr}、S_{cr}^*——对应劈裂强度的无锈蚀与锈蚀后滑移量；

S_u、S_u^*——对应极限强度的无锈蚀与锈蚀后滑移量。

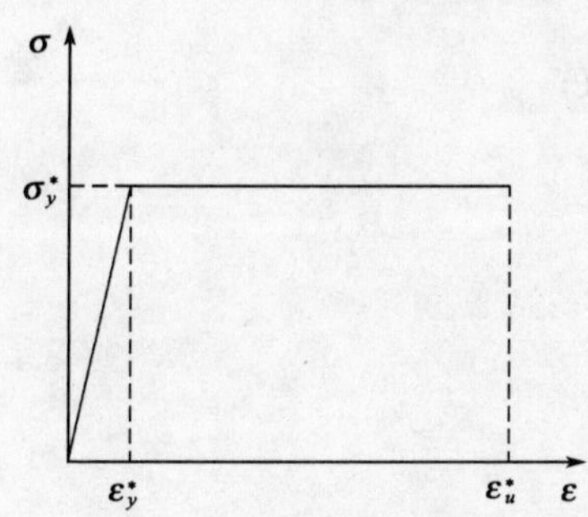

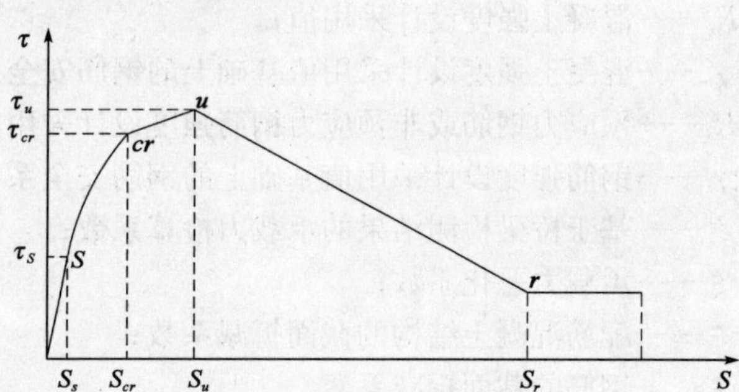

图 1　锈蚀钢筋 σ-ε 曲线及黏结应力(τ)—滑移(s)曲线

4　钢筋混凝土梁式桥加固计算的一般步骤

鉴于该类旧桥自身的特点，为确保桥梁加固方案合理、效果明显，桥梁加固计算应根据前面所述钢筋混凝土构件的结构性能退化模型考虑结构的损伤以及结构性能和材料的退化，并依照一定的步骤进行。桥梁加固计算一般应进行加固前原结构检算、加固方案设计和加固后结构检算三个步骤。

4.1　加固前原结构检算

加固前结构检算的依据主要是桥梁的设计资料与检测资料，分为结构内力计算和承载能力检算两个步骤。

(1)原结构内力计算

计算模型的选择要以实际的结构状态为基础。如由于桥梁在建造过程中会出现偏差，结构构件的尺寸并不一定与设计相同，而且可能已经有所破损，所以在内力计算中使用的构件尺寸应该是从实际结构上测量得到，而不是取用原设计值。

(2)原结构承载能力检算

确定原结构检算截面：钢筋混凝土梁式旧桥的承载能力检算应选择受力最不利或损坏较严重的桥孔进行。对于简支梁桥应检算跨中截面、第一道中间横隔梁处截面(无中间横隔梁的取1/4截面)、截面尺寸变化处和支点截面，箱梁桥还应包括1/8截面。

原结构正截面抗弯、斜截面抗剪及跨中裂缝宽度验算：结构运营期间材料已经退化，应计入混凝土碳化、钢筋锈蚀等的影响，根据结构的实际情况(混凝土碳化、钢筋锈蚀等)进行混凝土和钢筋面积的折减，引入检算系数、材料恶化系数等。

对于混凝土及预应力混凝土桥梁，旧桥承载力检算基本公式如下：

$$S_d(\gamma_g G;\gamma_q \sum Q) \leqslant \gamma_b R_d\left(\xi_c \frac{R_c}{\gamma_c};\xi_s \frac{R_s}{\gamma_s}\right) Z_1(1-\xi_e)$$

式中：S_d——荷载效应函数；

G——永久荷载(结构重力)效应；

Q——可变荷载及永久荷载中混凝土收缩、徐变影响力效应，基础变位影响力效应，对重载交通桥梁，汽车荷载效应需计入活载影响修正系数ξ_q；

γ_q——荷载Q的安全系数；

R_d——结构抗力函数；

γ_b——结构工作条件系数；

R_c——混凝土强度设计采用值；

γ_c——混凝土强度设计采用值基础上的钢筋安全系数；

R_s——预应力钢筋或非预应力钢筋强度设计采用值；

γ_s——钢筋强度设计采用值基础上的钢筋安全系数；

Z_1——基于桥梁检测结果的承载力检算系数；

ξ_e——承载力恶化系数；

ξ_c——配筋混凝土结构的截面折减系数；

ξ_s——钢筋的截面折减系数。

4.2 加固方案的设计

根据结构检算的结果，分析桥梁病害的原因，进而选择合适的加固方法和合理的加固方案。

4.3 加固后结构检算

加固后结构检算同样应包含两个步骤，即加固后结构内力计算和加固后承载能力检算。加固后结构检算以加固后桥梁的结构形式为基础确定计算模型。

5 钢筋混凝土梁式桥加固计算示例

某高速公路桥梁于1989年竣工通车，至今运营已20年。全桥共7跨，桥跨布置为跨径布置为2×20mT梁+(40.7+55+40.7)m变截面连续箱梁+2×20mT梁。桥梁全长222.06m，桥梁斜度57.5°。桥梁分左右两幅，两幅结构独立，并设有中央隔离带。双向两车道及每侧各一条紧急停车带及人行道，全桥宽25.2m(图2)。

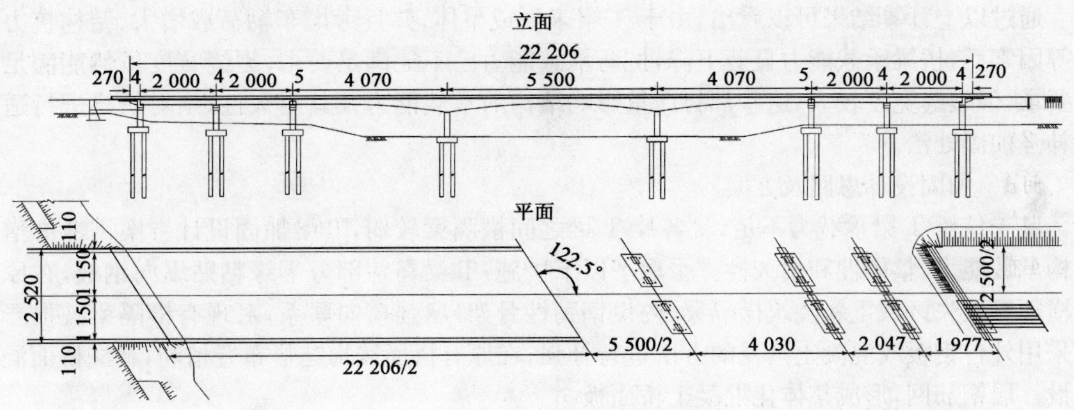

图 2　桥型布置图(尺寸单位:cm)

5.1　桥梁主要病害

T 梁主要病害:翼缘板底较多的部位有渗水现象,特别是纵向接缝处泛白现象比较严重,T 梁腹板马蹄部分局部出现破损露筋现象。梁体腹板存在较多的规律性的竖向开裂,呈现出典型的弯剪裂缝特征,部分腹板裂缝封闭后重新开裂。单幅 T 梁未形成整体。

5.2　桥梁现状安全性评价

结构分析采用空间梁格有限元程序完成,计算模型如图 3 所示。

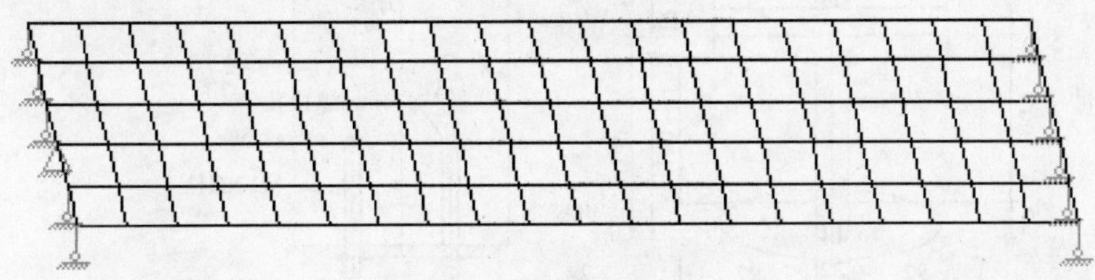

图 3　梁格法计算模型

基于桥梁病害的检测报告及相关实验结果,计算需考虑混凝土破损裂缝等导致的截面削弱及钢筋锈蚀导致的材料退化及超载等影响,各系数取值如下:ξ_c 取 0.96,ξ_s 取 0.94,ξ_q 取 1.07,ξ_e 取 0.07,Z_1 取 1.0。计算结果见表 1～表 3。

评定后截面抗弯承载力验算表(边梁)　　表 1

荷 载 组 合	跨中弯矩(kN·m)	跨中抗力(kN·m)	是 否 满 足
恒载＋汽车＋人群	3 612	3 375	否
恒载＋挂车	3 690	3 375	否

评定后截面抗剪承载力验算表(边梁)　　表 2

荷 载 组 合	支点剪力(kN)	支点抗力(kN)	是 否 满 足
恒载＋汽车＋人群	919.0	1 127.4	是
恒载＋挂车	1 041.2	1 127.4	是

评定后跨中截面裂缝宽度验算表(边梁)　　表 3

荷 载 组 合	裂缝宽度(mm)	允许值(mm)	荷 载 组 合	裂缝宽度(mm)	允许值(mm)
恒载＋汽车＋人群	0.18	0.2	恒载＋挂车	0.20	0.25

通过以上计算结果可以看出，由于T梁未形成整体，并且考虑车辆荷载增大、结构抗力下降等因素后，桥梁承载能力显著下降，抗弯承载能力已不能满足要求，裂缝宽度虽然能满足规范要求，但裂缝宽度较大，这些都将严重影响结构的承载能力及其耐久性，须对桥梁进行适当的补强加固处治。

5.3 加固设计思路及方案

鉴于该桥T梁承载力不足，且各片T梁之间横隔梁较弱，T梁加固设计方案需考虑增加结构承载能力、整体性和耐久性。采取了以下措施：T梁马蹄部分下缘粘贴纵向钢板，在原中间横隔梁缺失区域重新浇筑横隔梁(内设钢劲性骨架)增强横向联系；对现有横隔梁破损严重处采用外包钢板或混凝土修复的方法进行补强；在原有桥面按梅花形布置植筋，新浇桥面混凝土设一层钢筋网，形成整体化混凝土桥面板。

加固方案如图4、图5所示。

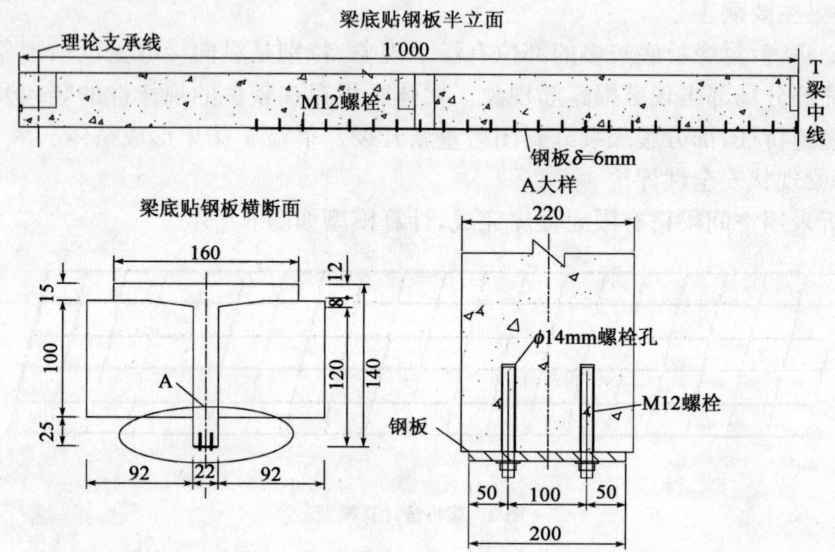

图4 T梁粘贴钢板示意图(尺寸单位:cm)

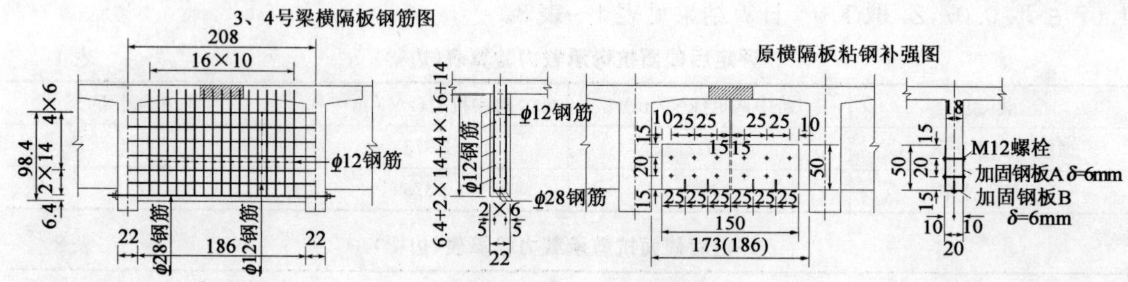

图5 横隔梁加固图(尺寸单位:cm)

5.4 加固效果验算

该桥的结构性加固设计采用在梁底粘贴钢板并增设横隔梁以及重新浇筑桥面板的方法，以加强T梁的横向联系，提高纵桥向的抗弯承载力(表4、表5)。

对引桥粘贴钢板，能有效地提高结构的极限承载能力，加固后截面的承载力均满足规范要求。

T梁加固后抗弯承载力结果(边梁) 表4

荷载工况	跨中弯矩(kN·m)	原抗力(kN·m)	评定后抗力(kN·m)	加固后抗力(kN·m)	是否满足	提高(%)
恒载+汽车+人群	3 612	3 989	3 375	3 962	是	15%
恒载+挂车	3 690	3 989	3 375	3 962	是	15%

T梁加固后跨中裂缝宽度验算结果(边梁) 表5

荷载工况	原结构(mm)	评定后(mm)	加固后(mm)	允许值(mm)	是否满足
恒载+汽车+人群	0.16	0.18	0.15	0.2	是
恒载+挂车	0.18	0.2	0.17	0.25	是

6 结语

本文给出了一个基于结构损伤退化模型的实用计算方法。通过加固前结构的检算,可以正确认识桥梁病害的原因,进而设计出合理的加固方案:通过在梁底粘贴钢板并增设横隔梁以及重新浇筑桥面板。验算结果表明,采用该方法加固后的桥梁承载能力有较大的提高。

参考文献

[1] 袁迎曙,贾福萍,蔡跃. 锈蚀钢筋混凝土梁的结构性能退化模型. 土木工程学报,2001,34(3).

[2] 张劲泉,李万恒,任红伟,等. 公路旧桥承载力评定方法及工程实例. 北京:人民交通出版社,2007.

[3] 徐岳,郑小燕,宋天诣. 基于桥梁退化模型的加固计算方法研究. 中外公路,2004,24(5).

[4] 中华人民共和国行业标准. JTG/T J22—2008 公路桥梁加固设计规范. 北京:人民交通出版社,2008.

[5] 中华人民共和国行业标准. JTG/T J23—2008 公路桥梁加固施工技术规范. 北京:人民交通出版社,2008.

166. 预应力 CFRP 板加固钢板断裂力学分析

叶华文　强士中　Thomas Ummenhofer

(1. 西南交通大学土木工程学院;

2. Research Center for Steel, Timber and Masonry, Karlsruhe Institute of Technology, Germany)

摘　要:预应力 CFRP 板加固受损钢板的断裂力学行为是决定其疲劳性能的关键问题。首先对粘贴不同预应力水平 CFRP 板加固的双边缺口钢板进行疲劳试验;然后在疲劳裂纹理论分析的基础上建立 CFRP 板加固钢板实体单元三维有限元断裂力学模型,分别分析了预应力水平,黏结胶性能及 CFRP 板刚度等参数对应力强度因子的影响。试验和数值分析结果表明:预应力水平成为影响加固结构应力分布和疲劳寿命的主要因素,预应力水平越高,加固效果越好,黏结胶性能及 CFRP 板刚度的影响相对较小。

关键词:钢结构　预应力 CFRP 板　疲劳　断裂力学行为

预应力 CFRP 板加固技术是一项新兴的加固技术,不但能大幅提高结构承载能力和刚度,而且能改善受损钢结构的疲劳问题,避免局部开裂,阻止疲劳裂纹扩展。赵启林、邓军和 Triantafillou 等国内外研究者对粘贴预应力 CFRP 板加固钢梁的静力行为在理论上进行了研究[1-3]。Bassetti 和 Colombi 等对粘贴预应力 CFRP 板的含中心孔受拉钢板进行疲劳试验研究,发现粘贴预应力 CFRP 板提高钢结构疲劳寿命可到 16 倍以上[4-7]。对于预应力 CFRP 板加固有初始缺陷的钢板的疲劳行为,直接采用经典断裂力学公式来分析是很困难的,而利用基于线弹性断裂力学的有限元方法是非常有效的[8-11]。在进行一系列疲劳试验基础上,本文采用通用有限元程序 ANSYS,利用其二次开发功能,主要是参数化设计语言(APDL),对钢板粘贴预应力 CFRP 板加固后的疲劳性能进行了线弹性断裂力学分析,对预应力水平,黏结胶及 CFRP 板刚度等参数对加固后钢板应力强度因子的影响进行参数分析,并分析预应力对贯穿裂纹扩展速率的影响。

1　理论基础

线弹性断裂力学中常用应力强度因子 K、J 积分、能量释放率 G 这三个参量来描述裂纹场。ANSYS 软件能较好地计算裂纹周围区域的应力分布,并能计算裂纹的应力强度因子 K、J 积分以及能量释放率 G 等,其特点是简单、经济、精度高。工程上应用最广泛的参数是应力强度因子 K,一般在 ANSYS 中采用奇异单元来计算应力强度因子 K,存在如下关系式：

$$u = \frac{K_I}{4G}\sqrt{\frac{r}{2\pi}}\left[(2\kappa - 1)\cos\frac{\theta}{2} - \cos\frac{3\theta}{2}\right] \tag{1}$$

$$\upsilon = \frac{K_I}{4G}\sqrt{\frac{r}{2\pi}}\left[(2\kappa + 1)\sin\frac{\theta}{2} - \sin\frac{3\theta}{2}\right] \tag{2}$$

$$\kappa = \begin{cases} \dfrac{3-\upsilon}{1+\upsilon} & \text{（平面应力状态）} \\ 3-4\upsilon & \text{（平面应变状态）} \end{cases}$$

u，ν 为对应于裂纹尖端局部坐标平行和垂直于裂纹面的位移；r，θ 是计算点在局部柱坐标的坐标值；G 是剪切模量，υ 是泊松比。由这些关系式在 ANSYS 中采用裂尖附近节点位移拟合得到应力强度因子 K，从而表征断裂力学行为。

根据 Pairs[8] 等人的研究成果，裂纹扩展速率与应力强度因子幅 ΔK 可以通过关系式(3)联系起来：

$$\mathrm{d}a/\mathrm{d}N = C(\Delta K)^n \tag{3}$$

式中 a 为裂纹长度，N 为疲劳寿命，C 和 n 为材料参数，ΔK 为应力强度因子幅。通过分析 ΔK，可以得到裂纹扩展情况，预测疲劳寿命。

2 疲劳试验分析

2.1 疲劳试验

疲劳试验试件是双面粘贴 CFRP 板的 10mm 厚钢板，试件总长 1 200mm，宽 150mm 中间有两个缺口均长 30mm，圆孔直径 10mm，如图 1 所示。根据预应力水平的不同将试件分为 5 种类型，各试件荷载、性能参数分别如表 1 所示[11]。

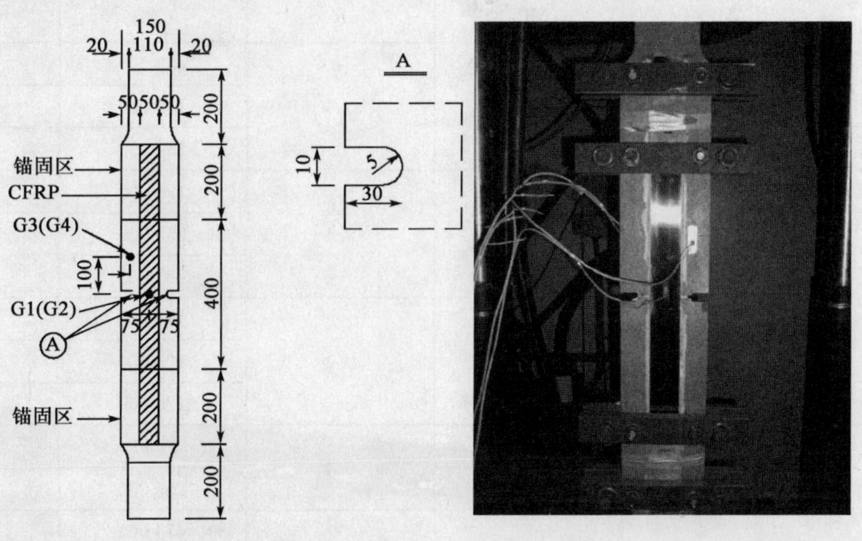

图 1 预应力 CFRP 板加固钢板试件（尺寸单位：mm）

试 件 参 数 表 表1

试件编号	预应力(MPa)	循环荷载(kN)(max/min)	名义应力幅 $\Delta\sigma$ (MPa)	R	弹性模量 E_c (GPa)	胶层厚度 t_a (mm)
A1						
A2	—	200/80	80	0.4	—	—
A3						
B1						
B2	0	200/80	80	0.4	205	1
B3						
C1					165	
C2	600	250/100	100	0.4	165	2
C3					205	
D1		200/80	80		205	2
D2	1 000	300/120	120	0.4	165	2
D3		250/100	100		205	2
E1						
E2	1 200	250/100	100	0.4	205	2

2.2 疲劳试验结果分析

疲劳试验结果如表2所示，表明：非预应力CFRP板的粘贴可以提高钢板疲劳寿命50%左右，对改善钢板的疲劳性能是有限的，而引入预应力后效果明显提高很多，在相同条件下提高了钢板的疲劳寿命至少5倍以上，临界裂纹长度在加固后提高了近2倍，大大提高了CFRP材料利用率。

疲劳试验结果 表2

试件编号	预应力(MPa)	名义应力幅(MPa)	名义应力比 R	疲劳寿命(次)	临界疲劳裂纹长度(mm)
A1				153 000	41.0
A2	—	80	0.4	189 000	44.3
A3				154 000	40.0
B1				198 000	66.0
B2	0	80	0.4	255 000	70.7
B3				225 000	71.8
C1				111 000	64.2
C2	600	100	0.4	123 000	66.5
C3				120 000	70.9
D2	1 000	120	0.4	39 000	52.7
D3		100		285 000	79.5
E1	1 200	100	0.4	474 000	77.3
E2				639 000	73.3

3 参数分析

3.1 三维有限元模型

有限元数值模拟分析中，根据不同的研究目的和对象，CFRP-黏结胶层-钢板组合结构根据单元类型的不同分为三大类：梁-板-梁模型，三板（壳）模型，三维实体模型。由于三维实体有限元模型使组合结构相互之间连接关系简单，比其他模型更多真实的模拟实际构件，从而获得其他类型模型为简化模型而忽略的应力。因此钢板，CFRP 板和黏结胶都采用实体单元模拟，这样建模很简单，相互之间的连接问题也很容易解决，但 CFRP 板与黏结胶层厚度（一般为 0.1～3mm）与钢板（10mm）相比一般都很小，容易造成单元畸变或单元数目过多，需要进行精细单元划分。通过降温法对碳纤维板施加预应力，采用节点耦合实现 CFRP 板的锚固。利用 ANSYS 软件和对称性建立 1/4 的试件三维实体单元有限元贯穿裂纹模型，如图 2 所示。试件材料参数如表 1 所示，其中有些材料特性作为参数进行分析，单元类型均采用 SOLID95 单元。只有裂纹在 CFRP 覆盖区域内情况下考虑脱胶问题，裂纹没扩展到 CFRP 覆盖位置时无脱胶问题。在试件 CFRP 板和钢板端部采用节点耦合模拟机械锚固。

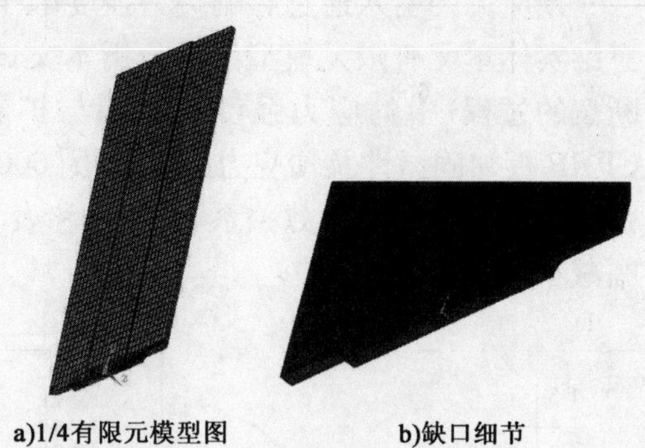

a)1/4有限元模型图　　b)缺口细节

图 2　实体单元有限元模型图

3.2 有效性分析

有限元模型能正确反映结构的静力行为是其分析断裂力学行为的基础，因此首先在不考虑裂纹情况下，将有限元模型静力分析计算值与静力试验测量值进行比较分析。

在 200kN 拉力作用下，分别比较有限元计算值，理论解析式和试验平均值，其结果如表 3 所示。从有限元计算结果和试验平均值及理论值的比较来看，理论值与试验结果符合得相当好，说明有限元模型能正确模拟试件的应力分布，可以分析试件断裂力学特性。

有限元值与试验平均值比较分析　　表 3

试　件	预应力（MPa）	CFRP 板应力（MPa）			钢板应力（MPa）		
		试验平均值	理论值	有限元结果	试验平均值	理论值	有限元结果
B3	0	143.6	175.4	150.2	127.0	123.0	136.0
C1	600	689.8	686.3	667.8	78.2	72.3	74.4
C2		690.2			73.0		
C3		691.0	709.2	682.1	78.0	70.9	73.4
D2	1 000	1 050.5	1 043.4	1 037.9	36.0	37.5	36.3
D3		1 037.5	1 052.4	1 044.9	39.8	36.9	36.0
E1	1 200	1 215.9	1 228.1	1 226.4	28.2	19.7	17.4
E2		1 185.0			17.2		

3.3 断裂力学参数分析

有限元断裂力学分析主要是对出现疲劳裂纹的试件应力强度因子 K 进行分析，采用前述 3-D 有限元模型对预应力 CFRP 板加固钢板以下参数进行断裂力学分析：预应力水平，黏结胶性能及 CFRP 板刚度。在 200kN 拉力作用下，最大名义远场应力 σ 为 133MPa，利用 3-D 有限元模型分析预应力水平，黏结胶及 CFRP 板刚度对加固试件应力强度因子的影响。设在名义远场应力 σ 作用下有限元模型计算的应力强度因子为 $K_{\max}$，定义无量纲量 K_r 为：

$$K_r = \frac{K_{\max}}{\sigma\sqrt{\pi a}} \tag{4}$$

1)预应力水平

CFRP 板预应力水平是影响结构疲劳性能的重要因素，利用三维有限元模型，其他参数不变情况下，计算四个不同张拉预应力水平(0，600，1 000 和 1 200MPa)作用下裂纹扩展过程中的 K_r，如图 3 所示。

预应力的引入通过影响应力强度因子幅来影响裂纹扩展速率，采用 Pairs 公式和建立的三维实体单元有限元模型计算分析本文试件的贯穿疲劳裂纹扩展过程(从 5mm 长度扩展到断裂的过程)中的应力强度因子幅与扩展速率关系，分别选取未加固钢板试件，非预应力 CFRP 板加固试件及预应力 CFRP 板(600，1 000MPa)加固试件，建立扩展速率 da/dN 与应力强度因子 ΔK 的双对数关系，如图 4 和表 4 所示，可见，疲劳寿命延长主要在于应力强度因子幅减小。

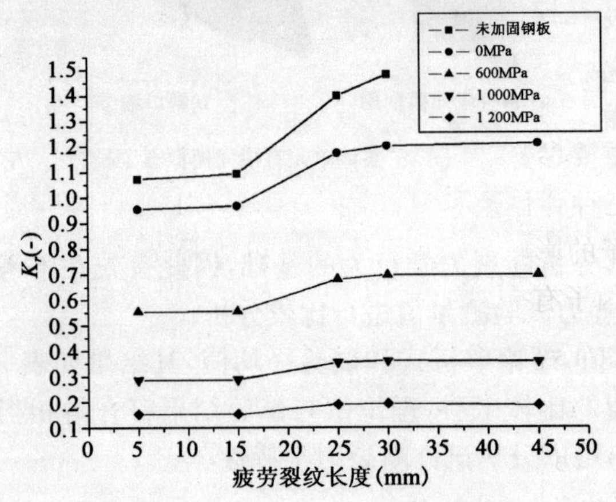

图 3　预应力水平对应力强度因子的影响

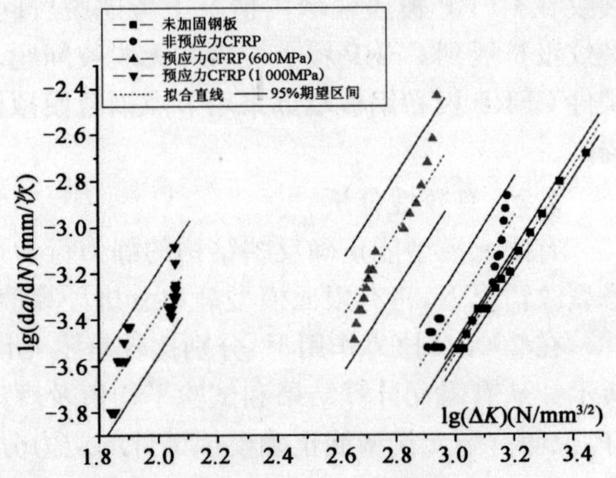

图 4　裂纹扩展速率与应力强度因子幅关系

Pairs 公式参数变化

表 4

试　件	预应力(MPa)	名义应力幅 $\Delta\sigma$ (MPa)	$da/dN=C(\Delta K)^n$	
			n	C
A1	—	80	2	$10^{-9.5}$
B3	0	80	2	$10^{-9.4}$
C2	600	100	2	$10^{-8.6}$
D3	1 000	100	2	$10^{-7.4}$

由此可以看出：引入预压应力大大降低应力强度因子，使得钢板加固后疲劳寿命大幅度提高，而非预应力 CFRP 板加固对应力强度因子影响有限，提高的疲劳寿命也有限，这些都在疲劳试验中得到体现。

2)黏结胶

由于黏结胶是混合物，每次混合搅拌得到的成分不可能完全相同，力学性质离散度较大，难以测量，特别是剪切模量，已有文献研究表明黏结胶的剪切模量一般在 0.5～2GPa 之间。为研究黏结胶对加固结构应力强度因子的影响，选取相同厚度(2mm)不同剪切模量(0.5,1 和 2GPa)，及相同剪切模量(1GPa)不同厚度(1 和 2mm)的黏结胶分别进行分析，如图 5 和图 6。

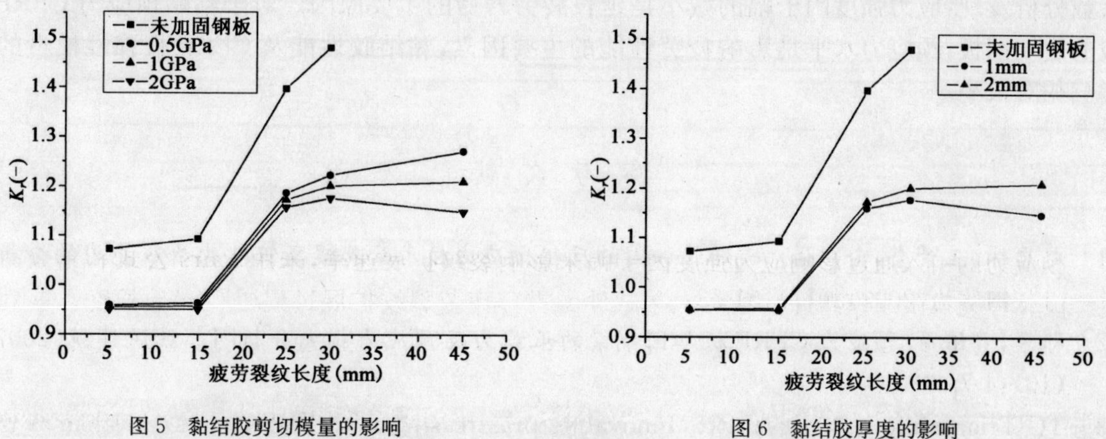

图 5　黏结胶剪切模量的影响

图 6　黏结胶厚度的影响

由分析结果可知：对于有机械锚固装置的预应力 CFRP 板来说，黏结胶是辅助传力装置，对钢板应力强度因子影响主要在裂纹扩展区，由于在模型中没考虑黏结胶对裂纹的迟滞效应，因此黏结胶的性能和厚度对应力强度因子影响很小。

3)CFRP 板弹性刚度

CFRP 板刚度主要包括弹性模量和厚度，是重要参数，对静力性能和疲劳性能都有相当大的影响。利用三维有限元模型中分别分析粘贴三种弹性模量(165,205 和 300GPa)和三种板厚(1.2,1.4 和 2mm)的 CFRP 板对应力强度因子的影响，如图 7 和图 8,可以看出：CFRP 板要分担一部分荷载，因此其弹性模量对应力强度因子有一定影响。

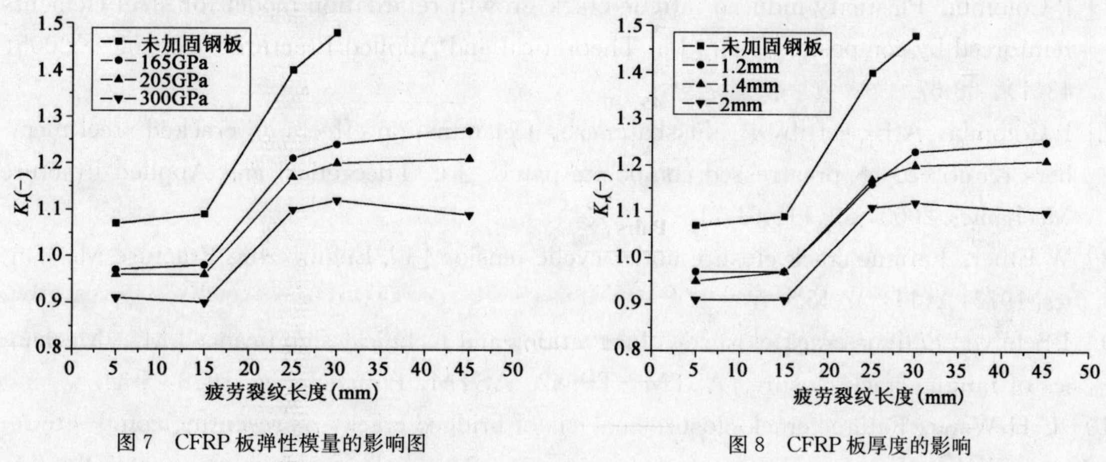

图 7　CFRP 板弹性模量的影响图

图 8　CFRP 板厚度的影响

综上所述，采用实体单元三维有限元模型分别分析了预应力水平，黏结胶性能，CFRP 板刚度对应力强度因子的影响，结果表明：预应力水平是主要影响因素，黏结胶性能及 CFRP 板刚度对应力强度因子影响相对小得多。

4　结语

通过以上预应力 CFRP 板加固钢板构件的疲劳试验结果分析和基于裂纹分析理论的三

维实体单元有限元分析，可以得出以下结论：

(1)三维实体单元有限元可以简便的分析断裂力学行为，并与试验结果吻合较好。

(2)通过对预应力水平，黏结胶性能及 CFRP 板弹性模量等参数对应力强度因子的影响参数分析发现：应力强度因子幅的减小是延长疲劳寿命的主要原因。对于粘贴预应力 CFRP 板的裂纹钢板，预应力水平是影响疲劳性能的主要因素，黏结胶性能及 CFRP 板弹性模量的影响相对很小。

参考文献

[1] 赵启林，王景全，金广谦. 碳纤维加固的反拱预应力技术及其提高钢结构承载能力的分析[J]. 钢结构，2002，3(17)：51-53.

[2] 邓军，黄培彦. 预应力 CFRP 板加固钢梁的承载力及预应力损失分析[J]. 铁道建筑. 2007(10)：4-7.

[3] TC Triantafillou, N Deskovic. Innovative prestressing with FRP sheets, mechanics of short-term behavior [J]. Journal of Engineering Mechanics, ASCE. 1991, 117(7): 1653-1672.

[4] A Bassetti. Lamelles precontraintes en fibres carbone pour le renforcement de ponts rivetes endommaees par fatigue (in French), Ph. D. Thesis no. 2440, Swiss Federal Institute of Technology, EPFL, Lausanne, 2001.

[5] P Colombi, A Bassetti, A Nussbaumer. Analysis of cracked steel members reinforced by pre-stress composite patch [J]. Fatigue Fracture of Engineering Materials Structures. 2003, 26(1):59-66.

[6] P Colombi. Plasticity induced fatigue crack growth retardation model for steel elements reinforced by composite patch [J]. Theoretical and Applied Fracture Mechanics. 2005, 43(1): 63-67.

[7] P Colombi, A Bassettib, A Nussbaumerb. Delamination effects on cracked steel members reinforced by prestressed composite patch [J]. Theoretical and Applied Fracture Mechanics. 2003, 39(1): 61-71.

[8] W Elber. Fatigue crack closure under cyclic tension [J]. Engineering Fracture Mechanics. 1970, 2(1): 37-45.

[9] J Schijve. Fatigue crack closure: observations and technical significance [M]. Mechanics of fatigue crack closure. ASTM STP982. ASTM, Philadelphia, 1988: 5-34.

[10] C H Wang. Fatigue crack closure analysis of bridged cracks representing composite repairs [J]. Fatigue Fracture of Engineering Materials Structures. 2000, 23(6): 477-488.

[11] 叶华文. 预应力碳纤维板(CFRP)加固钢板受拉静力及疲劳性能试验研究[博士学位论文]. 成都：西南交通大学，2009.

167. 关于现浇箱梁裂缝的检测、维修与加固施工工艺方案研究

孟新奇　魏伦华　汤凤凯　吕家昱

(天津(城建集团)第三市政公路工程有限公司)

摘　要:现浇箱梁在桥梁建设中被越来越广泛地应用。现浇箱梁与预制箱梁相比,最大的缺点或者说质量通病就是容易出现裂缝。裂缝出现的原因很多,有些超过规范允许范围或影响到正常使用(寿命),需要采取适当的检测、维修和加固方案。本文通过具体的工程实践,探讨和研究现浇箱梁裂缝的检测、维修与加固的方法、工艺和方案。

关键词:现浇箱梁　裂缝　维修加固　研究

1　前言

现浇箱梁在桥梁建设中大量广泛应用,不论是支架现浇或是挂篮悬浇;但是,现浇箱梁与预制箱梁相比,最大的缺点或者说质量通病就是容易出现裂缝。裂缝出现的原因很多:由温度裂缝、构造裂缝以及施工裂缝等等,特别是箱梁的底板与腹板,有时顶板也会出现。裂缝的宽度、深度、长度和发展方向不一,有些超过规范规定允许范围或影响到正常使用(寿命),就需要采取适当的检测、维修和加固方案。本文就是通过具体的工程实践,探讨和研究现浇箱梁裂缝的检测、维修与加固的方法、工艺和方案,解决新老桥梁建设和使用过程中的质量病害问题;保证结构安全,延长桥梁使用寿命,充分发挥其桥梁建设的社会和经济效益。

2　裂缝问题原因分析

现浇箱梁施工中最常见的问题即为裂缝;梁体表面裂缝的大多是走向不规则的微裂缝,裂缝大多呈网状、放射状、平行状等。但也有规则的纵向横向较宽或较长的裂缝。梁体裂缝大多分布在箱梁斜腹板与顶板和翼缘板交界的范围内。这些裂缝的产生既有设计上的,也有施工方面原因。

裂缝产生的原因是多方面的,对于现浇箱梁设计构造、施工工艺、基础处理、支架方案及混凝土配合比、温差应力、混凝土收缩等方面考虑不当均可产生裂缝。主要原因是温度和湿度的变化,混凝土硬化期间水泥放出大量水化热,内部温度不断上升,在表面引起拉应力。后期在

降温过程中，由于受到基础或老混凝土的约束，又会在混凝土内部出现拉应力。气温的降低也会在混凝土表面引起很大的拉应力。当这些拉应力超出混凝土的抗裂能力时，即会出现裂缝。许多混凝土的内部湿度变化很小或变化较慢，但表面湿度可能变化较大或发生剧烈变化，如养护不周、时干时湿，表面干缩形变受到内部混凝土的约束，也往往导致裂缝。由于原材料不均匀，水灰比不稳定，及运输和浇筑过程中的离析现象，在同一块混凝土中的抗拉强度不均匀，存在许多抗拉能力很低，易于出现裂缝的薄弱部位。而且在施工中混凝土由最高温度冷却到运转时期的稳定温度，往往会在混凝土内部引起相当大的拉应力。

现浇箱梁与预制箱梁相比，最大的差别也在于其养护条件的差异，即温度和湿度的变化异常。现浇箱梁无论是支架现浇或挂篮悬浇，大都悬空在高处，日照、大风、雨雪、冰冻等恶劣的气候条件影响深远，使其本身的温度和湿度变化巨大。养护条件大多又达不到规范要求，保温保湿基本的养护有时都不能满足，比如大江、大河及深山峡谷上挂篮悬浇箱梁的底板和腹板的外表面，有时根本就无法进行养生，或能养生的时间很短。而预制箱梁大都在预制场区内，可以有条件有时间充分养生，有时还可以蒸养。现浇箱梁的这些不利之处，加之本身的箱体空间构造，导致其非常容易产生裂缝，如图 1 所示。

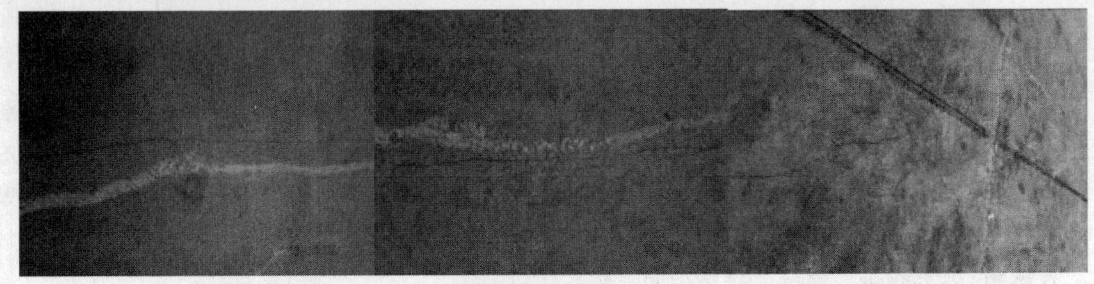

图 1　现浇箱梁裂缝情况

3　检测、维修与加固

3.1　目的与意义

在现浇箱梁施工中，梁体表面经常会出现裂缝。有的在混凝土浇筑过程中就会出现，有的在混凝土浇筑完一段时间后才会产生。虽然有些裂缝初期十分微小，但是随着时间的推移，在外力荷载和变形荷载作用下，发展会越来越宽越深，使顶板渗水、钢筋锈蚀，使梁体的承载能力下降，从而影响结构的耐久性甚至使用。因此在现浇梁体施工中，必须对表面裂缝引起高度重视，发现后及时处理，防止其继续发展。

3.2　工程案例

某高速公路互通区内，有一座 4×25m 的跨线桥，跨越另一条高速公路主线；全长 106.16m，桥面宽左、右幅分别从 15.48～19.74m 渐变，桥梁斜交角 51°，上部结构采用现浇连续箱梁，箱梁纵向未设置预应力钢束，横梁配置预应力钢束，箱梁混凝土为 C50。该桥建成后交工验收时，发现箱梁底板和腹板有大量的横向裂缝，有些超宽和贯通。后经过专业检测机构进行静动载试验和裂缝检测：

(1)桥梁边跨存在多处横向裂缝，且底板裂缝多出现在跨中位置处：

①左幅第 1 跨底板共有裂缝 14 条，其中跨中有 12 条，最大宽度 0.38mm。

②右幅第 1 跨外侧腹板裂缝 1 条，宽 0.29mm，长 1.1m。

③左幅第 4 跨底板裂缝 15 条，最宽 0.23mm，最长 2m；外侧腹板裂缝 19 条，最宽

0.35mm，最长1.7m；内侧腹板裂缝11条，最宽0.23mm，最长2.6m，且裂缝由腹板扩展到了底板。

④右幅第4跨内侧腹板裂缝3条，最宽0.17mm，最长1.2m。

⑤此外还发现了大量的宽度小于0.1mm裂缝，长度从0.48～1.5m不等。

(2)桥梁边跨箱体在试验加载作用下又产生新的裂缝，老裂缝在试验荷载作用下最大增宽0.06mm，个别裂缝超过规范允许极限值，梁体抗裂性能略有不足。根据检测结论：桥梁结构强度和刚度满足设计要求，整体结构满足受力要求，但出现的裂缝病害对桥梁的正常运营形成了安全耐久隐患，为确保桥梁结构安全耐久，应进行必要的维修、加固。

3.3 检测、维修加固方法

1)桥梁加固方案

(1)裂缝封闭。对所有宽度小于0.1mm的裂缝，无论缝宽大小与长度，一律封闭，不需再作处理，如图2所示。

图2 现浇箱梁底板及腹板微裂缝封闭修补工况

(2)裂缝灌浆。

①对于缝宽大于0.1mm的裂缝采用壁可法灌缝注胶的措施进行处理，要求采用的灌浆胶性能不低于规范规定的标准。

②对混凝土表面进行处理，清除松散灰浆、砂粒、油垢，使混凝土表面保持干净；灌浆过程中，裂缝宜处于干燥状态。

③灌缝用胶必须按所选用产品确定试验的配合比进行拌和，准确称量各组分并搅拌均匀；配好后尽快注入裂缝中，并在该产品规定的适用期内使用完毕。

④裂缝全部注满后应按材料要求进行养护，待浆体固化后，拆除灌浆嘴，并对表面进行修整。

⑤灌缝结束后应检验灌缝效果和质量，有不密实和重新开裂等不合格情况，应采取补灌等补救措施，确保质量。

(3)耐久性病害处理。

①对梁体所有锈蚀钢筋采取除锈措施，并进行防锈处理。

②在混凝土保护层起壳和脱落位置，凿毛表面混凝土，直至露出新鲜密实混凝土表面，并凿出沟槽，然后用环氧砂浆修补。

③混凝土表面质量缺失和孔洞处采用环氧砂浆修补。

(4)25m异形箱梁粘贴钢板条加固。

①箱梁底板外表面采用粘贴抗弯钢板条进行补强，钢板条厚度8mm，宽度20cm，净间距20cm。

②箱梁腹板外表面采用粘贴抗剪钢板条进行补强，钢板条厚度 8mm，宽度 10cm，净间距 15cm。

③连续箱梁靠端部支点位置增设钢板 U 形锚箍钢压条以增加锚固强度，钢板条厚度 6mm，宽度 18cm，净间距 10～15cm；钢板压条与抗弯钢板条之间空隙加胶粘钢垫块填平。

④所有钢板条的钢板均为 Q345-C 钢板，抗拉强度为 315MPa。

⑤所有粘贴的钢板条和钢板压条均采用 ϕ16mm 螺栓固定，底板抗弯钢板条和钢板压条螺孔间距 18cm，腹板抗剪钢板条螺孔间距 30cm，锚固深度均为 10cm。

⑥所有锚固螺栓在施工钻孔时小心谨慎，尽量避开主筋及箍筋位置，如有冲突，可适当调整位置。

2)维修加固方法和工艺

(1)主要材料。灌浆材料采用注缝胶，要有较低的黏度、良好的可灌性、耐久性，且与混凝土黏接强度高；性能稳定，不易起化学变化，不易被侵蚀或溶蚀破坏。

(2)主要施工机具。包括角磨机、空压力、吹风机、钢砂轮、钢丝刷、BL 注入器、灌浆嘴、弹簧秤。

(3)裂缝灌浆处理施工方法。

①表面处理：用砂轮机、钢丝刷打磨混凝土表面沿裂缝走向宽约 5cm 范围，清除水泥翻沫、灰尘及疏松的混凝土块和砂粒，油污要用布蘸稀料擦净，如果潮湿要用喷灯吹干。

②注入座的黏结：裂缝表面处理完后，将注入座埋设在裂缝的交叉处、较宽处、端部或经拓宽处理的缝口部位，埋设灌浆嘴的间距为 30～80cm，原则上缝窄应密、缝宽应稀，每条裂缝都必须有一个出气孔和进浆孔；对于出气孔也可离裂缝尽头 1～3cm 预留(不密封)，以便灌浆；查看灌浆效果，也不会影响灌浆的质量。将 BL-SEAL 的两种组分混合搅拌均匀，抹少许在注入座底面四边，将注入孔对正裂缝中心稍加用力按压，使其从底面的四个小孔中挤出，注意不要堵塞注入孔，粘好后避免错动注入座；混凝土基底状态不好时可适当扩展座周围的黏结面积并对座进行包覆；依据裂缝的深度和宽度，沿缝的走向按 30～40cm 间距布置，裂缝分岔处应安装注入座。

③裂缝密封：灌浆嘴埋设好后，沿缝用密封材料进行密封，封的厚度约 1～2mm，宽度约 3～5cm。封好的缝表面应光滑、平整，边缘与混凝土面应紧贴，不应有卷边现象。用密封胶沿裂缝走向密封 5cm 宽的范围，厚度应为 1.5mm 以上，尽量一次完成，避免反复涂抹。

④密封材料的固化和密封检查：让其自行硬化(在不同温度下约需 4～10 小时)。待密封胶达到强度后，沿缝涂抹一层肥皂水，并隔 100～200cm 的间距把中间的注浆孔用螺栓(缠生料带)堵上，从灌浆嘴中通入空气，如密封的缝上有冒泡现象，应对该部位重新密封，当缝较长时可分段试气检查。对于只能单面密封的通裂缝，可根据其深度进行不同程度的试气检查，推测对面未封的缝口漏气的大小，如对面漏气严重，深度又浅时，可适当增加浆液的黏度采用减压延时的方法持续对其灌浆。

⑤配浆及注入：将灌注胶的主剂和硬化剂混合搅拌均匀，该种胶液配制初时黏度极低，对于缝较窄的，配浆完毕后立即灌注，且要少量配制，配好的浆液应在 2 小时内用完；一般应根据缝的宽度、深度、使用温度及注浆时的进浆速率、进浆量来调整浆液的一次配浆量和黏度。对 BL 注入器，将注入器的连接端(蓝色)牢固地安装在注入座上，安装时用力不要过猛，以免损坏座的颈部。用黄油枪或其他小型泵送类工具通过过滤头连接注入器的注入端(白色)，开始注入，当橡胶管膨胀充满限制套时停止注入；如注入器膨胀后收缩较快，说明该处裂缝较深，缝

内空间大，要补灌。灌浆顺序为由一端向另一端，竖直裂缝从下到上依序，水平裂缝可从两端到中间、也可从中间到两端。对 DD 注入器，先将注入器注满后，再将其安装到注入座上。

⑥用稀料清洗注入工具。

⑦注入材料的固化：让注入材料自行固化（一般需 10～24 小时），可用手捏注入管随时了解固化情况；固化后敲掉注入器和注入座，如有必要，用砂轮机把密封胶打磨平整。如图 3、图 4 所示。

图 3　注入座大样及壁可法灌注

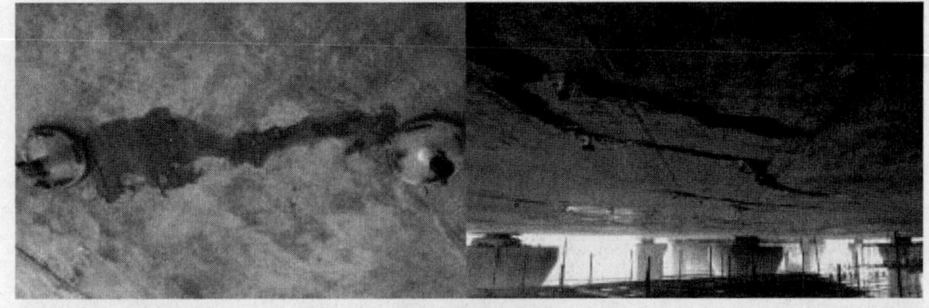

图 4　壁可法裂缝灌浆工况

（4）粘贴钢板条补强。

①在裂缝周围用磨光机将需粘贴钢板的混凝土表面的灰尘除去，使其露出砂粒或集料。

②按螺栓位置间隔在混凝土粘贴面钻深度不小于 8cm 的直径约 18mm 的盲孔。如图 5、图 6 所示。

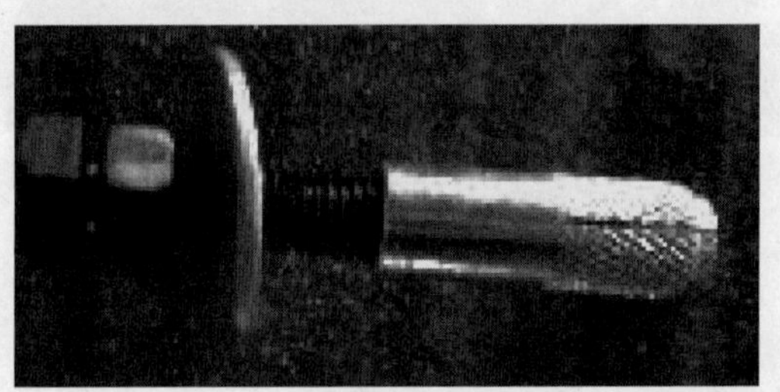

图 5　粘贴钢板条用膨胀螺栓大样

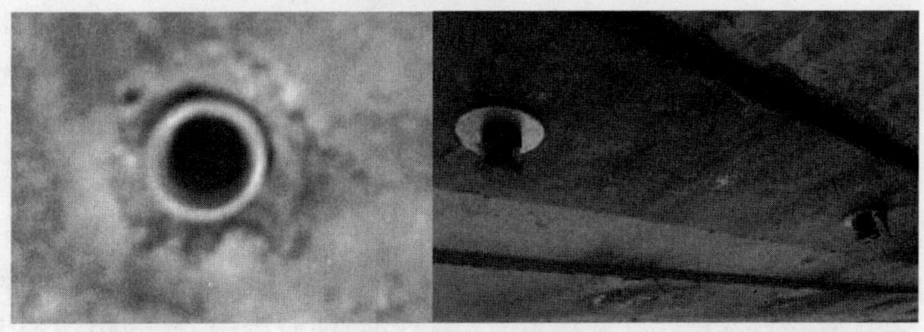

图 6　箱梁粘贴面钻孔及膨胀螺栓加压工况

③用压缩空气清理孔内浮尘土，然后涂抹一道丙酮。

④向孔内塞入二分之一孔深的软环氧胶泥。

⑤用丙酮清洗膨胀螺栓，在膨胀螺栓表面涂抹一层环氧树脂基液。

⑥向孔内打入膨胀螺栓，待紧固后松下螺母。

⑦将钢板条按埋好的螺栓位置放好并钻 Φ18mm 的通孔后，用磨光砂轮机将钢板条粘贴面打出新鲜粗糙面，纹路尽量与钢板条受力方向垂直。

⑧用丙酮清洗混凝土和钢板条的粘贴面，将欲粘贴的混凝土面和钢板面涂一层薄而匀的环氧树脂薄浆，然后在钢板条上均匀涂一层环氧树脂胶泥（厚度控制在 2mm 左右），随即将钢板条粘贴在混凝土面，立即加压成型，使多余的胶泥沿板边挤出达到密集程度；加压方式采用膨胀螺栓加方垫，紧螺母进行加压，压力不大于 0.1MPa 为宜。

⑨钢板条贴好后，清除钢板外表面的污垢，涂两层环氧灰白水泥砂浆，并尽量与混凝土颜色保持一致。如图 7 所示。

a)工况（一）

b)工况（二）

图 7　箱梁底面和腹板粘贴钢板条工况

3)质量验收

灌浆后直观效果可通入压力水或压缩空气检验：通入压力水，测定吸水率，比较灌浆前后的防渗效果，缝上应无任何渗漏；通入空气时，可比较前后的透气性变化。粘贴钢板后一般采用非破损监测，即外观监测钢板边缘溢胶色泽、硬化程度，以及小锤敲击检验钢板的有效黏结面积，锚固区有效黏结面积不小于 90%，非锚固区不小于 80%。

4　结语

现浇箱梁裂缝是桥梁建设中普遍存在的一种现象，它的出现不仅会降低桥梁的抗变形能力，影响桥梁的使用功能，而且会引起钢筋的锈蚀，混凝土的碳化，降低材料的耐久性，影响桥梁的承载能力，因此要对裂缝进行认真研究、区别对待，针对成因，贯彻预防为主的原则，加强设计施工及使用等方面的管理，确保结构安全和避免不必要的损失。本案例桥作为一座 4～25m 的现浇连续箱梁来说，设计院考虑纵向按普通钢筋混凝土箱梁设计计算，没有按预应力钢筋混凝土箱梁设计，从梁体结构强度和刚度验算上没有问题，但梁体抗裂性能略有不足，特别是边跨跨中部分。因此，建议设计单位在设计类似高速公路等级标准的现浇箱梁时，最好还是按预应力钢筋混凝土箱梁设计，以确保梁体结构的安全耐久性。此外，在现浇箱梁桥施工或运营中，应当随时对桥梁混凝土结构进行检测，一旦发现裂缝，应全面调查分析，查明原因，取得加固依据，在选择处理方法上，应比较论证，综合考虑，以求施工方便，经济高效。

参考文献

[1] 某高速公路互通跨线桥加固工程一阶段施工图设计. 某省交通规划勘察设计院. 2010. 3.

[2] 杨文渊，徐犇. 桥梁施工工程师手册[M].（第二版）. 北京：人民交通出版社，2003. 3.

[3] 刘效尧，蔡键，刘晖. 桥梁损伤诊断[M]. 北京：人民交通出版社，2002. 5.

168. 部分预应力低高度箱梁的病害分析及加固研究

王统宁　胡　锋　唐国斌

（河南省交通科学技术研究院有限公司）

摘　要：部分预应力低高度箱梁结构是在综合预应力空心板桥和T梁桥特点的基础上，经过多次优化设计而形成的。然而，这类结构在使用过程中逐渐出现一些病害，尤其是支座附近的斜裂缝。本文在低高度箱梁桥外观调查的基础上，对这类结构的病害特征进行分类，重点分析支座附近斜裂缝和底板纵向裂缝产生的机理，并提出采用粘钢加固的方法。通过的加固前后箱梁的试验研究，验证了加固方法的有效性，可为类似工程提供借鉴。

关键词：桥梁工程　低高度箱梁　病害　加固　斜裂缝

1　引言

部分预应力低高度箱梁（PPC低高度箱梁）是综合中小跨径桥梁中空心板结构和T形梁结构的优点，融部分预应力混凝土、无黏结技术和高强度低松弛钢绞线为一体的一种新型的桥梁上部结构形式。它具有力学性能好、自重轻、建筑高度低、降低路基高度、施工简便、经济指标优和综合效益好等特点，已在国内的部分桥梁中推广应用。

陆景富等[1]、肖长礼等[2]、董长宏等[3]分别对PPC低高度箱梁的设计分别进行了研究，张幸伟等[4]、牛艳玲等[5]、张明华等[6]和周登燕等[7]先后对这类箱梁的预制和施工工艺进行了研究，赵雅丽等[8]对PPC低高度箱梁在桥梁工程中的应用技术进行了探讨。肖长礼等[2]对这类的经济性研究表明，与空心板桥相比PPC低高度箱梁桥可节省建筑安装费15.5%，节省工作量19.2%，节省机械台班15.4%，并可缩短工期。刘恒等[9]和朱东辉等[10]分别对PPC低高度箱梁桥进行了试验研究。这些研究为PPC低高度箱梁的生产和应用提供了技术支撑。然而，随着这类桥梁的运营，这些结构逐渐出现了一些病害，尤其是支座附近的斜裂缝和底板纵向裂缝，这与传统的空心板桥和T梁桥的病害有一定差异。

本文在对低高度箱梁桥外观调查的基础上，对这类结构的裂缝形态进行分析总结，提出加固设计方法，并通过加固前后桥梁的试验对加固的效果进行验证。

2　裂缝分析

2.1　裂缝形态

PPC低高度箱梁的病害主要表现为支座附近箱梁腹板和底板的裂缝，如图1所示。调查表明，多数低高度箱梁存在如图 1a)所示的斜裂缝，裂缝宽度通常在 0.15～0.2mm 之间。如图 2 所示为该箱梁正截面和斜截面的配筋情况。该箱梁计算跨径 16m，设计荷载公路Ⅰ级，根据现行《桥规》[12]对截面进行复核，如图 2 所示的配筋满足设计荷载下承载能力极限状态和正常使用极限状态的要求。然而，由于车辆的超载等因素，导致斜截面主拉应力过大而出现斜裂缝。多数桥梁外观调查表明，PPC 低高度箱梁中的裂缝形式主要是斜裂缝，而跨中的受弯裂缝则较少，这在一定程度上表明这类结构斜截面抗裂性能较弱，斜截面设计安全系数相对较低。

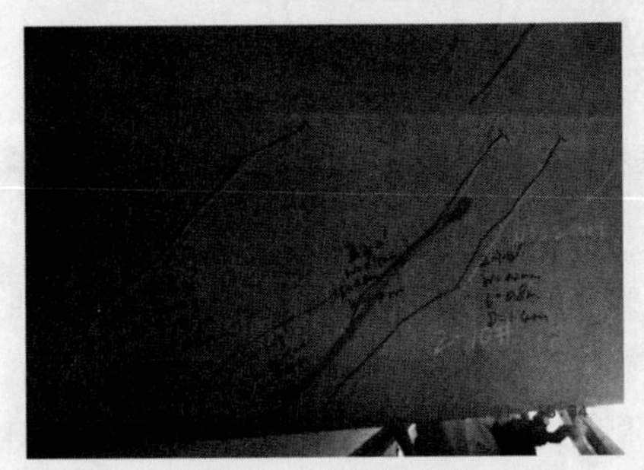

a) 支座附近腹板斜裂缝

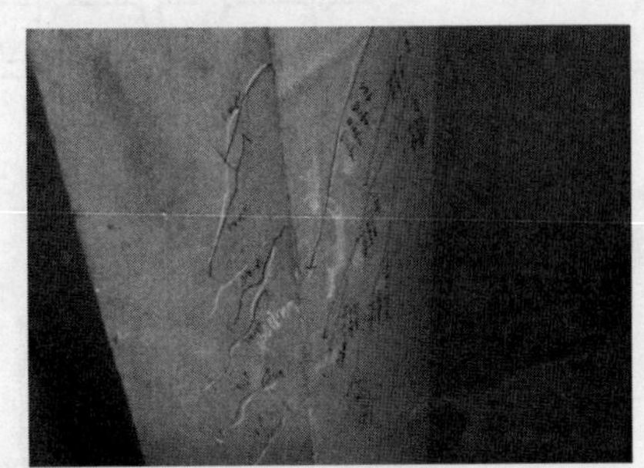

b) 支座附近底板裂缝

图 1 PPC 箱梁典型裂缝示意

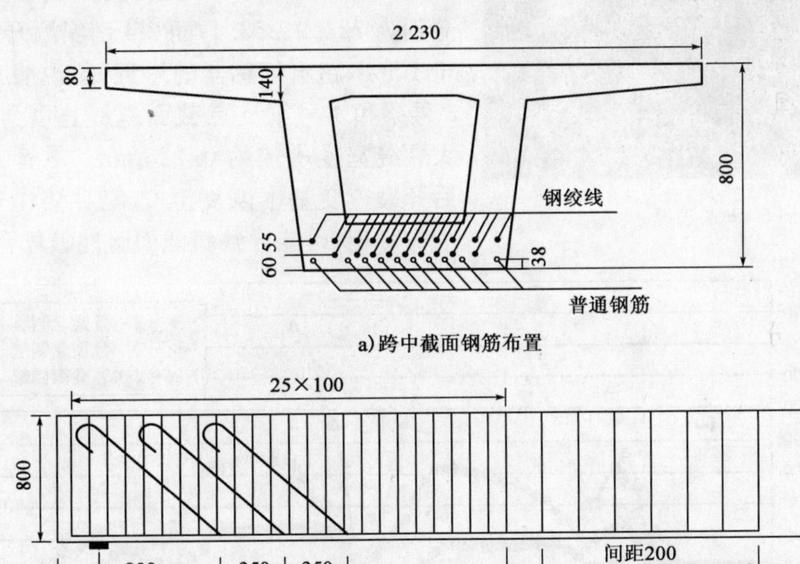

a) 跨中截面钢筋布置

b) 斜截面钢筋布置

图 2 PPC 低高度箱梁截面尺寸和钢筋布置(尺寸单位：mm)

2.2 裂缝开展监测

(1)测试概况

本试验主要测试车辆通过桥梁过程中，梁端斜裂缝的开展情况。试验车辆为总重 634.5t 的大件运输车辆，共由两辆挂车组成，每辆挂车有 18 个轴，轴距 1.55m，轴重 16.35t，每轴有 8 个车轮，两辆挂车间距 16.5m，车辆总长 84.2m，如图 3 所示。

试验主要测试车辆低速(5km/h)通行过程中，梁端斜裂缝的开展情况和跨中挠度，裂缝的测量采用混凝土应变计，通过测试裂缝处混凝土的开裂应变[13]，进而计算裂缝的宽度。裂缝测点布置在梁端斜裂缝处，如图 3 所示，挠度测点主要布置在箱梁跨中。

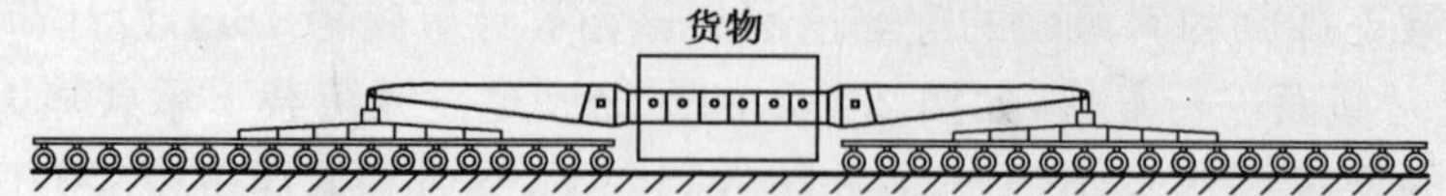

图 3　加载车辆示意图

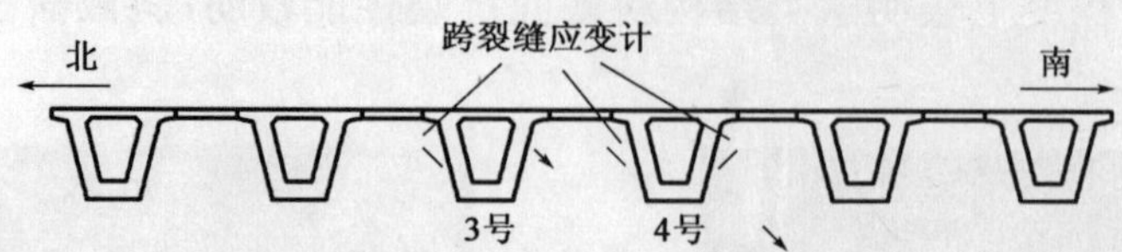

图 4　测点布置示意图

(2)测试结果

图 5　试验过程

试验过程中，车辆沿桥梁中心线以 5km/h 的速度通行，车辆过桥过程中无刹车、制动，如图 5 所示为车辆过桥的过程。图 6 给出实测斜裂缝处混凝土开裂应变的时程曲线。由图可知，车辆通行过程中，2-3 北、2-4 北实测开裂应变的最大值分别为 723.9、253.1，而 2-4 南实测开裂应变已大于 1 500，超出传感器的量程，这说明车辆通过时 3 号梁和 4 号梁支点截面裂缝宽度显著增大，最大裂缝宽度增加约 0.225mm。尽管在车辆通过后开裂应变基本恢复至 0，但对结构安全造成较大的影响，可能导致斜截面脆性破坏。

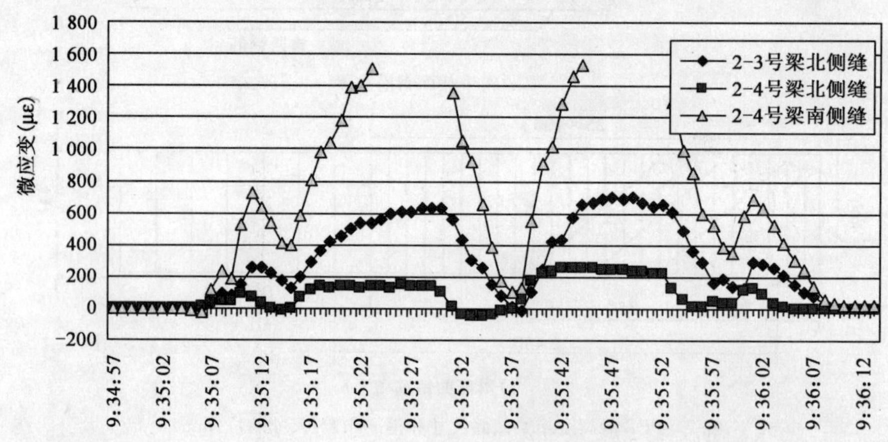

图 6　实测斜截面开裂应变曲线

3　加固设计

针对斜裂缝开展情况，提出采用粘贴钢板的加固方案，主要包括以下措施。

(1)在端部腹板上粘贴斜向 45°钢板条及竖向钢板条，提高截面抵抗剪切作用的能力，如图 7 所示。

(2)在箱梁端部底部粘贴纵向钢板条，提高截面抵抗扭转的能力同时增加截面的刚度。

(3)封闭裂缝，提高截面的耐久性能。

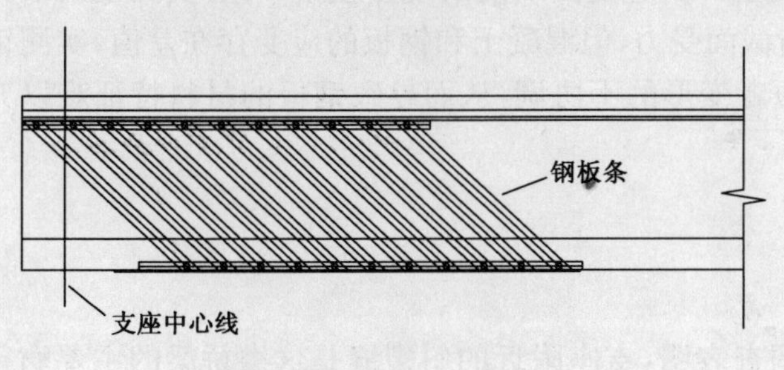

图 7 斜截面粘钢加固示意图

图 8 粘钢加固后传感器布置

4 加固效果分析

采用上述方法对低高度箱梁进行加固，为了测试加固效果，当大件运输车辆(总重 697t)再次通过时对斜截面处混凝土开裂应变进行测试，传感器布置如图 8 所示。图 9 为实测的开裂应变时程曲线，2-4 号梁北侧、2-3 号梁南侧开裂应变最大值分别为 752.7 和 472.6，这表明车辆通行过程中，加固后结构斜裂缝宽度分别增大 0.113mm 和 0.071mm，小于加固前裂缝宽度，同时车辆通过后裂缝基本复原，这表明本文粘钢加固方法的有效性。

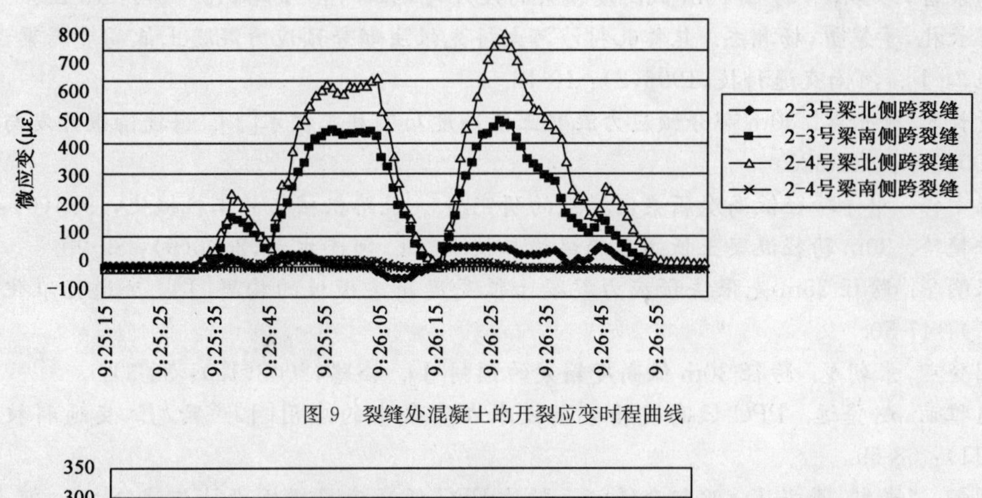

图 9 裂缝处混凝土的开裂应变时程曲线

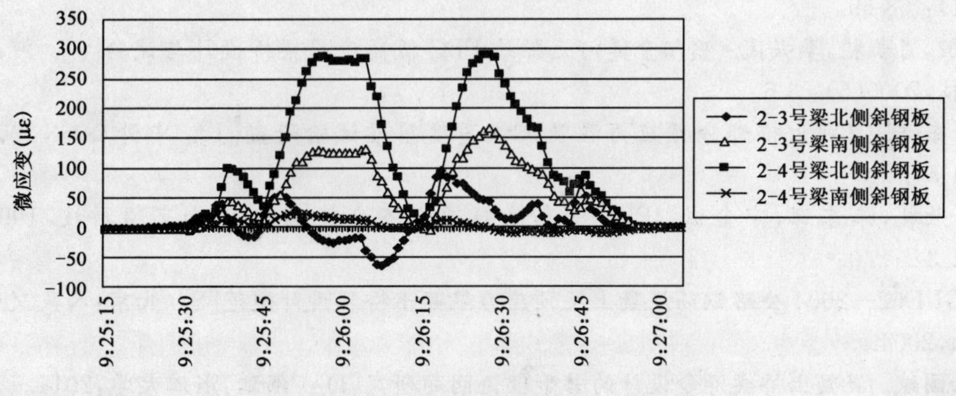

图 10 裂缝处钢板应变的时程曲线

为了分析粘贴钢板的作用，在混凝土开裂应变测点附近钢板上布置对应测点，以测试钢板参与结构共同受力的情况。如图10所示为支点截面加固斜钢板的应变时程曲线。由图可知，加固斜钢板应变响应曲线与对应处的混凝土开裂应变曲线发展规律基本一致，实测钢板最大应力约63MPa，这表明钢板已有效地参与截面受力，但混凝土和钢板的应变存在差值，实测钢板应变约为混凝土应变的50%，这表明两者变形的不协调，从而导致钢板的材料特征难以充分发挥。

5 结语

通过本文研究，可以得到以下结论。

(1)对多数PPC低高度箱梁桥病害调查表明，支座附近的斜裂缝是这类桥梁的主要病害之一，这表明该类桥梁斜截面抗裂性能相对较弱。

(2)斜裂缝出现后，车辆荷载通行过程中，其宽度有显著的增大过程，尽管车辆通行后裂缝恢复至原宽度，但对结构安全造成较大的风险，可能导致斜截面脆性破坏。

(3)采用粘贴钢板法可有效限制斜裂缝的开展，但钢板与混凝土之间的黏结性能限制钢板材料性能的充分发挥，现场测试表明同一位置处钢板应变约为混凝土应变的50%。

参 考 文 献

[1] 陆景富，彭霁云. 跨径16m低高度箱梁的设计与施工[J]. 公路，1995(4)：15-20.

[2] 肖长礼，董慧勇，杨朝杰. 焦作孔村沙河大桥先张法部分预应力混凝土低高度箱梁设计与施工[J]. 河南交通科技，1996(2)：10-13.

[3] 董长宏，靳永春. 30m部分预应力混凝土低高度箱梁施工技术[J]. 科技情报开发与经济，2004(8)：322-323.

[4] 张幸伟. 中等跨径低高度箱梁内模板的研究[J]. 筑路机械与施工机械化，1995(6)：4-7.

[5] 牛艳玲. 30m跨径混凝土低高度箱梁施工技术[J]. 河南水利，2006(9)：89-90.

[6] 张明华. 跨径35m先张法预应力混凝土低高度箱梁模板的构思[J]. 交通标准化，2007(7)：47-50.

[7] 周登燕，张朝龙. 跨径30m低高度箱梁的预制[J]. 公路，2003(12)：33-34.

[8] 赵雅丽，赵登远. PPC低高度箱梁新技术在实践中的应用[J]. 黑龙江交通科技，2007(11)：68-69.

[9] 刘恒，肖长礼，李兴民. 濮阳金堤河无黏结PPC低高度箱梁桥设计与试验[J]. 河南交通科技，2000(5)：3-6.

[10] 朱东辉. 卫河大桥部分预应力混凝土低高度箱梁试验研究[J]. 中外公路，2004(6)：51-54.

[11] 肖长礼，朱东辉，宁金成. PPC低高度箱梁经济分析[J]. 河南交通科技，1999(3)：31-34.

[12] JGJ D62—2004 公路钢筋混凝土及预应力混凝土桥涵设计规范[S]. 北京：人民交通出版社，2004.

[13] 唐国斌. 混凝土桥梁寿命设计的若干理论问题研究[D]. 浙江：浙江大学，2011.

169. 一种高性能，高性价比，标本兼治的 CCCW 材料—XYPEX

朱海涛[1]　孔凡坤[2]

（1. 北京城荣防水材料有限公司；2. 上海米金市政建筑工程有限公司）

摘　要：本文主要针对当前钢筋混凝土结构桥梁出现"病害"的维护加固所选用的高性能材料，建议采用与混凝土同一属性的具有特效的刚性无机的 CCCW 材料，以期适应桥梁"安全、实用、经济、美观、耐久、环保"六项原则，达到标本兼治的实际效果，供同仁参考。

关键词：高性能　高性价比　标本兼治　CCCW 材料　XYPEX

1　引言

钢筋混凝土桥梁在我国的桥梁总数中几乎占 90%以上，而其中的中小钢筋混凝土桥梁要占到 95%左右。其标准比较接近，但根据各个桥梁各自使用的要求和所处的环境，随着交通量的猛增是否能担负起因荷载的超重加大、车辆速度的加快、行车密度的增加、军车和重型车等特殊车辆的运行等条件的重任，必须针对近来不断出现桥梁垮塌的恶性事故的教训，桥梁界的设计和养护单位应认真考虑和研究这个当务之急的技术状况，进行分批调查、检测和加固。尤其对经过检查发现有病害的桥梁不能等闲视之，要及时作出系统的科学鉴定与分类，分清轻重缓急，提出切实合理的有效对策，参考近年世界各国的加固维修的规范和成功经验，慎之又慎地选择标本兼治的材料和工法来加固维修好有问题的桥梁。应防患于未然，尽一切可能减少或避免塌桥事故的发生。而当前对现有混凝土桥梁"病害"处治的突出问题，是被一些治标不治本、应付验收的一些材料的虚假广告所误导，得不到长治久安的效果。例如武汉白沙洲长江大桥，花了 11 亿人民币修成通车后的 10 年中，修了 24 次，屡修屡坏。当然这不仅仅是所用材料问题，其中也有施工中施工质量的问题。所以我们必须选择针对性强而且具有永久性加固效果的材料为宜。既要作一般的经济分析，也要作综合社会效果分析。也就是不能急功近利，要有耐久长远的观点，减少维修频率，不影响或尽量减少交通的中断，这一点往往是人们忽略或者不够重视的民生问题。为此对所选用的加固维修材料，要提出科学数据的规定和试验弄清这些材料在各种工程应用的实际效果反馈的信息，来作出能确保钢筋混凝土桥梁结构长期安全运营的决策，是至关重要的。

2　对钢筋混凝土桥梁病害加固维修的对策

钢筋混凝土桥梁，在设计细节上考虑周详有足够的安全系数保证，施工工艺上缜密严格，材料选择和级配上达标，严格按操作规程办事，不应有病害发生。中国20世纪50年代的重大工程——武汉长江大桥通车后，8个水中桥墩均被船碰撞过，迄今共计76次，均未发现有危及桥梁安全的隐患存在，公路桥面的钢筋混凝土桥面板，在通车50年后进行大修时，凿开混凝土时，发现包裹在混凝土中的钢筋并无锈蚀现象，犹如新的钢筋一样。从现实来看，混凝土等级提高了，却很难做到这一点。其中设计考虑不周，施工工艺不严，选材不当质量监管松弛等人为失误因素造成了相当数量的钢筋混凝土桥梁结构的病害以致垮塌的严重事故是屡见不鲜的。据新华社报道，从2011年7月11日至7月19日的9天内，有4座桥梁垮塌，主要原因是在设计上、施工上、养护管理上都存在质量问题。垮塌的梁，大多是空心板梁，板梁间的铰缝设计的强度不足，所浇筑的混凝土有漏浆问题存在，因而防水达不到要求。钢筋连接强度不足，混凝土出现裂缝受水的侵蚀而腐蚀，被水平力拉断，造成单梁受力。因而相邻梁间的连接失效不能整体受力，当行车时，所产生的弯矩不同，碰到超载，单梁承受不了集中荷载而垮塌。这样的事故，今后若不及时加固，还可能发生。归纳起来，这种病害的主要表现为：①浇筑的混凝土不密实，出现裂缝后，势必受到大气中水汽和CO_2等有害气体侵入，导致混凝土碳化（中性化）而松散剥落，钢筋锈蚀后，强度降低；②碱骨料（AAR）反应；③钢筋外的保护层过薄；④原设计标准强度偏低，防水和抗冻性能不强，在寒冷地区造成冻融循环的反复应力，造成物理性能的破坏；⑤环境恶化，尤其在酸雨地区，对混凝土结构的危害非常严重，SO_2和进一步氧化的SO_3均可使混凝土中性化和酸化；⑥溶液性侵蚀，虽然裂缝不宽，但往往可穿透渗水，使混凝土结构部位的氢氧化钙$CA(OH)_2$产生溶解[1]。综上所述六种病害产生的主要成因均与混凝土的密实度与防水效果密切相关。而今的混凝土防水工程，基本上是采取物理防水的办法，即用有机材料涂刷在混凝土表面，长期以来，人们已习惯于采取这种“立竿见影”的办法，而沾沾自喜。但实际上这种处治的办法，仅仅解决了治标的问题，而且即使有些材料治水效果显著，但耐久性不长，少则一、二年，多则七、八年就会发生老化或脱变散裂的问题。尤其当混凝土内部有隐患时，无法解决其“本”的强度和刚度问题，致使内在的隐患潜移默化逐渐发展成大的病害。而且大多数有机防水材料都不是环保材料，常带有毒性或产生有毒气体[2]。如果混凝土内部不密实，混凝土内部的钢筋受自由水的腐蚀，就会造成膨胀应力，促使混凝土结构先蚀后裂的问题。所以，只治标不治本的防水对策是不可取的。因而，目前世界上很多国家对混凝土结构的防水层设计的研究及防水防腐材料的开发和应用，应运而生，方兴未艾，发展很快。但是迄今无论哪一种防水材料都不会独霸市场，这是因为它们自身各有特点及价格上的原因，受到使用人的舍取。故21世纪以来，各类先进的防水材料都获得不同程度的发展。那种治标不治本具有毒性的低档产品将大大减少，中高档产品势必将不断增加，产品质量和环保、耐久性要求将逐步提高。各类材料互相渗透，互为补充，必会导致防水系统更加可靠，使用寿命将会大大延长。

根据我国以民为本的国策，在混凝土桥梁建设过程中，提出“建养并重”与“建护并重”的方针，无疑是与时俱进的。笔者经过近20年的观察和实践体会，提出一点浅见：桥梁是交通命脉的咽喉，是永久性的建筑，事关国计民生。在桥梁的新建和养护管理上，在立案时，不能仅仅只考虑一次性投资低的造价作为选定的方案，而应统筹兼顾“安全、实用、经济、美观、耐久和环保”六大原则。因而在混凝土结构防水工程中，应选择“物以类聚”的无机材料为出发点，必须达到标本兼治的永久效果。

自水泥基渗透结晶型防水材料(简称 CCCW 材料)问世以来，已经得到国内、外建筑界尤其是桥梁界的青睐和兴趣，这种材料无论用在混凝土结构物的迎水面或背水面上，都能达到良好的防水、防腐、防裂的效果，已取得举世瞩目的成功。因为这种材料的应用机理先进，与混凝土本身是同一属性，膨胀系数一致，属无机刚性防水材料，它本身无毒、无味，用在混凝土桥梁的加固维修上具有先天的独特优点，现分析如下：

(1)在安全上：它不会对混凝土结构产生负作用，只会增加混凝土的“三度”(强度、刚度、稳定度)的要求，可以剔除混凝土结构内在的隐患，主要是由于它具有非凡的永久性防渗性能，和它本身能与混凝土结合成一体。依靠材料中特有的专利的活性极强的催化剂，以水为载体，借助渗透作用，在混凝土这种多孔性物体的微孔细缝中传输、充盈、催化混凝土内未完全水化的水泥颗粒成分再次发生水化作用，形成不溶于水的枝蔓状结晶体，从而与混凝土凝结成密实的整体，使外来液体被堵住，达到永久性防水、防腐和保护钢筋的效果。随着时间的延长，使混凝土强度得到加强，且具有自我修复能力，耐温、耐湿、耐紫外线、耐辐射、耐氧化、耐碳化的卓越能力，保证混凝土结构长治久安的安全效果。

(2)在实用上：2007 年 3 月中国防水代表团考察了在加拿大的依阁隆(IKO)、索普瑞玛(SOPREMA)、凯顿(KRYTON)与赛柏斯(XYPEX)公司。前两家公司主要生产有机柔性防水材料，而凯顿和赛柏斯这两家公司主要生产 CCCW 材料。属无机刚性防水材料性质。均在我国生产、销售这种新型材料名列前茅的企业，均参加了我国的 GB 18445—2001(水泥基渗透结晶型防水材料)国家标准的起草。两种材料而且均在长江三峡大坝应用过，经过试验结果，赛柏斯的性能和达到的技术指标稍优于凯顿。因此在 2001 年、2004 年、2007 年、2009 年四次获得建设部作为推荐的科技成果推广转化指南项目。中国防水代表团特别指出：赛柏斯生产的产品成功地应用于一些国家的核反应堆、地下隧道、跨海大桥等重要工程。该公司生产的材料(掺和剂——笔者注)加入水泥浆或混凝土后，由于其中活性化学物质能与水泥中的氢氧化钙作用产生结晶体充实毛细孔，并不断渗透、扩张，使水泥砂浆与混凝土密实度大大增加，从而提高其本体的抗渗性、抗氯离子渗透的能力，减少收缩，防止钢筋锈蚀等。进而延长了构建物与工程的使用寿命。显而易见，这种材料对混凝土结构的新建、加固和维修时完全适用的。尤其他有系列产品，可用于掺入、涂刷、养护、防潮的多功能作用，在使用方法和操作程序上又简而易行，不要求对混凝土建筑物作特殊处理，因此也不需要特殊工种来施工，只要培训一般工人就可操作，施工速度快，工效高，因而易被施工单位和工人乐于接受。所以，对混凝土结构的“病害”的加固维修是非常实用的。在世界上成千上万个工程中使用，都获得了成功，获得了良好的声誉。

(3)在经济上：不宜仅考虑一次性的投资来选择材料，应要作其使用耐久性的年限，维修频率等综合经济指标来选择和取舍。目前采用的有机柔性材料，一般使用年限短则 2～3 年，最长不会超过 10 年。而 XYPEX 材料只要按规定的施工工艺进行操作，即可保持混凝土不受外界影响和达到令人满意的防水防腐效果。若碰到意外的外力使混凝土被击穿出现裂缝，由于该材料的催化作用具有长效和重复作用，就会对其不断激活、不断自愈修复封闭的效果。一般可保证 50 年不返修。这样我们可以得出经济效益指标比较(只考虑一次投资成本的比较，尚不计因维修造成交通中断的经济损失)比较如图 1 所示(按单位面积计算)。

从图 1 中可以看出，采用 XYPEX 材料对钢筋混凝土梁进行修补或涂装保护，与其他有机改进型的树脂类相比有显著的性价比优势。而且 XYPEX 与混凝土结构同寿命，费用较低，施

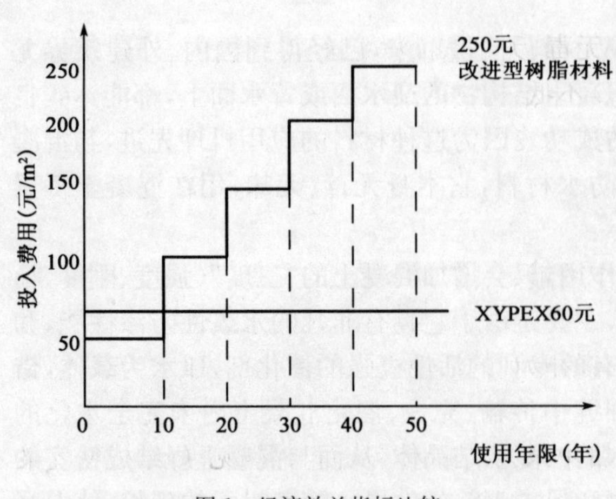

图1 经济效益指标比较

工工艺简单，操作方便。若按年每平方米维修费用计算，则 XYPEX（按 50 年计）的年平方米维修费用为：60/50＝1.2 元/年・m^2，而改进型的树脂类的费用为：250/50＝5 元/年・m^2。相差 4 倍多，实践证明，一旦用 XYPEX 产品防水防腐后混凝土结构就被永久保护，免遭外界侵害，与传统工艺比较，在经济上、社会效益上和技术数上都显示出其他材料无法比拟的优越性。

（4）在美观上：其本身是灰色的粉末，使用时，适当配以洁水拌和成浆料（其配比为：料：水＝5：2，若采用喷涂工艺，则料：水＝5：3）用专用的刷子或喷浆机喷涂在混凝土表面，与混凝土结构基本呈同一种颜色，不影响桥梁外形美观。若有色差，则可采用原来浇筑时采用的水泥掺加 XYPEX 掺和剂拌成水泥浆来涂刷，就不会有任何色差存在了。若在涂刷 XYPEX 材料后，经过养护期，在其外表面需要装饰其他材料时，也不会受到任何影响。

（5）在耐久性上：由于它与混凝土是同一属性材料，前已述及。二者黏结强度可以达到 1.5MPa以上，经过养护期后，一个月内，基本可以渗透到距表面 50mm。所以，即使不慎被硬物刺破表面，也无损于其保护混凝土的效果。清华大学水利水电工程系，对掺 XYPEX 材料的混凝土进行了抗渗自愈试验和抗裂试验，试验结论为："XYPEX 材料在混凝土中具有催化—渗透—结晶—封闭—修复裂缝的效果，宽 0.4mm 以下的裂缝均可得到自我愈合修复的效果，有效改善混凝土的密实度性和有效降低和控制混凝土早期水化过程的干缩开裂，减少裂缝的产生"。上海地铁豫园路站主体结构混凝土渗漏经过 540d 的跟踪观察证明：XYPEX 材料的催化作用具有长效和重复作用，对混凝土出现的裂缝具有不断激活、不断自愈修复的作用效果。主体结构的自愈修复率在 80％～87.5％，横缝的自愈修复率在 66％～100％，平均为 83％，可见对混凝土的耐久性保护是足有成效的。

（6）在环保上：它是一种无毒无味的绿色环保材料，无论对人体、对环境、对大气都不会造成任何危害。这已经通过国内外的卫生、环保部门的严格检验并且获得具有权威的证明文件，完全可用于饮水等要求极为严格的工程中，看来将势必成为混凝土工程中不可或缺的特种辅助材料，成本增加不多，而其高性能的收益会大大提高。

这种材料的出现近 10 余年来，已引起世界各国的重视和研究，因类似的 CCCW 材料品牌已有多种出现，笔者认为国标 GB 18445—2001 中的技术指标定得较低，因此难免鱼龙混杂，良莠不齐，出现以次充好的材料。这需要设计、施工、养护单位慎之又慎去选购。根本的办法，就是通过实物试验比选（包括现场取样试验）能达到下列指标者，才是可取的优良产品：

①能耐受强水压，可承受 300m（即 3.0MPa）的水头压力，不破坏不渗水。

②渗透结晶深度一个月后最少可达到 40mm 以上。

③可抗高低温，即可在－32～＋130℃的持续温度下，也可在－185～1350℃的间歇温度下保持其作用不受影响。

④抗冻融循环次数可达 350 次以上。

⑤对低强度等级的混凝土（C25 以下）至少可提高抗压强度 20％以上。

⑥可保护钢筋及金属埋件。

⑦经权威的卫生、环保部门检验后获得具有无毒、无公害的可靠证明文件。

⑧与混凝土的黏结力,7D 不低于 1MPa,25D 不低于 1.5MPa。

⑨在完成养护期后,其表面仍可装饰或粘贴其他装饰材料。

⑩价格合理,物有所值。

参考文献

[1] 朱海涛.钢筋混凝土桥梁病害的主要成因及修补加固实例[C].第十八届全国桥梁学术会议论文集.

[2] 朱海涛.对钢筋混凝土桥梁在防水、维修工程中采用新型材料比选的浅见[C].全国桥梁安全耐久性检测与维修加固技术研讨会论文集.

170. 对武汉长江大桥被船撞76次事故的反思

朱海涛
(原中铁大桥局集团有限公司)

1 前言

1957年武汉长江大桥通车,到2007年50周年时统计,已被船撞75次,平均每年1.5次。隔了4年后的2011年6月6日早晨6时50分,又被"分节油63006"号长航空载油驳在下行通过主航道桥孔时,正面撞上七号桥墩墩身。交通(含公路、铁路)未中断。而船体头部向上裂开一个大口子,所幸油船上的货油,在岳阳市已卸载,否则油料泄漏将对长江造成污染,对环境造成严重影响[1]。

迄今统计,长江上已建和在建的大桥有65座[8,9],被船撞的总次数不下百起之多,而武汉大桥被撞的次数最多,作为曾参加武汉、南京、枝城、九江四座长江大桥建设的老兵,笔者曾亲眼目睹几次船撞桥事故的悲剧,虽然桥体未受到严重损坏,而船毁、沉没、人亡、物失等毁灭性灾难的憾事,却历历在目,久久不能忘怀,心中产生实在难以压抑的痛苦,对受伤害的人员深为同情。看来,今后还会发生类似事件,怎么办?"身退未敢忘忧国",反思一下,问题究竟出在哪里?今后如何解决?与专门研究船撞桥问题的同志共同探讨,提出如下几点观点和建议,请决策部门参考和研究解决。

2 武汉长江大桥为什么会被撞76次?(有资料记载)

按理说,船舶通过桥孔,一般均有由航道部门设置的航标或配有声、光、电等警示设施,尤其是当大型船舶通过时,还特别规定需要通报给当地的航道管理部门,在他们派出的领航船先导引航下通过,不应发生撞桥的恶性事故。而且在通航净高及净宽上,据笔者所知,武汉大桥在设计上都是根据交通部水运司下达的通航要求规定的净高和净宽标准反复几次确定的。武汉长江大桥地处长江中游,属II级航运标准,净宽要求在上、下水航道分开时,为2×105m。水中桥墩有8座,主航道在通航水位时,按原来的通航规定可通航3 000t江轮是没有问题的。然而这8座桥墩却都被船碰撞过,较严重的就有5次。看来航道中的桥墩不论怎样布置,由于不可预见的因素增多,还不能绝对避免桥梁遭受船舶的碰撞。且随着各种类型船舶和船队的航行速度和尺寸的显著增大、船舶的数量越来越多和船速越来越快,船撞桥事故相应也有所增加,并已成为一个影响社会和谐的尖锐问题。船撞桥发生的事故,应从主、客观的因素来分析其成因，它既有偶然性，也有必然性，但不存在主观故意性。

主观上的原因：

(1)驾驶人员的驾驶技术不高，尤其有些未受过正规训练、未取得驾驶执照的个别值班员，在遇到险情时，应变能力差，从而增加了碰撞桥墩的概率。

(2)船队超载、超宽、超长，顶推的拖轮马力不足，加上拖轮与驳船之间的配合不默契，遇到上水过桥孔，航行速度接近桥孔处的急流速度时，船队往往容易失控而极易撞上桥墩。

(3)违章作业。在开航前，对航道孔的净空高度不了解，未将轮船桅杆或吊船扒杆按桥孔要求放低，而撞上桥梁的下弦杆。

凡此种种，不一而足，这些都是船方主观造成事故的原因。但不存在故意性，而且属于偶然性。

客观上的原因：

船舶在航行时，通过桥孔前后的地段与通过桥孔时的风速、风向、流速、流向、水位都有差别，尤其在墩身附近的涌流、漩流、漩涡，临时出现各种不确定因素的影响，即使对有经验的驾驶人员也难以及时掌握其规律而往往失控撞上桥墩。这是环境因素造成的必然性的事故，所以也不存在故意性质。

我们反思一下，如果桥孔航道的净空高度、净宽度有足够大，甚至在航道的河流中不设置桥墩，也就不会有船撞桥的灾难事故发生，故在当今学习和落实“以人为本”为核心的科学发展观时，必须采取统筹兼顾两全之策来解决当今世界中各国共存的难题。这个两全之策，既要保证桥梁安全运营，也要确保大量减少船撞桥事故，并在船撞桥事故发生后，两者都不受损坏的措施。《中国铁路桥梁史》在 1987 年就指出[2]，“如果考虑船舶发展远景，尽力避免桥梁直接遭受船舶的碰撞，还需提供可靠的防撞系统和固定式或漂浮式缓冲系统装置。……这种装置，除具有吸收撞击的动能外，还有调整改变船舶的偏航方向和撞击速度的作用，使船舶逐渐减速并在碰撞桥墩之前停下来，避免直接碰撞桥墩”。

3 为什么武汉长江大桥被几次严重的船撞后仍能屹立不动?

武汉大桥是 20 世纪 50 年代修建的桥梁，8 个桥墩中，其中有重力型实体素混凝土墩身，也有薄壁空心的钢筋混凝土墩身，重力型实体墩身仅用 15MPa(C15)级混凝土浇注而成；薄壁空心的钢筋混凝土墩身也只用 20 MPa(C20)级混凝土浇注而成。前者在分段浇注时，仅在施工缝的墩身边缘插有少量的带有弯钩的竖向短钢筋，用量也不多。设计时，考虑船舶的碰撞力为：纵向 1 500kN，横向 3 000kN。(碰撞力作用于最不利的高通航水位＋28. 0m 以上 1m。)这几个数据对现在的桥梁设计人员来讲是难以置信的，也是不敢接受作为设计资料依据的。而为什么我们现在采用高强度等级混凝土设计的桥墩，却被吨位小得多的船舶一碰撞就垮塌了呢？甚至有的桥梁在浇注混凝土时也垮塌呢？分析起来，原因很多：有设计理念上的问题；有建设体制上的问题；有施工单位层层分包的压价问题；有在材料上偷工减料、以次充好、施工组织混乱的问题；有管理机制上的问题；有监理不到位的问题等。但笔者认为最根本的问题是“认真”二字是否贯彻执行的问题。

武汉长江大桥、南京长江大桥的墩身在浇混凝土时，施工工艺特缜密严格，材料的级配、质量都有专职技术人员把关和检查，粗集料的石子、砂子都经过筛选和清洗，搅拌时也很少有各种添加剂，级配计量每盘误差很小，都经过磅秤过磅，试验人员层层把关且有专人检查，水灰比一般控制在 0. 35～0. 45 之间。搅拌机一般均设在墩旁的驳船上，搅拌时间不差分秒，从搅拌机出料到吊斗，由水上吊机吊至浇注点的平台上，通过减速漏斗投放混凝土料时，减速漏斗底部至混凝土的浇注面的高度不大于40cm，每层浇注厚度在墩身模板上都作有记号，一般控制在30～40cm之内，随浇随振捣，振捣时间和振捣的点位密度均经过试验后有严格的规定，这样既保证了不漏振，也保证不过振，也就保证了浇注的混凝土结构既没有离析的问题，同时也确保了混凝土的密实度，浇注到位后，根据当时的气候状况及时养护，保证混凝土体内外的温差控制在10℃以内，在规定时间拆模后，很少发现有蜂窝、麻面甚至孔洞的问题。每道工序看起来都很简单，但真正在每个环节上严格按工艺要求一丝不苟去执行，不出一点疏漏，实属不易，然而这个问题恰恰是保证混凝土质量的关键所在。“大道至简。简而不凡”即此理也。

而今我们采用的高强度等级商品混凝土较多，虽然混凝土强度等级较高，一般都在C30级以上，但生产混凝土过程的监管工作就较松散，加上路上的运输距离较长，失水量较多，搅拌车到达工地后，卸料时坍落度难以保证，有时在泵送过程就会发生阻塞的问题，驾驶员就加水予以稀释，这样混凝土质量就很难保证:浇注时的下料高度从布料管底到浇注面往往在1m以上，堆成小山一样，然后由混凝土工用振动棒摊平就完事。根本没有按上述严格浇注层高度和定点振捣的规范办事，拆模以后发现的蜂窝麻面甚至孔洞并不鲜见，凡此种种弊端不能不令笔者记起在一次《桥梁》杂志年会上一位专家说的:“现在大桥建设的费用越来越高，而工程质量却越来越差……”一语中的，在这种情况下，现在高投资100年寿命期的桥梁，常常在验收时评为“优良工程”，却往往不到10年就成危桥的有之，正在施工中的桥梁垮塌者有之，“豆腐渣”的桥梁有之。另外，有的地方干部，为了“政绩工程”加上“肥水不外流”的急功近利的做法。把招投标流于形式，将建设方、监理方、施工总包加分包、材料采购均一把抓，滥用“一锤定音”，特权凌人，无互相制约的监管机构，下面看上面的脸色办事，要不出工程安全的质量事故，那才是奇怪的事！难怪在网上有人提出“四年前2007年一起小船撞垮大桥的事故”记忆犹新，而有关方面给出的结论是“设计与质量都不存在问题”是“运沙船走错航道，撞到防撞能力只有400kN的非航道孔桥墩所致”。一座如此重要的桥梁，被吨位不大的船一撞就垮，不论出自什么原因，都让人觉得有点不靠谱，也很难让公众相信桥梁质量没有问题。有统计，从1999年至今短短的10多年里，全国发生的较大桥梁垮塌事故就有30多起。最具讽刺意味的是，同在长江之上，斥资11亿元的武汉长江三桥——白沙洲大桥建成11年以来，已经进行了20多次维修！同地同桥不同命，让人叹息。与54年前建成的武汉长江大桥相比，现代的桥梁建设，无论是技术、装备、资金、材料……远非昔日可比，为什么桥梁的质量没有水涨船高，反而出现倒挂？难道还不令人去深深反思其中的病根吗？

4 桥梁在防撞设计上的理念

船与桥是矛盾对立面的两个主体，如何将这两个主体存在的矛盾，变成对立的统一，是交通运输部门决策者必须考虑的问题，这就需要从双方沟通各自利益来公正地提出解决问题的途径，不能有“我是老大，就得听我的”唯我独尊的态度和处事方式。对设计人员而言，就应义无反顾地向建设方提出自己的严正立场和观点。要“不唯上、不唯书”，要“求真务实。”使我们设计文件上的一线、一字对历史、对子孙后代、对工程的安全和质量负责，这也是设计人员职业道德的责任所在。

船撞桥的问题也是当今世界上屡发的难题[6,7]，根据我国防灾委员会提出的防灾、少灾、减灾的国策，对有通航要求河流上的桥梁，在设计时必须把这个问题列入议事日程。“关怀民生不是一句空话，必须事先要了解民生继而要求改善民生”，船撞桥的问题事关国计民生的大事不能等闲视之。故提出下面一些关于桥梁在防撞设计问题上的措施和观点，以供参考。

5 采取什么样的措施来防止船撞桥的恶性事故发生？

(1)应遵守桥规“桥梁轴线的法线方向与水流主流流向一致，必须斜交时，其偏角不超过5°，若超过5°，应加大净宽”的规定。遵照(JTJ 311—97)的规定。其实如长江黄石公路桥选址在黄石水道915km急弯处，选址时已有多位评议人指出与标准规定相违背。桥型又选了密墩窄跨的混凝土刚构桥，在1993年4月16日至1993年9月11日建设期间5个月内，便被船撞15次，1998年9月2日又被一驳船队撞击。

这项要求也载明于《铁道桥涵设计基本规范》(TB 10002-1—99)3.1.7中，“通航河流上桥址中线应与航线正交。”此外《公路桥涵设计通用规范》(JTG D60—2009)2.1.3中，有“桥孔布置和净空应满足通航标准”(3.2.5)的规定；作用于桥墩上的流水压力与船撞力叠加的规定(4.3.8)；桥墩有强烈流水作用应作成流线型的规定(4.3.9)；桥墩位于通航河流应考虑船舶撞击的规定(4.4.2)等5项[4]，可以说这些都是必要条件，凡是没有符合规范精神的设计，应该在施工前进行修改。

(2)防止船撞桥墩的主要办法是加大通航净宽。举3个实例：

例1，长江黄石公路桥，1995年10月建成，水中设6个墩(其中4个为双薄壁墩)将江河道分为7格，主航道宽约为220m，建设期和建成后发生多起船撞事故。投运不到15年已在上游960m处另建新桥，新建的鄂东大桥采用一跨过江的桥型，跨度为92m。已于2010年9月8日建成通车。

例2，重庆长江石板坡桥，因交通繁忙建设复线桥与原桥平行，中线相距25m，但两主跨(156m和174m)之间不宜平行再加设新墩，故复线新桥两主跨合为一跨(330m)，由两边混凝土刚性T形梁与中间108m钢结构结合成330m跨。

例3，广东九江公路桥，水中引桥的23号墩被撞断。塌下50m跨4孔，约200m，修复时在24号墩处新建两侧各100m的独塔斜拉桥，取消了23号和25号桥墩，塔两侧跨度由50m变为100m，塔墩的水平防撞力也比原来的墩提高了。

这个加大通航净宽的办法对预防船撞桥墩是很有效的，加大通航净宽不但是撞了桥之后的补救办法，而首先应该在选择桥位、选定桥型时考虑之。

(3)将尽量多的水面还给航道。充分地减少船桥相撞的措施，除了必须符合规范之外，还有充分避免船桥相撞恶性事故的原则性的、更高的要求：桥梁跨越航道时最好航道中无墩，一跨过江，如因经济及技术原因而做不到，则可采用“长跨少墩”，墩少了每个墩也就会大一些、强一些。例如希腊安特里翁海峡大桥，四塔五跨过海峡，2 252m(286m＋3×560m＋286m)；法国米劳大桥七塔八跨过山谷，2 460m(204m＋6×560m＋204m)；浙江嘉绍大桥八塔九跨越过钱塘江口，2 680m(70m＋200m＋5×428m＋200m＋70m)。都是长跨少墩，将尽量多的水面还给航道。

(4)两类防撞装置(或设施)[3]。采用了上述3种措施之后，仍有万一撞上桥墩的可能性，例如偏航船舶撞上航道边上的桥墩，船愈来愈大，需要核算万一撞上时桥墩是否经受得住。此外还应该保护船和环境。因此需要防撞装置。防撞装置按其保护功能分为两大类：第一类仅保护桥的：如人工岛、防撞墩、钢围栅等；第二类既保护桥又保护船和环境的。现在我国新发展了一种高耗能柔性防撞装置，其目标是希望保护桥的同时也保护船和环境。

一般在建桥的同时就建立航标、灯标和警示牌等，新建大桥有雷达监视(传到中心控制室)

并有“甚高频”电话建立“船—桥联系”，有的桥针对雾天设置多个黄灯……这些都是主动地（导航的）防撞装置。此外为了防御万一船撞上桥，在水浅和有礁石的地方，因地制宜地利用礁石、浅滩设置间接式被动防撞装置，如人工岛、防撞墩等。为了进一步在保护桥的同时保护船和环境，在人工岛和防撞墩的外侧可装柔性装置。在水比较深或水位变化比较大的地方，则安装浮式高耗能柔性防撞装置。

防撞装置从刚性（钢栅、人工岛、围堰等）、弹性（钢柱、钢板桩结构，橡胶垫等）、弹—塑性（大变形的钢结构、新研制的塑料垫等）进一步发展到黏滞性耗能元件。它和精心设计精心制造的钢结构结合起来，可以达到拨转船头，减少船舶与防撞装置交换的能量，起到“四两拨千斤”的作用，减少传到桥墩上的力，其降低幅度可达到50%或更多。这一过程通常引入数值计算，并可在不同阶段用实验验证。

6　技术决策和事故处理上的几点思考[5]

(1)及早考虑，反复协商。铁路桥涵设计规范的规定比较原则性，它给出了一个船只和排筏撞击力的公式，桥梁设计人员按此公式进行计算，桥应该在这个力作用下不坏。其他安保措施由设计人员按技术政策自行考虑。但铁路规范中有一句非常有用的话：“3.2.6 通航与流筏的桥孔，其桥下净空和设计航行水位均应与航道及筏运部门协商确定”。

由于在实践中航运部门会对桥梁的方案或初步设计提出修改意见，以致桥梁方案或初步设计返工，乃流传一种说法——“一票否决”。实际上就是要求及早考虑，反复协商。按铁路规范这句话执行，桥梁通航效果比较好，其原则就是将尽量多的水面留给航道。

(2)很难决定肇事人。2007 年 6 月 15 日广东九江公路桥塌桥事故由广州市海珠区法院审理，原被告双方互相成为原告和被告，现在结果是中止审理。航道是船舶在水域中航行而形成的，从独木舟开始已有几千年，横过航道先有渡船（互相避让）。桥是后来出现的，现存的石桥只有一千多年至几百年，老的钢桥有一百多年，混凝土桥大多只有 50～60 年。水中本无墩，桥墩是新设的碍航物。船桥相撞的主要原因是多了桥墩或桥墩的位置没有摆好。

(3)谁应该举证。民事诉讼的举证原则是谁主张谁举证。例如桥方说：船将桥撞塌了，那就应该由主张人将船捞起来，根据痕迹学检查结果，得出船桥撞击的位置和撞陷深度与宽度，求出船撞力（现在的办法是利用船体结构图与桥墩图建模，进行数值计算），若船撞力大于桥的规范值，桥的设计人员可免责。还有规范修订不及时，规范给出的船撞力不实；船方若说桥压沉船，也要由他将船捞起来，根据痕迹学检查，看桥是不是从上而下地压下来，才能让桥方赔偿。

没有这些检查，肇事责任不清，怎样理赔呢？如果因雾、因警示装置缺损、主动防撞装置失灵或因船舶机械故障、因船舶驾驶员疾病等，应该按照桥方和船方分别投保的险种，由各个保险公司分别理赔。

7　结语

我国自改革开放以来，经济建设获得了高速、稳步和健康的发展，为落实科学发展观，建立“以人为本”为核心的和谐社会奠定了强大的经济基础。所以当国家出了像汶川大地震这样的灾难时，“一方有难，八方支援”，三年的救灾恢复时期，只用两年就完成了。这个成就对世界是有震撼作用的，体现了我国社会主义制度真正优越性所在。对桥梁建设而言，规范所称的几项特殊荷载（公路规范称偶然载荷）是很难掌握的意外情况，然而恰恰是导致桥墩损坏的重要因素：如地震力，规范多指示应作动力解释，以地震烈度为依据作为设计标准，以策安全。船撞力则要依据船舶撞击时的速度、船筏重量、撞击方向、撞击系统刚性……等因素来考虑计算出纵向撞击力和横向撞击力，然后再设计出防撞装置的方案，但应达到吸能、改向、缓冲、"四两拨千斤"的作用。又如泥石流所产生的巨大推力，靠桥身的自身刚度和强度来抵御是困难的，只有在选线时，尽量避免作用力。所以这三种特殊载荷中，仅有船撞力是可未雨绸缪的，做好防撞设计达到防患于未然的目的。

目前我国已有这方面的设计和安装先例，在通航河流上的新桥桥墩的设计中均作了考虑。但对已通航的老桥桥墩，如武汉长江大桥、南京长江大桥等，虽然其墩身的强度、刚度和稳定度都是毋庸置疑的，但随着水运事业的发展，船体愈来愈大，航运速度愈来愈快，船只数量愈来愈多，船撞桥的频率和船撞力也必然会愈来愈大。为了防止严重的船撞桥恶性事故的发生，尤其防止船毁、人亡、物失，特别防止船上装载的危险品、石油产品等流入河流造成的环境污染的危害，就更有对新老桥梁的通航孔及其相邻的非通航孔的桥墩均有设置缓冲、柔性防撞装置的必要。这是关怀民生的一件大事和实事，是一项值得决策部门深思的课题。

最后，我们具体地建议，以后跨航线的新桥在方案和初步设计评议时，都应有防船撞的部分；评议的时候最好有这方面的专业人员参加；桥梁的主管部门应对跨航线的老桥进行一次通航检查，原先设计时如果没有充分考虑防船撞的桥梁，应进行补充评估和防撞装置设计。

参考文献

[1] 朱海涛．新、老桥梁通航孔及其邻孔水中墩设置缓冲安全装置必要性的建议[A]．桥梁创新技术论坛论文集[C]160-165．北京：中国公路学会桥梁和结构工程分会，2009.

[2] 方毅，王序森，等．中国铁路桥梁史[M]．北京：中国铁道出版社，1987.

[3] 陈国虞，王礼立．船撞桥及其防御[M]．北京：中国铁道出版社，2006.

[4] 陈国虞．评议桥梁防撞设计的依据[J]．城市道路与防洪，2011(6).

[5] 朱海涛．从屡发船撞桥事故中反思对技术决策的二点浅见[R]．上海：桥梁养护、检测与维修加固创新技术交流研讨会，住房和城乡建设部政策研究中心，2010-06.

[6] 孙遇祺，弗·帕·季托夫，等．铁路公路灾害防治[M]．北京：中国铁道出版社，1998.

[7] 中国灾害防御协会铁道分会等．中国铁路自然灾害及其防治[M]．北京：中国铁道出版社，2000.

[8] 黄强．长江桥梁船闸与通航[M]．武汉：长江出版社，2005.

[9] 中国公路学会桥梁和结构工程分会．面向创新的中国现代桥梁[M]．北京：人民交通出版社，2009.

171. 加速度法测量实船与柔性防护装置碰撞的撞击力

唐长刚[1]　吕忠达[2]　徐爱敏[2]　王永刚[1]　杨黎明[1]

(1. 宁波大学力学和材料科学研究中心;2. 浙江省宁波市高等级公路建设指挥部)

摘　要:桥墩抗船舶横向碰撞的撞击力是桥梁设计中的一个重要参数。撞击过程中船舶的运动状态也密切关系到桥梁与船舶的安全。目前,船舶的撞击力常用商业有限元程序来计算。由于计算上的困难,通常不直接采用流—固耦合程序计算船舶撞击力,而是采用船体上附加质量的方法来代替水流对船体的作用。然而,这种方法不能准确计算出撞击发生后船舶的运动状态。在400*DWT*(载重吨位)实船撞击桥墩柔性防护装置实验中,本文设计了采用测量船舶质心加速度和船舶角速度的方法,测量分析船舶对桥墩的撞击力以及分析船舶在碰撞后的运动状态,分析了撞击过程中水流作用对船舶运动状态的影响。实验显示:船舶撞击柔性防护装置后被防护装置拨开,且船舶带走大部分的动能。

关键词:实船撞击　柔性防撞　船撞桥　流—固耦合　船撞力

1　引言

在事故情况下船舶对桥墩的撞击力是桥梁设计者所要考虑的十分重要的因素。目前,船舶对桥墩的撞击力通常可以由经验公式或数值计算来确定。AASHTO[1]规范在总结船撞船的经验公式基础上给出了船舶正面撞击刚性桥墩时的最大撞力的计算公式。该公式的使用条件是:1 000DWT以上的钢质油船、散货船、集装箱船正面撞击刚性桥墩。公式中的最大撞击力与船的初始速度成正比,与船的载重吨位的二分之一次方成正比。顾永宁[2]等对船舶撞击刚性平面的情况做了有限元计算。计算中考虑了船舶钢材的应变率效应和附连水质量。该计算给出了1 000～60 000DWT若干种船的撞击力随船首压溃长度的变化关系。计算表明,船以不同速度撞击时,较低速度撞击情况下的撞击力——船首压溃长度曲线近似为较高速度撞击情况下对应曲线的一部分。Michael C. McVay[3]等完成了驳船正面撞击桥墩的足尺试验。以上都为船或驳船正面撞击桥墩的情况,撞击过程中船泊的动能大部分转化为变形能,同时桥墩和船受到较大撞击力。本文考虑了一种桥墩柔性防护装置,并且用400*DWT*散货船对它进行了12次撞击试验。该防护装置既能起到缓冲作用,又能便于拨转船头,使船带走大部分动能。从另一方面来说，使用该防护装置后可以减小桥墩的尺寸，节约造桥成本。撞击结束后船舶的运动情况也是影响桥梁安全的重要因素，而通常的船撞桥数值计算不能得到船舶的准确运动轨迹，这样的流—固耦合问题计算量十分庞大。结合实船试验，本文也分析了船舶撞击桥墩柔性防护装置后的运动情况。

2 实验桥墩与桥墩柔性防护装置

如图 1 所示，本实验中的桥墩为五边形，桥墩上的尖角为 75°，尖角所对的方向为水流方向。桥墩宽 8m，厚 3m，尾部到尖角的距离为 9.5m。桥墩被 6 根直径为 1.2m 的桩支撑。桥墩外侧围绕着桥墩柔性防护装置。该柔性防护装置包括 3 部分主要结构：内钢围、外钢围、防撞圈。内钢围为钢箱梁结构，套在桥墩的外侧。外钢围也为钢箱梁结构。防撞圈是由特别绕制方法做成的钢丝圈，其外层裹着用于防腐蚀的橡胶层。内钢围与外钢围由防撞圈连接。在图 1 中，防撞圈是由线条示意的。当船舶撞击外钢围尖角的两侧面（将其称为迎撞面）时，外钢围整体往后退缩，带动防撞圈整体变形。防撞圈的变形既能吸收能量也能有效减小撞击力。在外钢围整体退缩的情况下，船头更容易被拨转方向并从外钢围的迎撞面滑出，船体可以带走大部分动能。

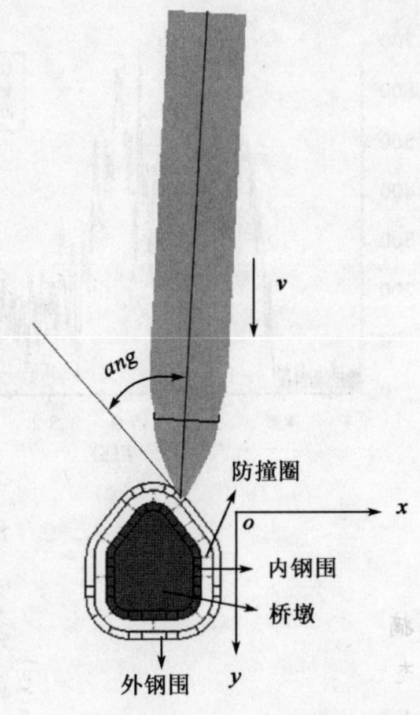

图 1　船舶撞击桥墩防护装置示意图

3 实验船与测量装置的布置

实验船为 400DWT 散货船，船长 35.24m，宽 7.60m，包括压仓混凝土在内的空船排水量为 250t。实验中所用的惯性测量单元固定在船体的质心位置，该测量单元集成了加速度传感器和角速度传感器。加速度传感器可同时测量两两正交的 3 个方向的加速度。本实验中，加速度传感器有 2 个方向在水平面内，另 1 个沿竖直方向。角速度传感器可同时测量船体的水平转动、左右滚动和首尾摆动。分析加速度可以得出船体受到的撞击力，结合角速度和船体的初始运动状态可以分析撞击过程中船体的运动情况。

4 撞击力分析

如图 1 所示，排水量为 250t 的空载船以某一初速度撞击在外钢围的迎撞面，这里将船轴线与外钢围迎撞面的夹角称为撞击角度。下面将要讨论撞击初速度与初始撞击角度分别对船体所受撞击力的影响。这里所说的船体受到的撞击力包括了撞击过程中水流对船体的作用，但与船和防护装置的接触力相比，水流的作用力是很小的[4]，二者相差一个数量级。如图 2 所示给出了 A、B、C 3 种工况下的船舶的撞击力—时间曲线。其中 v 为船舶初始速度，ang 为初始撞击角度。图 2 中 a)、b) 为初速度相近的 2 种工况中船在水平面内所受撞击力—时间曲线。由 AASHTO 规范给出的最大撞击计算力公式的外延应用可知——这里假设 400DWT 船的撞击力也能用此公式计算 400DWT 船以 2.25m/s 速度正面撞击刚性桥墩的最大撞击力为 5.4MN。使用桥墩柔性防护装置之后，船舶的最大撞击力明显减小，与公式的计算结果相差一个量级。图 3b)、c) 给出了初始撞击角度相近的 2 种工况中船在水平面内所受撞击力—

时间曲线。以上 3 种工况中船首与外钢围的接触时间约为 0.6s,这段时间内出现了 2 个撞击力峰值。减小初始撞击角度 ang,或尽量使外钢围两迎撞面之间的夹角减小可以显著降低船舶的撞击力。

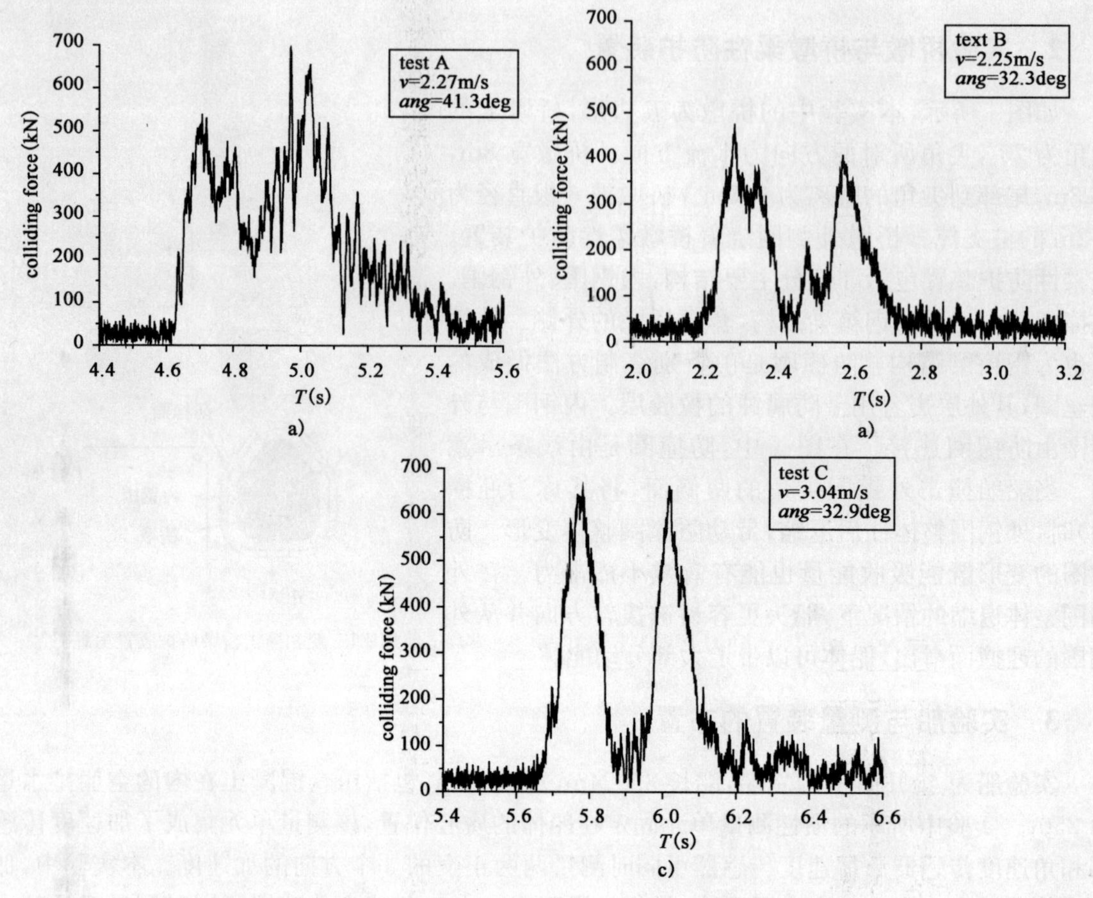

图 2　3 种撞击工况下的船舶撞击力—时间曲线

5　船舶运动分析

这里使用的撞击工况也为 A、B、C 工况。如图 1 所示,在水平面内建立空间直角坐标系 oxy。由图 3 可知,撞击发生后,船体大约在 0.6s 内——即船首与外钢围的接触时间达到最大角速度,之后其角速度慢慢较小。初始撞击角越大或初始速度越快,则角速度可达到越大的值。

如图 4 所示,撞击发生后约 0.6s 内,船体质心处 x 方向速度 v_x 与 y 方向速度 v_y 发生了显著的变化。为了比较方便,图 4(以及以后的各图中)已将 3 种工况的撞击开始时间移到了同一时刻。撞击结束后,v_x 还有明显的增加,这是水流作用引起的。水流作用使得船体向着偏离桥墩的方向运动,这里不妨称这种作用力为升力。

分析实验的录像资料后发现:在所有的 12 次实验中,除船首与外钢围接触外,船体的其他部位(这里将其称为船身)没有与外钢围发生碰撞;而在忽略水流作用的有限元计算中(与实验的撞击工况相同)船身还会与外钢围撞击。水流的升力和它对船体转动的阻碍作用都利于避免船身与防护装置发生碰撞。

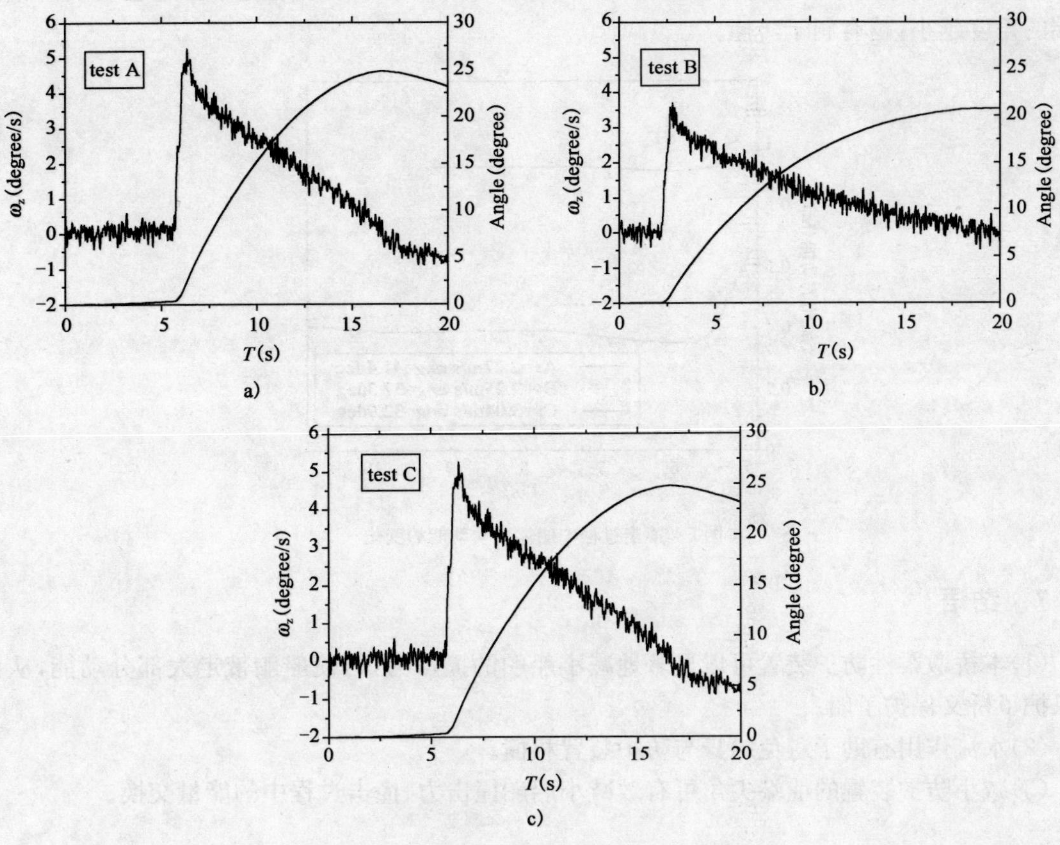

图 3　船在水平面内的角速度 ω_z 与转过的角度 Angle

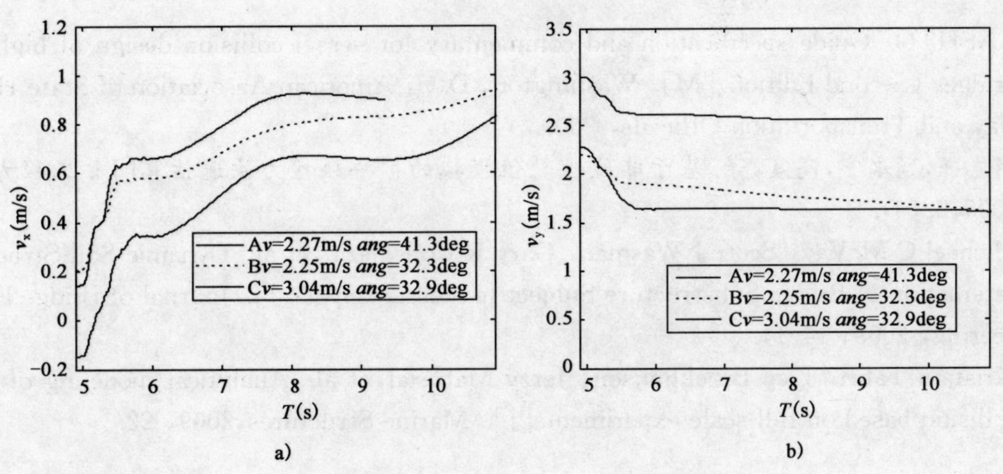

图 4　撞击过程中船体质心速度的变化

6　撞击过程中船舶的能量损耗

如图 5 所示给出了 A、B、C 工况中船体的平动动能变化情况，在船首与外钢围的接触过程中(约 0.6s)船体平动动能明显减少。柔性防撞装置使船体带走了绝大部分的平动动能。比较A、B工况可知，撞击角度越小，船与外钢围碰撞时交换的平动动能越小。这也说明外钢围尖端的角度越小，越有利于防撞。

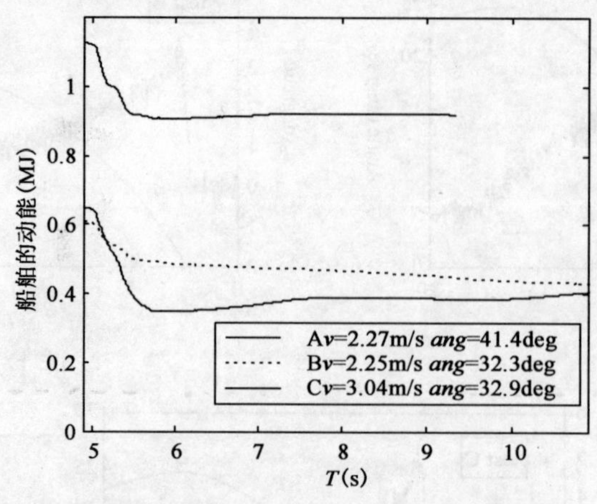

图5 撞击过程中船体平动动能的变化

7 结语

(1)本桥墩柔性防护装置可以显著地减小船舶的撞击力，可使船舶带走大部分动能，从而既保护了桥又保护了船。

(2)水流作用有助于避免船身与防护装置相撞。

(3)减小防护装置的前端尖角可有效减小船舶撞击力、撞击过程中的能量交换。

参 考 文 献

[1] AASHTO. Guide specification and commentary for vessel collision design of highway bridges (Second Edition)[M]. Washington, D. C: American Association of State Highway and Transportation Officails, 2009.

[2] 胡志强，顾永宁，高震，等. 基于非线性数值模拟的船桥碰撞力快速估算[J]. 工程力学，2005，22(3).

[3] Michael C McVay, Scott J Wasman, Gary R Consolazio, et al. Dynamic Soil-Structure Interaction of Bridge Substructure Subject to Vessel Impact[J]. Journal of Bridge Engineering, 2009, 14(1).

[4] Kristjan Tabri, Joep Broekhuijsen, Jerzy Matusial, et al. Analytical modeling of ship collision based on full-scale experiments[J]. Marine Structures, 2009, 22.

172. 桥梁柔性防船撞装置设计的关键技术研究

刘　军[1]　吕忠达[2]　徐爱敏[2]　周刚毅[1]　杨黎明[1]

(1. 宁波大学机械工程与力学学院;2. 浙江省宁波市高等级公路建设指挥部)

摘　要:本文基于有限元数值模拟结果,建立防撞装置的简化理论分析模型,研究影响防撞装置性能的各个关键参数:内外钢围的几何结构参数、防撞圈(弹性元件)组合形式、外钢围抗弯刚度等。得到了外钢围等效抗弯刚度的设计参量,以保证在受到代表船舶撞击时,外钢围不发生局部塌陷;并且发现适当增加外钢围顶点附近的抗弯刚度有利于提高防撞装置的整体抗撞能力。研究结果应用于象山港公路大桥柔性防船撞装置的设计。

关键词:桥墩防船撞　柔性防船撞装置　抗弯刚度　弹性元件　分布

1　引言

船舶撞击桥梁的事故中,虽然失事船舶的速度一般比其他交通工具要慢,但是其质量往往要大得多,所以船舶撞击桥墩的动能非常大,对桥梁的安全带来很大问题。因此,各种各样的桥墩防船舶撞击装置不断出现[1,2]。设计、使用桥梁防撞设施的目的在于:防止因船舶撞击力超过桥墩的设计承受能力而导致桥梁损坏[3,4]。

陈国虞先生根据撞击下,桥、船和防撞设施的损坏情况将防撞设施分为3类:船坏,桥、设施不坏;船桥不坏,设施坏;三不坏。只有大幅度的降低船撞桥的撞击力才能很好的保护船桥均不被破坏[5]。

近年来宁波大学力学与材料科学研究中心与上海海洋钢结构研究所提出了一种新的防撞理念:一方面防撞装置吸收部分的撞击能量,另一方面防撞装置改变船舶航向,使船舶带走大部分的动能。基于这种防撞理念,2个单位共同合作完成了新型柔性防撞装置的设计研究,并在多项工程中得到了应用[6]。

2　新型柔性防船撞装置结构与设计

柔性防船撞装置是设置在桥墩上的一种新型抗船舶撞击设施,主要由外钢围(钢箱梁)、防撞圈和内钢围构成(图1)。船舶撞击在外钢围的外表面上,撞击力通过连接内外钢围的防撞圈传递到内钢围上,并最终传递到桥墩上。柔性防撞装置在受船撞过程中起到拨转船舶航向、分散并大幅减小撞击力的作用,为桥墩提供缓冲消能保护,而且它的工程造价也相对较低。目前，该装置已在广东湛江海湾大桥投入使用(图 2)[7]。其改进型将在象山港公路大桥实施。

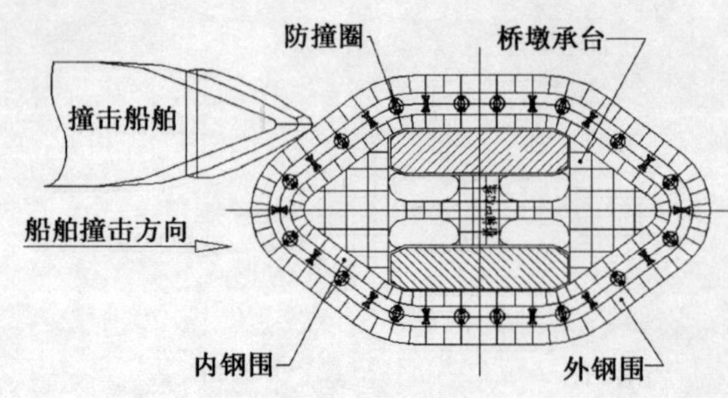

图 1　柔性防船撞装置结构图

2.1　外钢围设计

当船舶撞到防撞设施的外钢围时：一方面，外钢围必须有足够的刚度(主要为弯曲刚度)使得撞击过程中所有的防撞圈共同受力，即保证外钢围基本为整体位移，尽量减少局部变形[8]；另一方面，外钢围的刚度过大会消耗大量钢材，增加工程造价。这就需要在满足外钢围弯曲刚度的条件下尽量的节省钢材，显然采用工字型钢结构比较符合上述要求。此外，由于船首先撞上的是外钢围，所以必须保证外钢围以及整个防撞装置能半浮在水面上，而使用外力去支撑或吊挂都对承台有不利的影响。综合上述考虑，外钢围设计成水密箱体结构。

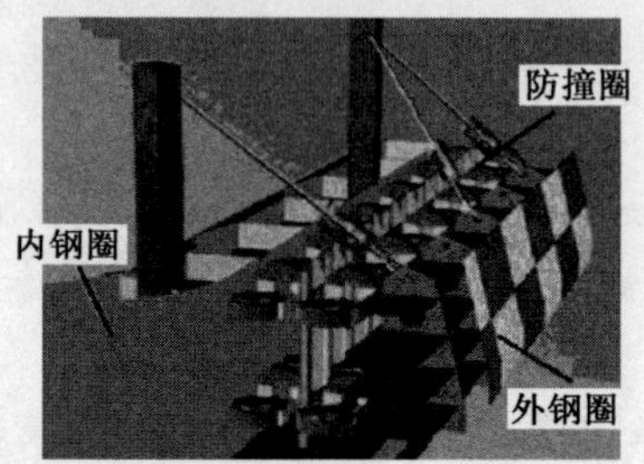

图 2　广东湛江海湾大桥新型柔性防撞装置

在船舶与外钢围碰撞时，如果能提供一个偏离船舶原运动方向的外力，从而使得船舶能承受与原运动方向不一致的冲量，经历一段撞击时间后，船舶将改变其运动方向，带着尽可能多的剩余动能改变航向，沿外钢围外侧滑行，最终达到离开桥墩及防撞设施的目的，所以外钢围在迎撞方向上做成一定角度的尖形(一般采用 70°夹角)。防撞装置的外钢围设计如图 2 中 Outer Ring 所示。

外钢围在承受撞击时，还需要提供一定的支撑，即需要外钢围具有抗整体位移的能力，使得其能在受到撞击时，对船舶等撞击体施加一定的反作用力，以保证撞击体(船舶等)能改变其运动方向[8]；而这种由船舶与外钢围共同作用产生的撞击力，最终将通过应力波的形式传递到桥墩上，因此这一作用力不宜过大，即传递到桥墩的作用力不超过桥墩允许的最大抗撞击力。

另外，在船撞击防撞装置时，由于防撞装置局部承受的撞击力较未直接相撞部位大，有可能导致防撞装置局部发生塑性变形而破坏。所以外钢围设计成分段连接，这便于安装和更换。

2.2　防撞圈设计

当船舶撞到防撞设施上时，防撞设施需要提供很好的柔性，(即保证外钢围能够产生足够的位移)，这种柔性由防撞圈提供。防撞圈一般由内部为捆扎钢丝绳圈，外部包裹橡胶层构成，如图 2 所示 Steel Wire Rope Coils。图 3 中单个防撞圈的试验与理论模型的力—位移曲线[6,8]。其中试验数据来自于防撞圈的压缩试验，理论模型采用 ZWT 模型。应力应变关系式为：

$$\sigma = f_e(\varepsilon) + E_1\int_0^t \dot{\varepsilon}\exp\left(-\frac{t-\tau}{\theta_1}\right)\mathrm{d}\tau + E_2\int_0^t \dot{\varepsilon}\exp\left(-\frac{t-\tau}{\theta_2}\right)\mathrm{d}\tau \tag{1}$$

此处应力：σ；应变：ε；应变率：$\dot{\varepsilon}$；时间：t；$f_e(\varepsilon)$描述非线性弹性平衡响应；第一个积分项描述低应变率下的黏弹性响应，E_1 和 θ_1 分别是所对应的 Maxwell 单元的弹性常数和松弛时间；而后一个积分项描述高应变率下的黏弹性响应，E_2 和 θ_2 则分别是所对应的 Maxwell 单元的弹性常数和松弛时间。

转化为实际计算中需要的力—位移关系（力 F、位移 Δu、弹簧系数 K、加载速度 $\upsilon(\tau)$）为：

$$F=K_e(\Delta u)\Delta u+K_1\int_0^t \upsilon(\tau)\exp\left(-\frac{t-\tau}{\theta_1}\right)d\tau+K_2\int_0^t \upsilon(\tau)\exp\left(-\frac{t-\tau}{\theta_2}\right)d\tau \tag{2}$$

在冲击载荷下则与式(2)相对应地化为：

$$F=K_1(\Delta u)\Delta u+K_2\int_0^t \upsilon(\tau)\exp\left(-\frac{t-\tau}{\theta_2}\right)d\tau \tag{3}$$

在恒定的加载速度下，式(2)可化为：

$$F=K_1(\Delta u)\Delta u+K_2\theta_2\upsilon\left[1-\exp(-\frac{t}{\theta_2})\right] \tag{4}$$

在恒定卸载速度下，则化为：

$$F=K_1(\Delta u)\Delta u+K_2\theta_2\upsilon\left[2\exp(-\frac{t-t_1}{\theta_2})-\exp(-\frac{t}{\theta_2})-1\right] \tag{5}$$

式中的材料参数可由与柔性防撞圈实测的力—位移试验曲线进行拟合确定。

由于内外钢围之间的防撞圈表现出足够的柔性，船舶推着外钢围运动。由图 3 中防撞圈的力学行为可以看出：在撞击初期，外钢围后退时产生的力较小（图 3 中防撞圈的力—位移曲线有一个较大范围的低应力平台）；撞击后期，当外钢围后推一段距离后，防撞圈压扁后（空心压实），作用力会加大（图中防撞圈二次弹性阶段）。由此可知撞击力能长时间保持在较低作用力下，导致船舶有足够的时间和空间改变其航行方向，使得船舶的大部分动能可保留在船舶上，继续沿外钢围外表侧向前滑动。所以，船舶的大部分动能（实例与 ANSYS 分析，可达 85% 以上）在撞击过程中不参与能量交换。这种设计即可降低桥墩所收到的撞击力、有效地保护桥梁又能起到保护船舶的作用。

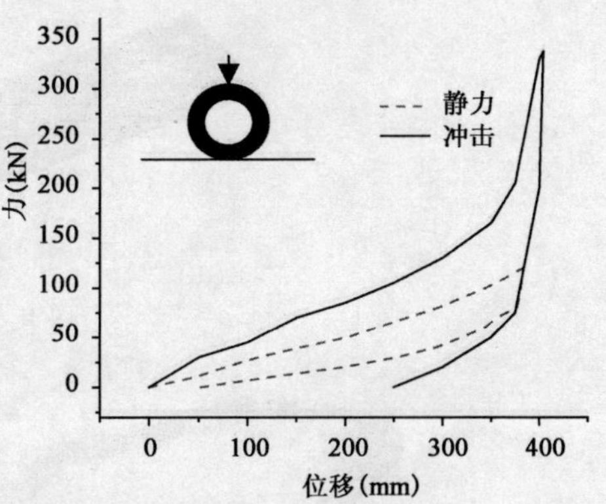

图 3　防撞圈压缩力—位移实验与理论曲线

相对于不同的桥梁、防撞圈的选用也各有不同，这主要是：不同桥梁所在航道限制，导致通航的船舶动能量级不同（船限速与船载重吨位不同）；不同桥墩各自抗撞击力，就需要设计不同的低作用力。例如：对于受到具有高动能船舶撞击的桥梁防撞设施，防撞圈需要设计为大尺寸，可以保证外钢围有更大的运动距离和更长的撞击时间，同时承受更大的撞击力（根据船舶动能与桥墩抗撞击能力确定）。所以在设计防撞圈时，需要通过选取防撞圈的大小（防撞圈承受的撞击力）与防撞圈的布置（如：并联可以增大撞击阻力，串联可以增加运动距离与撞击时间）来适应不同航道不同桥梁在经受不同船舶撞击时的防撞要求。一般情况下，内外钢围之间布置的防撞圈相互间隔为防撞圈本身直径长度的 2 倍以上，便于压缩时相隔的防撞圈相互之间不受影响。

2.3　内钢围设计

船舶撞击防撞设施的撞击力以应力波的形式传递到内钢围，最终依靠内钢围传递到桥墩上。内钢围紧靠桥墩，可以认为其与桥墩没有径向的相对位移。另外一方面，由于内钢围材料为钢材，要保证内钢围浮于水面上与外钢围保持平衡，所以最合理的设计内钢围也应是水密箱体结构[9]。

跨江、跨海大桥一般都有较大的潮涨潮落，潮水落差大的可达十几米，而防撞设施要保证在任何时都能很好地保护桥墩，即任何时刻都有足够的部分留在水中与水上。同时，考虑到结构合理和经济原因，装置不宜过分高大。防撞设施应设计成能随着潮涨潮落而起伏的浮式形式，不能固定在桥墩上。因此，必须在内钢围与桥墩之间设置上下滑动装置，以减少摩擦阻力。现采用的是合成树脂类高强度低摩擦系数材料。通过润滑，保证内钢围能随着潮水而上下低阻力滑动。

3　柔性防撞装置性能分析

新型的柔性防撞装置已在广东湛江海湾大桥、浙江宁波象山港公路大桥中得到运用。现以象山港公路大桥为例，用有限元分析结果说明柔性防撞装置的撞击过程以及与其他防撞设施相比较的优点。

3.1　有限元仿真模型

建立有限元仿真模型，如图 4 所示为船撞桥有限元模拟的模型图，绿色部分为桥墩。如图 5 所示为新型柔性防撞装置有限元仿真模型图。

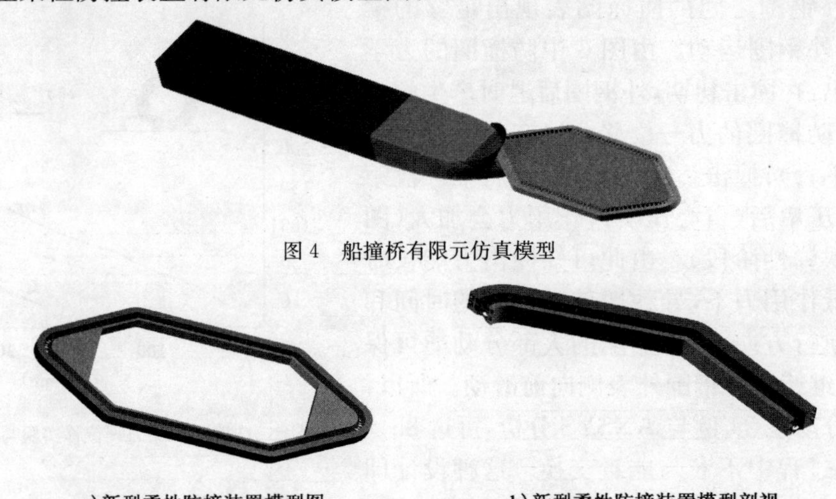

图 4　船撞桥有限元仿真模型

a) 新型柔性防撞装置模型图　　b) 新型柔性防撞装置模型剖视

图 5　象山港公路大桥新型柔性防撞装置模型图

外钢围与内钢围钢材，取杨氏模量 $E=210\text{GPa}$，泊松比 $\mu=0.28$，密度 $\rho=7.83\text{g/cm}^3$，并采用著名的 Cooper-Symonds 公式作为钢材计及应变率效应的弹塑性本构关系[10]。以有效应力 σ_{eff} 和有效塑性应变 $\varepsilon_{\text{eff}}^{\text{p}}$ 表示时，Cooper-Symonds 公式有如下形式：

$$\sigma_{\text{eff}}=\left[1+\left(\frac{\dot{\varepsilon}}{C}\right)^{1/p}\right](\sigma_0+\beta E_{\text{p}}\varepsilon_{\text{eff}}^{\text{p}}) \tag{6}$$

式中材料参数分别取为：$C=40.5\text{s}^{-1}$，$p=5$，$\sigma_0=355\text{MPa}$，$\beta=0.8$，$E_{\text{p}}=3\text{GPa}$。

3.2　有限元仿真结果

以象山港公路大桥主桥墩以及其新型柔性防撞装置的实体尺寸为例，通过有限元仿真，比较分析防撞装置的防撞效果。

如图 6 所示为不设防撞设施的桥墩遭受不同吨位船舶撞击时的撞击力—时间与能量—时间曲线。如图 7 所示为设有新型柔性防撞装置的桥墩承受不同吨位船舶撞击时的撞击力—时间曲线与能量—时间曲线。

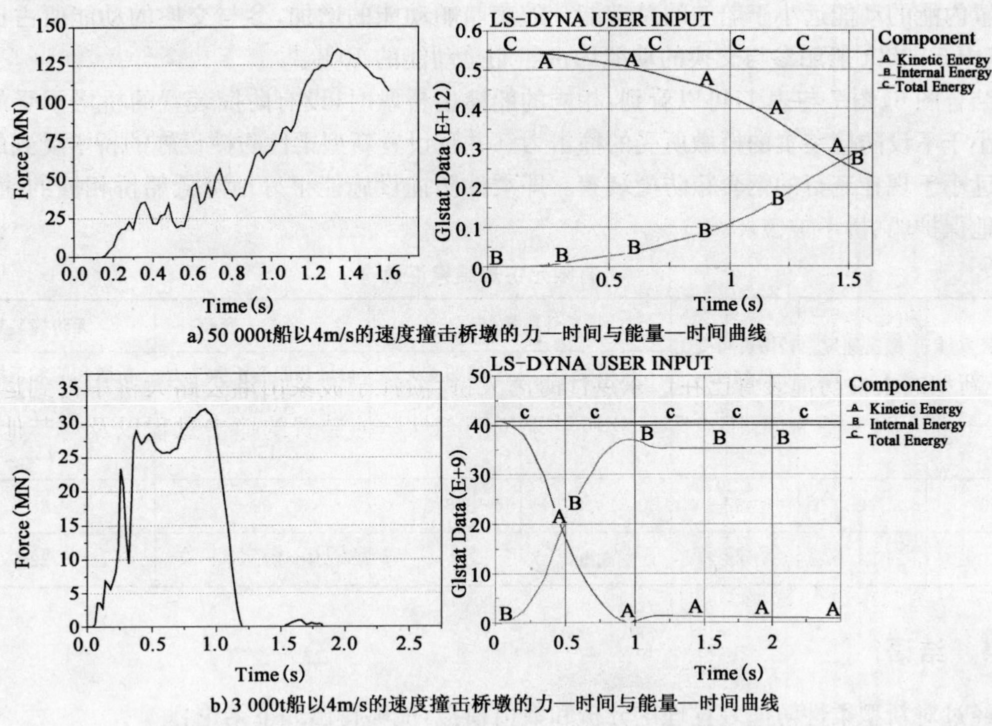

a) 50 000t船以4m/s的速度撞击桥墩的力—时间与能量—时间曲线

b) 3 000t船以4m/s的速度撞击桥墩的力—时间与能量—时间曲线

图6　不同型号船只撞击无防护装置桥墩的力—时间和能量—时间曲线

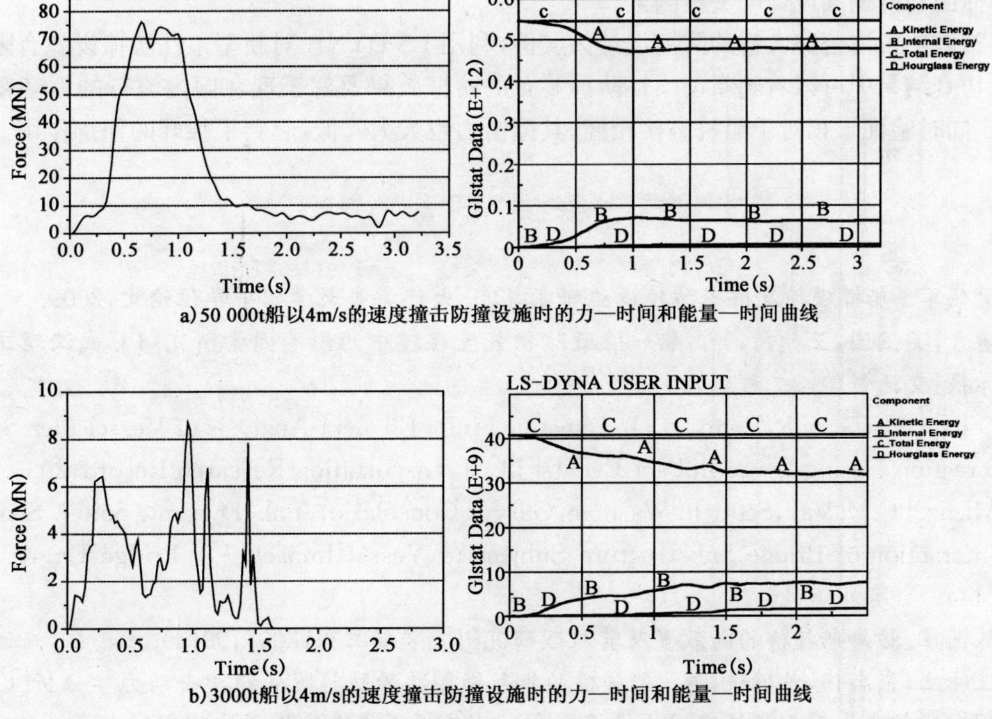

a) 50 000t船以4m/s的速度撞击防撞设施时的力—时间和能量—时间曲线

b) 3000t船以4m/s的速度撞击防撞设施时的力—时间和能量—时间曲线

图7　不同型号船只撞击设置防护装置桥墩的力—时间和能量—时间曲线

由图7中的能量—时间曲线中可以看出，在防撞装置的作用下，参与交换并最终转化为船与装置内能的动能远小于船舶的总动能。随着船舶动能的增加，参与交换的动能所占比例越少，其中50 000t船舶参与交换的动能约占船舶总动能的10%。

结合图6、图7与表1，可以看到，相同的船撞击桥墩时，设有防撞装置的桥墩承受的撞击力远小于不设防撞装置的桥墩所受的撞击力。并且设置新型柔性防撞设施的桥墩受到的撞击力也远小于现在流行的钢套箱防撞装置。即柔性防撞设施能很好地降低船桥相撞的撞击力，有效地保护船、桥不被破坏。

有限元仿真结果汇总 表1

船舶载重量(kt)	撞击速度(m/s)	桥墩许可受力(MN)	柔性防撞装置		承台施工套箱	无防撞装置
			桥墩受力(MN)	船舶受力(MN)	桥墩和船舶正撞受力(MN)	桥墩和船舶正撞受力(MN)
50	4	98	76.0	72.8	153	135
50	2	32	24.8	26.3	89	88
3	4	22	6.9	8.7	29.6	32

4 结语

经过对新型柔性防撞装置理论分析和数值模拟，能够得出如下结论：

(1)新型柔性防撞装置是基于船桥相撞时大幅降低撞击力的理念设计的，提出降低船舶撞击力的关键不是吸收动能的多少，而是减小船舶与桥墩之间的能量交换。基于此，研究了外钢围、防撞圈和内钢围设计的关键因素。

(2)以象山港公路大桥的防撞设计为实例，利用LS-DYNA对新型柔性防撞设施有限元仿真，从仿真结果中可以看到新型柔性防撞装置的防撞效果要好于现在国内流行的钢套箱防撞设施。同时验证了相对于船桥直接相撞，其撞击力也大大降低，起到了很好的保护作用。

参 考 文 献

[1] 尹锡军. 船桥碰撞及桥墩防撞设施研究[D]. 大连海事大学硕士学位论文，2009.

[2] 潘晋，吴卫国，王德禹，等. 船—桥墩防护装置碰撞中的影响因素研究[J]. 武汉理工大学学报：交通科学与工程版，2004(4).

[3] Consolazio，Gary R，Lehr，et al. Dynamic Finite Element Analysis of Vessel-Pier-Soil Interaction During Barge ImPact Events[J]. Transportation Researeh Record，2003.

[4] Michael C McVay，Scott J. Wasman，Gary R Consolazio，et al. Dynamic Soil - Structure Interaction of Bridge Substructure Subject to Vessel Impact[J]. Bridge Engrg. 2009(14).

[5] 陈国虞. 防御船撞桥的新装置及其机理研究[J]. 船舶工程，2007，29(4).

[6] 王礼立，张忠伟，黄德进，等. 船撞桥的钢丝绳圈柔性防撞装置的冲击动力学分析[C]. 祝贺郑哲敏先生八十华诞应用力学报告会——应用力学进展论文集，2004.

[7] 张海明，曹映泓，段乃民，等. 湛江海湾大桥主墩防撞设施结构设计[J]. 中外道路，2006，

26(5).

[8] Lili Wang, Liming Yang, Dejin Huang, et al. An impact dynamics analysis on a new crashworthy device against ship-bridge collision[J]. International Journal of Impact Engineering,2008(35).

[9] 杨峰,杨黎明. 六边形结构桥墩柔性防撞装置等效弹性系数研究[J]. 宁波大学学报,2006,24(2).

[10] 杨峰,杨黎明. 桥墩柔性防撞装置的静力学模型研究[J]. 固体力学学报,2011,32.

173. 桥墩柔性防撞装置实船撞击过程的实验研究

——装置及撞击力的测量与分析

董新龙　周风华　郑维钰　李来则　段　忠　周刚毅　杨黎明

（宁波大学力学和材料科学研究中心）

摘　要：随跨江、跨海大桥及航运业高速发展，船撞桥时有发生，桥梁防撞装置的设计研究受到越来越多重视，本文针对柔性防撞装置开展实船撞击实验研究，实验设计布置了系列力传感器，对不同吨位(250～390t)、不同撞击角度和速度等工况下，船撞过程的力时程曲线进行测试，对船撞击过程的各关键部件撞击力及对桥墩的作用进行了分析，结果表明：该测试方案可以很好地记录撞击过程各结构的力-时间响应曲线；所设计的柔性防撞装置所有钢丝绳防撞圈具有很好的同期作用，有效地分散集中撞击力对防撞装置及桥墩的作用，可以充分发挥装置整体的柔性及耗能效应；可大大降低撞击力。该测试研究为柔性防撞装置的工程应用及其设计、计算分析提供参考。

关键词：船撞桥墩　柔性防撞装置　实船实验　撞击力

1　引言

从20世纪80年代末开始，跨越大江、大河及海湾，连接岛屿的大型桥梁开始增多，船撞桥在航运业高速发展的今天时有发生，桥梁防撞装置的设计研究越来越受到重视，研究者提出了各种原理的桥墩防船撞装置设计[1,2]，但大多只在原理上或利用有限元方法进行分析，难以全面、准确对其工程设计及应用效果进行评估[3,4]。桥梁柔性防船撞装置是一种新的防撞设计方法，装置外面是一圈具有相当刚度的钢围子(外钢围)，外钢围内安装柔性钢丝绳吸能防撞圈，工程中可根据实际设防要求，通过钢围和柔性钢丝绳吸能防撞圈的协调设计，其结构内各部件的共同作用，起到隔阻强冲击、减少撞击力、延长低载荷下撞击过程时间的多种效果。尤其是延长较低载荷下撞击过程时间和防撞装置外钢围整体较大的移动，可使船舶有时间和空间转向，将船舶推离桥墩，使船舶沿防撞装置外侧滑走，从而带走船的大部分动能，大大降低了船-桥撞击过程中的能量交换，从而实现既保护桥梁，又能避免(或大大降低)船舶受到伤害的目的[4,5]。

国家自然科学基金项目(编号10872101)；交通运输部行业联合科技攻关项目(编号：2009-353-333-310)；浙江省科技厅重大攻关项目(编号：2009C13008)。

本文针对柔性防撞装置开展实船撞击实验研究，实验设计布置了系列力传感器（45 个），对不同吨位（250～390t）、不同撞击角度（0°～20°）和不同速度等工况下，船撞过程的撞击位置及各钢丝绳防撞圈的力时程曲线进行测试，对船撞击过程的各关键部件撞击力及对桥墩的作用进行了分析，以期为防撞装置的工程应用及其设计、计算分析提供参考。

2 实验装置及撞击力测试方法

2.1 柔性防撞装置及力传感器布置

船撞桥柔性防撞装置尺寸及布置如图 1 所示，装置外面是一圈具有相当刚度的钢围子（外钢围），外钢围内自上而下安装两层直径 80cm 柔性钢丝绳吸能防撞圈，防护装置安装在桥墩上，装置为浮动式，随着水位的上下浮动，以适应船头的撞击，图 1 中①处设计为船的撞击位置。试验装置中，每个钢丝绳防撞圈背面与内钢围连接处设置一个 400kN 梁式拉、压力传感器，共 30 个，以期对船撞过程的各钢丝绳防撞圈的力时程曲线进行测试；在防撞装置试验船舶撞击位置（图 1 中①处）按点阵式布有 12 个压力力传感器，埋设方式如图 2 所示，上下两排构成一个点阵，测量迎撞面上承受的拉、压力，以考察直接撞击位置处的瞬态撞击力状态。力传感器专为本次实验测试需要与宁波柯力公司联合设计的梁式压力传感器，由柯力公司生产，传感器的频响为交流 1kHz，防水设计。

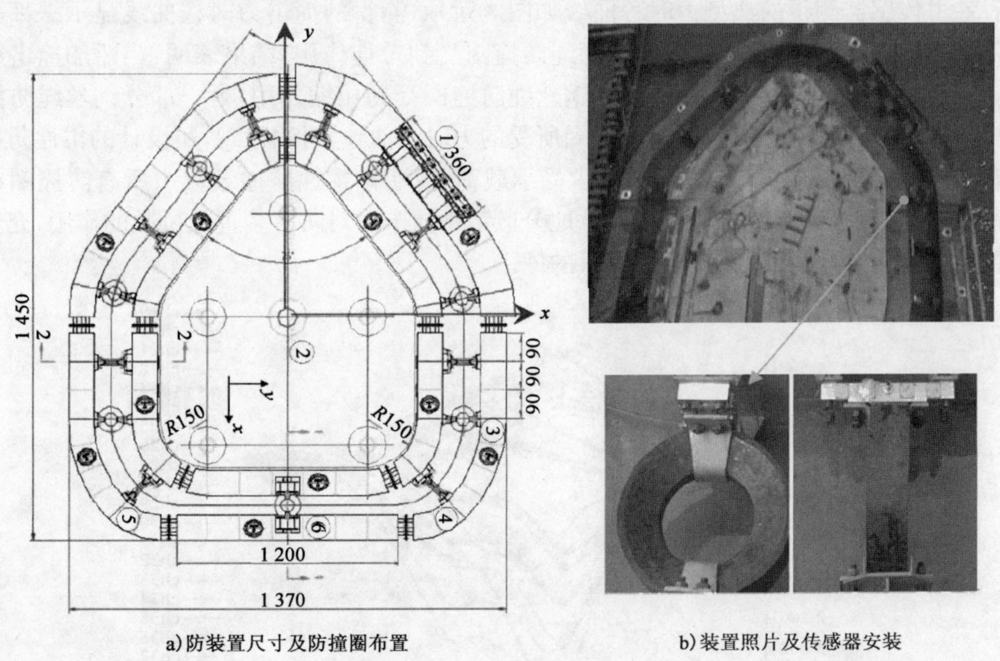

a）防装置尺寸及防撞圈布置

b）装置照片及传感器安装

图 1 试验用柔性防撞装置示意图及实物

传感器测试记录采用 DEWETRON 公司 48 通道动态应变及数据采集仪采集系统，动态应变适配器频响 300kHz，数据采集仪最高采样频率为 500kHz，试验中取采样频率为 10kHz。

2.2 实验过程及撞击合力计算

实验选用排水量 250～390t 船舶以不同工况（撞击速度 2～8m/s、与 Y 轴角度 −7°～+32°）撞击柔性防撞装置，试验中测试不同工况下各钢丝绳橡胶圈位置所安装传感器力时程曲线 $F^i(t)$，其中，i 为传感器编号。按图 1 所示的坐标将撞击力 $F^i(t)$ 分解至 X（垂直航道）、Y（沿航道)方向分力 $F_X^i(t)$、$F_Y^i(t)$，分别进行叠加求得 X(垂直航道)、Y(沿航道)方向分力 $F_X(t)=\sum F_X^i(t)$、$F_Y(t)=\sum F_Y^i(t)$，最后进行矢量求和得到总撞击力 $F(t)$。

a)迎撞面点阵设置的压力传感器布置

b)迎撞面点阵压力传感器现场照片

图 2 迎撞面正向压力传感器分布

3 实验结果及分析

3.1 船撞柔性装置撞击力时程曲线

当船舶排水量 390t，速度为 3.27m/s，以近似 0°撞击防撞到防撞装置(图 1 中①处)时，防撞圈后各力传感器测得的典型力时程曲线如图 3 所示，测得的撞击力时程曲线显示一部分钢丝绳防撞圈受到压缩作用，另一部分钢丝绳防撞圈受到拉伸作用，结果表明：当船舶撞击柔性防撞装置时，由于钢围整体运动，一部分钢丝绳防撞圈受到压缩作用，另一部分钢丝绳防撞圈受到拉伸作用。进一步比较各钢绳防护圈所受的力时程曲线，可以发现，所设计的柔性防撞装置所有钢丝绳防撞圈在 40ms 内都开始承受承载荷，说明该柔性防撞装置中所有防撞圈在船撞过程中表现为很好的同期作用，可有效地分散集中撞击力对防撞装置及桥墩的作用，充分发挥装置整体的柔性及耗能效应，抵抗船只的撞击。

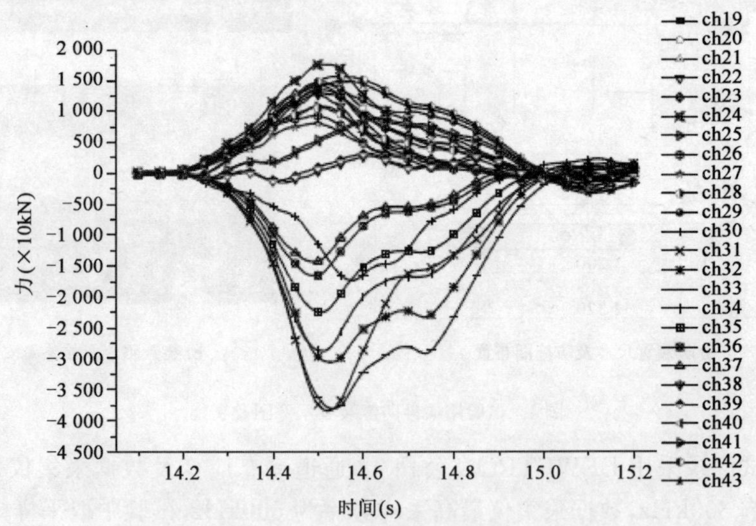

图 3 橡胶圈后各传感器测得的力时程曲线

图 4 分别为 X(垂直航道)、Y(沿航道)方向分力及总撞击力 $F(t)$，该撞击力事实上即作用于桥墩的撞击力，可见该次实验中桥墩所受到的最大撞击力峰值为 36.84ton，船舶与柔性防撞碰撞接触作用时间为 1.016s。

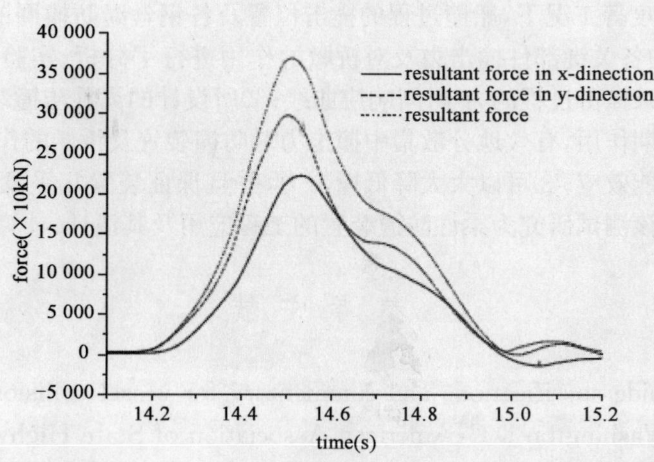

图 4　桥墩所受撞击力

撞击力时程曲线特性表明：船撞击柔性防撞装置，防撞装置发生退让，船只在防撞装置反力作用下被推离桥墩防撞装置，沿柔性防撞装置滑过，如图 5 所示，从而带走船只的大部分动能，大大降低了船-桥撞击过程中的能量交换，降低撞击力，实验结果表明，船只不会对装置产生二次撞击，因此可以实现既保护桥梁，又能大大降低船舶受到伤害的目的。

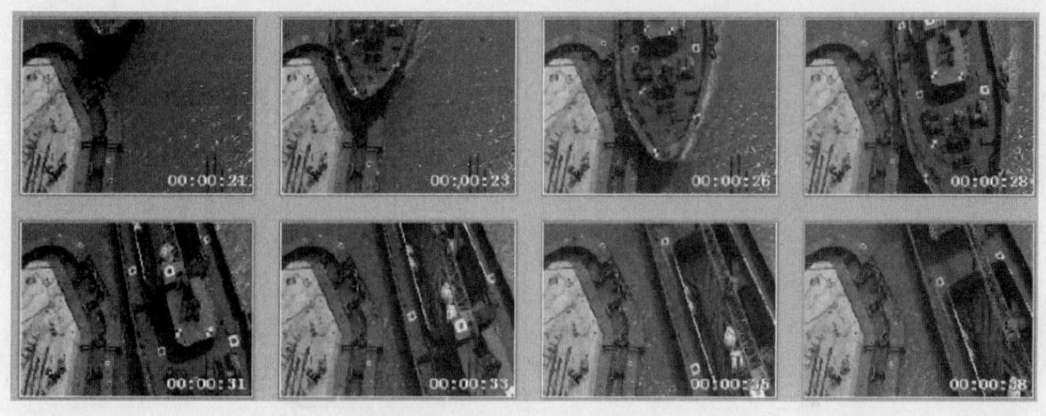

图 5　碰撞过程

表 1 给出各工况下桥墩所受撞击力的汇总，可以看出撞击力大小与撞击角度和撞击速度相关，将另文讨论。

典型实船撞击实验汇总（船只排水量 250t）　　表 1

实验编号		29_01	29_02	30_01	30_02	31.01	01.01	01.02	01.03
工况	撞击速度(m/s)	0.92	1.75	2.05	2.27	1.57	2.25	2.45	3.04
	压偏角(°)	3.4	−9.7	5.8	3.8	25.5	−5.2	−4.2	−4.6
撞击力(ton)		20.6	24.1	51.6	56.8	82.4	33.4	38.2	51.7
接触时间(s)		0.73	0.866	0.695	0.806	0.673	0.638	0.712	0.844

4　结语

本文针对柔性防撞装置开展实船撞击实验研究，对不同吨位（250～390t）、不同撞击角度

(0°～20°)和不同速度等工况下，船撞过程的撞击位置及各钢丝绳防撞圈的力时程曲线进行测试，对舶撞击过程的各关键部件撞击力及对桥墩的作用进行了分析，实验结果表明：①该测试方案可以很好地记录撞击过程的力-时间响应曲线；②所设计的柔性防撞装置所有钢丝绳防撞圈表现为很好的同期作用，有效地分散集中撞击力对防撞装置及桥墩的作用，可以充分发挥装置整体的柔性及耗能效应；③可以大大降低撞击力，并且保证装置几乎没有局部破坏，可以减小维护维修成本。该测试研究为柔性防撞装置的工程应用及其设计、计算分析提供参考。

参 考 文 献

[1] AASHTO. Guide specifications and commentary for vessel collision design of highway bridge [C]. Washington D C: American Association of State Highway and Transportation Offical, 1994.

[2] 曾克俭. 桥墩防撞设施研究及其应用综述[J]. 中南公路工程, 1996, 21(4): 40-44.

[3] 陈国虞. 防御船撞桥的新装置及机理研究[J]. 船舶工程, 2007, 29(4): 40-43.

[4] 陈国虞, 王礼立, 等. 桥墩柔性防撞问题研究的进展[C]. 第十七届全国桥梁学术会议论文集, 2006.

[5] LIli Wang, Dejin Huang, Zhongwei Zhang, et al. An impact dynamics analysis on a ner crashworthy device against ship-bridge collision[J]. International Journal of Impact Engineering, 2008: 895-904.

[6] Chen Guo-yu. New equipment of ship collision with the pier and its mechanism research [J]. Ship Engineering, 2007, 2(4): 40-43.

174. 实船与有防护装置桥墩碰撞实验的数值模拟

秦 焜[1] 刘慈军[2] 杨黎明[1] 王永刚[1]

(1. 宁波大学力学和材料科学研究中心;2. 浙江省宁波市高等级公路建设指挥部)

摘 要:针对实船与有柔性防护装置桥墩的碰撞试验,本研究用 LS-DYNA 软件对多种试验工况及船体与无柔性防护装置桥墩的碰撞过程进行了有限元数值模拟。模拟结果与试验测量数据的对比分析表明,通过有限元模拟得到的试验工况碰撞力与试验测量数据基本吻合。船体与有、无柔性防护装置桥墩碰撞过程的数值模拟结果显示:采用柔性防护装置或合理设计桥墩形状均可以大幅度减小碰撞力,提高桥墩的抗船体碰撞性能。

关键词:船撞桥 实验 柔性防撞 有限元 数值模拟

1 引言

近几十年来,随着国家经济的快速发展,各种运输船只在我国航道出入次数大大增加,船舶吨位日益增大,航速也越来越快。另一方面,我国陆路交通网也逐步完善,公路桥梁日益增多。于是,在我国发生的船撞桥事故也逐渐增多。船与桥碰撞事故不同于一般交通事故,一旦发生就会造成船体结构的永久变形及破损和桥梁受损,严重时可导致危险货物泄漏、桥梁坍塌和生命财产的损失等严重后果。为了提高船舶桥梁的耐撞性,减少船舶和桥梁的碰撞危险和碰撞的后继损失,从 20 世纪 50 年代起开始了对船桥碰撞过程的研究,目前船桥碰撞研究已经是船舶航运研究的重要内容。经过多年的发展,对于船桥碰撞过程有了更深入的认识,船桥碰撞事故的评价已经成为船舶和桥梁生命期风险评估的一个重要组成部分。

近些年来对船桥碰撞相关研究逐渐升温。王自力、顾永宁等人对船桥碰撞等问题进行了大量的研究工作。通过非线性动态有限元数值仿真全程再现了船桥碰撞事故时船舷对桥墩的冲击力以及由此引起桥墩、墩柱和桩基的动态变形和内部应力历程,讨论了船桥碰撞的力学特征[1-3]。肖波等人运用非线性有限元基本理论,采用有限元程序建立了船舶和桥墩防护装置的三维数值模型,分析了防护装置碰撞特点、船体结构部件的吸能特性并得出了碰撞力曲线的非线性特征[4-6]。陈国虞等人多年来一直跟踪船桥碰撞问题的研究,着重在防撞设施方面做了大

资助基金:国家自然科学基金(10872101);交通运输部行业联合科技攻关项目(2009-353-333-310);浙江省科技厅重大攻关项目(2009C13008);宁波大学科研基金(xk109088)。

量的试验及研究工作，基于模型试验和有限元仿真等方法提出了柔性耗能防撞装置，既能保护桥梁，又能保护船舶和防撞装置。目前该种防撞装置已实现工业化生产，并应用于大型桥梁防撞工程[7-9]。

船桥碰撞过程的数值分析方法和桥梁防撞装置设计已经取得很大进展。现在已经可以通过数值模拟来分析桥梁防撞装置的防护效果，但是这种数值模拟一直没有得到实验验证。为了使船桥碰撞过程的数值模拟为桥梁防撞工程提供可靠设计依据，就需要开展船桥碰撞过程实验研究，以验证数值模拟的可靠性和桥梁防撞装置的有效性。在宁波高等级公路建设指挥部的大力支持下，宁波大学的近海冲击与安全工程创新团队在宁波象山白墩大桥建设工地开展了实船与防护墩碰撞的实验研究。

本研究针对白墩实船碰撞实验的多个工况开展了数值模拟分析，结合实验测量结果分析数值模拟的可靠性并分析柔性耗能防撞装置的实际防撞效果。

2 白墩实船碰撞实验

实船碰撞实验在宁波象山白墩大桥的防护墩上进行。实验船只的空载排水量为250t，以给定初速度撞击到防护墩外围的柔性防护装置上。防护墩承台截面形状为五边形。承台前端尖角为75°，其中心线沿水流方向，主桥墩在防护墩后面。防护墩承台前端到后端的距离为9.5m，宽度为8.0m，高度为3.0m。承台由六根直径为1.2m的桩支撑。实验中采用环绕承台的柔性防护装置来保护防护墩，柔性防护装置主要结构包括内钢围、外钢围和防撞圈，如图1所示。内钢围为钢箱梁结构，套在桥墩的外侧。外钢围也为钢箱梁结构。防撞圈是由特别绕制方法做成的钢丝圈，其外层裹着用于防腐蚀的橡胶层。内钢围与外钢围由防撞圈连接。当船舶撞击外钢围迎撞面时，外钢围整体往后退缩，使防撞圈产生变形，如图1所示。防撞圈的变形既可以吸收能量也可以有效减小撞击力。在外钢围整体退缩的情况下，船头更容易被拨转方向并沿外钢围滑出，从而船体带走大部分动能以减小船舶撞击对防护墩的损伤。

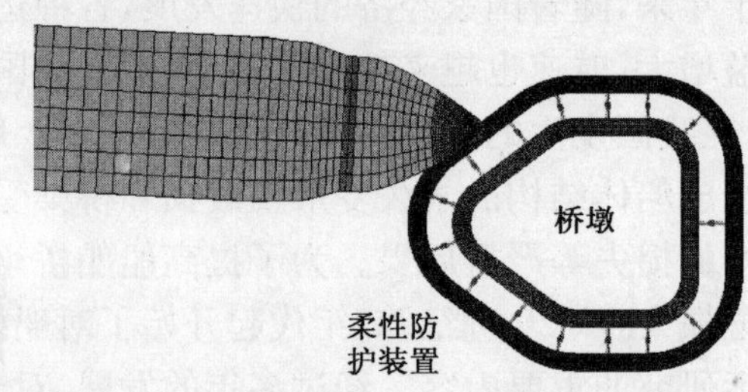

图1　防护墩柔性防护装置和实船碰撞实验示意图

为了充分研究柔性防护装置的防撞效果，对不同船舶质量和不同初速度的撞击过程进行了实验研究。典型的实验工况有：

试验1：撞击时与防护墩中心线夹角3.8°，船速2.27m/s；

试验2：撞击时与防护墩中心线夹角25.8°，船速1.57m/s；

试验3：撞击时与防护墩中心线夹角−0.1°，船速2.51m/s；

试验4：撞击时与防护墩中心线夹角−3.1°，船速3.27m/s。

实验中采用专门设计的压力传感器及加速度计来测量船只对柔性防护装置外钢围的撞击力。表1给出了通过加速度计数据得出的撞击力。

序　　号	船排水量 (t)	船速 (m/s)	撞击角度 (°)	最大撞击力 (kN)
试验 1	250	2.27	3.8	680
试验 2	250	1.57	25.8	700
试验 3	390	2.51	−0.1	590
试验 4	390	3.27	−3.1	980

实验工况和用加速度计得出的最大撞击力　　表 1

3　实船碰撞实验的数值模拟

为了分析实验数据，用 LS-DYNA 软件对以上典型实验工况开展了数值模拟计算。另外，为了研究柔性防护装置的防护效果以及碰撞角度对撞击力的影响，还模拟计算了典型实验工况下无柔性防护装置的碰撞过程和无碰撞角度的碰撞过程，图 2～图 5 给出了模拟计算得到的撞击力时程曲线。

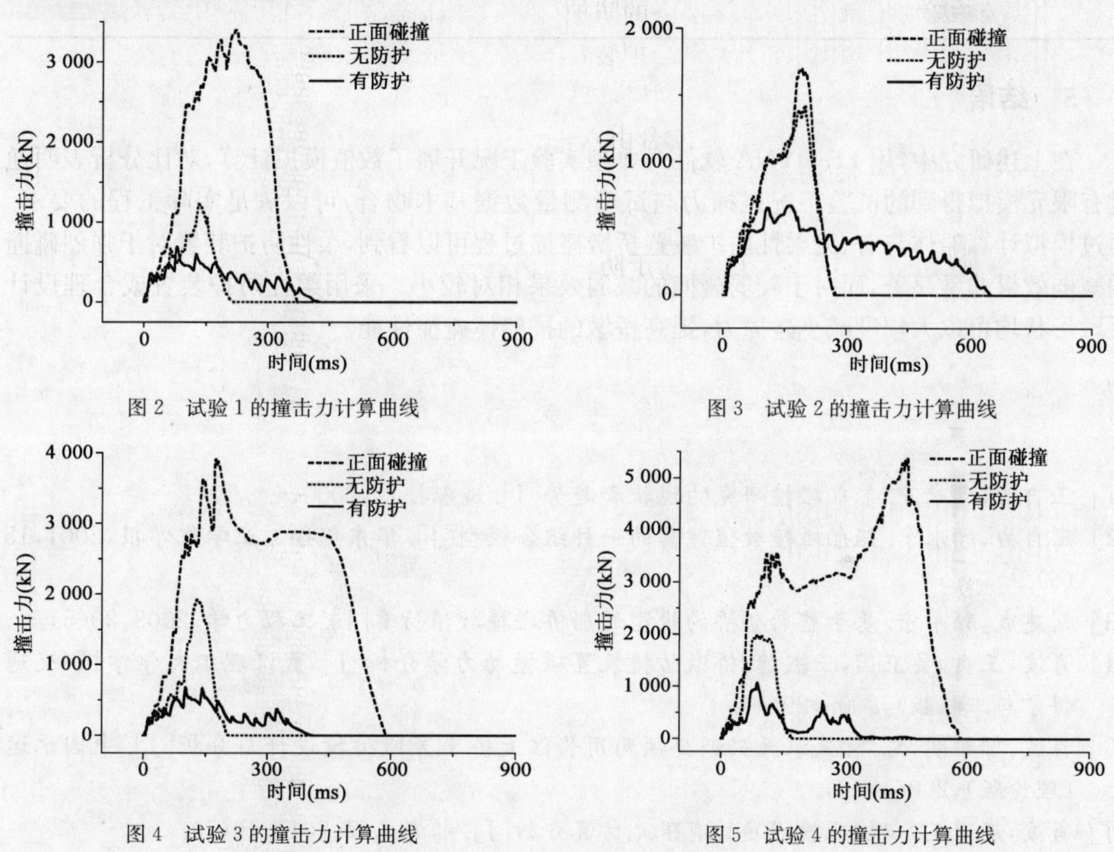

图 2　试验 1 的撞击力计算曲线

图 3　试验 2 的撞击力计算曲线

图 4　试验 3 的撞击力计算曲线

图 5　试验 4 的撞击力计算曲线

在图 2～图 5 中，实线表示实验船与安装了柔性防护装置桥墩的撞击力，虚线表示实验船与无防护装置桥墩的撞击力，长虚线表示实验船与无防护装置桥墩正面碰撞的撞击力。通过比较相同工况中的这三条曲线可以看到，正面碰撞的撞击力非常大，因为实验船的大部分能量都要传给桥墩；有一定角度的碰撞时，撞击力大幅度减小，因为实验船将摆头而自身带走的大部分能量，传给桥墩能量大幅度减小；柔性防护装置可以进一步增大实验船自身带走的能量而进一步减小传给桥墩的能量，同时还使碰撞时间延长，从而使撞击力进一步减小。比较图 3、

图 4 和图 5 还可以发现，柔性防护装置对于强烈碰撞的减弱效果更好，而对于较弱碰撞的减弱效果不明显(图 2)。

4 数值模拟和实验结果的比较

表 2 对典型实验工况的实验测量和模拟计算得到的最大撞击力进行了比较。在表 2 中可以看到，模拟计算得到的最大撞击力普遍比实验测量值大，误差从－4.3％到＋15.3％，基本吻合。这表明有限元模拟计算船桥碰撞的过程基本可行，计算误差基本可以满足实际工程的要求。

实验测量和模拟计算得到的最大撞击力比较 表 2

序 号	实测最大撞击力(kN)	计算最大撞击力(kN)	误差(％)
试验 1	680	690	＋1.5
试验 2	700	670	－4.3
试验 3	590	680	＋15.3
试验 4	980	1 050	＋7.1

5 结语

在上述研究中，用 LS-DYNA 软件对典型实验工况开展了数值模拟计算，对比分析表明通过有限元模拟得到的试验工况碰撞力与试验测量数据基本吻合，可以满足实际工程的要求。通过模拟计算船体与有、无柔性防护装置桥墩碰撞过程可以看到，柔性防护装置对于强烈碰撞的减弱效果非常显著，而对于较弱碰撞的减弱效果相对较小。采用柔性防护装置或合理设计桥墩形状均可以大幅度减小碰撞力，提高桥墩的抗船体碰撞性能。

参 考 文 献

[1] 王自力，顾永宁. 船舶碰撞研究的现状和趋势[J]. 造船技术，2000，4.

[2] 王自力，顾永宁. 船舶碰撞数值仿真的一种组合模型[J]. 华东船舶工业学院学报，2001，15(6).

[3] 刘建成，顾永宁. 基于整船整桥的模型的船桥碰撞数值仿真[J]. 工程力学，2003，20(5).

[4] 肖波，王爽，吴卫国，王杰德. 桥墩防撞装置碰撞动力学分析[J]. 武汉理工大学学报(交通科学与工程版)，2005，29(1).

[5] 肖波，邬耀明，陈炜. 武汉天兴洲公铁两用长江大桥 1 号墩防撞设计与分析[J]. 中国水运(理论版)，2006，4(6).

[6] 肖波，鹿道凡. 船桥碰撞问题的有限元仿真分析[J]. 船海工程，2011，40(1).

[7] 陈国虞. 防御船撞桥装置的历史和新发展——"三不坏"桥墩防撞装置[A]."力学 2000"学术大会论文集[C]，2000.

[8] 黄德进，王礼立，陈国虞. 桥墩防护钢绳圈同期作用历时的数值分析[J]. 宁波大学学报(理工版)，2002，15(4).

[9] 陈国虞，王礼立. 船撞桥及其防御[M]. 北京：中国铁道出版社，2006.

175. 用普通钢筋混凝土球铰修建转体桥

肖硕刚[1]　梅志军[1]　郭小平[1]　黄贤增[1]　张　贤[2]　程懋芳[1]

(1. 中国瑞林工程技术有限公司;2. 苏州市吴江经济技术开发区建设局)

摘　要:目前国内桥梁转体施工常用的转体设施装备有普通钢筋混凝土球铰系列和钢球铰系列。钢球铰系列的上、下球铰是用厚钢板在专业工厂压制成型的,转动体系施工时,要以专用设备测出偏心距,并选用专用的牵引千斤顶驱动转体。这种做法广泛用于铁路系统的转体桥。这套转体设施装备造价昂贵,而且球铰必须在专业厂家加工制造。本文论述了当转动体系质量在10 000t左右时采用普通钢筋混凝土球铰系列修建转体桥同样是安全、稳妥、可靠的。它造价低廉,在工地加工制作,重心是否偏移用千分表量测转动体系"脱架"后上盘是否倾斜来判断,驱动转体直接在环道上用普通千斤顶进行。文中扼要介绍了普通钢筋混凝土球铰加工、制作和转体工艺。

关键词:转体施工　转动体系　钢球铰　普通钢筋混凝土球铰

1　前言

由我国公路系统四川省交通科研所 1977 年在四川省遂宁县建设桥首创研制成功的桥梁转体施工技术,由于其独特的优点,很快在市政和铁路系统得到推广应用。近年来随着交通运输事业的快速发展,桥梁转体施工技术得到了更加广泛的应用。无论是在山区崇山峻岭、深山峡谷的单孔拱桥工地,还是在平原地区的跨河、跨线和市政立交桥上(图 1～图 6),转体施工都以其施工简易、质量可靠、施工安全、经济、不干扰既有公路、航道、铁路的运输等独特优势显现出强大的竞争力和生命力,特别是在修建高速铁路跨线立交桥时,更被广大桥梁工程技术人员所认同、看好。

图 1　跨越贵州北盘江上正在转体的花江大桥(净跨 140m)

图 2　跨越贵州某水库上正在转体的小兴浪桥(净跨 124m)

图 3　跨越湖北清江隔河岩水库正在转体的黄陵洞大桥(净跨 152m)

图 4　沪杭高速铁路跨沪杭高速公路已经转体到位的立交桥(主跨 160m)

图 5　苏州运河上正在转体的拱梁组合结构桥梁(主跨 70m)

图 6　京石高速铁路跨京广干线铁路立交桥(主跨 128m),桥下四股线路每 3min 即有一趟列车通行

要取得转体桥的修建成功,除去必须有正确的转动体系结构设计和正确的施工程序外,关键是要有稳妥、可靠的转体设施装备。转体设施装备早期是公路系统开发的普通钢筋混凝土球铰系列,后来铁路系统又开发出钢球铰系列。一般情况下,它们都包括三部分内容:①支承全部转动体系质量的上、下球铰和下盘的环道、上盘的撑脚;②对转动体系重心偏心距的量测设施;③驱动整个转动体系在下球铰上旋转到位的牵引系统。

2　公路系统转体桥常用的转体设施设备

常用的转体设施装备全部为普通钢筋混凝土结构,转体设计的基本思路是“中心承重”,即转动体系的全部质量在转体阶段只压在球铰上,环道上的撑脚是悬空不受力的,主要设施装备包括上、下球铰、环道、撑脚等。

1)球铰

普通钢筋混凝土球铰分为下球铰和上球铰,混凝土强度等级一般为 C50。下球铰是一个高出基础下盘顶面 10cm 的“圆饼”状的混凝土实体(图 7)。球铰表面是一个矢高 10cm 左右的凸形球缺面,当球铰平面直径为 200cm 时,球铰的竖向球缺面半径 $R=505$cm。它是由教授级高级工程师陈维章于 1980 年在四川阿坝曾达斜拉桥首创。

下球铰混凝土表面是浇筑球铰混凝土时用母线刮板在混凝土终凝前反复刮制成的。母线刮板一端套在下球铰圆心定位轴,另一端搁置在下球铰钢筋骨架的外环钢板圈上,钢板圈安装时，周边的顶高程必须精调至±0.5mm。最终完成的下球铰表面必须按“同心圆上等高”(±0.5mm)来验收(图7~图9)。上球铰是以下球铰顶面为底模浇出的混凝土铰盖，并经反复磨合后(图10)，将上球铰提起，在下球铰顶面涂以黄油四氟粉润滑剂(70∶30)，再进行后续施工。

为了保证下球铰周边混凝土不因局部承压破坏，要在下球铰表面周边15cm宽度范围内垫两层油毛毡以后再浇上球铰混凝土，以使上、下球铰周边之间形成间隙，下球铰周边不承受压力。

下球铰的平面直径由所承受的转动体系质量计算确定。到目前为止，据不完全统计用普通钢筋混凝土球铰修建的转体桥超过100座，转过的最大质量是9 000t。所用球铰直径3.5m，混凝土强度等级是C60，下球铰顶面的压应力是11.29MPa。

图7　普通钢筋混凝土下球铰，正在按同心圆等高验收钢筋混凝土下球铰球缺面

图8　下球铰钢筋骨架安装完毕

图9　浇筑下球铰混凝土，混凝土终凝前用母线样板反复刮制球铰表面

图10　用人工磨合上、下球铰接触面

实际工作中用得较多的混凝土球铰直径是2.0m，它转过的最大质量是4 200t，此时球铰顶面承压面的压应力是19.6MPa，低于C50混凝土轴心抗压强度设计值22.4MPa。

2)环道和撑脚

基于“中心承重转体”的设计构思，撑脚在转体过程基本不压在环道上，因而环道不采用预埋的钢板和不锈钢，只是在下盘顶面的环道位置将普通钢筋混凝土环形道面打磨光滑，道面平整度高差控制在±2mm内，环道直径一般是8.0m，环道宽度一般是1.0m；撑脚是80cm×80cm方形的普通钢筋混凝土短柱，下半部外包了1.6cm厚的钢板，撑脚底面高于环道顶面3

~4cm，保证脱架后撑脚底面距环道顶面还有约1.5cm的间隙。必要时，在其间垫两层4mm厚的四氟滑板，滑板间涂抹黄油。

3)转动体系重心偏心距判断

用千分表在上转盘四个拐角上量测转动体系"脱架"前后是否发生倾斜来判断转动体系重心是否偏移(图11)。即使重心有少量偏移，只要转动体系"脱架"后，全部撑脚都是悬空的，没有压在环道上，转动体系可以在下球铰面上平稳、灵活转动，那就可以开始转体，而且在整个转体过程中不要求合拢口高程符合设计高程，可以待转体到位后再精调高程和中线。

图11　在上盘四周拐角处架设千分表，量测上盘"脱架"前后是否倾斜

4)驱动转体的牵引设施

根据大量的实测资料，上、下混凝土球铰面之间的黄油四氟粉润滑剂的静摩阻系数小于0.05，动摩阻系数小于0.03，而且由于是中心承重，混凝土球铰面上的阻力偶臂一般只有球铰承压面直径的2/3，因而转体的阻力偶不大，对转体的牵引力要求并不太高，在上、下盘之间环道上根据需要用多对普通千斤顶即可驱动转体。千斤顶一端顶在上盘撑脚上，另一端靠在下盘环道两侧预留孔洞内设置的活动反力架上(图12)。缓慢启动千斤顶，即可实现转体。一旦转体启动后，摩阻力即明显降低，用一对或两对千斤顶即可平稳转体，对许多混凝土下球铰面制作光滑的转体桥，用手拉葫芦也方便的实现了转体(图13)。

对于跨越深山峡谷、河流、水库或高速公路的转体桥，没有必要对牵引转体的速度、时间作出刻意的严格限制规定。作为一种施工工艺，转体时更关心的是牵引力有足够的安全储备，转体平稳、灵活，当万一超转时要反向转回来也不困难就可以了。对于跨越既有干线铁路运输特别繁忙的转体桥，转体时要求铁路局临时打乱列车运行图，开"天窗"留点的情况，应该通过试转，推算出正式转体必须留够的操作时间。事实上，即使选用复杂、昂贵牵引设备的转体桥，当转体基本就位后，在精调高程和中线时也是在桥下频繁通行车辆状态下，用普通千斤顶反复、细致操作完成的。注意不应该把简单的问题复杂化。

图12　在环道上用普通千斤顶驱动转体，前方撑脚底下吊的钢板是为了减小空隙

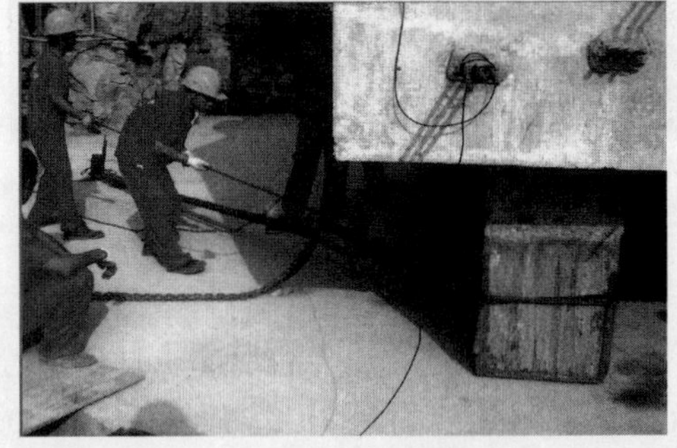

图13　用手拉葫芦牵引转体

3　铁路系统转体桥常用的转体设施装备

它们全部为钢结构，包括：钢球铰、钢环道、钢撑脚、专用的"称重"设备、专用的牵引设施。

3.1　钢球铰

它由上、下球铰组成。上、下球铰都是用厚钢板在专用大型设备上压制而成的凹形球弧面，弧面竖向半径一般是8.0m，上、下球铰之间设有定位钢轴和环状布置的直径6.0cm的四氟乙烯圆形蘑菇头以及其上涂抹的黄油四氟粉润滑剂(图14、图15)。

图14　下球铰在钢支架上精调高程

图15　下球铰顶面安装四氟蘑菇头并涂抹四氟乙烯黄油

3.2　钢环道

它设置在下盘顶面，环道半径一般是10m，环道宽度1.2m，环道钢板厚度2.0cm。它一般由八块扇形镀铬钢板和其上焊接的3mm厚不锈钢板组成，通过调节高程的预埋螺杆，将环道高程调平至高差小于0.3mm，其上另铺有四氟滑板(图16)。

3.3　钢撑脚

均匀设在环道上方，一般设6组，每组为2ϕ800×24mm的钢管混凝土短柱组成，柱底设24mm厚的船形钢走板。钢撑脚与上盘混凝土联结为一体，与下盘上面的环道之间留有一定的间隙，间隙内设有双层四氟滑块(图17)。

图16　精调环道高程

图17　上球铰和撑脚安装完毕后，绑扎上转盘钢筋

3.4　转动体系的称重设施

它包括对称布设在上盘两侧的大型千斤顶和量测竖向位移的专用传感器以及采集分析数据的控制箱。通过测量纵桥向和横桥向的不平衡弯矩，确定其相应的偏心距和竖面摩阻系数(图18、图19)。

3.5　转动体系牵引设施

它包括：①预埋在上盘牵引转盘内的一对两束反向的牵引钢绞线，以使牵引力在上转盘两侧形成牵引力偶；②一对专用的牵引同步千斤顶和配套的电脑控制箱；③一对牵引千斤顶的反力墩(图20、图21)。

图 18　称重用的大型千斤顶

图 19　称重用的位移传感器

图 20　在上转盘内预埋牵引钢绞线

图 21　驱动转体的千斤顶和反力墩

4　两种装备系列的比较

4.1　转体技术安全、可靠以及适用范围比较

钢球铰系列转体设施装备，近年来广泛用于铁路跨线立交桥的转体实践，转体质量由4 300～17 000t。实践证明这套工艺是安全、可靠、成熟的，取得了公认的技术经济效益和社会效益，而且由于是钢结构，并且是在专业厂家生产，因而对于更大的转体质量要求有良好的发展空间和适应性。

普通钢筋混凝土球铰系列，多年来一直被公路转体桥，特别是山区公路转体桥和城市立交转体桥广泛应用，它同样是安全、可靠、成熟的。到目前为止实际转过的最大转动体系质量为9 000t，是苏州市吴江经济开发区学院东路跨苏嘉杭高速公路立交桥，这是一座主跨 88m 的连续梁桥，桥宽 35.6m(图 22)。此外，还有 2004 年 7 月建成的吴江盛泽烂溪二桥，转体质量6 800t。2004 年 12 月建成的苏州工业园区星湖街跨沪宁高速公路的清剑湖大桥，该桥是主跨75m 的连续刚构桥，桥宽 34m，转体质量 7 500t。

金沙江溪洛渡电站专用公路上的大岩洞桥转体质量 5 200t(图 23)，该桥为净跨 160m 钢筋混凝土箱形拱桥，桥高 86m。转出的桥体是带混凝土底板的小直径钢管混凝土劲性骨架，唯一的转体设施就是在工地加工制作的直径 3.2m 的 C50 普通钢筋混凝土球铰，按照“中心承重”转体的构思，不设环道和牵引系统，直接在上、下盘之间的环道上用普通千斤顶驱动转体，实测动摩阻系数仅 0.03，转体过程十分平稳。

以上这些桥不但转体质量大，而且桥梁宽度也大，达到 35m 左右。这些成功的经验都是十分宝贵的。

根据理论计算，当普通钢筋混凝土球铰直径用到3.8m，承受 15 000t 转体质量时；其铰上承受的压应力为16.65MPa，只相当于C60混凝土轴心抗压强度设计值26.5MPa的62.8%，也低于实际出现过的混凝土球铰应力19.6MPa，仍有足够的安全储备。因此，普通钢筋混凝土球铰扩大使用范围修建更大质量的转体桥是完全可能的。

图22　苏州市吴江经济开发区学院东路跨苏嘉杭高速公路立交桥正在转体（主跨88m，桥宽35.6m）

图23　金沙江溪洛渡电站专用公路上的大岩洞桥正在转体（净跨160m）

4.2　两种球铰系列施工难易和推广使用方便与否的比较

普通钢筋混凝土球铰完全是在工地上用常规的材料和施工方法加工制作，不但工艺简单，而且质量标准明确、容易控制，特别是在山区交通不便的深山峡谷需要修建转体桥的桥位，普通钢筋混凝土球铰更会显示出强大的生命力。

钢球铰系列产品必须在有资质的专业厂家生产，而且转体设施装备必须由工厂远运到桥梁工地，在工地上安装、调试都必须有大型吊运设备配合施工作业。

下面以沪杭高速铁路跨沪杭高速公路的跨线立交桥（图24）为例来分析钢球铰系列转体桥的施工过程和转动体系在转体阶段的受力情况。

图24　沪杭高速铁路跨沪杭高速公路转体桥的半跨转动体系已脱架，开始试转

该桥为88m+160m+88m自锚上承式拱桥，转动体系长158m、宽7.5m、从铰心到桥面高24m，转体质量1.68万吨，是当时国内转动体系质量最大的转体桥。上、下钢球铰是用4.0cm厚的钢板在专业厂家压制加工制作而成，造价192万元，球铰直径4.0m，环道直径10m，上盘底部的6对钢管混凝土撑脚均匀设在环道上方，原来设计意图是为了确保转动体系的稳定，要求撑脚稍许压在环道上。实际施工中由于撑脚和环道之间的间隙预留得偏小，致使转动体系完全“脱架”后，所有的撑脚全部压死在环道上，尽管环道按设计要求进行了精细的加工制作，设置了不锈钢板和四氟滑板（耗资48万元），但转动体系还是根本无法转动。最后只得很费劲

的将钢管混凝土撑脚锯短，使所有的撑脚全部脱离环道，让整个的转动体系质量 1.68 万吨全部压在球铰上，形成“中心承重”。此时，根据设计要求，转体前对转动体系进行了“称重”(费用23 万元)，以求判断转动体系重心情况。脱架后实测得转动体系的偏心距 0.05m，但转体前没有再按“称重”要求配重调整重心。牵引转体委托了专业厂家采用专门的千斤顶牵引(费用 50 万元)，平面转体 32°用了 70min 时间基本到位。转体是成功的，取得了不中断高速公路运输的良好社会效益。

平面转体实测的静摩阻系数 0.037，动摩阻系数 0.025，与转体前“称重”测得的竖向弧面摩阻系数基本一致。整个转体过程，这样一个庞然大物实际上就是支承在下球铰上呈环形布置的 976 块四氟蘑菇头上平稳、缓慢转动的，蘑菇头的外环直径仅 3.7m。四周撑脚全部悬空，没有压在环道上，完美地体现了“中心承重”的转体过程，为“中心承重”转体提供了宝贵的实践经验。由于是“中心承重”，转体过程的阻力偶力臂降至最小，因而所需转体的牵引力也降至最小。本桥由于上、下球铰之间的定位钢轴套间隙 4.0cm 太大，致使调中线、高程用了 7 天时间，十分费劲。以后可以将这个间隙减小为 5mm。

这个过程说明了：

①这样一个转动体系质量高达 1.68 万吨，两边悬臂长度达 79m，重心又很高的庞然大物，转体的全过程并没有像我们所担心的那样发生“万一”倾斜致使撑脚压在环道上的事。

②希望撑脚“稍许”压在环道上，既有利于转动体系的稳定又不增加转体牵引困难，这个设想在施工中是很难掌握的，实际工作中完全可以按撑脚悬空，不压在环道上的“中心承重”思路来考虑问题，将撑脚和环道间的间隙适当预留大些，保证“脱架”后撑脚和环道间还有 1.5cm 左右的空隙。

③只要转动体系结构的重心设计计算是正确的，施工操作精度满足施工规范的要求，最终建成的转动体系出现一点不可避免的重心偏移是不会影响转体的。不一定要精确的测定重心偏心距和准确配重，实际工作中要求称出转动体系的质量也是不可能的。

④这种竖曲面半径 8.0m 的上、下钢球铰弧形接触面，配以下球铰中心设置的定位钢轴，它不但可以很方便的满足转体合拢后，合拢口高程要作少量调整的需要，而且它还有一定的承受偏心的能力，转动体系如果要沿下球铰弧面滑动，它首先必须克服球铰竖面的摩阻力，并要“剪断”下球铰中心设置的定位钢轴。由于定位钢轴有足够的强度，上转盘实际是不可能倾倒的。

⑤一般情况下，转体桥在转体过程中没有必要对转体的时间和牵引的速度刻意做出严格苛求。实际上本桥在调中线、高程所用的 7 天时间，就是在环道上用普通千斤顶驱动反复微调的，昂贵的牵引专用千斤顶闲置在旁，不能发挥作用，这期间桥下高速公路照常通行着繁忙的车辆。

4.3 成本比较

表 1 是近年用钢球铰系列修建的 4 座转体的铁路跨线桥实际转体费用。

钢球铰系列修建的 4 座转体的铁路跨线桥实际转体费用 表 1

名称 / 序号	转体质量 (t)	钢球铰 (万元)	环道、钢撑脚 (万元)	称重 (万元)	牵引转体 (万元)	共计 (万元)
1	16 800	192.0	48.0	23.0	50.0	313.0
2	12 000	192.0	10.0	10.0	40.0	252.0
3	4 500	120.0	40.0	15.0	30.0	205.0
4	4 300	110.0	56.0	20.0	25.0	211.0

上表可以看出转体一座质量 4 500t 左右的转体桥，钢球铰系列的费用一般要 200 万元以上，费用是昂贵的，随着转体质量的增加，费用还会增加。

而质量为 10 000t 左右的转体桥，如果用普通钢筋混凝土球铰系列转体，则全部球铰系列的费用仅需 8 万元左右。

5 结论

桥梁转体施工技术原本就具有施工简易、造价低廉的优势。但近年来随着铁路跨线立交桥大量采用钢球铰系列转体工艺，使一些初次接触桥梁转体施工工艺的桥梁界同仁被误导，以为做转体桥必须采用昂贵、复杂的钢球铰系列装备，以至对一些应该采用转体施工工艺的桥位望而却步。本文想说明的是：

①转体桥的转体过程可以按“中心承重”的思路来设计构思，不考虑撑脚的支撑作用，转动体系在转体过程中的稳定是可以保证的。

②转体桥的主要转体设施装备——球铰，应该根据转动体系的质量来选用，10 000t 左右的转体桥，用普通钢筋混凝土球铰系列，是十分安全、稳妥可靠的。它不但安全、经济、实用，而且可以就地十分方便的加工制作。即使 10 000t 以上的转体质量，适当加大混凝土球铰直径，提高混凝土强度等级，它的承载能力也是可以保证的。

③转体桥脱架后的重心判断，可以用千分表在上盘四个拐角上量测脱架前后上盘平面是否倾斜来判断。偏心过大，可以适当配重调整，如果重心有一点偏心，只要撑脚没有压在环道上，就可以先转体到位，再仔细调中线、高程。

④对于跨越深山峡谷、河流、水库以及高速公路的转体桥不必对转体速度和时间作出严格规定。一般情况下，转体桥可以简化为在上、下盘之间用普通千斤顶直接驱动转体。

6 致谢

衷心感谢中铁十二局集团公司科技部长徐家定教授级高工，感谢中铁十二局四公司总工程师李有为教授级高工和科技部长贾优秀高工，感谢他们提供了参与学习沪杭高铁跨线立交桥转体施工的机会，并提供了宝贵的资料和照片。

本文撰写过程中得到我国转体桥创始人张联燕教授级高工和我国老一辈资深桥梁专家王伯惠老先生的热情帮助和指导，在此一并表示诚挚的谢意。